Großkommentare der Praxis

Jaeger

Insolvenzordnung

Großkommentar

Begründet zur Konkursordnung von
Professor Dr. Ernst Jaeger †

Erste Auflage

herausgegeben von

Wolfram Henckel und Walter Gerhardt

Dritter Band

§§ 103–128

Bearbeitet von
Richard Giesen, Florian Jacoby

De Gruyter

Zitiervorschlag z.B.: *Giesen* in Jaeger, InsO, § 113 Rdn. 10.

MIX
Papier aus verantwortungsvollen Quellen
FSC® C016439

ISBN 978-3-89949-261-3
e-ISBN 978-3-11-025333-7

Bibliografische Information der Deutschen Nationalbibliothek

Die Deutsche Nationalbibliothek verzeichnet diese Publikation
in der Deutschen Nationalbibliografie; detaillierte bibliografische Daten sind im Internet über
http://dnb.d-nb.de abrufbar.

Datenkonvertierung/Satz: WERKSATZ Schmidt & Schulz GmbH, Gräfenhainichen
Druck und Bindung: Hubert & Co. GmbH & Co. KG, Göttingen
♾ Gedruckt auf säurefreiem Papier

Printed in Germany

www.degruyter.com

Die Bearbeiter der 1. Auflage

Professor Dr. **Diederich Eckardt**, Professor an der Universität Trier

Professor Dr. **Ulrich Ehricke**, LL.M. (London), M.A., Professor an der Universität zu Köln, Richter am OLG Düsseldorf

Professor Dr. **Oliver Fehrenbacher**, Professor an der Universität Konstanz

Professor Dr. **Ulrich Foerste**, Professor an der Universität Osnabrück

Professor Dr. **Walter Gerhardt**, em. Professor an der Rheinischen Friedrich-Wilhelms-Universität Bonn

Professor Dr. **Richard Giesen**, Professor am Zentrum für Arbeitsbeziehungen und Arbeitsrecht (ZAAR), Ludwig-Maximilians-Universität München

Professor Dr. Dr. h.c. **Wolfram Henckel**, em. Professor an der Georg-August-Universität Göttingen

Professor Dr. **Florian Jacoby**, Professor an der Universität Bielefeld

Professor Dr. **Stefan Leible**, Präsident der Universität Bayreuth

Professor Dr. **Peter Mankowski**, Professor an der Universität Hamburg

Professorin Dr. **Caroline Meller-Hannich**, Professorin an der Martin-Luther-Universität Halle-Wittenberg

Professor Dr. **Hans-Friedrich Müller**, LL.M. (Bristol), Professor an der Universität Trier

Professor Dr. **Joachim Münch**, Professor an der Georg-August-Universität Göttingen

Professor Dr. **Nicola Preuß**, Professorin an der Heinrich-Heine-Universität Düsseldorf

Professor Dr. **Eberhard Schilken**, em. Professor an der Rheinischen Friedrich-Wilhelms-Universität Bonn

Professor Dr. **Peter A. Windel**, Professor an der Ruhr-Universität Bochum

Inhaltsübersicht

Abkürzungsverzeichnis und Verzeichnis der abgekürzt zitierten Literatur

zu
Jaeger, Insolvenzordnung
Großkommentar

Abkürzungen der 1. Auflage

Stand: Oktober 2013

aA	anderer Ansicht
AAG	Aufwendungsausgleichsgesetz vom 22. Dezember 2005 (BGBl I S.3686), das zuletzt durch Artikel 13 Absatz 6 des Gesetzes vom 12. April 2012 (BGBl I S 579) geändert worden ist
aaO	am angegebenen Ort
abgedr	abgedruckt
Abl	Amtsblatt
abl	ablehnend (e/er)
Abl EG	Amtsblatt der Europäischen Gemeinschaften (Ab 11.1968: Ausgabe C. Mitteilungen und Bekanntmachungen; Ausgabe L. Rechtsvorschriften) (1.1958 ff)
AblKR	Amtsblatt des Kontrollrats in Deutschland
Abs	Absatz
AbgG	Gesetz über die Rechtsverhältnisse der Mitglieder des Deutschen Bundestages (Abgeordnetengesetz) in der Fassung der Bekanntmachung vom 21.2.1996 (BGBl I S 326; BGBl III/FNA 1101-8)
abw	abweichend
AcP	Archiv für die civilistische Praxis
AdoptionsG	Gesetz über die Annahme als Kind und zur Änderung anderer Vorschriften (Adoptionsgesetz) vom 2.7.1976, (BGBl I S 1749; BGBl III/FNA 404-20)
ADS	Allgemeine Deutsche Seeversicherungsbedingungen
aE	am Ende
AEntG	Arbeitnehmer-Entsendegesetz vom 20. April 2009 (BGBl I S 799), das zuletzt durch Artikel 1c des Gesetzes vom 25. November 2012 (BGBl 2012 II S 1381) geändert worden ist
AEUV	Vertrag über die Arbeitsweise der Europäischen Union, Fassung aufgrund des am 1.12.2009 in Kraft getretenen Vertrages von Lissabon, Konsolidierte Fassung bekanntgemacht im ABl EG Nr C 115 vom 9.5.2008, S 47
aF	alter Fassung
Afa	Absetzung für Abnutzungen
AFB	Allgemeine Feuerversicherungsbedingungen
AFG	Arbeitsförderungsgesetz vom 25.6.1969 (BGBl I S 582; BGBl III/FNA 810-1)
AG	Aktiengesellschaft, auch Amtsgericht, auch Ausführungsgesetz, auch Die Aktiengesellschaft, Zeitschrift für das gesamte Aktienwesen

AGB	Allgemeine Geschäftsbedingungen
AGB-Bnk	Allgemeine Geschäftsbedingungen der Banken
AGBG	Gesetz zur Regelung des Rechts der Allgemeinen Geschäftsbedingungen (AGB-Gesetz) vom 9.12.1976 (BGBl I S 3317) idF der Bekanntmachung vom 29.6.2000 (BGBl I S 946; BGBl III/FNA 402-28)
AGBG/InsOÄndG	Gesetz zur Änderung des AGB-Gesetzes und der Insolvenzordnung vom 19.7.1996 (BGBl I S 1013; BGBl III/FNA 311-13)
AGB-Komm	Kommentar zum Gesetz zur Regelung des Rechts der Allgemeinen Geschäftsbedingungen (AGBG)
AGG	Allgemeines Gleichbehandlungsgesetz vom 14. August 2006 (BGBl I S 1897), das zuletzt durch Artikel 8 des Gesetzes vom 3. April 2013 (BGBl I S 610) geändert worden ist
AGO (Preußen)	Allgemeine Gerichtsordnung für die Preußischen Staaten vom 6.7.1793, Berlin 1815
AHB	Allgemeine Bedingungen für die Haftpflichtversicherung
Ahrend/Förster/Rößler	Ahrend, Peter/Förster, Wolfgang/Rößler, Norbert: Steuerrecht der betrieblichen Altersversorgung, 30. EL, Stand April 2013
Ahrens/Gehrlein/Ringstmeier	Fachanwaltskommentar für Insolvenzrecht, herausgegeben von Martin Ahrens, Markus Gehrlein und Andreas Ringstmeier, 2012
AiB	Arbeitsrecht im Betrieb
AKB	Allgemeine Bedingungen für die Kraftfahrtversicherung
AktG	Aktiengesetz vom 6.9.1965 (BGBl I S 1089; BGBl III/FNA 4121-1)
ALB	Allgemeine Lebensversicherungsbedingungen
Alg	Arbeitslosengeld
Allg	Allgemein (e/er/es)
AllgKriegsfolgenG	Gesetz zur allgemeinen Regelung durch den Krieg und den Zusammenbruch des Deutschen Reiches entstandener Schäden (Allgemeines Kriegsfolgengesetz) vom 5.11.1957 (BGBl I S 1747; BGBl III/FNA 653-1)
AllgT	Allgemeiner Teil
Alt	Alternative
AltTZG	Altersteilzeitgesetz vom 23. Juli 1996 (BGBl I S 1078), das zuletzt durch Artikel 13 Absatz 7 des Gesetzes vom 12. April 2012 (BGBl I S 579) geändert worden ist
aM	anderer Meinung
ÄndVO	Änderungsverordnung
ÄndG	Änderungsgesetz
Andres/Leithaus	Andres, Dirk/Leithaus, Rolf: Insolvenzordnung, Kommentar, 2. Auflage 2011, zitiert: Andres/Leithaus/Bearbeiter InsO
AnfG	Gesetz über die Anfechtung von Rechtshandlungen eines Schuldners außerhalb des Insolvenzverfahrens (Anfechtungsgesetz) vom 5.10.1994 (BGBl S 2911; BGBl III/FNA 311-14-2)
Anh	Anhang
Anl	Anlage
Anm	Anmerkung
Annuß/Lembke	Annuß, Georg/Lembke, Mark: Arbeitsrechtliche Umstrukturierungen in der Insolvenz, 2. Auflage 2012
AnVNG	Gesetz zur Neuregelung des Rechts der Rentenversicherung der Angestellten vom 23.2.1957 (BGBl I S 88; BGBl III/FNA 821-2)
AO	Abgabenordnung vom 16.3.1976 (BGBl I S 613) idF der Bekanntmachung vom 1.10.2002 (BGBl I S 3866; BGBl III/FNA 610-1-3)
AOÄG	Gesetz zur Änderung der Reichsabgabenordnung und anderer Gesetze vom 15.9.1965 (BGBl I S 1356, S 1817; BGBl III/FNA 610-1)
AP	Arbeitsrechtliche Praxis, Nachschlagewerk des Bundesarbeitsgerichts

ArbBeschFG	Gesetz zur Förderung von Wachstum und Beschäftigung (Arbeitsrechtliches Beschäftigungsförderungsgesetz) vom 25.9.1996 (BGBl I S 1476); teilweise durch das Gesetz zu Korrekturen in der Sozialversicherung und zur Sicherung der Arbeitnehmerrechte vom 19. Dezember 1998 (BGBl I S 3843) zum 31. Dezember 1998 aufgehoben
ArbRHb	Arbeitsrechtshandbuch
ArbG	Arbeitsgericht
ArbGG	Arbeitsgerichtsgesetz vom 3.9.1953 (BGBl I S 1267) idF der Bekanntmachung vom 2.7.1979 BGBl I S 853, ber S 1036; BGBl III/FNA 320-1)
ArbPlSchG	Arbeitsplatzschutzgesetz idF der Bekanntmachung vom 16. Juli 2009 (BGBl I S 2055), das durch Artikel 2 Absatz 7 des Gesetzes vom 8. April 2013 (BGBl I S 730) geändert worden ist
ArbR	Arbeitsrecht
ArbRB	Der Arbeits-Rechts-Berater
ArchBürgR	Archiv für bürgerliches Recht (1.1888–43. 1919)
arg	argumentum
Armbrüster/Preuß/Renner	Beurkundungsgesetz und Dienstordnung für Notarinnen und Notare, Kommentar, herausgegeben von Christian Armbrüster, Nicola Preuß und Thomas Renner, 6. Aufl 2013
ARS	Arbeitsrechtssammlung, Entscheidungen des Reichsarbeitsgerichts und der Landesarbeitsgerichte, früher Bensheimer Sammlung
ARST	Arbeitsrecht in Stichworten
Art	Artikel
AT	Allgemeiner Teil des BGB
AtomG	Gesetz über die friedliche Verwendung der Kernenergie und den Schutz gegen ihre Gefahren (Atomgesetz) vom 23.12.1959 (BGBl I S 814) idF der Bekanntmachung vom 15.7.1985 (BGBl I S 1565; BGBl III/FNA 751-1)
AuA	Arbeit und Arbeitsrecht
Aufl	Auflage
AufsVO	Verordnung des Bundesrates vom 8.8.1914 betreffend die Anordnung einer Geschäftsaufsicht zur Abwendung des Konkursverfahrens (Aufsichtsverordnung) (RGBl S 363)
AÜG	Arbeitnehmerüberlassungsgesetz in der Fassung der Bekanntmachung vom 3. Februar 1995 (BGBl I S 158), das zuletzt durch Artikel 26 des Gesetzes vom 20. Dezember 2011 (BGBl I S 2854) geändert worden ist
AuR	Arbeit und Recht, Zeitschrift für die Arbeitsrechtspraxis
ausf	ausführlich
Ausg	Ausgabe
AV	Die Angestelltenversicherung
AVG	Angestelltenversicherungsgesetz vom 28.5.1924 (RGBl I S 563; BGBl III/FNA 821-1)
AVLJM	Ausführungsverordnung des Landesjustizministers
AVO	Ausführungsverordnung
Az	Aktenzeichen
BA	Bundesagentur für Arbeit
BadRpr	Badische Rechtspraxis und Annalen der Großherzogisch Badischen Gerichte
BadWürttNotZ	Zeitschrift für das Notariat in Baden-Württemberg
BAFin	Bundesanstalt für Finanzdienstleistungsaufsicht
BAG	Bundesarbeitsgericht

BAGE	Entscheidungen des Bundesarbeitsgerichts (1.1954 ff)
Bamberger/Roth	Kommentar zum Bürgerlichen Gesetzbuch: BGB, herausgegeben von Heinz Georg Bamberger und Herbert Roth, 3. Aufl 2012
BankArch	Bankarchiv, Zeitschrift für Bank- und Börsenwesen (1.1901–43.1943, aufgegangen in Bankwirtschaft)
Bankbetrieb	Zeitschrift für Bankpolitik und Bankpraxis (früher Bankwirtschaft)
BankGesch	Bankgeschäfte
BankR	Bankrecht
BankR-Hb	Bankrechtshandbuch, herausgegeben von Herbert Schimansky, Hermann-Josef Bunte und Hans-Jürgen Lwowski, 4. Aufl 2011
BankvertragsR	Bankvertragsrecht
Bauer/von Oefele	Grundbuchordnung, herausgegeben von Joachim Bauer und Helmut Freiherr von Oefele, 3. Aufl 2013
BauFG	Gesetz zur Sicherung der Bauförderungen vom 1.6.1909 (RGBl S 449; BGBl III/FNA 213-2)
BauG	Baugesetzbuch idF der Bekanntmachung vom 23.9.2004 (BGBl I S 2414; BGBl III/FNA 213-1)
Baumbach/Hopt	Kommentar zum HGB, begründet von Adolf Baumbach, fortgeführt von Klaus J. Hopt, Hanno Merkt und Markus Roth, 35. Aufl 2012
Baumbach/Hueck	Kommentar zum GmbH-Gesetz, begründet von Adolf Baumbach, fortgeführt von Alfred Hueck, 20. Aufl 2013
Baumbach/Hefermehl/Casper	Kommentar zum Wechselgesetz, Scheckgesetz, Recht der kartengestützten Zahlungen, begründet von Adolf Baumbach, fortgeführt von Wolfgang Hefermehl, 23. Aufl 2008
Baumbach/Lauterbach/Albers Hartmann	Zivilprozessordnung, Kommentar, begründet von Adolf Baumbach, fortgeführt zunächst von Wolfgang Lauterbach, sodann von Jan Albers, nunmehr von Peter Hartmann, 71. Aufl 2013
BauR	Baurecht, Zeitschrift für das gesamte öffentliche und zivile Baurecht
Baur/Stürner InsR	Zwangsvollstreckungs- Konkurs- und Vergleichsrecht, Fritz Baur, fortgeführt von Rolf Stürner, 12. Aufl 2003
BayJMBl	Bayerisches Justizministerialblatt
BayObLG	Bayerisches Oberstes Landesgericht
BayObLGZ	Entscheidungen des Bayerischen Obersten Landesgerichts in Zivilsachen
BayPVG	Bayerisches Personalvertretungsgesetz (BayPVG) idF der Bekanntmachung vom 11. November 1986(GVBl 1986 S 349)
BayrPAG	Gesetz über die Aufgaben und Befugnisse der Polizei in Bayern (Polizeiaufgabengesetz – PAG –) idF der Bekanntmachung vom 14.9.1990 (GVBl S 397)
BayrRPflZ	Zeitschrift für Rechtspflege in Bayern (1.1905–30.1934; vorher: Seufferts Blätter für Rechtsanwendung
BayVBl	Bayrische Verwaltungsblätter
BayZ	Zeitschrift für Rechtspflege in Bayern
BB	Der Betriebsberater
BBankG	Gesetz über die Deutsche Bundesbank vom 22.10.1992 (BGBl I S. 1782; BGBl III/FNA 7620-1)
BBergG	Bundesberggesetz vom 13.8.1980 (BGBl I S 1310; BGBl III/FNA 750-15)
BBiG	Berufsbildungsgesetz vom 23. März 2005 (BGBl I S 931), das zuletzt durch Artikel 24 des Gesetzes vom 20. Dezember 2011 (BGBl I S 2854) geändert worden ist
BBl	Betriebswirtschaftliche Blätter
BBodSchG	Gesetz zum Schutz vor schädlichen Bodenveränderungen und zur Sanierung von Altlasten (Bundes-Bodenschutzgesetz vom 17.3.1998 (BGBl I S 502; BGBl III/FNA 2129-32)

Bd	Band
Bearb	Bearbeitung
BeamtVG	Gesetz über die Versorgung der Beamten und Richter in Bund und Ländern (Beamtenversorgungsgesetz) idF der Bekanntmachung vom 16.3.1999 (BGBl I S 322; BGBl III/FNA 2030-25)
BeckOK ArbR	Rolfs, Christian/Giesen, Richard/Kreikebohm, Ralf/Udsching, Peter: Beck'scher Onlinekommentar Arbeitsrecht, Stand 1.7.2013, zitiert BeckOK ArbR/Bearbeiter
BEEG	Bundeselterngeld- und Elternzeitgesetz vom 5. Dezember 2006 (BGBl I S 2748), das zuletzt durch Artikel 1 des Gesetzes vom 15. Februar 2013 (BGBl I S 254) geändert worden ist
BEG	Bundesgesetz zur Entschädigung für Opfer der nationalsozialistischen Verfolgung (Bundesentschädigungsgesetz) idF der Bekanntmachung vom 29.6.1956 (BGBl I S 559; BGBl III 251-1)
Begr	Begründung
Begr EGemeinschuldO	Motive zum Entwurf einer Deutschen Gemeinschuldordnung (zitiert nach Band- und Seitenzahlen der Ausgabe des Verlages der Königlichen Geheimen Ober-Hofbuchdruckerei (R.v. Decker), Berlin, 1873)
Begr EGKO	Motive zu dem Entwurf eines Einführungsgesetzes einer Konkursordnung, zitiert nach Seitenzahlen der RT-Drucks
Begr EKO	Motive zu dem Entwurf einer Konkursordnung, zitiert nach Seitenzahlen der RT-Drucks
Begr z KO Nov 1898	Begründung zu den Entwürfen eines Gesetzes betr. die Änderungen der Konkursordnung und eines zugehörigen Einführungsgesetzes; zitiert nach der Seitenzahl der Drucksachen, 9. Legislaturperiode, V. Session, 1897/98 Nr. 100
Beil	Beilage
Bem	Bemerkung(en)
Ber	Bericht
ber	berichtigt
BerInsRKomm	Bericht der Kommission zur Überarbeitung des Insolvenzrechts
BerlAnwBl	Berliner Anwaltsblatt
BerlinFG 1990	Gesetz zur Förderung der Wirtschaft von Berlin (West) idF der Bekanntmachung 2.2.1990 (BGBl I S 173; BGBl III/FNA 610-6-5)
bes	besonders
Besgen BetrVG	Besgen, Nicolai: Handbuch Betriebsverfassungsrecht, 2.Auflage 2010
betr	betreffend
BetrAV	betriebliche Altersversorgung
BetrAVG	Gesetz zur Verbesserung der betrieblichen Altersversorgung – Betriebsrentengesetz vom 19. Dezember 1974 (BGBl I S 3610), das zuletzt durch Artikel 4e des Gesetzes vom 21. Dezember 2008 (BGBl I S 2940) geändert worden ist
BetrVG	Betriebsverfassungsgesetz vom 15.1.1972 (BGBl I S 13) idF der Bekanntmachung vom 25.9.2001 (BGBl I S 2581; BGBl III/FNA 801-7)
BfA	Bundesanstalt für Arbeit
BFH	Bundesfinanzhof
BFHE	Sammlung der Entscheidungen und Gutachten des Bundesfinanzhofs
BFuP	Betriebswirtschaftliche Forschung und Praxis
BG	Die Berufsgenossenschaft
BGB	Bürgerliches Gesetzbuch vom 18.8.1896 (RGBl S 195) idF der Bekanntmachung vom 2.1.2002 (BGBl I S 2909; 2003; BGBl III/FNA 400-2)
BGBl	Bundesgesetzblatt

BGH	Bundesgerichtshof
BGHZ	Entscheidungen des Bundesgerichtshofs in Zivilsachen; amtliche Sammlung der Rechtsprechung des Bundesgerichtshofs
BImSchG	Gesetz zum Schutz vor schädlichen Umwelteinwirkungen durch Luftverunreinigungen, Geräusche, Erschütterungen und ähnliche Vorgänge (Bundes-Immissionsschutzgesetz) idF der Bekanntmachung vom 26.9.2002 (BGBl I S 3830; BGBl III/FNA 2129-8)
BinSchG	Gesetz, betreffend die privatrechtlichen Verhältnisse der Binnenschifffahrt (Binnenschifffahrtsgesetz – BinSchG) vom 15.6.1895 (RGBl S 301) idF der Bekanntmachung vom 20.5.1898 (RGBl S 369, 868; BGBl III/FNA 4103-1)
BJagdG	Bundesjagdgesetz idF der Bekanntmachung vom 29.9.1976 (BGBl I S 2849; BGBl III/FNA 792-1)
BK-InsO	Berliner Kommentar Insolvenzrecht, Loseblatt, 2005 ff, herausgegeben von Axel Breutigam und Jürgen Blersch
BKR	Zeitschrift für Bank- und Kapitalmarktrecht (1.2001 ff)
Bl	Blatt
Bley/Mohrbutter	Vergleichsordnung, begründet von Erich Bley, Neubearbeitung von Jürgen Mohrbutter, unter Mitarbeit von Harro Mohrbutter, 4. Aufl
BlGBW	Blätter für Grundstücks-, Bau- und Wohnungsrecht
BlfGenW	Blätter für Genossenschaftswesen (13.1866 ff; vorher: Die Innung der Zukunft)
Blomeyer/Rolfs/Otto	Blomeyer, Wolfgang/ Rolfs, Christian/Otto, Klaus: Betriebsrentengesetz: BetrAVG, Gesetz zur Verbesserung der betrieblichen Altersversorgung, Kommentar, 5. Auflage 2010
BlPMZ	Blatt für Patent-, Muster- und Zeichenwesen
BlStSozArbR	Blätter für Steuerrecht, Sozialversicherung und Arbeitsrecht
BMF	Bundesminister der Finanzen
BNotO	Bundesnotarordnung vom 24.2.1961 (BGBl I S 98; BGBl III/FNA 303-1)
BörsG	Börsengesetz vom 22.6.1896 (RGBl S 157) idF der Bekanntmachung vom 9.9.1998 (BGBl I S 2682; BGBl III/FNA 4110-1)
Böttcher	ZVG Gesetz über die Zwangsversteigerung und Zwangsverwaltung, Roland Böttcher, 5. Auflage 2010
Bolze RG	Die Praxis des Reichsgerichts in Zivilsachen, bearbeitet von A. Bolze
Bork AT	Allgemeiner Teil des Bürgerlichen Gesetzbuchs, Reinhard Bork, 3. Auflage 2011
Bork Vergleich	Der Vergleich, Reinhard Bork, 1988
Bork InsR	Einführung in das Insolvenzrecht, Reinhard Bork, 6. Auflage 2012
BPatG	Bundespatentgericht
BPersVG	Bundespersonalvertretungsgesetz vom 15. März 1974 (BGBl I S 693), das zuletzt durch Artikel 7 des Gesetzes vom 5. Februar 2009 (BGBl I S 160) geändert worden ist
BQG	Beschäftigungs- und Qualifizierungsgesellschaften
BR	Bundesrat
BRAGO	Bundesgebührenordnung für Rechtsanwälte vom 26.7.1957 (BGBl I S 907; BGBl III/FNA 368-1)
Brand	Brand, Jürgen (Hrsg.): Sozialgesetzbuch Arbeitsförderung: SGB III, Kommentar, 6. Auflage 2012
BRAO	Bundesrechtsanwaltsordnung vom 1.8.1959 (BGBl I S 565; BGBl III/FNA 303-8)
Braun	Kommentar zur Insolvenzordnung, 5. Aufl 2012
BR-Drucks	Drucksachen des deutschen Bundesrates
BReg	Bundesregierung
bremPG	Bremisches Polizeigesetz vom 5.7.1960 (BremGBl S 731)

BrZ	Britische Zone
BSG	Bundessozialgericht
BSGE	Entscheidungssammlung des BSG
BSHG	Bundessozialhilfegesetz idF der Bekanntmachung vom 23.3.1994 (BGBl I S 646; BGBl III/FNA 2170-1)
BSpkG	Gesetz über Bausparkassen (Bausparkassengesetz) vom 16.11.1972 (BGBl I S 2097) idF der Bekanntmachung vom 15.2.1991 (BGBl I S 454; BGBl III/FNA 7691-2)
BStBl	Bundessteuerblatt (Teile I, II und III)
BT-Drucks	Drucksachen des Deutschen Bundestages (ab 1949); zitiert: Legislaturperiode/Nr/S
BT-RA	Rechtsausschuss des Deutschen Bundestages
Bub/Treier	Handbuch der Geschäfts- und Wohnraummiete, herausgegeben von Wolf-Rüdiger Bub und Gerhard Treier, 3. Aufl 1999
BürgerlR, BürgR	Bürgerliches Recht
BUrlG	Bundesurlaubsgesetz in der im Bundesgesetzblatt Teil III, Gliederungsnummer 800-4, veröffentlichten bereinigten Fassung, das zuletzt durch Artikel 3 Absatz 3 des Gesetzes vom 20. April 2013 (BGBl I S 868) geändert worden ist
BuW	Betrieb und Wirtschaft
BVerfG	Bundesverfassungsgericht
BVerfGE	Entscheidungen des Bundesverfassungsgerichts (1.1952 ff)
BVerwG	Bundesverwaltungsgericht
BW	Baden-Württemberg
BWNotZ	Mitteilungen aus der Praxis, Zeitschrift für das Notariat in Baden-Württemberg
bzw	beziehungsweise
Canaris BankvertragsR	Handelsgesetzbuch, Großkommentar, Bankvertragsrecht, begründet von Hermann Staub, 3./4. Aufl
cic	culpa in contrahendo
CIM	Convention internationale concernant le transport des marchandises par chemins des fer; Internationales Übereinkommen über den Eisenbahnfrachtverkehr vom 25.2.1961 (BGBl II S 1520)
CR	Computer und Recht
CTA	Contractual Trust Arrangement
Däubler BetrVG	Däubler, Wolfgang/Kittner, Michael/Klebe, Thomas/Wedde, Peter (Hrsg.): Betriebsverfassungsgesetz, zitiert: Däubler/Bearbeiter BetrVG
Däubler TVG	Däubler, Wolfgang (Hrsg.) Tarifvertragsgesetz, 2. Auflage 2006, zitiert: Däubler/Bearbeiter, TVG
das	daselbst
DB	Der Betrieb
DepotG	Gesetz über die Verwahrung und Anschaffung von Wertpapieren (Depotgesetz) idF der Bekanntmachung vom 11.1.1995 (BGBl I S 34; BGBl III/FNA 4130-1)
ders	derselbe
DGVZ	Deutsche Gerichtsvollzieherzeitung
dh	das heißt
DiskE	Diskussionsentwurf
Diss.	Dissertation
DJ	Deutsche Justiz, Zeitschrift für Rechtspflege und Rechtspolitik
DJT	Deutscher Juristentag
DJZ	Deutsche Juristenzeitung

DNotZ	Deutsche Notarzeitschrift (früher: Zeitschrift des Deutschen Notarvereins, DNotV)
DNotV	Zeitschrift des Deutschen Notarvereins
DOK	Die Ortskrankenkasse; vorher: Dt Krankenkasse
Dornbusch/Fischermeier/Löwisch	Dornbusch, Gregor/Fischermeier, Ernst/Löwisch, Manfred (Hrsg.) Fachanwaltskommentar Arbeitsrecht, 5. Auflage 2013, zitiert: Dornbusch/Fischermeier/Löwisch/Bearbeiter
DÖV	Die Öffentliche Verwaltung (1.1948 ff)
DR	Deutsches Recht (1.1931–15.1945)
DRiZ	Deutsche Richterzeitung
DRpfl	Der Deutsche Rechtspfleger
DRZ	Deutsche Richterzeitung (bis 1935, ab 1946 Deutsche Rechtszeitschrift, ab 1951 übergeleitet in die Juristenzeitung)
DStR	Deutsches Steuerrecht
DStZ	Deutsche Steuerzeitung (1.1912–34.1945, 35.1947 ff, ab 1948 geteilt in Ausgabe A und B)
Dt	Deutsch (e/er/es)
DtJurTag	Deutscher Juristentag
Düwell BetrVG	Düwell, Franz Josef Betriebsverfassungsgesetz Handkommentar, 2. Auflage 2006, zitiert: Düwell/Bearbeiter BetrVG
DuR	Demokratie und Recht
DZWIR	Deutsche Zeitschrift für Wirtschafts- und Insolvenzrecht
€	Euro
E	Entwurf
ebd	ebenda
Ebenroth/Boujong/Joost/Strohn	Handelsgesetzbuch, herausgegeben von Detlev Joost und Lutz Strohn, 2 Auflage 2009
EBRG	Europäische Betriebsräte-Gesetz idF der Bekanntmachung vom 7. Dezember 2011 (BGBl I S 2650)
ECU	European Currency Unit
EFG	Entscheidungen der Finanzgerichte (1953 ff)
EFZG	Entgeltfortzahlungsgesetz vom 26. Mai 1994 (BGBl I S 1014, 1065), das zuletzt durch Artikel 1a des Gesetzes vom 21. Juli 2012 (BGBl I S 1601) geändert worden ist
EG	Europäische Gemeinschaft, auch Einführungsgesetz
EGAktG	Einführungsgesetz zum Aktiengesetz vom 6.9.1965 (BGBl I S 1185; BGBl III/FNA 4121-2)
EGAO	Einführungsgesetz zur Abgabenordnung vom 14.12.1976 (BGBl I S 3341, ber. 1977 I S 667; BGBl III/FNA 610-1-4)
EGBGB	Einführungsgesetz zum Bürgerlichen Gesetzbuch vom 18.8.1896 (RGBl S 604) idF der Bekanmachung vom 21.9.1994 (BGBl I S 2494, ber. 1997 I S 1061; BGBl III/FNA 400-1)
EGemeinschuldO	Entwurf einer Deutschen Gemeinschuldordnung 1873
EGInsO	Einführungsgesetz zur Insolvenzordnung vom 5.10.1994 (BGBl I S 2911; BGBl III/FNA 311-14-1)
EGOWiG	Einführungsgesetz zum Gesetz über Ordnungswidrigkeiten vom 24.5.1968 (BGBl I S 503; BGBl III/FNA 454-2)
EGRLUmsuaNOG	Gesetz zur Umsetzung der Verbraucherkreditrichtlinie, des zivilrechtlichen Teils der Zahlungsdiensterichtlinie sowie zur Neuordnung der Vorschriften über das Widerrufs- und Rückgaberecht vom 29.7.2009 (BGBl I S 2355; BGBl III/FNA 311-13)
EGRL 47/2002Ums/EL	Ergänzungslieferung
ErfK	Erfurter Kommentar zum Arbeitsrecht, 13. Auflage 2013, zitiert: ErfK/Bearbeiter

EGStGB	Einführungsgesetz zum Strafgesetzbuch vom 2.3.1974 (BGBl I S 469; BGBl III/FNA 450-16)
Einf	Einführung
EinfG	Einführungsgesetz
Einl	Einleitung
einschl	einschließlich
EKO	Entwurf einer Konkursordnung 1875
EMRK	Europäische Konvention zum Schutze der Menschenrechte und Grundfreiheiten vom 4.11.1950 (BGBl 1952 II S 685)
EntschKalender	Übersicht über die Entscheidungen der Sozial- und Arbeitsgerichte in Berlin
entspr	entsprechend
Entw	Entwurf
ErbbauVO	Verordnung über das Erbbaurecht vom 15.1.1919 (RGBl S 72, ber. S 122; BGBl III/FNA 403-6)
ErbR	Erbrecht
Erl	Erläuterungen
Erman	Handkommentar zum BGB, herausgegeben von Harm Peter Westermann, 13. Aufl 2011
EStG	Einkommensteuergesetz idF der Bekanntmachung vom 19.10.2002 (BGBl I S 4210; 2003 S 179; BGBl III/FNA 611-1)
etc	et cetera
EU	Europäische Union
EuGH	Europäischer Gerichtshof
EuGVÜ	Brüsseler EWG-Übereinkommen vom 27.9.1968 über die gerichtliche Zuständigkeit und die Vollstreckung gerichtlicher Entscheidungen in Zivil- und Handelssachen (BGBl 1972 II, S 774) idF des 4. Beitrittsübereinkommens vom 29.11.1996 (BGBl 1998 II S 1411)
EuGVVO	Verordnung (EG) Nr 44/2001 des Rates vom 22. Dezember 2000 über die gerichtliche Zuständigkeit und die Anerkennung und Vollstreckung von Entscheidungen in Zivil- und Handelssachen
EuInsVO	Verordnung (EG) Nr 1346/2000 über Insolvenzverfahren vom 29.5.2000 (Abl L 160 S 1–18)
EV	Vertrag zwischen der Bundesrepublik Deutschland und der Deutschen Demokratischen Republik über die Herstellung der Einheit Deutschlands – Einigungsvertrag – vom 31.8.1990 (BGBl II S 889)
evtl	eventuell
EWG	Europäische Wirtschaftsgemeinschaft
EWiR	Entscheidungen zum Wirtschaftsrecht, Kurzkommentare, hrsg von Bruno M. Kübler
EWIV	Europäische wirtschaftliche Interessenvereinigung
EzA	Entscheidungssammlung zum Arbeitsrecht
EzAÜG	Entscheidungssammlung zum Arbeitnehmerüberlassungsgesetz
f	folgend (e)
FamFG	Gesetz über das Verfahren in Familiensachen und in den Angelegenheiten der freiwilligen Gerichtsbarkeit
FamR	Familienrecht
FamRZ	Ehe und Familie im privaten und öffentlichen Recht (ab 9.1962, 4: Zeitschrift für das gesamte Familienrecht, 1.1954 ff)
ff	folgende
FG	Finanzgericht
FGG	Gesetz über die Angelegenheiten der freiwilligen Gerichtsbarkeit idF der Bekanntmachung vom 20.5.1898 (RGBl S 771; BGBl III/FNA 315-1)

FGPrax	Praxis der Freiwilligen Gerichtsbarkeit
FGO	Finanzgerichtsordnung vom 6.10.1965 (BGBl I S 1477; BGBl III/FNA 350-1)
FilmR	Filmrecht
Fitting	Fitting, Karl/Engels, Gerd/Schmidt, Ingrid/Trebinger, Yvonne/Linsenmaier, Wolfgang (Hrsg): Betriebsverfassungsgesetz mit Wahlordnung, 26. Auflage 2012
FK	Frankfurter Kommentar zur Insolvenzordnung, hrsg von Klaus Wimmer, 7. Aufl 2013
FLF	Finanzierung, Leasing, Factoring
Flume	Allgemeiner Teil des Bürgerlichen Rechts, Zweiter Band, Werner Flume, 4. Auflage 1992
Fn	Fußnote
Franken/Dahl	Mietverhältnisse in der Insolvenz, Thomas Franken und Michael Dahl, 2. Aufl 2006
FS	Festschrift
Fundst	Fundstelle(n)
G	Gesetz
Gagel	Gagel, Alexander: SGB II / SGB III Grundsicherung und Arbeitsförderung Loseblatt-Kommentar, 49. EL, Stand 2013
Gamillscheg	Gamillscheg, Franz: Kollektives Arbeitsrecht Band I, Grundlagen, Koalitionsfreiheit, Tarifvertrag, Arbeitskampf und Schlichtung 1997
GaststG	Gaststättengesetz vom 5.5.1970 (BGBl I S 465) idF der Bekanntmachung vom 20.11.1998 (BGBl I S 3418; BGBl III/FNA 7130-1)
GBl	Gesetzblatt
GBO	Grundbuchordnung idF der Bekanntmachung vom 26.5.1994 (BGBl I S 1114; BGBl III/FNA 315-11)
geänd	geändert
GbR	Gesellschaft bürgerlichen Rechts
GebrMG	Gebrauchsmustergesetz idF der Bekanntmachung vom 28.8.1986 (BGBl I S 1455; BGBl III/FNA 421-1)
GenG	Gesetz betreffend die Erwerbs- und Wirtschaftsgenossenschaften vom 01.05.1889 (RGBl S 55) idF der Bekanntmachung vom 19.8.1994 (BGBl I S 2202; BGBl III/FNA 4125-1)
gem	gemäß
GeschmMG	Gesetz über den rechtlichen Schutz von Mustern und Modellen (Geschmacksmustergesetz – GeschmMG) vom 12.3.2004 (BGBl I S 390; BGBl III/FNA 442-5)
GesellschaftsR	Gesellschaftsrecht
GesO	Gesamtvollstreckungsordnung in der Fassung der Bekanntmachung vom 23.5.1991 (BGBl I S 1185; BGBl III/FNA Anhang III-11)
GewArch	Gewerbearchiv, Zeitschrift für Gewerbe- u. Wirtschaftsverwaltungsrecht
GewO	Gewerbeordnung idF der Bekanntmachung vom 22.2.1999 (BGBl S 202; BGBl III/FNA 7100-1)
GewStDV	Gewerbesteuer-Durchführungsverordnung idF der Bekanntmachung vom 15.10.2002 (BGBl I S 4180; BGBl III/FNA 611-5-1)
GewStG	Gewerbesteuergesetz idF der Bekanntmachung vom 15.10.2002 (BGBl I S 4167; BGBl III/FNA 611-5)
GG	Grundgesetz für die Bundesrepublik Deutschland vom 23.5.1949 (BGBl I S 1; BGBl III/FNA 100-1)
ggf	gegebenenfalls

GK	Großkommentar
GK-AktG	Aktiengesetz, Großkommentar, hrsg von Klaus J. Hopt und Herbert Wiedemann, 4. Aufl 1992 ff
GK-BetrVG	Wiese, Günther/Kreutz, Peter/Oetker, Hartmut/Raab, Thomas/Weber, Christoph/Franzen, Martin:Gemeinschaftskommentar zum Betriebsverfassungsgesetz, 9. Auflage 2010, zitiert: GK-BetrVG/Bearbeiter
GKG	Gerichtskostengesetz vom 18.6.1878 (RGBl S 141) idF der Bekanntmachung vom 5.5.2004 (BGBl I S 718; BGBl III/FNA 360-7)
GleichberG	Gesetz über die Gleichberechtigung von Mann und Frau auf dem Gebiete des bürgerlichen Rechts (Gleichberechtigungsgesetz) vom 18.6.1957 (BGBl I S 609; BGBl III/FNA 400-3)
GmbH	Gesellschaft mit beschränkter Haftung
GmbHG	Gesetz betreffend die Gesellschaften mit beschränkter Haftung vom 20.4.1892 (RGBl S 477) idF der Bekanntmachung vom 20.5.1898 (RGBl S 846; BGBl III/FNA 4123-1)
GmbHR	GmbH-Rundschau
GmS-OBG	Gemeinsamer Senat der obersten Gerichte des Bundes
GöttDiss	Göttinger Dissertation
Gottwald InsR	Gottwald, Peter (Hrsg): Insolvenzrechts-Handbuch, 4. Auflage 2010, zitiert: Gottwald/Bearbeiter InsR
Graf-Schlicker	Graf-Schlicker, Marie Luise: InsO, Kommentar zur Insolvenzordnung, 3. Auflage 2012, zitiert: Graf-Schlicker/Bearbeiter InsO
GrESBWG SchlHolst	Gesetz über die Befreiung von der Grunderwerbsteuer bei Maßnahmen des sozialen Wohnungsbaus, bei Maßnahmen aus dem Bereich des Bundesbaugesetzes und bei Maßnahmen zur Verbesserung der Wirtschaftsstruktur idF vom 16.9.1974 (GVBl S 353; BStBl I S 940)
GrEStG	Grunderwerbsteuergesetz idF vom 26.2.1997 (BGBl I S 418, ber. S 1804; BGBl III/FNA 610-6-10)
grds	grundsätzlich
GruchotBeitr	Beiträge zur Erläuterung des Deutschen Rechts, begründet von Gruchot
GrünhutsZ	Zeitschrift für das Privat- und Öffentliche Recht der Gegenwart, begründet von Grünhut (Band, Seite; 1.1874–42.1916)
Grundz	Grundzüge
GRUR	Gewerblicher Rechtsschutz und Urheberrecht
GrS	Großer Senat
GS	Gesetzessammlung
GüKG	Güterkraftverkehrsgesetz vom 22.6.1998 (BGBl I S 2132; BGBl III/FNA 9241-34)
GUG	Gesetz über die Unterbrechung von Gesamtvollstreckungsverfahren (Gesamtvollstreckungs-Unterbrechungsgesetz) idF der Bekanntmachung vom 23.5.1991 (BGBl I S 1191)
GVBl	Gesetz- und Verordnungsblatt
GVG	Gerichtsverfassungsgesetz idF vom 9.5.1975 (BGBl I S 1077; BGBl III/FNA 300-2)
GV NW	Gesetz- und Verordnungsblatt von Nordrhein-Westfalen
GWB	Gesetz gegen Wettbewerbsbeschränkungen idF der Bekanntgabe vom 15.7.2005 (BGBl I S 2114; BGBl III/FNA 703-5)
H	Heft
Hachenburg	Großkommentar zum GmbH-Gesetz, Max Hachenburg, 8. Aufl, Berlin 1997
Häsemeyer	Insolvenzrecht, Ludwig Häsemeyer, 4. Aufl 2007

HAG	Heimarbeitergesetz vom 14.3.1951 (BGBl I S 191; BGBl III/FNA 804/1)
HambK InsO	Hamburger Kommentar zum Insolvenzrecht (Hrsg.) Andreas Schmidt, 4. Aufl 2012
hambSOG	Hamburgisches Gesetz zum Schutz der öffentlichen Sicherheit und Ordnung vom 14.3.1966 (GVBl S 77)
HandwO	Gesetz zur Ordnung des Handwerks (Handwerksordnung) idF vom 24.9.1998 (BGBl I S 3074; BGBl III/FNA 7110-1)
HansGZ	Hanseatische Gerichtszeitung (1.1880–48.1927; danach: Hanseatische Rechts- und Gerichtszeitschrift – HansRGZ –; vorher: Hamburger Handelsgerichtszeitung, ab 1868)
HansOLG	Hanseatisches Oberlandesgericht
Hb	Handbuch
Heidland	Der Bauvertrag in der Insolvenz von Auftraggeber und Auftragnehmer, Herbert Heidland, 2. Aufl 2003
Hess BetrVG	Hess, Harald: Betriebsverfassungsgesetz, 8. Auflage 2011, zitiert: Hess/Bearbeiter BetrVG
Hess InsolvenzArbR	Hess, Harald: Insolvenzarbeitsrecht, 2. Auflage 2000
Hess Insolvenzrecht	Hess, Harald: Insolvenzrecht, 2. Auflage 2013
Hess/Weis/Wienberg	InsO, Kommentar zur Insolvenzordnung mit EGInsO, von Harald Hess, Michaela Weis, Rüdiger Wienberg, 2. Aufl 2001
hessSOG	Hessisches Gesetz über die öffentliche Sicherheit und Ordnung idF vom 26.1.1972 (GVBl I S 24; zuletzt geändert durch das LandesrechtAnpassG vom 4.9.1974, GVBl I S 361)
Heymann	Handelsgesetzbuch, Ernst Heymann, 2. Aufl 1995 ff
HEZ	Höchstrichterliche Entscheidungen, Sammlung von Entscheidungen der Oberlandesgerichte und der Obersten Gerichte in Zivilsachen (1.1948–3.1550, 1)
HFR	Höchstrichterliche Finanzrechtsprechung
HGB	Handelsgesetzbuch vom 10.5.1897 (RGBl S 219; BGBl III/FNA 4100-1)
HK KSchG	Dorndorf, Eberhard/Hauck, Friedrich/ Höland, Armin/Kriebel, Volkart/Neef, Klaus (Hrsg): Heidelberger Kommentar zum Kündigungsschutzgesetz, 4. Auflage 2001.
HinterlO	Hinterlegungsordnung vom 10.3.1937 (RGBl I S 285; BGBl III/FNA 300-15)
Hintzen/Engels/Rellermeyer	Gesetz über die Zwangsversteigerung und die Zwangsverwaltung, von Udo Hintzen, Ralf Engels und Klaus Rellermeyer, 14. Aufl 2013
HK	Heidelberger Kommentar zur Insolvenzordnung, von Gerhart Kreft, 6. Aufl 2011
hL	herrschende Lehre
hM	herrschende Meinung
HöfeO	Höfeordnung idF der Bekanntmachung vom 26.7.1976 (BGBl I S 1933; BGBl III/FNA 7811-6)
HRR	Höchstrichterliche Rechtsprechung (4.1928–18.1942; vorher: Die Rechtsprechung, Beilage zur Jurist. Rundschau 1.1925–3.1927)
Hrsg, hrsg	Herausgeber, herausgegeben
Hs	Halbsatz
Huber	Anfechtungsgesetz, Gesetz betreffend die Anfechtung von Rechtshandlungen eines Schuldners außerhalb des Konkursverfahrens, Michael Huber, 10. Aufl 2006
HVG	Gesetz über die Altersversorgung für das Deutsche Handwerk; aufgehoben durch HwVG mit Wirkung vom 1.1.1962
HWK	Henssler, Martin/Willemsen, Heinz/Kalb, Heinz-Jürgen (Hrsg.): Arbeitsrecht Kommentar, 5. Auflage 2012, zitiert: HWK/Bearbeiter

HwVG	Gesetz über die Rentenversicherung der Handwerker vom 8.9.1960 (BGBl I S 737), aufgehoben durch das Rentenreformgesetz 1992, jetzt Teil der allg. Rentenversicherung nach dem SGB VI.
HypBankG	Hypothekenbankgesetz idF vom 9.9.1998 (BGBl I S 2674; BGBl III/FNA 7628-1)
HypBkGuaAndG	Gesetz zur Umsetzung der Richtlinie 2002/47/EG vom 6. Juni 2002 über Finanzsicherheiten und zur Änderung des Hypothekenbankgesetzes und anderer Gesetze vom 5.4.2004 (BGBl I S 502; BGBl III/FNA 311-13)
idF	in der Fassung
idF des G v	in der Fassung des Gesetzes vom
idS	in diesem Sinne
ie	im einzelnen
iE	im Ergebnis
insb	insbesondere
InsO	Insolvenzordnung vom 5.10.1994 (BGBl I S 2866; BGBl III/FNA 311-13)
Insolvenzgeld-DA der BA	Die Durchführungsanweisungen der Bundesagentur für Arbeit zum Insolvenzgeld
InsOuaÄndG	Gesetz zur Änderung der Insolvenzordnung und anderer Gesetze vom 26.10.2001 (BGBl I S 2710; BGBl III/FNA 311-13)
InsR	Insolvenzrecht
InsR-Hb	Insolvenzrechts-Handbuch, herausgegeben von Peter Gottwald, 4. Aufl 2010
InsRKomm	Kommission für Insolvenzrecht
InsRR	Insolvenzrechtsreport, hrsg von Harald Hess
InsVereinfG	Gesetz zur Vereinfachung des Insolvenzverfahrens vom 13.04.2007 (BGBl I S 509; BGBl III/FNA 311-13)
InsVV	Insolvenzrechtliche Vergütungsverordnung vom 19.8.1998
InVo	Insolvenz und Vollstreckung (1.1996 ff)
IPRax	Praxis des internationalen Privat- und Verfahrensrechts
iS	im Sinne
iSd	im Sinne des/der
iVm	in Verbindung mit
JA	Juristische Arbeitsblätter
Jacoby Amt	Das private Amt, Florian Jacoby, 2007
Jaeger $KO^{6/7}$	Konkursordnung, herausgegeben von Ernst Jaeger, 6. und 7. Aufl
Jaeger KO^{8}	Konkursordnung, begründet von Ernst Jaeger, fortgeführt von Friedrich Lent und Friedrich Weber, 8. Aufl
Jaeger KO^{9}	Konkursordnung, begründet von Ernst Jaeger, herausgegeben von Wolfram Henckel, 9. Aufl
Jauernig BGB	Kommentar zum Bürgerlichen Gesetzbuch, Othmar Jauernig, 13. Aufl 2009
Jauernig/Berger	Zwangsvollstreckungs- und Insolvenzrecht, Othmar Jauernig und Christian Berger, 23. Aufl 2010
Jb	Jahrbuch
JbeitrO	Justizbeitreibungsordnung vom 11.3.1937 (RGBl I S 298; BGBl III/FNA 365-1)
JBl	Juristische Blätter
JbRR	Jahrbuch für Rechtssoziologie und Rechtstheorie
jew	jeweils
JFG	Jahrbuch für Entscheidungen in Angelegenheiten der freiwilligen Gerichtsbarkeit und des Grundbuchrechtes

Jhdt(s)	Jahrhundert(s)
JherJb	Jherings Jahrbücher für die Dogmatik des bürgerlichen Rechts; vorher: Jahrbücher für die Dogmatik des heutigen römischen und deutschen Privatrechts (1.1857–90.1942)
JMBl NW	Justizministerialblatt von Nordrhein-Westfalen
JR	Juristische Rundschau
Judicium	Vierteljahresschrift für die gesamte Zivilrechtspflege (1.1928–5.1933)
JuMoG 2	Zweites Gesetz zur Modernisierung der Justiz (2. Justizmodernisierungsgesetz) vom 22. 12. 2006 (BGBl I S 3416; BGBl III/FNA 311-13)
JurA	Juristische Analysen
Jura	Juristische Ausbildung
JurBüro	Das juristische Büro
JurLitBl	Juristisches Literaturblatt (1.1889–29.1917/18)
JurTag(s)	Juristentag(es)
JuS	Juristische Schulung
JVBl	Justizverwaltungsblatt
JW	Juristische Wochenschrift
JZ	Juristenzeitung
KAGG	Gesetz über Kapitalanlagegesellschaften idF der Bekanntmachung vom 9.9.1998 (BGBl I S 2726; BGBl III/FNA 4120-4)
KapAEG	Gesetz zur Verbesserung der Wettbewerbsfähigkeit deutscher Konzerne an Kapitalmärkten und zur Erleichterung der Aufnahme von Gesellschafterdarlehen (Kapitalaufnahmeerleichterungsgesetz) vom 20.4.1998 (BGBl I S 707; BGBl III/FNA 4100-1/1)
KassKomm	Leitherer, Stephan (Hrsg): Kasseler Kommentar Sozialversicherungsrecht, 77. Ergänzungslieferung, Stand 2013, zitiert: KassKomm SGB/Bearbeiter
Keller	Insolvenzrecht, von Ulrich Keller, 2006
KG	Kammergericht, Kommanditgesellschaft
KGaA	Kommanditgesellschaft auf Aktien
KGBl	Blätter für Rechtspflege im Bezirk des Kammergerichts in Sachen der freiwilligen Gerichtsbarkeit, in Kosten-, Stempel- und Strafsachen
KGJ	Jahrbuch für Entscheidungen des Kammergerichts in Sachen der freiwilligen Gerichtsbarkeit, in Kosten-, Stempel- und Strafsachen (bis 19.1899: in Sachen der nichtstreitigen Gerichtsbarkeit; Band, Seite; 1.1881–53.1922)
Kgl	Königlich
KGR	Königreich
KKZ	Kommunal-Kassen-Zeitschrift
Kilger/Schmidt	Insolvenzgesetze KO/VglO/GesO, Karsten Schmidt, 17. Aufl 1997
Kittner/Däubler/Zwanziger	Kittner, Michael/Däubler, Wolfgang/Zwanziger, Betram: KSchR – Kündigungsschutzrecht, 8. Auflage 2011
KO	Konkursordnung idF 20.5.1898 (RGBl S 612; BGBl III/FNA 311-4)
Kölner Kommentar	Kölner Kommentar zum Aktiengesetz, herausgegeben von Wolfgang Zöllner, 2. Aufl
Kölner Schrift $InsO^2$	Kölner Schrift zur Insolvenzordnung, herausgegeben vom Arbeitskreis für Insolvenz- und Schiedsgerichtswesen, 2. Aufl 2000
Kölner Schrift $InsO^3$	Kölner Schrift zur Insolvenzordnung, herausgegeben vom Arbeitskreis für Insolvenz- und Schiedsgerichtswesen, 3. Aufl 2009
Koller/Roth/Morck	Handelsgesetzbuch, herausgegeben von Ingo Koller, Wulf-Henning Roth und Winfried Morck, 7. Aufl 2011

Komm	Kommentar
KommBer z KO-Nov 1898	siehe Kommissionsbericht
KommBer	Bericht der VI. Kommission über die Entwürfe eines Gesetzes betr. Änderungen der Konkursordnung sowie eines zugehörigen Einführungsgesetzes – Nr 100 der Drucksachen (zitiert nach: Seitenzahl von Nr 237 der Aktenstücke zu den Verhandlungen des Reichstages 1897/1898; Stenographische Berichte über die Verhandlungen des Reichstages, 9. Legislaturperiode, V. Session, 3. Anlageband, S 1946 ff)
KonkursR	Konkursrecht
KonTraG	Gesetz zur Kontrolle und Transparenz im Unternehmensbereich vom 27.4.1998 (BGBl I S 786; BGBl III/FNA 4121-1/2)
KO-Prot	Protokolle der Reichstagskommission von 1875/1876 (zitiert nach: Seitenzahl der Drucksachen des Reichstags, 2. Legislaturperiode, II. Session 1874, Nr 200; IV. Session 1876, Nr 4)
KR	Etzel, Gerhard/Bader, Peter/Fischermeier, Ernst u.a. (Hrsg.): Gemeinschaftskommentar zum Kündigungsschutzgesetz und zu sonstigen kündigungsschutzrechtlichen Vorschriften, 10. Auflage 2013, zitiert: KR/Bearbeiter
KraftStG	Kraftfahrsteuergesetz idF der Bekanntmachung vom 26.9.2002 (BGBl I S 3818; BGBl III/FNA 611-17)
Kreikebohm/Spellbrink/ Waltermann	Kreikebohm, Ralf/Spellbrink, Wolfgang/Waltermann, Raimund (Hrsg): Kommentar zum Sozialrecht, 2. Auflage 2011
krit	kritisch
KSchG	Kündigungsschutzgesetz idF der Bekanntmachung vom 25.8.1969 (BGBl I S 1317; BGBl III/FNA 800-2) das zuletzt durch Artikel 3 Absatz 2 des Gesetzes vom 20. April 2013 (BGBl I S 868) geändert worden ist
KStG	Körperschaftssteuergesetz vom 31.8.1976 (BGBl I S 2599) idF der Bekanntmachung vom 15.10.2002 (BGBl I S 4144; BGBl III/FNA 611-4-4)
KTS	Zeitschrift für Konkurs-, Treuhand- und Schiedsgerichtswesen, seit 1989 Zeitschrift für Insolvenzrecht, Konkurs, Treuhand, Sanierung
Kübler/Prütting	Gesellschaftsrecht, Sonderband 1 zu Kübler/Prütting, Kommentar zur Insolvenzordnung, bearbeitet von Noack, 1998
Kübler/Prütting/Bork InsO	Kommentar zur Insolvenzordnung, herausgegeben von Bruno M. Kübler und Hanns Prütting, Loseblattsammlung, 52. Ergänzungslieferung Stand Februar 2013
Kümpel/Wittig	Bank- und Kapitalmarktrecht, begründet von Siegfried Kümpel, herausgegeben von Arne Wittig, 4. Aufl 2011
Kuhn/Uhlenbruck KO	Konkursordnung, Kommentar von Georg Kuhn, fortgeführt von Wilhelm Uhlenbruck, 11. Aufl 1994
KuS	Kostenerstattung und Streitwert
KuT	Konkurs und Treuhandwesen; Monatsschrift für Wirtschaft und Recht (bis 1941, ab 1955 KTS)
Küttner	Küttner, Wolfdieter: Personalbuch 2013, Arbeitsrecht, Lohnsteuerrecht, Sozialversicherungsrecht, 20. Auflage 2013
KWG	Gesetz über das Kreditwesen idF der Bekanntmachung vom 9.9.1998 (BGBl I S 2776; BGBl III/FNA 7610-1)
Laars	Laars, Reinhard: Versicherungsaufsichtsgesetz, 1. Auflage 2012
LAG	Gesetz über den Lastenausgleich vom 14.8.1952 (BGBl I S 446) idF der Bekanntmachung vom 2.6.1993 (BGBl I S 847, ber. BGBl I S 248; BGBl III/FNA 621-1); auch Landesarbeitsgericht

LAGE	Entscheidungen des Landesarbeitsgericht
Lange	Schadensersatz, Hermann Lange und Gottfried Schiemann, 3. Aufl 2003
Langohr-Plato	Langohr-Plato, Uwe: Betriebliche Altersversorgung, 5. Auflage 2010
Larenz/Canaris	Lehrbuch des Schuldrechts Band II/2: Besonderer Teil/ 2. Halbband, begründet von Karl Larenz, fortgeführt von Claus-Wilhelm Canaris, 13. Auflage 1994
Lb	Lehrbuch
LeasingR-Hb	Handbuch des Leasingrechts, herausgegeben von Michael Martinek, Markus Stoffels und Susanne Wimmer-Leonhardt, 2. Aufl 2008
LehrKomm	Lehrkommentar
Leipz rw Studien	Leipziger rechtswissenschaftliche Studien, hrsg von der Leipziger Juristen-Fakultät
Leonhardt/Smid/Zeuner InsO	Insolvenzordnung (InsO) mit Insolvenzrechtlicher Vergütungsverordnung (InsVV), Kommentar, 3. Aufl 2010
LG	Landgericht
Lindner-Figura/Oprée/ Stellmann	Geschäftsraummiete, herausgegeben von Jan Lindner-Figura, Frank Oprée und Frank Stellmann, 3. Aufl 2012
Lit	Literatur
lit	Litera
LM	Nachschlagewerk des Bundesgerichtshofs, herausgegeben von Lindenmaier und Möhring u.a.
Löwisch/Rieble	Löwisch, Manfred/Rieble, Volker: Tarifvertragsgesetz, Kommentar, 3. Auflage 2012
Löwisch/Spinner	Löwisch, Manfred/Spinner, Günter: Kommentar zum Kündigungsschutzgesetz, 9. Auflage 2004
LPartG	Gesetz über die Eingetragene Lebenspartnerschaft (Lebenspartnerschaftsgesetz) vom 16.2.2001 (BGBl I S 266; BGBl III/FNA 400-15)
LS	Leitsatz
LSG	Landessozialgericht
LStDV	Lohnsteuerdurchführungsverordnung (LStDV 1990) idF der Bekanntmachung vom 10.10.1989 (BGBl I S 1848; BGBl III/FNA 611-2)
LuftfzRG	Gesetz über Rechte an Luftfahrzeugen vom 26.2.1959 (BGBl I S 57; BGBl III/FNA 403-9)
LuftVG	Luftverkehrsgesetz vom 27.3.1999 (BGBl I S 550; BGBl III/FNA 96-1)
LUG	Gesetz betr. das Urheberrecht an Werken der Literatur und der Tonkunst (LiteraturuheberG) vom 19.6.1901 (RGBl S 227)
LwAnpG	Gesetz über die strukturelle Anpassung der Landwirtschaft an die soziale und ökologische Marktwirtschaft in der Deutschen Demokratischen Republik – Landwirtschaftsanpassungsgesetz – idF der Bekanntmachung vom 3.7.1991 (BGBl I S 1418; BGBl III/FNA VI.-1)
LwVfG	Gesetz über das gerichtliche Verfahren in Landwirtschaftssachen vom 21.7.1953 (BGBl I S 667; BGBl III/FNA 317-1)
LZ	Leipziger Zeitschrift für Deutsches Recht
m	mit
M	Motive zum Entwurfe eines Bürgerlichen Gesetzbuches erster Lesung für das Deutsche Reich, Amtliche Ausgabe, Band 1 bis 5, 1888
MarkenG	Gesetz über den Schutz von Marken und sonstigen Kennzeichen (Markengesetz – MarkenG) vom 25.10.1994 (BGBl I S 3082, ber. 1995 I S 156; BGBl III/FNA 423-5-2)
Marotzke	Gegenseitige Verträge im neuen Insolvenzrecht, Wolfgang Marotzke, 3. Aufl 2001

maW	mit anderen Worten
MDR	Monatsschrift für Deutsches Recht
mE	meines Erachtens
Medicus/Petersen	Bürgerliches Recht, Dieter Medicus, Jens Petersen, 23. Aufl 2011
Meikel	GBO Grundbuchordnung, Georg Meikel, 10. Aufl 2009
Mentzel/Kuhn	Konkursordnung, von Franz Mentzel, fortgeführt von Georg Kuhn, 9. Aufl 1976
Messerschmidt/Voit	Privates Baurecht, herausgegeben von Burkhard Messerschmidt und Wolfgang Voit, 2. Aufl 2012
MietRRefG	Gesetz zur Neugliederung, Vereinfachung und Reform des Mietrechts (Mietrechtsreformgesetz) vom 19.6.2001 (BGBl I S 1149; BGBl III/FNA 311-13)
MittBayNot	Mitteilungen des Bayerischen Notarvereins
MittRhNotK	Mitteilungen der Rheinischen Notarkammer (vor 11.61: RhNK = Niederschriften über die Notarkammersitzungen der Rheinischen Notarkammer)
mN	mit Nachweisen
Mohrbutter/Ringstmeier	Handbuch der Insolvenzverwaltung, 8. Aufl 2007
Moll	Moll, Wilhelm (Hrsg): Münchener Anwaltshandbuch Arbeitsrecht, 3. Auflage 2012
MoMiG	Gesetz zur Modernisierung des GmbH-Rechts und zur Bekämpfung von Missbräuchen vom 23.10.2008
Motive I	Begründung des Entwurfs einer Gemeinschuldordnung von 1873, Berlin 1873
Motive II	Begründung des Entwurfs einer Konkursordnung von 1875 (zitiert nach der Seitenzahl der Reichstagsdrucksache Nr 200 der 2. Legislaturperiode, II. Session 1874)
Motive z Entw eines ZVG	Entwurf eines Gesetzes betreffend die Zwangsvollstreckung in das unbewegliche Vermögen nebst amtlichen Begründungen, 1889
MünchKomm AktG	Münchener Kommentar zum Aktiengesetz, herausgegeben von Wulff Goette, Mathias Habersack und Susanne Kalss, 3. Aufl
MünchKomm BGB	Münchener Kommentar zum Bürgerlichen Gesetzbuch, herausgegeben von Franz Jürgen Säcker und Roland Rixecker, 6. Aufl
MünchKomm HGB	Münchener Kommentar zum Handelsgesetzbuch, herausgegeben. von Karsten Schmidt, 2./3. Aufl
MünchKomm InsO	Münchener Kommentar zur Insolvenzordnung, 2./3. Aufl
MünchKomm VVG	Münchener Kommentar zum Versicherungsvertragsgesetz, herausgegeben von Theo Langheid und Manfred Wandt, 1. Aufl
MünchKomm ZPO	Münchener Kommentar zur Zivilprozessordnung, 2. Aufl, herausgegeben von Thomas Rauscher, Peter Wax und Joachim Wenzel
MuSchG	Mutterschutzgesetz idF der Bekanntmachung vom 20.6.2002 (BGBl I S 2318; BGBl III/FNA 8052-1)
MuW	Markenschutz und Wettbewerb
mwN	mit weiteren Nachweisen
MzEG	Motive zum Entwurf eines Einführungsgesetzes zum Bürgerlichen Gesetzbuch (siehe M) zitiert nach der Guttentag'schen Ausgabe, 1888
N	Nachweis(e/n)
NGefAG	Niedersächsisches Gefahrenabwehrgesetz idF vom 20.2.1998 (Nds. GVBl S 101)
NdsRpfl	Niedersächsische Rechtspflege (ab 1.1947, vorher Hannoversche Rechtspflege; Jahr, Seite)
NEhelG	Gesetz über die rechtliche Stellung der nichtehelichen Kinder vom 19.8.1969 (Nichtehelichengesetz) (BGBl I S 1243; BGBl III/FNA 404/18)

Nerlich/Römermann	Insolvenzordnung (InsO), Kommentar, herausgegeben von Jörg Nerlich und Volker Römermann, Loseblatt, Stand: 24. Ergänzungslieferung, August 2012
nF	neue Fassung; neue Folge
NGO	Niedersächsische Gemeindeordnung idF vom 22.8.1996 (Nds.GVBl S 382)
NJW	Neue Juristische Wochenschrift
NJW-RR	Neue Juristische Wochenschrift – Rechtsprechungsreport Zivilrecht
NLO	Niedersächsische Landkreisordnung idF vom 22.8.1996 (Nds.GVBl S 365)
Nov	Novelle
Nr	Nummer
NRW, NW	Nordrhein-Westfalen
NZA	Neue Zeitschrift für Arbeitsrecht
NZG	Neue Zeitschrift für Gesellschaftsrecht
NZI	Neue Zeitschrift für das Recht der Insolvenz und Sanierung
NZM	Neue Zeitschrift für Mietrecht
OBG-NW	Nordrhein-Westfälisches Gesetz über Aufbau und Befugnisse der Ordnungsbehörden (Ordnungsbehördengesetz) idF der Bekanntmachung vom 13.5.1980 (GV NW S 528, SGV Fundstellennachweis Nr 2060)
Obermüller Bankpraxis	Insolvenzrecht in der Bankpraxis, von Manfred Obermüller unter Mitwirkung von Karen Kuder, 8. Auflage 2011
Obermüller/Hess	InsO: Eine systematische Darstellung des neuen Insolvenzrechts, Manfred Obermüller und Harald Hess, 4. Aufl 2003
Oetker	Kommentar zum Handelsgesetzbuch, herausgegeben von Hartmut Oetker, 2. Aufl 2011
öffentl	öffentlich
öJBl	Österreichische Juristische Blätter
ÖJZ	Österreichische Juristen-Zeitung
Österr.	Österreichisch (en, es)
OFD	Oberfinanzdirektion
OGH	Oberster Gerichtshof (für die britische Zone) bzw. Oberster Gerichtshof Wien
OHG	Offene Handelsgesellschaft
OLG	Oberlandesgericht
OLG-NL	OLG-Rechtsprechung Neue Länder
OLGRspr	Die Rechtsprechung der Oberlandesgerichte auf dem Gebiete des Zivilrechts; herausgegeben von Mugdan und Folkmann (von 1900 bis 1928, Bände 1 bis 46)
OLGZ	Entscheidungen der Oberlandesgerichte in Zivilsachen (hrsg von Deisenhofer und Jansen)
OWiG	Gesetz über Ordnungswidrigkeiten vom 24.5.1968 (BGBl I S 481) idF der Bekanntmachung vom 19.2.1987 (BGBl I S 602; BGBl III/FNA 454-1)
P	Protokolle zweiter Lesung zum Entwurfe eines Bürgerlichen Gesetzbuches (zitiert nach der Guttentag'schen Ausgabe, 1888)
PA	Patentamt
PachtKrG	Pachtkreditgesetz idF vom 5.8.1951 (BGBl I S 494; BGBl III/FNA 7813-1)
Palandt	Kommentar zum Bürgerlichen Gesetzbuch, 72. Aufl 2013

PartGG	Gesetz über Partnerschaftsgesellschaften Angehöriger Freier Berufe vom 25.7.1994 (BGBl 1994, S 1744; BGBl III/FNA 4127-1)
PatAnwO	Patentanwaltsordnung vom 7.9.1966 (BGBl I S 557)
PatG	Patentgesetz idF vom 16.12.1980 (BGBl I S 1; BGBl III/FNA 420-1)
PfandBG	Pfandbriefgesetz vom 22.5.2005 (BGBl I S 1373; BGBl III/FNA 7628-8)
PflegeZG	Pflegezeitgesetz vom 28. Mai 2008 (BGBl I S 874, 896)
PflVG	Gesetz über die Pflichtversicherung für Kraftfahrzeughalter (Pflichtversicherungsgesetz) vom 5.4.1965 (BGBl I S 213; BGBl III/FNA 925-1)
PlProt	Stenographische Protokolle zu den Plenarsitzungen des Deutschen Bundestages
PrABG	Allgemeines Berggesetz für die preußischen Staaten v. 24.6.1865 (GS S 705)
Preußische AGO	Preußen Allgemeine Gerichtsordnung für die preußischen Staaten, Berlin 1815
PrGS	Gesetzsammlung für die Kgl Preußischen Staaten (ab 1907: Preußische Gesetzsammlung; 1810–1945)
Prölss/Martin	Kommentar zum Versicherungsvertragsgesetz, herausgegeben von Erich R. Prölss und Anton Martin, 28. Aufl 2010
PrOVG	Entscheidungen des Preußischen Oberverwaltungsgerichts (bis 1918: KglPrOVG; 1.1877–106.1941)
prPVG	Preußisches Polizeiverwaltungsgesetz vom 1.6.1931 (PrGS S 77)
PSV	Pensionssicherungsverein
PSVaG	Pensionssicherungsverein auf Gegenseitigkeit
PucheltsZ	Zeitschrift für französisches Zivilrecht (ab 31.1900: Zeitschrift für deutsches bürgerliches Recht und französisches Zivilrecht), begründet von Puchelt (1.1870–38.1907)
RabelsZ	Zeitschrift für ausländisches und internationales Privatrecht, begründet von Ernst Rabel
RAG	Reichsarbeitsgericht
RAK	Rechtsanwaltskammer
RBÜ Pariser Fassung	Revidierte Berner Übereinkunft zum Schutze von Werken der Literatur und Kunst vom 13.11.1908 (RGBl 1910 S 965); in der revidierten Pariser Fassung vom 24.7.1971 (BGBl II 1973 S 1069)
RdA	Recht der Arbeit
RdL	Recht der Landwirtschaft
Recht	Das Recht (seit 1935 Beilage zur Deutschen Justiz)
rechtskr	rechtskräftig
RefE	Referentenentwurf
RegBl	Regierungsblatt
RegE	Regierungsentwurf
Reinicke/Tiedtke	Kreditsicherung, Dietrich Reinicke und Klaus Tiedtke, 5. Aufl 2006
RFH	Reichsfinanzhof; amtliche Sammlung der Entscheidungen des RFH
RG	Reichsgericht
RGBl	Reichsgesetzblatt
RGes	Reichsgesetz
RGRK	Das Bürgerliche Gesetzbuch: mit besonderer Berücksichtigung der Rechtsprechung des Reichsgerichts und des Bundesgerichtshofes; Kommentar, herausgegeben von Mitgliedern des Bundesgerichtshofes, 12. Aufl 1975–1999
RGSt	Entscheidungen des Reichsgerichts in Strafsachen (1.1880–77.1944)

RG Warn	Warneyer Rechtsprechung, Rechtsprechung der Reichsgerichte, soweit sie nicht in der amtlichen Sammlung der Entscheidungen des RG abgedruckt ist, herausgegeben von Warneyer
RGZ	Entscheidungen des Reichsgerichts in Zivilsachen; amtliche Sammlung der Reichsgerichtsentscheidungen in Zivilsachen
RHaftpflG	Gesetz betreffend die Verbindlichkeit zum Schadensersatz für die bei dem Betriebe von Eisenbahnen, Bergwerken usw herbeigeführten Tötungen und Verletzungen (Reichshaftpflichtgesetz) vom 7.6.1871 (RGBl S 207; BGBl III/FNA 935-1)
RHeimstG	Reichsheimstättengesetz vom 25.11.1937 (RGBl I S 1291; BGBl III/FNA 2332-1), aufgehoben durch Gesetz vom 17.6.1993 (BGBl I S 912).
RheinArch.	Archiv für Zivil- und Strafrecht der Königlich preußischen Rheinprovinz
Rh-Pf	Rheinland-Pfalz
rh-pf PVG	Polizeiverwaltungsgesetz von Rheinland-Pfalz idF vom 29.7.1973 (GVBl S 180; zuletzt geändert durch Landesgesetz vom 5.11.1974, GVBl S 469)
Richardi	Richardi, Reinhard: Kommentar zum Betriebsverfassungsgesetz, 13. Auflage 2012, zitiert: Richardi/Bearbeiter.
Rimmelspacher	Kreditsicherungsrecht, Bruno Rimmelspacher, 2. Aufl 1987
RJA	Reichsjustizamt, Entscheidungssammlung in Angelegenheiten der freiwilligen Gerichtsbarkeit und des Grundbuchrechts
RKnG	Reichsknappschaftsgesetz idF vom 1.7.1926 (RGBl I S 369; BGBl III/FNA Nr 822-1); ersetzt durch SGB VI.
RL	Richtlinie
Rn	Randnummer
ROHG	Reichsoberhandelsgericht, Entscheidungssammlung des Reichsoberhandelsgerichts
Rosenberg/Schwab/Gottwald	Zivilprozessrecht, begründet von Leo Rosenberg, fortgeführt von Karl Heinz Schwab, nunmehr bearbeitet von Peter Gottwald, 17. Auflage 2010
Rowedder	Großkommentar zum GmbHG, Heinz Rowedder, 4. Aufl 2002
Rpfl	Rechtspfleger; Der Deutsche Rechtspfleger
Rs	Rechtssache
Rspr	Rechtsprechung
RStBl	Reichssteuerblatt
RT	Reichstag
RT-Drucks	Drucksachen des Reichstags (Nr, Wahlperiode, Jahr, Seite)
RVG	Gesetz über die Vergütung der Rechtsanwältinnen und Rechtsanwälte (Rechtsanwaltsvergütungsgesetz) vom 5.5.2004 (BGBl I S 718, 788; BGBl III/FNA 368-3)
RVO	Reichsversicherungsordnung vom 19.7.1911 (RGBl I S 509) idF der Bekanntmachung vom 15.12.1924 (RGBl I S 779; BGBl III/FNA 820-1)
s	siehe
S	Seite
sa	siehe auch
SachR, SachenR	Sachenrecht
SAE	Sammlung arbeitsrechtlicher Entscheidungen der Vereinigung der Arbeitgeberverbände
Schapp/Schur	Sachenrecht, Jan Schapp und Wolfgang Schur, 4. Aufl 2010
Schreiber	Sachenrecht, Klaus Schreiber, 5. Aufl 2008

SächsArch	Sächsisches Archiv für Bürgerliches Recht und Prozess (ab 14.1904: für Deutsches Bürgerliches Recht; 1.1891–15.1905)
SächsOLG	Annalen des sächsischen Oberlandesgerichts zu Dresden (von 1880 bis 1920)
SächsRpfl	siehe SARpfl
SARpfl	Sächsisches Archiv für Rechtspflege (1.1906–15.1920; N. F. 1.1921–3.1923)
Sarwey/Bossert	Konkursordnung für das Deutsche Reich, Otto Sarwey und G. Bossert, 4. Aufl. nach d Stande d v 1. Jan. 1900 an geltenden Gesetzgebung, 1901
Schaub	Schaub, Günter: Arbeitsrechts-Handbuch, 14. Auflage 2011
ScheckG	Scheckgesetz vom 14.8.1933 (RGBl I S 597; BGBl III/FNA 4132-1)
SchiffsBG	Gesetz über Schiffsbanken (Schiffsbankgesetz) idF v. 8.5.1963 (BGBl I S 301; BGBl III/FNA 7628-2)
Schlegelberger	Handelsgesetzbuch, Kommentar, herausgegeben von Franz Schlegelberger und Ernst Geßler, 5. Auflage
Schmidt GesellschaftsR	Gesellschaftsrecht, Karsten Schmidt, 4. Aufl 2002
Schmidt HandelsR	Handelsrecht, Karsten Schmidt, 5. Aufl 1999
Schmidt-Futterer	Mietrecht, Kommentar, herausgegeben von Hubert Blank, 10. Aufl 2011
Schmitz	Die Bauinsolvenz, Claus Schmitz, 5. Aufl 2011
SchRegO	Schiffsregisterordnung idF der Bekanntmachung vom 26.5.1951 (BGBl I S 360), zuletzt geändert durch Art. 107 des Gesetzes vom 2.3.1974 (BGBl I S 469)
SchRG	Gesetz über Rechte an eingetragenen Schiffen und Schiffsbauwerken (Schiffsrechtegesetz) vom 15.11.1940 (RGBl I S 1499; BGBl III/FNA 403-4)
SchuldR	Schuldrecht
SchuldRAnpG	Gesetz zur Anpassung schuldrechtlicher Nutzungsverhältnisse an Grundstücken im Beitrittsgebiet (Schuldrechtsanpassungsgesetz) vom 21.9.1994 (BGBl I S 2538)
Schwab/Weth	Schwab, Norbert/Weth, Stephan: ArbGG, Kommentar zum Arbeitsgerichtsgesetz, 3. Auflage 2011, zitiert: Schwab/Weth/Bearbeiter ArbGG
SeeArbG	Seearbeitsgesetz, Art 1 G v 20.4.2013, BGBl I 868, in Kraft getreten am 1.8.2013, zuletzt geändert durch Art 3 G v 26.6.2013, BGBl II 763
SeeR	Seerecht
SeuffArch	Seufferts Archiv für Entscheidungen der obersten Gerichte in den deutschen Staaten
SeuffBl	Seufferts Blätter für Rechtsanwendung in Bayern
SGB	Sozialgesetzbuch
SGG	Sozialgerichtsgesetz idF vom 23.9.1975 (BGBl I S 2535; BGBl III/FNA 330-1)
SJZ	Süddeutsche Juristenzeitung
Slg	Sammlung
so	siehe oben
Soergel	Bürgerliches Gesetzbuch mit Einführungsgesetz und Nebengesetzen, Kommentar, 12./13. Aufl
sog	sogenannte (s, r)
SozplG	Gesetz über den Sozialplan im Konkurs- und Vergleichsverfahren vom 20.2.1985 (verlängert durch Gesetz vom 20.12.1988, BGBl I S 2450 und Gesetz vom 22.12.1989, BGBl I S 2405)
SozR	Sozialrecht
Sp	Spalte

Spindler/Stilz	Kommentar zum Aktiengesetz, herausgegeben von Gerald Spindler und Eberhard Stilz, 2. Aufl
SprAuG	Sprecherausschußgesetz vom 20. Dezember 1988 (BGBl I S 2312 (S 2316), das zuletzt durch Artikel 222 der Verordnung vom 31. Oktober 2006 (BGBl I S 2407) geändert worden ist
Staub	Handelsgesetzbuch, Großkommentar,, begründet von Hermann Staub, 5. Aufl
Staudinger	Staudinger, Kommentar zum Bürgerlichen Gesetzbuch mit Einführungsgesetz und Nebengesetzen, 13. Bearb. 1993 ff
StaatsbankG	Gesetz über die Staatsbank Berlin vom 29.6.1990 (GBl DDR I Nr 38, S 504)
Stb	Steuerberater
StBerG	Steuerberatungsgesetz idF vom 4.11.1975 (BGBl I S 2735; BGBl III/FNA 610-10)
std	ständig(e)
Stein/Jonas	Kommentar zur Zivilprozessordnung, Friedrich Stein und Martin Jonas, 22. Aufl
stenogr Bericht	Verhandlungen des Reichstags, Stenographischer Bericht nebst Anlagen (zitiert nach Legislaturperiode, Session, Band, Seite)
SteuerR	Steuerrecht
StGB	Strafgesetzbuch idF vom 13.11.1998 (BGBl I S 3322; BGBl III/FNA 450-2)
Stöber	Zwangsvollstreckungsgesetz, Kommentar, Kurt Stöber, 20. Aufl 2012
StPO	Strafprozessordnung idF vom 7.4.1987 (BGBl I S 1074,1319; BGBl III/FNA 312-2)
str	streitig
StuW	Steuer und Wirtschaft
StVG	Straßenverkehrsgesetz vom 19.12.1952 (BGBl I S 837; BGBl III/FNA 9231-1)
1. StVRG	1. Gesetz zur Reform des Strafverfahrensrechts vom 9.12.1974 (BGBl I S 3393 und S 3533; BGBl III/FNA 312-8-1)
StW	Steuer-Warte (1.1922 ff; 23.1950 ff)
su	siehe unten
teilw	teilweise
ThürBl	Blätter für Rechtspflege in Thüringen und Anhalt, (1854–1918)
Tipke/Lang	Steuerrecht, Kommentar, 20. Aufl 2009
Tit.	Titel
TRG	Gesetz zur Neuregelung des Fracht-, Speditions- und Lagerrechts (Tranportrechtsreformgesetz) vom 25.6.1998 (BGBl I S 1588; BGBl III/FNA 4100-1/2).
TzBfG	Teilzeit- und Befristungsgesetz vom 21. Dezember 2000 (BGBl I S 1966), das zuletzt durch Artikel 23 des Gesetzes vom 20. Dezember 2011 (BGBl I S 2854) geändert worden ist
ua	und andere(m)
uä	und ähnliche(s)
UBGG	Gesetz über Unternehmensbeteiligungen vom 17.12.1986 (BGBl I S 2488) idF vom 9.9.1998 (BGBl I S 2765; BGBl III/FNA 4126-1)
ÜG	Überweisungsgesetz vom 21.07.1999 (BGBl I S 1642; BGBl III/FNA 311-13)
UFITA	Archiv für Urheber-, Film-, Funk- und Theaterrecht
Uhlenbruck	Insolvenzordnung, Kommentar, fortgeführt von Georg Kuhn und Wilhelm Uhlenbruck, 13. Aufl 2010

UmwG	Umwandlungsgesetz vom 28.10.1994 (BGBl I S 3210, ber. 1995 I S 428; BGBl III/FNA 4120-9-2)
UrhG	Gesetz über Urheberrecht und verwandte Schutzrechte (Urheberrechtsgesetz) vom 9.9.1965 (BGBl I S 1273; BGBl III/FNA 440-1)
UrhR	Urheberrecht
Urt	Urteil
usf	und so fort
USG	Gesetz über die Sicherung des Unterhalts der zum Wehrdienst Einberufenen Wehrpflichtigen und ihrer Angehörigen (Unterhaltssicherungsgesetz) vom 26.7.1957 (BGBl I S 1046) idF vom 20.2.2002 (BGBl I S 972; BGBl III/FNA 53-3)
UStG	Umsatzsteuergesetz idF der Bekanntmachung vom 9.6.1999 (BGBl I S 1270) idF vom 21.2.2005 (BGBl I S 386; BGBl III/FNA 611-10-14)
UStR	Umsatzsteuer-Rundschau (Beilage zur Finanzrundschau)
usw	und so weiter
uU	unter Umständen
UWG	Gesetz gegen den unlauteren Wettbewerb vom 3.7.2004 (BGBl I S 1414; BGBl III/FNA 43-7)
v	vom
v Westphalen	Der Leasingvertrag, herausgegeben von Friedrich Graf von Westphalen, 6. Aufl 2008
VAG	Gesetz über die Beaufsichtigung der privaten Versicherungsunternehmen und Bausparkassen (Versicherungsaufsichtsgesetz) idF vom 17.12.1992 (BGBl 1993 I S 2; BGBl III/FNA 7631-1)
Var	Variante
VerBAV	Veröffentlichungen des Bundesaufsichtsamts für das Versicherungswesen
VerbrKrG	Verbraucherkreditgesetz idF der Bekanntmachung vom 29.7.2000 (BGBl I S 940; BGBl III/FNA 402-6)
vergl	vergleiche
Verh	Verhandlungen
VermA	Vermittlungsausschuss
VermBG	Fünftes Gesetz zur Förderung der Vermögensbildung der Arbeitnehmer 5. Vermögensbildungsgesetz idF der Bekanntmachung vom 4.3.1994 (BGBl I S 406; BGBl III/FNA 800-9)
VermG	Gesetz zur Regelung offener Vermögensfragen (Vermögensgesetz – VermG) idF der Bekanntmachung vom 9.2.2005 (BGBl I S 205; BGBl III/FNA III-19)
VersR	Versicherungsrecht, Juristische Rundschau für die Individualversicherung
VerwZG	Verwaltungszustellungsgesetz vom 3.7.1952 (BGBl I S 379; BGBl III/FNA 201-3)
VerZSe	Vereinigte Zivilsenate
Vf	Verfahren
Vfg	Verfügung
VG	Verwaltungsgericht
VGH	Verfassungsgerichtshof
vgl	vergleiche
VglO	Vergleichsordnung vom 7.12.1990 (BGBl I S 2847; BGBl III/FNA 311-1)
VGS	Vereinigter Großer Senat
VO	Verordnung

VOBl	Verordnungsblatt
VOB/B	Vergabe- und Vertragsordnung für Bauleistungen, Fassung 2009; Bundesanzeiger 2009, Nr 155
Voraufl	Vorauflage
Vorbem	Vorbemerkung
vorl	vorläufig
VuR	Verbraucher und Recht
VVG	Gesetz über den Versicherungsvertrag (Versicherungsvertragsgesetz) vom 30.5.1908 (RGBl S 263; BGBl III/FNA 7632-1)
VwGO	Verwaltungsgerichtsordnung vom 21.1.1960 (BGBl I S 17 idF der Bekanntmachung vom 19.3.1991 (BGBl I S 686; BGBl III/FNA 340-1)
VwVG	(Bundes-)Verwaltungsvollstreckungsgesetz vom 27.4.1953 (BGBl I S 157; BGBl III/FNA 201-4)
VZS	Vereinigte Zivilsenate
Warn	Rechtsprechung des Bundesgerichtshofs in Zivilsachen, als Fortsetzung der von Otto Warneyer herausgegebenen Rechtsprechung des Reichsgerichts (1959/60 ff)
WarnRspr	Warneyer, Rechtsprechung des Reichsgerichts, soweit sie nicht in der amtlichen Sammlung der Entscheidungen des RG abgedruckt ist, herausgegeben von Warneyer
WEG	Gesetz über das Wohnungseigentum und das Dauerwohnrecht (Wohnungseigentumsgesetz) vom 15.3.1951 (BGBl I S 175; ber. S 209; BGBl III/FNA 403-1)
WG	Wechselgesetz vom 21.6.1933 (RGBl I S 399; BGBl III/FNA 4133-1)
Wieczorek/Schütze	Zivilprozessordnung und Nebengesetze, Gorßkommentar, begründet von Bernhard Wieczorek, herausgegeben von Rolf A. Schütze, 3. Aufl 1994 ff
Wiedemann	Wiedemann, Herbert: Tarifvertragsgesetz TVG, Kommentar, 7. Auflage 2007
WiGBl	Gesetzblatt der Verwaltung des Vereinigten Wirtschaftsgebiets (1.1947–3.1949)
1. WiKG	Erstes Gesetz zur Bekämpfung der Wirtschaftskriminalität vom 29.7.1976 (BGBl I S 2034; BGBl III/FNA 453-18-1)
Wieling	Sachenrecht, Hans Josef Wieling, 5. Aufl 2007
Wilhelm	Sachenrecht, Jan Wilhelm, 4. Aufl 2010
WM	Wertpapier-Mitteilungen (Teil IV, Wirtschafts-, Wertpapier- und Bankrecht)
wN	weitere Nachweise
WoBindG	Gesetz zur Sicherung der Zweckbestimmung von Sozialwohnungen (Wohnungsbindungsgesetz) idF der Bekanntmachung vom 13.9.2001 (BGBl I S 2404; BGBlIII/FNA 2330-14)
Wolf/Neuner	Allgemeiner Teil des Bürgerlichen Gesetzbuchs, von Manfred Wolf und Jörg Neuner, 10. Aufl 2012
Wolff/Raiser	Sachenrecht, Martin Wolff und Ludwig Raiser, 10. Aufl 1957
WoPG	Wohnungsbau-Prämiengesetz (WoPG 1996) idF vom 30.10.1997 (BGBl I 2678; BGBl III/FNA 2330-9)
WPg	Die Wirtschaftsprüfung
WPO	Gesetz über eine Berufsordnung der Wirtschaftsprüfer (Wirtschaftsprüferordnung) idF vom 5.11.1975 (BGBl I S 2803; BGBl III/FNA 702-1)
WuB	Entscheidungssammlung zum Wirtschafts- und Bankrecht
WürttNotZ	Zeitschrift des Württembergischen Notarvereins
WuM	Wohnungswirtschaft und Mietrecht

z	zur
ZAkDR	Zeitschrift der Akademie für Deutsches Recht
zB	zum Beispiel
ZBB	Zeitschrift für Bankrecht und Bankwirtschaft
ZBlFG	Zentralblatt für die freiwillige Gerichtsbarkeit und Notariat
ZDG	Zivildienstgesetz idF der Bekanntmachung vom 17. Mai 2005 (BGBl I S 1346), das durch Artikel 2 Absatz 9 des Gesetzes vom 3. Mai 2013 (BGBl I S 1084) geändert worden ist
Zeuner	Die Anfechtung in der Insolvenz, Mark Zeuner, 2. Aufl 2007
ZfA	Zeitschrift für Arbeitsrecht
ZfB	Zeitschrift für Betriebswirtschaft
ZfbF	Schmalenbachs Zeitschrift für betriebswirtschaftliche Forschung
ZfG	Zeitschrift für Gesetzgebung
ZGR	Zeitschrift für Unternehmens- und Gesellschaftsrecht
ZHR	Zeitschrift für das gesamte Handelsrecht und Wirtschaftsrecht (bis 1960 = Band 123: Zeitschrift für das gesamte Handelsrecht und Konkursrecht)
Ziff	Ziffer
ZInsO	Zeitschrift für das gesamte Insolvenzrecht
ZIP	Zeitschrift für Wirtschaftsrecht
ZKW	Zeitschrift für das gesamte Kreditwesen
ZMR	Zeitschrift für Miet- und Raumrecht
Zöller	Zivilprozessordnung, begründet von Richard Zöller, 29. Auflage 2012
ZPO	Zivilprozeßordnung idF vom 5.12.2005 (BGBl I S 3202; BGBl III/FNA 310-4)
ZPR	Zivilprozessrecht
ZRP	Zeitschrift für Rechtspolitik
zust	zustimmend
zutr	zutreffend
ZVersWiss	Zeitschrift für die gesamte Versicherungswissenschaft (von 1901 bis 1943, Bände 1–43; Jahr, Seite)
ZVG	Gesetz über die Zwangsversteigerung und die Zwangsverwaltung (Zwangsversteigerungsgesetz) vom 24.3.1897 (RGBl S 97) idF der Bekanntmachung vom 20.5.1898 (RGBl S 713; BGBl III/FNA 310-14)
Zwanziger	Zwanziger, Bertram: Kommentar zum Arbeitsrecht der Insolvenzordnung, 4. Auflage 2010
ZZP	Zeitschrift für Zivilprozess

DRITTER TEIL

Wirkungen der Eröffnung des Insolvenzverfahrens

ZWEITER ABSCHNITT

Erfüllung der Rechtsgeschäfte, Mitwirkung des Betriebsrats

Vorbemerkungen zu §§ 103–119*

Literatur (siehe ferner die Literatur zu den einzelnen Bestimmungen)

Bartels Freigabe des Unternehmens und Enthaftung des verbleibenden Alterwerbs (Masse) nach § 35 Abs. 2 Satz 1 InsO KTS 2012, 381; *C Berger* Der Lizenzsicherungsnießbrauch – Lizenzerhaltung in der Insolvenz des Lizenzgebers GRUR 2004, 20; *ders* Auf dem Weg zur Insolvenzfestigkeit von Lizenzen – Kritik und Alternativen zum Regierungsentwurf eines neuen § 108a InsO ZInsO 2007, 1142; *ders* Die unternehmerische Tätigkeit des Insolvenzschuldners im Rahmen der Haftungserklärung nach § 35 Abs. 2 InsO ZInsO 2008, 1101; *ders* Nutzung und Verwertung von Lizenzen durch den Insolvenzverwalter – Zustimmung des Lizenzgebers? FS Wellensiek (2011) S 373; *Bork* Zur Dogmatik des § 17 KO FS Zeuner (1994) S 297; *ders* Die Doppeltreuhand in der Insolvenz NZI 1999, 337; *Bous* Die Konzernleitungsmacht im Insolvenzverfahren konzernverbundener Kapitalgesellschaften (2001); *Brauer/Sopp* Sicherungsrechte an Lizenzrechten; eine unsichere Sicherheit? – Das Schicksal von Sicherheiten an Lizenzrechten ZUM 2004, 112; *Brinkmann* Kreditsicherheiten an beweglichen Sachen und Forderungen (2011); *ders* Schiedsverfahren über Lizenzen in der Insolvenz des Lizenzgebers – eine Gleichung mit drei Unbekannten NZI 2012, 735; *Bullinger/Hermes* Insolvenzfestigkeit von Lizenzen im zweiten Anlauf einer Insolvenzrechtsreform? NZI 2012, 492; *Dahl/Schmitz* Der Lizenzvertrag in der Insolvenz des Lizenzgebers und die geplante Einführung des § 108a InsO NZI 2007, 626; *Dengler/Gruson/Spielberger* Insolvenzfestigkeit von Lizenzen? Forschungsstandort Deutschland – so wohl kaum! NZI 2006, 677; *Eckert* Neues im Insolvenzrecht der Wohnraummiete NZM 2001, 260; *Fezer* Lizenzrechte in der Insolvenz des Lizenzgebers – Zur Insolvenzfestigkeit der Markenlizenz WRP 2004, 793; *Fischer* Nicht ausschließliche Lizenzen an Immaterialgüterrechten in der Insolvenz des Lizenzgebers WM 2013, 821; *Flume* Die Rechtsstellung des Vorbehaltskäufers AcP 161 (1962) 385; *Ganter* Patentlizenzen in der Insolvenz des Lizenzgebers NZI 2011, 833; *Gutsche* Die schicksalhafte Begegnung der Dauerschuldverhältnisse mit der Freigabe gem. § 35 Abs. 2 InsO ZVI 2008, 41; *Haarmeyer* Die Freigabe selbständiger Tätigkeit des Schuldners und die Erklärungspflichten des Insolvenzverwalters ZInsO 2007, 696; *Haedicke* Dingliche Wirkungen und Insolvenzfestigkeit von Patentlizenzen in der Insolvenzkette ZGE 2011, 377; *Häsemeyer* Die Gleichbehandlung der Konkursgläubiger KTS 1982, 507; *ders* Zur Aufrechnungsmöglichkeit bei einem Erfüllungsverlangen des Konkursverwalters gem KO § 17 JR 1992, 423; *Hauck* Die Verdinglichung obligatorischer Rechte am Beispiel einfacher immaterialgüterrechtlicher Lizenzen AcP 211 (2011) 626; *Heim* Lizenzverträge in der Insolvenz – Anmerkungen zu § 108a InsO-E NZI 2008, 338; *Henckel* Vom Wert und Unwert juristischer Konstruktionen im Konkursrecht FS Weber (1975) S 237; *ders*

* Meine Mitarbeiter *Florian Bartels, Manuel Holzmann, Nina Kuszlik, Christian Mikolajczak* und *Christof Wagner* haben mich bei der Kommentierung von §§ 103–112, 115–119 außerordentlich unterstützt, indem sie akribisch Material gesammelt, anregend mit mir diskutiert, hervorragende Entwürfe gefertigt und unermüdlich Korrektur gelesen haben. Ihnen sei auch an dieser Stelle recht herzlich dafür gedankt.

Gegenseitige Verträge in Konkurs und Vergleich – Zu dem gleichnamigen Buch von Wolfgang Marotzke ZZP 99 (1986) 419; *Hirte* Lizenzen in der Insolvenz – Verunglückter Versuch einer Neuregelung in der 2. Stufe der Insolvenzrechtsreform KSzW 2012, 268; *Hirte/Knof* Wem „gehört" die Lizenz? – Plädoyer für eine Dekonstruktion des Haftungsrechts in der Insolvenz? JZ 2011, 889; *Hölder/Schmoll* Patentlizenz- und Know-How-Verträge in der Insolvenz – Teil II: Insolvenz des Lizenzgebers GRUR 2004, 830; *Hombrecher* Die vertragliche Absicherung des Markenlizenznehmers gegen eine Insolvenz des Lizenzgebers WRP 2006, 219; *Jacoby* Die Insolvenzfestigkeit von Lastschriften gestern, heute und morgen ZIP 2010, 1725; *Jungclaus* Zu einem dogmatischen Grundfehler des § 108a InsO-E in der Fassung des Referentenentwurfs des BMJ v. 18.1.2012 ZInsO 2012, 724; *Kesseler* § 105 InsO und die teilbaren unteilbaren Leistungen ZIP 2005, 2046; *Koehler/Ludwig* Die Behandlung von Lizenzen in der Insolvenz NZI 2007, 79; *Kreft* Die Wende in der Rechtsprechung zu § 17 KO ZIP 1997, 865; *ders* Teilbare Leistungen nach § 105 (unter besonderer Berücksichtigung des Bauvertragsrechts) FS Uhlenbruck (2000) S 387; *Linder* Vorleistungen in der Insolvenz (2006); *Marotzke* Das M2Trade-Urteil des BGH v. 19.7.2012 (ZInsO 2012, 1611): ein Stolperstein auf dem Weg zur gesetzlichen Regelung der Insolvenzfestigkeit von Lizenzen? ZInsO 2012, 1737; *McGuire* Nutzungsrechte an Computerprogrammen in der Insolvenz GRUR 2009, 13; *dies* Lizenzen in der Insolvenz: ein neuer Anlauf zu einer überfälligen Reform GRUR 2012, 657; *dies* Die Lizenz (2012); *Mikolajczak* Die Haftung des Gesellschafters für doppelbesicherte Darlehen – Was folgt aus dem Nachrang des Freistellungsanspruchs? ZIP 2011, 1285; *Mitlehner* § 108a InsO RegE – Insolvenzfestigkeit von Lizenzverträgen kraft Gesetzes? ZIP 2008, 450; *Mock* Was Lizenzverträge im Insolvenzverfahren mit engagierten Müttern, Studienkrediten und Abtreibungen verbindet ZInsO 2007, 1121; *P Mohrbutter* Der Ausgleich von Verteilungsfehlern in der Insolvenz (1998); *Mülbert* Das inexistente Anwartschaftsrecht und seine Alternativen AcP 202 (2002) 912; *Musielak* Die Erfüllungsablehnung des Konkursverwalters – Zur Auslegung des § 17 Abs 1 der Konkursordnung AcP 179 (1979) 189; *Muthorst* § 348 BGB in der Insolvenz – zum Anwendungsbereich von § 103 InsO KTS 2009, 467; *Pahlow* Lizenz und Lizenzvertrag in der Insolvenz – Von einer unbefriedigenden Rechtslage und einer verbesserungsbedürftigen Reform WM 2008, 2041; *Pape* Insolvenz im Mietrecht NZM 2004, 401; *Pech* Die Einbeziehung des Neuerwerbs in die Insolvenzmasse (1999); *Pfennig* Das Erbbaurecht in der Insolvenz (2010); *Pleister/Wündisch* Lizenzen in der Insolvenz – eine unendliche Geschichte? ZIP 2012, 1792; *Priebe* Immobilien und Insolvenz – Freigabe ZInsO 2010, 1673; *Ries* Freigabe (auch) von Dauerschuldverhältnissen des § 108 InsO aus dem Insolvenzbeschlag beruflich selbstständiger Schuldner ZInsO 2009, 2030; *H Roth* Einrede des Bürgerlichen Rechts (1996); *ders* Die Fortsetzung des Synallagmas mit insolvenzrechtlichen Mitteln (§ 103 InsO) FS Rolland (1999) S 305; *Runkel* Probleme bei Neuerwerb in der Insolvenz FS Uhlenbruck (2000) S 315; *Schmid* Insolvenzfestigkeit von Lizenzen: Neuer Referentenentwurf für die zweite Stufe der Insolvenzrechtsreform GRUR-Prax 2012, 75; *Schmidt* Vertragliche Unterlassungsansprüche und Ansprüche auf unvertretbare Handlungen als Massegläubigerforderungen und als Insolvenzforderungen? KTS 2004, 241; *Schollmeyer* Gegenseitige Verträge im internationalen Insolvenzrecht (1997); *Slopek* Lizenzen in der Insolvenz des Lizenzgebers: Der neue § 108a InsO-E GRUR 2009, 128; *ders* Die Lizenz in der Insolvenz des Lizenzgebers – Endlich Rettung in Sicht? WRP 2010, 616; *Stiller* Wirkung der Negativerklärung gem. § 35 Abs. 2 Satz 1 InsO auf bei Insolvenzeröffnung bestehende Arbeitsverhältnisse ZInsO 2010, 1374; *Vallender/Dahl* Das Mietverhältnis des Schuldners im Verbraucherinsolvenzverfahren NZI 2000, 246; *Voigt/Gerke* Die insolvenzfreie selbstständige Arbeit ZInsO 2002, 1054; *Wandtke/Bullinger* Urheberrecht[3] (2009); *Wegener* Das Wahlrecht des Insolvenzverwalters unter Einfluss des Schuldrechtmodernisierungsgesetzes (2006); *v Wilmowsky* Insolvenzvertragsrecht: Die Grundstruktur – Plädoyer für ein funktionsgerechtes Verständnis des § 103 InsO KTS 2011, 453; *ders* Gegen einen § 108a InsO für Lizenzverträge – Die Pflichten des Lizenzgebers (Vermieters, Verpächters) nach Überlassung des Gegenstands zur Nutzung NZI 2013, 377; *Wimmer* Die Kündigung des Mietvertrages über die vom Schuldner bewohnte Wohnung durch den Insolvenzverwalter/Treuhänder FS Uhlenbruck (2000) S 605; *ders* Neue Reformüberlegungen zur Insolvenzfestigkeit von Lizenzverträgen ZIP 2012, 545; *Windel* Die Verteilung der Befugnisse zur Entscheidung über Vermögenserwerb zwischen (Gemein-)Schuldner und Konkurs-(Insolvenz-)verwalter bzw Vollstreckungsgläubiger nach geltendem und künftigem Haftungsrecht KTS 1995, 367; *ders* Der insolvenzrechtliche Gleichbehandlungsgrundsatz und seine Auswirkungen auf die Abwicklung schwebender Austauschverträge Jura 2002, 230; *Wischemeyer* Freigabe einer selbstständigen Tätigkeit nach § 35 Abs. 2 InsO – Praxisfragen und Lösungswege ZInsO 2009, 2121.

Übersicht

Alphabetische Übersicht

I. Überblick

1 Die Regelungen der §§ 103–128 finden sich im Dritten Teil der InsO bei den **Wirkungen der Verfahrenseröffnung.** Sie beziehen sich auf zum Zeitpunkt der Verfahrenseröffnung schwebende Rechtsverhältnisse des Insolvenzschuldners. Bereits vollständig abgewickelte und die Gläubigergesamtheit benachteiligende Geschäfte kann der Insolvenzverwalter (nur) nach Maßgabe der §§ 129–147 zu Gunsten der Insolvenzmasse rückabwickeln („anfechten"). Doch regelmäßig übernimmt der Insolvenzverwalter ein laufendes Unternehmen und wird daher Vertragsverhältnisse vorfinden, die zwar bereits vor Übergang der Verwaltungs- und Verfügungsbefugnis auf ihn (§ 80) begründet, aber noch nicht vollständig abgewickelt sind; sich mithin noch in einer **Schwebelage** befinden. Die §§ 103–119 stellen Regeln zur Behandlung dieser noch schwebenden Vertragsverhältnisse auf.

2 Das Gesetz hat dabei zwei – im Grundsatz entgegenstehende – **Interessen und Ziele** zum Ausgleich zu bringen:[1] Einerseits soll der Insolvenzverwalter die Insolvenzmasse anreichern, um alle Gläubiger möglichst weitgehend befriedigen zu können (§ 1). In gewisser Weise als Untergrenze der damit notwendigen Massesicherung formuliert die Rechtsprechung beispielsweise, dass in die Masse jedenfalls die Gegenleistung für das fließen soll, was aus der Masse erbracht wird (sog **Gegenleistungsgrundsatz**).[2] Anderer-

[1] Vgl *Häsemeyer* InsR[4] Rn 20.08; *Kreft* MünchKomm InsO[3] § 103 Rn 2; Uhlenbruck/*Wegener* InsO[13] § 103 Rn 1 f.

[2] BGHZ 86, 382 (385 f); 106, 236 (244); 116, 156 (159 f); 129, 336 (339); 135, 25 (27); 138, 179 (187); 155, 87 (98); BGH ZIP 2011, 2262 Rn 5; einschr BGHZ 109, 368 (376 f).

seits verdienen die Vertragspartner des Insolvenzschuldners Schutz.[3] Da die Vertragsverhältnisse vor Insolvenzeröffnung begründet wurden, wären die Vertragspartner nach § 38 mit ihren Forderungen nur Insolvenzgläubiger und könnten infolge von § 87 ihre Forderungen nur zur Tabelle anmelden, nicht einmal eine Einrede auf die Forderungen stützen. Das ist angemessen, soweit die Vertragspartner dem Schuldner Kredit gewährt und damit dessen Insolvenzrisiko übernommen haben. Mit der Verfahrenseröffnung realisiert sich das Kreditrisiko. In anderen Fällen verdienen sie Schutz wie insbesondere durch die insolvenzrechtliche Berücksichtigung des Synallagmas (Rn 4 ff), der Vormerkung (Rn 35) und des Eigentumsvorbehaltes (Rn 37).[4]

§§ 115–117 ziehen indessen die Konsequenzen daraus, dass mit Insolvenzeröffnung nach § 80 mit dem Insolvenzverwalter eine **neue Handlungsorganisation** zur Verwaltung des Sondervermögens Insolvenzmasse errichtet wird (§§ 115 f Rn 24; § 117 Rn 5). Die vom nicht mehr verfügungsbefugten Insolvenzschuldner Dritten eingeräumten Kompetenzen, sein Vermögen zu verwalten, sind daher unbeachtlich. Deshalb erlöschen Aufträge (§ 115), Geschäftsbesorgungsverhältnisse (§ 116) und Vollmachten (§ 117) mit Verfahrenseröffnung, wenn der Insolvenzschuldner Auftraggeber oder Prinzipal ist. § 118 regelt den Vertrauensschutz eines tätig geschäftsführenden Gesellschafters einer mit Insolvenz eines Gesellschafters aufgelösten Gesellschaft. Das Regelungsproblem dieser Bestimmungen (§§ 115–118) unterscheidet sich damit grundlegend von dem der §§ 103–113. Es steht weniger die Abwicklung schwebender Rechtsverhältnisse in Rede, sondern **Vertrauensschutz** für denjenigen, der nach dem insolvenzbedingten Erlöschen seiner Handlungsbefugnisse weiter für seinen (insolventen) Prinzipal tätig wird (näher Rn 43 ff). Regelungsgegenstände sind Vertretungsmacht, Aufwendungsersatzansprüche und Haftungsgefahren. 3

II. Insolvenzfestigkeit des Synallagmas

Nach **§§ 320 ff BGB** ist einerseits die aktive Anspruchsdurchsetzung eines Vertragspartners davon abhängig, dass er seine Gegenleistung erbringt. Andererseits kann er sich gegen die eigene Inanspruchnahme verteidigen, solange sein Anspruch nicht erfüllt wird. In der Insolvenz wäre der Vertragspartner des Insolvenzschuldners ohne die Regelungen der §§ 103 ff Insolvenzgläubiger, weil seine Forderung vor Insolvenzeröffnung begründet wurde (§ 38). Seine Forderung dürfte er nach § 87 nur im Insolvenzverfahren verfolgen.[5] Aktiv könnte der Vertragspartner seine Forderung nur zur Insolvenztabelle anmelden. Die Anmeldung einer durchsetzbaren Forderung stände gar noch unter der Bedingung, dass der Vertragspartner (unter Verzicht auf sein Zurückbehaltungsrecht) seine Leistung vollständig erbrächte.[6] Würde der Vertragspartner vom Insolvenzverwalter auf die synallagmatische Gegenforderung in Anspruch genommen werden, so könnte er sich wegen § 87 nicht einmal einredeweise auf seine Forderung berufen.[7] 4

---

[3] BGHZ 58, 246 (249); 68, 379 (383); 89, 184 (194 f); 96, 392 (396).

[4] *Häsemeyer* InsR[4] Rn 20.03.

[5] Berechtigt der Anspruch ausnahmsweise z Aussonderung, kann der synallagmatische Gegenanspruch vom Insolvenzverwalter, aber auch vom Insolvenzschuldner – wenn er einmal passivlegitimiert ist – über § 320 BGB dem Aussonderungsberechtigten entgegengehalten werden, dazu BGH ZIP 2013, 890 Rn 10 ff.

[6] *Bork* InsR[6] Rn 159 Fn 19; *Kreft* MünchKomm InsO[3] § 103 Rn 16.

[7] Vgl *Muthorst* KTS 2009, 467 (475).

5 Diesen Missstand verhüten §§ 103 ff und tragen so dem **Schutz des Vertragspartners** durch das Synallagma Rechnung. Erst diese Bestimmungen des Insolvenzrechts ordnen mithin in gebotener Abweichung vom Grundsatz des § 87 die Insolvenzfestigkeit der Stellung des Vertragspartners aus dem Synallagma an.[8] Eine grundsätzlich andere Weichenstellung wäre insbesondere angesichts der Einrede des nicht erfüllten Vertrags (§ 320 BGB) mit der Ausgestaltung des Synallagmas durch das BGB nicht in Einklang zu bringen.[9] Denn die Verknüpfung von Leistung und Gegenleistung im Synallagma ist bei weitem enger als beim bloßen Zurückbehaltungsrecht nach § 273 BGB,[10] das nach § 87 nicht insolvenzfest ist (§ 103 Rn 99).[11]

1. Ausgestaltung der Insolvenzfestigkeit

6 Zur Ausgestaltung der Insolvenzfestigkeit des Synallagmas bestehen verschiedene Möglichkeiten. Es sind insbesondere die beiden Gestaltungen zu unterscheiden, entweder die im Synallagma stehenden vertraglichen Verpflichtungen auch mit Wirkung gegenüber der Insolvenzmasse fortdauern zu lassen oder aber den Vertrag zu beenden, so dass die offenen Ansprüche nicht mehr abgewickelt werden. Die Insolvenzordnung macht von diesen beiden Möglichkeiten Gebrauch. Es findet sich sowohl die **Anordnung des Fortdauerns** des Vertrages (§ 108) als auch die der **Beendigung** (§ 104; §§ 115 f). Im Grundsatz darf allerdings der Insolvenzverwalter zwischen diesen beiden Möglichkeiten **wählen** (§ 103). Diese unterschiedlichen vom Vertragsinhalt abhängigen Rechtsfolgen lassen sich folgendermaßen erklären:

7 a) **Wahlrecht des Insolvenzverwalters (§ 103).** Das Wahlrecht des Insolvenzverwalters stellt die **für die Masse günstigste Rechtsfolge** dar. Denn der Verwalter kann orientiert am Wohl der Masse im Einzelfall entscheiden, ob Beendigung des Vertrags oder seine Fortdauer gelten sollen.[12] Dabei wird der Verwalter sich nicht nur von den Konditionen des Vertrags, sondern auch von dessen Abwicklungsstand und schließlich davon leiten lassen, ob das schuldnerische Unternehmen fortgeführt wird.[13] Denn von der Fortführung wird vielfach abhängen, ob er den geschuldeten Gegenstand entweder noch leisten oder gebrauchen kann. Damit bedeutet die Ausübung des Wahlrechts für den Verwalter eine Entscheidung über die **Verwertung des im Vertrag verkörperten Werts**. Zur dogmatischen Einordnung des Wahlrechts s § 103 Rn 18 ff.

8 Den Interessen des Vertragspartners wird dadurch Rechnung getragen, dass er dem Insolvenzverwalter eine **Frist** setzen kann, sein Wahlrecht auszuüben (§ 103 II 2). Auf diese Aufforderung hat der Insolvenzverwalter innerhalb einer bestimmten Frist (unverzüglich) die Erfüllung zu wählen oder sie abzulehnen. Sofern der Verwalter sich nicht erklärt, wird ihm die Möglichkeit der Erfüllungswahl genommen (§ 103 II 3). Die **zwischenzeitliche Schwebesituation** soll dem Vertragspartner grundsätzlich zuzumuten sein.[14]

---

[8] Zu der Frage, ob die Einrede des nichterfüllten Vertrages insolvenzfest ist, s § 103 Rn 6.

[9] Ebenso der Ausgangspunkt des Gesetzgebers der KO, Begr zu EKO § 15, Mot S 69 (§ 103 Rn 3).

[10] *Krüger* MünchKomm BGB[6] § 273 Rn 101; *Roth* Einrede des Bürgerlichen Rechts S 183 f; Staudinger/*Bittner* BGB[2009] § 273 Rn 2.

[11] BGHZ 150, 138 (145); 161, 241 (252); BGH ZIP 2013, 179 Rn 9; NJW 2009, 1414 Rn 18; *Häsemeyer* InsR[4] Rn 18.20; *Henckel* ZZP 99 (1986) 419 (421 ff); **aA** *Marotzke* Gegenseitige Verträge[3] Rn 2.48 ff; Soergel/*Wolf* BGB[12] § 273 Rn 48; *v Wilmowsky* KTS 2011, 453 (456).

[12] BGHZ 106, 236 (241 ff); 116, 156 (159).

[13] Vgl BGHZ 150, 138 (148); *Bork* FS Zeuner (1994) S 297 (309); *Kreft* ZIP 1997, 865 (867); *Windel* Jura 2002, 230 (233).

[14] Vgl *Huber* MünchKomm InsO[3] § 103 Rn 170; Uhlenbruck/*Wegener* InsO[13] § 103 Rn 126 ff.

b) **Beendigung des Vertrags (§ 104, §§ 115 f).** Abweichend wertet das Gesetz bei Fixgeschäften und diesen gleichgestellten Verträgen, sofern der Vertragsgegenstand einen Marktpreis hat. Hier soll dem Vertragspartner eine Schwebezeit nicht zumutbar sein, der Insolvenzverwalter gleichzeitig nicht zur Spekulation verleitet werden.[15] Daher ordnet § 104 eine Beendigung des Vertrags an. Der Vertrag wird zu dem bei Verfahrenseröffnung einschlägigen Marktpreis abgerechnet. **9**

Die gleiche Rechtsfolge greift auch bei Auftrag und Geschäftsbesorgung. Der Grund dafür ist aber ein anderer (Rn 3). Mit Übergang der Verwaltungs- und Verfügungsbefugnis auf den Insolvenzverwalter wird eine **neue Handlungsorganisation** zur Verwaltung der Insolvenzmasse geschaffen. Die vom Schuldner für seine Handlungsorganisation vormals gewonnenen Vertragspartner rücken nicht in die neue Handlungsorganisation ein. Das widerspräche deren vertraglicher Bindung, aber – abstrakt betrachtet – auch denen des Insolvenzverwalters (§§ 115 f Rn 25 ff). Sofern der Verwalter auf deren Tätigkeit nicht verzichten will, hat er diese erneut zu beauftragen. **10**

c) **Fortdauern bestimmter Dauerschuldverhältnisse (§ 108).** Eine Entscheidung prinzipiell zu Gunsten der Interessen des Vertragspartners trifft § 108 I 1, wenn dort das Fortdauern bestimmter Dauerschuldverhältnisse angeordnet wird.[16] Also soll dem Vertragspartner eine insolvenzbedingte außerordentliche Beendigung des Vertrags nicht zugemutet werden. Deutlich abgeschwächt wird diese Wirkung freilich durch die **Aufteilung des Vertrags** in den auf die Zeit vor Insolvenzeröffnung entfallenden Teil und den nunmehr mit der Masse fortzusetzenden Teil durch §§ 108 III, 110, 112 (Rn 14 ff). **11**

Für den Insolvenzverwalter bestehen allerdings verschiedene Möglichkeiten, sich vom Vertrag zu lösen. Zunächst einmal sind **ordentliche Kündigungsmöglichkeiten** nicht ausgeschlossen. Darüber hinaus wird die Kündigung eines Miet- oder Pachtverhältnisses auf Mieter- und Pächterseite durch § 109 erleichtert. Nichts anderes gilt nach §§ 113, 120 ff für die Kündigung eines Dienstverhältnisses (Arbeitsverhältnisses) durch den Dienstberechtigten (Arbeitgeber). **12**

Neben der Kündigung ermöglichen Verwertungshandlungen dem Insolvenzverwalter die Lösung von (insbesondere wegen Befristung unkündbaren) Verträgen. Er kann das vermietete oder verpachtete Grundstück veräußern. Der Vertrag wird dann vom Erwerber übernommen (§ 566 BGB, § 57a ZVG). Erschwernisse bei der Verwertung aufgrund der „Belastung“ mit dem Vertrag werden durch Kündigungsmöglichkeiten des Erwerbers (§ 111) abgemildert. Bei der Unternehmensveräußerung (sanierende Übertragung) gehen die Arbeitsverhältnisse ebenfalls mit über (§ 613a BGB). Schließlich kann der Insolvenzverwalter Ansprüche aus Darlehensverträgen veräußern. **13**

2. Teilung von einheitlichen vertraglichen Ansprüchen

Eine Teilung von vertraglichen Ansprüchen kommt in Betracht, wenn die Voraussetzungen einer Bestimmung nur für einen Teil eines einheitlichen Anspruchs vorliegen. Dann ist der Bestimmung durch **Auslegung** zu entnehmen, inwieweit die jeweiligen Rechtsfolgen auf einen Vertrags- oder Anspruchsteil beschränkt sind, sich auf den gesamten Vertrag erstrecken oder gar nicht eintreten. Dem BGB ist insoweit für gegenseitige Verträge kein einheitliches Regelungsmodell zu entnehmen. Für die Sekundärrechte bestimmen §§ 281 I 2, 323 V 1 BGB den Grundsatz, dass der Gläubiger diese auf den **14**

---

[15] Begr zu RegE § 118, BT-Drucks 12/2443 S 145.

[16] Kübler/Prütting/Bork/*Tintelnot* InsO[31] § 108 Rn 1; Uhlenbruck/*Wegener* InsO[13] § 108 Rn 2.

Vertragsteil beschränken muss, in Bezug auf den die Voraussetzungen des Sekundärrechts vorliegen. Hingegen erlaubt § 320 II BGB dem einen Vertragspartner grundsätzlich, die Einrede des nichterfüllten Vertrags im Hinblick auf seine gesamte Leistung zu erheben, auch wenn der andere bereits teilweise geleistet hat. Diese Versagung einer Teilung beruht maßgeblich darauf, dass der Einrede des nichterfüllten Vertrags nicht nur Sicherungsfunktion zukommt. Dann würde es genügen, die Einrede insoweit greifen zu lassen, als der Schuldner selbst noch nicht befriedigt ist. Gleich dem sog Druckzuschlag des § 641 III BGB[17] kommt der Einrede vielmehr auch Druckfunktion zu, den Gläubiger seinerseits zur Leistung anzuhalten.[18] Das Insolvenzrecht öffnet sich indessen für eine massegünstige Teilung von vertraglichen Ansprüchen.[19] Bei teilbaren Leistungspflichten wird zwischen dem bis zur Insolvenzeröffnung abgewickelten Teil und dem noch unerfüllten Teil unterschieden.

15 a) **Wirkungsweisen der Teilung.** Die Teilung kann unterschiedliche Wirkungen äußern. Drei Sachlagen seien hervorgehoben, um die Bedeutung der Teilung zu veranschaulichen. Die ersten beiden Sachlagen betreffen Vertragsverhältnisse, die wegen der Erfüllungswahl des Verwalters (§ 103) oder gesetzlicher Anordnung (§ 108) mit Wirkung gegenüber der Masse fortdauern.

16 aa) **Vorleistungen des Vertragspartners.** Der Vertragspartner wird für seine Ansprüche wegen von ihm vor Insolvenzeröffnung erbrachter Leistungen durch §§ 105 S 1, 108 III auf eine Insolvenzforderung verwiesen. Eine Masseforderung steht dem Vertragspartner nur als Gegenleistung für das zu, was er bei Fortgeltung des Vertrags nach Insolvenzeröffnung erbringt. Es gilt also für den Gegenleistungsanspruch im Umfange der Vorleistungen § 87. Der Vertragspartner kann – vorbehaltlich der allgemeinen Ausnahmen zu § 87 wie insbesondere §§ 94 ff – insoweit seine Forderung nur zur Tabelle anmelden. Sekundärrechte oder Leistungsverweigerungsrechte kann er auf die Nichterfüllung dieser Forderung nicht stützen. Insbesondere nehmen §§ 105 S 1, 108 III dem Vertragspartner die Einrede des nicht erfüllten Vertrags aus § 320 II BGB. Dieser kann sich nicht darauf berufen, nicht leisten zu brauchen, weil die Gegenleistung für seinen bereits erbrachten Leistungsteil noch aussteht. Insoweit ist die Ausgestaltung der Einrede des nicht erfüllten Vertrags in § 320 II BGB nicht insolvenzfest. In der Insolvenz setzt sich also nur die Sicherungs-, aber **nicht die Druckfunktion des § 320 BGB** durch (§ 103 Rn 5).[20] Dieser Teilungswirkung entspricht im Grundsatz der Kündigungsausschluss des § 112. Allerdings verschiebt diese Bestimmung die zeitliche Grenze von der Insolvenzeröffnung auf die Antragstellung (§ 112 Rn 6).

17 bb) **Leistungen aus der Masse.** Die zweite Auswirkung der Teilung bei fortbestehenden Verträgen findet ihren Ausdruck im Grundsatz der BGH-Rechtsprechung, dass die Gegenleistung für das, was mit Massemitteln erbracht wird, in die Masse gelangen muss.[21] Die zur Masse gehörenden Vertragsansprüche, die auf Leistungen der Masse beruhen, sollen nicht der Befriedigung des Vertragspartners durch Aufrechnung oder eines Dritten durch Absonderung dienen. Das erreicht der BGH, indem er diese Ansprüche behandelt wie nach der Insolvenzeröffnung entstehende Neumasseforderungen

---

[17] Vgl Staudinger/*Peters/Jacoby* BGB^{2008} § 641 Rn 24.

[18] BGHZ 54, 244 (249); 145, 203 (211); BGH NJW 1982, 874 (875); 1982, 2494; 2002, 3541 (3542); Soergel/*Gsell* BGB^{13} § 320 Rn 3 f.

[19] Vgl Begr zu RegE § 119, BT-Drucks 12/2443 S 145 f.

[20] Soergel/*Gsell* BGB^{13} § 320 Rn 4.

[21] Nachw bereits in Fn 2.

(§ 103 Rn 349, 369). Dann ständen § 96 I Nr 1 der Aufrechnung und § 91 dem Erwerb eines Sicherungsrechts an der Forderung durch einen Dritten entgegen. Diese Rechtsprechung ist angesichts ihrer dogmatischen Begründung mit Recht kritisiert worden. Wie der BGH für den Zeitraum vor Verfahrenseröffnung im Rahmen der Insolvenzanfechtung die Bedeutung des **Werthaltigmachens einer Forderung** in das Zentrum der Bewertung gestellt hat,[22] hat dies auch für die Abwicklung nach Verfahrenseröffnung zu geschehen (§ 103 Rn 30, 59, 298). Insbesondere Dritte können sich daher auf Rechte an den Vertragsansprüchen nicht berufen (§ 103 Rn 351 ff, 356 ff; § 108 Rn 32). In seinem engen Anwendungsbereich enthält § 110 eine klarstellende Regelung, die den Zeitpunkt der Teilung auf einen Zeitpunkt von maximal eineinhalb Monaten nach Insolvenzeröffnung verschiebt.

cc) **Keine Fortsetzung teilweise abgewickelter Verhältnisse.** Zu einer Teilung kommt es aber auch bei solchen Verträgen, die entweder wegen der ausbleibenden Erfüllungswahl des Insolvenzverwalters oder kraft Gesetzes nicht mit Wirkung für die Masse fortgesetzt werden. Dann bezieht sich § 103 nur auf die noch nicht erfüllten Anspruchsteile. Hinsichtlich des erfüllten Teils **scheidet eine Rückabwicklung grundsätzlich** aus. Das entspricht für Vorleistungen des Vertragspartners § 105 S 2. Aber auch angesichts von Leistungen des Insolvenzschuldners lässt die Insolvenzeröffnung den Rechtsgrund für die bewirkten Leistungen nicht entfallen, so dass ein Anspruch aus § 812 BGB ausscheidet (§ 103 Rn 271 ff).[23] Ein Anspruch kann sich freilich aus Insolvenzanfechtung ergeben. Dann beruht der Anspruch aber allein auf der Leistung, ohne dass es auf §§ 103 ff ankommt. Es sind vielmehr, weil der Vertrag durch die Insolvenz nicht erlischt, statt Rückabwicklungsansprüchen Teilvergütungsansprüche einschlägig. Ein entsprechender Anspruch des Vertragspartners ist allerdings lediglich Insolvenzforderung, §§ 103 II, 105 S 1 (§ 103 Rn 54). Vorleistungen des Insolvenzschuldners sind grundsätzlich vertragsgemäß in die Masse zu vergüten (§ 103 Rn 60). **18**

b) **Teilbarkeit.** Vielfach stellt sich damit das Problem der Teilbarkeit. Eine ausdrückliche Regelung lässt sich der InsO nicht entnehmen. Es besteht auch außerhalb der InsO kein einheitliches Prinzip, an das sich anknüpfen ließe. Es ist folglich dem jeweiligen Normzusammenhang unter Berücksichtigung der sonstigen Wertungen der InsO Rechnung zu tragen. Der BGH bejaht Teilbarkeit grundsätzlich, „wenn sich die erbrachten Leistungen feststellen und bewerten lassen“[24] und hält diese **Voraussetzung im Regelfall für gegeben.**[25] Diese auf vor Insolvenzeröffnung erbrachte Bauleistungen zugeschnittenen Kriterien bedürfen freilich noch weiterer Präzisierung. **19**

In der Regel sind die Vertragspflichten einerseits auf eine **Sachleistung** und andererseits auf eine **Geldleistung** gerichtet. Geldleistungen sind stets teilbar. Bei Sachleistungen ist zu unterscheiden. Es gibt Pflichten wie die zur Übereignung eines bestimmten Gegenstands, die aus tatsächlichen Gründen unteilbar sind.[26] Andere Sachleistungen sind – iso- **20**

---

[22] BGHZ 182, 264 Rn 11; BGH ZIP 2013, 588 Rn 10 ff.

[23] Heute hM im Anschluss an die durch BGHZ 129, 336; 135, 25; BGH ZIP 2001, 2142 aufgedeckte Teilbarkeit; etwa *Kreft* MünchKomm InsO[3] § 103 Rn 32; Uhlenbruck/*Wegener* InsO[13] § 103 Rn 15, 163, 186; **anders** noch BGHZ 15, 333 (335 f); RGZ 135, 167 (172); heute noch **aA** *Häsemeyer* InsR[4] Rn 20.26.

[24] BGHZ 147, 28 (34); 150, 353 (359).

[25] BGHZ 129, 336 (344 f); 147, 28 (33), 150, 353 (359).

[26] Problematisch daher BGHZ 147, 28, wo die schrittweisen Vorbereitungshandlungen z Herstellung des zu übereignenden Kaufgegenstandes als Teilleistungen eingeordnet werden, dazu § 105 Rn 12.

liert betrachtet – unproblematisch teilbar – wie die Übereignung einer Vielzahl von einzelnen Gegenständen oder die Errichtung eines Bauwerks. Leicht lässt sich die Frage der Teilbarkeit der Sachleistung beantworten, wenn gerade die Sachleistung vorgeleistet wurde. Dann trifft die Aussage des BGH zu, dass die Feststellbarkeit und Bewertbarkeit ausreicht, grundsätzlich aber auch – jedenfalls mit sachverständiger Hilfe – gegeben ist.[27] Entsprechend ist bei noch vollständig offenen Sachleistungen danach zu fragen, ob sie sich in feststellbare und bewertbare Teile aufspalten lassen.[28]

21 Neben die beschriebene tatsächliche Teilbarkeit kann als weitere Voraussetzung abhängig vom jeweiligen Regelungskontext die **rechtliche Teilbarkeit** treten. Es müssen auf die Leistungsteile, die sich durch tatsächliche Teilung gewinnen lassen, die Rechtsfolgen der einschlägigen Regelung passen. Vielfach ist erforderlich, dass sich die gegenüberstehenden Leistungsteile zuordnen lassen.[29] So setzt § 105 S 1 in der Formulierung der Rechtsfolge voraus, dass es einen der Vorleistung „entsprechenden Betrag" gibt. Anwendungsprobleme ergeben sich daher insbesondere bei vom Insolvenzschuldner versprochenen Sachleistungspflichten (etwa als Bauhandwerker).[30] Hat der Vertragspartner diese Leistungen vor Insolvenzeröffnung überzahlt, so könnte er nach § 105 die Leistung für den bereits entlohnten Teil nur noch als Insolvenzforderung geltend machen. Die Anwendungsprobleme zeigen sich aber, wenn die dann aus der Masse noch zu erbringenden (noch nicht entlohnten) Leistungen (Fertigstellung des Hausbaus) von den bereits entlohnten, aber nicht fertig gestellten Teilen (Fundament und Rohbau des Hauses) abhängig sind. Zu denken ist aber auch an den Fall, dass fünf Kaufgegenstände zu drei Viertel angezahlt sind.

3. Bedeutung sonstiger Wertungen

22 §§ 103 ff regeln die Auswirkungen der Insolvenz auf Verträge und deren Abwicklung nicht abschließend. Viele Einzelfragen sind unter Rückgriff auf sonstige Regelungen der InsO oder darin zum Ausdruck kommende Wertungen zu lösen.

23 a) **Masseschutz durch § 91.** § 91 schützt die Masse vor Verminderungen nach Insolvenzeröffnung.[31] Von dieser Norm werden alle Erwerbstatbestände für unwirksam erklärt, die ohne Zutun des Schuldners vollendet oder durch den nachmaligen Insolvenzschuldner vorgenommen, aber erst nach Verfahrenseröffnung durch weitere Umstände abgeschlossen werden.[32] Insbesondere hindert § 91 den Rechtserwerb Dritter bei **gestreckten Erwerbstatbeständen**, von denen ein Teil bereits vor Insolvenzeröffnung verwirklicht wurde.[33] Darunter fällt die Zession künftiger Forderungen:[34] Wird die vom

---

[27] BGHZ 147, 28 (33 f); Uhlenbruck/*Wegener* InsO[13] § 105 Rn 9.

[28] Ähnl Uhlenbruck/*Wegener* InsO[13] § 105 Rn 10.

[29] Kübler/Prütting/Bork/*Tintelnot* InsO[1] § 105 Rn 4; *Linder* Vorleistungen S 129 f; *Marotzke* HK InsO[6] § 105 Rn 8; vgl auch BGHZ 147, 28 (34); zwar abstrakt **abl** Uhlenbruck/*Wegener* InsO[13] § 105 Rn 8; s aber dann Rn 10 aE: Insolvenzverwalter muss „in der Lage sein, die geschuldete Sachleistung im Wert der noch offenen Vergütung zu erbringen, ohne den Leistungsgegenstand zu zerstören".

[30] Vgl *Kesseler* ZIP 2005, 2046 ff; *Kreft* FS Uhlenbruck (2000) S 387 (400).

[31] Vgl etwa *Breuer* MünchKomm InsO[3] § 91 Rn 2 f; Jaeger/*Windel* InsO § 91 Rn 5; *Kilger/Schmidt* KO[17] § 15 Rn 1; Kübler/Prütting/Bork/*Lüke* InsO[45] § 91 Rn 2; Uhlenbruck/*Uhlenbruck* InsO[13] § 91 Rn 1.

[32] Kübler/Prütting/Bork/*Lüke* InsO[45] § 91 Rn 4.

[33] *Breuer* MünchKomm InsO[3] § 91 Rn 10; *Häsemeyer* InsR[4] Rn 10.17; Kübler/Prütting/Bork/*Lüke* InsO[45] § 91 Rn 4; Uhlenbruck/*Uhlenbruck* InsO[13] § 91 Rn 9.

[34] *Breuer* MünchKomm InsO[3] § 91 Rn 43; Jaeger/*Windel* InsO § 81 Rn 43; für die Anw v § 81 indessen Kübler/Prütting/Bork/*Lüke* InsO[37] § 81 Rn 27.

späteren Insolvenzschuldner vor Insolvenzeröffnung als künftige Forderung zedierte Forderung erst nach Insolvenzeröffnung vom Insolvenzverwalter begründet, hindert § 91 den Erwerb der zedierten Forderung. Die Rechtsprechung wendet § 91 im Ergebnis zutreffend auch auf die Sachlage bereits vor Insolvenzeröffnung zedierter Forderungen an, soweit der Insolvenzverwalter diese nach Erfüllungswahl mit Mitteln der Masse **werthaltig** macht (§ 103 Rn 298, 349; 356 ff).[35] Für nach § 108 I fortdauernde Mietverträge enthält § 110 I eine Sonderregelung (§ 108 Rn 30 ff).

b) **Aufrechnungsverbot in § 96 I Nr 1.** § 96 I Nr 1 hindert Insolvenzgläubiger in Abgrenzung zu § 95 I mit ihrer Insolvenzforderung gegen solche Forderungen aufzurechnen, die erst nach Insolvenzeröffnung als Neumasseforderungen entstanden sind.[36] Diese Regelung wendet die Rechtsprechung auch auf solche Forderungen an, die der Insolvenzverwalter nach Erfüllungswahl mit Mitteln der Masse werthaltig macht (§ 103 Rn 8 f, 298, 369).[37] Für nach § 108 I fortdauernde Verträge enthält § 110 III eine Sonderregelung (§ 108 Rn 34). Eine entsprechende Bedeutung wird dem **Werthaltigmachen** vor der Insolvenzeröffnung, das eine Aufrechnung ermöglicht, über § 96 I Nr 3 beigemessen. Denn die Ermöglichung der Aufrechnung führt zu einer Deckung, die nach §§ 130 f **anfechtbar** sein kann.[38] 24

Im Unterschied zu der haftungsrechtlichen Gleichsetzung von Entstehung und Werthaltigmachen im Rahmen des § 91 (Rn 23) ist für die Aufrechnung allerdings zu unterscheiden. § 96 I Nr 1 steht grds nur der Aufrechnung entgegen, soweit eine zur Masse gehörende Hauptforderung erst nach Verfahrenseröffnung entsteht. Eine Gleichstellung nicht werthaltiger Forderungen mit nicht entstandenen Forderungen scheidet indessen grds aus, weil die **Aufrechnung nach § 387 BGB nicht voraussetzt, dass die Hauptforderung auch werthaltig ist.** Zu den Auswirkungen s § 103 Rn 374; § 108 Rn 33. 25

c) **Inhaltsbestimmung von Insolvenzforderungen nach §§ 41, 45.** Für befristete Insolvenzforderungen und insbesondere solche, die nicht auf Geld gerichtet sind, bestimmen §§ 41, 45, wie der Insolvenzgläubiger seine Forderung zur Insolvenztabelle anmelden darf. Es kommt dafür allein auf den **objektiven Wert der Forderung** an.[39] Indessen kann der Insolvenzgläubiger seine Forderung nicht anhand seines Schadens berechnen, wenn er die Voraussetzungen eines Schadensersatzanspruchs nicht bereits vor Insolvenzeröffnung herbeigeführt hat.[40] Einer Begründung des Schadensersatzanspruchs nach Insolvenzeröffnung stehen §§ 87, 91 entgegen. 26

§§ 41, 45 sind einzubeziehen, um den Inhalt der Insolvenzforderungen des Vertragspartners in den Fällen von §§ 103 II, 104 I u III, 109 I 3 u II 2, § 113 S 3 zu bestimmen (§ 103 Rn 34, 226; § 104 Rn 56; § 109 Rn 27, 95; § 111 Rn 42 ff). Eine **parallele Bestimmung des Anspruchsinhalts** ist aus systematischen Erwägungen geboten. Es gibt keinen Grund, warum der Vertragspartner bei einem beiderseits (und damit auch von ihm) nicht erfüllten Vertrag einen Schadensersatz statt der Leistung geltend machen 27

---

[35] BGHZ 106, 236 (241); 155, 353 (359); BGH ZIP 2006, 859 Rn 12.

[36] BGH NJW 1959, 1874; *Brandes/Lohmann* MünchKomm InsO[3] § 96 Rn 1; Jaeger/*Windel* InsO § 96 Rn 12; Kübler/Prütting/Bork/*Lüke* InsO[19] § 96 Rn 3 ff; Uhlenbruck/*Sinz* InsO[13] § 96 Rn 1.

[37] BGHZ 116, 156 (158); 129, 336 (339 ff); 147, 28 (31).

[38] BGHZ 147, 28 (35); BGH ZIP 2013, 588 Rn 10 ff.

[39] *Bitter* MünchKomm InsO[3] § 45 Rn 1; *Häsemeyer* InsR[4] Rn 16.07; Kübler/Prütting/Bork/*Holzer* InsO[32] § 45 Rn 1.

[40] Vgl *Bitter* MünchKomm InsO[3] § 45 Rn 29 ff.

kann, wenn er nach eigener Erfüllung von §§ 41, 45 auf eine Anspruchsanmeldung in Höhe des Wertes seiner Forderung verwiesen wird. Ein so bestimmter Anspruchsinhalt ist mit dem besonderen Wortlaut von § 103 II und von § 104 I u III („Forderung wegen der Nichterfüllung") leicht zu vereinbaren. Gleiches gilt für § 108 III, der sich nicht zur Qualifizierung des Anspruchsinhalts verhält („Ansprüche als Insolvenzgläubiger"). Anders formuliert § 109 I 3 („Schadensersatz"). Das erklärt sich aber daraus, dass in diesem Fall der Erfüllungsanspruch aufgrund einer Kündigung untergeht. Mittels des Schadensersatzanspruchs ist der Vertragspartner so zu stellen, als hätte er seinen Anspruch ohne Kündigung im Insolvenzverfahren als Insolvenzforderung geltend machen können (§ 109 Rn 27).

28 d) **Insolvenzbeständigkeit nicht nach §§ 129 ff anfechtbarer Vermögensverschiebungen.** Beiderseits nicht vollständig erfüllte Verträge können vor Insolvenzeröffnung immerhin teilweise erfüllt worden sein. Dann lässt sich die Rückabwicklung ausgetauschter Leistungen nach Insolvenzeröffnung diskutieren. Das Insolvenzrecht kennt eine insolvenzbedingte Rückabwicklung allerdings nur infolge der **Insolvenzanfechtung** (§§ 129 ff). Diese Bestimmungen mögen eine Rückforderung des Insolvenzverwalters im Einzelfall legitimieren. Dafür kommt es aber nur auf die anfechtbare Leistungserbringung an. Inwieweit der Anwendungsbereich der §§ 103 ff eröffnet ist, spielt keine Rolle.

29 §§ 103 ff legitimieren indessen eine Rückabwicklung nicht (Rn 18). Diese Regelungen befassen sich nur mit dem **Schicksal der noch offenen Ansprüche** (§ 103 Rn 49, 271).[41] Insbesondere fallen der Vertrag und damit der Rechtsgrund für die bereits ausgetauschten Leistungen hier wie auch sonst bei Insolvenzeröffnung nicht weg. Daher scheiden Ansprüche aus ungerechtfertigter Bereicherung (§ 812 BGB) grds aus.

4. Vergleich zur Abwicklung außerhalb der Insolvenz

30 Die Abwicklung der gegenseitigen Verträge bringt einige rechtliche Einbußen sowohl für den Vertragspartner des Insolvenzschuldners als auch für solche Dritte mit sich, die (Sicherungs-)Rechte an Ansprüchen aus dem betroffenen Vertrag erworben haben.

31 a) **Einbußen des Vertragspartners.** Der Vertragspartner erleidet Einbußen, wenn der Vertrag nach Insolvenzeröffnung nicht abgewickelt wird. Diese Rechtsfolge kann entweder unmittelbar auf Gesetz (Rn 9) oder auf der ausbleibenden Erfüllungswahl des Insolvenzverwalters (Rn 7) beruhen. In beiden Fällen steht dem Vertragspartner nur eine Insolvenzforderung zu. Diese Beeinträchtigung entspricht der, der üblicherweise Insolvenzgläubiger ausgesetzt sind. Der Vertragspartner wird aber besonders geschützt, weil er seine synallagmatische Gegenleistung nicht zur Masse zu erbringen braucht (Rn 4 f).

32 Bei fortdauernden Verträgen muss der Vertragspartner seine vertraglich übernommene Pflicht erfüllen. Damit wird er nicht schlechter gestellt als er ohne Insolvenz stünde. Er hat aber zwei Einbußen zu gewärtigen. So trifft ihn zum einen bei der Geltendmachung der ihm zustehenden Gegenforderungen das **Insolvenzrisiko**, soweit er vor Insolvenzeröffnung **vorgeleistet** hat (§§ 105 S 1, 108 III, dazu Rn 16). Zum anderen kann er gegen Forderungen, die erst nach Insolvenzeröffnung vom Insolvenzverwalter gegen ihn geltend gemacht werden, **nicht** mit beliebigen Insolvenzforderungen **aufrechnen** (§ 96 I Nr 1, § 110 III, dazu Rn 24 f).

---

[41] Vgl den Hinweis auf die Vertragsspaltung etwa bei *Huber* MünchKomm InsO^{3} § 103 Rn 61; Uhlenbruck/*Wegener* InsO^{13} § 103 Rn 58.

b) Dritte als Absonderungsberechtigte. Die Rechtsposition Dritter, denen Rechte an der Forderung des Insolvenzschuldners aus dem Vertragsverhältnis zustehen, wird ebenfalls betroffen. So hindert die insolvenzbedingte Beendigung eines Vertrags, dass der als Sicherheit dienende Anspruch werthaltig werden kann. Wird jedoch ein solcher Anspruch, an dem vor Insolvenzeröffnung ein Dritter sein **Absonderungsrecht** erlangt hat, nach Insolvenzeröffnung durch den Insolvenzverwalter mit Massemitteln **werthaltig** gemacht, hindert die in § 91 zum Ausdruck kommende Wertung, dass dem Absonderungsberechtigten dieser Wertzuwachs zufällt (§ 103 Rn 351 ff, 356 ff; § 108 Rn 32). **33**

III. Insolvenzfestigkeit sonstiger Rechtspositionen

§§ 103 ff regeln vorbehaltlich der Insolvenzanfechtung die Insolvenzfestigkeit bestimmter Sicherheiten, die mit Rechten aus einem Vertragsverhältnis unmittelbar verknüpft sind. Weil sich die Sicherheit nach dem zu Grunde liegenden schuldrechtlichen Vertrag richtet, der durch die Erfüllungsablehnung des Insolvenzverwalters zu Fall gebracht werden kann, muss die InsO Regelungen vorsehen, um den eigentlichen Sinn und Zweck der Sicherungsrechte erreichen zu können.[42] Könnte der Insolvenzverwalter die Sicherungsrechte mit Erfüllungsablehnung zu Gunsten der Gläubigergesamtheit aus der Hand schlagen, bestände im Rechtsverkehr keine Möglichkeit, sich gegen die Insolvenz der Vertragspartner abzusichern. **34**

1. Einzelregelungen

a) Vormerkung, § 106. Die Vormerkung sichert nach §§ 883–888 BGB dem Vormerkungsberechtigten dessen schuldrechtlichen Anspruch auf eine Änderung dinglicher Rechte an einem Grundstück. Paradebeispiel ist die Sicherung des Anspruchs aus § 433 I BGB auf Verschaffung des Eigentums am Grundstück (sog Auflassungsvormerkung). § 106 bestimmt, dass diese Sicherung auch in der Insolvenz des Schuldners des vorgemerkten Anspruchs wirkt. Zwar wäre der Gläubiger mit seinem Anspruch nach der Definition des § 38 bloßer Insolvenzgläubiger, weil der Anspruch vor Insolvenzeröffnung entstanden ist. § 106 ordnet aber in Abweichung von §§ 87, 103 an, dass der Gläubiger seinen **vorgemerkten Anspruch als Aussonderungsberechtigter** (§ 106 Rn 1) **unmittelbar gegen den Insolvenzverwalter geltend machen kann**, ohne von der Erfüllungswahl des Insolvenzverwalters abhängig zu sein. § 106 steht damit in Parallele zu § 884 BGB, der dem Erben des Schuldners die Möglichkeit nimmt, sich auf die Beschränkung seiner Haftung auf den Nachlass zu berufen. **35**

Da § 106 aber nur die **Sicherungswirkung der Vormerkung** nach bürgerlichem Recht in der Insolvenz erhalten soll, ist diese Wirkung auf die Reichweite der Vormerkung beschränkt. Ansprüche, die nicht von der Vormerkung erfasst werden, insbesondere weil sie sich nicht auf eine Änderungen an Grundstückrechten beziehen, bleiben bloße Insolvenzforderungen (§§ 38, 87) oder fallen unter § 103. Das betrifft insbesondere Ansprüche auf Errichtung eines Bauwerks, die dem Erwerber gegen einen Bauträger neben dem auf Eigentumsverschaffung zustehen. **36**

b) Eigentumsvorbehalt, § 107. Das Anwartschaftsrecht, das dem Eigentumsvorbehaltskäufer beweglicher Sachen erwächst, wird als **wesensgleiches Minus zum Volleigen-** **37**

[42] Vgl *Brinkmann* Kreditsicherheiten S 225 ff; *Häsemeyer* KTS 1982, 507 (565).

tum verstanden.[43] Durch die bedingte Eigentumsübertragung (§§ 929, 158, 449 I BGB) erlangt der Käufer eine gesicherte Rechtsposition, weil § 161 BGB ihn vor Zwischenverfügungen des verkaufenden Eigentümers schützt.[44] § 107 I stellt den Schutz des Vorbehaltskäufers in der Insolvenz des Vorbehaltsverkäufers sicher. Allerdings macht Satz 2 klar, dass die Insolvenzfestigkeit ähnlich wie bei § 106 I 2 nur so weit reicht wie die Sicherung im Wege der bedingten Übertragung nach materiellem Recht. Freilich unterscheidet sich die Problemlage ihrer Art nach deutlich von der nur den schuldrechtlichen Anspruch sichernden Vormerkung. Die Sicherheit des Vorbehaltskäufers besteht in der eigentümlichen Stellung, dass er den eigenen Eigentumserwerb herbeizuführen vermag, ohne daran gehindert werden zu können.

38 Diesem Erwerb könnte erstens § **91** entgegenstehen. Jedoch wird diese Vorschrift wegen § 161 BGB einschränkend dahin ausgelegt, dass sie den Erwerb eines Rechts nicht hindert, wenn vor Insolvenzeröffnung das Recht dem Erwerber bereits aufschiebend bedingt übertragen worden ist.[45] Zweitens könnte man die Wirkungen des § 103 dahin verstehen, dass die Kaufpreisschuld untergeht, an deren Erfüllung der bedingte Erwerbstatbestand anknüpft. Einer solchen schon allgemein abzulehnenden Wirkung der Insolvenzeröffnung (§ 103 Rn 28) steht jedenfalls § 107 I entgegen. Drittens könnte man aus § 87 eine Schwäche des Eigentumserwerbs herleiten. Wenn der schuldrechtliche Anspruch auf Eigentumsverschaffung bloß Insolvenzforderung wäre, könnte man eine nach Insolvenzeröffnung erfolgte volle Befriedigung des Insolvenzgläubigers wie ein Massegläubiger für kondizierbar halten.[46] Auch diesen Einwand schließt § 107 I aus. Jedoch müsste ohnehin wie bei § 91 der **bedingte Rechtserwerb** vor Insolvenzeröffnung das Eingreifen dieser masseschützenden Norm hindern. Daher hat § 107 I in erster Linie **klarstellende Funktion**, die sich aus der Kontroverse zur KO erklärt (§ 107 Rn 3 ff).[47]

39 c) **Absicherung der Leasinggeberfinanzierung, § 108 I 2.** Vom Bestreben, ein weiteres Sicherungsrecht insolvenzfest auszugestalten, ist § 108 I 2 motiviert. Diese Regelung hat vor allem folgende Konstellation im **Verhältnis des Leasinggebers zu seiner ihn finanzierenden Bank** im Blick:[48] Vielfach finanziert eine Bank dem Leasinggeber die Anschaffung der Leasingsache, die dieser dann an den Leasingnehmer verleast. Im Gegenzug überträgt der Leasinggeber sicherungshalber seiner Bank zum einen das Eigentum an der Leasingsache und zum anderen seine Forderungen gegen den Leasingnehmer. In der Insolvenz des Leasinggebers muss sich dann erweisen, inwieweit diese Sicherheiten insolvenzfest sind. Insoweit bestehen keine Bedenken hinsichtlich des Absonderungsrechts am Leasinggegenstand selbst. Die Sicherungszession der Leasingraten ist indessen nur dann insolvenzfest, wenn zum einen der Leasingvertrag die Insolvenzeröffnung überdauert und

---

43 Bereits BGHZ 28, 16 (21); 34, 122 (124).

44 *Flume* AcP 161 (1962) 385 ff; *Westermann* MünchKomm BGB^6 § 449 Rn 40 ff; Staudinger/*Bork* BGB^{2010} § 161 Rn 53 ff; **krit** *Mülbert* AcP 202 (2002) 912 (936 ff).

45 *Breuer* MünchKomm InsO^3 § 91 Rn 36; Jaeger/*Windel* InsO § 91 Rn 73; *Kilger/Schmidt* KO^{17} § 15 Rn 4c; Kübler/Prütting/Bork/*Lüke* InsO^{45} § 91 Rn 21.

46 Allg z Kondizierbarkeit der im Verfahren erfolgten Befriedigung eines Insolvenzgläubigers (sog Verteilungsfehler) *Henckel* FS Weber (1975) S 237 (244); *Jacoby* ZIP 2010, 1725 (1730); *Mikolajczak* ZIP 2011, 1285 (1291); *Mohrbutter* Verteilungsfehler S 136; für die Ausgleichshaftung unter Insolvenzgläubigern als Anspruchsgrundlage *Brinkmann* Kreditsicherheiten S 253; *Häsemeyer* KTS 1982, 507 (521 ff); Jaeger/*Windel* InsO § 80 Rn 255.

47 Vgl Begr zu RegE § 121, BT-Drucks 12/2443 S 146.

48 Vgl Begr zu Nr 17 RegE, BT-Drucks 13/4699 S 6; *Eckert* MünchKomm InsO^3 § 108 Rn 7 f.

zum anderen dem Erwerb der Bank an den erst nach Insolvenzeröffnung fällig werdenden Raten § 91 nicht entgegensteht.[49]

Die Fortdauer des Leasingvertrags über die Insolvenzeröffnung hinaus ordnet § 108 I 2 unmittelbar an. Zur **Wirksamkeit der Sicherungszession** über die Insolvenzeröffnung hinaus verhält sich indessen weder § 108 noch § 110 I, der insoweit Sonderregelungen zu § 91 enthält. Es hilft daher nur eine wertende Betrachtung (§ 108 Rn 228 ff): Die zedierten Forderungen werden nicht mit Mitteln der Masse, sondern aus dem dem Sicherungszessionar gleichfalls übertragenen Leasinggut werthaltig gemacht. So stellt sich die Vertragserfüllung auch auf Seiten des Insolvenzschuldners als besondere Verwertung des der Bank zustehenden Absonderungsrechts am Leasinggut dar. Daher steht § 91 der Wirksamkeit der Zession erst nach Insolvenzeröffnung durchsetzbar werdender Leasingraten nicht entgegen.[50] **40**

2. Gemeinsamkeiten

Die geschilderten Sicherungsrechte sind ihrer Art nach grundverschieden. Dennoch lassen sich in ihrer insolvenzrechtlichen Behandlung grundlegende **Parallelen** feststellen. In erster Linie ist zu nennen, dass das Insolvenzrecht die vom Privatrecht zugelassenen Sicherungsrechte als insolvenzfest anerkennt. Es übernimmt dabei nicht nur die Institution, die es schützt, sondern entspricht auch den Grenzen des Zivilrechts. So lassen insbesondere §§ 106 I 2, 107 I 2 Zusatzabreden von der Sicherungswirkung schlicht unberührt.[51] **41**

Eine weitere Parallele verbindet diese Sicherungsrechte, die bei der Betrachtung von § 108 I 2 bereits berücksichtigt wurde. Zwar führt die Bestellung der Sicherungsrechte am Leistungsgegenstand eines gegenseitigen Vertrags noch nicht zur Erfüllung dieses Vertrages. Weder gegenüber dem Vorbehaltskäufer noch gegenüber dem Vormerkungsinhaber hat der Insolvenzschuldner den Vertrag bereits vor Eröffnung erfüllt. Der Gegenstand, mit dem die Erfüllung unternommen werden soll, ist in **haftungsrechtlicher Sicht** aber schon **aus dem Schuldnervermögen ausgeschieden**. Tritt während des Verfahrens dann Erfüllung ein, erfolgte dies aus der Sicherheit, nicht aus der Insolvenzmasse. Die Anwendung von §§ 91, 96 I Nr 1 ist dann wertungsmäßig mangels Vermögensopfer aus der Masse nicht geboten.[52] **42**

IV. Vertrauensschutz nach §§ 115 ff

Aufträge, Geschäftsbesorgungsverträge und Vollmachten erlöschen mit Verfahrenseröffnung, sofern sie sich auf die Insolvenzmasse beziehen. Diese Anordnungen in §§ 115–117 beruhen darauf, dass mit dem Übergang der Verwaltungs- und Verfügungsbefugnis auf den Insolvenzverwalter (§ 80 I) eine **neue Handlungsorganisation errichtet** wird. Personen, die noch der Insolvenzschuldner mit der Wahrnehmung seiner Vermögensinteressen beauftragt hat, rücken in diese neue Handlungsorganisation nur ein, wenn der Insolvenzverwalter sie entsprechend einschaltet (§§ 115 f Rn 24 ff). Eine Ausnahme gilt zum **43**

---

[49] Kübler/Prütting/Bork/*Tintelnot* InsO[29] § 108 Rn 21a.

[50] Jaeger/*Windel* InsO § 91 Rn 55, § 95 Rn 17.

[51] Die Regelungen beruhen auf § 24 S 2 KO, eingefügt durch G v 22.6.1977 (BGBl I S 998) als Reaktion auf BGH NJW 1977, 146 (147); dazu *Musielak* AcP 179 (1979) 189 (190).

[52] BGHZ 138, 179 (187) z Auflassungsvormerkung.

Schutz der Insolvenzmasse bei Gefahr im Verzug. Dann hat der vom Insolvenzschuldner eingesetzte Dritte gem §§ 115 II, 116 S 1, 117 II tätig zu bleiben. Der Schutz des Dritten wiederum wird durch §§ 115 III, 116 S 1, 117 III bei unverschuldeter Unkenntnis der Verfahrenseröffnung gewährleistet.

44 Der Normzweck von § 118 läuft mit § 115 II u III parallel: Wie der Beauftragte soll der **geschäftsführende Gesellschafter** einer durch die Insolvenz eines anderen Gesellschafters **aufgelösten Gesellschaft** (§ 728 II BGB) im Fall einer Notgeschäftsführung und auch bei unverschuldeter Unkenntnis der Verfahrenseröffnung geschützt werden. Seine Ansprüche aus dem Tätigwerden im vermögensrechtlichen Interesse auch der Insolvenzmasse begründen einen Anspruch gegen die aufgelöste Gesellschaft, für die die Masse nach Maßgabe von § 118 im Range einer Masse- bzw Insolvenzforderung haftet.

45 Der gemeinsame **Zweck der §§ 115–117** besteht mithin darin, die Folgerungen für die vormals vom Schuldner gebildete gewillkürte Handlungsorganisation daraus zu ziehen, dass nunmehr mit Verfahrenseröffnung in Gestalt des Insolvenzverwalters einen **neue Handlungsorganisation zur Verwaltung der Insolvenzmasse** gebildet wurde; zudem gewährleisten diese Bestimmungen zusammen mit § 118 **Vertrauensschutz** des im Interesse der Masse tätig werdenden Dritten.

V. Verwaltungszuständigkeit des Verwalters

46 Wie es schon die Motive zur Konkursordnung entsprechend ausführten,[53] ist ungeschriebene Voraussetzung aller Regelungen in §§ 103 ff, dass der jeweilige Vertrag in die Verwaltungszuständigkeit des Insolvenzverwalters fällt.

1. Massebezogenheit

47 Der Vertrag muss in Abgrenzung zu dem freien Vermögen des Schuldners, dessen Inhalt die Pfändungsgrenzen (§ 36) markieren, massebezogen sein.[54] Diese Massebezogenheit ist in der Insolvenz juristischer Personen stets gegeben, weil deren Vermögen umfassend pfändbar ist und deren Verpflichtungen niemals höchstpersönlich zu erfüllen sind.[55] In der Insolvenz natürlicher Personen sind indessen über § 36 bestimmte Vermögensgegenstände von der Insolvenzbeschlagnahme ausgenommen. Es fehlt allerdings an einer Regelung über die **Massebezogenheit/Pfändbarkeit von Vertragsverhältnissen**. Für die Einordnung solcher ist nicht nur mit §§ 35 f die Aktivmasse, sondern über § 38 auch der Umfang der Passivmasse in den Blick zu nehmen.

48 Die Problematik betrifft vornehmlich (Dienst- und Werk-)Verträge über **höchstpersönliche Leistungen** und Verschaffungsverträge, mithin insbesondere Kauf- und Mietverträge, über **unpfändbare Gegenstände**. Teilweise wird solchen Verträgen recht pauschal der Massebezug und damit § 103 seine Anwendbarkeit abgesprochen.[56] Vereinzelt wird für § 108 eine Ausnahme dahin gemacht, dass die von dieser Regelung erfassten Verträge

---

[53] Begr zu EKO vor § 15, Mot S 64.

[54] *Huber* MünchKomm InsO[3] § 103 Rn 87 f; *Marotzke* Gegenseitige Verträge[3] Rn 2.96, 4.11; *ders* HK InsO[6] § 103 Rn 43 ff; Kübler/Prütting/Bork/*Tintelnot* InsO[46] § 103 Rn 205; Uhlenbruck/*Wegener* InsO[13] § 103 Rn 92.

[55] Vgl *Schmidt* KTS 2004, 241 (249).

[56] *Huber* MünchKomm InsO[3] § 103 Rn 87 f; *Marotzke* Gegenseitige Verträge[3] Rn 2.96, 4.11; *ders* HK InsO[6] § 103 Rn 43 ff; Kübler/Prütting/Bork/*Tintelnot* InsO[46] § 103 Rn 205; Uhlenbruck/*Wegener* InsO[13] § 103 Rn 92.

massebezogen seien.[57] Schließlich wird auch, um die Fortführung insbesondere von Freiberufler-Praxen zu ermöglichen, vertreten, Verträge über höchstpersönliche Leistungen fielen in die Masse.[58] Die maßgebliche Unterscheidung besteht allerdings darin, ob die vertragscharakteristische Leistungspflicht Schuld des Schuldners ist oder ob er insoweit Gläubiger des Vertragspartners ist. Hingegen ist nicht zwischen § 103 einerseits und § 108 andererseits zu unterscheiden. Zu kurz greift insbesondere der Hinweis auf den Wortlaut von § 108, dass dem eine Beschränkung nicht zu entnehmen sei.[59] Denn dieses Wortlautargument würde gleichermaßen auch auf § 103 zutreffen. Die **Einschränkung der Massebezogenheit** (Verwaltungszuständigkeit des Verwalters) folgt aber ohnehin nicht aus §§ 103 ff, sondern aus §§ 80, 35 f, 38.

a) **Schuldner der vertragsspezifischen Leistung.** Ist der Insolvenzschuldner Schuldner **49**
einer Verpflichtung, die entweder **höchstpersönlich** zu erbringen ist oder aus dem **pfändungsfreien Vermögen** zu erfüllen ist, sind §§ 103 ff unanwendbar. Denn zum einen könnte schon der Insolvenzverwalter nicht, wie es § 103 formuliert oder §§ 108, 55 I Nr 2 anordnen, „anstelle des Schuldners den Vertrag erfüllen". Zum anderen kann der Vertragspartner wegen des besonderen Inhalts seiner Forderung nicht als Insolvenzgläubiger am Verfahren teilnehmen.[60]

aa) **Anwendungsbereich der Ausnahme.** Hinsichtlich der Pflichten des Insolvenz- **50**
schuldners sind höchstpersönliche von den bloß **betriebs- oder unternehmensbezogenen Pflichten** abzugrenzen.[61] Bei letzteren ist zwar die Delegation an Dritte untersagt, diese Pflichten können aber von jedem ausgeübt werden, der dem schuldnerischen Unternehmen zuzurechnen ist. Da die Insolvenz das Unternehmen als Ganzes erfasst,[62] führt die Unternehmensbezogenheit zur Massebezogenheit und damit zur Anwendung von §§ 103 ff. Die Höchstpersönlichkeit der Pflicht vermutet indessen § 613 S 1 BGB für den Dienstvertrag. Damit übereinstimmend tatsächlich höchstpersönlich sind insbesondere die Leistungspflichten des Schuldners aus einem Arbeitsvertrag, ferner Dienstpflichten, bei denen es auf besondere Fähigkeiten des verpflichteten Insolvenzschuldners persönlich ankommt.[63] Werkverträge sind grundsätzlich nicht höchstpersönlich, sondern bloß betriebsbezogen.[64] Es gibt insoweit keine Entsprechung zur dienstvertraglichen Fallgruppe der höchstpersönlichen Arbeitsverpflichtung. Höchstpersönlichkeit kann allerdings wiederum auf besonderen Fähigkeiten beruhen, insbesondere bei künstlerischen und – mit Einschränkungen – bei wissenschaftlichen Leistungen. Leistungspflichten von Freiberuflern sind indessen im Rahmen des jeweils geltenden Berufsrechts lediglich betriebsbezogen.[65] Entsprechende Verträge sind also massebezogen, §§ 103 ff anwendbar.

---

57 *Voigt/Gerke* ZInsO 2002, 1054 (1063 f) zu Dienstverhältnissen des Schuldners als Dienstberechtigter; *Marotzke* HK InsO[6] § 108 Rn 4 Fn 7 zu Arbeitsverhältnissen des Schuldners als Arbeitnehmer; vgl auch Jaeger/*Henckel* KO[9] § 19 Rn 7; *Marotzke* Gegenseitige Verträge[3] Rn 4.11 Fn 39; *Wimmer* FS Uhlenbruck (2000) S 605 (613).

58 Nerlich/Römermann/*Balthasar* InsO[1] § 103 Rn 11.

59 Vgl *Eckert* NZM 2001, 260; *Vallender/Dahl* NZI 2000, 246 (247); so aber Schmidt/*Ringstmeier* InsO[18] § 108 Rn 29.

60 Vgl Jaeger/*Henckel* InsO § 38 Rn 69 f.

61 Vgl Staudinger/*Peters/Jacoby* BGB[2008] Vor §§ 631 ff Rn 50; Staudinger/*Richardi/Fischinger* BGB[2011] § 613 Rn 6 ff; ferner *Schmidt* KTS 2004, 241 (249) zu Unterlassungspflichten.

62 Jaeger/*Henckel* InsO § 35 Rn 9; **krit** *Voigt/Gerke* ZInsO 2002, 1054 (1056).

63 Staudinger/*Richardi/Fischinger* BGB[2011] § 613 Rn 6 ff.

64 Staudinger/*Peters/Jacoby* BGB[2008] Vor §§ 631 ff Rn 50.

65 Jaeger/*Henckel* InsO § 35 Rn 14; *Peters* MünchKomm InsO[3] § 35 Rn 385 ff.

51 Verträge, die den Schuldner zur Verschaffung beschlagnahmefreier Gegenstände verpflichten, sind ebenfalls nicht massebezogen.[66] Das betrifft nach § 36 I 1 – vorbehaltlich der auf § 811 Nr 4 und 9 ZPO verweisenden Gegenausnahme in § 36 II Nr 2 – insbesondere Verträge über unpfändbare Gegenstände, beispielsweise Sachen für einen angemessenen persönlichen Gebrauch (§ 811 I Nr 1 ZPO), der zur körperlichen oder geistigen Arbeit unentbehrlichen Sachen (§ 811 I Nr 5 ZPO).

52 bb) **Wirkungen.** Der fehlende Massebezug schließt nicht nur die Anwendbarkeit von §§ 103 ff, sondern auch von § 38 aus.[67] Ob der Schuldner solche Leistungen noch erbringt oder nicht, fällt nicht in den Entscheidungsbereich des Insolvenzverwalters. Der Insolvenzverwalter kann den Schuldner auch nicht zwingen, die Leistung selbst zu erbringen. Dies gilt sowohl für positives Tun (zB Herstellung eines Kunstwerks durch den Schuldner) als auch Unterlassen (zB Pflicht, das Grundstück des Gläubigers nicht zu betreten). Durch die Fortsetzung eines Arbeitsverhältnisses kann der Schuldner freilich seiner **Erwerbsobliegenheit** nach § 295 I Nr 1 genügen.

53 Der Vertragspartner kann Ansprüche wegen einer etwaigen Nichterfüllung des Vertrags durch den Schuldner nach Verfahrenseröffnung – anders als im Falle des § 103 II 1 – nicht zur Insolvenztabelle anmelden. Die Masse haftet nicht für Neuverbindlichkeiten des Schuldners und die Altverbindlichkeit war keine Insolvenzforderung. Sind indessen bereits vor Verfahrenseröffnung Schadensersatzansprüche des Vertragspartners entstanden, nehmen diese Ansprüche, die weder auf eine höchstpersönliche Leistung noch auf die Verschaffung einer unpfändbaren Sache gerichtet sind, freilich am Verfahren teil, § 38.

54 cc) **Anspruch auf Gegenleistung (Neuerwerb).** Erfüllt der Schuldner einen mangels Massebezug nicht unter § 103 fallenden Vertrag, so kann der ihm gebührende (nunmehr werthaltige) Anspruch auf die Gegenleistung nach allgemeinen Regeln (§ 35 I) in die Masse fallen. Das gilt für das Surrogat aus der Veräußerung oder Vermietung pfändungsfreier Gegenstände, wenn dieses nicht selbst wieder § 36 unterfällt. Denn wenn der Schuldner durch den Einsatz unpfändbarer Gegenstände solche Gegenstände erwirbt, die dem Insolvenzbeschlag unterliegen, ist dies wie ein **Verzicht auf den Pfändungsschutz** zu behandeln.[68] Ausnahmen können sich freilich aus § 35 II ergeben (vgl Rn 62).

55 Massebestandteil wird auch unter Berücksichtigung der Pfändungsgrenzen (der Anspruch auf) die Gegenleistung der vom Schuldner zu erfüllenden Dienstverträge, insbesondere von Arbeitsverträgen. Zur Reichweite dieser Massezugehörigkeit enthielt der mit Wirkung zum 1.7.2014 aufgehobene § 114 eine Sonderregel. Der BGH reduzierte den Anwendungsbereich dieser Bestimmung auf die hier in Rede stehenden Fälle der Leistungserbringung durch den Schuldner persönlich. Aufgrund des vom BGH postulierten Gegenleistungsgrundsatzes sei nicht § 114, sondern allein § 91 einschlägig, wenn die Gegenleistung wegen § 108 mit Mitteln des schuldnerischen Unternehmens verdient werde.[69] Indessen stand der Anwendbarkeit von § 114 keinesfalls entgegen, dass § 108 mangels der Verwaltungszuständigkeit des Verwalters nicht anzuwenden ist.[70] Die An-

---

66 *Huber* MünchKomm InsO[3] § 103 Rn 87; Uhlenbruck/*Wegener* InsO[13] § 103 Rn 92.

67 Vgl Jaeger/*Henckel* InsO § 38 Rn 69 f zu höchstpersönlich zu erfüllenden Verbindlichkeiten.

68 *Peters* MünchKomm InsO[3] § 35 Rn 45 f; *Runkel* FS Uhlenbruck (2000) S 315 (320); Uhlenbruck/*Hirte* InsO[13] § 36 Rn 51.

69 BGHZ 167, 363 Rn 16; BGH ZIP 2011, 2262 Rn 6.

70 *Schollmeyer* Gegenseitige Verträge S 46; **aA** *Marotzke* HK InsO[6] § 108 Rn 4 Fn 7 als Arg für Anwendbarkeit des § 108.

wendungsbereiche beider Bestimmungen waren unterschiedlich. Weder der Wortlaut des § 114 noch seine systematische Stellung verlangten, dass § 114 sich auf § 108 bezieht.

b) **Gläubiger der vertragsspezifischen Leistung.** Ist der Insolvenzschuldner Gläubiger der vertragscharakteristischen Leistung, kann oder/und darf der Anspruch der Masse nicht unmittelbar zugute kommen. So können zum einen manche Ansprüche ihrem Inhalt nach nur höchstpersönlich gegenüber dem Schuldner erfüllt werden. Das gilt beispielsweise für Leistungen aus (Dienst-)verträgen, die wie eine ärztliche Behandlung nur gegenüber dem Schuldner bewirkt werden können. Zum anderen sind Ansprüche auf Verschaffung unpfändbarer Sachen ihrerseits wegen § 847 II ZPO unpfändbar,[71] so dass diese Ansprüche wegen § 36 nicht zur Masse zu ziehen sind. Ein Massebezug solcher Verträge besteht aber jedenfalls wegen der Gegenleistung. Der Anspruch des Vertragspartners erfüllt zumindest die Voraussetzungen des § 38, dass er bereits bei Verfahrenseröffnung begründet ist.[72] Im Anwendungsbereich von § 108 könnte dem Vertragspartner gar eine Masseforderung erwachsen.[73] Schließlich kann sich eine etwaige Restschuldbefreiung auf diese Vertragsverbindlichkeiten nur dann erstrecken, wenn sie in das Insolvenzverfahren einbezogen sind (§ 301 I). **56**

aa) **Grundlagen.** Entgegen der ganz überwiegenden Auffassung ist eine **(modifizierte) Anwendung von §§ 103 ff möglich.** Denn auch die Notwendigkeit, dass die vertragsspezifische Leistung dem Schuldner gegenüber erbracht werden muss, schließt die Anwendung dieser Bestimmungen nicht aus.[74] Der Verwalter kann Erfüllung an den Schuldner verlangen (um so dem Schuldner Unterhalt in Naturalien zu gewähren, § 100), ohne dass so Pfändbarkeitsgrenzen, insbesondere von § 847 II ZPO, verletzt wären.[75] Eine ausdrückliche Regelung, die auf der Anwendbarkeit von § 108 beruht, enthält § 109 I 2 seit 1. Dezember 2001 für den Mietvertrag über die Wohnung des Schuldners.[76] Ein solcher Mietvertrag wird also mit Wirkung für die Masse fortgesetzt, obwohl der Schuldner auf die Leistung des Vermieters angewiesen ist und eine Weitergabe der Wohnung an Dritte ausgeschlossen ist (§ 540 BGB). Die Masse kann von dieser Fortsetzung keinesfalls profitieren, wird aber dadurch belastet, dass sie die Kosten für die Wohnung des Schuldners jedenfalls für den Zeitraum der (gesetzlichen) Kündigungsfrist nach § 109 I 1 als Masseverbindlichkeit begleichen muss. **57**

Dieser Regelung sind folgende Maßgaben für eine Anwendung der §§ 103 ff zu entnehmen: Zwar muss der Insolvenzverwalter erstens die Möglichkeit haben, die Fortgeltung des Vertrags mit Wirkung für die Masse durch Erfüllungsablehnung (§ 103) oder Kündigung (§§ 108 f, 113) zu unterbinden. Diese Gestaltungen dürfen aber nicht dazu führen, dass der Schuldner seinerseits die Möglichkeit verliert, aus seinem freien Vermögen den Vertrag zu erfüllen. Diese Erklärungen gibt der Insolvenzverwalter bei den hier in Rede stehenden Verträgen also nach dem Modell des § 109 I 2 nur mit **entlastender Wirkung für die Insolvenzmasse** ab. Zweitens muss der Vertragspartner, wenn auch der Insolvenzschuldner den Vertrag aus seinem freien Vermögen nicht abwickelt, nach dem Modell des § 109 I 3 Fall 2 Ansprüche wegen Nichterfüllung (§§ 38, 45; dazu § 103 Rn 34, 226; § 109 Rn 27, 68) im Insolvenzverfahren geltend machen. Eine diesen Vorgaben Rechnung tragende Anwendung der §§ 103 ff ist vorzugswürdig gegenüber der **58**

---

[71] Stein/Jonas/*Brehm* ZPO[22] § 847 Rn 2.

[72] Kübler/Prütting/Bork/*Tintelnot* InsO[46] § 103 Rn 205.

[73] *Voigt/Gerke* ZInsO 2002, 1054 (1063).

[74] Vgl Jaeger/*Henckel* KO[9] § 19 Rn 7; *Marotzke* Gegenseitige Verträge[3] Rn 4.11 Fn 39; *Wimmer* FS Uhlenbruck (2000) S 605 (613).

[75] *Marotzke* HK InsO[6] § 103 Rn 45.

[76] Zum Reformanlass *Wimmer* FS Uhlenbruck (2000) S 605 ff.

von der herrschenden[77] Auffassung propagierten Nichtanwendung, weil sie berücksichtigt, dass der Vertragspartner am Verfahren zu beteiligen ist. So darf etwa auch der Versorger oder Telefonanbieter des Schuldners nicht die Weiterbelieferung nach Verfahrenseröffnung von der Zahlung vor Verfahrenseröffnung aufgelaufener Rückstände abhängig machen, § 105.

59 **bb) Einzelfälle.** Die meisten einschlägigen Verträge fallen unter Berücksichtigung der vorstehenden Maßgaben unter § 103. Das gilt für Kaufverträge zum Erwerb pfändungsfreier Gegenstände wie für Werkverträge über Leistungen zum persönlichen Gebrauch wie Telefon und Versorgungsverträge, aber auch für das in der Literatur gebildete Beispiel, dass der Insolvenzschuldner vor Verfahrenseröffnung für seine Geburtstagsfeier eine Band oder Tanzgruppe engagiert hat[78]. Der Verwalter kann dann Erfüllung an den Insolvenzschuldner verlangen mit der Folge des § 55 I Nr 2. Lehnt er ab, kann der Schuldner den Vertrag erfüllen. Anderenfalls muss der Vertragspartner seine **Nichterfüllungsforderung** nach den für § 103 II geltenden Grundsätzen im Verfahren geltend machen.

60 Bei Dienstverträgen ist wiederum zwischen unternehmensbezogenen Ansprüchen und solchen zu unterscheiden, die höchstpersönlich gegenüber dem Schuldner zu erfüllen sind (vgl Rn 50). Arbeitsverträge sind grundsätzlich unternehmensbezogen, Ausnahmen sind aber etwa für Hausangestellte vorstellbar.[79] Auch insoweit findet § 108 Anwendung, so dass der Arbeitnehmer zunächst aus der Masse weiter zu vergüten ist. § 113 gilt nur modifiziert, so dass nach der **„Verwalterkündigung“ analog § 109 I 2** der Schuldner den Vertrag aus freien Mitteln oder denen Dritter fortführen darf.[80] Anderenfalls steht dem Arbeitnehmer freilich ein Anspruch gegen die Masse aus § 113 S 3 zu. Sonstige Dienstverträge etwa mit einem Arzt oder Lehrer unterliegen ohnehin der Fortbestandunsicherheit, dass sie nach § 627 BGB gekündigt werden. Folglich können Ansprüche für Leistungen nach Insolvenzeröffnung nicht im Insolvenzverfahren geltend gemacht werden.[81] Soweit diese Verträge nach Verfahrenseröffnung fortgesetzt werden, sind sie als Neuverträge zu behandeln (Rn 74 ff).

2. Freigabe

61 Der Insolvenzverwalter kann nach Insolvenzeröffnung durch Erklärung gegenüber dem Schuldner Gegenstände aus der Insolvenzmasse freigeben. Dann endet die Beschlagnahme dieses Gegenstandes, der Insolvenzschuldner erlangt die Verfügungsmacht über den Gegenstand zurück (§ 80 Rn 28 ff). Eine solche Freigabe hat – abgesehen von dem in § 106 geregelten Aussonderungsanspruch (§ 106 Rn 61) – auf die Anwendbarkeit der §§ 103 ff **keine unmittelbaren Auswirkungen.** Ein Vertragsverhältnis als Ganzes ist nicht Massebestandteil und taugt daher wegen der ihm innewohnenden Verpflichtungen vom Gegenstand her nicht für eine Freigabe.[82] Ein Übergang der Vertragswirkungen von der Masse auf den Schuldner setzt analog §§ 414, 415 BGB jedenfalls das Einverständnis des Vertragspartners, richtigerweise aber auch des Schuldners voraus.[83] Die Freigabe kann sich aber mittelbar auf ein Vertragsverhältnis auswirken, wenn der Vertrag sich auf den

---

[77] Kübler/Prütting/Bork/*Tintelnot* InsO[46] § 103 Rn 205: „unstreitig“.

[78] *Huber* MünchKomm InsO[3] § 103 Rn 87.

[79] *Voigt/Gerke* ZInsO 2002, 1054 (1063); vgl auch Jaeger/*Henckel* KO[9] § 17 Rn 106.

[80] **Gegen** diese Analogie *Voigt/Gerke* ZInsO 2002, 1054 (1064).

[81] IE auch Jaeger/*Henckel* KO[9] § 17 Rn 106.

[82] *Berger* ZInsO 2008, 1101 (1107).

[83] Vgl *Pape* NZM 2004, 401 (410); *Priebe* ZInsO 2010, 1673 (1675); Uhlenbruck/*Wegener* InsO[13] § 108 Rn 19.

freigegebenen Gegenstand bezieht. Insbesondere im Falle der Vermieterinsolvenz kann die Freigabe des vermieteten Gegenstands über eine Analogie zu § 566 BGB zur Enthaftung der Masse führen (§ 108 Rn 106).

Umstritten ist das Verhältnis der Erklärung des Verwalters nach § 35 II zu § 103 ff. **62**
Weitgehende Einigkeit besteht insoweit im Hinblick auf die Einordnung der vom Schuldner abgeschlossenen Neuverträge:[84] Diese Verträge beziehen sich entweder – im Falle der sog Negativerklärung – wie Neuverträge sonst auch (Rn 74 ff) nur auf das freie Vermögen des Schuldners oder wirken – im Falle einer Positiverklärung sowie bei unterlassener Erklärung wegen § 55 I Nr 1[85] – für und gegen die Masse. Die Frage nach dem Konkurrenzverhältnis zu §§ 103 ff stellt sich indessen für die Altverträge. Nach der Gesetzesbegründung erstrecken sich die Wirkungen der Negativerklärung auf das der selbstständigen Tätigkeit gewidmete Vermögen „einschließlich der dazu gehörenden Vertragsverhältnisse".[86] Teilweise werden die Wirkungen des § 35 II aber auf den Neuerwerb beschränkt. Auf Altverträge seien nur §§ 103 ff anwendbar.[87] Jedoch soll das einheitliche Unternehmensvermögen nicht auseinandergerissen werden, sondern einheitlich dem freien Schuldnervermögen zugewiesen werden. Insbesondere das für die selbstständige Tätigkeit benötigte Dauerschuldverhältnis soll nicht in der Insolvenz abgewickelt werden. Überwiegend wird daher eine **pauschale Freigabewirkung** des § 35 II auch für vom Schuldner vor Verfahrenseröffnung eingegangene Schuldverhältnisse angenommen.[88]

Allerdings sind **Einschränkungen** zu machen, §§ 103 ff werden keinesfalls umfassend **63**
verdrängt. Die Erklärung nach § 35 II wirkt ex nunc.[89] Das bedeutet, dass jedenfalls zunächst §§ 103 ff anwendbar sind. Demzufolge kann der Insolvenzverwalter auch durch Erfüllungsablehnung (§ 103 II) oder Kündigung (§§ 109, 113) die Vertragspartner auf die Geltendmachung ihrer Forderungen im Insolvenzverfahren verweisen, auch um so den Neustart des Insolvenzschuldners befreit von bestimmten Schuldverhältnissen zu erleichtern.[90] Aus §§ 105 S 1, 108 III folgt ferner, dass der Vertragspartner Entgeltansprüche aus der Zeit vor Verfahrenseröffnung nur im Verfahren als Insolvenzgläubiger geltend machen kann. Soweit § 35 II den Alt-Vertragspartner dann im übrigen auf den unternehmensfortführenden Schuldner verweist, ist das grundsätzlich zumutbar, weil er mit dem Schuldner kontrahiert hat und mit dem Unternehmensvermögen eine neue Haftungsmasse zur Verfügung steht[91]. Jedoch darf der Vertragspartner keine Sicherungen verlieren, die ihm bereits unabhängig von der Unternehmensfortführung durch den Schuldner zustanden. Folglich bleiben seine Ansprüche aus Dauerschuldverhältnissen im zeitlichen Umfange der Kündigungsfristen der §§ 109 I, 113 Masseforderungen,[92] falls

[84] Jaeger/*Windel* InsO § 80 Rn 33.

[85] So jedenfalls die Gesetzesbegründung in BT-Drucks 16/3227 S 17.

[86] BT-Drucks 16/3227 S 17.

[87] *Berger* ZInsO 2008, 1101 (1107); *Wischemeyer* ZInsO 2009, 2121 (2124 f).

[88] BGHZ 192, 322 Rn 19; LG Krefeld NZI 2010, 485; *Lüdtke* HambK InsO[4] § 35 Rn 262 f; *Ries* ZInsO 2009, 2030 (2033 f); *Stiller* ZInsO 2010, 1374; wohl auch *Haarmeyer* ZInsO 2007, 696 (697).

[89] BGHZ 192, 322 Rn 19, 27; *Lüdtke* HambK InsO[4] § 35 Rn 257; Uhlenbruck/*Hirte* InsO[13] § 35 Rn 99.

[90] *Ahrendt* HambK InsO[4] § 103 Rn 54.

[91] Z Zulässigkeit eines auf das Vermögen aus der selbstständigen Tätigkeit beschränkten zweiten Insolvenzverfahrens BGH ZIP 2011, 1326.

[92] Vgl *Gutsche* ZVI 2008, 41 (45 f); Uhlenbruck/*Hirte* InsO[13] § 35 Rn 101; ferner den Verweis in BT-Drucks 16/3227 S 17 auf § 109 I 2; **aA** *Bartels* KTS 2012, 381 (399). – M dieser Fragestellung setzt BGHZ 192, 322 Rn 16 ff sich jedenfalls nicht ausdr auseinander, sondern nur m der Frage, ob der Insolvenzverwalter den Vertrag auch kündigen muss, was auch nach hier vertretener Auffassung nicht notwendig ist.

der Schuldner diese Forderungen aus seinem freien Vermögen nicht befriedigt, wozu er im „haftungsrechtlichen Innenverhältnis zur Masse“ freilich verpflichtet ist.

3. Sukzessionen

64 §§ 103 ff verlangen einen Vertrag, bei dem Vertragspartner der Schuldner ist. Daran fehlt es freilich, wenn der Schuldner nachträglich durch **Vertragsübernahme** ausgeschieden ist; indessen genügt es, falls er erst später auf diesem Wege die Stellung als Vertragspartner übernommen hat. Bereits die privative Schuldübernahme (§§ 414 f BGB) führt dazu, dass eine Abwicklung nach §§ 103 ff ausscheidet. Die Ansprüche aus dem Vertrag gehören zur Masse, mögen sie auch einredebehaftet (§ 320 BGB) sein. Der Vertragspartner nimmt aber nicht am Verfahren teil.

65 Anders liegt es bei der **Abtretung** der Ansprüche des Schuldners aus einem Vertrag. Zwar wird auch insoweit teilweise die Unanwendbarkeit der § 103 ff angenommen, weil die Ansprüche aus dem Vertrag nicht zur Insolvenzmasse zählten.[93] Die Insolvenzmasse ist jedoch in einem solchen Falle von diesem Vertragsverhältnis nicht nur deswegen betroffen, weil die Gegenforderung am Verfahren teilnimmt.[94] § 91 hindert die Wirksamkeit der Abtretung im eröffneten Verfahren, soweit die Ansprüche erst nach Verfahrenseröffnung entstehen oder werthaltig gemacht werden. Diese Stellungnahme beruht freilich auf der Einordnung zum einen des Erfüllungswahlrechts des Verwalters (§ 103 Rn 30, 341 ff) und zum anderen der §§ 91, 110 (Rn 23).

VI. Zeitpunkt

66 §§ 103 ff sehen – mit Ausnahme von § 112 – Regelungen der Insolvenzeröffnung auf Verträge des Insolvenzschuldners vor. Zwar enthalten die Bestimmungen keinesfalls Regelungen für jeden Vertrag. Es müssen die weiteren Voraussetzungen der einzelnen Bestimmungen vorliegen. Für manche Verträge wie insbesondere bereits (einseitig) erfüllte bedarf es keiner speziellen Anordnung. Die Frage, ob die Voraussetzungen dieser Bestimmungen vorliegen, beantwortet sich aber stets bezogen auf den Eröffnungszeitpunkt.

1. Der gegenseitige Vertrag vor Insolvenzeröffnung

67 §§ 103 ff regeln nur die Wirkungen der **Eröffnung eines Insolvenzverfahrens** auf einen gegenseitigen Vertrag. Die wirtschaftliche Krise des Schuldners, seine materielle Insolvenz oder die Stellung des Insolvenzantrages haben – abgesehen von § 112 – keine unmittelbare Auswirkung auf den Vertrag.

68 a) **Vorzeitige Vertragsbeendigung nach BGB.** Vor Insolvenzeröffnung finden die **allgemeinen Regelungen des BGB** und etwaige **Vereinbarungen der Vertragsparteien** ungeachtet der Krise eines der Vertragspartner Anwendung. Die Erfüllungsansprüche können insbesondere durch Rücktritt (§ 346 BGB), Verlangen von Schadensersatz statt der Leistung (§ 281 IV BGB), Kündigung oder Vertragsaufhebung erlöschen. Gleich ob diese Erlöschensgründe auf Gesetz oder Vereinbarung beruhen, lässt dieses Erlöschen keinen Raum mehr für eine anschließende Anwendung der §§ 103 ff im Insolvenzverfahren.

---

[93] Diff zumindest *Häsemeyer* JR 1992, 423; *Marotzke* HK InsO[6] § 103 Rn 46 ff; *Roth* FS Rolland (1999) S 305 (312 f).

[94] IE ebenso Kübler/Prütting/Bork/*Tintelnot* InsO[46] § 103 Rn 206 f.

Denn die im Gegenseitigkeitsverhältnis stehenden vertraglichen Ansprüche, die §§ 103 ff überwiegend voraussetzen, bestehen dann nicht mehr.[95]

Vertraglich vereinbarte Voraussetzungen für entsprechende Beendigungsgründe knüpfen vielfach an die **Krise eines Vertragspartners** an. Typisches Beispiel ist § 8 II VOB/B (§ 119 Rn 11, 32, 38). Außerhalb des Anwendungsbereichs von § 112 kann der Vertragspartner von entsprechenden Beendigungsmöglichkeiten Gebrauch machen. Auch bei den gesetzlichen Tatbeständen ist lediglich maßgeblich, ob sie allein durch die Krise eines Vertragspartners erfüllt werden. Diese Voraussetzungen sollten aber nicht vorschnell bejaht werden. Insbesondere bedarf es auch in der Krise eines Vertragspartners grundsätzlich der Fristsetzung nach §§ 281 I, 323 I BGB. Sie ist nicht als bloße Förmelei nach §§ 281 II, 323 II entbehrlich.[96] Denn auch dem Schuldner in der Krise muss noch die Möglichkeit offenstehen, vorteilhafte Verträge vertragsgerecht abzuwickeln. Im Einzelfall kann freilich Äußerungen des Schuldners, die eine Zahlungseinstellung belegen (§ 17 II 2), eine ernsthafte und endgültige Erfüllungsverweigerung zu entnehmen sein. 69

b) Sicherungsmaßnahmen. Auf einen Insolvenzantrag gem §§ 21 f anzuordnende gerichtliche Sicherungsmaßnahmen können das Erlöschen von Ansprüchen aus einem nichterfüllten gegenseitigen Vertrag während des Insolvenzeröffnungsverfahrens ebenfalls nicht verhindern. § 103 lässt sich auch in diesem Verfahrensstadium **nicht analog** anwenden.[97] Eine Aufforderung des Vertragspartners an den vorläufigen Insolvenzverwalter, sich über sein Wahlrecht zu erklären, bleibt wirkungslos, selbst wenn der vorläufige Verwalter später auch zum Insolvenzverwalter bestellt wird.[98] Auf eine Nachfristsetzung hin hat ggf der vorläufige Insolvenzverwalter zu entscheiden, ob er den Vertrag erfüllt.[99] Bewirkt der vorläufige Insolvenzverwalter eine Leistung, schließt das – wenn es sich nicht um einen starken Verwalter nach § 22 II handelt – eine Insolvenzanfechtung dieser Deckung nicht aus.[100] 70

2. Neuverträge nach Insolvenzeröffnung

a) Neuverträge mit Wirkung für und gegen die Masse. Schließt der Insolvenzverwalter selbst oder durch Vertreter (§ 164 BGB) einen Vertrag ab, so **wirkt dieser Vertrag nach §§ 55 I Nr 1, 80 I für und gegen die Masse:**[101] Zwar wird der Insolvenzschuldner formal Vertragspartner, wie er Inhaber aller zur Masse gehörenden Rechte und Pflichten ist. Die Abwicklung des Vertrags obliegt aber dem Insolvenzverwalter, weil Ansprüche (soweit der Verfahrensschuldner Gläubiger ist) in die Masse fallen, Gegenansprüche (soweit der Verfahrensschuldner Schuldner ist) Masseverbindlichkeiten werden. Es treten mithin als unmittelbare Wirkungen des Vertragsschlusses die Wirkungen ein, die im Anwendungsbereich von §§ 103 ff erst aus §§ 103, 108, 55 I Nr 2 folgen. 71

Entsprechende Wirkungen kann der Insolvenzschuldner grundsätzlich nur dann herbeiführen, wenn sein Vertragsabschluss dem Insolvenzverwalter zuzurechnen ist. Die Voraussetzungen dafür folgen aus § 164 BGB: Der Insolvenzschuldner muss offenkundig für den Insolvenzverwalter, dh mit Massebezug und im Rahmen einer vom Insolvenzverwalter abgeleiteten Vollmacht, § 167 I BGB, den Vertrag abschließen. Der Insolvenz- 72

---

[95] Z Anwendbarkeit v § 103 auf das Rückgewährschuldverhältnis aus § 346 BGB nach Rücktritt s § 103 Rn 87 ff.

[96] Ausf *Wegener* Wahlrecht Rn 345 ff.

[97] BGH ZIP 2007, 2322 Rn 9; Jaeger/*Gerhardt* InsO § 22 Rn 46.

[98] BGH ZIP 2007, 2322 Rn 10.

[99] Jaeger/*Gerhardt* InsO § 22 Rn 46 f.

[100] Vgl BGHZ 154, 190; BGH NJW 2005, 1118 (1119).

[101] Z Dogmatik *Jacoby* Amt S 301 f.

verwalter kann daher auch ein vom Insolvenzschuldner abgeschlossenes Geschäft mit Massebezug genehmigen. Denn durch den Massebezug werden die Offenkundigkeitsvoraussetzungen jedenfalls über die Grundsätze des unternehmensbezogenen Geschäfts gewahrt.[102] Die Genehmigungsmöglichkeit folgt aus § 177 I BGB. Für eine Analogie zu § 185 II BGB fehlt also schon die Regelungslücke.[103]

73 Ausnahmsweise kommen entsprechende Wirkungen des Schuldnerhandelns auch unabhängig von einer Stellvertretung in Betracht. Das gilt zum einen nach § 270 I bei Anordnung der **Eigenverwaltung,** weil der Schuldner dann selbst das Verwalteramt besetzt.[104] Zum anderen können Massewirkungen auf § 35 II beruhen, wenn der Schuldner ein Unternehmen betreibt und der Insolvenzverwalter eine sog Positiverklärung abgegeben hat (Rn 62).

74 b) **Neuverträge des Insolvenzschuldners.** Der Insolvenzschuldner kann nach Insolvenzeröffnung ohne weitere Voraussetzungen Verträge mit Wirkung für sein freies Vermögen abschließen. Dem Vertragspartner steht also für seinen Anspruch gegen den Insolvenzschuldner nur dessen **freies Vermögen** als Haftungsmasse zur Verfügung. Der Gegenanspruch des Insolvenzschuldners gegen den Vertragspartner fällt hingegen grundsätzlich als **Neuerwerb** in die Masse. Ausnahmen gelten, wenn der Anspruch unpfändbar ist. Auch kann der Anspruch seinem Inhalte nach allein an den Insolvenzschuldner zu erfüllen sein (bspw Überlassung der Wohnung, s Rn 56 ff). Schließlich bewirkt die sog Negativerklärung nach § 35 II, dass Ansprüche aus einer selbstständigen Tätigkeit des Insolvenzschuldners nicht in die Masse fallen (Rn 62).

75 Der Insolvenzverwalter kann den als Neuerwerb (§ 35 I Fall 2) in die Masse fallenden Vertragsanspruch gegen den Vertragspartner geltend machen.[105] Beruft sich der andere auf die Einrede des nicht erfüllten Vertrags (§ 320 BGB, s Rn 76), muss der Verwalter freilich ggf die Gegenleistung, wie es auch § 103 I formuliert, „anstelle des Schuldners" erbringen, damit der Anspruch durchsetzbar wird. Eine Leistung des Vertragspartners an den Schuldner muss der Verwalter nur nach Maßgabe des **§ 82** fürchten. Folglich bedarf diese Konzeption aus Sicht der Masse keiner Ergänzung. Insbesondere ist kein Raum für die Möglichkeit des Verwalters, Neuverträge des Schuldners analog § 185 II BGB durch Genehmigung oder analog § 103 durch Erfüllungswahl komplett zur Masse zu ziehen.[106] Denn die Ansprüche aus dem Vertrag fallen ohnehin schon in die Masse. Entsprechende Erklärungen würden mit den daraus erwachsenden Masseverbindlichkeiten der Masse mithin nur Nachteile einbringen.

76 Auch der Vertragspartner bedarf nicht des spezifischen Schutzes von § 103 (§ 103 Rn 5 ff). Im Unterschied zu der dort geregelten Konstellation kann der Vertragspartner seine Ansprüche gegen den Schuldner ausüben, ohne von § 87 auf eine Geltendmachung im Insolvenzverfahren verwiesen zu werden. Denn seine Forderung ist **keine Insolvenzforderung nach § 38.** Er kann daher seinen Primäranspruch gegen den Schuldner geltend machen und bei Leistungsstörungen auf Sekundärrechte übergehen. Schließlich kann er sich verteidigungsweise auf die Einrede des nichterfüllten Vertrags (§ 320 BGB) berufen. Der Vertragspartner muss allerdings hinnehmen, dass er seine Ansprüche gegen den

---

102 Allg dazu statt aller *Bork* AT³ Rn 1390.

103 Für diese Analogie indessen *Pech* Einbeziehung des Neuerwerbs S 127 ff; *Windel* KTS 1995, 367 (397).

104 Z Dogmatik der Eigenverwaltung *Jacoby* Amt S 30 ff.

105 *Windel* KTS 1995, 367 (394 f): keine Beschränkung auf „Nettovermögen" oder „Reinerwerb".

106 Wiederum **gegen** *Pech* Einbeziehung des Neuerwerbs S 127 ff; *Windel* KTS 1995, 367 (397).

Schuldner während des Insolvenzverfahrens wegen § 35 I mangels pfändungsfreien Vermögens faktisch nicht durchsetzen kann. Vorleistungen, zu denen insbesondere auch die Gebrauchsüberlassung durch den Vermieter zählt, bergen so **erhebliche Ausfallgefahren**, auch wenn die Forderungen als Nicht-Insolvenzforderungen von einer etwaigen Restschuldbefreiung nicht berührt werden. Jedenfalls bei Geschäften, bei denen entsprechende Vorleistungspflichten im Raume stehen, ist der Vertragspartner daher bei Unkenntnis des Insolvenzverfahrens nach § 119 II BGB wegen eines Irrtums über die verkehrswesentliche Eigenschaft des Insolvenzschuldners, Schuldner eines Insolvenzverfahrens zu sein, zur Anfechtung befugt.[107] Dem Schutzbedürfnis des Gläubigers genügt hingegen § 321 BGB im Hinblick auf den bloßen Einredecharakter nicht.

VII. Alphabetische Übersicht über einzelne Rechtsverhältnisse

1. Akkreditiv

S die Ausführungen bei §§ 115 f Rn 158 ff. **77**

2. Anwaltsvertrag

Anwaltsverträge und ähnliche Beratungsverträge (Steuerberater, Wirtschaftsprüfer) **78** erlöschen nach §§ 116 S 1, 115 I (§§ 115 f Rn 95 ff).

3. Arbeitsvertrag

Der Arbeitsvertrag des Schuldners als Arbeitnehmer ist **höchstpersönlicher Natur**, so **79** dass auf ihn §§ 103 ff keine Anwendung finden (Rn 50). Allein der mit Wirkung zum 1.7.2014 aufgehobene § 114 enthielt eine Spezialregelung zu §§ 35, 91, inwieweit Ansprüche auf Arbeitseinkommen in die Insolvenzmasse fallen (Rn 55). Soweit der Insolvenzschuldner Arbeitgeber ist, besteht das Arbeitsverhältnis aufgrund von § 108 I fort, kann aber nach Maßgabe von § 113 gekündigt werden, s dort die Kommentierung.

4. Auftrag

Zum Erlöschen von Auftragsverhältnissen in der Insolvenz des Auftraggebers s die **80** Kommenticrung zu §§ 115 f. Als unvollkommen zweiseitig verpflichtender Vertrag, ist auf die Auftragnehmerinsolvenz § 103 nicht anwendbar (§ 103 Rn 67).

5. Bankverträge

Die Geschäftsbeziehung zwischen Geldinstitut und seinem Kunden ist im Wesent- **81** lichen geschäftsbesorgungsrechtlich ausgestaltet (§§ 115 f Rn 110 f). Der **Girovertrag** erlischt mit Eröffnung des Insolvenzverfahrens über das Vermögen des Bankkunden gem §§ 116 S 1, 115 I (s §§ 115 f Rn 112 ff). Zum **Kontokorrent** und den Folgen des insolvenzbedingten Erlöschens s §§ 115 f Rn 119 ff. Zur Fortgeltungsanordnung gem § 116 S 3 für **Zahlungsaufträge** s §§ 115 f Rn 143 ff. Für die **SEPA-Lastschrift** s §§ 115 f Rn 152 ff.

---

[107] Einschränkungslos *Windel* KTS 1995, 367 (380); vgl auch allg zu Zahlungsfähigkeit u Kreditwürdigkeit *Armbrüster* MünchKomm BGB[6] § 119 Rn 128; Staudinger/*Singer* BGB[2012] § 119 Rn 92.

6. Bauverträge

82 Auf einen Werkvertrag nach §§ 631 ff BGB, der die Herstellung eines Gebäudes zur Hauptpflicht hat, (sog BGB-Bauvertrag) findet § 103 ebenso Anwendung, wie wenn vertraglich die Anwendung der VOB/B vereinbart worden ist (sog VOB-Bauvertrag).[108] Im Hinblick auf § 119 sind das Kündigungsrecht nach § 8 Nr 2 VOB/B sowie die Wirksamkeit von vertraglich vereinbaren **Lösungsklauseln** problematisch (dazu § 119 Rn 11). Zur Teilbarkeit bei Werk- und damit auch Bauverträgen s § 105 Rn 18, 41.

7. Bauträgerverträge

83 Bauträger ist derjenige, der sich verpflichtet, ein Grundstück oder einen Grundstücksanteil zu übereignen und dort ein schlüsselfertiges Objekt im eigenen Namen herzustellen. Ein solcher Vertrag enthält zwar Elemente der Geschäftsbesorgung, es dominieren aber **kauf- und werkvertragliche Elemente** (§§ 115 f Rn 109). Denn Schwerpunkt des Bauträgervertrags liegt in der Erstellung des Bauwerks und der Eigentumsübertragung am Grundstück. Die Gesamtabwicklung ist daher einheitlich nach § 103 zu beurteilen.[109] Vollständige Erfüllung des Vertrags liegt vor, wenn das Bauwerk mangelfrei errichtet, der Besitz daran übertragen und der Käufer im Grundbuch eingetragen wurde.[110] Der durch **Vormerkung** gesicherte Anspruch fällt unter § 106 I 2. Zur Erfüllungswahl beim Bauträgervertrag s § 103 Rn 184; zur Frage der Teilbarkeit von Bauverträgen allgemein s § 105 Rn 31 ff.

8. Baubetreuungsvertrag

84 Der Baubetreuungsvertrag unterliegt § 116 (§§ 115 f Rn 109).

9. Beherrschungs- und Gewinnabführungsverträge

85 Nach der früheren Rechtsprechung endeten solche **Organisationsverträge** automatisch mit der Eröffnung des Konkursverfahrens.[111] Dies wurde mit der konkursbedingten Änderung des Gesellschaftszwecks begründet, der sich nach Konkurseröffnung auf die Verwertung des Gesellschaftsvermögens konzentriere.[112] Teilweise wird vertreten, dass diese Erwägung unter Geltung der InsO nicht mehr zuträfe, da das Insolvenzverfahren gleichfalls auf Fortführung des Unternehmens gerichtet sein könne, mithin also keine insolvenzbedingte automatische Zweckänderung eintrete.[113] Interessengerecht sei es vielmehr, dem Insolvenzverwalter das Wahlrecht gem § 103 auch für die Organisationsverträge zuzubilligen.[114] Überzeugender erscheint es hingegen, auch unter Geltung der InsO die Beendigung der Unternehmensverträge anzunehmen.[115] Die durch den Vertragskonzern bewirkte Garantie des herrschenden Unternehmens gegenüber der abhängigen Gesellschaft endet im Insolvenzfalle und wird nicht etwa durch die insolvenzrechtlichen

---

108 BGHZ 150, 353; *Huber* MünchKomm InsO[3] § 103 Rn 67; Kübler/Prütting/Bork/*Tintelnot* InsO[46] § 103 Rn 91; Uhlenbruck/*Wegener* InsO[13] § 103 Rn 27.

109 *Wegener* FK InsO[7] § 103 Rn 12.

110 Kübler/Prütting/Bork/*Tintelnot* InsO[46] § 103 Rn 196.

111 BGHZ 103, 1.

112 BGHZ 103, 1 (6).

113 Kübler/Prütting/Bork/*Tintelnot* InsO[46] § 103 Rn 134; ausf *Bous* Konzernleitungsmacht S 149 ff; Uhlenbruck/*Hirte* InsO[13] § 11 Rn 398, 407 spricht sich für eine Kündigungsmöglichkeit aus wichtigem Grund aus.

114 *Häsemeyer* InsR[4] Rn 32.09.

115 Ebenso Jaeger/*Eckardt* InsO § 84 Rn 47.

Vorschriften überlagert.[116] Zwar finden nach alledem §§ 115 f keine Anwendung auf Beherrschungs- und Gewinnabführungsverträge, jedoch liegt jenen Normen ein vergleichbarer Grundgedanke zugrunde. Auch Aufträge und Geschäftsbesorgungsverträge sollen erlöschen, wenn es zu einem **Wechsel in der Handlungsorganisation** infolge der Insolvenz kommt. Hier wie dort müssen die vertragsrechtlichen Konsequenzen aus dem Wechsel der masserelevanten Handlungsorganisation gezogen werden (§§ 115 f Rn 24).

10. Bereicherungsrecht

Keine analoge Anwendung von § 103 auf bereicherungsrechtliche Ansprüche (§ 103 Rn 101 f). **86**

11. Bürgschaft

Die Bürgschaft fällt als einseitig verpflichtender Vertrag[117] nicht unter § 103 (§ 103 Rn 66). **87**

12. Darlehen

Das entgeltliche Darlehen fällt als gegenseitiger Vertrag grds unter das Wahlrecht des Insolvenzverwalters gem § 103. Ist der Darlehensgeber insolvent, gilt der Vertrag freilich gem § 108 II mit Wirkung für die Masse fort, soweit das Darlehen bereits zur Verfügung gestellt wurde (§ 108 Rn 246 ff). Ist das Darlehen in der **Insolvenz des Darlehensnehmers** bereits (teilweise) valutiert, ist streitig, ob § 103 insoweit zur Anwendung gelangt. Dies verneint eine verbreitete Ansicht mit der Begründung, dass der Darlehensgeber mit Überlassung des Darlehensgegenstands bereits vollständig erfüllt habe. Vorzugswürdig ist es aber, aufgrund der **Belassungspflicht** des Darlehensgebers **keine vollständige Erfüllung** anzunehmen (§ 103 Rn 123, § 108 Rn 8). Damit steht dem Insolvenzverwalter in der Insolvenz des Darlehensnehmers das Wahlrecht gem § 103 I zu. Lehnt jener die Erfüllung des Vertrags ab, so besteht für den Darlehensgeber keine weitere Pflicht zur Belassung des Darlehensgegenstands. Der Rückzahlungsanspruch wird unmittelbar fällig. § 41 ist insoweit nicht anwendbar. Wegen der Zinsforderungen bleibt dem Darlehensgeber nur die Anmeldung einer Forderung wegen der Nichterfüllung gem § 103 II. Wählt der Verwalter indes die Erfüllung des Vertrags, so bleibt der Darlehensrückzahlungsanspruch Insolvenzforderung (§§ 105, 108 III), der nach Maßgabe von § 41 zur Tabelle anzumelden ist. Den Darlehensgeber trifft die Pflicht zur weiteren Belassung des Kapitals, im Gegenzug sind die Zinsen Masseverbindlichkeiten nach § 55 I Nr 2. Zur Frage der Abwicklung bei fehlender Erfüllungswahl § 103 Rn 275. Zur Teilbarkeit s § 105 Rn 50. Vor Valutierung des Darlehens steht dem Darlehensgeber in der Insolvenz des Darlehensnehmers das außerordentliche Kündigungsrecht aus § 490 BGB zu. Zum **Kontokorrentkredit** s §§ 115 f Rn 130 ff. **88**

13. Dienstverträge

S § 108 Rn 5, 235 ff. **89**

---

[116] So auch *Altmeppen* MünchKomm AktG² § 297 Rn 106; **aA** *Koppensteiner* Kölner Kommentar AktG³ § 297 Rn 47 f.

[117] Staudinger/*Horn* BGB²⁰¹² Vor §§ 765–778 Rn 5.

14. Erbbaurecht

90 Der Erbbaurechtsvertrag ist als **Rechtskauf** einzuordnen (§ 103 Rn 64).[118] Gegen die Bestellung des Erbbaurechts wird ein Erbbauzins vereinbart (§ 9 I 1 ErbbauVO). Bestellt der Grundstückseigentümer das Erbbaurecht und räumt er dem Erbbauberechtigten Besitz an seinem Grundstück ein, so hat er seine Pflichten aus dem Erbbaurechtsvertrag damit vollständig erfüllt.[119] S dazu § 108 Rn 80.

15. Factoring

91 Zur Rechtsnatur des Factorings sowie der insolvenzrechtlichen Einordnung s §§ 115 f Rn 104 ff.

16. Franchisevertrag

92 Zur grundsätzlichen Einordnung des Franchisevertrags als **Rechtspacht**, die die Anwendung von §§ 108 ff ausschließt und den Anwendungsbereich von § 103 eröffnet, s § 108 Rn 78; zur Teilbarkeit s § 105 Rn 47 f; zur Kündigungssperre § 112 Rn 19.

17. Geschäftsbesorgung

93 Geschäftsbesorgungsverträge unterfallen in der Insolvenz des Geschäftsherrn § 116 mit der Folge der Erlöschensanordnung aus § 115 (s Kommentierung §§ 115 f). Für die Insolvenz des Geschäftsbesorgers gelten §§ 103, 108 (vgl § 103 Rn 64, 71, § 108 Rn 241 ff).

18. Gesellschafterüberlassungen

94 Gem § 135 III kann der Aussonderungsanspruch eines Gesellschafters aus § 47 im Hinblick auf einen Gegenstand, den er der Gesellschaft zum Gebrauch oder zur Ausübung überlassen hat, während der Dauer des Insolvenzverfahrens, höchstens aber für ein Jahr ab Eröffnung des Verfahrens, nicht geltend gemacht werden, wenn der Gegenstand für die Fortführung des Unternehmens des Schuldners von erheblicher Bedeutung ist. Zu Fragen dieser „**Aussonderungssperre**" s § 103 Rn 289; § 108 Rn 49, 171 ff; § 110 Rn 46 ff.

19. Gesellschaftsverträge

95 Die Gesellschafter einer Personengesellschaft verpflichten sich gegenseitig, bestimmte Leistungen zur Verfolgung eines gemeinsamen Zwecks zu erbringen. Allerdings handelt es sich hierbei nicht um synallagmatische Pflichten, weswegen § 103 grundsätzlich nicht anwendbar ist.[120]

20. Handelsvertreter

96 S § 108 Rn 243; § 116 Rn 90.

---

118 BGH ZIP 2005, 2267 (2268); *Pfennig* Erbbaurecht S 36; Uhlenbruck/*Wegener* InsO[13] § 103 Rn 32.

119 BGH ZIP 2005, 2267 (2268).

120 Kübler/Prütting/Bork/*Tintelnot* InsO[46] § 103 Rn 131; *Marotzke* HK InsO[6] § 103 Rn 21.

21. Kaufvertrag

Der Kaufvertrag ist als gegenseitiger Vertrag typischer Anwendungsfall des § 103. Für den Kauf unter Eigentumsvorbehalt s § 107. Die Vorschrift ist analog anwendbar auf den Rechtskauf (§ 107 Rn 15). Für eine den Anspruch aus dem Kaufvertrag absichernde Auflassungsvormerkung beachte die Sondervorschrift des § 106. Eine nicht vertragsgemäße, weil mangelhafte Leistung führt nicht zur Erfüllung (§ 103 Rn 128). Zur Frage der Herausgabepflicht bzgl des Kaufgegenstands und zum Nutzungsersatz s § 103 Rn 291 ff. In der Verkäuferinsolvenz gelten zumeist §§ 106 f, ansonsten s § 103 Rn 296 f. Zur Frage der Teilbarkeit bei Kaufverträgen s § 105 Rn 42 ff. Für Kaufverträge ordnet § 104 I mit der Beendigung des Vertrags eine Sonderregelung an, falls es sich um ein Fixgeschäft über einen Gegenstand mit einem Markt- oder Börsenpreis handelt (s Kommentierung zu § 104). 97

22. Kautionsversicherungsvertrag

Zum Erlöschen des als Geschäftsbesorgungsvertrag zu qualifizierenden Kautionsversicherungsvertrags in der Insolvenz des Versicherungsnehmers s §§ 115 f Rn 99 ff. 98

23. Kommissionsverträge

§ 103 gilt für die Insolvenz des Kommissionärs. In der Insolvenz des Kommittenten findet § 116 Anwendung (§§ 115 f Rn 92 ff). 99

24. Leasing

Bei beweglichen Sachen gilt § 103 (§ 103 Rn 277 ff), für unbewegliche Sachen s § 108 Rn 50 ff. Beachte Sondervorschrift § 108 I 2, nach der auch Verträge über bewegliche Sachen und Rechte in der Insolvenz desjenigen, der die Sache zum Gebrauch überlässt, mit Wirkung für die Masse fortbestehen, wenn diese Sache einem die Anschaffung oder Herstellung finanzierenden Dritten zur Sicherung übertragen wurde (§ 108 Rn 201 ff). Zur Teilbarkeit beim Leasing s § 105 Rn 49. 100

25. Leihe

Da es sich bei der Leihe nicht um einen gegenseitigen Vertrag handelt, ist § 103 nicht anwendbar (vgl § 103 Rn 67). 101

26. Lizenz

Zur Lizenz s Rn 120 ff. 102

27. Maklervertrag

§ 103 ist auf den Maklervertrag dann anwendbar, wenn sich der Makler zur Erbringung der Leistung verpflichtet hat; ansonsten ist nur der Auftraggeber einseitig verpflichtet, s § 103 Rn 65. S zur Behandlung des Maklervertrags ferner §§ 115 f Rn 40, 88, 109. 103

28. Mangelhafte Leistung

Eine mangelhafte Leistung stellt eine Teilleistung iSd § 105 dar (§ 105 Rn 45 f). Ist die Leistung nicht vertragsgemäß erfolgt, so liegt keine die Anwendbarkeit von § 103 ausschließende vollständige Erfüllung vor (s zum Nacherfüllungsanspruch § 103 Rn 128 ff). 104

29. Miete/Pacht

105 Im Falle beweglicher Sachen gelten §§ 103, 112. Für unbewegliche Sachen gelten §§ 108–112. Auf die dortige Kommentierung wird für spezifische Fragen der Miete unbeweglicher Sachen verwiesen. Zur Teilbarkeit von Mietverträgen s § 105 Rn 47 f.

30. Option

106 Zum Anwendungsbereich des § 103 bei Optionen s § 103 Rn 73 ff. Zu den Rechtsfolgen nach der Erfüllungswahl auf im Vertrag enthaltene Optionen s § 103 Rn 314 ff, § 108 Rn 25 f. Zur Frage der Anwendbarkeit des § 107 auf Kaufoptionen s § 107 Rn 13. Speziell zu Finanzleistungen s die Sondervorschrift und die dazugehörige Kommentierung zu § 104.

31. Prozessabreden/Schiedsvereinbarungen

107 Mangels synallagmatischen Leistungsaustauschs stellen Prozessabreden keinen gegenseitigen Vertrag dar und unterfallen dementsprechend nicht § 103.[121] Dies bedeutet, dass der Insolvenzverwalter grundsätzlich an solche Abreden **ohne Möglichkeit der Wahlrechtsausübung** gebunden ist. Dies soll nach Ansicht des BGH dann nicht gelten, wenn es um insolvenzspezifische Rechte des Verwalters geht, der Schuldner also nicht befugt ist, über sie zu verfügen oder Einfluss darauf zu nehmen, wann, in welcher Weise und bei welcher Stelle sie geltend gemacht werden.[122] Dieser Grundsatz gelte auch für das Wahlrecht des Insolvenzverwalters nach § 103, hierzu aber § 103 Rn 62, 305 f.

32. Reisevertrag

108 Der Reisevertrag gem §§ 651a ff BGB fällt als werkvertragsähnlicher gegenseitiger Vertrag unter das Verwalterwahlrecht des § 103. Der Vertrag ist auch nach Bewirkung der dem Reiseveranstalter gemäß § 651k BGB obliegenden Sicherungspflicht noch nicht einseitig vollständig erfüllt.[123]

33. Rückabwicklungsschuldverhältnis

109 § 103 findet analoge Anwendung auf bei Insolvenzeröffnung schon bestehende Rückabwicklungsschuldverhältnisse (§ 103 Rn 88 ff). Zur Möglichkeit der Herbeiführung des Rückabwicklungsverhältnisses s § 103 Rn 94 f.

34. Tarifverträge

110 Tarifverträge unterfallen nicht dem Verwalterwahlrecht des § 103. Denn der normative Teil eines Tarifvertrages stellt keinen gegenseitigen Vertrag dar und der zwar gegenseitig ausgestaltete schuldrechtliche Teil enthält keine vermögensrechtlichen Ansprüche.[124]

---

121 Kübler/Prütting/Bork/*Tintelnot* InsO[46] § 103 Rn 136.

122 BGH ZIP 2011, 1477; 2013, 1539 Rn 9.

123 *Huber* MünchKomm InsO[3] § 103 Rn 79; Kübler/Prütting/Bork/*Tintelnot* InsO[46] § 103 Rn 157.

124 *Huber* MünchKomm InsO[2] § 103 Rn 96; Uhlenbruck/*Wegener* InsO[13] § 103 Rn 54; *Wegener* FK InsO[7] § 103 Rn 59.

35. Tausch

Der Tauschvertrag unterfällt als gegenseitiger Vertrag dem Verwalterwahlrecht gem § 103. S zum Tauschvertrag und Eigentumsvorbehalt § 107 Rn 12. 111

36. Treuhandvertrag

Der fremdnützige Treuhandvertrag erlischt gem §§ 116, 115 in der Insolvenz des Treugebers (§§ 115 f Rn 102 f). 112

37. Vergleich

Zur Einordnung des Vergleichs s § 103 Rn 69. 113

38. Verlagsvertrag

Zur insolvenzrechtlichen Behandlung des Verlagsvertrages s ausf noch die Kommentierung von *Henckel* Jaeger KO[9] § 17 Rn 233 ff. 114

39. Versicherungsverträge

Versicherungsverträge sind als gegenseitige Verträge grds vom Verwalterwahlrecht des § 103 erfasst. Für die Insolvenz des Versicherers ordnet aber § 16 I VVG die Beendigung des Versicherungsverhältnisses mit Ablauf eines Monats seit Verfahrenseröffnung an.[125] § 77b VAG sieht das Erlöschen weiterer Verträge mit Eröffnung des Insolvenzverfahrens vor. Zur fehlenden Belassungspflicht bei Versicherungsverträgen s § 103 Rn 276; Versicherungsverträge sind grds teilbar, s § 105 Rn 51. 115

40. Werkverträge

Der Werkvertrag als gegenseitiger Vertrag unterfällt dem Wahlrecht des Insolvenzverwalters gem § 103. Zur nicht vollständigen Erfüllung im Falle einer nicht vertragsgemäßen Leistung s § 103 Rn 128. Grundsätzlich sind Werkverträge teilbar (§ 105 Rn 41). 116

41. Werklieferungsvertrag

Der Werklieferungsvertrag unterfällt dem Verwalterwahlecht gem § 103. Zum Eigentumsvorbehalt s § 107 Rn 11. 117

42. Wettbewerbsabreden

Wettbewerbsabreden gem § 74 HGB sind als gegenseitige Verträge vom Verwalterwahlrecht gem § 103 erfasst.[126] 118

43. Zurückbehaltungsrecht

Keine Anwendung findet § 103 auf das Zurückbehaltungsrecht gem § 273 BGB s § 103 Rn 99 f. 119

---

[125] Ausf zum Ganzen Kübler/Prütting/Bork/*Tintelnot* InsO[46] § 103 Rn 102 ff.

[126] *Huber* MünchKomm InsO[3] § 103 Rn 84.

VIII. Lizenzen

120 Der Lizenzvertrag ist kein ausdrücklich im BGB geregelter Vertragstyp. Gegenstand eines typischen Lizenzvertrags ist die zeitweise Einräumung eines Nutzungsrechts an immateriellen Gütern gegen Vergütung.[127] Nachdem lange Zeit unterschiedliche Auffassungen zur Rechtsnatur von Lizenzverträgen in Rechtsprechung und Literatur herrschten – vertreten wurden namentlich die Einordnung als Miete, Pacht, Rechtskauf oder die Überlassung auf gesellschaftsvertraglicher Grundlage –,[128] hat sich die Qualifikation als Dauerschuldverhältnis sui generis durchgesetzt, auf das die Vorschriften über die **Rechtspacht** (§ 581 BGB) soweit als möglich Anwendung finden sollen.[129]

121 Der **Dauerschuldcharakter** des Lizenzvertrags ergibt sich daraus, dass der Lizenzgeber dem Lizenznehmer über die einmalige Verschaffung der Nutzungsbefugnis hinaus die weitere Duldung der Nutzung für die Dauer der Vertragslaufzeit und die Erfüllung etwaiger Nebenpflichten, insbesondere Aufrechterhaltungs- und Verteidigungspflichten, schuldet. Im Gegenzug muss der Lizenznehmer die vereinbarte Lizenzgebühr zahlen und treffen ihn darüber hinaus je nach vertraglicher Vereinbarung häufig Ausübungs- und Nichtangriffspflichten.[130]

122 Lizenzen lassen sich nach Art der persönlichen Nutzungsberechtigung kategorisieren.[131] Zu unterscheiden sind ausschließliche und nicht-ausschließliche Lizenzen. Eine **ausschließliche Lizenz** räumt dem Lizenznehmer positiv ein exklusives Nutzungsrecht ein, das im Unterschied zu der sog **alleinigen Lizenz** auch gegenüber dem Lizenzgeber gilt.[132] Nicht ausschließliche **einfache Lizenzen** sind hingegen zur Überlassung an eine Vielzahl von Lizenznehmern bestimmt. Dem Lizenznehmer wird hier die Nutzung erlaubt, einen Anspruch auf Exklusivität hat er aber nicht.[133] Im Übrigen bestimmt sich die Reichweite des Nutzungsrechts insbesondere nach der vertraglichen Vereinbarung.

1. Anwendungsbereich des § 103

123 **Unter der KO** wurde die Lizenz recht einhellig den Regelungen über Miete und Pacht unterstellt, die nicht danach unterschieden, ob der Vertragsgegenstand eine bewegliche oder unbewegliche Sache war (§ 108 Rn 3 f).[134] In (analoger) Anwendung von § 19 KO bzw § 21 I KO überdauerten Lizenzverträge daher die Konkurseröffnung und waren dem Verwalterwahlrecht nach § 17 KO entzogen, sofern der Vertrag vor Insolvenzeröffnung durch bereits vollzogen war. Unter Geltung der InsO hat der Gesetzgeber allerdings durch die grundsätzliche **Beschränkung der §§ 108 ff auf unbewegliche Gegenstände** einer (analogen) Anwendung dieser Bestimmungen den Boden entzogen.[135] Der BGH hat sich zwar explizit nicht mit einer Anwendung von § 108 I auseinandergesetzt, aber

---

127 *McGuire* GRUR 2012, 657.

128 Vgl den Überblick bei *McGuire* Lizenz S 650 ff.

129 BGH ZIP 2006, 87 Rn 21 mwN; *Huber* InsR-Hb[4] § 37 Rn 49; *Peters* MünchKomm InsO[3] § 35 Rn 313.

130 *McGuire* GRUR 2012, 657.

131 Vgl zum Ganzen ausf *McGuire* Lizenz S 86 ff.

132 Vgl *McGuire* Lizenz S 100.

133 Vgl *McGuire* Lizenz S 101.

134 BGH NJW-RR 1995, 936 (938); Jaeger/*Henckel* KO[9] § 21 Rn 6 jew m zahlr N.

135 **Gegen** eine Analogie auch *Ganter* NZI 2011, 833 (837); Kübler/Prütting/Bork/*Tintelnot* InsO[46] § 103 Rn 62; *Marotzke* HK InsO[6] § 108 Rn 7; Wandtke/Bullinger/*Bullinger* Urheberrecht[3] (2009) § 108 InsO Rn 4; eine Analogie befürworten hingegen *Fezer* WRP 2004, 793 (799 ff); *Koehler*/*Ludwig* NZI 2007, 79 (81 f).

unmissverständlich darauf hingewiesen, dass § 108 I nur auf Immobilien anzuwenden sei und Lizenzverträge daher grundsätzlich § 103 unterfielen.[136]

124 Folglich ist grundsätzlich der **Anwendungsbereich des Verwalterwahlrechts** eröffnet. In der Insolvenz des Lizenznehmers findet wegen des pachtähnlichen Charakters darüber hinaus **§ 112 Anwendung** (§ 112 Rn 14), dessen Anwendungsbereich im Unterschied zu §§ 108–111 nicht auf unbewegliche Sachen als Vertragsgegenstand beschränkt ist.[137] Bei Anwendung von § 103 droht dem Lizenznehmer, dass er bereits **mit Verfahrenseröffnung sein Lizenzrecht verliert** (§ 103 Rn 25 ff, 221 ff). Es ist keinesfalls erst die rein deklaratorisch wirkende Nichterfüllungswahl, die dem Lizenznehmer sein Nutzungsrecht nimmt. Eine Erfüllungswahl des Verwalters kann hingegen freilich dazu führen, dass der Vertrag die Verfahrenseröffnung überdauert, die Lizenz also auch gegenüber der Masse fortwirkt.[138]

2. Erfordernis der nicht vollständigen Erfüllung

125 Die Anwendung des Verwalterwahlrechts aus § 103 setzt voraus, dass der Vertrag weder vom Schuldner noch vom anderen Teil bereits erfüllt ist. Unter Hinweis auf den **pachtähnlichen Charakter von Lizenzverträgen** wird diese Prämisse des Verwalterwahlrechts verbreitet als regelmäßig erfüllt angesehen.[139] Wegen des dargestellten Dauerschuldcharakters und den fortlaufend zu erfüllenden, gegenseitigen Pflichten sollen Lizenzverträge grundsätzlich dem Wahlrecht des Insolvenzverwalters gem § 103 unterfallen.[140]

126 Dies vermag für Lizenzverträge zu überzeugen, die so ausgestaltet sind, dass der Lizenznehmer **für bestimmte Zeitabschnitte eine Lizenzgebühr** zu entrichten hat und dafür im Gegenzug das Nutzungsrecht überlassen bekommt. Der Vergleich mit dem **Rechtspachtvertrag** zeigt hier, dass der Vertrag noch nicht vollständig erfüllt ist. Während der Vertragslaufzeit ist der Lizenzgeber zur weiteren Überlassung der Nutzungsrechte, der Lizenznehmer zur Entrichtung der Gebühr verpflichtet. In einem solchen Fall haben die Parteien ihre gegenseitigen Leistungen noch nicht vollständig erbracht.

127 Anders kann die Bewertung aber für solche vertraglichen Gestaltungen ausfallen, in denen der Lizenzvertrag eher einem **Rechtskauf angenähert** ist und die Parteien ihre synallagmatischen Hauptleistungspflichten – Einräumung der Lizenz gegen Zahlung eines einmaligen Entgelts – bereits vor Verfahrenseröffnung vollständig erfüllt haben.[141] Wenn der Lizenznehmer einmalig eine Gebühr entrichtet und ihm in diesem Zuge **unbefristet und unwiderruflich** das jeweilige Nutzungsrecht eingeräumt wird, erscheint die Annahme nicht vollständiger Erfüllung iSv § 103 aufgrund eines Dauerschuldcharakters des in Rede stehenden Lizenzvertrags nicht überzeugend. So wird bspw auch für **Kreuzlizenzverträge** zu entscheiden sein, bei denen die Haupflichten beider Parteien in der

---

136 BGH ZIP 2006, 87 Rn 21.

137 Kübler/Prütting/Bork/*Tintelnot* InsO[46] § 103 Rn 71.

138 Vgl auch *Jungclaus* ZInsO 2012, 724 ff; *Pleister/Wündisch* ZIP 2012, 1792 (1793).

139 BGH NZI 2006, 229 Rn 21; *Berger* GRUR 2004, 20; *Brauer/Sopp* ZUM 2004, 112 (119).

140 *McGuire* GRUR 2009, 13 (17); *Koehler/Ludwig* NZI 2007, 79 (83); **aA** *v Wilmowsky* NZI 2013, 377 (379 ff): Die Überlassungspflicht des Lizenzgebers ist mit Einräumung der Lizenz stets vollständig erfüllt.

141 LG München I GRUR-RR 2012, 142 (143); *Brinkmann* NZI 2012, 735 (739 f); Kübler/Prütting/Bork/*Tintelnot* InsO[46] § 103 Rn 64; Wandtke/Bullinger/*Bullinger* Urheberrecht[3] (2009) § 108 InsO Rn 5 ff; diese Frage lässt *Fischer* WM 2013, 821 (830) m dem Hinweis auf die dinglich wirkende Lizenz offen.

Einräumung von Nutzungsrechten liegen. Werden diese gegenseitig unbefristet und unwiderruflich eingeräumt, so bestehen keine beiderseitig noch unerfüllten Hauptleistungspflichten der Parteien.[142] Ob in einem solchen Fall noch **Nebenpflichten** offen sind, ist unerheblich. Richtigerweise findet § 103 ohnehin nur auf synallagmatische Pflichten Anwendung (§ 103 Rn 111). Davon abgesehen könnte der Verwalter des Lizenzgebers durch Nichterfüllungswahl des Vertrags hinsichtlich weiterer vertraglicher Nebenpflichten die endgültige Lizenzeinräumung ohnehin nicht rückabwickeln (§ 103 Rn 110).[143] Dementsprechend ist statt einer pauschalen Beantwortung der Frage nach der vollständigen Erfüllung vielmehr für jeden Vertrag, der die Einräumung einer Lizenz zum Gegenstand hat, nach seiner konkreten Ausgestaltung zu differenzieren.[144]

3. Aussonderungsrecht

128 Teilweise wird recht begrifflich zur Stärkung der Position des Lizenzgebers auf den **dinglichen Charakter der Lizenz** verwiesen: In der Insolvenz des Lizenzgebers komme dem Lizenznehmer aufgrund seiner dinglichen Berechtigung ein Aussonderungsrecht (§ 47) zu, das unabhängig vom Schicksal des schuldrechtlichen Lizenzvertrags nach §§ 103 ff bestehe und somit die Lizenz „insolvenzfest" mache.[145] Diese Annahme vermag nicht zu überzeugen. Der quasi-dingliche Charakter kann seine **Wirkung zwar gegenüber einem Drittverletzer** entfalten, also beispielsweise dann, wenn der Insolvenzverwalter eines Dritten eine Schutzrechtsverletzung begeht. Der sog dingliche Charakter bedeutet aber nicht, dass der Lizenznehmer im Insolvenzverfahren ohne weiteres gegenüber dem Lizenzgeber geltend machen kann, die Lizenz gehöre nicht zur Insolvenzmasse. Zur Verdeutlichung dient abermals der Vergleich zu Miete und Pacht. Die Position des Mieters in der Insolvenz des Vermieters hängt vom Fortbestand des Vertrags ab. Ungeachtet dessen kann sich ein Mieter in der Insolvenz eines Dritten gegen Störungen seines berechtigten Besitzes (§§ 1004, 823 I, 1007 BGB) ggf im Wege der Aussonderung (§ 47) verteidigen.[146]

129 Außerdem stößt eine Anwendung von **§ 47 neben § 103** auf konstruktive Bedenken. Beide Bestimmungen **schließen sich gegenseitig aus** (§ 103 Rn 149 f). Hat der Lizenzgeber das Nutzungsrecht so eingeräumt, dass es dem Lizenznehmer tatsächlich ein Aussonderungsrecht auch gegenüber dem Lizenzgeber selbst vermittelt und dieser die Nicht-

---

[142] *Brinkmann* NZI 2012, 735 (740). – Gleiches gilt auch bei der endgültigen Einräumung v Nutzungsrechten gegen einmalige Zahlung eines Entgelts, vgl LG München I GRUR-RR 2012, 142 (143).

[143] IE für den Lizenzvertrag auch Kübler/Prütting/Bork/*Tintelnot* InsO[46] § 103 Rn 64.

[144] *Bullinger/Hermes* NZI 2012, 492 (493 f).

[145] Für die ausschließliche Lizenz RGZ 57, 38 (40); *Fischer* WM 2013, 821 ff; *Ganter* NZI 2011, 833 ff; Jaeger/*Henckel* InsO § 47 Rn 107; auch für die einfache Lizenz *Haedicke* ZGE 2011, 377 (386 ff); **aA** z einfachen Lizenz *Hauck* AcP 211 (2011) 626 (631 ff); **gegen** einen dinglichen Charakter jedweder Lizenz *Brinkmann* NZI 2012, 735 (738); *McGuire* Lizenz S 136 ff; *Hirte/Knof* JZ 2011, 889 ff schließlich sprechen sich für eine Aussonderungsberechtigung jedweden Lizenznehmers unabhängig v der Frage der Dinglichkeit aus; einen dinglichen Charakter einfacher Lizenzen erkennt auch BGH GRUR 2009, 946 Rn 20 (Reifen Progressiv) u GRUR 2010, 628 Rn 29 (Vorschaubilder) an, wobei über die Frage der Aussonderungsberechtigung nicht zu entscheiden war. Gegen die starke Betonung der dinglichen Verfügung nunmehr auch OLG München ZIP 2013, 1734 (1735 f); hiernach komme es vielmehr darauf an, ob der schuldrechtliche Vertrag bei Verfahrenseröffnung bereits vollständig erfüllt war mit der Folge, dass eine Zuordnung zum Vermögen des Gläubigers eingetreten ist.

[146] Vgl Jaeger/*Henckel* InsO § 47 Rn 117 ff.

zugehörigkeit zur Masse geltend machen kann,[147] so ist der Anwendungsbereich des § 103 ohnehin nicht eröffnet. Eine derartige Rechtseinräumung mit der Folge des § 47 führt nämlich zur **Erfüllung seitens des Lizenzgebers**; noch offene Nebenpflichten führen zu keiner anderen Bewertung (Rn 127).

4. Gestaltungsversuche zur Insolvenzbeständigkeit von Lizenzverträgen

Vor dem Hintergrund der immensen Bedeutung der Lizenzen sind auf Grundlage der geltenden Rechtslage unterschiedliche Ansätze zur insolvenzbeständigen Ausgestaltung von Lizenzverträgen diskutiert worden. **130**

a) **Gestaltungsmöglichkeiten.** Teilweise wird vertreten, dass sich der Lizenznehmer zur Absicherung seines Ersatzanspruchs wegen Nichterfüllung aus § 103 II 1, den er nur als Insolvenzgläubiger verfolgen kann, schon im Lizenzvertrag ein **Pfandrecht an der Lizenz** bestellen oder sich diese **sicherungshalber übertragen** lassen solle.[148] Mit Eintritt des Sicherungsfalls, der Entstehung eines Ersatzanspruchs nach § 103 II 1 infolge der Nichterfüllungswahl, erwürbe der Lizenznehmer ein Absonderungsrecht gem § 51 Nr 1 an der Lizenz, das er nach § 173 I selbst verwerten dürfe, weil die §§ 166 ff die Verwertung durch den Insolvenzverwalter nur für Sachen und Forderungen vorsehen. Nach § 173 I könnte der Lizenznehmer das Nutzungsrecht schließlich dadurch verwerten, dass er es selbst zum Marktpreis unter Anrechnung des Schadensersatzanspruchs erwirbt.[149] **131**

Ähnlich stellt sich der Ansatz *Borks* zur insolvenzbeständigen Ausgestaltung des Nutzungsrechts über eine **Doppeltreuhand**-Konstruktion dar.[150] Danach soll der Lizenzgeber das Nutzungsrecht vor Verfahrenseröffnung auf einen Treuhänder übertragen, der dieses für den Lizenzgeber und gleichzeitig sicherungshalber für den Lizenznehmer hält (Doppeltreuhand). Tritt der Sicherungsfall mit Erfüllungsablehnung des Insolvenzverwalters und Entstehung des Ersatzanspruchs gem § 103 II 1 ein, soll der Lizenznehmer einen Anspruch auf Übertragung des dinglichen Nutzungsrechts gegen den Treuhänder haben. **132**

Von *Berger* stammt der Vorschlag, zur Sicherung des Lizenznehmers im Nichterfüllungsfall diesem mit Abschluss des Lizenzvertrags einen **Lizenzsicherungsnießbrauch** (§§ 1030, 1068 BGB) einzuräumen.[151] Vorteil der dinglichen Nutzungsberechtigung sei es, dass sie auch bei einer Veräußerung durch den Insolvenzverwalter gegenüber dem neuen Inhaber geltend gemacht werden könne, und den Lizenznehmer zu Aussonderung (§ 47) berechtige. Allein die Einräumung des Lizenzsicherungsnießbrauchs soll dazu führen, dass der Insolvenzverwalter die Erfüllung des Vertrags wählt, weil er andernfalls mangels vertraglicher Grundlage keine Lizenzgebühren für die Nutzung auf Grundlage des Nießbrauchs erlangt.[152] **133**

Marotzke hält die **Übertragung des Nutzungsrechts auf eine Holdinggesellschaft**, an der sowohl Lizenzgeber als auch Lizenznehmer beteiligt sind und die nach Insolvenzeröffnung über das Vermögen des Ersteren nach dem Vorbild des § 131 III 1 Nr. 2 HGB unter den verbleibenden Gesellschafter fortgesetzt wird, für einen gangbaren Weg.[153] **134**

---

[147] Denkbar wäre dies etwa bei der ausschließlichen Lizenz, vgl Jaeger/*Henckel* InsO § 47 Rn 107.

[148] *Hölder/Schmoll* GRUR 2004, 830 (831).

[149] Zu dieser Art der Verwertung *Bork* NZI 1999, 337 (341 f).

[150] *Bork* NZI 1999, 337.

[151] *Berger* GRUR 2004, 20 (21 ff).

[152] *Berger* GRUR 2004, 20 (22).

[153] *Marotzke* HK InsO⁶ § 108 Rn 19.

135 Der **BGH** hat eine Klausel in einem Softwarelizenzvertrag für insolvenzbeständig erachtet, nach der jeder Vertragsteil bei Unzumutbarkeit der Vertragsfortführung zur Kündigung berechtigt sein und das Nutzungsrecht in der zum Kündigungszeitpunkt geltenden Version gegen Zahlung einer einmaligen Vergütung auf den Lizenznehmer übergehen solle.[154]

136 b) **Vereinbarkeit mit § 119.** Die Möglichkeiten des Lizenznehmers, sich eine vertragliche Absicherung seiner Nutzungsrechte in der Insolvenz des Lizenzgebers auszubedingen, stehen unter dem **Vorbehalt des § 119**, der grundsätzlich keine Abweichung von den Vorschriften der §§ 103 ff zulässt.[155] Die soeben beschriebenen Lösungsansätze zielen sämtlich darauf ab, dem Lizenznehmer das Nutzungsrecht auch dann zu erhalten, wenn der Lizenzgeber-Insolvenzverwalter die Erfüllung des Lizenzvertrags ablehnt. Zum Teil wird daher in diesen Gestaltungen ein Verstoß gegen § 119 gesehen.[156] Diese missachteten die dem Verwalter eingeräumte Kompetenz, allein über das Schicksal der § 103 unterfallenden gegenseitigen Verträge zu entscheiden. So werde für entsprechend ausgestaltete Lizenzverträge einer der Zwecke des § 103 verfehlt, dem Verwalter durch die Erfüllungsablehnung die massegünstige Verwertung zu ermöglichen. Derartige vertragliche Vereinbarungen dienten einzig dem Zweck, die Wahlfreiheit des Verwalters im Interesse des Lizenznehmers und zuungunsten der Gläubigergesamtheit zu beschränken.[157]

137 Der IX. Zivilsenat des BGH hatte über die **Insolvenzfestigkeit einer Rechtsübertragung** zu entscheiden, die auf den Fall einer Kündigung des Lizenzvertrages aus wichtigem Grund (konkret der Erfüllungsablehnung durch den Insolvenzverwalter) **aufschiebend bedingt** war. Er hielt diese Gestaltung nicht wegen unzulässiger Abweichung von §§ 103, 119 für unwirksam, weil sie nicht unmittelbar an die Insolvenzeröffnung, sondern an die **Unzumutbarkeit der Vertragsfortführung anknüpfte** und die Masse auch nicht schlechter gestellt wurde, als der Lizenzgeber bei Vertragsbeendigung außerhalb der Insolvenz gestanden hätte.[158] Der mit der Kündigung einhergehende Übergang des Nutzungsrechts verstieß nach Ansicht des BGH nicht gegen § 91 I. Denn der Verfügungstatbestand sei bereits mit Vertragsschluss aufschiebend bedingt auf die Vertragsbeendigung verwirklicht, so dass die Sache bereits vor Insolvenzeröffnung aus der Masse ausgeschieden sei.[159]

138 Insgesamt ist der Berufung auf § 119 entgegenzuhalten, dass die Vereinbarung einer dinglichen Sicherung für den Insolvenzfall keine Abrede darstellt, die die Anwendung der §§ 103 bis 118 im Vorhinein ausschließt.[160] Vielmehr erlauben §§ 50 f ausdrücklich die insolvenzbeständige dingliche Sicherung von schuldvertraglichen Ansprüchen. Unwirksam sind insbesondere solche Regelungen, die die Voraussetzungen des Wahlrechts, seine Ausgestaltung oder die Rechtsfolgen seiner Ausübung abweichend bestimmen (§ 119 Rn 37). Die dargestellten vertraglichen Vereinbarungen beeinträchtigen das Verwalterwahlrecht aber gerade nicht.

139 Jedoch gilt zu beachten, dass die nach nationalem Recht entwickelten Lösungsansätze sich wegen des **internationalen Geltungsanspruchs des Schutzrechts** auch in ausländischen Rechtsordnungen zu bewähren haben, die – über das Internationale Privatrecht zur

---

154 BGH ZIP 2006, 87.

155 Vgl hierzu auch *Ganter* NZI 2011, 833 (837 f), der für den Lizenznießbrauch einen Verstoß gegen § 119 annimmt.

156 *Dahl/Schmitz* NZI 2007, 626 (628 f); *Heim* NZI 2008, 338 (339); *Hombrecher* WRP 2006, 219 (224); *Slopek* WRP 2010, 616 (619 ff).

157 *Koehler/Ludwig* NZI 2007, 79 (81).

158 BGH ZIP 2006, 87 Rn 25 ff.

159 BGH ZIP 2006, 87 Rn 13.

160 Ebenso Kübler/Prütting/Bork/*Tintelnot* InsO[46] § 103 Rn 68.

Anwendung berufen – materiell-rechtlichen Regelungen häufig die Akzeptanz versagen werden.[161] In **praktischer Hinsicht** steht überdies zu bedenken, dass der Lizenzgeber vielfach schon nicht bereit sein wird, dem Lizenznehmer durch Einräumung einer dinglichen Rechtsposition eine über den typischen Gehalt eines Lizenzvertrags hinausgehende, überschießende Rechtsmacht einzuräumen und sich gleichzeitig einer seiner wertvollsten – häufig auch der einzigen – Kreditsicherheit zu begeben.[162] Folge der Einräumung einer dinglichen Rechtsstellung ohne schuldvertragliche Grundlage ist außerdem, dass der Insolvenzverwalter in der Insolvenz des Lizenzgebers keine Lizenzgebühren verlangen kann und eine insolvenzbeständige Entgeltvereinbarung weitere praktische Schwierigkeiten hervorruft. Problematisch bei der Bestellung dinglicher Sicherheiten ist ferner das **Verwertungsrecht des Lizenznehmers** gem § 173 I.[163] Nimmt man eine gläubigerseitige Verwertungsbefugnis gem § 173 I an, ist keinesfalls sicher, dass der Lizenznehmer die Lizenz in jedem Fall selber erwerben wird. Gibt ein anderer Erwerber ein höheres Gebot ab, ist wegen der Pflicht zur bestmöglichen Veräußerung an diesen zu veräußern.[164] Schließlich stehen sämtliche vertragliche Konstruktionen unter dem Vorbehalt der **Insolvenzanfechtung** (**§§ 129 ff**). Wählen die Parteien eine der genannten Gestaltungsvarianten, um die Lizenz als Vermögenswert dem Lizenznehmer in der Insolvenz des Lizenzgebers zuzuweisen, kann eine solche Abrede die vorsätzliche Benachteiligung der übrigen Gläubiger iSv § 133 bedeuten (vgl § 119 Rn 25).

5. Reformversuche

Mit dem Ziel, die für den Lizenznehmer nachteilige Rechtslage zu ändern, wurde der Gesetzgeber bislang in zwei Gesetzgebungsverfahren tätig.[165] **140**

a) Entwurf 2007. Aus der 16. Legislaturperiode stammt der *Entwurf eines Gesetzes zur Entschuldung mittelloser Personen, zur Stärkung der Gläubigerrechte sowie zur Regelung der Insolvenzfestigkeit von Lizenzen.*[166] Der dort vorgesehene § 108a hatte folgenden Wortlaut: **141**

§ 108a Schuldner als Lizenzgeber

Ein vom Schuldner als Lizenzgeber abgeschlossener Lizenzvertrag über ein Recht am geistigen Eigentum besteht mit Wirkung für die Insolvenzmasse fort. Dies gilt für vertragliche Nebenpflichten nur in dem Umfang, als deren Erfüllung zwingend geboten ist, um dem Lizenznehmer eine Nutzung des geschützten Rechts zu ermöglichen. Besteht zwischen der im Lizenzvertrag vereinbarten Vergütung und einer marktgerechten Vergütung ein auffälliges Missverhältnis, so kann der Insolvenzverwalter eine Anpassung der Vergütung verlangen; in diesem Fall kann der Lizenznehmer den Vertrag fristlos kündigen.

Basierend auf dem Vorschlag einer analogen Anwendung von § 108 auf Lizenzverträge sah der Gesetzesentwurf das Fortbestehen des Lizenzvertrags vor[167] und **beschränkte** **142**

---

161 Begr zu RegE § 108a, BT-Drucks 16/7416 S 30; *Dengler/Gruson/Spielberger* NZI 2006, 677 (681); *Heim* NZI 2008, 338 (339).

162 *Dahl/Schmitz* NZI 2007, 626 (628); *Dengler/Gruson/Spielberger* NZI 2006, 677 (681); *Hombrecher* WRP 2006, 219 (221).

163 Bejahend *Bork* NZI 1999, 337 (341 f); *Hombrecher* WRP 2006, 219 (220); *Koehler/Ludwig* WRP 2006, 1343 (1346).

164 *Berger* GRUR 2004, 20 (21).

165 Vgl dazu ausf *Wimmer* ZIP 2012, 545; gegen eine Sondervorschrift spricht sich *v Wilmowsky* NZI 2013, 377 aus.

166 BT-Drucks 16/7416; vgl dazu *Slopek* GRUR 2009, 128.

167 Vgl *Marotzke* HK InsO[6] § 108 Rn 80.

somit das Wahlrecht des Insolvenzverwalters. Eine Regelung über die Aussonderungsberechtigung des Lizenznehmers sah der Entwurf hingegen nicht vor. Im internationalen Wettbewerb sollte die Vorschrift „eine nachhaltige Stärkung des Wirtschafts- und Forschungsstandorts Deutschland" bewirken.[168] Einen angemessenen Ausgleich zwischen den konfligierenden Interessen des Lizenzgebers und des Insolvenzverwalters einerseits sowie des Lizenznehmers andererseits strebten S 2 u 3 der Vorschrift an. Trotz Fortbestehens des Vertrags ohne Wahlrecht des Insolvenzverwalters sollte die Masse nur mit den zwingend notwendigen Nebenpflichten belastet werden. Darüber hinaus sollte der Insolvenzverwalter **Anpassung der Vergütung** für den Fall eines Missverhältnisses zur marktgerechten Vergütung verlangen können.

143 Im Schrifttum wurde die Regelung zum Fortbestand des Lizenzvertrags als Schritt in die richtige Richtung begrüßt.[169] Bemängelt wurden indessen vielfach S 2 u 3 der geplanten Vorschrift:[170] Der Begriff der Nebenpflichten, deren Erfüllung „zwingend geboten" ist, führe zu Abgrenzungsschwierigkeiten. Auch die Möglichkeit der Vergütungsanpassung durch den Insolvenzverwalter vermöge nicht zu überzeugen. Ferner wurde kritisiert, dass die Konstellation der Lizenzketten nicht berücksichtigt werde.[171] Grundsatzkritik schlug dem Entwurf in der Form entgegen, dass gegen den Grundsatz der Gläubigergleichbehandlung verstoßen werde.[172] Letztlich fiel dieser Entwurf der **Diskontinuität** anheim.

144 b) **Entwurf 2012.** Im Januar 2012 stellte das Bundesjustizministerium einen Referentenentwurf für die sog zweite Stufe der Insolvenzrechtsreform innerhalb der 17. Legislaturperiode vor. Dieser *Entwurf eines Gesetzes zur Verkürzung des Restschuldbefreiungsverfahrens, zur Stärkung der Gläubigerrechte und zur Insolvenzfestigkeit von Lizenzen* sah folgende Regelung vor:

§ 108a Schuldner als Lizenzgeber

(1) Lehnt der Insolvenzverwalter nach § 103 die Erfüllung eines Lizenzvertrages ab, den der Schuldner als Lizenzgeber geschlossen hat, so kann der Lizenznehmer binnen eines Monats, nachdem die Ablehnung zugegangen ist, vom Verwalter oder einem Rechtsnachfolger den Abschluss eines neuen Lizenzvertrages verlangen, der dem Lizenznehmer zu angemessenen Bedingungen die weitere Nutzung des geschützten Rechts ermöglicht. Bei der Festlegung der Vergütung ist auch eine angemessene Beteiligung der Insolvenzmasse an den Vorteilen und Erträgen des Lizenznehmers aus der Nutzung des geschützten Rechts sicherzustellen; die Aufwendungen des Lizenznehmers zur Vorbereitung der Nutzung sind zu berücksichtigen, soweit sie sich werterhöhend auf die Lizenz auswirken.

(2) Handelt es sich bei dem Vertrag, den der Schuldner als Lizenzgeber geschlossen hat, um einen Unterlizenzvertrag und lehnt der Insolvenzverwalter gegenüber dem Hauptlizenzgeber die Erfüllung des Lizenzvertrages ab, so kann ein Unterlizenznehmer des Schuldners vom Hauptlizenzgeber den Abschluss eines Lizenzvertrages nach den in Absatz 1 genannten Bedingungen verlangen. Liegen Tatsachen vor, aus denen sich ernsthafte Zweifel ergeben, dass der Unterlizenznehmer seine Verpflichtungen aus dem Vertrag wird erfüllen können, so kann der Hauptlizenzgeber den Abschluss von einer Sicherheitsleistung abhängig machen.

---

[168] Begr Gesetzesentwurf BT-Drucks 16/7416 S 24.

[169] *Berger* ZInsO 2007, 1142 (1144); *Dahl/Schmitz* NZI 2007, 626 (630 f); *McGuire* GRUR 2009, 13 (19).

[170] *Berger* ZInsO 2007, 1142 (1144); *Dahl/Schmitz* NZI 2007, 626 (630 f); *Pahlow* WM 2008, 2041 (2048).

[171] *Berger* ZInsO 2007, 1142 (1143 f); *Pahlow* WM 2008, 2041 (2046 f).

[172] *Mitlehner* ZIP 2008, 450; *Mock* ZInsO 2007, 1121 f.

(3) Der Lizenznehmer ist berechtigt, bis zum Abschluss eines neuen Lizenzvertrages das lizenzierte Recht gem dem bisherigen Lizenzvertrag zu nutzen. Wird innerhalb von drei Monaten nach Zugang der Aufforderung des Lizenznehmers zum Neuabschluss des Lizenzvertrags kein neuer Lizenzvertrag abgeschlossen, so ist die weitere Nutzung nur zulässig, wenn

1. eine Vergütung gezahlt wird, deren Höhe sich nach den Anforderungen von Absatz 1 bemisst, und

2. der Lizenznehmer spätestens innerhalb einer Ausschlussfrist von zwei Wochen nachweist, dass er gegen den Verwalter, im Fall des Absatzes 2 gegen den Hauptlizenzgeber, Klage auf Abschluss eines Lizenzvertrages erhoben hat.

Wenn die Parteien nichts anderes vereinbaren, wirkt der neue Vertrag auf den Zeitpunkt der Eröffnung des Insolvenzverfahrens zurück.

Zweck der Vorschrift war ausweislich der Entwurfsbegründung die Stärkung des Wirtschafts- und Forschungsstandorts Deutschland im internationalen Wettbewerb sowie der Ausgleich der individuellen Interessen von Lizenzgeber und Lizenznehmer.[173] Anders als der Entwurf aus der 16. Wahlperiode sah der jüngere Referentenentwurf weiterhin die Wahlrechtsmöglichkeit des Insolvenzverwalters gem § 103 vor. So konnte der Insolvenzverwalter die Lizenz zu vorteilhafteren Konditionen weiterverwerten. Um den Interessen des Lizenznehmers gerecht zu werden, sollte dieser vom Insolvenzverwalter oder einem Rechtsnachfolger für den Fall der Erfüllungsablehnung einen **Neuabschluss des Vertrags fordern** können. Abs 2 der vorgeschlagenen Regelung widmete sich der Konstellation der Lizenzketten für den Fall der Insolvenz des Hauptlizenz*nehmers*. Die Gesetzesbegründung ging davon aus, dass die Nichterfüllungswahl des Insolvenzverwalters gegenüber dem Hauptlizenzgeber zum Erlöschen der Unterlizenz als abgeleitetem Recht führen würde[174] und sah daher zum Schutze des Unterlizenznehmers eine **Eintrittsverpflichtung des Oberlizenzgebers** vor. Abs 2 S 2 des Entwurfs beabsichtigte den Schutz des Hauptlizenzgebers vor einem illiquiden aufgedrängten Vertragspartner. Abs 3 schließlich hatte zum Ziel, dem Lizenznehmer in der Insolvenz des Lizenzgebers die weitere Nutzung während der Schwebezeit bis zum Abschluss eines neuen Vertrags zu ermöglichen. **145**

Es ist nicht davon auszugehen, dass die Neuregelung beabsichtigte, alle Verträge, die eine Einräumung von Lizenzen zum Gegenstand haben, grundsätzlich dem **Wahlrecht des Insolvenzverwalters gem § 103** zu unterstellen.[175] Vielmehr wäre es bei der oben vorgenommen Abgrenzung geblieben, ob der Lizenzvertrag bereits vor Verfahrenseröffnung vollständig erfüllt war (Rn 125 ff). Ist der jeweils in Rede stehende Lizenzvertrag beispielsweise einem Rechtskauf angenähert oder kann aufgrund einer unbefristeten und unwiderruflichen Einräumung der Lizenz von einer vollständigen Erfüllung ausgegangen werden, so ist der Anwendungsbereich des § 103 und wäre damit auch derjenige des § 108a nicht eröffnet gewesen. **146**

Die **Resonanz der Literatur** auf die vorgeschlagene Neuregelung fiel vorwiegend ablehnend aus. Teilweise wurde die gesamte Vorschrift aus dogmatischen Erwägungen **147**

---

173 Begr Ref-E S 33.

174 Begr Ref-E S 41; wobei hier ungenau v der „Beendigung“ des Vertrages die Rede ist. – **Anders** jetzt BGH ZIP 2012, 1561 ff (M2Trade), wonach das Erlöschen der Hauptlizenz in aller Regel nicht zum Erlöschen der Unterlizenz führen soll.

175 *Bullinger/Hermes* NZI 2012, 492 (495); *Schmid* GRUR-Prax 2012, 75 (76); *Wimmer* ZIP 2012, 545 (551); **aA** offenbar *McGuire* GRUR 2012, 657 (661), die § 108a InsO als lex specialis für alle Arten v Lizenzverträgen ansieht, wobei sie aber dennoch davon ausgeht, dass eine ein- oder beiderseitige Erfüllung den Anwendungsbereich der Normen ausschließen würde.

abgelehnt.[176] Denn die fehlende Insolvenzfestigkeit von Lizenzen resultiere nicht aus der Möglichkeit der Nichterfüllungswahl durch den Insolvenzverwalter, sondern sei vielmehr dadurch bedingt, dass schuldrechtliche Erfüllungsansprüche mit Eröffnung des Insolvenzverfahrens undurchsetzbar würden. Daher sei die Verortung einer Regelung über die Insolvenzfestigkeit von Lizenzen bei §§ 103 ff nicht zielführend. Auch die durch die Novation des Lizenzvertrages eingeführte Anpassungsmöglichkeit wurde kritisch beurteilt. Durch die erneuten Vertragsverhandlungen könne der Insolvenzverwalter weitere Schuldnerinteressen versuchen durchzusetzen.[177] Die Regelung des Abs 3 wurde abgesehen von der durch sie ermöglichten Nutzungsgestattung ab Verfahrenseröffnung[178] vielfach als zu große Belastung für den Lizenznehmer empfunden.[179] Stattdessen wird teils weiterhin für einen Ausschluss des Verwalterwahlrechts plädiert.[180] Letztlich wurde der **Vorschlag nicht weiterverfolgt**. Der auf dem Referentenentwurf beruhende Regierungsentwurf enthält keine Regelung zur Lizenz.[181] Als möglichen Grund für das Fallenlassen des Vorschlags wird das Urteil „M2Trade" des BGH genannt.[182] Der I. Zivilsenat entschied in einer urheberrechtlichen Streitigkeit, dass es in aller Regel angemessen und interessengerecht sei, wenn das Erlöschen der Hauptlizenz nicht zum Erlöschen der Unterlizenz führe.[183] Eine insolvenzrechtliche Aussage ist dieser Entscheidung aber nicht zu entnehmen.[184]

§ 103
Wahlrecht des Insolvenzverwalters

(1) Ist ein gegenseitiger Vertrag zur Zeit der Eröffnung des Insolvenzverfahrens vom Schuldner und vom anderen Teil nicht oder nicht vollständig erfüllt, so kann der Insolvenzverwalter anstelle des Schuldners den Vertrag erfüllen und die Erfüllung vom anderen Teil verlangen.

(2) Lehnt der Verwalter die Erfüllung ab, so kann der andere Teil eine Forderung wegen der Nichterfüllung nur als Insolvenzgläubiger geltend machen. Fordert der andere Teil den Verwalter zur Ausübung seines Wahlrechts auf, so hat der Verwalter unverzüglich zu erklären, ob er die Erfüllung verlangen will. Unterläßt er dies, so kann er auf der Erfüllung nicht bestehen.

Gesetzesänderungen: –

Materialien: BT-Drucks 12/2443 S 145; RegE § 117; RefE § 111; DiskE § 111; 1. Ber InsR-Komm LS 2.4.1.1.

Vorgängerregelungen: § 17 KO (dazu Motive I Bd 1 S 83 ff; Motive II S 62 ff; Protokolle S 15, 148 f; Begründung S 30; Reichstag II. Session 1909 – 11 Drucks Nr 731 S 2, 4), § 26 S 2 KO (dazu Motive I Bd 1 S 113 ff; Motive II S 86 ff; Protokolle S 19 f, 149), § 9 GesO.

---

176 *Jungclaus* ZInsO 2012, 724 f.
177 *McGuire* GRUR 2012, 657 (662).
178 Vgl *Bullinger/Hermes* NZI 2012, 492 (496).
179 *McGuire* GRUR 2012, 657 (663); *Schmid* GRUR-Prax 2012, 75.
180 *Bullinger/Hermes* NZI 2012, 492 (498); *Hirte* KSzW 2012, 268 (270); iE auch *McGuire* GRUR 2012, 657 (664).
181 Entwurf eines G z Verkürzung des Restschuldbefreiungsverfahrens u z Stärkung der Gläubigerrechte, BT-Drucks 17/11268.
182 *Marotzke* ZInsO 2012, 1737 ff.
183 BGH ZIP 2012, 1561.
184 *Brinkmann* NZI 2012, 735 (737 f).

Literatur

Abel Filmlizenzen in der Insolvenz des Lizenzgebers und Lizenznehmers NZI 2003, 121; *Adam* Die Aufrechnung gegen das Erfüllungsverlangen des Konkursverwalters (1994); *ders* Kann das Erfüllungsverlangen des Konkursverwalters mit einer Aufrechnungserklärung beantwortet werden? NJW 1995, 3103; *ders* Die Forderungsabtretung und das Wahlrecht des § 103 InsO DZWIR 1998, 227; *ders* Die Aufrechnung im Rahmen der Insolvenzordnung – Zur neuen Rechtslage und zu alten Problemen – WM 1998, 801; *ders* Wolfgang Marotzke, Gegenseitige Verträge im neuen Insolvenzrecht DZWIR 1999, 217; *ders* Die Korrektur masseschädigender Handlungen des Insolvenzverwalters bei der ungerechtfertigter Begünstigung von Gläubigern DZWIR 2000, 89; *ders* Die Spaltung von Rechtsverhältnissen im Insolvenzverfahren DZWIR 2010, 187; *Adolphsen* Die Insolvenz im Filmlizenzgeschäft DZWIR 2003, 228; *Althammer* Ius variandi und Selbstbindung des Leistungsgläubigers NJW 2006, 1179; *Ampferl* Die Insolvenz des Bauträgers ZWE 2006, 214, 268, 327; *Backes* Die Insolvenz des Versicherungsunternehmens (2003); *Bärenz* Von der Erlöschenstheorie zur Theorie der insolvenzrechtlichen Modifizierung – zur Dogmatik der neuen BGH-Rechtsprechung zu § 103 InsO NZI 2006, 72; *Bausch* Patentlizenz und Insolvenz des Lizenzgebers NZI 2005, 289; *Bendix* Das Verhältnis des § 55 Nr. 1 zu § 17 KO ArchBürgR 38, 93; *C Berger/Frege* Business Judgment Rule bei Unternehmensfortführung in der Insolvenz – Haftungsprivileg für den Verwalter? ZIP 2008, 204; *C Berger/Frege/Nicht* Unternehmerische Ermessensentscheidung im Insolvenzverfahren – Entscheidungsfindung, Kontrolle und persönliche Haftung NZI 2010, 321; *L Berger* Insolvenzschutz für Markenlizenzen (2006); *Blank* Das Wahlrecht des Insolvenzverwalters in der Warenkreditversicherung? – § 103 InsO versus § 14 VVG/§ 20 AVB-Warenkredit 1999 ZInsO 2004, 795; *Blank/Möller* Das Wahlrecht des Insolvenzverwalters in der Warenkreditversicherung ZInsO 2003, 437; *Blaum* Zurückbehaltungsrechte in der Insolvenz (2008); *Bork* Zur Dogmatik des § 17 KO FS Zeuner (1994) S 297; *ders* Die Doppeltreuhand in der Insolvenz NZI 1999, 337; *ders* Zahlungsverkehr in der Insolvenz (2002); *ders* Vorleistungen des Schuldners in der Insolvenz FS Wellensiek (2011) S 201; *Bornholdt* Leasingnehmer und refinanzierende Bank in der Insolvenz des Leasinggebers nach der InsO (1999); *Brandt* Softwarelizenzen in der Insolvenz NZI 2001, 337; *Breitfeld* Aktuelle Entwicklungen der Rechtsprechung zum Insolvenzrecht FLF 2004, 168; *Brink* Rechtsprobleme des Factors in der Insolvenz seines Kunden ZIP 1987, 817; *Brinkmann* Schiedsverfahren über Lizenzen in der Insolvenz des Lizenzgebers – eine Gleichung mit drei Unbekannten NZI 2012, 735; *Burkhard* Der Einfluss der Schuldrechtsreform auf von § 103 InsO erfasste Kaufverträge (2010); *Berger* Der Lizenzsicherungsnießbrauch GRUR 2004, 20; *ders* Der BGH auf dem Wege zur Anerkennung der Insolvenzfestigkeit von Softwarelizenzen NZI 2006, 380; *Casper* Der Optionsvertrag (2005); *Christiansen* Die Abtretung aufschiebend bedingter Forderungen – insolvenzfest? KTS 2003, 549; *Dahl/Thomas* Die Bindungswirkung von Schiedsklauseln im Insolvenzverfahren NZI 2012, 534; *Dahncke* Zur Sicherungsabtretung von Forderungen, die im Konkurs des Zedenten dem § 17 KO unterliegen (1997); *Derleder/Hoolmans* Vom Schuldnerverzug zum Gläubigerverzug und zurück NJW 2004, 2787; *Dobler* Die übertragene Anwartschaft in der Insolvenz (2008); *Duursma-Kepplinger* Eigentumsvorbehalt und Mobilienleasing in der Insolvenz – Eine Darstellung der österreichischen und deutschen Rechtslage (2002); *Eckardt* Insolvenzfester Rechtserwerb an Mietforderungen in der Vermieterinsolvenz 10 Jahre Mietrechtsreformgesetz (2011) S 877; *Eckert* Mietverträge über bewegliche Sachen in der Schwebephase zwischen Eröffnung des Insolvenzverfahrens und Ausübung des Insolvenzverwalterwahlrechts NZM 2007, 829; *Elfring* Versicherungsverträge im Insolvenzrecht BB 2004, 617; *ders* Die Verwertung verpfändeter und abgetretener Lebensversicherungsansprüche in der Insolvenz des Versicherungsnehmers NJW 2005, 2192; *Emde/Kelm* Der Handelsvertretervertrag in der Insolvenz des Unternehmers ZIP 2005, 58; *Engert/Schmidl* Verkaufte Darlehen in der Insolvenz des Darlehensgebers WM 2005, 60; *Ensenbach/Jotzo* Zur Bürgenhaftung in der Insolvenz des Hauptschuldners KTS 2010, 463; *Erker* Die Business Judgement Rule im Haftungsstatut des Insolvenzverwalters ZInsO 2012, 199; *Feldhaus* Hat der Konkursverwalter, wenn er die Erfüllung des gegenseitigen Vertrages ablehnt, einen Rückforderungsanspruch auf die vom Gemeinschuldner geleisteten Vorauszahlungen? JZ 1956, 313; *Feuerborn* Die Geltendmachung von Gewährleistungsansprüchen im Bauträgerkonkurs ZIP 1994, 14; *Fezer* Lizenzrechte in der Insolvenz des Lizenzgebers WRP 2004, 793; *G Fischer* Die Rechtsprechung des Bundesgerichtshofs zum Insolvenzrecht im Jahr 2001 NZI 2002, 281; *ders* Der maßgebliche Zeitpunkt der anfechtbaren Rechtshandlung ZIP 2004,

1679; *Fleckner* Insolvenzrechtliche Risiken bei Asset Backed Securities ZIP 2004, 585; *Flitsch/Herbst* Lebensversicherungsverträge in der Insolvenz des Arbeitgebers BB 2003, 317; *Franken/Dahl* Mietverhältnisse in der Insolvenz² (2006); *Freitag* Der Darlehensvertrag in der Insolvenz ZIP 2004, 2368; *Frhr Raitz v Frentz/Marrder* Filmrechtehandel in der Krise ZUM 2003, 94; *Frhr Raitz v Frentz/Masch* Die Insolvenzfestigkeit von einfachen und ausschließlichen Nutzungsrechten an Schutzrechten (Patentrechten, Markenlizenzen und urheberrechtlichen Nutzungsrechten ZIP 2011, 1245; *Ganter/Brünink* Insolvenz und Umsatzsteuer aus zivilrechtlicher Sicht NZI 2006, 257; *Gerhardt* Factoring plus Leasing und Konkursverfahren FS Schwab (1990) S 139; *ders* Vorausabtretung und § 17 KO FS Merz (1992) S 117; *ders* Vorausabtretung und Konkurseröffnung GS Knobbe-Keuk (1997) S 196; *Gottwald* Der unerkannte Baumangel in der Insolvenz NZI 2005, 588; *Graaf* Die Behandlung von Arbeitgeberdarlehen in der Insolvenz des Arbeitgebers FS Greiner (2005) S 57; *Graeber* Die Aufgaben des Insolvenzverwalters im Spannungsfeld zwischen Delegationsbedürfnis und Höchstpersönlichkeit NZI 2003, 569; *Graf/Wunsch* Gegenseitige Verträge im Insolvenzverfahren ZIP 2002, 2117; *Grub* Die Fortführungsvereinbarung in der Insolvenz FS Görg (2010) S 201; *Grub/Smid* Verbraucherinsolvenz als Ruin des Schuldners – Strukturprobleme des neuen Insolvenzrechts DZWIR 1999, 2; *Grützmacher* Insolvenzfeste Softwarelizenz- und Softwarehinterlegungsverträge – Land in Sicht? CR 2006, 289; *Güther/Kohly* Typische Probleme bei der Feststellung und Verwertung von Lebensversicherungsverträgen in der Unternehmensinsolvenz ZIP 2006, 1229; *Haas* Die Auswirkungen der Insolvenz auf die Teilnahmeberechtigung der Sportvereine am Spiel- und Wettkampfbetrieb NZI 2003, 177; *Habscheid* Makler- und Bauträgerverordnung als Schutzgesetz und Insolvenz des Bauträgers NZI 2001, 176; *Hackländer* Rechtsfolgen des Widerrufs bei Verbindung von Verbraucherdarlehen und Restschuldversicherung im Insolvenzverfahren ZInsO 2009, 497; *Hanau* Der Schuldner in der Hand des Gläubigers? NJW 2007, 2806; *Harder* Insolvenzrechtliche Surrogation (2002); *Hartenfels* § 104a InsO-E und seine Folgen ZInsO 2011, 1831; *Häsemeyer* Das funktionelle Synallagma im Konkurs- und Vergleichsverfahren KTS 1973, 2; *ders* Die Grenzen der Konkursbeständigkeit vorgemerkter Ansprüche NJW 1977, 737; *ders* Die Gleichbehandlung der Konkursgläubiger KTS 1982, 507; *ders* Vertragsabwicklung, Aufrechnung und Anfechtung im Konkurs – BGHZ 89, 189 JuS 1986, 851; *ders* Gegenseitige Verträge im Spannungsfeld zwischen Privatautonomie und Insolvenzrecht FS 50 Jahre BGH (2000) S 725; *ders* Insolvenzrechtlicher Rückabwicklungsschutz nach unerkannter Störung des Leistungsaustauschs? KTS 2002, 603; *ders* Der Arbeitnehmerüberlassungsvertrag im Insolvenzverfahren des Verleihers: Freistellung des Entleihers von der Bürgenhaftung für Sozialversicherungsbeiträge der Leiharbeitnehmer KTS 2006, 99; *ders* Die Aufrechnung nach der InsO Kölner Schrift³ S 461; *Hasse* Zwangsvollstreckung in Kapitallebensversicherungen VersR 2005, 15; *Heidbrink/von der Groeben* Insolvenz und Schiedsverfahren ZIP 2006, 265; *Heiderhoff* Aufteilung des Kostenerstattungsanspruchs nach Prozessübernahme durch den Insolvenzverwalter ZIP 2002, 1564; *Heidland* Software in der Insolvenz unter besonderer Berücksichtigung der Sicherungsrechte KTS 1990, 183; *ders* Welche Änderungen ergeben sich für den Bauvertrag durch die Insolvenzordnung im Verhältnis zur bisherigen Rechtslage? Wie ist der Wortlaut der VOB Teil A und B zu ändern? BauR 1998, 643; *ders* Konsequenzen der „Erlöschenstheorie“ und der Theorie der Teilbarkeit der Bauleistungen für die baurechtliche Abnahme, für Vergütungsansprüche, Gewährleistungsfrist und Vertragsstrafe im Insolvenzverfahren über das Vermögen des Auftraggebers FS Uhlenbruck (2000) S 423; *ders* Der Bauvertrag in der Insolvenz² (2003); *ders* Die Behandlung von Abschlagszahlungen in der Insolvenz des Bestellers (Auftraggebers) ZInsO 2009, 752; *ders* Die Behandlung von Baugeld in der Insolvenz von Auftraggeber und Auftragnehmer durch den Insolvenzverwalter ZInsO 2010, 737; *ders* Rechtliche und tatsächliche Folgen der Erfüllungswahl eines Bauvertrags durch den Insolvenzverwalter gem. § 103 InsO ZInsO 2011, 201; *Heim* Lizenzverträge in der Insolvenz NZI 2008, 338; *Heinig* Anwendbarkeit der Vorschriften über verbundene Verträge auf Verbraucherdarlehens- und Restschuldversicherungsverträge VersR 2010, 863; *Heise* Verbraucherkredit und Geschäftskredit in der Insolvenz (2001); *Henckel* Vom Wert und Unwert juristischer Konstruktionen im Konkursrecht FS Weber (1975) S 237; *ders* Sachmängelhaftung beim Kauf im Konkurs FS Wieacker (1978) S 367; *ders* Vorausverfügung und Aufrechnung bei der Miete beweglicher Sachen und bei der Rechtspacht im Konkurs des Vermieters und des Verpächters FS Baur (1981) S 443; *ders* Gegenseitige Verträge in Konkurs und Vergleich – Zu dem gleichnamigen Buch von Wolfgang Marotzke ZZP 99 (1986) 419; *ders* Aufrechnung in der Insolvenz FS Lüke (1997) S 237; *ders* Konstruktion, Funktion, Interessen – zur modifizierten Erlöschenstheorie durch den Bundesgerichtshof FS Kirchhof (2003) S 191; *ders* Buchbesprechung: Petra Lindner, Vorleistungen in der Insolvenz, KTS 2006, 487; *Henkel* Die Insolvenzanfechtung fristgemäß gezahlter Nutzungsentgelte nach § 135 Abs. 1 Nr. 2 InsO ZInsO 2010, 2209; *Henkelmann* Schwebende Verträge in der Insolvenz (2009); *Hirte* Die Neuregelung des Rechts der (früher: kapitalersetzenden) Gesellschafterdarlehen durch das „Gesetz zur Modernisierung des GmbH-Rechts und zur Bekämpfung von Missbräuchen" (MoMiG) WM 2008, 1429; *ders* Konzernrecht FS 50 Jahre BGH (2000) S 337; *Hirte/Knof* Wem „gehört" die Lizenz? – Plädoyer für eine Dekonstruktion des Haftungsrechts in der Insolvenz JZ 2011, 889; *Hirte/Stoll* Die Enthaftung insolventer Geschäftsleiter und Aufsichtsratsmitglieder durch Abwendungsvergleich ZIP 2010, 253; *Hoenig/Meyer-Löwy* Unternehmenskauf vom „starken" vorläufigen Verwalter – Zur Anwendbarkeit von § 103 InsO auf Masseverbindlichkeiten im Sinn von § 55 Abs. 2 InsO ZIP 2002, 2162; *Hoffmann* Immaterialgüterrechte in der Insolvenz ZInsO 2003, 732; *Hölder/Schmoll* Patentlizenz- und Know-how-Verträge in der Insolvenz – Teil II: Insolvenz des Lizenzgebers GRUR 2004, 830; *Holzer* Insolvenzverfahren und zentrale Vertragspartei BKR 2011, 366; *Hombrecher* Die vertragliche Absicherung des Markenlizenznehmers gegen eine Insolvenz des Lizenzgebers WRP 2006, 219; *M Huber* Die Abwicklung gegenseitiger Verträge nach der Insolvenzordnung NZI 1998, 97; *ders* Gegenseitige Verträge und Teilbarkeit von Leistungen in der Insolvenz NZI 2002, 467; *ders* Rücktrittsrecht des Vorbehaltsverkäufers in der Insolvenz des Vorbehaltskäufers NZI 2004, 57; *ders* Grundstrukturen der Abwicklung eines Bauvertrags in der Insolvenz NZBau 2005, 177, 256; *ders* Vertragsspaltung in der Insolvenz des Auftragnehmers auch für mangelhafte Teilleistungen vor Verfahrensöffnung? ZInsO 2005, 449; *ders* Erwerb eines Nutzungsrechts durch Kündigung in der Insolvenz des Lizenzgebers – Oder: Ein Fall zum Anfang vom Ende des Wahlrechts samt Diskussion um die insolvenzrechtliche Wirksamkeit einer Lösungsklausel? ZInsO 2006, 290; *U Huber* Die Stellung des Abnehmers im Konkurs des Lieferanten beim Kauf unter Eigentumsvorbehalt BB 1964, 731; *Junker* Die Entwicklung des Computerrechts in den Jahren 2003/2004 NJW 2005, 2829; *Kalkschmid* Immobilienleasing in der Insolvenz (2003); *Kayser* Die Lebensversicherung im Spannungsfeld der Interessen von Insolvenzmasse, Bezugsberechtigtem und Sicherungsnehmer – eine Zwischenbilanz FS Kreft (2004) S 341 = ZInsO 2004, 1321; *ders* Die Lebensversicherung in der Insolvenz des Arbeitgebers (2006); *Kepplinger* Das Synallagma in der Insolvenz – Das Wahlrecht des Masseverwalters, Ausgleichsschuldners und Insolvenzverwalters (2000); *Kesseler* Die Insolvenz des Bauträgers RNotZ 2004, 177; *ders* § 105 und die teilbaren unteilbaren Leistungen ZIP 2005, 2046; *ders* Vollmachtserteilung durch den Insolvenzverwalter ZNotP 2003, 327; *ders* Gefahren für den Bauträgervertrag jenseits der MaBV: Die Erfüllungswahl des Insolvenzverwalters MittBayNot 2006, 17; *ders* Einseitige Eintragungsanträge des späteren Insolvenzschuldners im Grundbuchverfahren – Verfahrensfestigkeit, Rücknahmerecht des Insolvenzverwalters oder Unwirksamkeit? ZfIR 2006, 117; *ders* Das Verwalterwahlrecht am Beispiel des Bauträgervertrages ZInsO 2007, 1128; *Kiesow* Die Genehmigung von obligatorischen Verträgen, die für den Gemeinschuldner vor der Eröffnung des Konkurses ohne Vertretungsmacht abgeschlossen sind JW 1937,1375; *Kilger* Der Konkurs des Konkurses KTS 1975, 143; *Kirchhof* Die Ziele des Insolvenzverfahrens in der Rechtsprechung des Bundesgerichtshofs FS Gerhardt (2004) S 443; *Klenk/Kronthaler* Die Rechtsprechung des V. (Umsatzsteuer-)Senats des Bundesgerichtshofs NZI 2006, 369; *Klien* „Schuldig zur Masse" und Aufrechnungsbefugnis KuT 1935, 115; *Klinck* Refinanziertes Mobilienleasing in der Insolvenz des Leasinggebers KTS 2007, 37; *Koehler/Ludwig* Die Behandlung von Lizenzen in der Insolvenz NZI 2007, 79; *dies* Die „insolvenzfeste" Gestaltung von Lizenzverträgen WRP 2006, 1342; *Kögel* Die Rechtsfolgen der Masseunzulänglichkeitsanzeige auf beiderseits nicht oder nicht vollständig erfüllte Verträge – die analoge Anwendbarkeit der §§ 103 ff. InsO (2007); *Koutsós* Nutzungsüberlassungen zwischen Gesellschafter und Gesellschaft in der Gesellschaftsinsolvenz ZInsO 2011, 1626; *Koziol* Abtretung künftiger Forderungen und Konkurs des Zedenten ÖBA 1998, 745; *Krämer* Leasingverträge in der Insolvenz (2005); *Kreft* Die Wende in der Rechtsprechung zu § 17 KO ZIP 1997, 865; *ders* Teilbare Leistungen nach § 105 (unter besonderer Berücksichtigung des Bauvertragsrechts) FS Uhlenbruck (2000) S 387; *ders* Ausgesuchte Fragen zum Einfluss des neuen Schuldrechts auf die Erfüllungswahl nach § 103 InsO FS Kirchhof (2003) S 275 = ZInsO 2003, 1120; *ders* Insolvenzrechtliche Unwirksamkeit – Gedanken zu § 88, 96 Abs. 1 Nr. 3, § 103 Abs. 1 InsO – FS Fischer (2008) S 297; *Krull* Teilbarkeit der Leistung nach § 105 InsO NZI 1998, 66; *Kübler* Die Behandlung massearmer Insolvenzverfahren nach der Insolvenzordnung Kölner Schrift[3] (2009) S 573; *ders* Erfüllungsverlangen des Konkursverwalters bei Sukzessivlieferungsverträgen ZIP 1980, 101; *Kück* Schiedsgerichtsvereinbarungen und Schiedsabreden im Insolvenzverfahren ZInsO 2006, 11; *Kummer* Zum Interessenausgleich zwischen Insolvenzverwalter und Lizenznehmern in der Insolvenz des Lizenzgebers GRUR 2009, 293; *Kunick* Die Einschränkung der Aufrechnung und der Konfusion im Konkurs (1926); *Kunz-Hallstein/Loschelder* Stellungnahme der Deutschen Vereinigung für Gewerblichen Rechtsschutz und Urheberrecht e. V. zur Frage der Insolvenzfestigkeit von Lizenzen – Entwurf eines § 108a InsO GRUR 2008, 138; *Lachner/Lexa* Die Rechte des Käufers eines Lebensversicherungsvertrags in der Insolvenz des Versicherungsnehmers NJW 2007, 1176; *Lange* Rechtsgeschäftliche Vertragsübernahme und Insolvenz ZIP 1999, 1373; *Laudenklos/Sester* Darlehenskomponenten in der Akquisitionsfinanzierung: Risiken bei Insolvenz des Darlehensgebers ZIP 2005, 1757; *Laukemann* Verjährung im Spannungsfeld von Insolvenz- und bürgerlichem Recht NZI 2010, 717; *Lind* Der Darlehensvertrag in der Insolvenz des Darlehengebers ZInsO 2004, 580; *Linder* Vorleistungen in der Insolvenz (2006); *Luther* Darlehen im Konkurs (1990); *Malitz/Coumont* Lizenzketten in der Insolvenz des Urhebers unter Berücksichtigung von BGH „Reifen Progressiv" InsVZ 2010, 83; *Marotzke* Das Konkurrenzverhältnis von § 17 und § 24 KO – ein Scheinproblem JZ 1977, 552; *ders* Forderungszuständigkeit des Konkursverwalters als ungeschriebene Voraussetzung der §§ 17 Abs. 1, 59 Abs. 1 Nr. 2 Alt. 1 KO ZIP 1987, 1293; *ders* Das Zurückbehaltungsrecht im Konkurs des Gegners JA 1988, 117; *ders* Die Behandlung der „schwebenden Rechtsgeschäfte" KTS 1991, 183; *ders* Der Eigentumsvorbehalt im neuen Insolvenzrecht JZ 1995, 803; *ders* Das Unternehmen in der Insolvenz: Fortführung und Veräußerung zwischen Eröffnungsantrag und Berichtstermin (2000); *ders* BGB und InsO: zwei neue Leistungsstörungsrechte im Widerstreit KTS 2002, 1; *ders* Kein Gewährleistungssauschluss bei der Veräußerung beweglicher Massegegenstände an Verbraucher? ZInsO 2002, 501; *ders* Anmerkung zu dem Urteil des BGH vom 25.04.2002 – IX ZR 313/99 (BGHZ 150, 353) betr. eine neue Theorie für die Behandlung gegenseitiger Verträge in der Insolvenz ZZP 115 (2002) 501; *ders* Darlehen und Insolvenz ZInsO 2004, 1273; 2006, 300; *ders* Die vorzeitige Darlehensrückforderung wegen Insolvenz des Darlehensgebers FS Westermann (2008) S 427; *ders* Nutzungs- und Immaterialgüterrechte im Fokus der aktuellen (Insolvenz-)Rechtspolitik ZInsO 2008, 1108; *ders* Gesellschaftsinterne Nutzungsverhältnisse nach Abschaffung des Eigenkapitalersatzrechts ZInsO 2008, 1281; *ders* Wahlrechte und Kommunikationspflichten im gesetzlichen Schuldverhältnis des § 135 Abs. 3 InsO FS Runkel (2009) S 359; *ders* Im Überblick: Gesellschaftsinterne Nutzungsverhältnisse im Spiegel der §§ 39 Abs. 1 Nr. 5, 103, 108 ff., 135 Abs. 1 und Abs. 3 InsO ZInsO 2009, 2073; *Marwedel* Die Suspensivtheorie zu § 103 – dogmatische Brüche im Richterrecht ZInsO 2011, 937; *Matthies* Mängelrechte in der Insolvenz des Bauunternehmers BauR 2012, 1005; *Maus* Wechsel der Steuerschuldnerschaft und verschärfte Steuerhaftung als Ausgleich für den Fortfall des Fiskalvorrechts gem. § 61 Abs. 1 Nr. 2 KO ZIP 2004, 1580; *McGuire* Nutzungsrechte an Computerprogrammen in der Insolvenz GRUR 2009, 13; *Mellwig* Das Vorbehaltsgut als Vermögen in § 1 KO (1988); *Meyer* Die Teilbarkeit von Bauleistungen nach § 105 InsO – teilerfüllte Bauverträge nach Erfüllungswahl durch den Insolvenzverwalter NZI 2001, 294; *ders* Das Erbbaurecht in der Insolvenz NZI 2007, 487; *Meyer/Fuchs* Public Private Partnerships in der Insolvenz des Auftragnehmers ZfIR 2005, 529, 569; *Mikolajczak* Die Haftung des Gesellschafters für doppelbesicherte Darlehen – Was folgt aus dem Nachrang des Freistellungsanspruchs? ZIP 2011, 1285; *P Mohrbutter* Der Ausgleich von Verteilungsfehlern in der Insolvenz (1998); *H Mohrbutter/P Mohrbutter* Erfüllungsverlangen des Insolvenzverwalters und Teilbarkeit der Leistung DZWIR 2003, 1; *Mossler* Rücktrittsrecht vor Fälligkeit bei solvenzbedingten Zweifeln an der Leistungsfähigkeit des Schuldners (§ 323 Abs. 4 BGB) ZIP 2002, 1831; *ders* Bereicherung aus Leistung und Gegenleistung. Der nichtige gegenseitige Vertrag und die Insolvenz (2006); *Mülbert* Die Auswirkungen der Schuldrechtsmodernisierung im Recht des bürgerlichen Darlehensvertrags WM 2002, 465; *F Müller* Probleme der Aufrechnung mit Konkurs- und Masseforderungen (1981); *H-F Müller* Abfindungsansprüche außenstehender Aktionäre in der Insolvenz des Herrschenden Unternehmens ZIP 2008, 1701; *K Müller* Die Bedeutung des § 878 BGB für die Abwicklung des Grundstückskaufvertrages im Konkurs des Verkäufers JZ 1980, 554; *Müller-Feldhammer* Die Lebensversicherung in der Insolvenz des Versprechensempfängers NZI 2001, 343; *Musielak* Die Erfüllungsablehnung des Konkursverwalters – Zur Auslegung des § 17 Abs. 1 der Konkursordnung AcP 179 (1979) 189; *Muthorst* § 348 BGB in der Insolvenz – zum Anwendungsbereich von § 103 InsO KTS 2009, 467; *Mylich* Der Zugriff Dritter auf den künftigen Grundstücksmietzins – Ein Beitrag zum Grundstückmietzins als Kreditsicherheit und Vollstreckungsobjekt WM 2010, 1923; *Nissen* Die Drittschadensliquidation in der Insolvenz des Gläubigers KTS 2010, 291; *Nobbe* Probleme des Lastschriftverfahrens, insbesondere in der Insolvenz des Zahlungspflichtigen WM 2009, 1537; *Obermüller/Kuder* SEPA-Lastschriften in der Insolvenz nach dem neuen Recht der Zahlungsdienste ZIP 2010, 349; *Obermüller/Livonius* Auswirkungen der Insolvenzrechtsreform auf das Leasinggeschäft DB 1995, 27; *Oepen/Rettmann* Das Schicksal von Grundstücksübereignungen in einem Konkurs- bzw. Insolvenzverfahren über das Vermögen des Veräußerers KTS 1995, 609; *Oetker* Ueber den Einfluss der Eröffnung des Konkursverfahrens auf noch nicht erfüllte zweiseitige Verträge. Bemerkungen zu den §§ 15 ff. der Konkursordnung ZZP 14 (1890) 1; *v Olshausen* Erlaßansprüche und sonstige anspruchsverneinende Rechtslagen im Konkurs eines Beteiligten FS Gaul (1997) S 497; *Onusseit* Die umsatzsteuerlichen Folgen des in der Insolvenz steckengebliebenen Bauvorhabens FS Kirchhof (2003) S 373; *ders* Was lange währt ... ZInsO 2009, 1740; *ders* Umsatzsteuer aufgrund einer unternehmerischen Tätigkeit des Schuldners nach Eröffnung des Verfahrens ZInsO 2010, 1482; *ders* Zur Neuregelung des § 55 Abs. 4 InsO ZInsO 2011, 641; *Ott* Der stecken gebliebene Bau nach Insolvenz des Bauträgers NZM 2003, 134; *Pahlow* Lizenz und Lizenzvertrag in der Insolvenz WM 2008, 2041; *Pannen* Darlehensverträge in der Insolvenz des Kreditinstituts ZInsO 2009, 596; *ders* Krise und Insolvenz bei Kreditinstituten[3] (2010); *Pape* Ablehnung und Erfüllung schwebender Rechtsgeschäfte durch den Insolvenzverwalter[3] (2009); *Paulus* Software in Vollstreckung und Insolvenz ZIP 1996, 2; *ders* Zum Verhältnis von Aufrechnung und Insolvenzanfechtung ZIP 1997, 569; *ders* Rechtspolitisches und Rechtspraktisches zur Insolvenzfestigkeit von Aufrechnungsvereinbarungen FS 50 Jahre BGH (2000) S 765; *Peters* Unselbständige Rechnungsposten und selbständige Forderungen, Aufrechnung und Verrechnung JZ 1986, 669; *Piegsa* Der Grundstückskaufvertrag in der Insolvenz des Verkäufers RNotZ 2010, 433; *Plath* Das Lebensversicherungsunternehmen in der Insolvenz (2007); *Poepping* Die Auswirkungen des MoMiG auf die insolvenzrechtliche Behandlung von Gesellschafterdarlehen ab dem 1.11.2008 BKR 2009, 150; *Prahl* Zur Bereicherung des anderen Teils aus Vorleistungen des Schuldners vor seiner Insolvenz ZInsO 2005, 568; *ders* Der Prämienanspruch des Lebensversicherers in der Insolvenz des Versicherungsnehmers bei beiderseits nicht erfülltem Vertrag VersR 2006, 884; *ders* Zur Wirkung des Insolvenzplans gegen „Nachzügler" bei beiderseits nicht erfülltem Vertrag nach Aufhebung des Verfahrens (§ 258 Abs. 1 InsO) ZInsO 2007, 318; *Proske* Die Kautionsversicherung in der Insolvenz des Unternehmers ZIP 2006, 1035; *Prütting* Vertragsbeendigung durch Insolvenz FS Gerhardt (2004) S 761; *ders* Schiedsklauseln in der Insolvenz FS Görg (2010) S 371; *Ringstmeier* Auswirkungen der Erfüllung gegenseitiger Verträge im Konkurs auf Forderungsabtretungen (1990); *ders* Abwicklung von Mietverhältnissen in masseunzulänglichen Insolvenzverfahren ZInsO 2004, 169; *Ringstmeier/Homann* Die Auswirkungen der Schuldrechtsreform auf die Insolvenzverwaltung ZIP 2002, 505; *Rohrmüller* Erfüllungswahl des Insolvenzverwalters – Auswirkungen auf Mängelansprüche für Bauleistungen die vor der Insolvenzeröffnung noch vom Auftragnehmer erbracht wurden NZBau 2007, 145; *H Roth* Die Fortsetzung des Synallagmas mit insolvenzrechtlichen Mitteln (§ 103 InsO) FS Rolland (1999) S 305; *ders* Buchbesprechung: Katharina Blaum: Zurückbehaltungsrechte in der Insolvenz KTS 2010, 231; *K Roth* Filmrechte in der Insolvenz (2000); *Rugullis* Der Zahlungsrückstand des Vorbehaltskäufers in der Insolvenz des Verkäufers KTS 2005, 459; *Rühle* Gegenseitige Verträge nach Aufhebung des Insolvenzverfahrens (2006); *ders* Die Nutzungsüberlassung durch Gesellschafter in Zeiten des MoMiG ZIP 2009, 1358; *Scheffler* Teilleistungen und gegenseitige nicht vollständig erfüllte Verträge in der Insolvenz ZIP 2001, 1182; *Scherer* Neues Kaufgewährleistungsrecht und § 103 InsO NZI 2002, 356; *dies* Insolvenzanfechtung bei eintragungspflichtigen Rechtsgeschäften ZIP 2002, 341; *dies* Teilweise Vorleistungen in der Insolvenz NZI 2004, 113; *Schilken* Die Vollmacht in der Insolvenz KTS 2007, 1; *Schirmer* Zur Zulässigkeit des umgekehrten Konzerneigentumsvorbehalts ZInsO 1999, 379; *Schlosser* Insolvenz nach Teilabsicherung von Zahlungsforderungen aus gegenseitigen Verträgen durch Verpflichtungserklärungen von Banken ZIP 2005, 781; *Schluck-Amend* Das Erfüllungswahlrecht des Insolvenzverwalters nach § 103 InsO und seine Auswirkungen auf Unternehmenskäufe in der Krise FS Wellensiek (2011) S 231; *Schluck-Amend/Seibold* Fortführungsvereinbarungen als Mittel der Unternehmensfortführung in der Insolvenz ZIP 2010, 62; *Schmid-Burgk* Leasingraten – Masseschuld oder Konkursforderungen? ZIP 1998, 1022; *D Schmidt* Risikoverteilung bei der Abwicklung von Immobilienverkäufen über Notaranderkonto ZfIR 2001, 701; *K Schmidt* Darlehen, Darlehensversprechen und Darlehenskrediteröffnung im Konkurs JZ 1976, 756; *ders* Die Prokura in Liquidation und Konkurs der Handelsgesellschaften BB

1989, 229; *ders* Gesetzliche Unterlassungsansprüche im Insolvenzverfahren FS Gerhardt (2004) S 903; *ders* Vertragliche Unterlassungsansprüche und Ansprüche auf unvertretbare Handlungen als Massegläubigerforderungen und als Insolvenzforderungen? Nachdenken über §§ 38, 45 und 103 InsO KTS 2004, 241; *ders* Nutzungsüberlassung nach der GmbH-Reform DB 2008, 1727; *ders* Persönliche Gesellschafterhaftung in der Insolvenz ZHR 174 (2010) S 163; *ders* Gesellschafterhaftung im GmbH- und Insolvenzrecht nach der MoMiG-Reform – eine alternative Sicht ZIP 2010, Beil 2 S 15; *T Schmidt* Änderungen des Kaufrechts durch die Schuldrechtsreform und deren Bedeutung für die Praxis der Insolvenzverwaltung ZInsO 2002, 103; *ders* Pflicht zur Bezahlung einer mangelhaften Werkleistung bei späterer Insolvenz des Bauunternehmers wegen § 95 Abs. 1 S. 3 InsO? NZI 2003, 186; *Schmitz* Mängel nach Abnahme und offener Werklohnanspruch – ein wesentlicher Anwendungsbereich des § 103 InsO bei Bauverträgen ZIP 2001, 765; *ders* Die Dreiteilung des im Insolvenz-(eröffnungs-)verfahren fortgeführten Bauvertrages – Auswirkungen auf Gegenrechte des Bestellers ZInsO 2004, 1051; *Schollmeyer* Gegenseitige Verträge im internationalen Insolvenzrecht (1997); *Schwörer* Lösungsklauseln für den Insolvenzfall (2000); *Serick* Verarbeitungsklauseln im Wirkungskreis des Konkursverfahrens ZIP 1982, 507; *Sinz* Leasing und Factoring im Insolvenzverfahren[3] (2009); *Sinz/Oppermann* § 55 Abs. 4 InsO und seine Anwendungsprobleme in der Praxis DB 2011, 2185; *Slopek* § 108a InsO RegE und die Büchse der Pandora ZInsO 2008, 1118; *ders* Lizenzen in der Insolvenz des Lizenzgebers GRUR 2009, 128; *ders* Die Lizenz in der Insolvenz des Lizenzgebers – Endlich Rettung in Sicht? WRP 2010, 616; *Smid/Lieder* Das Schicksal urheberrechtlicher Lizenzen in der Insolvenz des Lizenzgebers – Auswirkungen des § 103 InsO DZWIR 2005, 7; *Spliedt* MoMiG in der Insolvenz – ein Sanierungsversuch ZIP 2009, 149; *Stamm* Die Entmystifizierung des Insolvenzverwalterwahlrechts aus zivilrechtlicher Sicht KTS 2011, 421; *Stegmann/Lind* Der Lebensversicherungsvertrag in der Insolvenz NVersZ 2002, 193; *Stieber* Der gesicherte Geld- und Warenkredit in der Insolvenz (2010); *Stöckel/Brandi-Dohrn* Der dingliche Charakter von Lizenzen CR 2011, 553; *Ströbl/Schumacher* Außerordentliche Kündigung bei Insolvenz des Absatzmittlers BB 2009, 1201; *Strotmann* Das Wahlrecht des Insolvenzverwalters gem. § 103 Abs. 1 InsO bei bedingten Beteiligungskaufverträgen in der Verkäuferinsolvenz ZInsO 2010, 1314; *Thiel* Die Anfechtung der (Um-)Benennung des Bezugsberechtigten für die Todesfallversicherung gemäß § 134 Abs.1 InsO ZIP 2002, 1232; *Thode* Erfüllungs- und Gewährleistungssicherheiten in innerstaatlichen und grenzüberschreitenden Bauverträgen ZfIR 2000, 165; *Tichbi* Die Rechtsstellung des Angebotsempfängers (2010); *Tintelnot* Schuldnerverzug und Konkurs ZIP 1989, 144; *ders* Vereinbarungen für den Konkursfall (1991); *ders* Die gegenseitigen Verträge im neuen Insolvenzverfahren ZIP 1995, 616; *ders* Zur Aufrechnung mit einer Nichterfüllungsforderung nach § 103 II 1 InsO KTS 2004, 339; *Torz* Franchising und Insolvenz ZInsO 2009, 1235; *Trendelenburg* Der Gewinnabführungs- und Beherrschungsvertrag in der Krise der Obergesellschaft NJW 2002, 647; *Vetter* Aufsichtsratsvergütung und Verträge mit Aufsichtsratsmitgliedern ZIP 2008, 1; *Vogel* Ein weites Feld – Einige Probleme aus der Schnittmenge von Bau- und Insolvenzrecht Jahrbuch Baurecht (2004) S 107; *Voß* Die Vorausabtretung in der Insolvenz (2010); *E Wagner/Wexler-Uhlich* Vertriebsmittlerverträge in der Insolvenz – Vertragshändlerverträge BB 2011, 519; *G Wagner* Insolvenz und Schiedsverfahren KTS 2010, 39; *M Wagner* Der Grundstückskauf in der Insolvenz ZfIR 2009, 345; *Wallner* Die Insolvenz des Urhebers unter besonderer Berücksichtigung der Verträge zur Überlassung von Software (2002); *ders* Insolvenzfeste Nutzungsrechte und Lizenzen an Software NZI 2002, 70; *ders* Softwarelizenzen in der Insolvenz des Lizenzgebers ZIP 2004, 2073; *Weber/Hötzel* Das Schicksal der Softwarelizenz in der Lizenzkette bei Insolvenz des Lizenznehmers NZI 2011, 432; *Wegener* Das Wahlrecht des Insolvenzverwalters unter dem Einfluss des Schuldrechtsmodernisierungsgesetzes (2007); *Wellensiek* Fortführung des Bauvertrags nach Insolvenzantrag des Auftragnehmers und nach Eröffnung des Insolvenzverfahrens BauR 2005, 186; *Wendt* Der Insolvenzsenat und die Kautionsversicherung ZInsO 2008, 1343; *Wenner/Schuster* Sind Geheimhaltungsvereinbarungen insolvenzfest? ZIP 2005, 2191; *Wente* Findet § 103 InsO bei Insolvenz des dienstverpflichteten Unternehmens Anwendung? ZIP 2005, 335; *Wessels* Unternehmenskauf im Vorfeld der Verkäuferinsolvenz ZIP 2004, 1237; *Wiedemann* Lizenzen und Lizenzverträge in der Insolvenz (2006); *Wieser* Erfüllungsverlangen des Insolvenzverwalters und Aufrechnung mit einer Insolvenzforderung JZ 2003, 231; *Wietersheim* Abrechnung von Bauvorhaben in der Insolvenz InVo 1999, 261; *v Wilmowsky* Der Mieter eines beweglichen Gegenstands in der Insolvenz ZInsO 2007, 731; *ders* Lösungsklauseln für den Insolvenzfall – Wirksamkeit, Anfechtbarkeit, Reform ZIP 2007, 553; *ders* Darlehensnehmer in Insolvenz,

Teil I und II WM 2008, 1189, 1237; *ders* Insolvenzvertragsrecht: Die Grundstruktur KTS 2011, 453; *ders* Vermieter (Verpächter, Lizenzgeber) in Insolvenz ZInsO 2011, 1473; *ders* Insolvenzvertragsrecht: Rechte am Vertragsanspruch des Insolvenzschuldners ZIP 2012, 401; *ders* Insolvenzvertragsrecht: Teilleistung des Schuldners vor dem Insolvenzverfahren KTS 2012, 285; *Windel* Der insolvenzrechtliche Gleichbehandlungsgrundsatz und seine Auswirkung auf die Abwicklung schwebender Austauschverträge Jura 2002, 230; *ders* Buchbesprechung: Jörg Grau: Realisierung von Absonderungsrechten an Forderungen aus nicht erfüllten Verträgen KTS 2008, 335; *ders* Modelle der Unternehmensfortführung im Insolvenzeröffnungsverfahren ZIP 2009, 101; *ders* Die Nachhaftung für Masseverbindlichkeiten KTS 2011, 25; *Wischemeyer* Freigabe einer selbständigen Tätigkeit nach § 35 Abs. 2 InsO – Praxisfragen und Lösungswege ZInsO 2009, 2121; *Wittig* Auswirkungen der Schuldrechtsreform auf das Insolvenzrecht ZInsO 2003, 629; *Witz* Patentlizenzen in der Insolvenz des Lizenzgebers – eine Bestandsaufnahme FS Schilling (2007) S 393; *Wolf* Zur Aufrechenbarkeit der Forderung wegen Nichterfüllung nach § 103 Abs. 2 Satz 1 InsO FS Görg (2010) S 597; *Wortberg* Die Überlegungsfrist bei der Ausübung des Verwalterwahlrechts – ein Instrument zur Masseanreicherung? ZInsO 2006, 1256; *Wudy* Die Insolvenz des Bauträgers aus bevorzugt notarieller Sicht MittBayNot 2000, 489; *Zahn* Die Leistung des Leasinggebers nach Übergabe – wertlos? DB 1998, 1701; *Zeisig* Lizenzverträge im Insolvenzverfahren MittdtschPatAnw 2001, 240; *Zimmer* Keine Haftung der Gesellschafter für Masseverbindlichkeiten in der Insolvenz der Personengesellschaft einschließlich § 55 Abs. 4 InsO? ZInsO 2011, 1081

Übersicht

Alphabetische Übersicht

I. Grundlagen

Die Bestimmung enthält den Grundsatz zur **Abwicklung gegenseitiger Verträge** in der Insolvenz. Die Insolvenzfestigkeit des Synallagmas (§§ 320 ff BGB) äußert sich im Wahlrecht des Insolvenzverwalters: Er kann den Vertrag mit Wirkung für die Masse abwickeln (Abs 1) oder den Vertragspartner auf eine Anmeldung seiner Forderung zur Insolvenztabelle verweisen (Abs 2), dann aber selbst nicht Erfüllung verlangen. 1

1. Entstehungsgeschichte

Abs 1 stimmt mit der Vorgängernorm in § **17 I KO** überein.[1] Die Sätze 2 und 3 von Abs 2 entsprechen der Vorschrift des § 17 II KO, während die Forderung des Vertragspartners wegen Nichterfüllung in Abs 2 S 1 aus § **26 Satz 2 KO** übernommen wurde. Der Gesetzgeber der InsO beschränkte sich mithin auf redaktionelle Änderungen.[2] 2

2. Normzweck

§ 103 betrifft die Stellung des Vertragspartners sowie den Umfang der Masse. Inwieweit diese Bestimmung den Schutz der einen oder anderen Position bezweckt, wird unterschiedlich betont. So hat insbesondere die Rechtsprechung zunächst zu § 17 KO den Schutz des Vertragspartners hervorgehoben.[3] Diesem werde der **Schutz des Synallagmas** erhalten. Eine andere Beurteilung wurde jedoch durch die Diskussion um den „Konkurs des Konkurses"[4] ausgelöst. Der Gedanke der Massestärkung führte zu einer massefreundlicheren Auslegung des § 17 KO. Zu dieser Bestimmung entwickelte der BGH im Anschluss insbesondere an *Henckel*[5] den Grundsatz, dass **in die Masse jedenfalls die Gegenleistung für das fließen soll, was aus der Masse erbracht** wird.[6] Ebenso ist in der Literatur mittlerweile anerkannt, dass die Bestimmung entweder allein[7] oder jedenfalls zu gleichen Teilen[8] auch dem Masseschutz dient. 3

Allerdings darf der Normzweck des § 103 und damit der Bedeutungsgehalt dieser Bestimmung nicht überspannt werden. Der Zweck des § 103 ist in Übereinstimmung mit den heute noch immer sehr lesenswerten Gesetzesmaterialien zu § 17 KO darauf gerichtet, die insolvenzrechtlichen Konsequenzen aus der synallagmatischen Verknüpfung der Forderung des Insolvenzschuldners und der (Insolvenz-)Forderung seines Vertragspartners zu ziehen: Einerseits kann der Vertragspartner für seine vor Eröffnung entstandene 4

---

[1] Begr zu RegE § 117, BT-Drucks 12/2443 S 145.
[2] Begr zu RegE § 117, BT-Drucks 12/2443 S 145; *Tintelnot* ZIP 1995, 616 f; *Wegener* Wahlrecht Rn 2.
[3] BGHZ 48, 203 (205); 58, 246 (249); 68, 379 (383); 89, 189; RGZ 11, 49 (51); 135, 167 (170); 142, 296 (300).
[4] *Kilger* KTS 1975, 143; s auch 1. Ber InsRKomm Einl 1.
[5] *Henckel* FS Baur (1981) S 443 (451 ff).
[6] BGHZ 106, 236 (244); 116, 156 (159 f); 129, 336 (339); 135, 25 (27); 138, 179 (187); 155, 87 (98).
[7] *Huber* BB 1964, 731 (733 f); *Marotzke* Gegenseitige Verträge[3] Rn 2.76 ff; in diese Richtung auch *Kreft* MünchKomm InsO[3] § 103 Rn 2.
[8] *Bork* FS Zeuner (1994) S 297 (309); *Häsemeyer* InsR[4] Rn 20.08; *Schollmeyer* Gegenseitige Verträge S 50; *Stamm* KTS 2011, 421 (438).

(Insolvenz-)Forderung **grundsätzlich keine Erfüllung aus der Masse** beanspruchen.[9] Diese von den Materialien als „Nichterfüllung" bezeichnete Rechtsfolge bedeutet aber keinesfalls ein Erlöschen der Forderung.[10] Wie jede andere Insolvenzforderung kann diese Forderung – ggf nach Umrechnung entsprechend §§ 41, 45 – als Geldforderung zur Insolvenztabelle angemeldet werden.[11] Andererseits gehört die **schuldnerische Forderung zur Masse.** Diese Einordnung wollte der Gesetzgeber der KO klarstellen.[12] Allerdings war es dem Gesetzgeber „selbstverständlich", dass der Vertragspartner auch nach Verfahrenseröffnung nicht leisten muss, ohne die ihm versprochene Gegenleistung fordern zu können.[13] Aus diesen „beiden Richtungen des zweiseitigen Vertrages" folgerte der Gesetzgeber der KO das Wahlrecht des Verwalters.[14] Die Erfüllungswahl des Verwalters führt dazu, dass der Vertrag so ausgeführt wird, wie es der Vertrag zwischen Insolvenzschuldner und seinem Vertragspartner vorsieht.[15] Im Einzelnen lassen sich damit folgende (gleich gewichtete) Schutzzwecke ausmachen:

5 a) **Schutz des Vertragspartners.** Die **Einrede des nichterfüllten Vertrags** hat nach BGB zwei Funktionen: Sie ist Sicherungs- und Durchsetzungsmittel des Vertragspartners.[16] **Sicherungsmittel** ist sie, weil der (vertragstreue) Vertragspartner seine Leistung so lange zurückhalten kann, bis der andere Teil seine Leistung Zug um Zug bewirkt. Sie ist **Druckmittel,** weil der (vertragstreue) Vertragspartner nicht auf eine gerichtliche Durchsetzung seines Anspruchs verwiesen wird, sondern selbst seine ganze Leistung bis zur Bewirkung der Gegenleistung Zug um Zug zurückhalten kann. Anders als bei § 273 I BGB kann die Einrede nicht durch Leistung einer Sicherheit, sondern nur durch Angebot der vertraglich geschuldeten Leistung durch den Vertragspartner ausgeschaltet werden.[17] Ist der zur Leistung Verpflichtete vorleistungspflichtig, modifiziert § 321 BGB diese Regel dahingehend, dass er seine Leistung bei Vermögensverfall des Vertragspartners zurückhalten darf, bis ihm Sicherheit für die Gegenleistung angeboten wird, sog Unsicherheitseinrede.[18] Damit verdeutlicht auch diese Regelung den Grundsatz, dass nur derjenige von dem anderen Teil Leistung verlangen kann, der in der Lage ist, seine Verbindlichkeiten zu erfüllen.

6 § 103 stellt im Zusammenspiel mit §§ 87, 105, 108 III den **Umfang der Insolvenzfestigkeit der Einrede des § 320 BGB** klar.[19] Diese beschränkt sich auf die Sicherungsfunktion, während die Druckfunktion in der Insolvenz keine Beachtung findet (Vor § 103 Rn 16). Dies ist ein Zweck des § 103. Teilweise wird dagegen eingewendet, die Einrede des nicht erfüllten Vertrags wäre auch ohne entsprechende Regelung in § 103 insolvenzfest. Daher könne es nicht Zweck dieser Bestimmung sein, die ohnehin geltende Rechtsfolge anzuordnen.[20] Diese Auffassung verkennt aber das Verhältnis von BGB und InsO.

---

[9] Begr zu EKO § 15, Mot S 65, 67.

[10] In diese Richtung aber *Kreft* MünchKomm InsO³ § 103 Rn 3 unter Hinweis auf die alte BGH-Rechtsprechung.

[11] Begr zu EKO § 15, Mot S 65; Begr zu EKO § 21, Mot S 86.

[12] Begr zu EKO vor § 15, Mot S 63; Begr zu EKO § 15, Mot S 66.

[13] Begr zu EKO § 15, Mot S 69.

[14] Begr zu EKO § 15, Mot S 67.

[15] Begr zu EKO § 21, Mot S 86.

[16] BGHZ 54, 244 (249); 145, 203 (211); BGH NJW 1982, 874 (875); 1982, 2002 (2494); 2002, 3541 (3542); *Emmerich* MünchKomm BGB⁶ § 320 Rn 1; Soergel/*Gsell* BGB¹³ § 320 Rn 3 f; Staudinger/*Otto* BGB 2009 § 320 Rn 1.

[17] *Emmerich* MünchKomm BGB⁶ § 320 Rn 1; Soergel/*Gsell* BGB¹³ § 320 Rn 4; Staudinger/*Otto* BGB²⁰⁰⁹ § 320 Rn 1.

[18] *Emmerich* MünchKomm BGB⁶ § 321 Rn 1; Staudinger/*Otto* BGB²⁰⁰⁹ § 321 Rn 1.

[19] *Bork* FS Zeuner (1994) S 297 (309); *Häsemeyer* InsR⁴ Rn 20.08; *Schollmeyer* Gegenseitige Verträge S 50.

[20] *Marotzke* Gegenseitige Verträge³ Rn 2.78; *Wegener* Wahlrecht Rn 91; vgl auch z Insolvenzbeständigkeit der Einrede des § 320 BGB BGHZ 150, 353 (359).

Den Bestimmungen der InsO ist die Aufgabe zugewiesen, über Ob und Umfang der Insolvenzfestigkeit einzelner Positionen zu entscheiden.[21] Ohne § 103 wäre die Einrede des nichterfüllten Vertrags wegen § 87 nicht insolvenzfest.[22] Das Ansinnen, die Insolvenzfestigkeit der Einrede des nichterfüllten Vertrages unter Ausschaltung der einschlägigen Regelung zu beantworten, verspricht keinen Erkenntnisgewinn.[23]

Insbesondere bezwecken **§ 103 II 2 u 3** den Schutz des Vertragspartners. Dieser muss sich nicht dauerhaft erfüllungsbereit halten, sondern kann vom Verwalter verlangen, sein Wahlrecht auszuüben. **7**

b) **Masseschutz.** Zugunsten der Masse bezweckt § 103, dass der Insolvenzverwalter die Vorteile des nichterfüllten Vertrags für die Masse nutzen kann.[24] Im Gegensatz zum Vertragspartner, den §§ 38, 87 hindern, kann er Erfüllung des Vertrags verlangen. Ebenso kann er sich aber nach § 103 II darauf beschränken, den Vertragspartner auf §§ 38, 87 zu verweisen. Damit ist der **Schutz der Masse** freilich lediglich **abstrakt.** Im konkreten Einzelfall hängt es von der Entscheidung des Verwalters ab, ob ihm gelingt, die Erfüllung eines vorteilhaften Vertrages und die Ablehnung eines nachteiligen Vertrags zu wählen. Umstritten ist, inwieweit § 103 auch bezweckt, die Masse vor einer Fehlentscheidung des Verwalters im konkreten Einzelfall zu schützen. **8**

aa) **Verbesserung durch Erfüllungswahl.** Insbesondere die Rechtsprechung meint, § 103 wolle die Stellung der Masse gegenüber der Vertragsabwicklung außerhalb der Insolvenz verbessern.[25] Die Bestimmung weise der Masse die Gegenleistung für das zu, was mit Mitteln der Masse erwirtschaftet werde. Auf dieser Grundlage hat der BGH zunächst die sog „Erlöschenstheorie" begründet, die er nunmehr im neuen Gewand der **„Qualitätssprungtheorie" oder „Suspensivtheorie"** fortführt (zur Terminologie unten Rn 22). Kernaussage dieser Sichtweise ist, dass die massezugehörigen Ansprüche nach Erfüllungswahl von Aufrechnungsmöglichkeit des Vertragspartners oder Sicherungsrechten Dritter befreit sind. Das Risiko einer Fehlentscheidung des Insolvenzverwalters ist so deutlich abgemildert. Denn er kann insbesondere Drittrechte oder Aufrechnungsmöglichkeiten des Vertragspartners nicht übersehen. **9**

Auf dieser Grundlage kommt die Rechtsprechung durchaus zu angemessenen Ergebnissen. Nicht zu Unrecht hat *Kreft* die von der Rechtsprechung zuvor erzielten Ergebnisse als „katastrophal" bezeichnet.[26] Gleichwohl überspannt die Rechtsprechung die Leistungen des § 103. Weder Wortlaut noch Wille des Gesetzgebers stützen es, den Normzweck so zu bestimmen. Denn nach Wortlaut und Wille des Gesetzgebers kann der **Insolvenzverwalter den Vertrag nur so fortsetzen, wie er ohne Insolvenzeröffnung abgewickelt worden wäre.** Die vom BGH entwickelten Ergebnisse müssen anders begründet werden.[27] **10**

---

[21] Dazu schon Vor § 103 Rn 31 ff; vgl auch Kübler/Prütting/Bork/*Tintelnot* InsO[46] § 103 Rn 12.

[22] Vor § 103 Rn 4 f.

[23] Kübler/Prütting/Bork/*Tintelnot* InsO[46] § 103 Rn 12: „Fragestellung führt in die Irre". – Z fehlenden praktischen Bedeutung der Kontroverse *Huber* InsR-Hb[4] § 34 Rn 10.

[24] *Kreft* MünchKomm InsO[2] § 103 Rn 2; Kübler/Prütting/Bork/*Tintelnot* InsO[46] § 103 Rn 8; Uhlenbruck/*Wegener* InsO[13] § 103 Rn 2.

[25] Erläuternd *Kreft* MünchKomm InsO[3] § 103 Rn 2; vgl ferner die Rspr zum Gegenleistungsgrundsatz o Rn 3.

[26] *Kreft* MünchKomm InsO[3] § 103 Rn 10.

[27] Diese notwendige Unterscheidung vernebelt *Henkelmann*, wenn er einerseits den „Gegenleistungsgrundsatz" in § 103 verortet (Schwebende Verträge S 159, 219, 240), andererseits aber die geschilderten Wirkungen nicht aus § 103, sondern aus Analogien zu §§ 91, 96 I Nr 1 (S 236 ff, 269 ff) gewinnt.

Henckel zieht hierfür § 812 BGB (Rn 352, wohl in der Fallgruppe des Verteilungsfehlers, dazu Rn 236) heran.[28] Zusätzlich ist noch auf das in der Vertragsdurchführung liegende Werthaltigmachen abzustellen, an das andere Regelungen der InsO wie §§ 129 ff, 91, 96 I Nr 1)[29] anknüpfen (Rn 356 ff, 376 ff).

11 bb) **Schutz vor nachteiliger Wahl.** In Teilen der Literatur wird § 103 die Kraft abgesprochen, dass nach Erfüllungswahl in die Masse mehr Rechte fallen, als der Insolvenzschuldner außerhalb des Insolvenzverfahrens hätte geltend machen können. Vielfach wird dann dem § 103 der Zweck zugeordnet, auf andere Weise die Masse vor Fehlentscheidungen des Verwalters zu schützen. Dies gelingt teilweise dadurch, den Anwendungsbereich (im Wege einer teleologischen Reduktion) für solche Konstellationen zurückzustutzen, in denen wegen Drittrechten oder Aufrechnungsmöglichkeiten die Erfüllungswahl typischerweise nachteilig ist.[30] In eine ähnliche Richtung geht die Auffassung, in diesen Fällen die Erfüllungswahl für insolvenzzweckwidrig und damit unwirksam zu halten.[31] Eine mehr am Einzelfall orientierte Meinungsströmung will mit der bürgerlich-rechtlichen Anfechtung helfen. Inwieweit die Masseforderung von der Aufrechnung bedroht sei oder an ihr Drittrechte beständen, sei als verkehrswesentliche Eigenschaft dieser Forderung einzuordnen, so dass die Anfechtung nach § 119 II BGB eröffnet werde.[32] Mitunter werden entsprechende Rechtsfolgen noch durch Auskunftsrechte flankiert.[33]

12 Aber auch insoweit gibt es **kein Bedürfnis für ein Sonderrecht** bei der vom Insolvenzverwalter nach § 103 abzugebenden Willenserklärung. § 103 dient eben auch, insbesondere mit seiner Regelung in Abs 2 u 3 dem Vertrauensschutz des Vertragspartners als Erklärungsempfänger. Diese Wertentscheidung darf nicht dadurch umgangen werden, dass allgemeine Rechtsinstitute einseitig dem Masseschutz zugeneigt interpretiert werden. Insbesondere darf der Rechtsverkehr grundsätzlich unbeschränkt in die Amtsmacht des Insolvenzverwalters vertrauen, vgl §§ 80, 164. Das Institut des Amtsmissbrauchs bei insolvenzzweckwidrigen Handlungen des Verwalters durchbricht diese Zurechnung nur dann, wenn der Erklärungsempfänger nicht schutzbedürftig ist,[34] aber nicht umgekehrt deswegen, weil die Masse besonders schutzbedürftig ist.[35] Das Risiko einer Fehlentscheidung des Verwalters nimmt § 103 damit der Masse nicht in weiterem Umfange ab, als die InsO sonst die Masse vor Fehlentscheidungen des Verwalters schützt.

13 cc) **Stellungnahme.** Im Ergebnis sind alle Bestrebungen abzulehnen, die dem § 103 den Zweck beilegen wollen, die Masse vor Fehlentscheidungen des Verwalters im Einzelfall zu schützen. § 103 ist darauf beschränkt, die **Interessen von Masse und Vertragspartner** angesichts der zivilrechtlichen Vorgaben in § 320 BGB in einen **angemessenen Aus-**

---

28 *Henckel* FS Baur (1981) S 443 (451); *ders* FS Kirchhof (2003) S 191 (206 f); **diff** *Gerhardt* GS Knobbe-Keuk (1997) S 169 (177); **krit** *Roth* FS Rolland (1999) S 305 (311); *Voß* Vorausabtretung S 111 ff.

29 Vgl *Bork* InsR[6] Rn 160 ff; *Eckardt* DMT-Bilanz S 877 (881); *Henkelmann* Schwebende Verträge S 236 ff, 269 ff, 340 f; *Voß* Vorausabtretung S 124 ff.

30 *Marotzke* ZIP 1987, 1293 (1297); *ders* HK InsO[6] § 103 Rn 46; *Roth* FS Rolland (1999) S 305 (312).

31 *Häsemeyer* JR 1992, 423 f; *ders* InsR[4] Rn 20.20.

32 Jaeger/*Windel* InsO § 96 Rn 27; *Marotzke* Gegenseitige Verträge[3] Rn 4.75.

33 Jaeger/*Windel* InsO § 96 Rn 27.

34 BGHZ 150, 346 (360); *Jacoby* Amt S 343 ff, 353; zurückhaltend Jaeger/*Windel* InsO § 80 Rn 260.

35 Vgl auch Jaeger/*Windel* InsO § 96 Rn 27.

gleich zu bringen. Freilich sind die geltend gemachten Gesichtspunkte von erheblichem Gewicht, dem allerdings außerhalb der Anwendung von § 103 zur Geltung zu verhelfen ist. Den Belangen der Gläubigergleichbehandlung und angemessener Haftungsregelungen ist durch die Anwendung der jeweils einschlägigen Normen der Insolvenzordnung, namentlich §§ 91, 94 ff, Rechnung zu tragen. Der Vertragspartner ist auch nicht bloßer Insolvenzgläubiger, sondern steht angesichts seiner eigenen Verpflichtung in einer spezifischen Stellung gegenüber der Masse. Insbesondere kann er auch als Empfänger der Erklärung des Insolvenzverwalters über seine Wahlrechtsausübung Vertrauensschutz beanspruchen. Wie stark das Vertrauen des Vertragspartners in die Wahl geschützt ist, ist den allgemeinen Regelungen des Privatrechts (Anfechtung bei Rn 195 ff, Missbrauch der Amtsmacht bei Rn 160) zu entnehmen.

3. Privatautonomie

14 **§ 119** entzieht die Regelung des § 103 der Parteidisposition. Problematisch ist, inwieweit Regelungen zur Vertragsbeendigung im Insolvenzfall einschließlich möglicher Abwicklungsregelungen für den Beendigungsfall möglich bleiben. Solche Klauseln sind nicht nur an § 119, sondern auch an § 133 zu messen (§ 119 Rn 25 ff).

II. Dogmatik des Verwalterwahlrechts

15 Der Dogmatik des Verwalterwahlrechts kommt die Aufgabe zu, auf Grundlage von Sinn und Zweck des § 103 ein Konzept vorzustellen, dass die Einwirkungen eines Insolvenzverfahrens auf einen gegenseitigen Vertrag erklärt. Die Problemstruktur besteht darin, die Rechtsfolgen folgender vier Tatbestände zu erklären: erstens die **Insolvenzeröffnung**, zweitens die **Wahlentscheidung** des Verwalters, bei der zwischen Erfüllungswahl und deren Ablehnung zu unterscheiden ist, drittens mögliche **Reaktionen des Vertragspartners**, die jedenfalls bei Erfüllungsablehnung in der Anmeldung einer Forderung zur Insolvenztabelle oder in der Geltendmachung materieller Rechtsbehelfe bestehen können, und viertens die **Verfahrensbeendigung**. An diese Tatbestände können ganz unterschiedliche Rechtsfolgen anknüpfen. Sie können materiell-rechtlicher Natur sein, wenn Einwendungen, Einreden oder (Sekundär-)Ansprüche begründet werden. Die Rechtsfolgen können haftungsrechtlicher Natur sein, sofern etwa § 55 I Nr 2 Fall 1 die haftungsrechliche Qualität einer Forderung bestimmt. Dem verwandt kann die Wirkung aber auch (insolvenz-)verfahrensrechtlicher Natur sein, wenn – wie insbesondere durch § 87 – die Art und Weise der Durchsetzung im Insolvenzverfahren betroffen ist.

16 In Rechtsprechung und Literatur wurde bislang keine Einigkeit zu den aufgeworfenen Fragen erzielt. Viele Stellungnahmen beziehen sich naturgemäß auch lediglich auf umstrittene Einzelaspekte. Typischerweise wird diskutiert, inwieweit Drittrechte an zur Masse gehörenden Forderungen bestehen können, inwieweit der Vertragspartner mit Insolvenzforderungen aufrechnen kann und welche Besonderheiten erbrachte Teilleistungen auslösen. Zudem wird teils mehr Aufmerksamkeit der Erfüllungswahl, teils mehr der Erfüllungsablehnung geschenkt.

1. Leitlinien der höchstrichterlichen Rechtsprechung

17 Der Rechtsprechung von RG und BGH liegt keine einheitliche Auffassung zur Dogmatik der § 17 KO und § 103 zugrunde. Maßgebliche Wendungen in der Rechtsprechung des BGH fanden 1988 und 2002 statt:

18 a) **Ursprüngliche Rechtsprechung.** Die höchstrichterliche Rechtsprechung von RG und BGH verfolgte bis etwa 1988 eine recht einheitliche Linie.[36] Die Wirkungen der Verfahrenseröffnung wurden mit Verweis auf die **„hinkenden Verträge"** beschrieben.[37] Damit sollte zum Ausdruck gebracht werden, dass der Verwalter berechtigt sei, eine Leistung des Vertragspartners zu fordern, seine Leistungspflicht aber nur dann bestehe, wenn er selbst Erfüllung verlange. Zu den Wirkungen der Erfüllungswahl wurde – abgesehen von einem anfänglichen Ausreißer –[38] die Auffassung vertreten, zur Masse könnten Ansprüche nur dergestalt gehören, wie sie auch außerhalb der Insolvenz insbesondere mit Drittrechten oder der Aufrechnungsmöglichkeit des Vertragspartners belastet wären.[39]

19 Die meisten Entscheidungen hatten allerdings zum Inhalt, die Wirkungen der Erfüllungsablehnung des Verwalters zu bestimmen. Nach Insolvenzeröffnung sei der Anspruch des Vertragspartners als Insolvenzforderung einzuordnen, den er aber nur unter der Voraussetzung voll anmelden könne, dass er selbst seine Leistung voll erbringe.[40] Die **Erfüllungsablehnung** führe dann zu einer **Umgestaltung des Rechtsverhältnisses.** An die Stelle der Erfüllungsansprüche trete ein Schadensersatzanspruch des Vertragspartners, der Insolvenzforderung sei, § 103 II. Diese Umgestaltung wirke nicht nur im Insolvenzverfahren, sondern überdauere auch die Verfahrensaufhebung.[41] Der Erfüllungsablehnung wies die Rechtsprechung auch ausschlaggebende Bedeutung für die Konstellation zu, dass der Schuldner vor Insolvenzeröffnung Teilleistungen erbracht hat. Die durch die Ablehnung bewirkte Umgestaltung des Rechtsverhältnisses lasse den Rechtsgrund für diese Leistungen entfallen. Daher falle ein Bereicherungsanspruch gegen den Vertragspartner in die Masse.[42]

20 b) **Sog Erlöschenstheorie.** Mit seinen Entscheidungen aus dem Jahre 1988 hat der BGH die sog Erlöschenstheorie begründet.[43] Zur **Umgestaltung des Rechtsverhältnisses** komme es nicht erst durch Erfüllungsablehnung des Verwalters, sondern **schon mit Verfahrenseröffnung.** Den Inhalt dieser Umgestaltung bestimmt das Gericht in Überstimmung mit den Wirkungen der Erfüllungsablehnung seiner vorherigen Rechtsprechung.[44] Also sollten die Erfüllungsansprüche erlöschen.

21 Diese Rechtsprechung war ersichtlich von dem Willen getragen, die **Rechtsfolgen der Erfüllungswahl neu zu bestimmen.** Nach Erfüllungswahl habe jedenfalls die Gegenleistung für das, was nach Verfahrenseröffnung mit Mitteln der Masse erwirtschaftet wurde, in die Masse zu gelangen.[45] Insbesondere dürfe die Forderung auf die Gegenleistung weder durch Aufrechnung des Vertragspartners geschmälert noch wegen einer Sicherheitenbestellung des Insolvenzschuldners an dieser Forderung einem absonderungsberechtigten Gläubiger zustehen. Diese Wirkungen erzielt der BGH, indem er die An-

---

36 Angefangen bei RGZ 11, 49 (51) bis BGH ZIP 1987, 304 (305); vgl ferner aber noch BGH NJW 1989, 1606 (1607).

37 RGZ 11, 49 (51).

38 RGZ 11, 136 (139).

39 BGHZ 89, 189 (192); RGZ 11, 49 (51 f).

40 BGHZ 89, 189 (195).

41 BGHZ 48, 203 (205); 68, 379 (380); 96, 392 (395); RGZ 79, 209 (211); 135, 167 (170); vgl zu dieser *Ernst Jaeger* zugeschriebenen Konstruktion z „Schaffung klarer Verhältnisse" *Henckel* FS Kirchhof (2003) S 191 (196).

42 BGHZ 15, 333 (335 f); RGZ 135, 167 (172); indessen für Teilvergütungsanspruch RGZ 73, 58 (61); offen gelassen v BGHZ 68, 379 (381 f).

43 Grundlegend BGHZ 106, 236 (241 ff); zuvor bereits BGHZ 103, 250 (252, 254).

44 BGHZ 106, 236 (242); ferner BGH ZIP 1991, 945 (946 f); 2001, 31 (32).

45 BGHZ 106, 238 (244); 116, 156 (159 f); 129, 336 (339); 135, 25 (27).

sprüche als mit Erfüllungswahl wieder neu entstandene Ansprüche einordnet, §§ 96 I Nr 1, 91. Der Erfüllungswahl kommt somit Gestaltungswirkung zu.

c) **Aktuelle Rechtsprechung.** Im Jahre 2002 hat der BGH seine Auffassung nochmals weiterentwickelt.[46] Was die Erfüllungswahl betrifft, so will der BGH an den mit der Erlöschenstheorie erzielten Ergebnissen festhalten. Er verabschiedet sich aber von dem Ansatz, dass die beiderseitigen Erfüllungsansprüche mit Verfahrenseröffnung erlöschen. Die Insolvenzeröffnung führe dazu, dass die Ansprüche aus dem gegenseitigen Vertrag wegen der Nichterfüllungseinreden der Vertragspartner **nach § 320 BGB nicht durchsetzbar** seien.[47] Auf dieser Wirkung beruht die Charakterisierung dieser Sichtweise als **„Suspensivtheorie"**.[48] Durch die Erfüllungswahl erlangten die fortbestehenden Ansprüche die Rechtsqualität von Masseverbindlichkeiten, § 55 I Nr 2 Fall 1, und erst nach Verfahrenseröffnung entstandenen Neu-Masseforderungen. Dieser Aspekt wird betont, wenn diese Auffassung als **„Qualitätssprungtheorie"** eingeordnet wird.[49] Diese abweichende haftungsrechtliche Qualität der Forderungen soll wie das Entstehen der Forderungen erst nach Insolvenzeröffnung die Anwendung von §§ 96 I Nr 1, 91 legitimieren. 22

Zu abweichenden Ergebnissen kommt die neue Sichtweise, wenn der Verwalter die Erfüllung ablehnt. Auch die **Erfüllungsablehnung** führe nicht zu einer Umgestaltung des Rechtsverhältnisses, insbesondere nicht zum Erlöschen der Primäransprüche.[50] Vielmehr seien die **Ansprüche „rein insolvenzmäßig abzuwickeln"**. Rechtsgestalterische Wirkung wird damit erst der Geltendmachung der Forderung wegen Nichterfüllung, § 103 II, durch den Vertragspartner zugewiesen.[51] 23

2. Stimmen in der Literatur und Stellungnahme

In der Literatur wird einerseits das dogmatische Konzept des BGH zugrunde gelegt,[52] teilweise freilich auch kritisch gewürdigt[53] oder weiter entwickelt[54]. Andererseits werden eigenständige Lehren entwickelt.[55] Insgesamt zeichnet sich folgendes Bild ab: 24

a) **Verfahrenseröffnung.** Allein die von der höchstrichterlichen Rechtsprechung geprägten Auffassungen knüpfen **materiell-rechtliche Wirkungen** an die Verfahrenseröffnung. Das galt insbesondere für die Erlöschenstheorie; es trifft aber auch auf die aktuelle Rechtsprechung zu, die auf § 320 BGB abstellt.[56] Diese Auffassungen überzeugen nicht. Das Erlöschen von Forderungen ordnet § 103 – im Unterschied zu §§ 104, 115 – nicht 25

---

[46] BGHZ 150, 353 (359).

[47] BGHZ 150, 353 (359); BGH ZIP 2007, 778 Rn 11; 2010, 238 Rn 11; NZI 2010, 872 Rn 6; ZIP 2013, 526 Rn 8; vgl auch BGH ZIP 2010, 264 Rn 30 (XI. Zivilsenat).

[48] *Huber* InsR-Hb[4] § 34 Rn 44; *Wegener* Wahlrecht Rn 36.

[49] *Bork* InsR[6] Rn 156a; *Marotzke* ZZP 111 (2002) 507 (510).

[50] BGHZ 155, 87 (90); BGH ZIP 2006, 87 Rn 24; ZIP 2013, 526 Rn 8.

[51] So jedenfalls *Kreft* MünchKomm InsO[3] § 103 Rn 22, auf den die Rspr maßgeblich aufbaut.

[52] *Ahrendt* HambK InsO[4] § 103 Rn 4; *Bork* FS Wellensiek (2011) S 201 (204); *Huber* InsR-Hb[4] § 34 Rn 35 ff; Uhlenbruck/*Wegener* InsO[13] § 103 Rn 11, 96, 113, 154.

[53] *Marwedel* ZInsO 2011, 937.

[54] *Bärenz* NZI 2006, 72; *Kreft* MünchKomm InsO[3] § 103 Rn 8 ff.

[55] *Marotzke* ZIP 1987, 1293; *ders* Gegenseitige Verträge[3]; *ders* HK InsO[6] § 103 Rn 82 ff; *Stamm* KTS 2011, 421; *v Wilmowsky* KTS 2011, 453; *ders* ZIP 2012, 401.

[56] So auch *Henkelmann* Schwebende Verträge S 153, 336, passim; Uhlenbruck/*Wegener* InsO[13] § 103 Rn 11; vgl ferner bereits *Musielak* AcP 179 (1979) 189 (199 f).

an. Die Lösung lässt sich aber auch nicht bei § 320 BGB finden.[57] So lässt sich schon einwenden, dass § 320 BGB der Durchsetzung von Forderungen aus gegenseitigen Verträgen nicht durchweg entgegensteht. Beispielsweise kann eine Vorleistungspflicht vereinbart oder insbesondere der Schuldner mit der Annahme der Gegenleistung in Verzug sein. Vor allem aber ist es gerade Aufgabe der insolvenzrechtlichen Vorschrift in § 103, die insolvenzrechtlichen Folgerungen aus der materiell-rechtlichen Regelung zu ziehen:[58] §§ 38, 87 einerseits und § 103 andererseits stehen der bloßen Fortgeltung des § 320 BGB entgegen (Rn 6).

26 Ein in der Lehre entwickeltes Konzept versteht die Wirkungen der Verfahrenseröffnung als **Begründung einer haftungsrechtlichen Schwebephase.**[59] Materiell-rechtlich bestehe der Vertrag unverändert fort. Wie die auf dem Vertrag beruhenden materiellen Ansprüche im Insolvenzverfahren haftungsrechtlich einzuordnen seien, ergebe sich aber erst aus der Wahl des Insolvenzverwalters, so dass der Entscheidung des Insolvenzverwalters, gleich wie sie ausfällt, Gestaltungswirkung in haftungsrechtlicher Hinsicht zukomme. Die vorherrschende Gegenauffassung qualifiziert die Forderung des Vertragspartners schon mit der Verfahrenseröffnung als Insolvenzforderung.[60] Das folge aus § 38, weil diese Forderung bereits vor Insolvenzeröffnung entstanden sei. Es ändere sich daher der haftungsrechtliche Status dieser Forderung nur bei Erfüllungswahl (§ 55 Abs 1 Nr 2 Fall 1), nicht aber bei Erfüllungsablehnung, die daher nicht als Gestaltungserklärung eingeordnet wird.

27 Zu dieser Kontroverse lässt sich folgendermaßen Stellung beziehen: Die Verfahrenseröffnung führt zwar zu einer haftungsrechtlichen Schwebephase, weil zu diesem Zeitpunkt ungewiss ist, ob der Verwalter Erfüllung wählen wird. Eine derart beschaffene Schwebephase ist aber allen Konstellationen gemein, in denen einem Beteiligten ein Gestaltungsrecht zusteht. Gestaltungsrecht ist die Erfüllungswahl.[61] Die Gestaltungswirkung dieser Erklärung besteht darin, dass der Verwalter sich auf den schuldnerischen Anspruch berufen kann und dem Vertragspartner ein Anspruch im Range einer Masseverbindlichkeit zusteht (§ 55 I Nr 2 Fall 1). **Vor und ohne die Erfüllungswahl** befindet sich der haftungsrechtliche Status dieser Ansprüche aber nicht schlicht in der Schwebe, sondern lässt sich bestimmen: Dem Vertragspartner steht nach § 38 eine **Insolvenzforderung** zu, weil diese Forderung vor Verfahrenseröffnung begründet wurde. Die zur Masse gehörige Forderung ist im Umkehrschluss zu § 103 I nicht durchsetzbar. Diese **haftungsrechtliche Lage dauert fort**, wenn der Insolvenzverwalter auf die Ausübung seines Erfüllungswahlgestaltungsrechts durch Erfüllungsablehnung verzichtet oder auf Aufforderung nach § 103 II 2 nicht unverzüglich Erfüllung wählt. Diese Sichtweise, dass bereits mit Verfahrenseröffnung eine haftungsrechtliche Einordnung der offenen Ansprüche vorzunehmen ist, stimmt auch mit der Vorstellung des Gesetzgebers der KO überein.[62] Als

---

[57] **Krit** auch *Henckel* FS Kirchhof (2003) S 191 (199 f); *Marotzke* ZZP 111 (2002) 507 (510); dezidiert dafür indes *Stamm* KTS 2011, 421 (426).

[58] Auch *v Wilmowsky* ZIP 2012, 401 (403 f) weist pointiert darauf hin, dass das Insolvenzverfahren als Gesamtvollstreckungsverfahren der Durchsetzung der Insolvenzforderungen getreu den insolvenzrechtlichen Vorgaben diene.

[59] *Häsemeyer* InsR[4] Rn 20.07, 20.16, 20.23; *Windel* Jura 2002, 230 (233).

[60] *Marotzke* HK InsO[6] § 103 Rn 5, 88; *Musielak* AcP 179 (1979) 189 (198); Kübler/Prütting/Bork/*Tintelnot* InsO[46] § 103 Rn 26; *Roth* FS Rolland (1999) S 305 (314); so auch BGHZ 89, 189 (194).

[61] *Häsemeyer* InsR[4] Rn 20.16; Uhlenbruck/*Wegener* InsO[13] § 103 Rn 113; *Windel* Jura 2002, 230 (232).

[62] Begr zu EKO § 15, Mot S 65 f, 67: „bei der Nichterfüllung desselben zu *belassen*" – Hervorhebung nicht im Original.

Folge dieser Sichtweise kann der Vertragspartner wegen § 87 bereits ab Insolvenzeröffnung und damit vor Ausübung des Wahlrechts seine Forderung gegenüber dem Insolvenzverwalter nicht gerichtlich geltend machen.[63]

b) **Erfüllungswahl.** Nach dem Gesagten kommt auch der Erfüllungswahl in Übereinstimmung mit der ganz herrschenden Auffassung gegen die sog Erlöschenstheorie keine materiell-rechtliche Wirkung zu. Die Erfüllungswahl führt nur haftungsrechtlich dazu, dass die Forderung des Vertragspartners **Masseforderung** wird, § 55 I Nr 2 Fall 1. Für die Vertragsabwicklung von Verwalter und Vertragspartner ist § 103 I ungeachtet seines missverständlichen Wortlauts keine Vorleistungspflicht des Insolvenzverwalters zu entnehmen. Es gilt vielmehr der vertraglich vereinbarte Modus, im Zweifel also § 320 BGB.[64] **28**

Der Streit zwischen BGH und Stimmen in der Literatur um die Dogmatik des § 103 wirkt sich insbesondere darauf aus, welche **Wirkungen das Wahlrecht in Bezug auf die zur Masse gehörende Forderung** gegen den Vertragspartner äußert. Dieser Anspruch wurde bereits vor Insolvenzeröffnung durch den Vertragsschluss begründet. Dennoch will die Rechtsprechung diesen Anspruch mittlerweile aufgrund der Erfüllungswahl als „neue“, dh nach Verfahrenseröffnung entstandene Masseforderung behandeln (Rn 22). Diese Sichtweise ist in großen Teilen der Literatur auf Ablehnung gestoßen.[65] Zwar werden die von der Rechtsprechung verfolgten Ziele weithin gebilligt, die dogmatische Konstruktion aber für verfehlt erachtet. **29**

Dieser Kritik am Konzept des BGH ist zuzustimmen (Rn 10). Zwar ist dem Anliegen des BGH Rechnung zu tragen, dass in die Masse die Gegenleistung für das fließt, was mit Mitteln der Masse erbracht wird. Um dieses Ergebnis zu begründen, taugt § 103 aber nicht. Dieser Bestimmung lässt sich für den vom BGH postulierten haftungsrechtlichen Qualitätssprung nichts entnehmen. Es fällt keine Durchsetzungssperre weg, an die sich anknüpfen ließe. Vielmehr beschränkt sich § 103 auf die Anordnung, unter welchen Voraussetzungen der Insolvenzverwalter die grundsätzlich nach § 80 seiner Verfügungsmacht unterliegenden vertraglichen Ansprüche für die Masse geltend machen kann. Ausnahmen zu § 80 wie §§ 166 ff werden aber ebenso wenig von § 103 berührt, wie die Möglichkeiten des Vertragspartners durch Aufrechnung die Forderung zu erfüllen. **Gegen die Verortung des Gegenleistungsgrundsatzes in § 103** spricht darüber hinaus, dass die Reichweite des § 103 nicht mit der des Gegenleistungsgrundsatzes übereinstimmt:[66] Denn nach § 103 müssten die noch offenen Forderungen den haftungsrechtlichen Qualitätssprung in ihrem gesamten Umfange machen, in dem sie bei Verfahrenseröffnung noch offen ist. Auf Grundlage des Gegenleistungsgedankens besteht aber mit dem BGH Einigkeit, dass diese Rechtsfolge nur in dem Umfange angemessen ist, in dem die Forderung nach Verfahrenseröffnung **mit Mitteln der Masse werthaltig gemacht** wird (näher Rn 59).[67] **30**

[63] *Blaum* Zurückbehaltungsrechte S 99; *Henckel* FS Kirchhof (2003) S 191 (200); *Marotzke* ZZP 111 (2002) 507 (511).

[64] *Blaum* Zurückbehaltungsrechte S 162; Kübler/Prütting/Bork/*Tintelnot* InsO[46] § 103 Rn 266; *Marotzke* HK InsO[6] § 103 Rn 106; Uhlenbruck/*Wegener* InsO[13] § 103 Rn 132.

[65] *Bork* InsR[6] Rn 160; *Häsemeyer* InsR[4] Rn 20.7; *Henckel* FS Kirchhof (2003) S 191 (200); *Henkelmann* Schwebende Verträge S 335; *Marotzke* ZZP 111 (2002) 507 (510 ff); *Marwedel* ZInsO 2011, 937 f; *Stamm* KTS 2011, 421 (442); vgl auch *Blaum* Zurückbehaltungsrechte S 100 f; *Voß* Vorausabtretung S 118 ff.

[66] *Henkelmann* Schwebende Verträge S 335; *Roth* FS Rolland (1999) S 305 (307); *Voß* Vorausabtretung S 124 ff.

[67] Grundlegend BGHZ 129, 336.

31 c) **Erfüllungsablehnung.** Auch der Erfüllungsablehnung kommt **keine materiell-rechtliche Wirkung** zu,[68] wie es allerdings die ursprüngliche Rechtsprechung (Rn 19) im Anschluss an *Jaeger*[69] vertrat. Es besteht kein Bedürfnis, den Vertrag mit Wirkung über das Verfahren hinaus zu beenden. Die Möglichkeit, den Vertrag durch Gestaltungserklärung zu beenden, wird aber grundsätzlich nicht ausgeschlossen. So kann die Erfüllungsablehnung ein Recht zur außerordentlichen Kündigung begründen,[70] aber auch andere Lösungsgründe kommen in Betracht (Rn 227 ff; zu vertraglichen Lösungsrechten ausf § 119 Rn 8 ff).[71] Der Vertragspartner kann sich nach Verfahrenseröffnung allerdings nicht mehr über § 323 I BGB auf die bloße Nichterfüllung seiner Forderung stützen, weil diese Forderung als Insolvenzforderung nicht mehr durchsetzbar ist (Rn 27).[72]

32 Infolge der Ablehnung kann der Insolvenzverwalter den zur Masse gehörenden Anspruch nicht mehr gegen den Willen des Vertragspartners durchsetzen, § 103 II 3 entsprechend (Rn 225).[73] Teilweise wird dieser Rechtsverlust des Insolvenzverwalters, nicht mehr Erfüllung verlangen zu können, als Gestaltungswirkung der Erfüllungsablehnung charakterisiert.[74] Treffender ist es, einen **Verzicht auf das Gestaltungsrecht**, Erfüllung zu verlangen, anzunehmen (Rn 154). Soweit die Erfüllungsablehnung reicht, kann der Insolvenzverwalter sich nach hier vertretener Meinung rückwirkend auf den Zeitpunkt der Insolvenzeröffnung zu keinem Zwecke mehr auf den Vertrag berufen. Daher kann sich ein Insolvenzverwalter **insbesondere nicht auf ein Besitzrecht** aus einem von ihm abgelehnten Vertrag berufen, ohne dass es noch einer Vertragsbeendigung durch den Vertragspartner etwas mittels Kündigung bedarf (Rn 279).[75] Leistet der Vertragspartner nach Erfüllungsablehnung dennoch, weil er sich dem Insolvenzverwalter gegenüber für zur Leistung verpflichtet hält, stellt der Vertrag nach Erfüllungsablehnung **keinen Rechtsgrund** dafür dar, dass der Insolvenzverwalter das Erlangte behalten darf. Der Vertragspartner kann vielmehr kondizieren, § 812 BGB, § 55 I Nr 3.[76]

33 Streit besteht über die **Auswirkungen der Erfüllungsablehnung auf den Anspruch des Vertragspartners** und damit die Deutung von § 103 II 1. Einigkeit besteht darüber, dass der Vertragspartner zunächst seinen vertraglichen Primäranspruch behält, der nach § 38 Insolvenzforderung ist. Der Vertragspartner kann diesen Anspruch wegen § 320 BGB allerdings nur dann ungekürzt zur Insolvenztabelle anmelden, wenn er seinerseits die von ihm geschuldete Gegenleistung erbringt.[77] Dann kommt es auf § 103 II nicht an. Die Bestimmung greift nur, soweit der Vertragspartner auch nach Verfahrenseröffnung seine Leistung nicht erbringt. Für diese Sachlage ist umstritten, welcher Art und welchen Inhalts der Anspruch ist, den der Vertragspartner nach § 103 II 1 als Insolvenzgläubiger

---

[68] BGH ZIP 2006, 87 Rn 22; 2007, 778 Rn 11; BFH ZIP 2007, 976 (977).

[69] *Jaeger* KO[6/7] § 17 Rn 30 f, 40 f; ebenso Jaeger/*Lent* KO[8] aaO; vgl auch *Blaum* Zurückbehaltungsrechte S 105 ff; *Henckel* FS Kirchhof (2003) S 191 (195 f).

[70] *Bärenz* NZI 2006, 72 (75); *Bork* FS Wellensiek (2011) S 201 (204); vgl BGH ZIP 2006, 87 Rn 24.

[71] BGHZ 155, 87 (90); BGH ZIP 2006, 87 Rn 24.

[72] *v Wilmowsky* KTS 2011, 453 (473); **aA** *Bork* FS Wellensiek (2011) S 201 (204).

[73] **AA** Jaeger/*Henckel* KO[9] § 17 Rn 152.

[74] *Bärenz* NZI 2006, 72 (74); *Häsemeyer* InsR[4] Rn 20.23; *Kreft* MünchKomm InsO[3] § 103 Rn 20; Kübler/Prütting/Bork/*Tintelnot* InsO[46] § 103 Rn 296; *Marotzke* HK InsO[6] § 103 Rn 88; Uhlenbruck/*Wegener* InsO[13] § 103 Rn 157.

[75] BGH ZIP 2007, 778 Rn 13; **aA** *Bork* FS Wellensiek (2011) S 201 (205); *Marwedel* ZInsO 2011, 937 (943 f); *v Wilmowsky*, ZInsO 2007, 731 (737).

[76] *Bärenz* NZI 2006, 72 (73).

[77] BGHZ 89, 189 (195); *Bork* InsR[6] Rn 159 Fn 19; *Kreft* MünchKomm InsO[3] § 103 Rn 16; *Stamm* KTS 2011, 421 (427).

geltend machen kann. Die Rechtsprechung und ein ihr folgender Teil der Literatur meinen, der Vertragspartner könne einen Anspruch auf **Schadensersatz statt der Leistung** (positives Erfüllungsinteresse) geltend machen.[78] Die Gegenmeinung vermisst indessen eine Rechtfertigung dafür, dass nach Verfahrenseröffnung ein aus der Masse (wenn auch nur als Insolvenzforderung) zu erfüllender Schadensersatzanspruch entstehen könne, gerade weil der Verwalter durch seine Erfüllungsablehnung keine schuldhafte Pflichtverletzung begehe. Der Vertragspartner könne aber seinen **Primäranspruch**, auch ohne seine Gegenleistung zu erbringen, zur Insolvenztabelle anmelden.[79] Er sei dafür ggf nach § 45 umzurechnen.[80] Jedenfalls müsse das Ausbleiben der Gegenleistung als Abzugsposten Berücksichtigung finden. Eine Mittelposition bejaht zwar einen Schadensersatzanspruch, entwertet diesen aber dadurch, dass die Geltendmachung entgangenen Gewinns, § 252 BGB, ausgeschlossen sein soll.[81]

Gefolgschaft verdient es, einen **Schadensersatzanspruch abzulehnen und lediglich die Anmeldung des gekürzten Primäranspruchs zuzulassen.** Der Wortlaut von § 103 II 1 ist nicht eindeutig, enthält aber keinen Hinweis auf einen Schadensersatzanspruch.[82] Die Vorstellung des Gesetzgebers der KO ging dahin, dass für den Vertragspartner kein Schadensersatzanspruch entsteht, sondern ein dem Umfang nach angepasster Primäranspruch anzumelden ist.[83] Das wollte der Gesetzgeber mit dem Gesetz gewordenen Begriff der Nichterfüllung ausdrücken (Rn 4).[84] Diese Interpretation entspricht in systematischer Hinsicht der Berechnung des „Nichterfüllungsanspruchs" nach § 104 III (dazu § 104 Rn 56 ff). Die Befürworter eines Schadensersatzanspruchs sind sich indessen über die Anspruchsgrundlage nicht einig. Überwiegend wird heute auf das Zivilrecht (§§ 325 f BGB aF; §§ 280 ff BGB) abgestellt.[85] Dagegen spricht, dass es an der für die Entstehung eines Schadensersatzanspruchs nach Verfahrenseröffnung erforderlichen **schuldhaften Pflichtverletzung des Verwalters fehlt.**[86] Ein Verschulden des Schuldners wäre indes nur hinreichend, um einen Ersatzanspruch zu begründen, der vor Verfahrenseröffnung entstanden ist. Wer auf § 103 II 1 verweist,[87] muss sich nicht nur mit dem Wortlaut der Bestimmung auseinandersetzten, sondern vor allem erklären, warum nur dem Vertragspartner aus einem nicht erfüllten Vertrag als Insolvenzgläubiger ein Schadensersatzanspruch erwachsen sollte. Die nicht erklärliche Schieflage veranschaulicht folgender 34

---

78 BGHZ 68, 379 (380); 96, 392 (394); 176, 43 Rn 18; BGH ZIP 2013, 526 Rn 8; *Bork* InsR[6] Rn 165; *Huber* MünchKomm InsO[3] § 103 Rn 184 ff; *ders* InsR-Hb[4] § 34 Rn 33; Jaeger/*Henckel* KO[9] § 17 Rn 172; *Musielak* AcP 179 (1979) 189 (204); *Stamm* KTS 2011, 421 (433 ff).

79 *Häsemeyer* InsR[4] Rn 20.24; Kübler/Prütting/Bork/*Tintelnot* InsO[46] § 103 Rn 317; *Marotzke* HK InsO[6] § 103 Rn 92; *Rühle* Gegenseitige Verträge S 43; *v Wilmowsky* KTS 2011, 453 (464 ff); *Windel* Jura 2002, 230 (233); vgl auch *Brandes/Lohmann* MünchKomm InsO[3] § 95 Rn 17.

80 Jaeger/*Windel* InsO § 95 Rn 27; Kübler/Prütting/Bork/*Tintelnot* InsO[46] § 103 Rn 317; *Marotzke* HK InsO[6] § 103 Rn 92; **aA** *Brandes/Lohmann* MünchKomm InsO[3] § 95 Rn 17.

81 Uhlenbruck/*Wegener* InsO[13] § 103 Rn 167; **dag** *Huber* MünchKomm InsO[3] § 103 Rn 190.

82 **Anders** noch § 111 II RefE: „so kann der andere Teil als Insolvenzgläubiger Schadensersatz wegen Nichterfüllung verlangen", **krit** dazu *Marotzke* Insolvenzrecht im Umbruch S 183 (185).

83 Begr zu EKO § 21, Mot S 86; vgl auch Begr zu EKO § 15, Mot S 65.

84 Vgl Begr zu EKO § 15, Mot S 67.

85 *Huber* MünchKomm InsO[3] § 103 Rn 184 ff; *Stamm* KTS 2011, 421 (433 ff); Uhlenbruck/*Wegener* InsO[13] § 103 Rn 166.

86 Jaeger/*Henckel* KO[9] § 17 Rn 171; *v Wilmowsky* KTS 2011, 453 (469 f).

87 *Bork* InsR[6] Rn 166; Jaeger/*Henckel* KO[9] § 17 Rn 171.

Vergleich:[88] Wer als Vertragspartner des Insolvenzschuldners seine Leistung aus einen gegenseitigen Vertrag vor Insolvenzeröffnung vollständig erbracht hat, kann nur seinen (ggf umgerechneten) Primäranspruch zur Insolvenztabelle anmelden. Dann darf derjenige, der seine Leistung nicht erbracht hat, nicht durch einen Schadensersatzanspruch besser gestellt werden. Die Bejahung eines Schadensersatzanspruchs lässt sich nur als Überbleibsel der ursprünglichen Rechtsprechungslinie verstehen, die einen Untergang der Primäransprüche mit Erfüllungsablehnung annahm (Rn 18). Mit Überwindung dieser Auffassung ist ein Umdenken dringend geboten. Die Qualifikation des Anspruchs als Primäranspruch hat erhebliche Auswirkungen insbesondere auf die **(Un-)Möglichkeit, mit diesem Anspruch aufzurechnen**: Der Primäranspruch ist wegen § 320 BGB nicht durchsetzbar, ferner, sofern er Sachleistungsanspruch ist, üblicherweise nicht gleichartig. Dass diese Hindernisse für die Anmeldung zur Tabelle nach § 103 II 1 im Wege der Umrechung (§ 45) beseitigt werden und der Anspruch daher als Geldforderung angemeldet wird, ermöglicht die Aufrechnung mit dieser errechneten Geldforderung nicht, weil § 95 I 2 die Herbeiführung einer Aufrechnungslage durch solche Umrechnungen ausschließt (Rn 253).[89]

35 d) **Verfahrensbeendigung.** Nach Verfahrensbeendigung bestehen die zur Verfahrenseröffnung offenen Ansprüche aus dem Gegenseitigkeitsverhältnis fort, soweit während des Verfahrens nur haftungsrechtlich, aber nicht materiell-rechtlich auf diese Ansprüche eingewirkt wurde. Folgende **materiell-rechtliche Tatbestände** sind zu bedenken.

36 Nach **Erfüllungswahl** sollten die Ansprüche von Vertragspartner und Insolvenzschuldner durch Erfüllung, § 362 BGB, oder ein Erfüllungssurrogat erloschen sein. Kommt es vorher zur Verfahrensbeendigung, etwa nach § 207, bestehen die Ansprüche fort.[90]

37 Nach **Erfüllungsablehnung** bestehen die beiderseitigen Ansprüche ebenfalls zunächst fort. Es wird behauptet, der Vertragspartner könne daher abwarten, nach Verfahrensbeendigung seine Vertragsansprüche gegen den Vertragspartner durchzusetzen.[91] Tatsächlich droht ihm aber nicht nur ein Anspruchsverlust durch Restschuldbefreiung oder insolvenzbedingte Vollbeendigung des Schuldners, sondern auch die Verjährung seines Anspruchs, §§ 195, 199 BGB. Der Vertragspartner muss seinen Anspruch im Insolvenzverfahren geltend machen, § 204 I Nr 10 Fall 1 BGB, um die Verjährung zu hemmen. Meldet der Vertragspartner seine Forderung an, wandelt diese sich nach den für §§ 41, 45 geltenden, wenn auch umstrittenen Grundsätzen in eine in die Insolvenztabelle aufzunehmende Geldforderung um (Rn 226).[92] Nach Aufhebung des Insolvenzverfahrens kann der Vertragspartner die Verjährung freilich – so sie noch nicht eingetreten ist – durch Geltendmachung des Anspruchs gegen den Schuldner persönlich (§ 201 I) hemmen. Die Sperre des § 87 gilt dann nicht mehr. Diese Möglichkeit besteht unabhängig davon, ob über eine Restschuldbefreiung bereits entschieden ist. Insbesondere muss die

[88] S auch die Konstellation des § 105 S 1 (Vorleistung des Vertragspartners vor Verfahrenseröffnung u Erfüllungsablehnung), bei der die beiden Teilgegenleistungsansprüche nach § 103 II einerseits u § 105 S 1 andererseits beide gleich als Geldforderungen z Tabelle anzumelden sind (Rn 51); vgl ferner *v Wilmowsky* KTS 2011, 453 (471).

[89] *Häsemeyer* InsR[4] Rn 19.25; Jaeger/*Windel* InsO § 95 Rn 27; **aA** Kübler/Prütting/Bork/*Tintelnot* InsO[46] § 103 Rn 323.

[90] Eing zu gegenseitigen Verträgen bei Massearmut Jaeger/*Windel* InsO § 207 Rn 94, § 208 Rn 90 ff, § 209 Rn 51 ff.

[91] *Bärenz* NZI 2006, 72 (74); *Kreft* FS Fischer S 297 (298); *ders* MünchKomm InsO[3] § 103 Rn 18; *Musielak* AcP 179 (1979) 189 (200); *Rühle* Gegenseitige Verträge S 106 ff; *Stamm* KTS 2011, 421 (424).

[92] Jaeger/*Henckel* InsO § 45 Rn 17 ff; *Rühle* Gegenseitige Verträge S 96 ff.

Wohlverhaltensperiode (§§ 295 ff) nicht abgewartet werden. Ein im Erkenntnisverfahren festgestellter Anspruch kann wegen § 294 I aber in diesem Zeitraum nicht vollstreckt werden.[93]

Der Anspruch des Insolvenzschuldners kann im Wege der **Umrechnung des Anspruchs** seines Vertragspartners entsprechend § 45 ebenfalls untergehen (Rn 33, 226). Auch kann sich der Vertragspartner nach Verjährung seines Anspruchs mit diesem gegen eine Inanspruchnahme des Schuldners verteidigen, § 215 Fall 2 BGB.[94] Schließlich muss man dem Vertragspartner angesichts der dem Schuldner nach § 80 zurechenbaren Erfüllungsablehnung des Insolvenzverwalters das Recht zubilligen, nach Verfahrensbeendigung die Erfüllung des Vertrags weiterhin verweigern zu können. Nach Verfahrensbeendigung gilt § 103 II 3 also auch gegenüber dem Insolvenzschuldner fort (Rn 224), solange der Vertragspartner nicht seinerseits auf Erfüllung des Vertrags besteht. **38**

e) **Zusammenfassung.** Insgesamt ist also dem Trend in Rechtsprechung und Literatur zu folgen, die **Wirkungen des § 103** nicht materiell-rechtlich, sondern vielmehr **haftungsrechtlich** zu verstehen. Die hier für richtig erkannte Dogmatik weicht nur in geringem Umfange von der der aktuellen Rechtsprechung ab: So gilt nach Verfahrenseröffnung nicht § 320 BGB. Der Vertragspartner kann indes wegen § 87 sein Anspruch nicht durchsetzen, während der Insolvenzverwalter nur nach § 103 vorgehen kann. Die Erfüllungswahl bedeutet keinen Qualitätssprung der massezugehörigen Ansprüche, für §§ 91, 94 ff ist vielmehr maßgeblich auf das **Werthaltigmachen** durch den Insolvenzverwalter abzustellen. Zu einem vom BGH abweichenden Ergebnis kommt die hier vertretene Sichtweise bei § 103 II 1. Dieser Anspruch des Vertragspartners ist kein Schadensersatzanspruch, sondern der umzurechnende Primäranspruch. **39**

III. Anwendungsbereich bei Teilleistungen

Auf Tatbestandsseite setzt § 103 voraus, dass der Vertrag „nicht vollständig erfüllt" ist. Vom Tatbestand werden also auch solche Verträge erfasst, bei denen auf eine oder beide der im Gegenseitigkeitsverhältnis stehenden Forderungen vor Insolvenzeröffnung Teilleistungen erbracht wurden. Inwieweit sich Teilleistungen auf die Rechtsfolgen der Erfüllungswahl des Insolvenzverwalters auswirken, ist ausdrücklich in **§ 105** nur für den Fall geregelt, dass der **Vertragspartner vorgeleistet** hat: Der Vertragspartner kann seinen offenen Anspruch für die Vorleistung nach Satz 1 in Abweichung von § 55 I Nr 2 Fall 1 selbst dann nur als Insolvenzgläubiger geltend machen, wenn der Insolvenzverwalter Erfüllung wählt. Satz 2 stellt klar, dass die Rückforderung des Geleisteten ausgeschlossen ist. Das Verständnis dieser Regelung und die Behandlung der anderen Vorleistungsfälle sind umstritten. **40**

1. Lehre von der Vertragsspaltung

Der BGH hat 1995 noch unter dem alten Recht seine Auffassung zu teilerfüllten gegenseitigen Verträgen neu konzipiert. Früher war der BGH davon ausgegangen, dass sich die Wahl des Verwalters auf den gesamten Vertrag erstreckt.[95] Nunmehr stellt er auf **41**

---

93 BGH ZIP 2011, 924 Rn 19.

94 BGH NJW 2006, 2773 Rn 21; Staudinger/*Peters/Jacoby* BGB[2009] § 215 Rn 3; vgl auch BGH ZIP 2010, 264 Rn 42 ff.

95 BGHZ 15, 333 (335 f); 106, 236 (242); RGZ 135, 167 (172).

eine Vertragsspaltung ab.[96] Die **Wirkungen von § 103 griffen nur, soweit der Vertrag noch von keiner Seite erfüllt** sei. Im Übrigen kämen – wie im Falle des § 105 S 1 – die allgemeinen Vorschriften zur Anwendung. Zur Begründung beruft der BGH sich auf den von ihm festgestellten Sinn und Zweck der Bestimmung. In die Masse müsse aufgrund der Erfüllungswahl das gelangen, was Gegenleistung für die mit Mitteln der Masse bewirkte Leistung ist.

42 Diese Lehre von der Vertragsspaltung hat der BGH **zunächst für die Fallgruppe einer Vorleistung des Schuldners** und Erfüllungswahl des Verwalters entwickelt.[97] In dieser Konstellation beschränkten sich die Rechtsfolgen der Erfüllungswahl (in den ersten Entscheidungen das Wiederaufleben, Rn 21; in den weiteren der Qualitätssprung, Rn 22) auf den Teil des zur Masse gehörenden Anspruchs, der Gegenleistung nicht für die vor Verfahrenseröffnung erbrachte Vorleistung, sondern für die nach Verfahrenseröffnung mit Mitteln der Masse erbrachte Leistung ist. In einer weiteren Entscheidung hatte der BGH noch unter der GesO zur **Konstellation des § 105 Stellung** zu beziehen.[98] Ohne schon auf diese Bestimmung abstellen zu können, gewann er aus der § 103 entsprechenden Regelung in § 9 I GesO die gleiche Rechtsfolge: Der Vertragspartner sei ungeachtet der Erfüllungswahl mit seinem Gegenleistungsanspruch nur Insolvenzgläubiger, soweit dieser Anspruch auf einer vor Verfahrenseröffnung erbrachten Vorleistung beruhe.

43 Umstritten ist, wie auf Grundlage der neuen Lehre die Sachlage zu beurteilen ist, dass der Insolvenzverwalter nach einer Vorleistung des Insolvenzschuldners die weitere **Erfüllung des Vertrages ablehnt**. Herkömmlich ging der BGH auf Grundlage seiner Einheitslösung von einer Verrechnung des massezugehörigen Anspruchs mit den Gegenansprüchen des Vertragspartners wegen der Nichterfüllung des Vertrags, § 103 II 1, aus.[99] Heute wird ganz überwiegend im Anschluss an *Henckel* ein **Teilvergütungsanspruch** bejaht.[100] Einen Rückabwicklungsanspruch lässt der BGH als Ausnahme vom Rückabwicklungsverbot in der Käuferinsolvenz zu, wenn der Verkäufer seinerseits vorbehaltenes Eigentum herausverlangt.[101] Unklar ist in jedem Fall das Verhältnis zum Gegenanspruch des Vertragspartners, § 103 II. Unter Hinweis auf die Spaltungslehre des BGH wird der Schluss gezogen, dass sich selbstständige Ansprüche aus dem teilweise erfüllten Vertragsteil zugunsten der Masse einerseits und der Anspruch wegen Nichterfüllung für den Vertragspartner in Bezug auf den anderen Vertragsteil andererseits gegenüberständen.[102] Eine Verrechnung dieser selbstständigen Ansprüche fände folglich nicht statt,[103] einer Aufrechnung stände § 95 I 3 entgegen[104]. Der Insolvenzverwalter könne also den Teilver-

---

[96] BGHZ 129, 336 (340); 135, 25 (26 f); 147, 28 (31 f); 150, 353 (359); BGH ZIP 2001, 2142 (2143, 2144).

[97] BGHZ 129, 336 (340); 147, 28; 150, 353 (359); BGH ZIP 2001, 2142 (2143).

[98] BGHZ 135, 25.

[99] BGHZ 68, 379 (380); 96, 392 (394); 106, 236 (242).

[100] Jaeger/*Henckel* KO[9] § 17 Rn 80 f; ferner BGHZ 129, 336 (340); 150, 353 (359); BGH ZIP 2010, 238 Rn 12; *Bork* FS Wellensiek (2011) S 201 (206 ff); *Kreft* MünchKomm InsO[3] § 103 Rn 32; Uhlenbruck/*Wegener* InsO[13] § 103 Rn 21, 163.

[101] BGH ZIP 2013, 526 Rn 11 zum Grundstückkauf unter Einräumung einer Auflassungsvormerkung.

[102] Uhlenbruck/*Wegener* InsO[13] § 103 Rn 171; **aA** *Bork* FS Wellensiek (2011) S 201 (209); *Huber* InsR-Hb[4] § 35 Rn 26, 38.

[103] Vgl allg zu teilw beendeten Werkverträgen BGHZ 163, 274: gegen eine Verrechnung u für das Erfordernis einer Aufrechnung.

[104] Uhlenbruck/*Wegener* InsO[13] § 103 Rn 181 unter Abgrenzung zu BGHZ 164, 159 (164); **aA** *Brandes/Lohmann* MünchKomm InsO[3] § 95 Rn 17; *Kreft* MünchKomm InsO[3] § 103 Rn 35.

gütungsanspruch voll geltend machen,[105] während der Vertragspartner seine Forderung lediglich zur Insolvenztabelle anmelden könne. Im Fall eines vom Insolvenzverwalter abgelehnten Darlehens- und Belieferungsvertrag hat der BGH allerdings noch im Jahre 2001 an der Verrechnungslösung festgehalten,[106] so auch im Jahre 2013 zu einem Vertrag, dessen Hauptleistung allerdings unteilbar war[107]: Auf § 95 I 3 komme es bei der Verrechnung von Ansprüchen aus einem Vertrag nicht an.

2. Abweichende Stimmen

Die **Literatur folgt weithin der Lehre der Vertragsspaltung** und entwickelt sie fort.[108] **44**
Es gibt aber auch Gegenstimmen.[109] Der materiell-rechtlich einheitliche Vertrag dürfe bei Erfüllungswahl nicht aufgespalten werden. Sonst würde den Interessen des Vertragspartners nicht hinreichend Rechnung getragen, der außerhalb der Insolvenz auf die einheitlich im Synallagma stehenden Ansprüche vertrauen dürfe und darauf seine Vertragskalkulation aufbaue. Daher komme grundsätzlich im Anschluss an die alte Rechtsprechung nur eine für den gesamten Vertrag einheitlich geltende Erfüllungswahl in Betracht.

Kritik entzündet sich daher insbesondere an der Konstellation, in der der Vertrags- **45**
partner vorgeleistet hat. § 105 wird für rechtspolitisch verfehlt und korrekturbedürftig gehalten.[110] Die Vorschrift sei jedenfalls restriktiv auszulegen und daher auf sog Wiederkehrschuldverhältnisse[111] zu beschränken, denen sie wie ihre Vorgängernorm in § 36 II VglO ihre Herkunft verdanke (§ 105 Rn 24). In der umgekehrten Sachlage, in der der Schuldner vorgeleistet hat, fußt der Widerspruch der Literatur auf dem Streit um die Dogmatik des § 103 (Rn 29): Wer der Erfüllungswahl grundsätzlich abspricht, einen Qualitätssprung herbeiführen zu können, den überzeugt auch nicht, dass diese Wirkung beschränkt auf einen Forderungsteil eintreten kann.

Für den Fall der Erfüllungsablehnung vertritt *Häsemeyer* einen Ansatz, der grund- **46**
legend von der herrschenden Auffassung abweicht.[112] Als Folge der den ganzen Vertrag erfassenden Erfüllungsablehnung sieht er ein **entsprechend dem Anfechtungsrecht** rückabzuwickelndes unmittelbar nachteiliges Geschäft, § 132. Der Masse erwachse so ein Anspruch im Umfange dessen, was der Insolvenzschuldner mehr als der Vertragspartner geleistet habe. Die anfechtungsrechtliche Anknüpfung dieses Anspruchs habe auch zur Folge, dass der Anspruch von einer Zession des Schuldners nicht erfasst werde, sondern der Masse stets und unbelastet von einer Aufrechnungsmöglichkeit zustehe.

---

105 Vgl BGH ZIP 2010, 238 Rn 12: „grundsätzlich" (ohne aber auf den Gegenanspruch einzugehen).

106 BGH NJW 2001, 1136 (1137 f).

107 BGH ZIP 2013, 526 Rn 12.

108 Graf-Schlicker/*Breitenbücher* InsO³ § 103 Rn 27; *Huber* InsR-Hb⁴ § 35 Rn 23 ff, passim; *Kreft* MünchKomm InsO³ § 103 Rn 32, passim; *Linder* Vorleistungen S 84 ff, 136 ff; Uhlenbruck/*Wegener* InsO¹³ § 103 Rn 15, 163, 186, passim; *Voß* Vorausabtretung S 96 f.

109 *Bork* JZ 1996, 51 (52); *Gottwald* NZI 2005, 588 (590); *Häsemeyer* NJW 1977, 737 (739 f); *ders* InsR⁴ Rn 20.26, 20.27; *Henckel* FS Kirchhof (2003) S 191 (201 ff); *Marotzke* HK InsO⁶ § 105 Rn 3 ff; *Marwedel* ZInsO 2011, 937 (940); *v Wilmowsky* KTS 2012, 285 ff; *Windel* Jura 2002, 230 (234).

110 *Häsemeyer* InsR⁴ Rn 20.27; *Henckel* FS Kirchhof (2003) S 191 (201 ff); *Marotzke* Insolvenzrecht im Umbruch S 183 (189 ff); *ders* HK InsO⁶ § 105 Rn 3 ff; *Windel* Jura 2002, 230 (234).

111 Vgl Begr zu § 119 RegE, BT-Drucks 12/2443 S 145: „Kette ständig wiederholter Einzelverträge".

112 *Häsemeyer* KTS 1973, 2 (7 f); *ders* NJW 1977, 737 (739 f); *ders* InsR⁴ Rn 20.26.

3. Stellungnahme

47 Der Wortlaut von § 103 InsO enthält für die vom BGH entwickelte Vertragsspaltung keinen Anhaltspunkt. Es fehlt nicht nur die Kennzeichnung dieser Einschränkung des Anwendungsbereichs durch eine einleitende Konjunktion wie „soweit", sondern der Tatbestand unterscheidet sogar noch zwischen „nicht" oder „nicht vollständig" erfüllten Verträgen, ohne an diese tatbestandliche Unterscheidung abweichende Rechtsfolgen zu knüpfen. Vielmehr sieht § 103 in Verbindung mit § 55 I Nr 2 und § 105 S 1 nach seinem Wortlaut die haftungsrechtliche Qualifikation aller noch offenen Ansprüche ihrem gesamten Umfange nach vor. Die Spaltungslehre des BGH ließe sich daher nur aufgrund einer teleologischen Reduktion begründen.[113] Insoweit ist das vom BGH verwendete Bild der Vertragsspaltung verführerisch weil eingängig und gefährlich weil zu pauschal. Es besteht kein Grund, die sich aus den beiden Alternativen (Erfüllungswahl oder -ablehnung und [überwiegende] Vorleistung des Schuldners oder des Vertragspartners) ergebenden vier Möglichkeiten über einen Kamm zu scheren. Für eine Sachlage enthält **§ 105 S 1 eine Spezialregelung**, die eine unterschiedliche haftungsrechtliche Qualifizierung für den erfüllten und den nicht erfüllten Vertragsteil bestimmt. Statt diese Anordnung zu verallgemeinern kommt in systematischer Hinsicht ebenso ein Umkehrschluss in Betracht.[114] Bei der **teleologischen Auslegung** darf der vom BGH herangezogene Gegenleistungsgrundsatz nicht schematisch übernommen werden. Vielmehr müssen die daraus gewonnenen Rechtsfolgen in jeder einzelnen Konstellationen begründet werden. Dass die mit diesem Grundsatz erzielten Ergebnisse rechtspolitisch billigenswert sind, bedeutet nicht, dass dieser Grundsatz § 103 zugrunde liegt (Rn 10).

48 Im Ergebnis sind weniger die vom BGH erzielten Ergebnisse, sondern vielmehr dessen dogmatischer Ansatz abzulehnen, bei Teilleistungen den Anwendungsbereich des § 103 zu beschränken. § 103 regelt wie alle anderen Bestimmungen in diesem Abschnitt die haftungsrechtliche Qualifikation aller noch offenen vertraglichen Primäransprüche. Diese Qualifikation kann zwar für unterschiedliche Anspruchsteile zu verschiedenen Einordnungen kommen, gewissermaßen zu einer Spaltung führen, aber nicht zur einer des ganzen Vertrags, sondern allenfalls einzelner Ansprüche. Eine solche unterschiedliche haftungsrechtliche Einordnung von Anspruchsteilen lässt sich angesichts von Sinn und Zweck des § 103 dadurch legitimieren, dass § 103 das Synallagma nur eingeschränkt schützen soll, nämlich nur dessen Sicherungs-, aber nicht die Druckfunktion (Rn 6). Vor diesem Hintergrund können die von Insolvenzschuldner und Vertragspartner vor Verfahrenseröffnung erbrachten und akzeptierten Teilleistungen das **„Insolvenzrisiko" für einzelne Anspruchsteile unterschiedlich** verteilen. Entgegen den angeführten Stimmen aus der Literatur missachten so § 103 und die auf ihm beruhende Wahl nicht das Synallagma oder die Vertragskalkulation. Das machen Insolvenzschuldner und Vertragspartner selbst. Durch die Teilleistungen haben sie auf den insolvenzrechtlichen Status des Vertrags, jedenfalls der noch offenen Forderungen faktisch eingewirkt. Diese durch Teilleistungen ausgelöste haftungsrechtliche Anspruchsspaltung findet auch Parallelen im materiellen Recht. Vereinbarte oder jedenfalls akzeptierte Teilleistungen sollen schon außerhalb der Insolvenz nicht von § 320 II BGB erfasst werden.[115] Üblich ist die Erbringung von Teilleistungen insbesondere beim Bauvertrag. Dort gewährt § 632a BGB einen Anspruch auf Abschlagszahlungen; im Falle einer Vertragsbeendigung nach Teilerfüllung werden Teil-

[113] Vgl BGHZ 129, 336 (339 f); 135, 25 (27); ausdr *Linder* Vorleistungen S 92 ff.

[114] Dafür etwa *Bork* JZ 1996, 51 (52).

[115] *Bork* FS Wellensiek (2011) S 201 (207).

vergütungsansprüche mit einem möglichen wechselseitigen Schadensersatzanspruch wegen Nichterfüllung nicht verrechnet, sondern allenfalls aufgerechnet.[116]

Die Wirkungen von § 103 sind auf die haftungsrechtliche Qualifizierung offener Ansprüche begrenzt. Daher kann auch die Erfüllungsablehnung des Insolvenzverwalters erfüllten Ansprüchen nicht nachträglich die Grundlage entziehen.[117] Die **Rückabwicklungssperre,** die § 105 S 2 aus § 26 S 1 KO übernommen hat, ist Klarstellung eines allgemeinen Prinzips. Auch im Falle der Rückabwicklung vorbehaltenen Eigentums kann entgegen BGH (Rn 43) nur der Verkäufer sein Eigentum, aber nicht der Vertragspartner seine Anzahlung zurückfordern, weil der ohne Rücktritt bestehen bleibende Vertrag einen Rechtsgrund zwar nicht für das Behalten der Kaufsache (Rn 291 ff), aber für das Behalten der geleisteten Anzahlung darstellt (§ 107 Rn 78). Nur das Anfechtungsrecht kann die Rückabwicklung vor Insolvenzeröffnung ausgetauschter Leistungen legitimieren (Vor § 103 Rn 29). Leistungen des Insolvenzschuldners vor Insolvenzeröffnung können völlig unabhängig vom Anwendungsbereich von § 103 und der ggf zu erfolgenden Wahl des Verwalters anfechtbar sein. Da eine Erfüllungsablehnung aber bereits erbrachte Leistungen nicht berührt, erleichtert die Erfüllungsablehnung entgegen *Häsemeyer* (Rn 46) die Anfechtung nicht. 49

a) **Vorleistung des Vertragspartners.** Hat der Vertragspartner vorgeleistet, ist der zur Masse gehörende Vertragsanspruch nur noch teilweise offen. Insoweit gilt § 103 I: Der Insolvenzverwalter kann Vertragserfüllung vom Vertragspartner verlangen, wenn er Erfüllung des Vertrags wählt. 50

Der **Gegenanspruch des Vertragspartners** ist (ggf nach § 45 umzurechnende) **Insolvenzforderung,** soweit der Anspruch sich auf die Vorleistung des Vertragspartners bezieht. Das gilt wegen § 105 S 1 unabhängig davon, wie der Verwalter sein Wahlrecht ausübt. Diese haftungsrechtliche Qualifikation ändert nichts an dem insbesondere für § 95 I maßgeblichen Zeitpunkt der „Fälligkeit der Forderung". Diese richtet sich nach den vertraglichen Regelungen, tritt aber jedenfalls mit Erfüllungsablehnung ein, weil dann Abrechnungsreife gegeben ist. Die **haftungsrechtliche Einordnung des anderen Forderungsteils hängt von der Wahl des Verwalters ab, §§ 103 II, 55 I Nr 2 Fall 1.** Im Falle der Erfüllungsablehnung ist der Vertragspartner mit seiner gesamten Gegenforderung Insolvenzgläubiger, §§ 105 S 1, 103 II. Wegen beider Teile steht dem Vertragspartner nach hier vertretener Auffassung kein Schadensersatzanspruch zu (Rn 34). Die Vertragsforderung ist ggf nach § 45 umzurechnen. Zudem ist der Wert der nach dem Vertrag vom Vertragspartner zu erbringenden Gegenleistung in dem Umfange abzuziehen, in dem sie noch nicht erbracht wurde. 51

b) **Vorleistung des Insolvenzschuldners.** Hat der Insolvenzschuldner vorgeleistet, besteht der Anspruch des Vertragspartners nur noch teilweise. Die haftungsrechtliche Qualifikation dieses Teilanspruchs hängt von der Erfüllungswahl der Insolvenzverwalters ab, §§ 103 II, 55 I Nr 2 Fall 1. 52

Der zur Masse gehörende Vertragsanspruch ist **vollen Umfangs durchsetzbar,** wenn der Insolvenzverwalter **Erfüllung wählt.** Das folgt aus § 103 I. Eine Aufteilung dieses einheitlichen Anspruchs in eine Altforderung und eine neue „originäre" Masseforderung, 53

116 BGHZ 163, 274 (278); BGH NJW 2007, 2697 Rn 22; Kübler/Prütting/Bork/*Tintelnot* InsO[46] § 103 Rn 314, 322; Staudinger/*Peters/Jacoby* BGB[2014] § 634 Rn 142 ff.

117 Vgl Begr zu EKO § 21, Mot S 86 f; ferner *Bork* FS Wellensiek (2011) S 201 (204 f).

wie sie der BGH vornimmt (Rn 42), ist dieser Regelung indessen nicht zu entnehmen. Die Entscheidung über eine solche Aufteilung gehört schlicht nicht zum Regelungsprogramm von § 103 I. Die haftungsrechtliche Einordnung, die § 103 für die Forderung des Insolvenzschuldners trifft, beschränkt sich darauf, ob der Insolvenzverwalter diese Forderung im Insolvenzverfahren durchsetzen kann. Im Gegensatz zu §§ 55 I Nr 2 Fall 1, 105 S 1 wird aber nicht nach haftungsrechtlichen Anspruchskategorien unterschieden.

54 Nach dem Wortlaut von § 103 I scheint der Masseanspruch nur im Falle der Erfüllungswahl durchsetzbar. Der Insolvenzverwalter könnte dann nach **Erfüllungsablehnung** selbst für die vom Insolvenzschuldner bereits erbrachte Leistung die Gegenleistung nicht verlangen.[118] Jedoch würde so der Vertragspartner unbillig privilegiert.[119] Er würde eine angenommene Teilleistung unentgeltlich behalten können. Diese Rechtsfolge verlangt der Schutz des Synallagmas durch § 103 nicht. Denn der Sicherungsfunktion des Synallagmas ist genügt, wenn der Vertragspartner nur das nicht vergüten muss, was er nicht erhalten hat.[120] Der Verwalter kann daher eine **Teilgegenleistung** beanspruchen. Dieses Ergebnis lässt sich auch am Wortlaut von § 103 I festmachen. Soweit der Schuldner bereits Teilleistungen erbracht hat, kann und braucht der Insolvenzverwalter insoweit nicht „anstelle des Schuldners den Vertrag (zu) erfüllen“, um die Gegenleistung beanspruchen zu können.

55 Es stehen sich nach Erfüllungsablehnung daher der zur Masse gehörende Anspruch auf die Gegenleistung und der Anspruch des Vertragspartners wegen der Nichterfüllung des übrigen Vertrags, § 103 II, gegenüber (Rn 43). Beide Ansprüche sind – wie sonst für die Teilbeendigung eines Bauvertrags auch anerkannt (Rn 48) – selbstständig. Sie werden nach eigenständigen Grundsätzen (etwa Abschlagszahlung einerseits und Erfüllungsablehnung andererseits) fällig. Es scheidet aber nicht nur eine Verrechnung, sondern durchweg auch eine **Aufrechnung** aus. Leistungs- und Gegenleistungsanspruch werden allenfalls durch Umrechnung des Gegenanspruchs des Vertragspartners nach §§ 103 II, 45 gleichartig. Dann schließt aber entgegen der hM (Rn 43) **§ 95 I 2** die Aufrechnung aus (Rn 34). Gerade auf die Beachtung solcher Aufrechnungsverbote zielt es, wenn die Ansprüche aus den unterschiedlichen Vertragsteilen nicht verrechnet werden, sondern selbstständig sind.[121]

4. (Fehlende) Teilbarkeit

56 § 105 S 1 knüpft die dort angeordnete haftungsrechtliche Spaltung an die Teilbarkeit der geschuldeten Leistungen. Damit wird hier wie auch in den anderen betroffenen Fällen zum einen eine **tatsächliche Teilbarkeit** verlangt (Vor § 103 Rn 20). Diese ergibt sich für die bereits erbrachte Leistung freilich schon daraus, dass eine Teilleistung erbracht werden konnte. Für manche der in Rn 50–54 bestimmten Rechtsfolgen kann diese einseitige tatsächliche Teilbarkeit schon genügen. Zusätzliche Voraussetzung kann aber auch die tatsächliche Teilbarkeit der noch offenen Gegenleistung sein. Schließlich kann als weitere Voraussetzung noch hinzukommen, dass die anzuwendende Rechtsfolge eine bestimmte Verknüpfung zwischen den beiden noch (teilweise) offenen Vertragsansprüchen verlangt. Diese Voraussetzung wird hier als **rechtliche Teilbarkeit** bezeichnet (Vor § 103 Rn 21). Es ist folgendermaßen zu differenzieren:

---

[118] In diese Richtung tatsächlich *Marwedel* ZInsO 2011, 937 (940); *v Wilmowsky* KTS 2012, 285 (291 ff).

[119] *Kreft* MünchKomm InsO³ § 103 Rn 32.

[120] Ähnl *Bork* FS Wellensiek (2011) S 201 (207) in Auslegung v § 320 II BGB.

[121] BGHZ 163, 274 (278).

a) **Vorleistungen des Vertragspartners.** Im Falle einer Vorleistung des Vertragspartners und anschließender Erfüllungswahl greifen die **Teilbarkeitsanforderungen des § 105 S 1** (§ 105 Rn 27 ff): Nicht nur die vom Vertragspartner bereits teilweise erbrachte Leistung muss tatsächlich teilbar sein, sondern auch die Gegenleistung. Nur unter dieser Voraussetzung kann dieser Gegenleistungsanspruch teils als Insolvenz-, teils als Masseverbindlichkeit eingeordnet werden (Rn 51). Zusätzliche Voraussetzung dieser Rechtsfolge ist, dass sich ein als bloße Insolvenzforderung zu qualifizierender Forderungsteil der vom Vertragspartner vor Verfahrenseröffnung erbrachten Teilleistung zuordnen lässt (§ 105 S 1: „entsprechender Betrag"; sog rechtliche Teilbarkeit). Teilbarkeitsprobleme stellen sich daher insbesondere, wenn die Vorleistung in einer Geldleistung bestand und sich diese Geldleistung nicht auf die ausstehende Sachleistung aufteilen lässt (§ 105 Rn 30 ff). **57**

Ob diese Teilbarkeitsanforderungen vorliegen, wirkt sich auch bei **Erfüllungsablehnung** aus. Im Falle der Teilbarkeit besteht der in Rn 51 bezeichnete Teilanspruch als Insolvenzforderung zusätzlich neben der nach § 103 II zu berechnenden Insolvenzforderung. **Fehlt es an der Teilbarkeit**, besteht ein einheitlicher, entsprechend § 103 II anzumeldender Anspruch. Bei Berechnung der anzumeldenden Insolvenzforderung ist der Wert der vom Vertragspartner zu erbringenden Gegenleistung freilich nicht in vollem Umfange zu berücksichtigen, sondern nur insoweit, als diese Leistung noch nicht erbracht worden ist. Damit wirkt sich die Teilbarkeit nur aus, wenn der Vertragspartner den nach § 105 S 1 bestehenden Teilanspruch anders als durch Anmeldung zur Tabelle, insbesondere also im Wege der Aufrechnung geltend machen kann. **58**

b) **Vorleistungen des Insolvenzschuldners.** Folgt auf eine Vorleistung des Insolvenzschuldners die **Erfüllungswahl** des Verwalters, macht die vom BGH vertretene Lehre von der Vertragsspaltung (Rn 42) eine Teilung erforderlich. Bei der Einordnung, welcher Forderungsteil Altforderung und welcher originäre Masseforderung ist, stellen sich die gleichen Teilbarkeitsprobleme wie bei § 105 S 1 (Rn 57). Nach der hier vertretenen Auffassung ist die Wirkung der Erfüllungswahl nach § 103 darauf beschränkt, dass der zur Masse gehörende Anspruch durchsetzbar wird (Rn 53). Einer Teilung bedarf es insoweit nicht. Die Probleme sind danach zu lösen, inwieweit die **Masseforderung bereits vor Verfahrenseröffnung werthaltig** gemacht wurde (Rn 10, 30, 363). **59**

Im Falle der **Erfüllungsablehnung** soll der Vertragspartner in die Masse die von ihm geschuldete Gegenleistung insoweit erbringen, als sie der Vorleistung des Schuldners entspricht. Damit stellt sich das gleiche Teilbarkeitsproblem wie bei § 105 S 1 (Rn 57). Allerdings hängen hier abweichende Rechtsfolgen von der Teilbarkeit ab. Anders als bei § 105 S 1 geht es nicht darum zu bestimmen, inwieweit eine bestimmte haftungsrechtliche Qualifizierung eines Anspruchs greift. Hier müssen materieller Inhalt und Umfang eines Anspruchs überhaupt erst bestimmt werden. Es ist der Anspruchsinhalt für den Fall festzulegen, dass sich mangels Teilbarkeit ein primärer Teilgegenleistungsanspruch nicht ermitteln lässt. Wenn der Insolvenzschuldner beispielsweise den Kaufpreis für einen Gegenstand zur Hälfte angezahlt hat, kann er nicht einen Anspruch auf den halben (unteilbaren) Kaufgegenstand haben. Da dem Vertragspartner die Teilgegenleistung dann unmöglich ist, erscheint es angemessen, das **Unmöglichkeitsrecht** anzuwenden. **60**

Folglich schuldet der Vertragspartner **keine Teilleistung auf Primärebene, § 275 BGB.** **61**
Die weiteren Folgen der Unmöglichkeit regelt § 326 BGB, dessen Abs 1 S 1 Hs 2 ausdrücklich den Fall der Teilunmöglichkeit einbezieht.[122] Weil die Leistung des Vertrags-

---

122 Vgl *Kreft* MünchKomm InsO^3 § 103 Rn 34 zu den Fällen des Interessefortfalls auf Gläubigerseite bis hin z Unverwendbarkeit.

partners unmöglich ist, kommt ein **Anspruch des Insolvenzverwalters auf Rückgewähr** der vom Schuldner erbrachten Teilleistung nach §§ **346 ff, 326 IV BGB** in Betracht. Die ganze Teilleistung wäre zurückzugewähren, wenn entsprechend § 326 I BGB die Unmöglichkeit von keiner Seite zu verantworten wäre.[123] Im Unterschied dazu erfasst § 326 II BGB die von Gläubigerseite zu verantwortende Unmöglichkeit. Der Leistungsempfänger darf die Leistung grundsätzlich behalten, muss sie nur infolge von § 326 II 2 BGB insoweit herausgeben, als er infolge der Unmöglichkeit seiner Leistung Aufwendungen erspart oder anderweitig etwas erwirbt. Diesen Schutz des § 326 II sollte man dem Vertragspartner zubilligen. Denn für die Teilunmöglichkeit sind der Insolvenzschuldner durch seine Insolvenz und der Verwalter durch seine Erfüllungsverweigerung verantwortlich.[124] Der Vertragspartner kann das Vereinnahmte also beispielsweise dann behalten, wenn er den von ihm ursprünglich geschuldeten Kaufgegenstand nicht anderweit absetzen kann. Gelingt ihm hingegen der Absatz zu gleichen Konditionen, ist er zur Rückgewähr der gesamten Teilleistung nach §§ 346 ff, 326 IV, II 2 BGB verpflichtet.

IV. Anwendungsbereich: „Gegenseitiger Vertrag"

62 Das Tatbestandsmerkmal „gegenseitiger Vertrag" beschreibt den Anwendungsbereich von § 103. Die Regelung basiert damit auf der **synallagmatischen Verknüpfung** der zur Masse gehörenden Forderung und der Gegenforderung des Vertragspartners (Rn 4). Denn insoweit gestaltet § 103 zum einen im Zusammenspiel mit § 105 die Insolvenzfestigkeit der Einrede des nichterfüllten Vertrags aus und legt zum anderen fest, inwieweit der Vertragspartner seinen mit der Einrede aus § 320 BGB belasteten Anspruch im Insolvenzverfahren geltend machen kann. Damit bestimmt der Gegenstand des Synallagmas nicht nur den Anwendungsbereich des § 103, sondern auch die Gebotenheit oder Grenzen seiner analogen Anwendung. Eine Analogie auf solche Gestaltungen scheidet aus, die von der Einrede des nichterfüllten Vertrags grundverschieden sind. Nur allein weil man in einer Sachlage ein Wahlrecht des Insolvenzverwalters für geboten hält, lässt sich ein solches nicht auf eine Analogie zu § 103 stützen. § 103 regelt keinesfalls die einzige Konstellation, in der dem Insolvenzverwalter ein Wahlrecht zusteht. Der Insolvenzverwalter besitzt eine solche Gestaltungsmöglichkeit auch entsprechend **§ 185 II Fall 1 BGB**, wenn eine Verfügung des Insolvenzschuldners nach §§ 81, 91 unwirksam ist.[125] Will man beispielsweise die Beachtlichkeit eines Prozessvertrages, namentlich einer Schiedsabrede für vor Verfahrenseröffnung noch nicht eingeleitete Verfahren nach Insolvenzeröffnung entgegen der herrschenden Meinung von der Zustimmung des Insolvenzverwalters abhängig machen,[126] kommt allein eine Analogie zu § 185 II Fall 1 BGB, weil – so könnte man argumentieren – eine Schiedsvereinbarung nach § 91 vor Verfahrenseröffnung noch keinen Verfügungserfolg zeitigt, keinesfalls aber zu § 103 in Betracht.[127]

---

[123] Dafür iE *Linder* Vorleistungen S 148.

[124] *Bork* FS Wellensiek (2011) S 201 (208).

[125] Jaeger/*Windel* InsO § 81 Rn 26 ff.

[126] *Häsemeyer* InsR^4 Rn 13.28; Jaeger/*Windel* InsO § 80 Rn 249; **aA** BGHZ 24, 15 (18); 179, 304 Rn 11; BGH ZIP 2008, 478 Rn 17; 2011, 1477 Rn 14; 2013, 1539 Rn 8; RGZ 137, 109 (111); *Wagner* KTS 2010 39 (42); **diff** *Prütting* FS Görg (2010) S 371 (374 f).

[127] **Gegen** Jaeger/*Windel* InsO § 80 Rn 249; vgl auch *Brinkmann* NZI 2012, 735 (736 f).

1. Direkte Anwendung auf gegenseitige Verträge

In seiner direkten Anwendung setzt § 103 bei Verfahrenseröffnung einen gegenseitigen Vertrag gem §§ 320 ff BGB voraus.[128] Der Anwendungsbereich folgt insoweit dem BGB, dessen umfängliche Kommentierungen für Zweifelsfragen heranzuziehen sind. Bei diesen gegenseitigen Verträgen verpflichten sich die Vertragsparteien zur Leistung um der Gegenleistung willen (**do ut des**). Die Verpflichtung ist immer dann nach dem Willen der Vertragspartner gegenseitig, wenn die Leistung des einen Teils das Entgelt für die Leistung des anderen darstellt. Leistung und Gegenleistung brauchen sich freilich nicht dem objektiven Wert nach entsprechen. Unerheblich ist auch, ob innerhalb des gegenseitigen Vertrags eine Vorleistungspflicht vereinbart wurde[129] und somit an Stelle der Einrede des § 320 BGB nur die Unsicherheitseinrede des § 321 BGB gegeben ist. Aus dem Bereich des § 103 scheiden nicht nur die einseitig verpflichtenden Verträge und Rechtsgeschäfte aus,[130] sondern auch die unvollkommen zweiseitigen Schuldverhältnisse[131], bei denen eine Verpflichtung des Berechtigten zwar entstehen kann, aber nicht von vornherein als Entgelt bezweckt ist. Bei gemischten Verträgen kommt es darauf an, ob und inwieweit die aus diesem Vertragsverhältnis folgenden Pflichten §§ 320 ff BGB unterstehen. Der BGH hat auch einen Vertrag, der Kaufvertrag und eine Sicherungsabrede zur Sicherung des Kaufpreises enthielt, getrennt bewertet:[132] Der (gegenseitige) Kaufvertrag war bereits durch Übereignung der Kaufsache einseitig erfüllt, die Sicherungsabrede sei kein gegenseitiger Vertrag, § 103 (damals § 17 KO) nicht anwendbar. **63**

a) Positiv- und Negativbeispiele[133]

aa) Gegenseitige Verträge. Von den im BGB in §§ 433 ff typisierten Verträgen gehören zu den gegenseitigen Verträgen Kauf und Tausch, Miete und Pacht (für Verträge über unbewegliche Sachen s jedoch Rn 71), Dienst- (dazu Rn 71), Werk- und Werklieferungsvertrag sowie der Geschäftsbesorgungsvertrag (dazu aber Rn 71) und jedenfalls in der Ausgestaltung durch das Schuldrechtsmodernisierungsgesetz auch das entgeltliche Darlehen (§ 108 Rn 7; zur Insolvenz des Darlehensgebers s aber Rn 71). Bei den nicht typisierten Verträgen hilft regelmäßig die schwerpunktmäßige Einordnung unter die typisierten Verträge. So werden beispielsweise der Vertrag über die Bestellung eines Erbbaurechts über den Kauf,[134] der Leasingvertrag (§ 108 Rn 51 ff) über die Miete, der Vertriebsvertrag[135] über die Rechtspacht, der Bauträgervertrag über Kauf[136] oder Werkvertrag und der Teilzeit-Wohnrechtevertrag (§ 481 BGB)[137] über ein Typengemisch aus Miet- und Dienstvertrag den gegenseitigen Verträgen zugeordnet. **64**

bb) Einseitig verpflichtende Verträge. Als einseitig verpflichtende Verträge scheiden aus dem Anwendungsbereich des § 103 das unverzinsliche und ungesicherte Darlehen sowie die Schenkung (§ 516 BGB) aus. Diese wird auch durch die Hinzufügung einer Auflage nicht zum gegenseitigen Vertrag, da Schenkung und Auflage nicht in einem Austauschverhältnis gedacht sind und stehen. Einseitig verpflichtend ist auch der Maklerver- **65**

---

128 BGHZ 161, 241 (251); BGH ZIP 1980, 40 (43); BGH ZIP 2009, 428 (430) Rn 15.

129 *Marotzke* Gegenseitige Verträge³ Rn 2.22 ff; *Muthorst* KTS 2009, 467 (473).

130 BGH ZIP 1980, 40 (43).

131 BGH ZIP 1980, 40 (43).

132 BGH ZIP 1980, 40 (43).

133 S ergänzend die Aufstellung bei Vor § 103 Rn 77 ff.

134 BGH ZIP 2005, 2267 f.

135 *Bork* NZI 1999, 337 (338).

136 Staudinger/*Peters*/*Jacoby* BGB²⁰¹⁴ Vor §§ 631 ff Rn 152.

137 *Franzen* MünchKomm BGB⁶ § 481 Rn 5.

trag, soweit er dem Leitbild des § 652 BGB entspricht.[138] Die Auslobung (§ 657 BGB), die einseitiges Rechtsgeschäft ist und keine Geschäftsbesorgung iSv § 116 darstellt, fällt ebenfalls nicht unter § 103. Auch Wechselgläubiger und Akzeptant stehen als solche nicht in einem gegenseitigen Schuldverhältnis.

66 Der **Bürgschaftsvertrag** (§ 765 BGB) verpflichtet allein einseitig den Bürgen gegenüber dem Gläubiger.[139] Darum handelt es sich grundsätzlich um einen bloß einseitig verpflichtenden Vertrag. Daher bleibt § 103 auch dann unanwendbar, wenn die verbürgte Verbindlichkeit in einem bei Eröffnung der Bürgeninsolvenz beiderseits noch unerfüllten gegenseitigen Schuldverhältnis begründet ist.[140] Der Beweggrund des Bürgen liegt in der Regel in seinem Rechtsverhältnis zum Hauptschuldner. In diesem Verhältnis kann insbesondere in Gestalt eines Geschäftsbesorgungsvertrags ein gegenseitiger Vertrag vorliegen, für den allerdings § 116 eine von § 103 abweichende Sonderregelung vorsieht (Rn 71). Aber auch im Verhältnis zum Gläubiger können Ansprüche des Bürgen begründet werden, so dass ein unvollkommen zweiseitig verpflichtender oder gar gegenseitiger Vertrag (Beispiel: Provision für die Bürgschaft) gegeben ist.[141]

67 cc) **Unvollkommen zweiseitige Verträge.** Zu den unvollkommen zweiseitig verpflichtenden Verträgen, auf die § 103 nicht anwendbar ist, gehört der Auftrag (§ 662 BGB). In der Insolvenz des Auftraggebers greift die Sondervorschrift des § 115 ein. Die Geschäftsführung ohne Auftrag (§§ 677 ff BGB) beruht weder auf einem Vertrag, noch löst sie ein gegenseitiges Schuldverhältnis aus. Der Leihvertrag begründet zwar rechtsnotwendig Verpflichtungen beider Vertragsteile (§§ 598, 604 BGB), aber nicht im Verhältnis von Leistung und Gegenleistung, da der Verleiher den Sachgebrauch unentgeltlich zu gestatten hat. § 103 ist daher ebenfalls unanwendbar. Der Rückgabeanspruch des Verleihers gegen den Schuldner hat, auch wenn die verliehene Sache einem Dritten gehört, Aussonderungskraft in der Insolvenz des entleihenden Schuldners (§ 47).[142] Der Anspruch des Entleihers auf Verwendungsersatz (§ 601 BGB) begründet in der Insolvenz des Verleihers eine Insolvenzforderung, in den Grenzen des § 51 Nr 2 ein Absonderungsrecht in Höhe des geschaffenen Mehrwerts.[143] Auch eine Sicherungsabrede ist kein gegenseitiger Vertrag.[144] Zum Optionsvertrag unten Rn 73 ff.

68 Keine Anwendung findet § 103 bei unvollkommenen Verbindlichkeiten, die vor allem bei den Naturalobligationen vorliegen.[145] Als Beispiele sind Heiratsvermittlungsverträge (§ 656 BGB), Eheanbahnungsverträge (§ 656 BGB analog)[146], Partnervermittlungsverträge (§ 656 BGB analog)[147], Spiel und Wette (§ 762 BGB) zu nennen.

69 dd) **Vergleich.** Beim Vergleich sind das verglichene Rechtsverhältnis einerseits und der Vergleich andererseits zu unterscheiden. Das verglichene Rechtsverhältnis ändert durch den Vergleich regelmäßig seinen Charakter nicht und kann daher – mit dem durch den

---

138 *Roth* MünchKomm BGB[6] § 652 Rn 3.
139 *Habersack* MünchKomm BGB[6] § 765 Rn 4; Palandt/*Sprau* BGB[72] § 765 Rn 1.
140 Z aufschiebend bedingten Forderungsanmeldung in der Bürgeninsolvenz BGH NJW 2012, 1585 Rn 16.
141 BGH ZIP 1996, 375 (376); RGZ 66, 425 (426); *Habersack* MünchKomm BGB[6] § 765 Rn 6; *Heermann* Geld und Geldgeschäfte (2003) § 31 Rn 5.
142 Jaeger/*Henckel* InsO § 47 Rn 7.
143 Jaeger/*Henckel* InsO § 51 Rn 48.
144 BGH ZIP 1980, 40 (43) m zust Anm *Kübler*.
145 *Huber* MünchKomm InsO[3] § 103 Rn 93; Uhlenbruck/*Wegener* InsO[13] § 103 Rn 93.
146 BGHZ 87, 309 (313); *Roth* MünchKomm BGB[6] § 656 Rn 14.
147 BGHZ 112, 122 (124); *Roth* MünchKomm BGB[6] § 656 Rn 20.

Vertrag geschaffenen Inhalt – gegenseitiger Vertrag bleiben,[148] auf den dann § 103 anwendbar ist. Herkömmlich wird der Vergleich schon wegen des für ihn begrifflich notwendigen gegenseitigen Nachgebens (§ 779 BGB) als gegenseitiger Vertrag eingeordnet.[149] Jedoch muss es schon deswegen auf den **Inhalt des Vergleichs** ankommen, weil nach der zutreffenden modernen Auffassung Inhalt von Vergleichen auch Verfügungsgeschäfte sein können.[150] Gute Gründe sprechen schließlich dafür, angesichts des Bereinigungszwecks des Vergleichs den Austauschzweck des Vergleichs vielfach in Zweifel zu ziehen.[151] Typischerweise wird der Vergleich überdies zumindest von einer Seite bereits erfüllt sein.[152]

b) **Ausnahmen durch Spezialregelungen.** Vom Anwendungsbereich des § 103 sind diejenigen gegenseitigen Verträge ausgenommen, für die die auf § 103 folgenden Vorschriften eine Sonderregelung vorsehen. Die Abgrenzung des Anwendungsbereichs von § 103 und den folgenden Sonderregelungen richtet sich bei **typengemischten Verträgen** danach, was nach dem übereinstimmenden Willen der Parteien die Hauptpflicht des Vertrags darstellen soll.[153] 70

Für Kaufverträge ordnet § 104 I mit der Beendigung des Vertrags eine **Sonderregelung** an, falls es sich um ein Fixgeschäft über einen Gegenstand mit einem Markt- oder Börsenpreis handelt (§ 104 Rn 9 ff). Die gleiche Rechtsfolge bestimmt § 104 II für dort beschriebene Finanzdienstleistungen (§ 104 Rn 32 ff). § 108 I lässt Miet- und Pachtverhältnisse über unbewegliche Gegenstände fortbestehen, ohne dass der Verwalter die Erfüllung aus der Masse ablehnen kann. Diese Regelung erstreckt sich auch auf Vertragstypen, die wie insbesondere Leasingverträge den Mietverträgen gleichgestellt sind (§ 108 Rn 40 ff, 50 ff). Nach seinem Wortlaut erstreckt sich § 108 I auch auf alle Dienstverhältnisse des Schuldners. Diese Regelung gilt jedenfalls für vom Insolvenzschuldner als Arbeitgeber eingegangene Arbeitsverhältnisse (§ 108 Rn 235 ff). § 108 II bestimmt dieselbe Rechtsfolge schließlich noch für Darlehensverträge, die der Schuldner als Darlehensgeber eingegangen ist. § 116 bestimmt die Beendigung von Geschäftsbesorgungsverträgen mit Insolvenzeröffnung. 71

c) **Ausnahmen bei fehlender Verwaltungszuständigkeit.** Ist der Insolvenzschuldner **natürliche Person**, kann der Anwendung von § 103 die fehlende Verwaltungszuständigkeit des Insolvenzverwalters entgegenstehen (ausführlich Vor § 103 Rn 46 ff). Schuldet der Insolvenzschuldner eine vertragscharakteristische Leistung, die entweder höchstpersönlich zu erbringen oder aus dem pfändungsfreien Vermögen zu erfüllen ist, **fehlt dem Vertrag die Massebezogenheit** und § 103 ist nicht anwendbar (Vor § 103 Rn 49). Für Verträge, bei denen der Vertragspartner die vertragscharakteristische Leistung schuldet, ist § 103 jedenfalls nach dem Rechtsgedanken des § 109 I 2 zu modifizieren (Vor § 103 Rn 58 f). 72

148 *Habersack* MünchKomm BGB[6] § 779 Rn 37.
149 BGHZ 16, 388 (392); RGZ 93, 290; *Ehmann* Schuldanerkenntnis und Vergleich (2005) S 116, 124 ff.
150 *Habersack* MünchKomm BGB[6] § 779 Rn 37; Staudinger/*Marburger* BGB[2009] § 779 Rn 49; vgl auch BGHZ BGHZ 116, 319 (330).
151 *Bork* Vergleich S 180.
152 *Hirte/Stoll* ZIP 2010, 253 (258); vgl auch BGH ZIP 2006, 2391 Rn 13; Gegenbeispiel in BGH ZIP 2002, 840 (842).
153 BGHZ 173, 116 Rn 11; Kübler/Prütting/Bork/*Tintelnot* InsO[46] § 103 Rn 46; Uhlenbruck/*Wegener* InsO[13] § 103 Rn 26.

2. Erweiterung auf „Option" des Vertragspartners auf gegenseitigen Vertrag

73 Der Wortlaut von § 103 I setzt voraus, dass der gegenseitige Vertrag im Zeitpunkt der Insolvenzeröffnung noch nicht vollständig erfüllt ist. Damit legt er nahe, dass zu diesem Zeitpunkt der Vertrag zumindest erfüllbar sein muss, also zumindest besteht. Dem entspricht es auch, dass nach überwiegender Auffassung die erst nach Verfahrenseröffnung erfolgende Annahme eines vom Schuldner vor Eröffnung gemachten Vertragsangebots nicht gegen die Insolvenzmasse, sondern allenfalls im Hinblick auf das Neuvermögen des Schuldners wirkt (näher zum Streitstand unten Rn 81).[154] § 103 soll daher nicht anwendbar sein. Kommt indessen ein Vertrag dadurch zustande, dass der **Vertragspartner eine ihm eingeräumte Option** auf Begründung eines gegenseitigen Vertrages ausübt, soll auf den so entstehenden Vertrag § 103 nach überwiegender Meinung Anwendung finden (näher unten Rn 78).[155]

74 Angesichts von Systematik sowie Sinn und Zweck ist § 103 weit auszulegen. Das Insolvenzverfahren hat auch Rechtspositionen von Gläubigern in die Abwicklung einzubeziehen, die vor Verfahrenseröffnung noch nicht vollständig entstanden sind. So ist insbesondere eine Forderung nicht nur dann iSv § 38 als Insolvenzforderung begründet, wenn der gesamte Tatbestand bereits vor Verfahrenseröffnung erfüllt ist.[156] Es ergibt sich vielmehr aus §§ 41, 191, dass auch eine **befristete oder bedingte Begründung** der Forderung hinreicht.[157] Dabei entspricht der Begriff der Bedingung nicht dem des unter einer aufschiebenden Bedingung abgeschlossenen Rechtsgeschäfts (§ 158 I BGB), sondern erfasst weitere künftige Forderungen, die unabhängig von einem Verhalten von Schuldner oder Insolvenzverwalter während des Verfahrens entstehen. Also sind einerseits die Voraussetzungen dann nicht erfüllt, wenn es im Belieben des Insolvenzschuldners steht, ob der Vertrag zustande kommt (Rn 85). Andererseits ist eine Insolvenzforderung gegeben, wenn der Tatbestand der Forderungsbegründung so weit verwirklicht ist, dass der **Gläubiger eine gesicherte Rechtsposition**, eine Anwartschaft,[158] inne hat.[159] Daher ist insbesondere auch ausreichend, dass ein Gläubiger seine Forderung durch Ausübung eines ihm zustehenden, nicht zerstörbaren Gestaltungsrechts zur Entstehung bringen kann.[160]

75 Dieses Verständnis der Begründung iSv § 38 ist auf § 103 zu übertragen. Für die Anwendung dieser Bestimmung genügt schon, dass dem Vertragspartner eine gesicherte Rechtsposition (die sich auch als „Anwartschaft" oder „Option" bezeichnen lässt) zusteht, einen gegenseitigen Vertrag mit dem Insolvenzschuldner zu begründen. Denn zum

---

[154] BGHZ 149, 1 (4 f); *Busche* MünchKomm BGB[6] § 153 Rn 11; Erman/*Armbrüster* BGB[13] § 153 Rn 4; Jaeger/*Henckel* KO[9] § 7 Rn 40; Staudinger/*Bork* BGB[2010] § 153 Rn 15; vgl auch *Tichbi* Angebotsempfänger S 168.

[155] BGHZ 176, 43 Rn 17; *Casper* Optionsvertrag S 208; Kübler/Prütting/Bork/*Tintelnot* InsO[46] § 103 Rn 51; *Müller* ZIP 2008, 1701 (1703).

[156] Etwas eng BGHZ 72, 263 (265 f); BGH ZInsO 2005, 537 (538); NZI 2005, 403 (404); 2011, 953 Rn 3: anspruchsbegründender Tatbestand muss vor Eröffnung abgeschlossen sein.

[157] Jaeger/*Henckel* InsO § 38 Rn 87, 81.

[158] Zu diesem Begriff Jaeger/*Henckel* InsO § 38 Rn 87.

[159] Vgl zum Erfordernis einer „gesicherten Rechtsposition", die dem – im Vergleich zu § 38 – engeren § 91 widersteht BGHZ 167, 363 (365); 181, 361 Rn 11; BGH ZIP 2009, 380 Rn 28; 2011, 2364 Rn 12; ferner BGH ZIP 2010, 332 Rn 21.

[160] Keinesfalls so eindeutig Jaeger/*Henckel* InsO § 38 Rn 64: Ansprüche aus Ausübung eines Gestaltungsrechts erwachsen erst m dem Zeitpunkt der Ausübung.

einen steht es dem Vertragspartner dann zu, zumindest mit einer Insolvenzforderung nach Maßgabe von § 103 II am Insolvenzverfahren teilzunehmen. Zum anderen liegt der Insolvenzordnung auch der Gedanke der **Konzentration der Insolvenzgläubiger auf die Insolvenzmasse** zugrunde. Erlangt eine natürliche Person Restschuldbefreiung oder wird ein Schuldner saniert, soll sein Neustart nicht von einer Forderung belastet sein, für die der Schuldner dadurch bereits vor Verfahrenseröffnung den maßgeblichen Rechtsgrund gelegt hat, dass er dem Vertragspartner eine gesicherte Rechtsposition auf den Vertrag eingeräumt hat. Die Insolvenz stellt insoweit eine Zäsur dar, mit der der Schuldner unter weiteren Voraussetzungen von den Konsequenzen seiner vor Verfahrenseröffnung getätigten Handlungen entlastet wird. Diese insolvenzrechtlichen Grundsätze sind auf die verschiedenen Gestaltungsmöglichkeiten des Zivilrechts anzuwenden:[161]

a) **Bedingter Vertrag (unselbstständige Option).** Der gegenseitige Vertrag kann vor **76** Verfahrenseröffnung bereits bedingt abgeschlossen worden sein. Eine gesicherte Rechtsposition für den Vertragspartner liegt dann insbesondere in den Fällen vor, in denen die bloße **Wollensbedingung** vereinbart worden ist, dass der Vertragspartner den Vertrag ausführen will.[162] Eine solche Gestaltungsform wird vielfach als unselbstständige Option bezeichnet, weil die Option Bestandteil des durch die Option zu begründenden Rechtsgeschäfts ist. Auf einen solchen bereits bei Verfahrenseröffnung geschlossenen gegenseitigen Vertrag ist § 103 – vorbehaltlich der allgemeinen Ausnahmen (Rn 70 f) – anzuwenden.

b) **Selbstständige Option.** Eine selbstständige vertragliche Option liegt vor, wenn **77** dem Vertragspartner das vertragliche (Gestaltungs-)Recht eingeräumt ist, durch Erklärung einen gegenseitigen Vertrag zu begründen. Vom BGH für den Insolvenzfall zu entscheiden war die von **§ 305 I AktG** vorgesehene Sachlage, dass die Parteien eines Unternehmensvertrags außenstehenden Aktionären im Wege eines Vertrags zugunsten Dritter (§ 328 BGB) die Möglichkeit einräumen, einen Vertrag über den Verkauf der von ihnen gehaltenen Aktien zu begründen[163].[164] Entsprechende vertragliche Abreden gibt es allerdings auch in beliebig vielen anderen Konstellationen, die typischerweise als Option bezeichnet werden.[165] Insbesondere **Leasingverträge** enthalten vielfach Kaufoptionen des Leasingnehmers und Andienungsrechte des Leasinggebers (Rn 318, 320). Für bestimmte **Finanzleistungen** enthält § 104 II 2 Nr 5 allerdings eine Sonderregelung (§ 104 Rn 49 f).

Wird das Optionsrecht vor Verfahrenseröffnung ausgeübt, kann der dadurch entste- **78** hende gegenseitige Vertrag noch bei Verfahrenseröffnung bestehen. Dann ist § 103 auf diesen Vertrag direkt anzuwenden wie auf jeden anderen gegenseitigen Vertrag. Schwieriger ist es, wenn der Vertragspartner sein Optionsrecht erst nach Verfahrenseröffnung ausüben will. Jedenfalls bei der selbstständigen Option ist die Option als **Gestaltungsrecht** zu verstehen.[166] Gestaltungsrechte sind keine Forderungen iSv § 38, sondern können noch nach Verfahrenseröffnung ausgeübt werden.[167] Auf den durch Ausübung der

---

[161] Vgl zu diesen Möglichkeiten BGHZ 47, 387 (391); BGH MDR 1963, 37; Staudinger/*Bork* BGB[2010] Vor §§ 145 ff Rn 71 ff.

[162] BGHZ 47, 387 (391); BGH MDR 1963, 37; Staudinger/*Bork* BGB[2010] Vor §§ 145 ff Rn 71; vgl auch BGHZ 94, 29 (31) z Verlängerungsoption.

[163] Z Qualifizierung als Kaufvertrag *Müller* ZIP 2008, 1701 (1703); Spindler/Stilz/*Veil* AktG[2] § 305 Rn 9.

[164] BGHZ 176, 43.

[165] Vgl nur *Casper* Optionsvertrag S 7.

[166] BGHZ 176, 43 Rn 17; *Busche* MünchKomm BGB[6] Vor § 145 Rn 70; Palandt/*Ellenberger* BGB[72] Einf v § 145 Rn 23; Staudinger/*Bork* BGB[2010] Vor §§ 145 ff Rn 73.

[167] BGHZ 176, 43 Rn 17; *Ehricke* MünchKomm InsO[3] § 38 Rn 47; Jaeger/*Henckel* InsO § 38 Rn 64; Uhlenbruck/*Sinz* InsO[13] § 38 Rn 16.

Option nach Verfahrenseröffnung entstehenden Vertrag wird § 103 zutreffend angewendet.[168] Uneinigkeit besteht nur, ob es sich um eine unmittelbare[169] oder analoge[170] Anwendung handelt. Angesichts der oben angeführten systematischen und teleologischen Gründe, aber auch wegen des nicht eindeutigen Wortlauts handelt es sich noch um eine direkte Anwendung.

79 Zusätzliche Probleme können sich ergeben, wenn der Vertragspartner des Insolvenzschuldners im Optionsvertrag für die Einräumung der Option eine Optionsprämie als Gegenleistung versprochen hat. Hat er diese Leistung bereits erbracht, kann ihm insoweit allerdings ein Zurückbehaltungsrecht ohnehin nicht zustehen. Ansprüche können dem Vertragspartner nach Maßgabe der vorstehenden Rn 78 nur aus dem durch Ausübung der Option entstehenden Vertrag erwachsen. Hat der Vertragspartner die von ihm versprochene Gegenleistung hingegen noch nicht erbracht, sind die Voraussetzungen zu bestimmen, unter denen der Verwalter diese Leistung in die Insolvenzmasse verlangen kann. Einer Erfüllungswahl des Verwalters im Hinblick auf den Optionsvertrag wird es regelmäßig nicht bedürfen. Denn es ist schon zweifelhaft, ob der Optionsvertrag überhaupt einen gegenseitigen Vertrag darstellt, weil die Einräumung der Option regelmäßig nicht von der Zahlung der Optionsprämie iSv § 320 BGB abhängig sein soll.[171] Jedenfalls aber hat der **Insolvenzschuldner mit Einräumung der Option seine Verpflichtung aus dem Optionsvertrag erfüllt**, so dass keinesfalls ein von beiden Seiten nicht vollständig erfüllter gegenseitiger Vertrag vorliegt. Denn dann allenfalls noch bestehende Nebenpflichten, sich erfüllungsbereit zu halten, genügen nicht, um eine noch nicht erfüllte Vertragsforderung iSv § 103 anzunehmen (Rn 111).

80 Der Vertragspartner wird sich aber gegen die Inanspruchnahme auf die Optionsprämie damit verteidigen wollen, dass der aus der Optionsausübung folgende Vertrag nicht erfüllt werde. Insoweit wird es aber regelmäßig an einem Gegenseitigkeitsverhältnis iSv § 320 BGB fehlen, so dass § 103 nicht greift. Die bloße **Einrede aus § 273 BGB ist nicht insolvenzfest** (Rn 99). Eine Aufrechnung mit der Insolvenzforderung aus § 103 II muss die Hürden des § 95 I 2 (originäre Gleichartigkeit ohne Umrechnung, vgl. Rn 253) sowie des § 95 I 3 (keine frühere Durchsetzbarkeit der Masseforderung, vgl Rn 254) nehmen. Im Ergebnis wird der Vertragspartner in der Regel die Optionsprämie noch entrichten müssen, auch wenn der Insolvenzverwalter die Erfüllung des durch Optionsausübung zustande kommenden Vertrags ablehnt.

81 c) **Festangebot durch den Insolvenzschuldner.** Wie ein vor Verfahrenseröffnung vom Schuldner abgegebenes bindendes Angebot in der Insolvenz zu behandeln ist, wird unterschiedlich beantwortet. Nach der überwiegenden Auffassung in der Literatur, welcher der BGH 2002 obiter auch gefolgt ist, ändert die Eröffnung des Insolvenzverfahrens nichts an der Wirksamkeit eines zuvor abgegebenen Angebots des Insolvenzschuldners. Es könne allerdings **nicht mit Wirkung für und gegen die Masse** angenommen werden, sondern lediglich einen Neuvertrag mit dem Insolvenzschuldner begründen.[172] Vereinzelt

---

168 BGHZ 176, 43 Rn 17; *Casper* Optionsvertrag S 208; Kübler/Prütting/Bork/*Tintelnot* InsO[46] § 103 Rn 51; *Müller* ZIP 2008, 1701 (1703).

169 *Müller* ZIP 2008, 1701 (1703): allerdings nur unter Hinweis auf den zustande kommenden Kaufvertrag, ohne das Problem des Zeitpunkts näher zu problematisieren.

170 BGHZ 176, 43 Rn 17.

171 *Casper* Optionsvertrag 68 f.

172 BGHZ 149, 1 (4 f); *Busche* MünchKomm BGB[6] § 153 Rn 11; Erman/*Armbrüster* BGB[13] § 153 Rn 4; Jaeger/*Henckel* KO[9] § 7 Rn 40; Staudinger/*Bork* BGB[2010] § 153 Rn 15; **einschr** *Tichbi* Angebotsempfänger S 168.

wird dieses Ergebnis auf § 153 BGB gestützt.[173] Nach anderen soll das Angebot des Schuldners nach Verfahrenseröffnung allerdings nur wirksam bleiben, wenn der Schuldner es auch mit Wissen über die bevorstehende Verfahrenseröffnung erklärt hätte.[174] Teilweise wird hingegen von einem Erlöschen des Angebots mit Verfahrenseröffnung ausgegangen.[175] Alle diese Auffassungen kommen jedenfalls zu dem Ergebnis, dass ein vor Verfahrenseröffnung vom Insolvenzschuldner abgegebenes Angebot vom Vertragspartner nicht mit Wirkung für und gegen die Masse angenommen werden kann.

Dem ist **mit Blick auf §§ 103 ff zu widersprechen.**[176] Dass für § 103 das Festangebot genügt, belegt zunächst ein Vergleich mit § 38. Eine Insolvenzforderung im Sinne dieser Bestimmung liegt bereits vor, wenn der Gläubiger vor Verfahrenseröffnung eine **gesicherte Rechtsposition** erlangt hat, dass seine Forderung entsteht. Entsprechend genügt eine solche gesicherte Rechtsposition, dass ein Vertrag zustande kommt, auch für die (direkte) Anwendung von § 103. Ferner werden nur so **Festangebot und Option** (Rn 78) insolvenzrechtlich gleich behandelt, was allein angemessen ist, da beide Institute sich funktional entsprechen.[177] Dass dieses Ergebnis zum vom Insolvenzschuldner abgegebenen Festangebot verbreitet nicht geteilt wird, lässt sich nur damit erklären, dass vielfach zu kurz greifend darauf abgestellt wird, wann der gesamte Vertragstatbestand erfüllt ist. Maßgeblich ist aber, ob der Insolvenzschuldner bis zur Verfahrenseröffnung die von ihm zu verwirklichenden Merkmale des Vertragstatbestands verwirklicht hat. **82**

Wegen dieses schon auf § 38 beruhenden Massebezugs ist richtiger **Empfänger der Annahmeerklärung** infolge von § 80 der **Insolvenzverwalter.** Wird die Annahme dennoch dem Insolvenzschuldner gegenüber erklärt, ist zu unterscheiden. Erklärt der Annehmende sich diesem gegenüber ohne Kenntnis von der Verfahrenseröffnung, gilt § 82 entsprechend mit der Folge, dass die Annahme wirksam ist, wenn der Erklärende die Verfahrenseröffnung nicht kannte. Anderenfalls gilt die Annahme gemäß § 150 II BGB als neues Angebot. Eine Ausnahme ist nur dann zu machen, wenn der Vertrag seinem Inhalt nach infolge der allgemeinen Grundsätze mangels Massebezug nicht in die Verwaltungszuständigkeit des Insolvenzverwalters fällt (Vor § 103 Rn 47 ff). Dann kann der Vertrag nur dem Insolvenzschuldner gegenüber angenommen werden. **83**

d) **Option kraft Gesetzes.** § 103 ist auch auf einen Vertrag anzuwenden, der dadurch zustande kommt, dass der Vertragspartner von einer ihm gesetzlich eingeräumten Option auf diesen Vertrag Gebrauch macht. So macht es etwa keinen Unterschied, ob die Option eines außenstehenden Aktionärs, seine Aktien zu verkaufen, auf einem Unternehmensvertrag selbst als Vertrag zugunsten Dritter beruht, wie es § 305 I AktG von den Vertragsschließenden verlangt, oder ob mangels einer entsprechenden vertraglichen Regel die Option aus § 305 V 2 AktG folgt. **84**

e) **Abgrenzung: Gesicherte Rechtsposition des Schuldners.** § 103 ist aber angesichts der Parallele zu § 38 lediglich im Hinblick auf eine solche gesicherte Rechtsposition auf einen gegenseitigen Vertrag anwendbar, die dem (möglichen) Vertragspartner zusteht, **85**

---

173 Palandt/*Ellenberger* BGB[72] § 153 Rn 1, der sich allg auf Verfügungsbeschränkungen bezieht.

174 Jaeger/*Henckel* KO[9] § 7 Rn 40; Staudinger/*Bork* BGB[2010] § 153 Rn 15; *Tichbi* Angebotsempfänger S 168, der aber ausnahmsweise § 103 anwenden will, wenn das Angebot „Massebezug" hat, was aber doch die Regel ist (Vor § 103 Rn 47 ff).

175 *Kilger/Schmidt* KO[17] § 7 Anm 2.

176 Vgl auch Jaeger/*Windel* InsO § 81 Rn 42; *Windel* KTS 1995, 367 (380 f).

177 *Busche* MünchKomm BGB[6] Vor § 145 Rn 73; Staudinger/*Bork* BGB[2010] Vor §§ 145 ff Rn 70, 73.

nicht hingegen, wenn eine entsprechende Position als Aktivum in die Masse fällt. Dann kann der **Insolvenzverwalter von der Option Gebrauch machen**, sofern der Vertragsgegenstand massebezogen ist (Vor § 103 Rn 47 ff).[178] Als Folge wirkt der Vertrag nach § 55 I Nr 1 gegenüber der Masse, wie wenn der Insolvenzverwalter den Vertrag ohne die Vorbereitung durch den Schuldner abgeschlossen hätte.[179] Um die Massewirksamkeit des Vertrags zu begründen, ist es daher nicht erforderlich, in der Ausübung der Anwartschaft gleichzeitig eine Erfüllungswahl zu erblicken.[180] Das gilt auch, wenn der Insolvenzverwalter einen (schwebend unwirksamen) Vertrag genehmigt, der vor Verfahrenseröffnung ohne erforderliche Genehmigung des Insolvenzschuldners geschlossen worden ist. Dem lässt sich nicht entgegenhalten, dass wegen § 184 BGB der Vertrag nur mit rückwirkender Kraft auf einen Zeitpunkt vor Insolvenzeröffnung wirksam wird.[181] Denn maßgeblich kommt es für § 55 I Nr 1 darauf an, dass die Schuld überhaupt erst durch die Willensentscheidung des Verwalters begründet wird, nicht darauf, auf welchen Zeitpunkt diese Schuldbegründung zurückwirken mag.

86 Der Insolvenzschuldner kann freilich für die Option eine **Optionsprämie** versprochen haben. Hat der Insolvenzschuldner vor Insolvenzeröffnung diese Leistung noch nicht erbracht, handelt es sich bei dem Anspruch des Vertragspartners auf diese Leistung um eine Insolvenzforderung (§ 38). Diese Forderung wird auch nicht zur Masseforderung nach §§ 55 I Nr 2, 103, wenn der Verwalter die Option ausübt. Denn der Optionsvertrag unterfällt regelmäßig schon nicht § 103 und jedenfalls hatte der Vertragspartner seine Verpflichtung aus dem Optionsvertrag durch Einräumung der Option bereits voll erfüllt (s Rn 79). Der Vertragspartner kann auch nicht mit seiner Insolvenzforderung gegen die Neumasseforderung aus dem durch Optionsausübung entstandenen Vertrag aufrechnen, § 96 I Nr 1.

3. Analogie bei Rückabwicklung über § 320 BGB

87 Ein **Zug um Zug nach § 320 BGB** abzuwickelndes Rückgewährschuldverhältnis kann insbesondere durch Rücktritt (§§ 346, 348 BGB), Widerruf (§§ 357, 346, 348 BGB), dem Verlangen nach Schadenersatz statt der ganzen Leistung (§§ 281 V, 283 S 2, 346, 348 BGB) oder bei Nacherfüllung (§§ 439 IV, 635 IV BGB) entstehen. Das Rücktrittsrecht oder Widerrufsrecht kann dabei sowohl gesetzlicher als auch vertraglicher Natur sein. Bei vertraglicher Vereinbarung handelt es sich um einen Fall der vertraglich vereinbarten Lösungsmöglichkeiten (s § 119 Rn 8 ff).

88 a) **Zulässigkeit der Analogie.** Zwar beruhen diese Rückgewährschuldverhältnisse in der Regel auf gegenseitigen Verträgen. Die Rückabwicklungsleistungspflichten sind aber nicht solche aus einem gegenseitigen Vertrag.[182] Sie werden überhaupt **nicht durch den**

---

[178] *Casper* Optionsvertrag S 205 f; *Henrich* Vorvertrag, Optionsvertrag, Vorrechtevertrag (1965) S 283; Staudinger/*Bork* BGB[2010] Vor §§ 145 ff Rn 76.

[179] *Klinck* KTS 2007, 37 (58).

[180] AA *Casper* Optionsvertrag S 207; *Henrich* Vorvertrag, Optionsvertrag, Vorrechtevertrag (1965) S 283, nach denen die Ausübung der Option gleichzeitig die Erfüllungswahl beinhaltet.

[181] So aber Jaeger/*Henckel* KO[9] § 17 Rn 133; *Kiesow* JW 1937, 1375.

[182] BGH NJW 2002, 506 (507); Bamberger/Roth/*Grothe* BGB[3] § 348 Rn 2; Erman/*Röthel* BGB[12] § 348 Rn 1; *Gaier* MünchKomm BGB[6] § 348 Rn 2; *Huber* MünchKomm InsO[3] § 103 Rn 86; *Muthorst* KTS 2009, 467 (474); Staudinger/*Kaiser* BGB[2004] § 348 Rn 3; in den Mot II S 282 wird nur die entspr Anordnung auf „die durch den Rücktritt vom Vertrage begründeten Verpflichtungen" angenommen.

Willen der Parteien erzeugt, sondern durch das Gesetz. Also kommt eine direkte Anwendung von § 103 nicht in Betracht. Diese Bestimmung wird aber überwiegend auf diese auf § 320 BGB verweisenden Rückgewährschuldverhältnisse analog angewendet.[183] Zwar stehe die Rückabwicklung von Leistung und Gegenleistung nicht in einem vertraglichen Gegenseitigkeitsverhältnis, jedoch handele es sich „um die Nachwirkungen aus einem solchen vorangegangenen Schuldverhältnis, die in der Regel nur Zug um Zug zu erfüllen sind".[184] Dem so bestehenden funktionellen Synallgama könne nur durch die Analogie Rechnung getragen werden.[185]

Muthorst ist dieser Analogie entgegengetreten.[186] § 103 verdeutliche in seinem direk- **89**
ten Anwendungsbereich die Insolvenzfestigkeit der Einrede des nichterfüllten Vertrags. Für die hier in Rede stehenden Zurückbehaltungsrechte bei Rückgewährschuldverhältnissen, die nicht auf § 320 beruhen, sondern nur auf ihn verweisen, **fehle eine entsprechende Anordnung der Insolvenzfestigkeit**. Daher seien diese Zurückbehaltungsrechte wie die meisten anderen grundsätzlich nicht insolvenzfest. Es bleibe damit bei dem Grundsatz, dass der Verwalter einredefrei die volle Rückgewähr der Leistungen des Schuldners verlangen könne, während der Gläubiger hinsichtlich seiner Leistungen nur Insolvenzgläubiger sei (§ 87). Eine Ausnahme macht *Muthorst* nur in den Fällen, in denen eine bessere Position des Gläubigers unabhängig von § 348 BGB begründbar ist, etwa durch eine neben dem Rücktrittsrecht bestehende Möglichkeit, einen Aufhebungsvertrag zu verlangen, der seinerseits als gegenseitiger Vertrag zur Anwendung von § 103 führen würde.

Dieser Kritik ist nicht zu folgen und die **analoge Anwendung von § 103 zu bejahen.** **90**
Das BGB legt mit seinen Verweisen auf § 320 BGB wie etwa in § 348 BGB fest, dass auch bei diesen Rückabwicklungsschuldverhältnissen den Parteien nur die Risiken erwachsen, die sie auch bei der Erfüllung des Vertrags im Vorfeld hatten. Zwar liegt bei diesen Rückgewährschuldverhältnissen ein „genetisches Synallagma", also das Versprechen einer Leistung durch eine Partei, um eine andere Leistung zu erhalten, das „do ut des", nicht vor. Aber beide Leistungen stehen über die Verweise auf § 320 BGB derart in einer Verbindung zueinander, dass es sich um ein **„funktionelles Synallagma"** handelt: Die eine Leistung braucht nicht erbracht zu werden, wenn die Gegenleistung nicht Zug um Zug angeboten wird. Damit setzen sich die Wertungen der Gegenseitigkeit des ursprünglichen Leistungsverhältnisses im Abwicklungsverhältnis fort. Dies entspricht auch der Tatsache, dass durch § 346 BGB das ursprüngliche Vertragsverhältnis nur umgestaltet wird, im Übrigen aber bestehen bleibt. Der Verweis auf § 320 BGB findet seine natürliche insolvenzrechtliche Fortsetzung also mit der Anwendung von § 103.

b) Gegenüberstehende Pflichten. Die Anwendung von § 103 setzt freilich voraus, **91**
dass aus dem Rückgewährschuldverhältnis auch Pflichten folgen, die sich im Gegenseitigkeitsverhältnis gegenüberstehen. Hat hingegen nur eine Vertragspartei einen Rückab-

---

183 BGH WM 1961, 482 (485 f); OLG Stuttgart ZInsO 2004, 1087 (1088 f); *Blaum* Zurückbehaltungsrechte S 154 f; *Henkelmann* Schwebende Verträge S 23; *Huber* MünchKomm InsO[3] § 103 Rn 86; Jaeger/*Henckel* KO[9] § 17 Rn 28; Jaeger/*Henckel* InsO § 55 Rn 45; Kübler/Prütting/Bork/*Tintelnot* InsO[46] § 103 Rn 43; *Marotzke* Gegenseitige Verträge[3] 4.114; *ders* HK InsO[6] § 103 Rn 33; Nerlich/Römermann/*Balthasar* InsO[1] § 103 Rn 17; *Scherer* NZI 2002, 356 (359); Uhlenbruck/*Wegener* InsO[13] § 103 Rn 95; *Wegener* FK InsO[7] § 103 Rn 29; vgl auch Mot II S 282; ausdr offen gelassen durch BGHZ 150, 138 (148); BGH ZIP 2009, 428 Rn 9; 2003, 2379 (2381).

184 *Huber* MünchKomm InsO[3] § 103 Rn 86; vgl auch *Marotzke* HK InsO[6] § 103 Rn 33.

185 *Häsemeyer* KTS 2002, 603 (606).

186 *Muthorst* KTS 2009, 467 (475 f).

wicklungsanspruch, weil bislang nur sie eine (Teil-)Leistung erbracht hat, ist § 320 BGB nicht einschlägig und mit ihm auch § 103 nicht. Der Vertragspartner des Insolvenzschuldners kann seine einseitige Vorleistung daher nur als Insolvenzforderung (§ 87) zurückverlangen, bei einseitiger Vorleistung des Schuldners fällt der Rückgewähranspruch in die Masse (§ 35 I).

92 c) **Zeitpunkt der Begründung des Rückgewährschuldverhältnisses.** Das Rückgewährschuldverhältnis kann – meist durch Ausübung eines Gestaltungsrechts bei bestehender Gestaltungslage – vor oder nach Insolvenzeröffnung entstehen. Für die Anwendung des § 103 ist entsprechend den Ausführungen zum gegenseitigen Vertrag folgendermaßen zu unterscheiden:

93 aa) **Entstehung vor Verfahrenseröffnung.** § 103 ist auf Rückgewährschuldverhältnisse analog anwendbar, die zum Zeitpunkt der Insolvenzeröffnung bereits entstanden sind. Unerheblich ist, welche Vertragspartei das Rückgewährverhältnis herbeigeführt hat, auf wessen Pflichtverletzung die Umgestaltung ggf beruht und ob die Umgestaltung des Schuldverhältnisses auf einem vertraglichen oder gesetzlichen Lösungsrecht beruhte. Freilich enthebt diese Feststellung der Anwendbarkeit nicht von der Prüfung der weiteren Voraussetzungen des § 103, insbesondere also der Frage, ob die im Gegenseitigkeitsverhältnis stehenden Pflichten beiderseits noch nicht voll erfüllt sind.

94 bb) **Gesicherte Rechtsposition des Vertragspartners vor Verfahrenseröffnung.** Dem bei Insolvenzeröffnung bereits begründeten Rückgewährschuldverhältnis ist die Sachlage gleichzustellen, dass dem Vertragspartner eine über die Insolvenzeröffnung hinaus bestehende gesicherte Rechtsposition zusteht, das Rückabwicklungsschuldverhältnis herbeizuführen (vgl Rn 75). Eine solche Rechtsposition gewähren insbesondere das **gesetzliche Recht zum Verbraucherwiderruf**, das **gesetzliche Rücktrittsrecht nach § 324 BGB** wegen der Verletzung einer Nebenpflicht und vertragliche Lösungsrechte, gleich ob es sich um ein allgemeines vertragliches Rücktrittsrecht oder ein solches für den Fall der Insolvenzeröffnung handelt. Diese Gestaltungsrechte können alle auch nach Insolvenzeröffnung noch geltend gemacht werden (Rn 327 f). Denn die Notwendigkeit, das Gestaltungsrecht noch ausüben zu müssen, schützt primär den Lösungsberechtigten. Dieser soll wählen können, ob er vom Vertrag Abstand nimmt oder nicht.

95 Der Vertragspartner kann aber wegen einer **Leistungspflichtverletzung** des Insolvenzschuldners vor Verfahrenseröffnung nach Verfahrenseröffnung **nicht mehr zurückzutreten (§ 323 BGB) oder Schadensersatz statt der ganzen Leistung verlangen (§ 281 BGB).**[187] Denn diese Lösungsrechte überdauern die Insolvenzeröffnung nicht (Rn 322 f). Mit der Eröffnung des Insolvenzverfahrens steht dem Vertragspartner nur noch eine Insolvenzforderung zu. Der Gläubiger kann die Forderung nach § 87 lediglich zur Insolvenztabelle anmelden, außerhalb des Verfahrens ist diese nicht mehr durchsetzbar. Daher fehlt es an einer fortdauernden Pflichtverletzung des Insolvenzschuldners (Nichterfüllung eines fälligen und durchsetzbaren Anspruchs), die dem Vertragspartner noch nach Verfahrenseröffnung zum Rücktritt oder Schadensersatz statt der ganzen Leistung berechtigen würde.[188]

---

[187] So auch Kübler/Prütting/Bork/*Tintelnot* InsO[46] § 103 Rn 17; Uhlenbruck/*Wegener* InsO[13] § 103 Rn 107; *ders* Wahlrecht Rn 296; **aA** *Ernst* MünchKomm BGB[6] § 323 Rn 185; *Stamm* KTS 2011, 421 (428); wohl auch *Bork* FS Wellensiek (2011) 201 (204).

[188] Alle Voraussetzungen des Lösungsrechts müssen bis z Ausübung vorliegen, vgl *Ernst* MünchKomm BGB[6] § 323 Rn 171; Palandt/*Grüneberg* BGB[72] § 323 Rn 11; Staudinger/*Otto/Schwarze* BGB[2009] § 281 Rn D5, § 323 Rn D5; Uhlenbruck/*Wegener* InsO[13] § 103 Rn 107; *ders* Wahlrecht Rn 289.

Dies ist der entscheidende Unterschied zu der Situation vor Insolvenzeröffnung, in der der Vertragspartner wegen der Pflichtverletzung noch hätte zurücktreten können.

cc) **Abgrenzung zu weiteren Gestaltungen.** In weiteren Gestaltungen, die zu einem Rückabwicklungsverhältnis führen, ist der Anwendungsbereich von § 103 indessen nicht eröffnet. Denn das aus §§ 320, 348 BGB folgende funktionelle Synallagma führt zur Anwendung von § 103 nur in den Fällen, in denen dem Vertragspartner aus dem Rückgewährschuldverhältnis lediglich eine Insolvenzforderung zusteht (Rn 90). In den folgenden Konstellationen verfügt der Vertragspartner indes über eine **Masseverbindlichkeit.** Das gilt zunächst, wenn das Rückgewährschuldverhältnis nach Erfüllungswahl des Verwalters herbeigeführt wird. Regelmäßig wird das Rückgewährverhältnis dann vom Insolvenzverwalter oder aufgrund einer Pflichtverletzung des Verwalters herbeigeführt werden. Dann sind Masseverbindlichkeit nicht nur nach § 103 I, 55 I Nr 2 die Primärpflichten, sondern wegen § 55 I Nr 1 auch die Sekundärpflichten aus dem Rückgewährverhältnis[189]. Eine Einschränkung ist zu machen, wenn der Vertrag teilbar iSv § 105 S 1 ist. Die Erfüllungswahl und dementsprechend Pflichtverletzung oder Rücktritterklärung des Verwalters beschränken sich dann auf den Vertragsteil, der nach Verfahrenseröffnung mit Wirkung für die Masse fortgesetzt wurde. Hat der spätere Insolvenzschuldner beispielsweise zwei Gegenstände gekauft und wurde ihm einer vor Verfahrenseröffnung vorgeleistet, beschränkt sich die Erfüllungswahl auf den zweiten Kaufgegenstand. Kommt es insoweit zum Rücktritt, hat der Insolvenzverwalter den vom Insolvenzschuldner vor Verfahrenseröffnung empfangenen Gegenstand nicht herauszugeben. 96

Aus § 55 I Nr 1 kann auch **ohne Erfüllungswahl** folgen, dass das Rückgewährschuldverhältnis mit Wirkung für die Masse zu erfüllen ist, ohne dass es auf § 103 ankommt. So fallen einseitig vom Schuldner erfüllte Vertragsverhältnisse aus dem Anwendungsbereich des § 103 heraus. Tritt der Insolvenzverwalter wegen nicht gehöriger Erfüllung des Vertrags durch den Vertragspartner zurück, beruht das Rückgewährschuldverhältnis auf einer Verwaltungshandlung des Insolvenzverwalters. Insoweit macht § 55 I Nr 1 die Ansprüche aus dem Rückgewährschuldverhältnis zu Masseverbindlichkeiten (Rn 338).[190] Vorstellbar ist ferner die Konstellation, dass der Vertragspartner wegen Pflichtverletzungen des Verwalters nach Verfahrenseröffnung das Rückgewährschuldverhältnis herbeiführt. Ohne Erfüllungswahl kommt das freilich nur in Ausnahmefällen aufgrund von § 324 BGB in Betracht. Dann beruhen die Ansprüche ebenfalls auf einer Handlung des Insolvenzverwalters, so dass nach § 55 I Nr 1 auch ohne Erfüllungswahl das Rückabwicklungsverhältnis mit der Masse abzuwickeln ist.[191] 97

4. Keine Analogie bei fehlendem Synallagma

§ 103 ist nach Wortlaut sowie Sinn und Zweck von der synallagmatischen Verknüpfung von Leistung und Gegenleistung abhängig (Rn 62). Daher scheidet eine Analogie zu dieser Bestimmung aus, wenn es neben dem genetischem auch am funktionellen Synallagma fehlt. 98

a) **Keine Analogie bei bloßem Zurückbehaltungsrecht (§ 273 BGB).** Das zivilrechtliche Zurückbehaltungsrecht baut neben der Gegenseitigkeit zweier Forderungen ledig- 99

---

[189] **Abw** *Ganter* MünchKomm InsO³ § 47 Rn 78.

[190] **Gegen** den Schluss aus § 55 I Nr 1 Jaeger/*Henckel* InsO § 55 Rn 45; Uhlenbruck/*Sinz* InsO¹³ § 55 Rn 48.

[191] Vgl allgemeiner Jaeger/*Henckel* InsO § 55 Rn 11 ff; Uhlenbruck/*Sinz* InsO¹³ § 55 Rn 23.

lich darauf auf, dass die beiden Ansprüche auf demselben rechtlichen Verhältnis beruhen. Dieses Erfordernis der Konnexität bleibt hinter den Anforderungen von § 320 BGB, § 103 deutlich zurück, die eine synallagmatische Verknüpfung zweier Forderungen verlangen. Daher ist der herrschenden Meinung zu folgen, dass auf die Sachlage eines bloßen Zurückbehaltungsrechts aus **§ 273 BGB** die Regelung des **§ 103 nicht analog** anzuwenden ist (Vor § 103 Rn 5 und oben Rn 5 f).[192]

100 Die Gegenmeinung[193] übersieht die Bedeutung von § 87, der auch die Berufung auf ein Zurückbehaltungsrecht ausschließt, wenn er den Inhaber einer Insolvenzforderung auf die Anmeldung zur Tabelle verweist. Das gilt umso mehr für das Zurückbehaltungsrecht nach § 273 BGB, dessen Zweck darauf beschränkt ist, als Zwangsmittel der Durchsetzung der das Zurückbehaltungsrecht begründenden Forderung zu dienen.[194] Die Durchsetzung gerade dieser Forderung **widerspräche aber dem Grundsatz der Gläubigergleichbehandlung.** Die Schwäche des Zurückbehaltungsrechts wird zudem noch auf einen Gegenschluss zu § 51 Nrn 2, 3 gestützt, dass nur die dort vorgesehenen Zurückbehaltungsrechte insolvenzfest sind.[195] Mangels Anwendbarkeit von § 103 kann der Gläubiger seine Forderung nur zur Insolvenztabelle anmelden, während er die Gegenforderung in die Masse zu erfüllen hat.

101 b) **Keine Analogie im Bereicherungsrecht.** Ansprüche aus Bereicherungsrecht können mangels Verweises auf § 320 BGB grundsätzlich nur als Grundlage für ein Zurückbehaltungsrecht nach § 273 BGB dienen. § 103 ist daher nach dem Vorstehenden grds nicht anwendbar (Rn 99), wenn sich Ansprüche aus Bereicherungsrecht gegenüberstehen. Ausnahmen werden erwogen, wenn das Bereicherungsrecht der **Rückabwicklung nichtiger synallagmatischer Verträge** dient.[196] Der BGH hatte über entsprechende Konstellationen noch nicht zu befinden. Vielmehr betont dieser immer wieder, dass ein unwirksamer Vertrag durch Anwendung der Saldotheorie in der Insolvenz nicht besser behandelt werden dürfe als ein wirksamer Vertrag.[197] Ergangen sind diese Entscheidungen zu Fällen, in denen bei Wirksamkeit des Vertrags nur ein Zurückbehaltungsrecht nach § 273 BGB bestanden hätte, mithin keine synallagmatischen Verträge gegeben waren.[198]

102 Diese Aussagen des BGH sind zu verallgemeinern. Die Anwendung von § 103 scheidet mangels Verweises des Bereicherungsrechts auf § 320 auch bei nichtigen synallagmatischen Verträgen aus. Führt das Bereicherungsrecht zu sich gegenüberstehenden Ansprüchen, legitimieren diese Ansprüche **nur ein Zurückbehaltungsrecht nach § 273 BGB,**[199] das nicht insolvenzfest ist. Dem anderen Teil des nichtigen Vertrags ist nur durch Anwendung

---

[192] BGHZ 150, 138 (145); 161, 241 (252); BGH ZIP 2003, 1406 (1407); NJW 2009, 1414 Rn 18; *Häsemeyer* InsR[4] Rn 18.20; *Henckel* ZZP 99 (1986) 419, 421 ff; *Henkelmann* Schwebende Verträge S 137; *Kilger/Schmidt* KO[17] § 49 Anm 8; Kübler/Prütting/Bork/*Prütting* InsO[3] § 51 Rn 18; Kübler/Prütting/Bork/*Tintelnot* InsO[46] § 103 Rn 22 ff, InsO[1] § 105 Rn 16; Uhlenbruck/*Uhlenbruck* InsO[13] § 51 Rn 34.

[193] *Marotzke* Gegenseitige Verträge[3] Rn 2.48 ff; ihm folgend Soergel/*Wolf* BGB[12] § 273 Rn 48; vgl auch *Blaum* Zurückbehaltungsrechte S 110 ff.

[194] BGH ZIP 2003, 1406 (1407); 2013, 179 Rn 9.

[195] BGHZ 161, 241 (252).

[196] Für die Anw v § 103 *Blaum* Zurückbehaltungsrechte S 156 f; *Huber* MünchKomm InsO[3] §103 Rn 86; *Marotzke* Gegenseitige Verträge[3] Rn 4.114; *ders* HK InsO[6] § 103 Rn 33; zweif Graf-Schlicker/*Breitenbücher* InsO[3] § 103 Rn 5.

[197] BGHZ 149, 326 (334); 161, 241 (250 f); BGH ZIP 2010, 1253 Rn 8.

[198] BGHZ 150, 138 (149); 161, 241 (252).

[199] *Medicus/Petersen* BR[23] Rn 225; **aA** *Larenz/Canaris* Schuldrecht II[13] § 73 III 2 c (S 325).

der **Saldotheorie** zu helfen, die im Wege der Saldierung über § 818 III BGB dazu führen kann, dass ohnehin nur ein saldierter Anspruch entsteht[200]. Bei Anwendung der Saldotheorie in der Insolvenz sind – wie vom BGH angedeutet – die potentiellen Wirkungen der Insolvenz bei unterstellter Wirksamkeit des Vertrags zu berücksichtigen.[201] Dass die Saldotheorie im Unterschied zum Zurückbehaltungsrecht überhaupt in der Insolvenz beachtlich ist, begründet ein Vergleich zu dem Zurückbehaltungsrecht des § 273 BGB einerseits und der Einrede des nichterfüllten Vertrags andererseits. Im Unterschied zum Zurückbehaltungsrecht nach § 273 BGB bezweckt die Saldotheorie nicht nur, als Druckmittel die Durchsetzung des Gegenanspruchs zu erreichen, sondern wirkt wie die Einrede des nichterfüllten Vertrags unmittelbar auf den Inhalt des zur Masse gehörenden Rechts ein.

c) **Keine Analogie im Vollstreckungsrecht.** Auf Verwertungen im Wege der **Zwangsversteigerung ist § 103 nicht anwendbar**. Bei der Zwangsversteigerung von Grundstücken lässt sich der öffentlich-rechtlich zu qualifizierende Erwerbsvorgang wie bei Handgeschäften nicht einmal in Verpflichtung und Verfügung aufteilen.[202] Der Ersteher erlangt das Eigentum unmittelbar durch den Zuschlag. Seine Zahlungspflicht regelt § 49 ZVG zum Bargebot. Bei der Verwertung beweglicher Gegenstände ist indessen möglich, zwischen den Wirkungen des Zuschlags (§ 817 I ZPO) und der Ablieferung (§ 817 II ZPO) zu unterscheiden. Das öffentliche Recht bestimmt die Abwicklung des Versteigerungsvorgangs aber abschließend. Für die Anwendung von § 320 BGB und darauf aufbauend von § 103 ist kein Raum. **103**

V. Tatbestandsmerkmal „nicht vollständig erfüllt“

Das Tatbestandsmerkmal „nicht vollständig erfüllt“ stellt sicher, dass die bei gegenseitigen Verträgen grundsätzlich bestehende **Einrede des nichterfüllten Vertrags** auch angesichts des konkreten Abwicklungsstands des Vertrags **im maßgeblichen Zeitpunkt der Insolvenzeröffnung einschlägig** ist. Dafür müssen beide Vertragsparteien noch Leistungen beanspruchen können und gleichzeitig dem jeweils anderen noch ihre Leistung schulden. Die vollständige Erfüllung nur einer Vertragspartei lässt die Einrede des nichterfüllten Vertrags nach § 320 und die Anwendbarkeit von § 103 entfallen.[203] Hat der Vertragspartner erfüllt, kann er seine Forderung, die allein noch offen ist, nur noch zur Insolvenztabelle anmelden (§§ 38, 87). Hat umgekehrt der Insolvenzschuldner bereits vor Verfahrenseröffnung seine Leistung voll erbracht, kann der Insolvenzverwalter die gesamte Gegenleistung zur Masse ziehen (§ 80). **104**

1. Inhalt maßgeblicher Vertragsansprüche

Wie § 320 BGB unterscheidet § 103 nicht nach dem Inhalt der Vertragsansprüche. **105**
Daher können die Ansprüche, die nach § 103 jedenfalls noch teilweise offen sein müssen, **grundsätzlich jeden beliebigen Inhalt** haben. Das hat der BGH namentlich für Unterlas-

---

[200] BGHZ 116, 251 (256); 145, 52 (55); 149, 326 (333 f).

[201] Z Anwendbarkeit der Saldotheorie im Insolvenzverfahren s BGHZ 161, 241 (250 ff).

[202] *Huber* MünchKomm InsO³ § 103 Rn 94; *Wegener* FK InsO⁷ § 103 Rn 70; teilw **aA** Kübler/Prütting/Bork/*Tintelnot* InsO ⁴⁶ § 103 Rn 188.

[203] BGH ZIP 1980, 40 (42); 2000, 146 (148); *Huber* MünchKomm InsO³ § 103 Rn 121; Kübler/Prütting/Bork/*Tintelnot* InsO⁴⁶ § 103 Rn 145; *Stamm* KTS 2011, 421 (432); Uhlenbruck/*Wegener* InsO¹³ § 103 Rn 57; *Wegener* FK InsO⁷ § 103 Rn 61.

sungsansprüche ausgesprochen.[204] Ausnahmen gelten nur dann, wenn ein Vertragsanspruch nicht im Insolvenzverfahren geltend gemacht werden kann. Dann fehlt es regelmäßig an der Massebezogenheit des Vertrags (Vor § 103 Rn 47 ff).

2. Art maßgeblicher Vertragsansprüche

106 Aus einem Vertrag folgen nicht nur die im Synallagma stehenden Hauptleistungspflichten.[205] Zusätzlich bestehen Nebenpflichten, die insbesondere § 241 II BGB in Gestalt der Schutz- und Rücksichtnahmepflichten ausdrückt. Eine dritte Fallgruppe sind schließlich die Nebenleistungspflichten. Diese Pflichten sind im Unterschied zu den Nebenpflichten leistungsbezogen; sie unterscheiden sich von den Hauptleistungspflichten aber dadurch, dass ihre Erfüllung die Hauptleistung nur unterstützt, indem diese insbesondere vorbereitet (zB Verpackung) oder durchgeführt wird. Diese Nebenleistungspflichten stehen nicht im Synallagma.[206] Für § 103 stellt sich die Frage, **welcher Art die noch offenen Pflichten** sein müssen.

107 a) **Meinungsstand.** Rechtsprechung und große Teile der Literatur fassen den **Anwendungsbereich von § 103 herkömmlich weit.** Sie lassen es ausreichen, dass überhaupt eine Pflicht aus dem Vertrag noch nicht erfüllt ist.[207] Dies wird damit begründet, dass das Vertragsinteresse der Parteien auf das vollständige Leistungsinteresse gerichtet sei, das seinen Ausdruck auch in Nebenleistungspflichten und (wohl auch) Nebenpflichten finde und durch diese ergänzt werde. Zudem verlange § 103 I wortlautgetreu keine Gegenseitigkeit der noch offenen Ansprüche, auch wenn sich das Wahlrecht auf gegenseitige Verträge beziehe.[208] Der Anwendungsbereich von § 320 BGB in Abgrenzung zu § 273 I BGB sei für die Bestimmung, welche Pflichten § 103 unterfielen, nicht heranzuziehen.[209] § 103 modifiziere das gegenseitige Pflichtenprogramm schließlich nicht.[210] Bei zusammengesetzten Verträgen wird außerdem jeder selbstständige Vertragsteil isoliert unter § 103 subsumiert (Rn 63 aE).[211]

108 Der Bezug von § 103 I auf Nebenleistungspflichten und Nebenpflichten wird dadurch **zum Teil eingeschränkt**, dass die Nebenpflicht eine klagbare sein müsse. Es reiche für die Anwendung der Norm nicht aus, dass die Verletzung einer Nebenpflicht nur Schadensersatzansprüche auslöse.[212] Gleiches habe auch für die Ansprüche zu gelten, die mit

---

204 BGHZ 155, 371 (377); RG JW 1938, 1025; ebenso Jaeger/*Henckel* InsO § 38 Rn 78 aE; Kübler/Prütting/Bork/*Tintelnot* InsO[46] § 103 Rn 177; *Schmidt* KTS 2004, 241 (254 ff).

205 Vgl unter Aufdeckung der terminologischen Unterschiede Staudinger/*Olzen* BGB[2009] § 241 Rn 141 ff.

206 RGZ 54, 123 (125); Bamberger/Roth/*Grothe* BGB[3] § 320 Rn 3; *Emmerich* MünchKomm BGB[6] § 320 Rn 23; Erman/*Westermann* BGB[13] § 320 Rn 3; Palandt/*Grüneberg* BGB[72] § 320 Rn 4; Soergel/*Wiedemann* BGB[13] § 320 Rn 32–41a.

207 BGHZ 58, 246 (249 f); BGH ZIP 1983, 709; RGZ 142, 296 (299 f); OLG Dresden ZIP 1998, 1154 ff; OLG Naumburg EWiR 1997, 553 m Anm *Smid*; LG Mannheim ZIP 2004, 576 (577); *Blaum* Zurückbehaltungsrechte S 145 ff; *Huber* MünchKomm InsO[3] § 103 Rn 123; *Marotzke* JA 1988, 117 (120); *ders* Gegenseitige Verträge[3] Rn 4.91 ff, 9.86, 9.94 dort Fn 272; *ders* HK InsO[6] § 103 Rn 70; *Pape* Kölner Schrift[3] S 353 Rn 21; Uhlenbruck/*Wegener* InsO[13] § 103 Rn 58, 61; *Wegener* FK InsO[7] § 103 Rn 61 f.

208 **Abw** Kübler/Prütting/Bork/*Tintelnot* InsO[46] § 103 Rn 174, nach dem der Wortlaut des § 103 I auch hins der Voraussetzung nicht vollständiger Erfüllung sich auf synallagmatische Vertragspflichten beschränkt.

209 *Huber* MünchKomm InsO[3] § 103 Rn 123.

210 Uhlenbruck/*Wegener* InsO[13] § 103 Rn 58.

211 BGH ZIP 1980, 40 (43).

212 Uhlenbruck/*Wegener* InsO[13] § 103 Rn 58.

Erfüllungswahl nicht zu Masseverbindlichkeiten würden, wie etwa Schadensersatzansprüche neben der Leistung. Eine Pflicht, die nicht die in § 103 I normierten Rechtsfolgen auslöse, könne auch nicht ihren Anwendungsbereich bestimmen.[213]

Die **Gegenauffassung** verlangt die Gegenseitigkeit der noch ausstehenden Pflichten und sieht **nur im Synallagma stehende Hauptleistungspflichten** als auf Tatbestandsseite von § 103 umfasst an.[214] Begründet wird dies damit, dass Nebenleistungspflichten und Nebenpflichten nur über das nicht insolvenzfeste Zurückbehaltungsrecht des § 273 BGB geschützt seien.[215] Die Rechtsprechung, die auch außerhalb des Synallagmas stehende Nebenleistungspflichten und Nebenpflichten dem Anwendungsbereich von § 103 I zuschlagen wolle, sei historisch bedingt und beruhe darauf, dass unter § 4 VglO (1927), § 36 VglO (1936) und § 17 KO ein einheitlicher Anwendungsbereich des heutigen § 103 geschaffen werden sollte.[216] Dieser weite Anwendungsbereich passe aber nicht zur aktuellen Dogmatik des BGH, der bei Aufgabe der Erlöschenstheorie maßgeblich auf das Zurückbehaltungsrecht nach § 320 BGB abgestellt habe, um § 103 auszufüllen.[217] Mittlerweile scheint auch der BGH diese Auffassung zugrunde zu legen.[218] **109**

b) **Stellungnahme.** Die Bedeutung dieser Kontroverse ist angesichts der heute weithin anerkannten **Wirkungen der §§ 103, 105** gering. Denn die Wahlrechtsausübung des Verwalters beschränkt sich ohnehin nur auf den noch nicht erfüllten Vertragsteil (Rn 42 f), besser die noch offenen Vertragsansprüche (Rn 48). Der bereits erfüllte Vertragsteil wird keinesfalls rückabgewickelt. Das lässt sich veranschaulichen, an der von der Rechtsprechung mehrfach behandelten Konstellation, dass der Insolvenzschuldner vor Verfahrenseröffnung den Kaufpreis für die noch nicht gelieferte Kaufsache bereits voll gezahlt hatte.[219] Die Vertragspflichten des Schuldners können dann nur deswegen noch nicht vollständig erfüllt iSv § 103 sein, weil er die Kaufsache noch nicht abgenommen hat. Folgt man dem, kann der Verwalter infolge der Erfüllungsablehnung aber keinesfalls Rückzahlung des vom Schuldner entrichteten Kaufpreises verlangen (Rn 49). Der Insolvenzverwalter ist vielmehr darauf beschränkt, vom Vertragspartner die **Gegenleistung für die Vorleistung des Schuldners**, also Lieferung der Kaufsache, zu verlangen (Rn 54). Die Nichterfüllungswahl befreit den Insolvenzverwalter allein davon, die noch offene Pflicht des Insolvenzschuldners, die Kaufsache abzunehmen, als Masseforderung zu erfüllen. Die Nichtabnahme der Kaufsache führt dann angesichts des zur Masse zählenden kaufver- **110**

---

213 Uhlenbruck/*Wegener* InsO[13] § 103 Rn 58.

214 Graf-Schlicker/*Breitenbücher* InsO[3] § 103 Rn 8; *Häsemeyer* KTS 1973, 2 (5 f); *ders* InsR[4] Rn 20.14; Jaeger/*Henckel* KO[9] § 17 Rn 58; Kübler/Prütting/Bork/*Tintelnot* InsO[46] § 103 Rn 172.

215 So zum allg Zivilrecht etwa RGZ 54, 123 (125); Bamberger/Roth/*Grothe* BGB[3] § 320 Rn 3; *Emmerich* MünchKomm BGB[6] § 320 Rn 23; Erman/*Westermann* BGB[13] § 320 Rn 3; Palandt/*Grüneberg* BGB[72] § 320 Rn 4; Soergel/*Wiedemann* BGB[13] § 320 Rn 32–41a.

216 Kübler/Prütting/Bork/*Tintelnot* InsO[46] § 103 Rn 173.

217 Kübler/Prütting/Bork/*Tintelnot* InsO[46] § 103 Rn 175 m Hinweis auf BGH ZIP 2009, 428 Rn 9; vgl auch die nächste Fn.

218 BGHZ 155, 371 (374): „Ob diese ihrerseits noch Hauptpflichten aus dem Vertrage zu erfüllen hatte – dh insb, ob die hier fragliche Unterlassungspflicht im Gegenseitigkeitsverhältnis z Eigentumsübertragung stand –, ist danach unerheblich.“; BGH ZIP 2009, 428 Rn 15: „Macht der Insolvenzverwalter einen nicht im Gegenseitigkeitsverhältnis wurzelnden Anspruch geltend, ist § 103 InsO unanwendbar.“ Wie hier die Einschätzung der Rspr des BGH auch bei *Marotzke* HK InsO[6] § 103 Rn 70 Fn 147.

219 BGHZ 58, 246 (249); BGH ZIP 1983, 709; RGZ 142, 296 (299); s auch Kübler/Prütting/Bork/*Tintelnot* InsO[46] § 103 Rn 173.

traglichen Anspruchs gegen den Vertragspartner nur zu Gläubiger-, mangels entsprechender Abnahmepflicht nicht auch zu Schuldnerverzug. Keine anderen Rechtsfolgen ergeben sich, wenn man die Anwendung des § 103 mangels offener synallagmatischer Leistungspflicht ablehnt[220]. Der Insolvenzverwalter könnte dann den allein noch offenen synallagmatischen Leistungsanspruch gegen den Schuldner auf Übereignung der Kaufsache geltend machen. Der **Anspruch des Vertragspartners auf Abnahme**, der nicht durch das Synallagma geschützt ist, wäre, ohne dass es einer Wahl des Insolvenzverwalters bedarf, bloße **Insolvenzforderung** (§§ 38, 87).

111 Nur die zweite Begründung, § 103 bei Fehlen synallagmatischer Pflichten nicht anzuwenden, vermag indes auf Grundlage des hier verfochtenen Verständnisses von § 103 zu überzeugen. Da § 103 die **Fortgeltung des Synallagmas in der Insolvenz** regelt, müssen bei Insolvenzeröffnung auch noch in diesem Verhältnis stehende Ansprüche bestehen. Verfügt der Vertragspartner nur noch über solche offenen Ansprüche, die nicht im Synallagma stehen, kann er diese außerhalb der Insolvenz nicht über § 320 BGB, sondern nur über § 273 BGB seiner Leistungspflicht entgegenhalten. In der Insolvenz hat der Vertragspartner dann kein Leistungsverweigerungsrecht (Rn 99), er kann nur seine Forderung zur Tabelle anmelden (§§ 38, 87). Freilich darf die hier ausgetragene Diskussion über die Voraussetzungen von § 103 nicht mit seinen Rechtsfolgen vermengt werden. Den Insolvenzverwalter, der nach Erfüllungswahl eine synallagmatische Hauptleistungspflicht zu erbringen hat, treffen zusätzlich zu dieser auch die vertraglich vereinbarten Nebenleistungs- und Nebenpflichten (Rn 300).

3. Umfang maßgeblicher Vertragsansprüche

112 Es besteht weitgehend Einigkeit darüber, dass die Anwendung von § 103 nicht vom Umfang der noch offenen Vertragspflicht abhängt.[221] Insbesondere ist aus **§ 320 II BGB keine Beschränkung des § 103** herzuleiten. Nach dieser Bestimmung kann der Teil, der bereits eine Teilleistung erhalten hat, die gesamte Gegenleistung nicht im Hinblick auf die noch ausstehende Teilleistung zurückbehalten, wenn eine solche Leistungsverweigerung treuwidrig wäre. Diese Regelung ist also eine besondere Ausformung des § 242 BGB,[222] für die nach Eintritt der Insolvenz kein Platz ist.[223] Vielmehr bestimmt die InsO insbesondere in § 105 S 1, wie teilerfüllte (gleich welchen Umfangs) Verträge abzuwickeln sind (Rn 110, 40 ff). § 103 bleibt daher auch dann einschlägig, wenn die noch offene Leistungspflicht „völlig unbedeutend"[224] ist.[225] Dass für (unbedeutende) Nebenpflichten, die nicht im Synallagma stehen, Abweichendes gilt,[226] folgt nach hier vertretener Auffassung nicht aus ihrem (geringen) Umfang, sondern aus ihrem fehlenden Bezug zum Synallagma (Rn 111).

---

[220] Vgl z Einordnung der Abnahmepflicht *Westermann* MünchKomm BGB[6] § 433 Rn 76.

[221] BGHZ 58, 246 (250 f); *Henckel* ZZP 99 (1986) 419 (428, 430); *Huber* MünchKomm InsO[3] § 103 Rn 123; *Marotzke* Gegenseitige Verträge[3] Rn 4.100; *ders* HK InsO[6] § 103 Rn 70; Kübler/Prütting/Bork/*Tintelnot* InsO[46] § 103 Rn 171; Uhlenbruck/*Wegener* InsO[13] § 103 Rn 58.

[222] Staudinger/*Otto* BGB[2009] § 320 Rn 38.

[223] Graf-Schlicker/*Breitenbücher* InsO[3] § 103 Rn 8; Kübler/Prütting/Bork/*Tintelnot* InsO[46] § 103 Rn 171; jedenfalls im Grds auch schon BGHZ 58, 246 (251).

[224] Zitat aus BGHZ 67, 242 (244).

[225] **Abw** BGHZ 67, 242 (244); *Huber* MünchKomm InsO[3] § 103 Rn 123; zweif ferner BGHZ 58, 246 (251) für Mangelhaftigkeit wertlosen Zubehörs.

[226] *Ahrendt* HambK InsO[4] § 103 Rn 12; *Huber* MünchKomm InsO[3] § 103 Rn 123.

4. Erfüllung

Maßgeblicher **Erfüllungsbegriff** ist derjenige **des BGB.**[227] Um über das Vorliegen der Erfüllung zu entscheiden, kommt es auf den Zeitpunkt der Insolvenzeröffnung (§ 27 I Nr 3, II) an.[228] Aus welchem Grund der Vertrag bei Verfahrenseröffnung nicht vollständig erfüllt ist, ist gleichgültig.[229] Auch verschuldetes Ausbleiben, selbst böswillige Verhinderung der Erfüllung führt zur Anwendung des § 103.[230] Das Ausbleiben der Leistung kann auch auf einer Stundung beruhen, beim Bauvertrag insbesondere auch auf einem Sicherheitseinbehalt (§ 17 II VOB/B, dazu Rn 130).[231] Verzug gleich welcher Partei iSd § 286 BGB fordert § 103 nicht.[232] Annahmeverzug des Insolvenzschuldners oder seines Gläubigers iSd § 293 BGB schließt die Anwendung von § 103 nicht aus.[233] Auch die Klage auf Erfüllung aus dem Vertrag hat keinen Einfluss auf die Anwendung von § 103. **113**

a) **Bewirkung eines Erfolgs.** Wird die Bewirkung eines Erfolgs (zB der Sachübereignung) geschuldet, setzt Erfüllung nach **§ 362 BGB** die Herbeiführung des Erfolgs voraus, also genügt allein die Vornahme der Leistungshandlung (zB Aufgabe der verkauften Ware zwecks Übereignung zur Versendung, § 447 BGB) nicht.[234] Auf den Gefahrübergang kommt es ebenfalls nicht an.[235] Das entspricht dem Umstand, dass in diesen Fällen § 91 den Eintritt eines Rechtsverlusts der Masse nach Verfahrenseröffnung hindern kann. Der geschuldete Erfolg tritt nur ein, wenn das Erfüllungsgeschäft wirksam ist. Ein (zB wegen Geschäftsunfähigkeit eines Vertragspartners) nichtiges Erfüllungsgeschäft ist nicht Erfüllung; zur Anfechtbarkeit Rn 141. **114**

Nach Maßgabe des **§ 267 BGB** kommt es nicht darauf an, ob der Schuldner oder sein Vertragspartner in Person den Leistungserfolg herbeigeführt haben.[236] Die Erfüllung einer Verpflichtung zur Rechtsübertragung braucht nicht durch Rechtsgeschäft zu erfolgen. Möglich ist auch gesetzlicher Eigentumserwerb etwa durch Verbindung oder Verarbeitung nach den §§ 946 ff BGB.[237] Der Baustoffhändler, der die Baumaterialien unmittelbar dem Bauherrn unter Eigentumsvorbehalt verkauft und an diesen geliefert hat, hat auch dann erfüllt, wenn der Bauunternehmer dieses Material mit Einwilligung des Händlers in das Haus des Bauherrn einbaut und dieser damit Eigentum nach § 946 BGB erlangt. **115**

---

[227] BGHZ 87, 156 (162); OLG Naumburg ZInsO 2002, 677 (678); *Ahrendt* HambK InsO[4] § 103 Rn 10; Graf-Schlicker/*Breitenbücher* InsO[3] § 103 Rn 6; *Huber* MünchKomm InsO[3] § 103 Rn 122; Jaeger/*Henckel* KO[9] § 17 Rn 40; *Kilger/Schmidt* KO[9] § 17 Anm 3 a; Kübler/Prütting/Bork/*Tintelnot* InsO[46] § 103 Rn 147; Uhlenbruck/*Wegener* InsO[13] § 103 Rn 59; *Wegener* FK InsO[7] § 103 Rn 62.

[228] *Huber* MünchKomm InsO[3] § 103 Rn 128.

[229] BGH ZIP 1983, 709; RGZ 85, 402 (404); *Huber* MünchKomm InsO[3] § 103 Rn 121; Uhlenbruck/*Wegener* InsO[13] § 103 Rn 57; *Wegener* FK InsO[7] § 103 Rn 61.

[230] RGZ 85, 402 (404).

[231] Dazu BGH ZIP 1999, 199 sowie OLG Celle NZI 1998, 91 (Vorinstanz).

[232] *Huber* MünchKomm InsO[3] § 103 Rn 121; *Marotzke* HK InsO[6] § 103 Rn 70.

[233] *Huber* MünchKomm InsO[3] § 103 Rn 121; *Marotzke* HK InsO[6] § 103 Rn 70; *Wegener* FK InsO[7] § 103 Rn 61.

[234] Allg BGHZ 12, 267 (268); 87, 156 (162); BGH NJW 1994, 1403 (1404); BGH ZIP 1998, 2090 (2091) zu § 103 bzw § 17 KO RGZ 85, 402 (404); OLG Düsseldorf ZIP 1982, 724 (725); OLG Naumburg ZInsO 2002, 677.

[235] BGH MDR 1951, 95; *Huber* MünchKomm InsO[3] § 103 Rn 131; Kübler/Prütting/Bork/*Tintelnot* InsO[46] § 103 Rn 147; *Marotzke* Gegenseitige Verträge[3] Rn 4.2.

[236] Uhlenbruck/*Wegener* InsO[13] § 103 Rn 59.

[237] *Huber* MünchKomm InsO[3] § 103 Rn 127; Kübler/Prütting/Bork/*Tintelnot* InsO[46] § 103 Rn 149.

116 b) **Schuldinhalt (Leistung erfüllungshalber; Sicherung).** Durch Auslegung des Vertrags ist zu ermitteln, was die Vertragsparteien zum Inhalt der Leistungspflicht gemacht haben. So bewirkt bereits die formlose Abtretung nach § 398 BGB die Übertragung einer verkauften Forderung; die Anzeige an den Schuldner (§ 409 BGB) gehört daher grundsätzlich nicht zu den Verkäuferpflichten.[238] Treffen die Vertragsparteien eine **besondere Abwicklungsregelung** darüber, wie der Gläubiger sich befriedigen soll (Beispiele: Lastschrift, Scheckzahlung, Abtretung von Forderungen an Drittschuldner), liegt darin nach der Vermutungsregel in **§ 364 II BGB** (bloße Leistung erfüllungshalber) grds keine Erfüllung. Erfüllung tritt erst ein, wenn auf diesem Abwicklungswege der geschuldete Erfolg eingetreten ist. Eine von § 364 II BGB abweichende Abrede ist freilich möglich. Dann erfolgt die Leistung des Schuldners regelmäßig an Erfüllungs statt (§§ 364 I, 365 BGB), so dass die Forderung erlischt (Rn 132).

117 Einen Geldbetrag muss der Gläubiger entweder bar oder als Giralgeld[239] zur freien Verfügung erhalten, damit Erfüllung einer Geldschuld eintritt.[240] Erhält der Geldgläubiger einen anderen Gegenstand, so erfolgt dies nach der Zweifelsregel des § 364 II BGB mangels abweichender Abrede bloß erfüllungshalber, so dass Erfüllung erst eintritt, wenn sich der Gläubiger aus dem Gegenstand befriedigt. So ist es seit jeher für den Wechsel anerkannt.[241] Bei Hingabe eines Schecks gilt Entsprechendes. Die Hinterlegung bei einem Notar (durch Einzahlung auf einem Notaranderkonto) ist ein weiteres Beispiel dafür, dass im Zweifel auch diese Hinterlegung nur erfüllungshalber erfolgt; folglich erlischt der Kaufpreisanspruch nur bei abweichender Parteivereinbarung.[242]

118 Bei der herkömmlichen **Lastschrift im Einziehungsermächtigungsverfahren** tritt Erfüllung ebenfalls noch nicht mit der Gutschrift beim einziehenden Gläubiger, sondern mit Genehmigung des Schuldners ein, weil erst dann eine Leistung aus dem Schuldnervermögen vorliegt.[243] Bei der **modernen SEPA-Basislastschrift** erfolgt die Gutschrift beim Gläubiger indes angesichts des SEPA-Doppelmandats, das die Einzugsermächtigung ablöst, aus dem Vermögen des Schuldners. Daher tritt Erfüllung bereits mit der Gutschrift beim Gläubiger ein,[244] die freilich analog § 379 III BGB wegfällt (zu den Folgen Rn 143), wenn der Schuldner gegenüber seiner Bank den Betrag aufgrund seines Anspruchs aus § 675x BGB zurückbuchen lässt.[245]

119 c) **Erfüllung gesicherter Vertragspartner.** Erbringt der Vertragspartner die von ihm geschuldete Leistung vollständig, tritt die Erfüllungswirkung seiner Leistung unabhängig davon ein, ob er sich seinerseits für den Gegenanspruch gesichert hat. Daher sind die Voraussetzungen des § 103 nicht gegeben.[246] Zwar wird gegen diese Auffassung ange-

---

238 *Huber* MünchKomm InsO³ § 103 Rn 133.

239 Z Gleichwertigkeit v Giralgeld OLG Frankfurt NJW 1998, 387.

240 BGH ZIP 2008, 1911 Rn 26; 2010, 1556 Rn 22; OLG Naumburg ZInsO 2002, 677 (678); Kübler/Prütting/Bork/*Tintelnot* InsO⁴⁶ § 103 Rn 150.

241 BGHZ 3, 242; 96, 182 (186); BGH WM 1975, 1255; RGZ 158, 315 (317); Bamberger/Roth/*Dennhardt* BGB³ § 362 Rn 29; *Fetzer* MünchKomm BGB⁶ § 364 Rn 7a.

242 BGHZ 87, 156 (162); BGH ZIP 1998, 836 (838); OLG Naumburg ZInsO 2002, 677; *Ahrendt* HambK InsO³ § 103 Rn 11; Graf-Schlicker/*Breitenbücher* InsO³ § 103 Rn 6; *Huber* MünchKomm InsO³ § 103 Rn 125; *Wegener* FK InsO⁷ § 103 Rn 64.

243 BGHZ 174, 84 Rn 13; *Jacoby* ZIP 2010, 1725 (1729) mwN auch z Gegenansicht.

244 BGHZ 186, 269 Rn 21 ff.

245 *Jacoby* ZIP 2010, 1725 (1734); **abw** in der Begr BGHZ 186, 269 Rn 25, wo auf den Parteiwillen abgestellt u eine „bedingte Erfüllung" angenommen wird.

246 BGH ZIP 1980, 40 (42 f) z Sicherungsübereignung eines Gegenstandes an den Gläubiger; *Schmitz* Bauinsolvenz⁵ (2011) Rn 200; Uhlenbruck/*Wegener* InsO¹³ § 103 Rn 63; *Wellensiek* BauR 2005, 161 (191).

führt, dass wertungsmäßig diese Konstellation einer Nichterfüllung gleichstehen müsse.[247] Jedoch ist diese Aussage nicht nur angesichts ihrer Pauschalierung überraschend; es gilt doch, die konkreten Rechtsfolgen abhängig von der jeweiligen Sicherheit zu beurteilen. Vor allem tritt aber nach § 362 BGB **Erfüllung ungeachtet** dessen ein, ob dem Vertragspartner eine **Sicherheit** eingeräumt wurde. Für § 103 kommt es gerade auf diesen Abwicklungsstand des Vertrags an, nämlich darauf, ob die Einrede des nichterfüllten Vertrags noch gegeben ist.[248] Diese Einrede geht mit Erfüllung unter und lebt auch nicht wieder auf.[249]

Dieses Ergebnis, dass die Voraussetzungen von § 103 nicht gegeben sind, wird besonders deutlich im Falle einer **Drittsicherheit**. Hat sich etwa ein Dritter für die noch offene Schuld des Insolvenzschuldners gegenüber dem Vertragspartner verbürgt, fehlt für die Anwendung von § 103 der Ansatzpunkt. Der Insolvenzschuldner ist schlicht zwei Insolvenzforderungen ausgesetzt, die im Verhältnis des § 44 zueinander stehen: derjenigen des Vertragspartners auf Erfüllung des Vertrags (bspw Mängelbeseitigung) und derjenigen des Drittsicherungsgebers auf Befreiung von der Verbindlichkeit gegenüber dem Vertragspartner (§§ 670, 675, 775 BGB). Daran ändert sich auch nichts, wenn der Anspruch des Drittsicherungsgebers gegen den Insolvenzschuldner gesichert ist. Die Rechtsfolgen des § 103 passen auch dann nicht. Freilich ist der Verwalter unabhängig von § 103 berechtigt, den Vertragspartner zu befriedigen, um so der Inanspruchnahme der Sicherheit beim Regress des Drittsicherungsgebers zu entgehen.[250] Denn die Erfüllung ist möglich, weil die Forderung des Vertragspartners auch nach Insolvenzeröffnung fortbesteht. Dass es sich um eine Insolvenzforderung handelt, verbietet dem Insolvenzverwalter die Erfüllung nicht. Es liegt kein Verstoß gegen die par condicio creditorum vor, weil in der Befriedigung des Vertragspartners gleichzeitig die Befriedigung des Drittsicherungsgebers hinsichtlich seines Befreiungsanspruches liegt, die dem Drittsicherungsgeber gestellte Sicherheiten für die Masse freiwerden lässt. **120**

Der Insolvenzschuldner kann dem erfüllenden Vertragspartner eine **(Real-)Sicherheit** aus seinem Vermögen stellen.[251] Eine solche Sicherheit lässt ebenfalls die Erfüllung unberührt.[252] Es bestehen dann allerdings gegenseitig Ansprüche im Verhältnis von Insolvenzschuldner und Vertragspartner. Dem Vertragspartner steht die gesicherte Vertragsforderung zu, der Insolvenzschuldner kann Rückgewähr der Sicherheit aus der Sicherungsabrede verlangen, sobald das Sicherungsbedürfnis weggefallen, der Vertragspartner also befriedigt ist. Das Verhältnis, in dem die beiden Forderungen zueinander stehen, ist aber nicht das des § 320 BGB.[253] Es liegt allenfalls eine Einrede nach § 273 BGB vor, für die genügt, dass der Gegenanspruch mit Erbringung der zu verweigernden Leistung fällig wird.[254] Ein Verhältnis, in dem die Einrede aus § 273 BGB besteht, genügt aber nicht den Voraussetzungen des § 103 (Rn 99). **121**

---

[247] *Huber* MünchKomm InsO[3] § 103 Rn 134; Kübler/Prütting/Bork/*Tintelnot* InsO[46] § 103 Rn 157, 191.

[248] *Schmitz* Bauinsolvenz[5] (2011) Rn 201.

[249] **Gegen** *Huber* MünchKomm InsO[3] § 103 Rn 134, der behauptet, aufgrund der Regressmöglichkeit des Sicherungsgebers sei der Erfüllungsgegenstand nicht endgültig erlangt.

[250] **Gegen** Kübler/Prütting/Bork/*Tintelnot* InsO[46] § 103 Rn 157.

[251] So in BGH ZIP 1980, 40 (42 f): Statt durch die Vereinbarung eines Eigentumsvorbehalts wurde der vorleistende Verkäufer wegen seines Kaufpreisanspruchs durch die Sicherungsübereignung der Kaufsache (denkbar wäre aber auch jeder andere Gegenstand) gesichert.

[252] BGH ZIP 1980, 40 (42).

[253] BGH ZIP 1980, 40 (43).

[254] BGHZ 73, 317 (319); 116, 244 (248).

122 Dem entspricht, dass beim **Kauf des Insolvenzschuldners unter erweitertem Eigentumsvorbehalt** das Wahlrecht des Insolvenzverwalters aus §§ 103, 107 II nicht besteht, wenn die Abwicklung bereits so weit vorangeschritten ist, dass jedenfalls einer der beiden Vertragsansprüche erloschen ist (§ 107 Rn 82). Das betrifft zum einen die Gestaltungen, in denen der Insolvenzschuldner voll gezahlt hat. Der Eigentumserwerb des Käufers kann dann noch unter der Bedingung stehen, dass weitere Forderungen getilgt werden. Der Kaufvertrag ist aber jedenfalls durch Zahlung des Kaufpreises einseitig erfüllt, so dass § 103 nicht greift. Zum anderen kann der Insolvenzschuldner als Käufer die Kaufsache aufgrund entsprechender Ermächtigung des Vertragspartners bereits verarbeitet oder weiterveräußert haben. Dann wird der Verkäufer wegen seiner Kaufpreisforderung noch an dem durch diesen Vorgang erworbenen Rechtsgegenstand gesichert. Der Anspruch des Insolvenzschuldners auf Erfüllung des Kaufvertrags durch Übereignung der inzwischen weiterveräußerten oder verarbeiteten Kaufsache ist aber erloschen, so dass § 103 daher nicht einschlägig ist.

123 d) **Dauerschuldverhältnisse.** Ein **Darlehen** ist mit Verfahrenseröffnung auch nach Auszahlung der Valuta von Seiten des Darlehensgebers nicht vollständig erfüllt, weil diesen eine **Belassungspflicht** (näher Rn 275, § 108 Rn 8) trifft.[255] Das Wahlrecht schließt allerdings § 108 II in der Insolvenz des Darlehensgebers aus.

124 Auch **Miete und Pacht** sind bis zum Ablauf der Vertragsdauer regelmäßig nicht vollständig erfüllt.[256] Den Vermieter trifft wie der Darlehensgeber nach Übergabe der Mietsache eine **Belassungspflicht.**[257] Ferner hat er die Mietsache in einem vertragsgerechten Zustand zu erhalten. Hat umgekehrt der Mieter die Miete für die gesamte Vertragsdauer vor Verfahrenseröffnung bereits vollständig entrichtet, hat er allerdings regelmäßig voll erfüllt, sofern nicht ausnahmsweise Pflichten wie die, die Mietsache pfleglich zu behandeln, als synallagamatische Hauptpflichten einzuordnen sind.[258]

125 e) **Erfüllung unter Vorbehalt und durch Zwangsvollstreckung.** Hatte ein Vertragsteil die ihm unter Vorbehalt des Bestehens der Schuld angebotene Erfüllung angenommen, ist der Erfüllungserfolg hergestellt und damit § 103 verdrängt.[259] Bestand die Schuld, findet § 103 keine Anwendung, weil die **Schuld ungeachtet des Vorbehalts erfüllt** wurde und damit nunmehr erloschen ist;[260] bestand die Schuld von Anfang an nicht, liegt auch kein nicht erfüllter vertraglicher Anspruch vor, dessen Erfüllung durch den Verwalter verlangt werden könnte. Der Bereicherungsanspruch, der wegen des Vorbehalts ungeachtet des § 814 BGB besteht, ist Insolvenzforderung.

126 **Zwangsbeitreibung wirkt wie eine freiwillige Leistung**, schon weil die Zwangsvollstreckung den Anspruch auf eine solche durchsetzen soll.[261] Den Ausschlag geben die

---

[255] Kübler/Prütting/Bork/*Tintelnot* InsO[46] § 103 Rn 85; *Mülbert* WM 2002, 465 (467); **aA** *Huber* MünchKomm InsO[3] § 103 Rn 69; Uhlenbruck/*Wegener* InsO[13] § 103 Rn 32; *v Wilmowsky* WM 2008, 1237 (1239).

[256] Uhlenbruck/*Wegener* InsO[13] § 103 Rn 76.

[257] Kübler/Prütting/Bork/*Tintelnot* InsO[46] § 103 Rn 190; **aA** *v Wilmowsky* ZInsO 2011, 1473 (1478 f).

[258] *V Wilmowsky* ZInsO 2011, 1473 (1479); **abw** *Eckert* MünchKomm InsO[3] § 108 Rn 135 f: Anw des § 103; offen lassend Kübler/Prütting/Bork/*Tintelnot* InsO[46] § 103 Rn 190.

[259] *Ahrendt* HambK InsO[4] § 103 Rn 10; *Huber* MünchKomm InsO[3] § 103 Rn 124; Kübler/Prütting/Bork/*Tintelnot* InsO[46] § 103 Rn 148; *Wegener* FK InsO[7] § 103 Rn 62.

[260] **Diff** Palandt/*Grüneberg* BGB[72] § 362 Rn 14.

[261] RGZ 114, 384 (386 f); *Huber* MünchKomm InsO[3] § 103 Rn 126; Kübler/Prütting/Bork/*Tintelnot* InsO[46] § 103 Rn 151; Uhlenbruck/*Wegener* InsO[13] § 103 Rn 59.

Regelungen der ZPO. So bewirken die Wegnahme gepfändeten Geldes durch den Gerichtsvollzieher und die Empfangnahme des Versteigerungserlöses durch denselben noch nicht die Erfüllung,[262] obwohl beide Vorgänge nach §§ 815 III, 819 ZPO als Zahlung gelten. Denn diese Vorschriften sind in ihrem materiell-rechtlichen Gehalt nur Gefahrtragungsregeln. Erfüllung tritt erst mit der Ablieferung des Geldes an den Gläubiger ein. Ist der Beklagte zur Abgabe einer Willenserklärung verurteilt, tritt kraft der Fiktion des § 894 ZPO Erfüllung grundsätzlich mit der Rechtskraft des Urteils, bei einer Verurteilung Zug um Zug mit der Erteilung der vollstreckbaren Ausfertigung (§ 894 I 2 ZPO) ein.

Die Rechtsprechung macht Einschränkungen von der Erfüllungswirkung bei der Voll- **127**
streckung vorläufig vollstreckbarer Urteile (§ 704 I ZPO) und von Vorbehaltsurteilen (§§ 302, 599 ZPO). Wie bei Zahlungen zur Abwendung der Zwangsvollstreckung soll Erfüllungswirkung erst eintreten, wenn die zu **vollstreckenden Urteile rechtskräftig** werden.[263] Dieser Linie wird zu § 362 BGB treffend entgegengehalten, dass der Titel aber auch in diesen Fällen gerade auf eine erfüllungsgeeignete Leistung gerichtet ist, dessen Durchsetzung die ZPO eingeschränkt durch die dort geregelten Vorbehalte zulässt.[264] Für § 103 ist die Erfüllung ungeachtet von dieser Kontroverse zu bejahen.[265] Denn bei einer erfolgreichen Vollstreckung vor Verfahrenseröffnung hat der Gläubiger sich noch nach Maßgabe des einzelzwangsvollstreckungsrechtlichen Prioritätsprinzips (§ 804 III ZPO) befriedigt. Diese Befriedigung hat er nach der Wertung der §§ 88, 129 ff nur im Falle der Anfechtbarkeit wieder herauszugeben.

f) **Nicht vertragsgemäße Leistung.** Eine nicht vertragsgemäße Leistung, wie sie §§ 281, **128**
323 BGB voraussetzen, ist keine Erfüllung. Insbesondere hat der Verkäufer den Kaufgegenstand frei von Sach- und Rechtsmängeln zu verschaffen, § 433 I 2 BGB.[266] Nach Gefahrübergang (§§ 446 f BGB) besteht der primäre Vertragsanspruch des Käufers bei mangelhafter Leistung in Gestalt des **Nacherfüllungsanspruchs** (§§ 439, 437 Nr 1 BGB) fort. Es liegt also ein **nicht vollständig erfüllter Anspruch iSv § 103** vor. Ganz ähnlich hat der Werkunternehmer dem Besteller das Werk frei von Sach- und Rechtsmängeln zu verschaffen, §§ 631 I, 633 I BGB. Nach Abnahme besteht der vertragliche Erfüllungsanspruch des Bestellers nach §§ 634 Nr 1, 635 BGB fort.[267]

Bei **Kauf- wie Werkverträgen**, insbesondere bei Bauverträgen besteht die Möglichkeit, **129**
dass unerkannte oder umstrittene Mängel bestehen. Jedoch vermögen die auf diesem Befund beruhenden Einzelprobleme nichts daran zu ändern, dass der Erfüllungsbegriff des § 103 rein objektiv ausgelegt ist.[268] Hingegen findet ein subjektives Verständnis, demzufolge der Vertrag bereits vollständig erfüllt ist, wenn bei Verfahrenseröffnung die Leistung erbracht und alle bekannten und gerügten Mängel behoben sind,[269] keine Stütze

[262] IE ebenso *Huber* MünchKomm InsO[3] § 103 Rn 126.

[263] BGHZ 86, 267 (269); BGH NJW 1994, 942 (943); NJW-RR 2009, 407 (408).

[264] Staudinger/*Olzen* BGB[2009] § 362 Rn 33 f; Stein/Jonas/*Münzberg* ZPO[22] § 708 Rn 5 f.

[265] RGZ 85, 214 (219); *Huber* MünchKomm InsO[3] § 103 Rn 126; Kübler/Prütting/Bork/*Tintelnot* InsO[46] § 103 Rn 148.

[266] *Ahrendt* HambK InsO[4] § 103 Rn 13; *Huber* MünchKomm InsO[3] § 103 Rn 129; Uhlenbruck/*Wegener* InsO[13] § 103 Rn 60, 65; *Wegener* FK InsO[7] § 103 Rn 62.

[267] *Gottwald* NZI 2005, 588 (589); zum alten Schuldrecht BGH ZIP 1999, 199 (200 f).

[268] *Huber* MünchKomm InsO[3] § 103 Rn 134; *Schmitz* Bauinsolvenz[5] (2011) Rn 207; Uhlenbruck/*Wegener* InsO[13] § 103 Rn 63; vgl AG Witten ZInsO 2003, 479 (480).

[269] So aber zum Werkvertrag Kübler/Prütting/Bork/*Tintelnot* InsO[46] § 103 Rn 193 f (m der **unzutr** Behauptung, dieses Verständnis werde „überwiegend“ vertreten).

im Gesetz. Die benannten Einzelprobleme lassen sich von dem hier vertretenen Standpunkt aus interessengerecht lösen: Insbesondere läuft der Insolvenzverwalter nicht Gefahr, dass sein Vergütungsbegehren als Erfüllungswahl missverstanden wird, nur weil objektiv Mängel vorliegen, so dass der Verwalter nur gestützt auf eine Erfüllungswahl berechtigt ist, Zahlung zu verlangen.[270] Denn die einschränkungslose **Geltendmachung einer Zahlungsforderung** bedeutet im Unterschied zum Verlangen Zug um Zug gegen Nachbesserung grundsätzlich **keine Erfüllungswahl** (Rn 177).[271]

130 Hat sich der Vertragspartner einen **Sicherungseinbehalt** (**§ 17 II VOB/B**) vorbehalten, kann er sich auf diesen – ohne dass es auf das Vorliegen der Voraussetzungen des § 103 ankommt – berufen, gleich ob Mängel bereits erkannt worden sind oder nicht, solange nur die Mängelfrist (und damit die Frist, für die der Einbehalt gewährt wurde) noch nicht abgelaufen ist.[272] Denn diese Sicherheit deckt auch unerkannte Ansprüche, so dass Rückgabe der Sicherung erst verlangt werden kann, wenn die Einbehaltsfrist abgelaufen ist. Insoweit steht der Insolvenzverwalter nicht besser als der Schuldner, schon weil auch eine Erfüllungsablehnung das Sicherungsbedürfnis nicht entfallen ließe. Der Nacherfüllungsanspruch des Vertragspartners ist dann zwar endgültig nur Insolvenzforderung, was aber einer vor Verfahrenseröffnung vereinbarten Sicherung dieses Anspruchs nicht die Wirksamkeit nimmt. Der Ablauf der Verjährungsfrist zur Geltendmachung der Mängelrechte (§ 634a BGB) bedeutet einen maßgeblichen Einschnitt daher (nur), weil dann regelmäßig die Frist für den Sicherungseinbehalt abläuft, so dass der Vertragspartner wegen der Einbehaltsabrede nicht mehr seine Leistung verweigern darf. Indes kann sich der Vertragspartner – im Unterschied zum alten Schuldrecht (§§ 639 I, 478 f BGB) – auch nach Ablauf dieser Frist wegen § 215 BGB noch einredeweise auf bislang nicht angezeigte Mängel berufen, um aus diesem Grund die Zahlung des Werklohns zu verweigern.[273]

5. Sonstige Gründe des Anspruchsuntergangs

131 Funktion des Tatbestandsmerkmals „nicht vollständig erfüllt" ist es sicherzustellen, dass aus einem gegenseitigen Vertrag auch angesichts seines konkreten Abwicklungsstands noch die Einrede des nichterfüllten Vertrags folgt (Rn 104). Daher schadet der Anwendung von § 103 nicht nur, wenn Leistungspflichten erfüllt wurden, sondern auch, wenn sie aus anderen Gründen erlöschen.[274] Allerdings ist insoweit ebenfalls auf den maßgeblichen Zeitpunkt der Insolvenzeröffnung abzustellen (Rn 113). Erlischt eine der synallagmatischen Pflichten nach Insolvenzeröffnung, aber vor Erfüllungswahl durch den Verwalter, hat dies keine Auswirkungen auf die Anwendbarkeit von § 103. Das **über das Erlöschen von Primäransprüchen hinaus fortbestehende Wahlrecht** des Verwalters wird sich dann vielfach – insbesondere wenn der Anspruchsuntergang auf Unmöglichkeit beruht – darauf beziehen, ob Sekundärrechte erfüllt werden sollen.

---

270 **Gegen** Kübler/Prütting/Bork/*Tintelnot* InsO[46] § 103 Rn 194; wie hier allerdings *ders* aaO Rn 201.

271 OLG Dresden ZIP 2002, 815 (817); OLG Stuttgart ZIP 2005, 588 (589).

272 BGH ZIP 1999, 199 sowie OLG Celle NZI 1998, 91 (Vorinstanz); *Thode* ZfIR 2000, 165 (179).

273 Staudinger/*Peters/Jacoby* BGB[2014] § 634a Rn 59.

274 Z Unbeachtlichkeit der Anfechtbarkeit des gegenseitigen Vertrags BGH NJW 1962, 1200 (1201 f); zust *Kirchhof* MünchKomm InsO[3] § 143 Rn 16a; *Marotzke* Gegenseitige Verträge[3] Rn 7.130; *Rogge* HambK InsO[3] § 143 Rn 105.

a) **Erfüllungssurrogate.** Der Erfüllung steht das Erlöschen der Vertragsansprüche aufgrund von Erfüllungssurrogaten gleich.[275] So erlischt ein Schuldverhältnis nach § 364 I BGB dadurch, dass der Gläubiger eine andere als die geschuldete **Leistung an Erfüllungs Statt** annimmt.[276] Insoweit ist allerdings stets die Abrede der Beteiligten daraufhin auszulegen, ob nicht bloß eine Leistung erfüllungshalber vorliegt (Rn 116 f). Ferner können Hinterlegung, Aufrechnung[277] und Erlass (§§ 378, 389, 397 BGB) zum Anspruchsuntergang führen. Bei der Aufrechnung ist angesichts ihrer Rückwirkung nach § 389 BGB hinreichend, dass die gegenseitigen Forderungen sich im Augenblick der Verfahrenseröffnung aufrechenbar gegenüberstehen (eingehend unten Rn 374); zur Unwirksamkeit infolge Insolvenzanfechtung (§ 96 I Nr 3) s Rn 140. Die Hinterlegung wirkt nur dann nach § 378 BGB als Erfüllungssurrogat, wenn die Rücknahme entsprechend § 376 II BGB ausgeschlossen ist. Anderenfalls hat der Gläubiger noch keine gesicherte Rechtsposition erlangt.[278] **132**

b) **Zweckerreichung.** Für § 103 ist es auch irrelevant ob ein Anspruch durch Erfüllung oder Zweckerreichung erlischt. So lässt sich zivilrechtlich diskutieren, ob der Verkäufer einer gestohlenen Sache auch dann erfüllt hat, wenn der Käufer das Eigentum durch Ersitzung erlangt.[279] Verneint man die Erfüllung, liegt jedenfalls Zweckerreichung vor mit der Folge, dass der Leistungsanspruch erlischt, so dass aus diesem Grund **§ 103 unanwendbar** ist. **133**

Hat der Käufer beweglicher Sachen diese eigenmächtig dem Verkäufer weggenommen und an ihnen durch **Verbindung oder Verarbeitung** Eigentum erlangt (§§ 946, 947 II, 950 BGB), liegt keine Erfüllung vor. Wohl aber entfällt die Übereignungspflicht des Verkäufers wegen Zweckerreichung mit der Folge, dass § 103 unanwendbar wird.[280] **134**

c) **Unmöglichkeit.** Ansprüche erlöschen schließlich bei Unmöglichkeit, § 275 BGB. Bei Dauerschuldverhältnissen führt wegen deren typischen Fixcharakters insbesondere der Ablauf der vereinbarten Zeit zur Unmöglichkeit.[281] Für die Ansprüche auf Nacherfüllung erweitern § 439 III BGB für Kauf und § 635 III BGB für den Werkvertrag die Gestaltungen, in denen der Schuldner seine Leistung wegen deren Unzumutbarkeit verweigern darf. Eine Anwendung des **§ 103** kann sich dann **nur im Hinblick auf Sekundäransprüche** ergeben (Rn 87). **135**

6. (Möglicher) Wegfall der Erfüllung nach Eröffnung

Rechtswirkungen können aufgrund des allgemeinen Zivilrechts (§ 142 I BGB, §§ 158 II, 159 BGB, § 378 III BGB), aber auch des Insolvenzrechts (§ 144 II, § 96 I Nr 3) wieder entfallen. Beruht die Erfüllung im Zeitpunkt der Insolvenzeröffnung auf einer Rechtswirkung, die in solcher Weise wegzufallen droht, kann das Auswirkungen auf die Anwendung von § 103 haben. Eine allgemeingültige Aussage, welcher Art diese Auswirkung ist, lässt sich nicht treffen. Vielmehr ist folgendermaßen zu unterscheiden: Erstens kann **136**

---

275 OLG Naumburg ZInsO 2002, 677 (678); *Ahrendt* HambK InsO[4] § 103 Rn 10; Graf-Schlicker/*Breitenbücher* InsO[3] § 103 Rn 6; *Huber* MünchKomm InsO[3] § 103 Rn 125; Kübler/Prütting/Bork/*Tintelnot* InsO[46] § 103 Rn 153; *Wegener* FK InsO[7] § 103 Rn 62.

276 *Ahrendt* HambK InsO[4] § 103 Rn 10; *Huber* MünchKomm InsO[3] § 103 Rn 124.

277 BGH ZIP 2011, 2262 Rn 10.

278 *Fetzer* MünchKomm BGB[6] § 376 Rn 1.

279 Dafür *Beuthien* Zweckerreichung und Zweckstörung im Schuldverhältnis (1969) S 302 f.

280 *Huber* MünchKomm InsO[3] § 103 Rn 127; Kübler/Prütting/Bork/*Tintelnot* InsO[46] § 103 Rn 149.

281 BGHZ 10, 187 (189).

§ 103 unanwendbar sein (Rn 143), was damit übereinstimmt, dass zum maßgeblichen Zeitpunkt der Verfahrenseröffnung (Rn 113) Erfüllung gegeben war. Umgekehrt kann zweitens § 103 anwendbar sein, was dann besonders naheliegt, wenn man das Entfallen der Erfüllung so zu behandeln hat, als ob es rückwirkend eintritt (Rn 143, 144). Schließlich können drittens aus dem Schuldverhältnis Pflichten der Beteiligten folgen, darauf hinzuwirken, dass die die Erfüllung bewirkende Rechtswirkung nicht entfällt. Dann ist der Vertrag – ungeachtet des Eintritts der Erfülungswirkung – nur scheinbar erfüllt und das Wahlrecht bezieht sich gerade auf die genannten Pflichten, den Wegfall der Erfüllung zu verhindern (Rn 137, 141).

137 a) **Anfechtbarkeit der Vorleistung des Schuldners.** Hat der (spätere) Insolvenzschuldner auf den Gegenanspruch seines Vertragspartners vorgeleistet, kann diese Deckung nach §§ 129 ff anfechtbar sein. Fordert der Insolvenzverwalter die Deckung nach § 143 zurück, **lebt die gedeckte Forderung** des Vertragspartners gegen den Schuldner **nach § 144 I** rückwirkend auf den Zeitpunkt der Insolvenzeröffnung **wieder auf.**[282] Ist auch die zur Masse gehörende Forderung gegen den Vertragspartner noch offen, scheinen die Voraussetzungen des § 103 vorzuliegen. Indes sind diese Voraussetzungen schon unabhängig von der Rückgewähr im Augenblick der Insolvenzeröffnung gegeben. Die anfechtbare Erfüllung durch den Insolvenzschuldner ist angesichts der Wirkungen der Anfechtung insolvenzrechtlich unbeachtlich.[283] Folglich steht dem Insolvenzverwalter das Wahlrecht aus § 103 zu: Mit Erfüllungswahl wird der (bislang anfechtbar) gedeckte Gegenanspruch des Vertragspartners zur Masseforderung, §§ 103 I, 55 I Nr 2 Fall 1, so dass die **Anfechtbarkeit mangels gedeckter Insolvenzforderung entfällt.**[284] Wählt er Nichterfüllung kann der Insolvenzverwalter indes den anfechtungsrechtlichen Rückgewähranspruch geltend machen. Folglich kann der Insolvenzverwalter Erfüllung aus dem Vertrag nur verlangen, wenn er zuvor Erfüllung nach § 103 gewählt hat. Der Anfechtungsanspruch steht dem Verwalter nur zu, wenn er die Erfüllung ablehnt.

138 Problematisch ist jedoch, ob allein ein entsprechendes Anspruchsbegehren, Erfüllung oder Rückgewähr im Wege der Anfechtung zu erhalten, dahin auszulegen ist, dass der Verwalter Erfüllung wählt oder ablehnt. Weithin wird das Vorgehen aus dem Vertrag als eine Erfüllungswahl verstanden.[285] Indes übersieht diese Sichtweise, dass sich der **Verwalter** gelegentlich – wie bei unerkannten Mängeln (Rn 129) – zunächst **nicht bewusst ist, dass die Möglichkeit der Anfechtung besteht** und er Erfüllung nur nach Erfüllungswahl verlangen kann. Dann lässt sich der bloßen Geltendmachung der Masseforderung keine Ausübung des Wahlrechts entnehmen. Folge ist, dass der Insolvenzverwalter auch dann noch die Erfüllung des Vertrags ablehnen und aus Insolvenzanfechtung die Deckung zurückverlangen kann. Der Vertragspartner kann ihm dann freilich entgegenhalten, dass die Masse hinsichtlich der nach Insolvenzeröffnung etwaig auf das Begehren des Verwalters erbrachten vertraglichen Leistung ungerechtfertigt bereichert ist. Es ergibt sich eine Masseverbindlichkeit aus § 55 I Nr 1 u 3, ohne dass es eines Rückgriffs auf

---

[282] Kübler/Prütting/Bork/*Jacoby* InsO[46] § 144 Rn 12 m Überblick über den Meinungsstand.

[283] Kübler/Prütting/Bork/*Tintelnot* InsO[46] § 103 Rn 158.

[284] *Kirchhof* MünchKomm InsO[3] § 143 Rn 16a; *Marotzke* Gegenseitige Verträge[3] Rn 4.4, 7.131; *ders* HK InsO[6] § 103 Rn 41, 76; *Rogge* HambK InsO[3] § 143 Rn 105; vgl auch BGHZ 89, 189 (juris Rn 17).

[285] Kübler/Prütting/Bork/*Tintelnot* InsO[46] § 103 Rn 158; *Marotzke* Gegenseitige Verträge[3] Rn 4.4, 7.131; *ders* HK InsO[6] § 103 Rn 41, 76; *Rogge* HambK InsO[3] § 143 Rn 105.

§ 144 II bedarf, der nur vor Verfahrenseröffnung erbrachte Gegenleistungen erfasst[286]. Zu raten wäre dem Vertragspartner freilich, von Anfang an nur auf den Vertrag zu leisten, wenn der Insolvenzverwalter zuvor ausdrücklich Erfüllung wählt.

Die **umgekehrte Situation** besteht darin, dass der Verwalter im Wege der Insolvenzanfechtung Rückgewähr der Deckung verlangt, ohne sich ausdrücklich zur Erfüllungswahl zu verhalten. Zwar ist es auch hier denkbar, dass dieses Begehren keinen Erklärungswert besitzt, weil sich der Insolvenzverwalter ersichtlich nicht zur Erfüllungswahl äußern wollte. Regelmäßig wird indes die Alternative, Rückabwicklung im Wege der Anfechtung oder Vertragserfüllung zu wählen, derart auf der Hand liegen, dass die Anfechtungserklärung als Ablehnung zu verstehen ist. Ungeachtet dessen wäre auch hier dem Vertragspartner zu raten, durch Aufforderung nach § 103 II 2 Klarheit zu schaffen. **139**

b) **Unwirksamkeit der Aufrechnung, § 96 I Nr 3.** Nach § 96 I Nr 3 kann mit Insolvenzeröffnung nicht nur – wie es allein der Wortlaut nahe legt – die Aufrechnung eines Insolvenzgläubigers nach Verfahrenseröffnung unzulässig, sondern auch eine **vor Verfahrenseröffnung bereits erklärte Aufrechnung unwirksam** werden.[287] Diese Folge kann auch eine durch Aufrechnung getilgte Forderung aus einem sonst nicht erfüllten gegenseitigen Vertrag treffen. Infolge von § 96 I Nr 3 ist die Forderung, gegen die der Insolvenzgläubiger aufgerechnet hat, im für § 103 maßgeblichen Eröffnungszeitpunkt (Rn 113) nicht erfüllt. Folglich greift dann das Wahlrecht des Insolvenzverwalters in seinem direkten Anwendungsbereich. **140**

c) **Rückwirkung der zivilrechtlichen Anfechtung, § 142 I BGB.** Ein Erfüllungsgeschäft kann auch der zivilrechtlichen Anfechtung unterliegen. Erklärt der anfechtungsberechtigte Vertragsteil die Anfechtung, ist das Erfüllungsgeschäft nach § 142 I BGB **von Anfang an unwirksam.** Es würden also rückwirkend die Voraussetzungen von § 103 im Zeitpunkt der Verfahrenseröffnung vorliegen. Jedoch sollte man auch hier – wie bei der Insolvenzanfechtung (Rn 137) – in der anfechtbaren Erfüllung noch nicht eine vollständige Erfüllung iSv § 103 erblicken, so dass diese Norm anwendbar ist: Ist der Vertragspartner anfechtungsbefugt, kann der Insolvenzverwalter von ihm nach Erfüllungswahl Bestätigung des anfechtbaren Rechtsgeschäfts (§ 144 BGB) verlangen. Umgekehrt muss der Insolvenzverwalter bei eigener Anfechtungsberechtigung im Falle der Erfüllungswahl das anfechtbare Rechtsgeschäft bestätigen. Zurückhaltung ist indes geboten, die bloße Anfechtungserklärung durch den Insolvenzverwalter als Ablehnung der Erfüllung zu verstehen. **141**

d) **Lastschriftwiderspruch, § 379 III BGB.** Hat der Gläubiger im Wege der Lastschrift seine Forderung eingezogen, scheint seine Forderung erfüllt. Das trifft aber auf die herkömmliche Einzugsermächtigungslastschrift nicht zu (Rn 118). Die Zahlungspflicht des Schuldners wandelt sich lediglich um in eine solche auf **Genehmigung.** Also ist § 103 anwendbar. Angesichts der kurzen Fristen sollte aber allein dem Widerspruch des Insolvenzverwalters eine Erfüllungsablehnung nicht beigemessen werden. **142**

Bei der **SEPA-Lastschrift** ist die Forderung mit der Gutschriftbuchung hingegen erfüllt (Rn 118). Allerdings kann der Lastschriftschuldner gegenüber seiner Bank aus § 675x BGB einen Rückbuchungsanspruch geltend machen. Dann wird auch im Interbankenverhältnis und im Verhältnis des Gläubigers zu seiner Bank die Buchung rückabgewickelt. **143**

---

[286] Zum (umstrittenen) Anwendungssbereich dieser Bestimmung Kübler/Prütting/Bork/*Jacoby* InsO[46] § 144 Rn 18 ff.

[287] BGHZ 169, 158 Rn 11 ff; 179, 137 Rn 13; BGH ZIP 2007, 1467 Rn 11.

Damit lebt die durch die Lastschrift nur vorübergehend getilgte Forderung wieder auf. Dieses Ergebnis stützt der BGH auf die „bedingte Erfüllung";[288] besser passt eine **Analogie zu § 379 III BGB**[289]. Das bedeutet aber nicht, dass sodann stets § 103 greift. Vorrangig ist zu fragen, ob die Geltendmachung der **Rückabwicklung durch den Lastschriftschuldner berechtigt** erfolgte. Eine Berechtigung zur Rückbuchung besteht grundsätzlich nur, wenn der eingezogene Anspruch nicht besteht – dann scheidet aber auch § 103 aus – oder die Lastschriftabrede die konkrete Abbuchung nicht deckte. In der Insolvenz des Lastschriftschuldners ist die Erfüllung des Insolvenzgläubigers ebenfalls hinzunehmen, solange diese Deckung nicht anfechtbar ist. Nach Auffassung des BGH ist der Insolvenzverwalter nicht befugt, den Anspruch aus § 675x BGB auszuüben, weil dieser Anspruch in analoger Anwendung von § 377 I BGB unpfändbar sei.[290] Liegt eine unberechtigte Rückbuchung vor, ist insolvenzrechtlich die Forderung weiterhin als erfüllt zu behandeln. Der ohne Rückbuchung bei Verfahrenseröffnung bestehende Zustand ist durch Bereichungs- oder Schadensersatzansprüche wiederherzustellen.[291] Nur wenn eine berechtigte Buchung gegeben ist, ist § 103 auf das dann – sofern die Gegenforderung noch nicht erfüllt ist – wieder bestehende synallagmatische Verhältnis anwendbar.

144 e) **Eintritt einer auflösenden Bedingung, § 158 II BGB.** Steht das Erfüllungsgeschäft unter einer auflösenden Bedingung (§ 158 II BGB) **kann die Erfüllung im Nachhinein wegfallen**, was nach § 159 BGB jedenfalls zwischen den Beteiligten zurückwirken kann. Hier wird es meist ähnlich wie im speziellen Fall der SEPA-Basislastschrift liegen. Der auflösend bedingt erfüllende Schuldner wird aus dem Schuldverhältnis grundsätzlich verpflichtet sein, darauf hinzuwirken, dass die Erfüllung nicht wegfällt. Neben Ausgleichsansprüchen ist auch § 162 II BGB zu berücksichtigen. Fällt die Erfüllung aber weg, ohne dass einem der Beteiligten ein Vorwurf zu machen ist, kann § 103 greifen.

7. Nachträgliche Erfüllung bei gestreckten Tatbeständen

145 Aus ganz verschiedenen Gründen kann der Erfüllungstatbestand zeitlich lang gestreckt sein. Das gilt schon für den Versendungskauf, erst recht bei der Einräumung von Rechten an Grundstücken, wozu die Eintragung im Grundbuch erforderlich ist. Aber auch die Erfüllung von Geldschulden kann gestreckt erfolgen, insbesondere wenn eine Leistung erfüllungshalber verabredet wird. Wird inmitten eines solchen Erfüllungsvorgangs das Insolvenzverfahren über das Vermögen eines der Vertragspartner eröffnet, greift § 103 im Grundsatz ein, weil im Zeitpunkt der Verfahrenseröffnung Erfüllung noch nicht eingetreten ist, das Synallagma noch besteht (Rn 113). Inwieweit allerdings **Ausnahmen oder jedenfalls Modifizierungen** zu machen sind, ist unterschiedlich danach zu beantworten, ob die Erfüllung des Schuldners oder des Vertragspartners begonnen wurde.

146 a) **Leistung an den Schuldner.** Erfolgt die gestreckte Leistung an den Schuldner, kann § 82 dem Erfüllungseintritt entgegenstehen. Ist mangels Kenntnis von der Verfahrenseröffnung der leistende Vertragspartner nach dieser Bestimmung geschützt oder bewirkt der Vertragspartner die Leistung gegenüber dem Insolvenzverwalter, tritt Erfüllung ein. Dieser nachträgliche Erfüllungseintritt kann jedoch, da nach § 103 auf den Zeitpunkt

[288] BGHZ 186, 269 Rn 25.
[289] *Jacoby* ZIP 2010, 1725 (1734).
[290] BGHZ 186, 269 Rn 30 ff; **krit** *Jacoby* ZIP 2010, 1725 (1735).
[291] Vgl zu diesen Ansprüchen nur BGHZ 186, 242 Rn 27, 29 ff.

der Verfahrenseröffnung abzustellen ist, die Anwendung von § 103 nicht hindern.[292] Von der **Ausübung des Wahlrechts** durch den Verwalter ist abhängig, ob der Insolvenzverwalter sich auf den **Vertrag als Rechtsgrund für das Behaltendürfen** des nach Verfahrenseröffnung (!) Erlangten berufen darf. Zwar darf der Vertragspartner auch nach Erfüllungsablehnung seine Vorleistungen nicht zurückverlangen, § 105 S 2 (Rn 49). Diese Regelung bezieht sich aber nur auf solche Leistungen, die zu einer Teilerfüllung vor Verfahrenseröffnung führen und daher vom Wahlrecht nicht erfasst werden. Nach Verfahrenseröffnung kann der Verwalter gestützt auf den Vertrag nur im Falle der Erfüllungswahl den Anspruch durchsetzen und nunmehr Erlangtes gegen die Rückforderung nach Bereicherungsrecht verteidigen. Daher hat der Verwalter das, was aufgrund einer Erfüllung nach Verfahrenseröffnung in die Masse gelangt ist, im Falle der Erfüllungsablehnung nach § 55 I Nr 3 herauszugeben (Rn 238).[293] Eine Ausnahme gilt nur, wenn der Vertragspartner auch für den Fall der Erfüllungsablehnung seine Verbindlichkeit erfüllen will, etwa um seine Gegenforderung voll zur Insolvenzmasse anzumelden oder um auf Sicherheiten Dritter zurückzugreifen (Rn 262).

b) **Leistung an den Vertragspartner.** Erfolgt die gestreckte Leistungserbringung (aus der Masse) an den Vertragspartner, können **§ 81**, vor allem aber **§ 91 der Erfüllung entgegenstehen.** So hindert § 91 die Übereignung einer beweglichen Sache, wenn bereits vor Eröffnung die nach § 929 S 1 BGB erforderliche Einigung von Schuldner und Vertragspartner erfolgte, es aber erst nach Verfahrenseröffnung zur Übergabe kommt. Es gibt aber auch eine Reihe von Sachlagen, in denen § 91 dem nachträglichen Eintritt der Erfüllung nicht entgegensteht. Beispiele sind meist die Fälle einer Leistung erfüllungshalber, in denen der Gegenstand, aus dem sich der Vertragspartner befriedigen soll, bereits vor Verfahrenseröffnung aus der Masse ausgeschieden ist. Zu nennen ist aber auch die Erfüllung mittels Dritter. Hat der Insolvenzschuldner etwa vor Verfahrenseröffnung seiner Bank einen wirksamen Zahlungsauftrag erteilt (§ 116 S 3) kann es sein, dass die Bank ihn erst nach Verfahrenseröffnung ausführt und so beim Vertragspartner Erfüllung eintritt.[294] **147**

In diesen Fällen kann die nachträgliche Erfüllung die Anwendung von § 103 nicht ausschließen, weil es dafür nur auf den Zeitpunkt der Insolvenzeröffnung ankommt. Entsprechend der in Rn 146 gemachten Ausführungen ist im Falle der Erfüllungsablehnung das dem Vertragspartner vom Insolvenzschuldner Zugewendete herauszuverlangen. Nach § 103 II durfte der Vertragspartner seinen Anspruch nur als Insolvenzgläubiger geltend machen. Hat er nun vollständig Erfüllung aus der Masse erlangt, liegt ein **Verteilungsfehler** vor. Daher hat der Vertragspartner das Erlangte zurückzugewähren (Rn 236). **148**

Eine **Ausnahme** gilt jedoch, wenn und soweit der Vertragspartner vor Insolvenzeröffnung eine **insolvenzfeste**, mithin auch anfechtungsfeste (anderenfalls s Rn 137), **Anwartschaft oder sonstige Sicherung** erlangt hat.[295] So schließen § 107 I die Anwendung des Wahlrechts nach § 103 bei Erwerb einer Anwartschaft im Wege des Eigentumsvorbehaltskaufs in der Verkäuferinsolvenz und § 106 bei Erwerb einer Anwartschaft im Wege **149**

---

[292] *Huber* MünchKomm InsO[3] § 103 Rn 128; Kübler/Prütting/Bork/*Tintelnot* InsO[46] § 103 Rn 158; *Marotzke* HK InsO[6] § 103 Rn 76; Uhlenbruck/*Wegener* InsO[13] § 103 Rn 59.

[293] *Henckel* ZZP 99 (1986) 419 (434 f); *Huber* MünchKomm InsO[3] § 103 Rn 128; Kübler/Prütting/Bork/*Tintelnot* InsO[46] § 103 Rn 158; *Marotzke* HK InsO[6] § 103 Rn 76; Mohrbutter/Ringstmeier/*Homann* InsR-Hb[8] § 7 Rn 22; **aA** Uhlenbruck/*Wegener* InsO[13] § 103 Rn 59.

[294] Vgl die Gestaltung in BGH ZIP 2009, 673 Rn 18.

[295] BGHZ 138, 179 (187).

einer Vormerkung in der Grundstückseigentümerinsolvenz aus. Eine entsprechende Anwartschaft steht dem Grundstückserwerber jedenfalls auch zu, wenn die Auflassung erklärt und der Erwerber den Eintragungsantrag gestellt hat.[296] Denn § 91 II lässt die Anwendung von § 878 BGB unberührt, so dass der Eigentumserwerb des Käufers durch die Insolvenzeröffnung nicht gehindert wird. Allen Fällen ist gemein, dass der Vertragspartner vor Insolvenzeröffnung eine so starke Rechtsposition erlangt hat, dass der Verwalter sie nach Verfahrenseröffnung nicht mehr zerstören kann. So liefe ein Wahlrecht ohnehin leer, so dass § 103 nicht anwendbar ist.[297]

150 Im Falle **sonstiger Sicherungen** ist zwischen solchen Dritter (Bürgschaften) und solchen aus der Masse (Rechtsübertragung sicherungs- oder erfüllungshalber) zu unterscheiden. Bei Drittsicherungen bleibt die Anwendung von § 103 unberührt (zu den Folgen bei Erfüllungsablehnung Rn 258 ff). Ein Vorgehen aus diesen Sicherheiten führt regelmäßig nicht zum Untergang der gesicherten Vertragsforderung, die vielmehr zu Regresszwecken auf den Sicherungsgeber übergeht (etwa § 774 BGB). Kann sich der Vertragspartner indessen nach Verfahrenseröffnung aus Massegegenständen vollständig befriedigen, liegt darin eine Erfüllung durch die Masse, die der Insolvenzverwalter nach Verfahrenseröffnung nicht mehr verhindern kann. Daher entfällt dann das Wahlrecht wie bei der Anwartschaft (Rn 149).

VI. Das Wahlrecht und seine Ausübung

1. Rechtsnatur

151 Nach dem hier vertretenen Standpunkt zur Dogmatik des § 103 führt die Verfahrenseröffnung zu keiner materiell-rechtlichen Umgestaltung der offenen Vertragsansprüche, sondern zu einer bloß **haftungsrechtlichen Schwebephase** (Rn 27). Diese Schwebephase endet, wenn durch Erfüllungswahl die haftungsrechtliche Einordnung der vertraglichen Ansprüche umgestaltet wird (Rn 28, 298). Sie endet auch, wenn durch Erfüllungsablehnung auf eine solche Umgestaltung endgültig verzichtet wird (Rn 32, 222). Dem steht der Zeitablauf gleich, wenn der Insolvenzverwalter sich auf eine Aufforderung nach § 103 II 2, sein Wahlrecht auszuüben, nicht unverzüglich erklärt (Rn 222).

152 a) **Erfüllungswahl.** Die Erfüllungswahl ist mehr als die Geltendmachung des zur Masse gehörenden Vertragsanspruchs. Sie bezieht sich auf die Erfüllung beider vertraglichen Ansprüche aus dem gegenseitigen Vertrag, wie es der Wortlaut von § 103 I auch zum Ausdruck bringt. Auf Grundlage des Wortlauts könnte man allerdings die Erfüllungswahl verstehen als eine Kombination des Realakts, die schuldnerische Verbindlichkeit zu erfüllen, und der rechtsgeschäftsähnlichen Handlung, Erfüllung der schuldnerischen Forderung vom Vertragspartner zu verlangen.[298] Die Erfüllungswahl des Insolvenzverwalters ist indes eine **einseitige und empfangsbedürftige Willenserklärung iSd §§ 130–132 BGB.**[299] Der Vertrag

[296] Vgl z Einordnung als Anwartschaft allg BGHZ 49, 197 (200 f). – Zum Streit, welche Auswirkungen der Schuldnerantrag äußert Jaeger/*Windel* InsO § 91 Rn 118.

[297] BGHZ 138, 179 (187); *Huber* MünchKomm InsO[3] § 103 Rn 132; Uhlenbruck/*Wegener* InsO[13] § 103 Rn 62.

[298] Zum Begriffsverständnis v Realakt u rechtsgeschäftsähnlicher Handlung s *Bork* AT[3] Rn 407, 412.

[299] BGH ZIP 1998, 298; 2007, 778 Rn 13; OLG Naumburg ZInsO 2004, 1145 f; OLG Stuttgart ZIP 2005, 588 f; *Ahrendt* HambK InsO[4] § 103 Rn 17; Graf-Schlicker/*Breitenbücher* InsO[3] § 103 Rn 12; *Huber* MünchKomm InsO[3] § 103 Rn 154; Kübler/Prütting/Bork/*Tintelnot* InsO[46] § 103 Rn 214; *Marotzke* HK InsO[6] § 103 Rn 127; Uhlenbruck/*Wegener* InsO[13] § 103 Rn 113.

ist mit Wirkung für die Insolvenzmasse abzuwickeln, weil der Insolvenzverwalter mit der Erfüllungswahl einen entsprechenden Rechtsfolgewillen zum Ausdruck bringt.

Diese Befugnis, die haftungsrechtliche Qualität der Vertragsansprüche umzugestalten, wird dem Insolvenzverwalter mit Verfahrenseröffnung kraft Gesetzes eingeräumt. Es handelt sich also bei der Erfüllungswahl um ein **kraft Gesetzes bestehendes Gestaltungsrecht**, mithin um ein subjektives Recht[300]. Dieses Recht ist notwendig mit dem Insolvenzverfahren und der in dessen Rahmen stattfindenden Haftungsabwicklung verknüpft. Daher hängt sein Fortbestand vom Andauern des Verfahrens ab. Das Recht ist auch **nicht abtretbar, verpfändbar oder pfändbar**. Es ist aber nach § 103 II 1 verzichtbar (Rn 154) und unterliegt nach § 103 II 2 u 3 einer Ausschlussfrist (Rn 155). **153**

b) **Erfüllungsablehnung und Ablauf der Ausübungsfrist.** Die Erfüllungsablehnung ist ebenfalls empfangsbedürftige Willenserklärung.[301] Sie ist **keine Gestaltungserklärung,**[302] weil sie den mit Verfahrenseröffnung eintretenden haftungsrechtlichen Status der Vertragsansprüche unberührt lässt (Rn 27, 32). Sie beendet lediglich die Schwebephase, weil nunmehr eine Umgestaltung durch die Wahl des Verwalters nicht mehr möglich ist. So ist die Erfüllungsablehnung der Verzicht auf das Gestaltungsrecht der Erfüllungswahl (Rn 32). Es handelt sich also um eine Verfügung über dieses Recht (Rn 153). Es bestehen konstruktive Parallelen zur bürgerlich-rechtlichen Anfechtung. Dort regelt § 143 BGB die Ausübung des Gestaltungsrechts. Der Verzicht auf das Gestaltungsrecht wird durch § 144 BGB als Bestätigung des anfechtbaren Rechtsgeschäfts bezeichnet.[303] **154**

Das Gestaltungsrecht der Erfüllungswahl erlischt auch, wenn der Verwalter sich auf Aufforderung nach § 103 II 2 nicht erklärt. Damit wird eine **Ausschlussfrist** für dieses Gestaltungsrecht bestimmt. Ausschlussfristen lassen sich – im Unterschied insbesondere zur Verjährung – nämlich dadurch charakterisieren, dass mit ihrem Ablauf das betroffene Recht untergeht,[304] was von Amts wegen zu berücksichtigen ist.[305] Eine solche Wirkung ist § 103 II 3 gerade für den Ablauf der Frist zu entnehmen. Die Ausschlussfrist des § 103 II ist in mehrfacher Hinsicht eine **„weiche" Frist**. Ihr Beginn wird nur bei entsprechender Aufforderung des Vertragspartners in Gang gesetzt (s Rn 207). Die Länge der Frist ist relativ, weil für ihre Berechnung mit der Unverzüglichkeit darauf Bezug genommen wird, ob der Insolvenzverwalter schuldhaft zögert (Rn 208 ff). Schließlich fehlt es an einer Höchstfrist. **155**

2. Inhaberschaft und Ausübungsberechtigung

§ 103 weist die Erfüllungswahl dem Insolvenzverwalter zu. Im vereinfachten Insolvenzverfahren ist damit der Treuhänder angesprochen, § 313 I 1. Im Verfahren der Eigenverwaltung tritt an die Stelle des Insolvenzverwalters der Schuldner, der das Wahlrecht im Einvernehmen mit dem Sachwalter ausüben soll, § 279. **156**

---

300 Z Einordnung des Gestaltungsrechts unter die subjektiven Rechte s nur *Bork* AT³ Rn 297.

301 *Huber* MünchKomm InsO³ § 103 Rn 167; Uhlenbruck/*Wegener* InsO¹³ § 103 Rn 154.

302 *Huber* MünchKomm InsO³ § 103 Rn 167; **aA** hins der Rechtsnatur, ohne aber die Wirkungen anders zu beschreiben *Bärenz* NZI 2006, 72 (74); *Häsemeyer* InsR⁴ Rn 20.23; Kübler/Prütting/Bork/*Tintelnot* InsO⁴⁶ § 103 Rn 296; *Marotzke* HK InsO⁶ § 103 Rn 88; Uhlenbruck/*Wegener* InsO¹³ § 103 Rn 157.

303 Z Terminologie bei § 144 BGB Prot I 133 f; RGZ 68, 398 (400); Staudinger/*Roth* BGB²⁰¹⁰ § 144 Rn 2.

304 RGZ 48, 157 (163).

305 Vgl zum Begriff der Ausschlussfrist Staudinger/*Peters/Jacoby* BGB²⁰⁰⁹ Vor §§ 194 ff Rn 14.

157 a) **Inhaber des Rechts.** Diesen Anordnungen lässt sich aber keine unmittelbare Aussage entnehmen, wer Inhaber des Gestaltungsrechts der Erfüllungswahl ist. Wie § 80 beziehen sich diese Regelungen nur auf die Ausübungsbefugnis. **Inhaber des Gestaltungsrechts ist der Insolvenzschuldner**, wie er auch sonst Inhaber aller zur Masse gehörenden Rechte ist. Das ist heute – im Gegensatz zu den Zeiten der KO –[306] etwa auch für den Anfechtungsanspruch zunehmend anerkannt.[307] Diese Zuordnung ist dort wie hier konsequent, weil nach Verfahrenseröffnung das Schuldnervermögen dem Insolvenzschuldner nicht mehr zur freien Verfügung, sondern dazu zugewiesen ist, den Zwecken des Insolvenzverfahrens zu dienen, vorrangig also der Gläubigerbefriedigung, § 1 S 1. Diesen Zwecken dient auch das Gestaltungsrecht der Erfüllungswahl (hierzu Rn 162).

158 Alternativ lässt sich nur erwägen,[308] das Gestaltungsrecht dem Amt Insolvenzverwalter oder dem jeweiligen Amtswalter zuzuweisen.[309] Dem Amt fehlt es aber schon an der Fähigkeit, Träger von Rechten sein zu können. Der jeweilige **Amtswalter** ist zwar als natürliche Person Rechtsträger, ihm werden aber auch sonst im Insolvenzverfahren **keine Rechte persönlich zugewiesen.** Die Insolvenzmasse ist vom Privatvermögen des Amtswalters getrennt. Es besteht kein Grund für das Gestaltungsrecht der Erfüllungswahl eine Ausnahme zu machen. Ferner brächte eine Zuordnung zum Verwalter Erklärungsprobleme bei Wechsel des Verwalters (Abberufung und Neubestellung) sowie verwalterlosen Zeiten (Tod, Amtsniederlegung) mit sich.

159 b) **Ausübungsbefugnis.** Die Zuweisung der Erfüllungswahl an Insolvenzverwalter (§ 103), Treuhänder (§ 313 I) und den eigenverwaltenden Schuldner (§ 279) betrifft die Ausübungsbefugnis. Wie der Insolvenzverwalter sonst nach § 80 über Massegegenstände verfügen kann, verleiht ihm § 103 die Befugnisse, das Gestaltungsrecht durch Erfüllungswahl auszuüben oder durch Erfüllungsablehnung darauf zu verzichten. Diese Befugnisse bestehen grundsätzlich unbeschränkt.[310] Die Pflicht des Verwalters, bei bedeutsamen Rechtshandlungen die Zustimmung des Gläubigerausschusses (§ 160 I 1) oder der Gläubigerversammlung einzuholen (§ 160 I 2), ist auf das Innenverhältnis beschränkt. So kann auf einer etwaigen Pflichtverletzung ein Schadensersatzanspruch gegen den Verwalter beruhen, § 60, die **Wirksamkeit der Erklärung im Außenverhältnis bleibt aber unberührt,** § 164. Entsprechendes gilt für die Wahlrechtsausübung durch den eigenverwaltenden Schuldner ohne Einvernehmen des Sachwalters, § 279 S 2, oder ohne Zustimmung des Gläubigerausschusses, § 276.

160 Eine gesetzlich geregelte **Beschränkung der Verfügungsbefugnis** besteht nur bei einer die Eigenverwaltung flankierenden Anordnung des Insolvenzgerichts nach **§ 277 I 1.** Verfügt der eigenverwaltende Schuldner über das Erfüllungswahlrecht ohne die nach einer solchen Anordnung erforderliche Zustimmung des Sachwalters, ist diese Verfügung unwirksam.[311] Abgesehen von dieser Spezialregelung kann sich insbesondere auch im Regelverfahren eine Einschränkung der Außenwirksamkeit der Verfügungen nur aus dem

---

306 BGHZ 82, 102 (105); 86, 190 (196).

307 *Bork* ZIP 2006, 589 (590); Jaeger/*Henckel* InsO § 143 Rn 97; Kübler/Prütting/Bork/*Jacoby* InsO[46] § 143 Rn 2.

308 OLG Düsseldorf ZIP 1988, 855 (856); 1996, 337 (339): eigenes Gestaltungsrecht des Insolvenzverwalters.

309 Z Unterscheidung *Jacoby* Amt S 164, passim.

310 Kübler/Prütting/Bork/*Tintelnot* InsO[46] § 103 Rn 212 f; *Marotzke* HK InsO[6] § 103 Rn 116.

311 *Huber* MünchKomm InsO[3] § 103 Rn 152; Kübler/Prütting/Bork/*Tintelnot* InsO[46] § 103 Rn 213; vgl allg z Wirkung des Zustimmungsvorbehalts Kübler/Prütting/Bork/*Pape* InsO[28] § 277 Rn 17.

Institut des Amtsmissbrauchs ergeben, dessen Grenzen freilich umstritten sind.[312] Dieses Institut beruht auf dem Gedanken, dass Pflichtverletzungen des Insolvenzverwalters im Außenverhältnis nur deswegen unbeachtlich bleiben sollen, um den Rechtsverkehr, also den Vertragspartner zu schützen. Diesen Schutz verdient der Vertragspartner aber jedenfalls dann nicht, wenn ihm die Pflichtverletzung bekannt ist oder er sie sogar provoziert hat. Daher schlägt dann – umstritten ist, ob Gleiches schon bei „Evidenz" der Pflichtwidrigkeit zu gelten hat – der Verstoß im Innenverhältnis auf das Außenverhältnis durch. Entsprechende Pflichtverstöße können sich nicht nur aus einem Verstoß gegen den Insolvenzzweck[313], sondern auch aus einem Verstoß gegen die interne Entscheidungshoheit (§§ 160, 279 S 2) ergeben.

Ein **vorläufiger Insolvenzverwalter hat kein Recht zur Erfüllungswahl.** Das gilt selbst **161**
dann, wenn auf ihn die Verwaltungs- und Verfügungsbefugnis nach § 22 I 1 übergegangen ist.[314] Dies ergibt sich bereits aus dem Wortlaut von § 103 I, der auf die Eröffnung des Insolvenzverfahrens abstellt und somit den vorläufigen Insolvenzverwalter nicht umfassen kann (zum gegenseitigen Vertrag vor Verfahrenseröffnung s Vor § 103 Rn 67 ff). Stimmt der vorläufige Insolvenzverwalter dem Vertragsschluss zu oder lehnt er ihn ab, bindet dies den Insolvenzverwalter nicht.[315] Zwar sind Verbindlichkeiten, die ein starker vorläufiger Insolvenzverwalter begründet hat, unabhängig von § 103 Masseverbindlichkeiten nach § 55 II 1. Der vorläufige Insolvenzverwalter kann die Gegenforderung des Vertragspartners aber nicht zur Masseverbindlichkeit aufwerten.[316] Aus § 242 BGB ergibt sich keine Ausnahme (Rn 194).

c) **Entscheidungsfindung.** Die Entscheidung über die Erfüllungswahl hat sich aus- **162**
schließlich am **Interesse der Masse** auszurichten.[317] Den Ausschlag müssen neben den Konditionen des Vertrags vor allem dessen Abwicklungsstand und die Prognose geben, inwieweit das schuldnerische Unternehmen fortgeführt wird (s bereits Vor § 103 Rn 7).[318] Es kann sich daher im Einzelfall um eine unternehmerische Entscheidung handeln,[319] so dass die **Business Judgement Rule** (§ 93 I 2 AktG) – hält man sie zutreffend auf den Insolvenzverwalter für anwendbar –[320] eine Haftungsfreistellung gewährt. Sonst droht dem Verwalter für Fehlentscheidungen nach § 60 eine Haftung den Verfahrensbeteiligten gegenüber, aber nicht dem Vertragspartner, der keinen insolvenzspezifischen Anspruch auf eine bestimmte Ausübung des Wahlrechts hat.

---

312 BGHZ 150, 346 (360); *Jacoby* Amt S 343 ff, 353; zurückhaltend Jaeger/*Windel* InsO § 80 Rn 260; vgl aber auch Jaeger/*Windel* InsO § 96 Rn 27.

313 Dazu BGHZ 150, 346 (360).

314 BGH ZIP 2007, 2322 Rn 9; OLG Naumburg ZInsO 2004, 1145 (1146); *Huber* MünchKomm InsO³ § 103 Rn 150; Kübler/Prütting/Bork/*Tintelnot* InsO⁴⁶ § 103 Rn 210; Uhlenbruck/*Wegener* InsO¹³ § 103 Rn 99.

315 BGH ZIP 1986, 448 (449); LG Erfurt ZIP 1999, 1453; LG Köln ZIP 1988, 931; LG Stendal ZIP 2000, 982 (984); AG Wuppertal ZIP 2001, 1335 (1336); *Huber* MünchKomm InsO³ § 103 Rn 150; *Marotzke* HK InsO⁶ § 103 Rn 118; Uhlenbruck/*Wegener* InsO¹³ § 103 Rn 99; **aA** OLG Naumburg ZInsO 2004, 1145 (1146 f).

316 BGHZ 97, 87 (90, 92); 103, 38 (42); 103, 250 ff; OLG Hamm ZIP 2002, 676 f; OLG Jena ZIP 1996, 34; *Marotzke* HK InsO⁶ § 103 Rn 118; Uhlenbruck/*Vallender* InsO¹³ § 22 Rn 45.

317 BGH ZIP 1990, 318 (320); Kübler/Prütting/Bork/*Tintelnot* InsO⁴⁶ § 103 Rn 250; Uhlenbruck/*Wegener* InsO¹³ § 103 Rn 97.

318 Vgl BGHZ 150, 138 (148); *Bork* FS Zeuner (1994) S 297 (309); *Kreft* ZIP 1997, 865 (867); *Windel* Jura 2002, 230 (233).

319 *Berger/Frege* ZIP 2008, 204 (207).

320 *Berger/Frege* ZIP 2008, 204; *Berger/Frege/Nicht* NZI 2010, 321; *Erker* ZInsO 2012, 199; *Jacoby* Amt S 571 f; **krit** *Jungmann* NZI 2009, 80.

163 Die Entscheidungsfindung steht Insolvenzverwalter, Treuhänder oder Schuldner vielfach nicht allein zu. Der Schuldner hat stets das Einvernehmen mit dem Sachwalter herzustellen, § 279. Vor allem aber hat der Insolvenzverwalter bei bedeutsamen Rechtshandlungen intern (Rn 159) **nach § 160 die Zustimmung ggf des Gläubigerausschusses, sonst der Gläubigerversammlung** einzuholen. Dass die Entscheidung dann nicht allein vom Insolvenzverwalter getroffen, sondern auch von einem Kontrollgremium abgesegnet werden muss, ändert an den Kriterien für die Entscheidung nichts. Handelt der Verwalter ohne die erforderliche Zustimmung, liegt freilich allein in dieser Eigenmacht die haftungsauslösende Pflichtwidrigkeit, vorausgesetzt dass ein Schaden hinzutritt.

164 Nach überwiegender Auffassung kann der Insolvenzverwalter die Ausübung des Verwalterwahlrechts als sog insolvenztypische Rechtshandlung **nicht auf Dritte übertragen.**[321] Er müsse selbst die Entscheidung treffen, ob er Erfüllung wählt oder sie ablehnt. Ob diese Qualifizierung von Handlungen als „höchstpersönlich" allein wegen ihrer Art und, im Unterschied zu § 160, nicht wegen ihrer Bedeutung für das Verfahren überzeugt, hängt davon ab, was man als Übertragung versteht. Richtig ist es, mit § 664 I BGB zwischen der Übertragung auf einen Dritten (§ 664 I 1 u 2 BGB) und der Einschaltung von Hilfspersonen (§ 664 I 3 BGB) zu unterscheiden:[322] Die Aufgabenübertragung auf Dritte ist grundsätzlich unzulässig, wenn der Verwalter sich so für Fehler des Dritten freizeichnen und nur für Auswahl- und Überwachungsverschulden einstehen will. Die **Einschaltung von Hilfspersonen ist hingegen grundsätzlich erlaubt.** Ihr Verschulden muss sich der Verwalter aber im Rahmen seiner Verwalterhaftung (§ 60) über § 278 BGB zurechnen lassen. Sonst könnte der Verwalter die Wahlentscheidung in großen Verfahren mit vielen offenen, teilweise geringwertigen Vertragsverhältnissen nicht angemessen bewältigen. Handelt es sich allerdings bei der Wahlrechtsausübung um eine besonders bedeutsame Rechtshandlung, muss der Insolvenzverwalter in der Regel höchstpersönlich die Abstimmung mit dem zuständigen Gläubigergremium herbeiführen.

165 d) **Vertretung.** Parallel zur fehlenden Übertragbarkeit (Rn 164) wird auch verbreitet die Auffassung vertreten, dass die Wahlrechtsausübung nicht von einem Vertreter erklärt werden könne.[323] Jedenfalls müsse eine Vertretererklärung zum Wahlrecht erkennbar auf die Willensbildung des Verwalters zurückgehen.[324] Jedoch ist, ebenso wie die Übertragung der Wahlrechtsausübung auf Hilfspersonen entsprechend § 664 I 3 BGB grundsätzlich zulässig ist (Rn 164), auch die **Vertretung bei der Wahlrechtsausübung im Grundsatz nicht ausgeschlossen.** Der Art nach kommt der Wahlrechtsausübung keine solche Bedeutung zu, dass sie eine solche ungeschriebene Beschränkung der Zulässigkeit der Stellvertretung entgegen dem in § 164 BGB aufgestellten Grundsatz erforderlich macht.

---

[321] Vgl OLG Düsseldorf ZIP 1988, 855 (856); 1996, 337 (339); LAG Köln ZIP 1988, 250 (251); *Eickmann* KTS 1986, 197 (202); *Graeber* NZI 2003, 569; Kübler/Prütting/Bork/*Tintelnot* InsO[46] § 103 Rn 209; Uhlenbruck/*Uhlenbruck* InsO[13] § 56 Rn 20; Uhlenbruck/*Wegener* InsO[13] § 103 Rn 98.

[322] *Jacoby* ZIP 2009, 554 (556 f).

[323] OLG Düsseldorf ZIP 1988, 855 (856); 1996, 337 (339); *Ahrendt* HambK InsO[4] § 103 Rn 20; *Huber* MünchKomm InsO[3] § 103 Rn 149; Kübler/Prütting/Bork/*Tintelnot* InsO[46] § 103 Rn 209; Uhlenbruck/*Wegener* InsO[13] § 103 Rn 98; **aA** wohl OLG Naumburg ZInsO 2004, 1145 (1147); *Marotzke* HK InsO[6] § 103 Rn 127.

[324] OLG Düsseldorf ZIP 1988, 855 (856); 1996, 337 (339); *Huber* MünchKomm InsO[3] § 103 Rn 149; Kübler/Prütting/Bork/*Tintelnot* InsO[46] § 103 Rn 209; nur referierend Graf-Schlicker/*Breitenbücher* InsO[3] § 103 Rn 18.

Es ist aber in jedem Einzelfall genau zu prüfen, inwieweit die Vertretungsmacht des Vertreters auch die Wahlrechtsausübung umfasst.[325] So besteht die Vollmacht einer vom Schuldner eingeschalteten Hilfsperson schon wegen § 117 nicht fort (§ 117 Rn 29 ff).[326] Aber auch vom Insolvenzverwalter erteilte Vollmachten zur Unterstützung bei der Führung eines Unternehmens beziehen sich im Zweifel nicht auch auf die Wahlrechtsrechtsausübung.[327] Insbesondere umfasst eine vom Verwalter erteilte **Prokura** nicht die Wahlrechtsausübung, weil sie kein Rechtsgeschäft ist, das iSd § 49 I HGB der Betrieb eines Handelsgewerbes mit sich bringt. **166**

Die übrigen Bestimmungen der §§ **164 ff BGB** sind gleichfalls anzuwenden. So ist die Bevollmächtigung grundsätzlich formfrei möglich, § 164 II BGB. Der Vertragspartner kann die Wahlrechtsausübung durch einen Bevollmächtigten jedoch nach Maßgabe von § 174 zurückweisen, wenn der Bevollmächtigte keine Vollmachtsurkunde vorlegt. **167**

3. Auslegung

Eine Erfüllungswahl liegt in der Erklärung, die darauf abzielt, dass die beiderseits noch offenen Vertragsansprüche erfüllt werden (Rn 152). Davon zu unterscheiden ist der erklärte Wille, dass nur einer der beiden Ansprüche durchgesetzt werden soll.[328] Erfüllungsablehnung liegt in einer Erklärung, mit der endgültig auf die Erfüllung des Vertrags verzichtet wird. Beide Erklärungen können nach den allgemeinen Grundsätzen nicht nur ausdrücklich, sondern auch konkludent abgegeben werden.[329] Die Erklärungen sind als einseitige empfangsbedürftige Willenserklärungen nach Maßgabe des verobjektivierten Empfängerhorizonts (§§ 133, 157 BGB) auszulegen.[330] Für die Wirksamkeit der Erfüllungswahl kommt es in Übereinstimmung mit den allgemeinen Grundsätzen[331] zu empfangsbedürftigen Erklärungen nicht darauf an, ob der Verwalter tatsächlich Erfüllung des Vertrags wählen will[332] und ob er sich überhaupt bewusst ist, sein Wahlrecht nach § 103 auszuüben und die Rechtsfolge des § 55 I Nr 2 auszulösen[333] (zur Irrtumsan- **168**

---

[325] So verneint BGH WM 1958, 430 (431) Vertretungsmacht, stellt aber nicht die Zulässigkeit der Vertretung in Frage.

[326] So auch schon BGH WM 1958, 430 (431).

[327] Im Fall OLG Düsseldorf ZIP 1988, 855 umfasste die Bevollmächtigung durch den Konkursverwalter an eine Notargehilfin, „ihn in seiner Eigenschaft als Konkursverwalter über das Vermögen der Beteiligten zu 1 hinsichtlich sämtlicher beim Amtsgericht geführten Grundbesitzungen der Beteiligten zu 1 zu vertreten (...), nicht, über das Wahlrecht zu verfügen. – Zum Fehlen der entspr Vertretungsmacht des „Leiters der Abwicklungsmannschaft" des Insolvenzverwalters s OLG Düsseldorf ZIP 1996, 337.

[328] Vgl etwa OLG Stuttgart ZIP 2005, 588 (589); OLG Dresden ZIP 2002, 815 (817).

[329] BGHZ 81, 90 (92); OLG Düsseldorf ZIP 2003, 1306 (1307); OLG Naumburg ZInsO 2004, 1145 ff; *Ahrendt* HambK InsO[4] § 103 Rn 21; Graf-Schlicker/*Breitenbücher* InsO[3] § 103 Rn 16; *Huber* MünchKomm InsO[3] § 103 Rn 156; *Marotzke* HK InsO[6] § 103 Rn 129; Uhlenbruck/*Wegener* InsO[13] § 103 Rn 112, 114.

[330] BGH ZIP 2007, 778 Rn 13; OLG Düsseldorf ZIP 2003, 1306 (1307); OLG Naumburg ZInsO 2004, 1145; Graf-Schlicker/*Breitenbücher* InsO[3] § 103 Rn 12; *Huber* MünchKomm InsO[3] § 103 Rn 155; Uhlenbruck/*Wegener* InsO[13] § 103 Rn 115.

[331] Zum Genügen sog potentiellen Erklärungsbewusstseins BGHZ 91, 324 (329 f); 109, 171 (177); *Bork* AT[3] Rn 596.

[332] OLG Naumburg ZInsO 2004, 1145; OLG Frankfurt ZInsO 2007, 548; *Ahrendt* HambK InsO[4] § 103 Rn 21; *Huber* MünchKomm InsO[3] § 103 Rn 155; Uhlenbruck/*Wegener* InsO[13] § 103 Rn 115.

[333] BGH WM 1958, 430 (432); NJW 1990, 1356 (1357); OLG Hamm BB 1977, 266 (267); OLG Naumburg ZInsO 2004, 1145; OLG Zweibrücken KTS 1972, 116 (119); Uhlenbruck/*Wegener* InsO[13] § 103 Rn 115.

fechtung Rn 197).[334] Insoweit überwiegt der **Vertrauensschutz zugunsten des Vertragspartners,** dem durch Anordnung der Empfangsbedürftigkeit der Erklärung Vorrang beigemessen ist.

169 Im Unterschied zur Auslegung mancher anderen Erklärung und insbesondere von Schuldverträgen ist die **Auslegungsfrage auf die Ja/Nein-Alternative beschränkt**, ob eine bestimmte Verfügung über das Wahlrecht (Erfüllungswahl, Erfüllungsablehnung) vorliegt oder nicht. Der Inhalt des Schuldverhältnisses richtet sich bei Erfüllungswahl – soweit Verwalter und Vertragspartner keinen Änderungsvertrag schließen (Rn 186, 188) – allein nach dem ursprünglichen Vertrag. Bei der Auslegung ist insbesondere zu berücksichtigen, ob der Insolvenzverwalter für den Vertragspartner erkennbar angenommen hat, dass es einer Erfüllungswahl bedarf oder dass die Voraussetzungen des § 103 nicht vorliegen (Rn 175, 177). Insoweit lässt sich auch das Vorverhalten des (personenidentischen) vorläufigen Verwalters berücksichtigen,[335] der die Erklärung nach § 103 nicht abgeben kann (Rn 161), so dass es immer noch einer auslegbaren Willensbetätigung des Verwalters bedarf. Auch eine Aufforderung des Vertragspartners zur Erklärung nach § 103 II 2 (Rn 203 ff) beeinflusst die Auslegung des Verwalterverhaltens, weil dem Verwalter aufgrund der in Gang gesetzten Erklärungsfrist droht, die Möglichkeit zur Erfüllungswahl zu verlieren.

170 Eine Verwaltererklärung löst die Rechtswirkungen der Erfüllungswahl nur aus, wenn der Vertragspartner aufgrund der ihm erkennbaren Umstände und der Verkehrssitte dieser Erklärung entnehmen konnte und musste, dass der Verwalter Erfüllung des Vertrags (Vertragsdurchführung) will.[336] An eine **konkludente Ausübung des Wahlrechts** sind **strenge Anforderungen** zu stellen,[337] weil die Erklärung einerseits für den Verwalter nicht widerrufbar ist und anderseits der Vertragspartner sich durch Aufforderung an den Insolvenzverwalter nach § 103 II 2 Klarheit verschaffen kann[338]. Der Verwalter muss klar und eindeutig für den Vertragspartner erkennen lassen, Erfüllung zu wählen.[339]

171 Es fehlt an einer Erfüllungswahl nicht nur, wenn für den Vertragspartner erkennbar ist, dass der Verwalter nicht das Bewusstsein oder den Willen zur Erfüllungswahl hatte, sondern auch wenn das **Verhalten des Insolvenzverwalters objektiv mehrdeutig** ist. So kann es liegen, wenn dem Vertragspartner nicht deutlich wird, aus welchem Motiv der Verwalter seine Erklärung abgibt. Auch ein stillschweigendes Erfüllungsverlangen ist zwar denkbar, aber kaum einmal anzunehmen.[340] Grundsätzlich sind **Schweigen, Passivität oder Zeitablauf nicht als konkludente Erfüllungswahl** zu verstehen.[341] Eine Aus-

[334] BGHZ 103, 250 (254) z Erfüllungsablehnung.

[335] OLG Naumburg ZInsO 2004, 1145 (1146 f).

[336] BGHZ 81, 90; BGH NJW 1962, 2226; ZIP 1998, 298; OLG Dresden ZIP 2002, 815; OLG Düsseldorf ZIP 2003, 1306; OLG Naumburg ZInsO 2004, 1145; OLG Stuttgart ZIP 2005, 588 f; *Ahrendt* HambK InsO[4] § 103 Rn 21; Graf-Schlicker/*Breitenbücher* InsO[3] § 103 Rn 16; *Huber* MünchKomm InsO[3] § 103 Rn 155; *ders* InsR-Hb[4] § 35 Rn 3; Kübler/Prütting/Bork/*Tintelnot* InsO[46] § 103 Rn 214, 225; Uhlenbruck/*Wegener* InsO[13] § 103 Rn 115.

[337] OLG Brandenburg NZI 2009, 117; OLG Stuttgart ZIP 2005, 588; *Ahrendt* HambK InsO[4] § 103 Rn 21; Kübler/Prütting/Bork/*Tintelnot* InsO[46] § 103 Rn 215; Uhlenbruck/*Wegener* InsO[13] § 103 Rn 115.

[338] *Ahrendt* HambK InsO[4] § 103 Rn 21; Kübler/Prütting/Bork/*Tintelnot* InsO[46] § 103 Rn 215.

[339] OLG Dresden ZIP 2002, 815; OLG Stuttgart ZIP 2005, 588; Uhlenbruck/*Wegener* InsO[13] § 103 Rn 115.

[340] RGZ 96, 292 (295); *Huber* MünchKomm InsO[3] § 103 Rn 158; Kübler/Prütting/Bork/*Tintelnot* InsO[46] § 103 Rn 215.

[341] BGHZ 81, 90 (93); OLG Naumburg ZInsO 2004, 1145; Graf-Schlicker/*Breitenbücher* InsO[3] § 103 Rn 16; *Huber* MünchKomm InsO[3] § 103 Rn 158; Kübler/Prütting/Bork/

nahme wird erwogen, wenn der Insolvenzverwalter sich nach Treu und Glauben und unter Würdigung der Umstände des Einzelfalls hätte gegenteilig äußern müssen.[342]

a) **Vertragsdurchführung oder Abstandnahme.** Das Verhalten des Verwalters ist als Erfüllungswahl zu verstehen, wenn es auf die Vertragsdurchführung abzielt. So liegt es insbesondere, wenn der Verwalter nicht nur die offene Leistung des Vertragspartners verlangt, sondern im Gegenzug für die Leistung auch die noch offene Gegenforderung aus der Masse befriedigen will.[343] Dies ist insbesondere der Fall, wenn der Verwalter die ihm obliegende Gegenleistung Zug um Zug gegen die Leistung des Vertragspartners anbietet.[344] Umgekehrt lässt sich das Verhalten des Verwalters als Erfüllungsablehnung verstehen, wenn er sich auf eine Rechtsfolge stützt, die nur bei Verzicht auf Erfüllungswahl eintritt. So wird regelmäßig in der Insolvenz des Vermieters einer beweglichen Sache das Herausgabeverlangen dahin zu verstehen sein, dass der Verwalter den Mietvertrag nicht erfüllen möchte. **172**

b) **Leistungserbringung.** Das Verhalten des Verwalters kann sich aber auch darauf beschränken, die vom Insolvenzschuldner eingegangene Verpflichtung zu erfüllen oder deren Erfüllung anzukündigen. Im Unterschied zum erklärten Willen, den gesamten Vertrag durchzuführen, fehlt es dann zwar an einer ausdrücklichen Äußerung zum eigenen Leistungsanspruch. Jedoch lässt sich angesichts §§ 38, 87 allein schon die Erfüllungsleistung des Verwalters regelmäßig nur damit erklären, dass der Verwalter die schuldnerische Verpflichtung durch Erfüllungswahl von einer Insolvenz- zur Masseforderung aufwerten will. Daher ist **im Zweifel eine Erfüllungswahl anzunehmen, wenn der Insolvenzverwalter mit Mitteln der Masse die vom Insolvenzschuldner eingegangene Verpflichtung erfüllt**[345] oder gerügte Mängel beseitigt[346]. Das gilt insbesondere, wenn die vom Verwalter erbrachte Leistung nach dem Vertrag wie beim Bauvertrag vorzuleisten war. Unerheblich ist grundsätzlich auch, ob der Verwalter selbst in Erscheinung tritt oder Dritte ein vom Schuldner als Unternehmer herzustellendes Werk vollenden lässt.[347] Denn diese Dritten können eine Erklärung des Verwalters als Bote übermitteln oder auch Vertreter (Rn 165) sein. **173**

Ausnahmen sind möglich (Rn 180). Der Insolvenzverwalter kann für den Vertragspartner erkennbar die Leistung aus einem anderen Grund als dem der Erfüllungswahl erbringen. Er mag sich etwa wegen eines Aussonderungsrechts oder wegen §§ 106 f als dazu verpflichtet ansehen. Die Leistungserbringung kann auch unter dem Vorbehalt erfolgen, dass sie keine Erfüllungswahl darstellt. Ferner mag die Leistungserbringung durch Dritte nicht auf den Willen des Insolvenzverwalters zurückgehen und daher nicht seine Erfüllungswahl sein. Schließlich kann die Verpflichtung, aus der Masse die Leistung (beispielsweise als Nutzungsentschädigung statt als Miete) zu erbringen, ausnahmsweise auch im Falle der Erfüllungsablehnung bestehen (Rn 180). **174**

Tintelnot InsO[46] § 103 Rn 215; Uhlenbruck/*Wegener* InsO[13] § 103 Rn 124.

342 BGHZ 81, 90; OLG Naumburg ZInsO 2004, 1145; Uhlenbruck/*Wegener* InsO[13] § 103 Rn 124.

343 OLG Dresden ZIP 2002, 815; OLG Hamm NJW 1977, 768; Uhlenbruck/*Wegener* InsO[13] § 103 Rn 116.

344 OLG Stuttgart, ZIP 2005, 588; *Huber* MünchKomm InsO[3] § 103 Rn 156; Uhlenbruck/*Wegener* InsO[13] § 103 Rn 116; *ders* Wahlrecht Rn 671.

345 OLG Frankfurt NJW-RR 1988, 338; OLG Stuttgart ZIP 2005, 588; *Huber* MünchKomm InsO[3] § 103 Rn 156; Kübler/Prütting/Bork/*Tintelnot* InsO[46] § 103 Rn 221; Uhlenbruck/*Wegener* InsO[13] § 103 Rn 118.

346 Kübler/Prütting/Bork/*Tintelnot* InsO[46] § 103 Rn 221; *Schmitz* ZIP 2001, 765 (767).

347 *Huber* MünchKomm InsO[3] § 103 Rn 156.

175 c) **Leistungsaufforderung.** Die Aufforderung des Insolvenzverwalters an den Vertragspartner, die von diesem geschuldete Leistung zu erbringen, ist **isoliert betrachtet mehrdeutig.** Sie kann einerseits einen verfahrenstypischen Forderungseinzug bedeuten, insbesondere wenn der Insolvenzverwalter davon ausgeht, dass der Insolvenzschuldner bereits vor Verfahrenseröffnung vollständig vorgeleistet hat.[348] Forderungseinzug ohne Erfüllungswahl liegt auch dann vor, wenn der Verwalter die Forderung nicht auf den Vertrag, sondern auf gesetzliche, insbesondere dingliche Ansprüche wie §§ 894, 985 BGB (wenn beispielsweise der verkaufte Gegenstand bereits übereignet, aber nicht übergeben wurde) stützen kann (vgl unten Rn 220).[349] Die Leistungsaufforderung kann aber auch Erfüllungswahl bedeuten, wenn der Insolvenzverwalter die noch offene Gegenleistung selbst aus der Masse erbringen will. Erfüllungswahl setzt also zusätzlich zur Leistungsaufforderung noch voraus, dass der Verwalter ggf konkludent seine eigene **Erfüllungsbereitschaft** erklärt. Folglich ist allein die bloße Leistungsaufforderung grundsätzlich keine Erfüllungswahl.[350]

176 Eigene Erfüllungsbereitschaft und damit Erfüllungswahl bringt der Insolvenzverwalter insbesondere zum Ausdruck, wenn er die Leistungsaufforderung damit verbindet, dass er Einwendungen anerkennt, beispielsweise lediglich **Leistung „Zug um Zug" verlangt.**[351] Wenn aus der Vorkorrespondenz die Gegenseitigkeit der offenen Ansprüche dem Verwalter bekannt ist, bedeutet die Leistungsaufforderung Erfüllungswahl, solange der Insolvenzverwalter die Gegenseitigkeit hinnimmt und unter Berücksichtigung der Vorkorrespondenz sein Erfüllungsverlangen stellt. Schließlich bedeutet die Leistungsaufforderung Erfüllungswahl, wenn sonstige Umstände darauf schließen lassen, dass nach Leistung des Vertragspartners die Gegenleistung noch erbracht werden muss.[352] So liegt es nicht bei allen gegen den Vertragspartner gerichteten Sachleistungsansprüchen,[353] da auch insoweit Vorleistungen des Insolvenzschuldners nicht ausgeschlossen sind. Beispielsweise beim Bauvertrag allerdings, bei dem das Gesetz die Vorleistung des abnahmefähigen Werks verlangt, ist die Leistungsaufforderung grundsätzlich als Erfüllungswahl zu verstehen.

177 Die Leistungsaufforderung stellt aber keine Erfüllungswahl dar, wenn sich der Leistungsaufforderung nicht die Bereitschaft des Verwalters entnehmen lässt, die Gegenleistung zu erbringen. Eine **Erfüllungswahl scheidet also aus, wenn der Verwalter eigene Leistungspflichten bestreitet.** Das gilt insbesondere auch für das Leugnen einer Nacherfüllungspflicht. Freilich kommt es nicht auf die objektive Rechtslage an, sondern auf das vom Verwalter Erklärte oder jedenfalls das von ihm erkennbar zugrunde Gelegte. Eine Erfüllungswahl scheidet aber auch aus, wenn der Verwalter die Möglichkeit einer Gegenleistungsverpflichtung ausgeblendet hat. So kann es bei einer bloßen standardisierten Zahlungsaufforderung liegen, die sich als typischer Akt des Forderungseinzugs durch den Insolvenzverwalter darstellt, etwa wenn der Insolvenzverwalter den „fälligen Saldo" geltend macht[354]. Diese ist nach dem Vorstehenden als typischer Fall der bloßen Leistungsaufforderung keine Erfüllungswahl. In allen diesen Fällen der Leistungsaufforde-

---

[348] BGH NJW 1962, 2296 f; OLG Dresden ZIP 2002, 815 (817).

[349] BGH ZIP 2009, 428 Rn 14.

[350] OLG Dresden ZIP 2002, 815 (817); OLG Hamm NJW 1977, 768; OLG Stuttgart ZIP 2005, 588 (589); Uhlenbruck/*Wegener* InsO[13] § 103 Rn 116; **aA** OLG Frankfurt ZInsO 2007, 548 (550); ebenso **abw** OLG Celle, Urt v 23.5.2000 – 16 U 208/99, dazu zu Recht **krit** *Schmitz* EWiR 2000, 641; ferner **abw** *Marotzke* HK InsO[6] § 103 Rn 129, 132.

[351] OLG Stuttgart ZIP 2005, 588 (589).

[352] Vgl Uhlenbruck/*Wegener* InsO[13] § 103 Rn 116.

[353] So aber Kübler/Prütting/Bork/*Tintelnot* InsO[46] § 103 Rn 221.

[354] OLG Hamm NJW 1977, 768.

rung bedeutet das schlichte Leugnen einer eigenen Leistungspflicht durch den Verwalter allein noch keine Erfüllungsablehnung. Denn der Verwalter bringt sein Interesse an der Erfüllungsleistung durchaus zum Ausdruck, erklärt lediglich, dass er nach seiner Rechtsauffassung nicht zur Leistung verpflichtet ist. Zu seiner Möglichkeit, die Rechtslage umzugestalten, erklärt er sich indessen nicht.

Die vorstehenden Grundsätze gelten auch, wenn der Insolvenzverwalter den Vertrags- **178**
partner in Gestalt einer Klage oder durch Aufnahme eines Aktivprozesses (§ 85) zur Leistung auffordert.[355] Der Insolvenzverwalter muss also seine Erfüllungsbereitschaft ausdrücken, was regelmäßig durch **„Zug um Zug"-Antrag** geschieht oder zusätzlichen Feststellungsantrag, dass der Beklagte in Verzug der Annahme ist. Fehlen entsprechende Hinweise, fehlt es auch bei der Klage an einer Erfüllungswahl.

d) **Leistungsentgegennahme.** Dementsprechend kann auch allein darin **keine konklu-** **179**
dente Erfüllungswahl gesehen werden, dass die Leistung des Vertragspartners vom Insolvenzverwalter oder gar ohne sein Zutun von Hilfspersonen entgegengenommen wird.[356] Gleiches gilt, wenn der Verwalter es duldet oder weiß, dass Leistungen des Vertragspartners entgegengenommen werden.[357] Das gilt selbst dann, wenn der Vertragspartner zuvor den Insolvenzverwalter nach § 103 II 2 aufgefordert hat, sich über den Vertrag zu erklären.[358]

Gibt der Insolvenzverwalter eine gemietete oder geleaste bewegliche Sache nach Ver- **180**
fahrenseröffnung nicht heraus, sondern nutzt sie weiter, liegt hierin ebenfalls grundsätzlich keine konkludente Erfüllungswahl.[359] Denn § 103 II belässt dem Insolvenzverwalter eine erst mit Aufforderung des Vertragspartners beginnende Überlegungsfrist, ob er den Vertrag fortsetzen möchte. Nach hier vertretener Auffassung bleibt der nutzende Verwalter allerdings jedenfalls zur Zahlung der Miete in Gestalt einer Nutzungsentschädigung verpflichtet (Rn 285). Daher kann **auch einer Zahlung in Höhe der Miete** hier (sonst Rn 173 f) **keine Erfüllungswahl** entnommen werden.[360] Bezeichnet der Verwalter die Zahlung als Miete, spricht das allerdings für Erfüllungswahl, während eine Bezeichnung als Nutzungsentschädigung keinesfalls Erfüllungswahl, allein aber auch noch keine Ablehnung ist.[361] Entscheidend ist, wie sich der Verwalter sonst gegenüber dem Vertragspartner erklärt. Äußert beispielsweise der Verwalter, den Vertragsgegenstand bis zum Berichtstermin nutzen zu wollen und erst dann eine endgültige Entscheidung zu treffen, ist dies weder eine Erfüllungswahl noch eine Erfüllungsablehnung.[362] Kündigt der Verwalter indes die Stilllegung zu einem bestimmten Termin an, legt dieses Verhalten eine Ablehnung nahe. Angesichts der speziellen Regelung in § 103 II kommt es auch selbst nach dem Berichtstermin nicht in Betracht, die Weiternutzung der Sache nach § 545 BGB (für Pacht entsprechend: 581 II BGB; für Leasing: analog) als Erfüllungswahl zu verstehen.[363]

---

[355] Vgl Uhlenbruck/*Wegener* InsO[13] § 103 Rn 121. – Konsequent auch *Marotzke* HK InsO[6] § 103 Rn 129, der Klage wie Leistungsaufforderung für Erfüllungswahl hält.

[356] BGHZ 81, 90 (94); 83, 359 (363); OLG Brandenburg NZI 2009, 117; OLG Naumburg ZInsO 2004, 1145 (1146); Graf-Schlicker/*Breitenbücher* InsO[3] § 103 Rn 17; *Huber* MünchKomm InsO[3] § 103 Rn 158; Uhlenbruck/*Wegener* InsO[13] § 103 Rn 119, 124.

[357] *Huber* MünchKomm InsO[3] § 103 Rn 158; Uhlenbruck/*Wegener* InsO[13] § 103 Rn 124.

[358] Uhlenbruck/*Wegener* InsO[13] § 103 Rn 119.

[359] BGH ZIP 2007, 778 Rn 13.

[360] *Eckert* MünchKomm InsO[3] § 108 Rn 138; **aA** AG Zweibrücken ZIP 2005, 679 (LS); *Obermüller* Bankpraxis[8] Rn 7.20.

[361] Vgl Uhlenbruck/*Wegener* InsO[13] § 103 Rn 122.

[362] BGH ZIP 2007, 778 Rn 13; Graf-Schlicker/*Breitenbücher* InsO[3] § 103 Rn 14.

[363] **AA** *Marotzke* HK InsO[6] § 103 Rn 136.

181 e) **Verwertung.** Veräußert, verbindet, vermischt oder verarbeitet der Insolvenzverwalter eine Sache, verwertet er diese also, so kann er dieselbe nicht mehr herausgeben. Auch wenn ein entsprechendes Recht zu dieser Verwertungshandlung für den Schuldner nur auf einem Vertrag beruhte, lässt sich ein solches Verhalten des Verwalters **grundsätzlich nicht als Erfüllungswahl** auslegen.[364] Im Unterschied zur KO gilt das schon deswegen, weil der Verwalter **zu diesen Verwertungshandlungen regelmäßig schon kraft Gesetzes befugt** ist, auch wenn an diesen Sachen ein Absonderungsrecht besteht. § 166 I befugt den Insolvenzverwalter zur Verwertung beweglichen Absonderungsguts, wenn er die Sache in Besitz hat.[365] § 172 II knüpft daran auch die Befugnis zur Verbindung, Vermischung und Verarbeitung. Unrechtmäßig handelt der Verwalter daher bei der Verwertung nur, wenn ein Aussonderungsrecht des Vertragspartners besteht; meist wird es das des Verkäufers unter einfachem Eigentumsvorbehalt sein, s § 107 Rn 74.

182 Aber auch wenn die **Verwertungshandlung ohne Erfüllungswahl unrechtmäßig** wäre, zwingt dieser mögliche Rechtsbruch allein nicht dazu, dieses Verhalten als Erfüllungswahl anzusehen. Der Verwalter mag den Rechtsbruch verkannt oder möglicherweise insbesondere für einzelne einer Vielzahl verkaufter Gegenstände hingenommen haben.[366] Im letzteren Fall ist der Aussonderungsberechtigte dann durch Ansprüche geschützt, die aus der Masse zu erfüllen sind, §§ 667, 687 II, 989, 990 II 2, § 816 I 1 BGB, §§ 48, 55 I Nr 1, Nr 3, oder sich gegen den Verwalter persönlich richten, § 60.[367] Eine Auslegung als Erfüllungswahl setzt indessen zunächst voraus, dass das Verwalterverhalten überhaupt eine Erklärung gegenüber dem Vertragspartner (nicht nur ein Rechtsgeschäft gegenüber dem Erwerber oder einen bloßen Realakt) darstellt.[368] So mag man eine Erfüllungswahl annehmen, wenn der Verwalter auf die Aufforderung nach § 103 II 2 dem Vertragspartner mitteilt, er habe die Kaufsache inzwischen weiterveräußert.[369]

183 f) **Weitere Einzelfälle.** Kein Erfüllungsverlangen des Insolvenzverwalters liegt vor, wenn er sich für die **Beschaffung eines Kredits** einsetzt, mit dem der Vertragspartner als Käufer seine Erfüllung des Vertrags finanzieren will.[370] Ein vom Insolvenzverwalter der ausdrücklich erklärten Erfüllungsablehnung beigefügter Zusatz, er **kündige den Vertrag vorsorglich** auf, kann nicht dahin ausgelegt werden, dass er bis zur Wirksamkeit der Kündigung erfüllen wolle und Erfüllung verlange. Der Zusatz kann nur bedeuten, dass er kündige, falls die Erfüllungsablehnung nicht gerechtfertigt ist.[371]

184 Der **Insolvenzverwalter eines Bauträgers** wählt nicht konkludent Erfüllung, wenn er Mängelrechte an einen Erwerber abtritt.[372] Bei Bauverträgen ist die Vorbehaltserklärung gegen Schlussrechnung gem § 16 III Nr 5 VOB/B nicht als Erfüllungswahl auszulegen.[373] **Gibt der Insolvenzverwalter** ein gekauftes, aber noch nicht an den Insolvenzschuldner

---

364 BGH ZIP 1998, 298 (299 f); OLG Düsseldorf ZIP 2003, 1306 (1307); *Ahrendt* HambK InsO⁴ § 103 Rn 23; Graf-Schlicker/*Breitenbücher* InsO³ § 103 Rn 17; *Huber* MünchKomm InsO³ § 103 Rn 157; *Marotzke* HK InsO⁶ § 103 Rn 133 f; Uhlenbruck/*Wegener* InsO¹³ § 103 Rn 120; **aA** OLG Celle ZIP 1988, 384 (385); LG Arnsberg MDR 2000, 1153; großzügiger als hier auch *Ganter* MünchKomm InsO³ § 48 Rn 25.

365 Vgl insb z Anzeige nach § 168 OLG Düsseldorf ZIP 2003, 1306 (1308).

366 Vgl schon RGZ 64, 334 (338).

367 Vgl *Huber* MünchKomm InsO³ § 103 Rn 157.

368 BGH ZIP 1998, 298 (300).

369 Vgl *Ahrendt* HambK InsO⁴ § 103 Rn 23.

370 OLG Celle WM 1968, 491.

371 OLG Düsseldorf KTS 1965, 44 (46).

372 *Ahrendt* HambK InsO⁴ § 103 Rn 23; Kübler/Prütting/Bork/*Tintelnot* InsO⁴⁶ § 103 Rn 221; **aA** *Feuerborn* ZIP 1994, 14 (17).

373 *Ahrendt* HambK InsO⁴ § 103 Rn 23.

übereignetes **Grundstück frei**, lehnt der Insolvenzverwalter konkludent die Erfüllung ab.[374] Dadurch, dass der Verwalter sich mit einer vor der Insolvenz vollzogenen unvollkommenen Erfüllung zufrieden gibt, verlangt er keine Erfüllung.

4. Erklärungen unter Einschränkungen und Bedingungen

Der Insolvenzverwalter hat weder die Möglichkeit, Bedingungen des Vertrags einseitig **185**
zu ändern oder die Erfüllungswahl statt auf den ganzen Vertrag nur auf Vertragsteile zu beziehen.[375] Einen Vorbehalt, durch den der Verwalter die gesetzlichen Folgen des § 55 I Nr 2 irgendwie einschränkt, braucht der Gegner nicht hinzunehmen. Das **Verwalterwahlrecht** ist als Gestaltungsrecht **bedingungsfeindlich.**[376] Erklärt der Verwalter, dass er auf Erfüllung bestehe, falls der Insolvenzschuldner nicht schon voll geleistet habe, fügt er seiner Erklärung allerdings nur eine unschädliche Rechtsbedingung bei, so dass eine Erfüllungswahl gegeben ist.

Über die vorstehenden Grundsätze besteht Einigkeit. Umstritten sind hingegen die **186**
Rechtsfolgen, wenn der **Insolvenzverwalter erklärt, den Vertrag unter Einschränkungen oder Bedingungen erfüllen zu wollen.** Die Rechtfolgen müssen sich danach unterscheiden, ob der Vertragspartner sich auf die Modifizierungen des Insolvenzverwalters einlässt oder nicht. Akzeptiert der Vertragspartner, so will die heute herrschende Auffassung die Ablehnung des Altvertrags durch den Verwalter und einen Neuabschluss konstruieren.[377] Die Rechtsprechung hatte ursprünglich noch eine Erfüllungswahl unter Abänderung des Vertrags angenommen.[378] Lehnt der Vertragspartner ab, so ist es auf Grundlage der geschilderten Auffassung allein konsequent, dann in der Modifizierungsofferte des Verwalters ebenfalls eine Ablehnung des Vertrags zu sehen.[379] Der Verwalter wäre dann nicht mehr in der Lage, Erfüllung des Vertrags zu den ursprünglichen Konditionen zu verlangen.

Es gibt aber auch Gegenstimmen. So soll die Modifizierungsanfrage dem Verwalter **187**
die Möglichkeit nicht nehmen, noch Erfüllung zu wählen.[380] Der **Verwalter müsse in Verhandlungen treten können**, ohne sein Wahlrecht zu verlieren, solange nicht die Voraussetzungen des § 103 II 2, 3 vorlägen. Bei Einigung auf neue Konditionen läge kein Neuabschluss (Novation), sondern eine Änderung des Altvertrags vor. Das habe insbesondere

[374] BGH ZIP 1982, 189 (190); Kübler/Prütting/Bork/*Tintelnot* InsO[46] § 103 Rn 219.

[375] BGHZ 103, 250 (253 f); 169, 43 Rn 14; *Huber* MünchKomm InsO[3] § 103 Rn 161; Kübler/Prütting/Bork/*Tintelnot* InsO[46] § 103 Rn 218; *Marotzke* HK InsO[6] § 103 Rn 128; Uhlenbruck/*Wegener* InsO[13] § 103 Rn 123.

[376] Zu Gestaltungsrechten allg BGHZ 32, 375 (383); Staudinger/*Bork* BGB[2010] Vor § 158 Rn 38. – Zum Verwalterwahlrecht im Besonderen BGHZ 103, 250 (253); BGH WM 1958, 430 (432); OLG Hamburg MDR 1952, 754 (755); OLG Stuttgart ZIP 2005, 588 (589); *Ahrendt* HambK InsO[4] § 103 Rn 17; Graf-Schlicker/*Breitenbücher* InsO[3] § 103 Rn 12; *Huber* MünchKomm InsO[3] § 103 Rn 159; Kübler/Prütting/Bork/*Tintelnot* InsO[46] § 103 Rn 214; *Marotzke* HK InsO[6] § 103 Rn 138; Uhlenbruck/*Wegener* InsO[13] § 103 Rn 123.

[377] BGHZ 103, 250 (254); LG Mainz NZI 2003, 209; *Ahrendt* HambK InsO[4] § 103 Rn 19; Graf-Schlicker/*Breitenbücher* InsO[3] § 103 Rn 12; *Huber* MünchKomm InsO[3] § 103 Rn 161; Uhlenbruck/*Wegener* InsO[13] § 103 Rn 123; vgl auch BGHZ 169, 43 Rn 14.

[378] BGH WM 1958, 430 (432); RGZ 129, 230 ff.

[379] Vgl BGHZ 169, 43 Rn 14; Uhlenbruck/*Wegener* InsO[13] § 103 Rn 123.

[380] Kübler/Prütting/Bork/*Tintelnot* InsO[46] § 103 Rn 218; *Marotzke* HK InsO[6] § 103 Rn 143; Uhlenbruck/*Wegener* InsO[13] § 103 Rn 123.

wie beim Vergleich den Vorteil, dass für dieses Vertragsverhältnis bestehende Rechtspositionen wie **akzessorische Sicherungen und Drittrechte erhalten** blieben.[381]

188 Diesen **Gegenstimmen ist im Ergebnis zu folgen.** Dem Versuch des Verwalters, die Konditionen des Vertrags zu verändern, ist grundsätzlich nicht der Wille zu entnehmen, auf das Wahlrecht zu verzichten. Denn zunächst einmal brächte dieser Verzicht dem Verwalter nur einen Rechtsnachteil, den in Kauf zu nehmen kein Grund besteht. Vor allem aber führt die Erfüllungsablehnung nicht zur Beendigung des offenen Vertrags,[382] sondern zu seiner insolvenzmäßigen Berücksichtigung im Verfahren, auf die der Verwalter aber mit seiner Modifizierungsofferte gerade nicht abzielt. Die hiesige **Problemlage unterscheidet sich so zumindest in zweierlei Hinsicht von der des § 150 II BGB.** Zum einen läuft eine Frist zur Erklärung nur, wenn der Vertragspartner den Insolvenzverwalter nach § 103 II 2 zur Erklärung auffordert. Zum anderen führt die Erfüllungsablehnung zur insolvenzmäßigen Abwicklung des Vertrags nach § 103 II, während bei § 150 II BGB allein das Angebot erlischt. Dieser Umstand, dass der Vertrag bei Ablehnung nicht wegfällt, spricht auch zusätzlich gegen die herrschende Interpretation, in der Einigung über eine Modifizierung den Abschluss eines neuen Vertrags zu erblicken. Darüber hinaus missachtet diese Auffassung die heute überwiegend anerkannte Dogmatik zum Vergleich. Die Beteiligten wollen regelmäßig nicht ein neues Schuldverhältnis schaffen, sondern nur den umstrittenen Vertragsteil ersetzen.[383] Hier geht es darum, die Vertragswirkungen für den Fall der Insolvenz neu zu ordnen. Die durch den „Änderungsvertrag" geschaffenen Pflichten wird der Verwalter, fehlt eine abweichende Regelung, in der Regel als Masseforderung zu erfüllen haben. Diese Folge ergibt sich nicht aus der Erfüllungswahl (§§ 103 I, 55 I Nr 2 Fall 1), sondern aus dem Vertragsschluss durch den Verwalter (§ 55 I Nr 1).[384]

5. Wirksamkeit

189 a) **Wirksamwerden und Widerruf.** Die Willenserklärung, mit der der Verwalter Erfüllung wählt oder auf sein Wahlrecht verzichtet (Erfüllungsablehnung) wird unter Abwesenden wirksam, sobald sie dem Vertragspartner zugeht (**§ 130 BGB**).[385] Ein Widerruf der Willenserklärung ist nach Zugang beim Vertragspartner unzulässig.[386]

190 b) **Form.** Die Erfüllungswahl ist nicht an die Einhaltung eines bestimmten Formgebots geknüpft.[387] Die Erfüllungswahl ist daher **auch konkludent möglich** (Rn 170 ff). Denn die Willenserklärung des Verwalters begründet keine vertragliche Verpflichtung, sondern betrifft nur den haftungsrechtlichen Status der bestehenden Verpflichtung. Die Erfüllungswahl hält die Forderung als Masseschuld (§ 55 I Nr 2) aufrecht. Daher bedarf sie auch nicht der Form des § 311b I BGB, wenn der Verwalter die Erfüllung eines Vertrags wählt, durch den sich der nachmalige Insolvenzschuldner verpflichtet hatte, ein (nun zur Insolvenzmasse gehörendes) Grundstück zu übereignen.

---

381 Kübler/Prütting/Bork/*Tintelnot* InsO[46] § 103 Rn 218.

382 Uhlenbruck/*Wegener* InsO[13] § 103 Rn 123.

383 Umfassend *Bork* Vergleich S 119 f, 123 ff.

384 BGHZ 169, 43 Rn 14; Graf-Schlicker/*Breitenbücher* InsO[3] § 103 Rn 12.

385 Uhlenbruck/*Wegener* InsO[13] § 103 Rn 113.

386 OLG Hamburg MDR 1952, 754; *Huber* MünchKomm InsO[3] § 103 Rn 167; Kübler/Prütting/Bork/*Tintelnot* InsO[46] § 103 Rn 214; *Marotzke* HK InsO[6] § 103 Rn 127; Uhlenbruck/*Wegener* InsO[13] § 103 Rn 125.

387 *Ahrendt* HambK InsO[4] § 103 Rn 18; *Bork* FS Zeuner (1994) S 297 (314); *Huber* MünchKomm InsO[3] § 103 Rn 154; Kübler/Prütting/Bork/*Tintelnot* InsO[46] § 103 Rn 214; *Marotzke* HK InsO[6] § 103 Rn 129; Uhlenbruck/*Wegener* InsO[13] § 103 Rn 113.

Auch ein vom Verwalter mit dem Vertragspartner (Grundstückskäufer) abgeschlossener außergerichtlicher Vergleich (§ 779 BGB) – der gerichtliche genügt als solcher schon jenem Formerfordernis (§ 127a BGB) – bedarf nicht der **Form des § 311b I BGB**, wenn er lediglich den Inhalt hat, dass der Insolvenzverwalter den Vertrag als Masseschuld erfüllen will und seinerseits Erfüllung verlangt. Gleiches muss gelten für eine Einigung des Insolvenzverwalters mit dem Vertragspartner, die den Inhalt eines Vertrags mit entsprechenden Pflichten lediglich modifiziert (Rn 188). Hingegen ist das entsprechende Formgebot zu wahren, falls eine von diesem Gebot erfasste Verpflichtung im Zuge einer solchen Modifizierung neu begründet wird. **191**

c) **Inhaltskontrolle.** Unter der Konkursordnung hat die Rechtsprechung das Verwalterwahlrecht vereinzelt nach § 242 BGB begrenzt, um unbillige Ergebnisse im Einzelfall zu verhindern.[388] Das geschah allein, um den Käufer unter Eigentumsvorbehalt in der Insolvenz des Verkäufers vor der Erfüllungsablehnung des Insolvenzverwalters zu schützen, die der BGH im Grundsatz für zulässig erachtete.[389] Dieses spezielle Problem hat sich durch § 107 I erledigt.[390] Die Heranziehung von **§ 242 BGB begegnet aber grundsätzlichen Bedenken.**[391] Der Anwendungsbereich von § 103 legt fest, ob eine Position insolvenzfest ist oder dem Wahlrecht des Verwalters unterfällt. Ist der Anwendungsbereich eröffnet, ist die Position des Vertragspartners nicht insolvenzfest, so dass er sich nach §§ 38, 87 mit der Insolvenzquote begnügen muss.[392] Eine Pflicht des Verwalters gegenüber dem Vertragspartner, Erfüllung zu wählen oder sie abzulehnen, kennt das Gesetz nicht.[393] Die Erfüllungswahl ist stets nur eine zusätzliche Möglichkeit für den Verwalter neben der, den Vertragspartner darauf zu verweisen, dass seine Position nicht insolvenzfest ist. **192**

Bei folgenden Einzelfällen liegt insbesondere keine Beschränkung des Wahlrechts vor. Angesichts von § 105 S 1 ist es **unerheblich, ob der Vertragspartner nahezu die gesamte ihm obliegende Verbindlichkeit erfüllt** hat.[394] Infolge der Möglichkeit des Vertragspartners, den Verwalter nach § 103 II 2 zur Entscheidung über sein Wahlrecht aufzufordern, kann der Insolvenzverwalter sonst noch lange Zeit nach Verfahrenseröffnung die Erfüllung ablehnen.[395] Kann der Insolvenzverwalter nach Erfüllungswahl selbst nicht erfüllen, sind die Rechtsfolgen ebenfalls nicht bei § 242 BGB, sondern den allgemeinen Regelungen wie **Sekundärrechten zulasten der Masse und Haftungsansprüchen** (**§ 61**) gegen den Verwalter persönlich zu suchen.[396] Strebt der Insolvenzverwalter für die Masse nach der Leistung, die er auch aus dem offenen Vertrag verlangen kann, so muss er nicht wegen § 242 BGB dieses Ziel über die Erfüllungswahl erreichen. Er kann die Erfüllung des Vertrags ablehnen und einen **neuen Vertrag mit entsprechendem Inhalt** schließen, auch wenn diese Gestaltung – insbesondere angesichts erfolgter Vorauszahlungen oder Haftungsübernahmen – zulasten des Vertragspartners oder Dritter, etwa eines Bürgen geht.[397] Denn deren Interessen ist der Verwalter nicht verpflichtet, solange deren Position nicht **193**

---

388 BGHZ 98, 160 (168 f); BGH NJW 1962, 2296; RGZ 140, 156 (162).

389 Vgl auch Jaeger/*Henckel* KO[9] § 17 Rn 52 ff.

390 BGH ZIP 2003, 2379 (2381).

391 *Marotzke* HK InsO[6] § 103 Rn 68; *Huber* MünchKomm InsO[3] § 103 Rn 203; Kübler/Prütting/Bork/*Tintelnot* InsO[46] § 103 Rn 250; auch zweif, aber offen lassend, BGH ZIP 2003, 2379 (2381); **aA** *Obermüller* Bankpraxis[8] Rn 5.772 f.

392 *Marotzke* HK InsO[6] § 103 Rn 68, 146.

393 BGHZ 81, 90 (92); *Kübler* ZIP 1980, 101; Uhlenbruck/*Wegener* InsO[13] § 103 Rn 126.

394 *Marotzke* HK InsO[6] § 103 Rn 147.

395 BGHZ 81, 90 (93); *Huber* MünchKomm InsO[3] § 103 Rn 204.

396 *Marotzke* HK InsO[6] § 103 Rn 152.

397 *Marotzke* HK InsO[6] § 103 Rn 148; **aA** *Obermüller* Bankpraxis[8] Rn 5.773.

insolvenzfest ist. Ist sie insolvenzfest, würde ein Zuwiderhandeln des Insolvenzverwalters Schadensersatzansprüche (§ 60) auslösen.

194 Die Wahlrechtsausübung ist nur wirksam, wenn die entsprechende **Willenserklärung zurechenbar** ist. Sie muss von der zuständigen Person abgegeben werden (Rn 159 ff) und darf nicht nach den Grundsätzen über den Missbrauch der Amtsmacht (Rn 160) unwirksam sein. Fehlt es an diesen Voraussetzungen, kann sich aus der nicht zurechenbaren Erklärung auch nicht über § 242 BGB eine bestimmte Pflicht ergeben, das Wahlrecht auf eine bestimmte Weise auszuüben. Insbesondere folgt aus § 242 BGB nicht, dass ein Amtswalter als Insolvenzverwalter Erfüllung wählen muss, weil er sich als vorläufiger Verwalter auf Erfüllung festgelegt hat.[398] Das Vorverhalten kann allein bei der Auslegung des Verwalterverhaltens von Bedeutung sein (Rn 169).

6. Anfechtung

195 Die Willenserklärung, mit der der Verwalter Erfüllung wählt oder auf sein Wahlrecht verzichtet (Erfüllungsablehnung), unterliegt den allgemeinen Bestimmungen über die Anfechtung nach **§§ 119 ff, 142 ff BGB**. Wird die Wahl der Erfüllung durch den Verwalter wirksam angefochten, ist sie von Anfang an nichtig (§ 142 BGB).[399] Hat der Vertragspartner auf das Erfüllungsverlangen des Insolvenzverwalters schon geleistet, kann er seine Leistung aufgrund von §§ 812 I 1 Fall 1, 813 I BGB zurückfordern, weil der Insolvenzverwalter im Umkehrschluss zu § 103 I sich dem Vertragspartner gegenüber nicht auf den Vertrag als Rechtsgrund berufen darf, wenn er nicht Erfüllung wählt (Rn 32, 238). Der Anspruch ist **Massebereicherungsanspruch nach § 55 I Nr 3**. Zusätzlich kann der Vertragspartner im Fall der Irrtumsanfechtung nach § 119 BGB seinen Anspruch auch auf § 122 BGB stützen, weil er im Vertrauen auf die Erfüllungswahl des Verwalters eine Leistung erbracht hat, die er nicht hätte erbringen brauchen, wenn der Verwalter seinen wirklichen Willen erklärt hätte. Da der Vertrauenstatbestand vom Insolvenzverwalter gesetzt worden ist, handelt es sich um einen Masseschuldanspruch nach § 55 I Nr 1. Der Anspruch aus § 122 umfasst den gesamten Vertrauensschaden, wird regelmäßig über die Rückgewähr des Geleisteten hinausgehen.

196 a) **Irrtum nach § 119 I BGB.** § 119 I BGB berechtigt zur Anfechtung im Falle von Inhalts- und Erklärungsirrtum. Der Insolvenzverwalter muss sich also über die Bedeutung seiner Erklärung irren oder sich versprechen. Zwar wird teilweise ein Inhaltsirrtum angenommen, wenn sich der Insolvenzverwalter über den Abwicklungsstand oder andere tatsächliche Umstände des offenen Vertrags irrt.[400] Denn die Fehlvorstellung betreffe den Umfang der nach § 55 I Nr 2 erzeugten Masseverbindlichkeit und damit den Inhalt der Erklärung. Jedoch beschränkt der Inhalt der Wahlrechtsausübung sich auf die Alternative „Ja“ (Erfüllung) oder „Nein“ (Ablehnung) (Rn 169). Den Vertragsinhalt und damit den Umfang der zur Masseforderung erstarkenden Ansprüche kann der Insolvenzverwalter nicht durch seine Wahlrechtsausübung beeinflussen. Daher **scheidet ein Inhaltsirrtum regelmäßig aus**. In Betracht zu ziehen ist in entsprechenden Konstellationen vielmehr ein Eigenschaftsirrtum nach § 119 II (Rn 198).

197 Eine Anfechtung nach § 119 I BGB (analog) kommt in Betracht, wenn der Insolvenzverwalter seinen Willen nicht ausdrücklich erklärt hat, sondern sich die **Wahlrechtsausübung erst durch Auslegung des Verwalterverhaltens nach dem verobjektivierten Emp-**

---

398 *Huber* MünchKomm InsO³ § 103 Rn 203.
399 *Huber* MünchKomm InsO³ § 103 Rn 209.
400 *Huber* MünchKomm InsO³ § 103 Rn 208; Jaeger/*Henckel* KO⁹ § 17 Rn 123; Uhlenbruck/*Wegener* InsO¹³ § 103 Rn 125.

fängerhorizont ergibt (Rn 168). Dann kann es dazu kommen, dass ein vom Verwalter als „Nein" gewolltes Verhalten als „Ja" verstanden wird und umgekehrt. Vor allem aber kann ein Verhalten als Wahlrechtsausübung verstanden werden, ohne dass der Verwalter darauf abzielte, weil beispielsweise nach seinem Dafürhalten – etwa wegen Erfüllung einer der beiden Leistungspflichten – die Voraussetzungen des § 103 nicht gegeben waren. Im letzten Falle fehlt es dem Verwalter an dem Bewusstsein, überhaupt eine Willenserklärung abzugeben. Wie für das fehlende Erklärungsbewusstsein allgemein anerkannt,[401] kann der Verwalter dann seine unbewusste Wahlrechtsausübung – freilich gem § 121 I BGB nur unverzüglich nach Aufdeckung des Irrtums – anfechten.[402] Wählt der Verwalter Erfüllung aber in bewusster Unkenntnis der Sachlage, irrt er nicht und kann damit auch nicht wegen Irrtums anfechten.[403]

b) **Eigenschaftsirrtum (§ 119 II BGB) und Motivirrtümer.** § 119 II BGB grenzt den erheblichen Eigenschaftsirrtum von sonstigen unerheblichen Motivirrtümern ab.[404] Der Irrtum muss sich auf eine Person oder Sache beziehen. Dabei ist der Begriff der Sache weit als Rechtsgegenstand unter Einschluss nicht körperlicher Gegenstände zu verstehen.[405] Von Bedeutung ist der Irrtum über verkehrswesentliche Eigenschaften der aus dem offenen Vertrag folgenden Forderungen.[406] Das betrifft zunächst eine **Fehlvorstellung des Verwalters** über den Umfang (einschließlich der Mangelfreiheit) der vom Insolvenzschuldner **vor Verfahrenseröffnung erbrachten Leistung,** von der die Höhe der nach § 55 I Nr 2 als Masseverbindlichkeit zu erfüllenden Schuld abhängt, sowie eine Fehlvorstellung über den Umfang der vom Vertragspartner erbrachten Leistung, von der der Umfang des vom Verwalter noch einforderbaren Anspruchs abhängt. Es kommen aber auch andere tatsächliche Umstände in Betracht, die wie bestehende **Einwendungen oder Einreden** die offenen Ansprüche unmittelbar betreffen. **198**

Einen **unbeachtlichen Motivirrtum** stellt es hingegen dar, wenn sich der Insolvenzverwalter über die **Rechtsfolgen seiner Erklärung** irrt. Typischer Anwendungsfall eines solchen unbeachtlichen Irrtums ist die Fehlvorstellung des Verwalters darüber, dass er nach Erfüllungswahl die Gegenleistung für vor Insolvenzeröffnung vom Vertragspartner vorgenommene Leistungen nicht zu erbringen brauche.[407] Zwar mindert § 105 S 1 diese Gefahr im Vergleich zur KO. Bei unteilbaren Leistungen schließt diese Bestimmung aber diese Rechtsfolge nicht aus (§ 105 Rn 55). **199**

c) **Arglistige Täuschung und widerrechtliche Drohung.** Im **Verschweigen** eines für die Entschließung des Verwalters **erheblichen, nach Treu und Glauben mitzuteilenden Umstands** durch den Vertragspartner kann eine den Verwalter nach § 123 I Fall 1 BGB zur Anfechtung berechtigende arglistige Täuschung enthalten sein.[408] Etwa wenn die Gegen- **200**

---

401 BGHZ 91, 324 (329 f); *Bork* AT³ Rn 596.

402 RGZ 85, 221 (223); *Huber* MünchKomm InsO³ § 103 Rn 207; Jaeger/*Henckel* KO⁹ § 17 Rn 122; Kübler/Prütting/Bork/*Tintelnot* InsO⁴⁶ § 103 Rn 225.

403 RGZ 62, 201 (205); *Huber* MünchKomm InsO³ § 103 Rn 206; Kübler/Prütting/Bork/*Tintelnot* InsO⁴⁶ § 103 Rn 225.

404 Z Einordnung des § 119 II BGB als Motivirrtum *Bork* AT³ Rn 853.

405 BGH LM BGB § 779 Nr 2; WM 1963, 252 (253); *Bork* AT³ Rn 845.

406 Kübler/Prütting/Bork/*Tintelnot* InsO⁴⁶ § 103 Rn 225; *Marotzke* Gegenseitige Verträge³ Rn 4.75; *ders* HK InsO⁶ § 103 Rn 56; unentschieden Jaeger/*Henckel* KO⁹ § 17 Rn 122; iE über § 119 I ebenso *Huber* MünchKomm InsO³ § 103 Rn 208; Uhlenbruck/*Wegener* InsO¹³ § 103 Rn 125.

407 RGZ 51, 281 (283); 62, 201 (202); 98, 136 (138 f); Kübler/Prütting/Bork/*Tintelnot* InsO⁴⁶ § 103 Rn 225.

408 Vgl *Bork* AT³ Rn 865 ff.

partei wissend, dass der Verwalter auf diese Auskunft angewiesen ist (Flucht des Schuldners, Vernichtung der Geschäftsbücher), die Anfrage nach 103 II so abfasst, als handele es sich um einen selbständigen, beiderseits noch vollkommen unerfüllten Vertrag, während in Wahrheit nur die Restlieferung eines einheitlichen, vom Gegner, nicht aber vom Schuldner, teilweise erfüllten Vertrags in Frage kommt (vgl § 105 Rn 10 ff, 54). Eine widerrechtliche Drohung gegenüber dem Insolvenzverwalter ist anfechtbar nach § 123 I Fall 2 BGB.[409]

7. Die ins Leere gehende Erfüllungswahl

201 Eine Erfüllungswahl des Verwalters geht, ohne dass es einer Irrtumsanfechtung bedarf, ins Leere, wenn die Voraussetzungen des § 103 I nicht vorliegen.[410] Sie äußert daher nicht die Wirkungen, auf die sie als Willenserklärung abzielt. Insbesondere wird eine offene Schuld des Vertragspartners nicht nach §§ 103 I, 55 I Nr 2 zur Masseverbindlichkeit aufgewertet, wenn die Voraussetzungen des § 103 etwa wegen vollständiger Erfüllung durch den Vertragspartner vor Verfahrenseröffnung nicht gegeben sind. **Befriedigt der Insolvenzverwalter die Insolvenzforderung** des Vertragspartners dennoch **irrig**, kann er die Zahlung als ungerechtfertigte Bereicherung wegen eines Verteilungsfehlers zurückfordern (Rn 236). Dabei hat der Insolvenzverwalter nur den Mangel der Voraussetzungen des § 103, nicht auch seinen Irrtum zu beweisen, der allenfalls zum Ausschluss des Einwands aus § 814 BGB von Bedeutung wäre.[411] Der Vertragspartner kann dem Anspruch nicht entgegenhalten, dass der Insolvenzverwalter eine gegen den Insolvenzschuldner bestehende Forderung getilgt und deshalb mit Rechtsgrund geleistet habe. Denn der Vertragspartner hat als Insolvenzgläubiger deshalb nur ein Recht auf quotenmäßige Befriedigung aus der Masse. Leistungen, die der Insolvenzverwalter an ihn erbringt, erfolgen nur insoweit mit Rechtsgrund, als ihm eine Quote aus der Masse bereits aufgrund eines Verteilungsplans zusteht.[412]

202 Die ins Leere gehende Erklärung des Verwalters kann sonstige Wirkungen äußern, insbesondere eine **Schadensersatzpflicht des Verwalters nach § 60 I** begründen. So ist zwar nicht wahrscheinlich, aber denkbar, dass der Vertragspartner Dispositionen im berechtigten Vertrauen auf die Erklärung vornimmt, etwa wenn der Vertrag seiner Art nach zwar nicht unter § 103, sondern unter § 104 oder §§ 115 f fällt, seine Beendigung also kraft Gesetzes eintritt. Auch kann sich der Verwalter den Gläubigern gegenüber wegen Masseverkürzung verantwortlich machen, wenn er gegenüber einem Insolvenzgläubiger Erfüllung wählt und ihn befriedigt, den Anspruch auf Ausgleich des Verteilungsfehlers (Rn 236) aber nicht realisieren kann.

VII. Aufforderung zur Erklärung nach § 103 II 2

203 Die Möglichkeit der freien (Rn 192) Erfüllungswahl ist die für die Masse günstigste Art, das Synallagma insolvenzfest auszugestalten (Vor § 103 Rn 6 f). Denn der Verwalter kann abhängig vom jeweiligen Einzelfall entscheiden, ob der Vertrag mit Wirkung für die Masse fortgesetzt werden soll oder nicht. Dieser **Vorteil für die Masse** bringt es mit sich, dem **Vertragspartner eine Schwebephase zuzumuten**, während der ungewiss ist, wie sich der Verwalter entscheidet. Die Dauer dieser Schwebephase muss im Interesse des Ver-

---

[409] Vgl *Bork* AT[3] Rn 888 ff.
[410] RG JW 1905, 389 ff.
[411] Vgl RGZ 60, 419 (420).
[412] *Henckel* FS Weber (1975) S 237 (243 ff).

tragspartners befristet sein. Zwar hat der Gesetzgeber nicht den Lauf einer bestimmten Frist angeordnet. Es ist möglich, dass die Schwebephase das gesamte Insolvenzverfahren hindurch anhält (zum haftungsrechtlichen Status der Ansprüche während dieser Phase Rn 27).[413] Der Vertragspartner kann nach § 103 II 2 den Insolvenzverwalter aber auffordern, sein Wahlrecht auszuüben. Dann endet die Schwebephase entweder durch Erklärung des Verwalters oder nach § 103 II 3 mit Untergang des Wahlrechts, wenn der Verwalter sich nicht unverzüglich geäußert hat. § 103 II 3 führt zu den gleichen Rechtsfolgen wie die Erfüllungsablehnung (Rn 218 ff).

1. Die Aufforderung des Vertragspartners

Die Aufforderung des Vertragspartners an den Insolvenzverwalter, das Wahlrecht auszuüben, ist eine **rechtsgeschäftsähnliche Handlung**,[414] auf die grundsätzlich die Bestimmungen über empfangsbedürftige Willenserklärungen entsprechende Anwendung finden[415]. Es handelt sich um keine Willenserklärung, weil die Rechtsfolge der Aufforderung wie etwa bei der Mahnung (§ 286 BGB) oder den Aufforderungen nach §§ 108 II 1, 177 II 1 BGB kraft Gesetzes, hier nach § 103 II 3, unabhängig vom Willen des Erklärenden eintritt. **204**

Entsprechend §§ 130–132 BGB wird die Aufforderung wirksam, wenn sie dem Insolvenzverwalter zugeht. Eine Aufforderung an den vorläufigen Insolvenzverwalter ist auch dann unbeachtlich, wenn dieser mit dem Insolvenzverwalter personenidentisch ist.[416] Der Vertragspartner kann den Insolvenzverwalter, was § 17 II KO noch ausdrücklich klarstellte,[417] schon dann auffordern, sich zu erklären, wenn die Leistung noch nicht fällig ist.[418] Die Aufforderung kann ausdrücklich und konkludent erklärt werden.[419] Ihr Inhalt ist nach **Maßgabe von §§ 133, 157 BGB** zu ermitteln: Für den Insolvenzverwalter muss sich von einem objektiven Empfängerhorizont aus ergeben, dass ihn der Vertragspartner nach § 103 II 2 zur Erklärung über den Vertrag auffordert. **205**

Verbreitet wird recht großzügig eine Aufforderung schon darin gesehen, dass der **Vertragspartner** einen (aus der Masse zu erfüllenden) **Vertragsanspruch geltend macht.**[420] So hält die Rechtsprechung für hinreichend, dass der Vertragspartner Erfüllung seiner Forderung (als Masseverbindlichkeit) verlangt[421] oder jedenfalls den Insolvenzverwalter mehrfach auf die Erfüllung anspricht[422]. Das soll auch gelten, wenn die Forderung auf **206**

---

[413] Vgl BGHZ 81, 90 (93); *Huber* MünchKomm InsO³ § 103 Rn 170; Kübler/Prütting/Bork/*Tintelnot* InsO⁴⁶ § 103 Rn 259; Uhlenbruck/*Wegener* InsO¹³ § 103 Rn 126.

[414] Jaeger/*Henckel* KO⁹ § 17 Rn 208; **aA** *Huber* MünchKomm InsO³ § 103 Rn 171; Uhlenbruck/*Wegener* InsO¹³ § 103 Rn 127: Willenserklärung.

[415] Vgl allg *Bork* AT³ Rn 416.

[416] BGH ZIP 2007, 2322 Rn 12; OLG Düsseldorf OLGR 1992, 340 (341 f); *Ahrendt* HambK InsO⁴ § 103 Rn 24; Graf-Schlicker/*Breitenbücher* InsO³ § 103 Rn 19; Kübler/Prütting/Bork/*Tintelnot* InsO⁴⁶ § 103 Rn 261; *Marotzke* HK InsO⁶ § 103 Rn 155; Uhlenbruck/*Wegener* InsO¹³ § 103 Rn 99.

[417] Z Entbehrlichkeit s Begr zu RegE § 117, BT-Drucks 12/2443 S 145.

[418] Graf-Schlicker/*Breitenbücher* InsO⁹ § 103 Rn 19; *Huber* MünchKomm InsO³ § 103 Rn 171; Kübler/Prütting/Bork/*Tintelnot* InsO⁴⁶ § 103 Rn 261; *Marotzke* HK InsO⁶ § 103 Rn 157; Uhlenbruck/*Wegener* InsO¹³ § 103 Rn 126.

[419] BGH ZIP 1991, 945 (946); *Huber* MünchKomm InsO³ § 103 Rn 171; Kübler/Prütting/Bork/*Tintelnot* InsO⁴⁶ § 103 Rn 261; Uhlenbruck/*Wegener* InsO¹³ § 103 Rn 127.

[420] *Huber* MünchKomm InsO³ § 103 Rn 171; Kübler/Prütting/Bork/*Tintelnot* InsO⁴⁶ § 103 Rn 261; Uhlenbruck/*Wegener* InsO¹³ § 103 Rn 128.

[421] BGH ZIP 1991, 945 (946).

[422] BGH WM 1970, 1478.

Mängelbeseitigung gerichtet ist.[423] In der Literatur wird teilweise sogar als genügend erachtet, dass der Vertragspartner seinen Anspruch aus § 103 II 1 zur Insolvenztabelle anmeldet.[424] Eine Auslegung muss freilich jeweils die **Umstände des Einzelfalls** einbeziehen. Dabei ist zu berücksichtigen, dass die bloße Geltendmachung einer Forderung dem Insolvenzverwalter nicht vor Augen führt, dass eine recht kurze Ausschlussfrist ihm ein Gestaltungsrecht nehmen könnte. Daher reicht das Erfüllungsverlangen nur aus, wenn aus den Umständen deutlich wird, dass das Verlangen sich auf die von § 103 I beschriebene Vertragserfüllung zur Geltendmachung des eigenen Anspruchs bezieht. Die bloße Anmeldung einer Forderung zur Tabelle führt indes dem Insolvenzverwalter regelmäßig nicht hinreichend vor Augen, dass er sich zu entscheiden hat.[425]

2. Frist

207 Die Aufforderung setzt eine Frist zur Erfüllungswahl in Gang. Der Insolvenzverwalter muss sich **ohne schuldhaftes Zögern** (§ 121 I 1 BGB) erklären.[426] Also darf der Verwalter die im Verkehr erforderliche Sorgfalt nicht außer Acht lassen (§ 276 II BGB). Um diesem Maßstab zu genügen, braucht der Insolvenzverwalter sich nicht sofort zu erklären.[427] Es steht ihm eine angemessene Prüfungs- und Überlegungsfrist zu, um sein Wahlrecht sinnvoll ausüben zu können.[428] Die Frist richtet sich nach dem Einzelfall. Dabei können wegen der Anknüpfung an das Verschulden des Verwalters nur solche Umstände berücksichtigt werden, die dem Verwalter bekannt oder jedenfalls erkennbar sind.

208 **a) Interessen der Masse.** Wie lange ein Verwalter höchstens seine Entscheidung aufschieben darf, ohne die im Verkehr erforderliche Sorgfalt außer Acht zu lassen, ist zunächst ausgehend von den Interessen der Masse zu bestimmen, an denen der Verwalter seine Entscheidung über das Wahlrecht auszurichten hat (Rn 162). Er hat zu ermitteln, ob für die Masse die Fortführung oder die insolvenzmäßige Abwicklung des Vertrags günstiger ist. Dem Verwalter ist daher jedenfalls die Zeit einzuräumen, die er benötigt, um **Konditionen und Abwicklungsstand des Vertrags zu ermitteln und zu bewerten.** Insoweit werden sich Fristen bestimmen lassen, wie lange die Einholung und Bewertung dieser Tatsachen ordentlicher Weise dauern darf. In manchen Fällen können formelle Entscheidungsprozeduren die Frist verlängern. So muss der Insolvenzverwalter insbesondere nach §§ 160 ff die Zustimmung des Gläubigerausschusses oder der Gläubigerversammlung einholen können, wenn es sich um eine besonders bedeutsame Entscheidung handelt.[429]

209 Die Schwierigkeit der Wahlrechtsentscheidung besteht aber darin, dass die Vor- und Nachteile von Erfüllungswahl oder -ablehnung sich nicht allein anhand von ermittelbaren Tatsachen bemessen lassen, sondern von zukünftigen Ereignissen abhängig sind.

---

[423] AG Bremen NZI 2009, 776.

[424] *Huber* MünchKomm InsO³ § 103 Rn 171; Uhlenbruck/*Wegener* InsO¹³ § 103 Rn 128; **aA** Kübler/Prütting/Bork/*Tintelnot* InsO⁴⁶ § 103 Rn 261.

[425] Ähnl Kübler/Prütting/Bork/*Tintelnot* InsO⁴⁶ § 103 Rn 261.

[426] Begr zu RegE § 131, BR-Drucks 1/97 S 146; RGZ 64, 159 (162); *Ahrendt* HambK InsO⁴ § 103 Rn 24; Graf-Schlicker/*Breitenbücher* InsO³ § 103 Rn 19; *Huber* MünchKomm InsO³ § 103 Rn 173; Kübler/Prütting/Bork/*Tintelnot* InsO⁴⁶ § 103 Rn 262; Uhlenbruck/*Wegener* InsO¹³ § 103 Rn 129. Vgl Begr zu EKO § 15, Mot S 69.

[427] *Marotzke* HK InsO⁶ § 103 Rn 158.

[428] Begr zu RegE § 117, BT-Drucks 12/2443 S 145; OLG Köln ZIP 2003, 543; *Ahrendt* HambK InsO⁴ § 103 Rn 25.

[429] *Huber* MünchKomm InsO³ § 103 Rn 173; *Marotzke* HK InsO⁶ § 103 Rn 159; Uhlenbruck/*Wegener* InsO¹³ § 103 Rn 129.

Vielfach wird eine Erfüllungswahl nur dann Vorteile mit sich bringen, wenn der Betrieb fortgeführt werden kann, weil nur dann der Vertragsgegenstand entweder aus der Masse geleistet oder für die Masse genutzt werden kann. Folglich verlangt die Erfüllungswahl dem Verwalter häufig eine **Prognose** ab. Schon der Gesetzgeber formulierte vorsichtig, der Verwalter werde sich einen „ersten Überblick über die Möglichkeiten einer zeitweiligen Fortführung der Geschäfte des Schuldners verschaffen müssen“.[430] Indes kann „ein erster Überblick“ zu wenig sein. Das gilt nicht nur wegen der Komplexität vieler Verfahren, sondern auch angesichts der insolvenzrechtlichen Kompetenzverteilung, wer über die Fortführung des schuldnerischen Unternehmens entscheidet. Diese Kompetenz weist § 157 der Gläubigerversammlung für den Berichtstermin (§ 156) zu. Aus diesem Grund kann schuldhaftes Zögern zu verneinen sein, auch wenn der Insolvenzverwalter bis nach dem Berichtstermin abwartet.[431]

Eine weitere Prognose kann die Frage betreffen, ob der Verwalter im Falle der Erfül- **210**
lung die Masseverbindlichkeiten überhaupt aus der Masse wird bestreiten können. Anderenfalls droht nicht nur dem Gläubiger bei Masseunzulänglichkeit ein Forderungsausfall in der Insolvenz, sondern dem Insolvenzverwalter selbst eine Haftung nach § 61 (§ 61 Rn 15). Daher ist dem Insolvenzverwalter jedenfalls auch die Zeit zuzubilligen, die er benötigt, um einen **Liquiditätsplan** zu erstellen. Diese Notwendigkeit kann freilich wiederum erforderlich machen, die Entscheidung über die Frage der Fortführung des Unternehmens abzuwarten.

b) **Interessen des Vertragspartners.** Angesichts von Sinn und Zweck der Aufforderung **211**
nach **§ 103 II**, die Schwebephase für den Vertragspartner in einem **zumutbaren zeitlichen Rahmen** zu halten (Rn 203), müssen die Interessen des Vertragspartners bei der Fristbestimmung ebenfalls Berücksichtigung finden. Das gilt einerseits in die Richtung, dass die Frist sich durch einen Verzicht des Vertragspartners auf eine unverzügliche Entscheidung verlängern kann. Da der Vertragspartner den Insolvenzverwalter gar nicht nach § 103 II 2 auffordern müsste, kann er einen Zeitpunkt bestimmen, bis zu dem sich der Insolvenzverwalter jedenfalls Zeit lassen kann. Daher ist eine Fristsetzung des Vertragspartners dann maßgeblich, wenn die gesetzte Frist länger als die gesetzliche nach § 103 II ist.

Andererseits muss ein (dem Insolvenzverwalter erkennbares[432]) **Dispositionsbedürfnis** **212**
des Vertragspartners Berücksichtigung finden, das eine schnelle Entscheidung erfordert, etwa weil der Vertragspartner zur Stützung des eigenen Geschäftsbetriebs sich auf Erwerberseite anderweit mit dem Vertragsgegenstand eindecken oder auf Veräußererseite neue Abnehmer gewinnen muss.[433] Bei Bauverträgen können die Gefahr des Baustellenstillstands einerseits und anderseits die Notwendigkeit, zur Fortsetzung des Baus taugliche Arbeitnehmer vorzuhalten, eine schnelle Entscheidung erforderlich machen.[434] In solchen Fällen beachtet der Insolvenzverwalter nicht mehr die ihm zur Fristwahrung aufgegebene Sorgfalt, wenn er allein die Interessen der Masse zulasten derer des Vertragspartners berücksichtigt. So kann der Insolvenzverwalter gezwungen sein, die Erfüllung

---

430 Begr zu RegE § 117, BT-Drucks 12/2443 S 145.

431 OLG Köln ZIP 2003, 543, dazu *Runkel* EWiR 2003, 715; *Ahrendt* HambK InsO^4 § 103 Rn 26; *Huber* MünchKomm InsO^3 § 103 Rn 173; Kübler/Prütting/Bork/*Tintelnot* InsO^{46} § 103 Rn 263; *Marotzke* HK InsO^6 § 103 Rn 160; Uhlenbruck/*Wegener* InsO^{13} § 103 Rn 129.

432 Uhlenbruck/*Wegener* InsO^{13} § 103 Rn 129.

433 *Ganter* MünchKomm InsO^3 § 47 Rn 232; *Marotzke* HK InsO^6 § 103 Rn 159; Uhlenbruck/*Wegener* InsO^{13} § 103 Rn 129.

434 *Heidland* BauR 1998, 643 (646 f); *ders* Bauvertrag^2 Rn 1046; Kübler/Prütting/Bork/*Tintelnot* InsO^{46} § 103 Rn 264.

abzulehnen, wenn zum einen der Vertragspartner einer sofortigen Entscheidung bedarf, zum anderen aber eine hinreichende Prognose, ob die Unternehmensfortführung gesichert ist, noch nicht erfolgen kann.

213 c) **Spezialregelung des § 107 II 1.** § 107 II 1 enthält eine Sonderregelung für Kaufverträge unter Eigentumsvorbehalt in der Insolvenz des Vorbehaltskäufers (§ 107 Rn 50 ff): Die Erklärung nach § 103 II 2 braucht nicht unverzüglich nach Aufforderung abgegeben zu werden, sondern erst **unverzüglich nach dem Berichtstermin.** Damit soll das Vorbehaltsgut in dem Vermögen des Insolvenzschuldners verbleiben, um die Fortführungs- und Sanierungschancen zu erhöhen. Beachtliche Stimmen wollen diese Norm analog auf Verträge anwenden, die für die Fortführung des Unternehmens notwendig sind.[435] Zur Begründung wird darauf verwiesen, der Gläubigerversammlung solle die Entscheidung vorbehalten bleiben, ob das Unternehmen fortgeführt werde.[436]

214 Indes zwingt die systematische Stellung beider Vorschriften zu einem Umkehrschluss. Durch § 107 II 1 wird für einen Sonderfall die Abwägung nach den vorstehenden Kriterien typisiert. Für alle anderen Verträge ist die Abwägung jedoch flexibler. **§ 107 II 1 dient allerdings als Referenz.** Bei Verträgen vergleichbarer Bedeutung wird nach den allgemeinen Kriterien aus den vorstehenden Gründen (Rn 209) ebenfalls eine Entscheidung vor dem Berichtstermin nicht zu erwarten sein.[437] In Ausnahmefällen können aber Interessen des Vertragspartners eine schnellere Entscheidung erforderlich machen (Rn 212). Solche Ausnahmen schließt § 107 II 1 für den dort geregelten Vertragstyp aus. Das erscheint angesichts des Vertragsgegenstands als angemessen, ist aber auf andere Vertragstypen nicht im Wege der schlichten Analogie übertragbar.

215 d) **Fristsetzung.** Die Frist läuft **kraft Gesetzes**, ohne dass es einer Fristsetzung durch den Vertragspartner bedarf. Der Vertragspartner vermag auch nicht, durch Fristsetzung eine bestimmte Frist unmittelbar zu bestimmen. Insbesondere kann der Vertragspartner die Frist nicht gegenüber dem Maßstab der Unverzüglichkeit verkürzen.[438] Setzt der Vertragspartner einer längere Frist als die gesetzliche, ist jedoch diese längere Frist maßgeblich (Rn 211).[439]

216 e) **Darlegungs- und Beweislast.** Klagt der Insolvenzverwalter auf Erfüllung eines Vertrags und beruft sich der Vertragspartner dagegen auf **§ 103 II 3**, so stellt sich die Frage nach der Darlegungs- und Beweislast für die Tatsachen, von denen die Länge der Frist abhängt. Verbreitet werden dem Insolvenzverwalter Darlegungs- und Beweislast für die Tatsachen auferlegt, wegen der die von ihm in Anspruch genommene Frist kein schuld-

---

435 *Ahrendt* HambK InsO[4] § 103 Rn 26; *Ganter* MünchKomm InsO[3] § 47 Rn 232; Kübler/Prütting/Bork/*Tintelnot* InsO[46] § 103 Rn 263 f, InsO[1] § 107 Rn 37; *ders* ZIP 1996, 616 (617); in diese Richtung tendiert auch BGH ZIP 2007, 778. – Für Miete, Pacht, Leasing beweglicher Sachen; *Marotzke* JZ 1995, 803 (814); *ders* HK InsO[6] § 107 Rn 37; sowie für Leasing BGHZ 81, 90 (93); *Eckert* MünchKomm InsO[3] § 108 Rn 139; Graf-Schlicker/*Breitenbücher* InsO[3] § 103 Rn 20; *v Wilmowsky* ZInsO 2007, 731 (733).

436 *Ahrendt* HambK InsO[4] § 103 Rn 26; *Runkel* EWiR 2003, 715 (716).

437 OLG Köln ZIP 2003, 543; *Huber* MünchKomm InsO[3] § 103 Rn 174; *Ott/Vuia* MünchKomm InsO[3] § 107 Rn 18; Uhlenbruck/*Wegener* InsO[13] § 103 Rn 129.

438 OLG Köln ZIP 2003, 543; *Huber* MünchKomm InsO[3] § 103 Rn 172; *Marotzke* HK InsO[6] § 103 Rn 158; Uhlenbruck/*Wegener* InsO[13] § 103 Rn 129.

439 *Huber* MünchKomm InsO[3] § 103 Rn 172; *Marotzke* HK InsO[6] § 103 Rn 158; Uhlenbruck/*Wegener* InsO[13] § 103 Rn 129.

haftes Zögern darstellt.[440] Der Vertragspartner habe aber solche Gründe darzulegen und zu beweisen, aus denen eine frühere Erfüllungswahl möglich und zumutbar gewesen wäre.

Indes trifft nach den **allgemeinen Grundsätzen die Darlegungs- und Beweislast** für das Verstreichen der gesetzlichen Erklärungsfrist den **Vertragspartner**, weil § 103 II 3 mit dem Untergang der Möglichkeit, Erfüllung zu verlangen, eine ihm günstige Rechtsfolge anordnet. Nach den Grundsätzen über die sekundäre Darlegungslast sind jedoch Ausnahmen zu machen.[441] Daher hat der Insolvenzverwalter zu den Tatsachen vorzutragen, die die Länge der Frist bestimmen und die dem Einblick des Vertragspartners verschlossen sind. Damit verbleibt aber jedenfalls die Beweislast beim Vertragspartner. Hat der Vertragspartner dem Insolvenzverwalter eine längere Frist als die gesetzliche des § 103 II 2 gesetzt, trifft für diesen Ausnahmetatbestand, dass eine solche Frist gesetzt wurde (Rn 211, 215), den Insolvenzverwalter die Darlegungs- und Beweislast.[442] **217**

VIII. Rechtsfolgen ohne Erfüllungswahl

Für die Sachlage, dass die Erfüllungswahl ausbleibt, enthält die InsO eine Regelung der Rechtsfolgen nur in § 103 II 1. Dort wird dem Vertragspartner zugestanden, eine **Forderung wegen Nichterfüllung zur Insolvenztabelle anzumelden** (Rn 241 ff). Diese Rechtsfolge tritt nach dem Wortlaut der Vorschrift ein, wenn der Insolvenzverwalter die Erfüllung des Vertrags abgelehnt hat. Im Zusammenspiel mit § 105 beschränkt sich die Regelung auf zum Zeitpunkt der Insolvenzeröffnung offene Ansprüche (Rn 48 f), also den noch **nicht erfüllten Vertragsteil.** **218**

1. Insolvenzmäßige Abwicklung offener Verträge

Als offene Erfüllungsansprüche kommen Vertragsforderungen unterschiedlichen Inhalts in Betracht. Auf der einen Seite wird es sich regelmäßig um **Zahlungsansprüche** handeln, auf der anderen Seite um **Leistungsansprüche**, wie sie im besonderen Schuldrecht des BGB vorgesehen sind, also insbesondere solche gerichtet auf Übertragung eines Rechtsgegenstands, Besitzverschaffung, Leistung von Diensten, Herbeiführung eines Erfolgs, Gewährung des vertragsgemäßen Gebrauchs und Erhaltung dieses Zustands. Unabhängig vom Inhalt des Anspruchs setzt § 103 aber jedenfalls voraus, dass unter den Vertragsparteien noch im Gegenseitigkeitsverhältnis stehende Ansprüche offen sind. **219**

Auf Bestand, Durchsetzbarkeit und haftungsrechtliche Qualifikation dieser Ansprüche wirken während eines Insolvenzverfahrens verschiedene Tatbestände (sogleich Rn 221 ff; zur Erfüllungswahl erst Rn 298 ff) ein. Diese Einwirkungen erfassen aber allein die vertraglichen Ansprüche. Hingegen werden **konkurrierende gesetzliche Ansprüche nicht betroffen**, auch wenn sie denselben Inhalt haben. Ein Beispiel dafür lässt sich aus der BGH-Rechtsprechung benennen:[443] Ein Käufer trat nach Zahlung des Kaufpreises vom Vertrag zurück, als für ihn zwar eine Vormerkung im Grundbuch eingetragen worden war, er das Eigentum aber noch nicht erlangt hatte. In der Insolvenz des Verkäufers ist das Rückgewährschuldverhältnis grundsätzlich § 103 unterworfen (Rn 90). **220**

---

440 *Huber* MünchKomm InsO[3] § 103 Rn 175; *Marotzke* HK InsO[6] § 103 Rn 158; Uhlenbruck/*Wegener* InsO[13] § 103 Rn 129.

441 Vgl allg Zöller/*Greger* ZPO[29] Vor § 284 Rn 34.

442 *Huber* MünchKomm InsO[3] § 103 Rn 175.

443 BGH ZIP 2009, 428.

Jedoch kann der Insolvenzverwalter den Anspruch auf Löschung der Vormerkung auf § 894 BGB stützen, ohne dass es der Erfüllung des Rückgewährverhältnisses bedarf. Entsprechendes gilt, wenn ein insolventer Käufer zwar schon Eigentum an der Kaufsache, aber noch keinen Besitz daran erlangt hat. Den Besitz kann der Insolvenzverwalter des Käufers dann aus § 985 BGB vom Verkäufer beanspruchen, ohne dass er sich auf die Erfüllung des Vertrages berufen muss. Dem Verkäufer steht aus dem mangels Erfüllungswahl nicht zu erfüllenden Kaufvertrag indes wegen §§ 38, 87, 103 II kein Zurückbehaltungsrecht zu.[444]

221 a) **Schwebephase nach Verfahrenseröffnung.** Die Verfahrenseröffnung bewirkt eine Schwebephase, weil die haftungsrechtliche Einordnung der offenen Vertragsansprüche davon abhängt, ob der Insolvenzverwalter von seinem Gestaltungsrecht der Erfüllungswahl Gebrauch macht (Rn 27). Unabhängig von dieser Ungewissheit der weiteren Verfahrensabwicklung bestehen die vertraglichen Ansprüche aber mit Verfahrenseröffnung fort, sind allerdings nicht durchsetzbar. Die Rechtsprechung stützt die fehlende Durchsetzbarkeit auf **§ 320 BGB** (Rn 22). Das ist bedenklich, weil der Insolvenzordnung gerade die Aufgabe zukommt vorzusehen, in welcher Form sich die Einrede des nichterfüllten Vertrages in der Insolvenz fortsetzt. So steht die Insolvenzeröffnung, sofern eine Erfüllungswahl nicht erfolgt, im Unterschied zu § 320 BGB einer Klage der Vertragspartner auf Leistungserbringung Zug um Zug entgegen. Das folgt aus §§ 38, 87, weil die **Forderung Insolvenzforderung** ist (Rn 27). Da §§ 94 ff die Aufrechnung auch mit Insolvenzforderungen im Grundsatz zulassen, wirkt sich insoweit die Einrede des nichterfüllten Vertrags aus (Rn 253 f). Im umgekehrten Verhältnis kann der Insolvenzverwalter den zur Masse gehörenden Anspruch nur unter der **Voraussetzung der Erfüllungswahl nach § 103 I** geltend machen.

222 b) **Untergang des Erfüllungswahlrechts.** Die haftungsrechtliche Schwebephase endet, wenn der Insolvenzverwalter die vertraglichen Ansprüche nicht mehr durch Erfüllungswahl zu Masseforderungen und Masseverbindlichkeiten haftungsrechtlich aufwerten kann. Das geschieht entweder durch **Verzicht auf das Gestaltungsrecht (sog Erfüllungsablehnung)** oder durch Ablauf der Ausschlussfrist nach § 103 II 3 (Rn 154 f). Der materiell-rechtliche Bestand der Ansprüche bleibt aber auch davon unberührt (Rn 31). Jedoch verstetigt sich die Durchsetzungssperre. Denn die Forderung des Vertragspartners **bleibt Insolvenzforderung**, so dass weiterhin § 87 einer anderen Geltendmachung als durch Anmeldung zur Insolvenztabelle entgegensteht. Der Vertragspartner selbst kann sich dem Insolvenzverwalter hingegen auf den Untergang des Erfüllungswahlrechts berufen, wie es auch **§ 103 II 3** für den Fall des Ablaufs der Ausschlussfrist ausdrückt (Rn 32, 155, 203).[445]

223 Im Unterschied zur Freigabe von Aktiva (Vor § 103 Rn 61), zur Negativerklärung nach § 35 II (Vor § 103 Rn 62) und zur Enthaftungserklärung nach § 109 I 2 führt der Untergang des Wahlrechts nicht dazu, dass Befugnisse hinsichtlich des Vertrags auf den Schuldner zurückfallen.[446] Der Vertrag ist weiterhin **vom Insolvenzbeschlag erfasst**, so

[444] **AA** *Huber* MünchKomm InsO[3] § 103 Rn 130; Kübler/Prütting/Bork/*Tintelnot* InsO[46] § 103 Rn 180.

[445] *Marotzke* Gegenseitige Verträge[3] Rn 8.1; *ders* HK InsO[6] § 103 Rn 89; Uhlenbruck/*Wegener* InsO[13] § 103 Rn 154 f; **aA** bei Erfüllungsablehnung Jaeger/*Henckel* KO[9] § 17 Rn 152.

[446] Vgl z Abgrenzung v der Freigabe insb *Marotzke* Gegenseitige Verträge[3] Rn 8.5 ff; **aA** Jaeger/*Henckel* KO[9] § 17 Rn 154 ff z KO, unter der freilich Neuerwerb anders als nunmehr nach § 35 nicht z Masse gehörte.

dass der Anspruch des Vertragspartners wegen § 87 nicht gegen den Schuldner geltend gemacht werden kann und der (wegen § 103 II 3 undurchsetzbare) Anspruch gegen den Vertragspartner weiterhin §§ 80, 35 unterfällt.[447] Dieser Insolvenzbeschlag hindert freilich weder Dritte, den Vertragspartner wegen seiner Insolvenzforderung zu befriedigen (zu deren Verpflichtung Rn 258), noch den Schuldner, das aus seinem freien Vermögen zu tun. Die Gegenleistung durch den Vertragspartner wäre aber in die Masse zu erbringen.[448] Angesichts von § 103 II 3 kann der Vertragspartner allerdings auch die Annahme der Leistung verweigern, um seiner eigenen Leistungspflicht auszuweichen.[449]

Umstritten ist, wie lange sich der Vertragspartner auf die **Einrede des § 103 II 3** berufen kann. Insoweit zeigt sich ein signifikanter Unterschied der heute herrschenden **224** Meinung gegenüber der herkömmlichen Auffassung, dass der zur Masse gehörende Erfüllungsanspruch mit Erfüllungsablehnung erlösche (Rn 19). Von diesem Ausgangspunkt aus war eine Berufung des Schuldners auf den untergegangenen Anspruch ausgeschlossen. Auf der heute anerkannten Grundlage, dass der Anspruch des Schuldners weiterbesteht, lediglich insolvenzbedingt nicht durchsetzbar ist, wird nunmehr indes weithin dafür eingetreten, dass der Schuldner nach Verfahrensbeendigung seine vertraglichen Ansprüche wieder verfolgen könne, sofern nicht der Anspruch aufgrund anderer Tatbestände (dazu Rn 226, 227, 230) untergegangen sei.[450]

Ein solches Ergebnis ist dem Vertragspartner jedoch nicht zumutbar, da die Zeitspanne, in der er sich erfüllungsbereit halten müsste, von der Insolvenzeröffnung bis **225** nach Beendigung des Insolvenzverfahrens andauern würde. Der Zweck der Regelung in § 103 II 2 und 3, den Zeitraum der Unsicherheit für den Gläubiger auf den Zeitraum zu beschränken, der für eine Entscheidungsfindung des Verwalters erforderlich ist (vgl bereits Rn 203), würde damit verfehlt werden. Die Unsicherheit wäre nur für die Zeit zwischen Erfüllungsablehnung und Verfahrensbeendigung beseitigt. Von einer Beendigung des Schwebezustands für den Vertragspartner durch die Erfüllungsablehnung könnte somit keine Rede sein.[451] Anknüpfend an § 80 I ist vor diesem Hintergrund der Erfüllungsablehnung des Verwalters auch **Wirkung gegenüber dem Insolvenzschuldner** beizumessen (Rn 38). Der Schuldner kann damit, anders als der Vertragspartner im umgekehrten Verhältnis, auch nach Verfahrensbeendigung nicht mehr gegen den Vertragspartner vorgehen. Hierzu wirkt die Einrede, die der Vertragspartner gegen den Insolvenzverwalter aus § 103 II 3 erlangt, wegen § 80 I nach Verfahrensbeendigung auch gegenüber dem Schuldner als peremtorische Einrede fort.

c) **Anmeldung zur Tabelle.** Nach einhelliger Ansicht führt die Anmeldung der Nichterfüllungsforderung durch den Vertragspartner nach § 103 II 1 zum **Erlöschen aller aus 226** **dem gegenseitigen Vertrag noch unerfüllten Ansprüche**, also auch des ohnehin nicht mehr durchsetzbaren Erfüllungsanspruchs des Schuldners.[452] Allein der Zeitpunkt des

---

447 *Marotzke* Gegenseitige Verträge[3] Rn 8; *ders* HK InsO[6] § 103 Rn 9, 89.

448 *Marotzke* HK InsO[6] § 103 Rn 89.

449 Vgl Kübler/Prütting/Bork/*Tintelnot* InsO[46] § 103 Rn 306; *Marotzke* HK InsO[6] § 103 Rn 89.

450 Graf-Schlicker/*Breitenbücher* InsO[3] § 103 Rn 38; *Huber* MünchKomm InsO[3] § 103 Rn 176; *Kreft* MünchKomm InsO[3] § 103 Rn 18, 22; *Marotzke* HK InsO[6] § 103 Rn 90; *Musielak* AcP 179 (1979) 189 (195); *Prahl* ZInsO 2005, 568 (570); *Rühle* Gegenseitige Verträge S 158; Uhlenbruck/*Wegener* InsO[13] § 103 Rn 157; *ders* Wahlrecht Rn 39 ff.

451 So aber ausdr Uhlenbruck/*Wegener* InsO[13] § 103 Rn 157; vgl auch *Huber* MünchKomm InsO[3] § 103 Rn 170.

452 *Ahrendt* HambK InsO[4] § 103 Rn 40; *Bork* FS Wellensiek (2011) S 201 (204); *Huber* MünchKomm InsO[3] § 103 Rn 176; *Kreft* MünchKomm InsO[3] § 103 Rn 22; Kübler/

(dauerhaften) Eintritts dieser Rechtsfolge ist umstritten. Es wird auf den Zeitpunkt der Forderungsanmeldung durch den Gläubiger,[453] der Forderungsfeststellung gem § 178 I[454] oder auf den der ersten Abschlagszahlung[455] abgestellt. Da der nach § 103 II 1 anzumeldende Anspruch nicht als Sekundäranspruch, sondern als entsprechend § 45 umgerechneter Primäranspruch anzusehen (Rn 33 f, 241) ist, ist auf die **Grundsätze zu § 45** zu verweisen.[456] Auch wenn diese wiederum umstritten sind, so kommt es – da während des Verfahrens die Ansprüche ohnehin nur durch Anmeldung zur Tabelle durchsetzbar sind – darauf an, inwieweit die Anmeldung während des Verfahrens Verbindlichkeit über das Verfahren hinaus erlangt. Das ist nicht nur anzunehmen, wenn die Ansprüche dermaßen festgestellt sind, dass sie nach dem Verfahren mit dem festgestellten Inhalt gegenüber dem Schuldner nach § 201 II geltend gemacht werden können.[457] Es genügt schon die Verbindlichkeit während des Verfahrens gegenüber Insolvenzverwalter und Gläubigern (§ 178 III). Denn auch dann kann gegenüber dem Schuldner nur noch gestritten werden, ob die Voraussetzungen für die Umrechnung nach § 45 vorlagen, ein Rückgriff auf den vorinsolvenzlich nicht abgewickelten Vertrag ist ausgeschlossen.

227 **d) Lösungsmöglichkeiten des Vertragspartners.** Umstritten ist, welche Möglichkeiten dem Vertragspartner abgesehen von der Forderungsanmeldung zustehen, sich vom Vertrag durch Kündigung, Rücktritt oä allein wegen Insolvenz des Vertragspartners und/oder Erfüllungsablehnung zu lösen (Rn 31). Dieser Frage kommt vor allem dann Bedeutung zu, wenn es dem Gläubiger an einem nach § 103 II 1 anzumeldenden Anspruch mangelt, etwa weil seine zu erbringende Gegenleistung mit dem Wert seiner Forderung gegen den Schuldner übereinstimmt (zur Möglichkeit aufgrund Rücktritts eine Teilleistung zurückzufordern s Rn 94, 271). Eine solche Lösungsmöglichkeit kann auf einem **vertraglichen Lösungsrecht** beruhen (dazu § 119 Rn 8 ff).[458] Jedoch wird man ein solches Lösungsrecht nicht schon in der Regel im Wege einer ergänzenden Vertragsauslegung gewinnen können.[459] Denn das Gesetz hat die Normierung eines dispositiven insolvenzbedingten Rücktrittsrechts gerade unterlassen. Dann widerspricht es dieser Weichenstellung des Gesetzes, ein gegenteiliges Regelungsinteresse der Parteien für typisch zu erachten. Vielmehr müssen sich die Vertragsparteien am dispositiven Gesetzesrecht festhalten lassen.

228 An **gesetzlichen Lösungsrechten** kommen zunächst die allgemeinen Regelungen, die an die Nichtleistung anknüpfen wie insbesondere § 323 I BGB in Betracht. In dieser Vorschrift müssen alle diejenigen einen Rücktrittsgrund erblicken, die dem Gläubiger mit der Erfüllungsablehnung durch den Verwalter einen Schadensersatzanspruch statt der Leistung einräumen und hierfür die Anspruchsgrundlage im materiellen Recht sehen.[460] Denn als „Minus“ zum Schadensersatzanspruch statt der (ganzen) Leistung ist nach

---

Prütting/Bork/*Tintelnot* InsO[46] § 103 Rn 330; Uhlenbruck/*Wegener* InsO[13] § 103 Rn 161.

453 *Kreft* MünchKomm InsO[3] § 103 Rn 22; Kübler/Prütting/Bork/*Tintelnot* InsO[46] § 103 Rn 330; Uhlenbruck/*Wegener* InsO[13] § 103 Rn 162.

454 *Dobler* Anwartschaft Rn 158; Jaeger/*Henckel* KO[9] § 17 Rn 161.

455 *Müller* NJW 1968, 225 (228 f); vgl auch *Marotzke* Gegenseitige Verträge[3] Rn 5.94 Fn 329; *ders* HK InsO[6] § 103 Rn 90.

456 Vgl *Bitter* MünchKomm InsO[3] § 45 Rn 36 ff; Jaeger/*Henckel* InsO § 45 Rn 17 ff.

457 Vgl *Bitter* MünchKomm InsO[3] § 45 Rn 44; Jaeger/*Henckel* InsO § 45 Rn 19.

458 BGHZ 155, 87 (90); BGH ZIP 2006, 87 Rn 24.

459 **AA** *v Wilmowsky* KTS 2011, 453 (473).

460 So etwa *Bork* FS Wellensiek (2011) S 201 (204); *Stamm* KTS 2011, 421 (435).

materiellem Recht stets ein Rücktrittsrecht gegeben.[461] Nach hier vertretener Auffassung kann ein solches **Rücktrittsrecht nicht angenommen werden, da in der Erfüllungsablehnung keine Pflichtverletzung** gesehen werden kann und auch die Leistungspflicht immer noch suspendiert ist.[462] Grundsätzlich ist das Fortbestehen des Vertrags für den Vertragspartner auch ohne Einbußen hinnehmbar, weil angesichts der Wirkungen der Erfüllungsablehnung ihm weitere Verpflichtungen weder während noch nach Aufhebung des Insolvenzverfahrens drohen (Rn 223, 225). Vielmehr ist das Fehlen eines Rücktrittgrundes zu begrüßen, weil eine Rückabwicklung vom Vertragspartner erbrachter Teilleistungen der insolvenzmäßigen Abwicklung widerspricht (Rn 49, 271).

Ungeachtet dessen wird weithin in der Erfüllungsablehnung auch ein Grund zur **außerordentlichen Kündigung nach § 314 BGB** oder zum **Rücktritt entsprechend § 324 BGB** gesehen.[463] Jedoch fehlt es aus den dargelegten Gründen grundsätzlich am Bedürfnis auf Seiten des Vertragspartners, so dass ein außerordentliches Lösungsrecht ausgeschlossen ist: Während des Verfahrens enthält das Insolvenzrecht eine der Haftungsordnung entsprechende Abwicklung des Vertrags. Nach Verfahrensbeendigung steht dem Vertragspartner die Einrede aus § 103 II 3 zu. **Ausnahmsweise** kann freilich **ein besonderes Bedürfnis** des Vertragspartners bestehen, dass der Vertrag beendet wird. Als Beispiel ist hier ein Fall des BFH zu nennen, in dem die Aufhebung des Grunderwerbssteuerbescheids mit der Begründung verweigert wurde, dass auch bei Erfüllungsablehnung durch den Verwalter der Grundstückskaufvertrag nicht erlöschen würde.[464] Will der Käufer die bereits gezahlte Grunderwerbssteuer zurückerlangen, muss er sich von dem Vertrag lösen können. Schuldner und Verwalter haben dann auch kein schutzwürdiges Interesse mehr am Fortbestand des Vertragsverhältnisses hinsichtlich der noch offenen, ohnehin nicht mehr durchsetzbaren Forderungen. 229

e) **Insolvenzmäßige Abwicklung teilerfüllter Verträge.** In besonderen Sachlagen kann die insolvenzmäßige Abwicklung aber auch auf Veranlassung des Insolvenzverwalters zu einem Erlöschen aller noch offenen Forderungen führen. Es handelt sich um Verträge, bei denen der **Insolvenzschuldner vor Verfahrenseröffnung eine Mehrleistung erbracht** hat und die vom Vertragspartner dafür zu erbringende Gegenleistung nicht teilbar ist. Nach hier vertretener Lösung steht der Masse dann auch bei Erfüllungsablehnung der Anspruch auf die Gegenleistung insoweit zu, als vom Schuldner bereits vorgeleistet wurde (Rn 54). In den Fällen, in denen die Gegenleistung jedoch nicht im Umfange der Mehrleistung teilbar ist, erlischt die Pflicht zur Leistung durch den Schuldner infolge der Unmöglichkeit der Teilleistung durch den Gläubiger nach Maßgabe von § 326 I, II BGB (Rn 61). 230

Hatte der Insolvenzschuldner **beispielsweise** bereits 60 % auf die von ihm gekaufte Sache angezahlt, steht ihm bereits ab Insolvenzeröffnung ein Anspruch auf 60 % der Gegenleistung durchsetzbar gegen den Vertragspartner zu. Jedoch kann der Insolvenzverwalter diesen Anspruch auf Lieferung von 60 % der gekauften Sache wegen der Unteilbarkeit des Lieferungsanspruchs nicht gegen den Vertragspartner durchsetzen (§ 275 BGB entsprechend). Der Anspruch, auf den der Schuldner bereits vorgeleistet hatte, erlischt dann ebenfalls nach Maßgabe von § 326 I BGB, vorbehaltlich § 326 II BGB. 231

---

[461] Ausdr für Rücktritt neben Schadensersatz *Stamm* KTS 2011, 421 (433).

[462] Ebenso *v Wilmowsky* KTS 2011, 453 (473).

[463] *Ahrendt* HambK InsO⁴ § 103 Rn 40; *Bärenz* NZI 2006, 72 (75); *Bork* FS Wellensiek (2011) S 201 (204); vgl auch BGH ZIP 2006, 87 Rn 24; *v Wilmowsky* KTS 2011, 453 (474).

[464] BFH ZIP 2007, 976 f.

Soweit der Anspruch nach § 326 I, II nicht besteht, kann der Verwalter die erbrachte Vorleistung durch den Schuldner nach §§ **346, 326 IV** zurückverlangen. Die Geltendmachung dieses Anspruchs lässt zugleich die restlichen Ansprüche des Vertrags entfallen. Denn auch die vom Verwalter wegen der durch die Nichterfüllungswahl weiterhin undurchsetzbare Forderung auf Lieferung von 40 % der gekauften Sache kann wegen der nicht bestehenden Teilbarkeit nicht erfüllt werden, weshalb dieser Anspruch ebenfalls entsprechend § 275 BGB untergeht. Demnach reduziert sich auch der Anspruch des Vertragspartners auf Zahlung weiterer 40 % des Kaufpreises gem § 326 I, II BGB.

232 In solchen Sachlagen obliegt es damit dem Verwalter, über das Erlöschen sämtlicher Erfüllungsansprüche durch Geltendmachung seines Teilerfüllungsanspruchs zu entscheiden. Dieses Ergebnis ist hinnehmbar, weil der Vertragspartner die **Teilleistung des Schuldners im Vorfeld akzeptiert** hat, wozu er nach § 266 BGB nicht verpflichtet ist. Letztlich wird der Vertragspartner aber nur der Möglichkeit beraubt, seinen restlichen Primäranspruch nach Verfahrensbeendigung geltend zu machen. Angesichts der ohnehin für diesen Anspruch bestehenden Gefahren durch Verjährung, Restschuldbefreiung, Insolvenzplan oder Vollbeendigung ist das aber zumutbar. Indes bleibt ihm die Möglichkeit, seinen nach § 326 II BGB zu berechnenden Anspruch entsprechend § 103 II 1 zur Insolvenztabelle anzumelden.

233 f) **Verfahrensbeendigung.** Die Verfahrensbeendigung bewirkt, dass die aus § 87 für den Vertragspartner bestehende Durchsetzungssperre wegfällt.[465] Daher steht das Insolvenzrecht einer Durchsetzung dieses Anspruchs nicht entgegen, soweit nicht das Vertragsverhältnis durch seine insolvenzrechtliche Abwicklung in Gestalt von Anmeldung zur Insolvenztabelle (Rn 226), Vertragslösung durch den Vertragspartner (Rn 227 ff) oder Geltendmachung der (nicht teilbaren) Gegenleistung für eine Mehrleistung des Schuldners durch den Verwalter (Rn 230 ff) seine Beendigung gefunden hat. Freilich ist die Geltendmachung des Anspruchs nur eine theoretische Möglichkeit, da der Vertragspartner durch **Restschuldbefreiung** (§ **301**), **Insolvenzplan** (§ **227**), **Vollbeendigung des Schuldners** oder **Verjährung** (Rn 257) auszufallen droht (Rn 37).

234 Vielfach wird darauf hingewiesen, dass nach Verfahrensbeendigung nicht nur der Vertragspartner, sondern auch der Schuldner seine Ansprüche – abgesehen von den in Rn 233 genannten Ausnahmen durch Beendigung des Vertragsverhältnisses – wieder verfolgen könne.[466] Dagegen spricht nach dem hier vertretenen Standpunkt indes, dass der Vertragspartner **nach Verfahrensbeendigung dem Insolvenzschuldner wie zuvor dem Verwalter § 103 II 3 entgegenhalten kann** (Rn 225). Daher findet eine von der Insolvenz nicht beeinflusste Vertragsdurchführung nach Verfahrensbeendigung nur dann statt, wenn weder der Verwalter die Erfüllung des Vertrags abgelehnt hat noch der Vertragspartner den Insolvenzverwalter erfolglos zur Erfüllungswahl nach § 103 II 2 aufgefordert hat. Denn nur dann bestehen keine auf die Erfüllung verzichtenden Handlungen des Insolvenzverwalters, die dem Schuldner wegen § 80 I über das Verfahren hinaus zugerechnet werden müssen.

---

465 *Huber* MünchKomm InsO^3 § 103 Rn 176; Uhlenbruck/*Wegener* InsO^{13} § 103 Rn 159.

466 Graf-Schlicker/*Breitenbücher* InsO^3 § 103 Rn 38; *Kreft* MünchKomm InsO^2 § 103 Rn 18; *Marotzke* HK InsO^6 § 103 Rn 90; *Musielak* AcP 179 (1979) 189 (195); *Prahl* ZInsO 2005, 568 (570); *Rühle* Gegenseitige Verträge S 158; Uhlenbruck/*Wegener* InsO^{13} § 103 Rn 157; *ders* Wahlrecht Rn 39 ff.

2. Keine Vertragsfortsetzung nach Verfahrenseröffnung

Da die bei Verfahrenseröffnung offenen Ansprüche während des Insolvenzverfahrens ohne Erfüllungswahl nicht durchsetzbar sind, **widerspricht jede Art einer Fortsetzung** oder Durchführung des Vertrags nach **Verfahrenseröffnung, die diese offenen Ansprüche erfüllt,** der insolvenzrechtlichen Haftungsordnung (Rn 32). Der Insolvenzverwalter erhielte etwas, was er nur unter der Voraussetzung der eigenen Erfüllung verlangen kann. Der Vertragspartner kann ohne Erfüllungswahl als Insolvenzgläubiger nur die Quote beanspruchen. Leisten Insolvenzverwalter oder Vertragspartner nach Insolvenzeröffnung vor oder nach Erfüllungsablehnung (und ist hierin keine Erfüllungswahl zu sehen), besteht für diese Leistungen aufgrund der insolvenzbedingten Undurchsetzbarkeit kein Rechtsgrund. Diese Leistungen sind grundsätzlich rückabzuwickeln. Darüber besteht Einigkeit. Streit herrscht allein über die Dogmatik. **235**

Hat der Vertragspartner Erfüllung aus der Masse erlangt, liegt ein **Verteilungsfehler** vor. **236** Zu diesem Fehler kann es dadurch kommen, dass eine vom Schuldner vor Verfahrenseröffnung eingeleitete gestreckte Erfüllung erst nach Verfahrenseröffnung zur Befriedigung führt (Rn 148). Sie kann aber auch auf einer (versehentlichen) Leistung des Insolvenzverwalters beruhen (vgl Rn 201). Weithin wird die **Rückabwicklung** des Verteilungsfehlers auf § 812 BGB gestützt.[467] Bei einer Leistung des Schuldners liegt § 812 I 2 Fall 1 BGB nahe, bei der des Insolvenzverwalters § 812 I 1 Fall 1 BGB. Der Condictio indebiti lässt sich noch § 813 BGB hinzufügen, da die Verfahrenseröffnung nicht zu einem Untergang der Insolvenzforderung, sondern nur zu einer Durchsetzungssperre führt. Eine Gegenmeinung hält mit der Ausgleichshaftung unter Insolvenzgläubigern eine spezifische Anspruchsgrundlage für erforderlich.[468] In jedem Fall muss der Vertragspartner, solange seine Quote noch nicht fest steht, die komplette Leistung zurückgewähren.[469] Wusste der Verwalter bei seiner Leistung um den Verteilungsfehler, ist der Anspruch freilich durch § 814 BGB ausgeschlossen.[470] Insbesondere dann haftet der Verwalter jedoch nach § 60 (vgl Rn 202).

Eine **Ausnahme** greift hingegen, wenn der Vertragspartner sich aus einer vor Verfahrenseröffnung anfechtungsfest erlangten **Sicherheit** befriedigen kann. Dann steht dem Vertragspartner diese Befriedigung aus dem Schuldnervermögen nach Maßgabe von §§ 87, 49 ff, 166 ff zu, so dass eine Rückabwicklung nicht in Betracht kommt. Vielmehr kann sich die Erfüllungsablehnung des Verwalters wie bei §§ 106 I 2, 107 I 2 nur auf den Vertragsteil beschränken, für den der Vertragspartner ggf nicht gesichert ist. Soweit der Vertragspartner gesichert ist, liegen die Voraussetzungen für das Wahlrecht nicht vor (Rn 149 f). **237**

---

467 BGHZ 71, 309 (313); 88, 147 (154); BGH NJW 1975, 122 f; ZIP 1985, 553 (556); RGZ 60, 419 (420); BAG NJW 1980, 141 (143); OLG Brandenburg NZI 2002, 107; *Bärenz* NZI 2006, 72 (73); *Füchsl/Weishäupl/Kebekus/Schwarzer* MünchKomm InsO³ § 187 Rn 22; *Hefermehl* MünchKomm InsO³ § 53 Rn 49; *Henckel* FS Weber (1975) S 237 (244); *Jacoby* ZIP 2010, 1725 (1730); Jaeger/*Henckel* InsO § 53 Rn 28; *Mikolajczak* ZIP 2011, 1285 (1291); *Mohrbutter* Verteilungsfehler S 64 f, 136; Kübler/Prütting/Bork/*Holzer* InsO³⁶ § 187 Rn 18; Kübler/Prütting/Bork/*Pape/Schaltke* InsO⁴³ § 53 Rn 23; Uhlenbruck/*Ries* InsO¹³ § 208 Rn 1; Uhlenbruck/*Sinz* InsO¹³ § 53 Rn 5; Uhlenbruck/*Uhlenbruck* InsO¹³ § 187 Rn 13; **aA** nur LG Stuttgart ZIP 1985, 1518 f, das eine Befriedigung einer bestehenden Forderung als ausreichenden Rechtsgrund annimmt.

468 *Brinkmann* Kreditsicherheiten S 253; *Häsemeyer* KTS 1982, 502 (521 ff); Jaeger/*Windel* InsO § 80 Rn 255.

469 BGH ZIP 1985, 553 (556); NJW 1975, 122 (123).

470 BGH ZIP 1985, 553 (556); RGZ 60, 419 (420).

238 Der **Vertragspartner wird seine Leistung auch ohne Erfüllungswahl erbringen**, wenn er von der Insolvenz oder seinem Verweigerungsrecht keine Kenntnis hat, etwa weil er seine gestreckte Leistungshandlung vor Insolvenzeröffnung begonnen hat (Rn 146), vielleicht aber auch wenn der Insolvenzverwalter seine Erfüllungswahl im Nachhinein wirksam anficht (Rn 195). Ein wichtiger Anwendungsbereich ist ferner gegeben, wenn der Vertragspartner nach Insolvenzeröffnung eine vom Insolvenzschuldner vor Verfahrenseröffnung erbrachte **(unerkannt) mangelhafte Leistung voll bezahlt.** Aufgrund der Mangelhaftigkeit der Leistung ist der Vertrag bei Insolvenzeröffnung nicht vollständig erfüllt (Rn 128 f). Der Verwalter ist durch die erbrachte Teilleistung durch den Insolvenzschuldner (Rn 54, 268) bis zur Erfüllungswahl wegen der noch ausstehenden Nacherfüllung nur berechtigt, einen um die Nacherfüllungskosten reduzierten Anspruch gegen den Vertragspartner geltend zu machen.[471] In Höhe dieser Kosten besteht kein durchsetzbarer Anspruch, so dass für die Zahlung des Vertragspartners bei Erfüllungsablehnung kein Rechtsgrund besteht. In allen Konstellationen steht dem Vertragspartner jedenfalls ein **Kondiktionsanspruch aus § 812 BGB** zu. Insoweit ist er Massegläubiger (**§ 55 I Nr 3**).[472] Eine Ausnahme gilt, wenn der Vertragspartner die Forderung befriedigen will, obwohl er weiß, dass der Insolvenzverwalter sie mangels Erfüllungswahl gar nicht einfordern kann. Das kann der Fall sein, wenn der Vertragspartner seine Forderung in gesamter Höhe zur Tabelle anmelden (Rn 33) und gegen einen Drittsicherungsgeber (Rn 262) geltend machen will.

3. Sicherheiten für den Insolvenzschuldner

239 Verfügte der Insolvenzschuldner über Sicherheiten oder andere Erleichterungen, seinen vertraglichen Primäranspruch durchzusetzen, so wirkt sich die **Einrede aus § 103 II** 3 auch auf diese aus. Da der Insolvenzverwalter den gesicherten Anspruch nicht mehr durchsetzen kann, besteht kein schutzwürdiges Interesse an den Sicherheiten. **Akzessorische Sicherheiten** wie Bürgschaft, Hypothek, Pfandrecht und Vormerkung erlöschen mit Erfüllungsablehnung zwar noch nicht. Sie erlöschen erst, wenn im Wege der insolvenzmäßigen Abwicklung durch Anmeldung der Gegenforderung zur Insolvenztabelle oder auf andere Weise die vertraglichen Primäransprüche untergehen. Mit Erfüllungsablehnung kann diesen Sicherheiten aber die gegen die Hauptforderung bestehende peremtorische Einrede aus § 103 II 3 entgegengehalten werden. Folglich hat der Insolvenzverwalter in die Löschung der **Auflassungsvormerkung** nach § 886 BGB einzuwilligen; erst nach Untergang des gesicherten Anspruchs lässt sich dieser Anspruch auf § 894 BGB stützen.[473] Der Verpfänder kann sich über § 1211 I 1 BGB auf § 103 II 3 berufen und daher Verzicht auf das **Pfand** nach § 1254 BGB verlangen. Dem Hypothekengläubiger steht die Einrede über § 1137 I 1 BGB zu, so dass ihm ein Verzichtsanspruch gegen den Verwalter aus § 1169 BGB erwächst. Schließlich kann sich der **Bürge** auf die Einrede nach § 768 I 1 BGB berufen, so dass er über § 371 BGB Rückgabe der Bürgschaftsurkunde verlangen kann.[474]

---

471 Kübler/Prütting/Bork/*Tintelnot* InsO[46] § 103 Rn 304; Uhlenbruck/*Wegener* InsO[13] § 103 Rn 67.

472 *Bärenz* NZI 2006, 72 (73).

473 Uhlenbruck/*Wegener* InsO[13] § 103 Rn 185; stets für § 894 BGB indes OLG Frankfurt OLGR 1995, 101; *Huber* MünchKomm InsO[3] § 103 Rn 180; ohne ausdr Festlegung BGH ZIP 2013, 526 Rn 10.

474 Zwar wird für § 371 BGB verbreitet „Erlöschen" der Bürgschaftsschuld verlangt, etwa BGH ZIP 2008, 2239 Rn 12; Staudinger/*Olzen* BGB[2011] § 371 Rn 9; dem muss aber das Bestehen einer peremptorischen Einrede wie bei §§ 886, 1169, 1254 BGB gleichstehen.

Auch von abstrakten Sicherheiten wie Sicherungszession, -abtretung und -grundschuld darf der Insolvenzverwalter nicht mehr Gebrauch machen. Vielmehr ist er aufgrund des Sicherungsvertrags verpflichtet, diese Sicherheiten zurückzuübertragen, und zwar grundsätzlich an den Sicherungsgeber. Das gilt auch in der Insolvenz, weil dem Rückübertragungsanspruch **angesichts des Treuhandcharakters der abstrakten Sicherheiten Aussonderungskraft nach § 47 InsO** zukommt.[475] Bei einem erweiterten Eigentumsvorbehalt erwirbt der Vorbehaltskäufer in der Insolvenz des Vorbehaltsverkäufers das Eigentum nicht erst dann, wenn er alle Forderungen erfüllt, auf die sich der Vorbehalt erstreckt und die daher durch die Abrede gesichert wurden, sondern schon dann, wenn diese gesicherten Forderungen infolge § 103 II 3 dauerhaft nicht mehr durchsetzbar sind (§ 107 Rn 41). Verfügt der Insolvenzschuldner bereits über einen Titel über seine Forderung, etwa eine notarielle Urkunde (§ 794 I Nr 5 ZPO), muss der Insolvenzverwalter auch diese Urkunde entsprechend § 371 BGB an den Titelschuldner herausgeben. Keinesfalls darf er den Titel auf sich umschreiben und daraus vollstrecken. Dem könnte der Titelschuldner mit der Vollstreckungsabwehrklage (§§ 767, 795 ZPO) gestützt auf die Einrede aus § 103 II 3 begegnen.[476] **240**

4. Die „Forderung wegen der Nichterfüllung" (§ 103 II 1)

§ 103 II 1 spricht dem Vertragspartner „eine Forderung wegen der Nichterfüllung" zu. Herkömmlich wird dieser Anspruch als **Schadensersatzanspruch**[477], also als Sekundäranspruch eingestuft.[478] Dem wird in dieser Kommentierung im Anschluss an eine starke Gegenmeinung nicht gefolgt (Rn 34).[479] § 103 II 1 handelt von der **Anmeldung des Primäranspruchs des Vertragspartners.** Im dogmatischen Teil wurde dargelegt, dass die Einordnung als Sekundäranspruch mit den mittlerweile vertretenen Auffassungen zur Dogmatik des Verwalterwahlrechts nicht zu vereinbaren ist. Die Insolvenzeröffnung führt nicht zum Erlöschen der Primäransprüche, sondern modifiziert lediglich ihre Durchsetzbarkeit. Dementsprechend bestimmt § 103 II 1, wie der Vertragspartner seinen Primäranspruch geltend machen kann. Wie jeder andere Insolvenzgläubiger ist er auf die Anmeldung zur Insolvenztabelle verwiesen, ohne einen Schadensersatzanspruch geltend machen zu können. Für das Entstehen eines neuen Schadensersatzanspruchs nach Verfahrenseröffnung fehlt es an einer verschuldeten Pflichtverletzung des Verwalters. **241**

Die dargestellte Streitfrage, ob der Vertragspartneranspruch seiner Rechtsnatur nach Sekundär- oder Primäranspruch ist, zeitigt **erhebliche praktische Auswirkungen**, wie im Folgenden zu den Einzelfragen darzustellen ist. Dem entgegengesetzt findet sich zwar häufig die Äußerung, der Streit um die Rechtsnatur des von § 103 II 1 erwähnten An- **242**

[475] Jaeger/*Henckel* InsO § 47 Rn 58.

[476] BGH ZIP 1987, 304; *Huber* MünchKomm InsO³ § 103 Rn 181.

[477] *Stamm* KTS 2011, 421 (433 ff) hält v seinem zivilrechtlichen Ausgangspunkt auch einen Rückgewähranspruch infolge v Rücktritt für erfasst.

[478] BGHZ 68, 379 (380); 96, 392 (394); 168, 276 Rn 23; 176, 43 Rn 18; BGH ZIP 2013, 526 Rn 8; *Bork* InsR⁶ Rn 165; *Huber* MünchKomm InsO³ § 103 Rn 184 ff; *ders* InsR-Hb⁴ § 34 Rn 33; Jaeger/*Henckel* KO⁹ § 17 Rn 172; *Musielak* AcP 179 (1979) 189 (204); *Stamm* KTS 2011, 421 (433 ff); Uhlenbruck/*Wegener* InsO¹³ § 103 Rn 166.

[479] *Häsemeyer* InsR⁴ Rn 20.24; Kübler/Prütting/Bork/*Tintelnot* InsO⁴⁶ § 103 Rn 317; *Marotzke* HK InsO⁶ § 103 Rn 92; *Rühle* Gegenseitige Verträge S 43; *v Wilmowsky* KTS 2011, 453 (464 ff); *Windel* Jura 2002, 230 (233); unklar *Brandes/Lohmann* MünchKomm InsO³ § 95 Rn 17, die zwar v einem Schadensersatzanspruch sprechen, aber keinen neuen Anspruch, sondern den inhaltlich veränderten Erfüllungsanspruch darstellen soll.

spruchs habe keine praktischen Auswirkungen.[480] Diese Aussagen gehen indes von der Qualifizierung des Anspruchs als Sekundäranspruch aus, umstritten ist dann nur, ob der Anspruch im bürgerlichen Recht (§§ 325 f BGB aF; §§ 280 ff BGB)[481] oder im Insolvenzrecht[482] (§ 103 II) wurzelt.

243 a) **Anspruchsinhalt.** Wer den Anspruch als **Sekundäranspruch** versteht, wendet die **Grundsätze des BGB** über den Schadensersatz statt der Leistung an. Insbesondere erstreckt sich der Anspruch als Schadensersatzanspruch auf den entgangenen Gewinn, was nur vereinzelt bestritten wird (Rn 33). Der Anspruch wäre alternativ auch auf den Ersatz vergeblicher Aufwendungen (§ 284 BGB) gerichtet.

244 Wer einen **Primäranspruch** annimmt, muss zwischen Sachleistungs- und Geldleistungsansprüchen unterscheiden. Der **Sachleistungsanspruch ist nach Maßgabe von § 45** umzurechnen. Danach ist er grundsätzlich mit seinem „gemeinen Wert" zu berücksichtigen.[483] Der **Geldleistungsanspruch kann mit seinem Nominalwert** angemeldet werden. Jedoch ist in beiden Fällen bei der Anmeldung die Gegenleistungsverpflichtung des Vertragspartners gegenüber dem Schuldner zu berücksichtigen. Zwar kann der Insolvenzverwalter diese Verbindlichkeit ohne Erfüllungswahl nicht einfordern. Sie steht aber wegen § 320 BGB der uneingeschränkten Geltendmachung der Forderung durch den Vertragspartner entgegen. Der Vertragspartner muss also entweder die Gegenleistung selbst erbringen, um den gesamten Forderungsbetrag bzw -wert anmelden zu können (Rn 33). Oder der Vertragspartner muss sich auf seine anzumeldende Forderung **den Forderungsbetrag bzw -wert der Gegenforderung anrechnen lassen.**[484] Diese Anrechnung führt bei nicht erfüllten wertmäßig ausgeglichenen Verträgen dazu, dass kein anzumeldender Forderungsbetrag zurückbleibt.

245 Die praktischen Auswirkungen der Unterschiede zwischen der Sekundäranspruchslösung und der Primäranspruchslösung mögen im Einzelfall, insbesondere wenn ein Deckungsgeschäft möglich ist, gering sein.[485] Wenn der Vertragspartner das Deckungsgeschäft zu gleichen Konditionen abschließen kann, besteht nach beiden Berechnungsmethoden kein Anspruch. Diese Unterschiede haben im bürgerlichen Recht ihre **Parallele in der Differenzierung zwischen Wertersatzansprüchen** (§§ 346 II, 818 II BGB) einerseits **und Schadensersatzansprüchen** andererseits (§§ 346 IV, 818 IV, 819 I BGB). Jedoch lassen sich die Grundsätze zu den zivilrechtlichen Wertersatzansprüchen nicht unbesehen auf das Insolvenzrecht übertragen; insbesondere richtet sich die insolvenzrechtliche Umrechnung nach § 45 im Unterschied zu § 346 II 1 BGB nicht allein an der Gegenleistung aus. In der Regel wird die Gegenleistung aber den Ausgangspunkt der Wertfeststellung bilden.[486] Parallele Unterschiede bestehen jedenfalls in dem Punkt, dass auch der Wertersatzanspruch abweichend vom Schadenersatzanspruch nicht auf den Ersatz entgangenen Gewinns (§ 252 BGB) gerichtet ist. Vergebliche Aufwendungen (§ 284 BGB) sind beim Wertersatz ebenfalls nicht zu berücksichtigen.

---

[480] BGHZ 68, 379 (380); *Huber* MünchKomm InsO³ § 103 Rn 184; Jaeger/*Henckel* KO⁹ § 17 Rn 171; Uhlenbruck/*Wegener* InsO¹³ § 103 Rn 166.

[481] *Huber* MünchKomm InsO³ § 103 Rn 184 ff; *Stamm* KTS 2011, 421 (433 ff); Uhlenbruck/*Wegener* InsO¹³ § 103 Rn 166.

[482] *Bork* InsR⁶ Rn 166; Jaeger/*Henckel* KO⁹ § 17 Rn 171.

[483] *Bitter* MünchKomm InsO³ § 45 Rn 25; Jaeger/*Henckel*, InsO § 45 Rn 11.

[484] Vgl *v Wilmowsky* KTS 2011, 453 (464 ff).

[485] Vgl eine Berechnung bei *Kreft* MünchKomm InsO³ § 103 Rn 27.

[486] *Bitter* MünchKomm InsO³ § 45 Rn 25.

b) **Berücksichtigung von Teilleistungen.** Hat der **Insolvenzschuldner** vor Verfahrenseröffnung Teilleistungen erbracht, so soll nach einer Ansicht der Anspruch aus § 103 II auf einer Saldierung aller offenen Vertragsansprüche beruhen (Rn 43). Der zur Masse gehörende Vergütungsanspruch sei als Abzugsposten bei der Berechnung des über § 103 II 1 anzumeldenden Anspruchs des Vertragspartners zu berücksichtigen. Richtigerweise ist indes danach zu unterscheiden, inwieweit die Voraussetzungen der sog rechtlichen **Teilbarkeit** gegeben sind, inwieweit sich also, wie es § 105 S 1 (§ 105 Rn 30) voraussetzt, einer Teilleistung auch eine bestimmte offene Gegenleistung zuordnen lässt. Soweit diese Teilbarkeit gegeben ist, kann der Insolvenzverwalter den **Gegenleistungsanspruch** für die Masse vereinnahmen (bspw Bezahlung einer Teillieferung verlangen). Die zur Insolvenztabelle anzumeldende Nichterfüllungsforderung bemisst sich auf Grundlage der in Rn 244 dargelegten Grundsätze allein nach dem übrigen, noch in beide Richtungen offenen Vertragsteil. Eine Auf- oder Verrechnung findet nicht statt (Rn 55). **246**

Bei **fehlender Teilbarkeit** (Anzahlung des Schuldners für einen Kaufgegenstand) wird sich für den Vertragspartner bei der Berechnung der Nichterfüllungsforderung nach den in Rn 244 dargelegten Grundsätzen ein anzumeldender Betrag kaum einmal ergeben. Denn für den Vertragspartner ist nur noch der restliche offene Anspruch (Restkaufpreis) zu berücksichtigen. Gegenzurechnen ist indes die volle vom Vertragspartner noch zu erbringende Gegenleistung (Lieferung des Kaufgegenstands). Regelmäßig wird daher allein der Insolvenzverwalter die **Gegenleistung für die vom Schuldner erbrachte Vorleistung** nach den oben (Rn 61) hergeleiteten Regeln (§§ 346, 326 IV, II BGB analog) verlangen können. Hingegen muss die alternative Begründung eines zur Masse gehörenden Anspruchs über § 812 I 2 Fall 1 BGB auch hier ausscheiden,[487] weil **kein Grund für den Wegfall des Vertrags als Rechtsgrund** besteht. **247**

Der **Vertragspartner verfügt für eigene Vorleistungen unter den Teilbarkeitsanforderungen von § 105 S 1 über eine Insolvenzforderung,** ohne dass es auf die Erfüllungswahl des Verwalters und damit die Anmeldung über § 103 II 1 ankommt (Rn 51). Diese Teilforderung kann der Vertragspartner daher ohne Umrechnung nach Maßgabe von §§ 103 II, 45 zur Insolvenztabelle anmelden, ggf aber auch zur Aufrechnung nutzen (§ 94). **Fehlt es an der Teilbarkeit, kann der Vertragspartner nur eine einheitliche Forderung nach § 103 II 1 anmelden** (Rn 58). Bei Berechnung der Forderung kommt dem Vertragspartner zugute, dass er einen Teil seiner Leistungspflicht erfüllt hat. In diesem Umfange verringert sich der Anrechnungsbetrag. **248**

c) **Entstehung.** Die Frage nach der Entstehung des anzumeldenden Anspruchs müssen Sekundäranspruchslösung einerseits und Primäranspruchslösung andererseits unterschiedlich beantworten. Die hier vertretene **Einordnung als Primäranspruch kommt zu einer insolvenzverfahrensunabhängigen Antwort.**[488] Der Primäranspruch ist mit Vertragsschluss entstanden. Für den Nacherfüllungsanspruch bei mangelhafter Leistung (§§ 635, 634 Nr 1; 439, 437 Nr 1 BGB) gilt nichts anderes, weil es sich um den gleichen Anspruch handelt, der sich lediglich mit Annahme des mangelhaften Leistungsgegenstands als Erfüllung (§§ 363, 640 BGB) inhaltlich umwandelt.[489] **249**

---

487 **AA** BGH ZIP 2013, 526 Rn 11; *Bork* FS Wellensiek (2011) S 201 (209).

488 *Brandes/Lohmann* MünchKomm InsO[3] § 95 Rn 17.

489 *Huber* NJW 2002, 1004 (1005); Staudinger/*Matusche-Beckmann* BGB[2004] § 439 Rn 1; Staudinger/*Peters/Jacoby* BGB[2014] § 634 Rn 27.

250 Wer in § 103 II 1 die Befugnis erblickt, **einen Sekundäranspruch anzumelden, muss indessen den Entstehungszeitpunkt des Sekundäranspruchs spezifisch bestimmen.**[490] Diese Bestimmung hängt freilich davon ab, worin man den Rechtsgrund für diesen Schadensersatzanspruch erblickt. Teilweise wird der in der Verfahrenseröffnung selbst erblickt, so dass zu diesem Zeitpunkt der Sekundäranspruch – wenn auch noch nicht durchsetzbar – entstehe.[491] Wer sich indes an § 281 BGB orientiert,[492] muss als Entstehungszeitpunkt den Untergang des Erfüllungswahlrechts annehmen, also den Zeitpunkt der Erfüllungsablehnung oder den Fristablauf infolge der Aufforderung nach § 103 II 2.[493]

251 d) **Durchsetzbarkeit und Anmeldbarkeit.** Auch die Frage nach der **Durchsetzbarkeit** des von § 103 II in Bezug genommenen Anspruchs stellt sich für beide Auffassungen in ganz unterschiedlichem Lichte. Der Primäranspruch ist materiell-rechtlich nicht durchsetzbar. Ihm steht die Einrede des nichterfüllten Vertrags entgegen. Daher könnte er außerhalb eines Insolvenzverfahrens nur Zug um Zug geltend gemacht werden. Für das Insolvenzverfahren lässt sich diese Einrede freilich im Wege der in Rn 244 dargestellten **Umrechnung** ausblenden, wie auch sonst **§§ 41, 45** erst eine Anmeldung als fällige Geldforderung ermöglichen. Die Anmeldung kann wie bei anderen Insolvenzforderungen auch ab Verfahrenseröffnung erfolgen.[494] Wählt der Insolvenzverwalter auf eine frühzeitige Anmeldung hin noch Erfüllung, wäre die Anmeldung zu berichtigen.

252 Wer meint, mit Verfahrenseröffnung entstehe ein **Schadensersatzanspruch**, hält diesen Anspruch überwiegend zwar auch schon für **anmeldefähig,**[495] aber **nicht für durchsetzbar,**[496] weil er von der Geltendmachung nach Erfüllungsablehnung abhängig sei.[497] Wer hingegen einen Schadensersatzanspruch erst bei Untergang der Erfüllungswahlmöglichkeit annimmt, hält den Anspruch dann auch für durchsetzbar und anmeldbar.[498]

253 e) **Aufrechenbarkeit.** Die Möglichkeit, mit der von § 103 II 1 angesprochenen Insolvenzforderung aufzurechnen, muss sich an den gegenüber der KO deutlich **verschärften Aufrechnungsvoraussetzungen in §§ 94 ff** messen lassen. § 95 I 2 verbietet die Aufrechnung, soweit die Gleichartigkeit der Forderungen sich nur durch Umrechnung nach §§ 41, 45 begründen lässt. Denn diese Umrechnungen dienen nur dazu, die Gläubigerforderung bei der anteiligen Befriedigung aller Gläubiger berücksichtigen zu können, aber

---

490 Vgl Staudinger/*Peters/Jacoby* BGB[2009] § 199 Rn 24; **abw** *Brandes/Lohmann* MünchKomm InsO[3] § 95 Rn 17, die m ihrem Konzept einer Identität v Schadensersatz- u Erfüllungsanspruch der hier vertretenen Primäranspruchslösung indes näher stehen als der Sekundäranspruchslösung; ausdr offen lässt die Frage nach dem Entstehungszeitpunkt *Wolf* FS Görg (2010) S 597 (605).

491 *Huber* MünchKomm InsO[3] § 103 Rn 189; *Kreft* MünchKomm InsO[3] § 103 Rn 21.

492 Z noch nicht geklärten Dogmatik, wie das aus § 281 BGB folgende Wahlverhältnis des Gläubigers zwischen Primär- u Schadensersatzanspruch beschaffen ist, *Ernst* MünchKomm BGB[6] § 281 Rn 68.

493 Vgl Ahrens/Gehrlein/Ringstmeiner/*Flöther/Wehner* InsO § 103 Rn 50; Kübler/Prütting/Bork/*Lüke* InsO[14] § 95 Rn 29; *Stamm* KTS 2012, 421 (433); Uhlenbruck/*Wegener* InsO[13] § 103 Rn 13, 160, 176.

494 Kübler/Prütting/Bork/*Tintelnot* InsO[46] § 103 Rn 317.

495 *Huber* MünchKomm InsO[3] § 103 Rn 183.

496 Dafür allerdings *Brandes/Lohmann* MünchKomm InsO[3] § 95 Rn 17.

497 *Huber* MünchKomm InsO[3] § 103 Rn 189; *Kayser* HK InsO[6] § 95 Rn 26; *Kreft* MünchKomm InsO[3] § 103 Rn 22, 23.

498 Ahrens/Gehrlein/Ringstmeiner/*Flöther/Wehner* InsO § 103 Rn 50; Kübler/Prütting/Bork/*Lüke* InsO[14] § 95 Rn 30; *Stamm* KTS 2012, 421 (433); Uhlenbruck/*Wegener* InsO[13] § 103 Rn 13, 160, 176; *Wolf* FS Görg (2010) S 597 (605).

nicht dem Ziel, Aufrechnungsmöglichkeiten zu schaffen.[499] Nach der hier verfochtenen **Primäranspruchslösung beruht die Nichterfüllungsforderung auf solchen Umrechnungen, so dass die Aufrechnung stets an § 95 I 2** scheitert. Das gilt nicht nur für den auf eine Sachleistung gerichteten Primäranspruch,[500] sondern auch für auf Geld gerichtete Ansprüche (Rn 244).[501] Denn diese Ansprüche waren wegen § 320 nicht durchsetzbar und daher konnte mit ihnen – solange der Vertragspartner die von ihm geschuldete Leistung nicht voll in die Masse erbringt – nicht aufgerechnet werden. § 95 I 2 steht der Aufrechnung aber nicht entgegen, wenn man den Nichterfüllungsanspruch nach § 103 II 1 als einen (Sekundär-)Anspruch begreift, der von Anfang an auf Zahlung gerichtet ist. Es findet dann keine Umrechnung nach Insolvenzrecht, sondern allenfalls eine materiellrechtliche Umwandlung vom Primäranspruch zum auf Geld gerichteten Schadensersatzanspruch statt.[502]

Weitere **Aufrechnungshürden ergeben sich aus § 95 I 3.** Denn danach ist die Aufrechnung unzulässig, wenn die Hauptforderung durchsetzbar geworden ist, bevor mit der Gegenforderung, hier der nach § 103 II 1, aufgerechnet werden kann. Gegen Hauptforderungen die vor Erfüllungsablehnung durchsetzbar geworden sind, könnte der Vertragspartner also nur mit seiner Forderung aus § 103 II aufrechnen, wenn diese Forderung ebenfalls schon vorher durchsetzbar geworden ist. Das wird aber, wie dargelegt (Rn 251 f), überwiegend abgelehnt. Konsequent wird daher vertreten, die Aufrechnung scheitere meist jedenfalls an § 95 I 3,[503] auch wenn teilweise die Aufrechnung schon ab Verfahrenseröffnung für möglich und daher unbeschadet von § 95 I 3 für zulässig erachtet wird[504]. Der BGH hält § 95 I 3 jedoch für unanwendbar, wenn die Aufrechnung von Gegenansprüchen aus einem gegenseitigen Vertrag in Rede stehen.[505] **254**

Spezifische und in ihrer Lösung umstrittene Fragen stellen sich, wenn einer der beiden Vertragspartner bereits vor Eröffnung vorgeleistet hatte. Bei einer Vorleistung des Insolvenzschuldners kann der Vertragspartner gegen den aus dieser Vorleistung resultierenden Vergütungsanspruch nach hier vertretener Auffassung nicht unter erleichterten Voraussetzungen wegen seines Anspruchs aufrechnen, der ihm wegen der Nichterfüllung des restlichen Vertrags zusteht (Rn 55, 246). Hingegen kann der Vertragspartner mit seinem aus einer eigenen Teilleistung resultierenden Anspruch unter erleichterten Voraussetzungen aufrechnen, weil sein Anspruch nicht unter § 103 II, sondern – sofern die dort vorgesehene Voraussetzung der Teilbarkeit gegeben ist – unter § 105 S 1 fällt und mit Verfahrenseröffnung durchsetzbar ist (Rn 51, 248). **255**

f) **Verjährung.** Welche Auffassung zur Verjährung der Nichterfüllungsforderung nach § 103 II vertreten wird, hängt von der Position zu Rechtsnatur, Entstehen und Durchsetzbarkeit dieses Anspruchs ab. Einigkeit besteht allerdings über die **Verjährungsfrist.** **256**

---

499 Jaeger/*Windel* InsO § 95 Rn 27.

500 So noch *Jacoby* HambK InsO[4] § 95 Rn 17a; vgl auch *Kreft* MünchKomm InsO[3] § 103 Rn 23.

501 Jaeger/*Windel* InsO § 95 Rn 27.

502 *Brandes/Lohmann* MünchKomm InsO[3] § 95 Rn 17; Kübler/Prütting/Bork/*Tintelnot* InsO[46] § 103 Rn 323; *ders* KTS 2004, 339 (345 ff); *Wolf* FS Görg (2010) S 597 (606 f); vgl auch z KO BGHZ 15, 333 (335 f); 68, 379 (382).

503 *Jacoby* HambK InsO[4] § 95 Rn 17; Jaeger/*Windel* InsO § 95 Rn 27; Kübler/Prütting/Bork/*Lüke* InsO[14] § 95 Rn 30; Uhlenbruck/*Wegener* InsO[13] § 103 Rn 179; *Wolf* FS Görg (2010) S 597 (605); vgl *Kayser* HK InsO[6] § 95 Rn 26; *Kreft* MünchKomm InsO[3] § 103 Rn 23, die auf den Zeitpunkt der Geltendmachung abstellen.

504 *Brandes/Lohmann* MünchKomm InsO[3] § 95 Rn 17; Kübler/Prütting/Bork/*Tintelnot* InsO[46] § 103 Rn 323; *ders* KTS 2004, 339 (347).

505 BGH ZIP 2013, 526 Rn 12.

Denn auch wer den Anspruch für einen Sekundäranspruch hält, meint, dass sich dessen Verjährungsfrist nach der des vertraglichen Hauptleistungsanspruchs richtet.[506] Nach der hier vertretenen Primäranspruchslösung beruht die Maßgeblichkeit dieser Frist freilich bereits schon darauf, dass es sich bei dem betroffenen Anspruch um den vertraglichen Hauptleistungsanspruch handelt.

257 Streit besteht darüber, wann diese Verjährungsfrist zu laufen beginnt. Entsprechend den Positionen zur Anmeldbarkeit der Sekundärforderung (Rn 251 f) wird sowohl der Zeitpunkt der Insolvenzeröffnung[507] als auch der der Nichterfüllungswahl des Verwalters[508] vertreten. Überzeugend ist es hingegen, aufgrund der hier vertretenen Primäranspruchslösung keine Einwirkung des Insolvenzverfahrens auf den Lauf der Verjährung anzunehmen. Der Primäranspruch unterlag schon vor Insolvenzeröffnung der Verjährung, die durch die Insolvenzeröffnung auch nicht gehemmt wird. Der **Vertragspartner muss seine Insolvenzforderung zur Tabelle anmelden**, was er ab Verfahrenseröffnung kann (Rn 251) und wodurch er nach § 204 I Nr 10 BGB die Verjährung hemmt.[509] Es handelt sich hierbei um die einzige Möglichkeit des Vertragspartners, ohne Mitwirkung des Insolvenzverwalters die Verjährung während des Verfahrens zu hemmen.[510]

5. Wirkungen gegenüber Dritten (Sicherheiten)

258 Durch §§ 103 II, 87, 38 wird bestimmt, in welchem Umfange der Vertragspartner an der Verteilung der Masse beteiligt wird. Diese Verteilungsregelung tritt zurück, soweit der Vertragspartner sich aufgrund von **Sicherheiten an Massegegenständen** bevorrechtigt aus der Masse befriedigen darf. In diesem Umfange ist die Möglichkeit des Insolvenzverwalters eingeschränkt, die Erfüllung abzulehnen und den Vertragspartner auf eine Insolvenzforderung zu verweisen (Rn 149 f). Die insolvenzrechtlichen Verteilungsregelungen greifen gleichfalls nicht, wenn das **Verhältnis des Vertragspartners zu Dritten** wie Gesamtschuldnern, Sicherungsgebern und persönlich haftenden Gesellschaftern der Schuldnerin (§ 128 HGB, ggf analog) betroffen ist.

259 a) **Sicherungsreife.** Im Grundsatz kann ein Gläubiger einen Drittsicherungsgeber nur in Anspruch nehmen, wenn die gesicherte Forderung durchsetzbar ist. Das folgt bei akzessorischen Sicherheiten aus ihrer namensgebenden **Akzessorietät**, bei abstrakten Sicherheiten aus dem Sicherungsvertrag. Von diesem Grundsatz ist in der Insolvenz eine Ausnahme zu machen. Der Drittsicherungsgeber darf sich auf **insolvenzbedingte Durchsetzungshemmnisse** nicht berufen, weil die Sicherheit nach ihrem Sinn und Zweck den Sicherungsnehmer gerade davor schützen soll.[511]

260 Der Drittsicherungsgeber darf sich also dem Vertragspartner gegenüber zum einen nicht darauf berufen, dass er wegen § 87 seine gesicherte Vertragsforderung weder gegen

[506] BGHZ 96, 392 (396); *Huber* MünchKomm InsO³ § 103 Rn 195; Uhlenbruck/*Wegener* InsO¹³ § 103 Rn 176; *Wegener* FK InsO⁷ § 103 Rn 112; vgl allg Staudinger/*Peters/Jacoby* BGB²⁰⁰⁹ § 199 Rn 24.

[507] *Huber* MünchKomm InsO³ § 103 Rn 195; Kübler/Prütting/Bork/*Tintelnot* InsO⁴⁶ § 103 Rn 321; *Wegener* FK InsO⁶ § 103 Rn 112.

[508] *Ahrendt* HambK⁴ § 103 Rn 52; Uhlenbruck/*Wegener* InsO¹³ § 103 Rn 176; vgl auch BGHZ 96, 392 (396).

[509] *Huber* MünchKomm InsO³ § 103 Rn 195; *Wegener* FK InsO⁷ § 103 Rn 112; Uhlenbruck/*Wegener* InsO¹³ § 103 Rn 176.

[510] Vgl BGH ZIP 2010, 264 Rn 46 f; Staudinger/*Peters/Jacoby* BGB²⁰⁰⁹ § 204 Rn 98.

[511] Vgl BGHZ 82, 323 (326 f); *Bork* FS Zeuner (1994) S 297 (314); *Ensenbach/Jotzo* KTS 2010, 463 (472 f); Jaeger/*Henckel* KO⁹ § 17 Rn 173.

den Schuldner noch gegen den Insolvenzverwalter gerichtlich durchsetzen darf. Dafür ist beispielsweise im Bürgschaftsrecht **§ 768 I 1 BGB teleologisch zu reduzieren** und so die Akzessorietät zu durchbrechen.[512] Gleiches gilt beim Pfandrecht bei § 1211 BGB.[513] Das setzt auch die Insolvenzordnung voraus, wenn etwa §§ 44, 254 II 1, 301 II 1 von einer Haftung des Bürgen ausgehen. Zum anderen muss aber auch unberücksichtigt bleiben, wenn die Beteiligung des Vertragspartners am Verfahren zum Erlöschen seiner Forderung (Rn 226, 227, 230) führt.[514] Eine entsprechende Möglichkeit sieht letztlich auch das Gesetz bei der Restschuldbefreiung (für den Fall der Nichtanmeldung der Forderung) in § 301 II 1 oder bei einem Forderungsverzicht in einem Insolvenzplan durch § 254 II 1 vor.[515] Auch ist der Fortbestand der Forderung etwa gegen den Bürgen anerkannt, wenn der Schuldner, der rechtsfähige Personengesellschaft oder juristische Person ist, nach Abschluss des Insolvenzverfahrens vollbeendigt wird und mit ihm auch die Forderung gegen ihn erlischt.[516] Stets ist ein Vorgehen aus der verselbstständigten Sicherheit ohne Fortbestand der gesicherten Forderung möglich.[517]

Grundsätzlich tritt der **Sicherungsfall (spätestens) mit Insolvenzeröffnung** ein. Es **261** kommt nicht darauf an, ob der Vertragspartner seine Forderung zur Insolvenztabelle anmeldet. Eine Ausnahme ist allerdings zu machen, wenn der Vertragspartner wie bei der Bürgschaft vorrangig den Schuldner in Anspruch nehmen muss. Zwar schließt § 773 I Nr 3 BGB die Einrede der Vorausklage bei Eröffnung des Insolvenzverfahrens aus. Aus § 242 BGB bleibt aber vom Vertragspartner zu verlangen, dass er vorrangig den Insolvenzverwalter nach § 103 II 2 zur Erklärung über den Vertrag auffordert.[518] Dieses Vorgehen gegen den Verwalter ist im Unterschied zur Vorausklage nicht von vornherein aussichtslos und dem Gläubiger zumutbar. Allerdings greift diese Ausnahme nicht bei der verbreiteten selbstschuldnerischen Bürgschaft und schon gar nicht bei einer Bürgschaft auf erstes Anfordern, weil der Bürge dann durchweg unabhängig von der Inanspruchnahme des Schuldners für die gesicherte Forderung einzustehen hat.

b) **Umfang der Sicherheit.** Die Insolvenz soll die Stellung des Vertragspartners gegen- **262** über dem Sicherungsgeber nicht verbessern. Daher bestehen **Einwendungen und Einreden, die gegen die Vertragsforderung ohne Insolvenz bestanden** hätten, für die Inanspruchnahme der Sicherheit fort.[519] Dies gilt insbesondere für § 320 BGB.[520] Der Vertragspartner muss daher die von ihm geschuldete Leistung erbringen, um den Drittsicherungsgeber in Anspruch nehmen zu können. Empfangszuständig ist der Insolvenzverwalter, weil die Forderung nach wie vor zur Masse gehört (Rn 223).[521] Eine solche

---

512 *Bülow* Kreditsicherheiten[8] (2012) Rn 981; *Habersack* MünchKomm BGB[6] § 765 Rn 42; *Kreft* MünchKomm InsO[3] § 103 Rn 24, 44; Kübler/Prütting/Bork/*Tintelnot* InsO[46] § 103 Rn 326; *Tiedtke* JZ 2006, 940 (941 f); vgl auch Soergel/*Häuser* BGB[12] § 768 Rn 12; Staudinger/*Horn* BGB[2012] § 767 Rn 48.

513 Vgl Staudinger/*Wiegand* BGB[2009] § 1211 Rn 11.

514 *Marotzke* Gegenseitige Verträge[3] Rn 5.51; vgl auch *Häsemeyer* InsR[4] Rn 25.15. Kübler/Prütting/Bork/*Tintelnot* InsO[46] § 103 Rn 326.

515 Vgl auch *Bülow* Kreditsicherheiten[8] (2012) Rn 267, 967; Erman/*Michalski* BGB[13] § 1211 Rn 5.

516 BGHZ 82, 323 (326 f); 153, 337 (340); Staudinger/*Horn* BGB[2012] § 767 Rn 49; *Tiedtke* JZ 2006, 940.

517 IE auch *Klose* WM 2009, 300 ff, der aber ein Fortbestehen der Forderung fingieren will.

518 *Kreft* MünchKomm InsO[3] § 103 Rn 44; Kübler/Prütting/Bork/*Tintelnot* InsO[46] § 103 Rn 326.

519 Vgl BGHZ 153, 337 (340 ff); BGH ZIP 2010, 264.

520 Jaeger/*Henckel* KO[9] § 17 Rn 198.

521 *Marotzke* Gegenseitige Verträge[3] Rn 5.61; aA noch Jaeger/*Henckel* KO[9] § 17 Rn 198.

Leistung brächte dem Drittsicherungsgeber freilich keinen Vorteil. Daher ist für den Sicherungsgeber zu erwägen, statt die Einrede des nichterfüllten Vertrags gegenüber dem Vertragspartner zu erheben, mit diesem eine anderweitige **einvernehmliche Lösung** zu finden.[522] Durch eine entsprechende Abrede würden auch Interessen der Masse nicht berührt, weil allein die Voraussetzungen in Rede stehen, unter denen der Vertragspartner den Drittsicherungsgeber in Anspruch nehmen kann.

263 Im Verhältnis zur Masse kann der Vertragspartner, statt die von ihm geschuldeten Gegenleistung zu erbringen, auch die **Nichterfüllungsforderung nach § 103 II zur Tabelle anmelden.** Entsprechend wird verbreitet angenommen, dass auch der Drittsicherungsgeber für diese Nichterfüllungsforderung einzustehen hat.[523] Das ist nur konsequent, wenn man davon ausgeht, dass sich die Haftung des Sicherungsgebers – wie beispielsweise die des Bürgen – auf gesetzliche Schadensersatzansprüche erstreckt,[524] und annimmt, dass die Nichterfüllungsforderung ein solcher Anspruch sei (Rn 33, 241). Auf Grundlage der hier vertretenen Auffassung, dass die Nichterfüllungsforderung den umgerechneten Primäranspruch darstellt, scheidet ein solcher Haftungsinhalt indessen aus. Für einen Schadensersatzanspruch fehlt es an den Tatbestandsvoraussetzungen. Die **Umrechnung nach §§ 41, 45 dient nur der Teilnahme am Verteilungsverfahren, wirkt aber nicht gegen Dritte.**[525] Eine Ausnahme gilt für die über § 128 HGB persönlich haftenden Gesellschafter der Insolvenzschuldnerin, gegen die wegen der besonderen Ausgestaltung ihrer Haftung in §§ 128 f HGB auch solche inhaltlichen Umgestaltungen des Haftungsinhalts wirken.[526]

264 c) **Regress des Sicherungsgebers.** Der Regress des Sicherungsgebers gegen den Schuldner erfolgt auch nach Erfüllungsablehnung in der Insolvenz nach allgemeinen Regeln.[527] Bei akzessorischen Sicherheiten geht die Forderung des Gläubigers gegen den Schuldner kraft Gesetzes auf den Sicherungsgeber über, ansonsten steht ihm aus der Sicherungsabrede ein Anspruch auf Abtretung dieser Forderung zu.[528] Alternativ steht ihm auch in der Insolvenz des Schuldners der Anspruch aus §§ 675, 670 BGB zu.[529] In jedem Fall ist der Sicherungsgeber hinsichtlich seiner **Regressforderung nur Insolvenzgläubiger**, da diese bereits zum Zeitpunkt der Insolvenzeröffnung aufschiebend bedingt bestand.[530] Nach § 44 muss der Bürge allerdings abwarten, dass der Gläubiger seine Forderung gegen den Schuldner nicht geltend macht.[531] Gar kein Regress des Sicherungsgebers ist möglich, wenn es später zu einer Restschuldbefreiung (§ 301 II 2) oder Einschnitten durch einen Insolvenzplan (§ 254 II 2) kommt.[532]

---

522 Vgl *Schlosser* ZIP 2005, 781 (782).

523 *Kreft* MünchKomm InsO³ § 103 Rn 24; Kübler/Prütting/Bork/*Tintelnot* InsO⁴⁶ § 103 Rn 326.

524 Palandt/*Sprau* BGB⁷² § 767 Rn 2a.

525 BGH ZIP 2000, 585; *Bitter* MünchKomm InsO³ § 41 Rn 32, § 45 Rn 50; *Häsemeyer* InsR⁴ Rn 25.15; Jaeger/*Henckel* InsO § 41 Rn 14; *Obermüller* NZI 2001, 225 (226); vgl auch BGH ZIP 2010, 264.

526 *Bitter* MünchKomm InsO³ § 45 Rn 57.

527 *Marotzke* HK InsO⁶ § 103 Rn 96.

528 *Kreft* MünchKomm InsO³ § 103 Rn 30.

529 *Habersack* MünchKomm BGB⁶ § 774 Rn 20.

530 Jaeger/*Henckel* InsO § 44 Rn 4 f; *Schlosser* ZIP 2005, 781 (782).

531 Jaeger/*Henckel* InsO § 44 Rn 6; *Habersack* MünchKomm BGB⁶ § 774 Rn 13; *Marotzke* Gegenseitige Verträge³ Rn 8.7.

532 *Habersack* MünchKomm BGB⁶ § 774 Rn 17.

IX. Abwicklung von Teilleistungen ohne Erfüllungswahl

Haben Vertragspartner oder Schuldner vor Eröffnung des Insolvenzverfahrens einen Teil ihrer vertraglichen Verpflichtungen bereits erfüllt, kommen unterschiedliche Rechtsfolgen in Betracht. In erster Linie kann der mehrleistende Teil einen Anspruch auf eine seiner Vorleistung entsprechende Gegenleistung geltend machen (Rn 266 ff). Ein Anspruch auf Rückgewähr des Geleisteten kommt nur ausnahmsweise in Betracht (Rn 271 ff). Besondere Probleme ergeben sich, wenn eine Teilleistung nur auf die (vorübergehende) Überlassung eines Gegenstands gerichtet ist. Dann kann dieser Gegenstand schon deswegen zurückzugewähren sein, weil für die Zeit nach Verfahrenseröffnung mangels Erfüllungswahl keine weitere Belassung mehr verlangt werden kann (Rn 275 ff). Zu vor Verfahrenseröffnung dem Schuldner gewährten Sicherheiten Rn 239, zu solchen für den Vertragspartner Rn 258. **265**

1. Entgeltung von Mehrleistungen

Hat einer der beiden Vertragsparteien vor Verfahrenseröffnung eine Teilleistung, etwa eine Anzahlung erbracht, eine Teil- oder Schlechtlieferung vorgenommen, Teile eines Werkes erstellt oder einen beweglichen Gegenstand für einen Teil der Vertragslaufzeit überlassen, so ist die von dieser Vertragspartei zu erbringende Leistung teilbar. Die Einordnung des **auf dieser Teilleistung beruhenden Gegenleistungsanspruchs** hängt aber davon ab, inwieweit dieser Teilleistung auch ein Gegenleistungsanspruch zuzuordnen ist (§ 105 Rn 30 ff). Das ist bei **Sachteilleistungen** üblicherweise der Fall, weil auf sie meist ein aufteilbares Entgelt entfällt. Bei **Geldleistungen** muss der Anzahlung eine bestimmte Sachgegenleistung zuzuordnen sein. **266**

a) **Teilbare Leistungen.** Die Teilbarkeit ermöglicht eine isolierte Abwicklung von teilerfülltem und dem von keiner Seite erfüllten Vertragsteil. **Vorleistungen des Vertragspartners sind nach § 105 S 1** unabhängig von der Erfüllungswahl des Verwalters als **Insolvenzforderung** zu entgelten (Rn 51, 248). Der Vertragspartner kann mit Insolvenzeröffnung seine nicht mehr von einer Gegenleistung abhängige Forderung anmelden. Da die Forderung nicht einredebehaftet ist, taugt sie auch zur Aufrechnung nach § 94.[533] **267**

Der Insolvenzverwalter kann bereits ab Insolvenzeröffnung den einer **Vorleistung des Schuldners** entsprechenden Gegenanspruch gegen den Vertragspartner geltend machen,[534] da ab Insolvenzeröffnung bereits die **Druckfunktion des § 320 BGB entfällt** und in Höhe der Vorleistung auch kein Sicherungsinteresse mehr auf Gläubigerseite besteht (Rn 55, 246).[535] Der Vertragspartner kann sich nicht damit verteidigen, dass er an einer bloßen Teilleistung kein Interesse hat. Er hat die Teilleistung angenommen; für einen Rücktritt nach § 323 V fehlt es an der Voraussetzung des § 323 I, dass den Insolvenzverwalter eine Leistungspflicht trifft (Rn 228; ferner § 106 Rn 76 f). Typischerweise erfolgt mit der Geltendmachung des Teilanspruchs die Nichterfüllungswahl durch den Verwalter, was aber nicht zwingend ist, da er sich auch die Entscheidung über den noch unerfüllten Teil des Vertrags vorbehalten kann und vorerst nur das geltend macht, was der Masse auch ohne Erfüllungswahl gem § 103 I zusteht. Da der Anspruch auf Leistungen vor Verfahrenseröffnung beruht, ist er als Altmasseforderung einzuordnen. Daher **268**

---

[533] *Kreft* MünchKomm InsO³ § 103 Rn 29.

[534] BGH ZIP 2012, 34 Rn 38.

[535] AA *Marwedel* ZInsO 2011, 937 (940); *v Wilmowsky* KTS 2012, 285 (293 ff).

steht § 91 einer **Zession an einen Dritten** nicht entgegen.[536] Der Vertragspartner könnte mit einer gleichartigen Insolvenzforderung nach § 94 **aufrechnen, ohne dass § 96 I Nr 1 die Aufrechnung sperrt.**[537] Eine Aufrechnung mit der Nichterfüllungsforderung gem § 103 II 1 ist indes nach hier vertretener Auffassung wegen § 95 I 2 (Rn 253), nach anderer Auffassung wegen § 95 I 3 (Rn 254) ausgeschlossen. Eine privilegierte Verrechnung, allein weil beide Forderungen aus einem Vertrag stammen, greift entgegen BGH[538] nicht (Rn 55, 246).

269 b) **Keine teilbaren Leistungen.** Fehlt es an der Teilbarkeit, sind Vorleistungen bei der **insolvenzmäßigen Abwicklung der offenen Ansprüche zu berücksichtigen.** Der **Vertragspartner kann seine Nichterfüllungsforderung nach § 103 II zur Insolvenztabelle anmelden.** Bei der Berechnung dieser Forderung nach Maßgabe der in Rn 244 dargestellten Grundsätze sind die beiden Forderungen nur insoweit anzusetzen, als sie noch nicht erfüllt sind (zu eigenen Vorleistungen Rn 58, 248). Bei Mehrleistungen des Schuldners vor Verfahrenseröffnung wird sich im Regelfall aufgrund dieser Berechnung keine Nichterfüllungsforderung ergeben.

270 Ergibt sich infolge einer **Vorleistung des Schuldners** keine Nichterfüllungsforderung des Vertragspartners, kann der Insolvenzverwalter ungeachtet der fehlenden Teilbarkeit seinen Teilvergütungsanspruch geltend machen. Angesichts der Unteilbarkeit ist dieser Anspruch aber auf eine unmögliche Leistung gerichtet, so dass der Vertrag nach §§ 346, 326 II, IV BGB abzuwickeln ist (Rn 230, 61).

2. (Keine) Rückabwicklung der Vorleistung

271 Grundsätzlich stellt der gegenseitige Vertrag einen **Rechtsgrund für das Behaltendürfen der vor Verfahrenseröffnung ausgetauschten Teilleistungen** dar. Eine Rückforderung ist damit, wie es exemplarisch auch § 105 S 2 ausdrückt, allein aufgrund der Insolvenzeröffnung oder Nichterfüllungswahl ausgeschlossen (Rn 49).[539] Denn diese Wahlrechtsausübung bezieht sich nur auf die offenen Anspruchsteile. Es bedarf daher eines besonderen Rückabwicklungsgrundes, der die Rückforderung erbrachter Leistungen vor Insolvenzeröffnung begründet.

272 a) **Rückabwicklungsansprüche des Verwalters.** Der Verwalter kann Rückabwicklung von Leistungen des Insolvenzschuldners insbesondere nach §§ 143, 129 im Falle der **Insolvenzanfechtung** verlangen. In Betracht kommt zum einen die Deckungsanfechtung (§§ 130 f). Zum anderen kann aber auch der gegenseitige Vertrag selbst anfechtbar sein,[540] so dass der Rechtsgrund für die Vorleistung entfällt.[541]

273 Sonstige zivilrechtliche Rückabwicklungsansprüche scheiden grundsätzlich aus. So kann der Verwalter bei bestehender Teilbarkeit nur den entsprechenden Teilanspruch gegen den Gläubiger geltend machen. Zwar ist erwogen worden, dem Verwalter analog

[536] BGHZ 129, 336 (340); 135, 25 (29); 150, 353 (358); 155, 87 (96); *Kreft* MünchKomm InsO[3] § 103 Rn 32.

[537] BGHZ 147, 28 (31); 155, 87 (96); vgl auch BGHZ 15, 333 (335 f); BGH ZIP 2011, 2262 Rn 6.

[538] BGH ZIP 2013, 526 Rn 12.

[539] BGHZ 155, 87 (96); BGH ZIP 2007, 1164 Rn 15; 2013, 526 Rn 9; *Bork* FS Wellensiek (2011) S 201 (204 f); *Prahl* ZInsO 2005, 568 (570); Uhlenbruck/*Wegener* InsO[13] § 103 Rn 186.

[540] Vgl Jaeger/*Henckel* InsO § 129 Rn 92 ff, § 132 Rn 18 ff, § 133 Rn 14, 55 ff.

[541] BGHZ 154, 190 (199); 155, 87 (96 f); Jaeger/*Henckel* InsO § 129 Rn 106 f, § 142 Rn 39; Kübler/Prütting/Bork/*Jacoby* InsO[46] § 143 Rn 26.

§ 326 IV BGB einen Rückabwicklungsanspruch zuzugestehen, wenn er **kein Interesse an der Teilgegenleistung des Vertragspartners** hätte.[542] Dem ist indes nicht zu folgen.[543] Der Insolvenzverwalter übernimmt den Vertrag grundsätzlich so, wie er vom Schuldner geschlossen wurde und hat nicht die Möglichkeit, ohne etwa eine bestehende Rücktrittsmöglichkeit bereits ausgetauschte Leistungen rückabzuwickeln. Ein allgemeines Prinzip der Meistbegünstigung der Masse besteht im Insolvenzverfahren nicht.[544] Eine Ausnahme ist nur zu machen, wenn die Vorleistung des Insolvenzschuldners wegen Unteilbarkeit sonst nicht entgolten werden könnte. Es widerspräche der Abwicklungsaufgabe des Insolvenzverfahrens, dem Vertragspartner die Vorleistung während des Verfahrens schlicht zu belassen.[545] Daher ist die Vorleistung über §§ 346, 326 II, IV rückabzuwickeln, um der Unmöglichkeit der Entgeltung Rechnung zu tragen (Rn 230, 61).[546]

b) Rückabwicklungsansprüche des Vertragspartners. Der Vertragspartner wird durch die Insolvenzordnung nach Maßgabe von §§ 103 II, 105 auf die Anmeldung seiner offenen Vertragsansprüche verwiesen. Rückabwicklungsansprüche haben daher grundsätzlich keinen Platz.[547] Das Zivilrecht berechtigt ihn nach bestrittener Auffassung **wegen der Insolvenz grundsätzlich insbesondere nicht zum Rücktritt** (Rn 228 f): Für § 323 I fehlt es entsprechend § 87 an der Leistungspflicht des Insolvenzverwalters, für § 324 BGB an der Unzumutbarkeit, weil der Vertragspartner sich grundsätzlich an der insolvenzmäßigen Abwicklung festhalten lassen muss. Ausnahmsweise kann der Vertragspartner aber aufgrund eines vertraglichen Rücktrittsrechts, sich die Möglichkeit offen gelassen haben, die Rückabwicklung ausgetauschter Leistungen zu verlangen. Eine solche vertragliche Rücktrittsoption widerspricht nicht § 105 S 1, weil diese Bestimmung nur die gesetzliche Abwicklungsordnung festlegt.[548] 274

3. Abwicklung bei Überlassung

Spezifische Fragen werfen Verträge auf, bei denen die Belassung eines überlassenen Vertragsgegenstands beim Leistungsempfänger den Vertragsinhalt bildet.[549] Beispiele sind insbesondere Mietverträge über bewegliche Sachen, aber auch Sachdarlehensverträge[550]. Hatte der insolvente Vermieter oder Darlehensgeber die Sache an den Gläubiger vor Insolvenzeröffnung übergeben, kann der Darlehensnehmer nach zwar bestrittener, aber vom BGH geteilter Auffassung die Rückgabe des Darlehensgegenstands nicht bis zur Fälligkeit des Darlehens oder dem Ende des Mietvertrags mit Hinweis auf die Erfüllung des bis Insolvenzeröffnung wirksamen Vertrags verweigern (Rn 33, 279).[551] Denn die Teilleistung vor Verfahrenseröffnung beschränkt sich auf den Gebrauchszeitraum bis 275

[542] BGHZ 155, 87 (96); *Henkelmann* Schwebende Verträge S 194 f; Jaeger/*Henckel* KO[9] § 17 Rn 80; *Kreft* MünchKomm InsO[3] § 103 Rn 34.

[543] Skeptisch auch BGH ZIP 2013, 526 Rn 9; *Bork* FS Wellensiek (2011) S 201 (205); Kübler/Prütting/Bork/*Tintelnot* InsO[46] § 103 Rn 308; Uhlenbruck/*Wegener* InsO[13] § 103 Rn 186.

[544] BGHZ 147, 28 (32 f); *Prahl* ZInsO 2005, 658 (670).

[545] **Abw** wohl Uhlenbruck/*Wegener* InsO[13] § 103 Rn 186.

[546] *Bork* FS Wellensiek (2011) S 201 (208).

[547] Graf-Schlicker/*Breitenbücher* InsO[3] § 103 Rn 32; *Kreft* MünchKomm InsO[3] § 103 Rn 25, 27; Uhlenbruck/*Wegener* InsO[13] § 103 Rn 182.

[548] *v Wilmowsky* KTS 2011, 453 (475).

[549] **Krit gegen** diese Fallgruppe *v Wilmowsky* ZInsO 2007, 731 (735 f); *ders* WM 2008, 1237 (1239); *ders* ZInsO 2011, 1473 (1477 ff).

[550] Um entspr Rückzahlungsansprüche in der Kreditgeberinsolvenz zu vermeiden, wurde § 108 II geschaffen.

[551] BGH ZIP 2007, 778 Rn 10; **aA** *Bork* FS Wellensiek (2011) S 201 (205).

zur Verfahrenseröffnung. Wählt der Insolvenzverwalter nicht Erfüllung des weiteren Vertrags, **fehlt es aber für die weitere Belassung an einem Rechtsgrund,** so dass analog zu den Vorschriften über die Beendigung des jeweiligen Vertragsverhältnisses ein Rückgabeanspruch besteht.

276 Die **Abgrenzung zwischen Verträgen mit und ohne Belassungspflicht** kann im Einzelfall schwierig sein. Bei der Überlassung eines Kaufgegenstands vor Übereignung lässt sie sich regelmäßig nicht bejahen. Auch bei **Kapitallebensversicherungs- sowie Rentenverträgen** ist sie mit dem BGH zu verneinen. Zwar zahlt der Schuldner Beträge an den Versicherer, der sich verpflichtet, zu einem späteren Zeitpunkt Leistungen an den Schuldner zu erbringen. Anders als bei einem Sachdarlehen oder Mietvertrag ist es aber nicht gesonderte Leistungspflicht des Schuldners, die Beiträge dem Versicherer auf Zeit „zu belassen". Der Versicherungsnehmer erfüllt seine Pflicht vielmehr alleine mit der Erbringung der Beiträge. Daraus folgt, dass ein Rechtsgrund für das Behaltendürfen der vor Insolvenzeröffnung vom Insolvenzschuldner gezahlten Beiträge nicht allein bei Erfüllungsablehnung wegfällt. In die Masse fällt lediglich der Anspruch gegen die Versicherung auf die den geleisteten Beiträgen entsprechende Gegenleistung. Dieser Anspruch wird grundsätzlich erst zum vertraglich vorgesehenen Termin fällig. Eine vorherige Fälligkeit kann nur **durch eine Kündigung** herbeigeführt werden.[552] Es handelt sich aber auch dann entsprechend dem hier verfochtenen Grundsatz (Rn 265) um einen Gegenleistungsanspruch, weder um einen Rückgewähr- noch um einen Abwicklungsanspruch.

4. Gebrauchsüberlassung beweglicher Sachen auf Zeit (Miete, Leasing)

277 Bei Miet-, Pacht- und Leasingverträgen über bewegliche Sachen, die in den Anwendungsbereich des § 103 fallen (Rn 64, 71), wird der **Vertragsgegenstand häufig dem Mieter, Pächter, Leasingnehmer vor Insolvenzeröffnung überlassen.**[553] Bei ausbleibender Erfüllungswahl ergibt sich die Frage, ob zum einen der Mieter die Mietsache nach Insolvenzeröffnung herausgeben muss, wie er wegen der fehlenden Durchsetzbarkeit seiner Ansprüche aus § 535 BGB auch keine Gebrauchseinräumung mehr verlangen könnte, und zum anderen, ob er die Nutzungen zu entgelten hat, obwohl der Anspruch auf das vertragliche Entgelt für die Zeit nach Verfahrenseröffnung mangels Erfüllungswahl nicht durchsetzbar ist.

278 a) **Herausgabe einer beweglichen Mietsache.** Weithin und auch in der Rechtsprechung wird ein Herausgabeanspruch bejaht. Umstritten ist allerdings, ob dieser Anspruch bereits mit Hemmung der Durchsetzbarkeit ab Verfahrenseröffnung[554] oder erst mit Untergang des Erfüllungswahlrechts[555] entsteht. Eine Gegenposition verlangt für den Herausgabeanspruch indes die Kündigung.[556] Der Besitzverschaffungsanspruch sei mit

---

552 Vgl BGH ZIP 2012, 34 Rn 22 ff; *Elfring* BB 2004, 617 (619); Prölss/Martin/*Reiff* VVG[28] § 168 Rn 13; **gegen** die Notwendigkeit der Kündigung *Flitsch/Herbst* BB 2003, 317 (319); *Hasse* VersR 2005, 15 (20); *Mönnich* MünchKomm VVG § 168 Rn 28.

553 Soweit im Folgenden v Miete/Vermieter/Mieter gesprochen wird, gilt das im Zweifel auch für Pacht/Verpächter/Pächter sowie Leasing/Leasinggeber/Leasingnehmer.

554 So BGH ZIP 2007, 778 Rn 10, aber aus der ex-post-Perspektive nach Erfüllungsablehnung; allerdings mehr referierend als zust *Eckert* MünchKomm InsO[3] § 108 Rn 137; *ders* NZM 2007, 829 (830).

555 *Huber* MünchKomm BGB[3] § 103 Rn 177; Kübler/Prütting/Bork/*Tintelnot* InsO[46] § 103 Rn 300 ff; *Marotzke* HK InsO[6] § 108 Rn 17; Uhlenbruck/*Wegener* InsO[13] § 103 Rn 183.

556 *Bork* FS Wellensiek (2011) S 201 (205); *Marwedel* ZInsO 2011, 937 (943 f); *v Wilmowsky*, ZInsO 2007, 731 (737); *ders* ZInsO 2011, 1473 (1477 ff).

der Gebrauchsüberlassung erfüllt.[557] Eine Herausgabepflicht treffe den Mieter erst nach Kündigung aus § 546 BGB.

Das so postulierte **Kündigungserfordernis ist mit der Rechtsprechung abzulehnen.**[558] Dafür spricht schon die Gesetzgebungsgeschichte. Der Gesetzgeber wollte die Abwicklung von Mietverträgen über bewegliche Sachen dadurch erleichtern, dass er diese Verträge vom Anwendungsbereich des § 108 ausschloss und so §§ 103, 105 überließ. Es sollte gerade nicht mehr einer Kündigung bedürfen, sondern der Vertrag sollte bei ausbleibender Erfüllungswahl „mit Verfahrenseröffnung enden".[559] Zwar ist einzuräumen, dass diese Ausdrucksweise noch von der inzwischen überkommenen Erlöschenstheorie (Rn 20) beeinflusst war.[560] Jedoch ist heute die Entscheidung des Gesetzgebers, von der Kündigung abzusehen, zu berücksichtigen, um die Modalitäten der „insolvenzmäßigen Abwicklung" des Vertrags (Rn 23, 37) zu bestimmen. Das **Besitzrecht sollte gerade nicht mehr unter dem Schutz des Ablaufs einer Kündigungsfrist stehen.** Das lässt sich auch unschwer in das hier vertretene dogmatische Konzept einbetten (Rn 37): Da der Anspruch des Mieters aus § 535 I BGB auf (weitere) Überlassung des Besitzes zumindest für die Dauer des Insolvenzverfahrens nicht durchsetzbar ist, hat er kein Recht zum Besitz und muss die Sache herausgeben. Diese notwendige insolvenzmäßige Abwicklung findet im rein materiellen Vertragsrecht ihre Parallele in der Beendigung des Mietverhältnisses, durch die ebenfalls das Besitzrecht des Mieters entfällt. Daher ist **als vertragliche Anspruchsgrundlage für den Herausgabeanspruch § 546 BGB entsprechend anzuwenden.**[561] Diese vertragliche Anspruchsgrundlage steht bei Eigentum des Vermieters in Gesetzeskonkurrenz zum dinglichen Anspruch aus § 985 BGB. Der Herausgabeanspruch steht entweder in der Mieterinsolvenz dem Vertragspartner gegen den Insolvenzverwalter als Aussonderungsanspruch (§ 47) oder in der Vermieterinsolvenz dem Insolvenzverwalter gegenüber dem Vertragspartner zu. Da der Primäranspruch des Vertragspartners nicht mehr durchsetzbar ist, kann er dem Insolvenzverwalter aus dem Vertrag keine Gegenrechte mehr entgegenhalten.[562] 279

Eine Stellungnahme im Streit über den Entstehungszeitpunkt des Herausgabeanspruchs (Verfahrenseröffnung oder Untergang des Erfüllungswahlrechts) hängt von der Einordnung der Schwebephase ab. Zwar besteht auch schon während der **Schwebephase** kein durchsetzbarer Anspruch aus dem Mietvertrag mehr. Das spricht dafür, den Herausgabeanspruch schon mit Verfahrenseröffnung entstehen zu lassen. Diese Lösung würde aber unberücksichtigt lassen, dass zu diesem Zeitpunkt ex ante noch die **Möglichkeit besteht, dass der Mietvertrag nach Erfüllungswahl mit Wirkung ab Verfahrenseröffnung fortzusetzen ist.** Die Wahlmöglichkeit des Verwalters würde untergraben, wenn der Mieter die Sache während der Schwebephase zurückgeben müsste.[563] Die insolvenzmäßige Abwicklung des Vertrags muss zurückstehen, solange die Erfüllungswahl noch möglich ist, wie bei schwebend unwirksamen Verträgen auch eine Rückabwicklung auf den Vertrag erbrachter Leistungen ausscheidet, bis das Schicksal des Vertrags geklärt ist[564].[565] 280

[557] *Marwedel* ZInsO 2011, 937 (943); *v Wilmowsky*, ZInsO 2007, 731 (732).
[558] BGH ZIP 2007, 778 Rn 10.
[559] Begr zu RegE § 122, BT-Drucks 12/2443 S 146: „wenn dieser nicht Erfüllung wählt, enden sie mit Verfahrenseröffnung".
[560] *Marotzke* HK InsO[6] § 108 Rn 16.
[561] BGH ZIP 2007, 778 Rn 10, 12.
[562] *Eckert* MünchKomm InsO[3] § 108 Rn 171.
[563] Vgl *Eckert* NZM 2009, 829 (830, 833).
[564] BGH VIZ 1998, 577; BGH LM BGB § 986 Nr 1.
[565] Vgl *Bärenz* NZI 2006, 72 (74) unter Hinweis auf schwebend unwirksame Verträge; ferner Uhlenbruck/*Wegener* InsO[13] § 103 Rn 183, der „feststehende Nichtdurchführbarkeit" verlangt.

Daher ist dem Mieter während der Schwebephase ein **Besitzrecht zuzubilligen.** Diese Lösung steht nicht notwendig mit der Rechtsprechung des BGH in Widerspruch, weil das Gericht über einen Nutzungsersatzanspruch ex post nach Untergang des Erfüllungswahlrechts zu entscheiden hatte.[566]

281 In der Mieterinsolvenz ist der **Vermieter hinreichend geschützt**, weil er dem Insolvenzverwalter eine **Frist nach § 103 II 2 setzen** kann. Allerdings stellt die bloße Weigerung des Verwalters, den Gegenstand bereits zum Zeitpunkt der Eröffnung herauszugeben, grundsätzlich keine konkludente Erfüllungswahl dar (Rn 180). Der **Herausgabeanspruch als Aussonderungsanspruch** richtet sich freilich nur dann gegen den Insolvenzverwalter, **wenn er die Sache für die Masse in Besitz genommen hat.**[567] In der Vermieterinsolvenz hat es der Verwalter selbst in der Hand, den Herausgabeanspruch durch Erfüllungsablehnung zu begründen. Regelmäßig wird in der Geltendmachung eines entsprechenden Herausgabeverlangens auch eine konkludente Erfüllungsablehnung zu sehen sein (Rn 172).

282 b) **Ersatz für Nutzung der Mietsache (Mieterinsolvenz).** In der Insolvenz von Mieter oder Leasingnehmer kann der Vertragspartner seinen vertraglichen Primäranspruch nach § 103 II 1 nur zur Tabelle anmelden. Darauf darf der Vermieter aber nicht beschränkt werden, soweit nach Verfahrenseröffnung dem Insolvenzverwalter der Besitz am Vertragsgegenstand verbleibt. Diese **faktische Fortführung** des Vertrags muss dann entgolten werden, ohne dass darin ein Widerspruch zu § 103 II 1 liegt.[568] Eine **Masseverbindlichkeit** kann dem Vertragspartner zustehen, **wenn der Insolvenzverwalter den Vertragsgegenstand in Besitz nimmt.** So hat der BGH dem Leasinggeber einen Nutzungsersatzanspruch ab Verfahrenseröffnung entsprechend § 546a BGB eingeräumt. Dieser Anspruch sei nach § 55 I Nr 1 Masseforderung, wenn der Verwalter für die Masse Besitz an der Sache ergreift und damit den Gläubiger von der Sachherrschaft ausschließt.[569]

283 Für die Zeit **ab Untergang des Erfüllungswahlrechts**, ab dem auch nach hier vertretener Auffassung ein Herausgabeanspruch besteht (Rn 280), erhält und verdient diese Auffassung Zustimmung,[570] auch wenn teilweise abweichend nur ein Wertersatzanspruch aus Bereicherungsrecht angenommen wird[571]. Da die insolvenzrechtliche Durchsetzungssperre der Beendigung des Mietverhältnisses iSv § 546 BGB gleichsteht (Rn 279), ist **allein die Anwendung von § 546a BGB konsequent.** Diese Bestimmung soll Druck auf den Mieter ausüben, die Mietsache zurückzugeben, indem er mindestens das vertraglich vereinbarte Entgelt als Nutzungsentschädigung zahlen muss.[572] Dieser Zweck ist auch im Hinblick auf den Insolvenzverwalter einschlägig, da dieser nach Untergang seines Erfüllungswahlrechts den Vertragsgegenstand umgehend zurückgeben soll. Über § 546a II BGB können weitergehende Ansprüche, insbesondere aus Verzug (§§ 286, 280 II BGB) bestehen. Sie sind nach § 55 I Nr 1 Masseverbindlichkeiten, wenn der Insolvenzverwalter die verzögerte Herausgabe zu vertreten hat.

---

566 BGH ZIP 2007, 778; dazu Rn 285.

567 Vgl BGHZ 127, 156 (160 f); BGH ZIP 2008, 1736 Rn 14.

568 Vgl *Eckert* MünchKomm InsO³ § 108 Rn 179; *Obermüller* Bankpraxis⁸ Rn 7.21.

569 BGH ZIP 2007, 778 Rn 21.

570 *Eckert* MünchKomm InsO³ § 108 Rn 182; *Marotzke* HK InsO⁶ § 103 Rn 17; vgl auch Kübler/Prütting/Bork/*Tintelnot* InsO⁴⁶ § 103 Rn 305; Uhlenbruck/*Sinz* InsO¹³ § 108 Rn 86, die alle ihre Kritik auf die „Schwebephase" beschränken.

571 *Obermüller* Bankpraxis⁸ Rn 7.21; *Wegener* FK InsO⁷ § 103 Rn 100.

572 Schmidt-Futterer/*Streyl* MietR¹⁰ § 546a Rn 2, 45.

Für die **Schwebephase** wird dem BGH in der entsprechenden Anwendung von § 546a BGB nur vereinzelt gefolgt.[573] Jedenfalls während der Schwebephase zwischen Verfahrenseröffnung und Erfüllungsablehnung fehle es an einer „Beendigung des Mietverhältnisses" und einer „Vorenthaltung der Mietsache", die § 546a BGB voraussetzten.[574] Angesichts der Insolvenz sei es auch unangemessen, den **Verwalter an der möglicherweise hohen vereinbarten Vergütung festzuhalten.**[575] Diesen zweiten Einwand teilen allerdings die Stimmen nicht, die dem Vermieter aufgrund einer Analogie zu § 55 II 2 unter dessen Voraussetzungen den Anspruch auf die vertragliche Gegenleistung als Masseverbindlichkeit erhalten wollen.[576] Verbreitet wird dem Vermieter wegen der tatsächlichen Nutzung der Mietsache durch den Verwalter während der Schwebezeit lediglich ein auf Wertersatz gerichteter Bereicherungsanspruch (§§ 812, 818 II BGB) gegen die Masse (§ 55 Abs 1 Nr 3) zugestanden.[577] Die Anspruchshöhe sei auf den objektiven Nutzungswert des Vertragsgegenstands beschränkt, der beim Leasing wegen des nicht zu berücksichtigenden Amortisationsanteils regelmäßig unterhalb der vereinbarten Leasingraten liegen wird.[578] Vereinzelt wird der Vertragspartner auf einen Nutzungsausgleich analog § 172 II verwiesen.[579] **284**

Der **BGH verdient aber Zustimmung** für seine Auffassung, dem Vertragspartner auch schon für den Zeitraum der Schwebephase ab Verfahrenseröffnung einen Anspruch aus § 546a BGB zuzusprechen. Dafür spricht schon eine Betrachtung der beiden Entwicklungsmöglichkeiten während der Schwebephase. Entweder wählt der Verwalter Erfüllung, so dass die vertraglich **geschuldete Miete** als Masseverbindlichkeit zu entrichten ist (§ 55 I Nr 2 Fall 1). **Oder** der Insolvenzverwalter verzichtet auf die Erfüllung, so dass aus § 546a BGB über § 55 I Nr 1 **Entschädigung** in Höhe zumindest der Miete wegen Vorenthaltung der Mietsache zu zahlen ist. Die für § 546a BGB erforderliche „Vorenthaltung der Mietsache" scheitert auch nicht mangels Herausgabeanspruchs des Vermieters. Denn grundsätzlich fehlt es wegen der insolvenzrechtlichen Durchsetzungssperre dem Mieter am Recht zum Besitz. Die Überlegungsfrist für den Insolvenzverwalter sperrt die Herausgabe lediglich ähnlich wie eine Räumungsfrist (§ 721 ZPO), die gleichfalls den Anspruch aus § 546a BGB nicht ausschließt (§ 571 II BGB).[580] Für dieses Ergebnis, dass die Masse schon während der Schwebezeit die Miete schuldet, spricht schließlich auch der Vergleich zum alten Recht. Die danach notwendige Kündigung verpflichtete gleichfalls, vor Wirksamkeit der Kündigung die Miete zu zahlen. Da der Gesetzgeber diese Pflicht nicht aufheben wollte, ist das hier gefundene Ergebnis der Masse auch zumutbar, zumal sie nach neuem Recht auch nur zur Zahlung verpflichtet ist, sofern der Insolvenzverwalter die Sache in Besitz nimmt. Dann aber ist der Weg über § 55 I Nr 1 dem systematisch **285**

---

[573] Schmidt-Futterer/*Streyl* MietR[10] § 546a Rn 35; Uhlenbruck/*Wegener* InsO[13] § 103 Rn 122.

[574] *Eckert* NZM 2007, 829 (831, 833); Kübler/Prütting/Bork/*Tintelnot* InsO[46] § 103 Rn 305; *Marotzke* HK InsO[6] § 103 Rn 17; Uhlenbruck/*Sinz* InsO[13] § 108 Rn 86.

[575] Kübler/Prütting/Bork/*Tintelnot* InsO[46] § 103 Rn 305.

[576] *Marotzke* HK InsO[6] § 108 Rn 17; *Wegener* FK InsO[7] § 103 Rn 101; *Wortberg* ZInsO 2006, 1256 (1259).

[577] *Breitfeld* FLF 2004, 168 (171); *Eckert* MünchKomm InsO[3] § 108 Rn 180; *Obermüller* Bankpraxis[8] Rn 7.21; *ders/Livonius* DB 1995, 27 (28); *Pape* Kölner Schrift[2] S 531 Rn 67; Uhlenbruck/*Sinz* InsO[13] § 108 Rn 86.

[578] Vgl *Eckert* MünchKomm InsO[3] § 108 Rn 180; *Obermüller* Bankpraxis[8] Rn 7.21; Uhlenbruck/*Sinz* InsO[13] § 108 Rn 86.

[579] Kübler/Prütting/Bork/*Tintelnot* InsO[46] § 103 Rn 305.

[580] BGH GuT 2007, 140 Rn 7; Schmidt-Futterer/*Streyl* MietR[10] § 546a Rn 48.

bedenklichen Weg über § 55 II überlegen,[581] auch weil es für die erforderliche Analogie dann an der Regelungslücke fehlt. Entsprechendes gilt für eine Analogie zu § 172 I 1.

286 c) **Ersatz für Nutzung der Mietsache (Vermieterinsolvenz).** In der Insolvenz von Vermieter und – sofern § 108 I 2 einer Anwendung von § 103 nicht entgegensteht (§ 108 Rn 12, 201 ff) – Leasinggeber kann der Insolvenzverwalter, wenn die Erfüllungswahl ausbleibt, vom Vertragspartner Zahlung des vertraglichen Entgelts für die Zeit nach Verfahrenseröffnung nicht verlangen (Rn 32, 221). Da der vertragliche Anspruch des Vertragspartners auf Gebrauchsgewährung ab Verfahrenseröffnung auch nicht mehr durchsetzbar, sondern nur noch zur Insolvenztabelle anzumelden ist, kann der Insolvenzverwalter einen **Anspruch auf Nutzungsherausgabe** geltend machen.[582] Dieser Anspruch gründet sich **ab Untergang des Erfüllungswahlrechts auf § 546a BGB**, ist dann also auf das vertragliche Entgelt gerichtet. Weitergehende Ansprüche kommen über § 546a II BGB in Betracht.

287 **Vor Untergang des Erfüllungswahlrechts** fehlt es **während der Schwebephase** indes an einer Vorenthaltung des Vertragsgegenstands. Es liegt allein in der Hand des Insolvenzverwalters, ob er dem Vertragspartner durch Erfüllungswahl weiterhin den Vertragsgegenstand gegen das vereinbarte Entgelt überlässt oder ob er unter Verzicht auf die Erfüllung den Vertragsgegenstand herausverlangt.[583] Solange der Verwalter Letzteres aber nicht tut, braucht der Mieter die Sache nicht zurückzugeben (Rn 280),[584] so dass sein Verhalten kein Vorenthalten sein kann. Der Vertragspartner schuldet daher nur nach §§ 812, 818 II BGB **Bereicherungsausgleich des Verteilungsfehlers** (Rn 236), dass der Vertragspartner den Vertragsgegenstand auch noch nach Verfahrenseröffnung nutzen konnte, obwohl sein Anspruch nicht mehr durchsetzbar war. Dieser Anspruch richtet sich nicht auf das vertragliche Entgelt, sondern auf den objektiven Nutzwert (Rn 284).

288 Gegen den Anspruch auf Nutzungsersatz, gleich ob er auf § 546a BGB oder als Verteilungsfehler auf § 812 BGB beruht, kann sich der Vertragspartner nicht mit seinem zur Tabelle anzumeldenden Anspruch aus § 103 II verteidigen.[585] Das gilt unabhängig davon, ob man der hier vertretenen Auffassung folgt, dass der Anspruch aus § 103 II grundsätzlich nicht zur Aufrechnung taugt (Rn 253 f). Denn **§ 96 I Nr 1 steht der Aufrechnung** schon deswegen **entgegen**, weil es sich bei den Nutzungsherausgabeansprüchen um Neuforderungen gegen den Vertragspartner handelt.

289 d) **Gesellschafter als Vermieter (§ 135 III).** Ist der Vermieter Gesellschafter der Insolvenzschuldnerin, so können sich aus § 135 III Abweichungen für Herausgabeanspruch und Nutzungsersatz ergeben. Dafür müssen zum einen die allgemeinen **Regelungen des Rechts über Gesellschafterhilfen** (§§ 39 IV, V, 135 IV) erfüllt sein, dass die Insolvenzschuldnerin über keine natürliche Person als vollhaftenden Gesellschafter verfügt (§ 39 IV 1) und für den Gesellschafter weder Sanierungs- (§ 39 IV 2) noch Kleinbeteiligungsprivileg (§ 39 V) greifen. Zum anderen muss es sich nach § 135 III um einen Gegenstand handeln, der für die **Fortführung des schuldnerischen Unternehmens von erheblicher**

[581] **Krit** insoweit auch *Eckert* MünchKomm InsO[3] § 108 Rn 179; *Obermüller* Bankpraxis[8] Rn 7.21.

[582] *Eckert* MünchKomm InsO[3] § 108 Rn 174; *ders* NZM 2007, 829 (832 f); vgl BGH ZIP 2007, 778 Rn 10 ff zum Anspruch bei Mieterinsolvenz.

[583] Vgl *Eckert* NZM 2007, 829 (833), der allerdings auf Grundlage v BGH ZIP 2007, 778 auch ohne Erfüllungsablehnung einen Herausgabeanspruch bejaht.

[584] **Abw** interpretiert *Eckert* NZM 2007, 829 (830, 833) die Entscheidung bei BGH ZIP 2007, 778.

[585] IE ebenso *Eckert* MünchKomm InsO[3] § 108 Rn 175.

Bedeutung ist. Wie das sich dann ergebende Spannungsverhältnis von § 135 III und § 103 ff aufzulösen ist, ist noch nicht geklärt (vgl § 108 Rn 171 ff).[586] Jedenfalls aber **sperrt § 135 III 1 einen ggf bestehenden Herausgabeanspruch** für den Zeitraum von einem Jahr ab Verfahrenseröffnung. Das spricht dafür, dass während dieses Zeitraums der Insolvenzverwalter eine Entscheidung über sein Wahlrecht aufschieben kann, ohne schuldhaft zu zögern (§ 103 II 2). § 135 III 2 bestimmt den vom Insolvenzverwalter während dieser Aussonderungssperre **als Masseverbindlichkeit nach § 55 I Nr 1 zu entrichtenden Ausgleich** danach, wie viel durchschnittlich der Schuldner im Jahr vor Verfahrenseröffnung gezahlt hat.[587] Die so bestimmte Entgelthöhe muss dann maßgeblich bleiben für den von § 135 III erfassten Zeitraum, gleich wie die Wahlentscheidung des Insolvenzverwalters ausfällt (§ 108 Rn 174).

5. Kauf

Ähnliche Probleme wie für die überlassene bewegliche Miet- und Leasingsache stellen sich beim Kaufvertrag, wenn der bewegliche oder unbewegliche Kaufgegenstand dem Käufer **übergeben, aber nicht übereignet wurde und später die Vertragsdurchführung nach Erfüllungsablehnung scheitert.** Für die Verkäuferinsolvenz können allerdings §§ 106, 107 I die Erfüllungsablehnung ausschließen, für die Käuferinsolvenz ist § 107 II zu berücksichtigen. **290**

a) **Herausgabe und Nutzungsersatz in Käuferinsolvenz.** Unter welchen Voraussetzungen der Verwalter den ihm überlassenen Kaufgegenstand herausgeben muss, wenn er nicht Erfüllung wählt, ist umstritten. Auf Basis der ursprünglichen Rechtsprechung, der zufolge die Erfüllungsablehnung das Vertragsverhältnis umgestaltete (Rn 19), hielt der BGH den **Insolvenzverwalter für zur Herausgabe verpflichtet, weil mit Untergang der Erfüllungsmöglichkeit sein vertragliches Besitzrecht weggefallen** sei.[588] Diesem Ergebnis wird auch heute noch überwiegend gefolgt.[589] Andere Stimmen verlangen einen Wegfall des Vertrags, zu dem es allein mit der Durchsetzungssperre nicht komme.[590] Unter Verweis auf § 449 II BGB wird für den Vorbehaltskauf ein Rücktritt des Verkäufers für erforderlich gehalten.[591] Auch wird argumentiert, dass der kaufvertragliche Besitzverschaffungsanspruch durch Erfüllung erloschen sei, eine Rückgabepflicht daher die Rückabwicklung des Vertrags voraussetze, die bloße Durchsetzungssperre mithin nicht ausreiche.[592] **291**

Die herrschende Auffassung verdient Zustimmung. Mit Untergang des Erfüllungswahlrechts ist der Eigentümer der Sache dem Insolvenzverwalter gegenüber zur Aussonderung aus § 985 BGB iVm § 47 S 1 berechtigt. Ab diesem Zeitpunkt kann der Insolvenzverwalter aus dem Vertrag angesichts dessen insolvenzmäßiger Abwicklung **kein Recht zum Besitz mehr herleiten. Das folgt aus § 103 II 3.**[593] Ohne Erfüllungswahl ver- **292**

---

586 *Kleindiek* HK InsO⁶ § 135 Rn 25.

587 Statt vieler *Kleindiek* HK InsO⁶ § 135 Rn 31 f zu den bei der Bestimmung bestehenden Streitfragen.

588 BGH ZIP 1982, 189 (190); ebenso schon RGZ 135, 167 (172); RG JW 1936, 655.

589 BGH ZIP 2013, 526 Rn 10; *Ahrendt* HambK InsO⁴ § 103 Rn 47; Graf-Schlicker/*Breitenbücher* InsO³ § 103 Rn 34; Jaeger/*Henckel* KO⁹ § 17 Rn 166; *Kreft* MünchKomm InsO³ § 103 Rn 25; Kübler/Prütting/Bork/*Tintelnot* InsO⁴⁶ § 103 Rn 298.

590 *Bärenz* NZI 2006, 72 (74); vgl auch *Marwedel* ZInsO 2011, 937 (943 f).

591 *Huber* MünchKomm InsO³ § 103 Rn 177.

592 Uhlenbruck/*Wegener* InsO¹³ § 103 Rn 184.

593 BGH ZIP 1982, 189 (190); Jaeger/*Henckel* KO⁹ § 17 Rn 166; *Marotzke* Gegenseitige Verträge³ Rn 7.46.

leiht der Vertrag dem Insolvenzverwalter für die Zeit nach Verfahrenseröffnung keine Befugnisse. Zwar kann der Verwalter sich auf den Bestand von Vermögensverschiebungen berufen, soweit diese eine teilweise Erfüllung vor Verfahrenseröffnung bewirkt haben. Vor Verfahrenseröffnung wurde aber nur der Anspruch auf Besitzverschaffung erfüllt. Der dadurch erlangte Besitz ist nur solange berechtigt, wie der Anspruch auf Übereignung nicht ausgeschlossen ist. Zu einem solchen Ausschluss führt aber die Erfüllungsablehnung (Rn 277). Anders liegt es während der Schwebephase zwischen Verfahrenseröffnung und Untergang des Erfüllungswahlrechts, in der die Erfüllungswahl zur Durchsetzbarkeit des Übereignungsanspruchs geführt hätte.

293 Eines Rücktritts bedarf es nicht. Die **Folgen des Rücktritts entsprechen nicht der insolvenzmäßigen Vertragsabwicklung im Falle der Erfüllungsablehnung.** Der teilerfüllte Vertrag ist allein dadurch abzuwickeln, dass einerseits der Vertragspartner seinen Anspruch nach Maßgabe von §§ 103 II, 45 verfolgt, andererseits ggf der Insolvenzverwalter eine Mehrleistung des Schuldners entgolten erhält. Für den Rücktritt ist innerhalb des Verfahrens kein Raum. So wird auch § 449 II BGB durch die insolvenzmäßige Abwicklung verdrängt (§ 107 Rn 77).[594] Die Bestimmung zielt darauf ab, dass der Käufer nicht die Sache verlieren, aber gleichwohl zur Kaufpreiszahlung verpflichtet bleiben soll.[595] Diesem Anliegen wird auch die insolvenzmäßige Abwicklung gerecht.

294 Neben dem ab Untergang des Erfüllungswahlrechts bestehenden Herausgabeanspruch kann ein **Anspruch auf Nutzungsersatz aus §§ 987 I, 990 I BGB** treten. Dieser Anspruch ist zumindest dann auch Masseforderung, wenn der Verwalter für die Masse Besitz an der Sache ergreift und damit den Gläubiger von der Sachherrschaft ausschließt (§ 55 I Nr 1).[596] Beim Insolvenzverwalter wird dann auch die nach § 990 I 2 BGB erforderliche Kenntnis von der Nichtberechtigung zum Besitz vorliegen, wenn er die Erfüllung abgelehnt oder sich auf die Aufforderung nach § 103 II 2 nicht erklärt hat. Über § 990 II BGB kommt auch der Ersatz eines Verzögerungsschadens (§§ 280 II, 286 BGB) in Betracht.

295 Neben den dinglichen Ansprüchen aus §§ 985 ff BGB bestehen **keine Ansprüche aus Bereicherungsrecht**, die auf Besitzherausgabe oder Nutzungsersatz gerichtet wären. Entsprechende Ansprüche scheiden sowohl aus dem Blickwinkel der Vertragsabwicklung nach § 103 als auch nach der Regelung über Massebereicherung nach § 55 I Nr 3 aus. Denn zum einen beruhen Besitz und Nutzungsmöglichkeit des Verwalters auf der Besitzverschaffung des Vertragspartners an den Schuldner, die zur Teilerfüllung des Kaufvertrags führte. Diese vor Verfahrenseröffnung erfolgte Teilerfüllung ist nicht rückabzuwickeln. Zum anderen verlangt ein **Massebereicherungsanspruch nach § 55 I Nr 3** eine Bereicherung der Masse nach Verfahrenseröffnung, für die **nicht genügt, dass erst mit oder nach Verfahrenseröffnung der Rechtsgrund für das Behaltendürfen (§ 812 I 2 Fall 1 BGB) wegfällt.**[597] Schließlich lässt sich noch auf die Wertung von §§ 169 S 2, 21 II 1 Nr 5 verweisen, dass nicht nur Absonderungs-, sondern nunmehr (nach In-Kraft-Treten des § 21 II 1 Nr 5)[598] auch Aussonderungsberechtigte eine (dreimonatige) Verzögerung ohne Nutzungsausgleich hinzunehmen haben können.[599] Neben dem dinglichen Herausgabeanspruch bleibt dem Verkäufer also nur, dass bei der Berechnung seines zur Insolvenztabelle anzumeldenden Erfüllungsanspruchs nach §§ 103 II, 45 seine unteilbare Vorleistung Berücksichtigung findet (Rn 248, 269).

---

[594] *Marotzke* HK InsO[6] § 107 Rn 20.
[595] BGH NJW-RR 2008, 818 Rn 41; *Westermann* MünchKomm BGB[6] § 449 Rn 3.
[596] Vgl BGH ZIP 2007, 778 Rn 21.
[597] Jaeger/*Henckel* InsO § 55 Rn 79.
[598] BGHZ 183, 269 Rn 36.
[599] BGHZ 183, 269 Rn 28 ff.

b) **Herausgabe und Nutzungsersatz in Verkäuferinsolvenz.** In der Verkäuferinsolvenz ist der besitzende Käufer von Mobilien meist durch seinen **bedingten Eigentumserwerb nach § 107 I**, der von Immobilien durch seine **Vormerkung nach § 106** geschützt. Anderenfalls endet das Besitzrecht des Käufers mit Erfüllungsablehnung, so dass der Insolvenzverwalter Herausgabe nach § 985 BGB vom Käufer verlangen kann.[600] Vor diesem Zeitpunkt während der Schwebephase kann sich der Vertragspartner noch auf den Kaufvertrag berufen. Zwar ist sein Eigentumsverschaffungsanspruch dann bereits nicht mehr durchsetzbar. Die Möglichkeit der Erfüllungswahl steht aber einer Rückabwicklung der Besitzverhältnisse entgegen (vgl Rn 280). Indes bedarf es nach Erfüllungsablehnung keiner weitergehenden Vertragsbeendigung,[601] weil für den Herausgabeanspruch genügt, dass der Übereignungsanspruch im Insolvenzverfahren nicht mehr durchsetzbar ist. **296**

Der Insolvenzverwalter kann **Nutzungsersatz vom Käufer nur nach Maßgabe von §§ 989, 990 I BGB** verlangen. Kenntnis des Gläubigers gem § 990 I 2 BGB wird mit Erfüllungsablehnung üblicherweise gegeben sein. Auf weitergehende Ansprüche aus Bereicherungsrecht aufgrund eines Verteilungsfehlers kann sich der Insolvenzverwalter nicht berufen. Es liegt **kein Verteilungsfehler nach Verfahrenseröffnung** vor. Denn den Besitz hat der Vertragspartner in Erfüllung des Kaufvertrags vom Schuldner vor Verfahrenseröffnung erhalten. Aus der Besitzverschaffung durch den Schuldner an den Käufer kann sich allerdings eine (unteilbare) Mehrleistung ergeben, die der Käufer nach den entsprechenden Grundsätzen zu vergüten hat (Rn 270). **297**

X. Rechtsfolgen nach Erfüllungswahl

Mit der Erfüllungswahl macht der Insolvenzverwalter von seinem **Gestaltungsrecht** Gebrauch, die **haftungsrechtliche Qualität der vertraglichen Ansprüche aufzuwerten** (Rn 28, 153): Der Anspruch des Vertragspartners wird von einer Insolvenzforderung zur Masseforderung (§ 55 I Nr 2 Fall 1), der zur Masse gehörende Anspruch wird nach § 103 I durchsetzbar. Der vom Insolvenzschuldner geschlossene Vertrag besteht dann im Grundsatz, wie es § 108 ausdrückt, **„mit Wirkung für die Insolvenzmasse fort"** (näher Rn 299 ff). Die Rechtsprechung behandelt diese Ansprüche daher im Grundsatz gar wie Ansprüche, die erst nach Verfahrenseröffnung entstanden sind (Rn 22). Die Wirkungen sollen also denen eines Vertragsabschlusses des Insolvenzverwalters mit identischem Vertragsinhalt entsprechen.[602] Diese Auffassung führt bei einigen Einzelproblemen zu einschlägigen Ergebnissen, die aber besser darauf zurückgeführt werden, inwieweit erst der Insolvenzverwalter zur Masse gehörende Ansprüche werthaltig macht (Rn 30; ferner Rn 351 ff)[603]. **298**

1. Pflichtenprogramm

Der **Insolvenzverwalter hat den Vertrag im Grundsatz so hinzunehmen, wie er bei Verfahrenseröffnung besteht.**[604] Es gibt aber im Folgenden darzustellende Ausnahmen, wie insbesondere § 105 S 1 bei teilbaren Leistungen anordnet, dass der Vertragspartner **299**

---

600 *Huber* MünchKomm InsO³ § 103 Rn 177; *Kreft* MünchKomm InsO³ § 103 Rn 33; Kübler/Prütting/Bork/*Tintelnot* InsO⁴⁶ § 103 Rn 298.

601 **AA** Uhlenbruck/*Wegener* InsO¹³ § 103 Rn 189.

602 *Kreft* MünchKomm InsO³ § 103 Rn 41; Uhlenbruck/*Wegener* InsO¹³ § 103 Rn 133.

603 Vgl der Sache nach auch Uhlenbruck/*Wegener* InsO¹³ § 103 Rn 137.

604 BGHZ 96, 34 (37); 155, 87 (97).

seinen Gegenleistungsanspruch für Vorleistungen nur als Insolvenzgläubiger verfolgen kann. Dem Grundsatz entsprechend kann der Insolvenzverwalter seine Erfüllungswahl nicht auf Teile des Vertrags beschränken oder den Inhalt des Vertrags auf andere Weise einseitig verändern (Rn 185, 188).

300 a) **Primäransprüche.** Die **Wirkungen** der §§ 103 I, 55 I Nr 2 Fall 1 beziehen sich **auf alle offenen Primäransprüche** aus dem betroffenen Vertrag. Damit ist hier der Kreis der erfassten Ansprüche weiter als der Kreis derer, deren Nichterfüllung zum Tatbestand des § 103 zählt. Denn der Tatbestand verlangt die Nichterfüllung im Synallagma stehender Vertragspflichten (Rn 111), während hier auch Nebenleistungs- und Nebenpflichten (zum Begriff Rn 106) erfasst werden.[605]

301 Der Insolvenzverwalter kann die Erfüllung eines Primäranspruchs als Masseverbindlichkeit daher nur in zwei Fällen verweigern. Erstens verweist **§ 105 S 1 den Vertragspartner auf eine Insolvenzforderung**, soweit der Primäranspruch die Gegenleistung für eine Vorleistung des Vertragspartners darstellt (dazu Rn 51). Zweitens gilt Abweichendes für Primäransprüche, die **nicht Bestandteil des von der Erfüllungswahl betroffenen einheitlichen Vertrags** sind, sondern einen weiteren eigenständigen Vertrag darstellen.[606] Die Voraussetzung des einheitlichen Vertrags entspricht der bei § 139 BGB. Auf die dort entwickelten Abgrenzungskriterien wird hier verwiesen:[607] Ein einheitliches Rechtsgeschäft liegt vor, wenn die einzelnen Vertragspflichten nach dem Willen der Parteien „miteinander stehen und fallen sollen“. Maßgeblich ist der Vertragswille der Parteien. Um den zu bestimmen, kann vielfach auf äußere Umstände wie die Einheitlichkeit des Vertragsabschlusses („eine Urkunde“) zurückgegriffen werden. Für Finanzsicherheiten sieht § 104 II 3 die Möglichkeit vor, die einheitliche Abwicklung aller derjenigen Verträge in der Insolvenz zu vereinbaren, die von einem Rahmenvertrag erfasst werden (§ 104 Rn 52 ff).

302 b) **Fälligkeit und insolvenzbedingte Verzögerungen (Schwebephase).** Der Grundsatz, dass der Insolvenzverwalter den Vertrag so hinzunehmen hat, wie er bei Verfahrenseröffnung besteht (Rn 299), gilt auch in zeitlicher Hinsicht. Die **Fälligkeit der Forderungen richtet sich nach den für den Vertrag ursprünglich geltenden Regelungen**, gleich ob Termine ausdrücklich genannt sind oder sich durch Auslegung des Vertrags gewinnen lassen.[608] Tatsächlich wird der Verwalter aber vielfach aufgrund von Verzögerungen, die in der Krise vor Verfahrenseröffnung und während der Schwebephase (Rn 221) eintreten, die gesetzten Termine nicht einhalten können. Im Falle solcher Leistungsverzögerungen ist hinsichtlich möglicher Rechtsfolgen danach zu unterscheiden, ob deren Tatbestand nur an die Leistungsverzögerung oder zusätzlich an weitere Umstände (Nachfrist, Verschulden) anknüpft.

303 Der bloße **Ablauf der Leistungszeit** führt beim absoluten **Fixgeschäft** zur Unmöglichkeit (§ 275 I BGB). Beim relativen Fixgeschäft erwächst dem Vertragspartner ein Rücktrittsrecht (§ 323 II Nr 2 BGB, vgl zum handelsrechtlichen Fixgeschäft nach § 376 HGB

---

605 *Ahrendt* HambK InsO[4] § 103 Rn 30; Kübler/Prütting/Bork/*Tintelnot* InsO[46] § 103 Rn 269; *Marotzke* HK InsO[6] § 103 Rn 105; Uhlenbruck/*Wegener* InsO[13] § 103 Rn 139.

606 RGZ 77, 436 (439 f); *Marotzke* HK InsO[6] § 103 Rn 107; z fehlenden Insolvenzfestigkeit des Zurückbehaltungsrechts aus § 273 BGB, das aus dem selbstständigen anderen Vertrag folgen kann, Rn 99.

607 BGHZ 50, 8 (13); 112, 288 (293); BGH ZIP 1997, 593 (595); Bork AT[3] Rn 1210; Staudinger/*Roth* BGB[2010] § 139 Rn 36 ff.

608 Instruktiv (ohne Insolvenzbezug) zum Werkvertrag BGH WM 2001, 912, dazu Staudinger/*Peters/Jacoby* BGB[2014] § 633 Rn 121 ff.

§ 104 Rn 23). Weitere Rechtsfolgen können Gesetz, vor allem aber auch der Vertrag selbst an die Leistungszeit knüpfen. So kann sich der Preis nach dem Zeitpunkt der Leistungserbringung staffeln oder an das Verstreichen der Leistungszeit Schadensersatz oder **Vertragsstrafen** anknüpfen, wenn der Insolvenzschuldner im Vertrag abweichend von § 280 I 2 BGB, §§ 286 IV, 339 S 1 BGB eine Garantie übernommen und damit das gesetzlich vorgesehene Verschuldenserfordernis abbedungen hat. An solche Abreden ist der Insolvenzverwalter infolge der Erfüllungswahl ebenfalls gebunden.

Viele Rechtsfolgen verlangen zusätzlich zur Leistungsverzögerung, dass **weitere Umstände** vorliegen. Der Rücktritt verlangt nach § 323 I BGB im Grundsatz den **Ablauf einer gesetzten Nachfrist**. Schadensersatz statt der Leistung verlangt darüber hinaus noch auf Tatbestandsseite **Verschulden** (§ 280 I 2 BGB) und auf Rechtsfolgenseite einen Schaden. Ein Anspruch auf Ersatz des Verzögerungsschadens verlangt wie die Verwirkung einer Vertragsstrafe Verschulden (§§ 286 IV, 339 S 1 BGB). Diese und entsprechende Rechtsfolgen treten nur ein, wenn der **Insolvenzverwalter selbst diese Voraussetzungen erfüllt** (§ 55 I Nr 1). Die Voraussetzungen müssen daher auch im Hinblick auf den Insolvenzverwalter bestimmt werden, was insbesondere für Nachfrist (Rn 331 f) und Verschulden (Rn 333) gilt. **304**

c) **Prozessabreden.** Vertragsbestandteile mit prozessualen Rechtsfolgen **wirken nach Erfüllungswahl wie materiell-rechtliche Nebenabreden gegenüber dem Verwalter** (vgl bereits Rn 62).[609] Der Insolvenzverwalter muss daher, wenn er Ansprüche aus dem Vertrag geltend macht, beispielsweise eine Gerichtsstandsvereinbarung ebenso wie einen Schiedsvertrag beachten. Umgekehrt muss der Vertragspartner den Insolvenzverwalter unter Berücksichtigung dieser prozessualen Vorgaben verklagen. **305**

Diese ganz herrschende Auffassung steht nicht im Widerspruch zur **Behauptung des III. Zivilsenats**, dass das aus § 103 folgende Wahlrecht ein insolvenzspezifisches Recht des Insolvenzverwalters sei, das wie Ansprüche aus Insolvenzanfechtung nicht von einer Schiedsvereinbarung erfasst werde. Dieser **Vergleich des Erfüllungswahlrechts mit der Insolvenzanfechtung** ist freilich schon im Ansatz problematisch. Aus der Insolvenzanfechtung folgt ein eigener Anspruch aus § 143, der den Streitgegenstand eines Klageverfahrens bilden kann.[610] Dieser Streitgegenstand kann von einer vom Schuldner abgeschlossenen Schiedsabrede nicht erfasst werden, weil dieser Anspruch erst mit Insolvenzeröffnung entsteht[611] und nicht der schuldnerischen Disposition unterliegt.[612] Ganz anders verhält es sich im Falle des Erfüllungswahlrechts. Der Insolvenzverwalter kann durch dieses Gestaltungsrecht auf die haftungsrechtliche Qualität von vertraglichen Ansprüchen einwirken (Rn 151 ff) und beeinflusst damit, inwieweit die Ansprüche nach den außerhalb des Insolvenzverfahrens geltenden Regelungen vom und gegen den Insolvenzverwalter durchsetzbar sind. Im vom III. Senat zu entscheidenden Fall machte der beklagte Insolvenzverwalter also nicht das Erfüllungswahlrecht geltend, sondern berief sich darauf, dass die klägerische Rechtsposition, eine Lizenz, mangels Erfüllungswahl nicht insolvenzfest sei, also kein Aussonderungsrecht begründe, sondern allenfalls eine **306**

---

609 *Dahl/Thomas* NZI 2012, 534 (536); *Prütting* FS Görg (2010) S 371 (374 f); Uhlenbruck/*Wegener* InsO[13] § 103 Rn 136; *Wagner* KTS 2010, 39 (42).

610 BGH ZIP 2011, 1477 Rn 14; 2013, 1539 Rn 9.

611 Kübler/Prütting/Bork/*Jacoby* InsO[46] § 143 Rn 9.

612 BGHZ 24, 15 (18); BGH NJW 1957, 1720 (1721); ZInsO 2004, 88; *Dahl/Thomas* NZI 2012, 534 (535); Kübler/Prütting/Bork/*Jacoby* InsO[46] Anh § 143 Rn 5; *Wagner* KTS 2010, 39 (49); **aA** Uhlenbruck/*Hirte* InsO[13] § 143 Rn 66.

zur Tabelle anzumeldende Insolvenzforderung.[613] Die Frage, inwieweit solche insolvenzspezifischen Einwände des beklagten Insolvenzverwalters allgemein der Schiedsfähigkeit einer geltend gemachten Rechtsposition entgegenstehen,[614] braucht im hiesigen Zusammenhang nicht entschieden zu werden. Denn die Erfüllungswahl führt ja gerade dazu, dass der Vertrag so abgewickelt werden soll, als hätte der Insolvenzverwalter den Vertrag samt Prozessabrede geschlossen.

307 d) **Sekundäransprüche.** Herkömmlich sollen aufgrund der Erfüllungswahl auch Sekundäransprüche wie Ansprüche auf Schadensersatz statt der Leistung (§ 280 III BGB) und neben der Leistung (§ 280 Abs 1 u 2) zu Masseverbindlichkeiten aufgewertet werden.[615] Dem ist indes mit der heute immer stärker werdenden Gegenauffassung zu widersprechen.[616] Zwar werden Nacherfüllungsansprüche von der Erfüllungswahl erfasst, weil diese Ansprüche nur Modifikationen des vertraglichen Primäranspruchs sind (Rn 249). **Sekundäre Schadensersatzansprüche sind** aber keine vertraglichen, sondern **gesetzliche Ansprüche**, so dass schon der Wortlaut des § 55 I Nr 2 Fall 1 **gegen eine Aufwertung zur Masseverbindlichkeit** spricht.

308 Das gilt zum einen für **Schadensersatzansprüche neben der Leistung,** die vor Verfahrenseröffnung aufgrund einer Pflichtverletzung des Schuldners entstanden sind. Diese Ansprüche stehen als gesetzliche Ansprüche unabhängig von den Primäransprüchen, deren Erfüllung der Verwalter wählt. Auf diese Ansprüche könnte der Vertragspartner außerhalb der Insolvenz nicht die von § 103 erfasste Einrede des nichterfüllten Vertrags, sondern nur ein Zurückbehaltungsrecht nach § 273 BGB stützen.[617] Gleichzeitig dienen diese Ansprüche aber auch anders als die primären Nebenleistungs- und Nebenpflichten nicht der Durchsetzung der im Synallagma stehenden Ansprüche. Da diese Ansprüche also vom vertraglichen Synallagma unabhängig sind, legitimieren §§ 103 I, 55 I Nr 2 auch nach ihrem Sinn und Zweck keine Aufwertung dieser Schadensersatzansprüche,[618] die sie haftungsrechtlich gleichstellen würden mit Schadensersatzansprüchen, die auf einer schuldhaften Pflichtverletzung des Insolvenzverwalters beruhen.

309 Zum anderen können sich §§ 103 I, 55 I Nr 2 auch **nicht auf Schadensersatzansprüche statt der Leistung** erstrecken. Soweit vor Verfahrenseröffnung solche Ansprüche entstanden sind, sind die Primäransprüche durch Unmöglichkeit (§ 275 BGB) oder durch Geltendmachung des Schadensersatzanspruchs (§ 281 IV BGB)[619] untergegangen. Daher liegt bereits tatbestandlich insoweit **keine von § 103 erfasste Konstellation** vor.[620] Die Frage nach der Reichweite der Erfüllungswahl stellt sich also überhaupt nur, wenn sich der Schadensersatzanspruch auf eine Teilleistung bezieht. Dann aber ist der Vertragspartner für den Schadensersatzanspruch wegen des insoweit erfassten Teils nach dem Rechtsgedanken des § 105 S 1 („Gegenleistungsgrundsatz“, vgl Rn 3; Vor § 103 Rn 2) auf eine Insolvenzforderung beschränkt.

---

613 BGH ZIP 2011, 1477 Rn 14; darauf nach Zurückverweisung KG ZIP 2012, 990.

614 In diese Richtung *Dahl/Thomas* NZI 2012, 534 (536); *Prütting* FS Görg (2010) S 371 (374 f).

615 Jaeger/*Henckel* InsO § 55 Rn 45.

616 Kübler/Prütting/Bork/*Tintelnot* InsO[46] § 103 Rn 271; Uhlenbruck/*Wegener* InsO[13] § 103 Rn 140 ff.

617 Vgl *Emmerich* MünchKomm BGB[6] § 320 Rn 23; Staudinger/*Otto* BGB[2009] § 320 Rn 18, nach denen nur der Schadensersatz statt der Leistung im für § 320 BGB erforderlichen Gegenseitigkeitsverhältnis steht.

618 IE m etwas **abw** Begr ebenso Uhlenbruck/*Wegener* InsO[13] § 103 Rn 142.

619 Zu den insolvenzrechtlichen Auswirkungen des Nebeneinanders v Erfüllungs- u Schadensersatzanspruch bei fehlender Geltendmachung des Anspruchs u Rn 320 f, 335.

620 Uhlenbruck/*Wegener* InsO[13] § 103 Rn 141.

e) **Anrechnung von Vorleistungen.** Die Wirkungen der §§ 103 I, 55 I Nr 2 werden **im Falle von Vorleistungen des Vertragspartners** durch **§ 105 S 1** beschränkt. Teilbarkeit im Sinne dieser Vorschrift liegt vor, wenn sich der Vorleistung des Vertragspartners ein Teil des Gegenanspruchs zuordnen lässt (§ 105 Rn 30). Gerade in diesem Umfang wird dann der Gegenanspruch des Vertragspartners nicht Masseforderung, sondern bleibt **Insolvenzforderung** (Rn 51). Das kann den auf eine Teillieferung entfallenden Kaufpreis oder den auf eine teilweise Herstellung entfallenden Werklohn betreffen. Gelegentlich ist nicht so leicht erkennbar, dass eine Vorleistung vorliegt. Beispiel dafür ist die Erfüllungswahl des Insolvenzverwalters in der Insolvenz des Leasingnehmers, wenn im **Leasingvertrag** eine Abschlusszahlungspflicht des Leasingnehmers vereinbart ist. Diese Zahlungspflicht ist nach dem Verhältnis der bei Verfahrenseröffnung bereits abgewickelten Vertragsdauer zu der zu diesem Zeitpunkt noch offenen Vertragsdauer aufzuteilen. Da die Abschlusszahlung auch die Nutzungsmöglichkeit vor Verfahrenseröffnung vergütet, ist die Forderung insoweit nur Insolvenzforderung.[621] **310**

Vorleistungen des Insolvenzschuldners vor Verfahrenseröffnung wirken sich ebenfalls auf den Umfang der vom Insolvenzverwalter als Masseverbindlichkeit zu befriedigenden Forderung aus. Denn soweit der Insolvenzschuldner schon die Leistung erbracht, vielleicht gar eine Teilerfüllung herbeigeführt hat, kann der Insolvenzverwalter nicht mehr verpflichtet sein. Im Übrigen bleibt der Insolvenzverwalter indes verpflichtet. Das gilt insbesondere auch für **mangelhafte Leistungen des Insolvenzschuldners.** Insoweit trifft den Insolvenzverwalter die primäre Nacherfüllungspflicht (§§ 439, 437 Nr 1 BGB; §§ 635, 634 Nr 1 BGB).[622] Die Vorleistung des Insolvenzschuldners macht ferner den zur Masse gehörenden Gegenleistungsanspruch im Umfange der Vorleistung werthaltig. Daraus können sich insbesondere im Hinblick auf **Abtretbarkeit und Aufrechenbarkeit** dieses Gegenleistungsanspruchs Auswirkungen auf seine insolvenzrechtliche Qualifizierung ergeben (Rn 344 ff, 365 ff). **311**

2. Abwicklung und Durchsetzung

Abwicklung des Vertrags und Durchsetzung von Ansprüchen aufgrund des Vertrags richten sich nach den allgemeinen Regelungen (§ 55 Rn 45). Insolvenzrechtliche Besonderheiten sind nur vereinzelt zu berücksichtigen. Insbesondere erfolgt die **Abwicklung auf Grundlage von §§ 320 ff BGB** nach dem Vertrag. Grundsätzlich ist also Zug um Zug zu erfüllen, § 103 I enthält keine Spezialregelung (Rn 28). Die Vereinbarung einer Vorleistung behält Bestand. Der Vertragspartner kann sich auf § 321 nur berufen, wenn Masseunzulänglichkeit droht.[623] **312**

Der Insolvenzverwalter kann die zur Masse gehörenden Ansprüche als Partei kraft Amtes gegen den Vertragspartner durchsetzen (§ 80). Insoweit verdrängt er den Schuldner. In der **Doppelinsolvenz** hat der die Erfüllung wählende Insolvenzverwalter freilich im anderen Verfahren nur die Stellung eines erfüllungsbereiten Vertragspartners. Zur Durchführung des Vertrags kommt es nur, wenn auch der andere Insolvenzverwalter Erfüllung wählt.[624] Der Vertragspartner macht die Masseverbindlichkeiten umgekehrt **313**

---

[621] *Eckert* MünchKomm InsO³ § 108 Rn 165; Uhlenbruck/*Sinz* InsO¹³ § 108 Rn 95; **aA** *Wegener* FK InsO⁷ § 108 Rn 39.

[622] *Huber* MünchKomm InsO³ § 103 Rn 140 ff, 146; Kübler/Prütting/Bork/*Tintelnot* InsO⁴⁶ § 103 Rn 269.

[623] *Huber* MünchKomm InsO³ § 103 Rn 166; Kübler/Prütting/Bork/*Tintelnot* InsO⁴⁶ § 103 Rn 273; *Marotzke* HK InsO⁶ § 103 Rn 106; Uhlenbruck/*Wegener* InsO¹³ § 103 Rn 136.

[624] *Marotzke* HK InsO⁶ § 103 Rn 162.

gegen den Insolvenzverwalter geltend. **Mangels Vorleistungspflicht** sind § 322 BGB, §§ 726, 756, 765 ZPO zu berücksichtigen. Die sechsmonatige Vollstreckungssperre des § 90 I gilt nicht (§ 90 II Nr 1). Der Vertragspartner trägt aber das Risiko der **Masseunzulänglichkeit.** Dann kommt allerdings ein Anspruch aus § 61 gegen den Insolvenzverwalter persönlich in Betracht, wenn er sich nicht entlasten kann.[625]

3. Optionen

314 Der Vertrag, dessen Erfüllung der Insolvenzverwalter wählt, kann „**Optionsbefugnisse**" beider Vertragsparteien (Insolvenzschuldner oder/und Vertragspartner) vorsehen. Beispielsweise kann bei Dauerschuldverhältnissen die Befugnis eingeräumt sein, im Wege einer **Verlängerungsoption** die zeitliche Dauer der ohnehin im Vertrag geregelten Pflichten auszudehnen. Es können aber auch inhaltlich neuartige Pflichten durch Option begründet werden. So kann insbesondere bei einem Gebrauchsüberlassungsvertrag (Leasing) einer Vertragspartei das Recht zum Kauf oder Verkauf (**Andienung**) des Vertragsgegenstands eingeräumt sein.[626]

315 a) **Option des Vertragspartners.** Der Grundsatz, der Insolvenzverwalter habe den **Vertrag so hinzunehmen, wie er bei Verfahrenseröffnung besteht**, verführt zu dem Ergebnis, dass der Insolvenzverwalter nach Erfüllungswahl auch diejenigen Ansprüche des Vertragspartners als Masseverbindlichkeit nach § 55 I Nr 2 Fall 1 zu erfüllen hat, die darauf beruhen, dass der Vertragspartner eine ihm im Vertrag eingeräumte Option ausgeübt hat.[627] Demnach hätte der Insolvenzverwalter beispielsweise nicht nur den im Wege einer Verlängerungsoption vom Vertragspartner ausgedehnten Vertrag fortzuführen, sondern auch als Verwalter eines Leasingnehmers nach Erfüllungswahl des Leasingvertrags den Kaufvertrag zu erfüllen, den der Leasinggeber durch Ausübung seines Andienungsrechts begründet.

316 Indes ist für § 103 nicht auf die Option, sondern auf die Pflichten abzustellen: Die **Option ist Gestaltungsrecht** (Rn 78), das dem Vertragspartner schon mit Abschluss des Vertrags eingeräumt wird. Auf das Gestaltungsrecht Option sind weder §§ 38, 103 II noch §§ 55 I Nr 2, 103 I anwendbar. Die Abgrenzungsfrage zwischen Insolvenzforderung einerseits und Masseforderung andererseits stellt sich nur für die aus der Ausübung der Option folgenden Vertragsansprüche. Diese **Ansprüche** können aber von der Erfüllungswahl nur **erfasst** werden, **wenn** sie (vor Ausübung der Option freilich nur als bedingte Ansprüche) **Bestandteil des Vertrags** waren, dessen Erfüllung der Verwalter gewählt hat. Es kommt also nicht darauf an, in welchem Vertrag eine Option begründet wird, sondern darauf, auf welchen Vertrag die Ausübung der Option einwirkt. Wirkt die Option auf den Vertrag ein, dessen Erfüllung der Verwalter gewählt hat, hat der Verwalter mit der Erfüllungswahl auch die Erfüllung der zur Zeit der Erfüllungswahl noch bedingten Ansprüche gewählt. So liegt es bei der **Verlängerungsoption:**[628] Hat der Insolvenzverwalter die Erfüllung eines Vertrags gewählt, muss er den Vertrag auch insoweit als Masseverbindlichkeit erfüllen, als die Ansprüche auf einer vom Vertragspartner nach Verfahrenseröffnung ausgeübten Verlängerungsoption beruhen.

---

[625] Jaeger/*Gerhardt* InsO § 61 Rn 15.

[626] BGHZ 71, 189 ff; 109, 368 (374 f); *Beckmann* LeasingR-Hb[2] § 7; Staudinger/*Stoffels* BGB[2004] Leasing Rn 41, 56, 297.

[627] Dahingehend zum Leasing *Eckert* MünchKomm InsO[3] § 108 Rn 146; Uhlenbruck/*Sinz* InsO[13] § 108 Rn 93.

[628] *Klinck* KTS 2007, 37 (59 f); Uhlenbruck/*Sinz* InsO[13] § 108 Rn 128.

In vielen Einzelfällen gestaltet sich die erforderliche Abgrenzung schwierig, ob die Ausübung der **Option auf das bestehende**, von der Erfüllungswahl haftungsrechtlich aufgewertete **Vertragsverhältnis einwirkt oder ein neues Schuldverhältnis begründet** wird.[629] Die Abgrenzung hat nach den in Rn 301 angerissenen Kriterien zu erfolgen, wann ein einheitliches Schuldverhältnis vorliegt. Bei dieser Abgrenzung ist allerdings nicht auf die Option, die Bestandteil des zu erfüllenden Vertrags ist, sondern allein auf die **durch Optionsausübung begründeten Pflichten** abzustellen. Ob diese Pflichten entstehen, haben die Parteien zunächst offen gelassen. Der Vertragsschluss beruht nicht auf den gleichen Erklärungen wie der die Option beinhaltende Vertrag. Daher wird man, wenn sich die jeweiligen Hauptpflichten vom Typ her grundlegend unterscheiden, regelmäßig kein einheitliches Schuldverhältnis, sondern getrennte Verträge anzunehmen haben, über die gesondert nach §§ 103 ff zu entscheiden ist. **317**

Das gilt auch für den Leasingvertrag mit Kaufoption bzw Andienungsrecht. Dass **Leasing und Kauf hier getrennte Verträge** sind, entspricht der herkömmlichen Rechtsprechung des BGH[630] sowie der ganz überwiegenden Auffassung in den Fällen, in denen der Leasingvertrag nach § 108 unabhängig vom Erfüllungswahlrecht des Verwalters fortwirkt (§ 108 Rn 25 f, 129)[631]. Zwar wird für das unter § 103 fallende Mobilienleasing die abweichende Auffassung vertreten, dass der Insolvenzverwalter nach Wahl des Leasingvertrags auch die aus der Andienungsoption folgenden Käuferpflichten aus der Masse erfüllen muss.[632] Zur Begründung wird aber zu stark darauf abgestellt, dass nur die Vollziehung des Kaufvertrags die vollständige Amortisation für den Leasinggeber sicherstellt. Indes erklärt dieses Argument allein nicht, einen **einheitlichen Vertrag** anzunehmen.[633] Schon die Option im Leasingvertrag führt auf schuldrechtlicher Ebene zu Ansprüchen, die im Falle ihrer Erfüllung zur Vollamortisation führen. In der Insolvenz des Leasinggebers kann sich jedoch das Insolvenzrisiko realisieren, soweit sich der Leasinggeber nicht hinreichend gesichert hat. Regelmäßig wird bei einer bloß schuldrechtlichen Optionslösung eine insolvenzfeste Regelung nicht gegeben sein (zur Sicherung der Kaufoption durch bedingte Übereignung § 107 Rn 13 f). Maßgeblich sind aber die Umstände des jeweiligen Einzelfalls, die insbesondere beim Mietkauf in Abgrenzung zum Leasing dazu führen können,[634] einen einheitlichen Vertrag anzunehmen, dessen Inhalt sich durch Optionsausübung ändert. **318**

b) Vom Vertragspartner vor Verfahrenseröffnung ausgeübte Option. Hat der Vertragspartner die Option bereits vor Verfahrenseröffnung ausgeübt, besteht ebenfalls die **maßgebliche Weichenstellung** darin, **ob** die Ausübung der Option **einen weiteren selbstständigen Vertrag erzeugt hat oder auf den Inhalt des Vertrags einwirkt**, dessen Erfüllung der Verwalter gewählt hat.[635] Im Letzteren Fall muss der Verwalter auch die aus der Optionsausübung folgenden Verbindlichkeiten aus der Masse erfüllen. Anderenfalls sind auf den neuen Vertrag §§ 103 ff separat anzuwenden (Rn 78). **319**

---

629 Im Ausgangspunkt ähnl *Klinck* KTS 2007, 37 (58 f); *ders* LeasingR-Hb² § 49 Rn 42, 44.

630 BGHZ 109, 368 (375).

631 *Eckert* MünchKomm InsO³ § 108 Rn 66, 146; Uhlenbruck/*Sinz* InsO¹³ § 108 Rn 128.

632 *Eckert* MünchKomm InsO³ § 108 Rn 146; Uhlenbruck/*Sinz* InsO¹³ § 108 Rn 93; **diff** *Klinck* LeasingR-Hb² § 49 Rn 44.

633 **Anders** *Klinck* LeasingR-Hb² § 49 Rn 44, der die Einheitlichkeit nur ablehnen will, wenn allein schon während der Grundmietzeit Vollamortisation eingetreten ist.

634 Zu dieser Abgrenzung statt aller Staudinger/*Stoffels* BGB²⁰⁰⁴ Leasing Rn 39 ff.

635 Indessen dann weitergehend für ein „doppeltes“ Wahlrecht *Eckert* MünchKomm InsO³ § 108 Rn 146; Uhlenbruck/*Sinz* InsO¹³ § 108 Rn 90.

320 c) **Option des Insolvenzschuldners.** Räumt der Vertrag, dessen Erfüllung der Verwalter gewählt hat,[636] dem Insolvenzschuldner eine Option ein, so kann nach Verfahrenseröffnung der Insolvenzverwalter diese Option ausüben. Dadurch verändert der Insolvenzverwalter entweder den zu erfüllenden Vertrag oder begründet einen neuen. In beiden Fällen muss er die so **begründeten Pflichten nach § 55 I Nr 1 als Masseverbindlichkeit** erfüllen (Rn 85). Beispielsweise kann der Insolvenzverwalter über die dem insolventen Leasingnehmer eingeräumte Kaufoption entscheiden: Wählt der Insolvenzverwalter des Leasingnehmers Vertragserfüllung im Hinblick auf die weitere Gebrauchsüberlassung für die vereinbarte Vertragslaufzeit, folgt hieraus keine Bindung hinsichtlich einer dem Leasingnehmer eingeräumten Kaufoption. Zur vertraglich vorgegebenen Zeit kann er über die Ausübung der Option frei befinden.[637]

321 d) **Vom Insolvenzschuldner vor Verfahrenseröffnung ausgeübte Option.** Hatte der Insolvenzschuldner vor Verfahrenseröffnung seine Option bereits ausgeübt, ist danach zu unterscheiden, ob nun ein **einheitlicher**, durch die Optionsausübung veränderter Vertrag **oder zwei Verträge** bestehen (Rn 301). Besteht nur ein einheitlicher Vertrag, kann sich die Wahlrechtsausübung nur auf diesen in der Gestalt beziehen, die er bei Verfahrenseröffnung nach der Optionsausübung hatte. So muss etwa der Insolvenzverwalter im Falle eigener Erfüllungswahl eine Verlängerung des zu erfüllenden Vertrags aufgrund einer vom Insolvenzschuldner (unanfechtbar) ausgeübten Verlängerungsoption hinnehmen, ohne selbst nochmals insoweit wählen zu können. Begründet die Optionsausübung indessen einen zweiten Vertrag, sind auf jeden einzelnen Vertrag §§ 103 ff separat anzuwenden (Rn 301).

4. Vorinsolvenzliche und insolvenzbedingte Lösungsrechte des Vertragspartners

322 Schon zum Zeitpunkt der Insolvenzeröffnung können für den Vertragspartner Lösungsrechte (**Kündigung, Rücktritt, Verlangen von Schadensersatz statt der Leistung**) bestanden haben, die zum Untergang der Erfüllungsrechte führen. Inwieweit solche Rechte dem Vertragspartner auch nach Verfahrenseröffnung und Erfüllungswahl quasi Gegenwahlrechte einräumen, sich vom Vertrag zu lösen, hängt von der Art des Lösungsrechts ab.

323 a) **Gesetzliche Lösungsrechte wegen Leistungspflichtverletzung des Schuldners.** Ein gesetzliches Lösungsrecht infolge einer Leistungspflichtverletzung des Schuldners kann vor Verfahrenseröffnung insbesondere als Rücktrittsrecht (§ 323 I BGB) oder als Recht entstanden sein, Schadensersatz statt der ganzen Leistung verlangen zu können (§§ 280 I, III, 281 I BGB). Dazu muss entweder eine angemessene Frist zur Leistung vor Insolvenzeröffnung verstrichen sein (§§ 323 I, 281 I 1 BGB) oder aber die Frist ausnahmsweise entbehrlich sein (§§ 323 II, 281 II BGB). Es ist **umstritten, ob ein vorinsolvenzlich entstandenes Lösungsrecht ab Erfüllungswahl wieder durch den Vertragspartner ausgeübt werden kann.**

324 Nach insbesondere **früher herrschender Meinung** soll dies **möglich** sein.[638] Dafür wird dahin gehend argumentiert, dass der Verwalter den Vertrag auch hinsichtlich einer

[636] Auch wenn der Verwalter den Vertrag abgelehnt hat, kommt eine Ausübung der Option u eine damit verbundene Begr eines neuen Vertrages in Betracht (Rn 85 f).

[637] *Eckert* MünchKomm InsO³ § 108 Rn 145; Uhlenbruck/*Sinz* InsO¹³ § 108 Rn 89.

[638] Begr zu EKO § 15, Mot S 66 u Begr zu EKO § 21, Mot S 91; *Ernst* MünchKomm BGB⁶ § 323 Rn 185; *Heidland* Bauvertrag² Rn 1017a; Jaeger/*Henckel* KO⁹ § 17 Rn 141; *Marotzke* Gegenseitige Verträge³ Rn 5.102 Fn 360; *ders* KTS 2002, 1 (29 ff); *Tintelnot* ZIP 1989, 144 (152); *v Wilmowsky* KTS 2011, 453 (473 Fn 54). – Freilich fußen

Lösungsmöglichkeit so übernimmt, wie er zum Zeitpunkt der Insolvenzeröffnung bestanden hat.[639] Der Vertragspartner könne sich so der Erfüllungswahl durch den Verwalter entziehen.[640] Keine Einigkeit besteht dabei zu der Frage, wie lange der Vertragspartner sein Lösungsrecht ausüben kann. Teilweise wird verlangt, die Rücktrittserklärung habe nach Erfüllungswahl „unverzüglich“ zu erfolgen.[641] Andere vertreten, die Rücktrittserklärung sei zwar auch hier nicht befristet, der Verwalter könne aber analog § 103 II 2 den Vertragspartner auffordern, sich über die Ausübung des Lösungsrechts zu erklären.[642]

Diese **Lösungsbefugnis** wird dem Vertragspartner indes **von der Gegenmeinung zutreffend abgesprochen.**[643] Ein auf die Leistungspflichtverletzung des Schuldners vor Verfahrenseröffnung zurückgehendes Lösungsrecht kann nicht Anknüpfungspunkt für eine Vertragslösung nach Verfahrenseröffnung sein. Mit Verfahrenseröffnung **geht dieses Lösungsrecht unter, weil der Vertragspartner seinen Leistungsanspruch, auf den er das Lösungsrecht gründen könnte, nach §§ 38, 87 nur noch zur Tabelle anmelden kann** (Rn 25). Zwar wird der Leistungsanspruch mit Erfüllungswahl gegen den Insolvenzverwalter uneingeschränkt durchsetzbar.[644] Nach seinem Sinn und Zweck führt § 103 aber dazu, dass die Leistungsansprüche ohne die Möglichkeit wieder durchsetzbar werden, das vorinsolvenzlich begründete Rücktrittsrecht[645] auszuüben oder Schadensersatz statt der Leistung zu verlangen[646] (vgl Rn 307). Dies stellt für die Kündigung von Miet- und Pachtverhältnissen **§ 112 Nr 1** ausdrücklich fest.[647] Es gilt aber über den Anwendungsbereich dieser Bestimmung hinaus (§ 112 Rn 6). Denn mit der Erfüllungswahl des Verwalters wird nicht die Situation vor Insolvenzeröffnung wiederhergestellt, in der ein fälliger und durchsetzbarer Anspruch als Voraussetzung der Lösungsmöglichkeit gegen den Schuldner bestanden hat. Vielmehr besteht mit Erfüllungswahl der Anspruch erstmals in 325

einige Ansichten noch auf dem Verständnis des alten Schuldrechts, nach dem anders als nach heutigem Recht m Verstreichen der Frist der Erfüllungsanspruch automatisch erlosch, vgl etwa Kübler/Prütting/Bork/*Tintelnot* InsO[46] § 103 Rn 17; Palandt/*Heinrichs* BGB[60] § 326 Rn 24; *Wegener* Wahlrecht Rn 282.

639 *Ernst* MünchKomm BGB[6] § 323 Rn 185; vgl auch *Marotzke* Gegenseitige Verträge[3] Rn 5.102 Fn 360.

640 So ausdr *Ernst* MünchKomm BGB[6] § 323 Rn 185.

641 *Ernst* MünchKomm BGB[6] § 323 Rn 185.

642 *Althammer* NJW 2006, 1179 (1181); Braun/*Kroth* InsO[5] § 103 Rn 70; *Marotzke* KTS 2002, 1 (36). – *Ders* fordert den Gesetzgeber ferner in KTS 2002, 1 (37 ff) auf, die Möglichkeit der Fristsetzung in § 350 BGB für die Ausübung eines Rücktrittsrechts bzw des Rechts Schadensersatz statt der Leistung zu verlangen, auch auf gesetzliche Lösungsrechte auszuweiten.

643 *Huber* MünchKomm InsO[3] § 103 Rn 139; Kübler/Prütting/Bork/*Tintelnot* InsO[46] § 103 Rn 17 f; Uhlenbruck/*Wegener* InsO[13] § 103 Rn 109; *ders* Wahlrecht Rn 325.

644 Uhlenbruck/*Wegener* InsO[13] § 103 Rn 109; *ders* Wahlrecht Rn 314. – Für den Fall des Wiedereintritts der Durchsetzbarkeit nach Verfahrensbeendigung (und nicht erfolgter Erfüllungswahl oder -ablehnung) könne der Vertragspartner daher dann zurücktreten (Uhlenbruck/*Wegener* InsO[13] § 103 Rn 107, vgl auch *dens* Wahlrecht Rn 291).

645 Uhlenbruck/*Wegener* InsO[13] § 103 Rn 109; vgl auch *dens* Wahlrecht Rn 325. – Mittlerweile hat *Wegener* seinen Ansatz aus Wahlrecht Rn 323 wohl aufgegeben, nach der das Rücktrittsrecht des Vertragspartners ausgeschlossen sei, weil durch die Erfüllungswahl des Insolvenzverwalters die ursprüngliche Forderung des Vertragspartners gegen den Schuldner durch das Erfüllungsverlangen des Insolvenzverwalters gem § 103 I erlösche.

646 Uhlenbruck/*Wegener* InsO[13] § 103 Rn 111.

647 Eine Kündigungsmöglichkeit besteht jedoch nach den jew einschlägigen Normen, wenn ein Zahlungsrückstand des Insolvenzverwalters für nach Insolvenzeröffnung als Masseverbindlichkeit zu bedienende Forderungen besteht, vgl OLG Köln NZI 2003, 149 (150).

einer durch den Verwalter mit Mitteln der Masse zu erfüllenden Weise. Der Anspruch ist gegen den Schuldner weiterhin nicht mehr durchsetzbar. Gegen diesen erlangt er seine Durchsetzbarkeit erst dann zurück, wenn der Vertragspartner sich nicht am Verfahren beteiligt und die Ansprüche nach Beendigung des Verfahrens auch angesichts der Gefahren von Restschuldbefreiung, Insolvenzplan oder Verjährung fortbestehen (Rn 37).

326 Für eine **Fokussierung auf den Insolvenzverwalter** spricht entscheidend, dass ihm durch die Möglichkeit der Erfüllungswahl die Chance gegeben werden soll, einen gegenseitigen Vertrag des Schuldners zu erfüllen und damit den Vertragswert zur Masse zu ziehen. Dabei übernimmt der Verwalter zwar die Pflichten des Insolvenzschuldners, aber nicht dessen Pflichtverletzungen. Diese Wertung bringt die InsO in § 103 II 2 hinsichtlich der dem Insolvenzverwalter eingeräumten Überlegungsfrist zum Ausdruck. Der Verwalter darf zwar nicht schuldhaft zögern. Insoweit wird aber nur auf **sein eigenes Verschulden** abgestellt, ohne dass der Verwalter sich Fehlverhalten des Schuldners zurechnen lassen müsste. Dem Vertragspartner ist das zumutbar, weil er durch § 323 II Nr 2 geschützt ist (Rn 303); auch hätte er sich vor Verfahrenseröffnung vom Vertrag lösen können, danach muss er die insolvenzrechtliche Abwicklung hinnehmen. Also muss er ein Lösungsrecht erneut gegenüber dem Insolvenzverwalter begründen.

327 b) **Sonstige gesetzliche Lösungsrechte.** Andere gesetzliche Lösungsrechte, die nicht an eine Leistungspflichtverletzung anknüpfen, können nach Insolvenzveröffnung grundsätzlich ausgeübt werden. Dies gilt insbesondere für **Verbraucherwiderrufsrechte, das Rücktrittsrecht aus § 324 BGB,** welches die Verletzung einer Nebenpflicht zur Voraussetzung hat, und **außerordentliche Kündigungsrechte** (etwa §§ 314, 543, 626 BGB), die nicht an eine Leistungspflichtverletzung anknüpfen. Solche Lösungsmöglichkeiten gewähren dem Vertragspartner eine gesicherte Rechtsposition (Rn 94). Er kann diese Lösungsrechte nach Insolvenzeröffnung und auch nach einer Erfüllungswahl des Verwalters ausüben. Allerdings sind die allgemeinen **zeitlichen Grenzen bei der Ausübung von Lösungsrechten zu beachten**, wie die Widerrufsfrist des § 355 BGB oder der begrenzte Zeitraum, innerhalb dessen außerordentlich gekündigt werden kann (§§ 314 III, 626 II BGB).

328 c) **Vertraglich vereinbarte Lösungsrechte („Lösungsklauseln").** Schuldner und Vertragspartner können vor Insolvenzeröffnung dem Vertragspartner auch vertraglich Lösungsrechte eingeräumt haben, deren Voraussetzungen bei Insolvenzeröffnung vorliegen. Zwar erfordern solche Rechte grundsätzlich eine ausdrückliche Vereinbarung, jedenfalls können sie nicht ohne besondere Umstände bei jedem gegenseitigen Vertrag im Zweifel angenommen werden.[648] Es kommen **insolvenzabhängige Gründe** in Betracht, die ausdrücklich auf Insolvenztatbestände (Eröffnungsgrund, Eröffnungsantrag, Eröffnung) Bezug nehmen, aber auch **insolvenzunabhängige Lösungsgründe** wie Change of Control-Klauseln (§ 119 Rn 9). Insoweit übernimmt der Insolvenzverwalter den Vertrag mit den Vereinbarungen, die zwischen Schuldner und Vertragspartner getroffen wurden (§ 119 Rn 27). Lösungsklauseln verstoßen entgegen BGH[649] nicht gegen **§ 119** (§ 119 Rn 25 ff). Es gelten nur die **allgemeinen Grenzen des Zivilrechts** (§ 119 Rn 30 ff) sowie des **Anfechtungsrechts** (§ 119 Rn 33 f). Nach Insolvenzeröffnung ist die Ausübung dieser Rechte weiterhin möglich.

329 Setzt das Lösungsrecht jedoch unmittelbar oder mittelbar die Insolvenz des Schuldners voraus, ergibt sich aus dem Zweck dieses Lösungsrechts eine **zeitliche Grenze** für die

[648] Vgl indessen *v Wilmowsky* KTS 2011, 453 (473 f), der grds ein Rücktrittsrecht bei Erfüllungsablehnung durch den Verwalter im Wege ergänzender Vertragsauslegung schaffen will.

[649] BGH ZIP 2012, 274 Rn 13.

Ausübung. Der Vertragspartner will sich vor den insolvenzspezifischen Gefahren schützen, insbesondere vor der Schwebephase zwischen Insolvenzeröffnung und Wahlrechtsausübung. Hat der Verwalter **Erfüllung gewählt**, endet daher die Schwebephase und damit in der Regel die Möglichkeit der Ausübung solcher Lösungsrechte (§ 119 Rn 35). Vor Erfüllungswahl kann dieses Recht gem § 242 BGB dann ausgeschlossen sein, wenn der Vertragspartner trotz der Kenntnis der das Lösungsrecht begründenden Umstände beim Verwalter den Eindruck erweckt, er würde sein Lösungsrecht nicht ausüben (§ 119 Rn 35). Wurde das Lösungsrecht unabhängig von Insolvenzgefahren beim Schuldner eingeräumt, spricht nichts gegen ein Weiterbestehen der Lösungsmöglichkeit nach Erfüllungswahl.[650] Freilich gilt auch hier die allgemeine Grenze, dass der Vertragspartner entsprechend § 314 III BGB sein Kündigungsrecht in angemessener Frist ausüben muss.

5. Pflichtverletzungen des Insolvenzverwalters

Eine Reihe von Bestimmungen wie §§ 280 ff BGB, § 323 BGB (direkt oder über **330**
§§ 437, 634 BGB) knüpfen Rechtsfolgen wie insbesondere einen Anspruch auf Schadensersatz und das Entstehen eines Rücktrittsgrunds an Pflichtverletzungen einer Vertragspartei.[651] Nach Erfüllungswahl ist, um über das Vorliegen solcher Pflichtverletzungen zu entscheiden, nicht mehr auf den Insolvenzschuldner, sondern nach Maßgabe der folgenden Ausführungen **auf den Insolvenzverwalter abzustellen**:

a) **Nachfrist.** Teilweise wird vertreten, dass **eine dem Schuldner vor Insolvenzeröff-** **331**
nung gesetzte Frist nach Insolvenzeröffnung gegenüber dem Verwalter weiterläuft bzw eine Mahnung auch diesem gegenüber wirkt.[652] Der Verwalter übernehme den Vertrag so, wie er bei Insolvenzeröffnung bestanden habe.[653] Eine dem Schuldner gesetzte Frist könne aber durch die Insolvenzeröffnung ihre **Angemessenheit** verlieren und damit einer Verlängerung bedürfen, wobei die Verlängerung nicht zwingend an der Unverzüglichkeit des § 103 II 2 auszurichten sei.[654] Hatte der Vertragspartner dem Schuldner hingegen bei Insolvenzeröffnung noch keine Frist gesetzt, sei die Fristsetzung nunmehr gegenüber dem Insolvenzverwalter zu setzen, wenn die Frist nicht ohnehin entbehrlich gewesen sei.[655]

Diese Auffassung missachtet aber die **durch die Insolvenzeröffnung eintretende Zäsur** **332**
für das Vertragsverhältnis (Rn 325 f):[656] Nach §§ 55 I Nr 2, 103 I werden lediglich die Vertragspflichten des Insolvenzschuldners Masseverbindlichkeit, ein **Eintreten des Verwalters in dessen Pflichtverletzungen** ist **indes nicht** angeordnet.[657] Und vor allem mutet die Frist des § 103 II 2, die nach zutreffender Auffassung auch des BGH nicht gegenüber Schuldner oder vorläufigem Verwalter in Gang gesetzt werden kann (Rn 205), dem

---

[650] So ohne die hier vorgenommene Differenzierung auch *Ahrendt* HambK InsO[4] § 103 Rn 30.

[651] Zum Sonderproblem der außerordentlichen Zahlungsverzugskündigung wegen ausbleibender Mietzahlung nach Verfahrenseröffnung aber vor Erfüllungswahl OLG Köln ZIP 2003, 543 (544) sowie § 112 Rn 43.

[652] Jaeger/*Henckel* KO[9] § 17 Rn 142; *Marotzke* Gegenseitige Verträge[3] Rn 5.102 Fn 360; *ders* HK InsO[6] § 103 Rn 106; *Stamm* KTS 2011, 421 (436 f); *Wegener* FK InsO[7] § 103 Rn 91.

[653] Jaeger/*Henckel* KO[9] § 17 Rn 142.

[654] Jaeger/*Henckel* KO[9] § 17 Rn 143; *Marotzke* HK InsO[6] § 103 Rn 106; **aA** *Stamm* KTS 2011, 421 (437).

[655] *Marotzke* Gegenseitige Verträge[3] Rn 5.102 Fn 361.

[656] Vgl Kübler/Prütting/Bork/*Tintelnot* InsO[46] § 103 Rn 17.

[657] In diesem Punkt **abw** Uhlenbruck/*Wegener* InsO[13] § 103 Rn 105.

Vertragspartner eine Schwebephase nach Verfahrenseröffnung zu. Infolgedessen läuft eine dem Schuldner gesetzte Frist nicht gegenüber dem Insolvenzverwalter weiter.[658] Die gesetzte Frist wird mit Insolvenzeröffnung gegenstandslos.[659] Ein teilweise vertretenes Anhalten der Frist während der Schwebephase bis zur Erfüllungswahl[660] kommt nicht in Betracht, da es dem Sinn und Zweck dieser materiellen Fristen widerspricht, angehalten zu werden.[661] Folglich muss das Lösungsrecht dem Verwalter gegenüber durch eine erneute Fristsetzung nach Erfüllungswahl neu begründet werden, die dem Verwalter die erstmalige Leistung ermöglichen können soll.[662] Die **vom Vertragspartner zu setzende Nachfrist muss so bemessen sein, dass der Verwalter zur erstmaligen Leistung im Stande ist.**[663] Für die Entbehrlichkeit der Nachfrist nach §§ 280 II, 323 II BGB ist gleichfalls auf die Person des Insolvenzverwalters abzustellen.

333 b) **Verschulden.** Setzt ein Tatbestand wie § 280 I 2 BGB die schuldhafte Verletzung einer Pflicht voraus, ist auf den Insolvenzverwalter abzustellen. Der **Verschuldensmaßstab ist dem Vertrag zu entnehmen.** Sieht der Vertrag erhöhte Anforderungen an den Insolvenzschuldner bis hin zu einer Garantie vor, gilt das auch für den Insolvenzverwalter, der diese Anforderungen bei seiner Entscheidung über die Erfüllungswahl berücksichtigen kann. Indes folgt aus der Erfüllungswahl allein keine Garantie des Insolvenzverwalters, den Vertrag auch ordnungsgemäß zu erfüllen. Denn die Gestaltungserklärung des Verwalters bewirkt nur eine Änderung der haftungsrechtlichen Qualifikation der Ansprüche, aber nicht ihres Inhalts.

334 c) **Rücktritt.** Nach Erfüllungswahl des Insolvenzverwalters kommt ein Rücktritt des Vertragspartners vom Vertrag aus den allgemeinen, vornehmlich **im BGB geregelten Gründen** in Betracht. So kann die gesetzte Nachfrist abgelaufen sein (§ 323 I BGB). Die Nachfrist kann – insbesondere beim relativen Fixgeschäft (Rn 303) – entbehrlich sein (§ 323 II BGB). Aber auch § 324 BGB kann den Rücktritt begründen, wenn der Insolvenzverwalter Schutzpflichten aus dem Vertrag in einer Weise verletzt, dass dem Vertragspartner das Festhalten am Vertrag unzumutbar wird. Auf das aus einem solchen Rücktritt beruhende gesetzliche Rückabwicklungsverhältnis nach § 346 BGB bezieht sich die Erfüllungswahl nicht, so dass die daraus folgenden Verbindlichkeiten nicht nach §§ 103 I, 55 I Nr 2 Masseverbindlichkeit sein können. Es greift aber **§ 55 I Nr 1**, soweit der Insolvenzverwalter den Rücktrittsgrund nach Erfüllungswahl durch Pflichtverletzung herbeigeführt und den nach § 346 BGB zurück zu gewährenden Gegenstand empfangen hat. In diesem Umfange verfügt der Vertragspartner also über eine Masseverbindlichkeit. Soweit hingegen der Vertragspartner bereits vor Verfahrenseröffnung Teilleistungen an den Insolvenzschuldner erbracht hatte, steht dem Vertragspartner auch bei Rücktritt nach Verfahrenseröffnung entsprechend § 105 S 1 nur eine Insolvenzforderung zu.

335 d) **Schadensersatz.** Soweit der Insolvenzverwalter eine vertragliche Pflicht nach Erfüllungswahl schuldhaft nicht erfüllt, erwachsen dem Vertragspartner **Schadensersatzansprüche nach Maßgabe von §§ 280 ff BGB.** Diese Ansprüche sind Masseverbindlichkeit.

---

658 *Heidland* ZInsO 2011, 201 (203); Kübler/Prütting/Bork/*Tintelnot* InsO[46] § 103 Rn 16; *Tintelnot* ZIP 1989, 144 (153); Uhlenbruck/*Wegener* InsO[13] § 103 Rn 104; *ders* Wahlrecht Rn 279; wohl auch *Huber* MünchKomm InsO[3] § 103 Rn 139.

659 Uhlenbruck/*Wegener* InsO[13] § 103 Rn 104; *ders* Wahlrecht Rn 279.

660 *Heidland* Bauvertrag[2] Rn 594c, 1017a.

661 Uhlenbruck/*Wegener* InsO[13] § 103 Rn 104; *ders* Wahlrecht Rn 277.

662 Uhlenbruck/*Wegener* InsO[13] § 103 Rn 105; *ders* Wahlrecht Rn 277.

663 *Wegener* Wahlrecht Rn 328.

Zwar sollte man diese Rechtsfolge nicht auf § 55 I Nr 2 stützen,[664] weil diese Bestimmung sich auf die vertraglichen Ansprüche beschränkt, während die hier in Rede stehenden Schadensersatzansprüche gesetzlicher Natur sind. Die Einordnung als Masseverbindlichkeit lässt sich aber auf **§ 55 I Nr 1 stützen, weil die Schadensersatzansprüche auf der zurechenbaren Pflichtverletzung des Insolvenzverwalters beruhen.**[665] Bei vor Verfahrenseröffnung vom Vertragspartner teilerfüllten Verträgen beschränkt sich der als Masseverbindlichkeit zu qualifizierende Schadensersatzanspruch freilich auf das Interesse, das der Vertragspartner unter Berücksichtigung von § 105 S 1 noch nach Verfahrenseröffnung als Masseverbindlichkeit vom Insolvenzverwalter erfüllt verlangen konnte.

6. Pflichtverletzungen des Vertragspartners

Auf Pflichtverletzungen des Vertragspartners können vom Verwalter auszuübende Ansprüche auf Schadenersatz (§§ 280 ff BGB) oder Rücktrittsrechte (§§ 323 f BGB) beruhen. **336**

a) **Pflichtverletzung vor Verfahrenseröffnung.** Haben die Voraussetzungen dieser Rechtsfolgen bereits vor Verfahrenseröffnung vorgelegen, kann der Insolvenzverwalter an Stelle der Erfüllungswahl zurücktreten oder Schadensersatz statt der Leistung verlangen.[666] Die **Insolvenzeröffnung steht diesen Sekundärrechten nicht entgegen.** Denn mit Verfahrenseröffnung folgt aus einem Umkehrschluss aus § 103 I nur, dass der Insolvenzverwalter solche vertraglichen Ansprüche allein nach Erfüllungswahl durchsetzen kann, die von einer nach § 320 BGB zu bewirkenden Gegenleistung abhängig sind (Rn 104, 131). Dieser Art sind die angesprochenen gesetzlichen Sekundärrechtsbehelfe aber nicht, weil sie voraussetzungslos bestehen, ihre Geltendmachung freilich die Primäransprüche erlöschen lässt (§§ 281 IV, 346 BGB). Dass der Insolvenzverwalter ohne Erfüllungswahl die Primäransprüche nicht mehr durchsetzen kann, schadet nicht. Denn die Sekundärrechtsbehelfe bedeuten, so ihre Voraussetzungen erst erfüllt sind, eine Möglichkeit für den Berechtigten, von der Erfüllung auf Primärebene Abstand zu nehmen. Dem entspricht, dass nach vorzugswürdiger Ansicht der Gläubiger nach Entstehen der Sekundäransprüche die Leistung grundsätzlich als verspätet ablehnen darf.[667] **337**

Der Verwalter kann den aus dem Rücktritt folgenden Rückgewähranspruch zur Masse ziehen, muss aber – was freilich bestritten ist –[668] den **Gegenanspruch als Masseverbindlichkeit nach § 55 I Nr 1 erfüllen.** Zwar lässt sich gegen dieses Ergebnis anführen, dass der Insolvenzverwalter den Gegenstand, den er nach § 346 BGB zurück zu gewähren hat, nicht selbst empfangen hat. Entscheidend ist aber darauf abzustellen, dass **die Rechtsfolge auf dem von ihm ausgeübten Gestaltungsrecht beruht.** Dann muss er sich mit Wirkung für die Masse an der herbeigeführten Gestaltung festhalten lassen. Die Bedeutung dieser Aussage lässt sich an der Sachlage veranschaulichen, dass der Insolvenzschuldner vor Verfahrenseröffnung eine Sache unter Eigentumsvorbehalt verkauft, **338**

---

[664] Großzügiger Jaeger/*Henckel* InsO § 55 Rn 52.

[665] Vgl Jaeger/*Henckel* InsO § 55 Rn 52.

[666] *Marotzke* HK InsO^6 § 103 Rn 104.

[667] Vgl zum materiellen Recht *Derleder/Hoolmanns* NJW 2004, 2787 (2789 f); Palandt/*Grüneberg* BGB^{72} § 281 Rn 49; Staudinger/*Otto/Schwarze* BGB^{2009} § 281 Rn D3, § 323 Rn D3; **aA** *Ernst* MünchKomm BGB^6 § 323 Rn 171; *Schroeter* AcP 207 (2007) 28 (45 f) mwN, der aber ebenfalls nach Ablauf der Frist eine kurze Überlegungsfrist gewähren will. – Z Ausnahme bei Rechtsmissbrauch *Althammer* NJW 2006, 1179 (1180 f); *Hanau* NJW 2007, 2806 (2810); Staudinger/*Otto/Schwarze* BGB^{2009} § 281 Rn D4, § 323 Rn D3.

[668] *Ganter* MünchKomm InsO^3 § 47 Rn 78.

der Käufer nur einen Teil des Kaufpreises angezahlt hat. Tritt der Insolvenzverwalter vom Kaufvertrag wegen Nichterfüllung des Vertragspartners zurück, kann er den Kaufgegenstand nicht nur aus § 346 BGB, sondern auch aus dem Eigentum (§§ 985, 449 II BGB) zurückverlangen. Gegen diesen dinglichen Anspruch könnte sich der Käufer nicht mit seiner Gegenforderung auf Rückzahlung des Kaufpreises wegen §§ 38, 87 verteidigen, wenn sie bloß Insolvenzforderung wäre (vgl Rn 220). Richtigerweise ist die Gegenforderung aber Masseverbindlichkeit (§ 55 I Nr 1). Mit dieser Forderung kann sich der Vertragspartner nicht nur gegen den Rücktrittsanspruch (§§ 346, 348 BGB) sondern auch gegen den dinglichen Anspruch (§ 273 BGB) verteidigen.

339 Wählt der Insolvenzverwalter hingegen Erfüllung, kann der Verwalter die Voraussetzungen der Sekundärrechtsbehelfe (Schadensersatz oder Rücktritt) nur geltend machen, wenn er dem Vertragspartner eine **erneute Nachfrist** setzt oder die Nachfrist entbehrlich ist.[669] Zwar bestehen außerhalb der Insolvenz nach BGH Primäranspruch und Sekundäranspruch nebeneinander fort, auch wenn der Gläubiger zunächst nur seinen Primäranspruch weiterverfolgt.[670] Die **Insolvenzeröffnung führt aber mit der Schwebephase zu einer von der üblichen Vertragsabwicklung verschiedenen Zäsur**, weil in dieser Phase der Primäranspruch vom Verwalter nur noch im Falle der Erfüllungswahl durchsetzbar ist. Der Vertragspartner würde, erfüllte er während dieser Zeit vor Erfüllungswahl, Gefahr laufen, wegen seiner Gegenforderung auf eine Insolvenzforderung verwiesen zu werden. Das ist ihm nicht zumutbar, so dass er während der Schwebephase seine Leistung verweigern darf.

340 b) **Pflichtverletzung nach Erfüllungswahl.** Nach Erfüllungswahl kann der Insolvenzverwalter Sekundärrechtsbehelfe geltend machen, wenn deren Voraussetzungen nach Verfahrenseröffnung entstehen. Angesichts der **Zäsur durch die Schwebephase** läuft eine vor Verfahrenseröffnung gesetzte Nachfrist nicht weiter. Der Insolvenzverwalter muss also eine (**neue**) **Nachfrist** setzen, sofern sie nicht entbehrlich ist (§§ 281, 323 BGB). Auch die Voraussetzungen für einen Anspruch auf Ersatz des Verzögerungsschadens, nach § 286 BGB also insbesondere die **Mahnung**, müssen nach Verfahrenseröffnung **neu** geschaffen werden. Schadensersatzansprüche verlangen darüber hinaus grundsätzlich eine schuldhafte Pflichtverletzung (§ 280 I 2, 286 IV). Insoweit kann der Zeitablauf durch die Schwebephase den Vertragspartner entschuldigen. Macht der Insolvenzverwalter Sekundärrechtsbehelfe geltend, sind darauf beruhende etwaige Gegenansprüche des Vertragspartners Masseverbindlichkeit nach § 55 I Nr 1. Das betrifft insbesondere die Ansprüche aus § 346 BGB im Falle des Rücktritts (Rn 338).

7. Sicherheiten für die Ansprüche aus dem Vertrag

341 Dem Insolvenzschuldner und dem Vertragspartner können Sicherheiten für ihre Ansprüche aus dem Vertrag eingeräumt worden sein. Diese **Sicherheiten haben auch nach Erfüllungswahl Bestand.**[671] Zwar wurde auf Grundlage der ehemals vom BGH vertretenen Erlöschenstheorie (Rn 20) hinterfragt, ob die Sicherheit angesichts des Erlöschens mit Verfahrenseröffnung überhaupt die durch Erfüllungswahl neubegründete Forderung erfasse.[672] Das galt insbesondere für Sicherheiten, die für den Insolvenzschuldner bestellt

[669] **Anders** wohl *Marotzke* HK InsO[6] § 103 Rn 104, der in der Erfüllungswahl einen „Verzicht auf Rücktritts- oder ähnliche Gestaltungsrechte" nur bei entspr Auslegung der Erfüllungswahl sieht.

[670] BGH NJW 2006, 1198 Rn 16 ff.

[671] *Kreft* MünchKomm InsO[3] § 103 Rn 45 f, 52; *Stamm* KTS 2011, 421 (449 f).

[672] *Bork* FS Zeuner (1994) S 297 (313 f); *Kreft* ZIP 1997, 865 (870 f).

waren, weil insoweit das Erlöschen aufgrund der eigenen Insolvenz keinen Sicherungsfall darstellt. Mit der Erlöschenstheorie hat sich aber dieses Problem erledigt.[673] Insolvenzeröffnung und Erfüllungswahl betreffen nicht den Bestand der gesicherten Forderung, sondern nur ihre haftungsrechtliche Qualität in der Insolvenz.

Der Vertragspartner kann den Sicherungsgeber bereits ab **Verfahrenseröffnung, mit der grundsätzlich der Sicherungsfall eintritt**, in Anspruch nehmen. Nur ausnahmsweise hat der Vertragspartner zunächst den Insolvenzverwalter nach § 103 II 2 aufzufordern, sein Wahlrecht auszuüben, nämlich nur dann, wenn die Sicherheit wie bei der Bürgschaft primär ein Vorgehen gegen den Hauptschuldner verlangt (Rn 261). Hat der Vertragspartner von der Sicherheit bis zur **Erfüllungswahl** keinen Gebrauch gemacht, wird er vielfach nach Erfüllungswahl den Vertrag mit dem Verwalter abwickeln, ohne der Sicherheit zu bedürfen. Freilich ist der Vertragspartner dann für den Fall der Masseunzulänglichkeit abgesichert. Anderenfalls, wenn der Vertragspartner die Sicherheit in Anspruch nimmt, verbessert die Erfüllungswahl die Regressmöglichkeit des Sicherungsgebers. Während sein eigener Vertragsanspruch gegen den Insolvenzschuldner (§§ 670, 675 BGB) regelmäßig nur Insolvenzforderung ist (Rn 264), kann er nunmehr den Anspruch des Vertragspartners im Range einer Masseverbindlichkeit verfolgen, weil der Anspruch bei akzessorischen Sicherheiten kraft Gesetzes (etwa § 774 BGB) oder bei abstrakten Sicherheiten kraft Abtretung (wegen eines Anspruchs aus dem Sicherungsvertrag) auf ihn übergeht.[674] Soweit dem Vertragspartner ungeachtet der Erfüllungswahl wegen § 105 S 1 nur eine Insolvenzforderung zusteht, kann er von der Sicherheit ebenfalls Gebrauch machen (näher dazu Rn 258 ff).[675] 342

Der Insolvenzverwalter kann nach Erfüllungswahl – anders als nach Erfüllungsablehnung (Rn 239 f) – von den **für den Insolvenzschuldner bestellten Sicherheiten** Gebrauch machen. Denn mit Erfüllungswahl ist die gegen den gesicherten Anspruch bestehende Einrede (die nach Verfahrenseröffnung aus einem Umkehrschluss aus § 103 I herzuleiten ist, Rn 27) erloschen. Eine Inanspruchnahme der Sicherheit setzt allerdings den **Eintritt des Sicherungsfalls** voraus. Die Voraussetzungen dafür bemessen sich unabhängig von der Insolvenz über das Vermögen des Sicherungsnehmers allein nach den außerhalb der Insolvenz geltenden Regelungen. 343

8. Rechte Dritter am Vertragsanspruch

Eine der klassischen Streitfragen, auf deren Entscheidung sich die **Kontroverse um die Dogmatik der Erfüllungswahl** (Rn 28 ff) auswirkt, besteht darin, welche Rechte Dritte im Insolvenzverfahren geltend machen können, denen der Anspruch des Insolvenzschuldners aus einem gegenseitigen Vertrag (zur Sicherheit) abgetreten oder auf andere Weise als Sicherheit gestellt wurde.[676] Es geht also darum, inwieweit der Insolvenzverwalter die Vorteile des Vertrags in Gestalt der Gegenleistung des Vertragspartners ungeachtet der schuldnerischen Verfügung noch zur Masse ziehen kann. Will man dies angesichts des zivilrechtlichen Befunds, dass die Forderung dem Verfügungsempfänger zusteht, verneinen, kann der Insolvenzverwalter das Wahlrecht nicht seinem eigentlichen Sinn und Zweck entsprechend für die Masse einsetzen. Er kann kaum einmal gehalten sein, die Erfüllung des Vertrags zu wählen, um die dem Verfügungsempfänger zugewendete Forderung durch Erfüllung der synallagmatischen Gegenforderung werthaltig zu machen. Die Erfüllungswahl führte dazu, dass der Insolvenzverwalter die vom Insolvenzschuldner 344

---

673 *Kreft* MünchKomm InsO[3] § 103 Rn 24, 44.
674 *Kreft* MünchKomm InsO[3] § 103 Rn 45 f.
675 *Kreft* MünchKomm InsO[3] § 103 Rn 50.
676 Bereits *Oetker* ZZP 14 (1890) 1 ff.

übernommene Verpflichtung voll erbringen müsste, die Forderung gegen den Vertragspartner aber nicht geltend machen könnte.

345 Die **Rechtsprechung** geht mittlerweile diesem Ergebnis aus dem Weg und befürwortet eine Lösung dahingehend, dass das Insolvenzrecht die zivilrechtlich wirksame Verfügung für das Verfahren unwirksam werden lässt. Dafür bedarf es allerdings nicht nur einer stichhaltigen dogmatischen Begründung, sondern es ist auch bei teilerfüllten Verträgen sicherzustellen, dass dem Verfügungsempfänger die vor Insolvenzeröffnung zugewendete und auch schon teilweise werthaltige Forderung nicht wieder aus der Hand geschlagen wird. Denn eine solche Rückwirkung könnte allein das Insolvenzanfechtungsrecht legitimieren. Der **Meinungsstand** zu dieser Problemlage gerät **variantenreich**. Der folgende Überblick bemüht sich um eine Systematisierung, die freilich nicht allen Auffassungen Rechnung tragen kann:

346 a) **Zivilrechtliche Sichtweise.** Die **Rechtsprechung** ging **herkömmlich** (Rn 18) von der **Beachtlichkeit der zivilrechtlich wirksamen und nicht anfechtbaren Verfügung des Schuldners** aus. Sie nahm darüber hinaus die skizzierten Nachteile der Erfüllungswahl für die Masse mit der damals vorherrschenden Auffassung in Kauf.[677] Bei einer unanfechtbar vor Verfahrenseröffnung vorgenommenen Abtretung, rechtsgeschäftlichen Verpfändung oder einer vollstreckungsrechtlichen Pfändung sollte die Erfüllungswahl daher dazu führen, dass der Verwalter die Gegenleistung voll aus der Masse zu erbringen hatte, während die Gegenforderung dem Verfügungsempfänger zur Befriedigung gebührte. Dem Verwalter persönlich drohte dann allerdings den Insolvenzgläubigern gegenüber die Haftung nach § 60 auf Ersatz des dadurch entstehenden Schadens, dass er die Gegenleistung wegen der bestehenden Rechte Dritter nicht zur Masse zu ziehen vermochte.[678]

347 Im **Schrifttum** findet die Position, die Verfügung an den Dritten auch im Insolvenzverfahren zu beachten, auch **heute noch Gefolgschaft.**[679] Der Masse könnten im Verhältnis zum Dritten die Vorteile des Vertrags nicht gebühren. Der Schutz des Insolvenzverwalters vor einer Haftung legitimiere erst recht **keine Benachteiligung des Dritten zugunsten der Masse.**[680] Allerdings werden der Insolvenzmasse (und dem Insolvenzverwalter persönlich) die Nachteile einer Abwicklung des Vertrags nach Erfüllungswahl heute nur noch vereinzelt zugemutet.[681] Vielmehr werden zunehmend Wege aufgezeigt, Masse (und Insolvenzverwalter) vor den Nachteilen der Erfüllungswahl zu schützen.[682] Vereinzelt wird die Erfüllungswahl für insolvenzzweckwidrig und daher unwirksam gehalten,[683] was sich freilich angesichts der möglicherweise fehlenden Erkennbarkeit für den Erklärungsempfänger nicht leicht in die sonstige Dogmatik der Unwirksamkeit insolvenzzweckwidriger Handlungen (Rn 160) einbetten lässt.

---

677 RGZ 11, 49 (51 f): Pfändung u Überweisung; RG KuT 1935, 86: Abtretung; OLG Frankfurt LZ 1913, 324: Abtretung; OLG Hamm ZIP 1985, 298 (300): Abtretung.

678 So eindringlich *Stamm* KTS 2011, 421 (445 f).

679 Am deutlichsten *Stamm* KTS 2011, 421 (445 ff); m Modifizierungen ferner Jaeger/*Windel* InsO § 91 Rn 66; Kübler/Prütting/Bork/*Tintelnot* InsO[46] § 103 Rn 291; *v Wilmowsky* ZIP 2012, 401 ff.

680 *Becker* InsR[3] Rn 1102; Jaeger/*Windel* InsO § 91 Rn 66; Kübler/Prütting/Bork/*Tintelnot* InsO[46] § 103 Rn 291; vgl auch *Häsemeyer* JR 1992, 423 (424).

681 *Stamm* KTS 2011, 421 (445 f).

682 *Adam* Aufrechnung S 62, 79, 84 ff; *ders* NJW 1995, 3103; *ders* WM 1998, 801 (804 f); *Häsemeyer* JR 1992, 423 (424 f); *ders* InsR[4] Rn 20.20; *ders* Kölner Schrift[3] S 461 Rn 102; Jaeger/*Windel* InsO § 96 Rn 27; Kübler/Prütting/Bork/*Tintelnot* InsO[46] § 103 Rn 288; *Roth* FS Rolland (1999) S 305 (312).

683 *Häsemeyer* InsR[4] Rn 20.20; *ders* JR 1992, 423 ff.

Verbreitet wird die **Anwendbarkeit von § 103 in Zweifel** gezogen. Teilweise wird angesichts dessen, dass die Erfüllungswahl nur Nachteile für die Masse mit sich brächte, der **Anwendungsbereich des Verwalterwahlrechts teleologisch** reduziert.[684] Zunehmend wird die Anwendbarkeit tatbestandlich verneint, weil mangels eines noch zur Masse gehörenden Forderungsrechts § 103 schon nach seinem Wortlaut nicht anwendbar sei (dazu bereits Vor § 103 Rn 65).[685] Eine Ausnahme, die zur Anwendbarkeit des § 103 führt, wird aber jedenfalls von Teilen dann gemacht, wenn bei der **Sicherungszession nach § 166 II** dem Insolvenzverwalter das Forderungsrecht zufällt. In solchen Fällen wird der Insolvenzverwalter einerseits auf die **Anfechtung (oder den Widerruf) der Erfüllungswahl** (dazu allgemein Rn 195 ff) **wegen Irrtums nach § 119 BGB** verwiesen.[686] Andererseits wird ihm zugestanden, über § 170 den Vertragserfüllungsaufwand als Verwertungskosten dem Zessionar entgegenzuhalten (dazu Rn 355).[687] **348**

b) **Aktuelle Rechtsprechung.** Im Jahre 1988 hat der **BGH** seine **Auffassung grundlegend gewandelt.** §§ 17 ff KO (§§ 103 ff) stellten sicher, dass in die Masse die vertraglich vereinbarte **Gegenleistung für das komme, was aus der Masse erbracht werde** (Rn 3; Vor § 103 Rn 2).[688] Dieses Ergebnis begründete der BGH zunächst mit dem dogmatischen Konzept der sog Erlöschenstheorie (Rn 21 f): Die Erfüllungswahl lasse die gegenseitigen bei Verfahrenseröffnung erloschenen Ansprüche der Vertragspartner „wieder entstehen".[689] Der **Anspruch gegen den Vertragspartner falle mit seiner „Wiederentstehung" in die Masse**, so dass der Zessionar gemäß § 15 S 1 KO (§ 91) „keine Rechte mit Wirksamkeit" gegenüber den Gläubigern erwerben könne.[690] Diese „Rechtsprechungswende" zog sich weniger für das von ihr erzielte Ergebnis als denn für ihre dogmatische Begründung scharfe Kritik zu.[691] Daraufhin formulierte der BGH seine Dogmatik 2002 um (Rn 22).[692] Durch die Erfüllungswahl erlangte die mit Verfahrenseröffnung nicht durchsetzbare abgetretene Forderung eine **neue haftungsrechtliche Qualität als Neu-Masseforderung.** Daher könne ein Dritter auch aus einer unanfechtbar vor Verfahrenseröffnung stattgefundenen Sicherungszession bei Erfüllungswahl des Verwalters keine **349**

---

684 *Roth* FS Rolland (1999) S 305 (312).

685 *Marotzke* ZIP 1987, 1293 (1297 f); *ders* Gegenseitige Verträge[3] Rn 4.45, 4.52; *ders* HK InsO[6] § 103 Rn 46; zust *Duursma-Kepplinger* Eigentumsvorbehalt S 277; ebenso *v Wilmowsky* ZIP 2012, 401 (407 z Zession ohne Sicherungszweck, 409 z Verpfändung).

686 *Marotzke* Gegenseitige Verträge[3] Rn 4.56; *ders* HK InsO[6] § 103 Rn 47; vgl auch *Henckel* FS Kirchhof (2003) S 191 (205 f); Jaeger/*Windel* InsO § 96 Rn 27.

687 *v Wilmowsky* ZIP 2012, 401 (408 f).

688 BGHZ 106, 236 (244).

689 BGHZ 106, 236 (243).

690 Krit *Gerhardt* FS Merz (1992) S 117 (127), da das Erfüllungsverlangen des Konkursverwalters als dessen Rechtshandlung nicht unter § 15 KO fallen könne.

691 Vgl aus dem damaligen Schrifttum *Adam* Aufrechnung S 6 ff; *ders* DZWIR 1998, 227 ff; *Bork* FS Zeuner (1994) S 297 (302 ff) (dag ausf *Kreft* ZIP 1997, 865 [867 ff]); *ders* JZ 1996, 51 ff; *Gerhardt* FS Merz (1992) S 117 (123 ff); *ders* GS Knobbe-Keuk (1997) S 169 (173 ff); *Häsemeyer* JR 1992, 423 ff; *Henckel* FS Lüke (1997) S 237 (251 ff); *Marotzke* EWiR 1992, 71 f; *ders* ZZP 111 (2002), 507 ff; *Tintelnot* ZIP 1995, 616 (618 f); *ders* EWiR 2001, 1107 f; zuletzt etwa *Gottwald/Adolphsen* InsR-Hb[4] § 45 Rn 55 (m G „nicht im Einklang"); Jaeger/*Windel* InsO § 96 Rn 22; Kübler/Prütting/Bork/*Lüke* InsO[46] § 96 Rn 24; Kübler/Prütting/Bork/*Tintelnot* InsO[46] § 103 Rn 288 ff; Nerlich/Römermann/*Balthasar* InsO[1] § 103 Rn 6; *Stamm* KTS 2011, 421 (429 ff); *v Wilmowsky* ZIP 2012, 401 (403).

692 BGH 150, 353 (359). – *Bork* InsR[6] Rn 156a spricht v einem „Etikettenwechsel", *Stamm* KTS 2011, 421 (442) v einem „Etikettenschwindel".

Rechte wirksam erwerben.[693] Soweit behauptet wird, der BGH stütze die Unwirksamkeit der Abtretung unmittelbar auf § 103 (statt wie unter Anwendung seiner sog Erlöschenstheorie auf § 15 S 1 KO/§ 91 I),[694] liegt eine Missverständnis vor. Aus § 103 folgert der BGH lediglich die Qualität der abgetretenen Forderung als „originäre Masseforderung".[695] Die Unwirksamkeitsnorm nennt der BGH (in einer Entscheidung zur GesO) zwar nicht, verweist aber auf die entsprechende Kommentierung von *Kreft*, die auf § 91 abstellt.[696]

350 Da der BGH seine Auffassung darauf stützt, dass in die Masse die vertraglich vereinbarte Gegenleistung für das kommen müsse, was aus der Masse erbracht werde, berücksichtigt er **Vorleistungen des Insolvenzschuldners.**[697] Soweit der Gegenanspruch gegen den Vertragspartner auf solchen Vorleistungen beruhe, werde er vom Qualitätssprung durch die Erfüllungswahl zur originären Masseverbindlichkeit nicht erfasst, sondern bleibe Altforderung (Rn 42). Insoweit hat der Dritte bereits vor Verfahrenseröffnung einen Vermögenswert erlangt, auf den er auch noch nach Verfahrenseröffnung unbeschadet § 91 zugreifen dürfe. Noch darüber hinausgehend hält der BGH die Abtretung von Leasingforderungen für insolvenzfest, wenn die Pflicht des Leasinggebers zur Gebrauchsgewährung sich darauf beschränkt, den Leasingnehmer in seiner Nutzung nicht zu stören.[698]

351 c) **Anknüpfungen an das Werthaltigmachen.** Die vom BGH nach seiner Rechtsprechungswende von 1988 erzielten **Ergebnisse finden durchaus Gefolgschaft.** Vielfach wird aber nach einer abweichenden Begründung gesucht, die sich dann auch auf die Ergebnisse im Einzelfall auswirken kann. Es dürfe nicht zu einer **„dogmatischen Manipulation des § 103"** kommen, um die Rechtsfolgen von § 91 herbeizuführen.[699] Unterschiedliche Ansätze werden vertreten. Sie fußen aber alle auf dem gleichen Gedanken. Sie knüpfen nicht mit § 103 an die Erfüllungswahl, sondern daran an, dass **der Insolvenzverwalter die an den Dritten verfügte Forderung werthaltig macht**, wenn er nach Erfüllungswahl die Gegenforderung des Vertragspartners erfüllt. Vor dieser Erfüllung sei ein Recht des Dritten an dieser Forderung zwar schon zivilrechtlich begründet. Diese Rechtsposition sichere den Dritten aber nicht oder jedenfalls in der Insolvenz nicht vorrangig, soweit die Forderung noch mit der Einrede des nichterfüllten Vertrags (§ 320 BGB) belastet und daher nicht werthaltig sei[700].

352 Auf *Wolfram Henckel* geht die in diesem Kommentar begründete Auffassung zurück, den Wertzuwachs auf Seiten des Sicherungsnehmers **über § 812 BGB abzuschöpfen.**[701] Der Vertrag, dessen Erfüllung der Verwalter gewählt hat, stellt zwar im Verhältnis zum Vertragspartner einen Rechtsgrund zum Behalten der Leistung dar. Die mit der Leistung an den Vertragspartner einhergehende Sicherung des Dritten könne dieser nach Insolvenzeröffnung indes haftungsrechtlich nicht mehr aus der Masse beanspruchen. Die so eingetretene Bereicherung habe der Dritte daher als Bereicherung „in sonstiger Weise ohne

[693] BGHZ 150, 353 (359 f) unter Verweis auf die z „Erlöschenstheorie" ergangenen Entscheidungen in BGHZ 106, 236 (342), 135, 25 (26).

[694] Uhlenbruck/*Wegener* InsO[13] § 103 Rn 149.

[695] BGHZ 150, 353 (359 f).

[696] *Kreft* MünchKomm InsO[1] § 103 Rn 41, 51.

[697] BGHZ 150, 353 (359 f); BGH ZIP 2001, 2142 (2143).

[698] BGHZ 109, 368 (379 f); BGH ZIP 2013, 1082 Rn 31 ff; **gegen** diese leasingspezifische Ausnahme § 108 Rn 53 f, § 110 Rn 25.

[699] *Bork* InsR[6] Rn 160.

[700] Z Werthaltigkeit vgl BGHZ 174, 297 Rn 37; OLG Dresden ZInsO 2010, 1187; LG Hildesheim ZInsO 2011, 229.

[701] Jaeger/*Henckel* KO[9] § 17 Rn 145; ferner *ders* FS Kirchhof (2003) S 191 (206); *Gerhardt* GS Knobbe-Keuk (1997) S 169 (177 f).

rechtlichen Grund" herauszugeben. Parallelen dieser Herleitung des Bereicherungsanspruchs zur **Fallgruppe des Verteilungsfehlers** (Rn 236) drängen sich auf. Dieser Ansatz teilt die Ergebnisse des BGH auch dann, wenn der Insolvenzschuldner bereits vor Verfahrenseröffnung durch Teilleistung den Anspruch, über den der Schuldner verfügt, teilweise werthaltig gemacht hat. Denn insoweit hat der Dritte nichts aus der Masse erlangt, so dass ein Bereicherungsanspruch ausscheidet. Teilweise wird der Bereicherungsausgleich aber auf den Aufwand der Masse begrenzt, nicht auf den Wertzuwachs beim Dritten abgestellt.[702]

Nicht an der InsO selbst lassen sich die Ansätze der **insolvenzrechtlichen Surrogation**[703] oder der Masseproduktivität[704] festmachen. Sie postulieren ebenfalls, dass dasjenige, was mit Mitteln oder Produktivität der Masse werthaltig gemacht werde, den Gläubigern des Schuldners und nicht dem Vertragspartner zustehe. **353**

Immer mehr Befürworter gewinnt mittlerweile die Auffassung, **§ 91 analog anzuwenden.**[705] Habe ein Dritter vor Verfahrenseröffnung zivilrechtlich wirksam und unanfechtbar ein Recht an der von der Erfüllungswahl betroffenen Forderung des Schuldners erlangt, finde § 91 zwar keine direkte Anwendung. Die vom BGH befürwortete Anwendung des § 91 sei aber dennoch sachgerecht. Die nach Verfahrenseröffnung erlangte Wertsteigerung der an den Dritten verfügten Forderung dürfe dieser nicht behalten. Es mache bei einer insolvenzrechtlichen Bewertung keinen Unterschied, ob der Rechtserwerb an einer werthaltigen Forderung erst nach Verfahrenseröffnung vollendet wird oder ob der vor Verfahrenseröffnung abgeschlossene Rechtserwerb an einer nicht werthaltigen Forderung nach Verfahrenseröffnung dadurch haftungsrechtlich beachtlich werde, dass die Forderung werthaltig gemacht werde. Der analogen Anwendung von § 91 entspreche auch die vom BGH anerkannte[706] **Anfechtbarkeit des Werthaltigmachens.**[707] Bei Teilleistungen des Schuldners vor Verfahrenseröffnung ergeben sich auch insoweit keine anderen Ergebnisse als nach Auffassung des BGH. **354**

Einen neuen Ansatz vertritt *v Wilmowsky*, allerdings **beschränkt auf die Sicherungszession.**[708] Denn nur bei dieser Verfügung bleibe der Insolvenzverwalter ungeachtet der Verfügung wegen § 166 II einziehungsbefugt, weswegen § 103 überhaupt nur anwendbar sei (Rn 348). *V Wilmowsky* baut auf der Prämisse auf, dass Ansprüche aus einem gegenseitigen Vertrag der gegenseitigen Befriedigung unter den Vertragsparteien dienten. Daher stehe dem Vertragspartner ein „**Befriedigungsvorrecht**" an der gegen ihn gerichteten, vom Insolvenzschuldner abgetretenen Forderung zu. Der Zessionar könne mithin aus der ihm abgetretenen Forderung nur nachrangig unter Berücksichtigung dieses Befriedigungsvorrechts abgesonderte Befriedigung (§ 51 Nr 1) verlangen. Diese Sichtweise bereichert die Diskussion um den neuen Begriff des Befriedigungsvorrechts.[709] Der Sache nach entspricht die mit diesem Begriff verbundene These allerdings dem schon dargestellten haftungsrechtlichen Befund, dass eine Forderung aus einem gegenseitigen Vertrag **355**

702 Kübler/Prütting/Bork/*Tintelnot* InsO[46] § 103 Rn 291 f.

703 *Harder* Surrogation Rn 478 ff, 491 ff; *Marotzke* ZZP 111 (2002) 507 (512 f); *ders* Gegenseitige Verträge[3] Rn 4.38 ff; *ders* HK InsO[6] § 103 Rn 46.

704 *Ringstmeier* Forderungsabtretungen S 85 ff, 106 ff.

705 *Bork* InsR[6] Rn 160 ff; *Eckardt* DMT-Bilanz S 877 (881); *Henkelmann* Schwebende Verträge S 236 ff, 269 ff, 340 f; *Voß* Vorausabtretung S 124 ff.

706 BGHZ 174, 297 Rn 35 ff; BGH ZIP 2013, 588 Rn 10 ff.

707 *Bork* InsR[6] Rn 160b; *Voß* Vorausabtretung S 171 ff.

708 *V Wilmowsky* ZIP 2012, 401 (406 ff).

709 Dazu bereits *v Wilmowsky* KTS 2011, 453 (462 ff).

nicht werthaltig ist, soweit ihr die Einrede des nichterfüllten Vertrags aus § 320 BGB entgegengesetzt werden kann. Aus dem Befriedigungsvorrecht des Vertragspartners folgert *v Wilmowsky*, dass der Insolvenzverwalter aus dem, was er durch Einziehung der Forderung vom Vertragspartner erlangt, haftungsrechtlich primär den Vertragspartner befriedigen muss. Den dafür erforderlichen Aufwand könne der Insolvenzverwalter dem Zessionar folglich **im Rahmen des § 170 I 1 als Verwertungskosten entgegenhalten.** Im Ergebnis kann nach dieser Auffassung der Insolvenzverwalter nur den eigenen Aufwand vereinnahmen. Übersteigt die vom Vertragspartner vertraglich geschuldete Gegenleistung diesen Aufwand, soll dieser Überschuss dem Zessionar gebühren.

356 d) **Stellungnahme.** Die lang geführte Kontroverse hat also vor allem **zwei mögliche Lösungen** hervorgebracht. **Entweder ist § 103 nicht anwendbar.** Der abgetretene Anspruch kann dann nur vom Verfügungsempfänger (Zessionar) gegen den Vertragspartner geltend gemacht werden. **Oder** § 103 bleibt auch nach Abtretung der Masseforderung anwendbar, dann muss aber **die nach Verfahrenseröffnung mit Mitteln der Masse bewirkte Werthaltigkeit der Masseforderung der Masse zu Gute kommen,** darf nicht in das Vermögen des Dritten (Verfügungsempfänger) abfließen. Die gegenteiligen Ergebnisse der hergebrachten Rechtsprechung, die heute nur noch vereinzelt vertreten werden,[710] sind hingegen nicht hinnehmbar (Rn 10).

357 Von diesen beiden in Betracht kommenden Lösungen gebührt der auch von der Rechtsprechung vertretenen massegünstigeren der Vorzug. Allein diese Lösung entspricht dem heutigen **Verständnis, die Insolvenzordnung massegünstig auszulegen und dabei den Unternehmensverbund zusammenzuhalten, um eine Sanierung zu ermöglichen.** Auf dieser Linie liegt auch das Verständnis des heutigen Gesetzgebers, wenn dieser § 114 zum 1.7.2014 als gegen die Gläubigergleichbehandlung verstoßende Privilegierung zu Lasten der Insolvenzmasse abschafft.[711] Auch **ermöglicht** allein diese Lösung in den Sachlagen, die in der Praxis typischerweise auftreten, **eine Abwicklung des Vertrags.** Regelmäßig ist die Geldforderung abgetreten, deren Werthaltigkeit von der Erbringung der Sachleistung abhängt. Vielfach wird diese Sachleistung nicht von jedermann zu erbringen sein, sondern allein aus der Insolvenzmasse. Jedenfalls ein Sicherungszessionar wird kaum einmal willens und in der Lage sein, den Vertrag durchzuführen. Das so normativ begründete Ergebnis lässt sich auch dogmatisch absichern. Dafür sind aus der haftungsrechtlichen Sicht des Insolvenzrechts die beiden unterschiedlichen Rechtsverhältnisse zum einen zum Vertragspartner und zum anderen zum Zessionar (Verfügungsempfänger) getrennt zu beurteilen.

358 aa) **Schutz des Vertragspartners durch § 103.** § 103 ist einschlägig, um das Verhältnis zum Vertragspartner zu bewerten. Diese Bestimmung gestaltet zum Schutze des Vertragspartners die **Reichweite der Einrede des nichterfüllten Vertrags** in der Insolvenz aus (Rn 6). Die Leistungspflicht des Vertragspartners wird von der Erfüllungswahl des Insolvenzverwalters abhängig gemacht. Der Vertragspartner wird mit Insolvenzeröffnung zwar auf die Anmeldung seiner Forderung zur Insolvenztabelle beschränkt, braucht dann aber auch seine Leistung nicht mehr zu erbringen. Seine Leistungspflicht wird von der haftungsrechtlichen Gestaltung des Insolvenzverwalters mittels Erfüllungswahl abhängig gemacht. Im Falle dieser Gestaltung kann der Vertragspartner dann aber auch seine Forderung wieder ungeachtet der Insolvenz als Masseverbindlichkeit (§ 55 I Nr 2 Fall 1) uneingeschränkt verfolgen. **Dieser Schutz würde dem Vertragspartner verloren gehen,**

---

710 *Stamm* KTS 2011, 421 (445 f).

711 RegE BT-Drucks 17/11268 S 23.

wendete man § 103 nicht an. Einerseits könnte der Vertragspartner seine Forderung nur zur Insolvenztabelle anmelden, § 38. Andererseits könnte er aber vom Zessionar auf Leistung in Anspruch genommen werden. Nicht einmal die Schutznorm des § 103 II 2 u 3 (Rn 7) fände Anwendung. Diese Ergebnisse sind nicht hinnehmbar. Folglich ist § 103 schon wegen seiner Schutzfunktion zugunsten des Vertragspartners auch dann anzuwenden, wenn über den zur Masse gehörenden Anspruch materiell verfügt wurde.

Indes **findet § 103 nicht Anwendung zum Schutze des Vertragspartners, soweit der** 359
dargelegte Schutzgedanke nicht greift. So liegt es zum einen, soweit der Anspruch des Vertragspartners bereits erfüllt ist, also eine **Vorleistung des Schuldners** gegeben ist. Der (abgesehen von der Verfügung) zur Masse gehörende Gegenanspruch ist durchsetzbar, ohne dass es auf die Erfüllungswahl ankommt (Rn 54). Zum anderen **kann der Vertragspartner auf den Schutz des § 103 verzichten**, indem er die Leistung unabhängig von der Erfüllungswahl des Verwalters erbringt, um sich dann mit der Anmeldung seiner Forderung als Insolvenzforderung zur Tabelle zufrieden zu geben (Rn 33). Zur Leistung kann der Vertragspartner sich allerdings auch dadurch veranlasst sehen, dass **seine Forderung durch Drittsicherheiten oder mit Gegenständen der Masse gesichert** ist. Auch dann bedarf er nicht des Schutzes von § 103, der bei Sicherheiten aus der Masse entsprechend §§ 106 f auch nicht greift (Rn 149), soweit der Vertragspartner gesichert ist.

bb) Ausgleich zum Verfügungsempfänger (Zessionar) über § 91. Im Verhältnis zum 360
Verfügungsempfänger (Zessionar) ist § 91 die Wertung zu entnehmen, dass der Verfügungsempfänger das, was er bereits vor Verfahrenseröffnung erhalten hat, vorbehaltlich der Insolvenzanfechtung behalten darf, aber nach Insolvenzeröffnung nichts mehr aus der Masse erwerben kann. § 91 stellt auf die Verwirklichung des Verfügungstatbestands ab. Etwa für die Abtretung genügt jedenfalls, dass die Beteiligten sich über den Forderungsübergang geeinigt haben und die Forderung auch besteht. Dann ist zivilrechtlich der Erwerbstatbestand vollendet, so dass § 91 einem Rechtserwerb des Zessionars nicht mehr entgegenstehen kann. Diese **Betrachtung allein des Verfügungstatbestands greift bei der insolvenzrechtlich gebotenen haftungsrechtlichen Betrachtung aber zu kurz.** Der Verfügungsempfänger erlangt, soweit dem (Dritt-)Schuldner der abgetretenen Forderung noch die Einrede des nichterfüllten Vertrags zusteht, zunächst bloß eine Rechtshülse ohne wirtschaftlichen Wert. Diese **Hülse muss erst aufgefüllt werden**, indem Schuldner oder Insolvenzverwalter durch Erbringung der Gegenleistung die Einrede aus § 320 BGB ausräumen. Dieser Akt des Wertighaltigmachens ist daher als eigenständiger Rechtsakt bei der Insolvenzabwicklung zu bewerten: Das Werthaltigmachen vor Verfahrenseröffnung unterliegt als eigenständige Rechtshandlung der Insolvenzanfechtung, das Werthaltigmachen nach Verfahrenseröffnung kann die vor Verfahrenseröffnung vorgenommene Verfügung über eine nicht werthaltige Forderung haftungsrechtlich nicht vervollständigen.

Gegen diese Lösung, die haftungsrechtliche Unwirksamkeit des Erwerbs über § 91 zu 361
begründen, ist der Einwand erhoben worden, dass die Norm nur an Rechtshandlungen des Schuldners, nicht aber an solche des Insolvenzverwalters anknüpfe.[712] Daher könne § 91 jedenfalls dann nicht herangezogen werden, wenn der Insolvenzverwalter die Forderung, über die der Schuldner schon verfügt hatte, werthaltig macht. Diesem Einwand ist im Ausgangspunkt zuzustimmen, dass nach Verfahrenseröffnung gem §§ 80 f, 91 gerade dem Insolvenzverwalter die Befugnis zukommt, über Massegegenstände mit Wirkung gegen die Masse zu verfügen. Dennoch lässt sich auf die Wertung des § 91 stützen, dass

---

712 So bereits zu § 15 KO *Gerhardt* FS Merz (1992) S 117 (127).

der Verfügungsempfänger sich nicht auf das Werthaltigmachen durch den Insolvenzverwalter stützen kann. Dieses Ergebnis beruht ungeachtet des Verwalterhandelns auf den Wertungen des **Dreipersonenverhältnisses Verfügungsempfänger – Verwalter – Vertragspartner. Der Insolvenzverwalter** muss im Verhältnis zum Vertragspartner nach Erfüllungswahl die vertraglichen Pflichten erfüllen. Mit dieser Pflichterfüllung geht das Werthaltigmachen der Forderung, über die der Schuldner verfügt hatte, notwendigerweise einher. Da diese notwendige Folge einer Pflichterfüllung gegenüber einem Dritten haftungsrechlich unangemessen ist, müssen die Wirkungen dieser Folge rückabgewickelt werden.[713] Dieser Argumentation lässt sich nicht entgegenhalten, der Insolvenzverwalter habe freiwillig Erfüllung gewählt. Denn die Rechtsfolgen der Erfüllungswahl stehen hier nicht in Rede, weil die Erfüllungswahl allein die Forderung nicht werthaltig macht. Noch deutlicher wird die betonte Pflicht des Insolvenzverwalters freilich in den Fällen, in denen § 108 die Erfüllung verlangt, ohne die Erfüllungsablehnung zuzulassen.

362 § 91 begründet lediglich die **haftungsrechtliche Unwirksamkeit des Werthaltigmachens, aber nicht die Unwirksamkeit der Forderungsabtretung.** Der Verfügungsempfänger bleibt also Inhaber des vor Verfahrenseröffnung wirksam erlangten Rechts. Die Rechtsfolgen der haftungsrechtlichen Unwirksamkeit bloß des Werthaltigmachens entsprechen denen der Anfechtbarkeit des Werthaltigmachens: Der **Verfügungsempfänger hat den nach Verfahrenseröffnung mit Massemitteln bewirkten Wertzuwachs seiner vor Verfahrenseröffnung wirksam erlangten Forderung herauszugeben.** Anspruchsgrundlage sind die Grundsätze über den Ausgleich von Verteilungsfehlern, die grundsätzlich in § 812 BGB gesehen werden (Rn 236). Der Anspruch weist enge Parallelen zur Insolvenzanfechtung auf.[714] Die Insolvenzanfechtung zielt auf die Abschöpfung des vor Verfahrenseröffnung werthaltig Gemachten. Entsprechendes bewirken die Grundsätze über den Ausgleich von Verteilungsfehlern für den Zeitraum nach Verfahrenseröffnung.

363 Der Anspruchsumfang ist nicht nur auf Ersatz dessen gerichtet, was der Insolvenzverwalter zum Werthaltigmachen einsetzt, sondern auf den **Wertzuwachs beim Verfügungsempfänger**, der darin besteht, nun über die werthaltige Forderung zu verfügen. In vielen Gestaltungen werden beide Werte ohnehin nicht voneinander abweichen, weil sich der Wert des eingesetzten danach bemessen lässt, was dafür als Gegenleistung erwirtschaftet wurde. Der Verfügungsempfänger (Zessionar) hat aber die Wertsteigerung herauszugeben, weil nicht die Rückgewähr des an den Vertragspartner Geleisteten in Rede steht, sondern die Rückgewähr des Werthaltigmachens hinsichtlich der Forderung, über die verfügt wurde. Folglich kann der Verfügungsempfänger behalten, was er vom Vertragspartner unabhängig vom Werthaltigmachen erlangt, weil es Gegenleistung für eine Schuldnerleistung vor Verfahrenseröffnung ist. Insoweit kann der Verfügungsempfänger (Zessionar) auch auf Auskehr des Erlöses bestehen, wenn die Einziehungsermächtigung aus § 166 II dem Insolvenzverwalter zusteht. Der Verfügungsempfänger hat aber die

---

713 Vgl die Ähnlichkeit zu dem Dreipersonenverhältnis aus BGHZ 192, 9: Der GmbH-Insolvenzverwalter muss einem Gesellschaftsgläubiger aus einer Gesellschaftssicherheit abgesonderte Befriedigung gewähren, auch wenn neben der Gesellschaftssicherheit eine Gesellschaftersicherheit besteht. Die damit einhergehende Befreiung des Gesellschafters v seiner Verpflichtung aus der Sicherheit gegenüber dem Gläubiger ist haftungsrechtlich wegen § 39 I Nr 5 unerwünscht u muss rückabgewickelt werden, auch wenn sie auf Handlungen des Insolvenzverwalters beruhen, vgl dazu auch *Mikolajczak* ZIP 2011, 1285 (1291).

714 Vgl *Mikolajczak* ZIP 2011, 1285 (1291); dem folgend Kübler/Prütting/Bork/*Jacoby* InsO[43] § 143 Rn 79a. – BGHZ 192, 9 Rn 12 wendet in der Konstellation aus der vorigen Fn gar § 143 ana an.

werthaltige Forderung in dem Umfang herauszugeben, soweit sich die Forderung nur auf Grundlage des Werthaltigmachens durch den Insolvenzverwalter durchsetzen lässt. In diesem Umfange kann der Insolvenzverwalter daher, wenn ihm die Einzugsermächtigung zusteht, auch die Herausgabe des Erlöses verweigern. Auch der Fall, dass die Verfügung sich auf einen Anspruch über eine unteilbare Leistung bezieht, der bei Verfahrenseröffnung zum Teil werthaltig ist, lässt sich nach § 812 BGB ohne Wertungsbrüche lösen. **Beispiel** ist, dass der Insolvenzschuldner über einen Anspruch auf eine (unteilbare) Sache, die er bereits angezahlt hat, zugunsten des Dritten verfügt hat. Dann muss der Dritte nur den Wert ausgleichen, um den der ihm aufgrund der Verfügung zustehende Anspruch durch das Werthaltigmachen des Insolvenzverwalters an Wert gewonnen hat. Freilich kann er ersatzweise auch den gesamten Anspruch abtreten.

cc) **Folgerungen.** Die Verfügung über die der Masse zustehende Forderung aus dem gegenseitigen Vertrag steht der Anwendung von § 103 nicht entgegen. Im Falle der Erfüllungswahl kann der Vertragspartner Leistung aus der Masse verlangen. Das durch die vorinsolvenzliche Verfügung oder Zwangsvollstreckung für den Dritten entstandene Recht steht diesem vorbehaltlich einer etwaigen Anfechtbarkeit zu. Die betroffene Forderung kann gegen den Vertragspartner geltend gemacht werden. Das Einziehungsrecht steht entweder dem Verfügungsempfänger oder nach § 166 II dem Insolvenzverwalter zu. Der Insolvenzverwalter kann aber in beiden Fällen einen zur Masse gehörenden **Anspruch gegen den Dritten auf Auskehr des nach Verfahrenseröffnung durch das Werthaltigmachen erlangten erhöhten Forderungswerts** geltend machen. Dieser Anspruch beruht auf dem in dem Werthaltigmachen liegenden Verteilungsfehler im Verhältnis Masse – Dritter. Der Anspruch entspricht dem aus § 143, wenn das **Werthaltigmachen einer zedierten Forderung vor Verfahrenseröffnung nach §§ 129 ff anfechtbar ist.** In der für die Praxis bedeutsamsten Gestaltung der Sicherungszession kann der Insolvenzverwalter dem Zessionar gegenüber mit diesem Anspruch gegen den Anspruch auf Erlösauskehr aufrechnen. Die dargelegten Auswirkungen entsprechen in den wirtschaftlichen Ergebnissen weithin denen des BGH.[715] In der rechtlichen Konstruktion bestehen schon deswegen erhebliche Unterschiede, weil der BGH die zivilrechtlich wirksame Abtretung nicht anerkennt. 364

9. Aufrechnungsmöglichkeiten des Vertragspartners

Der Vertragspartner kann neben dem nicht erfüllten gegenseitigen Vertrag durch weitere Rechtsverhältnisse mit dem Insolvenzschuldner verbunden sein, aus denen ihm eine Forderung zusteht. So steht dem Fiskus vielfach eine Steuerforderung zu, es kommt aber darüber hinaus jeglicher Anspruchsgrund in Betracht. In einer solchen Sachlage wäre es **für den Vertragspartner attraktiv**, könnte dieser sich nach Erfüllungswahl gegen die Inanspruchnahme des Insolvenzverwalters **dadurch verteidigen, dass er mit seiner Insolvenzforderung aufrechnet.** Die Aufrechnung ermöglichte dem Vertragspartner, den eigenen Anspruch aus dem gegenseitigen Vertrag voll aus der Masse befriedigt zu erhalten (§ 55 I Nr 2), die im Gegenseitigkeitsverhältnis stehende Masseforderung aber durch Aufrechnung mit einer Insolvenzforderung zu befriedigen, auf die er sonst lediglich die Insolvenzquote erhielte. Die Erfüllungswahl wäre daher für die Masse so nachteilig wie in den Drittverfügungsfällen (Rn 344 ff) auf Grundlage der ursprünglichen Rechtsprechung, nach der die Masseforderung allein dem Dritten zustehen sollte. 365

[715] Zum Leasing s allerdings § 108 Rn 53 f, § 110 Rn 25 **gegen** BGHZ 109, 368 (379 f); BGH ZIP 2013, 1082 Rn 31 ff.

366 Die skizzierte Frage nach der Zulässigkeit der Aufrechnung bedeutet neben den Drittverfügungsfällen die zweite Fallgruppe, anhand derer die **Dogmatik um das Erfüllungswahlrecht** typischerweise diskutiert wird. Auch hier steht in Rede (vgl Rn 341), inwieweit die zivilrechtlich eröffnete Aufrechnungsmöglichkeit durch haftungsrechtliche Wertungen des Insolvenzrechts ausgeschlossen wird. Insoweit sind die **Regelungen über die Insolvenzaufrechnung in §§ 94 ff** zu berücksichtigen: § 94 erlaubt die Aufrechnung, wenn die Aufrechnungslage bereits bei Verfahrenseröffnung bestand. § 95 schützt die Aufrechnungsmöglichkeit des Gläubigers auch dann, wenn die Aufrechnungslage erst nach Verfahrenseröffnung eintritt, sofern nur der Masseanspruch vor Entstehen der Aufrechnungslage niemals durchsetzbar war (§ 95 I 3). Als Ausnahme dazu schließt allerdings **§ 96 I Nr 1** die Aufrechnung immer dann aus, wenn es sich bei der Masseforderung um eine erst nach Verfahrenseröffnung entstandene Neuforderung handelt. Beispielhaft sind Forderungen der Masse aus Dauerschuldverhältnissen zu nennen, soweit diese jeweils periodisch, zu Beginn eines jeden Nutzungszeitraums in der Zeit nach Insolvenzeröffnung entstehen.[716] Für den Zeitraum, in dem die vertragliche Leistung aus der Masse erbracht wird, soll ihr auch die Gegenleistung hierfür ungeschmälert zustehen. § 96 I Nr 1 verbietet daher dem Vertragspartner die Aufrechnung mit einer Insolvenzforderung. Ebenso wenig kommt etwa die Aufrechnung einer Insolvenzforderung gegen solche Hauptforderungen der Masse in Betracht, die mit der Ausübung eines zunächst dem Schuldner eingeräumten Optionsrechts durch den Verwalter erst nach Verfahrenseröffnung zur Entstehung gelangen (Rn 85, 317). Jeglicher Aufrechnung steht überdies **§ 96 I Nr 3** entgegen, wenn die Aufrechnungslage in anfechtbarer Weise entstanden ist: Vor Verfahrenseröffnung bereits erklärte Aufrechnungen werden unwirksam, sonst wird die Aufrechnung nach Verfahrenseröffnung unzulässig.

367 a) **Zivilrechtliche Sichtweise.** Rechtsprechung und vorherrschende Auffassung hielten lange Zeit – freilich noch unter den weniger strengen Regelungen der KO über die Konkursaufrechnung – die **Aufrechnung** aufgrund einer rein zivilrechtlichen Sichtweise für **zulässig**. Nach Erfüllungswahl konnte der Vertragspartner mit seiner Insolvenzforderung gegen die Masseforderung aufrechnen und gleichzeitig Erfüllung der durch Erfüllungswahl zur Masseverbindlichkeit gewordenen Forderung verlangen.[717] Dem **Insolvenzverwalter drohte die Haftung** gem § 80 KO (§ 60).[718] Mittlerweile erlebt diese **zivilrechtliche Sichtweise im Schrifttum eine Renaissance.**[719] Keinesfalls dürfe die Erfüllungswahl dem Vertragspartner die Aufrechnungsmöglichkeit abschneiden.[720] Der Schutz des § 94 könne nicht mit Hilfe von § 103 „weginterpretiert“ werden. Die Aufrechnungsbefugnis sei mitunter bei Vertragsschluss bereits von dem Vertragspartner einkalkuliert worden; gerade deshalb sei dessen Vertrauen in die Aufrechnungslage zu schützen.[721] Eine Aus-

---

716 BGH ZIP 2005, 1521 (1522); ZIP 2011, 2262 Rn 7; **aA** *Madaus* KTS 2012, 215 (220 f).

717 BGHZ 89, 189 (191 f); OLG Hamburg LZ 1913 Sp 572 f; SeuffA 81, 63 f; OLG Nürnberg SeuffBl 71, 609 f; OLG Stuttgart ZIP 1984, 865 (866); LG Hannover NJW 1977, 2079 (2080); **aA** bereits *Bendix* ArchBürgR 38, 93 (94 ff); *Klien* KuT 1935, 115 (116 f).

718 *Bork* FS Zeuner (1994) S 297 (310 f); *Stamm* KTS 2011, 421 (447 f).

719 Jaeger/*Windel* InsO § 96 Rn 26 ff; Kübler/Prütting/Bork/*Tintelnot* InsO[46] § 103 Rn 281 ff; *Stamm* KTS 2011, 421 ff.

720 *Marotzke* Gegenseitige Verträge[3] Rn 4.72 unter Verweis auf *Bork* FS Zeuner (1994) S 297 (310 ff); ähnl *Häsemeyer* JR 1992, 423 (424): Korrektur fehlerhafter Erfüllungswahl zulasten des Vertragspartners. – *V Wilmowsky* ZIP 2012, 401 (404 f) meint gar, dieses Sonderopfer verstoße gegen Art 14 u 3 GG.

721 *Häsemeyer* JR 1992, 423 (424); bereits Jaeger/*Lent* KO[8] § 55 Rn 5.

nahme sei nur zu machen, wenn der Vertragspartner die Aufrechnungslage anfechtbar iS des § 96 I Nr 3 erlangt habe.[722]

368 Die bei Erfüllungswahl drohenden Nachteile für Insolvenzmasse – und angesichts der Haftungsgefahren auch für den Insolvenzverwalter persönlich – werden allerdings auf Basis der zivilrechtlichen Sichtweise vielfach dadurch eingeschränkt, eine Erfüllungswahl auszuschließen oder jedenfalls dem Insolvenzverwalter Lösungsmöglichkeiten zu eröffnen. Die **Anwendbarkeit von § 103** und damit die Möglichkeit der Erfüllungswahl werden teilweise **im Wege teleologischer Reduktion** (vgl Rn 348),[723] teilweise jedenfalls für die Gestaltung **ausgeschlossen,** dass die Aufrechnung vor Erfüllungswahl gegen die zwar erfüllbare und daher der Aufrechnung nach § 387 BGB offen stehende, aber wegen § 320 BGB noch nicht durchsetzbare Masseforderung erfolgt.[724] Vor den Nachteilen einer Erfüllungswahl ist die Masse ferner geschützt, wenn man die Erfüllungswahl für unwirksam oder jedenfalls anfechtbar hält (vgl Rn 347 f).[725]

369 **b) Aktuelle Rechtsprechung.** Im Jahre 1991 bestimmte der BGH aus dem von ihm seit 1988 postulierten Grundsatz (Rn 349, 3), dass in die Masse die vertraglich vereinbarte Gegenleistung für das gelangen müsse, was aus der Masse erbracht werde, auch für die Aufrechnungsfälle die **Folgen im Gewand der sog Erlöschenstheorie** (Rn 21 f).[726] Da die Ansprüche aus dem gegenseitigen Vertrag mit Verfahrenseröffnung untergingen, greife mit ihrer Neubegründung durch die Erfüllungswahl das Aufrechnungsverbot nach § 55 Nr 1 KO (§ 96 I Nr 1).[727] Allerdings beschränkte der BGH diese Rechtsfolgen von seinem Ausgangspunkt des **Gegenleistungsgrundsatzes** konsequent auf den Teil des Masseanspruchs, der Gegenleistung für die nach Verfahrenseröffnung mit Mitteln der Masse zu erbringende Leistung ist.[728] Im Falle von Vorleistungen des Schuldners vor Verfahrenseröffnung soll sich also der Aufrechnungsausschluss nicht auf die Entgeltforderung für diese Vorleistung erstrecken. An diesen Ergebnissen hielt der BGH auch nach der Modifizierung seines dogmatischen Konzepts im Jahre 2002 (Rn 22) fest:[729] Die Aufrechnung scheitere wegen der **haftungsrechtlichen Qualität** als Neu-Masseforderung an § 96 I Nr 1, soweit sie auf Leistungen aus der Masse nach Verfahrenseröffnung beruhe.

370 In einer Entscheidung aus dem Jahre 2011 setzte sich der BGH mit der Gestaltung auseinander, dass der Vertragspartner bereits vor Abwicklung des bis dahin noch unerfüllten gegenseitigen Vertrags (und vor Verfahrenseröffnung) mit seiner Insolvenzforde-

---

[722] Kübler/Prütting/Bork/*Tintelnot* InsO[46] § 103 Rn 290; *Stamm* KTS 2011, 421 (447).

[723] *Roth* FS Rolland (1999) S 305 (313).

[724] *v Wilmowsky* ZIP 2012, 401 (410); vgl BGH ZIP 2011, 2262 Rn 10 (dazu sogleich Rn 370); ferner *Madaus*, KTS 2012, 217; *Stamm* KTS 2011, 421 (448).

[725] *Häsemeyer* JR 1992, 423 (424 f); *ders* InsR[4] Rn 20.20; *ders* Kölner Schrift[3] S 461 Rn 102; Jaeger/*Windel* InsO § 96 Rn 27; Kübler/Prütting/Bork/*Tintelnot* InsO[46] § 103 Rn 288.

[726] BGHZ 116, 156 (159); vgl allerdings bereits BGHZ 86, 382 (385 f); **krit** *Marotzke* EWiR 1992, 71 f; *Smid* WuB VI B. 17 KO 1.92. Nach *Bendix* ArchBR 38, 93 (95 f) führte die Erfüllungswahl dazu, dass der Verwalter „an Stelle des Gemeinschuldners das Vertragsverhältnis nunmehr für die Konkursmasse" übernehme. – Laut *Klien* KuT 1935, 115 (116) sollten m Erfüllungswahl die „Rechtsbeziehungen zwischen Konkursverwalter und Gläubiger [...] infolge dieser autoritären Erklärung völlig neu kraft Sonderrechts" erwachsen.

[727] BGHZ 116, 156 (159); dies weiterführend BGHZ 129, 336 (340); 135, 25 (27 f); 147, 28 (31); **krit** *Marotzke* LMK § 17 KO Nr 31; *Pape* LMK § 17 KO Nr 35; *Stürner* LMK § 17 KO Nr 29; *Tintelnot* EWiR 2001, 1107 f; *Uhlenbruck* EWiR 1995, 691 f.

[728] BGHZ 129, 336 (340); 147, 28 (31 f).

[729] BGH ZIP 2005, 2267; 2011, 2262 Rn 5.

rung gegen die schuldnerische Forderung aus dem gegenseitigen Vertrag aufgerechnet hatte.[730] Der **Vertragspartner hatte also mit seiner Insolvenzforderung gegen die noch nicht werthaltige, aber erfüllbare Forderung des Schuldners aufgerechnet.** Dadurch sei der Anwendung von § 103 die Grundlage entzogen, weil der gegenseitige Vertrag einseitig durch Aufrechnung erfüllt sei. Darauf aufbauend hatte der BGH über die Rechtsfolgen daraus zu befinden, dass der Insolvenzverwalter ungeachtet der Aufrechnung die gegen den Insolvenzschuldner gerichtete Gegenforderung erfüllt hatte. Das könne nicht in Erfüllung des alten Vertrags geschehen sein, weil insoweit dem Vertragspartner nur eine Insolvenzforderung zustehe. An Stelle dessen sei davon auszugehen, dass Vertragspartner und Insolvenzverwalter konkludent einen neuen Vertrag geschlossen hätten, den der Verwalter seinerseits erfüllt hätte. Nunmehr könne der Verwalter die Gegenleistung aus dem konkludent abgeschlossenen Vertrag verlangen. Gegen diese Masseforderung komme eine Aufrechnung mit einer Insolvenzforderung nach § 96 I Nr 1 nicht in Betracht, weil der konkludente Vertragsschluss die Forderung erst nach Verfahrenseröffnung begründet habe.

371 c) **Insolvenzrechtliche Lösungen (Werthaltigmachen).** In der Literatur werden vielfach die **vom BGH erzielten Ergebnisse gebilligt**, allerdings der Lösung der Drittrechtsfällen (Rn 351 ff) entsprechende **abweichende Begründungen** gegeben. In Parallele zur Analogie zu § 91 wird § 96 I Nr 1 analog angewendet.[731] Es bestehe eine planwidrige Regelungslücke bei Vergleichbarkeit der Interessen: Ein nach Verfahrenseröffnung abgeschlossener Vertrag sei der Durchsetzbarkeit des Vertrags, die durch die Erfüllungswahl und das Werthaltigmachen entstehe, gleichzusetzen. Den durch das verwalterische Werthaltigmachen entstehenden Vermögensvorteil dürfe der Vertragspartner nicht behalten.[732] Vereinzelt wird die Aufrechnungsmöglichkeit durch eine teleologische Reduktion des Anwendungsbereichs der §§ 94 ff ausgeschlossen.[733]

372 *Wolfram Henckel* hält wiederum **§ 812 BGB** für einschlägig (Rn 352). Erbringe der Verwalter die Gegenleistung aus der Masse, erlange der Vertragspartner die „Wertsteigerung seiner Aufrechnungslage auf Kosten der Masse ohne rechtlichen Grund".[734] Auch einen Gewinn könne der Insolvenzverwalter von dem Vertragspartner aus „§ 812 BGB" kondizieren.[735] Damit besteht im Ergebnis kein Unterschied zwischen der bereicherungsrechtlichen Sicht und der Rechtsprechung.

373 *V Wilmowsky* löst auch die Aufrechnungsfälle über das **„Befriedigungsvorrecht"**, dass Ansprüche aus einem gegenseitigen Vertrag der gegenseitigen Befriedung unter den Vertragsparteien dienten (Rn 355).[736] Daher stehe der Forderungswert der Masseforderung der Masse in dem Umfange vorrangig vor der Aufrechnung des Vertragspartners zu, in dem dieser Wert dem Aufwand der Masse für die Erfüllung der Gegenforderung entspreche. Die Erfüllungswahl bringt damit der Masse keine Nachteile. Was sie aufgewendet hat, erhält sie vom Vertragspartner als Gegenleistung, ohne dass insoweit eine Auf-

730 BGH ZIP 2011, 2262 Rn 10.

731 *Bork* InsR[6] Rn 160a; ähnl *Brandes/Lohmann* MünchKomm InsO[3] § 96 Rn 11: die Forderung entstehe „im Sinne von § 96 I Nr 1 neu"; *Henkelmann* Schwebende Verträge S 269 ff.

732 *Voß* Vorausabtretung S 124 ff.

733 *Wieser* JZ 2003, 231 (232 f).

734 *Henckel* FS Kirchhof (2003) S 191 (206) unter Verweis auf Jaeger/*Henckel* KO[9] § 17 Rn 145 (z Zession). **AA** für die Aufrechnungskonstellation *Gerhardt* GS Knobbe-Keuk (1997) S 169 (177 f), der dem Vertragspartner die Aufrechnungslage erhalten möchte.

735 *Henckel* FS Kirchhof (2003) S 191 (206 f).

736 *v Wilmowsky* ZIP 2012, 401 (411).

rechnung möglich ist. Im Umfange eines darüber hinaus gehenden Mehrwerts kann der Vertragspartner indes aufrechnen.

d) **Stellungnahme.** Wie in den Konstellationen, in denen Dritten ein Recht an der zur Masse gehörenden Forderung aus dem gegenseitigen Vertrag zusteht (Rn 358 ff), kann die Streitfrage nicht durch § 103 allein gelöst werden. Die Drittrechtsfälle sind vorrangig im Verhältnis des Dritten zur Masse zu lösen (Rn 360 ff). Der Aufrechnungsproblematik liegt zwar bloß ein Zweipersonenverhältnis zugrunde. Hier sind aber **zwei unterschiedliche Regelungsmaterien zu berücksichtigen: einerseits § 103 ff, andererseits §§ 94 ff.** § 103 gewährt dem Vertragspartner nur den Schutz, dass er nicht leisten muss, ohne die Gegenleistung zu erhalten. Dieser Schutz steht den massegünstigen Ergebnissen der heutigen Rechtsprechung nicht entgegen. Die maßgebliche Weichenstellung besteht darin, inwieweit der von §§ 94 ff dem Vertragspartner als Insolvenzgläubiger eingeräumte Schutz, aufrechnen zu können, andere Ergebnisse erfordert. **374**

§ 94 erhält dem Vertragspartner eine vor Verfahrenseröffnung **bestehende Aufrechnungslage.** Für das Bestehen einer Aufrechnungslage genügt nach § 387 BGB, dass die durch Aufrechnung **zu tilgende Hauptforderung erfüllbar** ist. Auf ihre Durchsetzbarkeit und Werthaltigkeit kommt es nicht an.[737] Es ist dem Schuldner so überlassen, vorzeitig seine Schuld durch Aufrechnung zu tilgen. Bedient sich der eine Vertragsteil eines gegenseitigen Vertrags dieser Möglichkeit, mit einer sonstigen Forderung gegen die noch nicht werthaltige Forderung des anderen Vertragsteils aufzurechnen, übernimmt er allerdings insoweit das Insolvenzrisiko (§§ 103, 105 S 1, 38): Wird das Insolvenzverfahren über das Vermögen des anderen Vertragsteils eröffnet, greift § 103 nicht, weil im Umfange der Aufrechnung kein Synallagma (mehr) besteht. Der aufrechnende Vertragsteil kann seine Forderung nur zur Insolvenztabelle anmelden.[738] Diese Überlegung verdeutlicht, dass **der Aufrechnungsbefugnis kein wirtschaftlicher Wert bei einer haftungsrechtlichen Betrachtung innezuwohnen braucht.** Der Schutz des Vertragspartners durch § 387 BGB, §§ 94 ff, auch gegen eine nicht werthaltige Forderung aufrechnen zu können, ist daher nur ein eingeschränkter formaler. Der wirtschaftliche Wert hängt von der Werthaltigkeit der Hauptforderung ab, gegen die aufgerechnet werden kann. **375**

In einer haftungsrechtlichen Betrachtung besteht also – wie in den Drittrechtsfällen (Rn 360) – die maßgebliche Zuwendung eines wirtschaftlichen Werts darin, dass vor Verfahrenseröffnung der Schuldner oder nach Verfahrenseröffnung der Insolvenzverwalter die Hauptforderung, gegen die aufgerechnet werden kann, durch Leistung auf die synallagmatische Gegenforderung werthaltig machen. Das Werthaltigmachen vor Verfahrenseröffnung durch den Schuldner unterliegt der Insolvenzanfechtung.[739] **Im Hinblick auf das Werthaltigmachen nach Verfahrenseröffnung ist die einschlägige Regelung zu benennen, die verhindert, dass dem Vertragspartner der Mehrwert der Forderung im Wege der Aufrechnung zufließt.** Unterschiedliche Möglichkeiten bieten sich an: Entweder kann man in der wirtschaftlichen Aufwertung der Aufrechnungsmöglichkeit durch Leistung des Insolvenzverwalters auf den Vertrag nach Erfüllungswahl einen **Verteilungsfehler** erblicken, weil dem Vertragspartner dieser erhöhte Wert seiner Aufrechnungsmöglichkeit nicht zusteht (vgl Rn 372). Darauf aufbauend lässt sich alternativ das Aufrechnungsverbot in **Analogie zu § 96 I Nr 1** begründen (vgl Rn 371). Denn dieses Verbot nähme **376**

---

[737] Vgl im hiesigen Zusammenhang BGHZ 129, 336 (344).
[738] Vgl BGH ZIP 2011, 2262 Rn 10.
[739] BGHZ 129, 336 (344): Anfechtbarkeit der „Erfüllung des Werkvertrages“; BGHZ 147, 28 (35): Anfechtbarkeit der „Wertschöpfung“.

dem Vertragspartner mit der Aufrechnung die einzige Möglichkeit, den verteilungsfehlerhaft erlangten Mehrwert (der Aufrechnungsmöglichkeit) zu realisieren.

377 Den Vorzug verdient aber, schlicht mit der **Rückwirkungsanordnung des § 389 BGB ernst zu machen.** § 389 BGB erklärt den Zeitpunkt, in dem die Aufrechnungsmöglichkeit entsteht, nicht den der Aufrechnungserklärung für relevant. Auf diesen Zeitpunkt wirkt die Erlöschensfolge der Aufrechnung zurück. § 103 ist daher nicht nur, wie der BGH unlängst ausgesprochen hat,[740] aufgrund einer vor Verfahrenseröffnung erklärten Aufrechnung unanwendbar. Da § 389 BGB, § 94 den Zeitpunkt der Aufrechnungserklärung für irrelevant erklären, nimmt auch eine nach Verfahrenseröffnung erklärte Aufrechnung dem § 103 seine Voraussetzungen, wenn nur die Aufrechnung auf einer bei Verfahrenseröffnung bestehenden Aufrechnungslage beruht. **Im Umfange der Aufrechnung liegt dann ein Fall des § 105 S 1 vor.**[741] Kann der Vertragspartner im Umfange der gesamten Forderung aufrechnen, findet § 103 gar keine Anwendung. Mangels Anwendbarkeit des § 103 geht eine **etwaige Erfüllungswahl des Insolvenzverwalters (ggf rückwirkend) ins Leere.** Die offene Vertragsforderung des Vertragspartners bleibt Insolvenzforderung (§§ 105 S 1, 38). Erfüllt der Insolvenzverwalter diese Forderung, insbesondere weil er sich dazu nach vermeintlich wirksamer Erfüllungswahl für verpflichtet hält, liegt in dieser Leistung ein **Verteilungsfehler.** Der Insolvenzverwalter kann das Geleistete über § 812 BGB zurückverlangen (Rn 236), sofern er nicht um das Nichtbestehen der Masseforderung wusste (§ 814 BGB). Alternativ kommt der vom BGH aufgezeigte Weg in Betracht, einen konkludenten Vertragsschluss nach Aufrechnung und Verfahrenseröffnung anzunehmen (Rn 370). Dafür bedarf es allerdings besonderer Anzeichen, dass die Beteiligten sich zumindest des Bedürfnisses bewusst sind, einen neuen Rechtsgrund für den Leistungsaustausch schaffen zu müssen.

378 Zusätzliche Probleme ergeben sich, wenn die Aufrechnungslage bei Verfahrenseröffnung noch nicht vorlag, weil die **Gegenforderung des Vertragspartners**, mit der aufgerechnet werden soll, **erst nach Verfahrenseröffnung durchsetzbar wird.**[742] Auf § 389 BGB allein lässt sich die Unanwendbarkeit von § 103 dann nicht stützen, weil die Aufrechnung nur auf einen Zeitpunkt nach Verfahrenseröffnung zurückwirken kann. Ein Aufrechnungsausschluss folgt gleichzeitig aus Insolvenzrecht nach § 95 I 3 nur dann, wenn die Masseforderung, gegen die der Vertragspartner aufrechnen will, werthaltig und damit durchsetzbar wird, bevor die Gegenforderung des Vertragspartners durchsetzbar ist. Wird die Gegenforderung des Vertragspartners nach Verfahrenseröffnung, aber vor Werthaltigkeit der Masseforderung durchsetzbar, darf der Vertragspartner nach Insolvenzrecht aufrechnen. Dann ist eine wertende Betrachtung anzustellen: § 95 will den Vertragspartner/Insolvenzgläubiger so stellen, **als hätte er schon immer gegen die (nicht werthaltige) Forderung aufrechnen können.** Er kann also gegen die nicht werthaltige Masseforderung aufrechnen, die Voraussetzungen des § 103 nachträglich beseitigen und so die in der vorigen Rn 377 dargestellten Rechtsfolgen herbeiführen.

---

740 BGH ZIP 2011, 2262 Rn 10.

741 Bei Vertragsfortsetzung eines Mietvertrages über einen unbeweglichen Gegenstand über § 108 I sperrt indes § 110 I u II 1 die rückwirkende Aufrechnung, die eine Einziehung der Miete bedeutete, dazu § 108 Rn 34 f, § 110 Rn 57 ff.

742 Vgl die Wirkungen der Fälligkeitsabrede in BGHZ 147, 28.

§ 104
Fixgeschäfte, Finanzleistungen

(1) War die Lieferung von Waren, die einen Markt- oder Börsenpreis haben, genau zu einer festbestimmten Zeit oder innerhalb einer festbestimmten Frist vereinbart und tritt die Zeit oder der Ablauf der Frist erst nach der Eröffnung des Insolvenzverfahrens ein, so kann nicht die Erfüllung verlangt, sondern nur eine Forderung wegen der Nichterfüllung geltend gemacht werden.

(2) War für Finanzleistungen, die einen Markt- oder Börsenpreis haben, eine bestimmte Zeit oder eine bestimmte Frist vereinbart und tritt die Zeit oder der Ablauf der Frist erst nach der Eröffnung des Verfahrens ein, so kann nicht die Erfüllung verlangt, sondern nur eine Forderung wegen der Nichterfüllung geltend gemacht werden. Als Finanzleistungen gelten insbesondere

1. die Lieferung von Edelmetallen,
2. die Lieferung von Wertpapieren oder vergleichbaren Rechten, soweit nicht der Erwerb einer Beteiligung an einem Unternehmen zur Herstellung einer dauernden Verbindung zu diesem Unternehmen beabsichtigt ist,
3. Geldleistungen, die in ausländischer Währung oder in einer Rechnungseinheit zu erbringen sind,
4. Geldleistungen, deren Höhe unmittelbar oder mittelbar durch den Kurs einer ausländischen Währung oder einer Rechnungseinheit, durch den Zinssatz von Forderungen oder durch den Preis anderer Güter oder Leistungen bestimmt wird,
5. Optionen und andere Rechte auf Lieferungen oder Geldleistungen im Sinne der Nummern 1 bis 4,
6. Finanzsicherheiten im Sinne des § 1 Abs. 17 des Kreditwesengesetzes.

Sind Geschäfte über Finanzleistungen in einem Rahmenvertrag zusammengefaßt, für den vereinbart ist, daß er bei Vorliegen eines Insolvenzgrundes nur einheitlich beendet werden kann, so gilt die Gesamtheit dieser Geschäfte als ein gegenseitiger Vertrag im Sinne der §§ 103, 104.

(3) Die Forderung wegen der Nichterfüllung richtet sich auf den Unterschied zwischen dem vereinbarten Preis und dem Markt- oder Börsenpreis, der zu einem von den Parteien vereinbarten Zeitpunkt, spätestens jedoch am fünften Werktag nach der Eröffnung des Verfahrens am Erfüllungsort für einen Vertrag mit der vereinbarten Erfüllungszeit maßgeblich ist. Treffen die Parteien keine Vereinbarung, ist der zweite Werktag nach der Eröffnung des Verfahrens maßgebend. Der andere Teil kann eine solche Forderung nur als Insolvenzgläubiger geltend machen.

Gesetzesänderungen: Überschrift geändert, Abs 2 S 2 Nr 5 geändert, Abs 2 S 2 Nr 6 eingefügt, Abs 2 S 3 geändert, Abs 3 S 1 neu gefasst, Abs 3 S 2 eingefügt, Abs 3 S 2 wurde S 3 mWv 9.4.04 durch G v 5.4.04 (EGRL47/2002Ums/HypBkGuaÄndG), BGBl I S 502.

Materialien: BT-Drucks 12/2443 S 145; RegE § 118; RefE § 112; DiskE § 112; 1. Ber InsR-Komm LS 2.4.1.3.

Vorgängerregelungen: § 18 KO (dazu Motive I Bd 1 S 92; Motive II S 69 ff; Protokolle S 15, 149).

Literatur

Benzler Nettingvereinbarungen im außerbörslichen Derivatehandel (1999); *ders* Das deutsche Nettinggesetz – § 104 Abs. 2, 3 InsO ZInsO 2000, 1; *Bosch* Finanztermingeschäfte in der Insolvenz – Zum „Netting" im Insolvenzverfahren – Teil I – WM 1994, 414; *ders* Finanztermingeschäfte in der Insolvenz – Zum „Netting" im Insolvenzverfahren – Teil II – WM 1995, 365; *ders* Differenz- und Finanztermingeschäfte nach der Insolvenzordnung Kölner Schrift[2] (2000) S 1009; *Casper* Der Optionsvertrag (2005); *Ebenroth/Benzler* Close-out Netting nach der neuen Insolvenzordnung ZVglRWiss 95, 335; *Ebenroth/Messer* Die vorzeitige Beendigung von Zins- und Währungsswaps bei Eintritt von Verletzungen aufgrund vertraglicher Lösungsklauseln ZVglRWiss 87 (1988) S 1; *Ehricke* Finanztermingeschäfte im Insolvenzverfahren ZIP 2003, 273; *ders* Nochmals – Zur Umsetzung der Finanzsicherheiten-Richtlinie in das deutsche Recht ZIP 2003, 2141; *ders* Zur Zulässigkeit von vertraglich festgelegten Bestimmungen eines Stichtags und zur Ermittlung eines Markt- und Börsenpreises nach § 104 III InsO NZI 2006, 564; *ders* Zum anwendbaren Recht auf ein in einem Clearing-System vereinbartes Gleichstellungsverfahren im Fall der Insolvenz ausländischer Clearing-Teilnehmer WM 2006, 2109; *ders* Zur Ermittlung eines Marktpreises im Sinne des § 104 Abs. 3 InsO durch eine Auktion ZInsO 2009, 547; *v Hall* Insolvenzverrechnung in bilateralen Clearingsystemen (2010); *ders* Die Bestimmung des Börsenpreises gem. § 104 Abs. 3 InsO in zentralisierten, elektronischen Handelssystemen WM 2011, 2161; *ders* Der vergessene Kontrahent – warum die bestehenden Nettingkonzepte des börslichen Handels im Ernstfall zu scheitern drohen ZInsO 2011, 505; *Hartenfels* § 104a InsO-E und seine Folgen ZInsO 2011, 1831; *Herring/Cristea* Die Umsetzung des Finanzsicherheiten-Richtlinie und ihre Folgen für Kapitalanlagegesellschaften, deutsche Single-Hedgefonds und Prime Broker ZIP 2004, 1627; *Holzer* Insolvenzverfahren und zentrale Vertragspartei BKR 2011, 366; *Kieper* Die Finanzsicherheiten-Richtlinie und ihre Umsetzung ZInsO 2003, 1109; *Kilgus* Keine Zahlungspflicht unter internationalen Derivaten bei Insolvenz des Vertragspartners? NZG 2010, 613; *Knollmann* Zur Umsetzung der Richtlinie 2002/47/EG vom 6. Juni 2002 über Finanzsicherheiten in das deutsche Recht WM 2004, 1012; *Koppmann* Die besondere Sicherheit des Pfandbriefs in der Insolvenz der Pfandbriefbank WM 2006, 305; *Nordhues/Benzler* Risikosteuerung durch Kreditderivate WM 1999, 461; *Obermüller* Die Wiedergeburt des § 104a InsO-E ZInsO 2012, 1982; *Paech* Netting, Finanzmarktstabilität und Bankenrestrukturierung – Die Notwendigkeit eines internationalen zivilrechtlichen Standards zum Netting WM 2010, 1965; *Pannen/Wolf* ABS-Transaktionen in der Insolvenz des Originators- das Doppeltreuhandmodell und die neuen Refinanzierungsregister ZIP 2006, 52; *Reiner* Derivative Finanzinstrumente im Recht (2002); *Ruzik* Finanzmarktintegration durch Insolvenzrechtsharmonisierung (2010); *v Wilmowsky* Termingeschäft und Insolvenz – Die gesetzliche Regelung- Plädoyer für ein neues Verständnis des § 104 InsO – WM 2002, 2264; *Wimmer* Entwurf eines Gesetzes zur Umsetzung der Finanzsicherheiten-Richtlinie ZIP 2003, 1563; *ders* Die Umsetzung der Finanzsicherheitenrichtlinie ZInsO 2004, 1; *Zerey* Finanzderivate[3] (2012); *Zimmer/Fuchs* Die Bank in Krise und Insolvenz ZGR 2010, 597.

Übersicht

Alphabetische Übersicht

I. Grundlagen

Eine **Ausnahme von der Regel des § 103** gilt einerseits für bestimmte Fixgeschäfte (Abs 1), andererseits für Finanzleistungen (Abs 2). Diese Geschäfte verwandeln sich nach § 104 mit der Insolvenzeröffnung von Rechts wegen in Differenzgeschäfte. Ein Recht des Insolvenzverwalters, Erfüllung zu verlangen, besteht nicht. 1

1. Entstehungsgeschichte und aktuelle Diskussion

2 § 104 knüpft an **§ 18 KO** an, der bei Konkurseröffnung die automatische Beendigung von Fixgeschäften über Gegenstände mit einem Börsen- oder Marktpreis anordnete. Gem § 18 II KO trat – § 104 III vergleichbar – eine Nichterfüllungsforderung zugunsten der Masse oder des Vertragspartners an die Stelle der gegenseitigen Erfüllungsansprüche. § 18 KO erfasste nach damals herrschender Meinung auch Wertpapiere.[1] Die insolvenzrechtliche Behandlung einiger anderer Finanzgeschäfte wurde dagegen nach überwiegender Auffassung nicht von § 18 KO geregelt, so dass diese dem Verwalterwahlrecht nach § 17 KO unterlagen.[2] Die Praxis begegnete dem mit Rahmenverträgen für Finanzgeschäfte, die im Insolvenzfall deren automatische Beendigung vorsahen.[3] Diese Gestaltungen bildeten daher einen bedeutenden Anwendungsfall für den Streit über die Wirksamkeit von insolvenzabhängigen Lösungsklauseln (vgl § 119 Rn 8 ff).[4] Das vom InsO-Gesetzgeber erkannte Defizit des § 18 KO, Finanzgeschäfte nicht zu erfassen, bewegte diesen, durch Art 105 EGInsO § 18 KO um eine § 104 Abs 2 entsprechende Regelung zu ergänzen, die nach Art 110 III EGInsO nicht erst mit der InsO am 1.1.1999, sondern bereits am Tag nach der Verkündung am 19.10.1994 in Kraft trat. Bereits am 1.8.1994 trat eine wortgleiche Regelung mit Art 15 FMFG in Kraft, die für den Fall einer Verzögerung der Insolvenzrechtsreform verabschiedet worden war.[5]

3 Nach Inkrafttreten der InsO wurde der Anwendungsbereich von § 104 II durch das **Gesetz zur Umsetzung der Richtlinie vom 6.6.2002 über Finanzsicherheiten und zur Änderung des Hypothekenbankgesetzes und anderer Gesetze vom 5.4.2004** erweitert (Rn 40, 51). Gleichzeitig wurde die Regelung über die Bestimmung des Stichtages in Abs 3 gegenüber vertraglichen Vereinbarungen geöffnet (Rn 71). Der Regierungsentwurf für das Gesetz zur weiteren Erleichterung der Sanierung von Unternehmen (ESUG) sah vor, § 104 um einen § 104a zu ergänzen.[6] Die Vorschrift sollte Verrechnungsmöglichkeiten („Clearing") für die Fälle schaffen, in denen die von § 104 erfassten Vertragstypen Bestandteil eines mehrpoligen Vertragsgeflechts mit einer zentralen Verrechnungsstelle sind. Im Rechtsausschuss wurde die Regelung jedoch aus dem Entwurf gestrichen, weil noch Klärungsbedarf hinsichtlich der Angemessenheit der Nachteilsausgleichregelung in § 104a III 4 InsO-E[7] bestand.[8]

2. Normzweck

4 Die in § 104 geregelten Vertragstypen weisen Besonderheiten auf, die nach Ansicht des Gesetzgebers in der Insolvenz ein erhöhtes Maß an **Rechtssicherheit** erfordern und es so rechtfertigen, das Verwalterwahlrecht auszuschließen. Diese Rechtsklarheit dient in erster Linie dem Vertragspartner.[9] Denn im Vergleich zu § 103 bleibt ihm insbesondere

[1] Jaeger/*Henckel* KO[9] § 18 Rn 5; *Kilger/Schmidt* KO[17] § 18 Anm 1b.

[2] Vgl etwa z unterschiedlichen Behandlung von Zins- u Währungsswaps unter der KO *Ebenroth/Messer* ZVglRWiss 87 (1988) 1 (24).

[3] *Jahn/Fried* MünchKomm InsO[3] § 104 Rn 11.

[4] Vgl etwa *Ebenroth/Messer* ZVglRWiss 87 (1988) 1 (23 ff).

[5] *Bosch* WM 1994, 365 (374 f); *Jahn/Fried* MünchKomm InsO[3] § 104 Rn 14.

[6] BT-Drucks 17/5712 S 8 f, 27 ff; dazu *Hartenfels* ZInsO 2011, 1831; *Holzer* BKR 2011, 366.

[7] Sie sollte lauten: *Weist der Insolvenzverwalter nach, dass die Insolvenzgläubiger durch eine Maßnahme nach Absatz 1 oder 2 gegenüber einer Abwicklung nach § 104 benachteiligt werden, so hat der zentrale Kontrahent diesen Nachteil gegenüber der Insolvenzmasse auszugleichen.*

[8] BT-Drucks 17/7511 S 35; nunmehr *Obermüller* ZInsO 2012, 1982.

[9] Vgl *Benzler* ZInsO 2000, 1 (3).

die Ungewissheit während der Schwebephase erspart. Gleichzeitig wird aber die Masse nicht lediglich so gestellt, wie sie bei Ablehnung des Vertrages stehen würde. Vielmehr behält die Masse, in die ein Differenzanspruch nach Abs 3 fallen kann, mögliche Vorteile des Geschäfts. Sie wird ferner noch vor Kursspekulationen durch den Insolvenzverwalter geschützt, weil der Insolvenzverwalter nicht wählen darf, das Risiko der ungewissen Entwicklung des Marktpreises nach Verfahrenseröffnung zu tragen.[10]

Die Motive zu § 18 KO sahen den Regelungsgehalt vor allem darin, dem Bedürfnis nach Sicherheit des Verkehrs durch eine **sofortige, einheitliche und endgültige Entscheidung** über das Schicksal des Geschäfts Rechnung zu tragen.[11] Dieses Bedürfnis wurde insbesondere darauf gestützt, dass die betroffenen Fixgeschäfte häufig nur Glieder in einer Kette gleichartiger Geschäfte bilden. Infolge der Abwicklung nach § 104 braucht der Vertragspartner als Käufer und Weiterverkäufer auf die Wahl des Verwalters nicht zu warten. Für ihn steht von vornherein fest, dass er zu seiner eigenen Deckung nochmals anderweit kaufen muss. Der Verwalter kann ihm die vom Gemeinschuldner verkaufte Ware selbst dann nicht aufdrängen, wenn dies für die Masse günstiger wäre. Der Vertragspartner, der von einem Dritten gekauft und an den jetzigen Gemeinschuldner verkauft hatte, braucht nicht darauf zu warten, ob der Verwalter noch Erfüllung wählt. Für ihn steht mit der Insolvenzeröffnung fest, dass er über die Ware anderweit disponieren kann und muss. Er bleibt damit vor einem etwaigen Preisverfall bewahrt, der ihn treffen würde, wenn er sich zunächst dem Insolvenzverwalter gegenüber erfüllungsbereit halten müsste, um dann nach Ablehnung des Verwalters anderweit zu niedrigerem Preise verkaufen zu müssen. **5**

Jedes Wahlrecht des Verwalters, mag auch die Wahlfrist noch so kurz bemessen werden, würde der Natur des Geschäfts zuwiderlaufen. Es liegt im Interesse beider Teile, dass schon mit der Insolvenzeröffnung selbst Gewissheit über das weitere Schicksal des schwebenden Verfahrens eintritt. Da aber das Gesetz mit Rücksicht auf die besonderen Verhältnisse der Insolvenz nicht schlechthin Vertragserfüllung vorschreiben kann, bietet sich nur der Ausweg, in allen Fällen rechtsnotwendig Nichterfüllung eintreten zu lassen. Diese Regelung empfiehlt sich umso mehr, als bei Lieferungskäufen der in Rede stehenden Art der Kurs der Ware einen die Berücksichtigung der beiderseitigen Interessen ermöglichenden, festen Maßstab für die Ersatzberechtigung abgibt.[12] **6**

Erst die Stellungnahme des Rechtsausschusses zur InsO verdeutlicht, dass die Masse im Falle von Fixgeschäften und Finanzleistungen vor **Kursspekulationen durch den Verwalter** geschützt werden soll.[13] Die Neuregelung über die Finanzleistungen in Abs. 2 dient indessen insbesondere dazu, den Beteiligten das sogenannte **„Netting“** zu ermöglichen. Dadurch sollen gängige Praktiken des internationalen Geschäftsverkehrs auch in der Insolvenz Bestand haben, um die Ausfallrisiken von Finanzmarktgeschäften zu reduzieren.[14] **7**

---

[10] So iE auch Kübler/Prütting/Bork/*Köndgen* InsO[1] § 104 Rn 5.

[11] Begr zu EKO § 16, Mot S 70 f.

[12] Begr zu EKO § 16, Mot S 69 ff; RG LZ 1915, 539 ff; **krit** Kübler/Prütting/Bork/*Köndgen* InsO[1] § 104 Rn 5; *v Wilmowsky* WM 2002, 2264 (2266 f).

[13] BT-RA zu RegE § 118.

[14] BT-RA zu RegE § 118, BT-Drucks 12/7302 S 168; **krit** *Häsemeyer* InsR[4] Rn 20.34, der in der Regelung einen ungerechtfertigten Verstoß gegen den Gleichbehandlungsgrundsatz erkennt.

3. Privatautonomie

8 § 104 enthält gem § 119 zwingendes Recht, dazu ausführlich § 119 Rn 41 f.

II. Fixgeschäfte (Voraussetzungen des Abs 1)

9 Abs 1 ordnet für bestimmte Fixgeschäfte eine von § 103 abweichende Rechtsfolge an. Der Vertrag wird mit Verfahrenseröffnung umgewandelt in eine auf Geld gerichtete **Differenzforderung**, deren Inhalt Abs 3 näher regelt (Rn 56 ff). Diese Rechtsfolge lässt Abs 1 unter folgenden Voraussetzungen eintreten:

1. Beiderseits nicht vollständig erfüllter gegenseitiger Vertrag

10 § 103 dient der Abwicklung von Rechtsverhältnissen, bei denen im Zeitpunkt der Insolvenzeröffnung die Einrede des nichterfüllten Vertrags (§ 320 BGB) nach materiellem Recht besteht (§ 103 Rn 1, 62). Danach richten sich Anwendungsbereich und Voraussetzungen des § 103, wenn dieser einen gegenseitigen Vertrag verlangt, der von keiner Seite vollständig erfüllt ist. Hingegen ist es irrelevant, ob der Insolvenzschuldner Sach- oder Geldleistungsgläubiger oder -schuldner ist. Entsprechendes gilt für § 104 I. Diese Bestimmung verlangt besondere Kaufverträge (vgl Rn 18 ff) und damit einen gegenseitigen Vertrag. Der Abwicklungsstand dieses Vertrages muss so beschaffen sein, dass **beiderseits Vertragsansprüche offen** sind,[15] deren Verrechnung zu einer Differenzforderung Abs 3 näher bestimmen kann. Vor Verfahrenseröffnung erbrachte Leistungen führen zu folgenden Rechtsfolgen:

11 a) **Vollständige Vorleistung des Insolvenzschuldners.** Die vollständige Vorleistung des Insolvenzschuldners vor Verfahrenseröffnung **schließt die Anwendbarkeit von § 104 I** wie die von § 103 (§ 103 Rn 104) **aus.** Denn es bedarf keiner Abwicklung eines noch offenen Synallagmas in der Insolvenz. Vielmehr kann der Insolvenzverwalter kraft seiner Befugnis aus § 80 den offenen Anspruch des Insolvenzschuldners zur Masse einziehen. Hatte der Insolvenzschuldner als Verkäufer schon vor Verfahrenseröffnung geliefert, der Vertragspartner aber noch nicht bezahlt, so kann der Insolvenzverwalter die Kaufpreisforderung einziehen. Hatte der Insolvenzschuldner als Käufer den Kaufpreis schon bezahlt, so kann der Insolvenzverwalter, ggf unter Beachtung des § 376 I 2 HGB, die Ware verlangen oder von den Rechten der §§ 323 I, II Nr 2 BGB, 376 I S 1 HGB Gebrauch machen.

12 b) **Vollständige Vorleistung des Vertragspartners.** Nach vollständiger Vorleistung des Vertragspartners ist **§ 104 I** mangels dann noch in der Insolvenz abzuwickelndem Synallagma **nicht anzuwenden.** Der Vertragspartner ist mit seinem Vertragsanspruch Insolvenzgläubiger, ohne dass es der Berechnung einer Differenzforderung nach § 104 bedarf: Hatte der Vertragspartner als Verkäufer vor Verfahrenseröffnung geliefert, der Insolvenzschuldner aber noch nicht bezahlt, so ist Ersterer Insolvenzgläubiger mit seiner Kaufpreisforderung. Hatte der Vertragspartner als Käufer den Kaufpreis vorausgezahlt, so muss er seinen Anspruch auf Lieferung der Ware in Geld umrechnen. Der Anwendung des § 104 III bedarf es dazu nicht, soweit er den Börsen- oder Marktpreis für maßgeblich erklärt. Denn dieser ist ohnehin der Berechnung nach § 45 zu Grunde zu legen.

---

[15] *Benzler* ZInsO 2000, 1 (5); *Jahn/Fried* MünchKomm InsO[3] § 104 Rn 34; Uhlenbruck/*Lüer* InsO[13] § 104 Rn 5; *Wegener* FK InsO[7] § 104 Rn 5; **aA** Kübler/Prütting/Bork/*Köndgen* InsO[1] § 104 Rn 13, außer für den Fall, dass die lieferungsverpflichtete Partei vorgeleistet hat.

Zu erwägen ist, auf welchen Tag der Wert zu berechnen ist, wenn die Ware erst nach dem ersten Tage nach Insolvenzeröffnung zu liefern war. Nach § 45 wäre die Forderung nach dem Wert zu berechnen, welchen die Ware im **Zeitpunkt der Insolvenzeröffnung** darstellt.[16] Zu § 18 KO hatte *Henckel* noch vertreten, dass dessen Abs 2 (entspricht § 104 III) analog auf diesen Fall anzuwenden sei, also der Wert des Vertragsgegenstands am zweiten Werktag nach Verfahrenseröffnung maßgeblich sei. Dies sollte, dem Zweck des § 18 KO entsprechend, dem Vertragspartner genügend Zeit einräumen, sich anderweitig einzudecken.[17] Aufgrund der Tatsache, dass die Geschäfte, die in den Anwendungsbereich des § 104 fallen, in der Regel an hochliquiden Märkten gehandelt werden und moderne Kommunikationssysteme meist ein taggleiches Deckungsgeschäft ermöglichen, ist an diesem Analogieschluss unter der InsO nicht mehr festzuhalten. Es bleibt bei der Regel des § 45. **13**

c) **Teilweise Vorleistungen.** Bloße Teilleistungen schließen die Anwendbarkeit des § 104 – wie bei § 103 (§ 103 Rn 40, 112) – nicht aus. Der Rechtsfolge des **§ 105 S 1 bedarf es hier nicht**, weil dem Vertragspartner ohnehin nur eine Insolvenzforderung zusteht, was § 105 S 1 für den Fall der Erfüllungswahl als Ausnahme zu § 55 I Nr 2 Fall 1 für den von dieser Bestimmung erfassten Forderungsteil anordnet. So beschränken sich die Rechtsfolgen auf die nach Abs 1 u 3 zu berechnende Differenzforderung. Der Berechnung sind allein die bei Verfahrenseröffnung noch offenen Anspruchsteile zugrunde zu legen, wie auch sonst sich die Rechtsfolgen von §§ 103 ff auf eine Regelung noch offener Vertragsansprüche beschränken (§ 103 Rn 48).[18] Die mit einer Teilleistung einhergehende Übernahme des Insolvenzrisikos wird so angemessen berücksichtigt. Es macht in einer insolvenzrechtlichen Bewertung keinen Unterschied, ob sich der in die Berechnung der Differenzforderung einzustellende Forderungsumfang allein aus einer vertraglichen Abrede oder zusätzlich auch aus einer zu berücksichtigenden Teilleistung ergibt. **14**

Regelmäßig wird es sich bei der Teilleistung um eine **Anzahlung auf den Kaufpreis** handeln. Dann steht bei Verfahrenseröffnung der Lieferungsverpflichtung nur noch ein reduzierter Kaufpreisanspruch gegenüber. Der Marktpreis der offenen Sachleistung ist dann mit dieser reduzierten noch offenen Kaufpreisverpflichtung zu vergleichen. Der Käufer, der beispielsweise einen Preis von 1.000 versprochen und 300 angezahlt hat, wird so behandelt, als wären ohnehin nur 700 als Preis vereinbart gewesen. Bei einem ausgeglichenen Geschäft (Marktpreis: 1000) erhält der Käufer also eine Differenzforderung von 300, die seiner Anzahlung entspricht. Abweichungen reduzieren oder erhöhen diese Differenzforderung. Ganz entsprechend sind die Rechtsfolgen auch dann zu bestimmen, wenn ausnahmsweise einmal vor Verfahrenseröffnung ein Teil der Sachleistung erbracht worden ist. Dann ist der in die Differenzrechnung einzustellende Marktpreis für die Sachleistung allein danach zu bemessen, in welchem Umfange diese Forderung noch offen ist. **15**

Diese Lösung, die Rechtsfolge auch bei Teilleistungen allein aus Abs 1 u 3 herzuleiten, macht Hilfskonstruktionen wie Teilvergütungsansprüche oder gesetzliche Rückabwicklungsansprüche entbehrlich. Damit ist insbesondere die von *Marotzke* vertretene Ansicht abzulehnen, dass Vorleistungen aus § 812 I 2 Fall 1 BGB zurückzufordern sind.[19] **16**

---

[16] Jaeger/*Henckel* InsO § 45 Rn 11.

[17] Jaeger/*Henckel* KO[9] § 18 Rn 3; so iE auch Kübler/Prütting/Bork/*Köndgen* InsO[1] § 104 Rn 33, der § 104 unabhängig von der einseitigen Erfüllung des Vertragspartners anwenden will, sofern nicht die lieferungsverpflichtete Partei vorgeleistet hat.

[18] Graf-Schlicker/*Bornemann* InsO[3] § 104 Rn 25.

[19] *Marotzke* HK InsO[6] § 104 Rn 12.

Für die Anwendung des Bereicherungsrechts ist kein Raum, da durch § 104 III die vertraglichen Ansprüche zwar in die der Abwicklung dienende Differenzforderung umgewandelt werden (Rn 56 ff). Diese Rechtsfolge beschränkt sich aber auf die noch offenen Ansprüche. Für vor Verfahrenseröffnung erfüllte Forderungen bleibt der **Vertrag als Rechtsgrund** bestehen.[20] Der von § 105 S 2 nur für einen Spezialfall zum Ausdruck gebrachte allgemeine Grundsatz, dass die Insolvenzeröffnung allein eine Rückforderung ausschließt (§ 103 Rn 49), gilt auch im Rahmen von § 104.

17 d) **Keine Vertragsketten.** Vereinzelt geblieben ist die Auffassung, Abs 1 setze über seinen Wortlaut hinaus aufgrund seines Regelungszwecks noch voraus, dass **mehrere Termingeschäfte zusammengefasst** werden müssten.[21] Zwar ist es durchaus Regelungsanlass des Abs 1, dass die von dieser Bestimmung erfassten Fixgeschäfte typischerweise Glieder einer Vertragskette sind (Rn 5) Jedoch hat der Gesetzgeber dieses Regelungsmotiv nicht zu einem Tatbestandsmerkmal gemacht. Eine Reduktion des geschriebenen Tatbestands ist aber auch nicht geboten, schon weil die mit § 104 bezweckte Rechtssicherheit eingeschränkt wäre, wenn das Vertragsschicksal von der Verwendungsabsicht des einen Vertragspartners abhängig wäre, die für den anderen nicht ersichtlich sein muss.

2. Lieferung von Waren

18 § 104 setzt voraus, dass die Lieferung von Waren vereinbart ist. Die unter § 18 KO noch streitige Frage, ob auch Wertpapiere unter den Begriff der Ware zu fassen sind,[22] wurde durch Schaffung von Abs 2 S 2 Nr 2 für die InsO verneint. Der Anwendungsbereich von Abs 1 ist allerdings nur eröffnet, wenn es sich um Marktware handelt, für die ein Marktpreis zu ermitteln ist.

19 a) **Anwendungsbereich: Marktware mit Marktpreis.** Die Ware muss Marktware sein, einen Markt- oder Börsenpreis haben (Gegensatz: Gelegenheitspreis). Ob dies der Fall ist, beurteilt sich nach der Verkehrssitte und nach den Umständen des Einzelfalls. Was ein Börsenpreis ist, ergibt sich aus § 24 BörsG. Dass die Ware auf eigentlichen Märkten oder an der Börse gehandelt wird, setzt § 104 I nicht voraus. Vielmehr genügt jeder einen sicher zu ermittelnden Durchschnittspreis ergebende **regelmäßige Umsatz** (vgl auch etwa § 373 HGB, §§ 385, 1221, 1235, 1295 BGB, § 821 ZPO).[23] Hiernach werden namentlich Kaufverträge über solche Sachen nicht vom Anwendungsbereich erfasst, die nicht vertretbar iSv § 91 BGB sind wie Grundstücke, aber auch bewegliche Sachen, die nicht nach Zahl, Maß oder Gewicht bestimmt zu werden pflegen.[24]

20 Für die den Gegenstand des Kaufvertrages bildende Ware muss nach Abs 3 am Erfüllungsort zugrunde zu legenden Stichtag ein **Marktpreis tatsächlich zu ermitteln** sein, und zwar für Lieferungsgeschäfte mit gleicher Erfüllungszeit (Rn 67). Ist das nicht der Fall, so bewendet es bei der Regel des § 103 (Rn 21 ff). Ob der Marktpreis auf Grund amtlicher Feststellung (vgl § 24 BörsG), durch Vernehmung von Sachverständigen oder auf irgendeine andere Weise ermittelt wird (§ 286 ZPO), ist gleichgültig. Es genügt, dass überhaupt eine sichere Ermittlung möglich ist.

---

[20] So auch *v Wilmowsky* WM 2002, 2264 (2266).

[21] *v Wilmowsky* WM 2002, 2264 (2272).

[22] So die damals hM, vgl Jaeger/*Henckel* KO[9] § 18 Rn 5; *Kilger/Schmidt* KO[17] § 18 Anm 1b.

[23] Graf-Schlicker/*Bornemann* InsO[3] § 104 Rn 11; *Jahn/Fried* MünchKomm InsO[3] § 104 Rn 39; Kübler/Prütting/Bork/*Köndgen* InsO[1] § 104 Rn 9.

[24] Graf-Schlicker/*Bornemann* InsO[3] § 104 Rn 11; *Jahn/Fried* MünchKomm InsO[3] § 104 Rn 39; Kübler/Prütting/Bork/*Köndgen* InsO[1] § 104 Rn 8.

b) **Abgrenzung: Fixgeschäfte über sonstige Waren.** Liegen bei einem Fixgeschäft die besonderen Voraussetzungen des § 104 nicht vor, etwa weil der Vertragsgegenstand keinen Marktpreis hat, so findet § 103 auf den beiderseits nicht vollständig erfüllten Vertrag Anwendung. Der Insolvenzmasse kann auf Grund des § 103 (anders als nach § 104) ein Entschädigungsanspruch nicht erwachsen. Ist die Konjunktur dem Insolvenzschuldner günstig, so muss sie der Verwalter im Geltungsbereich des § 103 dadurch ausnutzen, dass er Erfüllung wählt. Besonderheiten gelten für das **handelsrechtliche Fixgeschäft nach § 376 HGB**, weil hier der Primäranspruch allein durch Zeitablauf unterzugehen droht: 21

Schuldet der Vertragspartner die fixe Leistung, ist es entgegen der in der Vorauflage vertretenen Ansicht *Henckels*[25] nicht Sache des Vertragspartners, sie dem Insolvenzverwalter rechtzeitig anzubieten, um diesen zur Ausübung seines Wahlrechts zu bewegen. Denn solange der Verwalter die Erfüllungswahl nicht vorgenommen hat, sind die Vertragsansprüche undurchsetzbar und treffen den Vertragspartner folglich keine Erfüllungspflichten (§ 103 Rn 27). Ist der Erfüllungszeitpunkt erfolglos verstrichen, bleibt dem Verwalter nach § 376 I 2 HGB die Möglichkeit, dem Vertragspartner „sofort" nach Ablauf der Leistungszeit anzuzeigen, dass er ein Interesse an einer verspäteten Erfüllung hat und so den zeitlich bedingten Untergang des Anspruchs zu verhindern. Mit der Anzeige wird der Fixkauf zu einem gewöhnlichen Handelskauf.[26] Die Anzeige ist zugleich Erfüllungswahl iSd § 103. Anders als in den Vorauflagen dieses Kommentars vertreten,[27] wird die **Anzeigeobliegenheit** des Verwalters aus § 376 I 2 HGB nicht durch die Frist zur Wahlrechtsausübung zugunsten des Verwalters modifiziert. Dieser hat Verträge auch in zeitlicher Hinsicht so hinzunehmen, wie sie sich ihm darstellen (§ 103 Rn 302). Dagegen spricht auch die grundsätzliche Anerkennung der Wertungen des Fixhandelskaufs durch § 104. Hat die Ware keinen Marktpreis, passt die Rechtsfolge des § 104 nicht, weil sich dann nicht ohne Weiteres eine Differenzforderung bilden lässt. Es ist aber nicht ersichtlich, warum man den besonderen Umständen des Fixhandelsgeschäfts auch darüber hinaus die Anerkennung versagen sollte. Die Wertung des § 376 I 2 HGB setzt sich deshalb auch in der Insolvenz durch. 22

Ob im umgekehrten Fall, dass der **Insolvenzschuldner die fixe Leistung zu erbringen** hat, der Insolvenzverwalter den Lieferzeitpunkt verstreichen lässt und der Vertragspartner diesen nicht rechtzeitig zur Erfüllungswahl aufgefordert hat, der Verwalter noch Erfüllung verlangen können soll, wurde in den Vorauflagen uneinheitlich beantwortet. Während *Jaeger* dies noch bejahte,[28] sprach sich *Henckel* gegen die Umwandlung eines Fixgeschäfts in einen gewöhnlichen Kauf aus.[29] Die Ansicht *Henckels* ist vorzugswürdig. Denn der Insolvenzverwalter hat den Vertrag bei Erfüllungswahl auch in zeitlicher Hinsicht in dem Rahmen hinzunehmen, den die Parteien bestimmt haben (§ 103 Rn 302). Haben diese vereinbart, dass die Erfüllbarkeit der vertraglichen Pflichten in besonderer Weise mit dem Ablauf einer bestimmten Leistungszeit verknüpft sein soll, muss dies auch der Insolvenzverwalter gegen sich gelten lassen, mit der Folge dass ein etwaiges Rücktrittsrecht des Vertragspartners aus § 323 I, II Nr 2 BGB Bestand hat (§ 103 Rn 303, 326). Für den wichtigsten Fall des Fixgeschäfts, den Fixhandelskauf, ergibt sich dies schon aus **§ 376 I 2 HGB**. Danach geht der Anspruch auf Erfüllung der Fixschuld mit dem fruchtlosen Ablauf der Leistungszeit kraft Gesetzes unter, wenn nicht der Gläubiger 23

---

25 Jaeger/*Henckel* KO^{9} § 18 Rn 14.

26 Baumbach/Hopt/*Hopt* HGB^{35} § 376 Rn 9; Ebenroth/Boujong/Joost/Strohn/*Müller* HGB^{2} § 376 Rn 61; Staub/*Koller* HGB^{5} § 376 Rn 29.

27 Jaeger/*Henckel* KO^{9} § 18 Rn 14; noch weitergehend *Jaeger* KO$^{6/7}$ § 18 Anm 13.

28 *Jaeger* KO$^{6/7}$ § 18 Rn 13.

29 Jaeger/*Henckel* KO^{9} § 18 Rn 14.

ausdrücklich auf eine verspätete Erfüllung besteht. An dieser gesetzlichen Folge kann die Erfüllungswahl, die lediglich die haftungsrechtliche Schwebephase beendet und die Durchsetzbarkeit der vertraglichen Ansprüche in der Insolvenz begründet (§ 103 Rn 298), nichts ändern. Die Rechtsfolge des § 376 I 1 HGB ist insoweit vergleichbar mit der des § 275 I BGB beim absoluten Fixgeschäft im bürgerlichen Recht, die durch die Erfüllungswahl ebenfalls unberührt bleibt (§ 103 Rn 303).

3. Fixgeschäft

24 Der von Abs 1 geforderte Fixcharakter des Geschäfts muss sich auf die **Leistungspflicht des Verkäufers** beziehen, also muss die Lieferung der Ware terminiert sein. Ein Fixgeschäft, bei dem lediglich die Erfüllung des Käufers (Preiszahlung) zeitlich genau bestimmt ist, fällt nicht unter die Ausnahme des § 104, sondern unter die Regel des § 103. Hingegen ist es für den Anwendungsbereich von § 104 ohne Belang, ob der Verkäufer der Insolvenzschuldner oder dessen Vertragspartner ist.

25 An den Fixcharakter eines Geschäfts knüpfen auch BGB und HGB mit Regelungen über das sog relative und absolute Fixgeschäft an. Die Formulierung des Abs 1 ist der Regelung des **relativen Fixgeschäfts** in § 376 I HGB nachgebildet. Das bürgerlich-rechtliche relative Fixgeschäft, für das § 323 I, II Nr 2 BGB ein Rücktrittsrecht vorsieht, wird in gleicher Weise erfasst. Maßgeblich ist, dass die fest bestimmte Lieferungszeit oder Lieferungsfrist nach dem erkennbaren Willen der Vertragschließenden einen schlechterdings wesentlichen Bestandteil des Vertragsinhalts bildet, so dass der Vertrag mit der Einhaltung oder Versäumung der Frist (oder des Termins) steht oder fällt; eine genaue Terminsbestimmung allein genügt nicht.[30] Wer aus der Eigenart des Fixgeschäftes Rechte aus § 104 herleitet, hat die besonderen Umstände zu beweisen, die klar ergeben, dass im Einzelfall ein Fixgeschäft gewollt war.[31] Die an der Börse abgeschlossenen Zeitgeschäfte pflegen aber mangels gegenteiliger Abrede Fixgeschäfte zu sein.[32]

26 Von den relativen Fixgeschäften ist das **absolute Fixgeschäft** zu unterscheiden, bei dem die Einhaltung des Termins so wesentlich ist, dass dessen Nichteinhaltung zur Unmöglichkeit der geschuldeten Leistung (§ 275 I BGB) führt.[33] Auch wenn der Wortlaut von Abs 1 dem lediglich relativen Fixgeschäft in § 376 HGB nachgebildet ist, fallen mit Blick auf den Regelungszweck von Abs 1 (Rn 4 ff) indes auch absolute Fixgeschäfte unter diese Bestimmung. Es ist nicht ersichtlich, warum in diesen Fällen ein geringeres Bedürfnis nach Rechtssicherheit bestünde.[34]

4. Lieferungstermin

27 Abs 1 verlangt, dass der Fixtermin erst nach Verfahrenseröffnung eintritt. Anderenfalls ist auf das Fixgeschäft § 103 anwendbar.

---

30 Baumbach/Hopt/*Hopt* HGB[35] § 376 Rn 6 f; Ebenroth/Boujong/Joost/Strohn/*Müller* HGB[2] § 376 Rn 11; Staub/*Koller* HGB[5] § 376 Rn 13.

31 RGZ 36, 83 (85 f); Staub/*Koller* HGB[5] § 376 Rn 23.

32 Ebenroth/Boujong/Joost/Strohn/*Müller* HGB[2] § 376 Rn 16; Staub/*Koller* HGB[5] § 376 Rn 18.

33 *Ernst* MünchKomm BGB[6] § 275 Rn 46; Palandt/*Grüneberg* BGB[72] § 275 Rn 15; Staudinger/*Löwisch*/*Caspers* BGB[2009] § 275 Rn 14.

34 Vgl *Ahrendt* HambK InsO[4] § 104 Rn 3; Graf-Schlicker/*Bornemann* InsO[3] § 104 Rn 11; Kübler/Prütting/Bork/*Köndgen* InsO[1] § 104 Rn 10; Schmidt/*Ringstmeier* InsO[18] § 104 Rn 11; *Wegener* FK InsO[7] § 104 Rn 9; **aA** Uhlenbruck/*Lüer* InsO[13] § 104 Rn 6.

a) **Termin nach Verfahrenseröffnung.** Der Lieferungstermin oder das Ende der Lieferfrist müssen in die Zeit nach der Insolvenzeröffnung fallen. Während in der Vorlauflage zu § 18 KO noch vertreten wurde, dass der Liefertermin nicht vor dem zweiten Werktag nach Verfahrenseröffnung liegen dürfe, da dies gem § 18 II KO der maßgebliche Zeitpunkt für die Berechnung der Differenzforderung wegen Nichterfüllung war,[35] lässt sich diese Einschränkung nach neuer Rechtslage nicht mehr aufrechterhalten. Denn Abs 3 erklärt grds den von den Parteien vereinbarten Liefertermin, spätestens den fünften Werktag nach Verfahrenseröffnung zum Maßstab für die Berechnung der Differenzforderung. Nur wenn die Parteien überhaupt keine Vereinbarung getroffen haben, soll es noch auf den zweiten Werktag nach Verfahrenseröffnung ankommen, Abs 3 S 2. Die Regelung soll die **Vertragsfreiheit** stärken.[36] 28

b) **Abgrenzung: Termin vor Verfahrenseröffnung.** War schon vor Insolvenzeröffnung zu erfüllen und stehen sich noch beiderseitige Ansprüche gegenüber, so findet § 103 Anwendung. Die Folgen für die Rechte aus §§ 346, 323 I, II Nr 2 BGB, 376 HGB unterscheiden sich je nach dem, ob der Verwalter die Erfüllung des Vertrags wählt oder sie ablehnt. 29

Wählt er Erfüllung, bleiben die Rechte unberührt, die dem einen oder anderen Vertragspartner aus einem schon vor Insolvenzeröffnung zu erfüllenden Fixgeschäft auf Grund der §§ 346, 323 II Nr 2 BGB und, wenn das Geschäft Handelskauf ist (was § 104 nicht voraussetzt), auf Grund des § 376 HGB im Zeitpunkt der Insolvenzeröffnung bereits erwachsen waren (Rn 22 f; § 103 Rn 303, 326).[37] Die **Rechte des Verwalters** werden durch die Erfüllungswahl jedoch **ggf eingeschränkt.** Wählt er nämlich die Erfüllung des Fixgeschäfts, obwohl der Vertragspartner seiner Fixschuld nicht rechtzeitig nachgekommen ist, signalisiert er damit ein Interesse auch an einer verspäteten Leistung. Ein Rücktritt des Verwalters nach § 323 II Nr 2 BGB wäre dann widersprüchlich und ist deshalb regelmäßig nach § 242 BGB ausgeschlossen.[38] 30

Lehnt der Verwalter die Erfüllung ab, bleibt es bei der rein insolvenzrechtlichen Abwicklung des Vertrags. Der Wert des dem Vertragspartner zustehenden Anspruchs bei Verfahrenseröffnung ist ggf nach § 45 umzurechnen und kann zur Tabelle angemeldet werden (§ 103 Rn 241 ff). Da der Primäranspruch des Vertragspartners seine Durchsetzbarkeit verliert, kann dieser aus dem Ausbleiben der Erfüllung keine Rechte geltend machen kann. Die Rücktrittsrechte aus §§ 323 I, II Nr 2 BGB, 376 HGB stehen ihm in dieser Situation nicht zu (§ 103 Rn 228). 31

III. Finanzleistungen

Abs 2 ordnet für bestimmte Finanzleistungen an, dass diese Verträge wie die von Abs 1 erfassten Fixgeschäfte mit Verfahrenseröffnung in eine auf Geld gerichtete, nach Abs 3 zu bemessende Differenzforderung umgewandelt werden. Abgesehen vom Vertragstyp weisen beide Absätze sehr ähnliche, weitgehend übereinstimmende Voraussetzungen auf. Neben vertraglichen Regelungen, die wie der Deutsche Rahmenvertrag (DRV) darauf bedacht sind, eine Saldierung der Ansprüche aus Finanzgeschäften schon vor Insolvenzeröffnung zu bewirken, hat die Regelung des **§ 104 II nur Auffangfunktion.**[39] 32

---

[35] Jaeger/*Henckel* KO[9] § 18 Rn 11.
[36] BT-Drucks 15/1853 S 15.
[37] So schon Jaeger/*Henckel* KO[9] § 18 Rn 12.
[38] Vgl allg z unzulässigen Rechtsausübung durch widersprüchliches Verhalten *Roth/Schubert* MünchKomm BGB[6] § 242 Rn 284 ff.
[39] *Behrends* Finanzderivate[3] § 6 Rn 4.

1. Beiderseits nicht vollständig erfüllter Vertrag

33 Abs 1 setzt wie § 103 einen bei Verfahrenseröffnung nicht vollständig erfüllten gegenseitigen Vertrag voraus (Rn 10). Nach herrschender Meinung setzt auch die Anwendbarkeit des § 104 II aufgrund des systematischen Zusammenhangs mit § 103 einen beiderseits nicht vollständig erfüllten Vertrag voraus.[40] So gilt insbesondere bei Teilleistungen das zu Abs 1 Ausgeführte entsprechend (Rn 14 ff).

34 Teilweise werden allerdings Ausnahmen vom Erfordernis eines gegenseitigen Vertrags mit Blick auf den Zweck der Bestimmung zugelassen. Diese **teleologische Reduktion** betrifft insbesondere Optionsgeschäfte mit Barausgleich. Im Unterschied zu den nach Rechtsprechung des BGH zweistufigen Optionsgeschäften mit effektiver Lieferverpflichtung,[41] seien Optionsgeschäfte mit Barausgleich bereits mit Zahlung der Prämie durch den Optionskäufer einseitig erfüllt. Grds wären somit nur Erstere von § 104 II erfasst. Dass diese Differenzierung sachgerecht ist, wird bezweifelt.[42] Das gleiche Problem kann sich bei Zinsbegrenzungsgeschäften ergeben.[43]

35 Die erweiternde Auslegung des Abs 2 entspricht in der Tat der Intention des Gesetzgebers, der vor allem den Bedürfnissen der Finanzmarktpraxis gerecht werden wollte. Richtigerweise ist der Auffassung *Köndgens* zu folgen und auf das **Merkmal des beiderseits nicht vollständig erfüllten Vertrags im Rahmen des § 104 II vollständig zu verzichten**, sofern nicht die lieferungsverpflichtete Partei vorgeleistet hat.[44] Denn Abs 2 beinhaltet eine Spezialregelung, die die Behandlung von Finanzleistungen in der Insolvenz umfassend regelt, insbesondere auch etwaige künftige Finanzinnovationen erfassen soll. Die in der Literatur vertretenen Einschränkungen ließen sich aufgrund der tatbestandlichen Offenheit des § 104 möglicherweise nicht sinnvoll auf die genannten Beispiele beschränken. Es ist auch kein sachlicher Grund ersichtlich, warum die Behandlung eines Finanzgeschäfts abhängig vom Zeitpunkt der Leistungserbringung der zahlungspflichtigen Partei unterschiedlich behandelt werden sollte. Das möglicherweise übernommene Vorleistungsrisiko kann hier nicht entscheidend sein, weil der Zweck der Norm gerade darin besteht, an den Finanzmärkten eingegangene Insolvenzrisiken zu minimieren und jene zu stabilisieren. Im Bereich von Finanzleistungen kommt schließlich dem Zweck des § 104, Spekulationen des Verwalters zu unterbinden (Rn 7), besondere Bedeutung zu. Dafür kann es letztlich nicht entscheidend sein, ob der Vertrag bereits einseitig erfüllt ist oder nicht.

2. Finanzleistung iSd Abs 2

36 Der Begriff der Finanzleistung ist weit zu verstehen. Der Gesetzgeber hat entsprechend dem Ziel, die Gepflogenheiten der Finanzmärkte insolvenzrechtlich anzuerkennen (Rn 7) in den Nrn 1–6 des Abs 2 lediglich Regelbeispiele formuliert („insbesondere"),

[40] *Benzler* ZInsO 2000, 1 (5); *Ehricke* ZIP 2003, 273 (276); *Jahn/Fried* MünchKomm InsO[3] § 104 Rn 34; Schmidt/*Ringstmeier* InsO[18] § 104 Rn 7; Uhlenbruck/*Lüer* InsO[13] § 104 Rn 5; *Wegener* FK InsO[7] § 104 Rn 13; **aA** Graf-Schlicker/*Bornemann* InsO[3] § 104 Rn 8; Kübler/Prütting/Bork/*Köndgen* InsO[1] § 104 Rn 13: außer für den Fall, dass die lieferungsverpflichtete Partei vorgeleistet hat.

[41] BGHZ 92, 317 (319).

[42] *Ehricke* ZIP 2003, 273 (275); Graf-Schlicker/*Bornemann* InsO[3] § 104 Rn 8; Nerlich/Römermann/*Balthasar* § 104 InsO[1] Rn 31; **aA** *Bosch* WM 1995, 413 (417), der die Unterscheidung für unvermeidbar hält.

[43] *Ehricke* ZIP 2003, 273 (274 f).

[44] Kübler/Prütting/Bork/*Köndgen* InsO[1] § 104 Rn 13; noch weitergehend Graf-Schlicker/*Bornemann* InsO[3] § 104 Rn 8, der im Rahmen des Abs 2 ganz allg auf das Erfordernis des beiderseits nicht voll erfüllten Vertrags verzichten will.

um die Anwendbarkeit der Vorschrift auch auf etwaige, mit den Regeltatbeständen vergleichbare Neuerungen in der Finanzbranche zu erstrecken.[45] Eine abstrakte Definition des Begriffs „Finanzleistung“ fällt schwer, da er in keinem anderen Gesetz deckungsgleich verwendet wird.[46] Aus den weiteren Tatbestandsvoraussetzungen ergibt sich allerdings, dass sich Finanzleistungen iSv Abs 2 auf die drei Grundformen der Finanzderivate zurückführen lassen: **Festgeschäft, Option und Swapgeschäft**.[47]

Soweit Finanzleistungen auf die **Lieferung von Waren oder Wertpapieren** gerichtet sein können (Abs 2 S 2 Nr 1, 2), ist auf den Zweck des Geschäfts abzustellen. Dient der Erwerb der Spekulation auf eine bestimmte Wertentwicklung, die sich an dem für die Ware bestehenden (Finanz-, nicht Rohstoff-)Markt bemisst, liegt eine Finanzleistung vor. Soll die erworbene Ware dagegen weiterverwendet werden, wird also die Ware verarbeitet oder der Unternehmensanteil genutzt, um Einfluss innerhalb des Unternehmens auszuüben, ist das Geschäft keine Finanzleistung und fällt somit nicht in den Anwendungsbereich des § 104. Für Wertpapiere ist diese Einschränkung explizit in Abs 2 S 2 Nr 2 Hs 2 genannt. Der Rechtsgedanke ist aber auch auf Abs 2 S 2 Nr 1 anzuwenden. Abgesehen von den Fällen des Abs 2 S 1 Nr 1, 2 betrifft die Regelung keine Geschäfte, die auf die physische Lieferung einer Ware abzielen.[48] **37**

3. Markt- oder Börsenpreis

Wie Abs 1 setzt auch Abs 2 voraus, dass für die Finanzleistungen ein Markt- oder Börsenpreis besteht. Auch dieses Kriterium ist nach dem Willen des Gesetzgebers weit zu verstehen.[49] Ein tatsächlicher Handel über eine Börse oder einen vergleichbar geregelten Markt braucht nicht stattzufinden. Es genügt, dass die Möglichkeit besteht, ein entsprechendes Produkt auf dem Markt zu einem feststellbaren Preis zu erwerben.[50] Deshalb erfasst Abs 2 nicht nur börsengehandelte Produkte, sondern insbesondere auch die sog außerbörslichen „Over-the-Counter“-Derivate (OTC-Derivate).[51] Bei diesen Produkten kann zur Ermittlung des Marktwerts ggf auch auf **„synthetische“**, sprich aufgrund finanzmathematischer Berechnungen ermittelte, **Preise** zurückgegriffen werden (vgl auch Rn 68).[52] **38**

4. Leistungszeit

§ 104 II setzt voraus, dass für die Erbringung der Finanzleistung ein Termin oder eine Frist bestimmt ist. Im Unterschied zu Abs 1 setzt die Regelung **kein Fixgeschäft** voraus.[53] Das ergibt sich aus dem Wortlaut („bestimmte Zeit/Frist“ statt „genau zu einer festbestimmten Zeit/Frist“ in Abs 1) und den Materialien zur InsO.[54] Diese Differenzierung ist **39**

---

45 BT-RA zu RegE § 118, BT-Drucks 12/7302 S 168.

46 Vgl z Abgrenzung zu anderen G ausf *Jahn/Fried* MünchKomm InsO³ § 104 Rn 44 ff.

47 *Bosch* WM 1995, 365 (369 ff); *Jahn/Fried* MünchKomm InsO³ § 104 Rn 52.

48 *Fried* Finanzderivate³ § 19 Rn 11.

49 BT-RA zu RegE § 118, BT-Drucks 12/7302 S 168.

50 BT-RA zu RegE § 118, BT-Drucks 12/7302 S 168; *Bosch* WM 1995, 413 (418); Graf-Schlicker/*Bornemann* InsO³ § 104 Rn 14; *Jahn/Fried* MünchKomm InsO³ § 104 Rn 57; *Wegener* FK InsO⁷ § 104 Rn 8.

51 Ausf zum Begriff *Jahn* BankR-Hb⁴ § 114 Rn 1.

52 *Bosch* WM 1995, 413 (418); *Ehricke* NZI 2006, 564 (567); Graf-Schlicker/*Bornemann* InsO³ § 104 Rn 14; *Jahn/Fried* MünchKomm InsO³ § 104 Rn 58; **aA** Nerlich/Römermann/*Balthasar* InsO¹ § 104 Rn 29.

53 *Ehricke* ZIP 2003, 273 (275); Graf-Schlicker/*Bornemann* InsO³ § 104 Rn 13; *Marotzke* HK InsO⁶ § 104 Rn 5; *Wegener* FK InsO⁷ § 104 Rn 16.

54 Begr zu RegE § 118, BT-Drucks 12/2443 S 145.

sinnvoll, da der vereinbarte Zeitpunkt im Zusammenhang mit Finanzleistungen nur dazu dient, eine Berechnungsgröße für die Bestimmung des Produktpreises zu bieten, und es nicht wie bei den in Abs 1 geregelten Fixgeschäften darauf ankommt, dass die zu liefernde Ware am vereinbarten Termin körperlich vorhanden ist.[55] Die von manchen geforderte Anwendung des Abs 2 auf Verträge, die auf unbestimmte Zeit geschlossen worden sind,[56] widerspricht dagegen dem Wortlaut der Vorschrift und den Gesetzesmaterialien.[57]

40 Ursprünglich war in der amtlichen Überschrift des § 104 von „Finanztermingeschäften" die Rede. Der Gesetzgeber passte die Überschrift 2004 (Rn 3) an den Normtext des Abs 2 an und ersetzte den Begriff durch den der „Finanzleistungen". Dadurch sollte klargestellt werden, dass Abs 2 **nicht nur Termin-, sondern auch Kassageschäfte** erfasst.[58] Letztere unterscheiden sich von den Termingeschäften durch eine kurze Erfüllungsfrist, die, abhängig von der Art des Geschäfts, regelmäßig innerhalb von zwei oder mehr Geschäftstagen nach Vertragschluss liegt.[59] Allein Bargeschäfte, bei denen die Leistungen noch am gleichen Tag ausgetauscht werden, sind vom Anwendungsbereich des Abs 2 ausgeschlossen.[60]

5. Regelbeispiele

41 In § 104 II 2 Nr 1–6 sind beispielhaft einige typische Finanzleistungen genannt. Der Wortlaut („insbesondere") verdeutlicht, dass die Aufzählung nicht abschließend ist, um den Finanzmärkten Raum für weitere Neuerungen zu lassen.

42 a) **Lieferung von Edelmetallen (Nr 1).** Geschäfte über die Lieferung von Edelmetallen sind nach Nr 1 Finanzleistungen. Edelmetalle sind insbesondere **Gold**, **Silber** sowie verschiedene **Platinmetalle**,[61] die an Finanzmärkten gehandelt werden und die chemische Struktur von Edelmetallen aufweisen.[62] Unter den beiden letztgenannten Voraussetzungen lässt sich der Kreis der erfassten Edelmetalle durchaus noch erweitern.[63]

43 b) **Wertpapiere und vergleichbare Rechte (Nr 2).** Nr 2 erfasst Wertpapiere und vergleichbare Rechte. Ein verallgemeinerungsfähiger Wertpapierbegriff besteht nicht. Was darunter zu verstehen ist, richtet sich deshalb im Einzelnen nach dem Zweck des Gesetzes, das den Begriff verwendet.[64] Sinn und Zweck des § 104 II (Rn 4 ff) gebieten es, dass nur solche Wertpapiere erfasst werden, die an Finanzmärkten handelbar sind.[65] Nr 2 erfasst deshalb insbesondere **Effekten** wie Aktie, Inhaberschuldverschreibung und Investmentanteil.[66] Der Vorschrift liegt damit faktisch der sog enge Wertpapierbegriff zugrunde,[67] der voraussetzt, dass das verbriefte Recht durch Verfügung über die Urkunde

---

[55] **AA** *v Wilmowsky* WM 2002, 2264 (2274).
[56] So Graf-Schlicker/*Bornemann* InsO³ § 104 Rn 13; *Herring/Cristea* ZIP 2004, 1627 (1635).
[57] BT-Drucks 15/1853 S 15.
[58] BT-Drucks 15/1853 S 14 f.
[59] *Jahn/Fried* MünchKomm InsO³ § 104 Rn 88.
[60] *Jahn/Fried* MünchKomm InsO³ § 104 Rn 89; *Wegener* FK InsO⁷ § 104 Rn 16.
[61] *Jahn/Fried* MünchKomm InsO³ § 104 Rn 60; Kübler/Prütting/Bork/*Köndgen* InsO¹ § 104 Rn 25; Uhlenbruck/*Lüer* InsO¹³ § 104 Rn 21; *Wegener* FK InsO⁷ § 104 Rn 17.
[62] Vgl *Fried* Finanzderivate³ § 19 Rn 11 Fn 15.
[63] Vgl auch Uhlenbruck/*Lüer* InsO¹³ § 104 Rn 21; **aA** wohl Kübler/Prütting/Bork/*Köndgen* InsO¹ § 104 Rn 25.
[64] *Habersack* MünchKomm BGB⁶ Vor §§ 793 ff Rn 5.
[65] Vgl *Jahn/Fried* MünchKomm InsO³ § 104 Rn 61.
[66] Vgl Staudinger/*Marburger* BGB²⁰⁰⁹ Vor §§ 793 ff Rn 6.
[67] Vgl zum engen Wertpapierbegriff Staudinger/*Marburger* BGB²⁰⁰⁹ Vor §§ 793 ff Rn 2.

nach §§ 929 ff BGB übertragbar ist.[68] Neben dem Wertpapierkauf haben insbesondere auch **Wertpapierpensionsgeschäfte und Wertpapierdarlehen** die Lieferung von Wertpapieren iSd Nr 2 zum Gegenstand und sind deshalb Finanzleistungen.[69] Verträge über Wertpapierdarlehen sind Sachdarlehen gem § 607 BGB.[70] Entgegen der wohl herrschenden Meinung sind sie nicht bereits mit Übertragung der Wertpapiere durch den Darlehensgeber einseitig erfüllt, da der Darlehensgeber neben der Überlassung auch die Belassung schuldet (§ 103 Rn 123, § 108 Rn 8).[71] Darauf kommt es aber letztlich nicht an, wenn man davon ausgeht, dass § 104 II keinen beiderseits nicht vollständig erfüllten Vertrag voraussetzt (Rn 35).

Finanzleistungen sind nach Nr 2 ebenfalls den Wertpapieren „vergleichbare Rechte". **44**
Damit unterliegt auch das Effektengeschäft mit **unverbrieften Wertrechten**[72] der Sonderregelung des § 104. Insbesondere Schuldbuchforderungen und Schuldscheine, die nach den klassischen Wertpapierbegriffen nicht als solche gelten[73], sollen nach dem Wunsch des Gesetzgebers von der Sonderregelung des § 104 mitumfasst sein.[74] Darüber hinaus kommen beispielsweise unverbriefte ausländische Aktien als vergleichbare Rechte in Betracht.[75]

§ 104 II 2 Nr 2 Hs 2 klammert ausdrücklich Wertpapiergeschäfte vom Anwendungs- **45**
bereich aus, die auf die **Herstellung einer dauernden Verbindung zu dem Unternehmen** zielen. Bei solchen Geschäften soll es sich nicht um Finanzleistungen handeln, da der Erwerb des Unternehmensanteils im Vordergrund steht.[76]

c) **Geldleistungen in ausländischer Währung** (Nr 3). Finanzleistungen sind nach Nr 3 **46**
auch Geldleistungen, die in ausländischer Währung oder in einer anderen Rechnungseinheit zu erbringen sind. Darunter fallen zum einen **Devisentermingeschäfte**, die den Kauf von einer Fremdwährung oder anderen Rechnungseinheiten, wie beispielsweise das Sonderziehungsrecht des Weltwährungsfonds, zum Gegenstand haben.[77] Daneben erfasst Nr 3 insbesondere klassische **Devisen- sowie Währungsswapgeschäfte** neueren Typs.[78] Bei Ersteren verpflichten sich die Parteien zu einem Währungstausch zum Kassakurs und einem Rücktausch zum Kurs des vereinbarten Stichtags.[79] Im Unterschied dazu findet der Rücktausch bei Letzteren zu einem vorher festgelegten Kurs statt. Dafür werden periodisch Zinszahlungen ausgetauscht, die anhand einer vereinbarten Berechnungsbasis ermittelt werden.[80] Da die Berechnungseinheit die Höhe der Zinszahlungen bestimmt, erscheint es auch denkbar, die neueren Währungsswaps unter § 104 II 2 Nr 4 zu fas-

---

68 *Jahn/Fried* MünchKomm InsO[3] § 104 Rn 61.
69 *Jahn/Fried* MünchKomm InsO[3] § 104 Rn 92 ff; Kübler/Prütting/Bork/*Köndgen* InsO[1] § 104 Rn 26.
70 Z rechtlichen Einordnung von Wertpapierdarlehen *Kienle* BankR-Hb[4] § 105 Rn 25.
71 AA *Bosch* Kölner Schrift[2] S 775 Rn 78 f; *Jahn/Fried* MünchKomm InsO[3] § 104 Rn 95; Uhlenbruck/*Lüer* InsO[13] § 104 Rn 31.
72 Vgl dazu ausf *Seiler/Kniehase* BankR-Hb[4] § 104 Rn 64 ff.
73 Staudinger/*Marburger* BGB[2009] Vor §§ 793 ff Rn 3, 5.
74 BT-RA zu RegE § 118, BT-Drucks 12/7302 S 168.
75 *Bosch* Kölner Schrift[2] S 775 Rn 42; *ders* WM 1995, 413 (416); *Jahn/Fried* MünchKomm InsO[3] § 104 Rn 62; Uhlenbruck/*Lüer* InsO[13] § 104 Rn 22 m w Bsp.
76 BT-RA zu RegE § 118, BT-Drucks 12/7302 S 168.
77 *Bosch* Kölner Schrift [2] S 775 Rn 42; *Jahn* MünchKomm InsO[2] § 104 Rn 65.
78 *Bosch* WM 1995, 413 (416); *Jahn/Fried* MünchKomm InsO[3] § 104 Rn 65; Uhlenbruck/*Lüer* InsO[13] § 104 Rn 23; *Wegener* FK InsO[7] § 104 Rn 19.
79 *Jahn* BankR-Hb[4] § 114 Rn 4; *Obermüller* FS Merz (1992) S 423 (424).
80 *Jahn* BankR-Hb[4] § 114 Rn 16; *Obermüller* FS Merz (1992) S 423 (424).

sen.[81] Man kann in Nr 3 aber ebenso gut eine Spezialregelung für Währungsswaps sehen. Praktisch ist diese Frage jedenfalls ohne Bedeutung.

47 d) **Von bestimmten Referenzwerten abhängige Geldleistungen** (Nr 4). Nr 4 regelt Geschäfte, deren Gegenstand die Verpflichtung zur Zahlung einer bestimmten Geldsumme ist, die sich unmittelbar oder mittelbar anhand der in der Norm genannten Referenzwerte zum vereinbarten Zeitpunkt berechnet. Dies sind **Warenterminverträge, die als Differenzgeschäfte mit Barausgleich** statt Lieferungspflicht ausgestaltet sind, sowie alle **Swapgeschäfte**, deren Bezugsgröße für den Zahlungstausch ein Währungs- oder Rechnungseinheitskurs, ein Zinssatz oder der Preis eines Guts oder einer Währung ist.[82] Bei einem Swapgeschäft vereinbaren die Parteien den Austausch von Zahlungen, deren Höhe sich nach mindestens einem variablen Referenzwert richtet.[83] Unter die Vorschrift fallen insbesondere Indexswaps, Zinssatzswaps und Terminsatzgeschäfte.[84] Wie zuvor unter Rn 46 erwähnt, wird zum Teil auch der Währungsswap neueren Typs dem Wortlaut entsprechend unter Nr 4 subsumiert.[85]

48 Derivate, die sich auf andere als die in Nr 4 aufgezählten Referenzwerte beziehen, unterfallen der Regelung nicht. Finanzinnovationen wie **Wetterderivate, Erdbebenderivate oder Lebenserwartungs-Derivate** sind daher nicht erfasst. Denn ihr Wert leitet sich nicht – auch nicht mittelbar – von einem Gut oder einer Leistung oder einer anderen in Nr 4 genannten Größe ab.[86] Zum Teil werden derartige Geschäfte der tatbestandlichen Offenheit des § 104 II entsprechend als sonstige Finanzleistungen unter den Anwendungsbereich des Abs 2 gefasst.[87]

49 e) **Optionsgeschäfte** (Nr 5). Nr 5 regelt Optionsgeschäfte, die die Finanzleistungen der Nr 1–4 zum Gegenstand haben. Mit einer **Option** erwirbt der Käufer gegen Zahlung einer Prämie das Recht, durch einseitige Erklärung gegenüber dem Verkäufer mit diesem einen Vertrag über eine bestimmte Finanzleistung zu einem vereinbarten Zeitpunkt oder innerhalb eines vereinbarten Zeitraums zu schließen.[88] Die Regelung soll nur das Erwerbsgeschäft erfassen, nicht den Vertrag, der durch Ausübung der Option geschlossen wird. Dessen Voraussetzungen sind selbständig gem Abs 2 zu prüfen.[89] Ist die Prämienzahlung bei einem Optionsgeschäft mit **Barausgleich** schon geleistet und der Vertrag dadurch möglicherweise einseitig erfüllt, ändert dies nichts an der Anwendbarkeit des § 104 II 2 Nr 5 (Rn 35).[90]

50 Unter Nr 5 sind grds auch **Begrenzungsgeschäfte** wie Caps, Floors und Collars zu subsumieren.[91] Sie sind wirtschaftlich den Optionsgeschäften vergleichbar.[92] Begrenzungsgeschäfte haben die Vereinbarung zum Gegenstand, dass die Zahlungsverpflichtung

---

[81] So Kübler/Prütting/Bork/*Köndgen* InsO[1] § 104 Rn 29.

[82] *Bosch* WM 1995, 413 (416); Kübler/Prütting/Bork/*Köndgen* InsO[1] § 104 Rn 30; Uhlenbruck/*Lüer* InsO[13] § 104 Rn 24.

[83] *Bosch* WM 1995, 365 (370 f). – Ausf zu den unterschiedlichen Swapgeschäften *Jahn* BankR-Hb[4] § 114 Rn 2 ff.

[84] *Jahn/Fried* MünchKomm InsO[3] § 104 Rn 67.

[85] Kübler/Prütting/Bork/*Köndgen* InsO[1] § 104 Rn 29.

[86] *Fried* Finanzderivate[3] § 19 Rn 12; *Jahn/Fried* MünchKomm InsO[3] § 104 Rn 134 f.

[87] Graf-Schlicker/*Bornemann* InO[3] § 104 Rn 22.

[88] *Bosch* WM 1995, 365 (370); ausf zu den unterschiedlichen Optionsgeschäften *Jahn* BankR-Hb[4] § 114 Rn 18 ff.

[89] BT-RA zu RegE § 118, BT-Drucks 12/7302 S 168.

[90] **AA** Uhlenbruck/*Lüer* InsO[13] § 104 Rn 25; *Wegener* FK InsO[7] § 104 Rn 21.

[91] *Jahn/Fried* MünchKomm InsO[3] § 104 Rn 72 f.

[92] *Bosch* WM 1995, 365 (373); *Jahn* BankR-Hb[4] § 114 Rn 78.

aus einem Derivategeschäft gegen Zahlung einer Prämie auf einen Höchst-(Cap) oder Tiefstwert (Floor) der variablen Bezugsgröße oder eine Kombination von beidem (Collar) begrenzt wird.[93] Im Unterschied zu den Optionsgeschäften stehen sich beispielsweise beim Cap als synallagmatische Pflichten aber nur die Prämienzahlung und das Einstehen für etwaige Überschussbeträge durch den Cap-Verkäufer gegenüber.[94] Nach Zahlung der Prämie ist ein solches Begrenzungsgeschäft durch den Käufer einseitig erfüllt. § 104 II ist dennoch anwendbar (Rn 35).

f) **Finanzsicherheiten iSv § 1 XVII KWG (Nr 6).** Nr 6 bezieht Finanzsicherheiten iSv 51
§ 1 XVII KWG als Finanzgeschäfte in den Anwendungsbereich des § 104 mit ein. Die Regelung hat im Zuge des Gesetzes zur Umsetzung der Richtlinie 2002/47/EG vom 6.6.2002 über Finanzsicherheiten und zur Änderung des Hypothekenbankgesetzes und anderer Gesetze vom 5.4.2004[95] Eingang in § 104 gefunden. Sie unterzieht die in § 1 XVII KWG definierten Finanzsicherheiten[96] der Regelung des § 104 II. Das bedeutet, dass ein Vertrag über eine Finanzsicherheit im Insolvenzfall beendet und der **Erlös aus der Sicherheit mit einem möglicherweise negativen Saldo verrechnet** wird, der sich aus der Beendigung des die zu sichernde Forderung begründenden Vertrags zulasten des Sicherungsgebers ergibt[97].[98] Eine Besonderheit der Vorschrift besteht darin, dass die Finanzsicherheiten im Gegensatz zu den in Nr 1–5 genannten Finanzleistungen grds nicht Hauptverpflichtung eines Vertrags sind. Ob es der Regelung zur Umsetzung der Finanzsicherheitenrichtlinie bedurft hätte und die Verortung in § 104 II überzeugend ist, wird in der Literatur bezweifelt.[99]

IV. Einheitliche Abwicklung durch Rahmenvertrag (Abs 2 S 3)

Die Regelung des Abs 2 S 3 beinhaltet die insolvenzrechtliche Anerkennung des in 52
der Praxis der Finanzgeschäfte weit verbreiteten **Liquidationsnettings („close-out-netting“)**.[100] Besteht ein Rahmenvertrag über verschiedene Finanzgeschäfte mit dem Inhalt, dass im Falle der Insolvenz die Finanzgeschäfte nur einheitlich beendet werden können, so werden die unterschiedlichen Verträge iSd §§ 103, 104 als ein Vertrag behandelt. Im Unterschied zu der Regelung des Abs 3 bewirkt Abs 2 S 3 eine Verrechnung der Differenzansprüche aus mehreren zwischen zwei Parteien abgeschlossenen Finanzgeschäften.[101] Damit soll verhindert werden, dass der Insolvenzverwalter sein Wahlrecht aus § 103 behält und damit die Möglichkeit, lediglich die massegünstigen Verträge zu erfüllen.[102] Daneben war die insolvenzrechtliche Anerkennung des Liquidationsnettings Vorfrage, um die Anforderungen an die Eigenkapitalunterlegung von Kreditrisiken im Bankenaufsichtsrecht zu bestimmen.[103]

---

93 Dazu ausf *Jahn* BankR-Hb[4] § 114 Rn 8 ff.

94 Vgl *Jahn* BankR-Hb[4] § 114 Rn 78.

95 BGBl I 2004, S 502.

96 Dazu im Einzelnen ausf *Jahn/Fried* MünchKomm InsO[3] § 104 Rn 75a ff.

97 Vgl dazu Jaeger *Windel* InsO § 96 Rn 122.

98 Graf-Schlicker/*Bornemann* InsO[3] § 104 Rn 21; *Kieper* ZInsO 2003, 1109 (1117).

99 Vgl dazu *Ehricke* ZIP 2003, 1065 (1070 Fn 25); *Kieper* ZInsO 2003, 1109 (1112, 1117).

100 Kübler/Prütting/Bork/*Köndgen* InsO[1] § 104 Rn 41.

101 *v Wilmowsky* WM 2002, 2264 (2270).

102 *Jahn/Fried* MünchKomm InsO[3] § 104 Rn 138; Kübler/Prütting/Bork/*Köndgen* InsO[1] § 104 Rn 43.

103 *Behrends* Finanzderivate[3] § 6 Rn 5; *Jahn/Fried* MünchKomm InsO[3] § 104 Rn 138.

1. Tatbestand

53 Rahmenverträge dienen dazu, die Bedingungen künftig zwischen den Parteien abzuschließender Verträge bereits im Vorfeld festzulegen.[104] Im Bereich der in § 104 II behandelten derivativen Finanzinstrumente ist es die Hauptaufgabe von Rahmenverträgen, das **Insolvenzrisiko der Vertragspartner** durch Ermöglichung des Liquidationsnettings zu **begrenzen.**[105] Prominente Beispiele sind etwa der Deutsche Rahmenvertrag für Finanztermingeschäfte und das Master Agreement der International Swaps and Derivatives Association (ISDA MA). Die Anerkennung des Liquidationsnetting ist somit logische Folge der gewünschten insolvenzrechtlichen Privilegierung von Finanzgeschäften.

54 Den Anforderungen des Abs 2 S 3 ist genüge getan, wenn mehrere nicht notwendig gleichartige Finanzgeschäfte in einer Vereinbarung zusammengefasst werden, die deren **einheitliche Beendigung im Insolvenzfall** vorsieht.[106] Dass die einzelnen Verträge darüber hinaus auch die hohen Anforderungen erfüllen, die § 139 BGB an die Einheitlichkeit eines Rechtsgeschäfts stellen (§ 103 Rn 301), ist nicht erforderlich.[107] Die in einem Rahmenvertrag vorgesehene Möglichkeit, einzelne Verträge unabhängig von der Insolvenz eines Vertragspartners zu beenden, ist daher unschädlich.[108] Nach der ursprünglichen Fassung des § 104 II 3, der eine einheitliche Beendigung bei „Vertragsverletzungen" forderte, führten Teilkündigungsklauseln zur Unanwendbarkeit der Vorschrift. Um den Parteien insolvenzunabhängige Teilkündigungen zu ermöglichen, wurde der Tatbestand des Abs 2 S 3 dahingehend geändert, dass Rahmenverträge die einheitliche Kündigung der Einzelverträge nur noch bei Vorliegen eines Insolvenzgrundes vorsehen müssen.[109]

2. Rechtsfolge

55 Die Rechtsfolgen von Abs 2 S 3 hängen davon ab, ob die von der Rahmenvereinbarung erfassten Verträge nur unter § 103 oder auch unter § 104 fallen. Ist auf alle Verträge § 103 anwendbar, besteht das Wahlrecht des Insolvenzverwalters nach dieser Bestimmung. Allerdings kann der Verwalter das Wahlrecht bezüglich der dem Rahmenvertrag unterliegenden Verträge nur einheitlich ausüben.[110] Ist hingegen auf mindestens einen Vertrag § 104 anwendbar, erstreckt sich die von dieser Bestimmung angeordnete Umwandlung in ein Differenzgeschäft wegen der für den Insolvenzfall vereinbarten Einheitlichkeit auf alle von der Rahmenvereinbarung erfassten Verträge.[111] Die Rechtsfolge des Abs 2 S 3 erfasst somit auch **„gemischte" Rahmenverträge**, in denen sowohl Finanzleistungen als auch von § 104 II nicht erfasste Warentermingeschäfte geregelt sind.[112] Ungeachtet dieser Unterscheidung werden keine Einzelforderungen für jeden der beendeten Verträge gebildet, sondern die Einzelforderungen sind nur Rechenposten, um zwei sich gegenüberstehende Gesamtforderungen zu ermitteln, die ihrerseits dann miteinander verrechnet werden.[113]

---

104 Staudinger/*Löwisch* BGB[2013] § 311 Rn 25.
105 *Behrends* Finanzderivate[3] § 6 Rn 3.
106 Kübler/Prütting/Bork/*Köndgen* InsO[1] § 104 Rn 44; Uhlenbruck/*Lüer* InsO[13] § 104 Rn 36.
107 Kübler/Prütting/Bork/*Köndgen* InsO[1] § 104 Rn 44.
108 *Jahn/Fried* MünchKomm InsO[3] § 104 Rn 146 f.
109 BT-Drucks 15/1853 S 15.
110 *Bosch* Kölner Schrift[2] S 775 Rn 15 f, 81, 87; *Marotzke* HK InsO[6] § 104 Rn 7; **aA** *Benzler* ZInsO 2000, 1 (6).
111 *Obermüller* Bankpraxis[8] Rn 8.403 ff; **aA** wohl Graf-Schlicker/*Bornemann* InsO[3] § 104 Rn 30.
112 *Fried* Finanzderivate[3] § 19 Rn 28 f; *Jahn/Fried* MünchKomm InsO[3] § 104 Rn 180; *ders* BankR-Hb[4] § 114 Rn 141a.
113 Kübler/Prütting/Bork/*Köndgen* InsO[1] § 104 Rn 42; Uhlenbruck/*Lüer* InsO[13] § 104 Rn 34; *v Wilmowsky* WM 2002, 2264 (2270).

V. Berechnung der Differenzforderung (Abs 3)

Schon Abs 1 u 2 ordnen die Umwandlung des bei Verfahrenseröffnung nichterfüllten Fixgeschäfts bzw der Finanzleistung in eine Differenzforderung an, die das Gesetz als „Forderung wegen der Nichterfüllung“ bezeichnet. Diese Forderung kann im Unterschied zu § 103 II nicht nur für den Vertragspartner, sondern auch zugunsten der Masse entstehen. Der Vertragspartner wird allerdings von Abs 3 S 3 wie bei § 103 II auf eine Insolvenzforderung verwiesen. Die Berechnung dieser Differenzforderung regelt Abs 3. **56**

1. Umwandlung in Differenzforderung

Die Motive zur KO kennzeichneten die Rechtsfolgen des § 18 II KO, die den heutigen des § 104 entsprachen, als eine durch den Konkurs eintretende Auflösung des „Lieferungsgeschäft(s) in ein Differenzgeschäft“.[114] Mittlerweile hat sich freilich der treffendere Begriff der Differenzforderung durchgesetzt. An die Stelle effektiver Regulierung, wie sie sonst nach § 103 I beansprucht werden könnte, tritt eine **Forderung des einen oder anderen Teils auf Zahlung des Preisunterschieds.** „Erfüllung“ kann keine Vertragspartei beanspruchen. Diese Anspruchsbeschränkung wird dem Vertragspartner zugemutet, da dieser angesichts der Eigenschaft des Vertragsgegenstands als Marktware am Regulierungstage ein Deckungsgeschäft abschließen kann (Rn 19 f, 38). **57**

a) **Differenzforderung.** Die Umwandlung erfolgt **zugunsten beider Vertragspartner**, so dass die Differenzforderung sowohl dem Insolvenzschuldner (als dem Träger der Insolvenzmasse) als auch dem Vertragspartner erwachsen kann.[115] Der Ersatzanspruch des Vertragspartners ist nach Abs 3 S 3 einfache Insolvenzforderung. **58**

Es handelt sich bei der Differenzforderung – entsprechend § 103 II 1 – nicht um einen Schadens-, sondern um einen **Wertersatzanspruch** (§ 103 Rn 34, 241).[116] Das ergibt sich für § 104 schon daraus, dass die Forderung sowohl der Masse, als auch dem Vertragspartner zustehen kann. **59**

b) **Absolutheit und Endgültigkeit der Umwandlung.** Die Umwandlung des Vertrags in eine **Differenzforderung** tritt **kraft Gesetzes** mit der Insolvenzeröffnung unmittelbar ein, ohne dass es eines Vollzugsaktes bedarf. Sie ist nicht auf das Insolvenzverfahren beschränkt, sondern hat umfassende Wirkung. Diese umfassende Einwirkung auf das Vertragsverhältnis erstreckt sich also auch auf das Verhältnis des Vertragspartners zum Insolvenzschuldner während des Verfahrens und nach dessen Beendigung. Das Lieferungsgeschäft scheidet nicht als solches aus der Masse aus, sondern wird im Insolvenzverfahren abgewickelt. Der Vertragspartner darf nicht außerhalb des Verfahrens Erfüllung des Lieferungsgeschäfts verlangen, sondern ist – unbeschadet der Möglichkeit, Ansprüche gegen Dritte wegen der Differenzforderung geltend zu machen – auf die Geltendmachung seiner Insolvenzforderung im Verfahren beschränkt (§ 87). So unterliegt sein Anspruch dem Verbot der Sondervollstreckung (§ 89), in einem Insolvenzplan findet er als Insolvenzgläubiger Berücksichtigung (§§ 224, 254). Der Vertragspartner kann Sicherheiten – gleich ob als Absonderungsrecht im Verfahren oder gegen Dritte außerhalb des Verfahrens – nur wegen der ihm zustehenden Differenzforderung geltend machen.[117] **60**

---

114 Begr zu EKO § 16, Mot S 71.

115 **AA** *Häsemeyer* InsR[4] Rn 20.36, der der Masse den Differenzanspruch nur gewähren will, soweit Teilleistungen erbracht sind, die die Masse benachteiligen.

116 So für § 104 auch *v Hall* Clearingsysteme S 142 ff; *v Wilmowsky* WM 2002, 2264 (2266); **aA** *Benzler* ZInsO 2000, 1 (7); Kübler/Prütting/Bork/*Köndgen* InsO[1] § 104 Rn 46 ff.

117 *Ehricke* ZIP 2003, 273 (281).

61 Die **Umwandlung ist endgültig.**[118] Kein Vertragsteil ist befugt, nach Verfahrensbeendigung (Aufhebung oder Einstellung) auf das Lieferungsgeschäft zurückzugreifen. Streng genommen müsste die Umwandlung als gesetzliche Insolvenzfolge mit der Insolvenzeröffnung wieder wegfallen, wenn der Eröffnungsbeschluss aufgehoben wird (§§ 27, 34 II, III).[119] Jedoch ist § 104 darauf angelegt, dass der Vertragspartner am Regulierungstag ein Deckungsgeschäft abschließt (Rn 5). Auf dieser Grundlage ist es dem Vertragspartner nicht zumutbar, ihn ggf auch an dem von der Insolvenz betroffenen Geschäft festzuhalten. Sonst drohte ihm eine doppelte Bindung und damit eben die Ungewissheit, die § 104 verhüten will (Rn 4).[120] Es kommt also für die Endgültigkeit der durch die Umwandlung eingetretenen Lage nicht darauf an, dass die Erfüllungszeit verstrichen ist. Nach diesem Zeitpunkt wäre die Wiederherstellung des Vertrages ungeachtet der Regelung in § 104 auch tatsächlich unmöglich.

2. Berechnung der Differenz

62 Die Forderung bemisst sich gem § 104 III nach dem Unterschied zwischen dem Kaufpreis und demjenigen Marktpreis, der am Erfüllungsort für gleichartige Geschäfte ermittelt wird. Maßgeblich ist der von den Parteien vereinbarte Zeitpunkt, spätestens aber der fünfte Werktag nach Insolvenzeröffnung, Abs 3 S 1. Haben die Parteien keine Vereinbarung über einen Erfüllungszeitpunkt getroffen, ist der zweite Werktag nach Verfahrenseröffnung entscheidend, Abs 3 S 2. Ob ein Deckungsgeschäft gerade an dem entsprechenden Tag tatsächlich abgeschlossen wird, ist belanglos.

63 a) **Abstrakte Berechnung.** Die Differenz wird nach der Marktlage (abstrakt) berechnet. Eine Berechnung nach dem Ergebnis der tatsächlichen Abwicklung (**konkrete Berechnung) ist ausgeschlossen** (vgl auch § 103 Rn 244). Wenn der Käufer sich zu einem höheren als dem Börsen- oder Marktpreis eindeckt oder der Verkäufer unter dem Börsen- oder Marktpreis anderweitig verkauft, wird dies bei der Berechnung der Differenz nicht berücksichtigt.[121]

64 Hatten die Vertragspartner vereinbart, dass am Erfüllungstage der Käufer dieselbe Menge Waren, die fest gekauft war, oder ein mehrfaches davon nachkaufen oder der Verkäufer dieselbe Menge Waren oder ein mehrfaches davon nachliefern darf (sog **Nochgeschäft**), so wird in der Insolvenz des einen oder anderen Vertragsteils das ganze Geschäft in ein Differenzgeschäft umgewandelt und nicht nur der auf die fest gekaufte Ware bezogene Vertragsteil.[122] Denn das Nochgeschäft ist ein (unselbständiges)[123] Optionsgeschäft.[124]

---

118 *Ehricke* NZI 2006, 564 (565); Graf-Schlicker/*Bornemann* InsO³ § 104 Rn 26; Schmidt/*Ringstmeier* InsO¹⁸ § 104 Rn 23; Uhlenbruck/*Lüer* InsO¹³ § 104 Rn 10; *Wegener* FK InsO⁷ § 104 Rn 24.

119 Jaeger/*Schilken* InsO § 34 Rn 28; Kübler/Prütting/Bork/*Pape* InsO³⁶ § 34 Rn 82; *Schmahl/Busch* MünchKomm InsO³ § 34 Rn 88.

120 Ebenso Jaeger/*Schilken* InsO § 34 Rn 29; Kübler/Prütting/Bork/*Pape* InsO³⁶ § 34 Rn 82; so zu § 18 KO auch schon Jaeger/*Henckel* KO⁹ § 18 Rn 17.

121 *Ehricke* ZIP 2003, 237 (277); *ders* NZI 2006, 564 (566); *Wegener* FK InsO⁷ § 104 Rn 25; **aA** Graf-Schlicker/*Bornemann* InsO³ § 104 Rn 23.

122 Uhlenbruck/*Lüer* InsO¹³ § 104 Rn 43; *Wegener* FK InsO⁷ § 104 Rn 28; zu § 18 KO RG LZ 1915 Sp 539 ff, dazu *Jaeger* LZ 1915 Sp 542.

123 Vgl *Casper* Optionsvertrag S 39 f.

124 Baumbach/Hopt/*Hopt* HGB³⁵ Vor § 32 Rn 10.

b) **Die Ermittlung der Differenz.** Den Betrag der Forderung ergibt folgende **Differenzrechnung:** Es fragt sich, ob der vereinbarte Preis oder der am Stichtag nach Verfahrenseröffnung ermittelte Marktpreis höher ist. Der Mehrbetrag des Marktpreises über dem Vertragspreis gereicht dem Käufer, der Minderbetrag dem Verkäufer zum Vorteil. Es wirkt sich nicht aus, ob der Insolvenzschuldner Käufer oder Verkäufer ist. Maklergebühr und -provision sind zuzuschlagen.[125] Die Forderung des Insolvenzschuldners gehört zur Masse, die des Gegners ist Insolvenzforderung. 65

Schon **geleistete Anzahlungen** der einen oder anderen Seite sind auf den der Differenzrechnung zugrunde zu legenden Preis anzurechnen (Rn 15 f). *Häsemeyer* ist dagegen der Ansicht, ein Anspruch der Masse auf Differenzzahlung könne sich nur ergeben, wenn bereits Teilleistungen aus der Masse erbracht wurden und diese dadurch benachteiligt ist.[126] Diese Einschränkung findet jedoch keine Stütze im Gesetz. 66

c) **Der Marktpreis.** Als Marktpreis kommt nach Abs 3 derjenige Preis in Ansatz, der sich am Erfüllungsort für ein gleichartiges, am maßgeblichen Stichtag geschlossenes Geschäft ergibt. Gleichartig in diesem Sinne sind Geschäfte, die über **Gegenstände gleicher Art unter gleichen Bedingungen, mit der gleichen Erfüllungszeit und dem gleichen Erfüllungsort** (§ 269 BGB) abgeschlossen werden. § 18 KO sah noch vor, dass bei Fehlen eines Marktes am Erfüllungsort der Preis des „maßgebenden Handelsplatzes", sprich des nächsten Marktes der Ware, zugrunde zu legen sei.[127] Auf diesen Zusatz wurde im Rahmen des § 104 verzichtet, da Preisunterschiede an verschiedenen Handelsplätzen im Zeitalter globalisierter Märkte wenig bedeutend sind.[128] 67

Auch auf die Übernahme von § 18 III KO wurde bewusst verzichtet.[129] Dort wurde die Anwendung von § 17 KO (= § 103) angeordnet, wenn sich auf den Stichtag ein Marktpreis nicht ermitteln ließ. Es stellt sich deshalb die Frage, wie der **Markt- oder Börsenpreis** zu ermitteln ist, wenn ein solcher am Stichtag **nicht eindeutig feststellbar** ist, beispielsweise, weil der Börsenhandel eingestellt wurde[130] oder weil es sich bei einer Finanzleistung iSd Abs 2 um ein außerbörslich gehandeltes, individualisiertes Produkt handelt, für das nicht zu jedem Zeitpunkt ein Markt besteht. Da nach dem Bericht des Rechtsausschusses § 104 II auch individuell ausgehandelte Finanzprodukte erfassen soll und das Merkmal des Markt- und Börsenpreises daher weit auszulegen ist,[131] erscheint es sinnvoll, in solchen Fällen **„synthetische"**, das heißt aufgrund finanzmathematischer Berechnungen gebildete **Preise** genügen zu lassen.[132] 68

Bei derivativen Finanzinstrumenten kann sich außerdem die Frage stellen, ob der zugrunde zu legende **Marktpreis** anhand des Produktwerts **auf dem Sekundärmarkt** oder aufgrund des Preises des Basiswerts **auf dem Primärmarkt** zu berechnen ist. Insoweit können sich Preisunterschiede ergeben.[133] Die in § 104 angeordnete Vertragsbeendigung 69

---

125 *Ehricke* ZIP 2003, 273 (280); Kübler/Prütting/Bork/*Köndgen* InsO[1] § 104 Rn 46; *Wegener* FK InsO[7] § 104 Rn 25.

126 *Häsemeyer* InsR[4] Rn 20.36.

127 Jaeger/*Henckel* KO[9] § 18 Rn 23.

128 BT-Drucks 15/1853 S 15.

129 BT-RA zu RegE § 118, BT-Drucks 12/7302 S 168.

130 *V Hall* Clearingsysteme S 139.

131 BT-RA zu RegE § 118, BT-Drucks 12/7302 S 168.

132 *Benzler* ZInsO 2000, 1 (7); *Bosch* WM 1995, 413 (418); *Ehricke* NZI 2006, 564 (567); Graf-Schlicker/*Bornemann* InsO[3] § 104 Rn 24; *Jahn/Fried* MünchKomm InsO[3] § 104 Rn 58; **aA** Nerlich/Römermann/*Balthasar*[1] § 104 Rn 29.

133 Vgl dazu das ausf Bsp bei *v Hall* Clearingsysteme S 131 ff.

bezweckt, Rechtssicherheit zu schaffen und dem Vertragspartner des Insolvenzschuldners zu ermöglichen, möglichst zeitnah ein Deckungsgeschäft abzuschließen (Rn 5). Haben die Vertragsparteien ein Geschäft auf dem Sekundärmarkt geschlossen, soll dem Vertragspartner ermöglicht werden, auf eben diesem Sekundärmarkt ein entsprechendes Geschäft neu abzuschließen. Dessen Preis muss deshalb maßgeblich sein.[134] Das zeigt auch der Wortlaut, der das in Abs 2 genannte Kriterium des Markt- oder Börsenpreises aufgreift, welchen eine Finanzleistung iSd Abs 2 haben muss. Den Marktwert beispielsweise einer Option bildet ihr eigener Marktpreis, nicht der des zugrundeliegenden Basiswerts.

70 d) **Maßgebender Zeitpunkt.** Für die Berechnung der Differenzforderung ist der **von den Parteien vereinbarte Zeitpunkt** maßgeblich, wenn dieser in den ersten fünf Werktagen nach Verfahrenseröffnung liegt. Wurde ein späterer Zeitpunkt vereinbart, ist der fünfte Werktag maßgeblich, Abs 3 S 1. Haben die Parteien keine Vereinbarung über einen Erfüllungszeitpunkt getroffen – beispielsweise bei einer Option, die innerhalb eines bestimmten Zeitraums ausgeübt werden kann (Rn 49) – ist der zweite Werktag nach Verfahrenseröffnung entscheidend, Abs 3 S 2.

71 Diese flexible Berücksichtigung von Vertragsabreden bei der Bestimmung des Berechnungszeitpunkts hat erst mit der Änderung des § 104, die 2004 anlässlich der Umsetzung der Finanzsicherheitenrichtlinie vorgenommen wurde (Rn 3), Eingang in die Regelung gefunden. Bis dahin stellte Abs 3 wie § 18 KO zwingend auf den zweiten Werktag nach Verfahrenseröffnung ab. Die Idee hinter der Festlegung auf den zweiten Werktag nach Verfahrenseröffnung war es, den Beteiligten genügend Zeit für ein die ursprüngliche Vereinbarung ersetzendes Deckungsgeschäft einzuräumen. Vor dem Hintergrund moderner Kommunikationssysteme, die den Marktteilnehmern regelmäßig den Abschluss taggleicher Deckungsgeschäfte ermöglichen, erschien die Fixierung auf den zweiten Werktag nach Insolvenzeröffnung allerdings nicht mehr zeitgemäß. Um dem Interesse der Beteiligten an einer möglichst vereinbarungsgemäßen Abwicklung gerecht zu werden, wurde daher ein **Zeitfenster von fünf Tagen** geschaffen.[135]

72 Der Begriff des Werktags unterscheidet sich vom Bankarbeitstag insbesondere dadurch, dass ein **Sonnabend/Samstag** zwar kein Bankarbeitstag, aber grds ein Werktag ist. Zwar kann eine Frist wegen § 193 BGB nicht auf einen Samstag enden, der Samstag ist aber bei der Zählung der maximal fünf Werktage mitzurechnen. Zwar hat der BGH für § 556b I BGB anders entschieden, indem er Werktag iSv § 556b BGB als Bankarbeitstag versteht.[136] Die Fälligkeit der Miete sei allein anhand von solchen Tagen zu berechnen, an denen die Miete auch via Bank erbracht werden könnte. Jedoch ist diese Rechtsprechung angesichts des verwendeten Begriffs Werktag schon zweifelhaft und jedenfalls für § 104 nicht zu übernehmen. Es genügt, dass der Vertragspartner am letzten Tag der Frist die Möglichkeit zum Deckungsgeschäft hat, wofür nur erforderlich ist, dass dieser Tag ein Bankarbeitstag, mithin kein Sonnabend, ist.

73 e) **Beispiel.** A in Hamburg kauft am 2.1. von B in Köln Aktien einer bestimmten Art zum Tageskurs von 120, lieferbar zum 31.5. in München. Über das Vermögen des Verkäufers B wird am 30.3. das Insolvenzverfahren eröffnet. Stichtag ist, wenn der 1.4. auf

---

[134] *V Hall* Clearingsysteme S 130 f, 137 f; **aA** *Ehricke* ZIP 2003, 273 (277); Nerlich/Römermann/*Balthasar* InsO[1] § 104 Rn 28; *Ruzik* Finanzmarktintegration S 561.

[135] BT-Drucks 15/1853 S 15.

[136] BGH NJW 2010, 2879 Rn 47 ff.

einen Sonntag fällt, der 5.4. (§ 193 BGB). Es ist also zu fragen, welchen Kurs die Aktien in München am 5.4. haben, wenn als Lieferungszeit der 31.5. und als Lieferungsort München bedungen ist. Angenommen, dieser Kurs ist auf 115 gefallen, also um 5 niedriger als der Kaufpreis, so würde der Käufer A, wenn der Vertrag erfüllt würde, alsbald nur mit einem Verlust von 5 weiterverkaufen können. Diesen Unterschied (120–115 = 5) muss A zur Masse leisten. Wäre umgekehrt der maßgebende Kurs auf 125 gestiegen, so hätte der Käufer A 5 zu beanspruchen (einfache Insolvenzforderung). Denn er könnte jetzt mit einem Gewinn von 5 weiterverkaufen, wenn der ursprüngliche Kauf wirksam bliebe. Wie der Kurs sich bis zum 31. 5. weiterentwickelt, bleibt außer Betracht. Die nach Abs 3 errechnete Differenz kann voll beansprucht werden, auch wenn gar kein oder ein weit geringerer Schaden entsteht, und nur sie wird geschuldet, auch wenn der Schaden tatsächlich viel höher ist.

3. Erzwingbarkeit der Differenzforderung

§ 762 I 1 BGB bestimmt, dass Ansprüche aus Spiel und Wette nicht erzwingbar sind. **74**
Diese Bestimmung steht der Erzwingbarkeit des Differenzanspruchs grds nicht entgegen, weil es sich bei der Differenzforderung ihrer Art nach um einen Wertersatzanspruch, aber nicht zwingend um einen Anspruch aus Wette handelt (s auch § 376 II HGB). Fällt aber schon der von § 104 betroffene Schuldvertrag, das Fixgeschäft oder die Finanzleistung[137] unter § 762 I 1 BGB,[138] so teilt die Differenzforderung das – freilich umstrittene – insolvenzrechtliche Schicksal der Primärforderung.[139]

§ 105
Teilbare Leistungen

Sind die geschuldeten Leistungen teilbar und hat der andere Teil die ihm obliegende Leistung zur Zeit der Eröffnung des Insolvenzverfahrens bereits teilweise erbracht, so ist er mit dem der Teilleistung entsprechenden Betrag seines Anspruchs auf die Gegenleistung Insolvenzgläubiger, auch wenn der Insolvenzverwalter wegen der noch ausstehenden Leistung Erfüllung verlangt. Der andere Teil ist nicht berechtigt, wegen der Nichterfüllung seines Anspruchs auf die Gegenleistung die Rückgabe einer vor der Eröffnung des Verfahrens in das Vermögen des Schuldners übergegangenen Teilleistung aus der Insolvenzmasse zu verlangen.

Gesetzesänderungen: –

Materialien: BT-Drucks 12/2443 S 145 f; RegE § 119; RefE § 113; DiskE § 113.

Vorgängerregelungen: § 26 S 1 KO (dazu Motive I Bd 1 S 113 ff; Motive II S 86 ff; Protokolle S 19 f, 149), § 36 II 1, 2 VerglO.

---

[137] In diesem Zusammenhang ist freilich § 37e S 1 WpHG zu beachten, der Finanztermingeschäfte grds v Einwand des § 762 BGB ausnimmt.

[138] Zu den allg Voraussetzungen vgl *Habersack* MünchKomm BGB[6] § 762 Rn 4 ff.

[139] Zu diesem Streitstand Jaeger/*Henckel* KO[9] § 38 Rn 13 mwN.

Literatur

Bien Die insolvenzrechtliche Stellung des Refinanzierers der Leasinggesellschaft beim Finanzierungsleasing nach der Insolvenzordnung (2000); *Blaum* Zurückbehaltungsrechte in der Insolvenz (2008); *Bopp* Der Bauvertrag in der Insolvenz (2009); *Brandes* Aktuelle Schwerpunkte der BGH-Rechtsprechung zum Konkursrecht RWS-Forum 9 Insolvenzrecht (1996) S 1; *Damerius* Masseverbindlichkeit oder Insolvenzforderung? Zur Einordnung der Kosten eines vom Insolvenzverwalter nach Verfahrenseröffnung fortgesetzten Prozesses ZInsO 2007, 569; *Eckert* Leasingraten – Masseschulden oder Konkursforderungen? ZIP 1997, 2077; *Engert/Schmiedl* Verkaufte Darlehen in der Insolvenz des Darlehensgebers WM 2005, 60; *G Fischer* Die Rechtsprechung des Bundesgerichtshofs zum Insolvenzrecht im Jahr 2001 NZI 2002, 281; *Fölsing* Unzulässige Privilegierung des Steuergläubigers in der Insolvenz? NZI 2009, 794; *Gottwald* Der unerkannte Baumangel in der Insolvenz NZI 2005, 588; *Häsemeyer* Das funktionelle Synallagma im Konkurs- und Vergleichsverfahren KTS 1973, 2; *Heiderhoff* Aufteilung des Kostenerstattungsanspruchs nach Prozessübernahme durch den Insolvenzverwalter? ZIP 2002, 1564; *Heidland* Welche Änderungen ergeben sich für den Bauvertrag durch die Insolvenzordnung im Verhältnis zur bisherigen Rechtslage? Wie ist der Wortlaut der VOB Teil A und B zu ändern? BauR 1998, 643; *ders* Konsequenzen der „Erlöschenstheorie" und der Theorie der Teilbarkeit der Bauleistung für die baurechtliche Abnahme, für Vergütungsansprüche, Gewährleistungsfrist und Vertragsstrafe im Insolvenzverfahren über das Vermögen des Auftraggebers FS Uhlenbruck (2000) S 423; *ders* Der Bauvertrag in der Insolvenz von Auftraggeber und Auftragnehmer[2] (2003); *Henckel* Konstruktion, Funktion und Interessen – zur modifizierten Erlöschenstheorie durch den BGH FS Kirchhof (2003) S 191; *ders* Anmerkung zu BGHZ 135, 25 JZ 1998, 155; *M Huber* Gegenseitige Verträge und Teilbarkeit von Leistungen in der Insolvenz NZI 2002, 467; *ders* Grundstrukturen der Abwicklung eines Bauvertrags in der Insolvenz – Teil 2 NZBau 2005, 256; *ders* Vertragsspaltung in der Insolvenz des Auftragnehmes auch für mangelhafte Teilleistung vor Verfahrenseröffnung ZInsO 2005, 449 = FS Kreft (2004) S 327; *Kepplinger* Das Synallagma in der Insolvenz (2000); *Kesseler* Die Insolvenz des Bauträgers RNotZ 2004, 177; *ders* § 105 InsO und die teilbaren unteilbaren Leistungen ZIP 2005, 2046; *Kreft* Die Wende der Rechtsprechung zu § 17 KO ZIP 1997, 865; *ders* Teilbare Leistungen nach § 105 InsO (unter besonderer Berücksichtigung des Bauvertragsrechts) FS Uhlenbruck 2000 S 387; *ders* Ausgesuchte Fragen zum Einfluss des neuen Schuldrechts auf die Erfüllungswahl nach § 103 InsO ZInsO 2003, 1120 = FS Kirchhof (2003) S 275; *Kroth* „Steuerrecht versus Insolvenzrecht" oder „(Wider) die Auferstehung des Fiskalprivilegs"? NZI 2004, 345; *Krull* Globalzession, Erfüllungsverlangen und vorkonkursliche Teilleistungen InVO 1998, 180; *ders* Teilbarkeit der Leistung nach § 105 InsO NZI 1998, 66; *Langhein* Der Sonderkundenvertrag im Vergleich – Zur Auslegung des § 36 II VerglO ZIP 1985, 385; *Linder* Vorleistungen in der Insolvenz (2006); *Matthies* Der Teilbarkeitsbegriff in der Insolvenzordnung sowie die insolvenzrechtliche Behandlung unteilbarer Leistungen im gegenseitigen Vertrag (2008); *Meyer* Die Teilbarkeit von Bauleistungen nach § 105 InsO NZI 2001, 294; *Obermüller/Livonius* Auswirkungen der Insolvenzrechtsreform auf das Leasinggeschäft DB 1995, 27; *Onusseit* Die umsatzsteuerlichen Folgen des in der Insolvenz stecken gebliebenen Bauvorhabens FS Kirchhof (2003) S 373; *Pape* Ablehnung und Erfüllung schwebender Rechtsgeschäfte durch den Insolvenzverwalter Kölner Schrift[3] S 353; *Piegsa* Der Grundstückskaufvertrag in der Insolvenz des Verkäufers RNotZ 2010, 433; *Rohrmüller* Erfüllungswahl des Insolvenzverwalters – Auswirkung auf Mängelansprüche für Bauleistungen, die vor der Insolvenzeröffnung noch vom Auftragnehmer erbracht wurden? NZBau 2007, 145; *Scheffler* Teilleistungen und gegenseitige, nicht vollständig erfüllte Verträge in der Insolvenz ZIP 2001, 1192; *Scherer* Teilweise Vorleistungen in der Insolvenz NZI 2004, 113; *Schmitz* Mängel nach Abnahme und offener Werklohnanspruch – ein wesentlicher Anwendungsbereich des § 103 InsO bei Bauverträgen ZIP 2001, 765; *ders* Die Dreiteilung des im Insolvenz(eröffnungs)verfahren fortgeführten Bauvertrags – Auswirkungen auf Gegenrechte des Bestellers ZInsO 2004, 1051; *Schwörer* Lösungsklauseln für den Insolvenzfall (2000); *Thode* Werkleistung und Erfüllung im Bau- und Architektenvertrag ZfBR 1999, 116; ders Erfüllungs- und Gewährleistungssicherheiten in innerstaatlichen und grenzüberschreitenden Bauverträgen ZfIR 2000, 165; *Tintelnot* Die gegenseitigen Verträge im neuen Insolvenzverfahren ZIP 1995, 616; *Uhlenbruck* Kosten eines nach Unterbrechung wieder aufgenommenen Prozesses im Insolvenzverfahren ZIP 2001, 1988; *Weller* Miet- und Leasingverträge über bewegliche Sachen im neuen Insolvenzrecht

(1999); *Wiegmann* Grund, Grenzen und Wirkungsweise des § 105 InsO (2004); *v Wilmowsky* Insolvenzvertragsrecht: Die Grundstruktur – Plädoyer für ein funktionsgerechtes Verständnis des § 103 KTS 2011, 453; *Wudy* Abwicklungsvereinbarung infolge eines wegen Insolvenz des Bauträgers stecken gebliebenen Bauvorhabens ZNotP 2001, 142.

Übersicht

Alphabetische Übersicht

I. Grundlagen

1 Die Bestimmung ergänzt § 103. Sie bezieht sich auf **Vorleistungen des Vertragspartners** vor Insolvenzeröffnung. S 2 schließt die Rückforderung der erbrachten Teilleistung aus (Rückforderungsverbot). S 1 verweist den Vertragspartner für seine Gegenforderung, die auf seine Vorleistung entfällt, auch bei Erfüllungswahl des Insolvenzverwalters abweichend von § 55 I Nr 2 auf eine Insolvenzforderung. § 105 ist damit gesetzliche Grundlage des von der Rechtsprechung postulierten **Gegenleistungsgrundsatzes**, dass in die Masse jedenfalls die Gegenleistung für das fließen soll, was aus der Masse erbracht wird (Vor § 103 Rn 2), zeigt gleichzeitig aber auch dessen Grenzen auf. Die Regelung hat insoweit – im Unterschied zu S 2 – entgegen der herrschenden Meinung (Rn 2) konstitutiven Charakter.[1]

1. Entstehungsgeschichte

2 Vorgängernorm von § 105 ist **§ 36 II VglO**. S 1 dieser Bestimmung verwies den Vertragspartner in einer fast wortgleichen Formulierung wegen der seiner Vorleistung entsprechenden Gegenforderung auf den Status als Vergleichsgläubiger. Eine Beschränkung auf die Erfüllungswahl musste diese Regelung nicht enthalten, weil nach § 36 I VglO die Erfüllung des Vertrags die Regel war,[2] solange der Schuldner den Vertrag nicht nach § 50 I VglO mit der Folge des § 52 I VglO ablehnte. Die KO enthielt keine Regelung über Teilleistungen. Der BGH meinte allerdings schon aus den § 103 entsprechenden § 9 I GesO sowie § 17 KO den Gegenleistungsgrundsatz und damit S 1 entsprechende Rechtsfolgen gewinnen zu können.[3]

3 Das Rückforderungsverbot des S 2 ist mit **§ 36 II 2 VglO** zumindest verwandt, der den Rücktritt wegen der vom Vertragspartner erbrachten Teilleistung ausschloss. Ein vom Anwendungsbereich deutlich weitergehendes Rückforderungsverbot enthielt die **KO in § 26 S 1**.

2. Normzweck

4 Der Normzweck, den man § 105 zugrundelegt, entscheidet im Wesentlichen über die Weite des Anwendungsbereichs. Dabei ist zu beachten, dass § 105 im Spannungsfeld zwischen Masseschutz und Gläubigerindividualinteressen steht.

5 a) **Interessen der Masse.** Zugunsten des Masseschutzes berücksichtigt § 105 S 1, dass der teilweise vorleistende Vertragspartner insoweit das **Insolvenzrisiko des Schuldners übernommen** hat.[4] Es entspricht dem Grundsatz der **Gläubigergleichbehandlung**, Gläubiger, die sich nicht gegen die Insolvenz ihres Schuldners abgesichert haben, mit ihren Forderungen auf eine Insolvenzquote zu verweisen, und zwar unabhängig davon, ob sie vollständig oder nur teilweise vorgeleistet haben.[5] Denn die vollständige Befriedigung eines (ungesicherten) Gläubigers mit Mitteln der Masse lässt sich gegenüber der Gläubigerge-

---

[1] AA *Huber* ZInsO 2005, 449 (452); *Scheffler* ZIP 2001, 1182 (1185); Uhlenbruck/*Wegener* InsO[13] Rn 3, die der Ansicht sind, § 105 sei deklaratorischer Natur, da sich die gleichen Ergebnisse schon allein aus § 103 ergäben.

[2] Dazu BGHZ 67, 242 (248).

[3] BGHZ 135, 25 (26 ff); **anders** zuvor etwa BGH WM 1960, 1410 (1411).

[4] *Bopp* Bauvertrag S 135 f; Kübler/Prütting/Bork/*Tintelnot* InsO[1] § 105 Rn 2; Staudinger/*Peters/Jacoby* BGB[2014] Anh zu § 631 Rn 15.

[5] Vgl BGHZ 147, 28 (33); *Ahrendt* HambK InsO[4] § 105 Rn 1; Uhlenbruck/*Wegener* InsO[13] § 105 Rn 5, **aA** *Häsemeyer* InsR[4] Rn 20.27.

samtheit nur rechtfertigen, soweit dessen Gegenleistung ebenfalls der Masse zufließt. Vor Verfahrenseröffnung teilweise erbrachte Leistungen kommen der Masse aber ebenso wenig zugute wie solche des Gläubigers, der bereits vollständig vorgeleistet hat.[6]

b) **Zumutbarkeit für den Vertragspartner.** In dieser massegünstigen Gewichtung des Vorleistungsrisikos, die § 105 S 1 enthält, wird zum Teil eine unzumutbare Härte für den Vertragspartner gesehen. Es wird eingewandt, dass die infolge der Erfüllungswahl eintretende Aufspaltung des Vertrags in Leistungen, die teilweise als Masse-, teilweise als Insolvenzforderung vergütet werden, die **Kalkulationsgrundlage des Vertragspartners** zerstöre, was einen nicht gerechtfertigten Eingriff in die Vertragsfreiheit darstelle.[7] Im Ergebnis führe dies dazu, dass Vertragspartner früher von etwaigen Kündigungsrechten Gebrauch machten und der Insolvenzmasse wichtige Verträge entzögen.[8] 6

c) **Stellungnahme.** § 105 hat den Widerstreit zwischen Masseschutz und Individualinteressen des Vertragspartners im Bereich der teilbaren Verträge im Sinne der Gläubigergleichbehandlung zugunsten des Ersteren entschieden. Diese Wertungsentscheidung des § 105 ist bereits in § 103 angelegt.[9] § 103 schützt den Vertragspartner, indem er die **Sicherungsfunktion des § 320 BGB** auch in der Insolvenz aufrecht erhält und es dem Vertragspartner ermöglicht, die von ihm geschuldete Leistung zurückzubehalten, bis der Insolvenzschuldner seine Gegenleistung erbringt (§ 103 Rn 5 ff). Der Erhalt des § 320 BGB als Sicherungsrecht ist gerechtfertigt, da der Vertragspartner, der seine Leistung nur Zug um Zug erbringt, sich bewusst vor der Insolvenz seines Vertragspartners schützt. Auf der anderen Seite ermöglicht es das Erfüllungswahlrecht dem Verwalter, nur solche Verträge zu erfüllen, die für die Masse vorteilhaft sind und den Vertragspartner mit Forderungen aus wirtschaftlich nachteiligen Verträgen gemäß §§ 38, 87 auf die Anmeldung zur Insolvenztabelle zu verweisen. Insoweit dient § 103 dem Schutz der Insolvenzmasse (§ 103 Rn 8 ff). 7

Ist ein Vertrag teilbar und hat der Vertragspartner mit einem Teil vorgeleistet, hat er insoweit auf den **Schutz des § 320 BGB verzichtet** und das Insolvenzrisiko des anderen Teils übernommen. Dementsprechend kann der Vertragspartner auch bei Erfüllungswahl des Verwalters die Gegenleistung für den vor Insolvenzeröffnung erbrachten Teil nur als Insolvenzforderung verlangen. Dies entspricht auch § 108 III, der eine sinngleiche Regelung für den Bereich der über die Insolvenzeröffnung hinaus bestehenden Dauerschuldverhältnisse beinhaltet.[10] Daher ist der Anwendungsbereich des § 105 entgegen anderslautender Stimmen in der Literatur nicht eng, sondern im Sinne der Gläubigergleichbehandlung **weit auszulegen.** Darin ist kein unzumutbarer Eingriff in die Vertragsfreiheit zu sehen. Auch die Erfüllungsablehnung führt dazu, dass die Forderung des Vertragspartners nur quotal befriedigt wird und „zerstört" dessen Vertragskalkulation gleichermaßen.[11] Der Ausfall mit seiner Gegenleistungsforderung stellt das typische Insolvenz- 8

---

[6] Vgl BGHZ 135, 25 (27).

[7] *Blaum* Zurückbehaltungsrechte S 216 f; *Gottwald* NZI 2005, 588 (590); *Häsemeyer* InsR[4] Rn 20.27; *Henckel* FS Kirchhof (2003) S 191 (203); *Marotzke* HK InsO[6] § 105 Rn 4; *Windel* Jura 2002, 230 (234); so auch schon z Vorgängerregelung des § 36 II 1 VglO *Häsemeyer* KTS 1973, 2 (12).

[8] *Marotzke* HK InsO[6] § 105 Rn 6; vgl auch *Huber* InsR-Hb[4] § 36 Rn 10.

[9] Vgl *Kreft* MünchKomm InsO[3] § 103 Rn 47, § 105 Rn 1; *Scherer* NZI 2004, 113 (116).

[10] Vgl *Kreft* MünchKomm InsO[3] § 103 Rn 47; Kübler/Prütting/Bork/*Tintelnot* InsO[1] § 105 Rn 2.

[11] So schon BGHZ 135, 25 (28) z Aufspaltung des Erfüllungswahlrechts nach § 17 KO; ebenso *Scherer* NZI 2004, 113 (116).

risiko des vorleistenden Vertragspartners dar, das bei der Vertragskalkulation im Vorfeld zu berücksichtigen ist. Es ist daher ein weites Verständnis der Norm geboten, das zu einer großzügigen Auslegung des Merkmals der tatsächlichen Teilbarkeit führt (Rn 25 f).

3. Privatautonomie

9 Die Vorschrift des § 105 ist gem § 119 unabdingbar. S zu den Einzelheiten § 119 Rn 45 f.

II. Teilweise erbrachte Leistung

10 § 105 setzt voraus, dass der Vertragspartner seine Leistung teilweise erbracht hat. Gemeint ist nicht der Fall, dass Vertragspartner und Insolvenzschuldner adäquate Teilleistungen ausgetauscht haben. Vielmehr muss der **Vertragspartner einen überschießenden Leistungsteil** erbracht haben.[12] Denn Zweck des § 105 S 1 ist es, den Vertragspartner im Umfange und aufgrund des übernommenen Vorleistungsrisikos der Gläubigergleichbehandlung zu unterwerfen (Rn 8). Bereits beiderseits ausgetauschte Leistungen bleiben daher unberührt.

11 Anders als § 103 knüpft § 105 nicht an einen Leistungserfolg iSd bürgerlichrechtlichen Erfüllung an (§ 103 Rn 113 ff).[13] Der Unterschied lässt sich im Wortlaut des § 105 S 1 festmachen, der im Gegensatz zu § 103 nicht voraussetzt, dass ein Vertrag nicht „erfüllt" ist, sondern davon spricht, dass eine Leistung teilweise „erbracht" wurde.[14] Erforderlich ist vielmehr, dass der Vertragspartner das **Vermögen des Insolvenzschuldners vermehrt** hat.[15] Nur wenn eine Vermögensdisposition vom Vertragspartner zum späteren Insolvenzschuldner hin stattgefunden hat, ist es vor dem Hintergrund, dass § 105 an eine Verschiebung des Insolvenzrisikos anknüpft (Rn 8), gerechtfertigt, die Rechtsfolge des S 1 greifen zu lassen. Der Inhalt dieser Vermögensdisposition richtet sich nach dem geschuldeten Vertragsgegenstand. Entscheidend ist, dass der wirtschaftliche Wert der vertraglichen Leistung in das Vermögen des Schuldners gelangt. Deshalb genügt beispielsweise für die Vorleistung im Rahmen eines Mietvertrags die Besitzübertragung, wohingegen dieser beim Kaufvertrag keine eigenständige Bedeutung zukommt, es daher einer Übereignung bedarf (Rn 43). Liegt ein Vertrag zugunsten Dritter vor, wie beispielsweise im Verhältnis von General- und Subunternehmer beim Bauvertrag, genügt die Leistungserbringung an den Dritten, weil sie gleichzeitig eine Leistung an den Vertragsgläubiger darstellt.

12 Im sog **„Schiffsbauwerkfall"**,[16] in dem die insolvente Reederei vor Verfahrenseröffnung den im Rahmen eines Werklieferungsvertrags geschuldeten Segler schon teilweise fertiggestellt hatte, hätte, übertragen auf § 105, der BGH die Vertragsspaltung mangels Vorleistung deshalb richtigerweise ablehnen müssen. Entgegen dem BGH[17] ist entschei-

---

12 Kübler/Prütting/Bork/*Tintelnot* InsO[1] § 105 Rn 13; Uhlenbruck/*Wegener* InsO[13] § 105 Rn 14.

13 *Ahrendt* HambK InsO[4] § 105 Rn 6; *Linder* Vorleistungen S 123 f; Uhlenbruck/*Wegener* InsO[13] § 105 Rn 12; **aA** *Marotzke* HK InsO[6] § 105 Rn 15; *Wegener* FK InsO[7] § 105 Rn 16; *Wiegmann* Wirkungsweise S 129; vgl zu § 36 II VglO auch BGHZ 67 242 (251).

14 Vgl *Linder* Vorleistungen S 124.

15 *Linder* Vorleistungen S 122; Schmidt/*Ringstmeier* InsO[18] § 105 Rn 14; Uhlenbruck/*Wegener* InsO[13] § 105 Rn 12.

16 BGHZ 147, 28.

17 BGHZ 147, 28 (31 ff).

dend darauf abzustellen, dass das Eigentum während des gesamten Fertigungszeitraums beim Unternehmer verblieben war und der Besteller somit keinen Vermögenswert erhalten hatte.[18] Denn ohne die Übereignung an den Vertragspartner konnte der Schuldner noch frei über den Segler verfügen. Er befand sich nach wie vor im Vermögen des Schuldners. Eine solche bloße Leistungsvorbereitung stellt keine Teilleistung dar.

§ 105 S 1 erfasst seinem Wortlaut nach grds sowohl **Sach- als auch Geldleistungen.**[19] 13
Denn der „der Teilleistung entsprechende Betrag seines Anspruchs auf die Gegenleistung" kann sich für den Vertragspartner auch nach Umrechnung gem § 45 ergeben.[20] Nichtsdestotrotz ist die Regelung wohl auf den Fall der Sachvorleistung zugeschnitten (zum Problem der Geldvorleistung des Vertragspartners auf eine rechtlich unteilbare Gegenleistung Rn 30 ff).[21]

III. Teilbarkeit

Als tatbestandliche Voraussetzung formuliert S 1, dass die „geschuldeten Leistungen 14
teilbar" sein müssen. Auf Rechtsfolgeseite wird eine Regelung für den „der Teilleistung entsprechenden Betrag" getroffen. Damit setzt diese Rechtsfolgenregelung über den eigentlichen Tatbestand hinaus voraus, dass der Teilleistung ein bestimmter (Gegenleistungs-)Betrag entspricht.

1. Teilbarkeitsverständnis

Die Auslegung dieser beiden Voraussetzungen des S 1 (Rn 27 ff, 30 ff) wird davon 15
geprägt, welches rechtspolitisch geprägte Teilbarkeitsverständnis zugrunde gelegt wird. Davon hängt ab, unter welchen Voraussetzung der Anspruch des Vertragspartners aus einem einheitlichen Vertrag bei Insolvenzeröffnung aufgrund einer Vorleistung vor Verfahrenseröffnung aufgeteilt und dann teils als Insolvenzforderung (§ 105 S 1) und teils als Masseforderung (§ 55 I Nr 2 Fall 1) behandelt wird. Für eine solche Teilung sieht die InsO mit § 105 im Vergleich zur KO erstmals eine Regelung vor. Die heute vertretenen Konzeptionen sind allerdings immer noch von der Entwicklung der Rechtsprechung zur Teilbarkeit geprägt.[22]

a) **Entwicklungslinien der Rechtsprechung.** Das RG lehnte die Teilbarkeit von ein- 16
heitlichen Verträgen unter § 17 KO ab, bejahte diese nur für sog ***„Wiederkehrschuldverhältnisse"***, die eine Kette sich ständig wiederholender Einzelverträge bildeten.[23] Dabei handelte es sich um keine Vertragsteilung iSd heutigen § 105, sondern lediglich um die Feststellung, dass Wiederkehrschuldverhältnisse aus in sich abgeschlossenen Verträgen bestehen, die jeder für sich Gegenstand des Wahlrechts sein können.[24] Unter den Begriff

---

18 So auch Kübler/Prütting/Bork/*Tintelnot* InsO[46] § 103 Rn 49; Schmidt/*Ringstmeier* InsO[18] § 105 Rn 13 f; Uhlenbruck/*Wegener* InsO[13] § 105 Rn 12; *Tintelnot* EWiR 2001, 1107 (1108); *v Wilmowsky* ZIP 2012, 401 (412 Fn 47); **krit** zum „Schiffsbauwerkfall" ebenfalls *Kreft* FS Kirchhof (2003) S 275 (279).

19 Graf-Schlicker/*Breitenbücher* InsO[3] § 105 Rn 3; Kübler/Prütting/Bork/*Tintelnot* InsO[1] § 105 Rn 15; Uhlenbruck/*Wegener* InsO[13] § 105 Rn 13; **aA** *Marotzke* HK InsO[6] § 105 Rn 17.

20 Kübler/Prütting/Bork/*Tintelnot* InsO[1] § 105 Rn 15; Uhlenbruck/*Wegener* InsO[13] § 105 Rn 13.

21 Staudinger/*Peters/Jacoby* BGB[2014] Anh zu § 631 Rn 16.

22 Ähnl im Ansatzpunkt *Henckel* FS Kirchhof (2003) S 191 (192 ff, 204).

23 RGZ 148, 326 (330 ff).

24 *Linder* Vorleistungen S 19.

der Wiederkehrschuldverhältnisse fielen nach damaliger – wenngleich nicht unumstrittener – Auffassung insb Energieversorgungsverträge,[25] die auch bei der Schaffung des § 105 im Blick waren.[26]

17 Nach Schaffung des dem § 105 S 1 sinngemäß entsprechenden § 36 II VglO (Rn 2) weitete das RG die Teilbarkeit in dessen Anwendungsbereich (nicht für § 17 KO) auf sog „Einheitsverträge“ aus. Ein so erweiterter Teilbarkeitsbegriff entspreche dem Gesetzeszweck des § 36 II VglO, in dessen Rahmen es nicht auf die Unterscheidung zwischen Einheitsvertrag und Wiederkehrschuldverhältnis ankommen solle.[27] Das RG hielt einen Vertrag in **Anlehnung an §§ 266, 425 BGB** für teilbar, wenn „ein beliebiger Leistungsteil seinem Wesen und Werte nach verhältnismäßig (anteilig) der Gesamtleistung entspricht, dh sich nur der Größe, nicht der Beschaffenheit nach von ihr unterscheidet“.[28] Diese Formel übernahm im Grundsatz zunächst auch der BGH für die Bestimmung der Teilbarkeit gem § 36 II VglO,[29] betonte aber Bezug nehmend auf das RG, dass dies nicht zu einer restriktiven Anwendung führen dürfe, sondern aufgrund des Normzwecks in jedem Einzelfall der weite Anwendungsbereich des Abs 2 gewahrt bleiben müsse.[30] Für eine Teilbarkeit müsse sich ein Vertrag aber zumindest in hinreichend verselbständigte Teile aufspalten lassen, wofür jedoch **keine Gleichartigkeit der Leistungsteile erforderlich** sei.[31] Jedenfalls im Bereich des § 36 II VglO sah er die unterschiedliche Behandlung von Wiederkehrschuldverhältnissen und Sukzessivlieferungsverträgen damit als aufgehoben an.[32] Nach diesem Teilbarkeitsbegriff sollten auch Dauerschuldverhältnisse grds § 36 II VglO unterfallen.[33]

18 Auch die **Teilbarkeit von Werkverträgen** hielt der BGH nun zumindest für möglich.[34] Im konkreten Fall verneinte der BGH die Teilbarkeit eines Bauvertrags in BGHZ 67, 242 dennoch. Der beklagte Vertragspartner hatte dem späteren Konkursschuldner die Erstellung von 120 Eigentumswohnungen in drei Häusern geschuldet. Die Anzahl der fertiggestellten Wohneinheiten könne nicht als Maßeinheit für die Feststellung erbrachter Teilleistungen dienen, da die Arbeiten an den einzelnen Wohnungen nicht voneinander trennbar seien.[35] Hintergrund dieses Ergebnisses war die Feststellung, dass der entscheidungserhebliche § 36 II VglO eine Ausnahme zu dem in erster Linie gläubigerschützenden § 36 I VglO darstelle, der nicht durch eine zu weite Auslegung des Abs 2 ausgehebelt werden dürfe. Eine Leistung sei deshalb nicht schon dann teilbar, wenn sich der erbrachte Leistungsteil feststellen und bewerten lasse, da dies der Regelfall sei.[36]

19 b) **Heutige Rechtsprechung.** Dieses restriktive Verständnis der Teilbarkeit hat der BGH dann nicht im Hinblick auf den die Teilbarkeit voraussetzenden § 36 II VglO, sondern – noch vor Einführung von § 105 – zu dem an die Teilbarkeitslösung nicht anknüpfenden § 17 KO aufgegeben.[37] Dafür hat der BGH zunächst in der „Sachsenmilchentscheidung“, gestützt auf den Gegenleistungsgrundsatz, **von der sog „Einheitslösung“[38] Abstand genommen**, dass das Wahlrecht nach § 17 KO nur mit Wirkung für den gesamten Ver-

---

[25] Vgl zum früheren Meinungsstand nur Jaeger/*Henckel* KO[9] § 17 Rn 85 f, der den Begriff des Wiederkehrschuldverhältnisses als überflüssig ablehnt.

[26] Begr zu DiskE § 119, BT-Drucks 12/2443 S 146.

[27] RGZ 155, 306 (312 f).

[28] RGZ 155, 306 (313).

[29] Aber ebenfalls nicht für § 17 KO, vgl BGHZ 97, 87 (92); 98, 160 (171).

[30] BGHZ 67, 242 (246 f); 125, 270 (274).

[31] BGHZ 67, 242 (249); 125, 270 (274).

[32] BGHZ 51, 350 (355); 67, 242 (247).

[33] BGHZ 67, 242 (247); 125, 270 (274).

[34] BGHZ 67, 242 (247); 125, 270 (275); **aA** wohl noch RGZ 155, 306 (316).

[35] BGHZ 67 242 (250).

[36] BGHZ 67, 242 (247 f).

[37] So ausdr BGHZ 150, 353 (359).

[38] *Scherer* NZI 2004, 113 (114).

trag ausgeübt werden könne. Seitdem erstreckt der BGH die Erfüllungswahl nur noch auf die Leistungsteile, die nicht schon vor Verfahrenseröffnung erbracht worden sind.[39]

Für die Teilbarkeit eines Vertrags soll es in Anschluss an *Kreft*[40] und *Thode*[41] maßgeblich nur noch darauf ankommen, **dass sich die erbrachten Leistungen feststellen und bewerten lassen.**[42] Für die Bewertung sollen die zur Minderung gem § 441 BGB[43] und die zur Abrechnung gekündigter Werkverträge[44] bekannten Maßstäbe angewandt werden. Den Entscheidungen des BGH lagen allerdings Fälle zugrunde, in denen – abweichend von der Voraussetzung des S 1 – der Schuldner die Teilleistung erbracht hatte. Deshalb wird vereinzelt vertreten, dass die Aussagen zur Teilbarkeit in diesen Konstellationen keine Bedeutung für die in § 105 geregelten Fälle hätten, in denen der Vertragspartner die Vorleistung erbracht haben muss.[45] Dennoch ist nicht davon auszugehen, dass der BGH zwei unterschiedliche Teilbarkeitsbegriffe vertritt. Denn zum einen begründet er seine Rechtsprechung zur Teilbarkeit maßgeblich mit dem Gegenleistungsgrundsatz,[46] der in Fällen der Vorleistung des Schuldners ebenso für ein weites Verständnis spricht wie bei Vorleistungen des Vertragspartners. Zum anderen nimmt der BGH ausdrücklich Bezug auf die zitierten Beiträge von *Kreft* und *Thode*,[47] die sich explizit mit § 105 beschäftigen.[48] 20

An der Entwicklung des vom BGH verwendeten Teilbarkeitsbegriffs lässt sich somit eine grundlegende **Verschiebung der Wertungsgrundlage** erkennen. Gewichtete der BGH in früheren Entscheidungen zu § 36 II VglO zugunsten einer restriktiven Auslegung stärker den Schutz des Vertragspartners,[49] rückt er in der jüngeren Rechtsprechung den **Gegenleistungsgrundsatz** als Begründungselement in den Vordergrund.[50] Darin spiegelt sich ein gewandeltes Normverständnis von einer zunächst vornehmlich gläubigerschützenden Auslegung des § 17 KO über den ebenso die Interessen des Vertragspartners schützenden § 36 VglO hin zu einem massefreundlicheren Verständnis des § 17 KO, das auch für die Auslegung des § 103 maßgeblich ist (§ 103 Rn 3).[51] 21

c) **Teilbarkeitsverständnis in der Literatur.** Der mittlerweile vom BGH angewandte weite Teilbarkeitsbegriff geht nicht nur auf die Beiträge von *Kreft* und *Thode* zurück,[52] sondern findet auch heute in der Literatur überwiegend Unterstützung.[53] Die weite Auslegung des Merkmals der Teilbarkeit stößt aber auch auf Bedenken.[54] 22

---

39 BGHZ 135, 25 (26 f).

40 FS Uhlenbruck (2000) S 387 ff.

41 ZfIR 2000, 165 (180 f).

42 BGHZ 147, 28 (34); 150, 353 (359).

43 BGHZ 147, 28 (34) noch in Bezug auf § 472 BGB aF.

44 BGHZ 129, 336 (342); *Thode* ZfIR 2000, 165 (179 ff).

45 *Kesseler* ZIP 2005, 2046 (2047); *Matthies* Teilbarkeitsbegriff S 152 f, 156; **krit** auch *Linder* Vorleistungen S 71, *Scherer* NZI 2004, 113 (114), die iE aber beide ebenfalls für einen einheitlichen Teilbarkeitsbegriff plädieren, vgl *Linder* aaO S 111 ff; *Scherer* aaO, 116 f.

46 BGHZ 129, 336 (339 f); 147, 28 (34).

47 BGHZ 147, 28 (33).

48 *Kreft* FS Uhlenbruck (2000) S 387 ff; *Thode* ZfIR 2000, 165 (180 f).

49 Vgl BGHZ 67, 242 (247 f); 125, 270 (275).

50 Vgl BGHZ 129, 336 (339 f); 135, 25 (27); 147, 28 (34).

51 Vgl *Kreft* MünchKomm InsO[3] § 105 Rn 13.

52 *Kreft* FS Uhlenbruck (2000) S 387 ff; *Thode* ZfIR 2000, 165 (180 f).

53 *Ahrendt* HambK InsO[4] § 105 Rn 4; *Bopp* Bauvertrag S 125 ff; *Huber* InsR-Hb[4] § 36 Rn 3; *Kreft* FS Uhlenbruck (2000) S 387 (396); *ders* MünchKomm InsO[3] § 105 Rn 14; *Linder* Vorleistungen S 131 f; Nerlich/Römermann/*Balthasar* InsO[1] § 105 Rn 7; Uhlenbruck/*Wegener* InsO[13] § 105 Rn 7; *Wegener* FK InsO[7] § 105 Rn 7; zurückhaltender Kübler/Prütting/Bork/*Tintelnot* InsO[1] § 105 Rn 4 f.

54 *Blaum* Zurückbehaltungsrechte S 210 ff; *Gottwald* NZI 2005, 588 (589 f); *Heidland* Bauvertrag[2] Rn 713; *Henckel* FS Kirchhof

23 Namentlich *Marotzke* tritt auf dem Boden seiner **Grundsatzkritik**[55] **an der Regelung des § 105 S 1** (Rn 6) für einen strengen Teilbarkeitsmaßstab ein.[56] Für die Teilbarkeit komme es unter Berücksichtigung der Interessen beider Vertragsparteien insbesondere auf zwei Kriterien an: Die Leistungsteile müssten einerseits einen eigenständigen wirtschaftlichen Zweck verfolgen[57], zum anderen einem konkreten Teil der Gegenleistung zuzuordnen sein.[58] Er lässt diese Formel im Ergebnis auf einen in erster Linie zeitlichen Teilbarkeitsbegriff hinaus laufen, dem insbesondere Dauerschuldverhältnisse unterfallen.[59] *Marotzke* tendiert damit zu einer ähnlichen Begriffsbestimmung, wie sie der BGH zu § 36 II VglO entwickelt hatte (Rn 17 f).

24 *Henckel* vertritt auf Grundlage der Analyse der historischen Beweggründe, §§ 36 VglO, 105 zu schaffen, ebenfalls eine **restriktive Handhabung der Teilbarkeit.** § 105 solle nur greifen, wenn der Insolvenzverwalter aufgrund der Umstände oder dem Verhalten des Vertragspartners genötigt werde, Erfüllung zu wählen.[60] Nur dann sei eine Situation gegeben, die eine ursprünglich intendierte Gleichbehandlung mit den Widerkehrschuldverhältnissen und Sukzessivverträgen rechtfertige.

25 d) **Stellungnahme.** Dem **weiten Verständnis der Teilbarkeit** durch BGH und herrschende Lehre **ist zu folgen.** Die grundsätzliche Kritik, die an der Regelung des § 105 geübt wird, überzeugt aus den in Rn 7 f ausgeführten Gründen nicht und gibt keinen Anlass zu einer restriktiven Handhabung des Teilbarkeitsbegriffs. Der weite Teilbarkeitsbegriff bei § 105 beruht also auf der weiten Formulierung, die diese Bestimmung gefunden hat. Gründe, diese Weite einzuschränken, bestehen nicht. Der Vorwurf, ein einheitliches Rechtsverhältnis werde entgegen dem Parteiwillen aufgespaltet, lässt sich nicht halten. Vielmehr beruht die Teilung des § 105 auf den vor Insolvenzeröffnung von den Parteien entgegen § 320 vorgenommenen Teilleistungen (§ 103 Rn 48). Im Unterschied zur Auffassung des BGH lässt sich die Teilung damit aber nicht schon einem in § 103 zu verortenden Gegenleistungsgrundsatz entnehmen. Es bedarf § 105, der den von den Parteien vor Verfahrenseröffnung erbrachten Teilleistungen Rechnung trägt.

26 Das weite Teilbarkeitsverständnis **bedarf noch der Konkretisierung**. Der Rechtsprechung lagen bislang erst wenige und noch nicht die umstrittenen Sachlagen vor. Es ist bislang noch offen, wie der BGH die Formel „feststellbar und bewertbar" in verschiedenen Einzelfällen ausformen wird. Im Folgenden wird zum Zwecke der Konkretisierung zwischen der tatsächliche Teilbarkeit („teilbare Leistung iSv S 1") und der rechtlichen Teilbarkeit („entsprechender Betrag iSv S 1") unterschieden.

2. Tatsächliche Teilbarkeit („teilbare Leistung")

27 Auf Grundlage des weiten Teilbarkeitsverständnisses sind die vereinbarten Leistungen überwiegend tatsächlich teilbar (Vor § 103 Rn 20).[61] Das gilt zunächst für alle **Geldleistungen**. Auch der Umstand, dass – wie es § 105 voraussetzt (Rn 10 ff) – eine Teilleistung erbracht worden ist, belegt die Teilbarkeit jedenfalls der erbrachten Leistung. Bei **Sachleistungen** kann es aber Ausnahmen geben. So ist bei einem Kaufvertrag über einen Kaufgegenstand zwar die Geldleistung teilbar, eine Anzahlung ist möglich, die Verkäufer-

---

(2003) S 191 (201 ff); *Kesseler* RNotZ 2004, 177 (203 f); *ders* ZIP 2005, 2046 (2048); *Marotzke* HK InsO[6] § 105 Rn 8 ff.

[55] *Marotzke* HK InsO[6] § 105 Rn 3 ff; vgl auch *dens* Gegenseitige Verträge[3] Rn 13.113 f.

[56] *Marotzke* HK InsO[6] § 105 Rn 8.

[57] Bezug nehmend auf BGHZ 98, 160 (171).

[58] Bezug nehmend auf BGHZ 67, 242 (249).

[59] Vgl *Marotzke* HK InsO[6] § 105 Rn 12 ff.

[60] *Henckel* FS Kirchhof (2003) S 191 (204).

[61] Uhlenbruck/*Wegener* InsO[13] § 105 Rn 7.

pflicht ist dann aber unteilbar. Bei Sachgesamtheiten ist mit dem BGH danach abzugrenzen, ob einzelne Teile sich nicht nur feststellen, sondern auch bewerten lassen (Rn 20). Diskussionen lösen solche Sachleistungen aus, die in natürlicher Weise teilbar sind, aber angesichts ihrer Zwecksetzung als unteilbar angesehen werden sollen.

So werden von der überwiegenden Auffassung in der Literatur insbesondere **höchstpersönliche Leistungen** für unteilbar gehalten.[62] Auch der BGH hat diese Sichtweise bereits angedeutet.[63] *Wegener* weist indessen zu Recht darauf hin, dass die Feststellung der Unteilbarkeit höchstpersönlicher Leistungen zu pauschal ist.[64] Höchstpersönliche – nicht bloß betriebsbezogene – Leistungspflichten des Schuldners unterfallen schon nicht dem Anwendungsbereich der §§ 103 ff (Vor § 103 Rn 49 f). Die Frage der Teilbarkeit stellt sich insoweit nicht. Höchstpersönliche Leistungen des Vertragspartners können dagegen durchaus teilbar sein, wenn der erbrachte Leistungsteil einen feststellbaren wirtschaftlichen Wert hat.[65] **28**

Darüber hinaus sollen **Verträge über mehrteilige Unikate**, beispielsweise der Kauf über ein Tafelservice,[66] unteilbar sein.[67] Auch dies trifft nicht zwingend zu. Ist der Vertragspartner zur Lieferung des Tafelservices verpflichtet, ist nicht ersichtlich, warum die Verpflichtung nicht teilbar sein soll,[68] sodass er auf die bereits gelieferten Teile lediglich einen Anspruch als Insolvenzgläubiger hat. Nur wenn die Einzelteile keinerlei wirtschaftlichen Wert aufweisen, ist die Sachgesamtheit mangels Bewertbarkeit tatsächlich nicht teilbar. Hat der Vertragspartner eine Anzahlung geleistet und ist der Insolvenzschuldner zur Lieferung des Tafelservices verpflichtet, ist die Anzahlung zumindest tatsächlich teilbar. Es stellt sich indes das Problem der „rechtlichen Teilbarkeit“ (Rn 30 ff). **29**

3. Rechtliche Teilbarkeit („entsprechender Betrag“)

Die Rechtsfolge von S 1 lässt sich nur anwenden, soweit sich der erbrachten Teilleistung ein entsprechender Betrag der Gegenleistung zuordnen lässt. Diese Zuordnung bereitet bei Sachvorleistungen des Vertragspartners regelmäßig keine Probleme. Der der Teilleistung entsprechende Betrag ergibt sich schon aus deren Bewertbarkeit, die Voraussetzung für die tatsächliche Teilbarkeit ist (Rn 20, 27).[69] Probleme können **Geldvorleistungen (Anzahlungen) des Vertragspartners** aufwerfen. In diesen Fällen kann es unmöglich sein, die ausstehende Gegenleistung ins Verhältnis zur erbrachten Anzahlung zu setzen.[70] So kann der Käufer für einen PKW zum Preis von 20.000 EUR eine Anzahlung in Höhe von 5.000 EUR erbracht haben. Auch können für fünf solcher PKW insgesamt 25.000 EUR angezahlt worden sein. **30**

Vergleichbare Probleme können **Bauverträge** aufwerfen, wenn der Besteller eine Anzahlung erbracht hat, ohne schon eine entsprechende Gegenleistung erlangt zu haben. Wählt der Verwalter Erfüllung, soll nach § 105 S 1 der Vertragspartner mit der Teilforde- **31**

---

62 *Ahrendt* HambK InsO[4] § 105 Rn 4; *Huber* InsR-Hb[4] § 36 Rn 4; *Kreft* MünchKomm InsO[3] § 105 Rn 22; *Thode* ZfIR 2000, 165 (181); *Wegener* FK InsO[7] § 105 Rn 9.

63 BGHZ 147, 28 (33 f).

64 Uhlenbruck/*Wegener* InsO[13] § 105 Rn 11.

65 Schmidt/*Ringstmeier* InsO[18] § 105 Rn 11; Uhlenbruck/*Wegener* InsO[13] § 105 Rn 11.

66 Bsp nach *Henckel* JZ 1998, 155 (158).

67 *Ahrendt* HambK InsO[4] § 105 Rn 4; *Huber* InsR-Hb[4] § 36 Rn 4; *Kreft* MünchKomm InsO[3] § 105 Rn 23; Kübler/Prütting/Bork/*Tintelnot* InsO[1] § 105 Rn 15; *Scheffler* ZIP 2001, 1182 (1186); Schmidt/*Ringstmeier* InsO[18] § 105 Rn 11.

68 Uhlenbruck/*Wegener* InsO[13] § 105 Rn 11.

69 So auch *Linder* Vorleistungen S 131 f.

70 So auch Kübler/Prütting/Bork/*Tintelnot* InsO[1] § 105 Rn 4; *Linder* Vorleistungen S 129 f; *Scheffler* ZIP 2001, 1182 (1184); *Wiegmann* Wirkungsweise S 83 f.

rung, die seiner Anzahlung entspricht, Insolvenzgläubiger sein. Das hieße, dass er diese Forderung gem § 45 umrechnen und zur Tabelle anmelden müsste. Schuldet der insolvente Vertragsteil die Herstellung mehrerer gleichartiger Werke,[71] entspricht die Problematik der der Anzahlung auf mehrere Kaufsachen. Darüber hinausgehende Zuordnungsprobleme ergeben sich, wenn der Insolvenzschuldner als Bauunternehmer zur Herstellung eines einheitlichen Bauwerks verpflichtet ist, das teilweise angezahlt ist. Dann kann der Bauunternehmer rein tatsächlich das Bauwerk jedenfalls nicht vollenden, ohne dass der bereits angezahlte, aber noch nicht errichtete Bauteil vorher nachgeholt wird. Denn es lässt sich beispielsweise kein Dach ohne Haus errichten.

32 a) **Keine Doppelzahlungspflicht.** *Kreft* hat die Ansicht begründet, dass der Schuldner bei Erfüllungswahl zur Errichtung des gesamten Werks verpflichtet bleibe. Der Insolvenzverwalter soll allerdings im Gegenzug berechtigt sein, den gesamten Werklohn erneut zu verlangen, während der Vertragspartner die Vorauszahlung im Wege der Zweckverfehlungskondiktion gem § 812 I 2 Fall 2 BGB – freilich als Insolvenzforderung – zurückfordern könnte.[72] So würde der Besteller das Werk also im Umfange seiner Vorleistung doppelt zahlen. Ähnlich will *Huber* die Vertragsspaltung auflösen, zu der § 105 S 1 führe. Der Insolvenzverwalter sei nur verpflichtet das Werk zu vollenden, soweit es noch nicht bezahlt sei. Daher müsse der Vertragspartner das Werk bis zu dem Punkt errichten, ab dem der Insolvenzverwalter seine Restleistung (Dach) erbringen könne, wenn der Vertragspartner den Verwalter für diese Leistung nicht abermals bezahlen wolle.[73] Der *Kreftschen* Doppelzahlungspflicht wird indes entgegengehalten, sie missachte entgegen der Konzeption von §§ 103 ff den Schutz des funktionellen Synallagmas. Ferner sei das Wiederaufleben des durch die Erfüllung gemäß § 362 BGB erloschenen Anspruchs – insbesondere vor dem Hintergrund der **„Qualitätssprungtheorie“**[74] – auch mit § 105 nicht erklärbar und ungerechtfertigt.[75] Im Übrigen lasse eine Doppelzahlungspflicht die Interessen des Vertragspartners völlig außer Betracht und gefährde dessen eigene Solvenz.[76] Auch *Kreft* selbst hat seine Auffassung mittlerweile eingeschränkt und gesteht dem Vertragspartner nun die Wahl zu, ob er die gesamte Leistung verlangen möchte oder nicht.[77]

33 Der Kritik ist zu folgen. Einer Doppelzahlungspflicht fehlt es im Anwendungsbereich von § 105 S 1 an der Grundlage. Das Konzept der Doppelzahlungspflicht ist der insolvenzrechtlichen Behandlung gegenseitiger Verträge, wie § 110 I, II zeigt, zwar nicht völlig fremd.[78] Dass allein die §§ 103, 105 zur Aufhebung der Erfüllungswirkung führen sollen, ist aber in der Tat unplausibel und vor dem Hintergrund, dass die **Sicherungsfunktion der Einrede aus § 320 BGB** in den §§ 103 ff grundsätzlich Anerkennung findet, nicht gerechtfertigt. Die Annahme einer Doppelzahlungspflicht ließe schlicht unberücksichtigt, dass § 105 S 1 verlangt, dass der erbrachten Teilleistung ein bestimmter Betrag

---

[71] Wie bspw im in Rn 18 kurz skizzierten Sachverhalt v BGHZ 67, 242.

[72] *Kreft* FS Uhlenbruck (2000) S 387 (400 f); dem folgend Graf-Schlicker/*Breitenbücher* InsO³ § 105 Rn 11.

[73] *Huber* NZBau 2005, 256 (262); Messerschmidt/Voit/*Voit* Privates Baurecht² Rn R69.

[74] Auf diesen Bruch weist *Kesseler* ZIP 2005, 2046 (2050) hin.

[75] *Blaum* Zurückbehaltungsrechte S 213; *Kesseler* RNotZ 2004, 177 (206); *ders* ZIP 2005, 2046 (2049 f); Kübler/Prütting/Bork/*Tintelnot* InsO¹ § 105 Rn 15; *Linder* Vorleistungen S 127; *Matthies* Teilbarkeitsbegriff S 158 ff, 229 f; *Piegsa* RNotZ 2010, 433 (441); *Scheffler* ZIP 2001, 1182 (1186 f).

[76] *Kesseler* RNotZ 2004, 177 (206); *ders* ZIP 2005, 2046 (2050 f).

[77] *Kreft* MünchKomm InsO³ § 105 Rn 18.

[78] Diese Norm übersieht *Kesseler* ZIP 2005, 2046 (2050), wenn er behauptet, die Erfüllungswirkung sei eine „absolute Schranke“.

der Gegenleistung entsprechen muss. Entsprechendes spricht gegen die Auffassung *Hubers*. Auch die Pflicht, im Umfange von Anzahlungen den Bau selbst zu errichten, lässt sich nicht begründen.

b) **Abwicklungslösung.** Als Abwicklungslösung lässt sich die Auffassung bezeichnen, § 105 zwar anzuwenden, die Erbringung der Teilleistung durch den Insolvenzverwalter aber für unmöglich[79] oder zumindest für nicht vertragsgemäß[80] zu halten und dem Vertragspartner ein **Rücktrittsrecht oder einen Schadensersatzanspruch** zuzugestehen. Die Erfüllungswahl hätte dann eine rein wertmäßige Abwicklung des Vertrags zur Folge. Dagegen spricht aber zum einen, dass die Erfüllungswahl keine Pflichtverletzung begründen kann. Zum anderen widerspricht diese Auffassung ebenfalls § 105 S 1, der die Existenz eines entsprechenden Betrags fordert, so dass eine Erfüllung auch möglich sein muss. **34**

c) **Teilleistungsverpflichtung.** Rechtsfolge des § 105 S 1 ist, dass der Insolvenzverwalter Zug um Zug gegen Erbringung der Restzahlung lediglich zu einer Teilleistung verpflichtet ist. § 105 S 1 kann nur greifen, wenn sich eine Teilleistung bestimmen lässt, die der offenen Restleistung entspricht.[81] Da bei der Übereignung einer Speziessache eine Teilleistung ausgeschlossen ist, ist § 105 S 1 unanwendbar. Hat der Käufer auf einen PKW zu 20.000 EUR eine Anzahlung in Höhe von 5.000 EUR erbracht, bleibt der Insolvenzverwalter zur Übereignung verpflichtet, kann aber seinerseits nur noch 15.000 EUR verlangen. Bei **mehreren Speziessachen** ist § 105 S 1 anzuwenden, soweit sich eine Entsprechung finden lässt. In dem Beispiel, in dem auf die noch nicht gelieferten fünf PKW zu je 20.000 EUR insgesamt 25.000 EUR angezahlt sind, hat der Insolvenzverwalter für den Restkaufpreis von 75.000 EUR vier Fahrzeuge zu liefern. **35**

Im Falle eines **angezahlten Bauwerks** stellt sich die Frage, ob sich eine vom Insolvenzverwalter für den Restwerklohn entsprechende Teilleistung bestimmen lässt. Die vorstehend abgelehnten Auffassungen gehen davon aus, dass der Insolvenzverwalter den Bau vollenden, also den noch nicht bezahlten Bauwerksteil errichten muss. Dabei wird unterstellt, die Anzahlung sei Gegenleistung der zuerst zu errichtenden Bauteile. Das ist aber nicht zwingend. Zwar wird vielfach die Anzahlung nach einem (vermeintlichen) Baufortschritt bemessen. Ungeachtet dessen wird mit der Schlussrechnung über das insgesamt errichtete Bauwerk abgerechnet. Daher bietet sich an, die vom Verwalter zu erbringende Teilleistung allein am noch offenen Werklohn zu bemessen. Der Insolvenzverwalter muss das Bauwerk so weit herstellen, wie es wertmäßig der noch ausstehenden Leistungspflicht des Bestellers entspricht.[82] Dieses Ergebnis entspricht dem Befund, dass die Bauleistung ihrerseits als teilbar angesehen wird. Denn dafür kommt es nicht darauf an, dass die Bauleistung sich in als Erfüllung anzunehmende, sprich abzunehmende Teile aufspalten lässt. Hinreichend ist vielmehr, dass Teile des Baus feststellbar und bewertbar sind. Diese Anforderungen sind jedenfalls erfüllt, wenn die Voraussetzungen von § 632a BGB gegeben sind. **36**

---

79 *Brandes* RWS-Forum Nr 9 S 1 (9); Kübler/Prütting/Bork*Tintelnot* InsO[1] § 105 Rn 15.

80 *Wiegmann* Wirkungsweise S 92 f: wegen mangelnden Interesses des Vertragspartners an der Gegenleistung.

81 *Blaum* Zurückbehaltungsrechte S 214; *Scheffler* ZIP 2001, 1182 (1186 f); Staudinger/*Peters/Jacoby* BGB[2014] Anh zu § 631 Rn 18.

82 Das ist, übertragen auf den hier in Rede stehenden Fall, iE wohl die Konsequenz der Ansicht v Nerlich/Römermann/*Balthasar* InsO[1] § 105 Rn 10 u *Piegsa* RNotZ 2010, 433 (441), wenn sie in Bezug auf Sachgesamtheiten dem Verwalter die Wahl überlassen möchten, welchen wertmäßig der Anzahlung entspr Leistungsteil er erbringen will.

37 d) **Ergänzend: Verhandlungslösung.** Bereitet die Anwendung von § 105 S 1 mangels passender Entsprechung Schwierigkeiten, kann der Insolvenzverwalter freilich, statt die häufig in ihren Rechtsfolgen ungünstige Erfüllung zu wählen, in **Verhandlungen mit dem Vertragspartner** treten. Der Insolvenzverwalter kann dem Vertragspartner aufzeigen, dass im Falle der Nichterfüllungswahl die Anzahlung verloren ist. Auf dieser Grundlage mag eine Neukalkulation des Preises für die noch offene Leistung möglich sein, die sich dann selbstverständlich im Wettbewerb zu anderen Anbietern dieser Leistung bewähren muss.

4. Maßstab der Entsprechung

38 Um die vom Insolvenzverwalter zu erbringende „entsprechende" Leistung zu bestimmen, ist von der vom Vertragspartner noch zu erbringenden Teilleistung auszugehen. Bei dieser Berechnung ist der subjektive, von den Parteien bei ihrer **Preiskalkulation zugrunde gelegte Maßstab**, nicht eine am objektiven Wert der Teilleistungen orientierte Bewertung zugrunde zu legen. Der Unterschied zeigt sich beispielsweise bei Verträgen, die Sonderkonditionen vorsehen. Gewährt der Vertragspartner dem späteren Insolvenzschuldner einen Mengenrabatt, stellt sich die Frage, ob die gewährte Rabattierung Berücksichtigung finden kann, wenn die Erfüllungswahl nach § 105 zur Folge hat, dass der Insolvenzverwalter nur den noch ausstehenden Leistungsteil als Masseforderung vergüten muss.

39 Vielfach wird an der Regelung des § 105 kritisiert, dass sie einen unangemessenen Eingriff in die Privatautonomie darstelle, da sie die Vertragskalkulation des Vorleistenden zerstöre.[83] Um dies zu verhindern und den Gegenleistungsgrundsatz nicht einseitig zugunsten einer Masseprivilegierung zu überspannen, schlägt *Blaum* vor, dem Vertragspartner, der dem späteren Insolvenzschuldner Sonderkonditionen gewährt hat, bei Erfüllungswahl des Verwalters einen Anspruch auf eine nach den Maßstäben des § 313 I BGB zu bestimmende **„teilleistungsgerechte Gegenleistung"** zuzugestehen. Wo dies nicht möglich sei, liege eine unteilbare Leistung vor.[84] Gegen diese Auffassung spricht, dass den Gesetzesmaterialien zufolge § 105 insb die Möglichkeit schaffen sollte, etwaige **Sonderkonditionen** aus bestehenden Verträgen in der Insolvenz nutzen zu können, um so die Betriebsfortführung zu erleichtern.[85] Der Argumentation ist außerdem entgegenzuhalten, dass das mit der Vorleistung übernommene Insolvenzrisiko, und damit auch die Folge des § 105, Grundlage der Vertragskalkulation sein muss (Rn 8). Hat sich dieses Risiko verwirklicht, soll das Wahlrecht dem Verwalter gerade die Möglichkeit verschaffen, etwaiges Verhandlungsgeschick des Insolvenzschuldners für die Masse nutzbar zu machen. Dem widerspräche es, die ausstehende Gegenleistung objektiv zu bestimmen. Deren Berechnung richtet sich deshalb nach der vertraglichen Vereinbarung zwischen den Parteien und umfasst auch etwaige Sonderkonditionen. Dabei kommt es nicht darauf an, inwieweit erbrachte Vorleistungen oder noch zu erbringende Leistungen ihrerseits selbst synallagmatisch miteinander verknüpft sind.[86] Denn das Bestehen offener synallagmatischer Verpflichtungen eröffnet nur den Anwendungsbereich von §§ 103, 105

---

[83] *Blaum* Zurückbehaltungsrechte S 216 f; *Gottwald* NZI 2005, 588 (590); *Henckel* FS Kirchhof (2003) S 191 (203); *Marotzke* HK InsO[6] § 105 Rn 4; *Windel* Jura 2002, 230 (234); so auch schon z Vorgängerregelung des § 36 II 1 VglO *Häsemeyer* KTS 1973, 2 (12).

[84] *Blaum* Zurückbehaltungsrechte S 217.

[85] Begr zu DiskE § 119, BT-Drucks 12/2443 S 146.

[86] Kübler/Prütting/Bork/*Tintelnot* InsO[1] § 105 Rn 4; Uhlenbruck/*Wegener* InsO[13] § 105 Rn 13; **aA** *Wegener* FK InsO[7] § 105 Rn 9.

(§ 103 Rn 111), während die Rechtsfolgen der Erfüllungswahl für alle vertraglichen Pflichten gelten (§ 103 Rn 300).

40 Indes ist nicht erforderlich, dass die noch offene Teilleistung nach der im Vertrag niedergelegten Vorstellung der Parteien einem bestimmten Teil der Gegenleistung zuzuordnen sein muss, wie es der BGH noch für die Teilbarkeit unter § 36 II VglO gefordert hatte.[87] Die Teilleistung muss **keinen eigenständigen wirtschaftlichen Zweck** haben.[88] Vielmehr muss sich die Teilleistung lediglich verhältnismäßig anhand der Vertragskalkulation bestimmen lassen. Diese Auffassung steht nicht in Widerspruch zum weiten Teilbarkeitsbegriff des BGH.[89] Einen Fall, in dem die rechtliche Teilbarkeit problematisch sein kann, hatte er bisher noch nicht zu entscheiden. Er hat aber die Zuordenbarkeit der Teilleistung zu einem konkreten Gegenleistungsteil als Teilbarkeitskriterium abgelehnt und sich damit jedenfalls von seiner restriktiven Rechtsprechung zu § 36 II VglO distanziert.[90]

5. Einzelfälle

41 a) **Werkverträge.** Werkverträge sind grundsätzlich teilbar.[91] Die Bewertung der erbrachten Teilleistung erfolgt **nach den gleichen Maßstäben wie bei deren vorzeitiger Kündigung.**[92] Probleme können sich in diesem Bereich ergeben, wenn der Insolvenzschuldner Werkunternehmer ist und der Besteller eine Anzahlung geleistet hat. Vgl zu diesem Fall ausführlich Rn 36.

42 b) **Kaufverträge.** Bei der Behandlung von Kaufverträgen ist zu unterscheiden. Soweit **mehrere Kaufgegenstände** geschuldet werden, ist der Vertrag grundsätzlich insoweit teilbar, und zwar unabhängig davon, ob diese gleichartig oder ungleichartig sind.[93] Allerdings kann bei **Sachgesamtheiten**, auf deren Lieferung der (nicht insolvente) Vertragspartner eine Anzahlung geleistet hat, die Bestimmung der „rechtlichen Teilbarkeit" problematisch sein (Rn 29, 35). Verträge über die fortlaufende Lieferung von Waren oder Energie sollen als **Sukzessivlieferungsverträge** den Gesetzesmaterialien zufolge einen Hauptanwendungsfall des § 105 bilden.[94] Die Leistungspflichten aus Sukzessivlieferungsverträgen sind teilbar.[95]

---

87 Vgl BGHZ 67, 242 (249 f); 125, 270 (275).

88 *Linder* Vorleistungen S 130; enger insoweit wohl *Wiegmann* Wirkungsweise S 85, der sich auf die Kriterien aus BGHZ 67, 242 (249) stützt; ebenso noch zu § 36 II VglO *Langhein* ZIP 1985, 385 (390 f).

89 **AA** *Wiegmann* Wirkungsweise S 83.

90 Vgl BGHZ 147, 28 (33).

91 BGHZ 129, 336 (338); 147, 28 (31); 150, 353 (358 f); *Ahrendt* HambK InsO[4] § 105 Rn 5; Graf-Schlicker/*Breitenbücher* InsO[3] § 105 Rn 6; *Kreft* MünchKomm InsO[3] § 105 Rn 15; *Thode* ZfIR 2000, 165 (181); Uhlenbruck/*Wegener* InsO[13] § 105 Rn 17; *Wegener* FK InsO[7] § 105 Rn 7; **aA** *Heidland* Bauvertrag[2] Rn 713; *Meyer* NZI 2001, 294 (298), der eine teleologische Reduktion zumindest im Bereich v Bauverträgen für ratsam hält; zweif auch *Marotzke* HK InsO[6] § 105 Rn 11.

92 BGHZ 129, 336 (342); *Thode* ZfIR 2000, 165 (179 ff); Uhlenbruck/*Wegener* InsO[13] § 105 Rn 17.

93 Graf-Schlicker/*Breitenbücher* InsO[3] § 105 Rn 6; *Kreft* MünchKomm InsO[3] § 105 Rn 15; *Piegsa* RNotZ 2010, 433 (440 f); Uhlenbruck/*Wegener* InsO[13] § 105 Rn 18.

94 Begr zu DiskE § 119, BT-Drucks 12/2243 S 146.

95 Vgl BGHZ 135, 25 (27); *Ahrendt* HambK InsO[4] § 105 Rn 5; Graf-Schlicker/*Breitenbücher* InsO[3] § 105 Rn 6; *Huber* InsR-Hb[4] § 36 Rn 5; Kübler/Prütting/Bork/*Tintelnot* InsO[1] § 105 Rn 6; Uhlenbruck/*Wegener* InsO[13] § 105 Rn 16; *Wiegmann* Wirkungsweise S 102 ff; **aA** für Sonderkundenverträge im Bereich der Energieversorgung zu § 36 II VglO *Langhein* ZIP 1985, 385 (394 f).

43 Kaufverträge über einzelne Gegenstände sind in der Käuferinsolvenz im Hinblick auf die Übereignungspflicht von § 105 grds nicht erfasst (Rn 35), Ausnahmen können sich bei **mangelhaften Leistungen** ergeben (Rn 45 f).[96] Verschafft der Verkäufer dem Käufer zwar noch **nicht das Eigentum, aber den Besitz an der Sache und damit die Möglichkeit zur (Ab-)Nutzung**, handelt es sich bei Gütern, die der Abnutzung unterliegen (Beispiele: Maschinen, Kraftwagen im Unterschied zu Wertpapieren oder Gold) allerdings regelmäßig um eine Vorleistung. Wirtschaftlich spürt der Verkäufer die Vorleistung zum einen, wenn er nach Nichterfüllungswahl den Kaufgegenstand beim Insolvenzverwalter des Käufers aussondert: Er erhält nur den abgenutzten Gegenstand zurück. Zum anderen ist aber auch für die Erfüllungswahl die Vorleistung durch Anwendung von §§ 103, 105 zu berücksichtigen: Soweit Wertverzehr eingetreten ist (beispielsweise 1/4 bei Überlassung einer Sache mit Lebensdauer von vier Jahren für ein Jahr), steht dem Verkäufer für einen entsprechen Teil des Kaufpreises (1/4) nur eine Insolvenzforderung zu (§ 105 S 1), für den restlichen Teil des Kaufpreises (3/4) freilich eine Masseforderung (§ 55 I Nr 2 Fall 1).

44 Diese Sichtweise bestätigt auch ein vergleichender Blick auf die entsprechende **Behandlung des Leasingvertrags**, der grds teilbar ist (Rn 49). Die beiden Finanzierungsformen Abzahlungskauf und Leasing sind aus schuldrechtlicher Sicht nicht unterschiedlich zu behandeln. Allerdings sichert sich der Verkäufer regelmäßig durch die **Vereinbarung eines Eigentumsvorbehalts**. Dadurch ist der Verkäufer nicht nur hinsichtlich des als Masseverbindlichkeit zu erfüllenden Kaufpreisteils wegen § 320 BGB geschützt, sondern der Verkäufer kann wie der Vorbehaltsverkäufer im **Fall eines erweiterten Eigentumsvorbehalts** (§ 107 Rn 81 ff) in Bezug auf den Kaufpreisteil, der nur Insolvenzforderung ist, sich auf das Eigentum gleichsam als Absonderungsrecht berufen. Die Erfüllungswahl ist daher für den Käufer-Insolvenzverwalter regelmäßig unattraktiv (§ 107 Rn 81).

45 c) **Mangelhafte Leistungen.** Eine mangelhafte Leistung ist eine Teilleistung im Sinne des § 105.[97] Hat der Vertragspartner mangelhaft geleistet und der Insolvenzschuldner noch keine oder eine wertmäßig nicht der Teilleistung entsprechende Gegenleistung erbracht, kann der Verwalter, sofern er Erfüllung wählt, **Nacherfüllung** verlangen: Der Vertragspartner hat in Höhe des Werts der Nacherfüllung einen Anspruch gegen die Masse, mit seinem der Vorleistung entsprechenden Anspruch ist er Insolvenzgläubiger.[98]

46 Im umgekehrten Fall, dass der **Vertragspartner eine den Wert des Vertragsgegenstands übersteigende Anzahlung erbracht** und der spätere Insolvenzschuldner mangelhaft geleistet hat, ergibt sich wiederum das Problem der „rechtlichen Teilbarkeit“, wenn sich die Nacherfüllung nicht sinnvoll zu der noch ausstehenden Gegenleistung in Verhältnis setzen lässt (vgl Rn 35).

47 d) **Miet- und Pachtverträge.** Verträge mit Dauerschuldcharakter sind in der Regel ohne weiteres nach Zeitabschnitten teilbar. Miet- und Pachtverträge sind, soweit sie in den Anwendungsbereich des § 103 fallen, teilbar.[99] Betroffen sind Miet- und Pachtver-

---

[96] Uhlenbruck/*Wegener* InsO[13] § 105 Rn 18.

[97] *Kreft* FS Kirchhof (2003) S 275 (283); *ders* MünchKomm InsO[3] § 105 Rn 16; Uhlenbruck/*Wegener* InsO[13] § 105 Rn 21; *Wegener* FK InsO[7] § 105 Rn 8; *Wiegmann* Wirkungsweise S 136 ff; **aA** *Marotzke* HK InsO[6] § 105 Rn 16.

[98] *Kreft* FS Uhlenbruck (2000) S 387 (403); *ders* MünchKomm InsO[3] § 105 Rn 20; Staudinger/*Peters/Jacoby* BGB[2014] Anh zu § 631 Rn 22; Uhlenbruck/*Wegener* InsO[13] § 103 Rn 84; *Wiegmann* Wirkungsweise S 139.

[99] *Ahrendt* HambK InsO[4] § 105 Rn 5; *Kreft* MünchKomm InsO[3] § 105 Rn 15; Uhlenbruck/*Wegener* InsO[13] § 105 Rn 22.

träge über bewegliche Sachen: Zahlung der Miete und Überlassungspflicht lassen sich **nach Zeitabschnitten** aufteilen.[100] Verträge über Immobilien unterfallen nicht §§ 103, 105, sondern § 108, dessen Abs 3 letztlich die gleiche Rechtsfolge anordnet wie § 105 im Falle der Erfüllungswahl.

Problematisch ist die Behandlung von Vorauszahlungen auf Mietverträge. Hat der Mieter eines zweijährig **befristeten Mietvertrags** die Miete für das erste Jahr im Voraus entrichtet und wird während dieses ersten Jahres das Insolvenzverfahren über das Vermögen des Vermieters eröffnet, stellt sich ähnlich wie in den oben Rn 30 ff skizzierten Fällen die Frage, was gilt, wenn der Verwalter Erfüllung wählt. Anders als dort handelt es sich indes nicht um einen Fall „rechtlicher Unteilbarkeit", da sich den Mietzahlungen ein konkreter Teil der Sachgegenleistung zuordnen lässt. Stehen noch sechs Monate Mietzeit im ersten Jahr aus, ist dieser Zeitraum von der gesamten Mietdauer abzuziehen. Statt der Gebrauchsüberlassung für die letzten sechs Monate ist der Vertragspartner auf seine, nach § 45 umzurechnende, Insolvenzforderung verwiesen. Anders verhält es sich nur bei Mietverträgen, die auf unbestimmte Zeit geschlossen und durch eine einmalige Vorauszahlung abgegolten werden. In diesen Fällen lässt sich der Mietzeit kein konkreter Gegenwert zuordnen, was die rechtliche Unteilbarkeit des Vertrags zur Folge hat. **48**

e) **Leasingverträge.** Soweit auf Leasingverträge §§ 103, 105 Anwendung finden, sind Leasingraten und Gebrauchsüberlassung wie bei der Miete **nach Zeitabschnitten teilbar.**[101] Eine Gegenansicht lehnt die Teilbarkeit des Leasingvertrags mit der Begründung ab, die Raten sollten nicht nur die Gebrauchsüberlassung, sondern auch die Vorfinanzierung kompensieren.[102] Diese Sichtweise verkennt, dass die Teilbarkeit und Bestimmung von offener Leistung und entsprechender Gegenleistung sich an der von den Parteien geschlossenen Abrede orientieren müssen (Rn 38 f). Wenn die Parteien eines Leasingvertrags monatliche Raten wie beim Mietvertrag vereinbaren, gibt das den Ausschlag. Außerdem stellt § 108 I 2 den Leasingvertrag insolvenzrechtlich dem Mietvertrag gleich, insoweit ordnet § 108 III ausdrücklich die Teilbarkeit an.[103] Es sind keine Gründe dafür ersichtlich, in dieser Hinsicht zwischen Leasingverträgen im Sinne von § 108 I 2 und solchen, die nach § 103 zu behandeln sind, zu differenzieren. Insolvenzrechtlich betrachtet sind die Leasingraten daher der Gebrauchsüberlassung zuzuordnen und bei Erfüllungswahl als Kompensation für die Sachnutzung durch die Masse anzusehen.[104] **49**

f) **Darlehensverträge.** Darlehensverträge können, soweit sie in der Darlehensnehmerinsolvenz ein Anwendungsfall des § 103 sind (§ 103 Rn 64), § 105 unterfallen. **Darlehenssumme und Zins- sowie Tilgungszahlungen sind teilbar** und lassen sich einander zuordnen.[105] **50**

---

100 Vgl BGHZ 125, 270 (275); 145, 245 (53); 149, 326 (336); Uhlenbruck/*Wegener* InsO[13] § 105 Rn 18.

101 *Eckert* MünchKomm InsO[3] § 108 Rn 34; Kübler/Prütting/Bork/*Tintelnot* InsO[1] § 105 Rn 10; Uhlenbruck/*Wegener* InsO[13] § 105 Rn 22; Uhlenbruck/*Sinz* InsO[13] § 108 Rn 88.

102 *Bien* Stellung des Refinanzierers S 92 ff; *Obermüller* Bankpraxis[8] Rn 7.17; *Zahn* DB 1995, 1597 (1599); vgl auch *Eckert* ZIP 1997, 2077; *ders* MünchKomm InsO[3] § 108 Rn 31 ff.

103 Kübler/Prütting/Bork/*Tintelnot* InsO[1] § 105 Rn 10.

104 So auch *Welling* Miet- und Leasingverträge über bewegliche Sachen im neuen Insolvenzrecht (1999), S 94 f; vgl auch *Eckert* MünchKomm InsO[3] § 108 Rn 34.

105 *Ahrendt* HambK InsO[4] § 105 Rn 5; *Kreft* MünchKomm InsO[3] § 105 Rn 15; Kübler/Prütting/Bork/*Tintelnot* InsO[1] § 105 Rn 9; Uhlenbruck/*Wegener* InsO[13] § 105 Rn 23; *Wegener* FK InsO[7] § 105 Rn 15; aA wohl *Obermüller* Bankpraxis[8] Rn 5.468.

51 g) **Versicherungsverträge.** Auch Versicherungsverträge sind **regelmäßig nach Zeitabschnitten teilbar.**[106] Die Prämienzahlung kann grds dem Versicherungsschutz für einen bestimmten Zeitraum zugeordnet werden.[107]

52 h) **Umsatzsteuer.** Ob die vom Insolvenzschuldner an das Finanzamt zu entrichtende Umsatzsteuer in eine dem vor Verfahrenseröffnung erbrachten Leistungsteil entsprechende Insolvenzforderung und einen dem nach Verfahrenseröffnung erbrachten Leistungsteil entsprechende Masseverbindlichkeit teilbar ist,[108] ist **keine Frage des § 105.**[109] Zum einen geht es insofern nicht um eine Vorleistung des Vertragspartners, zum anderen ist der Anwendungsbereich der §§ 103, 105 mangels gegenseitigen Vertrags schon nicht eröffnet.[110]

IV. Erfüllungswahl

53 S 1 sieht eine Rechtsfolge für den Fall der Erfüllungswahl vor. Grundsätzlich kann der Verwalter sein Erfüllungswahlrecht gem §§ 103, 55 I Nr 2 nur einheitlich ausüben, sodass er alle aus dem Vertrag erwachsenden Pflichten aus der Masse zu erfüllen hat (§ 103 Rn 185, 299).[111] Zu diesem Grundsatz statuiert § 105 S 1 eine Ausnahme, indem er der Masse nur die einer Teilleistung des Vertragspartners entsprechende Gegenleistung aufbürdet. In § 55 I Nr 2 findet sich diese Anordnung in der Aussage, dass **Masseverbindlichkeiten entstehen, „soweit" Erfüllung verlangt** wird.[112]

1. Erfüllungswahl bei teilbarer Leistung

54 Wählt der Verwalter die Erfüllung eines Vertrags über eine teilbare Leistung, bewirken §§ 103, 105 S 1 eine **haftungsrechtliche Aufteilung des** dem Vertragspartner zustehenden **Erfüllungsanspruchs:**[113] Die Gegenleistung für vor Verfahrenseröffnung erbrachte Leistungsteile ist unabhängig von der Erfüllungswahl Insolvenzforderung nach § 38 (§ 103 Rn 51, 248, 267, 310). Die Erfüllungswahl erstreckt sich allein auf die noch ausstehende Teilleistung, nur insoweit erhält der Vertragspartner mit seinem Gegenleistungsanspruch gem § 55 I Nr 2 eine Masseforderung.[114] Umgekehrt wird der Vertragspartner verpflichtet, den noch ausstehenden Leistungsteil zu erbringen (zu den Rechtsfolgen der Erfüllungswahl allg § 103 Rn 298 ff).[115] Der Vertragspartner kann sich wegen seiner Gesamtforderung nicht mit § 320 BGB gegen die Inanspruchnahme durch den Verwalter verteidigen. Sein Zurückbehaltungsrecht beschränkt sich auf die der noch ausstehenden Leistung entsprechende Gegenleistung.[116] Insofern beschränkt § 105 den durch § 103

---

[106] OLG Düsseldorf NJW-RR 2006, 494 (495); Graf-Schlicker/*Breitenbücher* InsO³ § 105 Rn 6; Uhlenbruck/*Wegener* InsO¹³ § 105 Rn 24.

[107] OLG Düsseldorf NJW-RR 2006, 494 (495).

[108] Außerhalb des Anwendungsbereichs des § 13 I Nr 1a UStG **dag** BFH NZI 2009, 662 (663) m zust Anm *de Weerth* NZI 2009, 664; *Ahrendt* HambK InsO⁴ § 105 Rn 4; Uhlenbruck/*Wegener* InsO¹³ § 105 Rn 26; dafür *Fölsing* NZI 2009, 794 (795).

[109] **AA** *Fölsing* NZI 2009, 794 (795).

[110] Vgl z Umsatzsteuer Jaeger/*Henckel* InsO § 38 Rn 146, § 55 Rn 33.

[111] Jaeger/*Henckel* InsO § 55 Rn 45.

[112] Jaeger/*Henckel* InsO § 55 Rn 45.

[113] Uhlenbruck/*Wegener* InsO¹³ § 103 Rn 146.

[114] *Ahrendt* HambK InsO⁴ § 105 Rn 8; *Huber* InsR-Hb⁴ § 36 Rn 12; Uhlenbruck/*Wegener* InsO¹³ § 103 Rn 143, 146; *Wegener* FK InsO⁷ § 105 Rn 20.

[115] *Kreft* MünchKomm InsO³ § 105 Rn 29.

[116] Kübler/Prütting/Bork/*Tintelnot* InsO¹ § 105 Rn 16; Uhlenbruck/*Wegener* InsO¹³ § 103 Rn 146; **aA** *Marotzke* HK InsO⁶ § 105 Rn 5; *Wegener* FK InsO⁷ § 105 Rn 25.

vermittelten Schutz des § 320 BGB, wonach der Gläubiger außerhalb der Insolvenz seine Leistung grds auch dann in vollem Umfang zurückbehalten kann, wenn er nur teilweise befriedigt wird.[117]

2. Erfüllungswahl bei unteilbarer Leistung

Sind die vertraglichen Leistungen tatsächlich oder rechtlich unteilbar, ist der Anwendungsbereich des § 105 S 1 nicht eröffnet. Es bleibt daher bei der **Anwendung des § 103** (Rn 35). Das bedeutet, dass der Vertrag für und gegen die Masse fortwirkt. Der Insolvenzverwalter wird verpflichtet, den Anspruch des Vertragspartners als Masseforderung zu erfüllen (§ 55 I Nr 2 Fall 1), der Vertragspartner hat im Gegenzug seinen noch ausstehenden Leistungsteil zu erbringen (zu den Rechtsfolgen der Erfüllungswahl allgemein § 103 Rn 298 ff). **55**

V. Rückforderungsverbot (Satz 2)

Nach § 105 S 2 kann der Vertragspartner vor Verfahrenseröffnung erbrachte Leistungen nicht mit der Begründung zurückfordern, dass sein Anspruch in der Insolvenz nicht (vollständig) befriedigt wird. **56**

1. Normzweck und Bedeutung

§ 105 S 2 soll klarstellen, dass der Vertragspartner wegen des Ausfalls seiner Forderung keine Ansprüche auf Rückgewähr des von ihm Geleisteten hat und er sich auch durch Rücktritt vom Vertrag keinen entsprechenden Anspruch gegen die Masse verschaffen kann.[118] Die Norm hat damit **rein deklaratorischen Charakter.**[119] Dass der Vertragspartner seine vor Verfahrenseröffnung erbrachten Leistungen nicht zurückfordern kann, ergibt sich schon daraus, dass die Insolvenz keine Auswirkungen auf das Bestehen des Vertrags als Rechtsgrund hat, sondern lediglich die Durchsetzbarkeit der sich gegenüberstehenden Ansprüche beeinträchtigt (§ 103 Rn 49).[120] Letzteres ist auch der Grund dafür, dass gesetzliche Rücktrittsrechte in der Insolvenz nicht beansprucht werden können, soweit sie sich auf leistungsbezogene Pflichtverletzungen des Schuldners stützen (§ 103 Rn 228). Bestehende vertragliche Rücktrittsrechte können dagegen auch in der Insolvenz ausgeübt werden. Ein Masseanspruch entsteht hierdurch unabhängig von § 105 S 2 indes nicht, sondern erfordert eine erneute Erfüllungswahl des Verwalters analog § 103 I (§ 103 Rn 87 ff, § 119 Rn 37).[121] **57**

2. Tatbestand und Rechtsfolge

Die Einschätzung, dass S 2 sich **nicht auf teilbare Leistungen beschränkt,** sondern auch unteilbare Vorleistungen des Vertragspartners[122] und darüber hinaus auch vollstän- **58**

---

[117] Vgl *Emmerich* MünchKomm BGB[6] § 320 Rn 41 f.
[118] Begr zu DiskE § 119, BT-Drucks 12/2243 S 146.
[119] So auch *Marotzke* HK InsO[6] § 105 Rn 21; Schmidt/*Ringstmeier* InsO[18] § 105 Rn 31; *v Wilmowsky* KTS 2011, 453 (475).
[120] Uhlenbruck/*Wegener* InsO[13] § 105 Rn 32.
[121] Vgl *Marotzke* HK InsO[6] § 105 Rn 20.
[122] *Ahrendt* HambK InsO[4] § 105 Rn 10; *Huber* InsR-Hb[4] § 35 Rn 29; *Kreft* MünchKomm InsO[3] § 105 Rn 38; Kübler/Prütting/Bork/*Tintelnot* InsO[1] § 105 Rn 18 f; Uhlenbruck/*Wegener* InsO[13] § 105 Rn 30.

dig erbrachte Vorleistungen erfasst,[123] trifft vor dem gerade in Rn 57 geschilderten Hintergrund zu, dass die Regelung einen allgemeinen Grundsatz klarstellt.

59 Die Vorleistung des Vertragspartners muss gem S 2 in das Vermögen des Insolvenzschuldners übergegangen sein. Unabhängig davon, ob es sich um Sachen oder unkörperliche Vermögensgegenstände handelt, muss ein **Vollrechtserwerb** durch den Insolvenzschuldner stattgefunden haben.[124] Dafür genügt eine (beispielsweise wegen § 142 I BGB) unwirksame Verfügung freilich nicht, vielmehr wird dadurch ein Aussonderungsrecht nach §§ 47, 48 begründet.[125] Gleiches gilt für auflösend bedingte Verfügungen, wenn die Bedingung nach Verfahrenseröffnung eintritt.[126] Eine aufschiebend bedingte Verfügung (§ 158 I BGB) stellt eine Vorleistung nur dar, wenn die Bedingung eintritt und durch den Bedingungsinhalt die Einhaltung des Synallagmas nicht wie etwa beim Eigentumsvorbehalt (§ 107 I) auf andere Weise sichergestellt wird.[127] § 105 S 2 beeinträchtigt also den Schutz des § 158 II BGB ebenso wenig wie den des § 158 I BGB. Daran ändert auch § 119 nichts, wenn die Verfügung auflösend durch die Eröffnung des Insolvenzverfahrens bedingt ist (str, vgl § 119 Rn 46).[128]

60 Der Vertragspartner kann eine Rückforderung nicht darauf stützen, dass sein Anspruch nicht erfüllt wird. **Nichterfüllung** meint iSd § 103 II 1 den Ausfall mit der Forderung, an deren Stelle ein Wertersatzanspruch tritt, den der Vertragspartner als Insolvenzschuldner zur Tabelle anmelden kann.[129]

§ 106
Vormerkung

(1) Ist zur Sicherung eines Anspruchs auf Einräumung oder Aufhebung eines Rechts an einem Grundstück des Schuldners oder an einem für den Schuldner eingetragenen Recht oder zur Sicherung eines Anspruchs auf Änderung des Inhalts oder des Ranges eines solchen Rechts eine Vormerkung im Grundbuch eingetragen, so kann der Gläubiger für seinen Anspruch Befriedigung aus der Insolvenzmasse verlangen. Dies gilt auch, wenn der Schuldner dem Gläubiger gegenüber weitere Verpflichtungen übernommen hat und diese nicht oder nicht vollständig erfüllt sind.

(2) Für eine Vormerkung, die im Schiffsregister, Schiffsbauregister oder Register für Pfandrechte an Luftfahrzeugen eingetragen ist, gilt Absatz 1 entsprechend.

Gesetzesänderungen: –

Materialien: BT-Drucks 12/2443 S 146; RegE § 120; RefE § 114; DiskE § 114; 1. Ber InsR-Komm LS 2.4.1.1.

---

123 LAG Düsseldorf ZIP 2010, 1099 (1101), das § 105 S 2 „entsprechend" anwendet; *Ahrendt* HambK InsO[4] § 105 Rn 10; *Marotzke* HK InsO[6] § 105 Rn 22; Uhlenbruck/*Wegener* InsO[13] § 105 Rn 30.

124 *Huber* InsR-Hb[4] § 35 Rn 29; Uhlenbruck/*Wegener* InsO[13] § 105 Rn 31.

125 Kübler/Prütting/Bork/*Tintelnot* InsO[1] § 105 Rn 20; Uhlenbruck/*Wegener* InsO[13] § 105 Rn 31.

126 **AA** Uhlenbruck/*Wegener* InsO[13] § 105 Rn 31.

127 Vgl auch *Huber* InsR-Hb[4] § 35 Rn 29; Uhlenbruck/*Wegener* InsO[13] § 105 Rn 31.

128 **AA** *Huber* InsR-Hb[4] § 35 Rn 30; *Kreft* MünchKomm InsO[3] § 105 Rn 40; Kübler/Prütting/Bork/*Tintelnot* InsO[1] § 105 Rn 20; ebenfalls Jaeger/*Henckel* KO[9] § 26 Rn 17 z Vorgängervorschrift des § 26 KO.

129 Vgl Uhlenbruck/*Wegener* InsO § 105 Rn 29.

Vorgängerregelungen: § 24 S 1 KO (dazu P III S 107 ff, 112 f; P VI S 760 f; Begr z KO Nov 1898 S 32; stenogr Bericht S 1995 f; neu gefasst durch VO v 21.12.40, RGBl I 1609), § 24 S 2 KO angefügt durch G v 22.6.1977, BGBl I 998 (dazu BT-Drucks VIII/359 S 9, 14; Protokolle BT-RA Nr 5/1977 S 15 ff, Nr 7/1977 S 38 ff), § 9 I 3 GesO, §§ 40 IV, 50 VerglO.

Literatur

Alff Zur Insolvenzfestigkeit des gesetzlichen Anspruchs auf Löschung von Grundpfandrechten Rpfleger 2006, 486; *ders* Der BGH und der gesetzliche Löschungsanspruch – Alles zurück auf Anfang Rpfleger 2012, 417; *Amann* Auch im Insolvenzverfahren schützt die Eigentumsvormerkung gegen vormerkungswidrige Belastungen MittBayNot 2004, 165; *ders* Kann sich der Insolvenzverwalter der Erfüllung des vorgemerkten Anspruchs und den damit zusammenhängenden Kosten entziehen? MittBayNot 2005, 111; *ders* Vormerkungsschutz für Ansprüche, deren Entstehung der Schuldner verhindern kann? MittBayNot 2007, 13; *Ampferl* Insolvenz des Bauträgers BTR 2007, 60; *Assmann* Die Vormerkung (§ 883 BGB) (1998); *dies* Insolvenzfestigkeit von vormerkungsgesicherten künftigen Ansprüchen ZfIR 2002, 11; *Baldringer/Jordans* Absicherung des Fertigstellungsrisikos in der Insolvenz des Bauträgers/Einführung und ausgewählte Aspekte der Vertragsgestaltung ZInsO 2004, 119; *Blomeyer* Die Auflassungsvormerkung in der Zwangsversteigerung DNotZ 1979, 515; *Böhringer* Besonderheiten bei Beteiligten eines Grundstücksveräußerungsvertrages BWNotZ 2012, 26; *Böttcher* Entwicklung des Grundbuch- und Grundstücksrechts in den Jahren 2005-2007 NJW 2008, 2088; *ders* Der gesetzliche Löschungsanspruch des § 1179a BGB bei Insolvenz des Grundstückseigentümers ZfIR 2007, 395; *ders* Notar und Insolvenzrecht notar 2011, 183; *ders* Löschungsanspruch nachrangiger Grundpfandrechtsgläubiger gem § 1179a BGB in Zwangsversteigerungs- und Insolvenzverfahren ZNotP 2012, 282; *Denk* Die Auflassungsvormerkung für den Versprechensempfänger und der Schutz des unbenannten Dritten NJW 1984, 1009; *Dieckmann* Zur Rechtsstellung des Grundstücksverkäufers im Konkurs des Verkäufers FS v Caemmerer (1978) S 95; *Dobler* Die übertragene Anwartschaft in der Insolvenz (2008); *Ehrenforth* Reichssiedlungsgesetz und Grundstücksverkehrsgesetz (1965); *Engert/Schmidl* Verkaufte Darlehen in der Insolvenz des Darlehensgebers WM 2005, 60; *Fehl* Ist die Auflassungsvormerkung noch konkurssicher? BB 1977, 524; *ders* Ist die Auflassungsvormerkung durch den neuen § 24 Satz 2 KO konkurssicherer geworden? BB 1977, 1228; *P Fischer* Der Grundschuldgläubiger und seine Pflicht, die Rechtsprechung des BGH ständig zu überwachen ZInsO 2012, 1493; *Fritsche* Insolvenzfestigkeit eines durch Vormerkung gesicherten künftigen Auflassungsanspruchs DZWIR 2002, 92; *Gerhardt* Zur Anfechtbarkeit eines durch Vormerkung gesicherten Anspruchs im Konkurs ZIP 1988, 749; *ders* Forderungen aus Freigebigkeit und unentgeltliche Verfügungen im Konkurs ZIP 1991, 273; *Gerhardt/Kreft* Aktuelle Probleme der Insolvenzanfechtung[10] (2006); *Goepfert/Carollo* Erwerb von Immobilien in der Krise KSzW 2012, 376; *Grell* Die Grundbuchtreuhand in der Insolvenz Grundeigentum 2008, 520; *Grziwotz* Schutz des Kreditgebers durch eine Grundschuldbestellungsvormerkung und Insolvenz ZfIR 2005, 426; *Häsemeyer* Die Grenzen der Konkursbeständigkeit vorgemerkter Ansprüche NJW 1977, 739; *Heinemann* Die vorzeitige Beendigung von Realkreditverträgen in Zusammenhang mit Grundstücksveräußerungen NotBZ 2006, 109; *Heyers* Unangemessene Benachteiligungen durch antizipierte Vergütungsforderungszessionen von Bauträgern? RNotZ 2012, 435; *Holzer* Zur Insolvenzfestigkeit einer Vormerkung zur Sicherung eines Anspruchs auf Eintragung einer Sicherungshypothek unter der Geltung der GesO MDR 2000, 905; *Jakobs* Auflassungsvormerkung und Konkurs DB 1977, 757; *Jenn* Der Notverkauf – ein insolvenzrechtliches Abenteuer für den Käufer? ZfIR 2009, 174; *K Schmidt* Sachenrecht und Insolvenzrecht: Schutz des nachrangigen Sicherungsinhabers JuS 2012, 1032; *Kesseler* Die Insolvenz des Bauträgers RNotZ 2004, 177; *ders* Der Schutzumfang der Vormerkung im Insolvenzverfahren MittBayNot 2005, 108; *ders* Zur Erfüllungswirkung der Zahlung des Grundstückskaufpreises durch den durch eine Vormerkung gesicherten Käufer nach Eintritt der Insolvenz des Verkäufers RNotZ 2006, 557; *ders* Einseitige Eintragungsanträge des späteren Insolvenzschuldners im Grundbuchverfahren – Verfahrensfestigkeit, Rücknahmerecht des Insolvenzverwalters oder Unwirksamkeit? ZfIR 2006, 117; *ders* Das gesetzliche Leitbild des Bauträgervertrages – eine fehlgeleitete Diskussion ZfIR 2006, 701; *ders* Vormerkung und Freigabe im Insolvenzverfahren ZNotP 2006, 133; *ders* Das Verwalterwahlrecht am Beispiel des Bauträgervertrages ZInsO 2007, 1128; *ders* Die Insolvenzfestigkeit des gesetzlichen Löschungsanspruchs aus

§ 1179a BGB NJW 2012, 2240; *Kissel* Änderung sachenrechtlicher und grundbuchrechtlicher Vorschriften NJW 1977, 1760; *Krüger* Die Auflassungsvormerkung in der Insolvenz des Grundstücksverkäufers – Eine hinreichende und insolvenzfeste Sicherheit für den Käufer? ZMR 2010, 251; *Kuhn* Die Rechtsprechung des BGH zum Insolvenzrecht WM 1979, 742; *Lichtenberger* Buchbesprechung: Mentzel/Kuhn/Uhlenbruck, KO[9] (1979) DNotZ 1979, 510; *Marcks* Verordnung zur Änderung der Verordnung zur Durchführung des § 34c der Gewerbeordnung DNotZ 1975, 389; *Marotzke* Das Konkurrenzverhältnis von § 17 und § 24 KO – ein Scheinproblem JZ 1977, 552; *ders* Die dinglichen Sicherheiten im neuen Insolvenzrecht ZZP 109 (1996) 429; *Mitlehner* Zur Zulässigkeit einer Freigabe von Gebäudeeigentum in der Insolvenz und zur Behandlung der Ansprüche aus SachenRBerG § 82 in der Insolvenz ZIP 2000, 977; *Muthorst* Bedingt, befristet, betagt – Sonderfälle der Forderung im Spiegel des Insolvenzrechts ZIP 2009, 1794; *Oepen/Rettmann* Das Schicksal von Grundstücksübereignungen in einem Konkurs- bzw Insolvenzverfahren über das Vermögen des Veräußerers KTS 1995, 609; *Paulus* Richterliches Verfügungsverbot und Vormerkung im Konkurs (1981); *Piegsa* Der Grundstückskaufvertrag in der Insolvenz des Verkäufers RNotZ 2010, 433; *Preuß* Die Vormerkbarkeit künftiger und bedingter Ansprüche AcP 201 (2001) 580; *dies* Zur insolvenzfesten Absicherung künftiger Ansprüche durch eine Vormerkung DNotZ 2002, 283; *Raab* Zur Insolvenzfestigkeit des Löschungsanspruchs eines nachrangigen Grundschuldgläubigers DZWIR 2006, 427; *Rein* Der Löschungsanspruch eines nachrangigen Grundschuldgläubigers in der Insolvenz des Grundstückseigentümers NJW 2006, 3470; *ders* Anmerkung zum Urteil des BGH vom 27.04.2012 (V ZR 270/10 NZI 2012, 756) – Zur Insolvenzfestigkeit des Löschungsanspruchs des nachrangigen Grundschuldgläubigers NZI 2012, 758; *Scholtz* § 878 BGB in der Verkäuferinsolvenz ZIP 1999, 1693; *Schöner* Rechtliche Probleme bei Lastenfreistellungsverpflichtungserklärungen DNotZ 1974, 327; *Stöber* Erlöschen der Auflassungsvormerkung und Erbbauzins-Reallast bei der Insolvenzverwalterversteigerung NJW 2000, 3600; *Suppliet* Auflassung durch den Insolvenzverwalter ohne Vertragseintritt im Übrigen NotBZ 2004, 159; *ders* Exklusives Befriedigungsrecht nachrangiger Grundpfandrechtsgläubiger aus § 1179a BGB in der Insolvenz des Eigentümers NotBZ 2012, 377; *Thortz* Eigentumserwerb in der Insolvenz des Bauträgers BTR 2004, 18; *Tichbi* Die Rechtstellung des Angebotsempfängers (2011); *Wagner* Der Grundstückskauf in der Insolvenz ZfIR 2009, 345; *Weimar* Die Vormerkung im Konkurs KTS 1955, 168; *Wessels* Unternehmenskauf im Vorfeld der Verkäuferinsolvenz ZIP 2004, 1237; *Windel* Der insolvenzrechtliche Gleichbehandlungsgrundsatz und seine Auswirkungen auf die Abwicklung schwebender Austauschverträge Jura 2002, 230

Übersicht

Alphabetische Übersicht

I. Grundlagen

1 Nach § 106 I 1 kann der Vertragspartner den **vorgemerkten Anspruch** ungeachtet der Insolvenzeröffnung durchsetzen und damit den Gläubigern des Insolvenzschuldners das Recht, auf das der vorgemerkte Anspruch gerichtet ist, als Haftungsobjekt entziehen. Eine Verfügung des Insolvenzverwalters über diesen Bestandteil des Schuldnervermögens ist dem Vormerkungsberechtigten gegenüber unwirksam, soweit sie den vorgemerkten Anspruch vereitelt oder beeinträchtigt (§ 883 II 2 BGB). So durchbricht die Vormerkung die haftungsrechtliche Zuweisung eines formellen Bestandteils des Schuldnervermögens zu der der Gläubigerbefriedigung dienenden Insolvenzmasse. Der Vormerkungsberechtigte macht geltend, dass der ihm zu verschaffende Gegenstand nicht Massebestandteil ist.[1] § 106 schreibt mithin dem vormerkungsgesicherten Verschaffungsanspruch **Aussonderungskraft** zu.[2] Es handelt sich also um ein Beispiel für die von § 47 vorgesehene Möglichkeit eines persönlichen (= schuldrechtlichen) Anspruchs, dem Aussonderungskraft zukommt.

2 Durch diese Natur als Aussonderungsanspruch unterscheidet sich der vormerkungsgesicherte Anspruch von den sonstigen von §§ 103 ff, 108 ff erfassten Vertragsansprüchen. Da dem Vertragspartner keine Insolvenzforderung zusteht, sondern dieser Erfüllung vom Verwalter verlangen kann, ist § 103 nicht anwendbar (§ 103 Rn 149). Die Wirkung des § 106 I 1 zeigt sich aber keinesfalls nur in sonst unter § 103 fallenden Sachlagen, dass ein beiderseits nicht vollständig erfüllter gegenseitiger Vertrag vorliegt. Vielmehr kann der Vormerkungsberechtigte auch dann Erfüllung des vorgemerkten Anspruchs verlangen, wenn er seinerseits vor Insolvenzeröffnung schon **voll oder teilweise erfüllt** hatte oder wenn der vorgemerkte Anspruch von vornherein ein einseitiger war.[3] Gerade dann wird der Unterschied der Aussonderungskraft (§ 47) gegenüber der bloßen Insolvenzforderung (§§ 38, 87) besonders deutlich (Rn 41 ff).

1. Entstehungsgeschichte

3 § 106 übernimmt unter redaktionellen Änderungen § 24 KO. Die Aufteilung auf zwei Absätze ermöglicht die Unterscheidung zwischen Grundbuch einerseits und Schiffsregister, Schiffsbauregister und Register für Pfandrechte an Luftfahrzeugen andererseits. Die Regelung in Abs 1 S 2, dass weitere Pflichten des Insolvenzschuldners die Aussonderungskraft der Vormerkung unberührt lassen, beruht auf einer Ergänzung von § 24 KO durch G v 22.6.1977 (BGBl I, S 998). Diese Ergänzung war Reaktion auf eine Entscheidung des BGH v 29.10.1976, die der Vormerkung die Sicherungswirkung absprach, wenn beim Bauträgervertrag der Insolvenzverwalter des Bauträgers die Bauverpflichtungen nicht erbringen musste.[4]

---

[1] BGHZ 149, 1 (5).
[2] BGH ZIP 2008, 1028 Rn 11; *Ganter* MünchKomm InsO³ § 47 Rn 333; Jaeger/*Henckel* InsO § 47 Rn 55; vgl auch *Marotzke* ZZP 109 (1996) 429 (431, 439 Fn 47).
[3] *Paulus* Verfügungsverbot S 64.
[4] BGH NJW 1977, 146 (147); dazu *Musielak* AcP 179 (1979) 189 (190).

2. Normzweck

§ 106 zieht für die Insolvenz die Konsequenz aus der starken Stellung des Vormerkungsberechtigten und stellt so ihre Insolvenzfestigkeit klar.[5] Diese Anordnung entspricht einer Reihe weiterer Regelungen, die den Gläubiger des vorgemerkten Anspruchs **vor sonstigen haftungsrechtlichen Zuweisungen schützen**, die nach Eintragung der Vormerkung begründet werden und den gesicherten Anspruch vereiteln oder beeinträchtigen würden. So wird die dem Recht des betreibenden Gläubigers im Range vorgehende Auflassungsvormerkung in das geringste Gebot aufgenommen (§§ 44, 48 ZVG)[6] und bleibt deshalb beim Zuschlag in der Zwangsversteigerung bestehen (§§ 91 I, 52 ZVG). Der Eigentumserwerb des Erstehers durch Zuschlag (§ 90 ZVG) ist nach § 883 II 2 BGB dem Gläubiger des vorgemerkten Auflassungsanspruchs gegenüber unwirksam. Ferner besteht eine Parallele zu § 884 BGB, der dem Erben des Schuldners die Möglichkeit nimmt, sich auf die Beschränkung seiner Haftung auf den Nachlass zu berufen. 4

a) **Begründung der Insolvenzfestigkeit.** Die insolvenzfeste Ausgestaltung der Vormerkung rechtfertigt sich aus **besonderen Bedürfnissen des Grundstückverkehrs**. Weil die Auflassung bedingungsfeindlich ist (§ 925 II BGB), kann der Grundstückskäufer anders als der Käufer einer beweglichen Sache, der eine Anzahlung geleistet hat, eine haftungsrechtlich sichere Position nicht in Gestalt eines Anwartschaftsrechts erwerben. An die Stelle der bedingten Übereignung beweglicher Sachen (vgl § 107) tritt beim Grundstückserwerb der durch Vormerkung gesicherte Anspruch des Käufers auf Übereignung nach Zahlung des Kaufpreises. Außerdem schützt die Vormerkung den Käufer in der für den Grundstücksverkehr typischen Situation, dass die Auflassung sich verzögert, weil sie einer behördlichen Genehmigung bedarf oder weil bei Veräußerung einer Teilfläche die Vermessung und die Anlegung eines eigenen Grundbuchblattes noch ausstehen.[7] 5

Aus diesen Bedürfnissen des Grundstücksverkehrs – **nicht** aber aus der **Publizität** der Vormerkung – rechtfertigt sich die Insolvenzfestigkeit der Vormerkung. Aussonderungsrechte wie die Vormerkung (Rn 1) sind nicht durch ihre Publizität bedingt. Denn aussonderungsberechtigt ist auch der Vermieter einer beweglichen Sache, obwohl er nur mittelbarer Besitzer ist, der Bestohlene, der überhaupt keinen publizitätsbegründenden Besitz an der Sache hat, oder der Grundstückseigentümer, der die Berichtigung des durch Eintragung des Schuldners unrichtigen Grundbuchs verlangt. Die Publizität war nach den Vorstellungen des Gesetzgebers der KO Voraussetzung für die Anerkennung von Absonderungsrechten, also von speziellen Haftungsvorzugsrechten.[8] Die Vormerkung aber ist kein Haftungsvorzugsrecht, sie wirkt unabhängig davon, ob der Begünstigte in Gestalt einer Anzahlung Kredit gewährt hat. Weil deshalb die Publizität der Vormerkung nicht der Grund ihrer Insolvenzfestigkeit sein kann, ist es auch nicht gerechtfertigt, § 106 auf publizierte Veräußerungsverbote entsprechend anzuwenden.[9] Dementsprechend rechtfertigt sich die insolvenzrechtliche Privilegierung der Vormerkung (§ 106) gegenüber der Insolvenzschwäche des Veräußerungsverbots (§ 80 II) nicht aus der Publizität der Vormerkung,[10] sondern aus den Bedürfnissen des Grundstücksverkehrs. 6

---

[5] BT-Drucks 12/2443 S 146.

[6] BGHZ 46, 124 (127 ff); *Blomeyer* DNotZ 1979, 515 ff; Böttcher/*Böttcher* ZVG[5] § 48 Rn 3; Kindl/Meller-Hannich/Wolf/*Stumpe* ZVR[2] § 48 ZVG Rn 10.

[7] *Rimmelspacher* Kreditsicherungsrecht[2] Rn 643; vgl auch Staudinger/*Gursky* BGB[2008] § 883 Rn 3 f.

[8] Begr zu EKO § 40, Mot S 196, 198 ff.

[9] So aber *Paulus* Verfügungsverbot S 110 ff.

[10] So aber *Paulus* Verfügungsverbot S 95 ff.

7 b) **Unterschiede zu Veräußerungsverbot und Widerspruch.** Die negative Wirkung der Vormerkung (§ 883 II BGB) ähnelt der eines **Veräußerungsverbotes** iSd §§ 135, 136 BGB, trägt jedoch weiter. Widerstreitende Verfügungen des Insolvenzverwalters dringen zwar gegenüber einem solchen Verbot, nicht aber gegenüber einer Vormerkung durch (§ 883 II 2 gegen § 135 I 2 BGB, § 80 II). Wenn beispielsweise ein Vermächtnisnehmer auf Übereignung des ihm vermachten Grundstücks klagt und eine einstweilige Verfügung erwirkt hatte, die dem beschwerten Erben die Veräußerung des Grundstücks verbietet (§§ 935, 938 ZPO), hierauf aber der Erbe insolvent wird, hat der Vermächtnisnehmer nur eine Insolvenzforderung (§§ 38, 87). Auch erwächst ihm aus der Veräußerung des Grundstücks durch den Verwalter nicht etwa ein Masseanspruch nach § 55 I Nr 1.[11] Eine vor der Insolvenz erwirkte Vormerkung dagegen (vgl § 885 I 2 BGB, § 895 ZPO) sichert dem Vertragspartner die **Erfüllung der geschuldeten Leistung selbst** (§ 106 I 1).[12]

8 Vom **Widerspruch** (§ 899 BGB) unterscheidet sich die Vormerkung dadurch, dass jener zur Erhaltung bereits oder noch bestehender, aber noch nicht, nicht mehr oder nicht richtig verbuchter dinglicher Rechte dient und deshalb noch in der Insolvenz eingetragen werden kann, während die Vormerkung auf eine noch nicht vorhandene dingliche Rechtslage abzielt, deren Erwirkung in der Insolvenz den §§ 89, 91 zufolge regelmäßig ausgeschlossen ist. Der Insolvenzverwalter hat deshalb beim Widerspruch bestehende Rechte auf Aussonderung oder Absonderung anzuerkennen, bei der Vormerkung dagegen durch seine Tätigkeit den Vollerwerb von Rechten an Gegenständen der Masse zu bewirken. Die „Bewilligung" einer Widerspruchseintragung kann in der Insolvenz nur der Verwalter erteilen (§ 80 I).

II. Voraussetzungen für die Grundbuchvormerkung (Abs 1 S 1)

9 Die Voraussetzungen der Aussonderungskraft des vorgemerkten Anspruchs regelt Abs 1 S 1 in Anknüpfung an § 883 I BGB.

1. Arten geschützter Vormerkungen

10 Vormerkungen können zur Sicherung schuldrechtlicher Ansprüche auf Einräumung oder Aufhebung eines Rechts an einem Grundstück oder an einem das Grundstück belastenden Recht oder auf Änderung des Inhalts oder des Ranges eines solchen Rechts eingetragen werden (§ 883 I 1 BGB).

11 a) **Anspruch auf Einräumung oder Aufhebung eines Rechts.** Die Vormerkung kann der Sicherung eines Anspruchs auf Einräumung oder Aufhebung eines Rechts an einem Grundstück dienen. In Betracht kommen zB die Auflassungsvormerkung, die Vormerkung zur Sicherung eines Anspruchs auf Bestellung eines Grundpfandrechts oder auch eine Löschungsvormerkung (§ 1179 BGB), auf die § 106 I 1 ebenfalls anwendbar ist (vgl hinsichtlich § 1179a BGB Rn 36 ff).[13] Das Grundstück muss dem Schuldner im Zeitpunkt der Insolvenzeröffnung gehören. In der Nachlassinsolvenz sind „Grundstücke des Schuldners" iSv § 106 die zum Nachlass gehörenden Grundstücke.

12 b) **Anspruch auf Einräumung oder Aufhebung eines Rechts an einem Recht.** Die Vormerkung kann einen Anspruch sichern auf Einräumung oder Aufhebung eines Rechts an

---

[11] Jaeger/*Windel* InsO § 80 Rn 278, 285, 295 ff.

[12] Jaeger/*Windel* InsO § 89 Rn 46.

[13] OLG Hamburg NZI 2009, 556 (557); *Weimar* KTS 1955 168 (170); **aA** *Voß* LZ 1912 Sp 278 ff.

einem für den Schuldner eingetragenen Recht an einem Grundstück. Gemeint sind Rechte an beschränkten dinglichen Rechten, zB ein Pfandrecht an einer Grundschuld. Das beschränkte dingliche Grundstücksrecht muss **für den Schuldner** im Zeitpunkt der Insolvenzeröffnung **eingetragen** sein. Erfasst werden aber auch Fälle, in denen die Eintragung des Rechts für den Schuldner erst noch im Wege einer Grundbuchberichtigung herbeigeführt werden muss, sofern die auf das Recht bezogene Vormerkung dem Schuldner gegenüber wirksam ist.

In der **Nachlassinsolvenz** sind „für den Schuldner eingetragene Rechte" iSd § 106 I 1 **13**
die zum Nachlass gehörenden Rechte, mag die Eintragung auf den Erblasser oder den Erben lauten, mag das belastete Recht vor oder nach dem Erbfall (zB von einem Nachlasspfleger, § 1960 II BGB) erworben worden sein. Jedoch muss eine durch einstweilige Verfügung erlangte Vormerkung, um in der Nachlassinsolvenz durchzudringen, bereits vor dem Eintritt des Erbfalls – nicht nur vor Insolvenzeröffnung (§ 89 I) –[14] erwirkt sein. Anders als dessen Vorgängernorm § 221 KO in Abs 2 erwähnt dies § 321 nicht mehr ausdrücklich, was aber nicht zu einer Rechtsänderung führen sollte.[15] Die gleiche Einschränkung gilt nach § 332 I iVm § 321 für die Insolvenz über das Gesamtgut der fortgesetzten Gütergemeinschaft.

c) **Anspruch auf Änderung des Inhalts oder des Ranges.** Die Vormerkung kann einen **14**
Anspruch sichern auf Inhalts- oder Rangänderung eines beschränkt dinglichen Rechts an einem Grundstück, also zB eine Vormerkung zur Sicherung eines Anspruchs auf Änderung des Ranges eines Grundpfandrechts. Das beschränkt dingliche Recht muss im Zeitpunkt der Insolvenzeröffnung für den Vertragspartner eingetragen sein. Jedoch genügt auch hier, dass die Eintragung des Rechts für den Vertragspartner erst noch durch eine Grundbuchberichtigung herbeigeführt werden muss, sofern die Vormerkung dem Schuldner gegenüber wirksam ist.

2. Rechtsgrund des gesicherten Anspruch

Auf den Rechtsgrund der gesicherten Forderung kommt es für den Schutz des Abs 1 **15**
nicht an. Der Anspruch kann auf einem Rechtsgeschäft unter Lebenden oder einer Verfügung von Todes wegen (Beispiel: Vermächtnisanspruch in der Insolvenz des Beschwerten), auf einer unerlaubten Handlung des Schuldners oder sonst auf gesetzlicher Verpflichtung beruhen. Darum gehören hierher auch Vormerkungen aufgrund gesetzlicher Ansprüche auf Bestellung einer Hypothek, zB nach § 648 BGB (Sicherungshypothek der Bauhandwerker),[16] sowie Vormerkungen zur Sicherung von Bereicherungsansprüchen, zB auf Rückübereignung eines Grundstücks (§§ 812 ff BGB). Auch ein Schenkungsversprechen kann – vorbehaltlich der Anfechtbarkeit nach § 134 – insolvenzfest durch eine Vormerkung gesichert werden.[17] Soweit die Gegenauffassung auf der Annahme beruht, § 106 solle nur das Erfüllungswahlrecht des Verwalters im Anwendungsbereich der §§ 103 ff ausschalten,[18] ist schon diese Prämisse unzutreffend, da der Vormerkungsschutz

---

[14] S hierzu Jaeger/*Windel* InsO § 89 Rn 46.

[15] LG Stuttgart ZEV 2002, 370 (371); *Siegmann* MünchKomm InsO[2] § 321 Rn 7.

[16] *Weimar* KTS 1955, 168 f.

[17] *Gerhardt/Kreft* Aktuelle Probleme der Insolvenzanfechtung[10] (2006) Rn 553 f; Kübler/Prütting/Bork/*Tintelnot* InsO[1] § 106 Rn 19; Nerlich/Römermann/*Nerlich* InsO[5] § 134 Rn 38; noch zu § 24 KO *Gerhardt* ZIP 1988, 749; *ders* ZIP 1991, 273 (275); aA Jaeger/*Henckel* InsO § 134 Rn 65; *Kayser* MünchKomm InsO[3] § 129 Rn 61; noch zu § 24 KO auch BGH ZIP 1988, 585.

[18] *Kayser* MünchKomm InsO[3] § 129 Rn 61; vgl auch Jaeger/*Henckel* InsO § 39 Rn 42.

umfassend ist und unabhängig davon greift, ob die gesicherte Forderung einem gegenseitigen beiderseits nicht vollständig erfüllten Vertrag entstammt (Rn 2). § 106 bewirkt, dass der gesicherte Anspruch gar nicht erst Bestandteil der Insolvenzmasse wird und in der Folge ausgesondert werden kann (Rn 1, 42). Die Vormerkung wertet die gem § 39 I Nr 4 nachrangige Behandlung der Forderung auf und verschafft ihrem Inhaber so eine gesicherte Rechtsposition (§ 103 Rn 149).[19]

3. Sicherung künftiger und bedingter Ansprüche

16 Der durch die Vormerkung gesicherte Anspruch kann auch ein künftiger oder bedingter sein, § 883 I 2 BGB. Seit jeher ist nicht geklärt, welche Anforderungen an künftige Ansprüche zu stellen sind.[20] Das gilt schon für § 883 I 2 BGB,[21] erst recht aber für § 106. Es stehen sich bereits im Ausgangspunkt zwei Lager gegenüber. Auf der einen Seite wird in Anlehnung an § **91** verlangt, dass die gesicherte Forderung grundsätzlich bereits im Zeitpunkt der Verfahrenseröffnung entstanden sein muss.[22] Dem wird dann aber verbreitet – schon um § 106 im Hinblick auf die Sicherung künftiger Forderungen nicht leer laufen zu lassen –[23] gleich gestellt, dass dem Vertragspartner eine **gesicherte Rechtsposition** zusteht, die Entstehung des Anspruchs also nur noch vom Willen des künftigen Berechtigten abhängt.[24] Auf der anderen Seite wird der Schutz des § 883 I 2 BGB auf § 106 übertragen.[25] Was zivilrechtlich nach § 883 I 2 eintragungs- und schutzfähig sei, falle auch unter § 106 I. Damit werden nur solche Erwerbsaussichten aus dem Schutz durch § 106 ausgeschieden, bei denen die Entstehung des Erwerbsanspruchs vom Willen des Insolvenzschuldners abhängt.[26]

17 Den Vorzug verdient die zweite Meinungsströmung, die den Kreis der von § 106 erfassten künftigen Ansprüche weiter zieht. Um zu bestimmen, mit welchen (vormerkungsgesicherten) Ansprüchen der Vertragspartner am Verfahren teilnehmen kann, ist nicht das zu § 91 passende Kriterium einer gesicherten Rechtsposition[27] heranzuziehen. § **91** ist **nicht einschlägig.**[28] § 91 hindert einen Rechtsverlust der Masse. Ein solcher droht der Masse zwar hinsichtlich des Rechtsgegenstands, auf den sich die Vormerkung bezieht (Grundstück oder Grundstücksrecht). Die Vormerkung belastet diesen Gegenstand aber schon ab ihrer Eintragung ins Grundbuch. Dagegen lässt sich zwar mit der Akzessorietät der Vormerkung argumentieren, dass die Vormerkung mangels zu sichernder Forderung vor deren Entstehen selbst noch nicht besteht. Jedoch darf in einer insolvenzrechtlichen Bewertung nach § 91 nicht übersehen werden, dass das Zivilrecht die Sicherung künfti-

---

19 Vgl *Gerhardt* ZIP 1988, 749 (752).

20 Vgl die fehlende Abgrenzung u Erläuterung in BGH ZIP 2012, 1140 zwischen Rn 16 (unter Bezugnahme auf BGHZ 149, 1 [7]) einerseits u Rn 13, 19 andererseits. – Instruktiv freilich bereits Jaeger/*Windel* InsO § 91 Rn 68 ff.

21 *Assmann* Vormerkung S 50; Staudinger/*Gursky* BGB^{2008} § 883 Rn 182 ff.

22 So aber *Jaeger* LZ 1911, 606 (607); Jaeger/*Lent* KO^{8} § 24 Rn 7; Kübler/Prütting/Bork/*Lüke* InsO^{45} § 91 Rn 38.

23 Vgl BGHZ 149, 1 (6); 166, 319 Rn 12 zum sonst „sinnentleerten" Vormerkungsschutz für künftige Forderungen.

24 BGHZ 12, 115 (117); 149, 1 (4); 166; 319 Rn 12; *Bork* InsR^{6} Rn 151 Fn 41.

25 BGH ZIP 2012, 1140 Rn 19, 13; *Assmann* Vormerkung S 249; Staudinger/*Gursky* BGB^{2008} § 883 Rn 316.

26 Vgl *Kohler* MünchKomm BGB^{6} § 883 Rn 34; Staudinger/*Gursky* BGB^{2008} § 883 Rn 186; vgl auch BGHZ 134, 182 (184 f); 149, 1 (3); 166, 319 Rn 13.

27 Zu § 91 BGHZ 167, 363 (365); 181, 361 Rn 11; BGH ZIP 2009, 380 Rn 28; 2011, 2364 Rn 12; ferner BGH ZIP 2010, 332 Rn 21.

28 *Häsemeyer* InsR^{4} Rn 10.27; Jaeger/*Windel* InsO § 91 Rn 68 ff.

ger Forderungen durch eine Vormerkung unbeschadet ihrer Akzessorietät rangwahrend zulässt. Bei der Vormerkung für einen noch nicht entstandenen künftigen Anspruch handelt es sich um eine **gegenwärtige Sicherung eines künftigen Anspruchs.**[29] Daher kann § 91 nicht der Geltendmachung der Vormerkung entgegenstehen.

Maßgeblich ist vielmehr, ob der künftige Anspruch im Insolvenzverfahren Berücksichtigung finden kann. Der Erörterung dieser Frage wird vielfach ausgewichen, wenn die Berücksichtigungsfähigkeit schlicht unter Hinweis auf § 106 bejaht wird.[30] Jedoch steht die Reichweite des § 106 in Rede. Neben den zivilrechtlichen Anforderungen, die § 883 I 2 an die Sicherungsfähigkeit künftiger Ansprüche stellt, ergeben sich insolvenzrechtliche Beschränkungen abhängig davon, ob der gesicherte Anspruch nach § 38 überhaupt als Insolvenzforderung im Insolvenzverfahren geltend gemacht werden darf.[31] Die Notwendigkeit dieser Beschränkung ergibt sich schon aus dem Charakter der Vormerkung, dass sie eine **Identität von Schuldner und Eigentümer voraussetzt** und deshalb nicht als Drittsicherheit taugt.[32] Entsprechend ist für § 106 zu verlangen, dass (wenn das von der Vormerkung betroffene Recht in die Masse fällt) die Masse überhaupt für den gesicherten Anspruch haften muss.[33] Aus §§ 41, 191 folgt, dass auch eine befristete oder bedingte Begründung der Forderung hinreicht.[34] Nach Maßgabe dieser im Einzelnen noch nicht abschließend geklärten Grundsätze werden **künftige und bedingte Forderungen von § 106 erfasst.** So entspricht der Anwendungsbereich des § 106 auch dem des § 103, in den ebenfalls Verträge einbezogen sind, die erst nach Insolvenzeröffnung entstehen (§ 103 Rn 74 ff). Im Einzelnen lassen sich folgende Fallgruppen unterscheiden: 18

a) **Ausbleiben des Entstehens.** Der Vormerkungsberechtigte kann sich nicht auf § 106 berufen, wenn das Entstehen des vormerkungsgesicherten Anspruchs ausbleibt. Ein solches Ausbleiben mag vielerlei Gründe haben. Es kann darauf beruhen, dass der Schuldner mit dem vormerkungsberechtigten Vertragspartner lediglich einen **Vorvertrag** geschlossen hat. Der Anspruch aus dem Vorvertrag ist – sofern der Insolvenzverwalter nicht Erfüllung eines beiderseits noch nicht erfüllten Vorvertrags verlangt – lediglich Insolvenzforderung (§§ 103 II, 38). Weil die Vormerkung niemals entstanden ist, kann der Vormerkungsberechtigte aus ihr nichts herleiten.[35] Insbesondere kann er nicht aufgrund der Vormerkung die Erfüllung des Vorvertrags verlangen, weil der aus dem Vorvertrag folgende Anspruch nicht vormerkungsfähig und von der Vormerkung nicht erfasst ist. 19

b) **Anwartschaft des Vormerkungsberechtigten.** In den Anwendungsbereich des § 106 fällt eine Vormerkung nach recht einhelliger Auffassung, wenn der Vormerkungsberechtigte zum Zeitpunkt der Verfahrenseröffnung bereits über eine gesicherte Rechtsposition verfügt und dann während des Verfahrens diese Anwartschaft zu einer bestehenden Forderung erstarkt.[36] Es handelt sich um verschiedene Sachlagen, in denen die Entstehung 20

---

[29] BGHZ 149, 1 (8); 166, 319 Rn 12; Jaeger/*Windel* InsO § 91 Rn 68 ff; *Kohler* MünchKomm BGB[6] § 883 Rn 63; Kübler/Prütting/Bork/*Tintelnot* InsO[1] § 106 Rn 16; *Ott/Vuia* MünchKomm InsO[3] § 106 Rn 16; Staudinger/*Gursky* BGB[2008] § 883 Rn 229; Uhlenbruck/*Wegener* InsO[13] § 106 Rn 6.

[30] BGHZ 149, 1 (8); *Assmann* Vormerkung S 254; Staudinger/*Gursky* BGB[2008] § 883 Rn 316.

[31] *Häsemeyer* InsR[4] Rn 10.27; *Preuß* AcP 201 (2001) 580 (591); *dies* DNotZ 2002, 283, (285 ff); Jaeger/*Windel* InsO § 91 Rn 68 ff.

[32] BGHZ 12, 115 (120); 134, 182 (188); Staudinger/*Gursky* BGB[2008] § 883 Rn 56.

[33] *Häsemeyer* InsR[4] Rn 10.27.

[34] Jaeger/*Henckel* InsO § 38 Rn 81, 87.

[35] *Preuß* AcP 201 (2001) 580 (591 f); *dies* DNotZ 2002, 283, (286 f); Staudinger/*Gursky* BGB[2008] § 883 Rn 316.

[36] BGHZ 12, 115 (117); 149, 1 (4); 166, 319 Rn 13; *Bork* InsR[6] Rn 151 Fn 41; *Denck*

des Anspruchs nur noch vom Willen des Vormerkungsberechtigten abhängt. Beispiel ist das durch Vormerkung gesicherte **rechtsverbindliche Angebot**,[37] aber auch jede andere Form einer **Option** (vgl § 103 Rn 76 ff). Stets entsteht die Forderung als Insolvenzforderung (§ 103 Rn 74 f), so dass die Anwendung von § 106 geboten ist.

21 c) **Belieben des Schuldners.** Steht die Entstehung des Anspruchs wie beispielsweise bei einem **festen Kaufangebot (Verkaufsoption)** im Belieben des (Insolvenz-)Schuldners, sind die Voraussetzungen von § 106 nicht erfüllt. Dieses nahezu einhellig anerkannte Ergebnis[38] beruht schon darauf, dass der Anspruch – zu Abweichungen bei bedingten Ansprüchen unten Rn 26 f – zivilrechtlich nicht vormerkungsfähig ist, die Vormerkung daher nicht entsteht. Aus insolvenzrechtlicher Sicht kommt hinzu, dass der gesicherte Anspruch, die Option, regelmäßig in die Masse fällt (§ 103 Rn 85). Daher könnte allein der Insolvenzverwalter über die Entstehung des Anspruchs befinden. Macht er von der Option Gebrauch, nimmt er etwa ein Verkaufsangebot an, entsteht eine **Masseverbindlichkeit** nach § 55 I Nr 1. Diese Verbindlichkeit wird durch die Vormerkung aber nur dann gesichert, wenn die eingetragene Vormerkung durch eine entsprechende Bewilligung aufgeladen wird (Rn 29).

22 Freilich kann vor Verfahrenseröffnung die Aussicht so gering gewesen sein, dass nicht einmal ein Optionsrecht bestand, das in die Masse fallen konnte. Dann war die Vormerkung zivilrechtlich erst recht unwirksam; insolvenzrechtlich kann der Insolvenzschuldner nach Verfahrenseröffnung keine Insolvenzforderung, sondern nur eine eigene **Neuverbindlichkeit** begründen. Für solche Neuschulden haftet die Masse nicht, so dass auch deswegen die Anwendung von § 106 ausscheidet.[39]

23 d) **Sonstige Umstände (Verhalten Dritter).** Das Entstehen des Anspruchs kann von anderen Umständen als dem Willen der Vertragspartner abhängig sein. Beispiele sind Verträge, die **behördlicher Genehmigung** bedürfen, aber auch solche, die von einer **Willensentscheidung Dritter** abhängig sind. Ein weiteres Beispiel enthält **§ 1179 BGB.**[40] Der dort für vormerkbar erklärte Anspruch auf Löschung einer Eigentümergrundschuld hängt davon ab, dass Hypothek oder – bei Anwendung über § 1192 I BGB – Fremdgrundschuld zur Eigentümergrundschuld werden. Bei dieser Fallgruppe wirken sich die unterschiedlichen vertretenen Auffassungen zur Reichweite des § 106 auch im Ergebnis aus. Ein Meinungsumschwung in der Rechtsprechung des BGH veranschaulicht, wie kontrovers die Diskussion insoweit ist.[41]

24 Einerseits verfügt der Vormerkungsberechtigte in dieser Fallgruppe noch über keine gesicherte Rechtsposition, weil der Rechtserwerb von Umständen abhängt, die er nicht beeinflussen kann.[42] Daher wären die strengen Anforderungen des § 91, wollte man sie auf § 106 übertragen, nicht erfüllt. Andererseits steht die Entstehung des Anspruchs nicht im freien Belieben, so dass den zivilrechtlichen Anforderungen des § 883 I 2 BGB genügt ist. Die unterschiedlichen genannten Kriterien geben aber beide für § 106 I nicht allein den Ausschlag (Rn 17 f). Es kommt vielmehr neben den zivilrechtlichen Anforde-

---

NJW 1984, 1009 (1011 ff); *Häsemeyer* InsR[4] Rn 10.27; *Kohler* MünchKomm BGB[6] § 883 Rn 34; *Preuß* AcP 201 (2001) 580 (591); Soergel/*Stürner* BGB[13] § 883 Rn 6; Staudinger/*Gursky* BGB[2008] § 883 Rn 316; *Tichbi* Angebotsempfänger S 129 ff.

[37] BGHZ 149, 1.

[38] BGHZ 134, 182 (184 f); 149, 1 (3); 166, 319 Rn 13; *Bork* InsR[6] Rn 151 Fn 41; *Kohler* MünchKomm BGB[6] § 883 Rn 34; Staudinger/*Gursky* BGB[2008] § 883 Rn 186.

[39] *Häsemeyer* InsR[4] Rn 10.27.

[40] Vgl BGH ZIP 2012, 1140 Rn 19.

[41] BGHZ 149, 1 (7); 166, 319 Rn 12 f; vgl BGH ZIP 2012, 1140 Rn 13, 16, 19.

[42] Vgl OLG Celle ZIP 2010, 1407 (1409 f).

rungen des § 883 I 2 aufgrund des Insolvenzrechts darauf an, ob der vorgemerkte Anspruch im Insolvenzverfahren geltend gemacht werden kann, weil er iSv §§ 38, 191 vor Verfahrenseröffnung begründet wurde. Das wird man immer bejahen müssen, wenn **von Schuldnerseite alles zur Schuldbegründung Erforderliche getan** wurde. Dann scheitert eine alternative Einordnung als Masseverbindlichkeit, die Handeln des Insolvenzverwalters nach Verfahrenseröffnung voraussetzt, oder als Neuverbindlichkeit des Schuldners aus, die dessen Handeln nach Verfahrenseröffnung erfordert.[43] Folglich fallen die von dieser Fallgruppe erfassten Ansprüche, die kein Schuldnerhandeln mehr verlangen, unter den Schutz des § 106.[44]

e) **Bedingte Ansprüche.** Bedingte Ansprüche iSv § 883 I 2 BGB – im Unterschied zum weiteren Bedingungsbegriff des § 191 – beruhen auf Rechtsgeschäften, die unter einer Bedingung iSv § 158 BGB geschlossen werden.[45] Diese Ansprüche werden zivilrechtlich unabhängig vom Inhalt der Bedingung für vormerkungsfähig gehalten.[46] Aus dem Vorstehenden zu künftigen Ansprüchen folgt, dass diese bedingte Rechtsposition grundsätzlich auch im Insolvenzverfahren von § 106 geschützt wird. Das gilt nicht nur für Bedingungen, deren Eintritt der vormerkungsberechtigte Vertragspartner allein herbeiführen kann (Rn 20), sondern auch für solche, die von sonstigen Umständen abhängen (Rn 24). Dieses Ergebnis stimmt auch damit überein, dass die jeweiligen durch Vormerkung gesicherten Forderungen angesichts ihrer bedingten Begründung vor Verfahrenseröffnung als Insolvenzforderungen nach §§ 38, 191 einzuordnen sind.[47] **25**

Anders wird allerdings teilweise geurteilt, wenn der Bedingungseintritt von einem Verhalten des Insolvenzschuldners abhängig ist.[48] Einer Einbeziehung dieser Ansprüche stände § 81 entgegen, da sonst dem Schuldner die Möglichkeit eröffnet wäre, entgegen dem Gedanken dieser Bestimmung die Schuldenmasse noch zu erweitern. Indes unterbinden §§ 81, 91 nicht die Vergrößerung der Schuldenmasse, sondern die Verkleinerung der Aktivmasse. Um die Schuldenmasse zu bestimmen, ist allein danach abzugrenzen, ob der rechtsgeschäftliche Tatbestand vor Verfahrenseröffnung vom Schuldner verwirklicht wurde. Unter dieser Voraussetzung besteht eine **Insolvenzforderung** nach §§ 38, 191. Anderenfalls liegen Neuverbindlichkeiten des Schuldners vor. Folglich sind **unterschiedliche Arten von Bedingungen** zu unterscheiden, die an Schuldnerverhalten anknüpfen. Gebräuchlich sind zum einen Rückauflassungsvormerkungen, die an Verhalten des Schuldners wie Scheidung oder Wiederverheiratung, aber auch Weiterveräußerung anknüpfen. Diese Verhaltensweisen gehören nicht zum einschlägigen rechtsgeschäftlichen Tatbestand, da sie keine Willensentscheidungen zum Ausdruck bringen, den Rückauflassungsanspruch zustande zu bringen. Mangels rechtsgeschäftlichen Handelns des Schuldners ist sein Verhalten wie das eines Dritten einzuordnen. Der Anspruch war also bei Verfahrenseröffnung bereits begründet, wird von § 38, 191 erfasst und von § 106 geschützt. **26**

Knüpft die Bedingung indes an die Willensentscheidung des Schuldners an, liegt regelmäßig die Situation vor, die bereits in Rn 21 f als Option behandelt wurde: Die aus dem bedingten Rechtsgeschäft folgende Rechtsposition kann in die Insolvenzmasse fallen, so dass allein der Insolvenzverwalter noch von der Befugnis Gebrauch machen kann. Ande- **27**

[43] Vgl Jaeger/*Henckel* InsO § 38 Rn 81 ff.

[44] BGH ZIP 2012, 1140 Rn 13, 19; *Preuß* AcP 201 (2001) 580 (591); Jaeger/*Windel* InsO § 91 Rn 68 ff; Staudinger/*Gursky* BGB^{2008} § 883 Rn 316.

[45] BGHZ 134, 182 (185); Staudinger/*Gursky* BGB^{2008} § 883 Rn 176 mwN.

[46] BGHZ 134, 182 (184 ff).

[47] Jaeger/*Henckel* InsO § 38 Rn 87.

[48] Jaeger/*Henckel* InsO § 38 Rn 88.

renfalls kann der Schuldner nach Verfahrenseröffnung nur eine **Neuforderung** begründen, die – unabhängig von der zivilrechtlichen Beurteilung – insolvenzrechtlich nicht von § 106 geschützt wird.

4. Erlöschen vorgemerkter Ansprüche

28 Ein Erlöschen des gesicherten Anspruchs führt zum Erlöschen der Vormerkung, was sich bereits aus deren **Akzessorietät** ergibt.[49] Ansprüche, die nach Rücktritt oder Begehren von Schadensersatz an die Stelle des vorgemerkten Primäranspruchs treten, werden durch die Vormerkung nicht gedeckt. Das Grundbuch ist also unrichtig, so dass **Grundbuchberichtigung** aus § 894 verlangt werden kann, ohne dass es auf das nach Rücktritt oder Schadensersatz abzuwickelnde Schuldverhältnis ankommt (§ 103 Rn 220).[50]

29 Besteht jedoch die Grundbucheintragung der Vormerkung fort, so kann die Vormerkung mit einem anderen materiellen Anspruch **wieder aufgeladen** werden, wenn dieser andere Anspruch auf die gleiche Leistung wie der ursprüngliche Anspruch gerichtet ist. Einer erneuten Eintragung der Vormerkung bedarf es dann nicht, sondern nach § 885 BGB nur einer erneuten Bewilligung, dass die Eintragung nunmehr auch der Sicherung dieses anderen Anspruchs dienen soll.[51] Die Vormerkung sichert dann in der Insolvenz den anderen Anspruch.[52]

5. Grund und Zeitpunkt der Eintragung der Vormerkung

30 Um die Wirkung des § 106 herbeizuführen, ist grundsätzlich die Eintragung der Vormerkung vor Insolvenzeröffnung erforderlich.[53] Diese Eintragung kann auf einer Bewilligung (§ 885 BGB, §§ 19, 29 GBO, § 895 ZPO) oder auf einstweiliger Verfügung (§ 885 BGB, §§ 941, 942 II ZPO, § 38 GBO) beruhen.

31 a) **Hinreichende Eintragung nach Verfahrenseröffnung.** Eine nach Insolvenzeröffnung eingetragene Vormerkung kann die Wirkungen des § 106 ausnahmsweise auslösen. Es kommt bei rechtsgeschäftlicher Bewilligung der Vormerkung **gutgläubiger Erwerb nach § 893 BGB** mit §§ 81 I 2, 91 II InsO in Betracht,[54] solange die Insolvenzeröffnung im Grundbuch (§ 32) nicht eingetragen worden ist. Weil § 878 BGB gem § 91 II analog auf die Vormerkung anwendbar ist,[55] reicht überdies aus, dass der Antrag auf Eintragung einer bindend bewilligten Vormerkung vor Insolvenzeröffnung beim Grundbuchamt eingegangen ist. Die **Anwendbarkeit von § 878 BGB** setzt aber voraus, dass die Vormerkung durch Bewilligung und nicht durch einstweilige Verfügung erlangt ist (da ansonsten keine Erklärung iSd. § 878 BGB vorliegt).[56] Dieses Erfordernis ist freilich gewahrt und § 878 BGB anwendbar, wenn die Bewilligung nach § 894 ZPO fingiert wird.[57]

---

[49] Dies gilt auch in Fällen m Insolvenzbezug, vgl BGH ZIP 2009, 428 (430), hierzu *Jacoby* LMK 2009, 278558; *Krüger* ZMR 2010, 251 (253).

[50] BGH ZIP 2009, 428 (430).

[51] BGHZ 143, 175 (181).

[52] BGH ZIP 2008, 893 (895).

[53] BGHZ 149, 1 (6); BGH ZIP 2005, 627 (628).

[54] BGHZ 57, 341 ff.

[55] BGHZ 28, 182; 33, 123 (129); 60, 46 (50); 131, 189 (197); 138, 179 (186); BGH ZIP 2005, 627 (628); Jaeger/*Windel* InsO § 91 Rn 118.

[56] LG Frankfurt ZIP 1983, 351 f; Jaeger/*Eckardt* InsO § 89 Rn 46; Staudinger/*Gursky* BGB[2008] § 883 Rn 318; **aA** *Kohler* MünchKomm BGB[6] § 885 Rn 11; *Ott/Vuia* MünchKomm InsO[3] § 106 Rn 15; Kübler/Prütting/Bork/*Tintelnot* InsO[1] § 106 Rn 10.

[57] LG Frankfurt ZIP 1983, 351 (351 f).

Umstritten ist, ob der Eintragungsantrag für einen Schutz durch § 878 BGB zwingend (auch) vom Vertragspartner gestellt werden muss[58] bzw ob ein vom Schuldner gestellter Eintragungsantrag durch den Insolvenzverwalter zurückgenommen werden kann[59] oder dieser gar automatisch mit Insolvenzeröffnung unwirksam wird[60].[61] Da § 878 BGB hinsichtlich der Person des Antragstellenden nicht differenziert, tritt die Schutzwirkung auch ein, wenn nur der **Schuldner den Eintragungsantrag gestellt** hat. Freilich ist der Vertragspartner dann aber der Gefahr der Rücknahme des Eintragungsantrags ausgesetzt. Die Rücknahme kann bis zur Insolvenzeröffnung durch den Schuldner[62] und nach Insolvenzeröffnung durch den Insolvenzverwalter vorgenommen werden, der insoweit vollständig die Rechtsbefugnisse des Schuldners gem § 80 I erhält. 32

b) **Hemmnisse aus der Zeit vor Verfahrenseröffnung.** Eine vor Insolvenzeröffnung erwirkte Vormerkung ist vorbehaltlich des § 893 BGB iVm §§ 81 I 2, 24 I InsO unwirksam,[63] wenn ein **allgemeines Verfügungsverbot nach § 21 II Nr 2** erlassen worden ist (siehe auch § 23 III). Dies gilt jedenfalls, solange das Verfügungsverbot vor Vornahme der Bewilligung erlassen worden ist.[64] Die Wirksamkeit kann allerdings aus § 878 BGB im Erstrechtschluss aus § 91 II folgen, wenn der Eintragungsantrag bei Anordnung des Verfügungsverbots bereits gestellt war (vgl Rn 31 f). Die genannten Schutznormen der §§ 878, 893 BGB wirken aber nur zugunsten desjenigen, dem die Vormerkung kraft Bewilligung verschafft wird, nicht im Falle einer einstweiligen Verfügung. 33

Eine weitere Schwäche der Vormerkung aufgrund einstweiliger Verfügung folgt aus § 88: Die infolge einer einstweiligen Verfügung eingetragene Vormerkung ist eine Sicherung, die wegen §§ 941, 936, 928 ZPO durch Zwangsvollstreckung an dem zur Insolvenzmasse gehörenden Vermögen des Schuldners erlangt wurde.[65] Dementsprechend sind nach § 88 solche Vormerkungen unwirksam, die kraft einstweiliger Verfügung binnen eines Monats vor dem Insolvenzantrag erlangt wurden.[66] 34

Der Erwerb der Vormerkung oder des durch sie gesicherten Anspruchs kann der **Insolvenzanfechtung** unterliegen (§§ 129 ff, 141, 147).[67] Grundsätzlich gelten die allgemeinen Regeln. Eine Spezialregelung zur Vormerkung enthält § 140 II 2 für den Fall, dass diejenige Verfügung angefochten werden soll, die zur Erfüllung des durch die Vormerkung gesicherten Anspruchs führen soll. In zeitlicher Hinsicht ist insoweit nicht auf die Vollendung des Rechtserwerbs (Modell § 140 I), nicht auf den Zeitpunkt, in dem alle Voraussetzungen für den Rechtserwerb außer der Eintragung erfüllt sind (Modell § 140 II 1), sondern auf den **Zeitpunkt** abzustellen, in dem der **Antrag auf Eintragung** der Vormer- 35

---

58 So Uhlenbruck/*Wegener* InsO[13] § 106 Rn 15; **aA** Jaeger/*Windel* InsO § 91 Rn 118; *Scholtz* ZIP 1999, 1693 (1696); iE auch *Oepen/Rettmann* KTS 1995, 609 (616 ff); offen gelassen von BGH NJW-RR 1988, 1274 (1275).

59 So *Kesseler* RNotZ 2004, 177 (189 f); *ders* ZfIR 2006, 117 (121); *Wegener* FK InsO[7] § 106 Rn 10; **aA** *Ahrendt* HambK InsO[4] § 106 Rn 9; Jaeger/*Windel* InsO § 91 Rn 118; *Krüger* ZMR 2010, 251 (256); *Oepen/Rettmann* KTS 1995, 609 (619); *Ott/Vuia* MünchKomm InsO[3] § 106 Rn 22; *Scholtz* ZIP 1999, 1693 (1701).

60 *Kesseler* ZfIR 2006, 117 (124); **aA** *Ahrendt* HambK InsO[4] § 106 Rn 9; *Krüger* ZMR 2010, 251 (256); *Ott/Vuia* MünchKomm InsO[3] § 106 Rn 22; Kübler/Prütting/Bork/*Tintelnot* InsO[1] § 106 Rn 5.

61 S Jaeger/*Windel* InsO § 91 Rn 118.

62 Bauer/v Oefele/*Wilke* GBO[3] § 13 Rn 105.

63 Vgl Jaeger/*Gerhardt* InsO § 24 Rn 4.

64 Vgl zum Streit um den relevanten Zeitpunkt mangels Verweises v § 24 auf § 91 Jaeger/*Gerhardt* InsO § 24 Rn 6 f.

65 BGHZ 142, 108 (109); *Kohler* MünchKomm BGB[6] § 883 Rn 63; Staudinger/*Gursky* BGB[2008] § 883 Rn 320 mwN.

66 S z Anw v § 88 auf Vormerkungen Jaeger/*Windel* InsO § 88 Rn 25 ff.

67 OLG Köln ZIP 2005, 1038 (1040).

kung gestellt ist, § 140 II 2. Eine Anfechtung der erfüllenden Verfügung kann also nicht schon dann erfolgen, wenn die Verfügung isoliert betrachtet innerhalb der Anfechtungsfrist erfolgt ist.[68] Die Rechtsfolge des § 140 II 2 muss erst Recht gelten, wenn außerhalb der Anfechtungsfrist nicht der Antrag auf Vormerkung gestellt wurde, sondern die Vormerkung bereits tatsächlich vollständig erworben wurde.[69]

6. Gesetzlicher Löschungsanspruch aus § 1179a I 3 BGB

36 Hypothek und Fremdgrundschuld können etwa durch **Erfüllung** (der hypothekarisch gesicherten Forderung oder der Grundschuld), **Verzicht** oder **Rückübertragung der Grundschuld** zur Eigentümergrundschuld werden. Dann räumt § 1179a I BGB dem Inhaber eines gleich- oder nachrangigen Grundpfandrechts einen Anspruch auf Löschung der Eigentümergrundschuld gegen den Eigentümer ein. Nach S 3 ist dieser Anspruch in gleicher Weise gesichert, wie wenn zu seiner Sicherung gleichzeitig mit der begünstigten Hypothek eine Vormerkung in das Grundbuch eingetragen worden wäre. Diese Regelung aus dem Jahre 1978 bezweckt in erster Linie eine Entlastung der Grundbuchämter, weil sich die Grundpfandgläubiger nicht mehr entsprechende Ansprüche vertraglich einräumen und durch Vormerkung sichern lassen können.

37 Umstritten ist, ob diese vormerkungsgleiche Sicherung in der Eigentümerinsolvenz auch unter dem Schutz des § 106 steht, wenn die Eigentümergrundschuld erst nach Verfahrenseröffnung entsteht. In anderem Gewand stellt sich diese Frage, wenn zwar nicht die Eigentümergrundschuld entsteht, aber das Grundstück zwangsversteigert wird und der vorrangige Grundschuldgläubiger auf einen Erlös verzichtet.[70] Dann setzen sich in einer wertenden Betrachtung nämlich die Rechte am Grundstück, die in der Zwangsversteigerung nach § 91 II ZVG untergehen, am Versteigerungserlös fort. Insoweit ist der Löschungsanspruch des Grundpfandgläubigers gegen den Eigentümer also darauf gerichtet, auf eine **Teilnahme an der Erlösverteilung zu verzichten.**

38 Der BGH hat ursprünglich die Auffassung vertreten, dass es sich bei § 1179a I 3 BGB um eine partielle Rechtsgrundverweisung handele, weshalb die Voraussetzungen für die Sicherung künftiger Ansprüche (Rn 16 ff) auch hier gelten müssten.[71] Da der BGH insoweit zudem entgegen Rn 24 die Meinung vertrat, dass der Gläubiger über eine gesicherte Rechtsposition verfügen müsse, lehnte der BGH die **Insolvenzfestigkeit des § 1179a I BGB** ab. Der Gläubiger könne nicht sicher sein, dass die Eigentümergrundschuld und somit der Anspruch entstünden. Diese Auffassung des IX. Zivilsenats hat der V. Zivilsenat inzwischen nach Rücksprache mit dem IX. Zivilsenat aufgegeben.[72] Bei der Begründung geht der Senat zweigleisig vor. Zum einen verweist er darauf,[73] dass der Vormerkungsschutz der rechtsgeschäftlich eingeräumten Vormerkung vor Einführung des § 1179a BGB weiter gewesen, ein gesicherter Rechtsboden also nicht erforderlich ge-

---

68 Staudinger/*Gursky* BGB[2008] § 883 Rn 323; z anderen Beurteilung im Falle der Anfechtung nach § 134 s Jaeger/*Henckel* InsO § 134 Rn 65 mwN.

69 S auch Jaeger/*Henckel* InsO § 140 Rn 49; ferner bereits vor Einf des § 140 BGH NJW 1983, 1543 (1544); ZIP 1988, 585 (586); OLG Bremen ZIP 1987, 1067; *Gerhardt* ZIP 1988, 749 (750).

70 BGHZ 193, 144 Rn 11, 21; **anders** noch BGHZ 160, 168 (171 f).

71 BGHZ 166, 319 Rn 15 ff (IX. Zivilsenat); ebenso OLG Celle ZIP 2010, 1407 (1409 f); OLG Hamm ZIP 2011, 188; Uhlenbruck/*Wegener* InsO[13] § 106 Rn 21.

72 BGHZ 193, 144 Rn 16, 21; zust *Alff* Rpfleger 2012, 417 (418 f); *Fischer* ZInsO 2012, 1493 (1496); ebenso für Insolvenzfestigkeit Staudinger/*Wolfsteiner* BGB[2009] § 1179a Rn 63.

73 BGHZ 193, 144 Rn 13, 19.

wesen sei. Entsprechendes gelte für den heute noch nach § 1179 BGB (Rn 23) sicherungsfähigen Löschungsanspruch. Zum anderen bestimmt der Senat den Schutz des § 1179a I 3 BGB unabhängig von der Diskussion um die Vormerkung, da dem Gläubiger mit dieser Regelung eine insolvenzfeste Position habe eingeräumt werden sollen.[74]

Diese Entscheidung hat Kritik erfahren, insbesondere wieder unter Hinweis auf die Sperre des § 91.[75] Indes verdient die neue Linie des BGH insoweit Zustimmung, als der Vormerkungsschutz nach §§ 883 I 2 BGB, 106 unabhängig davon greift, ob der Gläubiger eine gesicherte Rechtsposition hat. Maßgeblich ist allein, dass die gesicherte Forderung die **Voraussetzungen an eine Insolvenzforderung** erfüllt, was zu bejahen ist, da zum Entstehen der Forderung keine entsprechende Willensbetätigung des Schuldners mehr erforderlich ist (Rn 17 f, 24). Jedoch berechtigt der Löschungsanspruch allein den nachrangigen Grundpfandgläubiger nicht dazu, Erlösauskehr zu verlangen. Der Löschungsanspruch ist lediglich **Hilfsrecht**, um das nachrangige Grundpfandrecht durch ein Aufrücken im Rang werthaltig zu machen. Dieses **Werthaltigmachen** in Gestalt des Rangaufstiegs kann – unabhängig von der Insolvenzfestigkeit des Löschungsanspruchs – der Insolvenzanfechtung (regelmäßig als inkongruente Deckung, §§ 129, 131) unterliegen.[76] Werthaltigkeit tritt erst dann ein, wenn das vorrangige Grundpfandrecht nicht mehr valutiert und seine Revalutierung ausgeschlossen ist. 39

7. Keine Anwendung auf die Amtsvormerkung

Die Amtsvormerkung (§§ 18 II, 76 I GBO, 28 II, 81 I SchRegO, § 86 LuftFzgG) dient nicht, wie § 106 voraussetzt, der Sicherung eines Anspruchs, sondern der **Rangwahrung.**[77] Deshalb ist § 106 nicht anwendbar,[78] auch dann nicht, wenn der Antragsteller einen materiellen Anspruch auf die Rechtsänderung hat.[79] Der durch die beantragte Eintragung Begünstigte findet hinreichenden Schutz durch § 878 BGB. Fehlt es an der bindenden Erklärung des Schuldners und scheitert daran der Schutz des § 878 BGB, so kann § 106 daran nichts ändern. Denn die fehlende Erklärung des Schuldners kann von ihm während des Insolvenzverfahrens nicht wirksam abgegeben, der Eintragungsmangel also nicht behoben werden, so dass der Eintragungsantrag zurückzuweisen ist und damit die Amtsvormerkung entfällt. 40

III. Geltendmachung des vorgemerkten Anspruchs (Rechtsfolge)

Der zur Zeit der Insolvenzeröffnung begründete Anspruch mit dem Inhalt, wie ihn § 106 voraussetzt (Rn 10 ff), würde ohne den Vormerkungsschutz und unbeschadet des § 103 eine bloße Insolvenzforderung (§ 38) sein. So sind Ansprüche auf Übereignung oder Rückübereignung eines Grundstücks – etwa aus ungerechtfertigter Bereicherung oder aus Vermächtnissen – als gewöhnliche Insolvenzforderung in Geld anzumelden (§ 45), auf die Insolvenzquote beschränkt (§§ 38, 87), dem Verbot der Sondervollstreckung (§ 89) und den Rechtswirkungen eines Insolvenzplans (§ 254) unterworfen. 41

[74] BGHZ 193, 144 Rn 16.

[75] *Kesseler* NJW 2012, 2240; **dag** *Rein* NZI 2012, 758 (759).

[76] *Obermüller* ZIP 2013, 299 (300 ff).

[77] Palandt/*Bassenge* BGB[72] § 883 Rn 4; *Kohler* MünchKomm BGB[6] § 883 Rn 10; Staudinger/*Gursky* BGB[2008] § 883 Rn 10.

[78] *Assmann* Vormerkung S 246; *Kohler* MünchKomm BGB[6] § 883 Rn 63; Staudinger/*Gursky* BGB[2008] § 883 Rn 11 mwN; Uhlenbruck/*Wegener* InsO[13] § 106 Rn 19.

[79] **AA** Jaeger/*Lent* KO[8] § 24 Rn 7.

Der Insolvenzverwalter könnte das Grundstück ungeachtet der Insolvenzforderung des Vertragspartners veräußern. Bei Ansprüchen aus beiderseits unerfüllten gegenseitigen Schuldverhältnissen, zB Kauf- oder Tauschverträgen, würde § 103 eingreifen. Der Insolvenzverwalter wäre also in der Lage, die Erfüllung des Vertrags abzulehnen und den Vertragspartner auf seine **Nichterfüllungsforderung** (§ 103 II 1) zu verweisen.

42 Von diesen Rechtsfolgen weicht § 106 ab, indem er dem Vormerkungsberechtigten wegen seines durch die Vormerkung gesicherten Anspruchs ein **Aussonderungsrecht** einräumt (Rn 1). Der Vormerkungsbegünstigte kann vom Insolvenzverwalter des Verpflichteten verlangen, dass sein Anspruch so befriedigt wird, wie dies außerhalb der Insolvenz zu geschehen hat (§ 47 S 2). Der vorgemerkte Anspruch ist auf Vornahme einer Verfügung über das betroffene Buchrecht gerichtet. Eine solche Rechtsverschaffung ist als Inhalt des Aussonderungsanspruchs zwar die Ausnahme, einen entsprechenden Inhalt weist aber auch der Aussonderungsanspruch des Treugebers in der Insolvenz des Treuhänders auf, der auf die Rückübertragung des Treuguts gerichtet ist,[80] und der Aussonderungsanspruch aus § 143 I, wenn in der Doppelinsolvenz von Anfechtendem und Anfechtungsgegner Rückgewähr des anfechtbar übertragenen Gegenstands verlangt wird[81].

43 Soweit und solange § 106 wirkt, sind die **Regelungen über Insolvenzforderungen** auf den vorgemerkten Anspruch daher **unanwendbar**. Die Beschränkungen, die einem Insolvenzgläubiger durch die §§ 28 f, 87, 89, 254 auferlegt werden, gelten für den durch die Vormerkung gesicherten Anspruch nicht. Vielmehr werden die vorgemerkten Ansprüche durch einen Insolvenzplan nicht berührt (§ 254 II 1). Gleiches gilt nach § 301 II 1 für die **Restschuldbefreiung** und für einen **Schuldenbereinigungsplan** (§§ 305 ff) ohne Zustimmung des Vormerkungsinhabers.[82] Die §§ 206, 209, 214 III, 258 II sind auf den vorgemerkten Anspruch nicht anzuwenden. Ist der vorgemerkte Anspruch betagt, so wird er als solcher nicht mit Insolvenzeröffnung fällig.[83] Aber der Insolvenzverwalter kann über das betroffene Recht nur unbeschadet der Vormerkung verfügen (§ 883 II). Auf einen aufschiebend bedingten Anspruch, der durch Vormerkung gesichert ist, findet § 191 keine Anwendung. Eine Prüfung und Feststellung des gesicherten Anspruchs nach Maßgabe der §§ 176 ff findet nicht statt. Vielmehr hat die Aussonderung folgendermaßen zu erfolgen:

1. Vertragsdurchführung als Aussonderung

44 Beruht der vorgemerkte Anspruch auf einem **gegenseitigen**, bei Insolvenzeröffnung **beiderseits unerfüllten Schuldverhältnis**, so greift § 103 nicht ein. Die Abweichung durch § 106 beruht darauf, dass dem Vertragspartner keine Insolvenzforderung, sondern mit dem Aussonderungsrecht eine vorinsolvenzlich erworbene **gesicherte Rechtsposition** zusteht (§ 103 Rn 149). Zur Umsetzung des Synallagmas in der Insolvenz bedarf es nicht des Schutzes des Vertragspartners durch § 103 (§ 103 Rn 3 ff), weil er mit seinem Anspruch ohnehin nicht auf die Anmeldung zur Tabelle (§§ 38, 87) beschränkt ist. Vergleicht man die Rechtsfolgen von § 106 und § 103 kann man Unterschiede und Parallelen feststellen, was insbesondere davon abhängt, ob man den Vergleich an der Erfüllungswahl oder der Erfüllungsablehnung ausrichtet. So lässt sich § 106 als Ausnahmeregelung zu § 103 verstehen, weil der Verwalter den Vertragspartner nicht auf eine Insol-

[80] Jaeger/*Henckel* InsO § 47 Rn 58.

[81] Kübler/Prütting/Bork/*Jacoby* InsO[46] § 143 Rn 18.

[82] S hierzu *Marotzke* ZZP 109 (1996) 429 (440).

[83] Jaeger/*Henckel* InsO § 41 Rn 6.

venzforderung verweisen kann.[84] § 106 ergänzt § 103 indes insoweit, als dem Insolvenzverwalter die Erfüllung der Forderung des Vertragspartners – anders als bei bloßen Insolvenzforderungen – nicht verboten ist.[85] Freilich unterscheidet sich die Ausgestaltung der Rechtfertigung für die Vertragsdurchführung, weil § 103 zur Masseverbindlichkeit (§ 55 I Nr 2 Fall 1), § 106 zum Aussonderungsrecht (§ 47) führt.

a) **Durchsetzung des gesicherten Anspruchs.** Der Insolvenzverwalter hat mit Wirkung **45**
für die Insolvenzmasse die zur Bewirkung der geschuldeten Leistung erforderlichen Handlungen vorzunehmen, also etwa zur **Erfüllung eines Übereignungsanspruchs** die Auflassung zu erklären. Gleichfalls hat der Insolvenzverwalter einen schon mit Abschluss eines Kaufvertrags unter Wiederkaufsvorbehalt begründeten und vorgemerkten Anspruch auf Rückübereignung des Verpflichteten durch Abgabe der Willenserklärungen zu erfüllen, die für die Rückauflassung und Rückbuchung notwendig sind.[86] Der Insolvenzverwalter ist auch bei **Masseunzulänglichkeit** verpflichtet, wenn nur der Inhaber des durch die Vormerkung gesicherten Anspruchs die Kosten der Rechtsänderung trägt.[87] Dem Insolvenzverwalter droht bei der Verletzung aus dem vorgemerkten Anspruch folgender Pflichten die persönliche Haftung nach § 60,[88] etwa bei einer – freilich unter Berücksichtigung eines eigenen Prüfungszeitraums – Verzögerung der Erfüllung.[89]

Vorgemerkte Ansprüche werden während der Insolvenz gegen den Insolvenzverwalter **46**
keineswegs durch Forderungsanmeldung geltend gemacht (Rn 43), sondern im **Prozessweg** erhoben und vollstreckt (§§ 894 ff ZPO).[90] Hinsichtlich des **Gerichtstands** für Klagen aus der Vormerkung ist zu unterscheiden: Der durch die Vormerkung gesicherte Anspruch gegen den Verpflichteten ist ein persönlicher Anspruch, für den § 26 ZPO in Betracht kommt.[91] Auf die Ansprüche gegen Dritte aufgrund der §§ 883 II, 888 BGB dagegen ist § 24 ZPO anzuwenden.[92] War ein vorgemerkter Anspruch schon vor Insolvenzeröffnung gegen den späteren Schuldner anhängig gemacht geworden, so richtet sich die Aufnahme des nach § 240 ZPO unterbrochenen Rechtsstreits wegen der Aussonderungskraft der Vormerkung nach § 86 I Nr 1.

b) **Gegenleistungspflicht des Vormerkungsbegünstigten.** Aus den Worten des § 106, **47**
dass der Gläubiger verlangen „kann", darf nicht gefolgert werden, dass der Vormerkungsberechtigte seinerseits die Wahl zwischen Erfüllung und Vertragsaufhebung oder Rücktritt hat. § 106 räumt ihm ein **erzwingbares Recht auf die geschuldete Leistung** ein. Seine etwaige Gegenleistung muss er aber so, wie er sie schuldet, meist also **Zug um Zug**, an den Insolvenzverwalter (§ 80) bewirken.[93] Ist der Vormerkungsberechtigte nach dem Vertrag vorleistungspflichtig, greift § 321 BGB nicht ein, weil die Vormerkung ausreichenden Schutz gewährt.

---

84 So aber Jaeger/*Henckel* KO[9] § 24 Rn 32; Kübler/Prütting/Bork/*Tintelnot* InsO[1] § 106 Rn 3; Nerlich/Römermann/*Balthasar* InsO[1] § 106 Rn 3.

85 *Krüger* ZMR 2010, 251 (253); *Marotzke* JZ 1977, 552 (554); *ders* Gegenseitige Verträge[3] Rn 10.2; *Ott/Vuia* MünchKomm InsO[3] § 106 Rn 21; ähnl auch *Assmann* Vormerkung S 239, die v einer Verstärkung v § 103 durch § 106 ausgeht.

86 RG HRR 1927 Nr 574.

87 OLG Stuttgart ZInsO 2004, 1087 (1090); *Marotzke* HK InsO[6] § 106 Rn 35.

88 Jaeger/*Gerhardt* InsO § 60 Rn 48.

89 OLG Hamm ZIP 2006, 1911 (1912).

90 OLG Frankfurt ZInsO 2006, 269 (271); *Ott/Vuia* MünchKomm InsO[3] § 106 Rn 18.

91 Stein/Jonas/*Roth* ZPO[22] § 26 Rn 6.

92 *Baumbach/Lauterbach/Albers/Hartmann* ZPO[71] § 24 Rn 7; *Rosenberg/Schwab/Gottwald* Zivilprozessrecht[17] § 36 Rn 37; Stein/Jonas/*Roth* ZPO[22] § 24 Rn 19.

93 OLG Stuttgart ZIP 2005, 588 (589).

48 c) **Fortbestand von Einwendungen und Einreden.** Der Insolvenzverwalter des Verpflichteten muss an dessen Stelle den vorgemerkten Anspruch so, aber auch nur so erfüllen, wie ihn außerhalb der Insolvenz der Verpflichtete selbst zu erfüllen hätte. Deshalb hat der Insolvenzverwalter die Einwendungen geltend zu machen, die dem vorgemerkten Anspruch entgegenstehen. Erlischt der Anspruch, so kann die von ihm erzielte Rechtsänderung sich nicht mehr vollenden. Damit wird auch die Vormerkung hinfällig. Deshalb steht dem Schuldner ein zur Insolvenzmasse gehörender und vom Insolvenzverwalter auszuübender **Grundbuchberichtigungsanspruch** des Inhalts zu, dass der durch die Vormerkung Berechtigte die Löschung der Vormerkung bewilligt (§ 894 BGB, §§ 22, 29 GBO).[94] Der Berichtigungsanspruch dringt in der Insolvenz des Vorgemerkungsberechtigten als **Aussonderungsanspruch** durch (§ 47).

49 § 886 BGB gewährt dem von der Vormerkung Betroffenen für den Fall Rechtsschutz, dass der vorgemerkte Anspruch zwar nicht erloschen, aber mit einer **dauernden Einrede** (zB aufgrund der §§ 214, 821, 853 BGB oder kraft Anfechtbarkeit iSd §§ 129 ff InsO) behaftet ist. Der Vorgemerkungsberechtigte hat die Vormerkung zu „beseitigen", also ihre Löschung nicht nur zu bewilligen, sondern auch zu beantragen.[95] Dieser Löschungsanspruch geht also noch über den Berichtigungsanspruch hinaus. Im gleichen Sinn wie dieser hat auch der Anspruch des **§ 886 BGB Aussonderungskraft** in der Insolvenz des durch die Vormerkung Berechtigten,[96] da die Vormerkung hinfällig geworden ist. Das entspricht dem Wesen der Vormerkung, die nur ein unselbständiges und vorläufiges Mittel zur Sicherstellung der – hier dauernd ausgeschlossenen – Anspruchserzwingung bildet.

50 In Ausübung der Rechte des Verpflichteten (§ 80) kann der Insolvenzverwalter gegenüber dem Eintragungs- oder Löschungsbegehren des Gläubigers nicht nur dauernde, sondern auch **aufschiebende Einreden** geltend machen, die dem Schuldner gegen den vorgemerkten Anspruch zustehen, so insbesondere die **Einrede des nichterfüllten Vertrages** (§ 320 BGB), dass die Auflassung vertragsgemäß erst nach Zahlung des Kaufpreises verlangt werden dürfe. Ebenso steht dem Insolvenzverwalter die Verteidigung offen, der vorgemerkte Anspruch sei von vornherein oder kraft nachträglicher Stundung **betagt oder aufschiebend bedingt.**

2. Einräumung einer Sicherheit als Aussonderung

51 Ist eine Vormerkung zur Sicherung eines Anspruchs auf Bestellung eines Grundpfandrechts eingetragen, so erfasst die Aussonderungskraft des Vormerkungsschutzes nur den Bestellungsanspruch, nicht den Anspruch, der durch das Grundpfandrecht gesichert wird. Dieser Anspruch kann Insolvenzforderung sein (§ 52). Stammt der Anspruch aus einem gegenseitigen Vertrag, kommt auch die Anwendung von § 103 in Betracht. Dabei sind aber die Wirkungen zu berücksichtigen, die sich aus der **Sicherung des Primäranspruchs** des Vertragspartners ergeben (§ 103 Rn 149, 237, 258): Das Wahlrecht gibt dem Insolvenzverwalter nicht die Möglichkeit, den Vertrag gleich einer Kündigung zu beenden.[97] Er hat allein die Möglichkeit, auf die Durchsetzung der zur Masse gehörenden Forderung zu verzichten, um den Vertragspartner auf eine Insolvenzforderung zu verweisen. Genügt das aber dem Vertragspartner, weil er wegen seiner Forderung gesichert ist, kann er selbst den Vertrag erfüllen und sich aus der Sicherheit befriedigen. Regelmäßig

94 BGH ZIP 2009, 428.

95 *Kohler* MünchKomm BGB[6] § 886 Rn 5; Soergel/*Stürner* BGB[13] § 886 Rn 11; Staudinger/*Gursky* BGB[2008] § 886 Rn 10.

96 *Kohler* MünchKomm BGB[6] § 886 Rn 5; Staudinger/*Gursky* BGB[2008] § 886 Rn 13.

97 **Unzutr** daher Uhlenbruck/*Wegener* InsO[13] § 106 Rn 33.

erfasst das Grundpfandrecht überdies auch die Insolvenzforderung nach § 103 II, 38, die lediglich den umgerechneten Primäranspruch darstellt (§ 103 Rn 241). Daher sichert auch die Bauhandwerkersicherungshypothek (§ 648 BGB) ungeachtet ihres eingeschränkten Anwendungsbereichs diesen Anspruch entgegen der Stimmen, die § 103 II 1 als Schadensersatzanspruch ansehen[98].

3. Aufrechterhaltung der bürgerlich-rechtlichen Vormerkungswirkungen

Ausdruck der Insolvenzfestigkeit der Vormerkung ist, dass auch weitere, von § 106 nicht genannte Wirkungen der Vormerkung nach bürgerlichem Recht die Insolvenzeröffnung überdauern. 52

a) **Vormerkungswidrige Veräußerung des Grundstücks.** Verfügt der Insolvenzverwalter ungeachtet der Vormerkung über das zur Masse gehörende Grundstück, so ist seine **Verfügung insoweit unwirksam**, als sie den vorgemerkten Anspruch vereiteln oder beeinträchtigen würde (§ 883 II BGB). Nur wenn der vorgemerkte Anspruch untergeht und die Vormerkung ihre Kraft verliert, erstarken Verfügungen, die der Insolvenzverwalter im Widerstreit mit dem gesicherten Anspruch getroffen hatte (§ 883 II BGB), zu voller Wirksamkeit. Das Zustandekommen der vorgemerkten Rechtsänderung ist dann vereitelt. Deswegen tritt an die Stelle einer fortfallenden **Hypothekenvormerkung** nicht etwa eine zur Masse gehörende vollendete Eigentümergrundschuld.[99] 53

Zur relativen Unwirksamkeit kann es – anders als im Fall des § 1098 BGB (Rn 89) – auch bei einer Veräußerung im Wege der **Zwangsversteigerung** (§ 165) kommen. Die Auflassungsvormerkung ist nämlich grundsätzlich in das geringste Gebot aufzunehmen (§§ 44, 48 ZVG). Stellt aber ein Gläubiger, dessen Recht der Vormerkung im Range vorgeht, den Antrag nach § 174 ZVG, so erlischt die Vormerkung, wenn das Grundstück mit dieser Abweichung ausgeboten und zugeschlagen wird.[100] Gleiches gilt, wenn der Insolvenzverwalter von der Möglichkeit des § 174a ZVG Gebrauch macht zu verlangen, dass bei der Feststellung des geringsten Gebots nur die den Ansprüchen aus § 10 I Nr 1a ZVG vorgehenden Rechte berücksichtigt werden.[101] Diese Option besteht freilich bei einer Teilungsversteigerung nicht, sondern nur wenn der Verwalter von seinem Verwertungsrecht aus § 165 Gebrauch macht.[102] 54

Wenn die Vormerkung in das **geringste Gebot** aufgenommen ist (Rn 54) oder das Grundstück vom Insolvenzverwalter **freihändig veräußert** wird (Rn 53), kann der vorgemerkte Anspruch auf Übereignung nach wie vor geltend gemacht werden, weil die Veräußerung dem Vormerkungsberechtigten gegenüber unwirksam ist (§ 883 II BGB). Der Anspruch ist gegen den Insolvenzverwalter zu richten (§ 80 I). Seine Durchsetzbarkeit in der Insolvenz ergibt sich aus § 106. Von dem Erwerber kann der Vormerkungsbegünstigte die Zustimmung zu seiner Eintragung als Eigentümer verlangen, die zur Verwirklichung des vorgemerkten Anspruchs erforderlich ist (§ 888 I BGB). Weil der Erwerb des Dritten dem Vormerkungsbegünstigten gegenüber unwirksam ist, dringt der **Anspruch des § 888 I BGB** in der Insolvenz des Erwerbers durch.[103] Dieser Anspruch ist ebenfalls Aussonderungsrecht. 55

---

98 Uhlenbruck/*Wegener* InsO[13] § 106 Rn 33; *Wegener* FK InsO[7] § 106 Rn 4.

99 RGZ 65, 260 ff.

100 Vgl *Blomeyer* DNotZ 1979, 515 (526 ff).

101 S hierzu *Dobler* Anwartschaft Rn 411 ff; *Krüger* ZMR 2010, 251 (255); *Stöber* NJW 2000, 3600 ff.

102 BGH ZIP 2012, 1426 Rn 14.

103 Staudinger/*Gursky* BGB[2008] § 888 Rn 16 mwN.

56 **b) Vormerkungswidrige Belastung des Grundstücks.** Hat der Insolvenzverwalter ungeachtet einer Auflassungsvormerkung eine **Hypothek oder Grundschuld** am Grundstück bestellt, setzt sich die Vormerkung ebenfalls durch. Der daraus Berechtigte kann bei Fälligkeit des gesicherten Anspruchs vom Insolvenzverwalter verlangen, dass er das Grundstück frei von der Belastung übereignet, vom eingetragenen Grundpfandgläubiger, dass er zur Löschung des Grundpfandrechtes seine Zustimmung erklärt (§ 888 I BGB). Auch dieser Anspruch stellt nicht etwa nur eine schuldrechtliche Verschaffungsforderung dar. Er hat vielmehr wie der allgemeine Grundbuchberichtigungsanspruch aus § 894 BGB **Aussonderungskraft** in der Insolvenz des eingetragenen Grundpfandgläubigers.

57 **c) Dingliche Surrogation.** Die Insolvenz überdauert schließlich auch die Möglichkeit, dass sich das vorgemerkte Recht im Wege der dinglichen Surrogation am **Erlös aus einer Zwangsversteigerung** fortsetzt.[104] So kann eine Versteigerung des Grundstücks zum Erlöschen eines durch Vormerkung gesicherten Anspruchs auf Abtretung eines Grundpfandrechts führen. Dann tritt an dessen Stelle der Anspruch des durch die Vormerkung Geschützten auf den Erlös, soweit die vorgemerkte Hypothek, wäre sie eingetragen gewesen, in der Zwangsversteigerung zum Zuge gekommen wäre.[105] Weitere Beispiele ergeben sich, wenn Ansprüche auf Löschung vorrangiger Grundpfandrechte meist deswegen erst nach Zwangsversteigerung durchsetzbar werden, weil erst dann das Fremdrecht zur Eigentümergrundschuld wird (Rn 37).[106]

4. Sonderfälle der fehlenden Verfügungsbefugnis des Insolvenzverwalters

58 Das von § 106 geschützte Aussonderungsrecht aufgrund einer Vormerkung bedarf zu seiner Durchsetzung einer **Verfügung über das Buchrecht**, auf dass sich der durch die Vormerkung geschützte Anspruch bezieht (Rn 42). Daher ergeben sich spezifische Durchsetzungsprobleme, wenn dem Insolvenzverwalter wegen **Verfügungen des Schuldners** vor Verfahrenseröffnung oder wegen einer **Freigabe** durch den Verwalter nach Verfahrenseröffnung nicht die Befugnis zusteht, um über das Buchrecht zu verfügen. Zu entscheiden ist dann insbesondere, ob der Berechtigte seinen vorgemerkten Anspruch gegen den Insolvenzverwalter oder den Insolvenzschuldner durchzusetzen hat.

59 **a) Vormerkungswidrige Verfügungen des Schuldners vor Insolvenzeröffnung.** War eine nach § 883 II BGB unwirksame Verfügung schon vor Insolvenzeröffnung vom späteren Insolvenzschuldner vorgenommen worden, so gehört das betroffene Recht haftungsrechtlich nicht mehr zur Masse. Denn die relative Unwirksamkeit der Verfügung (§ 883 II BGB) wirkt nicht zugunsten des Insolvenzverwalters im Verhältnis zum Erwerber, sondern nur zugunsten des Vormerkungsberechtigten. § 883 II BGB bewirkt, dass dem Veräußerer nach der vormerkungswidrigen Verfügung die Rechtszuständigkeit nur insoweit verbleibt, als er dem Vormerkungsgeschützten in Erfüllung des vorgemerkten Anspruchs das Eigentum noch verschaffen kann,[107] obwohl es aus dem Vermögen des Schuldners schon ausgeschieden ist. Die zugunsten des Vormerkungsberechtigten **fortdauernde Rechtszuständigkeit des Schuldners** ist also lediglich ein rechtstechnisches Mittel, um dem Vormerkungsberechtigten zu seinem Recht zu verhelfen.[108] Sie bedeutet keine haftungsrechtliche Zuordnung des Gegenstandes zum Vermögen des Schuldners. Daraus

---

104 Vgl BGHZ 25, 382 (384); 60, 226 (228); BGH ZIP 1981, 487 (488); 2012, 1140 Rn 11.

105 RGZ 145, 343 (347).

106 BGH ZIP 2012, 1140 Rn 11.

107 Ebenso Jaeger/*Windel* InsO § 80 Rn 295 f.

108 *Flume* AT II[4] § 17, 6d (S 359).

folgt, dass der Insolvenzmasse nichts entgeht, wenn das Grundstück auf den Vormerkungsberechtigten übertragen wird. Schon wegen dieses fehlenden Massebezugs handelt es sich nach der relativ unwirksamen Verfügung bei dem in Rede stehenden Primäranspruch um keine Insolvenzforderung mehr. Denn eine Insolvenzforderung setzt einen Vermögensanspruch voraus, also einen auf Geld gerichteten oder in Geld umrechenbaren Anspruch.[109] Folglich handelt es sich allein wegen dieser besonderen Rechtsnatur des gesicherten Primäranspruchs nach relativ unwirksamer Zwischenverfügung um einen **Aussonderungsanspruch**, ohne dass es der Anwendung von § 106 bedarf.[110] Mangels Insolvenzforderung scheidet auch die Anwendbarkeit von § 103 aus (Rn 44; § 103 Rn 3 ff, 149).

Aus dem fehlenden Massebezug folgt aber nicht, dass der durch die Vormerkung gesicherte Anspruch gegen den Insolvenzschuldner statt gegen den Insolvenzverwalter geltend zu machen ist.[111] Sonst müssten Aussonderungsrechte regelmäßig gegen den Schuldner verfolgt werden.[112] Für die Abgrenzung der **Verwaltungszuständigkeit** von Insolvenzschuldner und Insolvenzverwalter gibt § 80 den Ausschlag zugunsten des Verwalters, weil der Vormerkungsbegünstigte ein Recht in Anspruch nimmt, das zwar haftungsrechtlich nicht der Masse zugeordnet ist, aber infolge der durch § 883 II BGB bewirkten **formalen Zuordnung zur Ist-Masse** gehört. Nur so kann der Insolvenzverwalter etwaige Gegenrechte (Rn 48 ff) geltend machen, etwa dass das Grundstück nur Zug um Zug gegen Zahlung des Kaufpreises zu übereignen ist (§§ 320, 322 BGB). Die so zu erzielende Gegenleistung gebührt der Masse. Hat der Insolvenzverwalter kein Interesse, Verpflichteter des Aussonderungsanspruchs zu sein, bleibt ihm die Möglichkeit der Freigabe (Rn 61). 60

b) **Freigabe.** Eine Freigabe des Gegenstands,[113] auf den sich der vorgemerkte Anspruch bezieht, führt dazu, dass der Berechtigte den Anspruch nicht mehr gegen den Insolvenzverwalter, sondern den **Insolvenzschuldner** geltend zu machen hat. Zwar steht dieses Ergebnis im Widerspruch zu der Feststellung, dass der Insolvenzverwalter Pflichten aus §§ 103 ff durch Freigabe nicht abwälzen kann (Vor § 103 Rn 61). Diese Aussage gilt aber nur für die sonst in diesen Bestimmungen geregelten Insolvenzforderungen und Masseverbindlichkeiten. Abweichendes gilt aber für den hier in Rede stehenden Aussonderungsanspruch. Denn dieser Anspruch setzt die Zugehörigkeit des betroffenen Gegenstands zur Ist-Masse voraus. Gerade diese Zugehörigkeit beendet der Insolvenzverwalter durch die Freigabe indessen. 61

IV. Vormerkung als Teilleistung (Abs 1 S 2)

Abs 1 S 2 bezieht sich auf Sachlagen, in denen der vorgemerkte Anspruch als **Teilanspruch** auf einem **einheitlichen Rechtsgrund** beruht, aus welchem dem Vormerkungsberechtigten weitere (Teil-)Ansprüche neben dem vorgemerkten zustehen. Typischer Anwendungsfall ist der **Bauträgervertrag**. In diesem verpflichtet sich der Bauträger, ein Grundstück oder einen Grundstücksanteil dem Erwerber zu übereignen und dort ein 62

---

109 *Bork* InsR[6] Rn 70; Jaeger/*Henckel* InsO § 38 Rn 63.

110 **AA** Jaeger/*Lent* KO[8] § 24 Rn 17.

111 **AA** *Assmann* Vormerkung S 252 f, die die Geltendmachung gegenüber dem Schuldner favorisiert, jedoch daneben auch eine Geltendmachung gegenüber dem Insolvenzverwalter für möglich hält.

112 Ebenso für die Parallele z Aussonderung Jaeger/*Windel* InsO § 80 Rn 296.

113 Jaeger/*Windel* InsO § 80 Rn 28 ff.

schlüsselfertiges Objekt (Haus, Wohnung, Gewerbeobjekt) herzustellen. Auch der BGH-Entscheidung, die den KO-Gesetzgeber zur nachträglichen Einfügung dieser Regelung ins Gesetz veranlasste (Rn 3), lag ein solcher Erwerb vom Bauträger zugrunde.[114] Für diese Verträge macht § 3 MaBV[115] die Entgegennahme von Teilzahlungen des Erwerbers durch den Bauträger insbesondere von der vorherigen Einräumung einer Vormerkung abhängig. Die auf § 34c III GewO beruhende MaBV bindet den gewerblich tätigen Bauträger im Wege öffentlichen Rechts. Da das Abweichungsverbot des § 12 MaBV allerdings als Verbotsgesetz iSv § 134 BGB angesehen wurde, flossen diese Vorgaben auch in die zivilrechtliche Beurteilung ein.[116] Inzwischen verweist § 632a II BGB auf die Abschlagszahlungen nach der MaBV.

63 Für die Bauträgerverträge, aber auch andere denkbare erfasste Ansprüche stellt die Regelung in Abs 1 S 2 klar, dass dem vorgemerkten Anspruch auch als Teil des einheitlichen Gesamtanspruchs Aussonderungskraft zukommt. Das betroffene Grundstückrecht wird daher nicht wie ein Massebestandteil behandelt. Das Rechtsverhältnis wird so abgewickelt, als sei das **Grundstücksrecht bereits dem Vormerkungsberechtigten übertragen.** Soweit im Übrigen wie beim noch nicht vollständig erfüllten Bauträgervertrag der Anwendungsbereich des § 103 eröffnet ist (Rn 67), betrifft § 106 I 2 eine besondere Fallgruppe der Sachlagen, in denen der Insolvenzschuldner vor Verfahrenseröffnung eine Teilleistung erbracht hat und die geschuldeten Leistungen teilbar sind: Allgemein für diese Konstellationen zum Anspruch nach § 103 II s § 103 Rn 246, zur Entgeltung der erbrachten Mehrleistung s § 103 Rn 267 und dem Ausschluss der Rückabwicklung s § 103 Rn 271 ff.

1. Rechtspolitische Diskussion

64 Den Erlass,[117] aber auch die heutige Anwendung der 1977 geschaffenen Norm (Rn 3) begleitet eine rechtspolitische Diskussion. Die Kritiker wenden sich gegen die mit der Bestimmung einhergehenden **Nachteile zulasten der Masse.**[118] Einerseits könne der Insolvenzverwalter Bauparzellen oder Eigentumswohnungen, die der Schuldner noch nicht verkauft hatte, nur unter Verlust veräußern, wenn die Erwerber, die vor Insolvenzeröffnung gekauft haben, die Übereignung der unfertig bebauten Grundstücke oder die Übertragung der nicht vollendeten Eigentumswohnungen oder Miteigentumsanteile verlangen könnten. Andererseits könne der vormerkungsgeschützte Erwerber, indem er auf der Übertragung des Eigentums besteht oder für die Löschung der Vormerkung einen unangemessen hohen Preis verlangt, es erschweren oder gar vereiteln, dass der Insolvenzverwalter das gesamte Bauprojekt auf einen anderen Unternehmer überträgt. Schließlich wird geltend gemacht, dass bei einheitlicher Preisbestimmung im Bauträgervertrag nicht festgestellt werden könne, was der Vormerkungsgeschützte für das unbebaute oder teilweise bebaute Grundstück zahlen solle, wenn er den vorgemerkten Anspruch durchsetzt; selbst wenn aber der Grundstückspreis im Vertrag besonders ausgewiesen sei, könne man diesen Preis nicht ohne Weiteres zugrunde legen, weil die Bauträger häufig aus steuerlichen oder anderen Gründen im Vertrag mit dem Bauherrn den Grundstückspreis zu niedrig und dafür die Baukosten zu hoch ansetzten.[119]

---

114 BGH NJW 1977, 146 (147).

115 Makler- u BauträgerVO idF der Bekanntmachung v 7.11.1990 (BGBl I 2479).

116 BGHZ 139, 387; 146, 250.

117 Protokolle des Rechtsausschusses Nr 5/1977 S 15 ff, Nr 7/1977 S 38 ff.

118 *Dieckmann* FS v Caemmerer (1978) S 95 (120); *Häsemeyer* NJW 1977, 739; *Jakobs* DB 1977, 757 (758).

119 *Fehl* BB 1977, 524 (525); *ders* BB 1977, 1228 (1229).

Dieser Kritik ist nicht zu folgen. Die Bestimmung fügt sich im Verhältnis zum Erwerber in die sonstige **Risikoverteilung von Masseinteressen und Erwerberinteressen bei Teilleistungen** (Rn 63) ein. Wenn der Schuldner vor Insolvenzeröffnung Teile seines Vermögens anfechtungsfrei veräußert hat, kann der Insolvenzverwalter sie nicht deshalb zur Masse ziehen, weil er den verbliebenen Rest dann günstiger verwerten könnte. Der Insolvenzverwalter muss vorbehaltlich der Insolvenzanfechtung (§§ 129 ff) die Masse so übernehmen, wie sie der Schuldner geschaffen hat. § 103 gibt dem Insolvenzverwalter nicht das Recht, sich von nachteiligen Verträgen des Schuldners zu lösen, soweit dieser schon vor Insolvenzeröffnung Leistungen erbracht hat. Es verbleibt freilich die **Schwierigkeit, die erbrachten Teilleistungen zu bewerten.** Diese begleitet aber alle stecken bleibenden Bauverträge und lässt sich dementsprechend lösen (Rn 74; vgl ferner § 105 Rn 30 ff). 65

Angesichts der Bedeutung, die die MaBV der Vormerkung zur Sicherung des Erwerbers einräumt (Rn 62), darf diese Sicherung in der Insolvenz nicht abgeschwächt werden. Ist durch die den Erwerbern eingeräumte Vormerkung eine **„werdende Wohnungseigentümergemeinschaft“** entstanden,[120] stellt das WEG ein hinreichendes Instrumentarium zur Verfügung, um auch in der Bauträgerinsolvenz die Interessen der Beteiligten zu wahren. Der Verwertungserlös eines teilweise bereits abverkauften Bauträgerprojekts mag geringer ausfallen, wenn die geringe Zahl der verbliebenen Restparzellen eine rationelle Serienbebauung erschwert oder wenn ein Wohnungseigentumsprojekt fertiggestellt werden soll, an dem vormerkungsgeschützte Erwerber beteiligt sind, die sich der Fortführung des Bauwerks oder wirtschaftlich notwendigen Planänderungen widersetzen. Solche Erlöseinbußen treffen aber regelmäßig die Insolvenzgläubiger nicht unmittelbar. Denn der insolvenzbedrohte Bauträger wird die Grundstücke nur selten unbelastet in die Masse einbringen. Regelmäßig hat er zur Zwischenfinanzierung **„Globalgrundpfandrechte“** bestellt. Deshalb stellt sich zunächst die Frage, ob die Inhaber dieser Grundpfandrechte sich vor Verlusten schützen können. Das gilt wiederum umso mehr angesichts von § 3 I 1 Nr 3 MaBV. Nach dieser Bestimmung darf der Bauträger Vermögenswerte des Auftraggebers erst entgegennehmen, wenn die Freistellung des Vertragsobjektes von allen Grundpfandrechten, die der Vormerkung im Range vorgehen oder gleichstehen und nicht übernommen werden sollen, gesichert ist, und zwar auch für den Fall, dass das Bauvorhaben nicht vollendet wird.[121] Der Grundpfandgläubiger hat also dem Auftraggeber gegenüber entsprechende Freistellungsverpflichtungen übernommen, bevor dieser die ersten Zahlungen leistet. 66

2. Anwendungsbereich

Der Anwendungsbereich von S 2 geht wie der von S 1 über den des § 103 hinaus. Im Unterschied zu § 103 ist Gegenstand des Abs 1 S 2 wie bei S 1 nicht die Ausgestaltung der Insolvenzfestigkeit des Synallagmas (§§ 320 ff BGB), sondern die der Vormerkung. Es werden nicht nur **gegenseitige Verträge**, sondern auch **einseitige Leistungsansprüche** erfasst, die nicht auf Vertrag beruhen müssen. Unter den gegenseitigen Verträgen sind nicht nur die beiderseits noch nicht vollständig erfüllten, sondern auch die Verträge in den Anwendungsbereich einbezogen, die vom Vertragspartner bereits (durch Zahlung des vollen Erwerbspreises) **voll erfüllt** sind. 67

---

120 Vgl BGHZ 177, 53; BGH NJW 2012, 2650.

121 Dazu *Basty* Der Bauträgervertrag[7] (2012) Rn 327 ff; *Marcks* DNotZ 1975, 389 (395 ff); Messerschmidt/Voit/*Wagner* Privates Baurecht[2] (2012) E Rn 128 ff; *Schöner* DNotZ 1974, 327 ff.

3. Durchsetzung des vorgemerkten Anspruchs

68 Nach § 106 I 2 kann der Vertragspartner die Befriedigung seines durch die Vormerkung gesicherten Anspruchs auch dann verlangen, wenn der Schuldner dem Vertragspartner gegenüber **weitere Verpflichtungen** übernommen hat und diese nicht oder nicht vollständig erfüllt sind. Wählt also der Insolvenzverwalter nicht nach § 103 I Erfüllung des Vertrags, soweit die Errichtung des Bauwerks in Rede steht, oder ist der auf Errichtung des Bauwerks zielende Anspruch des Vertragspartners ohnehin nur eine Insolvenzforderung, weil der Vertragspartner seinerseits den Vertrag durch Vorleistung schon voll erfüllt hatte, so soll das den vorgemerkten Anspruch des Vertragspartners auf Auflassung des Grundstücks bzw Verschaffung des Wohnungseigentums nicht beeinträchtigen. Mit der Auflassung wird er auch Eigentümer des teilweise errichteten Bauwerks. Dieses Eigentum erwirbt er **nicht ohne rechtlichen Grund.**[122] Denn durch die Ablehnung der Erfüllung des Bauvertrages seitens des Insolvenzverwalters entfällt nicht der Rechtsgrund für die vom Schuldner erbrachten Teilleistungen. Vielmehr kann der Erwerber diese behalten und muss sie zum Vertragspreis vergüten (Rn 72, 74). Die vom Insolvenzschuldner vor Verfahrenseröffnung erbrachte Teilleistung ist also nicht auf das von der Vormerkung geschützte Recht beschränkt, sondern erstreckt sich auch auf die Bauleistungen, die mit dem Erwerb des vorgemerkten Rechts dem Erwerber zufallen. Die gegen dieses wortlautgetreue Verständnis von Abs 1 S 2 angeführten Gründe überzeugen nicht:

69 a) **Keine Einschränkung durch Vergleich zur Übertragung.** Teilweise wird dem Insolvenzverwalter des Bauträgers, der mit dem Erwerber einen einheitlichen Vertrag über Grundstück und Bauwerk geschlossen hat, das **Wahlrecht des § 103** für den ganzen Vertrag zugestanden.[123] Der Insolvenzverwalter solle also auch die Erfüllung der Auflassungsverpflichtung ablehnen können; er sei lediglich verpflichtet, den Vertragspartner so zu stellen, wie wenn dieser schon Inhaber des vorgemerkten Rechts geworden wäre; das soll heißen, dass er die **Löschung der Vormerkung nur Zug um Zug gegen Rückgewähr** der erhaltenen Anzahlung verlangen könne.[124] Diese Auffassung geht auf die Thesen *Häsemeyers* zur Anwendung des § 103 bei Teilleistungen des Gemeinschuldners zurück.[125] Danach kann der Insolvenzverwalter, der die Erfüllung eines vom Schuldner teilweise erfüllten Vertrags ablehnt, die Teilleistung zurückfordern Zug um Zug gegen Rückgabe der vom Vertragspartner erbrachten Vorleistungen – diese begrenzt durch den Wert der vom Insolvenzverwalter zurückgeforderten Leistung.[126] Wäre diese Auffassung richtig, so könnte der Insolvenzverwalter die Rückauflassung des Grundstücks verlangen, wenn der Schuldner vor Insolvenzeröffnung dieses schon auf den Erwerber übertragen, das Bauwerk aber nicht fertiggestellt und der Erwerber den Preis noch nicht voll bezahlt hat.[127] Hat der Bauherr nur eine Vormerkung, so dürfte er nicht besser stehen.[128]

---

122 AA *Kissel* NJW 1977, 1760 (1763).

123 *Dieckmann* FS v Caemmerer (1978) S 95 (120 f); *Häsemeyer* NJW 1977, 737 (738); *ders* InsR^4 Rn 20.38 ff, insb Rn 20.42.

124 Vgl auch *Kuhn* WM 1979, 742 (745), der meint, das G schließe diese Lösung nicht aus.

125 *Häsemeyer* KTS 1973, 2 ff; *ders* NJW 1977, 737 ff.

126 So *Dieckmann* FS v Caemmerer (1978) S 95 (103), während *Häsemeyer* NJW 1977, 739 dem Erwerber gestattet, seinen Schadensersatz wegen Nichterfüllung gegen Löschung der Vormerkung zu fordern; s hierzu auch *Häsemeyer* InsR^4 Rn 20.25.

127 *Dieckmann* FS v Caemmerer (1978) S 95 (99 ff); *Häsemeyer* KTS 1973, 2 ff.

128 *Dieckmann* FS v Caemmerer (1978) S 95 (119); *Häsemeyer* NJW 1977, 739 Fn 23[0]; *ders* InsR^4 Rn 20.38.

70 Diese Auffassung steht jedoch nicht nur im **Widerspruch zum Wortlaut** des § 106 I 2, sondern beruht auch auf einem überkommenen Verständnis der **Wirkungen der Nichterfüllungswahl** bei teilerfüllten Verträgen. Das Wahlrecht ist auf den vom Schuldner nicht erfüllten Teil des Vertrags beschränkt (§ 103 Rn 48 f), eine Rückabwicklung findet nicht statt (§ 103 Rn 271). Der Insolvenzverwalter muss also dem Erwerber das vom Schuldner übertragene Grundstück belassen und kann von ihm nur die (ausstehende) Gegenleistung für das Grundstück verlangen.[129] Damit entfällt das Argument, dass der vormerkungsbegünstigte Vertragspartner nicht besser gestellt werden dürfe als der, der das Eigentum bereits vor Verfahrenseröffnung erworben hat.[130] Denn er steht nicht besser als der Eigentümer, wenn er nach dem Wortlaut des § 106 I 2 die Erfüllung der Auflassungsverpflichtung verlangen kann. § 106 I 2 schützt den Vormerkungsbegünstigten vielmehr wie den Eigentümer, der das Eigentum am Grundstück als Teilleistung erhalten hat und nicht zurückgeben muss.[131] So ist § 106 I 2 eine Bestätigung dafür, dass unanfechtbare Teilleistungen des Schuldners vor Insolvenzeröffnung die betroffenen Gegenstände endgültig aus der Masse ausscheiden lassen.

71 b) **Keine (konkludente) Bedingung.** Gegen die Insolvenzfestigkeit des durch die Vormerkung gesicherten Auflassungsanspruchs wird dahingehend argumentiert, dass der durch die Vormerkung gesicherte Übereignungsanspruch immer dann **durch die tatsächliche Erbringung der Bauleistungen bedingt** (§ 158 S 1 BGB) sei, wenn nicht etwas anderes ausdrücklich vereinbart wurde.[132] Eine solche Gestaltung des Bauträgervertrags würde die Insolvenzfestigkeit des vorgemerkten Anspruchs vereiteln. Deswegen werden erhebliche Bedenken dagegen geltend gemacht, ob angesichts des § 119 überhaupt (ausdrücklich) eine entsprechende Bedingung vereinbart werden könnte.[133] Auch wenn sich diese Bedenken zerstreuen lassen (§ 119 Rn 47), wird sich ein entsprechender **Wille der Beteiligten** kaum einmal feststellen lassen. Einigkeit besteht weitestgehend darüber, dass an die Feststellung des Willens der Beteiligten, eine solche Bedingung zu vereinbaren, hohe Anforderungen zu stellen sind.[134] Das gilt umso mehr, als eine solche entwertete Vormerkung den Anforderungen der MaBV (Rn 62) nicht gerecht werden würde.

4. Gegenleistungspflicht

72 Beruht der von Abs 1 S 2 geschützte Anspruch wie beim Bauträgervertrag auf einem gegenseitigen Vertrag, kann der Vertragspartner nicht nur die Einräumung des von der Vormerkung geschützten Rechts verlangen, sondern muss dafür den dem Grundstück (ggf inklusive bereits errichteter Bauten als wesentliche Bestandteile) entsprechenden Vertragspreis bezahlen (vgl § 103 Rn 268).[135]

---

[129] BGHZ 79, 103 (110); *Kesseler* RNotZ 2004, 177 (194); Kübler/Prütting/Bork/*Tintelnot* InsO[1] § 106 Rn 4; *Ott/Vuia* MünchKomm InsO[3] § 106 Rn 30.

[130] So auch *Kesseler* RNotZ 2004, 177 (194); *Lichtenberger* DNotZ 1979, 510 f; in diese Richtung auch, lässt letztlich offen BGHZ 79, 103 (110).

[131] So auch BGHZ 79, 103 (110 f); *Assmann* Vormerkung S 244; *Marotzke* Gegenseitige Verträge[3] Rn 10.16; *Ott/Vuia* MünchKomm InsO[3] § 106 Rn 30.

[132] *Fehl* BB 1977, 524 (525); *ders* BB 1977, 1228 (1229).

[133] So *Baldringer/Jordans* ZInsO 2004, 119 (123); Kübler/Prütting/Bork/*Tintelnot* InsO[1] § 106 Rn 25; für diese Möglichkeit *Marotzke* Gegenseitige Verträge[3] Rn 10.11; ausdr offen gelassen durch BGHZ 79, 103 (107).

[134] BGHZ 79, 103 (106); *Assmann* Vormerkung S 242.

[135] OLG Koblenz ZInsO 2007, 1353 (1355); *Kissel* NJW 1977, 1760 (1763); *Lichtenberger* DNotZ 1979, 510 f.

73 a) **Berechnung.** Die Berechnung des angemessenen Preises stößt insbesondere dann auf Schwierigkeiten, wenn der von dem Vertragspartner für die **Einzelleistungen** zu zahlende Preis **im Vertrag nicht ausgewiesen** ist. *Fehl* will für diesen Fall § 106 I 2 überhaupt nicht anwenden und dem Erwerber den Schutz dieser Vorschrift sogar dann versagen, wenn zwar ein Grundstückspreis ausgewiesen, dieser aber nicht der „echte Grundstückspreis" ist.[136] Auf dieser Grundlage würde der von § 106 I 2 bezweckte Schutz des Vertragspartners vielfach unterlaufen werden.[137] Denn jedenfalls in den Fällen, in denen schon mit dem Bau begonnen worden ist, fehlt es im Vertrag an einem ausgewiesenen Kaufpreis für das Grundstück in dem (teilweise bebauten) Zustand bei Verfahrenseröffnung. Das darf nicht zur Unanwendbarkeit dieser Bestimmung führen.

74 § 106 I 2 ist jedoch nicht nur eine Vertragsauslegungsregel[138] und begründet nicht nur eine Vermutung einer Teilleistungsvereinbarung, wie *Fehl*[139] annimmt, sondern bewirkt stets die **Teilung des Vertrages** in einen zu erfüllenden Übereignungsvertrag und einen Vertrag auf Errichtung des Gebäudes, dessen Erfüllung der Insolvenzverwalter ablehnen kann. Der Preis, den der Vormerkungsbegünstigte für die Auflassung des unbebauten oder teilweise bebauten Grundstücks zu zahlen hat, ist also im Einzelfall zu ermitteln.[140] Dabei muss berücksichtigt werden, dass hier ein ursprünglich einheitlich konzipierter Vertrag nachträglich geteilt werden muss. Deshalb können die im Vertrag niedergelegten Ansätze für einzelne Teilleistungen nicht ohne Weiteres übernommen werden.[141] Der im einheitlichen Vertrag genannte Grundstückspreis muss nicht der Preis sein, den der Bauträger bei Veräußerung des unbebauten Grundstücks verlangt hätte.[142] Aus mancherlei Gründen mag der Bauträger den Grundstückspreis im Einheitsvertrag niedriger oder höher angesetzt haben. Solange der Vertrag einheitlich abgewickelt wird, kommt im Verhältnis der Vertragspartner zueinander dem vertraglich angesetzten Grundstückspreis keine Bedeutung zu. Die Teilung des Vertrages infolge der durch die Insolvenz entstandenen Situation wirft dann die Frage auf, wie die Vertragspartner vernünftigerweise den Grundstückspreis oder den Preis für den bei Insolvenzeröffnung erreichten Bauzustand festgesetzt hätten, wenn sie an eine solche Vertragsteilung gedacht hätten. Der Preis wird somit durch ergänzende Vertragsauslegung oder auch in Anwendung der §§ 315, 316 BGB festgelegt.[143] Beachtet werden muss auch, dass sich das Problem der Bestimmung der richtigen Höhe der Gegenleistung nicht nur bei § 106 I 2 stellt, sondern genauso im Rahmen des § 103 bei **Vorleistungen des Schuldners** und **Ablehnung der weiteren Erfüllung** durch den Verwalter (vgl § 103 Rn 54).

75 b) **Verzichtsmöglichkeit (Rücktritt oder Verzicht auf Vormerkung).** Wählt der Insolvenzverwalter nicht Erfüllung hinsichtlich der weitergehenden Verpflichtungen, führt § 106 I 2 dazu, dass der einheitlich (Bauträger-)Vertrag nur teilweise durchgeführt wird. Möglicherweise hat der Vertragspartner kein Interesse daran, nur das durch die Vormerkung gesicherte Grundstück zu erwerben – sei eine weitere Teilleistung durch eine teilweise Bebauung bereits erbracht oder nicht. Jedenfalls mag ihm in Sachlagen, in denen er noch keine Anzahlung erbracht hat, daran gelegen sein, sich unter **Verzicht auf sein Aussonderungsrecht** vom Vertrag und damit von seiner Gegenleistungspflicht zu befreien.

---

[136] *Fehl* BB 1977, 1228 (1230); ebenso noch Mentzel/Kuhn/*Uhlenbruck* KO^9 § 24 Rn 7.
[137] BGHZ 79, 103 (109); so auch Kuhn/*Uhlenbruck* KO^{10} § 24 Rn 11b.
[138] *Ott/Vuia* MünchKomm InsO^3 § 106 Rn 31.
[139] *Fehl* BB 1977, 1230.
[140] *Kissel* NJW 1977, 1760 (1763).
[141] Vgl Staudinger/*Peters/Jacoby* BGB^{2008} § 649 Rn 24 ff.
[142] *Fehl* BB 1977, 524 (525).
[143] BGHZ 79, 103 (110); OLG Koblenz ZInsO 2007, 1353 (1355).

Diese Möglichkeit besteht, sofern der Insolvenzverwalter nicht Erfüllung des gesamten Vertrages wählt und der Erwerber den Gegenstand noch nicht durch Besitzergreifung seinem Vermögen tatsächlich zugeführt hat.

Allerdings folgt diese Möglichkeit nicht aus allgemeinen Grundsätzen zur Abwicklung teilerfüllter Verträge. Grundsätzlich hat der Empfänger einer Teilleistung nicht die Möglichkeit, diese Leistung zurückzugeben, um die Vergütungspflicht zu vermeiden (§ 103 Rn 268). Das beruht wertungsmäßig darauf, dass der Vertragspartner mit Annahme der Teilleistung sich mit dieser einverstanden erklärt hat. § 323 V BGB rechtfertigt schon deswegen keinen Rücktritt mangels Interesse an der Teilleistung, weil auch diese Regelung an die Voraussetzungen des § 323 I in Bezug auf die noch offene Leistung anknüpft. Diese Voraussetzungen sind aber – wenn der Insolvenzverwalter nicht Erfüllung wählt – nicht gegeben, weil der Anspruch – soweit er noch offen ist – bloße Insolvenzforderung ist, eine Leistungspflicht des Insolvenzverwalters nicht besteht, also **keine Frist zur Nacherfüllung** gesetzt werden kann. Der bloße Hinweis auf die Möglichkeit des einseitigen Verzichts nach § 875 BGB analog genügt ebenfalls nicht. Zwar kann der Vertragspartner aufgrund dieser Analogie einseitig auf seine Vormerkung verzichten.[144] Dadurch kann er aber nicht rückwirkend herbeiführen, dass ihm im Augenblick der Insolvenzeröffnung nur eine Insolvenzforderung zusteht, die die Anwendung von § 103 auf den ganzen Vertrag legitimiert, weil dem Vertragspartner schon zu diesem Zeitpunkt kein Aussonderungsrecht zustand und eine Teilerfüllung damit nicht vorlag. 76

Entscheidend ist, dass § 106 I 2 die **Stellung des Vormerkungsberechtigten allein verbessern** soll. Es handelt sich um einen Schutz ausschließlich des Vormerkungsberechtigten. Nur aus diesem Grund wird er mittels des Aussonderungsrechts so gestellt wie ein Vertragspartner, dem schon das durch die Vormerkung gesicherte Recht eingeräumt wurde (Rn 69 f). Bei ordentlicher Vertragsabwicklung soll er – jedenfalls beim Bauträgervertrag – auch mit der Übereignung (des bebauten Grundstücks) Erfüllung des gesamten Vertrags erhalten. Daher hat der Vertragspartner mit der Vormerkungseinräumung allein noch keine Teilleistung angenommen, was es rechtfertigen würde, ihn zur Teilzahlung zu verpflichten. Vielmehr kann er, sofern der Verwalter die Erfüllung der weiteren Pflichten ablehnt, auf die Vormerkung verzichten und so die Gegenleistungspflicht abwenden. Anders ist allerdings zu entscheiden, wenn der Erwerber zusätzlich zu der Vormerkung den betroffenen Gegenstand bereits in Besitz genommen hat. Dann hat er die **Teilleistung angenommen**. Im Wohnungseigentumsrecht wird der Erwerber dann auch bereits als sog werdender Wohnungseigentümer in die Gemeinschaft der Wohnungseigentümer eingegliedert.[145] Dann kann er sich nicht mehr unter Verzicht auf seine Vormerkung von der Vergütungspflicht für das lösen, was er bereits erhalten hat. 77

V. Schutz des Vorkaufsrechts

Für das dingliche Vorkaufsrecht (§ 1094 BGB) ordnet § 1098 II BGB an, dass dieses Recht die **Wirkung einer Vormerkung** haben kann. Folglich kann auch dem Eigentumsverschaffungsanspruch des Vorkaufsberechtigten nach Ausübung des Vorkaufsrechts über § 106 I **Aussonderungskraft** zukommen. Dem bloß schuldrechtlichen Vorkaufsrecht (§§ 463 ff BGB) fehlt es an einem entsprechenden gesetzlichen Schutz. Aussonderungskraft kann den daraus folgenden Ansprüchen nur zukommen, wenn sie durch eine Vor- 78

144 *Kohler* MünchKomm BGB[6] § 875 Rn 7; Staudinger/*Gursky* BGB[2012] § 875 Rn 11.

145 BGHZ 177, 53; BGH NJW 2012, 2650.

merkung gesichert sind. Bei gesetzlichen Vorkaufrechten ist in erster Linie darauf abzustellen, ob ihnen die Wirkungen eines dinglichen oder lediglich eines bloß schuldrechtlichen Vorkaufrechts zukommen.

1. Dingliches Vorkaufsrecht

79 Die vormerkungsgleiche Wirkung nach § 1098 II BGB bezieht sich auf den **Anspruch auf Auflassung des Grundstücks**, der auf der Ausübung des dinglichen Vorkaufsrechts beruht (§§ 464 II, 1098 I BGB). Dieser gesicherte Anspruch besteht, wenn der Vorkaufsfall infolge des Abschlusses eines entsprechenden Kaufvertrags durch den Eigentümer eingetreten ist (§§ 463, 1098 I BGB) und der Berechtigte sein Vorkaufsrecht ausgeübt hat (§§ 464 I, 1098 I BGB). Nach Eintritt des Vorkaufsfalls, aber noch vor Ausübung des Vorkaufsrechts steht dem Berechtigten nur ein **künftiger Anspruch** zu. Ist noch nicht einmal der Vorkaufsfall eingetreten, ist die Position des Berechtigten noch schwächer, und für die vormerkungsgleiche Sicherung fehlt es an einem konkreten Anspruch. Eine Beschreibung der Wirkungen des dinglichen Vorkaufsrechts in der Insolvenz muss nach diesen drei unterschiedlichen Stadien der Entstehung des gesicherten Auflassungsanspruchs unterscheiden.

80 a) **Vorkaufsfall und Vorkaufsrechtsausübung vor Insolvenzeröffnung.** Hatte der Vorkaufsberechtigte das Vorkaufsrecht bereits vor Insolvenzeröffnung ausgeübt, so steht dem Vorkaufsberechtigten in der Insolvenz des verkaufenden Eigentümers ein aus § 106 I über § 1098 II BGB folgender Aussonderungsanspruch zu, vom Insolvenzverwalter Übereignung des Grundstücks zu verlangen.[146] Der Insolvenzverwalter hat **kein Wahlrecht nach § 103** und kann das Grundstück nicht anderweitig für die Masse verwerten. Es gibt allerdings auch Gegenstimmen, die dem Insolvenzverwalter das Wahlrecht aus § 103 auch hinsichtlich des Kaufvertrags einräumen, der mit dem Vorkaufsberechtigten durch Ausübung seines Vorkaufsrechts zustande gekommen ist.[147] Diese Gegenmeinung wird in erster Linie auf den Wortlaut des § 1098 II BGB gestützt, dass die Vormerkungswirkung nur Dritten gegenüber eintrete, während der Insolvenzverwalter an die Stelle des Vertragspartners trete. Überdies wird für diese Auffassung auf § 471 BGB (Rn 90) hingewiesen, der die schwache Stellung des Vorkaufsberechtigten in der Insolvenz belege.

81 Beide Gegenargumente überzeugen nicht. Der Hinweis auf § 471 BGB krankt schon daran, dass § 1098 I 2 BGB von der dortigen Regelung ausdrücklich abweicht (Rn 89). Vor allem aber verkennen die Gegenstimmen den Bedeutungsgehalt von § 1098 II BGB für die Insolvenz. In der Insolvenz wirkt das aus der Vormerkung folgende Vorzugsrecht gegenüber dem Insolvenzverwalter, weil er nach § 1 die Insolvenzmasse für die Insolvenzgläubiger verwertet, die Dritte sind.[148] Nur bei diesem Verständnis wirkt sich die Ausübung des Vorkaufsrechts haftungsrechtlich innerhalb und außerhalb der Insolvenz einheitlich aus. Wird das Grundstück – außerhalb der Insolvenz – zugunsten eines persönlichen Gläubigers des Verkäufers beschlagnahmt, so ist dieser Dritter iSv § 1098 II BGB. Die Vormerkungswirkung des Vorkaufsrechts tritt also auch ihm gegenüber ein.

---

[146] *Denecke* RGRK BGB[11] § 1098 Rn 4; *Ott/Vuia* MünchKomm InsO[3] § 106 Rn 16c; Staudinger/*Dittmann* BGB[11] § 1097 Rn 5; Staudinger/*Mayer-Maly* BGB[12] § 1097 Rn 8; Uhlenbruck/*Wegener* InsO[13] § 106 Rn 23.

[147] So Jaeger/*Lent* KO[8] § 24 Rn 4; *Rothe* RGRK BGB[12] § 1097 Rn 8; Staudinger/*Schermaier* BGB[2009] § 1097 Rn 10[0]; *Westermann* MünchKomm BGB[6] § 1097 Rn 4.

[148] Enstpr ordnet § 50 I die Absonderungskraft des Pfändungspfandrechts an, das nach § 804 II ZPO nur Dritten gegenüber ein Vorzugsrecht begr.

Das bedeutet, dass die „Vormerkung" in das geringste Gebot aufzunehmen ist und infolge des Zuschlags nicht erlischt. Der Vorkaufsberechtigte kann also von dem Verkäufer die **Übereignung des Grundstücks** und von dem Ersteher die **Zustimmung zur Eintragung** verlangen (§§ 883 II, 888 BGB). Dementsprechend mindert sich der Erlös des betreibenden Gläubigers. Die Vormerkungswirkung des ausgeübten Vorkaufsrechts steht also einer **haftungsrechtlichen Zuweisung des Grundstücks** an Dritte entgegen. Folglich muss die Vormerkungswirkung des § 1098 II BGB auch gegenüber der haftungsrechtlichen Zuweisung des Grundstücks an die Insolvenzgläubiger durchgreifen.

b) **Keine Ausübung des Vorkaufsrechts vor Insolvenzeröffnung.** Die Insolvenzeröffnung vor Ausübung des Vorkaufsrechts kann auf den Kaufvertrag einwirken, den der Eigentümer mit dem Dritten zuvor geschlossen und dadurch den **Vorkaufsfall ausgelöst** hat. So können die Ansprüche des Dritten aus dem Vertrag mit Verfahrenseröffnung auf die Geltendmachung als Insolvenzforderung (§§ 103 II, 38, 87) beschränkt werden (§ 103 Rn 221). Lehnt der Insolvenzverwalter die Erfüllung ab und meldet der Dritte seinen Anspruch zur Insolvenztabelle an, wird der **Auflassungsanspruch umgerechnet** und geht im Verfahren gar unter (§ 103 Rn 226). Zu dieser Schwächung der Stellung des Dritten muss es freilich nicht kommen. Zum einen kann der Auflassungsanspruch des Dritten seinerseits insolvenzfest sein, insbesondere weil für ihn eine Vormerkung (§ 106 I) besteht oder hinsichtlich der Vormerkung oder der Auflassung die Voraussetzungen des § 878 BGB eingetreten sind (vgl Rn 31).[149] Zum anderen kann der Insolvenzverwalter die Erfüllung des Kaufvertrags wählen und so eine **Masseverbindlichkeit des Dritten** begründen (§§ 55 I Nr 2 Fall 1, 103 I). Nach verbreiteter Auffassung soll der Vorkaufsberechtigte, der sein Vorkaufsrecht vor Verfahrenseröffnung noch nicht ausgeübt hat, in der Insolvenz nicht besser stehen als der Dritte, dem der Schuldner das Grundstück verkauft hat.[150] Daher ist, um die Stellung des Vorkaufsberechtigten darzustellen, danach zu unterscheiden, ob der Dritte das Grundstück aus der Masse erwerben kann. 82

aa) **Insolvenzfeste Position des Dritten.** Der Vorkaufsberechtigte kann nach einhelliger Auffassung sein Vorkaufsrecht noch nach Insolvenzeröffnung ausüben, wenn der Dritte selbst über eine insolvenzfeste Erwerbsposition verfügt, also wenn der Insolvenzverwalter die Erfüllung des Vertrags mit dem Dritten wählt (§ 103 I) oder der Vertrag mit dem Dritten vom Schuldner schon erfüllt, das Grundstück an den Dritten also schon übereignet war oder der Dritte durch eine Vormerkung (§ 106) oder durch den Eintritt der Voraussetzungen des § 878 BGB eine Rechtsposition erworben hat, welche die Erfüllungsablehnung des Insolvenzverwalters ausschließt.[151] Denn in diesen Fällen gehört das Grundstück entweder nicht mehr zur Masse oder es steht jedenfalls nicht mehr zur Disposition des Insolvenzverwalters. 83

Durch Ausübung des Vorkaufsrechts kommt der Kaufvertrag zustande, den der Insolvenzverwalter als Masseschuld erfüllen muss und dessen Erfüllung durch den Vorkaufsberechtigten der Insolvenzverwalter zur Masse verlangen kann. Jedoch kann der Vorkaufsberechtigte die **Zahlung des Kaufpreises** an den Insolvenzverwalter **verweigern**, wenn der Dritte schon das Eigentum erlangt hat und wegen des von ihm an den Schuldner oder den Insolvenzverwalter gezahlten Kaufpreises die Zustimmung zur Eintragung des Vorkaufsberechtigten oder die Herausgabe des Grundstücks verweigert (§ 1100 BGB). Der Dritte, dem der Schuldner vor Insolvenzeröffnung das Grundstück bereits aufgelassen 84

---

149 Vgl Jaeger/*Windel* InsO § 89 Rn 46, § 91 Rn 117.

150 Jaeger/*Henckel* KO⁹ § 24 Rn 7.

151 *Ott/Vuia* MünchKomm InsO³ § 106 Rn 16c; Uhlenbruck/*Wegener* InsO¹³ § 106 Rn 24.

hat, ist also nicht darauf angewiesen, bei Ausübung des Vorkaufsrechts wegen des von ihm an den Schuldner gezahlten Kaufpreises einen Bereicherungsanspruch als Insolvenzforderung geltend zu machen. Vielmehr kann er nach § 1100 BGB erreichen, dass ihm der **Kaufpreis von dem Vorkaufsberechtigten erstattet** wird. Dass die Masse dann den Kaufpreis nicht erhält, obwohl der durch Ausübung des Vorkaufsrechts begründete Kaufvertrag nach Insolvenzeröffnung entsteht, ist angemessen, weil das Grundstück im Zeitpunkt der Insolvenzeröffnung nicht mehr dem Schuldner gehörte bzw nicht Bestandteil seiner der Disposition des Insolvenzverwalters unterliegenden Insolvenzmasse ist.

85 **bb) Keine insolvenzfeste Position des Dritten.** Indes wird dem Vorkaufsberechtigten ein insolvenzfester Auflassungsanspruch überwiegend abgesprochen, wenn die Rechtsposition des Dritten nicht insolvenzfest ist, im Verhältnis zu diesem also **der Masse das Grundstück gebührt.** Durch Ausübung des Vorkaufsrechts soll der Vorkaufsberechtigte nicht das Grundstück aus der Masse herauslösen können, wenn es bei Verfahrenseröffnung noch zur Masse zählte, weil der Dritte noch keine insolvenzfeste Position daran erworben hatte. Daher soll das Vorkaufsrecht entfallen, wenn der Auflassungsanspruch aufgrund der Insolvenzeröffnung dauerhaft undurchsetzbar bleibt. Überwiegend wird auf den **Zeitpunkt der Erfüllungsablehnung,**[152] vereinzelt auf das **Erlöschen des Auflassungsanspruchs** durch Anmeldung zur Tabelle abgestellt[153]. Der Vorkaufsberechtigte soll sein Vorkaufsrecht nur ausüben können, wenn der Insolvenzverwalter einen Vorkaufsfall herbeiführt. Dazu taugt die Erfüllungswahl,[154] aber wegen § 1098 I 2 BGB auch der Verkauf durch den Insolvenzverwalter aus freier Hand (Rn 89). Das bedarf allerdings besonderer Begründung, wenn das Vorkaufsrecht der Regel des § 1097 BGB entsprechend nur für einen Verkauf bestellt ist. Dann müsste man es mit dem Verkauf des Schuldners als nicht erschöpft ansehen, wenn die insolvenzmäßige Abwicklung des zum Vorkaufsfall führenden Kaufvertrags das Vorkaufsrecht vereitelt.[155]

86 Die Überzeugungskraft dieser Auffassung hängt davon ab, inwieweit sich die Prämisse stützen lässt, dass der Vorkaufsberechtigte vor Ausübung des Vorkaufsrechts keine stärkere Stellung als der Dritte einnehmen kann. Aus insolvenzrechtlicher (haftungsrechtlicher) Sicht lassen sich dafür keine überzeugenden Argumente finden. Dritter und Vorkaufsberechtigter verfügen über **selbstständige Rechtspositionen.** Zwar ist der Anspruch des Vorkaufsberechtigten vor Ausübung des Vorkaufsrechts noch ein künftiger. Er genießt aber den insolvenzfesten (Rn 81) Vormerkungsschutz, der auch zugunsten künftiger Ansprüche wirkt (Rn 17). Dem entspricht es, dass außerhalb der Insolvenz Belastungen des Grundstücks, die nach Eintritt des Vorkaufsfalls begründet werden, dem Vorkaufsberechtigten gegenüber auch dann nach §§ 1098 II, 883 II BGB unwirksam sind, wenn das Vorkaufsrecht erst nach der Entstehung des belastenden Rechts ausgeübt wurde.[156]

87 Den Ausschlag muss damit eine **zivilrechtliche Betrachtung** des Vorkaufsrechts geben. Insoweit gesteht eine breit vertretene Auffassung Drittem und Verkaufsverpflichtetem zu, den Kaufvertrag, durch dessen Abschluss sie den Vorkaufsfall ausgelöst haben, noch

---

152 Jaeger/*Henckel* KO[9] § 24 Rn 9; Kübler/Prütting/Bork/*Tintelnot* InsO[1] § 106 Rn 8; *Ott/Vuia* MünchKomm InsO[3] § 106 Rn 16c.

153 Abstellend auf Erfüllungsablehnung Uhlenbruck/*Wegener* InsO[13] § 106 Rn 24.

154 So auch *Ott/Vuia* MünchKomm InsO[2] § 106 Rn 16c.

155 Dafür *Rothe* RGRK BGB[12] § 1097 Rn 8; Staudinger/*Dittmann* BGB[11] § 1097 Rn 4; Staudinger/*Schermaier* BGB[2009] § 1097 Rn 10; **aA** Staudinger/*Mayer-Maly* BGB[12] § 1097 Rn 8.

156 BGHZ 60, 275 (293 ff); Staudinger/*Schermaier* BGB[2009] § 1098 Rn 15 f.

nachträglich zu ändern.[157] Auf Grundlage dieser Auffassung ist es konsequent, neben der vertraglich vereinbarten Änderung auch solche Durchsetzbarkeitsbeschränkungen zu berücksichtigen, die kraft Gesetzes mit Insolvenzeröffnung wegen der **par condicio creditorum** eintreten. Indessen wird auch im Zivilrecht diese herrschende Auffassung mit guten Argumenten bekämpft[158] und überdies weithin die Möglichkeit abgelehnt, durch Aufhebung des Kaufvertrags den Vorkaufsfall entfallen zu lassen[159]. Nach § 463 BGB sind die Voraussetzungen für ein Vorkaufsrecht mit Abschluss eines einschlägigen Kaufvertrags erfüllt, ohne dass ein Wegfall dieses Rechts bei Änderung oder Aufhebung dieses Rechts vorgesehen ist. Man mag zwar argumentieren, dass das Vorkaufsrecht nicht den Erwerb zu bestimmten Konditionen oder einem Zeitpunkt ermöglichen, sondern allein den anderweitigen Erwerb abwehren soll.[160] Mit dem Vorkaufsfall verbessert sich aber nach dem Gesetz die Stellung des Berechtigten, der eine **optionsgleiche Stellung** erwirbt. Schließlich wird allein durch Verfahrenseröffnung der Auflassungsanspruch des Drittkäufers nicht aufgehoben. Die insolvenzrechtlich bessere Stellung des Vorkaufsberechtigten soll sich dann durchsetzen.

c) **Kein Vorkaufsfall vor Verfahrenseröffnung.** Hat der Insolvenzschuldner vor Verfahrenseröffnung keinen Kaufvertrag abgeschlossen und liegt kein Vorkaufsfall vor, steht dem Vorkaufsberechtigten **kein Auflassungsanspruch** zu, den er über § 1098 II BGB als Aussonderungsrecht in der Insolvenz nach § 106 I geltend machen könnte. Es stellt sich aber die Frage, ob der Insolvenzverwalter durch Veräußerung des Grundstücks einen Vorkaufsfall mit der Folge herbeiführen kann, dass der Berechtigte nach §§ 1098 I 1, 464 II BGB vom Insolvenzverwalter Auflassung verlangen kann. Eine solche Verpflichtung sollte man nicht nur nach § 55 I Nr 1 als Masseschuld, sondern auch – relevant für den Fall der Massearmut – wegen § 1098 II BGB, § 106 als Aussonderungsrecht anerkennen. 88

Während § 471 BGB das schuldrechtliche Vorkaufsrecht bei Zwangsvollstreckung und Insolvenz ausschließt, erklärt § **1098 I 2 BGB** es für das dingliche Vorkaufsrecht zu einen Vorkaufsfall, dass der Insolvenzverwalter das Grundstück aus freier Hand aufgrund seiner Verfügungsbefugnis (§ 80) verkauft.[161] Die Veräußerung im Wege der Zwangsversteigerung stellt hingegen keinen Vorkaufsfall dar (§ 165 InsO, §§ 172 ff ZVG). Betreibt der Insolvenzverwalter die Zwangsversteigerung und hindert er damit die Ausübung des Vorkaufsrechts, so wird er deshalb nicht dem Vorkaufsberechtigten ersatzpflichtig. Maßgebend für den Ausschluss des Vorkaufsrechts in diesem Falle war die Furcht vor „Komplikationen“, die bei Erstreckung des Vorkaufs auf die Zwangsversteigerung eintreten könnten.[162] Der Vorkaufsberechtigte mag sich dadurch helfen, dass er das Höchstgebot überbietet. 89

2. Schuldrechtliches Vorkaufsrecht

Das lediglich schuldrechtliche Vorkaufsrecht (§§ 463 ff BGB) weist im Vergleich zum dinglichen in der Insolvenz des Verpflichteten mehrere **Schwächen** auf. So löst zum einen nach § 471 BGB die Veräußerung durch den Insolvenzverwalter keinen Vorkaufsfall aus, gleich ob er sich der Zwangsversteigerung oder des Verkaufs aus freier Hand bedient. 90

---

[157] BGH NJW 1969, 1959 (1960) zum gesetzlichen Vorkaufsrecht; RGZ 118, 5 (7).

[158] Staudinger/*Marder* BGB[2004] § 464 Rn 18; *Vogt* FS Hagen (1999) S 219 ff.

[159] RGZ 106, 320 (323 f); 118, 5 (8); Staudinger/*Marder* BGB[2004] § 463 Rn 28.

[160] Staudinger/*Schermaier* BGB[2009] § 1097 Rn 10.

[161] Vgl *Ott/Vuia* MünchKomm InsO[3] § 106 Rn 16c; Uhlenbruck/*Wegener* InsO[13] § 106 Rn 22.

[162] BGH NJW 1977, 37.

Zum anderen steht dem Vorkaufsberechtigten allein aus dem Vorkaufsrecht auch dann **keine insolvenzfeste Position** zu, wenn er vor Verfahrenseröffnung im Vorkaufsfalle bereits vom Vorkaufsrecht Gebrauch gemacht hat. Vielmehr ist er wie jeder Käufer nur Insolvenzgläubiger (§§ 38, 103), lediglich durch Erfüllungswahl des Insolvenzverwalters kann er eine Masseforderung erlangen (§§ 55 I Nr 1, 103 I). Eine insolvenzfeste Stellung des Dritten durch Vormerkung oder § 878 BGB hilft dem Vorkaufsberechtigten schon deswegen nicht, weil er mangels Vormerkungswirkung (§§ 888, 1098 II BGB) keinen Anspruch gegen den Dritten hat. Eine Erfüllungswahl des Insolvenzverwalters gegenüber dem Dritten wirkt sich gleichfalls schon wegen § 471 BGB nicht auf den Vorkaufberechtigten aus, weil es sich bei der **Erfüllungswahl** um eine **Verwertungshandlung** handelt (Vor § 103 Rn 7).[163]

91 Dem schuldrechtlichen Vorkaufsrecht kommen freilich weitergehende Wirkungen zu, wenn der Vorkaufsberechtigte für seinen künftigen Auflassungsanspruch nach Ausübung des Vorkaufsrechts über eine Vormerkung verfügt. Allerdings kann eine solche Vormerkung angesichts ihrer gesetzlichen Wirkungen nicht dazu führen, den Vorkaufsfall abweichend zu bestimmen. Zwar wird befürwortet, § **1098 I 2 BGB analog** anzuwenden, so dass auch der freihändige Verkauf durch den Insolvenzverwalter erfasst wäre.[164] Die Vormerkung ändert aber nichts daran, dass ihr Schutz sich auf ein schuldrechtliches Vorkaufsrecht beschränkt, das nach § 471 BGB bei Veräußerungen aus der Insolenz nicht greift. Das vormerkungsgesicherte schuldrechtliche Vorkaufsrecht ist nach BGB ein **aliud zum dinglichen Vorkaufsrecht.**

92 Die Wirkungen entsprechen sich allerdings, wenn der **Vorkaufsfall bereits vor Verfahrenseröffnung eingetreten** ist und der Berechtigte sein **Vorkaufsrecht ausgeübt** hat. Dann sichert die Vormerkung den bereits bestehenden Auflassungsanspruch, so dass der Vormerkungsberechtigte nach § 106 I zur Aussonderung berechtigt ist. Im Ergebnis nichts anderes muss auch gelten, wenn vor Verfahrenseröffnung **nur der Vorkaufsfall eingetreten** ist, der Vorkaufsberechtigte sein Vorkaufsrecht aber noch nicht ausgeübt hat. Dann sichert die Vormerkung nämlich den künftigen Auflassungsanspruch aus der Ausübung des Vorkaufsrechts. § 471 BGB steht diesem Ergebnis nicht entgegen, weil der Verkauf nicht aus der Insolvenzmasse erfolgt, sondern der das Vorkaufsrecht auslösende Verkauf vom Insolvenzschuldner vor Verfahrenseröffnung vorgenommen wurde.

93 Dieser Auffassung können freilich diejenigen nicht folgen, die den aus dem Vorkaufsrecht folgenden Auflassungsanspruch ungeachtet der Sicherung durch Vormerkung oder vormerkungsgleich von einer insolvenzfesten Stellung des Dritten für seinen Anspruch aus dem Kaufvertrag abhängig machen (Rn 85).[165] Unterliegt das Grundstück noch der Disposition des Insolvenzverwalters und ist deshalb § 103 im Verhältnis zum Dritten anwendbar, soll dem Vorkaufsberechtigten daher kein durchsetzbarer Anspruch zustehen. Der obligatorisch Vorkaufsberechtigte, zu dessen Gunsten eine Vormerkung eingetragen ist, wird also nach diesem engen Verständnis vor den Folgen der Insolvenz nur dann geschützt, wenn der Schuldner das Grundstück vor Insolvenzeröffnung an den Dritten verkauft und dieser im Zeitpunkt der Insolvenzeröffnung bereits eine Rechtsposition erworben hat, welche das Wahlrecht des Insolvenzverwalters ausschließt, sei es durch Vormerkung, sei es nach § 878 BGB. Anderenfalls soll auch nicht helfen, wenn der Insolvenzverwalter gegenüber dem Dritten Erfüllung wählt, weil diese Erfüllungswahl Verwertungshandlung ist, die von § 471 BGB erfasst wird (Rn 90).

---

163 Jaeger/*Henckel* KO^9 § 24 Rn 10.

164 *Ott/Vuia* Münch/Komm InsO^3 § 106 Rn 16d.

165 Jaeger/*Henckel* KO^9 § 24 Rn 10.

3. Gesetzliche Vorkaufsrechte

Die gesetzlichen Vorkaufsrechte sind unterschiedlich ausgestaltet. Auf das **Vorkaufsrecht des Miterben** ist trotz gewisser dinglicher Wirkungen (§§ 2034–2037 BGB) § 471 BGB anwendbar.[166] Das **Vorrecht des Erbbauberechtigten** auf Erneuerung des Erbbaurechts (§ 31 ErbbauRG) ist dem dinglichen Vorkaufsrecht nachgebildet (Vormerkungswirkung des § 31 IV 1 ErbbauRG) und unterliegt nicht der Schranke des § 471 BGB, auf den § 31 III ErbbauRG gerade nicht verweist. 94

a) **Reichssiedlungsgesetz und Landbeschaffungsgesetz.** Das **Vorkaufsrecht des Siedlungsunternehmens** nach §§ 4 ff des ReichssiedlungsG [167] hat, wie die Verweisung des § 8 I dieses Gesetzes auf § 464 II und auf §§ 465 bis 468 BGB ergibt, schuldrechtlichen Charakter.[168] Die früher im § 8 des Gesetzes enthaltene Verweisung auf § 1098 II BGB ist durch das GrundstücksverkehrsG[169] aufgehoben worden, weil die Genehmigungsbedürftigkeit der Veräußerung wie eine Verfügungsbeschränkung wirkt.[170] Da § 471 BGB nach § 8 I ReichssiedlungsG nicht anwendbar ist, kann das Vorkaufsrecht auch bei freihändiger Veräußerung durch den Insolvenzverwalter ausgeübt werden,[171] nicht dagegen bei einer Zwangsversteigerung. Das ergibt sich daraus, dass § 11 ReichssiedlungsG, der die Zwangsversteigerung der rechtsgeschäftlichen Veräußerung gleichstellte, durch das GrundstücksverkehrsG aufgehoben worden ist.[172] Entsprechendes gilt für das **Vorkaufsrecht des § 69 LandbeschaffungsG**[173]. 95

b) **Baugesetzbuch.** Auch die **Vorkaufsrechte der §§ 24 ff BauGB** sind seit der Novelle vom 18.8.1976 (BGBl I 2221) als schuldrechtliche ausgestaltet. § 28 II 2 BauGB verweist auf §§ 463, 464 II, §§ 465 bis 468 und 471 des BGB. Danach ist die Ausübung des Vorkaufsrechts ausgeschlossen, wenn der Insolvenzverwalter das Grundstück freihändig oder im Wege der Zwangsversteigerung veräußert. Allerdings ist nach Mitteilung des Kaufvertrags (§ 28 I 1 BauGB) auf Ersuchen der Gemeinde zur Sicherung des Anspruchs auf Übereignung des Grundstücks an die Gemeinde eine Vormerkung in das Grundbuch einzutragen (§ 28 II 3 BauGB). Daraus kann sich nach Maßgabe der vorstehenden Ausführungen eine insolvenzfeste Position ergeben (Rn 92).[174] 96

VI. Schiffsregister und Luftfahrzeugpfandrechtsregister (Abs 2)

Abs 2 erstreckt den Schutz für Vormerkungen nach Abs 1 auch auf solche, die im Schiffsregister, im Schiffsbauregister und im Register für Pfandrechte an Luftfahrzeugen eingetragen sind. Diese Vormerkungen gewähren ihrem Inhaber in der Insolvenz des Schuldners ebenfalls ein Aussonderungsrecht für den gesicherten Anspruch. Die **Gleich-** 97

166 BGH NJW 1977, 37; *Lange/Kuchinke* ErbR[5] § 42 III 2b; Staudinger/*Werner* BGB[2010] § 2034 Rn 4.

167 ReichssiedlungsG v 11.8.1919 (RGBl 1429, BGBl III 2331 – 1).

168 *Ehrenforth* ReichssiedlungsG u GrundstücksverkehrsG § 8 ReichssiedlungsG Rn 1.

169 GrundstücksverkehrsG v 28.7.1961 (BGBl I 1091).

170 *Ehrenforth* ReichssiedlungsG u GrundstücksverkehrsG § 8 ReichssiedlungsG Rn 2e.

171 *Ehrenforth* ReichssiedlungsG u GrundstücksverkehrsG § 8 ReichssiedlungsG Rn 4a gg.

172 *Ehrenforth* ReichssiedlungsG u GrundstücksverkehrsG § 8 ReichssiedlungsG Rn 4a ff.

173 LandbeschaffungsG v 23.2.1957 (BGBl I 134, BGBl III 54 – 3).

174 AA Jaeger/*Henckel* KO[9] § 24 Rn 12.

stellung mit den Vormerkungen an Grundstücken bzw Grundstücksrechten im Hinblick auf die Insolvenzfolgen entspricht der allgemeinen Ausrichtung der in Schiffs- und Schiffbauregister sowie Luftfahrzeugpfandrechtsregister eingetragenen Rechte an den im Grundbuch verzeichneten Rechten.

98 Nach § 10 I 1 des SchiffsRG[175] kann „zur Sicherung des Anspruchs auf Einräumung oder Aufhebung eines Rechts an einem Schiff oder an einer Schiffshypothek oder auf Änderung des Inhalts oder des Rangs eines solchen Rechts" eine **Vormerkung in das Schiffsregister eingetragen** werden. Eine Vormerkung kann darüber hinaus für Schiffshypotheken an im Bau befindlichen Schiffen nach § 77 S 1 SchiffsRG oder an einem im Bau befindlichen oder fertiggestellten Schwimmdock nach § 81a iVm § 77 SchiffsRG im Register für Schiffsbauwerke bestellt werden. Während die Vormerkungen im Schiffsregister und Schiffsbauregister bereits durch die Vorgängernorm § 24 S 1 KO direkt in der Insolvenz geschützt wurden, war dies bei den Vormerkungen zur Sicherung des Anspruchs auf Einräumung oder Aufhebung eines Registerpfandrechts an einem Luftfahrzeug oder eines Rechts an einem Registerpfandrecht oder auf Änderung des Inhalts oder des Ranges eines dieser Rechte gem § 10 I S 1 LuftfzRG[176] nur über eine Verweisung in § 98 III LuftfzRG aF auf § 24 KO der Fall. Seit Einführung der Insolvenzordnung sind auch diese Vormerkungen direkt über § 106 II den Vormerkungen an Grundstücken bzw Grundstücksrechten gleichgestellt.

§ 107
Eigentumsvorbehalt

(1) Hat vor der Eröffnung des Insolvenzverfahrens der Schuldner eine bewegliche Sache unter Eigentumsvorbehalt verkauft und dem Käufer den Besitz an der Sache übertragen, so kann der Käufer die Erfüllung des Kaufvertrages verlangen. Dies gilt auch, wenn der Schuldner dem Käufer gegenüber weitere Verpflichtungen übernommen hat und diese nicht oder nicht vollständig erfüllt sind.

(2) Hat vor der Eröffnung des Insolvenzverfahrens der Schuldner eine bewegliche Sache unter Eigentumsvorbehalt gekauft und vom Verkäufer den Besitz an der Sache erlangt, so braucht der Insolvenzverwalter, den der Verkäufer zur Ausübung des Wahlrechts aufgefordert hat, die Erklärung nach § 103 Abs. 2 Satz 2 erst unverzüglich nach dem Berichtstermin abzugeben. Dies gilt nicht, wenn in der Zeit bis zum Berichtstermin eine erhebliche Verminderung des Wertes der Sache zu erwarten ist und der Gläubiger den Verwalter auf diesen Umstand hingewiesen hat.

Gesetzesänderungen: –

Materialien: BT-Drucks 12/2443 S 146; RegE § 121; RefE § 111; 1. Ber InsRKomm LS 3.2.1., 3.2.4.

Vorgängerregelungen: –

---

175 SchiffsrechteG v 15.11.1940 (RGBl I 1499).

176 G über Rechte an Luftfahrzeugen v 26.2.1959 (BGBl I 57).

Literatur

Adam Anwendung des § 103 InsO auf Softwarelizenzverträge DZWIR 2003, 479; *ders* Zu den Auswirkungen der Erfüllungsablehnung nach InsO § 103 bei einem Lizenzvertrag DZWIR 2003, 482; *Bauknecht* Das Anwartschaftsrecht aus bedingter Übereignung im Konkurse NJW 1956, 117; *Bonin* Probleme des vertragswidrigen Eigentumsvorbehalts JuS 2002, 43; *Bork* Die Verbindung, Vermischung und Verarbeitung von Sicherungsgut durch den Insolvenzverwalter FS Gaul (1997) S 71; *Brinkmann* Kreditsicherheiten an beweglichen Sachen und Forderungen (2011); *Bülow* Der erweiterte Eigentumsvorbehalt nach der Insolvenzrechtsreform DB 1999, 2196; *Casper* Der Optionsvertrag (2005); *Coing* Der Kauf unter Eigentumsvorbehalt in Umstellung und Konkurs NJW 1952, 48; *Dobler* Die übertragene Anwartschaft in der Insolvenz (2008); *Duursma-Kepplinger* Eigentumsvorbehalt und Mobilienleasing in der Insolvenz (2002); *Elz* Verarbeitungsklauseln in der Insolvenz des Vorbehaltskäufers – Aussonderung oder Absonderung? ZInsO 2000, 478; *Georgiadis* Die Eigentumsanwartschaft beim Vorbehaltskauf (1963); *Gundlach/Frenzel/Schmidt* Die Vereinbarung eines Kostenbeitrags zugunsten der Masse zwischen Vorbehaltsverkäufer und Insolvenzverwalter DZWIR 2001, 277; *Häsemeyer* Das funktionelle Synallagma im Konkurs- und Vergleichsrecht KTS 1973, 2; *Henckel* Vom Wert und Unwert juristischer Konstruktionen im Konkursrecht FS Weber (1975) S 237; *M Huber* Die Abwicklung gegenseitiger Verträge nach der Insolvenzordnung NZI 1998, 97; *ders* Rücktrittsrecht des Vorbehaltsverkäufers in der Insolvenz des Vorbehaltskäufers NZI 2004, 57; *Jacobi* Die Verwertung des Mietkaufgegenstandes in der Insolvenz ZVI 2007, 405; *Jacoby* Zur Frage der Ab- und Aussonderung im Insolvenzverfahren JZ 2008, 1053; *Klose* Der Eigentumsvorbehalt nach der Schuldrechtsmodernisierung ZInsO 2009, 1792; *Krull* Zur Abwicklung schwebender Vertragsverhältnisse im künftigen Insolvenzverfahren ZInsO 1998, 291; *Kupka* Die Behandlung von Vorbehaltskäufen nach der Insolvenzrechtsreform InVo 2003, 213; *Lehmann* Der Eigentumsvorbehalt im Vergleichsverfahren FS Schmidt Bd 1 (1932) S 346; *Leible/Sosnitza* Grundfälle zum Recht des Eigentumsvorbehalts JuS 2001, 341; *dies* Grundfälle zum Recht des Eigentumsvorbehalts JuS 2001, 556; *Marotzke* Der Eigentumsvorbehalt im neuen Insolvenzrecht JZ 1995, 803; *ders* Anwartschaftsrecht des Vorbehaltskäufers im Konkurs des Verkäufers EWiR 1996, 179; *ders* Die dinglichen Sicherheiten im neuen Insolvenzrecht ZZP 109 (1996) 429; *R W Müller* Das Eigentum im Verhältnis zum Anwartschaftsrecht aus bedingter Übereignung JW 1934, 1543; *Oertmann* Beiträge zur Lehre von der Erfüllungspflicht des Verkäufers LZ 1927, 9; *Raiser* Dingliche Anwartschaften (1961); *Rietschel* Buchbesprechung: Konkursordnung, Böhle-Stamschräder, 7. Aufl NJW 1964, 914; *H Roth* Zu den Rechten bei Sicherungsübertragung von Vorbehaltseigentum im Fall der Insolvenz des Vorbehaltsverkäufers KTS 2008, 526; *Rugullis* Der Zahlungsrückstand des Vorbehaltskäufers in der Insolvenz des Verkäufers KTS 2005, 459; *Runkel* Zum Kündigungsrecht des Leasinggebers nach InsO § 112 vor Durchführung des Berichtstermins EWiR 2003, 715; *ders* Praktische und rechtliche Probleme der Eigentumsvorbehaltslieferanten in der Insolvenz FS Kirchhof (2003) S 455; *Rühl* Der Einfluss des Konkurses auf Vorbehaltsverkäufe mit Weiterveräußerungsermächtigung LZ 1931, 153; *Scherer* Neues Kaufgewährleistungsrecht und § 103 InsO NZI 2002, 356; *Schwörer* Lösungsklauseln für den Insolvenzfall (2000); *Segner/Tetzlaff* Aushebelung des Wahlrechts des Insolvenzverwalters durch horizontale Verlängerungsformen des Eigentumsvorbehalts ZInsO 2012, 427; *Smid* Zum Auskunftsanspruch und zum Rücktritt des Eigentumsvorbehaltsverkäufers bei Insolvenz des Eigentumsvorbehaltskäufers DZWIR 2000, 348; *ders* Rechtsstellung der finanzierenden Bank im Eigentumsvorbehaltskauf WM 2008, 2089; *Stracke* Das Aus- und Absonderungsrecht des Vorbehaltseigentümers im Konkurs des Vorbehaltskäufers (1972); *Stehle* Ausgewählte Probleme des Vorbehaltsverkäufers: Rücktritt trotz verjährter Kaufpreisforderung und Rücktritt in der Käuferinsolvenz Jura 2005, 78; *Strotmann* Das Wahlrecht des Insolvenzverwalters gem. § 103 Abs. 1 InsO bei bedingten Beteiligungskaufverträgen in der Verkäuferinsolvenz ZInsO 2010, 1314; *Unger* Das Anwartschaftsrecht KTS 1969, 193; *Wessels* Unternehmenskauf im Vorfeld der Verkäuferinsolvenz ZIP 2004, 1237; *v Wilmowsky* Der Mieter eines beweglichen Gegenstands in der Insolvenz ZInsO 2007, 731; *Windel* Der insolvenzrechtliche Gleichbehandlungsgrundsatz und seine Auswirkungen auf die Abwicklung schwebender Austauschverträge Jura 2002, 230; *Winter* Die Verwertung eines Kraftfahrzeugs im Insolvenzverfahren ZVI 2005, 569; *Zipperer* Zum Entschädigungsanspruch des Vermieters bei Weiternutzung der Mietsache durch den Insolvenzverwalter ohne Erfüllungswahl ZVI 2008, 47.

Übersicht

Alphabetische Übersicht

I. Grundlagen

1 Der Verkäufer überträgt vielfach, insbesondere beim **Kauf unter Eigentumsvorbehalt** (§ 449 BGB) dem Käufer das Eigentum unter der aufschiebenden Bedingung (§§ 929 S 1, 158 I BGB) der vollständigen Kaufpreiszahlung. Zwar wird der Erwerber nicht Eigentümer, er ist aber in der Lage, durch Zahlung des Kaufpreises seinen Eigentumserwerb herbeizuführen. Seine Rechtsstellung wird durch § 161 BGB geschützt, der Zwischenverfügungen des Nocheigentümers für relativ unwirksam im Verhältnis zum Vorbehaltserwerber erklärt. Die Gefahr, das Eigentum durch gutgläubigen Erwerb nach §§ 929, 932 ff, 161 III BGB zu verlieren, kann der Vorbehaltserwerber bannen, indem er den erworbenen Besitz nicht wieder freiwillig aus der Hand gibt. Die starke Stellung des Eigentumsvorbehaltserwerbers wird daher auch als **Anwartschaftsrecht** bezeichnet. Es wird als wesensgleiches Minus zum Vollrecht Eigentum angesehen, auf das dic Vorschriften über das Vollrecht Eigentum entsprechend anzuwenden sind.

2 Das Anwartschaftsrecht ist in seinem Bestand allerdings abhängig vom zugrunde liegenden Kaufvertrag. Denn zum einen kann der Vorbehaltserwerber das Vollrecht Eigentum nur dann kondiktionsfest erwerben, wenn der Kaufvertrag den Rechtsgrund dafür bietet. Zum anderen hat er die Möglichkeit, sein Anwartschaftsrecht durch Bedingungseintritt zum Vollrecht Eigentum erstarken zu lassen, nur so lange, wie er die Kaufpreisschuld noch begleichen kann. Das Schicksal des Kaufvertrages und damit mittelbar auch das des Anwartschaftsrechts regelt für den Fall der Insolvenz § 107. Dabei unterscheidet die Vorschrift zwischen der Insolvenz des Verkäufers, also des Noch-Eigentümers (Abs 1), und der des Vorbehaltskäufers, also des Anwartschaftsberechtigten (Abs 2). Für die Insolvenz des Noch-Eigentümers stellt Abs 1 die **Insolvenzfestigkeit des Anwartschaftsrechts** klar. Abs 2 indessen enthält lediglich eine Spezialregelung zu § 103 II 2 für die Insolvenz des Anwartschaftsberechtigten, dass der Insolvenzverwalter sich grundsätzlich erst nach dem Berichtstermin über die **Ausübung des Wahlrechts** erklären muss.

1. Entstehungsgeschichte

3 Die von Abs 1 nunmehr geregelte Behandlung des Anwartschaftsrechts an einer beweglichen Sache war **unter der KO stark umstritten.**[1] Im Konkurs des Verkäufers wurde

[1] S insg z Behandlung des Eigentumsvorbehalts zu Zeiten der KO Jaeger/*Henckel* KO⁹ § 17 Rn 49 ff.

insbesondere diskutiert, ob dem Konkursverwalter ein Wahlrecht gem § 17 KO (heute § 103) hinsichtlich des gesamten Kaufvertrags zustand. Dies hätte zur Folge gehabt, dass der Anwartschaftsinhaber sein Anwartschaftsrecht wieder verloren hätte und letztlich wie ein Käufer behandelt worden wäre, der noch keine (dingliche) Rechtsposition an der Kaufsache erworben hatte. Diesen Weg verfolgte – zumindest grundsätzlich – die Rechtsprechung von RG und BGH, die § 17 KO auch bei bereits bedingter Übereignung für uneingeschränkt anwendbar hielten.[2] Ausnahmen sollten nur im Einzelfall nach § 242 BGB bestehen.[3]

4 Dagegen wendete sich die Literatur. Ein Ansatzpunkt, dem Anwartschaftsberechtigten Schutz in der Insolvenz zu gewähren, bestand darin, die Anwendung des § 17 KO dadurch auszuschließen, dass eine vollständige Erfüllung der Pflichten aus dem Kaufvertrag durch den Verkäufer bereits in der bedingten Übereignung der Kaufsache gesehen wurde.[4] Diese vereinzelt vertretene Ansicht wollte die Vornahme der Leistungshandlung durch den Verkäufer ausreichen lassen – entgegen dem sonstigen Verständnis bei § 17 KO, nach dem für die Erfüllung auch der Leistungserfolg eingetreten sein musste (§ 103 Rn 114). Die Mehrheit der Literatur wollte die Anwendung des § 17 KO trotz der noch nicht vollständigen Erfüllung der Verkäuferpflichten[5] ausschließen und damit die bereits erworbene Rechtsposition des Vorbehaltskäufers schützen.[6]

5 Der Gesetzgeber hat diesen langjährigen Streit für den Fall der **Insolvenz des Verkäufers** in § 107 I für die Gegenwart entschieden. Im Ergebnis folgt er dabei der durch die Mehrheit der Literatur vertretenen Position: Obwohl eine vollständige Erfüllung der Verkäuferpflichten durch die bedingte Übereignung abzulehnen ist, ist **§ 103 wegen des erworbenen Anwartschaftsrechts nicht anwendbar**. Der Käufer kann die (weitere) Erfüllung des Kaufvertrags im Hinblick auf die bedingte Übereignung verlangen, indem er durch Zahlung des Kaufpreises den Bedingungseintritt herbeiführt. Das Anwartschaftsrecht ist somit in der Insolvenz genauso geschützt wie außerhalb der Insolvenz. Abs 2 bestätigt die Bewertung, dass eine Übereignung unter der aufschiebenden Bedingung der Kaufpreiszahlung nicht zur Erfüllung der Übereignungspflicht führt. Denn für die **Insolvenz des Anwartschaftsberechtigten** wird die Anwendbarkeit von **§ 103 vorausgesetzt.**

2. Normzweck

6 Abs 1 ist Ausprägung des für die gesamte InsO anerkannten Grundsatzes, denjenigen, der außerhalb des Insolvenzverfahrens eine so starke Rechtsposition hat, dass sie nicht mehr zerstört werden kann, auch innerhalb des Insolvenzverfahrens zu schützen. Dem

---

[2] BGHZ 98, 160 (168 f); BGH NJW 1962, 2296 f; RGZ 133, 40 (42 f).

[3] BGHZ 98, 160 (168 f); BGH NJW 1962, 2296 (2297); RGZ 140, 156 (162 f).

[4] *Lehmann* FS Schmidt (1932) S 351; *Müller* JW 1934, 1543 ff; *Oertmann* LZ 1927 Sp 9 ff; *Rietschel* NJW 1964, 914; *Rühl* LZ 1931, 159; Staudinger/*Honsell* BGB[12] § 455 Rn 50.

[5] *Bauknecht* NJW 1956, 1178; Bley/Mohrbutter/*Mohrbutter* VglO[4] § 36 Rn 37; *Coing* NJW 1952, 48; *Georgiadis* Eigentumsanwartschaft S 122; *Häsemeyer* KTS 1973, 2 (12 f); Jaeger/*Henckel* KO[9] § 17 Rn 49; Kuhn/*Uhlenbruck* KO[11] § 17 Rn 18c; *Raiser* Dingliche Anwartschaften S 96 f; Staudinger/*Ostler* BGB[11] § 455 Rn 67; *Stracke* Konkurs des Vorbehaltskäufers S 114 ff; *Unger* KTS 1969, 193 (210 ff). – Dies entsprach auch der Rspr hierzu BGHZ 98, 160 (168 f); BGH NJW 1962, 2296 f; RGZ 133, 40 (42 f).

[6] *Bauknecht* NJW 1956, 1178; Bley/Mohrbutter/*Mohrbutter* VglO[4] § 36 Rn 37; *Coing* NJW 1952, 48; *Georgiadis* Eigentumsanwartschaft S 122; *Häsemeyer* KTS 1973, 2 (12 f); Jaeger/*Henckel* KO[9] § 17 Rn 52 ff; Kuhn/*Uhlenbruck* KO[11] § 17 Rn 18d, 48; *Raiser* Dingliche Anwartschaften S 96 f; Staudinger/*Ostler* BGB[11] § 455 Rn 67; *Stracke* Konkurs des Vorbehaltskäufers S 114 ff; *Unger* KTS 1969, 193 (210 ff).

entspricht beispielsweise die anerkannte Ausnahme zu § 91, dass diese Norm einen Rechtserwerb desjenigen nicht hindert, der eine außerhalb der Insolvenz **gesicherte Rechtsposition** erlangt hat.[7]

In der Insolvenz des Käufers berührt § 107 II das Wahlrecht des Insolvenzverwalters hingegen nicht. Die Regelung erschöpft sich darin, dass **§ 107 II 1 den Zeitraum verlängert**, in dem der Verwalter über die Erfüllung des Kaufvertrags entscheiden muss. Die Frist der Unverzüglichkeit beginnt erst mit dem Berichtstermin zu laufen. 7

II. Voraussetzungen in der Verkäuferinsolvenz (Abs 1)

Abs 1 bestimmt die Voraussetzungen, unter denen die Stellung des Erwerbers in der Insolvenz als Anwartschaftsrecht anerkannt wird. 8

1. Kaufvertrag über eine bewegliche Sache

Dem Wortlaut der Vorschrift nach muss „vor der Eröffnung des Insolvenzverfahrens der Schuldner eine bewegliche Sache unter Eigentumsvorbehalt verkauft" haben. Damit stellt die Norm klar, was sich bereits aus der Natur der Übereignung unter der Bedingung der vollständigen Kaufpreiszahlung ergibt: Es muss ein **wirksamer Kaufvertrag** zwischen den beiden Vertragsteilen bestehen, damit eine Forderung des Verkäufers gegen den Käufer besteht, deren Erfüllung zum Bedingungseintritt führt. 9

a) **Art des Kaufvertrags.** Entgegen dem unklar gefassten Wortlaut erfordert die Anwendbarkeit von § 107 I 1 nicht einen Kaufvertrag, in dem der Verkäufer entsprechend § 449 I BGB nur zur Übereignung unter Eigentumsvorbehalt verpflichtet wird. Vielmehr fallen auch Verträge hierunter, in denen der Verkäufer sich ursprünglich zur unbedingten Übereignung verpflichtet hat, der Käufer sich aber auf die ihm angebotene nur bedingte Übereignung einlässt (**nachträglicher Eigentumsvorbehalt**).[8] In diesem Verhalten des Käufers kann zwar in seltenen Fällen eine Vertragsänderung des Kaufvertrags dahingehend gesehen werden, dass aufgrund des Kaufvertrags nur noch eine bedingte Übereignung geschuldet ist;[9] dies ist jedoch eine Frage der Auslegung im Einzelfall. Denn in dem Akzeptieren der nur bedingten Übereignung kann üblicherweise nicht eine Vertragsänderung gesehen werden, da es regelmäßig dem Interesse des Käufers entspricht, zunächst einmal das angebotene Anwartschaftsrecht zu erwerben, gleichzeitig aber weiterhin unbedingte Übereignung verlangen zu können.[10] Für die Anwendbarkeit des § 107 I 1 sind diese Einzelheiten des Kaufvertrags unerheblich, da § 107 I 1 das erworbene Anwartschaftsrechts schützen will[11] – unabhängig davon, ob sich der Insolvenzschuldner im Vorfeld der Insolvenz mit der nur bedingten Übereignung vertragstreu verhalten hat oder nicht. 10

---

7 BGHZ 167, 363 (365); 181, 361 Rn 11; BGH ZIP 2009, 380 Rn 28; 2011, 2364 Rn 12; ferner BGH ZIP 2010, 332 Rn 21.

8 *Duursma-Kepplinger* Eigentumsvorbehalt S 149; *Marotzke* HK InsO[6] § 107 Rn 2; Uhlenbruck/*Wegener* InsO[13] § 107 Rn 3; *Wegener* FK InsO[7] § 107 Rn 7.

9 Staudinger/*Beckmann* BGB[2004] § 449 Rn 23; *Westermann* MünchKomm BGB[6] § 449 Rn 18.

10 Erman/*Grunewald* BGB[13] § 449 Rn 3; Staudinger/*Beckmann* BGB[2004] § 449 Rn 22; hierfür hingegen eine ausdr Erklärung des Käufers fordernd *Bonin* JuS 2002, 438 (440).

11 Vgl BR-Drucks 1/92 S 146.

11 b) **Werklieferungsvertrag (§ 651 BGB).** Auch beim Werklieferungsvertrag (§ 651 BGB) kann eine Übereignung der herzustellenden Sache Vertragspflicht sein. Der Unternehmer hat dann ebenfalls ein Interesse daran, die **hergestellte Sache als Sicherheit für die noch ausstehende Gegenleistung** des Bestellers in seinem Eigentum zu belassen. Die Möglichkeit der Übereignung unter Eigentumsvorbehalt besteht ohne Weiteres.[12] Aufgrund der Ähnlichkeit zum Kaufvertrag wegen der von Anfang an geschuldeten Übereignung, die sich auch bereits in der umfassenden **Verweisung auf die Vorschriften zum Kauf** (inklusive § 449 BGB) in § 651 BGB zeigt (freilich ohne dabei auf die insolvenzrechtliche Regelung zum Eigentumsvorbehalt abzuzielen), ist der § 107 I 1 auf einen Werklieferungsvertrag anwendbar, bei dem die Sache bedingt übereignet wurde.[13]

12 c) **Tauschvertrag (§ 480 BGB).** § 107 I 1 kann auch auf den Tauschvertrag (§ 480 BGB) anzuwenden sein. Dieser hat mit dem Kaufvertrag gemeinsam, dass eine Übereignung einer beweglichen Sache geschuldet sein kann. Eine Übereignung der Tauschsache unter der Bedingung, dass der Vertragspartner seine vereinbarte Gegenleistung erbringt und somit ebenfalls übereignet, ist denkbar.[14] Ähnlich wie der § 651 BGB für den Werklieferungsvertrag **verweist § 480 BGB auf die Vorschriften des Kaufrechts,** was wieder die Nähe zum Kauf unterstreicht. In der Insolvenz bestehen keine stichhaltigen Argumente, warum § 107 I 1 nicht auch auf einen Tausch angewendet werden kann. So ist es durchaus denkbar, dass der Vertragspartner seine Gegenleistung bei Insolvenzeröffnung bereits zu einem Teil erbracht hat (wenn zB mehrere Gegenstände geschuldet sind) und daher auf eine Sicherung seiner durch die Anwartschaft erworbenen dinglichen Rechtsposition angewiesen ist. Dass bei einem Tausch oftmals die Gegenleistung in einem Stück erbracht wird, anders als beim klassischen Kauf unter Eigentumsvorbehalt, kann nicht als Argument gegen die Anwendbarkeit verwendet werden. Denn auch beim Kauf unter Eigentumsvorbehalt findet § 107 I 1 Anwendung, wenn der Käufer von seiner Gegenleistung noch nichts erbracht hat, also insbesondere noch keine Rate gezahlt hat. Nicht gegen die Anwendbarkeit spricht auch, dass die **Gegenleistung für die Masse unter Umständen nicht nützlich** ist.[15] Die Masse muss sich hier mit dem Rechtzustand abfinden, den der Insolvenzschuldner geschaffen hat. Der Schutz des § 107 I 1 ist schließlich auch dann nicht ausgeschlossen, wenn die Höhe des Kaufpreises für die Masse unvorteilhaft ist. Hier kommt nur eine Anfechtung (§§ 132 f) in Betracht.

13 d) **Kaufoption.** Umstritten ist die Anwendung von § 107 I 1 für die (seltenen)[16] Sachlagen, in denen einem Käufer eine Kaufoption eingeräumt und auch schon der Kaufgegenstand bedingt übereignet wird. Diskutiert wird diese Frage insbesondere für entsprechende **Miet- und Leasingverträge,** in denen der Mieter oder Leasingnehmer eine Kaufoption auf den Miet- bzw Leasinggegenstand hat und bereits eine bedingte Übereignung stattgefunden hat.[17] Die Übereignung ist in diesen Fällen durch zwei Ereignisse bedingt: Zum einen durch die Ausübung der Kaufoption, zum anderen durch die voll-

[12] Vgl Staudinger/*Peters/Jacoby* BGB[2008] § 651 Rn 19.

[13] Uhlenbruck/*Wegener* InsO[13] § 107 Rn 4; *Wegener* FK InsO[7] § 107 Rn 4.

[14] Bamberger/Roth/*Gehrlein* BGB[3] § 480 Rn 7; Staudinger/*Mader* BGB[2004] § 480 Rn 21; **einschr** *Westermann* MünchKomm BGB[6] § 480 Rn 7.

[15] So aber *Wegener* FK InsO[7] § 107 Rn 4.

[16] Vgl *Pape* Kölner Schrift[3] S 353 Rn 47; *Ott/Vuia* MünchKomm InsO[3] § 107 Rn 7.

[17] Für die Anwendbarkeit *Duursma-Kepplinger* Eigentumsvorbehalt S 157; Graf-Schlicker/*Breitenbücher* InsO[3] § 107 Rn 4; *Marotzke* JZ 1995, 803 (807); *ders* HK InsO[6] § 107 Rn 2; *Wegener* FK InsO[7] § 107 Rn 5; **aA** Kübler/Prütting/Bork/*Tintelnot* InsO[1] § 107 Rn 8; offen lassend *Pape* Kölner Schrift[3] S 353 Rn 47.

ständige Zahlung des Kaufpreises.[18] Der wesentliche Unterschied zu einem normalen Kauf bzw kaufähnlichen Rechtsgeschäft besteht somit darin, dass, wenn die Option vor Insolvenzeröffnung noch nicht ausgeübt wurde (sonst ist § 107 I 1 unmittelbar einschlägig), noch gar kein Anspruch auf Übereignung besteht, dessen Durchsetzbarkeit mit dem Wortlaut des § 107 I 1 gesichert werden könnte. Unterschiede zwischen Kaufoptionen im Rahmen eines Miet- oder Leasingvertrags zu isolierten Kaufoptionen, bei denen dem Optionsinhaber die Sache bereits aufschiebend bedingt übereignet war, bestehen nicht.

Die **Ausübung der durch den Schuldner eingeräumten Option** ist auch nach Insolvenzeröffnung möglich (§ 103 Rn 78), unabhängig davon, ob diese in einem Optionsvertrag oder in einem Miet- oder Leasingvertrag eingeräumt wurde. Rechtsfolge der Optionsausübung ist, dass der zustande gekommene **Kaufvertrag als zum Zeitpunkt der Insolvenzeröffnung bestehend** behandelt wird und damit das Wahlrecht des § 103 Anwendung findet (§ 103 Rn 78).[19] Nach Ausübung der Option besteht damit kein Unterschied mehr zu einem Kaufvertrag mit bedingter Übereignung, der bereits zum Zeitpunkt der Insolvenzeröffnung geschlossen war. § 107 I 1 erfasst daher auch die Konstellationen, in denen eine Kaufoption durch eine aufschiebend bedingte Übereignung zum Zeitpunkt der Insolvenzeröffnung abgesichert war. **14**

e) **Rechtskauf.** Die Bestimmung ist **analog anwendbar** auf den Rechtskauf, bei dem das Recht unter der Bedingung der vollständigen Kaufpreiszahlung bereits übertragen wurde.[20] Dagegen wird zwar eingewandt, dass der Gesetzgeber nicht alle bestehenden Anwartschaften in der Insolvenz schützen wollte, sondern nur die des Vorbehaltskäufers beim Sachkauf, bzw Anwartschaften an beweglichen Sachen.[21] Dem ist jedoch entgegenzuhalten, dass der Gesetzgeber sich nicht ausdrücklich mit der Einordnung von Anwartschaften außerhalb des Kaufs von beweglichen Sachen auseinandergesetzt hat und deshalb eine bewusste Entscheidung gegen einen Schutz weiterer Anwartschaften nicht getroffen hat. Vielmehr lässt sich § 107 I eine allgemein zu berücksichtigende Entscheidung des alten Streits (Rn 3 ff) entnehmen, dass eine Anwartschaft, die außerhalb der Insolvenz wie die Stellung des Vorbehaltskäufers einer beweglichen Sache geschützt ist, auch in der Insolvenz Bestand hat. **15**

Die Rechtsposition des bedingt Berechtigten ist bei beweglichen Sachen und Rechten außerhalb der Insolvenz so entsprechend ausgestaltet, dass sich eine Ungleichbehandlung in der Insolvenz nicht rechtfertigen lässt. So stellt der Gesetzgeber den Rechtskauf kraft Verweisung in § 453 I BGB dem Sachkauf gleich. Der zivilrechtliche Schutz des Anwartschaftsrechts an einem Recht bleibt ebenfalls hinter dem an einer beweglichen Sache nicht zurück, da **beide über § 161 I BGB vor Verfügungen des Veräußerers geschützt** werden. Das Schutzniveau für ein bedingt übertragenes Recht ist sogar höher. Denn der Anwartschaftsrechtsinhaber ist nicht der Gefahr der Überwindung des Schutzes von § 161 I BGB durch Gutgläubigkeit eines anderen Erwerbers gem § 161 III BGB ausgesetzt, weil es dafür am Gutglaubenstatbestand fehlt.[22] Auf das vom Wortlaut von Abs 1 **16**

---

[18] Kübler/Prütting/Bork/*Tintelnot* InsO[1] § 107 Rn 8.

[19] Vgl *Casper* Optionsvertrag S 211.

[20] Graf-Schlicker/*Breitenbücher* InsO[3] § 107 Rn 4; *Marotzke* HK InsO[6] § 107 Rn 7; *Wessels* ZIP 2004, 1237 (1244); **aA** *Ott/Vuia* MünchKomm InsO[3] § 107 Rn 7; Uhlenbruck/*Wegener* InsO[13] § 107 Rn 10; *Wegener* FK InsO[7] § 107 Rn 4.

[21] Uhlenbruck/*Wegener* InsO[13] § 107 Rn 10; *Wegener* FK InsO[7] § 107 Rn 4.

[22] *Wessels* ZIP 2004, 1237 (1244); vgl auch Palandt/*Ellenberger* BGB[72] § 161 Rn 3; *Westermann* MünchKomm BGB[6] § 161 Rn 20.

geforderte Merkmal der Besitzübertragung kommt es als selbstständige Voraussetzung neben der bedingten Rechtsübertragung ohnehin nicht an (Rn 22). *Wessels* führt außerdem an, dass bei einer Nichtanwendung des § 107 I 1 ein Wertungswiderspruch beim **Kauf von Wertpapieren** vorhanden wäre. Während Anwartschaften beim Kauf von verbrieften Papieren geschützt sind, wäre das beim Kauf von unverbrieften Anteilen nicht der Fall.[23]

2. Übereignung unter Eigentumsvorbehalt

17 Erforderlich ist eine Übereignung unter Eigentumsvorbehalt nach §§ 929ff, 158 BGB. Zwar verlangt der Gesetzeswortlaut lediglich einen Kauf unter Eigentumsvorbehalt sowie eine Übertragung des Besitzes an der Kaufsache. Aus der Verwendung des schuldrechtlichen Begriffs „Kauf" ist aber nicht darauf zu schließen, dass es einer bedingten Übereignung nicht bedarf. Denn aus der Gesetzesbegründung ergibt sich, dass der Gesetzgeber eine **bereits erfolgte bedingte Übereignung der Sache vorausgesetzt** hat. So spricht die Gesetzesbegründung von der erfolgten Lieferung unter Eigentumsvorbehalt und davon, dass der Verwalter die Anwartschaft des Vorbehaltskäufers nicht durch eine Ablehnung der Erfüllung zerstören kann.[24] Die Anwartschaft setzt aber gerade die bereits bedingte Übereignung voraus, womit eine bedingte Übereignung Anwendbarkeitsvoraussetzung für § 107 I 1 ist.[25]

18 Auf die Frage, von wem der Berechtigte das Anwartschaftsrecht erworben hat, kommt es nicht an. Entscheidend ist allein, ob das Anwartschaftsrecht an der Kaufsache entstanden ist und der Kaufvertrag mit dem Insolvenzschuldner besteht. Daher schadet insbesondere nicht, dass der **Insolvenzschuldner** nicht Eigentümer der beweglichen Sache war, er also **als Nichtberechtigter verfügt** hat, solange nur diese Verfügung wegen § 185 BGB oder § 932 BGB wirksam ist.[26] Auch im umgekehrten Fall, dass der Insolvenzschuldner der Rechtsinhaber ist und die Verträge durch einen Dritten geschlossen werden, kommt die Anwendbarkeit von Abs 1 in Betracht. Unproblematisch ist das, wenn der Dritte als Vertreter mit Vertretungsmacht handelt (§ 164 BGB). Hatte der Dritte keine Vertretungsmacht, muss der Insolvenzschuldner den Vertrag vor Verfahrenseröffnung genehmigt haben (§ 177 BGB).[27] Eine Genehmigung erst nach Verfahrenseröffnung durch den Insolvenzverwalter führt gleichfalls zu einer Massebindung des Kaufvertrags, so dass das Anwartschaftsrecht unabhängig von § 107 I fortbesteht. Hat der Dritte die Verträge im eigenen Namen geschlossen, hängt das Anwartschaftsrecht des Erwerbers davon ab, ob die **Verfügung des nichtberechtigten Dritten** ihrerseits wirksam war (§§ 185, 932 ff BGB). § 107 ist aber nicht einschlägig, solange der Dritte auch den Kaufvertrag im eigenen Namen geschlossen hat.

19 a) **Weiterveräußerung des Anwartschaftsrechts.** § 107 I 1 ist unabhängig davon anzuwenden, ob das durch die bedingte Übereignung entstandene Anwartschaftsrecht noch beim Käufer vorhanden ist oder aber von diesem auf einen Folgeerwerber übertragen

---

23 *Wessels* ZIP 2004, 1237 (1244).

24 BR-Drucks 1/92 S 146.

25 Ganz hM *Ganter* MünchKomm InsO³ § 47 Rn 76; *Häsemeyer* InsR⁴ Rn 20.31; Jaeger/*Henckel* InsO § 47 Rn 54; *Jauernig/Berger* ZVR²³ § 49 Rn 11; Kübler/Prütting/Bork/*Tintelnot* InsO¹ § 107 Rn 5; **aA** nur Leonhardt/Smid/Zeuner/*Zeuner* InsO³ § 107 Rn 2 im Hinblick auf die nur schuldrechtliche Formulierung des § 107 I 1 InsO; sowie wohl auch *Adam* DZWIR 2003, 482 (483 f).

26 *Marotzke* HK InsO⁶ § 107 Rn 5; *Ott/Vuia* MünchKomm InsO³ § 107 Rn 10; Uhlenbruck/*Wegener* InsO¹³ § 107 Rn 5.

27 Vgl Kübler/Prütting/Bork/*Tintelnot* InsO¹ § 107 Rn 6.

wurde.[28] Eine Übertragung der Anwartschaft kommt insbesondere in den Fällen des **weitergeleiteten Eigentumsvorbehalts** in Betracht (siehe Rn 48). Auch der Erwerber des Anwartschaftsrechts ist dadurch geschützt, dass im Verhältnis von Verkäufer und Erstkäufer § 107 I 1 für den zwischen ihnen geschlossenen Kaufvertrag gilt, so dass mit Eintritt der Bedingung das Volleigentum auf den Folgeerwerber als Anwartschaftsinhaber übergeht. Dies gilt auch dann, wenn der Erwerber des Anwartschaftsrechts dieses von einem Nichtberechtigten gutgläubig (§§ 929, 932 BGB analog) erwirbt.[29]

b) **Formen des erweiterten Vorbehalts.** Neben dem „einfachen" Eigentumsvorbehalt haben sich in der Rechtspraxis mehrere andere Varianten des Eigentumsvorbehalts etabliert, die jeweils anderen Bedürfnissen des Vorbehaltsverkäufers gerecht werden sollen. Zu unterscheiden sind dabei zum einen Ausgestaltungen, bei denen im Zweipersonenverhältnis die Bedingung für den Vollrechtserwerb zu ungunsten des Erwerbers verändert wird (**horizontale Erweiterung des Eigentumsvorbehalts**) und zum anderen solche, bei denen der Vorbehaltsverkäufer sich bei einer Weiterveräußerung oder Weiterverarbeitung durch den Erstkäufer absichern möchte (**vertikale Erweiterung des Eigentumsvorbehalts**). Der Anwendungsbereich von § 107 I 1 ist – parallel zu der Voraussetzung eines beiderseits nicht vollständig erfüllten Vertrags nach § 103 I – bei diesen Erweiterungsformen immer dann eröffnet, wenn der eigentliche **Kaufpreiszahlungsanspruch vor Insolvenzeröffnung noch nicht erfüllt** wurde. Unabhängig von § 107 I 1 ergeben sich Besonderheiten bei der Fortgeltung getroffener Regelungen und beim Schutz Dritter (Rn 38 ff). 20

c) **Auflösende Bedingung.** Es finden sich Stimmen, § 107 I 1 auch auf eine durch die Nichterbringung der Gegenleistung auflösend bedingte Übereignung (§ 158 II BGB) anzuwenden.[30] Dafür besteht aber, auch um den Erwerber hinreichend zu schützen, **kein Bedürfnis**, so dass eine Anwendung von § 107 I ausscheidet.[31] Der Unterschied zwischen einer aufschiebend bedingten Übereignung und einer auflösend bedingten Übereignung ist, dass bei einer auflösend bedingten Übereignung der Erwerber nicht nur ein Anwartschaftsrecht erhält, sondern bereits das volle Eigentumsrecht.[32] Damit liegt **vollständige Erfüllung** vor, die zur Nichtanwendbarkeit von § 103 führt. Allein bei Eintritt der auflösenden Bedingung kann das Wahlrecht des Verwalters aufleben (§ 103 Rn 136, 144). Dem Verwalter steht das Wahlrecht anders als bei der aufschiebend bedingten Übereignung auch ohne § 107 I 1 nicht zu. Stattdessen hat die Masse einen durchsetzbaren Anspruch auf die Gegenleistung, deren Erfüllung zur Bedingung für den Verbleib des Eigentums beim Käufer gemacht wurde. 21

3. Besitzübertragung

Nach dem Wortlaut des § 107 I 1 muss der Schuldner dem Käufer auch den Besitz an der Sache übertragen haben. Richtigerweise soll damit nur das Erfordernis der bedingten Übereignung zum Ausdruck gebracht werden (Rn 17, 22) und nicht eine zusätzliche Voraussetzung in Gestalt einer stets erforderlichen Übergabe aufgestellt werden.[33] Geschützt 22

---

28 *Dobler* Anwartschaft Rn 87 ff; *Marotzke* HK InsO⁶ § 107 Rn 42; *Ott/Vuia* MünchKomm InsO³ § 107 Rn 10; Uhlenbruck/*Wegener* InsO¹³ § 107 Rn 5.

29 *Ott/Vuia* MünchKomm InsO³ § 107 Rn 10.

30 Kübler/Prütting/Bork/*Tintelnot* InsO¹ § 107 Rn 5; Nerlich/Römermann/*Balthasar* InsO¹ § 107 Rn 7; wohl auch *Ott/Vuia* MünchKomm InsO² § 107 Rn 8.

31 Uhlenbruck/*Wegener* InsO¹³ § 107 Rn 5; *Wegener* FK InsO⁷ § 107 Rn 7; wohl auch *Marotzke* HK InsO⁶ § 107 Rn 3.

32 Uhlenbruck/*Wegener* InsO¹³ § 107 Rn 5; *Wegener* FK InsO⁷ § 107 Rn 7.

33 *Duursma-Kepplinger* Eigentumsvorbehalt S 150; Kübler/Prütting/Bork/*Tintelnot* InsO¹ § 107 Rn 7; *Marotzke* JZ 1995, 803 (811); *ders* HK InsO⁶ § 107 Rn 6.

werden somit alle infolge eines Eigentumsvorbehalts entstandenen Anwartschaftsrechte, egal ob bei deren Entstehung eine **Übergabe** stattgefunden hat oder nach den zivilrechtlichen Vorschriften eine solche gerade nicht erforderlich ist (vgl §§ 929 S 2, 930, 931 BGB).[34] Gleiches gilt auch für eine Entbehrlichkeit der Übergabe der Kaufsache nach handelsrechtlichen Vorschriften (vgl §§ 448, 475g, 650 HGB).[35] Eine Beschränkung des Schutzes ist auch nicht aus der Gesetzesbegründung ersichtlich, die nur allgemein von einer Lieferung der Sache unter Eigentumsvorbehalt spricht.[36]

III. Rechtsfolgen in der Verkäuferinsolvenz (Abs 1)

23 Rechtsfolge des § 107 I 1 ist nach dessen Wortlaut, dass der „Käufer die Erfüllung des Kaufvertrages verlangen" kann. Damit ist das **Wahlrecht des Insolvenzverwalters gem § 103 ausgeschlossen.**[37] Wie sich aus § 107 I 2 ergibt, gilt dies aber nur für die Pflicht zur Übereignung und nicht für weitere Pflichten aus dem Kaufvertrag.

1. Durchführung des Kaufvertrags (Abs 1 S 1)

24 Die Rechtsfolge von S 1, dass der Käufer Erfüllung verlangen kann, unterscheidet sich von der des § 103, dass dem Insolvenzverwalter das Erfüllungswahlrecht zusteht. § 107 I kommt aber ungeachtet dieses Unterschieds weithin nur klarstellende Wirkung zu.[38]

25 a) **Erstarken des Anwartschaftsrechts.** Schon der Wortlaut von Abs 1 S 1 ist Indiz für den bloß **klarstellenden Charakter dieser Bestimmung.** Denn der Vorbehaltskäufer braucht von dem Insolvenzverwalter nichts mehr zu verlangen, um Eigentum zu erwerben. Da ihm vor Verfahrenseröffnung der Insolvenzschuldner bereits das Eigentum bedingt übertragen hat, muss lediglich er etwas zur Erfüllung der Übereignungspflicht unternehmen, nämlich den (Rest-)Kaufpreis in die Masse zahlen. Die Möglichkeit der Zahlung und damit der Herbeiführung des Bedingungseintritts geht jedoch nicht auf das durch § 107 I 1 ausgeschlossene Wahlrecht des Verwalters zurück, sondern stimmt schon mit den Rechtsfolgen von § 103 überein: So geht der Kaufpreiszahlungsanspruch des Insolvenzschuldners gegen den Erwerber weder durch die Insolvenzeröffnung (§ 103 Rn 27, 221) noch durch eine eventuelle Erfüllungsablehnung des Verwalters nach § 103 I 1 (§ 103 Rn 31 ff, 222) unter. Vielmehr verliert der Kaufpreiszahlungsanspruch mit Insolvenzeröffnung nur seine (zwangsweise) Durchsetzbarkeit, woran sich mit der Erfüllungsablehnung des Verwalters nichts ändern würde. Der **Anspruch bleibt bestehen** und ist weiterhin freiwillig durch den Erwerber **erfüllbar.**[39] Damit könnte der Erwerber auch unabhängig von § 107 I 1 den Bedingungseintritt herbeiführen und das Vollrecht „Eigentum" erwerben.[40]

---

[34] Graf-Schlicker/*Breitenbücher* InsO[3] § 107 Rn 3; *Huber* InsR-Hb[4] § 36 Rn 18; *Jauernig/Berger* ZVR[23] § 49 Rn 11; *Marotzke* HK InsO[6] § 107 Rn 6; Uhlenbruck/*Wegener* InsO[13] § 107 Rn 6; zurückhaltender *Wegener* FK InsO[7] § 107 Rn 9; vgl auch OLG Düsseldorf ZIP 2013, 327 zu einem Fall, in dem der Vorbehaltskäufer lediglich mittelbaren Besitz erlangt hatte.

[35] Uhlenbruck/*Wegener* InsO[13] § 107 Rn 6.

[36] BR-Drucks 1/92 S 146.

[37] *Ott/Vuia* MünchKomm InsO[3] § 107 Rn 12.

[38] M diesem Ergebnis auch *Marotzke* JZ 1995, 803 (807).

[39] Vgl auch *Dobler* Anwartschaft Rn 79.

[40] **AA** Uhlenbruck/*Wegener* InsO[13] § 107 Rn 8, der dem Vertragspartner nicht die Möglichkeit der Leistung ohne Erfüllungswahl zubilligt.

§ 91 I hindert den Erwerb des Vollrechts beim Erwerber durch den selbst herbeigeführten Bedingungseintritt ebenfalls nicht. Bereits vor Einführung des § 107 I 1 war es gesicherte Rechtsprechung und auch in der Literatur anerkannt, dass vor der Insolvenzeröffnung entstandene bedingte Rechte wie vor Insolvenzeröffnung vollständig entstandene Rechte zu behandeln sind.[41] Dieser Schutz von Anwartschaftsrechten ergibt sich bereits aus Sinn und **Zweck der Norm des § 161 I 2 BGB.** Ein Schutz des Anwartschaftsrechtsinhabers vor Verfügungen des Insolvenzverwalters ist nur dann wirkungsvoll, wenn der Anwartschaftsinhaber das Vollrecht trotz Insolvenzeröffnung noch erwerben kann. Die mit einem Anwartschaftsrecht belasteten Rechte gehören somit nicht mehr zur Insolvenzmasse, womit § 91 I mangels Begründung von Rechten an der Sache nach Insolvenzeröffnung hier keine Anwendung findet. 26

Schließlich bedarf es der Vorschrift des § 107 I 1 auch nicht dafür, dass der Käufer das **Eigentum kondiktionsfest** erwirbt. Zwar stellt ein Erfüllungsanspruch, der bei Verfahrenseröffnung noch besteht, aber infolge der Erfüllungsablehnung durch den Insolvenzverwalter gem § 103 I 1 nicht mehr durchsetzbar ist, keinen Rechtsgrund iSv § 812 BGB dar. Tritt während des Insolvenzverfahrens ein Rechtserwerb ein, den der Gläubiger aber nach Insolvenzeröffnung wegen der haftungsrechtlichen Qualifikation seiner Forderung als Insolvenzforderung nicht mehr beanspruchen konnte, so steht der Masse aufgrund dieses „Verteilungsfehlers" ein Bereicherungsanspruch gegen den Erwerber zu (siehe auch § 103 Rn 235 ff).[42] Wurden jedoch bereits Leistungen auf einen Anspruch vor Insolvenzeröffnung erbracht, so entfällt durch die Nichterfüllungswahl des Verwalters nach Insolvenzeröffnung nicht diesbezüglich rückwirkend der Rechtsgrund (§ 103 Rn 49, 271 ff). Für das Anwartschaftsrecht, welches bis zur Eröffnung der Insolvenz entstanden ist, würde somit unabhängig von einer Nichterfüllungswahl ein Rechtsgrund bestehen. Durch das Anwartschaftsrecht hat der Vertragspartner aber auch eine gesicherte Rechtsposition erlangt, die einen Verteilungsfehler hinsichtlich des Vollrechtserwerbs ausschließt (§ 103 Rn 149 f, 237). Gestützt wird dies ebenfalls auf die bereits dargestellte Überlegung, dass andernfalls der durch § 161 I 2 BGB bezweckte Schutz des Anwartschaftsrechtsinhabers nicht verwirklicht wäre. Denn sollte die **Vorverlagerung des Rechtserwerbs** nicht auch für den Rechtsgrund gelten, würde der Erwerber zwar kurzzeitig Inhaber des Vollrechts, müsste dieses jedoch aufgrund eines Bereicherungsanspruchs herausgeben. 27

b) **Besitzverschaffung.** Der Kaufvertrag gibt dem Käufer nach § 433 I BGB neben dem Anspruch auf Übereignung auch einen solchen auf Übergabe des Besitzes. Üblicherweise findet bei einer bedingten Übereignung eine Besitzeinräumung beim Erwerber zwar statt, jedoch erfasst § 107 I 1 auch solche bedingten Übereignungen, bei denen dies nicht der Fall ist (Rn 22). Besonders deutlich wird dies, wenn die **bedingte Übereignung gem §§ 929 S 1, 930 BGB** erfolgt ist und somit der Schuldner noch Besitzer der veräußerten Sache ist.[43] Dann folgt regelmäßig aus dem Kaufvertrag, unter welchen Voraussetzungen der Erwerber die Kaufsache herausverlangen kann. Insoweit führt Abs 1 S 1 zur Durchsetzbarkeit dieses kaufvertraglichen Herausgabeanspruchs gegen den Insolvenzverwalter. 28

---

[41] BGHZ 70, 75 (77); 155, 87 (92 f); BGH ZIP 2006, 87 (89); *Breuer* MünchKomm InsO³ § 91 Rn 39; *Dobler* Anwartschaft Rn 94; Kübler/Prütting/Bork/*Lüke* InsO¹⁰ § 91 Rn 21; Uhlenbruck/*Uhlenbruck* InsO¹³ § 91 Rn 28; Jaeger/*Windel* InsO § 91 Rn 73.

[42] *Füchsl/Weishäupl/Kebekus/Schwarzer* MünchKomm InsO³ § 187 Rn 22; *Mohrbutter* Der Ausgleich von Verteilungsfehlern in der Insolvenz (1998) S 36 ff; Uhlenbruck/*Uhlenbruck* InsO¹³ § 187 Rn 12 f; iE auch *Henckel* FS Weber (1975) S 237 (243 ff).

[43] Vgl zu dieser Konstellation OLG Düsseldorf ZIP 2013, 327.

Da diese Rechtsfolge nicht davon abhängt, ob die Masse hinreichend ist, handelt es sich – wie bei § 106 (§ 106 Rn 1, 42) – um einen **Aussonderungsanspruch**. Regelmäßig wird freilich neben den vertraglichen Anspruch auch ein dinglicher Anspruch treten. Das gilt jedenfalls nach Bedingungseintritt, weil der Erwerber dann als Eigentümer den erworbenen Gegenstand aussondern kann. Dem Erwerber wird aber auch aufgrund seines Anwartschaftsrechts ein Aussonderungsrecht zugesprochen.[44]

29 c) **Zivilrechtliche Abwicklung des Vertrags.** Nicht geschützt ist der Erwerber vor Beeinträchtigungen seiner Rechtsposition, die nicht auf der Insolvenz des Veräußerers, sondern auf dem Zivilrecht, insbesondere wegen eigener **Pflichtverletzungen** beruhen. So bleiben dem Insolvenzverwalter alle Rechte, die ein Verkäufer gegen einen Käufer unter Eigentumsvorbehalt hat. Dies bedeutet vor allem, dass der Käufer zur Sicherung seiner Rechtsstellung vertragstreu bleiben muss. Andernfalls, **insbesondere bei Zahlungsverzug**, erwächst dem Verwalter ein Rücktrittsrecht, etwa aus § 323 BGB.[45]

30 Tritt der Verwalter wegen Zahlungsverzugs vom Kaufvertrag zurück, so erlischt das Besitzrecht des Erwerbers und der Verwalter kann die Kaufsache sowohl aus § 985 BGB als auch gem § 346 I BGB herausverlangen (vgl § 449 II BGB).[46] Das Anwartschaftsrecht geht unter. Dem Käufer sind im Gegenzug die bereits erbrachten Gegenleistungen herauszugeben. Dabei ergeben sich keine der vorangegangenen bedingten Übereignung geschuldeten Besonderheiten. Beim Rückgewähranspruch gem § 346 I BGB handelt es sich um eine Masseforderung aus § 55 I Nr 1, da dieser Anspruch erst infolge der Rücktrittserklärung als Handlung des Insolvenzverwalters entsteht.[47] Anders als bei einer vorangegangen Erfüllungswahl, die das gesamte Vertragsverhältnis betrifft, findet § 55 I Nr 2 keine Anwendung. Die Annahme einer Masseforderung überzeugt auch deswegen, weil der Vertragspartner **keine einseitigen Vorleistungen** erbracht, sondern im Gegenzug das Anwartschaftsrecht als Sicherung erlangt hat.

2. Eigentumsverschaffung als Teilleistung (Abs 1 S 2)

31 Abs 1 S 2 stellt entsprechend § 106 I 2 klar, dass die Abwicklung des Kaufvertrags auf den durch die bedingte Eigentumsübertragung gesicherten Eigentumserwerb beschränkt ist. Der Vertrag wird insoweit **nach § 103** so behandelt, dass er **teilerfüllt** ist. Darüber hinaus bestehende beiderseits nicht vollständig erfüllte synallagmatische Pflichten unterfallen indessen § 103. Wie bei jedem teilerfüllten gegenseitigen Vertrag beschränkt sich die Anwendung des Wahlrechts auf die zur Zeit der Insolvenzeröffnung offenen Ansprüche (§ 103 Rn 47 ff).[48] Im Falle der Erfüllungswahl wird der Vertrag mit Wirkung für die Masse abgewickelt (§ 103 Rn 298 ff). Bleibt die Erfüllungswahl aus, sind die noch offenen Ansprüche über § 103 II insolenzmäßig abzuwickeln (§ 103 Rn 219 ff).

---

[44] Jaeger/*Henckel* InsO § 47 Rn 54. – Z Kontroverse, ob sich auf das Anwartschaftsrecht ein Anspruch aus § 985 BGB ana stützen lässt, vgl nur einerseits bejahend Staudinger/*Gursky* BGB[2012] Vor §§ 985 ff Rn 9; andererseits Staudinger/*Bork* BGB[2010] Vor §§ 158 ff Rn 69.

[45] Graf-Schlicker/*Breitenbücher* InsO[3] § 107 Rn 6; *Wegener* FK InsO[7] § 107 Rn 22; Uhlenbruck/*Wegener* InsO[13] § 107 Rn 8.

[46] S auch BR-Drucks 1/92 S 146.

[47] So auch *Rugullis* KTS 2005, 459 (467 ff); iE auch, aber über § 55 I Nr 2 InsO Jaeger/*Henckel* InsO § 55 Rn 45; **aA** *Duursma-Kepplinger* Eigentumsvorbehalt S 152; *Ganter* MünchKomm InsO[3] § 47 Rn 78; *Zimmermann* InsR[7] S 81.

[48] Vgl Uhlenbruck/*Wegener* InsO[13] § 107 Rn 9, der das v der Rspr geprägte Bild der „Teilung des Vertrages“ verwendet.

a) **Leistungspflichten.** Von Abs 1 S 2 erfasst werden alle Pflichten, die über die in § 433 I genannten Pflichten der Eigentumsverschaffung (Rn 25 ff) und Besitzübertragung (Rn 28) hinausgehen. Das betrifft zunächst Pflichten, die besonderer Vereinbarung als **Nebenpflicht** oder im Wege eines **typengemischten Vertrags** bedürfen, wie Montage-, Installations-, Schulungs- und Einweisungspflichten.[49] Gleiches gilt auch für alle **Gewährleistungsrechte** des Erwerbers.[50] Denn § 107 I 1 fingiert nicht etwa eine Erfüllungswahl des Verwalters, sondern schließt nur die Nichterfüllungswahl bzgl der reinen Übereignungsverpflichtung aus. Erfüllung der Sekundärpflichten sowie aller anderen Pflichten des Vertrags kann der Erwerber nur dann verlangen, wenn der Verwalter die Erfüllung des (ganzen) Vertrags gem § 103 I 1 wählt.[51] **32**

Manche Pflichten sind **so eng mit der Übereignungspflicht verbunden**, dass sich ihre Erfüllung davon nicht trennen lässt, so dass insoweit Abs 1 S 2 nicht greift. Neben der **Besitzverschaffung am Kaufgegenstand** (Rn 28) gilt das für die **Herausgabe von Urkunden**, deren Eigentum sich gem § 952 BGB analog nach dem Eigentum an der veräußerten Sache richtet. Mit dem Erwerb des Eigentums an der veräußerten Sache geht das Eigentum an den Urkunden auf den Erwerber automatisch über, ohne dass hier § 91 entgegensteht. Die Herausgabe kann dann unabhängig vom vertraglichen Anspruch aus § 433 I 1 BGB als Aussonderungsanspruch geltend gemacht werden. Praktisch gilt dies in erster Linie für den KFZ-Brief bzw die Zulassungsbescheinigung Teil 2.[52] **33**

Es gibt **Pflichten**, die wie Instruktionspflichten ihrer Art nach unter S 2 fallen, von deren Erfüllung aber die **Nutzbarkeit der erworbenen Sache abhängt**, etwa weil eine komplizierte Maschine, wenn sie Kaufgegenstand ist, ohne diese Instruktion nicht verwendet werden kann. Für solche Ausnahmekonstellationen wird befürwortet, dass auch eine Erfüllung der über die bloße Übereignung hinausgehenden Pflichten erfolgen soll.[53] Indes überzeugt diese Ausnahme nicht. Denn diese Pflichten passen ihrem Inhalt nach schon nicht unter Abs 1 S 1, der wie § 106 als Aussonderungsrecht konzipiert ist (Rn 28). Vor allem aber hat sich der Erwerber insoweit mit der bedingten Übereignung zu seinen Gunsten nicht gesichert. Die fehlende Instruktion steht vielmehr einem **Sachmangel** gleich (§ 434 III BGB), der im Falle der Erfüllungsablehnung zur (erheblichen) Reduzierung des für die Sache zu zahlenden Entgelts führen kann. Aus diesem Grund wird der Insolvenzverwalter sich um Erfüllung bemühen. **34**

b) **Gegenleistungsansprüche zugunsten der Masse.** Der volle Gegenleistungsanspruch steht der Masse nur zu, wenn der Insolvenzverwalter Erfüllung wählt. Anderenfalls ist die zu erbringenden Gegenleistung wie bei § 106 I 2 (§ 106 Rn 72 ff) und wie auch sonst ganz allgemein bei **Teilleistungen** ohne Erfüllungswahl im Anwendungsbereich von § 103 (§ 103 Rn 266) anzupassen. Ist nur eine Gesamtgegenleistung vereinbart, so ist das für die Übereignung zu entrichtende Entgelt entsprechend zu reduzieren. Die Erfüllung dieser reduzierten Forderung führt zum Eintritt der Bedingung und damit zum Erwerb des **35**

---

[49] *Marotzke* HK InsO[6] § 107 Rn 10; *Ott/Vuia* MünchKomm InsO[3] § 107 Rn 13; Uhlenbruck/*Wegener* InsO[13] § 107 Rn 9.

[50] Graf-Schlicker/*Breitenbücher* InsO[3] § 107 Rn 6; *Häsemeyer* InsR[4] Rn 20.31; *Kupka* InVo 2003, 213 (215 f); Leonhardt/Smid/Zeuner/*Zeuner* InsO[3] § 107 Rn 6; *Marotzke* HK InsO[6] § 107 Rn 8; *Scherer* NZI 2002, 356 (358).

[51] Kübler/Prütting/Bork/*Tintelnot* InsO[1] § 107 Rn 10.

[52] IE auch Kübler/Prütting/Bork/*Tintelnot* InsO[1] § 107 Rn 13; Uhlenbruck/*Wegener* InsO[13] § 107 Rn 9; **aA** für Wahlrecht *Marotzke* EWiR 1996, 179 (180); *Ott/Vuia* MünchKomm InsO[3] § 107 Rn 13.

[53] *Ott/Vuia* MünchKomm InsO[2] § 107 Rn 14.

Eigentums an der veräußerten Sache,[54] weil die Restforderung zumindest analog § 103 II 3 (§ 103 Rn 225, 234) dauerhaft nicht durchsetzbar ist. Hatte der Vertragspartner bereits eine höhere Gegenleistung erbracht, so wird er zwar Eigentümer, ist aber hinsichtlich seiner **„Überzahlung" nur Insolvenzgläubiger.** Er kann seine entsprechende Forderung nach den Grundsätzen des § 103 II 1 anmelden (§ 103 Rn 241).

36 Diese kraft Gesetzes eintretende Anpassung des Kaufpreises soll nach einigen Stimmen nur für den Fall eintreten, dass der Vertrag neben den normalen Pflichten eines Verkäufers noch weitere Pflichten übernommen hat. Handelt es sich hingegen um die **Pflicht zur Mängelbeseitigung**, so soll die ausbleibende Erfüllungswahl des Verwalters nicht zur Anpassung der Gegenleistungspflicht des Erwerbers führen.[55] Diese Unterscheidung zwischen sonstigen Pflichten und Gewährleistungspflichten überzeugt indessen nicht. Für den Erwerber könnte diese Sichtweise dazu führen, dass er trotz einer durch § 107 I 1 gesicherten Position aus wirtschaftlichen Gründen vom Erwerb des Vollrechts absieht, da die Gewährleistung uU eine nicht unerhebliche Bedeutung für den konkreten Vertrag hat. Zu denken ist etwa an sehr aufwendige Maschinen, bei denen umfangreiche Nacharbeiten denkbar sind. Wo der Unterschied zu anderen im Kaufvertrag (ausdrücklich) übernommenen Pflichten liegen soll, erschließt sich nicht. Auch hier muss der Erwerber nicht den entsprechenden Teil seiner Gegenleistung noch erbringen, um im Gegenzug nur eine Insolvenzforderung diesbezüglich zu erhalten.

37 Die volle Gegenleistung schuldet der Erwerber nur dann, wenn der Insolvenzverwalter des Verkäufers bestehende Mängelrechte erfüllt. Wählt der Insolvenzverwalter nach Bekanntwerden eines Mangels die Nichterfüllung, hat die Masse hingegen keinen durchsetzbaren Anspruch auf Erbringung der hierauf entfallenden Gegenleistung. Zum Eintritt der Bedingung ist daher nur ein reduzierter Betrag zu entrichten. Ist der Mangel jedoch noch nicht erkannt, muss der Vertragspartner zunächst die volle Gegenleistung erbringen, um den Bedingungseintritt herbeizuführen. Wird nachträglich der Mangel bekannt, hat er jedoch bei Nichterfüllungswahl einen Anspruch auf Rückzahlung seiner nach Verfahrenseröffnung erbrachten Überzahlung aus § 812 BGB, wobei er **Massegläubiger nach § 55 I Nr 3** ist (§ 103 Rn 238).

IV. Sonderformen in der Verkäuferinsolvenz

38 In der Vertragspraxis gehen verschiedene Gestaltungen über den von § 107 geregelten einfachen Eigentumsvorbehalt hinaus, bei dem im Zweipersonenverhältnis Verkäufer und Käufer den Eigentumsübergang nur von der Zahlung des Kaufpreises abhängig machen. Im Folgenden sind die Wirkungen auf den Kaufvertrag darzustellen, wenn die Beteiligten **erweiterte Anforderungen an die zum Eigentumserwerb erforderliche Bedingung** machen (sog erweiterter Eigentumsvorbehalt) oder wenn dem Erwerber erlaubt wird, den **Kaufgegenstand weiterzuveräußern oder weiterzuverarbeiten**, falls die Sicherung des Verkäufers sich am Surrogat fortsetzt (sog verlängerter Eigentumsvorbehalt) oder **Dritte** wie beim weitergeleiteten und beim nachgeschalteten Eigentumsvorbehalt **Inhaber bedingten Eigentums** werden.

---

[54] Kübler/Prütting/Bork/*Tintelnot* InsO[1] § 107 Rn 12; *Scherer* NZI 2002, 356 (359); Uhlenbruck/*Wegener* InsO[13] § 107 Rn 9; wohl auch *Ott/Vuia* MünchKomm InsO[3] § 107 Rn 16; *Wegener* FK InsO[7] § 107 Rn 25; offen gelassen v *Marotzke* HK InsO[6] § 107 Rn 10, der bei Verneinung eine Pflicht z erneuten Übereignung unter modifizierter Bedingung sieht.

[55] So ausdr ohne Angabe v Gründen Kübler/Prütting/Bork/*Tintelnot* InsO[1] § 107 Rn 12.

1. (Horizontale) Erweiterungen des Eigentumsvorbehalts

Beim erweiterten Eigentumsvorbehalt wird die Kaufsache vom Verkäufer nicht nur unter der Bedingung der bloßen Zahlung des Kaufpreises übereignet, sondern es wird die **Tilgung weiterer Forderungen zur Bedingung für den Vollrechtserwerb** gemacht. Vielfach wird dabei die Begleichung sämtlicher Forderungen des Verkäufers gegen den Käufer – egal aus welchem Rechtsverhältnis – zur Bedingung erhoben (dann auch als Saldovorbehalt oder Geschäftsverbindungsklausel bezeichnet). 39

Das Wahlrecht aus § 103 I ist im Hinblick auf den Kaufvertrag in solchen Sachlagen unabhängig von § 107 I 1 schon dann ausgeschlossen, wenn die Forderung aus dem Kaufvertrag vollständig beglichen wurde. Dafür kommt es nicht darauf an, ob die Bedingung schon eingetreten ist.[56] Denn unabhängig davon ist der **Kaufvertrag bereits durch den Käufer vollständig erfüllt**, weil durch die Zusammenfassung mehrerer Forderungen aus verschiedenen Schuldverhältnissen zu einer Bedingung des Eigentumsübergangs die einzelnen Schuldverhältnisse nicht ihre Eigenständigkeit verlieren.[57] Der Käufer wird aber erst Eigentümer, wenn er auch alle anderen Forderungen erfüllt, auf die der Eigentumsvorbehalt erstreckt wurde.[58] Deren Erfüllbarkeit ist unabhängig von den Entscheidungen des Insolvenzverwalters in diesen Rechtsverhältnissen gegeben. Freilich bedarf es einer genauen Prüfung, ob die Erfüllung dieser Forderungen alleine zum Erwerb des Eigentums wirtschaftlich sinnvoll ist. 40

Lehnt der Verwalter die Erfüllung weiterer gegenseitiger Verträge ab oder enden diese mit Insolvenzeröffnung automatisch, braucht der Anwartschaftsrechtsinhaber Forderungen aus diesen Verträgen nicht zu erfüllen, selbst wenn deren Erfüllung zur Bedingung für den Eigentumserwerb gemacht wurde. Diese Forderungen erlöschen durch die Erfüllungsablehnung zwar nicht, sind aber dauerhaft nicht durchsetzbar (§ 103 Rn 222). Es erwächst dem Käufer eine peremtorische Einrede, die die Verfahrensbeendigung überdauert (§ 103 Rn 225, 234). Der Vorbehaltskäufer hat ein schutzwürdiges Interesse, das Eigentum zu erwerben, wenn er neben dem eigentlichen Kaufpreis alle anderen durchsetzbaren Forderungen getilgt hat und nur solche offen sind, die infolge Erfüllungsablehnung für den Verwalter sowie den Schuldner dauerhaft nicht durchsetzbar sind. Weder Verwalter noch Schuldner haben dann noch ein Interesse an der weiteren Sicherung durch den erweiterten Eigentumsvorbehalt. Die vereinbarte Bedingung ist daher so auszulegen, dass zur Ermöglichung des Eigentumserwerbs jedenfalls die **dauerhafte Einrede des § 103 II 3 (analog)** dem Erlöschen der Forderung gegen den Vertragspartner gleich steht. Einem tatsächlichen Erlöschen der Forderung durch Anmeldung der Forderung gem § 103 II 1 bedarf es nicht, da diese Möglichkeit auch nicht in allen Fällen besteht (§ 103 Rn 227 ff). 41

a) **Konzernvorbehalt.** Ein Unterfall des erweiterten Eigentumsvorbehalts ist der Konzernvorbehalt, der in zwei Ausgestaltungen denkbar ist. Zum einen kann der Verkäufer den Eigentumserwerb nicht nur von der Tilgung sämtlicher seiner Forderungen gegen den Erwerber abhängig machen, sondern auch von der Tilgung aller Forderungen der zum Konzern des Verkäufers gehörenden Unternehmen. Diese Variante des Konzernvorbehalts ist jedoch **nach § 449 III BGB unwirksam** und führt dazu, dass nur ein normaler erweiterter Eigentumsvorbehalt vorliegt.[59] 42

---

56 *Huber* InsR-Hb[4] § 36 Rn 39; *Kupka* InVo 2003, 213 (216); Uhlenbruck/*Wegener* InsO[13] § 107 Rn 5.

57 *Huber* InsR-Hb[4] § 36 Rn 38; *Kupka* InVo 2003, 213 (216); Uhlenbruck/*Wegener* InsO[13] § 107 Rn 5.

58 *Ganter* MünchKomm InsO[3] § 47 Rn 94.

59 BGHZ 176, 86 (89 Rn 8); *Reinicke/Tiedtke* Kreditsicherung[5] (2006) Rn 918.

43 Zum anderen ist die Vereinbarung eines sog **umgekehrten Konzernvorbehalts** anzutreffen. Bei dieser Gestaltung muss nicht nur der Erwerber alle gegen ihn gerichteten Forderungen des Veräußerers erfüllen, sondern auch andere Unternehmen, die zum gleichen Konzern wie der Käufer zählen, müssen die gegen sie gerichteten Forderungen tilgen. Dieser umgekehrte Konzernvorbehalt wird nicht vom Wortlaut der Verbotsnorm in § 449 III BGB erfasst und wird daher für zulässig erachtet.[60] In der Insolvenz des Verkäufers ergeben sich dabei **keine Besonderheiten:** Der umgekehrte Konzernvorbehalt ist wie der normale erweiterte Eigentumsvorbehalt zu behandeln.[61]

44 b) **Kontokorrentvorbehalt.** Eine weitere Form des erweiterten Eigentumsvorbehalts ist der Kontokorrentvorbehalt, dessen Wirksamkeit zwar nicht unumstritten ist, von der Rechtsprechung und Literatur aber dennoch zum großen Teil anerkannt wird.[62] Zur Bedingung für den Eigentumserwerb wird hierbei das **Erlöschen sämtlicher aktueller und zukünftiger Forderungen in der Geschäftsbeziehung** zwischen dem Käufer und dem Verkäufer gemacht. Wie der Name bereits besagt, ist dabei Voraussetzung, dass zwischen den Parteien eine Kontokorrentabrede besteht. Der Eigentumserwerb tritt spätestens ein, wenn die Geschäftsbeziehung zwischen Käufer und Verkäufer beendet und der Käufer befriedigt wird. Vorher tritt die Bedingung auch dann ein, wenn ein **Kontoausgleich** zwischen den Vertragsparteien stattfindet – unabhängig davon, ob danach neue Forderungen begründet werden.[63] Durch das Einstellen der Kaufpreisforderung in das Kontokorrent verlieren die eingestellten Forderungen zunächst uA ihre Erfüllbarkeit, bevor sie nach Abschluss der Rechnungsperiode durch einen Saldoanspruch ersetzt werden und somit erlöschen.[64] Dies führt dazu, dass keine rechtliche Verbindung zwischen der Kaufpreisforderung und dem Anwartschaftsrecht mehr besteht. § 103 ist daher schon mangels Gegenseitigkeitsverhältnis zwischen Übereignungspflicht und erloschenem Kaufpreis ausgeschlossen, so dass es der Anwendung von § 107 I 1 nicht bedarf (Rn 40).[65]

2. (Vertikale) Verlängerungen des Eigentumsvorbehalts

45 Beim sog verlängerten Eigentumsvorbehalt vereinbaren Verkäufer und Käufer, dass der **Käufer im eigenen Namen** gem § 185 I BGB über die Kaufsache im ordnungsgemäßen Geschäftsgang **verfügen kann.** Im Gegenzug **tritt** der Käufer bereits im Zeitpunkt der bedingten Übereignung die **Kaufpreisforderung gegen den Zweiterwerber ab.** Bei Sachen, die durch den Käufer weiterverarbeitet werden, soll an die Stelle der ursprünglichen Sache die neu hergestellte Sache dadurch treten, dass Käufer und Verkäufer eine sog **Verarbeitungsklausel** vereinbaren, wodurch der Verkäufer als Hersteller i.S.d. § 950 BGB gilt.[66] Diese neu hergestellte Sache wird dann bereits zu Beginn wieder durch die Zah-

---

60 *Bülow* DB 1999, 2196; *Kupka* InVo 2003, 213 (217); *Obermüller* Bankpraxis[8] Rn 6.857; Palandt/*Weidenkaff* BGB[72] § 449 Rn 22; Staudinger/*Beckmann* BGB[2004] § 449 Rn 133; Uhlenbruck/*Brinkmann* InsO[13] § 47 Rn 24a; **aA** *Leible/Sosnitza* JuS 2001, 556 (558); für eine Differenzierung zwischen Formular- u individualvertraglicher Regelung *Westermann* MünchKomm BGB[6] § 449 Rn 86.

61 *Kupka* InVo 2003, 213 (217).

62 Anerkannt durch den BGH u zumindest zwischen Unternehmen auch bei Vereinbarung durch AGB, vgl zB BGHZ 42, 53 (59); 98, 303 (307); 125, 83 (86); BGH NJW 1978, 632; **aA** *Reinicke/Tiedtke* Kreditsicherung[5] (2006) Rn 914.

63 BGH NJW 1978, 632 (633).

64 Baumbach/Hopt/*Hopt* HGB[35] § 355 Rn 7; Ebenroth/Boujong/Joost/Strohn/*Grundmann* HGB[2] § 355 Rn 10, 24; *Langenbucher* MünchKomm HGB[3] § 355 Rn 59, 73.

65 *Kupka* InVo 2003, 213 (218); iE wohl auch *Ott/Vuia* MünchKomm InsO[3] § 107 Rn 8.

66 BGHZ 20, 159 (163 f); 46, 117 (120); **aA** *Ganter* MünchKomm InsO[3] § 47 Rn 108;

lung der ursprünglichen Kaufpreiszahlung bedingt an den Käufer übereignet. An die Stelle des einfachen Eigentumsvorbehalts tritt somit in beiden Konstellationen des verlängerten Eigentumsvorbehalts das wirtschaftliche Surrogat als Sicherheit für den Verkäufer.[67]

Solange eine Weiterveräußerung oder Weiterverarbeitung vor Insolvenzeröffnung nicht stattgefunden hat, ist § 107 I 1 uneingeschränkt anwendbar.[68] Erfolgte eine **Weiterveräußerung bereits vor Insolvenzeröffnung**, so ist § 107 I 1 deswegen nicht anwendbar, weil in dem dann wirksamen Eigentumserwerb des zweiten Erwerbers eine (vollständige) Erfüllung des Kaufvertrags zwischen Insolvenzschuldner und dem Käufer zu sehen ist.[69] Anders ist die **Weiterverarbeitung** zu beurteilen: Der Anspruch aus dem Kaufvertrag auf Übereignung erstreckt sich auch auf die neu hergestellte Sache, an der ebenfalls ein Anwartschaftsrecht des Käufers durch eine antizipierte bedingte Übereignung dieser neuen Sache besteht. Auch für die neu hergestellte Sache gilt § 107 I 1.[70] **46**

Nach Insolvenzeröffnung ist eine Weiterveräußerung durch den Erwerber aufgrund einer Ermächtigung (§ 185 I BGB) des Insolvenzschuldners nicht mehr möglich, weil der ermächtigende Insolvenzschuldner nach §§ 80 f selbst nicht mehr verfügungsbefugt ist (§ 117 Rn 21).[71] Für den Erwerber bedeutet dies, dass er nur **als Nichtberechtigter über die Sache verfügen** kann. Hier besteht dann aber die Möglichkeit, dass der Zweiterwerber das Eigentum an der Sache gutgläubig erwirbt, da §§ 932 ff BGB nicht von § 91 I gesperrt werden.[72] Sollten die Voraussetzungen des gutgläubigen Erwerbs gem §§ 932 ff BGB nicht vorliegen, wird die Verfügung gem. § 185 II 1 BGB wirksam, wenn der Nichtberechtigte das Eigentum durch Bedingungseintritt nachträglich erwirbt. Diese Möglichkeit besteht ungeachtet des Erlöschens der Ermächtigung, da für das Verhältnis zwischen dem insolventen Verkäufer und dem Käufer weiterhin § 107 I 1 gilt. In diesem Verhältnis handelt es sich nach Insolvenzeröffnung um einen einfachen Eigentumsvorbehalt. Keine Unterschiede ergeben sich für den Fall der Weiterverarbeitung nach Insolvenzeröffnung, da hier die Verarbeitungsklausel weiterhin gilt. Durch eine Unwirksamkeit dieser Klausel würde die Masse nur benachteiligt, da dann die gesetzliche Folge des § 950 BGB zu einem alleinigen Eigentumserwerb des verarbeitenden Käufers führen würde. **47**

3. Weitergeleiteter Eigentumsvorbehalt

Anders als beim verlängerten Eigentumsvorbehalt legt der Käufer beim weitergeleiteten Eigentumsvorbehalt seinem Abkäufer offen, dass sein Verkäufer sich das Eigentum bis zur vollständigen Tilgung des Kaufpreiszahlungsanspruchs vorbehalten hat.[73] Er kann nur sein eigenes Anwartschaftsrecht übertragen oder aber aufgrund einer Ermächtigung durch den Insolvenzschuldner aufschiebend durch die Begleichung der ursprünglichen Kaufpreisforderung bedingt erneut über das Eigentum verfügen.[74] Diese Ermächtigung bleibt auch in der Insolvenz des Verkäufers wirksam, da durch eine entsprechende **48**

Gottwald/Adolphsen InsR-Hb[4] § 43 Rn 36; Palandt/*Bassenge* BGB[72] § 950 Rn 11: antizipierte Sicherungsübereignung m Durchgangserwerb der hergestellten Sache durch den Käufer.

67 BGH ZIP 1991, 665 (666).

68 *Ott/Vuia* MünchKomm InsO[3] § 107 Rn 8.

69 *Kupka* InVo 2003, 213 (216); Uhlenbruck/*Wegener* InsO[13] § 107 Rn 5.

70 AA *Kupka* InVo 2003, 213 (216), die ein Erlöschen der Übereignungspflicht gem § 275 I BGB annimmt, da die neue Sache nicht mehr m der aufgrund des Kaufvertrages geschuldeten Sache identisch sei.

71 Vgl *Bork* InsR[6] Rn 147a; *Kupka* InVo 2003, 213 (218).

72 Jaeger/*Windel* InsO § 91 Rn 93.

73 BGH ZIP 1991, 665 (666).

74 BGH ZIP 1991, 665 (666); Palandt/*Weidenkaff* BGB[72] § 449 Rn 16.

Verfügung **kein weiterer Rechtsverlust für die Masse** eintritt und letztlich nur die Situation herbeigeführt wird, die der bei einer Übertragung des Anwartschaftsrechts durch den Käufer entspricht. Durch Zahlung des Kaufpreises an die Masse wird jedenfalls der Abkäufer unmittelbar Eigentümer. Der Schutz des § 107 I 1, der eigentlich nur im Verhältnis des ursprünglichen Kaufvertrags wirkt, kommt reflexartig auch dem Zweitkäufer zugute.[75]

4. Nachgeschalteter Eigentumsvorbehalt

49 Beim nachgeschalteten Eigentumsvorbehalt legt der Käufer den vereinbarten Eigentumsvorbehalt mit dem Schuldner nicht gegenüber dem Abkäufer offen, sondern veräußert selbst nur unter der aufschiebenden Bedingung der Zahlung des mit ihm vereinbarten Kaufpreises.[76] Der **Käufer verfügt somit mit einem „eigenen" Eigentumsvorbehalt**, der Abkäufer erwirbt ein eigenes Anwartschaftsrecht an der Sache[77]. Der insolvente Verkäufer verliert sein Eigentum in diesem Fall sowohl bei Zahlung des Erstkäufers an diesen (in diesem Verhältnis gilt § 107 I 1), als auch bei Zahlung des Zweitkäufers an den Erstkäufer, da dieser gutgläubig Eigentümer wird[78]. Zugunsten des Zweiterwerbers wirkt § 107 I 1 nicht, wobei dieser aber ohnehin durch seinen insolvenz- und kondiktionsfesten gutgläubigen Erwerb geschützt ist.

V. Käuferinsolvenz (Abs 2)

50 Im Unterschied zu Abs 1 schließt Abs 2 die Anwendung von § 103 und damit das Recht des Insolvenzverwalters, nicht die Erfüllung des Vertrags zu wählen, auch nicht partiell aus. Wie sich dem Wortlaut entnehmen lässt soll dem Insolvenzverwalter des insolventen Käufers die Möglichkeit gegeben werden, bis kurz nach dem Berichtstermin (§ 156) seine **Entscheidung über die Erfüllungswahl aufzuschieben**. Fordert der Verkäufer den Verwalter zur Erklärung über den Vertrag auf, so beginnt die Frist des § 103 II 2 („unverzüglich") erst nach dem Berichtstermin zu laufen. Dem Verkäufer wird damit die Möglichkeit genommen, unmittelbar nach Insolvenzeröffnung den Verwalter gem § 103 II 2 zur Ausübung des Wahlrechts mit der Folge aufzufordern, dass bei Nichterklärung innerhalb der Frist nach § 103 II 3 eine Erfüllung durch den Verwalter nicht mehr gefordert werden kann. Der Verkäufer kann somit nicht kurzfristig Gewissheit darüber erlangen, ob der Verwalter die Sache aufgrund des vorbehaltenen Eigentums zurückgeben muss. Durch diesen Ausschluss soll gewährleistet werden, dass das Vermögen im Besitz des Schuldners zusammenbleibt und er damit weiter wirtschaften kann, um letztlich die **Fortführungs- und Sanierungschancen zu erhöhen.**[79] Für diese Regelung spricht, dass eine fundierte Entscheidung durch den Insolvenzverwalter über die Frage der Vertragserfüllung erst dann getroffen werden kann, wenn eine Entscheidung über die Zukunft des Unternehmens gefallen ist.

---

[75] Vgl auch *Dobler* Anwartschaft Rn 89.

[76] Kübler/Prütting/Bork/*Prütting* InsO³ § 47 Rn 38; Palandt/*Weidenkaff* BGB⁷² § 449 Rn 17; Staudinger/*Beckmann* BGB²⁰⁰⁴ § 449 Rn 135.

[77] *Duursma-Kepplinger* Eigentumsvorbehalt S 185.

[78] *Duursma-Kepplinger* Eigentumsvorbehalt S 185; *Kupka* InVo 2003, 213 (218).

[79] BR-Drucks 1/92 S 146.

1. Voraussetzungen

Abs 2 formuliert die Voraussetzungen spiegelbildlich zu Abs 1. So zielt die Bestimmung auf eine Regelung für die Käuferinsolvenz nach dem Kauf einer beweglichen Sache unter Eigentumsvorbehalt. **51**

a) **Kaufvertrag.** Über den Wortlaut hinaus ist Abs 2 auf die **Verträge anzuwenden, die in den Anwendungsbereich von Abs 1 fallen** (Rn 9 ff), weil der Käufer bei diesen Verträgen eine entsprechend ausgestaltete Anwartschaft erwirbt. Insbesondere auf *Marotzke*[80] geht die Auffassung zurück, § 107 II 1 analog auf sämtliche Verträge anzuwenden, bei denen der Schuldner die Überlassung des Besitzes an beweglichen Sachen schuldet.[81] Hierunter würden auch **Gebrauchsüberlassungsverträge** wie Miete, Pacht oder Leasing fallen. Bei diesen Verträgen entspreche die Interessenlage der beim Kauf einer Sache unter Eigentumsvorbehalt, weil auch hier ein Interesse des Verwalters bestehe, die Sachen bis zur Entscheidung über die Fortführung des Schuldnerunternehmens weiter behalten zu dürfen.[82] Diese Gegenstände seien für die Fortführung des Unternehmens genauso wichtig wie Sachen, die unter Eigentumsvorbehalt geliefert wurden.[83] **52**

Diese Auffassung stellt aber **zu einseitig auf die Interessen der Masse** ab und weicht von der Grundsatzentscheidung des Gesetzgebers in § 103 II 2 und 3 ab. Bei fast allen denkbaren Verträgen wäre es für den Insolvenzverwalter von Vorteil, wenn er seine Entscheidung über die Erfüllung der Verträge bis zum Ablauf des Berichtstermins aufschieben könnte. Der Gesetzgeber hätte dies unproblematisch entsprechend § 107 II in § 103 II regeln können, was er aber insbesondere mit Blick auf die mit einem solchen Aufschub verbundenen Belastungen der Vertragspartner nicht tat. Gerade vor dem Hintergrund des **Ausnahmecharakters von § 107 II** im Verhältnis zu § 103 II verbietet es sich daher, diese Bestimmung analog auf einen Großteil aller Verträge auszuweiten (§ 103 Rn 214).[84] **53**

b) **Bedingte Übereignung.** Wie in Abs 1 unterscheidet der Gesetzeswortlaut nicht zwischen dinglichem Rechtsgeschäft und Kaufvertrag und wie dort werden ebenfalls ein Kauf unter Eigentumsvorbehalt und Besitzerlangung vorausgesetzt (Rn 17). Die Gesetzesbegründung fordert mit den gleichen Worten wie in Abs 1 die Lieferung unter Eigentumsvorbehalt,[85] wenngleich eine ausdrückliche Erwähnung des Anwartschaftsrechts in den Erläuterungen zu Abs 2 fehlt. Dies kann aber dadurch erklärt werden, dass es in Abs 2 anders als in Abs 1 gerade nicht um das Schicksal des Anwartschaftsrechts auf Seiten des Käufers geht, sondern vielmehr um die **Beschränkung der Rechte des Verkäufers als Eigentümer**, der gerade nicht Inhaber des Anwartschaftsrechts ist. **54**

In der Literatur wird von einer größeren Anzahl von Autoren vertreten, dass die bedingte Übereignung der Kaufsache an den Schuldner vor Insolvenzeröffnung nicht Tatbestandsmerkmal des Abs 2 sei.[86] Insbesondere *Marotzke* versucht dies damit zu begrün- **55**

---

[80] *Marotzke* JZ 1995, 803 (814); *ders* HK InsO[6] § 107 Rn 37 ff.

[81] *Ahrendt* HambK InsO[4] § 103 Rn 26; *Pape* Kölner Schrift[3] S 353 Rn 52; *Runkel* EWiR 2003, 715 (716); *Schwörer* Lösungsklauseln Rn 380; *v Wilmowsky* ZInsO 2007, 731 (732 f); offen gelassen durch BGH ZIP 2007, 778 Rn 13.

[82] *Marotzke* JZ 1995, 803 (814); *ders* HK InsO[6] § 107 Rn 37.

[83] *v Wilmowsky* ZInsO 2007, 731 (732 f).

[84] So auch OLG Köln ZIP 2003, 543 (544); *Adolphsen* Kölner Schrift[3] S 1326 Rn 81; *Ott/Vuia* MünchKomm InsO[3] § 107 Rn 18; *Wegener* FK InsO[7] § 107 Rn 15; Hess/Weis/Wienberg/*Hess* InsO[2] § 107 Rn 21 will dies aber idR in die Frist der Unverzüglichkeit hineinlesen.

[85] BR-Drucks 1/92 S 146.

[86] *Ahrendt* HambK InsO[4] § 107 Rn 11; Kübler/Prütting/Bork/*Tintelnot* InsO[1] § 107 Rn 17; *Marotzke* JZ 1995, 803 (812 f); *ders* HK

den, dass der Gesetzgeber eine **Parallele zur Sicherungsübereignung** angestrebt habe. Bei der Sicherungsübereignung sei es für die Anwendung der massebegünstigenden Vorschrift des § 166 I unerheblich, ob die Masse ein Anwartschaftsrecht durch die Ausgestaltung der Sicherungsübereignung als auflösend bedingte Übereignung habe oder nicht.[87] Streit herrscht innerhalb dieser Ansicht darüber, ob eine bedingte Übereignung wenigstens aufgrund einer Vereinbarung geschuldet gewesen sein muss[88] oder ob auch auf eine solche Ausgestaltung komplett verzichtet werden kann.[89] Letzteres hätte zur Folge, dass § 107 II, wie bereits in Rn 52 aufgezeigt, auf alle Kaufverträge, bei denen die Besitzverschaffung erfolgt ist, angewendet werden müsste.

56 Dieses Verständnis von Abs 2 ist abzulehnen. Eine zu weite Auslegung dieser Bestimmung würde dazu führen, dass die Grundregel des § 103 II 2 und 3 zur Ausnahme verkommen würde. Genauso wie in Abs 1 ist daher eine zu streng am Wortlaut orientierte Auslegung zu vermeiden und der „Kauf unter Eigentumsvorbehalt" **einheitlich als bedingte Übereignung anzusehen.** Warum der Gesetzgeber mit den gleichen Begrifflichkeiten in Abs 1 und Abs 2 jeweils unterschiedliche Aussagen hätte treffen wollen, erschließt sich nicht. Die angeführte **Parallele zur Sicherungsübereignung überzeugt nicht**, da gerade in letzter Zeit wieder die grundsätzlichen Unterschiede zwischen dem Eigentum des Vorbehaltseigentümers und des Sicherungseigentümers betont wurden.[90] Dieser Unterschied äußert sich auch darin, dass trotz anderslautender Vorschläge im Gesetzgebungsverfahren der unter Eigentumsvorbehalt Veräußernde zumindest in den Fällen des einfachen Eigentumsvorbehalts zur Aussonderung und nicht nur zur Absonderung wie bei der Sicherungsübereignung berechtigt ist (Rn 74).[91] Eine Rechtfertigung für die Abweichung von der Grundregel des § 103 II 2 und 3 kann nur in der Inhaberschaft eines Anwartschaftsrechts durch die Masse gesehen werden. Hier hat der Veräußerer durch Einräumung der Anwartschaft bereits einen Teil seiner Rechtsposition übertragen, was erst die Schlechterstellung gegenüber anderen Verkäufern rechtfertigt, die durch § 103 II 2 und 3 geschützt werden. Es ist daher eine bedingte Übereignung für die Anwendbarkeit von Abs 2, ebenso wie für Abs 1, vorauszusetzen.[92]

57 Keine Anwendung findet § 107 II, wenn eine unbedingte Übereignung stattgefunden hat und unmittelbar im Anschluss daran die Kaufsache an den Verkäufer **zur Sicherung der Kaufpreisforderung wieder übereignet** wurde. Hier ist das Wahlrecht des Verwalters nach § 103 ausgeschlossen, da eine vollständige Erfüllung vorliegt. Die spätere Rückübereignung ändert hieran nichts.[93] Obwohl wirtschaftlich keine wesentlichen Unterschiede bestehen, führt die gewählte Konstruktion dazu, dass dem Verkäufer anders als bei einer Übereignung unter Eigentumsvorbehalt **nur ein Absonderungsrecht** zusteht: Mit der unbedingten Übereignung ist der Gegenstand – wenn auch nur vorübergehend – vollständig aus dem Verkäufervermögen ausgeschieden.

InsO[6] § 107 Rn 27; *Pape* Kölner Schrift[3] S 353 Rn 53; Uhlenbruck/*Wegener* InsO[13] § 107 Rn 12.

[87] *Marotzke* JZ 1995, 803 (812); *ders* HK InsO[6] § 107 Rn 27.

[88] Uhlenbruck/*Wegener* InsO[13] § 107 Rn 12.

[89] Kübler/Prütting/Bork/*Tintelnot* InsO[1] § 107 Rn 19; *Marotzke* JZ 1995, 803 (814); *ders* HK InsO[6] § 107 Rn 38.

[90] BGHZ 176, 86 (94 Rn 24); *Jacoby* JZ 2008, 1053 (1054 f); *Roth* KTS 2008, 526 (530 f); vgl aber auch **diff** *Brinkmann* Kreditsicherheiten S 195 ff.

[91] Begr zu RegE § 58, BT-Drucks 12/2443 S 125.

[92] So auch Hess/Weis/Wienberg/*Hess* InsO[2] § 107 Rn 20; *Ott/Vuia* MünchKomm InsO[3] § 107 Rn 18.

[93] BGH ZIP 1980, 40 (42).

c) **Besitz des Käufers.** Neben dem Wortlaut ergibt sich die Voraussetzung des Besitzes auch aus dem Zweck der Norm, die bewegliche Sache nicht schon kurz nach Eröffnung des Verfahrens aus dem Unternehmen des Schuldners herausziehen zu können[94]. Damit soll wie im Falle des § 166 I die Fortführung des Unternehmens mit diesen Sachen ermöglicht werden.[95] Diese Funktion kann den beweglichen Sachen aber nur dann zukommen, wenn sie sich zum Zeitpunkt der Verfahrenseröffnung im Besitz des Schuldners befunden haben. Dabei kommt es wie in Abs 1 nicht darauf an, ob der Schuldner den Besitz gerade vom Verkäufer erlangt hat. Es genügen **alle Tatbestände des Besitzerwerbs**, die zur Entstehung des Anwartschaftsrechts genügen (Rn 22). 58

Umstritten ist, ob für den Besitz des Schuldners unmittelbarer Besitz erforderlich ist oder ob **auch mittelbarer Besitz** ausreicht. Für das Erfordernis unmittelbaren Besitzes wird angeführt, dass der Verwalter nur bei unmittelbarem Besitz ein Nutzungsinteresse mit Blick auf die Fortführung des Unternehmens hätte und die Vorschrift wegen der erheblichen Nachteile für den Verkäufer hier restriktiv auszulegen sei.[96] Dem kann jedoch mit der überwiegenden Literatur – wie im Anwendungsbereich von § 166 I auch vom BGH anerkannt –[97] entgegengesetzt werden, dass das Nutzungsinteresse des Verwalters für das Unternehmen nicht davon abhängt, ob er unmittelbaren Besitz hat. Dies hängt vielmehr davon ab, welche Art von Unternehmen er betreibt. Gerade Unternehmen, deren wirtschaftliches Konzept in der **Gebrauchsüberlassung an Dritte** besteht, haben im wirtschaftlichen Idealfall nie selbst unmittelbaren Besitz an den beweglichen Sachen, die ihnen unter Eigentumsvorbehalt vom Verkäufer überlassen worden sind.[98] Um bei diesen Unternehmen überhaupt die Fortführungs- und Sanierungschancen in der durch § 107 II 1 bezweckten Weise zu sichern, ist mittelbarer Besitz beim Schuldner als ausreichend anzusehen.[99] Nicht ausreichend ist jedoch, wenn dem Schuldner der **Besitz gerade vom Verkäufer gemittelt** wird.[100] Eine Ausnahme ist allerdings dann zu machen, wenn dem Verkäufer der Besitz nur kurzfristig, etwa zum Zwecke der Nacherfüllung überlassen wurde. 59

2. Rechtsfolgen

Ausdrückliche Rechtfolge von Abs 2 S 1 ist lediglich, dass die **Frist** der unverzüglichen Erklärung für den Insolvenzverwalter erst **mit Ablauf des Berichtstermins beginnt**. Versäumt der Verwalter eine fristgemäße Erklärung, droht ihm die Sanktion des § 103 II 3, dass er nicht auf Erfüllung bestehen kann und es bei den Rechtsfolgen der Verfahrenseröffnung verbleibt. 60

a) **Unverzügliche Erklärung.** Die Entscheidung muss nach dem Berichtstermin wie in § 103 II 2 „unverzüglich“ erfolgen. Allerdings ist dieser Zeitraum **tendenziell kürzer als im Normalfall** des § 103 II 2 (§ 103 Rn 207 ff).[101] Denn dem Verwalter stand bereits ein längerer Zeitraum zur Verfügung, seine Wahl vorab vorzubereiten. Insbesondere konnte er bereits klären, wie er sich bei welcher Entscheidung im Berichtstermin verhalten 61

---

94 BR-Drucks 1/92 S 146.

95 BR-Drucks 1/92 S 146.

96 Nerlich/Rövermann/*Balthasar* InsO[1] § 107 Rn 13.

97 BGHZ 166, 215 Rn 24.

98 Vgl BGHZ 166, 215.

99 Kübler/Prütting/Bork/*Tintelnot* InsO[1] § 107 Rn 18; *Marotzke* HK InsO[6] § 107 Rn 26; Uhlenbruck/*Wegener* InsO[13] § 107 Rn 12; *Wegener* FK InsO[7] § 107 Rn 19.

100 Kübler/Prütting/Bork/*Tintelnot* InsO[1] § 107 Rn 18; *Marotzke* JZ 1995, 803 (812); *ders* HK InsO[6] § 107 Rn 26; Uhlenbruck/*Wegener* InsO[13] § 107 Rn 12.

101 Kübler/Prütting/Bork/*Tintelnot* InsO[1] § 107 Rn 21.

würde. Freilich kann dies im Einzelfall anders zu beurteilen sein, etwa wenn im Berichtstermin eine Entscheidung getroffen wird, die eine neue Beurteilung durch den Insolvenzverwalter erforderlich macht.

62 Die Frist beginnt wie auch bei § 103 II 2 nur dann zu laufen, wenn der Vertragspartner den Insolvenzverwalter **zur Ausübung seines Wahlrechts aufgefordert** hat. Der Vertragspartner kann diese Aufforderung bereits zwischen Insolvenzeröffnung und Berichtstermin aussprechen und braucht sie danach nicht zu wiederholen.[102] § 107 II 1 ist nicht zu entnehmen, dass die Aufforderung erst nach dem Berichtstermin erfolgen kann und es sind auch keine Gründe hierfür ersichtlich. Der Insolvenzverwalter muss durch seine eigene Organisation sicherstellen, dass er eine vorher erfolgte Aufforderung nachher beachtet. Außerdem gibt § 107 II 1 dem Insolvenzverwalter nur eine Möglichkeit des Aufschubs der Entscheidung. Er kann sein Wahlrecht auch bereits vor dem Berichtstermin ausüben. Eine frühzeitige Aufforderung durch den Vertragspartner ist daher als sinnvoll anzusehen.

63 b) **Ausnahmen von der Anknüpfung an Berichtstermin.** Das Gesetz selbst sieht eine Ausnahme von der Anknüpfung an den Berichtstermin in Abs 2 S 2 vor. Danach gilt Abs 2 S 1 nicht, wenn in dieser Zeit eine **erhebliche Wertminderung der Sache zu erwarten** ist und der Verkäufer den Verwalter auf diesen Umstand hinweist. Die Gesetzesbegründung nennt als Bespiele hierfür leicht verderbliche Waren sowie Saisonartikel.[103] Insgesamt ist diese Ausnahme **restriktiv** auszulegen, damit nicht § 103 II 2 und 3 doch zum Regelfall wird und so die durch § 107 II 1 verfolgten Zwecke nicht erreicht werden. Nicht ausreichend sind deshalb Wertverluste, die durch die Nutzung der Sache durch den Verwalter für die Masse entstehen.[104] Auch Wertverluste, die auf eine Veränderung der Marktlage zurückzuführen sind, führen nicht zur Anwendbarkeit der normalen Wahlfrist für den Verwalter.[105]

64 Eine weitere Ausnahme folgt aus dem Sinn und Zweck der Anknüpfung an den Berichtstermin im Wege **teleologischer Reduktion.** Daher ist Abs 2 S 1 nicht anzuwenden, wenn bereits **vor dem Berichtstermin die Stilllegung des Betriebs beschlossen** wird (§ 158 I).[106] Eine Verlängerung des Wahlrechts kann hier nicht mit der noch ausstehenden Entscheidung der Betriebsfortführung begründet und daher die durch die Verzögerung drohenden Nachteile für den Verkäufer nicht gerechtfertigt werden.

65 c) **Recht zum Besitz und Nutzungsrecht.** Recht einhellig wird davon ausgegangen, dass der Insolvenzverwalter während der (durch Abs 2 S 1 verlängerten) Schwebephase zum Besitz der Kaufsache berechtigt ist, einem auf Herausgabe gerichteten Aussonderungsanspruch des Verkäufers nicht nachgeben muss.[107] Vielfach wird zur Begründung dieses Ergebnisses der Kaufvertrag nicht für ausreichend gehalten. Ein zwar bestehender, aber nicht durchsetzbarer Anspruch könne kein Recht (zum Besitz) begründen.[108] Um

---

[102] *Marotzke* HK InsO[6] § 107 Rn 22; *Runkel* FS Kirchhof (2003) S 455 (466); **aA** *Pape* Kölner Schrift[3] S 353 Rn 54; Kübler/Prütting/Bork/*Tintelnot* InsO[1] § 107 Rn 21.

[103] Bericht u Beschlussempfehlung des Rechtsausschusses, BT-Drucks 12/7302 S 169.

[104] Kübler/Prütting/Bork/*Tintelnot* InsO[1] § 107 Rn 22; *Marotzke* JZ 1995, 803 (813); *Ott/Vuia* MünchKomm InsO[3] § 107 Rn 22.

[105] Uhlenbruck/*Wegener* InsO[13] § 107 Rn 14; **aA** *Ott/Vuia* MünchKomm InsO[3] § 107 Rn 22.

[106] *Ott/Vuia* MünchKomm InsO[3] § 107 Rn 29; *Wegener* FK InsO[7] § 107 Rn 28.

[107] So – ohne weitere Begr – *Wegener* FK InsO[7] § 107 Rn 27; *Wellensiek* Kölner Schrift[3] S 208 Rn 40.

[108] Vgl *Ganter* MünchKomm InsO[3] § 47 Rn 63; *Huber* MünchKomm InsO[3] § 103 Rn 177; **aA** *Stehle* Jura 2005, 78 (82); vgl

den Normzweck des § 107 II 1 verwirklichen zu können, sei daher § 107 II 1 ein Recht zum Besitz für den insolventen Käufer zu entnehmen.[109] Indessen erwähnen weder der Wortlaut der Vorschrift noch die Gesetzesbegründung[110] ein Recht zum Besitz. Das **Recht zum Besitz** des Insolvenzverwalters in der Käuferinsolvenz ergibt sich vielmehr **aus den allgemeinen Grundsätzen zu § 103** im Falle von Teilleistungen, wie es die Besitzeinräumung durch den Verkäufer ist: Da § 107 II 1 nur den Zeitraum der Wahlrechtsausübung verlängert (Rn 60), gilt für das Recht zum Besitz das Gleiche wie im Anwendungsbereich des § 103, also bei Einräumung des Besitzes an den insolventen Käufer durch den Vertragspartner ohne gleichzeitige Übereignung. Durch die Besitzeinräumung ist der Anspruch aus § 433 I 1 BGB auf Besitzverschaffung erfüllt (§ 103 Rn 292). Der so erlangte **Besitz bleibt aufgrund des teilerfüllten Kaufvertrags berechtigt**, bis der Besitzerwerb rückabzuwickeln ist, weil der Anspruch auf die Übereignung infolge Nichterfüllungswahl (dauerhaft) ausgeschlossen ist. Der Besitz verbleibt dem Verwalter während der Schwebephase, um eine mögliche Erfüllungswahl des Verwalters nicht zu untergraben (§ 103 Rn 280). Nach Erfüllungsablehnung bedarf es indes keines Rücktritts, um den Herausgabeanspruch geltend machen zu können (§ 103 Rn 293).

Die Sache verbleibt also bis zur Ausübung des Wahlrechts beim Verwalter. Um die Fort- **66**
führungs- und Sanierungschancen des Schuldners zu wahren,[111] muss auch eine **Weiternutzung der Kaufsache möglich** sein, da andernfalls ein weiterer Betrieb unter Umständen nicht aufrechtzuerhalten ist.[112] Diese Rechtsfolge ergibt sich ebenfalls nicht aus § 107 II, sondern aus der Besitzübertragung aufgrund des Kaufvertrags. Einer Analogie zu § 172 bedarf es nicht.[113] Die Nutzungsmöglichkeit umfasst – wie beim einfachen Eigentumsvorbehalt üblich – nicht das Recht zur Nutzung durch Verbrauch oder Weiterverarbeitung.[114]

d) **Rücktrittssperre für den Vertragspartner.** Während der Schwebephase kann der **67**
Verkäufer auch nicht vom Vertrag zurücktreten. Dieses Ergebnis ist deswegen bedeutsam, weil sonst entgegen Rn 65 der Verkäufer die Sache herausverlangen und überdies das Wahlrecht des Insolvenzverwalter vereiteln könnte. Teilweise wird auch dieser Ausschluss des Rücktrittsrechts auf § 107 II gestützt.[115] Denn nur so könne der Entzug der Sache aus dem Vermögen des Schuldners entsprechend der Intention des Gesetzgebers[116] verhindert werden. Für den Fall, dass es sich um einen Zahlungsrückstand handelt, der bereits vor Insolvenzeröffnung aufgelaufen ist, wird der Ausschluss des Rücktrittsrechts teilweise auch auf eine Analogie zu § 112 Nr 1 gestützt.[117] Jedoch bedarf es auch insoweit weder einer Analogie zu § 112 Nr 1 (§ 112 Rn 15) noch einer extensiven Auslegung von § 107 II.[118] Vielmehr ergibt sich ein **Ausschluss des Rücktrittsrechts** wegen ausblei-

---

ferner auch BGH ZIP 2007, 778 Rn 12 allerdings zum Dauerschuldverhältnis Leasing.

109 *Huber* InsR-Hb[4] § 36 Rn 20; *Marotzke* HK InsO[6] § 107 Rn 24; *Ott/Vuia* MünchKomm InsO[3] § 107 Rn 31; iE Kübler/Prütting/Bork/*Tintelnot* InsO[1] § 107 Rn 14.

110 BR-Drucks 1/92 S 146.

111 BR-Drucks 1/92 S 146.

112 *Ganter* MünchKomm InsO[3] § 47 Rn 65; *Runkel* FS Kirchhof (2003) S 455 (460 f); Uhlenbruck/*Brinkmann* InsO[13] § 172 Rn 1a.

113 *Ganter* MünchKomm InsO[3] § 47 Rn 65; *Kupka* InVo 2003, 213 (219); aA noch *Wellensiek* Kölner Schrift[2] S 403 Rn 39.

114 *Kupka* InVo 2003, 213 (219).

115 *Ganter* MünchKomm InsO[3] § 47 Rn 66; *Ott/Vuia* MünchKomm InsO[3] § 107 Rn 17a; *Pape* Kölner Schrift[3] S 353 Rn 52.

116 BR-Drucks 1/92 S 146.

117 *Ganter* MünchKomm InsO[3] § 47 Rn 66; *Krull* ZInsO 1998, 291 (294); *Kupka* InVo 2003, 213 (221); *Marotzke* JZ 1995, 803 (813); *ders* HK InsO[6] § 107 Rn 32.

118 Uhlenbruck/*Wegener* InsO[13] InsO § 107 Rn 17; *Wegener* FK InsO[7] § 107 Rn 17.

bender Zahlungen durch den Schuldner zu jedem hier relevanten Zeitpunkt bereits **nach allgemeinen Regeln:**

68 Ist das Rücktrittsrecht aus § 323 I BGB bereits vor Insolvenzeröffnung entstanden, jedoch nicht ausgeübt worden, so ist der Rücktritt nach Insolvenzeröffnung aufgrund dieser Forderungen, die nunmehr bloß Insolvenzforderungen sind, ausgeschlossen (§ 103 Rn 95). Denn bei Insolvenzeröffnung fällt mit der Durchsetzbarkeit (§ 87) auch das Erfordernis der durchsetzbaren Forderung aus § 323 I BGB weg. Wegen ausbleibender Zahlungen nach Insolvenzeröffnung entsteht schon kein Rücktrittsrecht, weil für dieses gem § 323 I BGB das Nichterbringen einer fälligen Zahlung erforderlich wäre. **Mit Insolvenzeröffnung verliert der Zahlungsanspruch** des Vertragspartners gegen den Schuldner jedoch seine **Durchsetzbarkeit** mit der Folge, dass eine Nichtzahlung mangels Fälligkeit nicht zu Sanktionen in Form der Gewährung eines Rücktrittsrechts führen kann.[119] Ein Rücktritt durch den Vertragspartner kommt erst dann in Betracht, wenn der Verwalter Erfüllung gewählt hat. Hatte der Schuldner bereits vor Insolvenzeröffnung wirksam den Rücktritt erklärt, so will und kann § 107 II die Masse nicht vor einem Verlust dieser Kaufsache bewahren. Denn § 107 II ist hier schon mangels bei Insolvenzeröffnung bestehenden Kaufvertrags und Anwartschaftsrechts nicht anwendbar.

69 e) **Anspruch auf Nutzungsentschädigung.** Die Frage nach Nutzungsersatz oder Nutzungsentschädigung stellt sich für den Fall der Erfüllungswahl nicht. Denn dann kann der Vertragspartner ohnehin den noch offenen Kaufpreisanspruch als Masseverbindlichkeit (§ 55 I Nr 2 Fall 1) geltend machen. Dadurch ist sein gesamtes Interesse abgedeckt, das außerhalb der Insolvenz berücksichtigt wird. Für den Fall, dass die Erfüllungswahl ausbleibt, enthält die InsO ebenfalls keine eigenständige Regelung für Nutzungsersatz oder -entschädigung. Entsprechende Regelungen enthalten §§ 169 ff lediglich für absonderungsberechtigte Gläubiger. § 169 S 1 gewährt laufend geschuldete Zinsen aus der Masse, jedoch nur sofern sie nach dem Berichtstermin entstanden sind. Aus § 172 I 1 folgt für diese Zeit zwischen Eröffnung und Berichtstermin zwar kein Nutzungsersatz, aber ein Ersatz für den durch die Nutzung entstehenden Wertverlust an der Sache. Welche Folgerungen angesichts dieser Gesetzeslage für den Anspruch des Verkäufers auf Nutzungsersatz zu ziehen sind, wird unterschiedlich beurteilt. Teilweise wird eine **Analogie zu § 172 I 1** befürwortet, um den aussonderungsberechtigten Vorbehaltsverkäufer finanziell nicht schlechter als den Absonderungsberechtigten zu stellen.[120] Nach anderer Ansicht soll nur ein **Anspruch aus §§ 346 I, 347 I BGB** auf Nutzungsersatz in Betracht kommen, der den Rücktritt des Vertragspartners voraussetze.[121] Schließlich wird auch ein Anspruch auf **Nutzungsentschädigung aus Bereicherungsrecht** (**§ 818 I BGB**) vertreten.[122]

70 Für eine Stellungnahme ist **zwischen dem Zeitraum vor und dem nach Erfüllungsablehnung zu unterscheiden.** Bis zur Erfüllungsablehnung steht dem Verwalter aufgrund des vor Verfahrenseröffnung teilerfüllten Kaufvertrags ein Recht zum Besitz an der Sache

---

[119] *Wegener* FK InsO[7] § 107 Rn 15.

[120] Kübler/Prütting/Bork/*Tintelnot* InsO[1] § 107 Rn 22; *Kupka* InVo 2003, 213 (221); so noch *Wellensiek* Kölner Schrift[2] S 403 Rn 39; iE auch *Ganter* MünchKomm InsO[3] § 47 Rn 65; offen gelassen noch durch *Marotzke* JZ 1995, 803 (811); vgl auch ohne Nennung der Norm Uhlenbruck/*Wegener* InsO[13] § 107 Rn 16; **aA** *Marotzke* HK InsO[6] § 107 Rn 34; Uhlenbruck/*Brinkmann* InsO[13] § 172 Rn 10; *Wegener* FK InsO[7] § 107 Rn 31; *Wellensiek* Kölner Schrift[3] S 208 Rn 41.

[121] Vgl *Marotzke* JZ 1995, 803 (813 f); *ders* HK InsO[6] § 107 Rn 34; Uhlenbruck/*Brinkmann* InsO[13] § 172 Rn 10; *Wellensiek* Kölner Schrift[3] S 208 Rn 41.

[122] *Wegener* FK InsO[7] § 107 Rn 31.

des Vertragspartners zu (Rn 65). Dies gilt unabhängig davon, ob dem Vertragspartner bei späterer Erfüllungsablehnung (insbesondere bei einfachem Vorbehalt) ein Aussonderungs- oder (insbesondere bei Erweiterungsformen) nur ein Absonderungsrecht zustehen würde (vgl Rn 82, 88). Denn ein **Nutzungsersatzanspruch aus §§ 987, 990 BGB scheitert** bei einem Aussonderungsrecht **am Recht zum Besitz** bis zur Erfüllungsablehnung (§ 103 Rn 294). Rückabwicklungsansprüche scheitern daran, dass der Vertragspartner den Besitz an den Schuldner vor Insolvenzeröffnung geleistet hat und eine Rückabwicklung einer erfolgten Teilerfüllung nicht stattfindet (§ 103 Rn 295). Aber auch bei einem Absonderungsrecht greift bis zur Nichterfüllungswahl weder die Regelung des § 169 hinsichtlich laufender Zahlungen noch die Regelung des § 172 hinsichtlich der Wertverlustausgleichspflicht. Denn anders als in den üblichen Konstellationen eines Absonderungsrechts (§ 51) steht dem Vertragspartner bis zur Erfüllungsablehnung noch kein durchsetzbares Absonderungsrecht zu, weil der Sicherungsfall erst durch eben diese eintritt. Davor überlagert der offene Kaufvertrag mit seinem Recht zum Besitz die Regelungen des Absonderungsrechts. So resultiert das Recht zur Nutzung des Absonderungsgutes nicht etwa aus § 172 I, sondern aus dem teilerfüllten Kaufvertrag.[123] Gegen einen finanziellen Ausgleich des potenziell Absonderungsberechtigten im Anwendungsbereich von § 103 spricht schließlich, dass er sonst besser als der zur Aussonderung Berechtigte stehen würde.

Erst mit Untergang der Möglichkeit zur Erfüllungswahl erlischt das Besitzrecht, so dass die allgemeinen Regeln über Nutzungsersatz greifen. Bei einem einfachen Eigentumsvorbehalt und bei den Erweiterungsformen bis zum Eintritt des Erweiterungs- oder Verlängerungsfalls (Rn 81, 86) kann der Vertragspartner aussondern, weil eine Vindikationslage besteht. **Nutzungsersatz folgt dann §§ 987 I, 990 I BGB** (§ 103 Rn 294). Besteht hingegen bei Erweiterungs- oder Verlängerungsformen des Eigentumsvorbehalts für den Verkäufer nur noch ein Absonderungsrecht, kann auf diese Normen mangels Vindikationslage (§ 166 I) nicht abgestellt werden. Der Nutzungsersatzanspruch bestimmt sich ab dem Berichtstermin nach § 169 S 1. Hat der Verwalter vor dem Berichtstermin die Erfüllung abgelehnt, ist bis zum Berichtstermin einzig der Wertverlust nach den Regeln des § 172 I auszugleichen. **71**

VI. Wahl des Insolvenzverwalters in Käuferinsolvenz

Die Wahl des Insolvenzverwalters richtet sich nach den zu § 103 entwickelten Grundsätzen (§ 103 Rn 151 ff). Zwar ist eine konkludente Erfüllungswahl durch den Verwalter möglich, jedoch muss im Einzelfall genau abgegrenzt werden, ob nicht nur eine Ausübung der während der Schwebezeit ohnehin bestehenden Rechte vorliegt. So kann in einer bloßen **Weiternutzung keine konkludente Erfüllungswahl** gesehen werden,[124] da dem Verwalter die Nutzungsbefugnis bereits ohne Erfüllungswahl während der Schwebephase zusteht (Rn 65, 70). Vielmehr bedeutet es für die Masse keinen Befugniszuwachs, dass der Insolvenzverwalter vor Ablauf der Frist sein Wahlrecht ausübt. Angesichts dessen sind für eine vorzeitige Erfüllungswahl deutliche Anzeichen erforderlich. **72**

---

[123] Vgl Uhlenbruck/*Brinkmann* InsO[13] § 172 Rn 9, der § 172 für nicht anwendbar hält, weil das Recht z Nutzung gerade nicht auf § 172 beruhe, sondern auf dem bestehenden gegenseitigen Vertrag.

[124] *Marotzke* HK InsO[6] § 107 Rn 33.

1. Erfüllungsablehnung

73 Lehnt der Verwalter vor oder nach dem Berichtstermin die Erfüllung des Kaufvertrags ab oder unterlässt er nach einer Aufforderung durch den Vertragspartner die unverzügliche Wahlrechtsausübung (§ 103 II 3) nach dem Berichtstermin, so ist der teilerfüllte Vertrag **insolvenzmäßig abzuwickeln**, was folgende Rechtsfolgen zeitigt:

74 a) **Aussonderungsrecht des Verkäufers.** Nach Untergang des Erfüllungswahlrechts kann der Vertragspartner als Verkäufer die Kaufsache bei einem einfachen Eigentumsvorbehalt **gem § 47 iVm § 985 BGB aussondern.**[125] Die Beschränkung auf ein Absonderungsrecht wurde zwar im Vorfeld der Insolvenzrechtsreform diskutiert und auch im Diskussionsentwurf 1988 sowie im Referentenentwurf 1989 vorgesehen, jedoch wurde dieser Gedanke bereits im Regierungsentwurf[126] verworfen.[127] Beim einfachen Eigentumsvorbehalt wird von der nach § 320 BGB vorgesehenen Abwicklung Zug um Zug abgesehen. Der Käufer soll die Möglichkeit der sofortigen Nutzung der Sache erhalten, ohne dass der Verkäufer mit den Risiken einer Vorleistung belastet wird. Der Verkäufer behält sich mit dem Eigentum vor, durch Rücktritt vom Vertrag den Status quo ante wieder herzustellen. Es fehlt damit an einer Begründung, warum der Eigentumsvorbehaltsverkäufer durch den gescheiterten Kaufvertrag sein zuvor bestehendes und vorbehaltenes Volleigentum durch die Beschränkung auf ein Absonderungsrecht einbüßen soll.

75 Der BGH hat für den einfachen Eigentumsvorbehalt eine **Ausnahme vom Grundsatz des Aussonderungsrechts** und die Beschränkung auf ein Absonderungsrecht in einer Sachlage angenommen, in der der Verkäufer sein vorbehaltenes Eigentum auf einen Dritten übertragen hat.[128] Damit sollte jedoch nicht zum Ausdruck gebracht werden, dass jede Übertragung des vorbehaltenen Eigentums auf einen Dritten zu einer Beschränkung des Dritterwerbers im Falle der Insolvenz des Käufers auf ein Absonderungsrecht führt. Der Grundsatz des Aussonderungsrechts gilt auch hier. Dies gilt gleichermaßen für die Fälle, in denen der Verkäufer sein vorbehaltenes Eigentum inklusive seiner Forderung gegen den Käufer an einen Dritten überträgt, wie in den Fällen der Sicherungsübereignung von Forderung und vorbehaltenem Eigentum zur Sicherung eines Anspruchs des Dritterwerbers gegen den Verkäufer (und nicht gegen den Käufer).[129] Vielmehr hat der BGH eine Beschränkung der Rechtsposition des Inhabers des einfachen Vorbehaltseigentums auf ein Absonderungsrecht nur in der Sonderkonstellation angenommen, in der zwischen Käufer und Dritterwerber des vorbehaltenen Eigentums vereinbart wurde, dass das Vorbehaltseigentum der Sicherung einer Forderung des Dritterwerbers gegen den

---

[125] BGHZ 176, 86 (94 Rn 24); *Bork* FS Gaul (1997) S 71 (77); *ders* InsR[6] Rn 238; *Ganter* MünchKomm InsO[3] § 47 Rn 62, 66; *Huber* MünchKomm InsO[3] § 103 Rn 177; *ders* InsR-Hb[4] § 36 Rn 21; *Jacoby* JZ 2008, 1053 (1054); Kübler/Prütting/Bork/*Tintelnot* InsO[1] § 107 Rn 14; *Kupka* InVo 2003, 213 (219); *Marotzke* JZ 1995, 803 (811); *ders* HK InsO[6] § 107 Rn 20; *Ott/Vuia* MünchKomm InsO[3] § 107 Rn 23; *Reinicke/Tiedtke* Kreditsicherung[5] (2006) Rn 943; *Stehle* Jura 2005, 78 (82); Uhlenbruck/*Berscheid* InsO[12] § 107 Rn 11; *Wegener* FK InsO[7] § 107 Rn 30; *Westermann* MünchKomm BGB[6] § 449 Rn 78; **aA** Leonhardt/Smid/Zeuner/*Smid/Leonhardt* InsO[3] § 47 Rn 20; *Smid* WM 2008, 2089 (2090 f); Uhlenbruck/*Wegener* InsO[13] § 107 Rn 16: erst m Anmeldung der Forderung wegen Nichterfüllung durch den Verwalter. – Zweif, m Sympathie für ein bloßes Absonderungsrecht *Häsemeyer* InsR[4] Rn 11.10, 18.35; Uhlenbruck/*Brinkmann* InsO[13] § 47 Rn 13.

[126] Begr zu RegE § 58, BT-Drucks 12/2443 S 125.

[127] Zum Ganzen ausf *Gottwald/Adolphsen* Kölner Schrift[2] S 805 Rn 26 ff.

[128] BGHZ 176, 86 ff.

[129] *Jacoby* JZ 2008, 1053 (1055 f).

Käufer als dessen Schuldner dienen sollte. Hier lag somit eine Vereinbarung zwischen dem Dritterwerber und dem Käufer als dessen Schuldner vor, die dem einfachen **Vorbehaltseigentum anders als im Normalfall lediglich die Funktion einer Kreditsicherheit** zugewiesen hat. In den anderen Übertragungskonstellationen bleibt es jedoch auch nach dem Urteil des BGH bei dem Grundsatz, dass das einfache Vorbehaltseigentum zur Aussonderung berechtigt. Der Dritterwerber des einfachen Vorbehaltseigentums erhält grundsätzlich die Rechtsposition, die auch der Verkäufer ursprünglich inne hatte.[130]

b) Untergang der Käuferrechte. Mit Untergang des Erfüllungswahlrechts erlischt das Anwartschaftsrecht des Schuldners.[131] Zwar bleiben auch dann die Ansprüche aus dem Kaufvertrag bestehen[132], sind weiterhin erfüllbar, jedoch gilt bzgl des Kaufpreiszahlungsanspruchs eine Besonderheit: Anders als in der Verkäuferinsolvenz hat der Verwalter bei der Käuferinsolvenz die Erfüllung des Vertrags und damit der Kaufpreisschuld abgelehnt. Er darf sich daher nicht widersprüchlich verhalten und dann doch noch eine Erfüllung eigenständig vornehmen. Der Verkäufer hätte das Recht, die Zahlung zurückzuweisen (§ 103 Rn 225).[133] Da somit der Eintritt der Bedingung nicht mehr allein dem Insolvenzverwalter auf Käuferseite obliegt, **geht das Anwartschaftsrecht als gesicherte Rechtsposition verloren.** 76

Mit Untergang des Erfüllungswahlrechts **endet das Besitzrecht auf Käuferseite** (§ 103 Rn 292).[134] Denn zu diesem Zeitpunkt erlischt das Recht zum Besitz des Verwalters (Rn 65). Anders als verschiedentlich vorgeschlagen bedarf es keines Rücktritts durch den Vertragspartner,[135] da die Voraussetzungen des § 985 BGB auch ohne einen solchen vorliegen (§ 103 Rn 293). Hieran ändert auch § 449 II BGB nichts, da dieser nur Fälle außerhalb des Insolvenzverfahrens im Blick hat. Außerhalb des Insolvenzverfahrens spricht § 449 II BGB aus, dass dem Anspruch des Verkäufers gegen den Käufer auf Herausgabe der Kaufsache aus § 985 BGB das Besitzrecht des Käufers aus dem Kaufvertrag entgegensteht. Dieses Besitzrecht muss erst durch Rücktritt beseitigt werden. Dieses Besitzrecht existiert jedoch im Falle der Käuferinsolvenz nicht, womit es eines Rücktritts nicht bedarf. Zweck des § 449 II BGB ist es auch nicht, von diesen insolvenzrechtlichen Grundsätzen abzuweichen und dem Verkäufer zum für ihn ansonsten nutzlosen Rücktritt zu zwingen. 77

c) Teilleistungsaustausch. Der Verkäufer muss für Zahlungen des vorleistenden Schuldners – wie ganz allgemein bei § 103 – den Teil seiner Leistung erbringen, der der Vorleistung des Schuldners entspricht (§ 103 Rn 54).[136] Eine Rückabwicklung dieser Vorleistung findet hingegen nicht statt (§ 103 Rn 49), weil der **teilerfüllte Kaufvertrag** 78

---

130 *Jacoby* JZ 2008, 1053 (1055 f).

131 *Huber* InsR-Hb⁴ § 36 Rn 21; *Ott/Vuia* MünchKomm InsO³ § 107 Rn 21; **aA** Uhlenbruck/*Wegener* InsO¹³ § 107 Rn 16: erst m Anmeldung der Forderung.

132 *Ott/Vuia* MünchKomm InsO³ § 107 Rn 23 haben ihre abw noch in der Vorauflage vertretene Auffassung aufgegeben; vgl. zum Ganzen ausf § 103 Rn 221.

133 *Marotzke* JZ 1995, 803 (812); *ders* HK InsO⁶ § 107 Rn 21; **aA** Uhlenbruck/*Wegener* InsO¹³ § 107 Rn 16.

134 *Ganter* MünchKomm InsO³ § 47 Rn 72; *Marotzke* HK InsO⁶ § 107 Rn 20.

135 So auch *Marotzke* JZ 1995, 803 (811); *ders* HK InsO⁶ § 107 Rn 20; *Ott/Vuia* MünchKomm InsO³ § 107 Rn 23; *Westermann* MünchKomm BGB⁶ § 449 Rn 78; **aA** *Ganter* MünchKomm InsO³ § 47 Rn 72; *Huber* MünchKomm InsO³ § 103 Rn 177; *ders* InsR-Hb⁴ § 36 Rn 21; *Stehle* Jura 2005, 78 (82).

136 Daher ist der Schluss unzutr, die Masse verliere „Anzahlung plus Anwartschaft", vgl *Häsemeyer* InsR⁴ Rn 18.35.

einen Rechtsgrund für das Behaltendürfen der ausgetauschten Leistungen darstellt. Der BGH macht eine Ausnahme gerade für die Rückabwicklung in der Käuferinsolvenz, wenn der Verkäufer sein vorbehaltenes Eigentum herausverlangt.[137] Dann dürfe der Insolvenzverwalter des insolventen Käufers auch dessen Vorauszahlung zurückverlangen. Der Verkäufer dürfe allerdings mit seinem Gegenanspruch aus § 103 II aufrechnen, ohne den Schranken des § 95 I 3 zu unterliegen. Eine Begründung dafür, warum in dieser Sachlage ausnahmsweise ein Rückabwicklungsanspruch besteht, bleibt der BGH schuldig. Auf Grundlage der zutreffenden Prämisse, dass es eines Rücktritts nicht bedarf (Rn 77), lässt sie sich auch nicht finden. Denn auch der Verkäufer darf den Kaufgegenstands nicht aufgrund eines Rückabwicklungsanspruchs, sondern wegen seines Eigentums aussondern. Dieser Aussonderung liegt zugrunde, dass der Verkäufer das Eigentum gerade noch nicht zur Erfüllung des Kaufvertrags geleistet hat. Umgekehrt muss der Insolvenzverwalter dem Verkäufer den auf den Vertrag geleisteten Kaufpreis belassen. Ihm bleibt aber der Anspruch auf die teilweise Gegenleistung Eine Verrechnung oder Aufrechnung mit der Insolvenzforderung des Vertragspartners gem § 103 II 1 kommt nur bei den seltenen Fällen teilbarer Leistungen in Betracht, ist aber unzulässig (§ 103 Rn 55).[138] Häufig wird die Unteilbarkeit der Leistung des Vertragspartners anzunehmen sein mit der Folge, dass Unmöglichkeitsrecht anzuwenden ist, was im Rahmen des § 324 II BGB zu einer Saldierung führt (§ 103 Rn 60 f, 231).

2. Erfüllungswahl des Verwalters

79 Wählt der Verwalter Erfüllung, so tritt mit Erfüllung die vereinbarte Bedingung und damit **Eigentumserwerb zugunsten der Masse** (§§ 929, 158 I BGB) ein.[139] Es gelten die auch außerhalb des Insolvenzverfahrens einschlägigen Regeln. Dies bedeutet insbesondere, dass vor Erfüllung der Vertragspartner die Zahlung des Kaufpreises verlangen und bei Nichtzahlung zurücktreten (§ 323 BGB), Schadensersatz statt der ganzen Leistung (§§ 280 I 2, 281 BGB) und Aussonderung der Kaufsache verlangen kann. Vielfach wird der **Verkäufer die Kaufsache vor Verfahrenseröffnung dem Insolvenzschuldner überlassen und dieser jene erheblich abgenutzt** haben. Zwar lässt sich eine solche Besitzverschaffung als Teilleistung ansehen, so dass bei Abwicklung des Vertrags nach §§ 103, 105 S 1 eine entsprechende Vorleistung des Verkäufers zu berücksichtigen ist (§ 105 Rn 43). Der Vorbehaltskäufer ist aber aufgrund des Vorbehalts wie bei der Vereinbarung einer horizontalen Erweiterung (Rn 81 ff) davor geschützt, die Kaufsache übereignen zu müssen, ohne den vollständigen vertraglich vereinbarten Kaufpreis zu erhalten (§ 105 Rn 44).

VII. Sonderformen in der Käuferinsolvenz

80 Haben die Beteiligten den Eigentumsvorbehalt **erweitert oder verlängert**, ist in der Käuferinsolvenz deutlich zwischen der Abwicklung des Kaufvertrags und der der sonstigen aus der Abrede für den Verkäufer folgenden Rechte zu unterscheiden.

---

137 BGH ZIP 2013, 526 Rn 11 (freilich für den Grundstückkauf unter Einräumung einer Auflassungsvormerkung).

138 Für Aufrechenbarkeit speziell bei § 107 aber *Huber* InsR-Hb⁴ § 36 Rn 21; *Wegener* FK InsO⁷ § 107 Rn 30.

139 *Marotzke* HK InsO⁶ § 107 Rn 19; Uhlenbruck/*Wegener* InsO¹³ § 107 Rn 15.

1. (Horizontale) Erweiterungen des Eigentumsvorbehalts

Bei den horizontalen Erweiterungen (Rn 39) hängen die Rechtsfolgen in der Insolvenz maßgeblich davon ab, ob der **Kaufpreisanspruch** aus dem Kaufvertrag, auf dem der Eigentumsvorbehalt an der betroffenen Kaufsache beruht, bereits **vollständig erloschen** ist. Solange dieser Kaufpreis noch offen ist, gelten die Rechtsfolgen des einfachen Eigentumsvorbehalts. § 103 mit der Modifizierung durch § 107 II ist anwendbar (Rn 72 ff). Für den Insolvenzverwalter wird die Erfüllungswahl allerdings meist unattraktiv sein, weil das Eigentum erst dann in die Masse gelangt, wenn auch die übrigen vom erweiterten Eigentumsvorbehalt erfassten Forderungen gedeckt sind. Sobald das Erfüllungswahlrecht durch Ablehnung oder Zeitablauf nach Fristsetzung (§ 103 II 2) untergegangen ist, ist der Verkäufer zur Aussonderung berechtigt (Rn 74).[140] **81**

Ist der Kaufpreisanspruch indessen vor Verfahrenseröffnung erfüllt oder aus anderem Grunde erloschen, finden §§ 103, 107 II keine Anwendung mehr, da das Synallagma nicht mehr besteht (§ 103 Rn 122).[141] Am Kaufgegenstand besteht für den Verkäufer ein **Absonderungsrecht** wegen der sonstigen vom Eigentumsvorbehalt erfassten Forderungen.[142] So wirkt sich aus, dass der erweiterte Eigentumsvorbehalt eine Kombination von einfachem Eigentumsvorbehalt und Sicherungsübereignung darstellt.[143] Nunmehr ist der Verkäufer nicht mehr Warenkreditgeber als vorleistender Verkäufer, sondern durch die Erweiterung **wie ein Sicherungseigentümer gesicherter Geldkreditgeber.**[144] Folglich ergeben sich die Befugnisse und Pflichten des Insolvenzverwalters aus §§ 166 ff Es gelten die allgemeinen Regeln über das Sicherungseigentum entsprechend. **82**

Das **Absonderungsrecht geht unter** und das Eigentum fällt durch Bedingungseintritt in die Masse, wenn alle vom Eigentumsvorbehalt erfassten Forderungen untergehen. Besonderheiten aus den §§ 103 ff sind insoweit in den seltenen Fällen zu bedenken, in denen in den Eigentumsvorbehalt als **gesicherte Forderungen auch solche des Verkäufers gegen den Käufer einbezogen** sind, die ihrerseits aus einem beiderseits noch nicht vollständig erfüllten gegenseitigen Vertrag, etwa einem weiteren nicht abgewickelten Kaufvertrag stammen. Dann steht dem Verwalter keinesfalls die Möglichkeit zu, durch Ablehnung der Erfüllung dieser Verträge die betroffenen Ansprüche aus dem Schutz des erweiterten Eigentumsvorbehalts herauszunehmen, so dass diese Forderungen beim Bedingungseintritt nicht mehr zu berücksichtigen wären.[145] Vielmehr kann der Verkäufer als Absonderungsberechtigter sich ungeachtet der Erfüllungswahl aus seinem vor Verfahrenseröffnung noch anfechtungsfest erworbenen Absonderungsrecht befriedigen (§ 103 Rn 237). **83**

---

140 BGHZ 176, 86 Rn 24; Jaeger/*Henckel* InsO § 47 Rn 51; vgl z KO bereits BGHZ 54, 214; 98, 160 (170).

141 BGHZ 98, 160.

142 Begr zu RegE § 58, BT-Drucks 12/2443 S 125; *Bork* FS Gaul (1997) S 71 (77); *ders* InsR⁶ Rn 238 f; Jaeger/*Henckel* InsO § 47 Rn 51; *Marotzke* ZZP 109 (1996) 429 (432); *ders* HK InsO⁶ § 103 Rn 108, § 107 Rn 15; *Ott/Vuia* MünchKomm InsO³ § 107 Rn 26; Uhlenbruck/*Brinkmann* InsO¹³ § 47 Rn 22; *Wellensiek* Kölner Schrift³ S 208 Rn 38; *Westermann* MünchKomm BGB⁶ § 449 Rn 78.

143 *Bork* FS Gaul (1997) S 71 (78); vgl auch BGH ZIP 1980, 40 (42 f), wo eine unbedingte Übereignung m zeitgleicher Rückübereignung zu Sicherungszwecken stattgefunden hat.

144 Vgl BGHZ 54, 214; 176, 86 Rn 24, zust *Jacoby* JZ 2008, 1053 (1054 f).

145 So aber *Ganter* MünchKomm InsO³ § 47 Rn 92; iE auch *Seger/Tetzlaff* ZInsO 2012, 427 (429).

2. (Vertikale) Verlängerungsformen des Eigentumsvorbehalts

84 Wird ein Eigentumsvorbehalt durch Veräußerungsermächtigung oder Verarbeitungsklausel „verlängert" (Rn 45), besteht die maßgebliche Unterscheidung darin, ob der **Verlängerungsfall schon vor Verfahrenseröffnung** eingetreten ist. Vor dem Verlängerungsfall dominiert der einfache Eigentumsvorbehalt, danach wirkt sich aus, dass die Verlängerung eine „vorweggenommene" Sicherungsübertragung des neuen Rechtsgegenstands, also der Kaufpreisforderung bei der Veräußerung und der neu hergestellten Sache bei der Verarbeitung, bedeutet.[146]

85 a) **Kein Verlängerungsfall vor Verfahrenseröffnung.** Ist der Verlängerungsfall noch nicht eingetreten, befindet sich der Kaufgegenstand also noch unverarbeitet beim Käufer/Insolvenzverwalter (und ist der Kaufpreis noch nicht bezahlt), sind **§§ 103, 107 II anwendbar.** Wählt der Verwalter Erfüllung, so hat der Verwalter den Kaufpreis aus der Masse (§ 55 I Nr 2 Fall 1) zu zahlen, womit die Bedingung für den Eigentumsübergang eintritt (Rn 79). Schon vor Kaufpreiszahlung kann der Insolvenzverwalter von Verlängerungsermächtigungen Gebrauch machen, die vom Verkäufer erteilt und nicht widerrufen wurden.[147] Denn nach Erfüllungswahl ist die Veräußerung oder Verarbeitung wieder als eine solche im ordentlichen Geschäftsbetrieb anzusehen.[148] Erforderlich ist freilich, dass der Verwalter den Voraussetzungen der Ermächtigung entspricht, insbesondere sicherstellt, dass der Verkäufer Rechte am Surrogat – etwa durch Genehmigung der Verfügung des Insolvenzschuldners – erwirbt.[149]

86 **Sobald das Erfüllungswahlrecht untergeht**, ist der Verkäufer zur **Aussonderung** befugt.[150] Der entgegengesetzte Standpunkt, dass nur ein Absonderungsrecht besteht, lässt sich konsequent nur vertreten, wenn man dem einfachen Eigentumsvorbehalt Aussonderungskraft abspricht.[151] Dem stehen aber die Gesetzesgeschichte und die Einordnung des Vorbehaltsverkäufers als Warenkreditgeber entgegen (Rn 74).[152] Da der Verkäufer die Ermächtigung nur aus dem Grund erteilt hat, dem Schuldner die Erfüllung des Kaufvertrags zu ermöglichen, geht mit dem Erfüllungswahlrecht auch die Veräußerungs- oder Verarbeitungsermächtigung unter.[153] In der Schwebephase zwischen Verfahrenseröffnung und Entscheidung über das Wahlrecht darf der Insolvenzverwalter von der Veräußerungs- oder Verarbeitungsermächtigung nur Gebrauch machen, wenn er Erfüllung wählen will.

87 b) **Eintritt des Verlängerungsfalls vor Verfahrenseröffnung.** Ist der Verlängerungsfall durch Veräußerung oder Verarbeitung vor Verfahrenseröffnung eingetreten, besteht zwar die Kaufpreisforderung des Verkäufers fort, aber nicht mehr der Übereignungsanspruch des Käufers. Das Synallagma besteht nicht mehr. **§§ 103, 107 II sind nicht anwendbar.** Die bloße Pflicht des Verkäufers, die abgetretene Forderung (oder durch Verarbeitung erzeugte Sache) bei Wegfall des Sicherungsbedürfnisses (Zahlung des Kaufpreises) zurück zu übertragen, steht dem Kaufvertrag nicht gleich. Sie ergibt sich allein aus dem Siche-

---

146 Jaeger/*Henckel* InsO § 47 Rn 49 f.

147 Vgl *Ganter* MünchKomm InsO³ § 47 Rn 145; Jaeger/*Henckel* InsO § 51 Rn 33; ferner *Bork* FS Gaul (1997) S 71 (89).

148 Vgl Jaeger/*Henckel* InsO § 51 Rn 33.

149 Vgl BGHZ 135, 140 (145); 162, 187 (190); 167, 363 Rn 6; BGH ZIP 2006, 2276 Rn 9; *Ott/Vuia* MünchKomm InsO³ § 107 Rn 25.

150 Jaeger/*Henckel* InsO § 51 Rn 32, 38; *Reinicke/Tiedtke* Kreditsicherung⁵ (2006) Rn 943; *Wellensiek* Kölner Schrift³ S 208 Rn 38; so wohl auch Häsemeyer InsR⁴ Rn 18.32.

151 *Brinkmann* Kreditsicherheiten S 201.

152 Vgl BGHZ 54, 214; 176, 86 Rn 24; zust *Jacoby* JZ 2008, 1053 (1054 f).

153 Vgl *Bork* FS Gaul (1997) S 71 (89).

rungsvertrag und nicht aus dem Kaufvertrag. Insofern besteht eine Parallele zu der vom BGH entschiedenen Konstellation, in der eine vollständige Erfüllung bei einer unbedingten Übereignung und gleichzeitiger Sicherungsrückübereignung angenommen wurde.[154]

Dem Verkäufer steht **am wirtschaftlichen Surrogat ein Absonderungsrecht** zu.[155] Bei der Abtretung der Forderung gegen den Kunden des Käufers handelt es sich um eine Sicherungszession, die nach §§ 51 Nr 1, 166 II zu behandeln ist. Entsprechend steht dem Verkäufer an der durch Verarbeitung geschaffenen Sache Sicherungseigentum zu, das §§ 51 Nr 1, 166 I folgt. Dafür kommt es nicht darauf an, ob man mit dem BGH einen originären Erwerb der Verkäufers aufgrund Vereinbarung der Herstellereigenschaft iSv § 950 BGB annimmt oder eine antizipierte (Sicherungs-)Übereignung der neu hergestellten Sache. Mangels Fortbestands des Eigentums am verkauften Gegenstand, kann der Verkäufer diesen nicht aussondern.[156] Das Verhältnis zwischen Verkäufer und Insolvenzverwalter richtet sich damit einzig nach §§ 166 ff. **88**

3. Weitergeleiteter Eigentumsvorbehalt

Beim weitergeleiteten Eigentumsvorbehalt (Rn 48) ist zwischen der Insolvenz des (Erst-)Käufers und der des Abkäufers zu unterscheiden. In der **Insolvenz des (Erst-)Käufers** muss weiter die doppelte Entscheidungsmöglichkeit des Insolvenzverwalters im Hinblick zum einen auf den Vertrag mit dem Verkäufer und zum anderen auf den Vertrag mit dem Abkäufer berücksichtigt werden. § 107 II gilt nur im Verhältnis zum Verkäufer, da der (Erst-)Käufer nur insoweit die Position des Käufers inne hat. **89**

Wählt der Verwalter des (Erst-)Käufers die Erfüllung beider Verträge, werden beide Verträge mit Wirkung für die Masse fortgesetzt.[157] **Wählt der Verwalter Erfüllung nur des Vertrags mit seinem Verkäufer**, so ist der Abkäufer dadurch geschützt, dass er durch Erfüllung der Kaufpreisforderung des Verkäufers gegen den (Erst-)Käufer in jedem Fall Eigentum erwirbt. Dies kann er auch analog § 268 BGB selbst bewirken.[158] Geht das Erfüllungswahlrecht hinsichtlich des Vertrags mit dem Verkäufer indessen unter, so ist der Abkäufer nicht mehr geschützt. Denn in diesem Fall ist weder der (Erst-)Käufer noch der Abkäufer berechtigt, ohne Mitwirkung des Verkäufers die Kaufpreisforderung zu tilgen und damit den Bedingungseintritt herbeizuführen. Dies ergibt sich für den (Erst-)Käufer aus der Nichterfüllungswahl seines Verwalters (siehe hierzu Rn 76), für den Abkäufer daraus, dass seine Rechtsposition von der Erfüllbarkeit der Forderung zwischen Verkäufer und Käufer abhängt. Der Verkäufer kann dann Herausgabe vom Abkäufer gem § 985 BGB verlangen. Der Abkäufer muss daher darauf bedacht sein, die Zahlung an den Verkäufer vor Untergang des Erfüllungswahlrechts vorzunehmen. **90**

In der **Insolvenz des Abkäufers** ist dieser nur mit Blick auf den (Erst-)Käufer „Käufer“ im Sinne des § 107 II. Wählt der Verwalter Erfüllung, so kann er entweder vom (Erst-)Käufer Erfüllung dessen Kaufvertrags mit dem Verkäufer verlangen und damit den Bedingungseintritt für seinen Eigentumserwerb herbeiführen lassen oder aber analog § 268 BGB die Bedingung durch Zahlung an den Verkäufer selbst herbeiführen.[159] Der Verkäufer ist in seinen Rechten als Eigentümer nicht durch die Insolvenz des Abkäufers beschränkt, da nicht sein Vertragspartner insolvent ist und er auch nicht § 107 II beachten muss. Er kann daher durch Rücktritt vom Kaufvertrag mit dem Erstkäufer den **91**

---

[154] BGH ZIP 1980, 40 (42 f).
[155] Jaeger/*Henckel* InsO § 47 Rn 49 f.
[156] *Jacoby* JZ 2008, 1053 (1055).
[157] *Ganter* MünchKomm InsO[3] § 47 Rn 98.
[158] *Ganter* MünchKomm InsO[3] § 47 Rn 98; *Häsemeyer* KTS 1973, 2 (16); Jaeger/*Henckel* KO[9] § 17 Rn 57.
[159] *Ganter* MünchKomm InsO[3] § 47 Rn 99.

Herausgabeanspruch aus § 985 BGB herbeiführen und die Kaufsache auch vom Abkäufer herausverlangen und damit aussondern.[160]

4. Nachgeschalteter Eigentumsvorbehalt

92 Beim nachgeschalteten Eigentumsvorbehalt (Rn 49) verfügt der Abkäufer aufgrund der bedingten Übereignung des (Erst-)Käufers an ihn über ein **Anwartschaftsrecht**, das entweder auf gutgläubigem Erwerb oder einer Ermächtigung des Verkäufers beruht. In diesem Verhältnis von (Erst-)Käufer und Abkäufer bedeutet die Insolvenz des Erstkäufers daher einen Fall des § 107 I. Der Abkäufer wird also durch Erfüllung des Kaufpreisanspruchs des (Erst-) Käufers gegen ihn Eigentümer.[161] Im Verhältnis Verkäufer und (Erst-) Käufer gilt zwar § 107 II uneingeschränkt, jedoch hat der Abkäufer durch die Weiterveräußerung ein eigenes Anwartschaftsrecht erworben, welches der Verkäufer auch nach Wegfall des Schutzes durch § 107 II im Verhältnis zum (Erst-)Käufer nicht zum Erlöschen bringen kann.

93 Wird der **Abkäufer insolvent**, so gelten zwischen ihm und dem (Erst-)Käufer **§§ 103, 107 II wie beim einfachen Eigentumsvorbehalt**. Insbesondere gelangt das Eigentum in die Insolvenzmasse des Abkäufers, wenn dessen Insolvenzverwalter den Kaufpreisanspruch des (Erst-)Käufers erfüllt; der Verkäufer kann die Abwicklung dieses Vertrags nicht beeinflussen, weil der Abkäufer bereits vor Verfahrenseröffnung durch die Verfügung des (Erst-)Verkäufers eine gesicherte Rechtsposition erlangt hat.

§ 108
Fortbestehen bestimmter Schuldverhältnisse

(1) Miet- und Pachtverhältnisse des Schuldners über unbewegliche Gegenstände oder Räume sowie Dienstverhältnisse des Schuldners bestehen mit Wirkung für die Insolvenzmasse fort. Dies gilt auch für Miet- und Pachtverhältnisse, die der Schuldner als Vermieter oder Verpächter eingegangen war und die sonstige Gegenstände betreffen, die einem Dritten, der ihre Anschaffung oder Herstellung finanziert hat, zur Sicherheit übertragen wurden.

(2) Ein vom Schuldner als Darlehensgeber eingegangenes Darlehensverhältnis besteht mit Wirkung für die Masse fort, soweit dem Darlehensnehmer der geschuldete Gegenstand zur Verfügung gestellt wurde.

(3) Ansprüche für die Zeit vor der Eröffnung des Insolvenzverfahrens kann der andere Teil nur als Insolvenzgläubiger geltend machen.

Gesetzesänderungen: Abs 1 S 2 eingefügt durch G v 19.7.1996 (AGBG/InsOÄndG), BGBl I S 1013; Überschrift geändert, Abs 2 eingefügt, bisheriger Abs 2 wurde Abs 3 mWv 1.7.07 durch G v 13.4.07 (InsVereinfG), BGBl I S 509.

Materialien: BT-Drucks 12/2443 S 146 f; RegE § 122; RefE § 115; DiskE § 115; 1. Ber InsR-Komm LS 2.4.1.4, 2.4.2.1.

---

[160] **AA** *Ganter* MünchKomm InsO³ § 47 Rn 993, der eine Aussonderung erst dann zulassen will, wenn der Verkäufer wegen einer endgültigen Nichtzahlung durch den (Erst-)Käufer u den Abkäufer zurückgetreten ist.

[161] *Ganter* MünchKomm InsO³ § 47 Rn 102.

Vorgängerregelungen: § 21 I KO (dazu Motive I Bd 1 S 107 ff; Motive II S 80 ff; Protokolle S 15, 149; P II S 135 f Note 1, S 164, 168; Begr z KO Nov 1898 S 30 f; KommBer S 1951 f; Reichstag II. Session 1914/15 Drucks Nr 71 S 3, 9, 11 f; neu gefasst durch VO v 21.12.40, RGBl I 1609), § 22 I KO (dazu Motive I Bd 1 S 109 ff; Motive II S 82 ff; Protokolle S 15, 17, 18, 149; P II S 308 f; P VI S 760; Begr z KO Nov 1898 S 31), § 51 I VerglO, § 9, II, III GesO.

Literatur

Bartels Zum Überlassungserfordernis beim Fortbestand von Mietverhältnissen in der Insolvenz WuB VI A § 108 InsO 1.08; *C Berger* Die unternehmerische Tätigkeit des Insolvenzschuldners im Rahmen der Haftungserklärung nach § 35 Abs. 2 InsO ZInsO 2008, 1101; *ders* Barkaution des Mieters in der Zwangsverwaltung und Insolvenz ZfIR 2010, 221; *Bien* Die Insolvenzfestigkeit von Leasingverträgen nach § 108 Abs. 1 Satz 2 InsO ZIP 1998, 1017; *ders* Die insolvenzrechtliche Stellung des Refinanzierers der Leasinggesellschaft beim Finanzierungsleasing nach der Insolvenzordnung (2000); *Bitter* Die Nutzungsüberlassung in der Insolvenz nach dem MoMiG (§ 135 Abs. 3 InsO) ZIP 2010, 1; *Bornholdt* Leasingnehmer und refinanzierende Bank in der Insolvenz des Leasinggebers nach der Insolvenzordnung (1999); *Bräuer* Der Fortfall der Einrede eigenkapitalersetzender Nutzungsüberlassung in der Insolvenz des Gesellschafters als Folge der §§ 103 Abs. 1, 108 Abs. 1 Satz 1 InsO ZInsO 2007, 306; *Braun* Die Pflicht des Insolvenzverwalters zur Rückgabe von Mietsachen NZI 2005, 255; *Breitfeld* Aktuelle Entwicklungen der Rechtsprechung zum Insolvenzrecht FLF 2004, 168; *Cymutta* Die Mietkaution in der Insolvenz des Vermieters und des Mieters WuM 2008, 441; *dies* Die Herausgabe der Schuldnerwohnung in der Mieterinsolvenz WuM 2008, 582; *dies* Pacht- und Landpachtverträge in der Insolvenz AUR 2009, 313; *dies* Besonderheiten der Pacht- und Landpachtverträge in der Insolvenz ZInsO 2009, 412; *Dahl* Mietausfallschaden des gewerblichen Vermieters in der Mieterinsolvenz NJW-Spezial 2007, 549; *ders* Der Zwischen(ver)-mieter in der Insolvenz NJW-Spezial 2008, 309; *ders* Im Überblick: Der Mieter in der Insolvenz NZM 2008, 585; *ders* Die Mietkaution in der Insolvenz FS Görg (2010) S 119; *Dahl/Schmitz* Eigenkapitalersatz nach dem MoMiG aus insolvenzrechtlicher Sicht NZG 2009, 325; *Derleder* Die Rechtsstellung des Wohn- und Gewerberaummieters in der Insolvenz des Vermieters – Eine praktische Darstellung anhand von 20 Fallbeispielen NZM 2004, 568; *ders* Im Überblick: Die Sicherung des Vermieters durch Barkaution, Bürgschaft, Verpfändung, Sicherungsabtretung und Schuldübernahme NZM 2006, 601; *ders* Zur Frage eines Aussonderungsrechts an einer mit Vermietervermögen vermischten Mietkaution NJW 2008, 1153; *ders* Die Betriebskostenabrechnung bei Eigentümer- und Vermieterwechsel, Zwangs- und Insolvenzverwaltung NZM 2009, 8; *Eckardt* Insolvenzfester Rechtserwerb an Mietforderungen in der Vermieterinsolvenz 10 Jahre Mietrechtsreformgesetz (2011) S 877; *Eckert* Konkursforderungen und Masseschulden bei Erfüllung und Abwicklung von Mietverhältnissen ZIP 1983, 770; *ders* Miete, Pacht und Leasing im neuen Insolvenzrecht ZIP 1996, 897; *ders* Leasingraten – Masseschulden oder Konkursforderungen? ZIP 1997, 2077; *ders* Räumung, Rückgabe und Aussonderung im Mieterinsolvenzverfahren NZM 2006, 610; *ders* Die Schuldnerwohnung im Verbraucherinsolvenzverfahren ZVI 2006, 133; *ders* Zur Haftung des Mieters für Mietrückstände nach Aufhebung des Insolvenzverfahrens EWiR 2007, 503; *ders* Mietverträge über bewegliche Sachen in der Schwebephase zwischen Eröffnung des Insolvenzverfahrens und Ausübung des Insolvenzverwalterwahlrechts NZM 2007, 829; *ders* Zur Mietkaution in der Vermieterinsolvenz EWiR 2008, 209; *ders* Die insolvenzfeste Anlage der Mietkaution ZMR 2010, 9; *Eickmann* Zwangsverwaltung in der Insolvenz ZfIR 2007, 557; *Emde/Kelm* Der Handelsvertretervertrag in der Insolvenz des Handelsvertreters und des von ihm geworbenen Kunden ZVI 2004, 382; *Engel/Völckers* Leasing in der Insolvenz (1999); *Engert/Schmidl* Verkaufte Darlehen in der Insolvenz des Darlehensgebers WM 2005, 60; *Fehl* Leasing in der Insolvenz DZWIR 1998, 82; *G Fischer* Die Berechnung des für eine Gebrauchsüberlassung nach § 135 Abs. 3 InsO zu zahlenden Ausgleichs FS Wellensiek (2011) S 443; *P Fischer* Der Zwangsverwalter und § 135 Abs. 3 – Gesellschaftsinterne Nutzungsverhältnisse ZfIR 2010, 312; *Fischer/Knees* Zum Umgang des Grundpfandrechtsgläubigers mit § 135 Abs. 3 InsO ZInsO 2009, 745; *Fleckner* Insolvenzrechtliche Risiken bei Asset Backed Securities ZIP 2004, 585; *Franken/Dahl* Mietverhältnisse in der Insolvenz² (2006); *Freitag* Der Darlehensvertrag in der Insolvenz ZIP 2004, 2368; *Frind* Lastschrift-„Widerruf" der Mietzahlung in der Insolvenz des Mieters – Eine Folgenbetrachtung für die Praxis NZM 2009, 688; *Gehrlein* Behandlung eines Darlehens in der Insolvenz des Darlehensgebers ZInsO 2012, 101; *Geißler* Die insolvenzrechtliche Qualität des Anspruchs des Vermieters auf Miete für unbewegliche Gegenstände oder Räume bei Eröffnung des Insolvenzverfahrens über das Vermöge des Mieters im Laufe des Bemessungs- bzw. Nutzungszeitraums ZInsO 2012, 1206; *Göcke/Henkel* Zur Anwendbarkeit des § 135 Abs. 3 InsO in der Doppelinsolvenz von Gesellschaft und Gesellschafter sowie bei Zwangsverwaltung ZInsO 2009, 170; *Grote* Wohnraummiete und Arbeitseinkommen während des eröffneten Verbraucherinsolvenzverfahrens NZI 2000, 66; *Gundlach/Frenzel* Anspruch des Mieters auf vertragsgemäßen Zustand als Masseschuld NZI 2003, 374; *Gundlach/Frenzel/Strandmann* Die Mietkaution in der Insolvenz des Vermieters DZWIR 2008, 189; *Gutsche* Die schicksalhafte Begegnung der Dauerschuldverhältnisse mit der Freigabe gem. § 35 Abs. 2 InsO ZVI 2008, 41; *Haas* Fragen zur „kapitalersetzenden" Nutzungsüberlassung nach neuem Recht FS Ganter (2010) S 189; *Hain* Das Wohnraummietverhältnis des Insolvenzschuldners unter besonderer Berücksichtigung der Räumungs- und Herausgabeverpflichtung des Insolvenzverwalters/Treuhänders ZInsO 2007, 192; *Heilmann* Die Masseschulden im Konkurs des Mieters NJW 1985, 2505; *Heinze* Die neue Freigabe des Unternehmens aus der Insolvenzmasse ZVI 2007, 349; *ders* Die (Eigenkapital ersetzende) Nutzungsüberlassung in der GmbH-Insolvenz nach dem MoMiG ZIP 2008, 110; *ders* Die Barkaution in der Insolvenz des Mieters ZInsO 2010, 1073; *Henkel* Die Kollision von Gesellschafterinsolvenz und eigenkapitalersetzender Nutzungsüberlassung, § 110 Abs. 1 InsO, § 32a Abs. 3 Satz 1 GmbHG ZInsO 2006, 1013; *ders* Der Einwand der eigenkapitalersetzenden Nutzungsüberlassung in der Insolvenz des GmbH-Gesellschafters GmbHR 2007, 139; *Hirte* Die Neuregelung des Rechts der (früher: kapitalersetzenden) Gesellschafterdarlehen durch das Gesetz zur Modernisierung des GmbH-Rechts und zur Bekämpfung von Missbräuchen (MoMiG) WM 2008, 1429; *Hölzle* Gibt es noch eine Finanzierungsfolgenverantwortung im MoMiG? ZIP 2009, 1939; *Hölzle/Geßner* Die Insolvenz des Leasinggebers – Zweifelsfragen bei der Besicherung des Refinanziers ZIP 2009, 1641; *Hörndler/Hoisl* Auswirkungen des MoMiG auf das Mietrecht NZM 2009, 377; *Holzer* Nutzungsüberlassung im Insolvenzverfahren ZVI 2008, 369; *Horst* Mietforderungen in der Insolvenz des Mieters ZMR 2007, 167; *Kalkschmid* Immobilienleasing in der Insolvenz (2003); *Klinck* Refinanziertes Mobilienleasing in der Insolvenz des Leasinggebers KTS 2007, 37; *Krämer* Leasingverträge in der Insolvenz (2005); *Krüger* Die Wirkung der Verfahrenseröffnung bei einem insolventen Handelsvertreter auf seinen Handelsvertretervertrag ZInsO 2010, 507; *Krull* Zur Behandlung von Finanzierungsleasingverträgen im künftigen Insolvenzverfahren ZMR 1998, 746; *Krumm/Wolf* Rechte des Immobilien-Vermieters bei Unternehmerinsolvenz des Mieters NWB 2010, 1842; *Kuder* Klartext: Neues Supervorrecht für Banken durch die Hintertür? ZInsO 2004, 1180; *Küpper/Heinze* Regelung der Nutzungsüberlassung nach Insolvenzeröffnung nach § 135 Abs. 3 InsO – zwischen Durchsetzungssperre und Ausgleichsanspruch InsBüro 2010, 84; *Lind* Der Darlehensvertrag in der Insolvenz des Darlehensgebers ZInsO 2004, 580; *Livonius* § 108 Abs. 1 Satz 2 InsO und seine Anwendbarkeit bei Mietverträgen ZInsO 1998, 111; *Lohmann* Der Fortbestand des Mietverhältnisses über unbewegliche Gegenstände in der Insolvenz des Vermieters FS Fischer (2008) S 333; *Luther* Darlehen im Konkurs (1990); *Madaus* Anmerkung zu einer Entscheidung des BGH (Urteil vom 20.10.2011 – IX ZR 10/11, KTS 2012, 215) – Zur Aufrechnungsfähigkeit einer Insolvenzforderung gegen die Forderung der Masse aus der Weiterführung des schwebenden Geschäfts KTS 2012, 217; *Marotzke* Klartext: Neues Supervorrecht für Banken durch die Hintertür? ZInsO 2004, 1063; *ders* Darlehen und Insolvenz ZInsO 2004, 1273; *ders* Klartext: Vorsicht Elefanten! ZInsO 2006, 300; *ders* Insolvenzrechtliche Probleme bei Untermietverträgen über Immobilien ZInsO 2007, 1; *ders* Die vorzeitige Darlehensrückforderung wegen Insolvenz des Darlehensgebers FS Westermann (2008) S 427; *ders* Gesellschaftsinterne Nutzungsverhältnisse nach Abschaffung des Eigenkapitalersatzrechts ZInsO 2008, 1281; *ders* Die Insolvenz des Untervermieters einer Immobilie Kölner Schrift[3] S 672; *ders* Im Überblick: Gesellschaftsinterne Nutzungsverhältnisse im Spiegel der §§ 39 Abs. 1 Nr. 5, 103, 108 ZInsO 2009, 2073; *ders* Darlehen und sonstige Nutzungsüberlassungen im Spiegel des § 39 Abs. 1 Nr. 5 InsO – eine alte Rechtsfrage in neuem Kontext JZ 2010, 592; *Molitor* Zulässigkeit der Freigabe trotz Verwaltungsvereinbarung ZInsO 2009, 231; *Mork/Heß* Mieterschutz contra Freigabe ZInsO 2005, 1206; *Noltin* Teleologische Reduktion des § 566a BGB in der Insolvenz des Vermieters NZI 2007, 149; *Obermüller* Auswirkungen der Insolvenz des Bankkunden auf die Kontobeziehung und den Zahlungsverkehr ZInsO 1998, 252; *Obermüller/Livonius* Auswirkungen der Insolvenzrechtsreform auf das Leasinggeschäft DB 1995, 27; *Pannen* Darlehensverträge in der Insolvenz des Kreditinstituts ZInsO 2009, 596; *Pannen/Wolf* ABS-Transaktionen in der Insolvenz des Originators – das Doppeltreuhandmodell und die neuen Refinanzierungsregister ZIP 2006, 52; *Pape* Insolvenz im Mietrecht NZM 2004, 401; *ders* Ablehnung und Erfüllung schwebender Rechtsgeschäfte durch den Insolvenzverwalter Kölner Schrift[3] S 405; *ders* Aktuelles zur Mieterinsolvenz ZMR 2009, 885; *Peters* Refinanzierung beim Mobilienleasing und Insolvenz des Leasinggebers ZIP 2000, 1759; *ders* Regressloser An-/Verkauf von Forderungen beim Mobilienleasing WM 2009, 2294; *Pfennig* Das Erbbaurecht in der Insolvenz (2010); *Poepping* Die Auswirkungen des MoMiG auf die insolvenzrechtliche Behandlung von Gesellschafterdarlehen ab dem 1.11.2008 BKR 2009, 150; *Preuß* Fortbestand des Mietverhältnisses im Zeitpunkt der Eröffnung des Insolvenzverfahrens JR 2008, 418; *Priebe* Mietverhältnisse in der Insolvenz des Mieters NZM 2010, 801; *ders* Immobilien und Insolvenz – Freigabe ZInsO 2010, 1673; *Primozic* Insolvenzfestigkeit von Leasingverträgen beim Doppelstock-Modell NZI 2008, 465; *Ries* Freigabe (auch) von Dauerschuldverhältnissen des § 108 InsO aus dem Insolvenzbeschlag beruflich selbstständiger Schuldner ZInsO 2009, 2030; *Ringstmeier* Abwicklung von Mietverhältnissen in masseunzulänglichen Insolvenzverfahren ZInsO 2004, 169; *Rosenmüller* Zur Qualität von Mietzinsforderungen bei Verfahrenseröffnung am Monatsersten ZInsO 2012, 1110; *Rühle* Die Nutzungsüberlassung durch Gesellschafter in Zeiten des MoMiG ZIP 2009, 1358; *Schäfer* § 135 III InsO – Nutzungsüberlassungen im Spannungsfeld zwischen Gesellschafts- und Insolvenzrecht NZI 2010, 505; *Scheer-Hennings/Härle* Das gewerbliche Mietverhältnis in der Insolvenz ZfIR 2008, 831; *K Schmidt* Nutzungsüberlassung nach der GmbH-Reform DB 2008, 1727; *ders* Nutzung und Nutzungsentgelte als Verhandlungsgegenstand zwischen Insolvenzverwalter und Gesellschafter – Lehren aus § 135 Abs. 3 InsO – FS Wellensiek (2011) S 551; *Schwemer* Leasing in der Insolvenz ZMR 2000, 348; *Seifert* Refinanzierung von Leasingverträgen nach § 108 InsO NZM 1998, 217; *Sinz* Leasing und Factoring im Insolvenzverfahren Kölner Schrift[3] S 403; *Skaupy* Zu den Begriffen „Franchise", „Franchisevereinbarungen" und „Franchising NJW 1992, 1785; *Spliedt* MoMiG in der Insolvenz – Ein Sanierungsversuch ZIP 2009, 149; *Stahmer* Verzinsliches Darlehen in der Insolvenz (2002); *Steder* Behandlung des Arbeitseinkommens und sonstiger laufender Bezüge im eröffneten Insolvenzverfahren ZIP 1999, 1874; *Stiller* Wirkung der Negativerklärung gem. § 35 Abs. 2 Satz 1 InsO auf bei Insolvenzeröffnung bestehende Arbeitsverhältnisse ZInsO 2010, 1374; *Streyl* Die Kaution in Zwangsverwaltung und Insolvenz des Vermieters GuT 2009, 368; *Timme* Mietkaution in der Insolvenz des Vermieters NZM 2008, 429; *Tintelnot* Die gegenseitigen Verträge im neuen Insolvenzrecht ZIP 1995, 616; *ders* Zu Ansprüchen des Vermieters einer beweglichen Sache in der Mieterinsolvenz EWiR 2007, 727; *Uhlenbruck/Sinz* Die Forfaitierung von Leasingforderungen im Konkurs des Leasinggebers WM 1989, 1113; *Vallender* Wohnungseigentum in der Insolvenz NZI 2004, 401; *Vallender/Dahl* Das Mietverhältnis des Schuldners im Verbraucherinsolvenzverfahren NZI 2000, 246; *E Wagner/Wexler-Uhlich* Vertriebsmittlerverträge in der Insolvenz – Handelsvertreterverträge DB 2010, 2454; *Waldherr* Die Immobilie in der Insolvenz ZfIR 2005, 833; *Wegener* Die Herstellungspflicht des Verwalters in der Vermieterinsolvenz nach § 108 InsO ZInsO 2005, 1259; *Welling* Miet- und Leasingverträge über bewegliche Sachen im neuen Insolvenzrecht (1999); *Wente* Findet § 103 InsO bei der Insolvenz des dienstverpflichteten Unternehmens Anwendung? ZIP 2005, 335; *v Wilmowsky* Der Mieter eines beweglichen Gegenstands in Insolvenz ZInsO 2007, 731; *ders* Darlehensnehmer in Insolvenz (Teil I und II) WM 2008, 1196; *Windel* Masseverbindlichkeiten nach Freigabeerklärung AP Nr 1 zu § 35 InsO; *Wischemeyer* Neumasseverbindlichkeiten trotz Freigabe der gewerblich genutzten Mietsache? ZInsO 2008, 197; *ders* Die Freigabe der selbstständigen Tätigkeit des Schuldners gem. § 35 Abs. 2 InsO – eine „kleine" übertragende Sanierung? ZInsO 2009, 937; *ders* Freigabe einer selbstständigen Tätigkeit nach § 35 Abs. 2 InsO – Praxisfragen und Lösungswege ZInsO 2009, 2121; *Wischemeyer/Schur* Zur Reichweite der Freigabeerklärung des Insolvenzverwalters nach § 35 Abs. 2 InsO bei bereits ausgeübter selbstständiger Tätigkeit des Schuldners ZInsO 2007, 1240; *J Wittig/A Wittig* Das neue Darlehensrecht im Überblick WM 2002, 145; *Wortberg* Die Überlegungsfrist bei der Ausübung des Verwalterwahlrechts – ein Instrument zur Masseanreicherung? ZInsO 2006, 1256; *Zahn* Leasingnehmer und refinanzierende Bank in der Insolvenz des Leasinggebers DB 1995, 1597; *ders* Der Leasingvertrag über Mobilien in der Insolvenz des Leasinggebers nach der Novellierung der Insolvenzordnung DB 1996, 1393; *ders* Die Leistung des Leasinggebers nach Übergabe – wertlos? DB 1998, 1701; *ders* Die Rechte der Bank in der Insolvenz der Leasinggesellschaft bei Doppelstock-Refinanzierung DB 2003, 2371; *ders* Das Sicherungseigentum der Bank in der Insolvenz der Leasinggesellschaft ZIP 2007, 365; *Zipperer* Probleme der Miete und des Wohnungseigentums in der Insolvenz aus der Sicht des Richters – neue Risiken durch die Insolvenzordnung? ZfIR 2006, 1.

Übersicht

Alphabetische Übersicht

I. Grundlagen

1 Die Bestimmung ordnet als **Ausnahme vom Grundsatz des § 103** den Fortbestand bestimmter Schuldverhältnisse mit Wirkung für und gegen die Insolvenzmasse an. Die Ausnahme von § 103 besteht aber strenggenommen nicht im Fortbestehen des Schuldverhältnisses.[1] Seitdem die ehemals zu § 103 herrschende Erlöschenstheorie überholt ist, ist der Fortbestand auch der unter § 103 fallenden Vertragsverhältnisse über die Insolvenzeröffnung hinaus anerkannt (§ 103 Rn 22, 25). Die Abweichung von § 103 besteht in der haftungsrechtlichen Qualifikation der Ansprüche, die zur Durchführung des Vertrags über den Zeitpunkt der Insolvenzeröffnung führt. Die Ansprüche des Vertragspartners aus dem Schuldverhältnis sind nicht wie diejenigen, die aus von § 103 erfassten Schuldverhältnissen stammen, lediglich Insolvenzforderungen, die nur durch Erfüllungswahl des Insolvenzverwalters zur Masseverbindlichkeit (§§ 103 I, 55 I Nr 2 Fall 1) werden. Nach §§ 108, 55 I Nr 2 Fall 2 sind die Ansprüche des Vertragspartners für die Zeit nach Eröffnung des Insolvenzverfahrens **kraft Gesetzes Masseverbindlichkeiten**. Nur bei Verfahrenseröffnung noch unerfüllte Ansprüche für die Zeit vor Verfahrenseröffnung sind nach Abs 3 – parallel zu der Anordnung des § 105 S 1 – bloße Insolvenzforderungen. Die haf-

[1] **Anders** die Betonung in der Begr zu RegE § 122, BT-Drucks 12/2443 S 146: „enden sie mit Eröffnung des Insolvenzverfahrens".

tungsrechtliche Qualifikation der Ansprüche entspricht mithin derjenigen, die sonst aus der Erfüllungswahl des Insolvenzverwalters folgt. Da so dem Insolvenzverwalter die Möglichkeit genommen wird, auf die Erfüllungswahl zu verzichten, bewirkt die Vorschrift den Schutz des Vertragspartners. Der Masseschutz wird allein über die besonderen Lösungsrechte der §§ 109, 111, 113 bewirkt.

1. Entstehungsgeschichte

§ 108 vereinigt in seiner heutigen Fassung erstmals Regelungen über Miete und Pacht, Dienstvertrag sowie Darlehen. Die zunächst vom Gesetzgeber gewählte Normüberschrift „Fortbestehen von Dauerschuldverhältnissen" wurde gegen die heutige „Fortbestehen bestimmter Schuldverhältnisse" ausgetauscht, um den Eindruck zu vermeiden, die Bestimmung erfasse alle Dauerschuldverhältnisse.[2] Die einzelnen Tatbestandsalternativen weisen mangels gemeinsamer Vorgängernorm eine unterschiedliche Gesetzesgeschichte auf. 2

a) **Miete und Pacht.** §§ 19–21 KO ordneten in ähnlicher Weise wie § 108 I den Fortbestand von Miet- und Pachtverhältnissen mit Wirkung für die Insolvenzmasse über die Insolvenzeröffnung hinaus an. Ausdrücklich enthielt diese Rechtsfolge allerdings nur § 21 für die Vermieter-/Verpächterinsolvenz, während das in § 19 geregelten Kündigungsrecht für den Fall der Mieter-/Pächterinsolvenz die Vertragsfortsetzung unter Ausschaltung des Verwalterwahlrechts stillschweigend voraussetzte. Die Regelungen enthielten in ihrem Anwendungsbereich allerdings zwei bedeutende Abweichungen im Vergleich zu der heutigen Regelung. §§ 19, 21 setzten voraus, dass die Miet- oder Pachtsache dem Mieter oder Pächter bereits überlassen war (Rn 83). Vor allem aber bezogen sich die Regelungen unterschiedslos auf alle Miet- und Pachtverhältnisse, gleich ob der Vertragsgegenstand Immobilie, Mobilie oder sonstiges Recht war. Die heutige Unterscheidung des Abs 1 nach dem Vertragsgegenstand war in den Vorarbeiten zur InsO noch kaum thematisiert worden[3], wurde vielmehr erst durch den Regierungsentwurf[4] eingeführt. 3

Verträge über bewegliche Sachen unterfallen nur unter den **engen Voraussetzungen** von Abs 1 S 2 dem § 108. Diese Bestimmung wurde zwar erst nach Verabschiedung, aber noch vor Inkrafttreten der InsO nachträglich in das Gesetz eingefügt.[5] Auf diese Weise reagierte der Gesetzgeber auf Befürchtungen aus der Praxis[6], die Entscheidung, Mobilien und Rechte dem Verwalterwahlrecht gem § 103 zu unterstellen, zeitigte nachteilige Auswirkungen auf die Praxis des Refinanzierungsleasings, weil eine insolvenzbeständige Vorauszession von Leasingraten nun nicht mehr möglich sei.[7] 4

b) **Dienstverhältnisse.** Für Dienstverhältnisse enthielt die KO nur eine ausdrückliche Regelung in § 22, der für die Insolvenz des Dienstberechtigten (Arbeitgebers) gleich dem heutigen § 113 besondere Kündigungsmöglichkeiten schaffte. Wie im Falle der Mieterinsolvenz (§ 19 KO, § 109; s Rn 3) wurde dieser Kündigungsmöglichkeit stillschweigend entnommen, dass der Vertrag abweichend von 17 KO mit Wirkung für die Masse fortgesetzt wird.[8] Das spricht Abs 1 heute ausdrücklich aus. 5

---

2 Änderung durch Art 1 Nr 17 des G z Vereinfachung des Insolvenzverfahrens v 13.4.2007 (BGBl I 509).

3 Befürwortend allerdings *Marotzke* JR 1990, 331.

4 Begr zu RegE § 122, BT-Drucks 12/2443 S 146 u Begr zu § 108 I 2, BT-Drucks 13/4699 S 6.

5 Art 2 des G z Änderung des AGB-G u der InsO v 19.07.1996 (BGBl I S 1013).

6 Vgl *Zahn* DB 1995, 1597 (1649).

7 Vgl Begr zu § 108 I 2, BT-Drucks 13/4699 S 6; ferner z Entstehung *Zahn* DB 1996, 1393.

8 Jaeger/*Henckel* KO[9] § 17 Rn 14, § 22 Rn 1.

6 Für die Insolvenz des Dienstverpflichteten (Arbeitnehmer) enthielt die KO keine Regelung. Man ging davon aus, dass das Dienstverhältnis vom Konkurs des Verpflichteten gar nicht betroffen werde, weil die **persönliche Arbeitskraft** des Schuldners nicht vom Insolvenzbeschlag erfasst sei, der Neuerwerb nicht in die Masse falle und der Verwalter nicht an Stelle des Schuldners die geschuldete Leistung erbringen könne (§ 613 S 1 BGB).[9] Als der Gesetzgeber in § 108 I die Fortgeltung für alle Dienstverhältnisse, gleich über welche Vertragspartei das Insolvenzverfahren eröffnet wird, anordnete, beabsichtigte er keine Änderung gegenüber dem bisherigen Recht.[10] Das wäre auch zutreffend, wenn die Prämisse stimmte, dass Dienstverhältnisse bei Insolvenz des Dienstverpflichteten nicht vom Insolvenzbeschlag erfasst werden. Diese Prämisse ist aber nur richtig, soweit es sich um **höchstpersönliche Dienstverpflichtungen** einer natürlichen Person, insbesondere eines Arbeitnehmers, handelt (Vor § 103 Rn 52; Rn 241). Dienstverpflichtungen, die betriebs- oder unternehmensbezogen sind, werden von der Insolvenz berührt. Dieses gesetzgeberische Versehen legitimiert eine teleologische Reduktion von Abs 1, diese Bestimmung auf von der Insolvenz erfasste Dienstverpflichtungen des Schuldners nicht anzuwenden (Rn 241 ff). Einschlägig ist dann vielmehr das Wahlrecht des § 103.

7 c) **Darlehen.** Abs 2 wurde nachträglich mit Wirkung für sämtliche nach dem 1.7.2007 eröffneten Verfahren (Art 103c EGInsO) eingefügt.[11] Vor seinem Inkrafttreten war die Behandlung von Darlehensverträgen in Konkurs und Insolvenz umstritten. Der Streit beruhte einerseits darauf, dass unter der vormals auch in der höchstrichterlichen Rechtsprechung vertretenen Realvertragstheorie schon die **Rechtsnatur des Darlehens als gegenseitiger Vertrag**[12] und damit die Anwendbarkeit von § 17 KO/§§ 103 ff in Frage stand.[13] Mit Inkrafttreten des Schuldrechtsmodernisierungsgesetzes zum 1.1.2002 hat der Gesetzgeber diese Unklarheit durch den insoweit eindeutigen Wortlaut von § 488 I 1 BGB zugunsten der mittlerweile vorherrschenden Konsensualvertragstheorie beseitigt und das Darlehen als gegenseitigen Vertrag ausgestaltet.[14]

8 Waren damit grundsätzlich §§ 103 ff zur Anwendung auf Darlehensverträge berufen, konzentrierte sich die Diskussion in der Folgezeit auf die Frage, ob nach der vollständigen Valutierung des Darlehens vor Insolvenzeröffnung der Vertrag nicht zumindest von Seiten des Darlehensgebers vollständig erfüllt worden und das Verwalterwahlrecht gem § 103 aus diesem Grund ausgeschlossen war. Unproblematisch ist lediglich der Fall gewesen, dass das Darlehen zum Zeitpunkt der Verfahrenseröffnung überhaupt noch nicht valutiert war. Hatte der Darlehensgeber damit die vertragswesentliche Hauptleistungspflicht noch nicht erfüllt, konnte der Insolvenzverwalter nach § 103 über das weitere Schicksal des Vertrags entscheiden. Hatte aber bereits eine teilweise oder vollständige Auszahlung des Darlehensbetrags stattgefunden, gab die Entscheidung der seit jeher umstrittenen Frage nach dem **Dauerschuldcharakter des Darlehens** den Ausschlag. Die Eigenschaft als Dauerschuldverhältnis wird vor allem mit dem Argument bestritten, der Darlehensgeber schulde lediglich die einmalige Verschaffung der Valuta, während ihn eine weitergehende Pflicht zur dauerhaften Belassung des Darlehensbetrags schon deshalb nicht treffen könne, weil eine solche Pflicht die Möglichkeit zur jederzeitigen Rück-

---

9 Begr zu EKO § 19, Mot S 83; Jaeger/*Henckel* KO[9] § 17 Rn 14.

10 Begr RegE § 122, BT-Drucks 12/2443 S 146.

11 Durch Art 1 Nr 17 des G z Vereinfachung des Insolvenzverfahrens v 13.4.2007 (BGBl I S 509).

12 Vgl zum damaligen Streitstand m umfangreichen N; *Schwintowski/Schäfer* Bankrecht[1] (1997) § 7 Rn 15 ff; Staudinger/*Hopt/Mülbert* BGB[12] § 607 Rn 12 ff.

13 Vgl *Freitag* ZIP 2004, 2368 (2369).

14 Begr Vor § 488 BGB-E, BT-Drucks 14/6040 S 252.

forderung voraussetzte.[15] Demgegenüber befürwortet die überwiegende Auffassung eine neben die Verschaffungspflicht tretende **Belassungspflicht** des Darlehensgebers, wie sie auch der Gesetzesverfasser des Schuldrechtsmodernisierungsgesetzes unterstellt hat,[16] und damit den Dauerschuldcharakter des Darlehensvertrags.[17] Aus der Annahme einer wegen der für die Zeit nach Verfahrenseröffnung nicht erfüllten Belassungspflicht folgte die Anwendbarkeit von § 103 auf den Darlehensvertrag, so dass der Verwalter die weitere Überlassung ablehnen und das Darlehen zur sofortigen Rückzahlung fällig stellen konnte.[18]

Der Gesetzgeber ist indes ausweislich der Begründung des Regierungsentwurfs[19] der Gegenauffassung[20] gefolgt, indem er in § 108 II „klargestellt" hat, dass ein Darlehen, soweit es vor Verfahrenseröffnung valutiert war, dem Verwalterwahlrecht des § 103 entzogen ist. Denn der Darlehensgeber habe mit Valutierung bereits seine vertragliche Hauptleistungspflicht erfüllt. Die ursprüngliche Formulierung der Regelung in der Fassung des Referentenentwurfs vom 16.9.2004[21], die wie der vorangegangene Diskussionsentwurf[22] alle Darlehensverträge des Schuldners erfasste, wurde zurecht auf die Insolvenz des Kreditgebers beschränkt.[23] 9

2. Normzweck

Die haftungsrechtlichen Rechtsfolgen von § 108 entsprechen denen der Erfüllungswahl des Insolvenzverwalters (Rn 1). Die Regelung weicht damit zugunsten des Vertragspartners von § 103 ab, indem dem Insolvenzverwalter die Möglichkeit genommen wird, von der Erfüllungswahl abzusehen. Der Normzweck kann daher darin liegen, bei bestimmten Verträgen den **Vertragspartner** zu **privilegieren** (Rn 11). Der Zweck kann aber auch schlicht darin liegen, dass der in dem Erfüllungswahlrecht liegende Abwicklungsmodus für unangemessen gehalten wird. Dann wird die Fortgeltungsanordnung durch Kündigungsmöglichkeiten (§§ 109, 113) flankiert (Rn 13 f). 10

a) **Miete/Pacht.** Schon die Materialien zur Konkursordnung heben zur Begründung der Vorgängerregelung die besondere Stellung von Mieter und Pächter hervor. Diese stehen in einer **spezifischen** – wenn auch nicht dinglichen – **Beziehung zur Miet- oder Pachtsache**, die schon § 566 BGB[24], aber auch ihre Privilegierung in der Insolvenz von Vermieter und Verpächter rechtfertigt.[25] Diese Wertung gilt unter der InsO für Verträge über unbewegliche Sachen fort.[26] Hingegen wird dem Verwalter bei Verträgen über beweg- 11

[15] **Gegen** eine Belassungspflicht *Canaris* BankvertragsR[3] Rn 1322; *Fleckner* ZIP 2004, 585 (595 f); *Gehrlein* ZInsO 2012, 101 (102); *v Wilmowsky* ZInsO 2008, 1237 (1239).

[16] Begr zu § 488 BGB-E, BT-Drucks 14/6040 S 253.

[17] *Berger* MünchKomm BGB[6] § 488 Rn 31; Erman/*Saenger* BGB[12] § 488 Rn 6a; *Mülbert* WM 2002, 465 (467); Palandt/*Weidenkaff* BGB[72] Vor § 488 Rn 4; *Stahmer* Verzinsliches Darlehen S 19 ff; Staudinger/*Hopt/Mülbert* BGB[12] § 607 Rn 350; *Wittig/Wittig* WM 2002, 145 (147).

[18] *Engert/Schmidl* WM 2005, 60 (64 f); *Freitag* ZIP 2004, 2368 (2372); *Lind* ZInsO 2004, 580 (581 f).

[19] Begr zu § 108 II, BT-Drucks 16/3227 S 19.

[20] *Fleckner* ZIP 2004, 585 (595 f); *Huber* MünchKomm InsO[3] § 103 Rn 69; *Wegener* FK InsO[7] § 103 Rn 13.

[21] Vgl den Abdruck in ZIP 2004, 1868 (1873): „Ein vom Schuldner eingegangenes Darlehensverhältnis".

[22] ZVI 2003, Beil 1 zu Heft 4.

[23] Vgl die vorherige berechtigte Kritik v *Marotzke* ZInsO 2004, 1063.

[24] Verweise auf § 566 („Kauf bricht nicht Miete") in §§ 578 I, 581 II, 593b BGB.

[25] Begr zu EKO § 17 f, Mot S 75.

[26] BGHZ 173, 116 Rn 19, 21.

liche Sachen die Möglichkeit eingeräumt, die Gebrauchsüberlassung durch Erfüllungsablehnung zu beenden. Dadurch soll die Verwertung (vermieteter) beweglicher Sachen erleichtert werden.[27] Bei unbeweglichen Gegenständen kann derjenige, der den Vertragsgegenstand vom Insolvenzverwalter erwirbt und daher nach § 566 BGB in das bestehende Vertragsverhältnis eintritt, dieses nach § 111 (§ 21 IV KO) oder § 57 ZVG durch Kündigung beenden. Eine entsprechende Regelung fehlt für bewegliche Sachen als Vertragsgegenstand. Daher wurde dem Verwalter ermöglicht, durch Erfüllungsablehnung den Vertrag für die Insolvenzabwicklung für unbeachtlich zu erklären.[28]

12 Abs 1 S 2 sieht von dieser Verwertungserleichterung für eine bestimmte Fallgruppe ab, in welcher der Vertragsgegenstand infolge einer Sicherungsübertragung vorrangig dem Finanzierer des Vertragsgegenstands zusteht. Die Interessen der Masse werden dadurch nur am Rande berührt, weil die Verwertung des Vertragsgegenstands ohnehin in erster Linie dem Absonderungsberechtigten zugute kommt. Beweggrund für diese Regelung und deren Zweck ist freilich, **bestimmte Gestaltungen des Finanzierungsleasings insolvenzfest auszuformen** (Rn 4).[29] Dafür bedarf es dieser Regelung jedenfalls insoweit, als der Insolvenzverwalter im Anwendungsbereich des § 103 die weitere Durchführung des Vertrags hemmen könnte, wenn er nicht Erfüllung wählt.[30] Die Regelung hat rechtspolitisch Kritik aus verschiedener Richtung erfahren. Einerseits wird bemängelt, dass einseitig die Interessen der Refinanzierungsbranche bedient würden und so die Beschränkung der §§ 108–111 auf Immobilien nur teilweise revidiert werde, was zu einem erneuten Systembruch führe.[31] Andererseits wird die Vorschrift für überflüssig gehalten, weil der Refinanzierer wegen seines Absonderungsrechts am Leasinggegenstand ohnehin die Leasingraten beanspruchen könnte.[32]

13 Für die Mieter- und Pächterinsolvenz ist indes der Gedanke ausschlaggebend, dass die von § 103 aufgezeigte Alternative von Erfüllung oder Nichterfüllung gegenüber der Masse für unangemessen angesehen wird. Es soll dem Insolvenzverwalter nicht bloß die Alternative verbleiben, das Besitzrecht sofort mit Verfahrenseröffnung zu verlieren oder die Sache bis zum Ende der Vertragslaufzeit behalten zu können. Vielmehr wird mit der Anordnung der Fortgeltung einerseits und der Einräumung einer Kündigungsmöglichkeit nach § 109 (§ 19 KO) andererseits ein Mittelweg beschritten.[33]

14 b) **Dienstvertrag.** Die Materialien zur Vorgängerregelung verweisen zur Begründung, dass das Dienstverhältnis in der Insolvenz des Dienstberechtigten (Arbeitgebers) mit Wirkung für die Masse fortgesetzt werden soll, auf die Parallele zur Miete:[34] Es soll an die Stelle der Alternative von Erfüllungsablehnung oder -wahl die Möglichkeit der Kündigung (§ 113) treten. Besondere Schutzinteressen von Arbeitnehmern berücksichtigen §§ 120 ff.

15 Eine Begründung für die Fortgeltung von Dienstverhältnissen in der Insolvenz des Dienstverpflichteten fehlt. Daher ist Abs 1 insoweit **teleologisch zu reduzieren** (Rn 6, 241 ff).

---

[27] Begr zu RegE § 122, BT-Drucks 12/2443 S 147.

[28] **Krit** Kübler/Prütting/Bork/*Tintelnot* InsO[31] § 108 Rn 2; *Zahn* DB 1995, 1649 (1655 f); für sachgerecht erachten die unterschiedliche Behandlung indessen *Häsemeyer* InsR[4] Rn 20.48; *Marotzke* HK InsO[6] § 108 Rn 7.

[29] Begr zu § 108 I 2, BT-Drucks 13/4699 S 6.

[30] Vgl *Peters* ZIP 2000, 1759 (1761 f).

[31] Vgl *Marotzke* HK InsO[6] § 108 Rn 17; Nerlich/Römermann/*Balthasar* InsO[1] § 108 Rn 4; deutl *Häsemeyer*, InsR[4] Rn 20.56: „… ebenso ungenierte wie sachlich unberechtigte Selbstbedienung der interessierten Verkehrskreise mit Hilfe eines schlecht beratenen Gesetzgebers"; *Pape* Kölner Schrift[2] S 405 Rn 75a.

[32] *Klinck* KTS 2007, 37 (63).

[33] Begr zu EKO § 17 f, Mot S 76.

[34] Begr zu EKO § 19, Mot S 82, 84.

c) **Darlehen.** Abs 2 bezweckt, die **Unsicherheiten** in der Handhabung von Darlehensverträgen in der Insolvenz des Darlehensgebers zu **beseitigen.** Nach Ansicht der Gesetzesverfasser stand wegen der unklaren Rechtslage eine Erhöhung der inländischen Finanzierungskosten zu befürchten, weil die kreditgebenden Banken sich wegen der Unsicherheit über den Fortbestand des Darlehensvertrags an den Kapitalmärkten nur zu ungünstigeren Konditionen refinanzieren konnten und entsprechende Risikoaufschläge in Kauf nehmen mussten,[35] die sie ihrerseits an die Bankkunden weiterreichten.[36] Gleichzeitig erkannte der Gesetzgeber eine Gefahr für die Finanzausstattung kleiner und mittelständischer Unternehmen, wenn der Insolvenzverwalter des Darlehensgebers die Erfüllung sämtlicher Darlehensverträge nach § 103 ablehnte und die Darlehen zur sofortigen Rückzahlung fällig stellte,[37] während die Unternehmen häufig nicht zur kurzfristigen Umschuldung in der Lage waren. 16

3. Privatautonomie

Die Rechtsfolgen von § 108 unterliegen nach § 119 nicht der Parteidisposition (§ 119 Rn 44). Jedoch steht die Einräumung einer Lösungsmöglichkeit (Kündigung, Rücktritt) nicht der Rechtsfolge des § 108 entgegen. Das offenbart schon § 113. Mit dem Arbeitnehmer kann nach dieser Bestimmung der Vertragspartner des Insolvenzschuldners kündigen. Der Gesetzgeber versteht also § 108, auf dem auch § 113 aufbaut, keinesfalls so, dass eine Kündigung durch den Vertragspartner dessen Regelungszweck zuwider läuft. Die Kündigung wird freilich für die Insolvenz von Mieter oder Pächter durch § 112 unter den dort geregelten Voraussetzungen ausgeschlossen. Parallel zu den Lösungsmöglichkeiten des Vertragspartners dürfen auch abweichend von § 108 der insolventen Vertragspartei Lösungsrechte eingeräumt werden, die dann ggf einer Erfüllungsablehnung entsprechen würden. Diese Rechtsfolge muss auch schon deswegen zulässig sein, weil § 119 teleologisch zu reduzieren ist, soweit Bestimmungen der §§ 103 ff den Vertragspartner und nicht die Masse schützen (§ 119 Rn 4). 17

II. Dogmatik und Ausgestaltung der Vertragsfortsetzung

Im Vergleich zur Analyse des Verwalterwahlrechts nach § 103 wird nur geringer Aufwand betrieben, um die Dogmatik der Vertragsfortsetzung nach § 108 zu ergründen. Im Mittelpunkt steht vielmehr eine nach den einzelnen von § 108 erfassten Verträgen getrennte Untersuchung der Wirkungen.[38] Allgemeine Charakterisierungen beschränken sich vielfach auf die Feststellung, dass § 108 bestimmte Vertragsverhältnisse aus dem Anwendungsbereich des § 103 herausnimmt.[39] 18

Wie sich aus der ausdrücklichen Fortbestehensanordnung von § 108 ergibt, äußert die Verfahrenseröffnung keine materiell-rechtliche Wirkung auf Bestand und Inhalt des Ver- 19

---

35 Vgl *Fleckner* ZIP 2004, 585; *Marotzke* ZInsO 2004, 1273 (1278); *ders* ZInsO 2006, 300 (302); *ders* HK InsO[6] § 108 Rn 72; *Pannen/Wolf* ZIP 2006, 52.

36 Begr zu § 108 II, BT-Drucks 16/3227 S 19.

37 Zweif an der Möglichkeit z sofortigen Fälligstellung bei Erfüllungsablehnung *Marotzke* ZInsO 2004, 1273 (1277); offen lassend wegen konkludenter Erfüllungswahl des Verwalters BGH NJW 1990, 1356 (1357).

38 Vgl bspw *Ahrendt* HambK InsO[4] § 108 Rn 1; *Eckert* MünchKomm InsO[3] Vor § 108.

39 Kübler/Prütting/Bork/*Tintelnot* InsO[31] § 108 Rn 1; Uhlenbruck/*Wegener* InsO[13] § 108 Rn 2.

trags.[40] Teilweise wird der Fortbestand als Selbstverständlichkeit bezeichnet. Die Wirksamkeit sei Regel, die Beendigung wäre begründungsbedürftige Ausnahme[41], die Abweichung von § 103 ergebe sich weithin schon aus dem Regelungsinhalt von §§ 109 ff[42], die Wirkung zugunsten der Masse folge schon aus allgemeinen Grundsätzen[43]. Diese Kritik trifft zu, was den materiell-rechtlichen Bestand des Vertrags betrifft. Die Leistung von § 108 besteht aber im Zusammenspiel mit § 55 I Nr 2 Fall 2 darin, die **besondere haftungsrechtliche Qualität der Vertragsansprüche im Unterschied zu § 103** zum Ausdruck zu bringen. Im Unterschied zu § 103 I kann der Insolvenzverwalter sich zugunsten der Masse auf den Vertrag berufen, ohne dass es einer entsprechenden (haftungsrechtlichen) Gestaltungserklärung von ihm in Form der Erfüllungswahl bedarf. Im Gegenzug muss der Insolvenzverwalter die Forderungen des Vertragspartners vorrangig aus der Masse erfüllen, ohne dass er ihn wie nach § 103 II auf eine Insolvenzforderung verweisen kann. Diese haftungsrechtliche Qualifikation der Vertragsansprüche führt dazu, dass der Vertrag nicht nur materiell-rechtlich über die Verfahrenseröffnung fortbesteht, sondern in der Regel – vorbehaltlich der besonderen Kündigungsmöglichkeiten (§§ 109, 111, 113) – durchgeführt wird. Dem entspricht es, die von § 108 erfassten Verträge als „insolvenzfest“ zu bezeichnen.

20 Eine materiell-rechtliche Änderung des Vertrages tritt aber auch nicht in der Person der Vertragspartner ein. Formulierungen, dass die Masse[44] oder der Insolvenzverwalter[45] an die Stelle des Insolvenzschuldners (in den Vertrag ein-)treten, weisen eine gewisse Unschärfe auf. **Vertragspartner bleibt der Insolvenzschuldner**, wie er auch als Zuordnungssubjekt der Masse Vertragspartner von Verträgen ist, die der Insolvenzverwalter nach Verfahrenseröffnung unter Offenlegung seines Amtes abschließt. Der Insolvenzverwalter nimmt nur Ansprüche und Pflichten aus dem Vertrag wegen seiner Aufgaben aus § 80 wahr. Den Ausschlag gibt allein die haftungsrechtliche Qualifikation der Ansprüche dahingehend, dass der Vertrag mit Wirkung für und gegen die Masse fortgesetzt werden muss, soweit nicht die Ausnahme von § 108 III greift.

21 Wie § 103 ordnet § 108 also nur haftungsrechtliche Rechtsfolgen an. Bei einem Vergleich beider Vorschriften zeigen sich Parallelen der Rechtsfolgen aus der Erfüllungswahl für von § 103 erfasste Verträge und der Rechtsfolgen aus der Fortbestehensanordnung von § 108. Diese Rechtsfolgen entsprechen sich im Grundsatz, was die parallele Regelung in § 55 I Nr 2 belegt. Das gilt nicht nur hinsichtlich der dort geregelten haftungsrechtlichen Qualifizierung der Ansprüche des Vertragspartners. Auch im Falle der Qualifizierung der in die Masse fallenden Vertragsansprüche kann sich grundsätzlich nichts anderes ergeben. Abweichungen bestehen freilich, weil die Ausnahmetatbestände in § 105 S 1 einerseits und § 108 III andererseits unterschiedlich gefasst sind. Der Wert dieser **Parallele** besteht darin, zu § 103 gewonnene Erkenntnisse auf § 108 übertragen zu können (§ 103 Rn 298 ff) und umgekehrt.

1. Pflichtenprogramm

22 Die haftungsrechtliche Qualifikation der vertraglichen Pflichten als Masseverbindlichkeit erfasst **alle Ansprüche aus dem einheitlichen Vertrag** (§ 103 Rn 301), die sich auf – wie es § 55 I Nr 2 Fall 2 formuliert – „die Zeit nach Eröffnung des Insolvenzverfahrens“

[40] Uhlenbruck/*Wegener* InsO[13] § 108 Rn 15 z Miete.
[41] Uhlenbruck/*Wegener* InsO[13] § 108 Rn 2.
[42] Kübler/Prütting/Bork/*Tintelnot* InsO[31] § 108 Rn 1.
[43] *Marotzke* HK InsO[6] § 108 Rn 2.
[44] *Eckert* MünchKomm InsO[3] § 108 Rn 61 z Miete.
[45] Kübler/Prütting/Bork/*Tintelnot* InsO[31] § 108 Rn 16 z Miete; Uhlenbruck/*Wegener* InsO[13] § 108 Rn 15 z Miete.

beziehen. Insoweit gilt der vom Insolvenzschuldner geschlossene Vertrag auch in zeitlicher Hinsicht und ebenso bezüglich Nebenabreden einschließlich solcher zur prozessualen Durchsetzung der Ansprüche (§ 103 Rn 305 ff). Bei typengemischten Verträgen müssen die von § 108 erfassten Vertragspflichten als Hauptleistungspflichten mit der Folge prägend sein, dass der gesamte Vertrag § 108 unterfällt (Rn 46).[46] Gesetzliche Ansprüche wie solche auf Schadensersatz sind Masseverbindlichkeit, wenn sie auf einer Handlung des Verwalters beruhen, § 55 I Nr 1. Das betrifft insbesondere Schadensersatzansprüche wegen Pflichtverletzung (§ 280 BGB) im Hinblick auf vom Insolvenzverwalter zu erfüllende Masseverbindlichkeiten (§ 103 Rn 335).

Abweichend von der Rechtsfolge des § 55 I Nr 2 sind bloße Insolvenzforderungen diejenigen Vertragsansprüche, die sich auf die Zeit vor Verfahrenseröffnung beziehen. Diese Rechtsfolge ergibt sich nicht nur aus einem Umkehrschluss zu § 55 I Nr 2 und der allgemeinen Bestimmung des § 38, sondern wird durch § **108 III** klargestellt.[47] Daher ist der Vertragspartner insoweit auf die **Anmeldung der Forderung zur Insolvenztabelle** beschränkt und kann wegen dieser Ansprüche keine Zurückbehaltungsrechte (§§ 273, 320 BGB) geltend machen. Es handelt sich insbesondere um Ansprüche aus dem Vertrag, die im Zeitpunkt der Insolvenzeröffnung bereits begründet waren und inhaltlich feststanden, auch wenn sie erst später, insbesondere mit Vertragsbeendigung, fällig werden. Gleichfalls bloße Insolvenzforderungen sind vor Verfahrenseröffnung (aufgrund des Verhaltens des Insolvenzschuldners entstandene) Schadensersatzansprüche des Vertragspartners (§ 103 Rn 307 ff). **23**

Insolvenzforderungen sind auch Ansprüche des Vertragspartners für die Zeit nach Verfahrenseröffnung, sofern die Insolvenzordnung der schuldnerischen Vertragsseite **besondere Lösungsrechte** eingeräumt hat. So im Falle der Kündigung durch den Insolvenzverwalter nach § 109 I 1 oder § 113 S 1 kraft ausdrücklicher Anordnung (§ 109 I 3, § 113 S 3). Das gilt ebenfalls beim Verwalterrücktritt vor Überlassung der Mietsache nach § 109 II, schließlich auch bei der Erwerberkündigung nach § 111 S 1 (§ 111 Rn 25 ff). **24**

2. Optionen

Vertragliche Ansprüche können darauf beruhen, dass der Insolvenzverwalter eine Option ausübt, die dem Insolvenzschuldner eingeräumt worden war (Rn 170). Die daraus für den Vertragspartner folgenden Ansprüche sind schon nach § 55 I Nr 1 Masseforderung, weil ihre Entstehung auf einer Handlung des Insolvenzverwalters beruht (§ 103 Rn 320). **25**

Hat der Vertragspartner eine ihm eingeräumte Option ausgeübt, ist für die Qualifikation der darauf beruhenden Ansprüche nach der Wirkungsweise der Option zu unterscheiden (§ 103 Rn 316): Verändert die Option den von § 108 erfassten einheitlichen Vertrag (Beispiel Verlängerungsoption), so erstreckt sich die Wirkung des § 108 auch auf den Vertrag, wie er nach Ausübung der Option besteht (Rn 127). Wird durch die Ausübung der Option indes ein weiteres Rechtsgeschäft begründet, das sich von dem von § 108 erfassten unterscheidet, sind auf dieses Rechtsgeschäft isoliert §§ 103 ff anzuwenden (Rn 129). **26**

---

[46] BGHZ 173, 116 Rn 11; vgl auch BGH ZIP 2011, 2262 Rn 6.

[47] Begr RegE § 122, BT-Drucks 12/2443 S 147.

3. Lösungsrechte

27 Die Fortgeltungsanordnung von § 108 trifft keine Aussage darüber, ob entweder der Insolvenzverwalter oder der Vertragspartner durch Ausübung eines Lösungsrechts (Kündigung, Rücktritt, Widerruf oä) den Vertrag beenden können. Allein die Nichterfüllungswahl des Insolvenzverwalters (Unterlassen der Erfüllungswahl) ist ausgeschlossen.

28 Neben die allgemeinen – auch außerhalb der Insolvenz – ggf gegebenen Lösungsmöglichkeiten der schuldnerischen Vertragsseite treten **spezifisch insolvenzrechtliche**, die das Fehlen der Möglichkeit der Erfüllungsablehnung ausgleichen. So kann der Mieter-Verwalter nach § 109 I kündigen oder – vor Übergabe der Mietsache – nach § 109 II zurücktreten. Für die Wohnraummiete tritt an die Stelle der Kündigung die Enthaftungserklärung nach § 109 I 2. Der Erwerber aus der Vermieterinsolvenz kann bei freihändiger Veräußerung nach Maßgabe von § 111 S 1 oder im Falle der Zwangsversteigerung nach § 57a ZVG kündigen. Auch der Verwalter des Dienstberechtigten ist nach § 113 S 1 zur Kündigung befugt. Eine spezifische Kündigungsmöglichkeit fehlt bei Darlehen (§ 108 II), dem von § 108 I 2 erfassten Mobilienmiete/-leasing sowie in der Vermieterinsolvenz vor einer Veräußerung.

29 Für den Vertragspartner führt die Verfahrenseröffnung teilweise ebenfalls dazu, dass er sich **unter erleichterten Voraussetzungen vom Vertrag lösen** kann. So steht dem Vermieter vor Übergabe einer unbeweglichen Mietsache in der Mieterinsolvenz ebenfalls das Rücktrittsrecht aus § 109 II zu. Der Vertragspartner des insolventen Dienstberechtigten kann nach § 113 S 1 den Dienst- oder Arbeitsvertrag kündigen. Die Insolvenzeröffnung nimmt dem Vertragspartner aber weithin die Möglichkeit, sich auf Lösungsmöglichkeiten zu berufen, die an die schuldhafte Nichtzahlung von Entgelt anknüpfen (§ 103 Rn 325). Für die Insolvenz des Mieters schließt § 112 nicht nur in Nr 1 die Kündigung des Vermieters wegen vor Eröffnungsantrag aufgelaufener Mietrückstände (§ 543 II 3, § 569 III BGB), sondern auch in Nr 2 die Kündigung wegen Vermögensverschlechterung aus.

4. Rechte Dritter

30 Dritte können vor Verfahrenseröffnung an den in die Masse fallenden Ansprüchen aus dem nach § 108 fortgesetzten Vertrag Rechte erworben haben; insbesondere können sie im Wege der Forderungszession Inhaber der Forderung geworden sein. Die Wirkung von § 108 scheint die Masse dann in besonderer Weise zu belasten. Die Pflichten sind aus der Masse zu erbringen, die Gegenleistung scheint indessen dem Dritten zuzustehen.

31 Diese nachteilige Folge verhütet zunächst § 110 für den Fall, dass über das Vermögen des Vermieters unbeweglicher Sachen das Verfahren eröffnet wird und einem Dritten Rechte an der Forderung des Vermieters auf Miete zustehen. In Übereinstimmung mit den Fristen des § 1124 II BGB beschränkt § 110 I die Wirksamkeit der Abtretung auf den bei Insolvenzeröffnung laufenden, bei Eröffnung nach der Mitte eines Monats zusätzlich auf den kommenden Monat.[48]

32 An einer Sonderregelung wie § 110 fehlt es indes nicht nur für Darlehen (§ 108 II) und Mobilienleasing (§ 108 I 2), sondern auch für sonstige Ansprüche aus dem Mietvertrag wie etwa Ansprüche des Mieters auf Rückzahlung von Kaution oder überzahlter Betriebskosten. Dann lässt sich vertreten, es stets bei den skizzierten masseungünstigen

---

[48] **AA** BGH ZIP 2013, 1082 Rn 25, der in § 110 allein eine Wirksamkeitsanordnung sieht, die Unwirksamkeit auch insoweit entspr Rn 32 nur aus § 91 herleitet (§ 110 Rn 9, 54).

Folgen bewenden zu lassen. Diese Auffassung entspräche der zivilrechtlichen Sichtweise zu § 103 (§ 103 Rn 346 ff). Den Vorzug verdient es aber, auch hier auf das zu § 103 entwickelte Kriterium des **Werthaltigmachens** (§ 103 Rn 351 ff, 356 ff) abzustellen.[49] Wird die Forderung mit Mitteln der Masse nach Verfahrenseröffnung werthaltig gemacht, darf der Dritte diesen Vermögenszuwachs angesichts der **Wertung des § 91** nicht behalten, sondern muss ihn als Verteilungsfehler über § 812 herausgeben. Es ist also maßgeblich darauf abzustellen, ob die Durchsetzbarkeit dieses Anspruchs noch davon abhängt, dass nach Verfahrenseröffnung eine Leistung mit Massemitteln erbracht wird. Damit entsprechen die Ergebnisse dann dem in der Rechtsprechung herangezogenen **Gegenleistungsgrundsatz** (Vor § 103 Rn 2).[50]

5. Aufrechnung

Die Zulässigkeit einer Aufrechnung hängt von der Beantwortung entsprechender Fragen ab, wie sie sich auch im Hinblick auf das Schicksal der Rechte Dritter stellen (Rn 30). Die Vertragsfortsetzung würde die Masse belasten, wenn deswegen aus der Masse eine Leistung an den Vertragspartner zu erbringen wäre, der Vertragspartner aber den dafür in die Masse fallenden Anspruch durch Aufrechnung mit einer Insolvenzforderung zum Erlöschen bringen könnte. Die Zulässigkeit der Aufrechnung bestimmen §§ 94–96. § 96 I Nr 1 schließt die Aufrechnung aus, wenn es sich bei der in die Masse fallenden Forderung, gegen die aufgerechnet werden soll (Hauptforderung), um eine Neuforderung handelt, die erst nach Verfahrenseröffnung entsteht. Abweichend lässt § 95 I eine Aufrechnung zu, wenn die Hauptforderung bereits vor Verfahrenseröffnung (betagt) entstanden ist, auch wenn sie erst danach fällig wird. **33**

Für die Entgeltpflichten aus Dauerschuldverhältnissen wird aus der Sicht des Zivilrechts zwischen **befristeten Forderungen**, die unter § 96 I Nr 1 fallen, und **betagten Forderungen**, die die Anwendung des § 95 I nahelegen, unterschieden.[51] Zu den befristeten Forderungen zählen klassischerweise die Ansprüche auf Miete, die erst mit der weiteren Belassung der Mietsache im vertragsgemäßen Zustand für den jeweils bestimmten Mietzeitraum entstehen. Zu den betagten Forderung gehören indessen Leasingraten beim Finanzierungsleasing. Die abweichende Einordnung beruht darauf, dass die Leistung des Leasinggebers nicht wie bei der Miete in der für unbestimmte Zeit eingegangene Verpflichtung zur Leistung einer mangelfreien Mietsache besteht (Rn 52). Vielmehr hat der Leasinggeber Mängelrechte typischerweise ausgeschlossen und dem Leasingnehmer die Mietsache für einen fest bestimmten Zeitraum überlassen. Soweit hiernach die Entgeltansprüche schon aus der Sicht des Zivilrechts als befristet einzuordnen sind, schließt § 96 I Nr 1 die Aufrechnung grundsätzlich aus. Davon abweichend erlaubt § 110 III allerdings die Aufrechnung gegen die Miete des im Zeitpunkt der Eröffnung laufenden und unter Umständen auch des Folgemonats. **34**

Handelt es sich indessen aus zivilrechtlicher Sicht um betagte Forderungen, ist zu hinterfragen, ob die bloß zivilrechtliche Sichtweise (dazu § 103 Rn 367) durch haftungsrechtliche Erwägungen zu korrigieren ist.[52] Es böte sich an, wiederum darauf abzustellen, ob die Entgeltforderung erst durch den Insolvenzverwalter nach Verfahrenseröffnung **35**

---

[49] BGHZ 182, 264 Rn 11.

[50] Vgl BGH ZIP 2011, 2262 Rn 7 z Aufrechnung.

[51] BGH ZIP 2010, 332 Rn 19 f; Jaeger/*Windel* InsO § 95 Rn 12, 31.

[52] Dahingehend BGH ZIP 2011, 2262 Rn 7; **aA** *Madaus* KTS 2012, 217 (220 f).

mit Mitteln der Masse **werthaltig** gemacht wird (§ 103 Rn 371 ff, 376). Indes sprechen im Anwendungsbereich des § 108 die besseren Argumente gegen diese Lösung. Im Unterschied zu den Zessionsfällen liegt ein Zweipersonenverhältnis vor, für das das Gesetz unverrückbar zwei Wertungen vorgibt: zum einen die Zulässigkeit der Aufrechnung nach §§ 94 ff, zum anderen die Begründung der Masseverbindlichkeit nach § 55 I Nr 2 Fall 2[53]. Diese Anordnung der Masseverbindlichkeit gilt – abgesehen vom breiten und meist einschlägigen Anwendungsbereich des § 110 II (§ 110 Rn 57) – gerade unabhängig davon, ob die Gegenleistung in die Masse fließt. So wird die **zivilrechtliche Abgrenzung von Befristung und Betagtheit** auch insolvenzrechtlich zum **maßgeblichen Kriterium.** Vergegenwärtigt man sich die Kriterien für die unterschiedliche Einordnung von Miete und Leasing, trägt diese Abgrenzung den Legitimationsgrund auch in sich: Die Masse trifft beim Leasing nach Verfahrenseröffnung nur noch die Belassungspflicht. Wer deswegen insolvenzrechtlich die Aufrechnung ausschließen will, muss bei allen Dauerschuldverhältnissen mit Belassungspflicht im Anwendungsbereich des § 108 allein deswegen befristete Entgeltforderungen annehmen, die § 96 I Nr 1 unterfallen.

III. Anwendungsbereich Miete/Pacht (Abs 1 S 1 Fall 1)

36 Abs 1 findet Anwendung auf entgeltliche Gebrauchsüberlassungsverträge gleich über welchen Vertragsteil das Verfahren eröffnet wird. Ausdrücklich nennt Abs 1 Miet- und Pachtverhältnisse. Hierzu zählen grundsätzlich auch Unter- und Zwischenmietverhältnisse. Von der Fortgeltungsanordnung werden darüber hinaus insbesondere auch **Leasingverträge** erfasst. Allerdings gilt diese Anordnung in Abs 1 S 1 Fall 1 – vorbehaltlich der Sonderregelung in § 108 I 2 (Rn 201 ff) – nur insoweit, als die Verträge Immobilien oder Räume zum Gegenstand haben.

1. Wirksames Vertragsverhältnis des Schuldners

37 Es muss sich um ein Vertragsverhältnis handeln, das der Schuldner (einschließlich seiner ihm nach § 164 BGB zuzurechnenden Vertreter) vor Verfahrenseröffnung abgeschlossen hat. Demgegenüber sind Vertragsverhältnisse, die ein verwaltungs- und verfügungsbefugter vorläufiger Insolvenzverwalter im Eröffnungsverfahren (§ 55 II) oder der Insolvenzverwalter nach Verfahrenseröffnung (§ 55 I Nr 1) geschlossen hat, nicht den Regelungen der §§ 108 ff unterstellt.[54] Zwar sind die vertraglichen Verpflichtungen dann auch Masseverbindlichkeit, mit der fehlenden Anwendbarkeit von Abs 1 geht aber auch die Nichtanwendbarkeit der Sonderbestimmungen in §§ 109–112 einher. Hat der Schuldner den Vertrag während des Eröffnungsverfahrens abgeschlossen, kommt es nicht darauf an, ob er mit Zustimmung eines „schwachen“ vorläufigen Insolvenzverwalters, § 21 II Nr 2, gehandelt hat.[55] Entscheidend ist insoweit, dass der Vertragsschluss der **Handlungssphäre des Schuldners** zuzurechnen ist. Dem steht nicht entgegen, dass auch ein „schwacher“ vorläufiger Insolvenzverwalter ein Geschäft regelmäßig auf seine Wirtschaftlichkeit überprüfen wird, bevor er seine Zustimmung erteilt.[56] Trotz **Wirtschaft-**

[53] Hier liegt der Unterschied zu den Verträgen im Anwendungsbereich v § 103, bei denen die Aufrechnung z (teilw) Erfüllung des gegenseitigen Vertrages führt, so dass die Voraussetzung z Anw v § 103 I, 55 I Nr 2 Fall 1 insoweit (§ 105 S 1) wegfällt (§ 103 Rn 377).

[54] *Marotzke* HK InsO[6] § 108 Rn 37.

[55] *Eckert* MünchKomm InsO[3] § 108 Rn 11.

[56] So aber *Derleder* NZM 2004, 568 (576); ihm zust *Wegener* FK InsO[7] § 111 Rn 6.

lichkeitsprüfung hängt der Vertragsschluss allein von der Willensentscheidung des Schuldners ab.[57] Für Verpflichtungsgeschäfte bedarf der Schuldner keiner Zustimmung.

Die „Fortdauer" des Vertragsverhältnisses nach § 108 I setzt weiterhin voraus, dass dieses nicht aus sonstigen Gründen bei Verfahrenseröffnung unwirksam ist. Der Insolvenzverwalter kann sich zudem auch über §§ 143, 129 ff auf die **Anfechtbarkeit** berufen. Ist das Schuldverhältnis bereits vor Verfahrenseröffnung beendet worden oder kann sich der Vertragspartner bei Verfahrenseröffnung ungeachtet der Beschränkungen des § 112 (Rn 29) von dem Vertrag durch Rücktritt, Anfechtung (§§ 119 ff BGB) oder Kündigung lösen, geht es in diesem Stadium auf die Masse über. Dem Verwalter obliegt dann lediglich noch die Rückabwicklung des beendeten Schuldverhältnisses. Allerdings ist eine vorinsolvenzliche Kündigung des Vermieters von Wohnraum wegen Eigenbedarfs (§ 573 II Nr 2 BGB) oder der Hinderung der wirtschaftlichen Verwertung (§ 573 II Nr 3 BGB) nur gerechtfertigt, sofern das berechtigte Interesse an der Beendigung des Mietverhältnisses auch bei Ablauf der Kündigungsfrist nach Verfahrenseröffnung noch vorliegt.[58] Hat der Vertragspartner vor Insolvenzeröffnung wirksam gekündigt und läuft die Kündigungsfrist erst nach Eröffnung aus, hat der Verwalter bis dahin die vertraglichen Pflichten aus der Masse zu erfüllen. Zur folgenden Abwicklung des während des Verfahrens endenden Vertrags Rn 177 ff. **38**

2. Miete und Pacht

Miete (§ 535 BGB) ist auf die entgeltliche Gebrauchsüberlassung an der Mietsache gerichtet. Pacht (§ 581 BGB) kann darüber hinaus auch Rechte zum Gegenstand haben und unterscheidet sich von der Miete dadurch, dass der Pächter zur Fruchtziehung aus dem überlassenen Pachtobjekt berechtigt ist. **39**

a) **Gebrauchsgewährung.** Die Verwahrung nach § 688 BGB sowie das handelsrechtliche Lagergeschäft (§ 416 HGB) kennzeichnet als Hauptleistung hingegen nicht die bloße Gebrauchsgewährung, sondern die Obhutspflicht des Verwahrers oder Lageristen. Auf diese Vertragstypen ist daher nicht § 108 I, sondern § 103 anwendbar.[59] Schrankfachverträge, die der Schuldner mit einer Bank abgeschlossen hat, dienen zwar auch der Verwahrung, haben ihren Schwerpunkt indes in der Gebrauchsüberlassung und sind daher Miete.[60] § 108 I bedingt die Gebrauchsüberlassung auf vertraglicher Grundlage. An einer solchen fehlt es etwa bei einem **öffentlich-rechtlichen Nutzungsverhältnis.**[61] Hier fehlt es schon an der Anwendbarkeit von §§ 103 ff insgesamt. Ebenso wenig unterliegt bereits ein Vormietvertrag der Fortwirkungsanordnung des § 108 I. Denn ein solcher ist noch nicht unmittelbar auf die entgeltliche Nutzungsüberlassung gerichtet, sondern vermittelt dem Vormietberechtigten lediglich einen Anspruch auf Eintritt in den vom Verpflichteten mit einem Dritten geschlossenen Mietvertrag.[62] **40**

b) **Entgeltlichkeit.** Prägendes Merkmal der von § 108 I erfassten Vertragstypen ist die Entgeltlichkeit der Gebrauchüberlassung. Unerheblich für das Merkmal der Entgeltlichkeit ist die Art und Weise, in der die Gegenleistung gewährt wird. Neben der praktisch **41**

---

57 *Eckert* MünchKomm InsO³ § 111 Rn 3.

58 *Eckert* MünchKomm InsO³ § 108 Rn 60.

59 *Ahrendt* HambK InsO⁴ § 108 Rn 2; Jaeger/*Henckel* KO⁹ § 17 Rn 12.

60 Staudinger/*Emmerich* BGB²⁰¹¹ Vor § 535 Rn 60.

61 *Eckert* MünchKomm InsO³ § 108 Rn 17.

62 Staudinger/*Emmerich* BGB²⁰¹¹ Vor § 535 Rn 94 ff.

üblichen, **periodischen Entgeltung** der Nutzung sind auch Einmalzahlungen für eine langfristige Nutzungsgewährung umfasst.

42 Soweit die Nutzungsberechtigung aus einem Nießbrauch (§ 1030 BGB) oder einem dinglichen Wohnungsrecht (§ 1093 BGB) folgt oder der Nutzer Erbbauberechtigter ist, ist § 108 I nicht einschlägig (Rn 80 f). Häufig besteht neben dem dinglichen Nutzungsrecht außerdem eine schuldvertragliche Grundlage für die Gebrauchsgewährung, die sich nach § 108 I beurteilt.[63] Ein Wohnrecht kann darüber hinaus auch die Mitgliedschaft in einer Wohnungsgenossenschaft vermitteln. Soweit die Überlassung einer Wohnung an ein Genossenschaftsmitglied in Rede steht, ist diese Beziehung durch Mietvertrag begründet und unterfällt damit grundsätzlich §§ 108 ff. Zum Ausschluss der Kündigung des Genossenschaftsanteils durch § 67c GenG s § 109 Rn 73.

43 Die Entgeltlichkeit der Nutzungsüberlassung kann dann zweifelhaft sein, wenn der Schuldner einem Angehörigen die Mietsache zur **Erfüllung einer Unterhaltspflicht** überlässt und darüber hinaus keine Vergütung erhält. Auch für diesen Fall von einem entgeltlichen Überlassungsvertrag mit der Begründung auszugehen, dass die Gebrauchsgewährung auf die Unterhaltspflicht angerechnet werde,[64] wird dem Charakter des Rechtsverhältnis zwischen Unterhaltsberechtigtem und -verpflichtetem nicht gerecht, der sich in der unterhaltsrechtlichen Verpflichtung erschöpft und nicht den Schluss auf einen entgeltlichen Gebrauchsgewährungsvertrags zulässt.[65]

44 Besteht die Gegenleistung des Mieters oder Pächters einzig in der Zahlung der **Betriebskosten**, liegt gleichwohl eine entgeltliche Gerbrauchsgewährung vor,[66] weil §§ 535, 556 von der Inklusivmiete ausgehen und die Zahlung von Betriebskosten Miete ist. Dies gilt gleichermaßen in der Insolvenz des Mieters wie der des Vermieters. Dass die Masse im letzten Fall ohne außerordentliche Kündigungsbefugnis des Vermieter-Verwalters an einen unrentablen Vertrag gebunden ist, rechtfertigt keine andere Betrachtung.[67] Allein die Vereinbarung einer nur geringen Miete ändert nichts am entgeltlichen Charakter der Gebrauchsüberlassung. Entsprechende Vereinbarungen können allerdings der Insolvenzanfechtung nach §§ 129 ff unterliegen. Im Übrigen kann der Vermieter-Verwalter den Vertrag lediglich ordentlich kündigen oder eine Veräußerung der Mietsache anstreben, die dem Erwerber die Kündigung des Vertrags nach § 111 S 1 ermöglicht. Freilich wird die „Belastung" der Mietsache mit dem unrentablen Mietvertrag, den auch der Erwerber nach § 566 I BGB bis zum ersten gesetzlichen Kündigungstermin gegen sich gelten lassen muss (§ 111 Rn 25 ff), den Verwertungserlös schmälern.

45 c) **Untermiete.** § 108 I beansprucht gleichfalls Geltung für Fälle der **Zwischen- und Untermiete.**[68] Denn die Norm setzt nicht voraus, dass die Mietsache im Eigentum des Vermieters steht. Ist der insolvente Zwischenvermieter nicht Eigentümer, gilt ebenfalls § 108 I. Um den Gleichlauf von Hauptmiet- und Untermietvertrag zu erreichen, ist dem Insolvenzverwalter aber ein **Kündigungsrecht analog § 109 I 1** einzuräumen (näher Rn 95).[69] Nicht zur Untermiete rechnet die Mitnutzung der Wohnung durch nahe Angehörige, die noch vom Nutzungsrecht des Mieters umfasst ist.

---

63 Vgl BGH NJW-RR 2010, 1664; ZIP 2011, 1063 Rn 15 f; *Eckert* MünchKomm InsO[3] § 108 Rn 15; Kübler/Prütting/Bork/*Tintelnot* InsO[31] § 108 Rn 15a.

64 So *Eckert* MünchKomm InsO[3] § 108 Rn 16.

65 Abl daher ebenfalls LG Freiburg NJW-RR 1996, 1164; Kübler/Prütting/Bork/*Tintelnot* InsO[10] § 110 Rn 9.

66 *Derleder* NZM 2004, 568 (573).

67 **AA** *Eckert* MünchKomm InsO[3] § 108 Rn 16.

68 Nerlich/Römermann/*Balthasar* InsO[1] § 108 Rn 9.

69 Kübler/Prütting/Bork/*Tintelnot* InsO[31] § 108 Rn 16b.

d) **Typengemischte Verträge.** Typengemischte Verträge, die neben der entgeltlichen Gebrauchsüberlassung noch weitere typenfremde Elemente beinhalten, beurteilen sich nach der von den Parteien als vertragswesentlich ausbedungenen Hauptleistungspflicht (Rn 22). Nur wenn die **entgeltliche Nutzungsüberlassung** danach den **Schwerpunkt des Vertrags** bildet, gelangt § 108 I zur Anwendung.[70] Diese Einordnungsfrage stellt sich freilich überhaupt nur, wenn ein einheitliches Vertragsverhältnis vorliegt. Lassen sich die Pflichten verschiedenen Schuldverhältnissen zuordnen, hat die Einordnung dieser nach Maßgabe von §§ 103 ff getrennt zu erfolgen. Zu den unterschiedlichen Folgen der Wirkungen einer Optionsausübung Rn 25 f, 126 ff. **46**

Die Einordnung hängt damit vom jeweiligen Einzelfall ab.[71] Beispielhaft seien partiarische Pachtverhältnisse genannt, bei denen der Verpächter sich an der Wertschöpfung aus dem Pachtgegenstand beteiligt oder sich die Höhe der zu entrichtenden Pacht an dem vom Pächter erzielten Erlös bemisst.[72] Inwieweit ein solcher Vertrag noch als Pacht zu qualifizieren ist, die in den Anwendungsbereich der §§ 108 ff fällt, oder ein Gesellschaftsverhältnis vorliegt, bestimmt sich maßgeblich danach, ob die Parteien einen gemeinsamen Zweck verfolgen.[73] **47**

e) **Nutzungsüberlassung als Gesellschafterhilfe.** War die Nutzungsüberlassung eines Gesellschafters an die insolvente Gesellschaft nach dem vor Inkrafttreten des MoMiG geltenden Eigenkapitalersatzrecht und den ergänzenden Rechtsprechungsregeln als **eigenkapitalersetzende Gebrauchsüberlassung** zu qualifizieren,[74] konnte der Insolvenzverwalter die Miet- oder Pachtsache für die vertragliche oder – sofern eine im Drittvergleich unangemessen kurze Vertragslaufzeit vereinbart war – für eine angemessene, branchenübliche Vertragslaufzeit[75] zugunsten der Masse nutzen, ohne dass während dieser Zeit Miete und Pacht an den Gesellschafter zu entrichten waren. Auch Betriebs- und Nebenkosten waren für die Dauer der eigenkapitalersatzrechtlichen Verstrickung des Miet- oder Pachtobjekts vom Gesellschafter zu tragen.[76] Dies resultierte aus der Umqualifizierung des vom Gesellschafter gewährten Nutzungsrechts, das insoweit einem der Gesellschaft in der Krise gewährten oder „stehengelassenen" Darlehen gleichgestellt wurde, in Eigenkapitalersatz. Gleichwohl war auch die eigenkapitalersetzende Nutzungsüberlassung kein dem Anwendungsbereich von § 108 I entzogenes unentgeltliches Geschäft.[77] Denn die Entgeltforderungen des Gesellschafters blieben grundsätzlich bestehen, waren aber für die Dauer der eigenkapitalersatzrechtlichen Verstrickung „gestundet".[78] **48**

Das MoMiG hat die vom BGH geschaffene Figur der eigenkapitalersetzenden Nutzungsüberlassung wie auch das gesamte Eigenkapitalersatzrecht in seiner bisherigen Gestalt abgeschafft und die vormals im GmbHG verortete Materie in die InsO überführt.[79] An die Stelle der eigenkapitalersetzenden Nutzungsüberlassung ist die Regelung in **§ 135 III** getreten, die dem Gesellschafter in der Insolvenz der Gesellschaft für die Dauer **49**

---

70 BGHZ 173, 116 Rn 11; BGH NJW 1978, 1383 (1384); *Eckert* MünchKomm InsO[3] § 108 Rn 19 m zahlr Bsp; Uhlenbruck/*Wegener* InsO[13] § 108 Rn 13.

71 Bsp bei *Eckert* MünchKomm InsO[3] § 108 Rn 19 ff; Kübler/Prütting/Bork/*Tintelnot* InsO[31] § 108 Rn 13 f.

72 Vgl Staudinger/*Emmerich* BGB[2013] Vor § 581 Rn 50.

73 Staudinger/*Emmerich* BGB[2013] Vor § 581 Rn 50; *Wegener* FK InsO[7] § 108 Rn 11; **aA** pauschal **gegen** Anwendbarkeit v § 19 KO Jaeger/*Henckel* KO[9] § 19 Rn 11.

74 Vgl BGH NJW 1990, 516; ZIP 1993, 189; 1997, 1375; NZI 2005, 347.

75 BGH NJW 1994, 2349.

76 BGH ZIP 2000, 1491 (1492).

77 Kübler/Prütting/Bork/*Tintelnot* InsO[31] § 108 Rn 16a.

78 BGH NJW 2000, 1491 (1492); ZInsO 2008, 669 Rn 15.

79 Vgl BT-Drucks 16/6140 S 56.

von maximal einem Jahr eine **Aussonderungssperre** in Hinblick auf von ihm überlassene Sachen zumutet, sofern diese von besonderer Bedeutung für die Fortführung des Unternehmens sind, ihm gleichzeitig aber einen angemessenen finanziellen Ausgleich hierfür einräumt. Die Entgeltlichkeit des gesellschaftsinternen Nutzungsverhältnisses steht nach neuem Recht daher in keinem Fall in Frage. Zum Verhältnis zwischen § 135 III und § 108 sowie Folgefragen Rn 171 ff.

3. Leasing

50 Den Leasingvertrag kennzeichnet – ungeachtet der unterschiedlichen vertraglichen Ausgestaltungen (dazu Rn 63 ff) – die Pflicht des Leasinggebers zur entgeltlichen Nutzungsgewährung an den Leasingnehmer. Die Rechtsprechung und im Anschluss daran die herrschende Auffassung im Schrifttum qualifizieren das Leasing daher in Kongruenz zu seiner bilanziellen und steuerlichen Zweckbestimmung zivilrechtlich als **atypischen Mietvertrag.**[80] In Übereinstimmung damit wird das Leasing auch im insolvenzrechtlichen Kontext gemeinhin als Dauerschuldverhältnis aufgefasst und werden folglich die Vorschriften der §§ 108 ff – wie schon zuvor § 21 I KO – für einschlägig erachtet.[81] Diese Auffassung entspricht dem Willen des Gesetzgebers. Zwar haben Leasingverträge keine ausdrückliche Regelung in der InsO erfahren, wie sie noch der Erste Bericht der Kommission für Insolvenzrecht in den Leitsätzen 2.4.1.8 und 3.3.11 vorgesehen hatte. Neben der Regelung des § 108 I 2, die auf das Refinanzierungsleasing zugeschnitten ist,[82] zeugt aber nicht zuletzt die Gesetzesbegründung zur Kündigungssperre des § 112, deren Anwendungsbereich ausdrücklich auch Leasingverträge umfassen soll,[83] von der insolvenzrechtlichen Qualifikation als atypisches Mietverhältnis. Die Geltung der §§ 108 ff ist freilich dem Vertragsgegenstand nach auf Immobilien beschränkt, sofern nicht die Voraussetzungen des § 108 I 2 (Rn 201 ff) vorliegen.

51 a) **Spezifika des Leasings und §§ 108 ff.** Für das Leasing ist die Kalkulation des Leasinggebers charakterisierend. Dessen Interesse ist typischerweise auf die **vollständige Amortisation** seiner zur Anschaffung bzw Herstellung getätigten Investitionen gerichtet. Daher wird für das praktisch bedeutsame Finanzierungsleasing (Rn 63 ff), das wesentliche Elemente mit einem finanzierten Abzahlungskauf teilt,[84] die zivilrechtliche Einordnung als Gebrauchsüberlassungsvertrag durchaus in Zweifel gezogen.[85] Auch die Rechtsprechung des BGH ordnet den Vertrag lediglich „in erster Linie" so ein.[86] Die für das Zivilrecht anerkannten Besonderheiten des Leasings machen im Insolvenzrecht allerdings keine Modifikation von §§ 108 ff erforderlich:

52 aa) **Leasingraten als betagte Forderungen.** Im Zivilrecht werden Leasingraten im Gegensatz zu befristet entstehenden Miet- und Pachtforderungen gemeinhin als betagte Forderungen qualifiziert, die schon mit Abschluss des Leasingvertrags in voller Höhe entste-

---

[80] Vgl BGH NJW 1978, 1383 (1384); NZM 2004, 340 (342).

[81] BGHZ 68, 118 (123); 71, 189 (193 f); 96, 103 (106); 109, 368 (370); BGH NJW 1990, 1113; ZIP 1993, 1874, 1875; 2013, 1082 Rn 24; *Bornholdt* Refinanzierende Bank S 43 f; Jaeger/*Henckel* KO[9] § 19 Rn 12 ff, § 21 Rn 41 ff.

[82] Allg Begr, BT-Drucks 13/4699 S 1.

[83] Begr RegE § 126, BT-Drucks 12/2443 S 148.

[84] Vgl Staudinger/*Stoffels* BGB[2004] Leasing Rn 14; *Wolf/Eckert/Ball* MietR-Hb[10] Rn 1749.

[85] Vgl die umfassende Darstellung des Theorienstreits bei v Westphalen/*v Westphalen* Leasingvertrag[6] Kap B Rn 1 ff; *Martinek* LeasingR-Hb[2] § 4 Rn 1 ff.

[86] So etwa BGH NJW 1977, 1058 (1059); ZIP 1982, 64 (65).

hen und lediglich in ihrer Durchsetzbarkeit noch vom Eintritt des Fälligkeitszeitpunkts abhängen (Rn 34).[87] Die Leasingraten sollen während der Grundlaufzeit des Vertrags in erster Linie eine einmalige Leistung des Leasinggebers zu Beginn oder im Vorfeld des Leasingvertrags abgelten, während die Miete als Gegenleistung für die periodische Gebrauchsüberlassung erst mit der jeweils korrespondierenden Nutzungsperiode (*pro rata temporis*) entsteht, § 163 BGB.[88] Auch der Gesetzgeber hat § 108 I 2 die Auffassung zugrunde gelegt, der Leasinggeber bzw die Masse träfen nach Überlassung der Leasingsache vor Verfahrenseröffnung regelmäßig keine weitergehenden Pflichten.[89] Vielmehr sei die Nutzung durch den Leasingnehmer schlicht zu dulden. Im Zivilrecht wurde die Annahme betagter Leasingraten insbesondere entwickelt, um zu begründen, dass nach einer **Abtretung** der betagten (bestehenden) Leasingraten dem Zedenten weitere Verfügungen, mit denen er nochmals die Forderung abtritt oder über ihren Inhalt disponiert, nicht mehr offen stehen.[90] Denn die Forderung steht danach bereits dem Zessionar zu.

Im Insolvenzrecht bedingen die genannten Besonderheiten indes keine Abweichungen **53**
von §§ 108 ff.[91] Dieses Ergebnis beruht darauf, dass für die haftungsrechtliche Betrachtung des Insolvenzrechts nicht der formale Entstehungszeitpunkt maßgeblich ist, sondern der, in dem die Forderung **werthaltig** wird (Rn 32, § 103 Rn 356 ff, § 110 Rn 8).[92] Insoweit unterscheidet sich die Leasingforderung nicht von der Mietforderung.[93] Für die insolvenzrechtliche Betrachtung ist damit entscheidend, dass die Leasingraten noch nicht in dem Moment verdient sind, in dem der Leasinggeber dem Leasingnehmer die Sache überlässt. Denn nach der vertraglichen Abrede erhält der Leasinggeber die Raten nur, wenn er dem Leasingnehmer die Sache über die vereinbarte Nutzungszeit belässt. Verletzt er indessen diese Belassungspflicht und nimmt die Leasingsache zurück, wird sein Anspruch nicht fällig (geht vielmehr unter),[94] wie der Anspruch des Vermieters auf Miete nicht entsteht.

Angesichts dieser sukzessiv erfolgenden Erfüllung der Belassungspflicht stellt das **54**
Leasing wie die Miete ein **Dauerschuldverhältnis** dar, auf das §§ 108 ff anzuwenden sind. Die Unterschiede von betagten und befristeten Entgeltforderungen rechtfertigen insbesondere **keine unterschiedliche Behandlung einer etwaigen Abtretung der Entgeltforderung** (§ 110 Rn 25).[95] Zwar ist die Abtretung der entstandenen (betagten) Forderung zivilrechtlich ohne Weiteres wirksam, während es für die Zession künftiger (befristeter) Forderungen noch deren Entstehung bedarf. Für die insolvenzrechtliche Betrachtung kommt es hingegen maßgeblich auf den Zeitpunkt an, in dem die Forderung werthaltig wird (Rn 32).[96] Dazu kommt es aber einheitlich bei Miete und Leasing erst bei Belassung für den Zeitraum, für den Miete und Leasingraten bedungen sind. Hinzu kommt freilich,

---

[87] BGHZ 109, 368 (379 f); 111, 84 (95); 170, 196 Rn 12; BGH ZIP 2010, 332 Rn 20; 2013, 1082 Rn 29.

[88] BGHZ 109, 368 (379 f); 111, 84 (95); 170, 196 Rn 12; BGH ZIP 1997, 513 (514); 2005, 181 (182); 2010, 332 Rn 19 ff; 2013, 1082 Rn 29.

[89] Begr zu § 108 I 2, BT-Drucks 13/4699 S 6.

[90] BGHZ 111, 84 (95).

[91] Einen Widerspruch zwischen betagter Entstehung u Dauerschuldcharakter des Leasings erkennen *Eckert* MünchKomm InsO^3 § 108 Rn 34; Kübler/Prütting/Bork/*Tintelnot* InsO^{31} § 108 Rn 18 aE.

[92] Vgl BGH ZIP 2013, 1082 Rn 31 ff.

[93] **Gegen** die teilw abw Auffassung v BGH ZIP 2013, 1082 Rn 31 ff s § 110 Rn 25.

[94] BGHZ 82, 121 (125); *Hölzle/Geßner* ZIP 2009, 1641 (1644 f). – **Anders** wertet BGH ZIP 2013, 1082 Rn 31, wenn die Gebrauchsgewährung des Leasinggebers sich darauf beschränkt, die Nutzung durch den Leasingnehmer nicht stören zu dürfen.

[95] **AA** BGH ZIP 2013, 1082 Rn 31.

[96] *Hölzle/Geßner* ZIP 2009, 1641 (1644 f).

dass im Anwendungsbereich von §§ 108 I 1, 110 nicht die allgemeinen Grundsätze (§ 91) greifen, sondern die Sonderregelung des § 110 I, der die Wirksamkeit der Abtretung auf den Monat der Verfahrenseröffnung und ggf den Folgemonat terminiert, ohne Entstehen oder Werthaltigmachen zu berücksichtigen (§ 110 Rn 9, 54).[97]

55 Schließlich spricht für eine einheitliche Behandlung von Miete und Leasing, dass in der Rechtsprechung des BGH auch mietrechtliche Gestaltungen anerkannt sind, in denen der Anspruch auf Miete bei befristeten Mietverhältnissen betagt und nicht befristet ist.[98] Dann muss auch § 108 I 1 Anwendung finden, weil die Bestimmung nicht nach der Ausgestaltung der Miete unterscheidet.

56 bb) **Übereignungspflichten.** Das Amortisationsinteresse des Leasinggebers führt vielfach zu besonderen – meist in Form von **Optionen** ausgestalten – Sonderleistungen zum Vertragsende. Es kann insbesondere ein Andienungsrecht zugunsten des Leasinggebers oder ein Vorkaufsrecht zugunsten des Leasingnehmers vereinbart werden. Gelegentlich wird sogar eine nicht an weitere Voraussetzungen gebundene Übereignungspflicht des Leasinggebers begründet. Sind entsprechende Abreden auch für den Mietvertrag untypisch, lassen sich auch diese Besonderheiten nach den einschlägigen insolvenzrechtlichen Kriterien einordnen.

57 Insoweit besteht die maßgebliche Weichenstellung darin, ob ein einheitliches Rechtsverhältnis vorliegt, so dass alle Pflichten aus diesem einen Vertrag nur einer Regelung der §§ 103 ff folgen können (Rn 22, 26). Enthält der Vertrag eine nicht an weitere Voraussetzungen geknüpfte Übereignungspflicht, liegt im Zweifel ein **einheitliches Schuldverhältnis** vor. Angesichts der Übereignungspflicht lässt sich dieses Schuldverhältnis nicht § 108 I zuweisen, sondern sind §§ 103, 105, möglicherweise auch § 106 anzuwenden.[99] Anderes gilt jedoch für Verträge, die ein Andienungsrecht oder eine Erwerbsoption vorsehen. Hier liegt im Zweifel kein einheitliches Rechtsgeschäft vor. Daher unterliegt der Vertrag für den Überlassungszeitraum §§ 108 ff, während die Pflichten, die auf der Optionsausübung des Vertragspartners beruhen, § 103 unterfallen (Rn 26).[100] Übt der Verwalter eine Option aus, gilt § 55 I Nr 1 (Rn 25).

58 cc) **Aufspaltungslehre Eckerts.** *Hans-Georg Eckert* will den Gegensatz der einerseits wesentlichen Anfangsleistungen des Leasinggebers und der Qualifikation des Leasingvertrags als Dauerschuldverhältnis dahingehend auflösen, dass er unter strikter Zugrundelegung des **Gegenleistungsgrundsatzes** (Vor § 103 Rn 2) eine Aufspaltung der Leasingraten befürwortet.[101] Danach soll nur derjenige Anteil der Leasingraten als betagt entstanden gelten, der Gegenleistung für die Anschaffungs- bzw Herstellungsinvestitionen des Leasinggebers ist. Der wesentlich geringere Teil, der die fortwährende Gebrauchsüberlassung während des Vertragszeitraums entgilt – mithin die Dauerschuldkomponente –, soll demgegenüber wie die Miete und Pacht periodisch und damit befristet mit Beginn der jeweiligen Nutzungsperiode entstehen. Entsprechend sollen Leasing-

---

97 **AA** BGH ZIP 2013, 1082 Rn 25.

98 BGH ZIP 2010, 332 Rn 21.

99 LG Hamburg ZIP 1996, 1559 (1560); vgl auch OLG Düsseldorf ZInsO 2009, 2250 (2252 f); Kübler/Prütting/Bork/*Tintelnot* InsO[31] § 108 Rn 6a; *Marotzke* HK InsO[6] § 108 Rn 27; zweif *Klinck* LeasingR-Hb[2] § 49 Rn 57.

100 Vgl BGHZ 109, 368 (374 f).

101 *Eckert* ZIP 1997, 2077; *ders* MünchKomm InsO[3] § 108 Rn 94 ff; *Wolf/Eckert/Ball* MietR-Hb[10] Rn 2054 f, 2059; zust auch noch v Westphalen/*v Westphalen* Leasingvertrag[5] (1998) Rn 1549, 1553; **aA** BGH ZIP 2013, 1082 Rn 31; *Zahn* DB 1998, 1701.

raten in der Insolvenz des Leasingnehmers – entgegen der herrschenden Meinung[102] – auch nur zu dem Teil als Masseschulden gem §§ 108 I, 55 I Nr 2 Fall 2 zu befriedigen sein, zu dem sie die Gebrauchsüberlassung oder etwaige Zusatzleistungen des Leasinggebers zur Masse nach Verfahrenseröffnung vergüten.[103]

Diesem Ansatz ist zu Gute zu halten, dass sich eine entsprechende Aufteilung von **59** Leistungspflichten im Anwendungsbereich von §§ 108 ff durchaus finden lässt. So sehen §§ 106 I 2, 107 I 2 die **Aufspaltung eines einheitlichen Vertrags** vor. Dort ist dies freilich dem Umstand geschuldet, dass nur ein Teil des Anspruchs vom Vertragspartner gesichert ist (§ 103 Rn 149 f). Ferner befürwortet die Gesetzesbegründung zu § 108 I 2 für die Insolvenz des Leasinggebers eine Aufspaltung der Leasingraten, sofern die Masse nach Verfahrenseröffnung weitere Pflichten als die bloße Gebrauchsüberlassung zu erfüllen hat.[104] Die dort erwogene Aufspaltung beschränkt sich aber allein auf die Zuordnung einer abgetretenen Forderung, wenn das Werthaltigmachen dieser Forderung nur teilweise aus dem Vermögen des Schuldners, zum anderen aus dem des Zessionars erbracht wird (Rn 231).

Im hier maßgeblichen Regelungskontext ist für eine Aufspaltung indes kein Raum.[105] **60** Vielmehr bestimmt die Norm die pauschale Fortgeltung des Vertrags in der Gestalt, die er im Zeitpunkt der Verfahrenseröffnung aufweist. Ebenso macht § 55 I Nr 2 Fall 2 die Entstehung von Masseverbindlichkeiten für die von § 108 I 1 erfassten Schuldverhältnisse anders als § 55 II 2 nicht davon abhängig, dass der Verwalter den Leasinggegenstand tatsächlich zugunsten der Masse nutzt. Für ein Festhalten am Vertragsinhalt und gegen die Einbeziehung der Kalkulation spricht wiederum der Vergleich zu Miete und Pacht. Auch bei diesen Verträgen kann das Entgelt vielfach in gewissem Maße vom einem Amortisationsanteil, der die Anschaffung oder Investitionen des Vermieters oder Verpächters berücksichtigt, maßgeblich beeinflusst werden,[106] ohne dass dies als besonderer Miet- oder Pachtanteil ausgewiesen wäre. Die von § 108 I 1 angeordnete pauschale Fortgeltung des Vertrags in seiner bisherigen Gestalt dient damit nicht zuletzt dem **Schutz des Vertragspartners** (Rn 10).

Die von *Eckert* befürwortete Aufspaltung der Leasingforderungen erweist sich – von **61** Ausnahmefällen abgesehen – ferner als kaum praktikabel und findet keine Stütze im Gesetz. Nicht vollständig erfüllte, gegenseitige Verträge unterfallen entweder §§ 103, 105 oder § 108. Ist § 103 zur Anwendung berufen, kann der Verwalter masseungünstige Verträge durch Nichterfüllungswahl von der Masse lösen und erlangt eine Vorauszession auch dann keine Wirksamkeit, wenn der Verwalter die Erfüllung des Vertrags wählt (§ 103 Rn 344 ff).[107] Gilt § 108, ist der Vertrag dem Wahlrecht des Verwalters entzogen. Der Abtretungsempfänger profitiert von der Wirksamkeitsanordnung des § 110 I in dessen – freilich kurz bemessenem – Zeitraum (§ 110 Rn 7). Gleichzeitig vermag der Insol-

---

102 BGH ZIP 1993, 1874 (1875); OLG Düsseldorf ZIP 2010, 2212 (2213 f); OLG Naumburg DZWiR 1997, 74; *Kalkschmid* Immobilienleasing Rn 360 ff; *Klinck* LeasingR-Hb[2] § 49 Rn 63; Kübler/Prütting/Bork/*Tintelnot* InsO[31] § 108 Rn 17; *Obermüller* Bankpraxis[8] Rn 7.25; Uhlenbruck/*Sinz* InsO[13] § 108 Rn 114; v Westphalen/*Koch* Leasingvertrag[6] Kap P Rn 58.

103 Hierin erblickt *Schmidt-Burgk* ZIP 1989, 1022 (1023) einen Verstoß gegen Art 14 GG wegen der Eigentumsbeeinträchtigung auf Seiten des Leasinggebers.

104 Begr RegE § 108 I 2, BT-Drucks 13/4699 S 6.

105 BGH ZIP 2013, 1082 Rn 31.

106 So zu Recht Kübler/Prütting/Bork/*Tintelnot* InsO[31] § 108 Rn 18.

107 Abw für einen Schutz der Zession allerdings BGHZ 109, 368 (379 f); BGH ZIP 2013, 1082 Rn 31; vgl § 103 Rn 350.

venzverwalter Belastungen der Masse nur dadurch zu verhindern, dass er den Vertrag nach den gesetzlichen Regeln kündigt. Die einzelfallgerechte Beurteilung eines Vertrags anhand des Gegenleistungsprinzips sieht die InsO hingegen bewusst nicht vor. Eine solche würde auch die Systematik der §§ 108 ff verwischen, die dem Verwalter nur nach den dort genannten Voraussetzungen die Lösung vom Vertrag gestatten und im Übrigen den Fortbestand auch masseungünstiger Verträge anordnen.

62 Das missliche Ergebnis, dass die Masse in der Insolvenz des Leasinggebers möglicherweise noch zur Erbringung von über die Duldungspflicht hinausgehenden Nebenleistungen verpflichtet ist, hierfür aber wegen einer Vorauszession der Leasingraten zunächst keine Gegenleistung erhält, wird im Anwendungsbereich von § 108 I 1 durch **§ 110 I** auf den dort in Abs 1 bestimmten Zeitraum begrenzt.[108] Im Übrigen nimmt das Leasing hier keine Sonderstellung ein, da Gleiches auch für die Zession von Miet- und Pachtforderungen gilt. Hier wie dort kann der fortbestehende Vertrag dem Insolvenzverwalter erhebliche Pflichten, etwa Instandsetzungspflichten, aufnötigen, durch die die Insolvenzmasse um ein Vielfaches mehr belastet werden kann, als dies durch das vereinbarte Entgelt abgegolten werden würde. Näher zu diesem Problem bei § 108 I 2 s Rn 228 ff.

63 b) **Finanzierungsleasing.** Die weitaus größte praktische Bedeutung kommt dem Finanzierungsleasing zu. Prägend für diese Form des Leasings ist deren **Finanzierungsfunktion**, vgl § 506 II BGB. Typischerweise zeichnet sich das Finanzierungsleasing durch die Beteiligung dreier Parteien aus. Der Leasinggeber erwirbt – vielfach fremdfinanziert unter Abtretung der Leasingraten und Sicherungsübereignung des Leasingobjekts an den Refinanzierer (zu § 108 I 2 s Rn 201 ff) – das vom Leasingnehmer ausgewählte Leasingobjekt beim Hersteller, um es anschließend dem Leasingnehmer zu überlassen. Regelmäßig beinhaltet der Leasingvertrag darüber hinaus den Ausschluss der mietvertraglichen Gewährleistungsansprüche des Leasingnehmers gegenüber dem Leasinggeber. Die Wirksamkeit einer entsprechenden Vereinbarung in AGB setzt voraus, dass der Leasinggeber dem Leasingnehmer im Gegenzug seine kaufrechtlichen Mängelrechte gegen den Hersteller abtritt.[109] Charakteristisches Merkmal des Finanzierungsleasings ist weiterhin der Übergang der Sachgefahr auf den Leasingnehmer.

64 Der Vorteil des Finanzierungsleasings gegenüber der Anschaffung der Sache zu Eigentum besteht darin, dass sich das Leasing im Vergleich zu einem finanzierten Abzahlungskauf **bilanzneutral** gestalten lässt, dh das Leasinggut nicht als Anlagevermögen in der Bilanz des Leasingnehmers zu bilanzieren ist. Noch wesentlicher ist allerdings, dass der Leasingnehmer die Leasingraten als Betriebsausgaben steuerlich absetzen kann, sofern das Leasinggut aufgrund der vertraglichen Gestaltung auch nach Überlassung an den Leasingnehmer weiterhin dem Leasinggeber iSv § 39 AO wirtschaftlich zugerechnet werden kann. Um von den dargestellten Vorteilen des Leasings profitieren zu können, muss der Leasingvertrag den Anforderungen in § 39 AO genügen. Als Leitlinien für die Vertragspraxis fungieren dabei vier Erlasse des BMF,[110] die an die Finanzbehörden gerichtet sind und diesen Anhaltspunkte für die Prüfung von Leasingverträgen im Hinblick auf die wirtschaftliche Zurechnung des Eigentums nach § 39 AO geben. In der Leasingpraxis hat man sich diese Leitlinien zur Maßgabe gemacht und die Verträge „erlasskonform" ausgestaltet.[111]

---

108 BGH ZIP 2013, 1082 Rn 28 ff.

109 BGH NJW 1987, 1072, (1073); 1989, 1279 (1280).

110 Für Mobilien: Teilamortisationserlass vgl DB 1976, 172; Vollamortisationserlass vgl DB 1971, 795; für Immobilien: Teilamortisationserlass vgl DB 1992, 112; Vollamortisationserlass vgl BB 1972, 433.

111 Vgl zum Vorstehenden Staudinger/*Stoffels* BGB[2004] Leasing Rn 45 ff.

Der Finanzierungsleasingvertrag ist gekennzeichnet durch eine feste Grundvertragslaufzeit, die der Leasingnehmer aber durch Ausübung einer häufig vereinbarten einseitigen Option verlängern kann. Während der Grundmietzeit schuldet der Leasingnehmer dem Leasinggeber als Gegenleistung für die Gebrauchsgewährung die Zahlung der periodisch fälligen Leasingraten, die die Anschaffungs- bzw Herstellungsinvestitionen, die Gewinnspanne und sonstige Kosten des Leasinggebers, wie etwa die Kosten der Finanzierung, amortisieren. Je nachdem, ob am Ende der Grundvertragslaufzeit bereits sämtliche Aufwendungen und Kosten durch Zahlung der Leasingraten abgegolten worden sind, wird in Übereinstimmung mit den Leasing-Erlassen des BMF zwischen Voll- und Teilamortisationsverträgen unterschieden. Bei **Teilamortisationsverträgen** wird regelmäßig am Ende der Grundmietzeit, die nach dem Teilamortisationserlass zwischen 40 % und 90 % der betriebsgewöhnlichen Nutzungsdauer liegen muss, eine Ausgleichsmaßnahme, wie etwa ein **Andienungsrecht des Leasinggebers**, vermittels dessen er den Leasingnehmer zum Kauf der Sache zu einem vorab vereinbarten Preis verpflichten kann, vereinbart, um Amortisation für den nicht durch Leasingraten abgedeckten Teil der Investitionen zu erlangen. Das Risiko einer Wertminderung der Sache am Ende der Grundmietzeit trägt damit bei erlasskonformer Ausgestaltung des Teilamortisationsleasings der Leasingnehmer.[112] 65

Dagegen enthalten **Vollamortisationsverträge** regelmäßig kein Andienungsrecht des Leasinggebers, da Amortisation bereits durch Zahlung der Leasingraten während der Grundmietzeit, die erlasskonform maximal 90 % der betriebsgewöhnlichen Nutzungsdauer betragen darf, eingetreten ist. Häufig ist dem Leasingnehmer in diesen Fällen aber ein Recht zum Erwerb der Sache zu einem im Vertrag festgelegten Preis in Gestalt einer Kaufoption eingeräumt. In der Praxis haben sich die Vollamortisationsverträge weder für das Leasing beweglicher noch unbeweglicher Sachen durchsetzen können, weil die erlasskonforme Ausgestaltung dieser Verträge dem Leasingnehmer schon während der Grundlaufzeit wegen der avisierten Vollamortisation hohe Leasingraten aufnötigt.[113] 66

c) **Operatingleasing.** Beim Operatingleasing wird der Vertrag auf unbestimmte Zeit oder für eine sehr kurze Laufzeit abgeschlossen und kann vom Leasingnehmer jederzeit ordentlich gekündigt werden. Der Leasinggeber erreicht die Vollamortisation seiner Finanzierungsaufwendungen durch die **mehrfache Verleasung der Sache an unterschiedliche Leasinggeber.**[114] Solche Verträge finden vor allem Verwendung, wenn dem Leasingnehmer daran gelegen ist, Maschinen oder Anlagen relativ kurzfristig durch entsprechende Produkte des neuesten technischen Entwicklungsstands zu ersetzen. Gegenüber dem Kauf solcher Anlagen bietet das Operatingleasing den Vorteil, dass der Leasingnehmer nicht das Risiko aufwendiger Investitionen für Sachen trägt, die vor Ablauf ihrer normalen Nutzungsdauer technisch veraltet und überholt sind. Gleichzeitig übernimmt der Leasinggeber neben der Pflicht zur Gebrauchsgewährung beim Operatingleasing typischerweise darüber hinausgehende Nebenpflichten wie insbesondere Wartung und Reparatur oder Versicherungsleistungen. Diese Merkmale des Operatingleasings rechtfertigen die allgemein anerkannte Charakterisierung als Mietvertrag[115], die zur Anwendung der §§ 108 ff führt.[116] 67

---

112 *Martinek* LeasingR-Hb² § 2 Rn 25.

113 Vgl *Martinek* LeasingR-Hb² § 2 Rn 20, 26; Staudinger/*Stoffels* BGB²⁰⁰⁴ Leasing Rn 55, 57.

114 BGH NJW 1998, 1637 (1639); 2003, 505 (507).

115 Erman/*Dickersbach* BGB¹³ Anh zu § 535 Rn 9; Palandt/*Weidenkaff* BGB⁷² Vor § 535 Rn 40; Staudinger/*Stoffels* BGB²⁰⁰⁴ Leasing Rn 17.

116 *Wegener* FK InsO⁷ § 108 Rn 13.

68 d) **Händler- und Herstellerleasing.** Namensstiftend für das sog Händler- und Herstellerleasing ist die **Personenidentität zwischen Leasinggeber und Händler bzw Hersteller.**[117] Es fehlt mithin an der für das Finanzierungsleasing typischen Dreieckskonstellation. Kennzeichnend für das Händler- und Herstellerleasing ist freilich dessen absatzfördernde Funktion, die es in die Nähe des Operatingleasing rückt. Daneben mangelt es dem Händler- und Herstellerleasing aber keinesfalls gänzlich an einer Finanzierungsfunktion. Im Unterschied zum reinen Finanzierungsleasing wird diese nur nicht von einer zwischengeschalteten Leasinggesellschaft, sondern durch den Veräußerer der Sache selbst übernommen. Nimmt das Händler- und Herstellerleasing damit eine Zwischenstellung zwischen Finanzierungsleasing und Operatingleasing ein, soll sich die Zuordnung zu einem der beiden Leasingarten danach entscheiden, ob die Vollamortisation der Anschaffungskosten bereits durch die einmalige Verleasung erreicht werden soll, oder ob der Leasinggeber beabsichtigt, die Sache zu diesem Zweck an eine Vielzahl von Leasinggebern zu überlassen.[118]

69 e) **Sale-and-lease-back.** Bei einem Sale-and-lease-back-Geschäft veräußert der spätere Leasingnehmer eine in seinem Eigentum stehende Sache an den Leasinggeber, um sie sodann von diesem zurückzuleasen. Dieses Vorgehen dient dem Leasingnehmer vorrangig dazu, sich durch den Verkauf der Sache **Liquidität zu beschaffen,** diese aber gleichzeitig gegen die Zahlung periodischer Leasingraten weiterhin nutzen zu können.[119] Die insolvenzrechtliche Beurteilung des Leasinggeschäfts nach § 108 I 1 unterliegt hierbei keinen Besonderheiten. Hiervon zu trennen ist das Erwerbsgeschäft, das grundsätzlich § 103 unterliegt. Die Folgen der Verfahrenseröffnung auf ein Sale-and-lease-back-Geschäft entscheiden sich daher danach, in welchem Stadium sich das Geschäft bei Insolvenzeröffnung befindet.[120]

4. Vertragsgegenstand

70 Der Anwendungsbereich der §§ 108–111 ist, sieht man von § 108 I 2 ab, auf solche Verträge beschränkt, die unbewegliche Gegenstände oder Räume zum Gegenstand haben.

71 a) **Begriff und Abgrenzungskriterien.** Nach der Legaldefinition des § 49 sind unbewegliche Gegenstände solche, die der Zwangsvollstreckung in das unbewegliche Vermögen unterliegen. Nach § 864 ZPO fallen neben Grundstücken, Bruchteilen eines Grundstücks und nicht sonderrechtsfähigen Bestandteilen des Grundstücks nach §§ 93 f BGB hierunter in das Schiffsregister eingetragene oder eintragungsfähige Schiffe und Schiffsbauwerke (§ 870a I ZPO) und in die Luftfahrzeugrolle eingetragene Luftfahrzeuge (§ 99 I LuftfzRG iVm § 870a ZPO).

72 Räume sind feste, aber nicht notwendigerweise nach allen Seiten umschlossene, Teile von Gebäuden, die zum Aufenthalt von Menschen bestimmt sind oder eine solche Größe haben, dass sie von Menschen betreten werden können.[121] Erlaubt die Größe eines Raumgebildes hingegen nicht den Aufenthalt eines Menschen, wie etwa bei einem Bank-

117 Vgl hierzu v Westphalen/*v Westphalen* Leasingvertrag[6] Kap B Rn 66 ff.

118 BGH NJW 1998, 1637 (1639); zust v Westfalen/*v Westphalen* Leasingvertrag[6] Kap B Rn 72; Staudinger/*Stoffels* BGB[2004] Leasing Rn 27.

119 V Westphalen/*Heyd* Leasingvertrag[6] Kap A Rn 10.

120 *Wegener* FK InsO[7] § 108 Rn 14.

121 Schmidt-Futterer/*Blank* MietR[10] § 578 Rn 6 ff; Staudinger/*Emmerich* BGB[2011] § 578 Rn 5.

schließfach, liegt kein Raummietvertrag, sondern Fahrnismiete vor[122] und sind die §§ 108 ff daher nicht zur Anwendung berufen.[123] Anderes gilt dann, wenn das Raumgebilde wegen seiner baulichen Ausgestaltung ein wesentlicher Bestandteil eines Grundstücks (§§ 93 f BGB) und deshalb als unbeweglicher Gegenstand einzuordnen ist.[124] Aufenthaltsgeeignete Räume, die sich in beweglichen Sachen befinden, wie etwa in Wohnwagen oder Wohncontainern, unterfallen ebenfalls nicht dem Raumbegriff.[125] Dagegen unterliegen Raummietverträge den Vorschriften der §§ 108 ff, gleich welchem Zweck sie dienen. Neben Gewerberaummietverträgen (§ 578 II BGB) ist insbesondere auch die Privatwohnung des Schuldners erfasst, wie sich schon aus der nachträglichen Einfügung des § 109 I 2 ergibt, der es nicht bedurft hätte, unterfiele das Wohnraummietverhältnis bereits von vornherein § 103.[126]

Abweichend von dem Regelungskonzept der §§ 19–21 KO, das mit der Ausnahme von § 21 II u IV KO nicht nach dem Vertragsgegenstand differenzierte, hat der Gesetzgeber Mobilien und Rechte – ungeachtet der Sonderregel in § 108 I 2 – bewusst von der Geltung der §§ 108–111 ausgenommen (Rn 11) und dadurch die Praxis vor zum Teil schwierige Abgrenzungsprobleme gestellt, die sich zuvor nur im Rahmen der § 21 II u IV KO ergaben. Solche sind immer dann zu besorgen, wenn Gegenstand des Vertrags zwar auch die entgeltliche Überlassung einer Immobilie im weitesten Sinne ist, daneben aber noch weitere vertragsprägende Elemente hinzutreten. Sofern der Parteiwille nicht ausnahmsweise die Aufspaltung des Vertrags zulässt, gebietet die **Einheitlichkeit des Vertragsverhältnisses** grundsätzlich eine einheitliche Bewertung im Hinblick auf die Anwendbarkeit der §§ 108 ff (§ 103 Rn 301).[127] Die Aufspaltung des Vertrags in einen Teil, der nach § 108 I die Verfahrenseröffnung überdauert, und einen anderen, der dem Wahlrecht des Verwalters nach § 103 unterliegt, würde das ursprüngliche Parteiinteresse gerade an der konkreten Vertragsgestaltung missachten. Der Charakter des Mietverhältnisses bestimmt sich maßgeblich nach der vertragsprägenden Komponente, wie sie sich aus der Parteivereinbarung ergibt (Rn 22).[128] **73**

b) **Abgrenzung zur Rechtspacht.** Praktische Abgrenzungsprobleme können sich insbesondere für Rechtspachtverträge ergeben, die neben der Wertschöpfung aus dem überlassenen Recht außerdem die **Nutzung eines Grundstücks** gestatten. Der Schwerpunkt von Jagd- und Fischereipachtverträgen liegt nicht primär auf der Nutzung des Grundstücks, sondern vermittelt in erster Linie das Recht zur Jagdausübung bzw das Fischereirecht.[129] Als Rechtspacht unterliegen sie nicht den Bestimmungen der §§ 108–111. Grundstückspacht ist hingegen die Überlassung von geschlossenen Gewässern zur Fischereinutzung.[130] **74**

Rechtspacht ist auch dann anzunehmen, wenn der Verpächter dem Pächter das Recht einräumt, ein Grundstück oder einen Raum für einen bestimmten (gewerblichen) Zweck möglicherweise begrenzt auf bestimmte Zeiträume zu nutzen. In einem derartigen Fall vermittelt der Pachtvertrag dem Pächter nur einen Ausschnitt des Nutzungsrechts, das ihm als Immobilienpächter vollumfänglich zur selbstbestimmten Ausübung zustünde. **75**

---

122 Schmidt-Futterer/*Blank* MietR[10] § 578 Rn 7.

123 Kübler/Prütting/Bork/*Tintelnot* InsO[31] § 108 Rn 10; **aA** für Schrankfachverträge *Obermüller* ZInsO 1998, 252 (254); *ders* Bankpraxis[8] Rn 2.111; ihm folgend *Wegener* FK InsO[7] § 108 Rn 10.

124 *Eckert* MünchKomm InsO[3] § 108 Rn 39.

125 *Artz* MünchKomm BGB[6] § 578 Rn 4.

126 Uhlenbruck/*Wegener* InsO[13] § 108 Rn 14.

127 *Eckert* MünchKomm InsO[3] § 108 Rn 38.

128 Nerlich/Römermann/*Balthasar* InsO[1] § 108 Rn 8.

129 BGH NZM 2008, 462 Rn 9; RGZ 98, 101 (102).

130 Jaeger/*Henckel* KO[9] § 21 Rn 12.

Beispiele hierfür sind etwa das Recht zum Betrieb einer Garderobe in einer Veranstaltungshalle[131], die Kantinenpacht[132] und namentlich die Verpachtung von Werbeflächen (Bandenwerbung).[133] Ob dies auch für den ärztlichen Belegungsvertrag[134] zwischen einem Sozialversicherungsträger und einem Krankenhaus oder Sanatorium gilt, ist ebenso umstritten wie für den Belegarztvertrag, durch den sich das Krankenhaus gegenüber einem Belegarzt zur Überlassung von Betten verpflichtet.[135] Nach Ansicht des BGH lassen sich derartige Verträge auch wegen ihrer praktischen Vielgestaltigkeit keinem im BGB geregelten Vertragstypus zuordnen und sind vielmehr **atypische Dauerschuldverhältnisse.**[136] Man wird daher entscheidend darauf abzustellen haben, ob im Einzelfall die Gebrauchsüberlassungskomponente vertragsprägenden Charakter hat. Liegt der Schwerpunkt des Vertrags auf der Überlassung der Behandlungsräumlichkeiten, wird man Miete oder Pacht annehmen können, nicht hingegen wenn das Schwergewicht auf der exklusiven Bindung des Arztes an das Belegkrankenhaus liegt.[137]

76 Verträge über den Abbau von Bodenschätzen können als Grundstücks- oder Rechtspacht oder aber als Kauf ausgestaltet sein. Rechtspacht kann indes nur dann angenommen werden, wenn für die in Rede stehenden Bodenschätze ein gesetzliches Abbaurecht entweder im BBerG oder in den landesrechtlichen Berggesetzen statuiert ist, weil das allgemeine Abbaurecht des Eigentümers nicht Gegenstand eines Rechtspachtvertrags sein kann.[138] Schwierig gestaltet sich die Abgrenzung zwischen Kauf und Grundstückspacht. Während teilweise die unterschiedliche Gefahrtragung nach § 446 BGB einerseits und § 536 BGB andererseits, die pachttypische Obhutspflicht und die Bemessung der Gegenleistung entweder nach der konkreten Ausbeute (dann Kauf) oder unabhängig davon (dann Grundstückspacht) für ausschlaggebend erachtet werden,[139] wird diesen Abgrenzungskriterien von anderen die Tauglichkeit abgesprochen und die vertragliche Hauptleistungspflicht für allein maßgeblich erachtet.[140] So trifft den Verkäufer eine Verschaffungspflicht, während der Verpächter dem Pächter lediglich die Fruchtziehung zu ermöglichen hat. Die oben angeführten Abgrenzungskriterien können freilich zur Bestimmung der vertragswesentlichen Pflicht des Verkäufers bzw Verpächters herangezogen werden. Abbauverträge sind daher in der Regel Grundstückspachtverträge,[141] auf die die Regelungen der §§ 108 ff Anwendung finden. Bei der Bergwerkspacht bildet den Schwerpunkt die Ausübung des Abbaurechts. Sie ist daher als Rechtspacht zu qualifizieren[142] und fällt daher nicht in den Anwendungsbereich der §§ 108 ff.[143]

77 Die **Unternehmenspacht** wird praktisch relevant vor allem in Fällen der Betriebsaufspaltung. Umfasst ist das Unternehmen in seiner Gesamtheit. Gegenstände der Unternehmenspacht sind daher neben beweglichen Sachen und Immobilien vornehmlich Immate-

---

131 RGZ 97, 166; vgl Jaeger/*Henckel* KO[9] § 21 Rn 12.

132 Staudinger/*Schaub* BGB[2013] Vor § 581 Rn 73 f.

133 BGH NJW-RR 1994, 558; 1999, 845.

134 Vgl hierzu BGH NJW 1972, 1128.

135 Vgl hierzu *Eckert* MünchKomm InsO[3] § 108 Rn 42; *Wegener* FK InsO[7] § 108 Rn 16.

136 BGH NJW 1972, 1128 (1129); für Miete Erman/*Lützenkirchen* BGB[13] Vor § 535 Rn 36 f.

137 Vgl Jaeger/*Henckel* KO[9] § 19 Rn 32.

138 Staudinger/*Emmerich*/*Veit* BGB[2005] Vor § 581 Rn 29.

139 Staudinger/*Emmerich*/*Veit* BGB[2005] Vor § 581 Rn 29 ff; für die Risikoverteilung auch *Wegener* FK InsO[7] § 108 Rn 10.

140 *Harke* MünchKomm BGB[6] § 581 Rn 10.

141 Vgl die N bei Staudinger/*Emmerich*/*Veit* BGB[2005] Vor § 581 Rn 31.

142 Staudinger/*Emmerich*/*Veit* BGB[2005] Vor § 581 Rn 100 f.

143 Kübler/Prütting/Bork/*Tintelnot* InsO[31] § 108 Rn 12; **aA** *Wegener* FK InsO[7] § 108 Rn 16.

rialgüter wie etwa die Firma des Unternehmens, der Kundenstamm, Know-how oder Erwerbschancen.[144] Vertragsprägend für die Unternehmenspacht ist regelmäßig die **Ausnutzung bestehender Geschäftsbeziehungen unter Verwendung der bisherigen Firma**, so dass in der Regel eine von den §§ 108 ff nicht erfasste Rechtspacht vorliegt. Etwas anderes kann nur ausnahmsweise gelten, wenn die Überlassung des Immobiliarvermögens im Vordergrund steht und die Fruchtziehung aus dem Grundstück oder den Räumlichkeiten den Mittelpunkt des Vertrags bildet.[145] So liegt es etwa bei der Gaststättenpacht. Dagegen ist die Apothekenpacht, sofern sie nach § 9 ApoG ausnahmsweise zulässig ist, nicht wesentlich durch die Überlassung von Immobilien gekennzeichnet, sondern als Unternehmenspacht zu qualifizieren, auf die die §§ 108 ff nicht anzuwenden sind.[146]

Ähnlich der Unternehmenspacht ist auch der **Franchisevertrag** ungeachtet seiner prak- **78**
tischen Vielgestaltigkeit und seiner im Einzelnen umstrittenen Rechtsnatur in aller Regel als Rechtspachtvertrag ausgestaltet, der darüber hinaus außerdem Elemente von Kauf, Miete und Geschäftsbesorgung enthalten kann.[147] Der Franchisevertrag ist Dauerschuldverhältnis und zeichnet sich gemeinhin dadurch aus, dass der Franchisegeber den Franchisenehmer für die vereinbarte Vertragsdauer und gegen Entgelt – die sog Franchisegebühr – die Nutzungsrechte an Schutzrechten und Know-how zur kommerziellen Weitervermarktung des Franchisegegenstands (Waren oder Dienstleistungen) unter einer einheitlichen Marke überlässt und den Franchisenehmer während der Vertragsdauer fortlaufend kommerziell sowie technisch betreut und unterstützt. Den Franchisegeber trifft demgegenüber eine Betriebspflicht.[148] Der Franchisevertrag ist damit vorrangig durch die Gebrauchsüberlassung an Immaterialgütern durch den Franchisegeber zum Absatz von Waren oder Dienstleistungen durch den Franchisenehmer gekennzeichnet und unterliegt daher regelmäßig nicht den §§ 108 ff (§ 112 Rn 19), auch wenn sich der Franchisenehmer zusätzlich zur Überlassung einer Immobilie oder von Räumen verpflichtet hat.[149]

Ein **Betriebspachtvertrag** berechtigt den Pächter zum Betrieb des gepachteten Unter- **79**
nehmens auf eigene Rechnung und im eigenen Namen.[150] Sind auch solche Verträge grundsätzlich als Rechtspachtverträge einzuordnen, kann je nach dem Maß der persönlichen Abhängigkeit des Pächters vom Verpächter im Einzelfall auch ein Dienst- oder Arbeitsverhältnis anzunehmen sein.

c) **Abgrenzung zu dinglichen Nutzungsrechten.** Dingliche Nutzungsrechte unterfallen **80**
nicht der Regelung des § 108 I 1.[151] Das Erbbaurecht nach § 1 ErbbauRG qualifiziert der BGH als dingliches Nutzungsrecht, das ungeachtet der §§ 103 ff die Verfahrenseröffnung über das Vermögen des Berechtigten überdauert und in die Insolvenzmasse fällt.[152] Auch

---

144 Vgl Baumbach/Hopt/*Hopt* HGB[35] Vor § 1 Rn 49; Staudinger/*Emmerich/Veit* BGB[2005] Vor § 581 Rn 25.
145 *Eckert* MünchKomm InsO[3] § 108 Rn 44; Kübler/Prütting/Bork/*Tintelnot* InsO[31] § 108 Rn 13 f.
146 *Wegener* FK InsO[7] § 108 Rn 17.
147 Palandt/*Weidenkaff* BGB[72] Vor § 581 Rn 22.
148 Vgl zum Franchisevertrag *Harke* MünchKomm BGB[6] § 581 Rn 19 f; *Skaupy* NJW 1992, 1785; Staudinger/*Emmerich/Veit* BGB[2005] Vor § 581 Rn 142 ff, 158 ff.
149 Kübler/Prütting/Bork/*Tintelnot* InsO[31] § 108 Rn 13.
150 Staudinger/*Emmerich/Veit* BGB[2005] Vor § 581 Rn 41.
151 *Eckert* MünchKomm InsO[3] § 108 Rn 41; Kübler/Prütting/Bork/*Tintelnot* InsO[31] § 108 Rn 15; **aA** Uhlenbruck/*Berscheid* InsO[12] § 108 Rn 8 unter Verweis auf Jaeger/*Henckel* KO[9] § 19 Rn 8, der aber wegen der Begrenzung des § 108 I S 1 auf Immobilien für die InsO nicht mehr trägt; zust indes Andres/Leithaus/*Andres* InsO[2] § 108 Rn 3.
152 BGH ZIP 2005, 2267 (2268); Jaeger/*Henckel* InsO § 36 Rn 64; z Verwertung des Erbbaurechts *Meyer* NZI 2007, 487 (488).

dem schuldrechtlichen Vertrag zur Bestellung des Erbbaurechts (Erbbaurechtsvertrag) kommt kein Dauerschuldcharakter zu. Denn der Erbbauzins ist kein periodisches Nutzungsentgelt, sondern Kaufpreis für das dingliche Nutzungsrecht, das allein dem Berechtigten nach Bestellung die Nutzungsbefugnis vermittelt.[153] Der **Erbbaurechtsvertrag ist damit Rechtskauf**, der mit Bestellung des dinglichen Erbbaurechts und Eintragung des Erbbaurechts im Grundbuch vor Verfahrenseröffnung von Seiten des Eigentümers bereits vollständig erfüllt, so dass § 103 nicht zur Anwendung gelangt.[154] Für eine entsprechende Anwendung von § 108 und des Sonderkündigungsrechts nach § 109 I 1 sieht der BGH daher zurecht in Ermangelung einer Dauerrechtsbeziehung keinen Raum.[155] Weiter besteht kein Bedürfnis, Erbbauzinsen für die Zeit nach Verfahrenseröffnung als Masseverbindlichkeiten zu qualifizieren. Sie sind vielmehr einfache Insolvenzforderungen (§ 38).[156] Dem Eigentümer ist deshalb die Aufrechnung gegen Masseforderungen zu gestatten. Denn er kann wegen ausstehender Zinszahlung im Wege der Zwangsvollstreckung in das Erbbaurecht gem § 9 I 1 ErbbauRG, §§ 1105, 1107, 1147 BGB vorgehen und im Insolvenzverfahren abgesonderte Befriedigung (§ 49) verlangen.

81 Gleiches gilt auch für ein **dingliches Wohnrecht** nach § 1093 BGB und für den **Nießbrauch** an einer Immobilie gem § 1030 BGB. In der Literatur findet sich der Hinweis, die Anwendung von § 103 komme auf den Nießbrauch insoweit in Betracht, als sich aus dem der Bestellung zugrundeliegenden Schuldvertrag für die Zeit des Insolvenzverfahrens fortlaufend zu erfüllende Pflichten des insolventen Nießbrauchers ergäben.[157] Dies kann dahingehend missverstanden werden, dass der Verwalter durch die Nichterfüllungswahl nach § 103 die dingliche Berechtigung des Nießbrauchers beeinflussen könnte. Dem ist indes nicht so. Soweit die Anwendbarkeit von § 103 diskutiert wird, betrifft dies ausschließlich den Schuldvertrag, nicht hingegen das dingliche Recht. Dies entspricht der Sichtweise des BGH zum Erbbaurecht (Rn 80). Stellt sich der zugrundeliegende Bestellungsvertrag als miet- oder pachtähnlich dar, unterliegt dieser den §§ 108 ff.[158]

82 Die **Verpachtung dinglicher Nutzungsrechte** ist §§ 108 ff unterworfen, sofern sie dem Pächter ein Nutzungsrecht an Grundstücken oder Räumen vermittelt.[159] Dies gilt für die Verpachtung eines Erbbaurechts nach § 1 ErbbauRG oder eines Wohnungserbbaurechts (§ 30 WEG), ebenso wie für den Nießbrauch an einem Grundstück (§ 1030 BGB), eine beschränkt persönliche Dienstbarkeit (§ 1090 BGB), ein dingliches Wohnungsrecht (§ 1093 BGB) und ein Dauernutzungsrecht nach § 31 I, II WEG. Insofern kann nichts anderes gelten als bei der Untermiete. Wie dort der Untervermieter die Befugnis zur Nutzungsüberlassung aus dem bestehenden Hauptmietverhältnis ableitet, kann auch derjenige, der ein beschränkt dingliches Recht innehat, einem Dritten die abgeleitete Nutzungsberechtigung vermitteln.

---

153 **AA** OLG München ZIP 2002, 1264.

154 BGH ZIP 2005, 2267 (2268); NZI 2007, 462 Rn 10; zuvor schon OLG Düsseldorf DZWiR 2002, 124 (126); vgl auch *Pfennig* Erbbaurecht S 37 ff.

155 **Gegen** die Anw v § 109 I S 1 auf das dingliche Erbbaurecht OLG Jena OLG NL 2006, 60; dezidiert ebenfalls *Pfennig* Erbbaurecht S 28 ff.

156 BGH ZIP 2005, 2267.

157 Vgl Jaeger/*Henckel* InsO § 36 Rn 49; *Pohlmann* MünchKomm BGB[6] § 1059 Rn 27; Staudinger/*Frank* BGB[2009] § 1059 Rn 32.

158 Kübler/Prütting/Bork/*Tintelnot* InsO[31] § 108 Rn 15a; *Marotzke* HK InsO[6] § 108 Rn 55.

159 *Eckert* MünchKomm InsO[3] § 108 Rn 41.

5. Anwendung von § 108 I auf nicht vollzogene Verträge

Die Fortgeltungsanordnung des § 108 I ist dem Wortlaut der Norm nach abweichend von §§ 19 I, 21 I KO nicht auf zum Zeitpunkt der Verfahreneröffnung bereits vollzogene Verträge beschränkt. Hierin erblickte die nahezu einhellige Auffassung im Schrifttum die **Abkehr vom Überlassenserfordernis** der KO und akzeptierte größtenteils die (vermeintliche?) gesetzgeberische Entscheidung einer Anwendung von § 108 I schon vor Überlassung der Mietsache sowohl in der Mieter- als auch in der Vermieterinsolvenz.[160] **83**

Teils wurde jedoch auf unterschiedlichen Wegen eine **Begrenzung des § 108 I entsprechend § 21 I KO** in der Vermieterinsolvenz bei der Vermietung einer nicht existenten oder fertig gestellten Mietsache zu erreichen versucht.[161] Denn nicht selten sind Fälle, in denen der Vermieter eine im Zeitpunkt des Vertragsschlusses noch unfertige oder überhaupt nicht existente Sache für einen in der Zukunft liegenden Nutzungszeitraum vermietet („Vermietung am Reißbrett"). Wird nun der Vermieter nach Vertragsschluss, aber vor Fertigstellung der Mietsache insolvent, birgt die Fortdauer des Mietvertrags nach § 108 I erhebliche Gefahren für die Insolvenzmasse, ohne dass der Vermieter-Verwalter die Vertragserfüllung nach § 103 ablehnen konnte oder dass ihm ein Sonderkündigungsrecht eingeräumt wäre.[162] Denn die vertragliche Hauptpflicht des Vermieters zur Nutzungsüberlassung an den Mieter aus § 535 I BGB ist Masseverbindlichkeit gem § 55 I Nr 2 Fall 2. Um diese zu erfüllen hätte der Insolvenzverwalter die Herstellung der Mietsache daher aus der Masse finanzieren müssen, was diese nicht selten vollständig aufgezehrt und damit zu Masseunzulänglichkeit geführt hätte, oder aber Schadensersatz wegen Nichterfüllung gem §§ 280 I, III, 281 BGB bis zum erstmöglichen Kündigungstermin aus der Masse leisten müssen. **84**

Diese Erwägungen nahm schließlich auch der BGH zum Anlass für eine **teleologische Reduktion des § 108 I in der Vermieterinsolvenz vor Überlassung der Mietsache.**[163] In der Sache bedeute es eine nicht gerechtfertigte Privilegierung des lediglich obligatorisch berechtigten Mieters gegenüber anderen nicht dinglich gesicherten Gläubigern, hielte man die Masse zur Durchführung des Vertrags verpflichtet.[164] Eine solche grundsätzlich im Ermessen des Gesetzgebers stehende Privilegierung sei von diesem ungeachtet der Wortlautabweichung nicht beabsichtigt gewesen.[165] Wenn auch die Begründung eher den Schluss eines rechtsschöpferischen, denn eines rechtsauslegenden Akts des IX. Senats nahelegt,[166] ist das Ergebnis gleichwohl zu begrüßen.[167] Zum ähnlich gelagerten Problem der grundsätzlich unbegrenzt aus der Masse vom Vermieter-Insolvenzverwalter zu erfüllenden Instandsetzungspflicht (§ 535 I 2 BGB iVm §§ 108 I, 55 I Nr 2 Fall 2) s Rn 110. **85**

---

160 *Franken/Dahl* Mietverhältnisse[2] 6. Teil Rn 175 ff; Lindner-Figura/Oprée/Stellmann/*Hörndler* Geschäftsraummiete-Hb[3] Kap 20 Rn 69; zweif *Eckert* ZIP 1996, 897 (906 f); *Pape* Kölner Schrift[3] S 353 Rn 69; Uhlenbruck/*Sinz* InsO[13] § 108 Rn 147 (Leasing); *Wegener* ZInsO 2005, 1259; *ders* FK InsO[7] § 108 Rn 8.

161 *Derleder* NZM 2004 568 (569 f): ana Anw v § 109 II; Kübler/Prütting/Bork/*Tintelnot* InsO[31] § 108 Rn 19 ff.

162 Fehlt es an einer Überlassung der Mietsache, bewirkt auch die Veräußerung der Mietsache nicht den Eintritt des Erwerbers in das Mietverhältnis nach § 566 I BGB u kann dieser folglich den Vertrag auch nicht nach § 111 S 1 kündigen.

163 BGHZ 173, 116.

164 BGHZ 173, 116 Rn 24.

165 BGHZ 173, 116 Rn 26 ff unter Hinweis auf BT-Drucks 12/2443 S 146.

166 **Krit** daher auch *Preuß* JZ 2008, 418 (419 f).

167 So auch *Lohmann* FS Fischer (2008) S 333 (344); *Marotzke* HK InsO[6] § 108 Rn 4, 30; **aA** *Dahl/Schmitz* NZI 2007, 713; *Wegener* FK InsO[7] § 108 Rn 8.

IV. Insolvenz des Vermieters

86 Der Insolvenzverwalter des Vermieters, Verpächters und Leasinggebers ist grundsätzlich an den zwischen Schuldner und Mieter geschlossenen Vertrag in der Gestalt gebunden, die er zum Zeitpunkt der Verfahrenseröffnung aufweist. Die folgenden Ausführungen beziehen sich grundsätzlich auf alle von Abs 1 S 1 erfassten Gebrauchsüberlassungsverträge, auch wenn vielfach nur auf die Miete ausdrücklich Bezug genommen ist.

1. Anwendungsbereich und Eigentümerstellung

87 Die Fortgeltungsanordnung in § 108 I setzt ihrem Wortlaut nach zunächst lediglich einen wirksamen Schuldvertrag voraus, nicht jedoch, dass der Vermieter auch Eigentümer des Mietobjekts ist.

88 a) **Eigentum Dritter.** Aus dem **Auseinanderfallen von Vermieter- und Eigentümerstellung** drohen der Masse keine Einbußen, wenn der Insolvenzschuldner den vom Hauptvermieter gemieteten Wohnraum nach den Regelungen des Hauptmietvertrages gewerblich einem Untermieter zu Wohnzwecken zu überlassen hatte. Unter diesen Voraussetzungen tritt der Hauptvermieter nach Beendigung des Hauptmietverhältnisses (etwa durch Kündigung nach § 109 I 1) kraft gesetzlicher Anordnung in § 565 I BGB an die Stelle des insolventen Zwischenvermieters in das Untermietverhältnis ein. Folge des **gesetzlichen Parteiwechsels** ist, dass das Mietverhältnis in keiner Weise mehr die Masse beeinflusst und die relative Beendigung ihr gegenüber wegen des Eintritts des Hauptvermieters in die Rechte und Pflichten auch haftungsrechtlich ohne Konsequenzen bleibt.[168] Der Insolvenzverwalter als Hauptmieter kann daher im Verhältnis zu seinem Vermieter von seinem Kündigungsrecht nach § 109 I 1 Gebrauch machen, um sich so mittelbar auch des Mietvertrags im Verhältnis zum Untermieter zu entledigen.

89 Bei anderen Sachlagen der Untermiete und sonstigen Konstellationen, in denen das Eigentum an der vermieteten Sache nicht in die Masse fällt, ist die Anwendbarkeit von §§ 108 ff diskussionsbedürftig. Denn der Eigentümer der Mietsache kann vom Mieter des Insolvenzschuldners die sofortige Herausgabe der Sache nach § 985 BGB verlangen, sofern der Schuldner nicht dem Eigentümer gegenüber zur Weiterüberlassung an den Mieter schuldrechtlich berechtigt ist. An einer schuldrechtlichen Berechtigung fehlt es namentlich auch dann, wenn das zur Weitervermietung berechtigende Hauptmietverhältnis durch Kündigung des Verwalters gem § 109 I 1, einvernehmliche Vertragsaufhebung oder ordentliche Kündigung des Hauptvermieters früher endet als das Untermietverhältnis. Unabhängig von der Eigentümerstellung kann der Hauptvermieter in diesem Fall die Herausgabe der Mietsache direkt vom Untermieter aus § 546 II BGB verlangen.

90 Besteht das vom Insolvenzverwalter als (Unter-)Vermieter abgeschlossene Mietverhältnis seinem Mieter gegenüber aber nach § 108 I fort, kommen **Schadensersatzansprüche des Mieters** in Betracht, die jedenfalls dann Masseforderung nach § 55 I Nr 1 zu sein drohen, wenn der Insolvenzverwalter an der Beendigung des Überlassungsrechts gegenüber dem Hauptvermieter mitgewirkt hat. In dieser Sachlage könnte sich so auswirken, dass das Gesetz dem Insolvenzverwalter eines Vermieters keine Möglichkeit zugesteht, den Vertrag gegenüber dem Mieter des Insolvenzschuldners zu kündigen. Auch die mittelbaren Lösungsmöglichkeiten durch Veräußerung der Mietsache (mit an-

---

168 *Dahl* NJW-Spezial 2008, 309; *Marotzke* ZInsO 2007, 1 (5); Uhlenbruck/*Wegener* InsO[13] § 108 Rn 26.

schließender Kündigungsmöglichkeit des Erwerbers nach §§ 57a ZVG, 111 S 1) oder Freigabe der Mietsache scheiden hier aus, weil die Mietsache nicht zur Masse gehört.

aa) **Meinungsstand.** In der Literatur werden unterschiedliche Vorschläge unterbreitet, wie §§ 108 ff in der angerissenen Sachlage anzuwenden sind. Zum Schutze der Masse werden recht verbreitet zwei Modifizierungen von §§ 108 ff vertreten. So wird erstens die Anwendbarkeit des § 108 I im Verhältnis vom insolventen Vermieter zu seinem Mieter beschränkt. Die Anwendbarkeit setze das ungeschriebene Merkmal voraus, dass ein dingliches oder zumindest ein vom Hauptvermieter abgeleitetes schuldrechtliches **Recht zur Überlassung der Mietsache** an den Mieter in die Masse falle. Anderenfalls soll mit § 103 das Verwalterwahlrecht zur Anwendung gelangen.[169] Eine entsprechende Reduktion des Anwendungsbereichs der Fortgeltungsanordnung hatte schon das RG zu § 21 I KO befürwortet[170] und war damit auf überwiegende Zustimmung im Schrifttum gestoßen.[171] Beweggrund für die Einschränkung von § 21 I KO und § 108 I ist die der Masse sonst drohende Rechtsmängelhaftung (§§ 536a, 536 III BGB), wenn der Mietvertrag die Verfahrenseröffnung in jedem Fall überdauert, der Insolvenzverwalter aber wegen fehlenden Eigentums des Schuldners oder Beendigung des Hauptmietvertrags nicht mehr in der Lage ist, dem (Unter-)Mieter den Besitz an der Sache zu verschaffen. 91

Soweit § 108 damit aber anwendbar bleibt, wenn das Überlassungsrecht in die Masse fällt, wird dem Insolvenzverwalter zweitens in **Analogie zu § 109 I 1 oder § 111 S 1** ein **Kündigungsrecht** eingeräumt.[172] Diese Kündigungsmöglichkeit wird auf einen – bereits vom RG erkannten –[173] Wertungswiderspruch gestützt, dass anderenfalls der Untermieter besser geschützt wäre als der vom insolventen Eigentümer mietende Hauptmieter. Der Hauptmieter muss nach Veräußerung der Mietsache mit der Kündigung des Erwerbers nach § 111 S 1 oder § 57a ZVG rechnen, woraufhin er seine Ersatzansprüche wegen der Nichterfüllung des Vertrags nach herrschender Auffassung nur als Insolvenzforderung geltend machen kann (§ 111 Rn 36 ff). Der Untermieter müsse hingegen bei wortlautgetreuer Anwendung von §§ 108 ff keine Sonderkündigung fürchten, so dass ihm ein Schadensersatzanspruch als Massegläubiger erwachse, wenn der Insolvenzverwalter nur das Hauptmietverhältnis beende und nicht mehr zur Gebrauchsüberlassung in der Lage sei. 92

Die Gegenauffassung vertritt eine **wortlautgetreue Anwendung von §§ 108 ff.** § 108 I solle unabhängig davon gelten, ob die Erfüllung des Mietvertrags aus der Masse überhaupt möglich ist.[174] Zur Begründung lässt sich auf § 108 I 2 verweisen, der gerade einen Fall erfasst, in dem der Vermieter die Mietsache zuvor sicherungsübereignet hatte.[175] Wer die Fortgeltung des Vertrags annimmt, qualifiziert den möglichen Schadensersatzanspruch (§§ 536a, 536 III BGB) des Untermieters grundsätzlich als Insolvenzforderung. So hatte der BGH auch unter Geltung der KO die Ansprüche des Mieters eingeordnet, selbst wenn der Anspruch darauf beruht, dass der Konkursverwalter des 93

---

[169] *Ahrendt* HambK InsO[4] § 108 Rn 4; *Dahl* NJW-Spezial 2008, 309 (310); *Hefermehl* MünchKomm InsO[3] § 55 Rn 167; *Marotzke* ZInsO 2007, 1 (4).

[170] RGZ 67, 372 (375): „Der § 21 behält seine Wirkung für alle Fälle der Untermiete, in denen es nicht zu einer Aufhebung des Hauptmietvertrages kommt".

[171] Jaeger/*Henckel* KO[9] § 21 Rn 7; *Kilger/Schmidt* KO[16] § 21 Anm 1 b; *Kuhn/Uhlenbruck* KO[11] § 21 Rn 3.

[172] Kübler/Prütting/Bork/*Tintelnot* InsO[31] § 108 Rn 16b; *Marotzke* ZInsO 2007, 1 (7); *ders* Kölner Schrift[3] S 672 Rn 53 ff; zust *Ahrendt* HambK InsO[4] § 108 Rn 4; *Dahl* NJW-Spezial 2008, 309 (310).

[173] RGZ 67, 372 (377).

[174] *Eckert* MünchKomm InsO[3] § 108 Rn 54, 78; Uhlenbruck/*Wegener* InsO[13] § 108 Rn 26.

[175] AA *Marotzke* ZInsO 2007, 1 (2 f); *ders* Kölner Schrift[3] S 672 Rn 16 ff.

Zwischenvermieters das Hauptmietverhältnis nach § 19 KO kündigt oder mit dem Hauptvermieter die einvernehmliche Vertragsaufhebung vereinbart.[176] Dieses Ergebnis wurde auf § 26 S 2 KO gestützt, der alle Fälle erfasste, in denen die Vertragsbeendigung sich zumindest mittelbar auf die Konkurseröffnung zurückführen ließ.[177] Allerdings wurde diese Bestimmung mit ihrem pauschalen Geltungsanspruch für sämtliche gegenseitige Verträge nicht in die InsO übernommen. Daher werden heute die aus Rechtsmängeln resultierenden Schadensersatzansprüche aufgrund von § 55 I Nr 1 dann als Masseverbindlichkeit eingeordnet, wenn der Verwalter nach § 109 I 1 das Hauptmietverhältnis kündigt oder mit dem Hauptvermieter die Aufhebung des Vertrags vereinbart.[178] Damit spricht diese „strenge" Auffassung dem Verwalter auch das Recht ab, das Untermietverhältnis mittelbar – ein unmittelbares außerordentliches Kündigungsrecht des Vermieter-Verwalters gegenüber einem Mieter wird in Übereinstimmung mit dem Wortlaut der InsO ohnehin verneint – durch Kündigung oder Aufhebung des Hauptmietverhältnisses zu beenden.

94 **bb) Stellungnahme.** Die maßgebliche Weichenstellung besteht darin, ob man ausnahmsweise dem Insolvenzverwalter des Vermieters eine Möglichkeit einräumen möchte, sich vom Mietvertrag zu lösen. Dafür spricht nicht nur der schon vom RG angeführte Wertungsvergleich, dass der Untermieter nicht besser stehen solle als der Hauptmieter (Rn 92). Vielmehr ist dem in §§ 108 ff entwickelten Schutzkonzept für den Mieter des insolventen Vermieters der Boden entzogen, wenn der Schuldner nicht Eigentümer ist (Rn 11): Der Gesetzgeber schützt durch § 108 ff den Mieter in besonderer Weise, weil er die Miete als „Belastung" des in die Masse fallenden Eigentums ansieht. Folglich kann der Insolvenzverwalter diese Sache nur mit der Belastung nach Maßgabe von §§ 57a ZVG, 111 verwerten. Ein entsprechender Schutz kann dem Mieter aber nicht zuteil werden, wenn die Mietsache gar nicht Massegegenstand ist. Dann steht ihm keine Privilegierung im Verhältnis zu den anderen Vertragspartnern zu. Folglich ist **dem Insolvenzverwalter eine Lösungsmöglichkeit einzuräumen.**

95 Einschlägige Lösungsmöglichkeit ist aber in keinem Fall die Erfüllungswahl nach § 103, sondern bei Anwendung von § 108 I stets eine **Kündigung in Analogie zu § 109 I.** Für die Anwendung von § 108 I spricht nicht nur der Wortlaut der Bestimmung, sondern auch der Zweck dieser Vorschrift, bei Mietverhältnissen über unbewegliche Sachen keine auf den Zeitpunkt der Insolvenzeröffnung bezogene Alles-oder-Nichts-Wahl vom Verwalter zu verlangen (Rn 13). Daher wirkt der Vertrag auch bei fehlender Überlassungsbefugnis des Schuldners nach § 108 I über die Verfahrenseröffnung hinaus. Der Insolvenzverwalter kann den Vertrag aber ausnahmsweise analog § 109 I 1 dem Mieter gegenüber unter der Voraussetzung kündigen, dass kein Gebrauchsüberlassungsrecht besteht oder er dieses gleichzeitig durch Kündigung nach § 109 I 1 direkt gegenüber dem Hauptvermieter beendet. Fehlte es bereits vor der Kündigung am Überlassungsrecht, erwächst dem Mieter zwar ein Schadensersatzanspruch. Dieser Ersatzanspruch beruht dann aber allein auf einem Verhalten des Schuldners vor Verfahrenseröffnung, so dass der gesetzliche **Schadensersatzanspruch nur Insolvenzforderung** ist (Rn 23, 115). Masseforderungen entstehen allerdings, wenn der Insolvenzverwalter das Hauptmietverhältnis (freiwillig) beendet, ohne die Kündigung im Untermietverhältnis auszusprechen.

---

[176] BGH NJW 1955, 948 im Anschluss an RGZ 67, 372; **aA** *Eckert* ZIP 1983, 770 (771); *ders* MünchKomm InsO[3] § 108 Rn 78.

[177] RGZ 67, 372 (375).

[178] So *Eckert* MünchKomm InsO[3] § 108 Rn 78; Uhlenbruck/*Wegener* InsO[13] § 108 Rn 26; *Wolf/Eckert/Ball* MietR-Hb[10] Rn 1655.

b) **Miteigentum.** Eine Ausnahme von der Anwendung der §§ 108–111 wird allerdings gemacht, wenn das Mietobjekt im Miteigentum des Schuldners steht.[179] Der Verwalter rücke in die Stellung des Schuldners als Miteigentümer ein. Ihm obliege gemeinsam mit den übrigen Miteigentümern nach § 744 BGB die gemeinschaftliche Verwaltung der Mietsache. Für eine Verwertung des Miteigentumsanteils sei der Verwalter auf eine Auseinandersetzung der Gemeinschaft nach § 84 verwiesen. Diese Begründung krankt aber daran,[180] dass sie nur das Verhältnis der Miteigentümer untereinander betrachtet, um dessen Vorrang gegenüber dem Mietvertrag zu behaupten, der wiederum im Außenverhältnis ganz anderen Rechtsregeln untersteht. 96

Im Außenverhältnis kommt es darauf an, wer den Mietvertrag geschlossen hat. Ist der Insolvenzschuldner nicht Vertragspartei, können §§ 103 ff nicht greifen. Besteht indessen Kongruenz von Miteigentümern und Vertragsparteien, ist § 108 I zur Anwendung berufen, wie auch § 566 BGB greift, wenn einer der vermieteten Miteigentümer seinen Miteigentumsanteil veräußert[181]. Anderenfalls wäre der Mieter in der Insolvenz sämtlicher Eigentümer schutzlos, weil sein Anspruch aus § 535 BGB nicht nach §§ 108 I, 55 I Nr 2 Fall 2 in allen Verfahren Masseverbindlichkeit wäre. Der nach § 108 I gebundene Insolvenzverwalter kann entweder den **Miteigentumsanteil veräußern** oder Teilung (§ 84), mithin die Veräußerung der Mietsache durch alle Miteigentümer verlangen. Im Falle einer Veräußerung wird nach § 566 sowohl der Erwerber des Miteigentumsanteils als auch der Alleinerwerber der Sache Vermieter.[182] Das Kündigungsrecht nach § 111 S 1 steht dem Erwerber jedoch wegen der Wertung des § 183 ZVG nicht zu, der die Anwendung von § 57a ZVG bei der Teilungsversteigerung ausschließt (§ 111 Rn 10). 97

Hat allein der Insolvenzschuldner den Mietvertrag über die im Miteigentum stehende Mietsache geschlossen, muss der Vertrag ebenso wie bei der Untermiete (Rn 95) nach § 108 fortwirken.[183] Die Abwicklung des Vertrags hängt davon ab, ob der Insolvenzschuldner von den Miteigentümern zum Abschluss des Mietvertrages ermächtigt worden ist. Ist das zu verneinen, steht dem Mieter kein Besitzrecht zu. Der Insolvenzverwalter kann sich vom Vertrag in analoger Anwendung von § 109 I 1 durch Kündigung wie bei der unberechtigten Untermiete lösen (Rn 94). War der Insolvenzschuldner indes berechtigt, ist der Mieter angesichts seines Gebrauchsrechts, das er von den Eigentümern ableitet, schutzwürdig. Der Insolvenzverwalter muss über § 84 Teilung und Veräußerung betreiben. Der Erwerber tritt dann in den Mietvertrag in **analoger Anwendung von § 566 BGB** ein.[184] Die Anwendung von § 111 scheitert aber wieder daran, dass die Veräußerung zur Teilung erfolgte (Rn 97). 98

c) **Gütergemeinschaft.** Haben Ehegatten den Güterstand der Gütergemeinschaft (§§ 1415 ff BGB) vereinbart, gehört das Mietobjekt in der Insolvenz eines Ehegatten nur dann zu Insolvenzmasse, wenn dieser zur Verwaltung des Gesamtguts berufen war, § 37 I. Bei gemeinschaftlicher Verwaltung ist das Gesamtgut hingegen nicht Gegenstand des Insolvenzverfahrens, § 37 II. Das schließt die Anwendung von § 108 aus. 99

---

179 *Eckert* MünchKomm InsO³ § 108 Rn 55; *Huber* InsR-Hb⁴ § 37 Rn 5; Uhlenbruck/*Wegener* InsO¹³ § 108 Rn 17.

180 Unverständlich bleibt bei *Eckert* MünchKomm InsO³ § 108 Rn 54 f; Uhlenbruck/*Wegener* InsO¹³ § 108 Rn 17 der Widerspruch, dass Fremdeigentum unschädlich, Miteigentum indessen z Unanwendbarkeit führen soll.

181 Schmidt-Futterer/*Streyl* MietR¹⁰ § 566 Rn 76.

182 Schmidt-Futterer/*Streyl* MietR¹⁰ § 566 Rn 76.

183 Vgl Jaeger/*Henckel* KO⁹ § 21 Rn 7.

184 Schmidt-Futterer/*Streyl* MietR¹⁰ § 566 Rn 69.

2. Lösungsmöglichkeiten

100 Eine Kündigung ist nur nach Maßgabe der vertraglichen Vereinbarung oder der allgemeinen gesetzlichen Kündigungsgründe zulässig. Im Übrigen muss sich der Verwalter auch einen vertraglichen Kündigungsausschluss oder eine vereinbarte Mindestvertragslaufzeit entgegenhalten lassen. Ein Sonderkündigungsrecht, wie es dem Erwerber nach § 111 S 1, dem Ersteher nach § 57a ZVG oder dem Verwalter in der Mieterinsolvenz nach § 109 I 1 eingeräumt ist, sieht das Gesetz in der Vermieterinsolvenz nicht vor. Zur Ausnahme bei der Vermietung nicht schuldnereigener Sachen Rn 94 f, 98. Andererseits ist aber auch der Mieter nicht berechtigt, allein wegen der Eröffnung des Insolvenzverfahrens über das Vermögen des Vermieters § 543 I BGB außerordentlich zu kündigen.[185]

101 Ungeachtet der vertraglichen Laufzeit und etwaiger Kündigungsmöglichkeiten des Verwalters kommt die **Anfechtung des Mietvertrags** insbesondere nach § 133 in Betracht, die nach § 133 II gegenüber nahen Angehörigen des Schuldners (§ 138) unter erleichterten Voraussetzungen möglich ist, wenn der Schuldner bewusst zum Nachteil der Gläubigergesamtheit zu ungünstigen Konditionen vermietet hat.[186]

102 a) **Vor Verfahrenseröffnung entstandene Kündigungslage.** Im Hinblick auf eine bereits vor Verfahrenseröffnung begründete Kündigungslage ist zu unterscheiden und kann an die freilich umstrittenen Grundsätze zum Fortbestand eines vor Vertragsübergang nach § 566 I BGB begründeten Kündigungsrechts gegenüber dem Erwerber angeknüpft werden. Maßgeblich dürfte danach sein, ob sich die das Kündigungsrecht begründende Verfehlung auch nach dem Eigentumswechsel bzw der Fortgeltung des Vertrags mit Wirkung auf die Insolvenzmasse noch fortsetzt.[187] Danach gilt Folgendes: Hatte der Vermieter vor Verfahrenseröffnung durch sein Verhalten einen Grund zur außerordentlichen Kündigung gesetzt, berechtigt dieser den Mieter in aller Regel nicht zur Kündigung des Mietvertrags auch gegenüber dem Insolvenzverwalter nach Verfahrenseröffnung. Denn von nun an werden die mietvertraglichen Pflichten aus der Masse erfüllt, weswegen ein Fehlverhalten des Schuldners nicht die Vermutung nahelegt, auch der Insolvenzverwalter werde den Vermieterpflichten in kündigungsbegründender Weise nicht nachkommen. Hingegen darf der Verwalter eine Verfehlung des Mieters, die schon vor Insolvenzeröffnung die außerordentliche Kündigung des Vertrags gerechtfertigt hätte – etwa hinreichender Zahlungsverzug oder fortgesetzter, vertragswidriger Gebrauch der Mietsache –, weiterhin als Anlass zur Kündigung des Mietverhältnisses nehmen.[188]

103 b) **Freigabe.** Im Wege der Freigabe durch Erklärung gegenüber dem Insolvenzschuldner kann der Insolvenzverwalter den **Insolvenzbeschlag hinsichtlich einzelner Gegenstände der Aktivmasse beenden.** Die von der Freigabe erfassten Gegenstände fallen dann in das freie Vermögen des Insolvenzschuldners und unterliegen dessen Verfügungsbefugnis.[189] Das Mietverhältnis als Ganzes ist nicht Massebestandteil und taugt daher wegen der ihm innewohnenden Verpflichtungen vom Gegenstand her nicht für eine Freigabe.[190]

---

185 BGH NZM 2002, 524.

186 *Derleder* NZM 2004, 568 (574).

187 Vgl zu § 566 BGB *Blank/Börstinghaus* Miete³ § 566 Rn 56 ff; Schmidt-Futterer/*Gather* MietR⁹ § 566 Rn 50.

188 *Ahrendt* HambK InsO⁴ § 108 Rn 15; *Eckert* MünchKomm InsO³ § 108 Rn 60; zu § 566 BGB *Häublein* MünchKomm BGB⁶ § 566 Rn 35.

189 Jaeger/*Windel* InsO § 80 Rn 28 ff.

190 *Berger* ZInsO 2006, 1101 (1107); Graf-Schlicker/*Graf-Schlicker/Kexel* InsO³ § 35 Rn 24; Kübler/Prütting/Bork/*Holzer* InsO²⁹ § 35 Rn 114; *Mork/Heß* ZInsO 2005, 1206 (1207).

Ein Übergang des Vertragsverhältnisses kommt nur in Betracht, wenn der Vertragspartner einverstanden ist.[191] Dann handelt es sich aber nicht um eine Freigabe, sondern um eine Vertragsübernahme analog §§ 414, 415 BGB.[192]

Die Freigabe bewirkt, dass die Verwaltungs- und Verfügungsbefugnis ab diesem Zeit- 104
punkt wieder dem Schuldner zusteht. Umstritten ist, welche Auswirkungen die Freigabe des Mietobjekts auf das Mietverhältnis hat. Nach einer Meinung bleibt die Fortgeltung gegenüber der Masse unberührt. Es blieben nicht nur begründete Masseverbindlichkeiten bestehen,[193] sondern auch künftige Pflichten entständen mit Wirkung für die Masse.[194] Denn der Gesetzgeber habe zum Schutz des Mieters bewusst keine Lösungsmöglichkeit des Vermieter-Verwalters vorgesehen, vermittels derer er sich einseitig von Masseverbindlichkeiten lossagen könne.[195] Diskutiert wird allein, inwieweit der Übergang der Verwaltungs- und Verfügungsbefugnis dazu führe, dass dem Verwalter die Gebrauchsüberlassung gem § 275 I BGB subjektiv unmöglich werde und der Vermieter wegen der Nichterfüllung der Gebrauchserfüllungspflicht aus §§ 535 I, 280 I, III, 283 BGB Schadensersatz zu leisten hätte.[196]

Demgegenüber wird von einer Gegenmeinung angenommen, der Insolvenzverwalter 105
könne durch die Freigabe der Mietsache das Entstehen weiterer Masseverbindlichkeiten beenden. Zur Begründung wird teils auf § 111, die zur Befreiung der Masse von der Haftung innerhalb der Frist des § 109 I 1 HS 2 führen soll[197], teils auf die entsprechende Anwendung von § 566 II 2 BGB abgestellt[198], wonach die Masse nur noch wie ein selbstschuldnerischer Bürge bis zu dem Zeitpunkt haftet, in dem der Mieter nach Kenntniserlangung kündigen könnte. Vor Freigabe begründete Masseverbindlichkeiten bleiben dann freilich unberührt.

Die Analogie zu § 566 BGB verdient den Verzug. Die Freigabe ist (als actus contra- 106
rius zur Beschlagnahme nach §§ 80, 108 I) dem Eigentumsübergang vergleichbar. Die Anwendung von § 566 BGB führt nämlich dazu, dass die Verfügungsbefugnis über die Mietsache und Vermieterstellung wieder in einer Person vereinigt sind. So ist der Mieter hinreichend in seinem Interesse am Bestand des Mietverhältnisses geschützt. Dass §§ 109 ff keine Lösungsrechte für den Vermieter-Insolvenzverwalter vorsehen, ist kein Gegenargument. Als Folge solcher Lösungsrechte würde das Verwertungsinteresse der Masse höher als das Interesse des Mieters am Bestand des Mietverhältnisses bewertet. Durch die Anwendung von § 566 BGB wird indes lediglich erreicht, dass sich der Insolvenzverwalter von weiteren Verpflichtungen aus dem Mietverhältnis befreien kann, wenn er auf die Verwertung des Gegenstands verzichtet.

---

191 *Derleder* NZM 2004, 568 (576).

192 *Pape* NZM 2004, 401 (410) z Freigabe der Schuldnerwohnung in der Mieterinsolvenz; *Priebe* ZInsO 2010, 1673 (1675); Uhlenbruck/*Wegener* InsO[13] § 108 Rn 19.

193 BGH ZIP 2006, 583 Rn 12 für einen fortbestehenden Räumungsanspruch gegen den Verwalter trotz Freigabe.

194 OLG Rostock ZInsO 2007, 996; AG Dortmund ZInsO 2005, 724; *Eckert* MünchKomm InsO[3] § 108 Rn 56, 61; *Hefermehl* MünchKomm InsO[3] § 65 Rn 166; *Marotzke* HK InsO[6] § 108 Rn 30; *Wegener* FK InsO[7] Rn 36; **aA** noch *Wegener* FK InsO[5] § 108 Rn 28; zust *Ahrendt* HambK InsO[4] § 108 Rn 12; Andres/Leithaus/*Andres* InsO[2] § 108 Rn 9; *Häsemeyer* InsR[4] Rn 20.53.

195 *Eckert* MünchKomm InsO[2] § 108 Rn 56, 60.

196 Vgl BGH ZIP 2006, 583 Rn 13; *Mork/Heß* ZInsO 2005, 1206 (1208); Uhlenbruck/*Wegener* InsO[13] § 108 Rn 19.

197 Hierfür plädiert Kübler/Prütting/Bork/*Tintelnot* InsO[31] § 108 Rn 16c, InsO[29] § 111 Rn 21 f.

198 Für eine Analogie *Mork/Heß* ZInsO 2005, 1206 (1209 f); für § 571 II BGB aF ana Jaeger/*Henckel* KO[9] § 21 Rn 11.

107 c) **Negativerklärung nach § 35 II.** Nach § 35 II kann der Insolvenzverwalter erklären, dass Ansprüche aus einer selbstständigen Tätigkeit des Schuldners diesem und nicht der Masse zustehen, gleichzeitig aber auch aus dieser Tätigkeit resultierende Verbindlichkeiten nicht im Insolvenzverfahren geltend gemacht werden können (Vor § 103 Rn 62 f). Die Wirkungen dieser „Negativerklärung" beschränken sich nicht auf vom Schuldner nach Abgabe der Erklärung abgeschlossene Neuverträge, sondern erstrecken sich – wie auch der BGH inzwischen entgegen einer im Schrifttum vertretenen Auffassung ausgesprochen hat –[199] auch auf Altverträge. Insoweit werden die **Wirkungen des § 108 I** also **verdrängt**. Unstreitig treten diese Wirkungen wie bei der Freigabe allerdings nicht vor dem Zugang beim Schuldner ex nunc ein.[200] Eine weitere Einschränkung ist zu machen, die der BGH nicht problematisiert hat. Durch die Enthaftungserklärung darf der Vertragspartner Sicherungen, die er erlangt hat, nicht verlieren (Vor § 103 Rn 63). Daher haftet die Masse entsprechend § 566 II 2 wie bei der („echten") Freigabe (Rn 106).

3. Vermieterpflichten

108 Der Insolvenzverwalter hat dem Vertragspartner gegenüber die vertraglichen Pflichten nach § 108 I 1, § 55 I Nr 2 Fall 2 als Masseverbindlichkeit zu erfüllen. Dem Mieter hat er insbesondere den fortwährenden Gebrauch der Mietsache in vertragsgemäßem Zustand (§ 535 I 1 BGB) zu belassen, dem Pächter ferner den ordnungsgemäßen Fruchtgenuss zu gewähren (§ 581 BGB). Kommt der Verwalter seinen Verpflichtungen nicht nach, können sich daraus **Sekundäransprüche**, insbesondere aus §§ 536 f BGB, ergeben, die nach § 55 I Nr 1 Masseverbindlichkeit sind. Darüber hinaus kann der Vertragspartner sich gegenüber ihm obliegenden Leistungspflichten nach Maßgabe von §§ 273 I, 320 BGB verteidigen.

109 a) **Erhaltung der Mietsache.** Zu den Masseverbindlichkeiten zählt die Pflicht zur Erhaltung der Mietsache in gebrauchsfähigem Zustand (§ 535 I 2 BGB). Die Erhaltungspflicht stellt eine **vertragliche Dauerverpflichtung** während des Bestehens des Vertragsverhältnisses dar.[201] Das Gesetz weist so dem Vermieter grundsätzlich und vorbehaltlich anderweitiger Absprachen (zu Schönheitsreparaturen Rn 200) die **Sachgefahr** zu. Ist der Vermieter damit fortwährend zum Erhalt verpflichtet, ist die Erhaltungspflicht in jedem Fall Masseverbindlichkeit, unabhängig davon, ob ein Mangel der Mietsache vor oder nach Verfahrenseröffnung aufgetreten ist.[202]

110 Grundsätzlich sind der **Erhaltungspflicht** der Masse **keine Grenzen** gesetzt. Eine Erhaltungspflicht ohne jede Grenze kann allerdings dann, wenn die Mietsache schwer beschädigt ist oder wird, zu einer erheblichen Belastung der Masse führen, die dem Umfang nach nicht hinter dem Aufwand zurücksteht, den die Neuherstellung der Sache mit sich gebracht hätte. Gerade dieser Aufwand der Neuherstellung veranlasste den BGH indes, den Anwendungsbereich von § 108 I in der Vermieterinsolvenz auf bereits vollzogene Verträge zu reduzieren (Rn 85). Der BGH selbst leugnet in seiner jüngeren Entscheidung zur Einschränkung des § 108 I gleichwohl eine wertungsmäßige Vergleichbarkeit der beiden Urteile zur Neuherstellung einerseits und der Erhaltungspflicht andererseits. Er hebt vielmehr als entscheidenden Unterschied auf die Überlassung der

---

199 BGHZ 192, 322 Rn 15 ff.

200 *Lüdtke* HambK InsO[4] § 35 Rn 257; Uhlenbruck/*Hirte* InsO[13] § 35 Rn 99.

201 BGHZ 184, 253 Rn 17 z Unverjährbarkeit.

202 BGH ZIP 2003, 854; vgl auch BGH NZM 2006, 696 Rn 11 zu § 566 BGB; **aA** *Franken/Dahl* Mietverhältnisse[2] 6. Teil Rn 194; *Gundlach/Frenzel* NZI 2003, 374 f.

Mietsache ab.[203] Jedoch führt der BGH gegen die Herstellungspflicht gerade die sonst aus der Insolvenzmasse zu erfüllende erhebliche Vorleistungsverpflichtung an. Entsprechende Investitionen könnten sich durch Mieteinnahme erst langfristig amortisieren. Eine solche langfristige Kalkulation widerspreche dem Bedürfnis nach einer zügigen Abwicklung des Insolvenzverfahrens.[204] Die gleichen Erwägungen greifen auch bei erheblichen Wiederherstellungspflichten, so dass beide Entscheidungen des IX. Senats keinesfalls beziehungslos nebeneinander stehen.

Zu weit geht es allerdings, entsprechend der teleologischen Reduktion des § 108 I in **111** der Vermieterinsolvenz, den Mieter mit seinem Anspruch auf Herstellung des vertragsgemäßen Zustands gem § 535 I 2 BGB wegen eines vorinsolvenzlichen Mangels gem §§ 108 III, 38 auf eine Insolvenzforderung zu verweisen.[205] Dies wird dem Charakter der Herstellungspflicht als Dauerverbindlichkeit des Vermieters nicht gerecht. Man wird vielmehr die Erwägungen des BGH zur Neuherstellung – insbesondere diejenigen zur Disparität von Mietzahlungen und Herstellungsaufwand – im Gewand der Fragestellung zu berücksichtigen haben, ob die Instandsetzungspflicht im Einzelfall die „Opfergrenze" überschreitet[206] und der Masse wirtschaftlich nicht mehr zuzumuten ist. In diesem Fall kann der Verwalter die Erfüllung nach § 275 II BGB ablehnen.[207] In der Folge ist der Mieter von der Entrichtung der Miete befreit[208] und kann den Mietvertrag außerordentlich aus wichtigem Grund gem § 543 I BGB kündigen.[209] Der Mieter kann einen Schadensersatzanspruch (§ 536a I BGB) allerdings als Masseverbindlichkeit nur geltend machen,[210] wenn der Insolvenzverwalter den Mangel zu vertreten hat (§ 55 I Nr 1).

b) **Weitere Pflichten.** Aus der Masse hat der Insolvenzverwalter auch solche Pflichten **112** zu erfüllen, die mit dem Mietverhältnis in untrennbarem Zusammenhang stehen.[211] Hierunter fallen etwa auch **Verkehrssicherungspflichten** für die Mietsache, sofern diese nicht auf den besitzenden Mieter übergehen.

Zu den Pflichten zählt bei der Immobilienmiete namentlich die Versorgung mit Elek- **113** trizität, Wasser und Wärme, wenn nicht der (gewerbliche) Mieter selbst einen entsprechenden Vertrag mit dem Versorgungsunternehmen abgeschlossen hatte.[212] Hatte hingegen der nun insolvente Vermieter für die Versorgung des Mietobjekts mit Strom, Wasser und Wärme gesorgt, unterliegen diese Sukzessivlieferungsverträge grundsätzlich dem Verwalterwahlrecht aus § 103 I (§ 105 Rn 44). Gleichzeitig ist aber der Versorgungsanspruch des Mieters unselbstständiger Bestandteil des nach § 108 I 1 insolvenzbeständigen Mietvertrags und begründet damit nach § 55 I Nr 2 Fall 2 eine Masseverbindlichkeit. Lehnt der Verwalter die Erfüllung des Versorgungsvertrags ab und stellt er die Versorgung nicht auf andere Weise sicher, droht dem Mieter der Versorgungsstopp. Heute unterliegen Versorger nach § 36 I EnWG einem Kontrahierungszwang nur, wenn sie als Grundversorger für ein Netzgebiet zuständig sind. Daraus lässt sich dann ihre Verpflich-

203 BGHZ 173, 116 Rn 32.
204 BGHZ 173, 116 Rn 22.
205 So aber *Franken/Dahl* Mietverhältnisse[2] 6. Teil Rn 194; *Gundlach/Frenzel* NZI 2003, 374 f.
206 Vgl z Überschreitung der „Opfergrenze" etwa BGH NJW-RR 1991, 204; NZM 2005, 820 (821); OLG Karlsruhe NJW-RR 1995, 849 (850).
207 *Eckert* MünchKomm InsO[3] § 108 Rn 71.
208 BGH NJW-RR 1991, 204 (205) nach § 323 BGB aF.
209 *Blank/Börstinghaus* Miete[3] § 535 Rn 329.
210 Ohne Einschränkungen dafür Braun/*Kroth* InsO[5] § 108 Rn 19; *Eckert* MünchKomm InsO[3] § 108 Rn 71.
211 *Ahrendt* HambK InsO[4] § 108 Rn 9; *Eckert* MünchKomm InsO[3] § 108 Rn 61.
212 Jaeger/*Henckel* KO[9] § 21 Rn 10.

tung herleiten,[213] den Vertrag ggf auf die Mieter umzuschreiben,[214] ohne dem Mieter aber die Zahlungsrückstände der Masse entgegenhalten zu können[215]. Unabhängig von diesem Verhältnis, steht dem Mieter bei schuldhafter Nichterfüllung des Versorgungsanspruchs durch den Insolvenzverwalter ein Schadensersatzanspruch zu, der gem § 55 I Nr 1 gleichfalls Masseverbindlichkeit ist.

114 c) **Mängelhaftung.** Eine Mängelhaftung nach § 536 f BGB kommt in Betracht für Sachmängel, sofern sie die Tauglichkeit der Sache aufheben oder einschränken (§ 536 I BGB), das Fehlen einer zugesicherten Eigenschaft (§ 536 II BGB) und Rechtsmängel, die dem Mieter den vertragsgemäßen Gebrauch ganz oder teilweise entziehen (§ 536 III BGB). Für einen Rechtsmangel reicht dabei nicht die bloße Berechtigung eines Dritten aus. Eine Beeinträchtigung des vertragsgemäßen Gebrauchs liegt vielmehr erst dann vor, wenn der Dritte sein entgegenstehendes Recht geltend macht.[216] Ist die Mietsache in diesem Sinne mangelhaft, kann die Masse nur eine gem § 536 BGB geminderte Miete beanspruchen, auch wenn der Mangel schon vor Insolvenzeröffnung bestand.

115 Schadensersatzansprüche aus § 536a I BGB sind Masseverbindlichkeit, wenn der Verwalter schuldhaft einen Mangel verursacht oder mit der Beseitigung eines Mangels in Verzug gerät, § 55 I Nr 1. Indessen genügt es nicht, dass der Schuldner sich vor Verfahrenseröffnung entsprechend schuldhaft verhalten hat (Rn 23, § 103 Rn 307 ff), gleich ob der Schaden erst nach Verfahrenseröffnung eintritt.[217] Nicht geklärt sind die Folgen der Garantiehaftung des § 536 I Fall 1 BGB für einen im Zeitpunkt des Vertragsschlusses vorhandenen Mangel. Teilweise wird eine **Garantiehaftung** auch des Insolvenzverwalters vertreten.[218] Dem liegt der Gedanke zugrunde, dass den Insolvenzverwalter bei Fortsetzung des Vertrags der gleiche Haftungsmaßstab trifft wie nach dem Vertrag sonst den Insolvenzschuldner. Jedoch ist eine Masseverbindlichkeit insoweit zu verneinen. Das lässt sich zwar nicht auf § 108 III stützen,[219] der nur für Primäransprüche gilt. Es kommt vielmehr auf den von der gesetzlichen Schadensersatznorm sanktionierten Vorwurf an. Den Verwalter könnte allein der Vorwurf treffen, den (anfänglichen) Mangel nicht zu beseitigen. Das Unterlassen der Mängelbeseitigung löst indes nur bei Verzug einen Schadenersatz aus. Die Garantie bezieht sich hingegen auf die Pflichtverletzung, den Vertrag ungeachtet der Mangelhaftigkeit der Mietsache abzuschließen. Dieser Vorwurf trifft den Insolvenzverwalter aber ebenso wenig wie die von § 536a I Fall 2 erfasste schuldhafte Herbeiführung eines Mangels durch den Schuldner. Da die Voraussetzungen von § 55 I Nr 1 nicht erfüllt sind, liegt nur eine **Insolvenzforderung** vor. Die Haftung des nach § 566 in den Mietvertrag eintretenden Erwerbers steht diesem Ergebnis nicht entgegen.[220] Zwar haftet der Erwerber insoweit im Unterschied zum Insolvenzverwalter; der herrschenden Meinung zu § 566 liegt aber mit der sog Fälligkeitstheorie ein von §§ 38, 55 deutlich abweichendes Haftungskonzept zugrunde.[221]

116 **Hilft der Mieter einem Mangel selbst ab,** kann er nach Maßgabe von § 536a II BGB Ersatz seiner hierfür erforderlichen Aufwendungen verlangen. Soweit dem Mieter Auf-

---

213 Lindner-Figura/Oprée/Stellmann/*Hörndler* Geschäftsraummiete-Hb[3] Kap 20 Rn 96.

214 Vgl LG Aachen NJW-RR 1988, 1522; *Franken/Dahl* Mietverhältnisse[2] 6. Teil Rn 192.

215 Vgl LG Bonn WM 1980, 231; AG Frankfurt WuM 1998, 42; AG Siegen WuM 1996, 708.

216 BGH NJW 2008, 2771 Rn 8.

217 Vgl Jaeger/*Henckel* InsO § 38 Rn 86.

218 *Marotzke* ZInsO 2007, 1 (2); ferner, wenn auch zweif, *Eckert* MünchKomm InsO[3] § 108 Rn 73.

219 So aber Kübler/Prütting/Bork/*Tintelnot* InsO[31] § 108 Rn 32.

220 Vgl aber *Eckert* MünchKomm InsO[3] § 108 Rn 73.

221 Vgl *Häublein* MünchKomm BGB[6] § 566 Rn 38.

wendungen vor Insolvenzeröffnung entstanden sind, ist dieser Sekundäranspruch Insolvenzforderung nach § 38, ohne dass dessen haftungsrechtliche Einordnung von der nur für Primäransprüche einschlägigen Regelung in § 108 I u III berührt wird.[222] Nach Verfahrenseröffnung zum Zwecke der Mängelbeseitigung getätigte Aufwendungen sind hingegen Masseforderungen, wenn der Insolvenzverwalter mit der Mangelbeseitigung in Verzug war wegen § 536a II Nr 1, § 55 I Nr 1 Fall 1 („Handlung") oder die umgehende Beseitigung des Mangels zur Erhaltung oder Wiederherstellung des Bestands der Mietsache notwendig ist). Aus § 536a II Nr 2 erwächst im zweiten Fall eine Masseverbindlichkeit, da der Anspruch, der an die Stelle der aus der Masse zu erfüllenden Erhaltungspflicht aus § 535 I 2 BGB tritt (Rn 109),[223] auf der Verwaltung der Masse beruht (§ 55 I Nr 1 Fall 2). Gleiches gilt für Aufwendungen iSv § 539 I BGB, die dem Mieter nach den Regeln über die **Geschäftsführung ohne Auftrag** zu ersetzen sind. Dienen die Aufwendungen nicht den in § 536a II Nr 2 BGB genannten Zwecken und sind in diesem Sine nicht notwendig, wird die Geschäftsführung schon häufig nicht im Interesse der Masse liegen.[224] Ist die Masse danach nicht schon aus §§ 536a II, 539 I iVm §§ 677 ff BGB zum Aufwendungsersatz verpflichtet, ist eine verbleibende Bereicherung gleichwohl nach § 55 I Nr 3 herauszugeben.

4. Betriebskosten und Abrechnungspflicht

Die Vertragsparteien können vereinbaren, dass der Mieter als Bestandteil seiner Miete Betriebskosten trägt. Der Betriebskostenanteil kann nicht nur pauschal, sondern vor allem auch in Form von Vorauszahlungen zu erbringen sein. Dann steht dem Mieter aus § 556 III 1 BGB ein Anspruch gegen den Vermieter auf jährliche Abrechnung der Betriebskosten zu. **117**

a) **Nachforderung.** Ergibt die Abrechnung einen Anspruch auf Nachforderung, ist dieser vom Mieter gegenüber dem Insolvenzverwalter zugunsten der Insolvenzmasse (§§ 80, 35) zu erfüllen.[225] Soweit sich diese Nachforderung auf einen Zeitraum vor Verfahrenseröffnung bezieht, handelt es sich um eine Altforderung, die bereits mit Ablauf dieses Zeitraum entstanden ist, auch wenn sie erst mit Abrechnung fällig wird (Rn 150). Daher kann der Mieter mit einer Insolvenzforderung gegen den zur Masse zu erfüllenden Nachforderungsanspruch aufrechnen (§ 95 I). Der **Wirksamkeit einer Verfügung** über oder dem Zugriff im Wege der Zwangsvollstreckung auf diese Forderung stehen §§ 91, 110 nicht entgegen. Hat sich in der Krise des Vermieters die Abrechnung verzögert, kann materiell-rechtlich der Nachforderung bei späterer Abrechnung durch den Insolvenzverwalter die Ausschlussfrist des § 556 III 3 BGB entgegenstehen. Hiernach muss der Vermieter die Nachforderung innerhalb von zwölf Monaten nach Ende des Abrechnungszeitraums (§ 556 III 2 BGB) geltend machen. **118**

b) **Rückforderungsanspruch.** Steht dem Mieter aufgrund der Abrechnung ein Rückforderungsanspruch zu, ist dieser nur insoweit nach §§ 108 I, 55 I Nr 2 Fall 2 als Masseverbindlichkeit zu befriedigen, wie er auf einer Vorauszahlung nach Verfahrenseröffnung an den Insolvenzverwalter beruht. Soweit die Betriebskostenvorauszahlungen als Teil der **119**

---

222 IE ebenso, allerdings m der Begr § 108 III Bub/Treier/*Belz* Wohnraummiete-Hb^3 VII. B Rn 177; *Eckert* MünchKomm InsO^3 § 108 Rn 79.

223 Vgl auch *Eckert* MünchKomm InsO^3 § 108 Rn 79.

224 *Franken/Dahl* Mietverhältnisse^2 6. Teil Rn 197; *Wolf/Eckert/Ball* MietR-Hb^{10} Rn 1530.

225 *Franken/Dahl* Mietverhältnisse^2 6. Teil, Rn 187; *Wolf/Eckert/Ball* MietR-Hb^{10} Rn 1522.

Miete an den Insolvenzschuldner Gegenleistung für die vorinsolvenzliche Gebrauchsgewährung waren, kann der Mieter Rückzahlung nur als Insolvenzgläubiger verlangen, § 108 III.[226] Denn der Anspruch auf Betriebskostenrückzahlung entsteht schon mit der (Über-)Zahlung und Ablauf des jeweiligen vertraglichen Nutzungszeitraums, auch wenn der Anspruch erst mit Abrechnung durch den Vermieter (§ 556 III 1 BGB) fällig wird.[227]

120 *Derleder* hat die ungleiche Behandlung des Nachforderungsanspruchs, der in jedem Fall Masseforderung ist, und des Rückforderungsanspruchs, der für die Zeit vor Verfahrenseröffnung nur Insolvenzforderung ist, als „asymmetrisch" kritisiert.[228] Diese Kritik verfängt indes nicht. Denn die Aufspaltung des Rückzahlungsanspruchs ist dem in § 108 III konkretisierten Gegenleistungsgrundsatz geschuldet. Die Masse ist demnach insoweit nur zum Ausgleich einer Überzahlung verpflichtet, als ihr auch eine entsprechende Zahlung des Mieters zugeflossen ist.[229] Im Übrigen trägt der Mieter das Vorleistungsrisiko nicht anders als sonstige Vertragspartner eines insolventen Schuldners. Schließlich besteht eine Symmetrie insoweit, als die Nachforderung für Zeiträume vor Verfahrenseröffnung Altforderung ist (Rn 118), was der Qualifizierung des Rückforderungsanspruchs als Insolvenzforderung entspricht.

121 Soweit der Rückforderungsanspruch Insolvenzforderung ist, kann der Mieter mit diesem Anspruch wegen **§ 96 I Nr 1** nicht gegen Masseforderungen aufrechnen, die erst nach Verfahrenseröffnung entstehen. Zu diesen Masseforderungen zählen insbesondere der auf die Zeit nach Verfahrenseröffnung entfallende Anspruch auf Miete, welcher als grundsätzlich befristete Forderung erst mit Ablauf des jeweiligen Nutzungszeitraums entsteht, für den die Miete zu entrichten ist (Rn 34, 52). Insoweit lässt allerdings § 110 III die Aufrechnung für den kurzen von § 110 I beschriebenen Zeitraum zu. Die abweichende Entscheidung des BGH, die eine Aufrechnung mit Rückzahlungsansprüchen im Range von Insolvenzforderungen gegen neue Mietansprüche zuließ,[230] ist indes überholt (§ 110 Rn 58).[231]

122 c) **Anspruch auf Betriebskostenabrechnung.** Wie der Anspruch auf Abrechnung aus § 556 III 1 BGB zu qualifizieren ist, wirkt sich insbesondere darauf aus, ob der Mieter auf die fehlende Abrechnung ein **Zurückbehaltungsrecht** (§ 273 I BGB) stützen kann, künftige Vorauszahlungen erst nach der Abrechnung zu leisten.[232] Ein Zurückbehaltungsrecht setzt eine Masseforderung voraus (Vor § 103 Rn 5).[233] Eine solche Masseforderung besteht jedenfalls dann, wenn der jeweilige Abrechnungszeitraum erst nach Verfahrenseröffnung endet. Ggf hat dann der Insolvenzverwalter diesen Abrechnungszeitraum in einen Zeitraum vor und einen nach Verfahrenseröffnung aufzuteilen. Denn ein Rückzahlungsanspruch des Mieters ist nur insoweit Masseforderung, als er sich für die Zeit nach Insolvenzeröffnung ergibt (Rn 119).[234]

---

[226] BGH ZIP 2007, 239 Rn 14; *Blank/Börstinghaus* Miete[3] § 556 Rn 173; *Eckert* MünchKomm InsO[3] § 108 Rn 70; *Franken/Dahl* Mietverhältnisse[2] 6. Teil Rn 189 f; Uhlenbruck/*Wegener* InsO[13] § 108 Rn 23; **aA** *Derleder* NZM 2004, 568 (574); Lindner-Figura/Oprée/Stellmann/*Hörndler* Geschäftsraummiete-Hb[3] Kap 20 Rn 93.

[227] BGH NZM 2005, 342 (343); ZIP 2007, 239 Rn 16; 2011, 924 Rn 13.

[228] *Derleder* NZM 2004, 568 (574 f).

[229] Ebenso *Eckert* MünchKomm InsO[3] § 108 Rn 70.

[230] BGH ZIP 2007, 239 Rn 13; vgl ferner BGH ZIP 2005, 181 (182).

[231] BGHZ 182, 264 Rn 12 f; BGH ZIP 2011, 2262 Rn 7.

[232] Vgl BGH NJW 1984, 1684 (1685); 2006, 2552.

[233] *Eckert* MünchKomm InsO[3] § 108 Rn 69; vgl auch BGH v 13.12.2012 – IX ZR 9/12 Rn 9.

[234] BGH ZIP 2007, 239 Rn 14.

Ob der Insolvenzverwalter Abrechnungen auch für bei Verfahrenseröffnung bereits abgelaufene Zeiträume erstellen muss, ist umstritten. Teile des Schrifttums halten den Verwalter für abrechnungspflichtig, sofern nur der Schuldner ebenfalls zur Abrechnung verpflichtet gewesen wäre.[235] Eine **Abrechnungspflicht** besteht nach dieser Auffassung also auch dann, wenn die Fälligkeit des Abrechnungsanspruchs mit Ablauf der zwölfmonatigen Frist in § 556 III 2 BGB und damit die sog Abrechnungsreife[236] bereits vor Insolvenzeröffnung eingetreten war. Zur Begründung wird angeführt, dass der Abrechnungsanspruch des Mieters kein Vermögensanspruch sei, der nach § 38 ab Verfahrenseröffnung nur noch als Insolvenzforderung verfolgt werden könnte, sondern als eine Art unselbständiger „Hilfsanspruch" zur Feststellung einer Nach- oder Rückzahlungspflicht gem §§ 108 I 1, 55 I Nr 2 aus der Masse zu erfüllen sei.[237] Nach anderer Ansicht soll der Insolvenzverwalter für bereits abgeschlossene Zeiträume nur dann abrechnen müssen, wenn die Abrechnungsreife nach Verfahrenseröffnung eintritt.[238] Andernfalls sei der Abrechnungsanspruch des Mieters lediglich Insolvenzforderung, § 108 III. **123**

Zutreffend ist es dagegen, die Abrechnungspflicht des Vermieter-Verwalters auf die Fälle zu beschränken, in denen die Abrechnungsperiode erst nach Verfahrenseröffnung endet. Denn auch für die Abrechnungspflicht ist die maßgebliche Abgrenzung zwischen § 108 I, 55 I Nr 2 einerseits und § 108 III andererseits nicht nach der Fälligkeit des Anspruchs, sondern wie sonst auch nach der Entstehung des Anspruchs – hier mit Ablauf der Abrechnungsperiode – vorzunehmen.[239] Dagegen kann der Einwand, als „Hilfsanspruch" nähme der Abrechnungsanspruch nicht an der verfahrensrechtlichen Umqualifikation nach § 38 teil, nicht überzeugen. Denn die Abrechnung für (lang) zurückliegende Zeiträume kann durchaus einen nicht **unerheblichen Aufwand für den Insolvenzverwalter und die Masse** bedeuten. Vor solchen Belastungen, die aus der Zeit vor Verfahrenseröffnung herrühren, soll § 108 III schützen. Insbesondere aber steht der Einordnung des „Hilfsanspruchs" auf Abrechung als Masseforderung entgegen, dass der Mieter einen etwaigen Rückzahlungsanspruch für den Zeitraum vor Insolvenzeröffnung nur als Insolvenzgläubiger verfolgen könnte (Rn 119). Eine Abrechnungspflicht kann den Verwalter daher nur intern als Amtspflicht treffen, um einen etwaigen Nachforderungsanspruch zur Masse ziehen zu können,[240] was freilich die Wahrung der Frist des § 556 III voraussetzt (Rn 117). **124**

Dieses für den Insolvenzverwalter gewonnene Ergebnis stimmt mit der – freilich umstrittenen – Rechtsprechung des BGH zu § 566 BGB überein, dass nach einem Eigentumswechsel nicht der Erwerber, sondern der Veräußerer gegenüber dem Mieter bezüglich der zum Zeitpunkt des Wechsels im Grundstückseigentum abgelaufenen Abrechnungsperiode zur Abrechnung der Betriebskosten verpflichtet ist.[241] Zwar hält der BGH im Unterschied dazu den Zwangsverwalter für verpflichtet, alle Abrechnungen zu erstellen, zu denen auch der vermietende Schuldner verpflichtet wäre. Diese Rechtsprechung **125**

---

235 *Blank/Börstinghaus* Miete[3] § 556 Rn 173; Lindner-Figura/Oprée/Stellmann/*Hörndler* Geschäftsraummiete-Hb[3] Kap 20 Rn 92; wohl auch *Franken/Dahl*, Mietverhältnisse[2] 6. Teil Rn 187.

236 Schmidt-Futterer/*Langenberg* MietR[10] § 556 Rn 454, 459.

237 Vgl Lindner-Figura/Oprée/Stellmann/*Hörndler* Geschäftsraummiete-Hb[3] Kap 20 Rn 92.

238 *Derleder* NZM 2009, 8 (15 f); Uhlenbruck/*Wegener* InsO[13] § 108 Rn 22.

239 IE zweif auch *Wolf/Eckert/Ball* MietR-Hb[10] Rn 1522.

240 Vgl *Wolf/Eckert/Ball* MietR-Hb[10] Rn 1522.

241 BGH NJW 2004, 851; 2007, 1818 Rn 13; ebenso *Häublein* MünchKomm BGB[6] § 566 Rn 41 f; **aA** Staudinger/*Emmerich* BGB[2011] § 566 Rn 55.

stützt der BGH aber auf § 152 II ZVG,[242] der eine unterschiedliche Qualifikation der Ansprüche – wie § 108 I u III sie anordnet – nicht kennt[243].

5. Leasingtypische Zusatzvereinbarungen (Optionen)

126 Die Fortführung eines insolvenzbeständigen Immobilienleasingvertrags nach § 108 I 1 wirft regelmäßig spezifische Fragen im Hinblick auf leasingtypische Zusatzvereinbarungen auf. Über die Gebrauchsüberlassung für einen bestimmten Zeitraum hinaus enthalten Leasingverträge über Immobilien in Gestalt von Teilamortisationsverträgen zugunsten des Leasingnehmers häufig eine **einseitige Verlängerungs- oder Kaufoption.**

127 a) **Verlängerungsoption.** Leasingverträge räumen dem Leasingnehmer vielfach das Recht ein, den Vertrag durch Ausübung eines einseitigen Optionsrechts zu vorab festgelegten Bedingungen – häufig gegen Zahlung eines geringeren Entgelts –[244] über die Grundvertragslaufzeit hinaus zu verlängern. Eine solche Verlängerungsoption ist insolvenzfest (Rn 26).[245] Übt der Leasingnehmer sie aus, kommt kein neuer Vertrag zustande, sondern setzt sich der ursprüngliche zu vor Verfahrenseröffnung vereinbarten Bedingungen fort.[246] Der Insolvenzverwalter hat den **Vertrag untrennbar belastet mit dem Optionsrecht** hinzunehmen.

128 Hingegen tritt ein Dritter, der den Vertragsgegenstand vom Insolvenzverwalter erwirbt, zwar grundsätzlich nach § 566 I BGB in den Vertrag ein. Ihm räumt aber § 111 S 1 ein Sonderkündigungsrecht zum ersten Termin ein, bei dessen Ausübung ihn weder ein Kündigungsausschluss noch eine Verlängerungsoption binden.[247] Denn auch eine Verlängerungsoption wirkte dem Zweck des § 111 entgegen, eine möglichst massegünstige Verwertung durch freihändige Veräußerung der Sache zu erzielen. Gleiches gilt für das Sonderkündigungsrecht des Erstehers in der Zwangsversteigerung nach § 57a S 1 ZVG.

129 b) **Verträge mit Kaufoption.** Hat der Leasingnehmer sich im Vertrag eine Kaufoption einräumen lassen, ändert dies zunächst nichts daran, dass der auf Nutzungsgewährung gerichtete Leasingvertrag nach § 108 I 1 fortbesteht.[248] Auch die Option bleibt bestehen; es sind aber die durch Ausübung der Option entstehenden Pflichten spezifisch insolvenzrechtlich zu bewerten. Es handelt sich nämlich um ein eigenständiges Pflichtenprogramm, das nicht auf die Gebrauchsüberlassung, sondern auf eine **Änderung der dinglichen Rechtslage** gerichtet ist. Folge der Optionsausübung ist das Zustandekommen eines Kaufvertrags, der dem Verwalterwahlrecht (§ 103) unterliegt, sofern er nicht ausnahmsweise bereits von einer Seite vollständig erfüllt ist.[249] Erfüllung wird der Insolvenzverwalter in diesem Fall nur dann wählen, wenn keine anderweitige lukrativere Verwertungsmöglichkeit in Aussicht ist. Dies wird nicht selten der Fall sein. Denn der Kaufpreis, der sich nach Optionsausübung zugunsten der Masse ergibt, errechnet sich

[242] BGH NJW 2006, 2626 Rn 12; z Entwicklung der Rspr *Derleder* NZM 2009, 8 (13 f).
[243] Vgl BGH v 13.12.2012 – IX ZR 9/12 Rn 15.
[244] Erlasskonformität setzt voraus, dass die Anschlussmiete mindestens 75 % der Miete für ein vergleichbares Objekt beträgt; vgl den Immobilien-Teilamortisationserlass, DB 1992, 112 unter II 2b cc.
[245] *Eckert* MünchKomm InsO[3] § 108 Rn 57; *Klinck* KTS 2007, 37 (59 f).
[246] OLG Düsseldorf ZInsO 2009, 2250 (2253); aA *Canaris* BankvertragsR[2] Rn 1785, 1788.
[247] *Kalkschmid* Immobilienleasing Rn 588 f; Uhlenbruck/*Sinz* InsO[13] § 108 Rn 147.
[248] BGHZ 109, 368 (374).
[249] BGHZ 109, 368 (374 f); Jaeger/*Henckel* KO[9] § 21 Rn 43; Kübler/Prütting/Bork/*Tintelnot* InsO[31] § 108 Rn 6a; *Wegener* FK InsO[7] § 108 Rn 15.

aus dem Restbuchwert unter Anwendung der linearen Afa,[250] der bei einer wertbeständigen Immobilie vielfach unter dem Marktpreis liegt, der sich durch Veräußerung an einen Dritten erzielen ließe.[251] Um sich gegen das Insolvenzrisiko des Leasinggebers abzusichern, kann der Leasingnehmer sich eine Vormerkung (§ 883 BGB) einräumen lassen. In der Insolvenz des Leasinggebers kann er dann die Erfüllung des Kaufvertrags verlangen (§ 106 I), auch wenn dieser erst nach Verfahrenseröffnung mit Ausübung der Option zu Stande kommt (§ 106 Rn 20).[252]

6. Mietansprüche

Als Gegenleistung für die Gebrauchsgewährung fallen die Mietzahlungen einschließlich eines etwaigen Nebenkostenanteils in die Masse. Ist der Mieter mit der Zahlung der Miete im Vorfeld der Insolvenz in Rückstand geraten, fallen auch diese Zahlungsansprüche als Vermögensbestandteile des Schuldners in die Insolvenzmasse (§ 35). Ab Insolvenzeröffnung mit Übergang der Verwaltungs- und Verfügungsbefugnis auf den Insolvenzverwalter (§ 80 I) kann der Mieter die Miete nicht mehr schuldbefreiend an den Schuldner leisten, es sei denn er hatte keine Kenntnis von der Verfahrenseröffnung, § 82 S 1. Hat der Mieter in Kenntnis der Insolvenzeröffnung gleichwohl an den Schuldner gezahlt, ist er der Masse gegenüber zur erneuten Zahlung verpflichtet,[253] während er seinen vorbehaltlich § 814 BGB bestehenden Bereicherungsanspruch gegen den Schuldner nicht einmal als Insolvenzgläubiger[254], sondern nur als Neugläubiger verfolgen kann. **130**

§ 110 schützt die Mietforderung gegenüber Verfügungen des Schuldners vor Verfahrenseröffnung, Zugriffen von Gläubigern im Wege der Zwangsvollstreckung und einer Aufrechnung des Vertragspartners. Dieser Schutz setzt im Unterschied zu dem des § 91 zwar erst nach Ablauf des von § 110 I bestimmten (maximal eineinhalb Monate währenden) Zeitraums ein, erstreckt sich danach aber entgegen der Auffassung des BGH **unterschiedslos auf betagte und befristete Forderungen** (§ 110 Rn 6 ff, 54). Jedoch steht zur Absonderung berechtigten (Grundpfand-)Gläubigern[255] der Vorrang vor den vom Insolvenzverwalter repräsentierten Insolvenzgläubigern zu (§ 49). Daher haben die Zahlungen an den Zwangsverwalter zu erfolgen, wenn die Mietsache bereits bei Verfahrenseröffnung unter Zwangsverwaltung steht, oder jedenfalls ab dem Zeitpunkt, ab dem ein Zwangsverwalter nach Verfahrenseröffnung eingesetzt wird, wenn nicht der Verwalter die Aufhebung der Zwangsverwaltung nach § 153b ZVG erreicht.[256] Hingegen lässt der BGH in Übereinstimmung mit dem Wortlaut des § 49 einen Zugriff absonderungsberechtigter Gläubiger im Wege der Einzelzwangsvollstreckung durch Pfändung der Mieten nach Verfahrenseröffnung nicht zu (§ 110 Rn 34).[257] Darüber hinaus hat der BGH für den vorinsolvenzlichen Zwangsvollstreckungszugriff eines Grundpfandgläubigers auf die vom Haftungsverband der Grundschuld erfassten Mieten (§§ 1192 I, 1123 I BGB) ent- **131**

---

[250] Erlasskonformität ist nur gewahrt, wenn der Kaufpreis mindestens dem Restbuchwert entspricht, vgl Immobilien-Teilamortisationserlass, DB 1992, 112 unter II 2b bb.

[251] Jaeger/*Henckel* KO[9] § 19 Rn 15; *Kalkschmid* Immobilienleasing Rn 537.

[252] Ausf *Kalkschmid* Immobilienleasing Rn 557 ff.

[253] Uhlenbruck/*Wegener* InsO[13] § 108 Rn 21.

[254] So aber *Eckert* MünchKomm InsO[3] § 108 Rn 68.

[255] Zu den Absonderungsberechtigten, zu denen auch der sonst nicht bevorrechtigte Antragsteller des Zwangsverwaltungsverfahrens gehört, der vor Verfahrenseröffnung die Beschlagnahme erwirkt hat, s Jaeger/*Henckel* InsO § 49 Rn 3 ff, 11.

[256] Lindner-Figura/Oprée/Stellmann/*Hörndler* Geschäftsraummiete-Hb[3] Kap 20 Rn 98.

[257] BGHZ 168, 339.

schieden, dass ein solcher trotz bestehenden Absonderungsrechts gläubigerbenachteiligend iSv § 129 ist, weil bis zu einer Beschlagnahme des Grundstücks jederzeit die Enthaftung des Grundstücks nach §§ 1123 II, 1124 BGB bewirkt werden könne.[258]

132 Angesichts dieser Weichenstellungen des BGH wird heute teilweise in Zweifel gezogen, ob noch Raum ist für eine sog **„kalte Zwangsverwaltung“**[259], eine Vereinbarung zwischen Insolvenzverwalter und Grundpfandgläubiger über die Befriedigung des Absonderungsrechts außerhalb der Zwangsverwaltung.[260] Die Zweifel beruhen auf der Unterscheidung des BGH zwischen der lediglich „potentiellen Haftung“[261] vor Beschlagnahme und der anschließenden endgültigen haftungsrechtlichen Zuweisung zugunsten des Grundpfandgläubigers. Die „kalte Zwangsverwaltung“ sei daher auf die Fälle zu beschränken, in denen dem Absonderungsberechtigten die Mieten schon vor Beschlagnahme unentziehbar zugewiesen sind, weil sie zu seinen Gunsten gem § 1123 II BGB endgültig verhaftet sind und sein Absonderungsrecht unanfechtbar ist. Der BGH hat die Zulässigkeit einer solchen Vereinbarung sowie die an sie zu stellenden Anforderungen zuletzt ausdrücklich offen lassen.[262] Indessen beruht die Abrede über eine „kalte Zwangsverwaltung“ auf der Verfügungsbefugnis des Insolvenzverwalters (§ 80). Sie bedeutet eine grundsätzlich in seine Kompetenz fallende Verwertungsentscheidung. Soweit sie Nachteile der Masse mit sich bringt, kann sie eine Schadensersatzpflicht des Verwalters (§ 60) auslösen, ggf gar als Missbrauch der Amtsmacht unwirksam sein. Daher gilt die Erwägung des RG fort, dass eine solche Befriedigungsabrede der Vereinfachung dient.[263] Denn sie erspart den Grundpfandgläubigern, entsprechende Wirkungen durch Beschlagnahme im Wege der Zwangsverwaltung zu erzielen. Sie ist zulässig.[264]

7. Kaution

133 Auch die für den insolventen Vermieter gestellten Mietsicherheiten fallen in die Masse, gleichzeitig bestehen hierzu im Mietvertrag getroffene Abreden über § 108 I fort. Das gilt bspw für das Vermieterpfandrecht (§ 562 I BGB), insbesondere aber auch für eine vom Mieter geleistete Kaution. Daher hat der Verwalter die – nach § 551 III 3 BGB oder im Fall der Gewerbemiete aufgrund entsprechender Abrede vom Vermieter getrennt von seinem Vermögen anzulegende – Kaution vom insolventen Vermieter herauszuverlangen. Muss er dieses Verlangen zwangsweise durchsetzen, dient ihm für die Herausgabevollstreckung nach § 883 I ZPO der Eröffnungsbeschluss als Vollstreckungstitel.[265]

134 Hat der Mieter einen vertraglichen Anspruch auf Kaution vor Insolvenzeröffnung nicht erfüllt, kann der Insolvenzverwalter diesen Anspruch gegen ihn vorbehaltlich der Verjährung geltend machen. Der Anspruch kann auch darauf beruhen, dass Vermieter oder Insolvenzverwalter die Kaution in Anspruch genommen haben und nunmehr Wiederauffüllung verlangen.[266] Leistet der Mieter die Kaution an den Insolvenzverwalter, ist auch dieser nach § 551 III 3 BGB bzw aus einer vertraglichen Abrede zur **Separierung**

---

[258] BGHZ 182, 264 Rn 17.
[259] Vgl *Eickmann* ZfiR 2007, 557 (558); *Tetzlaff* ZInsO 2004, 521 (528).
[260] So *Franken/Dahl* Mietverhältnisse[2] 6. Teil Rn 182.
[261] BGHZ 182, 264 Rn 17; BGH NJW-RR 1989, 200.
[262] BGH ZIP 2007, 35 Rn 17.
[263] RGZ 35, 118 (121); OLG München ZIP 1993, 135 (136 f).
[264] RGZ 35, 118 (120 f); OLG München ZIP 1993, 135 (137); LG Stendal ZIP 2005, 1800 (1801); *Eckert* MünchKomm InsO[3] § 110 Rn 19; Kübler/Prütting/Bork/*Tintelnot* InsO[10] § 110 Rn 7; *Molitor* ZInsO 2009, 231.
[265] Für den Zwangsverwalter BGH NZM 2006, 71.
[266] Zum Wiederauffüllungsanspruch BGH WM 1972, 335 (337).

verpflichtet.[267] Dieser Anspruch ist wie der auf Rückzahlung der an den Insolvenzverwalter geleisteten Kaution bei Beendigung des Vertragsverhältnisses Masseverbindlichkeit, weil beide Ansprüche auf der Zahlung des Mieters nach Verfahrenseröffnung beruhen (§ 55 I Nr 2 Fall 2). Bei unterlassener Anlage kommt überdies eine Haftung des Insolvenzverwalter aus § 60 in Betracht.

Regelmäßig wird der Mieter die Kaution freilich vor Verfahrenseröffnung an den **135** nunmehr insolventen Vermieter geleistet haben. Ein **Aussonderungsanspruch** (§ 47) folgt daraus nur, wenn die Kaution auch separiert wurde und so ein aussonderungsfähiger Gegenstand besteht.[268] Für Wohnraummietverhältnisse statuiert § 551 III 3 BGB zum Schutz des Mieters eine einklagbare[269] Pflicht des Vermieters zur insolvenzbeständigen Anlage der Kaution.[270] Für sonstige Mietverträge obliegt es den Parteien, eine entsprechende Separierungspflicht in den Vertrag aufzunehmen. Ist der nunmehr insolvente Vermieter seiner Separierungspflicht nicht nachgekommen, steht dem Mieter bei Beendigung des Mietverhältnisses der Rückzahlungsanspruch, der schon mit Einzahlung aufschiebend bedingt auf die Vertragsbeendigung begründet worden ist,[271] nur als bloße Insolvenzforderung zu.[272] Ebenso bloße Insolvenzforderung ist bei bestehendem Mietverhältnis der Anspruch auf Separierung der geleisteten Kaution.[273] Der Mieter hätte sich schützen können, indem er gegenüber dem Vermieter vorinsolvenzlich zum einen die **insolvenzfeste Anlage nach § 551 III 3 BGB** verlangt und zum anderen Mietzahlungen in Höhe der Kaution zurückgehalten hätte, solange der Vermieter ihm nicht die ordnungsgemäße Separierung der Kaution nachweist.[274] Ungeachtet von § 566a BGB kann der Mieter auch gegen einen Erwerber aus der Masse seine Ansprüche nicht wieder voll durchsetzen (str, § 111 Rn 20).

8. Parallele Zwangsverwaltung

Eine vor Verfahrenseröffnung angeordnete Zwangsverwaltung wird **von der Insolvenzeröffnung nicht berührt**. Auch kann parallel zum laufenden Insolvenzverfahren noch auf Antrag eines absonderungsberechtigten (Grundpfand-)Gläubigers (§ 49) oder des Insolvenzverwalters (§ 165) die Zwangsverwaltung angeordnet werden. In beiden Fällen gehen die Befugnisse des Zwangsverwalters denen des Insolvenzverwalters vor. Insbesondere ist der Zwangsverwalter zur Einziehung der Miete befugt (Rn 131). **136**

Zu hinterfragen ist, inwieweit die **zusätzliche Insolvenzeröffnung** die vom Zwangsverwalter zu erfüllenden Pflichten beeinflusst. Die Pflichten des Zwangsverwalters gehen nämlich dann, wenn kein Insolvenzverfahren eröffnet ist, über die des Insolvenzverwalters hinaus. So ist der Zwangsverwalter nach Auffassung des BGH zur Separierung einer vom Vermieter veruntreuten Kaution[275] ebenso verpflichtet wie zur Abrechnung über Betriebskostenvorauszahlungen, auch wenn die betroffenen Abrechnungszeiträume bei **137**

---

267 *Derleder* NZM 2004, 568 (578); Uhlenbruck/*Wegener* InsO[13] § 108 Rn 23; vgl für den Zwangsverwalter BGH NJW 2009, 1673.

268 BGH ZIP 2008, 469 Rn 6 f; vgl BGH ZIP 2013, 179 Rn 12 f.

269 *Derleder* NJW 2008, 1153; *Timme* NZM 2008, 429 (430).

270 Zu den Anforderungen an eine insolvenzfeste Separierung der Mietkaution auf einem Sonderkonto *Cymutta* WuM 2008, 441; *Eckert* ZMR 2010, 9; Jaeger/*Henckel* InsO § 47 Rn 60.

271 Jaeger/*Henckel* InsO § 55 Rn 49.

272 BGH ZIP 2008, 469 Rn 8; 2013, 179 Rn 11, 18; **aA** *Derleder* NJW 2008, 1153.

273 BGH ZIP 2013, 179 Rn 11 mwN; **aA** *Derleder* NZM 2004, 568 (577 f).

274 BGH ZIP 2008, 469 Rn 8.

275 BGH NJW 2009, 1673; eing u **krit** *Berger* ZfIR 2010, 221 ff.

Anordnung der Zwangsverwaltung abgelaufen sind.[276] Diese Unterschiede beruhen darauf, dass das ZVG mit § 152 II alle Pflichten des Vermieters auf den Zwangsverwalter überleitet, während § 108 in seinen Abs 1 u 3 nach Masseverbindlichkeiten und Insolvenzforderungen unterscheidet.[277] Darauf aufbauend stellt sich die Frage, ob der Zwangsverwalter bei gleichzeitigem Insolvenzverfahren die Pflichten zu erfüllen hat, die auch der Schuldner ohne Insolvenzverfahren zu erfüllen hat, oder ob der Zwangsverwalter nur den Pflichten nachzukommen hat, die der Vertragspartner auch im parallel laufenden Insolvenzverfahren durchsetzen könnte. Der VIII. Zivilsenat des BGH hält (zum Anspruch auf Separierung einer vormals gezahlten Kaution) angesichts des Vorrangs der Zwangsverwaltung die Eröffnung eines parallelen Insolvenzverfahrens für irrelevant.[278]

138 Diese Auffassung berücksichtigt aber schon den Grund dieses Vorrangs nicht. Dieser Vorrang beruht allein auf der haftungsrechtlich vorrangigen Stellung absonderungsberechtigter Gläubiger. Deren vorrangige Befriedigung wird durch dieses Verfahren sichergestellt. Indessen ist der Vorrang keinesfalls zum Schutze des Vertragspartners angeordnet. Aus ihm lässt sich eine bessere Stellung des Vertragspartners nicht rechtfertigen. Vielmehr würde eine Abwicklung der Zwangsverwaltung, die die Insolvenzeröffnung unberücksichtigt lässt, zu einer angesichts der Schuldnerinsolvenz nicht zu rechtfertigen Besserstellung des Vertragspartners führen, wenn er – anders als andere Insolvenzgläubiger – im Wege der Zwangsverwaltung aus dem Schuldnervermögen Befriedigung fände. Das Zusammenspiel von §§ 152 II ZVG, 108 gebietet daher, dass der Zwangsverwalter nur solche Forderungen befriedigen darf, die auch in der Insolvenz vom Insolvenzverwalter als Masseverbindlichkeit zu befriedigen wären. Angesichts der Insolvenzeröffnung verweist § 152 II nicht auf die Pflichten des insolventen Vermieters, die nunmehr wegen § 87 ohnehin teilweise nicht durchsetzbar wären, sondern auf die Pflichten des Insolvenzverwalters, soweit diesen aus §§ 108 I, 55 I Nr 2 Fall 2 Masseverbindlichkeiten treffen. Also ist **§ 108 ab Insolvenzeröffnung auch bei Anordnung der Zwangsverwaltung beachtlich**, weil er wie ein Filter dazu dient, die noch vom Zwangsverwalter zu beachtenden Pflichten zu bestimmen. Ein Verstoß gegen den Vorrang des Zwangsverwaltungsverfahrens ist damit nicht gegeben, weil § 152 II Anwendung findet und die Insolvenzeröffnung nur den von dieser Norm in Bezug genommenen Mietvertrag nach Maßgabe von § 108 in haftungsrechtlich einschlägiger Weise beeinflusst.

V. Insolvenz des Mieters

139 In der Insolvenz des Mieters ist der Insolvenzverwalter mit der Sache an den Mietvertrag in der Gestalt gebunden, die der Mietvertrag bei Eröffnung aufweist. Bei der weiteren Abwicklung des Vertrags sind **zwei unterschiedliche Zwecke** des Mietvertrags zu unterscheiden. Entweder dient die Mietsache dem Insolvenzschuldner, der dann stets natürliche Person ist, als Wohnung und damit zur höchstpersönlichen Nutzung. Oder der Schuldner, der vielfach juristische Person oder rechtsfähige Personengesellschaft sein wird, aber auch eine unternehmerisch tätige natürliche Person sein kann, nutzt die Mietsache nicht allein, sondern für sein Gewerbe oder sonstigen Betrieb.

---

[276] BGH NJW 2006, 2626 Rn 12; eing *Derleder* NZM 2009, 8 (13 f).

[277] BGH ZIP 2013, 179 Rn 15.

[278] BGH NJW 2009, 3505 Rn 13; zust, aber zurückhaltend („intrikate Verwicklungen") *Berger* ZfIR 2010, 221 (227 f).

1. Massezugehörigkeit und Inbesitznahme

Die differenzierende Regelung in § 109 I über die Beendigung der Massehaftung für einen Mietvertrag über die Wohnung des Schuldners einerseits und für sonstige Verträge andererseits stellt klar, dass § 108 I alle vom Mieter eingegangenen Mietverträge über unbewegliche Sachen und Räume erfasst.[279] Der Massebezogenheit steht also nicht entgegen, dass der Vertrag dem **höchstpersönlichen Gebrauch** des Schuldners dient (Vor § 103 Rn 47 f, 56 ff). Dass das Gebrauchsrecht des Mieters wie das des Pächters im Zweifel höchstpersönlich ist und deshalb nicht ohne weiteres auf einen Dritten übertragen (§§ 540, 553, 581 II BGB) oder von einem Gläubiger gepfändet werden kann (§ 851 ZPO), lässt keine abweichende Beurteilung zu.[280] Denn die mit Verfahrenseröffnung in die Masse fallende Nutzungsbefugnis entspricht derjenigen des Mieters oder Pächters. Wie diese ist der Verwalter daher nach den genannten Vorschriften im Zweifel zur Überlassung der Sache an Dritte nicht befugt.[281] 140

Zur Ausübung des Nutzungsrechts hat der Verwalter die Mietsache grundsätzlich **in Besitz** zu **nehmen** (§ 148 I). Insoweit wirkt sich aus, zu welchem Zweck dem Schuldner die Mietsache überlassen ist (Rn 139). Die dem Schuldner nicht zur höchstpersönlichen Nutzung als Wohnung überlassene Mietsache kann der Verwalter vom Schuldner herausverlangen. Überlässt der Schuldner die Sache nicht freiwillig, kann der Verwalter aus einer vollstreckbaren Ausfertigung des Eröffnungsbeschlusses die Herausgabe bzw die Räumung der Sache gegen den Schuldner vollstrecken. Haben neben dem Schuldner noch andere Personen **Mitbesitz** an der Sache und sind sie vertraglich zur Nutzung berechtigt, taugt der Eröffnungsbeschluss nur hinsichtlich des Mitbesitzteils des Schuldners zur Vollstreckung.[282] Anders liegen die Dinge, wenn der Mitbesitzer nicht aufgrund eines eigenen Nutzungsrechts besitzt, sondern seine Berechtigung zum Gebrauch vom Schuldner ableitet. In diesem Fall kann der Verwalter auch gegen die übrigen Mitbesitzer aus dem Eröffnungsbeschluss vollstrecken. 141

Zurecht zeigt *Eckert* auf, dass diese Grundsätze sich auf die **Privatwohnung des Schuldners** nicht übertragen lassen und der Insolvenzverwalter insoweit nicht zur Räumungsvollstreckung gegen den Schuldner befugt ist.[283] § 109 I 2 bringt das Anliegen des Gesetzgebers zum Ausdruck, dem Schuldner in jedem Fall seine **Wohnung als Lebensmittelpunkt** zu **erhalten**, indem eine Kündigung durch den Verwalter ausgeschlossen wird. Mit diesem Anliegen stimmt es überein, dem Insolvenzverwalter die Herausgabe der Wohnung zu versagen. Denn für den Schuldner ist es einerlei, ob er die Wohnung nicht mehr nutzen kann, weil der Vermieter nach erfolgter Kündigung durch den Verwalter die Räumung der Wohnung betreibt oder weil der Verwalter gegen ihn die Herausgabe vollstreckt. 142

2. Lösungsmöglichkeiten

In der Mieterinsolvenz steht dem Verwalter neben den gesetzlichen und vertraglichen Beendigungsmöglichkeiten das **Sonderkündigungsrecht** des § 109 I 1 zu, das ihn zur außerordentlichen Kündigung des Vertrags innerhalb einer Frist von drei Monaten zum Monatsende berechtigt. Soweit der Mietvertrag über die Privatwohnung des Schuldners 143

---

[279] Jaeger/*Henckel* InsO § 36 Rn 44.

[280] So schon zu § 19 KO Jaeger/*Henckel* KO[9] § 19 Rn 7.

[281] Jaeger/*Henckel* InsO § 36 Rn 44; Uhlenbruck/*Hirte* InsO[13] § 35 Rn 205; zuvor schon Jaeger/*Henckel* KO[9] § 19 Rn 7.

[282] *Böttcher* ZVG[5] § 103 Rn 6.

[283] *Eckert* ZVI 2006, 133 (134); *ders* MünchKomm InsO[3] § 108 Rn 82.

betroffen ist, tritt an die Stelle dieses Kündigungsrecht das Recht des Verwalters gem § 109 I 2, die Masse von der Haftung für das Mietverhältnis zu befreien und den Vertrag auf den Schuldner überzuleiten.

144 Ist der Vertrag bereits vor Verfahrenseröffnung wirksam gekündigt worden, bleibt diese Kündigung wirksam, auch wenn die Kündigungsfrist erst nach Verfahrenseröffnung abläuft. War vor Insolvenzeröffnung lediglich ein Kündigungsrecht des Schuldners oder des Vermieters begründet, ist zu differenzieren.[284] Hat der Vermieter **Anlass zu Kündigung** gegeben, indem er bspw eine Erlaubnis zur Untervermietung verweigert hat (§ 540 I 2 BGB), kann eine Kündigung aus diesem Grund auch noch durch den Insolvenzverwalter erfolgen. Im umgekehrten Fall, dass der Schuldner sich einer Verfehlung – insbesondere des Zahlungsverzugs (§ 543 II Nr 3 BGB) – schuldig gemacht hat, die eine außerordentliche Kündigung des Vermieters gerechtfertigt hätte, kann dies der Masse nicht angelastet werden. Für den Zahlungsverzug vor Insolvenzantragsstellung spricht dies schon § 112 Nr 1 aus. Darüber hinaus sind der Masse ganz allgemein die Verfehlungen des Schuldners nicht anzulasten, weil nicht zu erwarten ist, dass diese sich nach Übergang der Verfügungsbefugnis auf den Insolvenzverwalter fortsetzen.

145 Eine Freigabe des Mietverhältnisses kommt nicht in Betracht (Rn 103, Vor § 103 Rn 61). Indes beendet die Enthaftungserklärung nach § 35 II die Haftung der Masse für die vertraglichen Pflichten.[285] Da der Vertragspartner aufgrund von § 108 f auf die Haftung der Masse bis zum Ablauf der dreimonatigen Kündigungsfrist vertrauen kann, wirkt diese Enthaftung aber auch erst nach Ablauf einer entsprechenden Frist massebefreiend (Vor § 103 Rn 63).

3. Miete einschließlich Betriebskosten

146 Die Forderung des Vermieters auf Miete ist in der Insolvenz des Mieters entsprechend der Unterscheidung von § 108 I, 55 I Nr 2 Fall 2 einerseits und andererseits § 108 III, der auf den Nutzungszeitraum abstellt, als Masseverbindlichkeit oder Insolvenzforderung zu qualifizieren.

147 a) **Miete nach Verfahrenseröffnung.** Die Pflicht zur Entrichtung der Miete einschließlich der Betriebskostenvorauszahlungen, die Bestandteile der Miete sind, ist ab Verfahrenseröffnung allein aufgrund der Fortwirkungsanordnung in § 108 I Masseverbindlichkeit, ohne dass es darauf ankommt, ob der Insolvenzverwalter die Mietsache in Anspruch nimmt.[286] Für die Abgrenzung zwischen § 108 I u III kommt es nicht auf die Fälligkeit der Miete, sondern auf den Nutzungszeitraum an. Daher wird nicht die gesamte Miete, die für den Monat der Verfahrenseröffnung anfällt, Insolvenzforderung, nur weil zum Zeitpunkt der Verfahrenseröffnung der Bemessungszeitraum schon begonnen hat und die Forderung damit bereits begründet iSv § 38 ist oder gar fällig war.[287] Vielmehr ist die geschuldete Miete nach Maßgabe der §§ 108 I, 55 I Nr 2 Fall 2 für den Zeitraum nach Verfahrenseröffnung zu entrichten.[288] Die Miete ist also in dem Umfange **anteilig Masseverbindlichkeit**, der dem Anteil des Monats entspricht, der noch nach Verfahrenseröffnung abläuft.

---

284 Zu dieser Unterscheidung *Eckert* MünchKomm InsO[3] § 108 Rn 84 f.

285 BGHZ 192, 322 Rn 19.

286 **AA** *Horst* ZMR 2007, 167 (173), wenn nicht der Verwalter die Sache für die Masse nutzt, sondern nur der Schuldner.

287 So aber AG Tempelhof ZInsO 2012, 1137 f; *Rosenmüller* ZInsO 2012, 1110.

288 *Geißler* ZInsO 2012, 1206 (1208 f).

Ist der insolvente Mieter einer von mehreren gesamtschuldnerisch verantwortlichen Mitmietern, kommen unterschiedliche Ansprüche als Grundlage für einen **Regress des solventen Mieters** in Betracht. Der Ausgleichsanspruch kann auf einer vor Insolvenzeröffnung unter den Mitmietern getroffenen Vereinbarung beruhen, die lediglich zu einer Insolvenzforderung führt.[289] Der gesetzliche Ausgleichsanspruch aus § 426 I BGB ist jedenfalls dann als Masseforderung nach § 55 I Nr 1 Fall 2 („sonstige Verwaltung") zu qualifizieren, wenn die Gesamtschuld auf einer Verpflichtung des Schuldners beruht, die als Masseverbindlichkeit einzuordnen ist. Für eine Privilegierung der Gläubigergesamtheit zuungunsten der übrigen Gesamtschuldner besteht kein Raum. Zudem tritt auch der zahlende Gesamtschuldner nach § 412 BGB in Ansehung der getilgten Forderung gem § 426 II BGB in die Rechtsstellung des Vermieters ein, der ebenfalls Massegläubiger war.[290] **148**

b) **Miete und Nachforderung vor Verfahrenseröffnung.** Soweit für die Zeit vor Verfahrenseröffnung Miet- oder Nebenkostenrückstände aufgelaufen sind (und im Eröffnungsverfahren weder ein vorläufiger starker Insolvenzverwalter noch ein schwacher vorläufiger Verwalter, der im Einzelfall vom Insolvenzgericht zur Begründung von Masseverbindlichkeiten ermächtigt war, die Mietsache für die Masse in Anspruch genommen hat, § 55 II 2), kann der Vermieter diese wegen § 108 III nur als Insolvenzforderungen zur Tabelle anmelden. Hingegen kann er die Erfüllung seiner mietvertraglichen Pflichten aus § 535 I BGB – insbesondere zur Gebrauchsüberlassung und Instandhaltung der Mietsache – für die Zeit nach Verfahrenseröffnung nicht gem §§ 273, 320 BGB von der Erfüllung der zuvor aufgelaufenen Zahlungsrückstände abhängig machen.[291] **149**

Für die Abgrenzung nach § 108 III ist nicht der vertragliche oder gesetzliche Fälligkeitszeitpunkt für die Zahlung (§§ 556b I, 579 BGB) maßgeblich, sondern die Dauer des jeweils vor und nach Insolvenzeröffnung zu entgeltenden Nutzungszeitraums.[292] Insbesondere für abzurechnende Betriebskosten kommt es nicht darauf an, wann sie abgerechnet werden, sondern für welchen Zeitraum sie gezahlt wurden. Fällt die Verfahrenseröffnung in einen Abrechnungszeitraum, hat der Vermieter die Abrechnung der Betriebskosten für die Zeit davor und danach getrennt vorzunehmen (Rn 122).[293] Mit einem Anspruch auf Nachforderung für den vor Insolvenzeröffnung liegenden Abrechnungszeitraum ist der Vermieter daher nur Insolvenzgläubiger (§ 108 III).[294] Der Anspruch entsteht mit der Zahlung während des Zeitraums, für den er geschuldet wird, auch wenn er erst mit erfolgter Abrechnung fällig wird.[295] **150**

c) **Guthaben der insolventen Vertragsseite.** Ergibt die Abrechnung ein **Guthaben**, ist dies **zur Masse zu leisten**. Mietrückstände aus der Zeit vor Verfahrenseröffnung kann der Vermieter allerdings gegen ein aus dieser Zeit resultierendes Guthaben aufrechnen (§ 95 I).[296] Ergibt sich ein Rückzahlungsanspruch zugunsten der Masse jedoch nur **151**

---

289 Aus diesem Grund zu verallg stets für eine Insolvenzforderung *Eckert* MünchKomm InsO³ § 108 Rn 90a.

290 *Heilmann* NJW 1985, 2505 (2506).

291 *Ahrendt* HambK InsO⁴ § 108 Rn 19; Kübler/Prütting/Bork/*Tintelnot* InsO³¹ § 108 Rn 27.

292 BGH ZIP 2011, 924 Rn 12; Jaeger/*Henckel* InsO § 55 Rn 48; **aA** wohl *Horst* ZMR 2007, 167 (173).

293 BGH ZIP 2007, 239 Rn 14; *Horst* ZMR 2007, 167 (174).

294 BGH ZIP 2011, 924 Rn 13.

295 So auch *Wolf/Eckert/Ball* MietR-Hb¹⁰ Rn 1575; **aA** Lindner-Figura/Oprée/Stellmann/*Hörndler* Geschäftsraummiete-Hb³ Kap 20 Rn 50.

296 Uhlenbruck/*Wegener* InsO¹³ § 108 Rn 31.

wegen Überzahlungen für Nutzungszeiträume nach Verfahrenseröffnung, scheitert eine Aufrechnung des Vermieters an § 96 I Nr 1, so dass der Vermieter das Guthaben zur Masse auszukehren hat.

152 d) **Privatwohnung des Schuldners.** Bis zur Enthaftung der Masse nach § 109 I 2 ist auch die Miete für die Privatwohnung des Schuldners aus der Masse zu bestreiten.[297] Wenn dagegen eingewandt wird, die Masse sei deshalb nicht zur Leistung der Mieten verpflichtet, weil nicht ihr die Gegenleistung in Form der Nutzungsgewährung, sondern nur dem Schuldner zu privaten Wohnzwecken zugute komme,[298] hat sich dieser Einwand spätestens mit Einfügung von § 109 I 2 erledigt. Dies liegt auf der Hand. Denn haftete die Masse nach dem von der Gegenauffassung durchaus konsequent angewandten Gegenleistungsgrundsatz (Vor § 103 Rn 2) schon per se nicht für Mietzahlungen für die Schuldnerwohnung[299] oder wäre der Vermieter auch für die Zeit nach Verfahrenseröffnung nur Insolvenzgläubiger,[300] hätte es der Einführung einer besonderen Haftungsfreistellung für diesen Fall nicht bedurft. Im praktischen Ergebnis werden sich indes kaum Unterschiede ergeben. Denn gerade weil der Fortbestand des Wohnraummietvertrags für die Masse keinen Vorteil bringt, wird ein gewissenhafter Insolvenzverwalter unmittelbar nach Verfahrenseröffnung die Erklärung nach § 109 I 2 abgeben. Der einzige Unterschied liegt darin, dass diese Wirkung nach der gesetzgeberischen Konzeption nicht *ipso iure* mit Insolvenzeröffnung eintritt, sondern von einer **Gestaltungserklärung des Verwalters** und dem Ablauf der Frist gem § 109 I 1 HS 2 zum Schutz des Vermieters abhängt.

153 In die Masse fällt für die Zeit bis zum Wirksamwerden der Enthaftung, in der sie Mietzahlungen erbringt, ohne dass sie von der Gegenleistung profitiert, ein Rückgriffsanspruch gegen den Schuldner in Höhe der gezahlten Mieten. Die insolvenzspezifische Nutzungsberechtigung des Schuldners gegenüber der Insolvenzmasse begründet zwar zunächst keinen (unter-)mietvertraglichen Zahlungsanspruch. Nichtsdestotrotz ist ein Regressanspruch vor dem Hintergrund angemessen, dass dem Schuldner gem § 36 I sein pfändungsfreies Einkommen bzw an dessen Stelle tretende Sozialleistungen auch in der Insolvenz zu belassen sind und die entsprechenden pfand- und beschlagfreien Beträge unter Einbeziehung angemessener Wohnkosten errechnet wurden.[301] Dadurch dass die Mieten auch für seine Privatwohnung aus der Masse zu erbringen sind, erfährt der Schuldner bis zum Anlauf der Enthaftungsfrist eine **Privilegierung auf Kosten der Gläubigergesamtheit**, die nicht etwa damit zu rechtfertigen ist, dass die Masse – der auch der Neuerwerb während des Verfahrens zugute komme (§ 35 I) – letztlich Vermögen des Schuldners sei.[302] Denn die Masse steht für die Dauer des Verfahrens dem Schuldner nicht zur freien Verfügung, sondern ist einzig zur Befriedigung der Gläubigergesamtheit bestimmt.

154 *Steder* hat daher erwogen, das unpfändbare Vermögen des Schuldners in Analogie zu § 850e Nr 3 ZPO in Höhe von etwa 20 % zu reduzieren, um der Masse einen anteiligen Ausgleich für die Entrichtung der Miete zu gewähren.[303] Ein Ausgleich im Innenverhältnis zwischen Schuldner und Insolvenzmasse ließe sich außerdem durch einen Ersatzanspruch der Masse wegen einer berechtigten Geschäftsführung ohne Auftrag gem §§ 683,

---

[297] *Eckert* MünchKomm InsO[3] § 108 Rn 90; Kübler/Prütting/Bork/*Tintelnot* InsO[31] § 108 Rn 16a; Uhlenbruck/*Wegener* InsO[13] § 108 Rn 30.
[298] Vgl *Horst* ZMR 2007, 167 (173).
[299] *Grote* NZI 2000, 66 (67 f).
[300] *Marotzke* HK InsO[6] § 109 Rn 11.
[301] Vgl *Steder* ZIP 1999, 1874 (1879).
[302] So aber *Eckert* ZVI 2006, 133 (140).
[303] *Steder* ZIP 1999, 1874 (1879).

677, 670 BGB erzielen.[304] Allein die Tatsache, dass die Masse im Außenverhältnis gegenüber dem Vermieter zur Zahlung verpflichtet ist, macht die Mietzahlung nicht schon zu einem ausschließlich eigenen Geschäft der Masse,[305] wenn man berücksichtigt, dass die Wohnkosten bestimmungsgemäß aus dem pfand- und beschlagfreien Schuldnervermögen zu erbringen sind. Der BGH hat unter Geltung der KO außerdem einen Anspruch der Masse gegen den Schuldner wegen einer Bereicherung in sonstiger Weise (§ 812 I 1 Fall 2 BGB) angenommen, wenn der Schuldner weder aus § 149 I ZVG noch wegen eines Beschlusses der Gläubigerversammlung (§ 132 I KO) oder nach Gestattung durch den Konkursverwalter mit Genehmigung des Konkursgerichts (§ 129 I KO) zu Nutzung der Mietsache berechtigt war.[306]

Erkennt man allerdings ein Nutzungsrecht des Schuldners für seine Privatwohnung wegen der Bedeutung als Lebensmittelpunkt an (Rn 141), liegt es näher, einen **Ausgleich über die Vorschriften der Geschäftsführung ohne Auftrag** zu suchen.[307] Dem steht auch § 109 I 2 nicht entgegen. Die Regelung soll nur eine Kündigung des Wohnraummietverhältnisses durch den Verwalter wegen der Belastung der Masse mit den Mietzahlungen und zur Realisierung der Mietkaution für die Masse verhindern, trifft aber keine Aussage über die Kostenverteilung im Innenverhältnis. **155**

Gegen übrige Mitmieter steht der Masse ein Ausgleichsanspruch gem § 426 BGB zu, wenn die Masse zunächst die vollständige Miete entrichtet hat. Fehlt es an einer gesamtschuldnerischen Mitverpflichtung der Mitbewohner im Mietvertrag, kann nicht angenommen werden, dass diese auch nach Auszug des Schuldners aus der Wohnung diese wegen eines fortwährend vom Schuldner abgeleiteten Wohnrechts auf Kosten der Masse weiternutzen dürften. **156**

4. Neben- und Betriebspflichten

Alle weiteren Pflichten neben der zur Leistung der Miete sind zwar bereits mit Vertragsschluss angelegt. Sofern sie aber – wie die Pflicht zur Mietzahlung – eine **Gegenleistung für die Gebrauchsgewährung** darstellen, sind auch sie gem §§ 108 I, 55 I Nr 2 Fall 2 für die Zeit nach Insolvenzeröffnung aus der Masse zu erfüllen. Anhaltspunkt für die Feststellung entsprechender Nebenpflichten ist, dass sich ihr Umfang durch die Fortsetzung des Vertrags erweitert. Im Umfange dieser (meist zeitlichen) Erweiterung handelt es sich typischerweise um von § 55 I Nr 2 Fall 2 erfasste Pflichten. **157**

Als Gegenleistung für die vertragliche Gebrauchsgewährung finden sich insbesondere in Pachtverträgen Betriebs- oder Bewirtschaftungspflichten des Pächters, um etwa eine landwirtschaftliche Nutzfläche nicht brachliegen zu lassen (§ 586 I 3 BGB) oder bei einem Verkaufsgeschäft oder Lokal in lukrativer Lage durch langfristige Schließung nicht eine Einbuße an Marktwert hinnehmen zu müssen. Einer solchen Betriebspflicht ist nach Verfahrenseröffnung grundsätzlich mit Mitteln der Masse nachzukommen, auch wenn sie schon mit Abschluss des Pachtvertrags begründet wurde, weil sich die zeitliche Dauer der Betriebspflicht über die Verfahrenseröffnung hinaus verlängert.[308] Allerdings kann **158**

[304] Vgl Jaeger/*Henckel* KO[9] § 19 Rn 61.

[305] **AA** *Eckert* ZVI 2006, 133 (139 f).

[306] Vgl BGH NJW 1985, 1082.

[307] Einen Ersatzanspruch insg **abl** *Eckert* ZVI 2006, 133 (139 f); *ders* MünchKomm InsO[3] § 108 Rn 92; Uhlenbruck/*Wegener* InsO[13] § 108 Rn 30.

[308] Jaeger/*Henckel* InsO § 55 Rn 53; Lindner-Figura/Oprée/Stellmann/*Hörndler* Geschäftsraummiete-Hb[3] Kap 20 Rn 52; *Wolf/Eckert/Ball* MietR-Hb[10] Rn 1579; **aA** *Hefermehl* MünchKomm InsO[3] § 55 Rn 161; **diff** *Jarchow* HambK InsO[4] § 55 Rn 33 f.

die fortgeltende Betriebspflicht den Zielen des Insolvenzverfahrens insbesondere dann entgegenlaufen, wenn eine wirtschaftlich gewinnbringende Fortführung des Betriebs nicht möglich und daher eine Stilllegung geboten ist. Sofern die Fortsetzung des Betriebs höchstpersönlichen Charakter hat und gerade dem Schuldner bzw dem Insolvenzverwalter wegen unzureichender finanzieller Ausstattung durch die Fortführung sogar persönliche Folgen – wie etwa eine Strafbarkeit nach § 266a StGB wegen Nichtabführung von Lohnsteuer und Arbeitnehmerentgelten – drohen, wurde in der Rechtsprechung der Fortbestand der Betriebspflicht teilweise für **unzumutbar iSv § 275 I u III BGB** erachtet.[309] In der Literatur findet sich die Ansicht, der Insolvenzverwalter könne gegen die fortgesetzte Betriebspflicht den Einwand des § 275 II BGB erheben.[310]

159 Kommt der Insolvenzverwalter der Betriebspflicht nicht nach, steht dem Vertragspartner jedenfalls dann ein **Recht zur außerordentlichen Kündigung** zu (§ 543 I BGB), wenn wegen der Stilllegung des Betriebs erhebliche Nachteile drohen.[311] Zuvorderst stellt sich allerdings die Frage nach **Schadensersatzansprüchen** (§§ 280, 281 oder 283 BGB). Sie werden als gesetzliche Ansprüche nicht von §§ 108 I, 55 I Nr 2 erfasst (Rn 22).[312] Eine Masseverbindlichkeit setzt voraus, dass der Insolvenzverwalter die Nichterfüllung zu vertreten hat (§ 55 I Nr 1). Einen entsprechenden Vorwurf wird man dem Verwalter jedenfalls dann grundsätzlich nicht machen, wenn er den Betrieb eingestellt hat. Allerdings kann ihm anzulasten sein, dass er von der Kündigungsmöglichkeit des § 109 I 1 keinen Gebrauch gemacht hat.[313] Entsprechendes gilt für die Vertragsstrafe, wenn die Verwirkung entsprechend dem dispositivem § 339 S 1 BGB Verzug, mithin Möglichkeit der Leistung und Vertretenmüssen, voraussetzt.[314]

5. Mietsicherheiten

160 Aus vor Verfahrenseröffnung anfechtungsfest erlangten Sicherheiten steht dem Vermieter grundsätzlich ein **Absonderungsrecht** (§ 49) zu. Ein solches eignet sich grundsätzlich, um Insolvenzforderungen wie Masseverbindlichkeiten zu sichern.[315] Werden allerdings erst nach Verfahrenseröffnung Sicherheiten begründet, können diese grds Insolvenzforderungen nicht sichern.

161 a) **Kaution.** Hatte der Schuldner eine Kaution bereits vor Insolvenzeröffnung an den Vermieter geleistet, bleibt dessen Sicherungsbedürfnis auch im Insolvenzverfahren bestehen. Daher ist er auch gegenüber dem an die Stelle des Schuldners tretenden Verwalter berechtigt, sich auf die Kaution zu berufen. Ist der **Sicherungsfall** eingetreten, kann er die Kaution auch bei laufendem Mietverhältnis verwerten. Dafür wird überwiegend verlangt, dass die offene Forderung unstreitig oder rechtskräftig festgestellt ist.[316] Anderenfalls darf der Vermieter die Kaution bis zur Beendigung des Mietverhältnisses einbehal-

---

[309] OLG Karlsruhe GuT 2007, 16 (18); LG Köln NZM 2005, 621; zust Lindner-Figura/Oprée/Stellmann/*Hörndler* Geschäftsraummiete-Hb[3] Kap 20 Rn 52; **aA** OLG Düsseldorf ZMR 2004, 508: Betriebspflicht auch bei Erwirtschaftung std Verluste.

[310] *Eckert* MünchKomm InsO[3] § 108 Rn 99; *Wolf/Eckert/Ball* MietR-Hb[10] Rn 1579.

[311] *Ahrendt* HambK InsO[4] § 108 Rn 18; *Eckert* MünchKomm InsO[3] § 108 Rn 99.

[312] **AA** *Eckert* MünchKomm InsO[3] § 108 Rn 99; Jaeger/*Henckel* InsO § 55 Rn 53.

[313] Kübler/Prütting/Bork/*Tintelnot* InsO[31] § 108 Rn 30.

[314] Zweifel am Bestehen eines Anspruchs äußert ebenfalls *Eckert* MünchKomm InsO[3] § 108 Rn 99.

[315] *Ganter* MünchKomm InsO[3] Vor § 49 Rn 53; allg abw (ohne Begr) BGH ZIP 2011, 1723 Rn 8.

[316] Schmidt-Futterer/*Blank* MietR[10] § 561 Rn 91; **aA** *Bieber* MünchKomm BGB[6] § 551 Rn 14.

ten. Sie dient dann sowohl der Absicherung der neuen Masseverbindlichkeiten, aber auch ggf erst später erkannter oder fällig werdender Insolvenzforderungen.[317] Bei der Abrechnung kann der Vermieter nach seiner Wahl darüber entscheiden, wegen welcher Forderungen er sich aus der Mietkaution im Wege der Verrechnung befriedigt, unabhängig davon, ob es sich jeweils um Insolvenz- oder Masseforderungen handelt.[318] Besteht nach Verrechnung ein Kautionsrückzahlungsanspruch, fällt dieser in die Insolvenzmasse. Dies gilt auch dann, wenn der Insolvenzverwalter die Enthaftung der Masse für das Mietverhältnis über die Privatwohnung des Schuldners (§ 109 I 2) erklärt hat (§ 109 Rn 49 ff).[319]

Ein Anspruch auf Zahlung der Kaution aus § 551 BGB oder einer entsprechenden Vertragsklausel kann bei Fortsetzung des Vertrags während des Verfahrens zum einen darauf beruhen, dass die Kautionszahlung bei Verfahrenseröffnung noch ausstand. Zum anderen mag der Vertragspartner nach Inanspruchnahme der Kaution Wiederauffüllung verlangen.[320] Insbesondere wenn der Zahlungsanspruch seit Beginn des Mietverhältnisses offen war, liegt es nahe, eine Altverbindlichkeit und daher eine Insolvenzforderung (§ 108 III) anzunehmen.[321] Es realisiere sich das **typische Insolvenzrisiko einer Vorleistung.**[322] Indes weckt insbesondere die Gestaltung des Wiederauffüllungsanspruchs Zweifel. Es ist doch zu berücksichtigen, dass sich das Sicherungsbedürfnis wegen Forderungen nach Verfahrenseröffnung durch die Fortführung des Mietverhältnisses wegen § 108 I ausweitet. Auch ist für die Abgrenzung von §§ 108 I, 55 I Nr 2 Fall 1 einerseits und andererseits § 108 III nicht der Entstehungszeitpunkt einer Forderung maßgeblich. Der Insolvenzverwalter hat daher **aus der Masse den Anspruch auf Kautionszahlung zu erfüllen.** Die Sicherheit deckt aber nur die auf der Fortsetzung des Vertrags mit dem Insolvenzverwalter beruhenden Ansprüche, indessen aber insbesondere keine Insolvenzforderungen und Neuverbindlichkeiten des Schuldners, für die dieser nur mit seinem freien Vermögen haftet. 162

b) Vermieterpfandrecht. Aufgrund von §§ 562 I, 578, 581 II BGB steht dem Vertragspartner wegen offener Forderungen aus dem Vertragsverhältnis ein Pfandrecht und somit ein Absonderungsrecht an den eingebrachten, pfändbaren Sachen des Mieters zu (§ 50 I, §§ 166 ff).[323] Dieses Pfandrecht kann der Vertragspartner auch noch im eröffneten Verfahren geltend machen, sofern es nicht bereits zuvor wegen Entfernung der Pfandsachen nach § 562a BGB erloschen ist. Allerdings wird in der Insolvenz gegenüber § 562 II BGB der Sicherungszweck des Vermieterpfandrechts durch § 50 II weiter begrenzt:[324] Wegen rückständiger Miete kann sich der Vertragspartner – sofern er nicht Landverpächter ist (§ 50 II 2) – nur für die letzten zwölf Monate vor Verfahrenseröffnung auf das Pfandrecht berufen. Ferner legitimiert eine mögliche Entschädigungsforderung nach § 109 I 3 den Zugriff auf das Pfand nicht. Das sollte über den Wortlaut des § 50 II 1 hinaus nicht nur für die Kündigung des Insolvenzverwalters nach § 109 I 1, sondern 163

---

[317] BGH NJW 2006, 1422 Rn 12: Zurückbehaltungsrecht wegen erst später durch Abrechnung fällig werdender Betriebskostennachforderung.

[318] OLG Hamburg ZMR 2008, 714 (715): Schadensersatzanspruch aus § 109 I 3; *Eckert* MünchKomm InsO[3] § 108 Rn 130a; Uhlenbruck/*Wegener* InsO[13] § 108 Rn 32.

[319] So ausdr die Begr RegE § 109 I 2, BT-Drucks 14/5680 S 27.

[320] BGH WM 1972, 335 (337); *Bieber* MünchKomm BGB[6] § 551 Rn 14; Schmidt-Futterer/*Blank* MietR[10] § 561 Rn 90.

[321] Vgl. *Eckert* MünchKomm InsO[3] § 108 Rn 102.

[322] Kübler/Prütting/Bork/*Tintelnot* InsO[31] § 108 Rn 30.

[323] Eing Jaeger/*Henckel* InsO § 50 Rn 34 ff.

[324] Jaeger/*Henckel* InsO § 50 Rn 60.

wegen der Wesensübereinstimmung beider Erklärungen auch für die Erklärung des Verwalters nach § 109 I 2 bei Wohnraum des Schuldners gelten.

164 Die Regelungen über das Pfandrecht sind auch auf die Vertragsfortsetzung nach Verfahrenseröffnung anzuwenden. **Daher sichert das Pfandrecht auch von §§ 108 I, 55 I Nr 2 erfasste Masseverbindlichkeiten**, ohne dass weitere Beschränkungen als die allgemeinen des § 562 II BGB gelten.[325] Einschränkungen bestehen hinsichtlich des Umfangs des Pfandrechts. Wegen § 91 sichern neu eingebrachte Gegenstände, die Bestandteil der Masse sind, keine Insolvenzforderungen, sondern nur Masseverbindlichkeiten.[326]

6. Oktroyierte Masseverbindlichkeiten

165 Eigenart der von §§ 108 I, 55 I Nr 2 Fall 2 zu Masseverbindlichkeiten erklärten Forderungen (auf Miete) ist, dass sie diese Eigenschaft allein aufgrund der gesetzlichen Fortgeltungsanordnung unabhängig vom Willen des Insolvenzverwalters erhalten. Dafür hat sich der Begriff der sog oktroyierten Masseverbindlichkeiten eingebürgert.[327] Die Eigenart ändert sich allerdings, wenn der Insolvenzverwalter von der ihm eingeräumten Möglichkeit (§ 109 I 2) absieht, das Vertragsverhältnis zu kündigen. An diese unterschiedlichen Verursachungsbeiträge knüpft die InsO verschiedene Rechtsfolgen:

166 **a) Neumasseverbindlichkeiten (§ 209).** Reicht die Insolvenzmasse zwar aus, um die Verfahrenskosten zu decken, nicht aber um sämtliche Masseverbindlichkeiten zu befriedigen, ist der Insolvenzverwalter verpflichtet, dem Insolvenzgericht die **Unzulänglichkeit der Masse** anzuzeigen (§ 208). Mietrückstände aus der Zeit vor Anzeige der Masseunzulänglichkeit sind sog Altmasseverbindlichkeiten iSv § 209 I Nr 3, die nachrangig nach den Kosten des Insolvenzverfahrens (Nr 1) und den Neumasseverbindlichkeiten (Nr 2) zu befriedigen sind und nicht mehr mit der Leistungsklage geltend gemacht werden können.[328] Diese Qualifikation ändert sich, wenn der Insolvenzverwalter den Mietvertrag nicht zum erstmöglichen Zeitpunkt nach Anzeige der Masseunzulänglichkeit – nach § 109 I oder in einer kürzeren, vertraglichen Frist – kündigt. Dann handelt es sich nicht mehr um oktroyierte Masseverbindlichkeiten, sondern die Verbindlichkeiten werden durch § 209 I Nr 2, II Nr 2 den gewillkürten Neumasseverbindlichkeiten gleichgestellt, die zweitrangig nach den Kosten des Verfahrens zu berichtigen sind, unabhängig davon, ob der Verwalter die Mietsache in Anspruch nimmt.[329]

167 Ebenfalls einer erst vom Verwalter nach Anzeige der Masseinsuffizienz begründeten Neumasseverbindlichkeit iSv § 209 I Nr 2 sind daneben auch **Verbindlichkeiten aus Dauerschuldverhältnissen** für diese Zeit gem § 209 II Nr 3 gleichgestellt, sofern der Insolvenzverwalter die Gegenleistung für die Masse in Anspruch nimmt. Will der Verwalter dies verhindern und eine Inanspruchnahme iSv § 209 II Nr 3 vermeiden, hat er die Sache dem Vermieter **zur Rückgabe anzubieten.**[330] Geht dieser auf das Rückgabeangebot nicht ein, besteht kein Grund, ihn fortwährend wie einen Neumassegläubiger zu privilegieren.[331] Ist das Mietobjekt an einen Dritten untervermietet, hat der Verwalter dem Hauptvermieter die Verschaffung des mittelbaren Besitzes einschließlich der Berechtigung zur Einziehung des Mietzinses beim Untermieter anzubieten.[332]

---

[325] *Ganter* MünchKomm InsO[3] Vor § 49 Rn 53; Jaeger/*Henckel* InsO § 50 Rn 60.
[326] Jaeger/*Henckel* InsO § 50 Rn 39.
[327] Zu dieser Begrifflichkeit Begr zu RegE § 101, BT-Drucks 12/2443 S 138.
[328] BGHZ 154, 358.
[329] *Pape* NZM 2004, 401 (408).
[330] BGH NZM 2004, 224 (227).
[331] *Eckert* MünchKomm InsO[3] § 108 Rn 104.
[332] BGH NJW 2003, 2454 (2455 f).

b) **Verwalterhaftung wegen Nichterfüllung von Masseverbindlichkeiten** (§ 61). Nach § 61 S 1 haftet der Insolvenzverwalter für die Erfüllung einer aus der Masse nicht zu erfüllenden Masseverbindlichkeit persönlich, wenn sie durch seine Handlung begründet wurde. Diese Qualität kommt den oktroyierten Masseverbindlichkeiten nicht zu. Das ändert sich, wenn der erste Kündigungstermin verstreicht. Daher kommt ab diesem Zeitpunkt unter den weiteren Voraussetzungen von § 61 eine **persönliche Haftung** des Insolvenzverwalters in Betracht.[333] Zu Recht weist *Tintelnot* jedoch darauf hin, dass die Haftung des Verwalters nach § 61 wegen der unterlassenen Beendigung nach § 108 I 1 fortwirkender Dauerschuldverhältnisse im Vergleich zur Haftungsbegründung durch aktives Tun restriktiv zu handhaben ist.[334] Im Anwendungsbereich des Verwalterwahlrechts wird dem Vertragspartner zugemutet abzuwarten, bis der Vertragspartner sich ohne schuldhaftes Zögern (§ 103 II 2) über sein Wahlrecht erklären kann. In entsprechender Weise ist dem Verwalter eine **Überlegungsfrist** einzuräumen, bevor er endgültig den Vertrag kündigt. Diese Einschränkung gilt indes nicht für die Enthaftungserklärung (§ 109 I 2). Da ein wirtschaftlicher Nutzen der Schuldnerwohnung für die Masse per se ausgeschlossen ist, ist vom Verwalter – jedenfalls bei nicht gesicherter Liquidität – die sofortige Enthaftungserklärung zu erwarten. **168**

c) **Zwangsvollstreckungsmoratorium** (§ 90). Beruht eine Masseforderung nicht auf einer Rechtshandlung des Insolvenzverwalters, handelt es sich also nicht um eine „gewillkürte“ Masseverbindlichkeit, untersagt § 90 I dem betreffenden Massegläubiger die Zwangsvollstreckung wegen seiner Forderung für einen Zeitraum von sechs Monaten ab Verfahrenseröffnung. Damit bezweckt die Regelung den Schutz der Masse, die nicht schon im Anfangsstadium durch den Vollstreckungszugriff von Massegläubigern derart geschmälert werden soll, dass dem Insolvenzverwalter keine ausreichenden liquiden Mittel mehr für eine **mögliche Sanierung des Unternehmens** bleiben.[335] Damit beansprucht das Moratorium indes keine Geltung, wenn der Verwalter dic Masseforderung durch sein eigenes Handeln begründet hat, sondern nur für oktroyierte Forderungen insbesondere aus Dauerschuldverhältnissen, die ohne sein Zutun entstanden sind. Nicht gesperrt ist die Vollstreckung– entsprechend den Ausnahmen in § 209 I Nr 2, II Nr 2 u 3 (Rn 166 f) – wegen solcher Masseforderungen, deren Entstehung der Verwalter durch Kündigung zum erstmöglichen Termin verhindern konnte (§ 90 II Nr 2), oder die eine vom Verwalter in Anspruch genommene Gegenleistung entgelten (§ 90 II Nr 3). Ein Vermieter ist von dem Moratorium daher nur betroffen, sofern nicht der Verwalter selbst den Mietvertrag erst nach Insolvenzeröffnung abgeschlossen hat, Mietforderungen für die Zeit vor dem erstmöglichen Kündigungstermin in Rede stehen und der Verwalter das Mietobjekt nicht in Anspruch nimmt.[336] **169**

7. Verlängerungs- und Kaufoptionen (Leasing)

In nach § 108 I 1 insolvenzbeständigen Immobilienleasingverträgen finden sich vielfach Verlängerungs- und Kaufoptionen zugunsten des Leasingnehmers. Diese Optionen kann der Insolvenzverwalter des Leasingnehmers ausüben, so dass die darauf beruhen- **170**

---

333 Begr zu RegE § 72, BT-Drucks 12/2443 S 129 f; BGHZ 192, 322 Rn 33; *Franken/Dahl* Mietverhältnisse[2] 6. Teil Rn 71 f; Lindner-Figura/Oprée/Stellmann/*Hörndler* Geschäftsraummiete-Hb[3] Kap 20 Rn 59, 61; *Ringstmeier* ZInsO 2004, 169 (172); Uhlenbruck/*Sinz* InsO[13] § 61 Rn 6.

334 Kübler/Prütting/Bork/*Tintelnot* InsO[10] § 109 Rn 40.

335 Begr RegE § 101, BT-Drucks 12/2443 S 138.

336 Vgl *Eckert* MünchKomm InsO[3] § 108 Rn 105.

den Pflichten Masseverbindlichkeit (§ 55 I Nr 1) sind (Rn 25). Der Bindung, der sich der Leasinggeber mit Einräumung der Option unterworfen hat, kann er sich nur entledigen und der Masse den in dem Optionsrecht verkörperten wirtschaftlichen Wert entziehen, wenn er den Leasingvertrag kündigen kann. Denn das **Optionsrecht ist untrennbar mit dem Fortbestand des Leasingvertrags verbunden.**[337] In erlasskonformen Leasingverträgen ist jedoch das ordentliche Kündigungsrecht des Leasinggebers zumindest während der Grundvertragslaufzeit regelmäßig vertraglich abbedungen.[338] Darüber hinaus werden die Kündigungsmöglichkeiten durch § 112 eingeschränkt. Hält auch der Insolvenzverwalter an dem Leasingvertrag fest und macht insbesondere nicht von seinem Sonderkündigungsrecht des § 109 I 1 Gebrauch, kann er nach Ausübung der Verlängerungsoption den Vertrag gegen Zahlung der ursprünglich vereinbarten – für den Verlängerungszeitraum regelmäßig angesichts der Amortisationskalkulation deutlich niedrigeren – Leasingraten aus der Masse fortsetzen.

8. Verhältnis von § 135 III zu § 108 I

171 Durch die Insolvenz können sich spezielle Einwirkungen auf das (gekündigte) Vertragsverhältnis ergeben, wenn die vertragliche Gebrauchsüberlassung von einem Gesellschafter an eine Gesellschaft erfolgt, für deren Verbindlichkeiten keine natürliche Person über § 128 HGB persönlich haftet (§§ 39 IV 1, 135 IV) und an der der Gesellschafter mit mehr als 10 % beteiligt ist (§§ 39 V, 135 IV). Zwar hat das MoMiG die von der Rechtsprechung erschaffene Rechtsfigur der eigenkapitalersetzenden Nutzungsüberlassung abgeschafft (§ 30 I 3).[339] § 135 III enthält aber mit der „**Aussonderungssperre**" in S 1 und der Ausgleichsregelung in S 2 eine neue Ausgestaltung dieses Rechtsverhältnis für das erste Jahr nach Verfahrenseröffnung, sofern der Vertragsgegenstand für die Fortführung des Unternehmens von erheblicher Bedeutung ist (§ 103 Rn 289). Das Spannungsverhältnis dieser Regelung zu §§ 108 ff, nicht die Vielzahl an umstritten Einzelfragen zu § 135 III werden im Folgenden angerissen. Zur Unbeachtlichkeit des § 135 III bei Doppelinsolvenz gegenüber dem Insolvenzverwalter des Gesellschafters (§ 110 I) s § 110 Rn 35.

172 **a) Verhältnis zur Aussonderungssperre (§ 135 III 1).** Durch § 135 III 1 wird ein Aussonderungsanspruch des gebrauchsüberlassenden Gesellschafters gegenüber dem Insolvenzverwalter in der Gesellschaftsinsolvenz für die Dauer des Insolvenzverfahrens, aber nicht länger als ein Jahr gesperrt. Dieser Sperre bedarf es freilich nur, wenn der Aussonderungsanspruch nicht ohnehin wegen eines zur Masse gehörenden Besitzrechts entfällt. Es besteht daher Einigkeit, dass es für die Anwendung von § 135 III 1 an einem die Nutzungsüberlassung legitimierenden Vertragsverhältnis, das nach § 108 I fortwirkt, fehlen muss.[340] So kann das Vertragsverhältnis vor Verfahrenseröffnung gekündigt, aufgehoben oder sonst wie beendet worden sein. Andererseits kommt in Betracht, dass das Vertragsverhältnis im ersten Jahr nach Verfahrenseröffnung durch Kündigung des Insolvenzverwalters nach § 109 I 1 oder auf andere Weise beendet wird.

173 **b) Reichweite der Entgeltanordnung § 135 III 2.** Nach § 135 III 2 erhält der Gesellschafter im Gegenzug für die Aussonderungssperre finanziellen Ausgleich, der sich der

---

[337] Jaeger/*Henckel* KO[9] § 19 Rn 18, 20; *Kalkschmid* Immobilienleasing Rn 543; *Sinz* Kölner Schrift[3] S 403 Rn 27.

[338] Vgl den Immobilien-Teilamortisationserlass, DB 1992, 112 unter I 1a.

[339] G z Modernisierung des GmbH-Rechts u z Bekämpfung v Missbräuchen v 23.10.2008 (BGBl I S 2026).

[340] *Bitter* ZIP 2010, 1 (13); Braun/*de Bra* InsO[5] § 135 Rn 24; *Hörndler/Hoisl* NZM 2009, 377 (379); *Schmidt* DB 2008, 1727 (1732).

Höhe nach aus dem Durchschnitt der in dem Jahr vor Insolvenzeröffnung erlangten Gegenleistung ergibt.[341] Ob damit zugleich auch eine Aussage über das Schicksal des von der Gesellschaft zu entrichtenden Entgelts dergestalt getroffen ist, dass sich der Geltungsbereich von § 135 III 2 auf Fälle des § 135 III 1 beschränkt und im Übrigen das vertragliche Regime Vorrang beansprucht, wird im Schrifttum kontrovers diskutiert. Einige Autoren betonen den systematischen und inhaltlichen Zusammenhang der Aussonderungssperre und der Ausgleichsregelung und greifen daher nicht auf diese zurück, sofern eine – nach dieser Auffassung vorrangige – vertragliche Entgeltregelung besteht, die wegen § 108 I bzw Erfüllungswahl nach § 103 I auch nach Verfahrenseröffnung zu beachten ist.[342] Andere befürworten demgegenüber eine pauschale Überlagerung der vertraglichen Entgeltvereinbarungen durch die Ausgleichsregelung des § 135 III 2 unabhängig vom Eingreifen der Aussonderungssperre mit der Folge, dass die Masse auch bei einem fortbestehenden Vertragsverhältnis eine im Vergleich zu der zwischen den Parteien vereinbarten Gegenleistung uU deutlich reduzierte finanzielle Ausgleichszahlung für die Dauer von einem Jahr ab Verfahrenseröffnung schuldet.[343]

Für die **enge Auslegung von § 135 III 2** streiten zunächst der Wortlaut der Bestimmung, dann der systematische Zusammenhang der beiden Sätze, schließlich der Regelungsanlass des (gesamten) § 135 III, dem Aussonderungsanspruch des Gesellschafters, der die Sanierung erschwert, entgegenwirken zu wollen. Jedoch ist zu konstatieren, dass der Gesetzgeber das Verhältnis des § 135 III, der erst in der letzten Phase des Gesetzgebungsverfahrens eingefügt wurde, zum Vertragsrecht in §§ 103 ff nicht abgewogen hat.[344] Auch enthält § 135 III 2 einen eigenständigen Regelungsgehalt, dem Gesellschafter die Nutzungseinbuße zu einem reduzierten – der bisherigen Vertragspraxis entsprechenden – Entgelt zuzumuten.[345] Warum dieses Sonderopfer dem Gesellschafter aber nur für einen Aussonderungsfall, nicht hingegen bei Vertragsfortführung zugemutet werden soll, lässt sich nicht begründen. Insbesondere setzt dieses Sonderopfer nicht voraus, dass der Gesellschafter die Sache nach Ablauf eines Jahres zurückerhält. Folglich darf die Entgeltanpassung nicht von einer Kündigung des Verwalters nach § 109 I 1 abhängen. Im Ergebnis ist im Wege einer analogen Anwendung daher auch das vertragliche Entgelt nach § 135 III 2 in dessen zeitlichem Anwendungsbereich zu bestimmen. **174**

Die Ausgleichszahlungen nach § 135 III 2 teilen nach dem ausdrücklichen Willen des Gesetzgebers auch den Charakter als **Masseverbindlichkeit** mit der Entgeltforderung nach § 55 I Nr 2.[346] Die von *Marotzke* vertretene Gegenauffassung, wonach der Masse wegen § 108 I oktroyierte Verbindlichkeiten oder solche nach Erfüllungswahl gem § 39 I Nr 5 entgegen § 55 I Nr 2 für den Ein-Jahres-Zeitraum des § 135 III nur Insolvenzforde- **175**

---

341 Statt vieler *Kleindiek* HK InsO[6] § 135 Rn 31 f zu den bei der Bestimmung bestehenden Streitfragen.

342 Graf-Schlicker/*Neußner* InsO[3] § 135 Rn 35; *Kleindiek* HK InsO[6] § 135 Rn 25; *Marotzke* ZInsO 2008, 1281 (1289); *ders* ZInsO 2009, 2073 (2074 LS 8.1); *Rühle* ZIP 2009, 1358 (1362); *Schmidt* DB 2008, 1727 (1732); Uhlenbruck/*Hirte* InsO[13] § 135 Rn 23.

343 *Bitter* ZIP 2010, 1 (13); *Dahl/Schmitz* NZG 2009, 325 (329); *Hörndler/Hoisl* NZM 2009, 377 (379 f); vgl auch *Spliedt* ZIP 2009, 149 (158), nach dem der Gesellschafter den Differenzbetrag zwischen vertraglich vereinbarter u angemessener Vergütung iSv § 135 III S 2 als Insolvenzforderung geltend machen können soll.

344 Begr RA § 135 III, BT-Drucks 16/9737 S 59; **krit** insb *Marotzke* JZ 2010, 592 (594 f).

345 Z Eigenständigkeit dieser Regelung insb *Bitter* ZIP 2010, 1 (7 f).

346 Begr RA § 135 III, BT-Drucks 16/9737 S 59; vgl *Heinze* ZIP 2008, 110 (111); *Schmidt* DB 2008, 1727 (1733); Uhlenbruck/*Hirte* InsO[13] § 135 Rn 27.

rungen sein sollen, sofern es sich um ein gesellschaftsinternes Nutzungsverhältnis handelt,[347] findet indes keine Stütze im Gesetz.

176 c) **Altforderungen.** Im Anwendungsbereich von § 108 III können sich hinsichtlich der Mietforderungen für die Zeit vor Verfahrenseröffnung aus den allgemeinen Regelungen über Gesellschafterdarlehen Besonderheiten ergeben. **Gesellschafterdarlehen** sind nach **§ 39 I Nr 5** lediglich nachrangige Insolvenzforderungen. Ist eine solche Forderung im letzten Jahr vor Verfahrenseröffnung erfüllt oder in den letzten zehn Jahren davor gesichert worden, ist die jeweilige Deckung anfechtbar (§ 135 I). Es ist aber nicht jede Entgeltforderung ein Gesellschafterdarlehen.[348] Daher scheidet insbesondere die Anfechtung zur Fälligkeit gezahlter Mieten aus. Vielmehr bedarf es einer Stundung der Mieten oder Ähnlichem.[349] Noch nicht geklärt ist, welche Anforderungen daran bei einem Gebrauchsüberlassungsvertrag zu stellen sind, eine solche Stundung öä anzunehmen. Das Einordnungsproblem beruht darauf, dass diesen Verträgen kein fortwährender Leistungsaustausch immanent ist. Der Vermieter, der die Mietsache bereits dem Mieter überlassen hat, kann seine Leistung nicht mehr zurückhalten, um Druck auf den Erhalt der Gegenleistung auszuüben. Aus dem Fehlen eines unmittelbaren Leistungsaustauschs allein lässt sich daher eine Stundung nicht ableiten.[350] Daher lässt sich einer Stundung nicht gleichstellen, dass die Miete nur im Eröffnungsverfahren (teilweise) nicht gezahlt wurde. Zu einer einem Darlehen gleichgestellten Forderung wird die Miete aber nicht nur durch eine ausdrückliche Stundung, sondern auch, wenn der gebrauchsüberlassende Gesellschafter sich in für sonstige Vermieter untypischer Weise bei der Einforderung der Mieten und Unterlassen einer Zahlungsverzugskündigung zurückhält.[351]

VI. Abwicklung während des Verfahrens

177 Zur Abwicklung von Gebrauchsüberlassungsverträgen kann es nach Verfahrenseröffnung in ganz unterschiedlichen Sachlagen kommen. Das Vertragsverhältnis kann schon vor Verfahrenseröffnung, aber auch erst danach geendet haben; im zweiten Fall ist weiter danach zu unterscheiden, in welchem Umfange es durch den Insolvenzverwalter mit Wirkung für die Masse fortgeführt wurde. Diese Unterschiede sind zu berücksichtigen, wenn es gilt, die sich bei Abwicklung ergebenden Ansprüche insolvenzrechtlich zu qualifizieren. Aus der Fortgeltungsanordnung des §§ 108 I, 55 I Nr 2 Fall 2 darf nicht vorschnell darauf geschlossen werden, dass Abwicklungsansprüche aus erst nach Verfahrenseröffnung beendeten Verträgen Masseverbindlichkeit sind, weil sie vor Verfahrenseröffnung noch nicht durchsetzbar waren. Für die **Qualifikation als Insolvenzforderungen** kommt es vielmehr nach § 108 III darauf an, ob die Forderungen bereits vor Verfahrenseröffnung ihrem Grund und Inhalte nach entstanden waren und nur noch ihre Durchsetzbar-

[347] *Marotzke* ZInsO 2008, 1281 (1288 ff); *ders* ZInsO 2009, 2073 (2074 LS 8.2); *ders* JZ 2010, 592 (567 f); *ders* HK InsO[5] § 108 Rn 51 ff; auf Grundlage v Finanzierungsfolgenverantwortung iE ebenso *Hölzle* ZIP 2009, 1939 (1946).

[348] So aber *Haas* FS Ganter (2010) S 189 (192 ff); *Hölzle* ZIP 2009, 1939 (1946); *Marotzke* ZInsO 2008, 1281 (1284 ff, 1292).

[349] *Bitter* ZIP 2010, 1 (10 f); *Dahl/Schmitz* NZG 2009, 325 (328, 329); Graf-Schlicker/*Neußner* InsO[3] § 135 Rn 39; *Kleindiek* HK InsO[6] § 135 Rn 9 f; *Rühle* ZIP 2009, 1358 (1360); *Schmidt* DB 2008, 1727 (1731, 1734); *Spliedt* ZIP 2009, 149 (157).

[350] **AA** *Bitter* ZIP 2010, 1 (10); *Dahl/Schmitz* NZG 2009, 325 (329); *Spliedt* ZIP 2009, 149 (157), die auf die Kriterien des § 142 verweisen.

[351] Vgl allg *Kleindiek* HK InsO[6] § 39 Rn 35.

keit von der Beendigung nach Verfahrenseröffnung abhing. Daher sind insbesondere Ansprüche auf Rückgabe von etwas, was vor Insolvenzeröffnung dem Insolvenzschuldner geleistet wurde, Insolvenzforderungen.

1. Insolvenz des Vermieters

In der Insolvenz des Vermieters steht der Anspruch auf Rückzahlung der Kaution in Rede. Dieser Anspruch kann bei entsprechender Separierung auf einem Treuhandkonto zur Aussonderung berechtigen, anderenfalls bei Zahlung an den Insolvenzverwalter Masseverbindlichkeit (Rn 134), sonst bei Zahlung an den Vermieter vor Verfahrenseröffnung Insolvenzforderung (Rn 135) sein. **178**

a) **Wegnahmerecht.** Versieht der Mieter die Mietsache während der Mietzeit mit Einrichtungen oder macht sonstige Aufwendungen (die nicht der Beseitigung von Mängeln dienen und daher abschließend von § 536a BGB erfasst werden[352]), steht ihm ein **schuldrechtlicher Ausgleichsanspruch** durch Verweis des § 539 I BGB auf die Geschäftsführung ohne Auftrag zu. Dieser Anspruch ist Insolvenzforderung, wenn er mit der entsprechenden Aufwendung vor Verfahrenseröffnung entstanden ist (§ 108 III), indessen Masseverbindlichkeit, wenn der Mieter die Aufwendung nach Verfahrenseröffnung getätigt hat (§ 55 I Nr 1 Fall 2). **179**

Der vielfach nicht werthaltige Zahlungsanspruch wird ergänzt durch ein **Wegnahmerecht** in 539 II BGB. Nur bei der Wohnraummiete darf der Vermieter dem Mieter nach § 552 BGB die Wegnahme untersagen, wenn er diesen angemessen entschädigt. Der Anordnung des Wegnahmerechts in § 539 II kommt teils klarstellende, teils aber auch konstitutive Wirkung zu. Das hängt davon ab, ob der Mieter ungeachtet des Einbaus der Sache Eigentümer nach §§ 946 ff, 95 BGB geblieben ist. Ist er Eigentümer, kann er allein deswegen den Gegenstand aussondern (§ 47)[353] und kann daher auch noch nach Besitzaufgabe Gestattung der Wegnahme (§ 258 BGB) verlangen. Freilich hat er die Verjährungsfrist von § 548 II BGB zu achten. **180**

Der Befugnis aus § 539 II BGB, die eingefügte Einrichtung unter Aneignung wieder von der Mietsache zu trennen, wird weithin „dingliche Natur" zugesprochen.[354] Daraus wird gefolgert, dass auch dieses Aneignungsrecht zur **Aussonderung** berechtige.[355] Dem ist aber nicht zu folgen.[356] Maßgeblich ist, ob das Aneignungsrecht in der Insolvenz anerkannt wird. Dem steht grundsätzlich § **91** entgegen, der auch originäre Erwerbstatbestände erfasst.[357] Das Aneignungsrecht sollte man einer Gestattung durch den Eigentümer, sich Bestandteile einer Sache anzueignen (§ 956 I BGB), gleichstellen. Das aus einer solchen Gestattung folgende Aneignungsrecht ist insolvenzfest, wenn der Aneignungsberechtigte nicht nur Besitz an der Sache hat, sondern auch die Gestattungspflicht als Masseverbindlichkeit einzuordnen ist.[358] Damit kommt es auf die **Einordnung der Gestattungspflicht** an, die sich wie bei dem schuldrechtlichen Anspruch aus § 539 I nach dem Zeitpunkt des Einbaus richtet (Rn 179): Erfolgte der Einbau vor Verfahrenseröff- **181**

---

352 BGH NJW 2008, 1216 Rn 19.

353 *Eckert* MünchKomm InsO³ § 108 Rn 115; Jaeger/*Henckel* InsO § 47 Rn 105; Lindner-Figura/Oprée/Stellmann/*Hörndler* Geschäftsraummiete-Hb³ Kap 20 Rn 112; *Wolf/Eckert/Ball* MietR-Hb¹⁰ Rn 1540.

354 BGHZ 81, 146 (150); 101, 37 (42); BGH NJW 1991, 3031.

355 *Eckert* MünchKomm InsO³ § 108 Rn 115; Lindner-Figura/Oprée/Stellmann/*Hörndler* Geschäftsraummiete-Hb³ Kap 20 Rn 112.

356 Jaeger/*Henckel* InsO § 47 Rn 105.

357 Jaeger/*Windel* InsO § 91 Rn 17 ff.

358 Ausf Jaeger/*Windel* InsO § 91 Rn 23.

nung, liegt bloß eine Insolvenzforderung vor, so dass auch das Aneignungsrecht nicht insolvenzfest ist; ein Einbau nach Verfahrenseröffnung führt zu einer Masseverbindlichkeit, die § 91 ausschaltet, so dass das Wegnahmerecht zur Aussonderung berechtigt.

182 Die Missachtung des Wegnahmerechts führt zu einer **Schadensersatzforderung im Range einer Masseverbindlichkeit** nur dann, wenn der Insolvenzverwalter schuldhaft das Aussonderungsrecht auf Wegnahme verletzt hat (§ 55 I Nr 1).[359] Freilich haftet der Insolvenzverwalter dann auch persönlich (§ 60).

183 **b) Rückgewähr von Vorauszahlungen.** Der Mieter kann Vorauszahlungen auf Betriebskosten erbringen, über die der Vermieter abrechnen muss (§ 556 II u III BGB). Die **Qualifikation des Anspruchs auf Auskehr eines Guthabens** richtet sich danach, an wen der Mieter die Zahlungen erbracht hat (Rn 119): Bei Zahlungen vor Verfahrenseröffnung an den späteren Insolvenzschuldner liegen nur Insolvenzforderungen vor, weil der Anspruch bereits zu diesem Zeitpunkt unabhängig von der Fortsetzung des Vertragsverhältnises entstanden ist (§ 108 III). Masseverbindlichkeiten entstehen bei Zahlungen an den Insolvenzverwalter nach Verfahrenseröffnung (§ 55 I Nr 2 Fall 2).

184 Von der Betriebskostenvorauszahlung ist die von § 547 BGB **erfasste im Voraus entrichtete Miete** zu unterscheiden. Hatte der Mieter Vorauszahlungen erbracht, die er aufgrund der Vertragsbeendigung nicht mehr abwohnen kann, kann er diese grundsätzlich vom Vermieter zurückverlangen (§ 547 I 1 BGB); allerdings haftet der Vermieter nur nach den Vorschriften über die Herausgabe einer ungerechtfertigten Bereicherung, wenn er die Beendigung des Mietverhältnisses nicht zu vertreten hatte (§ 547 I 2 BGB). Dieser Rückzahlungsanspruch und der Anspruch auf Auskehr eines Betriebskostenguthabens sind insolvenzrechtlich gleich zu qualifizieren. Da der Anspruch auf Rückzahlung einer nicht abgewohnten Vorauszahlung bereits mit der Zahlung an den Vermieter aufschiebend bedingt auf das Ende des Mietverhältnis entsteht, ist der Anspruch **Insolvenzforderung**, wenn die Vorauszahlung vor Verfahrenseröffnung an den späteren Insolvenzschuldner erfolgte (§ 108 III).[360] Eine Masseverbindlichkeit setzt die Vorauszahlung an den Insolvenzverwalter nach Verfahrenseröffnung voraus (§ 55 I Nr 2 Fall 2).

185 Eine Masseforderung ergibt sich bei Leistung an den inzwischen insolventen Vermieter auch nicht aus § 55 I Nr 3, weil die Masse durch die Vorleistung, die – wie bspw Baukostenzuschüsse – den Wert der Mietsache nachhaltig und zugunsten der Masse mehren, ungerechtfertigt bereichert wäre.[361] Denn die Leistung erfolgte vor Verfahrenseröffnung unmittelbar an den Schuldner. § 55 I Nr 3 legitimiert es aber nicht, einen vor Verfahrenseröffnung in das Vermögen des Schuldners gelangten Vermögenswert herauszugeben, selbst wenn der Rechtsgrund erst nach Verfahrenseröffnung entfällt.[362] Ohnehin realisiert sich für den Mieter, der Miete im Voraus entrichtet, nur das typische **Risiko eines nicht dinglich gesicherten Vorleistenden** in der Insolvenz des Vertragspartners.

2. Insolvenz des Mieters

186 Regelmäßig zu Vertragsbeginn überlässt der Vermieter dem Mieter die Mietsache. Bei Vertragsbeendigung ist diese Überlassung rückgängig zu machen. In der Insolvenz des Mieters stellt sich zuvorderst die Frage nach der insolvenzrechtlichen Qualifikation dieses Anspruchs. Dafür sind verschiedene Anspruchsgrundlagen und -inhalte zu unterscheiden.

---

359 Vgl Lindner-Figura/Oprée/Stellmann/*Hörndler* Geschäftsraummiete-Hb³ Kap 20 Rn 112; aA *Eckert* MünchKomm InsO³ § 108 Rn 115.

360 *Eckert* MünchKomm InsO³ § 108 Rn 108.

361 AA *Klopp/Kluth* InsR-Hb⁴ § 56 Rn 30.

362 Vgl BGH ZIP 2009, 428 Rn 20; RGZ 94, 20 (25); Jaeger/*Henckel* InsO § 55 Rn 79.

Dem Vermieter steht, wenn er gleichzeitig Eigentümer der Mietsache ist, neben dem vertraglichen Anspruch aus § 546 I BGB zusätzlich der dingliche Anspruch aus § 985 BGB zu. Im Unterschied zum Vindikationsanspruch umfasst der mietvertragliche Räumungsanspruch über die bloße Verschaffung des unmittelbaren Besitzes (Rückgabe) hinaus regelmäßig weitergehende Pflichten. So hat der Mieter insbesondere von ihm eingebrachte Einrichtungen zu entfernen und (bauliche) Veränderungen der Mietsache rückgängig zu machen. Jedoch lässt sich § 546 I BGB selbst eine Pflicht zur Rückgewähr der Sache in vertragsgemäßem Zustand nicht entnehmen.[363] Eine solche Pflicht wird sich aber regelmäßig aus dem Mietvertrag ergeben,[364] so dass der Mieter im Zweifel verpflichtet ist, den **vertragsgemäßen Zustand der Sache herzustellen**, zumindest aber denjenigen, in dem ihm die Sache überlassen wurde. Bis zur ordnungsgemäßen Rückgewähr kann dem Vermieter ein Ersatzanspruch wegen der Vorenthaltung der Sache zustehen (§ 546a I BGB). **187**

Der BGH hat mehrfach betont, dass die Insolvenzeröffnung zunächst nichts an diesem Pflichtenprogramm ändert, dass damit aber zugleich noch nichts über die Qualität der Ansprüche als Masseverbindlichkeit oder Insolvenzforderung ausgesagt ist.[365] Für die insolvenzrechtliche Beurteilung ist zwischen den Aussonderungsansprüchen (§ 47) aus §§ 985, 546 I BGB und den darüber hinausgehenden mietvertraglichen Räumungspflichten zu unterscheiden. **188**

a) **Rückgabe.** Ein Anspruch gegen den Insolvenzverwalter auf Verschaffung des unmittelbaren Besitzes aus § 985 BGB und/oder § 546 I BGB, mithin auf Rückgabe, besteht nur, wenn der **Verwalter die Sache zuvor tatsächlich in Besitz genommen hatte**[366] oder unter Anerkennung fremden Eigentums die Sache für die Masse nutzt und sich vorbehält, darüber zu entscheiden, ob, wann und in welcher Weise sie an den Berechtigten zurückgelangt.[367] Für eine Besitzergreifung genügt dabei nicht allein die allgemeine Übernahme der Insolvenzmasse durch den Insolvenzverwalter (§ 148).[368] Insbesondere trifft die Masse kein Räumungsanspruch, wenn der Mieter wegen vor Verfahrenseröffnung erfolgter Kündigung den Besitz an der Sache bereits aufgegeben sowie das Eigentum an verbleibenden eingebrachten Sachen derelinquiert hatte und der Verwalter die Sache anschließend nicht aktiv für die Masse in Besitz genommen hat.[369] Verbleiben indes Gegenstände, die der Verwaltungs- und Verfügungsbefugnis des Verwalters unterliegen, in der Mietsache, spricht dies für eine tatsächliche Inanspruchnahme.[370] Eine Besitzergreifung durch den Verwalter liegt nicht schon darin, dass er die Masse mittels Erklärung nach § 109 I 2 von der Haftung für die Schuldnerwohnung freistellt.[371] Hatte der Insolvenzverwalter die Mietsache in diesem Sinne nicht in Besitz genommen, kann der Vermieter nicht ihn, sondern nur den Schuldner persönlich auf Rückgabe in Anspruch nehmen.[372] Dies gilt namentlich für die Privatwohnung des Schuldners (§ 109 Rn 67).[373] **189**

---

363 *Blank/Börstinghaus* Miete³ § 546 Rn 33; Schmidt-Futterer/*Gather* MietR⁹ § 546 Rn 67; Staudinger/*Rolfs* BGB²⁰⁰⁶ § 546 Rn 19 f.

364 BGHZ 86, 204 (209 f); 148, 252 (255 f).

365 Grundlegend BGHZ 148, 252 (255 ff); zuletzt BGH ZIP 2008, 1736 Rn 14.

366 BGHZ 127, 156 (160 f); 148, 252 (260 f); BGH ZIP 2008, 1736 Rn 15; *Hain* ZInsO 2007, 192 (194 f).

367 BGHZ 127, 156 (162); BGH GuT 2009, 209.

368 BGH ZIP 2008, 1736 Rn 17 ff; *Eckert* MünchKomm InsO³ § 108 Rn 116.

369 OLG Köln ZIP 2000, 1498.

370 BGHZ 127, 156 (162).

371 BGH ZIP 2008, 1736 Rn 21 f.

372 BGH ZIP 2008, 1736 Rn 15.

373 *Cymutta* WuM 2008, 582 (583 f).

190 Liegen die Voraussetzungen für den Rückgabeanspruch vor, berechtigen die Ansprüche aus §§ 546 I, 985 BGB den Vermieter zur Aussonderung der Mietsache aus der Masse (§ 47), unabhängig davon, ob das Mietverhältnis vor oder nach Insolvenzeröffnung endet. Den Aussonderungsanspruch erfüllt der Insolvenzverwalter durch Einräumung des unmittelbaren Besitzes an der Sache. Werden dafür Aufwendungen erforderlich, hat er diese aus der Masse zu tragen.[374] Lässt er die Aussonderungspflicht gegen sich titulieren und vollstrecken, muss er die Ersatzvornahmekosten als Masseverbindlichkeit (§ 55 I Nr 1) tragen.[375] An einer Rückgabe fehlt es, wenn der Insolvenzverwalter nur den Besitz an der Sache aufgibt,[376] ohne dass der Vermieter die Sache in Besitz nimmt. Eine Freigabe der Mietsache befreit den Verwalter ebenfalls nicht von einem einmal aus § 546 I BGB begründeten Aussonderungsanspruch des Vermieters; der Rückfall der Verwaltungs- und Verfügungsbefugnis auf den Schuldner führt allein auch nicht zur Unmöglichkeit des Anspruchs. Denn der schuldvertragliche Rückgabeanspruch aus § 546 I BGB setzt anders als der Vindikationsanspruch nicht den Besitz des Anspruchsgegners voraus.[377]

191 Entspricht die Sache bei Rückgabe nicht dem vertraglich vereinbarten Zustand, liegt zwar eine Schlechtleistung vor. Diese berechtigt den Vermieter aber gleichwohl nicht zur Verweigerung der Abnahme, sondern allenfalls zur **Geltendmachung eines Schadensersatzanspruchs.**[378] Ein Schadensersatzanspruch ist aber nur dann als Masseverbindlichkeit zu qualifizieren (§ 55 I Nr 1), wenn der Insolvenzverwalter seine Pflichten verletzt hat. Kann der Verwalter den Rückgabeanspruch aufgrund eigenen Verschuldens nicht erfüllen, beispielsweise weil er die Mietsache entgegen § 540 I BGB ohne Erlaubnis einem unzuverlässigen Untervermieter überlassen hat, entstehen Schadensersatzansprüche des Mieters. Es haftet ihm zum einen die Masse (§ 55 I Nr 1); zum anderen ist die persönliche Haftung des Insolvenzverwalters begründet, weil er eine insolvenzspezifische Pflicht verletzt hat (§ 60).[379]

192 b) **Weitergehende Räumungspflichten.** Soweit über die Rückgabe hinausgehende vertragliche Pflichten des Mieters zur Räumung der Mietsache und Herstellung des vertragsgemäßen Zustands im Rahmen der Abwicklung bestehen, hatte der XII. Zivilsenat des BGH dem Anspruch zunächst auch insoweit Aussonderungskraft (§ 47) zugesprochen.[380] Folge dieser Rechtsauffassung war es, dass der Vermieter die Rückgabe durch den Verwalter zurückweisen konnte, wenn die Mietsache sich in ungeräumtem, nicht vertragsgemäßem Zustand befand, und bis zur ordnungsgemäßen Rückgabe einen Anspruch auf Vorenthaltungsersatz nach § 546a I BGB als Masseforderung geltend machen konnte.[381] Masseforderung wäre außerdem ein Schadensersatzanspruch des Vermieters wegen Nichtvornahme der vertraglich geschuldeten **Räumungs- und Instandsetzungspflichten.** Dem hätte der Verwalter nur dadurch entgehen können, die Räumung mit Mitteln der Masse zu bestreiten.

193 Mit dieser Rechtsprechung verkannte der XII. Senat jedoch den Umfang des Aussonderungsanspruchs, der lediglich den Zweck verfolgt, nicht massezughörige Gegenstände dem Zugriff des Insolvenzverwalters zu entziehen.[382] Die Folgen stellten auch eine **sys-**

---

374 BGHZ 104, 304 (308); BGH ZIP 2006, 583 Rn 8.
375 BGH ZIP 2006, 583 Rn 8.
376 BGH ZIP 1996, 286 (288 f).
377 BGH ZIP 2006, 583 Rn 13.
378 BGHZ 86, 204 (209 f); Palandt/*Weidenkaff* BGB[72] § 546 Rn 5.
379 BGH ZIP 2007, 539 Rn 7.
380 BGHZ 127, 156 (165 f).
381 BGHZ 127, 156 (167); vgl auch *Braun* NZI 2005, 255 (257).
382 *Eckert* NZM 2006, 610.

temwidrige Privilegierung des Vermieters dar.[383] Denn die über die Rückgabe hinausgehenden Räumungspflichten beruhen vielfach auf dem Verhalten des Insolvenzschuldners vor Verfahrenseröffnung. Zutreffend entschied der IX. Senat im Jahr 2001 daher in Abstimmung mit dem XII. Senat[384], dass zwischen den auf das Aussonderungsrecht gestützten Rückgabeansprüchen aus §§ 985, 546 I BGB und weitergehenden Räumungspflichten zu unterscheiden ist. Letztere nehmen nach § 108 III lediglich den Rang von Insolvenzforderungen ein, wenn sie nicht auf einem Verhalten des Insolvenzverwalters, mithin der Fortsetzung des Vertrags nach Verfahrenseröffnung beruhen.[385] Resultieren die Räumungspflichten auf der Vertragsbeziehung vor Verfahrenseröffnung, ist es für die Einordnung als Insolvenzforderung auch unerheblich, ob das Mietverhältnis vor oder nach Insolvenzeröffnung endet.[386] Entsprechendes gilt für die vertraglich vereinbarte Abwicklungspflicht, die über die gesetzliche Räumungspflicht hinausgeht. Der **Rückgabeanspruch**, der im Wege der Aussonderung aus der Masse zu erfüllen ist, beschränkt sich in jedem Fall auf die **Verschaffung des unmittelbaren Besitzes**, sei es auch in ungeräumtem, nicht vertragsgemäßem Zustand.

Qualität von Masseverbindlichkeiten haben die über die Rückgabe hinausgehenden Räumungspflichten, soweit der diese Ansprüche begründende Zustand durch den Insolvenzverwalter nach Verfahrenseröffnung verursacht wird. Grundlage dieser Qualifizierung ist dann allerdings nicht § 55 I Nr 1.[387] Denn allein eine die Mietsache beanspruchende Nutzung durch den Verwalter erfüllt nicht den rechtsgeschäftlichen Tatbestand (den Mietvertrag abzuschließen), der dieser Pflicht aus § 546 BGB zugrunde liegt. Es greifen aber schlicht §§ 108 I, 55 I Nr 2 Fall 2, weil die Veränderung der Mietsache auf der Fortsetzung des Vertrags mit Wirkung für die Masse durch den Insolvenzverwalter nach Verfahrenseröffnung beruht. Folglich reicht zur Annahme einer Masseverbindlichkeit keinesfalls, dass der Verwalter bloß sein Amt antritt, die Insolvenzmasse in Besitz nimmt (§ 148) und die Verwaltungs- und Verfügungsbefugnis (§ 80) auf ihn übergeht.[388] Ebenso wenig reicht allein die Nutzung der Mietsache durch den Insolvenzverwalter zugunsten der Masse aus. Es kommt auf die **Verursachung des Räumungsbedarf durch den Insolvenzverwalter** an. Er kann beispielsweise Einrichtungen hinzugefügt oder den Bestand der Mietsache verändert haben. **194**

Ist die Masse nach alledem ausnahmsweise wegen der Inanspruchnahme durch den Verwalter zur Räumung des Grundstücks verpflichtet, beruhte die Räumungsverpflichtung zum Teil aber auch auf Handlungen des Schuldners vor Verfahrenseröffnung, so ist die **Räumungspflicht** wie bei § 105 S 1 nach Maßgabe von § 108 I u III **aufzuteilen.**[389] Die Pflichten sind nur in dem Umfang Masseverbindlichkeit, in dem sie auf dem Verhalten des Verwalters beruhen. Der Vermieter trägt insoweit die Beweislast, dass die Umstände, die den vertraglichen Herstellungsanspruch begründen, erst nach Verfahrenseröffnung durch eine Handlung des Insolvenzverwalters herbeigeführt wurden.[390] Trifft **195**

[383] Vgl OLG Celle ZIP 2007, 1914 (1917).
[384] Vgl nunmehr die Rspr des XII. Zivilsenats BGH ZIP 2010, 2410 Rn 8 ff; GuT 2009, 209.
[385] BGHZ 148, 252 (255 ff); im Anschluss daran BGHZ 150, 305 (312); BGH ZIP 2007, 340 Rn 11; OLG Celle ZIP 2007, 1914 (1916).
[386] BGHZ 150, 305 (312); OLG Saarbrücken ZInsO 2006, 779 (781).
[387] So aber *Eckert* NZM 2006, 610 (611); Uhlenbruck/*Wegener* InsO[13] § 108 Rn 37.
[388] BGHZ 150, 305 (312); *Eckert* NZM 2006, 610 (611); Uhlenbruck/*Wegener* InsO[13] § 108 Rn 37.
[389] BGHZ 148, 252 (256); BGH ZIP 1994, 715 (717 f); *Eckert* MünchKomm InsO[3] § 108 Rn 127.
[390] BGHZ 148, 252 (257); *Heilmann* NJW 1985, 2505 (2507).

die Masse demnach eine Räumungsverpflichtung, kann sich der Insolvenzverwalter ihrer nicht durch Freigabe oder Veräußerung der auf dem gemieteten Grundstück lagernden Gegenstände entledigen.[391] Denn diese vertragliche Pflicht knüpft an das Mietverhältnis, nicht an die Sachherrschaft hinsichtlich der störenden Gegenstände an. Aus den allgemeinen Wirkungen der materiellen Rechtskraft folgt freilich, dass der Insolvenzverwalter ungeachtet der materiell-rechtlichen Lage aus der Masse nicht nur die Mietsache zurückzugeben, sondern auch zu räumen hat, wenn der Insolvenzverwalter hierzu ggf fälschlicherweise, aber jedenfalls **rechtskräftig verurteilt** wurde.[392]

196 c) **Nutzungsentschädigung nach Vertragsbeendigung während des Verfahrens.** Ist das Mietverhältnis beendet und kommt der Mieter seiner Rückgabeverpflichtung nicht nach, kann der Vermieter für die Zeit, in der ihm die Mietsache vorenthalten wird, nach § 546a I BGB **Entschädigung** in Höhe der vereinbarten oder ortsüblichen Miete verlangen. Wird das Mietverhältnis während des laufenden Verfahrens beendet, ist der Entschädigungsanspruch des Vermieters aus § 546a I BGB Masseforderung. Zwar setzt der Entschädigungsanspruch aus § 546a I BGB die Beendigung des Vertrags voraus, so dass der Anspruch nicht auf die Erfüllung des Vertrags für die Zeit nach Insolvenzeröffnung (§ 108 I, § 55 I Nr 2 Fall 2) gerichtet zu sein scheint.[393] Gleichwohl ist es geboten, auch den Entschädigungsanspruch als **vertraglichen Anspruch eigener Art**, der an die Stelle des vertraglichen Anspruchs auf Mietzahlung tritt und damit „Gegenleistung" für die vom Vermieter geduldete vertragslose Nutzung der Sache durch die Insolvenzmasse ist, als **Masseverbindlichkeit** über § 55 I Nr 2 Fall 2 anzusehen.[394] Andernfalls stünde die Masse besser, wenn der Verwalter dem Vermieter die Sache vorenthält, als sie bei Fortsetzung des Mietverhältnisses gestanden hätte.[395] Da der Entschädigungsanspruch der vertraglich geschuldeten Gegenleistung entsprechend zu behandeln ist, kommt es für die Annahme einer Masseforderung nicht darauf an, ob der Verwalter die Mietsache zugunsten der Masse nutzt[396] oder – insbesondere wegen Untervermietung außerhalb des Anwendungsbereichs von § 565 BGB – nicht im Besitz der Mietsache ist.[397] Allein maßgeblich ist die Nichterfüllung seiner Rückgabeverpflichtung aus § 546a I BGB.

197 Eine Vorenthaltung liegt anders als außerhalb der Insolvenz aber nicht vor, wenn der Insolvenzverwalter im Mietvertrag vereinbarten Räumungs- und Instandsetzungspflichten nicht nachkommt. Denn über das Aussonderungsrecht des Vermieters hinausgehende Abwicklungspflichten sind grundsätzlich lediglich Insolvenzforderungen (Rn 193), deren Nichterfüllung den Vermieter gegenüber dem rückgabewilligen Verwalter nicht zur Verweigerung der Rücknahme berechtigt. Verweigert der Vermieter die Rücknahme zu Unrecht unter Hinweis auf den ungeräumten oder nicht vertragsgemäßen Zustand, fehlt es dem Vermieter ab diesem Zeitpunkt an dem für eine Vorenthaltung iSv § 546a I BGB erforderlichen **Rücknahmewillen**, so dass ein Entschädigungsanspruch ab diesem Zeitpunkt ausscheidet.[398] Gleiches gilt für den Fall, dass der Vermieter irrig vom Fortbestand des Mietverhältnisses ausgeht.[399] Kann der Vermieter in diesen Fällen auch keine Ent-

---

[391] BGHZ 127, 156 (167); BGH ZIP 2006, 583 Rn 12.
[392] BGH ZIP 2006, 583 Rn 8.
[393] Vgl *Eckert* MünchKomm InsO[3] § 108 Rn 122.
[394] BGHZ 90, 145 (150 f); BGH ZIP 1993, 1874 (1875); OLG Saarbrücken ZInsO 2006, 779 (781); Jaeger/*Henckel* KO[9] § 19 Rn 78.
[395] Vgl BGHZ 41, 241 (243).
[396] Vgl RGZ 99, 230 (231 f); OLG Hamm ZMR 1996, 373; Schmidt-Futterer/*Gather* MietR[9] § 546a Rn 17.
[397] BGHZ 90, 145 (149); OLG Hamm NJW-RR 1997, 264.
[398] OLG Saarbücken ZInsO 2006, 779.
[399] BGH NJW 2006, 140 Rn 25; OLG Hamm ZMR 2003, 354.

schädigung nach § 546a I BGB verlangen, ist die Masse nach § 812 BGB im Range einer Masseverbindlichkeit (§ 55 I Nr 3) zur Herausgabe einer Bereicherung verpflichtet, soweit sie eine solche aufgrund der fortdauernden Möglichkeit zur Nutzung der Mietsache tatsächlich erlangt hat.[400] Insoweit obliegt dem Vermieter der Nachweis der anspruchsbegründenden Voraussetzungen.

Nach § 546a II BGB ist die Geltendmachung eines weitergehenden Schadens wegen der Vorenthaltung der Sache ausdrücklich nicht ausgeschlossen. Neben der Entschädigung für die Vorenthaltung der Sache kommt namentlich der **Ersatz eines Verzugsschadens** (§§ 280 I u II, 286 BGB) in Betracht. So kann der Vermieter Ersatz verlangen, wenn er wegen der verspäteten Rückgabe eine Weitervermietung der Sache zu einem früheren Zeitpunkt oder zu einem höheren Mietzins versäumt.[401] Dieser Schadensersatzanspruch ist wegen § 55 I Nr 1 Masseverbindlichkeit, wenn er darauf beruht, dass der Verwalter mit der Erfüllung des Aussonderungsanspruchs aus §§ 546 I, 985 BGB in Verzug gerät.[402] Soweit die über den Aussonderungsanspruch hinaus zu erfüllenden Abwicklungspflichten nur Insolvenzforderungen (Rn 193) sind, begründet die Nichterfüllung dieser Pflichten keinen Schadensersatzanspruch.[403] Dem Vermieter bleibt allein, seine diesbezügliche Insolvenzforderung umzurechnen (§ 45) und anzumelden. Nur soweit der Verwalter mit der Erfüllung einer Masseverbindlichkeit in Verzug gerät, können die Voraussetzungen des Anspruchs aus §§ 280 I, II, 286 BGB vorliegen. **198**

d) **Nutzungsentschädigung nach Vertragsbeendigung vor Verfahrenseröffnung.** Endete das Mietverhältnis bereits vor Verfahrenseröffnung und hat der Schuldner seiner Rückgabeverpflichtung nicht Folge geleistet, ist der Entschädigungsanspruch des Vermieters schon vor Insolvenzeröffnung entstanden und deshalb unbestrittener Ansicht nach grundsätzlich lediglich **Insolvenzforderung** (§ 38), selbst wenn der Entschädigungsanspruch erst nach Verfahrenseröffnung fällig wird.[404] Eine Ausnahme von diesem Grundsatz ist gemeinhin für den Fall anerkannt, dass der Verwalter die Sache nach Verfahrenseröffnung trotz beendetem Mietvertrag nutzt und den Vermieter gleichzeitig gezielt vom Besitz ausschließt.[405] Dem insoweit darlegungs- und beweispflichtigen Vermieter bürdet der BGH indes eine hohe Hürde auf, wenn er es für eine tatsächliche Nutzung durch den Verwalter nicht ausreichen lässt, dass dieser auf ein Herausgabeverlangen des Vermieters nicht reagiert.[406] **199**

e) **Schönheitsreparaturen und Wiederherstellung der Mietsache zum Vertragsende.** **200**
Zwar obliegt die Instandhaltung der Mietsache nach dem gesetzlichen Leitbild (§ 535 I 2 BGB) dem Vermieter. Häufig wird allerdings im Mietvertrag **formularvertraglich vereinbart**, dass der Mieter zur Durchführung laufender Schönheitsreparaturen und zur Instandhaltung der Mietsache verpflichtet ist. Sofern eine solche Klausel wirksam in den

400 *Eckert* MünchKomm InsO³ § 108 Rn 123.
401 *Bieber* MünchKomm BGB⁶ § 546a Rn 19; *Blank/Börstinghaus* Miete³ § 546a Rn 39.
402 *Hefermehl* MünchKomm InsO³ § 55 Rn 155; Jaeger/*Henckel* InsO § 47 Rn 19, § 55 Rn 48.
403 **Abw** *Eckert* MünchKomm InsO³ § 108 Rn 124.
404 BGHZ 130, 38 (41); BGH ZIP 2007, 340 Rn 11; 2007, 778 Rn 21; Kübler/Prütting/Bork/*Tintelnot* InsO³¹ § 108 Rn 30; Uhlenbruck/*Wegener* InsO¹³ § 108 Rn 40.
405 BGHZ 130, 38 (44); BGH ZIP 2007, 340 Rn 15; 2007, 778 Rn 24 f für die Verleasung beweglicher Sachen, dazu § 103 Rn 282 ff; OLG Dresden ZIP 1998, 1725 (1726); *Hefermehl* MünchKomm InsO³ § 55 Rn 155.
406 BGH ZIP 2007, 340 Rn 15; **krit** Kübler/Prütting/Bork/*Tintelnot* InsO³¹ § 108 Rn 30 Fn 185.

Mietvertrag einbezogen wurde und einer Inhaltskontrolle nach §§ 307 ff BGB standhält, ist die Pflicht zur Durchführung von Schönheitsreparaturen Gegenleistung für die vom Vermieter gewährte Nutzungsüberlassung.[407] Nur soweit daher Abnutzungen in der Zeit nach Verfahrenseröffnung Schönheitsreparaturen erforderlich machen, sind diese ebenso wie ein Schadensersatzanspruch des Vermieters wegen Unterlassung geschuldeter Schönheitsreparaturen zeitanteilig Masseforderungen (§§ 108 I, 55 I Nr 2 Fall 2), ansonsten Insolvenzforderungen (§ 108 III).[408] Die **Beweislast** für den Eintritt des reparaturbedürftigen Zustands erst nach Insolvenzeröffnung trägt der Vermieter.[409] Hatte die Masse die Sache allerdings – va wegen der Möglichkeit einer kurzfristigen Kündigung des Verwalters nach § 109 I 1 – nur für einen kurzen Zeitraum in Gebrauch und resultieren die Abnutzungen daher im Wesentlichen aus der Zeit vor Verfahrenseröffnung, soll eine Aufteilung der Kosten überhaupt nicht stattfinden und der Vermieter insgesamt auf die Geltendmachung einer Insolvenzforderung verwiesen sein.[410]

VII. Fortbestehen von Verträgen über bewegliche Gegenstände (Abs 1 S 2)

201 Abs 1 S 2 bestimmt abweichend von S 1 die Insolvenzbeständigkeit bestimmter Gebrauchüberlassungsverträge, die Mobilien und Rechte zum Gegenstand haben. Die Vorschrift zielt ausweislich der Gesetzesbegründung auf die **Absicherung des Refinanzierers in der Insolvenz des Leasinggebers bei refinanzierten Leasinggeschäften.**[411] Entsprechend kommt die Bestimmung einseitig lediglich in der Insolvenz desjenigen zur Anwendung, der eine Sache zum Gebrauch überlässt. Sie ist aber nicht auf Leasingsverträge beschränkt, sondern gilt nach ihrem Wortlaut für Miet- und Pachtverträge. Erfasst sind also sämtliche Vertragstypen, die eine entgeltliche Gebrauchsüberlassung als vertragswesentliches Element ausmacht. Der spezielle Zweck der Regelung schlägt sich in den weiteren Voraussetzungen nieder, dass der Vertragsgegenstand einem Dritten zur Sicherung übereignet sein muss, der dessen Anschaffung oder Herstellung finanziert hat.

1. Sicherübérübertragung des Vertragsgegenstands

202 Der Tatbestand von Abs 1 S 2 verlangt, dass dem Dritten der Vertragsgegenstand zur Sicherheit übertragen wurde. Diese Voraussetzung entspricht der Erwägung des Gesetzgebers, dass aufgrund der Übertragung des Vertragsgegenstands die weitere Belassung dieses Gegenstands keine Einbuße für die Masse mit sich bringt. Die Formulierung „zur Sicherheit übertragen" ist dabei **bewusst weit** gewählt worden, um neben der praktisch häufigen Sicherungsübereignung insbesondere beim Kfz-Leasing auch die Sicherungsabtretung von Forderungen und die Übertragung von Rechten sicherheitshalber zu erfassen.[412] Dem Erfordernis einer „Übertragung" wird dagegen nicht durch bloße Besitzverschaffung oder Verpfändung genügt.[413]

407 BGH NJW 2007, 3776 Rn 16; 2009, 510 Rn 15.

408 BGHZ 148, 252 (257 f); KG ZIP 1981, 753 (754); OLG Celle ZIP 1992, 714 (715); *Wegener* FK InsO[7] § 108 Rn 38; Jaeger/*Henckel* InsO § 55 Rn 50; *Wolf/Eckert/Ball* MietR-Hb[10] Rn 1576.

409 BGHZ 125, 270 (272 ff) für die Zwangsverwaltung; 148, 252 (257 f).

410 OLG Celle EWiR 1996, 369; Kübler/Prütting/Bork/*Pape/Schaltke* InsO[43] § 55 Rn 157; Uhlenbruck/*Sinz* InsO[13] § 55 Rn 58.

411 Begr RegE § 108 I 2, BT-Drucks 13/4699 S 6.

412 Begr RegE § 108 I 2, BT-Drucks 13/4699 S 6.

413 V Westphalen/*Koch* Leasingvertrag[6] Kap P Rn 111.

203 Angesichts des Gesetzeszwecks muss die vor Verfahrenseröffnung vorgenommene dingliche Sicherungsübertragung auch im Eröffnungszeitpunkt noch wirksam und beständig sein. Nur dann rechtfertigt sich der Schluss, dass der Leasingvertrag nicht einer Verwertung der Sache zugunsten der Masse entgegensteht, weil ihr ein Verwertungsrecht schon wegen der Sicherungsübertragung nicht zusteht.[414] Nicht § 108 I 2, sondern § 103 greift daher ein, wenn die Sicherungsübertragung anfechtbar (§§ 129 ff) erfolgt war und der Insolvenzverwalter vom Dritten Rückübertragung des Gegenstands (§ 143 I) zwecks massegünstiger Verwertung verlangen kann. Schädlich ist auch die Unwirksamkeit der Sicherungsübertragung. Sie kann sich insbesondere wegen fehlender Bestimmtheit bzw Bestimmbarkeit der dinglichen Einigung ergeben oder nach § 138 I BGB wegen (nachträglicher) Übersicherung eintreten.[415]

204 Die Frage nach der Wirksamkeit wird in erster Linie zwischen Insolvenzverwalter und Zessionar streitträchtig werden, wenn es um die Frage nach der Berechtigung an den Leasingraten geht. Weil die Fortwirkung des Vertrags aufgrund von § 108 I 2 von der Wirksamkeit der Sicherungsübertragung abhängt, kann sich der Streit darüber allerdings auch zwischen Insolvenzverwalter und Leasingnehmer fortsetzen, der regelmäßig ein Interesse am Fortbestand des Vertrags haben wird.[416]

205 Der Sicherungsübereignung (an einen Geldkreditgeber) steht die **Sicherung** eines Warenkreditgebers **durch** den **einfachen Eigentumsvorbehalt** gleich. Daher ist § 108 I 2 auch dann anzuwenden, wenn der Leasinggeber die Leasingsache unter einfachem Eigentumsvorbehalt erworben hat.[417] Das Vorbehaltseigentum berechtigt den Verkäufer in der Insolvenz des Käufers (Leasinggebers) zur **Aussonderung** der Sache, während der Sicherungsnehmer lediglich abgesonderte Befriedigung verlangen kann, die um den Kostenanteil (§§ 170 f) geschmälert ist. Auf die Lieferung unter Eigentumsvorbehalt trifft die gesetzgeberische Erwägung damit umso mehr zu, dass die Fortdauer des Leasingvertrags und die sich hieraus ergebende Fortwirkung der Vorauszession die Masse nicht schmälern, wenn der Leasinggegenstand haftungsrechtlich ohnehin nicht der Masse, sondern dem Refinanzierer gebührt. Im Falle des erweiterten Eigentumsvorbehalts wird es indes regelmäßig am Finanzierungszusammenhang (Rn 212) fehlen, sobald der Kaufpreisanspruch getilgt ist. Dann ist der Verkäufer nicht wegen der konkreten Finanzierungskosten, sondern wegen anderer Kredite gesichert. Daher ist der Verkäufer nicht mehr einem Warenkreditgeber, sondern einem Geldkreditgeber wie bei der Sicherungsübereignung gleichzustellen (§ 107 Rn 82).

2. Zession der Leasingraten

206 Ausweislich der Gesetzesbegründung war mit der Einfügung des § 108 I 2 einzig die **insolvenzfeste Ausgestaltung der Vorauszession von Leasingraten** zugunsten der kreditgebenden Bank bezweckt.[418] Der Schutz des Leasingnehmers war indes nicht mit der Fortgeltungsanordnung des § 108 I 2 beabsichtigt und wäre im Hinblick auf die grundsätzliche Geltung von § 103 und den Ausnahmecharakter von § 108 I 2 auch verfehlt. § 108 I 2 findet daher nur insoweit Anwendung, als der Fortbestand des Leasingvertrags gerade der **Sicherung der Refinanzierung** dient. Das setzt neben der ausdrücklich tatbestandlich verlangten Sicherung am Vertragsgegenstand die Zession des Entgelts voraus.

---

414 *Klinck* KTS 2007, 37 (48 f).
415 Vgl *Schwemer* ZMR 2000, 348 (353).
416 *Eckert* MünchKomm InsO^3 § 108 Rn 49.
417 Kübler/Prütting/Bork/*Tintelnot* InsO^{31} § 108 Rn 22a; *Marotzke* HK InsO^6 § 108 Rn 24: evtl Analogie.
418 BT-Drucks 13/4699 S 6.

Fehlt es von vornherein an einer Sicherungszession der Leasingforderungen, kann § 108 I 2 den vom Gesetzgeber verfolgten Zweck nicht erfüllen.[419] Der Fortbestand des Leasingvertrags würde in diesem Fall nur den Leasingnehmer begünstigen, dem Insolvenzverwalter dagegen das ihm zustehende Wahlrecht nach § 103 I ungerechtfertigt abschneiden. § 108 I 2 ist daher nicht anzuwenden, wenn es an einer Zession der Leasingraten an den Refinanzierer fehlt.

3. Finanzierungszusammenhang

207 § 108 I 2 setzt einen **sachlichen und zeitlichen Zusammenhang** zwischen der Finanzierungsleistung des Dritten und der Anschaffung oder Herstellung der Leasingsache voraus.

208 a) **Finanzierung und Leasingsache.** Dieses Erfordernis eines spezifischen Finanzierungszusammenhangs dient der Abgrenzung von Hersteller- oder Anschaffungsfinanzierung von allgemeinen Betriebsmittelkrediten. Letztere unterfallen nicht dem von § 108 I 2 bezweckten Schutz, der nur der Leasingbranche zuteil wird, die sich – nach Auffassung des Gesetzgebers – ohne wirksame Zession der Leasingraten nicht mehr refinanzieren könnte. Nur für diese rechtfertigt sich eine Ausnahme von der grundsätzlichen Entscheidung des Gesetzgebers, Verträge über Mobilien und Rechte von der Anwendung der §§ 108–111 auszunehmen. Dieses Regel-Ausnahmeverhältnis ist bei der Annahme eines hinreichenden Finanzierungszusammenhangs zu berücksichtigen.[420]

209 Der Wortlaut der Vorschrift setzt voraus, dass ein Dritter die Anschaffung oder Herstellung finanziert „hat". Daher fehlt es grundsätzlich an einem hinreichenden zeitlichen und sachlichen Finanzierungszusammenhang, wenn eine Kreditaufnahme erst nach Vertragsschluss und ohne inhaltlichen Bezug zur Anschaffung oder Herstellung des Leasingguts erfolgt.[421] Unschädlich ist eine nachträgliche Refinanzierung allerdings dann, wenn eine **Fremdfinanzierung von vornherein beabsichtigt** war und dieser nur eine kurzzeitige Finanzierung aus Eigenmitteln vorausging.[422] Lag zunächst eine den Anforderungen des § 108 I 2 entsprechende Refinanzierung des Leasinggeschäfts vor, schließen nachträgliche Änderungen der Refinanzierung, insbesondere durch die Ablösung der Finanzierung durch eine andere Bank oder durch eine institutsinterne Umschuldung, eine Anwendung von § 108 I 2 nicht aus.[423]

210 Zutreffender Ansicht nach erfordert § 108 I 2 nicht, dass sämtliche Herstellungs- und Anschaffungskosten fremdfinanziert wurden, sondern gilt gleichermaßen, wenn der Leasinggeber einen Teil der Aufwendungen aus Eigenmitteln bestreitet. Der Gesetzeswortlaut lässt sich für diese Frage nicht fruchtbar machen. Über das Problem der **Teilfremdfinanzierung** ist vielmehr danach zu entscheiden, ob die mit der Vertragsfortdauer fortgeltende Zessionswirkung sich wegen des Absonderungsrechts des Refinanzierers – ungeachtet der vom Gesetzgeber für diese Frage ebenfalls ausgeblendeten Nebenpflichten, die aus der Masse zu erfüllen sind – als **masseneutral** darstellt.[424] Es muss sicherge-

---

[419] *Klinck* KTS 2007, 37 (46); *Marotzke* HK InsO[6] § 108 Rn 24.

[420] *Eckert* MünchKomm InsO[3] § 108 Rn 45.

[421] *Peters* ZIP 2000, 1759 (1764); *Schwemer* ZMR 2000, 348 (353).

[422] *Krämer* Leasingverträge S 184 ff; Uhlenbruck/*Sinz* InsO[13] § 108 Rn 136; *Wegener* FK InsO[7] § 108 Rn 21.

[423] Vgl die Antwort des Parlamentarischen Staatssekretärs *Funke* auf die Anfrage des Abgeordneten *Pick* BT-Drucks 13/8534 S 12 f; *Bien* Stellung des Refinanzierers S 17 f; *Peters* ZIP 2000, 1759 (1763 f); *Seifert* NZM 1998, 217 (219); aA *Klinck* KTS 2007, 37 (54 f).

[424] Vgl *Klinck* KTS 2007, 37 (47 f).

stellt sein, dass die Sicherungsübertragung des Leasingguts neben der Teilfinanzierung nicht auch als Sicherheit für weitere Kredite fungiert, die nicht mit der Anschaffung oder Herstellung der Leasingsache in Zusammenhang stehen.[425] Ist die Einhaltung dieser Schutzrichtung von § 108 I 2 allerdings – etwa durch getrennte Kontenführung – gewährleistet, bestehen keine Bedenken, die Insolvenzfestigkeit des Leasingvertrags nach dieser Regelung auch bei Teilfinanzierung anzunehmen.[426] Dem Umstand, dass der Sicherungszweck den Fortbestand des Vertrags nur insoweit bedingt, als es zur Sicherung der Teilfinanzierung erforderlich ist,[427] ist dadurch Rechnung getragen, dass man richtigerweise den **Bestand der zu sichernden Forderung** als **ungeschriebene Tatbestandsvoraussetzung in § 108 I 2** ergänzt (Rn 213 ff).

b) **Finanzierung und Sicherungsübertragung.** Inwieweit ein zeitlicher Zusammenhang auch zwischen der Finanzierung und der Sicherungsübertragung der Leasingsache bestehen muss, wird vor dem Hintergrund der Frage diskutiert, ob auch eine nachträgliche Sicherungsübertragung – weil die Finanzierung zunächst überhaupt nicht oder anderweitig besichert worden war – dem Erfordernis in § 108 I 2 entspricht. Erblickt man die Rechtfertigung für diese Ausnahme in Übereinstimmung mit der Gesetzesbegründung darin, dass die Fortdauer des Vertrags einerseits dem Sicherungsnehmer keinen Vorteil verschafft, den er nicht ohnehin aufgrund seines Absonderungsrechts zu beanspruchen hat, und die Masse andererseits durch den Fortbestand des Vertrags deshalb nicht weitergehend belastet wird, **kann es keinen Unterschied machen, zu welchem Zeitpunkt (vor Insolvenzeröffnung) das Leasingobjekt zur Sicherheit übertragen wurde**, sofern die Übertragung nicht nach den §§ 129 ff anfechtbar ist.[428] 211

Diese Erwägungen entbinden freilich nicht vom Erfordernis eines konkreten sachlichen Zusammenhangs zwischen der Finanzierung und der Besicherung, für die die zeitliche Komponente zwar indizielle Wirkung äußert, aber nicht allein maßgeblich ist. § 108 I 2 greift daher nicht, wenn die Übertragung des Leasingguts lediglich zur Sicherung eines allgemeinen Betriebsmittelkredits erfolgte,[429] vielmehr wird die Zuordnung der Sicherheitenbestellung zum konkreten Finanzierungsaufwand vorausgesetzt (Rn 208). Eine solche Zuordnung gestaltet sich insbesondere dann problematisch, wenn die Finanzierung mehrerer Leasingverträge durch einen **Sicherheitenpool** bewerkstelligt wird, in dem die poolführende Bank die Sicherheiten treuhänderisch für sämtliche Teilnehmer hält. Die Zuordnung verkompliziert sich weiter, wenn nicht ausschließlich fremdfinanzierte, sondern auch aus Eigenmitteln erworbene Leasingobjekte, für die § 108 I 2 nicht gilt, als Sicherheit eingebracht worden sind.[430] Grundsätzlich ist auch für diesen Fall eine eindeutige Zuordnung der Besicherung zur Finanzierung zu fordern und ggf nachzu- 212

---

425 *Engel/Völckers* Leasing in der Insolvenz Rn 357; Kübler/Prütting/Bork/*Tintelnot* InsO[31] § 108 Rn 21b; *Obermüller* Bankpraxis[8] Rn 7.51b; *Peters* ZIP 2000, 1759 (1763).

426 **AA** *Eckert* MünchKomm InsO[3] § 108 Rn 45: keine Anw v § 108 I S 2, „wenn der Leasinggeber einen nicht unwesentlichen Anteil selbst finanziert"; Uhlenbruck/*Sinz* InsO[13] § 108 Rn 137.

427 Vgl Kübler/Prütting/Bork/*Tintelnot* InsO[31] § 108 Rn 21a.

428 Andres/Leithaus/*Andres* InsO[2] § 108 Rn 8; *Klinck* KTS 2007, 37 (55 f); Kübler/Prütting/Bork/*Tintelnot* InsO[31] § 108 Rn 21; Nerlich/Römermann/*Balthasar* InsO[1] § 108 Rn 14; *Seifert* NZM 1998, 217 (219); **aA** *Eckert* MünchKomm InsO[2] § 108 Rn 48; *Peters* ZIP 2000, 1759 (1763); *Schmidt-Burgk/Ditz* ZIP 1996, 1123 (1125); *Sinz* Kölner Schrift[3] S 403 Rn 78; *Wegener* FK InsO[7] § 108 Rn 22.

429 *Eckert* MünchKomm InsO[3] § 108 Rn 45; **aA** *Klinck* KTS 2007, 37 (56).

430 Vgl *Peters* ZIP 2000, 1759 (1764).

weisen,[431] auch wenn eine zu restriktive Interpretation die vom Gesetzgeber angestrebte Praxistauglichkeit der Regelung für diese gebräuchliche Finanzierungsform erheblich einschränkte.[432] Rechtssicher lässt sich dem dadurch begegnen, dass man Finanzierung und Sicherheitenverwaltung über ein von den beteiligten Banken gegründetes Konsortium abwickeln lässt.[433]

4. Fortbestehendes Sicherungsbedürfnis

213 Besteht keine zu sichernde Forderung des Refinanzierers gegenüber dem Leasinggeber (mehr), **entfällt der Grund für eine Privilegierung des Refinanzierers.** Daher kann der Regelungszweck des § 108 I 2 nicht erreicht werden.[434] Folglich ist Abs 1 S 2 nicht anwendbar, wenn im Zeitpunkt der Insolvenzeröffnung die zu sichernde Forderung nicht mehr besteht.[435] Gegen dieses Ergebnis wird geltend gemacht, das Interesse des Leasingnehmers am Fortbestand des Vertrags sei im Rahmen des § 108 I 2 ebenfalls anerkennenswert.[436] Er könne sich auf die Insolvenzfestigkeit des Vertrags berufen, wenn er einmal einen von dieser Vorschrift erfassten (insolvenzfesten) Leasingvertrag abgeschlossen habe.

214 Diese Gegenauffassung missachtet indes das **Regel-Ausnahmeverhältnis von § 103 zu § 108 I 2.** Die Ausnahme des § 108 I 2 lässt sich in Übereinstimmung mit der Gesetzesbegründung allein dadurch rechtfertigen, dass der Fortbestand des Leasingvertrags schon wegen des Absonderungsrechts des Kreditgebers keine verwertungshemmende Belastung für die Masse bedeutet (Rn 12). Gleichzeitig mit Erlöschen der gesicherten Forderung entfällt aber der Zweck der dinglichen Sicherung und steht dem Leasinggeber aus der Sicherungsabrede ein Anspruch auf Rückübertragung der Sicherheit zu. Der Fortbestand des Vertrags hinderte in diesem Fall eine Verwertung durch den Verwalter, zumal das Sonderkündigungsrecht nach § 111 S 1 Verträge über Mobilien und Rechte nicht erfasst. § 108 I 2 legitimiert auch keine Privilegierung gerade des Leasingnehmers gegenüber sonstigen Vertragspartnern des Schuldners, weil die Regelung des § 108 I 2 auf Umständen beruht, die Vertragspartner nicht beeinflussen konnte.[437] Folglich kann der Insolvenzverwalter – wie vom Gesetzgeber beabsichtigt (Rn 11) – das Verwertungshemmnis in Gestalt des Leasingvertrags durch Nichterfüllungswahl beseitigen, wenn der Sicherungszweck der Vorauszession entfallen ist.

215 Wenn der Sicherungszweck nach Verfahrenseröffnung wegfällt, besteht ebenfalls ein Bedürfnis, für die Masse die **bestmögliche Verwertungsalternative** zu wählen. Der Vertragspartner ist auch dann nicht schutzwürdig, weil er durch Abs 1 S 2 – wie in der vorigen Rn erläutert – nur reflexartig geschützt wird. Ein Vertrauensschutz für den Vertragspartner ist allein aus dem Grund erwägenswert, dass der Leasingvertrag die Verfahrenseröffnung wegen des zu diesem Zeitpunkt fortbestehenden Finanzierungszwecks überdauerte. Ein solches Vertrauen des Vertragspartners wird jedoch auch sonst (§§ 109, 111) den

---

431 Andres/Leithaus/*Andres* InsO[2] § 108 Rn 8; *Häsemeyer* InsR[4] Rn 18.66; Kübler/Prütting/Bork/*Tintelnot* InsO[31] § 108 Rn 21b.

432 Auf das Erfordernis der Zuordnung will daher *Obermüller* Bankpraxis[8] Rn 7.51a verzichten; m **anderer** Begr *Klinck* KTS 2007, 37 (53).

433 *Peters* ZIP 2000, 1759 (1764).

434 Vgl *Marotzke* HK InsO[6] § 108 Rn 26.

435 Hierzu *Klinck* KTS 2007, 37 (47), der es vor diesem Hintergrund für ratsam erachtet, dass der vorläufige Insolvenzverwalter die Forderung tilgt, um eine Belastung der Masse durch den Leasingvertrag zu verhindern.

436 *Eckert* MünchKomm InsO[3] § 108 Rn 47; *Wegener* FK InsO[7] § 108 Rn 21.

437 So auch Kübler/Prütting/Bork/*Tintelnot* InsO[31] § 108 Rn 21a.

Verwertungsinteressen der Masse untergeordnet. Folglich ist dem Verwalter ein **Kündigungsrecht entsprechend §§ 109 I 1, 111 S 1** einzuräumen, sobald die gesicherte Forderung des Refinanzierers wegfällt.

5. Überlassung des Leasingobjekts

Abs 1 S 2 ist seinem Wortlaut entsprechend, wie im Grundsatz auch Abs 1 S 1 (Rn 83), auf zum Zeitpunkt der Insolvenzeröffnung **noch nicht vollzogene Verträge** anzuwenden.[438] Die Relevanz dieses Problems, inwieweit Abs 1 S 2 die Überlassung der Mietsache voraussetzt, ist angesichts der anderen hohen tatsächlichen Anforderungen der Bestimmung freilich gering. Es kommt nur zum Tragen, wenn im Zeitpunkt der Insolvenzeröffnung die übrigen Voraussetzungen – also insbesondere die Sicherungsübertragung des Leasingguts an den Refinanzierer und die Herstellung- bzw Anschaffungsfinanzierung – bereits gegeben sind. Mit dem Erfordernis der Sicherungsübertragung wird zugleich die Existenz des Leasingguts vorausgesetzt. Daher können die die Opfergrenze überschreitenden Herstellungskosten, wegen derer der BGH die Fortdauer eines Mietvertrags nach § 108 I 1 in der Vermieterinsolvenz auf im Eröffnungszeitpunkt bereits vollzogene Mietverhältnisse beschränkt (Rn 85), nicht zu einem Ausschluss von § 108 I 2 führen.[439] 216

Die Interessenlage spricht infolgedessen auch vor Überlassung nicht gegen eine Anwendung von Abs 1 S 2. Nach erfolgter Sicherungsübertragung wird die Masse durch die Überlassung des Leasingguts, auch wenn der Gesetzgeber augenscheinlich davon ausging, der Leasinggeber erfülle so die vertragswesentliche Pflicht,[440] nicht weitergehend belastet.[441] Gleichzeitig hat die kreditgebende Bank, deren Schutz § 108 I 2 bezweckt, ein Interesse am Vollzug des Leasingvertrags. Denn der Leasingnehmer kann ihr gegenüber vor einer Überlassung die Zahlung der abgetretenen Leasingraten wegen § 320 BGB verweigern.[442] 217

6. Personenidentität Leasinggeber und Kreditnehmer

Seinem Wortlaut nach setzt § 108 I 2 nicht voraus, dass der insolvente Leasinggeber personenidentisch mit demjenigen ist, der die Anschaffungs- oder Herstellungsfinanzierung des Refinanzierers in Anspruch genommen und diesem im Gegenzug die Leasingsache zur Sicherheit übertragen hat. 218

a) **Unterleasingverträge.** Demnach wären grundsätzlich auch vom Leasingnehmer als Unterleasinggeber mit einem End-Leasingnehmer geschlossene Verträge nach § 108 I 2 insolvenzfest, wenn nur der (Ober-)Leasinggeber, der den Leasingnehmer zur Weiterverleasung ermächtigt hat, die Anschaffung oder Herstellung unter Übertragung der Leasingsache sicherungshalber an die kreditgebende Bank finanziert hat. Überwiegend wird dies jedoch mit der Begründung abgelehnt, dass die **Erstreckung auch auf Unterleasingverträge vom Gesetzgeber nicht bezweckt** wurde und solche Leasingverträge keinen Zusammenhang zu den tatbestandlichen Voraussetzungen des § 108 I 2 – Siche- 219

---

438 *Eckert* MünchKomm InsO³ § 108 Rn 53; *Peters* WM 2009, 2294 (2300); **aA** *Bornholdt* Refinanzierende Bank S 151 ff; *Engel/Völckers* Leasing in der Insolvenz Rn 349; Kübler/Prütting/Bork/*Tintelnot* InsO³¹ § 108 Rn 23; *Zahn* DB 1996, 1393 (1396 f).

439 **AA** implizit *Peters* WM 2009, 2294 (2300).

440 BT-Drucks 13/4699 S 6.

441 *Klinck* KTS 2007, 37 (46); **aA** *Zahn* DB 1996, 1393 (1396); wohl auch Kübler/Prütting/Bork/*Tintelnot* InsO³¹ § 108 Rn 23.

442 *Zahn* DB 1996, 1393 (1397).

rungsübertragung und Finanzierung – aufweisen. Stattdessen unterliege der Unterleasingvertrag dem Verwalterwahlrecht (§ 103 I).[443]

220 Indessen liegt dem Unterleasingvertrag ebenfalls eine **Anschaffungsfinanzierung** zugrunde, wie sie von Abs 1 S 2 gefordert wird.[444] Anders als in den vom Gesetzgeber für typisch erachteten Refinanzierungsfällen fehlt es in der Unterleasingkonstellation zwar zunächst an der Identität zwischen absonderungsberechtigtem Sicherungsnehmer und Zessionar, wenn nicht der Oberleasinggeber, wie es insbesondere für die praktisch gebräuchliche Doppelstock-Refinanzierung der Fall ist (Rn 222), die vom Unterleasinggeber abgetretenen Leasingforderungen gegen den End-Leasingnehmer an die refinanzierende Bank zediert. Diese Identität erachtet *Klinck* aber für unbeachtlich[445] und will § 108 I 2 analog auch auf die beschriebene Konstellation des Unterleasings zur Anwendung bringen, weil die Voraussetzung der Sicherungsübertragung nur gewährleisten solle, dass wegen des Leasingvertrags keine über den Umfang des Absonderungsrechts hinausgehende Massebelastung zu besorgen sei.[446]

221 Das Erfordernis der Sicherungsübertragung erschöpft sich gleichwohl nicht in dieser negativen Funktion, sondern weist dem Absonderungsberechtigten positiv **die Berechtigung an den zedierten Forderungen** aus dem nach § 108 I 2 fortdauernden Vertrag zu. Grundsätzlich ist danach Personenidentität zwischen Sicherungsnehmer und Zessionar zu fordern, was es indes nicht rechtfertigt, § 108 I 2 in derartigen Konstellationen gänzlich unangewendet zul assen. Denn die zu fordernde Identität lässt sich regelmäßig dadurch herstellen, dass der Unterleasinggeber seine Forderungen gegen den Endleasingnehmer an den Oberleasinggeber abtritt, der diese wiederum an den absonderungsberechtigten Refinanzierer zediert.

222 b) **Doppelstock-Refinanzierung.** Besondere Relevanz erlangen die vorstehenden Ausführungen im Hinblick auf die sog Doppelstock-Refinanzierung von Leasinggeschäften. Hierbei gründet die Leasinggesellschaft (Unterleasinggeber) – in diesem Zusammenhang auch als Betriebsgesellschaft bezeichnet – eine sog Besitzgesellschaft (Oberleasinggeber), die die Leasinggegenstände von der Betriebsgesellschaft erwirbt. Die Betriebsgesellschaft, der die Besitzgesellschaft die Leasinggegenstände zur Weiterverleasung ihrerseits (unter-) verleast, schließt die eigentlichen Verträge mit den Endleasingnehmern und überträgt im Gegenzug die Forderungen auf Zahlung der Leasingraten im Voraus an die Besitzgesellschaft.[447] Zweck der Doppelstockfinanzierung ist die Bündelung einer Vielzahl einzelner Leasingverträge bei der Besitzgesellschaft, damit diese die Gesamtheit der Leasinggeschäfte durch Sicherungsübereignung der Leasingsache und Zession sowohl der von der Betriebsgesellschaft zu beanspruchenden, als auch der von dieser gegen die Endleasingnehmer abgetretenen Leasingraten zu günstigeren Kondition bei der kreditgebenden Bank refinanzieren kann.[448]

223 In der Insolvenz der Besitzgesellschaft liegen die Voraussetzungen von § 108 I 2 vor, so dass die Leasingverträge mit der Betriebsgesellschaft die Verfahrenseröffnung überdauern.[449] Wird dagegen (auch) die Betriebsgesellschaft insolvent, ergibt sich die soeben beschriebene Unterleasingkonstellation, in der es grundsätzlich an der erforderlichen

---

443 *Eckert* MünchKomm InsO³ § 108 Rn 51; m Ausnahmen *Engel/Völckers* Leasing in der Insolvenz Rn 359; *Seifert* NZM 1998, 217 (219).

444 Zutr *Klinck* KTS 2007, 37 (49).

445 *Klinck* KTS 2007, 37 (51 ff).

446 *Klinck* KTS 2007, 37 (49 f).

447 Vgl hierzu *Zahn* DB 2003, 2371.

448 *Berninghaus* LeasingR-Hb² § 75 Rn 1.

449 *Obermüller* Bankpraxis⁸ Rn 7.51c; *Zahn* DB 2003, 2371 (2373).

Identität von Sicherungsnehmer und Zessionar fehlt.[450] Gleichwohl befürwortet das überwiegende Schrifttum den **Fortbestand des Leasingvertrags und damit die Fortwirkung der Vorauszession in der Insolvenz der Betriebsgesellschaft**, die häufig auch die Insolvenz der Besitzgesellschaft zur Folge haben wird. Begründet wird dies damit, dass sich die Doppelstock-Refinanzierung in erster Linie unternehmensintern vollziehe, beide Leasinggesellschaften aber im Außenverhältnis wirtschaftlich als Einheit zu behandeln seien und im Übrigen der Zweck der Vorschrift – den Leasinggesellschaften die Refinanzierung zu ermöglichen – auch für diese praktisch nicht seltene Konstellation gelten müsse.[451]

Verzichtet man mit *Klinck* auf das Erfordernis personaler Identität zwischen Sicherungsnehmer und Zessionar (Rn 220), ist § 108 I 2 ebenfalls auf den Unterleasingvertrag anzuwenden.[452] Dieses Ergebnis rechtfertigt sich tatsächlich jedoch vielmehr dadurch, dass mit der (zweifachen) Abtretung der Leasingraten aus dem Unterleasingvertrag an den Refinanzierer letztlich die notwendige Verknüpfung zwischen Sicherheitenbestellung und Zession hergestellt ist (Rn 221). Nichts anderes verbirgt sich hinter dem Argument der „wirtschaftlichen Einheit". Dagegen einzuwenden, in der Insolvenz der Betriebsgesellschaft unterliege sowohl der Vertrag mit dem Oberleasinggeber als auch derjenige mit dem Endleasingnehmer dem Wahlrecht des Verwalters nach § 103,[453] bedeutet einen Zirkelschluss, da gerade die Frage nach der Anwendung von § 108 I 2 oder § 103 in Rede steht. 224

c) **Sale-and-lease-back-Geschäfte.** Sale-and-lease-back-Geschäfte können ebenfalls Unterleasingverträge beinhalten. Der (später insolvente) Unterleasinggeber verkauft zum Zwecke der Liquiditätsbeschaffung die Leasingsache an den Oberleasinggeber, der diesen Erwerb seinerseits entsprechend der Vorgaben des § 108 I 2 bei einem Kreditgeber refinanziert. Dann erhält der Unterleasinggeber den Gegenstand vom Oberleasinggeber zurückverleast. In dieser Konstellation soll der Unterleasingvertrag zwischen Unterleasinggeber und Endleasingnehmer jedenfalls dann nach § 108 I 2 insolvenzfest sein, wenn der Unterleasingvertrag bereits vor Durchführung des Sale-and-lease-back-Verfahrens abgeschlossen wurde.[454] Indes lässt sich die Fortdauer des Untermietervertrags nur dann begründen, wenn dem Refinanzierer die Leasingraten aus dem Unterleasingvertrag ebenfalls zediert werden (Rn 221). 225

7. Rechtsfolgen

§ 108 I 2 bestimmt die Fortgeltung des gesamten Leasingvertrags in der Insolvenz des Leasinggebers. Die Wirkungen lassen sich den allgemeinen Ausführungen in Rn 22 ff, denjenigen zur Insolvenz des Vermieters in Rn 86 ff und speziell denjenigen zur Abwick- 226

---

450 *Zahn* DB 2003, 2371 (2373); **aA** *Klinck* KTS 2007, 37 (49, 55).

451 *Engel/Völckers* Leasing in der Insolvenz Rn 358; *Eckert* MünchKomm InsO[3] § 108 Rn 52; *Krämer* Leasingverträge S 187; *Seifert* NZM 1998, 217 (220); Uhlenbruck/*Sinz* InsO[13] § 108 Rn 127; zweif *Obermüller* Bankpraxis[8] Rn 7.51c; **abl** *Bien* Stellung des Refinanzierers S 18 ff; Kübler/Prütting/Bork/*Tintelnot* InsO[31] § 108 Rn 22; *Zahn* DB 2003, 2371 (2373 ff); vgl aber unter wirtschaftlichen Aspekten befürwortend v Westphalen/*Zahn* Leasingvertrag[6] Kap Q Rn 84 f.

452 *Klinck* KTS 2007, 37 (55).

453 So aber Kübler/Prütting/Bork/*Tintelnot* InsO[31] § 108 Rn 22; *Zahn* DB 2003, 2371 (2373); für die Anw entgegen dogm Bedenken aber v Westphalen/*v Westphalen* Leasingvertrag[6] Kap Q Rn 84 f.

454 *Engel/Völckers* Leasing in der Insolvenz Rn 359; *Klinck* KTS 2007, 37 (49); *Seifert* NZM 1998, 217 (220); **aA** Andres/Leithaus/*Andres* InsO[2] § 108 Rn 8; *Eckert* MünchKomm InsO[3] § 108 Rn 51.

lung bei Vermieterinsolvenz in Rn 178 ff entnehmen. Dementsprechend beschränkt sich die Fortgeltungsanordnung nicht auf die Gebrauchsgewährung an der Leasingsache, sondern erstreckt sich auch auf die den Leasinggeber darüber hinaus treffenden weiteren **Nebenpflichten** (Rn 108 ff) wie etwa Wartung und Reparatur, den Abschluss von Versicherungen oder die Aktualisierung der Leasingsache. Alle diese Pflichten sind, soweit sie auf den Zeitraum nach Verfahrenseröffnung entfallen, Masseverbindlichkeit (§§ 108 I 2, 55 I Nr 2 Fall 2). Darüber hinaus entstehen Masseverbindlichkeiten insbesondere dann, wenn gesetzliche Schadensersatzansprüche auf schuldhaften Pflichtverletzungen des Insolvenzverwalters bei der Erfüllung von Masseverbindlichkeiten beruhen (Rn 22).

227 Für den Leasingnehmer besteht freilich eine erhebliche Unsicherheit, ob der Vertrag fortbesteht oder dem Verwalterwahlrecht (§ 103) unterliegt. Denn er hat üblicherweise keine Einblicke in die Finanzierung des Leasinggebers, so dass er nicht beurteilen kann, ob die Voraussetzungen von Abs 1 S 2 vorliegen.[455] Diese Schutzlücke zu Lasten des Vertragspartners ist durch eine **Analogie zu § 103 II** zu schließen. Der Leasingnehmer kann den Insolvenzverwalter auffordern, Erfüllung zu wählen oder (deklaratorisch) die Fortsetzung des Vertrags nach § 108 I 2 mitzuteilen. Unterlässt der Verwalter eine entsprechende Erklärung, braucht er den Vertrag nicht mehr gegen sich gelten zu lassen. Der Insolvenzverwalter macht sich dadurch dem von § 108 I 2 geschützten Finanzierer ggü freilich schadensersatzpflichtig. Die statt dieser Analogie vereinzelt dem Leasingnehmer eingeräumte Möglichkeit, die von ihm zu entrichtenden Raten zu hinterlegen (§ 372 S 2 BGB),[456] hilft indessen nicht. Solange der Leasingnehmer die Sache in Besitz hat, muss er die Gebrauchsüberlassung auch im Anwendungsbereich des § 103 – wenn auch während der Schwebephase nur als ungerechtfertigte Bereicherung – entgelten (§ 103 Rn 286 f). Über den empfangzuständigen Gläubiger besteht auch keine Unklarheit. Denn infolge von § 166 II ist allein der Insolvenzverwalter empfangszuständig.

228 Streit entzündet sich hinsichtlich der Frage, wem die zedierten Leasingraten zustehen. Abs 1 S 2 gewährleistet unmittelbar allein, dass die Raten über die Verfahrenseröffnung hinaus aufgrund der Vertragsfortsetzung fällig werden. Im Unterschied zu den § 108 I 1 Fall 1 unterfallenden Immobiliarverträgen besteht für die von Abs 1 S 2 erfassten Verträge keine dem § 110 vergleichbare Bestimmung, inwieweit die Leasingraten dem Finanzierer zur abgesonderten Befriedigung zustehen oder zur gleichmäßigen Befriedigung aller Gläubiger unbelastet in die Masse fallen sollen. Ungeachtet dieses Befundes, dass es an einer ausdrücklichen Regelung im Gesetz fehlt, war es das in der Regierungsbegründung erklärte Anliegen der Gesetzesverfasser, die **Sicherungszession** der Raten **insolvenzfest auszugestalten.**[457] Das wurde damit gerechtfertigt, dass die Gebrauchüberlassung angesichts der Übertragung des Leasinggegenstands für die Masse neutral sei. Eine Ausnahme sei nur zu machen, soweit die Masse in Gestalt der Masseverbindlichkeit über die Gebrauchsbelassung hinausgehende Pflichten zu erfüllen habe. Dann seien die Leasingraten – wie zuvor bereits in der Literatur vorgeschlagen –[458] aufzuteilen. Inzwischen ergibt sich folgendes Meinungsbild:

---

[455] Rechtspolitische Kritik üben aufgrund dieser Unsicherheit *Hölzle/Gessner* ZIP 2009, 1641 (1642 f); *Krämer* Leasingverträge S 193; Kübler/Prütting/Bork/*Tintelnot* InsO[31] § 108 Rn 4; *Marotzke* HK InsO[6] § 108 Rn 24.

[456] V Westphalen/*Koch* Leasingvertrag[6] Kap P Rn 115.

[457] Begr RegE § 108 I 2, BT-Drucks 13/4699 S 6.

[458] *Zahn* DB 1995, 1649 (1655).

a) **Vorrecht des Finanzierers.** Teilweise wird für ein **unbeschränktes Absonderungsrecht** des Finanzierers hinsichtlich der gesamten Leasingraten eingetreten. Diese Auffassung lässt sich zivilrechtlich darauf stützen, dass die betagten Leasingraten bereits vor Verfahrenseröffnung entstanden sind (Rn 52) und so bereits vor Verfahrenseröffnung auf den Finanzierer übertragen (§ 398 BGB) werden konnten. *Bornholdt* erachtet es auch für gerechtfertigt, die Masse nach Verfahrenseröffnung mit den Nebenpflichten zu belasten, ohne ihr dafür ein Ausgleich aus den Leasingraten zukommen zu lassen.[459] Denn der Leasinggeber habe die Gegenleistung für die Erfüllung dieser Pflichten schon in Gestalt der Finanzierungsleistung des Refinanzierers vor Verfahrenseröffnung erlangt und könne sie daher nach Insolvenzeröffnung nicht noch einmal beanspruchen. Damit wird der Schwachpunkt dieser Auffassung offenbar. Sie berücksichtigt nicht, dass der Anspruch auf die Leasingraten erst nach Verfahrenseröffnung werthaltig gemacht wird (Rn 32, 53). **229**

b) **Vorrecht zugunsten der Masse.** Die Gegenposition will der Masse ungeschmälert durch ein Absonderungsrecht des Sicherungszessionar die Leasingraten in Gänze zusprechen.[460] Zur Begründung stellen *Hölzle/Gessner* gerade auf das **Werthaltigmachen der Leasingraten** nach Verfahrenseröffnung ab. Werde mit Ablauf des jeweiligen Nutzungszeitraums die jeweils abgetretene Leasingrate erst werthaltig gemacht, scheitere ein Erwerb des Zessionars an § 91 I.[461] Diese Auffassung entspreche der BGH-Rechtsprechung zur Anfechtbarkeit der Vorausabtretung bei Werthaltigmachen von Werklohnforderungen[462]. Wie die Werklohnforderung durch die Erfüllung der Werkverpflichtung werthaltig werde, gelte Gleiches für die Forderung auf Zahlung der Leasingraten bei der weiteren Gebrauchsbelassung von Leasinggeber an Leasingnehmer. Was vor Verfahrenseröffnung zur Anfechtbarkeit führe, müsse nach Verfahrenseröffnung die Unwirksamkeit nach § 91 zur Folge haben. Dieser Auffassung ist im Ausgangspunkt zuzustimmen, dass das haftungsrechtliche Schicksal der Leasingraten entscheidend davon abhängt, wer diese Raten nach Verfahrenseröffnung werthaltig macht (Rn 32, § 103 Rn 356 ff). **230**

Indessen unterlassen es *Hölzle/Gessner*, in ihre Überlegungen einzubeziehen, dass der zu überlassende Leasinggegenstand nicht mehr in erster Linie der Masse, sondern vorrangig dem Finanzierer aufgrund seines Absonderungsrechts zusteht. Daher wird die Werthaltigkeit des Anspruchs auf die Leasingraten, soweit diese auf der bloßen Gebrauchsbelassung beruht, nicht mit Mitteln der freien Masse, sondern **mit Mitteln des Absonderungsberechtigten bewirkt.**[463] Würde die Gebrauchsbelassung beendet, wäre der Leasinggegenstand zugunsten des Absonderungsberechtigten zu verwerten. Mithin ist Anordnung der Fortsetzung des Leasingvertrags als spezielle Verwertungsregelung zu sehen. Da es zudem noch ersichtlich Wille des Gesetzgebers war, dem Finanzierer die Leasingraten zu sichern,[464] ist die Auffassung von *Hölzle/Gessner* abzulehnen. **231**

c) **Vertragsspaltung.** Verschiedentlich wird die „Aufspaltung der Gegenleistung“, von der in der Gesetzesbegründung die Rede ist, im Sinne einer Vertragsaufspaltung interpretiert. Mit Insolvenzeröffnung werde ein Teil nach § 108 I 2 insolvenzfest und ein anderer **232**

---

459 *Bornholdt* Refinanzierende Bank S 55 ff, S 171 ff.

460 *Hölzle/Gessner* ZIP 2009, 1641 (1644 f).

461 *Hölzle/Gessner* ZIP 2009, 1641 (1644 ff).

462 Grundlegend BGHZ 174, 297; ferner BGHZ 192, 221 Rn 33; BGH ZIP 2008, 372 Rn 14; 2008, 1437 Rn 22; vgl auch BGH ZIP 2013, 588 Rn 10 ff.

463 *Obermüller* Bankpraxis[8] Rn 7.46; *Peters* ZIP 2000, 1759 (1767); Uhlenbruck/*Sinz* InsO[13] § 108 Rn 132; vgl auch *Marotzke* HK InsO[6] § 108 Rn 26: „Surrogationsgedanke“.

464 Begr RegE § 108 I 2, BT-Drucks 13/4699 S 6.

über die Erfüllung der Nebenpflichten unterfalle dem Verwalterwahlrecht nach § 103.[465] Die Kautelarpraxis ist zudem teilweise dazu übergegangen, den einheitlichen Leasingvertrag vertraglich entsprechend in zwei Teile aufzuspalten.[466]

233 Jedoch stellt auch dieser Vorschlag keine befriedigende Lösung des Problems dar. Einerseits wird durch eine Aufspaltung des Leasingvertrags in die privatautonome Vertragsgestaltung der Parteien eingegriffen und dem Leasingnehmer ein ungewollter Vertrag aufgezwungen. Letzteres ist ungeachtet des Umstands nicht hinzunehmen, dass der Leasingnehmer nicht zu denjenigen zählt, die durch § 108 I 2 geschützt werden (Rn 10, 201). Andererseits widersprechen die Wirkungen der Nichterfüllungswahl durch den Verwalter in Bezug auf den Nebenpflichtenteil den Interessen des von Abs 1 S 2 geschützten Finanzierers. Denn der Leasingnehmer ist berechtigt, nach **§ 320 BGB** die Leistung der vollständigen Leasingraten zu verweigern, so dass der Finanzierer aus den abgetreten Leasingraten keine Befriedigung finden könnte, wenn nicht ausnahmsweise vereinbart ist, dass ein Dritter auf Kosten des Zessionars die Erfüllung der Nebenpflichten für die Masse im Fall der Nichterfüllungswahl übernimmt.[467]

234 d) **Aufteilung der Ratenerlöse.** Die Lösung ist wie im Anwendungsbereich von § 103 durch einen **schuldrechtlichen Ausgleich zwischen dem Finanzierer einerseits und der Masse andererseits** zu finden (§ 103 Rn 362): Der Finanzier hat den nach Verfahrenseröffnung mit Massemitteln bewirkten Wertzuwachs seiner vor Verfahrenseröffnung wirksam erlangten Forderung herauszugeben. Anspruchsgrundlage sind die Grundsätze über den Ausgleich von Verteilungsfehlern, die grds in § 812 gesehen werden. Nur soweit die Leasingraten den finanzierten Anschaffungs- bzw Herstellungsaufwand des Leasinggebers entgelten, sollen sie aufgrund der Zession dem Refinanzierer zustehen, im Übrigen der Masse als Gegenleistung für die Erfüllung von Nebenpflichten. Es kommt also darauf an, inwieweit der Insolvenzverwalter durch Erfüllung der Nebenpflichten den Einwand des Leasingnehmers gegen die Zahlung der Leasingraten aus § 320 BGB ausräumt.[468] Der einzugsberechtigte Insolvenzverwalter (§ 166 II) hat nur den in diesem Umfange verminderten Erlös an den Refinanzierer weiterzuleiten.[469] Naturgemäß wirft eine solche Aufspaltung der Gegenleistung in der Praxis Bewertungsschwierigkeiten auf. Es kommt aber nicht darauf an, ex ante Kosten für die Erfüllung von Nebenpflichten zu kalkulieren und in die Leasingraten einzupreisen.[470] Der Insolvenzverwalter kann vielmehr grundsätzlich die konkret aus der Masse erbrachten Leistungen ansetzen (§ 103 Rn 363), weil ohne diese Leistungen die Leasingraten nicht zu erlangen wären.

---

465 *Klinck* KTS 2007, 37 (56 ff); Uhlenbruck/*Sinz* InsO[13] § 108 Rn 139; vgl auch **diff** *Seifert* NZM 1998, 217 (219), der je nach Gewicht der Nebenleistungen auch die Anw v § 103 befürwortet.

466 Vgl *Eckert* MünchKomm InsO[3] § 108 Rn 64 f m Zweifeln am Bestand einer solchen Spaltung vor dem Hintergrund v § 307 II S 1 iVm § 139 BGB, § 110 Rn 37.

467 Die Aufnahme einer entsprechenden Klausel in den Leasingvertrag schlägt *Zahn* DB 1996, 1393 (1397) vor; zust *Fehl* DZWiR 1999, 89 (92); *Schwemer* ZMR 2000, 348 (354).

468 *Bien* ZIP 1998, 1017 (1021); *Krämer* Leasingverträge S 206 f; abl *Klinck* KTS 2007, 37 (57 f).

469 Kübler/Prütting/Bork/*Tintelnot* InsO[31] § 108 Rn 25.

470 Vgl die Kritik bei *Bien* ZIP 1998, 1017 (1020); Kübler/Prütting/Bork/*Tintelnot* InsO[31] § 108 Rn 24.

VIII. Dienstverhältnisse

Abs 1 S 1 lässt Dienstverhältnisse des Schuldners mit Wirkung für die Masse fortbestehen. Anders als die Vorgängernorm des § 22 KO, **setzt § 108 nicht voraus, dass es sich um ein bereits angetretenes Dienstverhältnis handelt.**[471] Voraussetzung für die Anwendbarkeit des § 108 ist die Verpflichtung zu fortgesetzter Dienstleistung,[472] da von § 108 nur Dauerschuldverhältnisse umfasst sind. Dies ergibt sich zwar nicht eindeutig aus dem Wortlaut der Norm[473], jedoch soll die Änderung der Gesetzesüberschrift nur redaktioneller Natur sein.[474] 235

1. Insolvenz des Dienstberechtigten

Abzugrenzen ist der Anwendungsbereich des § 108 für Dienstverhältnisse von demjenigen des § 116. Nach Maßgabe der §§ 115, 116 erlöschen mit Eröffnung des Insolvenzverfahrens über das Vermögen des Geschäftsherrn solche Dienstverträge, die auf eine Geschäftsbesorgung gerichtet sind.[475] Unter einer **Geschäftsbesorgung** wird gemeinhin eine selbstständige Tätigkeit wirtschaftlicher Art zur Wahrnehmung fremder Vermögensinteressen verstanden.[476] Die Abgrenzung von Dienst- zu Geschäftsbesorgungsverträgen erfolgt über das Merkmal der selbstständigen Interessenwahrnehmung. Unter § 108 fallen damit insbesondere Arbeitsverhältnisse sowie Anstellungsverträge von Geschäftsführern[477].[478] 236

a) **Arbeitsverhältnisse.** Abhängig beschäftigte Arbeitnehmer werden als Dienstverpflichtete iSv § 611 BGB, mangels Selbständigkeit jedoch nicht als Geschäftsbesorger iSv § 675 BGB für ihren Arbeitgeber tätig. Sie scheiden folglich bei Eröffnung des Insolvenzverfahrens über das Vermögen Arbeitgebers nicht nach § 116 S 1 iVm § 115 I automatisch aus dem Arbeitsverhältnis aus. Dieses kann nur durch **Kündigung** (§ 113) beendet werden. Ein Geschäftsbesorgungsvertrag liegt selbst dann nicht vor, wenn der Insolvenzschuldner dem Arbeitnehmer bei der Ausübung seiner Tätigkeit großen Spielraum eingeräumt hat. Die **Abgrenzung nach dem Grad der Selbstständigkeit** des Arbeitnehmers ist dabei nicht nur schon zivilrechtlich indiziert, sondern steht zudem im Einklang mit den 237

---

471 Andres/Leithaus/*Andres* InsO² § 108 Rn 5; Kübler/Prütting/Bork/*Tintelnot* InsO³¹ § 108 Rn 7; *Caspers* MünchKomm InsO³ § 113 Rn 12; *Marotzke* HK InsO⁶ § 108 Rn 4; Nerlich/Römermann/*Balthasar* InsO¹ § 108 Rn 10; Uhlenbruck/*Berscheid* InsO¹³ § 108 Rn 50 f; *Wegener* FK InsO⁷ § 108 Rn 30.

472 *Wegener* FK InsO⁷ § 108 Rn 26.

473 „Fortbestehen bestimmter Schuldverhältnisse" statt „Fortbestehen von Dauerschuldverhältnissen", Änderung durch das G z Vereinfachung des Insolvenzverfahrens v 13.04.2007 BGBl I S 509 (Nr 13).

474 Begr zu RegE § 108, BT-Drucks 16/3227 S 19; *Marotzke* HK InsO⁶ § 108 Rn 1.

475 **AA** *Marotzke* HK InsO⁶ § 115 Rn 4 ff: Erlöschen nur der Geschäftsführungsbefugnis, Anwendbarkeit v § 103 InsO.

476 BGHZ 45, 223 (228 f); *Heermann* MünchKomm BGB⁶ § 675 Rn 2 ff; Jauernig/*Mansel* BGB¹⁴ § 675 Rn 4; Palandt/*Sprau* BGB⁷² § 675 Rn 2 f.

477 BGH ZIP 2005, 1365 (1367); dies gilt auch für den Allein-Gesellschafter-Geschäftsführer, s BGHZ 75, 209 (211 f); s auch OLG Brandenburg NZI 2003, 324 z Fortgeltung des Dienstverhältnisses m einem geschäftsführenden Gesellschafter, der nicht nur unerheblich an der Gesellschaft beteiligt ist.

478 *Ahrendt* HambK InsO⁴ § 113 Rn 9 spricht sich dafür aus, § 108 InsO **einschr** nur auf Arbeitsverhältnisse anzuwenden, da vorrangiges Regelungsziel des § 108 InsO der Schutz v Arbeitnehmerbelangen sei.

insolvenzrechtlichen Wertungen der §§ 108, 113 einerseits sowie 115 f andererseits. Nur das Insolvenzrisiko des Arbeitsnehmers wird in der Weise gemindert, dass sein Vertrag mit dem Insolvenzschuldner grundsätzlich gemäß § 108 fortbesteht und lediglich durch Kündigung gemäß § 113 unter Einhaltung der gesetzlichen Kündigungsfrist bzw einer im Einzelfall kürzeren Frist und den Kündigungsschutzbestimmungen beendet werden kann. Ein selbständig Dienstverpflichteter genießt diesen Schutz nicht.

238 b) **Anstellungsverträge von Gesellschaftsorganen.** Der Anstellungsvertrag von Gesellschaftsorganen erlischt nicht aufgrund von §§ 116, 115. Für die Vorstandsmitglieder der Aktiengesellschaft ergibt sich dies ausdrücklich aus § 87 III AktG, der die Fortdauer des Anstellungsvertrags nach § 108 I 1 voraussetzt. Zwar fehlt für den Geschäftsführer einer GmbH eine dem § 87 III AktG entsprechende Regelung. Dennoch sind auch hier §§ 116 S 1, 115 I ihrem Zweck nach nicht einschlägig.[479] Vielmehr gelangen §§ 108 I 1, 113 zur Anwendung.

239 Dies gilt nach einer noch zu § 22 KO ergangenen Entscheidung des BGH auch für den (**Allein-)Gesellschafter-Geschäftsführer einer GmbH** oder GmbH & Co. KG, dessen Anstellungsvertrag die Verfahrenseröffnung nach § 108 I 1 zunächst überdauert und lediglich nach § 113 bzw außerordentlich fristlos[480] gekündigt werden kann.[481] Hiergegen ist vorwiegend im älteren Schrifttum zu § 22 KO geltend gemacht worden, dass der Fortbestand des Dienstverhältnisses bis zur Kündigung dem Schutz des Dienstverpflichteten zu dienen bestimmt sei, der während dieser Zeit eine Masseforderung (§§ 108 I 1, 55 I Nr 2) erlange. Dieses sozialen Schutzes bedürfe der (Allein-)Gesellschafter-Geschäftsführer jedoch nicht.[482] Gelte daher § 22 KO nicht, unterfiele der Anstellungsvertrag in diesem Fall dem Verwalterwahlrecht des § 103. Mag man der Erwägung **mangelnder Schutzbedürftigkeit** des (Allein-)Gesellschafter-Geschäftsführers auch rechtspolitisch durchaus etwas abgewinnen, ist die Anwendung von § 103 mit der geltenden Rechtslage nicht zu vereinbaren. Denn § 108 I 1 bestimmt unterschiedslos – ohne dass der Aspekt der sozialen Schutzwürdigkeit des Dienstverpflichteten hierfür eine Rolle spielte – die Fortgeltung von Dienstverhältnissen des Schuldners mit Wirkung für und gegen die Masse. Dieser Fortgeltung kann sich der Insolvenzverwalter einzig durch Kündigung entledigen. Es verbietet sich daher ein Rückgriff auf die Regelung des § 103, der zudem Schwierigkeiten in der rechtssicheren Handhabung mit sich brächte, weil die Anwendung von §§ 108 I 1, 113 einerseits oder § 103 andererseits von dem wenig greifbaren Kriterium der sozialen Schutzbedürftigkeit abhinge.

---

479 BGHZ 75, 209 ff; Scholz/*Schmidt*/*Bitter* GmbHG[10] § 64 Rn 112.

480 Z fristlosen Kündigung des Anstellungsvertrags wegen Insolvenzverschleppung BGH ZIP 2005, 1365.

481 Grundlegend BGHZ 75, 209 ff; ebenso BGH ZIP 2005, 1365 (1367); OLG Frankfurt ZIP 2005, 409; OLG Hamm NZI 2000, 475; OLG Karlsruhe ZIP 2003, 2082 (2083); vgl auch BGH ZIP 2009, 2204.

482 Vgl hierzu *Timm* ZIP 1981, 10; *ders* ZIP 1987, 69; s auch BGHZ 75, 209 (211): „Hierfür [*für die Nichtwandwendbarkeit v § 22 KO*] läßt sich sicherlich anführen, daß der dem § 22 KO innewohnende soziale Schutzgedanke auf den Alleingesellschafter als den Unternehmer des in Konkurs gefallenen Geschäfts nicht recht zutrifft und auch der Einzelkaufmann, der sich nicht die Vorteile einer GmbH oder GmbH & Co. KG zunutze gemacht hatte, nicht in der Lage ist, sich nach Konkurseröffnung in der Gestalt von Gehaltsansprüchen noch Teile der Konkursmasse zum Nachteil der Konkursgläubiger zu verschaffen."

2. Insolvenz des Dienstverpflichteten

Dienste sind gemäß § 613 S 1 BGB im Zweifel in Person zu leisten. In der Insolvenz des Dienstverpflichteten fehlt es im Falle einer persönlichen Dienstverpflichtung des Schuldners bereits am **Massebezug** des in Rede stehende Vertrags. Daher gelangen §§ 103 ff, mithin insbesondere § 108 I, schon aufgrund dieser Erwägung nicht zur Anwendung (Vor § 103 Rn 52).[483] **240**

Nicht zu den höchstpersönlichen Dienstpflichten gehören die **bloß betriebs- oder unternehmensbezogenen Pflichten** (Vor § 103 Rn 52): Erbringt der dienstleistungsverpflichtete Schuldner – wie es jede juristische Person und rechtsfähige Personengesellschaft tun muss – seine Leistung im Rahmen einer unternehmerischen Organisation, so ist es für die Pflichtenerfüllung ausreichend, wenn die Dienste von Personen erbracht werden, die zu dieser Organisation gehören.[484] In solchen Fällen der nicht persönlich zu erbringenden Dienstleistung wird für die Insolvenz des Dienstverpflichteten eine teleologische Reduktion des Anwendungsbereichs von Abs 1 erwogen. **241**

So hat der BGH entschieden, dass ein Dienstverhältnis in der Insolvenz des Dienstverpflichteten wegen des **Grundsatzes der Masseerhaltung** dann nicht mit Wirkung für die Masse fortbestehe, wenn die Dienstleistung nur durch Begründung erheblicher Masseverbindlichkeiten erbracht werden könne.[485] In dem zugrundeliegenden Sachverhalt war die Schuldnerin Trägerin einer Privatschule. Auf den von der Schuldnerin mit Eltern geschlossenen Schulvertrag sei § 108 nach seinem Regelungszweck nicht anzuwenden, weil der Dienstvertrag vom Insolvenzverwalter unter Begründung von Masseverbindlichkeiten mit den Mitteln eines zur Masse gehörenden Dienstleistungsunternehmens erfüllt werden müsse. Vielmehr verbliebe es für den Insolvenzverwalter bei § 103. In der Begründung verweist der Senat auf die Parallele zu dem mit Wirkung zum 1.7.2014 aufgehobenen § 114, der nach der Rechtsprechung gleichfalls nicht anwendbar sei, wenn die Bezüge aus dem Dienstverhältnis, dessen Abtretung § 114 für wirksam erklärte, die Begründung von Masseverbindlichkeiten voraussetzen[486]. **242**

Die aus einer wortlautgetreuen Anwendung des § 108 resultierende Möglichkeit einer Belastung der Masse mit nicht unerheblichen Verpflichtungen aus einem Dienstvertrag wird auch von Teilen der Literatur abgelehnt.[487] Dabei handele es sich um ein vom Gesetzgeber offensichtlich nicht gewünschtes Ergebnis.[488] Aus der Gesetzesbegründung zur InsO[489] ergebe sich eine **unbeabsichtigte Regelungslücke**, die eine **teleologische Reduktion des § 108** und damit eine **Anwendung des § 103** für die Insolvenz des Dienstberechtigten rechtfertige. Ein Fortbestehen des Vertrages nach § 108 habe der Gesetzgeber nur für solche Fälle anordnen wollen, in denen an die Stelle des Insolvenzverwalterwahl- **243**

483 Kübler/Prütting/Bork/*Tintelnot* InsO[47] § 103 Rn 121, InsO[31] § 108 Rn 7c; **aA** Schmidt/*Ringstmeier* InsO[18] § 108 Rn 29.

484 Vgl Staudinger/*Richardi/Fischinger* BGB[2011] § 613 Rn 8.

485 BGH ZIP 2011, 2262 Rn 6; nur beiläufig u ohne weitere Begr für die Insolvenz des Handelsvertreters oder Vertragshändlers **anders** BGH ZIP 2013 Rn 11; für Anw des § 108 *Madaus* KTS 2012, 217.

486 BGHZ 167, 363 Rn 16 ff.

487 *Ahrendt* HambK InsO[4] § 113 Rn 9; *Krüger* ZInsO 2010, 507 ff; Kübler/Prütting/Bork/*Tintelnot* InsO[47] § 103 Rn 121, InsO[31] § 108 Rn 8 f; *Caspers* MünchKomm InsO[3] § 113 Rn 5; *Marotzke* HK InsO[6] § 108 Rn 4; *Wente* ZIP 2005, 335 ff.

488 *Wente* ZIP 2005, 335 ff am Beispiel des Handelsvertreters in der Insolvenz.

489 Begr zu RegE § 122, BT-Drucks 12/2443 S 146.

rechts besondere gesetzliche Kündigungs- und Rücktrittsrechte treten, welche die InsO aber in der Insolvenz des Dienstverpflichteten nicht vorsehe. Im Gleichlauf mit §§ 113, 115 und 116 sollten nach § 108 Dienstverhältnisse nur in der Insolvenz des Dienstberechtigten fortbestehen.[490]

244 Eine besondere Kündigungsmöglichkeit findet sich im Gesetz zwar bei der Vermieterinsolvenz ebenfalls nicht. Für diese Konstellation liegt der Grund für die Anordnung des Fortbestandes aus Mieterschutzgesichtspunkten aber auf der Hand. Wird der Dienstverpflichtete insolvent, hat die teleologische Reduktion des § 108 eine Abwertung der Interessen des Vertragspartners zugunsten des Masseschutzes zur Folge. Um einen angemessenen Interessenausgleich herzustellen, böte sich eine analoge Anwendung des § 113 auf diejenigen Konstellationen an, in denen der Schuldner der Dienstverpflichtete ist.[491] Diese Lösung wäre weniger einschneidend als eine teleologische Reduktion des Anwendungsbereichs von § 108. Indessen dienen §§ 108 I, 113 dem sozialen Schutz des Arbeitnehmers. Dieser Regelungsgrund trifft auf den Dienstberechtigten nicht zu, weil hier eine soziale Schutzwürdigkeit nicht erkennbar ist. Für eine teleologische Reduktion des Anwendungsbereichs spricht ferner, dass durch die Einführung der InsO im Bereich des Fortbestehens von Dauerschuldverhältnissen die gefundene gesetzgeberische Lösung im Grundsatz dem damals geltenden Recht der KO entsprechen sollte.[492] Unter Geltung der KO war anerkannt, dass Dienstverhältnisse des Dienstverpflichteten durch die Eröffnung des Konkursverfahrens nicht berührt werden sollten, da die Arbeitskraft des Schuldners grds nicht in die Verfügungskompetenz des Verwalters fiel.[493] Somit sollten auf diese weder § 17 KO noch § 22 KO anwendbar sein.[494] Dass betriebs- oder unternehmensbezogene Dienstverpflichtungen unter § 17 KO fielen, wurde übersehen (Rn 6).

245 Bei der Abwägung zwischen den Vertragspartnerinteressen einerseits und Masseschutzgesichtspunkten andererseits ist zu berücksichtigen, dass die Schutzbedürftigkeit des Dienstberechtigten in Bezug auf vertretbare Handlungen sehr viel geringer ausfällt als beim gemäß § 108 vergleichbaren Fall der Vermieterinsolvenz. Aus diesem Grunde überzeugt eine **einschränkende Auslegung des § 108 für die Insolvenz des Dienstverpflichteten.** Demnach unterliegen Dienstverträge in der Insolvenz des Dienstverpflichteten dem **Verwalterwahlrecht** (§ 103).

IX. Valutierte Darlehen in der Insolvenz des Darlehensgebers (Abs 2)

246 Abs 2 bestimmt die Fortgeltung von Darlehensverträgen in der Insolvenz des Darlehensgebers, soweit das Darlehen bereits vor Verfahrenseröffnung dem Vertragspartner ausbezahlt wurde. Sofern eine **Auszahlung** hingegen noch **nicht stattgefunden** hat, unterfällt der Vertrag § 103 (Rn 7 f, 252).

---

490 **AA** OLG Düsseldorf ZIP 2010, 194 (195); *Emde/Kelm* ZVI 2004, 382; *Wagner/Wexler-Uhlich* BB 2010, 2454 zum Fortbestehen des Handelsvertretervertrages.

491 **Dag** *Wente* ZIP 2005, 335 (337).

492 Begr zu RegE § 122, BT-Drucks 12/2443 S 146.

493 Begr zu EKO § 19, Mot S 83.

494 Jaeger/*Henckel* KO^9 § 17 Rn 14.

1. Entgeltlicher Geldkredit

Obwohl der Gesetzgeber bei der Schaffung des § 108 II den Geldkredit (§ 488 BGB) im Blick hatte, ist der Wortlaut der Vorschrift so weit geraten (geschuldeter „Gegenstand", nicht etwa „Geldbetrag"), dass darüber hinaus auch **Sachdarlehen** (§ 607 BGB) umfasst sind.[495] Entstehungsgeschichte und der in der Begründung zum Ausdruck kommende Zweck der Norm, die Finanzausstattung kleiner und mittelständischer Unternehmen und die günstige Refinanzierung der Darlehensgeber zu gewährleisten, spricht indes dafür, die Vorschrift nicht unbesehen auf alle Sachdarlehen anzuwenden. Sachdarlehen weisen einen ganz unterschiedliche Charakter auf. So ist bei Diamanten als Gegenstand eine Verwandtschaft zum Gelddarlehen nicht zu leugnen, während das Sachdarlehen über Paletten, Verpackungen oder Gerüstbaumaterialien eher der Miete entsprechen. In diesen mieteähnlichen Gestaltungen ist der Anwendungsbereich von § 108 II zu reduzieren.[496] Die Bestimmung ist nur auf Gelddarlehen und diesem ähnliche Sachdarlehen anzuwenden. **247**

Der Wortlaut von § 108 II enthält keine Beschränkung auf entgeltliche Darlehen und erfasst daher auch unentgeltliche Verträge, die zivilrechtlich ebenfalls von § 488 BGB als Darlehen erfasst werden. Bei unentgeltlichen Verträgen fehlt es aber am von §§ 103 ff vorausgesetzten Synallagma. Daher entfällt auch der Regelungszweck, mit § 108 II Darlehensverträge aus dem Anwendungsbereich von § 103 herauszulösen. **§ 108 II ist daher auf unentgeltliche Darlehensverträge nicht anwendbar.**[497] Ein unentgeltlicher Darlehensvertrag unterliegt damit keinen insolvenzbedingten Einwirkungen durch §§ 103 ff. Vielmehr gelangen §§ 488 ff BGB unverändert zur Anwendung. Zu beachten gilt aber, dass die unentgeltliche Hingabe eines Darlehens häufig der Schenkungsanfechtung (§ 134 I) unterliegt, wenn die Zuwendung nicht länger als vier Jahre ab Stellung des Insolvenzantrags zurückliegt.[498] **248**

2. Erfasste Darlehensarten

Gesetzesbegründung und Regelungsintention lassen erkennen, dass die Vorschrift des § 108 II in erster Linie die **Insolvenz institutioneller Darlehensgeber** zur regeln bestimmt war. Gleichwohl lässt sich aus dem Wortlaut der Norm eine solche Einschränkung nicht ableiten, so dass der Ausschluss des Verwalterwahlrechts auch für Darlehen zwischen Privaten oder mit Banken sowie für Arbeitgeber- oder Arbeitnehmerkredite gilt.[499] **249**

Nach der Gesetzbegründung soll § 108 II auf einen **Kontokorrentkredit** nicht anzuwenden sein, sondern die Regelung in §§ 116 S 1, 115 I unberührt bleiben.[500] Dabei wird indes verkannt, dass § 116 für die von § 108 II geregelten Fälle der Insolvenz des Darlehensgebers nicht einschlägig ist, sondern auf die Insolvenz des Vertragspartners vom Geschäftsbesorger – mithin beispielsweise die Insolvenz des Bankkunden – beschränkt **250**

---

495 Kübler/Prütting/Bork/*Tintelnot* InsO[31] § 108 Rn 26b.

496 Ohne Einschränkung der Reduktion *Eckert* MünchKomm InsO[3] § 108 Rn 210; Kübler/Prütting/Bork/*Tintelnot* InsO[31] § 108 Rn 26b f; *Wegener* FK InsO[7] § 108 Rn 31.

497 *Marotzke* HK InsO[6] § 108 Rn 76; *Pannen* ZInsO 2009, 596 (597).

498 *Marotzke* FS Westermann (2008) S 427 (434); *Wegener* FK InsO[7] § 108 Rn 33.

499 *Eckert* MünchKomm InsO[3] § 108 Rn 206.

500 Begr zu RegE § 108 II, BT-Drucks 16/3227 S 19.

ist. § 108 II erfasst aber gerade den umgekehrten Fall, dass die Bank als Geschäftsbesorgerin insolvent ist.[501] Wenn man § 108 II nicht auch auf Kontokorrentkredite zur Anwendung bringen würde, hätte also der Insolvenzverwalter des Darlehensgebers die Wahl nach § 103. Mit der § 108 II eigenen Einschränkung auf bereits (zumindest zum Teil) valutierte Darlehen ist die Vorschrift aber nach zutreffender Auffassung auch auf Kontokorrentkredite anzuwenden. Abweichendes lässt sich dem Wortlaut der Vorschrift nicht entnehmen und ist auch vor dem Hintergrund des Normzwecks nicht geboten. Denn der Darlehensnehmer ist vor einer sofortigen Fälligstellung des Rückzahlungsanspruchs durch Erfüllungsablehnung[502] ungeachtet der Art der Darlehensgewährung zu schützen.[503]

3. Fortsetzung des Vertrags

251 § 108 II ordnet die Fortsetzung (Rn 18 ff) des Darlehensvertrags zwischen Darlehensnehmer und dem insolventen Darlehensgeber mit Wirkung gegenüber dessen Insolvenzmasse über die Verfahrenseröffnung hinaus an. Ansprüche auf Rückzahlung sowie Zinszahlung sind zur Insolvenzmasse zu leisten. Für den vertraglich zugesicherten Zeitraum ist dem Darlehensnehmer die Valuta aber zu belassen. Insoweit besteht eine Masseverbindlichkeit (§ 55 I Nr 2 Fall 2). Mithin gereicht die Eröffnung des Insolvenzverfahrens, die allein aus der Sphäre des Schuldners stammt, dem Verwalter nicht zum Kündigungsgrund.[504] Die sofortige Fälligstellung des Rückzahlungsanspruchs kann der Verwalter nur dadurch erreichen, dass er ggf von einem vertraglichen Kündigungsrecht Gebrauch macht, das von § 108 II nicht berührt wird.[505] Den Wert des Darlehens vermag der Verwalter indes ohne Kündigung durch Veräußerung des Darlehens zu erreichen: Für eine Übertragung des gesamten Vertrags im Wege der Vertragsübernahme an einen Dritten bedarf er freilich der Zustimmung des Darlehensnehmers (§ 415 BGB).[506] Der Insolvenzverwalter kann aber auch die Rückzahlungs- und Zinsansprüche ggf in gebündelter Form nach Verfahrenseröffnung auch an einen Investor veräußern.[507]

252 § 108 II bestimmt die Fortsetzung des Darlehens nur, „soweit“ dieses bis zur Eröffnung bereits valutiert war. Steht die Valutierung hingegen noch vollständig aus, kann der Verwalter nach **§ 103** wählen, ob er den Vertrag erfüllt oder nicht.[508] Ist ein Darlehen im Zeitpunkt der Verfahrenseröffnung **teilweise valutiert**, unterliegt der Vertrag in Höhe des nicht valutierten Teils dem Wahlrecht, so dass der Verwalter die Auszahlung des restlichen Darlehensbetrags verweigern kann. Schließt der Darlehensnehmer wegen der (teilweisen) Nichtvalutierung des Darlehens einen anderweitigen Darlehensvertrag, kann er einen Anspruch wegen höherer Finanzierungskosten nur als Insolvenzschuldner (§ 103 II 1) geltend machen.[509] *Tintelnot* weist daraufhin, dass die Behandlung nur teilweise valutierter Darlehen im Hinblick auf eine (vollständige) Besicherung durch den Dar-

---

501 *Marotzke* ZInsO 2004, 1273 (1277); *ders* ZInsO 2006, 300 (301); zust Kübler/Prütting/Bork/*Tintelnot* InsO[31] § 108 Rn 4c.

502 Die Möglichkeit der sofortigen Fälligstellung verneint *Marotzke* ZInsO 2004, 1273 (1277); *ders* ZInsO 2006, 300 (301).

503 *Eckert* MünchKomm InsO[3] § 108 Rn 205; Uhlenbruck/*Wegener* InsO[13] § 108 Rn 61; *Wegener* FK InsO[7] § 108 Rn 33; **aA** Graf-Schlicker/*Breitenbücher* InsO[3] § 108 Rn 14; *Marotzke* HK InsO[6] § 108 Rn 70.

504 *Gehrlein* ZInsO 2012, 101 (102); *Marotzke* FS Westermann (2008) S 427 (431); zweif auch *Eckert* MünchKomm InsO[3] § 108 Rn 208.

505 Vgl Begr zu RegE § 108 II, BT-Drucks 16/3227 S 19.

506 *Eckert* MünchKomm InsO[3] § 108 Rn 207.

507 Vgl hierzu *Pannen* ZInsO 2009, 596 (598 f).

508 *Marotzke* HK InsO[6] § 108 Rn 75.

509 *Wegener* FK InsO[7] § 108 Rn 32.

lehensnehmer zu Vertragsbeginn und auf einen bezüglich der Gesamtfinanzierung vereinbarten Zinssatz, der niedriger anzusetzen gewesen wäre, wenn die Parteien von vornherein ein Darlehen nur in der Höhe der Teilvalutierung vereinbart hätten, problematisch ist.[510] Zur Lösung schlägt er vor, dem Darlehensnehmer in diesem Fall den Rücktritt gem § 323 I BGB vom gesamten Vertrag zu gestatten, sofern er an der Teilfinanzierung kein Interesse hat, § 323 V 1 BGB. Diese Folge und den Ausfall für evtl Zessionare könne der Verwalter dadurch vermeiden, dass er Vertragserfüllung wähle. Diese Bestimmung der Rechtsfolgen verkennt aber, wie sich bei teilerfüllten Verträgen das Insolvenzrisiko verteilt (§ 103 Rn 265 ff): Eine Rückabwicklung kann der Vertragspartner nicht verlangen (§ 105 S 2). Hinsichtlich der Zinshöhenkalkulation realisiert sich schlicht das vom Darlehensnehmer eingegangene Insolvenzrisiko, so dass er eine Anpassung nicht verlangen kann. Hingegen kann der Darlehensnehmer die Sicherheit zurückverlangen, soweit der Darlehensgeber übersichert ist. Der Rückgewähranspruch beruht auf der Sicherungsabrede, die wegen ihres Treuhandcharakters üblicherweise zur Aussonderung (§ 47) berechtigt. Überdies kommt eine Aufrechnung des Kreditnehmers mit seinen etwaigen Insolvenzforderungen in Betracht (Rn 255).

§ 108 II erhebt die Belassungspflicht für die Zeit nach Verfahrenseröffnung zur **253** Masseverbindlichkeit (§ 55 I Nr 2 Fall 2), die der Darlehensnehmer mit Zahlung des Darlehenszins vergütet. *Marotzke* hatte zunächst befürchtet, dass deswegen die Darlehensauszahlung vor Insolvenzeröffnung der Anfechtung (§§ 129 ff) entzogen sein müsste, weil sie nicht der Befriedigung eines Insolvenzgläubigers, sondern eines Massegläubigers diente.[511] Eine so weit gehende Wirkung ist der Vorschrift vom Gesetzgeber indes nicht beigemessen worden, weil dieser einzig den Zweck verfolgte, das Wahlrecht nach § 103 auszuschließen.[512] Dem hat sich mittlerweile auch *Marotzke* angeschlossen, der die Anfechtbarkeit der Valutierung vor Verfahrenseröffnung aus einer Parallele zu den Vorschriften des § 106 I und § 21 I KO herleitet: Wie für diese Normen anerkannt, müsse es auch im Rahmen von § 108 II möglich sein, eine Rechtshandlung die ein konstitutives Tatbestandsmerkmal der Norm erfüllt – hier die Valutierung vor Verfahrenseröffnung – anfechten zu können, um so die unerwünschte Fortgeltung oder Nichtgeltung des § 103 für die Zeit nach Insolvenzeröffnung zu beseitigen.[513] Dem ist beizupflichten. § 108 II steht also nicht entgegen, die Darlehensvaluta deswegen zurückzufordern, weil die **Ausreichung der Valuta** beispielsweise im Wege der Deckungsanfechtung, aber auch wegen anderer Gründe **anfechtbar** ist.

4. Haftungsrechtliche Qualität der Darlehensgeberansprüche

Die in die Masse fallenden Ansprüche auf Rückzahlung des Darlehens und Zinsen **254** können an Dritte abgetreten worden sein. Eine solche **Abtretung** wird von denjenigen gar vorausgesetzt, die der Bestimmung die Wirkung beimessen, die Refinanzierung (mittels Abtretung der Rückzahlungsansprüche) zu erleichtern (Rn 16). Die Abtretung der Ansprüche ist zivilrechtlich wirksam, weil diese Ansprüche jedenfalls nach Vertragsschluss und Valutierung als betagte Ansprüche bestehen. Die insolvenzrechtliche Wirksamkeit hängt davon ab, inwieweit die Ansprüche noch nach Verfahrenseröffnung **wert-**

510 Kübler/Prütting/Bork/*Tintelnot* InsO[31] § 108 Rn 26e.

511 *Marotzke* ZInsO 2004, 1273 (1279 f).

512 Kübler/Prütting/Bork/*Tintelnot* InsO[31] § 108 Rn 26d.

513 *Marotzke* FS Westermann (2008) S 427 (431 ff).

haltig gemacht werden (Rn 32). Der Rückzahlungsanspruch wird bereits durch die Valutierung werthaltig gemacht. Seine Abtretung ist daher – vorbehaltlich der Insolvenzanfechtung – insolvenzfest.[514] Die Zinsansprüche beruhen indessen auf der Belassung während der Vertragszeit. Sie werden also erst sukzessive während des Verfahrens werthaltig, was einen Verteilungsfehler zugunsten des Zessionars bedeuten kann.[515] Regelmäßig wird die Abtretung der Zinsansprüche aber mit der Abtretung des Rückzahlungsanspruchs einhergehen. Das Werthaltigmachen erfolgt dann nicht aus der Masse, sondern – wie bei der von § 108 I 2 vorausgesetzten Konstellation (Rn 231) – aus dem Absonderungsrecht des Zessionars. Dann ist die Abtretung des Zinsanspruchs ebenfalls insolvenzfest.

255 Der Darlehensnehmer kann selbst gegen den Darlehensgeber über Ansprüche verfügen, die er in dessen Insolvenz lediglich als Insolvenzgläubiger geltend machen kann. Das gilt besonders, wenn das Darlehen bei Verfahrenseröffnung nur teilweise valutiert war und der Insolvenzverwalter im Übrigen die Erfüllung mit der Folge des § 103 II abgelehnt hat (Rn 252). Dann greift die Aufrechnung gegen den betagten Darlehensrückzahlungsanspruch durch (Rn 33 ff): Sie ist zivilrechtlich zulässig (§§ 387 ff BGB). Auch steht insolvenzrechtlich § 96 I Nr 1 nicht entgegen, weil der Anspruch bereits bei Verfahrenseröffnung infolge der Valutierung werthaltig war (Rn 254). Für die Zinsansprüche gilt im Ergebnis nichts Abweichendes. Zwar werden diese Ansprüche erst nach Verfahrenseröffnung durch die weitere Belassung der Darlehensvaluta werthaltig. Aus diesem Grund lässt sich eine Aufrechnungsbefugnis analog dem Rechtsgedanken des **§ 96 I Nr 1** verneinen.[516] Im Zweipersonenverhältnis von Darlehensnehmer und Darlehensgeber ist für dieses Werthaltigkeitsargument aber kein Raum, weil § 108 II – im Unterschied zu § 110 II – die Fortsetzung des Vertrags ungeachtet dessen anordnet, ob der Darlehensnehmer die Zinsen bereits gezahlt hat (Rn 35).

§ 109
Schuldner als Mieter oder Pächter

(1) Ein Miet- oder Pachtverhältnis über einen unbeweglichen Gegenstand oder über Räume, das der Schuldner als Mieter oder Pächter eingegangen war, kann der Insolvenzverwalter ohne Rücksicht auf die vereinbarte Vertragsdauer oder einen vereinbarten Ausschluss des Rechts zur ordentlichen Kündigung kündigen; die Kündigungsfrist beträgt drei Monate zum Monatsende, wenn nicht eine kürzere Frist maßgeblich ist. Ist Gegenstand des Mietverhältnisses die Wohnung des Schuldners, so tritt an die Stelle der Kündigung das Recht des Insolvenzverwalters zu erklären, dass Ansprüche, die nach Ablauf der in Satz 1 genannten Frist fällig werden, nicht im Insolvenzverfahren geltend gemacht werden können. Kündigt der Verwalter nach Satz 1 oder gibt er die Erklärung nach Satz 2 ab, so kann der andere Teil wegen der vorzeitigen Beendigung des Vertragsverhältnisses oder wegen der Folgen der Erklärung als Insolvenzgläubiger Schadenersatz verlangen.

---

514 *Lind* ZInsO 2004, 580 (583); *Marotzke* ZInsO 2004, 1273 (1278 f).

515 Vgl *Engert/Schmidl* WM 2005, 60 (65 ff); *Lind* ZIP 2004, 580 (584).

516 Vgl BGH ZIP 2011, 2262 Rn 7.

(2) Waren dem Schuldner der unbewegliche Gegenstand oder die Räume zur Zeit der Eröffnung des Verfahrens noch nicht überlassen, so kann sowohl der Verwalter als auch der andere Teil vom Vertrag zurücktreten. Tritt der Verwalter zurück, so kann der andere Teil wegen der vorzeitigen Beendigung des Vertragsverhältnisses als Insolvenzgläubiger Schadenersatz verlangen. Jeder Teil hat dem anderen auf dessen Verlangen binnen zwei Wochen zu erklären, ob er vom Vertrag zurücktreten will; unterläßt er dies, so verliert er das Rücktrittsrecht.

Gesetzesänderungen: Abs 1 S 2 eingefügt, Abs 1 S 2 wurde Abs 1 S 3 und neu gefasst mWv 1.12.01 durch G v 26.10.01 (InsOuaÄndG), BGBl. I S. 2710; Abs 1 S 1 neu gefasst mWv 1.7.01 durch G v 13.4.07 (InsVereinfG), BGBl I S 509.

Materialien: BT-Drucks 12/2443 S 147; RegE § 123; RefE § 116; DiskE § 116; 1. Ber InsR-Komm LS 2.4.1.6, 2.4.1.9, 3.3.11.

Vorgängerregelungen: § 19 S 1, S 3 KO (dazu Motive I Bd 1 S 99 ff; Motive II S 74 ff; Protokolle S 15, 149; P II S 221 ff; P VI S 759 f; Begr z KO Nov 1898 S 29 f), § 20 KO (dazu Motive I Bd 1 S 108 f; Motive II S 91 f; Protokolle S 15, 149; Begr z KO Nov 1898 S 30), § 26 KO (dazu Motive I Bd 1 S 113 ff; Motive II S 86 ff; Protokolle S 19 f, 149), §§ 51 II, 52 I VerglO, § 9 III GesO.

Literatur

Behrens Beteiligung mehrerer Mieter am Mietverhältnis (1989); *Cymutta* Die Mietkaution in der Insolvenz des Vermieters und des Mieters WuM 2008, 441; *dies* Anmerkung zur Entscheidung des OLG Hamburg vom 29.03.2012 (8 U 78/11, NZI 2012, 673) – Zur Wirkung der Insolvenzverwalterkündigung nach § 109 Abs. 1 S. 1 InsO NZI 2012, 674; *Dahl* Im Überblick: Der Mieter in der Insolvenz NZM 2008, 585; *ders* Wohnungsgenossenschaft: Kündigung durch den Insolvenzverwalter NJW-Spezial 2009, 373; *Derleder* Miete und Insolvenz ZAP 2005 Fach 14, 513; *Eckert* Miete, Pacht und Leasing im neuen Insolvenzrecht ZIP 1996, 897; *ders* Neues im Insolvenzrecht der Wohnraummiete NZM 2001, 260; *ders* Im Überblick: Die Schuldnerwohnung im Verbraucherinsolvenzverfahren NZM 2006, 803; *ders* Die Schuldnerwohnung im Verbraucherinsolvenzverfahren ZVI 2006, 133; *Emmert* Kündigung und Einziehung des Genossenschaftsanteils durch den Insolvenzverwalter trotz § 109 Abs. 1 Satz 2 InsO? ZInsO 2005, 852; *Frind* Praxiserfahrungen mit dem Lastschriftwiderruf in Insolvenzverfahren natürlicher Personen NZI 2009, 140; *Grote* Lastschriftwiderruf bei natürlichen Personen – ein Hamburger Modell ZInsO 2009, 9; *Hain* Das Wohnraummietverhältnis des Insolvenzschuldners unter besonderer Berücksichtigung der Räumungs- und Herausgaberverpflichtung des Insolvenzverwalters/ Treuhänders ZInsO 2007, 192; *Jacobs* Haftung der (studentischen) Wohngemeinschaft nach Anerkennung der Rechtsfähigkeit der Außen-GbR NZM 2008, 111; *Jacoby* Die Gesellschaft bürgerlichen Rechts als Mietvertragspartei ZMR 2008, 111; *Kalkschmid* Immobilienleasing (2003); *Kraemer* Die Gesellschaft bürgerlichen Rechts als Partei gewerblicher Mietverträge NZM 2002, 465; *Marotzke* Die Wohnraummiete in der Insolvenz des Mieters KTS 1999, 269; *ders* Die Geltendmachung des Schadensersatzanspruchs aus § 109 Abs 1 S 3 InsO im Fall der Kündigung gem § 109 Abs 1 S 1 InsO FS Fischer (2008) S 379; *Mork/Heß* Mieterschutz contra Freigabe ZInsO 2005, 1206; *Paul* Die Insolvenz eines Immobilienmieters bei Mietermehrheit InVo 2008, 1; *S Roth* Die Miete in Genossenschaftsform: „Ungeliebtes“ oder doch nur „unerkanntes“ Kind? – Ein Zwischenruf NZM 2009, 850; *Steinicke* Zur Wirkung einer Kündigung durch den Insolvenzverwalter gemäß § 109 Abs 1 Satz 1 InsO bei Mietermehrheit ZMR 2001, 160; *Streyl* Mietermehrheiten NZM 2011, 377; *Tetzlaff* Rechte des Vermieters in der Insolvenz des Mieters NZI 2006, 87; *ders* Analoge Anwendung des § 109 Abs. 1 Satz 2 InsO auf Dauernutzungsverhältnisse des Schuldners bei Wohnungsgenossenschaften? ZInsO 2007, 590; *Tintelnot* Die gegenseitigen Verträge im neuen Insolvenzverfahren ZIP 1995, 616; *Wimmer* Die Kündigung des Mietvertrages über die vom Schuldner bewohnte Wohnung durch den Insolvenzverwalter/Treuhänder FS Uhlenbruck (2000) S 605.

Übersicht

Alphabetische Übersicht

I. Grundlagen

Die Bestimmung betrifft aufgrund von § 108 I 1 Fall 1 nach Verfahrenseröffnung fortgeltende **Mietverträge über unbewegliche Sachen und Räume**, allerdings nur im Falle der Mieterinsolvenz. Zwar ist durch § 108 insoweit das Wahlrecht des Insolvenzverwalters ausgeschlossen; durch § 109 soll dem Insolvenzverwalter des Mieters aber eine geeignete Möglichkeit an die Hand gegeben werden, sich nach den Bedürfnissen der Masse vom Vertrag zu lösen. Dafür unterscheidet die Vorschrift zunächst danach, ob die Mietsache dem Mieter bei Verfahrenseröffnung **bereits überlassen** war. Fehlt es daran, können beide Vertragsparteien nach Abs 2 zurücktreten. Nach Überlassung hängen die Rechtsfolgen davon ab, ob es sich um die Wohnung des Insolvenzschuldners handelt. In diesem Fall ermöglicht Abs 1 S 2 dem Insolvenzverwalter eine Enthaftungserklärung. Bei allen anderen Mietgegenständen kann der Insolvenzverwalter den Vertrag kündigen (Abs 1 S 1). 1

1. Entstehungsgeschichte

§ 19 KO räumte im Konkurs des Mieters beiden Vertragsteilen ein Kündigungsrecht ein, wenn der Vertragsgegenstand dem Mieter bereits überlassen war und der Vertrag daher nach § 21 KO fortwirkte. Vor Überlassung der Mietsache stand dem Vermieter nach § 20 KO ein Rücktrittsrecht zu. Machte er davon keinen Gebrauch, unterfiel der Vertrag dem Wahlrecht des Konkursverwalters nach § 17 KO. Abs 1 S 1 beschränkt das Sonderkündigungsrecht nunmehr wie zuvor bereits § 9 III GesO und § 51 II VglO auf die Person des Verwalters. Ein außerordentliches Kündigungsrecht des Vermieters in der Insolvenz des Mieters sieht die InsO hingegen im Unterschied zu § 19 S 1 KO nicht mehr vor. Vielmehr beschränkt § 112 außerhalb der Insolvenz bestehende Lösungsrechte. 2

Die **Kündigungsfrist** beträgt seit Änderung von Abs 1 S 1 im Jahre 2007 höchstens drei Monate.[1] Diese Einheitsfrist ersetzt den aus der KO in die InsO übernommenen Verweis auf die gesetzliche Kündigungsfrist, die teilweise – man denke an die nahezu neunmonatige Frist bei der Miete von Geschäftsräumen (§ 580a II, IV BGB) – als zu lang und daher – gerade im Vergleich zu § 113 S 1 – als ungerechtfertigte Privilegierung des Vertragspartners angesehen wurde.[2] Die vormalige Regelung mit ihrem Verweis auf die gesetzlichen Kündigungsfristen findet weiterhin Anwendung in Verfahren, die vor dem 1. Juli 2007 eröffnet wurden (Art 103c EGInsO). 3

Abs 1 S 2 sieht vor, dass der Verwalter einen Mietvertrag über die Schuldnerwohnung nicht kündigen, sondern stattdessen die Masse von den Verbindlichkeiten „**enthaften**" kann. Diese Regelung wurde 2001 in die InsO eingefügt.[3] Sie trägt zum einen der in Art 13 GG verankerten **essentiellen Bedeutung der Wohnung** des Schuldner als Lebensmittelpunkt für sich und seine Familie als Ausnahme zu einem grundsätzlich umfassenden Kündigungsrecht des Mieter-Verwalters nach § 109 I 1 Rechnung. Zum anderen entspricht sie aber auch der Funktion der Insolvenzmasse, aus der die täglichen Bedürfnisse des Insolvenzschuldners nur bei entsprechendem Willen der Gläubiger (§ 100) gedeckt werden sollen. Die neue Regelung beansprucht Geltung für alle ab dem 1. Dezember 2001 eröffneten Insolvenzverfahren (Art 103a EGInsO). 4

---

[1] G z Vereinfachung des Insolvenzverfahrens v 23.4.2007 (BGBl I, S 509).

[2] Begr zu RegE § 109 I 1, BT-Drucks 16/3227 S 19 f. – **Krit** für die typischerweise langfristig angelegten Landpachtverhältnisse (§ 594a BGB) Kübler/Prütting/Bork/*Tintelnot* InsO[31] § 109 Rn 35.

[3] G z Änderung der InsO u anderer G v 26.10.2001 (BGBl I, S 2710).

5 Steht der Vollzug eines von der Fortgeltungsanordnung in § 108 I 1 erfassten Vertrags noch aus, räumt § 109 II 1 sowohl dem Verwalter als auch dem Vertragspartner des Schuldners ein **einseitiges Rücktrittsrecht** ein. Auf diese Weise wird nur für den Fall der noch ausstehenden Überlassung dem Vermieter eine Lösungsmöglichkeit eingeräumt, die ihm unter der KO unabhängig von der Überlassung zustand (Rn 2). Für den Insolvenzverwalter unterscheidet sich im Vergleich zu Abs 1 sowie zu § 103 II nur der Modus, in dem er von der Durchführung des Vertrags Abstand nehmen kann.

2. Normzweck

6 Das Sonderkündigungsrecht nach Abs 1 S 1 nimmt in seinem Anwendungsbereich die Rolle des Verwalterwahlrechts nach § 103 ein, dessen Anwendung auf die betroffenen Dauerschuldverhältnisse wegen der spezifischen Interessenlage nicht sachgerecht ist (§ 108 Rn 13). So verfolgt das Sonderkündigungsrecht den gleichen Regelungszweck wie das Verwalterwahlrecht, dem Verwalter die **Abstandnahme von** ungünstigen oder jedenfalls der Verfahrensfortführung **nicht dienlichen Verträgen** zu ermöglichen. § 109 I 1 gestaltet die Rechtslage für den Verwalter im Gegensatz zu § 103 insoweit günstiger, als er nicht zur endgültigen Erklärung über das Schicksal des Vertrags gezwungen werden kann, wie es § 103 II 2 dem Vertragspartner gestattet.[4] Vielmehr kann der Verwalter zunächst den wirtschaftlichen Nutzen für die Masse abwägen und zu einem späteren Zeitpunkt von seinem Kündigungsrecht Gebrauch machen, das nicht wie in § 111 S 2 auf den erstmöglichen Termin beschränkt ist.

7 Der Regelungsanlass für die Einführung der neuartigen **Enthaftungserklärung** in § 109 I 2 bestand darin, den in seinen Rechtsfolgen unpassenden Massebezug des Wohnraummietvertrags zu beenden. Angesichts des Massebezugs war der Insolvenzverwalter regelmäßig gezwungen, den Wohnungsmietvertrag des Schuldners nach § 109 I 1 zu kündigen, wenn die Gläubigerversammlung es ablehnte, nach § 100 den Unterhalt des Schuldners und seiner Familie aus der Masse zu bestreiten.[5] Nur so konnte der Verwalter das Entstehen weiterer Masseverbindlichkeiten (§ 55 I Nr 2 Fall 2) verhindern und so eine ggf damit einhergehende gar persönliche Haftung den Gläubigern (§ 60) oder auch – im Fall der Masseinsuffizienz wegen unterlassener Kündigung – dem Vermieter gegenüber (§§ 61 S 1, 313 I 3; § 108 Rn 168) abwenden.[6] Motivation zur Kündigung war für manche Insolvenzverwalter überdies, die mit der Beendigung des Vertrags freiwerdende Mietkaution – in seltenen Fällen auch nach § 547 BGB zurückzugewährende Mietvorauszahlungen – zur Masse ziehen zu können.[7]

8 In Abs 1 hat der Gesetzgeber das Sonderkündigungsrecht des Vermieters aus § 19 S 1 KO bewusst nicht übernommen und sich damit konkludent von der Begründung der KO für diese Regelung distanziert.[8] Der Gesetzgeber der KO hatte seinerzeit unterstellt, dass der Vermieter von seiner Kündigungsmöglichkeit ohnehin keinen Gebrauch machen werde, solange er Befriedigung seiner Mieteforderungen für die Zeit nach Verfahrenseröffnung aus der Masse erlangen könnte.[9] Diese Prognose hat sich in der Praxis indes nicht bewahrheitet. Stattdessen diente die Verfahrenseröffnung dem Vermieter nicht selten als Grund, sich mittels seines voraussetzungslosen Sonderkündigungsrechts eines

---

4 Vgl bereits Begr zu EKO § 17 f, Mot S 76.

5 *Eckert* MünchKomm InsO³ § 109 Rn 7.

6 *Franken/Dahl* Mietverhältnisse² 7. Teil Rn 25; Kübler/Prütting/Bork/*Tintelnot* InsO³¹ § 109 Rn 12.

7 Begr zu RegE § 109 I 2, BT-Drucks 14/5680 S 27.

8 Begr zu RegE § 123, BT-Drucks 12/2443 S 147.

9 Begr zu EKO §§ 17, 18, Mot S 78.

missliebigen Mieters zu entledigen oder frühzeitig der Gefahr eines Forderungsausfalls vorzubeugen. Zur KO hatte der Gesetzgeber in Bezug auf die Gefahr der Masseunzulänglichkeit noch darauf verwiesen, die Ansprüche des Vermieters seien dann weder durch den Masseschuldcharakter der Mietforderungen noch durch das Vermieterpfandrecht hinreichend gesichert. Darüber hinaus sei insbesondere dem Verpächter nicht dauerhaft zuzumuten, dass der Verwalter das Pachtobjekt in anderer Weise nutze als der Schuldner.[10] Angesichts der ohnehin durch §§ 108 I 1, 55 I Nr 2 eintretenden Privilegierung des Vermieters sah der Gesetzgeber der InsO zurecht keine Rechtfertigung für eine weitere Besserstellung des Vermieters zu Lasten der par condicio creditorum. Schon unter Geltung der KO war daher erwogen worden, das Kündigungsrecht des Vermieters unter den Vorbehalt des Rechtsmissbrauchseinwands (§ 242 BGB) zu stellen, um in der Sache nicht gerechtfertigten Vermieterkündigungen die Wirksamkeit zu versagen.[11]

Nunmehr tragen die Streichung des Sonderkündigungsrechts in Kombination mit der 9
Beschränkung der Zahlungsverzugskündigung durch § 112 dem Grundanliegen der InsO Rechnung, die **Sanierung** zu **erleichtern**. Denn sie vermeiden ein ungewolltes „Auseinanderreißen" der Masse zur Unzeit und überlassen allein dem Verwalter die Entscheidung, welche Miet- und Pachtverhältnisse er im Interesse der Sanierung für fortsetzungswürdig erachtet.[12] Einen entsprechenden Bestandsschutz hat der Gesetzgeber der Masse allerdings versagt, wenn der Vertragsgegenstand dem Insolvenzschuldner noch nicht überlassen war. In diesem Vertragsstadium räumt Abs 2 dem Vermieter wie zuvor § 20 I KO die Möglichkeit zum Rücktritt ein. Diese unterschiedlich starke Bindung an den Vertrag je nachdem, ob das Objekt bereits überlassen wurde oder nicht, ist auf Kritik gestoßen.[13] Tatsächlich lässt sich eine Rechtfertigung allenfalls darin erblicken, dass vor Überlassung der Mietgegenstand noch nicht zu den Sachen zählt, die zur Unternehmens(fort)führung genutzt werden. Der stärkere Schutz der zum Unternehmensverbund gehörenden Sache findet sich auch in § 166 I, der das Verwertungsrecht des Insolvenzverwalters und die damit verbundenen Einbußen des Sicherungsnehmers an die Besitzverhältnisse bei Verfahrenseröffnung knüpft.

3. Abdingbarkeit

Nach § 119 unterliegt die in § 109 enthaltene Regelung nicht der Parteidisposition 10
(§ 119 Rn 44). Daher ist insbesondere der Ausschluss des Sonderkündigungsrechts für den Insolvenzverwalter unwirksam. Auch darf die Kündigungsfrist nicht verlängert oder die Kündigung auf andere Weise erschwert werden. Angesichts des Zwecks von **§ 119, die Masse zu schützen** (§ 119 Rn 1), kommen hingegen Erleichterungen der Kündigung genauso in Betracht wie der Ausschluss der Rücktrittsmöglichkeit für den Vermieter nach § 109 II. Zur Diskussion über Lösungsklauseln § 119 Rn 8 ff.[14]

---

[10] Begr zu EKO §§ 17, 18, Mot S 78 f.

[11] Jaeger/*Henckel* KO[9] § 19 Rn 6.

[12] Begr zu RegE § 126, BT-Drucks 12/2443 S 147.

[13] Vgl *Eckert* MünchKomm InsO[3] § 109 Rn 5 f; *Franken/Dahl* Mietverhältnisse[2] 6. Teil Rn 131; Kübler/Prütting/Bork/*Tintelnot* InsO[31] § 109 Rn 8 Fn 14; *Marotzke* HK InsO[6] § 109 Rn 38; *Tintelnot* ZIP 1995, 616 (621).

[14] Vgl *Eckert* ZVI 2006, 133 (136): Klausel über Beendigung eines Wohnraummietverhältnisses m Verfahrenseröffnung ist „insolvenzrechtlich unbedenklich", aber durch §§ 569 V, 573 IV BGB gesperrt.

II. Anwendungsbereich

11 Der Anwendungsbereich von § 109 erfasst die **Gebrauchsüberlassungsverträge**, die § 108 I 1 Fall 1 unterfallen, ist aber auf die Insolvenz des Empfängers der Gebrauchsüberlassung (Mieters) beschränkt. Der Verweis auf § 108 bezieht sich nicht nur auf den Vertragstyp (§ 108 Rn 39 ff), sondern auch darauf, dass ein wirksamer Vertrag vorliegen muss, der wie eine Insolvenzforderung nur dem Schuldner zuzurechnen ist, aus dem also noch keine Masseverbindlichkeiten (§ 55 II) folgen (§ 108 Rn 37 f). Zur Anwendbarkeit auf Untermietverträge, insbesondere zur analogen Anwendung auf die Kündigung des Vermieters, der nicht Eigentümer ist, s § 108 Rn 88 ff. § 109 findet in seiner heutigen Fassung auch auf Altverträge Anwendung.[15] Denn die Überleitungsvorschriften in Art 103a ff EGInsO knüpfen nicht an den Zeitpunkt des Vertragsschlusses, sondern an den der Verfahrenseröffnung an (Rn 3 f).

12 Kündigungs- und Rücktrittsrecht nach § 109 entstehen mit **Eröffnung des Insolvenzverfahrens** über das Vermögen des Mieters und treten neben sonstige vertragliche oder gesetzliche Beendigungsgründe: Hatte der Mieter bereits vor Verfahrenseröffnung gekündigt, kann der Verwalter gleichwohl noch nach § 109 I 1 kündigen, sofern diese Kündigung einer kürzeren Frist unterliegt und daher früher wirksam wird.[16] Andererseits kann auch noch nach der Kündigung durch den Verwalter der Vermieter das Vertragsverhältnis insbesondere wegen im Eröffnungsverfahren aufgelaufener Mietrückstände (§ 543 II Nr 3 BGB) fristlos kündigen.[17] Spezifische Probleme wirft das Verhältnis der in Abs 1 einerseits und Abs 2 andererseits geregelten unterschiedlichen Lösungsmöglichkeiten zueinander auf.

1. Kein Rücktritt (Abs 2) nach Überlassung

13 Der Rücktritt nach Abs 2 ist beiden Vertragsparteien in Anlehnung an § 20 I KO nur möglich, wenn das Objekt „zur Zeit der Eröffnung des Verfahrens noch nicht überlassen" worden war. Diese Voraussetzung ist ihrem bloßen Wortlaut nach auch dann erfüllt, wenn die Mietsache nach Verfahrenseröffnung überlassen (Rn 80) wird. Jedoch ist der **Rücktritt** von einem Mietvertrag **nach Überlassung** der Mietsache aus den allgemeinen Erwägungen **ausgeschlossen**, dass Dauerschuldverhältnisse wegen des beiderseitigen Bestandsinteresses nach Vollzug nicht mehr durch einseitige Rücktrittserklärung in ein Rückgewährschuldverhältnis umgewandelt werden können. Vielmehr kann ein solcher Vertrag zum Schutz der jeweils anderen Vertragspartei nur noch innerhalb der gesetzlich vorgesehenen Frist gekündigt werden.[18] Diese Wertung tritt exemplarisch in § 572 BGB zu Tage, wenn dieser dem Vermieter von Wohnraum versagt, sich nach Überlassung gegenüber dem Mieter auf ein vereinbartes Rücktrittsrecht zu berufen. Dieses zutreffende Ergebnis, die Überlassung schließe auch nach Verfahrenseröffnung den Rücktritt aus, wird teilweise abweichend auch damit begründet, dass in der Überlassung nach Verfahrenseröffnung ein beiderseitiger Verzicht auf das Rücktrittsrecht aus § 109 II zu sehen sei.[19]

---

15 Vgl *Eckert* MünchKomm InsO[3] § 109 Rn 11.

16 Kübler/Prütting/Bork/*Tintelnot* InsO[31] § 109 Rn 10.

17 KG ZMR 2007, 615.

18 *Franken/Dahl* Mietverhältnisse[2] 6. Teil Rn 46; *Marotzke* HK InsO[6] § 109 Rn 21.

19 Uhlenbruck/*Wegener* InsO[13] § 109 Rn 29.

2. Sonderkündigungsrecht (Abs 1) trotz Überlassung nach Verfahrenseröffnung

Anders als § 19 S 1 KO und § 51 II VglO setzt § 109 I 1 seinem Wortlaut nach nicht voraus, dass die Sache dem Mieter vor Verfahrenseröffnung bereits überlassen worden ist. Also überlappen sich beide Lösungsmöglichkeiten tatbestandlich. Für das **Verhältnis zwischen Kündigung und Rücktritt** belässt es auch die Gesetzesbegründung bei dem Hinweis, dass Abs 2 für den Fall der bei Eröffnung noch ausstehenden Überlassung vorgehe und insoweit der bisherigen Rechtslage nach §§ 20, 17 KO entspreche.[20] 14

Dieser Vorrang ist allerdings auf dasjenige Vertragsstadium beschränkt, während dessen dem Insolvenzverwalter die Lösungsmöglichkeit nach Abs 2 noch zusteht.[21] Geht die Rücktrittsmöglichkeit nach Abs 2 durch Überlassung der Sache oder nach § 109 II 3 HS 2 unter, kann der Insolvenzverwalter auf das Sonderkündigungsrecht nach § 109 I 1 zurückgreifen.[22] Das Verhalten des Verwalters, zunächst auf der Überlassung zu bestehen, dann aber im Verlauf des Verfahrens von seinem Sonderkündigungsrecht Gebrauch zu machen, ist nur auf den ersten Blick widersprüchlich. Ein Miet- oder Pachtobjekt kann für den Verwalter notwendig oder jedenfalls nützlich sein, um die **Sanierung** des schuldnerischen Unternehmens anzugehen. Die spätere Entwicklung bis hin zur drohenden Masseunzulänglichkeit kann dem Verwalter aber die möglichst schnelle Trennung von dem Objekt raten.[23] Gerade diese Flexibilität, dass der Verwalter an einer einmal getroffenen Entscheidung nicht festgehalten wird, sondern sich zu dem von ihm gewählten Zeitpunkt vom Vertrag lösen kann, kennzeichnet das Sonderkündigungsrecht. Sie liegt der Sonderregelung der Mieterinsolvenz in §§ 108 I 1 Fall 1, 109 I 1 im Unterschied zu § 103 II zugrunde (Rn 6, 21). In Abweichung von der KO hat die InsO diese Privilegierung durch § 108 f ausgeweitet, indem sie in beiden Vorschriften auf das Erfordernis der Überlassung verzichtet. 15

Diese Regelung führt auch zu angemessenen Ergebnissen. Der Vermieter ist angesichts der aus §§ 108 I, 55 I Nr 2 Fall 2 folgenden Masseverbindlichkeit und der ihm durch § 109 II eingeräumten eigenen Rücktrittsmöglichkeit hinreichend geschützt. Beim Verwalter werden keine Fehlanreize gesetzt, angesichts einer **möglichen persönlichen Haftung** aus § 61 und in Ungewissheit über Verlauf und Dauer des Insolvenzverfahrens sicherheitshalber vom Vertrag zurücktreten, obwohl die Sache von Nutzen für die Sanierung des Unternehmens sein kann.[24] Diese Abgrenzung von Abs 1 u 2 überzeugt auch für Wohnraum des Schuldners, also im Anwendungsbereich des Abs 1 S 2: Der Treuhänder soll nicht gezwungen sein, vom Vertrag zurückzutreten, weil ihm die angebliche Spezialität von Abs 2 die Enthaftungserklärung (Abs 1 S 2) versperrt. Schließlich besteht auch kein Grund, das Kündigungsrecht des Verwalters davon abhängig zu machen, dass er es sich bei Überlassung ausdrücklich vorbehält.[25] Dafür fehlt es nicht nur an einer gesetzlichen Grundlage, sondern das Verhalten des Insolvenzverwalters ist schlicht nicht 16

---

[20] Begr zu RegE § 123, BT-Drucks 12/2443 S 147.

[21] In diesem Sinne *Eckert* MünchKomm InsO[3] § 109 Rn 75; *Kalkschmid* Immobilienleasing Rn 467; Kübler/Prütting/Bork/*Tintelnot* InsO[31] § 109 Rn 68; Uhlenbruck/*Wegener* InsO[13] § 109 Rn 4; im Grds auch *Marotzke* HK InsO[6] § 109 Rn 22; **aA** wohl *Franken/Dahl* Mietverhältnisse[2] 6 Teil Rn 49 (Tatbestand v § 109 I nicht erfüllt).

[22] So auch *Huber* InsR-Hb[4] § 37 Rn 28.

[23] *Eckert* MünchKomm InsO[3] § 109 Rn 75; Lindner/Figura/Oprée/Stellmann/*Hörndler* Geschäftsraummiete-Hb[3] Kap 20 Rn 69; Uhlenbruck/*Wegener* InsO[13] § 109 Rn 4.

[24] *Kalkschmid* Immobilienleasing Rn 468.

[25] *Klinck* LeasingR-Hb[2] § 49 Rn 61; Nerlich/Römermann/*Balthasar* InsO[3] § 109 Rn 20; implizit Uhlenbruck/*Wegener* InsO[13] § 109 Rn 4; **aA** *Franken/Dahl* Mietverhältnisse[2] 6. Teil Rn 49; *Marotzke* HK InsO[6] § 109 Rn 23.

widersprüchlich (Rn 15), was das Verlangen nach einem solchen Vorbehalt doch wohl voraussetzte. Es ist Sache des Vermieters die Bedingungen zu diktieren, unter denen er von seinem Rücktrittsrecht keinen Gebrauch macht.

III. Recht zur Sonderkündigung (Abs 1 S 1)

17 Das Sonderkündigungsrecht aus Abs 1 S 1 erfüllt die **Funktion des Erfüllungswahlrechts** (§ 103), dass der Insolvenzverwalter über die Fortsetzung vom Insolvenzschuldner abgeschlossener Verträge entscheiden kann (Rn 6). Angesichts der unterschiedlichen Ausgestaltung entstehen im Anwendungsbereich von §§ 108 f im Unterschied zu § 103 II sog **oktroyierte Masseverbindlichkeiten**, die nicht vom Willen des Insolvenzverwalters abhängen. Das Sonderkündigungsrecht gibt dem Insolvenzverwalter aber die Möglichkeit, diese Entstehung zeitlich zu begrenzen, woran § 209 I Nr 2, II Nr 2, § 61, § 90 II Nr 2 anknüpfen (§ 108 Rn 165 ff).

1. Anforderungen an die Kündigung

18 Die Kündigung steht dem Insolvenzverwalter zu. An seiner Stelle ist bei **Eigenverwaltung** der Schuldner selbst im Einvernehmen mit dem Sachwalter zuständig (§ 279). Im vereinfachten Insolvenzverfahren steht die Kompetenz dem Treuhänder zu (§ 313 I 1). Da das Sonderkündigungsrecht auf der Vertragsfortsetzung nach § 108 I 1 fußt, gilt das Sonderkündigungsrecht nicht bereits im Eröffnungsverfahren, so dass während dessen Schuldner und vorläufigem Insolvenzverwalter nur die allgemeinen Kündigungsmöglichkeiten offen stehen.[26]

19 a) **Frist.** Abs 1 S 1 HS 2 erklärt im Grundsatz eine **eigenständige, insolvenzspezifische** – weil mit § 113 S 2 übereinstimmende – **Dreimonatsfrist** für einschlägig. Die im Kündigungsrecht des BGB üblichen Karenztage[27] gelten für das Sonderkündigungsrecht des Verwalters nicht, so dass die Kündigung dem Vermieter spätestens am letzten Tag eines Monats zugehen muss, damit sie zum Ende des dritten darauffolgenden Monats wirksam wird. Der Verwalter kann freilich auch mit längerer Frist kündigen, beispielsweise wenn er die Sache noch für einen längeren Zeitraum benötigt.[28]

20 **Erschwerungen** der Kündigung durch Gesetz oder Vertrag betreffen das Sonderkündigungsrecht nicht, jedenfalls soweit das gegenwärtige Recht anwendbar ist, was nach Art 103c I EGInsO eine Verfahrenseröffnung nicht vor dem 1. Juli 2007 voraussetzt (Rn 3). Das Sonderkündigungsrecht richtet sich aber nach kürzeren Fristen, wenn diese vertraglich oder gesetzlich angeordnet sind. Eine **Erleichterung** kann sich aus den dreitägigen Karenzzeiten (§§ 573c I 1, 580a I Nr 3 BGB) ergeben. Deutlichere Reduzierungen ergeben sich kraft Gesetzes angesichts des Anwendungsbereichs von Abs 1 S 1 indes allein im Ausnahmefall (Rn 29).

21 b) **Termin.** Das Sonderkündigungsrecht aus Abs 1 S 1 ist anders als das Kündigungsrecht des Erwerbers (§ 111 S 2) nicht auf den ersten möglichen Termin beschränkt, sondern besteht über die Dauer des gesamten Verfahrens. In dieser **Flexibilität** kommt ge-

---

[26] *Wegener* FK InsO[7] § 109 Rn 13; **anders** noch *Eckert* ZIP 1996, 897 (900), der eine Vorverlegung des Kündigungsrechts in das Eröffnungsverfahren für sinnvoll erachtete.

[27] §§ 573c, 580a I Nr 3, II, 584 I, 594a BGB: „spätestens am dritten Werktag".

[28] OLG Frankfurt ZIP 1980, 620 für die Kündigung durch den Vergleichsschuldner nach § 51 II VerglO.

rade die Eigenart der vom Gesetzgeber in §§ 108 I, 109 I 1 dem Insolvenzverwalter eingeräumten Lösungsmöglichkeit zum Ausdruck (Rn 6). Der Vertragspartner muss daher über die gesamte Vertragsdauer hinnehmen, dass der Verwalter von seinem Sonderkündigungsrecht Gebrauch macht. Im Unterschied zu § 103 II 2 kann er die zeitliche Geltendmachung dieses Wahlrechts nicht beschränken. Dementsprechend begründet allein die Fortführung des Vertrags durch den Verwalter **keinerlei schützenswertes Vertrauen des Vertragspartners** in den Fortbestand des Vertrags, der eine Einschränkung des Kündigungsrechts unter dem Aspekt von Treu und Glauben rechtfertigen würde.[29]

c) **Form.** § 109 I 1 verhält sich zu der vom Verwalter einzuhaltenden Form nicht. Nach BGB ist die Kündigung grundsätzlich **formfrei** möglich. Das gilt auch für die Sonderkündigung nach Abs 1. Vertragliche Erschwerungen gelten nicht, weil die besondere gesetzliche Befugnis aus Abs 1 schon nach § 119 nicht erschwert werden darf (Rn 10). Indes ist § 568 I BGB zu beachten.[30] Für die Kündigung des Abs 1 S 1 gilt diese Vorschrift freilich nur, wenn der Wohnraum nicht die Wohnung des Schuldners (Abs 1 S 2) ist (Rn 59). 22

2. Vertragsbeendigung

Die Kündigung bewirkt die **materiell-rechtliche Beendigung des Mietverhältnisses** nach Ablauf der (dreimonatigen) Kündigungsfrist. Sie bleibt im Interesse der Rechtssicherheit auch dann wirksam, wenn zwischenzeitlich das Insolvenzverfahren aufgehoben worden ist.[31] Infolge des materiell-rechtlichen Untergangs der Ansprüche wird auch ein für die Miete haftender Bürge befreit. Allerdings erstreckt sich die Bürgenhaftung regelmäßig auf den Ersatzanspruch des Vermieters wegen der vorzeitigen Beendigung des Vertrags aus § 109 I 3 (Rn 35).[32] Zu Abwicklungsansprüchen bei Vertragsbeendigung in der Mieterinsolvenz § 108 Rn 186 ff; zur Aussonderungssperre des § 135 III 1 wenn eine Gesellschaft den Vertragsgegenstand zur entgeltlichen Gebrauchsüberlassung von einem ihrer Gesellschafter erhalten hat, s § 108 Rn 171 ff. 23

3. Schadensersatzanspruch

Kündigt der Verwalter den Vertrag aufgrund des Sonderkündigungsrechts (Abs 1 S 1), steht dem Vertragspartner statt seines Anspruchs auf Zahlung der Miete ein Schadensersatzanspruch „wegen der vorzeitigen Beendigung des Vertragsverhältnisses“ (Abs 1 S 3 Fall 1) zu. Diese Formulierung bringt deutlich zum Ausdruck, dass der Ersatzanspruch als **Ausgleich** dafür dient, dass der Vertrag im Insolvenzverfahren **vorzeitig** im Vergleich zu der Regelung **beendet** wird, die außerhalb des Insolvenzverfahrens ohne das Sonderkündigungsrecht gegolten hätte (Rn 29). Der Anspruch ist im Unterschied zur Rechtsfolge der §§ 108 I, 55 I Nr 2 lediglich Insolvenzforderung. 24

a) **Rechtsnatur.** Im Anschluss an das Reichsgericht wird § 109 I 3 überwiegend dahingehend interpretiert, dass die Vorschrift einen Schadensersatzanspruch nicht begründet, sondern nur den sich aus dem Zivilrecht ergebenden **Schadensersatzanspruch als Insolvenzforderung qualifiziere**, obgleich er – ausgelöst durch eine Handlung des Insolvenzverwalters – sonst als Masseverbindlichkeit einzuordnen wäre.[33] Andere betonen 25

---

[29] *Eckert* MünchKomm InsO[3] § 109 Rn 26.
[30] *Wegener* FK InsO[7] § 109 Rn 10.
[31] RGZ 54, 301.
[32] Vgl OLG Köln ZIP 1995, 46 (47); Jaeger/*Henckel* KO[9] § 19 Rn 47.
[33] RGZ 140, 10 (14 ff); *Ahrendt* HambK InsO[4] § 109 Rn 15; *Eckert* MünchKomm InsO[3] § 109 Rn 28; Uhlenbruck/*Wegener* InsO[13] § 109 Rn 10.

hingegen die Gleichartigkeit der Ansprüche aus § 109 I 3 und § 103 II 1 als **schlichte Differenzforderungen.**[34] Bedeutung erlangt die unterschiedliche Charakterisierung insbesondere im Hinblick darauf, den Inhalt des Ersatzanspruchs zu bestimmen (Rn 31).

26 Wer für einen zivilrechtlichen Schadensersatzanspruch eintritt, findet eine Parallele bei der außerordentlichen **Kündigung von Dauerschuldverhältnissen.** § 314 IV BGB stellt als allgemeine Regelung klar, dass die außerordentliche Kündigung einen Schadensersatzanspruch unberührt lässt. Im Mietrecht bildet einen typischen Fall, dass der Vermieter einen langfristigen Mietvertrag wegen Zahlungsverzugs (§ 543 II 1 Nr 3 BGB) außerordentlich kündigt. In der Folge ist der Mietvertrag zwar beendet, aber dem Vermieter steht ein Anspruch aus §§ 280 f BGB auf Ersatz des Schadens zu, den er wegen der vorzeitigen Auflösung des Vertrags erleidet (sog „**Kündigungsfolgeschaden**").[35] Indessen liegt § 109 I eine abweichende Sachlage zugrunde. Es kann nicht derjenige Schadensersatz verlangen, der kündigt, sondern einerseits kündigt der Insolvenzverwalter, andererseits wird dem Vermieter ein Ersatzanspruch eingeräumt. Vor allem aber fehlt es an der zivilrechtlichen Grundlage für einen auf Schadensersatz statt der Leistung gerichteten Anspruch (zu § 103 II bereits § 103 Rn 34): Abs 1 S 3 setzt eine schuldhafte Pflichtverletzung des Insolvenzschuldners vor Verfahrenseröffnung nicht voraus. Nach Verfahrenseröffnung liegt eine schuldhafte Pflichtverletzung des Insolvenzverwalters nicht vor, was damit übereinstimmt, dass der Anspruch nicht Masseverbindlichkeit ist. Schließlich spricht ein Vergleich zu anderen Insolvenzgläubigern dagegen, einen Schadensersatz statt der Leistung wie im Zivilrecht anzunehmen: Insolvenzgläubiger sind auf die Anmeldung ihrer Primärforderung als Insolvenzforderung – ggf nach Umrechnung über §§ 41, 45 – beschränkt, erhalten keinen Schadensersatz statt der Leistung.

27 § 103 II regelt – was freilich nicht unbestritten ist – die Anmeldung des umgerechneten Primäranspruchs (§ 103 Rn 34, 241). Dieses Ergebnis lässt sich auf § 109 I 3 nicht übertragen. Das gilt schon wegen des Wortlauts, der ausdrücklich einen Schadensersatzanspruch vorsieht. Dieser Wortlaut knüpft vor allem aber völlig zutreffend daran an, dass der Primäranspruch des Vertragspartners durch die Kündigung des Insolvenzverwalters untergegangen ist. Damit taugt der Anspruch nicht mehr zur Anmeldung. Demzufolge ist § 109 I 3 **eigenständige Grundlage eines eigenständigen insolvenzrechtlichen Schadensersatzanspruchs.** Diese Qualifikation erlaubt es, § 109 I 3 einheitlich sowohl für den Fall der Kündigung nach Abs 1 S 1 als auch für die Enthaftungserklärung nach Abs 1 S 2 zu interpretieren. Für den Fall der Enthaftungserklärung wird nämlich überwiegend eine konstitutive Wirkung des Anspruchs aus Abs 1 S 3 angenommen.[36] Auf der Grundlage einer eigenständigen insolvenzrechtlichen Ausgestaltung des Anspruchs lässt sich auch sein Inhalt entsprechend den insolvenzrechtlichen Haftungsregelungen angemessen bestimmen: Der Vertragspartner ist – unter Ausklammerung der nach § 108 I fortgeführten Vertragszeit – so zu stellen, als hätte er seine bei Verfahrenseröffnung bestehenden vertraglichen Ansprüche zur Insolvenztabelle angemeldet. Bei Verfahrenseröffnung verfügte der Vertragspartner über eine – von einer Gegenleistung abhängige – Insolvenzforderung, weil die Forderung bereits vor Verfahrenseröffnung begründet wurde (§ 38). Hätte der Vertragspartner diese Forderung zu dem Zeitpunkt geltend

---

[34] Kübler/Prütting/Bork/*Tintelnot* InsO[31] § 109 Rn 49; wohl auch *Marotzke* HK InsO[6] § 109 Rn 27.

[35] BGHZ 82, 121 (129 f); BGH ZIP 1984, 1107 (1110); 1997, 2049 (2051); *Bieber* MünchKomm BGB[6] § 542 Rn 77; Palandt/*Weidenkaff* BGB[72] § 543 Rn 61; Schmidt-Futterer/*Blank* MietR[10] § 542 Rn 102 ff; Staudinger/*Emmerich* BGB[2011] § 543 Rn 108.

[36] *Eckert* MünchKomm InsO[3] § 109 Rn 60; in diesem Sinne wohl auch die Begr zu § 109 I S 2 BT-Drucks 14/5860 S 27.

machen können, wäre sie angesichts der hinausgeschobenen Fälligkeit abzuzinsen (§ 41) und um den Wert der offenen Gegenleistung zu reduzieren (§ 45) gewesen. So wäre eine Gleichbehandlung mit den anderen Insolvenzgläubigern gewährleistet gewesen. §§ 108 I, 109 I verschieben schlicht diese Abrechnung vom Zeitpunkt der Verfahrenseröffnung auf den Zeitpunkt des Wirksamwerdens der Kündigung.

Diese eigenständige insolvenzrechtliche Anknüpfung des Anspruchs erhebt ihn nicht zu einem vom Vertrag zu trennenden Anspruch mit abweichendem Rechtsgrund. Der Anspruch stellt die insolvenzmäßige Abwicklung des mietvertraglichen Anspruchs dar. Deswegen war jener bereits im Mietvertrag angelegt.[37] Insoweit unterscheidet sich sein Charakter nicht von den Insolvenzforderungen, die durch Umrechnung des Primäranspruchs entstehen. Daher erstreckt sich nicht nur auf Haftungsseite die Verantwortlichkeit der (ausgeschiedenen) Gesellschafter einer Personengesellschaft aus § 128 (§ 160) HGB auf die dem Vermieter in der Insolvenz der Mieter-Gesellschaft zustehenden Ansprüche. Auch auf Aktivseite fällt der Anspruch demjenigen zu, der den Anspruch auf Zahlung der Miete inne hatte. So erstreckt sich, falls das vermietete Grundstück im Zeitpunkt der Kündigung unter Zwangsverwaltung stand, die Beschlagnahmewirkung (§§ 148 I, 20 f ZVG) auf den von § 109 I 3 vorgesehen Anspruch.[38] **28**

b) **Kausalität in zeitlicher Hinsicht.** Der Anspruch bezieht sich auf die Zeitspanne, für die der Insolvenzverwalter aufgrund der dreimonatigen Kündigungsfrist des Abs 1 S 1 HS 2 früher gekündigt hat als es der Mieter außerhalb des Insolvenzverfahrens hätte tun können. Der Anspruch bezieht sich nicht auf die Dauer der Kündigungsfrist. Während dieser Zeitspanne besteht der Vertrag fort, so dass dem Vermieter eine Masseforderung zusteht. Der Anspruch ist auch ausgeschlossen, wenn der Verwalter nach Abs 1 S 1 HS 2 Fall 2 nach Vertrag oder Gesetz in kürzerer (oder gleicher) Frist kündigen konnte, weil die Dreimonatsfrist des § 109 I 1 Fall 1 dann nicht zu einer verfrühten Beendigung des Vertrags geführt hat.[39] Beispielsweise besteht keine Schadensersatzpflicht aus § 109 I 3, wenn der Insolvenzverwalter im **Nachlassinsolvenzverfahren** anstelle der Erben das außerordentliche Kündigungsrecht nach §§ 564 II, 580 BGB für einen Mietvertrag bzw nach §§ 584a II, 594d BGB für einen Pachtvertrag ausübt.[40] Hingegen sehen **Immobilienleasingverträge** in aller Regel für die Grundvertragslaufzeit einen Kündigungsausschluss vor. Dann erstreckt sich der Anspruch aus § 109 I 3 auf sämtliche Leasingraten bis zum Ablauf der Vertragslaufzeit, da eine vorzeitige Kündigung nicht möglich gewesen wäre.[41] **29**

Ein Anspruch auf Ersatz des Verfrühungsschadens nach § 109 I 3 steht dem Vertragspartner des Schuldners ferner mangels Kausalität nicht zu, wenn er nach einer Kündigung des Verwalters den Vertrag seinerseits durch Kündigung zu einem früheren Zeitpunkt beendet und damit die vorzeitige Vertragsbeendigung selbst verursacht hat.[42] Eine Ausnahme gilt freilich, wenn die Kündigung des Vermieters ihrerseits auf einem Verschulden des Insolvenzverwalters (Nichtzahlung der Miete) beruhte. Dann kann er nach Zivilrecht Ersatz seines Kündigungsfolgeschadens verlangen (Rn 26).[43] Zu diesem zivil- **30**

---

37 V anderen Ausgangspunkt ebenso iE RGZ 140, 10 (14 f).

38 LG Frankfurt NJW 1979, 934; Jaeger/*Henckel* KO[9] § 109 Rn 66; **aA** *Sonnenschein* JuS 1980, 559.

39 Kübler/Prütting/Bork/*Tintelnot* InsO[31] § 109 Rn 48; *Marotzke* HK InsO[6] § 109 Rn 27.

40 *Eckert* MünchKomm InsO[3] § 109 Rn 47.

41 Vgl *Kalkschmid* Immobilienleasing Rn 327.

42 BGH ZIP 1984, 1114 zum Ausschluss eines Anspruchs nach § 19 S 2 KO bei der „überholenden" Kündigung eines Leasingvertrags durch den Leasinggeber; vgl auch KG ZMR 2007, 615.

43 *Bieber* MünchKomm BGB[6] § 543 Rn 77; Palandt/*Weidenkaff* BGB[72] § 543 Rn 61.

rechtlichen Schadensersatzanspruch gehört der Ersatz des Schadens, der dem Vermieter dadurch entsteht, dass ihm kein Anspruch aus § 109 I 3 erwächst.[44] Der Schadensersatzanspruch des Vermieters ist dann wegen der (unterstellten und zur Kündigung berechtigenden) schuldhaften Vertragsverletzung des Insolvenzverwalters Masseverbindlichkeit (§ 55 I Nr 1). Der Schadensersatzanspruch geht dann aber für den hier diskutierten Zeitraum nach Ablauf der für den Insolvenzverwalter geltenden Kündigungsfrist nur dahin, so gestellt zu werden, **als hätte der Vermieter eine Insolvenzforderung nach § 109 I 3 erlangt.**

31 c) **Inhalt des Anspruchs.** Auf die Berechnung des Anspruchsumfangs wirkt sich aus, wie man den Anspruch charakterisiert. Wer den Anspruch als zivilrechtlichen Schadensersatzanspruch versteht, wird die zivilrechtlichen Grundsätze über den Kündigungsfolgeschaden (Rn 26) anwenden. Im insolvenzrechtlichen Schrifttum werden der entgangene Gewinn und die Mietdifferenz bei Neuvermietung zu einer geringeren Miete betont.[45] Wer hingegen zutreffend eine insolvenzrechtliche Differenzforderung annimmt, muss im Ergebnis **entsprechend §§ 41, 45 umrechnen** (Rn 27).[46]

32 Ausgangspunkt der Berechnung muss jedenfalls das Entgelt sein, das dem Vermieter angesichts der verfrühten Beendigung des Vertrags entgangen ist. Das ist grundsätzlich die Höchstsumme. Davon ist jedoch abzusetzen, dass die Gebrauchsüberlassungspflicht des Vermieters entfällt. Die zivilrechtliche Schadensberechnung erfolgt insoweit konkret.[47] Der Anspruch entstände im Grunde erst sukzessiv mit den fiktiven Mieteraten. Die Beweislast träfe jedenfalls im Ausgangspunkt den Vermieter.[48] Ersparte Aufwendungen, namentlich für Versorgungsleistungen, aber auch wenn der Vermieter die Sache nunmehr für eigene Zwecke nutzt, müsste er sich anrechnen lassen.[49] Vor allem aber träfe ihn eine **Schadensminderungspflicht** (§ 254 BGB).[50] Danach wäre er gehalten, sich möglichst zeitnah um eine wirtschaftlich äquivalente Verwertung zu bemühen. Die hierfür gemachten Aufwendungen werden dann ebenfalls als Nichterfüllungsschaden angesehen, sofern sie nicht wegen sehr kurzer Restlaufzeit des gekündigten Vertrags ohnehin angefallen wären.[51] Auch ein etwaiger Schaden aus Vertragsbruch oder Insolvenz des Folgemieters wären erfasst.[52] Angesichts der Ungewissheit über die Schadenshöhe, die von den weiteren Entwicklungen abhängt, wäre der Anspruch nur als aufschiebend bedingte Forderung (§ 191) zur Tabelle anzumelden.[53]

---

[44] Vgl KG ZMR 2007, 615 für die überholende Kündigung eines Vermieters wegen Zahlungsverzugs nach § 543 II Nr 3 lit a BGB.

[45] RGZ 140, 10 (14 ff); *Ahrendt* HambK InsO[4] § 109 Rn 15; *Eckert* MünchKomm InsO[3] § 109 Rn 28; Nerlich/Römermann/*Balthasar* InsO[3] § 109 Rn 12; Uhlenbruck/*Wegener* InsO[13] § 109 Rn 10.

[46] Kübler/Prütting/Bork/*Tintelnot* InsO[31] § 109 Rn 49; Leonhardt/Smid/Zeuner/*Zeuner* InsO[3] § 109 Rn 7; wohl auch *Marotzke* HK InsO[6] § 109 Rn 27.

[47] Zum Folgenden s insb Schmidt-Futterer/*Blank* MietR[10] § 542 Rn 102 ff.

[48] *Eckert* MünchKomm InsO[2] § 109 Rn 31; sehr weitgehend Jaeger/*Henckel* KO[9] § 19 Rn 66; Kübler/Prütting/Bork/*Tintelnot* InsO[31] § 109 Rn 49; Nerlich/Römermann/*Balthasar* InsO[3] § 109 Rn 12.

[49] OLG Frankfurt DB 1979, 2125 (2126); Jaeger/*Henckel* KO[9] § 19 Rn 66; Kübler/Prütting/Bork/*Tintelnot* InsO[31] § 109 Rn 49.

[50] BGH NJW 1968, 985 zu § 26 II KO; Nerlich/Römermann/*Balthasar* InsO[3] § 109 Rn 12.

[51] *Eckert* MünchKomm InsO[3] § 109 Rn 30.

[52] Vgl OLG Düsseldorf ZMR 2001, 528.

[53] *Franken/Dahl* Mietverhältnisse[2] 6. Teil Rn 120 ff; Lindner-Figura/Oprée/Stellmann/*Hörndler* Geschäftsraummiete-Hb[3] Kap 20 Rn 70; *Marotzke* FS Fischer (2008) S 379 (383 f).

Die vorzugswürdige insolvenzrechtliche Berechnung folgt anderen Grundsätzen. § 41 gebietet die Abzinsung, § 45 die Schätzung. Die so ermittelte Insolvenzforderung ist unabhängig vom weiteren Geschehensverlauf und unterliegt nicht den Beschränkungen des § 191. Zur Berechnung ist zunächst die Miete für die fiktive Restlaufzeit abzuzinsen (§ 41). Dann ist der Wert der entfallenden Gebrauchsmöglichkeit zu schätzen und dieser Betrag abzuziehen (§ 45). Dieser Wert ist objektiv zu bestimmen, so dass insbesondere der Erhaltungszustand, mithin die Renovierungsbedürftigkeit, zu berücksichtigen ist. Unter dem Strich bleibt dem Vermieter als Anspruchsinhalt die Günstigkeit des Restvertrags, also sein Restgewinn aus dem Geschäft. Während ihm dieser Geschäftsgewinn verbleibt, ist indes ein fiktiver Folgegewinn aus den ausbleibenden Mieteinnahmen nicht ersatzfähig.[54] So erhält insbesondere der **Leasinggeber** seine kalkulierte Gewinnmarge, freilich nur als Insolvenzforderung.[55] Liegt ein Teilamortisationsvertrag vor, hat sich der Leasinggeber zur vollständigen Amortisation in der Regel ein Andienungsrecht oder eine Abschlusszahlung am Ende der Vertragslaufzeit ausbedungen oder für den Fall der vorzeitigen Vertragsbeendigung einen entsprechenden Ausgleichszahlungsanspruch vereinbart.[56] Der Ausfall derartiger zusätzlich vereinbarter Gegenleistungskomponenten ist ebenfalls bei der Berechnung des Verfrühungsschadens zu berücksichtigen.[57] 33

d) **Vertragsstrafe, pauschalierter Schadensersatz.** Namentlich in gewerblichen Miet- und Pachtverträgen wird nicht selten für den Fall der außerordentlichen Kündigung einer Seite eine Vertragsstrafe oder ein Schadensersatzanspruch in pauschalierter Höhe ausbedungen. Nach § 555 BGB sind solche Vereinbarungen lediglich in Mietverträgen über Wohnraum unzulässig. Das bedeutet allerdings nicht, dass sie in der Insolvenz des Gewerberaummieters und nach Kündigung durch den Verwalter gem § 109 I 1 uneingeschränkte Geltung beanspruchen. Dem steht der **zwingende Charakter von §§ 109, 119** entgegen. So hat auch der BGH entgegen vom RG vertretener Auffassung[58] entschieden, dass nach § 19 S 3 KO nur der tatsächlich entstandene Schaden zu ersetzen sei.[59] Während in der Literatur diese Vorgabe des BGH teilweise dahingehend interpretiert wird, dass die Vereinbarung einer Vertragsstrafe oder eines pauschalierten Schadensersatzes jedenfalls nicht den Gegenbeweis eines geringeren Schadens ausschließen dürfe,[60] ist derartigen Vereinbarungen vollständig die Wirkung gegen die Insolvenzmasse zu versagen.[61] Dies gründet auf der zwingenden Anordnung des § 109 I, die eine Erschwerung der Kündigung einschließlich der Veränderung ihrer Wirkungen ausschließt (Rn 10). 34

e) **Sicherheiten.** Im Grundsatz kann der Vermieter für seine Insolvenzforderung von ihm zustehenden Sicherheiten Gebrauch machen. Im Unterschied zu dem Fall des § 103 II (§ 103 Rn 258 ff) tritt der Schadensersatzanspruch an die Stelle des durch Kündigung erloschenen Erfüllungsanspruch. Angesichts der gesetzlichen Ersetzung des Erfüllungs- 35

---

[54] Kübler/Prütting/Bork/*Tintelnot* InsO[31] § 109 Rn 49; Uhlenbruck/*Wegener* InsO[13] § 109 Rn 11. – Vgl auch Palandt/*Weidenkaff* BGB[72] § 543 Rn 62, der diese Schadensposition zutr auch aus dem Kündigungsfolgeschaden ausklammert u als Verzugsschaden identifiziert.

[55] v Westphalen/*v Westphalen* Leasingvertrag[6] Kap K Rn 43.

[56] Vgl zu den Kündigungsfolgen im Einzelnen v Westphalen/*v Westphalen* Leasingvertrag[6] Kap K Rn 42 ff; *Wolf/Eckert/Ball* MietR-Hb[10] Rn 2031 ff.

[57] *Kalkschmid* Immobilienleasing Rn 329.

[58] RGZ 115, 271 (273).

[59] BGHZ 39, 35 (38 ff).

[60] Kübler/Prütting/Bork/*Tintelnot* InsO[31] § 109 Rn 50; so auch Jaeger/*Henckel* KO[9] § 19 Rn 69.

[61] *Franken/Dahl* Mietverhältnisse[2] 6. Teil Rn 126 f; Nerlich/Römermann/*Balthasar* InsO[3] § 109 Rn 13; Uhlenbruck/*Wegener* InsO[13] § 109 Rn 12.

anspruchs durch den Anspruch aus Abs 1 S 3 sind Sicherheiten im Zweifel so zu verstehen, dass sie auch diesen Anspruch erfassen. Das gilt etwa für eine vertraglich übernommene persönliche Mithaftung,[62] aber auch für die Bürgschaft. Denn es realisiert sich mit der Bürgschaft gerade das von dem Sicherungsgeber übernommene Risiko.[63]

36 Als Ausnahme zu diesem Grundsatz sichert das Vermieter- bzw Verpächterpfandrecht (§§ 562, 581 II BGB) jedoch nach der ausdrücklichen Anordnung in § 50 II 1 Fall 2 den Ersatzanspruch nicht.[64] Weitergehend geschützt ist lediglich der Verpächter eines landwirtschaftlichen Grundstücks (§ 50 II 2).

37 f) **Aufrechnung.** Eine Aufrechnung durch den Vermieter mit dem Ersatzanspruch aus § 109 I 3 wird gegen Ansprüche des Mieters – sogar aus der Zeit vor Verfahrenseröffnung (Rückzahlungsansprüche wegen überbezahlter Miete oder Schadensersatzforderungen) – zugelassen.[65] Zur Begründung wird auf die Rechtsprechung des BGH zur KO verwiesen, dass eine Aufrechnung mit dem Anspruch aus § 103 II zulässig sei.[66] Indes werden damit die durch die InsO geschaffenen **Grenzen für die Aufrechnung** mit bei Verfahrenseröffnung noch nicht durchsetzbaren Forderungen **in § 95 I 2 u 3 übersehen.** Eine Aufrechnung gegen vor Verfahrenseröffnung fällige Forderungen scheitert schon an § 95 I 3, weil die Hauptforderung bereits vor Verfahrenseröffnung fällig war (§ 103 Rn 254). Darüber hinaus steht der Aufrechnung entgegen, dass die Forderung aus § 109 I 3 auf einer Saldierung der noch offenen Vertragsleistungen beruht. Daher schließt § 95 I 2 die Aufrechnung auch gegen erst während des Verfahrens fällig werdende Ansprüche aus (§ 103 Rn 253).

IV. Lösung nach Abs 1 S 1 bei Mietermehrheit

38 Steht neben dem insolventen Mieter mindestens eine weitere Person auf Mieterseite, wird der Mietvertrag ungeachtet dessen bei Verfahrenseröffnung ebenfalls fortgesetzt (§ 108 I). Die Forderung gegen den im Zweifel **gesamtschuldnerisch** verpflichteten (§ 427 BGB) Insolvenzschuldner wird daher **Masseverbindlichkeit** (§§ 108 I, 55 I Nr 2 Fall 2). Auch der Regress des den Vermieter befriedigenden Mitmieters ist grundsätzlich Masseverbindlichkeit (§ 108 Rn 148).

1. Lösungsmöglichkeit des Insolvenzverwalters

39 Angesichts von Sinn und Zweck des Abs 1 muss es dem Insolvenzverwalter in einer solchen Sachlage möglich sein, unter Beachtung der Dreimonatsfrist (Rn 19) die **Entstehung weiterer Masseverbindlichkeiten** durch eine entsprechende Erklärung zu **verhindern.** Über Einordnung und Rechtsfolgen dieser Lösungsmöglichkeit herrscht Streit.

40 a) **Meinungsstand.** Im Anschluss an die Rechtsprechung des RG hat sich folgende Mehrheitsmeinung gebildet, der sich der BGH[67] für gewerbliche Mietverhältnisse angeschlossen hat. Der Insolvenzverwalter des einen Mieters könne allein nach § 109 I 1 durch seine Kündigung das **gesamte Mietverhältnis** auch im Verhältnis der oder des Ver-

---

62 Für die in AGB übernommene Mithaftung eines Abschlussvertreters für die Verbindlichkeiten des Vertretenen OLG Köln ZIP 1995, 46.

63 *Eckert* MünchKomm InsO[3] § 109 Rn 33.

64 Jaeger/Henckel InsO § 50 Rn 34 ff.

65 *Ahrendt* HambK InsO[4] § 109 Rn 18; *Eckert* MünchKomm InsO[3] § 109 Rn 34; *Wegener* FK InsO[7] § 109 Rn 35.

66 BGHZ 15, 333 (335 f); 68, 379 (382).

67 BGH ZIP 2013, 835.

mieter(s) gegenüber den oder dem Mitmieter(n) zum Erlöschen bringen.[68] Der Schutzzweck des § 109 gebiete keine Ausnahme von der Gesamtwirkung der Kündigung.[69] Für den anderen Mieter würde dann das Mietverhältnis enden, ohne dass ihn eine Entschädigungsverpflichtung gegenüber dem Vermieter träfe, weil es dafür an seiner Pflichtverletzung fehle. Das Verhalten der Schuldnerseite lasse sich einem anderen Mieter angesichts der von § 425 II BGB angeordneten Einzelwirkung ebenfalls nicht haftungsbegründend zurechnen.[70] Allein umgekehrt könne dem Mitmieter gegen den Insolvenzschuldner wegen der Kündigung des Vertrags durch den Insolvenzverwalter gegenüber dem Vermieter mit Gesamtwirkung ein Schadensersatzanspruch erwachsen, der aber entsprechend Abs 1 S 3 nur Insolvenzforderung sei.[71]

Diese Mehrheitsmeinung wird in drei Richtungen in Frage gestellt. Ein vereinzelt erhobener Einwand geht dahin, dass der Insolvenzverwalter nur eines Mieters allein durch seine Erklärung auf das Mietverhältnis nicht einwirken könne. Vielmehr könne der Vertrag nur mittels Gesamtakt des Insolvenzverwalters **gemeinsam mit den anderen Mietern** durch Kündigung beendet werden.[72] Ggf müsse der Insolvenzverwalter die anderen Mieter im Innenverhältnis auf Mitwirkung in Anspruch nehmen. Die am stärksten vertretene Gegenmeinung lehnt es ab, dass das Mietverhältnis angesichts der Insolvenz nur eines Mieters überhaupt insgesamt aufgehoben werden könne, weil § 109 I 1 allein den Schutz der Masse bezwecke. Daher komme der **Kündigung nur Einzelwirkung** mit der Folge zu, dass der Insolvenzschuldner aus dem unter den anderen Vertragspartnern fortbestehenden Mietverhältnis ausscheide.[73] Eine vermittelnde Auffassung unterscheidet zur Abgrenzung, ob die Verwalterkündigung Einzel- oder Gesamtwirkung äußert, nach der Art der Mitberechtigung:[74] Sollte nach dem anfänglichen Parteiwillen allen Mitmietern ein gleichrangiges Nutzungsrecht an dem Objekt zustehen, habe die Kündigung des Verwalters nur Einzelwirkung. Leiten die übrigen Mitmieter ihr Nutzungsrecht hingegen vom Insolvenzschuldner als Hauptmieter ab oder haben sie nur sicherungshalber als Mitmieter kontrahiert, beende die Verwalterkündigung nach § 109 I 1 den Mietvertrag mit Gesamtwirkung. Schließlich lässt sich gegen die herrschende Meinung einwenden, dass die Kündigung nach Abs 1 S 1 zwar zur Vertragsbeendigung führe, aber auf Primärebene zur Haftung nicht nur der Masse (Abs 1 S 3), sondern auch der Mitmieter führen müsse.[75] 41

---

[68] RGZ 141, 391 (392 f); OLG Celle NJW 1974, 2012; OLG Düsseldorf NJW-RR 1987, 1369; OLG Hamburg ZIP 2012, 1143; *Ahrendt* HambK InsO[4] § 109 Rn 19; Braun/*Kroth* InsO[5] § 109 Rn 24; Jaeger/*Henckel* KO[9] § 19 Rn 67; Uhlenbruck/*Wegener* InsO[13] § 109 Rn 3; *Wegener* FK InsO[7] § 109 Rn 17; vgl auch BGHZ 26, 102 (104 f).

[69] BGH ZIP 2013, 835 Rn 19.

[70] OLG Celle NJW 1974, 2012 (2013); OLG Hamburg ZIP 2012, 1143 (1144); Braun/*Kroth* InsO[5] § 109 Rn 24; *Wegener* FK InsO[7] § 109 Rn 19.

[71] Vgl Bub/Treier/*Belz* Wohnraummiete-Hb[3] VII B Rn 218; *Eckert* MünchKomm InsO[3] § 109 Rn 40; *Paul* InVo 2008, 1 (4).

[72] *Behrens* Beteiligung mehrerer Mieter S 266.

[73] *Eckert* MünchKomm InsO[3] § 109 Rn 37, 41; *Steinicke* ZMR 2001, 160 (164); *Wolf/Eckert/Ball* MietR-Hb[10] Rn 1589.

[74] *Franken/Dahl* Mietverhältnisse[2] 6. Teil Rn 92; Kübler/Prütting/Bork/*Tintelnot* InsO[31] § 109 Rn 46; Lindner/Figura/Oprée/Stellmann/*Hörndler* Geschäftsraummiete-Hb[3] Kap 20 Rn 71 ff; wohl auch Braun/*Kroth* InsO[5] § 109 Rn 27; vgl auch *Marotzke* HK InsO[6] § 109 Rn 7, 14.

[75] Vgl *Eckert* MünchKomm InsO[3] § 109 Rn 41; ferner *Dahl* NZM 2008, 585 (591) für den Ersatzanspruch nach § 109 II 2.

42 b) **Stellungnahme.** Die herrschende Meinung vermag nicht zu überzeugen. Sinn und Zweck des Sonderkündigungsrechts legitimieren es nicht, das Vertragsverhältnis zwischen Vermieter und den übrigen Mietern zu zerstören. Wollen beide das Verhältnis ohne den insolventen Mieter nicht fortsetzen, können sie Entsprechendes vereinbaren. Anderenfalls werden entweder die **Interessen des Vermieters**, dem am Mietvertrag mit den anderen Mietern gelegen ist, oder diejenigen **der anderen Mieter** verletzt, die die Mietsache nutzen wollen.[76] Dass die Insolvenz eine solche Vertragsaufhebung nicht trägt, zeigt schon der Vergleich zu den von § 103 erfassten Verträgen, bei denen die Insolvenz einer Vertragspartei auch in Kombination mit dem Ausbleiben der Erfüllungswahl des Insolvenzverwalters nicht zur Aufhebung des Vertrags führt. Vielmehr haftet der verbleibende Vertragspartner für die gesamte Schuld (§ 103 Rn 258). Der zusätzliche Vertragspartner dient dem Vermieter aber nicht nur bei den von § 103, sondern auch bei den von §§ 108 f erfassten Verträgen als weiterer Schuldner der Miete, weil alle Mieter gesamtschuldnerisch handeln (§ 427 BGB).[77] Der herrschenden Meinung nach trägt indessen der Vermieter das Insolvenzrisiko aller Mieter, weil schon die Insolvenz eines Mieters ausreichen soll, damit dessen Insolvenzverwalter den Vertrag mit Gesamtwirkung beenden kann.

43 Diese Bedenken angesichts von Sinn und Zweck spiegeln sich auch in der rechtlichen Konstruktion. Es widerspricht der **Einheitlichkeit des Mietverhältnisses**, dass durch die Gestaltungserklärung einer Vertragspartei von mehreren auf einer Seite das gesamte Vertragsverhältnis aufgelöst wird. Indessen verlangen §§ 351, 441 II BGB für die dort geregelten Gestaltungsrechte, dass sie einheitlich von allen Parteien einer Vertragsseite ausgeübt werden. Daraus darf aber nicht gefolgert werden, der Insolvenzverwalter dürfe nur mit den anderen Mietern gemeinsam kündigen. Dagegen spricht nicht nur, dass Masseverbindlichkeiten weiter auflaufen würden, bis eine Einigung auf Mieterseite erzielt wäre. Vielmehr kommt eine solche Gesamtkündigungslösung nur für Kündigungsgründe wie den Tod eines Mieters (§§ 564 S 2, 580 BGB) in Betracht, die eine Kündigung des gesamten Mietverhältnisses rechtfertigen, auch wenn die Voraussetzungen nur in einer Person vorliegen.[78] Aus den in der vorigen Rn genannten Gründen gibt die Insolvenz indes keine solche Legitimation. Diese fehlende Legitimation wird im Vergleich zu dem Kündigungsgrund des § 564 S 2 BGB noch gestärkt. Diese Regelung stellt einen gesetzlich geregelten Fall der **Störung der Geschäftsgrundlage** dar.[79] Dieser Störung wird durch Einräumung eines Kündigungsrechts Rechnung getragen, ohne dass im Unterschied zu § 109 I 1 eine Schadensersatzverpflichtung angeordnet ist. Die Eigenart des § 564 S 2 kommt auch dadurch zum Ausdruck, dass diese Regelung auf natürliche Personen beschränkt ist, die allein im Unterschied zu juristischen Personen und rechtsfähigen Personengesellschaften sterben können. Eine analoge Anwendung dieses Kündigungsrechts auf juristische Personen wird abgelehnt.[80]

44 Dem Anliegen des § 109 I 1 wird bei Mietermehrheiten dadurch am besten Rechnung getragen, dass man dem Insolvenzverwalter die Befugnis zum **Austritt aus dem Vertragsverhältnis** einräumt. Damit wird einerseits der Vermieter an seinem Leistungsversprechen gegenüber den übrigen Mietern und anderseits werden die übrigen Mieter an ihrem Versprechen gegenüber dem Vermieter festgehalten. Sofern das Ausscheiden der insolventen Vertragspartei ausnahmsweise die Geschäftsgrundlage des Vertrags unter den übrigen

---

[76] **AA** BGH ZIP 2013, 835 Rn 20.
[77] Vgl *Eckert* MünchKomm InsO³ § 109 Rn 41.
[78] *Häublein* MünchKomm BGB⁶ § 564 Rn 22; **aA** *Streyl* NZM 2011, 377 (386).
[79] Vgl RGZ 90, 328 (329).
[80] *Häublein* MünchKomm BGB⁶ § 564 Rn 23.

Vertragesparteien betreffen mag, lässt sich das über § 313 BGB auffangen. Regelmäßig ist dem aber nicht so, weil die übrigen Mieter sowohl das Risiko trifft, die Miete allein aufzubringen, als auch aus der Mietsache gemeinsam Nutzen ziehen zu können. Angesichts dessen steht auch die Einheitlichkeit des Mietverhältnisses dieser Austrittslösung nicht entgegen.[81] Allein nach dem ursprünglich geschlossenen Vertrag hat der Vermieter die Gebrauchsgewährung als **unteilbare Leistung** allen Mietern gegenüber gemeinschaftlich zu erbringen. Dieser Vertragsinhalt wird durch Austritt des Insolvenzschuldners geändert.[82] Im Unterschied zur Gesamtbeendigung der Kündigungslösung zieht diese austrittsbedingte Änderung des Vertrags die angemessenen Folgen aus der Insolvenz eines Vertragspartners: Der Vermieter kann seine weiteren gesamtschuldnerisch verpflichteten Vertragspartner weiterhin in Anspruch nehmen. Insoweit tragen die Mitmieter – vorbehaltlich möglicher Regressansprüche (Rn 47) – das Insolvenzrisiko, sind dann aber auch dem Vermieter gegenüber allein noch zum Gebrauch berechtigt.

2. Folgeprobleme

Zwar beendet der Austritt aus dem Vertrag durch die entsprechende Erklärung des Verwalters analog Abs 1 S 1 materiell-rechtlich die Beteiligung des Insolvenzschuldners am Vertrag, es kommen aber **insolvenzspezifische Ersatzansprüche** von Vermieter und Mitmieter in Betracht, mit denen diese am Insolvenzverfahren teilnehmen. 45

a) **Schadensersatz des Vermieters (Abs 1 S 3).** Für den Zeitraum bis zur ersten Kündigung außerhalb des Verfahrens kann der Vermieter seinen Verfrühungsschaden als Insolvenzforderung entsprechend Abs 1 S 3 geltend machen. Im Unterschied zur direkten Anwendung dieser Regelung ist der Umfang des Schadens aber bei Austritt noch nicht absehbar (Rn 43). Das beruht darauf, dass der Vertrag ungeachtet des Austritts fortbesteht, und so **sukzessive Forderungen** des Vermieters entstehen. Es sind daher nicht die Regelungen über Abzinsung (§ 41) und Umrechnung (§ 45), sondern die über eine bedingte Insolvenzforderung (§ 191) einschlägig. Die bedingt anzumeldende Maximalforderung besteht in der bis zur regulären Beendigung fällig werdenden Miete. Davon ist aber insbesondere abzuziehen, was die Mitmieter zahlen. Kommen die verbleibenden Mieter in Zahlungsverzug und kündigt der Vermieter später deswegen, greifen ab der Beendigung des Vertrags die allgemeinen Grundsätze zu Abs 1 S 3 (Rn 32 f). 46

b) **Regress.** Einem (ehemaligen) Mitmieter, der nach Austritt des Insolvenzschuldners die Miete weiter an den Vermieter zahlt, steht ein Regressanspruch gegenüber dem Insolvenzschuldner zu. Dieser Anspruch wird meist auf dem **Innenverhältnis der Mitmieter** untereinander beruhen, das den Insolvenzschuldner für die Mindestvertragslaufzeit zur Freihaltung und Kostentragung verpflichtet. Da der Austritt den Insolvenzschuldner wegen Abs 1 S 3 nicht von der Verantwortlichkeit gegenüber dem Vermieter befreit, lässt sich auch ein **Gesamtschuldverhältnis** von Mieter und Insolvenzschuldner denken, das einen Regress über § 426 BGB begründet. Erforderlichenfalls wäre Abs 1 S 3 auch im Verhältnis zu dem Mitmieter anzuwenden, um eine Regressgrundlage zu schaffen. In jedem Fall ist dieser Regressanspruch aber nur bedingte (§ 191) Insolvenzforderung. 47

---

[81] *Eckert* MünchKomm InsO³ § 109 Rn 39; **aA** OLG Hamburg ZIP 2012, 1143; vgl auch allg *Streyl* NZM 2011, 377 (383 ff).

[82] Vgl auch BGHZ 65, 49 z ordentl Kündigung eines wegen § 550 BGB nicht an einen Kündigungsausschluss gebundenen Mitmieters.

3. Abgrenzung Vertragspartei GbR

48 Von dem Vertrag mit mehreren Mietern ist die Sachlage abzugrenzen, dass eine Gesellschaft bürgerlichen Rechts Mieterin ist.[83] Insoweit ist der geschlossene Vertrag daraufhin auszulegen, wer Vertragspartei ist.[84] Ist eine GbR (Anwaltssozietät, Arztpraxis) Vertragspartei, gelten die vorstehenden Grundsätze nicht. § 109 ist allein – dann freilich direkt – anwendbar, wenn das Insolvenzverfahren über das Vermögen der GbR (§ 11 II Nr 1) eröffnet wird. Die Insolvenz eines Gesellschafters begründet ebenso wie selbst die Auflösung der Gesellschaft keinen Kündigungsgrund.[85]

V. Enthaftung bei Schuldnerwohnung (Abs 1 S 2)

49 Auch der Vertrag über die Schuldnerwohnung wird von §§ 108 f erfasst. Zwar lässt sich das aus dem Mietvertrag folgende Nutzungsrecht nicht unmittelbar zur Masse ziehen. Einwände, die aus diesem Grunde gegen die Anwendung von §§ 108 f erhoben werden,[86] haben sich aber jedenfalls nach Schaffung von Abs 1 S 2 erledigt (Rn 4).[87] Für diese rechtspolitische Entscheidung des Gesetzgebers spricht schon, dass der Vertrag genutzt werden kann, um dem Schuldner **Unterhalt** zu gewähren (§ 100). Vor allem aber wird die Einbeziehung dieser Verträge in das Verfahren davon getragen, dass die Ansprüche des Vertragspartners im Insolvenzverfahren abzuwickeln sind (Vor § 103 Rn 56), weil sie gegen den Insolvenzschuldner vor Verfahrenseröffnung begründet wurden. Die Haftung der Masse für diese Passivforderung zu regeln ist das Hauptanliegen von Abs 1 S 2. Namentlich kann der Insolvenzverwalter durch die Enthaftungserklärung die **weitere Haftung der Masse abwenden**, ohne dass das Mietverhältnis zwischen Insolvenzschuldner und Vermieter berührt wird.[88]

1. Rechtsnatur der Enthaftung

50 Im Unterschied zu Abs 1 S 1, der mit der Vertragsbeendigung eine materiell-rechtliche Rechtsfolge vorsieht (Rn 23), ist Abs 1 S 2 auf haftungsrechtliche Rechtsfolgen (§ 108 Rn 19) beschränkt. Diese knüpfen daran an, dass § 108 I im Zusammenspiel mit § 55 I Nr 2 Fall 2 die Forderungen aus dem vom Schuldner geschlossenen Mietvertrag abweichend von § 38 als Masseverbindlichkeit qualifiziert. Um die Masse davon zu befreien, räumt Abs 1 S 2 dem Insolvenzverwalter zwar nicht die Möglichkeit ein, die Entstehung weiterer Forderungen (auf Miete) aus diesem Schuldverhältnis durch Kündigung zu verhindern, er kann aber die haftungsrechtliche Qualifikation dieser Forderungen beeinflussen.[89] Verbindlichkeiten aus dem Mietverhältnis können daher in drei – statt sonst üblich zwei – Kategorien eingeteilt werden:[90] die **Insolvenzforderungen aus der Zeit vor Verfahrenseröffnung** (§ 108 III), die **Masseverbindlichkeiten** aus der Fortsetzung mit

---

[83] Die Unterscheidung verwischend *Cymutta* NZI 2012, 674 f in Anm zu OLG Hamburg ZIP 2012, 1143.

[84] Zu den Kriterien *Jacobs* NZM 2008, 111 (112 f); *Jacoby* ZMR 2001, 409 (410); *Kraemer* NZM 2002, 465 (470 f); *Streyl* NZM 2011, 377 (381 f).

[85] Vgl *Häublein* MünchKomm BGB[6] § 564 Rn 23.

[86] *Marotzke* KTS 1999, 269 ff; *ders* HK InsO[6] § 109 Rn 6 ff; **krit** zu diesem Ansatz *Wimmer* FS Uhlenbruck (2000) S 605 (609 ff).

[87] BGH ZIP 2012, 784 Rn 11; *Eckert* ZVI 2006, 133.

[88] Begr zu RegE § 109 I 2, BT-Drucks 14/5860 S 27.

[89] BGH ZIP 2008, 1736 Rn 22.

[90] Vgl BGH ZIP 2011, 924 Rn 12.

Wirkung auch zulasten der Masse (§§ 108 I, 55 I Nr 2 Fall 2) sowie die **Neuverbindlichkeiten** aus der Fortsetzung des Vertrags mit dem Schuldner nach Wirksamkeit der Enthaftungserklärung. Hinzu tritt der eigens in Abs 1 S 3 Fall 2 geregelte Schadensersatzanspruch, der an die Folgen der Enthaftungserklärung anknüpft.

Während diese Regelungen der Verbindlichkeiten im Fokus des Gesetzgebers standen, **51**
enthalten §§ 108 f keine ausdrückliche Regelung zur Wahrnehmung der aus dem Vertrag folgenden Ansprüche und Befugnisse. Bis heute hat sich keine einheitliche Auffassung gebildet, diese Wirkungen zu beschreiben. Unbestritten ist, dass der Insolvenzschuldner durchweg Vertragspartner des Vermieters bleibt. Diesen Befund teilt das hier in Rede stehende **Wohnraummietverhältnis** allerdings mit allen anderen von §§ 103 ff erfassten Vertragsverhältnissen. Besonderheit des Wohnraummietverhältnisses ist indes, dass die aus dem Mietvertrag folgenden Gebrauchsrechte an der Mietwohnung nur der Insolvenzschuldner ausüben darf. Inwieweit dieser Besonderheit schon eine Einschränkung der Beschlagnahmewirkung der Insolvenzeröffnung Rechnung trägt und wie andererseits die Wirkungen der Enthaftung zu erklären sind, darüber herrscht Streit.[91]

Teilweise wird schon die Beschlagnahmewirkung hinsichtlich des Wohnraummietver- **52**
hältnisses durch Verfahrenseröffnung eingeschränkt. Wenn Abs 1 S 2 dem Insolvenzverwalter die Kündigungsbefugnis versage, belasse der Insolvenzbeschlag dem Insolvenzschuldner nicht nur die Gebrauchsbefugnis, sondern auch die Entscheidungsmacht, das Mietverhältnis bereits vor der Enthaftungserklärung unabhängig vom Verwalter durch Kündigung zu beenden (Rn 62 f).[92] Darüber hinaus entzündet sich der Streit insbesondere an der Wirkung der Enthaftungserklärung. Einerseits wird die Enthaftung wie eine umfassende **Freigabe des Wohnungsmietverhältnisses** oder zumindest freigabeähnlich interpretiert, so dass das Mietverhältnis nicht mehr vom Insolvenzbeschlag erfasst werde und die Verwaltungs- und Verfügungsbefugnis wieder umfassend beim Schuldner liege.[93] Andererseits werden Abs 1 S 2 nur begrenzte Rechtswirkungen beigemessen. Diese seien entsprechend dem Wortlaut der Norm auf die Anordnung des Kündigungssauschlusses (Rn 61) sowie eine Ausnahme von §§ 108 I, 55 I Nr 2 Fall 2 beschränkt.[94] Sogar die Kündigung des Mietverhältnisses nach Abgabe der Enthaftungserklärung soll aufgrund dieser Auffassung dem Insolvenzverwalter gegenüber zu erklären sein.[95] Dieser Auslegung, die am bloß auf die Verbindlichkeiten bezogenen Wortlaut von Abs 1 S 2 stehen bleibt, ist nicht zu folgen. Dieser Wortlaut lässt sich daraus erklären, dass infolge von §§ 108 I, 55 I Nr 2 Fall 2 die Masse in erster Linie von den Verbindlichkeiten berührt wird. Der Gesetzgeber beabsichtigte indessen, dass die Enthaftungserklärung zur Fortsetzung des Vertrags mit dem Schuldner führt.[96] Dementsprechend liegt infolge der Enthaftungserklärung die **alleinige Verwaltungszuständigkeit für den Vertrag beim Insolvenzschuldner**, gleich so, als hätte er den Mietvertrag als Neuvertrag abgeschlossen. Daher ist nur er Adressat rechtserheblicher Erklärungen, wie insbesondere Kündigungen, Abmahnungen und Mieterhöhungen.[97]

---

[91] Offen lassend BGH ZIP 2008, 1736 Rn 13.

[92] Uhlenbruck/*Wegener* InsO[13] § 109 Rn 22.

[93] In diesem Sinne *Ahrendt* HambK InsO[4] § 109 Rn 22; Graf-Schlicker/*Breitenbücher* InsO[3] § 109 Rn 8; *Hain* ZInsO 2007, 192 (196); Kübler/Prütting/Bork/*Tintelnot* InsO[31] § 109 Rn 20; Mohrbutter/Ringstmeier/*Homann* InsR-Hb[8] § 7 Rn 86; *Wegener* FK InsO[7] § 109 Rn 16; wohl auch *Dahl* NZM 2008, 585 (587).

[94] *Eckert* MünchKomm InsO[3] § 109 Rn 54; Uhlenbruck/*Wegener* InsO[13] § 109 Rn 22 ff; iE auch *Pape* NZM 2004, 401 (410).

[95] *Eckert* MünchKomm InsO[3] § 109 Rn 55; Uhlenbruck/*Wegener* InsO[13] § 109 Rn 24.

[96] Begr zu RegE § 109 I 2, BT-Drucks 14/5860 S 27.

[97] Ebenso Kübler/Prütting/Bork/*Tintelnot* InsO[31] § 109 Rn 21; unter anderer Prämisse auch *Marotzke* HK InsO[6] § 109 Rn 16.

53 Diese Verwaltungszuständigkeit des Schuldners ist auch allein angemessen, weil der Schuldner aus seinem (pfändungsfreien) Neuvermögen die Miete aufbringen soll. Hingegen wäre es widersprüchlich, den Schuldner einerseits für sämtliche Neuverbindlichkeiten aus dem Mietverhältnis haften zu lassen, ihm andererseits aber die selbstbestimmte Verwaltung, mithin die Entscheidung über die Kündigung, zu versagen. Die Einwände gegen diese Sichtweise schlagen nicht durch. Es wird zunächst auf begrifflicher Ebene argumentiert, dass sich eine „Freigabe“ nicht auf ein Vertragsverhältnis, sondern nur auf Vermögensgegenstände beziehen könne[98] und dass eine Freigabe nicht wie die Enthaftung nach Abs 1 S 2 gegenüber dem Vertragspartner (Rn 57), sondern gegenüber dem Schuldner zu erklären sei.[99] Ferner wird die Verwaltungszuständigkeit des Schuldners mit dem Argument in Zweifel gezogen, dass sich auf dieser Grundlage die vom Gesetzgeber[100] vorausgesetzte und heute im Schrifttum[101] anerkannte Folge nicht erklären lasse, dass die Mietkaution nach der Beendigung des Mietverhältnisses in die Masse falle.[102] Jedoch steht nicht in Rede, das allgemeine Institut der Freigabe fruchtbar zu machen, sondern Aufgabe ist es, die Wirkungen eines spezifisch vom Gesetzgeber in Abs 1 S 2 normierten Rechtsinstituts zu beschreiben. Insoweit weiß in der Tat weniger die **Parallele zur Freigabe** als die zu vom Insolvenzschuldner abgeschlossenen Neuverträgen zu überzeugen. Jedenfalls liegt keine Freigabe der aus dem Mietverhältnis folgenden Ansprüche vor. Vielmehr gehören die Ansprüche wie diejenigen aus Neuverträgen, die in die Verwaltungszuständigkeit des Schuldners fallen, als Neuerwerb (§ 35 I Fall 2) zur Masse (Vor § 103 Rn 74 f; Rn 70 f). Überdies ist es schon angesichts des Phasenmodells auf Passivseite (Rn 50), das die Einordnung von Verbindlichkeiten vom Zeitpunkt ihrer Entstehung abhängig macht, nur konsequent und systemgerecht, vor Verfahrenseröffnung (durch Kautionszahlung) begründete (wenn auch nicht fällige) Aktiva der Masse zuzuweisen.

2. Anwendungsbereich

54 Abs 1 S 2 gilt für vom Schuldner abgeschlossene Wohnraummietverträge, wenn die vermietete Wohnung dem Schuldner und ggf seiner Familie im Zeitpunkt der Verfahrenseröffnung zu **eigenen Wohnzwecken** und als **Lebensmittelpunkt** dient. Hingegen werden Ferien- und Zweitwohnungen sowie eine vom Schuldner aus wirtschaftlichen Zwecken untervermietete Wohnung nicht erfasst.[103] Der Schutz des § 109 I 2 erstreckt sich ebenfalls nicht auf vom Schuldner für nahe Angehörige oder einen getrennt lebenden Ehegatten angemietete Wohnungen.[104] Zwar ist die Masse durch die Enthaftungserklärung in gleicher Weise wie durch die Kündigung geschützt. Der eindeutige Wortlaut und die nur durch seine strikte Handhabung zu erreichende Abwicklung des Vertragsverhältnisses auch im Interesse des Vertragspartners stehen einer Ausweitung aber entgegen.[105]

---

98 Uhlenbruck/*Wegener* InsO[13] § 109 Rn 23; z „echten“ Freigabe *Mork/Heß* ZInsO 2005, 1206 (1207).

99 Uhlenbruck/*Wegener* InsO[13] § 109 Rn 23.

100 Begr zu RegE § 109 I 2, BT-Drucks 14/5860 S 27.

101 Kübler/Prütting/Bork/*Tintelnot* InsO[31] § 109 Rn 20; **aA** *Wegener* FK InsO[7] § 109 Rn 16.

102 Uhlenbruck/*Wegener* InsO[13] § 109 Rn 23.

103 *Eckert* MünchKomm InsO[3] § 109 Rn 49; Uhlenbruck/*Wegener* InsO[13] § 109 Rn 15.

104 Kübler/Prütting/Bork/*Tintelnot* InsO[31] § 109 Rn 15; Uhlenbruck/*Wegener* InsO[13] § 109 Rn 15; **aA** *Eckert* MünchKomm InsO[3] § 109 Rn 49.

105 Ebenso Uhlenbruck/*Wegener* InsO[13] § 109 Rn 15.

Sog **Mischmietverhältnisse** dienen neben Wohnzwecken auch gewerblichen Zwecken und können nicht in zwei getrennt zu beurteilende Verträge aufgespalten werden. Bei ihnen wird für die Anwendbarkeit von Abs 1 S 2 wie im Rahmen des § 549 BGB[106] überwiegend darauf abgestellt, worauf nach dem Parteiwillen der Schwerpunkt des Vertrags und damit der hauptsächliche Verwendungszweck des Mietobjekts liegt.[107] Richtigerweise wird man in Anbetracht des Schutzzwecks von Abs 1 S 2, dem Schuldner sein Obdach zu erhalten, jedoch genügen lassen müssen, dass die Wohnnutzung nicht lediglich einen ganz geringen Stellenwert einnimmt.[108] Abgrenzungsschwierigkeiten hat der Verwalter dadurch zu begegnen, dass er neben der Enthaftung zusätzlich die Kündigung erklärt, um eine Belastung der Masse in jedem Fall auszuschließen.[109] Indessen ist es mit dem Schutzzweck der Vorschrift nicht vereinbar, wegen der praktischen Abgrenzungsschwierigkeiten Abs 1 S 2 auf reine Wohnraummietverhältnisse zu beschränken.[110] 55

Der Vertrag muss auch bei Verfahrenseröffnung wirksam und insolvenzbeständig sein. Wurde er indes bereits vor Insolvenzeröffnung beendet, richtet sich die haftungsrechtliche Qualifikation allein nach allgemeinen Grundsätzen, ohne dass §§ 108 f greifen (§ 108 Rn 38). 56

3. Enthaftungserklärung

Die Enthaftung erfolgt durch einseitige, empfangsbedürftige Erklärung des Verwalters gegenüber dem Vermieter.[111] Im Unterschied zur Freigabe, die gegenüber dem Schuldner zu erfolgen hat (Vor § 103 Rn 61), hängt der Eintritt der Wirkungen nicht vom Zugang beim Schuldner ab.[112] Wird der Mietvertrag nach § 566 BGB mit dem Grundstückserwerber fortgeführt, hat ihm gegenüber als neuem Vermieter die Kündigung zu erfolgen; bei Unkenntnis vom Vertragsübergang kann eine Kündigung gegenüber dem alten Vermieter jedoch in entsprechender Anwendung von §§ 407, 412 BGB genügen.[113] Inhaltlich muss die Erklärung deutlich werden lassen, dass der Insolvenzverwalter einer **Haftung der Masse für die Mietverbindlichkeiten entgegentreten** will. Dafür lässt der BGH genügen, dass der Insolvenzverwalter (fälschlicherweise) jegliche Einstandspflicht der Masse leugnet.[114] 57

Die Enthaftungserklärung ist wie die Kündigung nach Abs 1 S 1 nicht auf die Geltendmachung zum erstmöglichen Termin beschränkt, sondern kann über die Dauer des gesamten Verfahrens erklärt werden (Rn 21). Regelmäßig wird der Verwalter die Enthaftung aber schon unmittelbar nach Verfahrenseröffnung erklären, da das Wohnraummietverhältnis die Masse lediglich belastet und eine **verspätete Erklärung** nach Abs 1 S 2 die Gefahr der persönlichen Haftung für den Verwalter birgt (§ 108 Rn 168).[115] Die Enthaftungswirkung tritt jedenfalls nach Ablauf der dreimonatigen Frist des Abs 1 S 1, gerechnet ab dem Zugang der Erklärung beim Vermieter, ein. Regelmäßig wird allerdings 58

106 Hierzu Staudinger/*Emmerich* BGB[2006] Vor § 535 Rn 27.

107 *Ahrendt* HambK InsO[4] § 109 Rn 21; *Eckert* NZM 2001, 260 (262); *ders* MünchKomm InsO[3] § 109 Rn 49.

108 **Krit** z hM auch Kübler/Prütting/Bork/*Tintelnot* InsO[31] § 109 Rn 16.

109 So auch *Wegener* FK InsO[7] § 109 Rn 15.

110 So aber iE *Wegener* FK InsO[7] § 109 Rn 15.

111 BGH ZIP 2012, 784 Rn 13.

112 Uhlenbruck/*Wegener* InsO[13] § 109 Rn 23; **aA** Graf-Schlicker/*Breitenbücher* InsO[3] § 109 Rn 8.

113 BGH ZIP 2012, 784 Rn 12.

114 BGH ZIP 2012, 784 Rn 9.

115 Kübler/Prütting/Bork/*Tintelnot* InsO[31] § 109 Rn 40.

eine kürzere gesetzliche Frist einschlägig sein (Rn 20). So stehen dem Verwalter schon im Grundfall der von § 573c I vorgesehenen Dreimonatsfrist die dort normierten drei Karenztage zu.

59 Umstritten ist, ob der Insolvenzverwalter die für die Kündigung von Wohnraum nach § 568 I BGB erforderliche **Schriftform** bei der Enthaftungserklärung zu wahren hat.[116] Der Wortlaut von Abs 1 S 2 ist nicht eindeutig, wenn dort bestimmt wird, dass die Enthaftungserklärung an die Stelle der Kündigung tritt. Das lässt sich so verstehen, dass diese Erklärung alle Anforderungen teilt, die an die Kündigung zu stellen sind. Der Verweis kann sich aber auch auf die Zulässigkeit und Frist, mithin die Regelung des Abs 1 S 1, beschränken. Den Ausschlag müssen daher der Sinn und Zweck des Formgebots geben. § 568 ist als rein mieterschützende Bestimmung Teil des sozialen Mietrechts.[117] Diese Funktion greift bei der Enthaftungserklärung, die das Gebrauchsrecht dem Schuldner belässt, nicht. Auf die Bedeutung der Erklärung für den Vermieter kann es indes nicht ankommen.

4. Kündigung des Mietverhältnisses

60 Von der Enthaftung und ihren Wirkungen ist die materiell-rechtliche Beendigung des Wohnraummietverhältnisses durch Kündigung zu unterscheiden. Außerhalb des Insolvenzverfahrens steht diese Möglichkeit den Vertragsparteien zu. Mit Insolvenzeröffnung ist grundsätzlich der Insolvenzverwalter wegen § 80 einerseits befugt, das Mietverhältnis auf Schuldnerseite durch Kündigung zu beenden, und andererseits richtiger **Adressat der Vermieterkündigung**. Gerade an diese Befugnis zur Kündigung knüpft Abs 1 S 2 allerdings an und schränkt sie ein. Damit stellt sich das Problem der Abgrenzung der Kompetenzen von Insolvenzverwalter und Schuldner. Die Befugnisse des Vertragspartners zur Kündigung werden insbesondere durch § 112 beschränkt.

61 a) **Keine Kündigung durch Insolvenzverwalter.** Für die Wohnung des Schuldners schließt Abs 1 S 2 eine außerordentliche Kündigung des Verwalters aus. Ziel des Gesetzgebers war es gerade, eine Verwalterkündigung, die im Wesentlichen nur die Realisierung der Mietkaution für die Masse bezweckte, zu verhindern.[118] Die systematische Stellung sowie der Wortlaut der Regelung legen es nahe, dass sich der Kündigungssausschluss des Abs 1 S 2 nur auf das Sonderkündigungsrecht aus Abs 1 S 1 bezieht. Der **Regelungszweck**, dem **Schuldner die Wohnung zu erhalten**, würde jedoch nicht erreicht, wenn der Verwalter den Vertrag durch ordentliche Kündigung beenden könnte. Zutreffend wird daher Abs 1 S 2 in dem Sinne umfassend verstanden, dass dem Verwalter auch die ordentliche Kündigung des Wohnungsmietverhältnisses untersagt ist.[119] Angesichts der regelmäßig eröffneten ordentlichen Kündigung liefe die Sperre des Abs 1 S 2 sonst schlicht leer.

62 b) **Kündigung des Schuldners.** Zur Möglichkeit des Schuldners, die Kündigung zu erklären oder zumindest an ihr mitzuwirken, werden unterschiedliche Auffassungen ver-

---

116 Dafür *Dahl* NZM 2008, 585 (587); Kübler/Prütting/Bork/*Tintelnot* InsO[31] § 109 Rn 47; *Wegener* FK InsO[7] § 109 Rn 15; **aA** *Eckert* MünchKomm InsO[3] § 109 Rn 50; Uhlenbruck/*Wegener* InsO[13] § 109 Rn 23.

117 *Blank/Börstinghaus* Miete[3] § 568 Rn 1.

118 Begr zu RegE § 109 I 2, BT-Drucks 14/5860 S 27.

119 *Ahrendt* HambK InsO[4] § 109 Rn 20; Kübler/Prütting/Bork/*Tintelnot* InsO[31] § 109 Rn 21; *Marotzke* HK InsO[6] § 109 Rn 9; Mohrbutter/Ringstmeier/*Homann* InsR-Hb[8] § 7 Rn 85; Uhlenbruck/*Wegener* InsO[13] § 109 Rn 17.

treten. Teilweise wird dem Insolvenzverwalter eine Kündigung des Mietvertrags abweichend von der Sperre des Abs 1 S 2 zugestanden, wenn sie im Einvernehmen mit dem Schuldner erfolgt.[120] Darüber hinausgehend wird teilweise der Schuldner allein auch schon vor (der Wirksamkeit) einer Enthaftungserklärung des Verwalters für berechtigt gehalten, das Wohnraummietverhältnis zu kündigen.[121] Die Kündigung allein im Einvernehmen von Schuldner und Verwalter zuzulassen sei unpraktikabel. Nur eine eigene Kündigung ermögliche dem Schuldner, sich rechtzeitig vor der Entstehung von Neuverbindlichkeiten zu schützen. Andernfalls drohe bis zum Wirksamwerden der Enthaftungserklärung ein Kündigungsausschluss.

Der Kündigungslösung ist im Ausgangspunkt zu folgen. Die Folgen der Schuldnerkündigung sind allerdings unter Berücksichtigung der Beschlagnahmewirkung des § 80 zu bestimmen. Diese Kündigung allein genügt nicht, um das Mietverhältnis zu beenden. Sie wird erst wirksam, wenn nach Wirksamwerden der Enthaftungserklärung das Mietverhältnis (ohne die Kündigung) mit dem Schuldner fortgesetzt wird. Es handelt sich so nicht um eine bedingte Kündigung, sondern nur um eine Kündigung, die in ihrem Wirksamwerden von weiteren Umständen abhängig ist. Den Interessen aller Beteiligten ist so genügt. Der Insolvenzverwalter kann entsprechend § 80 frei entscheiden, ob er das Vertragsverhältnis, insbesondere ein Mischverhältnis (Rn 55), fortsetzen möchte. Der Schuldner kann die Entstehung von Neumasseverbindlichkeiten verhindern. Dem Vertragspartner wird keine zusätzliche Ungewissheit zugemutet. Er bleibt gebunden, bis Enthaftung und Kündigung wirksam werden. Bei seiner Kündigung kann der Schuldner – wenn ausnahmsweise ein Kündigungsausschluss der ordentlichen Kündigung entgegensteht – von der Dreimonatsfrist des Abs 1 S 1 Gebrauch machen.[122] Nur so wird gewährleistet, dass der vor Verfahrenseröffnung geschlossene Vertrag im Insolvenzverfahren abgewickelt wird, ohne dass Neuverbindlichkeiten entstehen, die von einer etwaigen Restschuldbefreiung ausgeschlossen wären. Die Einführung der Kündigungssperre sollte nur den Schuldner schützen. Den **Interessen des Vertragspartners** wird indes angemessen durch Abs 1 S 3 Rechnung getragen. 63

c) **Kündigung des Vertragspartners.** Die Vermieterkündigung folgt im Ausgangspunkt den allgemeinen Grundsätzen. Nach Wirksamwerden der Enthaftungserklärung ist sie gegenüber dem Schuldner zu erklären (Rn 52). Allerdings beschränkt § 112 die Kündigung wegen Zahlungsverzugs. Umstritten ist, ob diese Kündigungssperre auch noch nach Wirksamkeit der Enthaftungserklärung greift, wenn der Vertrag allein noch zwischen Vermieter und Schuldner fortgeführt wird. Verbreitet wird die Auffassung vertreten, mit der Enthaftungserklärung erlösche die Kündigungssperre des § 112, so dass der Vermieter wegen eines **vorinsolvenzlichen Zahlungsrückstands** unmittelbar nach §§ 543 I, II Nr 3, 569 III Nr 1 BGB kündigen könne.[123] Dem Vermieter sei es nicht zuzumuten, erst nach zweimaligem Zahlungsverzug des Schuldners im Umfang des § 569 III Nr 1 BGB kündigen zu können. Der Schuldner könne dagegen der Beendigung des Mietverhältnisses dadurch entgehen, dass er spätestens zwei Monate nach **Rechtshängigkeit des Räumungsanspruchs** die fälligen Zahlungen, laufende Miete und die nach § 546a I BGB zu 64

120 *Eckert* MünchKomm InsO³ § 109 Rn 51; Kübler/Prütting/Bork/*Tintelnot* InsO³¹ § 109 Rn 22; **aA** Uhlenbruck/*Wegener* InsO¹³ § 109 Rn 17.

121 Uhlenbruck/*Wegener* InsO¹³ § 109 Rn 21.

122 Vgl Kübler/Prütting/Bork/*Tintelnot* InsO³¹ § 109 Rn 22; **aA** *Eckert* ZVI 2006, 133 (136); *ders* MünchKomm InsO³ § 109 Rn 52; z v diesem für zulässig erachteten Kündigung im Einvernehmen (Rn 62).

123 *Eckert* MünchKomm InsO³ § 109 Rn 59; *Grote* ZInsO 2009, 9 (12); Kübler/Prütting/Bork/*Tintelnot* InsO³¹ § 109 Rn 19; *Tetzlaff* NZI 2006, 87 (91).

entrichtende Entschädigung an den Vermieter erbringe, § 569 III Nr 2 BGB.[124] Schließlich wird mit dem Schutzzweck der Kündigungssperre (§ 112) argumentiert. Diese verfolgt in erster Linie das Anliegen, die Masse zum Zwecke der Sanierung des schuldnerischen Unternehmens zusammenzuhalten und ein Auseinanderreißen zur Unzeit zu vermeiden (§ 112 Rn 3).[125] Soweit die Kündigung eines Wohnraummietverhältnisses in Rede steht, sei der mit der Kündigungssperre verfolgte Sanierungszweck nicht tangiert, so dass § 112 auf diese Konstellation nicht anzuwenden sei.[126]

65 Die Vertreter der Gegenauffassung fordern für eine Vermieterkündigung einen **nochmaligen Zahlungsverzug** des Schuldners nach Enthaftung der Masse.[127] Sie stützen sich auf den Zweck von Abs 1 S 2, dem Schuldner sein Obdach zu erhalten. Dieser werde verfehlt, erlaubte man dem Vermieter nach der Enthaftung unter Umständen eine sofortige Kündigung. Für eine derartige Privilegierung des Vermieters in Gestalt der Aufhebung der Kündigungssperre fehle es an einem Anhaltspunkt im Gesetz. Die Privilegierung des Insolvenzschuldners wird darüber hinaus mit dem Reorganisationszweck des Insolvenzverfahrens begründet, der sich auch auf die Privatwohnung des Schuldners erstrecke.[128] Für diese Gegenauffassung spricht entscheidend, dass es dem insolvenzrechtlichen Verteilungssystem widerspräche, wenn der Vermieter sich zur Kündigung auf Insolvenzforderungen stützen könnte. Die vor Verfahrensantrag aufgelaufenen Mietforderungen sind Insolvenzforderungen (Rn 67).[129] Der Gläubiger hat seine **Insolvenzforderungen zur Tabelle anzumelden** (§§ 87, 174) und kann sie erst nach Aufhebung des Insolvenzverfahrens wieder persönlich gegen den Schuldner verfolgen (§ 201 I). Allerdings können dann sogar noch **Restschuldbefreiungsverfahren** (§ 294 I) und Erteilung der Restschuldbefreiung (§ 301 I) die Durchsetzung der Forderung hindern.[130] Weitergehende Befugnisse kann der Gläubiger auf diese Forderungen nicht mehr stützen. Der Schuldner ist ab Insolvenzeröffnung nicht mehr in Verzug, die Forderungen zu befriedigen, weil das gegen die im Verfahren geltende Haftungsordnung verstieße.

5. Haftungsordnung für Verbindlichkeiten

66 Die den Schuldner aus dem Wohnraummietverhältnis treffenden Verbindlichkeiten können Insolvenzforderung, Masseverbindlichkeit oder Neuverbindlichkeit des Schuldners sein (Rn 50). Die **Abgrenzung** hat entsprechend der für die Unterscheidung von § 108 I u III dargelegten Kriterien danach zu erfolgen, ob die Ansprüche auf der Vertragsdurchführung vor Verfahrenseröffnung (§ 108 III), der Fortsetzung des Vertrags mit Wirkung für die Masse durch den Insolvenzverwalter nach Verfahrenseröffnung (§§ 108 I, 55 I Nr 2 Fall 2) oder auf der Fortsetzung des Vertrags nach Wirksamkeit der Enthaftungserklärung mit dem Schuldner beruht (§ 108 Rn 194). Im letzteren Fall kann der Vermieter gegen den Schuldner persönlich vorgehen, ohne den nur für Insolvenzgläubiger geltenden Beschränkungen des § 87 unterworfen zu sein.[131] Der Vermieter kann seine Ansprüche gegen den Schuldner daher einklagen oder im Wege des **Mahnverfahrens**

---

124 *Eckert* ZVI 2006, 133 (138); Kübler/Prütting/Bork/*Tintelnot* InsO[31] § 109 Rn 20.

125 BT-Drucks 12/2443 S 148.

126 *Marotzke* HK InsO[6] § 109 Rn 17; zust *Grote* ZInsO 2009, 9 (12); **dag** aufgrund des Wortlauts v § 112 *Wegener* FK InsO[7] § 112 Rn 6.

127 AG Hamburg NZI 2009, 331 (334); *Ahrendt* HambK InsO[4] § 109 Rn 22, § 112 Rn 1; *Frind* NZI 2009, 140 (143); Uhlenbruck/*Wegener* InsO[13] § 109 Rn 20; *Wegener* FK InsO[7] § 112 Rn 6; vgl auch LG Neubrandenburg WuM 2001, 551.

128 *Derleder* ZAP 2005, 513 (518).

129 BGH ZIP 2011, 924 Rn 12 ff.

130 BGH ZIP 2011, 924 Rn 19.

131 *Marotzke* HK InsO[6] § 109 Rn 15; Uhlenbruck/*Wegener* InsO[13] § 109 Rn 19.

verfolgen, eine Vollstreckung wird freilich durch den Insolvenzbeschlag behindert. Hingegen kann der Vermieter Insolvenzforderungen nur im Verfahren verfolgen. Auch nach Wirksamwerden einer Enthaftungserklärung scheidet ein Vorgehen gegen den Schuldner persönlich aus, weil die Enthaftung keinen Einfluss auf die haftungsrechtliche Einordnung zuvor begründeter Ansprüche hat.[132]

Ansprüche auf Miete einschließlich **Nebenkostenvorauszahlungen** sowie **Nachzahlungen** sind danach einzuordnen, auf welchen Nutzungszeitraum sich die jeweilige Verbindlichkeit bezieht (§ 108 Rn 147). Der Anspruch auf Rückgabe richtet sich gegen den Inhaber der tatsächlichen Gewalt. Das wird der Schuldner sein,[133] sofern nicht ausnahmsweise der Insolvenzverwalter die Mietsache in Besitz genommen hat. Dann ist der Vermieter zur **Aussonderung** (§ 47) berechtigt (§ 108 Rn 189 f). Ansprüche auf Räumung sind danach zu qualifizieren, wann der durch Räumung wiederherzustellende Zustand verändert wurde (§ 108 Rn 195). Ansprüche auf Vornahme von **Schönheitsreparaturen** lassen sich nach dem Verhältnis der für die Qualifikation maßgeblichen Zeiträume aufteilen (§ 108 Rn 200). Ansprüche auf **Schadensersatz**, die nicht auf Vertrag, sondern auf Gesetz beruhen, sind selbstständig nach §§ 38, 55 zu qualifizieren (§ 108 Rn 22). Eine Masseverbindlichkeit setzt also schuldhaftes Verhalten des Insolvenzverwalters voraus (§ 55 I Nr 1). Bei schuldhaftem Verhalten des Schuldners ist danach zu unterscheiden, ob die Handlung vor Verfahrenseröffnung, dann Insolvenzforderung (§ 38), oder nach Verfahrenseröffnung, dann Schuldnerneuverbindlichkeit, erfolgte. 67

6. Schadensersatzanspruch (Abs 1 S 3 Fall 2)

Über den Charakter des Schadensersatzanspruchs aufgrund von Abs 1 S 3 Fall 2 im Falle der Enthaftungserklärung besteht Streit. Teilweise wird dem Vermieter ein Anspruch zugestanden, der den Ausfall kompensieren soll, soweit der Vermieter vom Schuldner wegen seiner Neuschuldnerverbindlichkeiten nicht befriedigt wird.[134] Gelegentlich wird dieser weite Ansatz durch **wertende Kausalitätserwägungen** eingeschränkt.[135] Allein zutreffend ist es indessen wie bei Abs 1 S 3 Fall 1 nur den Verfrühungsschaden (Rn 29 f) zu ersetzen.[136] Zwar lässt sich die Formulierung der Norm („Folgen der Erklärung") dahingehend verstehen, dass der Vermieter Ersatz für sämtliche während des Verfahrens auftretende Ausfälle als Insolvenzgläubiger verlangen könne. Jedoch ist aus systematischen Gründen das Merkmal „vorzeitig" aus dem Fall 1 auch in den Fall 2 hineinzulesen. Denn allein diese Interpretation entspricht der gesetzgeberischen Intention, mit Abs 1 S 2 lediglich die Rechtsstellung des Schuldners zu verbessern, nicht jedoch diejenige des Vermieters. Die Gegenauffassung führte dazu, dass die Vermieterforderung bis zum Vertragsende zugleich Insolvenz- und Neuschuldnerforderung wäre. Dafür fehlt es an jeder Legitimation. 68

Folglich kommt der Schadensersatzanspruch nur in den wenigen Sachlagen zum Tragen, in denen der schuldnerische Wohnraummietvertrag einen Kündigungsausschluss enthält. Insoweit kann der Vermieter einen Schadensersatzanspruch geltend machen. Da vorrangig aber der Insolvenzschuldner mit seinem freien Vermögen haftet, ist der Ersatz- 69

---

132 BGH ZIP 2011, 924 Rn 14 ff.

133 *Hain* ZInsO 2007, 192 (197); Leonhardt/Smid/Zeuner/*Zeuner* InsO³ § 109 Rn 14.

134 *Ahrendt* HambK InsO⁴ § 109 Rn 22a; *Eckert* MünchKomm InsO³ § 109 Rn 60; Uhlenbruck/*Wegener* InsO¹³ § 109 Rn 25.

135 Kübler/Prütting/Bork/*Tintelnot* InsO²⁹ § 109 Rn 51.

136 Braun/*Kroth* InsO⁵ § 109 Rn 18; Graf-Schlicker/*Breitenbücher* InsO³ § 109 Rn 13; *Marotzke* HK InsO⁶ § 109 Rn 9, 28.

anspruch wie im Falle des Austritts aus einem Mietvertrag mit mehreren Mietern (Rn 46) ein bedingter Anspruch (§ 191). Aus dem Vermieter gestellten **Sicherheiten** kann er sich regelmäßig schon wegen der Primärforderung befriedigen, für die der Schuldner mit seinem freien Vermögen haftet. Das gilt nicht nur für die **Kaution**, sondern auch für das **Vermieterpfandrecht**. Die Beschränkung des § 50 II 1 greift daher jedenfalls insoweit nicht, als die gesicherte Forderung Gegenleistung für die dem Schuldner gewährte Gebrauchsüberlassung ist.

7. Aktivforderungen

70 Die Ansprüche aus dem Mietvertrag gehören grundsätzlich zur Masse, gleich ob sie vor (§ 35 I Fall 1) oder nach Verfahrenseröffnung (§ 35 I Fall 2) begründet wurden. Im zweiten Falle entspricht die Wirkung der Beschlagnahme der von Ansprüchen, die auf Neuverträgen des Schuldners beruhen (Vor § 103 Rn 74 f; Rn 53). Eine Ausnahme gilt für unpfändbare Ansprüche. Der im hiesigen Kontext einschlägige **Gebrauchüberlassungsanspruch** lässt sich aber wegen § 540 BGB nur gegenüber dem Insolvenzschuldner erfüllen. Sonstige Ansprüche kann der Insolvenzverwalter zur Masse ziehen, der Insolvenzschuldner ist nur nach Maßgabe von § 82 empfangszuständig. Allerdings kann der Schuldner durch einen Vollstreckungsschutzantrag gem § 765a ZPO, § 4 beim Insolvenzgericht eine Freigabe erreichen, sofern die Vereinnahmung der Masse eine unzumutbare Härte für ihn bedeutet.[137]

71 Daher hat der Insolvenzverwalter in Übereinstimmung mit dem Willen des Gesetzgebers einen etwaigen **Kautionsrückzahlungsanspruch** bei Beendigung des Mietverhältnisses einzuziehen.[138] Das gilt unabhängig davon, ob der Anspruch auf einer Einzahlung der Kaution vor Verfahrenseröffnung (§ 35 I Fall 1) oder danach (§ 35 I Fall 2), mithin auch nach Wirksamwerden der Enthaftung, beruht. Nichts anderes gilt für sonstige Ansprüche wie die Rückerstattung von **Mietvorauszahlungen** oder Auskehr eines **Betriebskostenguthabens.**[139]

8. Abgrenzungen

72 Der Schutz des § 109 I 2 ist auf Wohnraummietverhältnisse beschränkt. Eine analoge Anwendung auf andere Rechtsverhältnisse, die einem Wohnrecht des Insolvenzschuldners zugrunde liegen, scheidet aus.

73 a) **Wohnungsgenossenschaft.** Insbesondere ist Abs 1 S 2 nicht auf die Kündigung der Mitgliedschaft in einer Wohnungsgenossenschaft anwendbar.[140] Diese Kündigung zielt darauf ab, das Auseinandersetzungsguthaben für die Masse zu verwerten,[141] nimmt aber in Kauf, dass gleichzeitig das Mietverhältnis zwischen der Genossenschaft und dem Insolvenzschuldner endet. Der Anwendung steht aber schlicht entgegen, dass die Kündigung nicht auf die Beendigung eines Mietverhältnisses, sondern auf die der Mitglied-

---

137 *Ahrendt* HambK InsO[4] § 109 Rn 22; Kübler/Prütting/Bork/*Tintelnot* InsO[31] § 109 Rn 20.

138 Begr zu RegE § 109 I 2, BT-Drucks 14/5860 S 27; Kübler/Prütting/Bork/*Tintelnot* InsO[31] § 109 Rn 20; **aA** *Wegener* FK InsO[7] § 109 Rn 16.

139 *Eckert* MünchKomm InsO[3] § 109 Rn 61; zust *Cymutta* WuM 2008, 441 (443); nur für Altforderungen *Eckert* ZVI 2006, 133 (139); *Wegener* FK InsO[7] § 109 Rn 16; **diff** wohl *Hain* ZInsO 2007, 192 (197).

140 BGHZ 180, 185 Rn 8.

141 Das Auseinandersetzungsguthaben gehört nach hM z Insolvenzmasse *Peters* MünchKomm InsO[3] § 35 Rn 229; *Tetzlaff* ZInsO 2007, 590 (591).

schaft in einer Wohnungsgenossenschaft gerichtet ist. Die darin erkannte **Schutzlücke** hat der Gesetzgeber durch Schaffung von § 67c GenG durch G zur Verkürzung des Restschuldbefreiungsverfahrens und zur Stärkung der Gläubigerrechte geschlossen.[142]

b) **Wohnungseigentümergemeinschaft.** Dem selbstnutzenden Wohnungseigentümer droht keine Kündigung seiner Stellung in der Wohnungseigentümergmeinschaft. Der Insolvenzverwalter kann allerdings die Wohnung veräußern mit der Folge, dass der Insolvenzschuldner die Wohnung an den Erwerber herausgeben muss (§ 93 ZVG). Hält der Insolvenzverwalter die Immobilie indes nicht für werthaltig, kann er die Wohnung freigeben, um sich von der Haftung für die Hausgeldansprüche zu befreien.[143] Den anderen Wohnungseigentümern bleibt dann nur, gestützt auf ihr Vorrecht des § 10 I Nr 2 ZVG die **Zwangsversteigerung** zu betreiben. 74

VI. Rücktrittsrecht (Abs 2)

Abs 2 teilt den Anwendungsbereich mit dem des Abs 1 (Rn 11). Abweichend von Abs 1 unterscheidet Abs 2 nicht danach, ob das Mietobjekt dem Insolvenzschuldner als Wohnraum dient.[144] Prägendes Tatbestandsmerkmal von Abs 2 ist, dass der Vermieter seine Hauptleistungspflicht durch Überlassung des Mietobjekts zum Zeitpunkt der Verfahrenseröffnung noch nicht erfüllt hat. Hingegen kommt es nicht darauf an, ob der Vermieter sonstige vertragliche (Neben-)Pflichten erfüllt. Auch ist es für die Abgrenzung von Abs 1 u 2 nicht von Bedeutung, ob der Schuldner bereits vorgeleistet hat.[145] 75

1. Ausstehende Überlassung

Der Begriff der „Überlassung" ist den mietrechtlichen Vorschriften des BGB (§§ 536, 544, 566, 572 I BGB) entlehnt, so dass für eine Auslegung auf die hierzu geltenden Grundsätze zurückgegriffen werden kann. Gleichzeitig hat die Auslegung zu berücksichtigen, dass das Merkmal der Überlassung einer **zweckmäßigen Abgrenzung** von Abs 1 u 2 zu dienen hat. Überlassung iSv Abs 2 bedeutet demnach die einvernehmliche Verschaffung der gegenwärtigen Möglichkeit des vertragsmäßigen Gebrauchs oder Genusses. 76

a) **Regelfall Besitzverschaffung.** In welcher Weise die Verschaffung des Vertragsgegenstands zu geschehen hat, richtet sich nach dem Gegenstand des jeweiligen Vertrags. Im Anwendungsbereich von §§ 108 f setzt der Gebrauch der Grundstücke oder Räume regelmäßig notwendigerweise den **Besitz** voraus. Daher ist die Sache erst mit der Besitzverschaffung, im Fall von Wohnraum etwa mit der Aushändigung der Schlüssel, überlassen, nicht etwa schon mit der Bereitstellung. Unschädlich ist hingegen, dass sich die Sache im Zeitpunkt der Überlassung nicht im vertragsgemäßen Zustand befindet, sofern der Schuldner sie nur in Besitz nimmt.[146] 77

Dem Erfordernis der Besitzverschaffung kann dabei nach § 854 II BGB auch durch Einigung zwischen Erwerber und Veräußerer Genüge getan werden, sofern die Sache 78

---

142 Begr zu RegE-GenG § 67c, BT-Drucks 17/11268 S 38.

143 Vgl nur LG Berlin ZMR 2008, 244.

144 *Eckert* MünchKomm InsO³ § 109 Rn 63; Uhlenbruck/Wegener InsO¹³ § 109 Rn 29; *Wegener* FK InsO⁷ § 109 Rn 29; wegen seines **abw** Ausgangspunkts zweif *Marotzke* KTS 1999, 269 (286 f); *ders* HK InsO⁶ § 109 Rn 33.

145 Kübler/Prütting/Bork/*Tintelnot* InsO³¹ § 109 Rn 55.

146 *Ahrendt* HambK InsO⁴ § 109 Rn 4; *Eckert* MünchKomm InsO³ § 109 Rn 18.

bereits existiert und der Erwerber die Möglichkeit der Besitzausübung hat.[147] Für eine Überlassung kann auch die Einräumung von **Mitbesitz** (§ 866 BGB) genügen, sofern der Schuldner vertraglich lediglich zum Mitbesitz berechtigt ist oder wenn er trotz vereinbarter Alleinberechtigung die nur teilweise Besitzverschaffung als vertragliche Leistung akzeptiert.[148] Einer Überlassung iSv Abs 2 steht auch nicht entgegen, dass dem Schuldner der Besitz schon vor Beginn des vertraglichen Nutzungszeitraums eingeräumt wurde. Eine nur **teilweise Besitzverschaffung** ist zumindest im Hinblick auf mehrere, einem einheitlichen Vertrag unterliegende Räume denkbar. Hier wird man auch schon einen teilweisen Vollzug vor Verfahrenseröffnung ausreichen lassen müssen, um Überlassung iSv Abs 2 S 1 annehmen zu können und damit den Anwendungsbereich des Abs 1 zu eröffnen. Wegen der **Einheitlichkeit des Mietverhältnisses** kann eine Aufspaltung des Vertrags durch teilweise Gestattung des Rücktritts nicht vorgenommen werden.[149]

79 Die eigenmächtige Inbesitznahme des Schuldners vor Verfahrenseröffnung ist keine Überlassung und schließt folglich einen Rücktritt des Vermieters nicht aus.[150] Hat der Schuldner die Sache mittels **verbotener Eigenmacht** erlangt, liegt aber dann eine Überlassung vor, wenn der Vertragspartner die Besitzerlangung genehmigt, was auch stillschweigend erfolgen kann. Eine einvernehmliche Besitzverschaffung ist auch dann gegeben, wenn der Schuldner den Besitz im Wege der **Zwangsvollstreckung** erlangt hat, weil die aus dem Titel folgende Duldungspflicht den erforderlichen Willen des Vertragspartners ersetzt.[151]

80 b) **Überlassungszeitpunkt.** Abs 2 stellt auf den **Zeitpunkt der Verfahrenseröffnung** ab, zu dem die Überlassung erfolgt sein muss. Aus allgemeinen Erwägungen wird der Rücktritt aber auch durch eine Überlassung nach Verfahrenseröffnung ausgeschlossen (Rn 13). Wird die Mietsache noch nach Verfahrenseröffnung an den Schuldner persönlich überlassen, ist für die Frage eines wirksamen Vollzugs und damit des Ausschlusses des Rücktrittsrechts aus Abs 2 entsprechend § 82 nach der Kenntnis des Vermieters zu unterscheiden.[152] Hatte der Vermieter bei Überlassung der Mietsache Kenntnis von der Verfahrenseröffnung, tritt durch Überlassung an den Schuldner keine Erfüllung seiner mietvertraglichen Überlassungspflicht ein. Er ist vielmehr weiterhin zur Überlassung der Sache an den Insolvenzverwalter verpflichtet und beide Seiten können wegen noch ausstehenden Vollzugs gem Abs 2 vom Vertrag zurücktreten. Erfolgte die **Überlassung** an den Schuldner hingegen **in Unkenntnis der Insolvenzeröffnung,** entfaltet sie gem § 82 S 1 Wirkung auch gegen die Insolvenzmasse. Daher ist das Rücktrittsrecht aus Abs 2 ausgeschlossen.

81 Dass die Überlassung zur Zeit der Verfahrenseröffnung noch fortdauert, der Schuldner in diesem Augenblick also noch in Besitz der Sache ist, verlangt Abs 2 nicht. Voraussetzung ist nur, dass der Gegenstand dem Schuldner vor der Eröffnung des Verfahrens überlassen war, nicht, dass er ihm zur Zeit der Insolvenzeröffnung noch überlassen ist.[153] Wird dem nachmaligen Schuldner der Besitz nach Überlassung etwa durch verbotene Eigenmacht (§ 858 BGB) oder durch eine ungerechtfertigte vorläufige Entscheidung (§§ 708 Nr 7, 935 ff ZPO) entzogen oder gibt der Schuldner die Nutzung der Sache auf, ohne dass es hierdurch zu einer konkludenten Vertragsaufhebung kommt, bleibt es gleichwohl bei dem Vollzug des Vertrags, von dem beide Seiten dann nicht mehr nach

---

[147] Jaeger/*Henckel* KO[9] § 19 Rn 41.
[148] *Eckert* MünchKomm InsO[3] § 109 Rn 17.
[149] *Wegener* FK InsO[7] § 109 Rn 26.
[150] Uhlenbruck/*Wegener* InsO[13] § 109 Rn 28.
[151] *Eckert* MünchKomm InsO[3] § 109 Rn 15.
[152] *Franken/Dahl* Mietverhältnisse[2] 6. Teil Rn 47; *Marotzke* HK InsO[6] § 109 Rn 22.
[153] Uhlenbruck/*Wegener* InsO[13] § 109 Rn 28.

Abs 2 zurücktreten können. Freilich wird der mit dem Ausschluss der Vermieterkündigung bezweckte **Bestandsschutz** nach Überlassung in diesen Fällen nur unzureichend verwirklicht, weil die Masse die Sache nicht in Gebrauch nehmen kann.[154]

c) **Vertragswidrige Nichtüberlassung.** Der Umstand, dass der Schuldner vor Verfah- 82
renseröffnung in **Annahmeverzug** versetzt war (§§ 293 ff BGB), reicht für sich allein nicht aus für die Annahme einer Überlassung iSd § 109 II. Dies leuchtet in Fällen der §§ 295, 296 BGB ohne weiteres ein,[155] denn hier fehlt es an jedweder Besitzergreifung des Schuldners, die Anknüpfungspunkt für den gesteigerten Bestandschutz nach Überlassung sein könnte. Neben den Auswirkungen des **Gläubigerverzugs** bleibt dem Vertragspartner daher die ihm günstige Rücktrittsmöglichkeit des Abs 2 S 1 erhalten.

Befand sich hingegen der Vertragspartner mit der Überlassung der Sache im **Schuld-** 83
nerverzug und hat dadurch die Voraussetzung des eigenen Rücktrittrechts selbst herbeigeführt, kann der Verwalter von ihm den Verzicht auf sein Rücktrittsrecht im Wege der Naturalrestitution (§ 249 BGB) als Rechtsfolge eines Verzugsschadensersatzanspruchs aus §§ 280 I, II, 286 BGB verlangen.[156] Andere wollen dem Vertragspartner die Geltendmachung des Rücktritts wegen Rechtsmissbrauchs versagen, wenn er sich mit der Überlassung im Schuldnerverzug befand oder wenn der Verwalter dem anderen Teil für die Vertragslaufzeit Sicherheit angeboten hat.[157] Teilweise wird dem entgegengehalten, für eine Einschränkung der Rücktrittsmöglichkeit aus Abs 2 nach Treu und Glauben sei wegen des klaren Wortlauts der Norm kein Raum.[158] Warum der eindeutige Wortlaut aber die allgemeingültige Schranke rechtsmissbräuchlichen Verhaltens nicht zulassen soll, ist damit keinesfalls überzeugend dargetan.

2. Kein (weiterer) Rücktrittsgrund

Abs 2 allein ist Rücktrittsgrund, ohne dass weitere Voraussetzungen zu beachten 84
wären. Insbesondere hat der Vermieter die Kündigungsschutzvorschriften des Mietrechts nicht zu beachten. Vor der Schuldrechtsmodernisierung konnte die Nichtgeltung dieser Regelungen noch aus § 570a BGB aF geschlossen werden. Nach dieser Vorschrift stand ein vereinbarter Rücktritt nur dann der Kündigung gleich, wenn er nach Überlassung der Wohnung an den Mieter erklärt wurde. Daraus wurde gefolgert, dass dies gleichermaßen für den gesetzlichen Rücktritt nach § 20 I KO gelten müsse, bei dem ein Vollzug des Vertrags notwendigerweise noch ausstand.[159] Zwar ergibt sich die **Gleichstellung von Kündigung und Rücktritt nach Überlassung** nicht mehr unmittelbar aus dem Wortlaut der Nachfolgeregelung des § 572 I BGB. Gleichwohl ist auch nach dieser Norm eine Umgehung des gesetzlichen Kündigungsschutzes durch Vereinbarung eines Rücktrittsrechts nur für die Zeit nach Überlassung zum Schutz des Mieters ausgeschlossen.[160] Daher rechtfertigt auch § 572 I BGB den Schluss, dass das gesetzliche Rücktrittsrecht des Vermieters vor Vollzug des Vertrags nicht den Kündigungsschutzbestimmungen unterworfen ist.[161]

---

154 *Eckert* MünchKomm InsO^{3} § 109 Rn 19.
155 Jaeger/*Henckel* KO^{9} § 19 Rn 41.
156 *Kalkschmid* Immobilienleasing Rn 457; *Marotzke* HK InsO^{6} § 109 Rn 40; zweif Kübler/Prütting/Bork/*Tintelnot* InsO^{31} § 109 Rn 55a.
157 *Dahl* NZM 2008, 585 (591); *Eckert* MünchKomm InsO^{3} § 109 Rn 69; zust *Ahrendt* HambK InsO^{4} § 109 Rn 23.
158 *Wegener* FK InsO^{7} § 109 Rn 29; zust Uhlenbruck/*Wegener* InsO^{13} § 109 Rn 28; iE **abl** auch *Klinck* LeasingR-Hb^{2} § 49 Rn 59.
159 Jaeger/*Henckel* KO^{9} § 20 Rn 2.
160 Staudinger/*Rolfs* BGB^{2006} § 572 Rn 2 f.
161 *Ahrendt* HambK InsO^{4} § 109 Rn 27; Kübler/Prütting/Bork/*Tintelnot* InsO^{31} § 109 Rn 55.

3. Rechtzeitige Rücktrittserklärung

85 Der Rücktritt ist von Vertragspartner wie Verwalter durch **einseitige, formlose,** aber **empfangsbedürftige Willenserklärung** auszuüben (§ 349 BGB). Die Erklärung des Vermieters hat gegenüber dem Insolvenzverwalter, nicht gegenüber dem Schuldner selbst zu erfolgen.[162] Umgekehrt muss die Erklärung des Verwalters dem Vertragspartner zugehen. Die Rücktrittserklärung ist wegen ihres rechtsgestaltenden Inhalts unwiderruflich und bedingungsfeindlich.

4. Untergang des Rücktrittsrechts (Abs 2 S 3)

86 Das Rücktrittsrecht unterliegt keiner gesetzlichen Frist. Das Rücktrittsrecht erlischt aber mit Überlassung der Mietsache (Rn 13) und nach Ablauf einer nach Abs 2 S 3 HS 2 gesetzten Frist. Sowohl der Verwalter als auch der Vertragspartner haben die Möglichkeit, den anderen Teil zu einer Erklärung über die Geltendmachung des Rücktrittsrechts aufzufordern und so die **Ungewissheit über den Fortbestand des Vertrags zu beseitigen.** Der zur Erklärung Aufgeforderte hat sich innerhalb einer Frist von zwei Wochen ab Zugang der Aufforderung gegenüber dem anderen Teil zu erklären. Ein Versäumnis oder eine Verspätung hat den Verlust des Rücktrittsrechts zur Folge. Die Frist des Abs 2 S 3 kann nicht durch Parteivereinbarungen verkürzt werden. Unbedenklich ist hingegen, wenn der Auffordernde dem anderen Teil eine längere als die gesetzlich vorgesehene Zweiwochenfrist einräumt.[163]

87 a) **Keine Durchbrechung der starren Frist.** Die Zweiwochenfrist wurde erst auf Vorschlag des Rechtsausschusses in das Gesetz aufgenommen. Der Entwurf hatte zuvor vorgesehen, dass die Erklärung wie nach § 20 S 1 KO und § 103 II 2 „unverzüglich" zu erfolgen habe.[164] Durch die Gesetzesfassung sollen indes Streitigkeiten über die Unverzüglichkeit der Erklärung vermieden werden.[165] Die **Zweiwochenfrist** ist auf Kritik gestoßen.[166] Befürchtet wird, dass der Verwalter erst nach dem Berichtstermin entscheiden könne, wie das weitere Verfahren gestaltet werden solle, also auch, ob er noch auf Überlassung der Immobilie bestehe. Aus diesem Grund sehe § 107 II 1 für den Fall eine Sonderregelung vor, dass der Eigentumsvorbehaltsverkäufer den Insolvenzverwalter zur Erklärung darüber auffordert, ob er Erfüllung des Kaufvertrags verlangen werde. Der Verwalter hat seine Erklärung erst unverzüglich nach dem Berichtstermin abzugeben. Diese Erwägung treffe gleichermaßen auch auf die Konstellation des § 109 II 3 zu, so dass statt der dort geregelten Zweiwochenfrist die Regelung des § 107 II 1 für die Aufforderung durch den Verwalter wie auch den Vermieter analog zur Anwendung kommen solle. Anderenfalls werde der Verwalter zu einer unter Umständen folgenschweren Entscheidung bereits zu einem Zeitpunkt gezwungen, zu dem ihm noch die entscheidungsnotwendigen Informationen fehlten.

88 Wegen des eindeutigen Wortlauts des § 109 II 3 fehlt es allerdings schon an einer ausfüllungsbedürftigen, planwidrigen Regelungslücke.[167] Im Übrigen ist auch die von § 107 erfasste Interessenlage nicht mit derjenigen des § 109 II vergleichbar. Der Unterschied liegt

---

162 Graf-Schlicker/*Breitenbücher* InsO³ § 109 Rn 13.

163 Uhlenbruck/*Wegener* InsO¹³ § 109 Rn 20.

164 Begr zu RegE § 123 II S 2, BT-Drucks 12/2443 S 147.

165 Vgl Bericht des Rechtsausschusses BT-Drucks 12/7302 S 170.

166 Kübler/Prütting/Bork/*Tintelnot* InsO³¹ § 109 Rn 59 f; Nerlich/Römermann/*Balthasar* InsO³ § 109 Rn 19; *Pape* Kölner Schrift³ S 353 Rn 72.

167 *Eckert* MünchKomm InsO³ § 109 Rn 63; **aA** Kübler/Prütting/Bork/*Tintelnot* InsO³¹ § 109 Rn 60.

gerade darin begründet, dass die Sache dem Eigentumsvorbehaltskäufer bereits überlassen worden ist und zumindest bis zu einer Entscheidung über den weiteren Ablauf des Verfahrens der Masse zur Verfügung stehen soll. Demgegenüber steht im Fall des Rücktritts nach § 109 II eine Überlassung, die ein schützenswertes Interesse an der Aufrechterhaltung des vertraglosen Besitzverhältnisses begründen könnte, gerade noch aus.[168] Gefahren für die Masse aus einem etwaigen Rücktrittsverzicht sind auch deswegen gering, weil dem Verwalter durch Rücktrittsverzicht und Überlassung der Mietsache das Recht zur jederzeitigen Kündigung mit Dreimonatsfrist (Abs 1 S 1) nicht verloren geht (Rn 15). Folglich gibt es keinen Grund, den eindeutigen Gesetzeswortlaut zu korrigieren.

b) **Auswirkungen der Aufforderung auf eigenen Rücktritt.** Abs 2 S 3 beschreibt allein **89** die Wirkungen der Aufforderung des einen Teils auf das Rücktrittsrecht des anderen Teil. Uneinigkeit besteht aber darüber, welche Auswirkung die Fristsetzung des einen Teils auf sein eigenes Rücktrittsrecht äußert. Eine Ansicht sieht in der Aufforderung den gleichzeitigen **Verzicht auf das eigene Rücktrittsrecht.**[169] Jedenfalls verstoße die Ausübung des Rücktritts nach der Aufforderung gegen Treu und Glauben, weil durch die Aufforderung der Eindruck entstehe, der Auffordernde habe ein Interesse am Vollzug des Vertrags.[170] Die Gegenmeinung entnimmt dem Schweigen des Gesetzgebers, dass die Aufforderung auf das eigene Rücktrittsrecht **keine Auswirkungen** habe.[171]

Man sollte diese Kontroverse nicht überschätzen. Zum einen wird es vielfach nach **90** Ablauf der Zweiwochenfrist entweder zum Rücktritt oder zur Überlassung der Mietsache kommen, so dass sich deswegen das Rücktrittsrecht des auffordernden Teils ohnehin erledigt (Rn 13). Zum anderen besteht hinsichtlich der Lösungsmöglichkeiten ohnehin eine Asymmetrie, weil der Insolvenzverwalter nach Untergang des Rücktrittsrechts aufgrund von Abs 1 kündigen kann (Rn 15).[172] Es überzeugt auch nicht, dass der Auffordernde sein Rücktrittsrecht bereits mit der Aufforderung verlieren soll, wenn dem anderen Teil dann noch zwei Wochen zum Rücktritt bleiben. Hingegen ist es angemessen, in der Fristsetzung des anderen Teils grundsätzlich auch eine „**Selbstmahnung**" zu sehen, sich ebenfalls binnen der ausgelösten Zweiwochenfrist über sein Rücktrittsrecht zu entscheiden. So ist der andere Teil der Förmelei enthoben, den Auffordernden seinerseits aufzufordern.

5. Rücktrittsfolgen

Die Folgen des Rücktritts nach Abs 2 entsprechen im Ausgangspunkt §§ 346 ff **91** BGB:[173] Die vertraglich begründeten primären Leistungspflichten werden aufgehoben und zugleich ein Rückgewährschuldverhältnis hinsichtlich der beiderseits empfangenen Leistungen begründet. Hinzu tritt nur in dem Fall, dass der Verwalter zurückgetreten ist, ein Schadensersatzanspruch des Vertragspartners wegen der vorzeitigen Beendigung des Vertrags, den er als **Insolvenzgläubiger** geltend machen kann (Abs 2 S 2).

In der Literatur ist die Bezeichnung als Rücktritt auf Kritik gestoßen. Nach zivilrechtlichem Verständnis löse der Rücktritt nur ein Rückgewährschuldverhältnis (§§ 346 ff BGB) **92**

---

168 *Franken/Dahl* Mietverhältnisse² 6. Teil Rn 162; *Klinck* LeasingR-Hb² § 49 Rn 58; *Marotzke* HK InsO⁶ § 109 Rn 46.
169 *Ahrendt* HambK InsO⁴ § 109 Rn 24; *Eckert* MünchKomm InsO³ § 109 Rn 65.
170 *Wegener* FK InsO⁷ § 109 Rn 30.
171 *Franken/Dahl* Mietverhältnisse² 6. Teil Rn 172; Uhlenbruck/*Wegener* InsO¹³ § 109 Rn 32.
172 Vgl Kübler/Prütting/Bork/*Tintelnot* InsO³¹ § 109 Rn 62; Uhlenbruck/*Wegener* InsO¹³ § 109 Rn 32.
173 Jaeger/*Henckel* KO⁹ § 20 Rn 6; *Wegener* FK InsO⁷ § 109 Rn 33.

aus, das die ausstehenden Leistungspflichten erlöschen lasse und zur Rückgewähr der empfangenen Leistungen verpflichte. Diese Rechtsfolgen seien nicht in Einklang zu bringen mit dem Schadensersatzanspruch (Abs 2 S 2), der seinerseits auf **Ersatz des Erfüllungsinteresses** gerichtet sei. Ein solches Erfüllungsinteresse bestehe nach einem Rücktritt im zivilrechtlichen Sinne gerade nicht mehr.[174] Dieser Einwand hat jedenfalls mit der Schuldrechtsmodernisierung durch § 325 BGB seine Berechtigung verloren. Der BGH hat inzwischen zurecht ausgesprochen, dass ein Schadensersatz statt der Leistung (§ 280 III BGB) auch parallel zum Rücktritt den Nutzungsausfallschaden umfassen kann.[175]

93 a) **Rückgewährschuldverhältnis.** Die Rückgewähr von Vorauszahlungen auf die Miete kann der Insolvenzverwalter nicht nach § 346, sondern nur nach § 547 I verlangen. Daher kann sich der Vertragspartner auf den Wegfall der Bereichung (§§ 818 III, 547 I 2 BGB) berufen. Denn der Rücktritt – gleich wer ihn erklärt – beruht auf der dem Schuldner **vorwerfbaren Insolvenz.**[176] Auf einen Rückgewähranspruch hinsichtlich einer bereits entrichteten Kaution ist § 547 I nicht direkt anwendbar. Eine eingeschränkte Haftung des Vertragspartners lässt sich angesichts des speziellen Zwecks der Kaution entgegen einer verbreiteten Auffassung weder auf einen Analogie zu § 547 I[177] noch auf § 346 III 1 Nr 3, S 2 BGB[178] stützen.

94 Der Vermieter kann Rückgewähr seiner Leistung verlangen. Die Forderungen sind wie der Schadensersatzanspruch nach Abs 2 S 2 als Insolvenzforderung zu qualifizieren. Könnte der Vermieter Rückgabe von übergebenen Sachen verlangen, wäre er insoweit zur Aussonderung (§ 47) berechtigt. Regelmäßig wird dann aber bereits eine Überlassung vorliegen und den Rücktritt ausschließen. Stehen sich Zahlungsansprüche gegenüber, sind sie **aufrechenbar** (§ 94 f). Ungleichartige Ansprüche sind Zug um Zug zu erfüllen (§ 348 BGB), so dass hinsichtlich des Rückgewährschuldverhältnisses das Verwalterwahlrecht aus entsprechender Anwendung des § 103 greift (§ 103 Rn 87 ff).

95 b) **Schadensersatzanspruch.** Dieser Schadensersatzanspruch entspricht demjenigen aus Abs 1 S 3 Fall 1 nach der Kündigung des Verwalters (Abs 1 S 1). Es wird also der Schaden ersetzt, der darauf beruht, dass der Vertrag verfrüht im Verhältnis zur ersten ordentlichen Beendigungsmöglichkeit auf Verwalterseite endet (Rn 25 ff).

6. Mehrheiten

96 Stehen mehrere Parteien auf einer Vertragsseite, so bestimmt § 351 BGB die Unteilbarkeit des Rücktritts. Es können nur alle Parteien der einen Seite gegenüber allen der anderen Seite kündigen. Sind beispielsweise mehrere Personen als Vermieter beteiligt, so können sie das Rücktrittsrecht wegen der Insolvenz des einen Mieters dem Insolvenzverwalter des Mieters gegenüber nur **einheitlich ausüben** (§ 351 S 1 BGB). Erlischt es für einen, erlischt es auch für die anderen (§ 351 S 2 BGB). Die Anforderungen von § 351 BGB werfen Probleme auf, wenn auf Mieterseite mehrere Personen stehen, aber nur über das Vermögen einer Person, jedenfalls nicht über das Vermögen aller, das Insolvenzverfahren eröffnet worden ist.

---

174 *Eckert* ZIP 1996, 897 (900); Kübler/Prütting/Bork/*Tintelnot* InsO[29] § 109 Rn 54.

175 BGHZ 174, 290 Rn 10.

176 *Marotzke* HK InsO[6] § 109 Rn 43.

177 *Marotzke* HK InsO[6] § 109 Rn 43; Uhlenbruck/*Wegener* InsO[13] § 109 Rn 31.

178 *Franken/Dahl* Mietverhältnisse[2] 6. Teil Rn 154 ff; Kübler/Prütting/Bork/*Tintelnot* InsO[31] § 109 Rn 55.

a) **Vermieterrücktritt.** Ein wirksamer Rücktritt des Vermieters setzt nach recht einhelliger Auffassung voraus, dass der Rücktrittsgrund gegenüber jedem der mehreren Mieter vorliegt. Hieran fehlt es, wenn das Insolvenzverfahren nicht über das Vermögen aller Mieter eröffnet wird.[179] Entsprechend entschied der BGH unter der KO, dass dem Vertragspartner kein Sonderkündigungsrecht nach § 19 KO zusteht, wenn nur einer von mehreren Mietern insolvent war.[180] Im Unterschied zum alten Recht kann sich der Vertragspartner heute – unabhängig von der Zahl der Mieter – überhaupt nur dann vom Vertrag lösen, wenn der **Mietgegenstand noch nicht überlassen** wurde. Schon dieser Umstand zeigt, dass es dem Vermieter zuzumuten ist, das Vertragsverhältnis nach Insolvenz der Vertragspartei fortzusetzen. Tatsächlich sind mit der Versagung des Rücktrittsrechts gegenüber sämtlichen Mietern für den Vermieter keine wesentlichen Nachteile verbunden. Nach der Überlassung haften die solventen Mitmieter und die Masse gesamtschuldnerisch für die Mietverbindlichkeiten. **97**

b) **Verwalterrücktritt.** Dem Insolvenzverwalter wird indessen zugestanden, die Sperre des § 351 S 1 BGB zu durchbrechen. So wird nicht nur die Insolvenz allein eines Mieters als Rücktrittsgrund angesehen, sondern auch dem Insolvenzverwalter dieses Mieters zugestanden, den Rücktrittsgrund allein ohne Beteiligung der anderen Mieter auszuüben.[181] Dem ist zu widersprechen. Wie Abs 1 S 1 hinsichtlich der Kündigung legitimiert Abs 2 nicht, den Vermieter seiner weiteren Gesamtschuldner zu berauben, nur weil über das Vermögen von einem das Insolvenzverfahren eröffnet worden ist (Rn 42 ff). Aber auch ein alleiniger Austritt nach Abs 2 als Minus zur **Beendigung des Gesamtvertrags** (Rn 49) ist dem Insolvenzverwalter zu versagen. Da bei der Beteiligung mehrerer Mieter der Vertrag ohnehin durchgeführt wird, steht dem Insolvenzverwalter nicht die Befugnis zu, unter Hinweis auf die noch nicht erfolgte Überlassung nach Abs 2 vorzugehen. Der Insolvenzverwalter kann freilich entsprechend Abs 1 S 1 den Austritt aus dem Vertrag auch schon vor Überlassung erklären (Rn 49). **98**

§ 110
Vorausverfügungen über die Miete

(1) Hatte der Schuldner als Vermieter oder Verpächter eines unbeweglichen Gegenstands oder von Räumen vor der Eröffnung des Insolvenzverfahrens über die Miet- oder Pachtforderung für die spätere Zeit verfügt, so ist diese Verfügung nur wirksam, soweit sie sich auf die Miete oder Pacht für den zur Zeit der Eröffnung des Verfahrens laufenden Kalendermonat bezieht. Ist die Eröffnung nach dem fünfzehnten Tag des Monats erfolgt, so ist die Verfügung auch für den folgenden Kalendermonat wirksam.

---

179 *Eckert* MünchKomm InsO[3] § 109 Rn 72; Uhlenbruck/Wegener InsO[13] § 109 Rn 30; **diff** wie bei der Verwalterkündigung (Rn 41) Kübler/Prütting/Bork/*Tintelnot* InsO[31] § 109 Rn 57; **aA** *Wegener* FK InsO[7] § 109 Rn 27.

180 BGHZ 26, 102 (105); Jaeger/*Henckel* KO[9] § 19 Rn 36.

181 *Eckert* MünchKomm InsO[3] § 109 Rn 67; Uhlenbruck/*Wegener* InsO[13] § 109 Rn 30; wie für die Kündigung **diff** (Rn 41) Kübler/Prütting/Bork/*Tintelnot* InsO[31] § 109 Rn 56; ihm zust *Franken/Dahl* Mietverhältnisse[2] 6. Teil Rn 157.

(2) Eine Verfügung im Sinne des Absatzes 1 ist insbesondere die Einziehung der Miete oder Pacht. Einer rechtsgeschäftlichen Verfügung steht eine Verfügung gleich, die im Wege der Zwangsvollstreckung erfolgt.

(3) Der Mieter oder der Pächter kann gegen die Miet- oder Pachtforderung für den in Absatz 1 bezeichneten Zeitraum eine Forderung aufrechnen, die ihm gegen den Schuldner zusteht. Die §§ 95 und 96 Nr. 2 bis 4 bleiben unberührt.

Gesetzesänderungen: Abs 1 S 1, Abs 2 S 1, Abs 3 S 1 Nr 1 geändert mWv 1.9.01 durch G v 19.6.01 (MietRRefG) BGBl I S 1149.

Materialien: BT-Drucks 12/2443 S 147; RegE § 124; RefE § 117; DiskE § 117; 1. Ber InsR-Komm LS 2.4.1.5.

Vorgängerregelungen: § 21 II, III KO (dazu Motive I Bd 1 S 107 ff; Motive II S 80 ff; Protokolle S 15, 149; P II S 135 f Note 1, S 164, 168; Begr z KO Nov 1898 S 30 f; KommBer S 1951 f; Reichstag II. Session 1914/15 Drucks Nr 71 S 3, 9, 11 f; neu gefasst durch VO v 21.12.40, RGBl I 1609).

Literatur

Bien Die insolvenzrechtliche Stellung des Refinanzierers der Leasinggesellschaft beim Finanzierungsleasing nach der Insolvenzordnung (2000); *Bornholdt* Leasingnehmer und refinanzierende Bank in der Insolvenz des Leasinggebers nach der Insolvenzordnung (1999); *Bräuer* Der Fortfall der Einrede eigenkapitalersetzender Nutzungsüberlassung in der Insolvenz des Gesellschafters als Folge der §§ 103 Abs. 1, 108 Abs. 1 Satz 1 InsO ZInsO 2007, 306; *Christiansen* Die „Entstehungsgeschichte“ von Mietzinsforderungen ZInsO 2010, 653; *Dobmeier* Die Behandlung der Vorausabtretungen von Mietzinsen und pfändbaren Arbeitsentgeltansprüchen in der Insolvenz des Zedenten NZI 2006, 144; *Dötsch* Ende des „Baukostenzuschusses“ als Einwendung „fauler“ Mieter in der Insolvenzverwaltung? NZI 2009, 713; *Eckardt* Insolvenzfester Rechtserwerb an Mietforderungen in der Vermieterinsolvenz 10 Jahre Mietrechtsreformgesetz (2011) S 877; *Eckert* Keine Fortwirkung der Finanzierungsleistung des Mieters gegen den Grundstückserwerber, Zwangs- und Insolvenzverwalter nach Abschaffung der §§ 57c, 57d ZVG ZfIR 2008, 453; *Ehricke* Zur Entstehung des Anspruchs auf Mietzinszahlung in der Insolvenz des Vermieters ZInsO 2008, 1058; *Eickmann* Zwangsverwaltung in der Insolvenz ZfIR 2007, 557; *Fischer/Knees* Zum Umgang des Grundpfandrechtsgläubigers mit § 135 Abs. 3 InsO ZInsO 2009, 745; *Flöther/Bräuer* Die Abtretung künftiger Lohnforderungen in der Insolvenz des Arbeitnehmers – Wirksamkeit und Anfechtbarkeit der (Voraus-)Verfügung im Lichte des § 114 I InsO – Normanwendung zu Lasten der par condicio creditorum? NZI 2006, 136; *Förster* Durchbricht der Insolvenzbeschlag über das Vermögen des Vermieter-Gesellschafters die kapitalersetzende Gebrauchsüberlassung zugunsten der Mieter-Gesellschaft? ZInsO 2002, 366; *Göcke/Henkel* Zur Anwendbarkeit des § 135 Abs. 3 InsO in der Doppelinsolvenz von Gesellschaft und Gesellschafter sowie bei Zwangsverwaltung ZInsO 2009, 170; *Henssler* Vorausverfügungen über Nutzungsentgeltforderungen im Konkurs ZBB 1991, 33; *Kalkschmid* Immobilienleasing in der Insolvenz (2003); *Krämer* Leasingverträge in der Insolvenz (2005); *Mitlehner* Anfechtungsanspruch bei Absonderungsrechten an Mietforderungen und wegen Mietforderungen ZIP 2007, 804; *ders* Anfechtungsanspruch bei antizipierter Sicherungsübertragung ZIP 2007, 1925; *ders* Der Anfechtungsanspruch bei Absonderungsrechten nach § 110, § 114 InsO NZI 2008, 724; *Molitor* Zulässigkeit der Freigabe trotz Verwaltungsvereinbarung ZInsO 2009, 231; *Muthorst* Bedingt, befristet, betagt – Sonderfälle der Forderung im Spiegel des Insolvenzrechts ZIP 2009, 1794; *Nöll* Insolvenzverwalter vs. Zwangsverwalter: Grenzen haftungsrechtlicher Zuweisung von Zwangsverwaltungserlös an Grundpfandgläubiger ZInsO 2007, 1125; *Obermüller/Livonius* Auswirkungen der Insolvenzrechtsreform auf das Leasinggeschäft DB 1995, 27; *Peters* Regreßloser Ankauf von Leasingforderungen WM 1993, 1701; *Piekenbrock* Zum Wert der Globalzession in der Insolvenz WM 2007, 141; *Rendels* Entfällt der Eigenkapitalersatzeinwand bei der Gebrauchsüberlassung in der Gesellschafterinsolvenz? ZIP 2006, 1273; *Schmid-Burgk/Ditz* Die Refinanzierung beim Leasing nach der Insolvenzrechtsreform ZIP 1996, 1123; *Seifert* Refinanzierung von Leasingverträgen nach § 108 InsO NZM 1998, 217; *Wazlawik* Die gläubigerbenachteiligende Abtretung der Miet-/Pachtzinsforderungen an den Grundpfandgläubiger NZI 2007, 320; *Zipperer* Zur Vorausabtretung von Mietzinsansprüchen ZfIR 2007, 466.

Übersicht

Alphabetische Übersicht

I. Grundlagen

1 Die Bestimmung entspricht in ihrem (schmalen) Regelungsbereich dem vom BGH postulierten **Gegenleistungsgrundsatz** (Vor § 103 Rn 2). Denn sie zielt darauf ab, dass in die Insolvenzmasse mit Miete oder Pacht die Gegenleistung für die nach § 108 I aus der Masse zu erbringende Gebrauchsüberlassung fließt. Die Gegenleistung wird in zwei Richtungen geschützt. Abs 1 u Abs 2 S 2 sichern die Gegenleistung gegen Dritte, die aufgrund einer Verfügung des Schuldners oder einem Zugriff im Wege der Zwangsvollstreckung Rechte an der Mietforderung herleiten könnten. Abs 2 S 1 u Abs 3 bewahren die Mietforderung davor, dass sich der Vertragspartner auf ein Erlöschen der Forderung durch Erfüllung oder Aufrechnung berufen kann. Eine Ausnahme gilt nur für den von Abs 1 bezeichneten Zeitraum, nämlich den bei Verfahrenseröffnung laufenden Monat und ggf den Folgemonat.

2 Um den Umfang dieses Schutzes zu bestimmen, knüpft § 110 an den Nutzungszeitraum der Gebrauchsüberlassung an, für den das Entgelt zu entrichten ist. Damit kommt es der Sache nach auf das **Werthaltigmachen** an.[1] Das ist der für eine haftungsrechtliche Beurteilung ohnehin einschlägige Maßstab, wie es der BGH für das Anfechtungsrecht auch schon ausdrücklich ausgesprochen hat,[2] es aber auch darüber hinaus immer breitere Anerkennung erfährt (§ 108 Rn 54; § 103 Rn 348, 368). Dieser Maßstab verdrängt daher zurecht die Abgrenzung nach dem Entstehungszeitpunkt eines Anspruchs, die § 96 I Nr 1 und der Sache nach auch § 91 zugrunde liegt. Auf die haftungsrechtlich nicht sachgerechte Abgrenzung (§ 108 Rn 34, 52) zwischen entstandenen, aber betagten (typischerweise beim Leasing) und noch nicht entstandenen, sondern befristeten Entgeltforderungen (typischerweise bei der Miete) kommt es daher – entgegen der BGH-Rechtsprechung – nicht an (Rn 8 f).

1. Entstehungsgeschichte

3 Der Regelungsgehalt des § 110 entspricht weitestgehend demjenigen von § 21 II u III KO. Im Unterschied zur Vorgängerregelung verzichtet § 110 allerdings – wie auch § 108 I im Unterschied zu § 21 I KO – auf das Erfordernis der vorinsolvenzlichen Überlassung des Mietobjekts.[3] Ferner galt § 21 II u III KO nur für Miet- und Pachtverträge über Grundstücke sowie Wohnraum und sonstige Räume. Dagegen erfasst § 110 sämtliche unbeweglichen Gegenstände iSv § 49. Diese Erweiterung des Anwendungsbereichs ist namentlich wegen ihrer Auswirkungen auf das Refinanzierungsleasing von Schiffen und Flugzeugen auf Kritik gestoßen. So lassen sich entsprechende Finanzierungsverträge nun nicht mehr wie noch unter der KO im Wege der Vorauszession der Leasingraten absichern. Eine alternative grundpfandrechtliche Absicherung,[4] die bei Vermietung oder Verpachtung den Zugriff auf die Mieten erlaubt, ist in Ansehung der in Rede stehenden Vertragsgegenstände rechtlich nur begrenzt möglich, weil ein Zwangsverwaltungsverfahren für Flugzeuge und Schiffe nicht vorgesehen ist.[5]

---

[1] Vgl BGHZ 182, 264 Rn 11; BGH ZIP 2013, 588 Rn 10 ff.

[2] BGHZ 174, 297 Rn 35.

[3] Begr zu RegE § 124, BT-Drucks 12/2443 S 147.

[4] Vgl hierzu *Bien* Stellung des Refinanzierers S 108 ff; im internationalen Kontext *Schmalenbach/Sester* WM 2005, 301 (310).

[5] *Schmid-Burgk/Ditz* ZIP 1996, 1123 (1125); *Seifert* NZM 1998, 217 (220); *Wegener* FK InsO[7] § 110 Rn 2; aus diesem Grund für eine Änderung des § 110 bzw eine teleologische Reduktion der Vorschrift *Bornholdt* Refinanzierende Bank S 155 ff; *Krämer* Leasingverträge S 168 ff.

2. Normzweck und Bedeutung neben § 91

Wie auch schon zuvor § 21 II u III KO weist § 110 nach Ablauf der Frist nach Abs 1 der Masse die Gegenleistung für die Gebrauchsgewährung zu, die aus der Masse zu erbringen ist, weil der Mietvertrag nach § 108 I zum Schutze des Mieters über die Verfahrenseröffnung hinaus fortbesteht.[6] Die Bestimmung ist §§ 1124 f BGB nachempfunden, die dem Schutz des Grundpfandgläubigers am Erhalt des hypothekarischen Haftungsverbands nach Beschlagnahme des Grundstücks dienen.[7] Eine entsprechende Regelung findet sich außerdem für die Veräußerung der Mietsache in § 566b BGB, die nach § 578 BGB für die Veräußerung des Pachtobjekts und nach Maßgabe von §§ 57, 57b ZVG auch für den Eigentumswechsel im Wege der Zwangsversteigerung Anwendung findet. Sämtliche Vorschriften zielen dabei auf einen Ausgleich der Interessen einerseits des Mieters, der vor einer Doppelzahlung zu bewahren ist, oder des Zessionars, der auf den Bestand der Vorausverfügung vertraut, und andererseits des Erwerbers, dinglich Berechtigten oder im Fall von § 110 der Insolvenzmasse, denen ab Rechtserwerb bzw Beschlagnahme grundsätzlich die Mietforderungen zustehen.[8] Eine parallele Regelung zu § 110 enthält der mit Wirkung zum 1.7.2014 aufgehobene § 114 für Ansprüche aus einem Dienstverhältnis. Allerdings wies diese Bestimmung die Entgeltansprüche der Masse erst nach Ablauf von zwei (bis zum 30.11.2001 sogar drei)[9] Jahren nach Verfahrenseröffnung zu. Der BGH entsprach darüber hinaus dem von ihm postulierten **Gegenleistungsgrundsatz** (Vor § 103 Rn 2), indem er § 114 nicht anwendete, wenn die Entgeltansprüche nicht durch die Arbeitskraft des Insolvenzschuldners, sondern mit Mitteln der Masse verdient wurden.[10] 4

Die Schutzrichtung von § 110 hängt davon ab, was ohne diese Bestimmung gelten würde. Entweder schützt § 110 die Masse, indem er Rechte Dritter, die sonst insolvenzfest erworben wären, für unwirksam und eine sonst insolvenzfeste Erfüllung durch den Vertragspartner für unbeachtlich erklärt. Oder § 110 schützt umgekehrt die Dritten und den Vertragspartner im schmalen zeitlichen Anwendungsbereich der Frist nach Abs 1 dahin, dass der Erwerb der Mietforderung bzw das Erlöschen dieser Forderung für insolvenzfest erklärt werden. In der Literatur wird recht pauschal entweder der **Masseschutz**[11] oder der **Schutz Dritter**[12] im Zeitraum des Abs 1 betont. Der BGH sieht ebenfalls nur Letzteres, wenn er die Wirkung des § 110 darauf beschränkt, die Unwirksamkeitsanordnung des § 91 zu sperren.[13] Indessen ist zu unterscheiden: 5

a) **Stellung Dritter im Vergleich zu § 91.** Die Bedeutung des § 110 im Verhältnis der Masse zu Dritten ergibt sich für die von Abs 1 erfassten **Vorausverfügungen** und die von Abs 2 S 2 geregelten Zwangsvollstreckungsmaßnahmen in Bezug auf **künftige Forderungen** im Vergleich zur allgemeinen Vorschrift des § 91. Diese Bestimmung ist im Unterschied zu §§ 81, 89 einschlägig, weil die Auswirkungen von Verfügungen des Insolvenzschuldners und von Zwangsvollstreckungsmaßnahmen vor Verfahrenseröffnung in Rede 6

---

6 **Abw** in Verkennung dieses syst Kontextes BGH ZIP 2013, 1082 Rn 25, **dag** Rn 9, 54.

7 Vgl Begr KO-Nov 1898 zu § 21 S 238.

8 Vgl zu § 566b BGB Staudinger/*Emmerich*[2011] § 566b Rn 1.

9 § 114 wurde geändert durch G z Änderung der InsO u anderer G v 26.10.2001 (BGBl I S 2710), dazu Begr Beschlussvorschlag RA, BT-Drucks 14/6468 S 17.

10 BGHZ 167, 363 Rn 19; BGH ZIP 2010, 587 Rn 3; 2011, 2262 Rn 6.

11 Ahrens/Gehrlein/Ringstmeier/*Flöther*/*Wehner* InsO § 110 Rn 1; *Eckert* MünchKomm InsO[3] § 110 Rn 1; *Wegener* FK InsO[7] § 110 Rn 1.

12 Uhlenbruck/*Wegener* InsO[13] § 110 Rn 2; vgl *Eckardt* DMT-Bilanz S 877 (882).

13 BGH ZIP 2013, 1082 Rn 25.

stehen, während §§ 81, 89 nur Verfügung und Vollstreckungsmaßnahmen nach Verfahrenseröffnung betreffen.[14]

7 Der Gesetzgeber der KO unterstellte seinerzeit die grundsätzliche Wirksamkeit von Vorausverfügungen über künftige Forderungen und erblickte daher in § 21 II KO eine Wirksamkeitsbeschränkung im Interesse der Masse.[15] Die Materialien zur InsO enthalten eine entsprechende Formulierung, dass durch die Ausweitung des Anwendungsbereichs des § 110 I gegenüber § 21 II KO die Unwirksamkeitsanordnung ausgedehnt werde.[16] Diese Sichtweise ist heute jedenfalls für nach Verfahrenseröffnung erst entstehende Forderungen auf Miete und Pacht überholt.[17] In den Worten des BGH „beschränkt § 110 nicht die Wirksamkeit von Vorausverfügungen", „sondern **verdrängt** in seinem Anwendungsbereich" die umfassende Unwirksamkeitsanordnung des „**§ 91**".[18] Entsprechend hat der Gesetzgeber des G zur Verkürzung des Restschuldbefreiungsverfahrens und zur Stärkung der Gläubigerrechte die Parallelnorm zu § 110 in § 114 (Rn 4) mit Wirkung zum 1.7.2014 aufgehoben, damit die Unwirksamkeitsanordnung des § 91 unbeschränkt Wirkung entfalten kann.[19]

8 Allerdings gilt § 91 unmittelbar nur für Forderungen, die erst nach Verfahrenseröffnung entstehen. Im Anwendungsbereich der Wirksamkeitsanordnung des § 110 wären also nur sog **befristete Entgeltforderungen** von § 91 erfasst, die erst sukzessive zum Anfangstermin des jeweiligen Zeitraums der Nutzungsüberlassung entstehen. Hingegen wären sog betagte Forderungen, die bereits entstanden sind und bei denen nur die Fälligkeit sukzessive zum Anfangstermin des jeweiligen Zeitraums der Nutzungsüberlassung eintritt, nach herkömmlicher Auffassung nicht von § 91 erfasst.[20] Das beträfe in erster Linie Ansprüche auf das **Entgelt aus Leasingverträgen**, die als **betagte Forderungen** eingeordnet werden (§ 108 Rn 34, 52). Insoweit sind die Voraussetzungen von § 91 nicht erfüllt, weil im Augenblick der Verfahrenseröffnung die Forderung bereits aus der Masse ausgeschieden ist. Korrekturen sind dann freilich notwendig, wenn die bereits übertragende Forderung nach Verfahrenseröffnung mit Mitteln der Masse werthaltig gemacht wird. Ebenso wie die **Anfechtbarkeit des Werthaltigmachens** einer bereits abgetretenen Forderung vor Verfahrenseröffnung anerkannt ist (§ 108 Rn 32), darf dieser Wertzuwachs dem Zessionar nicht zugute kommen. Diese Erweiterung des § 91 wird freilich nicht nur ganz grds in Frage gestellt,[21] sondern auch die Anforderungen an ein relevantes Werthaltigmachen gerade im Hinblick auf Leasingraten und damit auf den Anwendungsbereich des § 110 bestritten.[22]

9 § 110 macht – richtig verstanden (Rn 54) – die Abgrenzung zwischen betagten und befristeten Ansprüchen entbehrlich, weil er anders als § 91 nur an den vertraglich verein-

---

[14] Begr zu RegE § 102, BT-Drucks 12/2443 S 138; BGH ZIP 2003, 808 (809); 2009, 2347 Rn 15 ff; Jaeger/*Windel* InsO § 81 Rn 43 mwN auch z Gegenauffassung.

[15] Vgl Begr KO-Nov 1898 zu § 21 S 238.

[16] Begr zu RegE § 124, BT-Drucks 12/2443 S 147.

[17] *Ahrendt* HambK InsO[4] § 110 Rn 7; *Bräuer* ZInsO 2007, 306 (309); *Eckert* MünchKomm InsO[3] § 108 Rn 11; *Henckel* FS Baur (1981) S 443 f; *Marotzke* HK InsO[6] § 110 Rn 5; vgl auch *Dobmeier* NZI 2006, 144 (148).

[18] BGHZ 170, 196 Rn 12; 182, 264 Rn 10; BGH ZIP 2013, 1082 Rn 25; ferner Jaeger/*Windel* InsO § 91 Rn 54.

[19] Begr zu RegE Streichung § 114, BT-Drucks 17/11268 S 23; z Verdrängung v § 91 durch § 114 aF BGHZ 167, 363 (367); BGH ZIP 2006, 2276 Rn 9; 2008, 1488 Rn 20; 2012, 2358 Rn 15.

[20] Jaeger/*Windel* InsO § 91 Rn 52.

[21] So Jaeger/*Windel* InsO § 91 Rn 52.

[22] Vgl BGH ZIP 2013, 1082 Rn 31 ff; dazu Rn 25.

barten Leistungsaustausch (Rn 2) anknüpft. Die vertraglich vereinbarte Gegenleistung für das, was aus der Masse in Erfüllung des nach § 108 fortzusetzenden Vertrags erbracht wird, fällt nach Ablauf des Wirksamkeitszeitraums von Abs 1 in die Masse, gleich ob der darauf gerichtete Anspruch im Rahmen des § 91 als befristet oder betagt einzuordnen wäre. Der BGH ordnet § 110 indes abweichend ein, wenn er § 110 lediglich als Sperre des § 91 versteht.[23] Daher müssen nach BGH stets die Voraussetzungen des § 91 vorliegen, damit § 110 überhaupt eingreifen kann, so dass die in Rn 8 problematisierte Reichweite des § 91 auch über die Unwirksamkeitsanordnung für von § 110 erfasste Forderungen entscheiden soll (dagegen Rn 54).

b) **Stellung des Vertragspartners im Vergleich zu §§ 91, 95 f.** Abs 2 S 1 betrifft die **vorzeitige Einziehung** der Entgeltforderungen durch den Vertragspartner, Abs 3 speziell das Erfüllungssurrogat der **Aufrechnung**. Die zeitlich und – weil nicht nur auf ein bestimmtes Erfüllungssurrogat beschränkt – gegenständlich weitergehende Regelung enthält Abs 2 S 1. Hiernach wird die Einziehung solcher Forderungen unwirksam, die sich auf Nutzungszeiträume nach Ablauf des in Abs 1 bezeichneten Zeitraums beziehen. Der Vertragspartner kann sich also auf eine an den Schuldner bewirkte Erfüllung (oder ein Erfüllungssurrogat) für diese Forderungen nicht berufen. Diese Regelung konkurriert nicht mit **§ 82**, weil sie zum einen im Unterschied zu § 82 Leistungen vor Verfahrenseröffnung an den dann noch einziehungsbefugten Schuldner voraussetzt und zum anderen auf Vorauszahlungen beschränkt ist (Rn 42).[24] Um die Wirkungen zu beschreiben, die ohne § 110 einträten, ist wiederum danach zu unterscheiden, ob die Forderung bei Verfahrenseröffnung als betagte bereits entstanden war oder als befristete noch nicht. 10

Ist die Forderung bei Bewirkung der Leistung noch nicht entstanden, sondern **befristet**, liegt eine Vorausleistung vor, die grds bei Anspruchsentstehung unmittelbar zur Erfüllung führt.[25] Inwieweit diese Erfüllung auch noch nach Verfahrenseröffnung eintritt, muss sich an § 91 messen lassen. Denn über den ausdrücklichen Wortlaut hinaus betrifft diese Vorschrift nicht nur den Erwerb aus der Masse, sondern soll auch den Untergang von Masseforderungen hindern.[26] Deswegen steht § 91 grds der Erfüllung erst nach Verfahrenseröffnung entstehender Forderungen durch Vorausleistungen vor Verfahrenseröffnung in gleicher Weise entgegen, wie die Bestimmung auch den Forderungserwerb Dritter hindert (Rn 7). Insoweit bewirkt § 110 also mit seiner Unwirksamkeitsanordnung nur eine Klarstellung zugunsten der Masse und mit seiner Wirksamkeitsanordnung im ersten (ggf auch zweiten) Monat einen Schutz zugunsten des Vertragspartners. 11

Ganz anders liegt es hinsichtlich der bereits **betagt** vor Verfahrenseröffnung entstandenen Forderungen. Diese können grds bereits vor Eintritt ihrer Fälligkeit erfüllt werden (§ 271 II BGB). Auch eine Aufrechnung gegen sie ist bereits möglich (§ 387 BGB). Die Forderung ist dann bereits bei Verfahrenseröffnung erloschen. Soweit die Insolvenzanfechtung nicht greift, ist die Erfüllung insolvenzfest. Davon abweichend nimmt Abs 2 S 1 der Erfüllung mit der Unwirksamkeitsanordnung ihre Wirkung. Diese Folge muss man auf alle Arten der Einziehung, mithin alle Erfüllungsleistungen einschließlich der Aufrechnung, ausdehnen. Insoweit ist § 110 masseschützend. 12

Speziell zur Aufrechnung trifft Abs 3 eine Regelung nur für die Aufrechnung gegen die Entgeltansprüche aus dem Zeitraum nach Abs 1. Insoweit wird der Vertragspartner 13

---

[23] BGH ZIP 2013, 1082 Rn 25.

[24] Vgl Jaeger/*Windel* InsO § 82 Rn 5.

[25] BGHZ 85, 315 (318); Staudinger/*Olzen* BGB^{2011} § 362 Rn 23.

[26] Jaeger/*Windel* InsO § 91 Rn 8.

geschützt,[27] weil Abs 3 die Aufrechnung unter den gleichen Voraussetzungen wie § 95 I zulässt, unabhängig davon, ob die Hauptforderung befristet oder betagt ist. Damit wird das **Aufrechnungsverbot**, das bei befristeten Forderungen – in Parallele zu § 91 – aus § 96 I Nr 1 folgt, für den kurzen Zeitraum des Abs 1 außer Kraft gesetzt. Die Aufrechnung gegen Entgeltansprüche aus dem Zeitraum ist danach unzulässig (Rn 58 f). Diese Unzulässigkeit ist Abs 2 S 1 zu entnehmen, da die Aufrechnung als Erfüllungssurrogat der Einziehung gleich stehen muss. Dieses Ergebnis entspricht § 96 I Nr 1, soweit die Entgeltforderung erst nach Verfahrenseröffnung entsteht. Für betagte Forderungen muss Abs 2 S 1 aber ebenfalls zum Aufrechnungsverbot nach Ablauf des Zeitraums gem Abs 1 führen. Zwar lässt § 95 I grds – vorbehaltlich des Verbots des § 95 I 3 – die Aufrechnung zu. Im Wege der Aufrechnung soll der Vertragspartner aber nur so gestellt werden, als hätte er bereits vor Verfahrenseröffnung aufgerechnet. Dann läge aber gerade die von Abs 2 S 1 für unwirksam erklärte Einziehung vor.

14 c) **Folgerung.** § 110 macht – entgegen der Auffassung des BGH (Rn 9, 54) – in seinem Anwendungsbereich eine **Unterscheidung zwischen entstandenen betagten Forderungen und nicht entstandenen befristeten Forderungen entbehrlich.** Beide Arten von Entgeltansprüchen werden gleichbehandelt. Das führt im Zeitraum des Abs 1 zu einem Schutz von Drittem und Vertragspartner zu Lasten der Masse, soweit befristete Entgeltforderungen als betagte behandelt werden, weil Drittrechte an der Entgeltforderung und die Aufrechnung des Vertragspartners gegen die Entgeltforderung für grds insolvenzfest erklärt werden. Soweit für den späteren Zeitraum Drittrechten und Erfüllung sowie Aufrechnung die Beachtlichkeit im Insolvenzverfahren genommen wird, ist das eine Regelung zugunsten der Masse und jedenfalls zu Lasten des vor Verfahrenseröffnung eine betagte Forderung erfüllenden Vertragspartners. So erleichtert die klare Regelung des § 110 fraglos die Rechtsanwendung. Wessen Schutz die Bestimmung dient, ist indes von der jeweiligen Tatbestandsalternative abhängig.

3. Privatautonomie

15 § 110 ist nach § 119 jedenfalls nicht zum Nachteil der Masse abdingbar.

II. Vertragsfortsetzung nach § 108 I 1 in Vermieterinsolvenz

16 Der Geltungsbereich des § 110 stimmt mit demjenigen des § 108 I 1 Fall 1 überein, mit der Einschränkung, dass § 110 in personaler Hinsicht die Insolvenz des Vermieters oder Verpächters verlangt. Erforderlich ist daher die Eröffnung des Insolvenzverfahrens. In Ermangelung eines ausdrücklichen Verweises in § 24 gilt die Vorschrift nicht auch schon im Eröffnungsverfahren.[28] Insoweit entspricht § 110 dem § 91, der ebenfalls im Eröffnungsverfahren noch nicht angewendet werden kann[29]. Über die Insolvenzfestigkeit von Verfügungen und Abtretungen in diesem Zeitraum entscheidet das Insolvenzanfechtungsrecht.

---

[27] Vgl *Henckel* FS Baur (1981) S 443 (448) unter Hinweis auf die Beratungen der Reichtagskommission zu § 21 III KO.

[28] *Eckert* MünchKomm InsO[3] § 110 Rn 12; *Marotzke* HK InsO[6] § 110 Rn 5; Uhlenbruck/*Wegener* InsO[13] § 110 Rn 3; **aA** LG Erfurt NZI 2004, 599 (600): auch im Eröffnungsverfahren, wenn ein „starker" vorläufiger Insolvenzverwalter bestellt ist.

[29] BGHZ 170, 196 Rn 8; BGH ZIP 2009, 2347 Rn 15.

Der Vertrag muss im Zeitpunkt der Verfahrenseröffnung wirksam sein (§ 108 Rn 38). **17**
§ 110 verhilft damit nicht einer Vorausverfügung über einen Nutzungsentschädigungsanspruch nach § 546a BGB bzw einer Aufrechnung gegen diesen Anspruch zu beschränkter Wirksamkeit während des in Abs 1 bezeichneten Zeitraums.[30] Vielmehr sind allein §§ 91, 95 f einschlägig (Rn 6 ff).

1. Erfasste Verträge

Über die ausdrücklich erwähnten Miet- und Pachtverhältnisse hinaus findet § 110 **18**
gleichfalls Anwendung auf andere **Gebrauchsüberlassungsverträge**, speziell Immobilienleasingverträge (§ 108 Rn 40, 50).[31] Wie § 108 I 1 erfasst auch § 110 nur Verträge über unbewegliche Sachen und Räume. Nach der Legaldefinition des § 49 sind solche Gegenstände umfasst, die der Zwangsvollstreckung in das unbewegliche Vermögen unterliegen (§ 108 Rn 70 ff). Hierzu gehören neben Grundstücken und Räumen namentlich auch eingetragene Flugzeuge und Seeschiffe (Rn 3). Für sonstige Verträge, die Mobilien oder Rechte zum Gegenstand haben und deshalb § 103 unterfallen, ist eine § 110 entsprechende Sonderregelung nicht vorgesehen: Zur Stellung Dritter an Vertragsansprüchen s § 103 Rn 344 ff, zu Aufrechnungsmöglichkeiten des Vertragspartners s § 103 Rn 365 ff. § 108 I 2 bezieht zwar unter seinen engen Voraussetzungen bestimmte Verträge über bewegliche Sachen in seine Fortgeltungsanordnung ein. Die Parallelität des Anwendungsbereichs von § 108 und § 110 beschränkt sich aber auf § 108 I 1 Fall 1. Im Falle des § 108 I 2 sollen die Entgeltforderungen gerade nicht der Masse, sondern dem Finanzierer zustehen, soweit sie auf der Überlassung des dem Finanzierer zur Sicherheit übertragenen Vertragsgegenstand beruhen (§ 108 Rn 228 ff).

Dem Anwendungsbereich des § 108 entsprechend erfasst auch § 110 nur **entgeltliche** **19**
Gebrauchsüberlassungsverträge. Hatte der Schuldner die Sache unentgeltlich einem Dritten überlassen, wird schon die Gebrauchsüberlassung in vielen Fällen der Insolvenzanfechtung (§§ 129, 134) unterliegen. Diese Fälle liegen jedenfalls außerhalb des Anwendungsbereichs von § 108, so dass auch § 110 nicht zur Anwendung gelangt. Die Regelung vermag daher nicht, eine von vornherein unentgeltliche Nutzungsüberlassung nach Ablauf des Zeitraums von Abs 1 in eine entgeltliche zu wandeln.[32] Dies gilt namentlich auch dann, wenn der Schuldner mit der Nutzungsüberlassung von Wohnraum an einen nahen Angehörigen seine Unterhaltspflicht erfüllt. Liegt hier schon kein entgeltliches Mietverhältnis iSv § 108 I vor (§ 108 Rn 43), kann auch § 110 der Masse nach Ablauf des Wirksamkeitszeitraums Anspruch auf eine angemessene Gegenleistung verschaffen.[33]

2. Überlassung

Im Unterschied zur Vorläuferregelung in § 21 KO verlangt der Wortlaut von § 108 I 1 **20**
Fall 1 nicht, dass die Mietsache dem Mieter bereits vor Verfahrenseröffnung überlassen worden ist. Angesichts der mit einem Mietvertrag vielfach verbundenen Herstellungspflichten ist der Anwendungsbereich allerdings in der Vermieterinsolvenz zu reduzieren (§ 108 Rn 85).[34] Diese Reduktion hat sich auch auf § 110 zu erstrecken. Scheidet auf-

---

30 *Eckert* MünchKomm InsO[3] § 110 Rn 13.
31 *Eckert* MünchKomm InsO[2] § 110 Rn 3; *Kalkschmid* Immobilienleasing Rn 420 ff; *Wegener* FK InsO[7] § 110 Rn 6.
32 **AA** *Wegener* FK InsO[7] § 110 Rn 1.
33 LG Freiburg NJW-RR 1996, 1164, dazu **abl** *Eckert* EWiR 1997, 123; Kübler/Prütting/Bork/*Tintelnot* InsO[10] § 110 Rn 9; **aA** *Eckert* MünchKomm InsO[3] § 110 Rn 6.
34 BGHZ 173, 116.

grund der Herstellungspflicht eine Anwendung von § 108 aus, ist § 103 als allgemeine Norm einschlägig. Für § 103 unterfallende Verträge gilt aber § 110 nicht, sondern eigenständige Regelungen (§ 103 Rn 344 ff, 365 ff).[35]

III. Entgeltforderung

21 Die Regelung des § 110 hat die Forderung auf die Gegenleistung für die Gebrauchsüberlassung zum Gegenstand.

1. Art der Forderung

22 Diese **Gegenleistungsforderung** ist üblicherweise diejenige auf Zahlung der Miete. Als Ausprägung des Gegenleistungsgrundsatzes (Rn 1) erfasst die Vorschrift aber alle Forderungen, die der Vermieter, Verpächter oder (Immobilien-)Leasinggeber als Gegenleistung für die Gebrauchsgewährung erhält. Als Anspruchsinhalt kommen daher beispielsweise auch Handlungs- und Renovierungspflichten in Betracht. So ordnet der BGH insbesondere den Anspruch auf die Durchführung von Schönheitsreparaturen als synallagmatische Hauptleistungspflicht ein.[36] Allerdings ist die Mietkaution nicht Gegenleistung für die Gebrauchsgewährung, sondern dient dem Sicherungsbedürfnis des Vermieters.[37] Verfügt der Schuldner bereits vor Verfahrenseröffnung über den schon mit Abschluss des Mietvertrags entstandenen, aufschiebend bedingten Anspruch auf Kautionszahlung, muss die Masse diese Verfügung vorbehaltlich der Anfechtbarkeit nach §§ 129 ff gegen sich gelten lassen.

23 a) **Einmalleistungen und Berechnung periodischer Zeitabschnitte.** Vor allem an der Vereinbarung von **Einmalzahlungen** zwischen Vermieter und Mieter lässt sich die Problematik veranschaulichen, inwieweit § 110 die Vereinbarung eines nach periodisch bemessenen Zeitabschnitten bestimmten Entgelts voraussetzt. Entsprechende Abreden wecken den Argwohn, dass sie abgeschlossen wurden, gerade um die Zahlungspflicht des Mieters im Gläubigerinteresse nach Verfahrenseröffnung zu umgehen.[38] Dieses Problem ist nicht auf die Insolvenz beschränkt, sondern beschäftigte den BGH insbesondere zu §§ 566b, 1124 II BGB, § 57b ZVG, die das Gericht zurecht einheitlich auslegen will.[39] So sehr die Missbrauchsgefahr und die Gläubigerschutzintention aller Vorschriften nach einer großzügigen Anwendung von § 110 verlangen, sind die tatsächlichen Anwendungsschwierigkeiten nicht immer auszuräumen: Lässt sich die Miete nicht auf einzelne Zeiträume aufteilen, ist nicht bestimmbar, welche Miete für den von § 110 erfassten Zeitraum geschuldet wird.[40] Daher hat der BGH im Ergebnis zurecht die Anwendung von Parallelnormen zu § 110 abgelehnt, wenn eine Einmalzahlung von Anfang an vereinbart war und sich diese mangels feststehender Vertragsdauer auch nicht umrechnen lässt.[41]

24 Umgekehrt werden von § 110 aber nicht nur solche Gestaltungen erfasst, in denen die Beteiligten ausdrücklich ein Entgelt korrespondierend zu einer Nutzungsperiode vereinbart haben und die Miete für die gesamte Vertragsdauer oder für einen Teil als Einmal-

---

[35] Hingegen als ungeklärt offen lassend *Marotzke* HK InsO[6] § 110 Rn 3.
[36] BGHZ 105, 71; BGH NJW 1977, 36.
[37] *Eckert* MünchKomm InsO[3] § 110 Rn 4.
[38] BGHZ 137, 106 (115); BGH ZfIR 2012, 328 Rn 3; *Dötsch* NZI 2009, 713 (714).
[39] BGHZ 163, 201 (204 ff); BGH NJW 2007, 2919 Rn 27.
[40] *Häublein* MünchKomm BGB[6] § 556b Rn 10; Uhlenbruck/*Wegener* InsO[13] § 110 Rn 7.
[41] BGHZ 37, 346; 137, 106 (114); BGH NJW 2007, 2919 Rn 24.

zahlung vereinbarungsgemäß im Voraus entrichtet wurde.[42] Jede Einmalzahlung wird von § 110 erfasst, wenn sie sich aufteilen lässt.[43] Eine solche Aufteilung ist zum einen möglich, wenn die Dauer der Mietzeit, für die die Einmalzahlung oder sonstige (etwa quartalsweise oder jährlich erbrachte) Vorauszahlung entrichtet wurde, bestimmt ist.[44] Zum anderen ist der Rückgriff auf die ursprüngliche vertragliche Regelung denkbar, wenn nachträglich eine Einmalzahlung vereinbart wird.[45] So lässt sich regelmäßig auch eine Schönheitsreparaturpflicht zeitanteilig umrechnen.[46]

b) **Leasingforderungen.** Für **Vorausverfügungen über Leasingforderungen** gelten grds keine Besonderheiten. Das ist allerdings nicht unumstritten. *Eckert* vertritt eine Aufspaltung der Leasingraten in einen Teil, der die Aufwendungen des Leasinggebers vergütet, und einen anderen, der Entgelt für die fortlaufende Gebrauchsüberlassung ist (§ 108 Rn 58 ff). Für § 110 sei zu unterscheiden, weil nur die Gegenleistung für die Gebrauchsüberlassung vom Normzweck erfasst werde.[47] Dem ist nicht zu folgen.[48] Denn diese Aufspaltung gibt allenfalls die Kalkulation des Leasinggebers wieder. Die Vertragsparteien haben sich indes auf eine einheitliche Leasingrate geeinigt, die Regelungsgegenstand von § 110 ist (§ 108 Rn 60). Der BGH hält ausnahmsweise ungeachtet §§ 91, 110 die Abtretung von Leasingraten umfassend für wirksam.[49] Die Wirksamkeit setze zum einen voraus, dass die Leasingraten für einen Zeitraum vereinbart seien, während dessen der Vertrag nur außerordentlich gekündigt werden könne. Zum anderen müsse sich die Pflicht des Leasinggebers zur Gebrauchsgewährung darauf beschränken, den Leasingnehmer in seiner Nutzung nicht zu stören, und darüber hinaus keinesfalls mehr tun zu müssen, als ihn bei der Abwehr von Störungen Dritter zu unterstützen. Also muss der Leasinggeber im Leasingvertrag die Sach- und Preisgefahr auf den Leasingnehmer abgewälzt und zugleich jegliche Mängelrechte unter Abtretung der kaufrechtlichen Mängelrechte gegen den Drittverkäufer ausgeschlossen haben.[50] Dann stehe dem Zessionar bereits bei Verfahrenseröffnung eine unzerstörbare Rechtsposition zu und der Masse sei zumutbar, den Gebrauch des Leasingnehmers ohne Gegenleistung zu dulden. Daher lägen die Voraussetzungen des § 91 in Gestalt eines Werthaltigmachens nach Verfahrenseröffnung mit Mitteln der Masse nicht vor, so dass – infolge des systematischen Verständnisses des BGH – auch § 110 keine Unwirksamkeit anordne. Dieser Auffassung ist schon deswegen nicht zu folgen, weil § 110 – unabhängig von der Reichweite des § 91 – eine eigene Unwirksamkeitsanordnung enthält (Rn 54). Darüber hinaus ist dem BGH auch in seinem Verständnis des Werthaltigmachens (Gegenleistungsgrundsatz) bei Anwendung von § 91 (Rn 8) nicht zu folgen (§ 108 Rn 53 f). Ist nach der Abrede der Parteien die Leasingrate Gegenleistung für die bloße Duldung der Nutzung, dann ist in dieser Rate die der Masse bei Fortsetzung des Vertrages nach § 108 I gebührende Gegenleistung zu sehen. Der BGH unterschätzt das Werthaltigmachen mit Mitteln der Masse, das darin besteht, den Leasingnehmer nicht in seiner Nutzung zu stören. Denn das bedeutet nicht weniger als einem anderen einen Massebestandteil zu Lasten aller Gläubiger zu überlassen. **25**

---

42 *Eckert* MünchKomm InsO[3] § 110 Rn 13; Kübler/Prütting/Bork/*Tintelnot* InsO[10] § 110 Rn 5.

43 **AA** Uhlenbruck/*Wegener* InsO[13] § 110 Rn 7.

44 *Eckert* MünchKomm InsO[3] § 110 Rn 13; Kübler/Prütting/Bork/*Tintelnot* InsO[10] § 110 Rn 5.

45 BGHZ 137, 106 (115); BGH ZfIR 2012, 328 Rn 3.

46 Vgl *Eckert* MünchKomm InsO[3] § 110 Rn 4; **aA** Uhlenbruck/*Wegener* InsO[13] § 110 Rn 7.

47 *Eckert* MünchKomm InsO[3] § 110 Rn 18.

48 So auch BGH ZIP 2013, 1082 Rn 31.

49 BGH ZIP 2013, 1082 Rn 31 f.

50 Vgl BGHZ 111, 84 (95).

2. Massebestandteil

26 § 110 zielt darauf ab, dass die Mietforderung nach Ablauf des Zeitraums nach Abs 1 der Masse zusteht. Diese Aussage ist der Bestimmung zu entnehmen ungeachtet des Umstands, dass sich diese Rechtsfolge – jedenfalls weitgehend – schon aus den allgemeinen Regelungen (§§ 91, 96 I Nr 1) herleiten ließe (Rn 6 ff). Entsprechend dem Schutz des § 91 setzt auch § 110 seinem Sinn und Zweck nach voraus, dass die **Mietforderung der Masse zusteht**, die Unwirksamkeitsanordnung nach Ablauf des Zeitraums nach Abs 1 also der Masse zu Gute kommt.[51] Daher muss der Schuldner bei Verfahrenseröffnung Vermieter oder Verpächter sein. Dafür ist nicht erforderlich, dass der Schuldner den Vertrag selbst geschlossen hat. Es reicht aus, wenn er nachträglich als Vermieter oder Verpächter in das von einem Dritten geschlossene Miet- oder Pachtverhältnis – zB aufgrund von §§ 566, 1056, 2135 BGB – eingetreten ist. Der Massebezug wird grds nicht dadurch beseitigt, dass der Insolvenzschuldner kraft Schuldvertrags einem Dritten die Mietsache zur Fruchtziehung überlässt und ihn ermächtigt, den Mietvertrag abzuwickeln.[52] Die Wirkungen von §§ 108, 110 scheiden erst aus, wenn ein Dritter im Wege der Vertragsübernahme den Mietvertrag übernommen hat.[53] Am Massebezug fehlt es grds auch, wenn der Insolvenzschuldner das Vertragsverhältnis als **Treuhänder** eingegangen ist.[54] Der Vertragsschluss eines **starken** oder des **endgültigen Verwalters** ist hingegen nicht der Handlungssphäre des Schuldners zuzuordnen und unterfällt damit nicht §§ 108, 110 (§ 108 Rn 37).

27 Die Wirkungen des § 110 hängen auch während des Verfahrens vom **fortdauernden Massebezug** ab.[55] Der Massebezug künftiger Mietforderungen entfällt mit Freigabe, weil der Mietvertrag analog § 566 BGB auf den Schuldner und in sein freies Vermögen zurückfällt (§ 108 Rn 106), aber auch, wenn das Insolvenzverfahren durch Aufhebung (§ 200) oder Einstellung (§§ 207, 211 ff) endet. In diesen Sachlagen fallen die Wirkungen von § 110 zwar nicht rückwirkend weg, § 110 kann sich aber nicht mehr auf neue Mietforderung für einen Nutzungszeitraum nach Ende des Massebezugs erstrecken.[56] Hingegen bleiben die **Wirkungen des § 110 bestehen, wenn das Ausscheiden aus der Masse auf der Verwertung der Mietsache beruht.**[57] Bei der Veräußerung der Sache im Wege der **Zwangsversteigerung** folgte dieses Ergebnis ohnehin aus §§ 57, 57b I ZVG. Denn diese Bestimmungen enthalten mit ihrem Verweis auf §§ 566b ff BGB eine eigenständige Regelung, den Erwerber von entsprechenden Verfügungen und Aufrechnungsmöglichkeiten zu befreien. Im Unterschied zu den zivilrechtlichen Bestimmungen, auf die §§ 57, 57b I ZVG verweisen, ist die Regelung für den Erwerber im Wege der Zwangsversteigerung allerdings deutlich günstiger. Der Zeitraum der Wirksamkeitsanordnung, der in seiner Länge mit der Anordnung in § 110 I übereinstimmt, beginnt nämlich mit der Beschlagnahme des Grundstücks, die lange vor dem Zuschlag erfolgt. Auch fehlt es an einem Verweis auf § 566b II BGB, der eine Verfügung, von der der Erwerber Kenntnis hat, fortwirken lässt. § 110 schützt aber auch den Erwerber aus der Masse im Falle der **freihändigen Veräußerung**. Anderenfalls würde sich die Fortwirkung der von § 110 erfassten Verfügungen negativ auf den für die Masse zu erzielenden Kaufpreis auswirken. Die Gleich-

---

[51] Vgl Jaeger/*Windel* InsO § 91 Rn 12.
[52] **AA** OLG Hamburg ZIP 2010, 744.
[53] *Eckert* EWiR 2010, 299 (300).
[54] Vgl Jaeger/*Windel* InsO § 91 Rn 12.
[55] **AA** *Wegener* FK InsO^{7} § 110 Rn 17.
[56] Braun/*Kroth* InsO^{5} § 110 Rn 8; Jaeger/*Henckel* KO^{9} § 21 Rn 19; *Marotzke* HK InsO^{6} § 110 Rn 14; vgl auch RGZ 138, 69 (72).
[57] Jaeger/*Henckel* KO^{9} § 21 Rn 16 zu § 21 II KO.

behandlung der beiden Erwerbsmöglichkeiten entspricht auch § 111, der dem freihändigen Erwerber eine Kündigungsmöglichkeit einräumt, wie sie dem Erwerber im Wege der Zwangsversteigerung aus § 57a ZVG zusteht (§ 111 Rn 17).

IV. Wirkungen gegenüber Dritten (Abs 1 u 2 S 2)

Wirkungen gegenüber Dritten, die von § 110 erfasst werden, können auf einer Verfügung des Schuldners und einer Maßnahme im Wege der Zwangsvollstreckung beruhen. **28**

1. Rechtsgeschäftliche Verfügungen

Eine Verfügung ist jedes Rechtsgeschäft, durch das unmittelbar auf die Miet- oder Pachtforderung eingewirkt wird, indem sie aufgehoben, übertragen, belastet oder ihr Inhalt verändert wird. In Betracht kommen zugunsten Dritter insb die **Abtretung** der Forderung (§ 398 BGB), die Bestellung eines **Nießbrauchs** (§§ 1068, 1074 BGB) oder eines Pfandrechts (§ 1279 BGB) an ihr. Ein Anwendungsfall ist in der Insolvenz des Untervermieters auch die **Abtretung der Untermietforderung** durch den (später insolventen) Untervermieter an seinen Hauptvermieter.[58] Der Hauptvermieter ist besonders geschützt, weil der Hauptmietvertrag ihm gegenüber nach § 108 I fortwirkt. Das berechtigt aber keine Ausnahme von § 110, welcher der Masse das Surrogat für den von ihr dem Untermieter zu gewährenden Gebrauch zuweist. **29**

Erfasst werden Verfügungen, die der Schuldner vor Verfahrenseröffnung getätigt hat. Dazu zählen auch solche Verfügungen, die er im Eröffnungsverfahren mit Zustimmung eines **schwachen vorläufigen Insolvenzverwalters** (§ 21 II Nr 2 Fall 2) vornimmt. Diese beanspruchen ebenfalls Geltung gegenüber der Insolvenzmasse nur nach Maßgabe von Abs 1.[59] Die Vorschrift findet dagegen keine Anwendung auf Verfügungen eines vorläufigen Insolvenzverwalters mit Verwaltungs- und Verfügungsbefugnis (§§ 21 II Nr 2 Fall 1, 22 I 1) oder des (endgültigen) Insolvenzverwalters. Diese haben die Rechtsmacht, unmittelbar mit Wirkung für und gegen die Masse zu verfügen.[60] Diese Verfügungen haben auch nach Aufhebung oder Beendigung des Insolvenzverfahrens Bestand. In einem Nachfolgeinsolvenzverfahren sind solche Verfügungen indes zu behandeln wie Verfügungen des Schuldners, so dass die Masse in einem zweiten Insolvenzverfahren eine Vorausverfügung des vormaligen Insolvenzverwalters auch nur in dem Umfang des § 110 I gegen sich gelten lassen muss.[61] **30**

2. Zwangsvollstreckungsmaßnahmen (Abs 2 S 2)

Abs 2 S 2 stellt Zwangsvollstreckungsmaßnahmen den rechtsgeschäftlichen Verfügungen gleich. Diese Gleichstellung war auch schon unter der KO ohne entsprechende Regelung anerkannt,[62] so dass Abs 2 S 2 insoweit nur **klarstellende Funktion** zukommt. Als Maßnahme der Zwangsvollstreckung werden Pfändungs- und ggf Überweisungsbeschlüsse als Maßnahmen der Forderungspfändung (§§ 829, 832, 835 ZPO) erfasst. Auf **31**

---

[58] *Eckert* MünchKomm InsO² § 110 Rn 14.

[59] Uhlenbruck/*Wegener* InsO¹³ § 110 Rn 9; *Wegener* FK InsO⁷ § 110 Rn 14.

[60] IE ebenso *Eckert* MünchKomm InsO³ § 110 Rn 9; Uhlenbruck/*Wegener* InsO¹³ § 110 Rn 9; *Wegener* FK InsO⁷ § 110 Rn 14.

[61] Zutr *Eckert* MünchKomm InsO³ § 110 Rn 10; **aA** Jaeger/*Henckel* KO⁹ § 21 Rn 20; *Wegener* FK InsO⁷ § 110 Rn 14.

[62] Vgl Jaeger/*Henckel* KO⁹ § 21 Rn 15; Kuhn/*Uhlenbruck* KO¹¹ § 21 Rn 7.

Grundlage welchen Titels diese Maßnahmen erfolgen, ist unerheblich. Neben dem vollstreckbaren Endurteil kommen also die von § 794 ZPO genannten Titel in Betracht. Die Pfändung kann auch auf Grundlage von Maßnahmen des vorläufigen Rechtschutzes wie der Arrestvollziehung und einstweiliger Verfügung (§§ 930, 935 ZPO) beruhen.[63]

32 Indessen ist der Zugriff auf die Mietforderung im Wege der Vollstreckung in das unbewegliche Vermögen (§§ 865 I ZPO, 1123 BGB) durch Anordnung der Zwangsverwaltung (§§ 148 I 1, 20 f ZVG, § 1123 BGB) nicht von Abs 2 S 2 erfasst. Denn mit der Anordnung der Zwangsverwaltung erwächst jedem, zu dessen Gunsten die Beschlagnahme erfolgte, ein **Absonderungsrecht** am Grundstück samt Haftungsverband. Das gilt auch für den persönlichen Gläubiger, der den Antrag auf Zwangsverwaltung stellt.[64] Und nach § 49 hat die Durchsetzung der so entstandenen Absonderungsrechte im Wege der Zwangsvollstreckung in das unbewegliche Vermögen zu erfolgen. Folglich wird der Mieteinzug durch den Zwangsverwalter von § 110 nicht berührt (§ 108 Rn 31, 36 ff).[65]

3. Keine Ausnahme für Grundpfandgläubiger

33 Ein Grundpfandgläubiger verfügt nach Insolvenzeröffnung über ein Absonderungsrecht (§ 49). Zu dem Haftungsverband, auf den er zugreifen kann, gehört auch die Forderung aus der Vermietung oder Verpachtung des Grundstücks (§§ 1123 I, 1192 I BGB). Daher lässt sich argumentieren, Zession des Schuldners an den ohnehin zur abgesonderten Befriedigung berechtigten Grundpfandgläubiger und Zwangsvollstreckungszugriff im Wege der Forderungsvollstreckung zu dessen Gunsten bedeuteten keine Massebeeinträchtigung (Rn 26). Daher wäre § 110 nicht einschlägig.[66] Dem ist aber nicht zu folgen und **keine Ausnahme von § 110 I** zuzulassen. Abs 1 erfasst auch die Zession an Grundpfandgläubiger und den Zwangsvollstreckungszugriff durch Grundpfandgläubiger im Wege der Forderungsvollstreckung.[67] Die Masseschmälerung ergibt sich daraus, dass das Grundpfandrecht dem Berechtigten die zum Haftungsverband gehörigen Forderungen nur „potentiell" zuweist.[68] Zwar kann er sich aus diesen Forderungen befriedigen, muss dafür aber auch die einschlägigen Befriedigungsmaßnahmen ergreifen. Der Grundpfandgläubiger kann die Haftung des Grundstücks einschließlich der Miet- und Pachtforderungen (§ 21 II ZVG) nur durch Beschlagnahme des Grundstücks erwirken. Vor der Beschlagnahme ist zunächst noch ungewiss, ob sich die zunächst nur „potentielle Haftung" nach § 1123 I BGB realisiert, weil der Grundpfandgläubiger anderweitige Verfügungen des Schuldners nach Maßgabe von § 1124 I BGB gegen sich gelten zu lassen hat.

34 Der Zugriff auf die einzelne Mietforderung aufgrund einer Zession oder im Wege der Einzelzwangsvollstreckung kann indessen angesichts der **insolvenzverfahrensrechtlichen Verteilungsregeln** keine Anerkennung finden. Denn § 49 verweist den Grundpfandgläubiger ausschließlich auf die Einleitung eines Zwangsverwaltungs- oder Zwangsversteigerungsverfahrens. Zurecht hat der BGH den Zugriff eines Grundpfandgläubigers im Wege der Einzelzwangsvollstreckung zur Realisierung der zunächst nur potentiellen Haftung

---

[63] Uhlenbruck/*Wegener* InsO[13] § 110 Rn 11; *Wegener* FK InsO[7] § 110 Rn 13.
[64] Jaeger/*Henckel* InsO § 49 Rn 11.
[65] BGHZ 168, 339 Rn 7; *Marotzke* HK InsO[6] § 110 Rn 13; Uhlenbruck/*Wegener* InsO[13] § 110 Rn 12.
[66] Vgl Jaeger/*Henckel* KO[9] § 21 Rn 15.
[67] *Wegener* FK InsO[7] § 110 Rn 12; vgl BGHZ 182, 264 Rn 17 z Anfechtbarkeit der Zession; BGHZ 163, 201 zum Vorrang einer späteren Beschlagnahme eines Grundpfandgläubigers vor einer zuvor erfolgten Zession an einen weiteren Grundpfandgläubiger.
[68] BGHZ 182, 264 Rn 17; BGH NJW-RR 1989, 200.

nach Insolvenzeröffnung entgegen der unter der KO herrschenden Auffassung[69] für unzulässig befunden.[70] Auch insoweit kommt es nicht darauf an, ob dem Grundpfandgläubiger die Forderungen zuvor zediert worden sind. Dem steht angesichts des eindeutigen Wortlauts von § 49 nicht entgegen, dass § 89 seinem Wortlaut nach nur die Zwangsvollstreckung eines Insolvenzschuldners für unzulässig erklärt.[71] Die Unzulässigkeit der Forderungsvollstreckung rechtfertigt sich sachlich daraus, dass der Zugriff des Gläubigers allein auf die Mietforderung größere Einbußen für die Masse als die Zwangsverwaltung mit sich bringt.[72] Denn infolge des Zugriffs auf die Forderung entgingen der Masse nicht nur die Einnahmen aus diesen Forderungen, sondern aus der Masse wären die öffentlichen Lasten und laufenden Kosten zu entrichten, damit dem Vertragspartner gegenüber weiterhin der nach § 108 I fortgeltende Mietvertrag erfüllt werden kann. Im Zwangsverwaltungsverfahren sind entsprechende Kosten nach § 155 I ZVG zuvörderst von den Nutzungen in Abzug zu bringen.

Entsprechend hat der BGH auch für das Recht der Insolvenzanfechtung entschieden. 35
Die Begründung eines Pfändungspfandrechts an einer Mietforderung durch einen Grundpfandgläubiger im Wege der Forderungspfändung stellt eine **Gläubigerbenachteiligung** (§ 129 I) dar, so dass eine **Insolvenzanfechtung** in Betracht kommt.[73] Denn erst durch die Pfändung wird die Forderung der Masse entzogen, während zuvor eine lediglich potentielle, nicht endgültige Haftung der Miet- oder Pachtforderungen vorliegt.

V. Wirkungen gegenüber Vertragspartner (Abs 1, Abs 2 S 1, Abs 3)

Von § 110 erfasste Rechtswirkungen, die im Verhältnis zum Vertragspartner eintreten, 36
können auf Verfügungen des Schuldners, einer Einziehung durch ihn, aber auch auf der Herstellung einer Aufrechnungslage beruhen.

1. Verfügungen des Schuldners

Zu den von § 110 erfassten Verfügungen (Rn 29) des Schuldners (Rn 30), die dem 37
Vertragspartner gegenüber wirken, gehören insb der **Erlassvertrag** (§ 397 BGB), aber auch die bloße **Stundung**[74] oder eine sonstige zeitliche, örtliche oder gegenständliche **Änderung der Zahlungsart.**[75] Allerdings geht das Mietverhältnis dergestalt auf die Masse über, wie es der Insolvenzverwalter zum Zeitpunkt der Verfahrenseröffnung vorfindet. Vorausverfügungen iSv § 110 sind daher von Vertragsänderungen zu unterscheiden, die nicht den Beschränkungen des § 110 I unterliegen, auch wenn sie die Miethöhe oder die

---

69 OLG München ZIP 1993, 135 (136); Jaeger/*Henckel* KO[9] § 21 Rn 15.

70 BGHZ 168, 339; *Marotzke* HK InsO[6] § 110 Rn 13; Uhlenbruck/*Wegener* InsO[13] § 110 Rn 12; *Wegener* FK InsO[7] § 110 Rn 12.

71 So aber LG Traunstein NZI 2000, 438.

72 Diese Erwägung des AG Kaiserslautern NZI 2005, 636 u des AG Hamburg ZIP 2005, 1801 macht sich BGHZ 168, 339 Rn 9 zu eigen; ferner *Marotzke* HK InsO[6] § 110 Rn 13.

73 BGHZ 182, 264 Rn 17 unter ausdr Abkehr v BGH ZIP 2007, 35 Rn 11, wo der IX. Zivilsenat noch eine Gläubigerbenachteiligung durch Sicherungszession v Mietforderungen an den Grundschuldgläubiger wegen dessen anfechtungsfestem Absonderungsrecht verneinte, vgl aaO Rn 18; **krit** zuvor schon ua *Mitlehner* ZIP 2007, 804 (806); *Wazlawik* NZI 2007, 320.

74 Z Parallelvorschrift des § 1124 II BGB bei Konflikt m den Grundsätzen der eigenkapitalersetzenden Nutzungsüberlassung BGH ZIP 1999, 65 (68).

75 Jaeger/*Henckel* KO[9] § 21 Rn 14.

Vertragslaufzeit zum Gegenstand haben.[76] Die Wirksamkeit solcher Vereinbarungen steht nur unter dem Vorbehalt der Insolvenzanfechtung nach den §§ 129 ff.[77] Begrifflich ist also zu unterscheiden zwischen einer nicht von § 110 erfassten Vertragsänderung (Veränderung der Miethöhe, Aufhebung der Pflicht zu Schönheitsreparaturen) und der von § 110 erfassten Einwirkung auf die einzelne Mietforderung (Stundung/Erlass/Reduzierung einer Forderung oder derer für einen Zeitraum).

38 Ein unter § 110 fallender Verzicht auf Mietforderungen liegt dann nicht vor, wenn der Vermieter mit einem Gesellschafter der mietenden GbR im Mietvertrag vereinbart, dass nur das Gesellschaftsvermögen, nicht aber auch die Gesellschafter persönlich nach § 128 HGB analog für die Mietschulden haften sollen. Eine solche zulässige Individualvereinbarung hindert schon die Entstehung eines Anspruchs gegen den Gesellschafter.[78]

2. Einziehung (Abs 2 S 1)

39 Wenn Abs 2 S 1 „insbesondere" die Einziehung erwähnt, mag der Eindruck eines Regelbeispiels entstehen. Auf Grundlage der herrschenden Theorie von der realen Leistungsbewirkung[79] kommt der Einziehung als Erfüllung gem § 362 BGB jedoch zunächst nicht der Charakter einer Verfügung zu, so dass § 110 II 1 insoweit **konstitutive Wirkung** (zum Verhältnis zu § 91 s Rn 9, 11 f) hat.[80] Vorauszahlungen (§ 547 BGB) bilden den wichtigsten Anwendungsfall der Einziehung. Zu Einmalzahlungen und sonstigen aperiodischen Vorauszahlungen s Rn 23 f.

40 a) **Baukostenzuschuss.** Nach der Rechtsprechung des BGH zur KO sollten Vorausverfügungen des Schuldners ungeachtet von § 21 II KO unter zwei Voraussetzungen vollständig gegen die Masse wirken.[81] Zum einen musste es sich um die Entgegennahme von vereinbarungsgemäßen Vorleistungen des Mieters zur Finanzierung von Auf- oder Ausbau des Grundstücks handeln, die später auf die Mietzahlungspflicht angerechnet werden sollte (Baukostenzuschuss). Zum anderen musste der Mieter nachweisen, dass seine Finanzierungsleistungen tatsächlich zweckentsprechend verwendet worden sind und eine Wertsteigerung des Grundstücks bewirkt haben. Unerheblich war indes, ob die Zweckvereinbarung im ursprünglichen Mietvertrag oder erst später getroffen wurde.

41 Ob auch unter Geltung der InsO an dieser Rechtsauffassung festzuhalten ist, wurde höchstrichterlich bislang nicht geklärt, ist aber zu verneinen. Zwar lässt sich nicht dahin argumentieren, dass der Gesetzgeber in Kenntnis der „Baukosten"-Rechtsprechung unter der KO auf eine eindeutige Regelung in der InsO (vermeintlich) bewusst verzichtet habe.[82] Entscheidendes Argument ist indes die Streichung von § 57c ZVG,[83] auf den der in diesem Zusammenhang ebenfalls aufgehobene § 111 S 3 verwies. Diese Bestimmung schränkte das Sonderkündigungsrecht des Erstehers (§ 57a ZVG) gerade für den Fall ein, dass der Mieter einen Baukostenzuschuss geleistet hatte. Die Streichung dokumentiert, dass der Gesetzgeber die vor dem Hintergrund der Wohnungsknappheit in der Nach-

---

76 Vgl zu dieser Unterscheidung im Rahmen v § 566b BGB Staudinger/*Emmerich*[2011] § 566b Rn 13 ff.

77 Graf-Schlicker/*Breitenbücher* InsO[3] § 110 Rn 1; Kübler/Prütting/Bork/*Tintelnot* InsO[10] § 110 Rn 4.

78 Vgl BGH NZM 2003, 871 für die Zwangsverwaltung.

79 Vgl BGH NJW 1991, 1294 (1295); Palandt/*Grüneberg* BGB[72] § 362 Rn 1; Staudinger/*Olzen* BGB[2011] Vor §§ 362 ff Rn 7 ff.

80 Vgl Jaeger/*Windel* InsO § 82 Rn 2.

81 BGHZ 6, 202 (206); 15, 296; 37, 346 (352); Jaeger/*Henckel* KO[9] § 21 Rn 18.

82 So aber OLG Schleswig ZInsO 2001, 239.

83 2. G z Modernisierung der Justiz v 22.12.2006 (BGBl I S 3416).

kriegszeit Gesetz gewordene Privilegierung des sog Aufbaumieters (§ 111 Rn 34) für überholt hielt. Danach kann der ehemals § 57c ZVG zugrundeliegende Gedanke auch im Rahmen von §§ 91 I, 110 keine Besserstellung des vorleistenden Mieters vor anderen dinglich nicht gesicherten Gläubigern rechtfertigen. Die Entgegennahme eines Baukostenzuschusses durch den Schuldner ist danach eine § 110 II 1 unterfallende **Vorauszahlung.**[84] Zum möglichen Bereicherungsausgleich bei vorzeitiger Vertragsbeendigung s § 111 Rn 35.

b) Einziehung nach Verfahrenseröffnung durch den Schuldner. Nimmt der Schuldner nach Verfahrenseröffnung Leistungen entgegen, stellt sich die Frage nach dem Verhältnis von § 110 zu § 82. Grds befreit die Leistung an den Schuldner, wenn der Drittschuldner keine Kenntnis von der Insolvenzeröffnung hat (§ 82). Zu erwägen ist, ob Abs 2 S 1 diesen Gutglaubensschutz sperrt, so dass nach dem in Abs 1 bezeichneten Zeitraum eine Befreiung des Schuldners ausscheidet.[85] Diese **Sperre** lässt sich damit begründen, dass derjenige, der nach Eröffnung zahle, nicht besser gestellt werden könne, als derjenige, der vorinsolvenzlich in Vorleistung getreten war. Jedoch gilt diese Auffassung nur insoweit, als die Leistung nach Verfahrenseröffnung eine Vorleistung darstellt. Der Regelungsgedanke von § 110 wie auch der von § 91 wird geprägt durch das Auseinanderfallen von der schuldnerischen Verfügung einerseits und dem „Verfügungs"erfolg andererseits mit Eintritt der Erfüllungswirkung bei Entstehen der Forderung. Leistet der Drittschuldner indes auf eine bestehende Forderung, greift allein § 82. **42**

3. Aufrechnung und kein Zurückbehaltungsrecht

§ 110 erfasst die Möglichkeit des Vertragspartners, mit eigenen Insolvenzforderungen gegen die zur Masse gehörenden Mietforderungen aufzurechnen. In dieser Ausprägung knüpft § 110 also nicht an unmittelbare Einwirkungen des Schuldners auf die Forderungen an, sondern daran, dass der Schuldner durch die Begründung gegen ihn gerichteter Forderungen vor Verfahrenseröffnung (§ 35) mittelbar die Durchsetzung der Mietforderung hindert. Die Mittelbarkeit beruht darauf, dass der Vertragspartner noch die Aufrechnung gegen die sonst vollwirksame Forderung auf die Miete erklären muss. **43**

Teilweise wird die Regelung in § 110 über die Aufrechnung auch auf das **Zurückbehaltungsrecht** erstreckt.[86] Dafür wird angeführt, dass es keinen qualitativen Unterschied mache, ob der Schuldner durch Schaffung einer Aufrechnungsmöglichkeit oder eines Zurückbehaltungsrecht mittelbar auf die Mietforderungen einwirke.[87] Die Auswirkungen dieser Auffassung illustriert die Konstellation, dass der Schuldner eine Kautionszahlung seines Vertragspartners vor Insolvenzeröffnung nicht zweckentsprechend angelegt, sondern anderweit verbraucht hat.[88] Dann steht dem Vertragspartner bei laufendem Mietverhältnis in der Insolvenz des Vermieters nur ein Anspruch auf Anlage der vor Verfahrenseröffnung gezahlten Kaution als Insolvenzforderung zu (§ 108 Rn 135), der mangels Gleichartigkeit nicht zur Aufrechnung taugt. Bei Anwendung des § 110 könnte er sich aber für den von Abs 1 bezeichneten Zeitraum gegen die Mietforderung mit einem auf diese Insolvenzforderung gestützten Zurückbehaltungsrecht verteidigen. **44**

---

[84] *Dötsch* NZI 2009, 713 (716); *Eckert* MünchKomm InsO³ § 110 Rn 14a; *Wegener* FK InsO⁷ § 110 Rn 9; **diff** *Ahrendt* HambK InsO⁴ § 110 Rn 6.

[85] Dafür zu § 21 II KO Jaeger/*Henckel* KO⁹ § 21 Rn 14.

[86] *Eckert* MünchKomm InsO³ § 110 Rn 25; *Marotzke* Gegenseitige Verträge³ Rn 2.68; *ders* HK InsO⁶ § 110 Rn 18; *Wegener* FK InsO⁷ § 110 Rn 19.

[87] *Eckert* MünchKomm InsO³ § 110 Rn 25.

[88] Vgl BGH ZIP 2013, 179.

45 Jedoch ist diese Auffassung abzulehnen.[89] § 110 III setzt die Zulässigkeit der Insolvenzaufrechnung nach § 94 (als Ausnahme dazu, Insolvenzforderungen nur zur Tabelle (§§ 87, 174 ff) anmelden zu können) voraus. § 110 III bewirkt mit dem Ausschluss des § 96 I Nr 1 nur, die Aufrechnung gegen Neuforderungen unter den Voraussetzungen des § 94 für Aufrechnung gegen eine Altforderung zuzulassen. Hingegen ist die Geltendmachung eines Zurückbehaltungsrechts auch gegen Altforderungen des Schuldners (etwa rückständige Miete vor Verfahrenseröffnung) ausgeschlossen (§ 103 Rn 99). Aufrechnung und Zurückbehaltungsrecht sind also deswegen qualitativ etwas Anderes und innerhalb des § 110 auch **unterschiedlich zu behandeln**, weil ein Zurückbehaltungsrecht niemals auf eine Insolvenzforderung gestützt werden kann, während §§ 94 f die Aufrechnung zulässt.[90]

4. Nutzungsüberlassung durch Gesellschafter an Gesellschaft

46 Vermietet ein Gesellschafter seiner Gesellschaft ein Grundstück und erfüllt das Beteiligungsverhältnis die Voraussetzungen der §§ 39 IV u V, 135 IV, modifiziert § 135 III infolge des MoMiG das Rechtsverhältnis zwischen Gesellschafter und Gesellschaft in der Gesellschaftsinsolvenz (§ 108 Rn 171): Dem Insolvenzverwalter erwächst für das erste Jahr nach Verfahrenseröffnung zum einen als Einrede eine „**Aussonderungssperre**", die er dem Herausgabeverlangen des Gesellschafters entgegensetzen kann. Zum anderen wird eine **spezifische Entgeltregelung** vorgesehen, die sich abweichend von der vertraglichen Abrede nach der im letzten Jahr vor Verfahrenseröffnung tatsächlich gezahlten Vergütung bemisst. Für die Doppelinsolvenz, in der zusätzlich zur Verfahrenseröffnung über das Vermögen der Gesellschaft auch das Verfahren über das Vermögen des Gesellschafters eröffnet wird, ist zu diskutieren, ob der Insolvenzverwalter der Gesellschaft demjenigen des Gesellschafters ebenfalls die Rechtsfolgen des § 135 III entgegenhalten kann.

47 a) **Eigenkapitalersetzende Nutzungsüberlassung.** Vor Inkrafttreten des MoMiG war lange Zeit umstritten, wie dieses Problem für die eigenkapitalersetzende Nutzungsüberlassung eines Gesellschafters an die Gesellschaft zu lösen war. Der BGH hat dem Eigenkapitalersatzrecht den Charakter einer rechtsgeschäftlichen Stundungsabrede beigemessen.[91] Auf dieser Grundlage hat er zunächst für die Zwangsverwaltung geurteilt, dass die eigenkapitalersetzende Nutzungsüberlassung mit Wirksamwerden der Beschlagnahme des vom Gesellschafter vermieteten Grundstücks entsprechend der §§ 146 ff ZVG, §§ 1123, 1124 II BGB beendet werde.[92] Kurz vor Inkrafttreten des MoMiG hat er unter ausdrücklicher Bezugnahme auf seine Rechtsprechung zur Zwangsverwaltung die **eigenkapitalersetzende Nutzungsüberlassung** als **Vorausverfügung iSv § 110** eingeordnet, so dass die Verstrickung der Mietsache zugunsten der Gesellschaft in der Insolvenz des Gesellschafters damit ebenfalls in der Frist des § 110 I endet.[93]

48 Diese Auffassung ist nicht unwidersprochen geblieben. Teilweise wurde die Vergleichbarkeit des Insolvenzbeschlags mit den Wirkungen der Beschlagnahme in der Zwangs-

---

89 *Ahrendt* HambK InsO[4] § 110 Rn 9; Braun/*Kroth* InsO[5] § 110 Rn 11 f; Jaeger/*Henckel* KO[9] § 21 Rn 22.

90 Konsequent freilich *Marotzke*, der auch ein Zurückbehaltungsrecht grds für insolvenzfest hält, vgl § 103 Rn 100.

91 BGHZ 140, 147 (154); BGH ZIP 2008, 1176 Rn 17; **aA** *Rendels* ZIP 2006, 1273 (1275 f).

92 BGHZ 140, 147; BGH ZIP 2005, 660 (661 f).

93 BGH ZIP 2008, 1176 Rn 17; OLG Brandenburg ZIP 2006, 1582 (Vorinstanz); LG Cottbus ZIP 2005, 1608.

verwaltung verneint.[94] Es wurde auch darauf hingewiesen, dass sich wegen der Beschränkung des § 110 auf unbewegliche Gegenstände eine Wertungsdiskrepanz zur eigenkapitalersetzenden Nutzungsüberlassung an beweglichen Sachen ergäbe, die dann dem Wahlrecht nach § 103 unterlägen.[95] Jedoch endet die eigenkapitalersetzende Nutzungsüberlassung angesichts ihres **Verfügungscharakters** grds bereits wegen § 91 I mit Verfahrenseröffnung (Rn 7). Die Bedeutung von § 110 I erschöpft sich dann in der **Privilegierung der Gesellschaftsinsolvenzmasse** für den Zeitraum von Abs 1. Der BGH hatte also eine völlig wertungsangemessene Lösung gefunden.

b) **Gesellschafterhilfe** (**§ 135 III**). Zu § 135 III ist der Streit wieder neu entflammt. **49**
Vielfach wird § 135 III als abschließende Regelung verstanden, die auch die **Doppelinsolvenz** einbeziehe.[96] Angesichts der bekannten Kontroverse hätte der MoMiG-Gesetzgeber Abweichendes im Gesetz regeln müssen. So sei § 135 III als angemessene und abschließende Regelung des Interessensausgleichs auch gegenüber den Gläubigern des Gesellschafters anzusehen. Dies weiß nicht zu überzeugen.[97] Die nach § 135 III 2 maßgebliche Ausgleichsregelung beruht nicht auf einer selbstständigen gesetzlichen Abwägung, sondern die gesetzliche Regelung knüpft an das Parteiverhalten vor Verfahrenseröffnung an und verleiht ihm verfügungsähnliche Wirkung auf für das Jahr nach Verfahrenseröffnung. Angesichts der Wertung des § 110 I kann das keinen Bestand haben. Vielmehr darf in der Doppelinsolvenz nach Ablauf des in Abs 1 bezeichneten Zeitraum § 135 III keine Beachtung finden.

VI. Rechtsfolgen

Die Rechtsfolgen hängen davon ab, ob sie sich auf die Mietforderung innerhalb des **50**
von Abs 1 bezeichneten Zeitraums beziehen oder auf die danach. Wird das Verfahren zwischen dem ersten und fünfzehnten Tag eines Monats eröffnet, beschränkt sich dieser Zeitraum auf den bei Verfahrenseröffnung laufenden Monat. Anderenfalls erstreckt er sich auch noch auf den Folgemonat.

1. Schutz der Schuldnerhandlungen (innerhalb des Zeitraums)

Innerhalb des von Abs 1 bezeichneten Zeitraums schützt § 110 die durch die Schuld- **51**
nerhandlung hervorgerufenen Rechtswirkungen. Diese Rechtsfolge bringt § 110 zum Ausdruck, indem Abs 1 die Wirksamkeit der schuldnerische Verfügung anordnet und Abs 3 S 1 die Zulässigkeit der Aufrechnung („kann […] aufrechnen") ausspricht. Das Problem dieser Rechtsfolgenanordnung ist freilich, inwieweit sie von den Voraussetzungen für Verfügung und Aufrechnung befreit. Insoweit schafft Abs 3 S 2 für die Aufrechnung Klarheit, dass die Voraussetzungen von §§ 95, 96 I Nr 2–4 erfüllt sein müssen. Ähnlich ordnet Abs 3 S 3 des mit Wirkung zum 1.7.2014 aufgehobenen § 114 zur Beschränkung der dort geregelten Wirksamkeit von Vollstreckungshandlungen an, dass von der Rückschlagsperre (§ 88) nicht suspendiert werde. Danach sind Pfändungen, die

---

[94] Graf-Schlicker/*Breitenbücher* InsO³ § 110 Rn 3; *Henkel* ZInsO 2006, 1013 (1015 ff); ebenso *Bräuer* ZInsO 2007, 306 (308 f), der aber iE m dem BGH übereinstimmt.

[95] *Henkel* ZInsO 2006, 1013 (1017).

[96] *Göcke/Henkel* ZInsO 2009, 170 (173); Graf-Schlicker/*Breitenbücher* InsO³ § 110 Rn 3; *Schröder* HambK InsO⁴ § 135 Rn 62.

[97] *Dahl/Schmitz* NZG 2009, 325 (331); *Fischer/Knees* ZinsO 2009, 745 (747 ff); *Kleindiek* HK InsO⁶ § 135 Rn 34; Uhlenbruck/*Hirte* InsO¹³ § 135 Rn 22.

im Zeitraum von einem Monat vor Verfahrenseröffnung oder später ausgebracht werden, kraft Gesetzes unwirksam. Zu Abs 1 u 2 ist recht einhellig anerkannt, dass sie **die Unwirksamkeit aus § 91** (Rn 7) **verdrängen,**[98] während die **Insolvenzanfechtung unberührt** bleibt[99]. Darüber hinaus wird überwiegend – auch wenn es an einem ausdrücklichen Vorbehalt wie § 114 III 3 fehlt – die **Rückschlagsperre** (§ 88) für **anwendbar** gehalten.[100]

52 Dem ist zuzustimmen. Regelungsgegenstand des § 110 ist allein, dass es sich bei den von dieser Bestimmung erfassten Entgeltansprüchen (vielfach) um **künftige Forderungen** handelt, die für eine Übergangsfrist (den von Abs 1 bezeichneten Zeitraum) **wie betagte**, also schon vor Verfahrenseröffnung entstandene Forderungen **behandelt werden sollen.** Diese Wirkungsweise bringt Abs 3 S 2 am deutlichsten zum Ausdruck, indem er die Anwendung von § 96 I Nr 1 ausschließt, die anderen Voraussetzungen der Insolvenzaufrechnung aber unberührt lässt. Für Abs 1 u 2 gilt angesichts des Regelungszwecks von § 110 (Rn 14) nichts anderes. Daher wird die Unwirksamkeit nach § 91 ausgeschlossen, die gerade auf dem Auseinanderfallen von Verfügung und späterer Entstehung des Verfügungsgegenstandes beruhen würde (Rn 7). Hingegen setzen Insolvenzanfechtung und Rückschlagsperre ein solches Auseinanderfallen nicht voraus. Sie können ungeachtet des § 110 der Insolvenzfestigkeit von Verfügung oder Vollstreckungsmaßnahme entgegenstehen. Allerdings ist bei der Prüfung ihrer Voraussetzungen die künftige Forderungen so zu behandeln, als sei sie im Augenblick der Maßnahme bereits gegenwärtig gewesen. Für die Rückschlagsperre ist also auszublenden, dass es sich um die Pfändung einer künftigen Forderung (§ 832 ZPO) handelt. Unabhängig davon steht § 88 der Wirksamkeit der Pfändungsmaßnahme entgegen, wenn diese erst im letzten Monat vor Verfahrensantrag oder danach erwirkt wurde. Für die Insolvenzanfechtung ist zur Bestimmung des Zeitpunkts der anfechtbaren Rechtshandlung (§ 140 I) nicht auf den Entstehungszeitpunkt der Forderung, sondern auf die Vornahme der Verfügung oder Vollstreckungsmaßnahme abzustellen (Rn 62).[101]

2. Unwirksamkeitsanordnung (nach Ablauf des Zeitraums)

53 Mietforderungen für die Zeit nach Ablauf des von Abs 1 bezeichneten Zeitraums werden hingegen von § 110 folgendermaßen der Masse vorbehalten:

54 **a) Unwirksamkeit und Bereicherungsausgleich (Abs 1 u 2).** Die Unwirksamkeit von Verfügungen sowie Vollstreckungsmaßnahmen, die sich auf Mieten nach Ablauf des von Abs 1 bezeichneten Zeitraums beziehen, soll sich nach Auffassung des BGH nicht aus § 110, sondern allein aus § 91 ergeben können[102] Dem ist nicht zu folgen. Abs 1 enthält

[98] BGH ZIP 2013, 1082 Rn 25; *Ahrendt* HambK InsO[4] § 110 Rn 8; *Marotzke* HK InsO[6] § 110 Rn 5.

[99] BGH ZIP 1997, 513 (514 f) für § 21 II KO u § 9 III GesO; 2008, 1488 Rn 20 für § 114 III; OLG Brandenburg ZInsO 2008, 211 f; Jaeger/*Henckel* KO[9] § 21 Rn 13; Kübler/Prütting/Bork/*Tintelnot* InsO[10] § 110 Rn 8; **aA** KG NZI 2008, 440.

[100] *Eckert* MünchKomm InsO[3] § 110 Rn 7; Jaeger/*Eckardt* InsO § 88 Rn 78; Kübler/Prütting/Bork/*Tintelnot* InsO[10] § 110 Rn 7; **aA** *Eickmann* HK InsO[6] § 88 Rn 15; *Marotzke* HK InsO[6] § 110 Rn 12.

[101] *Eckardt* DMT-Bilanz S 877 (883 f); vgl *Mitlehner* NZI 2008, 724 (725).

[102] BGH ZIP 2013, 1082 Rn 25; so auch *Ahrendt* HambK[4] § 110 Rn 7; Jaeger/*Eckardt* InsO § 88 Rn 78; Uhlenbruck/*Wegener* InsO § 110 Rn 2; **aA** Ahrens/Gehrlein/Ringstmeier/*Flöther*/*Wehner* InsO § 110 Rn 1 f; Kübler/Prütting/Bork/*Tintelnot* InsO[10] § 110 Rn 8; *Marotzke* HK InsO[6] § 110 Rn 5; *Wegener* FK InsO[7] § 110 Rn 15.

eine eigenständige Unwirksamkeitsanordnung, wofür schon der Wortlaut („nur wirksam“) spricht. In historisch-teleologischer Hinsicht spricht für diese Lösung zum einen, dass § 110 Vorbild und Parallele in §§ 1124 f BGB, § 566b BGB, §§ 57, 57b ZVG (Rn 4) hat, die ebenfalls die Unwirksamkeit außerhalb des identisch bestimmten Wirksamkeitszeitraums anordnen. Zum anderen hat der Gesetzgeber der InsO die Bedeutung von § 91 als Unwirksamkeitsanordnung bei Vorausverfügungen über Mietforderungen verkannt (Rn 7) und konnte daher keinesfalls die Anwendung dieser Norm voraussetzen, sondern wollte und hat in Abs 1 eine eigenständige Unwirksamkeitsanordnung geschaffen. Schließlich drohten sonst Schutzlücken für die Masse insb bei der von Abs 2 S 1 geregelten Einziehung über betagte Forderungen, die nicht § 91 unterfällt (Rn 12, 39). Daher tritt die Unwirksamkeit nach Abs 1 unabhängig davon ein, ob die betroffene Forderung bei Verfahrenseröffnung bereits betagt entstanden oder befristet noch künftig war. Maßgeblich ist allein der Nutzungszeitraum, für den die Miete zu entrichten ist.[103]

Soweit der Mieter wegen Unwirksamkeit der Vorauszahlung noch einmal zur Masse leisten muss, hat er einen **Bereicherungsanspruch gegen den Insolvenzschuldner**, weil der mit der Vorauszahlung bezweckte Erfolg der Schuldbefreiung nicht eingetreten ist (§ 812 I S 2 BGB). Der bereicherungsrechtliche Rückzahlungsanspruch des Schuldners ist lediglich Insolvenzforderung. Der Anspruch taugt mithin nicht zur Aufrechnung gegen Ansprüche der Masse auf Zahlung der laufenden Mieten.[104] **55**

Hat der Mieter nach Ablauf des von Abs 1 bezeichneten Wirksamkeitszeitraums an einen Zessionar geleistet, kann diese Leistung wegen § 82[105], aber auch wegen **Genehmigung des Insolvenzverwalters** schuldbefreiend sein. Dann hat der Zessionar die empfangenen Zahlungen an den Insolvenzverwalter herauszugeben (§ 816 II BGB). Der Bereicherungsanspruch entsteht in diesem Fall nach Verfahrenseröffnung zu dem Zeitpunkt, zu dem der Zessionar die wegen der unwirksamen Vorausabtretung rechtsgrundlose Zahlung entgegennimmt. Gegen den Anspruch des Insolvenzverwalters kann der Bereicherungsschuldner daher wegen § 96 I Nr 1 nicht mit eigenen Ansprüchen **aufrechnen.**[106] Ansprüche des Zessionars gegen den Schuldner wegen der an § 110 gescheiterten Abtretung kann jener nur als Insolvenzforderung geltend machen.[107] **56**

b) Unzulässigkeit der Aufrechnung (Abs 3 u 2 S 1). Zur Zulässigkeit der Aufrechnung gegen Ansprüche, die sich auf die Zeit nach Ablauf des von Abs 1 bezeichneten Zeitraums beziehen, enthält § 110 keine ausdrückliche Regelung. Daraus hat der BGH den Schluss gezogen, dass eine gleichwohl zulässige Aufrechnung nicht durch § 110 III ausgeschlossen werde.[108] In der einschlägigen Entscheidung erlaubte der BGH dem Mieter mit einer Insolvenzforderung (Anspruch auf Auszahlung eines Nebenkostenguthabens aus der Zeit vor Verfahrenseröffnung, s § 108 Rn 119), gegen Mietforderungen für Nutzungszeiträume nach Verfahrenseröffnung aufzurechnen. Das folge aus § 95 I 1, solange nur die Ansprüche auf Miete nach der Insolvenzforderung des Mieters fällig werden würde (§ 95 I 3).[109] Dem ist zu widersprechen (§ 108 Rn 121). Der Aufrechnung **57**

---

[103] Zum allein vom BGH ZIP 2013, 1082 Rn 31, 33 in bes Fällen des Leasings erzielten **abw** – freilich nicht überzeugenden – Ergebnis s o Rn 25.

[104] Jaeger/*Henckel* KO[9] § 21 Rn 17; Kübler/Prütting/Bork/*Tintelnot* InsO[10] § 110 Rn 8; *Marotzke* HK InsO[6] § 110 Rn 15.

[105] Vgl Jaeger/*Windel* InsO § 82 Rn 44.

[106] *Obermüller/Livonius* DB 1995, 27 (32).

[107] Uhlenbruck/*Sinz* InsO[13] § 108 Rn 149.

[108] BGH ZIP 2007, 239 Rn 20 f.

[109] BGH ZIP 2005, 181 (182); 2007, 239; zust Uhlenbruck/*Wegener* InsO[13] § 108 Rn 22; **dist** referierend *Eckert* MünchKomm InsO[3] § 110 Rn 24; *Wegener* FK InsO[7] § 110 Rn 18.

steht in diesen Fällen jedenfalls **§ 96 I Nr 1** entgegen, weil der Mieter mit der Mietforderung erst nach Insolvenzeröffnung etwas zu Masse schuldig geworden ist. Die Entscheidung des BGH beruht darauf, dass er irrtümlich unterstellte, sämtliche Ansprüche auf Mietzahlung seien schon mit Vertragsschluss angelegt, so dass § 95 I 1 der Regelung in § 96 I Nr 1 vorgehe.[110] Damit widersprach er seiner eigenen ständigen Rechtsprechung, wonach Mietforderungen pro rata temporis erst korrespondierend mit der jeweiligen Nutzungsperiode entstehen (Rn 2; § 108 Rn 34).[111]

58 Zu begrüßen ist daher, dass der BGH sich inzwischen von den zentralen Aussagen dieser Entscheidung distanziert hat. Zum einen betont der BGH, um die Reichweite des § 96 I Nr 1 zu bestimmen, den **Gegenleistungsgrundsatz**. Diese Bestimmung müsse die Aufrechnung stets sperren, wenn die Gegenleistung aus der Masse zu erbringen sei.[112] Zum anderen hat der BGH sich – anlässlich eines anfechtungsrechtlichen Falles zur Bestimmung des Entstehungszeitpunkts einer Forderung im Rahmen von § 140 – auf seine sonstige Rechtsprechung zurückbesinnt, dass der Anspruchs auf Miete nicht schon mit Abschluss des Mietvertrags,[113] sondern erst mit Beginn des jeweiligen Nutzungstermins entsteht.[114] In Übereinstimmung mit dem vom BGH betonten Gegenleistungsgrundsatz ist § 110 aber in allen Gestaltungen, gleich ob der Entgeltanspruch betagt oder befristet ist, eine **Aufrechnungssperre** zu entnehmen (Rn 13). Dieses Ergebnis lässt sich nur für befristete Ansprüche mit dem Wortlaut von § 96 I Nr 1 absichern. § 110 behandelt aber betagte und befristete Entgeltforderungen gleich.

59 Das so gewonnene Ergebnis der Unzulässigkeit der Aufrechnung lässt sich durch einen Vergleich mit der aus Abs 2 S 1 folgenden Unbeachtlichkeit von Vorauszahlungen folgern. Es wäre widersprüchlich, den Aufrechnungsberechtigten, dessen Aufrechnungslage auf einem Verhalten des Schuldners vor Verfahrenseröffnung beruht, besser zu stellen, als denjenigen, der vor Verfahrenseröffnung den Schuldner befriedigt hat. Dies folgt auch aus Sinn und Zweck sowie Systematik der Insolvenzaufrechnung:[115] § 94 will den aufrechnungsberechtigten Insolvenzgläubiger mit demjenigen gleichstellen, der bereits vor Verfahrenseröffnung aufgerechnet hat. § 95 erweitert diese Gleichstellung auf denjenigen, der vor Verfahrenseröffnung zwar noch keine Aufrechnungsmöglichkeit hatte, aber auf den Eintritt einer solchen vertrauen durfte. Auch er soll aber nur so gestellt werden wie der, der vor Verfahrenseröffnung aufgerechnet hat. In den von § 110 erfassten Sachlagen hätte der vor Verfahrenseröffnung Aufrechnende eine Vorauszahlung erbracht, die nach Abs 2 S 1 unbeachtlich ist.

3. Vor Verfahrenseröffnung (Insolvenzanfechtung)

60 Entgeltansprüche aus der Zeit vor Verfahrenseröffnung können aufgrund von Verfügungen des Schuldners oder Zwangsvollstreckungsmaßnahmen Dritten zugeflossen sein, auch kann sich der Vertragspartner durch Aufrechnung befriedigt haben. Diese Rechts-

[110] BGH ZIP 2007, 239 Rn 10, 13; vgl auch zuvor bereits BGH ZIP 2005, 181 (182) betr die Frage nach dem anfechtungsrelevanten Zeitpunkt iSv § 140 III.

[111] Vgl etwa BGH ZIP 1997, 513 (514): Die Ansprüche auf Mietzahlung „entstehen nicht vor dem Anfangstermin des jeweiligen Zeitraums der Nutzungsüberlassung"; BGHZ 182, 264 Rn 10; BGH ZIP 2007, 191 Rn 12.

[112] BGH ZIP 2011, 2262 Rn 7 ausdr unter Aufgabe v BGH ZIP 2007, 239.

[113] So aber noch BGH ZIP 2005, 181 (182), worauf BGH ZIP 2007, 239 Rn 13 Bezug nimmt.

[114] BGHZ 182, 264 Rn 13 unter ausdr Aufgabe v BGH ZIP 2005, 181 (182).

[115] *Kayser* HK InsO[6] § 94 Rn 1.

wirkungen unterliegen der **Insolvenzanfechtung** (§§ 129 ff, 96 I Nr 3). Vielfach wird die Anfechtbarkeit davon abhängen, auf welchen Zeitpunkt abzustellen ist, um über die Voraussetzungen der Anfechtbarkeit zu entscheiden. Hat der Insolvenzschuldner mehrere Jahre vor Verfahrenseröffnung die Entgeltansprüche zediert, mag man auf diesen Zeitpunkt oder auf denjenigen abstellen, zu dem die Forderung mit Erreichen des einschlägigen Nutzungszeitraums durchsetzbar geworden ist. § 140 I erklärt den Eintritt der Rechtswirkung für maßgeblich. Entsteht die Entgeltforderung erst mit Beginn des einschlägigen Benutzungszeitraums, stellt der BGH daher auf diesen ab.[116]

So droht zunächst ein § 110 entgegenstehender Wertungswiderspruch, weil die Unterscheidung zwischen befristeten (künftigen) und betagten (entstandenen) Forderungen maßgeblich wird. Das widerspricht dem Regelungsanliegen des § 110 für die Zeit nach Verfahrenseröffnung. Es ist nicht ersichtlich, warum Abweichendes vor Verfahrenseröffnung gelten soll. Diesem Widerspruch lässt sich freilich dadurch begegnen, dass auch für betagte Forderungen auf den Nutzungszeitraum abgestellt wird. Denn erst dann wird der betagte Anspruch werthaltig,[117] die **Anfechtbarkeit des Werthaltigmachens** hat der BGH als eigenständige Rechtshandlung anerkannt[118]. So wäre dem Gegenleistungsgrundsatz bereits vor Verfahrenseröffnung Rechnung getragen, der haftungsrechtlich statt des formalen Entstehungszeitpunkts den Ausschlag geben sollte. Den Ausschlag darf dann freilich nicht der Beginn des Nutzungszeitraums geben, sondern der Anspruch wird sukzessive, sprich Tag für Tag, werthaltig.[119] **61**

Dadurch entstände aber ein anderer Wertungswiderspruch zu § 110. Das auf den von Abs 1 bezeichneten Nutzungszeitraum entfallende Entgelt wäre insolvenzfest, das zuvor verdiente Entgelt wäre indes regelmäßig anfechtbar. Der BGH hat den entsprechenden Wertungswiderspruch in Bezug auf den zum 1.7.2014 aufgehobenen § 114 hingenommen, weil der Gesetzgeber selbst sich über den Zweck der Bestimmung im Unklaren gewesen sei.[120] Teilweise wird, um einen Wertungswiderspruch zu vermeiden, die Wirksamkeitsanordnung im Hinblick auf das Anfechtungsrecht grundlegend in Frage gestellt.[121] Ausnahmsweise sei eine Anfechtung von nach Verfahrenseröffnung eintretenden Rechtshandlungen zuzulassen (§ 147 analog). Es sei also für die von § 110 geschützten Sachlagen danach zu fragen, ob nach Verfahrenseröffnung die Voraussetzungen der Anfechtung gegeben sind, was meist zu bejahen sein wird. Dadurch bliebe für § 110 kaum noch ein Anwendungsbereich. Wenn man § 110 indes nicht die Gefolgschaft verweigern will, ist es allein wertungsangemessen, stets (Rn 52) den für die Anfechtung relevanten Zeitpunkt unter Berücksichtigung von § 110 zu bestimmen. Zu diesem Zweck ist zu unterstellen, dass die **Entgeltforderung von Anfang an existent und werthaltig** gewesen ist. Daher kommt es auf den Zeitpunkt an, in dem die Zession vereinbart, die Pfändung ausgebracht wurde oder die sonstigen Voraussetzungen der Aufrechnungslage gegeben waren.[122] **62**

---

116 BGHZ 182, 264 Rn 10, 13.
117 BGHZ 182, 264 Rn 11.
118 BGHZ 174, 297 Rn 35; BGH ZIP 2013, 588 Rn 10 ff.
119 *Eckardt* DMT-Bilanz S 877 (888).
120 BGH ZIP 2008, 1488 Rn 20; vgl auch das Schweigen zu diesem Problem in BGHZ 182, 264.
121 *Mitlehner* NZI 2008, 724 (725).
122 *Eckardt* DMT-Bilanz S 877 (883, 888); *Jacoby* LMK 2010, 299366; Jaeger/*Henckel* InsO § 140 Rn 9; *Piekenbrock* WM 2007, 141 (149).

§ 111
Veräußerung des Mietobjekts

Veräußert der Insolvenzverwalter einen unbeweglichen Gegenstand oder Räume, die der Schuldner vermietet oder verpachtet hatte, und tritt der Erwerber anstelle des Schuldners in das Miet- oder Pachtverhältnis ein, so kann der Erwerber das Miet- oder Pachtverhältnis unter Einhaltung der gesetzlichen Frist kündigen. Die Kündigung kann nur für den ersten Termin erfolgen, für den sie zulässig ist.

Gesetzesänderungen: Abs 1 S 3 aufgehoben mWv 31.12.06 durch G v. 22.12.06 (JuMoG 2), BGBl I S 3416.

Materialien: BT-Drucks 12/2443 S 147 f; RegE § 125; RefE § 118; DiskE § 118; 1. Ber InsR-Komm LS 2.4.1.5.

Vorgängerregelungen: § 21 IV KO (dazu Motive I Bd 1 S 107 ff; Motive II S 80 ff; Protokolle S 15, 149; P II S 135 f Note 1, S 164, 168; Begr z KO Nov 1898 S 30 f; KommBer S 1951 f; Reichstag II. Session 1914/15 Drucks Nr 71 S 3, 9, 11 f; neu gefasst durch VO v 21.12.40, RGBl I 1609).

Literatur

Cymutta Die Mietkaution in der Insolvenz des Vermieters und des Mieters WuM 2008, 441; *Derleder* Die Rechtsstellung des Wohn- und Gewerberaummieters in der Insolvenz des Vermieters NZM 2004, 568; *Eckert* Konkursforderungen und Masseschulden bei Erfüllung und Abwicklung von Mietverhältnissen ZIP 1983, 770; *ders* Keine Fortwirkung der Finanzierungsleistung des Mieters gegen Grundstückserwerber, Zwangs- und Insolvenzverwalter nach Abschaffung der §§ 57c, 57d ZVG ZfIR 2008, 453; *Ertle* § 57c ZVG – vom Mieterschutz zum Verfahrensmissbrauch ZInsO 2003, 644; *Horst* Immobilienverkauf – mietrechtliche Auswirkungen ZMR 2009, 655; *Kalkschmid* Immobilienleasing in der Insolvenz (2003); *Kraemer* Kaution und Mietbürgschaft nach der Mietrechtsreform NZM 2001, 737; *Noltin* Teleologische Reduktion des § 566a BGB in der Insolvenz des Vermieters NZI 2007, 149; *Leo* Die bürgengleiche Schadenshaftung des Vermieters im Veräußerungsfalle NZM 2006, 244; *Storz/Kiderlen* Der Gesetzgeber, der BGH und die Zwangsversteigerung NJW 2007, 1846; *Waldherr* Die Immobilie in der Insolvenz ZfIR 2005, 833; *Wedekind* Baukostenzuschüsse/Mieterinvestitionen in der aktuellen Rechtsprechung des BGH – Drei Senate – ein Blickwinkel? ZfIR 2009, 841.

Übersicht

Alphabetische Übersicht

I. Grundlagen

Der Insolvenzverwalter kann ein zur Insolvenzmasse gehörendes Grundstück im Wege 1 der Zwangsversteigerung (§ 165) oder freihändig aufgrund seiner Befugnisse aus § 80 verwerten. § 111 enthält eine Regelung für den Fall der **freihändigen Veräußerung**. Ist das Grundstück vom Insolvenzschuldner vermietet worden, tritt der Erwerber grundsätzlich nach § 566 BGB kraft Gesetzes in das bestehende Miet- oder Pachtverhältnis ein. § 111 gewährt dem Erwerber dann ein außerordentliches Sonderkündigungsrecht, wie § 57a iVm § 172 ZVG ein Kündigungsrecht des Erstehers im Wege der Zwangsversteigerung vorsieht. Beide Kündigungsrechte gewähren eine Möglichkeit zur Kündigung nur für den ersten Termin (§ 111 S 2, § 57a S 2 ZVG). Sie befreien nur von Kündigungsausschlüssen durch entsprechende ausdrückliche Abrede oder Befristung, machen einen vom Gesetz insbesondere im Wohnraummietrecht verlangten Kündigungsgrund (§ 573 BGB) aber nicht entbehrlich (§ 573d I BGB, Rn 34 ff).

1. Entstehungsgeschichte

Vorgängerregelung von § 111 ist § 21 IV KO. Diese Bestimmung räumte dem Erwer- 2 ber das Kündigungsrecht allerdings im Wege eines Verweises auf § 57a ZVG ein. § 111 enthält inzwischen keinerlei Verweis auf das ZVG mehr, nachdem 2006 mit § 57c ZVG auch der Verweis auf diese Vorschrift in S 3 getilgt wurde.[1] § 57c ZVG schloss das Sonderkündigungsrecht des Erwerbers aus, wenn der Schuldner eine Mietvorauszahlung zur Schaffung oder Instandsetzung des Mietraums (§ 57c I Nr 1 ZVG aF) oder als verlore-

[1] Art 13 2. G z Modernisierung der Justiz v 22.12.2006 (BGBl I S 3416).

nen Baukostenzuschuss (§ 57c I Nr 2 ZVG aF) erhalten hatte (Rn 34, § 110 Rn 41). Ein weiterer Unterschied zu § 21 IV KO besteht darin, dass § 111 seinem Wortlaut nach nicht die Überlassung der Mietsache vor Insolvenzeröffnung voraussetzt. Der BGH hat allerdings durch eine **teleologische Reduktion von § 108** inzwischen den Anwendungsbereich der §§ 108 ff im Falle der Mieterinsolvenz darauf beschränkt, dass die **Mietsache bereits überlassen** war (§ 108 Rn 85).[2] Wendet man daher § 103 auf den Mietvertrag an, erscheint die Anwendung von § 111 auf Verträge, die erst der Insolvenzverwalter in Vollzug setzt, inkonsequent (Rn 11).[3]

2. Normzweck

3 Der Regelungszweck des § 111 entspricht dem des § 57a ZVG für den Bereich der Zwangsversteigerung. Durch das Sonderkündigungsrecht soll dem Insolvenzverwalter die freihändige Veräußerung vom Schuldner vermieteter oder verpachteter unbeweglicher Gegenstände oder Räume zu einem möglichst „guten Preis" ermöglicht werden.[4] Nach § 111 kann sich der Erwerber von einem möglicherweise **langfristigen oder unkündbaren Vertrag** lossagen, in den er unter den Voraussetzungen des § 566 BGB eintritt und der ihn an der selbstbestimmten Nutzung des Objekts hindert. Gestattete man dem Erwerber ein solches Lösungsrecht nicht, bedeutete die Vermietung oder Verpachtung durch den Schuldner wirtschaftlich eine Vorausverfügung über den Gegenstand für die Zeit nach Insolvenzeröffnung.[5] § 111 ist damit dem Schutzzweck des § 471 BGB vergleichbar. Diese Bestimmung schließt für das schuldrechtliche Vorkaufsrecht (§ 106 Rn 90) und für bestimmte gesetzliche Vorkaufsrechte (§ 106 Rn 94 ff) aus, dass die Veräußerung durch den Insolvenzverwalter einen Vorkaufsfall darstellt.

4 Den Interessen des Vertragspartners (Mieters oder Pächters) wird folgendermaßen Rechnung getragen. Zum einen gilt der gesetzliche Kündigungsschutz (Rn 29 ff). Zum anderen ist das Sonderkündigungsrecht auf den ersten möglichen Termin beschränkt (§ 111 S 2). Das Gesetz mutet dem Vertragspartner also **nicht** einen **dauerhaften Schwebezustand** zu, während dessen dieser stets mit einer außerordentlichen Kündigung des Erwerbers rechnen muss.[6] Allerdings erlangt der Vertragspartner nach Verfahrenseröffnung erst mit Verstreichen der ersten Kündigungsmöglichkeit die Sicherheit, dass der Vertrag in seiner ursprünglichen Gestalt dauerhaft fortgeführt wird. In Übereinstimmung mit der gesetzlichen Regel in § 566 BGB, erwächst dem Vertragspartner infolge des Wechsels auf Vermieterseite kein außerordentliches Lösungsrecht. Diese Beständigkeit kann gleichfalls für die Verwertung des Grundstücks durch den Insolvenzverwalter von Bedeutung sein, weil eine sichere, langfristige Vermietung oder Verpachtung an einen solventen Vertragspartner durchaus im Interesse des Erwerbers an der wirtschaftlichen Nutzung des Objekts liegen kann.[7]

3. Privatautonomie

5 Das Sonderkündigungsrecht dient der Masse, weil es die Veräußerung des Grundstücks erleichtern soll (Rn 3). Es kann daher nicht durch Vereinbarung zwischen Schuldner und Mieter ausgeschlossen werden (§ 119).

---

2 BGHZ 173, 116.
3 Ebenso Uhlenbruck/*Wegener* InsO[13] § 111 Rn 7.
4 RGZ 67, 372 (376).
5 Kübler/Prütting/Bork/*Tintelnot* InsO[29] § 111 Rn 1.
6 Vgl RGZ 98, 273 (275).
7 *Eckert* MünchKomm InsO[3] § 111 Rn 5.

II. Erweiterte Voraussetzungen des § 108 I 1

Der Geltungsbereich des § 110 knüpft an den Anwendungsbereich von § 108 I 1 Fall 1 (§ 108 Rn 36 ff) an. Es muss sich um einen **entgeltlichen Gebrauchsüberlassungsvertrag** (Miete, Pacht, Leasing) über unbewegliche Gegenstände (§ 49) oder Räume handeln. Wie § 108 I 1 gilt § 111 dabei sowohl für Wohnraum als auch für gewerblich genutzte Räume.[8] § 111 enthält aber noch weitere Voraussetzungen; bspw erfasst er insbesondere nur die Vermieterinsolvenz. 6

1. Abschluss des Vertrags durch den Schuldner als Vermieter

§ 111 setzt voraus, dass der **Insolvenzschuldner** den Vertrag als Vermieter, Verpächter oder Leasinggeber vor Verfahrenseröffnung **selbst abgeschlossen** hat (§ 108 Rn 37). Die Frage nach einem Lösungsrecht des Erwerbers, das vom Grundsatz des § 566 BGB abweicht, stellt sich nur für solche Verträge, die nach § 108 I 1 die Insolvenzeröffnung überdauern und auch im Zeitpunkt der Veräußerung durch den Insolvenzverwalter noch nicht beendet sind. Ist das Mietverhältnis zum Zeitpunkt der Veräußerung bereits beendet und hat der Schuldner schon geräumt, tritt ein Erwerber nicht nach § 566 BGB in die Rechte und Pflichten aus dem abzuwickelnden Mietverhältnis und insbesondere nicht in die Pflicht zur Kautionsrückzahlung aus einer entsprechenden Sicherungsabrede ein.[9] Ist der Vertrag vor Veräußerung nur gekündigt, aber noch nicht beendet, kann der Erwerber gleichwohl noch nach § 111 S 1 kündigen, sofern er hierdurch eine frühzeitige Beendigung des Vertrags herbeizuführen vermag. 7

§ 111 findet schon seinem Wortlaut nach keine Anwendung, wenn der Miet- oder Pachtvertrag erst vom endgültigen Verwalter geschlossen wurde. Dieses Ergebnis wird insbesondere dadurch begründet, dass es eine unangemessene Benachteiligung des Mieters oder Pächters bedeute, ihm seine Stellung als Massegläubiger (§ 55 I Nr 1) durch die Veräußerung und anschließende Kündigung durch den Erwerber nach § 111 S 1 wieder nehmen zu können,[10] Indes verliert der Vertragspartner die Stellung als Massegläubiger schon mit Veräußerung nach § 566 BGB und Massegläubiger ist auch der, der mit dem Schuldner kontrahiert hat (§§ 108 I 1, 55 I Nr 2). Vielmehr ist der **Unterschied zwischen den oktroyierten und gewillkürten Masseverbindlichkeiten** ausschlaggebend, der sonst für die Miete besonders betont wird (§ 108 Rn 165 ff). Der Insolvenzverwalter darf nicht selbst dem Vertragspartner durch Kündigungsausschluss oder Befristung einen Schutz gegenüber der Kündigung in gesetzlicher Frist versprechen, dann aber zur Steigerung des Verwertungserlöses auf ein Sonderkündigungsrecht des Erwerbers hoffen. Dieses Ergebnis ist freilich in systematischer Hinsicht mit dem ZVG abzustimmen. Für eine zumindest analoge Anwendung von § 111 S 1 auch auf vom Verwalter eingegangene Mietverhältnisse spräche es, wenn der Verwalter statt einer freihändigen Veräußerung auch die Zwangsversteigerung beantragen könnte und dem Erwerber in diesem Fall das Kündigungsrecht gem **§ 57a ZVG** zustünde.[11] Indes greift § 57a ZVG nach § 172 ZVG zwar auch dann, wenn die Zwangsversteigerung auf Betreiben eines Insolvenzverwalters erfolgt. Aber diese Kündigungsmöglichkeit des § 57a ZVG ist gerade für die diskutierte 8

---

[8] Uhlenbruck/*Wegener* InsO[13] § 111 Rn 2.

[9] BGH NJW 2007, 1818.

[10] Jaeger/*Henckel* KO[9] § 21 Rn 28; Kübler/Prütting/Bork/*Tintelnot* InsO[29] § 111 Rn 6; Nerlich/Römermann/*Balthasar* InsO[1] § 111 Rn 6.

[11] Vgl zu diesem Gedanken, gleichwohl die Analogie **abl** *Marotzke* HK InsO[6] § 111 Rn 12.

Sachlage einzuschränken, dass der zu kündigende Vertrag mit dem Insolvenzverwalter von demjenigen abgeschlossen wurde, der die Zwangsversteigerung betreibt.[12] Im Ergebnis ist die Parallelität von ZVG und InsO also dadurch zu erreichen, den Anwendungsbereich von §§ 57a, 172 ZVG in Anlehnung an § 111 InsO zu reduzieren.

9 Hat ein **„starker" vorläufiger Insolvenzverwalter** (§ 22 I) den Mietvertrag geschlossen, steht er dem Insolvenzverwalter gleich, so dass eine Kündigung ebenfalls ausgeschlossen ist.[13] Zwar ist der vorläufige Insolvenzverwalter nicht notwendigerweise personenidentisch mit dem Insolvenzverwalter und vor allem sind beiden Ämter stets zu trennen. § 55 II 1 stellt aber die vom starken vorläufigen Insolvenzverwalter begründeten Verbindlichkeiten denen gleich, die der Insolvenzverwalter begründet, während §§ 108 ff, 55 I Nr 2 indes nicht einschlägig sind. Daher ist es auch nicht entbehrlich, dass ein vorläufiger Insolvenzverwalter den Vertragspartner bei Vertragsschluss darauf hinweist, dass das Vertragsverhältnis im Fall der Veräußerung nach Insolvenzeröffnung dem Sonderkündigungsrecht des § 111 S 1 unterliege und dieser deshalb nicht uneingeschränkt auf die Fortdauer vertrauen könne.[14] Bei Vertragsschluss durch „starken" vorläufigen Insolvenzverwalter oder dem mit Einzelermächtigung entsteht das Kündigungsrecht nicht. Der schwache vorläufige Insolvenzverwalter indes hat nicht die Kompetenz, einen entsprechenden Vertrag zu schließen.

2. Alleineigentum des Schuldners

10 Aus der Parallelität zum ZVG lässt sich begründen, dass das Kündigungsrecht **Alleineigentum des Schuldners** voraussetzt.[15] § 183 ZVG schließt für den Ersteher aus einer Teilungsversteigerung das Kündigungsrecht aus. Das gilt auch, wenn die Teilungsversteigerung (§§ 180 ff ZVG, § 84) vom Insolvenzverwalter betrieben wird. Erst recht nichts anderes darf dann gelten, wenn die Eigentümer sich im Wege einer freihändigen Veräußerung auseinandersetzen.[16] Das gilt unabhängig von der Gestaltung des Mietvertrags sowohl wenn die Miteigentümer gemeinsam vermieten und dann veräußern (§ 108 Rn 97) als auch wenn der Insolvenzschuldner vor der gemeinsamen Veräußerung berechtigterweise allein vermietet hatte. Dem Erwerber steht aber auch dann kein Sonderkündigungsrecht zu, wenn der Insolvenzverwalter nur den Bruchteil des Insolvenzschuldners veräußert.

3. Überlassung der Mietsache

11 Die Überlassung der Mietsache an den Mieter (§ 109 Rn 76 ff) muss jedenfalls vor der Veräußerung erfolgen, damit der Erwerber aufgrund von § 566 in den Mietvertrag eintritt.[17] Ist das Mietverhältnis zum Zeitpunkt der dinglichen Rechtsänderung hingegen noch nicht vollzogen, tritt der Erwerber nur dann in die Rechte und Pflichten aus dem Mietvertrag ein, wenn der Erwerber die Erfüllung dieser Pflichten durch Erklärung

---

12 Jaeger/*Henckel* KO[9] § 21 Rn 28.
13 *Wegener* FK InsO[7] § 111 Rn 6.
14 Vgl aber *Marotzke* FS Kreft (2004) S 411 (416 ff); zust Kübler/Prütting/Bork/*Tintelnot* InsO[29] § 111 Rn 6.
15 Kübler/Prütting/Bork/*Tintelnot* InsO[29] § 111 Rn 7; Nerlich/Römermann/*Balthasar* InsO[1] § 111 Rn 5; Uhlenbruck/*Wegener* InsO[13] § 111 Rn 4.
16 Jaeger/*Henckel* KO[9] § 21 Rn 29; ebenso Braun/*Kroth* InsO[5] § 111 Rn 7; *Marotzke* HK InsO[6] § 111 Rn 3.
17 Schmidt-Futterer/*Gather* MietR[10] § 566 BGB Rn 38 ff; Staudinger/*Emmerich*[2011] § 566 Rn 33.

gegenüber dem Vermieter ausdrücklich übernimmt (§ 567a BGB). Wird der Vertrag nach § 567a BGB auf den Erwerber übergeleitet, steht diesem indes nicht das Sonderkündigungsrecht nach § 111 S 1 zu. Denn hier gründet der Vertragsübergang auf einer Willensentscheidung des Erwerbers und nicht auf Gesetz, wie es § 111 S 1 voraussetzt.[18]

§ 111 selbst enthält in seinem Wortlaut wie § 108 I im Unterschied zu ihren Vorgängerregelungen indes nicht das Erfordernis der Überlassung. Nahezu einhellig wurde daher zunächst angenommen, dass der Verwalter das Mietverhältnis noch nach Verfahrenseröffnung in Vollzug setzen könne, ohne dass eine spätere Verwertung durch das Mietverhältnis gehemmt würde.[19] Diese Auffassung lässt sich indes nicht halten, wenn man mit dem BGH den Anwendungsbereich des § 108 dahin teleologisch reduziert, dass in der Vermieterinsolvenz die Überlassung Voraussetzung der Fortbestehensanordnung ist (§ 108 Rn 85).[20] Dann ist auch der **Anwendungsbereich des Sonderkündigungsrechts** (§ 111 S 1) entsprechend **auf die Fälle eines bei Insolvenzeröffnung bereits vollzogenen Mietverhältnisses zu reduzieren.**[21] Steht eine Überlassung dagegen bei Verfahrenseröffnung noch aus, hat der Verwalter nach § 103 über Erfüllung oder Nichterfüllung des Vertrags zu entscheiden. Wählt der Verwalter Erfüllung des Mietvertrags und überlässt dem Mieter die Sache, begründet er eine gewillkürte Masseverbindlichkeit (§ 55 I Nr 2 Fall 1). Daher profitiert er wie der Insolvenzverwalter, der den Mietvertrag selbst abgeschlossen hat (Rn 8), nicht von der Verwertungserleichterung des § 111 S 1. 12

III. Eintritt des Erwerbers (§ 566 BGB)

§ 566 BGB regelt unmittelbar nur den Vermieterwechsel bei der Veräußerung vermieteten Wohnraums. § 578 BGB erweitert mit seinem Verweis dessen Anwendungsbereich auf Mietverhältnisse über Grundstücke und Räume. Über § 578a I BGB gilt § 566 BGB darüber hinaus für eingetragene Schiffe, über § 98 II LuftfzRG iVm § 578a I BGB für eingetragene Luftfahrzeuge. § 581 II BGB und § 593b BGB enthalten entsprechende Verweisungen für Pacht und Landpacht. 13

1. Veräußerung

§ 566 BGB setzt die Veräußerung des Mietobjekts voraus. Eine Veräußerung liegt noch nicht mit Abschluss eines schuldrechtlichen Verpflichtungsgeschäfts vor, das auf die Übertragung des Miet- oder Pachtobjekts gerichtet ist. Erforderlich ist die **Vollendung des dinglichen Eigentumserwerbs.**[22] Daher bedarf es einer Auflassung (§§ 873, 925 BGB) und der Eintragung des Eigentumsübergangs im Grundbuch (§ 873 BGB). Die Eintragung einer Auflassungsvormerkung genügt hingegen nicht.[23] Ist die dingliche Einigung anfechtbar, fällt das Eigentum mit ex-tunc-Wirkung an den Veräußerer zurück (§ 142 I 14

[18] BT-Drucks 12/2443 S 71, 147; *Eckert* MünchKomm InsO[3] § 111 Rn 8; Kübler/Prütting/Bork/*Tintelnot* InsO[29] § 111 Rn 8.

[19] Braun/*Kroth* InsO[5] § 111 Rn 15; Graf-Schlicker/*Breitenbücher* InsO[3] § 111 Rn 1; Kübler/Prütting/Bork/*Tintelnot* InsO[29] § 111 Rn 9; Nerlich/Römermann/*Balthasar* InsO[1] § 111 Rn 7; *Wegener* FK InsO[7] § 111 Rn 7; **zweif** *Eckert* MünchKomm InsO[3] § 111 Rn 4a.

[20] BGHZ 173, 116.

[21] *Marotzke* HK InsO[6] § 111 Rn 5; Uhlenbruck/*Wegener* InsO[13] § 111 Rn 7.

[22] *Häublein* MünchKomm BGB[6] § 566 Rn 17; Nerlich/Römermann/*Balthasar* InsO[1] § 111 Rn 4.

[23] BGH NJW 1989, 451; NZM 2003, 476 (477); **aA** Erman/*Lorenz* BGB[13] § 883 Rn 37; Palandt/*Bassenge* BGB[72] § 883 Rn 20.

BGB), so dass es insoweit an einer Veräußerung iSv § 566 BGB fehlt. Anderes gilt aber dann, wenn dem Veräußerer lediglich ein schuldrechtlicher Rückübertragungsanspruch aus §§ 346 I, 812 BGB zusteht. Wird dieser vom Erwerber durch Rückübertragung des Eigentums erfüllt, vollzieht sich ein neuerlicher Vermieterwechsel nach § 566 BGB.[24]

2. Eintritt des Erwerbers in das Mietverhältnis

15 Der Erwerber tritt nach § 566 I BGB in alle diejenigen vertraglichen Rechte und Pflichten ein, im Hinblick auf die zuvor § 108 I 1 die Fortsetzung des Vertrags mit Wirkung für die Masse angeordnet hat (§ 108 Rn 108 ff). Der Übergang erstreckt sich damit freilich nicht auf die Pflicht zur Einräumung dinglicher Gebrauchsrechte (§ 108 Rn 80 ff) wie eine etwaig vom Schuldner eingegangene Verpflichtung zur Einräumung eines Dauerwohnrechts.[25]

16 a) **Verdrängung von §§ 566b ff BGB durch § 110.** §§ 566b f bestimmen, inwieweit der Erwerber Vorausverfügungen über die Miete und Vereinbarungen der Parteien über die Miete gegen sich gelten zu lassen hat. Der Zeitraum, hinsichtlich dessen der Erwerber gebunden ist, entspricht der Anordnung des § 110 I für die Wirksamkeit von Rechtsgeschäften des Schuldners über die Verfahrenseröffnung hinaus. Im Falle der Veräußerung aus der Insolvenz ergibt sich das Problem, inwieweit sich §§ 566b f BGB noch auf Rechtsgeschäfte des Schuldners, insbesondere die Entgegennahme von Mietvorauszahlungen, beziehen, obwohl diese schon von § 110 erfasst werden. Teilweise wird daran angeknüpft, dass § 110 mit seiner Unwirksamkeitsanordnung nur ein Ausscheiden der Gegenstände aus der Masse verhindern will (§ 110 Rn 27). Nach Veräußerung fielen die betroffenen Mietforderungen ohnehin nicht mehr in die Masse, sondern ständen dem Erwerber zu. Daher verlöre § 110 mit der Veräußerung seine Wirkung und die Verfügungen lebten wieder auf.[26] Es bedürfte dann §§ 566b f BGB, um die Wirksamkeit dieser Verfügungen erneut – allerdings dann wiederum nur nach Ablauf des Wirksamkeitszeitraums – zu beschränken. Indes stehe der Anwendbarkeit von § 566b BGB entgegen, dass nicht der Schuldner, sondern der Verwalter veräußere.[27] Dem Mieter bleibe die Kündigungsmöglichkeit aus § 111 S 2.

17 Diese Auffassung erschwert die Veräußerung, die § 111 erleichtern will, erheblich. Der Hinweis auf die Kündigungsmöglichkeit geht schon deswegen fehl, weil die Verfügungen ungeachtet einer Kündigung gegen den Erwerber nachteilige Wirkungen auslösen könnten. Insbesondere hätte der Erwerber erbrachte Vorauszahlungen, die ihm gegenüber wirksam sind, nach § 547 BGB zurückzuzahlen.[28] § 111 bringt vielmehr zum Ausdruck, dass der **Erwerber besser stehen soll als der Insolvenzverwalter**, weil er ungeachtet der gegenüber dem Insolvenzverwalter wegen § 108 I fortwirkenden Kündigungsbeschränkungen kündigen kann. Entsprechend profitiert der Erwerber aufgrund seines Erwerbs aus der Masse auch von den Wirkungen zugunsten der Masse durch § 110 (§ 110 Rn 27).[29] Dieses aus insolvenzrechtlicher Sicht angemessene Ergebnis stimmt auch mit dem zivilrechtlichen Schutzzweck von §§ 566b ff überein. Die von diesen Be-

---

[24] *Häublein* MünchKomm BGB[6] § 566 Rn 18.

[25] BGH NJW 1976, 2264 (2265).

[26] *Eckert* MünchKomm InsO[3] § 111 Rn 12.

[27] *Eckert* MünchKomm InsO[3] § 111 Rn 12; **aA** Kübler/Prütting/Bork/*Tintelnot* InsO[29] § 111 Rn 18; Nerlich/Römermann/*Balthasar* InsO[1] § 111 Rn 13.

[28] Kübler/Prütting/Bork/*Tintelnot* InsO[29] § 111 Rn 18; vgl auch BGH NJW 1970, 93 (94) zum Erwerb durch Zwangsversteigerung.

[29] Jaeger/*Henckel* KO[9] § 21 Rn 16 zu § 21 II KO; Kübler/Prütting/Bork/*Tintelnot* InsO[29] § 111 Rn 18.

stimmungen Geschützen sollen nicht besser gestellt werden, als sie ohne Veräußerung ständen. Dann wirkte aber § 110 ohnehin weiter. Im Ergebnis werden §§ 566b ff BGB also bei Veräußerung aus der Masse durch die fortdauernden Wirkungen von § 110 beschränkt. Daher ergeben sich auch für die unterschiedlichen von § 108 ff erfassten Vertragsgegenstände keine Unterschiede daraus, dass die im Zivilrecht für eingetragene Seeschiffe und Luftfahrzeuge einschlägige Verweisungsnorm § 578a BGB (iVm § 98 II LuftfzRG) §§ 566b ff BGB ausspart.

§§ 566b ff BGB gelangen freilich zur Anwendung, wenn der Insolvenzverwalter selbst **18** an den von dieser Bestimmung geregelten Rechtsgeschäften beteiligt war. Wie bei Abschluss des Mietvertrags durch den Verwalter das Kündigungsrecht entfällt (Rn 8), gibt es auch insoweit keinen Grund, der Masse die Veräußerung zu erleichtern. Vielmehr wirkt ihr gegenüber die Verfügung des Insolvenzverwalters. Der Erwerber ist nur nach Maßgabe von § 566b ff BGB geschützt. Insbesondere schadet seine Kenntnis von der Verfügung des Insolvenzverwalters (§ 566b II BGB).

b) **Mietsicherheiten (§ 566a BGB).** Der Erwerber tritt nach §§ 566a S 1, 578 I, 578a I **19** BGB in die Rechte und Pflichten hinsichtlich der vom Mieter gestellten **Sicherheiten** ein. Die Bestimmung setzt also voraus, dass der Mieter eine Sicherheit gestellt hat. Besteht die Sicherheit, ergeben sich für die Veräußerung aus der Insolvenz keine Besonderheiten, maßgeblich ist die Auslegung von § 556a S 1 BGB. Danach erstreckt sich diese Bestimmung auch auf Rechtsverhältnisse, an denen Dritte beteiligt sind.[30] Insbesondere wird der Erwerber kraft Gesetzes Inhaber des **Kautionskontos**, sofern der Schuldner oder der Verwalter die vom Mieter geleistete **Barkaution** entsprechend § 551 III BGB separiert hatte.[31] Der Veräußerer verliert seine Befugnisse auch umfassend, kann sich also auch wegen Rückständen des Mieters nicht aus der ihm nicht mehr zustehenden Sicherheit befriedigen. Ggf muss er vor Veräußerung oder im Veräußerungsvertrag Vorsorge treffen.[32]

§ 566a BGB bezweckt in erster Linie freilich den Mieterschutz. Der Mieter kann **20** während des Vertragsverhältnisses Anlage der von ihm gezahlten Barkaution und Rückerstattung der Sicherheit verlangen, unabhängig davon, ob der Veräußerer die Barkaution entsprechend angelegt und an den Erwerber weitergegeben hat.[33] Besonderheiten weist die Veräußerung aus der Insolvenzmasse auf, wenn die von § 566a BGB geschützten Ansprüche nur den **Rang von Insolvenzforderungen** haben, insbesondere weil der Insolvenzschuldner als Vermieter vor Verfahrenseröffnung seiner Separierungspflicht nicht nachgekommen ist (§ 108 Rn 135). Teilweise wird ungeachtet dessen § 566a S 1 BGB angewendet, so dass der Mieter gegenüber dem Erwerber seine Ansprüche wieder voll geltend machen könnte.[34] Sonst würden Erwerbsketten nicht in den Griff zu bekommen sein. Die Einbuße, die die Masse bei der Veräußerung daher hinzunehmen habe, mute § 566a S 1 BGB ihr zu.[35] Diese Konsequenz verbietet aber eine unbesehene Anwendung von § 566a S 1 BGB, weil so der Mieter als bloßer Insolvenzgläubiger doch für

30 *Häublein* MünchKomm BGB⁶ § 566a Rn 8.
31 OLG Düsseldorf NJW-RR 1997, 1170; *Blank/Börstinghaus* Miete³ § 566a Rn 9; *Horst* ZMR 2009, 655 (657); *Kraemer* NZM 2001, 737 (742); **aA** Bub/Treier/*v Martius* Wohnraummiete-Hb³ III A Rn 777; *Eckert* MünchKomm InsO² § 111 Rn 10.
32 *Häublein* MünchKomm BGB⁶ § 566a Rn 10; **aA** Schmidt-Futterer/*Streyl* MietR¹⁰ § 566a Rn 19.
33 Schmidt-Futterer/*Streyl* MietR¹⁰ § 566a Rn 2; Staudinger/*Emmerich* BGB²⁰¹¹ § 566a Rn 13.
34 *Derleder* NZM 2004, 568 (577 f); *Franken/Dahl* Mietverhältnisse² 6. Teil Rn 255; *Häublein* MünchKomm BGB⁶ § 566a Rn 13.
35 *Franken/Dahl* Mietverhältnisse² 6. Teil Rn 255; *Häublein* MünchKomm BGB⁶ § 566a Rn 13.

seine Forderung letztlich aus der Masse volle Befriedigung finden würde. Der dem Insolvenzverwalter zustehende Einwand, dass der Mieter seinen Anspruch nur durch Anmeldung zur Insolvenztabelle verfolgen kann (§ 87), geht auf den Erwerber (und alle Folgeerwerber) über. Folglich kann der Mieter nur dann gegen den Erwerber Ansprüche geltend machen, wenn er einen solchen vor der Veräußerung als Massegläubiger hätte geltend machen können.[36] Umgekehrt kann sich der Mieter aber gegen den Anspruch auf Leistung einer Sicherheit damit verteidigen, dass der vertragliche Anspruch bereits durch Leistung an den Schuldner erloschen sei.

21 c) **Bürgenähnliche Ausfallhaftung** (§ 566 II BGB). Auch wenn der Mietvertrag auf den Erwerber übergeht, droht dem Veräußerer noch die **subsidiäre Haftung aus § 566 II 1 BGB.** Danach haftet der Veräußerer gleich einem selbstschuldnerischen Bürgen (§ 773 I Nr 1 BGB) für den Schaden, der dem Mieter aus der Nichterfüllung der vertraglichen Pflichten durch den Erwerber entsteht bis zu dem Zeitpunkt, zu dem der Mieter nach Mitteilung des Eigentumswechsels zum erstmöglichen Termin hätte kündigen können. Allerdings gibt § 566 II 2 BGB dem Mieter nicht etwa ein Sonderkündigungsrecht, sondern bezieht sich auf ein dem Mieter zustehendes ordentliches Kündigungsrecht. Daher kommt eine Haftungsbefreiung bei befristeten Mietverhältnissen während der vereinbarten Vertragsdauer nicht in Betracht.[37] Bei der Veräußerung des Insolvenzverwalters aus der Insolvenzmasse wird der bürgenähnliche Haftungsanspruch (§ 566 II 1 BGB) grundsätzlich als Masseverbindlichkeit angesehen, weil er an die Stelle der Primärverbindlichkeiten tritt, die vor der Veräußerung wegen § 108 I 1 ebenfalls Masseverbindlichkeiten waren.[38]

22 Dieses ist – worauf *Tintelnot* bereits hingewiesen hat –[39] angesichts einerseits der Haftungsgefahren und andererseits des Umstands, dass keine Gegenleistung dafür nach Veräußerung mehr in die Masse fließt, nicht hinzunehmen. Außerhalb der Insolvenz wird die weitreichende Haftung des Veräußerers damit begründet, dass dieser sich dem Vertragspartner gegenüber langfristig verpflichtet hat.[40] In der Insolvenz besteht ein Unterschied nicht nur formal darin, dass die Vertragserklärung nicht vom veräußernden Insolvenzverwalter, sondern vom Schuldner stammt. Mit der Kündigungsmöglichkeit des § 111 schränkt das Gesetz auch das Vertrauen des Vertragpartners in der Sache ein. Danach hat sich die Haftung der Masse gem § 566 II BGB auszurichten: Nach Ablauf des Zeitpunkts, zu dem der Erwerber aufgrund dieser Kündigungsmöglichkeit hätte kündigen können, besteht nicht nur die Haftung wegen der Kündigung, sondern auch die bürgenähnliche Haftung **nur noch als Insolvenzforderung.**

3. Ausschluss des Eintritts

23 Es kommen Vereinbarungen in Betracht, die den Eintritt des Erwerbers aufgrund von § 566 ausschließen. Solche Abreden werfen eine Vielzahl grundlegender zivilrechtlicher Probleme auf.[41] Unklar ist schon, wer **Vertragspartei** sein muss: Genügen Abreden zwi-

---

[36] *Cymutta* WuM 2008, 441 (442 f); *Noltin* NZI 2007, 149.

[37] *Häublein* MünchKomm BGB[6] § 566 Rn 46; Schmidt-Futterer/*Streyl* MietR[10] § 566 Rn 149; Staudinger/*Emmerich* BGB[2011] § 566 Rn 62.

[38] *Eckert* MünchKomm InsO[3] § 111 Rn 9 wegen § 55 I Nr 1; Jaeger/*Henckel* KO[9] § 21 Rn 26.

[39] Kübler/Prütting/Bork/*Tintelnot* InsO[29] § 111 Rn 16.

[40] *Häublein* MünchKomm BGB[6] § 566 Rn 46; Schmidt-Futterer/*Streyl* MietR[10] § 566 Rn 149.

[41] Vgl *Häublein* MünchKomm BGB[6] § 566 Rn 47 f; Schmidt-Futterer/*Streyl* MietR[10] § 566 Rn 150 ff.

schen Vermieter und Mieter oder veräußerndem Vermieter und Erwerber oder bedarf es einer dreiseitigen Vereinbarung? Bei Vereinbarung unter Beteiligung von Vermieter und Mieter ist der Vereinbarung zu entnehmen, ob mit der Veräußerung der Vertrag gleichzeitig enden oder ggf eine Rechtsmängelhaftung des nicht mehr zur Überlassung fähigen Veräußerers eintritt. Schließlich stellen sich die **typischen Wirksamkeitsfragen**, für die zwischen AGB-Klausel und Individualvereinbarung einerseits sowie Wohnraum- und Gewerberaummiete andererseits zu unterscheiden ist. In der Insolvenz ergeben sich aus §§ 108 ff keine Besonderheiten, wenn der Insolvenzverwalter selbst sich an einer entsprechenden Vereinbarung beteiligt. Wegen § 55 I Nr 1 hat die Masse etwaige Nachteile aus einer solchen Abrede zu tragen, etwa die Rechtsmängelhaftung, wenn die Masse mangels Vertragsübergangs nach Veräußerung weiterhin verpflichtet bleibt.[42]

Der Insolvenzverwalter kann allerdings auch einen vertraglichen Ausschluss des Eintritts nach § 566 BGB vorfinden, den Vermieter und Mieter vor Verfahrenseröffnung vereinbart haben. Abwicklungsprobleme ergeben sich aus einer solchen Vereinbarung – deren zivilrechtliche Wirksamkeit unterstellt – insbesondere dann, wenn die Veräußerung am Fortbestand des Vertrags nichts ändern soll. Teilweise wird eine solche Vereinbarung in der Insolvenz wegen Verstoßes gegen § 119 für unwirksam gehalten, weil sie die Möglichkeit des Insolvenzverwalters ausschließe, die Mietsache mit der Folge des § 111 zu veräußern.[43] Andererseits wird die Wirkung einer solchen Vereinbarung zu Lasten der Masse aus § 108 I gefolgert, so dass eine Veräußerung durch den Verwalter zur Schadensersatzpflicht im Range einer Masseverbindlichkeit führen könne.[44] Angemessen erscheint es aber, wie bei der Vermietung Sachen Dritter eine **Kündigung analog § 109** auf den Zeitpunkt zuzulassen, zu dem das Gebrauchsüberlassungsrecht sich aus der Masse nicht mehr erfüllen lässt (§ 108 Rn 94 f). Das ist eine angemessene insolvenzrechtliche Lösung, weil der Mieter mit dem Verzicht auf die Folge des § 566 BGB wie ein Untermieter zivilrechtlich ein schwächeres Besitzrecht hat. Diese zivilrechtlich schwächere Position darf nicht insolvenzrechtlich zu einer Stärkung führen, weil die Lösung über § 111 versperrt ist, sondern eröffnet die Kündigungsmöglichkeit des Insolvenzverwalters. 24

IV. Sonderkündigungsrecht des Erwerbers

Mit Eigentumsübergang eröffnet § 111 das außerordentliche Kündigungsrecht des Erwerbers, vermittels dessen er den bestehenden Vertrag gegenüber dem Vertragspartner unabhängig von einer vertraglich vereinbarten Kündigungsfrist bzw eines Kündigungsausschlusses innerhalb der gesetzlichen Frist zum ersten möglichen Termin beenden kann. An diese Möglichkeit zur außerordentlichen Kündigung in gesetzlicher Frist knüpfen §§ 573d, 575a BGB für das **Wohnraummietrecht** an, indem sie die Kündigungsfrist (Rn 26) und die Erforderlichkeit eines Kündigungsgrundes (Rn 30 ff) in Anknüpfung an die bisherige Rechtsprechung klarstellen.[45] Das Sonderkündigungsrecht lässt sonstige dem Erwerber zustehende vertragliche und gesetzliche Kündigungs- und Beendigungsmöglichkeiten unberührt, so dass der Erwerber den Vertrag ggf auch in einer kürzeren als der von § 111 S 1 vorgeschriebenen Frist kündigen kann.[46] Gehen diese Rechte auch 25

---

[42] Vgl *Eckert* MünchKomm InsO[3] § 111 Rn 33.
[43] *Wegener* FK InsO[7] § 111 Rn 14.
[44] *Eckert* MünchKomm InsO[3] § 111 Rn 33.
[45] *Häublein* MünchKomm BGB[6] § 573d Rn 4, § 575a Rn 4.
[46] Andres/Leithaus/*Andres* InsO[2] § 111 Rn 6; Uhlenbruck/*Wegener* InsO[13] § 111 Rn 9.

erst mit Eintritt des Erwerbers in das Mietverhältnis nach § 566 BGB und damit mit Eigentumsübergang auf den Erwerber über, kann der veräußernde Insolvenzverwalter den Erwerber auch schon vorher zur Ausübung ermächtigen.[47]

1. Kündigungsfristen

26 Der Erwerber kann das Vertragsverhältnis nach § 111 S 1 innerhalb der gesetzlichen Frist kündigen. Im Einzelnen sind insbesondere folgende Kündigungsfristen zu beachten: Mietverhältnisse über Wohnraum sind zum dritten Werktag mit Wirkung zum Ablauf des übernächsten Monats zu kündigen (§§ 573d II, 575a III BGB), für Wohnraum nach § 549 II Nr 2 BGB ist spätestens zum 15. eines Monats mit Wirkung zum Ablauf desselben zu kündigen (§§ 573d II, 575a III BGB). Sind Grundstücke und Räume oder im Schiffsregister eingetragene Schiffe Gegenstand des Mietvertrags sind die Fristen in § 580a I BGB zu beachten. Für Geschäftsräume gilt § 580a II BGB, während ein in der Luftfahrzeugrolle eingetragenes Luftfahrzeug als bewegliche Sache (§ 98 I LuftfzG) zu behandeln ist, so dass die kurzen Fristen von § 580a IV, III Nr 2 BGB einschlägig sind.[48] Für Pachtverträge gilt § 584 BGB, für Landpachtverträge § 594a f BGB.

2. Kündigung nur zum erstmöglichen Termin

27 In Übereinstimmung mit § 57a S 2 ZVG ist eine außerordentliche Kündigung des Erwerbers nach § 111 S 2 nur zum erstmöglichen Termin zulässig. Die Frist berechnet sich grundsätzlich ab Entstehung des Kündigungsrechts mit Eigentumsübergang.[49] *Eckert*[50] weist zurecht darauf hin, dass der Erwerber unter Umständen sehr kurzfristig zur Entscheidung über die Geltendmachung des Kündigungsrechts gezwungen wird, weil der Fristbeginn objektiv nach dem Zeitpunkt des Eigentumserwerbs bestimmt wird, den der Erwerber nicht zu beeinflussen vermag, und eine Kündigung dem Erwerber vor diesem Zeitpunkt nicht möglich ist. Die Kündigung nach § 111 S 1 kommt daher erst dann in Betracht, wenn dem Erwerber der **Eigentumsübergang durch amtswegige Mitteilung zur Kenntnis gelangt** ist. Der „erstmögliche“ Termin iSv § 111 S 2 ist danach derjenige, zu welchem dem Erwerber unter Einhaltung der im Verkehr erforderlichen Sorgfalt und unter Berücksichtigung der Umstände des Einzelfalls eine Kündigung erstmals möglich ist.[51] Kündigt der Erwerber nicht zum objektiv erstmöglichen Termin, hat er die Umstände zu beweisen, die eine Verzögerung rechtfertigen.[52] Anders als für die Kündigung des Erstehers nach § 57a ZVG[53] ist dem Erwerber für die Ausübung des Kündigungsrechts aus § 111 S 1 keine zusätzliche Überlegensfrist zuzubilligen. Denn schon bis zur Eigentumsumschreibung wird ein gewisser Zeitraum verstreichen, den der Erwerber entsprechend nutzen kann und der dem Ersteher wegen der unmittelbaren Wirkung des Zuschlags nicht zustatten kommt.[54]

28 Ist eine rechtzeitige Kündigung wegen fehlender Vorlage einer Vollmachsturkunde durch den kündigenden Vertreter nach Zurückweisung der Kündigung unwirksam (§ 174 BGB), berechtigt dies den Erwerber nicht zu einer „Nachholung“ der außerordentlichen

---

[47] *Horst* ZMR 2009, 655 (656); Staudinger/*Emmerich* BGB[2011] § 566 Rn 32; vgl BGH NJW 2008, 1218 Rn 26 ff.

[48] *Eckert* MünchKomm InsO[3] § 109 Rn 24.

[49] Kübler/Prütting/Bork/*Tintelnot* InsO[29] § 111 Rn 12.

[50] *Eckert* MünchKomm InsO[3] § 111 Rn 16.

[51] Kübler/Prütting/Bork/*Tintelnot* InsO[29] § 111 Rn 12.

[52] Vgl RGZ 98, 273 zu § 57 S 3 ZVG aF.

[53] *Stöber* ZVG[20] § 57a Rn 5.2.

[54] Kübler/Prütting/Bork/*Tintelnot* InsO[29] § 111 Rn 12; **aA** Andres/Leithaus/*Andres* InsO[2] § 111 Rn 7; *Wegener* FK InsO[7] § 111 Rn 9.

Kündigung.[55] Unterlässt der Erwerber eine Kündigung bewusst zum erstmöglichen Termin, nachdem er vom Mieter oder Pächter über die Restlaufzeit getäuscht wurde, erlischt gleichwohl das Kündigungsrecht nach § 111 S 1. Denn die Unterlassung ist nicht mit der Wirkung des Wiederauflebens des Kündigungsrechts anfechtbar.[56] Indessen wird regelmäßig ein **Schadensersatzanspruch** gegen den täuschenden Vertragspartner auf Aufhebung des Vertragsverhältnisses bestehen.

3. Geltung des zivilrechtlichen Kündigungsschutzes

Das Sonderkündigungsrecht des Erwerbers (§ 111 S 1) befreit diesen lediglich von der Einhaltung einer längeren, vertraglich vereinbarten Kündigungsfrist oder von einem vertraglichen Kündigungsausschluss. Die Entwurfsbegründung zur InsO betont ausdrücklich, dass hingegen die Vorschriften des **sozialen Kündigungsschutzes** auch gegenüber dem nach § 111 S 1 kündigenden Erwerber gelten,[57] wie sie auch der Ersteher zu beachten hat, der nach § 57a ZVG kündigt.[58] **29**

a) **Wohnraummiete.** Für das Wohnraummietrecht stellen inzwischen §§ 573d I, 575a I klar, dass die Kündigungsschutzvorschriften in §§ 573 f zu beachten sind. Insbesondere setzt eine wirksame Kündigung des Wohnraummietverhältnisses ein berechtigtes Interesse des Erwerbers (§ 573 I BGB) voraus, dass dieser im Kündigungsschreiben (§ 568 I BGB) nach § 573 III BGB anzugeben hat.[59] Der Mieter kann einer Kündigung des Erwerbers darüber hinaus nach Maßgabe von § 574 BGB widersprechen oder die Verlängerung eines befristeten Mietverhältnisses auf unbestimmte Zeit gem § 575 III 2 BGB verlangen, sofern ein nachträglicher Befristungsgrund entfallen ist. Der Erwerber einer Eigentumswohnung, an der nach Überlassung an den Mieter Wohnungseigentum begründet worden ist, muss sich seiner **Eigenbedarfskündigung** (§ 573 II Nr 2 BGB) oder seiner Kündigung wegen eigener wirtschaftlicher Verwertungsabsicht (§ 573 II Nr 3 BGB) außerdem die bis zu zehnjährige Kündigungssperre des § 577a I u II BGB entgegenhalten lassen. **30**

Diese Schranken können die Kündigung mit der für die ordentliche Kündigung geltenden Frist unmittelbar nach dem Erwerb hindern. § 111 S 2 ist daraufhin auszulegen, ob die erste Kündigungsmöglichkeit noch gegeben ist, wenn die genannten (oder ähnliche) gesetzliche Schranken einer Kündigung nicht mehr entgegenstehen. Im Anschluss an eine Entscheidung des RG zu behördlichen Kündigungsverboten[60] sind objektive, für alle Erwerber eingreifende Ausschlüsse bei der Bestimmung des ersten Termins zu berücksichtigen. Daher ist hinsichtlich des gesetzlichen Kündigungsverbots aus § 577a I u II BGB als maßgeblicher Fristbeginn für die Bestimmung des erstmöglichen Kündigungstermins nicht auf den Eigentumsübergang, sondern auf den Ablauf der Kündigungssperre abzustellen.[61] Anders ist für **Kündigungsbeschränkungen** zu entscheiden, die von der Person des Vermieters abhängen. Insoweit darf § 111 nicht dazu führen, dass der Mieter jederzeit mit einer „Kündigung zum ersten Termin" rechnen muss, weil diese subjektiven Voraussetzungen gerade eingetreten sind. Denn es ist Risiko des Erwerbers, vorab abzuschätzen, ob ihm ein solcher Kündigungsgrund zum ersten Termin des § 111 zur Seite steht. Also ist der erstmögliche Kündigungstermin für eine Kündigung nach § 573 I BGB **31**

---

[55] Kübler/Prütting/Bork/*Tintelnot* InsO[29] § 111 Rn 12.

[56] Jaeger/*Henckel* KO[9] § 21 Rn 24.

[57] Begr zu RegE § 125, BT-Drucks 12/2443 S 148 unter Verweis auf BGHZ 84, 90 zu § 57a ZVG.

[58] Z Vereinbarkeit der Kündigungsbeschränkung m Art 14 I 1 GG BVerfG ZMR 1989, 410.

[59] OLG Hamm NJW-RR 1994, 1496.

[60] RGZ 103, 271 (274).

[61] *Eckert* MünchKomm InsO[3] § 111 Rn 23.

nicht ab demjenigen Zeitpunkt zu bestimmen, zu dem ein berechtigtes Interesse entsteht, sondern ab dem Erwerb.[62]

32 b) **Landpacht.** Für die Kündigung eines Landpachtvertrags unterliegt der Erwerber den Beschränkungen des § 595 BGB.[63] Nach § 595 I BGB kann der Pächter auch vom Erwerber die Fortsetzung des Pachtvertrags über ein landwirtschaftlich genutztes Grundstück verlangen, sofern der landwirtschaftliche Betrieb seine **wirtschaftliche Lebensgrundlage** bildet und die Nichtfortsetzung für ihn und seine Familie eine unangemessene Härte bedeutete. Die Regelung des § 595 BGB ähnelt derjenigen des § 574 BGB und lässt sich wegen ihres Regelungszwecks ungeachtet des Fehlens einer ausdrücklichen Erwähnung in den Gesetzesmaterialien[64] gegenüber der Kündigung des Erwerbers geltend machen.[65]

33 c) **Weitere Schranken des Vermieters.** Über die Bedeutung anderer Schranken in der Insolvenz kann nur für jeden Einzelfall und regelmäßig in Übereinstimmung mit der Kündigung nach § 57a ZVG entschieden werden. Die Anforderungen, die § 9 BKleingG an die Kündigung eines Kleingartenpachtvertrags stellt, stehen weder der außerordentlichen Kündigung des Erstehers nach § 57a ZVG[66] noch dem Sonderkündigungsrecht des Erwerbers (§ 111 S 1) nach freihändiger Veräußerung durch den Insolvenzverwalter entgegen.[67] Denn die dort geregelten Kündigungsgründe sind nicht mit dem **Sozialschutz** der §§ 573 f BGB vergleichbar, sondern tragen **Kündigungsbedürfnissen des Verpächters** Rechnung. Dem entspricht § 111 qualitativ. Hat der Erwerber eine öffentlich geförderte Wohnung iSv WoBindG vom Insolvenzverwalter erworben, beseitigt seine Kündigung nicht die Zweckbindung der Wohnung als Sozialwohnung. Insbesondere unterliegt er den Nutzungsbeschränkungen des WoBindG. Allerdings findet § 17 WoBindG, der die Bindung spätestens nach Ablauf einer dreijährigen Frist gerechnet ab Zuschlag in der Zwangsversteigerung entfallen lässt, entsprechende Anwendung auf die freihändige Veräußerung des Insolvenzverwalters.[68]

4. Rechtsstellung des Aufbaumieters (§ 111 S 3 aF)

34 § 111 S 3 verwies bis zu seiner Aufhebung 2006 auf den ebenfalls abgeschafften § 57c ZVG (Rn 2). § 57c ZVG aF schloss das Sonderkündigungsrecht des Erwerbers aus, wenn der Schuldner eine Mietvorauszahlung zur Schaffung oder Instandsetzung des Mietraums (§ 57c I Nr 1 ZVG aF) oder als verlorenen Baukostenzuschuss (§ 57c I Nr 2 ZVG aF) erhalten hatte.[69] Die genannten Vorschriften waren 1953 in das ZVG eingefügt worden.[70] Sie bezweckten in Zeiten knappen Wohn- und Geschäftsraums nach dem zweiten Weltkrieg die Privilegierung des sog Aufbaumieters, der nur aufgrund eines eigenen Finanzierungsbeitrags zur Schaffung des Mietobjekts Wohn- oder Geschäftsräume an-

---

[62] *Eckert* MünchKomm InsO[3] § 111 Rn 22.
[63] Kübler/Prütting/Bork/*Tintelnot* InsO[29] § 111 Rn 11.
[64] BT-Drucks 12/2443 S 148.
[65] *Eckert* MünchKomm InsO[3] § 111 Rn 25.
[66] Hintzen/Engels/Rellermeyer/*Engels* ZVG[14] § 57a Rn 21; *Stöber* ZVG[20] § 57a Rn 6.6.
[67] *Eckert* MünchKomm InsO[3] § 111 Rn 27; **aA** Kübler/Prütting/Bork/*Tintelnot* InsO[29] § 111 Rn 11.
[68] Kübler/Prütting/Bork/*Tintelnot* InsO[29] § 111 Rn 11; zu § 57a ZVG Hintzen/Engels/Rellermeyer/*Engels* ZVG[14] § 57a Rn 20; **aA** *Eckert* MünchKomm InsO[3] § 111 Rn 24.
[69] Z intertemporalen Anwendung der §§ 57c, d ZVG aF BGH NJW 2009, 2312.
[70] G über Maßnahmen auf dem Gebiet der Zwangsvollstreckung v 20.08.1953 (BGBl I S 952).

mieten konnte.[71] Hatte der Mieter damit die Errichtung bzw Instandsetzung des Mietobjekts vorfinanziert, sollte er diese Finanzierungsleistung auch den Mietforderungen eines Erwerbers entgegenhalten können, sofern diesem der durch die Kreditierung des Mieters gesteigerte Wert des Mietobjekts ebenfalls zugute kam. Die Streichung der Privilegierung durch § 57c ZVG begründete der Gesetzgeber zum einen mit dem Wegfall des historischen Regelungsanlasses und zum anderen mit der Möglichkeit des Missbrauchs durch fingierte Baukostenzuschüsse (§ 110 Rn 41).[72]

Nach Aufhebung von §§ 57c ZVG aF, 111 S 3 hindert ein Baukostenzuschuss oder ein anderweitiger Finnanzierungsbeitrag des Mieters oder Pächters den Erwerber also nicht mehr rechtlich an der Kündigung des Vertragsverhältnisses. Der Erwerber hat allerdings faktisch bei seiner Entscheidung zu berücksichtigen, dass dem Mieter aus der Kündigung ein Ausgleichsanspruch gegen den Erwerber erwachsen kann.[73] Der BGH bejaht in ständiger Rechtsprechung einen **Bereicherungsanspruch** (§§ 812 I 1 Fall 2, 818 II BGB) bei vorzeitiger Beendigung eines auf längere Zeit fest abgeschlossenen Mietvertrags, aufgrund dessen der Mieter entschädigungslos Leistungen für das Mietobjekt erbracht hat.[74] Der Vermieter hat dem Mieter die Bereicherung herauszugeben, die darauf beruht, dass er vorzeitig in den Genuss des durch die Mieterleistungen geschaffenen erhöhten Ertragswertes gelangt. Dieser Anspruch soll in den Erwerbsfällen gerade gegen den Erwerber gerichtet sein, weil dieser allein von der vorzeitigen Beendigung des Vertrags profitieren kann.[75] Die Höhe des Anspruchs hängt angesichts dieser Grundlage nicht von den vom Mieter aufgewandten Kosten ab. Der Vermieter muss die ihm aufgrund der Investitionen des Mieters erwachsenen Vorteile herausgeben, die er aufgrund der früheren Vertragsbeendigung durch die anderweitige Vermietung erzielt oder erzielen könnte.[76] Bei dem Vergleich der aufgrund der Investitionen nunmehr am Markt erzielbaren Miete und der vom alten Mieter zu erzielenden Miete ist freilich zu berücksichtigen, dass der Altmieter wegen § 110 gehindert gewesen wäre, sich auf Vorausverfügungen über die Miete zu berufen (Rn 17; § 110 Rn 41). 35

V. Ansprüche des Mieters nach erfolgter Kündigung

Ein Anspruch des gekündigten Mieters wegen der vorzeitigen Beendigung des Vertrags, regelt § 111 nicht ausdrücklich. Gegen den kündigenden Erwerber ergeben sich nur die **mietvertraglichen Abwicklungsansprüche**, ein Ausgleichsanspruch besteht allein in dem besonderen Fall von (entschädigungslosen) Leistungen auf das Mietobjekt (Rn 35). Ein **nicht ausdrücklich geregelter Anspruch** kommt aber – parallel insbesondere zu § 109 I 3 u II 2 – **zu Lasten der Insolvenzmasse** in Betracht. 36

---

[71] Vgl *Stöber* ZVG[20] § 57b Rn 7.1; *Storz/Kiderlen* NJW 2007, 1846 (1850).

[72] BT-Drucks 16/3038 S 42; vgl ferner *Eckert* ZfIR 2008, 453 (454); *Ertle* ZInsO 2003, 644; *Storz/Kiderlen* NJW 2007, 1846 (1850); *Wedekind* ZfIR 2009, 841.

[73] Vgl auch zu praktischen Folgen der Abschaffung *Wedekind* ZfIR 2009, 841.

[74] BGHZ 180, 293; BGH ZMR 1996, 122; NZM 2001, 425; 2006, 15; 2009, 783.

[75] BGHZ 180, 293 Rn 9 ff; BGH NZM 2006, 15 (16 f); 2009, 783 Rn 12 ff.

[76] BGH NJW 1967, 2255 (2256); 1968, 888; 1985, 313 (315); ZMR 1996, 122 (123 f); NZM 2001, 425 (LS); 2006, 15 (16 f).

1. Rechtsnatur und haftungsrechtliche Qualifikation

37 Unter der KO wurde unter Anknüpfung an eine Entscheidung des RG zur Kündigung nach § 57a ZVG mehrheitlich ein **Schadensersatzanspruch aus nachträglicher Unmöglichkeit** (§ 325 BGB aF, heute §§ 280 I u III, 283 BGB) bejaht.[77] Dieser Anspruch wurde ebenfalls auf Grundlage der Rechtsprechung des RG als Konkursforderung nach § 26 S 2 KO eingeordnet. Diese Bestimmung qualifizierte Ansprüche als Konkursforderung, die einem Gläubiger wegen einer „infolge der Eröffnung des Konkursverfahrens" eintretenden Nichterfüllung oder Aufhebung zustanden. Die danach erforderliche Kausalbeziehung bejahte das RG nicht nur, wenn die Nichterfüllung oder Aufhebung unmittelbare Folge der Verfahrenseröffnung war, sondern auch, wenn diese Folge auf der Ausübung der durch die KO dem Konkursverwalter eingeräumten Befugnisse beruhte.[78] Unter der InsO lässt sich folgender Meinungsstand feststellen.

38 a) **Zivilrechtliche Einordnung.** Noch immer herrscht im Anschluss an die Argumentation des RG die Auffassung vor, aus **§§ 280 I, III, 283 BGB** folge nach der Kündigung des Erwerbers ein **Schadensersatzanspruch des Mieters.**[79] Zwar normiere § 566 BGB den Eintritt des Erwerbers in die Rechte und Pflichten aus dem Mietverhältnis. Wegen der Kündigungsmöglichkeiten des Ersteher nach § 57a ZVG bzw des Erwerbers nach § 111 S 1 gelte dies jedoch nicht für die vom Vermieter übernommene Pflicht zur Gebrauchsgewährung für die gesamte Vertragslaufzeit.[80] Diese Sicht widerspreche nicht der Haftungsanordnung des § 566 II 2 BGB.[81] Die subsidiäre Haftung des Veräußerers bezwecke den Schutz des gebrauchsberechtigten Mieters und sei daher auf diejenigen Verbindlichkeiten beschränkt, die nach § 566 I BGB auf den Erwerber übergehen. Dies bedeute zum Schutz des Mieters jedoch keinen Ausschluss der Haftung für solche Verbindlichkeiten, die wie die Pflicht zur Gebrauchsgewährung für den Vertragszeitraum nicht auf den Erwerber übergehen.[82]

39 Auf dieser Grundlage wird der Anspruch unterschiedlich qualifiziert. Überwiegend wird der Anspruch als **Insolvenzforderung** angesehen, selbst wenn sich dieses Ergebnis nicht mehr auf § 26 S 2 KO stützen lässt. Auch ohne eine gesetzliche Normierung entspreche es dem in §§ 109 I 3, II 2, 103 II 1 aufgestellten Wertungssystem, dass die insolvenzbedingte vorzeitige Kündigung bzw Nichterfüllung eines gegenseitigen Vertrags nur eine Insolvenzforderung begründe. Daher sei auch der Mieter im Falle der Erwerberkündigung nach § 111 S 1 auf die Geltendmachung seines Ersatzanspruchs als Insolvenzforderung beschränkt.[83] Eine abweichende Qualifikation als Masseverbindlichkeit widerspreche dem von § 111 verfolgten Zweck einer massegünstigen Verwertung, da der Verwertungserlös durch die Masseforderungen des Mieters aufgezehrt zu werden drohe.[84]

---

[77] RGZ 63, 66 (68).

[78] BGHZ 17, 127 (129); RGZ 67, 372 (374 f); RGZ LZ 1916 Sp 1191 f Nr 14; Jaeger/*Henckel* KO[9] § 21 Rn 25; **aA** *Eckert* ZIP 1983, 770 (771 f).

[79] RGZ 63, 66 (67 f) für § 57 ZVG aF; *Eckert* MünchKomm InsO[3] § 111 Rn 28; *Franken/Dahl* Mietverhältnisse[2] 6. Teil Rn 248; *Kalkschmid* Immobilienleasing Rn 404 ff; Palandt/*Weidenkaff* BGB[72] § 566 Rn 11, 23; Uhlenbruck/*Wegener* InsO[13] § 111 Rn 12.

[80] RGZ 63, 66 (67 f).

[81] **Anders** noch die Vorinstanz KG OLGE 11, 145.

[82] Vgl erneut RGZ 63, 66 (67 f); vgl hierzu *Marotzke* Gegenseitige Verträge[3] Rn 6.29 ff.

[83] *Ahrendt* HambK InsO[4] § 111 Rn 5; *Franken/Dahl* Mietverhältnisse[2] 6. Teil Rn 249; Graf-Schlicker/*Breitenbücher* InsO[3] § 111 Rn 1; *Waldherr* ZfIR 2005, 833 (842).

[84] *Marotzke* Gegenseitige Verträge[3] Rn 6.34.

40 Die Gegenauffassung will den Ersatzanspruch des Mieters hingegen als **Masseverbindlichkeit gem § 55 I Nr 1** ansehen, da er infolge der Verwertungshandlung nach Insolvenzeröffnung entstehe und an die Stelle des aufgrund der Veräußerung unmöglich gewordenen Anspruchs auf Gebrauchsgewährung trete, der gem § 55 I Nr 2 Fall 2 ebenfalls Masseverbindlichkeit ist.[85] Die Vertreter dieser Auffassung lehnen eine entsprechende Heranziehung des Grundgedankens von §§ 109 I 3, II 2, 103 II 1 ab, gerade weil eine dahingehende Rechtsfolgenanordnung in § 111 fehle und wegen der eindeutigen Regelung des § 55 I Nr 1 unter Geltung der InsO auch eine ausfüllungsbedürftige Regelungslücke nicht ersichtlich sei.[86] Diesem Ergebnis könne auch wertungsmäßig nicht der Regelungszweck des Sonderkündigungsrecht entgegengehalten werden, weil der Gesetzgeber bei Schaffung dieser Befugnis wohl überwiegend die Interessen des Erwerbers im Blick gehabt habe.[87]

41 b) **Insolvenzrechtliche Qualifikation.** Wie auch bei § 103 II (§ 103 Rn 33 f) und § 109 I 3, II 2 (§ 109 Rn 25 ff) wird der zivilrechtlichen Qualifikation auch eine rein insolvenzrechtliche entgegengehalten.[88] Zwar enthalte die InsO keine – eigentlich notwendige – anspruchsbegründende Norm, **§ 109 I 3** lasse sich aber **analog** heranziehen.

42 c) **Stellungnahme.** Diese Kontroverse bringt am deutlichsten die erheblichen Unterschiede zwischen der zivilrechtlichen einerseits und andererseits der insolvenzrechtlichen Erklärung der Ansprüche aus § 103 II, § 109 I 3, § 109 II 2, § 113 S 3 sowie dem hier in Streit stehenden Anspruch zum Ausdruck. Fehlt es wie hier an einer Bestimmung, die den Anspruch ausdrücklich als Insolvenzforderung qualifiziert, ist es vom Ausgangspunkt des zivilrechtlichen Ansatzes tatsächlich konsequent, diesen Anspruch als Masseverbindlichkeit einzuordnen. Denn der Anspruch beruht auf dem Verhalten des Insolvenzverwalters. Werden so die Voraussetzungen eines allgemeinen zivilrechtlichen Haftungstatbestands erfüllt, gebietet § 55 I Nr 1 die Qualifikation dieses Anspruchs als Masseverbindlichkeit.

43 Indes zeigt dieses untragbare Ergebnis erneut die **Verfehltheit des zivilrechtlichen Ansatzes.** Denn mit den Wertungen, die sowohl §§ 38, 41, 45 als auch §§ 103 ff zugrunde liegen, lässt sich nicht in Einklang bringen, dass der Mieter als einziger Vertragspartner des Schuldners Erfüllung des Vertrags aus der Masse beanspruchen kann. Die Ansprüche der Vertragspartner wären nach der Grundnorm des § 38 als Insolvenzforderungen zu qualifizieren, weil sie vor Verfahrenseröffnung durch Vertrag mit dem Schuldner begründet wurden. §§ 103 ff bestimmen unterschiedliche Möglichkeiten, wie der Insolvenzverwalter die Wirksamkeit der Vertragsverhältnisse gegenüber der Masse herbeiführen, aber auch abwehren kann, um es bei der Abwicklung als Insolvenzforderung zu belassen. Im Regelfall des § 103 braucht der Insolvenzverwalter nicht Erfüllung zu wählen, so dass die Vertragsansprüche insolvenzmäßig abgewickelt werden. Für die neben der hier interessierenden Sachlage von § 108 erfassten Vertragskonstellationen räumen §§ 109, 113 dem Insolvenzverwalter Lösungsrechte ein, die mit den genannten Schadensersatzansprüchen

---

85 *Eckert* ZIP 1983, 770 (771 f) z KO; *ders* MünchKomm InsO³ § 111 Rn 30; Uhlenbruck/*Wegener* InsO¹³ § 111 Rn 13; *Wegener* FK InsO⁷ § 111 Rn 12, freilich widersprüchlich Rn 12 aE: „andere Insolvenzgläubiger".

86 *Eckert* MünchKomm InsO³ § 111 Rn 31; Uhlenbruck/*Wegener* InsO¹³ § 111 Rn 13.

87 *Eckert* MünchKomm InsO³ § 111 Rn 30.

88 Braun/*Kroth* InsO⁵ § 111 Rn 11; Kübler/Prütting/Bork/*Tintelnot* InsO²⁹ § 111 Rn 14; *Marotzke* Gegenseitige Verträge³ Rn 6.34; *ders* HK InsO⁶ § 111 Rn 9; Nerlich/Römermann/*Balthasar* InsO¹ § 111 Rn 14; vgl schon für eine entspr Anw v § 19 S 3 KO Jaeger/*Henckel* KO⁹ § 21 Rn 25; **gegen** eine Analogie zu den genannten Vorschriften *Eckert* MünchKomm InsO³ § 111 Rn 31.

einhergehen. Die in § 108 II und § 108 I 2 geregelten Verträge werden als Ausnahme zur insolvenzmäßigen Abwicklung nur deswegen fortgeführt, weil diese Fortführung nach Auffassung des Gesetzgebers nicht zu einer Belastung der Masse führt. Für die Vermieterinsolvenz weist die InsO dem Insolvenzverwalter den Weg über die freihändige Veräußerung mit der Folge des § 111 oder über die Einleitung der Zwangsversteigerung (§ 165). Durch **Nichterfüllungswahl, Kündigung** und **Veräußerung** begeht der Insolvenzverwalter gegenüber dem Vertragspartner **keine Pflichtverletzung** iSv § 280, sondern übt die von der InsO zur Verfügung gestellten Abwicklungsoptionen aus. Daraus darf dem Vertragspartner gegen den Willen des Insolvenzverwalters keine Position erwachsen, die über die Stellung als Insolvenzgläubiger hinausgeht, weil – wie gesagt – die Ansprüche vor Verfahrenseröffnung durch Vertrag mit dem Schuldner begründet wurden (§ 38). Die Aufwertung zur Masseverbindlichkeit durch § 108 I steht daher von Anfang an unter dem Vorbehalt der §§ 109, 113 und hier eben § 111.

44 Der Mieter darf aber nicht schlechter als andere Insolvenzgläubiger gestellt werden. Führt aufgrund von § 111 die insolvenzmäßige Abwicklung zur Aufhebung des Vertrags und damit dem Wegfall seines Primäranspruchs, ist ihm ein **angemessener Ausgleich** einzuräumen. Dieser Ausgleich hat sich daran zu orientieren, dass der Mieter bei Insolvenzeröffnung – blendet man die Abwicklung des Vertrags nach §§ 108 I, 111 aus – mit seinem Anspruch Insolvenzgläubiger (§ 38) gewesen wäre. Daher ist im Wege eines **Schadensersatzanspruchs analog § 109 I 3 Fall 1** dem Mieter der **Verfrühungsschaden** zu ersetzen, den er dadurch erleidet, dass sein Vertrag früher endet und er seinen verbleibenden Anspruch nicht gem §§ 38, 41, 45 zur Insolvenztabelle anmelden kann (§ 109 Rn 27, 29, 33).

2. Anspruchsumfang

45 Der Umfang des Anspruchs ist ebenfalls wie zu § 109 I 3 umstritten (§ 109 Rn 31 ff). Teilweise wird dem Mieter entsprechend den zivilrechtlichen Grundsätzen zum **Kündigungsfolgeschaden** umfassender Ersatz zugestanden, ggf also auch Umzugkosten, entgangener Gewinn wegen der zeitweisen Schließung der gewerblich genutzten Mietsache bis zum Abschluss eines neuen Mietvertrags oder im Vertrauen auf den Fortbestand des Mietverhältnisses getätigte, vergebliche Aufwendungen.[89] Andere beschränken den Anspruch auf die **Differenz zwischen dem gegenwärtigen Marktwert eines vergleichbaren Mietobjekts und der vereinbarten Miete**, begrenzt freilich auf den Zeitraum bis zur regulären Beendigung des Vertrags außerhalb der Insolvenz.[90] Das stimmt mit denjenigen überein, die auch sonst dem Insolvenzgläubiger keinen Anspruch auf Ersatz etwaiger Folgekosten einräumen.[91] Dieser zweiten Auffassung ist zu folgen. Zur Vermeidung von Wiederholungen wird auf § 109 Rn 31 ff verwiesen, der hier analog anzuwenden ist. Freilich ist hier bei der Schätzung und Abzinsung nach §§ 41, 45 umgekehrt vom Wert der Nutzung auszugehen und davon die ersparte Miete abzuziehen.

---

89 Braun/*Kroth* InsO^5 § 111 Rn 12; *Eckert* MünchKomm InsO^3 § 111 Rn 29; *Marotzke* Gegenseitige Verträge^3 Rn 6.35; Uhlenbruck/*Wegener* InsO^{13} § 111 Rn 12.

90 *Franken/Dahl* Mietverhältnisse^2 6. Teil Rn 250; Kübler/Prütting/Bork/*Tintelnot* InsO^{29} § 111 Rn 15.

91 Andres/Leithaus/*Andres* InsO^2 § 111 Rn 8; Kübler/Prütting/Bork/*Tintelnot* InsO^{29} § 111 Rn 15; Nerlich/Römermann/*Balthasar* InsO^1 § 111 Rn 15; *Wegener* FK InsO^7 § 111 Rn 12.

3. Aufrechnungsmöglichkeit

Die Stellungnahme zur Frage, inwieweit der Mieter mit seinem Ersatzanspruch gegen zur Masse gehörende Forderungen (etwa wegen Mietrückstands) aufrechnen kann, hängt von der Qualifikation des Anspruchs maßgeblich ab. Wer eine Masseverbindlichkeit annimmt, muss die Aufrechnung für zulässig halten, weil dann die Schranken aus §§ 95 f nicht greifen.[92] Aber auch auf Grundlage einer Einordnung als Insolvenzforderung wird die Aufrechnung jedenfalls gegen vor Verfahrenseröffnung entstandene Forderungen für möglich gehalten, während gegen danach entstehende Forderungen § 96 I Nr 1 sperren soll.[93] Da der Anspruch auf einer Analogie zu § 109 I 3 basiert (Rn 44), scheidet eine Aufrechnung aus (§ 109 Rn 37): Der Anspruch des Mieters, dessen insolvenzmäßige Abwicklung der Anspruch analog § 109 I 3 gewährleisten soll, ist als Anspruch auf Gebrauchsgewährung ein Sachleistungsanspruch. Ein solcher Anspruch taugt **mangels Gleichartigkeit** nicht zur Aufrechnung. Dass die insolvenzmäßige Abwicklung dieses Anspruch zu einem zur Insolvenztabelle anmeldbaren Zahlungsanspruch führt, genügt schon wegen **§ 95 I 2** nicht, um eine Aufrechnung zu ermöglichen. Regelmäßig würde zudem **§ 95 I 3** der Aufrechnung entgegenstehen, weil der Schadensersatzanspruch nicht vor Wirksamwerden der Kündigung als fällig zu behandeln wäre. 46

§ 112
Kündigungssperre

Ein Miet- oder Pachtverhältnis, das der Schuldner als Mieter oder Pächter eingegangen war, kann der andere Teil nach dem Antrag auf Eröffnung des Insolvenzverfahrens nicht kündigen:
1. wegen eines Verzugs mit der Entrichtung der Miete oder Pacht, der in der Zeit vor dem Eröffnungsantrag eingetreten ist;
2. wegen einer Verschlechterung der Vermögensverhältnisse des Schuldners.

Gesetzesänderungen: Nr 1 geändert mWv 1.9.01 durch G v 19.6.01 (MietRRefG) BGBl I S 1149.

Materialien: BT-Drucks 12/2443 S 148; RegE § 126; 1. Ber InsRKomm LS 2.4.1.7.

Vorgängerregelungen: –

Literatur

Börstinghaus Die Unterbrechung des Räumungsprozesses nach Eröffnung des Insolvenzverfahrens NZM 2000, 326; *Bruns* Das Wahlrecht des Insolvenzverwalters und vertragliche Lösungsrechte ZZP 110 (1997) 305 *Cepl* Lizenzen in der Insolvenz des Lizenznehmers – unter besonderer Berücksichtigung des Kündigungsrechts des Lizenzgebers NZI 2000, 357; *Cymutta* Lastschriftwiderruf durch den Insolvenzverwalter – Auswirkungen auf das Mietrecht DWW 2007, 8; *dies* Das außerordentliche Kündigungsrecht des Vermieters nach dem Lastschriftwiderruf des Insolvenzverwalters ZInsO 2008, 191; *dies* Die Vermieterkündigung im Insolvenzverfahren DWW 2010, 207; *Eckert*

---

92 *Eckert* MünchKomm InsO³ § 111 Rn 32; *Wegener* FK InsO⁷ § 111 Rn 13.

93 *Eckert* MünchKomm InsO³ § 111 Rn 32; *Wegener* FK InsO⁷ § 111 Rn 13.

Miete, Pacht und Leasing im neuen Insolvenzrecht ZIP 1996, 897; *ders* Mietforderungen im vorläufigen Insolvenzverfahren NZM 2003, 41; *Eckert* Mietverträge über bewegliche Sachen in der Schwebephase zwischen Eröffnung des Insolvenzverfahrens und Ausübung des Insolvenzverwalterwahlrechts NZM 2007, 829; *Grote* Wohnraummiete und Arbeitseinkommen während des eröffneten Verbraucherinsolvenzverfahrens – Steht der private Schuldner mittellos auf der Straße? NZI 2000, 66; *ders* Lastschriftwiderruf bei natürlichen Personen – ein Hamburger Modell ZInsO 2009, 9; *Heim* Lizenzverträge in der Insolvenz – Anmerkungen zu § 108a InsO-E NZI 2008, 338; *Marotzke* Der Eigentumsvorbehalt im neuen Insolvenzrecht JZ 1995, 803; *ders* Die insolvenzrechtliche Kündigungssperre (§ 112 InsO) FS Zöllner (1998) S 1193; *ders* Die Wohnraummiete in der Insolvenz des Mieters KTS 1999, 269; *ders* BGB und InsO: zwei neue Leistungsstörungsrechte im Widerstreit KTS 2002, 1; *Minuth/Wolf* Kündigung und Gestaltung von Mietverträgen im Hinblick auf die Insolvenzordnung NZM 1999, 289; *Prütting* Vertragsbeendigung durch Insolvenz FS Gerhardt (2004) S 761; *Schmoll/Hölder* Patentlizenz- und Know-how-Verträge in der Insolvenz – Teil I: Insolvenz des Lizenznehmers GRUR 2004, 743; *Schwemer* Leasing in der Insolvenz ZMR 2000, 348; *Schwörer* Lösungsklauseln für den Insolvenzfall (2000); *Ströbl/Schumacher* Außerordentliche Kündigung bei Insolvenz des Absatzmittlers BB 2009, 1201; *Torz* Franchising und Insolvenz ZInsO 2009, 1235; *Vosberg* Die Kautionsversicherung in der Insolvenz des Unternehmers ZIP 2002, 968; *v Wilmowsky* Der Mieter in Insolvenz: Zur Kündigungssperre des § 112 InsO ZInsO 2004, 882; *ders* Der Mieter einer beweglichen Sachen in der Insolvenz – Zum Inhalt des § 103 InsO bei Miet- und Pachtverhältnissen ZInsO 2007, 731

Übersicht

Alphabetische Übersicht

I. Grundlagen

Die Bestimmung schränkt in der **Mieterinsolvenz** die Möglichkeit des Vermieters zur Kündigung ein. Diese Beschränkung betrifft den typischerweise gesetzlichen Kündigungsgrund wegen Zahlungsverzugs (§ 543 II Nr 3 BGB) und den (wenn überhaupt) typischerweise auf vertraglicher Vereinbarung beruhenden Kündigungsgrund wegen Vermögensverschlechterung. Die Bestimmung weicht von §§ 108 ff dadurch ab, dass alle Gebrauchsüberlassungsverträge erfasst werden, gleich ob Vertragsgegenstand eine bewegliche oder unbewegliche Sache ist. Von allen sonstigen Vorschriften der §§ 103 ff unterscheidet sie sich dadurch, dass die Wirkungen bereits mit Insolvenzantrag eintreten. 1

1. Entstehungsgeschichte

Die Kündigungssperre des § 112 ist eine Neuschöpfung des Gesetzgebers der Insolvenzordnung und ohne historisches Vorbild in der Konkurs-, Vergleichs- oder Gesamtvollstreckungsordnung. Im Gegenteil räumte **§ 19 KO** dem Vermieter ein insolvenzbedingtes **Sonderkündigungsrecht** ein (§ 109 Rn 2). Zunächst war von der Ersten Kommission in Ziff 2.4.1.4 Abs 3 vorgeschlagen worden, dem Insolvenzgericht die Aufhebung einer wirksamen Kündigung des Dauerschuldverhältnisses zu gestatten. Dieser Vorschlag hätte allerdings die Rechtsposition des Vertragspartners in nicht zu rechtfertigender Weise beeinträchtigt und ist daher im Fortgang des Gesetzgebungsverfahrens nicht weiter verfolgt worden. Die nunmehr in Nr 1 Gesetz gewordene Kündigungssperre wegen Zahlungsverzugs fand sich dagegen sowohl in § 116 II DiskE[1] als auch in § 116 II RefE[2] wieder und ist erst im RegE[3] durch die Kündigungssperre wegen Vermögensverschlechterung in Nr 2 ergänzt worden. 2

2. Normzweck

Die Kündigungssperre bezweckt, den gesamten Besitzstand des Schuldners – nicht beschränkt auf Immobilien – als **wirtschaftliche Einheit zu erhalten**, um zunächst eine Betriebsfortführung bis zur Entscheidung über den Fortgang des Verfahrens und längerfristig eine Sanierung bzw eine ordnungsgemäße Abwicklung des Insolvenzverfahrens zu ermöglichen.[4] Die Gesetzesbegründung betont die Verwandtschaft der Kündigungssperre mit den Regelungen in **§§ 107 II, 166**. Diese Vorschriften sollen ebenso wie § 112 die 3

---

1 DiskE S 57, Begr S B92.
2 RefE S 67, Begr S B114.
3 Begr zu RegE § 126, BT-Drucks 12/2443 S 148.
4 Begr zu RegE § 126, BT-Drucks 12/2443 S 148.

Sanierung des Schuldnerunternehmens ermöglichen, indem § 107 II dem Verwalter in der Insolvenz des Vorbehaltskäufers die Vorbehaltsware zunächst bis zum Berichtstermin erhält und § 166 Gegenstände, an denen ein Absonderungsrecht besteht, der Verwertungsbefugnis des Verwalters unterstellt und sie bis zur Verwertung im Verfügungsbereich des Verwalters belässt.[5] Dieses Regelungskonzept wird vervollständigt durch die Regelungen in §§ 21, 22, wonach das Insolvenzgericht ergänzende Maßnahmen zum Schutz der Masse im Eröffnungsverfahren treffen kann. Nach § 21 I Nr 5 kann das Gericht insb die Befriedigung aus einem Absonderungsrecht und auch die Aussonderung für die Zeit zwischen Insolvenzantrag und der Verfahrenseröffnung verhindern.

4 Die Kündigungssperre nach § 112 begründet für den Vermieter oder Verpächter eine erhebliche Beeinträchtigung der in der Regel aus seinem Eigentum an der Sache erwachsenden Rechtsposition. Erlangt der Vertragspartner des Schuldners als Ausgleich auch die Stellung als Massegläubiger, wenn ein **vorläufiger Insolvenzverwalter** mit Verfügungsbefugnis die Sache während des Eröffnungsverfahrens in Anspruch nimmt (§ 55 II 2), nützt ihm dies in tatsächlicher Hinsicht wenig, wenn das Verfahren wegen Massearmut schon gar nicht eröffnet wird (§ 26 II) oder im laufenden Verfahren Masseunzulänglichkeit eintritt. Weiter fehlt es an einer § 55 II 2 entsprechenden Norm für den Fall, dass ein schwacher vorläufiger Insolvenzverwalter mit allgemeinem Zustimmungsvorbehalt bestellt wurde.[6] Der schwache vorläufige Insolvenzverwalter kann nach § 55 II 2 Masseverbindlichkeiten nur dann begründen, wenn diese aus Maßnahmen resultieren, zu denen ihn das Insolvenzgericht ausdrücklich ermächtigt hat.[7] Sonst bleibt es für den praktischen Regelfall der Bestellung eines vorläufigen schwachen Verwalters mit allgemeinem Zustimmungsvorbehalts aber dabei, dass der Vermieter oder Verpächter für die aufgezwungene Belassung der Miet- oder Pachtsache im Verfügungsbereich des vorläufigen Verwalters Miete und Pacht nur als Insolvenzgläubiger geltend machen kann (§ 108 III). Die genannten Beeinträchtigungen, die der Gesetzgeber dem Vermieter oder Verpächter im Interesse einer möglichen Sanierung und zum Zwecke einer ordnungsgemäßen Verfahrensabwicklung aufbürdet, sind im Hinblick auf die grundrechtliche Garantie des Eigentums (Art 14 GG) auf Bedenken gestoßen,[8] begründen aber gleichwohl nicht die Verfassungswidrigkeit der Vorschrift.[9]

5 Verschiedentlich sind Befürchtungen geäußert worden, dass § 112 dem zu begrüßenden **Sanierungszweck** eher hinderlich sei, weil ein Vertragspartner des insolventen Mieters oder Pächters wegen der mit Stellung des Eröffnungsantrags drohenden Entwertung seiner Kündigungsrechte dazu neigen werde, den Vertrag schon frühzeitig zu kündigen.[10] Der Entzug von Wirtschaftsgütern, die für den Betrieb des schuldnerischen Unternehmens von besonderer Bedeutung sind, noch vor der „Unzeit" sei geeignet, die kritische Lage des Schuldners noch zu verstärken und laufe den von § 112 zu fördernden Sanierungsbestrebungen entgegen. Dieses Risiko, dass Vertragspartner sich gar nicht erst binden oder frühzeitig vom Vertrag lösen, wohnt freilich jedem Verbot von Lösungsklauseln

[5] Vgl BT-Drucks 12/2443 S 148; **gegen** die Regelungsähnlichkeit v § 112 u §§ 107 II, 166 *v Wilmowsky* ZInsO 2004, 882 (883).

[6] Die in Art 2 Nr 3 des RegE eines G zum Pfändungsschutz der Altersvorsorge u z Anpassung des Rechts der Insolvenzanfechtung v 12.08.2005 (BR-Drucks 618/05) vorgesehen Änderungen des § 55 II, dass diese Vorschrift unterschiedslos auf den starken u schwachen vorläufigen Verwalter z Anw gelangt, ist nicht G geworden.

[7] BGHZ 151, 353 (365 f).

[8] *Eckert* ZIP 1996, 897 (898); *Marotzke* HK InsO[6] § 112 Rn 21, 27 f.

[9] Vgl BGHZ 151, 353 (373 f).

[10] *Eckert* MünchKomm InsO[3] § 112 Rn 1; Kübler/Prütting/Bork/*Tintelnot* InsO[10] § 112 Rn 2; *Marotzke* HK InsO[6] § 112 Rn 2.

inne (§ 119 Rn 29). Mit der Anknüpfung nicht erst an die Verfahrenseröffnung, sondern an den Antrag reduziert § 112 diese Gefahr allerdings.[11] Außerdem würde es auch dem Ziel einer möglichst frühzeitigen Verfahrenseröffnung dienen, wenn Vertragspartner ihre Rechte von Anfang an durchsetzten.[12]

3. Systematische Bedeutung

Die systematische Bedeutung der Vorschrift ist daran zu ermessen, inwieweit die Norm nur **klarstellende Bedeutung** hat, weil ihre Wirkungen sich auch aus anderen Bestimmungen herleiten lassen. Hinsichtlich der Zahlungsverzugskündigung (Nr 1) ist zu berücksichtigen, dass die Mietforderungen aus der Zeit vor Verfahrenseröffnung im eröffneten Verfahren Insolvenzforderung sind (§§ 105 S 1, 108 II). Diese Einordnung bringt mit sich, dass der Vertragspartner nach Verfahrenseröffnung auf diese Forderungen eine Kündigung nicht mehr stützten kann (§ 109 Rn 65). Denn er kann seine Forderungen lediglich zur Insolvenztabelle anmelden, darf ihre Durchsetzung nicht mit der Androhung der Kündigung zu erwirken suchen. Nach Vertragsfortsetzung mit dem Insolvenzverwalter aufgrund von § 108 I oder Erfüllungswahl (§ 103 I) können allein noch Pflichtverletzungen des Insolvenzverwalters eine Kündigung begründen (§ 103 Rn 325, § 108 Rn 29). Also ließe sich ab Verfahrenseröffnung die Kündigungssperre auch auf den Charakter der ausstehenden Miete stützten. Insoweit kommt Nr 1 aber eine spezifische Wirkung zu, weil die **Sperre auf den Zeitraum zwischen Verfahrensantrag und Verfahrenseröffnung erweitert** wird. 6

Nr 2 richtet sich insb gegen **insolvenzabhängige vertragliche Lösungsklauseln**. Der BGH hält solche Lösungsklauseln nicht nur nach § 119 als Verstoß gegen die mögliche Fortgeltungswahl des Verwalters (und daher allein konsequent auch gegen die Fortgeltungsanordnung des § 108 I) für unwirksam, sondern erstreckt diese Unwirksamkeit im Wege einer Vorwirkung auch auf den Zeitpunkt des Insolvenzantrags.[13] Auf dieser Grundlage hat Nr 2 speziell für Gebrauchsüberlassungsverträge nur klarstellende Bedeutung als Ausformung des allgemein aus § 119 herzuleitenden Grundsatzes. Indes lässt sich aus § 119 diese Auslegung nicht gewinnen (§ 119 Rn 25 ff). Lösungsklauseln sind insolvenzrechtlich grds nur an § 133 zu messen. Somit stellt § 112 Nr 2 mit seinem Verbot insolvenzabhängiger Lösungsklauseln für Gebrauchsüberlassungsverträge eine Ausnahme von deren genereller Zulässigkeit dar. 7

4. Privatautonomie

Nach § 119 sind Vereinbarungen unwirksam, die die Wirkung der Kündigungssperre im Voraus beschränken. Im Nachhinein kommt freilich eine abweichende Abrede zwischen Insolvenzverwalter und Vertragspartner in Betracht, auch können sie eine Aufhebungsvereinbarung schließen. Jedoch bleibt eine gegen § 112 verstoßende Kündigung auch dann unwirksam, wenn der Insolvenzverwalter, dem die unwirksame Kündigung zugeht, sich mit der Vertragsbeendigung einverstanden erklärt. Denn § 112 schützt zwar nur die Masse, ein nachträgliches Wahlrecht des Verwalters, die Kündigung des Vermieters zu akzeptieren oder nicht, würde dem kündigenden Vermieter aber eine unzumutbare Schwebephase auferlegen. Daher scheidet auch eine Umdeutung der Kündigung in 8

---

[11] Vgl BGH ZIP 2013, 274 Rn 19 z „Vorwirkung“ auf den Zeitpunkt der Antragstellung des v BGH in § 119 erkannten Verbots v Lösungsklauseln.

[12] Nach Nerlich/Römermann/*Balthasar* InsO³ § 112 Rn 18.

[13] BGHZ 195, 348 Rn 13, 19.

ein Angebot auf einen Aufhebungsvertrag aus. Wickeln Vermieter und Insolvenzverwalter den Vertrag aber nach Kündigung faktisch ab, insb indem der Insolvenzverwalter die Mietsache zurückgibt, scheidet für beide Teile späterhin die Berufung auf die Unwirksamkeit der Kündigung und damit das Fortbestehen des Vertrags aus, entweder weil die Abwicklung schon einen konkludenten Aufhebungsvertrag darstellt oder weil das Bestehen auf den Fortbestand angesichts des dokumentierten Beendigungswillens rechtsmissbräuchlich ist.

II. Anwendungsbereich Gebrauchsüberlassungsverträge

9 § 112 gilt für sämtliche schuldrechtlichen Miet- und Pachtverträge, ebenso wenig wie § 108 jedoch für dingliche Nutzungsrechte (§ 108 Rn 80). So steht die Kündigungssperre der Vereinbarung einer auf die Insolvenz des Nutzungsberechtigten auflösend bedingten persönlichen Sicherungsdienstbarkeit iSv § 1090 BGB nicht entgegen, die die obligatorische Nutzungsbefugnis zusätzlich absichert.[14] Anders als §§ 108 f beschränkt sich der Anwendungsbereich nicht auf vom Schuldner als Mieter oder Pächter eingegangene Verträge über **Immobilien**, sondern erfasst gleichermaßen solche Miet- und Pachtverhältnisse, die **Mobilien oder Rechte** zum Gegenstand haben. Die Regelung setzt freilich einen im maßgeblichen Zeitpunkt der Antragstellung wirksamen Vertrag voraus, der nicht bereits zuvor wirksam gekündigt wurde.

1. Vertragsgegenstand

10 In Anbetracht des Regelungszwecks, dem Verwalter den gesamten Besitzstand des Schuldners als wirtschaftliche Einheit im Interesse der Sanierung und einer ordnungsgemäßen Verfahrensabwicklung zu belassen, ist es konsequent, nicht zwischen beweglichen und unbeweglichen Vertragsgegenständen zu unterscheiden. Vor dem Hintergrund dieses Regelungszwecks ist allerdings verschiedentlich befürwortet worden, Verträge über solche Gegenstände nicht der Kündigungssperre zu unterwerfen, die der Verwalter nicht zur Betriebsfortführung oder zu einer möglichen Sanierung benötigt, sondern die lediglich **privaten Interessen des Schuldners** dienen.[15] Dies trifft insb auf die Privatwohnung des Schuldners zu,[16] gilt aber beispielsweise auch für das zu privaten Zwecken gepachtete Jagdrevier oder ein geleastes Privatfahrzeug.

11 Der BGH hat diese Frage bislang ausdrücklich offen gelassen.[17] Für eine Ausnahme von der Kündigungssperre in diesen Fällen streitet, dass die Beschränkung des Kündigungsrechts und die Erhöhung des Mietausfallrisikos einen Eingriff in die Vermieterrechte darstellen, der grds eine **restriktive Interpretation des § 112** gebietet und nur im Rahmen der Zweckbestimmung der Vorschrift zu rechtfertigen ist. Eine entsprechende Ausnahme hat sich gleichwohl nicht im Wortlaut der Bestimmung niedergeschlagen. Angesichts des eindeutigen Wortlauts der Vorschrift und der im Zeitpunkt der Verfahrenseröffnung bestehenden **Ungewissheit des Verwalters**, ob eine im Besitz des Schuld-

---

[14] BGH ZIP 2011, 1063.

[15] *Grote* NZI 2000, 66 (68 f); *Marotzke* KTS 1999, 269 (283); *ders* HK InsO[6] § 112 Rn 4, § 109 Rn 17; **aA** AG Hamburg NZI 2009, 331 (334); *Ahrendt* HambK InsO[4] § 111 Rn 2; *Cymutta* DWW 2010, 207 (208); Uhlenbruck/*Wegener* InsO[13] § 112 Rn 3; *Wegener* FK InsO[7] § 112 Rn 6.

[16] Die Anw v § 112 bejahend AG Hamburg-Wandsbek NZI 2010, 311; AG Köln NZI 2010, 306.

[17] BGH ZIP 2007, 340 Rn 13.

ners stehende Sache zur ordnungsgemäßen Verfahrensabwicklung erforderlich sein wird, ist eine pauschale Reduktion des § 112 aufgrund seines Regelungszwecks abzulehnen. Eine **Interessenabwägung** kann allenfalls **im Einzelfall** erfolgen und zum Ausschluss der Kündigungssperre während des Eröffnungsverfahrens führen.[18]

2. Erfasste Vertragstypen

Der sachliche Anwendungsbereich wird ausdrücklich lediglich im Hinblick auf die erfassten Vertragstypen eingeschränkt. Es kommt darauf an, ob eine Gebrauchsüberlassung den Vertrag prägt. Unter dieser Voraussetzung werden vom Anwendungsbereich auch solche Verträge umfasst, die deshalb nicht unter §§ 108–111 fallen, weil Vertragsgegenstand weder ein unbeweglicher Gegenstand iSv § 49 noch ein Raum ist (§ 108 Rn 11, 70 ff). Die Anwendbarkeit von § 112 auf **typengemischte Verträge** ist danach zu beurteilen, ob der in Rede stehende Vertrag gerade die Gebrauchsüberlassung als prägende Leistungspflicht zum Gegenstand hat. Der Frage, ob Sinn und Zweck des § 112 die Anwendbarkeit auf den betreffenden Vertrag rechtfertigen,[19] ist in diesem Zusammenhang nur begrenzte Aussagekraft zuzubilligen. Denn grds ließe sich die Kündigungssperre im Interesse der Masse für jedes Schuldverhältnis anführen. Das würde indes die Interessen des Vertragspartners nicht hinreichend berücksichtigen. Der Gesetzgeber hat durch die Beschränkung des § 112 auf Gebrauchsüberlassungsverträge einen Ausgleich der Belange vorgenommen. Diese Wertung darf nicht durch Zweckerwägungen weggewischt werden. 12

a) **Leasingverträge.** Nach der Gesetzesbegründung bezieht sich § 112 neben Miete und Pacht ausdrücklich auch auf Leasingverträge.[20] Die Kündigungssperre gilt allerdings nur für solche Leasingverträge, die nach den unter § 108 Rn 54, 57 aufgestellten Grundsätzen als **Dauerschuldverhältnisse** einzuordnen sind. Ausgenommen sind danach solche Ausgestaltungen des (Finanzierungs-)Leasings, deren Rechtscharakter demjenigen eines finanzierten Abzahlungskaufs entspricht.[21] Derartige Geschäfte sind nicht auf die dauerhafte Nutzungsüberlassung, sondern den einmaligen Austausch von Leistungen, ergänzt durch eine Finanzierungsvereinbarung gerichtet. Eine Kündigung kommt für solche Leasinggeschäfte allenfalls hinsichtlich der Finanzierungskomponente in Betracht, ist doch die kaufvertragliche durch die Lieferung der Sache einseitig bereits erfüllt. Ausschließliche **Darlehensverträge** werden aber nicht von der Kündigungssperre des § 112 erfasst (Rn 16). 13

b) **Rechtspacht.** Die Kündigungssperre gilt namentlich auch für Pachtverträge, die auf die Nutzungsüberlassung an Rechten gerichtet sind, wie etwa die Fischerei- und Jagdpacht (§ 108 Rn 74). **Lizenzverträge** werden trotz ihrer vielfältigen Ausgestaltungen gemeinhin ebenfalls als Rechtspacht qualifiziert,[22] weil ihnen jedenfalls allen gemein ist, dass dem Lizenznehmer die Nutzung eines Rechts für eine bestimmte Dauer gegen die Zahlung eines Lizenzentgelts vom Lizenzgeber gestattet wird (Vor § 103 Rn 120 f). Das Kündigungsrecht des Lizenzgebers wird daher ab dem Antrag auf Verfahrenseröffnung durch § 112 eingeschränkt.[23] Gleiches gilt für Know-how-Verträge, die die entgeltliche 14

---

18 IE ebenso *Eckert* MünchKomm InsO³ § 112 Rn 4.

19 So *Ahrendt* HambK InsO⁴ § 112 Rn 2; *Eckert* MünchKomm InsO³ § 112 Rn 5.

20 Begr zu RegE § 126, BT-Drucks 12/2443 S 148.

21 *Eckert* MünchKomm InsO³ § 112 Rn 5; *Obermüller/Livonius* DB 1995, 27 (29).

22 BGH ZIP 2006, 87 Rn 21 m zahlr N.

23 *Cepl* NZI 2000, 357 (359); *Schmoll/Hölder* GRUR 2004, 743 (744 ff) für analoge Anwendung; Uhlenbruck/*Wegener* InsO¹³

Nutzung von nicht patentfähigen, in der Praxis erworbenen Kenntnissen zum Gegenstand[24] haben und ebenfalls als Rechtspacht einzuordnen sind.[25] Zum Franchisevertrag s Rn 19.

15 c) **Keine analoge Anwendung auf sonstige Vertragstypen.** Wegen der massegünstigen Wirkung der Kündigungssperre und dem grds zu begrüßenden Reflex, dass dem Verwalter eine längere Frist eingeräumt ist, um sich über die Bedeutung der Sache für den weiteren Verfahrensgang klar zu werden, wird verschiedentlich vorgeschlagen, den Anwendungsbereich der Kündigungssperre in analoger Anwendung des § 112 zu erweitern[26] oder der Norm gar einen allgemeinen Rechtsgedanken zu entnehmen.[27] Jedoch dürfen die Beeinträchtigungen, die der Vermieter oder Verpächter dadurch erfährt, dass er zugunsten der Masse in seinen Kündigungsmöglichkeiten eingeschränkt wird, und die im Grundsatz eine restriktive Interpretation der Bestimmung gebieten, nicht außer Acht gelassen werden (Rn 12). Zu Recht wird daher die insb von *Marotzke*[28] und Teilen der Literatur befürwortete[29] Erstreckung der Kündigungssperre auf den **Kauf unter Eigentumsvorbehalt** abgelehnt.[30] Zwar besteht dann die Gefahr, dass die verlängerte Überlegensfrist des § 107 II 1, deren Verwandtschaft zu § 112 die Gesetzesbegründung ausdrücklich hervorhebt,[31] erst gar nicht zum Tragen kommt und damit den ihr zugedachten Zweck, die zur Betriebsfortführung unter Eigentumsvorbehalt gelieferten Sachen zunächst noch „zusammenzuhalten", nicht erfüllen kann, wenn der Vorbehaltsverkäufer wegen eines Zahlungsrückstands schon im Eröffnungsverfahren zurücktreten kann. Gleichwohl hat der Gesetzgeber den Schutz durch Fristaufschub in § 107 II 1 von der Verfahrenseröffnung abhängig gemacht. Dagegen kann auch nicht mit der Rechtsähnlichkeit von Eigentumsvorbehaltskauf und (Finanzierungs-)Leasing argumentiert werden, das der Gesetzgeber ausdrücklich von § 112 erfasst wissen wollte.[32] Denn wenn ausnahmsweise Finanzierungsleasing und Kauf unter Eigentumsvorbehalt vergleichbar sind, weil das Leasing einem Kauf gleicht, ist auch das Leasinggeschäft nicht als ein von der Kündigungssperre erfasstes Dauerschuldverhältnis zu verstehen (Rn 13).

16 Ebenso wenig kann die Kündigungssperre des § 112 in der Insolvenz eines **Darlehensnehmers** für die Kündigung des Darlehensgebers insbesondere nach § 490 I BGB im Eröffnungsverfahren entsprechende Anwendung finden.[33] Zunächst ist das Darlehen schon formal nicht als „Vermietung eines Geldbetrags" anzusehen, weil der Darlehensnehmer anders als der Mieter oder Pächter vollwertiges Eigentum an dem Darlehensbetrag erlangt. Der **Darlehensgeber** ist im Vergleich zum Vermieter auch deshalb **schützens-**

---

§ 112 Rn 3; befürwortend de lege ferenda *Heim* NZI 2008, 338 (344 f).

[24] Vgl die Legaldefinition zu „know-how" in Art 1 f der VO (EG) Nr 2790/1999 u Art 1 i der TechnologietransferVO (EG) Nr 772/2004.

[25] BGH ZIP 1981, 868 (869).

[26] Braun/*Kroth* InsO[5] § 112 Rn 14; *Marotzke* KTS 2002, 1 (9); *ders* HK InsO[6] § 112 Rn 24.

[27] In diesem Sinne noch Uhlenbruck/*Berscheid* InsO[12] § 112 Rn 20; **anders** jetzt Uhlenbruck/*Wegener* InsO[13] § 112 Rn 19.

[28] *Marotzke* JZ 1995, 803 (813); *ders* HK InsO[6] § 107 Rn 31.

[29] *Ahrendt* HambK InsO[4] § 112 Rn 5; Braun/*Kroth* InsO[5] § 112 Rn 14; Graf-Schlicker/*Breitenbücher* InsO[3] § 112 Rn 2; Kübler/Prütting/Bork/*Tintelnot* InsO[10] § 112 Rn 5.

[30] *Eckert* MünchKomm InsO[3] § 112 Rn 10; Nerlich/Römermann/*Balthasar* InsO[3] § 112 Rn 16; Uhlenbruck/*Wegener* InsO[13] § 112 Rn 19.

[31] Begr zu RegE § 126, BT-Drucks 12/2443 S 148.

[32] Begr zu RegE § 126, BT-Drucks 12/2443 S 148.

[33] *Eckert* MünchKomm InsO[3] § 112 Rn 10; Uhlenbruck/*Wegener* InsO[13] § 112 Rn 19; **aA** *Schwörer* Lösungsklauseln Rn 405 ff.

werter, weil er anders als der Vermieter, der das Mietobjekt nach Beendigung des Vertrags in jedem Fall zurückerlangt und deshalb allenfalls mit den Mietzahlungen ausfällt, hinsichtlich des als Vertragsgegenstand geleisteten Darlehens einem vollständigen Ausfallrisiko unterliegt.[34]

Auf einen **Kfz-Händlervertrag** ist die Kündigungssperre des § 112 nicht anzuwenden.[35] Als Unterfall des typengemischten Vertragshändlervertrags ist er als auf gewisse Dauer gerichteter Rahmenvertrag eigener Art anzusehen, durch den sich der Vertragshändler verpflichtet, Waren des Herstellers im eigenen Namen und auf eigene Rechnung zu vertreiben, und durch den der Händler in die Verkaufsorganisation des Herstellers mit eingegliedert wird.[36] Die pachtvertragliche Komponente erschöpft sich hier zumeist in der Nutzung der Marke des Autoherstellers, so dass die Gebrauchsüberlassung nicht prägendes Element ist. 17

Für einen **Kautionsversicherungsvertrag**, durch den sich der Versicherer verpflichtet, für ein Unternehmen – vorwiegend aus der Baubranche – die nach der vertraglichen Vereinbarung gegenüber dem Besteller übernommene Pflicht zur Bestellung einer Gewährleistungssicherheit (§ 17 VOB/B) zu erfüllen, gilt in der Insolvenz des Versicherungsnehmers ebenfalls nicht die Kündigungsbeschränkung des § 112.[37] 18

Die Ausgestaltung des gesetzlich nicht geregelten **Franchisevertrags** variiert in der Praxis oftmals stark, so dass sich die Frage nach der Anwendbarkeit des § 112 nicht pauschal für alle in Frage kommenden Vertragsgestaltungen beantworten lässt. Der Franchisevertrag zeichnet sich dadurch aus, dass der Franchisegeber den Franchisenehmer für die vereinbarte Vertragsdauer und gegen Entgelt – die sog Franchisegebühr – die Nutzungsrechte an Schutzrechten und Know-how zur kommerziellen Weitervermarktung des Franchisegegenstands (Waren oder Dienstleistungen) unter einer einheitlichen Marke überlässt und den Franchisenehmer während der Vertragsdauer fortlaufend kommerziell sowie technisch betreut und unterstützt. Den Franchisegeber trifft demgegenüber eine Betriebspflicht.[38] Maßgeblich charakterisiert wird der Franchisevertrag daher durch zweierlei: zum einen durch die Nutzungsbefugnis des Franchisenehmers an dem geistigen Eigentum des Franchisenehmers und zum anderen durch den Absatz des Franchisegegenstands. Je nachdem, ob nach der konkreten Vertragsgestaltung die Einräumung des Nutzungsrechts oder aber die Belieferung und der Weiterverkauf von Waren im Vordergrund stehen, ist § 112 auch für den Franchisevertrag zur Anwendung zu bringen. Soweit das pachtrechtliche Element der Nutzungsüberlassung überwiegt, erscheint es sachgerecht, den Franchisevertrag wie den Lizenzvertrag als Rechtspacht einzuordnen (Rn 14) und auch den Franchisegeber nach § 112 in seinem Kündigungsrecht zu beschränken.[39] Überwiegt hingegen das Vertriebs- und Absatzelement, wie es regelmäßig bei reinen Absatzmittlerverträgen, etwa Handelsvertreter- oder Vertragshändlerverträge der Fall ist, ist für die (analoge) Anwendung von § 112 kein Raum.[40] 19

---

34 *Marotzke* HK InsO⁶ § 112 Rn 25.
35 OLG Braunschweig ZIP 2009, 1336.
36 BGHZ 54, 338.
37 *Vosberg* ZIP 2002, 968 (969).
38 Vgl zu Definition u Rechtsnatur des Franchisevertrags *Harke* MünchKomm BGB⁶ § 581 Rn 19 f; *Skaupy* NJW 1992, 1785; *Torz* ZInsO 2009, 1235 (1236).
39 Vgl *Eckert* MünchKomm InsO³ § 112 Rn 8; **aA** *Wegener* FK InsO⁷ § 112 Rn 5; *Torz* ZInsO 2009, 1235 (1237).
40 *Ströbl/Schumacher* BB 2009, 1201 (1202 f).

3. Nicht vollzogene Verträge

20 Kontrovers erörtert wird die Frage, ob die Kündigungssperre auch dann eingreift, wenn ein Vollzug des Vertrags im Kündigungszeitpunkt noch aussteht.[41] Unter Vollzug ist im Hinblick auf den Charakter der erfassten Vertragstypen als Gebrauchsüberlassungsverträge allgemein die **Einräumung der vertraglich zugesagten Nutzungsmöglichkeit** zu verstehen (§ 109 Rn 76). Miet- und Pachtverhältnis sind damit regelmäßig mit der Überlassung des Miet- oder Pachtobjekts vollzogen, für Lizenzverträge wird die Ermöglichung einer alsbaldigen Rechtsausübung vorausgesetzt. Dem tatsächlichen Vollzug steht es gleich, wenn der Vermieter oder Verpächter die Überlassung der Sache in einer den Schuldnerverzug begründenden Weise unterlässt (§ 109 Rn 83).[42]

21 Ungeachtet der eingehenden Diskussion im Schrifttum steht zu bedenken, dass die praktische Relevanz dieser Fragestellung gering ist.[43] Der Fall, dass der Mieter oder Pächter bereits vor Vollzug derart in Verzug geraten ist, dass der Vermieter oder Verpächter außerordentlich kündigen kann, wird nicht praktisch werden. So setzt der Verzug eine einredefreie Mietforderung des Vermieters voraus. Gegen die Mietforderung wird der Mieter vor Überlassung jedoch regelmäßig die **Einrede des nicht erfüllten Vertrags** (**§ 320 BGB**) geltend machen können, sofern er sich nicht zur Vorleistung verpflichtet hat. Denkbar sind daher allenfalls Fälle, in denen auf Seiten des Mieters oder Pächters eine Vermögensverschlechterung eintritt und die Kündigungssperre aufgrund von § 112 Nr 2 einschlägig sein kann. Dann steht dem Vertragspartner aber zumindest ein Zurückbehaltungsrecht (§§ 320 f BGB) zu. Denn nach allgemeiner Ansicht verstößt die Geltendmachung dieser Einrede nicht gegen die Kündigungssperre des § 112.[44]

22 Der **Wortlaut** des § 112 scheint dagegen zu sprechen, eine Überlassung vorauszusetzen, weil die Eingehung eines Miet- oder Pachtvertrags die Überlassung des Miet- bzw Pachtobjekts nicht erfordert.[45] Teilweise wird dieses Wortlautargument noch in systematischer Hinsicht durch den Hinweis darauf gestützt, dass in §§ 108 ff allein § 109 II an die Überlassung der Miet- oder Pachtsache anknüpft.[46] Indessen ist inzwischen im Anschluss an die Rechtsprechung des BGH anerkannt, dass die Anwendung von §§ 108 ff in der **Vermieterinsolvenz ganz allgemein die Überlassung der Mietsache** voraussetzt (§ 108 Rn 85). Und auch selbst aus § 109 lassen sich Argumente gegen die Erstreckung der Kündigungssperre auf Verträge vor Überlassung gewinnen. Diese Bestimmung unterscheidet terminologisch danach, ob der Vertrag bereits vollzogen wurde oder nicht, und spricht im ersten Fall von „Kündigung", im zweiten von „Rücktritt".[47] Diese **begriffliche Differenzierung** gilt zwar nicht im allgemeinen Zivilrecht, im insolvenzspezifischen Zusammenhang kann der Bezeichnung jedoch mindestens Indizwirkung für die Anwendung der Kündigungssperre des § 112 nur auf vollzogene Verträge beigemessen werden.

---

[41] Dafür *Ahrendt* HambK InsO[4] § 112 Rn 3; *Börstinghaus* NZM 2000, 326; Braun/*Kroth* InsO[5] § 112 Rn 4; *v Wilmowsky* ZInsO 2004, 882 (884); *ders* ZInsO 2007, 731 (733 f); **dag** *Häsemeyer* InsR[4] Rn 20.48; *Marotzke* HK InsO[6] § 112 Rn 5 f; Nerlich/Römermann/*Balthasar* InsO[3] § 112 Rn 10 f; *Wegener* FK InsO[7] § 112 Rn 3.

[42] *Ahrendt* HambK InsO[4] § 112 Rn 3; Kübler/Prütting/Bork/*Tintelnot* InsO[10] § 112 Rn 4; *Marotzke* HK InsO[6] § 112 Rn 6.

[43] Vgl Uhlenbruck/*Wegener* InsO[13] § 112 Rn 5.

[44] *Ahrendt* HambK InsO[4] § 112 Rn 14; *Eckert* MünchKomm InsO[3] § 112 Rn 32; Kübler/Prütting/Bork/*Tintelnot* InsO[10] § 112 Rn 4; *Marotzke* HK InsO[6] § 112 Rn 12; Uhlenbruck/*Wegener* InsO[13] § 112 Rn 5; *Wegener* FK InsO[7] § 112 Rn 17.

[45] Dies betonen *Eckert* MünchKomm InsO[3] § 112 Rn 12; Uhlenbruck/*Wegener* InsO[13] § 112 Rn 5.

[46] *Eckert* ZIP 1996, 897 (899).

[47] *Marotzke* HK InsO[6] § 112 Rn 5 mwN.

Für eine Beschränkung des § 112 auf vollzogene Verträge spricht auch die **Gesetzesbegründung.**[48] Diese betont zum einen den Regelungszweck, gerade den Besitzstand des Schuldners als wirtschaftliche Einheit zu erhalten, und zum anderen die Verwandtschaft zu den Vorschriften in §§ 107 II 1, 166, die ihrerseits eine Besitzposition des Schuldners voraussetzen.[49] Es ist zwar nicht zu leugnen, dass auch ein noch nicht vollzogener Vertrag dem Verwalter für die Sanierung oder Verwertung des schuldnerischen Unternehmens von erheblichem Nutzen sein kann.[50] Gleichwohl darf nicht verkannt werden, dass die Kündigungsbeschränkung, die der Masse und damit der Gläubigergesamtheit zu statten kommt, den Vertragspartner in seinen Rechten beeinträchtigt. Denn ihm würde in der durch den Eröffnungsantrag dokumentierten Krise noch das Vorleistungsrisiko aufgebürdet, dass sich insb in Mietausfällen äußern kann. Diese Gefahr ist selbst dann nicht gebannt, wenn ein starker vorläufiger Verwalter bestellt ist, der durch ein Überlassungsverlangen die Sache in Gebrauch nimmt und damit eine Masseverbindlichkeit begründet (§ 55 II 2), für die er im Fall der Masseunzulänglichkeit nach § 61 haftet[51]. Denn diese Haftung setzt voraus, dass das Verfahren überhaupt eröffnet wird und die Haftung dann nicht nach § 61 S 2 ausgeschlossen ist. Diese Vorleistungsrisiken verlangen nach einer **restriktiven Handhabung** der Vorschrift und verbieten eine Umkehr des Regel-Ausnahme-Verhältnisses von freier Kündigung und Sperre. **23**

Ganz allgemein verändert erst die Überlassung den Charakter der Vermieterpflichten und die Schutzbedürftigkeit des Mieters maßgeblich. Die Pflicht des Vermieters wechselt von der aktiven Überlassung zur im Schwerpunkt duldenden **Belassung**, der Mieter wird sich auf die Nutzung der Sache einstellen. An diese Zäsur knüpft innerhalb der §§ 108 ff nicht nur die erwähnte Reduktion dieser Bestimmungen in der Vermieterinsolvenz an (§ 108 Rn 85), sondern für die hier in Rede stehende Mieterinsolvenz insbesondere § 109. Diese Regelung spricht entscheidend dagegen, Verträge vor Überlassung in den Anwendungsbereich von § 112 einzubeziehen. **§ 109 II 1** gestattet dem Vermieter oder Verpächter in der Insolvenz seines Vertragspartners den voraussetzungslosen Rücktritt vom Vertrag sogar noch nach Verfahrenseröffnung, sofern nur der Vertragsgegenstand dem Schuldner vor Verfahrenseröffnung noch nicht überlassen worden ist. Zwar gilt § 109 II 1 abweichend von § 112 nur für Verträge über Immobilien. Dennoch lassen sich die Einräumung des Rücktrittsrechts einerseits und die Anordnung einer Kündigungssperre für den Eröffnungszeitraum systematisch nicht in Einklang bringen.[52] Dies gilt umso mehr, als die Sperre des § 112 nicht nur Kündigungen, sondern darüber hinaus auch sonstige Beendigungsmöglichkeiten des Vertragspartners, insbesondere also auch den Rücktritt, erfasst (Rn 52). **24**

---

[48] Für eine teleologische Reduktion daher *Marotzke* HK InsO[6] § 112 Rn 5.

[49] Begr zu RegE § 126, BT-Drucks 12/2443 S 148.

[50] So Braun/*Kroth* InsO[5] § 112 Rn 4; *Eckert* MünchKomm InsO[3] § 112 Rn 13; *v Wilmowsky* ZInsO 2004, 882 (884); zweif Nerlich/Römermann/*Balthasar* InsO[3] § 112 Rn 11.

[51] So aber *Eckert* MünchKomm InsO[3] § 112 Rn 32; Kübler/Prütting/Bork/*Tintelnot* InsO[10] § 112 Rn 4.

[52] *Wegener* FK InsO[7] § 112 Rn 3; **dag** *Ahrendt* HambK InsO[4] § 112 Rn 3: § 112 sei lex specialis zu § 109 II; Braun/*Kroth* InsO[5] § 112 Rn 4; *Eckert* MünchKomm InsO[3] § 112 Rn 14.

III. Insolvenzantrag

25 Die Kündigungssperre setzt die Stellung eines Insolvenzantrags voraus. Dafür ist es unerheblich, ob es sich um einen Eigenantrag des Schuldners oder um einen solchen eines Insolvenzgläubigers handelt und ob die Eröffnung eines Regel- oder Verbraucherinsolvenzverfahrens beantragt wird. Die Kündigungssperre greift auch unabhängig davon ein, ob der Vermieter Kenntnis von der Antragstellung hat.[53] Der schuldnerische Besitzstand soll für die Zeit des Eröffnungsverfahrens unabhängig von seinem Ausgang erhalten werden. Es kommt daher auch nicht darauf an, ob das Verfahren aufgrund des Antrags schließlich eröffnet wird. Selbst ein **unzulässiger Antrag** löst die Wirkungen des § 112 aus.[54] Dies birgt freilich die Gefahr, dass der Schuldner oder ihm wohl gesonnene Dritte einen Antrag nur mit der Absicht stellen, eine Kündigung des Vermieters oder Verpächters zu unterbinden. Ein solches Verhalten ist rechtsmissbräuchlich und rechtfertigt es, dem Mieter oder Pächter den Schutz der Kündigungssperre im Einzelfall wegen Verstoßes gegen Treu und Glauben zu versagen, noch bevor das Gericht abschließend über den Antrag entschieden hat.[55]

26 § 112 beansprucht auch dann Geltung, wenn das Insolvenzgericht wie im Regelfall einen **schwachen vorläufigen Insolvenzverwalter** mit Zustimmungsvorbehalt bestellt.[56] Etwas anderes deutet die Gesetzesbegründung an, die darauf abhebt, dass Miet- oder Pachtrückstände im Fall der Abweisung des Eröffnungsantrags nach § 25 II und bei Eröffnung des Verfahrens nach § 55 II als Masseverbindlichkeiten zu befriedigen seien,[57] und diese Vorschriften nur von einem starken vorläufigen Insolvenzverwalter mit Verfügungsbefugnis handeln.[58] Gleichwohl ist es angezeigt, auch dem schwachen vorläufigen Insolvenzverwalter und noch viel mehr anschließend dem Insolvenzverwalter den Besitzstand des Schuldners im **Interesse der Sanierung** zu erhalten. Die Gesetzesbegründung ist insoweit nur ein Beleg für die Fehlprognose, die Bestellung eines starken vorläufigen Verwalters würde in der Praxis zum Regelfall werden.

IV. Zahlungsverzugskündigung (Nr 1)

27 § 112 Nr 1 betrifft eine Kündigung des Vermieters wegen **Zahlungsverzugs des Mieters iSv § 286 BGB**. Erfasst sind alle Kündigungsgründe, die auf einem Verzug mit der Entrichtung von Miete und Pacht beruhen. Dabei ist unter Miete und Pacht jede Gegenleistung für die Gebrauchsüberlassung zu verstehen. Hierunter fallen auch Nebenkosten- und Mietvorauszahlungen sowie einmalige Leistungen, sofern sie – wie im Fall der Anfangsrate beim Leasing – Entgelt für die Gebrauchsgewährung sind.[59] In erster Linie gilt § 112 Nr 1 für die fristlose Kündigung des Vermieters aufgrund von § 543 II Nr 3 BGB, der einen Zahlungsverzug für zwei aufeinanderfolgende Termine (lit a) oder in Höhe der Miete für zwei Monate (lit b) voraussetzt. § 543 II Nr 3 BGB gilt mit den Modifikationen des § 569 III BGB auch gegenüber einem Wohnraummieter und berechtigt unter Maßgabe der §§ 581 II, 594e BGB zur Kündigung von (Land-)Pachtverträgen.

---

53 Uhlenbruck/*Wegener* InsO[13] § 112 Rn 6.

54 *Börstinghaus* NZM 2000, 326.

55 *Eckert* MünchKomm InsO[3] § 112 Rn 2; *Marotzke* HK InsO[6] § 112 Rn 14.

56 Vgl BGHZ 151, 353 (358, 363); 161, 315 (318); BGH ZIP 2008, 608 Rn 9.

57 Begr zu RegE § 126, BT-Drucks 12/2443 S 148.

58 Vgl *Eckert* MünchKomm InsO[3] § 112 Rn 17.

59 Vgl *Eckert* MünchKomm InsO[3] § 112 Rn 22.

§ 112 Nr 1 sperrt außerdem die Kündigung des Vertrags durch den Leasinggeber gem §§ 500, 498 I 1 Nr 1 u 2 BGB. Da es nach der weiten Fassung der Norm ausreicht, dass der Zahlungsverzug den Grund zur Kündigung bildet, ist eine Kündigung des Vermieters nach §§ 543 III, 573 I, II Nr 1 BGB wegen erheblicher Pflichtverletzungen ebenso umfasst, wenn diese in wiederholten und dem Vermieter nicht zumutbaren Zahlungsverzögerungen begründet liegt, auch wenn sie nicht schon § 543 II 3 BGB unterfallen.[60]

Neben der Ausübung gesetzlicher Kündigungsrechte ist auch die Geltendmachung **vertraglich vereinbarter Auflösungsrechte** gesperrt, soweit sie auf einem Zahlungsrückstand des Mieters beruhen. Nach Maßgabe des § 112 Nr 1 unzulässig sind etwa Vereinbarungen, wonach die gesetzlichen Anforderungen an den Schuldnerverzug gem § 286 BGB zuungunsten des Mieters abgeändert werden.[61] Für die Wohnraummiete ist eine vertraglich ausbedungene Erleichterung der Kündigungsvoraussetzungen des § 543 II Nr 3 BGB zulasten des Mieters schon durch § 573 IV BGB ausgeschlossen. Im Übrigen kann eine entsprechende AGB-Klausel bereits wegen Verstoßes gegen § 307 BGB iVm § 543 II Nr 3 BGB im Einzelfall unwirksam sein. Die Ausübung eines vertraglichen Auflösungsgrundes wegen eines vor Antragstellung begründeten Schuldnerverzugs scheitert jedenfalls an § 112 Nr 1. Nichts anderes gilt für eine Individualvereinbarung.[62] **28**

1. Zeitraum der Sperre vor Antragstellung

Nr 1 sperrt die Kündigung wegen eines Verzugs, der in der Zeit vor dem Eröffnungsantrag eingetreten ist. Diese Formulierung wirft Probleme auf. Denn der Verzug aufgrund von § 286 BGB ist keinesfalls gleich bedeutend mit der **Fälligkeit.** Verzug setzt über die Fälligkeit hinaus insb Mahnung (oder Surrogat), aber auch das Verschulden des Schuldners (§ 286 IV BGB) voraus. Zwar tritt bei Forderungen auf Miete oder Pacht vielfach mit Fälligkeit auch Verzug nach § 286 II Nr 1 BGB ein, weil für die Leistung des Entgelts ein Termin nach dem Kalender bestimmt ist. Es kann aber im Einzelfall nicht zuletzt wegen einer Stundung am Verzugseintritt bei Fälligkeit fehlen. So liegt es insb beim Einzug des Entgelts im Wege der Lastschrift. Gerade am Beispiel der herkömmlichen Einzugsermächtigungslastschrift hat sich daher der Streit entzündet, auf welchen Zeitpunkt § 112 Nr 1 tatsächlich abstellt: den Zeitpunkt des Verzugseintritts oder den Zeitpunkt, für den die Miete oder Pacht zu entrichten ist. **29**

Teilweise wurde die Kündigungssperre abgelehnt, wenn der (vorläufige) Insolvenzverwalter die Miete für einen Überlassungszeitraum vor Verfahrensantrag widerrief und dadurch **erst nach Antragstellung Verzug** eintrat.[63] Dieser strikt wortlautgetreuen Interpretation der Vorschrift kann indes angesichts des Regelungszwecks der Kündigungssperre des § 112 nicht gefolgt werden. § 112 will es dem vorläufigen Verwalter unter Einschränkung der Kündigungsbefugnisse des Vermieters ermöglichen, sich einen Überblick über die Vermögensverhältnisse des Schuldners zu verschaffen und auf dieser Grundlage über den Fortgang des weiteren Verfahrens zu entscheiden. Während dieser Zeit soll der Besitzstand des Schuldners zunächst als wirtschaftliche Einheit erhalten bleiben (Rn 3).[64] Dieser Zweck ließe sich nur sehr eingeschränkt verwirklichen, verlangte man von dem vorläufigen Verwalter die Begleichung sämtlicher auch vor Antragstellung auf- **30**

---

[60] *Marotzke* HK InsO[6] § 112 Rn 7; Uhlenbruck/*Wegener* InsO[13] § 112 Rn 11.

[61] *Marotzke* HK InsO[6] § 112 Rn 17.

[62] Vgl *Eckert* MünchKomm InsO[3] § 112 Rn 25.

[63] So *Cymutta* DWW 2007, 8 (11); *dies* ZInsO 2008, 191 (195); *Marotzke* HK InsO[6] § 112 Rn 8; Uhlenbruck/*Wegener* InsO[13] § 112 Rn 10.

[64] Begr zu RegE § 126, BT-Drucks 12/2443 S 148.

gelaufener Zahlungsrückstände. Daher ist nicht mit dem Wortlaut des § 112 Nr 1 darauf abzustellen, dass der Schuldnerverzug erst nach Antragstellung eintritt. Diese Voraussetzung wäre unter anderem schon dann erfüllt, wenn sich vorherige und nachmalige Rückstände zu kündigungsbegründendem Verzug gem § 543 II Nr 3 BGB summierten. Die Vorschrift ist vielmehr dahingehend zu reduzieren, dass die **Zahlungsrückstände aus der Zeit nach Antragstellung** stammen müssen, dh als Gegenleistung für solche Zeiträume angefallen sein müssen, die nach Antragstellung fällig werden.[65]

31 Eine solche Interpretation gebietet nicht nur der Zweck der Kündigungssperre, sondern auch der bereits im vorläufigen Verfahren zum Schutz der zukünftigen Insolvenzmasse zu berücksichtigende **Gegenleistungsgrundsatz** (Vor § 103 Rn 2). Diesen schreibt § 55 II für von einem vorläufigen starken Insolvenzverwalter begründete Verbindlichkeiten fest, wonach nur solche Verbindlichkeiten aus der Masse zu befriedigen sind, die er selbst begründet (S 1) oder für die er die Gegenleistung aus einem Dauerschuldverhältnis in Anspruch genommen hat (S 2). Entsprechend hat der BGH für den schwachen vorläufigen Verwalter geurteilt, dass dieser, um einer Kündigung des Vertragspartners zu entgehen, die nach Antragstellung fällig werdenden Mieten zu zahlen habe und hierzu auch berechtigt sei.[66] Hier erachtet also der BGH getreu dem Gegenleistungsgedanken die Zahlung der nach Antragstellung fällig werdenden Mieten für ausreichend, um den Eingriff in die (Kündigungs-)Rechte des Vermieters zu legitimieren und fordert nicht weitergehend auch den Ausgleich zuvor angefallener Zahlungsrückstände. Daher verfängt auch der Einwand der Gegenauffassung[67] nicht, der vorläufige Verwalter habe, um die Mietsache fortlaufend nutzen zu können, die Rückstände auszugleichen oder andernfalls die Kündigung des Vertragspartners hinzunehmen.

2. Verzug im Eröffnungsverfahren

32 Die Kündigungssperre des § 112 Nr 1 greift nach dem ausdrücklichen Wortlaut der Norm und der Gesetzesbegründung[68] nur für vor Antragstellung begründeten Zahlungsverzug des Schuldners. Das bedeutet umgekehrt, dass der Vertragspartner den Vertrag wegen im Eröffnungsverfahren eingetretenen Zahlungsverzugs, insb nach § 543 II Nr 3 BGB, kündigen kann.[69] Hierfür ist es erforderlich, dass sämtliche **Verzugsvoraussetzungen nach der Antragstellung begründet** werden, auch wenn die Norm ausdrücklich auf den Verzugseintritt abstellt (Rn 29 ff).[70] Der Bericht der Ersten Kommission hatte dies in Ziff. 2.4.1.7 deutlich dadurch zum Ausdruck gebracht, dass die Kündigungssperre für den Fall gelten sollte, dass der Verzug ganz oder zum Teil vor der Antragstellung eingetreten war.[71] Nicht angängig ist daher etwa die Summierung von vor und nach Antragstellung aufgelaufenen Zahlungsrückständen, damit sich insgesamt der Höhe nach kündigungsbegründender Verzug iSv § 543 II Nr 3 BGB ergibt.

---

65 Zutr *Ahrendt* HambK InsO[4] § 112 Rn 8; *Eckert* MünchKomm InsO[3] § 112 Rn 23; Kübler/Prütting/Bork/*Tintelnot* InsO[10] § 112 Rn 10.

66 BGHZ 151, 353 (370): „Denn die nach dem Eröffnungsantrag fällig werdenden Raten müssen aus dem Schuldnervermögen wieder vertragsgerecht gezahlt werden, wenn die Nutzungsmöglichkeit für die Insolvenzmasse erhalten bleiben soll".

67 *Cymutta* ZInsO 2008, 191 (195); Uhlenbruck/*Wegener* InsO[13] § 112 Rn 10.

68 Begr zu RegE § 126, BT-Drucks 12/2443 S 148.

69 BGHZ 151, 353 (370); BGH ZIP 2005, 1085 (1087); OLG Celle ZInsO 2004, 207.

70 Kübler/Prütting/Bork/*Tintelnot* InsO[10] § 112 Rn 9 f.

71 RWS-Dokumentation S 224.

33 a) **Keine insolvenzspezifische Entlastung des Schuldners.** Bei der Entscheidung, ob die Verzugsvoraussetzungen (§ 286 BGB) vorliegen, sind die Besonderheiten der zu erwartenden Insolvenzeröffnung zu berücksichtigen. Die **haftungsrechtliche Qualität** der in Rede stehenden Entgeltansprüche aus dem Eröffnungsverfahren hängt davon ab, ob das Insolvenzgericht einen starken Insolvenzverwalter bestellt.[72] Unter dieser Voraussetzung werden die Entgeltansprüche zu Masseverbindlichkeiten (§ 55 II), während bei Anordnung weniger weit reichender Sicherungsanordnungen einschließlich der Bestellung eines schwachen vorläufigen Insolvenzverwalters die Verbindlichkeiten bloße Insolvenzforderungen sind.

34 aa) **Schwacher Insolvenzverwalter.** Das Verschuldenserfordernis des Verzugs (§ 286 IV BGB) lässt sich problematisieren, wenn die Kompetenzen mangels starkem vorläufigem Insolvenzverwalter zwischen Schuldner und vorläufigem Verwalter aufgespalten sind. Man könnte sich auf den Standpunkt stellen, der Schuldner habe die Zahlungsrückstände nach Antragstellung nicht gem §§ 286 IV, 276 BGB zu vertreten, weil ihm die Zahlung im Eröffnungsverfahren ohne Zustimmung des vorläufigen Verwalters unmöglich ist. Hält man außerdem den schwachen vorläufigen Verwalter ohne Verfügungsbefugnis weder für berechtigt, Miet- oder Pachtverbindlichkeiten selbständig zu begleichen noch zum Schutz der späteren Masse entsprechenden Zahlungen zuzustimmen, verschuldet auch er durch Nichtzahlung keine Pflichtverletzung iSv § 286 II Nr 1, IV BGB.[73] Dagegen hat der BGH allerdings entschieden, dass auch der vorläufige schwache Insolvenzverwalter im Rahmen seiner allgemeinen Verwaltungstätigkeit zum Erhalt nützlicher Gegenstände zugunsten der Masse berechtigt und deshalb **zur Begleichung der laufenden Miet- und Pachtverbindlichkeiten im Eröffnungsverfahren befugt** ist, auch wenn diese Verbindlichkeiten nach Verfahrenseröffnung keine Masseverbindlichkeiten gem § 55 II sind. Zur Voraussetzung macht er lediglich, dass die Fortführung der Masse mehr Vor- als Nachteile bringt.[74] Daraus folgert er im Umkehrschluss, dass die Nichtzahlung bzw die Verweigerung der Zustimmung zu Zahlungen des Schuldners durch den schwachen vorläufigen Verwalter auch in Ermangelung einer gesetzlich angeordneten Zahlungspflicht Zahlungsverzug begründen kann, der den Vermieter oder Verpächter schon im Eröffnungsverfahren zur Kündigung des Vertrags insb nach § 543 II 1 Nr 3 BGB berechtigt.[75] Verweigert der Schuldner von vornherein jegliche Zahlung im Eröffnungsverfahren bzw der schwache vorläufige Verwalter jedwede Zustimmung, rechtfertigt diese endgültige Zahlungsverweigerung die fristlose Kündigung bereits nach der **Generalklausel des § 543 I BGB.**[76]

35 Das vom BGH erzielte Ergebnis ist angesichts der erheblichen Belastung des Vertragspartners durch die Kündigungssperre (Rn 4) durchaus sachgerecht. Denn dem Vertragspartner ist die Kündigungssperre nur zumutbar, wenn er für den Zeitraum aufgezwungener Belassungspflicht wenigstens die **vertraglich vereinbarte Gegenleistung** erhält.[77] Vor

[72] BGHZ 151, 353 (358, 363); 161, 315 (318); BGH ZIP 2006, 1641 Rn 14; 2008, 608 Rn 9.

[73] Vgl *Pohlmann* Befugnisse und Funktionen des vorläufigen Insolvenzverwalters (1998) Rn 359.

[74] BGHZ 151, 353 (370).

[75] BGHZ 151, 353 (370 ff); BGH ZIP 2005, 1085 (1086); 2008, 608 Rn 16; *Eckert* MünchKomm InsO³ § 112 Rn 41; *Wegener* FK InsO⁷ § 112 Rn 8.

[76] BGH ZIP 2005, 1085 (1086).

[77] Vgl auch die Gesetzesbegründung BT-Drucks 12/2443 S 148, die davon ausgeht, dass der Vertragspartner nach Stellung des Eröffnungsantrags regelmäßig keinen weiteren Zahlungsrückständen ausgesetzt sei, hierbei aber die Bestellung eines starken vorläufigen Verwalters unterstellt, die in der Rechtspraxis allerdings der Ausnahmefall ist; vgl auch *Eckert* NZM 2003, 41 (42).

allem aber spricht für dieses Ergebnis, dass die Funktionsaufteilung bei der Verwaltung des Schuldnervermögens vor Verfahrenseröffnung nicht das Außenrechtsverhältnis gegenüber dem Vertragspartner verändert. Vor Verfahrenseröffnung wird der Vertragspartner weder durch die erst ab Verfahrenseröffnung greifenden §§ 87, 174 ff noch durch § 112 oder durch Anordnungen des Insolvenzgerichts in der Geltendmachung seiner Entgeltforderung beschränkt. Spiegelbildlich dazu müssen Schuldner und vorläufiger Insolvenzverwalter offene Forderungen des Vertragspartners erfüllen, wollen sie die Masse vor den zivilrechtlichen Sanktionen der Nichterfüllung wie insbesondere der Vertragskündigung bewahren. Im Außenverhältnis ist dem Schuldner zu diesem Zeitpunkt die Nichtleistung also schlicht wegen seiner mangelnden finanziellen Leistungsfähigkeit vorwerfbar (Prinzip der unbegrenzten Vermögenshaftung; „Geld hat man zu haben"[78]). Inwieweit der vorläufige Insolvenzverwalter der Erfüllungsleistung des Schuldners zuzustimmen hat, bemisst sich indessen allein nach dem Innenverhältnis, also dem Insolvenzverfahrenszweck. Daher kann einerseits die Nichtzahlung des Schuldners bzw die Verweigerung der Zustimmung durch den schwachen vorläufigen Insolvenzverwalter im Eröffnungsverfahren verzugsbegründend wirken. Andererseits hat der BGH zurecht einen **Schadensersatzanspruch des Hauptvermieters gegen den schwachen vorläufigen Verwalter** eines gewerblichen Zwischenmieters aus § 60 I wegen Nichtweiterleitung der Miete abgelehnt, weil den vorläufigen Insolvenzverwalter gerade keine Pflicht zur Zahlung trifft.[79] Insoweit wirkt sich die unterschiedliche Pflichtenbindung des Schuldners gegenüber seinem Gläubiger vor Verfahrenseröffnung einerseits und andererseits des vorläufigen Insolvenzverwalter gegenüber den Verfahrensbeteiligten aus.

36 **bb) Starker vorläufiger Verwalter.** Nimmt ein starker vorläufiger Insolvenzverwalter mit Verwaltungs- und Verfügungsbefugnis die Miet- oder Pachtsache während des Eröffnungsverfahrens in Anspruch, ist die für diesen Zeitraum anfallende Miete oder Pacht im eröffneten Verfahren Masseverbindlichkeit nach § 55 II 2. Wird das **Verfahren nicht eröffnet**, hat der Verwalter die Miet- oder Pachtforderungen nach Aufhebung seiner Bestellung gem § 25 II 2 zu berichtigen. Im Schrifttum wird teilweise vertreten, §§ 55 II 2, 25 II 2 würden die Fälligkeit der Miet- oder Pachtforderungen für das Eröffnungsverfahren bis nach Verfahrenseröffnung bzw bis zur Aufhebung der Bestellung aufschieben, so dass die Nichtzahlung während des laufenden Eröffnungsverfahrens keinen Verzug begründete.[80] Außerdem dürfe der vorläufige Verwalter gem § 55 II überhaupt nur solche Verbindlichkeiten befriedigen, die er selbst begründet oder deren Gegenleistung er in Anspruch genommen habe.[81] Treffe den starken vorläufigen Verwalter danach **keine Zahlungspflicht**, sei dem Vertragspartner uU wegen der zunächst nicht entgoltenen Fortdauer des Vertrags ein Ausgleich nach §§ 172, 169 S 2 zuzugestehen.[82]

37 Die dem Vermieter oder Verpächter damit **drohenden Risiken sind unzumutbar**. Würde die nicht entgoltene Inanspruchnahme durch den starken vorläufigen Verwalter keinen Zahlungsverzug begründen, wäre den Vertragspartnern für die Dauer des Eröffnungsverfahrens die Kündigung wegen Verzugs versagt.[83] Der Vertragspartner würde

---

78 Vgl Palandt/*Grüneberg* BGB[72] § 276 Rn 28.

79 BGH ZIP 2008, 608 Rn 13; **anders** für den starken vorläufigen Verwalter BGH ZIP 2005, 1085; **krit** in diesem Zusammenhang *Marotzke* HK InsO[6] § 112 Rn 28.

80 Kübler/Prütting/Bork/*Tintelnot* InsO[10] § 112 Rn 11.

81 *Franken/Dahl* Mietverhältnisse[2] 3. Teil Rn 61; Kübler/Prütting/Bork/*Tintelnot* InsO[10] § 112 Rn 12.

82 Kübler/Prütting/Bork/*Tintelnot* InsO[10] § 112 Rn 12.

83 Aus diesem Grund will *v Wilmowsky* ZInsO, 2004, 882 (887) sämtliche Miet- u Pachtforderungen im Eröffnungsverfahren in

regelmäßig das unabwendbare Risiko tragen, dass das Verfahren wegen Massearmut nicht eröffnet wird oder später Masseunzulänglichkeit eintritt und er deshalb mit seinen Forderungen ausfällt. Dieses Vorleistungsrisiko soll dem Vermieter oder Verpächter für die Zeit des Eröffnungsverfahrens indes nicht mehr aufgebürdet werden,[84] indem § 112 Nr 1 die Kündigung in diesen Fällen ausdrücklich zulässt.[85] Der Verzugseintritt lässt sich auch hier mit der Verpflichtung des Schuldners im Außenverhältnis begründen (Rn 35), die nicht davon beeinflusst wird, ob der vorläufige Insolvenzverwalter stark oder schwach ist, Masseverbindlichkeiten im Eröffnungsverfahren also begründen kann, und ob die besonderen Voraussetzungen von § 55 II vorliegen.[86] Erklärt der starke vorläufige Insolvenzverwalter gegenüber dem Vermieter oder Verpächter, dass er in Zukunft keine Miete und Pacht zahlen werde, kann der Vertragspartner nach § 543 I BGB kündigen, ohne den Eintritt eines § 543 II 1 Nr 3 BGB entsprechenden Zahlungsverzugs abzuwarten.[87]

b) **Keine Herbeiführung des Schuldnerverzugs durch Handlung des Vertragspartners.** **38**
Andererseits kann der Vertragspartner Mietzahlungen im Eröffnungsverfahren nicht berechtigterweise zurückweisen, um auf diese Weise den Kündigungsgrund des Schuldnerverzugs herbeizuführen. Eine Zurückweisung als **unzulässige Teilleistung** (§ 266 BGB) scheitert schon daran, dass es sich bei Mietzahlungen nicht um Teilleistungen iSv § 266 BGB handelt. Das würde voraussetzen, dass die einzelnen Entgeltraten eine einheitliche Schuld darstellten.[88] Indes entsteht die jeweilige Mietforderung als wiederkehrende Leistung selbständig für jeden Nutzungszeitraum.[89]

Im Eröffnungsverfahren erbrachte Miet- oder Pachtzahlungen sind außerdem nicht **39**
nach der gesetzlichen Tilgungsreihenfolge des § 366 II BGB zunächst auf die älteren, vor Antragstellung aufgelaufenen Zahlungsrückstände anzurechnen, so dass zunächst sämtliche Rückstände auszugleichen wären, bevor die Tilgung aktueller Miet- oder Pachtforderungen erfolgte. Die in § 366 II BGB angeordnete Tilgungsreihenfolge entspricht dem mutmaßlichen Willen redlicher Vertragsparteien und gilt damit nur, soweit sich dem Parteiwillen nach keine uU auch stillschweigende **Tilgungsbestimmung iSv § 366 I BGB** entnehmen lässt oder die vermutete Tilgungsreihenfolge offensichtlich dem im konkreten Fall zu vermutenden vernünftigen Parteiwillen zuwiderläuft.[90] Zahlt der Schuldner bzw der starke vorläufige Insolvenzverwalter mit Verfügungsbefugnis im Eröffnungsverfahren an den Mieter oder Pächter, liegt dem regelmäßig eine konkludente Tilgungsbestimmung iSv § 366 I BGB zugrunde, wonach zuerst die aktuell fälligen Miet- und Pachtforderungen zu tilgen sind, um dem Schuldner den Gebrauch an der Sache zu erhalten und einen erneuten kündigungsbegründenden Zahlungsverzug abzuwenden.[91] Wird ausnahmsweise eine abweichende Tilgungsbestimmung ausdrücklich vereinbart, wonach zuerst eine An-

---

Gesamtanalogie zu § 55 in den Rang v Masseverbindlichkeiten erheben.

84 *Wegener* FK InsO[7] § 112 Rn 8.

85 Begr zu RegE § 126, BT-Drucks 12/2443 S 148.

86 Vgl *Eckert* MünchKomm InsO[3] § 112 Rn 34; Uhlenbruck/*Wegener* InsO[13] § 112 Rn 15.

87 BGH ZIP 2005, 1085 (1086 f): Hier hatte der starke vorläufige Verwalter eines gewerblichen Zwischenvermieters erklärt, die v den Mietern eingezogenen Mieten nicht mehr an den Hauptvermieter weiterzuleiten.

88 Vgl hierzu *Franken/Dahl* Mietverhältnisse[2] 3. Teil Rn 75; *Marotzke* HK InsO[6] § 112 Rn 8, die dies ebenfalls ablehnen.

89 *Krüger* MünchKomm BGB[6] § 266 Rn 6.

90 BGHZ 146, 37 (48); BGH NJW 1969, 1846 (1847).

91 Vgl LG Neubrandenburg WuM 2001, 551 (552); *Ahrendt* HambK InsO[4] § 112 Rn 11.

rechnung auf die Altschulden erfolgen soll, verstößt dies jedenfalls gegen den zwingenden Charakter der Kündigungssperre.[92]

40 Grds kann selbst der über die Insolvenzantragstellung in Kenntnis gesetzte Vermieter oder Verpächter die Entgegennahme von Miet- und Pachtzahlungen nicht mit der Begründung ablehnen, diese unterlägen der **Insolvenzanfechtung nach §§ 129 ff** und seien nach Verfahrenseröffnung vollumfänglich zurückzugewähren (§ 143 I), während der Anfechtungsgegner den Mietausfall für diese Zeit nur als Insolvenzgläubiger verlangen könne (§ 108 III). Dieser Einwand verfängt schon nicht, wenn ein starker vorläufiger Insolvenzverwalter bestellt wurde und dessen Handlungen nach § 55 II Masseverbindlichkeiten begründen, weil solche Rechtshandlungen wie diejenigen des (endgültigen) Insolvenzverwalters nicht nach §§ 129 ff angefochten werden können.[93] Hingegen unterliegen Zahlungen des Schuldners, die dieser mit Zustimmung eines vorläufigen schwachen Insolvenzverwalters vornimmt, grds der Insolvenzanfechtung,[94] sofern das Insolvenzgericht ihn nicht zur Vornahme einzelner Maßnahmen mit Wirkung für und gegen die Masse ermächtigt hatte.[95] Einzuschränken ist dieser Grundsatz nach der Rechtsprechung des BGH für den Fall, dass der schwache vorläufige Verwalter durch seine Zustimmung zu dem Geschäft bei dem Vertragspartner das Vertrauen auf eine anfechtungsfeste Leistungsbewirkung erweckt hat.[96] Konnte der Vertragspartner nach § 242 BGB somit **in schutzwürdiger Weise darauf vertrauen**, dass ihm die so gewährte Leistung nach Insolvenzeröffnung erhalten bleibt, ist die Anfechtung ausgeschlossen. Zwar hatte keine der einschlägigen Entscheidungen einen Miet- oder Pachtvertrag zum Gegenstand. Gleichwohl ist nicht ersichtlich, warum die dort angestellten Erwägungen – freilich dem grds Ausnahmecharakter dieser Beschränkung Rechnung tragend – nicht auch auf Miet- und Pachtverhältnisse zutreffen sollten.[97] Fehlen die Voraussetzungen dieser besonderen Anfechtungsbeschränkung, ist die Entrichtung von Miete oder Pacht in engem zeitlichen Zusammenhang mit der jeweiligen Nutzungsperiode regelmäßig als **Bargeschäft** (§ **142**) privilegiert und damit der Anfechtung entzogen.[98] An der von § 142 geforderten Gleichwertigkeit von Leistung und Gegenleistung fehlt es nicht schon, wenn die im Vertrag vereinbarte Miete nunmehr wegen des Absinkens der ortsüblichen Miete im Vergleich zu hoch bemessen ist und die Masse daher für ein vergleichbares Mietobjekt bei neuerlichem Vertragsabschluss nur eine geringere Miete aufbringen müsste.[99]

3. Rechtslage im eröffneten Verfahren

41 Die Verfahrenseröffnung hat zunächst keinen Einfluss auf die Kündigungssperre. Sie gilt für die gesamte Verfahrensdauer, so dass der Vertragspartner auch nach Insolvenzeröffnung an der Beendigung des Vertrags wegen Zahlungsverzugs vor Antragstellung

---

92 *Eckert* MünchKomm InsO³ § 112 Rn 34.

93 Hess/*Hess* InsO § 112 Rn 16; Jaeger/*Henckel* InsO § 129 Rn 36; *Sinz* Kölner Schrift³ S 403 Rn 8.

94 BGHZ 161, 315 (317 ff).

95 *Kayser* MünchKomm InsO³ § 129 Rn 44; *Kreft* HK InsO⁶ § 129 Rn 32.

96 BGHZ 161, 315 (319 ff); 165, 283 (286); in BGHZ 154, 190 (199) noch offen gelassen; hierzu **krit** Jaeger/*Henckel* InsO § 129 Rn 37 ff.

97 *Eckert* MünchKomm InsO³ § 112 Rn 36; Uhlenbruck/*Wegener* InsO¹³ § 112 Rn 14.

98 BGHZ 151, 353 (370); *Marotzke* HK InsO⁶ § 112 Rn 8; *Obermüller* Bankpraxis⁸ Rn 7.12; *Wegener* FK InsO⁷ § 112 Rn 7; **aA** *Franken/Dahl* Mietverhältnisse² 3. Teil Rn 78 ff, weil es regelmäßig an den Voraussetzung des § 142 fehle.

99 *Eckert* MünchKomm InsO³ § 112 Rn 35; **aA** Lindner-Figura/Opreé/Stellmann/*Hörndler* Geschäftsraummiete-Hb³ Kap 20 Rn 39.

nach Maßgabe des § 112 Nr 1 gehindert bleibt. Darüber hinaus ist der Vertragspartner nach Eröffnung des Insolvenzverfahrens generell an der Kündigung wegen Zahlungsverzugs aus der Zeit vor Verfahrenseröffnung gehindert, insb auch wenn die Nichterfüllung einer vorinsolvenzlichen Mietforderung auf einem Lastschriftwiderruf des Insolvenzverwalters beruht.[100] Denn Zahlungsrückstände aus dieser Zeit sind – abgesehen von § 55 II 2 – **nach § 108 III bloße Insolvenzforderungen.** Insolvenzforderungen kann der Vermieter nur nach den Vorschriften der InsO geltend machen (§ 87), indem er sie zur Tabelle anmeldet (§§ 174 ff). Dagegen taugen sie nicht zur Begründung einer Verzugskündigung. Denn trifft den Insolvenzverwalter keine Pflicht zur Begleichung der Rückstände, fehlt es schon an einem fälligen, durchsetzbaren Leistungsanspruch des Vermieters, deren Nichterfüllung Schuldnerverzug begründete (Rn 6).

Weder § 112 Nr 1 noch die Beschränkung des § 87 hindern aber eine Vermieterkündi- **42**
gung wegen nach Verfahrenseröffnung eintretenden Schuldnerverzugs. Im Hinblick auf einen möglichen Verzugseintritt nach Insolvenzeröffnung gilt es danach zu unterscheiden, ob der Vertrag dem Wahlrecht des Verwalters nach § 103 unterliegt – dies gilt insbesondere für Verträge über Mobilien oder Rechte – oder ob § 108 I den Fortbestand des Vertrags mit Wirkung für und gegen die Insolvenzmasse anordnet. Im letzten Fall sind die laufenden Miet- oder Pachtforderungen Masseverbindlichkeiten (§§ 108 I, 55 I Nr 2 Fall 2). Gerät der **Verwalter mit der Zahlung in Verzug**, kann der Vermieter oder Verpächter den Vertrag ungeachtet des § 112 Nr 1 nach § 543 II 1 Nr 3 BGB kündigen. Kommt demnach eine Kündigung erst einige Zeit nach Verfahrenseröffnung in Betracht, geht es zu weit, wenn vorgebracht wird, für den Verzugseintritt entgegen § 286 Abs 2 Nr 1 BGB eine zusätzliche Mahnung des Verwalters zu fordern, weil dieser sich kurz nach Verfahrenseröffnung noch kein abschließendes Bild von den Dauerschuldverbindlichkeiten des Schuldners machen konnte.[101] Der Prüfungsaufwand ist für den Verwalter gering und kann ihm durchaus in diesem Zeitraum zugemutet werden. Eine zusätzliche Überlegensfrist ist ihm von Gesetzes wegen nicht zugestanden.

Unterfällt der Vertrag hingegen § 103, gelten die gleichen Rechtsfolgen ab Erfüllungs- **43**
wahl des Verwalters (§§ 103 I, 55 I Nr 2 Fall 1). Hingegen kann der Vertragspartner im Falle der **Erfüllungsablehnung** die Mietsache herausverlangen, ohne dass es einer Kündigung bedarf, weil im Umkehrschluss zu § 103 I der Insolvenzverwalter sich nicht mehr auf den Mietvertrag als Recht zum Besitz berufen kann (§ 103 Rn 278 ff).[102] Einordnungsschwierigkeiten wirft die Schwebephase bis zur Wahl des Insolvenzverwalters auf, die teilweise über den Berichtstermin hinaus andauern kann. Namentlich das OLG Köln hat aus einem Umkehrschluss zu § 112 hergeleitet, dass auch in dieser Phase die Verzugskündigung greift, wenn der Insolvenzverwalter das Entgelt nicht erbringt.[103] Dem wird formal fraglos zutreffend entgegengehalten, dass für diesen Zeitraum Schuldnerverzug mit dem vertraglichen Entgelt mangels einer fälligen vertraglichen Zahlungspflicht ausgeschlossen ist.[104] Indes kann sich der Insolvenzverwalter später nur dann auf den Vertrag berufen wollen, wenn er Erfüllung wählt. Dann hätte er die Miete auch rückwirkend zu erbringen. Vor allem muss der Insolvenzverwalter die Miete analog § 546a BGB auch erbringen, wenn er die Erfüllung später ablehnt, solange er nur zuvor den Vertragsgegenstand für die Masse genutzt hat (§ 103 Rn 285). Man wird daher dem Insolvenzverwal-

---

100 Vgl *Cymutta* ZInsO 2008, 191 (196 f).
101 Kübler/Prütting/Bork/*Tintelnot* InsO[31] § 109 Rn 42.
102 BGH ZIP 2007, 778.
103 OLG Köln ZIP 2003, 543 (544); *Ahrendt* HambK InsO[4] § 112 Rn 10; *Marotzke* HK InsO[6] § 112 Rn 9 m Fn 23.
104 *Eckert* NZM 2007, 829 (830); Uhlenbruck/*Wegener* InsO[13] § 112 Rn 17.

ter mit dem OLG Köln das formale Argument, dass die Forderung nicht durchsetzbar sei, dann nicht zugestehen dürfen, wenn dieser selbst den Vertragsgegenstand nutzt und zur Erklärung über das Wahlrecht vom Vertragspartner aufgefordert wurde.

V. Vermögensverschlechterung (Nr 2)

44 § 112 Nr 2 schließt eine Kündigung des Vertrags wegen einer Vermögensverschlechterung auf Seiten des Schuldners ab dem Zeitpunkt der Beantragung des Insolvenzverfahrens aus. Im Unterschied zur Nr 2 enthält Nr 1 einen **absoluten Kündigungsausschluss**. Die Kündigung aus den erfassten Gründen ist ab Antragstellung ausgeschlossen, gleich wie sich die Masse nach Antragstellung weiterentwickelt (während Nr 1 nur die Kündigung wegen Verzugs vor Verfahrensantrag verbietet, wegen Verzugs nach Verfahrensantrag zulässt).[105] Ferner bezieht sich die Sperre in Nr 2 anders als diejenige in Nr 1 nicht auf ein gesetzlich normiertes Kündigungsrecht, sondern hat in erster Linie **vertragliche Abreden** im Blick. Daher sind solche Klauseln unabhängig von § 112 Nr 2 am Zivilrecht zu messen (§ 119 Rn 30 ff). So können sog „Kreditwürdigkeitsklauseln"[106], sofern sie in AGB vereinbart worden sind, nach §§ 307, 310 I 2 BGB unwirksam sein. Für die Wohnraummiete schließt § 569 V 2 BGB eine vertragliche Abrede, die die Kündigung aus anderen als den im Gesetz genannten Gründen erlaubt, von vornherein ausdrücklich aus.

1. Gesperrte Klauseln

45 Die Sperre in Nr 2 erfasst Regelungen, die dem Vertragspartner bei Vermögensverfall des Schuldners die Beendigung des Vertrags gestatten. Hierzu zählen insbesondere solche Abreden, die die Auflösung des Vertrags für den Fall der (erfolglosen) Zwangsvollstreckung in das Vermögen des Mieters oder Pächters bestimmen oder an das Vorliegen eines Insolvenzgrundes iSv §§ 17 ff, an die Beantragung des Insolvenzverfahrens oder an die Verfahrenseröffnung selbst[107] als **Indiz für die Vermögensverschlechterung** anknüpfen.[108] Auch wenn die Sperre von Klauseln, die unmittelbarer die Aufhebung von Verträgen anordnen, ohne dass es noch einer Gestaltungserklärung bedarf, nicht dem Wortlaut („Kündigung") von § 112 entspricht, hindert § 112 Nr 2 die Wirkung solcher Klauseln erst recht.[109]

46 Eine „Verschlechterung" setzt allerdings begriffsnotwendig voraus, dass diese nach Abschluss des Miet- oder Pachtvertrags eingetreten ist. Dies bestätigt ein Vergleich mit § 321 BGB, dem § 112 Nr 2 ähnelt.[110] Schon deshalb steht § 112 Nr 2 einer Anfechtung des Vertrags nach § 123 BGB durch den Vermieter oder Verpächter nicht entgegen, wenn der Schuldner ihn über seine Vermögensverhältnisse getäuscht hat und er deshalb beim Vertragsschluss einer Fehlvorstellung unterlag.[111] Der eindeutige Wortlaut erlaubt es hin-

---

105 *Ahrendt* HambK InsO[4] § 112 Rn 12; Uhlenbruck/*Wegener* InsO[13] § 112 Rn 13.

106 Vgl *Eckert* MünchKomm InsO[3] § 112 Rn 28.

107 BGH ZIP 2011, 1063 Rn 15.

108 Vgl *Marotzke* HK InsO[6] § 112 Rn 20.

109 Braun/*Kroth* InsO[5] § 112 Rn 8; Kübler/Prütting/Bork/*Tintelnot* InsO[10] § 112 Rn 13; Lindner-Figura/Oprée/Stellmann/*Hörndler* Geschäftsraummiete-Hb[3] Kap 20 Rn 11; Nerlich/Römermann/*Balthasar* InsO[3] § 112 Rn 15.

110 *Wegener* FK InsO[7] § 112 Rn 11.

111 *Ahrendt* HambK InsO[4] § 112 Rn 12; Uhlenbruck/*Wegener* InsO[13] § 112 Rn 13; m der Schutzwürdigkeit des Getäuschten argumentierend *Eckert* MünchKomm InsO[3] § 112 Rn 27.

gegen nicht, § 112 Nr 2 analog auch auf solche Kündigungsmöglichkeiten anzuwenden, die – wie insb § 313 III 2 BGB für die **Störung der Geschäftsgrundlage** – nicht an eine Verschlechterung, sondern an das unzureichende Vermögen des Schuldners im Zeitpunkt des Vertragsschlusses anknüpfen.[112]

2. Grenzen der Sperre

Der offene Wortlaut des § 112 Nr 2 sowie die fehlende Verknüpfung mit einem gesetzlichen Kündigungsrecht legen eine **weite Auslegung der Norm** nahe. So soll die Beendigung des Vertrags auch dann nach § 112 Nr 2 gesperrt sein, wenn sie aus Gründen geschieht, die nur mittelbar auf eine Vermögensverschlechterung auf Seiten des Schuldners rückführbar sind. Hierbei gilt es jedoch, die vom BGH geprägte Unterscheidung zwischen insolvenzabhängigen und insolvenzunabhängigen Lösungsklauseln zu berücksichtigen (§ 119 Rn 13 ff). In Übereinstimmung damit ist Zurückhaltung geboten, wenn ein Kündigungsgrund weitergehende Interessen des Vertragspartners schützt. Diese **restriktive Sicht** ist auch deswegen geboten, weil der Kündigungsausschluss ab Verfahrensantrag starr ausgestaltet ist und auch eine Kündigung wegen erst nach Verfahrensantrag eintretender Tatsachen hindert (Rn 44). **47**

Dementsprechend lässt sich eine unzulässige Kündigung wegen Vermögensverfalls noch bejahen, wenn der Schuldner sich zwar nicht mit der Miete oder Pacht, aber mit sonstigen Zahlungen in nicht unerheblichem Zahlungsrückstand befindet.[113] Eindeutig zu weit geht es hingegen, dem Vermieter oder Verpächter die Kündigung zu untersagen, wenn der Schuldner die Sache vertragswidrig zur Absicherung eines Kredits einsetzt.[114] Gleiches gilt, wenn der Mieter oder Pächter dem Vertragspartner Vollstreckungszugriffe in die von ihm überlassene Sache verheimlicht. Zwar mag sich die Zwangsvollstreckung als typisches Indiz für den Vermögensverfall darstellen. In diesen Fällen ist jedoch nicht ausgeschlossen, dass die Kündigung in erster Linie auf dem Vertrauensbruch zwischen den Vertragsparteien, der mit der Nichtoffenbarung der Vollstreckungsversuche einhergeht, und nicht vorrangig auf der Vermögensverschlechterung beruht.[115] Auch für den Fall, dass der Schuldner einer vertraglich übernommenen Betriebspflicht nicht nachkommt oder von einer Lizenz keinen Gebrauch macht, ist eine pauschale Rückführung auf den Vermögensverfall des Schuldners nicht angezeigt.[116] Vielmehr hat im Einzelfall eine Gesamtwürdigung der Interessen den Ausschlag zu geben. In den genannten Fällen steht den von § 112 geschützten Belangen (Rn 3) insb das Interesse des Vermieter, Verpächters oder Lizenzgebers[117] daran entgegen, dass das Miet- oder Pachtobjekt oder die Lizenz ihren Wert behält, den sie gerade aus ihrer Verwendung schöpft, was die Vereinbarung einer Betriebspflicht belegen kann.[118] **48**

---

[112] **AA** Braun/*Kroth* InsO^5 § 112 Rn 10 f; *Marotzke* KTS 2002, 1 (13 ff); *ders* HK InsO^6 § 112 Rn 19.

[113] *Eckert* MünchKomm InsO^3 § 112 Rn 29.

[114] *Schwemer* ZMR 2000, 348 (351); **aA** *Eckert* MünchKomm InsO^3 § 112 Rn 29.

[115] **AA** *Eckert* MünchKomm InsO^3 § 112 Rn 29.

[116] Vgl Lindner-Figura/Oprée/Stellmann/*Hörndler* Geschäftsraummiete-Hb^3 Kap 20 Rn 8.

[117] Vgl z Lizenz *Cepl* NZI 2000, 357 (361), der den Lizenzgeber stets ein Kündigungsrecht gem § 242 BGB zugestehen will.

[118] Pauschal für den Vorrang des § 112 Nr 2 *Eckert* MünchKomm InsO^3 § 112 Rn 30; *Wegener* FK InsO^7 § 112 Rn 16.

VI. Wirkung der Kündigungssperre

49 Eine entgegen § 112 erklärte Kündigung verstößt gegen ein gesetzliches Verbot und ist nach § 134 BGB unwirksam.[119] Die Kündigungssperre des § 112 ist im Sinne einer **Ausübungssperre** zu verstehen.[120] Sie bewirkt nicht etwa den Untergang eines aus den von § 112 erfassten Gründen einmal begründeten Kündigungsrechts des Vermieters und Verpächters, sondern verbietet diesem lediglich die Ausübung für die Dauer des Insolvenzverfahrens.

1. Kündigungszeitpunkt nach Antragstellung

50 Die Wirkungen der Kündigungssperre treten **ab Beantragung des Insolvenzverfahrens** ein. Von ihr werden solche Kündigungen erfasst, die erst nach diesem Zeitpunkt wirksam werden. Für die Wirksamkeit der Kündigung als einseitige, empfangsbedürftige Willenserklärung ist auf den Zeitpunkt des Zugangs der Erklärung beim Mieter oder Pächter abzustellen, § 130 BGB.[121] Lagen zwar sämtliche Kündigungsvoraussetzungen schon vor Antragstellung vor, ist eine erst nach diesem Zeitpunkt mit Zugang der Kündigungserklärung wirksam werdende Kündigung gleichwohl unwirksam. Gleiches gilt für eine unter einer zulässigen Bedingung[122] – etwa die Begleichung des Mietrückstands zu einem bestimmten Termin – aufschiebend bedingt erklärte Kündigung, die vor Antragseingang beim Insolvenzgericht erklärt wird, wenn diese mit Bedingungseintritt erst nach diesem Zeitpunkt wirksam wird.[123] Eine vor Antragstellung wirksam erklärte Kündigung wird durch die Kündigungssperre hingegen nicht mehr berührt und bleibt wirksam, auch wenn die Kündigungsfrist oder vertragliche eingeräumte Schonfrist erst während des Eröffnungsverfahrens oder nach Verfahrenseröffnung abläuft.[124]

51 Eine **Begleichung der ausstehenden Mietrückstände** durch den Insolvenzverwalter des Wohnraummieters kann nur nach Maßgabe von § 569 III Nr 2 BGB die nachträgliche Unwirksamkeit der Kündigung bewirken. Hierzu ist es erforderlich, dass der Verwalter die noch ausstehenden Mieten vollumfänglich leistet, obwohl der Vermieter im Umfang der vor Insolvenzeröffnung fällig werdenden Mieten nur Insolvenzgläubiger wäre.[125] Im Übrigen haben Nachzahlungen des Verwalters keinen Einfluss mehr auf eine wirksame Kündigung.

2. Vertragsbeendigung jeglicher Art wegen Nr 1 oder Nr 2

52 Über den Wortlaut hinaus hindert § 112 nicht nur die Kündigung des Vertrags, sondern sämtliche vertraglichen oder gesetzlichen Beendigungsmöglichkeiten des Vermieters oder Verpächters, sofern sie nur auf einem der in § 112 ausgeschlossenen Beendigungsgründe beruhen. Insb sind von der Norm auch solche vertraglichen Vereinbarungen erfasst, die zum **automatischen Erlöschen des Vertrags** ohne eine Gestaltungserklärung

---

119 *Wegener* FK InsO[7] § 112 Rn 13.

120 Uhlenbruck/*Wegener* InsO[13] § 112 Rn 7.

121 OLG Düsseldorf ZIP 2009, 977.

122 Trotz grundsätzlicher Bedingungsfeindlichkeit der Kündigung sind solche Bedingungen zulässig, die allein v Willen des Kündigungsempfängers abhängen (sog Potestativbedingungen), oder solche, denen der Kündigungsempfänger zugestimmt hat; vgl KG Berlin GE 2003, 740.

123 KG Berlin GE 2003, 740; *Eckert* MünchKomm InsO[3] § 112 Rn 18.

124 Braun/*Kroth* InsO[5] § 112 Rn 6; *Eckert* ZIP 1996, 897 (898); *Wegener* FK InsO[7] § 112 Rn 12.

125 *Eckert* MünchKomm InsO[3] § 112 Rn 20.

führen.[126] Das Recht zur Vertragsbeendigung aus anderen Gründen, als sie § 112 erfasst, bleibt hingegen unberührt.[127] Insb wird die **Anfechtung des Vertrags (§§ 119 ff BGB)** nicht gesperrt, die die Nichtigkeit des Vertrags (§ 142 BGB) ex tunc bewirkt und zur Rückabwicklung (§§ 812 ff BGB) führt. Ein Anfechtungsgrund kann im Hinblick auf § 123 BGB auch auf der Vorspiegelung falscher Vermögensverhältnisse sowie einem Irrtum des Vertragspartners über die Kreditwürdigkeit des Mieters oder Pächters als verkehrswesentliche Eigenschaft iSv § 119 II BGB beruhen. § 112 Nr 2 steht dem schon deshalb nicht entgegen, weil hiervon nur nachvertragliche Vermögensverschlechterungen auf Seiten des Schuldners erfasst werden (Rn 46).[128]

Den Anwendungsbereich von § 112 – wie von *Bruns* vorgeschlagen –[129] auf **gesetzliche Beendigungsmöglichkeiten** zu beschränken, würde den Schutz der Kündigungssperre der Parteidisposition unterstellen und ihn damit weitgehend leerlaufen lassen. Die Kündigungssperre setzt sich daher auch gegenüber vertraglich vereinbarten Auflösungsrechten durch,[130] zumal auch das Gesetz keine Anhaltspunkte für eine entsprechende Differenzierung erkennen lässt. Hierfür spricht außerdem, dass § 112 Nr 2 die Kündigung wegen Vermögensverschlechterung auf Seiten des Schuldners verbietet. Da das Gesetz den Kündigungsgrund der Vermögensverschlechterung nicht kennt, kann sich dieses Verbot nur auf vereinbarte Kündigungsverbote beziehen. **53**

3. Mietermehrheit

Die Einheitlichkeit eines Mietverhältnisses bedingt, dass ein Mietvertrag nur gegenüber allen Mietern gekündigt werden kann, wie es § 351 für den Rücktritt ausdrücklich ausspricht (§ 109 Rn 43, 96). Daher darf der Vermieter von einem (vertraglichen) Kündigungsgrund nur dann Gebrauch machen, wenn dessen **Voraussetzungen alle Mieter erfüllen**. Dementsprechend rechtfertigt die nur in einer Person gegebene Vermögensverschlechterung eine Kündigung des Mietverhältnisses ungeachtet des § 112 schon deswegen nicht, weil dieser Grund keine Kündigung gegenüber dem wirtschaftlich gesunden Vertragspartner legitimiert. Zum Rücktritt wegen Insolvenzeröffnung über das Vermögen eines Mieters vor Überlassung des Vertragsgegenstands s § 109 Rn 97. **54**

Die Voraussetzungen der von § 112 Nr 1 erfassten Kündigung wegen Zahlungsverzugs liegen regelmäßig gegenüber allen Mietern vor. Wird dann der Antrag gestellt, über das Vermögen eines Mieters das Insolvenzverfahren zu eröffnen, entfällt die Möglichkeit der Kündigung im Hinblick auf diesen Mieter. Wegen des Erfordernisses der einheitlichen Kündigung wird dadurch die **Kündigung insgesamt ausgeschlossen.**[131] Eine Kündigung wegen Zahlungsverzugs setzt dann vielmehr voraus, dass nach Insolvenzantrag (neuer) Zahlungsverzug eintritt. Der Vermieter ist freilich nicht gehindert, gegen den nicht insolventen Mieter die Zahlungsansprüche durchzusetzen. **55**

Eckert schlägt vor, von der Kündigungssperre abzusehen, wenn der insolvente Mitmieter die Mietsache überhaupt nicht nutzt.[132] Dafür spricht der Normzweck, dem Schuldner die zur Unternehmensfortführung erforderlichen Gegenstände zu erhalten (Rn 3). **56**

---

126 Nerlich/Römermann/*Balthasar* InsO³ § 112 Rn 15.
127 Nerlich/Römermann/*Balthasar* InsO³ § 112 Rn 17.
128 M **anderer** Begr („zu weitgehend") *Eckert* MünchKomm InsO³ § 112 Rn 27; Uhlenbruck/*Wegener* InsO¹³ § 112 Rn 13.
129 *Bruns* ZZP 110 (1997), 305 (325 f).
130 Eing *Prütting* FS Gerhardt (2004) S 761 (764 ff).
131 OLG Düsseldorf OLGR 2009, 265 für den Leasingvertrag; LG Neubrandenburg WuM 2001, 551 (552); AG Köln NZI 2010, 306.
132 *Eckert* MünchKomm InsO³ § 112 Rn 26.

Für das von *Eckert* gebildete Beispiel, dass der insolvente Ehepartner die ehemalige Ehewohnung bereits verlassen hat, fehlt es tatsächlich an der Legitimation für die Kündigungssperre. Jedoch ergeben sich gerade in der Unternehmensinsolvenz vielfach mittelbare Vorteile. Die **Nutzung durch ein Konzernunternehmen** mag beispielsweise dem nicht unmittelbar nutzenden anderen Konzernunternehmen durchaus nützlich sein. Angesichts der so drohenden Abgrenzungsschwierigkeiten ist daher von einer teleologischen Reduktion abzusehen.

4. Dauer der Kündigungssperre

57 Die Sperrwirkung endet mit Abschluss des Eröffnungsverfahrens durch Abweisung der Verfahrenseröffnung mangels Masse (§ 26) oder Rücknahme des Eröffnungsantrags (§ 13 II). Die Kündigungssperre besteht hingegen im eröffneten Verfahren fort und endet erst mit **Aufhebung des Verfahrens (§ 200).** Endet die Kündigungssperre kann der Vermieter oder Verpächter sein vor Insolvenzantrag begründetes Kündigungsrecht grundsätzlich wieder ausüben. Hat der Schuldner allerdings währenddessen die verzugsbegründenden Mietrückstände ausgeglichen, entfällt der Kündigungsgrund des Zahlungsverzugs nach § 543 II 2 BGB. Eine entsprechende Neubewertung wird man gleichfalls für die Beendigung des Vertrags wegen einer Verschlechterung der Vermögenslage anzunehmen haben. Ist eine solche im Vergleich zur Situation bei Vertragsschluss nach Abschluss des Insolvenzverfahrens nicht mehr zu besorgen, kann der Vermieter oder Verpächter aus diesem Grund den Vertrag ebenfalls nicht mehr beenden. Im Übrigen führt die zwischenzeitliche Durchführung des Insolvenzverfahrens nicht zum Erlöschen dieser Rechte, sondern hemmt nur deren Ausübung für die Dauer und Zwecke des Verfahrens. Gleichwohl bleibt eine während der Sperrdauer erklärte Kündigung unwirksam und lebt nach Wegfall der Kündigungssperre nicht wieder auf, auch wenn es nicht zur Verfahrenseröffnung kommt.[133] Unzulässig ist auch eine Kündigung, die unter der aufschiebenden Bedingung der Beendigung der Kündigungssperre für diesen Zeitpunkt erklärt wird. Dies widerspricht der Bedingungsfeindlichkeit der Kündigung als Gestaltungsrecht.[134]

58 Diese Grundsätze gelten im Ausgangspunkt auch, wenn sich an die Aufhebung des Insolvenzverfahrens ein **Restschuldbefreiungsverfahren (§§ 286 ff)** anschließt, der Insolvenzverwalter die **Enthaftung** der Masse für die Privatwohnung des Schuldners nach § 109 I 2 erklärt (§ 109 Rn 49 ff) oder der Insolvenzverwalter das betroffene Vertragsverhältnis im Zusammenhang mit einer selbständigen gewerblichen Tätigkeit des Schuldners durch „Negativerklärung" **nach § 35 II „freigibt"** (Vor § 103 Rn 62). Besonderheiten ergeben sich hier aber aus dem Charakter der rückständigen Miete als Insolvenzforderung (Rn 6). Im Restschuldbefreiungsverfahren verbietet § 294 II dem Schuldner, rückständige Miete im Range von Insolvenzforderungen zu begleichen. Hier[135], aber auch in allen anderen Fällen[136] kann der Vermieter auf Insolvenzforderungen, die er zur Insolvenztabelle anzumelden hatte und wegen derer er (nur) quotenmäßig befriedigt wird, ein Kündigungsrecht aus Verzug nicht stützen.

---

133 OLG Düsseldorf ZMR 2009, 600.

134 *Ahrendt* HambK InsO^4 § 112 Rn 13; *Eckert* MünchKomm InsO^3 § 112 Rn 31.

135 Zum Restschuldbefreiungsverfahren LG Neubrandenburg WuM 2001, 551 (552); **aA** *Grote* ZInsO 2009, 9 (12).

136 Z Enthaftungserklärung nach § 109 I 2.

Vor § 113

Materialien: BT-Drucks 12/2443, BT-Drucks 14/7760, BT-Drucks 14/8128 , BR-Drucks 831/1/01

Literatur

Abele Anfechtung von Entgeltzahlungen durch den Insolvenzverwalter, FA 2009, 133; *ders* Anfechtung von Entgeltzahlungen durch den Insolvenzverwalter, FA 2012, 38; *Adam* Insolvenzrecht und Grundgesetz, DZWIR 2009, 441; *Annuß* Der Betriebsübergang in der Insolvenz – § 613a BGB als Sanierungshindernis? ZInsO 2001, 49; *ders/Stamer* Die Kündigung des Betriebsveräußerers auf Erwerberkonzept, NZA 2003, 1247; *Berkowsky* Der arbeitsrechtliche Zeugnisanspruch in der Insolvenz NZI 2008, 224; *ders* Aktuelle arbeitsrechtliche Fragen in Krise und Insolvenz, NZI 2011, 360; *Berscheid* Beteiligung des Betriebsrats im Eröffnungsverfahren, nach Verfahrenseröffnung und im Insolvenzplanverfahren, ZInsO 1999, 27; *Besgen/Velten* Der Rücktritt vom Aufhebungsvertrag in der Insolvenz, NZA-RR 2010, 561; *Bichlmeier/Wroblewski*, Das Insolvenzhandbuch für die Praxis (3. Aufl 2010); *Bitter* Nicht fällige, bedingte und betragsmäßig unbestimmte Forderungen in der Insolvenz, NZI 2000, 399; *Boemke/Tietze* Insolvenzarbeitsrecht und Sozialplan, DB 1999, 1389; *Bork* Die Insolvenzanfechtung von Lohnzahlungen ZIP 2007, 2337; *Bräuer* Ausschluss der Insolvenzanfechtung durch § 28 Abs 1 Satz 2 SGB IV nF? ZInsO 2008, 169; *Brecht-Heitzmann* Verfassungsrechtliche Neubewertung zweistufiger Ausschlussfristen, DB 2011, 1523; *Cisch/Ulbrich* Flexi-Gesetz II: Licht und Schatten, BB 2009, 550; *Cranshaw* jurisPR-InsR 11/2011 Anmerkung 2; *Froehner* Zur Anwendbarkeit tarifvertragsrechtlicher Ausschlussfristen auf Insolvenzanfechtungsansprüche, NZI 2012, 833; *Fuhlrott* Zwischengeschaltete Transfergesellschaften zur Vermeidung von Betriebsübergängen, NZA 2012, 549; *Gaul* Das Arbeitsrecht der Betriebs- und Unternehmensspaltung (2002); *ders/Bonanni/Naumann* Betriebsübergang: Neues zur betriebsbedingten Kündigung aufgrund Erwerbskonzepts, DB 2003, 1902; *Gaul/Otto* Unterrichtungsanspruch und Widerspruchsrecht bei Betriebsübergang und Umwandlung, DB 2002, 634; *Gaul/Kliemt* Aktuelle Aspekte einer Zusammenarbeit mit Beschäftigungsgesellschaften, NZA 2000, 674; *Gerhardt* Die Kündigung von Arbeitsverhältnissen durch den vorläufigen Insolvenzverwalter, in Gedächtnisschrift für Meinhard Heinze, 2005, S 221; *Giesen* Die Unterrichtung über den Betriebsübergang nach § 613a Abs 5 BGB in: Ingrid Schmidt (Hrsg) Jahrbuch des Arbeitsrechts, Bd 46 2009, 41; *ders* Kündigung eines deutschem Recht unterliegenden Arbeitsverhältnisses durch nach englischem Insolvenzrecht ernannten „Administrator“ EuZA 2013, 350; *ders* Unfallregress nach Spätfolgen, NJW 2012, 3609; *ders* Streit ums Beschäftigungsverhältnis, SGb 2012, 305–311; *ders* Die Vorgaben des EG-Vertrages für das Internationale Sozialrecht (1999); *ders* Die Auslegung von Bezugnahmeklauseln im Konflikt um Tarifanwendung und Tarifvermeidung, ZfA 2010, 657; *ders* Diskriminierender Ausschluss einer Entlassungsabfindung wegen Anspruchs auf vorgezogene Altersrente EuZA 2011, 383; *ders* Gleichbehandlung von Ein- und Ausstrahlung im Internationalen Sozialversicherungsrecht des SGB IV? – die BSG-Rechtsprechung zu §§ 4 und 5 SGB IV, VSSR 2008, 327; *Girotto* Anmerkung zu BAG 19.1.2006 – 6 AZR 529/04, ZIP 2006, 1366, SAE 2007, 80; *Göpfert/Müller* Englisches Administrationsverfahren und deutsches Insolvenzarbeitsrecht, NZA 2009, 1057; *Große-Vorholt* Wirtschaftsstrafrecht (2. Aufl 2007); *Hamberger* Der Betriebsrat im Insolvenzverfahren (2010); *Hamm* Unternehmen in der Insolvenz, AiB 2009, 441; *Hanau* Perversion und Prävention bei § 613a BGB, ZIP 1998, 1817; *Hanau/Berscheid* Kölner Schrift zur Insolvenzordnung (2. Aufl 2000); *Hanau/Veit* Neues Gesetz zur Verbesserung der Rahmenbedingungen für die Absicherung flexibler Arbeitszeitregelungen und zur Änderung anderer Gesetze, NJW 2009, 182; *Hase* Vorfinanzierung von Ansprüchen auf Arbeitsentgelt, Gewährung von Insolvenzgeld an den Vorfinanzierenden und materielle Reichweite der Insolvenzausfallversicherung, WM 2000, 2231; *Häsemeyer* Die Systemwidrigkeit der insolvenzrechtlichen Sozialplanregelung (§§ 123, 124 InsO) und ihre Folgen, ZIP 2003, 229; *von der Heydt* Vermögenszuweisungsfiktion des § 28 Abs 1 Satz 2 SGB IV nF, Gläubigerbenachteiligung und Insolvenzanfechtung, ZInsO 2008, 178; *Hinrichs* Sanierungsmodell mit neuen Hindernissen? Beschäftigungs- und Qualifizierungsgesellschaften im Lichte der jüngsten arbeitsgerichtlichen Rechtsprechung, ZInsO 2012, 949; *Hofmann* Rechtsmissbrauch und Verwirkung bei Widerspruch gegen den Übergang des Arbeitsverhältnisses nach § 613a BGB (2013); *Hohenstatt/Grau* Arbeitnehmerunterrichtung beim Betriebsübergang, NZA 2007, 13; *Huber* Insolvenzanfechtung, rückständige Lohnzahlungen, Bargeschäft, Kenntnis von Zahlungsunfähigkeit, EWiR 2011, 817; *ders* Insolvenzanfechtung rückständiger Lohnzahlungen an Arbeitnehmer, NJW 2009 1928; *Jacobs/Doebert* Die Insolvenzanfechtung von Lohnzahlungen in der Rechtsprechung des BAG, ZInsO 2012, 618; *Jacobsen* Flexi II: Neue gesetzliche Rahmenbedingungen für Langzeit- und Lebensarbeitszeitkonten, ZTR 2009, 115; *Kania* Arbeitsrecht in Konkurs und Insolvenz, DStR 1996, 832; *Kasten* Die deutsche Insolvenzgeldversicherung und EG-Recht (2003); *Klüter* Die kollektive Vorfinanzierung von Arbeitsentgeltansprüchen in der Insolvenz des Arbeitgebers (Insolvenzgeldvorfinanzierung), WM 2010, 1483; *Kokott* Anmerkung zu EuGH 10.3.2011, Rs C-477/09 (De fossez), EuZA 2012, 78; *Kowalski* Der Transfersozialplan in der Insolvenz – Beschäftigungswirksame Sozialpläne in der Durchführung eines Insolvenzverfahrens, KTS 2002, 261; *Krieger/Fischinger* Umstrukturierung mit Hilfe von Beschäftigungs- und Qualifizierungsgesellschaften, NJW 2007, 2289; *Lakies* Insolvenz und Betriebsänderung BB 1999 206; *Laws* Die insolvenzrechtliche Anfechtung von Lohnzahlungen, ZInsO 2009, 1465; *Lembke* Besonderheiten beim Betriebsübergang in der Insolvenz, BB 2007, 1333; *Lipinski* Reichweite der Kündigungskontrolle durch § 613a IV 1 BGB, NZA 2002, 75; *Meyer* Grenzen des Einsatzes einer Beschäftigungs- und Qualifizierungsgesellschaft beim Betriebsübergang, SAE 2012, 89; *Moll* Betriebsübergang in der Insolvenz, KTS 2002, 635; *Nägele/Gertler* Tarifliche Ausschlussfristen auf dem Prüfstand des Verfassungsrechts, NZA 2011, 442; *Obermüller/Kuder* Insolvenzrecht in der Bankpraxis (8. Aufl 2011); *Oetker/Friese* Der Sozialplan in der Insolvenz, DZWIR 2001, 265; *Pieper* Lohn- und Gehaltszahlungen in der Insolvenz des Arbeitgebers, ZInsO 2011, 1165; *Pils* Umgehung von § BGB § 613a BGB durch Einsatz einer Transfergesellschaft – Erneuter Prüfstand der Transfergesellschaft?, NZA 2013, 125; *Plagemann* Anmerkung zum Urteil des BAG vom 8.12.2010, Az. 5 AZR 95/10 – Zur Auslegung des § 1a AEntG F: 1998-12-19, EWiR 2011, 361; *Plössner* Der (Teil-)Betriebsübergang im Insolvenzverfahren nach der neueren nationalen wie gemeinschaftsrechtlichen Rechtsprechung, NZI 2003, 401; *Praß/Sämisch* Transfergesellschaften in der Insolvenzpraxis – Begrenzung eines sozialrechtlichen Instruments auf eine arbeitsrechtliche Problematik?, ZInsO 2004, 1284; *Reinecke* Betriebsrentenrechtliche Anwartschaften in der Insolvenz des Arbeitgebers, DB 2011, 995; *Rieble* Widerspruch nach § 613a VI BGB – die (ungeregelte) Rechtsfolge, NZA 2004, 1; *Rolfs* BSG v 17.4.2007 Urteil mit Anmerkung, Altersteilzeit, Störfall, SGb 2008, 300; *ders/Witschen* Neue Regeln für Wertguthaben, NZS 2009, 295; *Rößler* Anforderungen an die Insolvenzfestigkeit eines Contractual Trust Arrangement, DB 2013, 1607; *Schlegel* Neuregelungen bei Wertguthaben zur Sicherung flexibler Arbeitszeitgestaltung, jurisPR-SozR 3/2009 Anm 4; *Schubert* Der Wiedereinstellungsanspruch des Arbeitnehmers nach betriebsbedingter Kündigung in der Insolvenz, ZIP 2002, 554; *Schumacher-Mohr* Zulässigkeit einer betriebsbedingten Kündigung durch den Veräußerer bei Betriebsübergang, NZA 2004, 629; *Schwörer*, Lösungsklauseln für den Insolvenzfall (2000); *Stiller* Der Abfindungsanspruch nach § 1a I KSchG in der Insolvenz des Arbeitgebers, NZI 2005, 77; *Stiller* Das Ende von § 28 I 2 SGB IV bei der Insolvenzanfechtung von Arbeitnehmeranteilen am Gesamtsozialversicherungsbeitrag, NZI 2010, 250; *Streinz* Rechtsprechungsübersicht Begriff der Beihilfe – Nachlaß bei Sozialversicherungsbeiträgen, JuS 2000, 390; *Temming* Zur Unterbrechung eines Kündigungsschutzprozesses während des U.S.-amerikanischen Reorganisationsverfahrens nach Chapter 11 Bankruptcy Code, IPRax 2009, 327; *Uhlenbruck* Arbeitsrechtliche Probleme im Insolvenzeröffnungsverfahren, in: Bauer/Boewer (Hrsg) Festschrift für Peter Schwerdtner zum 65. Geburtstag (2003); *Ulber* Arbeitnehmerentsendegesetz Kommentar (2009); *Ulbrich/Rihn* Zeitwertkonten nach Flexi II: Ansichten der Sozialversicherungsträger, DB 2009, 146; *Vollrath* Insolvenzanfechtung von Lohnzahlungen, ZInsO 2011, 1665; *Wagner/Bronny* Insolvenzverschleppungshaftung des Geschäftsführers für Insolvenzgeld ZInsO 2009, 622; *Walker* Rechtswegzuständigkeit für Insolvenzanfechtungsklagen gegen Arbeitnehmer auf Vergütungsrückzahlung, in: Baeck/Hauck/Preis/Rieble/Röder/Schunder (Hrsg) Festschrift für Jobst-Hubertus Bauer zum 65. Geburtstag (2010); *ders/Kürth* Anmerkung zu BAG 28.6.2012 – 6 AZR 682/10, AP InsO § 125 Nr 9; *Warrikoff* Die Stellung der Arbeitnehmer nach der neuen Insolvenzordnung, BB 1994, 2338; *Weber* Anmerkung zu BAG 24.1.1964 – 5 AZR 258/63, AP KO § 30 Nr 1; *Wegener* Anfechtung und Lohnzahlungen, NZI 2009, 225; *Wellensiek* Probleme bei der Betriebsveräußerung aus der Insolvenz, NZI 2005, 603; *Wiezer* Insolvenzsicherung von Arbeitszeitkonten (2004); *Willemsen/Lembke* Die Neuregelung von Unterrichtung und Widerspruchsrecht der Arbeitnehmer beim Betriebsübergang, NJW 2002, 1159; *Windel* Rechtsweg – Klage des Insolvenzverwalters gegen einen Arbeitnehmer des Schuldners auf Rückgewähr verdienten Arbeitsentgelts nach § 143 Abs 1 InsO, AP Nr 14 zu § 2

ArbGG 1979 Zuständigkeitsprüfung; *Zwanziger* BB-Rechtsprechungsreport zur Rechtsprechung des BAG in Insolenzsachen in den Jahren 2009 und 2010, BB 2011, 1205; *ders* Durch Zahlung von Insolvenzgeld auf die BfA übergegangene Ansprüche als Insolvenzforderung (Anmerkung zur Entscheidung des LArbG Hamm vom 10.1.2000, 19 Sa 1638/99), ZIP 2000, 595.

Übersicht

I. Der Dienstvertrag – insbesondere Arbeitsvertrag – im Insolvenzeröffnungsverfahren

1. Fortbestand des Dienstvertrags im Insolvenzeröffnungsverfahren

1 Solange das Insolvenzverfahren lediglich beantragt, aber noch nicht eröffnet ist, **bleiben Dienstverträge, insbesondere Arbeitsverträge, unverändert bestehen.** Die §§ 103 ff gelten nicht; somit greifen auch die besonderen Hilfestellungen und Modifizierungen bei der Beendigung von Dienstverträgen, wie sie aus §§ 113, 120–128 folgen, im Eröffnungsverfahren noch nicht.[1] Diese Vorschriften kommen erst ab Verfahrenseröffnung zur Anwendung. Damit sind Dienstverpflichtete – insbesondere Arbeitnehmer – unverändert weiter zur Dienst- bzw Arbeitsleistung verpflichtet und der dienstberechtigte Schuldner unverändert zur Entgeltleistung. Allerdings führt die spätere Verfahrenseröffnung in der Regel dazu, dass offene Ansprüche des Dienstverpflichteten bzw. Arbeitnehmers zu **Insolvenzforderungen** werden (dazu Rn 21 ff). Zudem können Leistungen des Schuldners an den Dienstverpflichteten bzw. Arbeitnehmer uU **anfechtbar** sein (dazu Rn 96 ff). Die Tatsache der Verfahrensbeantragung – egal ob durch den Schuldner oder durch einen seiner Gläubiger – und die Tatsache der Anordnung vorläufiger Maßnahmen nach § 21 (insbesondere die der Bestellung eines vorläufigen Insolvenzverwalters) ändern nichts an den Pflichten und Rechten der Dienstvertragsparteien. Das bedeutet, dass beispielsweise die längere **Nichtzahlung von Entgelt** seitens des Schuldners den Dienstverpflichteten – insbesondere den Arbeitnehmer – gegebenfalls zur **außerordentlichen Kündigung nach § 626 BGB** oder zur Geltendmachung eines **Zurückbehaltungsrechts an seiner Arbeitskraft nach § 273 BGB** berechtigen kann. Der Dienstverpflichtete, insbesondere der Arbeitnehmer, darf zwar nicht ausschließlich wegen der Insolvenzantragstellung oder wegen der Verfahrenseröffnung kündigen, weil diese Ereignisse als solche noch keine hin-

[1] BAG 20.1.2005 – 2 AZR 500/03, NZA 2005, 687; KR/*Weigand* § 113 InsO Rn 4; s beispielsweise zur Nichtanwendbarkeit von § 125, wenn ein Interessenausgleich vom schwachen vorläufigen Insolvenzverwalter genehmigt oder vom starken vorläufigen Insolvenzverwalter geschlossen wurde, BAG 28.6.2012 – 6 AZR 780/10, NZA 2012, 1029; LAG Hamm 22.12.2010 – 2 Sa 630/10 [juris].

reichende Beeinträchtigung seiner Situation nach sich ziehen.[2] Jedoch gesteht man ihm das Recht zur außerordentlichen Kündigung zu, wenn die Masse nicht ausreicht, um seine künftigen Entgeltansprüche zu decken und auch keine Deckung durch Insolvenzgeld in Aussicht steht[3] (zum Insolvenzgeld unten Rn 309 ff). Auch für die Geltendmachung des Zurückbehaltungsrechts aus § 273 BGB ist zu berücksichtigen, dass jedenfalls nach Ernennung eines vorläufigen Insolvenzverwalters Aussichten bestehen können, dass offene Entgeltansprüche durch Insolvenzgeldleistungen sowie insbesondere aufgrund der Vorfinanzierung von Insolvenzgeld (dazu Rn 331 ff) gedeckt sein können. Sollten die betreffenden, in Aussicht stehenden Leistungen zu einer vollständigen oder jedenfalls zu einer weitgehenden Deckung der Entgeltforderungen führen, entfällt das Zurückbehaltungsrecht.[4]

2. Verteilung der dienstvertragsrechtlichen Befugnisse im Insolvenzeröffnungsverfahren

Die Befugnisse zum Abschluss oder zur Beendigung von Dienstverträgen richten sich **2**
im Eröffnungsverfahren nach §§ 21 f. Diese Regelungen ändern nicht die Möglichkeiten zum Abschluss oder zur Beendigung von Dienstverträgen, sondern betreffen lediglich die Aufteilung der rechtsgeschäftlichen Befugnisse zwischen Schuldner und vorläufigem Insolvenzverwalter.

a) **Dienstvertragsrechtliche Befugnisse bei allgemeinem Verfügungsverbot, § 21 Abs 2** **3**
Nr 1, § 22 Abs 1 („starker vorläufiger Insolvenzverwalter“). Soweit das Insolvenzgericht nach Verfahrensantrag gemäß § 21 Abs 2 Nr 1, 2, § 22 Abs 1 einen „starken“ vorläufigen Insolvenzverwalter bestellt, stehen diesem die dort geregelten Befugnisse zu (s § 21, Rn 17 ff). Insbesondere ist er und nicht der Schuldner befugt, mit Wirkung für diesen Dienstverträge abzuschließen oder zu beenden. Dabei sind von ihm ausgesprochene Kündigungen auch dann wirksam, wenn er entgegen § 22 Abs 1 Satz 2 Nr 2 das schuldnerische Unternehmen ohne Zustimmung des Insolvenzgerichts stilllegt und die Kündigung im Zuge dieser Stilllegung erfolgt.[5] Insofern entspricht seine Position derjenigen des (endgültigen) Insolvenzverwalters, s dazu Rn 16 ff; s insbesondere zu der Frage, ob der Verwalter einen Dienstvertrag mit Wirkung für sich persönlich oder für den Schuldner schließt, Rn 19 ff. Soweit der vorläufige Insolvenzverwalter dabei seine Verwalterpflichten verletzt, kann es zur Schadensersatzhaftung nach § 60 kommen,[6] s dazu auch Rn 283 ff.

Verbindlichkeiten des Schuldners, die während des Eröffnungsverfahrens durch die **4**
Erfüllung von Dienstverträgen entstehen, werden mit Verfahrenseröffnung **einfache Insol-**

---

2 BAG 25.4.2007 – 6 AZR 622/06, ZIP 2007, 1875 = BAGE 122, 197; LAG Hessen 10.4.2006 – 17 Sa 1432/05 [juris].

3 ArbG Bayreuth 30.1.2002 – 3 Ca 997/01 H, ZInsO 2002, 596 = DZWIR 2002, 282; ebenso, aber ohne Erwähnung möglicher Entlastung durch Insolvenzgeldzahlung, KR/*Weigand* § 113 InsO Rn 81; **aA** LAG Hamm 6.12.1967 – 1 Sa 777/67, BB 1968, 128 (Vorinstanz zur bestätigenden Entscheidung BAG 25.10.1968 – 2 AZR 23/68, NJW 1969, 525 = AP KO § 22 Nr 1, in der auf die hiesige Frage aber nicht eingegangen wurde).

4 So in einem obiter dictum BAG 25.10.1984 – 2 AZR 417/83, NZA 1985, 355 = ZIP 1985, 302.

5 So unter zutr Hinweis auf den Unterschied zwischen Können und (eventuellem Nicht-) Dürfen des starken vorläufigen Insolvenzverwalters BAG 27.10.2005 – 6 AZR 5/05, NZA 2006, 727; *Gerhardt* GS Heinze, 221 (226 ff); KR/*Weigand* § 113 InsO Rn 4; **aA** LAG Hamburg 16.10.2003 – 8 Sa 63/03, ZIP 2004, 869; LAG Düsseldorf 8.5.2003 – 10 (11) Sa 246/03, LAGE InsO § 22 Nr 1.

6 BAG 27.10.2005 – 6 AZR 5/05, NZA 2006, 727; KR/*Weigand* § 113 InsO Rn 4.

venzschulden iSd § 38 und nicht Masseverbindlichkeiten iSd § 53. Eine **Ausnahme** gilt lediglich gemäß **§ 55 Abs 2, § 270b Abs 3 Satz 2.** Gemäß § 55 Abs 2 Satz 1 sind vom vorläufigen Insolvenzverwalter begründete Verbindlichkeiten (etwa aus von ihm geschlossenen Dienstverträgen, Abfindungsvereinbarungen oder auch wegen von ihm aufgrund Verstoßes gegen §§ 111 f BetrVG ausgelöste Nachteilsausgleichsansprüche aus § 113 BetrVG) Masseverbindlichkeiten. Gemäß § 55 Abs 2 Satz 2 sind bei der Inanspruchnahme von Leistungen durch den vorläufigen Insolvenzverwalter die entsprechenden Entgeltpflichten ebenfalls Masseverbindlichkeiten. Diese Ausnahme ist nicht auf den starken vorläufigen Insolvenzverwalter iSd § 22 Abs 1 beschränkt; die sogleich zu besprechenden „halbstarken" vorläufigen Insolvenzverwalter können die Rechtsfolgen des § 55 Abs 2 Satz 2 ebenfalls auslösen, soweit ihnen hierzu die entsprechende Befugnis erteilt worden ist.[7] Im Fall der vorläufigen Eigenverwaltung gilt gemäß § 270b Abs 3 Satz 2 dasselbe, s Rn 10.[8]

5 Aus der Anordnung eines allgemeinen Verfügungsverbots nach § 21 Abs 2 Nr 1, 2, § 22 Abs 1 folgt gleichzeitig, dass der Schuldner keinerlei Befugnisse mehr hat, wirksam Dienstverträge abzuschließen oder zu beenden. Verträge, die er unbefugt geschlossen hat und Kündigungen, die er unbefugt erklärt hat, können seitens des Verwalters nicht nachträglich genehmigt werden, sondern bedürfen des Neuabschlusses bzw der Neuvornahme, s näher Rn 25.

6 b) **Dienstvertragsrechtliche Befugnisse ohne allgemeines Verfügungsverbot, § 22 Abs 2 („schwacher vorläufiger Insolvenzverwalter").** Wenn das Insolvenzgericht kein allgemeines Verfügungsverbot erlässt, sondern nur einen vorläufigen Insolvenzverwalter bestellt, bleiben die Verwaltungs- und Verfügungsbefugnisse prinzipiell beim Schuldner. Der vorläufige Insolvenzverwalter („schwacher vorläufiger Insolvenzverwalter") hat dann lediglich die in § 22 genannten Aufgaben und Rechte. Er kann insbesondere nicht wirksam Dienstverträge abschließen oder beenden und keine Masseverbindlichkeiten nach § 55 Abs 2 begründen (s Rn 4). Verträge, die der Verwalter unbefugt geschlossen hat, können durch den Schuldner nach § 177 Abs 1 BGB analog genehmigt werden, s näher Rn 22. Eine solche Analogie ist bei Kündigungen, die der vorläufige „schwache" Insolvenzverwalter im eigenen Namen – auch als Partei kraft Amtes – erklärt hat, ausgeschlossen.[9] Genehmigungen sind aber möglich bei Kündigungen, die der Verwalter als Vertreter ohne Vertretungsmacht im Namen des Schuldners erklärt hat, s näher Rn 22.

7 Jedoch kann der vorläufige Insolvenzverwalter auch als „schwacher" ua nach § 22 Abs 3 Satz 3, § 97 Abs 1 Satz 1, § 101 Abs 2 InsO **Auskünfte** von den Arbeitnehmern des Schuldners einziehen. Das betrifft unter anderem etwa die Möglichkeit, Fragebögen zu Sozialdaten nach § 1 Abs 3 KSchG zu verteilen, um Kündigungen vorzubereiten. Der Begriff der Auskunft im Sinne dieser Vorschriften ist laut BAG weit auszulegen und umfasst „alle rechtlichen und wirtschaftlichen Umstände, die für die Abwicklung des Insolvenzverfahrens oder von Gläubigerforderungen in irgendeiner Weise von Bedeutung

---

[7] BGH 18.7.2002 – IX ZR 195/01, ZIP 2002, 1625; MünchKomm/*Hefermehl* § 55 Rn 226 ff; KR/*Weigand* § 113 InsO Rn 101a; in diesem Sinne ebenfalls bereits BAG 3.4.2001 – 9 AZR 301/00, NZA 2002, 90 und BAG 3.4.2001 – 9 AZR 143/00, BB 2001, 2530, in denen es allerdings um eine andere Frage ging (nämlich die richterrechtliche Entwicklung des heutigen § 55 Abs 3).

[8] MünchKomm/*Hefermehl* § 55 Rn 227.

[9] LAG Hamm 10.12.2003 – 2 Sa 1472/03, ZIP 2004, 727; KR/*Weigand* § 113 InsO Rn 4.

sein können".[10] Danach hat der vorläufige Insolvenzverwalter, selbst wenn er nur „schwacher" vorläufiger Insolvenzverwalter iSd § 22 Abs 1 InsO ist, umfassende Befugnisse zur Vorbereitung von Kündigungen, und die Arbeitnehmer haben die ebenso umfassende Verpflichtung aus § 22 Abs 3 Satz 3, § 97 Abs 1 Satz 1, § 101 Abs 2 InsO, die betreffenden Fragen zutreffend zu beantworten. Die genannten Regelungen sind aus gutem Grund weit gefasst, weil die Aufgaben des vorläufigen Insolvenzverwalters gerade im Eröffnungsverfahren die Erhebung eines Höchstmaßes an Information und an sonstiger Vorbereitung künftiger Verwaltermaßnahmen umfassen. Das betrifft nicht nur die Vorbereitung von Kündigungen, sondern beispielsweise auch die Erfassung und Aufklärung von Daten und Fakten zu wirtschaftlichen Lasten des Schuldners aus bestehenden Dienstverträgen – insbesondere Arbeitsverträgen – sowie die Ermittlung beispielsweise anfechtbarer Rechtsgeschäfte.[11] Zudem kann der schwache vorläufige Insolvenzverwalter bereits **Betriebsratsanhörungen gemäß § 102 BetrVG** noch vor Insolvenzverfahrenseröffnung durchführen, s näher Rn 182. Ebenso dürfte es ihm erlaubt sein, **Unterrichtungen und Beratungen gemäß §§ 111 f BetrVG** jedenfalls in dem Maße durchzuführen, wie er – oder ein anderer Insolvenzverwalter – diese nach Verfahrenseröffnung durchführen wird. Soweit es schon vor Verfahrenseröffnung zur Betriebsänderung kommt, dürfte der „schwache" vorläufige Insolvenzverwalter lediglich zur Unterrichtung befugt sein; die Beratung wird der Schuldner oder eine vom Schuldner entsprechend bevollmächtigte Person (mit) durchführen müssen, vgl auch § 120 Rn 7, § 121 Rn 7, § 122 Rn 5 ff, § 126 Rn 10 f.

c) **Dienstvertragsrechtliche Befugnisse ohne allgemeines Verfügungsverbot, aber mit Sonderbefugnissen nach § 22 Abs 2 („halbstarker Insolvenzverwalter").** Die Praxis der Insolvenzgerichte verfährt meist so, dass weder ein „starker" noch ein „schwacher" vorläufiger Insolvenzverwalter ernannt wird. Vielmehr wird der vorläufige Insolvenzverwalter vom Insolvenzgericht im Bestellungsbeschluss gemäß § 22 Abs 2 InsO mit ausdrücklich genannten ergänzenden Befugnissen ausgestattet (sog „halbstarker" vorläufiger Insolvenzverwalter). Diese dürfen nach der genannten Regelung allerdings nicht weiter reichen als die Sicherungs- und Erhaltungsbefugnisse eines nach § 22 Abs 1 bestellten vorläufigen Insolvenzverwalters; s ie Rn 3 ff, 17 ff, 125 ff. In einem vom BAG entschiedenen Fall hatte das Insolvenzgericht einem „halbstarken" vorläufigen Insolvenzverwalter unter anderem das **Recht zur Ausübung der Arbeitgeberbefugnisse** übertragen, und zwar einschließlich der Ermächtigung, Kündigungen auszusprechen sowie „alle damit verbundenen Entscheidungen vorzubereiten und zu treffen". Dieser Tenor wurde vom BAG gebilligt. Für die konkret umstrittenen Fragebögen über Sozialdaten zur Vorbereitung betriebsbedingter Kündigungen stellte das BAG klar, dass es zu ihrer Erstellung und Einforderung keiner entsprechenden Ermächtigung bedurft hatte, da schon die allgemeinen Regelungen zur Auskunftspflicht der Arbeitnehmer gegenüber dem vorläufigen Verwalter nach § 22 Abs 3 Satz 3, § 97 Abs 1 Satz 1, § 101 Abs 2 InsO zur zutreffenden Ausfüllung verpflichteten.[12] Jedoch ergibt sich in diesem Fall zusätzlich, dass der vorläufige Insolvenzverwalter bezüglich bestehender und von ihm zu begründender Arbeitsverhältnisse Abschluss-, Änderungs- und Beendigungsbefugnisse inne hat, welche gemäß § 55 8

---

[10] BAG 16.2.2012 – 6 AZR 553/10, NZA 2012, 555 Rn 50, unter Verweis ua auf BGH 11.2.2010 – IX ZB 126/08, Rn 5, NZI 2010, 264.

[11] S ie § 22, Rn 17 ff, 147 ff.

[12] BAG 16.2.2012 – 6 AZR 553/10, NZA 2012, 555, Rn 48 unter Verweis auf BGH 18.7.2002 – IX ZR 195/01, BGHZ 151, 353 (365).

Abs 2 wie beim „starken“ vorläufigen Insolvenzverwalter wirken (s Rn 4). Entsprechende Gestaltungsmöglichkeiten folgen für die vorläufige Eigenverwaltung aus § 270b Abs 3 Satz 2.

9 Teilweise wird der „halbstarke“ vorläufige Insolvenzverwalter lediglich insofern mit Zusatzbefugnissen ausgestattet, als die Ausübung von Schuldnerbefugnissen, insbesondere die Beendigung von Dienstverhältnissen, unter den Vorbehalt der **Zustimmung durch den vorläufigen Insolvenzverwalter** gestellt werden, § 21 Abs 2 Nr 2 Var 2. Ist im Beschluss nur generell angeordnet, dass „Verfügungen der Schuldnerin über Gegenstände ihres Vermögens“ nur mit Zustimmung des vorläufigen Insolvenzverwalters wirksam sind, so werden hierdurch auch Kündigungen von Dienstverhältnissen, insbesondere auch Arbeitsverhältnissen erfasst.[13] Eine Kündigung, die der Schuldner ohne Zustimmung erklärt, ist gemäß §§ 24, 81 Abs 1 Satz 1 unwirksam. Im Fall der Kündigung durch den Schuldner kann der Dienstverpflichtete, wenn ihm die schriftliche Einwilligungserklärung nicht vorgelegt wird und er keine anderweitige Kenntnis von ihr hat, die Kündigung (wie nach § 174 BGB) gemäß §§ 182 Abs 3, § 111 Satz 2, 3 BGB entsprechend zurückweisen.[14] Im Übrigen kann der „halbstarke“ ebenso wie der schwache vorläufige Insolvenzverwalter bereits Betriebsratsanhörungen gemäß § 102 BetrVG und Unterrichtungen nach §§ 111 f BetrVG noch vor Insolvenzverfahrenseröffnung durchführen, s soeben Rn 7 und näher Rn 182.

10 d) **Dienstvertragliche Befugnisse bei vorläufiger Eigenverwaltung, § 270a, § 270b.** Nach § 270a soll das Insolvenzgericht, wenn der Schuldner die Eigenverwaltung beantragt hat (§ 270, vgl dazu Rn 23), unter besonderen Voraussetzungen (nicht offensichtliche Aussichtslosigkeit des Antrags, § 270a Abs 1 Satz 1, § 270 Abs 2) davon absehen, einen vorläufigen Insolvenzverwalter zu bestellen und stattdessen dem Schuldner einen vorläufigen Sachwalter an die Seite stellen. In diesem Fall bleibt es grundsätzlich dabei, dass die Befugnisse aus dem Dienstverhältnis sowie die Befugnisse zur Begründung, Änderung und Beendigung von Dienstverhältnissen beim Schuldner verbleiben. Bei der ggf damit verbundenen Begründung von Verbindlichkeiten, die nicht zum gewöhnlichen Geschäftsbetrieb gehören, fordert § 270a Abs 1 Satz 2, § 275 Abs 1 Satz 1 zwar die Zustimmung des Sachwalters. Ist diese nicht gegeben, führt dies aber dennoch nicht zur Unwirksamkeit der betreffenden Rechtsgeschäfte, da lediglich der Verstoß gegen eine „Soll“-Vorschrift gegeben ist. Die damit verbundene Pflichtverletzung des Schuldners kann aber zur Beendigung der vorläufigen Eigenverwaltung durch Bestellung eines vorläufigen Insolvenzverwalters führen (vgl die Meldepflicht des Sachwalters nach § 270a Abs 1 Satz 2, § 274 Abs 3 sowie §§ 21 f, die bei Wegfall der Anwendungsvoraussetzungen von § 270a Abs 1 Satz 1 greifen). Gleiches gilt entsprechend, wenn der Sachwalter nach § 270a Abs 1 Satz 2, § 275 Abs 1 Satz 2 der Eingehung einer zum gewöhnlichen Geschäftsbetrieb gehörenden Verbindlichkeit widersprochen hat. Alle in die Zeit der vorläufigen Eigenverwaltung fallenden Verbindlichkeiten (zB aus bestehenden Dienstverträgen, aus neu geschlossenen Dienstverträgen oder etwa aus Abfindungsvereinbarungen, kraft derer der Schuldner an einen Dienstverpflichteten leisten muss) sind bei späterer

---

[13] BAG 10.10.2002 – 2 AZR 532/01, NZA 2003, 909; vgl ebenso die Vorinstanz LAG Düsseldorf 24.8.2001 – 18 Sa 671/01, BB 2001, 2479; BAG 29.6.2000 – 8 ABR 44/99, NZA 2000, 1180; KR/*Weigand* § 113 InsO Rn 5.

[14] BAG 10.10.2002 – 2 AZR 532/01, NZA 2003, 909; ebenso die Vorinstanz LAG Düsseldorf 24.8.2001 – 18 Sa 671/01, BB 2001, 2479; KR/*Weigand* § 113 InsO Rn 5.

Eröffnung des Insolvenzverfahren Insolvenzforderungen nach §§ 38, 174. Abweichendes gilt nur, wenn das Insolvenzgericht im Rahmen des Verfahrens der Sanierungsvorbereitung nach § 270b Abs 3 Satz 1 auf Antrag des Schuldners anordnet, dass dieser Masseverbindlichkeiten begründet. In diesem Fall werden Verbindlichkeiten, die dieser begründet (zB durch Abschluss neuer Dienstverträge oder durch den Abschluss von Abfindungsvereinbarungen, kraft derer er an einen Dienstverpflichteten leisten muss), bei Eröffnung des Insolvenzverfahrens nach § 270b Abs 3 Satz 1, § 55 Abs 2 Satz 1 Masseverbindlichkeiten. Ebenso werden in diesem Fall Verbindlichkeiten aus der Inanspruchnahme von Dienstleistungen der Dienstverpflichteten gemäß § 270b Abs 3 Satz 1, § 55 Abs 2 Satz 2 Masseverbindlichkeiten.[15]

II. Der Dienstvertrag – insbesondere Arbeitsvertrag – im eröffneten Insolvenzverfahren

1. Fortbestand des Dienstvertrags im Insolvenzverfahren, § 108 Abs 1 Satz 1

Ebenso wie die Beantragung hat auch die Eröffnung des Insolvenzverfahrens auf den 11
Bestand eines Dienstverhältnisses zunächst keine Auswirkung. Nach der klarstellenden Regelung des § 108 Abs 1 Satz 1 besteht es vielmehr unverändert fort.[16] Jedoch erleichtert § 113 in der Insolvenz des Dienstberechtigten die Kündigung des Dienstverhältnisses. Es kann seitens des Verwalters und seitens des Dienstverpflichteten ordentlich mit dreimonatiger Frist zum Monatsende gekündigt werden, soweit nicht ohnehin eine kürzere Frist einschlägig ist, auch wenn die Kündigungsfrist aufgrund Gesetz, Tarifvertrag, Dienstvertrag (insbesondere Arbeitsvertrag) oder sonst rechtsgeschäftlich länger festgesetzt, und ebenso auch, wenn eine feste Vertragsdauer oder eine Kündigungsausschluss aufgrund Tarifvertrag, Dienstvertrag (insbesondere Arbeitsvertrag) oder sonst rechtsgeschäftlich festgesetzt war, s § 113, Rn 66 ff. Ansprüche aus dem Dienstverhältnis für die Zeit nach der Eröffnung des Insolvenzverfahrens kann der Dienstverpflichtete gemäß § 53, § 55 Abs 1 Nr 2, 2. Alt als Massegläubiger geltend machen. Ansprüche für die Zeit davor sind Insolvenzforderungen iSd § 38, soweit nicht die Ausnahme des § 55 Abs 2 eingreift (dazu Rn 37 ff sowie § 55, Rn 93 ff). Dienstverhältnisse, die bei Ende des Insolvenzverfahrens noch bestehen, gehen wieder auf den Schuldner über. Dieser hat die aus ihnen folgenden Ansprüche auf Dienstleistung und ihn treffen auch die daraus resultierenden Verpflichtungen wie insbesondere die Entgeltpflicht, s Rn 297.[17]

2. Dienstverhältnisse, die der Masse zuzuordnen sind; dienst- und arbeitsrechtliche Folgen der Freigabe von Schuldnervermögen

Die Zuordnung eines Dienstverhältnisses – und damit auch eines Arbeitsverhältnisses – 12
zur Masse nach § 35 Abs 1, § 108 Abs 1 Satz 1 ergibt sich grundsätzlich daraus, dass der Schuldner an ihm als Vertragspartei beteiligt ist. Ausnahmen können sich aber dann ergeben, wenn der Schuldner das Dienstverhältnis unter Einsatz von Betriebsmitteln betreibt, die nach § 35 Abs 2, 3 nicht zur Masse gehören. Nach der Rechtsprechung ist das in zwei Konstellationen möglich.

---

15 MünchKomm/*Hefermehl* § 55 Rn 227.

16 BAG 19.10.2004 – 9 AZR 647/03, ZIP 2005, 457; Braun/*Beck* InsO § 113 Rn 5; ErfK/*Gallner* § 113 Rn 1.

17 KR/*Weigand* § 113 InsO Rn 20.

13 Die **erste Konstellation** ist gegeben, wenn der Schuldner als natürliche Person eine selbständige Tätigkeit ausschließlich mithilfe von Mitteln betreibt, die nach § 36 Abs 1 Satz 1 InsO, § 811 Abs 1 Nr 5 ZPO nicht der Pfändung und damit auch nicht der Insolvenzverwaltung unterworfen sind. Die **zweite Konstellation** ist gegeben, wenn der Insolvenzverwalter ausdrücklich gemäß § 35 Abs 2, 3 erklärt, ob und in welchem Umfang eine selbständige Tätigkeit des Schuldners, die über § 36 Abs 1 Satz 1 InsO, § 811 Abs 1 Nr 5 ZPO hinausgreift, nicht zur Masse gehören soll. Gibt der Verwalter in der ersten Konstellation der § 36 Abs 1 Satz 1 InsO, § 811 Abs 1 Nr 5 ZPO eine entsprechende Erklärung ab, so hat diese lediglich deklaratorischen Charakter, in der zweiten Konstellation hat sie dagegen konstitutiven Charakter.

14 Aufgrund dessen kann es Dienstverhältnisse – vor allem Arbeitsverhältnisse – geben, die nach § 36 Abs 1 Satz 1 InsO, § 811 Abs 1 Nr 5 ZPO oder nach § 35 Abs 2 nicht der Masse zugeordnet sind, so dass für sie keine Arbeitgeberstellung des Insolvenzverwalters begründet ist und somit auch keine Entgelte aus der Masse geschuldet werden.[18] § 108 Abs 1 Satz 1 gilt nicht, ebensowenig § 113. **Kündigungsschutzklagen** (dazu Rn 29 ff) sind dementsprechend in der Beziehung zum Insolvenzverwalter nicht begründet, weil der Insolvenzverwalter nicht passiv legitimiert ist.[19]

15 Die Frage der Zuordnung entscheidet die Rechtsprechung in einem zweistufigen Verfahren. Zunächst muss geklärt werden, welche Betriebsmittel kraft § 36 Abs 1 Satz 1 InsO, § 811 Abs 1 Nr 5 ZPO ex lege der Masse entzogen sind bzw welche Betriebsmittel kraft konstitutiver Insolvenzverwalterentscheidung nach § 35 Abs 2, 3 der Masse entzogen wurden. Sodann ordnet sie das Dienstverhältnis diesen Betriebsmitteln zu. Wenn der Insolvenzverwalter mit der konstitutiven Erklärung eine ganze Einheit von Betriebsmitteln auf den Schuldner übertragen und somit der Masse entzogen hat, wendet die Rechtsprechung für Arbeitsverhältnisse außerdem § 613a BGB entsprechend an, um die Zuordnung zur Masse oder eben zum Schuldner näher zu klären.[20] Hier vertritt das BAG sogar die Meinung, ein betroffener Arbeitnehmer könne nach § 613a Abs 6 BGB analog dem „Übergang" widersprechen.[21] Letzteres erscheint verfehlt, weil es sich gerade nicht um einen rechtsgeschäftlichen Übergang handelt, bei welchem der Arbeitnehmer zum „Objekt" fremder Interessen wird. Es geht – auch bei der pflichtgemäß zu treffenden Entscheidung des Insolvenzverwalters nach § 35 Abs 2, 3 – lediglich darum, aufgrund der Insolvenz des Arbeitgebers Entscheidungen über die Zuordnung von Vermögensmassen zu treffen, um sowohl das Ziel der Gläubigerbefriedigung zu verfolgen als auch die Möglichkeit der eigenständigen wirtschaftlichen Betätigung durch den Schuldner zu gewährleisten.

3. Dienstvertragliche Befugnisse des Insolvenzverwalters

a) Ausübung dienstvertraglicher Befugnisse durch den Insolvenzverwalter

16 **aa) Allgemeines.** Mit der Insolvenzverfahrenseröffnung verliert der insolvente Dienstberechtigte (also insbesondere der insolvente Arbeitgeber) die Befugnis, Rechte und Pflichten aus einem Dienstverhältnis wahrzunehmen. Sie geht – soweit keine Eigenver-

[18] BAG 5.2.2009 – 6 AZR 110/08, NZA 2009, 1215; BAG 10.4.2008 – 6 AZR 368/07, NZA 2008, 1127; BGH 11.5.2006 – IX ZR 247/03, ZIP 2006, 1254; ArbG Berlin 3.6.2010 – 53 Ca 2104/10 [juris]. S entsprechend noch zur KO LAG Hamm 25.10.2000 – 4 Sa 821/00, DZWIR 2001, 245.

[19] ArbG Berlin 3.6.2010 – 53 Ca 2104/10 [juris].

[20] BAG 5.2.2009 – 6 AZR 110/08, NZA 2009, 1215; BAG 10.4.2008 – 6 AZR 368/07, NZA 2008, 1127.

[21] BAG 5.2.2009 – 6 AZR 110/08, NZA 2009, 1215; BAG 10.4.2008 – 6 AZR 368/07, NZA 2008, 1127.

waltung nach §§ 270 ff vorliegt (Rn 23 ff) – gemäß § 80 Abs 1 auf den Insolvenzverwalter über.[22] Insbesondere ist er und nicht der Schuldner befugt, mit Wirkung für diesen Dienstverträge abzuschließen oder zu beenden; s zu der Frage, ob der Verwalter einen Dienstvertrag mit Wirkung für sich persönlich oder kraft Amtes für den Schuldner schließt, Rn 12 ff, 19 ff. Ob der Insolvenzverwalter eine *eigene* Dienst- bzw Arbeitgeberstellung innehat,[23] kann dahinstehen. Er ist jedenfalls kein Rechtsnachfolger des Schuldners,[24] sondern tritt nach allgemeiner Ansicht in Ausübung seines Amts an die Stelle des Unternehmers. Den Dienstverpflichteten, insbesondere den Arbeitnehmern gegenüber ist er demnach Vertrags- und Prozesspartei kraft Amtes.[25] Damit ist er auch zunächst an Tarifverträge und kollektivvertragliche Regelungen aus der Betriebsverfassung (Betriebsvereinbarungen, Interessenausgleiche, Regelungsabreden) gebunden, wie es der Schuldner vor Verfahrenseröffnung war, s näher Rn 153 ff.

Mit Eröffnung des Verfahrens ist der **Schuldner** demnach auch **nicht mehr berechtigt,** **17**
Rechte und Pflichten aus dem Arbeitsverhältnis auszuüben. Vielmehr tritt an seine Stelle der Insolvenzverwalter, auf den damit die Arbeitgeberfunktion übergeht, insbesondere die Kündigung betreffend. Der Insolvenzverwalter bedarf für die Kündigung nicht der Zustimmung der Gläubigerversammlung nach § 157.[26]

Insbesondere eine **Kündigung durch den Schuldner** ist mithin **unwirksam.**[27] Da sie **18**
vom Unbefugten erklärt wird, löst sie auch nicht die Frist nach § 4 Satz 1 KSchG aus.[28] Sie kann durch den Verwalter auch nicht nachträglich als Vertretergeschäft genehmigt werden, s Rn 25.

bb) Begründung von Dienstverträgen durch den Insolvenzverwalter – Zuordnung zur **19**
Masse oder zum Verwalter persönlich. Mit der Übernahme der Verwaltungs- und Verfügungsbefugnis erhält der Verwalter auch die Befugnis, mit Wirkung für die Masse **Dienstverträge zu schließen.** Bei Vertragsschluss für die Masse sind die Entgeltansprüche Masseansprüche im Sinne des § 55 Abs 1 Nr 1, s näher Rn 37 ff. Vgl zur Befristung von Arbeitsverhältnissen, die für die Abwicklung beispielsweise besonders aufwendiger Insolvenzverfahren eingegangen werden, Rn 204 f. Dienstverträge, die bei Ende des Verfahrens noch bestehen, binden den Schuldner (s Rn 297).

Ob eine neu eingestellte Person Dienstverpflichtete des insolventen Unternehmens **20**
oder des Insolvenzverwalters ist, entscheidet sich danach, wen der Insolvenzverwalter verpflichten wollte, **sich selbst persönlich** oder **als Partei kraft Amtes die Masse.** Dies ist nach dem objektiven Empfängerhorizont zu beurteilen, §§ 133, 157 BGB.[29] Soweit bei Vertragsschluss keine entsprechende Klarstellung vorgenommen wird, ist die Vereinbarung im Zweifel für die Masse abgeschlossen, wenn der Dienstverpflichtete Aufgaben im Unternehmen des Schuldners erfüllt und nicht dem betriebsfremden Verwalterbereich zuzurechnen ist. Letzteres kann aber beispielsweise anzunehmen sein, wenn der Arbeit-

---

[22] BAG 15.12.2011 – 8 AZR 692/10, BB 2012, 1472, Rn 24; ErfK/*Gallner* § 113 Rn 1; vgl auch GmS – OBG 27.9.2010 – GmS – OBG 1/09, NZA 2011, 534.

[23] BAG 15.12.2011 – 8 AZR 692/10, BB 2012, 1472, Rn 24.

[24] KR/*Weigand* § 113 InsO Rn 6 82.

[25] BAG 15.12.2011 – 8 AZR 692/10, BB 2012, 1472, Rn 24; BAG 21.9.2006 – 2 AZR 573/05, NZA 2006, 404; BAG 18.4.2002 – 8 AZR 346/01, NZA 2002, 1207; **aA** LAG Hamm 23.11.2000 – 4 Sa 1179/00, ZInsO 2001, 234.

[26] LAG Köln 5.7.2002 – 4 (6) Sa 161/02, AP InsO § 113 Nr 7; KR/*Weigand* § 113 InsO Rn 6.

[27] BAG 26.3.2009 – 2 AZR 403/07, NZA 2009, 1146; KR/*Weigand* § 113 InsO Rn 6.

[28] BAG 26.3.2009 – 2 AZR 403/07, NZA 2009, 1146.

[29] Uhlenbruck/*Berscheid* InsO § 113 Rn 9.

nehmer gleichartige Hilfstätigkeiten für den Verwalter bei verschiedenen Schuldnern, also in unterschiedlichen Insolvenzverfahren erledigen soll. Sollte auch diese Zuordnung nicht eindeutig sein, ist laut *Berscheid* gemäß entsprechender Anwendung von § 164 Abs 2 BGB im Zweifel der Verwalter persönlich Vertragspartei.[30]

21 Im Fall des Abschlusses eines Arbeitsvertrages muss der Insolvenzverwalter zwar nach § 2 Abs 1 Satz 1 NachwG dem Arbeitnehmer eine **Nachweismitteilung** machen, also innerhalb eines Monats nach vereinbartem Arbeitsbeginn den wesentlichen Vertragsinhalt schriftlich festhalten und dem Arbeitnehmer unterschrieben aushändigen. Denn auch als Partei kraft Amtes hat er die allgemeinen Arbeitgeberpflichten zu erfüllen. Den diesbezüglichen Anspruch kann der Arbeitnehmer im Wege der Leistungsklage durchsetzen. In dieser Nachweismitteilung sind die Vertragsparteien mit Namen und Anschriften enthalten, so dass die Zuordnung des neuen Arbeitnehmers klargestellt wird. Allerdings werden entsprechende Nachweise in aller Regel nicht erteilt, so dass die Ermittlung der Arbeitsvertragsparteien nach den genannten Regeln erfolgen muss. Soweit ein Nachweis erteilt wird, hat dieser indizielle Bedeutung.[31]

22 Bei **fehlender Befugnis des (vermeintlichen) Verwalters zum Vertragsschluss** (etwa weil er nicht wirksam bestellt wurde oder weil er als vorläufiger Insolvenzverwalter nicht über die betreffenden Befugnisse verfügte, dazu Rn 6) sind zum Schutz des Dienstverpflichteten als Vertragspartner §§ 164 ff BGB, insbesondere §§ 177–179 BGB, analog anwendbar. Das bedeutet, dass der Vertrag durch den Befugten (das kann weiterhin der Schuldner sein oder ein wirksam bestellter Verwalter, ggf auch der Betreffende selbst, wenn er später wirksam zum Verwalter bestimmt worden ist) nachträglich genehmigt werden kann und dass bei fehlender Genehmigung durch den Befugten eine persönliche Verpflichtung des (vermeintlichen) Verwalters gegeben ist. Bei **fehlender Befugnis des Verwalters zur Vornahme eines einseitigen Rechtsgeschäfts, insbesondere einer Kündigung**, ist dagegen die entsprechende Anwendbarkeit der §§ 164 ff BGB jedenfalls insoweit abzulehnen, als sich die betreffenden Regelungen zulasten des Dienstverpflichteten auswirken (s näher Rn 25). Hat also beispielsweise der nicht zur Kündigung befugte (vermeintliche) Verwalter dennoch gekündigt, bleibt es bei der Unwirksamkeit der Kündigung, auch wenn der Dienstverpflichtete als Erklärungsempfänger die fehlende Befugnis des Verwalters nicht unverzüglich rügt.[32]

23 b) **Eigenverwaltung.** Nach Maßgabe der §§ 270 ff kann auch der Schuldner selbst anstelle des Insolvenzverwalters zum Teil dessen Befugnisse ausüben. In diesem Fall greifen grundsätzlich die allgemeinen Regeln des Insolvenzrechts, vgl zur vorläufigen Eigenverwaltung nach § 270a, § 270b Rn 10.[33] Es gilt das hier für den Insolvenzverwalter Festgestellte (Rn 19 ff) für den Schuldner (vgl auch § 113 Rn 63 f). Jedoch ist zu beachten, dass die Rechtshandlungen des Schuldners ggf aufgrund gerichtlicher Anordnung gemäß § 277 Abs 1 Satz 1 der **Zustimmung des Sachwalters** bedürfen. Soweit eine solche Anordnung vorliegt und sich auch auf die Kündigung des Dienstverhältnisses bezieht, ist die zustimmungslose Kündigung durch den eigenverwaltenden Schuldner unwirksam. Zudem gilt, dass die Kündigung von Betriebsvereinbarungen nach § 120, die Durch-

---

30 Uhlenbruck/*Berscheid* InsO § 113 Rn 9.

31 KR/*Weigand* § 113 InsO, Rn 20.

32 So zutreffend bzgl des nicht zur Kündigung befugten „schwachen" vorläufigen Insolvenzverwalters LAG Hamm 10.12.2003 – 2 Sa 1472/03, ZIP 2004, 727; KR/*Weigand* § 113 InsO Rn 42; **aA** *Zwanziger* Einf Rn 152.

33 Beispiel: BAG 22.1.2004 – 2 AZR 111/02, AP BetrVG 1972 Namensliste § 112 Nr 1; LAG Sachsen-Anhalt 9.3.2010 – 2 Sa 369/09 [juris].

führung eines Verfahrens über die gerichtliche Zustimmung zur Durchführung einer Betriebsänderung nach § 122 sowie die Durchführung eines Verfahrens zum Kündigungsschutz nach § 126 gemäß § 279 Satz 3 der Zustimmung des Sachwalters bedürfen.

c) **Ausübung dienstvertraglicher Befugnisse durch Vertreter des Insolvenzverwalters.** 24
Für insolvenztypische Rechtshandlungen ist eine Vertretung generell ausgeschlossen, so dass der Insolvenzverwalter sie selbst vorzunehmen hat. Das ist bei dienstvertraglichen Befugnissen, also beim Abschluss von Dienstverträgen und vor allem bei ihrer Kündigung, nicht der Fall, so dass er sich hier vertreten lassen kann.[34]

Für die **Vertretung bei der Vornahme von Rechtsgeschäften** gelten die allgemeinen 25
vertretungsrechtlichen Regeln der §§ 164 ff BGB. Der Insolvenzverwalter kann demnach Personen zur Vornahme von Rechtsgeschäften mit Wirkung für und gegen die Masse bevollmächtigen.[35] Für **Verträge**, die ein Vertreter ohne Vertretungsmacht für die Masse geschlossen hat, gelten demnach die §§ 177 ff BGB. Verträge, die der nach § 80 unbefugte Schuldner im eigenen Namen geschlossen hat, wirken nicht für die Masse, es kommt aber die Verwaltergenehmigung nach § 177 Abs 1 BGB analog in Betracht. Bei **Kündigungen** gelten die allgemeinen Vertretungsregeln für einseitige Rechtsgeschäfte, insbesondere §§ 164, 174, 180 BGB. Das bedeutet, dass ein entsprechend Bevollmächtigter Kündigungen erklären kann. Gemäß § 174 Satz 1 BGB ist die Kündigung durch den Vertreter unwirksam, wenn er keine Vollmachtsurkunde vorlegt und sie der Empfänger aus diesem Grund unverzüglich zurückweist, es sei denn, er wurde gemäß § 174 Satz 2 BGB von der Bevollmächtigung in Kenntnis gesetzt. Letzteres ist nach der Rechtsprechung des BAG zum allgemeinen Arbeitsrecht etwa dann der Fall, wenn der Arbeitgeber die Arbeitnehmer allgemein darüber informiert, dass ein bestimmter Mitarbeiter zu derartigen Erklärungen wie einer Kündigung bevollmächtigt ist. Dabei genügt es, dass der betreffende Mitarbeiter in eine Stellung berufen wird, mit der das Kündigungsrecht regelmäßig verbunden ist.[36] Dementsprechend bedarf es für die Wirksamkeit von Kündigungen, die beispielsweise von Personalleitern ausgesprochen werden, in der Regel keiner Urkundenvorlage, da deren Stellung das Recht zur Kündigung beinhaltet. All dies gilt in der Insolvenz ebenfalls, da der Insolvenzverwalter als Partei kraft Amtes Arbeitgeberfunktionen im Schuldnerunternehmen ausübt und somit ebenfalls Personalleiter ernennen und bevollmächtigen kann und dies häufig auch tut. Soweit es nach diesen Grundsätzen einer Urkundenvorlage bedarf und der Kündigende keine Urkunde vorlegt, kann der Erklärungsempfänger die Erklärung nach § 174 Satz 1 BGB unverzüglich zurückweisen, was zur Unwirksamkeit der Kündigung führt. Fehlte es dagegen bei der Kündigungserklärung an einer Bevollmächtigung zur Kündigung, mangelte es (auch unabhängiog von der Urkundenvorlage) an den Vertretungsvoraussetzungen nach § 164 Abs 1 BGB. Hier stellt sich die Frage nach der nachträglichen Genehmigung durch den Vertretenen. Gemäß § 180 Satz 2 BGB gilt die Regelung des § 177 BGB entsprechend. Das BAG wendet die Regelung an, wenn der Erklärungsempfänger die vom Vertreter behauptete Vertretungsmacht nicht unverzüglich nach oder bei der Vornahme des Rechtsgeschäfts beanstandet. Die Genehmigung des Vertretenen wirkt dann, sobald sie erklärt wird, gemäß § 184 Abs 1 BGB auf den Zeitpunkt der Vertretererklärung zurück.[37] All diese Regeln greifen

---

[34] BAG 22.1.1998 – 2 AZR 267/97, ZIP 1998, 748; Uhlenbruck/*Berscheid* InsO § 113 Rn 29; KR/*Weigand* § 113 InsO Rn 29.

[35] BGH 24.1.1991 – IX ZR 250/89, BGHZ 113, 262; Jaeger/*Windel* § 80 InsO Rn 19.

[36] BAG 29.10.1992 – 2 AZR 460/92, NZA 1992, 449; BAG 6.2.1997 – 2 AZR 128/96, NZA 1997, 655.

[37] BAG 13.12.2012 – 6 AZR 348/11, NZA 2013, 669, Rn 67 ff (dieser Fall betraf die Kündigung durch den Rechtsanwalt eines ausländischen Liquidators ohne Vollmachts-

aber nicht ein, wenn der **Schuldner** Rechtsgeschäfte für oder gegen die Masse abschließt, insbesondere Dienstverträge schließt oder Kündigungen erklärt. Erstens sind dem Schuldner die Verwaltungs- und Verfügungsbefugnisse bzgl dem vom Verfahren erfassten Vermögen entzogen und zweitens kommt eine ihm vom Verwalter erteilte diesbezügliche Vollmacht nicht in Betracht. Verträge, die der Schuldner unbefugt geschlossen hat und Kündigungen, die er unbefugt erklärt hat, können seitens des Verwalters nicht nachträglich genehmigt werden, sondern bedürfen des Neuabschlusses bzw der Neuvornahme.

26 In der Insolvenz erlöschen **vom Schuldner erteilte Vollmachten** nach § 117 Abs 1, und für dienstverpflichtete Bevollmächtigte ist § 117 Abs 2 nicht entsprechend anwendbar. Deshalb muss ein Verwalter, der einen Betrieb fortführt, für den Einsatz bisheriger Personalleiter oder sonstiger Vertreter, wenn er ihn wünscht, erneut Vollmachten erteilen. Diese Vollmachten muss er in der genannten Weise kundgeben, entweder, indem er dies ausdrücklich etwa durch Aushang am schwarzen Brett tut, oder aber, indem er in sonstiger Weise bekanntgibt, welche Position der Betreffende innehat. Ist diese Position regelmäßig mit der Kündigungsbefugnis verbunden, so genügt dies für die Kundgabe nach § 174 BGB. Ein Personalverantwortlicher, der für den Insolvenzverwalter tätig ist, kann dann nicht anders behandelt werden als derjenige, der bei einem nicht insolventen Unternehmen tätig ist.[38]

27 Anders liegt es, wenn sich der Insolvenzverwalter beispielsweise **von einem soziierten Kollegen aus der Anwaltskanzlei vertreten** lässt. Die Bestellung zum Insolvenzverwalter erfolgt jeweils persönlich und betrifft nicht die Kanzlei, in welcher ein Insolvenzverwalter als Rechtsanwalt oder in sonstiger Funktion tätig ist. Deshalb muss laut BAG bei der Kündigungserklärung (wie bei der Abgabe sonstiger einseitiger Willenserklärungen auch) der den Verwalter vertretende Rechtsanwalt eine Vollmachtsurkunde beifügen.[39]

4. Dienstvertragsbezogene Rechtsstreitigkeiten, insbesondere Kündigungsschutzprozesse

28 Im Prozess ist der Insolvenzverwalter Partei kraft Amtes. Das gilt für den „starken" vorläufigen Insolvenzverwalter ebenso wie für den „halbstarken" vorläufigen Insolvenzverwalter, wenn er im Bestellungsbeschluss zur Erklärung von Kündigungen ermächtigt wurde (s Rn 3 ff, 8 ff). Somit ist der Verwalter auch in Prozessen mit Dienstverpflichteten, insbesondere Arbeitnehmern, Partei. Wenn also beispielsweise ein vom Insolvenzverwalter als Partei kraft Amtes gekündigter Arbeitnehmer Kündigungsschutzklage erhebt, hat er diese gegen den Insolvenzverwalter als Partei kraft Amtes zu richten. Das gilt auch für die Geltendmachung vom Verwalter verursachter Schadensersatzansprüche aus unerlaubter Handlung gegenüber dem Dienstverpflichteten, für welche die Masse

---

vorlage, die vom Arbeitnehmer nicht unverzüglich gerügt wurde und nach Vollmachtsvorlage und nachträglicher Genehmigung vom BAG für im Erklärungszeitpunkt wirksam erklärt wurde); BAG 20.9.2012 – 6 AZR 253/11, ZIP 2012, 2312; BAG 6.9.2012 – 2 AZR 858/11, NZA 2013, 524; BAG 16.12.2010 – 2 AZR 485/08, NZA 2011, 571; abweichend außerhalb der Kündigung von Arbeitsverhältnissen BGH 22.10.1999 – V ZR 401/98, BGHZ 143, 42; BGH 29.5.1991 – VIII 214/90, BGHZ 114, 360. S zur Nichtanwendbarkeit von § 180 Satz 2 BGB im Fall von Ausschlussfristenregelungen BAG 14.8.2002 – 5 AZR 341/01, NZA 2002, 1344.

[38] BAG 22.1.1998 – 2 AZR 267/97, ZIP 1998, 748; KR/*Weigand* § 113 InsO Rn 29.

[39] BAG 18.4.2002 – 8 AZR 347/01, ZInsO 2002, 1198; BAG 18.4.2002 – 8 AZR 346/01, NZA 2002, 1207; KR/*Weigand* § 113 InsO Rn 29; Uhlenbruck/*Berscheid* InsO § 113 Rn 30.

einzustehen hat.[40] Da der Insolvenzverwalter kein Rechtsnachfolger des Schuldners ist, tritt er auch nicht automatisch in die laufenden Prozesse des Schuldners ein. Es gelten vielmehr die Sonderregelungen über die Unterbrechung und die Aufnahme von Prozessen des Schuldners nach § 240 ZPO, §§ 85 f, 352 InsO.[41] Vom Schuldner erteilte Prozessvollmachten erlöschen mit der Verfahrenseröffnung nach § 117.

Für die **Kündigungsschutzklage des gekündigten Arbeitnehmers** gilt: **29**

- Hat der **Schuldner** noch befugtermaßen (also ggf unter gemäß §§ 21 f erforderlicher **30** Mitwirkung des vorläufigen Insolvenzverwalters) die Kündigung erklärt und ist die Kündigungsschutzklage noch **vor Verfahrenseröffnung rechtshängig** geworden, greifen § 240 Satz 1 ZPO, § 86. Das bedeutet, dass sowohl Kläger als auch Insolvenzverwalter den Prozess jederzeit aufnehmen können, denn die Feststellung bezieht sich wegen des Fortbestandes des Arbeitsverhältnisses nach § 108 Abs 1 Satz 1 (auch) auf die Rechtsbeziehungen der Masse.[42] Der Verfahrenseröffnung steht gemäß § 240 Satz 2 ZPO, § 86 der Übergang der arbeitsverhältnisbezogenen Verwaltungs- und Verfügungsbefugnis auf einen „starken" oder entsprechend befugten „halbstarken" Insolvenzverwalter gleich.[43] Voraussetzung ist aber stets, dass der Kläger den Fortbestand seines Arbeitsverhältnisses gemäß § 108 Abs 1 Satz 1 noch über den Zeitpunkt der Verfahrenseröffnung (oder die Inanspruchnahme von Leistungen vor Verfahrenseröffnung nach § 55 Abs 2 Satz 2, dazu Rn 37 ff sowie § 55, Rn 93 ff) geltend macht. Anderenfalls ist nämlich kein Bezug zu einer Masseverbindlichkeit iSd § 86 Abs 1 Nr 3 gegeben, und das Klagebegehren kann nur Auswirkungen auf Insolvenzforderungen haben. Für diese ist die Aufnahme nach § 86 nicht vorgesehen, also unzulässig. Der Arbeitnehmer kann dann nicht mehr sein Feststellungsbegehren fortführen, jedoch kann er ausstehende Entgeltforderungen gemäß § 174 zur Tabelle anmelden. Ist das Verfahren noch nicht eröffnet und betrifft der Kündigungsschutzprozess mittelbar Forderungen, die im Fall einer Verfahrenseröffnung nicht Masseverbindlichkeiten werden, kann der Prozess nicht gemäß § 24 Abs 2, § 86 aufgenommen werden, sondern ruht bis zur Verfahrensablehnung bzw Verfahrenseröffnung.

---

[40] LAG Berlin 6.12.2002 – 9 Ta 1726/02, NZA 2003, 630; s dort auch zum Rechtsweg zu den Arbeitsgerichten; vgl zur persönlichen Haftung des Insolvenzverwalters im Dienstverhältnis Rn 282 ff.

[41] Vgl aus der Arbeitsgerichtsbarkeit BAG 26.6.2008 – 6 AZR 478/07, NZA 2008, 1204; BAG 18.10.2006 – 2 AZR 563/05, NZA 2007, 765; BAG 24.6.2009 – 10 AZR 707/08 (F), NJW 2009, 3529; s dort auch zur Möglichkeit des Insolvenzschuldners, gegen ein nach Eröffnung des Insolvenzverfahrens ergangenes Urteil mit einem Rechtsmittel geltend zu machen, dass der Rechtsstreit aufgrund Verfahrenseröffnung vor Urteilsverkündung gemäß § 240 ZPO unterbrochen worden sei. Anders aber beim Prozesskostenhilfeverfahren BAG 24.8.2010 – 3 AZB 13/10, AP ZPO § 117 Nr 1; BGH 4.5.2006 – IX ZA 26/04, NJW – RR 2006, 1208.

[42] BAG 22.1.2004 – 2 AZR 111/02, AP BetrVG 1972 Namensliste § 112 Nr 1; BAG 18.10.2006 – 2 AZR 563/05, NZA 2007, 765; LAG Schleswig-Holstein 24.1.2005 – 2 Ta 17/05, ZInsO 2005, 224; KR/*Weigand* § 113 InsO Rn 119; *Zwanziger* § 185 Rn 93; **aA** ArbG Weiden 23.3.2004 – 6 Ca 283/03 A, LAGE InsO § 86 Nr 1: zwar Unterbrechung nach § 240 ZPO, aber keine Aufnahmemöglichkeit nach § 86 – das ArbG setzt sich allerdings nicht mit dem BAG aaO auseinander.

[43] Das gilt, obwohl mit der Ernennung des entsprechend befugten Verwalters mangels Verfahrenseröffnung noch nicht feststehen kann, ob überhaupt einmal Masseverbindlichkeiten entstehen können, s Uhlenbruck/*Uhlenbruck* § 24 InsO Rn 15; Kreft/*Kirchhof* § 25 InsO Rn 29; MünchKomm/*Haarmeyer* § 24 Rn 27.

31 – Hat der **Schuldner** noch befugtermaßen (also ggf unter gemäß §§ 21 f erforderlicher Mitwirkung des vorläufigen Insolvenzverwalters) die Kündigung erklärt und ist noch **vor Rechtshängigkeit einer Klage das Insolvenzverfahren eröffnet** worden, ist die Kündigungsschutzklage gegen den Insolvenzverwalter zu erheben. Der Verfahrenseröffnung steht gemäß § 240 Satz 2 ZPO, § 86, § 24 Abs 2 der Übergang der arbeitsverhältnisbezogenen Verwaltungs- und Verfügungsbefugnis auf einen „starken" oder entsprechend befugten „halbstarken" Insolvenzverwalter gleich (s Rn 30). Eine gleichwohl gegen den Schuldner erhobene Klage ist unzulässig, weil dem Schuldner die passive Prozessführungsbefugnis fehlt. Jedoch ist in einem solchen Fall nach der BAG-Rechtsprechung stets zu prüfen, ob dieser Fehler durch eine Rubrumsberichtigung beseitigt werden kann (s dazu sogleich Rn 32). Die Unzulässigkeit der Klage gegen den Schuldner greift laut BGH auch dann, wenn die Klage zwar vor Verfahrenseröffnung anhängig gemacht wurde, aufgrund späterer Zustellung aber erst nach Verfahrenseröffnung rechtshängig geworden ist.[44] Diese strenge Handhabung schließt es jedoch nicht aus, dass durch Anhängigmachung einer Klage gegen den Schuldner und anschließender Demnächst-Zustellung bei diesem nach § 167 ZPO, § 204 BGB die Verjährung gehemmt wird, selbst wenn vor der Demnächst-Zustellung das Verfahren eröffnet und die Klage somit dem nicht (mehr) verfügungsberechtigten Schuldner zugestellt wurde.[45] Für die Rechtzeitigkeit der Klageerhebung nach § 4 Satz 1 KSchG kann nichts anderes gelten.[46] Das bedeutet, dass die Anhängigmachung vor Verfahrenseröffnung und die Rechtshängigmachung mit Zustellung an den Schuldner nach Verfahrenseröffnung iSd § 4 Satz 1 KSchG fristwahrend ist. Der Arbeitnehmer hat allerdings anschließend die Klage zu ändern und gegen den Insolvenzverwalter zu richten; dieser Parteiwechsel ist nach § 263 ZPO sachdienlich.[47] Im Verspätungsfall kommt der Antrag auf Klagezulassung nach § 5 KSchG in Betracht; diese greift aber bei Kenntnis oder Kennenmüssen der Insolvenz nicht ein.[48]

32 – Hat der – entsprechend **befugte** (s näher Rn 3 ff, 8 ff) – **vorläufige Insolvenzverwalter** oder hat der **Insolvenzverwalter** die Kündigung erklärt, muss sich die Kündigungsschutzklage gegen diesen richten. Wurde die Kündigung vom entsprechend befugten vorläufigen Insolvenzverwalter erklärt und fand bei zwischenzeitlicher Verfahrenseröffnung ein Wechsel in der Person des Verwalters statt, ist die Klage entsprechend zu ändern, was nach § 263 ZPO sachdienlich ist. Dasselbe gilt bei sonstigen Änderungen in der Person des (vorläufigen) Insolvenzverwalters. Hat der klagende Arbeitnehmer rechtsirrtümlich den Schuldner im Rubrum als Beklagten genannt, so ist damit die falsche Person beklagt, die Klage geht ins Leere und die Klagefrist nach § 4 Satz 1 KSchG ist nicht gewahrt.[49] Jedoch ist in einem solchen Fall stets zu prüfen, ob dieser Fehler durch eine Rubrumsberichtigung beseitigt werden kann. Ergibt sich aus

---

44 S ie BGH 11.12.2008 – IX ZB 232/08, ZIP 2009, 240 mwN.

45 OLG Stuttgart 7.8.2009 – 10 W 39/09 [juris] (im konkreten Fall waren die Voraussetzungen der Demnächst-Zustellung nicht erfüllt, so dass dennoch Verjährung angenommen wurde).

46 *Zwanziger* § 185 Rn 92.

47 *Zwanziger* § 185, Rn 92; s allgemein zu den Voraussetzungen und zur Durchführung des Beklagtenwechsels durch Erklärung in der mündlichen Verhandlung oder durch entsprechend zuzustellenden Schriftsatz Zöller/*Greger* § 263 ZPO Rn 9, 20, 23.

48 Vgl BAG 21.9.2006 – 2 AZR 573/05, NZA 2006, 404; s zum vergleichbaren Problem der Nichtkenntnis einer Prozessstandschaft KR/*Friedrich* § 5 KSchG Rn 91a.

49 BAG 21.9.2006 – 2 AZR 573/05, NZA 2006, 404; BAG 17.1.2002 – 2 AZR 57/01, ZIP 2002, 1412; LAG Köln 17.8.2005 – 3 Sa 486/05, EzA Schnelldienst 2006 Heft 6 S 16; KR/*Weigand* § 113 InsO Rn 82.

den gesamten erkennbaren Umständen, etwa aus dem der Klageschrift beigefügten Kündigungsschreiben, wer als beklagte Partei gemeint ist, hat der Richter das Rubrum entsprechend zu berichtigen.[50] Wenn das nicht möglich ist und der Arbeitnehmer seine Klage nach Ablauf der Dreiwochenfrist nach § 4 Satz 1 KSchG ändert und gegen den Insolvenzverwalter richtet, wahrt er die Frist damit nicht mehr – denn für die Fristwahrung kommt es auf den Parteiwechsel und nicht auf die ursprüngliche Klage an.[51] Hier und bei verfristeter Klageerhebung gegen den Insolvenzverwalter kommt dann nur noch der Antrag auf Zulassung der verspäteten Klage nach § 5 KSchG in Betracht.[52]

- In den vorgenannten Fällen wird für den Arbeitnehmer, der Kündigungsschutzklage erhebt, nicht immer klar sein, ob er gegen den Schuldner oder gegen den Insolvenzverwalter klagen soll. Insbesondere wenn der **Fristablauf nach § 4 Satz 1 KSchG** droht und auf die Schnelle keine genauen Informationen eingeholt werden können, wird auch die Situation eintreten können, in welcher der Arbeitnehmer in getrennten Verfahren **Klagen sowohl gegen den Schuldner als auch gegen den Insolvenzverwalter** erhebt. In diesem Fall ist diejenige Klage, welche gegen die nicht zuständige Person erhoben wird, unzulässig, weil dieser Person die passive Prozessführungsbefugnis fehlt. Eine andere Vorgehensweise ist die **Kündigungsschutzklage, welche sich im Hauptantrag gegen den Schuldner und im Hilfsantrag gegen den Insolvenzverwalter richtet – oder umgekehrt im Hauptantrag gegen den Insolvenzverwalter und im Hilfsantrag gegen den Schuldner**. Bei dieser Klage ist der Hilfsantrag unzulässig, weil damit eine unmögliche subjektive Klagehäufung verbunden ist.[53] Die (erstaunliche) Rechtsprechung des BAG nimmt dennoch auch für einen solchen unzulässigen Hilfsantrag Fristwahrung nach § 4 Satz 1 KSchG an. Die Funktion der Vorschrift liege nicht darin, den Kündigungsschutz an formalen Gründen scheitern zu lassen. Vielmehr habe der Gekündigte dem Arbeitgeber gegenüber lediglich zum Ausdruck zu bringen, dass er per Klage gegen die Kündigung vorgehe. Deshalb genüge auch die wegen eventueller subjektiver Klagehäufung unzulässige Klage.[54] 33
- Handelt es sich um ein **ausländisches Insolvenzverfahren**, das in Deutschland anerkannt wird, gelten die soeben dargelegten Grundsätze. Hier richtet sich die Aufnahme des deutschen Kündigungsschutzprozesses nach § 352.[55] Im Geltungsbereich der EuInsVO folgt dies aus Art 15 EuInsVO, § 240 ZPO, § 352 InsO. Gemäß Art 15 EuInsVO kommt es für die Wirkungen eines ausländischen Insolvenzverfahrens auf das Recht des Gerichtsstaats an („lex fori processus"), s dazu näher Rn 350 ff. 34

---

50 BAG 21.9.2006 – 2 AZR 573/05, NZA 2006, 404; BAG 27.3.2003 – 2 AZR 272/02, NZA 2003, 1391; BAG 18.4.2002 – 8 AZR 346/01, NZA 2002, 1207; BAG 17.1.2002 – 2 AZR 57/01, ZIP 2002, 1412; LAG Köln 17.8.2005 – 3 Sa 486/05, EzA Schelldienst 2006 Heft 6 S 16; KR/*Weigand* § 113 InsO Rn 82; s allgemein zur Unschädlichkeit unzutreffender Parteibezeichnungen bei Feststellbarkeit des richtigen Beklagten Zöller/*Vollkommer* Vor § 50 ZPO Rn 7 ff.

51 BAG 31.3.1993 – 2 AZR 467/92, NZA 1994, 237.

52 Vgl BAG 17.1.2002 – 2 AZR 57/01, ZIP 2002, 1412; KR/*Weigand* § 113 InsO Rn 87.

53 BAG 31.3.1993 – 2 AZR 467/92, NZA 1994, 237; s generell auch zur unzulässigen eventuellen subjektiven Klagehäufung BAG 11.12.1997 – 8 AZR 729/96, NZA 1998, 534.

54 BAG 31.3.1993 – 2 AZR 467/92, NZA 1994, 237.

55 S etwa BAG 27.2.2007 – 3 AZR 618/06, ZIP 2007, 2047, betreffend das Reorganisationsverfahren nach chapter 11 des U.S.-Bancruptcy Code, für das vom BAG die Prozessunterbrechung nach § 352 verneint wurde; s dazu *Temming* IPRax 2009, 327; vgl auch LAG Düsseldorf 14.7.2011 – 15 Sa 786/10, NZI 2011, 874.

35 Für die Geltendmachung von **Zahlungs- und sonstigen Ansprüchen** gelten die allgemeinen Grundsätze, ohne dass sich arbeitsrechtliche Besonderheiten ergeben.[56] S dazu § 240 ZPO sowie die Kommentierungen zu § 24 Abs 2, § 85 und § 86 sowie – betreffend Insolvenzforderungen zu §§ 174 ff, insbesondere zu §§ 179 ff. Soweit der Dienstverpflichtete Ansprüche geltend macht, welche er für Masseforderungen hält, die sich aber als Insolvenzforderungen erweisen, ist seine diesbezügliche Leistungsklage nicht unzulässig, sondern unbegründet. Entscheidend für die Zulässigkeitsprüfung ist also die Einschätzung des Klägers.[57] **Prozesse, die** nicht gemäß § 240 ZPO unterbrochen werden, weil sie **weiter Verbindlichkeiten des Schuldners betreffen**, welche nicht dem Insolvenzverfahren unterliegen (s dazu näher Rn 12 ff), bestehen unverändert fort – selbst wenn der Insolvenzverwalter irrtümlich mitteilt, sie seien nach § 240 ZPO unterbrochen.[58] Das gilt im Arbeitsrecht beispielsweise für den **Zeugnisanspruch** des Arbeitnehmers, dessen Arbeitsverhältnis vor Verfahrenseröffnung geendet hat. Dieser Anspruch ist auf eine nichtvertretbare Handlung gerichtet (§ 888 ZPO) und kann nicht zur Insolvenzforderung iSd §§ 38, 45 werden. Deshalb hat der Arbeitnehmer auch nach Verfahrenseröffnung einen Anspruch nur gegen den Schuldner persönlich; dasselbe gilt für die vorläufige Verwaltung.[59] Umgekehrt schuldet der Insolvenzverwalter die Zeugniserteilung, wenn das Arbeitsverhältnis nach § 108 Abs 1 Satz 1 fortbestand, laut Rechtsprechung unabhängig davon, ob und wie lange er den Arbeitnehmer beschäftigt hat und ob er eigene Kenntnisse über dessen Arbeitsleistung gewinnen konnte, s Rn 87 ff.

36 Bei ausländischem Schuldner kann sich die Position des Insolvenzverwalters als Inhaber der Arbeitgeberbefugnisse und als Partei kraft Amtes aus der Anerkennung ausländischer Beschlüsse über die Verfahrenseröffnung bzw die Ernennung des jeweiligen Verwalters ergeben, s Rn 350 ff.

III. Ansprüche des Dienstverpflichteten und ihre insolvenzrechtliche Einordnung

1. Entgeltansprüche

37 **a) Insolvenzrechtliche Einordnung von Entgeltansprüchen.** Ansprüche aus dem Dienstverhältnis für die Zeit vor der Eröffnung des Insolvenzverfahrens kann der Dienstverpflichtete gemäß § 108 Abs 3 nur als einfacher Insolvenzgläubiger iSd § 38 geltend machen. Für Zinsen, welche nach Verfahrenseröffnung laufen, ist der Nachrang nach § 39 Abs 1 Nr 1 zu beachten. Demnach hat er sie, um sie geltend zu machen, nach § 174 zur Insolvenztabelle anzumelden. Eine Ausnahme besteht aber nach § 55 Abs 2 Satz 1. Verbindlichkeiten, die von einem „starken" oder von einem „halbstarken", hierzu befugten vorläufigen Insolvenzverwalter begründet worden sind (insbesondere von ihnen abgeschlossene Dienstverträge), begründen nach Verfahrenseröffnung Masseschulden. Gleiches gilt gemäß § 55 Abs 2 Satz 2, wonach bei der Inanspruchnahme von Leistungen durch den vorläufigen Insolvenzverwalter die entsprechenden Entgeltpflichten ebenfalls Masse-

[56] Vgl etwa BAG 6.8.2002 – 1 AZR 247/01, NZA 2003, 449.

[57] BAG 21.2.2013 – 6 AZR 406/11, NZA 2013, 743.

[58] BAG 23.6.2004 – 10 AZR 495/03, NZA 2004, 1392.

[59] BAG 23.6.2004 – 10 AZR 495/03, NZA 2004, 1392; s beispielsweise zur unzulässigen Prozessaufnahme durch den Insolvenzverwalter nach § 240 Satz 1 ZPO, § 86 im Fall der Geltendmachung von Entgeltforderungen, die nur Insolvenzforderungen sind, BAG 15.5.2013 – 5 AZR 252/12 (A), bundesarbeitsgericht.de.

verbindlichkeiten sind (dazu oben Rn 4, 9 sowie § 55, Rn 88 ff). Vergütungsansprüche des Dienstverpflichteten aus § 611 Abs 1 BGB, insbesondere also Lohn- und Gehaltsansprüche des Arbeitnehmers, die ihm für die Zeit nach der Verfahrenseröffnung zustehen, sind gemäß § 55 Abs 1 Nr 2, 2. Alt Masseverbindlichkeiten. Dasselbe gilt gemäß § 55 Abs 1 Nr 1 für Dienstverträge, die der Insolvenzverwalter selbst für die Masse abgeschlossen hat. Grundgedanke ist, dass der Dienstverpflichtete, der durch seine Arbeitskraft potentiell noch die Masse vergrößert, auch die diesbezügliche Gegenleistung erhalten soll, so dass die Masse nicht auf seine Kosten bereichert wird. Für die zeitliche Zuordnung der jeweiligen Forderungen ist auf ihre Entstehung und nicht auf die Fälligkeit abzustellen.[60] Es ist also stets zu prüfen, in welchen Zeitraum die zu entgeltenden Dienst- bzw Arbeitsleistungen fallen. Diese zeitliche Zuordnungsregel ist auch dann zu beachten, wenn für Zeiten ohne Dienst- oder Arbeitsleistung Entgelt zu leisten ist, wie beispielsweise im Fall der Krankheit, der Mutterschaft, der Freistellung mit Bezügen oder des Annahmeverzugs, s näher Rn 50 f, vgl zu Urlaubsansprüchen Rn 56.

Der **Anspruch auf Erteilung einer Lohnabrechnung** richtet sich nach Verfahrenseröffnung stets gegen den Insolvenzverwalter, auch wenn Abrechnungszeiträume aus der Zeit vor Verfahrenseröffnung betroffen sind.[61] **38**

b) **Ansprüche auf Sonderzahlungen.** Für Sonderzahlungen gelten grundsätzlich ebenfalls die soeben dargestellten Regeln. Soweit sie also für Zeiträume zu leisten sind, welche vor der Insolvenzeröffnung liegen, handelt es sich um Insolvenzforderungen gemäß § 108 Abs 3 und § 38, wenn nicht die Ausnahmeregelung des § 55 Abs 2 eingreift. Soweit sie für Zeiten zu leisten sind, welche in die Phase nach Insolvenzeröffnung fallen, handelt es sich um Masseverbindlichkeiten nach § 55 Abs 1 Nr 2, 2. Alt.[62] **39**

aa) **Sonderzahlungen mit reiner Entgeltfunktion und Ersatzansprüche wegen der Nichtvereinbarung solcher Sonderzahlungen.** Diese Grundsätze sind unbestritten dann auf Sonderzahlungen anzuwenden, wenn diese **Entgeltfunktion** haben und nicht die Betriebstreue des Arbeitnehmers vergelten.[63] Solche Sonderzahlungen sind insbesondere dann eindeutig als Vergütungsleistungen einzuordnen, wenn sie an das Erreichen quantitativer oder qualitativer Ziele gebunden sind.[64] **40**

---

[60] BAG 21.2.2013 – 6 AZR 406/11, NZA 2013, 743; BAG 19.7.2007 – 6 AZR 1087/06, ZIP 2007, 2173; BAG 27.4.2006 – 6 AZR 364/05, NZA 2006, 1282; BAG 19.10.2004 – 9 AZR 645/03, NZA 2005, 527; BAG 18.11.2003 – 9 AZR 95/03, NZA 2004, 651; BAG 18.11.2003 – 9 AZR 347/03, DZWIR 2004, 460; BAG 31.1.2008 – 8 AZR 27/07, NZA 2008, 101; BAG 22.10.2009 – 8 AZR 766/08, ZIP 2010, 849.

[61] BAG 23.6.2004 – 10 AZR 495/03, NZA 2004, 1392; LAG Köln 19.5.2008 – 11 Ta 119/08, LAGE GewO 2003 § 109 Nr 6; LAG Köln 30.7.2001 – 2 Sa 1457/00, NZA-RR 2002, 181; LAG Nürnberg 5.12.2002 – 2 Ta 137/02, LAGE ZPO § 240 Nr 2; Dornbusch/Fischermeier/Löwisch/*Kolbe* § 109 GewO Rn 5 ff; ebenso bereits zur KO BAG 30.1.1991 – 5 AZR 32/90, BAGE 67, 112.

[62] BAG 14.11.2012 – 10 AZR 793/11, NZA 2013, 273; BAG 14.11.2012 – 10 AZR 3/12, NZA 2013, 327, unter Verweis auf BAG 18.1.2012 – 10 AZR 667/10, AP BGB § 307 Nr 59; BAG 21.4.2010 – 10 AZR 178/09 TVG Altersteilzeit § 1 Nr 45; BAG 28.3.2007 – 10 AZR 261/06, AP BGB Gratifikation § 611 Nr 265; MünchKomm/*Hefermehl* InsO § 55 Rn 166; ebenso zur KO BAG 21.5.1980 – 5 AZR 441/78, AP KO § 59 Nr 10; BAG 4.6.1977 –5 AZR 663/75, BAGE 29, 211.

[63] BAG 14.11.2012 – 10 AZR 793/11, NZA 2013, 273; BAG 14.11.2012 – 10 AZR 3/12, NZA 2013, 327; LAG Köln 7.12.2005 – 3 Sa 1055/05, MDR 2006, 1074; Uhlenbruck/*Sinz* InsO § 55 Rn 67; KR/*Weigand* § 113 InsO, Rn 115; MünchKomm/*Hefermehl* InsO § 55, Rn 166; ebenso zur KO BAG 23.5.1967 – 5 AZR 449/66, NJW 1967, 1926.

[64] BAG 14.11.2012 – 10 AZR 793/11, NZA 2013, 273; BAG 14.11.2012 – 10 AZR 3/12, NZA 2013, 327.

41 Hierbei muss das Auszahlungsdatum nicht zwingend am Ende des Bezugszeitraums liegen. Deshalb mag es von Fall zu Fall schwierig sein, den Zeitraum zu bestimmen, für welchen die Sonderzahlung geleistet wird. Ist sie beispielsweise – wie meist – mit dem November- oder dem Dezemberentgelt fällig, kann man davon ausgehen, dass sie für das Kalenderjahr erbracht wird; beim Bezug auf das Geschäftsjahr, welches nicht deckungsgleich mit dem Kalenderjahr ist, ist davon auszugehen, dass sie für eben dieses Geschäftsjahr erbracht wird.[65] Wird deshalb beispielsweise am 1. Oktober des Jahres das Insolvenzverfahren über das Vermögen des Arbeitgebers eröffnet, entfallen drei Viertel der auf ein Kalenderjahr bezogenen Sonderzahlung auf die Zeit vor Verfahrenseröffnung und sind demnach gemäß § 108 Abs 3 und § 38 als Insolvenzforderungen einzustufen. Ein Viertel der Sonderzahlung dagegen ist gemäß § 55 Abs 1 Nr 2, 2. Alt Masseverbindlichkeit.

42 Das alles gilt nach der Rechtsprechung des BAG auch für **Schadensersatzansprüche** von Arbeitnehmern, **die an die Stelle von Vergütungsansprüchen** aus einem Arbeitsverhältnis treten. Solche Ansprüche können nach §§ 280 Abs 1, Abs 3, § 283 Satz 1 BGB dann entstehen, wenn der Arbeitgeber es gegen seine arbeitsvertragliche Pflicht unterlassen hat, mit dem Arbeitnehmer Zielvereinbarungen über die Voraussetzungen und die Höhe vertraglich festgelegter Sonderzahlungen zu treffen.[66]

43 **bb) Anlassbezogene Sonderzahlungen (Weihnachtsgeld, Jubiläumszuwendungen).** Anders ist die Einordnung bei Sonderzahlungen, welche die Funktion haben, erhöhte Aufwendungen des Arbeitnehmers zu einer bestimmten Zeit aufzufangen. Das gilt vor allem für **Weihnachtsgratifikationen**, die – anders als die eben genannten Sonderzahlungen – unabhängig vom Erreichen bestimmter quantitativer oder qualitativer Ziele sind. Solche Zahlungen werden für die betreffende Weihnachtszeit gewährt und können deshalb nicht auf vorangegangene Zeiträume verteilt werden. Insolvenzrechtlich sind sie dem Zeitraum zuzurechnen, in den der Stichtag fällt.[67] Wird deshalb beispielsweise am 1. Oktober des Jahres das Insolvenzverfahren über das Vermögen des Arbeitgebers eröffnet und fällt mit der Novemberzahlung ein Weihnachtsgeld an, ist dieses gemäß § 55 Abs 1 Nr 2, 2. Alt vollständig Masseverbindlichkeit.

44 Dasselbe gilt für **Jubiläumszuwendungen**, die wegen mehrjähriger Betriebszugehörigkeit gezahlt werden. Ihre Funktion liegt darin, dem Leistungsempfänger im Zeitraum ihrer Zahlung erhöhtes Einkommen zu sichern, ohne dass sie dem vergangenen langen Zeitraum zuzurechnen sind. Sie werden nicht *für* die längere zurückliegende Zeit geleistet, sondern *aus Anlass* dieser schon länger bestehenden Betriebszugehörigkeit. Bei einem Arbeitnehmer, dem beispielsweise eine 500-Euro-Prämie aus Anlass zehnjähriger Betriebszugehörigkeit zusteht, wird dieser Anspruch also nicht etwa in 50-Euro-Zehnteln jedem dieser Jahre zugeordnet. Er erhält vielmehr schlicht ein um 500 Euro erhöhtes Gehalt für den Monat, in dem sich die Betriebszugehörigkeit zum zehnten Mal jährt. Fällt dieser Monat in die Zeit nach Verfahrenseröffnung, so handelt es sich um eine Masseverbindlichkeit nach § 55 Abs 1 Nr 2, 2. Alt.

---

65 BAG 14.11.2012 – 10 AZR 793/11, NZA 2013, 273; BAG 14.11.2012 – 10 AZR 3/12, NZA 2013, 327.

66 BAG 14.11.2012 – 10 AZR 793/11, NZA 2013, 273; BAG 14.11.2012 – 10 AZR 3/12, NZA 2013, 327.

67 BAG 14.11.2012 – 10 AZR 793/11, NZA 2013, 273; BAG 14.11.2012 – 10 AZR 3/12, NZA 2013, 327; ebenso bereits BAG 23.5.1967 – 5 AZR 449/66, NJW 1967, 1926; in diesem Sinne auch, aber mit noch weiter gehender Tendenz, Sonderzahlungen als Masseverbindlichkeiten einzuordnen, LAG Köln 7.12.2005 – 3 Sa 1055/05, MDR 2006, 1074.

cc) Sonderzahlungen, die (auch) Betriebstreue vergelten. Problematisch ist die Einordnung, wenn die Sonderzahlung keine oder nur eine beschränkte Entgeltfunktion hat, insbesondere unabhängig vom Erreichen bestimmter quantitativer oder qualitativer Ziele ist. Hier sind Leistungen denkbar, die zusätzlich zum Entgeltcharakter die Betriebstreue des Arbeitnehmers prämieren (Mischfunktion) oder den Charakter einer reinen Vergeltung von Betriebstreue haben (reine Betriebstreuevergeltung). Letzteres gilt etwa für das dreizehnte Monatsgehalt. **45**

Früher, unter Geltung der Konkursordnung, ließ das BAG nicht nur für neutrale dreizehnte Jahresgehälter, sondern sogar auch für umfangreichere Weihnachtsgratifikationen (die nicht nur die erhöhten Aufwendungen an Weihnachten abdeckten) die Zuordnung ausdrücklich offen. Das Gericht bezweifelte es, ob es richtig sein könne, solche Zahlungen als volle Masseverbindlichkeiten besser zu behandeln als rückständigen Zeitlohn, weil „der letztere an sich schutzwürdiger erschein(e)".[68] Heute vertritt das BAG dagegen in zwei Entscheidungen – allerdings nicht in den tragenden Ausführungen – die Meinung, dass sämtliche Sonderzahlungen, die als „Treueprämie" langfristige oder als „Halteprämie" kurzfristige bzw künftige Betriebstreue honorieren, punktuell dem Stichtag bzw Anlassdatum zuzuordnen seien, weil sie regelmäßig nur vom Bestand des Arbeitsverhältnisses abhingen.[69] **46**

Das lässt sich durchaus bezweifeln, da § 55 Abs 1 Nr 2, 2. Alt als Voraussetzung für die Einordnung als Masseverbindlichkeit verlangt, dass eine Zahlung „*für* die Zeit nach der Eröffnung des Insolvenzverfahrens" erfolgt. Diese „Für"-Zuordnung ist unabhängig davon, ob in den betreffenden Bezugszeitraum eine Arbeitsleistungs- oder eine Betriebstreuephase fällt, zumal beide in der Regel gleich getaktet sind. Der Regelung geht es vielmehr darum, Ansprüche den Zeiträumen vor oder nach Verfahrenseröffnung zuzuordnen. Wenn also die Frage gestellt wird, für welchen Zeitraum Betriebstreueprämien anfallen, ist zunächst festzuhalten, dass diese ebenso wie Entgeltansprüche für Zeitphasen und nicht für die Tätigkeiten an bestimmten Zeitpunkten geschuldet werden. Der strukturelle Unterschied zwischen Leistungen (auch) mit Entgeltcharakter und Leistungen, die ausschließlich Betriebstreue vergelten, liegt darin, dass letztere nur dann geschuldet werden, wenn die anspruchsbegründende Betriebstreue an einem bestimmten Stichtag bestanden hat. Erstere werden dagegen auch dann geschuldet, wenn das Arbeitsverhältnis während des Zeitraums, auf den sich die Leistung bezieht, endet.[70] Für die insolvenzrechtliche Zuordnung hat dieser Unterschied aber keine Bedeutung, weil auch die Betriebstreueprämie damit trotzdem nicht für einen bestimmten Zeit*punkt* (dem Stichzeitpunkt), sondern für einen bestimmten Zeit*raum* geschuldet wird (die bestimmungsgemäß zurückgelegte Dauer der Betriebszugehörigkeit). Meines Erachtens muss demnach auch bei Betriebstreueprämien zwischen den betreffenden Phasen unterschieden werden. **47**

---

68 BAG 23.5.1967 – 5 AZR 449/66, NJW 1967, 1926.

69 BAG 14.11.2012 – 10 AZR 793/11, NZA 2013, 273; BAG 14.11.2012 – 10 AZR 3/12, NZA 2013, 327, unter Verweis auf BAG 11.12.2001 – 9 AZR 459/00, AP InsO § 209 Nr 1; LAG Nürnberg 3.2.2010 – 4 Sa 367/09, ZIP 2010, 1189; LAG Schleswig-Holstein 12.3.2008 – 6 Sa 411/07, NZA-RR 2008, 594; zusätzlich zieht das BAG die Parallele zur Begründung des Anspruchs auf Insolvenzgeld und zitiert BSG 21.7.2005 – B 11a/11 AL 53/04 R, NZA-RR 2006, 437; ebenso LAG Köln 7.12.2005 – 3 Sa 1055/05, MDR 2006, 1074.

70 S näher BAG 18.1.2012 – 10 AZR 667/10, NZA 2012, 620; BAG 18.1.2012 – 10 AZR 612/10, NZA 2012, 561; ErfK/*Preis* § 611 BGB Rn 534, 534a, 534e; HWK/*Thüsing* § 611 BGB Rn 110.

48 **Beispiel:** Arbeitgeber und Arbeitnehmer haben eine wirksame Vereinbarung über ein dreizehntes Monatsgehalt getroffen. Demnach erhält der Arbeitnehmer mit der Vergütung für den Monat November zusätzlich eine Weihnachtsgratifikation in Höhe eines Monatsentgelts, die noch nicht zu zahlen ist, wenn das Arbeitsverhältnis erst drei Monate bestanden hat. Die Gratifikation entfällt, wenn sich das Arbeitsverhältnis im Zeitpunkt der vorgesehenen Auszahlung in gekündigtem Zustand befindet; außerdem ist sie vom Arbeitnehmer zu erstatten, wenn ihm binnen des ersten Quartals des Folgejahres fristlos gekündigt wird oder wenn er in dieser Zeit selbst kündigt.[71] Da die Zahlung für das Kalenderjahr geleistet wird, ist dieses als Bezugszeitraum zugrunde zu legen. Wird deshalb beispielsweise am 1. Oktober des Jahres das Insolvenzverfahren über das Vermögen des Arbeitgebers eröffnet, entfallen drei Viertel des dreizehnten Monatsgehalts auf die Zeit vor Verfahrenseröffnung und sind demnach gemäß § 108 Abs 3, § 38 als Insolvenzforderungen einzustufen. Ein Viertel der Gratifikation dagegen ist gemäß § 55 Abs 1 Nr 2, 2. Alt Masseverbindlichkeit.[72] Für die Anwendung von § 55 Abs 2 Satz 2 muss dabei gelten, dass bei Inanspruchnahme der Arbeitsleistung durch den vorläufigen Insolvenzverwalter dieser auch die damit erwiesene Betriebstreue des Arbeitnehmers als Masseverbindlichkeit zu vergelten hat. Hat also im eben gebildeten Beispiel der vorläufige Insolvenzverwalter die Arbeitsleistung des Arbeitnehmers im September gemäß § 55 Abs 2 Satz 2 in Anspruch genommen, ist der September als weiterer Monat für die Zuordnung der Gratifikation zu den Masseverbindlichkeiten zu berücksichtigen, so dass insgesamt ein Drittel der Gratifikation Masseverbindlichkeit wird.

49 **dd) Anwesenheitsprämien.** Gegebenenfalls kann die arbeitgeberseitige Zahlung für die Anwesenheit am Arbeitsplatz geschuldet sein (vgl dazu § 4a EFZG). Auch wenn die Anwesenheitsprämie beispielsweise nur einmal jährlich anfällt, ist bei unterjähriger Insolvenz zu prüfen, welche Anwesenheitszeiten in die Zeit vor und welche in die Zeit nach Verfahrenseröffnung fallen.

50 **c) Annahmeverzugslohn, §§ 611 Abs 1, 615 Satz 1 BGB, und Entgelt für freigestellte Dienstverpflichtete.** Für den Anspruch auf Annahmeverzugslohn nach § 611 Abs 1, § 615 Satz 1 BGB gilt grundsätzlich dasselbe wie für Entgeltansprüche aus § 611 Abs 1 BGB, Rn 37 ff. Im Annahmeverzug des Dienstberechtigten (§§ 293 ff BGB) bleiben Entgeltansprüche aus § 611 Abs 1 BGB gemäß § 615 Satz 1 BGB erhalten. Für die zeitliche Zuordnung gilt danach: Soweit der Anspruch Zeiten betrifft, die vor Verfahrenseröffnung lagen, handelt es sich nach § 108 Abs 3, § 38 um Insolvenzforderungen. Ansprüche aus der Zeit danach sind gemäß § 55 Abs 1 Nr 2, 2. Alt InsO Masseverbindlichkeiten,

---

71 Beispiel gebildet nach BAG 18.1.2012 – 10 AZR 667/10, NZA 2012, 620.

72 Übrigens ergibt sich aus diesem Beispiel, dass es noch einen weiteren Grund gibt, die obiter dicta des BAG in Frage zu stellen. Es existieren nämlich häufig Fälle, in denen der Arbeitgeber Vertragsklauseln formuliert, welche die Gratifikationen auch als Betriebstreuevergeltung ausgestalten sollen. Im Fall von AGB-Rechtsverstößen weist dann die Rechtsprechung diesen Gratifikationen zugunsten der Arbeitnehmer aber Entgeltcharakter zu (so geschehen in BAG 18.1.2012 – 10 AZR 612/10, NZA 2012, 561; s dazu ErfK/*Preis* § 611 BGB Rn 528; vgl auch den Fall, in dem eine reine Betriebstreuegratifikation rechtmäßig ausgestaltet war, in BAG 18.1.2012 – 10 AZR 612/10, NZA 2012, 561). Eine solche Umdeutung würde sich, wenn man die obiter dicta des BAG zugrunde legte – zulasten des Arbeitnehmers auswirken. Dieser würde in Fällen, in denen der Entstehungszeitpunkt in die Zeit nach Verfahrenseröffnung fällt, der Bezugszeitraum aber (teilweise) davor liegt, durch die AGB-rechtliche Änderung der Betriebstreueprämie in ein Entgelt Masseansprüche verlieren.

und zwar unabhängig davon, ob die fehlende Inanspruchnahme der Leistung bereits durch den Schuldner oder erst später durch den Verwalter veranlasst ist.[73] Die Sonderregelung des § 55 Abs 2 Satz 2 InsO, welche auch für Zeiten vor Verfahrenseröffnung Masseverbindlichkeiten anordnet, wenn der vorläufige Insolvenzverwalter Leistungen „in Anspruch genommen hat", kann im Annahmeverzug nicht angewandt werden – hier hat der Dienstverpflichtete ja gerade nicht geleistet. Anders ist es bei § 55 Abs 2 Satz 1. Wenn der „starke" vorläufige Insolvenzverwalter oder der entsprechend befugte „halbstarke" vorläufige Insolvenzverwalter den Arbeitsvertrag geschlossen und die Leistung dann nicht in Anspruch genommen hat, ist der Annahmeverzugslohn Masseverbindlichkeit.

Haben der Dienstverpflichtete, insbesondere der Arbeitnehmer, und der Dienstberech- **51**
tigte wirksam vereinbart, dass der Dienstverpflichtete – beispielsweise gegen Ende des bereits gekündigten Arbeitsverhältnisses – **entgeltlich freigestellt** ist, gilt dieselbe Zuordnungsregel. Soweit der Entgeltanspruch Zeiten betrifft, die vor Verfahrenseröffnung lagen, handelt es sich um Insolvenzforderungen, und soweit Ansprüche aus der Zeit danach oder gemäß § 55 Abs 2 Satz 1 befugtermaßen vom vorläufigen Insolvenzverwalter begründete Ansprüche betroffen sind, handelt es sich um Masseverbindlichkeiten, und zwar unabhängig davon, ob die Freistellungsvereinbarung bereits vom Schuldner oder erst später vom Verwalter geschlossen wurde.[74] Im ersteren Fall sind freilich gegebenenfalls Anfechtungsregeln zu prüfen, etwa nach § 134 (vgl Rn 97 ff). Die Sonderregelung des § 55 Abs 2 Satz 2 InsO, welche auch für Zeiten vor Verfahrenseröffnung Masseverbindlichkeiten anordnet, kann in dieser Situation naturgemäß nicht angewandt werden.

d) Zeitwertkonten iSd §§ 7b ff SGB IV. Die Arbeitsvertragsparteien können die **52**
Führung von Zeitwertkonten mit Wertguthaben iSd §§ 7b ff SGB IV durch den Arbeitgeber vereinbart haben. Eine solche Vereinbarung bewirkt, dass der Entgeltanspruch des Arbeitnehmers aus § 611 Abs 1 BGB (in Abweichung von § 614 BGB) später fällig wird. Soweit über das Vermögen des Arbeitgebers das Insolvenzverfahren eröffnet wird, gelten dann zunächst die dargestellten Regeln, nach denen dasjenige, was der Arbeitnehmer vor Verfahrenseröffnung und nicht unter Geltung von § 55 Abs 2 „erdient" hat, Insolvenzforderung nach § 108 Abs 3, § 38 wird. Das Fälligkeitsdatum spielt keine Rolle.

Gemäß § 7e SGB IV ist der Arbeitgeber verpflichtet, einen eigenen Insolvenzschutz **53**
für Zeitwertkonten bereitzuhalten.[75] Die Vorschrift ist eine Reaktion auf den bisher nur geringen Ausfallschutz.[76] Soweit das Zeitwertguthaben höher ist als die monatliche Bezugsgröße (bzw höher als ein tarifvertraglich gemäß § 7e Abs 1 Satz 2 SGB IV festgesetzter Betrag) und sein Ausfall nicht mehr durch Insolvenzgeld gedeckt ist (§§ 165 ff SGB III, dazu Rn 309 ff), besteht die Verpflichtung des Arbeitgebers zur Insolvenzvorsorge.

---

[73] BAG 22.10.2009 – 8 AZR 766/08, ZIP 2010, 849; BAG 19.7.2007 – 6 AZR 1087/06, ZIP 2007, 2173; BAG 19.1.2006 – 6 AZR 529/04, ZIP 2006, 1366; BAG 19.10.2004 – 9 AZR 645/03, NZA 2005, 527; LAG Köln 30.7.2001 – 2 Sa 1457/00, ZIP 2002, 181; KR/*Weigand* § 113 InsO Rn 103; vgl auch ArbG Herford 18.6.2012 – 1 Ca 1361/11, ZInsO 2012, 1362.

[74] LAG Köln 16.4.2010 – 10 Sa 981/09 [juris]; dabei liegt auch bei einverständlicher Freistellung im Rahmen von „Kurzarbeit Null" stets ein Arbeitsverhältnis vor, s BAG 24.1.2013 – 2 AZR 453/11, NZA 2013, 959.

[75] S näher *Jacobsen* ZTR 2009, 115 (118 f); *Cisch/Ulbrich* BB 2009, 550 (553 ff); *Ulbrich/Rihn* DB 2009, 1466 (1469 f); *Schlegel* juris Praxisreport Sozialrecht 3/2009 Anm 4.

[76] Zum alten Recht BAG 13.2.2007 – 9 AZR 106/06, NZA 2008, 121; BSG 17.4.2007 – B 5 R 16/06 R, SGB 2008, 303 ff m Anm *Rolfs*. Vgl auch die Übergangsvorschrift des § 116 Abs 3 SGB IV.

Zu diesem Zweck muss das Guthaben auf einen Treuhänder übertragen oder in sonstiger Weise aus dem Vermögen des Arbeitgebers sowie der mit ihm verbundenen Unternehmen herausgelöst und anderweitig sicher untergebracht werden. Alternative Insolvenzsicherungsmodelle, etwa durch Bürgschaften, sind zugelassen. Die Einhaltung der Insolvenzschutzregeln wird von der Rentenversicherung überwacht.[77]

54 Bei Kapitalgesellschaften greift im Fall ihrer Verletzung die persönliche Haftung der organschaftlichen Vertreter aus vermutetem Verschulden nach § 7e Abs 7 SGB IV. Freilich ist diese Haftungsnorm nur insoweit anwendbar, als tatsächlich von § 7e SGB IV erfasste Zeitwertkonten gegeben sind (vgl zur Haftung wegen Nichtsicherung von Altersteilzeitguthaben § 113 Rn 32). Problematisch ist dies, wenn bei der Einrichtung der Zeitwertkonten nicht alle Vorgaben nach § 7b SGB IV erfüllt wurden. Nach dem Schutzzweck des § 7e Abs 7 SGB IV ist in dieser Situation zu unterscheiden. Eine Haftung ist dann anzunehmen, wenn das Schriftformerfordernis des § 7b Nr 1 SGB IV unbeachtet geblieben ist. Dieses hat ausschließlich Dokumentationsfunktion zugunsten des Arbeitnehmers, so dass seine Missachtung nicht zu einer Haftungserleichterung führen darf. Andererseits haben die weiteren Erfordernisse des § 7b SGB IV die Aufgabe, Zeitwertkonten erst ab Überschreitung bestimmter Schwellenwerte zu erfassen und sie zudem von anderen – ebenfalls arbeitsrechtlich zulässigen – Instrumenten abzugrenzen, wie etwa Gleitzeit- oder Flexikonten (§ 7b Nr 2 SGB IV).[78] Wenn sie nicht erfüllt sind, findet auch die Haftungsvorschrift des § 7e Abs 7 SGB IV keine Anwendung. Dennoch kann hier – wie auch sonst, neben § 7e Abs 7 SGB IV – die persönliche Haftung des Organs aus anderen Gründen einschlägig sein, etwa aus § 311 Abs 3, § 280 Abs 1 BGB, sowie bei vorsätzlicher unzutreffender Vorspiegelung von Insolvenzsicherung § 823 Abs 2 BGB iVm §§ 14, 263 bzw 266 StGB sowie § 826 BGB.[79]

55 e) **Altersteilzeitguthaben.** S zur insolvenzrechtlichen Einordnung von Altersteilzeitguthaben § 113, Rn 24 ff.

2. Urlaubsansprüche

56 Nach der BAG-Rechtsprechung sind Urlaubsansprüche, auch wenn sie Kalenderjahre vor Verfahrenseröffnung betreffen, stets vom Insolvenzverwalter zu erfüllen. Sie lassen sich demnach nicht einem bestimmten Zeitraum zuordnen, also insbesondere nicht gemäß § 108 Abs 3 dem Zeitraum vor Verfahrenseröffnung. Diese Grundsätze bezieht die Rechtsprechung auch auf Ansprüche auf Urlaubsgeld, wobei diese aber nicht nur als solche bezeichnet sein dürfen, sondern tatsächlich vom Bestand des Urlaubsanspruchs abhängig sein müssen. Selbiges gilt für Ansprüche auf Urlaubsabgeltung und auch für Ansprüche auf den sekundären Schadensersatzanspruch, der bei nicht gewährtem und nicht mehr gewährbarem Urlaub geschuldet wird.[80]

---

[77] Dazu *Schlegel* juris Praxisreport Sozialrecht 3/2009 Anm 4 f; *Hanau/Veit* NJW 2009, 182 (185 f); *Rolfs/Witschen* NZS 2009, 295 (299).

[78] S zur Abgrenzung *Rolfs/Witschen* NZS 2009, 295 (296).

[79] So zur früheren Rechtslage unter Geltung von § 7d SGB IV aF BAG 12.4.2011 – 9 AZR 229/10, NZA 2011, 1350; BAG 12.4.2011 – 9 AZR 36/10 AP Nr 4 zu § 7d SGB IV (red. Leitsatz) [juris]; BAG 16.8.2005 – 9 AZR 79/05, NZA 2006, 1057; BAG 13.2.2007 – 9 AZR 207/06, NZA 2007, 878; BAG 13.2.2007 – 9 AZR 106/06, NZA 2008, 121; BAG 21.11.2006 – 9 AZR 206/06, NZA 2007, 693; zu einer noch älteren Fassung von § 7d SGB IV BAG 16.8.2005 – 9 AZR 470/04, NZA 2006, 1052.

[80] BAG 21.11.2006 – 9 AZR 97/06, NZA 2007, 696; BAG 25.3.2003 – 9 AZR 174/02, NZA 2004, 43; BAG 18.11.2003 – 9 AZR 95/03, NZA 2004, 651; BAG 18.11.2003 – 9 AZR

3. Abfindungsansprüche

Abfindungsansprüche aus Auflösungsverträgen, Auflösungsvergleichen oder entsprechenden tarifvertraglichen Regelungen entgelten nicht – vor oder nach Verfahrenseröffnung geleistete – Arbeitsleistungen, so dass eine Zuweisung gemäß § 108 Abs 3 zu Zeiten davor und danach nicht möglich ist. Vielmehr handelt es sich erstens um Ausgleiche für Nachteile, welche durch den Verlust des Arbeitsplatzes entstehen; zweitens honorieren sie die Zustimmung des Arbeitnehmers zur vorzeitigen Vertragsauflösung. Deswegen stellen **Abfindungsansprüche, die vor Insolvenzeröffnung vereinbart wurden, Insolvenzforderungen** dar, und zwar auch, wenn sie gemäß Vereinbarung erst zu einem Zeitpunkt entstehen, der nach demjenigen der Verfahrenseröffnung liegt.[81] Das gilt nach der Rechtsprechung selbst dann, wenn die (im entschiedenen Fall: tarifvertragliche) Rechtsgrundlage der Abfindung noch durch den Schuldner geschaffen wurde, und der (weiterhin tarifgebundene, s Rn 147 ff) Insolvenzverwalter die den Anspruch auslösenden Kündigungen ausspricht – hier sieht das BAG richtigerweise die Voraussetzungen weder von § 55 Abs 1 Nr 1 Alt 1 noch von § 55 Abs 1 Nr 2 als erfüllt an.[82] Demnach ist es auch gleichgültig, ob das vereinbarte Auszahlungsdatum für die Abfindung vor dem Zeitpunkt des Ausscheidens eines Arbeitnehmers liegt.[83] Erst **wenn der diesbezüglich befugte vorläufige Insolvenzverwalter oder später der Insolvenzverwalter die Abfindung vereinbart hat,** handelt es sich gemäß § 55 Abs 2 Satz 1 bzw § 55 Abs 1 Nr 1 Alt 1 um eine **Masseverbindlichkeit.** 57

Dies führt in der Praxis zu Schwierigkeiten, weil Arbeitsvertragsparteien außerhalb eines Insolvenzkontexts oft – aus steuerlichen Gründen – die Auszahlung von Abfindungen verzögern möchten. Wenn zugunsten des Arbeitnehmers das arbeitgeberseitige Insolvenzrisiko eliminiert werden soll, kann der Arbeitgeber ein **Anderkonto** einrichten, auf welchem er treuhänderisch die Summe **für den Arbeitnehmer** hält, die dieser im Fall der Insolvenz nach § 47 aussondern kann.[84] Möglich ist auch die Zahlung durch den Arbeitgeber an einen **Treuhänder des Arbeitnehmers**, der die Abfindungssumme zum vereinbarten Zeitpunkt an den Arbeitnehmer auszahlt.[85] Jedoch wird der Zweck der Insolvenz- 58

347/03, DZWIR 2004, 460, BAG 15.2.2005 – 9 AZR 78/04, NZA 2005, 1124; BAG 21.6.2005 – 9 AZR 295/04, AP InsO § 55 Nr 12; BAG 15.6.2004 – 9 AZR 431/03, NZA 2005, 354.

81 BAG 27.9.2007 – 6 AZR 975/06, NZA 2009, 89; BAG 19.7.2007 – 6 AZR 1087/06, ZIP 2007, 2173; BAG 27.10.1998 – 1 AZR 94/98, AP KO § 61 Nr 29; BAG 6.12.1984 – 2 AZR 348/81, NZA 1985, 1724; KR/*Weigand* § 113 InsO Rn 101, 104; MünchKomm/*Hefermehl* InsO § 55 Rn 181.

82 BAG 27.4.2006 – 6 AZR 364/05, NZA 2006, 1282 (sog Bundesdruckerei-Entscheidung). S auch BAG 21.2.2013 – 6 AZR 406/11, NZA 2013, 743.

83 BAG 27.9.2007 – 6 AZR 975/06, NZA 2009, 89.

84 In diesem Sinne LAG Düsseldorf 18.1.2007 – 5 (8) Sa 1023/06, LAGE InsO § 47 Nr 2; s allgemein BGH 7.7.2005 – III ZR 422/04, ZIP 2005, 1465.

85 In diesem Sinne BAG 21.2.2008 – 6 AZR 273/07, NZA 2009, 105; BAG 21.2.2008 – 6 AZR 281/07 [juris] (s in beiden Entscheidungen auch zur fehlenden Anfechtbarkeit der Ausschüttung im Fall der Insolvenz des Abfindungsschuldners). S zur (im entschiedenen Fall fehlenden) Anwaltshaftung, wenn dieser dem Betriebsrat bei der Verhandlung von Abfindungsregelungen nicht zu einem Treuhandmodell geraten hat BAG 24.8.2006 – 8 AZR 414/05, NZA 2007, 51, sowie dazu die Vorinstanz LAG München 16.6.2005 – 4 Sa 1391/04 [juris]. Eine andere Frage ist, ob mit diesen Lösungen die erwünschten steuerlichen Effekte erreicht werden, die meist darin liegen, dass der Abfindungsbetrag für den Arbeitnehmer erst im Auszahlungskalenderjahr steuerbar wird, womit häufig Progressionsvorteile verbunden sind. Das ist wohl zu bejahen. Generell geht die Rspr davon aus, dass beim Einsatz von Anwalts- oder Notaranderkonten, wenn der

sicherung nicht erreicht, wenn der Arbeitgeber die Summe nur **hinterlegt.**[86] Auch die Zahlung auf ein **besonderes**, für den Abfindungszweck angelegtes **Konto** genügt nicht, wenn der Arbeitgeber selbst Inhaber des Kontos ist.[87]

59 Deshalb entstehen auch keine Masseforderungen bzw Aussonderungsmöglichkeiten, wenn der **Arbeitgeber selbst oder ein Dritter für ihn** ein **Anderkonto** eingerichtet hat, aus welchem im Fall von Zahlungsschwierigkeiten Mittel zugunsten des abfindungsberechtigten Arbeitnehmers geleistet werden sollen. Solange das Guthaben dem Arbeitnehmer nicht selbst zusteht, ist ein solches Kontovermögen (gegebenenfalls nach Freigabe durch den Dritten) der Masse zuzuordnen. Das hat dann die Folge, dass nach den oben beschriebenen allgemeinen Regeln Forderungen, die auf die Zeit vor Verfahrenseröffnung fallen, als Insolvenzforderungen einzuordnen sind, und Forderungen aus der Zeit danach als Masseverbindlichkeiten. Wenn die betreffenden Abfindungsvereinbarungen noch vor Verfahrenseröffnung getroffen wurden und die betreffenden Arbeitsplätze nach Verfahrenseröffnung wegfallen, bleibt es demnach bei der Einordnung als Insolvenzforderungen.[88] Nur Abfindungsbestandteile, welche der Arbeitnehmer gegebenenfalls in der Zeit der Insolvenzverwaltung anspart, entfallen auf die Zeit nach Verfahrenseröffnung und sind demnach gemäß § 55 Abs 1 Nr 2 als Masseverbindlichkeiten einzuordnen. Dasselbe gilt, wenn sie angespart wurden in Zeiten der tatsächlichen Inanspruchnahme der Dienstleistung durch den vorläufigen Insolvenzverwalter nach § 55 Abs 2 Satz 2.[89]

60 Im Fall des **Abfindungsanspruchs aus § 1a KSchG** gilt prinzipiell dasselbe, auch wenn dieser aufgrund rechtsgeschäftlicher Erklärung des Arbeitgebers kraft Gesetzes entsteht, ohne dass der Arbeitnehmer hierzu rechtsgeschäftlich beiträgt. Deshalb ist der Abfindungsanspruch nach § 1a KSchG eine Insolvenzforderung nicht nur dann, wenn der Arbeitnehmer schon vor Verfahrenseröffnung aus dem Arbeitsverhältnis ausgeschieden ist und der Zeitraum der Klageerhebung nach §§ 4, 7 KSchG vorher abgelaufen ist (sollte Arbeitnehmer aufgrund Täuschung durch den Schuldner von der Klageerhebung abgesehen haben, kann er die Zulassung der Kündigungsschutzklage nach §§ 5 f KSchG beantragen).[90] Eine Insolvenzforderung ist ebenfalls gegeben, wenn die Kündigung vom späteren Schuldner vor Verfahrenseröffnung ausgesprochen wurde und das Arbeitsverhältnis

---

Gläubiger keinen freien Zugriff auf sie hat, nach dem Zuflussprinzip die Steuerbarkeit erst im Zeitpunkt der Auszahlungsreife vom Konto an den Gläubiger (und nicht bereits im Zeitpunkt der Zahlung auf dieses Konto) eintritt, FG Hamburg 21.4.2009 – 2 K 231/08, EFG 2009, 1642; in diesem Sinne auch OLG Köln 12.8.2010 – 8 U 11/09, Rn 66–70 [juris], unter Verweis auf BFH 30.1.1986 – IV R 125/83, BFHE 146, 59 = DB 1986, 1053. Vgl zur Anwendung des Zuflussprinzips bei Abfindungszahlungen BFH 28.9.2005 – XI B 82/04, B FH/NV 2006, 520 mwN. Bei alledem empfiehlt es sich, in der Anfindungsvereinbarung die Zahlung vor Jahreswechsel als nicht tilgungswirksam und sofort rückrufbar auszuschließen, damit der vor Fälligkeit zahlende Arbeitgeber dem Arbeitnehmer nicht durch verfrühte Leistung Steuerschaden zufügen kann.

[86] LAG Düsseldorf 18.1.2007 – 5 (8) Sa 1023/06, LAGE InsO § 47 Nr 2.

[87] BAG 24.9.2003 – 10 AZR 640/02, NZA 2004, 980; vgl auch zur Vermögenszuordnung bei Versorgungsverträgen, für welche der Masse ein Widerrufsrecht zusteht, BAG 8.6.1999 – 3 AZR 136/98, NZA 1999, 1103; Beispielsfälle zur Wirksamkeit bei Treuhandschaft eines Dritten sind dagegen BAG 21.2.2008 – 6 AZR 273/07, NZA 2009, 105; BAG 21.2.2008 – 6 AZR 281/07 [juris].

[88] BAG 19.7.2007 – 6 AZR 1087/06, ZIP 2007, 2173.

[89] BAG 19.7.2007 – 6 AZR 1087/06, ZIP 2007, 2173.

[90] *Stiller* NZI 2005, 77; KR/*Weigand* § 113 InsO Rn 103a.

erst danach endet.[91] Dies ergibt sich daraus, dass die Abfindungsleistung nach § 1a KSchG ebenso wie andere vom Schuldner veranlasste Abfindungsverbindlichkeiten[92] nicht als Gegenleistungen für nach Verfahrenseröffnung erbrachte Dienste eingeordnet werden kann. Wenn dagegen der **Insolvenzverwalter** oder der hierzu nach § 55 Abs 2 Satz 1 befugte **vorläufige Insolvenzverwalter die Kündigung mit Abfindungsankündigung nach § 1a KSchG erklärt hat,** ist der Abfindungsanspruch Masseschuld nach § 55 Abs 1 Nr 1.[93]

Wird ein Kündigungsschutzprozess nach Verfahrenseröffnung gegen den Insolvenzverwalter fortgesetzt und schließt dieser dann mit dem Arbeitnehmer einen **Abfindungsvergleich,** handelt es sich demnach bei dem Abfindungsanspruch um eine Masseschuld.[94] Hier hat der Verwalter nach § 55 Abs 1 Nr 1 die betreffende Verbindlichkeit begründet. Teils wird die Ansicht vertreten, es bestehe eine Masseverbindlichkeit auch dann, wenn der Schuldner einen **Abfindungsvergleich mit Widerrufsvorbehalt** geschlossen hat und dann – nach zwischenzeitlicher Verfahrenseröffnung – der Verwalter nicht widerruft.[95] Dem ist zu widersprechen, weil gerade in der Nichtäußerung keine Willenserklärung des Verwalters gesehen werden kann, es somit an einer Begründung einer Verbindlichkeit durch den Verwalter iSd § 55 Abs 1 Nr 1 mangelt. **61**

Hat der Insolvenzverwalter eine Kündigung ausgesprochen und wird er dann – auf eigenen Antrag oder auf Arbeitnehmerantrag – **nach §§ 9, 10 KSchG zur Abfindungszahlung verurteilt,** liegt eine Masseverbindlichkeit vor. Umgekehrt ist eine Insolvenzforderung gegeben, wenn noch der Schuldner verurteilt wurde.[96] Das muss auch dann gelten, wenn die Fälligkeit der Abfindungsforderung erst nach Verfahrenseröffnung eintreten sollte. Des Weiteren ist der Fall denkbar, dass der Prozess noch vom Schuldner geführt wurde, aber der Insolvenzverwalter nach Insolvenzverfahrenseröffnung sowie Aufnahme des Prozesses gemäß § 240 ZPO, § 86 den Auflösungsantrag gestellt hat und zur Abfindungszahlung nach §§ 9, 10 KSchG verurteilt wird. Hier liegt eine Masseverbindlichkeit vor, weil der Verwalter mit seinem Auflösungsantrag die betreffende Verbindlichkeit iSd § 55 Abs 1 Nr 1 begründet hat.[97] Anders liegt es aber, wenn der betreffende Antrag vom Arbeitnehmer gestellt wurde. In diesem Fall muss meines Erachtens danach unterschieden werden, ob die Unzumutbarkeit der Fortsetzung des Arbeitsverhältnisses iSd § 9 Abs 1 Satz 1 KSchG bereits vom Verwalter (mit-)veranlasst wurde oder nur vom Schuldner. Nur im ersteren Fall kann, nachdem der Verwalter auch den Klageabweisungsantrag gegen die Kündigungsschutzklage weiter aufrechterhalten hat, dessen **62**

---

[91] *Stiller* NZI 2005, 77; aA KR/*Weigand* § 113 InsO Rn 103a.

[92] BAG 27.9.2007 – 6 AZR 975/06, NZA 2009, 89; BAG 27.10.1998 – 1 AZR 94/98, AP KO § 61 Nr 29; BAG 6.12.1984 – 2 AZR 348/81, AP KO § 61 Nr 14; KR/*Weigand* § 113 InsO Rn 101; MünchKomm/*Hefermehl* InsO § 55 Rn 181.

[93] *Stiller* NZI 2005, 77; KR/*Weigand* § 113 InsO Rn 103a.

[94] BAG 12.6.2002 – 10 AZR 180/01, NZA 2002, 974 (noch zur KO, aber mit ausdrücklichem Bezug auch auf die damals noch relativ neue InsO, bestätigt in BAG 27.4.2006 – 6 AZR 364/05, NZA 2006, 1282); dies ergibt sich mittelbar auch aus BAG 1.6.2006 – 6 AZR 59/06, NZA 2007, 94; ebenso KR/*Weigand* § 113 InsO Rn 105.

[95] KR/*Weigand* § 113 InsO Rn 105; neutral hierzu BAG 12.6.2002 – 10 AZR 180/01, NZA 2002, 974.

[96] BAG 6.12.1984 – 2 AZR 348/81, NZA 1985, 1724, bestätigt in BAG 27.4.2006 – 6 AZR 364/05, NZA 2006, 1282.

[97] LG Detmold 12.2.1997 – 2 T 440/96, NZA-RR 1998, 120; Kittner/Däubler/Zwanziger/*Zwanziger* § 10 KSchG Rn 34; Löwisch/Spinner § 10 Rn 24; neutral hierzu BAG 12.6.2002 – 10 AZR 180/01, NZA 2002, 974; tendenziell in diesem Sinne wohl BAG 27.4.2006 – 6 AZR 364/05, NZA 2006, 1282.

Verantwortung für die Auflösung und damit auch die Haftung der Masse für die Abfindungsleistung angenommen werden.[98]

63 Entsprechendes gilt für den **Schadensersatzanspruch aus § 628 Abs 2 BGB** (s für das Seearbeitsrecht § 89 SeeArbG). Kündigt der Arbeitnehmer fristlos aus vom Arbeitgeber zu vertretenden Gründen (etwa wegen dessen Entgeltverzugs), so ist der Anspruch aus § 628 Abs 2 BGB, wenn später das Insolvenzverfahren eröffnet wird, Insolvenzforderung.[99] Nur wenn nach Verfahrenseröffnung der Insolvenzverwalter selbst durch vertragswidriges Verhalten die Kündigung veranlasst hat, besteht eine Masseverbindlichkeit.

64 Probleme ergeben sich in Fällen der **Masseunzulänglichkeit** nach § 208. Soweit hier (idR nach Maßgabe von § 209 Abs 1 Nr 3) der zugesagte Abfindungsbetrag reduziert wird oder entfällt, kommt eine persönliche Haftung des Insolvenzverwalters gemäß §§ 60, 61 in Betracht (s näher Rn 282 ff).

4. Ansprüche aus Sozialplänen und Ansprüche auf Nachteilsausgleich

65 Für Sozialplanansprüche ist zu unterscheiden zwischen Sozialplänen, die vor Verfahrenseröffnung geschlossen wurden, und Sozialplänen, die danach geschlossen wurden.

66 a) **Ansprüche aus Sozialplänen, die vor Verfahrenseröffnung geschlossen wurden.** Ansprüche aus Sozialplänen, die vor Verfahrenseröffnung geschlossen wurden, sind laut Rechtsprechung des BAG **in der Regel** (Ausnahme Rn 68) **Insolvenzforderungen** nach § 38, die gemäß §§ 174 ff zur Tabelle anzumelden sind, und zwar unabhängig davon, ob die betreffenden Sozialpläne als insolvenznahe Sozialpläne gemäß § 124 Abs 1 widerrufen werden können oder nicht.[100] Das ist auch dann der Fall, wenn die Entstehung oder Fälligkeit des betreffenden Anspruchs erst in die Zeit nach Verfahrenseröffnung fällt.[101]

---

98 IdS auch KR/*Weigand* § 113 InsO Rn 106.

99 BAG 13.8.1980 – 5 AZR 588/78, ZIP 1980, 1067; ArbG Herford 26.2.2004 – 1 Ca 1686/03, DZWIR 2004, 196; KR/*Weigand* § 113 InsO Rn 91; vgl auch BAG 25.4.2007 – 6 AZR 622/06, ZIP 2007, 1875 = AP InsO § 113 Nr 23; BAG 26.7.2007 – 8 AZR 796/06, NZA 2007, 186. Die Höhe der Insolvenzforderung, bei deren Bemessung sich die Rechtsprechung an §§ 9, 10 KSchG orientiert, ist dabei nicht durch die verkürzte Kündigungsfrist des § 113 begrenzt, so zutreffend ArbG Herford aaO. Vgl zur Nichtgeltung von § 628 Abs 2 BGB für einen Aufhebungsvertrag (hier mit dem Insolvenzverwalter), wenn der Anspruch nicht vorbehalten wurde, LAG Hessen 10.4.2006 – 17 Sa 1432/05 [juris]. Teilweise **aA** FK/*Eisenbeis* InsO § 113 Rn 95 ff mwN, der ohne Differenzierung zwischen vom Schuldner und vom Insolvenzverwalter gegebenem Kündigungsanlass für das Bestehen einer Masseverbindlichkeit plädiert.

100 Für nicht gemäß § 124 Abs 1 widerrufbare „Altsozialpläne" BAG 6.8.2002 – 1 AZR 247/01, NZA 2003, 449; MünchKomm/*Caspers* InsO § 124 Rn 26. Für gemäß § 124 Abs 1 widerrufbare Sozialpläne BAG 31.7.2002 – 10 AZR 275/01, ZIP 2002, 2051 = NZA 2002, 1332 mwN zur damaligen Diskussion. Seinerzeit hatten sich viele – gegen den Gesetzeswortlaut – für eine Privilegierung von Ansprüchen aus nicht widerrufenen insolvenznahen Sozialplänen mit der Begründung ausgesprochen, der „Nichtwiderruf" des Sozialplans sei eine von § 55 Abs 1 Nr 1 erfasste „Handlung" des Insolvenzverwalters, und die Sozialpläne könnten ohnehin nach § 124 widerrufen werden, so etwa *Lakies*, BB 1999 206 (210); *Warrikoff* BB 1994, 2338 (2344); *Kania* DStR 1996, 832 (836). Heute hat sich die überwiegende Ansicht dem BAG angeschlossen, s etwa KR/*Weigand* § 113 InsO Rn 107; *Zwanziger* § 124 Rn 13 ff. S entsprechend zur Rechtslage unter Geltung der KO und des SozPlanKonkG BAG 27.10.1998 – 1 AZR 94/98, NZA 1999, 719.

101 BAG 6.8.2002 – 1 AZR 247/01, NZA 2003, 449; ebenso MünchKomm/*Caspers* InsO § 124 Rn 26, der zutreffend auf die entsprechende Einordnung von Abfindungsforde-

Hieran ändert sich nichts, wenn der Schuldner den Sozialplan mit Zustimmung des vorläufigen Insolvenzverwalters geschlossen hat (zum Sozialplan des „starken" vorläufigen Insolvenzverwalters sogleich unter Rn 72 ff). Bei alledem kann, wie gesagt, ein vor Verfahrenseröffnung geschlossener Sozialplan, wenn er nicht früher als drei Monate vor Antragstellung aufgestellt wurde, nach Maßgabe von § 124 widerrufen werden.

Der Rechtsprechung ist zuzustimmen. Aus den §§ 123 f ergibt sich, dass vom Schuldner durch den Sozialplanabschluss verursachte Lasten – entgegen dem Grundprinzip der Kontinuität dienstvertraglicher Verbindlichkeiten nach § 108 Abs 1 Satz 1 – nicht in die Insolvenz hinein wirken sollen. Für insolvenznahe Sozialpläne besteht vielmehr nach § 124 die Möglichkeit für beide Betriebsparteien, sie durch Widerruf zu beseitigen, um dann einen neuen, der Insolvenzlage uU angepassten Sozialplan zu fassen, der, weil er vom Insolvenzverwalter mit abgeschlossen wurde, gemäß § 123 Abs 2 Satz 1 Masseverbindlichkeiten schafft. Wollte man dagegen alte Sozialplanforderungen ganz oder teilweise als Masseverbindlichkeiten einordnen, würde dieses Prinzip der Neuverhandlung unterlaufen und zu einer sachlich nicht gerechtfertigten und vom Gesetzgeber nicht intendierten Besserstellung solcher Sozialpläne gegenüber im Insolvenzverfahren abgeschlossenen Sozialplänen führen.[102] 67

Eine **Ausnahme** ergibt sich für **Sozialpläne mit so genannten Dauerregelungen**, welche die mit der Betriebsänderung einhergehenden wirtschaftlichen Nachteile durch laufende Leistungen ausgleichen (s dazu näher § 124, Rn 27, 30 f). Beispiele sind regelmäßig zu zahlende Ausgleichsleistungen für schlechtere Arbeitsbedingungen oder verkürzte Arbeitszeiten, Wegezeitvergütungen oder Ausbildungszuschüsse. Soweit die betreffenden Leistungen für die Zeit vor Verfahrenseröffnung zu erbringen sind, handelt es sich um Insolvenzforderungen nach § 38; soweit sie für die Zeit nach Verfahrenseröffnung zu erbringen sind, handelt es sich um Masseverbindlichkeiten iSd § 55 Abs 1 Nr 2.[103] Vgl zur Beendigung, insbesondere zur Kündigung solcher Sozialpläne § 124, Rn 27. 68

b) **Ansprüche aus Sozialplänen, die nach Verfahrenseröffnung geschlossen wurden.** Ist der Sozialplan nach Verfahrenseröffnung vom Insolvenzverwalter vereinbart worden, sind die in ihm begründeten Ansprüche **gemäß § 123 Abs 2 Satz 1 Masseverbindlichkeiten** nach § 53.[104] Weil das Gesetz auf den Zeitpunkt des Sozialplanabschlusses abstellt, ist unerheblich, ob die dem Sozialplan zugrunde liegende Betriebsänderung iSd § 111 BetrVG vor oder nach Verfahrenseröffnung eingetreten ist.[105] Der Passus in § 123 Abs 1 von „der geplanten Betriebsänderung" bedeutet nicht, dass die Betriebsänderung zur Zeit der Sozialplanerstellung geplant oder vom Insolvenzverwalter intendiert sein muss, sondern meint lediglich, dass die zu mildernden wirtschaftlichen Nachteile auf der Betriebsänderung beruhen müssen, für welche der Sozialplan gilt. 69

Für Ansprüche aus Sozialplänen, die nach Verfahrenseröffnung geschlossen wurden, ist die Begrenzung auf zweieinhalb Monatsverdienste der entlassenen Arbeitnehmer 70

---

rungen aus Rationalisierungsschutztarifverträgen durch das BAG hinweist, BAG 27.4.2006 – 6 AZR 364/05, NZA 2006, 1282 (sog Bundesdruckerei-Entscheidung).

102 *Boemke/Tietze* DB 1999, 1389 ff, 1395; Braun/*Wolf* § 124 Rn 11; MünchKomm/*Caspers* InsO § 124 Rn 17.

103 MünchKomm/*Caspers* InsO § 124 Rn 27.

104 *Kowalski* KTS 2002, 261 (269); kritisch zur Einordnung als Masseverbindlichkeit *Häsemeyer* ZIP 2003, 229; *Adam* DZWIR 2009, 441 (443).

105 BAG 28.6.2012 – 6 AZR 682/10, NZA 2012, 1090 = AP InsO § 125 Nr 9 m Anm *Walker/Kürth*; LAG Hamm 30.4.2010 – 10 TaBV 7/10, ZIP 2010, 2315; MünchKomm/*Caspers* § 123 Rn 12 f; *Zwanziger* § 123 Rn 11.

(§ 123 Abs 1) sowie – wenn kein Insolvenzplan zustande kommt – die Begrenzung auf ein Drittel der Masse zu beachten (§ 123 Abs 2 Satz 2, 3), ebenso die Beschränkungen bei der Vollstreckung und die Sonderregeln zur Abschlagszahlung (§ 123 Abs 3). Aufgrund des Vollstreckungsverbots nach § 123 Abs 3 Satz 2 kann wegen der aus ihnen folgenden Ansprüche grundsätzlich nur Feststellungs- und nicht Leistungsklage erhoben werden.[106] Eine Ausnahme davon ist nur dann anzunehmen, wenn die Abschlags- oder Abschlusszahlung rechtswidrig zu gering oder komplett ausfällt, beispielsweise in Fällen der Ungleichbehandlung gleich leistungsberechtigter Arbeitnehmer.[107]

71 Zudem kann sich der Insolvenzverwalter auch **im Rahmen einer individualarbeitsrechtlichen Auflösungsvereinbarung** verpflichten, eine Abfindungsforderung aus einem Sozialplan **als Masseschuld** zu erfüllen. In diesem Fall handelt es sich aber nicht um die Anwendung von § 123 Abs 1 Satz 1, sondern um eine aufgrund § 55 Abs 1 Satz 1 Alt 1 vom Insolvenzverwalter in der Abfindungsvereinbarung begründete **eigene Verbindlichkeit**, deren Besonderheit darin liegt, dass mit ihr **gleichzeitig eine Insolvenzforderung** beglichen wird. Ebenso ist es möglich, dass sich der Insolvenzverwalter im Rahmen der Abfindungsvereinbarung verpflichtet, **neben** einer (möglicherweise bestehenden) Insolvenzforderung auch eine Abfindungszahlung aus der Masse zu leisten.[108]

72 Gesetzlich nicht ganz eindeutig geregelt ist der Fall, in dem der **Sozialplan vom** vorläufigen Insolvenzverwalter mit Verfügungsbefugnis gemäß § 21 Abs 2 Nr 2, § 22, also vom **„starken" vorläufigen Insolvenzverwalter** oder vom nach § 22 Abs 2 Satz 1 entsprechend befugten „halbstarken" vorläufigen Insolvenzverwalter geschlossen worden ist. Für diesen Sozialplan gilt das Widerrufsrecht nach § 124 Abs 1, weil dieses sämtliche vor Verfahrensantrag aufgestellte Sozialpläne erfasst, ohne Unterscheidung danach, wer sie geschlossen hat. Hier ergibt sich aus dem Gesetzeswortlaut, dass die damit begründeten Verbindlichkeiten von § 55 Abs 2 Satz 1 erfasst sind. Dem entsprechend sieht das BAG darin – in einem obiter dictum – **Masseverbindlichkeiten.**[109] Zwar könnte man sich auf den Standpunkt stellen, aus einem Gegenschluss zu § 123 Abs 2 Satz 1 folge, dass vor Verfahrenseröffnung aufgestellte Sozialpläne nur Insolvenzforderungen nach sich ziehen. Diese These ließe sich mit dem Charakter von § 123 Abs 2 Satz 1 als abschließender lex specialis gegenüber § 55 Abs 2 Satz 1 begründen, aus der sich ergibt, dass Sozialplanansprüche generell nur bei Abschluss nach Verfahrenseröffnung Masseverbindlichkeiten generieren können. Dagegen spricht aber zum einen, dass § 123 Abs 2 Satz 1 ausdrücklich enger formuliert ist, nämlich nur Sozialpläne aus der Zeit nach Verfahrenseröffnung nennt, und über andere schweigt. Dass dieses Schweigen eine Sperrwirkung gegenüber § 55 Abs 2 Satz 1 auslösen könnte, ist nicht ersichtlich, zumal der

---

[106] BAG 21.1.2010 – 6 AZR 785/08, ZIP 2010, 546; BAG 22.7.2010 – AZR 249/09, ZInsO 2010, 2193; BAG 31.7.2002 – 10 AZR 275/01, ZIP 2002, 2051 = NZA 2002. 1332; BAG 22.11.2005 – 1 AZR 458/04, NZA 2006, 220, s dort auch zur ausnahmsweisen Möglichkeit des Wechsels vom Leistungs- zum Feststellungsantrag in der Revisionsinstanz. Im Fall der Masseunzulänglichkeit kommt es nach § 123 Abs 2 Satz 2 nicht zu Auszahlungen, was sich aber bei (meist freilich nicht eintretenden) Vermögenszuflüssen zur Masse wieder ändern kann. Zur in diesem Fall unzulässigen Verjährungseinrede durch den Insolvenzverwalter ArbG Duisburg 5.6.2013 – 3 Ca 650/13, ZInsO 2013, 1369.

[107] So im Fall LAG Hamm 27.10.2005 – 4 Sa 1709/04 [juris] (die Entscheidung wird auch billigend zitiert in BAG 21.1.2010 – 6 AZR 785/08, ZIP 2010, 546).

[108] Vgl BAG 12.6.2002 – 10 AZR 323/01, KTS 2002, 750 = DZWIR 2002, 457.

[109] BAG 31.7.2002 – 10 AZR 275/01, NZA 2002, 1332; KR/*Weigand* § 113 InsO Rn 107.

Gesetzgeber diese Gesetzeslücke hätte ohne weiteres schließen können. Und zum anderen wird die Masse gegen zu stark belastende Sozialpläne ohnehin durch das Widerrufsrecht des § 124 geschützt. Der Insolvenzverwalter kann somit, wenn er die Kosten des vor Verfahrenseröffnung vom „starken" vorläufigen Insolvenzverwalter geschlossenen Sozialplans scheut, selbst den Sozialplan gemäß § 124 widerrufen. Damit löst er die Geltung von § 123 aus und aktiviert gleichzeitig auch die dort angeordneten Belastungsgrenzen. Ist er dagegen mit dem alten Sozialplan zufrieden (und widerruft auch der Betriebsrat nicht nach § 124), wird dieser auch nach Verfahrenseröffnung weiter gelten. Deshalb ist dem BAG zu folgen.

c) **Ansprüche auf Nachteilsausgleich, § 113 BetrVG.** Ansprüche auf Nachteilsausgleich nach § 113 BetrVG sind, wenn sie noch **vom Schuldner ausgelöst** wurden, einfache Insolvenzforderungen. Das gilt auch, wenn der Schuldner die Betriebsänderung ohne Versuch des Interessenausgleichs zu einer Zeit durchgeführt hat, in der bereits ein vorläufiger Insolvenzverwalter bestellt war und der Schuldner die Kündigungen in Absprache mit diesem und mit seiner Zustimmung erklärt hat.[110] Durchgeführt wird eine geplante Betriebsänderung ab dem Zeitpunkt, in welchem der Arbeitgeber mit ihr beginnt und damit vollendete Tatsachen schafft.[111] Die Einstellung der betrieblichen Tätigkeit als solche ist noch keine Betriebsänderung iSd § 111 BetrVG. Insbesondere zur Betriebsstilllegung iSd § 111 Satz 3 Nr 1 BetrVG kommt es erst, wenn beispielsweise der Insolvenzverwalter durch Veräußerung von Betriebsmitteln die betriebliche Organisation aufzulösen beginnt, s § 121 Rn 3.[112] **73**

Der Nachteilsausgleichsanspruch ist auch dann einfache Insolvenzforderung, wenn die betreffende **Kündigung noch vom Schuldner ausgesprochen** wurde, das Arbeitsverhältnis mit Ablauf der Kündigungsfrist aber erst nach Verfahrenseröffnung endet – auch hier ist es der Schuldner, der die Betriebsänderung durchgeführt hat, und nicht der Insolvenzverwalter.[113] **74**

Führt dagegen der **Insolvenzverwalter** nach Eröffnung des Insolvenzverfahrens eine Betriebsänderung unter ungerechtfertigter Abweichung von einem gültigen Interessenausgleich durch (§ 113 Abs 1 BetrVG) oder nimmt der Insolvenzverwalter eine Betriebsänderung vor, ohne einen Interessenausgleich mit dem Betriebsrat versucht zu haben (§ 113 Abs 3 BetrVG), sind die daraus resultierenden Nachteilsausgleichsansprüche **Masseverbindlichkeiten.** Bei Verletzung der genannten Pflichten durch den Insolvenzverwalter trifft die Masse die Verpflichtung zur Leistung von Nachteilsausgleich nach § 113 BetrVG. Die Masseverbindlichkeit ist dabei auch nicht analog § 123 Abs 1 auf zweieinhalb Monatsverdienste beschränkt.[114] **75**

Freilich dürfte im Fall der Durchführung einer Betriebsänderung durch den Insolvenzverwalter, bei welcher dieser gegen einen vom Schuldner vereinbarten Interessenausgleich **76**

---

110 BAG 4.12.2002 – 10 AZR 16/02, NZA 2003, 665; KR/*Weigand* § 113 InsO Rn 78, 107.

111 BAG 22.7.2003, 1 AZR 541/02, NZA 2004, 93; BAG 4.12.2002 – 10 AZR 16/02, NZA 2003, 665; BAG 30.5.2006 – 1 AZR 25/05, NZA 2006, 1122.

112 BAG 30.5.2006 – 1 AZR 25/05, NZA 2006, 1122; LAG Köln 28.1.2010 – 7 Sa 801/09, ZInsO 2010, 2339.

113 BAG 8.4.2003 – 2 AZR 15/02, ZIP 2003, 1260; s auch BAG 30.5.2006 – 1 AZR 25/05, NZA 2006, 1122.

114 So für § 113 Abs 3 BetrVG BAG 22.7.2003, 1 AZR 541/02, NZA 2004, 93; BAG 18.11.2003 – 1 AZR 30/03, NZA 2004, 220; BAG 30.5.2006 – 1 AZR 25/05, NZA 2006, 1122; KR/*Weigand* § 113 InsO, Rn 78, 106 f.; **aA** LAG Niedersachsen 12.8.2002 – 5 Sa 534/02, ZInsO 2004, 572. S generell noch zur KO BAG 17.9.1974 – 1 AZR 16/74, NJW 1975, 182.

verstößt, oft ein **„zwingender Grund"** für diesen Verstoß iSd § 113 Abs 1 BetrVG in Betracht kommen.[115] Der zwingende Grund liegt zwar noch nicht als solcher in der Eröffnung des Insolvenzverfahrens. Jedoch sind die damit häufig verbundenen Veränderungen (meist Verschlechterungen) der wirtschaftlichen Rahmenbedingungen als solche anzusehen. Außerdem können Interessenausgleiche, die gegebenenfalls auf einer Verkennung der wirtschaftlichen Lage durch den Schuldner beruhen, ebenfalls leichter der Abweichungsmöglichkeit aus „zwingendem Grund" ausgesetzt sein. Hat also beispielsweise der Schuldner vor Verfahrenseröffnung einen Interessenausgleich geschlossen, in dem er sich verpflichtet, bestimmte Betriebsabteilungen aufrecht zu erhalten oder – gegebenenfalls unter großem Aufwand – umzustrukturieren, und erweist sich diese Planung als wirtschaftlich sinnarm, muss der Insolvenzverwalter davon loskommen können. Vgl zur Anwendbarkeit von § 120 in dieser Situation § 120, Rn 14 ff, 28 ff, 35 ff.

5. Vor- und nachvertragliche Wettbewerbsverbote, Ansprüche auf Karenzentschädigungen in der Insolvenz

77 a) **Wettbewerbsverbote nach §§ 60 f HGB.** Im laufenden, ungekündigten Dienstverhältnis gelten auch nach der Verfahrenseröffnung die sich aus dem Dienstverhältnis ergebenden Wettbewerbsverbote, im Verhältnis des Prinzipals zum Handlungsgehilfen und des Arbeitgebers zum Arbeitnehmer also das Wettbewerbsverbot der §§ 60 f HGB. Wenn das Dienstverhältnis endet (beispielsweise durch Kündigung seitens des Insolvenzverwalters nach Maßgabe von § 113), endet entsprechend auch das betreffende gesetzliche Wettbewerbsverbot aus §§ 60 f HGB.

78 b) **Nachvertragliche Wettbewerbsverbote, §§ 74 ff HGB, § 110 GewO.** Anders liegt es naturgemäß bei nachvertraglichen Wettbewerbsverboten gemäß §§ 74 ff HGB, § 110 GewO. Diese Wettbewerbsverbote verpflichten den – ehemaligen – Handlungsgehilfen bzw Arbeitnehmer zur Unterlassung von Wettbewerb, und zwar gegen eine Karenzentschädigungsleistung des Prinzipals bzw Arbeitgebers. Da die Wettbewerbsverbote erst mit dem Ende der beiderseitigen Vertragsbeziehung wirksam werden, gelten für sie auch in der Insolvenz nicht dieselben Beendigungsregeln wie für das Dienstverhältnis. Deshalb schließt die Kündigung des Dienstverhältnisses – zB diejenige nach § 113 – nicht die Geltung nachvertraglicher Wettbewerbsverbote aus.

79 Zudem sind nachvertragliche Wettbewerbsverbote auch nicht von §§ 108, 113 erfasst. Für sie gilt vielmehr § 103, weil und soweit die aus ihnen folgenden Pflichten (Unterlassung von Wettbewerb und Leistung der Karenzentschädigung) bei Verfahrenseröffnung nicht oder nicht vollständig erfüllt sind. Dem entsprechend kann der Insolvenzverwalter im Hinblick auf sie nach Maßgabe des § 103 Nichterfüllung wählen.[116] Dem Handlungsgehilfen bzw Arbeitnehmer einerseits und dem Insolvenzverwalter andererseits stehen daneben auch die übrigen ggf vertraglich vereinbarten oder gesetzlichen Lösungsmöglichkeiten zur Verfügung, dem Insolvenzverwalter etwa diejenige des Verzichts gemäß § 75a HGB.[117] Bei alledem wird in der Literatur angenommen, dass nach einer Aufgabe des Geschäftsbetriebes die Einhaltung des Wettbewerbsverbots nicht mehr ge-

---

[115] Hierzu näher HWK/*Hohenstatt*/*Willemsen* § 113 BetrVG Rn 8 mwN.

[116] BGH 8.10.2009 – IX ZR 61/06, ZIP 2009, 2204; MünchKomm/*Huber* InsO § 103 Rn 84; Baumbach/Hopt/*Hopt* § 75 HGB Rn 4; Jaeger/*Jacoby* § 103 Rn 118; FK/*Wegener* InsO § 103 Rn 39; KR/*Weigand* § 113 InsO Rn 112 f.

[117] Der Verzicht gemäß § 75a HGB und die Nichterfüllungswahl gemäß § 103 InsO schließen einander nicht aus, BGH 8.10.2009 – IX ZR 61/06, ZIP 2009, 2204.

schuldet wird, der vormals Dienstberechtigte aber, da die Aufgabe in seiner Verantwortungssphäre liegt, die Karenzentschädigung vereinbarungsgemäß weiter schuldet.[118]

aa) Nachvertragliche Wettbewerbsverbote bei vor Verfahrenseröffnung beendeten Dienstverhältnissen. Für Dienstverhältnisse, welche bei Verfahrenseröffnung schon beendet waren, sind das Wettbewerbsverbot und der Anspruch auf Karenzentschädigung im Zeitpunkt der Verfahrenseröffnung bereits entstanden. **80**

Wählt der Insolvenzverwalter nach § 103 Nichterfüllung, sind Entschädigungsansprüche, die auf Zeiträume bis zur Verfahrenseröffnung entfallen, Insolvenzforderungen nach § 38. Entschädigungsansprüche, die auf Zeiträume nach der Verfahrenseröffnung bis zum Zeitpunkt der Nichterfüllungswahl fallen, sind ebenfalls Insolvenzforderungen nach § 38; sie können insbesondere nicht als Masseverbindlichkeiten nach § 55 Abs 1 Nr 2, Hs 2 eingestuft werden.[119] Aufgrund der Nichterfüllungswahl besteht für die Zeit ab Verfahrenseröffnung, bei späterer Nichterfüllungswahl ggf also auch rückwirkend bis zum Zeitpunkt der Verfahrenseröffnung, kein Unterlassungsanspruch, so dass der Handlungsgehilfe bzw Arbeitnehmer für eine entsprechende Verletzung des Wettbewerbsverbots in dieser Zeit nicht haftet. Ebenso bestehen für diese Zeit keine Karenzentschädigungsansprüche, weder als Insolvenz- noch als Masseforderungen.[120] Für sie kann der Handlungsgehilfe bzw Arbeitnehmer lediglich einen Schadensersatzanspruch wegen des vertragswidrig verfrühten Wegfalls der Karenzentschädigungsansprüche gemäß § 103 Abs 2 Satz 1 als Insolvenzforderung gemäß § 38 zur Tabelle anmelden.[121] Ansprüche des Schuldners wegen der Verletzung des Wettbewerbsverbots in der Zeit vor Verfahrenseröffnung bleiben erhalten. Das ist nicht unbillig, da sich der Handlungsgehilfe bzw Arbeitnehmer häufig auch schon vor Verfahrenseröffnung bei Nichtleistung der gemäß § 74b Abs 1 HGB monatlich zu leistenden Karenzentschädigung vom Wettbewerbsverbot hat lösen können.[122] **81**

Wählt der Insolvenzverwalter dagegen Erfüllung, sind die Karenzentschädigungsansprüche, welche auf die Zeit nach Verfahrenseröffnung entfallen, gemäß § 55 Abs 1 Nr 2, Hs 1 Masseverbindlichkeiten. Nicht beglichene Entschädigungsverbindlichkeiten, welche auf die Zeit vor Verfahrenseröffnung entfallen, sind in dieser Situation ebenfalls **82**

---

118 FK/*Eisenbeis* InsO § 113 Rn 99. Ob dies ausnahmslos gelten muss, ist aber zweifelhaft, zumal der Hinweis von *Eisenbeis* auf § 326 Abs 2 BGB nicht zwingend ist.

119 MünchKomm/*Hefermehl* InsO § 55 Rn 186; in diesem Sinne auch BGH 8.10.2009 – IX ZR 61/06, ZIP 2009, 2204, wo es aber um die Nichterfüllungswahl bzgl des Wettbewerbsverbote bei nach Verfahrenseröffnung beendetem Dienstverhältnis ging.

120 **aA** FK/*Eisenbeis* InsO § 113 Rn 102 (*Eisenbeis* nimmt Masseschulden nach § 55 Abs 1 Nr 2 an, was mE dem Charakter der Nichterfüllungswahl nach § 103 widerspricht; hier müsste man von einer Kündigung ausgehen und nicht von einer Nichterfüllungswahl); ebenfalls **aA** *Kuhn/Uhlenbruck* § 59 KO Rn 15, die von einer einfachen Konkursforderung ausgehen.

121 FK/*Eisenbeis* InsO § 113 Rn 101; KR/*Weigand* § 113 InsO Rn 112 f.

122 Zur Begründung dieses Lösungsrechts lassen sich unterschiedliche Ansätze vertreten, je nachdem, ob man dem Wettbewerbsverbot den Charakter eines Dauerschuldverhältnisses zurechnet oder von einem einfachen Austauschverhältnis ausgeht. Im ersteren Fall ist dem Handlungsgehilfen bzw Arbeitnehmer ein außerordentliches Kündigungsrecht gemäß § 314 BGB zuzugestehen, welches dann entsteht, wenn die Karenzentschädigung nicht geleistet wird oder wenn diese Nichtleistung absehbar ist. Im letzteren Fall kann er nach § 323 Abs 1 BGB vom Wettbewerbsverbot zurücktreten, so Dornbusch/Fischermeier/Löwisch/*Etzel* § 74b HGB Rn 3.

Masseverbindlichkeiten.[123] Zudem hat(te) dann der Handlungsgehilfe bzw Arbeitnehmer auch über den Zeitpunkt der Verfahrenseröffnung hinaus das Wettbewerbsverbot zu achten, haftet also für eventuelle Wettbewerbsverstöße in dieser Zeit. Will er die aus der Ungewissheit über die (Nicht-)Erfüllungswahl für ihn folgende Rechtsunsicherheit beseitigen, kann er nach § 103 Abs 2 Satz 2 vorgehen.

83 **bb) Nachvertragliche Wettbewerbsverbote bei nach Verfahrenseröffnung beendeten Dienstverhältnissen.** Im Fall von Dienstverhältnissen, die bei Verfahrenseröffnung noch nicht beendet sind und für die das Wettbewerbsverbot somit noch nicht entstanden ist, gilt Folgendes.

84 Wählt der Insolvenzverwalter hier nach § 103 Nichterfüllung, entstehen mit dem Ende des Dienstverhältnisses – entgegen der dienstvertraglichen Vereinbarung über das nachvertragliche Wettbewerbsverbot – keine Entschädigungsansprüche. Der Insolvenzverwalter kann bereits mit der Insolvenzverfahrenseröffnung, also ggf noch vor der Kündigungserklärung und somit auch vor der Beendigung des zugrunde liegenden Dienstverhältnisses, die Nichterfüllungswahl erklären (später natürlich ebenfalls). Dementsprechend ist auch die Aufforderung des Handlungsgehilfen bzw Arbeitnehmers zur Wahlrechtserklärung nach § 103 Abs 2 Satz 2 bereits in der Zeit ab Verfahrenseröffnung möglich. Mit der Nichterfüllungswahl entfallen die Pflicht zur Einhaltung des Wettbewerbsverbots und die Pflicht zur Leistung der Karenzentschädigung; wird die Nichterfüllungswahl nach dem Ende des Dienstverhältnisses erklärt, entfallen sie rückwirkend. Es besteht keine Masseverbindlichkeit.[124] Der Handlungsgehilfe bzw Arbeitnehmer kann lediglich einen Schadensersatzanspruch wegen des Ausfalls von Karenzentschädigungsleistungen gemäß § 103 Abs 2 Satz 1 als Insolvenzforderung nach § 38 zur Tabelle anmelden.

85 Entscheidet sich der Insolvenzverwalter dagegen für die Erfüllung, besteht das Wettbewerbsverbot ordnungsgemäß ab Beendigung des Dienstverhältnisses, und die Masse hat nach § 55 Abs 1 Nr 2 Hs 1 die Karenzentschädigung zu leisten.[125] Das gilt auch, wenn sich der Insolvenzverwalter erst nach Ende des Dienstverhältnisses für die Erfüllung entscheidet. Dann greifen Wettbewerbsverbot und Entschädigungsanspruch entsprechend rückwirkend. Will der Handlungsgehilfe bzw Arbeitnehmer die aus der Ungewissheit über die künftige (Nicht-)Erfüllungswahl für ihn folgende Rechtsunsicherheit beseitigen, kann er schon frühzeitig, nämlich ab Verfahrenseröffnung (s oben), gemäß § 103 Abs 2 Satz 2 vorgehen.

86 Ebenso ist die Situation denkbar, in der das Dienstverhältnis nach Verfahrenseröffnung endet, der Insolvenzverwalter aber erst zu einem späteren Zeitpunkt die Nichterfüllungswahl erklärt. Dann entfallen das Wettbewerbsverbot und der Anspruch auf Karenzentschädigung, und zwar vollständig und rückwirkend, so dass der Handlungsgehilfe bzw Arbeitnehmer auch für eine Verbotsverletzung in der Zeit zwischen Dienstverhält-

---

[123] MünchKomm/*Hefermehl* InsO § 55 Rn 186. Man könnte überlegen, ob es sich gemäß § 105 Satz 1 um Insolvenzforderungen handelt, was aber wohl mit der Einheitlichkeit des Nichterfüllungswahlrechts in dieser Situation nicht in Übereinstimmung zu bringen ist.

[124] BGH 8.10.2009 – IX ZR 61/06, ZIP 2009, 2204; danach führt die Kündigung des Dienstverhältnisses durch den Insolvenzverwalter insbesondere nicht nach § 55 Abs 1 Nr 2 Hs 1 zur Entstehung der Karenzentschädigung als Masseschuld; ebenso die Vorinstanz OLG Frankfurt 15.2.2006 – 1 U 140/05, OLGR Frankfurt 2006, 791.

[125] Vgl BGH 8.10.2009 – IX ZR 61/06, ZIP 2009, 2204.

nisende und Nichterfüllungswahl nicht haftet. Ebenso bestehen keine Karenzentschädigungsansprüche. Für sie kann der Handlungsgehilfe bzw Arbeitnehmer lediglich einen Schadensersatzanspruch wegen des verfrühten Ausfalls der Karenzentschädigungsansprüche gemäß § 103 Abs 2 Satz 1 als Insolvenzforderung nach § 38 zur Tabelle anmelden. Will er die aus der Ungewissheit über die künftige (Nicht-)Erfüllungswahl für ihn folgende Rechtsunsicherheit beseitigen, kann er schon frühzeitig, nämlich ab Verfahrenseröffnung, nach § 103 Abs 2 Satz 2 vorgehen (s oben).

6. Anspruch auf Zeugniserteilung, § 109 GewO, § 630 BGB

Gemäß § 109 GewO, § 630 BGB haben Arbeitnehmer und sonstige Dienstverpflichtete gegen den Arbeitgeber bzw Dienstberechtigten bei der Beendigung des Arbeitsverhältnisses bzw des Dienstverhältnisses Anspruch auf Zeugniserteilung. In der Praxis überwiegen die Zeugniskonflikte im Arbeitsverhältnis nach § 109 GewO, so dass im folgenden Text der Anspruch des sonstigen Dienstverpflichteten nach § 630 BGB vernachlässigt werden soll. Im Zweifel dürften im freien dauernden Dienstverhältnis iSd § 630 BGB dieselben insolvenzrechtlichen Grundsätze gelten wie im Arbeitsverhältnis. **87**

a) **Bei Verfahrenseröffnung bestehender Zeugnisanspruch gegen den Schuldner.** Ein bereits vor Verfahrenseröffnung entstandener Zeugnisanspruch wird von der Arbeitsgerichtsbarkeit nicht als Vermögensanspruch im Sinne des § 38 eingeordnet, woraus folgt, dass er auch nicht unter die nach § 108 Abs 1 Satz 1 mit Wirkung für die Masse fortbestehenden Rechte und Pflichten fällt. Das bedeutet, dass der Insolvenzverwalter in die entstandene Zeugniserteilungspflicht nicht nach den Regeln über Masseverbindlichkeiten eintritt und dass dieser Anspruch auch nicht nach den Regeln über Insolvenzforderungen geltend gemacht werden kann. Der entstandene Zeugnisanspruch, egal ob auf ein einfaches oder auf ein qualifiziertes Zeugnis gerichtet (§ 109 Abs 1 Satz 2, 3 GewO), bleibt vielmehr unberührt vom Insolvenzverfahren. In prozessualer Hinsicht folgt daraus, dass ein gegen den Schuldner als Arbeitgeber geführter Zeugnisprozess nicht nach § 240 ZPO unterbrochen wird, weil er eine **Verbindlichkeit des Schuldners betrifft**, die **nicht** dem Insolvenzverfahren unterliegt. Der Prozess besteht vielmehr unverändert fort, selbst wenn der Insolvenzverwalter irrtümlich mitteilt, er sei nach § 240 ZPO unterbrochen.[126] Dem entsprechend ist wegen des Zeugnisanspruchs auch gegen den Schuldner zu vollstrecken, ohne dass das Insolvenzverfahren hier eine Rolle spielen würde.[127] **88**

b) **Nach Verfahrenseröffnung entstehender Zeugnisanspruch.** Für den nach Verfahrenseröffnung entstehenden Zeugnisanspruch gilt dagegen, dass er als Anspruch aus dem gemäß § 108 Abs 1 Satz 1 fortbestehenden Dienstverhältnis nur gegen den Insolvenzverwalter gerichtet ist. Dieser ist zwar nicht Arbeitgeber, tritt aber nach § 80 als Partei kraft Amtes in die Rechte und Pflichten aus dem Arbeitsverhältnis ein. Dem entsprechend schuldet er ein Zeugnis, wenn das Arbeitsverhältnis in seiner Amtszeit endet.[128] **89**

---

126 BAG 23.6.2004 – 10 AZR 495/03, NZA 2004, 1392; LAG Köln 30.7.2001 – 2 Sa 1457/00, NZA-RR 2002, 181; LAG Nürnberg 5.12.2002 – 2 Ta 137/02, LAGE ZPO § 240 Nr 2; FK/*Eisenbeis* InsO § 113 Rn 113; *Berkowsky* NZI 2008, 224 f; Dornbusch/Fischermeier/Löwisch/*Kolbe*, § 109 GewO Rn 5 ff; KR/*Weigand* § 113 InsO Rn 118; ebenso bereits zur KO BAG 30.1.1991 – 5 AZR 32/90, BAGE 67, 112.

127 LAG Köln 19.5.2008 – 11 Ta 119/08, LAGE GewO 2003 § 109 Nr 6; LAG Düsseldorf 7.11.2003 – 16 Ta 571/03, ZIP 2004, 631 f.

128 BAG 23.6.2004 – 10 AZR 495/03, NZA 2004, 1392.

Dasselbe gilt für den vorläufigen Insolvenzverwalter, wenn er als „starker" Insolvenzverwalter gemäß § 22 Abs 1 in die Arbeitgeberstellung eingetreten ist oder wenn er als „halbstarker" Insolvenzverwalter durch Insolvenzgerichtsbeschluss mit den Arbeitgeberaufgaben betraut wurde.[129]

90 Diese Verpflichtung des Insolvenzverwalters zur Zeugniserteilung, egal ob auf ein einfaches oder auf ein qualifiziertes Zeugnis gerichtet (§ 109 Abs 1 Satz 2, 3 GewO), umfasst laut BAG-Rechtsprechung nicht nur den Zeitraum, in welchem das Arbeitsverhältnis unter der Insolvenzverwaltung fortbestanden hat, sondern auch die **Zeit vor Verfahrenseröffnung**. Zur Begründung erklärt das BAG, den Verwalter treffe, wenn er einmal in die Arbeitgeberstellung eingetreten ist, der von ihm als arbeitsvertragliche Nebenpflicht zu erfüllende Zeugnisanspruch in vollem Maße. Auf persönliche Kenntnisse über den Arbeitnehmer komme es nicht an. Auch sobald ein Arbeitsverhältnis von einem Rechtsträger auf einen anderen übergehe oder wenn der Vorgesetzte gewechselt habe, müsse ein Arbeitgeber das gesamte Arbeitsverhältnis beurteilen, selbst wenn er oder die für ihn Handelnden keine eigenen Kenntnisse über die gesamte Arbeitsleistung hätten. Zur Erfüllung seiner Verpflichtung habe der Insolvenzverwalter einen Auskunftsanspruch nach § 97 gegenüber dem Schuldner.[130]

91 Demnach ist es nicht möglich, den Zeugnisanspruch in die Zeitphasen vor und nach der Insolvenzeröffnung aufzuteilen und den Schuldner für die erstere Phase, den Insolvenzverwalter nur für letztere ein Zeugnis erteilen zu lassen (einschließlich eventueller Zeiten der Verwaltung durch den „starken" vorläufigen oder den entsprechend befugten „halbstarken" Insolvenzverwalter). Denn beim Zeugnisanspruch handelt es sich um einen einheitlichen Anspruch, der zum Ende des Arbeitsverhältnisses unabhängig davon entsteht, unter Beteiligung welcher Personen dieses Arbeitsverhältnis begonnen wurde.[131] Dennoch ist natürlich zu beachten, dass der **Insolvenzverwalter** in aller Regel **aus eigener Anschauung keine Kenntnisse über das Verhalten des Arbeitnehmers vor Verfahrenseröffnung** hat, und dass er sich – mangels hinreichend langer Arbeitsbeziehung danach – auch im Übrigen häufig kein Bild vom Arbeitnehmer machen kann. Daran ändert auch die Auskunftspflicht des Schuldners nach § 97 in der Regel nur wenig. Deshalb muss es dem Insolvenzverwalter erlaubt sein, Informationen über den Arbeitnehmer, welche sich auf die Zeit vor Verfahrenseröffnung beziehen und die er vom Schuldner oder dessen Mitarbeitern erhalten hat, als solche **im Zeugnis zu kennzeichnen**. Dort, wo es dem Insolvenzverwalter nicht zugemutet werden kann, gegen den Schuldner nach § 97 vorzugehen oder wo dies offensichtlich nicht zielführend sein wird, ist ebenfalls eine entsprechende Klarstellung im Zeugnis möglich. Dasselbe gilt für den Fall der Bindung des Insolvenzverwalters an ein vom Schuldner vor Verfahrenseröffnung erstattetes **Zwischenzeugnis.**[132]

---

[129] BAG 23.6.2004 – 10 AZR 495/03, NZA 2004, 1392; Dornbusch/Fischermeier/Löwisch/*Kolbe* § 109 GewO Rn 7.

[130] BAG 23.6.2004 – 10 AZR 495/03, NZA 2004, 1392 mwN zur Gegenansicht; LAG Köln 19.5.2008 – 11 Ta 119/08, LAGE GewO 2003 § 109 Nr 6; LAG Köln 30.7.2001 – 2 Sa 1457/00, NZA-RR 2002, 181; LAG Nürnberg 5.12.2002 – 2 Ta 137/02, LAGE ZPO § 240 Nr 2; FK/*Eisenbeis* InsO § 113 Rn 114; Dornbusch/Fischermeier/Löwisch/*Kolbe* § 109 GewO Rn 5 ff; Kübler/Prütting/Bork/*Moll* InsO § 113 Rn 42 f.; KR/*Weigand* § 113 InsO Rn 118; ebenso bereits zur KO BAG 30.1.1991 – 5 AZR 32/90, BAGE 67, 112.

[131] S näher *Berkowsky* NZI 2008, 224 (224 f).

[132] S dazu *Berkowsky* NZI 2008, 224 (225); Dornbusch/Fischermeier/Löwisch/*Kolbe* § 109 GewO Rn 6; vgl zur Bindung an ein Zwischenzeugnis beim Betriebsübergang BAG 16.10.2007 – 9 AZR 248/07, NJW 2008, 1175.

7. Ausschlussfristen

92 Für die vorgenannten Ansprüche kann sich bei später Geltendmachung die Frage nach der Anwendung von Ausschlussfristenregelungen stellen. Solche Vorschriften ordnen an, dass alle oder ausgewählte Ansprüche aus dem Arbeitsverhältnis binnen bestimmter Zeit und in bestimmter Form geltend gemacht werden müssen.[133] Der Fristablauf hat zur Folge, dass der Berechtigte mit der Geltendmachung seines Anspruchs ausgeschlossen ist.[134] Bei alledem können sich Ausschlussfristen aus Tarifverträgen ergeben – hier greifen die allgemeinen Regeln über die Geltung von Tarifverträgen und beispielsweise über die Geltung von in Bezug genommenen Tarifverträgen (s dazu Rn 147 ff). Das BVerfG hat Ende 2010 die tarifvertraglich festgelegte Obliegenheit zur klageweisen Geltendmachung von Ansprüchen – gegen die Rechtsprechung des BAG[135] – für unzulässig erklärt, weil damit die Rechtsdurchsetzung übermäßig erschwert werde.[136]

93 Nach der – noch zur KO ergangenen – Rechtsprechung des BAG gilt für die Anwendung von Ausschlussfristenregelungen in der Insolvenz das Folgende: Auf **Insolvenzforderungen** des Dienstverpflichteten finden Ausschlussfristenregelungen keine Anwendung. Das Gericht erklärt hierzu, dass die Geltendmachung von solchen Ansprüchen vorrangig den gesetzlichen Vorschriften über die Anmeldung der betreffenden Forderungen unterliege (heute §§ 174 ff) und dass hiervon abweichende Vorschriften nach § 134 BGB nichtig sind. Dabei stellt das BAG klar, dass Forderungen, die schon vor Verfahrenseröffnung aufgrund von Ausschlussfristen erloschen sind, auch erloschen bleiben, also nicht wieder aufleben und demnach auch nicht zur Tabelle angemeldet werden können.[137]

94 Auf **Masseforderungen** des Dienstverpflichteten sind die Ausschlussfristenregelungen dagegen anzuwenden.[138] Das gilt unabhängig von ihrer möglichen insolvenzrechtlichen Modifizierung, so dass ihnen beispielsweise auch Forderungen aus einem vom Insolvenzverwalter vereinbarten Sozialplan unterliegen.[139] Obliegt es dem Dienstverpflichteten aufgrund einer Ausschlussfristenregelung, seine Forderung binnen einer bestimmten Frist schriftlich geltend zu machen, so erfüllt er dieses Schriftlichkeitserfordernis auch dann, wenn er sie in der irrigen Ansicht, es handele sich um eine Insolvenzforderung, nach § 174 Abs 1 Satz 1 schriftlich zur Tabelle anmeldet.[140]

95 **Forderungen der Masse gegen den Dienstverpflichteten** unterliegen ebenfalls den Ausschlussfristenregelungen. Soweit sie beispielsweise an das Datum der Kenntnisnahme

---

[133] Vgl BeckOK ArbR/*Giesen* § 4 TVG Stand 2013 Rn 42 ff; HWK/*Henssler* § 4 TVG Rn 59; Wiedemann/*Wank* § 4 TVG Rn 713.

[134] Dabei bestehen hinsichtlich der dogmatischen Konstruktion Unklarheiten. Das BAG vertritt die Ansicht, dass das Recht mit dem Fristablauf lediglich nicht mehr geltend gemacht werden könne, BAG 30.3.1962 – 2 AZR 101/61, BAGE 13, 57 ff = NJW 1962, 1360; BAG 16.1.2002 – 5 AZR 430/00, NZA 2002, 746 f; ebenso BeckOK ArbR/*Giesen* § 4 TVG Stand 2013 Rn 42 ff. In der Literatur wird teils angenommen, das betreffende Recht erlösche, Wiedemann/*Wank* § 4 TVG Rn 719; HWK/*Henssler* § 4 TVG Rn 59; Däubler/*Zwanziger* TVG § 4 TVG Rn 1185; *Gamillscheg* § 18 IV 1 j, S 832 f.

[135] BAG 26.4.2006 – 5 AZR 403/05, NZA 2006, 845 ff = NJW 2006, 2653 f.

[136] Kammerbeschluss BVerfG 1.12.2010 – 1 BvR 1682/07, NZA 2011, 354 ff; dazu *Nägele/Gertler* NZA 2011, 442 ff; *Brecht-Heitzmann* DB 2011, 1523 ff.

[137] BAG 18.12.1984 – 1 AZR 588/82, NZA 1985, 396; für die InsO ebenso LAG Hamm 6.9.2001 – 4 Sa 466/01, KTS 2002, 301; KR/*Weigand* § 113 InsO Rn 100.

[138] BAG 15.2.2005 – 9 AZR 78/04, NZA 2005, 1124; BAG 18.12.1984 – 1 AZR 588/82, NZA 1985, 396; KR/*Weigand* § 113 InsO Rn 101.

[139] LAG Hamm 23.1.2008 – 2 Sa 1333/07, ZInsO 2008 S 1159.

[140] BAG 15.2.2005 – 9 AZR 78/04, NZA 2005, 1124; KR/*Weigand* § 113 InsO Rn 100.

vom Bestehen der Forderung anknüpfen, ist ab Erlangen der entsprechenden Verfügungsmacht durch den vorläufigen Insolvenzverwalter (s dazu Rn 3 ff, 8 ff) und ab Verfahrenseröffnung auf die Kenntnis des Verwalters abzustellen. Allerdings fallen Rückgewähransprüche aus Anfechtung nach § 142 nicht unter die Forderungen aus dem Dienstverhältnis, für die Ausschlussfristen eingreifen könnten. Es bleibt hier bei der Verjährung nach § 146.[141]

IV. Insolvenzanfechtung von Schuldner- und Verwalterleistungen an Dienstverpflichtete; nach § 119 unwirksame Dienstvertragsregelungen

1. Insolvenzanfechtung von Schuldner- und Verwalterleistungen an Dienstverpflichtete

96 Teilweise können Vergütungsleistungen an Dienstverpflichtete oder auch Abfindungsleistungen für den Verlust des Arbeitsplatzes nach §§ 129 ff anfechtbar sein, was einen Anspruch auf Rückgewähr nach § 143 Abs 1 zur Folge hat.

97 a) **Überblick zu möglichen Anfechtungstatbeständen.** Für die anfechtungsrechtliche Beurteilung von **Entgeltleistungen** an Dienstverpflichtete, insbesondere an Arbeitnehmer, gilt das folgende. Soweit die Vergütung nicht als – vor Fälligkeit gezahlter – Vorschuss oder in Wirklichkeit unentgeltlich (zB nicht geschuldete Abfindungen, „golden handshakes") geleistet wird, kann die Anwendung von § 134 ausgeschlossen werden. Auch die gesellschafts- und wertpapierrechtlichen Sondertatbestände der §§ 135–137 greifen in aller Regel nicht ein. Der Tatbestand des § 132 kommt vor allem dann in Frage, wenn ein Dienstvertrag oder beispielsweise eine Entgelterhöhung innerhalb dreier Monate vor Verfahrensbeantragung oder danach vereinbart wurden, wobei in den meisten Fällen aber insbesondere die zusätzlichen subjektiven Tatbestandsmerkmale der unterschiedlichen Fallvarianten nicht erfüllt sein dürften.

98 Deshalb werden im weiteren Text für die Entgeltleistungen an einen Dienstverpflichteten insbesondere die §§ 130, 131, 133, 142 diskutiert. Das BAG hat bei der Anwendung dieser Regelungen eine Rechtsprechung entwickelt, die stark darauf ausgerichtet ist, Arbeitnehmer auch dann ihr Arbeitsentgelt behalten zu lassen, wenn bei dessen Entgegennahme (vgl zum entscheidenden Zeitpunkt § 140) erhebliche und offensichtliche Anzeichen für die mögliche Insolvenz des Arbeitgebers bestanden, s sogleich Rn 100 ff.

99 Bei alledem kommt eine Anfechtung nicht nur bei Leistung allein durch den **Schuldner** in Betracht, sondern auch, wenn der **Schuldner mit Zustimmung des vorläufigen Insolvenzverwalters** geleistet hat. Dann kann der Insolvenzverwalter nach Verfahrenseröffnung ebenfalls anfechten, soweit die gesetzlichen Voraussetzungen erfüllt sind. Laut BAG ist dies selbst dann zulässig, wenn der zustimmende vorläufige Insolvenzverwalter und der später ernannte Insolvenzverwalter ein und dieselbe Person sind. Die Zustimmung des vorläufigen Insolvenzverwalters hindere die Anfechtung jedenfalls dann nicht, wenn die Zahlung nicht zur Fortführung eines erhaltungswürdigen Schuldnerunterneh-

[141] *Froehner* NZI 2012, 833; *Laws* ZInsO 2009, 1465 (1474); **aA** aber LAG Niedersachsen 22.3.2012 – 7 Sa 1052/11, ZIP 2012, 1977. Das LAG orientiert sich an der – angreifbaren – Rechtsprechung des GmS-OBG, welche für die Anfechtungsklage des Insolvenzverwalters gegen einen Arbeitnehmer des Schuldners nach § 2 Abs 1 Nr 3a ArbGG den Rechtsweg zu den Arbeitsgerichten als eröffnet ansieht, vgl Rn 111. Die Rechtswegzuordnung und die Anspruchszuordnung zu einer Ausschlussfristenregelung lassen sich aber nicht gleichsetzen.

mens erfolgt sei und die übrigen Gläubiger unmittelbar benachteiligt habe.[142] Vgl zur Frage der Anwendung von Ausschlussfristenregelungen bei der Geltendmachung von Rückgewähransprüchen aus Anfechtung Rn 95; zur Anfechtung von Beitragsleistungen zur Sozialversicherung Rn 300; zur Anfechtung gegenüber der Bundesagentur für Arbeit nach Anspruchsübergang aufgrund Insolvenzgeldleistung (§ 169 Satz 3 SGB III) Rn 329.

b) **Anfechtung von Entgeltzahlungen für vor weniger als drei Monaten erbrachte Dienste – Anwendung des Bargeschäftsprivileg nach § 142.** Gemäß BAG-Rechtsprechung fallen Entgeltzahlungen in größerem Umfang unter das **Bargeschäftsprivileg des § 142.** Laut dieser Regelung sind Schuldnerleistungen (also auch Entgeltzahlungen des Schuldners an Dienstverpflichtete), „für die unmittelbar eine gleichwertige Leistung in sein Vermögen gelangt", nur nach Maßgabe des § 133 Abs 1 anfechtbar. Gemäß § 133 Abs 1 Satz 1 wiederum ist Voraussetzung für die Anfechtung, dass der Leistungsempfänger positive Kenntnis vom Benachteiligungsvorsatz des Schuldners hatte. Gemäß der Vermutungsregelung des § 133 Abs 1 Satz 2 ist dies anzunehmen, soweit er wusste, dass die Zahlungsunfähigkeit drohte und die Leistung die anderen Gläubiger benachteiligte. 100

Bargeschäfte iSd § 142 liegen vor, wenn der Schuldner in einem engen zeitlichen Zusammenhang mit seiner Leistung aufgrund einer Vereinbarung mit dem Anfechtungsgegner eine gleichwertige Gegenleistung erhält. Das BAG ist der Ansicht, ein solcher zeitlicher Zusammenhang zwischen Leistung und Gegenleistung sei im Fall von Zahlungsverzögerungen so lange noch zu bejahen, wie diese das übliche Maß nicht überschritten. Bei der Bemessung des „üblichen Maßes" wiederum vertritt das Gericht eine weite Sichtweise, indem es behauptet, Zahlungsverzögerungen kämen allgemein so häufig vor, dass nach den Gepflogenheiten des Geschäftsverkehrs ein „rechtstatsächliches Argument" für eine längere Frist spreche. Die Bemessung der Frist konkretisiert das Gericht dann mit Hilfe der Vorschrift über den vom Insolvenzgeld abgedeckten Zeitraum nach § 165 Abs 1 Satz 1 SGB III (ehemals § 183 Abs 1 Satz 1 SGB III, s näher Rn 309 ff). Das bedeutet in der Konsequenz, dass **Entgeltzahlungen auf Lohnrückstände für in den vorausgehenden drei Monaten erbrachte Arbeitsleistungen** nur unter den engen Voraussetzungen der **§ 142, § 133 Abs 1**, also bei vorsätzlicher Benachteiligung, angefochten werden können. Diese drei Monate betreffen dabei nicht den Rückstand auf ein Fälligkeitsdatum, sondern den zeitlichen Abstand zum Zeitraum, in welchem das betreffende Entgelt „erdient" wurde. Erfolgt also beispielsweise die Zahlung am 7. Mai, so sind sämtliche Vergütungen, die auf ab dem 7. Februar erbrachte Dienstleistungen entfallen, gemäß § 142 privilegiert.[143] Vor dieser Rechtsprechung waren in der Literatur Fristen von drei Wochen bis etwa einem Monat vertreten worden.[144] 101

---

[142] BAG 27.10.2004 – 10 AZR 123/04, ZIP 2005, 86 = NZA 2005, 473; KR/*Weigand* § 113 InsO Rn 101e. Die Regelung greift aber nur insoweit, als Insolvenzforderungen begründet werden. Im Fall des § 55 Abs 2 findet keine Anfechtung statt, BGH 9.12.2004 – IX ZR 108/04, ZIP 2005, 314.

[143] BAG 6.10.2011 – 6 AZR 262/10, ZIP 2011, 2366; BAG 6.10.2011 – 6 AZR 731/10, AuR 2011, 460; BAG 6.10.2011 – 6 AZR 732/10, ZInsO 2012, 834; BAG 6.10.2011 – 6 AZR 585/10, ZInsO 2012, 271; s dazu zust *Abele* FA 2012, 38; krit *Jacobs/Doebert* ZInsO 2012, 618; *Huber* EWiR 2011, 817; vgl auch BAG 21.2.2008 – 6 AZR 273/07, NZA 2009, 105.

[144] S *Huber* NJW 2009, 1928 (1929); *Vollrath* ZInsO 2011, 1665 (1666); *Wegener* NZI 2009, 225; *Abele* FA 2009, 133, *Bichlmeier/Wroblewski* Rn 52; *Bork* ZIP 2007 2337 (2338 f); all die dort genannten Fristen hat das BAG ausdrücklich als „zu kurz bemessen" bezeichnet, und zwar unter Berufung ua auf *Windel* Anm AP ArbGG 1979 § 2 Zuständigkeitsprüfung Nr 14.

102 c) **Anfechtung von Entgeltzahlungen für vor mehr als drei Monaten erbrachte Dienste und von nicht vereinbarungsgemäßen Vorauszahlungen.** Umgekehrt folgt aus der referierten Rechtsprechung, dass **Entgeltzahlungen für vor mehr als drei Monaten erbrachte Arbeitsleistungen** nicht mehr durch das Barzahlungsprivileg der § 142, § 133 Abs 1 erfasst sind. Hier wird wegen des erheblichen Rückstandes, auf den der Dienstberechtigte hin leistet, das strengere allgemeine Anfechtungsrecht angewandt. Für diese Entgeltleistungen bleibt es demnach bei der Anwendung von §§ 130, 131, 133. Das betrifft insbesondere folgende Fallgruppen:

103 – Anfechtbar gemäß § 130 Abs 1 Satz 1 Nr 1 sind Rechtshandlungen aus der **Zeit vor Verfahrenseröffnung**, wenn der Schuldner zahlungsunfähig war und der Dienstverpflichtete als Leistungsempfänger diese **Zahlungsunfähigkeit kannte oder Umstände kannte, welche zwingend auf diese schließen ließen** (§ 130 Abs 2). Bei nahestehenden Personen wird diese Kenntnis gemäß § 130 Abs 3 **vermutet**, was im Dienstvertragsrecht vor allem für Leitungspersonal nach § 138 Abs 2 angenommen werden kann, s näher Rn 107 f.

104 – Gemäß § 130 Abs 1 Satz 1 Nr 2 sind Rechtshandlungen aus der **Zeit nach Verfahrenseröffnung** anfechtbar, wenn der Dienstberechtigte als Leistungsempfänger die **Zahlungsunfähigkeit oder den Eröffnungsantrag kannte oder Umstände, welche auf zwingend diese schließen ließen** (§ 130 Abs 2). Auch hier kann die Vermutungsregel des § 130 Abs 3 zulasten nahestehender Personen iSd § 138 eingreifen, s näher Rn 107 f.

105 – Gemäß § 131 sind Rechtshandlungen anfechtbar, wenn durch sie Sicherung oder Befriedigung gewährt oder ermöglicht wird, die der Empfänger nicht oder nicht in der Art oder nicht zu der Zeit zu beanspruchen hatte. Das betrifft neben **unüblichen Formen des Entgelts** (Beispiele: ausnahmsweise Entgeltleistung in Form von in der Fabrik des Arbeitgebers hergestellten Produkten;[145] Hingabe eines Kundenschecks an den Arbeitnehmer;[146] Erzwingung der Arbeitgeberzahlung durch Androhung der Zwangsvollstreckung[147]) auch **verfrüht geleistete Zahlungen.**[148]

106 – Gemäß § 133 Abs 1 sind **vorsätzliche Benachteiligungen** anfechtbar (s dazu bereits Rn 100), und nach § 133 Abs 2 **sind unmittelbar benachteiligende Leistungen an nahestehende Personen** iSd § 138 anfechtbar.

107 Bei Entgeltzahlungen für vor mehr als drei Monaten erbrachte Arbeitsleistungen kommt die Anfechtung nach § 130 Abs 1 Satz 1 Nr 1 nur in Betracht, wenn der Schuldner zur Zeit ihrer Leistung objektiv zahlungsunfähig war und der Gläubiger die Zahlungsunfähigkeit zu dieser Zeit kannte. Gleiches gilt nach § 130 Abs 1 Satz 1 Nr 2, wobei hier naturgemäß die Kenntnis von der Zahlungsunfähigkeit oder die Kenntnis vom Eröffnungsantrag genügt. Hierzu betont das BAG, dass Kenntnis „für sicher gehaltenes, positives Wissen" bedeutet. Demnach kennt der Gläubiger die Zahlungsunfähigkeit oder Zahlungseinstellung nur, „wenn er selbst die Liquidität oder das Zahlungsverhalten des Schuldners wenigstens laienhaft so bewertet". Dazu ist laut BAG „regelmäßig erforderlich, dass dem Gläubiger zum einen Informationen über den Gesamtbestand der gegen den Schuldner gerichteten, in den nächsten drei Wochen fällig werdenden Verbindlichkeiten und über die in dieser Zeit vorhandenen Geldmittel vorliegen. Zum anderen muss der Gläubiger aus diesen Informationen den Schluss ziehen, dass der Schuldner wesentliche Teile seiner in den nächsten drei Wochen fällig werdenden Verbindlichkeiten nicht wird tilgen können". Das Wissen über Einzeltatsachen reicht ebenso wenig wie

---

145 *Bork*, ZIP 2007, 2337; *Pieper*, ZInsO 2009, 1425.

146 ArbG Bremen 31.3.2006 – 7 C 272/05 [juris].

147 LAG Sachsen-Anhalt 14.10.2010 – 3 Sa 420/09 [juris].

148 BAG 19.11.2003 – 10 AZR 110/03, NZA 2004, 208; *Vollrath*, ZInsO 2011, 1665.

bloße Befürchtungen hinsichtlich der Kreditwürdigkeit des Schuldners. Bei alledem verlangt das BAG selbst hinsichtlich der genannten inneren Tatsachen, dass der Insolvenzverwalter diese beweisen muss und somit „substantiiert die im konkreten Einzelfall einschlägigen Tatsachen" vorträgt. Nur die gesetzlich geregelte **Einschränkung zulasten nahestehender Personen** (§ 138) lässt das Gericht gelten.[149]

Die **Beweiserleichterung nach § 130 Abs 2** handhabt das BAG bei alledem **restriktiv.** **108**
Grob fahrlässige Unkenntnis des Eröffnungsantrags oder der Zahlungsunfähigkeit lassen den Tatbestand nicht eingreifen. Vielmehr müssen die betreffenden Umstände, aus denen bei zutreffender rechtlicher Bewertung die Zahlungsunfähigkeit zweifelsfrei folgt, positiv bekannt sein. Laut BAG kann für die Beurteilung dieser Frage auch nicht allein darauf abgestellt werden, welche Stellung oder Funktion der Arbeitnehmer im Unternehmen des Schuldners hatte. Das Gericht gesteht zwar ein, dass Personen in herausgehobenen Funktionen „in aller Regel eher in der Lage sind, sich über die Liquiditätsgesamtlage des Schuldners zu informieren". Ähnliches gelte für die Mitarbeiter der Buchhaltung. Zudem könne auch bei sonstigen Arbeitnehmern entsprechendes Wissen existieren; das Gericht nennt Sekretärin oder Chauffeur des Schuldners. Wer dann also von anwachsenden Rückständen, nicht eingehaltenen Zahlungszusagen, Bitten um Ratenzahlungen und nicht beglichenen Beitragsschulden erfahre, könne gemäß § 130 Abs 2 Schlussfolgerungen auf Zahlungsunfähigkeit ziehen.[150] Diese Hinweise müssen aber tatsächlich diesen Schluss tragen. Es darf sich nicht nur um Indizien für kurzfristige Engpässe handeln, und teilweises Wissen wird vom BAG auch nicht für hinreichend gehalten. So genügt es nach Ansicht des Gerichts nicht, wenn der Arbeitnehmer weiß, dass der Schuldner erheblich mit Lohn- und Gehaltszahlungen in Rückstand geraten ist. Anders kann es liegen, wenn weitere Fakten bekannt sind, wie beispielsweise Rückstände bei Sozialversicherungsbeiträgen und/oder das Stocken der Belieferung des Schuldners mit Material. Dem Anfechtungsgegner bekannte, seriöse Presseberichte über die finanzielle (Schief-)Lage des Schuldners können demnach ebenfalls entsprechendes Wissen nach sich ziehen.[151] Ob diese weitgreifende Tendenz zum Schutz des Leistungsempfängers noch mit dem Gesetzestext in Einklang gebracht werden kann, darf bezweifelt werden.

d) Anfechtung von Abfindungszahlungen für den Verlust des Arbeitsplatzes. Soweit **109**
ein Arbeitnehmer für die Beendigung des Arbeitsverhältnisses eine Abfindung erhält, kommt § 134 nicht zur Anwendung. Weil durch Abfindungsleistungen Nachteile aufgewogen werden sollen, sind sie nicht „unentgeltlich" iSd § 134. Zudem greift auch das Bargeschäftsprivileg nach § 142 idR nicht. Abfindungszahlungen sind Ausgleiche für Nachteile, die auf dem Arbeitsplatzverlust beruhen; zudem sind sie eine Honorierung der Zustimmung des Arbeitnehmers zur vorzeitigen Vertragsauflösung. Die „Opfer", für welche sich der Arbeitnehmer anlässlich des Ausscheidens aus dem Arbeitsverhältnis durch die Abfindungszahlung entschädigen lässt, stehen zu dieser nicht in einer gleichwertigen Gegenleistungsbeziehung iSd § 142.[152]

---

149 BAG 6.10.2011 – 6 AZR 262/10, ZIP 2011, 2366; BAG 6.10.2011 – 6 AZR 731/10, AuR 2011, 460; s bereits – zumindest mit ähnlicher Tendenz zur Großzügigkeit gegenüber dem Arbeitnehmer als Leistungsempfänger BGH 19.2.2009 – IX ZR 62/08, NJW 2009, 1202.

150 BAG 6.10.2011 – 6 AZR 262/10, ZIP 2011, 2366; BAG 6.10.2011 – 6 AZR 731/10, AuR 2011, 460.

151 BAG 6.10.2011 – 6 AZR 262/10, ZIP 2011, 2366; BAG 6.10.2011 – 6 AZR 731/10, AuR 2011, 460; ebenso BGH 19.2.2009 – IX ZR 62/08, NJW 2009, 1202.

152 Für die Anwendung von § 142, wenn von dritter, gesicherter Seite gezahlt wird, BAG 21.2.2008 – 6 AZR 273/07, NZA 2009, 105; BAG 21.2.2008 – 6 AZR 281/07 [juris]. In diesen Fällen wurde die Auszah-

110 Daraus folgt, dass für die Anfechtung einer Abfindungszahlung die allgemeinen Anfechtungsregeln gelten, insbesondere §§ 130, 131, 133, gegebenenfalls iVm § 138.[153] An dieser Stelle sei lediglich auf die Anfechtung nach § 131 Abs 1 Nr 1 hingewiesen. Sie greift nach der Rechtsprechung des BAG auch dann, wenn der Schuldner in der Krise **zur Vermeidung einer unmittelbar bevorstehenden Zwangsvollstreckung** auf die Abfindungspflicht leistet, und sie greift demnach erst Recht, wenn der Abfindungsgläubiger nach dem Insolvenzantrag **im Wege der Zwangsvollstreckung** Befriedigung erlangt. Dann liegt eine **inkongruente Deckung** iSd § 131 Abs 1 Nr 1 vor, weil der Gläubiger aufgrund des (vorgezogenen) Grundsatzes der gleichmäßigen Gläubigerbefriedigung die Abfindung „nicht in der Art" zu beanspruchen hatte. In diesem Fall ist es demnach auch unerheblich, ob der Abfindungsgläubiger von der Krise des Abfindungsschuldners wusste oder von ihr wissen konnte (vgl oben Rn 103).[154]

111 e) **Rechtsweg für die Anfechtung von Leistungen an Arbeitnehmer.** Für die Anfechtungsklage des Insolvenzverwalters gegen einen Arbeitnehmer des Schuldners auf Rückgewähr ist laut GmS-OBG nach § 2 Abs 1 Nr 3a ArbGG der **Rechtsweg zu den Arbeitsgerichten** gegeben. Auch wenn es sich bei dem Rückgewährschuldverhältnis gemäß §§ 129 ff um ein gesetzliches Schuldverhältnis handelt und Parteien der Insolvenzverwalter und der Arbeitnehmer sind, resultiert die diesbezügliche Rechtsstreitigkeit demnach trotzdem „aus dem Arbeitsverhältnis", zumal die Entgeltforderung des Arbeitnehmers bei erfolgreicher Anfechtung nach § 144 Abs 1 wieder auflebt und als Insolvenzforderung zur Tabelle angemeldet werden kann.[155] Der Rechtsweg zu den Arbeitsgerichten wird nach § 2 Abs 1 Nr 6 ArbGG auch dann für einschlägig erklärt, wenn der Insolvenzverwalter im Wege der Anfechtungsklage Zahlungen des Schuldners an eine Sozialeinrichtung zurückfordert.[156] Soweit dagegen ein Dritter für den Arbeitgeber Arbeitsentgelt leistet, ist laut BGH der Rechtsweg zu den ordentlichen Gerichten eröffnet.[157]

2. Nach § 119 unwirksame Dienstvertragsregelungen

112 Gemäß § 119 sind Vereinbarungen, durch welche die Anwendung der §§ 103–118 im Voraus ausgeschlossen oder beschränkt wird, unwirksam. Die Regelung des § 119 hat im Dienstvertrags- und insbesondere im Arbeitsrecht zunächst dort Bedeutung, wo von § **113** abgewichen werden soll, s dazu § 113 Rn 163 ff; zur Unabdingbarkeit der §§ **120–128** siehe § 120 Rn 40.

---

lung durch den Dritten im Ergebnis zutreffend für nicht anfechtbar erklärt; für die Anfechtbarkeit der vor der Krise erfolgten Gewährung der Sicherheit durch den Schuldner an den Dritten bestanden keine Anhaltspunkte.

153 Dazu näher *Stiller* NZI 2005, 77.

154 BAG 19.5.2011 – 6 AZR 736/09, ZIP 2011, 1628; ebenso (allerdings keine Abfindung betreffend) BAG 31.8.2010 – 3 ABR 139/09, NZA 2011, 995 = ZIP 2011, 629; vgl auch (ebenfalls keine Abfindung betreffend) LAG Sachsen-Anhalt 14.10.2010 – 3 Sa 420/09 [juris].

155 GmSOBG 27.9.2010 – GmS – OBG 1/09, NZA 2011, 534; s im Vorfeld ebenso BAG 27.2.2008 – 5 AZB 43/07, NZA 2008, 549; BAG 31.3.2009 – 5 AZB 98/08, ZIP 2009, 831; **aA** BGH 2.4.2009 – IX ZB 182/08, NZA 2009, 571; BGH 7.5.1991 – IX ZR 30/90, ZIP 1991, 737; *Walker* FS Bauer (2010), 1051; vgl zur Anfechtung zwecks Rückgewähr auf sozialrechtlicher Grundlage erbrachter Entgeltzahlungen BGH 2.6.2005 – IX ZB 235/04, ZIP 2005, 707.

156 OLG Frankfurt 6.8.2012 – 19 W 33/12, ZIP 2012, 1879.

157 BGH 19.7.2012 – IX ZB 27/12, NZA 2012, 1181 = ZIP 2012, 1681. Im entschiedenen Fall hatte anstelle der Schuldnerin, einer GmbH, deren Muttergesellschaft Entgelt an den Arbeitnehmer gezahlt.

Des Weiteren wird zu Recht die Ansicht vertreten, dass Vertragsregelungen nach § 119 unwirksam sind, welche Dienstverträge **dem Anwendungsbereich von § 108 entziehen**, als Insolvenzforderungen einzuordnende **Entgeltpflichten zu Masseverbindlichkeiten erklären** oder **Vertragsstrafen für den Fall** vorsehen, dass der Vertragspartner des Schuldners mit seinen Forderungen nur **quotal befriedigt** wird.[158] **113**

Insbesondere im Arbeitsrecht existieren noch **weitere Regelungen**, die unter § 119 subsumiert werden können: **114**

a) **Vereinbarungen über im Insolvenzfall verlängerte Arbeitszeiten oder erhöhte Entgelte.** Teilweise werden Vereinbarungen getroffen, welche für den Fall wirtschaftlicher Probleme oder ähnlicher Unzulänglichkeiten Vertragsverlängerungen oder Kündigungsausschlüsse vorsehen. Solche Regelungen wirken auf den ersten Blick wenig zweckmäßig, weil in den betreffenden Situationen doch eher von einem Interesse zumindest des Arbeitgebers auszugehen sein müsste, die Vertragsbeendigung möglichst zu erleichtern und nicht zu erschweren. Entsprechende Klauseln haben daher in der Regel die Funktion, dem **Dienstverpflichteten im Fall der Insolvenz besondere Vorteile zu verschaffen.** Die Vorteile können darin liegen, dass seine Entgeltansprüche, welche für die Zeit nach Verfahrenseröffnung anfallen und damit als Masseansprüche nach § 55 Abs 1 Nr 2 Hs 2 einzuordnen sind, besonders hoch sind oder eine besonders lange Zeitspanne umfassen. Bedenkt man, dass nach Verfahrenseröffnung häufig für die Dienste kein Bedarf mehr besteht, aufgrund Annahmeverzugs aber dennoch das volle Entgelt gezahlt werden muss (§§ 611 Abs 1, 615 Satz 1, 293 ff BGB), können dadurch gegenleistungslose Ansprüche auf Kosten der Masse geschaffen werden. **115**

Unabhängig davon, dass solche Vereinbarungen bzw Leistungen, welche auf ihrer Grundlage erbracht werden, nach Maßgabe der §§ 130 ff anfechtbar sein können, vgl Rn 97 ff, greift hier zunächst die Unwirksamkeitssanktion des § 119. Dies deshalb, weil eine für den Fall der Unternehmenskrise vereinbarte (zeitliche und/oder sachliche) Vertragserweiterung regelmäßig auch ohne ausdrücklichen Bezug auf das Insolvenzverfahren nur im Fall der Verfahrenseröffnung ihren Vertragssinn erfüllt. Sofern also keine andere **Funktion** ersichtlich ist als diejenige, **dem Dienstberechtigten im Fall der Insolvenz besondere Vorteile zu verschaffen,** ist sie von § 119 erfasst. **116**

Einen Beispielsfall solchen Vorgehens hat das BAG im Jahr 2006 entschieden. Das Urteil betraf eine zwischen Arbeitnehmer und Arbeitgeber getroffene Vereinbarung über Teilzeitbeschäftigung. Diese war unter der auflösenden Bedingung der Arbeitgeberinsolvenz geschlossen worden. Sie sollte also im Fall der Verfahrenseröffnung gemäß § 158 Abs 2 BGB automatisch entfallen, wodurch wieder ein Vollzeitbeschäftigungsverhältnis hergestellt wäre. Dabei hatten die Parteien die im Insolvenzfall eher entfallende Einsatzmöglichkeit des Arbeitnehmers ausdrücklich mitgeregelt und in die Vereinbarung aufgenommen. Die betreffende Abrede war darauf gerichtet, dem Arbeitnehmer gegen die Masse einen besonders hohen Annahmeverzugsanspruch aus §§ 611 Abs 1, § 615 Satz 1 BGB zu verschaffen. Das BAG prüfte die Regelung ausschließlich anhand des Gläubigeranfechtungsrechts nach § 133 Abs 1 Satz 1, wobei es § 119 offenbar nicht entdeckte. Die Richter sahen in dem unter auflösender Bedingung vereinbarten „Verzicht“ auf die Vollzeitbeschäftigung einen Beitrag des Arbeitnehmers zur Sanierung des Unternehmens und lehnten deshalb eine Gläubigerbenachteiligung iSd § 133 Abs 1 Satz 1 grundsätzlich ab. Nur für den Fall, dass in der Schwebezeit zwischen Teilzeitvereinbarung und Insolvenz **117**

---

[158] MünchKomm/*Huber* InsO § 119 Rn 68.

die Sanierungsbedürftigkeit (zwischenzeitlich) entfallen war, gingen sie von einer Gläubigerbenachteiligung aus.[159]

118 Es ist bedauerlich, dass das BAG hier die Regelung des § 119 nicht in Betracht gezogen hat. Mit der Vereinbarung war **für den Fall der Insolvenz** der Arbeitsvertrag derart verändert worden, dass die bisherige Teilzeitbeschäftigung in eine **Vollzeitbeschäftigung** umschlug. Damit wurde die Beendigungsmöglichkeit nach § 113 Satz 1, Satz 2 zwar nicht formal begrenzt, weil der Insolvenzverwalter das Arbeitsverhältnis weiterhin mit der dort geregelten Frist kündigen konnte. Es wurde aber die mit § 108 Abs 1 Satz 1, § 113 Satz 1, Satz 2 verbundene Begrenzung der Massebelastung durch Vergütungsverbindlichkeiten unterlaufen. Die Funktion der Vereinbarung lag darin, dem Arbeitnehmer zulasten anderer Gläubiger und im Widerspruch zu § 108 Abs 1, § 113 Satz 1, Satz 2 einen höheren Anteil an der Masse zu sichern.[160] Nachdem das Gericht die Kernregelung des § 119 übersehen hat, ist zu hoffen, dass die Rechtsprechung künftig anders entscheiden wird.

119 **b) Vereinbarungen über außerordentliche Kündigungsrechte und verkürzte Kündigungsfristen im Insolvenzfall (Lösungsklauseln).** Teils werden Dienstvertragsklauseln vereinbart, die im Fall der Unzumutbarkeit des Dienstverhältnisses, der Insolvenz oder der Zahlungsschwäche eines Vertragspartners zur beschleunigten Kündigung berechtigen. Diese Lösungsklauseln können eine **verkürzte Kündigungsfrist** vorsehen oder ein **Recht zur fristlosen Kündigung.**

120 Anders als bei den soeben diskutierten Klauseln über im Insolvenzfall verlängerte Arbeitszeiten oder erhöhte Entgelte greift bei ihnen allerdings nicht die Vermutung des Insolvenzbezugs. Bei ihnen ist nämlich nicht davon auszugehen, dass sie gerade für den Fall der Insolvenz geschlossen wurden, denn die Möglichkeit der beschleunigten Trennung vom Vertragspartner kann im Krisenfall für jede Partei von Vorteil sein, ohne dass es darauf ankäme, dass tatsächlich ein Insolvenzverfahren eröffnet wird oder ansteht. Deswegen fallen Lösungsklauseln nicht unter § 119, wenn sie für den Fall etwa der Unzumutbarkeit der Vertragsfortsetzung vereinbart werden, auch wenn diese oft auf einer

---

[159] BAG 19.1.2006 – 6 AZR 529/04, ZIP 2006, 1366 m Anm *Girotto* SAE 2007, 80, der zu Recht auf die unterlassene Prüfung von § 119 hinweist. Des Weiteren untersuchte das BAG noch einen Sittenverstoß iSd § 138 BGB, weil die Parteien zusätzlich für die Zeit vor der Insolvenz eine für zwölf Monate rückwirkende Entgelterhöhung vereinbart hatten, um höhere Arbeitslosengeldansprüche zu generieren. Trotz der deutlichen Zielsetzung der Belastung der Versichertengemeinschaft billigte das BAG auch dies mit Blick auf den vom Arbeitnehmer geleisteten „Beitrag zur Sanierung des Unternehmens". Es ließ allerdings die Frage der tatsächlichen Anspruchshöhe des Arbeitslosengeldes dahingestellt. Den Arbeitsvertragsparteien war es offenbar darum gegangen, das Bemessungsentgelt für den Arbeitslosengeldanspruch nach der heutigen Regelung des § 151 Abs 1 Satz 2 SGB III (damals § 131 Abs 1 Satz 2 SGB III) künstlich hoch anzusetzen. Das BSG akzeptiert in der Tat Regelungen, nach denen Anspruchskürzungen vereinbart werden, die im Fall betriebsbedingter Kündigungen wieder entfallen, so BSG 29.1.2008 – B 7/7a AL 40/06 R, NZS 2009, 117 = NZA-RR 2009, 161. Freilich dürfte eine Vereinbarung, welche an die Insolvenz anknüpft (und nicht neutral an die betriebsbedingte Kündigung wie im Fall des BSG), die Rechtsfolgen des § 151 Abs 1 Satz 2 SGB III nicht mehr auslösen, da die Vorschrift das Bestehen eines Entgeltanspruchs voraussetzt, der „wegen Zahlungsunfähigkeit" nicht mehr erfüllt wurde. Wenn dagegen bereits das Entstehen des Anspruchs von dieser Zahlungsunfähigkeit abhängt, kann er nicht mehr von der Norm erfasst sein.

[160] Vgl zur Unzulässigkeit von Klauseln, welche für den Fall der Insolvenz Entgeltrückstände zu Masseverbindlichkeiten erklären, MünchKomm/*Huber* InsO § 119 Rn 68.

Insolvenz beruht. Soweit das betreffende Dienstverhältnis ein Arbeitsverhältnis ist, wird Arbeitnehmerschutz durch § 622 Abs 4, 5 BGB gewährleistet, wonach gesetzliche Kündigungsfristen nur eingeschränkt abdingbar sind.

Anders liegt der Fall bei Lösungsklauseln, die tatsächlich **für den Fall der Insolvenz** vereinbart werden, also beispielsweise bei Insolvenzantragstellung oder Verfahrenseröffnung greifen sollen. Sie enthalten eine Abbedingung von § 108 Abs 1 Satz 1, da diese Regelung den Fortbestand des Dienstverhältnisses über die Verfahrenseröffnung hinaus anordnet. Solche Klauseln sind gemäß § 119 unwirksam.[161] **121**

c) **Vereinbarungen über im Insolvenzfall entstehende Sicherheiten des Dienstverpflichteten.** Von § 119 werden auch Vereinbarungen erfasst, gemäß denen dem Gläubiger im Fall der Insolvenz bevorzugte Sicherheiten für seine Ansprüche aus dem Dienstverhältnis zustehen. Deshalb sind Regelungen unwirksam, nach welchen gegenüber einem Versicherungsunternehmen als Versorgungsträger bestehende Versorgungsanwartschaften aus betrieblicher Altersversorgung im Fall der Insolvenz unwiderruflich werden sollen. Sie würden dazu führen, dass der Arbeitnehmer aufgrund der Insolvenz eine insolvenzfeste Rentenanwartschaft erwirbt. Nach § 119 zulässig sind dagegen alle Formen von Sicherheiten, die nicht aus Anlass der Insolvenz wirksam werden, die also bereits vor der Insolvenz eine Vermögenszuordnung zulasten des Schuldners und zugunsten des Sicherungsnehmers vornehmen. Wenn also nicht nur für den Fall der Insolvenz, sondern unabhängig davon beispielsweise Unwiderruflichkeit vereinbart ist, kommt auch § 119 nicht zur Anwendung.[162] **122**

V. Betriebsübergang und Insolvenz

1. Allgemeines zum Betriebsübergang

Beim rechtsgeschäftlichen Übergang eines Betriebs oder Betriebsteils auf einen anderen Inhaber tritt dieser gemäß § 613a Abs 1 Satz 1 BGB in die Rechte und Pflichten aus den im Übergangszeitpunkt bestehenden Arbeitsverhältnissen ein. Da § 613a BGB zum Teil auf einer EU-Richtlinie beruht,[163] ist insbesondere der Begriff des Betriebsübergangs durch die Rechtsprechung des EuGH geprägt worden.[164] **123**

---

161 MünchKomm/*Huber* InsO § 119 Rn 68; Uhlenbruck/*Sinz* InsO § 119 Rn 19; **aA** *Schwörer* Lösungskaluseln S 89. *Schwörer* stützt seine Meinung darauf, dass sich aus § 113 Abs 1 Satz 1 im Insolvenzfall ein besonderes Interesse des Arbeitnehmers an der Lösung des Arbeitsverhältnisses ergebe, und auf eine mögliche analoge Anwendung von § 109 Abs 2 auf das Dienstverhältnis. Beidem ist zu widersprechen. Der Arbeitnehmer hat auch in der Insolvenz häufiger ein Bestands- als ein Lösungsinteresse am Vertrag. Zudem scheidet eine analoge Anwendung von § 109 Abs 2 auf das Dienstverhältnis aus, nachdem der Gesetzgeber in § 113 ausdrücklich vom früheren § 22 Abs 1 KO abgekehrt ist, der das Kündigungsrecht lediglich auf „angetretene" Dienstverhältnisse bezog und im Übrigen die Nichterfüllungswahl erlaubte. Diese Nichterfüllungswahl ist nach der InsO ausgeschlossen, s § 113 Rn 44.

162 BAG 15.6.2010 – 3 AZR 334/06, ZIP 2010, 1915; vgl bereits BAG 16.6.1978 – 3 AZR 783/76, AP KO § 30 Nr 4.

163 Richtlinie 2001/23/EG des Rates vom 12.3.2001 zur Angleichung der Rechtsvorschriften der Mitgliedstaaten über die Wahrung von Ansprüchen beim Übergang von Unternehmen, Betrieben oder Unternehmens- und Betriebsteilen, Abl EG L 82, S 16. Aufgehoben wurden hierdurch die Richtlinie 77/187/EWG, Abl EG L 61, S 26, sowie die diesbezügliche Änderungsrichtlinie vom 17.7.1998, Abl EG L 201, S 88.

164 Vgl zum Begriff des Betriebsübergangs iSd § 613a BGB beispielsweise EuGH 12.2.2009 – C-466/07, Slg 2009, I-803;

124 Der Betriebserwerber übernimmt nach § 613a Abs 1 Satz 1 BGB die arbeitsrechtlichen Bindungen des Betriebsveräußerers, und zwar unabhängig davon, ob er überhaupt von den Arbeitsverhältnissen und den für sie gültigen Bedingungen weiß. Nach näherer Maßgabe der § 613a Abs 1 Satz 2–4 BGB werden kollektivarbeitsrechtliche Bindungen aus Tarifverträgen oder Betriebsvereinbarungen entsprechend individualarbeitsrechtlich übergeleitet bzw können durch anderweitige kollektiv- oder individualarbeitsrechtliche Regelungen abgelöst werden. Umgekehrt haftet der Betriebsveräußerer neben dem Betriebserwerber weiter nach Maßgabe der § 613a Abs 2 und Abs 3 BGB. Zudem besteht mit § 613a Abs 4 Satz 1 BGB ein eigenes Verbot einer Kündigung wegen des Betriebsübergangs. Jedoch lässt § 613a Abs 4 Satz 2 BGB die Kündigung aus anderen Gründen unverändert zu.

125 Gemäß § 613a Abs 5 BGB müssen der Betriebsveräußerer oder der Betriebserwerber den betroffenen Arbeitnehmer über Einzelheiten des Betriebsübergangs unterrichten. Diese Unterrichtungspflicht bildet eine echte Rechtspflicht und keine bloße Obliegenheit der Arbeitgeber. Somit kann der Arbeitnehmer eine ordnungsgemäße Unterrichtung verlangen und bei Unterbleiben einen Schadensersatzanspruch geltend machen.[165] Die Unterrichtung muss zutreffend, vollständig, präzise und zudem auch für den Laien verständlich und arbeitsplatzbezogen sein, wobei eine Anfertigung in Form eines Standardschreibens möglich ist.[166] Der Inhalt der Unterrichtung richtet sich nach dem subjektiven Kenntnisstand der Arbeitgeberparteien bei ihrer Vornahme.[167] Die Unterrichtung ist vor dem Betriebsübergang vorzunehmen. Dennoch geht die Unterrichtungspflicht nicht mit dem Zeitpunkt des Übergangs unter, sondern besteht darüber hinaus fort.[168]

126 Der Arbeitnehmer kann gemäß § 613a Abs 6 BGB dem Übergang des Arbeitsverhältnisses innerhalb eines Monats nach Zugang der Unterrichtung schriftlich widersprechen. Wenn er widerspricht, bleibt es beim Arbeitsverhältnis mit dem Betriebsveräußerer.[169] Soweit der Betriebsveräußerer keine ausreichenden Beschäftigungsmöglichkeiten für den widersprechenden Arbeitnehmer hat, riskiert dieser demnach die betriebsbedingte Kündigung.[170] Die Ausübung des Widerspruchsrechts erfolgt durch einseitige empfangsbedürftige Willenserklärung.[171] Sie kann nach § 613a Abs 6 Satz 2 BGB entweder dem Veräußerer oder dem Erwerber zugehen und ist bedingungsfeindlich.[172] Der Widerspruch hat in Schriftform nach § 126 BGB zu erfolgen, wobei die elektronische Form (§ 126a BGB) nicht ausgeschlossen ist. Eine Begründung ist nicht erforderlich.[173] Widerspricht der Arbeitnehmer erst nach Betriebsübergang und hat er in dieser Zeit bereits beim

---

BAG 15.12.2011 – 8 AZR 692/10, BB 2012, 1472; BAG 27.1.2011 – 8 AZR 326/09, AP BGB § 613a Nr 402; BAG 22.10.2009 – 8 AZR 766/08, ZIP 2010, 849; HWK/*Willemsen* § 613a BGB Rn 93 ff; ErfK/*Preis* § 613a BGB Rn 12 ff.

165 Vgl BAG 31.1.2008 – 8 AZR 1116/06, NZA 2008, 642; sa *Gaul/Otto* DB 2002, 634 (639 ff); *Willemsen/Lembke* NJW 2002, 1159 (1161).

166 BAG 13.7.2006 – 8 AZR 305/05, AP BGB § 613a Nr 312; *Hohenstatt/Grau* NZA 2007, 13 (14); krit zu den überzogenen Ansprüchen der Rechtsprechung *Giesen* Jahrbuch des Arbeitsrechts 2009, 41.

167 BAG 13.7.2006 – 8 AZR 305/05, AP BGB § 613a Nr 312.

168 *Willemsen/Lembke* NJW 2002, 1159 (1163).

169 S HWK/*Willemsen/Müller-Bonanni* § 613a BGB Rn 341 ff, 355 ff; ErfK/*Preis* § 613a BGB Rn 91 ff.

170 S. zu der Frage, ob im Falle der dann notwendigen Sozialauswahl beim Betriebsveräußerer die Tatsache eine Rolle spielt, dass der Arbeitnehmer dem Übergang widersprochen hat, BAG 31.5.2007 – 2 AZR 276/06, NZA 2008, 33; HWK/*Quecke* § 1 KSchG Rn 338; ErfKomm/*Preis* § 613a BGB Rn 106 ff.

171 BAG vom 30.10.2003 – 8 AZR 491/02, AP BGB § 613a Nr 262.

172 *Gaul* S 325.

173 BAG 19.2.2009 – 8 AZR 176/08, ZIP 2009, 1781.

Erwerber Dienste geleistet, so fällt das Arbeitsverhältnis ex tunc auf den Veräußerer zurück, sodass die geleistete Arbeit aufgrund eines fehlerhaften Arbeitsverhältnisses erbracht wurde.[174] Wird die Unterrichtung nach Betriebsübergang vorgenommen, so beginnt die Widerspruchsfrist des § 613a Abs 6 BGB mit dem Zugang zu laufen.[175] Erfolgt die Unterrichtung darüber hinaus fehlerhaft oder unvollständig, wird die Monatsfrist des Abs 6 nicht ausgelöst.[176] In diesem Fall kann das bei ausbleibender Nachholung der Unterrichtung theoretisch unendlich bestehende Widerspruchsrecht gemäß § 242 BGB verwirkt werden.[177]

All dies gilt innerhalb der Insolvenz prinzipiell gleichermaßen wie außerhalb der **127** Insolvenz, wie sich bereits mittelbar aus § 128 ergibt. Wenn also der Insolvenzverwalter einen Betrieb oder Betriebsteil aus der Masse veräußert, greift § 613a BGB ebenso wie wenn er einen solchen für die Masse erwirbt, und in beiden Fällen ist die Vorschrift ebenso anzuwenden, als liege keine Insolvenz vor.[178] Insolvenzspezifische Modifizierungen können sich aber ergeben für den Wiedereinstellungsanspruch eines Gekündigten (s Rn 133 f), im Hinblick auf die Haftung des Betriebserwerbers aus der Insolvenz (s Rn 135 ff) sowie gemäß § 128 (s Rn 146).

2. Betriebsbedingte Kündigung durch den Betriebsveräußerer aufgrund Erwerberkonzepts

a) Betriebsbedingte Kündigung durch den Betriebsveräußerer wegen Arbeitsplatz- 128 wegfalls nach Übergang. Soweit der Kündigungsschutz nach dem Kündigungsschutzgesetz (KSchG) zu achten ist (s dazu Rn 165 ff), können betriebsbedingte Kündigungen nach näherer Maßgabe des § 1 Abs 2 KSchG gerechtfertigt sein, wenn der Arbeitsplatz des Gekündigten künftig wegfällt. Aus diesem Grund ist anerkannt, dass sowohl der Betriebsveräußerer als auch der Betriebserwerber, solange bzw sobald sie die Arbeitgeberrolle innehaben, wegen des Abbaus von Arbeitsplätzen auch während des Betriebsübergangs sowie davor und danach Kündigungen aussprechen dürfen.[179] Kündigungsberechtigt ist dabei der jeweilige Arbeitgeber, so dass vor dem Betriebsübergang der Betriebsveräußerer und nach dem Betriebsübergang der Betriebserwerber zu kündigen hat. Im Fall des wirksamen Widerspruchs bleibt das Arbeitsverhältnis beim Betriebsveräußerer, so dass dieser zu kündigen hat. Zur Vermeidung von Rechtsunsicherheit empfiehlt es sich, dass nach dem Betriebsübergang Betriebsveräußerer und Betriebserwerber Kündigungserklärungen abgeben.

---

[174] BAG 13.7.2006 – 8 AZR 382/05, NZA 2006, 1406, 1410; aA *Rieble* NZA 2004, 1 (5).

[175] BT-Drucks 14/7760, 20.

[176] BT-Drucks 14/7760, 19; BAG 13.7.2006 – 8 AZR 305/05, NZA 2006, 1268.

[177] Vgl beispielhaft BAG 12.11.2009 – 8 AZR 751/07, BB 2010, 789; BAG 27.11.2008 – 8 AZR 174/07, NZA 2009, 813; eine im Gesetzgebungsverfahren vorgesehene Höchstfrist wurde nicht in die Neufassung von § 613a BGB aufgenommen, BR-Drucks 831/1/01, 2; BT-Drucks 14/8128, 4, s zu alledem *Hofmann* Rechtsmissbrauch.

[178] Deutlich und zu Recht gegen irgendeine Form der insolvenzbedingt modifizierten, „sanierungsfreundlichen" Auslegung von § 613a BGB BAG 25.10.2012 – 8 AZR 572/11, NZA 2013, 236. Vgl zu den Parteien des Kündigungsschutzprozesses bei Betriebsübergang BAG 24.5.2005 – 8 AZR 246/04, NZA 2005, 1178; BAG 4.3.1993 – 2 AZR 507/92, NZA 1994, 260; BAG 20.3.1997 – 8 AZR 769/95, NZA 1997, 937; BAG 18.4.2002 – 8 AZR 346/01, NZA 2002, 1207; KR/*Treber* § 613a BGB, Rn 204 ff.

[179] Hierbei sind sie wie sonst auch, soweit einschlägig, an die Vorschriften des Kündigungsschutzes gebunden, s näher ErfK/*Preis* § 613a BGB Rn 150 ff; HWK/*Willemsen/Müller-Bonanni* § 613a BGB Rn 304 ff, 313 ff.

129 **b) Konkrete Absehbarkeit des Arbeitsplatzwegfalls nach dem Übergang.** Wenn demnach beim Betriebsveräußerer der Arbeitsplatz noch existiert, der Betriebserwerber aber Änderungen im Unternehmen vornehmen wird, nach denen der Arbeitsplatz entfallen wird, kann bereits der Betriebsveräußerer die betriebsbedingte Kündigung aussprechen. Dies ist keine nach § 613a Abs 4 Satz 1 BGB verbotene Kündigung, weil sie nicht wegen des Betriebsübergangs erfolgt, sondern als gemäß § 1 Abs 2 KSchG betriebsbedingte Kündigung nach § 613a Abs 4 Satz 2 BGB „aus anderen Gründen" als dem Betriebsübergang erklärt wird (s näher zu § 613a Abs 4 BGB in der Insolvenz § 113 Rn 96). Eine solche „Kündigung wegen Erwerberkonzepts" setzt nach der Rechtsprechung voraus, dass ein „verbindliches Konzept oder Sanierungsplan" vorliegt, „dessen Durchführung im Zeitpunkt der Kündigungserklärung bereits greifbare Formen angenommen hat".[180] Es muss also zum einen konkret absehbar sein, welche Änderungen der betrieblichen Abläufe beim Erwerber vorgenommen werden. Zum anderen spricht das BAG, wie gesagt, von „verbindlicher" Konzeption. Das bedeutet wohl, dass diese konkrete Absehbarkeit mittels Rechtspflichten abgesichert sein muss. In der Regel wird das der Kaufvertrag über die Unternehmenswerte sein, der zwischen Betriebsveräußerer und Betriebserwerber geschlossen wurde, und dem das Erwerberkonzept als Anlage beigefügt wird.[181] Denkbar sind auch andere Formen verbindlicher Planung beim Erwerber, beispielsweise wenn dieser in Verträgen mit anderen Geschäftspartnern oder mit Behörden (etwa zwecks Erlangung von Fördermitteln oder zur Erfüllung kartellrechtlicher Vorgaben) entsprechend detaillierte Verpflichtungen bezüglich seiner künftigen wirtschaftlichen Tätigkeit übernommen hat.

130 **c) Keine insolvenzrechtlichen Besonderheiten der betriebsbedingten Kündigung aufgrund Erwerberkonzepts.** Die Rechtsprechung zur betriebsbedingten Kündigung aufgrund Erwerberkonzepts ist anlässlich der Entscheidung von Fällen der Veräußerung aus der Insolvenz entwickelt worden. Sie muss aber, weil die Regeln zum Bestandsschutz des Arbeitsverhältnisses im Betriebsübergang innerhalb und außerhalb der Insolvenz dieselben sind, auch bei Betriebsveräußerungen außerhalb der Insolvenz gelten.[182]

131 **d) Missbräuchliche Kündigung zwecks Nutzung nach § 113 verkürzter Fristen?** Unsicherheit bringt bei der Kündigung aufgrund Erwerberkonzepts eine Bemerkung des BAG in seiner diesbezüglichen Leitentscheidung aus dem Jahr 2003. Das Gericht hat dort im konkreten Fall die Kündigung aufgrund Erwerberkonzepts für rechtmäßig erklärt und dabei ohne nähere Erläuterung bemerkt: „Anhaltspunkte dafür, dass die Kündigung durch den Beklagten (dies war der veräußernde Insolvenzverwalter, *d Verf*) erfolgte, um die kürzeren Kündigungsfristen der Insolvenzordnung (§ 113 Abs 1 InsO) in Anspruch zu nehmen, sind weder vorgetragen oder ersichtlich."[183] Dieser Satz lässt sich als ein-

---

[180] BAG 20.3.2003 – 8 AZR 97/02, NZA 2003, 1027; BAG 20.9.2006 – 6 AZR 249/05, NZA 2007, 387; LAG Schleswig-Holstein 23.11.2010 – 5 Sa 247/10, ZInsO 2011, 738; HWK/*Willemsen/Müller-Bonanni* § 613a BGB Rn 314 ff. Die frühere Rspr (BAG 26.5.1983 – 2 AZR 477/81, ZIP 1983, 1377) hatte die Nichtanwendbarkeit von § 613a Abs 4 BGB davon abhängig gemacht, dass der Betriebsveräußerer das Erwerberkonzept auch selbst durchführen könnte; dieses Erfordernis wurde in der zitierten Entscheidung von 2003 ausdrücklich aufgegeben.

[181] *Schumacher-Mohr* NZA 2004, 629; HWK/*Willemsen/Müller-Bonanni* § 613a BGB Rn 314.

[182] HWK/*Willemsen/Müller* § 613a BGB Rn 314; Moll/*Cohnen* § 54 Rn 171; *Annuß/Stamer* NZA 2003, 1247; *Gaul/Bonanni/Naumann* DB 2003, 1902; aA LAG Köln 17.6.2003 – 9 SA 433/03, BeckRS 2003, 30462944.

[183] BAG 20.3.2003 – 8 AZR 97/02, NZA 2003, 1027.

facher Hinweis auf fehlenden Missbrauch interpretieren, jedoch wirft er zusätzlich die Frage auf, in welchen Fällen ein solcher Missbrauch denn überhaupt in Betracht zu ziehen ist. Prinzipiell ist er kaum denkbar, wenn tatsächlich die Voraussetzungen für die Zulässigkeit der betriebsbedingten Kündigung mit Erwerberkonzept erfüllt sind. Hinzu kommt, dass die missbräuchliche Ausnutzung der „kürzeren Kündigungsfristen der Insolvenzordnung" auch nicht zur Unwirksamkeit der Kündigung als solcher führen können, sondern eben nur zur Ersetzung der insolvenzrechtlichen Kündigungsfrist des § 113 durch diejenige Kündigungsfrist, die bei einer Erwerberkündigung gelten würde. Aber auch dies ist allenfalls dann anzunehmen, wenn der Insolvenzverwalter im Zusammenwirken mit dem Betriebserwerber das Insolvenzverfahren absichtlich hinauszögert, um trotz ansonsten sinnloser Geltung der Insolvenzordnung noch von § 113 Gebrauch machen zu können. Solche Konstellationen sind freilich kaum vorstellbar.

e) **Prüfung der betriebsbedingten Kündigung unter Beachtung der künftigen Situation beim Erwerber.** Da mit der Kündigung auf der Grundlage des Erwerberkonzepts die betriebliche Situation (aufgrund des kündigungsschutzrechtlichen Prognoseprinzips zu Recht) antizipiert wird, muss die weitere Rechtmäßigkeitsprüfung konsequenterweise die Situation beim Erwerber ebenfalls vorwegnehmen. Das bedeutet, dass für die Untersuchung der Sozialauswahl nach § 1 Abs 3 KSchG die künftige Lage im Erwerberbetrieb und für die Untersuchung einer anderweitigen Beschäftigungsmöglichkeit die künftige Lage im Erwerberunternehmen zugrunde zu legen ist.[184] Aufgrund der Konzeption des § 613a BGB ist die Situation im Veräußererbetrieb nur zu berücksichtigen, wenn der Arbeitnehmer dem Betriebsübergang widerspricht (vgl Rn 126). 132

3. Fortsetzungs- bzw Wiedereinstellungsanspruch des gekündigten Arbeitnehmers gegen einen Betriebserwerber aus der Insolvenz

Nach einer betriebsbedingten Kündigung ist bei späterer, zuvor nicht abgesehener Verbesserung der betrieblichen Lage ein Fortsetzungs- bzw Wiedereinstellungsanspruch des gekündigten Arbeitnehmers in Betracht zu ziehen (s Rn 179). Das gilt prinzipiell auch bei zwischenzeitlichem Betriebsübergang.[185] Beim Betriebserwerb aus der Insolvenz werden diese Grundsätze durch die Rechtsprechung allerdings zurückhaltend gehandhabt. Das BAG lehnt den Wiedereinstellungs-/Fortsetzungsanspruch in der Insolvenz dann ab, wenn der Betriebsübergang erst nach Ablauf der Kündigungsfrist stattfindet, also nach dem Ende des ordentlich gekündigten Arbeitsverhältnisses.[186] In der Literatur und in der älteren Instanzrechtsprechung werden dagegen Ansichten vertreten, die „in beide Richtungen" von der BAG-Rechtsprechung abweichen. Teilweise heißt es, die Anerkennung eines Wiedereinstellungs-/Fortsetzungsanspruchs des Arbeitnehmers gegen den Betriebserwerber nach wirksam erfolgter Kündigung durch den Insolvenzverwalter 133

---

[184] *Schumacher-Mohr* NZA 2004, 629; *Gaul/Bonanni/Naumann* DB 2003, 1902; *Annuß/Stamer* NZA 2003, 1247; HWK/*Willemsen/Müller-Bonanni* § 613a BGB Rn 314; **aA** Moll/*Cohnen* § 54 Rn 171; *Lipinski* NZA 2002, 75 (79).

[185] HWK/*Willemsen/Müller-Bonani* § 613a BGB Rn 308 ff.

[186] BAG 28.10.2004 – 8 AZR 199/04, NZA 2005, 405; BAG 13.5.2004 – 8 AZR 198/03, DB 2004, 2107; LAG Hessen 25.1.2001 – Sa 908/99, ZInsO 2002, 48; LAG Hamburg 20.3.2002 – 5 Sa 3/02, ZIP 2003, 772; LAG Hamm 4.6.2002 – 4 Sa 593/02, AR-Blattei ES 915, Nr 23; LAG Hamm 4.6.2002 – 4 Sa 57/02, AR-Blattei ES 915, Nr 21; *Annuß* ZInsO 2001, 49 (59); KR/*Weigand* § 113 InsO Rn 71a; *Moll* KTS 2002, 635 (648 f); MünchKomm/*Caspers* InsO § 128 Rn 26; *Schubert* ZIP 2002, 554 (558).

sei stets unzulässig, und zwar unabhängig davon, ob der Betriebsübergang während der Kündigungsfrist oder danach stattfindet.[187] Andere wollen einen Wiedereinstellungs-/Fortsetzungsanspruch des Arbeitnehmers gegen den Betriebserwerber gemäß allgemeinen Regeln auch dann zulassen, wenn der Betriebsübergang nach Ablauf der Kündigungsfrist standfindet.[188]

134 Die Ansicht des BAG ist vorzugswürdig. Einerseits ist nach deutschem Recht – auch wenn dies nicht durch die europäischen Rechtsvorgaben der Betriebsübergangsrichtlinie erzwungen wird – § 613a BGB in der Insolvenz grundsätzlich ebenso anzuwenden wie außerhalb der Insolvenz. Es bestehen keine diesbezüglichen ausdrücklichen Sonderprivilegien, so dass eine Freistellung des Betriebserwerbers von Ansprüchen, welche sich gegen die Masse als Veräußerer richten, zunächst nicht anzunehmen ist. Sie kann allenfalls zur Bereinigung insolvenzbedingter Friktionen aus dem Sinn und Zweck des Insolvenzverfahrens hergeleitet werden (so bei der Freistellung des Betriebserwerbers von – an sich gemäß § 613a Abs 1 Satz 1 BGB mitübernommenen – Veräußererverbindlichkeiten, soweit es sich bei diesen um Insolvenzforderungen handelt, s Rn 135 ff). Demnach ist zu fragen, ob ein Wiedereinstellungsanspruch, dessen Voraussetzungen erst nach Ablauf der Kündigungsfrist und damit nach Ende des Arbeitsverhältnisses eintreten, überhaupt Gegenstand der übergehenden Rechtspositionen im Betriebsübergang sein kann. Das ist nicht der Fall, denn er gehört gerade nicht zu den „Rechten und Pflichten aus dem im Zeitpunkt des Übergangs bestehenden Arbeitsverhältnis“ iSd § 613a Abs 1 Satz 1 BGB, weil er eben erst später entsteht. Seine Befriedigung durch den Betriebserwerber würde diesen zusätzlich mit Lasten belegen, welche dem Schuldner zuzurechnen sind. Aus diesem Grund ist dem 8. Senat des BAG zuzustimmen, wenn er ausführt, eine weitergehende Wiedereinstellungsverpflichtung des Betriebserwerbers aus der Insolvenz könnte Verwertungschancen in der Insolvenz scheitern lassen,[189] wobei es mE aber nicht darauf ankommen kann, ob diese Verwertungschancen in der Insolvenz oder außerhalb der Insolvenz bestehen. Ebenso führt das BAG zutreffend aus, dass dieses Ergebnis auch nicht der europäischen Betriebsübergangsrichtlinie 2001/23/EG zuwiderläuft. Nach näherer Maßgabe ihres Art 5 ist es den Mitgliedstaaten erlaubt, Sonderregelungen zum Betriebsübergang im Insolvenzverfahren zu treffen. Jedoch kommt es hierauf nicht an, da bereits nach Art 3 Abs 1 der Richtlinie lediglich die bestehenden Rechte und Pflichten aus dem Arbeitsverhältnis übergehen, so dass künftige Einstellungspflichten nicht erfasst sind.[190]

4. Insolvenzrechtliche Haftungsbegrenzung des Betriebserwerbers

135 Der Eintritt des Betriebserwerbers auch in ältere Rechte und Pflichten aus dem Arbeitsverhältnis wird im Insolvenzarbeitsrecht kraft BAG-Rechtsprechung abgemildert. Danach haftet der Erwerber nicht für **Verbindlichkeiten des Veräußerers, die als Insolvenzforderungen einzuordnen sind** (s Rn 37 ff).[191] Deshalb hat der Betriebserwerber bei-

---

187 LAG Hamm 27.3.2003 – 4 Sa 189/02, NZA-RR 2003, 652; *Hanau* ZIP 1998, 1817 (1820).

188 *Raab* RdA 200, 147 (160); *Zwanziger* § 128 Rn 22.

189 BAG 28.10.2004 – 8 AZR 199/04, NZA 2005, 405.

190 BAG 28.10.2004 – 8 AZR 199/04, NZA 2005, 405, unter Verweis auf EuGH 25.7.1991 – Rs C-362/89, Slg 1991, I-4105; EuGH 17.12.1987 – Rs 287/86, Slg 1987, 5465.

191 BAG 20.6.2002 – 8 AZR 459/01, ZIP 2003, 139 = NZA 2003, 222; BAG 19.10.2004 – 9 AZR 647/03, ZIP 2005, 457; BAG 19.10.2004 – 9 AZR 645/03, NZA 2005, 527; BAG 19.12.2006 – 9 AZR 230/06, DB 2007, 1707; BAG 9.12.2008 – 3 AZR 384/07, NZA 2009, 1341; BAG 30.10.2008 – 8 AZR 54/07, NZA 2009,

spielsweise nicht für Lohnansprüche einzustehen, welche die Zeit vor Verfahrenseröffnung betreffen.[192] Gleiches gilt für Sonderzahlungen, die für die Zeit davor anfallen.[193] Auch bezüglich der betrieblichen Altersversorgung haftet der Erwerber in der Insolvenz nur für denjenigen Teil der Versorgungsleistungen, welchen der Arbeitnehmer nach Insolvenzeröffnung erdient hat.[194] Ansprüche auf Altersteilzeitvergütung während der Freistellungsphase, die auf vor der Insolvenzeröffnung und dem Betriebsübergang geleisteter Arbeit beruhen, sind ebenfalls von der Haftung des Erwerbers ausgenommen.[195]

Die Beschränkung der Erwerberhaftung bei der Betriebs- und Betriebsteilveräußerung **136** aus der Insolvenz hat gute Gründe. Würde man den Betriebserwerber mit den Altverbindlichkeiten des Schuldners belasten, könnte der Betrieb bzw Betriebsteil nicht wirtschaftlich zugunsten der Masse veräußert werden. Der Betriebserwerber würde entweder einen Preisabschlag im Umfang der (keineswegs immer feststehenden und somit sein Risiko noch erhöhenden) Altverbindlichkeiten aushandeln, oder er würde vom Erwerb ganz absehen. Beides liefe sowohl den Arbeitnehmer- als auch den Gläubigerinteressen zuwider. Vor allem aber würde auf diese Weise mittelbar die Masse letztendlich doch noch für Altverbindlichkeiten einstehen müssen. Aus Ansprüchen, die gemäß § 38 Insolvenzforderungen sind, würde über den Umweg der Betriebserwerberhaftung wirtschaftlich gesehen Masseforderungen iSd § 53. Das widerspricht dem Gedanken der zeitlichen Zäsur bei der Zuordnung von Dienstvertragsforderungen zu den einfachen Insolvenzforderungen und zur Masse (s eingehend § 113, Rn 10 f).

Im Übrigen steht die BAG-Rechtsprechung zur Beschränkung der Erwerberhaftung **137** bei der Betriebs- und Betriebsteilveräußerung aus der Insolvenz nicht im Widerspruch zu europarechtlichen Vorgaben, insbesondere nicht zur **Betriebsübergangsrichtlinie.**[196] Diese lässt in ihrem Art 5 Abs 1 nämlich Ausnahmen für den Fall zu, dass über das Vermögen des Veräußerers ein Insolvenzverfahren eröffnet ist.[197]

Allerdings sind nach der BAG-Rechtsprechung **Urlaubsansprüche**, selbst wenn sie **138** Kalenderjahre vor Verfahrenseröffnung betreffen, nicht hiervon betroffen, da sie sich nicht im Sinne der §§ 108 ff einem bestimmten Zeitraum zuweisen lassen können. Sie sind vielmehr mangels zeitlicher Einordnungsmöglichkeiten jeweils im Arbeitsverhältnis zu erfüllen, so dass sie der Betriebserwerber, weil er ja in die Rechte und Pflichten aus

---

432; BAG 31.1.2008 – 8 AZR 27/07, NZA 2008, 101; BAG 22.10.2009 – 8 AZR 766/08, ZIP 2010, 849; *Gaul* Arbeitsrecht S 1489; *Hamm* AiB 2009, 441 (444); *Lembke* BB 2007, 1333; *Plössner* NZI 2003, 401 (403); Mohrbutter/Ringstmeier/*Plössner* § 29 Rn 172. S bereits zur KO die Rechtsprechung BAG 17.1.1980 – 3 AZR 160/79, NJW 1980, 1124; BAG 4.12.1987 – 2 AZR 246/86, ZIP 1987, 454 ff.

192 BAG 20.11.1984 – 3 AZR 584/83, AP BGB § 613a Nr 38.

193 BAG 11.10.1995 – 10 AZR 984/94, AP BGB § 613a Nr 132; *Lembke* BB 2007, 1333.

194 BAG 19.5.2005 – 3 AZR 649/03, AP BGB § 613a Nr 283; *Lembke* BB 2007, 1333 (1334).

195 BAG 19.10.2004 – 9 AZR 645/03, ZIP 2005, 457; **aA** Hess LAG 23.8.2006 – 8 Sa 1744/05, ZIP 2007, 391.

196 Richtlinie 2001/23/EG des Rates vom 12.3.2001 zur Angleichung der Rechtsvorschriften der Mitgliedstaaten über die Wahrung von Ansprüchen beim Übergang von Unternehmen, Betrieben oder Unternehmens- und Betriebsteilen, Abl EG L 82, S 16. Aufgehoben wurden hierdurch die Richtlinie 77/187/EWG, Abl EG L 61, S 26, sowie die diesbezügliche Änderungsrichtlinie vom 17.7.1998, Abl EG L 201, S 88.

197 Mohrbutter/Ringstmeier/*Plössner* § 29 Rn 175; vgl zur Anwendung der Richtlinie über den Betriebsübergang in der Insolvenz EuGH 12.3.1998, C-317/94 (Dethier Équipement), Slg 1998, I-1061 = NZA 1998, 529 ff.

dem bestehenden Arbeitsverhältnis eintritt, zu erfüllen hat.[198] Selbiges dürfte nach der Rechtsprechung auch für Ansprüche auf Urlaubsgeld (wenn vom Bestand des Urlaubsanspruchs abhängig), auf Urlaubsabgeltung und auch für den sekundären Schadensersatzanspruch gelten, der bei nicht gewährtem und nicht mehr gewährbarem Urlaub geschuldet wird, da das BAG all diese Ansprüche als Masseforderungen einordnet, sie also bei der Zäsur des § 108 Abs 3 nicht der Zeit vor Verfahrenseröffnung zuweist (s näher Rn 56). Gleiches dürfte für Zeugnisansprüche gelten (Rn 87 ff).

139 Eine weitere Besonderheit muss für **Sozialpläne gelten, die der Insolvenzverwalter geschlossen hat.** Bezüglich der aus ihnen folgenden Verpflichtungen muss die Haftungsgrenze nach § 123 Abs 2 Satz 2 auch für den Betriebserwerber greifen. Denn wenn die Ansprüche der Arbeitnehmer (auch) durch ihn in einem Gesamtmaß befriedigt würden, welches oberhalb dieser Grenze liegt, würde die Funktion des § 123 Abs 2 Satz 2 unterlaufen, die Masse mit nicht mehr als einem Drittel durch Sozialplankosten zu belasten.[199]

5. Einsatz von Transfergesellschaften (BQG) zur Ermöglichung von Personalabbau und Vermeidung der Rechtsfolgen von § 613a BGB

140 Zur Ermöglichung rechtssicheren Personalabbaus und zur Vermeidung der Rechtsfolgen des § 613a BGB setzt man häufig, insbesondere bei der Betriebsveräußerung aus der Insolvenz, so genannte Transfergesellschaften (oder Beschäftigungs- und Qualifizierungsgesellschaften, BQG), ein. Diese werden vom Insolvenzverwalter oder vom Erwerbsinteressenten entweder gerade zum Zweck der Personalübernahme und -qualifizierung gegründet, oder es werden entsprechende Vereinbarungen mit bestehenden Gesellschaften getroffen. Dabei nimmt die Gesellschaft häufig zusätzlich Transferleistungen der Arbeitsverwaltung nach §§ 110 f SGB III in Anspruch (vgl zur Zulassung von seitens Dritten geführten Transfergesellschaften § 111 Abs 3 Satz 2, § 178 SGB III). Die letztgenannten Vorschriften erfordern teilweise den Abschluss von Interessenausgleichen oder Sozialplänen nach §§ 111 f BetrVG, so dass in der Praxis meist der Betriebsrat entsprechend mitwirkt (s näher Rn 145).

141 Die **Ausgangslage** sieht dabei wie folgt aus. Der Insolvenzverwalter (außerhalb der Insolvenz: der Arbeitgeber, der sich in wirtschaftlichen Schwierigkeiten befindet) hat einen Erwerbsinteressenten für Betriebe oder Betriebsteile gefunden. Dieser möchte aber nicht die komplette Belegschaft übernehmen, und Kündigungen nach dem Erwerberkonzept (s oben Rn 128 ff) werden gescheut, sei es wegen ihrer befürchteten Rechtswidrigkeit, sei es, weil der Aufwand der Klärung ihrer Rechtmäßigkeit und die damit zusammenhängenden Prozessrisiken vermieden werden sollen. Oft besteht auch Sorge wegen des Unmuts bei Arbeitnehmern oder Arbeitnehmervertretern über sofortige Entlassungen. In dieser Situation tritt die BQG auf, welche nicht Betriebsmittel übernimmt, sondern nur die Belegschaft (manchmal auch nur Teile der Belegschaft). Das geschieht in der Weise, dass zwischen Arbeitnehmer, Insolvenzverwalter und BQG ein dreiseitiger Vertrag geschlossen wird, in dem das bisherige Arbeitsverhältnis mit dem Schuldner gelöst und ein neues – meist befristetes und ordentlich kündbares – Arbeitsverhältnis mit der BQG begründet wird (s zur Tarifvertragsgeltung in dieser Gesellschaft Rn 148). Für das Arbeitsverhältnis mit der BQG werden „Kurzarbeit Null" und währenddessen die

198 BAG 25.3.2003 – 9 AZR 174/02, NZA 2004, 43; BAG 18.11.2003 – 9 AZR 95/03, NZA 2004, 651; BAG 18.11.2003 – 9 AZR 347/03, DZWIR 2004, 460; BAG 15.2.2005 – 9 AZR 78/04, NZA 2005, 1124; KR/*Weigand* § 113 InsO Rn 117.

199 MünchKomm/*Caspers* InsO 128 Rn 22.

Teilnahme an Beschäftigungs- und Qualifizierungsmaßnahmen vereinbart. Dabei ist auch bei Nichttätigkeit aufgrund der „Kurzarbeit Null" ein Arbeitsverhältnis gegeben.[200] Zusätzlich schließen Insolvenzverwalter und BQG einen Dienstleistungs- und Kooperationsvertrag, in dem die Leistungen der BQG und die hierfür seitens der Masse geschuldeten Unterstützungszahlungen geregelt sind, ebenso wie die Bedingungen der Inanspruchnahme von Leistungen nach dem SGB III. Letztere umfassen ggf Zuschüsse nach § 110 SGB III, vor allem aber das Transferkurzarbeitgergeld nach § 111 SGB III, welches längstens für 12 Monate erbacht wird. Das Transferkurzarbeitgergeld wird auf Kosten des Veräußerers (hier also: der Masse) häufig noch aufgestockt. Mit Blick auf die Laufzeit des Transferkurzarbeitergeldes werden die Arbeitsverhältnisse bei der BQG, wie gesagt, meist entsprechend befristet; die Zulässigkeit dieser Befristung folgt aus § 14 Abs 2 Satz 1 TzBfG.

Da die BQG (wie der Name schon sagt) lediglich Beschäftigungs- und Qualifizierungsaufgaben übernimmt, keine Betriebsmittel des Veräußerers hat und nur außerhalb des bisherigen Tätigkeitsspektrums aktiv ist, ist sie nicht Betriebserwerberin iSd § 613a BGB. Die Arbeitnehmer können zwar den Abschluss des dreiseitigen Vertrags ablehnen. Dann riskieren sie einerseits die betriebsbedingte Kündigung durch den Insolvenzverwalter mit der nach § 113 auf maximal drei Monate zum Monatsende gekappten Frist. Andererseits besteht, wenn sie den Vertragsschluss ablehnen und somit beim Veräußerer bleiben, die Chance, dass ihre Arbeitsverhältnisse bei Veräußerung von Betriebsmitteln tatsächlich nach § 613a Abs 1 Satz 1 BGB unmittelbar auf den Interessenten übergehen. Weil die meisten diese Chance gering einschätzen und außerdem auf eine freiwillige Einstellung beim Interessenten hoffen, kommt es in der Regel – insbesondere wenn die Arbeitnehmervertretung dazu rät – zum Abschluss der dreiseitigen Verträge. Nachdem die Arbeitnehmer ihre Arbeitsverhältnisse bei der BQG begonnen haben, erwirbt der Interessent vom Insolvenzverwalter Betriebe oder Betriebsteile. Er bietet später einigen (meist nicht allen) bei der BQG beschäftigten Arbeitnehmern Arbeitsverträge bei sich an. Auf diese Weise „landen" viele der früher im Betrieb Beschäftigten oft wieder an ihren alten Arbeitsplätzen, die (ganz oder teils) mit den alten Betriebsmitteln ausgestattet sind. Bei dieser Konstruktion ist im Verhältnis der BQG zum Interessenten **kein Betriebsübergang iSd § 613a Abs 1 Satz 1 BGB** gegeben, weil die BQG über **keine materiellen oder immateriellen Betriebsmittel** verfügte, welche den Betrieb oder Betriebsteil nach dieser Regelung ausmachen könnten. Und im Verhältnis des Insolvenzverwalters zum Interessenten findet ebenfalls kein Übergang von Rechten und Pflichten aus Arbeitsverhältnissen iSd § 613a Abs 1 Satz 1 BGB statt, weil zwar Betriebsmittel übergegangen sind, im Zeitpunkt des Erwerbs beim Insolvenzverwalter aber **keine Arbeitsverhältnisse** mehr bestanden haben. 142

Es ist klar, dass sich dieses Vorgehen trotz der Nichterfüllung der Tatbestandsmerkmale des § 613a BGB bei der BQG und beim Betriebserwerber unter die Regelung subsumieren lässt. Hier werden die beiden Rollen des Betriebsmittelinhabers und des Arbeitgebers vorübergehend zwecks Vermeidung der Belegschaftsübernahme künstlich voneinander getrennt und später wieder zusammengeführt. Das BAG hat den beschriebenen Einsatz von BQG dennoch prinzipiell nicht missbilligt, aber die Nichtanwendung von § 613a BGB an einige Voraussetzungen geknüpft. Zunächst darf im Zeitpunkt des Aufhebungsvertragsschlusses nicht sicher feststehen, welche Arbeitnehmer beim Interessenten eingestellt werden sollen. Wenn sich der Interessent diesbezüglich schon entschieden 143

[200] BAG 24.1.2013 – 2 AZR 453/11, NZA 2013, 959 = DB 2013, 1365.

hat, also beispielsweise eine „Wunschliste" existiert mit denjenigen Arbeitnehmern, die er später einstellen will, ist diese Unsicherheit beseitigt. Es liegt, wenn sich die Arbeitsbedingungen der Betroffenen verschlechtern, laut BAG ein Betriebsübergang vom Insolvenzverwalter auf den Interessenten vor, und der dreiseitige Vertrag ist nach § 134 BGB unwirksam.[201] Die **Unwirksamkeit der dreiseitigen Vereinbarung** hat das BAG in einem Fall angenommen, in dem die übernommenen Arbeitnehmer, welche durch Losentscheid ausgewählt wurden, formal nur einen Tag bei der BQG beschäftigt und tatsächlich nie dort eingesetzt wurden.[202] Ebenso hat es in einer Konstellation entschieden, in welcher der zu übernehmende Arbeitnehmer gleichfalls nicht bei der BQG eingesetzt wurde und bereits mehrere unterschiedlich gefasste Arbeitsverträge unterschrieben hatte, von denen einer – zwecks Vertragsannahme – vom Erwerbsinteressenten gegengezeichnet werden konnte.[203] Teilweise lässt das BAG den Vertrag auch dann nicht gelten, wenn bei dem BQG-Einsatz „offensichtlich bezweckt wird, die Sozialauswahl zu umgehen".[204]

144 Diese Rechtsprechung lässt sich durchaus in Frage stellen. Zum einen bleibt es dabei, dass bei nur vorübergehender Trennung von Belegschaft und Betriebsmitteln die Geltung von § 613a Abs 1 Satz 1 BGB bejaht werden kann, zumal es den Parteien gerade darum geht, die Rechtsfolge der Belegschaftsübernahme zu vermeiden und dem Interessenten eine freie Auswahl neuer Arbeitnehmer zu ermöglichen. Zum anderen sind die Regeln, nach welchen gemäß der Rechtsprechung ein „sachlicher Grund" die Umgehung von § 613a BGB ausschließt, ebenfalls angreifbar. So lässt sich das Erfordernis der offenen Übernahmeaussichten beim Erwerbsinteressenten bezweifeln, da das Gericht hier aus der Unklarheit über die künftige Beschäftigungslage auf den fehlenden Missbrauch schließt – wo doch der Betriebsmittelübergang in all diesen Fällen fest vereinbart ist. Auch ist die Frage, wann eine Umgehung der Sozialauswahl nach § 1 Abs 3 KSchG vorliegen soll, bisher nicht näher beantwortet worden. Streng genommen kann man in jedem Fall, in dem aufgrund von Betriebsgröße und Beschäftigungsdauer Kündigungsschutz besteht (vgl § 1 Abs 1, § 23 KSchG), in dem Betriebsmittel iSd § 613a BGB übergehen, in dem eine BQG zwischengeschaltet ist und in dem nicht alle Belegschaftsmitglieder übernommen werden, eine solche Umgehung argwöhnen. Vor diesem Hintergrund wird in letzter Zeit zunehmend darüber diskutiert und spekuliert, inwiefern das BAG seine Haltung zum BQG-Einsatz ändern oder modifizieren wird. Teilweise neigt man dazu, strengere Regeln für das Vorgehen der Beteiligten zu formulieren. So sollen die Belegschaftsmit-

---

201 BAG 10.12.1998 – 8 AZR 324/97, NZA 1999, 422 = ZIP 1999, 320 („Dörries-Scharmann"); BAG 11.12.1997 – 8 AZR 654/95, NZA 1999, 262; BAG 23.11.2006 – 8 AZR 349/06, NZA 2007, 866; BAG 18.8.2005 – 8 AZR 523/04, NZA 2006, 145. In den hier genannten Fällen hat das BAG diese Voraussetzung verneint mit der Folge, dass die dreiseitigen Verträge für wirksam erklärt wurden. In der letztgenannten Entscheidung verteidigt das BAG seine Rechtsprechung zusätzlich mit dem Hinweis, dass die Vertragsgestaltung dazu diene, den Wegfall sämtlicher Arbeitsplätze zu verhindern; auch das Motiv der erleichterten Betriebsübernahme wird zugelassen mit der Entgegnung des erleichterten Zugangs der in die BQG Aufgenommenen zum ersten Arbeitsmarkt. Vgl zu alledem auch die ältere, immer noch grundlegende Rechtsprechung zur Unzulässigkeit von Vertragskonstruktionen, bei denen der Arbeitnehmer mit dem Betriebsveräußerer einen Auflösungsvertrag schließt und anschließend mit dem Betriebserwerber einen neuen Arbeitsvertrag zu ungünstigeren Konditionen vereinbart („Lemgoer Modell"), BAG 28.4.1987 – 3 AZR 75/86, NZA 1988, 198.

202 BAG 18.8.2011 – 8 AZR 312/10, NZA 2012, 152 (sog „Lotterie-Entscheidung").

203 BAG 25.10.2012 – 8 AZR 572/11, NZA 2013, 236.

204 BAG 23.11.2006 – 8 AZR 349/06, NZA 2007, 866.

glieder bei der BQG tatsächlich eine längere Beschäftigungszeit verbringen, und es soll sichergestellt werden, dass der Erwerbsinteressent vor Beginn der Beschäftigung bei der BQG noch keine konkretisierte Personaleinsatzplanung für die Zeit nach Betriebsmittelübernahme formuliert hat.[205] Inwieweit solche Überlegungen tragfähig sind, ist zweifelhaft. Die beschriebene Unsicherheit führt dazu, dass in Zukunft wohl die betriebsbedingte Kündigung aufgrund Erwerberkonzepts (Rn 128 ff) wieder mehr Bedeutung erhalten wird.

Betriebsverfassungsrechtliche Beteiligungsrechte ergeben sich beim Einsatz von Trans- **145**
fergesellschaften in mehrfacher Weise. In aller Regel ist mit der Übertragung von Arbeitnehmern auf eine Transfergesellschaft eine Betriebsänderung iSd § 111 BetrVG verbunden (s zum Begriff der Betriebsänderung § 121 Rn 3).[206] In diesem Fall hat der Arbeitgeber – hier also der Insolvenzverwalter – den Betriebsrat rechtzeitig darüber nach §§ 111 f BetrVG zu unterrichten, mit ihm zu beraten und einen Interessenausgleich zu verhandeln. Erzwingbar durch Einigungsstellenanrufung (§§ 76 f BetrVG) ist nach § 112 Abs 4 BetrVG dann ein Sozialplan. Bei der Bemessung des Sozialplans ist sowohl durch die Betriebsparteien als auch durch die Einigungsstelle die Regelung des § 123 zu beachten. Für die Entscheidung der Einigungsstelle gilt § 112 Abs 5 BetrVG, wobei gemäß § 112 Abs 5 S 2 Nr 2a BetrVG besonders die Förderungsmöglichkeiten nach dem SGB III, also insbesondere nach §§ 110 f SGB III zu berücksichtigen sind. Die Einigungsstelle kann allerdings nicht über das Ob der Gründung oder Nutzung einer Transfergesellschaft entscheiden (dies kann nur im nicht erzwingbaren Interessenausgleich geschehen), sondern ist darauf beschränkt, für die dort beschäftigten oder sonst von der Betriebsänderung (meist: vom Arbeitsplatzabbau) betroffenen Arbeitnehmer Abfindungs- oder Überbrückungszahlungen festzusetzen, die insbesondere zum Ausgleich von Entgeltreduzierungen geleistet werden. Zudem kann sie den Arbeitgeber uU dazu verpflichten, entlassene Arbeitnehmer, wenn keine Transfergesellschaft und keine betriebsinterne Schulungsmöglichkeit existiert, in externen Gesellschaften schulen zu lassen.[207] Bezüglich der Ausgestaltung einer betriebsorganisatorisch abgetrennten Transfergesellschaft besteht, weil diese nicht betriebszugehörig ist, meines Erachtens nur dann ein Mitbestimmungsrecht iSd § 87 Abs 1 Nr 8 BetrVG, wenn sie weiterhin vom auslagernden Unternehmen betrieben wird oder von einem konzernzugehörigen Unternehmen; dann sind der Gesamtbetriebsrat nach § 50 BetrVG bzw der Konzernbetriebsrat nach § 58 BetrVG zuständig.[208] Für den Abschluss der Aufhebungsverträge mit den zur Transfergesellschaft

---

[205] S die unterschiedlichen Empfehlungen und Überlegungen bei *Pils* NZA 2013, 125 ff; *Meyer* SAE 2012, 92; *Hinrichs* ZInsO 2012, 949; *Fuhlrott* NZA 2012, 549. S generell zu BQG in der Insolvenz Mohrbutter/Ringstmeier/*Plössner* § 29 Rn 171 ff; *Ringstmeier* daselbst § 23 Rn 86 ff; KR/*Weigand* § 113 InsO Rn 77; KR/*Treber* § 613a BGB Rn 202; *Wellensiek* NZI 2005, 603 ff; *Praß/Sämisch* ZInsO 2004, 1284 ff.

[206] Soweit ausnahmsweise bei der Gründung oder Nutzung der Transfergesellschaft keine Betriebsänderung vorliegt oder die Voraussetzungen des § 111 nicht gegeben sind, weil es sich um ein Kleinunternehmen handelt, sind das allgemeine Unterrichtungsrecht des Betriebsrats nach § 80 Abs 2 BetrVG sowie das Beteiligungsrecht nach § 92 BetrVG zu beachten. In dieser Situation können diesbezügliche Absprachen mit dem Betriebsrat als freiwillige Betriebsvereinbarungen nach § 88 BetrVG geschlossen werden. In jedem Fall besteht auch ein Vorschlagsrecht und Beratungsrecht des Betriebsrats nach § 92a BetrVG.

[207] *Krieger/Fischinger* NJW 2007, 2289 (2293); *Gaul/Kliemt* NZA 2000, 674 (677 f).

[208] Vgl aber BAG 23.8.2001 – 5 AZB 11/01, NZA 2002, 230. Dort hat das BAG in einer vom Arbeitgeber eingerichteten Beschäftigungs- und Qualifizierungsgesellschaft eine Sozialeinrichtung nach § 2 Abs 1 Nr 4 lit b

wechselnden Arbeitnehmern besteht kein Anhörungsrecht nach § 102 BetrVG, da dieses auf Kündigungen beschränkt ist; es ist aber gegebenenfalls § 17 KSchG zu beachten. Soweit in der Transfergesellschaft ein Betriebsrat existiert, ist dessen Beteiligungsrecht bei der Einstellung der betreffenden Arbeitnehmer gemäß § 99 BetrVG zu beachten. Bei alledem gilt wohl, dass das Modell des Einsatzes von Transfergesellschaften in der Regel schon deshalb nicht gegen den Willen des Betriebsrats praktiziert wird, weil dieser von Arbeitgeberseite benötigt wird, um beim Abschluss von Aufhebungsverträgen (s Rn 141) Überzeugungsarbeit zu leisten.

6. Hinweis auf § 128

146 Weitere Modifizierungen von § 613a BGB in der Insolvenz ergeben sich aus § 128. Hierzu sei auf die Kommentierung zu § 128 verwiesen.

VI. Kollektivarbeitsrechtliche Regelungen in der Insolvenz

1. Tarifverträge

147 Die Beantragung und Eröffnung des Insolvenzverfahrens sowie der Übergang der Verwaltungs- und Verfügungsbefugnis auf den Insolvenzverwalter ändern nichts an der Geltung von Tarifvertragsnormen.[209] Da die Voraussetzungen der Tarifgeltung nach § 3, § 4 Abs 1 TVG fortbestehen, greift diese auch bei neu eingestellten Arbeitnehmern.[210] Prinzipiell ändert die Insolvenz ebenfalls nichts an den materiellen Anwendungsvoraussetzungen des einzelnen Tarifvertrages. Das betrifft sowohl Firmentarifverträge, die der Schuldner als Arbeitgeber selbst geschlossen hat, als auch Verbandstarifverträge, welche kraft Mitgliedschaft des Schuldners im Arbeitgeberverband gelten. Allerdings sind **Beschränkungen und Ausschlüsse von Kündigungen**, die in Tarifverträgen, insbesondere auch in Sanierungstarifverträgen vereinbart werden, von § 113 Satz 1, Satz 2 erfasst, so dass die ihnen unterfallenden Arbeitsverhältnisse gemäß der dort geregelten Frist gekündigt werden können (s näher § 113, Rn 14 ff, 66 ff, insbesondere Rn 74, 85, 91, 94 ff).[211] S zur Kündigung bestehender **Sozialplantarifverträge** nach § 124 und zur Begrenzung des Volumens neu abzuschließender Sozialplantarifverträge nach § 123 die Kommentierung § 123 Rn 15 f, § 124 Rn 8.

ArbGG gesehen. Inwieweit hier gleichzeitig von Betriebszugehörigkeit gemäß § 87 Abs 1 Nr 8 BetrVG ausgegangen werden kann, ist damit aber nicht geklärt, auch wenn die Entscheidung teils einschlägig zitiert wird, s etwa GK/*Wiese* § 87 BetrVG Rn 692. Vgl dort Rn 677 ff zum Begriff der Sozialeinrichtung sowie Rn 704 mwN zu den Zuständigkeiten des Gesamtbetriebsrats nach § 50 BetrVG oder des Konzernbetriebsrats nach § 58 BetrVG bei überbetrieblichen Sozialeinrichtungen, deren Wirkungsbereich auf ein Unternehmen oder einen Konzern beschränkt ist.

209 BAG 19.1.2000, 4 AZR 910/98, KTS 2001, 186; BAG 5.2.2009 – 6 AZR 110/08, NZA 2009, 1215; BAG 27.6.2000 – 1 ABR 31/99, NZA 2001, 334.

210 MünchKomm/*Caspers* InsO vor § 113 Rn 12 f; KR/*Weigand* § 113 InsO Rn 7.

211 Wird aufgrund der somit insolvenzbedingt eintretenden Enttäuschung der Beschäftigungserwartung einem Sanierungstarifvertrag, in dem der Schuldner die Beschäftigung versprochen hat, die Geschäftsgrundlage entzogen, kommt für die Gewerkschaft die Kündigung des Tarifvertrags nach § 314 BGB in Betracht, s *Löwisch/Rieble* § 4 Rn 1427.

Deshalb führt etwa die Liquidation eines Betriebes durch den Verwalter und die damit verbundene Änderung des Betriebszwecks nicht dazu, dass das Unternehmen vom fachlichen Geltungsbereich eines Tarifvertrages nicht mehr erfasst ist. Es bleibt vielmehr bei der bisherigen Tarifgeltung.[212] Erst wenn der Insolvenzverwalter nach Beendigung der vom Tarifvertrag erfassten Tätigkeit und nach der Erfüllung des diesbezüglichen Abwicklungszwecks einen **neuen, vom fachlichen Geltungsbereich des Tarifvertrags nicht mehr erfassten Unternehmenszweck** verfolgt, ist das schuldnerische Unternehmen aus der Tarifvertragsgeltung endgültig „herausgewachsen" mit der Folge, dass das bisherige Regelwerk nach § 4 Abs 5 TVG bzw § 612 BGB entsprechend anzuwenden ist, aber **jederzeit durch jedwede anderweitige Vereinbarung abgeändert oder abgelöst** werden kann.[213] Das ist auch dann anzunehmen, wenn der Insolvenzverwalter die Belegschaft oder Belegschaftsteile in eine **Beschäftigungs- und Qualifizierungsgesellschaft** (s dazu auch Rn 140 ff) überführt. Jedoch fallen laut BAG auch nach Beendigung der dem Tarifvertrag unterliegenden Tätigkeiten die diesbezüglichen Abwicklungsaktivitäten durch den Insolvenzverwalter noch in den fachlichen Geltungsbereich eines entsprechenden Tarifvertrages.[214] **148**

Dem entsprechend ist auch ein bisher gültiger **Firmentarifvertrag** nach Eröffnung des Insolvenzverfahrens weiterhin unverändert anzuwenden.[215] Die auf den Insolvenzverwalter nach § 80 Abs 1 übergehenden Verwaltungs- und Verfügungsbefugnisse umfassen auch die Rechte des Arbeitgebers als Partei dieses Tarifvertrages, so dass der Verwalter den Tarifvertrag beispielsweise kündigen oder mit der zuständigen Gewerkschaft auch einen neuen Firmentarifvertrag schließen kann.[216] Für den normativen Teil des Tarifvertrags gilt weder § 103 noch § 113, so dass eine Nichterfüllungswahl oder Kündigung nach diesen Regelungen nicht in Betracht kommt, auch wenn die dem Tarifvertrag unterworfenen Arbeitsverhältnisse von § 113 erfasst sind.[217] Dasselbe gilt für den schuldrechtlichen Teil des Tarifvertrags. Lediglich soweit der Schuldner im schuldrechtlichen Tarifvertragsteil gegenüber der Gewerkschaft eigene Verpflichtungen übernommen hat, die mit Leistungen der Gewerkschaft in einem Gegenseitigkeitsverhältnis stehen, könnte die Anwendung der §§ 103 ff in Betracht kommen – was aber kaum denkbar ist. Unabhängig davon kann der Insolvenzverwalter mit einer Gewerkschaft stets einen **neuen Firmentarifvertrag** schließen. Dieser kann beispielsweise sanierungsfreundliche Regelungen enthalten (zB längere Arbeitszeiten, geringeres Stundenentgelt, Kürzungen bei der betrieblichen Alters- **149**

---

[212] BAG 28.1.1987 – 4 AZR 150/86, NZA 1987, 455; BAG 27.6.2000 – 1 ABR 31/99, NZA 2001, 334; BAG 5.2.2009 – 6 AZR 110/08, NZA 2009, 1215.

[213] Beim Herauswachsen eines Unternehmens aus dem räumlichen oder fachlichen Geltungsbereich eines Tarifvertrags wendet die Rechtsprechung teils § 4 Abs 5 TVG entsprechend an, so etwa BAG 10.12.1997 – 4 AZR 247/96, NZA 1998, 484; BAG 10.12.1997 – 4 AZR 193/97, ebenso *Löwisch/Rieble* § 4 Rn 259 ff. Teils lehnt das BAG aber auch die Anwendung tarifvertragsrechtlicher Regeln ab (neben § 4 Abs 5 TVG kommen noch § 4 Abs 3 TVG und auch § 613a Abs 1 BGB in Betracht) und belässt es bei einer eventuellen Geltung bisherigen Tarifvertragsrechts nach § 612 BGB, so BAG 9.11.1999 – 3 AZR 690/98, NZA 2000, 730 = AP TVG Verbandsaustritt § 3 Nr 5; ebenso BeckOK ArbR/*Giesen* § 3 TVG Rn 25.

[214] BAG 27.6.2000 – 1 ABR 31/99, NZA 2001, 334; BAG 5.2.2009 – 6 AZR 110/08, NZA 2009, 1215.

[215] BAG 19.1.2000, 4 AZR 910/98, KTS 2001, 186.

[216] BAG 27. 6. 2000 – 1 ABR 31/99, NZA 2001, 334; MünchKomm/*Caspers* InsO vor § 113 Rn 12.

[217] MünchKomm/*Huber* InsO § 103 Rn 96; **aA** *Löwisch/Rieble* § 1 Rn 1430 f, die auch für den normativen Teil von Sanierungstarifverträgen die Anwendung von § 103 fordern.

vorsorge, befristete Verzichte auf ordentliche Kündigungen etc); der Tarifvertrag löst den bisherigen Tarifvertrag ab, auch wenn er ungünstigere Regelungen enthält.

150 Ein **Verbandstarifvertrag**, der für den Schuldner aufgrund Mitgliedschaft im tarifschließenden Verband anzuwenden war, gilt ebenfalls nach einer Insolvenzverfahrenseröffnung unverändert weiter. Die Befugnis zur Wahrnehmung der Mitgliedschaftsrechte im Verband – trotz der höchstpersönlichen Natur der Verbandsmitgliedschaft nach § 38 Satz 1 BGB – geht gemäß § 80 Abs 1 auf den Insolvenzverwalter über.[218] Deshalb kann dieser die Mitgliedschaft im tarifvertragsschließenden Arbeitgeberverband beenden, etwa durch Austritt oder durch Abschluss eines Aufhebungsvertrags. In diesem Fall kommt es aber nicht zum sofortigen Ende der Tarifvertragsgeltung; vielmehr greift die Fortwirkung nach § 3 Abs 3 TVG. Soweit nach der Satzung des Arbeitgeberverbandes die Mitgliedschaft aufgrund der Insolvenz automatisch endet, bleibt es ebenfalls zunächst bei der Tarifgebundenheit aufgrund Fortwirkung gemäß § 3 Abs 3 TVG.[219] Unabhängig davon kann der Insolvenzverwalter mit der Gewerkschaft stets einen **Firmentarifvertrag** oder kann der Verband, wenn die Mitgliedschaft noch besteht, mit der Gewerkschaft einen **firmenbezogenen Verbandstarifvertrag** schließen, in dem Anweichungen vom Verbandstarifvertrag vereinbart werden. Da ein solcher Tarifvertrag spezieller ist als der Verbandstarifvertrag, geht er diesem vor, so dass hier sanierungsfreundliche Regelungen vereinbart werden können (vgl soeben Rn 149).

151 Der Insolvenzverwalter ist aufgrund der aus § 5 Abs 4 TVG folgenden generellen **Geltung allgemeinverbindlicher Tarifverträge** diesen ebenfalls unterworfen.[220] Gleiches gilt etwa für durch Rechtsverordnung nach dem AEntG oder dem AÜG verbindlich gestellte Tarifverträge.

152 Die **Anwendung des Tarifvertrags aufgrund arbeitsvertraglicher Bezugnahme** wird ebenfalls durch die Eröffnung des Insolvenzverfahrens nicht berührt. Aufgrund des unveränderten Fortbestands des Arbeitsvertrags nach § 108 Abs 1 Satz 1 – und damit auch der Bezugnahmeklausel – bleibt es in diesem Fall bei der Tarifvertragsanwendung.[221] Bei **Betriebsübergängen** (s Rn 123 ff) greifen die Übergangsregelungen der § 613a Abs 1 Satz 2–4 BGB. Vgl zur möglichen entsprechenden **Anwendung von § 123 auf Tarifsozialpläne** § 123 Rn 14 f.

2. Betriebsverfassung und Betriebsvereinbarungen

153 Betriebsverfassungsrechtliche Regelungen, insbesondere Betriebsvereinbarungen, sollen nach dem Willen des Gesetzgebers grundsätzlich auch im Insolvenzverfahren anwendbar bleiben.[222] Dessen Beantragung und Eröffnung sowie der Übergang der Verwal-

---

[218] BAG 28.1.1987 – 4 AZR 150/86, NZA 1987, 455; MünchKomm/*Caspers* InsO vor § 113 Rn 13. Vgl zum höchstpersönlichen Charakter der Verbandsmitgliedschaft in anderen Zusammenhängen BAG 24.6.1998 – 4 AZR 208/97, NZA 1998, 1346; LAG Hamm 9.11.2007 – 13 TaBV 48/07 [juris] (nachgehend dazu BAG 1.7.2009 – 4 ABR 8/08, AP Nr 99 zu § 256 ZPO).

[219] MünchKomm/*Caspers* InsO vor § 113 Rn 13.

[220] BAG 28.1.1987 – 4 AZR 150/86, NZA 1987, 455; BAG 5.2.2009 – 6 AZR 110/08, NZA 2009, 1215, zu Sozialkassenbeitragspflichten aus allgemeinverbindlichem Tarifvertrag, die den Insolvenzverwalter ebenso treffen wie sonstige Betreiber beitragspflichtiger Betriebe.

[221] S zur Anwendung von Tarifvertragsregelungen kraft Bezugnahme BAG 14.12.2005 – 4 AZR 536/04, NZA 2006, 607; BAG 18.4.2007 – 4 AZR 652/05, NZA 2007, 965; *Löwisch/Rieble* § 3 Rn 445 ff; *Giesen*, ZfA 2010, 657.

[222] BT-Drucks 12/2443, S 97. Begründet wird dies mit der besonderen Schutzbedürftigkeit

tungs- und Verfügungsbefugnis auf den Insolvenzverwalter ändern nichts an den Grundlagen der Betriebsverfassung und an der **Geltung von Regelungen und Vereinbarungen, die der Schuldner mit Arbeitnehmervertretungen nach dem BetrVG geschlossen hat.** Der Betriebsrat und die übrigen Arbeitnehmervertretungen führen ihre Funktionen fort. Der Insolvenzverwalter tritt auch hier in die Funktion des Arbeitgebers. Deshalb bleibt es bei den Regeln über das Zustandekommen und die Geltung von Betriebsvereinbarungen, Interessenausgleichen und Regelungsabreden, soweit nichts anderes aus den §§ 120 ff folgt.[223] Bei Verletzung der diesbezüglichen Pflichten trifft die Masse die entsprechende Verpflichtung zur Leistung von Nachteilsausgleich nach § 113 BetrVG, die auch nicht analog § 123 Abs 1 auf zweieinhalb Monatsverdienste beschränkt ist, s Rn 73 ff.[224]

Demnach bleiben mit der Eröffnung des Insolvenzverfahrens prinzipiell auch die **Betriebsratsrechte** erhalten. Entsprechend hat der Insolvenzverwalter beispielsweise bei Kündigungen § 102 BetrVG zu achten (s Rn 180 ff) und bei Betriebsänderungen nach §§ 111 ff BetrVG Interessenausgleiche zu verhandeln und Sozialpläne zu schließen, wobei aber – wie gesagt – die Modifizierungen gemäß §§ 120 ff eingreifen (vgl dazu die Kommentierung dieser Regelungen; s zur insolvenzrechtlichen Einordnung von Ansprüchen auf Nachteilsausgleich und aus Sozialplänen Rn 65 ff, 73 ff; zur gegebenenfalls fehlenden Notwendigkeit der Durchführung des Betriebsänderungsverfahrens bei Masseunzulänglichkeit Rn 271 f, 293). Soweit es zu Umstrukturierungen kommt, können §§ 21a ff BetrVG eingreifen; die **Betriebsratskosten** nach § 40 BetrVG aus der Zeit nach Verfahrenseröffnung sind Masseschulden.[225] Beteiligungsrechte des Betriebsrats bestehen lediglich insoweit nicht, als (insolvenz-)rechtlich zwingende Maßnahmen ergriffen werden.[226] **154**

3. Insolvenzrechtliche Sonderregeln zugunsten von Arbeitnehmervertretern

Unabhängig von den genannten Regeln greifen in der Insolvenz eigene Sondervorschriften zugunsten von Arbeitnehmern und Arbeitnehmervertretern, auf die an dieser Stelle nur hingewiesen werden soll. So ist in den **Gläubigerausschuss** nach § 67 Abs 2 Satz 2 ein Arbeitnehmervertreter aufzunehmen. Dasselbe gilt gemäß § 21 Abs 2 Nr 1a, § 67 Abs 2 Satz 2 für den **vorläufigen Gläubigerausschuss.** Zudem kann dem Betriebsrat und dem Sprecherausschuss gemäß § 175 Abs 2 GVG **Zutritt zur Gläubigerversammlung** gewährt werden.[227] Weiter sind Betriebsrat und Sprecherausschuss aufgrund § 156 Abs 2 berechtigt, **zum Bericht des Verwalters Stellung zu nehmen.** Bei der Aufstellung eines **Insolvenzplans** bilden die Arbeitnehmer aufgrund von § 222 Abs 3 Satz 1 eine **eigene Gruppe,** wenn sie als Insolvenzgläubiger mit nicht unerheblichen Forderungen beteiligt sind, mit der Konsequenz der eigenständigen Berücksichtigung nach §§ 244 ff. Außerdem wirken Betriebsrat und Sprecherausschuss gemäß § 218 Abs 3 beratend an der **Planaufstellung** mit und erhalten diesen nach § 232 Abs 1 Nr 1 vom Insolvenzgericht zur Stellungnahme. Zum **Erörterungs- und Abstimmungstermin** über den Insolvenzplan sind der Betriebsrat und der Sprecherausschuss gemäß § 235 Abs 3 Satz 1 zu laden. **155**

---

der Arbeitnehmer in der Insolvenz ihres Arbeitgebers.

223 BAG 22.7.2003 – 1 AZR 541/02, NZA 2004, 93; *Oetker/Friese* DZWIR 2001, 265; Gottwald/*Bertram* InsR § 108 Rn 134.

224 BAG 22.7.2003, 1 AZR 541/02, NZA 2004, 93; KR/*Weigand* § 113 InsO Rn78; **aA** LAG Niedersachsen 12.8.2002 – 5 Sa 534/02, ZInsO 2004, 572.

225 KR/*Weigand* § 113 InsO Rn 79.

226 KR/*Weigand* § 113 InsO Rn 7.

227 *Berscheid* ZInsO 1999, 27 (29); *Hamberger*, 329.

VII. Beendigung des Dienstverhältnisses, insbesondere Kündigung

156 Nach Eröffnung des Insolvenzverfahrens über das Vermögen des Dienstberechtigten bzw Arbeitgebers gelten für die arbeitgeberseitige Kündigung grundsätzlich dieselben Regeln wie außerhalb der Insolvenz. Die Möglichkeiten der Beendigung des Dienstverhältnisses sind in der Insolvenz ebenso wie sonst auch prinzipiell auf die Kündigung beschränkt, die entweder als ordentliche oder als außerordentliche Kündigung erklärt wird (s zum Auflösungsurteil nach rechtswidriger Kündigung, §§ 9 f KSchG Rn 189). Insbesondere ergibt sich mittelbar aus § 113, dass für Dienstverträge die Nichterfüllungswahl nach § 103 nicht möglich ist;[228] ebenso wenig können die Regelungen über Aufträge und Geschäftsbesorgungsverträge, §§ 115 f, angewandt werden.[229]

157 Wenn somit in der Insolvenz die ordentliche und die außerordentliche Kündigung zur Beendigung des Dienstvertrages führen, gelten hier in vielen Punkten Sonderregeln. Im Folgenden werden die wichtigsten Rechtmäßigkeitsvoraussetzungen für vom Dienstberechtigten bzw Arbeitgeber erklärte Kündigungen durchgegangen. Dabei werden jeweils die Spezifika der Insolvenz näher angesprochen.

1. Ordentliche Kündigung

158 a) **Kündigungserklärung.** Mit der Eröffnung des Insolvenzverfahrens über das Vermögen des Dienstberechtigten, insbesondere also auch des Arbeitgebers, geht die Befugnis zur Kündigungserklärung vom Schuldner auf den Insolvenzverwalter über, s Rn 16 ff; vgl zu (Kündigungs-)Erklärungen, die im Namen des Insolvenzverwalters abgegeben werden, Rn 24 ff.[230]

159 b) **Rechtmäßigkeitsfiktion der Kündigung nach §§ 4 Satz 1, 7 KSchG wegen verspäteter Erhebung der Kündigungsschutzklage.** Soweit der gekündigte Arbeitnehmer nicht binnen der Dreiwochenfrist des **§ 4 Satz 1 KSchG** die Kündigungsschutzklage erhebt, greift die materiell-rechtliche Rechtmäßigkeitsfiktion der **§§ 4 Satz 1, 7 KSchG**. Um dies zu verhindern, muss der „richtige" Arbeitgeber verklagt werden. Die Kündigungsschutzklage muss nach Verfahrenseröffnung stets gegen den Insolvenzverwalter erhoben werden. Das gilt unabhängig davon, ob die Kündigung noch vor Verfahrenseröffnung durch den eventuell dazu seinerzeit noch befugten Schuldner erklärt wurde (ggf unter gemäß §§ 21 f erforderlicher Mitwirkung des vorläufigen Insolvenzverwalters, vgl Rn 3 ff), durch den hierzu befugten vorläufigen Insolvenzverwalter oder nach Verfahrenseröffnung durch den Insolvenzverwalter.[231] Eine gleichwohl gegen den Schuldner erhobene

[228] OLG Düsseldorf 14.4.2000 – 16 U 109/99, NZG 2000, 1044; ebenso bereits zu § 22 KO BGH 25.6.1979 – II ZR 219/78, ZIP 1980, 46, beide mwN; unklar aber KR/*Weigand* § 113 InsO Rn 14–16.

[229] OLG Hamm 29.3.2000 – 8 U 156/99, ZInsO 2001, 43; KR/*Weigand* § 113 InsO Rn 15, 74; ebenso für § 23 KO bereits BGH 25.6.1979 – II ZR 219/78, ZIP 1980, 46.

[230] Vgl zu den Bestimmtheitsgeboten für die Erklärung der Kündigung BAG 20.6.2013 – 6 AZR 805/11 [juris]; BAG 1.9.2010 – 5 AZR 700/09, NZA 2010, 1409 = ZIP 2011, 140. Nach letzterer Entscheidung genügt regelmäßig die Angabe des Kündigungstermins oder der Kündigungsfrist. Auch genügt ein Hinweis auf die maßgebliche gesetzliche Regelung, wenn der Erklärungsempfänger dadurch unschwer ermitteln kann, zu welchem Termin das Arbeitsverhältnis enden soll.

[231] Eine nach Verfahrenseröffnung durch den – entsprechend unbefugten – Schuldner erklärte Kündigung ist nicht nur mithin unwirksam, sondern löst auch nicht die Frist nach § 4 Satz 1 KSchG aus, BAG 26.3.2009 – 2 AZR 403/07, NZA 2009, 1146.

Klage ist unzulässig, weil dem Schuldner die passive Prozessführungsbefugnis fehlt, und wahrt demnach auch nicht die Frist nach § 4 Satz 1 KSchG. Jedoch ist in einem solchen Fall nach der BAG-Rechtsprechung stets zu prüfen, ob dieser Fehler durch eine Rubrumsberichtigung beseitigt werden kann. Die Anhängigmachung vor Verfahrenseröffnung und die Rechtshängigmachung mit Zustellung an den Schuldner nach Verfahrenseröffnung ist gemäß § 4 Satz 1 KSchG fristwahrend. Der Arbeitnehmer hat allerdings anschließend die Klage zu ändern und gegen den Insolvenzverwalter zu richten; dieser Parteiwechsel ist nach § 263 ZPO sachdienlich. S ie Rn 28 ff.

c) **Einzel- und kollektivvertragliche Kündigungsausschlüsse.** Anders als außerhalb der Insolvenz werden innerhalb der Insolvenz vertragliche und tarifvertragliche Ausschlüsse der Kündigung nach Maßgabe des § 113 von der dort angeordneten Kappung der Kündigungsfrist auf drei Monate mit erfasst. S dazu ie § 113, Rn 81 ff. **160**

d) **Kündigungsverbote und behördliche Zustimmungserfordernisse.** In der Insolvenz gelten **sämtliche gesetzliche Kündigungsverbote und behördliche Zustimmungserfordernisse.** Der Insolvenzverwalter hat diese ebenso zu beachten, wie dies ein Arbeitgeber außerhalb der Insolvenz auch tun muss. Kündigungsverbote und behördliche bzw betriebsverfassungsrechtliche Genehmigungs- bzw Zustimmungserfordernisse für ordentliche Kündigungen ergeben sich ua aus § 612 a BGB (Maßregelungsverbot), § 613a Abs 4 Satz 1 BGB (Betriebsübergang); § 9 MuSchG (Schwangere und Mütter); § 18 BEEG (Elternzeit); § 11 Satz 1 TzBfG (Arbeitnehmer, die Arbeitszeitänderung verweigern), §§ 91, 85 ff SGB IX (Schwerbehinderte); § 15 KSchG (Arbeitnehmervertreter, insbesondere Betriebsräte), § 5 PflegeZG (Pflegende), § 22 BBiG (Auszubildende; vgl zu auszubildenden Seeleuten § 88 SeeArbG). Zudem existieren Verbote, politischen Mandatsträgern wegen ihrer Mandatsausübung zu kündigen, beispielsweise Abgeordneten nach § 2 Abs 3 Satz 2 AbgG.[232] Bei alledem blockieren die Regelungen über die notwendige behördliche oder betriebsverfassungsrechtliche Genehmigung bzw Zustimmung zur Kündigung in der Praxis nicht immer die Kündigungen durch den Insolvenzverwalter. So ist beispielsweise die Zustimmung zur **Kündigung von Schwangeren und Müttern** nach § 9 Abs 3 Satz 1 MuSchG bei Betriebsschließungen zu erteilen.[233] Ähnliches gilt für die Zulassung der **Kündigung während der Elternzeit** nach § 18 Abs 1 Satz 2 BEEG[234] und für die Zulassung der **Kündigung während der Pflegezeit** nach § 5 Abs 2 PflegeZG.[235] Noch mehr hat das Integrationsamt bei der **Zustimmung zur Kündigung Schwerbehinderter** nach §§ 91, 85 ff SGB IX die wirtschaftlichen Anliegen der Insolvenzverwaltung zu achten. So ist die Betriebseinstellung gemäß § 89 Abs 1 Satz 1 SGB IX zwingender Zustimmungsgrund. Soweit keine Betriebsstilllegung vorliegt, ist die Insolvenz nach näherer Maßgabe von § 89 Abs 3 SGB IX gesondert zu berücksichtigen.[236] Nach Maßgabe von § 15 Abs 4, Abs 5 KSchG ist die **Kündigung von Arbeitnehmervertretern bei Betriebs- oder Betriebsabteilungsschließungen** zugelassen.[237] Und auch die Zustimmung **161**

232 MünchKomm/*Caspers* InsO § 113 Rn 23, 37; KR/*Weigand* § 113 InsO Rn 64.

233 HWK/*C. W. Hergenröder* § 9 MuSchG Rn 13; KR/*Weigand* § 113 InsO Rn 62.

234 BAG 20.1.2005 – 2 AZR 500/03, NZA 2005, 687; BVerwG 30.9.2009 – 5 C 32/08, NJW 2010, 2074; LAG Nürnberg 11.1.2012 – 4 Sa 627/11, DB 2012, 1448 (nicht rechtskräftig, Az beim BAG: 6 AZR 301/12); HWK/*Gaul* § 18 BEEG Rn 16; KR/*Weigand* § 113 InsO Rn 62.

235 HWK/*Lembke* § 5 PflegeZG Rn 9. Vgl auch BAG 3.7.2003 – 2 AZR 487/02, NZA 2003, 1335 (noch zu § 113 Abs 2 InsO).

236 S dazu ErfK/*Rolfs* § 89 SGB IX Rn 5 ff, 10; KR/*Weigand* 2013 § 113 InsO Rn 59.

237 Vgl zur Beachtung dieser Vorschrift in der Insolvenz BAG 17.11.2005 – 6 AZR 118/05, NZA 2006, 370; BAG 21.6.2001 – 2 AZR 137/00, AP KSchG 1969 § 15 Nr 50; LAG

bzw Zustimmungsersetzung bei außerordentlicher Kündigung eines Arbeitnehmervertreters nach § 103 BetrVG ist in der Insolvenz ebenso möglich wie außerhalb der Insolvenz.[238] Bei **Berufsausbildungsverhältnissen** ist nach Ablauf der Probezeit tatsächlich auch für den Insolvenzverwalter die ordentliche Kündigung gemäß § 22 Abs 2 BBiG ausgeschlossen (vgl zu auszubildenden Seeleuten § 88 Abs 2 SeeArbG). Kommt es zur Schließung der Ausbildungsstätte oder aus sonstigen Gründen zur Unzumutbarkeit der Fortsetzung des Ausbildungsverhältnisses, kann der Insolvenzverwalter (s für den Auszubildenden § 22 Abs 2 Nr 2 BBiG, § 88 Abs 2 SeeArbG) deshalb nur die **außerordentliche Kündigung** gemäß § 22 Abs 2 Nr 1 BBiG erklären (s § 113 Rn 101 ff). Eine **Kündigung wegen Betriebsübergangs** ist zwar nach § 613a Abs 4 Satz 1 BGB auch für den Insolvenzverwalter verboten.[239] Sobald sie aber beispielsweise Betriebsänderungen beim Schuldner oder – künftig – beim Betriebserwerber ermöglichen soll, erfolgt sie „aus anderen Gründen" nach § 613a Abs 4 Satz 2 BGB und nicht „wegen des Übergangs eines Betriebs oder Betriebsteils" iSd § 613a Abs 4 Satz 1 BGB.[240] Deshalb verbietet § 613a Abs 4 Satz 1 BGB auch nicht die betriebsbedingte Kündigung durch den Betriebsveräußerer aufgrund Erwerberkonzepts (s dazu näher Rn 128 ff). Für die Anwendung von § 613a Abs 4 Satz 1 BGB ist in § 128 Abs 2 außerdem noch eine Modifikation vorgesehen. Danach wird in den Fällen der § 125 Abs 1 Satz 1 Nr 1, § 126 Abs 1 Satz 1 vermutet, dass die jeweiligen Kündigungen nicht nach § 613a Abs 4 Satz 1 BGB wegen des Betriebsübergangs erfolgt (s dazu näher die Kommentierung zu § 128). Vgl zu **§ 323 Abs 1 UmwG** § 113 Rn 99.

162 Soweit **dem Schuldner** bereits **eine behördliche Zustimmung zur Kündigung erteilt** wurde, wirkt diese, wenn sich durch die Verfahrenseröffnung keine wesentlichen Änderungen des bewerteten Sachverhalts ergeben, auch zugunsten des vom Insolvenzverwalter als Partei kraft Amtes geführten Unternehmens.[241] Die Gegenansicht, nach welcher sich die Kündigung nach zwischenzeitlicher Verfahrenseröffnung „auf neue Tatsachen, die Insolvenzeröffnung" stützt,[242] widerspricht dem in § 108 Abs 1 Satz 1 kodifizierten Grundsatz der Kontinuität des Arbeitsverhältnisses (vgl zur Erstreckungswirkung behördlicher Entscheidungen zu „Vorkündigungen" auf „Nachkündigungen" § 113 Rn 109).

e) **Kündigungsgrund**

163 aa) **Rechtswidrigkeit der Kündigung außerhalb des Anwendungsbereichs des KSchG.** Für die **ordentliche Kündigung eines Dienstverhältnisses** ist nach allgemeinen zivilrechtlichen Regeln kein Kündigungsgrund erforderlich, soweit nichts anderes vereinbart wurde oder ausnahmsweise Sitten- oder Treuwidrigkeit gemäß §§ 138, 242 BGB in Betracht

---

Sachsen-Anhalt 9.3.2010 – 2 Sa 369/09 [juris]; HWK/*Quecke* § 15 KSchG Rn 55 ff.

238 Allerdings ist zu beachten, dass im Fall der Kündigung von Arbeitnehmervertretern wegen Betriebsstilllegung nach § 15 Abs 4 KSchG eine ordentliche Kündigung vorliegt, so dass hier § 103 BetrVG nicht eingreift, sondern § 102 BetrVG, BAG 29.3.1977 – 1 AZR 46/75, NJW 1977, 2182; LAG Sachsen-Anhalt 9.3.2010 – 2 Sa 369/09 [juris]; *Besgen* NZA 2011, 133; HWK/*Ricken* § 103 BetrVG Rn 4.

239 BAG 26.5.1983 – 2 AZR 477/81, NJW 1984, 627; HWK/*Willemsen/Müller-Bonani* § 613a BGB Rn 309.

240 HWK/*Willemsen/Müller-Bonani* § 613a BGB Rn 305 ff; vgl dort Rn 363 ff sowie hier Vor § 113 Rn 123 ff, insbesondere Rn 133 f, 135 ff, 146 zur begrenzten Geltung von § 613a BGB in der Insolvenz.

241 *Zwanziger* § 113 Rn 18. Vgl zur fehlenden Wirksamkeit einer vom Insolvenzverwalter beantragten und ihm nach Betriebsübergang gewährten Zustimmung des Integrationsamts zugunsten des kündigenden Betriebserwerbers BAG 15.11.2012 – 8 AZR 827/11 – ZIP 2013, 537.

242 LAG Brandenburg 18.6.2003 – 7 Sa 63/03, ZInsO 2003, 915.

kommt. Im **Arbeitsrecht** gilt dies prinzipiell ebenfalls, soweit nicht das KSchG eingreift (dazu unten Rn 165 ff). Auch hier kann aber ein Sitten- oder Treuverstoß gemäß §§ 138, 242 BGB vorliegen.[243] Ein Insolvenzverwalter, der eine Kündigung ausspricht, muss keine besonderen Rücksichten auf Wünsche des Arbeitnehmers nehmen, das Arbeitsverhältnis aus nicht im Arbeitsverhältnis angelegten Gründen länger bestehen zu lassen. Deswegen kann auch ein **ruhendes, die Masse nicht belastendes Arbeitsverhältnis** zügig gekündigt werden.[244]

Innerhalb wie außerhalb der Insolvenz besteht des Weiteren die Möglichkeit der gegen das AGG verstoßenden **diskriminierenden Kündigung**, welche nach § 7 Abs 1 Satz 1 AGG unwirksam ist. Für die Anwendung des AGG in diesem Fall spricht, dass nach § 2 Abs 1 Nr 2 AGG auch Entlassungsbedingungen bzw Maßnahmen bei der Beendigung von Beschäftigungsverhältnissen erfasst werden. Gegen die Anwendung des AGG lässt sich aber die Bereichsausnahme gem § 2 Abs 4 AGG vorbringen. Sollte man sich dem anschließen, ist jedoch aufgrund des Erfordernisses der richtlinienkonformen Anwendung des deutschen Kündigungsrechts im Rahmen der Generalklauseln nach §§ 138, 242 BGB oder nach § 612a BGB Diskriminierungsschutz zu gewähren.[245] Auch das gilt unabhängig von der Insolvenz, wobei aber zu beachten ist, dass sich der Insolvenzverwalter, der sich bzgl der zu kündigenden Personen vom Schuldner oder von Arbeitnehmern des Schuldners beraten bzw vertreten lässt, deren diskriminierende Entscheidungen nach § 7 Abs 3 AGG gegebenenfalls zurechnen lassen muss. **164**

bb) Voraussetzungen der Prüfung von Kündigungen nach dem KSchG. Innerhalb wie außerhalb der Insolvenz muss die arbeitgeberseitige Kündigung sozial gerechtfertigt sein, wenn die Regelungen des Kündigungsschutzgesetzes über den Kündigungsschutz anwendbar sind. **165**

aaa) Nichtanwendung auf Organmitglieder und vertretungsbefugte Gesellschafter, § 14 Abs 1 KSchG. Kündigungsschutz besteht nach § 14 Abs 1 KSchG nicht für Organmitglieder juristischer Personen und zur Vertretung berufene Gesellschafter. In der Insolvenz ist zu beachten, dass **Organmitglieder** trotz Übergangs der Verwaltungs- und Verfügungsbefugnis auf den Insolvenzverwalter (§ 80) **ihren gesellschaftsrechtlichen Status behalten.** Die Organstellung ist von der dienstvertraglichen Position des Organmitglieds zu unterscheiden. Der Insolvenzverwalter ist nur zur Kündigung des **Dienstvertrages** befugt. Die Organstellung bleibt auch nach Verfahrensantragstellung und Verfahrenseröffnung unverändert bestehen.[246] Ihre Entziehung bleibt dem zuständigen Gesellschaftsorgan vorbehalten, vgl etwa für die Aktiengesellschaft § 84 Abs 3 AktG. Aus diesem Grunde bleibt es auch nach Verfahrenseröffnung unverändert bei der Nichtgeltung der Kündigungsschutzvorschriften für Organmitglieder und vertretungsbefugte Gesellschafter nach § 14 Abs 1 KSchG. S zur einschlägigen Kündigungsfrist für Organmitglieder § 113 Rn 33 ff; vgl zum Rechtsweg § 113 Rn 41. **166**

---

[243] Vgl BVerfG 27.1.1998 – 1 BvL 15/87, DB 1998, 826; HWK/*Quecke* Vor § 1 KSchG Rn 16.

[244] LAG Nürnberg 11.1.2012 – 4 Sa 627/11, DB 2012, 1448; der Fall betraf die betriebsbedingte und nach § 18 Abs 1 Satz 2 BEEG zugelassene Kündigung einer Arbeitnehmerin in Elternzeit. Diese wollte das Arbeitsverhältnis, um in den Genuss beitragsfreier Krankenversicherung bleiben zu können, fortbestehen lassen. Das LAG erklärte die Kündigung für gerechtfertigt selbst für den Fall, dass der vorübergehende Fortbestand des Arbeitsverhältnisses keine Kosten für die Masse mit sich bringt.

[245] Vgl HWK/*Rupp* § 2 AGG Rn 12 ff.

[246] BAG 4.2.2013 – 10 AZB 78/12, NZA 2013, 397; BGH 25.6.1979 – II ZR 219/78, ZIP 1980, 46; OLG Düsseldorf 14.4.2000 – 16 U 109/99, NZG 2000, 1044; OLG Rostock 12.11.2003 – 6 U 44/02, OLG-NL 2005, 58; KR/*Weigand* § 113 InsO Rn 14.

167 Zudem existieren Fälle, in denen der **Dienstvertrag des Organmitglieds mit einer dritten Person** besteht. So geschieht es beispielsweise innerhalb von Konzernen gelegentlich, dass der Geschäftsführer einer konzernzugehörigen GmbH einen Dienstvertrag mit deren Muttergesellschaft schließt. Wird nun über das Vermögen der GmbH das Insolvenzverfahren eröffnet, verliert er nach § 80 zwar seine Geschäftsführerbefugnisse, der Dienstvertrag mit der Muttergesellschaft besteht jedoch fort und kann insbesondere nicht vom Insolvenzverwalter der GmbH gekündigt werden. Wird dagegen bezüglich der Muttergesellschaft das Insolvenzverfahren eröffnet, gelten für den betreffenden Dienstvertrag grundsätzlich die allgemeinen insolvenzrechtlichen Regeln: Das Dienstverhältnis besteht nach § 108 Abs 1 Satz 1 weiter, für die Kündigung durch den Verwalter gilt § 113.

168 In manchen Fällen, insbesondere bei (zeitweiliger) Fortführung des schuldnerischen Unternehmens durch den Insolvenzverwalter, vereinbart dieser mit einem **Organmitglied**, dass dieses einige Monate oder gar unbefristet **für die Masse weiterarbeiten** soll. Hier ist grundsätzlich anzunehmen, dass der bisherige Dienstvertrag – trotz Aussetzung der organschaftlichen Befugnisse während des Insolvenzverfahrens nach § 80 – entsprechend der Vorgabe des § 108 Abs 1 Satz 1 schlicht fortgesetzt wird, so dass es **weiterhin nach § 14 Abs 1 KSchG** beim **Nichtbestehen des Kündigungsschutzes** bleibt. Erst wenn sich Insolvenzverwalter und Organmitglied auf ein neues Betätigungsfeld des Organmitglieds einigen, welches außerhalb möglicher (auch abwicklungsspezifischer) Organaufgaben liegt und das auch nach Verfahrensbeendigung keine solchen Aufgaben betrifft, ist von einer Änderung des Dienstvertrages auszugehen, welche den Bezug zur Organposition entfallen lässt und somit auch zum Wegfall der Ausnahmeregelung des § 14 Abs 1 KSchG führt.

169 **bbb) Modifizierte Anwendung auf leitende Angestellte, § 14 Abs 2 KSchG.** Für leitende Angestellte gilt die Modifikation des § 14 Abs 2 KSchG. Dies ist auch dann noch der Fall, wenn die Leitenden aufgrund der Übernahme der Verwaltungs- und Verfügungsbefugnis durch den Insolvenzverwalter (§ 80) ihre **Leistungsmöglichkeiten nicht mehr ausüben können**. Prinzipiell dürfte hier das gleiche gelten wie für Organmitglieder nach § 14 Abs 1 KSchG (Rn 168): Erst wenn sich Insolvenzverwalter und leitender Angestellter auf ein anderes Betätigungsfeld des Angestellten einigen, das außerhalb möglicher (auch abwicklungsspezifischer) Leitungsaufgaben liegt und das auch nach Verfahrensbeendigung keine solchen Aufgaben betrifft, ist von einer Änderung des Dienstvertrages auszugehen, welche den Bezug zur Leitungsposition entfallen lässt und somit auch zum Wegfall der Modifikation des § 14 Abs 2 KSchG führt.

170 **ccc) § 1 Abs 1, § 23 Abs 1 Satz 3, 4 KSchG: Dauer des Arbeitsverhältnisses und Größe von Betrieb bzw Verwaltung.** Weitere Voraussetzungen für die Geltung der Kündigungsschutzvorschriften des KSchG ist nach § 1 Abs 1 KSchG, dass das **Arbeitsverhältnis im Betrieb oder Unternehmen über sechs Monate** bestanden hat. Außerdem müssen gemäß § 23 Abs 1 Satz 3, 4 KSchG im Betrieb oder in der Verwaltung **mehr als zehn Arbeitnehmer** beschäftigt werden (s auch die bestandsschutzsichernde Übergangsregelung des § 23 Abs 1 Satz 2 KSchG, die für Arbeitsverhältnisse, welche bis zum 31.12. 2003 begründet wurden, teils an die frühere Grenze von fünf Beschäftigten anknüpft). Für beide Regelungskomplexe ergeben sich in der Insolvenz keine Besonderheiten, insbesondere bewirkt die Verfahrenseröffnung weder einen zeitlichen Einschnitt iSd § 1 Abs 1 KSchG noch führt die Unterwerfung des Betriebs oder der Verwaltung unter die Leitung des Insolvenzverwalters zu einer Änderung in deren Zuschnitt als Betrieb oder Verwaltung iSd § 23 KSchG. Erst wenn beispielsweise der Insolvenzverwalter Umstrukturierungen vornimmt, welche dies zur Folge haben, kann sich auch etwas bei der Anwendung

von § 23 KSchG ändern. Hat etwa der Schuldner einen gemeinsamen Betrieb mit einem anderen Arbeitgeber unterhalten und löst der Insolvenzverwalter die Leitungsorganisation des von ihm verwalteten Unternehmens dauerhaft aus der gemeinsamen Betriebsorganisation heraus, führt dies zum Entstehen eines neuen Betriebs iSd § 23 KSchG mit der Folge, dass in diesem Betrieb die Belegschaft anders zu zählen ist.

cc) **Prüfung von Kündigungen nach dem KSchG.** Bei Anwendbarkeit der kündigungsschutzrechtlichen Vorschriften muss die arbeitgeberseitige Kündigung gemäß § 1 Abs 1 KSchG sozial gerechtfertigt sein. Nach § 1 Abs 2 KSchG kann diese soziale Rechtfertigung aus betriebs-, verhaltens-, und personenbedingten Gründen angenommen werden. **171**

aaa) **Betriebsbedingte Kündigung.** Für die soziale Rechtfertigung als betriebsbedingte Kündigung gilt in der Insolvenz grundsätzlich wieder dasselbe wie außerhalb der Insolvenz. Es müssen dringende betriebliche Erfordernisse bestehen, die einer Weiterbeschäftigung im Betrieb entgegenstehen. Das bedeutet nach der Rechtsprechung, dass eine (nur auf Willkür hin überprüfbare) **Unternehmerentscheidung** vorzuliegen hat, aufgrund derer der Arbeitsplatz aus der Sicht eines objektiven Betrachters spätestens mit Ablauf der Kündigungsfrist wegfallen wird. Diese Entscheidung muss von der jeweils hierzu befugten Person getroffen worden sein, nach Verfahrenseröffnung also vom Insolvenzverwalter; vgl zur Rechtslage vor Verfahrenseröffnung Rn 3 ff. Bei alledem ist die beabsichtigte oder bereits begonnene **Betriebsstilllegung** stets Grund für eine betriebsbedingte Kündigung iSd § 1 Abs 2 KSchG.[247] Ist bei Zugang der Kündigung die Betriebsstilllegung endgültig geplant und bereits eingeleitet, hat sich jedoch der Arbeitgeber (Insolvenzverwalter) die Betriebsveräußerung mit der Möglichkeit des Arbeitsplatzerhalts vorbehalten, bleibt es bei der sozialen Rechtfertigung der Kündigung. Genügend ist, dass zunächst tatsächlich eine Betriebsstilllegung vorliegt, dh „ein ernstlicher und endgültiger Entschluss des Unternehmers/Insolvenzverwalters vorliegt, die Betriebs- und Produktionsgemeinschaft zwischen Arbeitgeber und Arbeitnehmer aufzuheben und die Verfolgung des bisherigen Betriebszwecks dauernd oder für eine ihrer Dauer nach unbestimmte, wirtschaftlich nicht unerhebliche Zeitspanne nicht weiter zu verfolgen".[248] Kommt es später zur Rettung des Arbeitsplatzes, ist allerdings ein Fortsetzungs- bzw Wiedereinstellungsanspruch in Betracht zu ziehen (s dazu Rn 133 f, 179). **172**

Weiter darf **keine anderweitige Beschäftigungsmöglichkeit** im Betrieb oder Unternehmen existieren. Wenn nicht allen aus einer Gruppe vergleichbarer Arbeitnehmer gekündigt werden soll, hat der kündigende Arbeitgeber bzw Insolvenzverwalter nach § 1 Abs 3 Satz 1 KSchG eine betriebsbezogene Sozialauswahl zu treffen, aus der sich ergibt, wer seinen Arbeitsplatz behält und wer nicht. Dabei ist die Ausnahme gem § 1 Abs 3 Satz 2 KSchG zu beachten. **173**

Bei alledem sind **im Insolvenzverfahren** die zusätzlichen Regelungen der **§ 125 Satz 1 und §§ 126 f** zu beachten. Nach § 125 Abs 1 Satz 1 bewirkt ein Interessenausgleich mit Namensliste zu kündigender Arbeitnehmer diesbezügliche Beweiserleichterungen und strengere rechtliche Prüfungsmaßstäbe, welche die Kündigungen insgesamt rechtssicherer werden lassen (s dazu ie die Kommentierung zu § 125). §§ 126 f ermöglichen dem Insol- **174**

---

[247] BAG 20.1.2005 – 2 AZR 500/03, NZA 2005, 687; BAG 29.9.2005 – 8 AZR 647/04, NZA 2006, 720; BAG 13.5.2004 – 2 AZR 329/03, NZA 2004, 1037; BAG 16.5.2002 – 8 AZR 319/01, NZA 2003, 93; KR/*Weigand* § 113 InsO Rn 67 ff; MünchKomm/*Caspers* § 125 Rn 12, § 128 Rn 32.

[248] BAG 15.12.2011 – 8 AZR 692/10, BB 2012, 1472; BAG 26.4.2007 – 8 AZR 695/05, AP InsO § 125 Nr 4, Rn 55; BAG 29.9.2005 – 8 AZR 647/04, NZA 2006, 720; BAG 21.6.2001 – 2 AZR 137/00, AP KSchG 1969 § 15 Nr 50; KR/*Weigand* § 113 InsO Rn 67 ff.

venzverwalter, wenn kein derartiger Interessenausgleich zustande kommt, die Durchführung eines arbeitsgerichtlichen Beschlussverfahrens, welches ebenfalls im Ergebnis auf die rechtssichere Erklärung betriebsbedingter Kündigungen gerichtet ist (s dazu ie die Kommentierung zu §§ 126 f).

175 bbb) **Verhaltensbedingte Kündigung.** Auch für die soziale Rechtfertigung als verhaltensbedingte Kündigung gelten in der Insolvenz **dieselben Regeln wie außerhalb der Insolvenz**; insbesondere existieren keine Sondervorschriften der InsO, wie sie soeben für die betriebsbedingte Kündigung genannt wurden. Der Arbeitnehmer muss einen Verstoß gegen arbeitsvertragliche Pflichten begangen haben, welcher an sich geeignet ist, die Beendigung des Arbeitsverhältnisses zu rechtfertigen. Weiter muss die Verhältnismäßigkeit gewahrt sein, was insbesondere bedeutet, dass gegebenenfalls als milderes Mittel eine Abmahnung auszusprechen war. In selteneren Fällen sind die Beschäftigung an einem anderen Arbeitsplatz und der Vorrang einer Änderungskündigung in Betracht zu ziehen. Zudem ist für jede verhaltensbedingte Kündigung eine Einzelfallbetrachtung und Interessenabwägung vorzunehmen, in der beispielsweise die Häufigkeit der Verstöße und die Schwere ihrer Folgen berücksichtigt werden.[249]

176 Für den Fall der Insolvenz ergeben sich bei alledem insofern Besonderheiten, als es hier gelegentlich zu **gläubigerschädigendem Verhalten** des Schuldners und Arbeitgebers kommt, an dem der Arbeitnehmer in irgendeiner Weise mitwirkt. Ein solches Verhalten verstößt gegen arbeitsvertragliche Pflichten, auch wenn der Arbeitgeber, sein Vertreter, ein Gesellschafter oder Organ (Geschäftsführer, Vorstand etc) es eventuell kannte oder es gar gebilligt hat. Aus diesem Grunde kann es als vertragswidriges Verhalten die Kündigung durch den Insolvenzverwalter rechtfertigen.[250] Gleiches muss auch für Verhalten des Arbeitnehmers **nach Verfahrensbeantragung oder Verfahrenseröffnung** gelten. Hier treffen den Arbeitnehmer neben seinen – gemäß § 108 Abs 1 Satz 1 fortbestehenden – arbeitsvertraglichen Haupt-, Neben- und Schutzpflichten noch **weitere Pflichten.** Nach Maßgabe der § 20 Abs 1 Satz 2, § 22 Abs 3 Satz 3, § 97 Abs 1 Satz 1, § 101 Abs 2 ist er dem Insolvenzgericht, dem vorläufigen Insolvenzverwalter, dem Insolvenzverwalter, dem Gläubigerausschuss (entsprechend wohl auch dem vorläufigen Gläubigerausschuss nach § 21 Abs 2 Nr 1a, § 22a) und gegebenenfalls der Gläubigerversammlung zur Mitwirkung und zur Auskunft verpflichtet. Die Verletzung solcher Pflichten kann – im soeben dargelegten Rahmen, also bei entsprechender Schwere der Pflichtverletzung und unter Wahrung der Verhältnismäßigkeit – die verhaltensbedingte Kündigung noch während des Vorverfahrens oder nach der Verfahrenseröffnung rechtfertigen.[251]

177 ccc) **Personenbedingte Kündigung.** Für die soziale Rechtfertigung als personenbedingte Kündigung gelten in der Insolvenz ebenfalls dieselben Regeln wie außerhalb der Insolvenz.

178 dd) **Tarifvertragliche Verfahrensregeln für die Kündigung.** Da Tarifverträge im Arbeitsverhältnis prinzipiell auch nach Verfahrenseröffnung gelten (Rn 147 ff), müssen gegebe-

---

[249] Vgl HWK/*Quecke* § 1 KSchG Rn 178 ff, 208 ff.

[250] S entsprechend zu § 626 BGB BAG 24.1.2013 – 2 AZR 453/11, DB 2013, 1365; BAG 25.10.1968 – 2 AZR 23/69, NJW 1969, 525 = AP KO § 22 Nr 1; KR/*Weigand* § 113 InsO Rn 14; vgl auch BGH 20.6.2005 – II ZR 18/03, NZA 2005, 1415; BGH 15.7.2007 – II ZR 236/06, NZA 2008, 648; OLG Düsseldorf 14.4.2000 – 16 U 109/99, NZG 2000, 1044.

[251] Der Begriff der Auskunft im Sinne dieser Vorschriften ist weit auszulegen, s BAG 16.2.2012 – 6 AZR 553/10, NZA 2012, 555, Rn 50, unter Verweis ua auf BGH 11.2.2010 – IX ZB 126/08 Rn 5, NZI 2010, 264.

nenfalls auch deren verfahrensrechtliche Vorgaben für eine Kündigung beachtet werden. Soweit der Betriebsrat kraft Tarifvertrags der Kündigung zuzustimmen hat, ist dieses Zustimmungserfordernis prinzipiell auch in der Insolvenz zu achten. Insbesondere gilt hierfür nach der Rechtsprechung nicht die Möglichkeit des § 113 Satz 1, Satz 2, welche auf (vertragliche wie tarifvertragliche) Ausschlüsse der Kündigung anzuwenden ist, nicht aber auf verfahrensrechtliche Kündigungsregeln (s näher § 113, Rn 94 ff). Jedoch läuft ein solches Zustimmungserfordernis nach der BAG-Rechtsprechung leer, wenn ohnehin der gesamte Betrieb stillgelegt wird. In diesem Fall bedarf es also – auch wenn der Tarifvertrag entsprechendes vorsieht – keiner Beteiligung.[252]

ee) **Fortsetzungs- bzw Wiedereinstellungsanspruch nach betriebsbedingter Kündigung bei wirtschaftlicher Lageänderung.** Nach einer betriebsbedingten Kündigung ist bei späterer, zuvor nicht abgesehener Verbesserung der betrieblichen Lage ein Fortsetzungs- bzw Wiedereinstellungsanspruch des gekündigten Arbeitnehmers in Betracht zu ziehen. Die Rechtsprechung nimmt einen solchen Anspruch insbesondere dann an, wenn die Gründe, welche einer gemäß § 1 Abs 2 KSchG betriebsbedingten Kündigung zunächst zur Rechtmäßigkeit verhalfen, entfallen – beispielsweise, weil sich die Auftragslage erheblich zum Guten verändert hat oder weil ein Betriebserwerber auftritt, der den ursprünglich wegen Rentabilitätsmangels aufgegebenen Betrieb doch noch weiter betreiben wird. Dann kann ein zuvor gefasster Plan zur Betriebseinschränkung oder zur Betriebseinstellung wegfallen mit der Folge, dass der gekündigte Arbeitnehmer einen Anspruch auf Fortsetzung des Arbeitsverhältnisses oder auf Wiedereinstellung hat, und zwar wegen der Fortführung des Betriebes oder der Entstehung einer anderen Weiterbeschäftigungsmöglichkeit. Voraussetzung ist, dass der Arbeitgeber nicht gutgläubig anderweitig über den Arbeitsplatz disponiert hat.[253] Vgl zum Fortsetzungs- bzw Wiedereinstellungsanspruch nach einem Betriebsübergang Rn 133 f. 179

f) **Beteiligung des Betriebsrats nach §§ 102, 103, 105 BetrVG und des Sprecherausschusses nach § 31 Abs 2 SprAuG.** Ebenso wie außerhalb der Insolvenz ist das **Anhörungserfordernis nach § 102 BetrVG** zu wahren.[254] Dessen Geltung wird dabei laut BAG nicht dadurch eingeschränkt, dass im Vorfeld ein Interessenausgleich mit Namensliste iSd § 125 InsO geschlossen wurde; jedoch kann beides verbunden werden.[255] Bei alledem gilt, dass bei vollständiger Betriebseinstellung dem Betriebsrat keine Sozialdaten nach § 1 Abs 3 KSchG mitgeteilt werden müssen, weil eine soziale Auswahlentscheidung ohnehin nicht stattfinden kann.[256] 180

---

252 BAG 19.1.2000 – 4 AZR 911/98, KTS 2001, 186; KR/*Weigand* § 113 InsO Rn 78.

253 BAG 27.2.1997 – 2 AZR 160/96, AP KSchG 1969 Wiedereinstellung § 1 Nr 1; BAG 6.8.1997 – 7 AZR 557/96, AP KSchG 1969 Wiedereinstellung § 1 Nr 2; BAG 13.11.1997 – 8 AZR 295/95, AP BGB § 613a Nr 169; BAG 4.12.1997 – 2 AZR 140/97, AP KSchG 1969 Wiedereinstellung § 1 Nr 4; BAG 10.12.1998 – 8 AZR 324/97, AP BGB § 613a Nr 185; BAG 28.6.2000 – 7 AZR 904/98, AP KSchG 1969 Wiedereinstellung § 1 Nr 6; BAG 16.5.2002 – 8 AZR 320/01, AP InsO § 113 Nr 9; BAG 13.5.2004 – 8 AZR 198/03, DB 2004, 2107; HWK/*Quecke* § 1 KSchG Rn 77 ff.

254 BAG 7.7.2011 – 6 AZR 248/10, NZA 2011, 1108; BAG 15.12.2011 – 8 AZR 692/10, BB 2012, 1472; KR/*Weigand* § 113 InsO Rn 78.

255 BAG 15.12.2011 – 8 AZR 692/10, BB 2012, 1472; BAG 28.8.2003 – 2 AZR 377/02, ZIP 2004, 525; LAG Schleswig-Holstein 28.4.2011 – 5 Sa 587/10 AA 2011, 198 (Kurzwiedergabe) [juris]; LAG Hamm 6.4.2011 – 6 Sa 2023/10, LAGE BetrVG 2001 § 102 Nr 13.

256 BAG 13.5.2004 – 2 AZR 329/03, NZA 2004, 1037; LAG Baden-Württemberg 9.1.2006 – 4 Sa 55/05 [juris]; vgl auch BAG 27.6.1985 – 2 AZR 412/84, AP BetrVG 1972 § 102 Nr 37; anders wohl (allerdings

181 Weitere Beteiligungsrechte der Arbeitnehmervertretungen bei Kündigungen folgen insbesondere aus **§§ 103, 105 BetrVG** und **§ 31 Abs 2 SprAuG** – auch für sie gilt, dass sie unabhängig von der Verfahrensbeantragung oder -eröffnung stets zu achten sind.

182 **aa) Betriebsratsbeteiligung vor und nach Verfahrenseröffnung.** Dabei ist es zulässig, dass die Betriebsratsanhörung noch vor Insolvenzverfahrenseröffnung erfolgt. Das BAG nimmt dies jedenfalls dann an, wenn die Kündigung auf der Grundlage des Gutachtens des vorläufigen Insolvenzverwalters erfolgt und dieser vorläufige Insolvenzverwalter auch zum Insolvenzverwalter bestellt wird.[257] Diese Einschränkungen dürften freilich nicht erforderlich sein. Soweit der Insolvenzverwalter auf der Grundlage der Anhörung handelt, welche zuvor der Schuldner bzw vorläufige Insolvenzverwalter vorgenommen hat, bleibt es bei der verfahrensübergreifenden Kontinuität der Arbeitsbeziehungen, wie sie deutlich aus §§ 80, 108 Abs 1 Satz 1 folgt. In diesem Fall sind die Anforderungen von § 102 Abs 1 BetrVG gewahrt. Sollen Arbeitnehmer vor Verfahrenseröffnung und nach Verfahrenseröffnung gekündigt werden, kann die Anhörung nach § 102 BetrVG einheitlich erfolgen. Jedoch muss der Betriebsrat hierbei ebenfalls unterrichtet werden über gegebenenfalls zu erklärende „Nachkündigungen" (Kündigungen, die nach Verfahrenseröffnung unter Nutzung der verkürzten Kündigungsfrist des § 113 Satz 2 gegenüber Arbeitnehmern erklärt werden, die vor Verfahrenseröffnung bereits eine Kündigung mit längerer Frist erhalten haben, s § 113 Rn 106 ff).[258] Gleiches muss für das Zustimmungsverfahren nach § 103 BetrVG gelten. Die Mitteilungspflicht gemäß § 105 BetrVG besteht ebenfalls innerhalb wie außerhalb der Insolvenz; ihre Verletzung führt aber nicht zur Rechtswidrigkeit der Kündigung. Gleiches gilt für die Anhörungspflicht nach § 31 Abs 2 SprAuG.

183 **bb) Kein Verlust der Leitendeneigenschaft iSd § 5 Abs 3 BetrVG bei Befugnisübergang auf den Insolvenzverwalter.** Nach § 5 Abs 3 BetrVG sind leitende Angestellte vom Geltungsbereich des BetrVG ausgenommen, weshalb bei ihrer Kündigung der Betriebsrat nicht nach § 102 BetrVG angehört wird, sondern ihm lediglich nach § 105 BetrVG die Kündigung rechtzeitig mitzuteilen ist – hinzu kommt, wenn ein Sprecherausschuss existiert, die Anhörungspflicht nach § 31 Abs 2 SprAuG. Die Eigenschaft als leitender Angestellter ist gemäß § 5 Abs 3, Abs 4 BetrVG in einem abgestuften Verfahren zu subsumieren, wobei spezifische Befugnisse (§ 5 Abs 3 Satz 2 Nr 1, 2 BetrVG), tatsächliche Aufgabenwahrnehmung (§ 5 Abs 3 Satz 2 Nr 3 BetrVG) sowie – für letztere – besondere Vermutungsregeln zu beachten sind, die an die tatsächliche Handhabung der Position bei den letzten Betriebsratswahlen (§ 5 Abs 4 Nr 1 BetrVG), die Zuordnung zur Leitungsebene in der Unternehmensorganisation (§ 5 Abs 4 Nr 2 BetrVG) bzw im Entgeltsystem des Unternehmens (§ 5 Abs 4 Nr 3 BetrVG) sowie zuletzt an den absoluten Zahlbetrag des Angestelltenentgelts (§ 5 Abs 4 Nr 4 BetrVG) anknüpft.[259] Diese Tatbestandsmerkmale sind natürlich innerhalb wie außerhalb der Insolvenz in gleicher Weise zu prüfen.

184 Freilich wird es in der Insolvenz häufiger dazu kommen, dass im Zuge des Übergangs der Verwaltungs- und Verfügungsbefugnisse auf den Insolvenzverwalter einem Arbeitnehmer **Leistungsbefugnisse rechtlich oder faktisch entzogen** werden. Das BAG hat diese Problematik bisher – soweit ersichtlich – noch nicht zu klären gehabt. Es hat aber die

---

nicht entscheidungserheblich) LAG Hamm 12.9.2002 – 4 Sa 720/02, ZInsO 2004, 1099.

[257] BAG 22.9.2005 – 6 AZR 526/04, NZA 2006, 658.

[258] LAG Hamm 12.1.2006 – 4 Sa 1512/05, [juris].

[259] Vgl HWK/*Gaul* § 5 BetrVG Rn 48 ff.

umgekehrte Frage beantwortet, wie der Status eines Arbeitnehmers zu bewerten ist, der für eine Leitungsposition vorgesehen ist, dem die diesbezüglichen Befugnisse aber noch nicht (vollständig) eingeräumt wurden. In diesem Fall, so das Gericht, habe er nicht die Stellung eines leitenden Angestellten inne.[260] Hieraus darf freilich nicht umgekehrt der Schluss gezogen werden, dass mit dem Verlust von Leitungsbefugnissen sofort der Status als leitender Angestellter entfällt. Vielmehr ist es häufig so, dass einem Arbeitnehmer im Vorfeld einer Kündigung Befugnisse entzogen werden. Hier stets einen Wechsel in die Betriebsratszuständigkeit insbesondere nach § 102 BetrVG anzunehmen, wäre kaum mit dem Regelungszweck der Statuszuordnung nach § 5 Abs 3 BetrVG zu vereinbaren. Näher liegt es, diesen Statuswechsel erst zu bejahen, sobald der bisher Leitende **dauerhaft in ein Aufgabenfeld ohne Leitungsbefugnisse eingewiesen** worden ist. Wenn deshalb nach einer Insolvenzverfahrenseröffnung beispielsweise ausschließlich der Insolvenzverwalter Einstellungen und Entlassungen vornimmt, entfällt damit noch nicht unmittelbar die aus § 5 Abs 3 Satz 2 Nr 1 BetrVG folgende Eigenschaft als leitender Angestellter. Dasselbe gilt für das in § 117 Abs 1 angeordnete Erlöschen von Generalvollmacht und Prokura nach § 5 Abs 3 Satz 2 Nr 1 BetrVG oder für die sonstigen Leitungsbefugnisse nach § 5 Abs 3 Satz 2 Nr 3 BetrVG. Ihr Wegfall kann erst dann angenommen werden, wenn beispielsweise kraft Direktionsrechtsausübung seitens des Insolvenzverwalters oder durch entsprechende – ausdrückliche oder konkludente – Änderungsvereinbarung mit dem Arbeitnehmer eine **Neubestimmung des arbeitsvertraglichen Aufgabenfeldes** des Arbeitnehmers erfolgt.

g) **Anzeige- und Anhörungserfordernisse nach § 17 KSchG.** Innerhalb der Insolvenz **185** wie außerhalb sind eventuelle Anzeige- und Anhörungserfordernisse nach § 17 KSchG zu wahren,[261] und zwar auch, wenn der Betrieb komplett stillgelegt werden soll.[262]

Fehlerhafte oder unterlassene Massenentlassungsanzeigen (auch des Insolvenzverwal- **186** ters) nach § 17 KSchG führen dazu, dass das Arbeitsverhältnis nicht gelöst wird und damit einer **Kündigungsschutzklage stattzugeben** ist, wobei die BAG-Rechtsprechung mittlerweile klargestellt hat, dass dies auf der Unwirksamkeit der Kündigung wegen Gesetzesverstoß nach § 134 BGB beruht.[263] Eine fehlerhafte Massenentlassungsanzeige

[260] BAG 25.3.1976 – 1 AZR 192/75, AP BetrVG 1972 § 5 Nr 13 = BB 1976, 743.

[261] BAG 13.12.2012 – 6 AZR 772/11 [juris]; BAG 18.1.2012 – 6 AZR 407/10, NJW 2012, 2376; BAG 7.7.2011 – 6 AZR 248/10, NZA 2011, 1108; LAG Sachsen-Anhalt 9.3.2010 – 2 Sa 369/09 [juris]; KR/*Weigand* § 113 InsO Rn 76; s zum Begriff der Entlassung iSd § 17 KSchG BAG 23.3.2006 – 2 AZR 343/05, NZA 2006, 971; EuGH 27.1.2005 – C-188/03 (Junk), Slg 2005, I-885 = NZA 2005, 213. Vgl zur – am Ende offen gelassenen – Frage, ob „schriftlich" iSd § 17 Abs 2 Satz 1 KSchG dem Schriftformerfordernis des § 126 BGB entspricht, BAG 20.9.2012 – 6 AZR 155/11, NZA 2013, 32.

[262] BAG 13.12.2012 – 6 AZR 772/11, [juris], s dort auch zur Konsultationszuständigkeit des Gesamtbetriebsrats nach § 50 BetrVG, wenn der Personalabbau auf einem unternehmenseinheitlichen Konzept beruht und mehrere Betriebs von der Stilllegung betroffen sind.

[263] BAG 21.3.2013 – 2 AZR 60/12, NZA 2013, 966. Zuvor hatte die Rechtsprechung zwar die Stattgabe der wegen Verstoßes gegen § 17 KSchG erhobenen Kündigungsschutzklage vertreten, die Frage der Wirksamkeit aber offen gelassen, so BAG 18.1.2012 – 6 AZR 407/10, NJW 2012, 2376; BAG 7.7.2011 – 6 AZR 248/10, NZA 2011, 1108; BAG 22.4.2010 – 6 AZR 948/08, NZA 2010, 1057; BAG 28.6.2012 – 6 AZR 780/10, NZA 2012, 1029; für Unwirksamkeit der Kündigung bereits ErfK/*Kiel* 12. Aufl. 2012 § 17 KSchG, Rn 31; vgl auch EuGH 3.3.2011 – C-235/10, NZA 2011, 337.

ist auch dann gegeben, wenn ihr entgegen § 17 Abs 3 Satz 2 KSchG keine **Betriebsratsstellungnahme** beigefügt und diese auch nicht gemäß § 17 Abs 3 Satz 3 KSchG entbehrlich ist.[264] Das gilt laut BAG ebenfalls, wenn durch bestandskräftigen Verwaltungsakt der Arbeitsverwaltung die **Wirksamkeit der Massenentlassungsanzeige** bestätigt wurde.[265] Außerdem wirkt eine **vor der Eröffnung des Insolvenzverfahrens erstattete Anzeige** des Schuldners nach § 17 KSchG, welcher auf ihrer Grundlage Kündigungen ausspricht, laut BAG nicht zugunsten des nach Eröffnung des Insolvenzverfahrens nachkündigenden Insolvenzverwalters.[266] Das erscheint mit Blick auf den Grundsatz der über die Verfahrenseröffnung hinausreichenden Kontinuität der Arbeitsbeziehungen nicht ganz überzeugend. Die Anforderungen des § 17 KSchG dürften jedenfalls dann aber erfüllt sein, wenn in der Anzeige bereits auch die Nachkündigung durch den Insolvenzverwalter mit genannt wird.

187 § 125 Abs 2 ordnet allerdings (ebenso wie außerhalb der Insolvenz § 1 Abs 5 Satz 4 KSchG) an, dass der gemäß § 125 Abs 1 geschlossene Interessenausgleich mit Namensliste die **Stellungnahme des Betriebsrats nach § 17 Abs 3 Satz 2 KSchG ersetzt**, s dazu näher § 125, Rn 39 ff. Dementsprechend genügt die Durchführung eines Einigungsstellenverfahrens, an dessen Ende ein **Sozialplan** steht, **nicht** diesem Beteiligungserfordernis.[267]

188 h) **Kündigungsfrist.** Auch innerhalb der Insolvenz sind zunächst die gesetzlichen (für Dienstverträge allgemein: § 621 BGB; für Arbeitsverhältnisse: § 622 BGB, § 86 SGB IX, § 66 SeeArbG) Kündigungsfristen zu wahren. Hinzu kommen eventuelle (arbeits-)vertraglich oder tarifvertraglich festgesetzte Kündigungsfristen. All diese Fristen – egal, ob gesetzlich, vertraglich oder kollektivarbeitsrechtlich festgesetzt – werden **nach Maßgabe von § 113 Satz 1, Satz 2 auf drei Monate gekappt**. Dasselbe gilt für vereinbarte feste Vertragslaufzeiten und Kündigungsausschlüsse. Die Kappung gilt sowohl für die Kündigung durch den Dienstberechtigten (Arbeitgeber) als auch für die Kündigung durch den Dienstverpflichteten (Arbeitnehmer). Kündigt ersterer, kann der gekündigte Dienstverpflichtete den durch die vorzeitige Kündigung entstehenden Verfrühungsschaden gemäß § 113 Satz 3 lediglich als einfache Insolvenzforderung geltend machen. S zu alledem ie die Kommentierung zu § 113.

189 i) **Auflösungs- und Abfindungsantrag nach §§ 9, 10, 13 Abs 2, § 14 Abs 2 KSchG.** Hat der Arbeitgeber eine rechtsunwirksame Kündigung ausgesprochen, besteht nach Maßgabe der § 9, § 10, § 13 Abs 2, § 14 Abs 2 KSchG für beide Parteien des Kündigungsschutzprozesses die Möglichkeit, die Auflösung des Arbeitsverhältnisses zu beantragen, verbunden mit der Verurteilung des Arbeitgebers zur Abfindungszahlung. Das gilt innerhalb der Insolvenz ebenso wie außerhalb der Insolvenz. Besondere Fragestellungen ergeben sich dann, wenn die Verurteilung zur Abfindung noch vor Verfahrenseröffnung erfolgte oder wenn das Verfahren nach § 240 ZPO unterbrochen und später wieder aufgenommen wurde. Hier ist zu klären, inwiefern Antragsgründe in die Insolvenz fortwir-

---

[264] BAG 13.12.2012 – 6 AZR 772/11, [juris]; BAG 28.6.2012 – 6 AZR 780/10, NZA 2012, 1029; s zu den Anforderungen an die Stellungnahme des Betriebsrats BAG 21.3.2012 – 6 AZR 596/10, NZA 2012, 1058.

[265] BAG 28.6.2012 – 6 AZR 780/10, NZA 2012, 1029; BAG 13.12.2012 – 6 AZR 772/11, [juris]; LAG Düsseldorf 15.9.2010 – 12 Sa 627/10 [juris]; LAG Düsseldorf 10.11.2010 – 12 Sa 1321/10 [juris].

[266] BAG 22.4.2010 – 6 AZR 948/08, NZA 2010, 1057; s auch BAG 28.6.2012 – 6 AZR 780/10, NZA 2012, 1029.

[267] BAG 13.12.2012 – 6 AZR 772/11, [juris].

ken und welchen Charakter – Insolvenz- oder Masseforderung – die Abfindungspflicht hat. Weiter stellt sich die Frage, mit welcher Frist die Auflösung erfolgt (Anwendbarkeit von § 113 auf § 9 Abs 2 KSchG; Ersatz eines damit verbundenen Verfrühungsschadens nach § 113 Satz 3). S zu all diesen Fragen Rn 62, 201 sowie § 113 Rn 79 f, 139, 160.

2. Außerordentliche Kündigung, § 626 BGB

a) Kündigungserklärung; Rechtmäßigkeitsfiktion der Kündigung nach § 4 Satz 1, § 7 KSchG wegen verspäteter Erhebung der Kündigungsschutzklage. Für die nach Eröffnung des Insolvenzverfahrens über das Vermögen des Dienstberechtigten erklärte außerordentliche Kündigung gilt dasselbe wie für die entsprechende ordentliche Kündigung. Die Regelungen über die Rechtmäßigkeitsfiktion der Kündigung gemäß § 4 Satz 1, § 7 KSchG wegen verspäteter Erhebung der Kündigungsschutzklage gelten nach Maßgabe des § 13 KSchG auch für die außerordentliche Kündigung. Die dabei zu beachtenden insolvenzrechtlichen Aspekte entsprechen denjenigen, welche oben Rn 159 für die ordentliche Kündigung beschrieben wurden. Das Problem der vertraglichen und kollektivvertraglichen Kündigungsausschlüsse stellt sich für die außerordentliche Kündigung nach § 626 BGB nicht, da die außerordentliche Kündigung weder kollektivvertraglich noch einzelvertraglich ausgeschlossen werden kann. **190**

b) Kündigungsverbote und behördliche Zustimmungserfordernisse; Betriebsratsbeteiligung nach §§ 102, 103, 105 BetrVG und Sprecherausschussbeteiligung nach § 31 Abs 2 SprAuG. In der Insolvenz gelten sämtliche die außerordentliche Kündigung betreffenden gesetzlichen Kündigungsverbote und behördliche Zustimmungserfordernisse wie außerhalb der Insolvenz. Das betrifft beispielsweise § 612a BGB (Maßregelungsverbot), § 613a Abs 4 Satz 1 BGB (Betriebsübergang), § 9 MuSchG (Schwangere und Mütter), § 18 BEEG (Elternzeit),[268] § 11 TzBfG (Verweigerung von Arbeitszeitänderungen), §§ 91, 85 ff SGB IX (Schwerbehinderte), § 103 BetrVG (Betriebsräte), § 5 PflegeZG (Pflegende). S zur Handhabung dieser Regelungen Rn 161 f. Für die Beteiligung des Betriebsrats und des Sprecherausschusses gemäß §§ 102, 103, 105 BetrVG und § 31 Abs 2 SprAuG sind bei der außerordentlichen Kündigung dieselben Insolvenzspezifika zu beachten wie für die ordentliche Kündigung (s Rn 180 ff). Für das Seearbeitsrecht gelten die §§ 67 f. SeeArbG. **191**

c) Voraussetzungen des § 626 BGB

aa) Wichtiger Grund, § 626 Abs 1 BGB. In der Insolvenz sind an die Voraussetzungen der außerordentlichen Kündigung prinzipiell dieselben Anforderungen zu stellen wie sonst auch. Es ist also die Unzumutbarkeit der Fortsetzung des Dienstverhältnisses, insbesondere des Arbeitsverhältnisses, zu untersuchen. Im Rahmen der einzelfallbezogenen Wertung ist die Möglichkeit der Abmahnung und – in selteneren Fällen – diejenige der Änderungskündigung in Betracht zu ziehen.[269] Die Insolvenz, der Insolvenzantrag oder die Verfahrenseröffnung sind deshalb als solche keine tauglichen Kündigungsgründe.[270] **192**

---

[268] Die Kündigungsgenehmigung nach § 18 BEEG erfasst laut LAG Berlin-Brandenburg nicht den Fall der Schwangerschaft, so dass, selbst wenn dem Insolvenzverwalter die Genehmigung zur Kündigung einer in Elternzeit befindlichen Arbeitnehmerin erteilt wurde, bei deren Schwangerschaft die Genehmigung nach § 9 MuSchG erneut eingeholt werden muss, LAG Berlin-Brandenburg 6.4.2011 – 15 Sa 2454/10 [juris].

[269] Vgl HWK/*Sandmann* § 626 BGB Rn 58 ff, 122 ff.

[270] BAG 24.1.2013 – 2 AZR 453/11, DB 2013, 1365; BAG 15.12.2011 – 8 AZR 692/10, BB 2012, 1472; BAG 29.9.2005 – 8 AZR 647/04, NZA 2006, 720; BAG 25.10.1968 –

193 Das gilt auch für die **Kündigung durch den Dienstverpflichteten**, insbesondere den Arbeitnehmer. Er darf nicht ausschließlich wegen der Insolvenzantragstellung oder wegen der Verfahrenseröffnung kündigen, weil diese Ereignisse als solche noch keine hinreichende Beeinträchtigung seiner Situation nach sich ziehen.[271] Jedoch gesteht man dem Dienstverpflichteten das Recht zur außerordentlichen Kündigung zu, wenn die Masse nicht ausreicht, um seine künftigen Entgeltansprüche zu decken und auch keine Deckung durch Insolvenzgeld in Aussicht steht.[272] Dem ist zuzustimmen, weil und soweit auch nach allgemeinen Regeln, also außerhalb der Insolvenz, die fehlende Entgeltzahlung zur außerordentlichen Kündigung berechtigt,[273] und weil sich in der genannten Situation für den Dienstverpflichteten keine Aussicht auf künftig sichere Entgeltzahlungen aus der Masse ergibt (vgl auch Rn 1).

194 Für den Fall der Insolvenz ergeben sich zudem – wie bereits zur verhaltensbedingten ordentlichen Kündigung ausgeführt (Rn 176) – insofern Besonderheiten, als es gelegentlich in ihrem Vorfeld zu **gläubigerschädigendem Verhalten** des Schuldners und Dienstberechtigten (insbesondere Arbeitgebers) kommt, an dem sich der Dienstverpflichtete (insbesondere Arbeitnehmer) beteiligt. Ein solches Verhalten kann die außerordentliche Kündigung rechtfertigen.[274] Beim Dienstverhältnis eines Organmitglieds ist es daher der Tatbestand der **Insolvenzverschleppung**, welcher als Grund für eine außerordentliche Kündigung anerkannt ist.[275] Gleiches muss auch für das Verhalten des Dienstverpflichteten nach Verfahrensbeantragung oder Verfahrenseröffnung gelten, insbesondere im Hinblick auf die **Pflichten aus § 20 Abs 1 Satz 2, § 22 Abs 3 Satz 3, § 97 Abs 1 Satz 1, § 101 Abs 2.**

195 **bb) Kündigungserklärungsfrist, § 626 Abs 2 BGB.** Soweit der Kündigungsbefugte von Gründen erfährt, die nach § 626 Abs 1 BGB eine fristlose Kündigung rechtfertigen, hat er zur wirksamen Kündigungserklärung die Zweiwochenfrist des § 626 Abs 2 Satz 1 BGB zu wahren. Grundsätzlich gilt, dass die **Kenntnis des Schuldners** dem vorläufigen und dem endgültigen Insolvenzverwalter **nicht zuzurechnen** ist. Unabhängig davon muss aber im Zeitpunkt des Erlangens der Kündigungsbefugnis durch den vorläufigen oder endgültigen Insolvenzverwalter eine Berechtigung zur Kündigung bestehen. Soweit daher die **Zwei-Wochenfrist noch vor Verfahrenseröffnung abgelaufen** und somit dem kündi-

---

2 AZR 23/68, NJW 1969, 525 = AP KO § 22 Nr 1; LAG Hamm 18.5.2004 – 6 Sa 33/04, DZWIR 2004, 508; KR/*Weigand* § 113 InsO Rn 51, 70, 73; *Zwanziger* § 113 Rn 12; vgl auch BAG 29.3.1977 – 1 AZR 46/75, NJW 1977, 2182 = AP BetrVG 1972 § 102 Nr 11; BAG 27.5.1993 – 2 AZR 601/92, NZA 1993, 845.

271 BAG 25.4.2007 – 6 AZR 622/06, ZIP 2007, 1875 = BAGE 122, 197; LAG Hessen 10.4.2006 – 17 Sa 1432/05 [juris].

272 ArbG Bayreuth 30.1.2002 – 3 Ca 997/01 H, ZInsO 2002, 596 = DZWIR 2002, 282; ebenso, aber ohne Erwähnung möglicher Entlastung durch Insolvenzgeldzahlung, KR/*Weigand* § 113 InsO Rn 81; **aA** LAG Hamm 6.12.1967 – 1 Sa 777/67, BB 1968, 128 (Vorinstanz zur bestätigenden Entscheidung BAG 25.10.1968 – 2 AZR 23/68, NJW 1969, 525 = AP KO § 22 Nr 1, in der auf die hiesige Frage aber nicht eingegangen wurde).

273 BAG 26.7.2001 – 8 AZR 739/00, NJW 2002, 1539; BAG 25.7.1963 – 2 AZR 510/62, NJW 1963, 240; LAG Hamm 29.9.1999 – 18 Sa 118/99, NZA-RR 2000, 242; HWK/*Sandmann* § 626 BGB Rn 317.

274 BAG 25.10.1968 – 2 AZR 23/69, NJW 1969, 525 = AP KO § 22 Nr 1.

275 BGH 20.6.2005 – II ZR 18/03, NZA 2005, 1415; BGH 15.7.2007 – II ZR 236/06, NZA 2008, 648; KR/*Weigand* § 113 InsO Rn 14; s auch OLG Düsseldorf 14.4.2000 – 16 U 109/99, NZG 2000, 1044; vgl umgekehrt zur außerordentlichen Kündigung bei unberechtigter Insolvenzantragstellung durch das Organ BGH 12.2.2007 – II ZR 308/05, NJW-RR 2007, 690.

gungsbefugten Schuldner bereits die außerordentliche Kündigung verwehrt gewesen ist, steht sie auch dem Verwalter nicht zu.[276]

Zudem kann es Fälle geben, in denen der Insolvenzverwalter oder einer seiner Vertreter innerhalb seines Aufgabenbereichs von den Kündigungsgründen Kenntnis erhält. **196**
In diesem Fall greift die Zweiwochenfrist des § 626 Abs 2 Satz 1 BGB ein. Soweit der vorläufige Insolvenzverwalter vom Kündigungsgrund Kenntnis erlangt, mangels Kündigungsbefugnis aber nicht kündigen kann, hat er **unverzüglich** zu kündigen, sobald er die Kündigungsbefugnis erhalten hat, beispielsweise weil er zum Insolvenzverwalter ernannt oder weil ihm vom Insolvenzgericht gemäß § 22 Abs 2 Satz 1 nachträglich die Kündigungsbefugnis erteilt worden ist. Im Rahmen dessen ist ihm aber ausreichend Zeit für die Überprüfung von Fakten und Rechtslage zu belassen.

Aufgrund der Kontinuität des Amtes wird man die **Kenntnisstände eines Verwalters** **197**
seinen Nachfolgern zurechnen müssen. Das bedeutet, dass sich beispielsweise der Insolvenzverwalter das Wissen des vorläufigen Insolvenzverwalters zurechnen lassen muss, auch wenn beide nicht personenidentisch sind. Dasselbe gilt im Fall des Amtswechsels nach §§ 57, 59. Dem Rechtsnachfolger ist lediglich eine Frist zur Orientierung über die Gesamtsituation einzuräumen. Kommt es wegen eines Mitteilungsmangels des Amtsvorgängers an den Amtsnachfolger zu einer Massebelastung, ist die Haftung des Amtsvorgängers nach § 60 in Betracht zu ziehen. Selbiges gilt umgekehrt, wenn der Nachfolger zwar Kenntnis erlangt, hieraus aber nicht die notwendige Konsequenz der fristwahrenden Kündigung zieht.

d) **Außerordentliche Kündigung mit Auslauffrist.** Im Allgemeinen kommt es inner- **198**
halb der Insolvenz häufiger als außerhalb der Insolvenz zur außerordentlichen Kündigung wegen Betriebsstilllegung oder sonstiger **wirtschaftlicher Unzumutbarkeit der Fortsetzung des Dienstverhältnisses.** Diese ist vor allem dann von Bedeutung, wenn aufgrund Vertrages, aufgrund Tarifvertrages oder aufgrund gesetzlicher Regelung, insbesondere nach § 22 BBiG (s dazu näher § 113, Rn 100 ff), die außerordentliche Kündigung ausgeschlossen ist.

Außerhalb der Insolvenz gilt hierbei folgendes: Einem Dienstberechtigtem, insbeson- **199**
dere einem Arbeitgeber, der an der ordentlichen Kündigung gehindert ist, wird die außerordentliche Kündigung erlaubt, soweit er anderenfalls mit einem leer laufenden, also sinnbefreiten Dienstverhältnis und entsprechenden Entgeltpflichten belastet würde. Jedoch muss vermieden werden, dass der Arbeitnehmer durch den Ausspruch der außerordentlichen Kündigung deshalb zusätzlich belastet wird, weil die ordentliche Kündigung ausgeschlossen wurde. Das wäre dann der Fall, wenn der Arbeitgeber wegen des Ausschlusses der ordentlichen Kündigung und aufgrund zugelassener außerordentlicher Kündigung auch die Frist der ordentlichen Kündigung nicht mehr einhalten müsste. Das ergäbe eine widersinnige Privilegierung, die ihn vom Ausschluss der ordentlichen Kündigung noch profitieren ließe. Deshalb ist die außerordentliche Kündigung in einer solchen Situation mit einer **„Auslauffrist"** auszusprechen, die der **Kündigungsfrist der (ausgeschlossenen) ordentlichen Kündigung** entspricht. Im Beispiel der Betriebsschließung kann der Arbeitgeber also außerordentlich kündigen, muss aber die ordentliche Kündigungsfrist als „Auslauffrist" beachten.[277]

---

[276] KR/*Weigand* § 113 InsO Rn 75.

[277] BAG 28.10.2010 – 2 AZR 688/09, DB 2011, 476; BAG 18.3.2010 – 2 AZR 580/05, NZA 2007, 1445; HWK/*Sandmann* § 626 BGB Rn 324 f; vgl BAG 24.1.2013 – 2 AZR 453/11, DB 2013, 1365.

200 **Innerhalb des Insolvenzverfahrens** gilt ebenso wie außerhalb der Insolvenz, dass die Kündigung auch bei Vorliegen eines (arbeits-)vertraglichen oder tarifvertraglichen Kündigungsausschlusses, wenn die genannten Voraussetzungen erfüllt sind, zunächst mit der Auslauffrist erklärt werden kann.[278] Wenn die Auslauffrist länger läuft als die Frist nach § 113 Satz 1, Satz 2, kann das Dienstverhältnis dann aber eben mit der **Frist der § 113 Satz 1, Satz 2** gekündigt werden (s näher § 113 Rn 88, 100). Benötigt der Insolvenzverwalter die Arbeitskraft des Gekündigten oder will er es vermeiden, dass der als Insolvenzforderung eingestufte Schadensersatzanspruch nach § 113 Satz 3 entsteht, **kann** er auch mit der **eventuell längeren ordentlichen Kündigungsfrist** kündigen (s § 113 Rn 156). Wenn wie im Fall des § 22 Abs 2 Nr 1 BBiG die ordentliche Kündigung **gesetzlich** – und somit auch für den Insolvenzverwalter – ausgeschlossen ist, besteht ebenfalls die Notwendigkeit der Kündigung mit der Auslauffrist, wobei für diese nach der hier vertretenen Ansicht auch § 113 Satz 2 nicht gilt, also keine Kappung stattfindet (s dazu näher § 113 Rn 101 ff).

201 e) **Auflösungs- und Abfindungsantrag nach § 13 Abs 1 Satz 3–5, Abs 2 KSchG.** Im Fall der rechts- bzw sittenwidrigen außerordentlichen Kündigung besteht gemäß § 13 Abs 1 Satz 3–5, Abs 2 KSchG die Möglichkeit, die Auflösung des Arbeitsverhältnisses zu beantragen, verbunden mit der arbeitgeberseitigen Verpflichtung zur Abfindungszahlung. Für die insolvenzrechtlichen Aspekte dieses Vorgehens sei auf die entsprechenden Ausführungen zur rechtswidrigen ordentlichen Kündigung verwiesen, Rn 189.

3. Befristung

202 Dienstverträge – und damit auch Arbeitsverträge – können innerhalb wie außerhalb der Insolvenz grundsätzlich in gleicher Weise befristet werden. Es gelten also im allgemeinen Dienstvertragsrecht § 620 Abs 1, Abs 2 BGB und im Arbeitsrecht die §§ 14 ff TzBfG. Der vereinbarten Vertragsdauer ist bei alledem auch die Vereinbarung eines auflösend bedingten Dienstvertrages gleichzusetzen (§ 21 TzBfG, § 158 Abs 2 BGB, vgl § 113, Rn 84).

203 Wirksame Befristungsvereinbarungen (oder ihnen gleichzusetzende auflösende Bedingungen) bestehen für das Dienstverhältnis auch über die Verfahrenseröffnung hinaus weiter, da das gesamte Schuldverhältnis hier gemäß § 108 Abs 1 Satz 1 zunächst fortexistiert. Jedoch können nach Verfahrenseröffnung beide Dienstvertragsbeteiligten gemäß **§ 113 Satz 1, Satz 2** vorzeitig mit dreimonatiger Frist zum Monatsende kündigen (s näher, insbesondere zur Nichtmaßgeblichkeit einer entsprechend denkbaren kürzeren gesetzlichen Kündigungsfrist, § 113 Rn 82 ff, 86 ff). Tut dies der Insolvenzverwalter, kann der Dienstverpflichtete gemäß § 113 Satz 3 einen Schadensersatzanspruch wegen des dadurch verursachten Verfrühungsschadens als Insolvenzforderung zur Tabelle anmelden (s § 113 Rn 114 ff).

204 Auch der **Insolvenzverwalter** und der entsprechend **befugte vorläufige Insolvenzverwalter** (vgl Rn 3 ff, 8 ff, 16 ff) können natürlich **befristete Dienstverträge** schließen, wobei sie an die genannten Regeln der § 620 BGB und der §§ 14 ff TzBfG für die Befristung gebunden sind. Soweit sie hier nicht die Kündbarkeit zusätzlich vereinbart haben (im Arbeitsrecht ist dabei § 15 Abs 3 TzBfG zu beachten), ist der Dienstvertrag dann für die Dauer seines Bestandes nicht ordentlich kündbar. In einer solchen Situation haben sie

---

[278] BAG 24.1.2013 – 2 AZR 453/11, DB 2013, 1365.

auch die (prinzipiell auch für Insolvenzverwalterverträge gültige, § 113 Rn 56 ff) nach § 113 Satz 1, Satz 2 gegebene Möglichkeit vorzeitiger Kündigung gemäß § 119 wirksam ausgeschlossen (§ 113 Rn 164).

Für die Zulassung **arbeitsrechtlicher Befristungsgründe nach §§ 14 ff TzBfG** sind wiederum keine insolvenzrechtlichen Spezifika zu beachten. Sachgrundlose Befristungen sind nach § 14 Abs 2 TzBfG zugelassen, und für Sachgrundbefristungen gilt § 14 Abs 1 TzBfG. Bei der Befristung beispielsweise von Arbeitsverhältnissen, die für die Abwicklung besonders aufwendiger Insolvenzverfahren eingegangen werden, kommt insbesondere der Befristungsgrund des § 14 Abs 1 Satz 1 Nr 1 TzBfG in Betracht. Der dafür erforderliche nur vorübergehende betriebliche Bedarf muss konkret aufgabenbezogen bestehen. Deshalb ist die Befristungsvereinbarung „für die Dauer des Insolvenzverfahrens" nicht hinreichend.[279] **205**

4. Einvernehmliche Beendigung des Dienstverhältnisses

Während und vor Rechtsstreitigkeiten um die Rechtmäßigkeit der Kündigung des Dienstverhältnisses, insbesondere arbeitsrechtlichen Kündigungsschutzstreitigkeiten (s zur Prozessunterbrechung nach § 240 ZPO oben Rn 28 ff), kommt es häufig zum Abschluss von Vereinbarungen zwischen Insolvenzverwalter und Dienstverpflichtetem, welche insbesondere als Auflösungsverträge oder Vergleiche eine einvernehmliche Beendigung des Dienstverhältnisses zum Gegenstand haben.[280] In der Insolvenz ist zu beachten, dass bei einvernehmlicher Beendigung des Dienstverhältnisses **kein Schadensersatzanspruch aus § 113 Satz 3** in Betracht kommt, weil dieser stets eine Kündigung voraussetzt. Andererseits existieren Vereinbarungen, die als sog **Abwicklungsverträge** darauf gerichtet sind, eine bereits ausgesprochene Kündigung als rechtmäßig anzuerkennen, wobei lediglich zusätzliche Vereinbarungen getroffen werden, in denen beispielsweise die Nichterhebung bzw Rücknahme der Kündigungsschutzklage oder die gemeinsame Erledigung des Kündigungsschutzprozesses geregelt wird.[281] In diesem Fall kommt Schadensersatz nach § 113 Satz 3 in Betracht, s näher § 113, Rn 125. **206**

Sowohl bei der einvernehmlichen Beendigung des Dienstverhältnisses als auch im Abwicklungsvertrag werden häufig **Abfindungen zugunsten des Dienstverpflichteten** vereinbart. Zudem können sich Abfindungsansprüche aus § 9, § 10, § 13, § 14 Abs 2 Satz 2 KSchG, aus Sozialplänen nach §§ 111 f BetrVG, Nachteilsausgleich nach § 113 BetrVG, Tarifsozialplänen oder aus § 1a KSchG ergeben. S zur insolvenzrechtlichen Einordnung der Abfindungsansprüche Rn 57 ff. **207**

Hat der Schuldner mit dem Dienstverpflichteten (idR Arbeitnehmer) vor Verfahrenseröffnung eine Auflösungs- oder Abwicklungsvereinbarung mit Abfindungsverpflichtung geschlossen, stellt sich die Frage, ob der Dienstverpflichtete, wenn er bisher noch nicht (vollständig) abgefunden wurde, von der Vereinbarung zurücktreten kann. Da die Abfindungsforderung in diesem Fall als reine Insolvenzforderung bei geringer Quotenaussicht meist nicht viel wert sein wird, kann der Dienstverpflichtete **mittels Rücktritts wieder ins Dienstverhältnis zurückzufinden versuchen**. Das BAG erteilt dem zu Recht eine Absage, indem es für diesen Fall die Anwendungsvoraussetzungen für § 323 Abs 1 Alt 1 BGB ver- **208**

---

279 KR/*Weigand* § 113 InsO Rn 21; vgl auch – zur Rechtslage vor Geltung des TzBfG – LAG Düsseldorf 8.3.1994 – 16 Sa 163/94, ZIP 1994, 1032.

280 Vgl zu den unterschiedlichen Möglichkeiten einverständlicher Lösungsvereinbarungen ErfK/*Müller-Glöge* § 623 BGB Rn 4 ff; HWK/*Bittner* § 623 BGB, Rn 21 ff.

281 Vgl ErfK/*Müller-Glöge* § 623 BGB Rn 8; HWK/*Bittner* § 623 BGB Rn 22.

neint. Die Vorschrift setzt die Durchsetzbarkeit der Forderung des Rücktrittsberechtigten voraus, was in der Insolvenz nicht (mehr) gegeben ist.[282] In Betracht kommt der **Wegfall der Auflösungsvereinbarung** aufgrund Anfechtung wegen **Irrtums, arglistiger Täuschung** nach § 119 Abs. 1, § 123 Abs 1, § 142 Abs 1 BGB oder wegen **Wegfalls der Geschäftsgrundlage** nach § 313 Abs 1, Abs 3 Satz 1 BGB. Es kann bezweifelt werden, ob Fehlvorstellungen über die künftige Zahlungsfähigkeit und somit die künftige Erfüllbarkeit der Abfindungsverpflichtung ohne weiteres ausreichen, um einen Irrtum über eine verkehrswesentliche Eigenschaft iSd § 119 Abs 2 BGB zu begründen.[283] Jedenfalls fehlt es am Anfechtungsgrund, wenn dem Arbeitnehmer bekannt war, dass der Dienstberechtigte Solvenzschwierigkeiten hatte. In diesem Fall kommt auch der Wegfall der Geschäftsgrundlage nicht in Betracht, weil er zur Voraussetzung hat, dass die gemeinsame Erfüllungserwartung der Vertragsparteien entfällt.[284] Anders ist es, wenn der Schuldner ihn über die Erfüllungsmöglichkeiten getäuscht hat; hier gilt § 123 Abs 1 BGB.

VIII. Betriebliche Altersversorgung in der Insolvenz des Arbeitgebers

1. Überblick

209 Die betriebliche Altersversorgung dient nach § 1 Abs 1 Satz 1 BetrAVG der Alters-, Invaliditäts- und Hinterbliebenenvorsorge im Arbeitsverhältnis (oder in einer Rechtsbeziehung, aufgrund derer jemand für das Unternehmen tätig wird, § 17 Abs 1 Satz 2 BetrAVG). Die verschiedenen Durchführungswege der betrieblichen Altersversorgung lassen sich dadurch voneinander unterscheiden, dass entweder der Arbeitgeber allein zur Vorsorge verpflichtet ist oder dass er als Versorgungsträger eine dritte Person einsetzt, die gegenüber dem Arbeitgeber oder gegenüber dem Arbeitnehmer eigene Vorsorgeverpflichtungen übernimmt, vgl § 1 Abs 1 Satz 2, § 1b Abs 2–4 BetrAVG (Direktversicherung, Pensionskasse, Pensionsfonds, Unterstützungskasse). Im ersteren Fall spricht man von **unmittelbarer Versorgungszusage**, im letzteren Fall von **mittelbarer Versorgungszusage**. Auch im letzteren Fall, also beim Einsatz eines Versorgungsträgers, bleibt es gemäß § 1 Abs 1 Satz 3 BetrAVG aber dabei, dass der Arbeitgeber zusätzlich selbst für die Erfüllung der von ihm zugesagten Leistungen einsteht. Wenn dagegen vereinbart ist, dass **der Arbeitgeber nicht einsteht**, er also beispielsweise nur zur Finanzierung eines vom Arbeitnehmer geschlossenen Lebensversicherungsvertrags oder zur Beitragszahlung an eine gemeinsame Einrichtung nach § 4 Abs 2 TVG verpflichtet ist, liegt **keine betriebliche Altersversorgung** vor. Bei alledem gilt das BetrAVG auch dann, wenn nicht der Arbeitgeber, sondern der **Arbeitnehmer** auf der Grundlage einer **Entgeltumwandlungsregelung** nach § 1a BetrAVG die betriebliche Altersversorgung finanziert.[285]

210 Wenn aufgrund der Insolvenz des Arbeitgebers **laufende Versorgungsleistungen** nicht (mehr) erbracht werden, hat der Rentenberechtigte, soweit keine ihm gegenüber bestehende Leistungspflicht eines Versorgungsträgers besteht, nach Maßgabe der § 7 Abs 1, §§ 8 ff BetrAVG einen **Anspruch gegen den Pensionssicherungsverein auf Gegenseitigkeit**

---

[282] BAG 11.7.2012 – 2 AZR 42/11, NJW 2012, 3390; BAG 10.11.2011 – 6 AZR 342/10, ZInsO 2012, 450; KR/*Weigand* § 113 InsO Rn 8, 104; aA *Besgen*/*Velten* NZA-RR 2010, 561.

[283] S zu dieser Frage generell MünchKomm/*Armbrüster* § 119 BGB Rn 128.

[284] BAG 11.7.2012 – 2 AZR 42/11, NJW 2012, 3390.

[285] S näher zu den Durchführungswegen der betrieblichen Altersversorgung Blomeyer/Rolfs/Otto/*Rolfs*/*Blomeyer* § 1 Rn 201 ff; *Langohr-Plato* Rn 89 ff.

(**PSVaG**). Dasselbe gilt nach §§ 7 Abs 2, §§ 8 ff BetrAVG, wenn bei Insolvenz zwar noch **keine laufenden Versorgungsleistungen** beansprucht werden, der Berechtigte aber über eine **unverfallbare Anwartschaft** verfügt. Gemäß § 9 Abs 2 BetrAVG geht in diesen Fällen der Anspruch bzw die Anwartschaft des Arbeitnehmers gegen den Arbeitgeber auf den PSVaG über (s Rn 240 ff).

Die – mögliche – Beteiligung eines leistungsverpflichteten dritten Versorgungsträgers macht die Beurteilung der Rechtslage bei Arbeitgeberinsolvenz unter Umständen komplex (**die seltene Insolvenz des Versorgungsträgers soll hier nicht diskutiert werden**), da sich im Fall einer Verpflichtung des **Versorgungsträgers** zusätzlich die Frage stellt, ob er **dem Arbeitgeber oder dem Arbeitnehmer gegenüber leistungsverpflichtet** ist.[286] **211**

2. Unmittelbare Versorgungszusagen (Direktzusagen) in der Insolvenz des Arbeitgebers

Unmittelbare Versorgungszusagen liegen vor, wenn kein Versorgungsträger beteiligt ist, der Arbeitgeber die betriebliche Altersversorgung also ausschließlich selbst als Träger der Versorgungszusage dem Arbeitnehmer schuldet. Hier spricht man meist von Direktzusagen, teils auch von Pensionszusagen. Die Finanzierung erfolgt durch die Bildung von Pensionsrückstellungen. Bei Eintritt des Versorgungsfalles besteht ein unmittelbarer Anspruch des Arbeitnehmers gegen den Arbeitgeber auf die zugesagten Versorgungsleistungen.[287] **212**

In vielen Fällen schließt der Arbeitgeber im eigenen Namen und mit ausschließlich eigener Leistungsberechtigung einen Vertrag über eine **Rückdeckungsversicherung**, welche aufgrund dieser einzig dem Arbeitgeber gegenüber bestehenden Leistungspflicht auch im Fall der Arbeitgeberinsolvenz nicht an den Arbeitnehmer leistet, sondern ausschließlich in die Masse.[288] Anders kann dies bei sog Contractual Trust Arrangements (CTA) sein, vertraglichen Treuhandkonstruktionen, bei denen der Arbeitgeber einem Verwaltungstreuhänder Mittel für die Vorhaltung der betrieblichen Altersversorgung überträgt.[289] Soweit aus dem CTA zusätzlich eine Sicherungstreuhand zugunsten des Versorgungsberechtigten folgt, dieser also eigene Forderungen gegen den Treuhänder erwirbt, besteht auf dessen Seite keine Pflicht zur Leistung an die Masse, sondern eben lediglich an den Versorgungsberechtigten.[290] **213**

Die Rentenzahlungspflichten des Arbeitgebers gegenüber den versorgungsberechtigten Arbeitnehmern und deren versorgungsberechtigten Angehörigen sind mit der Verfahrenseröffnung, soweit sie fällig sind, als **Insolvenzforderungen** nach §§ 38, 174 ff zur Tabelle anzumelden. Soweit sie noch nicht fällig sind, sind sie ebenfalls Insolvenzforderungen, die aber gemäß § 45 nach ihrem geschätzten Wert zu kapitalisieren sind. Hier ist gegebenenfalls § 9 Abs 3 Satz 2 BetrAVG zu beachten.[291] Die betreffenden Werte sind **214**

---

[286] Diese Frage kann per Feststellungsklage geklärt werden, BAG 26.10.2010 – 3 AZR 496/08, NZA 2011, 654 = ZIP 2011, 1538.

[287] Blomeyer/Rolfs/Otto/*Rolfs/Blomeyer* § 1 Rn 202 ff.

[288] Blomeyer/Rolfs/Otto/*Rolfs/Blomeyer* § 1 Rn 208, Vor § 7 Rn 32.

[289] Vgl dazu *Langohr-Plato*, Betriebliche Altersversorgung, Rn 126 ff; *Rößler* DB 2013, 1607; Blomeyer/*Rolfs/Otto-Rolfs* Anh § 1 Rn 684a ff.

[290] S näher BAG 18.7.2013 – 6 AZR 47/12 (Gründe waren bei Drucklegung noch nicht verfasst); *Rößler* DB 2013, 1607; Blomeyer/*Rolfs/Otto-Rolfs* Anh § 1 Rn 684i ff, 684n ff.

[291] Vgl ie insbesondere zum Maßstab der Schätzung und zur Berücksichtigung biometrischer Erfahrungen bei der Schätzung sowie zu der Frage, wie die Forderungen bei noch nicht entstandener Rentenleistungspflicht zu bewerten sind, Blomeyer/Rolfs/

nach der Rechtsprechung, obwohl der Versorgungsfall aufschiebende Bedingung für die Leistungspflicht aus der Versorgungsanwartschaft ist, entgegen § 191 nicht zu hinterlegen, sondern abzufinden. Für die Fälle des Anspruchsübergangs auf den PSVaG ergibt sich dies aus § 9 Abs 2 Satz 3 BetrAVG.[292] Dort, wo das BetrAVG dagegen nicht einschlägig ist (s § 17 BetrAVG), ist diese Frage umstritten. Praktikabilitätsgesichtspunkte sprechen zwar dafür, aber die Regelung des § 191 und wohl auch der Versorgungszweck der Leistung (vgl § 3 Abs 1 BetrAVG) sprechen dagegen.[293]

215 Weil und soweit das Arbeitsverhältnis gemäß § 108 Abs 1 Satz 1 nach Verfahrenseröffnung weiterbesteht, sind **nach der Eröffnung erarbeitete Anwartschaften Masseverbindlichkeiten** gemäß § 55 Abs 1 Nr 2, Alt 2. Gleiches gilt nach § 55 Abs 2 Satz 1 für Anwartschaften, welche vom vorläufigen Insolvenzverwalter begründet worden sind und für solche, welche bei **Inanspruchnahme der Arbeitsleistung durch den starken vorläufigen Insolvenzverwalter** nach Maßgabe von § 55 Abs 2 Satz 2 erarbeitet werden. Die betreffenden Anwartschaften können, wenn die Betriebstätigkeit vollständig eingestellt und das Unternehmen liquidiert wird, gemäß § 3 Abs 4 BetrAVG durch den Insolvenzverwalter aus der Masse ohne Zustimmung des Arbeitnehmers abgefunden werden.[294] Die Tatsache, dass das Arbeitsverhältnis gemäß § 108 Abs 1 Satz 1 nach Verfahrenseröffnung weiterbesteht, kann dazu führen, dass der Arbeitnehmer ein Anwartschaftsrecht bzw ein **unverfallbares Anwartschaftsrecht** wegen der Zurücklegung der dafür erforderlichen Beschäftigungsdauer erst **nach Verfahrenseröffnung** erwirbt. Die Insolvenzverfahrenseröffnung unterbricht nicht den Lauf der Frist zur Erreichung der Unverfallbarkeit.[295]

216 Wenn das Arbeitsverhältnis demnach teils vor und teils nach Verfahrenseröffnung anspruchswirksam war, ist der betreffende **Rentenanspruch quotal aufzuteilen**, wobei entsprechend dem eben Gesagten derjenige Anteil, welcher auf die Zeit vor Verfahrenseröffnung (bzw vor die Begründung oder Inanspruchnahme der Arbeitsleistung durch den starken bzw den entsprechend befugten „halbstarken“ vorläufigen Insolvenzverwalter nach § 55 Abs 2) fällt, Insolvenzforderung ist. Derjenige Anteil, der auf die Zeit danach entfällt, ist Masseverbindlichkeit.[296]

217 Soweit der Arbeitnehmer bzw ehemalige Arbeitnehmer bereits leistungsberechtigt ist oder eine gemäß § 1b BetrAVG unverfallbare Anwartschaft innehat und deshalb nach Maßgabe der §§ 7 ff BetrAVG **Anwartschaften gegen den PSVaG** erwirbt, gehen Anspruch bzw Anwartschaft laut § 9 Abs 2 BetrAVG **auf den PSVaG über**, der dementsprechend eventuelle Sicherungsmittel gemäß §§ 401, 412 BGB miterwirbt.[297] Er kann

---

Otto/*Rolfs/Blomeyer* Vor § 7 Rn 24 ff, § 9 Rn 51 ff, mwN auch zur Rspr; MünchKomm/*Bitter* § 45 Rn 12 ff; *Bitter* NZI 2000, 399 ff.

292 BAG 11.10.1988 – 3 AZR 295/87, NZA 1989, 303; BAG 7.11.1989 – 3 AZR 48/88, NZA 1990, 524; BGH 10. 7. 1997 – IX ZR 161/96, NJW 1998, 312; Blomeyer/Rolfs/Otto/*Rolfs/Blomeyer* Vor § 7 Rn 30a, 30b.

293 BGH 10.7.1997 – IX ZR 161/96, NJW 1998, 312 (betr GmbH-Geschäftsführer, die auch Gesellschafter sind); **aA** Blomeyer/Rolfs/Otto/*Rolfs/Blomeyer* Vor § 7 Rn 30a, 30b.

294 Die vollständige Betriebseinstellung iSd § 3 Abs 4 BetrAVG ist auch dann anzunehmen, wenn der Insolvenzverwalter zuvor Betriebsmittel veräußert hat und es somit bzgl anderer Arbeitsverhältnisse zu einem Betriebsübergang nach § 613a BGB gekommen ist, BAG 22.12.2009 – 3 AZR 814/07, DB 2010, 1018; *Reinecke* DB 2011, 995.

295 BAG 15.6.2010 – 3 AZR 334/06, ZIP 2010, 1915; BAG 15.12.1987 – 3 AZR 420, AP BetrAVG § 18 Nr 18; Blomeyer/Rolfs/Otto/*Rolfs/Blomeyer* Vor § 7 Rn 27.

296 BGH 6.12.2007 – IX ZR 284/03, NZA 2008, 306; BAG 4.4.2002 – 3 AZR 222/99, KTS 2002, 152; Blomeyer/Rolfs/Otto/*Rolfs/Blomeyer* Vor § 7 Rn 27; *Zwanziger* § 108 InsO Rn 165 f.

297 S näher Blomeyer/Rolfs/Otto/*Rolfs/Blomeyer* § 9 Rn 42 ff, 47 ff.

die auf ihn übergangenen Forderungen dann in der Höhe des Ausfalls als Insolvenzforderungen zur Tabelle anmelden.

Weil **verfallbare Anwartschaften** mit dem Ausscheiden des Arbeitnehmers **erlöschen**, stellen sie in keiner Weise Forderungen dar, weder Insolvenzforderungen noch Masseverbindlichkeiten.[298] **218**

3. Mittelbare Versorgungszusagen in der Insolvenz des Arbeitgebers

Für mittelbare Versorgungszusagen sieht das BetrAVG vier unterschiedliche Durchführungswege vor, die in § 1b Abs 2-4 BetrAVG definiert sind. **219**

a) **Direktversicherung.** Bei der Direktversicherung schließt der Arbeitgeber gemäß § 1b Abs 2 BetrAVG eine Lebensversicherung auf das Leben des Arbeitnehmers ab, wobei der Arbeitnehmer oder seine Hinterbliebenen hinsichtlich der Leistungen des Versicherers ganz oder teilweise bezugsberechtigt sind. Der Arbeitgeber ist Versicherungsnehmer und Beitragszahler. Hinsichtlich der Auswirkungen der Insolvenz ist **zwischen Versicherungsvertrag und Arbeitsvertrag zu unterscheiden.** Beide haben unterschiedliche Beteiligte und unterschiedliche rechtliche Schicksale.[299] **220**

aa) **Auswirkungen der Insolvenz auf den Versicherungsvertrag.** Im Fall der Arbeitgeberinsolvenz stellt sich zunächst die Frage, welche Auswirkungen die Verfahrenseröffnung auf den Vertrag zwischen Arbeitgeber und Versicherer hat. **221**

Einigkeit besteht darüber, dass dieser Vertrag vom Insolvenzverwalter gemäß § 168 VVG zum Schluss der laufenden Versicherungsperiode gekündigt werden kann. Diese Möglichkeit besteht unabhängig vom Insolvenzverfahren, so dass sie auch dann in Betracht kommt, wenn der Insolvenzverwalter zuvor hinsichtlich des Versicherungsvertrags nach § 103 Abs 1 Vertragserfüllung gewählt hat. Im Fall der Kündigung steht der Masse nach § 169 VVG der Rückkaufswert an der Versicherung zu, **soweit nicht eine unwiderruflich gewordene oder eine von vornherein unwiderrufliche Versorgungszusage** vorliegt, welche das Recht aus dem Vertrag ausschließlich dem Arbeitnehmer zuweist. Die Beendigung des Vertrages bei widerruflicher Versorgungszusage führt nicht nur dazu, dass der Insolvenzverwalter die Auszahlung des Rückkaufswerts an die Masse fordern kann; es steht ihm auch ein Anspruch gegen den Arbeitnehmer auf Herausgabe des Versicherungsscheins aus §§ 985, 952 BGB zu.[300] **222**

Eine **unwiderrufliche Versorgungszusage** dagegen bleibt dem Arbeitnehmer in der Insolvenz erhalten, weil sie ihm den Versorgungsanspruch auch unabhängig von der Insolvenz ausschließlich zuweist.[301] Ihr Erwerb kann unter Umständen nach §§ 129 ff anfechtbar sein.[302] Bereits bestehende Rentenpflichten sind gemäß § 159 Abs 2 VVG **223**

---

298 Blomeyer/Rolfs/Otto/*Rolfs/Blomeyer* Vor § 7 Rn 27.

299 S näher BAG 15.6.2010 – 3 AZR 334/06, ZIP 2010, 1915; Blomeyer/Rolfs/Otto/*Rolfs/Blomeyer* § 1 Rn 214 ff; *Zwanziger* § 108 InsO Rn 168.

300 BAG 8.6.1999 – 3 AZR 136/98, NZA 1999, 1103; *Zwanziger* § 108 InsO Rn 170; s zur Abtretung oder Verpfändung an einen Dritten *Zwanziger* § 108 InsO Rn 173.

301 In der Regel ist gemäß § 159 VVG – ebenso wie nach § 166 VVG aF – von einer widerruflichen Versorgungszusage auszugehen, die aber spätestens bei Unverfallbarkeit unwiderruflich wird, s dazu ie, auch bzgl der Frage hintereinandergeschalteter Arbeitsverhältnisse, BAG 15.6.2010 – 3 AZR 334/06, ZIP 2010, 1915; BAG 15.6.2010 – 3 AZR 31/07, ZIP 2010, 2260 mwN; *Reinecke* DB 2011, 995 f; *Zwanziger* BB 2011, 1205 (1208 f).

302 OLG Karlsruhe 18.1.2007 – 12 U 185/06, ZIP 2007, 286; Blomeyer/Rolfs/Otto/*Rolfs/Blomeyer* Vor § 7 Rn 38; *Zwanziger* § 108

stets unwiderruflich.[303] Die Frage, wem die Anwartschaft zusteht, kann vom Insolvenzverwalter, vom Versicherten und vom Versorgungsträger per Feststellungsklage geklärt werden.[304]

224 Bei alledem ist im Fall einer **Klausel über eingeschränkte Widerruflichkeit**, welche den Widerruf im Fall der Beendigung des Arbeitsverhältnisses zulässt, ebenfalls Widerruflichkeit anzunehmen, so dass der Rückkaufswert bei Beendigung zur Masse gezogen werden kann. Jedoch kann die Auslegung einer solchen Regelung ergeben, dass die insolvenzbedingte Beendigung des Arbeitsverhältnisses nicht erfasst wird; dann bleibt das Bezugsrecht beim Arbeitnehmer.[305]

225 Zusätzlich hat der Insolvenzverwalter aber auch das Recht, hinsichtlich des Versicherungsvertrags **gemäß § 103 Abs 2 Nichterfüllung zu wählen**. Nach überzeugender Ansicht des BGH **steht der Masse in diesem Fall der Rückkaufswert an der Versicherung iSd § 169 VVG** zu, soweit wiederum nicht eine unwiderrufliche Versorgungszusage vorliegt, welche das Recht aus dem Vertrag ausschließlich dem Arbeitnehmer zuweist.[306] Dem halten andere entgegen, der Insolvenzverwalter könne den Rückkaufswert nur durch Kündigung gemäß § 168 VVG zur Masse ziehen, nicht aber durch Nichterfüllungswahl nach § 103 Abs 2. Sie begründen das damit, dass die Rechtsprechung im Hinblick auf § 103 nicht mehr der „Erlöschenstheorie" anhänge, nach welcher bei Nichterfüllungswahl die Ansprüche untergingen, sondern eine Sichtweise vertrete, nach welcher die Vertragsansprüche bei Nichterfüllungswahl „nur" nicht mehr durchsetzbar seien iSd § 320 BGB.[307] Diese Argumentation überzeugt nicht. Zwar hat der BGH in der Tat die „Erlöschenstheorie" verworfen.[308] Jedoch besteht auch bei fehlender Durchsetzbarkeit der Ansprüche aus dem Versicherungsverhältnis iSd § 320 BGB die Notwendigkeit der Rückgewähr von Kapital an den Versicherungsnehmer, welches der Versicherer wegen der Nichterfüllungswahl im Leistungsfall nicht mehr auszuzahlen hat. Dieser Notwendigkeit entspricht die Rückkaufswerterstattung.[309] Deshalb hat der BGH, als er im Jahr 2005 entschied, dass bei Nichterfüllungswahl der Masse nach § 103 Abs 2 der Rückkaufswert zustehe, zu Recht nichts dazu ausgeführt, ob diese Entscheidung der drei Jahre zuvor ergangenen Rechtsprechung zum Ende der Erlöschenstheorie zuwiderläuft.[310] Im Fall der Nichterfüllungswahl hat der **Versicherer** einen **Schadensersatzanspruch aus § 103 Abs 2 Satz 1** in Höhe des Prämienfortfallschadens bis zum nächsten ordentlichen Kündigungstermin.[311]

InsO Rn 170 vgl auch BAG 15.6.2010 – 3 AZR 334/06, ZIP 2010, 1915.

303 Blomeyer/Rolfs/Otto/*Rolfs/Blomeyer* Vor § 7 Rn 33; *Reinecke* DB 2011, 995.

304 S für den Insolvenzverwalter BAG 26.10.2010 – 3 AZR 496/08, NZA 2011, 654 = ZIP 2011, 1538.

305 BGH 8.6.2005 – IV ZR 30/04, ZIP 2005, 768. Selbiges gilt, wenn das Arbeitsverhältnis im Zuge eines Betriebsübergangs endet, BAG 15.6.2010 – 3 AZR 334/06, ZIP 2010, 1915; s zu alledem Blomeyer/Rolfs/Otto/*Rolfs/Blomeyer* Vor § 7 Rn 39, 39a; *Reinecke* DB 2011, 995 (997 f).

306 BGH 8.6.2005 – IV ZR 30/04, ZIP 2005, 768; MünchKomm/*Mönnich* VVG § 168 Rn 28, § 16 Rn 58; offen BAG 22.5.2007 – 3 AZR 334/06, DB 2007, 2779 = AP BetrAVG § 1b Nr 8.

307 Prölss/Martin/*Reiff* § 168 Rn 13 f; MünchKomm/*Huber* InsO § 103 Rn 118.

308 BGH 25.4.2002 – IX ZR 313/99, ZIP 2002, 1093 = BGHZ 150, 353; BGH 27.5.2003 – IX ZR 51/02, ZIP 2003, 1208 = BGHZ 155, 87; Jaeger/*Jacoby* § 103 Rn 20 ff.

309 MünchKomm/*Mönnich* VVG § 168 Rn 28, § 169 Rn 58.

310 BGH 8.6.2005 – IV ZR 30/04, ZIP 2005, 768.

311 MünchKomm/*Mönnich* VVG § 168 Rn 29 mwN auch zur Gegenansicht.

Weiter kann sich die Frage ergeben, welche Auswirkungen die Verfahrenseröffnung, die Kündigung nach § 168 VVG und die Erfüllungsablehnung iSd § 103 Abs 2 auf den Lauf einer versicherungsvertraglichen **Frist** hat, mit deren Ende die **Unwiderruflichkeit des Bezugsrechts** eintreten soll. Prinzipiell gilt, dass eine solche Frist auch über den Zeitpunkt der Verfahrenseröffnung hinaus läuft. Die Insolvenzverfahrenseröffnung unterbricht nicht den Weg zur Erreichung der Unverfallbarkeit.[312] Ebenso klar ist andererseits, dass nach der Beendigung des Versicherungsvertrages aufgrund Kündigung nach § 168 VVG auch die versicherungsvertragliche Frist, mit deren Ende die Unwiderruflichkeit des Bezugsrechts eintreten soll, nicht mehr laufen kann. In diesem Fall steht der Masse der Rückkaufswert nach § 169 VVG zu, so dass ein Bezug durch den Arbeitnehmer nicht mehr in Betracht kommt. Nicht geklärt ist aber die Frage, welche Auswirkungen die Erfüllungsablehnung iSd § 103 Abs 2 auf den Lauf einer versicherungsvertraglichen Frist hat, mit deren Ende die Unwiderruflichkeit des Bezugsrechts eintreten soll. Richtigerweise dürfte bei Nichterfüllungswahl die Frist rückwirkend zum Datum der Verfahrenseröffnung gesperrt sein. 226

Beispiel: Laut Versicherungsvertrag tritt die Unwiderruflichkeit des Bezugsrechts am 30. November ein. Am 1. November ist das Insolvenzverfahren eröffnet worden. Selbst wenn der Insolvenzverwalter die Erfüllungsablehnung nach § 103 Abs 2 erst im Dezember erklärt, entsteht kein unwiderrufliches Bezugsrecht mehr, auch wenn die frühestmögliche Kündigung zum Schluss der laufenden Versicherungsperiode iSd § 168 VVG erst zum 31. Dezember möglich sein wird. Der Insolvenzverwalter kann den Rückkaufswert also noch gemäß § 169 VVG analog zur Masse ziehen. 227

Prinzipiell besteht auch die Möglichkeit, dass der **Insolvenzverwalter den Vertrag mit dem Versicherer weder kündigt noch Nichterfüllung nach § 103 wählt.** In dieser Situation bleibt es dann dabei, dass der Versorgungsberechtigte nach unveränderten Bedingungen vertragsgemäß eine Anwartschaft und schlussendlich eine Rente erhalten kann. Freilich ist davon auszugehen, dass der Insolvenzverwalter in einem solchen Fall seine gesetzlichen Pflichten zur Massesammlung und Masseverwertung aus § 148 verletzt.[313] Deswegen haftet er auch nicht nach § 60 dem Arbeitnehmer gegenüber, wenn er den Rückkaufswert durch Kündigung oder Nichterfüllungswahl zur Masse zieht.[314] Gründe, dies nicht zu tun, sind in der Regel auszuschließen. Sie können ausnahmsweise etwa darin liegen, dass der Insolvenzverwalter den Betrieb fortführen will und hierfür dringend benötigte Arbeitnehmer mittels Ermöglichung von Anwartschaftserwerben im Unternehmen halten möchte. 228

bb) Auswirkungen der Insolvenz auf die arbeitsvertragliche Regelung über die Direktversicherung. Da das Arbeitsverhältnis gemäß § 108 Abs 1 Satz 1 über den Zeitpunkt der Verfahrenseröffnung hinaus fortbesteht (und lediglich nach Maßgabe von § 113 ggf zügiger gekündigt werden kann), bleiben auch die **arbeitsvertraglichen arbeitgeberseitigen Pflichten zur Beitragsleistung** über diesen Zeitpunkt hinaus zunächst bestehen. Sie sind durch den Insolvenzverwalter gemäß § 55 Abs 1 Nr 1 Var 2 aus der Masse zu erfüllen. Dasselbe gilt für die Beitragspflichten aus Zeiten, welche während der 229

---

312 BAG 15.6.2010 – 3 AZR 334/06, ZIP 2010, 1915; BAG 15.12.1987 – 3 AZR 420, AP BetrAVG § 18 Nr 18; Blomeyer/Rolfs/Otto/*Rolfs/Blomeyer* Vor § 7 Rn 27; *Reinecke* DB 2011, 995.

313 BAG 8.6.1999 – 3 AZR 136/98, NZA 1999, 1103; LAG München 22.7.1987 – 4 Sa 60/87, VersR 1988, 1059; Blomeyer/Rolfs/Otto/*Rolfs/Blomeyer* Vor § 7 Rn 34, 36.

314 Blomeyer/Rolfs/Otto/*Rolfs/Blomeyer* Vor § 7 Rn 36 mwN auch zur Gegenansicht.

tatsächlichen Inanspruchnahme der Arbeitsleistung durch den vorläufigen „starken" oder entsprechend befugten „halbstarken" Insolvenzverwalter nach § 55 Abs 2 Satz 2 erarbeitet bzw gemäß § 55 Abs 2 Satz 1 von ihm begründet wurden. Offene Beitragspflichten aus der Zeit davor sind Insolvenzforderungen iSd § 38.

230 Wenn der Insolvenzverwalter den Versicherungsvertrag mit dem Versicherer **entgegen dem arbeitsvertraglichen Verbot kündigt**, ist diese Kündigung trotzdem wirksam, denn das Verbot gilt nur in der Beziehung zum Arbeitnehmer.[315] Wegen der ausgefallenen Altersversorgung hat der Arbeitnehmer aber einen Schadensersatzanspruch.

231 Für diesen **Schadensersatzanspruch** ist umstritten, ob es sich um eine Insolvenzforderung handelt oder um eine Masseverbindlichkeit. Nach der BAG-Rechtsprechung zur KO liegt eine einfache Konkursforderung (also nach heutigem Sprachgebrauch eine Insolvenzforderung iSd § 38) vor. Das BAG erklärt, dass der Widerruf zwar gegen die arbeitsvertragliche Pflicht zur Vorhaltung der Altersversorgung verstößt. Jedoch nimmt der Konkursverwalter hiermit keine Handlung iSd § 59 Abs 1 Nr 1 KO vor, sondern zieht lediglich der Masse zustehendes Vermögen ein.[316] Die BAG-Rechtsprechung zur InsO lässt die Frage nach dem Insolvenzforderungs- oder Masseschuldcharakter des Schadensersatzanspruchs mittlerweile offen,[317] und in der Literatur wird teils die Meinung vertreten, es müsse sich um eine Masseverbindlichkeit iSd § 55 Abs 1 Nr 1 Var 1 handeln.[318] Dem ist zu widersprechen.[319] Auch nach Inkrafttreten der InsO gilt, dass Handlungen des Insolvenzverwalters, durch welche er lediglich Vermögen zur Masse zieht und nicht wirtschaftlich tätig wird, nicht von § 55 Abs 1 Nr 1 Var 1 (vgl ehemals § 59 Abs 1 Nr 1 KO) erfasst werden. Der Grund hierfür liegt darin, dass die vermögensmäßige Zuordnung des versicherungsvertraglich widerruflichen Bezugsrechts ausschließlich beim Schuldner als Versicherungsnehmer liegt und nicht beim versicherten Arbeitnehmer. Wollen die Arbeitsvertragsparteien das Bezugsrecht insolvenzfest dem Arbeitnehmer zuweisen, müssen sie es unwiderruflich ausgestalten.[320] Würden die vor Verfahrenseröffnung erarbeiteten Versorgungsanwartschaften mittels Schadensersatzverpflichtung in Masseverbindlichkeiten umgewandelt, erhielte der Versorgungsberechtigte für eine aus der Zeit vor Verfahrenseröffnung resultierende schuldrechtliche Leistungspflicht des Schuldners einen Anspruch gegen die Masse. Der Grundsatz der gleichmäßigen Gläubigerbefriedigung wäre verletzt. Es muss daher bei der bisherigen BAG-Rechtsprechung zur KO bleiben, nach welcher der Schadensersatzanspruch des Arbeitnehmers wegen der Einziehung des Rückkaufswerts auf der Nichterfüllungswahl beruht und somit **gemäß § 103 Abs 2 Satz 1 Insolvenzforderung** ist.

232 Zusammengefasst können also bei der widerruflich erteilten Versorgungszusage keine anderen Regeln anzuwenden sein als bei der unmittelbaren Versorgungszusage des Arbeitgebers (Direktzusage, s Rn 214 ff). Bezüglich der Versorgungspflicht des Arbeitgebers gilt, soweit sie in der Zeit vor Verfahrenseröffnung erarbeitet wurde, § 103 und nicht § 108 Abs 1. Demnach besteht bei ihrer insolvenzbedingten Nichteinhaltung ein Schadensersatzanspruch als Insolvenzforderung iSd § 103 Abs 2 Satz 1. Soweit das

---

[315] BAG 15.6.2010 – 3 AZR 334/06, ZIP 2010, 1915; BAG 22.5.2007 – 3 AZR 334/06, DB 2007, 2779 = AP BetrAVG § 1b Nr 8; BAG 8.6.1999 – 3 AZR 136/98, NZA 1999, 1103; BGH 19.6.1996 – IV ZR 243/95, AP BetrAVG Lebensversicherung § 1 Nr 25.

[316] BAG 26.2.1991 – 3 AZR 213/90, AP BetrAVG Lebensversicherung § 1 Nr 15 .

[317] BAG 22.5.2007 – 3 AZR 334/06, DB 2007, 2779 = AP BetrAVG § 1b Nr 8.

[318] *Zwanziger* § 108 InsO Rn 169.

[319] Blomeyer/Rolfs/Otto/*Rolfs*/*Blomeyer* Vor § 7 Rn 37 mwN.

[320] S näher BAG 15.6.2010 – 3 AZR 334/06, ZIP 2010, 1915.

Arbeitsverhältnis gemäß § 108 Abs 1 Satz 1 nach Verfahrenseröffnung weiterbesteht, sind in dieser Zeit erarbeitete Anwartschaften Masseverbindlichkeiten gemäß § 55 Abs 1 Nr 2, Var 2.

b) **Pensionskasse oder Pensionsfonds.** Weiterhin kann die betriebliche Altersversor- **233**
gung von einer Pensionskasse iSd § 118a VAG oder einem Pensionsfonds iSd § 112 VAG durchgeführt werden. Hierbei handelt es sich gemäß § 1b Abs 3 BetrAVG jeweils um eine rechtsfähige Versorgungseinrichtung, gegen welche der Arbeitnehmer oder seine Hinterbliebenen einen Rechtsanspruch erwerben. Die Finanzierung der Pensionskasse erfolgt vor allem über Zuwendungen des Arbeitgebers als Trägerunternehmen, diejenige der Pensionsfonds durch Beitragszahlungen des Arbeitgebers. Pensionsfonds unterscheiden sich von Pensionskassen vor allem dadurch, dass sie einerseits größere Freiheiten bei der Vermögensanlage genießen, somit andererseits aber auch höhere Risiken eingehen können. Aus diesem Grunde besteht bei Pensionsfonds Ausfallschutz durch den PSVaG.[321]

In beiden Fällen erwerben der Arbeitnehmer oder sein Angehöriger **Ansprüche, die** **234**
unmittelbar gegen die Trägereinrichtungen gerichtet sind. Deshalb existiert in der Arbeitgeberinsolvenz keine Möglichkeit, Ansprüche zur Masse zu ziehen.[322] Die Frage, ob dies so ist, kann im Streitfall vom Insolvenzverwalter, vom Versicherten und vom Versorgungsträger per Feststellungsklage geklärt werden.[323]

Hinsichtlich der **arbeitsrechtlichen Pflicht des Arbeitgebers zur Beitragszahlung** gilt, **235**
dass diese nach § 108 Abs 1 Satz 1 so lange fortbesteht, wie auch das Arbeitsverhältnis über die Verfahrenseröffnung weiter existiert. Arbeitgeberseitige Beitragspflichten für Zeiten danach hat der Insolvenzverwalter gemäß § 55 Abs 1 Nr 1 Var 2 aus der Masse zu erfüllen. Dasselbe gilt für die Beitragspflichten aus Zeiten, welche während der tatsächlichen Inanspruchnahme der Arbeitsleistung durch den vorläufigen „starken" Insolvenzverwalter nach § 55 Abs 2 Satz 2 oder aufgrund von ihm begründeten Arbeitsverhältnissen nach § 55 Abs 2 Satz 1 erarbeitet wurden. Offene Beitragspflichten aus der Zeit davor sind Insolvenzforderungen iSd § 38.

c) **Unterstützungskasse.** In § 1b Abs 4 BetrAVG wird die mittelbare Versorgungs- **236**
zusage über eine Unterstützungskasse geregelt. Diese führt die betriebliche Altersversorgung ebenfalls als rechtsfähige Versorgungseinrichtung durch, jedoch wird dem Arbeitnehmer zu keiner Zeit ein Rechtsanspruch gegen sie auf Leistungen gewährt. Auch bei der Unterstützungskasse leistet mindestens ein Trägerunternehmen Zuwendungen zur Finanzierung der späteren Versorgungsleistungen.[324] Die Unterstützungskasse steht der Direktzusage insofern nahe, als in beiden Fällen der Arbeitnehmer nur einen Anspruch gegen den Arbeitgeber auf Auszahlung der Versorgungsleistungen erhält. Aus diesem Grunde gilt für die Ansprüche des Arbeitnehmers beim Einsatz von Unterstützungskassen im Fall der Insolvenz des Arbeitgebers im Prinzip dasselbe wie für unmittelbare Versorgungszusagen (Direktzusagen).[325] Freilich ist zu beachten, dass nach der Recht-

---

321 Vgl *Laars* Vor §§ 112 ff Rn 4 f; Blomeyer/Rolfs/Otto/*Rolfs*/*Blomeyer* § 1 Rn 220 ff, 232 ff.

322 Blomeyer/Rolfs/Otto/*Rolfs*/*Blomeyer* Vor § 7 Rn 40 f.

323 S für den Insolvenzverwalter BAG 26.10.2010 – 3 AZR 496/08, NZA 2011, 654 = ZIP 2011, 1538.

324 Vgl Blomeyer/Rolfs/Otto/*Rolfs*/*Blomeyer* § 1 Rn 254 ff.

325 Blomeyer/Rolfs/Otto/*Rolfs*/*Blomeyer* Vor § 7 Rn 47; *Zwanziger* § 108 InsO Rn 177.

sprechung Unterstützungskassen häufig trotz § 1b Abs 4 BetrAVG den Versorgungsberechtigten unmittelbar haften sollen,[326] was sich als Berufung auf einen Vertrauenstatbestand deuten lässt.[327]

237 Dennoch stellt sich die Frage, welche Folgen die Insolvenz des Arbeitgebers für die Beziehung zur Unterstützungskasse hat. Diese Vertragsbeziehung dürfte in der Regel eine entgeltliche Geschäftsbesorgung nach § 675 BGB oder ein Auftragsverhältnis nach §§ 662 ff BGB sein.[328] Mit der Beendigung des Geschäftsbesorgungsverhältnisses (dieses geht häufig mit dem Ende einer vereinsrechtlichen Mitgliedschaftsbeziehung zwischen Arbeitgeber und der als Verein organisierten Unterstützungskasse einher) beispielsweise durch Kündigung, Auflösungsvertrag oder nach §§ 115, 116 wird die Unterstützungskasse verpflichtet, empfangene Leistungen, die noch nicht bestimmungsgemäß verwendet wurden, an die Masse zurück zu gewähren. Das gilt nicht, soweit der PSVaG zur Leistung an den Arbeitnehmer verpflichtet ist und deshalb gemäß § 9 Abs 3 BetrAVG das Vermögen der Unterstützungskasse auf den PSVaG übergeht.[329] Laut BAG erfasst die Verpflichtung der Unterstützungskasse, Empfangenes zurück zu gewähren, mangels abweichender Vereinbarung nicht den Anspruch der Unterstützungskasse aus einer Rückdeckungsversicherung, welche die Unterstützungskasse im eigenen Namen abgeschlossen hat.[330]

4. Insolvenzsicherung durch den PSVaG

238 Wenn aufgrund der Insolvenz des Arbeitgebers **laufende Versorgungsleistungen** nicht (mehr) erbracht werden, hat der Rentenberechtigte, soweit keine ihm gegenüber bestehende Leistungspflicht eines Versorgungsträgers besteht, nach Maßgabe der § 7 Abs 1, §§ 8 ff BetrAVG einen Anspruch gegen den Pensionssicherungsverein auf Gegenseitigkeit (PSVaG, Berlin-Kölnische Allee 2–4, 50659 Köln). Dasselbe gilt nach §§ 7 Abs 2, §§ 8 ff BetrAVG, wenn bei Insolvenz zwar noch keine laufenden Versorgungsleistungen beansprucht werden, der Berechtigte aber über eine **unverfallbare Anwartschaft** verfügt. Nach § 9 Abs 2 BetrAVG geht in diesen Fällen der Anspruch bzw die Anwartschaft des Berechtigten gegen den Arbeitgeber auf den PSVaG über.

239 a) **Beitragspflicht zum PSVaG.** Die Finanzierung des PSVaG erfolgt durch Beiträge, § 10 BetrAVG. **Beitragspflichtig** sind nach näherer Maßgabe des § 10 Abs 1 BetrAVG alle Arbeitgeber, „die Leistungen der betrieblichen Altersversorgung unmittelbar zugesagt haben oder eine betriebliche Altersversorgung über eine Unterstützungskasse, eine Direktversicherung der in § 7 Abs 1 Satz 2 und Abs 2 Satz 1 Nr 2 bezeichneten Art oder einen Pensionsfonds durchführen". Ausgenommen sind nach § 17 Abs 2 BetrAVG Bund, Länder, Gemeinden sowie diejenigen Körperschaften, Stiftungen und Anstalten des

[326] BAG 21.3.2006 – 3 AZR 374/05, NZA 2006, 1220; BAG 5.7.1979 – 3 AZR 197/78, NJW 1980, 79.

[327] So Blomeyer/Rolfs/Otto/*Rolfs/Blomeyer* Anh § 1 Rn 949 ff, vgl dort auch § 7 Rn 70.

[328] LAG München 10.5.2006 – 9 Sa 999/05 [juris].

[329] Im Fall LAG München 10.5.2006 – 9 Sa 999/05 [juris], nahm das Gericht eine Geschäftsbesorgung nach § 675 BGB an; Blomeyer/Rolfs/Otto/*Rolfs/Blomeyer* Anh § 1 Rn 961, sprechen von Auftragsverhältnis oder auftragsähnlichem Verhältnis. Im Ergebnis folgen aus der unterschiedlichen Einordnung keine Konsequenzen für die hiesige Bewertung. S generell zum Vermögensübergang bei Unterstützungskassen Blomeyer/Rolfs/Otto/*Rolfs/Blomeyer* § 9 Rn 70 ff.

[330] BAG 29.9.2010 – 3 AZR 107/08, ZIP 2011, 347.

öffentlichen Rechts, bei denen das Insolvenzverfahren nicht zulässig ist, sowie juristische Personen des öffentlichen Rechts, bei denen der Bund, ein Land oder eine Gemeinde kraft Gesetzes die Zahlungsfähigkeit sichern (vgl Rn 264).

Der Gesamtumfang der zu erhebenden Beiträge richtet sich nach dem jährlichen Finanzbedarf, welcher gemäß § 10 Abs 2 BetrAVG den Barwert der im laufenden Kalenderjahr entstehenden Ansprüche auf Leistungen der Insolvenzsicherung umfasst, zuzüglich eines Betrages für die aufgrund eingetretener Insolvenzen zu sichernden Anwartschaften. Des Weiteren sind die Verwaltungskosten des PSVaG und die sonstigen mit der Leistungsgewährung zusammenhängenden Ausgaben zu decken, ebenso wie die Zahlungen an einen von der BAFin festgesetzten Ausgleichsfonds. Vorschusserhebungen sowie die Verteilung von im Vergleich zum Vorjahr erhöhter Bedarfe auf die nächsten maximal vier Kalenderjahre sind möglich, ebenso Ermäßigungen, wenn zwecks Deckung von Sonderbedarfen der BAFin-Ausgleichsfonds in Anspruch genommen wird. Da die Finanzierung des PSVaG derzeit vom Umlage- auf das Kapitaldeckungsverfahren umgestellt wird, erhebt der Verein außerdem nach § 30i BetrAVG seit dem Jahr 2007 bis 2022 einen zusätzlichen Nachfinanzierungsbetrag für die dazu erforderlichen Mittel.[331] Für den einzelnen beitragspflichtigen Arbeitgeber wird gemäß § 10 Abs 3 BetrAVG eine Beitragsbemessungsgrundlage ermittelt, die sich auf die laufenden Versorgungsleistungen und die nach § 1b unverfallbaren Versorgungsanwartschaften bezieht. Die Berechnungsgrundlage hierfür richtet sich gemäß § 10 Abs 3 Nr 1–4 nach dem jeweils einschlägigen Durchführungsweg der betrieblichen Altersversorgung.[332] **240**

Mit Hilfe der vom Arbeitgeber mitgeteilten Beitragsbemessungsgrundlage wird das Gesamtbeitragsaufkommen durch den hoheitlich beliehenen PSVaG ermittelt und per **Beitragsbescheid** erhoben. Säumniszuschläge, Zinsen und Verjährung richten sich nach § 10a BetrAVG. Die Beitragspflicht zum PSVaG ist gemäß § 10 Abs 1 BetrAVG öffentlich-rechtlich ausgestaltet. Deshalb ist für die Anfechtung seiner Beitragsbescheide, welche nach Durchführung des Widerspruchsverfahrens (§ 68 VwGO) zu erfolgen hat, gemäß § 40 VwGO der Rechtsweg zu den Verwaltungsgerichten einschlägig. Die örtliche Zuständigkeit richtet sich nach § 52 Nr 3 Satz 2 VwGO, wonach bei einer Behörde, deren Zuständigkeit mehrere VG-Gerichtsbezirke umfasst, dasjenige VG anzurufen ist, in dessen Bezirk der beschwerte Unternehmer seinen Sitz oder Wohnsitz hat. Der PSVaG ist zwar lediglich Beliehener, kann aber mit einer Behörde iSd genannten Regelung gleichgesetzt werden.[333] Aus den Beitragsbescheiden des PSVGaG findet gemäß § 10 Abs 4 BetrAVG die Zwangsvollstreckung in entsprechender Anwendung der ZPO statt. **241**

Ansprüche gegen den PSVaG auf Versorgungsleistungen bestehen bei alledem unabhängig davon, ob seinerzeit der Arbeitgeber Beiträge an den PSVaG geleistet hat.[334] Umgekehrt kann die unberechtigte Beitragsleistung an den PSVaG nicht zur Versorgungsleistung berechtigten.[335] Es sind vielmehr jeweils die – sogleich zu besprechenden – Anspruchsvoraussetzungen nach §§ 7 ff BetrAVG zu prüfen. **242**

---

331 Vgl *Langohr-Plato* Rn 891 ff.

332 Vgl *Langohr-Plato* Rn 905 ff.

333 § 52 Nr 2 VwGO, nach welchem nur das VG Köln zuständig wäre, ist nicht einschlägig, da der PSVaG nicht unter die in dieser Vorschrift Genannten subsumiert werden kann, VG Würzburg 16.2.2012 – W 3 K 11.310 [juris] mwN; Blomeyer/Rolfs/Otto/*Rolfs/Blomeyer* § 10 Rn 51.

334 Blomeyer/Rolfs/Otto/*Rolfs/Blomeyer* § 7 Rn 9; vgl auch zu den Insolvenzschutz schmälernder Vereinbarungen BAG 22.9.1987 – 3 AZR 662/85, NZA 1988, 732.

335 BGH 16.2.1981 – II ZR 95/80. ZIP 1981, 408; BGH 1.6.1981 – II ZR 140/80. ZIP 1981, 892; Blomeyer/Rolfs/Otto/*Rolfs/Blomeyer* § 7 Rn 9.

243 b) **Versorgungsanspruch gegen den PSVaG.** Soweit ein bestehender Versorgungsanspruch aus betrieblicher Altersversorgung oder eine unverfallbar bestehende Anwartschaft auf betriebliche Altersversorgung aufgrund Arbeitgeberinsolvenz nicht erfüllt werden kann, erhält der Berechtigte einen Versorgungsanspruch gegen den PSVaG. Die einzelnen Anspruchsvoraussetzungen und der auf eine Höchstsumme begrenzte Anspruchsumfang richten sich nach §§ 7 f BetrAVG. In § 9 Abs 1 BetrAVG ist eine diesbezügliche Mitteilungspflicht des PSVaG an den Berechtigten normiert. Gemäß § 9 Abs 2 BetrAVG geht der Versorgungsanspruch des Berechtigten auf den für den Ausfall eintretenden PSVaG über. Nach § 8 Abs 1a BetrAVG können Ansprüche des PSVaG auf einen Pensionsfonds übertragen werden, und gemäß § 9 Abs 3, Abs 3a BetrAVG das Vermögen einer Unterstützungskasse oder eines Pensionsfonds auf den PSVaG.

244 Für den Versorgungsanspruch gegen den PSVaG gilt im Einzelnen:

245 Inhaber des Anspruchs muss ein **Versorgungsberechtigter** iSd BetrAVG sein. Dies ist zunächst ein Arbeitnehmer iSd § 17 Abs 1 Satz 1 BetrAVG oder eine Person, die zwar nicht Arbeitnehmer ist, der aber gemäß § 17 Abs 1 Satz 2 BetrAVG „aus Anlass ihrer Tätigkeit für ein Unternehmen" Versorgungsleistungen zugesagt worden sind.[336] Hinzu kommen die Angehörigen dieser Personen, deren Versorgungsansprüche von ihnen abgeleitet werden.[337] Personen, die bei Eintritt des Sicherungsfalls – dazu sogleich Rn 247 f – (noch) nicht versorgungsberechtigt, sondern nur **Inhaber von Versorgungsanwartschaften** sind, werden nach Maßgabe von § 7 Abs 2 BetrAVG geschützt. Sie erwerben im Versorgungsfall einen Anspruch gegen den PSVaG, wenn sie bei Eintritt des Sicherungsfalls eine gemäß § 1b BetrAVG gesetzlich unverfallbare Anwartschaft erworben haben. Das bedeutet im Grundsatz, dass das Arbeitsverhältnis vor Eintritt des Versorgungsfalls, jedoch nach Vollendung des 25. Lebensjahres geendet und die Versorgungszusage zu diesem Zeitpunkt mindestens fünf Jahre bestanden haben muss. Im Einzelnen sind die vielen, teils nach Durchführungsweg modifizierenden Regelungen des § 1b BetrAVG zu beachten.[338] Insbesondere gilt für die betriebliche Altersversorgung durch Entgeltumwandlung gemäß § 1b Abs 5 BetrAVG, dass die gesetzliche Unverfallbarkeit sofort eintritt.[339] Für vor dem 1.1.2001 erteilte Versorgungszusagen gilt § 30f BetrAVG – hier ist die Entstehung unverfallbarer Anwartschaften an strengere Erfordernisse, insbesondere längere Fristen, geknüpft.[340]

246 Weiter muss sich der Anspruch oder die Anwartschaft, mit welchem bzw welcher der Versorgungsberechtigte ausgefallen ist, auf **Versorgungsleistungen iSd § 1 Abs 1 BetrAVG** beziehen.[341]

247 Zudem muss ein so genannter **Sicherungsfall** vorliegen.[342] Das ist die Eröffnung des Insolvenzverfahrens über das Vermögen des Arbeitgebers (s dazu auch das Recht des

---

336 Vgl dazu BGH 9.6.1980 – II ZR 255/78, BGHZ 77, 233; BAG 8.6.1999 – 3 AZR 136/98, NZA 1999, 1103; BAG 31.7.2007 – 3 AZR 446/05, DB 2008, 939; BAG 19.1.2010 – 3 AZR 660/09, ZIP 2010, 1663; BAG 16.3.2010 – 3 AZR 594/09, ZIP 2010, 1867; Blomeyer/Rolfs/Otto/*Rolfs/Blomeyer* § 7 Rn 34 ff, § 17 Rn 43 ff.

337 Blomeyer/Rolfs/Otto/*Rolfs/Blomeyer* § 7 Rn 45; s dort auch Rn 46 f zur Begünstigung Dritter in den Fällen wirksamer Abtretung des Versorgungsanspruchs an sie.

338 S dazu Blomeyer/Rolfs/Otto/*Rolfs/Blomeyer* § 1b Rn 9 ff, § 7 Rn 133 ff; *Reinecke* DB 2011, 995 (996 f).

339 S dazu Blomeyer/Rolfs/Otto/*Rolfs/Blomeyer* § 1b Rn 336 ff.

340 S dazu Blomeyer/Rolfs/Otto/*Rolfs/Blomeyer* § 30 f Rn 2 ff.

341 BAG 3.11.1999 – 3 AZR 454/97, NZA 1999, 594; BAG 19.1.2010 – 3 AZR 660/09, ZIP 2010, 1663; *Blomeyer/Rolfs/Otto/Rolfs/Blomeyer* § 7 Rn 19 ff.

342 S ie Blomeyer/Rolfs/Otto/*Rolfs/Blomeyer* § 7 Rn 87 ff.

PSVaG, gegen die Eröffnung sofortige Beschwerde einzulegen, § 9 Abs 5 BetrAVG), die Abweisung mangels Masse oder die vollständige Beendigung seiner Betriebstätigkeit, wenn der Verfahrensantrag nicht gestellt wurde und ein Insolvenzverfahren mangels Masse offensichtlich nicht in Betracht kommt (§ 7 Abs 1 Satz 1, Satz 4 Nr 1, 3 BetrAVG). Zusätzlich wird nach § 7 Abs 1 Satz 4 Nr 2 BetrAVG auch ein außergerichtlicher Vergleich des Arbeitgebers mit seinen Gläubigern als Sicherungsfall der Verfahrenseröffnung gleichgestellt, wenn ihm der PSVaG zustimmt. Auf diese Weise wird es dem PSVaG ermöglicht, bereits im Vorfeld möglicher Insolvenzen als Versorgungsverpflichteter einzuspringen, wodurch unter Umständen noch größere wirtschaftliche Schäden – die den PSVaG ebenfalls treffen würden – abgewendet werden können.[343]

Der Sicherungsfall muss **beim Arbeitgeber** eintreten, denn dieser ist nach § 1 Abs 1 **248** Satz 2, 3 BetrAVG stets (auch) Versorgungsschuldner. Das kann der Rechtsnachfolger – etwa nach § 28 HGB oder § 613a BGB – eines früheren Arbeitgebers sein, weil und soweit er in die Arbeitgeberpflichten zur Versorgung eintritt. Dabei sind für die Berechnung und den Erwerb von Rentenansprüchen und -anwartschaften die beim Rechtsvorgänger zurückgelegten Zeiten zu berücksichtigen.[344] Allerdings greift beim Betriebserwerb aus der Insolvenz die Haftung des Betriebserwerbers aus § 613a Abs 1 Satz 1 BGB nicht für Verbindlichkeiten, die auf die Zeit vor Verfahrenseröffnung fallen.[345] Zudem ist zu beachten, dass im Zeitpunkt des Betriebsübergangs bereits ausgeschiedene Arbeitnehmer nicht von § 613a Abs 1 Satz 1 BGB erfasst sind. Die auf sie entfallenden Rentenlasten verbleiben beim Betriebsveräußerer, und zwar auch dann, wenn dieser keine Arbeitnehmer mehr beschäftigt, s Rn 135 ff.[346] Die Solvenz oder Insolvenz einer (Konzern-)Unterstützungskasse spielt keine Rolle, da der Versorgungsberechtigte gegen sie keinen eigenen Versorgungsanspruch erwirbt.[347] Umgekehrt gilt aber, dass **bei gegenüber dem Berechtigten bestehender Leistungspflicht eines zahlungsfähigen Versorgungsträgers** kein Anspruch gegen den PSVaG aus § 7 BetrAVG entstehen kann. Wenn und soweit also eine Direktversicherung tatsächlich zur Leistung gegenüber den Versorgungsberechtigten verpflichtet ist, besteht keine Ausfallhaftung des PSVaG.[348]

Weitere Voraussetzung für das Eintreten des PSVaG ist, dass die Versorgungsansprüche **249** der Berechtigten nach § 7 Abs 1 Satz 1 BetrAVG **„nicht erfüllt“** werden. Damit ist nicht eine leistungsstörungsrechtliche Kategorie wie beispielsweise die Nichterbringung der Leistung iSd § 281 Abs 1 Satz 1 BGB gemeint, sondern die tatsächliche Nichtleistung.[349] Diese muss **kausal** auf einem der vier oben genannten Sicherungsfälle beruhen (§ 7 Abs 1 Satz 1 BetrAVG: „... nicht erfüllt werden, *weil* ...“). Die Kausalität wird von der Rechtsprechung beispielsweise dann verneint, wenn sich der Berechtigte mit dem Arbeitgeber

---

343 Blomeyer/Rolfs/Otto/*Rolfs/Blomeyer* § 7 Rn 97 ff.

344 BAG 29.1.1991 – 3 AZR 593/89, NZA 1991, 555; BAG 20.7.1993 – 3 AZR 99/93, NZA 1994, 121; BAG 17.3.1987 – 3 AZR 605/85, NZA 1988, 21; Blomeyer/Rolfs/Otto/*Rolfs/Blomeyer* § 7 Rn 79 f, 174 ff; *Zwanziger* § 108 Rn 200.

345 BAG 19.10.2004 – 9 AZR 647/03, ZIP 2005, 457; BAG 19.10.2004 – 9 AZR 645/03, NZA 2005, 527; BAG 19.12.2006 – 9 AZR 230/06, DB 2007, 1707; BAG 30.10.2008 – 8 AZR 54/07, NZA 2009, 432; BAG 31.1.2008 – 8 AZR 27/07, NZA 2008, 101; BAG 9.12.2008 – 3 AZR 384/07, NZA 2009, 1341; Mohrbutter/Ringstmeier/*Plössner* § 29 Rn 172.

346 BAG 11.11.1986 – 3 AZR 194/85, NZA 1987, 559 HWK/*Willemsen/Müller-Bonanni* § 613a BGB Rn 238 ff; Blomeyer/Rolfs/Otto/*Rolfs/Blomeyer* § 7 Rn 79 f; *Zwanziger* § 108 Rn 200.

347 Blomeyer/Rolfs/Otto/*Rolfs/Blomeyer* § 7, Rn 81 f.

348 Blomeyer/Rolfs/Otto/*Rolfs/Blomeyer* § 7, Rn 57.

349 Blomeyer/Rolfs/Otto/*Rolfs/Blomeyer* § 7 Rn 123 f.

wirksam (vgl § 3 BetrAVG) in einem Vergleich auf die Reduzierung oder den Wegfall der Versorgung geeinigt hat. Das gilt selbst dann, wenn die vergleichsweise Einigung unter dem Druck bestehender oder drohender Zahlungsunfähigkeit des Arbeitgebers zustande kam.[350]

250 Im Übrigen müssen **für den jeweilig betroffenen Durchführungsweg** der betrieblichen Altersversorgung **besondere Anspruchsvoraussetzungen** des § 7 Abs 1 BetrAVG erfüllt sein.

251 – Lediglich für **unmittelbare Versorgungszusagen** genügt es nach § 7 Abs 1 Satz 1 BetrAVG, dass der Arbeitgeber nicht erfüllt (s dazu oben Rn 249).

252 – Für den Fall der **Direktversicherung** gilt gemäß § 7 Abs 1 Satz 2 Nr 1 BetrAVG nicht nur, dass der Arbeitgeber seine eigene Versorgungspflicht nach § 1b Abs 2 Satz 3 BetrAVG unerfüllt lässt, sondern auch, dass die Direktversicherung „aufgrund der in § 1b Abs 2 Satz 3 genannten Tatbestände" nicht leistet. Da somit nur der Leistungsausfall wegen Abtretung oder Beleihung von Versicherungsansprüchen erfasst ist, haftet der PSVaG laut BAG nicht in denjenigen Fällen, in denen die Direktversicherung aufgrund Beitragsrückstandes nicht oder weniger zahlt.[351]

253 – Für **Pensionsfonds** gilt § 7 Abs 1 Satz 2 Nr 2 BetrAVG. Da Pensionsfonds den Berechtigten gegenüber unmittelbar verpflichtet sind, kann die PSVaG-Verpflichtung nur eingreifen, wenn der Pensionsfonds aufgrund der Arbeitgeberinsolvenz nicht leistet. Auch wenn in diesem Fall nur der Arbeitgeber insolvent ist und nicht der Pensionsfonds, greift die Einstandspflicht des PSVaG. Dieser kann aber die gegen ihn gerichteten Ansprüche gemäß § 8 Abs 1a BetrAVG mit Genehmigung der BAFin auf den Pensionsfonds übertragen. Wenn das nicht geschieht, geht das Vermögen des Pensionsfonds, soweit es auf die gesicherten Ansprüche entfällt, nach Maßgabe der § 9 Abs 3, Abs 3a BetrAVG auf den PSVaG über.[352]

254 – Für **Unterstützungskassen** gilt § 7 Abs 1 Satz 2 Nr 2 BetrAVG ebenfalls. Dabei ist zu beachten, dass nach der BAG-Rechtsprechung Unterstützungskassen den Versorgungsberechtigten gegenüber trotz § 1b Abs 4 BetrAVG häufig unmittelbar haften sollen.[353] Vor diesem Hintergrund ist es nachvollziehbar, dass der PSVaG gemäß § 7 Abs 1 Satz 2 Nr 2 BetrAVG im Fall ihrer Nichtleistung und der arbeitgeberseitigen Nichtleistung einspringt; zudem springt er gemäß § 7 Abs 2 Satz 2 BetrAVG im Fall ihrer Insolvenz ein.[354] Nach Maßgabe von § 9 Abs 3 BetrAVG geht das Vermögen einer Unterstützungskasse, soweit es auf die gesicherten Ansprüche entfällt, auf den PSVaG über.

255 – Bei der betrieblichen Altersversorgung durch **Pensionskassen greift § 7 BetrAVG nicht** ein, da die Berechtigten eigene Ansprüche gegen die Kasse haben und die Insolvenzvorsorge hier durch die Versicherungsaufsicht erfolgt.[355]

---

[350] BAG 17.1.1980 – 3 AZR 160/79, NJW 1980, 1124; Blomeyer/Rolfs/Otto/Rolfs/*Blomeyer* § 7 Rn 125.

[351] BAG 17.11.1982 – 3 AZR 51/92, NZA 1993, 843; gegen das BAG und für eine erweiternde Anwendung der Vorschrift *Langohr-Plato* DB 1994, 325; vgl zu alledem Blomeyer/Rolfs/Otto/*Rolfs/Blomeyer* § 7 Rn 65; s auch BVerwG 28.6.1994 – 1 C 20/92, ZIP 1994, 1455.

[352] Blomeyer/Rolfs/Otto/Rolfs/*Blomeyer* § 7 Rn 67 f.

[353] BAG 21.3.2006 – 3 AZR 374/05, NZA 2006, 1220; BAG 5.7.1979 – 3 AZR 197/78, NJW 1980, 79.

[354] Blomeyer/Rolfs/Otto/Rolfs/*Blomeyer* Anh § 1 Rn 949 ff, § 7 Rn 70.

[355] Blomeyer/Rolfs/Otto/Rolfs/*Blomeyer* § 7 Rn 66.

Der **Umfang des Versorgungsanspruchs gegen den PSVaG** entspricht im Grundsatz dem Umfang des gesicherten Versorgungsanspruchs. Der Versorgungsberechtigte soll also aufgrund Akzessorietät der Sicherung dasjenige erhalten, was er ohne die Insolvenz erhalten hätte.[356] Das ergibt sich im Fall der Sicherung bereits bestehender Versorgungsansprüche aus § 7 Abs 1 Satz 1 BetrAVG, wo es heißt, dass die Versorgung zu beanspruchen ist „in Höhe der Leistung, die der Arbeitgeber aufgrund der Versorgungszusage zu erbringen hätte, wenn das Insolvenzverfahren nicht eröffnet worden wäre“. Eine Anpassungsprüfung durch den PSVaG nach § 16 BetrAVG findet nicht statt.[357] Für bei Eintritt des Sicherungsfalls noch nicht bestehende Leistungspflichten, also bei der **Sicherung von Versorgungsanwartschaften**, greift die Sicherung nach § 7 Abs 2 Satz 1 BetrAVG nach Maßgabe insbesondere von § 7 Abs 2 Satz 3, § 2 Abs 1, Abs 2 Satz 2, Abs 5 BetrAVG. Deshalb kann nach § 2 Abs 5 BetrAVG angepasst werden.[358] Die gegebenenfalls zu berücksichtigende Dauer der Betriebszugehörigkeit wird nach § 7 Abs 2 Satz 4 BetrAVG nur bis zum Eintritt des Sicherungsfalls zu Grunde gelegt. Bei alledem gelten die **Höchstgrenzen** des § 7 Abs 3 BetrAVG. Danach darf das Dreifache der Bezugsgröße nach § 18 SGB IV nicht überschritten werden; bei Kapitalleistungsansprüchen ergibt sich der Höchstbetrag aus dem Dreifachen der Bezugsgröße multipliziert mit 120.[359] 256

Eventuelle **anderweitige Versorgungsleistungen**, die der Berechtigte erhält oder die ihm zustehen, sind nach Maßgabe von § 7 Abs 4 BetrAVG anzurechnen. Das betrifft Versorgungsleistungen durch den Arbeitgeber oder einen Versorgungsträger sowie Leistungen an den Versorgungsberechtigten auf der Grundlage eines Insolvenzplans oder eines außergerichtlichen Vergleichs. Auch soweit Dritte für den Arbeitgeber oder den Versorgungsträger auf deren Schuld leisten, sind diese Leistungen nach § 7 Abs 4 BetrAVG anzurechnen.[360] Schadensersatzansprüche gegen Dritte, beispielsweise wegen verspäteter Insolvenzantragstellung, sind von § 7 Abs 4 BetrAVG nicht erfasst und berühren auch sonst nicht den Anspruch gegen den PSVaG. Laut BAG ist es Sache des PSVaG, sich solche Ansprüche abtreten zu lassen und dann durchzusetzen.[361] Diese Annahme ist nicht zwingend, zumal das BAG keine Anspruchsgrundlage für einen Abtretungsanspruch nennt. In Betracht kommt die entsprechende Anwendung von § 255 BGB. Näher liegt aber wohl (mangels Einschlägigkeit von § 9 Abs 2 BetrAVG) ein gesetzlicher Übergang des Ersatzanspruchs auf den PSVaG nach § 86 VVG analog. 257

Zudem sind die **Ausschlusstatbestände** des § 7 Abs 5 und Abs 6 BetrAVG zu beachten. Gemäß § 7 Abs 5 Satz 1 BetrAVG ist der Versorgungsanspruch gegen den PSVaG ausgeschlossen, „soweit nach den Umständen des Falles die Annahme gerechtfertigt ist, dass es der alleinige oder überwiegende Zweck der Versorgungszusage oder ihrer Verbesserung oder der für die Direktversicherung in § 1b Abs 2 Satz 3 genannten Tatbestände gewesen ist, den Träger der Insolvenzsicherung in Anspruch zu nehmen“.[362] Dieser Missbrauchstatbestand wird in der Vorschrift noch weiter modifiziert. Nach § 7 Abs 5 Satz 2 BetrAVG greift eine Missbrauchsvermutung für den Fall, dass zur Zeit der Versorgungs- 258

[356] Blomeyer/Rolfs/Otto/Rolfs/*Blomeyer* § 7 Rn 193.

[357] Blomeyer/Rolfs/Otto/*Rolfs*/*Blomeyer* § 7 Rn 200 f.

[358] Blomeyer/Rolfs/Otto/*Rolfs*/*Blomeyer* § 7 Rn 201 ff; s dort Rn 204 auch zur Anpassung gemäß § 313 BGB wegen Störung der Geschäftsgrundlage und Rn 205 zur Leistungskorrektur bei Nichtarbeitnehmern iSd § 17 Abs 1 Satz 2 BetrAVG.

[359] Blomeyer/Rolfs/Otto/*Rolfs*/*Blomeyer* § 7 Rn 251 ff, 266.

[360] Blomeyer/Rolfs/Otto/*Rolfs*/*Blomeyer* § 7 Rn 273.

[361] BAG 9.12.1997 – 3 AZR 429/96, ZIP 1998, 1156; *Zwanziger* § 108 Rn 218.

[362] Vgl dazu BAG 19.1.2010 – 3 AZR 660/09, ZIP 2010, 1663; Blomeyer/Rolfs/Otto/*Rolfs*/*Blomeyer* § 7 Rn 280 ff.

zusage aufgrund der schlechten wirtschaftlichen Lage des Arbeitgebers die Nichterfüllung zu erwarten war. Und in § 7 Abs 5 Satz 3 BetrAVG werden noch strengere Anforderungen an den Fortbestand von Versorgungszusagen gestellt, die in den beiden letzten Jahren vor dem Eintritt des Sicherungsfalls erfolgt sind. § 7 Abs 5 Satz 3 BetrAVG stellt keine Vermutungsregelung dar, sondern einen Sondertatbestand, für den keine Entkräftung etwa durch Nachweis fehlender Missbrauchsabsicht in Betracht kommt. Im Übrigen ermöglicht § 7 Abs 6 BetrAVG die Reduzierung oder Streichung der Leistung **in Fällen kriegerischer Ereignisse, innerer Unruhen, Naturkatastrophen oder Kernenergieschäden** durch den PSVaG, der dafür die Zustimmung der BAFin benötigt.

259 Für die Versorgungsansprüche gegen den PSVaG sind zudem **Ausschluss- und Verjährungsfristen** zu beachten. Soweit der PSVaG seiner Pflicht zur Mitteilung über Ansprüche und Anwartschaften nach § 9 Abs 1 Satz 1 BetrAVG genügt, müssen diese nicht angemeldet werden. Hier ist der PSVaG ohne weiteres zur Leistung verpflichtet. Verletzt der PSVaG durch Unterlassen die Mitteilungspflicht, sind der Anspruch oder die Anwartschaft gemäß § 9 Abs 1 Satz 2 BetrAVG spätestens ein Jahr nach dem Sicherungsfall beim PSVaG anzumelden – gleiches gilt bei unzutreffender Mitteilung.[363] Erfolgt die Anmeldung später, kann nach § 9 Abs 1 Satz 3 BetrAVG Versorgung nur ab dem Monatsersten des Kalendermonats verlangt werden, in dem die verspätete Anmeldung erfolgt ist; das gilt nicht, wenn der Berechtigte unverschuldet an der rechtzeitigen Anmeldung gehindert war. Die Vorschrift des § 9 Abs 1 BetrAVG gilt nicht für einmalige Kapitalleistungen.[364] Für den Anspruch gegen den PSVaG greift unabhängig davon die allgemeine Verjährungsregelung für Ansprüche aus betrieblicher Altersversorgung, § 18a BetrAVG. Danach verjährt der Anspruch auf Versorgungsleistungen aus der betrieblichen Altersversorgung in 30 Jahren. Ansprüche auf regelmäßig wiederkehrende Leistungen unterliegen der regelmäßigen Verjährungsfrist nach dem BGB. Seit dem 1.1.2002 gilt somit die dreijährige Verjährungsfrist des § 195 BGB.[365]

260 Der PSVaG kann in den Fällen des § 8 Abs 2 BetrAVG Ansprüche des Versorgungsberechtigten ohne Zustimmung des Arbeitnehmers durch **Abfindungen** ablösen. § 8 Abs 2 Satz 1, Satz 2 BetrAVG betrifft so genannte Bagatellanwartschaften und -leistungen, § 8 Abs 2 Satz 3, Satz 4 BetrAVG die Abfindung von Anwartschaften aus Direktversicherungen.[366]

261 **Klagen gegen den PSVaG** auf Versorgungsleistungen sind, sofern Ansprüche von Arbeitnehmern oder ihren Angehörigen betroffen sind, nach § 2 Abs 1 Nr 5 ArbGG bei den Arbeitsgerichten zu erheben. Wenn es dagegen um Ansprüche von Nichtarbeitnehmern und ihren Angehörigen geht (die gemäß § 17 Abs 1 Satz 2 BetrAVG ebenfalls aufgrund §§ 7 ff BetrAVG insolvenzgesichert sind), bleibt es nach § 13 GVG beim Rechtsweg zu den ordentlichen Gerichten.[367] Schon vor Eintritt des Sicherungs- und des Versorgungsfalles können Feststellungsklagen erhoben werden; die Möglichkeit der Leistungsklage schließt diejenige der Feststellungsklage nicht aus.[368] Leistungsbescheide des

---

363 S näher Blomeyer/Rolfs/Otto/*Rolfs/Blomeyer* § 9 Rn 27, wo eine zeitanteilige Anspruchsreduzierung für angemessen erklärt wird.

364 Blomeyer/Rolfs/Otto/*Rolfs/Blomeyer* § 18a Rn 9; s dort Rn 17 zu Ansprüchen aus der Zeit vor dem 1.1.2002.

365 Blomeyer/Rolfs/Otto/*Rolfs/Blomeyer* § 9 Rn 18.

366 Blomeyer/Rolfs/Otto/*Rolfs/Blomeyer* § 8 Rn 26 ff, 44 ff.

367 BAG 26.9.2002 – 5 AZB 15/02, NZA 2002, 1302; Blomeyer/Rolfs/Otto/*Rolfs/Blomeyer* § 7 Rn 314.

368 BAG 23.4.2002- 3 AZR 268/01, NZA 2003, 232; BAG 30.5.2006 – 3 AZR 205/05, NZA 2007, 288; BGH 25.10.2004 – II ZR 413/02, NZA 2005, 782; Blomeyer/Rolfs/

PSVaG haben lediglich deklaratorische Bedeutung. Sie begründen also keine eigene Anspruchsposition, sondern allenfalls Vertrauensschutz im Hinblick auf gegebenenfalls nach Erhalt des Bescheides getroffene Vermögensdispositionen.[369]

c) **Anspruchsübergang auf den PSVaG, § 9 Abs 2 BetrAVG.** Nach Maßgabe von § 9 262
Abs 2 Satz 1 BetrAVG gehen Versorgungsansprüche und Versorgungsanwartschaften, die einen Ausfallanspruch gegen den PSVaG begründen, auf diesen über. Der Übergang greift in dem Maße, in welchem der PSVaG **leistungsverpflichtet** ist. **Übergangszeitpunkt** ist bei Insolvenzverfahren derjenige der Verfahrenseröffnung, bei anderen Sicherungsfällen der Zeitpunkt der Mitteilung über Ansprüche nach § 9 Abs 1 Satz 1 BetrAVG. Auf den PSVaG gehen nach §§ 401, 412 BGB auch gegebenenfalls bestehende **Sicherungsrechte** mit über.[370] In dem Maße, in dem keine entsprechende Sicherung besteht, wird der PSVaG aufgrund des Anspruchsübergangs Insolvenzgläubiger nach § 38. Mit Blick hierauf werden die Rechte des PSVaG im Insolvenzverfahren gemäß § 9 Abs 4, 5 BetrAVG erweitert. Versorgungsanwartschaften werden nach § 9 Abs 2 Satz 3 BetrAVG (abweichend von § 191) sofort kapitalisiert.[371] Bei alledem ist es dem PSVaG möglich, zur Geltendmachung seiner Forderungen den Versorgungsberechtigten zu ermächtigen. Eine solche Ermächtigung erfasst auch die Forderungsanmeldung zur Tabelle nach § 174.[372]

Neben dem Anspruchsübergang nach § 9 Abs 2 BetrAVG bestehen im Sicherungsfall 263
noch **weitere Varianten der Vermögensverschiebung** zugunsten und zulasten des PSVaG. Gemäß § 8 Abs 1a BetrAVG können Ansprüche des PSVaG auf einen Pensionsfonds übertragen werden, und gemäß § 9 Abs 3, Abs 3a BetrAVG das Vermögen einer Unterstützungskasse oder eines Pensionsfonds auf den PSVaG.

d) **Insolvenzsicherung für Arbeitnehmer nicht insolvenzfähiger juristischer Personen,** 264
§ 12 Abs 2. Leistungsberechtigte, die Betriebsrentenansprüche gegen eine zahlungsunfähige juristische Person des öffentlichen Rechts haben, welche nicht insolvenzfähig ist, haben nach Maßgabe von § 12 Abs 2 einen §§ 7 ff BetrAVG entsprechenden Anspruch gegen das Land, welches die Insolvenzunfähigkeit angeordnet hat. Der Grund hierfür ist, dass die Regeln über die Beitragspflicht zum PSVaG und über den Anspruch gegen den PSVaG (§ 10, §§ 7 ff BetrAVG) für die betreffende juristische Person nach § 17 Abs 2 BetrAVG nicht gelten. § 12 Abs 2 verschafft hierbei nicht nur Arbeitnehmern Anspruch auf Leistungen, sondern auch deren Angehörigen, die Betriebsrentenansprüche von ihnen ableiten. Zudem gilt die Regelung auch für Betriebsrentenberechtigte, die gemäß § 17 Abs 1 Satz 2 BetrAVG vom Gesetz erfasst sind und die zu den nach §§ 7 ff BetrAVG Leistungsberechtigten gehören.[373]

Otto/*Rolfs/Blomeyer* § 7 Rn 316 ff. S dort auch Rn 324 ff, 332 f und 334 zu Rechtsstreitigkeiten zwischen Versorgungsberechtigtem und Arbeitgeber, zwischen PSVaG und Arbeitgeber sowie zwischen Arbeitgeber und Betriebsrat.

369 BAG 29.9.2010 – 3 AZR 546/08, DB 2011, 247.

370 Blomeyer/Rolfs/Otto/*Rolfs/Blomeyer* § 9 Rn 45, s dort auch Rn 64 f zu § 9 Abs 2 Satz 2 BetrAVG und Rn 66 zu eventuellen Aufrechnungsmöglichkeiten des PSVaG wegen eigener Ansprüche gegen den Versorgungsberechtigten.

371 Vgl Blomeyer/Rolfs/Otto/*Rolfs/Blomeyer* Vor § 7 Rn 30a, 30b, § 9 Rn 52.

372 BAG 24.1.2006 – 3 AZR 484/04, NZA 2007, 278; *Zwanziger* § 108 Rn 232.

373 MünchKomm/*Ott/Vuia* InsO § 12 Rn 21, 21b.

IX. Dienstvertrags- und arbeitsrechtliche Fragen der Masseunzulänglichkeit

265 Soweit im eröffneten Insolvenzverfahren die Masse nicht ausreicht, um die fälligen Masseverbindlichkeiten zu decken (Masseunzulänglichkeit, s näher § 208), ergeben sich auch für die bestehenden Dienstverhältnisse – und damit auch für die bestehenden Arbeitsverhältnisse – einige Sonderfragen.

1. Entgelt- und Abfindungsforderungen bei Masseunzulänglichkeit

266 **a) Nach Masseunzulänglichkeitsanzeige begründete Verbindlichkeiten, § 209 Abs 1 Nr 2.** Wenn es bei Masseunzulänglichkeit iSd § 208 zum (teilweisen) Ausfall von **Entgeltzahlungen** kommt, ist zunächst die Zuordnung der Entgeltverbindlichkeiten zu § 209 Abs 1 Nr 2 oder Nr 3 zu prüfen. Soweit Entgeltverpflichtungen in der Zeit nach Anzeige der Masseunzulänglichkeit „begründet" worden sind, sind sie gemäß § 209 Abs 1 Nr 2 gegenüber denjenigen Verbindlichkeiten aus der Zeit davor (§ 209 Abs 1 Nr 3) als Neumasseverbindlichkeiten vorrangig zu befriedigen. Für ihre Geltendmachung ist die Leistungs- und nicht die Feststellungsklage einschlägig.[374] „Begründet" bedeutet, dass der Insolvenzverwalter nach der Anzeige den Rechtsgrund für die betreffenden Forderungen gelegt haben muss, worunter nach überwiegender Ansicht selbstbestimmtes Handeln iSd § 55 Abs 1 Nr 1 verstanden wird. Deswegen genießen sämtliche Verbindlichkeiten, die der Insolvenzverwalter durch Rechtsgeschäfte nach Anzeige schafft, also etwa Verbindlichkeiten aus von ihm nach Anzeige geschlossenen Dienstverträgen, Vorrang gemäß § 209 Abs 1 Nr 2. Bei Schuldverhältnissen dagegen, welche bereits zuvor bestanden haben, ist das nicht der Fall, auch wenn sie der Verwalter selbst zu früherer Zeit eingegangen ist.

267 Hat sich der Insolvenzverwalter – beispielsweise im Rahmen einer Kündigungsschutzstreitigkeit mit einem Arbeitnehmer – zur Leistung einer **Abfindung** verpflichtet, handelt es sich um eine Masseverbindlichkeit. Wenn er sich **nach Anzeige der Masseunzulänglichkeit** zur Abfindungsleistung verpflichtet hat, handelt es sich um eine gemäß § 209 Abs 1 Nr 2 vorrangig zu erfüllende Masseverbindlichkeit. Wenn dies **davor** geschehen ist, handelt es sich um eine nachrangige Masseverbindlichkeit nach § 209 Abs 1 Nr 3. Hier ist kein Raum für die Behauptung einer Erfüllungswahl seitens des Verwalters iSd § 209 Abs 2 Nr 1. Das gilt auch dann, wenn dieser ausdrücklich darauf besteht, dass der bereits ausgeschiedene Arbeitnehmer nicht zurückkehrt.[375]

268 **b) Insbesondere: Nach Masseunzulänglichkeitsanzeige begründeter Anspruch auf Nachteilsausgleich.** Dasselbe gilt für **nicht-rechtsgeschäftliches Verhalten** des Insolvenzverwalters nach der Anzeige, welches Verbindlichkeiten begründet.

269 Das kann insbesondere eine nach der Anzeige vorgenommene **Betriebsänderung iSd § 111 BetrVG** sein, bei welcher der Insolvenzverwalter durch Verletzung seiner Pflichten aus §§ 111 f BetrVG Ansprüche auf Nachteilsausgleich nach § 113 Abs 1, Abs 3 BetrVG begründet. Solche Ansprüche sind dann ebenfalls gemäß § 209 Abs 1 Nr 2 als Neumasseverbindlichkeiten privilegiert zu befriedigen (s zu Sozialplanforderungen bei Masseunzulänglichkeit Rn 292 ff).[376] Hat der Insolvenzverwalter dagegen die Betriebsände-

---

[374] BAG 30.5.2006 – 1 AZR 25/05, NZA 2006, 1122.

[375] Vgl BAG 10.11.2011 – 6 AZR 342/10, ZInsO 2012, 450.

[376] BAG 18.11.2003 – 1 AZR 30/03, NZA 2004, 220; BAG 30.5.2006 – 1 AZR 25/05, NZA 2006, 1122.

rung vor Anzeige der Masseunzulänglichkeit vorgenommen, unterfällt die Forderung aus § 113 BetrVG den Vorschriften der § 209 Abs 1 Nr 3, § 210 mit der Folge, dass diese nachrangig sind und lediglich per Feststellungsantrag geltend gemacht werden können.[377]

Dass der Insolvenzverwalter auch im Fall der Masseunzulänglichkeit einen Interessen- **270**
ausgleich versuchen soll, erscheint insofern **überzogen**, als bei – in der Praxis häufigen – Situationen masseloser Insolvenz ohne Aussicht auf jeglichen Fortbestand jedweder Betriebsorganisation ein Abwarten des Insolvenzverwalters reine Förmelei wäre. Deshalb hat das BAG in einem Fall, in dem der Insolvenzantrag **mangels Masse** abgelehnt worden war, diese Notwendigkeit zu Recht verneint.[378] Die Anwendung dieser Rechtsprechung hat das Gericht für den Fall der **Masseunzulänglichkeit** freilich **abgelehnt**, und zwar unter Hinweis auf § 122.[379] Das erscheint wenig überzeugend. Aus der Möglichkeit der Durchführung des Verfahrens nach § 122 lässt sich nicht der Schluss ziehen, dass die wegen Massemangels evidente Sinnlosigkeit des Verfahrens nach §§ 111 f. BetrVG innerhalb des Insolvenzverfahrens anders zu bewerten ist als außerhalb.

Bei alledem ist zu beachten, dass die **Einstellung der betrieblichen Tätigkeit als solche** **271**
nach der Rechtsprechung noch nicht eine Betriebsänderung iSd § 111 BetrVG, insbesondere keine Betriebsstilllegung iSd § 111 Satz 3 Nr 1 BetrVG darstellt. Wenn also der Insolvenzverwalter die Produktion und sonstige betriebliche Tätigkeit beendet, ist dies noch keine unumkehrbare Maßnahme, da es regelmäßig jederzeit rückgängig gemacht werden kann, zumindest bei Erhaltenbleiben einer betrieblichen Organisation. Das ändert sich laut BAG erst in dem Moment, in dem der Insolvenzverwalter – insbesondere durch Veräußerung von Betriebsmitteln – diese betriebliche Organisation aufzulösen beginnt,[380] s näher § 121 Rn 3 ff.

c) **Tatsächliche Inanspruchnahme der Dienstleistung, § 209 Abs 2 Nr 3.** Nach dem **272**
Gesagten folgen aus Dienstverhältnissen und insbesondere Arbeitsverhältnissen vorrangige Verbindlichkeiten iSd § 209 Abs 1 Nr 2, wenn die betreffenden Verträge vom Insolvenzverwalter nach Anzeige der Masseunzulänglichkeit geschlossen worden sind. Jedoch können auch **vorher begründete Dienstverhältnisse** vorrangige Verbindlichkeiten iSd § 209 Abs 1 Nr 2 nach sich ziehen, wenn § 209 Abs 2 Nr 2, 3 eingreifen.

§ 209 Abs 2 Nr 3 betrifft dabei die tatsächliche Inanspruchnahme der Dienstleistung **273**
durch den Verwalter. Hat dieser beispielsweise einen Arbeitnehmer nach Anzeige der Masseunzulänglichkeit weiter für die Masse arbeiten lassen und ihn nicht freigestellt, so ergibt sich daraus eine privilegierte Gläubigerstellung nach § 209 Abs 1 Nr 2 für diejenigen Zeiten, in denen der Arbeitnehmer entsprechend tätig war. Entgelte aus der Phase vor Anzeige der Masseunzulänglichkeit werden dagegen nicht erfasst, ebenso wenig wie Entgelte für Zeiten danach, in denen der Verwalter die Dienstleistung nicht in Anspruch genommen hat.[381]

---

[377] BAG 22.7.2003, 1 AZR 541/02, NZA 2004, 93; reine Insolvenzforderungen sind es, wenn sie noch vor Verfahrenseröffnung entstanden sind, BAG 4.12.2002 – 10 AZR 16/02, NZA 2003, 665; BAG 30.5.2006 – 1 AZR 25/05, NZA 2006, 1122.

[378] BAG 23.1.1979 – 1 AZR 64/76, AP BetrVG 1972 § 113 Nr 4.

[379] BAG 22.7.2003 – 1 AZR 541/02, NZA 2004, 93.

[380] BAG 30.5.2006 – 1 AZR 25/05, NZA 2006, 1122; LAG Köln 28.1.2010 – 7 Sa 801/09, ZInsO 2010, 2339.

[381] BAG 27.9.2004 – 9 AZR 431/03, ZIP 2004, 1660 (vgl dort auch zur Einordnung von Urlaubsansprüchen); LAG Hamm 27.9.2000 – 2 Sa 1178/00, ZIP 2001, 435; ArbG Herford 18.6.2012 – 1 Ca 1361/11, ZInsO 2012, 1362; s näher Jaeger/*Windel* § 209 Rn 61; MünchKomm/*Hefermehl* InsO § 209 Rn 33b.

Dabei entspricht die Inanspruchnahme der Dienstleistung iSd § 209 Abs 1 Nr 2 derjenigen nach § 55 Abs 2 Satz 2.[382]

274 d) **Fortbestehendes Dienstverhältnis über den frühestmöglichen Beendigungstermin nach Anzeige der Masseunzulänglichkeit, § 209 Abs 2 Nr 2.** Auch soweit die Leistung des Dienstverpflichteten nicht in Anspruch genommen wurde, kann die Anspruchsprivilegierung des § 209 Abs 2 Nr 2 eingreifen. Diese Vorschrift macht solche Entgeltverbindlichkeiten zu gemäß § 209 Abs 1 Nr 2 vorrangigen Verbindlichkeiten, welche für die Zeit anfallen „nach dem ersten Termin, zu dem der Verwalter nach Anzeige der Masseunzulänglichkeit kündigen konnte". Damit sollen diejenigen Verbindlichkeiten privilegiert werden, deren Entstehung sich der Verwalter quasi selbst zurechnen lassen muss, weil er seine (insbesondere durch § 113 erleichterten) Möglichkeiten zur zügigen Beendigung von Dienstverhältnissen nicht genutzt hat.[383] Schwierigkeiten ergeben sich aber bei der Beantwortung der Frage, welches denn jetzt genau **der frühestmögliche Termin der Kündigung** iSd § 209 Abs 2 Nr 2 ist.

275 Bei der Bestimmung dieses Termins ist zunächst die **Einhaltung der einschlägigen Kündigungsfristen, ggf nach § 113,** zu berücksichtigen.

276 **Beispiel:** Der Insolvenzverwalter zeigt am 10. Mai Masseunzulänglichkeit an. Am 5. Juni kündigt er dem bereits von der Arbeit freigestellten, seit elf Jahren beim Schuldner beschäftigten Arbeitnehmer mit dreimonatiger Kündigungsfrist zum 30. September. Hier ist das Septemberentgelt nach § 209 Abs 1 Nr 2, § 209 Abs 2 Nr 2 privilegierte Masseverbindlichkeit, denn bei zeitiger, noch im Mai ausgesprochener Kündigung wäre der Beendigungstermin der 31. August gewesen. Alle anderen Entgeltansprüche sind nachrangige Masseverbindlichkeiten gemäß § 209 Abs 1 Nr 3.[384]

277 Weiter ist laut Rechtsprechung zu beachten, dass der Verwalter uU zunächst **gesetzliche Verpflichtungen** erfüllen muss wie etwa die Betriebsratsanhörung nach § 102 BetrVG und die Einholung der Zustimmung des Integrationsamts nach § 85 SGB IX.[385] All das gilt entsprechend auch für die eventuell notwendige Erfüllung weiterer Rechtmäßigkeitsanforderungen für die Kündigung wie beispielsweise die behördlichen sowie betriebsverfassungsrechtlichen Genehmigungs- bzw Zustimmungserfordernisse nach § 9 MuSchG, § 18 BEEG, § 5 PflegeZG und § 103 BetrVG. Die Durchführung des Betriebsänderungsverfahrens kann nach §§ 111 f BetrVG ebenfalls verpflichtend sein,[386] s näher § 121 Rn 3, führt aber bei Verletzung nicht zur Rechtswidrigkeit der Kündigung, sondern zur Nachteilsausgleichsverpflichtung gemäß § 113 BetrVG, s näher Rn 73 ff, 292.

278 Nicht erforderlich ist dagegen für das „kündigen können" iSd § 209 Abs 2 Nr 2, dass die betreffende Kündigung **im Übrigen materiell rechtmäßig** ist. Das gilt vor allem für die Rechtmäßigkeit nach § 1 KSchG.[387] So hält es das BAG beispielsweise für irrelevant, ob

---

[382] So zu Recht LAG Hamm 27.9.2000 – 2 Sa 1178/00, ZIP 2001, 435.

[383] S näher in MünchKomm/*Hefermehl* InsO § 209 Rn 31.

[384] Anschaulich die Berechnung im Fall BAG 21.7.2005 – 6 AZR 592/04, NZA 2006, 162.

[385] BAG 11.12.2001 – 9 AZR 459/00, AP InsO § 209 Nr 1; BAG 31.3.2004 – 10 AZR 253/03, ZIP 2004, 1993; BAG 21.7.2005 – 6 AZR 592/04, NZA 2006, 162.

[386] BAG 4.6.2003 – 10 AZR 586/02, NZA 2003, 1087; BAG 21.7.2005 – 6 AZR 592/04, NZA 2006, 162; BAG 20.9.2012 – 6 AZR 155/11, NZA 2013, 32; LAG Hamm 12.1.2006 – 4 Sa 1512/05 [juris].

[387] BAG 31.3.2004 – 10 AZR 253/03, ZIP 2004, 1323; BAG 21.7.2005 – 6 AZR 592/04, NZA 2006, 162.

bei der möglichen betriebsbedingten Kündigung durch den Insolvenzverwalter die Erfordernisse der Sozialauswahl nach § 1 Abs 3 KSchG gewahrt waren oder nicht.[388] Das Gericht begründet dies mit der Wertung des § 209, aus der sich ergibt, dass bei einer generellen Nichtnutzung der Arbeitskraft für die Masse prinzipiell auch eine Kündigung eingreifen können muss, und dass andere Rechtswidrigkeitsgründe für die Kündigung außerhalb des Kontextes der in § 209 angelegten Rangsystematik liegen. Letztlich geht das BAG hier davon aus, dass der Insolvenzverwalter bei Masseunzulänglichkeit stets in der Lage sein wird, in irgendeiner Weise durch Kündigungen den von ihm für erforderlich erachteten Personalabbau – notfalls bis zur sofortigen Betriebsschließung – zu bewerkstelligen, und dass sich hieraus die Bestimmung des frühestmöglichen Beendigungszeitpunkts nach § 209 Abs 2 Nr 2 ergibt. Daraus folgt nicht zuletzt, dass sich die Berechnung des betreffenden Termins stets auf der Grundlage der ordentlichen Kündigungsfrist oder – bei ausgeschlossener ordentlicher Kündigung – auf der Grundlage der Auslauffrist für die außerordentliche Kündigung ergibt, und zwar gegebenenfalls jeweils unter Berücksichtigung der Frist nach § 113 Satz 2 und unter Berücksichtigung von Verzögerungen, die sich zusätzlich durch die in Rn 277 genannten Erfordernisse wie etwa dem Versuch eines Interessenausgleichs ergeben (dazu näher § 113 Rn 66 ff).

e) **Auswirkungen der Masseunzulänglichkeit auf Vergleichsschlüsse.** Soweit der Insolvenzverwalter einen inner- oder außergerichtlichen Vergleich über die betreffenden Entgeltforderungen schließt, führt auch der Vergleichsschluss nicht zu einer Änderung ihres rechtlichen Status. Sie mutieren also nicht von Masseverbindlichkeiten im Rang des § 209 Abs 1 Nr 3 zu Masseverbindlichkeiten im Rang des § 209 Abs 1 Nr 2.[389] Zudem erklärt der Verwalter durch einen solchen Vergleich auch nicht, dass er für die betreffenden Verbindlichkeiten selbst eintreten oder für sie garantieren werde. Der Wille, für die Entgeltansprüche persönlich einzustehen, kann einem solchen Vergleich nicht entnommen werden. Schließlich werden Rechtsgeschäfte, die ein Verwalter mit den Vertragspartnern des Schuldners schließt, im Zweifel der Masse und nicht ihm persönlich zugerechnet, s Rn 19 ff.[390] **279**

f) **Geltendmachung von Masseverbindlichkeiten bei Masseunzulänglichkeit.** Nach Anzeige der Masseunzulänglichkeit durch den Insolvenzverwalter ist die Vollstreckung gemäß § 210 wegen Masseverbindlichkeiten iSd § 209 Abs 1 Nr 3 unzulässig. Daher können zwar die gemäß § 209 Abs 1 Nr 2 privilegierten Masseverbindlichkeiten – sog **Neumasseverbindlichkeiten** – durch Leistungsklage geltend gemacht werden. Für die gemäß § 209 Abs 1 Nr 3 nicht privilegierten Verbindlichkeiten – sog **Altmasseverbindlichkeiten** – greift dagegen **nicht** die Leistungsklage, sondern vielmehr nur noch die Feststellungsklage,[391] wobei die Umstellung des Klageantrags bis in die Revisionsinstanz zulässig ist.[392] **280**

---

[388] BAG 21.7.2005 – 6 AZR 592/04, NZA 2006, 162.

[389] BAG 1.6.2006 – 6 AZR 59/06, NZA 2007, 94.

[390] BAG 1.6.2006 – 6 AZR 59/06, NZA 2007, 94; vgl zur Garantiehaftung des (vorläufigen) Insolvenzverwalters auch BAG 25.6.2009 – 6 AZR 210/08, NZA 2009, 1273.

[391] BAG 5.2.2009 – 6 AZR 110/08, NZA 2009, 1215; BAG 11.12.2001 – 9 AZR 459/00, AP InsO § 209 Nr 1; BAG 4.6.2003 – 10 AZR 586/02, NZA 2003, 1087; BGH 3.4.2003 – IX ZR 101/02, BGHZ 154, 358 (363); **aA** Jaeger/*Windel* InsO § 209 Rn 21 ff.

[392] BAG 5.2.2009 – 6 AZR 110/08, NZA 2009, 1215.

281 g) **Haftung des Insolvenzverwalters für ausgefallene Entgeltforderungen bei Masseunzulänglichkeit.** Bei Ausfall stellt sich damit die Frage nach der persönlichen Haftung des Insolvenzverwalters. Hier gilt zunächst, dass diejenigen Entgeltverpflichtungen, welche auf dem nach § 108 Abs 1 Satz 1 gesetzlich angeordneten Fortbestand existierender Dienstverhältnisse beruhen, nicht Gegenstand einer persönlichen Verwalterhaftung werden können. Schließlich konnte er nicht verhindern, dass Dienstverhältnisse auch über die Verfahrenseröffnung hinaus bestehen. Nach der Rechtsprechung haftet er nicht für die Nichterfüllung ohne seine Beteiligung entstandener und von ihm nicht abwendbarer Masseforderungen, die so genannten **„oktroyierten Forderungen"**.[393] Aber auch wenn er die betreffenden Dienstverhältnisse nicht schnellstmöglich gekündigt oder wenn er sie sogar selbst begründet hat, müssen die Haftungsvoraussetzungen insbesondere nach §§ 60 f erfüllt sein.

282 aa) **Haftung des Insolvenzverwalters nach § 60.** Der Anspruch aus § 60 erfordert zunächst, dass der Verwalter seine Pflichten aus der Insolvenzordnung verletzt hat. Diese Pflichten sind darauf gerichtet, vor der Befriedigung einzelner Massegläubiger zu prüfen, ob, in welchem Umfang und in welcher Reihenfolge Masseverbindlichkeiten zu befriedigen sind und ob die Masse ausreicht, um alle Masseforderungen zu bedienen. Wenn der Verwalter beispielsweise einen Betrieb zunächst fortgeführt und damit verbundene Verbindlichkeiten für die Masse eingegangen ist, genügt das allein für die Annahme einer Pflichtverletzung nicht, da zumindest die vorübergehende Betriebsfortführung meist unvermeidlich ist.[394] In der laufenden Verwaltung hat sich der Verwalter laut Rechtsprechung einen Überblick über die Aktiva und Passiva zu verschaffen und dann zu entscheiden, inwieweit Forderungen befriedigt werden können, ohne dass Gläubiger anderer gleich- oder vorrangiger Forderungen schlechter gestellt werden. Hat er die Unzulänglichkeit nicht absehen können, mangelt es laut BAG am Verschulden.[395] ME fehlt es in einem solchen Fall wohl eher bereits an der Pflichtverletzung, was freilich am Ergebnis nichts ändert.

283 Relativ häufig geschieht es beispielsweise, dass der **Insolvenzverwalter Arbeitsverhältnisse** aus wirtschaftlichen Erwägungen **zunächst fortsetzt**, etwa weil Aussicht auf eine Betriebsveräußerung besteht, durch welche die betreffenden Arbeitsplätze erhalten bleiben können. Scheitert diese Aussicht später, war das vorherige Verhalten nicht pflichtwidrig.[396] Sobald Masseunzulänglichkeit droht, darf der Verwalter Verbindlichkeiten freilich nur noch **abschlagsweise** in Höhe der nach § 209 Abs 1 zu erwartenden Quote begleichen. Ein Arbeitnehmer, der mit seinem Anspruch (teilweise) ausgefallen ist, muss dahingehend im Rahmen des Systems abgestufter Beweislast vortragen und hat hierfür notfalls Akteneinsicht beim Insolvenzgericht zu nehmen.[397] Soweit der Nachweis der Pflichtverletzung gelingt, dürfte das Verwalterverschulden zu vermuten sein, auch wenn § 60 Abs 1 diesbezüglich nicht § 61 Satz 2 entspricht. Da der Schadensersatzanspruch aus § 60 auf das negative Interesse gerichtet ist, kommt ein Anspruch auf Ersatz vollen Entgeltausfalls in der Regel nicht in Betracht.

---

393 BAG 15.11.2012 – 6 AZR 321/11, ZIP 2013, 638; BAG 1.6.2006 – 6 AZR 59/06, NZA 2007, 94.

394 So ausdrücklich BAG 6.10.2011 – 6 AZR 172/10, DZWIR 2012, 64; idS auch BAG 15.11.2012 – 6 AZR 321/11, ZIP 2013, 638.

395 BAG 1.6.2006 – 6 AZR 59/06, NZA 2007, 94.

396 BAG 15.11.2012 – 6 AZR 321/11, ZIP 2013, 638; BAG 1.6.2006 – 6 AZR 59/06, NZA 2007, 94; LG Hamburg 11.11.2005 – 306 O 362/04, ZInsO 2005, 1279.

397 BAG 6.10.2011 – 6 AZR 172/10, DZWIR 2012, 64; BAG 25.1.2007 – 6 AZR 559/06, BAGE 121, 112 = ZIP 2007, 1169; s auch BAG 1.6.2006 – 6 AZR 59/06, AP InsO § 61 Nr 2.

Jedoch kann der Arbeitnehmer uU nachweisen, dass er bei fehlender Pflichtverletzung **woanders Arbeitsentgeltansprüche** erworben oder zumindest **Gleichwohlgewährung von Arbeitslosengeld** nach § 157 Abs 3 Satz 1 SGB III (s dazu Rn 304 ff) beantragt und erhalten hätte.[398] Die Verhinderung des Antrags auf Gleichwohlgewährung muss hierbei nicht unbedingt darauf beruhen, dass der Insolvenzverwalter den Arbeitnehmer trotz absehbarer unzulänglichkeitsbedingter Nichtzahlung des Entgelts zur Weiterarbeit auffordert. Das BAG erwägt eine Pflichtverletzung auch dann, wenn der Insolvenzverwalter den Arbeitnehmer im Moment der möglichen Unzulänglichkeitserkenntnis nicht sofort von der Arbeit freistellt, damit die Gleichwohlgewährung nach § 157 Abs 3 Satz 1 SGB III greifen kann. Freilich knüpft das Gericht diese Pflicht zumindest an die Erkenntnis des Verwalters, dass „durch die Beschäftigung der Arbeitnehmer keinerlei Wertschöpfung zugunsten der Insolvenzmasse eintritt, die Beschäftigung aber zu einer erheblichen Minderung der Masse führt und eine künftige Wertschöpfung nicht zu erwarten ist". Im Hinblick auf die Pflichten des Insolvenzverwalters, einerseits eine Verkürzung der Masse zu vermeiden und sie andererseits optimal zu verwerten, gesteht das BAG ihm im Interesse der Gläubigergesamtheit einen Beurteilungsspielraum zu. Erst bei dessen Überschreitung kann eine Haftung aus § 60 wegen mangelnder Freistellung in Betracht kommen.[399] **284**

Bei alledem hindert die **eventuelle zusätzliche Haftung eines Betriebserwerbers** für die Verbindlichkeiten der Masse nach § 613a Abs 2 BGB laut BAG die Inanspruchnahme des Insolvenzverwalters nach § 60 nicht.[400] **285**

bb) Haftung des Insolvenzverwalters nach § 61. Beim Ausfall von Masseforderungen des Dienstverpflichteten kommt zudem die Haftung nach § 61 in Betracht. Danach ist der Verwalter bei der Anbahnung von Rechtsgeschäften verpflichtet, Rechtshandlungen zu unterlassen oder den Vertragspartner zu warnen, wenn die Masse „voraussichtlich" zur Erfüllung der daraus sich ergebenden Verpflichtungen nicht ausreicht.[401] Hierzu kann die **Begründung eines neuen Dienstverhältnisses** zählen oder die gesonderte **Begründung von Verpflichtungen gegenüber Dienstverpflichteten** wie etwa das Versprechen einer Abfindungszahlung bei der Auflösung des Dienstvertrages. In der Literatur wird teilweise auch die **unterlassene Kündigung** eines Dauerschuldverhältnisses genannt.[402] Die unterlassene Kündigung als solche dürfte freilich noch kein „Begründen" einer Masseverbindlichkeit iSd § 61 Satz 1 darstellen, wohl aber die **Entgegennahme der Leistung** und – vor allem – die **ausdrückliche Aufforderung zur Weiterarbeit.**[403] Bei alledem haftet der Verwalter nach § 61 nur auf den **Vertrauensschaden.** Ein Schadensersatzgläubiger ist deshalb so zu stellen, wie er ohne das Verhalten stünde, durch welches die nicht einbringliche Masseverbindlichkeit begründet wurde.[404] Das bedeutet, dass bei nicht erfüllten Entgeltverpflichtungen – insbesondere nach Arbeitsvertragsschluss durch den Insolvenzverwalter – nicht der Entgeltausfall ersetzt verlangt werden kann. Der Entgeltgläubiger **286**

---

[398] LG Hamburg 11.11.2005 – 306 O 362/04, ZInsO 2005, 1279.

[399] BAG 15.11.2012 – 6 AZR 321/11, ZIP 2013, 638.

[400] BAG 25.1.2007 – 6 AZR 559/06, BAGE 121, 112 = ZIP 2007, 1169.

[401] MünchKomm/*Brandes* InsO §§ 60, 61 Rn 34.

[402] MünchKomm/*Brandes* InsO §§ 60, 61 Rn 34, 40.

[403] In diesem Sinne BAG 16.5.1984 – 7 AZR 365/81, ZIP 1984, 1248; die Schadensersatzklage des dringend zur Weiterarbeit Aufgeforderten scheiterte hier aber an der Darlegung des Schadens; vgl auch LG Hamburg 11.11.2005 – 306 O 362/04, ZInsO 2005, 1279.

[404] BAG 1.6.2006 – 6 AZR 59/06, NZA 2007, 94; vgl BAG 6.10.2011 – 6 AZR 172/10, DZWIR 2012, 64; BGH 6.5.2004 – IX ZR 48/03, BGHZ 159, 104.

ist vielmehr lediglich so zu stellen, wie er stünde, wenn der Insolvenzverwalter keine neue Masseverbindlichkeit begründet hätte.[405]

287 Weitere Haftungsansprüche, etwa aus **§ 311 Abs 3 Satz 2 BGB** oder aus **selbständiger Garantie,**[406] erfordern unter anderem, dass der Verwalter ein zusätzliches, von ihm persönlich ausgehendes Vertrauen beispielsweise in die Durchführbarkeit eines Abfindungsgeschäfts schürt oder dass er eine selbständige persönliche Einstandspflicht hierfür begründet.[407]

288 h) **Prozessuales zur Durchsetzung und Feststellung von Masseverbindlichkeiten und Ansprüchen gegen den Verwalter.** Werden Ansprüche aus §§ 60, 61, aus § 311 Abs 3 Satz 2 BGB oder aus Garantie geltend gemacht, ist der Insolvenzverwalter nicht als Partei kraft Amtes für die Masse, sondern **persönlich** zu verklagen.[408] Will der Dienstverpflichtete demnach sowohl seinen Abfindungsanspruch als Masseverbindlichkeit geltend machen als auch für den Fall, dass die Unzulänglichkeit der Masse eingewandt wird, den Insolvenzverwalter auf Schadensersatz in Anspruch nehmen, muss er **zwei Parteien** verklagen. Prozessgegner hinsichtlich der Masseverbindlichkeit ist der **Insolvenzverwalter als Partei kraft Amtes**, hinsichtlich der Schadensersatzansprüche aus §§ 60, 61 der **Insolvenzverwalter persönlich.**[409]

289 Für die Geltendmachung sämtlicher Ansprüche ist, wenn der Dienstverpflichtete Arbeitnehmer ist, laut BGH und BAG der **Rechtsweg zu den Arbeitsgerichten** gegeben. Der BGH nimmt dabei zwar zutreffend an, dass die Haftungsansprüche nicht die Masse betreffen und somit auch nicht aus dem Arbeitsverhältnis resultieren. Jedoch behauptet er die Zuständigkeit der Arbeitsgerichte mit der Begründung, es liege ein Fall der – weit zu verstehenden – „Rechtsnachfolge" des Insolvenzverwalters nach der Masse gemäß § 3 ArbGG vor.[410] Seine Auffassung deckt sich demnach im Ergebnis mit derjenigen des BAG. Dieses nimmt zwar ebenfalls Rechtsnachfolge nach § 3 ArbGG an, begründet dies aber (zusätzlich) damit, dass dem Verwalter „gleichsam die Stellung eines Ersatzarbeitgebers für die unzulängliche Masse" zukomme und dass ihn auf insolvenzrechtlicher Grundlage eine Einstandspflicht treffe, „die mit der gesellschaftsrechtlichen Durchgriffshaftung vergleichbar" sei.[411] Dieser nicht ganz überzeugenden Argumentationsweise widerspricht der BGH, kommt aber zu keinem anderen Resultat als das BAG. Für

---

405 BAG 1.6.2006 – 6 AZR 59/06, NZA 2007, 94; BAG 19.1.2006 – 6 AZR 600/04, NZA 2006, 860 = ZIP 2006, 1058; LAG Sachsen-Anhalt 14.3.2007 – 3 Sa 477/04, ZInsO 2007, 1007; vgl bereits BAG 16.5.1984 – 7 AZR 365/81, ZIP 1984, 1248. Das BAG schließt sich damit der BGH-Rspr zur Haftung auf das negative Interesse bei § 61 an, BGH 6.5.2004 IX ZR 48/03, ZIP 2004, 1107.

406 S zur Garantiehaftung des (vorläufigen) Insolvenzverwalters insbesondere BAG 25.6.2009 – 6 AZR 210/08, NZA 2009, 1273.

407 BAG 6.10.2011 – 6 AZR 172/10, DZWIR 2012, 64; BAG 16.5.1984 – 7 AZR 365/81, ZIP 1984, 1248; vgl auch LAG Rheinland-Pfalz 17.9.2009 – 2 Sa 338/09, ZInsO 2010, 1110 (keine Haftung des Insolvenzverwalters bei lediglich unklarem Inaussichtstellen von Entgeltzahlungen gegenüber Arbeitnehmern).

408 BGH 16.11.2006 – IX ZB 57/06, ZIP 2007, 94; BGH 6.7.1989 – IX ZR 280/88, WM 1989, 1546; BAG 25.6.2009 – 6 AZR 210/08, NZA 2009, 1273.

409 BGH 16.11.2006 – IX ZB 57/06, ZIP 2007, 94.

410 BGH 16.11.2006 – IX ZB 57/06, ZIP 2007, 94; auf die Zuständigkeitsentscheidung des BGH folgte später in derselben Sache das Urteil des BAG 6.10.2011 – 6 AZR 172/10, DZWIR 2012, 64.

411 BAG 9.7.2003 – 5 AZB 34/03, ZIP 2003, 1617.

Ansprüche aus § 61 lässt der BGH die Rechtswegfrage zwar ausdrücklich unbeantwortet,[412] jedoch hat das BAG hier – auch nach der Kritik an seiner Begründung – ohne weiteres ebenfalls die arbeitsgerichtliche Entscheidungsbefugnis angenommen.[413]

2. Urlaubsansprüche bei Masseunzulänglichkeit

Ebenso wie allgemein in der Insolvenz (s Rn 56) gelten auch bei Masseunzulänglichkeit eigene Regeln für die Geltendmachung von Urlaubsansprüchen. Hat der Insolvenzverwalter den Arbeitnehmer nach Unzulänglichkeitsanzeige von jeder Arbeitsleistung freigestellt, sind die Ansprüche auf Urlaubsentgelt und Urlaubsgeld **keine Neumasseverbindlichkeiten**, und zwar auch dann nicht, wenn die Freistellung „unter Anrechnung auf den Urlaub" erfolgt ist.[414] Zieht der Insolvenzverwalter den Arbeitnehmer dagegen nach Unzulänglichkeitsanzeige zur Arbeitsleistung heran, so hat er laut BAG noch offene Urlaubsansprüche nach Maßgabe des § 7 Abs 1 BUrlG durch Freistellung von der Arbeitspflicht unter Urlaubsentgeltzahlung **ohne jede Einschränkung zu erfüllen**, und zwar unabhängig davon, ob sie aus der Zeit nach oder vor der Anzeige oder auch aus der Zeit vor der Verfahrenseröffnung stammen.[415] Gewährt der Insolvenzverwalter dem Arbeitnehmer nach Unzulänglichkeitsanzeige Urlaub, ist der Anspruch auf Urlaubsentgelt **anteilig Neumasseverbindlichkeit und anteilig Altmasseverbindlichkeit.** Die Anteile richten sich danach, wie viel vom Urlaubsjahr auf den Zeitraum des aktiven Beschäftigungsverhältnisses nach Unzulänglichkeitsanzeige und wie viel auf die Zeit davor entfällt. Dasselbe gilt für die Urlaubsabgeltung und für eventuelle Schadensersatzansprüche wegen Nichtgewährung von Urlaub.[416] **290**

3. Sozialplanansprüche bei Masseunzulänglichkeit

a) **Wegfall von Sozialplanansprüchen nach § 123 Abs 2 Satz 2.** Für Sozialplanansprüche ist zu unterscheiden zwischen Sozialplänen, die vor Verfahrenseröffnung geschlossen wurden, und Sozialplänen, die danach geschlossen wurden. Wenn sie aus Sozialplänen stammen, die **vor Verfahrenseröffnung geschlossen** (und nicht nach § 124 widerrufen) wurden, handelt es sich um Insolvenzforderungen, die bei Masseunzulänglichkeit nicht befriedigt werden. Soweit die Sozialpläne **nach Verfahrenseröffnung geschlossen** wurden, gilt § 123. Hierbei führt die Teilungsregel des § 123 Abs 2 Satz 2 im Fall der Masseunzulänglichkeit dazu, dass für Sozialplanleistungen keine Mittel zur Verfügung stehen. Aus diesem Grunde können diese Ansprüche bei Masseunzulänglichkeit nicht geltend gemacht werden. Das betrifft nicht nur einen Leistungsantrag, der auch außerhalb der Masseunzulänglichkeit aufgrund von § 123 Abs 3 Satz 2 unzulässig ist **291**

---

412 BGH 16.11.2006 – IX ZB 57/06, ZIP 2007, 94.

413 BAG 6.10.2011 – 6 AZR 172/10, DZWIR 2012, 64.

414 BAG 15.6.2004 – 9 AZR 431/03, NZA 2005, 354; KR/*Weigand* § 113 InsO Rn 117; vgl auch BAG 21.6.2005 – 9 AZR 295/04, AP InsO § 55 Nr 12.

415 BAG 21.11.2006 – 9 AZR 97/06, NZA 2007, 696; BAG 25.3.2003 – 9 AZR 174/02, NZA 2004, 43; BAG 18.11.2003 – 9 AZR 95/03, NZA 2004, 651; BAG 18.11.2003 – 9 AZR 347/03, DZWIR 2004, 460; BAG 15.2.2005 – 9 AZR 78/04, NZA 2005, 1124; KR/*Weigand* § 113 InsO Rn 116.

416 BAG 21.11.2006 – 9 AZR 97/06, NZA 2007, 696; BAG 25.3.2003 – 9 AZR 174/02, NZA 2004, 43; BAG 18.11.2003 – 9 AZR 95/03, NZA 2004, 651; BAG 18.11.2003 – 9 AZR 347/03, DZWIR 2004, 460; BAG 15.2.2005 – 9 AZR 78/04, NZA 2005, 1124; KR/*Weigand* § 113 InsO Rn 116.

(s näher § 123 Rn 66). Es gilt ebenso für einen Feststellungsantrag, da für ihn mangels Aussicht auf Leistungen das Feststellungsbedürfnis fehlt.[417]

292 **b) Vereinbarung von Sozialplänen trotz bestehender oder absehbarer Masseunzulänglichkeit.** Dem Insolvenzverwalter ist es **nicht verwehrt**, auch bei absehbarer Masseunzulänglichkeit oder nach Anzeige der Masseunzulänglichkeit einen **Sozialplan abzuschließen.** Im Gegenteil hat er seinen Unterrichtungs-, Beratungs- und Verhandlungspflichten nach Maßgabe der §§ 111 f BetrVG zu entsprechen, um nicht Ansprüche auf Nachteilsausgleich aus § 113 Abs 1, Abs 3 BetrVG zu begründen, die nach der Rechtsprechung gemäß § 209 Abs 1 Nr 2 als Neumasseverbindlichkeiten privilegiert zu befriedigen sind.[418] Wenn der Verwalter demnach bei absehbarer Masseunzulänglichkeit oder nach Anzeige der Masseunzulänglichkeit einen Sozialplan abschließt, geht § 123 Abs 2 Satz 2 dennoch der Regelung des § 209 Abs 1 Nr 2 vor, so dass **kein Anspruch** begründet wird. Das BAG vertritt trotzdem die Ansicht, dass es selbst bei absehbarer Masseunzulänglichkeit oder nach Anzeige der Masseunzulänglichkeit **sinnvoll** sein kann, einen **Sozialplan abzuschließen.** Die Anzeige der Masseunzulänglichkeit, die nach § 208 Abs 1 Satz 2 bereits bei lediglich drohender Unzulänglichkeit erfolgen könne, beruhe auf einer Prognose des Insolvenzverwalters, deren Grundlagen sich nachträglich ändern könnten. Entfalle die Masseunzulänglichkeit, komme eine Rückkehr ins reguläre Insolvenzverfahren in Betracht und somit auch die Erbringung von Sozialplanleistungen.[419] Das hat zur Konsequenz, dass Insolvenzverwalter und Betriebsrat häufig noch nach Masseunzulänglichkeitsanzeige einen Sozialplan schließen, für den es dann aber aufgrund von § 123 Abs 2 Satz 2 nicht zu Auszahlungen kommt. Solche sind erst bei (meist nicht eintretenden) Vermögenszuflüssen zur Masse zu erwarten.[420]

4. Weitere Einzelfragen zur Verwalterhaftung bei Masseunzulänglichkeit im Dienstverhältnis

293 **a) Schadensersatz wegen ausgefallener Abfindungsansprüche bei Masseunzulänglichkeit.** Bei vom Insolvenzverwalter begründeten Verbindlichkeiten, insbesondere **Abfindungspflichten**, handelt es sich um Masseverbindlichkeiten. Hat sich der Insolvenzverwalter **nach Anzeige der Masseunzulänglichkeit** zur Abfindungsleistung verpflichtet, greift § 209 Abs 1 Nr 2; hat er sich **davor** verpflichtet, handelt es sich dagegen um nachrangige Masseverbindlichkeit nach § 209 Abs 1 Nr 3, s näher Rn 267.

294 Soweit der Abzufindende aufgrund dessen mit seiner Forderung ausfällt, stellt sich somit wiederum die Frage nach der persönlichen Haftung des Insolvenzverwalters. Zum Anspruch aus **§ 60** und zu weiteren Haftungsansprüchen, etwa aus **§ 311 Abs 3 Satz 2 BGB** oder aus **selbständiger Garantie**, gilt das oben Rn 282 ff Gesagte.[421] Der **Anspruch**

---

[417] BAG 21.1.2010 – 6 AZR 785/08, ZIP 2010, 546; bestätigt in BAG 22.7.2010 – AZR 249/09, ZInsO 2010, 2193.

[418] BAG 30.5.2006 – 1 AZR 25/05, NZA 2006, 1122.

[419] BAG 21.1.2010 – 6 AZR 785/08, ZIP 2010, 546 mwN; BAG 22.7.2010 – AZR 249/09, ZInsO 2010, 2193.

[420] Vgl zur in diesem Fall unzulässigen Verjährungseinrede durch den Insolvenzverwalter ArbG Duisburg 5.6.2013 – 3 Ca 650/13, ZInsO 2013, 1369.

[421] Vgl zu Abfindungsstreitigkeiten BAG 6.10.2011 – 6 AZR 172/10, DZWIR 2012, 64; BAG 25.1.2007 – 6 AZR 559/06, BAGE 121, 112 = ZIP 2007, 1169; s auch BAG 1.6.2006 – 6 AZR 59/06, AP InsO § 61 Nr 2; vgl zur Garantiehaftung des (vorläufigen) Insolvenzverwalters insbesondere BAG 25.6.2009 – 6 AZR 210/08, NZA 2009, 1273.

aus § 61 kann bei ausgefallenen Abfindungen bereits dann scheitern, wenn Insolvenzverwalter und Abfindungsgläubiger einen späteren Auszahlungstermin im Hinblick darauf vereinbaren, dass der Insolvenzverwalter eine bessere Kassenlage abwarten will, die durch die künftige Veräußerung des Unternehmens oder von Unternehmensteilen entstehen soll. Soweit die betreffenden Geschäfte später nicht zustande kommen, deshalb die Masseunzulänglichkeit eintritt und im Übrigen keine Verwalterpflichtverletzung mit Verwalterverschulden ersichtlich ist, besteht kein Anspruch.[422] Zudem haftet der Verwalter nach § 61 nur auf den Vertrauensschaden. Ein Schadensersatzgläubiger ist deshalb so zu stellen, wie er ohne die die Masseverbindlichkeit begründende Handlung stünde. Wäre also der Kündigungsschutzprozess zulasten des Abfindungsgläubigers ausgefallen, kann dieser schon deshalb bei Masseunzulänglichkeit keinen Schadensersatz aus § 61 verlangen.[423]

b) Schadensersatz wegen Verletzung weiterer arbeits- und sozialrechtlicher Pflichten bei Masseunzulänglichkeit. Des Weiteren kommen noch weitere Schadensersatzpflichten des Insolvenzverwalters bei Masseunzulänglichkeit in Betracht, insbesondere wegen der Verletzung sozialversicherungsrechtlicher Arbeitgeberpflichten, wegen der Verletzung von Sorgfaltspflichten zum Schutz der betrieblichen Altersversorgung von Arbeitnehmern sowie wegen der Verletzung von Pflichten bezüglich der Gestaltung von Interessenausgleichen und Sozialplanleistungen.[424] **295**

X. Der Dienstvertrag – insbesondere Arbeitsvertrag – nach Ende des Insolvenzverfahrens

Mit der Einstellung des Verfahrens, §§ 207, 211 ff, sowie mit seiner Aufhebung, §§ 200, 258 f, 289 Abs 2 Satz 3, enden die Verfahrenswirkungen, insbesondere entfällt die Verwaltungs- und Verfügungsbefugnis des Insolvenzverwalters nach § 80 Abs 1 (s § 80 Rn 9). Dienstverhältnisse, die bei Ende des Insolvenzverfahrens noch bestehen, gehen wieder auf den Schuldner über (§ 80 Rn 109). Dieser hat die aus ihnen folgenden Ansprüche auf Dienstleistung und ihn treffen auch die daraus resultierenden Verpflichtungen wie insbesondere die Entgeltpflicht.[425] Das gilt unabhängig davon, ob der Verwalter die Dienstverhältnisse für die Masse eingegangen ist oder der Schuldner. **296**

---

422 BAG 6.10.2011 – 6 AZR 172/10, DZWIR 2012, 64, unter Verweis auf Jaeger/*Gerhardt* § 61 Rn 21; OLG Düsseldorf 26.3.2004 – 16 U 216/02, OLG Düsseldorf 2004, 259; vgl auch BAG 25.1.2007 – 6 AZR 559/06, BAGE 121, 112 = ZIP 2007, 1169.

423 BAG 6.10.2011 – 6 AZR 172/10, DZWIR 2012, 64, unter Verweis auf BGH 6.5.2004 – IX ZR 48/03, BGHZ 159, 104; s auch BAG 25.1.2007 – 6 AZR 559/06, BAGE 121, 112 = ZIP 2007, 1169.

424 S dazu Jaeger/*Gerhardt* § 60 Rn 159 ff.

425 KR/*Weigand* § 113 InsO Rn 19. Beispielsfall, in dem zwischenzeitlich die Eigenverwaltung nach § 270 bestand, ist: BAG 22.1.2004 – 2 AZR 111/02, AP BetrVG 1972 Namensliste § 112 Nr 1.

XI. Sozialversicherung in der Insolvenz

1. Insolvenzrechtliche Einordnung von Beitrags-, Abführungs-, Abgabe-, Umlage- und Zuschusspflichten

297 Die Beantragung und die Eröffnung des Insolvenzverfahrens ändern nichts an der sozialversicherungsrechtlichen Stellung des dienstberechtigten Schuldners und des als Arbeitnehmer oder aufgrund anderer Tatbestände sozialversicherten Dienstverpflichteten. Der Insolvenzverwalter, auf den nach § 80 die Verwaltungs- und Verfügungsbefugnis über das Schuldnervermögen übergeht, ist also verantwortlich für die **Meldung Sozialversicherungspflichtiger** und die **Abführung von Sozialversicherungsbeiträgen und sonstigen Arbeitgeberumlagen.** Das gilt etwa für den Gesamtsozialversicherungsbeitrag (einschließlich der Abführung des Arbeitnehmeranteils) nach §§ 28d ff SGB IV, den Unfallversicherungsbeitrag (einschließlich ggf zu berücksichtigender Zuschläge, Nachlässe und Prämien) nach §§ 152 ff SGB VII, die Umlagen U1 und U2 nach dem Gesetz über den Ausgleich der Arbeitgeberaufwendungen für Entgeltfortzahlung (Aufwendungsausgleichsgesetz, AAG), die Insolvenzgeldumlage gemäß § 358 SGB III (Umlage U3, vgl Rn 310) sowie die Ausgleichsabgabe wegen nicht ausreichender Schwerbehindertenbeschäftigung nach § 77 SGB IX. Auch die Beitragszuschüsse für Prämien zur privaten Kranken- und Pflegeversicherung gemäß §§ 257 f, 314 SGB V, § 61 SGB XI sowie zu berufsständischen Versorgungswerken gemäß § 172a SGB VI sind aufgrund des Fortbestandes des die Zahlungspflicht auslösenden Rechtsverhältnisses weiter zu leisten. Soweit während des Insolvenzverfahrens betriebliche Altersversorgung betrieben wird, greift nach Maßgabe von § 10 BetrAVG für die Masse auch die Beitragspflicht zum PSVaG (s dazu näher Rn 209 ff, 240 ff). Ebenso bestehen Beitragspflichten zu gemeinsamen Einrichtungen der Tarifvertragsparteien nach § 4 Abs 2 TVG, auch beispielsweise, wenn sie aufgrund Allgemeinverbindlicherklärung nach § 5 Abs 4 TVG zur Leistung verpflichten (s ie zur Geltung von Tarifverträgen in der Insolvenz Rn 147 ff).

298 Hinsichtlich der **insolvenzrechtlichen Einordnung dieser Beitrags-, Abführungs-, Abgabe-, Umlage- und Zuschusspflichten** gilt prinzipiell dasjenige, was in Rn 37 ff zur Einordnung von Entgeltpflichten gesagt worden ist. Die jeweiligen Fälligkeitsdaten spielen keine Rolle. Entscheidend für die Einordnung als Insolvenzforderungen (§ 38) oder Masseverbindlichkeiten (§ 53) ist vielmehr, ob die Zahlungspflichten auf **Zeiträume** entfallen, die **vor** der Verfahrenseröffnung liegen oder auf solche, die **danach** liegen. Im ersteren Fall liegen Insolvenzforderungen nach § 38 vor,[426] im letzteren Fall Masseverbindlichkeiten nach § 53, was sich ie aus § 55 Abs 1 Nr 1, Nr 2 Var 2 ergibt. Auch hier ist die Sonderregelung des **§ 55 Abs 2** zu beachten, welche dazu führt, dass die Beitragspflichten bei vom starken oder vom entsprechend befugten „halbstarken“ Insolvenzverwalter begründeten bzw in Anspruch genommenen Leistungen Masseverbindlichkeiten werden. Soweit also die betreffenden Zahlungspflichten die Zeit vor Verfahrenseröffnung betreffen, aber durch einen „starken“ oder entsprechend befugten „halbstarken“ vorläufigen Verwalter begründet werden oder auf einen Zeitraum entfallen, in welchem dieser Dienstleistungen der Dienstverpflichteten entgegennimmt, handelt es sich nach Maßgabe von § 55 Abs 2 ebenfalls um Masseverbindlichkeiten gemäß § 53. Bei **Insolvenzgeldzahlung** durch die Bundesagentur für Arbeit mit Übernahme der hierauf

---

[426] Eine § 59 Abs 1 Nr 3e KO entsprechende insolvenzrechtliche Bevorrechtigung von Beitragspflichten ist nicht in die InsO übernommen worden, s die Entwurfsbegründung BT-Drucks 12/2443, S 90; MünchKomm/*Hefermehl* InsO § 55 Rn 190.

entfallenden Pflichtbeiträge gemäß § 175 SGB III ist die Sonderregelung des § 55 Abs 3 Satz 2 zu beachten. Nach dieser wandeln sich die betreffenden Masseforderungen mit dem Anspruchsübergang (§ 169 SGB III) um in Insolvenzforderungen nach § 38.[427] Im Übrigen ändert sich auch bei einem gesetzlichen oder gewillkürten Anspruchsübergang nichts an der insolvenzrechtlichen Einordnung der betreffenden Ansprüche.[428]

Für die **Anfechtbarkeit der Leistung von Sozialversicherungsbeiträgen** sind im Folgenden zunächst die Arbeitgeber- und dann die Arbeitnehmeranteilen zu behandeln. Hinsichtlich der vom Schuldner als Arbeitgeber geleisteten **Arbeitgeberbeiträge** gelten die allgemeinen Anfechtungsregeln. Hat beispielsweise die Einzugsstelle für den Gesamtsozialversicherungsbeitrag (Krankenversicherungsträger nach § 28i SGB IV) innerhalb des letzten Monats vor Insolvenzantragstellung Vollstreckungsmaßnahmen gegen den Schuldner wegen rückständiger Beiträge erwirkt, so sind diese als „nicht in der Art" zu beanspruchende Sicherungen nach § 131 Abs 1 Nr 1 anfechtbar (vgl Rn 105). Aufgrund der Anfechtung wegen dieser inkongruenten Deckung hat der Sozialversicherungsträger die betreffenden Beträge nach § 143 zurückzugewähren. Für **Arbeitnehmerbeiträge**, die der Arbeitgeber nach § 28g SGB IV für diesen abzuführen hat, gilt gemäß der BGH-Rechtsprechung im Ergebnis dasselbe, obwohl gemäß der Entwurfsbegründung mit der Regelung des § 28e Abs 1 Satz 2 SGB IV ein anderes Ergebnis angestrebt wurde.[429] Laut BGH kann in der Insolvenz des Arbeitgebers ungeachtet dieser Regelung dessen Zahlung von Arbeitnehmerbeiträgen als mittelbare Zuwendung an die Einzugsstelle angefochten werden. Nach dieser Rechtsprechung bringt der Arbeitgeber durch die Erfüllung des Bruttolohnanspruchs gegenüber dem Arbeitnehmer ein eigenes Vermögensopfer, welches zur Benachteiligung seiner Gläubiger führt. Der BGH wendet sich ausdrücklich gegen die Gesetzesbegründung zu § 28e Abs 1 Satz 2 SGB IV, indem er daran festhält, dass diese Regelung keine Änderung der Vermögensflüsse bei der Beitragsabführung mit sich bringt.[430] 299

Für **Säumniszuschläge**, insbesondere gemäß § 24 SGB IV, gilt das Folgende: Soweit sie Beitragsrückstände betreffen, die Insolvenzforderungen sind, handelt es sich ebenfalls um **Insolvenzforderungen nach § 38**. Säumniszuschläge für Beitragsansprüche, die Insolvenzforderungen darstellen, aber **Säumniszeiten aus der Zeit nach Verfahrenseröffnung** betreffen, sind **gemäß § 39 nachrangig.**[431] Säumniszuschläge, welche aufgrund von Bei- 300

---

427 Die heutige Regelung des § 55 Abs 3 ist durch das BAG richterrechtlich entwickelt worden, s BAG 3.4.2001 – 9 AZR 301/00, NZA 2002, 90; BAG 3.4.2001 – 9 AZR 143/00, BB 2001, 2530.

428 MünchKomm/*Hefermehl* InsO § 55, Rn 191.

429 § 28e Abs 1 Satz 2 SGB IV lautet: „Die Zahlung des vom Beschäftigten zu tragenden Teils des Gesamtsozialversicherungsbeitrags gilt als aus dem Vermögen des Beschäftigten erbracht." S zum gesetzgeberischen Motiv BT-Drucks 16/886, S. 8, 14 f. So heißt es aaO auf S 15 ausdrücklich: „Aus diesen Gründen ist in der Insolvenz des Arbeitgebers der von ihm gezahlte Gesamtsozialversicherungsbeitrag nach den §§ 129 ff InsO nicht anfechtbar, soweit es den Anteil des Beschäftigten betrifft." Vgl auch BT-Protokoll der 118. Sitzung vom 11.10.2007 S. 12324 B, C.

430 BGH 5.11.2009 – IX ZR 233/08, NZA 2010, 579; bestätigt in BGH 7.4.2011 – IX ZR 118/10, ZIP 2011, 966; BGH 7.4.2011 – IX ZR 137/10, NZS 2012, 547; BGH 30.9.2010 – IX ZR 237/09, ZIP 2010, 2209; *Stiller*, NZI 2010, 250; **aA** *Bräuer* ZInsO 2008, 169; *von der Heydt* ZInsO 2008, 178.

431 BSG 26.1.2005 – B 12 KR 23/03, SozR 4-2400 § 24 Nr 3; BSG 18.12.2003 – B 11 AL 37/03 R, ZIP 2004, 521 = BSGE 92, 82; s dort auch zur abweichenden früheren Rechtsprechung, welche auf der Grundlage der konkursrechtlichen Bevorrechtigung von Beitragsforderungen gemäß § 59 Abs 1 Nr 3

tragsforderungen erhoben werden, die Masseforderungen darstellen, sind ebenfalls **Masseforderungen.**

301 In der insolvenzrechtlichen Praxis kommt es häufig zur **persönlichen Inanspruchnahme von Führungsverantwortlichen** im schuldnerischen Unternehmen für die fehlende Einbringlichkeit von Sozialversicherungsbeiträgen. Grundlage ist die Strafvorschrift des § 266a StGB, welche in der Praxis oft zu Anklagen führt, häufiger aber genutzt wird, um zivilrechtliche Haftungsansprüche wegen ausgefallener Beitragsleistungen nach § 266a StGB, § 823 Abs 2 BGB geltend zu machen.[432] Gelegentlich erstatten Sozialversicherungsträger Strafanzeige wegen Verstoßes gegen § 266a StGB, um die Zahlungsmotivation (vermeintlich) Verantwortlicher zu steigern.[433]

2. Sozialrechtliche Ansprüche in der Insolvenz

302 Die Beantragung und die Eröffnung des Insolvenzverfahrens ändern auch insofern nichts an der sozialversicherungsrechtlichen Stellung des dienstberechtigten Schuldners und des als Arbeitnehmer oder aufgrund anderer Tatbestände sozialversicherungspflichtigen Dienstverpflichteten, was deren Ansprüche betrifft. Sozialversicherungspflichtige haben unabhängig vom Insolvenzgeschehen Ansprüche auf Leistungen etwa der gesetzlichen Kranken-, Pflege-, Renten-, Unfall- und Arbeitslosenversicherung. Es gibt Leistungen, die **in der Insolvenz des Arbeitgebers besonders häufig beantragt** werden. Das sind insbesondere die Gleichwohlgewährung von Arbeitslosengeld nach § 136, § 157 Abs 3 SGB III (dazu Rn 303 ff) sowie Transferleistungen nach §§ 110 f SGB III, die etwa im Fall der Bildung von betriebsorganisatorisch eigenständigen Einheiten (beE) beim Schuldner oder im Fall des Auftretens von Transfergesellschaften (dazu Rn 140 ff) geleistet werden. Eine Leistung, die gerade im Fall der Insolvenz erbracht wird, ist das **Insolvenzgeld** nach §§ 165 ff SGB III (dazu Rn 308 ff).

3. Insbesondere: Anspruch auf Gleichwohlgewährung von Arbeitslosengeld nach § 157 Abs 3 SGB III

303 Keine insolvenzrechtliche Besonderheit stellt der Anspruch auf Arbeitslosengeld im Fall der so genannten Gleichwohlgewährung nach § 157 Abs 3 SGB III dar. Jedoch spielt er in der Insolvenz eine besondere praktische Rolle, weshalb er hier kurz behandelt werden soll.

---

lit e KO zu anderen Ergebnissen gekommen war, insb zu BSG 17.5.2001 – B 12 KR 32/00 R, ZIP 2001, 1159.

432 Std Rspr, s etwa BGH 16.2.2012 – IX ZR 218/10, ZInsO 2012, 646 = DB 2012, 798; BGH 15.10.1996 – VI ZR 327/95, NJW 1997, 133 ff = ZIP 1996, 1989 ff; zur fehlenden Haftung in Fällen, in denen die Beitragsabführung nach Insolvenzrecht hätte angefochten werden können, BGH 2.12.2010 – IX ZR 247/09, NJW 2011, 1133 ff = BGHZ 187, 337 ff, BGH 14.11.2000 – VI ZR 149/99, ZIP 2001, 80 ff = NJW 2001, 967 ff, und BGH 18.4.2005 – II ZR 61/03, NJW 2005, 2546 ff = ZIP 2005, 1026 ff; vgl zur Bedeutung der Eintragung eines eventuell Haftenden als Betriebsinhaber im Handelsregister AG Bremen 17.3.2011 – 23 C 182/10 [juris]; zuletzt LAG NS 7.11.2011 – 15 Ta 423/11 [juris] (dieser Fall betraf die Nichtabführung von Beiträgen an das Rechtsanwaltsversorgungswerk für einen angestellten Rechtsanwalt).

433 S den Beispielsfall LSG NW 17.10.2011 – L 8 R 420/11 B ER rv 2012, 55–56 (Kurzwiedergabe) [juris]; Vorinstanz SG Dortmund 12.4.2011 – S 15 R 1407/10 ER, Az zitiert nach der vorgenannten Entscheidung; dazu *Giesen* SGb 2012, 305. Vgl zum nach § 266a StGB denkbaren Täterkreis, insbesondere zu § 266a Abs 5, § 14 StGB *Große-Vorholt* S 212 ff (Rn 878 ff); vgl aus der Rspr etwa BGH 15.10.1996 – VI ZR 319/95, NStZ 1997, 125.

Gemäß § 136 Abs 1 Nr 1 SGB III hat Anspruch auf Arbeitslosengeld, wer als Arbeitslosenversicherter (§§ 24 ff SGB III) vor Erreichen des Regelrentenalters (§ 136 Abs 2 SGB III, § 35 Abs 1 Satz 2, § 235 SGB VI) arbeitslos geworden ist (§ 137 Abs 1 Nr 1, § 138 SGB III), sich arbeitslos gemeldet (§ 137 Abs 1 Nr 2, § 141 SGB III) und die Anwartschaftszeit erfüllt hat (§ 137 Abs 1 Nr 3, §§ 142 f SGB III). Dauer und Höhe des Anspruchs sind abhängig von Vorversicherungsdauer und Lebensalter (§ 147 SGB III) sowie vom „Bemessungsentgelt" (§ 151 SGB III[434]). Bei Kindergeldberechtigung gemäß § 149 Nr 1 SGB II wird 67 % des Leistungsentgelts gezahlt, ansonsten gilt der allgemeine Satz von 60 % des Leistungsentgelts. **304**

Arbeitslosigkeit setzt laut § 138 Abs 1 Nr 1 SGB III unter anderem voraus, dass der Berechtigte „nicht in einem Beschäftigungsverhältnis steht". Das BSG interpretiert den Begriff dieses Beschäftigungsverhältnisses nicht nach § 7 Abs 1 SGB IV, sondern hat – zutreffend – einen eigenen **Begriff des Beschäftigungsverhältnisses im leistungsrechtlichen Sinn** entwickelt. Danach kann auch ein Arbeitnehmer, der zwar in einem Arbeitsverhältnis steht, aber eben tatsächlich nicht beschäftigt wird, „beschäftigungslos" sein.[435] Soweit der Arbeitgeber in dieser Situation seiner Verpflichtung zur Leistung von Annahmeverzugslohn (§ 611 Abs 1, § 615 BGB) nicht nachkommt, greift nicht die Regelung des § 157 Abs 1 SGB III über den Ausschluss des Arbeitslosengeldanspruchs bei Anspruch auf Arbeits- oder Urlaubsentgelt. Vielmehr ordnet § 157 Abs 3 Satz 1 SGB III ausdrücklich an, dass trotz Bestehens eines solchen Anspruchs gleichwohl Arbeitslosengeld zu gewähren ist – deshalb sog „Gleichwohlgewährung".[436] **305**

Zur Gleichwohlgewährung kommt es in der Praxis insbesondere im Vorfeld der Insolvenzantragstellung oder der Insolvenzverfahrenseröffnung sowie bei Masseunzulänglichkeit (vgl Rn 284). Immer wenn das **Arbeitsverhältnis noch fortbesteht** (egal, ob es ungekündigt ist oder nach einer Kündigung die Kündigungsfrist noch läuft), der **Arbeitnehmer nicht zur Dienstleistung in Anspruch genommen und nicht bezahlt wird**, greift der Tatbestand ein. Hier leistet die Agentur für Arbeit gemäß § 136, § 157 Abs 3 Satz 1 SGB III Arbeitslosengeld. **306**

In dem Maß, in dem sie dies tut, **geht** gemäß § 115 SGB X der **Anspruch** auf Annahmeverzugslohn aus § 611 Abs 1, § 615 BGB **vom Arbeitnehmer auf die Agentur für Arbeit über.**[437] Zahlt der Arbeitgeber dann doch in Unkenntnis dieses Anspruchsüber- **307**

---

[434] Vgl zur in § 151 Abs 1 Satz 2 SGB III angeordneten Berücksichtigung von Arbeitsentgelt, welches lediglich wegen der Arbeitgeberinsolvenz nicht zugeflossen ist, etwa BSG 14.12.2006 – B 7a AL 54/05 R [juris], Zusammenfassung *Giesen/Ricken* NZA 2007, 430.

[435] BSG 4.7.2012 – B 11 AL 16/11 R, SozR 4-4300 § 123 Nr 6; BSG 13.7.2006 – B 7a AL 16/05 R, SozR 4-4300 § 122 Nr 5 = NZA-RR 2007, 382; BSG 3.6.2004 – B 11 AL 70/03 R, SozR 4-4300 § 123 Nr 2 = NZA-RR 2005, 52.

[436] S zum Arbeitslosengeldanspruch im Annahmeverzug des Arbeitgebers etwa BAG 22.10.2009 – 8 AZR 766/08, ZIP 2010, 849.

[437] Der Anspruchsübergang greift, sofern keine andere Vereinbarung getroffen wurde, auch bei Entgeltzahlungen, über welche Arbeitgeber und Arbeitnehmer ohne Berücksichtigung der Gleichwohlgewährung einen Vergleich geschlossen haben, BAG 25.3.1992 – 5 AZR 254/91, NZA 1992, 1081; das LSG Mecklenburg-Vorpommern hält Vereinbarungen zwischen Arbeitgeber und Arbeitnehmer für zulässig, nur denjenigen Entgeltbetrag zu leisten, welcher nicht gemäß § 115 SGB X auf die Agentur für Arbeit übergeht, LSG Mecklenburg-Vorpommern 26.10.2000 – L 2 AL 125/98, EzS 2/116 = E-LSG AL-220; s dazu Gagel/*Winkler* § 157 SGB III Rn 61. Vgl zur Verpflichtung des Arbeitgebers, Sozial- und Privatversicherungsbeiträge gemäß § 335 Abs 3, 5 SGB III zu erstatten, Gagel/*Winkler* Rn 71 f, 82. Im

gangs irrtümlich an den Arbeitnehmer, wird er nach Maßgabe von § 407 Abs 1, § 412 BGB frei.[438] In diesem Fall kann er das Gezahlte nicht zurückverlangen, sondern der Leistungsbezieher hat der Agentur das Arbeitslosengeld im Umfang der erhaltenen Entgeltzahlungen nach § 157 Abs 3 Satz 2 SGB III zu erstatten. Der auf die Agentur nach § 115 SGB X übergegangene Anspruch auf Annahmeverzugslohn behält auch nach dem Übergang seine insolvenzrechtliche Einordnung. Es gilt also das in Rn 50 f Gesagte.

4. Insbesondere: Insolvenzgeld

308 Einen insolvenzspezifischen Sozialleistungsanspruch bietet das Insolvenzgeld. Dieses soll im Folgenden näher behandelt werden.

309 a) **Anspruch auf Insolvenzgeld.** Gemäß § 165 SGB III (ehemals § 183 SGB III) haben Arbeitnehmer[439] Anspruch auf Insolvenzgeld für denjenigen Lohnausfall, den sie während der letzten drei Monate ihres Arbeitsverhältnisses vor Eintritt eines so genannten Insolvenzereignisses erleiden. Die Finanzierung erfolgt durch die Insolvenzgeldumlage der Arbeitgeber gemäß § 358 SGB III (auch U3-Umlage genannt).

310 § 165 Abs 1 Satz 2 SGB III definiert **drei Insolvenzereignisse**, nämlich

311 – die Eröffnung des Insolvenzverfahrens,[440]

312 – die Abweisung des Verfahrensantrags mangels Masse (s dazu die diesbezügliche Informationspflicht des Arbeitgebers gegenüber Arbeitnehmern und Betriebsvertretung nach § 165 Abs 5 SGB III) und

313 – die vollständige Betriebseinstellung im Inland bei offensichtlichem Massemangel.

314 Der Zeitraum nach § 165 Abs 1 Satz 1 SGB III erfasst **die letzten drei Monate des Arbeitsverhältnisses** (dies gilt unabhängig davon, ob die Identität des Arbeitgebers, etwa nach § 613a BGB, innerhalb dieser Zeit aufgrund Rechtsnachfolge gewechselt hat[441])

Fall der irrtümlichen Leistung an die Bundesagentur wegen vermeintlichen Anspruchsübergangs nach § 115 SGB X tritt gegenüber dem Arbeitnehmer keine befreiende Wirkung ein, so dass der Arbeitgeber/Insolvenzverwalter das Gezahlte von der Bundesagentur wegen deren ungerechtfertigter Bereicherung zurückverlangen muss; der berechtigte Arbeitnehmer kann die irrtümliche Leistung aber nach § 816 Abs 2 BGB genehmigen, was dazu führt, dass sein Anspruch auf Arbeitslosengeld insofern erhalten bleibt, BSG 15.2.2000 – B 11 AL 45/99 R, NZS 2001, 157; Gagel/*Winkler* Rn 85.

[438] S zur Möglichkeit der Bundesagentur für Arbeit, auch bei fehlender Arbeitslosengeldberechtigung des Arbeitnehmers oder bei Bösgläubigkeit des Arbeitgebers Zahlungen des Arbeitgebers zu genehmigen und danach gemäß § 157 Abs 3 Satz 2 SGB III Erstattung vom Arbeitnehmer zu verlangen, BSG 14.9.1990 – 7 RAr 128/89, NZA 1991, 365 = BSGE 67, 221; BSG 22.10.1998 – B 7 AL 106/97 R, NZS 1999, 354 = BSGE 83, 82; BSG 24.6.1999 – B 11 AL 7/99 R, NZS 2000, 201 = SGb 2000, 95; Gagel/*Winkler* § 157 SGB III Rn 74 f, 77.

[439] Vgl zum Arbeitnehmerbegriff Brand/*Kühl* § 165 Rn 13 f; Gagel/*Peters-Lange* Stand 2013 § 165 Rn 16 ff; KR/*Weigand* Anh I zu § 113 InsO Rn 17 f.

[440] Vgl dazu Gagel/*Peters-Lange* Stand 2013 § 165 Rn 37; KR/*Weigand* Anh I zu § 113 InsO Rn 5 ff; s insbesondere zum Vorliegen eines einheitlichen Insolvenzereignisses, wenn über das Vermögen eines Schuldners – etwa wegen zwischenzeitlicher Durchführung eines Insolvenzplanverfahrens – nacheinander mehrere Insolvenzverfahren eröffnet werden, BSG 29.5.2008 – B 11a AL 57/06 R, ZIP 2008, 1989; BSG 21.11.2002 – B 11 AL 35/02, ZIP 2003.

[441] S zum Betriebsübergang von einem insolventen Arbeitgeber auf einen anderen insolventen Arbeitgeber und zur damit verbundenen Möglichkeit für die Agentur für Arbeit, nach Maßgabe der Haftung beider bei beiden Regress zu nehmen Gagel/*Peters-Lange* Stand 2013 § 165 Rn 25 ff mwN.

vor Eintritt des Insolvenzereignisses. Das bedeutet, dass bei einem Arbeitsverhältnis, welches im Zeitpunkt des Insolvenzereignisses (also zB am Tag der Verfahrenseröffnung) bestanden oder darüber hinaus angedauert hat, die letzten drei Monate davor gemeint sind. Bei Arbeitsverhältnissen, die **vor Eintritt des Insolvenzereignisses bereits beendet** waren, kann sich der Dreimonatszeitraum somit auf eine mehr als drei Monate davor liegende oder beginnende Phase beziehen.[442]

Beispiel: Der Arbeitgeber schuldete dem Arbeitnehmer die Monatsgehälter für Februar **315** bis einschließlich Mai, und das Arbeitsverhältnis ist zum 31. Mai beendet worden. Wenn nun das Insolvenzverfahren über das Vermögen des Arbeitgebers am 1. August eröffnet wird, ist der Insolvenzgeldzeitraum März bis einschließlich Mai.[443] Hat das Arbeitsverhältnis dagegen bis zum 1. August bestanden und der Arbeitgeber für Juni und Juli gezahlt, besteht nur für den Mai-Entgeltausfall Anspruch auf Insolvenzgeld. Freilich bedarf es hierfür einer besonderen Tilgungsbestimmung des Arbeitgebers nach § 366 Abs 1 BGB, da bei nicht gekennzeichneten Leistungen gemäß § 366 Abs 2 BGB im Zweifel auf die ältesten Verbindlichkeiten geleistet wurde, also auf die Entgeltschulden für Februar und März. In diesem Fall entsteht ein Insolvenzgeldanspruch wegen der noch nicht beglichenen Entgeltschulden für Mai, Juni und Juli. Das Aprilentgelt bleibt unberücksichtigt; es ist und bleibt einfache Insolvenzforderung des Arbeitnehmers, die dieser zur Tabelle anmelden kann (§§ 38, 174 ff). Soweit der Arbeitgeber mit einer Tilgungsbestimmung vornehmlich bezweckt, dem Arbeitnehmer einen Insolvenzgeldanspruch zu nehmen, kommt die Unwirksamkeit dieser Bestimmung nach § 226 BGB in Betracht.[444]

Bei alledem ist die Dreimonatsfrist **tagesgenau** zu berechnen, weshalb sie auch im **316** Kalendermonat beginnen und enden kann. Hier bleibt der Tag des Insolvenzereignisses gemäß § 26 SGB X, § 188 Abs 2, 3 BGB für die zurückrechnende Ermittlung des Dreimonatszeitraums unberücksichtigt.[445]

So heißt es in der Dienstanweisung der Bundesagentur für Arbeit: „Ist der Insolvenz- **317** tag zB der 11.5., so beginnt der Zeitraum am 11.2. Fehlt das dem Insolvenztag entsprechende Tagesdatum in dem Monat, in dem der Drei-Monats-Zeitraum beginnt, so beginnt er am ersten Tag des folgenden Monats. Der Insolvenzgeld-Zeitraum beginnt deshalb zB in Fällen, in denen der Insolvenztag auf den 29., 30. oder 31.5. fällt, gleichermaßen am 1.3.; fällt der 29.5. in ein Schaltjahr, beginnt der Insolvenzgeld-Zeitraum am 29.2.“ Die letztere, von der Bundesagentur vertretene **Kürzung von Ansprüchen** wird in der Literatur kritisiert. Demnach soll, wenn der Insolvenztag auf den 29.5. fällt, der Insolvenzgeld-Zeitraum am 28.2. beginnen.[446] Der letztgenannten Ansicht ist mit Blick auf § 26 SGB X, § 188 Abs 3 BGB zu folgen. Denn wenn man § 188 Abs 3 BGB für die Zwecke der Rückberechnung eines Fristbeginns umformuliert, muss er lauten: „Fehlt bei einer nach Monaten bestimmten Frist in dem ersten Monat der für ihren Beginn maßgebende Tag, so beginnt die Frist mit dem Beginn des letzten Tages dieses Monats.“.

---

[442] Brand/*Kühl* § 165 Rn 44 f; Kreikebohm/Spellbrink/Waltermann/*Coseriu* § 183 SGB III Rn 38.

[443] Entscheidend ist das Ende des Arbeitsverhältnisses, nicht dasjenige des Beschäftigungsverhältnisses im sozialrechtlichen Sinne, s BSG 18.12.1980 – 8b/12 RAr 14/79, ZIP 1981, 635; vgl dort auch zur Zuordnung von Gratifikationen zu unterschiedlichen Zeiträumen.

[444] *Kasten* S. 43.

[445] BSG 22.3.1995 – 10 RAr 1/94, ZIP 1995, 935.

[446] Gagel/*Peters-Lange* Stand 2013 § 165, Rn 69; Brand/*Kühl* § 165 Rn 43.

318 Bei **Weiterarbeit** des Arbeitnehmers **in Unkenntnis des Insolvenzereignisses** besteht der Anspruch gemäß § 165 Abs 3 SGB III für die der Kenntnisnahme vorangegangenen drei Monate.[447] Gemäß § 165 Abs 4 SGB III hat auch der **Erbe** des Arbeitnehmers Anspruch auf Insolvenzgeld.

319 Um ihre Aufgaben bei der Insolvenzgeldleistung erfüllen zu können, hat die Agentur für Arbeit gemäß § 316 SGB III einen **Anspruch auf Auskunft** gegen den Schuldner und den Insolvenzverwalter. Außerdem muss der Insolvenzverwalter nach § 314 SGB III **Bescheinigungen** über die Entgelthöhe und die gesetzlichen Abzüge erstellen. Wenn dem Insolvenzverwalter genügend Arbeitnehmer zur Verfügung stehen und die Agentur für Arbeit die erforderlichen Auszahlungsmittel bereitstellt, hat er die Insolvenzgeldauszahlung nach § 320 Abs 2 SGB III sogar selbst vorzunehmen.[448]

320 Die Leistung ist nach § 166 SGB III für Ansprüche **ausgeschlossen,**

321 – die der Arbeitnehmer wegen der Beendigung des Arbeitsverhältnisses oder für die Zeit danach hat (also insbesondere Abfindungen),

322 – die auf einer nach §§ 129 ff InsO angefochtenen Rechtshandlung beruhen, oder

323 – wegen derer dem Insolvenzverwalter ein Leistungsverweigerungsrecht gegenüber dem Arbeitnehmer zusteht.

324 Das **Insolvenzgeld bemisst sich** gemäß § 165 Abs 2, § 167 SGB III nach dem Nettoarbeitsentgelt, welches sich ergibt, wenn das durch die Beitragsbemessungsgrenze gekappte[449] Bruttoentgelt durch die gesetzlichen Abzüge vermindert wird.[450] Insolvenzgeld ist **einkommensteuerfrei** nach § 3 Nr 2 EStG. Es ist auf gegebenenfalls vom Arbeitslosen bezogenes Arbeitslosengeld II gemäß § 11 SGB II anzurechnen.[451] Die Agentur für Arbeit kann (abweichend von § 42 Abs 1 SGB I) nach § 168 SGB III einen **Vorschuss** zahlen, was aber ua die Beendigung des Arbeitsverhältnisses voraussetzt. Zusätzlich übernimmt die Agentur für Arbeit gemäß § 175 Abs 1 SGB III die ausgefallenen **Gesamtsozialversicherungsbeiträge.**[452]

---

[447] S näher KR/*Weigand* Anh I zu § 113 InsO Rn 26.

[448] S näher bezüglich der Pflichten zur Auskunftserteilung und Mitwirkung nach §§ 314, 316, 320 Abs 2 SGB III KR/*Weigand* Anh I zu § 113 InsO Rn 70 ff; vgl dort auch Rn 71 zur möglichen Auskunftspflicht des Betriebsrats.

[449] Die Kappung auf die Beitragsbemessungsgrenze ist mit Wirkung vom 1.1.2004 eingeführt worden, s zum Übergangsrecht, § 434j SGB III, BSG 5.12.2006 – B 11a AL 19/05 R, ZIP 2007, 929.

[450] Vgl dazu insgesamt Gagel/*Peters-Lange* Stand 2013 § 165, Rn 90 ff, § 167, Rn 5 ff mwN; KR/*Weigand* Anh I zu § 113 InsO, Rn 27 ff. S insbesondere zur Nichtberücksichtigung von Urlaubsgeld bei der Berechnung des Nettoeinkommens, BSG 23.3.2006 – B 11a AL 65/05 R, ZIP 2006, 1882; zur Nichtberücksichtigung von Urlaubsabgeltung und von Schadensersatzansprüchen wegen Nichtgewährung von Urlaub BSG 6.5.2009 – B 11 AL 12/08 R, NZA-RR 2010, 269. Vollstreckungskosten wegen der Durchsetzung des Arbeitsentgeltanspruchs aus der Zeit vor Verfahrenseröffnung, die durch den Arbeitgeber gemäß § 367 BGB verrechnet wurden, mindern nicht die Höhe des für den Anspruch auf Insolvenzgeld maßgeblichen Arbeitsentgelts, BSG 7.10.2009 – B 11 AL 18/08 R, ZIP 2010, 1257; zur Wertguthabenregelung des § 165 Abs 2 Satz 2 SGB III *Wiezer* S 65 f; zur Berücksichtigung von Ansprüchen, welche durch Entgeltumwandlung betriebsrentenrechtliche Ansprüche schaffen sollten, § 165 Abs 2 Satz 3 SGB III, BSG 5.12.2006 – B 11a AL 19/05 R, ZIP 2007, 929 (dort auch zur Rechtslage vor Einführung der Vorschrift).

[451] BSG 13.5.2009 – B 4 AS 29/08 R, NZS 2010, 348.

[452] S näher KR/*Weigand* Anh I zu § 113 InsO Rn 79 ff

Insolvenzgeld ist gemäß § 324 Abs 3 Satz 1 SGB III **innerhalb einer Ausschlussfrist von zwei Monaten nach dem Insolvenzereignis zu beantragen.** Die Frist widerspricht nach der EuGH-Rechtsprechung nicht den richtlinienrechtlichen Vorgaben für das Insolvenzgeld, da sie die effektive Geltendmachung des Anspruchs nicht verhindert.[453] Bei einem **Anspruchsübergang** ist ein vom Altgläubiger (Arbeitnehmer) gestellter Antrag dem Neugläubiger zuzurechnen, so dass die Ausschlussfrist gewahrt wird.[454] Wurde die Frist aus nicht zu vertretenden Gründen **versäumt,** ist der Antrag gemäß § 324 Abs 3 Satz 2 SGB III binnen zweier Monate nach Wegfall des Hinderungsgrundes zu stellen. § 324 Abs 3 Satz 3 SGB III stellt klar, dass es keinen Entschuldigungsgrund darstellt, wenn sich der Berechtigte „nicht mit der erforderlichen Sorgfalt um die Durchsetzung (seiner) Ansprüche bemüht" hat.[455] 325

b) **Anspruchsübergang auf die Agentur für Arbeit.** Soweit ein Anspruch auf Insolvenzgeld besteht, gehen die hierdurch erfassten Entgeltansprüche gemäß § 169 SGB III auf die Agentur für Arbeit über. Die Agentur kann die Ansprüche dann nach Maßgabe der §§ 38, 55 Abs 3, 174 ff als Insolvenzforderungen beim Insolvenzverwalter oder (bei fehlender Eröffnung bzw nach Abschluss des Insolvenzverfahrens) beim Schuldner geltend machen. Gemäß § 55 Abs 3 Satz 1 ändert sich mit dem Übergang des Entgeltanspruchs auch seine **insolvenzrechtliche Einordnung.** Soweit er zuvor nach Maßgabe des § 55 Abs 2 Masseforderung iSd § 53 war, wandelt er sich in eine Insolvenzforderung iSd § 38 um. Entsprechendes gilt nach § 55 Abs 3 Satz 2 für die gemäß § 175 Abs 1 SGB III von der Agentur für Arbeit übernommenen **Sozialversicherungsbeiträge.**[456] 326

Laut BAG erfasst der Anspruchsübergang nach § 169 SGB III **nicht** die **Ausfallhaftung des Auftraggebers aus § 14 AEntG** (ehemals § 1a AEntG). Auch ein Haftungsübergang nach §§ 412, 401 Abs 1 BGB wird in diesem Fall verneint. Das hat zur Konsequenz, dass der Auftraggeber im Umfang der Insolvenzgeldzahlung von seiner Haftung aus § 14 AEntG befreit wird. Dieses Ergebnis mag auf dem ersten Blick dem Sinn und Zweck der § 169 SGB III, § 14 AEntG zuwiderlaufen, hält sich aber im Rahmen des Wortlauts von § 169 SGB III, der eben nur „Ansprüche auf Arbeitsentgelt" betrifft. Zudem verweist das BAG darauf, dass der Auftraggeber mit der Beitragspflicht zur Insolvenzgeldumlage (§ 359 Abs 1 Satz 2 SGB III, § 28e Abs 3a SGB IV) zu seiner Haftungsfreistellung beigetragen hat.[457] 327

Gemäß § 169 Satz 1 SGB III findet der **Anspruchsübergang** bereits mit der **Antragstellung** auf die Bundesagentur für Arbeit statt. Die Rechtsprechung vertritt hier – ähnlich wie zu § 116 SGB X[458] – die Ansicht, dass der Anspruchsübergang also möglichst früh- 328

---

[453] EuGH 18.9.2003, Rs C-125/01 (Pflücke), Slg 2003, I-9375 = ZIP 2003, 2173; bestätigt für das italienische Recht in EuGH 16.7.2009, Rs C-69/08 (Visciano); KR/*Weigand* Anh I zu § 113 InsO Rn 50.

[454] SG Detmold 28.2.1979 – S 12 Ar 237/77, ZIP 1980, 52 f; KR/*Weigand* Anh I zu § 113 InsO Rn 65.

[455] S näher *Klüter* WM 2010, 1483 (1489 f); KR/*Weigand* Anh I zu § 113 InsO Rn 51 ff.

[456] Zur Vorgeschichte des § 55 Abs 3 BAG 3.4.2001 – 9 AZR 301/00, NZA 2002, 90; BAG 3.4.2001 – 9 AZR 143/00, BB 2001, 2530.

[457] BAG 18.12.2010 – 5 AZR 95/10, NZA 2012, 514; s dazu *Berkowsky* NZI 2011, 360; KR/*Weigand* Anh I zu § 113 InsO, Rn 87.

[458] Vgl BGH 24.4.2012 – VI ZR 329/10, NJW 2012, 3639; BGH 2.12.2008 – VI ZR 312/07, VersR 2009, 230 = NJW-RR 2009, 455 (457); KassKomm SGB/*Kater* Stand 2013 § 116 SGB X Rn 143 f.; HWK/*Giesen* § 116 SGB X Rn 32; *Giesen* NJW 2012, 3609.

zeitig und umfassend erfolge, damit die Agentur in der Lage ist, die notwendigen Maßnahmen zur Klärung der tatsächlichen Lage und zur zweckgerechten Verfolgung offener Entgeltforderungen, insbesondere durch Anmeldung zur Tabelle, zu ergreifen. Deswegen geht sie regelmäßig von einem zunächst vorläufigen Übergang aus, welcher sich verfestigt, wenn das Insolvenzgeld bindend oder rechtskräftig zuerkannt ist. Wird dagegen der Insolvenzgeldantrag abgelehnt, fällt der Entgeltanspruch auf den Arbeitnehmer zurück.[459] Auch nach dem Anspruchsübergang auf die Agentur für Arbeit ist der Anspruch beim **Arbeitsgericht** geltend zu machen, und er unterliegt – neben der denkbaren Verjährung von Entgeltforderungen gemäß §§ 195, 199 Abs 1 BGB – gegebenenfalls arbeits- oder tarifvertraglichen **Ausschlussfristen.** Ist freilich der Anspruch auf die Agentur übergegangen und hat ihn diese durch Verstreichenlassen der Ausschlussfrist verfallen lassen, dann kann sie später nicht dem Insolvenzgeld beantragenden Arbeitnehmer entgegenhalten, er habe keinen Entgeltanspruch (mehr) und somit auch keinen Insolvenzgeldanspruch.[460] Im Übrigen findet die **Insolvenzanfechtung** (s dazu Rn 96 ff) gemäß § 169 Satz 3 SGB III nach dem Anspruchsübergang **gegen die Bundesagentur für Arbeit** statt.

329 Soweit die Bundesagentur für Arbeit durch die Insolvenzgeldleistung Ausgaben hat, welche nicht durch die Geltendmachung der übergegangenen Ansprüche gedeckt sind, erleidet sie einen wirtschaftlichen Schaden, den sie uU bei Personen geltend machen kann, welche für die **Herbeiführung oder der schädlichen Verzögerung der Insolvenz** haften. Der BGH hat zur diesbezüglichen Verantwortlichkeit eines GmbH-Geschäftsführers aus Insolvenzverschleppung nach § 64 GmbHG und § 826 BGB Stellung genommen; die betreffende Rechtsprechung dürfte für jedes Leitungsorganmitglied einer Kapitalgesellschaft gelten. Laut BGH wird der Agentur nach § 826 BGB nur dann ein Schaden zugefügt, wenn ihre Leistungspflicht aus § 165 SGB III deshalb entstanden ist, weil der Geschäftsführer gegen seine aus § 64 Abs 1 GmbHG folgende Pflicht zur zügigen Insolvenzantragstellung verstoßen hat. Soweit dabei der Geschäftsführer vorträgt, dass die Insolvenz ohnehin eingetreten wäre, also auch bei pünktlicher Antragstellung die betreffenden Leistungspflichten aus § 165 SGB III entstanden wären, hat die Agentur zu beweisen, dass dies nicht der Fall gewesen wäre. Der BGH sieht hierin keine vom Geschäftsführer zu belegende schadensrechtliche Reserveursache und auch keinen Einwand rechtmäßigen Alternativverhaltens. Zudem lehnt der Gerichtshof sogar Beweiserleichterungen für die Agentur ab, die darauf beruhen könnten, dass diese keinen Einblick in das Insolvenzgeschehen bei der GmbH hatte.[461]

---

459 BSG 17.7.1979 – 12 RAr 15/78, ZIP 1980, 126 = BSGE 48, 269; BAG 10.2.1982 – 5 AZR 936/79, ZIP 1982, 1105; LSG Schleswig 5.12.2008 – L 3 AL 86/07, ZIP 2009, 733; KR/*Weigand* Anh I zu § 113 InsO Rn 67; vgl auch BAG 12.1.2005 – 5 AZR 279/2001, EzAÜG AEntG § 1a Nr 7.

460 LSG Schleswig 5.12.2008 – L 3 AL 86/07, ZIP 2009, 733; KR/*Weigand* Anh I zu § 113 InsO Rn 61. S generell zu den Wirksamkeitsanforderungen von Ausschlussfristregelungen BAG 26.4.2006 – 5 AZR 403/05, NZA 2006, 845 ff = NJW 2006, 2653 f; BVerfG 1.12.2010 – 1 BvR 1682/07, NZA 2011, 354 ff; *Nägele/Gertler* NZA 2011, 442; *Brecht-Heitzmann* DB 2011, 1523.

461 BGH 18.12.2007 – VI ZR 231/06, ZIP 2008, 361 = ZInsO 2008, 384, zustimmend dazu *Wagner/Bronny* ZInsO 2009, 622; vgl auch *Obermüller/Kuder* Rn 5.433.

c) Vorfinanzierung von Arbeitsentgelt mittels Insolvenzgeld im Vorfeld der Verfahrenseröffnung

aa) Vorschriften zur Abtretung, Verpfändung oder Pfändung des Arbeitsentgelt- und des Insolvenzgeldanspruchs vor Beantragung von Insolvenzgeld. Gemäß § 170 Abs 1, Abs 2 SGB III erfasst eine Abtretung, Verpfändung oder Pfändung (§ 398 BGB, §§ 1273, 1274, 1279 BGB, §§ 828 ff ZPO) des Arbeitsentgeltanspruchs vor Stellung des Antrags auf Insolvenzgeld auch den Anspruch auf Insolvenzgeld.[462] Jedoch erlöschen die Pfandrechte im Moment der Auszahlung des Insolvenzgeldes an den Berechtigten, § 170 Abs 3 SGB III. Im Fall der Abtretung ist nur der neue Gläubiger des Insolvenzgeldanspruchs nach §§ 323 ff SGB III antrags- und empfangsbefugt.[463] Soweit die Agentur für Arbeit in Unkenntnis der Abtretung an den früheren Gläubiger zahlt, wird sie gemäß § 407 Abs 1 BGB von der Schuld befreit; das soll jedoch dann nicht gelten, wenn die Abtretung zeitlich vor dem Insolvenzereignis erfolgt ist.[464] 330

Gemäß § 170 Abs 4 SGB III wird der Anspruch des Gläubigers oder Pfandgläubigers, an den das Insolvenzgeld abgetreten oder dem es verpfändet wurde, ausgeschlossen, wenn nicht die Agentur für Arbeit zustimmt. Die Zustimmung darf nur erfolgen, „wenn Tatsachen die Annahme rechtfertigen, dass durch die Vorfinanzierung der Arbeitsentgelte ein erheblicher Teil der Arbeitsplätze erhalten bleibt“. 331

bb) Vorfinanzierung des Insolvenzgeldanspruchs als Mittel zur Finanzierung von Weiterarbeit im Vorfeld der Verfahrenseröffnung. Diese etwas umständliche Regelung hat folgenden Hintergrund.[465] Der vorläufige Insolvenzverwalter lässt die Arbeitnehmer oft ohne Bezahlung bis zu drei Monate weiter arbeiten und versucht, während dieser Zeit das Unternehmen (ganz oder teilweise) zu sanieren. Meist teilt er dem Insolvenzgericht kurz vor Ablauf der betreffenden Zeitdauer mit, dass die Insolvenzgründe bestünden und dass (je nach Masse) eine Verfahrenseröffnung angezeigt sei oder nicht. Das Gericht eröffnet dann das Verfahren oder weist den Verfahrensantrag mangels Masse ab. Im Moment dieser Entscheidung wird, weil ein Insolvenzereignis iSd § 165 Abs 1 Satz 2 Nr 1, 2 SGB III eintritt, der Anspruch der Arbeitnehmer auf Insolvenzgeld ausgelöst, welcher dann häufig exakt die drei Monate umfasst, die der vorläufige Insolvenzverwalter das Unternehmen ohne Lohnzahlungen fortgeführt hat. Auf diese Weise werden die Arbeitnehmer für die währenddessen geleistete Arbeit entgolten, und faktisch können der vorläufige Insolvenzverwalter bzw der Schuldner somit **bis zu drei Monate unter weitgehender Einsparung von Personalmitteln mit dem Unternehmen weiterwirtschaften.**[466] 332

---

462 Vgl dazu Gagel/*Peters-Lange* Stand 2013 § 170 Rn 7 ff, 25 ff; KR/*Weigand* Anh I zu § 113 InsO, Rn 64 ff; zulässig ist auch die Abtretung zur Einziehung, Gagel/*Peters-Lange* Stand 2013 Rn 23; KR/*Weigand* Anh I zu § 113 InsO Rn 65 mwN.

463 Gagel/*Peters-Lange* Stand 2013 § 170, Rn 23 f; KR/*Weigand* Anh I zu § 113 InsO Rn 64.

464 Gagel/*Peters-Lange* Stand 2013 § 170 Rn 24, 29 ff; KR/*Weigand* Anh I zu § 113 InsO Rn 66; SG Kassel 2.6.1981 – 5 Ar 90/80, ZIP 1981, 1013.

465 S zum folgenden Insolvenzgeld-DA der BA Nr 3; *Obermüller/Kuder* Rn 5.400 ff; Gagel/*Peters-Lange* Stand 2013 § 170 Rn 70 ff.; *Klüter* WM 2010, 1483 ff.

466 Die EU-Kommission sieht im Insolvenzgeld keine unzulässige Behilfe iSd Art 107 AEUV, vgl das Schreiben vom 19.11.2009 K(2009)8707 endg. unter dem Betreff „Staatliche Beihilfe NN 55/2009 – Deutschland Angebliche staatliche Beihilfe durch Insolvenzgeld und seine Finanzierung“, dazu *Obermüller/Kuder* Rn 5.426; ebenso BAG 3.4.2001 – 9 AZR 301/00, NZA 2002, 90 = ZIP 2001, 1964 (die Entscheidung befasst sich allerdings lediglich generell mit dem massefördernden Charakter von Insolvenzgeldzahlungen, ohne ie auf die

333 Bei alledem ist eine unmittelbare, sofortige **Leistung der Agentur für Arbeit an die Arbeitnehmer noch zu Zeiten der vorläufigen Insolvenzverwaltung nicht möglich**, weil die Anspruchsentstehung gemäß § 165 Abs 1 Satz 2 SGB III das Eintreten eines Insolvenzereignisses voraussetzt (dieses ist bei Insolvenzantragstellung noch nicht eingetreten) und zudem nach § 168 SGB III ein Vorschuss nur bei bereits beendetem Arbeitsverhältnis geleistet wird. Um die Arbeitnehmer über die Zeitspanne zwischen Verfahrensantrag und Verfahrenseröffnung auch vorläufig nicht ohne Geld zu lassen (und um zu verhindern, dass sie ihre Arbeitskraft nach § 273 BGB zurückhalten oder gemäß § 626 BGB wegen Nichtzahlung des Entgelts kündigen, s oben Rn 1), behelfen sich vorläufige Insolvenzverwalter oft mittels der Vorfinanzierung des Insolvenzgeldes durch eine hinzugezogene Bank (sog **kollektive Vorfinanzierung**). Die Bank zahlt den Arbeitnehmern über maximal drei Monate die Nettoentgeltbeträge als Kaufpreis gemäß §§ 433, 453 BGB (sog **Forderungskaufverfahren**; früher war auch die Vorgehensweise als Darlehensgewährung nach § 488 BGB bzw ehemals § 607 BGB gebräuchlich, sog **Kreditierungsverfahren**)[467] für von ihnen gemäß § 398 BGB vorab abgetretene künftige Ansprüche auf Arbeitsentgelt.

334 Die Abtretung erfolgt bis zum Erreichen des den vollen Insolvenzgeldanspruch auslösenden Betrages in vollem Maße. Für sie greift die **Begrenzung auf den pfändbaren Betrag nach § 400 BGB, §§ 850 ff ZPO nicht**, weil der Arbeitnehmer mit der Vorfinanzierung eine Gegenleistung erhält, welche der dem Pfändungsschutz unterworfenen Entgeltleistung entspricht.[468] Freilich hat das BSG für das Kreditierungsverfahren (s soeben

---

Insolvenzgeldvorfinanzierung einzugehen); *Hase* WM 2000, 2231; *Zwanziger* ZIP 2000, 595; ähnlich BSG 29.5.2008 – B 11a AL 61/06 R, NZS 2009, 401 = NZA-RR 2008, 661 (die Entscheidung betrifft die Rechtmäßigkeit der Insolvenzgeldumlage und geht nicht auf die Masseförderung oder die Insolvenzgeldvorfinanzierung ein); vgl zur Entscheidung des BSG den Nichtannahmebeschluss BVerfG 2.2.2009 – 1 BvR 2553/08, ZIP 2009, 680. S generell zur Frage, in welchen Fällen sozialpolitisch motivierte sozialrechtliche oder steuerrechtliche Vergünstigungen Beihilfen darstellen können, EuGH 17.6.1999, Rs C-75/97 (Belgien/Kommission), Slg 1999, I-3671; *Streinz* JuS 2000, 390.

467 S zu den beiden Möglichkeiten des Forderungskaufs einerseits und des Kreditierungsverfahrens die diesbezüglichen Entscheidungen BSG 22.3.1995 – 10 RAr 1/94, ZIP 1995, 935 (hier wurde das Forderungskaufverfahren gebilligt); BSG 8.4.1992 – 10 RAr 12/91, ZIP 1992, 941; BSG 9.12.1998 – 1 RAr 1/97, ZIP 1998, 2169 (hier wurde das Kreditierungsverfahren in Frage gestellt, seine Zulässigkeit letztendlich aber offen gelassen); *Obermüller/Kuder* Rn 5.404 ff; Gagel/*Peters-Lange* Stand 2013 § 170, Rn 63; *Klüter* WM 2010, 1483 (1485 f). Wegen der Zweifel am Kreditierungsverfahren ist heute das Forderungskaufverfahren üblich.

468 BSG 22.3.1995 – 10 RAr 1/94, ZIP 1995, 935; BAG 24.1.1964 – 5 AZR 258/63, AP KO § 30 Nr 1 m Anm *Weber*; *Obermüller/Kuder* Rn 5.421; s generell zur Nichtanwendung von § 400 BGB auf Abtretungen, bei denen der Abtretungsempfänger gleichwertige Leistungen erhält, Palandt/*Grüneberg* § 400 BGB Rn 3 mwN. Vgl bei *Obermüller/Kuder* Rn 5.443 das Formular eines Forderungskauf- und Abtretungsvertrages zwischen Bank und Arbeitnehmer und Rn 5.445 das Formular über eine Rahmenvereinbarung zwischen Bank und vorläufigem Insolvenzverwalter. In ersterem Formular stimmen Schuldner, vorläufiger Insolvenzverwalter und ggf Betriebsrat der Abtretung zu und verpflichten sich dazu, Lohnunterlagen zur Verfügung zu stellen; außerdem garantiert der Arbeitnehmer der Bank das Bestehen von Entgeltansprüchen in Höhe der ausgezahlten Kaufsumme, und erlaubt dem Arbeitgeber und dem vorläufigen Insolvenzverwalter die unmittelbare Vorlage von Lohnunterlagen bei der Bank. Die genannten Klauseln dürften hilfreich, aber nicht zwingend vonnöten sein. In letzterem Formular erklärt sich die Bank

Rn 333) an der Geltung dieser Ausnahme von § 400 BGB, §§ 850 ff ZPO Zweifel geäußert, weil im Darlehensfall nicht voll sichergestellt sei, dass die Bankleistung wirklich an die Stelle des pfändungsgeschützten Anspruchs tritt.[469] Deshalb ist man mittlerweile dazu übergegangen, statt des Kreditierungsverfahrens das Forderungskaufverfahren zu praktizieren. Zudem vereinbart die Bank mit dem Schuldner/Arbeitgeber bzw mit dem entsprechend befugten vorläufigen Insolvenzverwalter die **Stundung** der an sie abgetretenen Entgeltansprüche, und zwar für die zu erwartende Dauer des Insolvenzgeldanspruchs, höchstens aber bis zum Eintritt des Insolvenzereignisses oder der Verfahrenseinstellung. Im Fall so genannter „revolvierender" Entgelt- und Insolvenzgeldabtretung greift die Stundung nur für die Dauer der Abtretung, so dass bei Rückfall an den Arbeitnehmer der Entgeltanspruch wieder fällig ist (s näher Rn 342). Außerdem vereinbaren Bank und vorläufiger Insolvenzverwalter, wer welche Auskunftspflichten gegenüber der Agentur für Arbeit zu erfüllen hat, insbesondere diejenige nach § 316 SGB III, und ob der vorläufige Insolvenzverwalter im Namen der Bank bei der Agentur für Arbeit Leistungsanträge stellen soll.[470]

Nach Ablauf der betreffenden Zeit, wenn das Verfahren eröffnet oder mangels Masse **335**
eingestellt ist, **beantragt die Bank**, welche aufgrund der Abtretung der Entgeltansprüche gemäß § 170 Abs 1 SGB III auch Gläubigerin des Insolvenzgeldanspruchs geworden ist, **gemäß §§ 323 ff SGB III Insolvenzgeld** (s hierzu insbesondere die Zuständigkeitsregelung des § 327 Abs 3 Satz 2 SGB III und die zweimonatige Ausschlussfrist nach § 324 Abs 3 SGB III). Dieses wird dann von der Agentur für Arbeit unmittelbar an die Bank gezahlt (vgl zur nachträglichen Insolvenzgeldzahlung § 337 Abs 3 Satz 2 SGB III).

cc) **Vereinbarungen über die Tragung von Zins- und Ausfalllasten bei der Vorfinan- 336**
zierung des Insolvenzgeldanspruchs. Bei diesem Vorgehen stellt sich die Frage nach dem Zins (dieser wird vom Insolvenzgeldanspruch nicht erfasst[471]) und nach dem Ausfallrisiko für die vorfinanzierende Bank. Das **Ausfallrisiko** ist relativ gering, denn Insolvenzgeld muss unabhängig davon geleistet werden, ob das Verfahren eröffnet oder der Insolvenzantrag mangels Masse abgelehnt wird. Die denkbare Abweisung wegen Nichtvorliegens eines Insolvenzgrundes lässt zwar den Insolvenzgeldanspruch nicht mehr entstehen, ist aber weitgehend unproblematisch, da sie nur in Betracht kommt, wenn der Schuldner als Arbeitgeber (auch) seine Entgeltpflichten erfüllen kann, so dass dann die Bank von ihm ihr Geld erhält. Somit bezieht sich das Ausfallrisiko vor allem auf Bankzahlungen, bei denen ein Insolvenzgeldanspruch in Wirklichkeit nicht oder nicht im angenommenen Ausmaß besteht oder bei denen bereits Lohnabtretungen bzw Lohnpfändungen vorgenommen wurden und die Bank nicht befreiend leistet.[472] Soweit in diesem Fall der Leistungsempfänger das abredewidrig Erlangte mangels eigener Zahlungsfähig-

---

zum Forderungskauf von den Arbeitnehmern bereit (entsprechend ersterem Formular, das der Vereinbarung beigefügt ist), der vorläufige Insolvenzverwalter verpflichtet sich, die nötigen Arbeitnehmerunterschriften einzuholen und unverzüglich nach Eintritt des Insolvenzereignisses die Lohnunterlagen der Arbeitnehmer zur Verfügung zu stellen. Außerdem werden unterschiedliche Varianten der Zinszahlung an die Bank vorgeschlagen, unter denen die Formularnutzer wählen können.

[469] BSG 8.4.1992 – 10 RAr 12/91, ZIP 1992, 941; BSG 9.12.1998 – 1 RAr 1/97, ZIP 1998, 2169.

[470] *Klüter* WM 2010, 1483 (1487 f).

[471] Verzugszinsen und Kosten der Geltendmachung des rückständigen Lohnes oder anderer Ansprüche aus dem Arbeitsverhältnis gehören nicht zum Arbeitsentgelt iSd § 165 Abs 2 Satz 1 SGB III, BSG 28.2.1985 – 10 RAr 19/83, ZIP 1085, 626.

[472] Vgl *Klüter* WM 2010, 1483 (1488).

keit nicht zurückerstatten kann und auch eine Schadensersatzhaftung etwa des Insolvenzverwalters beispielsweise wegen organisatorischer Fehlleistungen nicht greift, fällt die Bank mit ihrer Forderung aus. Denkbar ist das etwa, wenn sich nach der Zahlung an einen vermeintlichen Arbeitnehmer herausstellt, dass dieser in Wirklichkeit nur freier Mitarbeiter war, wenn Fehler bei der Nettoentgeltberechnung gemacht wurden oder wenn das Entgeltversprechen anfechtbar war (§ 166 Abs 1 Nr 2 SGB III) – und wenn in diesen Fällen der Zahlungsempfänger mangels Liquidität nicht oder nicht ausreichend erstatten kann.[473]

337 Was die Übernahme der Zinsleistungspflichten und des Ausfallrisikos betrifft, sind unterschiedliche Gestaltungen möglich. Es ist denkbar, dass die **Bank** das Geld zinslos zur Verfügung stellt und das Ausfallrisiko übernimmt, beispielsweise weil sie selbst Gläubigerbank ist und ein Eigeninteresse an der effizienten Durchführung des Vorverfahrens und des Insolvenzverfahrens hat oder weil sie die Aussicht auf einen späteren lukrativen Massekredit nicht trüben will. Weiter können **Dritte, denen an der Kreditgewährung gelegen ist**, Zinsen und Ausfallrisiko übernehmen. Das müssen nicht unbedingt Gläubiger sein oder Betriebserwerber, welche später den „geretteten" Betrieb übernehmen wollen und deshalb bereits Vorfinanzierungskosten mittragen. So gaben in einem vom BSG entschiedenen Fall die Gesellschafter der insolventen Kapitalgesellschaft „Schadloshaltungserklärungen" ab, in welchen sie zusagten, die finanzierende Bank wegen eventueller Verluste – auch wegen Zinsverlusten – aus dem Ankauf des Arbeitsentgeltes zu entschädigen.[474] Zudem gibt es Fälle, in denen es **der vorläufige Insolvenzverwalter** selbst ist, der **persönlich** (also nicht als Partei kraft Amtes, weder in seiner Eigenschaft als vorläufiger noch als künftig vielleicht noch zu ernennender Insolvenzverwalter) eine entsprechende Erklärung abgibt, also mit seinem Privatvermögen einsteht.[475] Bei alledem lassen sich **Zinsen unterschiedlich vereinbaren**, beispielsweise so, dass sie für die Zeit bis zur Insolvenzgeldleistung gezahlt werden müssen, oder auch so, dass sie bis zum Insolvenzereignis und eventuell für eine feste Zeit danach zu zahlen sind. Im letzeren Fall trägt die Bank das Risiko der später bzw hat die Chance der früher als erwartet erfolgenden Zahlung durch die Agentur.[476]

338 Fraglich ist, ob die – zur Zeit der vorläufigen Insolvenzverwaltung ja noch gar nicht existierende – **Masse** verpflichtet werden kann, die Zinsen und mögliche Ausfälle abzusichern. Prinzipiell droht hier keine Konfusion wegen Zusammentreffens von Gläubiger- und Schuldnerschaft, weil Zins und Ausfallrisiko nicht Entgeltansprüche betreffen (s dazu Rn 345). Jedoch gilt grundsätzlich, dass eine Verpflichtung des Schuldners nach § 38 lediglich einfache Insolvenzforderungen nach sich zieht und dass die Zinsforderun-

---

473 *Klüter* WM 2010, 1483 (1489 f) empfiehlt Banken, wegen der erhöhten Ausfallrisiken Insolvenzgeldvorfinanzierungen nur vorzunehmen, wenn ein Eigenantrag des Schuldners auf Verfahrenseröffnung und kein Gläubigerantrag gestellt worden ist. Inwieweit in diesem Fall tatsächlich höhere Ausfälle in Aussicht stehen, ist aber fraglich. Der Gläubigerantrag mag ein Indiz für fehlende Zuverlässigkeit der schuldnerischen Organisation sein, aber das ist nicht zwingend. Zudem rät *Klüter* zur Einholung eines deklaratorischen Schuldanerkenntnisses des Schuldners, in dem die Richtigkeit von ihm angegebener Entgeltsätze versichert wird. Dieses ist freilich in der Insolvenz wenig wert.

474 BSG 22.3.1995 – 10 RAr 1/94, ZIP 1995, 935; so auch die Lösung im Formular (Ziff 12, Variante 3) bei *Obermüller/Kuder* Rn 5.445.

475 So die Lösung im Formular (Ziff 12 Var 2) bei *Obermüller/Kuder* Rn 5.445; s dort auch Rn 5.414 ff.

476 Vgl *Klüter* WM 2010, 1483 (1490), s dort auch zur Zinspflicht der Agentur nach § 44 SGB I sowie zu Anfechtungsrisiken bei Zinsleistungen durch den Schuldner an die Bank.

gen nach Verfahrenseröffnung gemäß § 39 Abs 1 Nr 1 sogar noch weiter nachrangig sind.[477] Nur ein **„starker" vorläufiger Insolvenzverwalter** nach § 22 Abs 1, § 55 Abs 2 Satz 1 oder ein **entsprechend befugter „halbstarker" vorläufiger Insolvenzverwalter** nach § 22 Abs 2 Satz 1, § 55 Abs 2 Satz 1 hat die Möglichkeit, entsprechende Masseverbindlichkeiten zu schaffen.[478] Für den „halbstarken" Insolvenzverwalter dürfte dabei der häufige Beschlusstenor genügen, nach welchem ihm ua „das Recht zur Ausübung der Arbeitgeberbefugnisse übertragen" wird. Zwar zählt die Flankierung der Insolvenzgeldfinanzierung nicht zu den typischen Aufgaben eines Arbeitgebers. Jedoch wird durch sie sichergestellt, dass die Arbeitnehmer des Schuldners wegen ihres Entgeltausfalls zügig Leistungen erhalten und nicht auf die Verfahrenseröffnung oder auf die Verfahrensablehnung mangels Masse warten müssen. Deswegen dürfte die Übernahme einer Verpflichtung zur Zins- und Ausfallzahlung innerhalb der Befugnisse eines solchen vorläufigen Verwalters liegen.[479]

Rechtssicherer ist es natürlich, wenn **in den Beschluss ausdrücklich die Befugnis** des **339**
vorläufigen Insolvenzverwalters **zum Abschluss von Vereinbarungen über Insolvenzgeldfinanzierung** aufgenommen wird. Ebenfalls möglich ist es, dass das Insolvenzgericht nachträglich eine Ermächtigung an den vorläufigen Insolvenzverwalter erteilt, in welcher ihm gemäß § 22 Abs 2 Satz 1, § 55 Abs 2 Satz 1 die Befugnis erteilt wird, die Masse zulasten von Zins- und Ausfallkosten zu verpflichten.[480]

Zudem existieren wohl auch Fälle, in denen ein **nicht entsprechend befugter** „schwa- **340**
cher" vorläufiger Insolvenzverwalter eine **nicht verbindliche Zusage** dahingehend erteilt, dass er, sollte er später zum Insolvenzverwalter bestellt werden, aus Massemitteln die Bank von ihrem Zins- und Ausfallrisiko entlasten wird.[481] Mangels zur Zeit der Erklärung bestehender Verwaltungs- und Verfügungsbefugnis kann eine solche Zusage die Masse nicht verpflichten. Es stellt sich die Frage, ob ein Insolvenzverwalter später berechtigt ist, trotz fehlender Rechtspflicht aus der Masse entsprechende Zahlungen an die vorfinanzierende Bank zu leisten. Einerseits treffen ihn die gesetzlichen Pflichten zur Massesammlung und Masseverwertung nach § 148. Andererseits ist es im Wirtschaftsleben nicht unüblich, Leistungen auch in Situationen zu erbringen, in denen keine entsprechende Rechtspflicht besteht. Ökonomisch gesehen bestehen gute Gründe dafür, die Zins- und Ausfalllasten der Bank trotz fehlender Rechtspflicht zu übernehmen, weil die Masse regelmäßig in weit überproportionalem Maß von der Vorfinanzierung profitiert hat. Deshalb ist es nicht leicht zu beurteilen, ob ein Insolvenzverwalter, der solche Zahlungen zulasten der Masse leistet, pflichtwidrig handelt und nach § 60 Abs 1 haftet. Die Frage soll hier unbeantwortet bleiben.

dd) Zum Risiko der „verspäteten" Verfahrenseröffnung bzw Verfahrensablehnung – **341**
das Modell der „revolvierenden" Entgeltabtretung. Ein weiteres für die Bank bestehendes Risiko folgt aus der prinzipiellen Ungewissheit darüber, ob und wann das Insolvenzgericht das Insolvenzverfahren eröffnen oder mangels Masse ablehnen wird (die Abweisung wegen Nichtvorliegens eines Insolvenzgrundes ist weitgehend unproblematisch, da sie grundsätzlich nur denkbar ist, wenn der Schuldner als Arbeitgeber seine Entgeltpflich-

[477] *Obermüller/Kuder* Rn 5.414.
[478] *Obermüller/Kuder* Rn 5.413; *Klüter* WM 2010, 1483 (1486).
[479] *Klüter* WM 2010, 1483 (1486).
[480] *Klüter* WM 2010, 1483 (1486); ebenso die Lösung im Formular (Ziff 12, Var 1) bei *Obermüller/Kuder* Rn 5.445.
[481] S den Hinweis bei *Obermüller/Kuder* Rn 5.414, wonach bei einem „schwachen" vorläufigen Insolvenzverwalter auf dessen Vertrauenswürdigkeit gebaut werden müsse sowie darauf, dass er tatsächlich zum endgültigen Insolvenzverwalter bestellt werde.

ten erfüllen kann). Die Lösung dieses Problems erfolgt teils in der Weise, dass Arbeitnehmer und Bank eine so genannte „revolvierende" Abtretung von Entgeltansprüchen und somit auch von Insolvenzgeldansprüchen vereinbaren. Hier leistet die Bank zunächst Vorfinanzierung für drei Monate und beendet dann die Zahlungen. Es werden ihr dennoch jeweils die Entgeltansprüche der letzten drei Monate des Arbeitsverhältnisses abgetreten, damit sie im Fall des Insolvenzereignisses sofort die „passenden", gemäß § 165 SGB III anspruchsbegründenden letzten drei Monate geltend machen kann. Die Stundungsvereinbarung mit dem Schuldner bzw mit dem entsprechend befugten vorläufigen Insolvenzverwalter sieht hier vor, dass die somit nicht mehr abgetretenen älteren Entgeltforderungen auch nicht mehr gestundet sind, so dass die Arbeitnehmer diese auf sie zurückfallenden Ansprüche sofort wieder geltend machen können. Hier deckt das vorfinanzierte Insolvenzgeld dann einen anderen Zeitraum ab als die geleisteten Zahlungen. Deshalb lässt sich bezweifeln, dass in diesem Fall die oben Rn 334 referierte Ausnahme von der Abtretungsschranke der § 400 BGB, §§ 850 ff ZPO noch eingreift. Um dieses Problem zu vermeiden, kann die Bank mit dem Arbeitnehmer vereinbaren, dass dieser ihr die Zahlungen für den nicht (mehr) insolvenzgeldgedeckten Zeitraum erstattet und sie gleichzeitig neue Vorfinanzierungsleistungen für die jüngeren Zeiträume erbringt. Damit erfassen dann wieder der abgetrene Entgeltanspruch und der mit ihm übergegangene Insolvenzgeldanspruch denselben Zeitraum wie die von der Bank erbrachte Leistung. Wenn beide Ansprüche gleich hoch sind, erfolgt dies durch Aufrechnung der beiden Ansprüche (§ 387 BGB). Weil das wegen Entgeltschwankungen freilich nicht immer der Fall ist, wird oft zusätzlich vereinbart, dass der Bank auch die Aufwendungen, Zinsen und Ausfälle für die davor abgelaufene Zeiten zu ersetzen sind.[482]

342 ee) **Zulässigkeit der Vorfinanzierung bei Zustimmung der Agentur für Arbeit wegen Arbeitsplatzerhalts nach § 170 Abs 4 SGB III.** Die dargestellte Finanzierung der Arbeitskosten durch die Agentur für Arbeit (genauer: durch die Arbeitgeber als Beitragszahler zur Insolvenzgeldumlage, § 358 SGB III) mag auf den ersten Blick wie eine Art missbräuchliche Leistungserschleichung wirken. Denn mit dem Hinauszögern der Verfahrenseröffnung und der Nichtleistung von Arbeitsentgelt werden die Voraussetzungen für die Insolvenzgeldleistung bewusst herbeigeführt. Trotzdem wird diese Praxis gebilligt, weil gerade die Übergangszeit bis zur Verfahrenseröffnung häufig entscheidend ist, wenn es darum geht, Sanierungspläne zu entwerfen und ihre Umsetzung zu beginnen.[483]

343 Deshalb akzeptiert der Gesetzgeber dieses Vorgehen in der Weise, dass er den Fortbestand des Insolvenzgeldanspruchs beim neuen Gläubiger bzw beim Pfandgläubiger von

---

482 Vgl *Obermüller/Kuder* Rn 5.408. Die Zulässigkeit einer solchen Konstruktion hat das BSG im Fall BSG 22.3.1995 – 10 RAr 1/94, ZIP 1995, 935, nicht zu entscheiden gehabt. Das BSG hat diesen Fall daher nicht näher beurteilt; die Vorinstanz hatte dagegen dieses Vorgehen gebilligt (LSG NW 24.11.1993 – L 12 AR 22/92, nicht veröffentlicht; mE zu Unrecht äußert *Klüter* WM 2010, 1483, 1488, das BSG habe angedeutet, in der revolvierenden Vorfinanzierung eine Insolvenzverschleppung zu sehen). Unter Geltung von § 170 Abs 4 SGB III dürften sich die diesbezüglichen Zweifel erledigt haben, weil die Agentur für Arbeit die jeweilige Vorfinanzierung insgesamt zulässt oder nicht, so dass im Fall der Zulassung auch die revolvierende Erweiterung erlaubt sein muss. Soweit der Arbeitnehmer der Bank mehr schuldet als diese ihm jeweils für die von § 165 SGB II erfassten Entgeltansprüche geleistet hat, besteht mE die Abtretungsschranke der § 400 BGB, §§ 850 ff ZPO.

483 S näher zur Diskussion um Missbrauch und Zulässigkeit des beschriebenen Vorgehens BSG 22.3.1995 – 10 RAr 1/94, ZIP 1995, 935; *Obermüller/Kuder* Rn 5.423 ff; Gagel/*Peters-Lange* Stand 2013 § 170 Rn 70 ff.

der Zustimmung der Agentur für Arbeit gemäß § 170 Abs 4 Satz 1 SGB III abhängig macht.[484] Die Zustimmung wird nach § 170 Abs 4 Satz 2 SGB III erteilt, „wenn Tatsachen die Annahme rechtfertigen, dass **durch die Vorfinanzierung der Arbeitsentgelte ein erheblicher Teil der Arbeitsstellen erhalten** bleibt". Laut Durchführungsanweisungen der Bundesagentur für Arbeit ist ein solcher erheblicher Arbeitsplatzerhalt anzunehmen, wenn die betriebliche Funktion als solche fortbesteht und im Betrieb nach Maßgabe der Quotenregelung des § 112a BetrVG eine gewisse Mindestzahl an Arbeitnehmern erhalten bleibt. Wenn also etwa im Betrieb bisher 500 Arbeitnehmer tätig waren und durch die Insolvenzgeldzahlung 60 Arbeitsplätze nach Maßgabe etwa eines nachvollziehbaren Sanierungsplans erhalten bleiben können, werden demnach die Voraussetzungen des § 170 Abs 4 SGB III erfüllt.[485]

Die **Zustimmung** kann nach dem deutlichen Wortlaut des § 170 Abs 4 S 1 SGB III **344**
nur **vor dem Eintritt des Insolvenzereignisses** erteilt werden.[486] Der **Insolvenzgeldantrag** selbst muss dann gemäß § 324 Abs 3 SGB III **innerhalb einer Ausschlussfrist von zwei Monaten nach dem Insolvenzereignis** gestellt werden, s oben Rn 326.

Die dargelegte Konstruktion der **Vorfinanzierung** von Insolvenzgeld **durch die Bank** **345**
als dritte Person[487] ist deshalb erforderlich, weil der Arbeitgeber (Schuldner) nicht selbst die Vorfinanzierung vornehmen kann. In dieser Situation würde der Arbeitnehmer an den Arbeitgeber einen gegen diesen Arbeitgeber selbst gerichteten Anspruch abtreten. Der Entgeltanspruch würde wegen Konfusion (Zusammentreffen der Schuldner- und Gläubigerstellung in einer Person) untergehen mit der Konsequenz, dass die Hauptvoraussetzung für die Insolvenzgeldzahlung nach § 165 Abs 1 Satz1 SGB III entfällt, nämlich das Bestehen eines unerfüllten Entgeltanspruchs.[488] Das kann auch geschehen, wenn ein **künftiger Betriebserwerber** die betreffende Vorfinanzierung vornimmt. Weil und soweit er später nach § 613a Abs 1 Satz 1 BGB in die Pflichtenstellung des Betriebsveräußerers eintritt, tritt ebenfalls Konfusion ein mit der Konsequenz, dass der Insolvenzgeldanspruch entfällt.[489] Eine solche Konfusion ist meines Erachtens auch dann anzunehmen, wenn ein **„starker" vorläufiger Insolvenzverwalter** oder ein **bzgl. des Arbeitsverhältnisses verwaltungsbefugter („halbstarker") Insolvenzverwalter** die Vorfinanzierung übernimmt, weil auch dieser als Partei kraft Amtes den Schuldner als Arbeitgeber ver-

---

484 Nach altem Recht, § 141k Abs 2a AFG, wurde die Übertragung oder Verpfändung von Konkursausfallgeld dann erlaubt, wenn der Neugläubiger bzw Pfandgläubiger (vor allem die vor finanzierende Bank) nicht gleichzeitig Gläubiger des Arbeitgebers oder an dessen Unternehmen beteiligt war. Dieses formale Kriterium war allerdings keine ganz befriedigende Lösung, denn ein Insolvenzgeldkredit kann oft nur von Banken beschafft werden, die das Unternehmen kennen und an seiner möglichst erfolgreichen Sanierung interessiert sind – also von Gläubigerbanken. Außerdem gibt es zuweilen sehr große insolvente Unternehmen, die bei einer Menge Banken Schulden haben, was zu Schwierigkeiten beim Auffinden einer geeigneten Bank führt, s zu alledem und generell zur Entwicklung bis zum SGB III Gagel/*Peters-Lange* Stand 2013 § 170 Rn 65 ff.

485 Insolvenzgeld-DA der BA, Nr 3.2 (8); Gagel/*Peters-Lange* Stand 2013 § 170 Rn 78.

486 *Klüter* WM 2010, 1483 (1488); vgl dort S 1489 auch zur Rücknahme der Zustimmung – im Fall ihrer Erschleichung – nach § 45 Abs 2 SGB X.

487 S zu möglichen Meldepflichten für Großkredite nach dem KWG *Obermüller/Kuder* Rn 5.434 ff; *Klüter* WM 2010, 1483 (1491).

488 Vgl entsprechend zu § 141k Abs 2a A FG die Entscheidung BSG 9.12.1998 – 1 RAr 1/97, ZIP 1998, 2169.

489 BSG 6.11.1985 – 10 RAr 3/84, ZIP 1986, 100; Gagel/*Peters-Lange* Stand 2013 § 170 Rn 17; KR/*Weigand* Anh I zu § 113 InsO Rn 64.

pflichtet (dies alles betrifft natürlich nicht die Übernahme von Ausfallrisiko und Zinsleistungen gegenüber der Bank, s dazu Rn 337 f).

346 Bei alledem greift laut Bundesagentur für Arbeit das Zustimmungserfordernis gemäß § 170 Abs 4 SGB III nicht im Fall der sog **individuellen Vorfinanzierung.** Bei ihr ist es nicht der Insolvenzverwalter, welcher für den gesamten Betrieb die Vorfinanzierung des Insolvenzgeldes mitvereinbart, sondern nur der einzelne Arbeitnehmer, der dies für sich tut. Das bedeutet, dass das Zustimmungserfordernis nicht besteht, wenn ein einzelner Arbeitnehmer mit seiner Bank eine lohnbezogene Abtretungs- oder Verpfändungsvereinbarung trifft, selbst wenn er das auf Empfehlung und unter Nutzung von Lohnunterlagen des vorläufigen Insolvenzverwalters tut. Das geschieht häufig im Rahmen von Kreditvereinbarungen zwischen Arbeitnehmer und Bank, welche dem Arbeitnehmer dazu verhelfen sollen, die entgeltlose Phase bis zur Auszahlung des Insolvenzgeldes finanziell durchzustehen.[490]

347 **Nach Stellung des Antrags auf Insolvenzgeld** greifen die beschriebenen Beschränkungen bezüglich der Verfügung über den Anspruch nicht mehr. Dann gelten die Vorgaben des § 171 SGB III, wobei insbesondere der Pfändungsumfang (§ 171 Abs 1 Satz 1 SGB III: „... wie Arbeitseinkommen ...") nach §§ 850 ff ZPO begrenzt ist.[491] Eine vor Antragstellung nach § 170 SGB III unwirksame Verfügung ist, wenn sie § 171 SGB III entspricht, als diesbezüglich aufschiebend bedingte (§ 158 Abs 1 BGB) Verfügung zulässig und wird mit Eintritt der Bedingung – Stellung des zulässigen und begründeten Insolvenzgeldantrags – wirksam.[492]

348 d) **Insolvenzgeld für Arbeitnehmer nicht insolvenzfähiger juristischer Personen, § 12 Abs 2.** Arbeitnehmer, die bei einer zahlungsunfähigen juristischen Person des öffentlichen Rechts beschäftigt sind, welche nicht insolvenzfähig ist, haben nach Maßgabe von § 12 Abs 2 einen §§ 165 ff SGB III entsprechenden Anspruch gegen das Land, welches die Insolvenzunfähigkeit angeordnet hat. Der Grund hierfür ist, dass die betreffende juristische Person nach § 358 Abs 1 Satz 2 SGB III nicht beitragspflichtig zur Insolvenzgeldumlage ist.[493] Der Anspruch ist davon abhängig, dass tatsächlich lediglich diese Ausnahme von der Beitragspflicht (aus der wohl auf den Ausschluss der Insolvenzgeldberechtigung zu schließen ist, obwohl das SGB III dies nicht ausdrücklich vorsieht) zur fehlenden Leistungsberechtigung führt. Der betreffende Arbeitnehmer muss also die (übrigen) Anspruchsvoraussetzungen der §§ 165 ff SGB III erfüllen.

---

490 *Obermüller/Kuder* Rn 5.404; s zur individuellen Vorfinanzierung dort Rn 5.431 ein Musterschreiben des vorläufigen Insolvenzverwalters an den Arbeitnehmer. Offenbar geht die Bundesagentur für Arbeit in ihren Durchführungsanweisungen prinzipiell nicht von einer Missbrauchsgefahr zugunsten eines in Wirklichkeit nicht unterstützungswürdigen Unternehmens aus. In der Literatur wird diese Haltung mit Blick auf Sinn und Zweck des § 170 Abs 4 SGB III gebilligt, auch wenn sie keine Stütze im Gesetzestext hat, Insolvenzgeld-DA der BA, Nr 3.1 (2); Gagel/*Peters-Lange* Stand 2013 § 170 Rn 71.

491 Vgl Gagel/*Peters-Lange* Stand 2013, § 170, Rn 55 ff.

492 KR/*Weigand* Anh I zu § 113 InsO Rn 69 mwN.

493 MünchKomm/*Ott*/*Vuia* InsO § 12, Rn 21.

XII. Internationales

1. Anknüpfungsregeln im Geltungsbereich der EuInsVO

a. Anerkennung ausländischer Insolvenzverfahren nach Art 3, 4 EuInsVO. Der Übergang der Arbeitgeberstellung auf einen Insolvenzverwalter kann sich, ähnlich wie nach § 80 (oben Rn 16 ff) auch dann ergeben, wenn ein ausländisches Insolvenzverfahren hierzulande anerkannt wird. Auf dem Gebiet der EU gilt dabei die Verordnung (EG) Nr 1346/2000 des Rates vom 29.5.2000 (EuInsVO). Sie regelt in Art 3 die Zuständigkeit für das Insolvenzverfahren unter Anknüpfung an den Staat, in dem der Schuldner seine hauptsächlichen Interessen hat (sog center of main interests, COMI).[494] Gemäß Art 16 Abs 1 EuInsVO werden wirksame Insolvenzverfahrenseröffnungen, die von hierfür zuständigen nationalen Gerichten anderer Mitgliedstaaten vorgenommen worden sind, anerkannt. Die Annahme eines ausländischen Insolvenzgerichts, zuständig zu sein, kann nach einer von ihm vorgenommenen Verfahrenseröffnung unter Geltung der EuInsVO von anderen Gerichten prinzipiell nicht überprüft werden.[495] Ausnahmen bestehen nur in Fällen von ordre-public-Verstößen, Art 26 EuInsVO.[496] Mit der Anerkennung der Verfahrenseröffnung wird gemäß Art 18 Abs 1 EuInsVO auch der ausländische Verwalter anerkannt, also einem inländischen Verwalter gleichgestellt. Für das Dienstvertrags- und Arbeitsrecht bedeutet das, dass „Insolvenzverwalter“ iSd §§ 113, 120–128 auch jeder zur Kündigung berechtigte Verwalter iSd Art 2 lit b EuInsVO ist, wie er in Anhang C EuInsVO aufgezählt wird. Für die Prozessunterbrechung und die Prozessaufnahme gilt gemäß Art 15 EuInsVO das Recht des Gerichtsstaats, die „lex fori processus“. Wird also beispielsweise ein Arbeitsprozess bei einem deutschen Arbeitsgericht geführt und über das Vermögen des Arbeitgebers im Ausland ein gemäß Art 16 ff EuInsVO hierzulande anerkanntes Insolvenzverfahren eröffnet, kommt es zur Prozessunterbrechung und möglicherweise zur Prozessaufnahme nach § 240 ZPO, §§ 85 f InsO.[497] 349

b) Art 10 EuInsVO – Anknüpfung an das Arbeitsrechtsstatut für das Insolvenzarbeitsrecht. Wenn somit für das Insolvenzverfahren und seine Wirkungen gemäß Art 4 EuInsVO grundsätzlich das Recht des Staats der Verfahrenseröffnung gilt, bedeutet das noch nicht, dass für die Arbeitsverhältnisse, an denen der Schuldner als Arbeitgeber beteiligt ist, ebenfalls dieses Recht eingreift. Die Wirkungen des Insolvenzverfahrens auf ein Arbeitsverhältnis unterliegen gemäß Art 10 EuInsVO vielmehr dem für das Arbeitsverhältnis maßgebenden Recht.[498] Art 10 EuInsVO eröffnet somit die Anknüpfung nach 350

---

494 Vgl hierzu ie BAG 20.9.2012 – 6 AZR 253/11, ZIP 2012, 2312; BAG 13.12.2012 – 6 AZR 772/11, [juris]; *Giesen* EuZA 2013, 350; *Göpfert/Müller* NZA 2009, 1057.

495 BAG 20.9.2012 – 6 AZR 253/11, ZIP 2012, 2312; Rn 26 (unter Verweis auf EuGH 21.1.2010, Rs C-444/07 (MG Probud), Slg 2010, I-417, Rn 26 ff); BAG 13.12.2012 – 6 AZR 772/11, [juris]. S zur Blockadewirkung von Insolvenzverfahren über Unternehmensgruppen für Insolvenzverfahren für einzelne gruppenzugehörige Unternehmen in anderen Staaten EuGH 22.11.2012, Rs C-116/11 (Bank Handlowy), ZIP 2012, 2403; OLG Frankfurt aM 28.8.2012 – 5 U 150/11, ZInsO 2012, 1990; OLG Nürnberg 15.12.2011 – 1 U 2/11, ZIP 2012, 241.

496 BAG 20.9.2012 – 6 AZR 253/11, Rn 28, ZIP 2012, 2312.

497 Vgl BAG 27.2.2007 – 3 AZR 618/06, ZIP 2007, 2047.

498 BAG 20.9.2012 – 6 AZR 253/11, ZIP 2012, 2312; BAG 13.12.2012 – 6 AZR 348/11, NZA 2013, 669; BAG 25.4.2013 – 6 AZR 49/12 [juris]; LAG Hessen 14.12.2010 – 13 Sa 969/10, ZIP 2011, 289; LAG Hessen 31.5.2011 – 4 TaBV 153/10, [juris]; LAG Hessen 25.7.2011 – 17 Sa 120/11 [juris]; *Giesen* EuZA 2013, 350; *Göpfert/Müller* NZA 2009, 1057.

allgemeinen kollisionsrechtlichen Regeln, welche in der Regel gemäß Art 8, 9 Rom I-VO zu erfolgen hat. Wenn demnach bei einem deutschem Recht unterliegenden Arbeitsverhältnis über das Vermögen des Arbeitgebers von einem ausländischen Gericht das Insolvenzverfahren eröffnet wird, gilt für das Insolvenzverfahren das Recht des verfahrenseröffnenden Gerichts, für das Arbeitsverhältnis aber weiter deutsches Arbeitsrecht. Dies umfasst auch das deutsche Insolvenzarbeitsrecht mit den in §§ 108 Abs 1 Satz 1, 113, 120–128 enthaltenen dienst- und arbeitsrechtlichen Regelungen. Das heißt, dass das Arbeitsverhältnis auch über die Verfahrenseröffnung hinaus nach § 108 Abs 1 Satz 1 fortbesteht, die Kündigungsmöglichkeiten nach § 113 eröffnet und die kollektivarbeitsrechtlichen Gestaltungsmittel der §§ 120–128 anwendbar werden.[499] Deswegen greifen bei inländischen Betrieben, auf welche das BetrVG anzuwenden ist, auch die diesbezüglichen kollektivarbeitsrechtlichen Instrumente nach §§ 120–128, insbesondere die Möglichkeit des Interessenausgleichs mit Namensliste gemäß § 125.[500] Soweit ein **Dienstverhältnis** betroffen ist, **welches kein Arbeitsverhältnis ist**, gelten Art 3, Art 4 Abs 1 lit b Rom I-VO. Im Fall von arbeitsrechtlichen Kündigungsrechtsstreitigkeiten (dazu Rn 28 ff) richtet sich die internationale Zuständigkeit nach Art 2, 59 ff, 19 EuGVVO.[501]

2. §§ 335 ff – Anknüpfungsregeln außerhalb des Geltungsbereichs der EuInsVO

351 Soweit nicht die EuInsVO nicht eingreift, richtet sich die Bestimmung des anwendbaren Insolvenzrechts nach §§ 335 ff.[502] Die Wirkungen des Insolvenzverfahrens aufs Arbeitsverhältnis wiederum werden dabei gemäß § 337 – wie nach Art 10 EuInsVO – aber nach dem Arbeitsvertragsstatut bestimmt.[503] Hier ist gemäß dem Wortlaut von § 337 zwar das EGBGB für das Arbeitsverhältnis maßgebend; weil und soweit mittlerweile das EGBGB durch die Rom I-VO ersetzt wurde, ist diese aber nunmehr entscheidend. Die Nichtanpassung von § 337 dürfte insofern auf einem redaktionellen Versehen beruhen.[504] Für die Prozessunterbrechung und die Prozessaufnahme gilt gemäß § 352 wie nach Art 15 EuInsVO das Recht des Gerichtsstaats („lex fori processus").[505]

---

499 *Göpfert/Müller* NZA 2009, 1057; KR/*Weigand* § 113 InsO Rn 7a.

500 Für § 102 BetrVG in der Insolvenz BAG 13.12.2012 – 6 AZR 348/11, NZA 2013, 669; BAG 25.4.2013 – 6 AZR 49/12 [juris]; für § 125 InsO BAG 20.9.2012 – 6 AZR 253/11, ZIP 2012, 2312; BAG 13.12.2012 – 6 AZR 772/11, [juris]; LAG Hessen 31.5.2011 – 4 TaBV 153/10 [juris]; LAG Hessen 25.7.2011 – 17 Sa 120/11, [juris]; LAG Hessen 14.12.2010 – 13 Sa 969/10, ZIP 2011, 289, alle Entscheidungen des LAG Hessen betrafen noch das EGBGB, m zust Anm *Cranshaw* [juris}; *Göpfert/Müller* NZA 2009, 1057; KR/*Weigand* § 113 InsO Rn 7a.

501 BAG 20.9.2012 – 6 AZR 253/11, ZIP 2012, 2312; LAG Hessen 14.12.2010 – 13 Sa 969/10, ZIP 2011, 289; *Giesen* EuZA 2013, 350; *Göpfert/Müller* NZA 2009, 1057; *Cranshaw* jurisPR-InsR 11/2011 Anm 2 zu LAG Hessen 14.12.2010 – 13 Sa 969/10.

502 S etwa BAG 13.12.2012 – 6 AZR 348/11, NZA 2013, 669; BAG 25.4.2013 – 6 AZR 49/12 [juris] die Entscheidungen betrafen das Liquidationsverfahren nach einem griechischen Gesetz für öffentliche Unternehmen, für welches nicht klar war, ob es der EuInsVO unterlag (vgl auch LAG Düsseldorf 14.7.2011 – 15 Sa 786/10, NZI 2011, 874); BAG 27.2.2007 – 3 AZR 618/06, ZIP 2007, 2047, betreffend das Reorganisationsverfahren nach chapter 11 des U.S.-Bancruptcy Code, insbesondere die vom Gericht verneinte Prozessunterbrechung nach § 352, dazu *Temming* IPRax 2009, 327.

503 S zur Inhaltsgleichheit der Verweisung auf das Arbeitsrechtsstatut von Art 10 EuInsVO und § 337 BAG 13.12.2012 – 6 AZR 348/11, NZA 2013, 669; Andres/Leithaus/*Dahl* InsO § 337 Rn 2.

504 Für die selbstverständliche Anwendung der Rom I-VO Andres/Leithaus/*Dahl* InsO § 337 Rn 1, 5.

505 S etwa BAG 27.2.2007 – 3 AZR 618/06, ZIP 2007, 2047, betreffend das Reorganisationsverfahren nach chapter 11 des

3. Anknüpfungsregeln für die betriebliche Altersversorgung in der Insolvenz

Für die betriebliche Altersversorgung (dazu Rn 209 ff) gilt grundsätzlich, dass das Recht des Versorgungsverhältnisses dem Recht des Arbeitsverhältnisses folgt, hier also in der Regel Art 8 Rom I-VO gilt. Dies muss auch für den Anspruch gegen den PSVaG auf Insolvenzschutz nach §§ 7 ff BetrAVG gelten und für die diesbezügliche Beitragspflicht zum PSVaG nach § 10 BetrAVG. Daran ändern die Anknüpfungsregeln des Art 4 EuInsVO und des § 335 nichts, weil die arbeitsrechtliche Anknüpfung auch für insolvenzarbeitsrechtliche Sonderregeln nicht dem Insolvenzstatut folgt, sondern gemäß Art 10 EuInsVO und § 337 weiterhin dem Arbeitsrechtsstatut. 352

Wenn also bei einem Arbeitsverhältnis, das deutschem Recht unterliegt, über das Vermögen des Arbeitgebers nach ausländischem Recht das Insolvenzverfahren eröffnet wird, bleibt das Arbeitsverhältnis als solches nach Art 10 EuInsVO und § 337 weiterhin dem deutschen Arbeitsrechtsstatut unterworfen. Daraus muss sich gleichzeitig ergeben, dass im Fall der Insolvenz des Arbeitgebers (und somit der Nichterfüllung der arbeitgeberseitigen Leistungspflicht aus § 1 Abs 1 Satz 3 BetrAVG) das für das Arbeitsverhältnis geltende Recht auch für einen hierauf bezogenen Anspruch gegen den PSVaG einschlägig ist. Somit folgt auch die Beitragspflicht nach § 10 BetrAVG dem Arbeitsrechtsstatut. Für den Versorgungsanspruch gegen den Arbeitgeber und für den – diesen sichernden – Versorgungsanspruch gegen den PSVaG ist zu beachten, dass die Anknüpfung auch nach dem Ende des Arbeitsverhältnisses bestehen bleibt. Ist der Arbeitnehmer also beispielsweise nach dem Ende des Arbeitsverhältnisses ausgewandert und hat im Ausland unter Geltung anderer Arbeitsrechtsordnungen gearbeitet, ändert das nichts an der Geltung des deutschen Rechts für seinen Versorgungsanspruch und seine Ansprüche gegen den PSVaG. Andererseits gelten für die unmittelbar gegen die Direktversicherung bestehenden Ansprüche und ihre Insolvenzsicherung die versicherungsrechtlichen Anknüpfungsregeln des Art 7 Rom I-VO. 353

Freilich existieren, auch wenn grundsätzlich deutsches Insolvenzarbeits- und Betriebsrentenrecht gilt, **Tatbestandsmerkmale**, die **unter Beachtung ausländischen Rechts** ausgefüllt werden müssen, wenn das Insolvenzstatut des Arbeitgebers nicht deutsch ist. Das betrifft alle insolvenzarbeits- und betriebsrentenrechtlichen Tatbestandsmerkmale, welche spezifisch die Insolvenz betreffen. So muss etwa der Begriff der „Verfahrenseröffnung" iSd § 7 Abs 1 S 1 BetrAVG subsumiert oder die Frage beantwortet werden, wer als Insolvenzverwalter befugt ist, Versorgungszusagen für den Arbeitgeber zu widerrufen, sie zu kündigen oder im Hinblick auf sie Nichterfüllung zu wählen. Hier wird man richtigerweise davon ausgehen müssen, dass jeweils die im Ausland erfolgte Verfahrenseröffnung und der im Ausland bestellte Verwalter der inländischen Verfahrenseröffnung gleichgestellt ist und der im Ausland bestellte Verwalter die Befugnisse eines im Inland bestellten Verwalters innehat. Dies folgt aus der Anerkennung des ausländischen Verfahrens und der ausländischen Verwalterbestellung nach Art 16, 18 EuInsVO und § 343. 354

4. Anknüpfungsregeln für Insolvenzgeldleistungen

Innerhalb der EU gilt für das Insolvenzgeld die Kollisionsregel des Art 9 Richtlinie 2008/94. Danach ist bei Unternehmen, die im Hoheitsgebiet mindestens zweier Mitgliedstaaten tätig sind, im Fall ihrer Zahlungsunfähigkeit für die Befriedigung der nicht erfüll- 355

U.S.-Bancruptcy Code, für die vom BAG die Prozessunterbrechung nach § 352 verneint wurde; s dazu *Temming* IPRax 2009, 327; vgl auch LAG Düsseldorf 14.7.2011 – 15 Sa 786/10, NZI 2011, 874.

ten Arbeitnehmeransprüche die Einrichtung desjenigen Mitgliedstaats zuständig, in dessen Hoheitsgebiet die betreffenden Arbeitnehmer ihre Arbeit gewöhnlich verrichten oder verrichtet haben. Laut EuGH erfordert der Begriff „tätig" nicht zwingend, dass ein in einem Mitgliedstaat ansässiges Unternehmen eine Zweigniederlassung oder eine feste Niederlassung in einem anderen Mitgliedstaat hat. Es genügt, dass das Unternehmen „über eine feste wirtschaftliche Präsenz verfügt, die durch das Vorhandensein von Personal gekennzeichnet ist, das es ihm ermöglicht, dort Tätigkeiten zu entfalten".[506]

356 Außerhalb des Anwendungsbereichs des Art 9 Richtlinie 2008/94 müssen für das Insolvenzgeld die allgemeinen kollisionsrechtlichen Regelungen der §§ 4 ff SGB IV angewandt werden.[507]

§ 113
Kündigung eines Dienstverhältnisses

[1]Ein Dienstverhältnis, bei dem der Schuldner der Dienstberechtigte ist, kann vom Insolvenzverwalter und vom anderen Teil ohne Rücksicht auf eine vereinbarte Vertragsdauer oder einen vereinbarten Ausschluß des Rechts zur ordentlichen Kündigung gekündigt werden. [2]Die Kündigungsfrist beträgt drei Monate zum Monatsende, wenn nicht eine kürzere Frist maßgeblich ist. [3]Kündigt der Verwalter, so kann der andere Teil wegen der vorzeitigen Beendigung des Dienstverhältnisses als Insolvenzgläubiger Schadenersatz verlangen.

Materialien: BT-Drucks 12/2443, S 148 f; BT-Drucks 12/7302, S 169 f.

Literatur

Annuß Tarifbindung durch arbeitsvertragliche Bezugnahme? ZfA 2005, 405; *Berkowsky* Das neue Insolvenz-Kündigungsrecht, NZI 1999, 129; *Berrisch* Kündigungen in der Insolvenz, FA 2008, 197; *Berscheid* Arbeitsverhältnisse in der Insolvenz, 1999; *ders* Die Kündigung von Arbeitsverhältnissen nach § 113 InsO (Teil I), ZInsO 1998, 115; *ders* Die Kündigung von Arbeitsverhältnissen nach § 113 InsO (Teil II), ZInsO 1998, 159; *Besgen* Besonderheiten des Zustimmungsersetzungsverfahrens nach § 103 BetrVG, NZA 2011, 133; *Caspers* Anmerkung zum Urteil des Bundesarbeitsgerichts vom 6.7.2000 – 2 AZR 695/99, Kündigungsfrist bei Kündigung eines befristeten Arbeits-

---

[506] EuGH 16.10.2008, Rs C-310/07, Slg 2008, I-7871 = EuZA 2010, 109. Die Entscheidung betraf noch die gleichlautende Regelung des Art 8a Richtlinie 80/987 vom 20.10.1980 zur Angleichung der Rechtsvorschriften der Mitgliedstaaten über den Schutz der Arbeitnehmer bei Zahlungsunfähigkeit des Arbeitgebers, Abl L 283, S 23, in der durch die Richtlinie 2002/74/EG vom 23.9.2002 (Abl L 270, S 10) geänderten Fassung. Für die Zeit vor Geltung dieses Art 8a hatte der EuGH andere Kollisionsregeln für das Insolvenzgeld formuliert. Siehe zu diesen Regeln EuGH 10.3.2011, Rs C-477/09 (De fossez), NZA 2011, 451 m Anm *Kokott* EuZA 2012, 78; EuGH 16.12.1999, R C-198/98 (Everson und Barrass), Slg 1999, I-8903; EuGH 17.9.1997, Rs C-117/96 (Mosbæk), Slg 1997, I-5017 = EuZW 1997, 691; s hierzu *Giesen* Vorgaben, S 45 f, 53, 55, 62 f; KR/*Weigand* Anh I zu § 113 InsO Rn 4.

[507] BSG 23.2.1994 – 10 Rar 8/93, SozR 3-4100, § 141b Nr 9 = Breithaupt 1995, 150; BSG 29.2.1984 – 10 Rar 20/82, ZIP 1984, 1249; BayLSG 15.12.1998 – L 8 AL 242/97, NZS 2000, 50; s zu §§ 4 f SGB IV *Giesen* VSSR 2008, 327.

verhältnisses im Insolvenzverfahren SAE 2001, 187; *ders* Personalabbau und Betriebsänderung im Insolvenzverfahren, 1998; *Gaul* Aufhebungs- und Abwicklungsvertrag: Aktuelle Entwicklungen im Arbeits- und Sozialversicherungsrecht, BB 2003, 2457; *Giesen* Das neue Entgeltfortzahlungs- und Urlaubsrecht, RdA 1997, 193; *ders* Die Betriebsverfassung nach dem neuen Insolvenzrecht, ZIP 1998, 46; *ders* Diskriminierender Ausschluss einer Entlassungsabfindung wegen Anspruchs auf vorgezogene Altersrente, EuZA 2011, 383; *ders* Tarifvertragliche Rechtsgestaltung für den Betrieb – Gegenstand und Reichweite betrieblicher und betriebsverfassungsrechtlicher Tarifnormen, 2002; *Hanau* Entgeltverzicht, Entgeltstundung, Arbeitszeitkonten und Altersteilzeit in der Insolvenz ZIP 2002, 2028; *Heinze* Das Arbeitsrecht in der Insolvenzordnung, NZA 1999, 57; *Henkel* Zur Anwendbarkeit von § 113 InsO bei Neu-Einstellungen durch den Insolvenzverwalter, Zugleich Besprechung LAG Berlin v. 11.7.2007 – 23 Sa 450/07 ZIP 2008, 1265; *von Hoyningen-Huene* Die Bezugnahme auf den Tarifvertrag – ein Fall der Tarifbindung, RdA 1974, 138; *Krieger/Arnold* Rente statt Abfindung: Zulässigkeit des Ausschlusses älterer Arbeitnehmer von Sozialplanleistungen, NZA 2008, 1153; *Lakies* Das Arbeitsverhältnis in der Insolvenz, 2010; *ders* Zu den seit 1.10.1996 geltenden arbeitsrechtlichen Vorschriften der Insolvenzordnung, RdA 1997, 145; *Mohr* Altersdifferenzierungen im Sozialplan nach deutschem und europäischem Recht RdA, 2010, 44; *Moll* Anmerkung zu BAG 25.4.2007 – 6 AZR 622/06, AP InsO § 113 Nr 23 u 24; *Plander* § 113 Abs 1 Satz 2 InsO Tarifbeschränkung qua gesetzlicher Verschleierung, DZWIR 1999, 185; *Rieble* Anmerkung zu BAG 23.4.2009 – 6 AZR 263/08, AP BetrVG 1972 § 102 Nr 160; *ders* Arbeitsmarkt und Wettbewerb, 1996; *Schwörer* Lösungsklauseln für den Insolvenzfall, 2000; *Seitz/Werner* Arbeitsvertragliche Bezugnahmeklauseln bei Unternehmensumstrukturierungen, NZA 2000, 1257.

Übersicht

I. Überblick und Einführung

1. Normhistorie

1 Die Kündigung von Dienstverhältnissen (einschließlich Arbeitsverhältnissen) war bis zum Inkrafttreten der Insolvenzordnung in §§ 22, 26 KO, § 9 GesO und § 51 VglO geregelt. Noch vor der gesamten Insolvenzordnung am 1.1.1999 war § 113 bereits vorzeitig für den Geltungsbereich der damaligen Konkursordnung in Kraft gesetzt worden. Mit Wirkung vom 1.10.1996 galt die Vorschrift gemäß § 359 InsO, Art 110 EGInsO

mit der Maßgabe, dass statt des Wortes „Insolvenzverwalter" das Wort „Konkursverwalter" und statt des Wortes „Insolvenzgläubiger" das Wort „Konkursgläubiger" zu lesen war.[1]

Bis zum 31.12.1998 war der Geltungsbereich von § 113 auf die Konkursordnung der früheren Bundesrepublik beschränkt; für die Vergleichsordnung galt die Regelung nicht. Im Beitrittsgebiet war bis dahin die Gesamtvollstreckungsverordnung (GVVO)[2] als Bundesgesetz weiter anzuwenden, und zwar umbenannt in „Gesamtvollstreckungsordnung" (GesO), vgl Anlage II Kapitel III Sachgebiet A – Rechtspflege Abschnitt II Nr 1 des Einigungsvertrags. Anders als bei der Konkursordnung wurde § 113 also nicht in die GesO integriert. Die dem § 113 entsprechende Vorschrift des § 9 Abs 2 GesO gilt seit dem 1.1.1999 nur noch, wenn die Eröffnung des Gesamtvollstreckungsverfahrens vor diesem Datum beantragt wurde.[3] **2**

Der ursprüngliche § 113 Abs 2 wurde durch Gesetz vom 24.12.2003 mit Wirkung zum 1.1.2004 aufgehoben;[4] der bisherige Abs 1 ist seitdem alleiniger Wortlaut. **3**

2. Norm und Normzweck

§ 113 knüpft an den gemäß § 108 Abs 1 Satz 1 angeordneten Fortbestand des Dienstverhältnisses an, dessen beschleunigte Beendigung er ermöglicht. Die Regelung begrenzt die **Kündigungsfrist für Dienstverhältnisse** iSd § 611 BGB, also auch für Arbeitsverhältnisse, **auf höchstens drei Monate zum Monatsende**, und zwar unabhängig davon, ob durch Gesetz, Vertrag oder Kollektivvereinbarung eine längere Kündigungsfrist angeordnet ist. Außerdem ermöglicht § 113 die Kündigung mit der genannten **Frist von drei Monaten zum Monatsende**, wo **aufgrund Vertrags oder Kollektivvereinbarung** – nicht Gesetzes – **die Kündigung ausgeschlossen** oder eine **längere Vertragsdauer** festgelegt ist. § 113 weicht damit teilweise von der Vorgängerregelung des § 22 KO ab, nach welcher im Konkursverfahren mit der gesetzlichen Kündigungsfrist gekündigt werden konnte. Diese Vorschrift hatte zu erheblichen Sanierungsproblemen geführt, vor allem, nachdem die Rechtsprechung auch besonders lange tarifvertraglich festgesetzte Kündigungsfristen als „gesetzlich" und somit auch im Konkurs als verbindlich eingestuft hatte.[5] **4**

---

1 Art 6 ArbBeschFG v 25.9.1996 – BGBl I S 1476, s dazu BVerfG 21.5.1999 – 1 BvL 22/98, NZA 1999, 923; BAG 16.6.1999 – 4 AZR 191/98, AP InsO § 113 Nr 3. S zur Geltung von § 113 bei nach Inkrafttreten wiederholter Kündigung zwecks Nutzung der kürzeren Kündigungsfrist BAG 16.6.1999 – 4 AZR 69/98, ZInsO 1999, 714; generell zur Geltung von § 113 auch für Kündigungen, die in vor dem Inkrafttreten der Vorschrift eröffneten Verfahren ausgesprochen wurden, LAG Baden-Württemberg 10.3.2006 – 4 Sa 22/05 [juris]; LAG Baden-Württemberg 5.4.2006 – 17 Sa 29/05 [juris], LAG Baden-Württemberg 14.7.2006 – 18 Sa 22/05 [juris]; *Giesen* ZIP 1998, 46 (47 f); gegen diese Geltung *Lakies* RdA 1997, 145.

2 Gesamtvollstreckungsverordnung vom 6.6.1990, GVVO, GBl DDR I S 285.

3 ErfK/*Müller-Glöge* § 113 Rn 2.

4 BGBl I S 3002; s zu § 113 Abs 2 etwa BAG 16.6.2005 – 6 AZR 451/04, NZA 2005, 1109; BAG 3.7.2003 – 2 AZR 487/02, NZA 2003, 1335; BAG 16.5.2002 – 8 AZR 320/01, AP InsO § 113 Nr 9; BAG 19.1.2000 – 4 AZR 70/99, NZA 2000, 658; BAG 16.6.1999 – 4 AZR 191/98, NZA 1999, 1331; LAG Hamburg 14.6.2002 – 6 Sa 18/02, ArbRB 2003, 44; LAG Sachsen-Anhalt 8.6.2001 – 2 Sa 138/01, LAGE InsO § 113 Nr 8; LAG Rheinland-Pfalz 27.11.2000 – 7 Sa 792/00 [juris]; LAG Düsseldorf 29.6.2000 – 13 Sa 484/00, NZA-RR 2001, 413; LAG Hamm 28.6.2000 – 12 Ta 77/00, LAGE ZPO § 263 Nr 1; *Giesen* ZIP 1998, 46 (48).

5 BAG 7.6.1984 – 2 AZR 602/82, NZA 1985, 121 = ZIP 1984, 1517; zur GesO BAG 9.3.1995 – 2 AZR 484/94, NZA 1996, 99. Der ursprüngliche Reformentwurf hatte sich in § 127 Abs 1 E an dieser Vorschrift des § 22

5 Der Insolvenzverwalter kann somit die Masse belastende Dienstverhältnisse dadurch, dass bestehende Kündigungsfristen gekappt und Vereinbarungen über Kündigungsausschlüsse und Vertragsdauern für ihn unverbindlich gestellt werden, relativ zügig beenden. Insbesondere kann er nicht mehr benötigtes Personal zügiger abbauen, was sowohl die Unternehmenssanierung als auch die Unternehmensliquidation meist erleichtert, und auf diese Weise Masse möglichst erhalten oder mehren.[6] Dennoch hat der Insolvenzverwalter dabei stets alle sonstigen Gesetzesregelungen über die Zulässigkeit von Kündigungen zu beachten, insbesondere – sofern anwendbar – die arbeitsrechtlichen Vorschriften zum Kündigungsschutz, zur Betriebsratsanhörung und zu Massenentlassungsanzeigen. Das Vertrauen des Gekündigten in den ohne die Insolvenz längeren Bestand des Dienstverhältnisses wird nach § 113 Satz 3 insofern berücksichtigt, als er den Schaden aus der vorgezogenen Beendigung des Dienstverhältnisses, den so genannten **„Verfrühungsschaden"**, als **Insolvenzforderung** zur Tabelle anmelden kann.

6 Im Ausgleich für die Kappung der Vertragslaufzeiten gesteht das Gesetz aber auch **dem Dienstverpflichteten**, insbesondere also dem Arbeitnehmer, das **Recht der Kündigung mit der auf drei Monate zum Monatsende gekappten Frist** zu.

3. § 113 im Insolvenzrechtssystem

7 § 113 dient den in § 1 Satz 1 genannten Zielen des Insolvenzverfahrens. Die Gläubiger sind grundsätzlich gemeinschaftlich zu befriedigen, indem das Schuldnervermögen zu ihren Gunsten verwertet wird. Die Verbindlichkeiten des Schuldners sollen gleichmäßig aus seinem Vermögen beglichen werden (§§ 174 ff). Die Sicherung und die Verteilung obliegt regelmäßig dem Verwalter (ausnahmsweise an dessen Stelle dem eigenverwaltenden Schuldner, §§ 270 ff). Wenn ein entsprechender, von den Gläubigern konsentierter Insolvenzplan (§§ 217 ff) vorliegt, ist auch die Zielsetzung der Unternehmenserhaltung möglich. Das alles kann freilich nur gelingen, wenn die Möglichkeit besteht, das betreffende Vermögen zu sichern und mit ihm nachhaltig zu wirtschaften. Der Verwalter muss demnach als ernst zu nehmender Marktteilnehmer Geschäfte mit Wirkung für dieses Vermögen abschließen können. Das setzt voraus, dass die Verbindlichkeiten, welche er dabei begründet, nicht nur quotal als Insolvenzforderungen, sondern voll aus der Masse beglichen werden. Ebenso müssen Leistungen, die er zugunsten der Masse erhält, voll aus der Masse entgolten werden. Sonst würde niemand mit ihm Geschäfte machen oder zugunsten der Masse leisten wollen, und das Anliegen der Masseerhaltung und Massemehrung würde unterlaufen.

8 Daraus folgt die Notwendigkeit, hinsichtlich der für das Schuldnervermögen geschlossenen Rechtsgeschäfte eine zeitliche und sachliche Zäsur vorzunehmen, um zwischen den quotal und den voll zu begleichenden Verbindlichkeiten zu unterscheiden, also zwischen den Insolvenzforderungen und den Masseforderungen. Diese Zäsur bildet regelmäßig die Insolvenzverfahrenseröffnung. Verbindlichkeiten aus der Zeit davor werden als Insolvenzforderungen nur mit der Insolvenzquote berücksichtigt (§ 38), während Verbindlichkeiten aus der Zeit danach als Masseverbindlichkeiten voll beglichen werden, s näher §§ 53 ff, insbesondere § 55 Abs 1 Nr 1. Wichtige Ausnahme für den Dienstvertrag ist § 55 Abs 2, dazu Vor § 113 Rn 37 ff.

KO orientiert, wobei man die damals nur beschränkt gültige Dreiwochen-Klagefrist des § 4 KSchG aF auf die Insolvenz ausdehnte, s BT-Drucks 12/2443; der Rechtsausschuss hielt an letzterem fest, schuf aber mit dem damaligen § 127 Abs 1 E eine Vorschrift, die dem heutigen § 113 entspricht, s die Entwurfsbegründung BT-Drucks 12/7302, S 169.

[6] BAG 19.7.2007 – 6 AZR 1087/06, ZIP 2007, 2173; Braun/*Beck* InsO § 113 Rn 1.

Dementsprechend ist es erforderlich, eine Zuordnung für alle Rechtsgeschäfte vorzunehmen, die teils vor und teils nach Verfahrenseröffnung abgewickelt werden. Für einfache gegenseitige Verträge gilt gemäß § 103: Wenn sie noch nicht vollständig erfüllt sind, kann sich der Verwalter für ihre Erfüllung oder für ihre Nichterfüllung entscheiden. Im ersteren Fall (§ 103 Abs 1) kann er den Nutzen günstiger Geschäfte für die Masse ziehen. Im letzteren Fall (§ 103 Abs 2) kann er den Schaden ungünstiger Geschäfte von der Masse abwenden; die betroffenen Geschäftspartner können ihren Ausfall nur als Insolvenzforderung geltend machen (§ 103 Abs 2 Satz 1). Dieses Privileg des Verwalters ist die Konsequenz daraus, dass die InsO einerseits den Partner eines vor Verfahrenseröffnung abgeschlossenen Geschäfts mit dem Risiko seines insolvenzbedingten Scheiterns belastet und andererseits dem Partner eines gemäß dem Willen des Insolvenzverwalters nach Verfahrenseröffnung abgewickelten Geschäfts die volle Gegenleistung zu seiner Leistung zugesteht, weil diese der Masse zugutekommt. 9

Die Erforderlichkeit einer solchen Zäsur ergibt sich auch für Dauerschuldverhältnisse. 10 Vertragspartner, die mit dem Schuldner vor Verfahrenseröffnung Dauerschuldverhältnisse eingegangen sind, können insoweit den übrigen Vertragspartnern aus der Zeit davor gleichgestellt werden, als auch ihre Leistungen in diese Phase fallen. Deshalb werden die hieraus resultierenden Forderungen aus Dienstverträgen in § 108 Abs 3 als Insolvenzforderungen eingestuft. Mit der Verfahrenseröffnung ergibt sich dagegen die Frage nach dem Schicksal der in die Zeit danach fallenden vertraglichen Pflichten aus dem zuvor begründeten Dauerschuldverhältnis. Einerseits wäre es denkbar, dem Verwalter nach dem Muster des § 103 schlicht die Wahl der Nichterfüllung zuzugestehen. Damit würde der Gläubiger zwar bei Nichterfüllungswahl in seiner Vertragstreueerwartung enttäuscht. Da diese aber aus der Zeit vor Verfahrenseröffnung stammte und auf den Schuldner gerichtet war, wäre es denkbar, ihm nur einen Anspruch auf Ersatz des Erfüllungsinteresses zuzuweisen, der dann wie nach § 103 Abs 2 Satz 1 als Insolvenzforderung eingestuft würde. Der Insolvenzverwalter würde vor die Wahl gestellt: Er könnte sich entweder vom Dauerschuldverhältnis kurzfristig lösen; damit würde er die Leistungen aus dem Dauerschuldverhältnis verlieren, aber nach Verfahrenseröffnung die Masse vor weiteren Belastungen schützen. Oder er könnte sich für die weitere Erfüllung des Dauerschuldverhältnisses entscheiden; damit würde er der Masse die Leistungen aus diesem Dauerschuldverhältnis sichern, sie aber mit weiteren Gegenleistungsverbindlichkeiten belasten. Beide Alternativen helfen häufig nicht weiter. Oft ist die Masse – insbesondere für ein fortgesetztes Funktionieren des schuldnerischen Unternehmens – auf die (vorläufige) Fortsetzung von Dauerschuldverhältnissen angewiesen, seien es Miet-, Pacht- oder eben auch Dienstverträge. Des Weiteren kann man sich auf den Standpunkt stellen, dass zwar die Erfüllungserwartung des Gläubigers aus der Zeit vor Verfahrenseröffnung stammt und auf den Schuldner gerichtet war, dass ein Dienstverpflichteter mit seinem Entgeltanspruch aber besser gestellt werden muss, soweit seine Leistung in die Zeit nach Verfahrenseröffnung fällt. Zudem hilft eine Lösung vom Dauerschuldverhältnis dem Masseerhalt nicht, wenn der betreffende Vertragspartner über dingliche Sicherheiten verfügt, die er zulasten der Masse geltend machen kann, also etwa das Vermieter- und Verpächterpfandrecht. Im Arbeitsrecht würde eine sofortige Austrittsoption des Verwalters erhebliche soziale Verwerfungen nach sich ziehen, denn die betroffenen Arbeitnehmer würden mit dem fristlosen Arbeitsplatzverlust konfrontiert.

Vor diesem Hintergrund hat sich die Insolvenzordnung für einen Mittelweg entschieden. 11 Gemäß § 108 Abs 1 Satz 1 bleibt es auch nach Verfahrenseröffnung zunächst beim Dienstvertrag, wie er bereits mit dem Schuldner bestand. Die hieraus anfallenden schuldnerseitigen Leistungspflichten werden gemäß § 55 Abs 1 Nr 2, 2. Alt als Masseverbindlichkeiten voll beglichen. Um dem Schuldnervermögen bereits nach Verfahrensantragstellung die Leistungen aus sofort erforderlichen Dauerschuldverhältnissen zu sichern, wird der Bereich der Masseschulden gemäß § 55 Abs 2 auf Verbindlichkeiten erweitert, deren Gegenleistungen der vorläufige Insolvenzverwalter begründet oder befugtermaßen in Anspruch genommen hat (dazu Vor § 113 Rn 37 ff). Die übrigen Ansprüche für die Zeit vor Verfahrenseröffnung sind dagegen nach § 108 Abs 3 einfache Insolvenzforderungen. Zudem muss der durch den Fortbestand des Dauerschuldverhältnisses begründete, die Masse belastende Einfluss des Schuldners auf das Geschehen in der Zeit nach Verfahrenseröffnung begrenzt werden. Das geschieht in der Weise, dass sich der Verwalter gemäß § 113 unter erleichterten Bedingungen vom schuldnerischen Dienstvertrag lösen kann, und zwar durch die Kappung bestehender Kündigungsfristen auf drei Monate, wobei die Kündigungsfrist von drei Monaten auch dann greift, wenn eine längere Vertragsdauer oder ein Ausschluss der Kündigung vereinbart wurde. Weil hierdurch die vom Schuldner veranlasste Erwartung einer größeren Vertragsdauer enttäuscht wird, hat der Dienstverpflichtete gemäß § 113 Satz 3 einen diesbezüglichen Schadensersatzanspruch, der konsequenterweise als Insolvenzforderung nach § 38 eingeordnet wird. Das ist vergleichbar dem – ebenfalls als Insolvenzforderung eingestuften – Schadensersatz wegen Nichterfüllung aus § 103 Abs 2 Satz 1.

12 Des Weiteren ist § 113 in der Weise zu interpretieren, dass der Verwalter durch von ihm selbst eingegangene Dienstverhältnisse die Masse nicht zu sehr belasten soll. Soweit man sich dieser Interpretation anschließt, kann § 113 auch auf Dienstverhältnisse angewandt werden, die der Verwalter eingegangen ist (dazu näher Rn 56 ff).

13 Nach § 113 wird nicht nur für den Insolvenzverwalter, sondern auch für den Dienstverpflichteten, insbesondere auch für einen Arbeitnehmer, die Kündigungsfrist gekappt. Man will den Dienstverpflichteten nicht schlechter stellen als den Insolvenzverwalter (eine solche Gleichbehandlung fehlt in vielen Regelungen der §§ 103 ff; insbesondere ist nur der Insolvenzverwalter nach § 103 Abs 1 zur Nichterfüllungswahl befugt). Und man will dem Dienstverpflichteten die Möglichkeit geben, sich möglichst zügig einer neuen Tätigkeit zuzuwenden.[7]

4. § 113 – Verfassungsmäßigkeit des Eingriffs in tarifvertragliche Kündigungsfristen und Kündigungsausschlüsse

14 Die Verfassungsmäßigkeit von § 113 ist in der Vergangenheit im Hinblick auf die Tarifautonomie, welche durch Art 9 Abs 3 GG verbürgt ist, bezweifelt worden.[8] Dem hat sich das **BVerfG** richtigerweise deutlich entgegengestellt, als es zwei arbeitsgerichtliche Vorlagen nicht zur Entscheidung angenommen hat. Das Gericht erklärt, dass ein Eingriff in die Tarifautonomie durch das vom Gesetzgeber in § 113 verfolgte Ziel gerechtfertigt ist. Es soll eine Schlechterstellung der Insolvenzgläubiger verhindert werden, die entstünde, wenn nicht mehr benötigte Arbeitnehmer noch längere Zeit aus der Insolvenzmasse das volle Arbeitsentgelt erhalten müssten. Des Weiteren verweist das BVerfG auf den – in der Praxis allerdings meist kaum werthaltigen, weil als Insolvenzforderung zur Tabelle zu meldenden – Schadensersatzanspruch nach § 113 Satz 3.[9]

---

[7] MünchKomm/*Caspers* InsO § 113 Rn 13; Braun/*Beck* InsO § 113 Rn 3.

[8] ArbG Limburg 2.7.1997 – 1 Ca 174/97, AuR 1998, 92; ArbG Stuttgart 4.8.1997 – 18 Ca 1752, ZIP 1997, 2013 = NZA-RR 1998, 137; ArbG München 23.9.1998 – 29b Ca 219/98, ZIP 1998, 2014; *Zwanziger* § 113 Rn 29 ff, s dort aber zutreffend Rn 32 zur mangelnden Verletzung von Art 19 Abs 1 Satz 2 GG, die behauptet worden war von *Plander* DZWIR 1999, 185.

[9] BVerfG 8.2.1999 – 1 BvL 25/97, ZIP 1999, 1221 = NZA 1999, 597; BVerfG 21.5.1999 – 1 BvL 22/98, NZA 1999, 923.

Eingehender hat sich das **BAG** für die Verfassungsmäßigkeit von § 113 ausgesprochen. Das Gericht erklärt, mit der Begrenzung auf eine bis zu dreimonatige Kündigungsfrist und mit der Kündigung trotz tarifvertraglicher Kündigungsbeschränkungen werde zwar in bestehende Tarifverträge eingegriffen, deren längere Kündigungsfristen und Kündigungsbeschränkungen an sich auch im Konkurs- oder im Insolvenzfall gelten. Dem stünden aber auf der Rechtfertigungsseite Grundrechte Dritter sowie weitere mit Verfassungsrang ausgestattete Rechtsgüter entgegen. Jedenfalls wenn der Gesetzgeber auf eine zusätzliche verfassungsrechtliche Fundierung eines legislatorisch umgesetzten Gemeinwohlbelangs verweisen könne, sei er grundsätzlich zu einem Eingriff in bestehende tarifvertragliche Regelungen befugt. In § 113 seien die sozialen Belange der Beschäftigten als einer Gruppe der Insolvenzgläubiger mit den Interessen der anderen Insolvenzgläubiger abgewogen worden. Das Entstehen von Masseschulden habe begrenzt werden sollen, da der Insolvenzverwalter in der Regel keinen Beschäftigungsbedarf mehr habe und zu Lasten anderer Gläubiger Ansprüche ohne Gegenleistung entstünden. Diese Gläubigerinteressen hätten nach Art 14 GG Verfassungsrang.[10] **15**

Dem ist zuzustimmen. In der Tat kann die Verdrängung von Tarifvertragsregelungen auch in Fällen der Schlechterstellung von Arbeitnehmern zulässig sein. Beispiele außerhalb des Insolvenzrechts sind etwa die frühere gesetzliche Anrechnung von Kuren auf den tariflichen Erholungsurlaub[11] oder das Verbot von Tarifvorschriften über unbefristete Beschäftigung in Hochschulen.[12] Mit Blick auf den Sinn und Zweck von § 113 ist außerdem zu beachten, dass diese Vorschrift nicht nur tarifvertragliche Kündigungsbeschränkungen und Kündigungsfristen, sondern in selber Weise auch gesetzliche Kündigungsfristen sowie arbeitsvertragliche Kündigungsbeschränkungen und Kündigungsfristen erfasst. Der Tarifvertrag hat die Funktion, Schwächen der einzelvertraglichen Wahrnehmung von Arbeitnehmerinteressen durch Zulassung einer verbandsgestützten Interessenwahrnehmung entgegenzuwirken. Nach den Worten des BVerfG geht es darum, die „strukturelle Unterlegenheit" der Arbeitnehmer- gegenüber der Arbeitgeberseite auszugleichen.[13] Deshalb wird man die mit § 113 verbundenen Beschränkungen der individuellen Vertragsfreiheit (etwa im Falle arbeitsvertraglicher Regelungen über lange Kündigungsfristen, über Kündigungsausschlüsse oder sonstige längere Vertragsdauern) sowie die mit der Regelung ebenfalls verbundenen Beschränkungen gesetzlicher Schutzinstrumente (wie insbesondere der Kündigungsregelungen des § 622 BGB, soweit sie über dreimonatige Fristen anordnen) auch für die entsprechenden tarifvertraglichen Schutzinstrumente akzeptieren müssen. Soweit durch § 113 also auch tarifvertragliche Kündi- **16**

---

10 BAG 16.6.1999 – 4 AZR 191/98, NZA 1999, 1331 (1333 f); ebenso BAG 19.1.2000 – 4 AZR 70/99, NZA 2000, 658; BAG 16.5.2002 – 8 AZR 319/01, NZA 2003, 93; BAG 16.6.2005 – 2 AZR 476/04, NZA 2006, 270; BAG 20.9.2006 – 6 AZR 249/05, ZIP 2007, 595 = BB 2007, 672; BAG 22.9.2005 – 6 AZR 526/04, NZA 2006, 658; ebenso LAG Hamm 4.4.2000 – 4 Sa 1220/99, ZInsO 2000, 292; LAG Hamm 14.1.1999 – 8 Sa 1991/98, ZInsO 1999, 544; *Berkowsky* NZI 1999, 129 (130 f); Uhlenbruck/*Berscheid* InsO § 113 Rn 73 ff; *Giesen* ZIP 1998, 46 (47 f); *Heinze* NZA 1999, 57 (59); KR/*Weigand* § 113 InsO Rn 24 f.

11 BVerfG 3.4.2001 – 1 BvL 32/97, NZA 2001, 777 (778 f); s dazu *Giesen* RdA 1997, 193 (199) mwN.

12 BVerfG 24.4.1996 – 1 BvR 712/86, BVerfGE 94, 268 = NZA 1996, 1157.

13 BVerfG 26.6.1991 – 1 BvR 779/85, BVerfGE 84, 212 (229) = AP GG Art 9 Arbeitskampf Nr 117; BVerfG 4.7.1995 – 1 BvF 2/86, 1 BvF 1/87, 1 BvF 2/87, 1 BvF 3/87, 1 BvF 4/87, 1 BvR 1421/86, BVerfGE 92, 365 (395). In diesem Sinne auch BAG 10.10.1989 – 3 AZR 200/88, AP TVG § 1 Vorruhestand Nr 3, II 3 d (2).

gungsfristen oder Kündigungsbeschränkungen gekappt werden, ist dies eine Begrenzung, die in Übereinstimmung mit dem Schutzzweck des Art 9 Abs 3 GG steht. Es darf nicht sein, dass der Tarifvertrag dem Arbeitnehmer in der Insolvenz Vorteile verschafft, die ihm eine arbeitsvertragliche Regelung nicht liefern kann. Das würde der Funktion des Tarifvertrags als kollektivarbeitsrechtlichem Gestaltungsinstrument bei beeinträchtigter arbeitsvertraglicher Gestaltungsmacht des Arbeitnehmers zuwiderlaufen.

17 Eine Ungleichbehandlung von Tarifvertrag und Arbeitsvertrag im Rahmen von § 113 würde außerdem erhebliche zusätzliche Schwierigkeiten nach sich ziehen. In der Praxis beruht die Anwendung von Tarifverträgen meist nämlich nicht auf ihrer mitgliedschaftlich legitimierten normativen Geltung nach § 3 Abs 1, § 4 Abs 1 TVG, sondern lediglich auf arbeitsvertraglicher Bezugnahme. Die Bezugnahme ist rein individualarbeitsrechtlicher Natur.[14] Würde man nun tarifvertragliche Regeln über Kündigungsfristen und Kündigungsausschlüsse von § 113 ausnehmen, dieselben Regelungen aber, soweit sie kraft Bezugnahme gelten, der Kappung nach § 113 unterwerfen,[15] hätte dies erhebliche Ungleichbehandlungen der Belegschaftsmitglieder zur Folge. Es käme zu einem ungerechtfertigten Bonus für Gewerkschaftsmitglieder, der mit der Sache selbst – Ausgleich des Interessenwiderspruchs zwischen Sicherung von Massevermögen einerseits und Arbeitnehmerschutz andererseits – nichts zu tun hat. Damit würden Anreize zu kurzfristigem Gewerkschaftsbeitritt und baldigem Wiederaustritt geschaffen, die mit den Zielen der Gesetzesregelung nichts gemein haben und sich in Widerspruch zu Art 9 Abs 3 GG setzen.

18 Zudem hat das BAG klargestellt, dass § 113 auch nicht gegen Art 2 Abs 1 GG verstößt. Ebenso sieht das Gericht in einem (im konkreten Fall: betriebsverfassungsrechtlich) normativ festgelegten Kündigungsausschluss richtigerweise auch keine gemäß Art 14 Abs 1 GG geschützte Rechtsposition des Arbeitnehmers. Somit sind auch außerhalb von Art 9 Abs 3 GG Verfassungsverstöße nicht ersichtlich.[16]

---

[14] BAG 20.3.1991 – 4 AZR 455/90, NZA 1991, 736; BAG 22.10.2008 – 4 AZR 784/07, NZA 2009, 151; BAG 15.4.2008 – 9 AZR 159/07, AP TVG § 1 Altersteilzeit Nr 38; BAG 29.8.2007 – 4 AZR 767/06, NZA 2008, 364; BAG 6.8.2003 – 4 AZR 441/02, AP TVG § 1 Auslegung Nr 186; BAG 29.8.2001 – 4 AZR 332/00, AP TVG § 1 Bezugnahme auf Tarifvertrag Nr 17; BAG 20.6.2001 – 4 AZR 295/00, AP TVG § 1 Bezugnahme auf Tarifvertrag Nr 18; BAG 28.5.1997 – 4 AZR 663/95, AP TVG § 1 Bezugnahme auf Tarifvertrag Nr 6; BAG 26.1.1994 – 10 AZR 611/92, AP TVG § 4 Tarifkonkurrenz Nr 22; BAG 22.9.1993 – 10 AZR 207/92, AP TVG § 4 Tarifkonkurrenz Nr 21; BAG 20.3.1991 – 4 AZR 455/90, AP TVG § 4 Tarifkonkurrenz Nr 20; Wiedemann/*Oetker* § 3 TVG Rn 278; *Löwisch*/*Rieble* § 3 TVG Rn 230, 240 ff; *Rieble* Arbeitsmarkt und Wettbewerb Rn 1772 ff; *Seitz*/*Werner* NZA 2000, 1257; *Giesen* Tarifvertragliche Rechtsgestaltung für den Betrieb S 541; *Annuß* ZfA 2005, 405 (409) mwN. Anders, nämlich im Sinne eines Unterwerfungsakts unter fremde Normen, *von Hoyningen-Huene* RdA 1974, 138 ff, der darauf verweist, dass auch die Rechtswahl nach Internationalem Privatrecht zur normativen Geltung der gewählten Rechtsordnung führe.

[15] Das fordert ausdrücklich *Zwanziger* § 113 Rn 33.

[16] BAG 22.9.2005, 6 AZR 526/04, NZA 2006, 658.

II. Von § 113 erfasste Dienstverhältnisse

1. Allgemeines

§ 113 erfasst Dienstverhältnisse iSd § 611 BGB und somit auch Arbeitsverhältnisse, bei denen der Schuldner, über dessen Vermögen das Insolvenzverfahren eröffnet ist, der Dienstberechtigte (Arbeitgeber) ist. Soweit Dienstverhältnisse des Schuldners nicht der Masse zuzuordnen sind (dazu näher Vor § 113 Rn 12 ff), gilt auch § 113 nicht. Für Dienstverträge, welche auf eine **Geschäftsbesorgung** gerichtet sind nach §§ 662, 675 BGB, gelten dagegen §§ 115 f[17]. 19

§ 113 regelt ausschließlich die **Beendigung des Dienstverhältnisses,** so dass auch nach einer Kündigung, welche unter Inanspruchnahme von § 113 Satz 1, Satz 2 erklärt wurde, die **allgemeinen Regeln** insbesondere **zur nachvertraglichen Treue und Fürsorge** der Vertragspartner gelten. Deswegen schließt die Kündigung nach § 113 auch nicht die Geltung **nachvertraglicher Wettbewerbsverbote** aus. Für sie gilt vielmehr, weil und soweit sie nicht vollständig erfüllte Pflichten begründen, § 103 (s näher Vor § 113 Rn 78 ff). 20

2. Einzelne erfasste Dienstverhältnisse

a) **Dienstverträge, insbesondere Arbeitsverträge.** Während § 22 KO auf Dienstverhältnisse in „Haushalt, Wirtschaftsbetrieb und Erwerbsgemeinschaft des Gemeinschuldners" beschränkt war, erfasst § 113 alle Dienstverhältnisse im Sinne des § 611 BGB[18]. Das betrifft auch die zur Zeit der Verfahrenseröffnung **noch nicht begonnenen** und **noch nicht ins Werk gesetzten Dienstverträge** (s näher Rn 44). 21

Dienstverhältnisse im Sinne des § 113 sind somit neben Arbeitsverhältnissen sonstige Dienstverhältnisse, zB **Ausbildungsverhältnisse, entgeltliche Volontariate** und **Praktika.**[19] Für letztere ist zu beachten, dass auch bei geringfügigem Entgelt ein Dienstvertrag vorliegt. Bei **vereinbarter Unentgeltlichkeit** ist gegebenenfalls nach §§ 138, 612 Abs 1 BGB doch Entgeltlichkeit anzunehmen mit der Konsequenz, dass ein Dienstvertrag besteht. Allerdings zählen **öffentlich-rechtliche Rechtsverhältnisse** nicht hierzu, auch wenn sie auf Diensttätigkeiten gerichtet sind, so etwa die so genannten Ein-Euro-Jobs (Arbeitsgelegenheiten nach § 16d SGB II) oder Dienstverhältnisse von Beamten, Soldaten und Richtern. 22

b) **Berufsausbildungsverhältnisse.** Berufsausbildungsverhältnisse sind von § 113 erfasst. Nach § 22 Abs 1 BBiG können sie während der maximal viermonatigen Probezeit (s näher § 20 BBiG) jederzeit ohne Einhaltung einer Kündigungsfrist gekündigt werden. Danach sind auch in der Insolvenz die Kündigungsbeschränkungen nach § 22 Abs 2 Nr 1 BBiG zu achten, da sie von § 113 nicht berührt werden. Aus diesem Grund wird in der Insolvenz, insbesondere bei Betriebsstilllegungen, häufig außerordentlich gekündigt, wobei dann richtigerweise die ordentliche Kündigungsfrist als Auslauffrist zu wahren ist und § 113 Satz 2 nicht greift (s näher Rn 101 ff). Demnach bleibt für § 113 Satz 1, Satz 2 im Fall von Berufsausbildungsverhältnissen meist nur dann Raum, wenn deren Beendigung während der Probezeit arbeits- oder kollektivvertraglich erschwert oder ausgeschlossen wird. 23

c) **Altersteilzeitverhältnisse, insbesondere im „Blockmodell".** Mit dem Altersteilzeitgesetz (AltTZG) hat der Gesetzgeber eine Möglichkeit geschaffen, Arbeitnehmer gegen Ende ihrer Erwerbsphase nur noch zum Teil zu beschäftigen. Damit soll ein reibungsloser 24

---

17 S KR/*Weigand* § 113 InsO Rn 12.
18 Uhlenbruck/*Berscheid* InsO § 113 Rn 4.
19 Uhlenbruck/*Berscheid* InsO § 113 Rn 5.

Übergang in den Ruhestand erreicht werden; außerdem erwarten manche Impulse für den Arbeitsmarkt.

25 Die Altersteilzeit kann im so genannten **„kontinuierlichen" Modell** erfolgen, bei dem der Altersteilzeiter seine Arbeitszeit während der gesamten Altersteilzeitphase gleichmäßig reduziert. In diesem Fall ergeben sich in der Insolvenz des Arbeitgebers keine Besonderheiten.

26 Anders ist es bei dem in der Praxis viel häufigeren **System der „verblockten" Altersteilzeit.** Hier bleibt es zunächst bei der Vollzeitbeschäftigung des Altersteilzeitarbeitnehmers; dann folgt eine „Freistellungsphase", in welcher keine Arbeitsleistung mehr zu erbringen ist. So kann jemand innerhalb einer sechsjährigen Phase die ersten drei Jahre voll arbeiten und die letzten drei Jahre gar nicht, wobei sein (Altersteilzeit-)Arbeitsverhältnis aber erst am Ende der sechs Jahre endet. Während der Nichtbeschäftigung in der Freistellungsphase besteht das Arbeitsverhältnis also fort, und die Verpflichtung des Arbeitgebers zur Entgeltzahlung bleibt nach § 611 Abs 1 BGB bestehen.

27 Laut BAG kann der Insolvenzverwalter das Arbeitsverhältnis **in der Freistellungsphase** des Blockmodells nicht betriebsbedingt kündigen, da bei einem ohnehin freigestellten Arbeitnehmer kein Wegfall an „Arbeitsbedarf" denkbar ist.[20] Anders **in der Arbeitsphase** des Blockmodells. Hier besteht die Kündigungsmöglichkeit – etwa wegen Wegfalls des Arbeitsbedarfs aus betriebsbedingten Gründen nach § 1 Abs 2 KSchG – nach allgemeinen Regeln.[21] Dabei greift die mögliche Fristverkürzung auf drei Monate nach § 113, und es spielt auch keine Rolle, wie lange die Arbeitsphase noch andauern wird. Nach der Rechtsprechung besteht deshalb die Kündigungsmöglichkeit selbst dann, wenn zwischen Beendigungstermin und Freistellungsphase nur ein Monat der Arbeitsphase liegt.[22]

28 **Entgeltansprüche des Altersteilzeiters** unterliegen den allgemeinen Regeln: Für die Zeit vor Verfahrenseröffnung gilt, dass gemäß § 38 einfache Insolvenzforderungen bestehen. Für die Zeit nach Verfahrenseröffnung handelt es sich um Masseforderungen nach § 53, § 55 Abs 1 Nr 2, 2. Alt. Dasselbe gilt, soweit der vorläufige Insolvenzverwalter nach § 55 Abs 2 Satz 1 den Arbeitsvertrag selbst geschlossen oder die Arbeitsleistung gemäß § 55 Abs 2 Satz 2 in Anspruch genommen hat (dazu Vor § 113 Rn 37 ff). Daraus folgt:

29 – Wenn das Verfahren **während der Freistellungsphase**, also nach der Arbeitsphase, **eröffnet** wurde, hat der Arbeitnehmer keine Entgeltansprüche gegen die Masse, sondern wegen seines Entgeltausfalls ausschließlich **Insolvenzforderungen**. Das liegt daran, dass es sich ausnahmslos um Ansprüche handelt, die er sich schon früher erarbeitet hat.

30 – Wenn das Verfahren noch **während der Arbeitsphase eröffnet** wurde, ist zu **differenzieren.** Diejenigen Entgeltansprüche für die Arbeits- und für die Freistellungsphase, die er sich **nach der Verfahrenseröffnung** (oder auch auf der Grundlage vom vorläufigen Insolvenzverwalter nach § 55 Abs 2 Satz 1 vereinbarter oder nach § 55 Abs 2 Satz 2 in Anspruch genommener Dienste) **erarbeitet**, sind **Masseansprüche.** Diejenigen Entgeltansprüche für die Arbeits- und für die Freistellungsphase, die er sich

---

[20] BAG 5.12.2002 – 2 AZR 571/01, NZA 2003, 789; LAG Niedersachsen 24.5.2002 – 3 Sa 1629/01, NZA-RR 2003, 17; Mohrbutter/Ringstmeier/*Plössner* § 29 Rn 49; *Zwanziger* § 113 Rn 23; **aA** *Hanau* ZIP 2002, 2028 (2031).

[21] BAG 16.6.2005 – 2 AZR 476/04, NZA 2006, 270; BAG 31.1.2008 – 8 AZR 27/07, NZA 2008, 101; BAG 19.12.2006 – 9 AZR 230/06, DB 2007, 1707; Mohrbutter/Ringstmeier/*Plössner* § 29 Rn 45; *Zwanziger* § 113 Rn 22.

[22] So ausdrücklich BAG 16.6.2005 – 2 AZR 476/04, NZA 2006, 270.

dagegen **vorher erarbeitet** hat, sind **Insolvenzforderungen.**[23] Als **Beispiel** mag der diesbezüglich vom BAG entschiedene Fall dienen: Der Arbeitnehmer hatte mit dem Arbeitgeber eine vom 1.3.2001 bis zum 28.2.2005 laufende Altersteilzeitvereinbarung getroffen, bei der die Freistellungsphase im Blockmodell am 1.3.2003 beginnen sollte. Das Insolvenzverfahren wurde am 1.9.2002 eröffnet. Solange der Arbeitnehmer weiter arbeitete, war ihm das dafür geschuldete Entgelt aus der Masse weiter wie vereinbart zu leisten. Soweit er sich nach der Verfahrenseröffnung noch Entgeltleistungen verdiente, die aufgrund der Blockvereinbarung später fällig werden sollten, waren diese entsprechend später aus der Masse auszuzahlen, das vor Verfahrenseröffnung Verdiente war jedoch lediglich Insolvenzforderung. Hinsichtlich der zeitlichen Zuordnung der betreffenden Geldzahlungen wendet das BAG § 366 BGB an[24]. Das bedeutet, dass das Freistellungsentgelt, welches er sich in den sechs Monaten nach der Verfahrenseröffnung (zwischen dem 1.9.2002 und dem 28.2.2002) verdient hat, auch erst in den letzten sechs Monaten der Freistellungsphase ausgezahlt wird, also zwischen dem 1.9.2004 und dem 28.2.2005.

Veräußert der Insolvenzverwalter einen Betrieb, gehen laut BAG auch diejenigen **31** Arbeitsverhältnisse nach **§ 613a BGB** über, die aufgrund Erreichens der Freistellungsphase ruhen. Voraussetzung ist, dass der zuletzt in der aktiven Phase innegehabte Arbeitsplatz dem übergehenden Betrieb oder Betriebsteil zuzuordnen ist.[25] In diesem Fall schuldet der Betriebserwerber nach § 613a Abs 1 Satz 1 BGB ebenfalls lediglich dasjenige Entgelt, welches nach den vorgenannten Grundsätzen als Masseschuld einzuordnen ist; Entgeltverpflichtungen, die als einfache Insolvenzforderungen einzustufen sind, gehen nicht über.[26]

Nach **§ 8a AltTZG** ist der Arbeitgeber verpflichtet, für den vorleistenden Altersteil- **32** zeiter eine **Insolvenzsicherung** bereitzuhalten. Hat er diese Pflicht verletzt und kommt es dann zur Insolvenz, kann der Anspruch aber nicht mehr erfüllt werden. Aus diesem Grund ist die **persönliche Haftung der hierfür Verantwortlichen** in Betracht zu ziehen, also insbesondere von Mitgliedern der Leitungsorgane von Kapitalgesellschaften, beispielsweise GmbH-Geschäftsführern. Nach der Rechtsprechung haften sie nicht wegen Schutzgesetzverletzung nach § 823 Abs 2 BGB iVm § 8a AltTZG. Zwar nimmt das BAG den Schutzgesetzcharakter des § 8a AltTZG an, jedoch ist Adressat dieser Regelung (anders als bei § 7e Abs 7 Satz 2 SGB IV, der im Bereich der Altersteilzeit nach § 8a Abs 1 Satz 1 Hs 2 AltTZG nicht anzuwenden ist) nicht das Organmitglied selbst, sondern „nur" der Arbeitgeber. Somit verneint das BAG die Haftung von Organmitgliedern aus § 823 Abs 2 BGB iVm § 8a AltTZG. Jedoch kommt ggf die Haftung aus Verschulden bei Vertragsverhandlungen nach § 311 Abs 3, § 280 Abs 1 BGB in Betracht, soweit das

---

[23] BAG 19.10.2004 – 9 AZR 647/03, ZIP 2005, 457; BAG 23.2.2005 – 10 AZR 602/03, NZA 2005, 694; BAG 23.2.2005 – 10 AZR 672/03, DB 2005, 1227; BAG 23.2.2005 – 10 AZR 600/03, AP InsO § 108 Nr 1; BAG 19.12.2006 – 9 AZR 230/06, DB 2007, 1707; BAG 31.1.2008 – 8 AZR 27/07, NZA 2008, 101; BAG 30.10.2008 – 8 AZR 54/07, NZA 2009, 432; LAG Baden-Württemberg 26.1.2004 – 15 Sa 113/03, LAGE InsO § 55 Nr 8; Mohrbutter/Ringstmeier/*Plössner* § 29 Rn 51.

[24] BAG 19.10.2004 – 9 AZR 647/03, ZIP 2005, 457 unter Verweis auf BAG 24.6.2003 – 9 AZR 353/02, AP AltTZG § 4 Nr 1 = EzA TVG § 4 Altersteilzeit Nr 6; bestätigt in BAG 30.10.2008 – 8 AZR 54/07, ZIP 2009, 682 = NZA 2009, 432; KR/*Weigand* § 113 InsO Rn 101 f

[25] BAG 31.1.2008 – 8 AZR 27/07, NZA 2008, 101; offen gelassen in BAG 19.10.2004 – 9 AZR 645/03, NZA 2005, 527.

[26] BAG 31.1.2008 – 8 AZR 27/07, NZA 2008, 101; BAG 30.10.2008 – 8 AZR 54/07, NZA 2009, 432.

Organmitglied bezüglich der Insolvenzsicherung persönliches Vertrauen in Anspruch genommen und dadurch die Vertragsverhandlungen oder den Vertragsabschluss erheblich beeinflusst hat. Bei vorsätzlicher unzutreffender Vorspiegelung der Insolvenzsicherung greift zudem die Haftung nach § 823 Abs 2 BGB iVm §§ 14, 263 bzw 266 StGB sowie nach § 826 BGB.[27]

33 d) **Dienstverträge mit Organmitgliedern.** Dienstverträge, die mit natürlichen oder juristischen Personen als Dienstverpflichteten bestehen, sind ebenfalls von § 113 erfasst. Das gilt insbesondere für Dienstverträge mit vertretungsberechtigten Organen juristischer Personen nach § 611 BGB.[28] Letzteres betrifft etwa den Dienstvertrag der GmbH mit dem Geschäftsführer sowie den Dienstvertrag des Vereins oder der AG mit dem Vorstand, aber auch – die Geltung deutschen Rechts wie immer vorausgesetzt (dazu Vor § 113 Rn 350) – für die Verträge der Limited mit ihren Organmitgliedern.

34 Dabei ist für die Anwendung von § 113 unerheblich, ob es sich um Arbeitnehmer oder Nichtarbeitnehmer, um abhängig Beschäftigte oder freie bzw selbständige Dienstverpflichtete handelt.[29] Unter Geltung von § 22 KO war die Zuordnungsentscheidung bei der Kündigung unabhängig tätiger Organmitglieder von Bedeutung, weil der Konkursverwalter hier mit der „gesetzlichen Frist" kündigen konnte, und die genannte Zuordnung darüber entschied, wie lang eben diese gesetzliche Kündigungsfrist lief. Nachdem § 113 Satz 2 eine einheitliche Kappungsgrenze von drei Monaten zum Monatsende vorsieht, kommt es für die Kündigung des Dienstverhältnisses hierauf nur noch an, wenn die gesetzliche Kündigungsfrist nach § 621 BGB unterhalb der Frist nach § 113 Satz 2 liegt und unterhalb derjenigen nach § 622 BGB und wenn zudem die Vertragsparteien keine längere Kündigungsfrist und auch nicht den Ausschluss der Kündigung vereinbart haben.

35 Aus der Anwendung von § 113 folgt auch, dass die Nichterfüllungswahl nach § 103 für den Dienstvertrag von Organmitgliedern nicht in Betracht kommt,[30] und ebenso wenig die Regelungen über Aufträge und Geschäftsbesorgungsverträge nach §§ 115 f.[31] Jedoch wird der Insolvenzverwalter das Dienstverhältnis des Organmitglieds häufig aus wichtigem Grund nach § 626 BGB kündigen können, wobei die Rechtsprechung insbe-

---

27 ErfK/*Rolfs* § 8a AlTZG Rn 8; *Zwanziger* RdA 2005, 226 (240); so die Rechtsprechung zu § 8a AlTZG aF BAG 23.2.2010 – 9 AZR 71/09, BB 2010, 2698; BAG 23.2.2010 – 9 AZR 44/09, NZA 2010, 1418; vgl. auch die Rechtsprechung zur mangelnden Haftung aus § 7d SGB IV aF BAG 12.4.2011 – 9 AZR 229/10, NZA 2011, 1350; BAG 12.4.2011 – 9 AZR 36/10, AP Nr 4 zu § 7d SGB IV (red. Leitsatz) [juris]; BAG 16.8.2005 – 9 AZR 79/05, NZA 2006, 1057; BAG 13.2.2007 – 9 AZR 207/06, NZA 2007, 878; BAG 13.2.2007 – 9 AZR 106/06, NZA 2008, 121; BAG 21.11.2006 – 9 AZR 206/06, NZA 2007, 693; zu einer noch älteren Fassung von § 7d SGB IV BAG 16.8.2005 – 9 AZR 470/04, NZA 2006, 1052.

28 BAG 16.5.2007 – 8 AZR 772/06, ZIP 2007, 1829; OLG Hamm 29.3.2000 – 8 U 156/99, ZInsO 2001, 43; OLG Düsseldorf 14.4.2000 – 16 U 109/99, NZG 2000, 1044; Braun/*Beck* InsO § 113 Rn 7; ErfK/*Müller-Glöge* § 113 InsO Rn 3; **aA** wohl KR/*Weigand* § 113 InsO Rn 14, der meint, nur bei fremdbestimmter Arbeit in persönlicher Abhängigkeit sei Platz für eine Kündigung nach § 113.

29 BAG 16.5.2007 – 8 AZR 772/06, ZIP 2007, 1829; Uhlenbruck/*Berscheid* InsO § 113 Rn 4; KR/*Weigand* § 113 InsO Rn 14.

30 OLG Düsseldorf 14.4.2000 – 16 U 109/99, NZG 2000, 1044; ebenso bereits für § 22 KO BGH 25.6.1979 – II ZR 219/78, ZIP 1980, 46, beide mwN.; unklar aber KR/*Weigand* § 113 InsO Rn 14.

31 OLG Hamm 29.3.2000 – 8 U 156/99, ZInsO 2001, 43; KR/*Weigand* § 113 InsO Rn 15, 74; ebenso für § 23 KO bereits BGH 25.6.1979 – II ZR 219/78, ZIP 1980, 46.

sondere den Tatbestand der Insolvenzverschleppung als Grund für eine außerordentliche Kündigung anerkennt,[32] s Vor § 113, Rn 192 ff; vgl zur ordentlichen Kündigung Vor § 113 Rn 166 ff.

Hinsichtlich der Organmitglieder ist von der dienstvertraglichen Position die **Organstellung** zu unterscheiden. Der Insolvenzverwalter ist nur zur Kündigung des **Dienstvertrages** befugt. Die Organstellung bleibt auch nach Verfahrensantragstellung und Verfahrenseröffnung unverändert bestehen.[33] Ihre Beendigung bleibt dem zuständigen Gesellschaftsorgan vorbehalten, vgl etwa für die Aktiengesellschaft § 84 Abs 3 AktG. Aufgrund der Trennung von dienstvertraglicher und organschaftlicher Stellung sind auch Konstellationen denkbar, in denen der **Dienstvertrag des Organmitglieds mit einer anderen Person** besteht als mit der juristischen Person, zu welcher der Dienstverpflichtete in einer organschaftlichen Beziehung steht. So geschieht es beispielsweise innerhalb von Konzernen gelegentlich, dass der Geschäftsführer einer konzernzugehörigen GmbH einen Dienstvertrag mit deren Muttergesellschaft schließt. Wird nun über das Vermögen der GmbH das Insolvenzverfahren eröffnet, verliert er nach § 80 zwar seine Geschäftsführerbefugnisse, der Dienstvertrag mit der Muttergesellschaft besteht jedoch fort und kann insbesondere nicht vom Insolvenzverwalter der GmbH gekündigt werden. Jedoch kann die Muttergesellschaft den Dienstvertrag nach allgemeinen Regeln kündigen, ohne dass aber § 113 gilt. Wird umgekehrt das Insolvenzverfahren über das Vermögen der anstellenden Muttergesellschaft eröffnet, gelten für den betreffenden Dienstvertrag grundsätzlich die allgemeinen insolvenzrechtlichen Regeln. Das Dienstverhältnis besteht zwar nach § 108 Abs 1 Satz 1 weiter, für die Kündigung durch den Verwalter gilt aber § 113. 36

Demnach gilt für die Kündigung des Dienstvertrages mit einem Organmitglied, etwa dem Vorstand bzw dem Geschäftsführer, unproblematisch die dreimonatige Frist des § 113, soweit nicht eine kürzere Frist maßgeblich ist.[34] Die Geltung von § 113 für den Dienstvertrag des Vorstandsmitgliedes einer AG wird zudem mittelbar durch § 87 Abs 3 AktG bestätigt (dazu Rn 134). 37

Für solche vertretungsberechtigte Organmitglieder bestehen – unabhängig davon, ob innerhalb oder außerhalb der Insolvenz – folgende Besonderheiten: 38

Grundsätzlich wendet die Rechtsprechung auf sie, selbst wenn sie nicht Arbeitnehmer sind, **§ 622 BGB entsprechend** an. Deswegen gelten für sie die verlängerten Kündigungsfristen des § 622 Abs 2 BGB laut BGH auch dann, wenn sie maßgebliche Anteile am Stammkapital halten. 39

Erst für den Fall der **beherrschenden Stellung** wird die Frage vom BGH offen gelassen.[35] Das OLG Hamm nimmt hier – übrigens für einen Fall der Kündigung durch den 40

---

[32] BGH 20.6.2005 – II ZR 18/03, NZA 2005, 1415; BGH 15.7.2007 – II ZR 236/06, NZA 2008, 648; KR/*Weigand* § 113 InsO Rn 14; s auch OLG Düsseldorf 14.4.2000 – 16 U 109/99, NZG 2000, 1044; vgl umgekehrt zur außerordentlichen Kündigung bei unberechtigter Insolvenzantragstellung durch das Organ BGH 12.2.2007 – II ZR 308/05, NJW-RR 2007, 690.

[33] BAG 4.2.2013 – 10 AZB 78/12, NZA 2013, 397; BGH 25.6.1979 – II ZR 219/78, ZIP 1980, 46; OLG Düsseldorf 14.4.2000 – 16 U 109/99, NZG 2000, 1044; OLG Rostock 12.11.2003 – 6 U 44/02, OLG-NL 2005, 58; KR/*Weigand* § 113 InsO Rn 14.

[34] Braun/*Beck* InsO § 113 Rn 7; ErfK/*Müller-Glöge* § 113 InsO Rn 3.

[35] BGH 26.3.1984 – II ZR 120/83, BGHZ 91, 217 = ZIP 1984, 1088; BGH 9.3.1987 – II ZR 132/86, ZIP 1987, 707 = NJW 1987, 2073; OLG Düsseldorf 14.4.2000 – 16 U 109/99, DStZ 2000, 839; in diesem Sinne bereits ebenfalls BGH 11.5.1981 – II ZR 126/80, WM 1981, 759.

Konkursverwalter – die Geltung von § 621 BGB und nicht § 622 BGB an.[36] Dem ist zuzustimmen, denn in dieser Situation kommt der Grundgedanke der diesbezüglichen Leitentscheidung des BGH von 1984 nicht mehr zum Tragen, dass der Geschäftsführer seine Arbeitskraft in die Leitung des Kapitalgesellschaft steckt und insofern Zeit zur Stellensuche benötige.[37]

41 Für **Rechtsstreitigkeiten** zwischen dem Vertretungsorgan und der juristischen Person aus dem Dienstverhältnis ist nach § 5 Abs 1 Satz 3 ArbGG – unabhängig davon, ob ein Arbeitsverhältnis vorliegt – der **Rechtsweg** zu den Arbeitsgerichten nicht eröffnet, sondern derjenige **zu den ordentlichen Gerichten**. Weil diese Situation nach der Eröffnung des Insolvenzverfahrens fortbesteht, ist auch beim Rechtstreit mit dem Insolvenzverwalter, beispielsweise wenn dessen Kündigung angefochten wird, der Rechtsweg zur ordentlichen Gerichtsbarkeit einschlägig.[38]

42 **e) Entsprechende Anwendung von § 113 außerhalb des Dienstvertragsrechts?** Eine entsprechende Anwendung von § 113 auf Nicht-Dienstverträge wird lediglich für **Heimarbeiter** iSd HAG angenommen, da diese gemäß § 29 Abs 4, 5 HAG einem ähnlichen Kündigungsfristensystem unterworfen sind wie Dienstverpflichtete.[39] **Handelsvertreter** iSd HGB sind, soweit sie nicht auf der Grundlage eines Dienstvertrages tätig sind, nicht erfasst.[40] Auch für die Anwendung von § 113 auf **arbeitnehmerähnliche Personen** (vgl § 12a Abs 1 TVG, § 5 Abs 1 Satz 2 ArbGG) ist stets erforderlich, dass **Dienstverträge iSd § 611 BGB** vorliegen.

43 **f) Wettbewerbsverbote.** Zum Wettbewerbsverbot nach §§ 60 f HGB sowie zum nachvertraglichen Wettbewerbsverbot nach §§ 74 ff HGB und § 110 GewO s näher Vor § 113, Rn 77, 78 ff.

3. Nicht angetretene Dienstverhältnisse

44 Anders als nach § 22 KO ist in § 113 eine Beschränkung des Anwendungsbereichs auf „angetretene" Dienstverhältnisse nicht enthalten. Deshalb können nach Eröffnung des Insolvenzverfahrens auch nicht angetretene, also noch nicht ins Werk gesetzte Dienstverhältnisse durch Kündigung beendet werden.[41]

45 **a) Fristberechnung bei der Kündigung nicht angetretener Dienstverhältnisse.** Dabei gilt nach allgemeinem Dienstvertrags- und insbesondere Arbeitsrecht das Folgende. Dienstverträge können **grundsätzlich bereits nach ihrem Abschluss** und vor Beginn der geschuldeten Tätigkeit gekündigt werden. Laut BAG ist nicht davon auszugehen, dass Vertragsparteien, die diesbezüglich keine Regelung treffen, die frühe Kündigung ausschließen wollten, etwa weil sie ein besonderes Interesse an der zumindest vorübergehenden Vertragsdurchführung haben. Deshalb muss ein **Ausschluss der Kündigung vor**

---

[36] OLG Hamm 27.1.1992 – 8 U 200/91, ZIP 1992, 1418.

[37] ErfK/*Müller-Glöge* § 622 BGB, Rn 7; HWK/*Bittner* § 622 BGB Rn 28.

[38] BAG 4.2.2013 – 10 AZB 78/12, NZA 2013, 397.

[39] MünchKomm/*Caspers* InsO § 113 Rn 9; Uhlenbruck/*Berscheid* InsO § 113 Rn 5; Kittner/Däubler/Zwanziger/*Däubler* § 113 Rn 11; *Zwanziger* § 113 Rn 3.

[40] Uhlenbruck/*Berscheid* InsO § 113 Rn 4; *Zwanziger* § 113 Rn 11; **aA** Kittner/Däubler/Zwanziger/*Däubler* § 113 Rn 11.

[41] LAG Thüringen 14.6.1999 – 8 Sa 560/98, ZInsO 2000, 51; *Berrisch* FA 2008, 197 (199); KR/*Weigand* § 113 InsO Rn 18; Uhlenbruck/*Berscheid* § 113 InsO 7; *Caspers* Personalabbau Rn 92 ff; FK/*Eisenbeis* InsO § 113 Rn 1, 21 ff; **aA** Küttner/*Kania* Stichwort Insolvenz des Arbeitgebers Rn 6.

Dienstantritt entweder **ausdrücklich vereinbart** sein oder er muss sich tatsächlich **deutlich aus den Umständen ergeben,** etwa wenn eine Vertragsstrafe für den Fall des Nichtantritts der Arbeit vereinbart wurde. Ohne solche Anhaltspunkte für einen diesbezüglichen Parteiwillen ist demnach davon auszugehen, dass die Kündigung schon vor Beginn der Tätigkeit sofort möglich ist und auch die Kündigungsfrist sofort läuft. Entgegenstehende Anhaltspunkte ergeben sich laut dieser Rechtsprechung auch nicht beispielsweise bei hinausgeschobenem Arbeitsbeginn oder bei Vereinbarung einer Probezeit mit abgekürzter Kündigungsfrist.[42] Dem ist insgesamt zuzustimmen, wobei lediglich die Annahme des BAG, eine Vertragsstrafenvereinbarung für den Nichtantritt der Arbeit spreche für den konkludenten Ausschluss der vorherigen Kündigung, meines Erachtens nicht ganz einleuchtet. Die betreffende Vertragsstrafe soll den Arbeitnehmer natürlich zur Vertragstreue anhalten, weil der Arbeitgeber den vereinbarten Einsatz sicherstellen will. Das heißt aber nicht unbedingt, dass der Arbeitnehmer gleichzeitig schon im Vorfeld daran gehindert werden soll, fristgerecht den Arbeitsbeginn „abzusagen" und dass er stattdessen ein von ihm nicht gewünschtes Arbeitsverhältnis antreten soll. Selbiges gilt umgekehrt für den Arbeitgeber.

Unabhängig vom letztgenannten Punkt ergibt sich daraus für den Fall der Insolvenz das Folgende: 46

- **Besteht keine ausdrückliche oder konkludente Vereinbarung** darüber, dass das Dienstverhältnis erst mit Fristlauf ab Tätigkeitsbeginn gekündigt werden darf, **kann es auch in der Insolvenz bereits vorher gekündigt werden.** Soweit die dabei vereinbarte Kündigungsfrist länger ist als drei Monate zum Kalendermonatsende, können der Insolvenzverwalter und der Dienstverpflichtete **nach § 113 Satz 1, Satz 2 mit dieser Frist kündigen,** wobei diese **schon mit Erklärungszugang** zu laufen beginnt. 47
- **Besteht dagegen eine ausdrückliche oder konkludente Vereinbarung** darüber, dass das Dienstverhältnis erst mit Fristlauf ab Tätigkeitsbeginn gekündigt werden kann, kann es zwar außerhalb der Insolvenz nicht vorher gekündigt werden. In der Insolvenz gilt aber anderes. Der Insolvenzverwalter und der Dienstverpflichtete können hier zwar prinzipiell ebenfalls **nach den vereinbarten Kündigungsregeln** kündigen, was bedeutet, dass der Fristlauf erst **ab vereinbartem Tätigkeitsbeginn** einsetzt. Soweit aber der dadurch berechnete Fristlauf ab Erklärung länger ist als drei Monate zum Kalendermonatsende, können Insolvenzverwalter und Dienstverpflichteter **nach § 113 Satz 1, Satz 2 mit dieser Frist kündigen,** wobei der entsprechende Fristlauf **schon mit Erklärungszugang** beginnt.[43] 48

Beispiel. Arbeitgeber und Arbeitnehmer schließen am 2. Januar einen Arbeitsvertrag, in dem als Arbeitsbeginn der 1. April vorgesehen ist. Angenommen, eine Partei möchte den Arbeitsvertrag am 10. Februar, also noch vor Arbeitsbeginn, kündigen, gilt folgendes: 49

- Wenn nichts anderes vereinbart ist, können beide Seiten am 10. Februar mit der vierwöchigen gesetzlichen Kündigungsfrist nach § 622 Abs 1 BGB zum 15. März kündigen. Das ist im Insolvenzverfahren nicht anders, da die Frist des § 113 Satz 2 erst am 31. Mai ausläuft, also später als die gesetzliche Frist. 50
- Wenn beispielsweise eine Kündigungsfrist von sechs Wochen zum Quartalsende vereinbart ist, können beide Seiten den Vertrag am 10. Februar zum 31. März kündigen. 51

---

[42] BAG 25.3.2004 – 2 AZR 324/03, NZA 2004, 1089; BAG 9.2.2006 – 6 AZR 283/05, NZA 2006, 1207.

[43] MünchKomm/*Caspers* InsO § 113 Rn 30; *Zwanziger* § 113 Rn 24; Kübler/Prütting/Bork/*Moll* InsO § 113 Rn 112.

Auch das ist im Insolvenzverfahren nicht anders, da die Frist des § 113 Satz 2 erst am 31. Mai ausläuft, also später als die vereinbarte Frist.

52 – Wenn beispielsweise eine Kündigungsfrist von sechs Wochen zum Quartalsende vereinbart ist und die Parteien zusätzlich den Fristlauf erst ab geplantem Arbeitsbeginn festgesetzt haben, kann jede Partei den Vertrag am 10. Februar zum 30. Juni kündigen. Im Insolvenzverfahren über das Vermögen des Dienstberechtigten ist dies dagegen nach § 113 Satz 2 am 10. Februar zum 31. Mai möglich (s dazu näher Rn 70 ff, insbesondere Rn 72). Sollte der Insolvenzverwalter diese Kündigung aussprechen, kann der Dienstverpflichtete ggf einen Schadensersatzanspruch für den ihm dadurch entstehenden „Verfrühungsschaden" gemäß § 113 Satz 3 zur Tabelle anmelden (vgl Rn 114 ff).

53 **b) Keine Geltung von § 103 für nicht angetretene Dienstverhältnisse, aber Rücktritt nach allgemeinen Regeln möglich.** Die Beschränkung auf die Kündigung steht auf dem ersten Blick in gewissem Widerspruch zu den schuldrechtlichen Regeln, nach denen man die Möglichkeit des Rücktritts vom Dienstvertrag gemäß § 346 BGB aufgrund Gesetzes (s etwa § 323 Abs 1 BGB, § 324 iVm 241 Abs 2 BGB, § 326 Abs 5 iVm § 323 BGB) vor Beginn der Dienstleistung für zulässig erklärt, zusätzlich in dieser Zeit aber auch bereits die Kündigung etwa nach §§ 621, 622, 626 BGB oder nach den vertraglichen Vereinbarungen für möglich erachtet. Erst wenn der Dienstverpflichtete seine Leistung bereits begonnen hat, der Dienstvertrag somit „ins Werk gesetzt" und eine vollständige Rückabwicklung nicht mehr möglich ist, werden die Rücktrittsvorschriften für unanwendbar erklärt, so dass es bei den Regeln zur Kündigung bleibt.[44]

54 Demnach könnte man daran denken, auch in der Insolvenz vor Beginn der Dienstleistung nach § 103 die Abstandnahme des Insolvenzverwalters vom Vertrag zuzulassen. Dem steht aber nicht nur der – gegenüber § 22 KO geänderte und ohne eine Regelung wie § 109 Abs 2[45] gefasste – Wortlaut des § 113 entgegen, der schlicht einen Dienstvertrag voraussetzt und nicht einen ins Werk gesetzten Dienstvertrag. Es lässt sich auch Arbeitnehmerschutz zugunsten dieser Auslegung ins Feld führen. Derjenige Arbeitnehmer, der eine neu vereinbarte Arbeitstätigkeit mit dem Schuldner als Arbeitgeber vereinbart hat, soll nicht mit der fristlosen Erfüllungsablehnung des Insolvenzverwalters nach § 103 konfrontiert werden, sondern zumindest dessen – nach Maßgabe gegebenenfalls von § 113 Satz 2 – fristgerechte Kündigung gewärtigen.[46]

55 Diese Nichtgeltung von § 103 ändert freilich nichts daran, dass auch in der Insolvenz nach den genannten allgemeinen Regeln ggf der Rücktritt vom Dienstvertrag erklärt werden kann.

---

[44] BAG 19.6.1967 – 2 AZR 287/66, NJW 1967, 2030 (2031); MünchKomm/*Ernst* BGB § 323 Rn 35 f; MünchKomm/*Gaier* BGB § 314 Rn 3; Staudinger/*Otto/Schwarze* § 323 BGB Rn A 34; s bei *Ernst* aaO und *Otto/Schwarze* aaO Rn 32 ff auch zur Zulassung von Rücktritten nach Leistungsbeginn bei anderen Dauerschuldverhältnissen wie etwa Miete und Darlehen.

[45] Aufgrund der ausdrücklichen Abkehr von der Regelung des § 22 Abs 1 KO, die nur „angetretene" Dienstverhältnisse erfasste, kommt eine – dem widersprechende – analoge Anwendung von § 109 Abs 2 auf Dienstverhältnisse nach § 108 Abs 1, § 113 nicht in Betracht, **aA** aber – ohne Eingehen auf den historischen Hintergrund – *Schwörer* Lösungsklauseln S 89.

[46] Uhlenbruck/*Berscheid* InsO § 113 Rn 7.

4. Vom Verwalter begründete Dienstverhältnisse

a) **Abschluss des Dienstvertrages durch den Verwalter.** Der Insolvenzverwalter kann aufgrund seiner entsprechenden Befugnisse nach § 80 auch neue Dienstverhältnisse, insbesondere Arbeitsverhältnisse, begründen (Vor § 113, Rn 16 ff, 19 ff). Selbiges gilt für den vorläufigen Insolvenzverwalter, soweit er entsprechend ermächtigt ist (Vor § 113, Rn 3 ff, 8 ff). 56

b) **Kündigung des durch den vorläufigen Insolvenzverwalter oder den Insolvenzverwalter begründeten Dienstverhältnisses nach § 113.** § 113 gilt auch dann, wenn der Verwalter das Dienstverhältnis begründet hat.[47] Freilich ergibt sich dies aus der Vorschrift nicht eindeutig. Der **Wortlaut** des § 113 Satz 1 spricht dafür, da „ein Schuldverhältnis, bei dem der Schuldner der Dienstberechtigte ist", auch durch Vertragsschluss seitens des Verwalters zustande kommt. In seiner Eigenschaft als vorläufiger Insolvenzverwalter oder als Insolvenzverwalter ist er nämlich nicht selbst Dienstberechtigter, sondern tritt als Partei kraft Amtes für den Schuldner auf. Wenn der Insolvenzverwalter oder der hierzu befugte vorläufige Insolvenzverwalter (s Vor § 113 Rn 3 ff, 8 ff) einen Dienstvertrag schließt, ist dieser von der Formulierung des § 113 Satz 1 erfasst. 57

In systematischer Hinsicht spricht gegen diese Sichtweise, dass die §§ 103 ff, soweit sie den Bestand von Vertragsbeziehungen regeln, zunächst solche Bindungen betreffen, welchen der Schuldner schon vor Verfahrenseröffnung unterlag. Das gilt ausnahmslos für §§ 103-112 und §§ 114-118. Deutlich wird das beispielsweise in § 112, wo es heißt, dass das betreffende Miet- oder Pachtverhältnis „... der Schuldner ... eingegangen war...". In § 106, wo eine entsprechende Formulierung fehlt, war sie unnötig, da vom Insolvenzverwalter wirksam bestellte Vormerkungen ohnehin Masseverbindlichkeiten auslösen. Andererseits betreffen mit §§ 123, 125 f gerade einige Vorschriften des Insolvenzarbeitsrechts nicht nur das weitere Schicksal rechtlicher Bindungen, denen der Schuldner unterlag. Sie sollen vielmehr Belastungen der Masse begrenzen, die aus verwalterseitig eingegangenen Bindungen folgen. Insofern sind die vom Verwalter eingegangenen also gerade keine von vornherein im „normalen" Geschäftsbetrieb begründeten arbeitsrechtlichen Bindungen.[48] 58

Dementsprechend lässt sich der **Zweck** von § 113 nicht nur in der Weise deuten, dass Dienstverträge aus der Zeit vor Verfahrenseröffnung mit kürzerer Frist gekündigt werden können. Man kann ihn auch weitergehend darin sehen, dass dies zur Entlastung der Masse auch für Dienstverträge aus der Zeit danach möglich sein muss.[49] Diese Zielsetzung stimmt mit der oben skizzierten Wortlautauslegung überein. Von daher streiten insgesamt die besseren Gründe dafür, § 113 auch auf durch den Verwalter begründete Dienstverhältnisse anzuwenden. Kündigt demnach der Insolvenzverwalter einen von ihm selbst geschlossenen Dienstvertrag mit der nach § 113 Satz 1, Satz 2 gekappten Frist, kann der Dienstverpflichtete gemäß § 113 Satz 3 den betreffenden Verfrühungsschaden nach § 113 Satz 3 als Insolvenzforderung geltend machen, s Rn 127. 59

---

[47] LAG Berlin-Brandenburg 11.7.2007 – 23 Sa 450/07, ZIP 2007, 2002; *Berscheid* ZInsO 1998, 115 (117); KR/*Weigand* § 113 InsO Rn 19; **aA** *Henkel* ZIP 2008, 1265; Kittner/Däubler/Zwanziger/*Däubler* § 113 InsO Rn 13; Kübler/Prütting/Bork/*Moll* § 113 Rn 90; *Zwanziger* § 113, Rn 6.

[48] So aber Kittner/Däubler/Zwanziger/*Däubler* § 113 InsO Rn 13; *Zwanziger* § 113, Rn 6.

[49] LAG Berlin-Brandenburg 11.7.2007 – 23 Sa 450/07, ZIP 2007, 2002.

60 Freilich können Insolvenzverwalter und Dienstverpflichteter **vereinbaren**, dass das Dienstverhältnis mit längerer Frist beendet werden kann oder dass eine feste Vertragsdauer greifen soll, und sie können auch vereinbaren, dass die ordentliche Kündigung ausgeschlossen ist (wenn auch letzteres angesichts der damit verbundenen Belastung für die Masse selten sein dürfte). Insbesondere können sie beispielsweise auch befristete Verträge oder Aufhebungsverträge schließen, in denen eine längere Frist für den Fortbestand des Dienstverhältnisses vorgesehen ist als nach § 113. Soweit in solchen Vereinbarungen **von § 113 abgewichen** wird, ist dies gemäß § 119 zulässig. Die Unabdingbarkeit von § 113 gemäß § 119 greift nämlich nicht für Vereinbarungen, die nach Verfahrenseröffnung getroffen werden (s näher Rn 164).

III. Zur Kündigung nach § 113 berechtigte Personen

1. Insolvenzverwalter

61 Mit Eröffnung des Insolvenzverfahrens verliert der insolvente Dienstberechtigte (also insbesondere der insolvente Arbeitgeber) die Befugnis, Rechte und Pflichten aus einem Dienstverhältnis wahrzunehmen. Sie geht als Teil der Befugnis, das Schuldnervermögen zu verwalten und über es zu verfügen, nach § 80 Abs 1 auf den Insolvenzverwalter über. Dieser kann dementsprechend nach Maßgabe von § 113 Dienstverhältnisse, insbesondere Arbeitsverhältnisse, kündigen. Er bedarf für die Kündigung **nicht** der **Zustimmung der Gläubigerversammlung** nach § 157, auch wenn die Kündigung einer Betriebsstilllegung dient; die Kündigung durch einen Vertreter ist zulässig, s zu den Einzelheiten Vor § 113, Rn 24 ff. Ebenso geht die Kündigungsmöglichkeit verloren, wenn das Arbeitsverhältnis durch eine Betriebs(teil)veräußerung des Insolvenzverwalters gemäß § 613a Abs 1 Satz 1 BGB übergeht, was ua voraussetzt, dass der Arbeitnehmer nicht nach § 613a Abs 6 BGB widerspricht.[50]

2. Vorläufiger Insolvenzverwalter

62 Dem vorläufigen Verwalter ist die **Kündigung mit gekappter Frist nach § 113 nicht möglich**, unabhängig welchen Status er innehat (s dazu näher Vor § 113, Rn 3 ff), denn die Anwendung von § 113 setzt die Verfahrenseröffnung voraus.[51]

3. Schuldner bei Eigenverwaltung

63 Soweit der Schuldner nach § 270 zur Eigenverwaltung berechtigt ist, gelten grundsätzlich die allgemeinen Regeln des Insolvenzrechts. Jedoch ist zu beachten, dass eine Kündigung durch den Schuldner ggf aufgrund gerichtlicher Anordnung gemäß § 277 Abs 1 Satz 1 der Zustimmung des Sachwalters bedarf, s Vor § 113 Rn 23.

64 Gemäß § 279 Satz 1 findet auch § 113 Anwendung.[52] Das hat einen einfachen Grund: §§ 103–128 gelten, und an die Stelle des Insolvenzverwalters tritt der Schuldner,

---

[50] LAG Hamm 25.10.2000 – 4 Sa 363/00, ZInsO 2000, 282; vgl. BAG 27.1.2000 – 8 AZR 106/99, ZInsO 2000, 411.

[51] BAG 20.6.2002 – 8 AZR 459/01, ZIP 2003, 139 = NZA 2003, 222; BAG 20.1.2005 – 2 AZR 500/03, NZA 2005, 687; BAG 20.1.2005 – 2 AZR 134/04, NZA 2006, 1352; LAG Hamm 10.12.2003 – 2 Sa 1472/03, ZIP 2004, 727; KR/*Weigand* § 113 InsO Rn 4; Kübler/Prütting/Bork/*Moll* § 113 Rn 71;*Zwanziger* § 113 Rn 7; **aA** *Caspers* Personalabbau Rn 519 ff.

[52] BAG 7.7.2011 – 6 AZR 248/10, NZA 2011, 1108; LAG Sachsen-Anhalt 9.3.2010 – 2 Sa 369/09 [juris]; *Zwanziger* § 113 Rn 7.

der im Kündigungsrechtsstreit wie in jedem anderen Rechtsstreit auch Partei ist. Die Gegenansicht, welche § 113 bei Eigenverwaltung nicht anwenden will, kann nicht überzeugen. Bei der Eigenverwaltung – auch auf der Grundlage eines nach § 18 gestellten freiwilligen Antrags – wird die Verwaltung im Sanierungs- bzw Gläubigerinteresse durchgeführt, womit der Anwendungsbereich der §§ 103 ff nicht nur dem Gesetzeswortlaut nach, sondern auch nach dem Sinn und Zweck von § 279 Satz 1 eröffnet ist.

4. Dienstverpflichteter

Kündigungsberechtigt nach Maßgabe von § 113 ist neben dem Insolvenzverwalter 65
auch der Dienstverpflichtete, insbesondere also der Arbeitnehmer des Schuldners.[53] Er kann demnach mit gekappter Frist kündigen, und zwar entgegen vereinbarter oder gesetzlicher längerer Kündigungsfrist, entgegen vereinbarter längerer Vertragsdauer und entgegen vereinbartem Ausschluss der ordentlichen Kündigung. Dies beruht nicht nur auf einer Idee der Gleichbehandlung, nach welcher der Dienstverpflichtete nicht insolvenzbedingt schlechter gestellt werden soll als der Insolvenzverwalter (eine solche Gleichbehandlung fehlt in vielen Regelungen der §§ 103 ff; insbesondere ist nur der Insolvenzverwalter nach § 103 Abs 1 zur Nichterfüllungswahl befugt). Es geht auch darum, dass der Dienstverpflichtete eben ein besonderes Interesse an der möglichst schnellen Beendigung des Dienstverhältnisses haben kann, nachdem sich dessen Zukunftsaussichten angesichts der Insolvenz als unsicher erweisen. Insbesondere ermöglicht die Vorschrift dem Arbeitnehmer einen kurzfristigen Wechsel zu einem neuen Arbeitgeber.[54] Der Dienstverpflichtete schuldet in diesem Fall keinen Schadensersatz nach § 113 Satz 3.

IV. Kappung der Kündigungsfrist und Zulassung der Kündigung nach § 113 Satz 1, Satz 2

1. Überblick

§ 113 Satz 1, Satz 2 ermöglichen die Kappung der gesetzlichen oder vereinbarten 66
Kündigungsfrist und die Zulassung der Kündigung bei vereinbarter längerer Vertragsdauer oder vereinbartem Kündigungsausschluss. Leider sind beide Sätze ungeschickt formuliert worden. Nach gesetzgeberisch beabsichtigter und heute auch herrschender Sichtweise betreffen § 113 Satz 1, Satz 2 zunächst **Kündigungsfristen**, und zwar unabhängig davon, ob sie gesetzlich oder (kollektiv-)vertraglich angeordnet sind. Soweit sich aus ihnen längere Laufzeiten des Arbeitsverhältnisses ergeben, kann das Dienstverhältnis dennoch mit einer dreimonatigen Frist zum Monatsende gekündigt werden. Des Weiteren betreffen § 113 Satz 1, Satz 2 **vereinbarte Vertragsdauern** und **vereinbarte Ausschlüsse des Rechts zur ordentlichen Kündigung**. Weil diese eben „vereinbart" sein müssen, werden gesetzliche Vorschriften über Kündigungsausschlüsse (gesetzliche Regelungen, in denen Vertragsdauern festgesetzt sind, gibt es wohl nicht) nicht erfasst, ebenso wenig wie sonstige gesetzliche Regularien für die Kündigung, welche nicht die Frist betreffen.

Die soeben erstgenannte Kappung von **Kündigungsfristen** durch § 113 Satz 1, Satz 2 67
lässt sich dem Gesetzeswortlaut kaum entnehmen. Man kann folgenden Text isolieren: „Ein Dienstverhältnis, bei dem der Schuldner der Dienstberechtigte ist, kann vom Insolvenzverwalter und vom anderen Teil ... gekündigt werden. Die Kündigungsfrist beträgt

[53] KR/*Weigand* § 113 InsO Rn 80 f; *Zwanziger* § 113 Rn 4.

[54] Braun/*Beck* InsO § 113 Rn 3

drei Monate zum Monatsende, wenn nicht eine kürzere Frist maßgeblich ist." Dabei ist aber zu beachten, dass eben nur Kündigungs*fristen* erfasst sind, § 113 also nicht die Möglichkeit eröffnen soll, Kündigungsbeschränkungen etwa nach dem KSchG oder nach besonderen Kündigungsschutzregelungen wie etwa dem MuSchG zu beseitigen (s Rn 73). Das bedeutet, dass hier das Gesetz die Kündigung nicht als solche erleichtert, sondern nur die aus der rechtmäßigen Kündigung folgende Frist verkürzt. Man kann also von einer **gesetzlichen Kappung der Kündigungsfrist** sprechen.

68 Auch bei der genannten Erfassung von **vereinbarten Vertragsdauern** und **vereinbarten Ausschlüssen des Rechts zur ordentlichen Kündigung** bringt der Wortlaut von § 113 Satz 1, Satz 2 Schwierigkeiten mit sich. Dennoch ist klar, dass hier erstens Kündigungen entgegen einer „vereinbarten Vertragsdauer" mit einer Frist von drei Monaten zum Monatsende ermöglicht werden, und dass zweitens Kündigungen entgegen einem „vereinbarten Ausschluss des Rechts zur ordentlichen Kündigung" ermöglicht werden. Damit ermöglicht das Gesetz die Kündigung entgegen einer rechtmäßig abgeschlossenen Vereinbarung über die Vertragsdauer sowie entgegen einem rechtmäßig vereinbarten Ausschluss der Kündigung. Man kann also von einer **gesetzlichen Zulassung der Kündigung** sprechen. Weiter ist dabei noch klarzustellen, dass § 113 Satz 1, Satz 2 auch **Vereinbarungen über Kündigungsfristen** von § 113 Satz 1, Satz 2 erfasst, wie soeben unter Rn 67 ausgeführt wurde.

69 Im Folgenden soll demnach zunächst die hier unter Rn 67 beschriebene **Kappung der Kündigungsfrist** (sogleich Rn 70 ff) und dann die hier unter Rn 68 beschriebene **Zulassung der Kündigung** behandelt werden (unten Rn 81 ff).

2. Kappung der Kündigungsfrist nach § 113 Satz 1, Satz 2

a) Überblick

70 **aa) Kappung der Kündigungsfrist auf höchstens drei Monate zum Monatsende.** Nach § 113 Satz 1, Satz 2 werden sämtliche Kündigungsfristen auf ein Höchstmaß von drei Monaten zum Monatsende gekürzt. Diese Kappung ansonsten einschlägiger Kündigungsfristen gilt für vertraglich vereinbarte ebenso wie für gesetzlich oder kollektivarbeitsrechtlich festgesetzte Kündigungsfristen. Soweit nach § 113 Satz 2 „eine kürzere Frist maßgeblich ist", greift diese ein.[55] Demnach kann auch eine individual- oder kollektivvertraglich festgesetzte Frist gelten, die länger ist als etwa die gesetzliche nach §§ 621, 622 BGB, wobei aber eben stets die Dreimonatsfrist zum Monatsende des § 113 Satz 2 als Höchstfrist eingreift.[56]

71 Diese Konkurrenzregel, welche im Ergebnis stets zur Kappung auf maximal drei Monate zum Monatsende führt, erfasst sowohl Kündigungsfrist als auch Kündigungstermin.[57] **Abweichende Kündigungsregelungen werden** demnach durch § 113 Satz 1, Satz 2 **insofern verdrängt, als sie einen späteren Kündigungstermin nach sich ziehen.**

72 **Beispiel.** Ist im Dienstvertrag eine Kündigungsfrist von sechs Wochen zum Quartalsende vereinbart, so gilt folgendes. Kündigt der Insolvenzverwalter den Vertrag beispielsweise am 10. Februar, endet dieser kraft Vereinbarung am 31. März – und nicht mit der

---

[55] ErfK/*Müller-Glöge* 113 InsO Rn 8.

[56] BAG 3.12.1998 – 2 AZR 425/98, ZIP 1999, 370; MünchKomm/*Caspers* InsO § 113 Rn 33 f; KR/*Weigand* § 113 InsO Rn 39; *Zwanziger* § 113 Rn 10; **aA** LAG Köln 26.3.1998 – 10 Sa 1437/97, NZA 1998, 765; LAG Hamm 27.3.1998 – 15 Sa 2137/97, NZI 1998, 132.

[57] S zu deren Unterscheidung BAG 4.7.2001 – 2 AZR 469/00, BAGE 98, 205 = NZA 2002, 380.

Frist nach § 113 Satz 2 erst am 31. Mai. Kündigt der Insolvenzverwalter den Vertrag dagegen am 20. Februar, endet er kraft § 113 Satz 1, Satz 2 am 31. Mai – und nicht mit der vereinbarten Frist erst am 30. Juni. Im letzteren Fall kann der Gekündigte wegen des Entgeltausfalls, soweit er ihn nicht mit anderweitiger Tätigkeit kompensieren kann und soweit kein Anspruchsübergang auf einen Sozialversicherungsträger stattgefunden hat, nach § 113 Satz 3 Schadensersatz verlangen, der als Insolvenzforderung zur Tabelle anzumelden ist (vgl näher Rn 114 ff).

bb) § 113 Satz 1, Satz 2 regeln nicht den Kündigungsgrund. § 113 Satz 1, Satz 2 regeln lediglich die Kündigungsfrist sowie vereinbarte Vertragsdauern und Kündigungsausschlüsse, aber nicht den Kündigungsgrund. Das bedeutet, dass der Insolvenzverwalter und auch der Dienstverpflichtete, wenn sie nach dieser Regelung mit gekappter Frist kündigen, alle weiteren rechtlichen Voraussetzungen für die Rechtswirksamkeit der Kündigung beachten müssen. Kündigt einer von ihnen, muss die Formvorschrift des § 623 BGB gewahrt werden, und handelt es sich beispielsweise um ein dem KSchG unterliegendes Arbeitsverhältnis, dann bedarf es seitens des Insolvenzverwalters eines Kündigungsgrundes nach § 1 Abs 2 KSchG. Der Sonderkündigungsschutz etwa nach dem MuSchG und dem BEEG ist zu wahren, und auch alle anderen Rechtmäßigkeitsvoraussetzungen wie beispielsweise die Betriebsratsanhörung nach § 102 Abs 1 BetrVG müssen erfüllt sein[58] (s näher Vor § 113 Rn 156 ff). 73

b) Erfassung sämtlicher Regelungen über Kündigungsfristen durch § 113 Satz 1, Satz 2. Neben **arbeitsvertraglichen** Kündigungsfristen werden durch § 113 Satz 1 Var 1, Satz 2 auch **kollektivarbeitsrechtlich** festgesetzte Kündigungsfristen erfasst. Diese können insbesondere in Betriebsvereinbarungen, Regelungsabreden oder Tarifverträgen festgesetzt worden sein.[59] Die letztgenannte Kappung verstößt nicht gegen Art 9 Abs 3 GG (s im Einzelnen Rn 14 ff). 74

Gesetzliche Kündigungsfristen, also insbesondere diejenigen nach §§ 621, 622 BGB oder nach § 29 HAG bzw § 66 SeeArbG, werden ebenso durch § 113 Satz 1 Var 1, Satz 2 insofern verdrängt, als sie einen späteren Kündigungstermin nach sich ziehen.[60] 75

Jedoch **kann der Insolvenzverwalter** meines Erachtens – etwa wenn die Dienste des Dienstverpflichteten noch länger benötigt werden – **auch mit längerer Frist kündigen,** insbesondere um das Entstehen des Schadensersatzanspruchs aus § 113 Satz 3 zu verhindern (Rn 156). 76

Soweit die Kappung gemäß § 113 Satz 1, Satz 2 nicht greift, bleibt es „ganz normal" bei den betreffenden gesetzlichen, kollektivarbeitsrechtlichen oder arbeitsvertraglichen Kündigungsregelungen.[61] Wenn der Insolvenzverwalter also beispielsweise am 20. Februar ein Arbeitsverhältnis kündigt, welches erst fünf Monate bestanden hat und für das eine Probezeit vereinbart war, endet dieses gemäß § 622 Abs 3 BGB nach zwei Wochen und nicht wegen § 113 Satz 2 („zum Monatsende") erst am 31. März. 77

---

58 BAG 28.6.2012 – 6 AZR 682/10, NZA 2012, 1090; BAG 15.12.2011 – 8 AZR 692/10, BB 2012, 1472; BAG 29.9.2005 – 8 AZR 647/04, NZA 2006, 720; BAG 4.6.2003 – 10 AZR 586/02, AP InsO § 209 Nr 2; KR/*Weigand* § 113 InsO Rn 10, 26, 47 ff, 70 ff, 79; *Zwanziger* § 113 Rn 1.

59 KR/*Weigand* § 113 InsO Rn 37 ff; *Zwanziger* § 113 Rn 27 ff.

60 KR/*Weigand* § 113 InsO Rn 36; *Zwanziger* § 113 Rn 13.

61 BAG 3.12.1998 – 2 AZR 425/98, ZIP 1999, 370 ff; MünchKomm/*Caspers* InsO § 113 Rn 25; *Zwanziger* § 113 Rn 10.

78 c) **Anwendung von § 113 Satz 1, Satz 2 auf Änderungskündigungen.** Soll der Arbeitnehmer mit anderen als den vertraglich vereinbarten Aufgaben betreut werden, so bedarf es einer Änderungskündigung gemäß § 2 KSchG, die – wie auch außerhalb der Insolvenz – gegebenenfalls nach den allgemeinen Regeln sozial gerechtfertigt sein muss.[62] Auch hier gilt die Frist des § 113.

79 d) **Anwendung von § 113 Satz 1, Satz 2 im Fall von § 9 Abs 2 KSchG.** Nach näherer Maßgabe der §§ 9 f KSchG (s für leitende Angestellte § 14 Abs 2 KSchG) können die Arbeitsvertragsparteien bei rechtswidriger Kündigung die Auflösung des Arbeitsverhältnisses durch das Gericht bei gleichzeitiger Verurteilung des Arbeitgebers zu einer Abfindungszahlung beantragen. In diesem Fall hat das Arbeitsgericht den Zeitpunkt der Auflösung des Arbeitsverhältnisses gemäß § 9 Abs 2 KSchG festzusetzen. Hierfür hat es darauf abzustellen, wann das Arbeitsverhältnis bei sozial gerechtfertigter Kündigung geendet hätte. Dieser Zeitpunkt entspricht also dem Ende der ordentlichen Kündigungsfrist.

80 Das bedeutet, dass im Fall eines Prozesses über die Kündigung des Insolvenzverwalters die für diese Kündigung **einschlägige ordentliche Kündigungsfrist** zugrunde zu legen ist. Dies ist diejenige Kündigungsfrist, welche nach § **113 Satz 2 festgelegt** ist. Soweit das Gericht das Arbeitsverhältnis nach dieser Maßgabe auflöst, kann der Arbeitnehmer neben der als Masseschuld zu leistenden Abfindung zusätzlich seinen weiter damit verbundenen „Verfrühungsschaden" gemäß § 113 Satz 3 zur Tabelle anmelden (s auch Rn 160).

3. Zulassung der Kündigung entgegen vereinbarter Vertragsdauer und entgegen vereinbartem Ausschluss der ordentlichen Kündigung

81 a) **Überblick zu den zwei Fällen der vereinbarten Vertragsdauer und des vereinbarten Kündigungsausschlusses.** Neben der soeben besprochenen Kappung von Kündigungsfristen ermöglichen § 113 Satz 1, Satz 2 die Kündigung bei vereinbarter Vertragsdauer und bei vereinbartem Ausschluss der ordentlichen Kündigung (s Rn 68).

82 aa) **Vereinbarte Vertragsdauer.** Die Kappung einer vereinbarten Vertragsdauer iSd § 113 Satz 1, Satz 2 entspricht praktisch der Kappung vereinbarter längerer Kündigungsfristen nach § 113 Satz 1 Var 1, Satz 2 (s oben Rn 74). Es läuft im Ergebnis auf dasselbe hinaus, ob man eine besonders lange Kündigungsfrist vereinbart, den Dienstvertrag von vornherein auf eine besonders lange Laufzeit festsetzt oder ob man die Kündigung ausschließt (dazu sogleich Rn 85). Die Dienstvertragsparteien können eine längere Laufzeit ihres Vertrags etwa nach § 620 Abs 1 BGB oder – wenn es sich um ein Arbeitsverhältnis handelt – nach §§ 14 ff TzBfG vereinbart haben. Während der Vertragslaufzeit ist dann die ordentliche Kündigung nicht zulässig, soweit nichts Abweichendes vereinbart (vgl für das Arbeitsrecht § 15 Abs 3 TzBfG) oder gesetzlich nichts anderes vorgesehen ist (Grenzen zu langer Vertragsbindungen ergeben sich ua aus § 622 Abs 6 BGB und § 624 BGB). Die außerordentliche Kündigung nach § 626 BGB kann ohnehin nicht ausgeschlossen werden.

83 Hier ermöglicht § 113 Satz 1 im Insolvenzverfahren die Kündigung beiden Parteien dennoch, und zwar nach § 113 Satz 2 mit der dreimonatigen Kündigungsfrist zum Monatsende.[63] Das gilt unabhängig davon, ob eine kalendermäßig vereinbarte oder an

---

[62] Uhlenbruck/*Berscheid* InsO § 113 Rn 21; KR/*Weigand* § 113 InsO Rn 26.

[63] BAG 6.7.2000 – 2 AZR 695/99, NZA 2001, 23 (betr allgemeine Kalenderbefristung);

bestimmte Ereignisse oder Bedingungen geknüpfte Vertragsdauer vereinbart wurde, so wie dies beispielsweise bei der arbeitsrechtlichen Sachgrundbefristung nach § 14 Abs 1 TzBfG geschieht.

Der vereinbarten Vertragsdauer ist bei alledem auch die **Vereinbarung eines auflösend bedingten Dienstvertrages** gleichzusetzen.[64] Im Arbeitsrecht folgt diese Gleichsetzung mittelbar bereits aus § 21 TzBfG. Aber auch außerhalb dessen hat die Vereinbarung der auflösenden Bedingung nach § 158 Abs 2 BGB zur Folge, dass die Vertragsdauer bis zum Eintritt eben der Bedingung reichen soll. Diese Bindung ist im Insolvenzverfahren ebenfalls nach § 113 Satz 1 Satz 2 durch Kündigung mit der dreimonatigen Frist zum Monatsende lösbar. 84

bb) **Vereinbarter Ausschluss der ordentlichen Kündigung.** Der vereinbarte Ausschluss der ordentlichen Kündigung wird dem gleichgesetzt. Er wird also wie eine unendlich lange Kündigungsfrist behandelt, die sich im Falle der Eröffnung des Insolvenzverfahrens auf die ordentliche Kündigungsfrist des § 113 Satz 2 verkürzt. 85

cc) **Rechtsfolge: gekappte Kündigungsfrist nach § 113 Satz 2.** Nach § 113 Satz 2 werden sämtliche Kündigungsfristen auf ein Höchstmaß von drei Monaten zum Monatsende gekürzt. Diese Kappung ansonsten einschlägiger Kündigungsfristen greift nach dem Gesetzeswortlaut, „wenn nicht eine kürzere Frist maßgeblich ist". Für die Kappung von **Kündigungsfristen** ist man sich einig, dass demnach auch eine individual- oder kollektivvertraglich festgesetzte Frist gelten kann, die länger ist als etwa die gesetzliche Frist nach §§ 621, 622 BGB, wobei aber eben stets die Dreimonatsfrist zum Monatsende des § 113 Satz 2 als Höchstfrist eingreift (Rn 74). **Beispiel.** Im Arbeitsvertrag ist eine Kündigungsfrist von mindestens zwei Monaten zum Monatsende vereinbart. Nachdem das Arbeitsverhältnis drei Jahre bestanden hat, wird es vom Insolvenzverwalter gekündigt. Hier greift die vereinbarte zweimonatige Kündigungsfrist und nicht die einmonatige Kündigungsfrist zum Monatsende gemäß § 622 Abs 2 Satz 1 Nr 1 BGB. Wenn dagegen der Insolvenzverwalter nach zehnjährigem Bestehen des Arbeitsverhältnisses kündigt, greift § 113 Satz 2 und nicht § 622 Abs 2 Satz 1 Nr 4 BGB. 86

Im Fall des vereinbarten **Kündigungsausschlusses** und der vereinbarten **Vertragsdauer** besteht dagegen Uneinigkeit. Das BAG vertritt die Ansicht, dass bei vereinbarten Kündigungsausschlüssen und vereinbarten Vertragsdauern, die ohne Insolvenz zu einem Dienstverhältnis geführt hätten, welches über die Dreimonatsfrist zum Monatsende des § 113 Satz 2 hinausreicht, eben diese **Dreimonatsfrist zum Monatsende des § 113 Satz 2** gilt.[65] Dagegen wird in der Literatur und vom LAG Hamm eingewandt, in diesem Fall sei die kürzere maßgebliche Frist iSd § 113 Satz 2 **eine anstelle der Vereinbarung eingreifende gesetzliche Kündigungsfrist.**[66] **Beispiel.** Im Arbeitsvertrag ist Unkündbarkeit des Arbeits- 87

BAG 16.6.2005 – 2 AZR 476/04, NZA 2006, 270 (betr Kündigung in der Arbeitsphase der Block-Arbeitszeit eines Altersteilzeiters, wobei die Altersteilzeitvereinbarung als Kalenderbefristung eingeordnet wurde); LAG Hamm 8.12.1999 – 2 Sa 2506/98, ZInsO 2000, 407; LAG Thüringen 14.6.1999 – 8 Sa 560/98, ZInsO 2000, 51; KR/*Weigand* § 113 InsO Rn 44.

[64] *Zwanziger* § 113 Rn 22.

[65] BAG 19.1.2000 – 4 AZR 70/99, NZA 2000, 658 (der Fall betraf einen vom Lebensalter und der Beschäftigungsdauer abhängigen tarifvertraglichen Ausschluss der ordentlichen Kündigung); BAG 6.7.2000 – 2 AZR 695/99, ZIP 2000, 1941 = NZA 2001, 23 (befristetes Arbeitsverhältnis, für welches die ordentliche Kündigung während seiner Laufzeit ausgeschlossen worden war); *Hess* Insolvenzrecht § 113 Rn 355 f; *KR/Weigand* § 113 InsO Rn 43, 44; *Zwanziger* § 113 Rn 8.

[66] LAG Hamm 25.10.2000 – 4 Sa 363/00, ZInsO 2001, 282; *Caspers* SAE 2001, 187; MünchKomm/*Caspers* InsO § 113 Rn 27.

vertrages vereinbart. Nachdem das Arbeitsverhältnis drei Jahre bestanden hat, wird es vom Insolvenzverwalter gekündigt. Hier greift nach der letztgenannten Ansicht die einmonatige Kündigungsfrist zum Monatsende gemäß § 622 Abs 2 Satz 1 Nr 1 BGB ein, während nach der Ansicht des BAG die dreimonatige Kündigungsfrist zum Monatsende gemäß § 113 Satz 2 gilt. Wenn der Insolvenzverwalter nach zehnjährigem Bestehen des Arbeitsverhältnisses kündigt, greift nach beiden Ansichten § 113 Satz 2 und nicht § 622 Abs 2 Satz 1 Nr 4 BGB.

88 Der Ansicht des BAG ist der Vorzug zu geben. Das Gericht verweist zu Recht darauf, dass die Vereinbarung einer festen Vertragsdauer oder eines Kündigungsausschlusses im Ergebnis einer besonders langen bzw „unendlichen" Kündigungsfristvereinbarung gleichzusetzen ist. Es sei nicht gerechtfertigt, Arbeitnehmer in einem auf längere Dauer ohne ordentliche Kündigungsmöglichkeit befristeten Arbeitsverhältnis hinsichtlich der Kündigungsfristen schlechter zu behandeln als Arbeitnehmer, die mit ihrem Arbeitgeber eine gleichlange Kündigungsfrist vereinbart haben. In der Tat lassen sich – anders als bei den entsprechenden gesetzlichen Regelungen – Vereinbarungen über die Kündigungsfrist oder die Vertragsdauer inhaltlich nicht von Vereinbarungen über Kündigungsfristen abgrenzen. Bei Kündigungsausschlüssen, an welche sich der Arbeitgeber lediglich über eine bestimmte Dauer halten soll (etwa befristete Verzichte auf betriebsbedingte Kündigungen), wird das besonders deutlich.

89 Soweit die Voraussetzungen für eine **außerordentliche Kündigung mit Auslauffrist** erfüllt sind, kann ein Arbeitsverhältnis in der Insolvenz – ebenso wie außerhalb der Insolvenz – unter Zugrundelegung der ansonsten einschlägigen ordentlichen Kündigungsfrist gekündigt werden (s ie Vor § 113 Rn 198 ff). Die zusätzliche Kündigungsmöglichkeit nach § 113 Satz 1, Satz 2 beeinträchtigt also nicht die auch außerhalb der Insolvenz bestehenden Möglichkeiten, Arbeitsverhältnisse außerordentlich mit ordentlicher Auslauffrist zu kündigen. **Beispiel.** Im Arbeitsvertrag ist die Unkündbarkeit des Arbeitsvertrages vereinbart. Nachdem das Arbeitsverhältnis drei Jahre bestanden hat, wird es vom Insolvenzverwalter wegen Betriebsstilllegung rechtmäßig außerordentlich mit der einmonatigen Kündigungsfrist zum Monatsende als Auslauffrist gemäß § 622 Abs 2 Satz 1 Nr 1 BGB gekündigt. Das Arbeitsverhältnis endet mit dem Ablauf dieser Frist. Wenn die Voraussetzungen für die außerordentliche Kündigung mit Auslauffrist dagegen nicht eingreifen, kann das Arbeitsverhältnis, soweit die übrigen Rechtmäßigkeitsvoraussetzungen der ordentlichen Kündigung (etwa nach dem KSchG) erfüllt sind, mit der dreimonatigen Kündigungsfrist zum Monatsende gemäß § 113 Satz 2 gekündigt werden (s näher Vor § 113 Rn 200).

90 **dd) § 113 Satz 1 regelt nicht den Kündigungsgrund.** § 113 Satz 1 erfasst lediglich gesetzliche und vereinbarte Kündigungsfristen sowie vereinbarte Vertragslaufzeiten und Kündigungsausschlüsse. Soweit solche nicht betroffen sind, erfasst die Vorschrift – ebenso wie dies für Kündigungsfristen festgehalten wurde (Rn 73) – nicht den Kündigungsgrund. Das bedeutet, dass der Insolvenzverwalter[67] und der Dienstverpflichtete,[68] wenn sie kündigen, alle weiteren rechtlichen Voraussetzungen für die Rechtswirksamkeit der Kündigung wahren müssen. Das gilt auch für behördliche oder gerichtliche Genehmi-

---

Offen, aber von der Begründung her eher wie die hier Genannten LAG Köln 26.5.2000 – 4 Sa 462/00 [juris].

[67] BAG 15.12.2011 – 8 AZR 692/10, BB 2012, 1472; BAG 29.9.2005 – 8 AZR 647/04, NZA 2006, 720; KR/*Weigand* § 113 InsO Rn 47 ff, 70 ff; *Zwanziger* § 113 Rn 9.

[68] BAG 25.4.2007 – 6 AZR 622/06, ZIP 2007, 1875 = BAGE 122, 197.

gungserfordernisse (s näher Rn 98, Vor § 113 Rn 158 ff, 190 ff; s für den Dienstverpflichteten Vor § 113 Rn 193).

b) Erfassung auch tarifvertraglicher und betriebsverfassungsrechtlicher Regelungen. Eine Vereinbarung über die Vertragsdauer und ein vereinbarter Ausschluss des Rechts zur außerordentlichen Kündigung iSd § 113 liegen auch vor, wenn die betreffende Regelung eine Tarifvertragsvorschrift oder betriebsverfassungsrechtlicher Art ist.[69] Das folgt zunächst aus dem Wortlaut des § 113 Satz 1. Jeder Tarifvertrag und jede betriebsverfassungsrechtliche Regelung wird (trotz des Normcharakters von Tarifvorschriften gemäß § 3 Abs 1, § 4 Abs 1 TVG und von Betriebsvereinbarungen nach § 77 Abs 4 BetrVG) als privatrechtlicher Vertrag **vereinbart** und nicht etwa einseitig festgesetzt oder gemeinsam von den Parteien beschlossen. Zudem lassen sich – anders als bei den entsprechenden gesetzlichen Regelungen – Vereinbarungen über die Kündigungsfrist oder die Vertragsdauer kaum von Vereinbarungen über Kündigungsfristen abgrenzen. 91

Auch aus dem Sinn und Zweck von § 113 Satz 1 ergibt sich nichts anderes. Bereits unter Rn 16 f wurde näher dargelegt, dass tarifvertragliche Vorschriften die Funktion haben, Arbeitnehmerschutz dort zu gewährleisten, wo Arbeitnehmer aufgrund „struktureller Unterlegenheit" lediglich im Zusammenschluss zu angemessenen Arbeitsbedingungen kommen. Vor diesem Hintergrund ist es zwingend, dass § 113 tarifvertragliche Kündigungsbeschränkungen nicht gegenüber arbeitsvertraglichen Kündigungsbeschränkungen privilegiert. Die in § 113 enthaltene Beschränkung der individuellen Vertragsfreiheit muss man deshalb in gleicher Weise auch für die entsprechende Beschränkung kollektivarbeitsrechtlicher Vereinbarungsmöglichkeiten akzeptieren. 92

Die Rechtsprechung hat dies deutlich klargestellt. So hatte das BAG einen Fall zu entscheiden, in welchem der Schuldner zwecks Arbeitsplatzsicherung **tarifvertraglich auf Kündigungen verzichtet** hatte. Nach Insolvenzverfahrenseröffnung hatte der Insolvenzverwalter die betreffenden Arbeitsverhältnisse gekündigt. Dies erklärte das BAG für wirksam, indem es festhielt, dass gemäß § 113 „ein Dienstverhältnis, bei dem der Schuldner der Dienstberechtigte ist, vom Insolvenzverwalter ohne Rücksicht auf eine vereinbarte Vertragsdauer oder einen vereinbarten Ausschluss des Rechts zur ordentlichen Kündigung gekündigt werden (kann). Dieses Kündigungsrecht kann nicht durch einzelvertragliche, tarifliche oder sonstige kollektivrechtliche Vereinbarungen ausgeschlossen werden. Dies gilt unabhängig davon, ob der Ausschluss der Kündigung mit einer Gegenleistung des Arbeitnehmers verbunden war. Der Gesetzeswortlaut sieht keine Ausnahme vor, aber auch die Entstehungsgeschichte und der Normzweck der Regelung sprechen gegen eine Einschränkung des Kündigungsrechts. Der Gesetzgeber hat die Belange der Arbeitnehmer als einer Gruppe der Insolvenzgläubiger mit den Interessen der anderen Insolvenzgläubiger in Einklang gebracht. Dies soll unabhängig davon gelten, in welcher Höhe die Insolvenzgläubiger vor der Eröffnung des Insolvenzverfahrens ihrerseits Forderungen der Schuldnerin erfüllten, die zu einem Anwachsen der Masse beitrugen. Das Entstehen von Masseschulden soll begrenzt werden, da der Insolvenzverwalter in der Regel keinen Beschäftigungsbedarf mehr hat und zu Lasten der anderen Gläubiger Ansprüche ohne eine Gegenleistung entstünden, wodurch diese wiederum in ihrem Grundrecht nach Art 14 GG beeinträchtigt würden."[70] 93

---

[69] BAG 16.6.1999 – 4 AZR 191/98, NZA 1999, 1331 (1333 f); BAG 19.1.2000 – 4 AZR 70/99, NZA 2000, 658; BAG 16.6.2005 – 2 AZR 476/04, NZA 2006, 270; BAG 19.1.2000 – 4 AZR 911/98, KTS 2001, 186; LAG Hamm 22.12.2010 – 2 Sa 630/10 [juris]; LAG Sachsen-Anhalt 9.3.2010 – 2 Sa 369/09 [juris].

[70] BAG 17.11.2005 – 6 AZR 107/05, NZA 2006, 661 = ZIP 2006, 774.

94 c) **BAG: Nichterfassung kollektivrechtlich vereinbarter verfahrensrechtlicher Kündigungsbeschränkungen.** Die Rechtsprechung legt den Begriff des „Ausschlusses" des Rechts zur ordentlichen Kündigung eng aus. So hatte das BAG einen Fall zu entscheiden, in dem der Schuldner einige Monate vor Verfahrensantrag in einem **Sanierungstarifvertrag** vereinbart hatte, dass **ordentliche Kündigungen** der **Zustimmung des Betriebsrats** bedürften. Nach Eröffnung des Verfahrens kündigte der Verwalter ohne Betriebsratszustimmung, und das BAG erklärte, dass das Zustimmungserfordernis als Kündigungsvoraussetzung zu achten gewesen sei. Insbesondere lehnte es die Anwendung von § 113 Satz 1 ab, da der Sanierungstarifvertrag keinen „Ausschluss" der ordentlichen Kündigung enthalten habe. Eine Veränderung des materiellen Kündigungsrechts habe nicht vorgelegen, sondern lediglich „eine **verfahrensmäßige Absicherung des individuellen Kündigungsschutzes auf der kollektiven Ebene**". § 113 Satz 1 betreffe längere Kündigungsfristen sowie vereinbarte Unkündbarkeitsregelungen. Man könne in letzterem Fall von einer „unendlich langen Kündigungsfrist" sprechen, die durch § 113 auf höchstens drei Monate zum Monatsende begrenzt worden sei. Eine solche „Verlängerung" liege aber bei einer Vereinbarung über die notwendige Betriebsratszustimmung zur Kündigung nicht vor. Diese sei keine Unkündbarkeitsklausel, sondern ähnele eher sonderkündigungsschutzrechtlichen Bestimmungen, die in der Insolvenz zu achten seien (s zB § 103 BetrVG, § 9 Abs 3 MuSchG, vgl Vor § 113 Rn 156 ff). Dem stehe auch nicht entgegen, dass die betreffende Regelung im Ergebnis zu einer Verzögerung der Kündigung führe. Diese faktische Wirkung als zeitlich befristete Kündigungssperre sei „lediglich ein Reflex" der betreffenden Bestimmung".[71]

95 Es ist klar, dass diese Haltung deutlich dem Wortlaut des § 113 Satz 1 zuwiderläuft, der Vereinbarungen über die Dauer erfasst, wobei klar sein muss, dass die Dauer des Vertragsverhältnisses durch viele Arten von Vorschriften reguliert werden kann. Entgegen der Entscheidung des Gerichts lag in der Vereinbarung über die notwendige Betriebsratszustimmung eine „Verlängerung" des Dienstvertrages. Vor allem widerspricht die Auslegung durch das BAG dem Sinn und Zweck des § 113, Vereinbarungen des Schuldners über die Beendigung des Dienstverhältnisses nicht zulasten der Masse wirken zu lassen (s dazu Rn 74, 82, 85). Motiv für die Rechtsprechung, welche sich ausdrücklich auf Vereinbarungen auf kollektiver Ebene beschränkt, dürfte der Schutz des vom Schuldner geschlossenen Sanierungstarifvertrages noch über die Verfahrenseröffnung hinaus gewesen sein.[72] Hier wird eine **Unterscheidung zwischen kollektivvertraglichen und individualarbeitsvertraglichen Vereinbarungen** impliziert, die in § 113 Satz 1 gerade nicht angelegt ist. Wie in Rn 16f dargelegt, kann eine tarifvertragliche Kündigungsbeschränkung schon ihrer Funktion nach in der Insolvenz nicht mehr Beachtung verlangen als arbeitsvertragliche und gesetzliche Kündigungsbeschränkungen.

96 Freilich hat das BAG im konkreten Fall die Kündigungen des Insolvenzverwalters dennoch für rechtmäßig erklärt, weil **aufgrund vollständiger Betriebsstilllegung kein Raum mehr für eine verfahrensmäßige Beteiligung des Betriebsrats** gesehen wurde. Zudem wird im Urteil deutlich gemacht, dass das Gericht seine Sichtweise nicht generell auf beliebige Vereinbarungen über Kündigungsbeschränkungen ausweiten will. So heißt es dort etwa, die streitgegenständliche Regelung habe keine „Veränderung des materiellen

---

[71] BAG 19.1.2000 – 4 AZR 911/98, KTS 2001, 186; *Zwanziger* § 113 Rn 28 f

[72] Zu Recht kritisch hierzu *Rieble* Anm zu BAG 23.4.2009 – 6 AZR 263/08, AP BetrVG § 102 Nr 160 (in der besprochenen Entscheidung hatte das BAG richtigerweise ein einzelvertraglich vereinbartes Zustimmungserfordernis für unwirksam erklärt).

Kündigungsrechts" gebracht, sondern eine verfahrensmäßige Absicherung des individuellen Kündigungsschutzes auf der kollektiven Ebene. Dem lässt sich – bei aller Vorsicht – entnehmen, dass auch faktisch vertragsverlängernd wirkende Beschränkungen des Kündigungsrechts, welche formal weder Fristverlängerungen noch Kündigungsausschlüsse enthalten, von § 113 erfasst sind, auch wenn sie kollektivarbeitsrechtlicher Natur sind. Eine solche Interpretation würde sowohl Wortlaut als auch Zweck des § 113 Satz 1 am ehesten entsprechen. Dennoch hätte die Rechtsprechung besser daran getan, deutlich **jegliche Vereinbarung, die zu Verzögerungen der Kündigung oder ihres Wirkungseintritts führen kann**, unter § 113 zu subsumieren und keine Ausnahmen für kollektivarbeitsrechtliche Beteiligungsrechte zuzulassen.

Bei alledem ist zu beachten, dass nicht jede verfahrensrechtliche Erschwerung der Kündigung, welche die Arbeitsvertragsparteien vereinbart haben, auch wirksam sein muss. So hat das BAG beispielsweise eine **arbeitsvertragliche Regelung, nach welcher der Betriebsrat einer Kündigung zustimmen muss**, für **unwirksam** erklärt. Das Gericht stellte dabei klar, dass die Arbeitsvertragsparteien – im Gegensatz zu den teilweise hierzu berechtigten Betriebs- und Tarifvertragsparteien – nicht befugt sind, das Verhältnis der Betriebspartner untereinander zu regeln, unabhängig davon, ob dabei die Mitbestimmungsrechte des Betriebsrats beschränkt oder erweitert werden sollen. Dies hatte im konkreten Fall zum Ergebnis, dass der Insolvenzverwalter wirksam auch ohne Betriebsratszustimmung kündigen konnte.[73] 97

d) **Nichterfassung gesetzlicher Kündigungsausschlüsse und Genehmigungsvorbehalte.** Da nur „vereinbarte" Kündigungsausschlüsse und Regelungen über die Vertragsdauer von § 113 Satz 1 erfasst sind, bleiben gesetzliche Kündigungsausschlüsse und demnach auch gesetzliche Genehmigungsvorbehalte für Kündigungen unberührt, s Vor § 113 Rn 161; zu den ebenso zu achtenden gesetzlichen Kündigungsgründen Vor § 113 Rn 162 ff. 98

Die Sonderregelungen des § 113 gelten in der Insolvenz auch entgegen dem Verschlechterungsverbot des **§ 323 Abs 1 UmwG.** § 323 Abs 1 UmwG, wonach sich im Fall einer Unternehmensspaltung die kündigungsrechtliche Stellung der betroffenen Arbeitnehmer auf Grund der Spaltung für die Dauer von zwei Jahren ab dem Zeitpunkt ihres Wirksamwerdens nicht verschlechtert, steht einer Kündigung durch den Insolvenzverwalter wegen Betriebsstilllegung in der Insolvenz eines abgespaltenen Unternehmens nicht entgegen. Die Verschlechterung der kündigungsrechtlichen Position beruht nämlich nicht auf der Umwandlung, sondern auf der (späteren) Insolvenz. Laut BAG kann deshalb ein Insolvenzverwalter Arbeitnehmern deshalb auch dann wirksam kündigen, wenn das insolvente Unternehmen zuvor abgespalten worden ist.[74] 99

e) **Fristberechnung bei außerordentlicher Kündigung mit Auslauffrist, insbesondere nach § 22 Abs 2 Nr 1 BBiG. Vereinbarungen über den Ausschluss außerordentlicher Kündigungen** nach § 626 BGB sind (innerhalb und außerhalb der Insolvenz) **unwirksam**, so dass die außerordentliche Kündigung als fristlose Kündigung stets erklärt werden kann – vorausgesetzt eben, dass der Tatbestand des § 626 BGB erfüllt ist, s Vor § 113, Rn 192 ff. Wenn die Arbeitsvertragsparteien eine Vereinbarung über den **Ausschluss der ordentlichen Kündigung** geschlossen haben, können der Insolvenzverwalter und der Dienstverpflichtete dennoch gemäß § 113 Satz 1, Satz 2 mit dreimonatiger Frist zum Monatsende kündigen. Soweit die Voraussetzungen für die **außerordentliche Kündigung** 100

[73] BAG 23.4.2009 – 6 AZR 263/08, ZIP 2009, 106 = AP BetrVG § 102 Nr 160 m zust Anm *Rieble.*

[74] BAG 22.9.2005 – 6 AZR 526/04, NZA 2006, 658; KR/*Weigand* § 113 InsO Rn 41; *Zwanziger* § 113 Rn 20.

mit Auslauffrist erfüllt sind, kann der Insolvenzverwalter außerdem mit der ggf kürzeren, ansonsten einschlägigen ordentlichen Kündigungsfrist kündigen (s näher Rn 85, 88).

101 Probleme ergeben sich aber dann, wenn eine **gesetzliche Regelung über den Ausschluss der ordentlichen Kündigung** vorliegt, welche **keine behördliche oder gerichtliche Ausnahme** vorsieht. Das ist bei **§ 22 Abs 2 BBiG** der Fall. Berufsausbildungsverhältnisse können nach § 22 Abs 1 BBiG während der maximal viermonatigen Probezeit (s näher § 20 BBiG) jederzeit ohne Einhaltung einer Kündigungsfrist gekündigt werden. Danach bestehen gemäß § 22 Abs 2 Nr 1, 2 BBiG für beide Parteien Kündigungsbeschränkungen. Der Arbeitgeber darf nur aus wichtigem Grund kündigen und der Auszubildende darf ordentlich nur mit vierwöchiger Frist kündigen, wenn er die Berufsausbildung aufgeben oder sich für eine andere Berufstätigkeit ausbilden lassen will.

102 Daran ändert sich in der Insolvenz nichts. Insolvenzverwalter und Auszubildender haben das Verbot der ordentlichen Kündigung zu achten.[75] Demnach ergibt sich **für den Insolvenzverwalter nur die Möglichkeit der außerordentlichen Kündigung** nach § 22 Abs 2 Nr 1 BBiG, § 626 BGB. Dabei bildet die Insolvenz als solche für beide Seiten noch keinen Grund zur außerordentlichen Kündigung.[76] Im Fall wirtschaftlicher Unzumutbarkeit der Fortsetzung des Ausbildungsverhältnisses, insbesondere bei Betriebsstilllegungen, kann der Insolvenzverwalter die außerordentliche Kündigung nach § 22 Abs 2 Nr 1 BBiG erklären. Hier ist dann die ordentliche Kündigungsfrist als Auslauffrist zu wahren, also diejenige des § 622 BGB.[77]

103 Diese wird auch nicht durch § 113 Satz 2 gekappt (abweichendes gilt im Fall vertraglicher Kündigungsbeschränkungen, s näher Rn 85, 89).[78] Man könnte zwar daran denken, zusätzlich zu §§ 621, 622 BGB auch § 113 Satz 2 entsprechend anzuwenden, um die Auslauffrist zu bestimmen. Dagegen spricht aber zunächst der Wortlaut der Regelung, weil sie im Fall der außerordentlichen Kündigung – mangels Einschlägigkeit von § 113 Satz 1 – nicht eingreift. Und auch nach Sinn und Zweck kann § 113 Satz 2 nicht anzuwenden sein, da die Vorschrift gesetzliche Verbote der ordentlichen Kündigung ja gerade unberührt lässt. Insofern ist nicht einsichtig, warum die Regelung eine Auslaufkündigungsfrist für den Fall der außerordentlichen Kündigung bereithalten sollte.

104 Die Gegenansicht, welche statt § 622 BGB ausschließlich die Dreimonatsfrist nach § 113 Satz 2 entsprechend anwenden will,[79] ist abzulehnen. Das ergibt sich bereits daraus, dass der Insolvenzverwalter im Fall der außerordentlichen Kündigung mit Auslauffrist die Regelung des § 113 Satz 1 nicht in Anspruch nimmt, so dass demnach auch § 113 Satz 2 nicht greifen kann. Diese Unanwendbarkeit der Vorschrift wird vor allem dann offensichtlich, wenn man die beiden Rechtslagen außerhalb und innerhalb des Insolvenzverfahrens miteinander vergleicht. Kündigt ein nicht insolventer Arbeitgeber wegen Betriebseinstellung außerordentlich mit ordentlicher Auslauffrist, so unterliegt er ausschließlich den Fristenregelungen des § 622 BGB. Es ist nicht einzusehen, warum

---

75 *Zwanziger* § 113 Rn 17; MünchKomm/*Caspers* InsO § 113 Rn 35; **aA** Mohrbutter/Ringstmeier/*Plössner* § 29 Rn 28.

76 BAG 25.10.1968 – 2 AZR 23/68, NJW 1969, 525 = AP KO § 22 Nr 1; BAG 27.5.1993 – 2 AZR 601/92, NZA 1993, 845.

77 BAG 27.5.1993 – 2 AZR 601/92, NZA 1993, 845; KR/*Weigand* § 113 InsO Rn 56, 74. Dort in Rn 56 erklärt *Weigand*, in diesem Fall müsse der Insolvenzverwalter nach § 626 Abs 2 BGB binnen zweier Wochen kündigen, nachdem ihm der Wegfall der Ausbildungsvoraussetzungen offenbar geworden ist. Das ist zweifelhaft, da es sich bei einer sich haltenden oder verschärfenden wirtschaftlichen Krise um einen Dauertatbestand handelt.

78 So zutreffend MünchKomm/*Caspers* InsO § 113 Rn 37.

79 KR/*Weigand* § 113 InsO Rn 57; *Zwanziger* § 113 Rn 17.

dann in der Insolvenz die in der Regel sehr viel längere Dreimonatsfrist nach § 113 Satz 2 gelten soll. Mit anderen Worten: Es besteht kein Grund, gerade Unternehmen, über deren Vermögen das Insolvenzverfahren eröffnet ist, eine Sonderlast aufzuerlegen (und damit ihre Gläubiger besonders zu benachteiligen), während andere davon freigestellt sein sollen.

Entsprechende gesetzliche Regelungen über den Ausschluss der ordentlichen Kündi- **105**
gung, welche ebenfalls keine behördliche oder gerichtliche Ausnahme zulassen, existieren auch in anderen Bereichen. Hier ist zunächst § 88 Abs 2 SeeArbG zu nennen, für den die vorgenannten Ausführungen entsprechend gelten. Weitere Beispiele sind die Kündigungsverbote zugunsten von Wehr- und Zivildienstleistenden gemäß § 2 Abs 1, § 10 ArbPlSchG, § 78 ZDG.[80] Die betreffenden Regelungen haben auch nach Abschaffung der Wehrpflicht weiter Bedeutung.[81] Die betreffenden Regelungen lassen – ähnlich wie § 22 BBiG – die außerordentliche Kündigung mit ordentlicher Auslauffrist zu, insbesondere bei Betriebsstilllegung.[82]

4. Erneute Kündigung nach bereits vor Verfahrenseröffnung ausgesprochener Kündigung

Die Fristverkürzung nach § 113 Satz 1, Satz 2 greift auch, wenn zuvor bereits Kündi- **106**
gungen mit längerer Kündigungsfrist ausgesprochen wurden. Ist ein Dienstverhältnis vor der Eröffnung des Insolvenzverfahrens gekündigt worden, so kann dessen ungeachtet nach der Verfahrenseröffnung der Insolvenzverwalter erneut kündigen, soweit die Voraussetzungen des § 113 Satz 1 erfüllt sind. Es gilt dann die Frist des § 113 Satz 2, wenn zuvor mit späterem Kündigungstermin gekündigt wurde. Darin ist laut zutreffender Ansicht des BAG **keine unzulässige Wiederholungs- oder Nachkündigung** zu sehen.[83] Zwar könne, so das Gericht, ein Gestaltungsrecht wie eine Kündigung durch Ausübung verbraucht sein.[84] Entscheidend sei aber, dass die erneute Kündigung nicht auf demselben Lebenssachverhalt oder denselben Kündigungsgründen beruht. Die Eröffnung des Insolvenzverfahrens stelle einen neuen Lebenssachverhalt dar.

Im Ergebnis ist dem zwar zuzustimmen. Jedoch dürfte es für den fehlenden „Ver- **107**
brauch" eines Gestaltungsrechts nicht auf die Änderung des zugrunde liegenden Sachverhalts ankommen, sondern auf die Änderung der Rechtsfolgen des auszuübenden Gestaltungsrechts. Aus diesem Grund hat das BAG beispielsweise eine zweite Kündigung durch den Verwalter für zulässig erklärt, nachdem § 113 während des Fristlaufs der ersten Kündigung in Kraft getreten war und somit die Gelegenheit der mit verkürzter Frist später erklärten, aber früher wirksamen Kündigung eröffnet hatte.[85]

---

80 KR/*Weigand* § 113 InsO Rn 63; *Zwanziger* § 113 Rn 19.
81 HWK/*C. W. Hergenröder* § 1 ArbPlSchG Rn 9.
82 KR/*Weigand* § 113 InsO Rn 63.
83 BAG 22.5.2003 – 2 AZR 255/02, BB 2003, 2183; BAG 13.5.2004 – 2 AZR 329/03, NZA 2004, 1037; BAG 22.5.2003 – 2 AZR 255/02, NZA 2003, 1086; BAG 22.4.2010 – 6 AZR 948/08, NZA 2010, 1057; LAG Hamm 12.1.2006 – 4 Sa 1512/05 [juris], s dort zur Anhörung gemäß § 102 BetrVG bei Nachkündigungen; Mohrbutter/Ringstmeier/*Plössner* § 29 Rn 96; KR/*Weigand* 113 InsO Rn 46; *Zwanziger* § 113 Rn 8; **aA** ArbG Köln 8.12.1998 – 4 (15) Ca 5991/98, NZA-RR 1999, 416 = ZInsO 1999, 539 = NZI 1999, 282.
84 BAG 22.5.2003 – 2 AZR 255/02, BB 2003, 2183, unter Verweis auf BAG 26.8.1993 – 2 AZR 159/93, NZA 1994, 70.
85 BAG 16.6.1999 – 4 AZR 69/98, ZInsO 1999, 714.

108 Ebenso ist es dem Insolvenzverwalter möglich, ein Dienstverhältnis auch dann gemäß § 113 Satz 1, Satz 2 zu kündigen, wenn er selbst als vorläufiger Insolvenzverwalter oder der frühere Arbeitgeber mit Zustimmung des vorläufigen Insolvenzverwalters (auch wenn dieser später zum Insolvenzverwalter bestellt wird), zuvor unter Einhaltung der ordentlichen Kündigungsfrist mit einem späteren Beendigungszeitpunkt gekündigt hat. In der erneuten **Kündigung nach einer Kündigung während des Vorverfahrens** liegt also ebenfalls keine unzulässige Wiederholungskündigung.[86]

109 Bei alledem hat die neuerlich ausgesprochene Kündigung alle für sie erforderlichen Rechtmäßigkeitserfordernisse zu erfüllen. So ist beispielsweise eine gemäß § 102 BetrVG für die erste Kündigung durchgeführte **Betriebsratsanhörung** später für die zweite Kündigung zu wiederholen.[87] Allerdings ist es möglich, dass eine Betriebsratsanhörung, welche die Verwalterkündigung vorbereitet, noch vor Insolvenzverfahrenseröffnung erfolgt (s näher Vor § 113 Rn 180 ff; vgl zum – laut BAG fehlenden – Fortbestand von Anzeigen nach § 17 KSchG in diesem Fall Vor § 113 Rn 186).

5. Zulässigkeit der Kündigung gemäß § 113 während der gesamten Dauer des Insolvenzverfahrens

110 Der Dienstvertrag ist mit Eröffnung des Insolvenzverfahrens sofort und danach ebenfalls gemäß § 113 kündbar. Die Möglichkeit der Kündigung nach § 113 ist **nicht zeitlich begrenzt**, sondern während des Insolvenzverfahrens jederzeit möglich.[88] Es besteht daher prinzipiell kein insolvenzspezifischer Schutz irgendeiner Erwartung, dass der Insolvenzverwalter von seinen Kündigungsmöglichkeiten insbesondere aus § 113 nach einer bestimmten Zeit keinen Gebrauch mehr machen werde. Auch der Gesichtspunkt der Verwirkung ist hier nicht einschlägig.

111 Allerdings kann sich nach Regeln, die außerhalb der Insolvenzordnung stehen, eine zeitliche Begrenzung ergeben. Soweit der Insolvenzverwalter beispielsweise von Gründen erfährt, die nach § 626 Abs 1 BGB zur fristlosen Kündigung berechtigen könnten, hat er die Zwei-Wochen-Frist des § 626 Abs 2 Satz 1 BGB zu wahren (s dazu näher Vor § 113, Rn 195 ff).

6. Bedeutung der Dreiwochenfrist der §§ 4, 7 KSchG beim Streit um die Kündigungsfrist nach § 113

112 Will ein Arbeitnehmer die Unwirksamkeit einer Kündigung geltend machen, so hat er gemäß § 4 Satz 1 KSchG innerhalb von drei Wochen nach Zugang der schriftlichen Kündigung beim Arbeitsgericht die Kündigungsschutzklage zu erheben. Tut er dies nicht und kommt es auch nicht zur ausnahmsweise Zulassung der verspäteten Klage nach §§ 5 f KSchG, so gilt die Kündigung gemäß § 7 KSchG als von Anfang an rechtswirksam. Die Frist ist keine prozessuale, sondern eine materiell-rechtliche Ausschlussfrist, so dass die Klage in diesem Fall als unbegründet abgewiesen wird. Dies alles gilt in der Insolvenz ebenso wie außerhalb der Insolvenz.

113 Unklarheiten bestehen bei der Anwendung von §§ 4, 7 KSchG, wenn ein Arbeitnehmer nicht (nur) die Unwirksamkeit der Kündigung geltend macht, sondern (auch) die Unrichtigkeit des dabei genannten **Kündigungstermins**. Das Problem kann sich in der

[86] BAG 22.5.2003 – 2 AZR 255/02, BB 2003, 2183; BAG 8.4.2003 – 2 AZR 15/02, ZIP 2003, 1260; BAG 26.7.2007 – 8 AZR 769/06, NZA 2008, 112; BAG 22.4.2010 – 6 AZR 948/08, NZA 2010, 1057.

[87] Mohrbutter/Ringstmeier/*Plössner* § 29 Rn 96.

[88] KR/*Weigand* § 113 InsO Rn 31.

Insolvenz vor allem dann stellen, wenn der Insolvenzverwalter einem Arbeitnehmer unter Nutzung der Frist nach § 113 Satz 2 gekündigt hat und der Arbeitnehmer einwendet, die Anwendungsvoraussetzungen dieser Regelung seien nicht gegeben, weshalb mit einer längeren Frist gekündigt worden sei. Die Rechtsprechung nimmt in diesem Fall an, dass die Frist des § 4 Satz 1 KSchG nicht gewahrt zu werden braucht. Sie begründet das damit, dass ein Arbeitnehmer, der sich auf eine längere Frist beruft, nicht die Kündigung als solche zum Gegenstand der Feststellung mache, sondern (lediglich) den Kündigungstermin. Die Kündigungsfrist habe allenfalls dann für den Bestand der Kündigung als solcher Bedeutung, wenn der Arbeitgeber – hier: der Insolvenzverwalter – nur zu dem von ihm genannten Kündigungstermin habe kündigen wollen, so dass er es bei Einschlägigkeit eines anderen Termins vorgezogen hätte, das Arbeitsverhältnis gar nicht zu beendigen.[89] Dies hat zur Voraussetzung, dass die Kundgabe des Kündigungstermins nicht nur als Wissensmitteilung über das Vertragsende aufgefasst wird, sondern als Teil der Willenserklärung, und dass danach auch eine Umdeutung der Kündigung mit dem falschen Termin in eine Kündigung mit dem richtigen Termin nach § 140 BGB nicht in Betracht kommt. Weil und soweit im Zweifel die möglichst zügige Beendigung des Arbeitsverhältnisses seitens des kündigenden Insolvenzverwalters gewollt und erklärt ist, greift hiernach also die Dreiwochenfrist des § 4 Satz 1 KSchG nicht ein.

V. Schadensersatz nach § 113 Satz 3

1. Allgemeines

Kündigt der Insolvenzverwalter gemäß § 113 Satz 1, Satz 2, kann der Dienstverpflichtete (also auch der Arbeitnehmer) nach § 113 Satz 3 wegen der vorzeitigen Beendigung des Dienstverhältnisses Schadensersatz verlangen, allerdings lediglich als **Insolvenzforderung** nach § 38.[90] Er hat sie somit gemäß § 174 zur Tabelle anzumelden und wird nach Maßgabe der §§ 187 ff nur mit der eventuellen Quote befriedigt. Soweit die Höhe des Schadensbetrags noch nicht feststeht, etwa weil der Zeitraum, dem der geltend gemachte Entgeltausfall zuzuordnen ist, noch nicht verstrichen ist, kann die Summe durch **Schätzung** nach §§ 41, 45 Satz 1, 46 Satz 2 berücksichtigt werden.[91] **114**

In der Praxis sind niedrige Quoten bzw die „Quote Null“ eher die Regel, weshalb selten um den Schadensersatzanspruch aus § 113 Satz 3 gestritten wird. Weil der Dienstverpflichtete auf diese Weise den ihm bei regulärem Weiterbestehen des Dienstverhältnisses zustehenden Entgeltanspruch ganz oder zum Teil verliert, stellt sich die Frage, ob er den betreffenden Ausfall, also den so genannten **Quotenschaden**, bei Drittverantwort- **115**

[89] BAG 9.9.2010 – 2 ZR 714/08, NZA 2011, 343: „Rügt der Arbeitnehmer lediglich (noch) die Nichteinhaltung der Kündigungsfrist, greift er damit die Wirksamkeit der Kündigung nicht an. Sein Klageziel ist dann nicht (mehr) auf eine ‚Nichtauflösung‘ des Arbeitsverhältnisses iSv § 4 Satz 1 KSchG gerichtet“, unter Verweis auf BAG 6.7.2006 – 2 AZR 215/05, AP KSchG § 4 Nr 57; BAG 15.12.2005 – 2 AZR 148/05; BAG 1.9.2010 – 5 AZR 700/09, NZA 2010, 1409.

[90] Vgl BAG 21.1.2010 – 6 AZR 593/07, ZIP 2010, 687; BAG 25.4.2007 – 6 AZR 622/06, BAGE 122, 197; LAG Thüringen 28.3.2006 – 7 Sa 404/05 [juris].

[91] Vgl zur Anwendung der zitierten Regelungen auf die Verpflichtung zum Ersatz zeitraumbezogenen Entgeltausfalls Uhlenbruck/*Knof* InsO § 45 Rn 12; Jaeger/*Henckel* § 45 Rn 8; MünchKomm/*Bitter* InsO § 45 Rn 11; **aA** *Zwanziger* § 113 Rn 42, der meint, der Schadensersatzanspruch sei in dieser Situation gemäß § 191 als aufschiebend bedingte Forderung geltend zu machen.

lichen geltend machen kann. Eine solche **Ausfallhaftung** hat das OLG München erwogen im Fall eines Dienstverpflichteten, der einen Quotenschaden aus § 113 Satz 3 ersetzt verlangt hat von Gesellschaftern der insolventen dienstberechtigten Kapitalgesellschaft. Diese, so der Kläger, hätten ihre Gesellschafterstellung missbraucht. Das Gericht hat die Frage offen lassen können.[92] Meines Erachtens konnte der Dienstverpflichtete seinen Schaden in dieser Situation zumindest während der Dauer des Insolvenzverfahrens nicht geltend machen, weil es sich um einen **Gesamtschaden iSd § 92** handelte.

116 § 113 Satz 3 betrifft nur die Kündigung durch den **Dienstberechtigten**. Wenn der **Dienstverpflichtete** (also auch der Arbeitnehmer) gemäß § 113 Satz 1, Satz 2 kündigt, steht der Masse **kein** entsprechender Anspruch zu.[93]

2. § 113 Satz 3 als Regelung über den „Verfrühungsschaden"

117 Der Funktion nach knüpft § 113 Satz 3 an die Vorschrift des § 103 Abs 2 Satz 1 an. Diese Regelung gibt dem Gläubiger bei Nichterfüllungswahl des Insolvenzverwalters einen Anspruch auf Schadensersatz wegen Nichterfüllung, der ebenfalls nur als Insolvenzforderung zur Tabelle angemeldet werden kann. Die dogmatische Einordnung von § 103 Abs 2 Satz 1 ist unsicher. Teils wird angenommen, dass es sich um einen Schadensersatzanspruch handelt; teils geht man von einem insolvenzrechtlichen Ausgleichsanspruch aus oder sieht in der Vorschrift eine Regelung über die insolvenzrechtliche Einstufung des Erfüllungsanspruchs.[94] Zudem ist umstritten, ob der jeweilige Schadensersatzanspruch nur aus der InsO folgt oder ob zusätzlich die Anspruchsvoraussetzungen bürgerlich-rechtlicher Leistungsstörungsregeln erfüllt sein müssen. Diese Auseinandersetzung führt für § 103 Abs 2 Satz 1 zu Unklarheiten, obwohl man insgesamt darin einig ist, dass die Vorschrift einen Anspruch auf Ersatz des positiven Interesses an der Erfüllung durch den Schuldner betrifft.[95] Dies entspricht dem Zweck der Nichterfüllungswahl durch den Insolvenzverwalter, die damit verbundene Enttäuschung des Erfüllungsinteresses, welches in der Zeit vor Verfahrenseröffnung begründet wurde, nur als Insolvenzforderung zu berücksichtigen (s. Rn 11).

118 Für die Schadensersatzregelung des § 113 Satz 3 **spielen die genannten Einordnungsprobleme jedenfalls im Ergebnis keine Rolle**. Anders als § 103 Abs 1 ermöglichen § 113 Satz 1, Satz 2 dem Insolvenzverwalter nicht die vollständige Abstandnahme vom Dienstvertrag, sondern nur dessen vorzeitige Beendigung. Dies, indem die Kappung einer eventuell längeren Kündigungsfrist, einer festen Vertragslaufzeit oder eines entsprechenden Kündigungsausschlusses auf drei Monate zum Monatsende vorgenommen wird. Gemäß der – oben Rn 7 ff näher dargelegten – Funktion der Vorschrift ist daher dasjenige positive Interesse zu ersetzen, welches der Dienstverpflichtete am Fortbestand des Dienstverhältnisses über die Zeitdauer hat, um die es aufgrund der Verwalterkündigung nach § 113 Satz 1, Satz 2 verkürzt wurde. Es geht also nicht um den Schutz des Bestandsinteresses, sondern es ist lediglich, wie das Wort „vorzeitig" klarstellt, das **Interesse an einem längeren Lauf des Dienstverhältnisses** erfasst.

119 Bei der Schadensermittlung nach § 113 Satz 3 gemäß der schadensrechtlichen Differenztheorie ist demnach nicht die tatsächliche Vermögenslage des Dienstverpflichteten nach der Kündigung gemäß § 113 Satz 1, Satz 2 und seine theoretische Vermögenslage zu vergleichen, die bestünde, wenn der Verwalter gar nicht gekündigt hätte. Vielmehr sind

---

[92] OLG München 23.7.2007 – 21 U 2279/07 [juris].

[93] *Zwanziger* § 113 Rn 36.

[94] S näher Jaeger/*Jacoby* § 103 Rn 241 ff.

[95] S näher Jaeger/*Jacoby* § 103 Rn 243 ff.

die tatsächliche Vermögenslage des Dienstverpflichteten nach der Kündigung gemäß § 113 Satz 1, Satz 2 und seine theoretische Vermögenslage zu vergleichen, die bestünde, wenn der Verwalter nicht *nach der Frist* des § 113 Satz 2 gekündigt hätte. Die Differenz, der so genannte **„Verfrühungsschaden"**, ist von § 113 Satz 3 erfasst und als Insolvenzforderung zur Tabelle anzumelden.

Bei alledem ist zu beachten, dass § 113 Satz 3 tatsächlich nur den Schaden betrifft, **120**
der durch die Verwalterkündigung nach § 113 Satz 1, Satz 2 entsteht. Wenn beispielsweise der Arbeitnehmer noch vor Verfahrenseröffnung wegen Zahlungsverzugs des Schuldners gekündigt hat, kann ihm ein Schadensersatzanspruch aus § 628 Abs 2 BGB als Insolvenzforderung zustehen;[96] ebenso kann er wegen einer Kündigung ohne Betriebsratsbeteiligung einen Anspruch auf Nachteilsausgleich gemäß § 113 BetrVG haben (s dazu Vor § 113, Rn 63, 73). § 113 Satz 3 ist in dieser Situation aber nicht anwendbar (vgl zu den diesbezüglichen Anspruchskonkurrenzen Rn 157 ff).

3. Anspruchsvoraussetzungen nach § 113 Satz 3

Da § 113 Satz 3 nicht an materiell-rechtliche Regelungen zum Schadensersatz statt **121**
der Leistung anknüpft, reicht es, dass die Tatbestandsmerkmale dieser Vorschrift eingreifen. Es bedarf nicht der zusätzlichen Erfüllung eines materiell-rechtlichen Haftungstatbestandes etwa aus dem Katalog der §§ 280 ff BGB.

Voraussetzung für den Schadensersatzanspruch ist demnach, dass **der Insolvenzver-** **122**
walter das Dienstverhältnis wirksam **kündigt**, und dass dabei nach Maßgabe der § 113 Satz 1, Satz 2 eine an sich bestehende **Kündigungsfrist unterschritten**, eine an sich gültige **Vertragsdauer nicht eingehalten** oder ein an sich bestehender **Ausschluss der ordentlichen Kündigung** unbeachtet geblieben ist. Hätte der Insolvenzverwalter das Dienstverhältnis auch ohne Anwendung von § 113 Satz 1, Satz 2 zum fraglichen Zeitpunkt kündigen können, ist der Anspruch also nicht gegeben.

Damit kommt es insbesondere auf ein **Vertretenmüssen** des Insolvenzverwalters **nicht** **123**
an.[97]

Allerdings setzt die Vorschrift nach Wortlaut, Sinn und Zweck tatsächlich die Kündi- **124**
gung durch den Insolvenzverwalter voraus. Deswegen greift sie nicht bei **Kündigung durch den Dienstverpflichteten.** Weder kann der Verwalter nach § 113 Satz 3 Schadensersatz verlangen, wenn der Dienstverpflichtete von der Möglichkeit der beschleunigten Kündigung nach § 113 Satz 1, Satz 2 Gebrauch gemacht hat, noch kann dies der Dienstverpflichtete, wenn er selbst auf Veranlassung des Schuldners gekündigt hat.[98] Im letzteren Fall kommt aber beispielsweise ein Schadensersatzanspruch gegen den Schuldner aus § 628 Abs 2 BGB in Betracht, der als Insolvenzforderung ebenfalls zur Tabelle anzumelden ist (s Rn 120, Vor § 113 Rn 63).

---

96 BAG 25.4.2007 – 6 AZR 622/06, ZIP 2007, 1875 = AP InsO § 113 Nr 23; BAG 26.7.2007 – 8 AZR 796/06, NZA 2007, 186; Parallelentscheidung dazu ist BAG 26.7.2007 – 8 AZR 817/06 [juris]; ArbG Bayreuth 30.1.2002 – 3 Ca 997/01 H, ZInsO 2002, 596; ArbG Herford 26.2.2004 – 1 Ca 1686/03, DZWIR 2004, 196; KR/*Weigand* § 113 InsO Rn 91; vgl auch BAG 13.8.1980 – 5 AZR 588/78, ZIP 1980, 1067.

97 BAG 25.4.2007 – 6 AZR 622/06, ZIP 2007, 1875; BAG 16.5.2007 – 8 AZR 772/06, ZIP 2007, 1829; ErfK/*Müller-Glöge* § 113 InsO Rn 14.

98 BAG 26.7.2007 – 8 AZR 796/06, NZA 2007, 186; Parallelentscheidung dazu ist BAG 26.7.2007 – 8 AZR 817/06 [juris]; KR/*Weigand* § 113 InsO Rn 91; anders noch KR/*Weigand* 8. Aufl 2007 § 113 InsO Rn 91.

125 Ebenso gilt § 113 Satz 3 demnach nicht bei Abschluss eines **Aufhebungsvertrages.**[99] Wenn die Dienstvertragsparteien (meist: Arbeitsvertragsparteien) vereinbaren, dass das Vertragsverhältnis enden soll, mangelt es an einer Kündigung des Insolvenzverwalters. Dasselbe gilt laut BAG auch, wenn sich die Dienstvertragsparteien nach einer Verwalterkündigung, deren Wirksamkeit umstritten ist, im Wege eines **Aufhebungsvergleichs** darauf einigen, dass der Dienstvertrag enden soll. Erst wenn die betreffende Vereinbarung darauf gerichtet ist, die Wirksamkeit der Kündigung anzuerkennen und lediglich ihre Rechtsfolgen zu regeln (sog **Abwicklungsvertrag**[100]), bleibt es dabei, dass der Dienstvertrag mit der Kündigung beendet wurde. Soweit Insolvenzverwalter und Dienstverpflichteter einen Abwicklungsvertrag schließen, das Dienstverhältnis also mit der „Kündigung" endet, können somit die Voraussetzungen für den Schadensersatzanspruch iSd § 113 Satz 3 erfüllt sein.[101]

126 Jedoch ist weiter zu prüfen, ob der Abwicklungsvertrag zusätzlich den Anspruch aus § 113 Satz 3 ausschließt oder modifiziert. Das ist vor allem dann denkbar, wenn eine **Abfindungszahlung** aus der Masse vereinbart wird. In diesem Fall sollten die Parteien zusätzlich eine Vereinbarung darüber treffen, ob und inwieweit damit **gleichzeitig eine Einigung über den Schadensersatzanspruch aus § 113 Satz 3** getroffen ist. Auf diese Weise werden Streitigkeiten nach §§ 179 ff vermieden. Entsprechende Vereinbarungen sind als Vergleiche über Insolvenzforderungen zulässig und wirksam. Insbesondere § 119 greift nicht ein, weil es sich nicht um eine Beschränkung handelt, die „im Voraus" getroffen wurde (s näher Rn 164). Sollten die Parteien zwar eine Abfindungsverpflichtung zu Lasten der Masse getroffen, hierbei aber den Schadensersatzanspruch aus § 113 Satz 3 übersehen haben, stellt sich die Frage, ob dieser eventuell **konkludent abbedungen** werden sollte. Das kann nur dann angenommen werden, wenn die Abfindungsleistung gerade auch den in § 113 Satz 3 genannten Verfrühungsschaden mit abgelten sollte. Das ist meines Erachtens eher nicht der Fall, wenn die Summe nur „für den Verlust des Arbeitsplatzes" vereinbart worden ist. Anhaltspunkte für das Gegenteil können sich ergeben, sobald der Abfindungsbetrag so hoch bemessen ist, dass der Dienstverpflichtete auch für den Ausfall entschädigt werden soll, den er durch die zeitigere Beendigung des Dienstverhältnisses erleidet, also der Verfrühungsschaden mit abgedeckt ist.

127 Soweit man § 113 Satz 1, Satz 2 auch dann anwenden will, **wenn der Insolvenzverwalter oder der vorläufige Insolvenzverwalter das Dienstverhältnis begründet hat** (oben Rn 56 ff), wird man auch die Möglichkeit bejahen müssen, dass der Dienstverpflichtete den mit der Vorzeitigkeit der Beendigung bestehenden „Verfrühungsschaden" gemäß § 113 Satz 3 ersetzt verlangen kann.

---

[99] BAG 25.4.2007 – 6 AZR 622/06, ZIP 2007, 1875; LAG Hessen 10.4.2006 – 17 Sa 1432/05 [juris]; *Lakies* Arbeitsverhältnis Rn 269; KR/*Weigand* § 113 InsO Rn 88, 91; *Zwanziger* § 113 Rn 37.

[100] Vgl ErfK/*Müller-Glöge* § 623 BGB Rn 8; HWK/*Bittner* § 623 BGB Rn 22.

[101] BAG 25.4.2007 – 6 AZR 622/06, ZIP 2007, 1875; BAG 25.4.2007 – 6 AZR 631/06 [juris], unter Verweis auf die Konkretisierung des Begriffs der Kündigung, des Aufhebungs- und des Abwicklungsvertrages bei BAG 15.2.2005 – 9 AZR 116/04, BAGE 113, 327; BAG 28.6.2005 – 1 ABR 25/04, BAGE 115, 165; BAG 12.1.2000 – 7 AZR 48/99, BAGE 93, 162; *Gaul* BB 2003, 2457. In beiden am 25.4.2007 entschiedenen Fällen hatten die Vertragsparteien zwar von der Hinnahme der Kündigung und der Abwicklung des Vertragsverhältnisses gesprochen, sich aber zusätzlich über ein Beendigungsdatum für das Arbeitsverhältnis geeinigt, das noch vor demjenigen der ursprünglichen Kündigungserklärung gelegen hatte. Hieraus schloss das BAG auf einen Aufhebungsvertrag.

4. Umfang des „Verfrühungsschadens"

Die Frage, welche Schäden durch § 113 Satz 3 erfasst sind, ist im Folgenden zu klären. Das soll zunächst anhand des „Verfrühungsschadens" bei einfacher Verkürzung einer Kündigungsfrist geschehen (dazu sogleich Rn 129 ff). Anschließend wird der „Verfrühungsschaden" bei Verwalterkündigung trotz Ausschlusses der ordentlichen Kündigung (Rn 136 ff) und der „Verfrühungsschaden" bei Verwalterkündigung trotz vereinbarter Vertragsdauer erörtert (Rn 140). Zum Schluss geht es darum, welche Positionen wie zu berücksichtigen sind, welche Anrechnungsregeln gelten und inwiefern Mitverschulden zu beachten ist (Rn 141 ff). **128**

a) „Verfrühungsschaden"

aa) Entgeltausfall. Zum Schaden, der aus der „vorzeitigen" Kündigung resultiert, gehört zunächst der hierdurch entstandene Entgeltausfall einschließlich sämtlicher Entgeltbestandteile wie beispielsweise erwartbare Akkordsätze, Zulagen, Boni, Umsatzprovisionen[102] und Urlaubsgeld.[103] Das bedeutet, dass der Schaden sich danach richtet, wie groß die Differenz zwischen der Vermögenslage nach einer Kündigung mit Dreimonatsfrist des § 113 Satz 2 und der Vermögenslage nach einer Kündigung mit der Kündigungsfrist ist, welche ohne sie ordentliche Kündigungsfrist gewesen wäre. Dies muss nicht unbedingt die gesetzliche Kündigungsfrist sein; nach herrschender Meinung ist auch eine längere vertragliche Kündigungsfrist einschlägig.[104] **129**

Beispiel. Nachdem das Arbeitsverhältnis fünfzehn Jahre bestanden hat, kündigt der Insolvenzverwalter Mitte März mit dreimonatiger Frist zum 30. Juni. Hier kann der Arbeitnehmer, da die gesetzliche Sechsmonatsfrist des § 622 Abs 2 Satz 1 Nr 6 BGB bis zum 30. September gelaufen wäre, somit um drei Monate unterschritten wurde, als Entgeltausfall drei Gehälter zur Tabelle anmelden. Wenn beispielsweise eine ordentliche Kündigungsfrist von sechs Monaten zum Quartalsende vereinbart oder kraft Tarifvertrags angeordnet war, wäre diese Frist als „maßgebliche" Frist iSd § 113 Satz 2 bis zum 31. Oktober gelaufen, wurde also um vier Monate unterschritten, so dass der Arbeitnehmer als Entgeltausfall vier Gehälter zur Tabelle anmelden kann. In allen Fällen sind gegebenenfalls Korrekturen wegen anderweitiger Einkommen etc. vorzunehmen (dazu Rn 141 ff). **130**

Zudem greift § 113 Satz 3 auch in den sehr seltenen Fällen ein, in denen der Insolvenzverwalter **außerordentlich mit Auslauffrist** kündigt, bei der Berechnung der Auslauffrist § 113 Satz 2 angewandt wird und außerhalb der Insolvenz eine längere Auslauffrist zugrunde zu legen gewesen wäre (s dazu Rn 88, 100 und Vor § 113 Rn 200).[105] Unabhängig davon gilt stets: Hätte das Dienstverhältnis – etwa aufgrund Befristung – schon früher geendet, so ist der Schaden entsprechend begrenzt.[106] **131**

---

102 KR/*Weigand* § 113 InsO Rn 89; hier gilt allgemeines Schadensrecht, s dazu MünchKomm/*Oetker* BGB § 252 Rn 12 ff, 18 ff; vgl etwa zum Ersatz entgangener Umsatzprovisionen LAG Bremen 13.5.1953 – Sa 85/52, BB 1953, 472.

103 LAG Hessen 22.1.2013 – 13 Sa 1108/12, ZIP 2013, 1137; LAG Hessen 22.1.2013 – 13 Sa 1107/12 [juris].

104 BAG 16.5.2007 – Az. 8 AZR 772/06, ZIP 2007, 1829; *Berscheid* ZInsO 1998, 159 (165); ErfK/*Müller-Glöge* § 113 InsO Rn 14; KR/*Weigand* § 113 InsO Rn 88.

105 KR/*Weigand* § 113 InsO Rn 95.

106 BAG 16.5.2007 – 8 AZR 772/06, ZIP 2007, 1829; FK/*Eisenbeis* InsO § 113 Rn 82; Kübler/Prütting/Bork/*Moll* InsO § 113 Rn 72; KR/*Weigand* § 113 InsO Rn 93.

132 bb) **„Verfrühungsschaden" außerhalb des Entgeltausfalls.** Zudem kann der Verfrühungsschaden auch außerhalb des eigentlichen Entgeltverlustes eintreten. Das betrifft etwa den durch die Verfrühung erlittenen **Verlust oder Nichterwerb weiterer Rechte aus dem Dienstvertrag.** Hätte beispielsweise ein Arbeitnehmer aufgrund des Fortbestandes des Dienstverhältnisses eine Urlaubs- oder Weihnachtszulage, eine Jubiläumszusage oder ähnliches erhalten, zählt auch dies zum Verfrühungsschaden. Bei der Kündigung von Ausbildungsverhältnissen können sich Schäden aus der Verzögerung des Ausbildungsabschlusses ergeben.[107] Auch wegen der verfrühten Beendigung nicht mehr empfangene Sachleistungen wie Verköstigung oder Unterbringung zählen hierzu.[108]

133 Gleiches gilt etwa für **zeit- und entgeltabhängige Sozialleistungsansprüche.** Wenn der Arbeitnehmer beispielsweise im betreffenden Differenzzeitraum zwischen Wirksamwerden der Kündigung gemäß § 113 Satz 2 und dem ansonsten einschlägigen Beendigungstermin nach § 142 SGB III die Anwartschaftszeit für den Erwerb eines Arbeitslosengeldanspruchs erfüllt hätte, kann er das verpasste Arbeitslosengeld oder gegebenenfalls die Differenz zwischen dem verpassten Arbeitslosengeld und den stattdessen erhaltenen Leistungen (zB Arbeitslosengeld II und weitere Leistungen nach §§ 19 ff SGB II) als Schaden nach § 113 Satz 3 zur Tabelle anmelden. Weiter ist denkbar, dass wegen des weniger langen Entgeltbezugs die Dauer des Versicherungspflichtverhältnisses iSd § 147 SGB III und somit die Anspruchsdauer für das Arbeitslosengeld kürzer ausfällt. Ein Schaden kann auch dadurch eintreten, dass ein gemäß §§ 150 ff SGB III zu ermittelnder Alg-Betrag niedriger ausfällt, weil für dessen Berechnung niedrigere Entgelthöhen zu veranschlagen sind. Entsprechende Schäden sind im Bereich der gesetzlichen Rentenversicherung und der betrieblichen Altersversorgung möglich. Das ist beispielsweise der Fall, wenn der Arbeitnehmer wegen der Verkürzung des Arbeitsverhältnisses die allgemeine Wartezeit nach § 35 Satz 1 Nr 2, § 50 Abs 1 Satz 1, § 51 Abs 1 SGB VI nicht zurücklegt und deshalb keine gesetzliche Rentenanwartschaft erzielt oder wenn er wegen der Verkürzung des Arbeitsverhältnisses nicht mehr die Voraussetzungen erfüllt, um gemäß § 1b BetrAVG eine unverfallbare Anwartschaft auf Leistungen der betrieblichen Altersvorsorge zu erwerben.[109] Zudem wird ein Schaden häufig darin liegen, dass in der Zeit des Entgeltausfalls geringere Beiträge zur Rentenversicherung gezahlt werden; hier erwirbt ein gesetzlich Rentenversicherter gemäß § 63 Abs 1, Abs 2, § 64 Nr 1, § 70 Abs 1 SGB VI einen niedrigeren Entgeltpunktewert, was sich in Form niedrigerer Rentenanwartschaften nach dem SGB VI auswirkt. Bei alledem ist in den Fällen des Eintretens von Sozialleistungsträgern der Anspruchsübergang auf sie nach § 116 SGB X zu prüfen, s Rn 150 ff.

134 cc) **Obergrenze für AG-Vorstände nach § 87 Abs 3 AktG.** Für Dienstverträge der Vorstandsmitglieder von Aktiengesellschaften ist in der Insolvenz § 87 Abs 3 AktG zu beachten. Danach ist der von § 113 Satz 3 erfasste „Verfrühungsschaden" auf den Ausfall von zwei Jahren seit dem Ablauf des Dienstverhältnisses begrenzt.[110] Diese Obergrenze muss, weil in § 87 Abs 3 AktG die Rede ist vom „Schaden, der … durch die Aufhebung des Dienstverhältnisses entsteht", auch das möglicherweise zu ersetzende Bestandsinteresse in der Insolvenz erfassen. Eine entsprechende gesetzliche Regelung für sonstige

---

107 KR/*Weigand* § 113 InsO Rn 96.

108 KR/*Weigand* § 113 InsO Rn 89.

109 BAG 26.5.1964 – 3 AZR 402/63, NJW 1964, 1978; Uhlenbruck/*Berscheid* InsO § 113 Rn 111; BeckOK ArbR/*Plössner* Stand 2013 § 113 InsO Rn 54; KR/*Weigand* § 113 InsO Rn 89; *Zwanziger* § 113 Rn 23.

110 KR/*Weigand* § 113 InsO Rn 93; vgl BAG 16.5.2007 – 8 AZR 772/06, ZIP 2007, 1829.

Organmitglieder von Kapitalgesellschaften, etwa für **Geschäftsführer einer GmbH**, besteht nicht – sie ist auch nicht entsprechend anwendbar.[111] Für die Anwendung von § 113 Satz 3 ist zu beachten, dass die Obergrenze jeweils den noch nicht gequotelten Anspruch betrifft.

dd) Berechnungsmethode. Bei der Ermittlung des zu ersetzenden Entgeltausfalls sind die allgemeinen schadensrechtlichen Grundsätze anzuwenden. Der wohl vorherrschende Ansatz ist dabei die so genannte modifizierte Bruttolohnmethode, wobei aber ebenfalls die Nettolohnmethode zugelassen wird, welche mit ihren entsprechenden Zuschlägen zum selben Ergebnis kommt.[112] **135**

b) Bemessung des Schadens bei Kündigung durch den Insolvenzverwalter trotz vereinbarten Kündigungsausschlusses. Schwierig ist die Berechnung des „Verfrühungsschadens", wenn der Insolvenzverwalter ein Dienstverhältnis nach § 113 Satz 1, Satz 2 gekündigt hat, das ohne Insolvenz nicht ordentlich kündbar gewesen wäre (s oben Rn 85 ff). In diesem Fall ist man sich einig, dass nicht das wirtschaftliche Interesse am – maximalen – Fortbestand des Dienstverhältnisses ersetzt werden kann. Ein vierzigjähriger, laut Arbeitsvertrag ordentlich „unkündbarer" Arbeitnehmer, der nach der Kündigung durch den Insolvenzverwalter eine um 1.500 Euro schlechter dotierte Arbeitsstelle antreten muss, kann nicht einen Ersatzanspruch zur Tabelle anmelden, der diese Entgeltdifferenz bis zum Erreichen des Regelrentenalters (oder darüber hinaus) abbildet. **136**

Das BAG stellt vielmehr auf die reine Verfrühung bei der Kündigung ab. Somit vergleicht das Gericht im Fall vereinbarter Unkündbarkeit die bestehende Vermögenslage und diejenige bei Kündigung mit der Frist, welche ohne die Vereinbarung der Unkündbarkeit die maßgebliche Kündigungsfrist gewesen wäre. Das bedeutet, dass die Obergrenze für den zu ermittelnden Schaden nach § 113 Satz 3 die **ohne die vereinbarte Unkündbarkeit maßgebliche längste ordentliche Kündigungsfrist** ist. Das muss nicht unbedingt die gesetzliche Kündigungsfrist sein, sondern kann nach herrschender Meinung auch eine längere vertragliche Kündigungsfrist sein.[113] Soweit eine längere vertragliche Kündigungsfrist nicht vereinbart wurde (was nicht überraschend ist, weil ja die ordentliche Kündigung ausgeschlossen wurde), legt das BAG unter Hinweis auf § 622 Abs 6 BGB die Kündigungsfrist für die ordentliche Kündigung durch den Arbeitnehmer zugrunde.[114] Hätte das Dienstverhältnis – etwa aufgrund Befristung – schon früher geendet, so ist der Schaden entsprechend begrenzt.[115] **137**

Beispiel. Arbeitnehmer und Arbeitgeber (späterer Schuldner) haben den Ausschluss der Kündigung vereinbart bzw der Ausschluss der ordentlichen Kündigung beruht auf Tarifvertrag (s Rn 14 ff, 85 ff). Nachdem das Arbeitsverhältnis fünfzehn Jahre bestanden hat, kündigt der Insolvenzverwalter Mitte März mit dreimonatiger Frist zum 30. Juni. Hier kann der Arbeitnehmer, da die gesetzliche sechsmonatige Kündigungsfrist des § 622 Abs 2 Satz 1 Nr 6 BGB bis zum 30. September gelaufen wäre, also um drei Monate **138**

---

111 BAG 16.5.2007 – 8 AZR 772/06, ZIP 2007, 1829.

112 S näher BGH 15.11.1994 – VI ZR 194/93, NJW 1995, 389; MünchKomm/*Oetker* BGB § 252 Rn 18 ff; Bamberger/Roth/*Schubert* Stand 2013 § 252 Rn 11 ff.

113 BAG 16.5.2007 – Az. 8 AZR 772/06, ZIP 2007, 1829; BAG 25.4.2007 – 6 AZR 622/06, ZIP 2007, 1875 = AP InsO § 113 Nr 23; ebenso *Berscheid* ZInsO 1998 159 (165); ErfK/*Müller-Glöge* § 113 InsO Rn 14; KR/*Weigand* § 113 InsO Rn 94.

114 BAG 16.5.2007 – Az. 8 AZR 772/06, ZIP 2007, 1829.

115 BAG 16.5.2007 – 8 AZR 772/06, ZIP 2007, 1829; FK/*Eisenbeis* InsO 4. Aufl § 113 Rn 82; Kübler/Prütting/Bork/*Moll* § 113 Rn 144; KR/*Weigand* § 113 InsO Rn 93.

unterschritten wurde, als Entgeltausfall drei Gehälter zur Tabelle anmelden. Wenn beispielsweise im Arbeitsvertrag eine ordentliche Kündigungsfrist von sechs Monaten zum Quartalsende vereinbart war (oder wenn eine solche für die arbeitnehmerseitige Kündigung vereinbart wurde), wäre diese Frist als „maßgebliche“ Frist iSd § 113 Satz 2 bis zum 31. Oktober gelaufen, wurde also um vier Monate unterschritten, so dass der Arbeitnehmer als Entgeltausfall vier Gehälter zur Tabelle anmelden kann. In allen Fällen sind gegebenenfalls Korrekturen wegen anderweitiger Einkommen, Arbeitslosengeld etc. vorzunehmen (dazu Rn 141 ff).

139 Abweichend hiervon wird teilweise eine entsprechende Anwendung der §§ 9, 10 KSchG vertreten, um – ebenfalls zwecks Vermeidung der anfangs dargelegten Risiken uferloser Ersatzbeträge – zu einer handhabbaren Schadensbemessung zu kommen.[116] Dieser Standpunkt läuft aber im Ergebnis darauf hinaus, dass man mit § 113 Satz 3 statt des Verfrühungsschadens auch eine Verletzung des Bestandsinteresses erfasst, was, wie ausgeführt, gerade nicht mit Wortlaut und Sinn der Vorschrift übereinstimmt. Das BAG hat in der Tat die Regelungen der §§ 9, 10 KSchG entsprechend herangezogen, um den Schadensersatzanspruch eines Arbeitnehmers aus § 628 Abs 2 BGB zu berechnen, den ein Arbeitgeber mit vertragswidrigem Verhalten zur berechtigten fristlosen Kündigung getrieben hat.[117] Aber dies tat es gerade deshalb, weil die Abfindung nach §§ 9, 10 KSchG für den Verlust des Arbeitsplatzes zu zahlen ist und nicht „wegen der vorzeitigen Beendigung des Dienstverhältnisses“, wie es in § 113 Satz 3 gefordert wird. Sowohl §§ 9, 10 KSchG als auch § 628 Abs 2 BGB erfassen also den Bestand des Arbeitsverhältnisses, der in § 113 Satz 3 nicht betroffen ist. Deshalb lehnt das BAG die Anwendung von §§ 9, 10 KSchG wie auch von § 628 Abs 2 BGB auf § 113 Satz 3 zu Recht ausdrücklich ab, und zwar unabhängig davon, ob reine Dienstverträge oder Arbeitsverträge vorliegen.[118] Das Gericht verweist dabei nicht nur auf den deutlichen Wortlaut und den Sinn und Zweck der Vorschrift, der den Verfrühungsschaden erfasst und kein Bestandsinteresse deckt. Es beruft sich auch auf die Entstehungsgeschichte des § 113. Im Gegensatz zum alten § 22 KO umfasst § 113 auch tarifvertragliche Kündigungsfristen und Unkündbarkeitsregelungen. Weil also nunmehr auch die Kündigung sonst ordentlich „unkündbarer“ Dienstverpflichteter insolvenzrechtlich gestattet sei, müsse der Verfrühungsschaden typisierend im Verdienstausfall für den Lauf der ohne die vereinbarte Unkündbarkeit maßgeblichen Kündigungsfrist gesehen werden. Dass damit ein erheblicher Ausfall selbst als Insolvenzforderung unentschädigt bleibt, erkennt das BAG und sieht gerade darin eine Funktion von § 113 Satz 3: „Aus § 113 Satz 1 lässt sich mit hinlänglicher Klarheit entnehmen, dass der aus Unkündbarkeitsvereinbarungen resultierende Schutz im Fall der Insolvenz nicht anzuerkennen ist. Das schließt aus, die Durchbrechung der Unkündbarkeit nach § 113 Satz 1 mit einem wirtschaftlich voll ausgleichenden Ersatzanspruch nach § 113 Satz 3 kompensieren.“[119]

---

[116] Kittner/Däubler/Zwanziger/*Däubler* § 113 InsO Rn 28; ebenso – mit erheblicher Kritik am BAG – *Moll* Anmerkung zu BAG AP InsO § 113 Nr 23 und 24.

[117] BAG 26.7.2001 – 8 AZR 739/00, NZA 2003, 325 (329 f); BAG 20.11.2003 – 8 AZR 608/02, EzA BGB 2002 § 628 Nr 3; BAG 26.7.2007 – 8 AZR 796/06, BAGE 123, 301 ff = NZA 2007, 1419 ff; ErfK/*Müller-Glöge* § 628 BGB Rn 28; vgl auch BAG 26.7.2007 – 8 AZR 796/06, NZA 2007, 1419.

[118] BAG 16.5.2007 – 8 AZR 772/06, ZIP 2007, 1829 mwN zur Gegenansicht in der Literatur. Im Sinne der genannten BAG-Entscheidung auch BAG 26.7.2007 – 8 AZR 796/06, NZA 2007, 186.

[119] BAG 16.5.2007 – 8 AZR 772/06, ZIP 2007, 1829.

c) **Bemessung des Schadens bei Kündigung durch den Insolvenzverwalter trotz vereinbarter Vertragsdauer.** Nach den vorgenannten Grundsätzen richtet sich auch die Berechnung des „Verfrühungsschadens", wenn der Insolvenzverwalter ein Dienstverhältnis gemäß § 113 Satz 1, Satz 2 gekündigt hat, für das ohne Insolvenz eine vereinbarte Vertragsdauer gegolten hätte (s oben Rn 82 ff). Hier begrenzt aber naturgemäß das Befristungsende die ermittelte Schadenshöhe.[120] **140**

d) Abzug ersparter Aufwendungen und anderweitiger (möglicher) Einnahmen; Mitverschulden Unternehmensverantwortlicher

aa) **Abzug ersparter Aufwendungen.** Von den zu ersetzenden ausgefallenen Einnahmen ist gegebenenfalls diejenige Summe abzuziehen, die der Dienstverpflichtete zur Erbringung der Dienstleistung hätte aufbringen müssen, beispielsweise Anfahrtskosten. **141**

bb) **Abzug anderweitig erzielter oder erzielbarer Einnahmen nach § 254 Abs 2 Satz 1 BGB.** Dem Dienstverpflichteten entsteht zudem insoweit kein Schaden, als er in der betreffenden Zeit, die der Verfrühungsschaden abdeckt, **anderweitige Einnahmen für den Einsatz seiner Arbeitskraft** hat, die er bei entsprechend längerem Fortbestand des Dienstverhältnisses nicht gehabt hätte. Auch im Übrigen gelten für den Schadensersatzanspruch die allgemeinen Regeln des Schadensrechts. Das betrifft etwa **Einnahmen, die der Dienstverpflichtete hätte haben können**, die er aber nicht tätigt. Hier erfolgt eine gegebenenfalls bis auf Null führende Reduzierung des Schadensersatzanspruchs gemäß **§ 254 BGB.**[121] Dementsprechend sind die dafür nach § 254 Abs 2 Satz 1 BGB gültigen Regeln über schuldhaft unterlassene Ersatztätigkeiten einschlägig. Die – für den Dienstverpflichteten großzügigeren – Vorschriften der § 326 Abs 2 Satz 2, § 615 Satz 2 BGB über das „böswillige Unterlassen" der anderweitigen Verwendung seiner Dienste gelten demnach nicht. **142**

cc) **Anspruchsminderung nach § 254 Abs 1 BGB für haftende Unternehmensverantwortliche?** Mitverschulden nach § 254 Abs 1 BGB ist auch dann in Betracht zu ziehen, wenn Dienstverpflichtete, welche den Ersatzanspruch nach § 113 Satz 3 geltend machen, als Organmitglieder oder ansonsten für den Schuldner tätige Personen (mit)verantwortlich sind für die Insolvenz, welche schlussendlich zur Kündigung geführt hat. In solchen Fällen liegt es nahe zu argumentieren, sie hätten die zum Ersatz verpflichtenden Umstände selbst (mit)herbeigeführt, weshalb ihnen der Schadensersatzanspruch teilweise oder ganz entzogen sei. **143**

Die Rechtsprechung des BAG steht diesem Gedanken aber sehr zurückhaltend gegenüber, wie eine Entscheidung zur Haftung des GmbH-Geschäftsführers zeigt. Im konkreten Fall hatte der Insolvenzverwalter den Dienstvertrag des Geschäftsführers nach Maßgabe von § 113 Satz 1, Satz 2 vorzeitig gekündigt, woraufhin dieser den betreffenden Ausfallbetrag nach § 113 Satz 3 geltend machte. Der Insolvenzverwalter wandte ein, der Geschäftsführer hätte gegen seine Geschäftsführerpflichten aus **§ 43 Abs 1 GmbHG** verstoßen und so die Insolvenz mit der Folge der vorzeitigen Kündigung selbst (mit)herbeigeführt. **144**

---

120 BAG 16.5.2007 – 8 AZR 772/06, ZIP 2007, 1829; FK/*Eisenbeis* InsO 4. Aufl § 113 Rn 82; Kübler/Prütting/Bork/*Moll* § 113 Rn 144; KR/*Weigand* § 113 InsO Rn 93.

121 MünchKomm/*Caspers* InsO § 113 Rn 32, 85; KR/*Weigand* § 113 InsO Rn 92; *Zwanziger* § 113 Rn 41; HWK/*Annuß* § 113 InsO Rn 9; Uhlenbruck/*Berscheid* InsO § 113 Rn 163.

145 Das BAG ließ dies dahingestellt und lehnte die Anwendung von § 254 BGB in dieser Situation unter Hinweis auf den Schutzzweck von § 43 Abs 1 GmbHG ab. Diese Regelung umfasse nicht die Verhinderung des gemäß § 113 Satz 3 zu ersetzenden Verfrühungsschadens. Die vom geschädigten Geschäftsführer möglicherweise verletzte Pflicht sei nicht darauf gerichtet gewesen, Schäden wie den eingetretenen zu verhindern.[122] Die Sorgfaltspflicht des GmbH-Geschäftsführers aus § 43 Abs 1 GmbHG diene „dem Schutz der Gesellschaft und mittelbar den Vermögensinteressen der Gesellschafter, nicht der Verhinderung einer vorzeitigen Beendigung des Geschäftsführer-Dienstvertrages". Der Schadensersatzanspruch aus § 113 Satz 3 dagegen solle „die vorzeitige Beendigung eines Dienstverhältnisses auf Grund einer Kündigung des Insolvenzverwalters ausgleichen und (sei) von der Frage, wer die Insolvenz verschuldet oder auch nur verursacht hat, unabhängig." Der Vorschrift gehe es nicht um das Einstehen für ein Auflösungsverschulden, sondern ausschließlich um den Ausgleich für die in § 113 Satz 1, Satz 2 vorgesehenen Kündigungserleichterungen. Die unterschiedlichen Schutzrichtungen von § 113 Satz 3 und § 43 GmbHG schlössen die Anwendung von § 254 somit aus.[123]

146 Konsequent wird man demnach gemäß der Rechtsprechung auch Verletzungen der Vorstands- oder Aufsichtsratspflichten aus **§§ 93, 116 AktG** und aus **§ 52 Abs 1 GmbHG iVm § 116 AktG** nicht nach § 254 BGB beachten können. Diese sind ebenso wenig wie diejenigen aus § 43 Abs 1 GmbHG darauf gerichtet, eine vorzeitige Beendigung von Vorstands-Dienstverträgen zu verhindern. Gleiches gilt auch für die Regeln zur Insolvenzverschleppung gemäß **§ 64 GmbHG, § 92 AktG.** Des Weiteren sind in vielen Fällen Dienstverpflichtete (insbesondere als Mitglieder von Leitungsorganen) gleichzeitig auch Gesellschafter des Schuldners. Insbesondere bei Mehrheitsgesellschaftern kommt die Inanspruchnahme nach den Grundsätzen der **Konzernhaftung** in Betracht.

147 Man kann sich fragen, ob das BAG mit seiner Argumentation nicht zu kurz greift. Zwar haben alle hier aufgezählten Haftungstatbestände in der Tat nicht die Funktion, die vorzeitige Beendigung eines Dienstverhältnisses auf Grund einer Kündigung des Insolvenzverwalters zu verhindern. Jedoch dienen sie dem Interesse der Gesellschafter und der Gläubiger einer Gesellschaft daran, diese nicht in eine verspätet angemeldete und deshalb massearme Insolvenz geraten zu lassen. Geschieht das trotzdem, so ergibt sich hieraus eben mittelbar die – naheliegende – Konsequenz vorzeitiger Kündigungen von Dienstverhältnissen nach § 113 Satz 1, Satz 2. Der damit verbundene Beschäftigungsausfall ist gemäß § 113 Satz 3 als Insolvenzforderung zu entschädigen. Soweit das der Fall ist, steigt die Summe der Insolvenzforderungen, was seinerseits im Verfahren eine niedrigere Quote nach sich zieht und nach Abschluss des Verfahrens erhöhte Verbindlichkeiten des Unternehmens. Beides geht zulasten der in den genannten Haftungsregeln geschützten Gläubiger und Gesellschafter der Gesellschaft. Auch wenn hier einige Zwi-

---

[122] BAG 16.5.2007 – 8 AZR 772/06, ZIP 2007, 1829, unter Verweis auf BGH 21.9.1971 – VI ZR 122/70, VersR 1971, 1123; BGH 11.7.1978 – VI ZR 138/76, NJW 1978, 2502. Im ersten Fall hatte der BGH entschieden, dass der einen Kunstfehler begehende Arzt einer Unfallklinik dem geschädigten Patienten nicht entgegenhalten kann, seinen Unfall selbst verschuldet zu haben; im zweiten Fall ging es darum, dass der Abschleppunternehmer, der ein Auto aus dem Halteverbot entfernt und dabei beschädigt, dem Geschädigten nicht entgegenhalten kann, dass dieser das Halteverbot verletzt hat.

[123] BAG 16.5.2007 – 8 AZR 772/06, ZIP 2007, 1829 (mwN zu damaligen Gegenstimmen in der Literatur); dem BAG insofern zustimmend *Moll* Anmerkung zu BAG AP InsO § 113 Nr 23 u 24; kritisch aber MünchKomm/*Caspers* InsO § 113 Rn 85; Uhlenbruck/*Berscheid* InsO § 113 Rn 163a.

schenschritte aufgelistet werden mussten, lässt sich somit festhalten, dass die genannten Haftungstatbestände eben doch im Rahmen des Mitverschuldens nach § 113 Satz 3 zu beachten sind.

Dem lässt sich aber entgegenhalten, dass die Möglichkeit der beschleunigten Beendigung von Dienstverhältnissen nach § 113 Satz 1, Satz 2 dem insolventen Unternehmen ja gerade zugutekommt. Sie verschafft ihm einen wirtschaftlichen Vorteil, wo andere Unternehmen an längere Vertragsdauern gebunden sind und deshalb gar nicht in die Situation kommen können, wegen beschleunigter Vertragsbeendigung Ersatz zu schulden. Die Entscheidung des Insolvenzverwalters, von dieser Möglichkeit Gebrauch zu machen, wird daher – trotz Erhöhung der Insolvenzforderungen – im Zweifel günstig für die Masse und demnach auch günstig für die Gläubiger sein, deren Interessen in der Insolvenz vorrangig vor denjenigen der Gesellschafter zu beachten sind (selbst für die Gesellschafter können sich je nach Lage übrigens durchaus positive Effekte aus der Nutzung von § 113 Satz 1, Satz 2 ergeben, die durch die Forderungen gegen die Gesellschaft nach § 113 Satz 3 mehr als aufgewogen werden). Auch wenn sich diese Situation der Notwendigkeit möglichst kurzfristiger Vertragsbeendigungen vor allem in der – vom jeweiligen Unternehmensverantwortlichen ja gerade hinaufbeschworenen – Insolvenz ergibt, erscheint der Rechtsstandpunkt des BAG zumindest vertretbar. **148**

Unabhängig davon ist der Insolvenzverwalter aufgrund seiner Verpflichtung zur Einziehung der Masseansprüche und zur Geltendmachung von Gesamtschäden der Gläubiger nach § 92 ohnehin verpflichtet, die betreffenden Haftungsansprüche geltend zu machen. **149**

5. Anspruchsübergang nach § 116 SGB X; Ruhen des Arbeitslosengeldanspruchs nach § 158 SGB III

a) **Anspruchsübergang nach § 116 SGB X.** Der Ersatzanspruch kann bei Empfang von Sozialleistungen ganz oder teilweise nach § 116 Abs 1 SGB X auf den Träger der betreffenden Sozialleistungen übergehen.[124] In diesem Fall kann der Dienstberechtigte nur gegebenenfalls verbliebene Anspruchsteile geltend machen. Den übergegangenen Anspruch hat der Träger inne und muss ihn als Insolvenzgläubiger nach § 38, § 174 zur Tabelle anmelden. **150**

Erhält also ein Arbeitnehmer Arbeitslosengeld nach §§ 136 ff SGB III oder etwa Arbeitslosengeld II sowie weitere Leistungen nach dem SGB II und steht ihm für die Zeit des Leistungsempfangs zusätzlich ein Schadensersatzanspruch aus § 113 Satz 3 wegen Entgeltausfalls zu, so geht dieser nach § 116 Abs 1 Satz 1, Abs 10 SGB X auf die Agentur für Arbeit bzw den Grundsicherungsträger über. § 115 SGB X kommt nicht zur Anwendung, da der Ersatzanspruch aus § 113 Satz 3 Schadensersatz- und nicht Entgeltanspruch ist.[125] Auch § 33 Abs 1 SGB II kommt wegen des Nachrangs gegenüber § 116 SGB X nach § 33 Abs 5 SGB II nicht zur Anwendung. **151**

---

[124] *Zwanziger* § 113 Rn 39; HWK/*Annuß* § 113 InsO Rn 9; *HWK/Giesen* § 116 SGB X Rn 3; **aA** KR/*Weigand* § 113 InsO Rn 99a, der sich zu Unrecht beruft auf BAG 15.12.2005 – 8 AZR 106/05, NZI 2006, 539. In dieser Entscheidung hat das BAG den Übergang eines Schadensersatzanspruchs gegen den Vertreter des Arbeitgebers, der den Arbeitnehmer beim Arbeitsvertragsschluss über die Insolvenzreife des Unternehmens täuscht, auf die Bundesagentur für Arbeit verneint, welche später Insolvenzgeld zahlte. Die Entscheidung betraf somit nicht den Schadensersatzanspruch nach § 113 Satz 3.

[125] *HWK/Giesen* § 116 SGB X Rn 3.

152 Im Einzelnen ist dabei der Grundsatz der Konnexität zu achten.[126] In zeitlicher Hinsicht gilt, dass der Anspruchsübergang nach § 116 SGB X tatsächlich nur diejenigen Zeiten betreffen kann, für die seitens des Trägers eine Leistung und für die nach § 113 Satz 3 Schadensersatz geschuldet wird. In sachlicher Hinsicht gilt, dass der jeweilige Schadensersatzanspruch oft weiter gehen wird als der – etwa auf Arbeitslosengeld gerichtete – Leistungsanspruch. Letzterer erfasst meist nur einen Teil des ausgefallenen Entgelts.

153 **Beispiel.** Der Insolvenzverwalter kündigt dem seit vierzehn Jahren beschäftigten Arbeitnehmer im Januar nach § 113 Satz 1, Satz 2 mit dreimonatiger Kündigungsfrist zum 30. April. Ohne die Sonderregelung hätte die Kündigungsfrist nach § 622 Abs 2 Satz 1 Nr 5 BGB fünf Monate zum Monatsende betragen. Dementsprechend betrifft der Schadensersatzanspruch nach § 113 Satz 3 die Entgelte der beiden Monate Mai und Juni. Angenommen, der Arbeitnehmer hätte in diesen beiden Monaten jeweils 3.000 Euro Arbeitsentgelt erhalten, dann beträgt der Ersatzanspruch nach § 113 Satz 3 deren Summe von 6.000 Euro. Da er aber lediglich Insolvenzforderung ist, wird er auch nur mit der Insolvenzquote befriedigt. Beträgt die Quote beispielsweise 5 %, werden an den Arbeitnehmer 150 Euro für jeden Monat ausgezahlt. Erhält der Arbeitnehmer nun von der Agentur für Arbeit im Mai und im Juni je 2.000 Euro Arbeitslosengeld, geht der Anspruch auf diese 150 Euro nicht voll auf die Agentur über, sondern nur in dem Maß, wie er den von der Agentur für Arbeit übernommenen Entgeltausfall betrifft, im Beispiel also zu zwei Dritteln. Der Arbeitnehmer meldet 2.000 Euro und die Agentur meldet 4.000 Euro zur Insolvenztabelle an; der Arbeitnehmer erhält dann 100 Euro und die Agentur 200 Euro ausgezahlt.

154 b) **Kein Ruhen des Arbeitslosengeldanspruchs nach § 158 SGB III.** Im Fall der Beantragung von Arbeitslosengeld durch den ehemals Dienstberechtigten stellt sich die Frage, ob eine von ihm empfangene oder zu beanspruchende Schadensersatzleistung nach § 113 Satz 3 als Entlassungsentschädigung iSd § 158 SGB III zum vorübergehenden Ruhen des Arbeitslosengeldanspruchs führen kann.[127] Gemäß § 158 SGB III werden bei Beendigung des Arbeitsverhältnisses mit Unterschreiten der ordentlichen Kündigungsfrist Arbeitslosengeldansprüche teilweise zum Ruhen gebracht, wenn der Arbeitslose eine Entlassungsentschädigung erhalten oder zu beanspruchen hat. Solche Entlassungsentschädigungen sind beispielsweise Abfindungen, welche auf der Grundlage von Auflösungsverträgen oder -vergleichen geleistet werden, Abfindungen nach § 1a, § 9, § 10, § 13, § 14 Abs 2 KSchG, Schadensersatz aus § 628 Abs 2 BGB, Sozialplan- oder Nachteilsausgleichleistungen gemäß §§ 112, 113 BetrVG sowie entsprechende tarifvertragliche (Abfindungs-)Leistungen.

155 Die Anwendung von § 158 Abs 1 Satz 1 SGB III bei Schadensersatzleistungen aus § 113 Satz 3 setzt voraus, dass der Insolvenzverwalter mit der Kündigung nach § 113 Satz 1, Satz 2 das Arbeitsverhältnis „ohne Einhaltung einer der ordentlichen Kündigungsfrist des Arbeitgebers entsprechenden Frist beendet" hat. In der Literatur wird zu Recht die Ansicht geäußert, dass die **Frist nach § 113 Satz 2** als **„ordentliche Kündigungsfrist des Arbeitgebers"** iSd § 158 Abs 1 Satz 1 SGB III anzusehen sei.[128] Auch in

---

126 *HWK/Giesen* § 116 SGB X Rn 25 f.

127 Für die Ruhensmöglichkeit KR/*Link* § 158 SGB III Rn 22d; KR/*Weigand* § 113 InsO Rn 98; dagegen Gagel/*Bender* SGB II / SGB III § 158 SGB III Rn 33.

128 Gagel/*Bender* SGB II / SGB III § 158 SGB III Rn 33.

der hiesigen Kommentierung habe ich mich – im Kontext der Anwendung von § 113 Satz 1, Satz 2 im Fall von § 9 Abs 2 KSchG – dafür ausgesprochen, die genannte Frist als eine solche einzustufen, s näher Rn 79 f, 139, 160. Daraus folgt, dass § 158 SGB III nicht auf die Entlassungsentschädigung nach § 113 Satz 3 anzuwenden ist. Ein großer Verlust entsteht der Arbeitslosenversicherung dadurch übrigens nicht. Denn erstens wäre der Entschädigungsanspruch nur quotiert in Höhe der tatsächlich ausgezahlten Werte zu berücksichtigen, und zweitens geht er – wie soeben in Rn 150 ff ausgeführt – im Fall der Arbeitslosengeldzahlung gemäß § 116 SGB X teilweise auf die Agentur für Arbeit über.

6. Kündigung mit mehr als dreimonatiger Kündigungsfrist zwecks Vermeidung des „Verfrühungsschadens" nach § 113 Satz 3

Benötigt der Insolvenzverwalter die Arbeitskraft des Gekündigten noch längere Zeit **156** und will er es vermeiden, dass der als Insolvenzforderung eingestufte Schadensersatzanspruch nach § 113 Satz 3 entsteht, muss er auch mit der eventuell längeren ordentlichen Kündigungsfrist kündigen können. Es sind keine Gründe ersichtlich, warum das Dienstverhältnis nicht auch mit längerer Kündigungsfrist beendet werden können sollte (Rn 76).

7. Konkurrenz zu anderen Ansprüchen

Der nach §§ 38, 174 ff zur Tabelle anzumeldende Schadensersatzanspruch aus § 113 **157** Satz 3 kann mit anderen Ansprüchen zusammentreffen, und zwar mit Insolvenz- oder mit Masseforderungen. Hier kommt es aber nicht zur entsprechenden Anwendung von § 113 Satz 3. So ist § 113 Satz 3 insbesondere nicht auf Schadensersatzansprüche aus § 628 Abs 2 BGB anzuwenden.[129]

Was die Klärung von Konkurrenzfragen betrifft, ist zu beachten, dass § 113 Satz 3 **158** lediglich den so genannten „Verfrühungsschaden" betrifft und nicht das Interesse des Dienstverpflichteten am Bestand des Dienstvertrages (s Rn 117 ff). Sobald der Schuldner bzw die Masse dem Dienstverpflichteten zur Entschädigung für den Arbeitsplatzverlust verpflichtet sind, ist deshalb der damit verbundene „Verfrühungsschaden" meist nicht miterfasst.

Hat beispielsweise der Dienstverpflichtete vor Verfahrenseröffnung wegen vertrags- **159** widrigen Verhaltens des Schuldners außerordentlich gekündigt und steht ihm deshalb als Insolvenzforderung ein Schadensersatzanspruch nach § 628 Abs 2 BGB zu, betrifft dies keinen Schaden iSd § 113 Satz 3.[130] Ebenso ist beispielsweise denkbar, dass der Insolvenzverwalter bei der Kündigung des Arbeitsverhältnisses gegen §§ 111 f BetrVG verstößt und die Masse deshalb dem gekündigten Arbeitnehmer nach § 113 BetrVG iVm §§ 9 f KSchG Nachteilsausgleich schuldet. Hierbei kann die Kündigung selbst aber rechtmäßig sein. Soweit also der Insolvenzverwalter das Arbeitsverhältnis mit der verkürzten

---

129 BAG 25.4.2007 – 6 AZR 622/06, ZIP 2007, 1875; BAG 26.7.2007 – 8 AZR 796/06, NZA 2007, 186; BAG 16.5.2007 – 8 AZR 772/06, ZIP 2007, 1117; KR/*Weigand* § 113 InsO Rn 91; BeckOK ArbR/*Plössner* Stand 2013 § 113 InsO Rn 52 f; MünchKomm/*Caspers* InsO § 113 Rn 33; teils **aA** *Zwanziger* § 113 InsO Rn 40.

130 BAG 25.4.2007 – 6 AZR 622/06, ZIP 2007, 1875 = AP § 113 InsO Nr 23; BAG 26.7.2007 – 8 AZR 796/06, NZA 2007, 186; Parallelentscheidung dazu ist BAG 26.7.2007 – 8 AZR 817/06 [juris]; ArbG Bayreuth 30.1.2002 – 3 Ca 997/01 H, ZInsO 2002, 596; KR/*Weigand* § 113 InsO Rn 91; vgl auch BAG 13.8.1980 – 5 AZR 588/78, ZIP 1980, 1067.

Frist nach § 113 Satz 1, Satz 2 gekündigt und außerdem Nachteilsausgleich zu zahlen hat, besteht der Schadensersatzanspruch aus § 113 Satz 3 zusätzlich hierzu.

160 Gleiches gilt, wenn über die Kündigung, welche in der Zeit nach Verfahrenseröffnung erklärt wurde, ein Kündigungsschutzprozess geführt wird und dieser mit einer Auflösung des Arbeitsverhältnisses sowie der Verurteilung des Insolvenzverwalters als Partei kraft Amtes zur Abfindungszahlung gemäß §§ 9 f KSchG endet. Löst das Arbeitsgericht das Arbeitsverhältnis in dieser Situation gemäß § 9 Abs 2 KSchG mit der ordentlichen Kündigungsfrist auf, hat es bei der Berechnung dieser Frist gegebenenfalls § 113 Satz 1, Satz 2 mit zu beachten (s Rn 79 f, 139, Vor § 113 Rn 189). Soweit es dies tut, wird mit der Abfindungszahlung nach §§ 9, 10 KSchG der damit verbundene „Verfrühungsschaden" nicht mit erfasst. Das bedeutet, dass auch der abgefundene Arbeitnehmer zusätzlich den Schadensersatzanspruch aus § 113 Satz 3 zur Tabelle anmelden kann.[131]

161 Soweit der Arbeitnehmer dagegen gerade für den Ausfall entschädigt wird, den er durch die vorzeitige Beendigung des Arbeitsverhältnisses erleidet, ist für eine Entschädigung nach § 113 Satz 3 kein Raum mehr.

162 **Beispiel.** Der Insolvenzverwalter vereinbart nach Maßgabe des § 123 einen Sozialplan. In diesem Sozialplan ist – unter Achtung der absoluten und der relativen Obergrenze nach § 123 Abs 1, Abs 2 Satz 2, Satz 3 – vorgesehen, dass ein bis zu 60jähriger Arbeitnehmer einer bestimmten Gehaltsklasse als Entschädigung für den Verlust des Arbeitsplatzes 400 Euro pro Beschäftigungsjahr erhält. Ein über 60jähriger Arbeitnehmer erhält für jeden bis zum 63. Lebensjahr noch fehlenden Monat 300 Euro.[132] Während für den Erstgenannten keine Überschneidung mit dem Schadensersatzanspruch nach § 113 Satz 3 besteht, muss sich der letztgenannte Arbeitnehmer jeweils 300 Euro für jeden Monat auf den Schadensersatzanspruch nach § 113 Satz 3 anrechnen lassen, weil hier monatsweise ein „Verfrühungsschaden" teilentschädigt wird.

VI. Unabdingbarkeit von § 113 gemäß § 119

163 Ebenso wie die übrigen Normen der §§ 103–118 ist auch § 113 nach Maßgabe von § 119 unabdingbar. Gemäß dieser Regelung ist eine Vereinbarung, durch welche die Anwendung von § 113 im Voraus ausgeschlossen oder beschränkt wird, unwirksam (s generell zur Anwendung von § 119 im Dienstvertragsrecht Vor § 113, Rn 112 ff). Soweit § 119 nicht eingreift, können Vereinbarungen über die Kündigung des Dienstverhältnisses aufgrund anderer Regelungen unwirksam sein, die unabhängig vom Insolvenzgeschehen eingreifen. So ist insbesondere der Kündigungsschutz des Arbeitnehmers nach

---

131 Anders ist zu entscheiden, wenn man – gegen das BAG (vgl Rn 159) – den Schadensersatzanspruch nach § 113 Satz 3 in entsprechender Anwendung von §§ 9, 10 KSchG berechnen will, so konsequent *Zwanziger* § 113 InsO Rn 40.

132 Vgl zur Zulässigkeit solcher Gestaltungen, insbesondere zur Maßgabe des Altersdiskriminierungsverbots des AGG, BAG 26.3.2013 – 1 AZR 813/11, NZA 2013, 921; BAG 30.9.2008 – 1 AZR 684/07, NZA 2009, 386; GK-BetrVG/*Oetker* § 112 BetrVG Rn 363; *Mohr* RdA 2010, 44 (47 f); ErfK/*Kania* § 112, § 112a BetrVG Rn 24; *Krieger*/*Arnold* NZA 2008, 1153 (1154 f); *Giesen* EuZA 2011, 383. S zur Notwendigkeit der Hinnahme daraus uU folgender stichtagsbezogener Härten BAG 22.3.2005 – 1 AZR 49/04, NZA 2005, 773 (774 f); BAG 19.2.2008 – 1 AZR 1004/06, NZA 2008, 719 (722 f); BAG 26.5.2009 – 1 AZR 198/08, NZA 2009, 849 (855); *Mohr* RdA 2010, 44 (48).

dem KSchG unabdingbares Recht, welches auch nicht für den Fall der Insolvenz des Arbeitgebers eingeschränkt werden kann (s Vor § 113 Rn 156 ff).[133] Zudem existieren Vereinbarungen, durch welche Kündigungsfristen verlängert oder die Zulässigkeit von Kündigungen ausgeschlossen werden, ohne dass Besonderheiten für den Fall der Insolvenz bestehen. Diese stellen keinen Ausschluss und keine Beschränkung der Anwendung von § 113 im Sinne des § 119 dar, weil und soweit sie sich nicht auf die Insolvenzsituation beziehen. Dennoch gilt in diesen Fällen, wenn es im Insolvenzverfahren zur Kündigung durch den Insolvenzverwalter kommt, selbstverständlich § 113 Satz 1, so dass trotz zunächst wirksamer Regelung die Kündigung mit der Kündigungsfrist des § 113 Satz 2 zugelassen ist (s Rn 66 ff).

1. Wirksamkeit nach Verfahrenseröffnung getroffener Vereinbarungen über den Ausschluss oder die Beschränkung von § 113

„Im Voraus" bedeutet, dass § 119 nur für **Vereinbarungen** gilt, die **vor Eröffnung des Insolvenzverfahrens über das Vermögen eines Vertragspartners** geschlossen wurden. **164**
Auch ein vorläufiger Insolvenzverwalter kann, eben weil das Insolvenzverfahren noch nicht eröffnet wurde, keine Ausschlüsse oder Beschränkungen von § 113 vereinbaren. Daraus ergibt sich im Gegenschluss, dass nach Verfahrenseröffnung entsprechende Vereinbarungen erlaubt sind. Dann können sich also der Insolvenzverwalter und der Dienstverpflichtete beispielsweise auf eine Kündigungsfrist einigen, die länger ist als diejenige nach § 113 Satz 2, oder sie können die ordentliche Kündigung ausschließen. Damit beschränken sie die Kündigungsmöglichkeiten nach § 113 Satz 1, 2 wirksam bzw schließen sie wirksam aus (s zur Geltung von § 113 bei vom Insolvenzverwalter geschlossenen Dienstverträgen Rn 56 ff).

2. Unwirksamkeit vor Verfahrenseröffnung getroffener Vereinbarungen über den Ausschluss oder die Beschränkung von § 113

a) **Vereinbarungen zu § 113 Satz 1, Satz 2.** Vereinbarungen, durch die dagegen im **165**
Voraus die Anwendung von § 113 ausgeschlossen oder beschränkt wird, sind nach § 119 unwirksam. Das gilt unabhängig davon, ob es sich um (arbeits-)vertragliche oder kollektivarbeitsrechtliche Regelungen wie etwa Tarifverträge oder Betriebsvereinbarungen handelt.[134] Wurde also beispielsweise vereinbart, dass sich im Fall der Eröffnung des Insolvenzverfahrens eventuelle Kündigungsfristen über den Rahmen des § 113 Satz 2 verlängern, ist dies unwirksam.[135] Eine Beschränkung liegt auch vor, wenn für den Fall der Insolvenz vereinbart wurde, dass der Dienstverpflichtete besondere dingliche Sicherheiten für diejenigen Entgeltansprüche erhält, welche ihm durch die Kündigung mit verkürzter Frist entgehen. Hier wird die Kündigungsmöglichkeit nach § 113 Satz 1, Satz 2 beschränkt, weil für den Fall ihrer Wahrnehmung entgegen § 113 Satz 3 eine zusätzliche Massebelastung entsteht.[136]

Rechtsfolge ist die **Unwirksamkeit.** Soweit also entsprechende Vereinbarungen etwa **166**
über längere Kündigungsfristen in der Insolvenz getroffen wurden, braucht der Insol-

---

[133] BeckOK ArbR/*Plössner* § 113 InsO Rn 58; s. generell zur Unabdingbarkeit des Kündigungsschutzes nach § 1 KSchG KR/*Griebeling* § 1 KSchG Rn 31 ff.

[134] KR/*Weigand* § 113 InsO Rn 23.

[135] S allgemein zur Unzulässigkeit insolvenzbezogener Lösungsklauseln BGH 15.11.2012 – IX ZR 169/11, ZIP 2013, 274 mwN.

[136] KR/*Weigand* § 113 InsO Rn 90. In diesem Sinne – noch zu § 22 KO – LG Wiesbaden 20.3.1980 – 2 O 415/79, ZIP 1980, 1074.

venzverwalter zwecks deren Überwindung nicht seine Rechte aus § 113 Satz 1, Satz 2 auszuüben, weil die betreffenden Regelungen ohnehin gemäß § 119 unwirksam sind. Somit kann auch **kein Schadensersatzanspruch** nach § 113 Satz 3, § 38 zur Tabelle angemeldet werden.

167 An die Stelle der unter Verstoß gegen § 119 getroffenen Abrede tritt diejenige Regelung, welche ohne die Vereinbarung gilt. Das kann eine andere, unabhängig von der erfassten Regelung geschlossene Vereinbarung sein, welche nicht gegen § 119 verstößt, oder eine gesetzliche Regelung wie etwa § 622 BGB. Soweit unter Zugrundelegung dieser wirksamen Regelung immer noch ein Ausschluss der ordentlichen Kündigung nach § 113 Satz 1 existiert oder eine längere als die in § 113 Satz 2 festgesetzte Kündigungsfrist eingreift, kann der Insolvenzverwalter nach Maßgabe dieser Vorschriften kündigen. Dann kann der Dienstverpflichtete einen Schadensersatzanspruch nach § 113 Satz 3 zur Tabelle anmelden.

168 b) **Vereinbarungen zu § 113 Satz 3.** Dementsprechend sind auch Vereinbarungen, in denen der Schadensersatzanspruch nach § 113 Satz 3 im Vorhinein beschränkt oder ausgeschlossen wird, unwirksam.

3. Erfassung insolvenzbezogener Vereinbarungen

169 a) **Wirksamkeit nicht insolvenzbezogener Vereinbarungen.** Vereinbarungen zu Kündigungsfristen, Vertragsdauern oder Kündigungsausschlüssen für ein Dienstverhältnis stellen als solche noch keine Ausschlüsse oder Beschränkungen der Anwendung von § 113 Satz 1, Satz 2 im Sinne des § 119 dar, weil und soweit sie sich nicht auf die Insolvenzsituation beziehen. Sie werden also nicht von der Unwirksamkeitsanordnung des § 119 erfasst.

170 Es steht dem Insolvenzverwalter aber frei, das betreffende Dienstverhältnis dennoch in Abweichung von der Vereinbarung nach Maßgabe des § 113 Satz 1, Satz 2 zu beenden. Somit gilt hier zwar nicht § 119, so dass die betreffende Vereinbarung also nicht nach dieser Vorschrift unwirksam ist. Trotzdem bleibt es bei der „normalen" Anwendbarkeit von § 113.

171 b) **Insolvenzbezug von Vereinbarungen über die Änderung von Vertragsdauern und den Ausschluss der ordentlichen Kündigung.** Demnach bedarf es zur Anwendung von § 119 im Fall des § 113 mehr als einer im Voraus getroffenen Vereinbarung über Kündigungsfrist, Vertragsdauer oder Kündigungsausschluss. In der Vereinbarung muss zusätzlich ein **Bezug gerade auf das Insolvenzgeschehen** hergestellt sein, durch welchen die Rechte des Insolvenzverwalters und/oder des Dienstverpflichteten nach § 113 erfasst werden. Das ist insbesondere dann der Fall, wenn eine Vereinbarung an die Eröffnung des Insolvenzverfahrens anknüpft oder unmittelbar die Rechte des Insolvenzverwalters betrifft. Klauseln, welche beispielsweise im Fall der Unzumutbarkeit der Fortsetzung eines Vertragsverhältnisses verkürzte Kündigungsfristen oder sonstige Kündigungserleichterungen vorsehen, sind nicht von § 119 erfasst, auch wenn diese Unzumutbarkeit häufig auf einer Insolvenz beruhen dürfte.[137]

[137] BGH 17.11.2005 – IX ZR 162/04, BB 2006, 235.

§ 114
Bezüge aus einem Dienstverhältnis

(1) Hat der Schuldner vor der Eröffnung des Insolvenzverfahrens eine Forderung für die spätere Zeit auf Bezüge aus einem Dienstverhältnis oder an deren Stelle tretende laufende Bezüge abgetreten oder verpfändet, so ist diese Verfügung nur wirksam, soweit sie sich auf die Bezüge für die Zeit vor Ablauf von zwei Jahren nach dem Ende des zur Zeit der Eröffnung des Verfahrens laufenden Kalendermonats bezieht.

(2) [1]Gegen die Forderung auf die Bezüge für den in Absatz 1 bezeichneten Zeitraum kann der Verpflichtete eine Forderung aufrechnen, die ihm gegen den Schuldner zusteht. [2]Die §§ 95 und 96 Nr. 2 bis 4 bleiben unberührt.

(3) [1]Ist vor der Eröffnung des Verfahrens im Wege der Zwangsvollstreckung über die Bezüge für die spätere Zeit verfügt worden, so ist diese Verfügung nur wirksam, soweit sie sich auf die Bezüge für den zur Zeit der Eröffnung des Verfahrens laufenden Kalendermonat bezieht. [2]Ist die Eröffnung nach dem fünfzehnten Tag des Monats erfolgt. so ist die Verfügung auch für den folgenden Kalendermonat wirksam. [3]§ 88 bleibt unberührt; § 89 Abs. 2 Satz 2 gilt entsprechend.

Materialien: BT-Drucks 12/2443, S 150 f; BT-Drucks 12/7302, S 170; BT-Drucks 14/5680, S 27; BT-Drucks 17/11268, S 6, 16, 23; BT-Drucks 17/13535.

Literatur

Brüning Die Rückwirkung von Legislativakten, NJW 1998, 1525; *Fischer* Aktuelle insolvenzrechtliche Entscheidungen des BGH außerhalb des Anfechtungsrechts, WM 2007, 813; *J. Möller/Rührmeier* Die Bedeutung der Grundrechte für die verfassungsrechtlichen Anforderungen an rückwirkende Gesetze NJW 1999, 908; *Spliedt* Anmerkung zu BGH: Urteil vom 11.05.2006 – IX ZR 247/03, DZWIR 2006, 468; *Tetzlaff* Rechtliche Probleme in der Insolvenz des Selbstständigen, ZInsO 2005, 393; *Vallender* Rechtliche und tatsächliche Probleme bei der Abwicklung der Arztpraxis in der Insolvenz, NZI 2003, 530; *Wegener* Insolvenzfestigkeit der Verrechnungsermächtigung der Sozialversicherungsträger, NZI 2008, 477; *ders/Köke* Der Bestand der Forderungszession niedergelassener Ärzte in der Insolvenz, ZVI 2003, 382

Übersicht

I. Norm und Normzweck; Aufhebung zum 1.7.2014

1. Überblick

1 § 114 privilegiert die Abtretung und Verpfändung von, Aufrechnung gegen und Zwangsvollstreckung in Forderungen auf Bezüge aus einem Dienstverhältnis, die innerhalb bestimmter Zeiträume nach Eröffnung des Insolvenzverfahrens entstehen. Hinsichtlich Abtretung, Verpfändung und Aufrechnung endet der Zeitraum zwei Jahre nach Ablauf des Monats, in dem das Verfahren eröffnet wird. Verfügungen im Wege der Zwangsvollstreckung können Forderungen erfassen, die im Monat der Verfahrenseröffnung und bei Eröffnung nach dem 15. Monatstag auch im Folgemonat entstehen.

2. Entstehungsgeschichte und Aufhebung mit Wirkung ab 1.7.2014

2 Die Vorschrift **trat mit Einführung der InsO 1999 in Kraft**. Die einzige Änderung durch das InsOÄndG[1] von 2001 verkürzte den Privilegierungszeitraum nach § 114 Abs 1 von drei Jahren auf zwei Jahre, um ihn der Kürzung der Wohlverhaltensperiode im Restschuldbefreiungsverfahren nach § 287 Abs 2 Satz 1 von sieben auf sechs Jahre anzupassen.

3 **§ 114 ist mit Wirkung ab dem 1.7.2014 aufgehoben**, Art 1 Nr 15, Art 9 Satz 1 Gesetz zur Verkürzung des Restschuldbefreiungsverfahrens und zur Stärkung der Gläubigerrechte.[2] Dies geschieht im Zusammenhang mit der weiteren Verkürzung des Restschuldbefreiungsverfahrens auf drei Jahre. Zwecks verstärkter Gläubigersicherung und Gläubigergleichbehandlung sollen die masseschmälernden Privilegien des § 114 entfallen.

4 Trotzdem wird die Vorschrift noch Jahre über den 1.7.2014 hinaus zu beachten sein. Gemäß Art 103h Satz 1 EGInsO sind auf „**Insolvenzverfahren, die vor dem 1. Juli 2014 beantragt worden sind, … die bis dahin geltenden gesetzlichen Vorschriften weiter anzuwenden**“.[3] Laut Entwurfsbegründung soll dadurch die Änderung der Insolvenzordnung an einer „klaren Stichtagsregelung“ festgemacht werden, die Rückwirkungen verhindert und den Beteiligten einen angemessenen Vorlauf gibt, um sich auf die künftigen Änderungen einzustellen.[4] Die neue Regelung wird auch solche Abtretungen erfassen, die vor dem 1.7.2014 vorgenommen wurden, selbst wenn sie Jahre vorher bereits vereinbart wurden. Freilich wird hier die Erwartungshaltung beispielsweise von Banken nicht unverhältnismäßig beeinträchtigt, bei künftigen Insolvenzen ihrer Kreditnehmer deren abgetretene Entgeltansprüche einziehen zu können. Erstens betraf diese Erwartung lediglich Forderungen, deren Entstehen in der Zukunft liegt und ungewiss ist und bei denen zum Zeitpunkt der Abtretung auch noch nicht feststand, ob es überhaupt zu einer Antragstellung oder einer Verfahrenseröffnung kommt. Und zweitens war die mögliche Streichung von § 114 bereits frühzeitig erörtert und durch Kabinettsbeschluss vom 18.7.2012, bekanntgegeben am selben Tag, vorbereitet worden. Die Verkündung des Gesetzes ein Jahr später lag ein knappes Jahr vor dem Inkrafttreten, so dass hinreichend Zeit bestand, für möglicherweise erhöhte Ausfallrisiken Vorsorge zu treffen. Unabhängig davon, ob man in der Aufhebung der Regelung zum 1.7.2014 einen Akt echter oder unechter Rückwirkung

---

[1] Gesetz vom 26.10.2001, BGBl I, S 2710; vgl BT-Drucks 14/5680, S 27.

[2] Gesetz vom 15.7.2013, verkündet am 18.7.2013, BGBl I, S 2379; vgl dazu BT-Drucks 17/11268; BT-Drucks 17/13535; BT-PlPr 17/240, S 30297A; BR-Drucks 380/13.

[3] Gesetz vom 15.7.2013, BGBl I, S 2379.

[4] BT-Drucks 17/13535, S 42, S 43.

sieht, sind daher die Anforderungen, welche der Eigentumsschutz nach Art 14 Abs 1 GG stellt und welche sich zudem aus dem Rechtsstaatsgebot aus Art 20 Abs 3 GG ergeben, gewahrt.[5]

3. § 114 im Insolvenzrechtssystem

Zur Befriedigung der Insolvenzgläubiger dient gemäß § 38 die Insolvenzmasse, deren Umfang § 35 festlegt. Danach umfasst sie nicht nur das Vermögen des Schuldners bei Verfahrenseröffnung, sondern auch das Vermögen, welches er während des Verfahrens erlangt. Zugunsten der Insolvenzmasse und damit der Insolvenzgläubiger stellen die §§ 81, 89, 96 einen Sicherungsmechanismus gegen Verfügungen, Aufrechnung und Zwangsvollstreckung ***nach Eröffnung*** auf. Nach § 81 Abs 1 Satz 1 sind Verfügungen über Gegenstände der Masse unwirksam, nach § 89 Abs 1 sind Zwangsvollstreckungen in die Masse unzulässig und § 96 Abs 1 Nr 1 steht einer Aufrechnung gegen Forderungen, die Teil der Masse sind, entgegen. Während diese Schutzvorschriften Verfügungen nach Verfahrenseröffnung betreffen, schließt § 91 Abs 1 auch die Wirkungen[6] von ***vor Eröffnung*** getroffenen Verfügungen aus, wenn sie nach Eröffnung die Insolvenzmasse aufgrund eines Rechtserwerbs beeinträchtigen würden. **5**

Eben diesen Fall betrifft § 114. § 114 Abs 1, Abs 3 lassen Verfügungen über künftige Forderungen der Insolvenzmasse vor Eröffnung mit Wirkung nach Eröffnung begrenzt zu; sie stellen damit Ausnahmen zum Sicherungsmechanismus des § 91 Abs 1 dar. § 114 Abs 2 erlaubt zudem als Ausnahme zu § 96 Abs 1 Nr 1 die Aufrechnung gegen Forderungen, die nach Eröffnung entstehen. Die Insolvenzfestigkeit dieser Vorausverfügungen gewährt § 114 allerdings in zeitlichen Grenzen, um eine gleichmäßige Gläubigerbefriedigung in der Restschuldbefreiung nach § 287 Abs 2 Satz 1 grundsätzlich aufrechtzuerhalten.[7] **6**

4. Normzweck

§ 114 hat somit den Zweck, einen Interessenausgleich zwischen den Sicherungsmöglichkeiten des Insolvenzschuldners und den ungesicherten Insolvenzgläubigern herzustellen.[8] Man möchte dem Dienstverpflichteten die Möglichkeit verschaffen, sich durch Vorausabtretung seiner Entgeltansprüche Sicherungsmittel zu verschaffen – und damit den Gläubiger, der die Sicherungsmittel erhält, in begrenztem Maß gegenüber anderen Gläubigern zu privilegieren.[9] Der somit begünstigte Gläubiger erlangt ein Absonderungsrecht aus § 50 iVm § 51 Nr 1.[10] Damit ist gleichzeitig der Grund für die Streichung von § 114 **7**

---

[5] Die Rechtsprechung des BVerfG unterscheidet zwischen „echter“ und „unechter Rückwirkung“ (1. Senat: BVerfG 23.6.1993 – 1 BvR 133/89, E 89, 48, 66; BVerfG 11.10.1988 – 1 BvR 743/86, BVerfGE 79, 29, 45 f) bzw zwischen „Rückbewirkung von Rechtsfolgen“ und „tatbestandlicher Rückanknüpfung“ (2. Senat: BVerfG 3.12.1997 – 2 BvR 882/97, BVerfGE 97, 67, 78 f), um ihre verfassungsrechtliche Zulässigkeit nach Art 20 Abs 3 GG bzw an den Grundrechten zu prüfen. Vgl zu alledem Maunz/Dürig/*Grzeszick* Grundgesetz, 67 Ergänzungslieferung 2013, Art 20 GG Rn VII 72 ff; *J. Möller/Rührmeier* NJW 1999, 908; *Brüning* NJW 1998, 1525.

[6] Der Wortlaut des § 91 Abs 1 („wirksam“) muss sich nach seinem Sinn und Zweck auch auf die Wirkung eines bereits vor Eröffnung wirksam zustande gekommenen Rechtsgeschäft beziehen; andernfalls würde es sich bei § 114 nicht um eine Ausnahmeregelung zu § 91 Abs 1 handeln, sondern um eine selbständige Unwirksamkeitsanordnung, die wiederum Ausnahmen zulässt.

[7] BT-Drucks 12/2443, S 150 f.

[8] Braun/*Kroth* InsO § 114 Rn 1.

[9] BGH, 11.5.2006 – IX ZR 247/03, BGHZ 167, 363; *Wegener/Köke* ZVI 2003, 382 (385 f).

[10] Vgl dazu eingehend Hess/*Hess* Insolvenzrecht § 114 Rn 4 ff.

genannt. Heute ist man der Meinung, dass die „normalen" Insolvenzgläubiger zu sehr benachteiligt werden, wenn dem Schuldner insbesondere erleichterte Kreditmöglichkeiten verschafft werden, die mittelbar seinem privilegierten Darlehensgeber nützen, und wenn gleichzeitig eine zügige Restschuldbefreiung dafür sorgt, dass die Wohlverhaltensphase, in welcher der Schuldner gerade zugunsten der „normalen" Insolvenzgläubiger tätig werden soll, so kurz ausfällt, dass kaum noch etwas für sie verbleibt.

II. Forderung auf Bezüge aus einem Dienstverhältnis

8 Gegenstand der nach § 114 ausnahmsweise zulässigen Vorausverfügungen ist stets eine Forderung auf Bezüge aus einem Dienstverhältnis oder an deren Stelle tretende laufende Bezüge. Grundgedanke ist dabei neben dem genannten Gesetzeszweck, dass die entlohnte Arbeitskraft nicht Teil der Insolvenzmasse ist, über die der Insolvenzverwalter verfügen kann.[11] Der Schuldner soll sie zur Sicherung bestimmter Gläubiger, insbesondere Kreditgeber, einsetzen dürfen,[12] weshalb es laut BGH darum geht, der Vorschrift die künftigen Forderungen aus dem „Ertrag der Arbeitskraft" des Schuldners zu unterwerfen.[13] Vor diesem Hintergrund ist zu klären, was unter einem Dienstverhältnis im Sinne der Norm zu verstehen ist (sogleich 1.) und welche Bezüge erfasst sind (unten 2.).

1. Dienstverhältnisse, kraft derer der Schuldner allein und ohne Inanspruchnahme weiterer Mittel zur Dienstleistung verpflichtet ist

9 Prinzipiell fallen unter den Begriff des Dienstverhältnisses alle nach § 611 BGB begründeten Verträge, insbesondere Arbeitsverhältnisse, s näher § 113, Rn 19 ff.[14] Allerdings wird dieser Regelungsgegenstand durch die Rechtsprechung noch weiter eingeschränkt.[15] Danach werden Entgeltforderungen, die mit Hilfe von Mitteln aus der Insolvenzmasse erdient werden, nicht von § 114 erfasst. Der BGH hat dies anhand eines Vertragsarztes näher dargelegt, der an seine Bank künftige Ansprüche gegen die kassenärztliche Vereinigung abgetreten hatte. Diese Abtretung subsumierte der BGH unter die strengere Regelung des § 91 Abs 1 und nicht unter § 114.[16] Die Arbeitskraft des Schuldners gehöre gemäß § 36 Abs 1 nicht zur Masse, und er könne auch nicht zur Aufnahme einer Erwerbstätigkeit gezwungen werden. § 114 verzichte also auf mögliche, jedoch

---

[11] BGH 11.5.2006 – IX ZR 247/03, BGHZ 167, 363.

[12] Vgl BGH 21.2.2013 – 6 AZR 553/11, ZInsO 2013, 1214.

[13] BGH 11.5.2006 – IX ZR 247/03, BGHZ 167, 363; aA MünchKomm/*Caspers* InsO § 114 Rn. 4.

[14] MünchKomm/*Caspers* InsO § 114 Rn 7.

[15] BGH 11.5.2006 – IX ZR 247/03, BGHZ 167, 363; BGH 15.10.2009 – IX ZR 234/08, NZI 2010, 72; BGH 18.2.2010 – IX ZR 61/09, InsVZ 2010, 184; BGH 20.10.2011 – IX ZR 10/11, NZI 2011, 936; OLG Düsseldorf 31.10.2003 – 4 U 110/03, ZVI 2004, 32; aA OLG Düsseldorf 31.10.2003 – 4 U 110/03, ZInsO 2003, 1149; LSG Nordrhein-Westfalen 7.12.2005 – L 11 KA 7/04, MedR 2006, 310. Ebenso Uhlenbruck/*Berscheid*/*Ries* InsO § 114 Rn 7 f; Andres/Leithaus/*Andres* InsO § 114 Rn 2; Nerlich/Römermann/*Kießner* InsO § 114 Rn 51; Braun/*Kroth* InsO § 114 Rn 3; *Wegener*/*Köke* ZVI 2003, 382; *Vallender* NZI 2003, 530; *Spliedt* DZWIR 2006, 468; s bereits zuvor – allerdings nur in einer kurzen Äußerung – BGH 17.2.2005 – IX ZB 62/04, BGHZ 162, 187 (190) = ZIP 2005, 722, Rn 12; aA MünchKomm/*Caspers* InsO § 114 Rn 4, Rn 8.

[16] BGH 11.5.2006 – IX ZR 247/03, BGHZ 167, 363; BGH 18.2.2010 – IX ZR 61/09, InsVZ 2010, 184; *Tetzlaff* ZInsO 2005, 393 (401). Vgl generell zur Nicht-Zugehörigkeit der Arbeitskraft des Schuldners zur Masse BAG 20.6.2013 – 6 AZR 789/11 [juris].

nicht erzwingbare Massemehrungen durch dienstleistende Tätigkeiten. Der in eigener Praxis tätige Kassenarzt dagegen erziele sein Einkommen nicht allein aus der Verwertung seiner Arbeitskraft, sondern auch aus dem Praxisbetrieb. Die damit einhergehende Masselast verbiete die Anwendung von § 114.

Somit betrifft § 114 Dienstverhältnisse, kraft derer der Schuldner allein und ohne Inanspruchnahme weiterer Mittel zur Dienstleistung verpflichtet ist. Wann das der Fall ist, muss jeweils im Einzelfall geprüft werden. Sicher ist dies bei Dienstverpflichteten in **herkömmlichen Arbeitsverhältnissen**, aber auch bei **Heimarbeitern** oder **Organmitgliedern juristischer Personen.**[17] Andererseits dürften **juristische Personen** als Dienstverpflichtete nicht von § 114 erfasst sein, da diese nie „selbst" tätig werden, sondern stets durch Einsatz für sie tätiger natürlicher Personen. Hinzu kommt dabei auch, dass eine Restschuldbefreiung gemäß § 286 lediglich bei natürlichen Personen zulässig ist.[18] 10

2. Bezüge

Der Begriff der Bezüge aus einem Dienstverhältnis richtet sich nach demjenigen der §§ 850 ff ZPO.[19] Bezüge sind somit jede Form unmittelbaren oder mittelbaren Entgelts, dh Gegen- oder Ausgleichsleistungen für jede Art von Aufwendungen des Dienstverpflichteten. Beispielsweise erfüllen neben laufendem Gehalt Provisionen und Gewinnbeteiligungen den Tatbestand.[20] Auch Urlaubsentgelt, Gratifikationen, die Überlassung eines Firmenwagens zur privaten Nutzung und Abfindungsansprüche[21] des Schuldners sind darunter zu verstehen.[22] Gleiches gilt für verschleiertes Einkommen iSd § 850 Abs 2 ZPO[23] sowie für Entgeltersatzleistungen der Sozialversicherungsträger, etwa Renten.[24] Nicht gedeckt von dem Begriff sind insbesondere Schadensersatzansprüche des Dienstverpflichteten[25] und Ansprüche auf Erstattung von Einkommenssteuer[26]. 11

Neben Bezügen aus einem Dienstverhältnis erfasst § 114 an deren Stelle[27] tretende laufende Bezüge. Damit bezieht der Tatbestand Entgeltersatzleistungen des Arbeitgebers (zB Entgeltfortzahlungen)[28] oder von Sozialversicherungsträgern (zB Arbeitslosen-, Kurzarbeiter-, Insolvenzgeld, gesetzliche Renten, insbesondere Altersrenten)[29] ein. 12

III. Die drei Tatbestände des § 114: Abtretung und Verpfändung (Abs 1), Aufrechnung (Abs 2) sowie Verfügung per Zwangsvollstreckung (Abs 3)

Wenn somit feststeht, was unter einer Forderung auf Bezüge aus einem Dienstverhältnis zu verstehen ist, regeln die drei Absätze des § 114 verschiedene Arten der Verfügung über diese Forderung. Absatz 1 betrifft deren Abtretung oder Verpfändung, Absatz 2 die 13

---

17 MünchKomm/*Caspers* InsO § 114 Rn 6.

18 Nerlich/Römermann/*Kießner* InsO § 114 Rn 16; **aA** MünchKomm/*Caspers* InsO § 114 Rn 9.

19 MünchKomm/*Caspers* InsO § 114 Rn 9; vgl. zur Berechnung des pfändbaren Einkommens nach § 850e Nr 1 ZPO BAG 17.4.2013 – 10 AZR 59/12, NZA 2013, 859.

20 Uhlenbruck/*Berscheid/Ries* InsO § 114 Rn 9.

21 BGH 11.5.2010 – IX ZR 139/09, NZI 2010, 564; **aA** Kübler/Prütting/Bork/*Moll* InsO § 114 Rn 14.

22 Hess/*Hess* Insolvenzrecht § 114 Rn 19 ff mit zahlreichen weiteren Beispielen.

23 BAG 16.5.2013 – 6 AZR 556/11 [juris].

24 BGH 24.3.2011 – IX ZB 217/08, ZInsO 2011, 812.

25 Kübler/Prütting/Bork/*Moll* InsO § 114 Rn 21.

26 Hess/*Hess* Insolvenzrecht § 114 Rn 32 f.

27 Bei dem Wortlaut („Steile") handelt es sich um ein Redaktionsversehen.

28 MünchKomm/*Caspers* InsO § 114 Rn 15.

29 FK/*Eisenbeis* InsO§ 114 Rn 5.

Aufrechnung gegen die Forderung und Absatz 3 Verfügungen über die Forderung im Wege der Zwangsvollstreckung. Generell können Verfügungen über Bezüge aus einem Dienstverhältnis auch dann vorgenommen werden, wenn die Entstehung des Anspruchs und die Person des Drittschuldners, vor allem des Arbeitgebers, noch nicht feststeht, aber **bestimmbar** ist.[30] Weiterhin ist eine Verfügung über Bezüge aus einem **Dienstverhältnis** möglich, **welches zum Zeitpunkt der Verfügung noch nicht bestand**, zB wenn künftige Arbeitsverhältnisse beim derzeitigen Arbeitgeber erfasst werden sollen.[31] Auch im Fall eines Arbeitsplatzwechsels nach Verfahrenseröffnung ist der Schuldner im maßgeblichen Zeitpunkt der Abtretung noch verfügungsbefugt.[32] Auf den Zeitpunkt nach Verfahrenseröffnung kommt es für die generelle Möglichkeit der Verfügung nicht an, wohl aber für die Anwendung von § 114 Abs 1, Abs 3.[33]

1. Zeitpunkt

14 Verfügungen nach § 114 Abs 1, Abs 3 müssen vor dem Eröffnungsbeschluss nach § 27 erfolgt sein. Hat das Insolvenzgericht dem Schuldner vor Eröffnung nach § 21 Abs 2 Satz 1 Nr 2 eine Verfügungsbeschränkung auferlegt, so ist die Unwirksamkeitsfolge der §§ 24 Abs 1, 81 vorrangig. Sofern eine Zwangsvollstreckung in künftige Forderungen vor der Anordnung von Sicherungsmaßnahmen nach § 21 erfolgt, dehnt die Rechtsprechung die Unwirksamkeitsfolge des § 114 Abs 3 Satz 1 im Wege einer Analogie auf den Zeitraum von der Anordnung bis zur Verfahrenseröffnung aus.[34]

2. Abtretung und Verpfändung, § 114 Abs 1

15 a) **Abtretung, § 114 Abs 1 Var 1.** Um den Tatbestand des § 114 Abs 1 Var 1 zu erfüllen, bedarf es eines **wirksamen Abtretungsvertrags** nach § 398 BGB zwischen dem Insolvenzschuldner und einem Dritten.[35] Der Dienstverpflichtete verfügt über Ansprüche auf seine Bezüge, welche er erst nach Verfahrenseröffnung „erdient". Die Abtretung **unpfändbarer Forderungen** ist gemäß § 400 BGB unwirksam. Bezüge aus einem Arbeitsverhältnis können deshalb nur in den Grenzen der §§ 850a ff ZPO abgetreten werden und Sozialleistungen als Entgeltersatzleistungen nur nach § 54 Abs 1 SGB I. Dieser Pfändungsschutz ist zwar grundsätzlich zwingend, nach seinem Sinn und Zweck lässt er jedoch die Abtretung unpfändbarer Bezüge dann zu, soweit und sobald der Zedent im Gegenzug eine wirtschaftlich gleichwertige Leistung erhält (vgl auch Vor § 113 Rn 335).[36]

16 b) **Verpfändung, § 114 Abs 1 Var 2.** Die **Verpfändung** einer Forderung iSd § 114 Abs 1 Var 2 richtet sich nach § 1274 BGB. § 1274 Abs 1 Satz 1 BGB unterwirft sie den Vorschriften über die Rechtsübertragung. Somit bedarf es für die Verpfändung ebenso eines wirksamen Vertrags und nach § 400 BGB insbesondere der Pfändbarkeit der Forderung.

---

[30] BGH 22.12.1977 – VII ZR 45/77, NJW 1978, 634; BGH 25.10.1984 – IX ZR 142/83, NJW 1985, 800 mwN.

[31] BGH 27.4.1995 – IX ZR 123/94, NJW 1995, 2289; Nerlich/Römermann/*Kießner* InsO § 114 Rn 37; MünchKomm/*Roth* BGB § 398 Rn 81.

[32] BGH 20.09.2012 – IX ZR 208/11, ZinsO 2013, 254.

[33] Vgl BGH 22.10.2009 – IX ZR 90/08, NZI 2009, 888; aA Andres/Leithaus/*Andres* InsO § 114 Rn 6.

[34] AG Dortmund 21.3.2002 – 257 IK 17/00, ZInsO 2002, 685.

[35] Hierzu Hess/*Hess* Insolvenzrecht § 114 Rn 13.

[36] BGH 31.5.1954 – GSZ 2/54, BGHZ 13, 360; BGH 9.11.1994 – IV ZR 66/94, BGHZ 127, 354.

c) **Rechtsfolge des § 114 Abs 1.** § 114 Abs 1 bewirkt, dass die Abtretung oder Verpfändung solcher Bezüge wirksam ist, die innerhalb von zwei Jahren nach dem Ende des Eröffnungsmonats (s § 27) „erdient" werden. Wenn zB das Insolvenzverfahren am 22.11.2013 eröffnet wurde, greift die Regelung des § 114 Abs 1 für Bezüge, die durch Dienstleistungen bis zum 30.11.2015 „erdient" werden.[37] Die Entstehung der Ansprüche mit Abschluss des Arbeitsvertrags sowie die Fälligkeit[38] der Ansprüche – zB nach § 614 BGB – sind als Zeitpunkte irrelevant. Es gilt grundsätzlich dieselbe Zuordnung wie nach § 51 Abs 1 Nr 2 Var 2 (s näher Vor § 113 Rn 37 ff). Hinsichtlich der wirksam erworbenen Forderungen hat der Zessionar bzw Pfandgläubiger ein Absonderungsrecht aus § 50 iVm § 51 Nr 1. **17**

Bei Ansprüchen auf Bezüge, die außerhalb des privilegierten Zeitraums erdient werden, greifen §§ 81, 91 Abs 1, wonach die Verfügungen unwirksam sind bzw keine Wirkungen entfalten. Der Dienstberechtigte ist in diesem Fall weiterhin gegenüber der Insolvenzmasse verpflichtet.[39] **18**

Eine Ausnahme kommt in analoger Anwendung des § 114 Abs 3 Satz 3 Halbsatz 2 iVm § 89 Abs 2 Satz 2 lediglich dann in Betracht, wenn es sich um eine Abtretung oder Verpfändung erweitert pfändbarer Bezüge nach §§ 850d, 850f Abs 2 ZPO zur Sicherung von nach Eröffnung entstehenden Unterhaltsansprüchen oder Ansprüchen aus vorsätzlicher unerlaubter Handlung handelt.[40] Eine derartige Sicherung ist vergleichbar mit der Sicherung durch das Pfändungspfandrecht, wie § 114 Abs 3 Satz 3 Halbsatz 2 iVm § 89 Abs 2 Satz 2 sie ermöglicht, weil der unpfändbare Teil der Forderungen auf Bezüge nicht zur geschützten Insolvenzmasse gehört, s näher Rn 30.[41] **19**

3. Aufrechnung, § 114 Abs 2

§ 114 Abs 2 räumt dem Dienstberechtigten das Recht ein, gegen die Forderung auf Bezüge nach § 387 BGB aufzurechnen. Funktional handelt es sich bei der Aufrechnung wie bei der Abtretung um eine Verfügung, durch welche der Insolvenzschuldner seine Gläubigerstellung verliert und die Insolvenzmasse geschmälert wird. Das Aufrechnungsrecht soll zB dem darlehensgewährenden Arbeitgeber in gleicher Weise wie eine Verfügung nach § 114 Abs 1 in der Insolvenz als Sicherheit und Durchsetzungsinstrument zur Verfügung stehen. **20**

a) **Aufrechnungslage nach § 114 Abs 2.** Voraussetzung des Rechts zur Aufrechnung ist eine Aufrechnungslage. Die wechselseitigen Forderungen müssen nach §§ 94, 95 Abs 1 Satz 1 bei Verfahrenseröffnung dem Grunde nach bereits bestanden haben, da nur in diesem Fall das Vertrauen des Insolvenzgläubigers auf eine Durchsetzbarkeit im Wege der Aufrechnung zu schützen ist. **21**

Die **Passivforderung** des Insolvenzschuldners auf Bezüge aus dem Dienstverhältnis muss gemäß § 387 BGB zudem erfüllbar sein (§ 271 BGB). Die **Aktivforderung** des Dienstberechtigten muss nach § 387 keinen Bezug zum Dienstverhältnis aufweisen, es genügt, dass sie gleichartig – meist: auf Zahlung gerichtet – ist. § 95 Abs 2 erstreckt die Gleichartigkeit dabei im Gegensatz zur Aufrechnung nach BGB auf Fremdwährungsforderungen. Aus § 95 Abs 1 Satz 3 ergibt sich, dass die nach § 387 BGB erforderliche Fäl- **22**

---

[37] MünchKomm/*Caspers* InsO § 114 Rn 23; HK/*Linck* § 114 Rn 10.

[38] Vgl BGH 11.5.2006 – IX ZR 257/03, BGHZ 167, 363.

[39] MünchKomm/*Caspers* InsO § 114 Rn 26.

[40] Nerlich/Römermann/*Kießner*, InsO, § 114 Rn 41.

[41] Vgl Hess/*Hess*, Insolvenzrecht, § 114 Rn 67.

ligkeit und Unbedingtheit der Aktivforderung vor Fälligkeit und Unbedingtheit der Passivforderung eintreten muss.

23 Unterschiedlich wird die Frage beantwortet, ob auch eine **Verrechnungslage gemäß § 52 SGB I** den Tatbestand verwirklicht. Danach können Sozialleistungsträger auch ohne Wechselseitigkeit der Forderungen Sozialleistungsansprüche mit Ansprüchen anderer Träger verrechnen. Gegen eine Anwendung des § 114 Abs 2 auf solche Verrechnungslagen wird angeführt, dass sie öffentliche Leistungsträger privilegieren würde,[42] obwohl der Grundsatz der Gläubigergleichbehandlung lediglich durch spezielle Regelungen der InsO eingeschränkt wird.[43] Des Weiteren unterscheide der Wortlaut Aufrechnung und Verrechnung.[44] Nur im Sozialrecht stehe die Verrechnung der Aufrechnung gleich.[45] Das BSG hingegen sieht § 52 SGB I als speziellen Fall der Aufrechnung. Es werde lediglich auf die Gegenseitigkeit der Ansprüche von Schuldner und Gläubiger verzichtet, sodass § 114 Abs 2 auch hier anwendbar ist.[46] Dadurch würden die Träger nicht privilegiert. Die Einbeziehung der sozialrechtlichen Verrechnungsbefugnis in die Anwendung des § 114 Abs 2 stelle eine Gleichbehandlung zu der von § 94 vorgesehenen Möglichkeit dar, rechtsgeschäftlich auf die Wechselseitigkeit der Forderungen zu verzichten. § 52 SGB I habe als gesetzliche Bestimmung dieselbe Wirkung wie eine rechtsgeschäftliche Abrede über die Aufrechnung.

24 Einer Aufrechnung können schließlich **gesetzliche und vertragliche Aufrechnungsverbote** entgegenstehen, insbesondere gemäß § 96 Abs 1 Nr 2 bis 4, auf die § 114 Abs 2 Satz 2 verweist.[47]

25 **b) Rechtsfolge des § 114 Abs 2.** § 114 Abs 2 Satz 1 begrenzt die Wirksamkeit einer Aufrechnung gegen Forderungen auf Bezüge aus dem Dienstverhältnis. Gegen Bezüge, die nicht innerhalb von zwei Jahren nach Ende des Eröffnungsmonats erdient sind, ist eine Aufrechnung unwirksam; vgl zur Ermittlung des Berechnungszeitraums Rn 17. Soweit die Aufrechnung wirksam ist, tritt das rückwirkende Erlöschen nach § 389 BGB ein. Der Aufrechnung in den Wirkungen ähnlich ist ein Zurückbehaltungsrecht (§ 273 BGB), weshalb § 114 Abs 2 hierauf anwendbar ist.

4. Verfügungen im Wege der Zwangsvollstreckung, § 114 Abs 3

26 § 114 Abs 3 begünstigt Vorausverfügungen in Form der Pfändung. Dabei zieht die Regelung die Grenzen wirksamer Pfändung enger als im Rahmen der Abtretung, Verpfändung oder Aufrechnung. Sie bezieht sich nur auf einen Zeitraum von rund einem Monat. Das Gesetz sieht die Pfändung vor Verfahrenseröffnung als weniger schutzwürdig an als die rechtsgeschäftliche Vorausverfügung.[48] Deshalb sichert § 88 die Insolvenz-

---

42 *Wegener* NZI 2008, 477.

43 BayObLG 10.4.2001 – 4Z BR 23/00, BB 2001, 1117; KSI/*Häsemeyer*, S 655 f.

44 OLG Karlsruhe 31.8.2001 – 9 W 64/01, NZI 2001, 662.

45 LSG Berlin 14.3.2003 – L 5 RJ 1/02, HVBG-INFO 2003, 1959.

46 BSG 12.7.1990 – 4 RA 47/88, BSGE 67, 143 (noch zur Konkursordnung); bestätigt unter Geltung der Insolvenzordnung von BSG 10.12.2003 – B 5 RJ 18/03 R, BSGE 92, 1 mit ausführlicher Begründung und weiteren Nachweisen aus Rechtsprechung und Literatur; BGH 29.5.2008 – IX ZB 51/07, BGHZ 177, 1; vgl zur Unschädlichkeit des § 96 Abs 1 Nr 2 Nerlich/Römermann/*Wittkowski* § 96 Rn 15.

47 Die fehlende Bezeichnung des Absatzes ist ein Redaktionsversehen.

48 Uhlenbruck/*Berscheid*/*Ries*, InsO, § 114 Rn 26. Das gilt unabhängig davon, ob der Schuldner redlich ist oder nicht und ob es zur Restschuldbefreiung kommt, BAG 16.5.2013 – 6 AZR 556/11 [juris]; Kübler/Prütting/Bork-*Moll* § 114 Rn 10.

masse in vollem Umfang vor Pfändungen, die noch im letzten Monat vor Eröffnung erfolgen, indem er ihre rückwirkende Unwirksamkeit anordnet (sogenannte Rückschlagsperre).

a) **Von § 114 Abs 3 erfasste Verfügungen im Wege der Zwangsvollstreckung.** § 114 Abs 3 Satz 1 setzt eine Verfügung über Bezüge im Wege der Zwangsvollstreckung vor Verfahrenseröffnung (§ 27) voraus. Gemäß § 829 Abs 3 ZPO ist die Pfändung einer Geldforderung mit Zustellung des Pfändungsbeschlusses an den Drittschuldner bewirkt. Damit tritt die Verfügungswirkung des § 804 ZPO ein, der Gläubiger erwirbt das Pfandrecht. Das Pfandrecht erfasst bei fortlaufenden Bezügen auch die erst nach der Pfändung fällig werdenden Beträge, s §§ 832 ff ZPO.[49] Dabei macht es keinen Unterschied, ob die Forderung bereits besteht und erst künftig fällig wird, oder ob es sich um eine künftig erst entstehende Forderung handelt.[50] Die Auseinandersetzung um die Frage, zu welchem Zeitpunkt eine Entgeltforderung *entsteht* – bereits mit Abschluss des Arbeitsvertrages oder erst mit Erbringung der Dienstleistung – ist daher für die Anwendung von § 114 Abs 3 ohne Bedeutung.[51] 27

b) **Rechtsfolge des § 114 Abs 3.** Nach § 114 Abs 3 wird die Unwirksamkeit von Zwangsvollstreckungsmaßnahmen in die Insolvenzmasse gemäß § 89 auf Pfändungen vor Eröffnung des Insolvenzverfahrens erstreckt, die ihre Wirkung während des Verfahrens entfalten. Die Unwirksamkeit besteht nur so weit und so lange, wie die Zwecke des Insolvenzverfahrens und der möglichen Restschuldbefreiung dies rechtfertigen. Sobald diese entfallen, greift die Wirksamkeit wieder ein.[52] Dieser Entfall kann auch durch Freigabeerklärung des Insolvenzverwalters bzw Treuhänders eintreten.[53] Die Pfändung von Forderungen auf künftige Bezüge ist auch vor Eröffnung unwirksam, es sei denn es handelt sich um Bezüge, die innerhalb des Eröffnungsmonats, bei Eröffnung nach dem 15. des Monats auch noch innerhalb des Folgemonats, „erdient“ werden. 28

Nach § 88, der gemäß § 114 Abs 3 Satz 3 Hs 1 vorrangig Anwendung findet, sind zwangsvollstreckungsrechtliche Sicherungen ab einen Monat vor Verfahrenseröffnung ohnehin ex tunc unwirksam, unabhängig von den Forderungen, auf die sie sich beziehen. § 114 Abs 3 Satz 3 findet nur bezüglich Zwangsvollstreckungen Anwendung, die vor dem Zeitraum des § 88 liegen. 29

§ 114 Abs 3 Satz 3 Halbsatz 2 verweist auf § 89 Abs 2 Satz 2, der Unterhalts- und Deliktsgläubiger im Hinblick auf die Zwangsvollstreckung in künftige Forderungen privilegiert. Wegen **Unterhaltsansprüchen** oder **Ansprüchen aus vorsätzlicher unerlaubter Handlung, die nach Eröffnung entstehen,**[54] ist danach die Pfändung in den erweitert pfändbaren Teil der Bezüge gemäß §§ 850d, 850f Abs 2 ZPO nicht nur nach (§ 89 Abs 2), sondern auch vor (§ 114 Abs 3 Satz 3 Halbsatz 2 iVm § 89 Abs 2 Satz 2) Verfah- 30

---

[49] BFH 12.4.2005 – VII R 7/03, BFHE 209, 34; vgl. auch OLG Frankfurt 16.3.2007 – 2 U 100/04 – juris.

[50] BAG 17.7.2008 – IX ZR 203/07, ZVI 2008, 433.

[51] Siehe dazu einerseits BFH 12.4.2005 – VII R 7/03 – BFHE 209, 34; OLG Frankfurt 16.3.2007 – 2 U 100/04, juris, und andererseits BGH 26.6.2008 – IX ZR 87/07, ZInsO 2008, 806 sowie BGH 24.3.2011 – IX ZB 217/08, ZInsO 2011, 812.

[52] BGH 24.3.2011 – IX ZB 217/08, ZInsO 2011, 812; BAG 16.5.2013 – 6 AZR 556/11 [juris].

[53] BAG 16.5.2013 – 6 AZR 556/11 [juris]; danach greift eine solche Freigabeerklärung aber nur für die Zukunft.

[54] BAG 17.9.2009 – 6 AZR 369/08, NZI 2010, 35.

renseröffnung wirksam.[55] Dahinter steht der Gedanke, dass der erweitert pfändbare Teil freies Vermögen des Schuldners darstellt und nicht wie die Insolvenzmasse zu schützen ist. Für deliktische Ansprüche wird die Verweisung in § 114 Abs 3 Satz 3 Halbsatz 2 mitunter als gegenstandslos betrachtet, da solche Ansprüche im Gegensatz zu Unterhaltsansprüchen nicht erst nach der Pfändung, im Fall des § 114 Abs 3 damit auch nicht mehr nach der Eröffnung, entstehen könnten.[56] Das mag für den Grundfall zutreffen, bei dem durch eine deliktische Handlung Einmalzahlungen begründet werden. Bei Pfändung *wegen* dieser Ansprüche vor Insolvenzeröffnung sind sie bereits entstanden. Anders ist es aber dann, wenn ein Deliktsgläubiger laufende Leistungen, etwa Geldrenten nach §§ 843, 845 BGB, verlangen kann. Hier ist es sehr wohl möglich, *wegen* der Geldrentenansprüche bereits vor der Verfahrenseröffnung *in* künftige Ansprüche auf Bezüge zu vollstrecken. Die nach Verfahrenseröffnung fällig werdenden Raten der Geldrente sind dann – in gleicher Weise wie bei der Vollstreckung *wegen* künftiger Unterhaltszahlungen – erst nach Eröffnung erlangt.[57] Auch in Bezug auf den Deliktsgläubiger ergibt daher die Verweisung in § 114 Abs 3 Satz 3 Halbsatz 2 Sinn.

31 Bei einer **Erinnerung gegen die Zwangsvollstreckung** ist nach §§ 766 Abs 1 Satz 1, 802 ZPO das Vollstreckungsgericht ausschließlich zuständig, nicht das Insolvenzgericht.[58]

IV. Konkurrenzen

32 S zum Verhältnis von § 114 zu **§ 81, § 89, § 91 und § 96** ua oben Rn 5, 26, 30. Sind Verfügungen nach § 114 wirksam, bleibt daneben dennoch die Möglichkeit, sie gemäß **§§ 129 ff** anzufechten.[59]

33 Die **Aufrechnung** gegen eine Forderung, die zuvor abgetreten wurde, mit einer Forderung gegen den Altgläubiger ist gegenüber dem neuen Gläubiger gemäß **§ 406 BGB** zulässig, wenn der Schuldner bei Erwerb der Aktivforderung keine Kenntnis von der Abtretung hatte und die Forderung nicht erst nach Erlangung dieser Kenntnis fällig geworden ist oder früher fällig geworden ist als die abgetretene Passivforderung. Die Aufrechnung gegen eine Forderung, die zuvor verpfändet wurde, mit einer Forderung gegen den Verpfänder ist gemäß **§ 392 BGB** zulässig, wenn der Schuldner die Aktivforderung vor der Verpfändung erworben hat und seine Forderung auch nicht erst nach der Verpfändung fällig geworden ist oder zumindest früher fällig geworden ist als die verpfändete Passivforderung.

34 Die **Abtretung einer gepfändeten Forderung** ist gemäß **§ 829 Abs 1 Satz 2 ZPO iVm §§ 136, 135 BGB** dem Pfändungsgläubiger gegenüber unwirksam. Jedoch ist die Pfändung gemäß § 114 Abs 3 ab dem Ablauf des Privilegierungszeitraums unwirksam. Wegen des unterschiedlichen Privilegierungsumfangs in § 114 Abs 1 und § 114 Abs 3 ist die Abtretung in dem nach § 114 Abs 1 verbleibenden zeitlichen Umfang wirksam.[60]

---

[55] BGH 15.11.2007 – IX ZB 4/06, ZInsO 2008, 39.

[56] LG Frankenthal 26.11.2009 – 1 T 228/09, ZInsO 2010, 482; Braun/*Kroth* Insolvenzordnung § 114 Rn 10.

[57] BAG 17.9.2009 – 6 AZR 369/08, NZI 2010, 35.

[58] LG München 11.4.2000 – 20 T 4326/00, KTS 2001, 132; **aA** LG Bielefeld 26.4.2005 – 20 S 21/05, ZInsO 2005, 662.

[59] BGH 26.6.2008 – IX ZR 87/07, ZInsO 2008, 806; BGH 17.7.2008 – IX ZR 203/07, ZVI 2008, 433.

[60] BGH 12.10.2006 – IX ZR 109/05, NZI 2007, 39; aA LG Bielefeld 26.4.2005 – 20 S 21/05, ZInsO 2005, 662. In dem vom BGH entschiedenen Fall waren künftige Entgeltforderungen von einem Gläubiger zunächst wirksam gepfändet worden. Danach trat sie der Schuldner an seine Bank ab. Diese Abtre-

Beginnt die Wohlverhaltensperiode eines Restschuldbefreiungsverfahrens während des Zeitraums, für den über Bezugsforderungen des Schuldners nach § 114 wirksam verfügt werden kann, so gehen die Vorausverfügungen in dieser Zeit nach dem Prioritätsprinzip einer **Abtretung der Bezugsforderungen an den Treuhänder gemäß § 287 Abs 2 Satz 1** vor.[61] Die Aufrechnung gegen Forderungen, die der Schuldner an den Treuhänder nach § 287 Abs 2 Satz 1 wirksam abgetreten hat, ist gemäß §§ 294 Abs 3, 114 Abs 2 und den oben genannten Grundsätzen möglich. **35**

§ 115
Erlöschen von Aufträgen

(1) Ein vom Schuldner erteilter Auftrag, der sich auf das zur Insolvenzmasse gehörende Vermögen bezieht, erlischt durch die Eröffnung des Insolvenzverfahrens.

(2) [1]Der Beauftragte hat, wenn mit dem Aufschub Gefahr verbunden ist, die Besorgung des übertragenen Geschäfts fortzusetzen, bis der Insolvenzverwalter anderweitig Fürsorge treffen kann. [2]Der Auftrag gilt insoweit als fortbestehend. [3]Mit seinen Ersatzansprüchen aus dieser Fortsetzung ist der Beauftragte Massegläubiger.

(3) [1]Solange der Beauftragte die Eröffnung des Verfahrens ohne Verschulden nicht kennt, gilt der Auftrag zu seinen Gunsten als fortbestehend. [2]Mit den Ersatzansprüchen aus dieser Fortsetzung ist der Beauftragte Insolvenzgläubiger.

§ 116
Erlöschen von Geschäftsbesorgungsverträgen

[1]Hat sich jemand durch einen Dienst- oder Werkvertrag mit dem Schuldner verpflichtet, ein Geschäft für diesen zu besorgen, so gilt § 115 entsprechend. [2]Dabei gelten die Vorschriften für die Ersatzansprüche aus der Fortsetzung der Geschäftsbesorgung auch für die Vergütungsansprüche. [3]Satz 1 findet keine Anwendung auf Zahlungsaufträge sowie auf Aufträge zwischen Zahlungsdienstleistern oder zwischengeschalteten Stellen und Aufträge zur Übertragung von Wertpapieren; diese bestehen mit Wirkung für die Masse fort.

Gesetzesänderungen: § 116 S 3 eingefügt durch G v 21.7.99 mWv 14.8.99 (ÜG), BGBl I S 1642; S 3 geändert mWv 31.10.09 durch G v 29.7.09 (EGRLUmsuaNOG), BGBl I S 2355.

Materialien: BT-Drucks 12/2443 S 151; RegE §§ 133, 134; RefE §§ 123, 124; DiskE §§ 123, 124; 1. Ber InsRKomm LS 1.2.10.

---

tung war gemäß § 829 Abs 1 Satz 2 ZPO, §§ 135, 136 BGB dem Gläubiger gegenüber unwirksam. Dann wurde aber über das Vermögen des Schuldners Anfang Dezember 2003 das Insolvenzverfahren eröffnet. Dadurch wurde die Pfändung nach § 114 Abs 3 Satz 1 ab dem 1. Januar unwirksam. Es entfiel also die relative Unwirksamkeit gegenüber der Bank, und diese wiederum konnte nach § 114 Abs 1 Satz 1 bis Ende Dezember 2005 den an sie abgetretenen Entgeltanspruch einziehen.

[61] Ausführlich dazu Nerlich/Römermann/*Kießner*, InsO, § 114 Rn 29 ff.

Vorgängerregelungen: § 23 KO (dazu M II S 550 ff, 553 f; P I S 149; P II S 374 ff. 517; P VI S 760 f; Begr z KO Nov 1898 S 31 f), § 27 KO (dazu P VO S 761; Begr z KO Nov 1898 S 32 f).

Literatur

Bork Zahlungsverkehr in der Insolvenz (2002); *ders* Die anfechtbare Kontokorrentverrechnung FS Fischer (2008) S 37; *ders* Wissenszurechnung im Insolvenz(anfechtungs)recht DB 2012, 33; *Brink* Rechtsprobleme des Factors in der Insolvenz seines Kunden ZIP 1987, 817; *Büchel/Günther* Fehlüberweisungen auf das Konto des Insolvenzschuldners in der Insolvenz ZInsO 2008, 547; *Casse* Neue Überlegungen zum Giro- und P-Konto im Insolvenzverfahren ZInsO 2012, 1402; *Dampf* Die Rückführung von Kontokorrentkrediten in der Unternehmenskrise und ihre Behandlung nach KO und InsO KTS 1998, 145; *du Carrois* Das P-Konto und seine Auswirkungen im Insolvenzverfahren ZInsO 2009, 1801; *ders* Aktuelle Probleme beim P-Konto in der Insolvenz des Schuldners ZInsO 2010, 2276; *Eckardt* Vorausverfügung und Sequestration ZIP 1997, 957; *Emde/Kelm* Der Handelsvertretervertrag in der Insolvenz des Unternehmers ZIP 2005, 58; *Feuerborn* Die Geltendmachung von Gewährleistungsansprüchen im Bauträgerkonkurs ZIP 1994, 14; *T Fischer* Verbraucherinsolvenz – Was passiert mit dem Girokonto? ZInsO 2003, 101; *Hadding* Aktuelle Entwicklungen zum Lastschriftverkehr ZBB 2012, 149; *Heise* Verbraucherkredit und Geschäftskredit in der Insolvenz (2000); *Jacoby* Die Insolvenzfestigkeit von Lastschriften gestern, heute und morgen ZIP 2010, 1725; *Jaquemoth/Zimmermann* Grundzüge und Funktionsweise des Pfändungsschutzkontos (sog. P-Konto) ZVI 2010, 113; *Kayser* Leistungen Dritter an den Schuldner nach Insolvenzeröffnung FS Wellensiek (2011) S 211; *Klerx* Ersetzung des bestellten Abschlussprüfers durch den Insolvenzverwalter NZG 2003, 943; *Knees* Und es erlischt doch! ZInsO 2011, 511; *Krüger* Die Wirkung der Verfahrenseröffnung bei einem insolventen Handelsvertreter auf seinen Handelsvertretervertrag ZInsO 2010, 507; *Kück* Schiedsgerichtsvereinbarungen und Schiedsabreden im Insolvenzverfahren ZInsO 2006, 11; *Loeffler* Der Einfluss des Käufer-Konkurses auf das Dokumenten-Akkreditivgeschäft (1969); *Marotzke* Das Zurückbehaltungsrecht im Konkurs des Gegners JA 1988, 117; *ders* Die Behandlung der „schwebenden Rechtsgeschäfte" Insolvenzrecht im Umbruch (1991) S 183; *ders* Der Einfluß des Insolvenzverfahrens auf Auftrags- und Geschäftsbesorgungsverhältnisse – Kritische Gedanken zu § 23 KO FS Henckel (1995) S 579; *Nobbe* Neuregelungen im Zahlungsverkehrsrecht WM 2011, 961; *ders* Lastschriften in der Insolvenz des Schuldners – Vorhang zu, alle Fragen offen? ZIP 2012, 1937; *Obermüller/Kuder* SEPA-Lastschriften in der Insolvenz nach dem neuen Recht der Zahlungsdienste ZIP 2010, 349; *Omlor* Die neue Einzugsermächtigungslastschrift – Von der Genehmigungs- zur Einwilligungstheorie NJW 2012, 2150; *Paulus* Vorsicht Falle – Wiederaufnahme eines durch ein Insolvenzverfahren unterbrochenen Prozesses NJW 2010, 1633; *Peschke* Die Insolvenz des Girokontoinhabers (2006); *Proske* Die Kautionsversicherung in der Insolvenz des Unternehmers ZIP 2006, 1035; *Schebesta* Rechtsfragen bei CpD-Konten sowie „Und"-Konten WM 1985, 1329; *K Schmidt* Das Gemeinschaftskonto: Rechtsgemeinschaft am Rechtsverhältnis. Ein rechtsdogmatische Skizze zu den §§ 421, 427, 428, 432, 705 und 741 BGB FS Hadding (2004) S 1093; *Schnittker/Sittard* Die gesetzliche und privatrechtliche Insolvenzsicherung von Pensionen NZA 2012, 963; *Schulte-Kaubrügger* Kontoeinrichtung durch den (vorläufigen) Insolvenzverwalter: Sonderkonto oder Anderkonto? ZIP 2011, 1400; *Tinnefeld* Die Auf- und Verrechnungsmöglichkeit von Kreditinstituten zwischen Krise und Insolvenzverfahren bei debitorischer Kontoführung (2006); *Vosberg* Die Kautionsversicherung in der Insolvenz des Unternehmers ZIP 2002, 968; *E Wagner* Einseitige Umwandlung von Oder-Konten und Und-Konten? NJW 1991, 1790; *Wirth/Mintas* Die Anforderungen an den Makler bei der Insolvenz des Versicherungsnehmers ZInsO 2012, 1002; *Wischemeyer* Die Insolvenzanfechtung der Rückführung debitorischer Konten durch Einstellungen von Gutschriften in der Krise (2001); *Wittmann/Kinzl* Organisationsobliegenheiten bei Insolvenzbekanntmachungen ZIP 2011, 2232; *Würdinger* Insolvenzanfechtung im bargeldlosen Zahlungsverkehr (2012)

Übersicht

Alphabetische Übersicht

I. Grundlagen

1 § 115 I ordnet das Erlöschen von Aufträgen mit Eröffnung des Insolvenzverfahrens über das Vermögen des Auftraggebers an, wenn diese sich auf das zur Insolvenzmasse gehörende Vermögen beziehen. Ein Auftrag erlischt mit Wirkung ex nunc. Der Auftragnehmer ist zur Fortführung der Geschäftstätigkeit ab Insolvenzeröffnung weder berechtigt noch verpflichtet. Eine Ausnahme von diesem Grundsatz statuiert § 115 II für den Fall der Notgeschäftsführung. Ist mit dem Aufschub der Besorgung Gefahr verbunden, wird der Auftrag als fortbestehend fingiert, bis der Insolvenzverwalter anderweit Fürsorge treffen kann. Der Auftragnehmer bleibt mithin zur Ausführung des Auftrags berechtigt und verpflichtet. Die im Rahmen der Notgeschäftsführung getätigten Aufwendungen kann er als Massegläubiger ersetzt verlangen (§ 115 II 2). Hat der Auftragnehmer unverschuldet keine Kenntnis von der Verfahrenseröffnung, gilt der Auftrag gem § 115 III zu seinen Gunsten als fortbestehend. Der Auftragnehmer ist so zu behandeln, als habe er den Auftrag vor Verfahrenseröffnung ausgeführt. Aufwendungsersatzansprüche kann er daher als Insolvenzgläubiger verfolgen (§ 115 III 2).

2 Kraft Verweises in § 116 S 1 beanspruchen die Erlöschenanordnung des § 115 I sowie die Ausnahmen der Abs 2 u 3 Geltung auch für Geschäftsbesorgungsverträge. § 116 S 1 verhilft der Regelung des § 115 damit zu ihrem wesentlichen praktischen Anwendungsbereich, bildet doch die selbständige Wahrnehmung fremder Interessen gegen ein Entgelt den praktischen Regelfall, während dem unentgeltlichen Auftrag jedenfalls im Wirtschaftsverkehr nur untergeordnete Bedeutung zukommt. §§ 116 S 1, 115 I ordnen das unbedingte Erlöschen von Geschäftsbesorgungsverträgen an und entziehen diese damit dem Anwendungsbereich des Verwalterwahlrechts gem § 103. § 116 S 2 erstreckt die Geltung der § 115 II, III ausdrücklich auch auf eine vertraglich vereinbarte Vergütung. Nach § 116 S 3 gilt die Erlöschensanordnung aus §§ 116 S 1, 115 I nicht für vor Insolvenzeröffnung vom Schuldner erteilte Zahlungsaufträge (§ 675f III 2 BGB) und Aufträge zur Übertragung von Wertpapieren (§ 675b BGB) sowie im Interbankenverkehr zwischen Zahlungsdienstleistern iSv § 1 I ZAG und zwischengeschalteten Stellen. Im Interesse eines funktionierenden Zahlungsverkehrs bestehen derartige Aufträge mit Wirkung für die Masse fort.[1]

1. Entstehungsgeschichte

3 Die Regelungen der §§ 115, 116 entsprechen nahezu inhaltsgleich §§ 23, 27 KO.[2] § 23 I 1 KO sah das Erlöschen von Aufträgen mit Massebezug vor. Nach § 23 II galt dies auch für Dienst- und Werkverträge, durch die sich ein Dritter verpflichtet hatte, ein Geschäft des Schuldners für ihn zu besorgen. Für die nunmehr in § 115 II, III für den Fall der Notgeschäftsführung und der unverschuldeten Unkenntnis von der Verfahrenseröffnung normierte Fortbestehensfiktion verwies § 23 I 2 KO auf die zivilrechtlichten Regelungen in § 672 S 2 BGB und § 674 BGB. § 27 KO bestimmte, dass Aufwendungsersatzansprüche des Notgeschäftsführers als Masseverbindlichkeiten geltend gemacht werden konnten, während derjenige, der in unverschuldeter Unkenntnis von der Verfahrenseröffnung Aufwendungen tätigte, lediglich eine Insolvenzforderung erlangte. Fehlte es auch

---

[1] Begr zu RegE § 116 S 3, BT-Drucks 14/745 S 29.

[2] Begr zu RegE §§ 133, 134, BT-Drucks 12/2443 S 151. – Vgl z Entstehungsgeschichte dieser Normen auch im Hinblick auf die KO-Novelle v 1898 ausf *Marotzke* FS Henckel (1995) S 579 (585 ff).

unter der KO an einer § 116 S 2 entsprechenden Vorschrift, die vorsah, dass ein Geschäftsführer nicht nur die objektiv erforderlichen Aufwendungen ersetzt verlangen konnte, sondern auch eine vertraglich vereinbarte Vergütung, war dies schon zu § 27 KO gemeinhin anerkannt.[3]

Die **GesO** beinhaltete keine ausdrückliche Regelung über das Schicksal von Aufträgen und Geschäftsbesorgungsverträgen. Erstere endeten mit Eröffnung des Gesamtvollstreckungsverfahrens.[4] Nach Teilen des Schrifttums sollten Geschäftsbesorgungsverträge dagegen gem § 9 GesO dem Wahlrecht des Verwalters unterliegen.[5] Dem hat der BGH jedoch im Falle eines Kautionsversicherungsvertrags eine Absage erteilt und §§ 23, 27 KO bzw §§ 115, 116 für entsprechend anwendbar erklärt.[6] In der **VglO** war ein Verlust der Verwaltungs- und Verfügungsbefugnis nicht vorgesehen.[7] Es fehlte mithin auch an einem Bedürfnis, Verträge enden zu lassen, mit denen der Schuldner diese Kompetenzen zuvor auf Dritte übertragen hatte.[8] 4

Die **Begründung der 1. Kommission** hatte zunächst vorgesehen, dass Aufträge und Geschäftsbesorgungsverträge anders als nach § 23 KO nicht ipso iure in jedem Fall bereits mit Verfahrenseröffnung erlöschen sollten. Die Erlöschensfolge sei lediglich dann angebracht, wenn ein Liquidationsverfahren über das Vermögen des Schuldners eröffnet, nicht hingegen wenn eine **Reorganisation des Schuldners** angestrebt werde, für die der **Fortbestand von Aufträgen und Geschäftsbesorgungsverträgen** unter Umständen vorteilhaft sein konnte.[9] Nach Leitsatz 2.4.1.9 Abs 2 sollte ein Geschäftsbesorgungsvertrag, der eine Besorgung für den Schuldner zum Gegenstand hatte, ungeachtet der vereinbarten Vertragsdauer vom Insolvenzverwalter gekündigt werden können, was den grundsätzlichen Fortbestand eines solchen Vertrags implizierte. Diese Erwägungen, die zunächst gegen ein automatisches Erlöschen von Aufträgen und Geschäftsbesorgungsverträgen sprachen, fanden indes keinen Niederschlag in §§ 123, 124 RefE, denen die heutigen Bestimmungen der §§ 115 I, 116 S 1 wortgleich entsprechen. Die Begründung betont, dass auf diese Weise weiterhin sichergestellt werde, dass die Verwaltung allein beim Insolvenzverwalter liege.[10] §§ 133 f RegE übernehmen mit identischer Begründung wortgleich §§ 123, 124 RefE.[11] § 116 S 3, der ohne Vorbild in der KO ist, hat 1999 Eingang in die InsO gefunden[12] und wurde 2009 an die neuen Regelungen zum Zahlungsverkehr in §§ 675c ff BGB angepasst[13]. 5

2. Tradierter Regelungszweck

Das unbedingte Erlöschen von Aufträgen und Geschäftsbesorgungsverträgen gem §§ 115 I, 116 S 1 soll ausweislich der Gesetzesbegründung[14] „sicherstellen", dass die **Verwaltung der Masse in den Händen des Insolvenzverwalters konzentriert** und Dritte von 6

3 Jaeger/*Henckel* KO[9] § 27 Rn 4, 6.
4 Smid/*Zeuner* GesO[2] § 9 Rn 4.
5 *Obermüller* WM 1991, 305 (307); *Ott/Vuia* MünchKomm InsO[3] § 116 Rn 3.
6 BGH ZIP 2007, 543 Rn 10 ff.
7 Kübler/Prütting/Bork/*Tintelnot* InsO[32] §§ 115, 116 Rn 1.
8 S *Bley/Mohrbutter* VglO[4] § 50 Rn 5.
9 Ber InsRKomm LS 1.2.10 VII.
10 Begr zu §§ 123, 124 RefE S B 100.
11 Begr zu RegE §§ 133, 134, BT-Drucks 12/2443 S 151.
12 Art 2 III des ÜG v 21.7.1999 (BGBl I S 1642) in Umsetzung v Art 3 III 1 der Zahlungssicherungsrichtlinie (98/26/EG).
13 Im Rahmen der Überführung der Zahlungsdiensterichtlinie (2007/64/EG) durch G v 29.07.2009 (BGBl I S 2355), vgl BR-Drs 848/08 S 64.
14 Begr zu RegE § 133 f, BT-Drucks 12/2443 S 151.

der Verwaltung massezugehörigen Vermögens ausgeschlossen werden. Gleichzeitig wird die Gefahr gebannt, dass in Ermangelung einer Erlöschensanordnung bei Fortdauer von Aufträgen und Geschäftsbesorgungsverträgen die Masse mit Aufwendungsersatzansprüchen bzw Vergütungsansprüchen belastet werden könnte, die aus einem Tätigwerden des Vertragspartners nach Verfahrenseröffnung resultieren könnten.

7 a) **Schutz der Masse vor Verfügungen Dritter.** Im Anschluss an die Materialien wird in erster Linie der Schutz der Masse vor Verfügungen Dritter durch die Erlöschensanordnung betont. So werde ein Zusammenstoß der Kompetenzen des dritten Geschäftsführers mit der Verwaltungs- und Verfügungsbefugnis des Insolvenzverwalters vermieden.[15] §§ 115 f ergänzten § 117 I, wonach Vollmachten mit Eröffnung des Insolvenzverfahrens über das Vermögen des Vollmachtgebers erlöschen. § 117 I komme freilich lediglich klarstellende Bedeutung zu, soweit das Erlöschen solcher Vollmachten in Rede stehe, die im Rahmen eines Auftrags oder eines Geschäftsbesorgungsvertrags erteilt worden sind. Diese erlöschten schon nach § 168 S 1 BGB mit dem ihnen zugrundeliegenden Rechtsverhältnis (§ 117 Rn 4, 51). Gemeinsam gewährleisteten §§ 115–117 die Konzentration der Verwaltungskompetenz beim Insolvenzverwalter und schafften damit die Voraussetzungen dafür, die ihm gem § 80 I auferlegten Verwaltungs- und Verfügungsaufgaben wahrzunehmen.[16]

8 Allen voran *Marotzke* hat gezeigt, dass es §§ 115 f nicht bedarf, um die Masse vor Verfügungen durch Dritte zu schützen, die der Schuldner eingeschaltet hat.[17] Denn die **Verfügungsbefugnis** des Schuldners geht **schon nach § 80 I mit Verfahrenseröffnung auf den Insolvenzverwalter über.** Daher ist einem vom Schuldner ermächtigten Dritten eine wirksame Verfügung über die Insolvenzmasse schon wegen § 80 I nicht mehr möglich, weil eine vom Schuldner abgeleitete Verfügungsmacht eines Auftragnehmers oder Geschäftsbesorgers nicht weiterreichen kann als diejenige des Schuldners selbst[18]. Für die Kompetenzen von Auftragnehmer und Geschäftsbesorger kommt es also auf Fortbestand oder Erlöschen des zugrundeliegenden Auftrags oder Geschäftsbesorgungsvertrags nicht an. Selbst nach Ansicht derjenigen, die ein **Erlöschen der derivativen Verfügungsbefugnis** eines Dritten nicht schon aus § 80 I folgern, sondern § 117 I auch insoweit für konstitutiv erachten (§ 117 Rn 21), bedarf es des Erlöschens des Grundverhältnisses nicht, um insoweit den Masseschutz zu realisieren, der §§ 115, 116 als Regelungszweck unterstellt wird.

9 Ein Bedürfnis, über §§ 115 f die Masse zu schützen, ließe sich allenfalls ausnahmsweise für die **Eigenverwaltung** (§ 270) erwägen, wenn man diese so versteht, dass dem Insolvenzschuldner abweichend von § 80 die Verfügungsbefugnis belassen wird. Dann bewirkte freilich § 117 I – insoweit konstitutiv – schon das Erlöschen einer zuvor erteilten Vollmacht (§ 117 Rn 54). Außerdem ist die Eigenverwaltung tatsächlich so konstruiert, dass auch bei dieser Verfahrensalternative dem Schuldner keine Befugnisse verbleiben, sondern der Schuldner quasi als Insolvenzverwalter die auf das Amt übergehenden Befugnisse ausüben kann (§ 117 Rn 55).

---

15 *Ott/Vuia* MünchKomm InsO[3] § 115 Rn 1, § 116 Rn 1; Uhlenbruck/*Sinz* InsO[13] §§ 115, 116 Rn 1.

16 *Ott/Vuia* MünchKomm InsO[2] § 115 Rn 3; Uhlenbruck/*Sinz* InsO[13] §§ 115, 116 Rn 1.

17 S hierzu *Marotzke* Insolvenzrecht im Umbruch (1991) S 183 (194 f); *ders* FS Henckel (1995) S 579, passim; ebenso *Häsemeyer* InsR[4] Rn 20.69; Kübler/Prütting/Bork/*Tintelnot* InsO[32] §§ 115, 116 Rn 2, 10; vgl auch BGH ZIP 1988, 1474 (1475).

18 Für das Gesamtvollstreckungsverfahren BGH ZIP 2003, 1208 (1209); *Häsemeyer* InsR[4] Rn 20.69; Jaeger/*Henckel* KO[9] § 23 Rn 48.

Eine mögliche **Ursache** für die abweichende Einschätzung des Gesetzgebers vermutet *Marotzke* in Anleihen, die der Gesetzgeber der **KO-Novelle von 1898** bei der Regelung des § 23 I 1 KO im **französischen Recht** genommen hat, dem die Trennung von Grundverhältnis und Vollmacht fremd ist.[19] Weiter ist zu berücksichtigen, dass die KO keine ausdrückliche, dem heutigen § 117 I entsprechende Bestimmung über das Erlöschen von Vollmachten vorsah und dass der Gesetzgeber offenbar das Erlöschen abgeleiteter Befugnisse mit dem Übergang der Verwaltungs- und Verfügungsbefugnis nicht berücksichtigt hat.[20] Dies ergibt sich aus der Begründung zu § 117, wenn diese Norm hiernach in Fällen „isolierter" Vollmachten ohne Grundverhältnis konstitutiv wirken soll.[21] Dieses vermeintliche Regelungsbedürfnis wurde unter der KO für Vollmachten, die im Rahmen eines Auftrags oder Geschäftsbesorgungsvertrags erteilt worden waren, über den **„zivilrechtlichen Umweg"** gem § 168 S 1 BGB iVm § 23 KO befriedigt, wonach die Vollmacht mit dem Grundverhältnis erlischt. Nicht auszuschließen ist, dass auch diese nunmehr jedenfalls durch die Normierung von § 117 I, richtigerweise aber schon wegen des Übergangs der Befugnisse auf den Verwalter gem § 80 I, überholte Erwägung „nachgewirkt" und den Gesetzgeber zur Übernahme der Erlöschensanordnung in die §§ 115, 116 bewegt hat, um so das Erlöschen der Vollmacht auch unter der InsO über den „zivilrechtlichen Umweg" begründen zu können. 10

b) **Schutz der Masse vor Verbindlichkeiten.** Das Erlöschens eines Auftrags gem § 115 I wird für notwendig erachtet, damit der Beauftragte durch Auftragsausführung nach Verfahrenseröffnung keine Aufwendungsersatzansprüche mehr begründen könne, die dann als Insolvenzforderungen zu befriedigen seien.[22] Denn anders als ein Geschäftsbesorgungsvertrag, der – fehlte es an der Sonderregelung des § 116 – als gegenseitiger Vertrag der Regelung des § 103 unterfiele, und aus dem nach Verfahrenseröffnung daher ohne Erfüllungswahl des Verwalters grundsätzlich keine Verbindlichkeiten der Masse mehr folgen könnten, gälte § 103 nicht für den Auftrag als **unvollkommen zweiseitig verpflichtender Vertrag.**[23] 11

Dem ist jedoch nur insoweit zuzustimmen, als ein Auftrag als unvollkommen zweiseitiger Vertrag ohne die Bestimmung des § 115 nicht der Regelung des § 103 unterfiele (§ 103 Rn 67). Gleichwohl ist die Befürchtung unbegründet, der Beauftragte könnte – lässt man die Erlöschensanordnung von § 115 unberücksichtigt – der Masse durch auftragsgemäßes Tätigwerden nach Insolvenzeröffnung Verbindlichkeiten aufzwingen. Ersatzansprüche für **während des Insolvenzverfahrens getätigte Aufwendungen** sind **keine Insolvenzforderungen.**[24] Denn nach § 38 sind Insolvenzforderungen nur solche, die vor Verfahrenseröffnung begründet sind, was voraussetzt, dass der anspruchsbegründende Tatbestand bereits vor Insolvenzeröffnung verwirklicht wurde.[25] **Ebenso wenig** ist der Beauftragte insoweit **Massegläubiger.** Masseverbindlichkeiten ergeben sich, abgesehen von ausdrücklicher gesetzlicher Anordnung, ausschließlich in den Fällen der §§ 54, 55 und unter den dort genannten Voraussetzungen. Wird der Geschäftsführer nach Verfahrenseröffnung im Interesse der Insolvenzmasse tätig, erwirbt der ehemals Beauftragte zwar unter den Voraussetzungen des § 683 S 1 BGB einen Ersatzanspruch aus **Geschäfts-** 12

---

19 Hierzu *Marotzke* FS Henckel (1995) S 579 (581 ff).

20 S auch hierzu *Marotzke* FS Henckel (1995) S 579 (584 f).

21 Begr zu RegE § 135, BT-Drs 12/2443 S 151 f.

22 *Ott/Vuia* MünchKomm InsO[3] § 115 Rn 1, aber auch Rn 12.

23 Uhlenbruck/*Sinz* InsO[13] §§ 115, 116 Rn 1; **aA** für eine ana Anw des § 103 auf den Auftrag *Marotzke* HK InsO[6] § 115 Rn 8.

24 Jaeger/*Henckel* KO[9] § 23 Rn 37; *Ott/Vuia* MünchKomm InsO[3] § 115 Rn 12.

25 *Ehricke* MünchKomm InsO[3] § 38 Rn 16; Jaeger/*Henckel* InsO § 38 Rn 82.

führung ohne Auftrag, der gem § 55 I Nr 1 (analog) als Masseverbindlichkeit zu befriedigen ist.[26] Bei unberechtigter Geschäftsführung ohne Auftrag (§ 684 S 2 BGB) lässt sich ein etwaiger Anspruch über § 55 I Nr 3 begründen. Entsprechende Ansprüche stehen jedoch auch demjenigen zu, der während des Insolvenzverfahrens im Rahmen der Geschäftsführung ohne Auftrag Aufwendungen tätigt, ohne vor Verfahrenseröffnung vom Schuldner beauftragt worden zu sein (Rn 84). Das Nicht-Erlöschen eines Auftrags führt folglich auch insoweit nicht zu einer spezifischen Risikoerhöhung für die Masse. Unter der Prämisse, dass Aufträge auch dann nicht zulasten der Masse fortbestünden, wenn § 115 I nicht ihr Erlöschen anordnete, wirkte § 115 II, III freilich gleichfalls konstitutiv.[27]

3. Fundamentalkritik

13 Auf Grundlage der Feststellung, dass es des Erlöschens von Aufträgen und Geschäftsbesorgungsverträgen nicht bedarf, um masseschädliche Verfügungen Dritter und Belastungen der Masse mit Verbindlichkeiten zu unterbinden (Rn 8, 12), hat sich eine Fundamentalkritik an §§ 115 f herausgebildet. Anknüpfend an die zunächst im Entwurf der 1. Kommission vorgeschlagenen differenzierenden Regelung (Rn 5) wird insbesondere beargwöhnt, dass sich ein **unbedingtes Erlöschen** von Aufträgen und Geschäftsbesorgungsverträgen **vielfach zu Lasten der Masse** auswirke.[28] Selbst wenn ihr der Vertrag nützlich und auch der Vertragspartner mit einer Fortsetzung einverstanden sei, erlösche der Vertrag unmittelbar mit Verfahrenseröffnung.

14 a) **Kritik an Vernichtung von Vertragswerten.** Insbesondere *Marotzke* und *Tintelnot* halten §§ 115 f für eine rechtspolitisch fragwürdige Benachteiligung der Masse.[29] Nach *Paulus* verkehrt das Erlöschen der Verträge die Regelungsintention der §§ 103 ff ein Stück weit in ihr Gegenteil.[30] Denn wegen der unabdingbaren Erlöschensfolge sei der Verwalter gehindert, der Masse vorteilhafte Geschäftsbesorgungsverträge auch gegen den Willen des Vertragspartners fortzuführen, wie es ihm möglich wäre, unterstellte man sie dem Anwendungsbereich des Verwalterwahlrechts (§ 103). Stattdessen müsse der Verwalter entsprechende **Verträge neu abschließen**, soweit sie für die **Fortführung und Sanierung des Schuldners** von Bedeutung sind. Ungeachtet der Frage, ob der ursprüngliche Vertragspartner hierzu bereit ist, sei ein Neuabschluss regelmäßig mit erheblichen Kosten verbunden, die vermieden würden, räumte man dem Verwalter das Recht ein, den in dem bestehenden Vertrag verkörperten **„Vertragswert"**[31] über Erfüllungswahl (§ 103) zu realisieren. Das automatische Erlöschen des gesamten Vertrags bewirke hingegen die Vernichtung solcher Werte. Vor Insolvenzeröffnung geleistete, unwiederbringliche Zahlungen verlören unter Umständen ihren Sinn, wenn etwa dem anderen Teil vor Verfahrenseröff-

---

[26] BGH NJW 1971, 1564; *Hefermehl* MünchKomm InsO³ § 55 Rn 64; Jaeger/*Henckel* InsO § 55 Rn 9; Kübler/Prütting/Bork/*Pape/Schaltke* InsO⁴³ § 55 Rn 95; *Lohmann* HK InsO⁶ § 55 Rn 3.

[27] *Marotzke* FS Henckel (1995) S 579 (588 ff).

[28] Vgl *Marotzke* Insolvenzrecht im Umbruch (1991) S 183 (194); *ders* FS Henckel (1995) S 579 (591); *ders* HK InsO⁶ § 115 Rn 5 ff; für den Geschäftsbesorgungsvertrag Kübler/Prütting/Bork/*Tintelnot* InsO³² §§ 115, 116 Rn 2, 10.

[29] *Marotzke* Insolvenzrecht im Umbruch (1991) S 183 (194); *ders* FS Henckel (1995) S 579, 591; *ders* HK InsO⁶ § 115 Rn 5 ff; nur für den Geschäftsbesorgungsvertrag Kübler/Prütting/Bork/*Tintelnot* InsO³² §§ 115, 116 Rn 2, jedoch m Bedenken gegen eine Analogie de lege lata (Rn 10); s auch *Häsemeyer* InsR⁴ Rn 20.72 Fn 270: „leider nur noch rechtspolitische Vorzugswürdigkeit des Verwalterwahlrechts"; *Spliedt* EWiR 2005, 573 (574).

[30] *Paulus* NJW 2010, 1633 (1634).

[31] Kübler/Prütting/Bork/*Tintelnot* InsO³² §§ 115, 116 Rn 10.

nung Vorschüsse gezahlt worden waren und dieser daraufhin eine korrespondierende Leistung erbracht hat, die aber für die Masse als solche keinen realisierbaren Nutzen hat;[32] so etwa wenn ein Steuerberater zur Erstellung eines Jahresabschlusses bereits tätig geworden ist und hierfür einen Vorschuss „verbraucht" hat, ohne dass sein Tätigwerden jedoch bereits konkrete, für die Masse verwendbare Arbeitsergebnisse hervorgebracht hätte, weil bislang nur notwendige Vorermittlungen durchgeführt worden sind.[33]

Ebenso liegen die Dinge, in den von *Paulus* eingehender untersuchten Fällen des durch die Insolvenzeröffnung **gem § 240 ZPO unterbrochenen rechtshängigen Anwaltsprozesses.**[34] Nach §§ 85, 86 kann der Insolvenzverwalter durch die Verfahrenseröffnung unterbrochene Aktiv- und Passivprozesse wieder aufnehmen. Würde aufgrund von §§ 115, 116 der Mandatsvertrag mit dem Anwalt des Schuldners erlöschen, bedürfte die Fortsetzung des Prozesses einer erneuten Mandatierung. Es bestehe folglich eine Diskrepanz zwischen dem Erlöschen des obligatorischen Mandatsvertrags und der in § 240 ZPO, §§ 85, 86 angeordneten, bloßen Unterbrechung eines anhängigen Rechtsstreits, die dadurch aufzulösen sei, dass man **§§ 85, 86 als leges speciales zu §§ 115, 116** betrachtete und den Mandatsvertrag ungeachtet der Insolvenzeröffnung fortbestehen lasse.[35] 15

Einen gleichfalls bemerkenswerten Ausgang nahm eine Entscheidung des BGH zum Umfang der **Herausgabepflicht eines Steuerberaters:**[36] Der mit der Erstellung der Jahresabschlussbilanz beauftragte Steuerberater, dessen Honorar nicht bevorschusst wurde, hatte bei Verfahrenseröffnung bereits ua eine vorbereitende Hauptabschlussübersicht gefertigt, deren Herausgabe der Konkursverwalter erfolglos begehrte. Ein Anspruch aus §§ 675, 667 BGB, so der BGH, bestehe nicht, weil das Arbeitsergebnis nicht aus der Geschäftsführung „erlangt" sei. Ein hierauf gerichteter vertraglicher Herausgabeanspruch sei hingegen mit Verfahrenseröffnung erloschen.[37] Wenn auch in diesem konkreten Fall eine neuerliche vertragliche Vereinbarung zwischen Verwalter und Vertragspartner wahrscheinlich ist,[38] führt die Anwendung der §§ 115, 116 zunächst zum Erlöschen des Vertrags und damit dazu, dass die Masse nicht die ihr nützlichen Unterlagen erlangt und die bisherige Leistung des Vertragspartners unvergütet bleibt. 16

b) Lösungsvorschläge. Die Vertreter der Fundamentalkritik haben verschiedene Lösungsvorschläge unterbreitet, um ihrer Kritik unter dem geltenden Recht abzuhelfen. Unter dem Strich kranken diese Ansätze aber daran, dass sie §§ 115 f in ihr Gegenteil verkehren wollen. Dem steht zunächst der Wortlaut der Bestimmung entgegen, aber auch teleologische Erwägungen können die Auslegung kaum in eine vertretbare Richtung steuern, wenn man der Erlöschensanordnung überhaupt jede sachliche Rechtfertigung abspricht: 17

aa) Kontrahierungszwang aus nachvertraglicher Treuepflicht. Den mitunter für die Masse nachteiligen Folgen eines automatischen Erlöschens von Geschäftsbesorgungsverträgen gem §§ 115, 116 wollen manche dadurch abhelfen, dass sie unter bestimmten Umständen im Einzelfall den Vertragspartner des Schuldners aus nachvertraglicher Treuepflicht zum **Neuabschluss des Vertrags zu angemessenen Bedingungen** für verpflichtet halten.[39] Es drängt sich freilich die Frage nach den Umständen auf, die eine Einschrän- 18

---

32 Kübler/Prütting/Bork/*Tintelnot* InsO[32] §§ 115, 116 Rn 10; *Marotzke* HK InsO[6] § 115 Rn 6.

33 S auch *Marotzke* HK InsO[6] § 115 Rn 6.

34 *Paulus* NJW 2010, 1633.

35 *Paulus* NJW 2010, 1633 (1634 f).

36 BGH ZIP 1988 1474.

37 BGH ZIP 1988, 1474 (1475); z Herausgabepflicht gem § 667 s Rn 54.

38 Vgl *Ott/Vuia* MünchKomm InsO[3] § 116 Rn 49.

39 *Ott/Vuia* MünchKomm InsO[3] § 116 Rn 49; zust *Ahrendt* HambKomm InsO[4] § 115 Rn 6.

kung der gesetzlichen Folge über den Umweg der nachvertraglichen Treuepflicht rechtfertigen sollen. Ausscheiden müssen von vornherein solche Umstände, die unmittelbar und schlicht auf der gesetzlichen Erlöschensanordnung beruhen.[40] Denn mögen die Auswirkungen des Erlöschens auf die Masse noch so negativ sein, lassen sich allein aus dieser missliebigen Folge, die unterschiedslos für alle Geschäftsbesorgungsverträge gilt, keine besonderen „Umstände des Einzelfalls" ableiten, zumal die *gesetzlich* angeordnete Rechtsfolge keine nach*vertragliche* Verpflichtung begründen kann.[41] Ebenso wenig taugen freilich **„vertragsimmanente" Gegebenheiten**, wie etwa die Dauer der Vertragsbeziehung oder die Art des Vertrauensverhältnisses, zur Korrektur der gesetzlichen Erlöschensanordnung. Solche Umstände müssen sich zwangsläufig als **sachfremd** entpuppen. Denn ließe sich schon eine sachliche Rechtfertigung für die gesetzliche Erlöschensfolge als „Ursprung des Übels" nicht ausmachen, wäre es unmöglich, Umstände – zudem noch aus dem Vertragsverhältnis – zu benennen, die eine Einschränkung legitimieren könnten. In Ermangelung objektiver Entscheidungskriterien erkennt *Tintelnot* in dieser Art der Einzelfallkorrektur daher zurecht die unvorhersehbare Ungleichbehandlung in der Sache nicht unterscheidbarer Einzelfälle.[42]

19 **bb) Teleologische Reduktion auf Tatbestandsebene.** *Paulus* will den Mandatsvertrag mit dem Prozessvertreter des Schuldners im Wege der teleologischen Reduktion aus dem Anwendungsbereich der §§ 115, 116 ausnehmen, wenn ein nach § 240 ZPO unterbrochener Prozess vom Insolvenzverwalter weiter betrieben wird.[43] Als leges speciales verdrängten die Regelungen in §§ 85, 86 über die Möglichkeit der Aufnahme von Aktiv- und Passivprozessen die für sämtliche Geschäftsbesorgungsverträge geltenden §§ 115, 116. Kann *Paulus* für diesen Einzelfall auch auf §§ 85, 86 als leges speciales rekurrieren, lässt sich eine teleologische Reduktion als Lösungsweg, den teilweise erkannten nachteiligen Folgen der Erlöschensanordnung für die Masse zu begegnen, **nicht verallgemeinern.** Denn mangelte es überhaupt an einer sachlichen Rechtfertigung für die Erlöschensanordnung, ließen sich Ausnahmefälle nicht ermitteln, in denen eine teleologische Reduktion angemessen ist. Es ließe sich mangels Legitimation der §§ 115, 116 unter teleologischen Gesichtspunkten dann nur eine **generelle Nicht-Anwendung** der Vorschriften begründen.

20 **cc) Verwalterwahlrecht bei Erlöschen der „Geschäftsführungsbefugnis".** Generell gegen ein automatisches Erlöschen sowohl von Aufträgen als auch von Geschäftsbesorgungsverträgen mit Eröffnung des Insolvenzverfahrens hat sich wiederholt *Marotzke* ausgesprochen.[44] Stattdessen sei dem Verwalter in beiden Fällen gem § 103 die Wahl zu überlassen, ob der Auftrag oder Geschäftsbesorgungsvertrag mit Wirkung für und gegen die Masse fortbestehen solle. Es handele sich bei einem **unentgeltlichen Auftrag** zwar grundsätzlich nicht um einen gegenseitigen Vertrag iSv § 103. Gleichwohl sei auch hier die **Anwendung des § 103 geboten,**[45] um zu vermeiden, dass der Auftragnehmer zwar

[40] So aber wohl *Ott/Vuia* MünchKomm InsO[3] § 116 Rn 49, wenn sie für den unter Rn 16 geschilderten Sachverhalt zu BGH ZIP 1988, 1474 eine entspr nachvertragliche Treuepflicht des Steuerberaters annehmen.

[41] S auch *Paulus* NJW 2010, 1633 (1634).

[42] Kübler/Prütting/Bork/*Tintelnot* InsO[32] §§ 115, 116 Rn 10.

[43] *Paulus* NJW 2010, 1633 (1635).

[44] *Marotzke* Insolvenzrecht im Umbruch (1991) S 183 (194); *ders* FS Henckel (1995) S 579 (591); *ders* HK InsO[6] § 115 Rn 5 ff; nur für den Geschäftsbesorgungsvertrag Kübler/Prütting/Bork/*Tintelnot* InsO[32] §§ 115, 116 Rn 2, jedoch m Bedenken gegen eine Analogie de lege lata (Rn 10); s auch *Häsemeyer* InsR[4] Rn 20.72 Fn 270.

[45] **Gegen** die entspr Anw v § 103 in Ermangelung einer planwidrigen Regelungslücke *Ott/Vuia* MünchKomm InsO[3] § 115 Rn 14; Uhlenbruck/*Sinz* InsO[13] §§ 115, 116 Rn 10; zudem Kübler/Prütting/Bork/*Tintelnot*

gem § 667 BGB zur Herausgabe des Erlangten an die Masse verpflichtet sei, jedoch seinen Aufwendungsersatzanspruch aus § 670 BGB nach Verfahrenseröffnung nur als Insolvenzforderung verfolgen könne (Rn 59 ff). Es sei vielmehr sachgerecht, die Herausgabe an die Masse von dem Ersatz der Aufwendungen aus der Masse abhängig zu machen, indem man jenen Anspruch nur dann für durchsetzbar erachtete, wenn der Verwalter Erfüllung des Auftrags wählte und der Auftragnehmer Ersatz von Aufwendungen als Masseverbindlichkeit (§§ 103 I, 55 I Nr 2 Fall 1) verlangen könnte.[46]

Im Ergebnis kommt diese Ansicht der noch im Entwurf der Ersten Kommission vorgesehenen Regelung nahe, wonach Aufträge nur bei Einleitung eines Liquidationsverfahrens erlöschen und Geschäftsbesorgungsverträge vom Verwalter lediglich gekündigt werden können sollten (Rn 5). Mit dem **Wortlaut von § 115 I** („erlöschen") lässt sich ein das Wahlrecht des Insolvenzverwalters voraussetzender Fortbestand von Auftrag und Geschäftsbesorgungsvertrag jedoch kaum vereinbaren. Nach Ansicht *Marotzkes* soll Gegenstand der Erlöschensanordnung nicht der Auftrag oder Geschäftsbesorgungsvertrag in seiner Gesamtheit sein. Stattdessen erlösche mit Verfahrenseröffnung lediglich die durch den Vertrag vermittelte **„Geschäftsführungsbefugnis"**.[47] Hierunter sei die „Ermächtigung zur Geschäftsbesorgung"[48] zu verstehen, mithin die Berechtigung und Verpflichtung zur Geschäftsführung sowie die Möglichkeit, Aufwendungsersatzansprüche aus § 670 BGB zu begründen. Ein solch restriktives Verständnis der Erlöschensanordnung sei nicht nur wegen des verfehlten Schutzzwecks der §§ 115, 116 und dem demgegenüber vorzugswürdigen Entscheidungsrecht des Verwalters geboten. In dogmatischer Hinsicht finde das so verstandene Erlöschen der Geschäftsführungsbefugnis zudem eine Entsprechung in dem **Fortbestand der Geschäftsführungsbefugnis des Gesellschafter-Geschäftsführers einer GbR**, die wegen Eröffnung des Insolvenzverfahrens über ihr Vermögen (§ 728 I 1 BGB) oder dasjenige eines Gesellschafters (§ 728 II BGB) aufgelöst worden sei. Führe die „Auflösung" der Gesellschaft nicht dazu, dass diese unmittelbar verschwinde, werde gem § 728 II 2 iVm § 727 II 3 BGB tatsächlich nicht der Fortbestand der Gesellschaft fingiert, sondern wie § 729 S 1 BGB zeige, lediglich die Geschäftsführungsbefugnis des Gesellschafters.[49] Entsprechend beschränke sich die Erlöschensanordnung der §§ 115, 116 auf die Geschäftsführungsbefugnis des Beauftragten oder des Geschäftsbesorgers. Dass ein „Erlöschen" von Vertragspflichten nicht generell ihre Reaktivierung durch Erfüllungswahl des Verwalters gem § 103 I hindere, habe selbst der BGH jahrelang auf Grundlage der sog **„Erlöschenstheorie"** (§ 103 Rn 20 ff) vertreten, so dass die gesetzlich angeordnete Rechtsfolge der Verfahrenseröffnung gem §§ 115, 116 einem Rückgriff auf § 103 nicht grundsätzlich entgegenstünde.[50] **21**

Der Auffassung *Marotzkes* hat der **BGH** im Fall eines Kautionsversicherungsvertrags, der als Geschäftsbesorgungsvertrag zu qualifizieren ist (Rn 99), eine **dezidierte Absage** erteilt.[51] §§ 115, 116 differenzierten nicht zwischen Geschäftsbesorgungsverpflichtung und Geschäftsführungsbefugnis, vielmehr erlösche der Vertrag in seiner Gesamtheit.[52] **22**

InsO[32] §§ 115, 116 Rn 10 unter Berufung auf RGZ 71, 76 (77 f).

46 *Marotzke* HK InsO[6] § 115 Rn 7 f.

47 *Marotzke* HK InsO[6] § 115 Rn 4.

48 *Marotzke* FS Henckel (1995) S 579 (586).

49 *Marotzke* HK InsO[6] § 115 Rn 4.

50 *Marotzke* HK InsO[6] § 115 Rn 6.

51 BGHZ 168, 276 Rn 10; **gegen** ein Wahlrecht in der Insolvenz des Geschäftsbesorgers etwa auch BGHZ 109, 260 (264); OLG Koblenz WM 1988, 1355 (1357); LG Essen ZIP 1996, 1878 (1879); LG Leipzig ZInsO 1999, 264; Kübler/Prütting/Bork/*Tintelnot* InsO[32] §§ 115, 116 Rn 10; *Ott/Vuia* MünchKomm InsO[3] § 115 Rn 13; Uhlenbruck/*Sinz* InsO[13] §§ 115, 116 Rn 10.

52 Dem BGH zust etwa *Ott/Vuia* MünchKomm InsO[3] § 116 Rn 48; Uhlenbruck/*Sinz* InsO[13] §§ 115, 116 Rn 10.

Entsprechend laute auch die amtliche Überschrift „Erlöschen von Geschäftsbesorgungsverträgen“. Eine Ausnahme gelte nur für die Fälle der Notgeschäftsführung, §§ 115 II, 116 S 1. Ausweislich der Gesetzesbegründung habe der Gesetzgeber die Regelung des § 23 KO, unter der das Erlöschen des Geschäftsbesorgungsvertrags anerkannt war, unverändert in die InsO übernehmen wollen. Die von den Kritikern beargwöhnte „Vernichtung von Vertragswerten“ (Rn 14 ff) als Folge des automatischen Erlöschens auch solcher Verträge, die für die Masse von Nutzen sind, rechtfertigt es nach Ansicht des BGH nicht, dem Verwalter die Fortsetzung des Vertrags gegen den Willen des Vertragspartners durch Ausübung seines Wahlrechts aufgrund von § 103 zu gestatten. Es sei dem Verwalter unbenommen, die Fortsetzung bzw einen Neuabschluss des Vertrags mit dem ursprünglichen Vertragspartner zu vereinbaren.[53]

4. Wechsel der Handlungsorganisation als Rechtfertigung der Erlöschensfolge

23 Eine Rechtfertigung von §§ 115 f muss also einerseits berücksichtigen, dass der Beauftragte oder Geschäftsbesorger nach Verfahrenseröffnung schon wegen § 80 nicht wirksam über massezugehöriges Vermögen verfügen (Rn 8) und keine Verbindlichkeiten mit Wirkung gegenüber der Masse begründen kann (Rn 12). In einem derartigen Masseschutz lässt sich ein Bedürfnis für §§ 115 f erst recht nicht mehr erkennen, nachdem der Gesetzgeber mit § 117 I den Befugnisverlust Dritter eigenständig klargestellt hat. Andererseits ist gegenüber den Fundamentalkritikern zu begründen, warum der Masse eine Nutzung der vom Schuldner geschlossenen Verträge versagt wird.

24 In Anknüpfung an die Gesetzesbegründung ist auf die Wirkungen der Insolvenzeröffnung in handlungsorganisatorischer Hinsicht zu blicken. Durch die Insolvenzeröffnung wird mit dem Insolvenzverwalter (ergänzt durch die Aufsichtselemente Gläubigerversammlung und -ausschuss sowie Insolvenzgericht) eine **eigenständige Handlungsorganisation** geschaffen, um Rechtsfolgen für das durch die **Insolvenzmasse** gebildete **Sondervermögen** zu erzeugen.[54] Diese Handlungsorganisation wird neu gebildet, ohne dass sich – was §§ 80, 117 klarstellen – irgendwelche Kompetenzen aus der Handlungsorganisation des Schuldners vor Verfahrenseröffnung ableiten. Daher bedarf es §§ 115 f nicht, um – wie der InsO-Gesetzgeber es aber ausdrückt – „sicherzustellen, dass die Verwaltung der Masse (…) in den Händen des Verwalters liegt“[55]. Es sind jedoch die **vertragsrechtlichen Konsequenzen aus dem Wechsel der masserelevanten Handlungsorganisation** zu ziehen. Diese Konsequenzen betreffen Auftrag und Geschäftsbesorgung im Unterschied zu anderen Vertragstypen, weil mittels dieser Verträge typischerweise Dritte in eine gewillkürte Handlungsorganisation eingebunden werden. Angesichts dieses Befunds erscheint die Erlöschensanordnung durchaus als eine angemessene Wirkung dieses Wechsels in der Handlungsorganisation mit Verfahrenseröffnung. So werden zum einen die berechtigten Interessen des Vertragspartners geschützt, die sich an der **Höchstpersönlichkeit des Vertrags** (§§ 664 II, 675 BGB) festmachen lassen (Rn 25 ff). Zum anderen wird der Insolvenzverwalter in seiner **Entscheidungsfreiheit** gestärkt, die Einbindung Dritter in die Handlungsorganisation frei von irgendwelchen Dispositionen des Insolvenzschuldners vornehmen zu können (Rn 30 ff).

25 a) **Höchstpersönlichkeit des Geschäftsbesorgungsanspruchs.** § 664 II BGB trägt dem persönlichen Vertrauensverhältnis zwischen Auftragnehmer und Auftraggeber Rechnung.

[53] BGHZ 168, 276 Rn 11; *Ott/Vuia* MünchKomm InsO[3] § 116 Rn 49.

[54] Eing *Jacoby* Amt S 95 ff.

[55] Begr zu RegE §§ 133, 134, BT-Drucks 12/2443 S 151.

Danach ist der Anspruch auf die Auftragsausführung im Zweifel höchstpersönlicher Natur und damit nicht übertragbar.[56] Soweit ein Geschäftsbesorgungsvertrag dienstvertraglichen Charakter hat, kann der Geschäftsherr seinen Anspruch auf Geschäftsbesorgung gem § 613 S 2 BGB im Zweifel nicht an einen Dritten abtreten.[57] Gleiches gilt für Geschäftsbesorgungsverträge, die im Wesentlichen werkvertragliche Elemente aufweisen. Zwar fehlt es hier an einer §§ 613 S 2, 664 II BGB entsprechenden Zweifelsregelung. Die Höchstpersönlichkeit folgt indessen originär aus dem besonderen Vertrauensverhältnis zwischen Geschäftsherrn und Geschäftsbesorger, das sich in dem Interessenwahrungscharakter manifestiert.[58] Die Unübertragbarkeit dient dem **Schutz des zur Geschäftsbesorgung Verpflichteten.**[59] Entsprechend dem Grundsatz in § 399 Fall 1 BGB soll er davor bewahrt werden, die geschuldete Leistung an einen anderen als den von ihm gewählten Gläubiger erbringen zu müssen, wenn die Leistung an den Zessionar nicht ohne **Änderung des Leistungsinhalts** erfolgen könnte, was insbesondere dann der Fall ist, wenn der Leistungsinhalt wesentlich durch das persönliche Verhältnis zwischen Gläubiger und Schuldner geprägt ist.[60]

Augenscheinlich wird die Diskrepanz von Vertragsinhalt vor und nach Insolvenzeröffnung und die damit einhergehende Schutzbedürftigkeit des Vertragspartners in den Fällen, in denen ein **umfassender Auftrag** oder Geschäftsbesorgungsvertrag sich sowohl auf **pfändbares als auch auf unpfändbares Vermögen** des Schuldners erstreckt. Gestattete man nun dem Insolvenzverwalter, die Erfüllung des Vertrags zu wählen (§ 103), könnte er den Vertrag zugunsten der Masse lediglich insoweit reaktivieren, als er sich auf pfändbares und damit gem § 35 I massezugehöriges Schuldnervermögen bezieht. Hiermit ginge unweigerlich eine **Änderung des Leistungssubtrats** einher und würde dem Vertragspartner ein anderer als der zuvor vereinbarte Vertragsinhalt aufgezwungen. Dies gilt gleichermaßen, wenn man dem Verwalter aufgrund von §§ 103 ff das Recht einräumt, Erfüllung eines Vertrags an den Schuldner persönlich zu verlangen, soweit ein höchstpersönlicher Leistungsanspruch in Rede steht, und die Gegenleistung hierfür als Naturalunterhalt (§ 100) aus der Masse zu gewähren, oder dem Schuldner bei Ablehnung der Erfüllung aus der Masse die Möglichkeit gibt, die Gegenleistung aus seinem freien Vermögen aufzubringen und so eine Fortsetzung des Vertrags zu erreichen (Vor § 103 Rn 56 ff). Eine derart „doppelte Erfüllungswahl“ bewirkte, dass dem Vertragspartner ein weiterer **Gläubiger aufgezwungen** würde. Denn er wäre nunmehr sowohl dem Insolvenzverwalter als auch dem Schuldner persönlich zur ursprünglich einheitlichen Leistung verpflichtet und deren möglicherweise sogar abweichenden Weisungen unterworfen. Ebenso wenig wäre es mit der Höchstpersönlichkeit des Geschäftsbesorgungsanspruchs zu vereinbaren, wenn entweder nur der Verwalter oder nur der Schuldner persönlich die Erfüllung des Vertrags begehrte und dieser mithin nur bezogen auf einen Teil des ursprünglichen Leistungssubtrats seine Fortsetzung fände. Diese Ausführungen gelten entsprechend, wenn man annehmen wollte, ein Auftrag würde in der Insolvenz des Auftraggebers schlicht zugunsten der Masse, des Schuldners oder beiden fortgelten. 26

Eine derartige **„Vertragsspaltung“** entzöge der ursprünglichen **Kalkulation der Gegenleistung** des Vertragspartners die Grundlage, wenn er entweder zwei Gläubigern gegenüber zur Leistung verpflichtet wäre oder er nur eine teilweise Vergütung aus der Masse 27

---

56 Erman/*Berger* BGB[13] § 664 Rn 9; Palandt/*Sprau* BGB[72] § 664 Rn 7; Staudinger/*Martinek* BGB[2006] § 664 Rn 20.

57 Erman/*Berger* BGB[13] § 675 Rn 21; Staudinger/*Martinek* BGB[2006] § 675 Rn A 52.

58 Erman/*Berger* BGB[13] § 675 Rn 21; Staudinger/*Martinek* BGB[2006] § 675 Rn A 52.

59 Erman/*Westermann* BGB[13] § 399 Rn 2.

60 Z Höchstpersönlichkeit s Staudinger/*Busche* BGB[2012] § 399 Rn 5 ff.

erlangen würde, soweit die Fortsetzung des Vertrags begehrt würde. Beispielhaft mag man sich ein umfassendes Mandat zur Steuerberatung vorstellen, das der Schuldner vor Insolvenzeröffnung erteilt hatte. Sollte der Steuerberater nun einerseits die Masse und andererseits den Schuldner hinsichtlich des insolvenzfreien Vermögens beraten müssen und hierfür „lediglich" das vormals vereinbarte Entgelt verlangen können, obwohl er wegen der Verdoppelung der Gläubigerzahl aller Voraussicht nach höheren Aufwand haben wird? Weiter ist an Dritte zu denken, derer sich der Schuldner bedient hat, um seine Pflichten zur **handels- und steuerrechtlichen Rechnungslegung** zu erfüllen. Gem **§ 155 I** sind diese nur insoweit vom Insolvenzverwalter zu erfüllen, als sie sich auf die Insolvenzmasse beziehen. Im Übrigen bleibt der Schuldner verpflichtet. Auch hier käme es folglich zu einer Aufspaltung des Vertrags und wäre der Geschäftsbesorger nach (teilweiser) Erfüllungswahl entweder nur dem Schuldner persönlich oder der Masse oder aber zwei Gläubigern zur Rechnungslegung verpflichtet.

28 Gegen diese Argumentation mag man einwenden, dass eine zum Schutz des Vertragspartners zu vermeidende **Aufspaltung des Vertrags schon nach gegenwärtiger Rechtslage** Folge der Verfahrenseröffnung sei. So betreffen §§ 115, 116 nach § 115 I nur solche Verträge, die sich auf das zur Insolvenzmasse gehörende Vermögen beziehen. Es stellt sich daher die – bislang allseits vernachlässigte – Frage, wie unter geltendem Recht Verträge zu behandeln sind, die neben dem Bezug zur Insolvenzmasse außerdem Bezug zum unpfändbaren Vermögen des Schuldners aufweisen. Wenn es teilweise heißt,[61] dass § 115 I keine Anwendung finde, *soweit* sich der Auftrag auf Vermögen beziehe, das nicht zur Soll-Masse gehöre, sondern der Auftrag in diesem Fall fortbestehe, könnte dies („soweit") im Sinne einer Vertragsspaltung verstanden werden.[62] Ein Fortbestand des Vertrags, soweit er sich auf das unpfändbare Vermögen des Schuldners erstreckt, liegt regelmäßig weder im Interesse des Schuldners, der aus seinem insolvenzfreien Vermögen auch noch Aufwendungsersatz oder Vergütung zu leisten hätte, noch des Vertragspartners, dem wegen der Beschränkung des Leistungssubstrats entgegen dem Grundgedanken des § 399 Fall 1 BGB kraft Gesetzes ein gänzlich anderer Vertragsinhalt aufgezwungen würde. Vor diesem Hintergrund und, um dem höchstpersönlichen Charakter der vertraglichen Leistung des Auftragnehmers oder Geschäftsführers Rechnung zu tragen, wird man in **entsprechender Anwendung von § 139 BGB** von einem **Erlöschen des gesamten Vertrags gem §§ 115 I, 116 S 1** ausgehen müssen. In Anbetracht des infolge eines Teilerlöschens zu besorgenden Eingriffs in das Vertragsgefüges reicht es nicht aus, Schuldner und Vertragspartner auf ihre gesetzlichen Kündigungsrechte gem §§ 627, 671 BGB zu verweisen. Ein vollständiges Erlöschen des Auftrags oder Geschäftsbesorgungsvertrags erweist sich auch nicht als zu weitreichende Konsequenz. Denn es ist Schuldner und Vertragspartner unbenommen – auch konkludent durch tatsächliche Fortsetzung – einen neuen Vertrag zu schließen, der sich auf den unpfändbaren Teil des Schuldnervermögens beschränkt.

---

[61] Uhlenbruck/*Sinz* InsO[13] §§ 115, 116 Rn 7.

[62] Hierfür kann jedoch die bei Uhlenbruck/*Sinz* InsO[13] §§ 115, 116 Rn 7 angeführte Entscheidung BAG ZIP 2008, 1184 nicht als Beleg herangezogen werden. Denn diese hat nicht das teilw Erlöschen eines einheitlichen Auftrags zum Gegenstand. Der Insolvenzschuldnerin, die zuvor ein Werk eines lebensmittelproduzierenden Unternehmens erworben hatte, waren in diesem Fall v der ehemaligen Eigentümerin Gelder z Verfügung gestellt worden, um hieraus Abfindungszahlungen an die im Zuge des Betriebsübergangs ausscheidenden Arbeitnehmer zu bestreiten. Wegen dieser ausschließlichen Zweckbestimmung verneinte das BAG die Massezugehörigkeit eines entspr Kontoguthabens u folglich ein Erlöschen des *gesamten*, zwischen der Insolvenzschuldnerin u der ehemaligen Eigentümerin bestehenden Auftragsverhältnisses, s BAG ZIP 2008, 1184 Rn 30 ff.

29 Die Höchstpersönlichkeit des Geschäftsbesorgungsanspruchs gebietet den Schutz des Vertragspartners nicht nur in den beschriebenen Fällen, in denen die Folgen der Insolvenzeröffnung augenscheinlich eine Änderung des Vertragsinhalts entgegen § 399 Fall 1 BGB nach sich zögen, weil massezugehöriges und insolvenzbeschlagfreies Vermögen betroffen ist. Vielmehr bedeutete die **Fortsetzung** von Aufträgen und Geschäftsbesorgungsverträgen nach Verfahrenseröffnung **stets einen Eingriff in das ursprüngliche Vertragsverhältnis.** Denn der Vertragspartner würde nach „Überleitung" des Vertrags auf die Masse, nunmehr im originären Pflichtenkreis des Insolvenzverwalters und damit innerhalb einer **gänzlich anderen Handlungsorganisation** tätig. Allein durch diese „Auswechslung" des Gläubigers änderte sich der Charakter der vom Geschäftsbesorger geschuldeten Leistung. Denn die Angelegenheiten, zu deren Erledigung sich der Schuldner ursprünglich des Geschäftsbesorgers bediente, stimmen nicht überein mit den **insolvenzspezifischen Pflichten des Verwalters,** deren Besorgung dem Vertragspartner nach „Überleitung" des Vertrags obläge. Auch wenn das Leistungssubstrat des Vertrags gegenständlich identisch bleibt, bewirkt die Eröffnung des Insolvenzverfahrens doch in jedem Fall, dass sich die diesbezüglichen Pflichten ändern. Auch insoweit zwängte man dem Vertragspartner folglich entgegen § 399 Fall 1 BGB einen anderen als den ursprünglichen Vertrag auf.

30 b) **Freie Verwalterentscheidung über Gestaltung der Handlungsorganisation.** Die Erlöschensfolge gem §§ 115 I, 116 S 1 bringt für die Insolvenzmasse keinesfalls nur Nachteile mit sich. Vielmehr ermöglicht sie dem Insolvenzverwalter eine vollständig freie Entscheidung im Hinblick auf die Art und Weise der eigenverantwortlichen Masseverwaltung, wie sie ihm nach § 80 I obliegt. Zwar kann ein vom Schuldner beauftragter Geschäftsbesorger schon wegen des Übergangs der Befugnisse gem § 80 I ab Verfahrenseröffnung keine Verfügungen mehr mit Wirkung für und wider die Insolvenzmasse treffen (Rn 8) und ist er abgesehen von den in § 115 II, III geregelten Fällen gehindert, durch Fortführung seiner Tätigkeit nach Verfahrenseröffnung Ansprüche gegen die Masse zu erwerben (Rn 12). Gleichwohl schränkte der Fortbestand von Auftrag oder Geschäftsbesorgungsvertrag den Verwalter in der freien Entscheidung über die Art und Weise der Verwaltung der Insolvenzmasse ein.

31 Die Diskrepanz zwischen den Bedürfnissen des Schuldners, denen mit dem ursprünglichen Geschäftsbesorgungsvertrag gedient werden sollte, und den insolvenzspezifischen Anforderungen an die Verwaltung der Masse wurde schon beschrieben (Rn 26 ff). Angesichts dieser Diskrepanz wird sich die ursprünglich vom Geschäftsbesorger versprochene Leistung für den Verwalter nicht selten als für seine Zwecke ungeeignet erweisen. Brächte man nun § 103 zur Anwendung, könnte er sich zwar durch **Nichterfüllungswahl des „unpassenden" Vertrags** entledigen; dies jedoch nur **auf Kosten einer Forderung wegen Nichterfüllung** des Vertrags gem **§ 103 II 1,** die der Vertragspartner zur Tabelle anmelden kann.[63] Die Entstehung einer solchen Forderung neben dem möglicherweise erforderlichen Neubabschluss eines Geschäftsbesorgungsvertrags ist geeignet, den Verwalter dazu zu bewegen, die Erfüllung des „ungeeigneten" Vertrags zu wählen. Entsprechende Erwägungen greifen aber auch Platz, wenn der Geschäftsbesorgungsvertrag zwar von seinem Inhalt nicht einen anderen Vertragspartner erfordert, der Insolvenzverwalter aber angesichts des für einen Geschäftsbesorgungsvertrag vielfach vorausgesetzten Vertrauensverhältnisses lieber mit einem anderen Vertragspartner (Rechtsanwalt, Steuerberater, Bank etc) zusammenarbeiten möchte. Dann soll ihm der Vertragsabschluss nicht verwehrt sein,

---

[63] S auch Kübler/Prütting/Bork/*Tintelnot* InsO[32] §§ 115, 116 Rn 10.

weil er angesichts des vom Schuldner abgeschlossenen Vertrags billiger den Altvertrag fortführen könnte. Sonst würde der Insolvenzverwalter in der selbstbestimmten Verwaltung der Insolvenzmasse eingeschränkt.

32 Wegen des insolvenzbedingten Erlöschens von Aufträgen und Geschäftsbesorgungsverträgen **gem §§ 115 I, 116 S 1** kann der Vertragspartner hingegen **keinen Anspruch wegen Nichterfüllung** des Vertrags geltend machen (Rn 62 ff). Insoweit privilegiert die Regelung in §§ 115 I, 116 S 1 die Masse nicht nur gegenüber den Folgen einer Nichterfüllungswahl, sondern auch im Vergleich zu den Folgen einer Kündigung des Geschäftsbesorgungsvertrags mit Werkvertragscharakter.[64] Einen Auftrag kann der Auftraggeber zwar nach § 671 I BGB frei widerrufen, ebenso wie der Geschäftsherr einen Geschäftsbesorgungsvertrag mit dienstvertraglichem Charakter gem §§ 626 f BGB – abgesehen von § 628 II BGB – folgenlos kündigen kann.[65] Ist ein Werkvertrag auf eine Geschäftsbesorgung gerichtet, kann der Geschäftsbesorger hingegen nach Kündigung durch den Geschäftsherrn gem § 649 BGB die vereinbarte Vergütung unter Anrechnung ersparter Aufwendungen verlangen. Die Erlöschensfolge gem §§ 115 I, 116 S 1 ist somit für die Masse nicht in jedem Fall nachteilig. Vielmehr gewährleistet sie, wie vom Gesetzgeber bezweckt, eine **vollständig freie Entscheidung des Verwalters** über die Art und Weise, auf die er seine Verwaltungsbefugnis ausübt. Wer stattdessen das scheinbar massegünstige Verwalterwahlrecht gem § 103 I zur Anwendung bringen will, verkennt den faktischen Zwang, dem der Verwalter im Hinblick auf eine Nichterfüllungsforderung gem § 103 II 1 ausgesetzt ist.

5. Privatautonomie

33 Die Wirksamkeit abweichender Parteivereinbarungen hindert § 119.[66]

II. Anwendungsbereich

34 §§ 115 f gelten in der **Insolvenz des Auftraggebers oder Geschäftsherrn** und nur für solche Verträge, die der Schuldner vor Verfahrenseröffnung abgeschlossen hat. Verträge, die ein vorläufiger „starker" Insolvenzverwalter (§§ 21 II Nr 2 Fall 1, 22 I) im Eröffnungsverfahren eingegangen ist, bestehen hingegen mit Wirkung für und gegen die Insolvenzmasse fort (§ 55 II) und können vom Insolvenzverwalter allenfalls nach allgemeinen Regeln widerrufen oder gekündigt werden.[67] In der Insolvenz des Geschäftsbesorgers finden §§ 115, 116 keine Anwendung. Für beide Seiten kommt eine Lösung von dem Vertrag nach allgemeinen Grundsätzen in Betracht (Rn 86, 88).

---

64 Vgl Kübler/Prütting/Bork/*Tintelnot* InsO[32] §§ 115, 116 Rn 11.

65 Z Anwendbarkeit der dienst- u werkvertraglichen Kündigungsbestimmungen auf den Geschäftsbesorgungsvertrag Staudinger/*Martinek* BGB[2006] § 675 Rn A 30.

66 BGHZ 168, 276 Rn 22; Andres/Leithaus/*Andres* InsO[2] § 115 Rn 10; Graf-Schlicker/*Pöhlmann* InsO[3] § 115 Rn 1; *Marotzke* HK InsO[6] § 115 Rn 3, 20; *Ott/Vuia* MünchKomm InsO[3] § 115 Rn 1; *Wegener* FK InsO[7] § 115 Rn 3; vgl RGZ 145, 253 (256).

67 Kübler/Prütting/Bork/*Tintelnot* InsO[32] §§ 115, 116 Rn 4 f; *Marotzke* HK InsO[6] § 115 Rn 19; Uhlenbruck/*Sinz* InsO[13] §§ 115, 116 Rn 6.

1. Sachlicher Anwendungsbereich

Der **Begriff des Auftrags** in § 115 I entspricht demjenigen in § 662 BGB. Ein Auftrag ist demnach ein unvollkommen zweiseitiges Vertragsverhältnis, aufgrund dessen der Beauftragte zur unentgeltlichen Ausführung einer fremdnützigen Tätigkeit für den Auftraggeber verpflichtet ist.[68] Eine **Schiedsabrede** ist kein Auftrag iSd § 115, weil sie kein Handeln für den Schuldner zum Inhalt hat.[69] 35

§ 116 S 1 spricht anders als die amtliche Überschrift der Norm nicht ausdrücklich von einem **Geschäftsbesorgungsvertrag**, sondern definiert diesen als Dienst- oder Werkvertrag, durch den sich jemand dem Schuldner gegenüber verpflichtet, für diesen ein Geschäft zu besorgen, und übernimmt damit die Umschreibung des Geschäftsbesorgungsvertrags in § 675 BGB. Nach dem herrschenden engen Geschäftsbesorgungsbegriff unterscheiden sich Auftrag und Geschäftsbesorgungsvertrag nicht lediglich durch ihre Entgeltlichkeit, sondern insbesondere auch im Hinblick auf den Inhalt der Vertragspflichten von Beauftragtem und Geschäftsbesorger (sog Trennungstheorie).[70] Als Geschäftsbesorgung iSv § 675 BGB ist hiernach jede selbständige Tätigkeit wirtschaftlicher Art zur Wahrnehmung fremder Vermögensinteressen zu verstehen.[71] 36

a) **Abgrenzungsfragen.** Über diese allgemeinen Definitionen hinaus sollen zivilrechtliche Abgrenzungsfragen und die damit einhergehende Kasuistik der einschlägigen zivilrechtlichen Kommentarliteratur vorbehalten bleiben.[72] Hier werden nur die für die Einordnung innerhalb der §§ 103 ff maßgeblichen Fragen erörtert und Folgerungen für einzelne Vertragstypen gezogen (Rn 90 ff). Wegen des umfassenden Verweises in § 116 S 1 auf § 115 kann eine Differenzierung zwischen Aufträgen und Geschäftsbesorgungsverträgen aus insolvenzrechtlicher Sicht dahinstehen. Eine **Abgrenzung** ist demgegenüber erforderlich im Hinblick auf die unterschiedlichen Auswirkungen der Verfahrenseröffnung **zwischen Geschäftsbesorgungsverträgen** einerseits, die erlöschen (§§ 116 S 1, 115 I), und anderseits **sonstigen Dienst- und Werkverträgen**, die entweder nach **§§ 108, 113** zunächst fortbestehen, aber vom Verwalter gekündigt werden können oder dem **Verwalterwahlrecht gem § 103** unterfallen. Insoweit ermöglicht die soeben genannte Definition des Geschäftsbesorgungsbegriffs keine trennscharfe Abgrenzung. Den einzelnen Merkmalen kommt vielmehr lediglich **„Indizcharakter"** zu.[73] Neben der zivilrechtlichen Begriffsbestimmung erlangt insbesondere die **Angemessenheit der** mit der Qualifikation erreichten **Rechtsfolge** maßgebliche Bedeutung für eine Abgrenzung der Anwendungsbereiche von § 116 einerseits und §§ 108, 113 bzw § 103 andererseits. Zur Abgrenzung zwischen Dienst- und Geschäftsbesorgungsverträgen nach dem Kriterium der selbstständigen Interessenwahrnehmung s § 108 Rn 236. 37

---

[68] Erman/*Berger* BGB[13] § 662 Rn 1; Palandt/*Sprau* BGB[72] Vor § 662 Rn 1; *Seiler* MünchKomm BGB[6] § 662 Rn 2; Staudinger/*Martinek* BGB[2006] § 662 Rn 1.

[69] BGH ZInsO 2004, 88; Graf-Schlicker/*Pöhlmann* InsO[3] § 115 Rn 4; Kübler/Prütting/Bork/*Tintelnot* InsO[32] §§ 115, 116 Rn 4b; *Kück* ZInsO 2006, 11; *Wegener* FK InsO[7] § 115 Rn 4.

[70] Hierzu Erman/*Berger* BGB[13] § 675 Rn 4 ff; *Heermann* MünchKomm BGB[6] § 675 Rn 3; ausf Staudinger/*Martinek* BGB[2006] Vor §§ 662 ff Rn 11 ff; **krit** *Seiler* MünchKomm BGB[6] § 662 Rn 13 f; Staudinger/*Peters/Jacoby* BGB[2014] Vor § 631 ff Rn 47.

[71] BGHZ 45, 223 (228); *Heermann* MünchKomm BGB[6] § 675 Rn 3 ff; Palandt/*Sprau* BGB[72] § 675 Rn 2 ff; Staudinger/*Martinek* BGB[2006] § 675 Rn A 9 ff.

[72] Z Geschäftsbesorgungsvertrag etwa Erman/*Berger* BGB[13] § 675 Rn 27 ff; Staudinger/*Martinek* BGB[2006] § 675 Rn B 6 ff.

[73] Staudinger/*Martinek* BGB[2006] § 675 Rn A 9, s auch *Heermann* MünchKomm BGB[6] § 675 Rn 4.

38 b) **Insbesondere die Abgrenzung von Werkverträgen.** Die Abgrenzung eines Geschäftsbesorgungsvertrags iSv § 675 BGB von einem Werkvertrag iSv § 631 BGB wird zivilrechtlich bedeutsam für die Frage, ob über den Verweis des § 675 I BGB Auftragsrecht zur Anwendung gelangt. Um insoweit eine Abgrenzung zu bewerkstelligen, stellt die herrschende Meinung auf das Merkmal der **fremdnützigen Wahrnehmung von Vermögensinteressen** des Geschäftsherrn ab. Sie betont, dass der Geschäftsbesorger eine Tätigkeit ausführe, die originär dem Aufgabenbereich des Geschäftsherrn zuzuordnen ist und dessen Erledigung grundsätzlich ihm selbst oblegen hätte.[74] Während der Werkunternehmer eine **Leistung „an" den Besteller** erbringe, erfolge die Leistung des Geschäftsbesorgers **„für" den Geschäftsherrn.**[75] Die Fremdnützigkeit der Tätigkeit rechtfertigt hiernach die Anwendung der Auftragsregeln. Dieses Kriterium erweist sich vielfach als zu vage, als dass es im Einzelfall eine rechtssichere Abgrenzung ermöglichen könnte.[76] Mit *Seiler* ist überdies schon der Ansatzpunkt zu kritisieren, für die Beantwortung der Frage nach der Anwendung von Auftragsrecht auf einen bestimmten Vertragstyp an die Interpretation des Begriffs der Geschäftsbesorgung auf Tatbestandsseite anknüpfen zu wollen.[77] Es ist vielmehr der betreffende Vertrag daraufhin zu untersuchen, inwiefern die Anwendung einzelner Bestimmungen des Auftragsrechts als „passend" erscheint. Während die herrschende Meinung entweder zur Anwendung oder zur Nichtanwendung der auftragsrechtlichen Vorschriften kommt, ermöglicht eine **Annäherung von Rechtsfolgenseite**, die Auftragsregeln zur Lückenfüllung jeweils insoweit heranzuziehen, als das Werkvertragsrecht solche offenbart.[78] Einer solchen Herangehensweise kann man mitnichten vorhalten, sie hindere eine vorhersehbare Beurteilung der anwendbaren Vorschriften. Denn eine solche Rechtssicherheit vermag auch die herrschende Meinung durch die Anknüpfung an das Merkmal der Fremdnützigkeit nicht zu erzielen, zumal die hier befürwortete Ansicht eine flexiblere Handhabe der Auftragsregeln gestattet.

39 Insolvenzrechtlich ist hingegen angesichts der verschiedenen Wirkungen, die die Verfahreneröffnung entweder durch §§ 115 I, 116 S 1 oder durch § 103 auf diese Verträge zeitigt, eine möglichst exakte Unterscheidung zwischen Geschäftsbesorgungsverträgen und sonstigen Werkverträgen geboten. Für eine Abgrenzung ist an den Regelungszweck (Rn 23 ff) anzuknüpfen. §§ 115 f tragen dem **Wechsel der maßgeblichen Handlungsorganisation** Rechnung. Daher ist danach zu fragen, ob die nach dem Vertrag vorzunehmende Tätigkeit sonst ohnehin von der Handlungsorganisation des Schuldners hätte erledigt werden müssen. Das ist bei Werkverträgen in aller Regel zu verneinen, die sich dadurch auszeichnen, dass sie auf die einmalige Herstellung eines Werkes, etwa die Erstellung eines Gutachtens, oder Herbeiführung eines sonstigen Erfolgs, wie die Reparatur eines Gegenstands, gerichtet sind. Die **Einbindung des Geschäftsbesorgers in die Handlungsorganisation** des Schuldners zeigt sich indessen regelmäßig daran, dass der Geschäftsbesorgungsvertrag **auf längere Zeit** angelegt ist und auf die **generelle Wahrnehmung von Vermögensinteressen** des Geschäftsherrn abzielt. Wegen des dominierenden Gegenstands- bzw Erfolgsbezugs sind bei einem Werkvertrag zum einen die höchstpersönlichen Belange des Vertragspartners nicht so stark berührt. Daher ist es dem Werkunternehmer

---

74 RGZ 109, 299 (301); Erman/*Berger* BGB[13] § 675 Rn 12; Staudinger/*Martinek* BGB[2006] § 675 Rn A 22.

75 Erman/*Berger* BGB[13] § 675 Rn 13; Palandt/*Sprau* BGB[72] § 675 Rn 8; so noch Staudinger/*Wittmann* BGB[12] § 675 Rn 6; **aA** Staudinger/*Martinek* BGB[2006] Rn A 21.

76 Staudinger/*Peters/Jacoby* BGB[2014] Vor §§ 631 ff Rn 47.

77 *Seiler* MünchKomm BGB[6] § 662 Rn 13.

78 *Seiler* MünchKomm BGB[6] § 662 Rn 13; Staudinger/*Peters/Jacoby* BGB[2014] Vor §§ 631 ff Rn 47.

zuzumuten, nach Erfüllungswahl durch den Insolvenzverwalter diesem gegenüber die Werkleistung in Bezug auf den Vertragsgegenstand zu erbringen. Zum anderen hat die Entscheidung des Verwalters lediglich Auswirkungen auf den konkreten Vertragsgegenstand, beeinträchtigt jedoch nicht weitergehend seine Verwaltungszuständigkeit über die Insolvenzmasse.

Freilich gibt es auch insoweit untypische Geschäftsbesorgungsverträge, wie etwa einen **Maklervertrag** (Rn 109) zum Verkauf eines Grundstücks. Solche Verträge haben ebenfalls nur ein einmaliges oder auf kurze Dauer angelegtes Tätigwerden des Geschäftsbesorgers zum Inhalt und weisen einen deutlichen Gegenstandsbezug auf. Allerdings kennzeichnet auch einen solchen Geschäftsbesorgungsvertrag in Abgrenzung zu einem Werkvertrag, dass sich die Leistungsverpflichtung des Geschäftsbesorgers nicht lediglich auf die Herbeiführung eines gegenstandsbezogenen Leistungserfolgs beschränkt, sondern dass ihm die, wenn auch kurzfristige, eigenverantwortliche Wahrnehmung von Vermögensinteressen obliegt. So weist beispielsweise der Vertrag des Verkaufsmaklers zwar einen Bezug zu einem konkreten, der Insolvenzmasse zugehörigen Grundstück auf. Diesbezüglich schuldet der Makler jedoch nicht die Herbeiführung eines Erfolgs, sondern nimmt die Vermögensinteressen des Geschäftsherrn insoweit wahr, als er sich um die Anbahnung eines Kaufvertrags bemüht. Derartige Tätigkeiten, die die Verwaltung von Gegenständen der Insolvenzmasse betreffen, fallen nach Insolvenzeröffnung in die Zuständigkeit des Insolvenzverwalters. **40**

2. Vermögensbezug zur Insolvenzmasse

§§ 115, 116 ordnen das Erlöschen solcher Aufträge und Geschäftsbesorgungsverträge an, die sich „auf das zur Insolvenzmasse gehörende Vermögen" beziehen. Im Unterschied zur Vorgängernorm des § 23 KO, der als Grundsatz formulierte, dass ein Auftrag erlösche, sofern er sich nicht ausnahmsweise *nicht* auf das zur Konkursmasse gehörige Vermögen bezöge, ist das Erfordernis des Massebezugs in § 115 I als **positive Tatbestandsvoraussetzung** ausgestaltet. Darlegungs- und beweispflichtig ist nunmehr der Verwalter,[79] ohne dass diese Umkehrung der Beweislastverteilung im Gesetzgebungsverfahren gesondert erörtert worden wäre.[80] Bezieht sich der Auftrag oder Geschäftsbesorgungsvertrag sowohl auf die Masse als auch auf die insolvenzfreie Sphäre des Schuldners, bewirkt die Verfahrenseröffnung entsprechend **§ 139 BGB** das **vollständige Erlöschen** des Vertrags gem §§ 115 I, 116 S 1 (Rn 26). **41**

Massebezogenheit liegt stets vor, wenn sich der Auftrag oder Geschäftsbesorgungsvertrag auf Aktivbestandteile der Masse bezieht, wie namentlich bei Verträgen, vermittels derer der Dritte die Veräußerung einer massezugehörigen Sache zu betreiben hat (Rn 92).[81] Gehört der Gegenstand von Auftrag oder Geschäftsbesorgungsvertrag hingegen nicht zur Insolvenzmasse, besteht das Vertragsverhältnis fort.[82] Der Vertragspartner kann in diesem Fall die vor Verfahrenseröffnung entstandenen Ansprüche als Insolvenzforderungen gem § 38 verfolgen. Für die Zeit nach Verfahrenseröffnung ist er auf das beschlagsfreie Schuldnervermögen verwiesen.[83] **42**

---

[79] Zum alten Recht Jaeger/*Henckel* KO⁹ § 23 Rn 40.

[80] *Huber* InsR-Hb⁴ § 36 Rn 42; Kübler/Prütting/Bork/*Tintelnot* InsO³² §§ 115, 116 Rn 8; *Marotzke* HK InsO⁶ § 115 Rn 11.

[81] Kübler/Prütting/Bork/*Tintelnot* InsO³² §§ 115, 116 Rn 5.

[82] BAG ZIP 2008, 1184; BFH BB 2008, 494; Uhlenbruck/*Sinz* InsO¹³ §§ 115, 116 Rn 7.

[83] *Häsemeyer* InsR⁴ Rn 20.67.

43 a) **Rein ideelle Tätigkeiten.** Rein ideelle Tätigkeiten oder Tätigkeiten für den Insolvenzschuldner persönlich unterfallen nicht den §§ 115, 116 (Vor § 103 Rn 56 ff), wie etwa die Pflege und Betreuung des Insolvenzschuldners.[84] Gleiches gilt für Aufträge zur Erkundung von Familienverhältnissen oder Geschäftsbesorgungsverträge zur Führung von Eheprozessen.[85] Dabei gelangen §§ 115, 116 nur dann nicht zur Anwendung, wenn sich der Auftrag oder Geschäftsbesorgungsvertrag ausschließlich auf eine rein ideelle Tätigkeit für den Schuldner persönlich bezieht. Der Vertrag besteht ungeachtet der Insolvenzeröffnung mit dem Schuldner fort und kann von beiden Seiten lediglich nach den allgemeinen Regeln beendet werden. Sofern der Vertrag **neben** dem **personalen, gleichzeitig** auch **Massebezug** aufweist, beanspruchen §§ 115, 116 hingegen Geltung mit der Folge, dass der gesamte Vertrag **entsprechend § 139 BGB** mit Verfahrenseröffnung erlischt (Rn 26, 41). Vergütungs- und Ersatzansprüche des Vertragspartners sind außerhalb des Anwendungsbereichs von §§ 115, 116 nur insoweit Insolvenzforderungen gem § 38, als sie vor Verfahrenseröffnung entstanden sind, sie mithin auf einem Tätigwerden des Dritten vor Insolvenzeröffnung beruhen. Entstehen sie nach Verfahrenseröffnung, wird der Insolvenzschuldner persönlich verpflichtet. Ist schon der Anwendungsbereich von §§ 115, 116 in diesen Fällen nicht eröffnet, kann der Vertragspartner nach Verfahrenseröffnung auch nach § 115 II, III keine Ansprüche gegen die Masse geltend machen.[86]

44 b) **Neuerwerb.** Anders als unter der KO fällt gem § 35 I auch der pfändbare Neuerwerb des Schuldners in die Insolvenzmasse. Hiermit ist eine Ausweitung des Anwendungsbereichs der Erlöschensanordnung gem §§ 115, 116 einhergegangen.[87] Anders als noch nach §§ 23, 27 KO werden auch Verträge erfasst, die sich auf vom Schuldner während des laufenden Insolvenzverfahrens zu erzielende Einkünfte beziehen.[88] Zwar fehlt es an dem erforderlichen Bezug zur Insolvenzmasse, wenn Gegenstand des Vertrags unpfändbarer und damit beschlagfreier Neuerwerb ist oder wenn der Schuldner solche Verträge zulässigerweise im Rahmen einer vom Verwalter nach § 35 II freigegebenen selbständigen Tätigkeit abschließt. Man wird es jedoch grundsätzlich **für ausreichend erachten** und §§ 115, 116 anwenden müssen, wenn sich ein solches im Eröffnungszeitpunkt bestehendes Vertragsverhältnis **potentiell auf Neuerwerb beziehen kann**, der Gegenstand der Insolvenzmasse ist.[89] Anderes gilt für ein vom Schuldner geführtes **P-Konto iSv § 850k I ZPO**, das dem von § 36 I 2 berücksichtigten Pfändungsschutz dient und nicht mit Verfahrenseröffnung erlischt (Rn 138 ff).

45 c) **Verträge den Erwerb von Todes wegen betreffend.** Bei Verträgen, die die Regelung erbrechtlicher Verhältnisse zum Gegenstand haben, wie etwa die Vertretung des Schuldners in einem erbrechtlichen Rechtsstreit,[90] ist eine **Differenzierung geboten.** Erbschaften und Vermächtnisse fallen als Neuerwerb gem § 35 I in die Masse.[91] Nach § 295 I Nr 2

---

[84] *Ahrendt* HambK InsO[4] § 115 Rn 3; Graf-Schlicker/*Pöhlmann* InsO[3] § 115 Rn 3; *Ott/Vuia* MünchKomm InsO[3] § 115 Rn 9; Uhlenbruck/*Sinz* InsO[13] §§ 115, 116 Rn 7; *Wegener* FK InsO[7] § 115 Rn 6.

[85] *Huber* InsR-Hb[4] § 36 Rn 42; Kübler/Prütting/Bork/*Tintelnot* InsO[32] §§ 115, 116 Rn 5a.

[86] Vgl Kübler/Prütting/Bork/*Tintelnot* InsO[32] §§ 115, 116 Rn 6.

[87] Kübler/Prütting/Bork/*Tintelnot* InsO[32] §§ 115, 116 Rn 7; *Marotzke* HK InsO[6] § 115 Rn 11.

[88] Kübler/Prütting/Bork/*Tintelnot* InsO[32] §§ 115, 116 Rn 7; *Ott/Vuia* MünchKomm InsO[3] § 115 Rn 9.

[89] Kübler/Prütting/Bork/*Tintelnot* InsO[32] §§ 115, 116 Rn 7.

[90] *Huber* InsR-Hb[4] § 36 Rn 42.

[91] BGHZ 167, 352 Rn 7; *Eickmann* HK InsO[6] § 35 Rn 38; Uhlenbruck/*Hirte* InsO[13] § 35 Rn 199.

obliegt es dem Schuldner, der die Restschuldbefreiung anstrebt, Vermögen, das er von Todes wegen oder unter Berücksichtigung eines künftigen Erbrechts während der Wohlverhaltensperiode erwirbt, zur Hälfte an den Treuhänder abzuführen. Bezieht sich ein Auftrag oder Geschäftsbesorgungsvertrag auf Ansprüche aus einer **gegenwärtigen** oder **künftigen Erbschaft, erlischt der Vertrag** daher grundsätzlich gem §§ 115 I, 116 S 1.[92] Zu berücksichtigen ist indes, dass das Recht zur **Ausschlagung der Erbschaft gem § 83 I S 1 dem Schuldner persönlich** zusteht und nicht etwa in die Kompetenz des Verwalters fällt. §§ 115 I, 116 S 1 finden folglich nur dann auf Verträge einen Erwerb von Todes wegen betreffend Anwendung, soweit sie nicht die höchstpersönliche Befugnis des Schuldners zur Ausschlagung einer Erbschaft,[93] sondern eine bereits angenommen Erbschaft zum Gegenstand haben.

d) **Passive Beziehung zur Insolvenzmasse.** Die Frage, inwieweit eine ausschließlich „passive Massebeziehung" ausreicht, um den von § 115 I vorausgesetzten Bezug zur Insolvenzmasse herzustellen, lässt sich nicht pauschal beantworten, sondern verlangt verschiedene Problemfälle zu unterscheiden: Unter dem Stichwort der rein „passiven Beziehung" zur Insolvenzmasse werden die Fälle diskutiert, in denen ein Bezug zur Insolvenzmasse einzig darin besteht, dass das Tätigwerden des Vertragspartners, wenn es vor Verfahrenseröffnung erfolgt wäre, einen Anspruch auf Aufwendungsersatz bzw Vergütung begründet hätte.[94] Nicht dem Anwendungsbereich von §§ 115, 116 unterfallen solche Verträge des Schuldners, die fremdes (zB seiner Ehefrau gehörendes) oder beschlagfreies Vermögen zum Gegenstand haben oder sich auf rein persönliche Angelegenheiten des Schuldners beziehen (Rn 42 f).[95] 46

Hinreichenden Bezug zur Insolvenzmasse weisen hingegen Aufträge und Geschäftsbesorgungsverträge auf, mit denen sich der Vertragspartner dem Schuldner gegenüber verpflichtet hat, für diesen eine **Bürgschaft zu übernehmen** oder **sonstige Sicherheiten** zu bestellen.[96] Nach §§ 115 I, 116 S 1 erlöschen danach insbesondere Avalkreditverträge (Rn 163 f) und Kautionsversicherungsverträge (Rn 99 ff).[97] Ist in diesen Fällen der Anwendungsbereich der §§ 115, 116 eröffnet, kann der Vertragspartner, der in Unkenntnis der Verfahrenseröffnung noch Aufwendungen tätigt oder Vergütungsansprüche erwirbt, wegen seiner Ansprüche aus der Zeit nach Verfahrenseröffnung eine Insolvenzforderung geltend machen.[98] 47

e) **Auf Erwerb gerichtete Verträge.** Ein hinreichender Massebezug gem §§ 115 I, 116 S 1 – und nicht eine unzureichende ausschließlich passive Massebeziehung – besteht schließlich regelmäßig auch bei Aufträgen oder Geschäftsbesorgungsverträgen, die auf 48

---

92 Kübler/Prütting/Bork/*Tintelnot* InsO[32] §§ 115, 116 Rn 7.

93 Kübler/Prütting/Bork/*Lüke* InsO[39] § 83 Rn 2; *Leipold* MünchKomm BGB[6] § 1942 Rn 14, § 1943 Rn 7; *Schumann* MünchKomm InsO[2] § 83 Rn 4; Staudinger/*Otte* BGB[2007] § 1942 Rn 15; vgl BGH ZIP 2013, 272 z Höchstpersönlichkeit der Mitwirkung eines Vertragserben an der Aufhebung seiner Erbeinsetzung.

94 Jaeger/*Henckel* KO[9] § 23 Rn 37; Kübler/Prütting/Bork/*Tintelnot* InsO[32] §§ 115, 116 Rn 6.

95 Kübler/Prütting/Bork/*Tintelnot* InsO[32] §§ 115, 116 Rn 4b, 6 aE; Uhlenbruck/*Sinz* InsO[13] §§ 115, 116 Rn 7; *Wegener* FK InsO[7] § 115 Rn 6.

96 Kübler/Prütting/Bork/*Tintelnot* InsO[32] §§ 115, 116 Rn 6; *Ott/Vuia* MünchKomm-InsO[3] § 115 Rn 7; **aA** Jaeger/*Henckel* KO[9] § 23 Rn 37.

97 BGHZ 168, 276 Rn 8 ff; BGH ZIP 2010, 1453 Rn 10; 2011, 282 Rn 7.

98 Kübler/Prütting/Bork/*Tintelnot* InsO[32] §§ 115, 116 Rn 6.

Anschaffungen für den Insolvenzschuldner gerichtet sind.[99] Einerseits vermag sich der erforderliche Bezug zum insolvenzbefangenen Vermögen des Geschäftsherrn in diesen Fällen daraus begründen, dass der Geschäftsbesorger ermächtigt ist, über die **zur Anschaffung eingeräumten Mittel** zu verfügen, die nunmehr in die Insolvenzmasse fallen. Andererseits stellt der **Anspruch aus dem angebahnten Erwerbsgeschäft** bereits einen vermögenswerten Bestandteil der Masse dar (Rn 92).

III. Rechtsfolgen

49 Die Eröffnung des Insolvenzverfahrens bewirkt eine **Aufspaltung des Vertrags in zeitlicher Hinsicht**, wie sie entsprechend auch §§ 38, 105 S 1, 108 III vorsehen.

1. Erlöschen von Aufträgen und Geschäftsbesorgungsverträgen mit Wirkung ex nunc

50 Soweit Aufträge und Geschäftsbesorgungsverträge vor Verfahrenseröffnung noch nicht vollständig ausgeführt wurden, erlöschen sie mit Verfahrenseröffnung kraft Gesetzes mit Wirkung ex nunc.[100] Bezieht sich der Vertrag sowohl auf massezugehöriges als auch beschlagfreies Schuldnervermögen, bewirkt die Insolvenzeröffnung entsprechend **§ 139 BGB** gleichwohl das vollständige Erlöschen (Rn 26, 41). Eine analoge Anwendung von §§ 115, 116 auf die Anordnung vorläufiger Verwaltung im Eröffnungsverfahren scheitert an einer planwidrigen Regelungslücke.[101] Ein starker vorläufiger Insolvenzverwalter kann den Auftrag kündigen, nicht aber ein schwacher.[102] Der Vertrag **erlischt** mit Verfahrenseröffnung **endgültig**, dh nicht nur gegenüber der Insolvenzmasse für die Dauer des Verfahrens, sondern auch im Verhältnis zum Insolvenzschuldner persönlich und auch für die Zeit nach der Verfahrensbeendigung.[103] Der Vertragspartner ist zur weiteren Ausführung der Geschäftsbesorgung abgesehen von den Fällen des § 115 II weder berechtigt noch verpflichtet. Ansprüche gegen die Masse kann er nur noch nach Maßgabe der § 115 II, III erwerben.[104] Eine nachträgliche **Aufhebung des Eröffnungsbeschlusses** hat keine Auswirkungen auf die mit Verfahrenseröffnung eingetretene Erlöschensfolge.[105] Der einmal erloschene Vertrag bleibt erloschen. In Betracht kommt nur ein – konkludenter – Neuabschluss durch den vormaligen Insolvenzschuldner.

---

[99] *Häsemeyer* InsR[4] Rn 20.67; Jaeger/*Henckel* KO[9] § 23 Rn 38; für die Einkaufskommission Ebenroth/Boujong/Joost/Strohn/*Krüger* HGB[2] § 383 Rn 32; *Häuser* MünchKomm HGB[3] § 383 Rn 91; **aA** für die Anw v § 103 auf die Einkaufskommission Kübler/Prütting/Bork/*Tintelnot* InsO[32] §§ 115, 116 Rn 15; *Marotzke* HK InsO[6] § 115 Rn 11; zum Kommissionsgeschäft s Rn 92.

[100] BGHZ 168, 276; BGH ZIP 2004, 513 (515); *Ahrendt* HambK InsO[4] § 115 Rn 5; Graf-Schlicker/*Pöhlmann* InsO[3] § 115 Rn 5; Kübler/Prütting/Bork/*Tintelnot* InsO[32] §§ 115, 116 Rn 9; *Ott/Vuia* MünchKomm InsO[3] § 115 Rn 11; Uhlenbruck/*Sinz* InsO[13] §§ 115, 116 Rn 8; *Wegener* FK InsO[7] § 115 Rn 7.

[101] BGH ZIP 2007, 2273 Rn 28; Kübler/Prütting/Bork/*Tintelnot* InsO[32] §§ 115, 116 Rn 9; *Marotzke* HK InsO[6] § 115 Rn 18; *Ott/Vuia* MünchKomm InsO[3] § 115 Rn 10.

[102] LG Lübeck DZWIR 2000, 78; *Wegener* FK InsO[7] § 115 Rn 7.

[103] BGHZ 168, 276; BGH ZIP 2004, 513 (515); *Huber* InsR-Hb[4] § 36 Rn 47; Kübler/Prütting/Bork/*Tintelnot* InsO[32] §§ 115, 116 Rn 9; *Ott/Vuia* MünchKomm InsO[3] § 115 Rn 11; Uhlenbruck/*Sinz* InsO[13] §§ 115, 116 Rn 8; *Wegener* FK InsO[7] § 115 Rn 7.

[104] BGHZ 168, 276 Rn 19; BGH ZIP 2010, 1453 Rn 11; 2011, 282 Rn 8.

[105] Wie hier *Wegener* FK InsO[7] § 115 Rn 9; **aA** *Ott/Vuia* MünchKomm InsO3[2] § 115 Rn 11.

Soweit Aufträge und Geschäftsbesorgungsverträge vor Eröffnung des Insolvenzverfahrens bereits ausgeführt worden sind, zeitigt die Erlöschensanordnung gem §§ 115, 116 keine Auswirkungen. Bis zu diesem Zeitpunkt entstandene Ansprüche erlöschen nicht.[106] Sofern der Vertragspartner Aufwendungsersatz oder eine Vergütung für vorinsolvenzliche Tätigkeiten bereits erlangt hat, bildet der nur mit Wirkung ex nunc erloschene Vertrag die causa, das Erlangte vorbehaltlich der Insolvenzanfechtung behalten zu dürfen. Forderungen des Insolvenzschuldners gegen den Vertragspartner, die vor Verfahrenseröffnung begründet wurden, hat der Verwalter für die Masse geltend zu machen.[107] **51**

Ausführungsgeschäfte, die der Vertragspartner im Rahmen seiner Tätigkeit vor Verfahrenseröffnung für den nachmaligen Insolvenzschuldner angebahnt hat, wie etwa An- und Verkaufgeschäfte, bleiben bestehen. Sie unterliegen den allgemeinen insolvenzrechtlichen Regeln, insbesondere dem Wahlrecht des Insolvenzverwalters (Rn 93 f). Aufwendungsersatz- und Vergütungsansprüche, die mit der Anbahnung solcher Geschäfte vor Insolvenzeröffnung entstanden sind und bis zur Verfahrenseröffnung noch nicht befriedigt wurden, bleiben auch dann Insolvenzforderungen, wenn der Verwalter anschließend Erfüllung des Ausführungsgeschäfts wählt (Rn 90).[108] **52**

Bildete die **Übernahme von Sicherheiten** für den nachmaligen Insolvenzschuldner den Gegenstand des Vertrags, wie etwa bei einem Avalkredit oder einem Kautionsversicherungsvertrag (Rn 99), entfällt mit dem Erlöschen des Vertrags gem §§ 115, 116 zwar die Verpflichtung, weitere Sicherheiten zu bestellen. Bereits vor Insolvenzeröffnung gewährte Sicherheiten bleiben indes bestehen.[109] Wird der Sicherungsgeber daraufhin von einem Gläubiger in Anspruch genommen, kann er seine **Regressforderung aus §§ 675 I, 670 BGB** bzw den kraft cessio legis oder aufgrund eines aus der Sicherungsabrede folgenden Anspruchs auf Abtretung auf ihn übergegangen gesicherten Anspruch lediglich als **Insolvenzgläubiger** verfolgen. Denn diese Ansprüche wurden bereits bei Übernahme der Sicherheit vor Verfahrenseröffnung (zunächst mit dem Inhalt eines Freihaltungsanspruchs) begründet (§ 103 Rn 264). Etwas anderes gilt für die auf den Sicherungsgeber übergegangene Hauptforderung nur dann, wenn sie aus einem bei Verfahrenseröffnung noch nicht erfüllten Vertrag resultierte, dessen Erfüllung der Insolvenzverwalter wählt. In diesem Fall wird die Hauptforderung durch die Erfüllungswahl **zur Masseverbindlichkeit aufgewertet** (§ 103 Rn 342). **53**

2. Abwicklungsansprüche zugunsten der Masse

Mit der insolvenzbedingten Beendigung des Vertrags gem §§ 115, 116 kann der Insolvenzverwalter gegen den Vertragspartner einen etwaigen Anspruch aus **§§ 667, 675 I BGB** auf Herausgabe des zum Zwecke der Geschäftsbesorgung Erhaltenen und des aus der Geschäftstätigkeit Erlangten geltend machen.[110] Weiterhin trifft den Auftragnehmer **54**

---

[106] BGHZ 168, 276; Andres/Leithaus/*Andres* InsO² § 115 Rn 7; Kübler/Prütting/Bork/*Tintelnot* InsO³² §§ 115, 116 Rn 11; Nerlich/Römermann/*Kießner* InsO²³ § 115 Rn 16; *Ott/Vuia* MünchKomm InsO³ § 115 Rn 11; Uhlenbruck/*Sinz* InsO¹³ § 115 Rn 13; *Wegener* FK InsO⁷ § 115 Rn 12.

[107] Kübler/Prütting/Bork/*Tintelnot* InsO³² §§ 115, 116 Rn 9; *Marotzke* HK InsO⁶ § 115 Rn 12 f; *Ott/Vuia* MünchKomm InsO³ § 115 Rn 11; Uhlenbruck/*Sinz* InsO¹³ §§ 115, 116 Rn 8; *Wegener* FK InsO⁷ § 115 Rn 7.

[108] Für den Provisionsanspruch des Handelsvertreters etwa BGH ZIP 1990, 318 (319); *Emde/Kelm* ZIP 2005, 58 (60 f).

[109] BGHZ 168, 276 Rn 24; BGH ZIP 2007, 543 Rn 14; 2011, 282 Rn 18.

[110] Graf-Schlicker/*Pöhlmann* InsO³ § 115 Rn 9; Kübler/Prütting/Bork/*Tintelnot* InsO³² §§ 115, 116 Rn 9; *Ott/Vuia* MünchKomm InsO³ § 115 Rn 11; Uhlenbruck/*Sinz* InsO¹³ §§ 115, 116 Rn 9; *Wegener* FK InsO⁷ § 115 Rn 10.

oder Geschäftsbesorger gem §§ 666, 675 I BGB die Pflicht zur Erteilung von **Auskunft und Rechenschaft.**[111] Unterlagen, die der Geschäftsbesorger zur Ausführung seiner Tätigkeit vom Geschäftsherrn erhalten oder zu diesem Zwecke erstellt hat, wie etwa **Handakten** (vgl § 50 IV BRAO), Gesprächsnotizen oder der für den Geschäftsherrn abgewickelte Schriftverkehr, muss er herausgeben.[112] Dies gilt indes nicht für solche Unterlagen, die persönliche Notizen des Auftragnehmers oder Geschäftsbesorgers oder vertrauliche Hintergrundinformationen enthalten, die nicht für die Einsichtnahme durch den Geschäftsherrn bestimmt sind, sondern als Arbeitsmittel lediglich internen Zwecken dienen.[113] Die Verpflichtung zur Herausgabe nach **§§ 667, 675 I BGB umfasst** auch **nicht** die vom Vertragspartner erzielten **Arbeitsergebnisse.** Diese hat der Geschäftsbesorger nicht iSv §§ 667 Fall 2, 675 I BGB erlangt. Vielmehr stellen sie den Gegenstand des vertraglichen Erfüllungsanspruch dar (Rn 16, 60).[114] Dagegen sind etwaige Auslagenvorschüsse (§ 669 BGB) und eine vorausgezahlte Vergütung aus § 812 I 2 Fall 1 BGB (condictio ob causam finitam) vom Vertragspartner zur Insolvenzmasse zurückgewähren.[115]

3. Aufwendungsersatz- und Vergütungsansprüche des Vertragspartners

55 Aufwendungsersatz- und Vergütungsansprüche des Vertragspartners sind, sofern sie vor Verfahrenseröffnung entstanden sind, Insolvenzforderungen (§ 38).[116] Das insolvenzbedingte Risiko, mit seiner Forderung auszufallen, kann der Auftragnehmer oder Geschäftsbesorger dadurch abwenden, dass er die Aufnahme seiner Tätigkeit von der Gewährung eines Vorschusses (§ 669 BGB) bzw einer Vorleistung auf die vereinbarte Vergütung, deren Fälligkeit sich grundsätzlich nach §§ 675 I, 614, 641 I BGB bestimmt, abhängig macht.

56 a) **Sicherheiten.** Abgesonderte Befriedigung kann der Vertragspartner beanspruchen, soweit ihm ein im Insolvenzverfahren durchdringendes Pfand- oder Zurückbehaltungsrecht zusteht.[117] Unanfechtbar bestellte Sicherheiten decken grds nur Aufwendungsersatzansprüche vor Verfahrenseröffnung, weil nach Verfahrenseröffnung vorbehaltlich § 115 II, III keine Ansprüche gegen die Insolvenzmasse mehr entstehen können.[118] Ausreichend ist insoweit, dass der Anspruch des Vertragspartners vor Insolvenzeröffnung begründet wurde. So genügt es für die Entstehung eines Anspruchs aus §§ 675 I, 670 BGB etwa, dass der Geschäftsbesorger sich vorinsolvenzlich für die Forderung eines Dritten gegen den Schuldner verbürgt hat. Wird er nach Insolvenzeröffnung von dem Dritten

---

111 LG Düsseldorf ZIP 1997, 1657; Kübler/Prütting/Bork/*Tintelnot* InsO[32] §§ 115, 116 Rn 9; Uhlenbruck/*Sinz* InsO[13] §§ 115, 116 Rn 9; *Wegener* FK InsO[7] § 115 Rn 10; vgl *Seiler* MünchKomm BGB[6] § 666 Rn 5 ff; Staudinger/*Martinek* BGB[2006] § 666 Rn 12 ff.

112 BGHZ 109, 260; Uhlenbruck/*Sinz* InsO[13] §§ 115, 116 Rn 9.

113 BGHZ 109, 260 (265); BGH ZIP 1988, 442 (443); *Seiler* MünchKomm BGB[6] § 667 Rn 16.

114 BGH ZIP 1988, 1474 (1475); 2004, 1267 (1268); Kübler/Prütting/Bork/*Tintelnot* InsO[32] §§ 115, 116 Rn 18; *Ott/Vuia* MünchKomm InsO[3] § 116 Rn 49; Uhlenbruck/*Sinz* InsO[13] §§ 115, 116 Rn 9; **aA** *Marotzke* HK InsO[6] § 115 Rn 7.

115 BGH ZIP 2010, 1453 Rn 11 ff; 2011, 282 Rn 6 ff.

116 *Ahrendt* HambK InsO[4] § 115 Rn 5; Graf-Schlicker/*Pöhlmann* InsO[3] § 115 Rn 9; *Ott/Vuia* MünchKomm InsO[3] § 115 Rn 11, § 116 Rn 50; *Wegener* FK InsO[7] § 115 Rn 11.

117 *Ahrendt* HambK InsO[4] § 115 Rn 5; Uhlenbruck/*Sinz* InsO[13] §§ 115, 116 Rn 9.

118 BGH ZIP 2007, 543; *Häsemeyer* InsR[4] Rn 20.72; Uhlenbruck/*Sinz* InsO[13] §§ 115, 116 Rn 9.

in Anspruch genommen, taugen sowohl der Aufwendungsersatzanspruch als auch die im Wege der cessio legis gem § 774 I 1 BGB auf den Vertragspartner übergegangene Hauptforderung zur Begründung eines Absonderungsrechts an vor Insolvenzeröffnung bestellten Sicherheiten.[119]

b) **Kein Zurückbehaltungsrecht wegen Insolvenzforderungen.** Der Vertragspartner kann den in die Masse fallenden Ansprüchen auf Rechnungslegung, Herausgabe (§§ 666, 667, 675 I BGB) oder Rückgewähr von Vorauszahlungen ein Zurückbehaltungsrecht (§ 273 BGB) wegen ausstehender Aufwendungsersatz- oder Vergütungsansprüche für die Zeit vor Insolvenzeröffnung grds nicht entgegenhalten.[120] Die Rechtsprechung versagt einem Beauftragten bereits aus **zivilrechtlichen Erwägungen**, gegen den Herausgabeanspruch des Auftraggebers aus § 667 BGB solche Gegenansprüche geltend zu machen, die ihren Grund nicht in dem Auftragsverhältnis haben.[121] Dem Auftragnehmer für diese Fälle ein Zurückbehaltungsrecht einzuräumen, widerspreche dem **Treuhandcharakter des Auftrags.**[122] Aus insolvenzrechtlicher Sicht kann der Vertragspartner wegen Insolvenzforderungen, gleich ob sie aus dem Auftragsverhältnis resultieren oder nicht, ein Zurückbehaltungsrecht gem § 273 BGB gegen die Inanspruchnahme durch den Verwalter nicht einwenden. Denn **Insolvenzforderungen** kann der Vertragspartner **im Verfahren nach § 87** nur nach Maßgabe der InsO verfolgen, dh sie gem §§ 174 ff zur Insolvenztabelle anmelden (Vor § 103 Rn 100). 57

c) **Aufrechnung.** Dem Vertragspartner ist es grundsätzlich versagt, Forderungen aus der Zeit vor Verfahrenseröffnung gegen die Ansprüche der Masse auf Herausgabe aus §§ 667, 675 I BGB aufzurechnen, die sich infolge des insolvenzbedingten Erlöschens mit Verfahrenseröffnung ergeben. Zum einen schränkt die Rechtsprechung die Aufrechnungsbefugnis des Auftragnehmers schon zivilrechtlich auf solche Gegenforderungen ein, die ihren Ursprung in dem Auftragsverhältnis selbst haben (Rn 57). Insolvenzrechtlich hindert **§ 96 I Nr 1** die Aufrechnung mit jedweder vor Verfahrenseröffnung erworbenen Forderung. Denn die **Herausgabeansprüche** der Masse **entstehen** erst **mit Erlöschen** des Vertrags bei Insolvenzeröffnung, so dass der Vertragspartner erst nach Verfahrenseröffnung etwas zur Masse schuldig wird.[123] 58

d) **Keine Anwendung von § 103 auf Abwicklungsverhältnis.** Die dargelegten Grundsätze zum Ausschluss eines Zurückbehaltungsrechts und des Aufrechnungsrechts drohen in Einzelfällen, den Geschäftsbesorger erheblich zu belasten, wenn dieser sich mit seinem Aufwendungsersatzanspruch nicht gegen den durch die Insolvenzeröffnung aufgrund von §§ 115 I, 116 fällig werdenden Anspruch auf die Herausgabe des Erlangte verteidigen kann. In der Literatur wird daher – zumindest für dieses Abwicklungsverhältnis (Rn 20 ff) – die 59

[119] BGH ZIP 2008, 885 Rn 11 f; OLG Dresden ZIP 2007, 640 (641 f) jew für einen Kautionsversicherungsvertrag.

[120] RGZ 105, 125 (128); OLG Düsseldorf ZIP 1982, 471 (472); OLG Hamm ZIP 1987, 1330 (1331); Andres/Leithaus/*Andres* InsO[2] § 115 Rn 6; *Ott/Vuia* MünchKomm InsO[3] § 115 Rn 11; Uhlenbruck/*Sinz* InsO[13] §§ 115, 116 Rn 13, 19; *Wegener* FK InsO[7] § 115 Rn 7; vgl *Marotzke* JA 1988, 117 (118 ff).

[121] Etwa RGZ 113, 264 (267); 160, 52 (69); BGHZ 14, 342 (346 f); *Seiler* MünchKomm BGB[6] § 667 Rn 24.

[122] *Seiler* MünchKomm BGB[6] § 667 Rn 24, vgl dort die dogm Begründungsansätze der Rspr.

[123] BGH ZIP 1989, 453 (454); RGZ 53, 327 (330); Kübler/Prütting/Bork/*Tintelnot* InsO[32] §§ 115, 116 Rn 9a; Uhlenbruck/*Sinz* InsO[13] §§ 115, 116 Rn 9; *Wegener* FK InsO[7] § 115 Rn 13.

Anwendung von § 103 gefordert.[124] Der Insolvenzverwalter könne also wählen, ob er das Erlangte herausverlangen wolle, müsse dann aber auch den Aufwendungsersatz- und Vergütungsanspruch des Geschäftsbesorgers als Masseverbindlichkeit befriedigen (§§ 103 I, 55 I Nr 2 Fall 1).

60 Der BGH hat sich in einem entsprechenden Fall, der einen Geschäftsbesorgungsvertrag mit werkvertraglichem Charakter betraf (Rn 16) anderweit beholfen, um unbillige Ergebnisse zu Lasten des Geschäftsbesorgers zu vermeiden. Er fasste die **Arbeitsergebnisse** bzw selbständige Werkleistung **nicht** als **aus der Geschäftsführung „Erlangtes"** gem § 667 Fall 2 BGB auf, sondern als **Gegenstand des (werk-)vertraglichen Erfüllungsanspruchs** (Rn 54).[125] Mit Erlöschen des Geschäftsbesorgungsvertrags gem §§ 116 I, 115 S 1 entfalle der vertragliche Anspruch auf Herausgabe dieser (Werk-)Leistung. Herausgabe kann der Insolvenzverwalter demnach nur auf Grundlage einer neuerlichen vertraglichen Vereinbarung mit dem Geschäftsbesorger erreichen. Dieses Ergebnis wird freilich beargwöhnt, weil dem Insolvenzverwalter im Unterschied zu den Ansprüchen, die dem Verwalterwahlrecht (§ 103 I) unterfallen, keine Möglichkeit eingeräumt wird, einseitig vom Geschäftsbesorger Erfüllung verlangen zu können (Rn 14 ff). Diese Folge ist aber Konsequenz der Einordnung eines Vertrags als Geschäftsbesorgungsvertrag (Rn 24 ff, 39 f). Hält man dieses Ergebnis für unangemessen, kann man nur dadurch helfen, den **einzelnen Vertrag als Werkvertrag** § **103** zu **unterstellen.**

61 Es werden darüber hinaus insbesondere diejenigen Fälle diskutiert, in denen der Vertragspartner aus dem Auftrag oder Geschäftsbesorgungsvertrag zum Erwerb einer Sache für den Geschäftsherrn verpflichtet ist, wie namentlich bei der **Einkaufskommission** (Rn 92 f). Aus Sicht des Geschäftsherrn stellt sich das Geschäft als (vermittelter) Kaufvertrag dar.[126] Wäre ein solcher Vertrag unmittelbar zwischen dem Insolvenzschuldner und dem Verkäufer zustande gekommen, könnte der Verwalter den Kaufgegenstand nur nach Erfüllungswahl (§ 103 I) zur Masse ziehen und müsste die Kaufpreisforderung (§§ 103 I, 55 I Nr 2) aus der Masse begleichen. Im Vergleich dazu wird die Masse erheblich begünstigt, wenn der Geschäftsbesorger zur Herausgabe des Erworbenen aus § 667 Fall 2 BGB verpflichtet wäre, den aufgewendeten Kaufpreis jedoch lediglich als Insolvenzforderung zur Tabelle anmelden könnte.[127] Indes greifen hier **andere Schutzmechanismen für den Geschäftsbesorger.** Namentlich dem Einkaufskommissionär stehen Pfandrecht (§ 397 f HGB) oder insolvenzfestes Zurückbehaltungsrecht (§ 369 HGB, § 51 Nr 3) zur Seite (Rn 93). Ggf muss man dem Geschäftsbesorger durch entsprechende Heranziehung dieser Normen, insbesondere des auf dem Besitz der Sache beruhenden Zurückbehaltungsrechts helfen. Anderenfalls kann sich aber auch das Insolvenzrisiko realisieren, dass ein Geschäftsbesorger eingeht, wenn er auf Gewährung eines Vorschusses (§ 669 BGB) verzichtet. Auch diese Fallgruppe macht also keine Anwendung von § 103 erforderlich.

---

[124] Kübler/Prütting/Bork/*Tintelnot* InsO[32] §§ 115, 116 Rn 9b; *Marotzke* JA 1988, 117 (118 ff); *ders* HK InsO[6] § 115 Rn 7 f.

[125] BGH ZIP 1988 1474 (1475); s zu dieser Intention der Unterscheidung v Arbeitsergebnissen u nach § 667 Fall 2 BGB herauszugebenden Gegenständen auch Kübler/Prütting/Bork/*Tintelnot* InsO[32] §§ 115, 116 Rn 18.

[126] Kübler/Prütting/Bork/*Tintelnot* InsO[32] §§ 115, 116 Rn 9b.

[127] Kübler/Prütting/Bork/*Tintelnot* InsO[32] §§ 115, 116 Rn 9b; *Marotzke* HK InsO[6] § 115 Rn 8; vgl OLG Düsseldorf ZIP 1987, 44 (47).

4. Keine Forderung wegen insolvenzbedingter Nichterfüllung des Vertrags

Dem Vertragspartner steht wegen des insolvenzbedingten Erlöschens von Auftrag oder Geschäftsbesorgungsvertrag kein Anspruch gegen die Masse wegen Nichterfüllung des Vertrags zu.[128] Für den Auftrag folgt dies schon aus den zivilrechtlichen Auftragsregeln, wenn der Auftraggeber nach **§ 671 I BGB** berechtigt ist, den **Auftrag jederzeit folgenlos** zu **widerrufen.**[129] Auch der Geschäftsbesorger kann wegen Erlöschens des Geschäftsbesorgungsvertrags nach §§ 116 S 1, 115 I keine Nichterfüllungsforderung geltend machen, obwohl je nach dienst- oder werkvertraglicher Ausgestaltung des Geschäftsbesorgungsvertrags nach den zivilrechtlichen Bestimmungen eine Ersatzpflicht des kündigenden Geschäftsherrn nach Maßgabe der §§ 628 II, 649 BGB in Betracht kommt.[130] 62

Teilweise wird die Ansicht vertreten, in Ermangelung einer speziellen insolvenzrechtlichen Regelung könne ein **Ersatzanspruch des Geschäftsherrn** unter Rückgriff auf diese allgemeinen Regeln, namentlich **§ 628 II BGB**, begründet werden.[131] Dieser Bestimmung liegt der Grundsatz zugrunde, dass derjenige seinem Vertragspartner zum Schadensersatz verpflichtet ist, der durch schuldhaftes Verhalten die Kündigung eines Dauerschuldverhältnisses veranlasse.[132] Dementsprechend erwerbe der Geschäftsbesorger einen Ersatzanspruch, wenn der nachmalige Insolvenzschuldner seine **Insolvenz vorwerfbar herbeigeführt** habe. 63

Dem kann nicht gefolgt werden. Ein Rückgriff auf allgemeine Vorschriften zur Begründung eines Ersatzanspruchs wegen der Folgen, die die Insolvenzveröffnung auf gegenseitige Verträge hat, würde dem eigenständigen und **im Grundsatz abschließenden**[133] **insolvenzrechtlichen System der Nichterfüllungs- und Ersatzansprüche** in § 103 II, § 109 I 3, § 109 II 2, § 113 S 3 widersprechen.[134] Diese Regelungen ermöglichen dem Vertragspartner, seinen Primäranspruch in der einschlägigen insolvenzrechtlichen Abwicklungsform geltend zu machen, wenn der Insolvenzverwalter sich durch Nichterfüllungswahl oder Kündigung gegen die Fortsetzung des Vertrages entscheidet (§ 103 Rn 34, 241 § 109 Rn 25 ff). Die Ansprüche wurzeln nicht im materiellen Recht, sondern stellen **insolvenzspezifische Abwicklungsansprüche** dar. Die gesetzliche Beendigungsanordnung wird indes durch den Wegfall der schuldnerisch eingerichteten Handlungsorganisation und die Begründung der neuen Handlungsorganisation für den Insolvenzverwalter legitimiert (Rn 24 ff). Daran knüpfen §§ 116 S 1, 115 I das endgültige Erlöschen des Vertrags sowohl zugunsten als auch zulasten der Masse. Dass dem Vertragspartner eine Nichterfüllungsforderung nicht gewährt ist, wird dadurch aufgewogen, dass der Verwalter dem anderen Teil die Fortsetzung des Vertrags nicht gegen seinen Willen aufzwingen kann.[135] 64

---

[128] BGHZ 168, 276 Rn 23; Kübler/Prütting/Bork/*Tintelnot* InsO[32] §§ 115, 116 Rn 11; *Ott/Vuia* MünchKomm InsO[3] § 115 Rn 11; Uhlenbruck/*Sinz* InsO[13] §§ 115, 116 Rn 12; *Wegener* FK InsO[7] § 115 Rn 12.

[129] Uhlenbruck/*Sinz* InsO[13] §§ 115, 116 Rn 12; *Wegener* FK InsO[7] § 115 Rn 12.

[130] RGZ 63, 69 (74); 82, 400 (407); Kübler/Prütting/Bork/*Tintelnot* InsO[32] §§ 115, 116 Rn 11; Uhlenbruck/*Sinz* InsO[13] §§ 115, 116 Rn 12.

[131] Jaeger/*Henckel* KO[9] § 23 Rn 45; *Kilger/Schmidt* KO[17] § 23 Anm 5; für den Handelsvertretervertrag *Emde/Kelm* ZIP 2005, 58 (64).

[132] *Henssler* MünchKomm BGB[6] § 628 Rn 50; Staudinger/*Preis* BGB[2011] § 628 Rn 34.

[133] Z Ausnahme im Falle einer Kündigung nach § 111 S 1 s § 111 Rn 36 ff.

[134] BGHZ 168, 276 Rn 23; Kübler/Prütting/Bork/*Tintelnot* InsO[32] §§ 115, 116 Rn 11; Uhlenbruck/*Sinz* InsO[13] §§ 115, 116 Rn 12.

[135] Vgl BGHZ 168, 276 Rn 23; Kübler/Prütting/Bork/*Tintelnot* InsO[32] §§ 115, 116 Rn 11.

IV. Notgeschäftsführung (§§ 115 II, 116 S 2)

65 Erlischt der Auftrag oder Geschäftsbesorgungsvertrag mit Insolvenzeröffnung, hat der Auftragnehmer oder Geschäftsbesorger, wenn mit dem Aufschub Gefahr verbunden ist, die Besorgung des übertragenen Geschäfts fortzusetzen, bis der Insolvenzverwalter anderweit Fürsorge treffen kann. Während § 23 I 2 KO für die Fälle der sog Notgeschäftsführung noch auf § 672 S 2 BGB verwies, bestimmt § 115 II nunmehr originär die Verpflichtung und Berechtigung des Vertragspartners zur Fortsetzung der Geschäftsführung. § 115 II bezweckt einen **vorläufigen Schutz der Masse** für die Fälle, in denen der Insolvenzverwalter noch nicht tätig geworden ist oder selbst erforderliche Maßnahmen treffen konnte, um Nachteile für die Masse abzuwenden.[136]

66 Für die Anwendbarkeit von § 115 II kommt es daher nicht darauf an, ob der Auftrag oder Geschäftsbesorgungsvertrag zur Zeit der Verfahrenseröffnung bereits teilweise ausgeführt wurde oder der Vertragspartner Kenntnis oder Nichtkenntnis von der Insolvenzeröffnung hatte.[137] Entscheidend ist einzig die **objektive Dringlichkeit** bei Besorgung des Geschäfts.[138] Regelmäßig wird eine Notgeschäftsführung durch den ursprünglichen Geschäftsbesorger nicht erforderlich sein, weil bereits ein vorläufiger Insolvenzverwalter Maßnahmen ergreifen kann, um Nachteile von der Insolvenzmasse abzuwenden. Deshalb sind vier Monate ein zu langer Zeitraum, um von einer Gefahr für die Insolvenzmasse auszugehen.[139] Die **Beweislast** für das Vorliegen der Voraussetzungen von § 115 II trägt der Beauftragte bzw Geschäftsbesorger.[140]

67 § 115 II fingiert den Fortbestand des ursprünglichen Vertrags für die Dauer der Notgeschäftsführungslage. Gem **§ 117 II** gilt insoweit auch die **Vollmacht** des Geschäftsbesorgers als **fortbestehend** (§ 117 Rn 31). Der Vertragspartner bleibt somit sowohl im Innenverhältnis zur Geschäftsbesorgung berechtigt und verpflichtet als auch im Außenverhältnis zum Handeln mit Wirkung für und gegen die Masse befugt. Weder die Entstehung eines Aufwendungsersatz- oder Vergütungsanspruch im Innenverhältnis[141] noch die Wirksamkeit des Handelns des Geschäftsbesorgers gegenüber Dritten ist mithin von einer Genehmigung des Insolvenzverwalters abhängig. Die Notgeschäftsführungslage kann Maßnahmen der Verwaltung, aber auch solche der Verwertung notwendig machen, zB das sofortige Eingehen auf ein besonders vorteilhaftes Kaufangebot oder den Verkauf leicht verderblicher Waren.[142]

68 Mit der Verpflichtung zur Fortsetzung der Geschäftsbesorgung nach Verfahrenseröffnung, mithin mit einem entsprechenden Anspruch der Masse, korrespondiert, dass der Auftragnehmer Ersatz nach Verfahrenseröffnung getätigter Aufwendungen gem **§ 115 II 3** als **Massegläubiger** verlangen kann (vormals § 27 Fall 1 KO).[143] Nach § 116 S 2 gilt gleiches für den Vergütungsanspruch des in Notgeschäftsführung tätig werdenden Geschäftsbesorgers. §§ 115 II 3, 116 S 2 privilegieren lediglich solche Ansprüche des Notgeschäftsführers, die nach Verfahrenseröffnung entstanden sind. Aufwendungsersatz- oder Vergütungsansprüche aus früherer Zeit sind Insolvenzforderungen.[144]

---

136 BGHZ 168, 276; Kübler/Prütting/Bork/*Tintelnot* InsO[32] §§ 115, 116 Rn 11; *Ott/Vuia* MünchKomm InsO[3] § 115 Rn 16; Uhlenbruck/*Sinz* InsO[13] §§ 115, 116 Rn 13.

137 *Wegener* FK InsO[7] § 115 Rn 14.

138 *Ahrendt* HambK InsO[4] § 115 Rn 8; Kübler/Prütting/Bork/*Tintelnot* InsO[32] §§ 115, 116 Rn 12.

139 BayOblG ZInsO 2003, 1143 (1145); Uhlenbruck/*Sinz* InsO[13] §§ 115, 116 Rn 13.

140 *Wegener* FK InsO[7] § 115 Rn 16.

141 *Ott/Vuia* MünchKomm InsO[3] § 115 Rn 16; Uhlenbruck/*Sinz* InsO[13] §§ 115, 116 Rn 13.

142 Kübler/Prütting/Bork/*Tintelnot* InsO[32] §§ 115, 116 Rn 12; *Wegener* FK InsO[7] § 115 Rn 14.

143 Vgl Uhlenbruck/*Sinz* InsO[13] §§ 115, 116 Rn 13.

144 Uhlenbruck/*Sinz* InsO[13] §§ 115, 116 Rn 13.

V. Unkenntnis der Verfahrenseröffnung (§§ 115 III, 116 S 2)

Wenn der Auftragnehmer oder Geschäftsbesorger die das Erlöschen bewirkende Tatsache der Verfahrenseröffnung weder kennt noch fahrlässig verkennt, gilt der Vertrag nach § 115 III 1 zu seinen Gunsten als fortbestehend. Der Ersatzanspruch des Auftragnehmers aus § 670 BGB bzw ein Vergütungsanspruch des Geschäftsbesorgers ist in diesem Fall Insolvenzforderung, § 115 III 2. § 115 III übernimmt damit den Regelungsgehalt von §§ 23 I 2, 27 Fall 2 KO, die für die Rechtsfolge allerdings noch auf § 674 BGB Bezug nahmen. Die Vorschrift des § 115 III stellt den gutgläubigen Geschäftsbesorger so, als hätte er das Geschäft vor Insolvenzeröffnung geführt,[145] und privilegiert ihn damit gegenüber den Vorschriften über die Geschäftsführung ohne Auftrag in §§ 677 ff BGB (Rn 12, 84) in zweierlei Hinsicht. Zum einen schützt sie ihn vor der Schadensersatzhaftung wegen Übernahmeverschuldens (§ 678 BGB). Zum anderen gewährt sie ihm einen Ersatzanspruch unter gegenüber § 683 S 1 BGB erleichterten Voraussetzungen.[146] Die Schutzwirkung des § 115 III entfällt nicht dadurch, dass die Insolvenzschuldnerin infolge der Verfahrenseröffnung aufgelöst wird.[147] 69

1. Ausschluss bei leicht fahrlässiger Unkenntnis von der Verfahrenseröffnung

Den Gutglaubensschutz des § 115 III hindert – **anders als** den Schutz des § 82, der dem Leistenden nur bei positiver Kenntnis von der Verfahrenseröffnung bzw von der Anordnung eines Verfügungsverbots im Eröffnungsverfahren (§§ 21 II Nr 2, 24 I) versagt – **bereits leichte Fahrlässigkeit.**[148] Will der Insolvenzverwalter die Ersatzpflicht (Insolvenzforderung) unter Hinweis auf das Erlöschen des Vertrags bestreiten, muss er nach § 115 III 1 dem Gegner die Kenntnis oder die verschuldete Unkenntnis von der Verfahrenseröffnung nachweisen.[149] 70

Ist zur Geschäftsbesorgung nicht eine Einzelperson, sondern eine Organisation berufen, wie namentlich Banken, Versicherungsunternehmen oder andere Finanzdienstleister, gilt der Grundsatz der **Wissenszurechnung** in arbeitsteiligen Organisationen.[150] Es entspricht gefestigter höchstrichterlicher Rechtssprechung – im Insolvenzrecht freilich nur zu § 82 –, dass eine am Rechtsverkehr teilnehmende Organisation die **Obliegenheit zur „verkehrsgerechten Weitergabe ordnungsgemäß zugegangener Informationen“** trifft, so dass sichergestellt ist, dass „erkennbar erhebliche Informationen“ den maßgeblichen Entscheidungsträgern zugeleitet werden.[151] Dies kann einen Informationsfluss von „unten nach oben“ aber auch in horizontaler Richtung und filialübergreifend erforderlich machen, jedenfalls wenn ein solcher möglich ist und aufgrund objektiver Sicht nahe- 71

---

145 *Ott/Vuia* MünchKomm InsO³ § 115 Rn 17; Uhlenbruck/*Sinz* InsO¹³ §§ 115, 116 Rn 14; s Begr KO-Novelle 1898 zu § 27 KO S 240.

146 *Ahrendt* HambK InsO⁴ § 115 Rn 10; Kübler/Prütting/Bork/*Tintelnot* InsO³² §§ 115, 116 Rn 13; *Ott/Vuia* MünchKomm InsO³ § 115 Rn 17; Uhlenbruck/*Sinz* InsO¹³ §§ 115, 116 Rn 14.

147 BGHZ 63, 87 (91) zum Fortbestand eines Bankvertrags nach Auflösung einer KG gem §§ 131 I Nr 3, 161 II HGB.

148 *Ahrendt* HambK InsO⁴ § 115 Rn 11; Uhlenbruck/*Sinz* InsO¹³ §§ 115, 116 Rn 14.

149 Kübler/Prütting/Bork/*Tintelnot* InsO³² §§ 115, 116 Rn 13; *Ott/Vuia* MünchKomm InsO³ § 115 Rn 17; Uhlenbruck/*Sinz* InsO¹³ §§ 115, 116 Rn 14; *Wegener* FK InsO⁷ § 115 Rn 14.

150 Vgl BGHZ 109, 327 (330 f); Uhlenbruck/*Sinz* InsO¹³ §§ 115, 116 Rn 14; allg Bork AT³ Rn 1665 ff mwN.

151 BGHZ 117, 104 (106 f); 140, 54 (62); BGH ZIP 2006, 138 Rn 13; 2009, 1726 Rn 16; 2010, 935 Rn 11.

liegt.[152] Kommt die jeweilige Organisation ihrer abstrakten Obliegenheit zur Informationsweitergabe nicht nach bzw genügt sie insoweit nicht ihrer Darlegungs- und Beweislast, ist es ihr **nach Treu und Glauben verwehrt**, sich im Rahmen von § 82 auf Unkenntnis zu berufen.[153] Weitergehend scheitert der Schutz des § 115 III nicht nur bei der Missachtung der abstrakten Organisationsobliegenheit, sondern genügt für verschuldete Unkenntnis iSd Norm bereits ein konkretes Organisationsverschulden.[154]

72 Seit dem 1.7.2007 werden Verfahrenseröffnungen im Internet (www.insolvenzbekanntmachungen.de) bekannt gemacht (§ 9 I). Inwieweit es einer am Rechtsverkehr teilnehmenden Organisation angesichts dessen obliegt, sich entsprechende Informationen zu beschaffen, um dem Vorwurf treuwidriger Unkenntnis von der Verfahrenseröffnung zu entgehen, ist im Anwendungsbereich des § 82 umstritten. Der BGH hat das Bestehen einer **Obliegenheit zur Informationsgewinnung** für finanzdienstleistende Unternehmen abgelehnt, weil „nicht vorgetragen worden [sei], dass [...] für die Beklagte und ähnliche Unternehmen die Möglichkeit bestand, mit verhältnismäßig geringem Aufwand Insolvenzbekanntmachungen im Internet programmgesteuert mit eigenen Kundendaten abzugleichen und wesentliche Informationen fortlaufend in die eigenen Unternehmensdateien zu übernehmen."[155] Eine Verringerung des Verkehrsschutzes zugunsten des Masseschutzes allein aufgrund der Internetpublizität dergestalt, dass es einer Organisation wegen einer entsprechenden Informationsbeschaffungsobliegenheit generell versagt ist, sich auf § 82 zu berufen, sei nicht im Wege richterlicher Rechtsfortbildung zu bewerkstelligen, sondern sei eine Entscheidung, die dem Gesetzgeber obliege. Die Meinungen im Schrifttum reichen von der Ablehnung einer solchen Obliegenheit[156] bis hin zur anlassbezogenen Bejahung.[157] Gewärtigt man, dass nach § 115 III anders als nach § 82 bereits leicht fahrlässige Unkenntnis schadet und dass jene Norm den Vertragspartner des Schuldners schützt, während diese jeden Drittschuldner und damit vornehmlich den Verkehrsschutz im Blick hat, ist dem anderen Teil im Anwendungsbereich von § 115 III jedenfalls eine anlassbezogene Informationsobliegenheit zuzumuten,[158] derer er durch Einsichtnahme in die Internetveröffentlichungen genügen kann. In Anbetracht dieser einfachen Möglichkeit der Informationsgewinnung sowie dem Umstand, dass § 115 III schon leichte Fahrlässigkeit sanktioniert, wird man an den Anlass, der eine Obliegenheit zur Einholung von Informationen begründet, nur sehr geringe Anforderungen zu stellen haben. Leicht fahrlässig handelt daher zumindest derjenige Geschäftsbesorger, der es in Kenntnis eines Antrags auf Eröffnung des Insolvenzverfahrens unterlässt, sich im Zeitpunkt der Geschäftsbesorgung zu erkundigen, ob das Verfahren bereits eröffnet worden ist.[159]

2. Rechtsfolgen

73 Fehlte es an der Norm des § 115 III, könnte der Vertragspartner Ersatz für Aufwendungen, die er nach Verfahrenseröffnung tätigt, bzw eine Vergütung für während dieser Zeit erbrachte Geschäftsbesorgungsleistungen grundsätzlich nicht einmal als Insolvenz-

[152] BGH ZIP 1989, 1180 (1183); 2004, 843 (845); 2006, 138 Rn 13.
[153] BGH ZIP 2010, 935 Rn 10.
[154] BGH ZIP 2010, 935 Rn 10.
[155] BGH ZIP 2010, 935 Rn 13.
[156] *Bork* DB 2012, 33 (37 f): wegen Erfordernisses positiver Kenntnis keine Beschaffungsobliegenheit.
[157] *Kayser* FS Wellensiek (2011) S 211 (217 f); *Wittmann/Kinzl* ZIP 2011, 2232 (2234 ff).
[158] Vgl *Wittmann/Kinzl* ZIP 2011, 2232 (2235 f) für § 82.
[159] *Huber* InsR-Hb[4] § 36 Rn 51; Uhlenbruck/*Sinz* InsO[13] §§ 115, 116 Rn 14.

forderung verlangen, weil ein entsprechender Anspruch nicht vor Insolvenzeröffnung entstanden (§ 38) ist. Ein Anspruch kommt allein über die Regeln der **Geschäftsführung ohne Auftrag** in Betracht (Rn 12), der **von § 115 III** angesichts dessen Schutzzwecks **nicht berührt** wird. § 115 III stellt den Geschäftsbesorger so, als sei er vor Verfahrenseröffnung tätig geworden, und gewährt ihm eine Insolvenzforderung (§ 115 III 2). Dies gilt auch insoweit, als vor Verfahrenseröffnung noch nicht mit der Ausführung begonnen wurde, sofern nur Auftrag und Geschäftsbesorgungsvertrag vor Insolvenzeröffnung vereinbart wurden.[160]

a) **Valutierung von Sicherheiten mittels Insolvenzforderung iSv § 115 III 2.** Streitig diskutiert wird, ob eine Insolvenzforderung nach § 115 III 2 zur Valutierung dem Vertragspartner vor Insolvenzeröffnung gewährter **Sicherheiten** taugt. Praktisch relevant wird diese Fragestellung insbesondere bei der Valutierung des **AGB-Pfandrechts der Banken und Sparkassen** gem Nr 14 AGB-Banken bzw Nr 21 AGB-Sparkassen, wenn der Zahlungsdienstleister einen Zahlungsauftrag des Schuldners in gutgläubiger Unkenntnis der Verfahrenseröffnung noch ausführt. Zum Teil wird die Möglichkeit die Erstreckung der Sicherheit auf eine Insolvenzforderung iSv § 115 III 2 abgelehnt, weil eine Valutierung durch Begründung der zu sichernden Forderung auf Aufwendungsersatz oder Vergütung einer Verfügung des Insolvenzschuldners über die Sicherheit gleich käme, die der Schuldner nach Insolvenzeröffnung gem § 81 I nicht wirksam vornehmen könne. Ein gutgläubiger Erwerb der Sicherheit komme nur unter den Voraussetzungen von § 81 I 2 in Betracht.[161] 74

Dem kann indes nicht gefolgt werden.[162] Misst die ablehnende Auffassung dem Masseschutz überragendes Gewicht zu, ist die **Entscheidung des Gesetzgebers zugunsten des gutgläubigen Geschäftsbesorgers** ausgefallen. Wenn § 115 III 2 dem Vertragspartner eine „Insolvenzforderung" zubilligt, gelten für sie die gleichen Regeln wie für eine „herkömmliche", vor Verfahrenseröffnung begründete Insolvenzforderung iSv § 38. Das Gesetz bietet keinen Anhaltspunkt dafür, dass der Gesetzgeber dem Insolvenzgläubiger gem § 115 III 2 ausschließlich die Anmeldung seiner Forderung zur Insolvenztabelle und die Teilhabe an der Quote ermöglichen wollte, im Übrigen aber die Bestimmungen für Insolvenzforderungen iSv § 38, insbesondere die Sicherungsfähigkeit, nicht anzuwenden sein sollten. Die Begründung zur KO-Novelle von 1898 bestätigt vielmehr die gegenteilige Auffassung, wenn es dort heißt, dass in gutgläubiger Unkenntnis der Verfahrenseröffnung vorgenommene Geschäfte so zu behandeln seien, „wie wenn sie vor der Eröffnung vorgenommen worden wären", und dem Geschäftsbesorger explizit „die Rechte eines Konkursgläubigers" zustehen sollen.[163] Hiernach kann kein Zweifel daran bestehen, dass der Gutglaubensschutz des § 115 III auch das Vertrauen des Vertragspartners darin schützt, für den Ersatz seiner Aufwendungen bzw die Vergütungsforderung auf ihm vor Verfahrenseröffnung gewährte Sicherheiten zugreifen zu können. Im praktisch besonders relevanten Fall ist der Zahlungsdienstleister bei Vorliegen ausreichender Sicherheiten und damit genügender Kontodeckung aus §§ 675f II 1, 675o II BGB iVm dem Zahlungs- 75

[160] Kübler/Prütting/Bork/*Tintelnot* InsO[32] §§ 115, 116 Rn 13; *Marotzke* HK InsO[6] § 115 Rn 17.

[161] Kübler/Prütting/Bork/*Tintelnot* InsO[32] §§ 115, 116 Rn 13c; *Kuhn/Uhlenbruck* KO[11] § 8 Rn 9b.

[162] Wie hier *Bork* Zahlungsverkehr Rn 181; *Nobbe* KTS 2007, 397 (403); *Obermüller* Bankpraxis[8] Rn 3.55 f; Uhlenbruck/*Uhlenbruck* InsO[13] § 82 Rn 23; *Wegener* FK InsO[7] § 115 Rn 18; so auch schon Jaeger/*Henckel* KO[9] § 27 Rn 9.

[163] Begr KO-Novelle 1898 zu § 27 S 240.

diensterahmenvertrag gar verpflichtet, einen Zahlungsauftrag des Schuldners auszuführen (Rn 128).[164] Dieser Ausführungsverpflichtung hat er sich im Zahlungsdiensterahmenvertrag allerdings nur mit der Maßgabe unterworfen, dass bestehende Sicherheiten für den infolge der Zahlungsausführung entstehenden Aufwendungsersatzanspruch haften.

76 b) **Aufrechnung mit Insolvenzforderungen iSv § 115 III 2.** Auch die Zulässigkeit der **Aufrechnung** mit der Forderung auf Aufwendungsersatz bemisst sich nach der Qualifikation des § 115 III 2 als Insolvenzforderung. Gegen eine Masseforderung aus der Zeit vor Verfahrenseröffnung kann der Vertragspartner nach Maßgabe von § 95 I aufrechnen.[165] Damit steht freilich **§ 95 I 3** der Aufrechnung gegen zur Masse gehörende Forderungen entgegen, die vor dem Aufwendungsersatzanspruch durchsetzbar werden. Zwar lässt sich argumentieren, die Fiktion als Insolvenzforderung wolle den Vertragspartner umfassend so behandeln, als habe er vor Verfahrenseröffnung die Aufwendung getätigt. Dann könnte er nach § 94 gegen alle Forderungen aufrechnen, die der Schuldner gegen ihn bei Entstehung des Aufwendungsersatzanspruchs hat. Jedoch überschätzt eine solche Argumentation den **Aussagegehalt von § 115 III.** Diese Regelung qualifiziert die Forderung lediglich als Insolvenzforderung; inwieweit Sicherheiten oder Aufrechnungsbefugnisse sich auf diese Insolvenzforderung erstrecken, ist dem jeweils einschlägigen Normenregime zu entnehmen, hier also § 95 I 3; zur besonderen Konstellation der Kontokorrentverrechnung einer Bank wegen der parallel zur Aufrechnungsmöglichkeit bestehenden Sicherheiten (Rn 74 f) s Rn 83, 128. Die Aufrechnung gegen eine nach Verfahrenseröffnung erst entstehende Forderung der Masse hindert zudem § 96 I Nr 1;[166] auch die übrigen Aufrechnungsverbote in § 96 I bleiben von § 115 III 2 unberührt.

3. Keine Auswirkung auf das Außenverhältnis

77 Die Bestimmung des § 115 III schützt lediglich den gutgläubigen Auftragnehmer bzw Geschäftsbesorger im **Innenverhältnis**, indem dieser von der Haftung wegen Übernahmeverschuldens (§ 678 BGB) freigestellt und ihm der Rang eines Insolvenzgläubigers eingeräumt wird. Handelt der Geschäftsbesorger aber im Außenrechtsverkehr Dritten gegenüber, sind allein die Bestimmungen für dieses Außenrechtsverhältnis maßgeblich. Wenn der Geschäftsbesorger als Vertreter auftritt, **handelt** er **ohne Vertretungsmacht**, was § 117 klarstellt. § 117 sieht in Abs 2 lediglich für die Fälle des § 115 II eine Fortdauer der vom Insolvenzschuldner erteilten Vollmacht vor. Allerdings schützt § 117 III den Geschäftsbesorger im Verhältnis zum Geschäftspartner des Vertretergeschäfts ähnlich wie §§ 115 III, 116 S 1 im Verhältnis zur Masse: Obwohl der Geschäftsbesorger als Vertreter ohne Vertretungsmacht handelt, wird eine **Haftung als falsus procurator (§ 179 BGB) ausgeschlossen**, solange er unverschuldet keine Kenntnis von der Verfahrenseröffnung hat. Handelt der Geschäftsbesorger indessen im eigenen Namen (**sog mittelbare Stellvertretung**) werden die Geschäfte grds nicht von der Verfahrenseröffnung berührt. Verfügt er aufgrund einer Ermächtigung des Schuldners über Massebestandteile, gilt § 81, so dass ein gutgläubiger Erwerb fast ausnahmslos ausscheidet.[167]

---

164 BGH ZIP 2013, 371 Rn 30; Bamberger/Roth/*Schmalenbach* BGB[3] § 675f Rn 8 f; Palandt/*Sprau* BGB[72] § 675o Rn 3; Staudinger/*Omlor* BGB[2012] § 675o Rn 3.

165 **AA** Jaeger/*Windel* InsO § 95 Rn 18, weil der Gesetzgeber seiner Ansicht nach nur einem Massegläubiger nach § 115 II 3, nicht aber einem Insolvenzgläubiger gem § 115 III 2 die Aufrechnung gestatten wolle.

166 Insoweit zutr Kübler/Prütting/Bork/*Tintelnot* InsO[32] §§ 115, 116 Rn 13c; *Ott/Vuia* MünchKomm InsO[3] § 82 Rn 20.

167 Jaeger/*Windel* InsO § 81 Rn 12.

4. Verhältnis zu § 82

Vornehmlich im Rahmen der girovertraglichen Beziehung des Insolvenzschuldners zu seinem Zahlungsdienstleister erlangt die Frage nach dem Verhältnis von § 115 III zu § 82 besondere praktische Bedeutung. So gewährt § 115 III 2 demjenigen Geschäftsbesorger, der in gutgläubiger Unkenntnis von der Verfahrenseröffnung ein Geschäft für den Schuldner besorgt, lediglich eine Insolvenzforderung. Demnach kann etwa auch ein Zahlungsdienstleister unter den Voraussetzungen des § 115 III Ersatz für Aufwendungen, die für die Ausführung eines Zahlungsauftrags des Schuldners (§ 675f III 2 BGB) nach Verfahrenseröffnung erforderlich geworden sind, grundsätzlich nur als Insolvenzgläubiger zur Tabelle anmelden. Dies gilt freilich nicht für solche Zahlungsaufträge, die zwar zuvor erteilt wurden (vgl § 675n BGB) aber erst nach Verfahrenseröffnung ausgeführt werden. Diese unterliegen der Sonderregel des § 116 S 3, die dem Zahlungsdienstleister für seinen Aufwendungsersatzanspruch die Stellung als Massegläubiger einräumt (Rn 144 ff). § 115 III gilt damit nur für solche Zahlungsaufträge, die der Schuldner dem gutgläubigen Kreditinstitut erst nach Insolvenzeröffnung erteilt hat. 78

Erfolgt die **Leistung** des Vertragspartners, mithin die Ausführung des Geschäfts, allerdings **„auf Schuld"**, dh hat der Insolvenzschuldner einen Anspruch auf die Besorgung des Geschäfts, soll der Geschäftsbesorger nach nahezu einhelliger Auffassung nicht lediglich gem § 115 III 2 Ersatz seiner Aufwendungen als Insolvenzgläubiger verlangen können, sondern unter den Voraussetzungen des § 82 vollständig von der Leistungsverpflichtung gegenüber der Insolvenzmasse befreit werden. So ist es ganz überwiegende Ansicht, dass eine Bank bei Vorliegen eines kreditorischen Saldos im Zeitpunkt der Insolvenzeröffnung schuldbefreiend leistet, indem sie einen nach Verfahrenseröffnung erteilten Zahlungsauftrag des Schuldners ausführt, sofern sie zu dieser Zeit keine positive Kenntnis von der Eröffnung hatte.[168] Mit der Ausführung eines Zahlungsauftrags erbringe der Zahlungsdienstleister eine Leistung an den Insolvenzschuldner auf den Auszahlungsanspruch, der ihm bei kreditorischem Kontosaldo zustehe.[169] 79

Die nahezu einhellig befürwortete **„Überlagerung" des Gutglaubenschutzes des § 115 III durch** die Bestimmung des **§ 82 vermag** indes **nicht zu überzeugen**. Zunächst ist die Erteilung eines Zahlungsauftrags nicht als **„Verfügung"** oder als „verfügungsähnliche Handlung" iSv §§ 81, 82 zu qualifizieren.[170] Denn allein die Erteilung einer Zahlungsweisung führt noch nicht zur Aufhebung, Übertragung, Belastung oder Änderung eines Rechts bzw zeitigt unmittelbare Auswirkungen auf ein Kontoguthaben. Dies erhellt schon dadurch, dass der Zahlungsdienstleister die Ausführung eines Zahlungsauftrags gem § 675o II BGB ablehnen kann, wenn die vereinbarten Ausführungsbedingungen nicht vorliegen. Auch der **BGH** hat zwischenzeitlich – jedenfalls implizit – die Ansicht aufgegeben, der girovertraglichen Zahlungsweisung bzw dem Abschluss eines 80

---

168 Für die parallele Situation der Anordung eines Verfügungsverbots im Eröffnungsverfahren, §§ 21 II Nr 2, 24 I, 82, etwa BGH ZIP 2006, 138 Rn 11; OLG Brandenburg ZInsO 2004, 806; für das eröffnete Verfahren etwa *Bork* Zahlungsverkehr Rn 169; *Obermüller* Bankpraxis[8] Rn 3.53; *Ott/Vuia* MünchKomm InsO[3] § 82 Rn 21; Uhlenbruck/*Uhlenbruck* InsO[13] § 82 Rn 22; **aA** allerdings ohne inhaltliche Auseinandersetzung *Mayen* BankR-Hb[4] § 50 Rn 50.

169 BGHZ 61, 289 (291); BGH ZIP 2006, 17 Rn 15; *Obermüller* Bankpraxis[8] Rn 3.53.

170 So aber die Gegenauffassung, zT freilich noch für den Abschluss eines Überweisungsvertrags gem § 676a I BGB aF, BGH ZIP 2006, 138 Rn 10; LG Offenburg ZInsO 2004, 559 (561); Jaeger/*Windel* InsO § 81 Rn 9; *Kirchhof* HK InsO[6] § 24 Rn 6; Uhlenbruck/*Uhlenbruck* InsO[13] § 81 Rn 3.

rein obligatorischen Überweisungsvertrags gem § 676a I BGB aF komme die Qualität einer unter §§ 81, 82 zu fassenden „Verfügung“ zu. So hat er 2009 entschieden, dass die **Einsetzung eines schwachen vorläufigen Insolvenzverwalters** mit Zustimmungsvorbehalt gem § 21 II 1 Nr 2 Hs 2 den Schuldner **nicht daran hindere, weitere Überweisungsverträge abzuschließen.**[171] Hieran wäre der Schuldner indes gem §§ 24 I, 81 I 1 gehindert, wenn bereits die schuldrechtliche Zahlungsweisung eine Verfügung darstellte. Die Auffassung, nach der bereits mit Erteilung einer Zahlungsweisung über einen kreditorischen Saldo verfügt werde, verkennt zudem, dass einer „unmittelbaren“ Verfügung über ein Kontoguthaben die **Kontokorrentbindung** der wechselseitigen Forderungen auf einem Girokonto entgegensteht (Rn 120). Mit der Ausführung eines Zahlungsauftrags erlangt der Zahlungsdienstleister mithin stets nur einen Aufwendungsersatzanspruch gem § 670 BGB, vgl § 675 u S 1 BGB, der saldomindernd in das Kontokorrent eingestellt wird.

81 Dass auch **Zahlungsaufträge insolvenzrechtlich als Geschäftsbesorgungen** gelten und deshalb über den Verweis des § 116 S 1 insbesondere die Vorschriften in § 115 II, III auf sie Anwendung finden, ergibt sich zudem aus § 116 S 3. Wollte man nun § 82 neben § 115 III zum Schutz des Vertragspartners heranziehen, bedeutete dies eine **Nivellierung des in § 115 II, III und § 116 S 3 vorgesehenen Schutzsystems** zugunsten des Geschäftsbesorgers. Denn die Anwendung von § 82 führte dazu, dass der Vertragspartner unter den dortigen Voraussetzungen von einer Forderung der Masse befreit würde, obgleich er dieser Forderung nach § 115 III 2 nur eine Insolvenzforderung entgegenhalten könnte. Diese Forderung würde mithin nicht als Insolvenz-, sondern als Masseforderung behandelt; jedenfalls würde der Vertragspartner von den Aufrechnungsschranken der §§ 96 I, 95 I 3 befreit (Rn 76).

82 Diejenigen, die § 82 neben § 115 III anwenden wollen, müssen sich zudem **Inkonsequenz** vorwerfen lassen, wenn sie **bei Vorliegen eines debitorischen Saldos** wie selbstverständlich von der Entstehung eines Aufwendungsersatzanspruchs (§ 670 BGB) im Range einer **Insolvenzforderung** ausgehen.[172] Offenbar gänzlich übersehen wird dabei, dass auf diese Weise nicht nur einerseits bei einem Guthaben volle Schuldbefreiung gem § 82 gewährt und andererseits bei debitorischem Kontostand lediglich die Erlangung einer Insolvenzforderung gem §§ 116 S 1, 115 III 2 angenommen wird, sondern dass § 82 und § 115 III sich auch in ihren tatbestandlichen Voraussetzungen unterscheiden. So schadet bei § 82 lediglich positive Kenntnis von der Verfahrenseröffnung, während der Schutz des § 115 III bereits bei leicht fahrlässiger Unkenntnis versagt. Inwieweit einem Zahlungsdienstleister Gutglaubensschutz zuteil wird, entschiede sich daher nach herrschender Ansicht unter anderem nach dem aktuellen Kontostand. Inkonsequenz ist der nahezu einhelligen Rechtsmeinung auch insoweit vorzuwerfen, als sich die **Anwendung des § 82 nicht ohne Rückgriff auf die Fortbestehensfiktion gem § 115 III** denken lässt. Denn um eine Zahlung an oder im Auftrag des Schuldners aufgrund eines entsprechenden Zahlungsauftrags nach Insolvenzeröffnung überhaupt als Leistung an den Schuldner iSv § 82 auffassen zu können, bedarf es einer wirksamen Zahlungsweisung eben des Schuldners. Eine **Autorisierung des Zahlungsvorgangs** (**§ 675j BGB**) ist jedoch **nur im Rahmen des Girovertrags** möglich, der allerdings mit Insolvenzeröffnung gem §§ 116 S 1, 115 I erloschen ist. Einen entsprechenden Zahlungsauftrag, aufgrund dessen die Bank annehmen

---

171 BGH ZIP 2009, 673 Rn 21.

172 *Kayser* HK InsO[6] § 82 Rn 27; *Nobbe* KTS 2007, 397 (403); *Obermüller* Bankpraxis[8] Rn 3.54; *Ott/Vuia* MünchKomm InsO[3] § 82 Rn 21; Uhlenbruck/*Uhlenbruck* InsO[13] § 82 Rn 23.

durfte, sie leiste an den Schuldner persönlich, setzt also voraus, dass der Fortbestand des Girovertrags gem §§ 116 S 1, 115 III fingiert wird.[173] Bedarf es auf der „Tatbestandsseite“ aber der Anwendung des § 115 III, können die Rechtsfolgen nicht § 82 entnommen werden.

Dem Geschäftsbesorger den Schutz des § 82 in Fällen der „Leistung auf Schuld“ zu **83** versagen, bedeutet **zwar** eine **Absenkung des Gutglaubensschutzes.** Allerdings kann der Vertragspartner mit seiner Insolvenzforderung **gem § 115 III 2 gegen Masseforderungen aufrechnen,** die gegen ihn gerichtet sind (Rn 76, 128). Zwar schadet dem Geschäftsbesorger nach § 115 III bereits leicht fahrlässige Unkenntnis, während § 82 nur positive Kenntnis der Verfahrenseröffnung sanktioniert. Dieser Verschuldensgrad ist aber vom Gesetzgeber gerade für sämtliche Aufträge und Geschäftsbesorgungsverträge vorgesehen worden und wird von der herrschenden Auffassung auch bei einer „Leistung auf Kredit“, insbesondere also bei Zahlungen aus einem debitorischem Konto, zur Anwendung gebracht. Insoweit führt die konsequente Anwendung von § 115 III allein zu einer kongruenten Lösung. Eine maßgebliche Einschränkung der Aufrechnungslösung im Vergleich zu der über § 82 droht allerdings aufgrund der Sperre des **§ 95 I 3,** nach der eine Aufrechnung ausgeschlossen ist, wenn die Forderung des Vertragspartners nach der zur Masse gehörenden Hauptforderung fällig wird (Rn 76). Jedoch wird diese Einbuße für den bedeutendsten Fall der bankrechtlichen Kontokorrentverrechnung dadurch aufgewogen, dass sich die Bank als Geschäftsbesorger für ihren Aufwendungsersatzanspruch angesichts ihres **AGB-Pfandrechts** an der gegen sie gerichteten Forderung ohnehin aus dieser Forderung befriedigen darf (Rn 74, 128).

5. Verhältnis zu § 55 I Nr 3

Klärungsbedürftig ist zudem das Verhältnis von § 115 III zu § 55 I Nr 3 (Rn 69). Die **84** Fortsetzung der Geschäftsbesorgung nach Verfahrenseröffnung kann der Masse Vorteile eintragen. Einem Dritten ständen in einem solchen Fall jedenfalls Ansprüche aus (unberechtigter) **Geschäftsführung ohne Auftrag** zu, die bei nach Verfahrenseröffnung eintretender **Massebereicherung als Masseverbindlichkeit** (**§ 55 I Nr 3**) geltend gemacht werden können (Rn 12). Entsprechend wurde für den von §§ 115 III, 116 S 1 erfassten Geschäftsbesorger im Schrifttum zur Konkursordnung vertreten, dass diesem ein Bereicherungsanspruch zustehe, den er gem § 59 I Nr 4 KO (§ 55 I Nr 3) als Massegläubiger geltend machen kann, wenn die Masse infolge der Geschäftsbesorgung ungerechtfertigt bereichert sei.[174] Gegen diese Auffassung wird nunmehr unter der InsO zum einen der **Wortlaut des § 115 III 2** eingewandt, der dem gutgläubigen Geschäftsbesorger eindeutig nur eine Insolvenzforderung gewähre.[175] Zum anderen stünden bei einem Auftrag die **Vorteile** auf Seiten der Masse und die **rechtsgrundlose Leistung** des Auftragnehmers **nicht im Synallagma.**[176] Dem ist jedoch entgegenzuhalten, dass § 115 III ungeachtet seines pauschalierenden Wortlauts wie schon § 27 KO iVm § 674 BGB die **Rechtsstellung des gutgläubigen Vertragspartners lediglich verbessern,** ihn nicht aber in seinen Ansprüchen beschneiden will.[177] Folglich kann der Geschäftsbesorger, der in Unkenntnis der Verfahrenseröffnung tätig wird, einen Kondiktionsanspruch als Masseforderung gem § 55 I Nr 3 verfolgen, wenn auf Seiten der Masse tatsächlich eine über die bloße Tätigkeit des

[173] Vgl auch *Mayen* BankR-Hb[4] § 50 Rn 50.
[174] So Jaeger/*Henckel* KO[9] § 27 Rn 5; *Kilger/Schmidt* KO[17] § 27 Anm 3; zu § 115 InsO *Ott/Vuia* MünchKomm InsO[3] § 115 Rn 12.
[175] Ebenso Uhlenbruck/*Sinz* InsO[13] §§ 115, 116 Rn 14; *Wegener* FK InsO[7] § 115 Rn 17.
[176] *Wegener* FK InsO[7] § 115 Rn 17.
[177] Jaeger/*Henckel* KO[9] § 27 Rn 5.

Geschäftsherrn hinausgehende Bereicherung zu verzeichnen ist, etwa wenn der Geschäftsbesorger Masseverbindlichkeiten deckt und dabei Aufwendungen tätigt, die auch der Verwalter nicht hätte ersparen können.[178]

VI. Insolvenz des Geschäftsbesorgers

85 §§ 115, 116 gelangen ihrem ausdrücklichen Wortlaut und dem Regelungszweck nach in der Insolvenz des Geschäftsbesorgers nicht zur Anwendung. Das weitere Schicksal von Aufträgen und Geschäftsbesorgungsverträgen bestimmt sich in diesem Fall nach allgemeinen Regeln.

1. Insolvenz des Auftragnehmers

86 Wird der Auftragnehmer insolvent, lässt § 115 das Vertragsverhältnis unberührt. Wie vor Verfahrenseröffnung kann der Auftraggeber **jederzeit den Auftrag widerrufen**, der Beauftragte – und zwar dieser persönlich, nicht sein Insolvenzverwalter – jederzeit kündigen (§ 671 I BGB).[179] Die freie beiderseitige Lösbarkeit trägt dem der Vertragsbeziehung zugrundeliegenden Vertrauensverhältnis Rechnung. Eine Vorschrift des Inhalts, dass die Insolvenz des Beauftragten den Auftrag von Rechts wegen erlöschen lasse, würde mitunter selbst für Aufträge in Vermögensangelegenheiten unangemessen sein, da der Beauftragte als Insolvenzschuldner nicht notwendig die Befähigung zum Vollzug solcher Aufträge einbüßt. Ein Eintritt des Insolvenzverwalters in das Auftragsverhältnis nach §§ 80, 35 ist auch dann ausgeschlossen, wenn das aufgetragene Geschäft in einer ersetzbaren Handlung besteht. Denn der unentgeltliche Auftrag verkörpert keinen Vermögenswert, den der Insolvenzverwalter zur Masse ziehen kann.

87 Der Anspruch auf Ersatz von Aufwendungen gem § 670 BGB, die der Insolvenzschuldner schon vor dem Insolvenzverfahren getätigt hatte, fällt nach § 35 I in die Masse. Ebenso gehört zur Insolvenzmasse ein **Anspruch auf Befreiung von Verbindlichkeiten**, die der Beauftragte persönlich zum Zwecke der Geschäftsbesorgung vor der Verfahrenseröffnung eingegangen ist, § 257 BGB. Der Befreiungsanspruch wandelt sich mit Eröffnung des Insolvenzverfahrens in einen Geldzahlungsanspruch um.[180] Da § 35 I Fall 2 auch den Neuerwerb in die Masse einbezieht, gilt nichts anderes für Aufwendungsersatzansprüche, die der Insolvenzschuldner nach Verfahrenseröffnung begründet.

2. Insolvenz des Geschäftsführers

88 Die Eröffnung des Insolvenzverfahrens über das Vermögen des Geschäftsbesorgers bildet keinen gesetzlichen Erlöschensgrund für den Geschäftsbesorgungsvertrag. Sie wird dem Geschäftsherrn jedoch regelmäßig **Grund zur Vertragskündigung** geben.[181] Dabei kann sich ein Kündigungsrecht je nach Vertrag entweder aus Gesetz (§§ 626, 627 BGB), aber auch aus dem Vertrag selbst ergeben. So gibt die Insolvenz eines **Handelsvertreters**

---

[178] Jaeger/*Henckel* KO[9] § 27 Rn 5.

[179] Kübler/Prütting/Bork/*Tintelnot* InsO[32] §§ 115, 116 Rn 4e; Uhlenbruck/*Sinz* InsO[13] §§ 115, 116 Rn 5.

[180] BGHZ 57, 78 (81, 83); *Krüger* MünchKomm BGB[6] § 257 Rn 10; Staudinger/*Bittner* BGB[2009] § 257 Rn 15; **aA** *Gursky* KTS 1973, 27 ff; **dag** dezidiert BGH NJW 1994, 49 (50 f).

[181] Kübler/Prütting/Bork/*Tintelnot* InsO[32] §§ 115, 116 Rn 4e; *Ott/Vuia* MünchKomm InsO[3] § 116 Rn 4; Uhlenbruck/*Sinz* InsO[13] §§ 115, 116 Rn 5.

dem Geschäftsherrn einen ausreichenden Grund zu fristloser Kündigung nach § 89a HGB.[182] Ebenso liegen die Dinge in der Insolvenz des **Maklers.**[183] Hingegen führt die Eröffnung des Insolvenzverfahrens über das Vermögen des **Kommissionärs** grundsätzlich nicht zur Beendigung des Kommissionsverhältnisses, wobei die Auslegung des konkreten Vertrags ein anderes ergeben kann.[184] Macht der andere Teil nicht von seinem Kündigungsrecht Gebrauch, besteht das Vertragsverhältnis in der Insolvenz des Geschäftsbesorgers fort.

Ob ein **beiderseits noch nicht vollständig erfüllter Vertrag** dem Wahlrecht des Insol- **89**
venzverwalters gem § 103 unterliegt, hängt davon ab, ob die Tätigkeit des Geschäftsbesorgers im Einzelfall als **höchstpersönlich** aufzufassen und deshalb die Verwaltungskompetenz des Insolvenzverwalters zu verneinen ist (Vor § 103 Rn 47 ff). Nur dann stellt sich auch das Problem, inwieweit eine vertragliche Lösungsklausel mit § 119 kollidieren kann (§ 119 Rn 8 ff).

VII. Einzelfälle

1. Handelsrechtliche Geschäftsbesorgungsverträge

Als Geschäftsbesorgungsvertrag erlischt der **Handelsvertretervertrag** gem §§ 116 S 1, **90**
115 I in der Insolvenz des Unternehmers.[185] Der Handelsvertreter unterscheidet sich vom angestellten Geschäftsmittler (§ 84 II HGB) durch seine Selbständigkeit, die die Anwendung des § 116 rechtfertigt. Auch der Vertrag mit dem in § 92a HGB genannten Handelsvertreter als **Einfirmenvertreter** endet nach § 116 mit der Verfahrenseröffnung.[186] Zwar ist die Rechtsstellung solcher Handelsvertreter derjenigen abhängiger Arbeitnehmer insoweit angenähert, als nach § 5 III ArbGG die Zuständigkeit der Arbeitsgerichte für Rechtsstreitigkeiten aus dem Handelsvertretervertrag begründet ist. Jedoch ändert dies nichts an ihrer – im Einzelfall freilich genau zu prüfenden – selbständigen Stellung, die sie vom angestellten Geschäftsmittler unterscheidet. Bislang ist von der in § 92a I 1 HGB geregelten Ermächtigungsgrundlage, die es dem Bundesjustizministerium im Einvernehmen mit dem Bundeswirtschaftsministerium ermöglicht, durch Rechtsverordnung Mindestbedingungen für die vertraglichen Leistungen des Unternehmers festzulegen, um die sozialen und wirtschaftlichen Bedürfnisse des Handelsvertreters angemessen zu befriedigen, kein Gebrauch gemacht worden.[187] Einen **Provisionsanspruch** wegen vor Insolvenzeröffnung angebahnter Verträge **aus §§ 87, 87a HGB** kann der Handelsvertreter in jedem Fall nur als **Insolvenzgläubiger** verfolgen, weil der Anspruch bereits mit Anbahnung des Geschäfts vor Verfahrenseröffnung entstanden ist. Dies gilt auch dann, wenn

---

[182] BGHZ 129, 290 (296); *v Hoyningen-Huene* MünchKomm HGB[3] § 89a Rn 19; *Krüger* ZInsO 2010, 507 (510); Oetker/*Busche* HGB[2] § 89a Rn 19.

[183] *Roth* MünchKomm BGB[6] § 652 Rn 89; Staudinger/*Reuter* BGB[2010] § 652 Rn 72.

[184] RGZ 78, 91 (93 f); Baumbach/Hopt/*Hopt* HGB[35] § 383 Rn 15; Ebenroth/Boujong/Joost/Strohn/*Krüger* HGB[2] § 383 Rn 34; *Häuser* MünchKomm HGB[3] § 383 Rn 97; Uhlenbruck/*Sinz* InsO[13] §§ 115, 116 Rn 5.

[185] RGZ 63, 69 (73); 140, 80 (83); *Emde/Kelm* ZIP 2005, 58; *Krüger* ZInsO 2010, 507 (508); Kübler/Prütting/Bork/*Tintelnot* InsO[32] §§ 115, 116 Rn 15; *Ott/Vuia* MünchKomm InsO[3] § 116 Rn 12; Uhlenbruck/*Sinz* InsO[13] §§ 115, 116 Rn 3.

[186] Kübler/Prütting/Bork/*Tintelnot* InsO[32] §§ 115, 116 Rn 15c.

[187] Ebenroth/Boujong/Joost/Strohn/*Löwisch* HGB[2] § 92a Rn 1.

der Insolvenzverwalter die Erfüllung des Vertrags wählt[188] und wenn erst der Insolvenzverwalter das vorinsolvenzlich angebahnte Geschäft selbst abschließt.[189] Lehnt der Insolvenzverwalter die Durchführung des Ausführungsgeschäfts ab, kann der Handelsvertreter seinen Anspruch aus **§ 87a III 1 HGB** lediglich als Insolvenzgläubiger zur Tabelle anmelden.[190] Auch der Ausgleichsanspruch des Handelsvertreters für den Fall der Vertragsbeendigung (**§ 89b HGB**) ist schon mit Anbahnung von Geschäften vor Verfahrenseröffnung begründet und deshalb Insolvenzforderung iSv § 38.[191]

91 In der Insolvenz des Versenders erlischt der **Speditionsvertrag** iSv § 453 HGB gem §§ 116 S 1, 115 I.[192] Der **Frachtvertrag** gem § 407 HGB ist demgegenüber werkvertraglich ausgestaltet und beschränkt sich im Wesentlichen und im Gegensatz zum Speditionsvertrag auf die Erbringung der geschuldeten Beförderungsleistung.[193] Nach umstrittener, aber zutreffender Ansicht unterliegt der Frachtvertrag daher auch in der Insolvenz des Absenders dem Verwalterwahlrecht gem § 103.[194] Der **Lagervertrag** iSv § 467 HGB hat keine Geschäftsbesorgung zum Gegenstand, sondern ist handelsrechtliche Sonderform des Verwahrungsvertrags.[195] Dem Insolvenzverwalter des Einlagerers steht das Wahlrecht gem § 103 zu.

92 Das Schicksal des **Kommissionsvertrags** gem § 383 HGB bestimmt sich in der Insolvenz des Kommittenten nach **§ 116.**[196] Dies gilt **gleichermaßen für** die **Verkaufs- wie** für die **Einkaufskommission.**[197] Im ersten Fall folgt der für die Anwendung der §§ 115, 116 erforderliche Massebezug aus der Zugehörigkeit des Verkaufsgegenstands zur Insolvenzmasse. Auch die Einkaufskommission erschöpft sich nicht lediglich in der Möglichkeit, die spätere Insolvenzmasse zu verpflichten und weist daher nicht nur einen passiven Massebezug auf (Rn 48). Vielmehr ist der **Anspruch aus § 384 II Hs 2 aE HGB** auf Herausgabe des aus der Geschäftsbesorgung Erlangten bzw noch zu Erlangenden als Erwerbschance zu qualifizieren, die als **Bestandteil der Insolvenzmasse** in die Verwaltungskompetenz des Verwalters fällt.[198]

---

188 BGH ZIP 1990, 318 (319); Kübler/Prütting/Bork/*Tintelnot* InsO[32] §§ 115, 116 Rn 15c.

189 Kübler/Prütting/Bork/*Tintelnot* InsO[32] §§ 115, 116 Rn 15c; **aA** Ebenroth/Boujong/Joost/Strohn/*Löwisch* HGB[2] § 87 Rn 64; *Emde/Kelm* ZIP 2005, 58 (60); *v Hoyningen-Huene* MünchKomm HGB[3] § 87 Rn 123; Oekter/*Busche* HGB[2] § 84 Rn 74.

190 *Emde/Kelm* ZIP 2005, 58 (60); *v Hoyningen-Huene* MünchKomm HGB[3] § 87 Rn 123.

191 OLG Karlsruhe ZIP 1985, 235 (236 f); *Emde/Kelm* ZIP 2005, 58 (63 f).

192 Ebenroth/Boujong/Joost/Strohn/*Rinkler* HGB[2] § 453 Rn 120; *Marotzke* HK InsO[6] § 116 Rn 4; *Ott/Vuia* MünchKomm InsO[3] § 116 Rn 12; Uhlenbruck/*Sinz* InsO[13] §§ 115, 116 Rn 3.

193 Z Einordnung des Frachtvertrags als Werkvertrag Baumbach/Hopt/*Merkt* HGB[35] § 407 Rn 12; *Czerwenka* MünchKomm HGB[2] § 407 Rn 88; für Geschäftsbesorgungsvertrag etwa Staudinger/*Martinek* BGB[2006] § 675 Rn B 111.

194 So Kübler/Prütting/Bork/*Tintelnot* InsO[32] §§ 115, 116 Rn 16; *Marotzke* Gegenseitige Verträge[3] Rn 14.19; *ders* HK InsO[6] § 116 Rn 4; *Ott/Vuia* MünchKomm InsO[3] § 116 Rn 12; Uhlenbruck/*Sinz* InsO[13] §§ 115, 116 Rn 3; **aA** Baumbach/Hopt/*Merkt* HGB[35] § 407 Rn 23; Ebenroth/Boujong/Joost/*Reuschle* HGB[2] § 407 Rn 22; Oetker/*Paschke* HGB[2] § 407 Rn 66.

195 Baumbach/Hopt/*Merkt* HGB[35] § 467 Rn 4.

196 RGZ 71, 76 (77 f); 105, 125 (128).

197 Baumbach/Hopt/*Hopt* HGB[35] § 383 Rn 14; Ebenroth/Boujong/Joost/Strohn/*Krüger* HGB[2] § 383 Rn 32; *Häuser* MünchKomm HGB[3] § 383 Rn 91; *Obermüller* Bankpraxis[8] Rn 8.56, 8.79b; Oetker/*Martinek* HGB[2] § 383 Rn 31; *Ott/Vuia* MünchKomm InsO[3] § 116 Rn 12; **aA** Kübler/Prütting/Bork/*Tintelnot* InsO[32] §§ 115, 116 Rn 15; *Marotzke* HK InsO[6] § 115 Rn 11: Einkaufskommission unterliegt § 103.

198 Ebenroth/Boujong/Joost/Strohn/*Krüger* HGB[2] § 383 Rn 32; *Häsemeyer* InsR[4] Rn 20.67; *Häuser* MünchKomm HGB[3]

Da die Erlöschenwirkung gem §§ 116 S 1, 115 I nur mit Wirkung für die Zukunft eintritt, hat die Beendigung des Kommissionsvertrags mit Insolvenzeröffnung keine Auswirkungen auf bereits abgeschlossene oder schon durchgeführte **Ausführungsgeschäfte.**[199] Mit seinem Provisionsanspruch ist der Kommittent grundsätzlich nur **Insolvenzschuldner** (§ 38) weil dieser vor Verfahrenseröffnung entstanden ist (§ 396 HGB). Soweit der Kommissionär Besitz an dem Kommissionsgut erlangt hat (§ 397 HGB) oder dessen Eigentümer geworden ist (§ 398 HGB), steht ihm hieran wegen der offenen Forderungen gegenüber dem Kommittenten ein Pfandrecht zu, das ihn zur **abgesonderten Befriedigung** berechtigt (§ 50 I).[200] Ein Absonderungsrecht kann der Kommissionär außerdem wegen seines kaufmännischen Zurückbehaltungsrechts gem § 369 HGB geltend machen (§ 51 Nr 2). Schließlich verschafft § 399 HGB dem Kommissionär ein insolvenzbeständiges Vorrecht an Forderungen, die durch das Kommissionsgeschäft begründet worden sind und schon vor der Abtretung gem § 392 II HGB dem Kommittenten zustehen.[201] **93**

Ist das von dem Kommissionär geschlossene Geschäft im Zeitpunkt der Insolvenzeröffnung noch nicht durchgeführt und lehnt der Verwalter die Erfüllung ab, kann der Kommissionär die Provision für dieses Geschäft nicht verlangen. Zwar liegt die Ursache für das Scheitern des Geschäfts ausschließlich in der Person des Insolvenzschuldners begründet. Die insolvenzrechtlichen Vorschriften verdrängen jedoch insoweit die Bestimmung des **§ 396 I 2 Hs 2 HGB**, die dem Kommissionär für diesen Fall grundsätzlich einen Anspruch auf die vereinbarte Kommission zuspricht.[202] Anderes gilt, wenn der Kommissionär vor Verfahrenseröffnung gem **§ 400 HGB** selbst als Vertragspartner des nachmaligen Insolvenzschuldners in das Geschäft eintritt. Ist das Ausführungsgeschäft zu diesem Zeitpunkt noch von beiden Seiten nicht vollständig erfüllt und wählt der Insolvenzverwalter Erfüllung, kann der Kommissionär seine Ansprüche auf Aufwendungsersatz und Provisionszahlung als Insolvenzgläubiger verfolgen. **94**

2. Verträge über Beratungs-, Verwaltungs- und Prüfleistungen

Geschäftsbesorgungsverträge, die in der Insolvenz des Geschäftsherrn gem §§ 116 S 1, 115 I erlöschen, sind insbesondere diejenigen, mit denen er sich eines Dritten zur Wahrnehmung seiner vermögensrechtlichen Angelegenheiten bedient. Hierzu rechnen die Verträge des Mandanten mit einem **Rechtsanwalt**[203] ebenso wie mit einem **Steuerberater**[204]. Solche Verträge erlöschen nach §§ 116 S 1, 115 I, sofern sie hinreichenden Bezug zur Insolvenzmasse haben (Rn 42 ff) und sich inhaltlich nicht ausnahmsweise in einer konkret gegenstandsbezogenen Tätigkeit, wie etwa die Erstellung eines Gutachtens, erschöpfen und deshalb als Werkvertrag ggf § 103 unterfallen (Rn 39 f). **95**

---

§ 383 Rn 91; Jaeger/*Henckel* KO[9] § 23 Rn 38; **aA** Kübler/Prütting/Bork/*Tintelnot* InsO[32] §§ 115, 116 Rn 15; *Marotzke* HK InsO[6] § 115 Rn 11, die aber letztlich zu keinem abw Ergebnis für die Einkaufskommission kommen, wenn sie § 103 z Anw bringen.

199 *Häuser* MünchKomm HGB[3] § 383 Rn 94; Kübler/Prütting/Bork/*Tintelnot* InsO[32] §§ 115, 116 Rn 15a; *Obermüller* Bankpraxis[8] Rn 8.70.

200 *Häuser* MünchKomm HGB[3] § 383 Rn 94; Kübler/Prütting/Bork/*Tintelnot* InsO[32] §§ 115, 116 Rn 15a.

201 *Häuser* MünchKomm HGB[3] § 383 Rn 94.

202 *Häuser* MünchKomm HGB[3] § 383 Rn 91; Kübler/Prütting/Bork/*Tintelnot* InsO[32] §§ 115, 116 Rn 15a.

203 BGHZ 109, 260 (264); OLG Karlsruhe ZInsO 2005, 151; Kübler/Prütting/Bork/*Tintelnot* InsO[32] §§ 115, 116 Rn 18; *Ott/Vuia* MünchKomm InsO[3] § 116 Rn 26.

204 BGH ZIP 1988, 1474 (1475); LG Düsseldorf ZIP 1997, 1657; *Hölzle* DStR 2003, 2075 (2080).

96 Ein **laufender Rechtsstreit** wird durch Insolvenzeröffnung über das Vermögen einer Partei unterbrochen (§ 240 ZPO). Der Mandatsvertrag mit dem anwaltlichen Prozessvertreter erlischt (§§ 116 S 1, 115 I). In Betracht kommt lediglich ein ggf auch konkludenter Neuabschluss. Erteilt der Insolvenzverwalter dem Anwalt erneut das Mandat, liegt **gebührenrechtlich nur eine Angelegenheit iSv § 15 V RVG** vor.[205] Denn dem Prozessgegner kann bei vollständigem Obsiegen des Insolvenzverwalters vor dem Hintergrund von § 91 II 2 ZPO nicht zugemutet werden, doppelte Anwaltskosten bezahlen zu müssen.[206] Soweit die Anwaltskosten für eine Tätigkeit vor Insolvenzeröffnung angefallen sind, kann der Anwalt lediglich eine Insolvenzforderung geltend machen.[207] Die gebotene Bewertung als gebührenrechtliche Einheit will *Paulus* dogmatisch mit dem Fortbestand des Anwaltsvertrags ungeachtet von §§ 116 S 1, 115 I begründen. §§ 85, 86, die wie § 240 ZPO lediglich von einer Unterbrechung des Prozesses und der Möglichkeit der Wiederaufnahme handelten, seien leges speciales zu §§ 115, 116.[208] Dem kann angesichts des **Regelungszwecks von §§ 115 f** nicht gefolgt werden (Rn 24 ff): Die Erlöschensfolge ermöglicht auf der einen Seite dem Verwalter, sich bei der Einrichtung der Handlungsorganisation zur Verwaltung der Insolvenzmasse vollständig frei zu entscheiden und ggf einen anderen als den bisherigen Anwalt mit der Prozessführung zu beauftragen, ohne dass der ehemalige eine Nichterfüllungsforderung aus § 103 II erlangt. Auf der anderen Seite kann dem Vertragspartner die Fortsetzung des Vertrags mit dem Insolvenzverwalter nicht aufgezwungen werden. Andernfalls wäre er zur Wiederaufnahme des Mandats verpflichtet, könnte aber für die vorinsolvenzliche Tätigkeit lediglich eine Insolvenzforderung geltend machen. Erlischt aber der Vertrag, kann er seinen Forderungsausfall evtl im Rahmen der Verhandlung über eine Neumandatierung mit dem Verwalter kompensieren.

97 Auch **Wirtschaftsprüfungsverträge** erlöschen in der Insolvenz des Auftraggebers.[209] Eine Sonderregelung sieht in diesem Zusammenhang § 155 III 2 vor, wonach die Wirksamkeit der bereits vor Insolvenzeröffnung erfolgten Bestellung eines **Abschlussprüfers** für das laufende Geschäftsjahr von der Verfahrenseröffnung nicht berührt wird. Teilweise wird vertreten, diese Bestimmung ordne – ihrem Wortlaut entsprechend – lediglich die Fortwirkung des Bestellungsaktes durch das zuständige Gesellschaftsorgan an, während der obligatorische Geschäftsbesorgungsvertrag gem §§ 116 S 1, 115 I erlösche und sich die Vergütung des Abschlussprüfers in Ermangelung einer wirksamen Vereinbarung in analoger Anwendung von § 381 V HGB bemesse.[210] Nach der nahezu einhelligen Gegenmeinung ist § 155 III 2 jedoch als Spezialregelung zu §§ 116 S 1, 115 I zu verstehen, so dass **auch der obligatorische Geschäftsbesorgungsvertrag mit dem Abschlussprüfer fortbesteht.**[211]

98 Zu den wechselseitigen Ansprüchen infolge der Vertragsbeendigung s Rn 55 ff, 60.

---

[205] OLG Nürnberg NJOZ 2006, 3532; Kübler/Prütting/Bork/*Tintelnot* InsO[32] §§ 115, 116 Rn 19; *Paulus* NJW 2010, 1633 (1634 f); *Schmidt* NJW 1976, 98.

[206] *Paulus* NJW 2010, 1633 (1635).

[207] Kübler/Prütting/Bork/*Tintelnot* InsO[32] §§ 115, 116 Rn 19.

[208] *Paulus* NJW 2010, 1633 (1634 f).

[209] *Klerx* NZG 2003, 943 (944); Kübler/Prütting/Bork/*Tintelnot* InsO[32] §§ 115, 116 Rn 18; *Ott/Vuia* MünchKomm InsO[3] § 116 Rn 27.

[210] So *Klerx* NZG 2003, 943 (944).

[211] OLG Frankfurt ZIP 2004, 1114 (1115); *Füchsl/Weishäupl/Jaffé* MünchKomm InsO[3] § 155 Rn 21; Kübler/Prütting/Bork/*Kübler* InsO[30] § 155 Rn 70; Uhlenbruck/*Maus* InsO[13] § 155 Rn 24; offen lassend OLG Dresden ZIP 2009, 2458 (2459).

3. Kautionsversicherungsvertrag

Mit Eröffnung des Insolvenzverfahrens über das Vermögen des Versicherungsnehmers erlischt ein als Geschäftsbesorgungsvertrag zu qualifizierender Kautionsversicherungsvertrag gem §§ 116 S 1, 115 I.[212] Im Rahmen eines Kautionsversicherungsvertrags verpflichtet sich der Versicherer, bis zur vereinbarten Höhe Sicherheiten, namentlich Bürgschaften, zur Absicherung von Ansprüchen Dritter gegen den Versicherungsnehmer auf Erfüllung des Vertrags oder von Gewährleistungsansprüchen zu stellen, um dadurch von dem Dritten zurückgehaltene Sicherungseinbehalte zugunsten des Versicherungsnehmers abzulösen. Wirtschaftlich ist der Kautionsversicherungsvertrag mit einer von einer Bank ausgereichten Avalkreditlinie (hierzu unten Rn 163 f) vergleichbar.[213] 99

Infolge des insolvenzbedingten Erlöschens endet die Verpflichtung des Vertragspartners, zukünftig Sicherheiten für den Schuldner zu bestellen. Bis zur Verfahrenseröffnung im Außenverhältnis übernommene Sicherheiten bleiben freilich bestehen und der Versicherer dem Dritten gegenüber verpflichtet.[214] Die vom Versicherungsnehmer zu entrichtende **Prämie** vergütet unabhängig davon, ob sie sich der Höhe nach an den ausgereichten Bürgschaften orientiert,[215] lediglich die fortbestehende **Bereitstellung des Haftungsrahmens**, die mit dem Erlöschen des Vertrags entfällt.[216] Sie ist indes nicht Gegenleistung für die Aufrechterhaltung bereits übernommener Sicherheiten und entgilt nicht die in diesem Zusammenhang für die Dauer der Gewährleistungsfrist erforderlich werdende Risikovorsorge des Versicherers für den Fall der Inanspruchnahme durch den Dritten.[217] Den Parteien ist es indes unbenommen, eine **Einmalprämie** für die Übernahme einer konkreten Sicherheit zu vereinbaren.[218] Fehlt es an einer solchen Vereinbarung, kann der Versicherer seine Prämienansprüche nur insoweit als Insolvenzforderung geltend machen, als sie Gegenleistung für die Bereitstellung des Avalrahmens für die Zeit vor Verfahrenseröffnung sind. Soweit der Schuldner Vorauszahlungen für die Zeit nach Insolvenzeröffnung geleistet hatte, kann der Insolvenzverwalter diese von dem Versicherer kondizieren, weil sie ohne Rechtsgrund geleistet worden sind.[219] 100

Wird der Versicherer von dem Dritten aus einer vor Insolvenzeröffnung bestellten Sicherheit in Anspruch genommen (Rn 53), ist sein **Regressanspruch** aus §§ 675, 670 BGB lediglich Insolvenzforderung, weil er schon vor Verfahrenseröffnung begründet war. Gleiches gilt grundsätzlich für die im Wege der cessio legis (§ 774 I 1 BGB) oder aufgrund einer vertraglichen Abtretungsvereinbarung auf den Versicherer übergegangen Hauptforderung.[220] Sowohl die übergegangene Hauptforderung als auch der Anspruch 101

---

212 BGHZ 168, 276 Rn 8 ff; BGH ZIP 2007, 543 Rn 7 ff; 2010, 1453 Rn 10; 2011, 282 Rn 7; *Vosberg* ZIP 2002, 968 (970).

213 BGHZ 168, 276 Rn 8; *Proske* ZIP 2006, 1035 (1036).

214 BGHZ 168, 276 Rn 24; BGH ZIP 2011, 282 Rn 18.

215 **AA** OLG Frankfurt ZIP 2005, 1245; OLG Koblenz ZIP 2010, 440; OLG München ZIP 2006, 677 (678); **krit** auch Kübler/Prütting/Bork/*Tintelnot* InsO[32] §§ 115, 116 Rn 27c.

216 BGHZ 168, 276 Rn 13 ff; BGH ZIP 2007, 543 Rn 14; 2010, 1453 Rn 14 ff; 2011, 282 Rn 11 ff; KG ZIP 2010, 2411; OLG München ZIP 2009, 1240.

217 So aber OLG Frankfurt ZIP 2005, 1245; OLG Koblenz ZIP 2010, 440; *Proske* ZIP 2006, 1035 (1037).

218 BGHZ 168, 276 Rn 19 unter Hinweis auf *Proske* ZIP 2006, 1035 (1037) Fn 27, 29; BGH ZIP 2011, 282 Rn 10; s auch Kübler/Prütting/Bork/*Tintelnot* InsO[32] §§ 115, 116 Rn 27c.

219 BGHZ 168, 276 Rn 9; BGH ZIP 2010, 1453 Rn 11; 2011, 282 Rn 8; OLG München ZIP 2009, 1240.

220 BGH ZIP 2008, 885 Rn 11, 13.

aus §§ 675, 670 BGB taugen jedoch zur Valutierung einer dem Versicherer vor Verfahrenseröffnung vom Schuldner eingeräumten Sicherheit. Der Versicherer erwirbt an ihr ein **Absonderungsrecht** auch dann, wenn die Inanspruchnahme erst nach Insolvenzeröffnung erfolgt.[221] Die übergegangene **Hauptforderung** erfährt zudem eine **Aufwertung zur Masseverbindlichkeit**, wenn es sich um eine Forderung aus einem gegenseitigen Vertrag handelt, dessen Erfüllung der Insolvenzverwalter wählt (§ 103 Rn 342). Auch Aufwendungen, die der Versicherer nach Verfahrenseröffnung tätigt, um die Inanspruchnahme aus einer vor Verfahrenseröffnung zugunsten des Schuldners übernommenen Bürgschaft abzuwehren, resultieren aus der Übernahme der konkreten Bürgschaft und ergeben sich nicht auf Grundlage des mit Verfahrenseröffnung erloschenen Kautionsversicherungsvertrags. Ein entsprechender Aufwendungsersatzanspruch ist daher als Insolvenzforderung geltend zu machen, auch wenn die Aufwendungen erst nach Insolvenzeröffnung getätigt wurden.[222]

4. Treuhandverträge

102 Nach §§ 116 S 1, 115 I erlischt in der Insolvenz des Treugebers ein (**fremdnütziger**) **Verwaltungstreuhandvertrag**, durch den sich der Treuhänder verpflichtet, die Vermögensinteressen des nachmaligen Insolvenzschuldners das Treugut betreffend wahrzunehmen.[223] Ungeachtet der Frage, ob es sich im konkreten Fall um eine sog echte Treuhand handelt, bei der dem Treuhänder vom Treugeber das Vollrecht an dem Treugut übertragen wird, oder eine sog unechte Treuhand vorliegt, bei welcher der Treugeber Vollrechtsinhaber bleibt und dem Treuhänder durch die Treuhandabrede lediglich einzelne Befugnisse zur Verwaltung und Verwertung des Treuguts einräumt, bleibt das **Treugut** jedenfalls **haftungsrechtlich** weiterhin **der Masse zugeordnet.**[224] Der nach §§ 116 S 1, 115 I erforderliche **Massebezug** des Geschäftsbesorgungsvertrags ist im Fall einer fremdnützigen Verwaltungstreuhand mithin stets gewahrt. Mit Erlöschen des Treuhandvertrags verliert der Treuhänder sein Recht zum Besitz an dem Treugut. Er hat es an die Masse zurückzugewähren. War eine echte Treuhand vereinbart, fällt das Treugut nur dann automatisch in die Insolvenzmasse, wenn das Vollrecht auflösend bedingt übertragen wurde.[225] Andernfalls steht dem Insolvenzverwalter ein schuldrechtlicher Rückübertragungsanspruch zu.[226] Hatte der Treugeber den Treuhänder zur Verfügung über das Treugut ermächtigt, § 185 I BGB, büßt dieser die Verfügungsmacht wegen §§ 80, 81 mit Verfahrenseröffnung ein.[227] Ausf zur Verwaltungstreuhand s *Henckel* § 47 Rn 61 ff.

103 Keinen Anwendungsfall des § 116 bildet die (**eigennützige**) **Sicherungs-Treuhand**, weil hier nicht der Treuhänder ein Geschäft für den Treugeber besorgt.[228] Die eigennützige

---

221 BGH ZIP 2008, 885 Rn 11 f; OLG Dresden ZIP 2007, 640 (641); OLG Frankfurt Urt v 15.05.2012 – 5 U 114/11.

222 OLG Frankfurt Beschl v 03.11.2010 – 23 U 431/09.

223 BGH ZIP 2012, 1517 Rn 13; OLG Hamm NJW-RR 1988, 1463; *Häsemeyer* InsR⁴ Rn 20.79; Kübler/Prütting/Bork/*Tintelnot* InsO³² §§ 115, 116 Rn 30; *Ott/Vuia* MünchKomm InsO³ § 116 Rn 21.

224 Jaeger/*Henckel* InsO § 47 Rn 61, 68 f; Kübler/Prütting/Bork/*Tintelnot* InsO³² §§ 115, 116 Rn 30; Uhlenbruck/*Brinkmann* InsO¹³ § 47 Rn 32.

225 RGZ 145, 253 (256 f); BGH NJW 1962, 1200 (1201); OLG Köln ZIP 1987, 867 (868).

226 BGH NJW 1962, 1200; *Ganter* MünchKomm InsO³ § 47 Rn 371; Jaeger/*Henckel* InsO § 47 Rn 68 f; Uhlenbruck/*Brinkmann* InsO¹³ § 47 Rn 34.

227 *Häsemeyer* InsR⁴ Rn 20.79.

228 *Häsemeyer* InsR⁴ Rn 20.79; Kübler/Prütting/Bork/*Tintelnot* InsO³² §§ 115, 116 Rn 30; *Ott/Vuia* MünchKomm InsO³ § 116 Rn 24; *Schnittker/Sittard* NZA 2012, 963 (965 f) für die eigennützige Treuhand z Pensionssicherung.

Treuhandvereinbarung bezweckt namentlich bei der Sicherungsübereignung oder Sicherungsabtretung den Schutz der Interessen des Treuhänders (Sicherungsnehmers) insbesondere vor der Insolvenz des Treugebers (Sicherungsgebers). Sie überdauert die Insolvenz des Treugebers und vermittelt dem Treuhänder ein Absonderungsrecht (§ 51 I Nr 1).[229] In der Insolvenz des Treuhänders kann der Treugeber das Treugut aussondern, sofern er die gesicherte Forderung erfüllt. Tritt hingegen der Sicherungsfall ein, ist der Insolvenzverwalter zur Verwertung des Treuguts berechtigt.[230] Zur Doppeltreuhand s *Henckel* § 47 Rn 83 ff.

5. Factoring

104 Im Rahmen eines Factoring-Geschäfts erwirbt der Factor bestimmten Kriterien unterfallende Forderungen eines Unternehmers (sog Anschlusskunde, Client), die diesem gegenüber seinen Vertragspartnern (Drittschuldner oder Debitor) aus Warenlieferungs- oder Dienstleistungsgeschäften zustehen. Neben dem Ankauf der Forderungen verpflichtet sich der Factor im Rahmen des Factoringvertrags außerdem zur Einziehung und Verwaltung des Forderungsbestands einschließlich etwa der Debitoren-Buchhaltung, des Mahn- und Inkassowesens.[231] Der Kaufpreis, der dem Nennwert der Forderung abzüglich Gebühren, Zinsen und eines Sicherungseinbehalts entspricht, wird dem Konto des Anschlusskunden in der Regel sofort gutgeschrieben.[232]

105 Für die rechtliche Qualifikation des Factorings ist zwischen dem Factoringvertrag und den einzelnen Factoring-Geschäften zu unterscheiden. Der **Factoringvertrag** ist **Dauerschuldverhältnis** und dient als **Rahmenvertrag** für eine Vielzahl einzelner Factoring-Geschäfte.[233] Die **einzelnen Factoring-Geschäfte** beinhalten zum einen die schuldrechtliche Übereinkunft über den Erwerb einer konkreten Forderung wie auch das dingliche Vollzugsgeschäft. Zu differenzieren ist weiterhin zwischen dem sog echten und dem unechten Factoring. Beim **echten Factoring** erwirbt der Factor die jeweilige Forderung endgültig. Der Anschlusskunde haftet lediglich für den Bestand und die Einredefreiheit (Veritätsrisiko), während der Factor das Delkredererisiko übernimmt. Entsprechend wird das echte Factoring als Rechtskauf qualifiziert.[234] Demgegenüber wird das **unechte Factoring** überwiegend als **Kreditgeschäft** oder atypisches Darlehensgeschäft eingeordnet,[235] bei dem der Anschlusskunde das Bonitätsrisiko des Debitors übernimmt. Soweit sich die jeweils an den Anschlusskunden vorfinanzierte Forderung nicht durch Einziehung der (erfüllungshalber) übertragenen Forderung gegen den Debitor amortisieren lässt, haftet der Anschlusskunde für die Uneinbringlichkeit. Erst wenn die Einziehung beim Debitor erfolgreich war, kehrt der Factor einen zuvor abgezogenen Sicherungseinbehalt an den Anschlusskunden aus. Häufig werden in der Praxis beide Formen des Factorings in Rahmen derselben Geschäftsbeziehung kombiniert (sog Silo-Prinzip).[236]

---

229 *Ganter* MünchKomm InsO^3 § 47 Rn 381; Jaeger/*Henckel* InsO § 47 Rn 57.

230 *Ganter* MünchKomm InsO^3 § 47 Rn 375; Jaeger/*Henckel* InsO § 47 Rn 58 mwN.

231 *Martinek* BankR-Hb^4 § 102 Rn 1 ff; *Obermüller* Bankpraxis^8 Rn 7.71 f; Staudinger/*Mülbert* BGB^{2011} § 488 Rn 694 f.

232 *Obermüller* Bankpraxis^8 Rn 7.73.

233 Ebenroth/Boujong/Joost/Strohn/*Wagner* HGB^2 Rn V6; *Martinek* BankR-Hb^4 § 102 Rn 36; Staudinger/*Mülbert* BGB^{2011} § 488 Rn 702 ff.

234 BGHZ 69, 254 (257 f); 100, 353 (358 f); Ebenroth/Boujong/Joost/Strohn/*Wagner* HGB^2 Rn V7; *Martinek* BankR-Hb^4 § 102 Rn 32 ff; Staudinger/*Mülbert* BGB^{2011} § 488 Rn 56.

235 BGHZ 58, 364 (366); 61, 317 (324 f); *Martinek* BankR-Hb^4 § 102 Rn 44 ff.

236 *Martinek* BankR-Hb^4 § 102 Rn 21; *Ott/Vuia* MünchKomm InsO^3 § 116 Rn 13.

106 Der **Factoringrahmenvertrag** ist ein typengemischter Vertrag, der neben kaufrechtlichen und darlehensrechtlichen insbesondere **geschäftsbesorgungsrechtliche Elemente** enthält. Auf Grundlage der getrennten Betrachtung von Rahmenvertrag und Einzelverträgen rechtfertigt sich die Einordnung des Factoring-Vertrags als Geschäftsbesorgungsvertrag, der in der Insolvenz des Anschlusskunden gem §§ 116 S 1, 115 I erlischt.[237] Dies gilt folglich auch für das echte Factoring, das im Wesentlichen einem **Forderungskauf** entspricht, und man daher der Ansicht sein könnte, die Einziehung der angekauften Forderung erfolge nicht mehr in fremdem, sondern in eigenem Interesse. Denn neben der Verpflichtung zum Forderungserwerb verpflichtet der Rahmenvertrag auch hier etwa zur Verwaltung von Außenständen.[238] Zudem gebietet das Zusammentreffen beider Factoring-Arten in einer Geschäftsbeziehung, mithin unter einem Rahmenvertrag, eine einheitliche Behandlung.[239] Regelmäßig beinhaltet der Factoring-Vertrag ein Kündigungsrechts des Factors für den Fall der Insolvenz des Anschlusskunden.[240] Erlischt der Facotringrahmenvertrag mit Verfahrenseröffnung, ist der Factor zum Ankauf von Forderung nicht mehr verpflichtet und zur Einziehung nicht mehr berechtigt. Soweit ihm Gebühren für künftige Tätigkeiten vorausgezahlt wurden, hat er diese zur Masse zu erstatten.[241]

107 Das **Schicksal der einzelnen Factoringgeschäfte** bestimmt sich nach dem Entwicklungsstand des jeweiligen Factoringgeschäfts und des Deckungsgeschäfts im Verhältnis des Anschlusskunden zum Debitor sowie danach, ob ein Fall des echten oder unechten Factorings vorliegt. Ist beim **echten Factoring** eine **bestehende und werthaltige Forderung des Anschlusskunden** gegen den Debitor bereits vor Verfahrenseröffnung auf den Factor übertragen worden, ist der Vertrag vom Schuldner einseitig erfüllt, so dass § 103 im Verhältnis von Factor und Anschlusskunden nicht zur Anwendung gelangt.[242] Hat der **Factor im Zeitpunkt der Verfahrenseröffnung bereits gezahlt** und damit seine Vertragspflicht vollständig erfüllt, steht dem Verwalter ebenfalls **kein Wahlrecht** gem § 103 zu. Bestehende und werthaltige Forderungen, die dem Factor vor Insolvenzeröffnung abgetreten wurden, kann dieser in der Insolvenz des Anschlusskunden gem § 47 aussondern.[243] Beim **unechten Factoring** tritt Erfüllung iSv § 103 erst dann ein, wenn der Factor die Forderung beim Debitoren erfolgreich eingezogen hat und den Sicherungseinbehalt an den Anschlusskunden ausgekehrt hat. Bis zur Realisierung der Forderung gegenüber dem Debitor haftet der Anschlusskunde für dessen Ausfall.[244] Nach hM kann der Factor hin-

---

237 OLG Koblenz WM 1988, 1355 (1356); Ebenroth/Boujong/Joost/Strohn/*Wagner* HGB² Rn V30; Kübler/Prütting/Bork/*Tintelnot* InsO³² §§ 115, 116 Rn 28; *Martinek* BankR-Hb⁴ § 102 Rn 137; *Obermüller* Bankpraxis⁸ Rn 7.90 f; *Ott/Vuia* MünchKomm InsO³ § 116 Rn 17 ff; Uhlenbruck/*Sinz* InsO¹³ §§ 115, 116 Rn 39.

238 *Ott/Vuia* MünchKomm InsO³ § 116 Rn 19.

239 *Brink* ZIP 1987, 817 (818 f); *Obermüller* Bankpraxis⁸ Rn 7.91; *Ott/Vuia* MünchKomm InsO³ § 116 Rn 18; iE auch Kübler/Prütting/Bork/*Tintelnot* InsO³² §§ 115, 116 Rn 28.

240 *Martinek* BankR-Hb⁴ § 102 Rn 137.

241 Uhlenbruck/*Sinz* InsO¹³ §§ 115, 116 Rn 39.

242 Kübler/Prütting/Bork/*Tintelnot* InsO³² §§ 115, 116 Rn 29; *Obermüller* Bankpraxis⁸ Rn 7.93.

243 *Canaris* BankvertragsR³ Rn 1676; Uhlenbruck/*Sinz* InsO¹³ §§ 115, 116 Rn 43.

244 Ebenso Kübler/Prütting/Bork/*Tintelnot* InsO³² §§ 115, 116 Rn 29; *Martinek* BankR-Hb⁴ § 102 Rn 142; *Ott/Vuia* MünchKomm InsO³ § 116 Rn 16; **aA** Uhlenbruck/*Sinz* InsO¹³ §§ 115, 116 Rn 42, weil Forderungseinziehung u Auskehr des Sicherungseinbehalts lediglich nachvertragliche Pflichten seien u der vertraglich geschuldete Leistungserfolg, die Vorfinanzierung, bereits m Auskehr des „Kaufpreises“ herbeigeführt worden sei.

sichtlich von Forderungen, die ihm im Wege des unechten Factorings übertragen worden sind, lediglich abgesonderte Befriedigung verlangen.[245]

Besonderer Betrachtung bedarf die Situation, dass die Forderung des Anschlusskun- **108**
den gegen den Debitor mit Vertragsschluss **bereits entstanden**, aber **noch nicht (in vollem Umfang) werthaltig** ist, weil der Anschlusskunde seine Leistungsverpflichtung noch nicht vollständig erfüllt hat. Regelmäßig erfolgt die Übertragung einer Forderung auf den Factor zwar erst, wenn der Anschlusskunde eine entsprechende Rechnung ausgestellt hat, was typischerweise erst nach Erbringung der eigenen Leistung erfolgt.[246] Dennoch ist es keine Seltenheit, dass der Factor bewusst oder unbewusst Forderungen erwirbt, die im Zeitpunkt der Übertragung noch nicht vollumfänglich werthaltig sind.[247] Ist der Vertrag zwischen Anschlusskunden und Debitor im Zeitpunkt der Verfahrenseröffnung **beiderseits noch nicht vollständig erfüllt** – auch eine Kaufpreiszahlung des Debitors steht noch aus –, gelangt § 103 zur Anwendung. Unabhängig davon, ob der Verwalter die Erfüllung des Vertrags wählt oder diese ablehnt, **scheitert** in diesem Fall **der Forderungserwerb des Factors.**[248] Selbst wenn der Verwalter für Vertragserfüllung im Verhältnis zum Debitor optiert, kann der Factor angesichts der Wertung des **§ 91** den Wertzuwachs der ihm zuvor abgetretenen Forderung nicht beanspruchen. Denn soweit die Forderung mit Mitteln der Masse werthaltig gemacht wird, gebührt ihr hierfür auch die Gegenleistung (§ 103 Rn 344 ff). Allein schon aus diesem Grund ist dem Factor mit der Annahme, der Insolvenzverwalter sei in Ausnahmefällen gem § 242 BGB zur Erfüllungswahl verpflichtet,[249] nicht gedient.[250] § 91 I steht dem Forderungserwerb indes für den Fall nicht entgegen, dass der Anschlusskunde an den Debitor unter **Eigentumsvorbehalt** veräußert hat und dieser gem **§ 107 I** die Erfüllung des Vertrags ungeachtet der zwischenzeitlichen Verfahrenseröffnung verlangen kann (§ 107 Rn 26).[251] Soweit der Schuldner vor Insolvenzeröffnung bereits eine **Teilleistung** erbracht und damit den Gegenleistungsanspruch werthaltig gemacht hat, scheitert der Forderungserwerb des Factors nicht an dem Erwerbsverbot des § 91 I. Denn die der zedierten Teilforderung entsprechende Leistung ist nicht aus Mitteln der Masse werthaltig gemacht worden (§ 103 Rn 268).

6. Sonstige Geschäftsbesorgungsverträge

Geschäftsbesorgungsvertrag iSv § 116 sind außerdem **Maklerverträge**[252], **Inkassover-** **109**
träge,[253] **Vermögens- und Hausverwaltungsverträge**[254] ebenso wie **Vermittlungsverträge.**[255] § 116 unterliegt ferner der **Baubetreuungsvertrag,**[256] aufgrund dessen der entsprechend

---

245 *Ganter* MünchKomm InsO[3] § 47 Rn 266; Uhlenbruck/*Brinkmann* InsO[13] § 47 Rn 94; **aA** für Aussonderungsrecht Ebenroth/Boujong/Joost/Strohn/*Wagner* HGB[2] Rn V30; Uhlenbruck/*Sinz* InsO[13] §§ 115, 116 Rn 44; sympathisierend *Obermüller* Bankpraxis[8] Rn 7.98.

246 *Obermüller* Bankpraxis[8] Rn 7.107.

247 Vgl Uhlenbruck/*Sinz* InsO[13] §§ 115, 116 Rn 47.

248 Kübler/Prütting/Bork/*Tintelnot*[32] §§ 115, 116 Rn 29; *Obermüller* Bankpraxis[8] Rn 7.108 f; Uhlenbruck/*Sinz* InsO[13] §§ 115, 116 Rn 49; *Ott/Vuia* MünchKomm InsO[3] § 116 Rn 15.

249 So *Brink* ZIP 1987, 817 (821).

250 Uhlenbruck/*Sinz* InsO[13] §§ 115, 116 Rn 49.

251 *Obermüller* Bankpraxis[8] Rn 7.115; Uhlenbruck/*Sinz* InsO[13] §§ 115, 116 Rn 50.

252 OLG Karlsruhe ZIP 1990, 1143 (1144); Kübler/Prütting/Bork/*Tintelnot*[32] §§ 115, 116 Rn 17; *Ott/Vuia* MünchKomm InsO[3] § 116 Rn 30; *Wirth/Mintas* ZInsO 2012, 1002 für den Versicherungsmakler; **aA** Staudinger/*Reuter* BGB[2010] § 653 Rn 71: für § 103 ana.

253 Kübler/Prütting/Bork/*Tintelnot*[32] §§ 115, 116 Rn 15; *Ott/Vuia* MünchKomm InsO[3] § 116 Rn 32; *Seitz* NZI 1999, 10 (13, 15).

254 *Ott/Vuia* MünchKomm InsO[3] § 116 Rn 29.

255 *Ott/Vuia* MünchKomm InsO[3] § 116 Rn 31.

256 Kübler/Prütting/Bork/*Tintelnot*[32] §§ 115, 116 Rn 15; *Ott/Vuia* MünchKomm InsO[3] § 116 Rn 10; Staudinger/*Peters/Jacoby* BGB[2014] Anh § 631 Rn 26.

vom Erwerber bevollmächtigte Baubetreuer mit der Wahrnehmung der mit dem Bauprojekt verbundenen Geschäfte betraut ist[257]. Hingegen enthält der Bauträgervertrag zwar ebenfalls Elemente der Geschäftsbesorgung, es dominieren aber kauf- und werkvertragliche Elemente, so dass aus insolvenzrechtlicher Sicht allein §§ 103, 105, 106 einschlägig sind.[258]

VIII. Insbesondere Bankverträge

110 Die Geschäftsbeziehung zwischen einem Geldinstitut und seinem Kunden ist im Wesentlichen geschäftsbesorgungsrechtlich ausgestaltet. Dies folgt für den Giro- bzw Zahlungsdiensterahmenvertrag unmittelbar aus dem Gesetz, wenn § 675c I BGB ihn als Geschäftsbesorgungsvertrag bezeichnet, der die Erbringung von Zahlungsdiensten zum Gegenstand hat. Neben dem Girovertrag, der dem Bankkunden in erster Linie die Teilhabe am bargeldlosen Zahlungsverkehr ermöglicht, wird das Geldinstitut auch im Rahmen weiterer Bankgeschäfte ganz überwiegend als Geschäftsbesorger tätig (zu weiteren Bankgeschäften s Rn 158 ff).

111 Teilweise wird die Ansicht vertreten, neben den einzelnen Geschäftsbesorgungsverträgen vereinbarten Bank und Kunde bereits mit Aufnahme der Geschäftsbeziehung stillschweigend einen sog **allgemeinen Bankvertrag.** Dieser Vertrag umspanne die Einzelverträge als Rahmenvertrag, sehe die Rahmenbedingungen für künftig abzuschließende Geschäfte vor und diene als Grundlage für Schutz- und Verhaltenspflichten der Vertragsparteien.[259] Dieser Lehre vom allgemeinen Bankvertrag hat der BGH[260] wie die mittlerweile überwiegende Auffassung im Schrifttum[261] indes eine Absage erteilt. Einerseits könne den Parteien trotz langjähriger Geschäftverbindung nicht ein entsprechender Rechtsbindungswille unterstellt werden, der auf einen privatrechtlichen Kontrahierungszwang hinausliefe.[262] Andererseits bedürfe es des Konstrukts eines allgemeinen Bankvertrags schon nicht, weil sich – auch vor- und nachvertragliche – Verhaltens- und Schutzpflichten aus den jeweiligen Einzelverträgen heraus begründen ließen. Auf diesem Weg gelangen letztlich Befürworter und Gegner des allgemeinen Bankvertrags nur mit anderer Begründung zu identischen Ergebnissen.[263] Ein Entscheid dieses dogmatischen Streits kann im Hinblick auf § 116 schon deshalb dahinstehen, weil der allgemeine Bankvertrag jedenfalls nur Schutz- und Verhaltenspflichten hervorbringt. Solche Nebenpflichten können Relevanz aber nur für solche Verträge haben, die nicht schon nach §§ 116 S 1, 115 I mit Insolvenzeröffnung erloschen sind.

1. Die girovertragliche Geschäftsbeziehung

112 Die Vorschriften des zivilen Zahlungsverkehrsrechts haben eine umfassende Novellierung in §§ 675c–676c BGB erfahren.[264] Bislang überwiegend aus dem Auftrags- und

257 Im Einzelnen zum Baubetreuungsvertrag *Heermann* MünchKomm BGB[6] § 675 Rn 94 ff; Staudinger/*Peters/Jacoby* BGB[2014] Vor §§ 631 ff Rn 153 ff.

258 *Feuerborn* ZIP 1994, 14 (15 f); *Ott/Vuia* MünchKomm InsO[3] § 116 Rn 10; Staudinger/*Peters/Jacoby* BGB[2014] Anh § 631 Rn 29.

259 *Hopt* BankR-Hb[4] § 1 Rn 15 ff; Staudinger/*Martinek* BGB[2006] § 675 Rn B 31 ff.

260 BGHZ 152, 114.

261 *Berger* MünchKomm BGB[6] Vor § 488 Rn 69; Ebenroth/Boujong/Joost/Strohn/*Thessinga* HGB[2] BankR Rn I/2.

262 BGHZ 152, 114.

263 S auch *Hopt* BankR-Hb[4] § 1 Rn 17.

264 G v 29.7.2009 (BGBl I S 2355) im Zuge der Umsetzung der Zahlungsdiensterichtlinie (RL 2007/64/EG v 13. 11. 2007 [ABl L 319 S 1]).

Geschäftsbesorgungsrecht abgeleitete Grundsätze des Giroverkehrs wurden in diesem Zusammenhang erstmals einer selbständigen Kodifizierung zugeführt. Die Neuregelungen enthalten Bestimmungen über die wichtigsten bargeldlosen Zahlungsinstrumente wie die Überweisung, Lastschrift- und Kartenzahlungen (§ 675c III BGB iVm § 1 II ZAG). Bloße Barzahlungen zwischen Zahler und Zahlungsempfänger ohne Einschaltung eines Zahlungsdienstleisters (§ 675c III BGB iVm § 1 X Nr 1 ZAG) fallen dagegen ebenso wenig in den Anwendungsbereich der Zahlungsverkehrsvorschriften wie Zahlungen mittels Scheck und Wechsel (§ 675c III BGB iVm § 1 X Nr 6 ZAG).

Mit der Novellierung des Zahlungsverkehrsrechts hielt die spezielle Terminologie der Zahlungsdiensterichtlinie Einzug in das BGB und löste die bisher verwandten Begrifflichkeiten größtenteils ab. Entsprechend wurde § 116 S 3, der bis 31.10.2009 Überweisungsverträge sowie Zahlungs- und Übertragungsverträge von der Anwendung des § 116 S 1 ausnahm, an die neue Terminologie sowie die **Rückkehr zum rein auftragsrechtlichen Verständnis des Zahlungsverkehrsrechts**[265] angepasst. § 116 S 3 bestimmt nun, dass Zahlungsaufträge sowie Aufträge zwischen Zahlungsdienstleistern oder zwischengeschalteten Stellen und Aufträge zur Übertragung von Wertpapieren der Erlöschensanordnung gem §§ 116 S 1, 115 I nicht unterfallen sollen (Rn 144 ff). 113

a) **Zivilrechtliche Einordnung des Zahlungsdiensterahmenvertrags.** Die zivilrechtliche Grundlage des Zahlungsverkehrs bildet der Girovertrag, der ehemals in § 676f BGB aF geregelt war. An dessen Stelle ist unter Geltung des novellierten Zahlungsverkehrsrechts der Zahlungsdiensterahmenvertrag gem § 675f II 1 BGB getreten, der wie der Girovertrag als **Geschäftsbesorgungsvertrag mit dienst- und werkvertraglichen Elementen** zu qualifizieren ist (§ 675c I BGB).[266] Der Zahlungsdiensterahmenvertrag verpflichtet den Zahlungsdienstleister (§ 1 I ZAG) wie zuvor der Girovertrag, für den Zahlungsdienstnutzer (§ 675f I BGB) einzelne und aufeinander folgende Zahlungsvorgänge (§ 675f III 1 BGB) auszuführen sowie gegebenenfalls für den Zahlungsdienstnutzer ein auf dessen Namen oder die Namen mehrerer Zahlungsdienstnutzer lautendes Zahlungskonto zu führen. Von dem Girovertrag herkömmlicher Prägung unterscheidet sich der Zahlungsdiensterahmenvertrag dadurch, dass nicht nur Kreditinstitute iSv § 1 I KWG als Vertragspartner eines Zahlungsdiensterahmenvertrags in Betracht kommen, sondern auch weitere Geldinstitute (§ 1 I ZAG) als Zahlungsdienstleister auftreten können.[267] 114

b) **Auswirkungen des Erlöschens mit Insolvenzeröffnung.** Mit Eröffnung des Insolvenzverfahrens über das Vermögen des Bankkunden erlischt gem §§ 116 S 1, 115 I der Girovertrag als Geschäftsbesorgungsvertrag ex nunc.[268] Will der Verwalter das Konto 115

---

[265] M Umsetzung des ÜG v 21.7.1999 (BGBl I S 1642) hatte der Gesetzgeber in der irrigen Annahme, durch die Überweisungsrichtlinie v 27.1.1999 (97/5/EG [ABl Nr L 43, S 25]) hierzu gezwungen zu sein, m dem vormals unbestrittenen auftragsrechtlichen Verständnis der Giroüberweisung gebrochen u in § 676a BGB aF den Überweisungsvertrag eingeführt, **krit** hierzu *Schimansky* BankR-Hb[3] § 49 Rn 6; die Entwicklung zusammenfassend etwa *Würdinger* Insolvenzanfechtung S 72 f.

[266] Baumbach/Hopt/*Hopt* HGB[35] Bankgeschäfte Rn C/21; *Nobbe* WM 2011, 961.

[267] Diese Ausweitung war ausdr Ziel der Zahlungsdienstrichtlinie, vgl Erwägungsgründe 5, 10 der Richtlinie (2007/64/EG).

[268] BGHZ 170, 121; BGH ZIP 1995, 659; 2009, 673 Rn 25 ff; *Fischer* ZInsO 2003, 101 ff; Kübler/Prütting/Bork/*Tintelnot* InsO[32] §§ 115, 116 Rn 20; *Ott/Vuia* MünchKomm InsO[3] § 116 Rn 37; Uhlenbruck/*Sinz* InsO[13] §§ 115, 116 Rn 16.

weiter nutzen, muss er mit der Bank einen neuen Girovertrag abschließen,[269] was grundsätzlich auch konkludent durch beiderseitige Fortführung der Geschäftsbeziehung möglich ist. Die Erlöschensfolge gem §§ 116 S 1, 115 I unterliegt indessen nicht der Parteidisposition (Rn 33).[270]

116 Mit Beendigung des Girovertrags ist die Bank grundsätzlich nicht mehr zur Abwicklung des Zahlungsverkehrs, insbesondere zur Ausführung von Zahlungsaufträgen, verpflichtet. Endet der Girovertrag mit Verfahrenseröffnung, kann die Bank jedoch in der Insolvenz des Zahlungsempfängers aus **nachvertraglicher Fürsorgepflicht** noch zur **Entgegennahme von Zahlungen** zugunsten des Schuldners gehalten sein[271] und ist hierzu jedenfalls so lange befugt, bis der Insolvenzverwalter Abweichendes äußert.[272] Zahlungseingänge werden dann entweder auf dem intern weitergeführten Konto des Schuldners[273] oder auf einem *CpD-Konto* (Conto pro Diverse) verbucht, das als Sammelkonto ua für Eingänge fungiert, die – mangels wirksamen Girovertrags – keinem Konto gutgeschrieben werden können.[274] Sie sind anschließend gem § 667 BGB an den Verwalter herauszugeben. Den Anspruch auf Herausgabe von Zahlungsbeträgen, die nach Verfahrenseröffnung für den Schuldner eingehen, kann das Geldinstitut nicht gegen einen debitorischen Saldo aufrechnen. Dem steht **§ 96 I Nr 1** entgegen.[275] Schreibt der Zahlungsdienstleister nachträglich eingehende Zahlungen weisungswidrig nicht dem bereits erloschenen Konto des Schuldners, sondern einem eigenen allgemeinen Treuhand-Abwicklungskonto gut, ohne den Insolvenzverwalter oder den ehemaligen Kunden hiervon in Kenntnis zu setzen, besteht kein Anspruch auf Herausgabe des betreffenden Zahlungseingangs, wenn nicht erkennbar war, dass die Bank die Zahlung aufgrund nachvertraglicher Pflicht oder als nicht beauftragte Geschäftsführerin gerade für den Kunden entgegengenommen hat.[276] Insolvenzverwalter bzw. Schuldner müssen sich in diesem Fall an den Zahler halten, dessen Schuld nicht erloschen ist, weil der Zahlungsempfänger nicht bestimmungsgemäß Verfügungsbefugnis über den Zahlungsbetrag erlangt hat.[277] Die ursprüngliche Überweisung ist zwischen dem Zahlungsdienstleister des Schuldners und demjenigen des Zahlers rückabzuwickeln.

117 **Bereicherungsansprüche wegen rechtsgrundloser Überweisung** auf das bereits erloschene Konto des Insolvenzschuldners richten sich gem § 55 I Nr 3 gegen die Masse, wenn die Gutschrift nach Verfahrenseröffnung erfolgte und deshalb gem § 35 I Fall 2 grundsätzlich als Neuerwerb in die Masse fällt.[278] Ansprüche auf bereicherungsrechtliche Rückabwicklung von Zahlungen, die vor Insolvenzeröffnung auf dem Konto des nachmaligen Insolvenzschuldners eingehen, sind Insolvenzforderungen gem § 38.[279] Zahlungen, die ein (vermeintlicher) Drittschuldner des Schuldners auf ein vom (vorläufigen) Insolvenzverwalter – ggf auf entsprechende Anordnung des Insolvenzgerichts – eingerich-

---

269 *Mayen* BankR-Hb[4] § 47 Rn 34; *Ott/Vuia* MünchKomm InsO[3] § 116 Rn 34; Uhlenbruck/*Sinz* InsO[13] §§ 115, 116 Rn 18.

270 **Krit** in diesem Zusammenhang Kübler/Prütting/Bork/*Tintelnot* InsO[32] §§ 115, 116 Rn 20a.

271 BGH ZIP 1995, 659 (660); 2008, 1437 Rn 12; BFH ZIP 2012, 513 Rn 8; *Canaris* BankvertragsR[4] Rn 495.

272 BGHZ 170, 121 Rn 13.

273 BGHZ 170, 121 Rn 12; BGH ZIP 1995, 659; 2006, 17 Rn 26.

274 Kübler/Prütting/Bork/*Tintelnot* InsO[32] §§ 115, 116 Rn 24b; allg *Hadding/Häuser* MünchKomm HGB[2] ZahlungsV Rn A 148.

275 BGH ZIP 2008, 1437 Rn 12.

276 OLG Karlsruhe ZIP 2011, 1705.

277 OLG Karlsruhe ZIP 2011, 1705 (1707).

278 *Büchel/Günther* ZInsO 2008, 547 (549); Kübler/Prütting/Bork/*Tintelnot* InsO[32] §§ 115, 116 Rn 20a.

279 *Büchel/Günther* ZInsO 2008, 547 (552).

tetes (Treuhand-) Anderkonto leistet, kann er nicht von der Masse, sondern lediglich vom Insolvenzverwalter persönlich kondizieren.[280]

Gemeinsam mit dem Girovertrag erlöschen auch mit diesem verbundene **Nebenabreden**, wie die Vereinbarung über das **Lastschriftinkasso** und die der Zahlstelle erteilte Ermächtigung zur Kontobelastung nach Einlösung einer **Lastschrift**[281] sowie **Scheck-** und **Bankkartenverträge.**[282] Zu den Auswirkungen der Verfahrenseröffnung auf unerledigte und neu zu erteilende Zahlungsvorgänge s Rn 143 ff. **118**

2. Das Kontokorrent

Girokonten werden zur vereinfachten Abwicklung einer Vielzahl von Zahlungsvorgängen regelmäßig als **Periodenkontokorrent iSv § 355 HGB** geführt.[283] Eine dahingehende Vereinbarung findet sich in Nr 7 I AGB-Sparkassen. In Nr 7 ff AGB-Banken sind ebenfalls besondere Regelungen für Kontokorrentkonten enthalten. Die Verkehrstypizität kontokorrentrechtlicher Geschäftsabwicklung folgt ferner im Umkehrschluss zu Abschn II Nr 2 I AGB der Deutschen Bundesbank. Hiernach werden bei der Deutschen Bundesbank unterhaltene Girokonten ausdrücklich nicht als Kontokorrentkonten geführt. **119**

Die Kontokorrentvereinbarung beinhaltet obligatorische und verfügende Elemente. **120** Durch den sog **Geschäftsvertrag** verpflichten sich die Kontokorrentparteien, im Zweifel sämtliche Ansprüche und Leistungen aus der zugrundeliegenden Geschäftsverbindung in die laufende Rechnung einzustellen sowie an der Feststellung des Rechnungsabschlusssaldos durch Abgabe eines entsprechenden Anerkenntnisses mitzuwirken. Hiermit korrespondiert – gleichsam als „Erfüllungsgeschäft" – die **Kontokorrentabrede**, vermittels derer die Parteien bereits mit Abschluss der Kontokorrentvereinbarung im Voraus über sämtliche künftige Ansprüche verfügen, die mit ihrer Entstehung automatisch Eingang in die laufende Rechnung finden. Die „In-Rechnung-Stellung" hat zur Folge, dass die einzelnen Ansprüche für den Lauf der Kontokorrentperiode zur Sicherung der Saldierung am Periodenende zu bloßen Rechnungsposten degradiert werden. Diese sind wegen der Vorausverfügung, durch die sich die Parteien der Verkehrsfähigkeit der Einzelforderungen weitestgehend begeben, weder einzeln erfüllbar, aufrechenbar oder abtretbar noch können sie ge- oder verpfändet werden.[284] Bestandteil der Kontokorrentabrede ist darüber hinaus eine antizipierte Verrechnungsvereinbarung, die die automatische Saldierung der wechselseitigen Ansprüche am Periodenende bewirkt. Die Überschussforderung, die sich für einen Teil ergibt, wird als kausale Saldoforderung bezeichnet. Die Feststellung der kausalen Saldoforderung, § 355 I HGB, erfolgt praktisch dergestalt, dass der Zahlungsdienstleister dem Kontoinhaber einen Rechnungsabschluss zukommen lässt, der mit dessen Zustimmung[285] als abstraktes Schuldanerkenntnis des schuldenden Teils gem §§ 780, 781 BGB gilt.

---

280 BGH ZIP 2007, 2279; 2009, 531; *Schulte-Kaubrügger* ZIP 2011, 1400.

281 *Ott/Vuia* MünchKomm InsO³ § 116 Rn 40; Uhlenbruck/*Sinz* InsO¹³ §§ 115, 116 Rn 25 f.

282 Kübler/Prütting/Bork/*Tintelnot* InsO³² §§ 115, 116 Rn 20a.

283 Instruktiv z Einordnung des Bankkontokorrents als Periodenkontokorrent unter Ablehnung der Lehre v sog Staffelkontokorrent BGHZ 50, 277.

284 *Bork* FS Fischer (2008) S 37 f; *Hadding/Häuser* MünchKomm HGB² ZahlungsV Rn A 212 ff.

285 Nach Nr 7 II AGB-Banken bzw Nr 7 III AGB-Sparkassen gilt der Rechnungsabschluss als genehmigt, wenn der Kunde nicht innerhalb einer 6-Wochen-Frist widerspricht.

121 a) **Kontokorrentabrede.** Im Ergebnis ist unstreitig, dass die Kontokorrentvereinbarung mit Eröffnung des Insolvenzverfahrens keine Verfügungswirkungen mehr entfalten kann. Die Begründungen hierfür divergieren allerdings. Zum Teil wird auf den Übergang der Verfügungsbefugnis auf den Insolvenzverwalter gem §§ 80, 81 rekurriert.[286] Die herrschende Meinung folgert die **Unwirksamkeit der antizipierten Vorausverfügung** hingegen zutreffend aus **§ 91 I.**[287] Setzt die Wirksamkeit einer Vorausverfügung zivilrechtlich auch voraus, dass der Verfügende im Zeitpunkt des Wirksamwerdens der Verfügung mit Entstehung bzw Erwerb des Verfügungsgegenstands Inhaber der Verfügungsbefugnis ist, unterscheidet die InsO zwischen den Anwendungsfällen der §§ 80, 81, 88 und § 91 I. Während §§ 80, 81 schon dem Abschluss des Erwerbstatbestands über einen gegenwärtigen Verfügungsgegenstand entgegenstehen, erfasst § 91 I sämtliche Fälle in denen der Verfügungserfolg ohne weiteres Zutun des Schuldners eintreten würde. Fasste man auch Fälle der Vorausverfügung unter §§ 80, 81, würde das Erwerbsverbot des § 91 I weitgehend gegenstandslos.[288] Eine solche Reduzierung des Geltungsbereichs von § 91 I widerspräche aber ersichtlich dem Willen des Gesetzgebers, der das Werthaltigmachen einer Vorauszession als beispielhaften Anwendungsfall von § 91 I ansah.[289] Nichts anderes kann dann für eine antizipierte Verrechnungsabrede gelten, wie sie die Kontokorrentvereinbarung vorsieht.[290]

122 Diese Unterscheidung zwischen §§ 80, 81 und § 91 I wird freilich auch von zahlreichen Vertretern der herrschenden Rechtsauffassung für das Eröffnungsverfahren nicht konsequent verfolgt. So scheint nahezu unbestritten, dass die dingliche Kontokorrentabrede auch im Insolvenzeröffnungsverfahren nach Anordnung eines **Verfügungsverbots gem § 21 II Nr 2** keine Wirkungen mehr entfalten kann oder die Einstellung von Debetposten in die laufende Rechnung jedenfalls von der Zustimmung des schwachen vorläufigen Insolvenzverwalters abhängt, § 21 II Nr 2 Fall 2.[291] Dies muss verwundern, wenn man die Unwirksamkeit der Kontokorrentwirkungen nach Verfahrenseröffnung aus § 91 I und nicht aus §§ 80, 81 folgert. Denn über den Verweis des § 24 I sind bei einem Verstoß gegen ein gerichtliches Verfügungsverbot iSv § 21 II Nr 2 lediglich §§ 80, 81 zur Anwendung bereits im Eröffnungsverfahren berufen, nicht jedoch das Erwerbsverbot des § 91 I.[292] Die Anordnung eines Verfügungsverbots im Eröffnungsverfahren hat damit grundsätzlich keine Auswirkungen auf die kontokorrentrechtliche Geschäftsabwicklung

---

286 Jaeger/*Windel* InsO § 94 Rn 201 f; *Tinnefeld* Auf- und Verrechnungsmöglichkeit S 121 ff.

287 BGHZ 74, 253 (255) zu § 15 KO; *Bork* Zahlungsverkehr Rn 61; *Marotzke* HK InsO[6] § 116 Rn 5; *Ott/Vuia* MünchKomm InsO[3] § 116 Rn 39; *Würdinger* Insolvenzanfechtung S 27; vgl BGHZ 181, 361 Rn 10, wonach die Kontokorrentabrede gem §§ 115, 116 InsO m Verfahrenseröffnung erlischt, bzgl der dinglichen Wirkungen aber § 91 InsO eingreift.

288 Für eine lediglich klarstellende Funktion des § 91 InsO aber *Eckardt* ZIP 1997, 957 (964); Jaeger/*Gerhardt* InsO § 24 Rn 6.

289 BT-Drs 12/2443 S 138.

290 **AA** *Tinnefeld* Auf- und Verrechnungsmöglichkeit S 67 ff, dessen Ansicht, die explizite Nennung der Vorausabtretung könne auch darauf hindeuten, dass der Gesetzgeber die Anw v § 91 InsO gerade nicht auf sämtliche antizipierte Verfügungen erstrecken wollte, ist m der Anführung der Vorauszession als Bsp unvereinbar. Zudem entbehrte eine solche Differenzierung jeglicher sachlicher Rechtfertigung.

291 *Dampf* KTS 1998, 145 (153); *Haarmeyer* MünchKomm InsO[3] § 22 Rn 60; Jaeger/*Gerhardt* InsO § 22 Rn 63; Kübler/Prütting/Bork/*Pape* InsO[30] § 22 Rn 82; Uhlenbruck/*Sinz* InsO[13] §§ 115, 116 Rn 19.

292 BGHZ 135, 140 (144 ff) zu § 106 KO; 170, 196 Rn 8 mwN; BGH ZIP 2009, 2347.

und bewirkt erst recht nicht einen außerordentlichen Saldoabschluss,[293] wie er erst im Eröffnungszeitpunkt erfolgt.

b) Geschäftsvertrag. Nach ganz überwiegender Ansicht erlischt der kontokorrentrechtliche Geschäftsvertrag mit Verfahrenseröffnung.[294] Zwar handele es sich bei dem Geschäftsvertrag nicht um einen Geschäftsbesorgungsvertrag, auf den §§ 116 S 1, 115 I unmittelbar anzuwenden seien. Ein Fortbestand des obligatorischen Teils des Kontokorrents liefe jedoch dem **Insolvenzzweck der gleichmäßigen Befriedigung aller Gläubiger** entgegen.[295] Andere betonen die **enge Verbindung von Girovertrag und Geschäftsvertrag,** deretwegen der Geschäftsvertrag das Schicksal des Girovertrags bei Insolvenzeröffnung in entsprechender Anwendung von **§ 139 BGB** teile.[296] Richtigerweise kann schon materiell-rechtlich nicht zwischen Geschäftsvertrag und Girovertrag unterschieden werden.[297] Denn der Abschluss der Kontokorrentvereinbarung ergibt sich aus den den Girovertrag ergänzenden AGB oder jedenfalls aus der Verkehrstypizität des Giroverkehrs. Überdies enthalten die AGB der Geldinstitute sämtliche Regelungen zur Ausgestaltung des Bankkontokorrents, etwa die Dauer der Rechnungsperiode oder die Modalitäten der Saldofeststellung betreffend. Im Bereich des Girokontos erfüllt der Girovertrag die Funktion des kontokorrentrechtlichen Geschäftsvertrags. Auch wenn der kontokorrentrechtliche Geschäftsvertrag zunächst nicht auf die Besorgung eines fremden Geschäfts iSv § 675 BGB gerichtet ist,[298] erlischt er im somit im Fall des Bankkontokorrents gem §§ 116 S 1, 115 I. 123

Nach teilweise vertretener Ansicht soll der Geschäftsvertrag dagegen grundsätzlich dem **Wahlrecht des Verwalters gem § 103** unterfallen, weil eine Fortsetzung des Kontokorrentverhältnisses durchaus im Interesse der Masse liegen könne.[299] Dies sei allerdings nur dann der Fall, wenn das Kontokorrent im Zeitpunkt der Verfahrenseröffnung – ausnahmsweise – einen positiven Abschlusssaldo zugunsten des Schuldners ausweise. Dann profitiere die Masse bei Fortsetzung des Kontokorrentverhältnisses einerseits von der Befreiung von dem Zinseszinsverbot des § 248 BGB.[300] Andererseits käme dem Verwalter die kontokorrentrechtliche Sicherungswirkung zugute. Forderungen gegen die Masse, die aus neuen Geschäften des Insolvenzverwalters mit der anderen Kontokorrentpartei resultieren, könnten im Wege der Kontokorrentverrechnung getilgt werden, so dass dem Verwalter die zwangsweise Durchsetzung der Saldoforderung erspart bliebe.[301] Das Wahlrecht gem § 103 soll nach dieser Auffassung jedoch nicht zur Anwendung gelangen, 124

[293] So aber Uhlenbruck/*Sinz* InsO[13] §§ 115, 116 Rn 19.

[294] BGHZ 157, 350 (356 f); 170, 206 Rn 19; 171, 46 Rn 14; 182, 362 Rn 10; *Ott/Vuia* MünchKomm InsO[3] § 116 Rn 39; Uhlenbruck/*Sinz* InsO[13] §§ 115, 116 Rn 16.

[295] *Bork* Zahlungsverkehr Rn 61.

[296] *Dampf* KTS 1998, 145 (150 f); Jaeger/*Windel* InsO § 94 Rn 208; *Ott/Vuia* MünchKomm InsO[3] § 116 Rn 39; *Peschke* Insolvenz des Girokontoinhabers S 39 ff; *Tinnefeld* Auf- und Verrechnungsmöglichkeit S 127 ff; Uhlenbruck/*Sinz* InsO [13] §§ 115, 116 Rn 16; *Wischemeyer* Insolvenzanfechtung S 21.

[297] *Schwintowsky* BankR[3] (2011) § 4 Rn 12, 15; **aA** *Canaris* BankvertragsR[4] § 355 Rn 19; *Langenbucher* MünchKomm HGB[3] § 355 Rn 8.

[298] So die Kritik v *Canaris* BankvertragsR[4] § 355 Rn 251, dort auch **gegen** die ana Anw v § 139 BGB auf Giro- u Geschäftsvertrag.

[299] *Canaris* BankvertragsR[4] § 355 Rn 251; Jaeger/*Henckel* KO[9] § 17 Rn 25; Kübler/Prütting/Bork/*Tintelnot* InsO[32] §§ 115, 116 Rn 21b; *Marotzke* HK InsO[6] § 116 Rn 5.

[300] *Canaris* BankvertragsR[4] § 355 Rn 252; Jaeger/*Henckel* KO[9] § 17 Rn 25; Kübler/Prütting/Bork/*Tintelnot* InsO[32] §§ 115, 116 Rn 21b.

[301] *Canaris* BankvertragsR[4] § 355 Rn 252; Jaeger/*Henckel* KO[9] § 17 Rn 25.

wenn der andere Teil im Zeitpunkt der Verfahrenseröffnung einen Überschuss beanspruchen kann. Denn dann könnte er durch Verrechnung im Kontokorrent volle Deckung seiner Insolvenzforderungen erlangen.[302]

125 Eine derart „gespaltene“ Anwendung von § 103 auf den kontokorrentrechtlichen Geschäftsvertrag kann schon mangels Stütze im Gesetz nicht überzeugen. Ausgangspunkt einer generellen Betrachtung des Geschäftsvertrags ist die lediglich **dienende Funktion des Kontokorrents** für die zugrundeliegende Geschäftsbeziehung.[303] Als bloß unselbständige Abwicklungsmodalität bestimmt sich das Schicksal des obligatorischen Geschäftsvertrags in der Insolvenz nach demjenigen der Geschäftsbeziehung, bspw einem Sukzessivlieferungsvertrag. Unterliegt diese dem Wahlrecht gem § 103, befindet der Verwalter durch Ausübung seiner Wahlbefugnis gleichzeitig über den Fortbestand des Kontokorrents. Gesonderter Betrachtung bedürfen freilich die Folgen der Erfüllungswahl auf die in der Kontokorrentabrede enthaltene, antizipierte Verrechnungsabrede. Insofern führt die Insolvenzeröffnung zu einer Spaltung der vertraglichen Ansprüche (§ 103 Rn 40 ff, 48). Trotz Erfüllungswahl des Verwalters hindert § 96 I Nr 1 die Wirksamkeit der Kontokorrentverrechnung einer nach Verfahrenseröffnung entstandenen Hauptforderung der Masse mit einer Insolvenzforderung des Vertragspartners. Insoweit sind also die Befürchtungen, deretwegen die Minderansicht die Fortgeltung des Geschäftsvertrags nur bei einem positiven Saldo zugunsten der Masse annimmt, von vornherein unbegründet. Erst solche Ansprüche, die aus der Fortsetzung der Geschäftsbeziehung nach Erfüllungswahl erwachsen, taugen zur Kontokorrentverrechnung.

126 Nichtsdestotrotz gilt, dass der Geschäftsvertrag im Fall des Bankkontokorrents wegen seines unselbständigen Charakters im Zeitpunkt der Insolvenzeröffnung zusammen mit dem Girovertrag gem §§ 116 S 1, 115 I erlischt.[304] Ein gegenstandsloses Fortbestehen des obligatorischen Geschäftsvertrags ohne abzuwickelnde Geschäftsbeziehung ist schlechterdings sinnlos. Die Sicherungswirkung des Kontokorrents für künftige Ansprüche kann sich nicht mehr auszahlen, weil es an einem Rechtsverhältnis fehlt, aus dem neue Forderungen resultieren könnten.

127 c) **Folgen des Erlöschens.** Folge des insolvenzbedingten Erlöschens des Kontokorrents ist ein **außerordentlicher Saldoabschluss** im Zeitpunkt der Verfahrenseröffnung, der ohne vorherige Feststellung und Anerkennung sofort fällig ist.[305] Stichtag der kausalen Saldoforderung ist der Tag, an dem das Insolvenzverfahren eröffnet wird.[306] Insofern kommt es nicht auf den genauen Zeitpunkt der Verfahrenseröffnung, sondern vielmehr auf das Ende des jeweiligen Buchungstags an, auf den die Verfahrenseröffnung fällt.[307] Sind kurz vor der Eröffnung noch Zahlungen für den Schuldner eingegangen, die seinem Konto nicht mehr gutgeschrieben werden konnten, kann die Bank den Anspruch auf Gutschrift (§ 675t I 1 BGB) grundsätzlich gegen einen debitorischen Saldo aufrechnen. Die Wirksamkeit der Aufrechnung ist jedoch an § 96 I Nr 3 zu messen.[308] Nimmt das Geldinstitut aufgrund nachvertraglicher Verpflichtung noch Zahlungen, die für den Schuldner bestimmt sind, entgegen, taugt der Herausgabeanspruch aus § 667 BGB wegen § 96 I Nr 1 nicht zur Aufrechnung mit einem Negativsaldo.

---

302 *Canaris* BankvertragsR[4] § 355 Rn 252; Jaeger/*Henckel* KO[9] § 17 Rn 25.

303 *Schmidt* HandelsR[5] § 21 II 2a (S 617).

304 *Mayen* BankR-Hb[4] § 47 Rn 102 f.

305 Kübler/Prütting/Bork/*Tintelnot* InsO[32] §§ 115, 116 Rn 22; *Nobbe* KTS 2007, 397 (400).

306 *Ott/Vuia* MünchKomm InsO[3] § 116 Rn 39; Uhlenbruck/*Sinz* InsO[13] §§ 115, 116 Rn 17.

307 Ebenso wohl Uhlenbruck/*Sinz* InsO[13] §§ 115, 116 Rn 17.

308 Kübler/Prütting/Bork/*Tintelnot* InsO[32] §§ 115, 116 Rn 22.

Aufwendungsersatzansprüche, die der Zahlungsdienstleister unter den Voraussetzungen gem §§ 116 S 1, 115 III erlangt, wenn er in unverschuldeter Unkenntnis von der Insolvenzeröffnung noch Zahlungsaufträge des Schuldners ausführt, und die er gem § 115 III 2 als Insolvenzforderung geltend machen kann, kann er noch gegen ein bei Verfahrenseröffnung bestehendes Guthaben aufrechnen (Rn 83). Zwar endet das Kontokorrentverhältnis mit Verfahrenseröffnung und kann die in der Kontokorrentabrede enthaltene antizipierte Vorausverfügung wegen § 91 I grundsätzlich keine Wirkung mehr entfalten. Richtiger Ansicht nach vermag indes auch eine Insolvenzforderung gem § **115 III 2** wie jede andere Insolvenzforderung iSv § 38 eine **vorinsolvenzlich bestellte Sicherheit** zu valutieren (Rn 74 f). Als eine solche ist auch die durch die Kontokorrentbindung gewährleistete Verrechnungsmöglichkeit von Soll- und Habenposten aufzufassen. Weist das Konto ein Guthaben auf und ist die Bank gutgläubig hinsichtlich der Insolvenzeröffnung, wird sie sich aus § 675o II BGB iVm dem Zahlungsdiensterahmenvertrag für verpflichtet halten, einem Zahlungsauftrag des Schuldners Folge zu leisten. Diese Verpflichtung hat sie im Girovertrag indes nur unter der Voraussetzung übernommen, einen ihr aus der Zahlungsausführung entstehenden Aufwendungsersatzanspruch gem §§ 675c I, 670 BGB mit dem Kontoguthaben verrechnen zu können. 128

Weist das Konto bei Verfahrenseröffnung ein Debet auf, kann der Zahlungsdienstleister dieses vorbehaltlich anderweitiger Sicherheiten lediglich als Insolvenzgläubiger geltend machen.[309] Einen Überschusssaldo zugunsten des Schuldners kann der Verwalter sofort zur Masse ziehen. Der Wirksamkeit einer **Vorausabtretung der kausalen Saldoforderung** durch den Schuldner steht § **91 I** entgegen, wenn diese aufgrund der insolvenzbedingten Beendigung des Kontokorrents entsteht. Denn das Kontokorrent erlischt gem §§ 116 S 1, 115 I mit Verfahrenseröffnung. Zu dieser Zeit beansprucht die masseschützende Norm des § 91 I bereits Geltung.[310] Eine Verfügung über einzelne Rechnungsposten scheitert während des Laufs einer Rechnungsperiode an der Kontokorrentbindung. 129

3. Kontokorrentkredit

Im Hinblick auf das Kreditgeschäft der Geldinstitute ist zwischen der **effektiven Kreditgewährung** durch Verschaffung eines Zahlungskredits in Form eines Darlehens und den **Akzeptkrediten (Kreditleihe)** durch Gestellung von Haftungskrediten (zum Avalkredit näher unten Rn 163 f) zu unterscheiden, vgl § 1 I Nr 2 KWG. 130

Zahlungskredite sind zivilrechtlich als **Darlehen iSv § 488 BGB** einzuordnen. Als gegenseitiger Vertrag unterfällt ein verzinsliches Darlehen grundsätzlich dem **Verwalterwahlrecht gem § 103** (§ 103 Rn 64). Soweit eine Valutierung des Darlehens noch nicht stattgefunden hat, kann der Verwalter in der Insolvenz des Darlehensnehmers daher den dem Schuldner zugesagten Kredit in Anspruch nehmen mit der Folge, dass die Darlehensrückzahlung sowie die Zinsen aus der Masse zu bestreiten sind, § 55 I Nr 2 1. Alt. Freilich kann das Kreditinstitut eine Zahlungsverpflichtung unter den Voraussetzungen von § 490 I BGB oder Nr 19 AGB-Banken bzw Nr 26 AGB-Sparkassen durch **Kündigung** abwenden.[311] Soweit die Valuta bereits ausgekehrt worden ist, überdauert der Darlehensvertrag gem § **108 II** die Eröffnung des Insolvenzverfahrens über das Vermögen des Darlehensgebers (§ 108 Rn 246). 131

---

[309] *Obermüller/Kuder* InsR-Hb[4] § 98 Rn 6; Uhlenbruck/*Sinz* InsO[13] §§ 115, 116 Rn 17.

[310] BGHZ 182, 362 Rn 10.

[311] AA Nerlich/Römermann/*Balthasar* InsO[1] § 103 Rn 12 wegen Verstoßes gegen § 119.

132 Anderes gilt nach überwiegender Ansicht indes für einen **Kontokorrentkredit** in der Insolvenz des Girokontoinhabers. Dieser erlösche ebenfalls analog **§§ 116 S 1, 115 I.**[312] Unter Geltung der KO wurde das Erlöschen eines Kontokorrentkredits aus entsprechender Anwendung von § 23 II KO gefolgert. Wie Auftrag und Geschäftsbesorgungsvertrag beruhe der Kontokorrentkreditvertrag auf einem besonderen Vertrauensverhältnis zwischen den Parteien, für dessen Fortfall mit Konkurseröffnung § 23 II das Erlöschen derartiger Vertragsbeziehungen vorsehe.[313] Diejenigen, die die Anwendung von § 103 auch auf einen im Rahmen der girovertraglichen Beziehung gewährten Kontokorrentkredit befürworten,[314] halten dieser Argumentation zurecht entgegen, dass die Erlöschensanordnung des §§ 116 S 1, 115 I seine Berechtigung nicht in der Zerstörung des Vertrauensverhältnisses zwischen Schuldner und Kreditinstitut finde, sondern lediglich die Konzentration der Verwaltungskompetenz in den Händen des Insolvenzverwalters bezwecke.[315] Das besondere Vertrauensverhältnis findet Berücksichtigung in den Kündigungsrechten der Vertragsparteien, die in den AGB der Banken und § 490 BGB geregelt sind. Gleichwohl ist der hM im Ergebnis zuzustimmen. Der Kontokorrentkreditvertrag, den § 504 BGB nunmehr bei Kreditgewährung an einen Verbraucher treffend als **eingeräumte Überziehungsmöglichkeit** bezeichnet, kann nicht losgelöst von dem Girovertrag bestehen. Denn anders als eine bloße Kreditzusage verpflichtet eine eingeräumte Überziehungsmöglichkeit das Geldinstitut nicht zur schlichten Auszahlung der Valuta. In Verbindung mit dem Zahlungsdiensterahmenvertrag dient der Kreditvertrag vielmehr als Kontodeckung, in deren Umfang die Bank sich dem Kontoinhaber zur Ausführung von Zahlungsaufträgen (§ 675f III 2) und damit zur Erbringung von Zahlungsdienstleistungen verpflichtet hat. Der Krediteröffnungsvertrag erlischt daher als **unselbständiger Bestandteil des Girovertrags** gem §§ 116 S 1, 115 I mit Insolvenzeröffnung.[316] Ein Rückzahlungsanspruch des Kreditinstituts wird sofort fällig.[317]

4. Besondere Kontoformen

133 a) **Gemeinschaftskonten.** Sind mehrere Personen Inhaber eines Kontos, handelt es sich um ein **Gemeinschaftskonto.**[318] Je nachdem, ob jeder Kontoinhaber einzelverfügungsbefugt ist oder allen die Verfügungsbefugnis über das Konto gemeinschaftlich zusteht, spricht man entweder von einem **Oder-Konto**[319] oder einem **Und-Konto**[320]. In beiden Fällen hat die Insolvenz eines Kontoinhabers nicht die Beendigung des Kontokorrentverhältnisses zur Folge.[321] Das Konto gehört nicht zur Insolvenzmasse, sondern nur der dem Schuldner im Innenverhältnis gebührende Anteil.[322] Mit Eröffnung des Insolvenzverfahrens bzw der Anordnung eines Verfügungsverbots gem § 21 II 1 Nr 2 tritt der (vorläufige) Verwalter zunächst lediglich an die Stelle des insolventen Kontoinhabers. Im Übrigen besteht die Kontobeziehung bis zu einer Auseinandersetzung unverändert fort. Insbesondere ist das Geldinstitut berechtigt, Eingänge auf dem Gemeinschaftskonto mit

---

312 Nerlich/Römermann/*Balthasar* InsO[1] § 103 Rn 24; *Obermüller* Bankpraxis[8] Rn 5.461.

313 *Canaris* BankvertragsR[3] Rn 1258; Jaeger/*Henckel* KO[9] § 17 Rn 16.

314 *Heise* Verbraucherkredit und Geschäftskredit in der Insolvenz (2001) Rn 309 ff; *Marotzke* HK InsO[6] § 116 Rn 4; *Wunderlich* BankR-Hb[4] § 77 Rn 46.

315 Staudinger/*Mülbert* BGB[2011] § 488 Rn 462.

316 Ähnl *Würdinger* Insolvenzanfechtung S 28.

317 *Obermüller/Kuder* InsR-Hb[4] § 97 Rn 36.

318 *Hadding/Häuser* BankR-Hb[4] § 35 Rn 2; Jaeger/*Eckardt* InsO § 84 Rn 16; *Schmidt* MünchKomm BGB[6] § 741 Rn 54.

319 Jaeger/*Eckardt* InsO § 84 Rn 18.

320 Jaeger/*Eckardt* InsO § 84 Rn 19.

321 BGHZ 95, 185; Jaeger/*Eckardt* InsO § 84 Rn 18; Kübler/Prütting/Bork/*Lüke* InsO[39] § 84 Rn 22; Uhlenbruck/*Hirte* InsO[13] § 84 Rn 4; Uhlenbruck/*Sinz* InsO[13] §§ 115, 116 Rn 20.

322 *Bork* Zahlungsverkehr Rn 63.

einem debitorischen Saldo zu verrechnen.[323] Für die Rückführung eines Sollstands haften die Kontoinhaber jeweils als **Gesamtschuldner** (§§ 421, 427 BGB).[324]

Über ein **Und-Konto**, dessen Inhaber nach herrschender Ansicht eine **Bruchteilsgemeinschaft** (§§ 741 ff BGB) bilden, sofern sie nicht gesamthänderisch organisiert sind,[325] kann der Verwalter lediglich mit den übrigen Kontoinhabern gemeinschaftlich verfügen.[326] Freilich kann er nach § 84 I iVm § 749 I BGB jederzeit die Auseinandersetzung des Und-Kontos verlangen.[327] **134**

Die Rechtsstellung der Inhaber eines **Oder-Kontos** entspricht bei einem kreditorischen Konto der in § 428 BGB geregelten **Gesamtgläubigerschaft** durch den Girovertrag lediglich insoweit modifiziert, als die Bank nicht nach ihrem Belieben an einen Kontoinhaber ihrer Wahl leisten kann, sondern an denjenigen leisten muss, der zuerst eine Verfügung über das Konto trifft.[328] Will der Verwalter oder einer der nicht insolventen Kontoinhaber verhindern, dass sich der andere Teil das gesamte Kontoguthaben auszahlen lässt – wenngleich ihm auch für diesen Fall Ausgleichsansprüche im Innenverhältnis zustehen –[329], muss er diesem entweder zuvorkommen oder die **Umwandlung des Oder-Kontos in ein Und-Konto** betreiben,[330] indem er die Einzelverfügungsbefugnis widerruft. Ob ein einseitiger Widerruf in Betracht kommt oder ob es hierfür der Zustimmung sämtlicher Kontoinhaber bedarf, entscheidet sich maßgeblich nach den Vereinbarungen im Einzelfall, insbesondere nach den AGB des jeweiligen Geldinstituts.[331] **135**

Wird über das **Vermögen einer GbR** die Insolvenz eröffnet (§ 11 II Nr 2), gelten im Hinblick auf das Konto der GbR dieselben Grundsätze wie bei der Kontoinhaberschaft einer natürlichen Person.[332] Die Insolvenz eines GbR-Gesellschafter führt zur Auflösung der Gesellschaft (§ 728 II BGB) wenn nicht im Gesellschaftsvertrag für diesen Fall die Fortsetzung der Gesellschaft und das Ausscheiden des insolventen Gesellschafters vorgesehen ist (§ 736 I BGB). Das führt dazu, dass eine mögliche Einzelvertretungs- und damit Einzelverfügungsbefugnis über das Konto erlischt und nur alle Kontoinhaber gemeinschaftlich mit dem Insolvenzverwalter verfügen können (§§ 730 II 3, 714 BGB).[333] Ordnet das Insolvenzgericht im Eröffnungsverfahren über das Vermögen eines Gesellschafters ein Verfügungsverbot (§ 21 II Nr 2) an, liegt hierin ein wichtiger Grund, der die übrigen Gesellschafter zur Kündigung berechtigt.[334] **136**

---

323 BGHZ 95, 185 (187); Kübler/Prütting/Bork/*Tintelnot* InsO[32] §§ 115, 116 Rn 23; Uhlenbruck/*Hirte* InsO[13] § 84 Rn 4.

324 BGH ZIP 1997, 1229; OLG Düsseldorf WM 1998, 550; *Hadding/Häuser* BankR-Hb[4] § 35 Rn 18; Jaeger/*Eckardt* InsO § 84 Rn 17; *Schmidt* FS Hadding (2004) S 1093; Uhlenbruck/*Sinz* InsO[13] §§ 115, 116 Rn 20.

325 BGH ZIP 1990, 1538 (1539); *Canaris* BankvertragsR[4] Rn 232; *Hadding/Häuser* MünchKomm HGB[2] ZahlungsV Rn A110; *Schebesta* WM 1985, 1329 (1330 f); *Schmidt* MünchKomm BGB[6] § 741 Rn 54.

326 *Ganter* MünchKomm InsO[3] § 47 Rn 407; *Obermüller* Bankpraxis[8] Rn 2.133.

327 *Hadding/Häuser* BankR-Hb[4] § 35 Rn 14; Jaeger/*Eckardt* InsO § 84 Rn 18 f; *Schebesta* WM 1985, 1329 (1332).

328 Vgl BGHZ 95, 185; *Hadding/Häuser* BankR-Hb[4] § 35 Rn 7; Jaeger/*Eckardt* InsO § 84 Rn 18; *Schmidt* MünchKomm BGB[6] § 741 Rn 54; Uhlenbruck/*Sinz* InsO[13] §§ 115, 116 Rn 21.

329 *Ganter* MünchKomm InsO[3] § 47 Rn 406.

330 Jaeger/*Eckardt* InsO § 84 Rn 18.

331 Vgl *Bork* Zahlungsverkehr Rn 79. – Die Mitwirkung der anderen Beteiligten fordernd etwa BGH ZIP 1990, 1538; WM 1993, 141, 143; *Wagner* NJW 1991, 1790 ff; **dag** *Canaris* BankvertragsR[4] Rn 226; *Schmidt* MünchKomm BGB[6] § 741 Rn 54; Staudinger/*Langhein* BGB[2008] § 741 Rn 92 ff.

332 *Obermüller* Bankpraxis[8] Rn 2.139; Uhlenbruck/*Sinz* InsO[13] §§ 115, 116 Rn 21.

333 Uhlenbruck/*Sinz* InsO[13] §§ 115, 116 Rn 23.

334 *Obermüller/Kuder* InsR-Hb[4] § 98 Rn 13; Uhlenbruck/*Sinz* InsO[13] §§ 115, 116 Rn 23.

137 b) **Treuhand- und Anderkonten.** Giroverträge über offene Treuhandkonten, hierzu rechnen insbesondere Anderkonten, erlöschen nicht gem §§ 115 I, 116 S 1 in der Insolvenz des Treuhänders (Kontoinhabers). Denn ungeachtet des Treuhandverhältnisses bleibt das Guthaben auf einem solchen Konto haftungsrechtlich dem Treugeber zugeordnet, der das Treugut in der Insolvenz des Treuhänders aussondern kann (§ 47).[335] Die Insolvenz des Treugebers hat hingegen zwar das Erlöschen des (uneigennützigen) Treuhandvertrags gem §§ 115 I, 116 S 1 zur Folge (Rn 102) und der Insolvenzverwalter kann hinsichtlich des Treuguts einen (schuldrechtlichen) Rückübertragungsanspruch geltend machen.[336] Sie hat indes keine unmittelbaren Auswirkungen auf den Bestand des Girovertrags im Verhältnis zwischen dem Treuhänder und der kontoführenden Bank.[337]

138 c) **P-Konto gem § 850k ZPO.** Mit Wirkung zum 1.7.2010 ist der Kontopfändungsschutz umfassend reformiert und der Sache nach auf das in § 850k ZPO geregelte P-Konto konzentriert worden.[338] Über den ausdrücklichen Verweis in § 36 I 2 auf § 850k ZPO wollte der Gesetzgeber sicherstellen, dass ein P-Konto und der hierdurch vermittelte Pfändungsschutz auch in der Insolvenz des Kontoinhabers Bestand hat und der Schuldner über den monatlichen Pfändungsfreibetrag (im Wege des unbaren Zahlungsverkehrs) disponieren kann.[339] Wenn auch in den Gesetzesmaterialien nicht ausdrücklich erwähnt,[340] impliziert dieser **Regelungszweck**, dass die Erlöschensanordnung von §§ 116 S 1, 115 I auf P-Konten iSv § 850k ZPO nicht zur Anwendung gelangt und diese vielmehr fortbestehen.[341]

139 Gegen den Fortbestand des P-Kontos in der Insolvenz des Kontoinhabers ist eingewandt worden, der Gesetzgeber habe lediglich einen Auszahlungsanspruch in Höhe des pfändungsfreien Guthabens auf einem P-Konto von dem Insolvenzbeschlag freistellen, nicht aber das gesamte Giroverhältnis von der Erlöschensanordnung (§§ 116 S 1, 115 I) ausnehmen wollen.[342] Hierfür spreche, dass das Schicksal gegenseitiger Verträge in den §§ 103 ff behandelt werde, während § 36 sich nur auf einzelne Vermögensgegenstände beziehe.[343]

140 Es ist nicht recht einsehbar, warum der Girovertrag nach dieser Ansicht zunächst erlöschen, § 36 I 2 dann aber vorsehen soll, dass der Pfändungsschutz auf einem P-Konto auch in der Insolvenz gelte. § 36 I 2 iVm § 850k ZPO würde dann Anwendung nur auf im Insolvenzverfahren neu eingerichtete P-Konten finden. Angesichts der geringen Bereitschaft der Geldinstitute, mit einem Insolvenzschuldner einen neuen Girovertrag abzuschließen, würde der vom Gesetzgeber verfolgte Zweck so verfehlt. Die systematische Argumentation verkennt den **spezifischen Zusammenhang zwischen dem Insolvenzbeschlag und der Erlöschensanordnung gem §§ 116 S 1, 115 I.** Geschäftsbesorgungsverträge erlöschen als Konsequenz des Wechsels in der relevanten Handlungsorganisation für die Insolvenzmasse (Rn 24 ff). Fällt aber das Kontoguthaben auf einem P-Konto nach

335 Jaeger/*Henckel* InsO § 47 Rn 62, 68.
336 Jaeger/*Henckel* InsO § 47 Rn 69.
337 Vgl *Obermüller* Bankpraxis[8] Rn 2.145.
338 G v 7.7.2009 (BGBl I S 1707).
339 BT-Drucks 16/7615 S 15, 18, 21.
340 Dies soll nach Ansicht v *Knees* ZInsO 2011, 511 (512) aber zwingend erforderlich gewesen sein.
341 *Bitter* BankR-Hb[4] § 33 Rn 39; *ders* ZIP 2011, 149 (158); Braun/*Bäuerle* InsO[5] § 36 Rn 3; *Büchel* ZInsO 2010, 20 (26); *Casse* ZInsO 2012, 1402 (1403 ff): für generellen Fortbestand des Girovertrags in der Insolvenz des Kontoinhabers; *Jaquemoth/Zimmermann*, ZVI 2010, 113 (116); **aA** *du Carrois* ZInsO 2009, 1801 (1805); *ders* ZInsO 2010, 2276 (2279 f); *Knees* ZInsO 2011, 511 (513).
342 *Du Carrois* ZInsO 2010, 2276 (2279 f); *Knees* ZInsO 2011, 511 (512).
343 *Knees* ZInsO 2011, 511 (512).

Maßgabe von § 36 I 2 iVm § 850k ZPO gar nicht in die Insolvenzmasse, gibt es für das Erlöschen des dieses betreffenden Girovertrags keine sachliche Rechtfertigung (Rn 42, 44).[344]

Gem § **850k VII ZPO** kann der Kontoinhaber die **Umwandlung in ein P-Konto** jederzeit und auch noch nach der Pfändung des Kontos verlangen (§ 850k VII 3 ZPO). Gem § 850k I 4 ZPO entfaltet die nachträgliche Umwandlung des Kontos Rückwirkung. Wenn die Umwandlung des Kontos innerhalb von vier Wochen nach Zustellung des Überweisungsbeschlusses an das Geldinstitut erfolgt, konnte der Schuldner wirksam über Kontoguthaben in Höhe des pfändungsfreien Betrags (§ 850k I ZPO) verfügen, weil dies von der Pfändung insoweit nicht erfasst wurde. Um dem Schuldner diesen rückwirkenden Schutz zu ermöglichen, sieht § 835 III ZPO vor, dass das Geldinstitut gepfändetes Guthaben erst nach Ablauf von vier Wochen an den Vollstreckungsgläubiger auskehren darf. Entsprechend kann der Kontoinhaber Umwandlung seines Kontos (§ 850k VII ZPO) auch noch nach der Anordnung eines Verfügungsverbots im Eröffnungsverfahren bzw nach Verfahrenseröffnung verlangen.[345] Um die Rückwirkung der Umwandlung zu gewährleisten, gilt das **Auszahlungsmoratorium** (§ **835 III ZPO**) auch gegenüber dem Auszahlungsverlangen des Insolvenzverwalters. **141**

Ein über den pfändungsfreien Betrag (§ 850k I ZPO) hinausgehendes Kontoguthaben ist an die Masse abzuführen.[346] Nach der Konzeption des neuen Pfändungsschutzes gewährt ein P-Konto keinen Schutz, soweit das Konto debitorisch geführt wird.[347] Regelmäßig wird das P-Konto daher als Guthabenkonto geführt und dem Kontoinhaber keine Überziehungsmöglichkeit eingeräumt. Der Fortbestand eines P-Kontos gem § 36 I 2 iVm § 850k ZPO entgegen §§ 116 S 1, 115 I kann im Übrigen nicht von dem Kontostand bei Verfahrenseröffnung bzw der Anordnung eines Verfügungsverbots gem § 21 II Nr 2 abhängen, sondern gilt vielmehr unterschiedslos.[348] **142**

5. Zahlungsaufträge

Ein Zahlungsdiensterahmenvertrag (§ 675f II BGB) verpflichtet den Zahlungsdienstleister, für den Zahlungsdienstnutzer einzelne und aufeinander folgende Zahlungsvorgänge auszuführen. Unter einem **Zahlungsvorgang** versteht das Gesetz jede Bereitstellung, Übermittlung oder Abhebung eines Geldbetrags (§ 675f III 1), mithin den tatsächlichen Geldfluss[349] im Rahmen der Erbringung eines Zahlungsdienstes.[350] Von dem weiten Begriff des Zahlungsvorgangs werden sowohl vom Zahler angestoßene „Push"-Zahlungen, wie insbesondere die Überweisung, als auch vom Zahlungsempfänger eingeleitete „Pull"-Zahlungen, wie namentlich Zahlungen im Lastschriftverkehr (Rn 152 ff), erfasst.[351] Ausgelöst wird ein Zahlungsvorgang durch die Erteilung eines Zahlungsauftrags (§ 675f III 2 BGB) durch den Zahlungsdienstnutzer an den Zahlungsdienstleister. Im Rahmen eines Zahlungsdiensterahmenvertrags ist der Zahlungsauftrag als auftrags- **143**

---

344 S auch Braun/*Bäuerle* InsO[5] § 36 Rn 3; *Büchel* ZInsO 2010, 20 (26).
345 *Büchel* ZInsO 2010, 20 (25 f).
346 *Bitter* BankR-Hb[4] § 33 Rn 39.
347 Vgl BT-Drucks 16/12714 S 19.
348 *Büchel* ZInsO 2010, 20 (26 f).
349 BT-Drucks 16/11643 S 102; Palandt/*Sprau* BGB[72] § 675f Rn 16.
350 Nach BT-Drucks 16/11613 S 32 ist der Begriff des „Zahlungsdienstes" Sammelbegriff für alle privatrechtlichen Dienstleistungen eines nicht am Zuwendungsverhältnis zwischen Zahler u Zahlungsempfänger beteiligten Dritten, in aller Regel einer Bank, der dem Zahler die Übermittlung des Zahlungsbetrags ermöglicht oder ihn hierbei unterstützt; zu einzelnen Zahlungsdiensten § 1 II, X ZAG.
351 Staudinger/*Omlor* BGB[2012] § 675f Rn 31.

rechtliche Weisung (§§ 675c I, 665 BGB) aufzufassen, die neben der Initiierung eines Zahlungsvorgangs auch dessen rechtliche Legitimation bewirkt (§ 675j I 1 BGB).[352] Wirksamkeit erlangt ein Zahlungsauftrag mit Zugang beim Zahlungsdienstleister (§ 675n I 1 BGB). Bis zu diesem Zeitpunkt kann der Zahlungsdienstnutzer einen Zahlungsauftrag grundsätzlich frei widerrufen (§ 675p I BGB). Weist das Konto ausreichende Deckung auf, mithin entweder ein Guthaben oder aber eine nicht ausgeschöpfte Kreditlinie, trifft den Zahlungsdienstleister aus § 675o II BGB iVm dem Zahlungsdiensterahmenvertrag eine Pflicht, dem Zahlungsauftrag des Kontoinhabers Folge zu leisten und den Zahlungsvorgang auszuführen, sofern nicht im Zahlungsdiensterahmenvertrag vereinbarte Ablehnungsgründe vorliegen oder die Ausführung gegen Rechtsvorschriften verstieße.[353] Führt der Zahlungsdienstleister einen Zahlungsvorgang aus, erwächst ihm hieraus gegen den Zahlungsdienstnutzer ein Anspruch auf Aufwendungsersatz aus §§ 675c I, 670 BGB, der saldomindernd in das Kontokorrent eingestellt wird.[354]

144 a) **Fortgeltungsanordnung in § 116 S 3.** Zahlungsaufträge werden durch Zugang beim Zahlungsdienstleister wirksam (§ 675n I 1 BGB). Soweit sie bis zur Insolvenzeröffnung noch nicht ausgeführt worden sind, würden sie als Geschäftsbesorgungsverträge der Erlöschensanordnung gem §§ 115 I, 116 S 1 unterfallen. Abweichend davon ordnet § 116 S 3 ihr **Fortbestehen mit Wirkung für die Masse** an.[355] Gleiches gilt für Aufträge zwischen Zahlungsdienstleistern oder zwischengeschalteten Stellen sowie Aufträgen zur Übertragung von Wertpapieren (§ 675b BGB). Die Vorschrift hat bei der Novellierung des Zahlungsrechts lediglich redaktionelle Änderungen erfahren.[356] Ihre ursprüngliche Fassung war im Zuge der Umsetzung der Zahlungssicherungsrichtlinie (98/26/EG) in die InsO aufgenommen worden.[357] Dadurch wurde der zuvor unter Geltung der KO geführte Streit darüber entschieden, ob noch nicht ausgeführte Zahlungsaufträge mit Eröffnung des Konkursverfahren erlöschen (sog „Erlöschenstheorie") oder fortbestehen (sog „Bestandstheorie")[358].[359] Mit der Anordnung des Fortbestands bereits geschlossener Überweisungsverträge[360] hat der Gesetzgeber die zwingende Vorgabe aus Art 3 I 1 der Zahlungssicherungsrichtlinie umgesetzt, der im Interesse eines funktionierenden Zahlungssystems den Fortbestand unerledigter Zahlungsvorgänge bestimmt.[361]

145 Der Zahlungsdienstleister bleibt zur Ausführung eines Zahlungsauftrags berechtigt und verpflichtet. Als Kompensation für die rechtliche Verbindlichkeit und die fortwährende Ausführungspflicht kann die Bank Ersatz ihrer Aufwendungen für die Zahlungsausführung nach Verfahrenseröffnung als **Massegläubigerin** verlangen (§ 116 S 3).[362] Mit

352 *Casper* MünchKomm BGB[6] § 675f Rn 39, 42; Palandt/*Sprau* BGB[72] § 675f Rn 16; Staudinger/*Omlor* BGB[2012] § 675f Rn 33 f.

353 *Casper* MünchKomm BGB[6] § 675o Rn 5 ff; Palandt/*Sprau* BGB[72] § 675o Rn 3; Staudinger/*Omlor* BGB[2012] § 675o Rn 3.

354 Palandt/*Sprau* BGB[72] Vor § 675c Rn 2; Staudinger/*Omlor* BGB[2012] Vor §§ 675c–676c Rn 88, § 675u Rn 1.

355 § 116 S 3 InsO aF hatte die Fortdauer indessen nur für Überweisungsverträge angeordnet u damit zu einer Differenzierung nach Art der Zahlung geführt, vgl *Obermüller* ZInsO 1999, 690 (694).

356 Vgl BR-Drucks 848/08 S 64.

357 ÜG v 21.7.1999 (BGBl I S 1642).

358 Vgl hierzu Jaeger/*Henckel* KO[9] § 8 Rn 8 ff mwN.

359 BT-Drucks 14/1539 S 8.

360 § 116 S 3 InsO fand hingegen schon seinem Wortlaut nach keine Anwendung, wenn lediglich der Kunde ein Angebot auf Abschluss eines Überweisungsvertrags iSv § 676a BGB aF abgegeben hatte, das v dem Kreditinstitut v Insolvenzeröffnung jedoch noch nicht angenommen worden war, vgl *Ott/Vuia* MünchKomm InsO[3] § 116 Rn 52.

361 Vgl BT-Drucks 14/745 S 29; *Wegener* FK InsO[7] § 116 Rn 2.

362 BT-Drucks 14/1539 S 8 f; Kübler/Prütting/Bork/*Tintelnot* InsO[32] §§ 115, 116 Rn 25a.

ihrer Forderung auf Aufwendungsersatz kann sie nach dem insolvenzbedingten Erlöschen des Kontokorrentverhältnisses gegen eine kausale Saldoforderung der Masse aufrechnen, weil sie als Massegläubigerin den Aufrechnungsbeschränkungen (§§ 95, 96) nicht unterliegt.[363] § 116 S 3 gilt unterschiedslos für **kreditorische und debitorische Konten**, weil die Bank sowohl aus einem Guthaben als auch aus einer nicht ausgeschöpften Kreditlinie gem § 675o II BGB iVm dem Zahlungsdiensterahmenvertrag wegen § 116 S 3 fortwährend zur Zahlungsausführung verpflichtet ist.[364] Ungeachtet des Kontostands erwirbt der Zahlungsdienstleister eine Masseverbindlichkeit. **§ 116 S 3** gilt **entsprechend** für die Verhängung eines allgemeinen Verfügungsverbots **im Eröffnungsverfahren** (§ 21 II Nr 2), weil dieses keine weitergehenden Wirkungen zeitigen kann als die Verfahrenseröffnung.[365]

aa) Widerruf eines Zahlungsauftrags durch den Insolvenzverwalter. Der Widerruf eines Zahlungsauftrags durch den Insolvenzverwalter kommt insbesondere in Betracht, wenn der Schuldner mit seinem Zahlungsdienstleister einen **Ausführungstermin** vereinbart hatte (§ 675n II 1 BGB). Dann kann der Zahlungsauftrag noch bis zum Ende des Geschäftstags vor dem Ausführungstag auch vom Insolvenzverwalter widerrufen werden (§ 675p III BGB). Bei **nicht terminierten Zahlungsaufträgen** scheitert ein Widerruf grundsätzlich daran, dass § 675p I BGB einen Widerruf nur bis zum Zugang des Zahlungsauftrags erlaubt, der ja aber gleichzeitig Voraussetzung für einen wirksamen Zahlungsauftrag und die Anwendbarkeit von § 116 S 3 ist (§ 675n I BGB). Anderes gilt dann, wenn der Schuldner zuvor mit der Bank eine **Vereinbarung über einen Widerruf noch nach dem Zugangszeitpunkt** des § 675p I BGB getroffen hatte (§ 675p IV 1 BGB iVm Nr 1.5 III der Bedingungen für den Überweisungsverkehr[366]). In einer entsprechenden Vereinbarung ist es dem Kreditinstitut gestattet, ein Entgelt für die Bearbeitung des verspäteten Widerrufs auszubedingen (§ 675p IV 3 BGB), um auf diese Weise einen Ausgleich für den möglicherweise kostspieligen Eingriff in das Zahlungssystem zu erlangen.[367] **146**

Das Kreditinstitut kann jedoch auf Verlangen des Insolvenzverwalters hin **freiwillig von der Zahlungsausführung Abstand nehmen**, sofern dies in Anbetracht des automatisierten Zahlungsverkehrs technisch noch möglich ist.[368] Denn die Ausführungspflicht des § 675o II BGB besteht im Interesse des Zahlungsdienstnutzers, der sich auf die Ausführung verlassen können soll, wenn die zuvor festgelegten Bedingungen erfüllt sind.[369] Dieses Interesse des Schuldners an der Vornahme des Zahlungsvorgangs entfällt in aller Regel mit der Eröffnung des Insolvenzverfahrens und dem Übergang der Verwaltungs- und Verfügungsbefugnis auf den Insolvenzverwalter. Die grundsätzliche Unwiderruflichkeit eines Zahlungsauftrags gem § 675p I BGB verfolgt einerseits den Schutz der Zahlungssysteme und soll die Bank andererseits davor bewahren, auf ihre Kosten in die vollautomatisierte Zahlungsabwicklung eingreifen zu müssen. Auf die Berücksichtigung ihrer Interessen kann die Bank freilich verzichten und wird sich hierzu uU bereit **147**

---

363 Kübler/Prütting/Bork/*Tintelnot* InsO[32] §§ 115, 116 Rn 25a; *Nobbe* KTS 2007, 397 (403).

364 BT-Drucks 14/1539 S 8 f; *Kayser* HK InsO[6] § 82 Rn 23 f; Kübler/Prütting/Bork/*Tintelnot* InsO[41] § 82 Rn 18.

365 Kübler/Prütting/Bork/*Tintelnot* InsO[32] §§ 115, 116 Rn 25g.

366 Abdruck bei *Obermüller* Bankpraxis[8] S 741 ff.

367 Vgl Erwägungsgrund 38 der Zahlungsdiensterichtlinie (2007/64/EG); BT-Drucks 16/11643 S 109.

368 Nach *Obermüller* Bankpraxis[8] Rn 3.42 ist ein Zahlungsdienstleister vorbehaltlich der technischen Realisierbarkeit verpflichtet, die Ausführung des Zahlungsauftrags auf einen entspr Widerruf des (vorläufigen) Insolvenzverwalters hin zu verhindern.

369 BT-Drucks 16/11643 S 108.

erklären, wenn der Insolvenzverwalter zusagt, die anfallenden Kosten aus der Masse zu bestreiten. Schließlich kann auch die Integrität der Zahlungssysteme den unbedingten Ausschluss eines nachträglichen Widerrufs nicht rechtfertigen. Hierfür spricht, dass eine Beeinträchtigung des reibungslosen Zahlungsverkehrs auch dann zu besorgen ist, wenn der Schuldner zuvor mit der Bank eine Verlängerung der Widerrufsfrist gem § 675p IV BGB zulässigerweise vereinbart hat und der Insolvenzverwalter von dem Widerrufsrecht Gebrauch macht. Dass die Funktionsfähigkeit der Zahlungssysteme allenfalls nur mittelbar Anlass war für die Reduzierung der Widerrufsfristen gegenüber §§ 676a III, IV BGB aF folgt schließlich daraus, dass § 675p I–IV BGB nur das Deckungsverhältnis zwischen dem Kunden und seiner Bank betrifft, während § 675p V BGB den Schutz der Zahlungssysteme den einschlägigen Bestimmungen überantwortet. Anders als zuvor nach S 2 von § 676a III, IV BGB aF unterscheidet § 675p BGB damit zwischen den Belangen im Deckungsverhältnis und denjenigen im Interbanken-Verhältnis.

148 Kann der Insolvenzverwalter die Ausführung des Zahlungsauftrags nicht mehr aufhalten, muss er sich an den Zahlungsempfänger halten. Einen Rückzahlungsanspruch kann er indes nicht aus dem Insolvenzanfechtungsrecht (§§ 129 ff) ableiten. Denn es mangelt an einer vor Insolvenzeröffnung vorgenommenen Rechtshandlung iSv §§ 129 I, 140 I, wenn der Zahlungsauftrag erst nach Verfahrenseröffnung ausgeführt und erst dann ein Insolvenzgläubiger befriedigt wird. Die vollständige Befriedigung eines Insolvenzgläubigers stellt einen **insolvenzrechtlichen Verteilungsfehler** dar, weil ein Insolvenzgläubiger an der Verteilung der Masse (§ 87) nur nach Maßgabe der InsO teilnimmt und folglich nur eine Quote beanspruchen kann, wenn er seine Forderung zur Tabelle angemeldet hat. Auf diesen Verteilungsfehler kann der Insolvenzverwalter einen Erstattungsanspruch gegen den Zahlungsempfänger stützen (§ 103 Rn 236).

149 **bb) Beseitigung der Ausführungspflicht durch nachträgliche Kündigung einer Kreditlinie.** Auch wenn der Zahlungsdienstleister für die Ausführung von Zahlungsaufträgen iSv § 116 S 3 in jedem Fall eine Masseforderung erlangt, wird er regelmäßig kein Interesse daran haben, einen Zahlungsauftrag zu Lasten einer bei Verfahrenseröffnung ungekündigten und noch nicht ausgeschöpften Kreditlinie auszuführen, insbesondere weil sich diese Masseforderung im Fall der Masseunzulänglichkeit als uneinbringlich erweisen könnte. Gleichwohl ist sie gem § 675o II BGB iVm dem Zahlungsdiensterahmenvertrag grundsätzlich zur Zahlungsausführung verpflichtet, wenn ausreichende Kontodeckung in Form einer Kreditlinie vorhanden ist. Teilweise wird vertreten, die Bank könne sich in dieser Situation ihrer Ausführungsverpflichtung noch dadurch entledigen, dass sie die Kreditlinie gem § 490 I BGB oder Nr 19 II AGB-Banken nach Wirksamwerden des Zahlungsauftrags mit Zugang (§ 675n I 1) kündigt.[370] Die **Zulässigkeit einer nachträglichen Kreditkündigung** ist allerdings **zweifelhaft**. Nach dem Willen des Gesetzgebers bezweckt die Ausführungsverpflichtung in § 675o II BGB, dass sich der Zahlungsdienstnutzer darauf verlassen können soll, dass ein Zahlungsauftrag ausgeführt wird, sofern die vereinbarten Ausführungsbedingungen vorliegen und die Ausführung nicht ausnahmsweise gegen sonstige Rechtsvorschriften verstößt.[371] Mit diesem Normzweck lässt sich die Möglichkeit, die Ausführungspflicht durch nachträgliche Kündigung der Kreditlinie zu beseitigen, nur schwerlich vereinbaren. Andernfalls stünden Zahlungen aus einem Kontokorrentkredit stets unter dem **Vorbehalt der „Nicht-Kündigung“** der Kreditlinie. Alternativ begründet *Obermüller* ein Ablehnungsrecht des Zahlungsdienstleisters damit, dass die Ausführung, wohl der Erwerb eines Aufwendungsersatzanspruchs als Masseforde-

---

[370] *Obermüller* Bankpraxis[8] Rn 3.48.

[371] BT-Drucks 16/11643 S 108.

rung, jedenfalls gegen das Erwerbsverbot des **§ 91 I** verstoße.[372] Auch dieser Erklärungsansatz verfängt indessen nicht. Denn § 116 S 3 bestimmt gerade, dass der Zahlungsdienstleister mit Zahlungsausführung eine Masseforderung gem § 55 I Nr 2 Fall 2 erlangen soll, wobei das nach der Gesetzesbegründung sowohl für kreditorische als auch debitorische Konten gelten soll.[373]

b) **Ausführung von Zahlungsaufträgen nach Verfahrenseröffnung.** Nach Erlöschen des Girovertrags mit Verfahrenseröffnung gem § 116 S 1, 115 I kann der Schuldner grundsätzlich keine Zahlungsaufträge mehr erteilen. Etwas anderes gilt lediglich für insolvenzfreie Konten[374] wie namentlich ein P-Konto gem § 850k I ZPO (Rn 138 ff) oder solche Konten, die der Schuldner im Rahmen einer gem § 35 II „freigegebenen" selbständigen Tätigkeit unterhält. Mangels Massebezugs unterliegen diese Konten nicht der Erlöschensanordnung gem §§ 116 S 1, 115 I. **150**

Führt die Bank Zahlungsaufträge, die der Schuldner nach Insolvenzeröffnung erteilt – für unerledigte Zahlungsaufträge, die er vorher erteilt hat, findet § 116 S 3 Anwendung –, in Unkenntnis der Verfahrenseröffnung (Rn 69) aus, kann sie einen Aufwendungsersatzanspruch aus §§ 675c I, 670 BGB gem §§ 116 S 1, 115 III als Insolvenzgläubigerin geltend machen. Dies gilt auch dann, wenn das Konto zu diesem Zeitpunkt ein Guthaben aufweist. Entgegen der einhelligen Gegenauffassung gelangt für diesen Fall **nicht der Gutglaubensschutz gem** § **82** zur Anwendung (Rn 78 ff). Da § 115 III den gutgläubigen Geschäftsbesorger indes so stellt, als habe er das Geschäft vor Verfahrenseröffnung ausgeführt, taugt eine Insolvenzforderung gem § 115 III 2 zur Valutierung von Sicherheiten und zur Aufrechnung gegen eine Forderung der Masse (Rn 74 ff, 83, 128). Gegen die hier befürwortete Sichtweise, wonach die Erteilung eines Zahlungsauftrags und die anschließende Einstellung eines Aufwendungsersatzanspruchs in das Kontokorrent keine Verfügung iSv §§ 81, 82 darstellt, lässt sich auch nicht einwenden, dass der Schuldner dann auch noch nach der Anordnung von **Verfügungsbeschränkungen im Eröffnungsverfahren** frei über sein Konto „verfügen" könnte. Die Wirksamkeit der durch die Einstellung des Aufwendungsersatzanspruchs in das Kontokorrent begründeten Verrechnungslage muss sich vielmehr an dem Aufrechnungsverbot des § **96 I Nr 3 iVm** §§ **129 ff** messen lassen. **151**

c) **Lastschrift.** Die Lastschrift ist unabhängig von ihrer konkreten Ausgestaltung als Einzugsermächtigungs-, Abbuchungsauftrags- oder SEPA-Lastschrift Zahlungsvorgang iSv § 675f III 1 BGB, nämlich **Prototyp der sog Pull-Zahlungen**, die vom Zahlungsempfänger ausgelöst werden (Rn 143). Die Umsetzung der Zahlungsdiensterichtlinie (2007/64/EG) in deutsches Recht mit Wirkung zum 1.11.2009 (Rn 112) hat den Rechtsrahmen für einen einheitlichen europäischen Zahlungsraum (SEPA – Single European Payments Area) geschaffen und insbesondere die Etablierung des **SEPA-Lastschriftverfahrens** und damit grenzüberschreitende Lastschriftzahlungen im SEPA-Raum ermöglicht.[375] Insoweit wird zwischen der SEPA-Firmenlastschrift, die nur von Kunden genutzt werden kann, die keine Verbraucher (§ 13 BGB) sind,[376] und der SEPA-Basislastschrift unter- **152**

[372] *Obermüller* Bankpraxis[8] Rn 3.48.
[373] BT-Drucks 14/1539 S 9.
[374] Vgl *Obermüller* Bankpraxis[8] Rn 3.51.
[375] S zu Einzelheiten des SEPA-Lastschriftverfahrens etwa *Bernett/Haug* BankR-Hb[4] § 41 Rn 36 ff; Staudinger/*Omlor* BGB[2012] Vor §§ 675c–676c Rn 122 ff.
[376] Nr 2.1.1 der Bedingungen für Zahlungen mittels SEPA-Firmenlastschriftverfahren; abgedr bei *Obermüller* Bankpraxis[8] S 734 ff.

schieden.[377] Die herkömmlich durch Regelungen im Interbankenverhältnis etablierten Möglichkeiten des Abbuchungsauftragsverfahrens und der Einzugsermächtigungslastschrift laufen indessen Ende Januar 2014 aus.

153 Die Besonderheit des SEPA-Lastschriftverfahrens liegt in der Qualität des SEPA-Lastschriftmandats (auch **SEPA-Doppelmandat** genannt) begründet, das der Zahler dem Zahlungsempfänger erteilt.[378] Anders als im herkömmlichen Abbuchungsauftragsverfahren erfolgt zunächst keine Autorisierung des Zahlungsvorgangs durch den Lastschriftschuldner (Zahler) gegenüber seiner Bank, der Zahlstelle. Vielmehr ist Gegenstand des SEPA-Lastschriftmandats einerseits – wie im herkömmlichen Einzugsermächtigungsverfahren – die Ermächtigung an den Lastschriftgläubiger (Zahlungsempfänger) die geschuldete Zahlung im Wege der Lastschrift vom Konto des Schuldners (Zahler) einzuziehen. Andererseits beinhaltet das SEPA-Lastschriftmandat die Weisung des Zahlers an seine Zahlstelle, die betreffende Lastschrift zu Lasten des Kontos einzulösen.[379] Die hierin liegende **Autorisierung des Zahlungsvorgangs iSv § 675j I 2 BGB** erteilt der Zahler nicht direkt seiner Zahlstelle. Sie wird dieser vielmehr mit der Einreichung der SEPA-Lastschrift durch den Zahlungsempfänger als Bote über die erste Inkassostelle übermittelt (§ 675f III 2 Fall 2 BGB). Die Einlösung der SEPA-Lastschrift ist mithin ein von Anfang an über den Zahlungsempfänger autorisierter Zahlungsvorgang (§ 675x BGB). Bereits mit Einlösung der Lastschrift erwirbt die Zahlstelle einen Aufwendungsersatzanspruch gem §§ 675c I, 670 BGB.

154 Durch Änderung der Bedingungen für Zahlungen mittels Lastschrift im Einzugsermächtigungsverfahren zum 9.7.2012 wurde das **Einzugsermächtigungsverfahren** dem des SEPA-Doppelmandats nachgebildet.[380] Nunmehr sieht Nr 2.1.1 der Bedingungen für Zahlungen mittels Lastschrift im Einzugsermächtigungsverfahren vor, dass die „Einzugsermächtigung zugleich die Weisung des Kunden gegenüber der Bank [ist], die vom Zahlungsempfänger auf das Konto des Kunden gezogenen Lastschriften einzulösen." Diese Ausgestaltung geht auf eine Anregung des XI. Zivilsenats des BGH zurück.[381] Sie soll insoweit Rückwirkung äußern, als auch alte unter der herkömmlichen **Genehmigungstheorie**[382] erteilte Einzugsermächtigungslastschriften als SEPA-Doppelmandat behandelt werden können. Eine solche Wirkung durch Änderung der Banken-AGB herbeizuführen stößt freilich auf Einwände.[383]

155 aa) **Wirkungen der Insolvenzeröffnung.** Die Insolvenzeröffnung äußert auf die Lastschrift die bereits allgemein für Zahlungsvorgänge skizzierten Wirkungen (Rn 143 ff). Der Zahlungsauftrag wird gegenüber der Zahlstelle (Schuldnerbank) wirksam (§ 675n I 1 BGB), wenn ihr nach Einreichung der Lastschrift durch den Lastschriftgläubiger bei dessen Bank (Erste Inkassostelle) die auf dem Doppelmandat beruhende Weisung ihres Kunden, des Lastschriftschuldners (Zahlers), zugeht (§ 675f III 2 Fall 2 BGB). Liegt dieser Zeitpunkt nach Verfahrenseröffnung, ist die Schuldnerbank nicht berechtigt, den

---

377 S die Bedingungen für Zahlungen mittels SEPA-Basislastschriftverfahren; abgedr bei *Obermüller* Bankpraxis[8] S 727 ff.

378 Hierzu etwa *Bernett/Haug* BankR-Hb[4] § 41 Rn 40; *Casper* MünchKomm BGB[6] § 675f Rn 77; Staudinger/*Omlor* BGB[2012] Vor §§ 675c–676c Rn 125.

379 Vgl jew Nr 2.2.1 der Bedingungen für Zahlungen mittels SEPA-Basis- bzw Firmenlastschriftverfahren.

380 Vgl hierzu *Omlor* NJW 2012, 2150 ff.

381 BGHZ 186, 269 Rn 15–40.

382 Std Rspr, vgl nur BGHZ 177, 69 Rn 15; 174, 84 Rn 12, jew mwN.

383 *Jacoby* ZIP 2010, 1725 (1735 f); *Nobbe* WM 2011, 961 (966); *ders* ZIP 2012, 1937 (1940).

Zahlungsauftrag auszuführen (Rn 150 f): Vorbehaltlich §§ 115 III, 116 S 1 erlangt sie keine Forderung, die sie im Insolvenzverfahren über das Zahlervermögen geltend machen kann. Ihr bleibt allerdings, den Zahlungsbetrag vom Zahlungsempfänger zu kondizieren.[384] Wird der Zahlungsauftrag vor Verfahrenseröffnung wirksam, aber noch nicht ausgeführt, gilt § 116 S 3 (Rn 144 ff).

bb) Keine „Rückbuchung“. Da die Lastschrift aufgrund des SEPA-Doppelmandats von Anfang autorisiert ist (§ 675j I 2 Fall 1 BGB), scheidet ein Rückbuchungsanspruch wegen nicht autorisierten Zahlungsvorgangs (§ 675u BGB) aus. Gem § 675x II BGB iVm Nr 2.5 Bedingungen für Zahlungen mittels SEPA-Basislastschriftverfahren kann der Zahler aber Rückerstattung des Zahlungsbetrags innerhalb von acht Wochen ab Belastung des Kontos infolge einer autorisierten Zahlung verlangen. Dieser **Erstattungsanspruch fällt nach BGH in analoger Anwendung von § 377 I BGB nicht in die Insolvenzmasse**, so dass auch Zahlungen mittels SEPA-Basislastschrift vom (vorläufigen) Insolvenzverwalter nicht „widerrufen“, sondern allenfalls gegenüber dem Zahlungsempfänger gem §§ 129 ff angefochten werden können.[385] Eine bessere Begründung für die **„Insolvenzfestigkeit“** liegt darin, dass die Zahlung aufgrund des autorisierten Zahlungsvorgangs zur Erfüllung führt. Der (vorläufige) Insolvenzverwalter hat diese Erfüllung hinzunehmen, sofern die Leistung nicht nach §§ 129 ff anfechtbar ist. Daher begeht er eine Pflichtverletzung, wenn er den (durchaus zur Masse gehörenden) Anspruch aus § 675x BGB ungeachtet dessen geltend macht. Es haftet für diese Pflichtverletzung (§§ 280 BGB, § 826 BGB) nicht nur die Masse (§ 55 I Nr 1), sondern auch der Verwalter persönlich (§ 60).[386] 156

d) Scheckgeschäft. Gem § 1 X Nr 6 ZAG ist die Zahlung mittels Scheck **kein „Zahlungsdienst“**. Die Vorschriften der §§ 675c ff BGB finden mithin keine Anwendung.[387] Gleichwohl weicht die rechtliche Beurteilung von Scheckzahlungen in der Insolvenz des Scheckausstellers nicht wesentlich ab von derjenigen eines Zahlungsvorgangs iSv § 675f III 1 BGB (Rn 143 ff). Denn das Deckungsverhältnis zwischen Aussteller und bezogener Bank unterliegt neben den Regelungen des ScheckG im Übrigen den allgemeinen geschäftsbesorgungsrechtlichen Bestimmungen gem § 675 BGB,[388] die in den §§ 675c ff BGB lediglich näher ausgeformt werden. Mit dem Erlöschen des Girovertrags endet auch die Scheckabrede zwischen Kontoinhaber und Bank, die diese verpflichtet, begebene Schecks einzulösen und Schecks zugunsten des Kontoinhabers einzuziehen.[389] Löst die bezogene Bank einen Scheck des insolventen Ausstellers noch nach Verfahrenseröffnung ein, erwirbt sie einen Aufwendungsersatzanspruch nur unter den Voraussetzungen von §§ 116 S 1, 115 II, III. Entgegen allgemeiner Ansicht[390] findet der Gutglaubensschutz gem § 82 keine Anwendung, wenn die gutgläubige Bank den Scheck nach Verfahrenseröffnung einlöst. Sie erlangt lediglich einen Aufwendungsersatzanspruch gem §§ 116 S 1, 115 III 2 (Rn 78 ff). 157

---

384 *Obermüller* Bankpraxis[8] Rn 3.731 f; vgl *Ott/Vuia* MünchKomm InsO[3] § 116 Rn 40.

385 BGHZ 186, 269 Rn 27; zust Staudinger/*Omlor* BGB[2012] Vor §§ 675c–676c Rn 129.

386 *Jacoby* ZIP 2010, 1725 (1735); *Obermüller/Kuder* ZIP 2010, 349 (352 ff).

387 S auch Erwägungsgrund 19 sowie Art 3 g (i) der Zahlungsdiensterichtlinie (2007/64/EG).

388 Vgl *Nobbe* BankR-Hb[4] § 60 Rn 29.

389 *Canaris* BankvertragsR[4] Rn 818; *Nobbe* BankR-Hb[4] § 60 Rn 44; *Obermüller* Bankpraxis[8] Rn 3.367; *Ott/Vuia* MünchKomm InsO[3] § 116 Rn 47; Uhlenbruck/*Sinz* InsO[13] §§ 115, 116 Rn 25b.

390 S nur *Nobbe* BankR-Hb[4] § 60 Rn 190; *Obermüller* Bankpraxis[8] Rn 3.373; *Ott/Vuia* MünchKomm InsO[3] § 82 Rn 30.

6. Sonstige Bankgeschäfte

158 a) **Das Akkreditiv.** Das Akkreditiv bezeichnet eine Vereinbarung zwischen der Akkreditivbank und dem Akkreditivauftraggeber, nach der sich diese auf dessen Veranlassung hin gegenüber einem dritten Begünstigten bei Erfüllung der Akkreditivbedingungen zur Zahlung verpflichtet.[391] Das (Dokumenten-) Akkreditiv dient regelmäßig der **Sicherung einer Kaufpreisverbindlichkeit** vorwiegend im internationalen Handelsverkehr. Der Käufer verpflichtet sich im Kaufvertrag, zugunsten des Verkäufers ein Akkreditiv eröffnen zu lassen, aufgrund dessen dieser berechtigt sein soll, bei Vorlage des Liefer- oder Frachtscheins die Bezahlung des Kaufpreises unmittelbar von der Akkreditivbank zu fordern.[392] Dieser Verpflichtung kommt der Käufer nach, indem er der Bank einen Akkreditivauftrag erteilt, der als auf eine Geschäftsbesorgung gerichteter Werkvertrag zu qualifizieren ist.[393] Mittels Akkreditiveröffnungsschreiben informiert die Bank anschließend den Begünstigten über die Eröffnung des Akkreditivs und über die Akkreditivbedingungen. Hiermit gibt die Bank – je nach Ausgestaltung widerruflich oder unwiderruflich – ein abstraktes Schuldversprechen iSv § 780 BGB ab, das dem Begünstigten einen von den Einwendungen und Einreden des Valutaverhältnisses losgelösten Zahlungsanspruch gegen die Bank verschafft.[394]

159 War das **Akkreditiv zum Zeitpunkt der Eröffnung des Insolvenzverfahrens** über das Vermögen des Akkreditivauftraggebers **noch nicht eröffnet**, hatte die Akkreditivbank sich dem Begünstigten gegenüber mithin noch nicht zur Zahlung verpflichtet, erlischt der Akkreditivauftrag gem §§ 116 S 1, 115 I. Die Bank darf das Akkreditiv nicht mehr eröffnen.[395] Etwaige Vorschüsse hat sie zurück zu zahlen, Sicherheiten sind zurückzugewähren.[396] Soweit sie zum Zwecke der Auftragsausführung bereits Auslagen getätigt hatte, darf sie diese von einem rückzuerstattenden Vorschuss abziehen;[397] ansonsten ist sie mit ihren Forderungen lediglich Insolvenzgläubigerin.

160 War das **Akkreditiv zum Zeitpunkt der Insolvenzeröffnung bereits eröffnet** worden, kann die Bank ein – praktisch seltenes – **widerruflich ausgestaltetes Akkreditiv** gleichwohl noch gegenüber dem Begünstigten widerrufen. Ihr Widerrufsrecht wird die Akkreditivbank regelmäßig schon aus eigenem Interesse umgehend ausüben, weil sie nach Erlöschen des Akkreditivauftrags bei Kenntnis von der Verfahrenseröffnung keinen Aufwendungsersatzanspruch mehr gegen den Schuldner erwerben kann.[398] Teile der Literatur halten die Bank weitergehend gar für verpflichtet, das Akkreditiv in diesem Fall zu widerrufen.[399] Handelte es sich hingegen um ein **unwiderrufliches Akkreditiv**, kommt

391 *Habersack* MünchKomm BGB[6] § 783 Rn 39; *Nielsen/Jäger* BankR-Hb[4] § 120 Rn 1 ff.

392 Staudinger/*Marburger* BGB[2009] § 783 Rn 53.

393 BGH ZIP 1998, 1436; Baumbach/Hopt/*Hopt* HGB[35] Bankgeschäfte Rn K/3; *Habersack* MünchKomm BGB[6] § 783 Rn 45; *Nielsen/Jäger* BankR-Hb[4] § 120 Rn 83; Staudinger/*Marburger* BGB[2009] § 783 Rn 53.

394 BGHZ 60, 262 (264); RGZ 107, 7 (9); 144, 133 (136); Baumbach/Hopt/*Hopt* HGB[35] Bankgeschäfte Rn K/1; Staudinger/*Marburger* BGB[2009] § 783 Rn 55.

395 *Canaris* BankvertragsR[4] Rn 1078; *Ott/Vuia* MünchKomm InsO[3] § 116 Rn 41; Uhlenbruck/*Sinz* InsO[13] § 115, 116 Rn 25e.

396 *Nielsen/Jäger* BankR-Hb[4] § 120 Rn 490; *Obermüller* Bankpraxis[8] Rn 4.33.

397 Kübler/Prütting/Bork/*Tintelnot* InsO[32] §§ 115, 116 Rn 27; *Nielsen* MünchKomm HGB[2] Anh I ZahlungsV Rn H 249; *Obermüller* Bankpraxis[8] Rn 4.33.

398 *Obermüller* Bankpraxis[8] Rn 4.39.

399 *Ott/Vuia* MünchKomm InsO[3] § 116 Rn 41; Uhlenbruck/*Sinz* InsO[13] §§ 115, 116 Rn 25e.

ein Erlöschen gem §§ 116 S 1, 115 I nicht mehr in Betracht, soweit die Bank den Auftrag bereits ausgeführt und sich dem Begünstigten gegenüber zur Zahlung verpflichtet hatte.[400] Ungeachtet der zwischenzeitlichen Insolvenzeröffnung über das Vermögen des Auftraggebers bleibt die Bank zur Zahlung an den Begünstigten verpflichtet, wenn die Akkreditivbedingungen erfüllt werden, er also die erforderlichen Dokumente vorlegt.[401]

Die Eröffnung auch eines unwiderruflichen Akkreditivs führt nicht zum Ausschluss des **Verwalterwahlrechts gem § 103** im Hinblick auf den zwischen Schuldner und dem Akkreditiv-Begünstigten geschlossenen Vertrag.[402] Hat letzterer die erforderlichen Dokumente noch nicht eingereicht und den Akkreditivbetrag noch nicht erhalten, liegt ein beiderseits unerfüllter Vertrag iSv § 103 vor, der dem Verwalter das Wahlrecht eröffnet. Allein durch die Bestellung des Akkreditivs hat der Schuldner den Vertrag noch nicht einseitig erfüllt, denn die Bestellung erfolgt lediglich **erfüllungshalber** (§ 103 Rn 116, 150).[403] **161**

Unabhängig davon, ob der Verwalter die Erfüllung des Vertrags wählt, kann die Bank, nachdem sie von dem Vertragspartner auf Auszahlung des Akkreditivbetrags in Anspruch genommen worden ist, ihren Aufwendungsersatzanspruch aus §§ 675, 670 BGB lediglich als **Insolvenzgläubigerin** verfolgen, weil dieser Anspruch bereits mit Eröffnung des Akkreditivs vor Verfahrenseröffnung bedingt entstanden ist, § 38 (§ 103 Rn 264).[404] Einer Aufrechnung dieses Anspruchs gegen einen Anspruch der Masse steht bei Inanspruchnahme durch den Akkreditiv-Begünstigten nach Insolvenzeröffnung § 95 I 3 entgegen. Der Bank haften indes im Zeitpunkt der Verfahrenseröffnung noch nicht vollständig valutierte Sicherheiten, namentlich ihr **AGB-Pfandrecht** aus Nr 14 AGB-Banken. Umstritten ist, ob die Akkreditivbank zur Sicherung ihrer Insolvenzforderung **an den von dem Akkreditiv-Begünstigten eingereichten Dokumenten ein Sicherungsrecht** erwirbt, sofern es sich hierbei um sog Traditionspapiere, wie den Ladeschein des Frachtführers (§ 448 HGB), den Oderlagerschein (§ 475g HGB) oder das Seekonnossement (§ 650 HGB), handelt. Die Übergabe solcher Traditionspapiere hat die gleiche Wirkung wie die Übergabe der Ware, vgl § 448 HGB. Der Erwerb eines Pfandrechts an der Ware gem §§ 1204 ff BGB kommt mithin aufgrund einer Einigung, vgl Nr 14 I AGB-Banken, und der Übergabe der entsprechenden Papiere in Betracht.[405] So wird teilweise angenommen die von dem Akkreditivbegünstigten eingereichten Dokumente würden ungeachtet von § 91 I vom AGB-Pfandrecht der Banken erfasst.[406] Jedenfalls steht der Bank aber aufgrund ihrer Insolvenzforderung ein kaufmännisches Zurückbehaltungsrecht gem § 369 HGB zu.[407] **162**

---

400 *Nielsen/Jäger* BankR-Hb[4] § 120 Rn 492; *Obermüller* Bankpraxis[8] Rn 4.41; *Ott/Vuia* MünchKomm InsO[3] § 116 Rn 41; Uhlenbruck/*Sinz* InsO[13] §§ 115, 116 Rn 25e.

401 *Canaris* BankvertragsR[4] Rn 1079; Kübler/Prütting/Bork/*Tintelnot* InsO[32] §§ 115, 116 Rn 27; *Nielsen/Jäger* BankR-Hb[4] § 120 Rn 491.

402 *Canaris* BankvertragsR[4] Rn 1075; *Obermüller* Bankpraxis[8] Rn 4.41; einen Ausschluss entspr § 106 erwägend *Nielsen/Jäger* BankR-Hb[4] § 120 Rn 491.

403 *Nielsen/Jäger* BankR-Hb[4] § 120 Rn 494; Staudinger/*Beckmann* BGB[2004] § 433 Rn 138.

404 **AA** Kümpel/Wittig/*Seeger* Bank- u KapitalmarktR[4] Rn 13.206: Masseverbindlichkeit wegen § 55 I Nr 1.

405 *Langenbucher* MünchKomm HGB[3] § 363 Rn 72; Uhlenbruck/*Brinkmann* InsO[13] § 50 Rn 7.

406 Kübler/Prütting/Bork/*Tintelnot* InsO[32] §§ 115, 116 Rn 27; Kümpel/Wittig/*Seeger* Bank- u KapitalmarktR[4] Rn 13.206; *Nielsen/Jäger* BankR-Hb[4] § 120 Rn 492.

407 *Loeffler* Der Einfluss des Käufer-Konkurses auf das Dokumenten-Akkreditivgeschäft (1969) S 101 ff; *Obermüller* Bankpraxis[8] Rn 4.47.

163 b) **Avalkredit.** Im Rahmen eines Avalkredits (oder auch Kreditleihe oder Haftungskredit) verpflichtet sich das Geldinstitut auf Verlangen ihres Kunden bis zur Höhe der vereinbarten Avalkreditlinie zur Gestellung von Sicherheiten, insbesondere Bürgschaften oder Garantien, zugunsten eines Dritten. Die Vereinbarung zwischen der Bank und ihrem Kunden zur Übernahme einer Sicherheit ist als Werkvertrag zu qualifizieren, der auf eine Geschäftsbesorgung gerichtet ist.[408] Soweit dieser in der Insolvenz des Kontoinhabers noch nicht ausgeführt ist, erlischt der Avalauftrag **wie der Kautionsversicherungsvertrag** (Rn 99 ff) gem §§ 116 S 1, 115 I mit Verfahrenseröffnung.[409] Zum Zeitpunkt der Verfahrenseröffnung bestehende Avale bleiben hingegen unberührt und die Bank damit gegenüber dem Begünstigten bei Eintritt des Sicherungsfalls zur Zahlung verpflichtet, sofern sie sich nicht ausnahmsweise von der Avalverpflichtung lossagen kann, vgl § 775 I Nr 1 BGB.[410] Ungeachtet des Erlöschens mit Verfahrenseröffnung steht dem Avalkreditgeber für den Fall der Inanspruchnahme ein Aufwendungsersatzanspruch gem §§ 675 I, 670 BGB zu, der bereits mit Übernahme der Sicherheit aufschiebend bedingt auf den Eintritt des Sicherungsfalls entsteht.[411] Die Bank kann ihn daher lediglich als Insolvenzforderung gem §§ 87, 174 ff zur Tabelle anmelden.

164 War die Sicherheit für eine Forderung gegen den Schuldner aus einem gegenseitigen Vertrag bestellt, der in den Anwendungsbereich von § 103 fällt, und lehnt der Verwalter die Erfüllung ab, kann der Vertragspartner die Bank nicht aus seiner **Forderung wegen Nichterfüllung gem § 103 II 1** in Anspruch nehmen (§ 103 Rn 263).[412] Wählt der Insolvenzverwalter zunächst Erfüllung des Vertrags und tritt anschließend der Sicherungsfall ein, kann die Bank, wenn sie von dem Vertragspartner in Anspruch genommen wird, die Hauptforderung, die im Wege der cessio legis oder kraft vertraglicher Vereinbarung auf sie übergeht, als Masseforderung geltend machen (§ 103 Rn 342).[413] Ein Aufwendungsersatzanspruch aus §§ 675, 670 BGB bleibt dagegen Insolvenzforderung, auch wenn die aufschiebende Bedingung der Inanspruchnahme erst nach Verfahrenseröffnung eintritt (§ 103 Rn 264, 342).[414]

165 c) **Effektengeschäft.** Als Effektengeschäft werden der Ankauf und die Veräußerung von Wertpapieren, die am Kapitalmarkt gehandelt werden, durch die Bank im eigenen Namen für Rechnung des Kunden bezeichnet. Das Effektengeschäft ist damit den **Finanzkommissionsgeschäften** iSv § 1 I 2 Nr 4, XI KWG zuzurechnen,[415] auf das neben den einzelvertraglichen Regelungen die §§ 383 ff HGB und die §§ 675, 611 ff BGB ergänzend zur Anwendung gelangen.[416] Die geschäftsbesorgungsrechtliche Komponente des Effektengeschäfts besteht in der **Anbahnung des Kaufvertrags.**[417] Mit Insolvenzeröff-

---

408 BGHZ 95, 375 (380 f); *Habersack* MünchKomm BGB[6] § 765 Rn 7; *Obermüller* Bankpraxis[8] Rn 5.703; Staudinger/*Horn* BGB[2012] § 765 Rn 117.

409 KG ZIP 2010, 2411; Kübler/Prütting/Bork/*Tintelnot* InsO[32] §§ 115, 116 Rn 27a; *Obermüller* Bankpraxis[8] Rn 5.729; *Ott/Vuia* MünchKomm InsO[3] § 116 Rn 42; Palandt/*Sprau* BGB[72] § 675 Rn 10; Uhlenbruck/*Sinz* InsO[13] §§ 115, 116 Rn 25d.

410 *Obermüller* Bankpraxis[8] Rn 5.733 ff.

411 BGHZ 95, 375 (380 f); Kübler/Prütting/Bork/*Tintelnot* InsO[32] §§ 115, 116 Rn 27a; *Obermüller* Bankpraxis[8] Rn 5.758.

412 AA *Obermüller* Bankpraxis[8] Rn 5.754.

413 *Obermüller* Bankpraxis[8] Rn 5.760.

414 *Obermüller* Bankpraxis[8] Rn 5.758.

415 *Ekkenga* MünchKomm HGB[2] Effektengeschäft Rn 71; *Seiler/Kniehase* BankR-Hb[4] § 104 Rn 2.

416 *Obermüller* Bankpraxis[8] Rn 8.5; *Ott/Vuia* MünchKomm InsO[3] § 116 Rn 43; *Seiler/Kniehase* BankR-Hb[4] § 104 Rn 116 ff; Uhlenbruck/*Sinz* InsO[13] §§ 115, 116 Rn 25g.

417 Vgl *Ekkenga* MünchKomm HGB[2] Effektengeschäft Rn 71; *Seiler/Kniehase* BankR-Hb[4] § 104 Rn 117.

nung erlöschen gem §§ 116 S 1, 115 I bis dahin noch nicht ausgeführte Aufträge des Schuldners an die Bank, die auf den Ankauf oder die Veräußerung von Wertpapieren im Rahmen des Effektenhandels gerichtet sind.[418] Die Verfahrenseröffnung hat indes keine Auswirkungen, soweit die Bank den Effektenaufträgen des Insolvenzschuldners vor Insolvenzeröffnung nachgekommen ist und es zum Abschluss von An- bzw Verkaufsverträgen gekommen ist. Aufwendungen, die ihr für diese Tätigkeit entstanden sind, kann sie als Insolvenzgläubigerin geltend machen.

Bereits geschlossene Kaufverträge werden von der Verfahrenseröffnung nicht mehr **166** berührt. §§ 103 f gelangen grundsätzlich nicht zur Anwendung, weil der Insolvenzschuldner nicht Vertragspartei ist, sondern der Kaufvertrag zwischen dem Kontrahenten und der Bank zustande kommt, die als verdeckte Stellvertreterin des Insolvenzschuldners auftritt und von diesem gem § 185 BGB zur Verfügung ermächtigt ist.[419] Die einzelnen An- und Verkaufsgeschäfte unterliegen im Übrigen den zum Kommissionsgeschäft (§§ 383 ff HGB) dargestellten Grundsätzen (Rn 92 ff).

d) **Depotgeschäft.** Der Depotvertrag verpflichtet die Bank im Falle eines sog **offenen** **167** **Depots** zur Verwahrung und Verwaltung von Wertpapieren für ihren Kunden (§ 1 I 2 Nr 5 KWG). Es handelt sich um einen **gemischttypischen Vertrag**, der Elemente von Verwahrung und Geschäftsbesorgung enthält.[420] Ungeachtet dieser beiden unterschiedlichen Wesensbestandteile des Depotvertrags, ist über sein Schicksal in der Insolvenz des Depotinhabers einheitlich zu urteilen.[421] Die Verwaltungspflichten der Depotbank rechtfertigen es, den gesamten Vertrag in der Kundeninsolvenz gem §§ 116 S 1, 115 I erlöschen zu lassen.[422] Ein **verschlossenes Depot**, auf welches das DepotG nach seinem § 1 II nicht anzuwenden ist, ist dagegen als reiner Verwahrungsvertrag iSv § 688 BGB zu qualifizieren.[423] Ein entsprechender Vertrag unterliegt in der Insolvenz des Kunden § 103.[424]

§ 117
Erlöschen von Vollmachten

(1) Eine vom Schuldner erteilte Vollmacht, die sich auf das zur Insolvenzmasse gehörende Vermögen bezieht, erlischt durch die Eröffnung des Insolvenzverfahrens.

(2) Soweit ein Auftrag oder ein Geschäftsbesorgungsvertrag nach § 115 Abs. 2 fortbesteht, gilt auch die Vollmacht als fortbestehend.

(3) Solange der Bevollmächtigte die Eröffnung des Verfahrens ohne Verschulden nicht kennt, haftet er nicht nach § 179 des Bürgerlichen Gesetzbuchs.

---

418 *Obermüller* Bankpraxis[8] Rn 8.56, 8.79b; *Ott/Vuia* MünchKomm InsO[3] § 116 Rn 43; Uhlenbruck/*Sinz* InsO[13] §§ 115, 116 Rn 25g.

419 *Obermüller* Bankpraxis[8] Rn 8.4.

420 BGH NJW 1991, 978; *Einsele* MünchKomm HGB[2] Depotgeschäft Rn 3; *Klanten* BankR-Hb[4] § 72 Rn 4.

421 **AA diff** zwischen sog Sonder- u Sammelverwahrung hingegen noch *Canaris* BankvertragsR[3] Rn 2203; Jaeger/*Henckel* KO[9] § 17 Rn 22.

422 *Klanten* BankR-Hb[4] § 72 Rn 5; *Obermüller* Bankpraxis[8] Rn 2.215 ff; *Ott/Vuia* MünchKomm InsO[3] § 116 Rn 44; Uhlenbruck/*Sinz* InsO[13] §§ 115, 116 Rn 25f.

423 Boos/Fischer/Schulte-Mattler/*Schäfer* KWG[4] (2012) § 1 Rn 67; *Heermann* MünchKomm BGB[6] § 675 Rn 82.

424 Uhlenbruck/*Sinz* InsO[13] §§ 115, 116 Rn 25f.

Gesetzesänderungen: –

Materialien: BT-Drucks 12/2443 S 151 f; RegE § 135; RefE § 125; DiskE § 125; 1. Ber InsR-Komm LS 1.2.10, 1.3.1.3

Vorgängerregelungen: –

Literatur

Kesseler Zur Vollmachtserteilung durch den Insolvenzverwalter ZNotP 2003, 327; *Lent* Zur Lehre von der Partei kraft Amtes ZZP 62 (1941) 129 ff; *Marotzke* Insolvenzverfahren und Geschäftsbesorgungsverhältnisse. Kritische Gedanken zu § 23 KO (§§ 115 ff InsO) FS Henckel (1995) S 579; *ders* Die Behandlung der „schwebenden Rechtsgeschäfte" Insolvenzrecht im Umbruch (1991) S 183; *Schilken* Die Vollmacht in der Insolvenz KTS 2007, 1; *K Schmidt* Der Konkursverwalter als Gesellschaftsorgan und Repräsentant des Gemeinschuldners KTS 1984, 345 (360 ff); *ders* Die Prokura in Liquidation und Konkurs der Handelsgesellschaften BB 1989, 229

Übersicht

Alphabetische Übersicht

I. Grundlagen

Abs 1 stellt klar, dass eine vom Schuldner erteilte Vollmacht (§ 166 II BGB) dem Bevollmächtigten nicht die Rechtsmacht verleiht, Rechtsgeschäfte als Vertreter abzuschließen, die zu Lasten der Masse wirken. Vor einer drohenden Haftung des Vertreters als Vertreter ohne Vertretungsmacht (§ 179 I BGB) schützt den Bevollmächtigten indessen Abs 3 für den Fall, dass der Bevollmächtigte die Eröffnung des Verfahrens unverschuldet nicht kennt. Eine Ausnahme macht Abs 2 für die von §§ 115 II, 116 S 1 erfasste Notgeschäftsführung (§§ 115 f Rn 65 ff). Unter deren Voraussetzung kann der Bevollmächtigte auch mit Wirkung für die Insolvenzmasse von seiner vom Schuldner erteilten Vollmacht Gebrauch machen. **1**

1. Historische Entwicklung

Die **KO** enthielt **keine ausdrückliche Bestimmung** zum Erlöschen von Vollmachten bei Verfahrenseröffnung.[1] Die Verfasser der KO wollten die Anordnung einer solchen Rechtsfolge den allgemeinen Bestimmungen überlassen.[2] Insoweit waren zwei Strömungen auszumachen. Zum einen wurde auf das **Entfallen des Grundverhältnisses** über § 168 S 1 BGB abgestellt. Nach dieser Bestimmung sollten im Rahmen eines Auftrags- oder Geschäftsbesorgungsvertrags erteilte Vollmachten zusammen mit ihrem Grundverhältnis (§ 23 KO, heute §§ 115 f) erlöschen.[3] Diese Begründung vermochte freilich nicht zu erklären, weshalb solche Vollmachten ebenfalls endeten, die nicht im Zusammenhang mit einem § 23 KO unterfallenden Vertrag erteilt worden waren. Ein solcher Vertrag war namentlich ein Dienstvertrag (§ 22 KO, heute § 108 I 1).[4] Gleiches musste für Vollmachten gelten, die ohne zugrunde liegendes oder wirksames Rechtsverhältnis (sog isolierte **2**

[1] Kübler/Prütting/Bork/*Tintelnot* InsO[32] § 117 Rn 1; *Marotzke* HK InsO[6] § 117 Rn 1; Uhlenbruck/*Sinz* InsO[13] § 117 Rn 1.

[2] S 37, 86 EKO; hierzu BGHZ 155, 87 (91); *Schilken* KTS 2007, 1 f.

[3] BGH ZIP 1988, 1584 (1585); 2000, 149 (150) für Prozessführungsermächtigung; RGZ 118, 158 (160 ff); LG Düsseldorf RPfleger 1977, 171; Jaeger/*Henckel* KO[9] § 23 Rn 48; *Kilger/Schmidt* KO[17] § 23 Anm 8; *Kuhn/Uhlenbruck* KO[11] § 23 Rn 7; *Wissmann* EWiR 1988, 1227 (1228); **krit** *Müller-Freienfels* Die Vertretung beim Rechtsgeschäft (1955) S 325 ff; weiterhin *Wegener* FK InsO[7] § 117 Rn 1.

[4] **Gegen** ein Erlöschen *Kilger/Schmidt* KO[17] § 23 Anm 8.

Vollmachten) vertraglich eingeräumt worden waren.[5] Der Konkursverwalter wurde daher teilweise für verpflichtet gehalten, nicht von § 23 KO und § 168 S 1 BGB erfasste Vollmachten zu widerrufen (§ 168 S 2 BGB).[6]

3 Die Gegenauffassung stellte auf den **Verlust der Verfügungsbefugnis** des Insolvenzschuldners mit Insolvenzeröffnung (§ 6 KO, heute § 80 InsO) ab.[7] Die Vollmacht könne dem Bevollmächtigten nicht mehr Befugnisse verschaffen als die, über die der Vollmachtgeber verfügt. Auf Grundlage dieser Auffassung wurde ein Widerruf vom Gemeinschuldner erteilter Vollmachten durch den Konkursverwalter für entbehrlich gehalten.

2. Normzweck

4 Der Gesetzgeber knüpfte bei der Schaffung von § 117 an die in Rn 2 dargestellte Auffassung an, dass die Insolvenzeröffnung sich nur über § 168 S 1 BGB auf die Stellung des Bevollmächtigten auswirke.[8] Ein Bedürfnis für die Erlöschensanordnung von Abs 1 sah der Gesetzgeber damit für Vollmachten aufgrund eines **Dienstverhältnisses** sowie für **isolierte Vollmachten**. Die Abgrenzung von der anderen, an den Verlust der Verfügungsbefugnis anknüpfenden Auffassung (Rn 3), bringt der Gesetzgeber durch folgende nicht weiter begründete These zum Ausdruck: „*Auch durch den Fortbestand von Vollmachten über den Zeitpunkt der Verfahrenseröffnung hinaus kann die Verwaltungs- und Verfügungsbefugnis des Insolvenzverwalters beeinträchtigt werden.*" Bis heute findet diese Auffassung Gefolgschaft.[9]

5 Um die Bedeutung des § 117 zu erfassen, ist der gegenüber der Vertretungsmacht vorrangigen Frage nachzugehen, welche Wirkungen die Verfahrenseröffnung mit dem damit verbundenen Übergang der Verwaltungs- und Verfügungsbefugnis vom Schuldner auf den Insolvenzverwalter hat (§ 80). Auf diese Weise wird nicht nur die Insolvenzmasse vom freien Vermögen des Schuldners als **Sondervermögen** abgesondert, sondern auch mit dem Insolvenzverwalter für dieses Sondervermögen eine **eigenständige Handlungsorganisation** gebildet (§§ 115 f Rn 24). Als Bestandteil dieser Handlungsorganisation können aber nur der Insolvenzverwalter und die von ihm bevollmächtigten Hilfspersonen Wirkungen zu Lasten der Masse erzeugen. Hingegen können Rechtshandlungen des Schuldners und seiner Handlungsorganisation ab Verfahrenseröffnung wegen § 80 I ohnehin keine Auswirkungen auf die Masse, sondern nur für das **freie Vermögen** des Schuldners zeitigen.[10] Das wird für gesetzliche Vertreter und Organe des Insolvenzschuldners, deren Vertretungsmacht von der Insolvenzeröffnung nicht berührt wird, zu Recht nicht in Frage gestellt. Für einen vom Schuldner bevollmächtigten Dritten gilt nichts anderes. Denn es **fehlt** angesichts § 80 an einer umfassenden **Rechtsnachfolge**, wie sie beim Erbgang den zumindest teilweisen Übergang der eingerichteten Handlungsorganisation vom

---

[5] Jaeger/*Henckel* KO[9] § 23 Rn 48; Kübler/Prütting/Bork/*Tintelnot* InsO[32] § 117 Rn 1, 16; *Marotzke* HK InsO[6] § 117 Rn 4; *Ott/Vuia* MünchKomm InsO[3] § 117 Rn 1, 8; vgl auch Begr zu § 135 RegE, BT-Drucks 12/2443 S 151.

[6] *Ott/Vuia* MünchKomm InsO[3] § 117 Rn 2.

[7] BGH ZIP 1981, 178 (179); BGHZ 155, 87 (91) z GesO; *Flume* AT[4] § 51, 7 (S 855 f); Jaeger/*Henckel* KO[9] § 23 Rn 48; *Marotzke* FS Henckel (1995) S 579 (583 ff); *Schmidt* BB 1989, 229 (234).

[8] Begr zu RegE § 135, BT-Drucks 12/2443 S 151 f.

[9] Ahrens/Gehrlein/Ringstmeier/*Flöther/Wehner* InsO § 117 Rn 1; *Wegener* FK InsO[7] § 117 Rn 1.

[10] Vgl BayObLG ZInsO 2003, 1143 (1144); OLG Bamberg OLGR 2006, 275 (276); *Häsemeyer* InsR[4] Rn 20.69; *Jacoby* Amt S 328; Jaeger/*Henckel* KO[9] § 23 Rn 48; Kübler/Prütting/Bork/*Tintelnot* InsO[32] § 117 Rn 2, 5; *Marotzke* HK InsO[6] § 117 Rn 1; *Schilken* KTS 2007, 1 (5 f).

Erblasser auf den Erben begründet.[11] Eine Ausnahme macht Abs 2 allein in Notsituationen in Anknüpfung an §§ 115 II, 116 S 1.

Schilken beschreibt die dargestellte Auswirkung des Übergangs der Verfügungsbefugnis auf die Vollmacht des Schuldnervertreters als Erlöschen der Vollmacht.[12] Der Vergleich mit der gesetzlichen Vertretungsmacht (Rn 19 f) illustriert indessen, dass es eines **Erlöschens** der Vertretungsmacht gar **nicht bedarf**, damit der Schuldnervertreter nicht für den Insolvenzverwalter handeln kann. Der Schuldnervertreter hat keine Vertretungsmacht, im Namen des Insolvenzverwalters aufzutreten, weil es dafür am Begründungstatbestand fehlt. Abs 1 beseitigt also nur jeden Zweifel daran, dass die in der Handlungsorganisation des Schuldners vor Verfahrenseröffnung geschaffene Vertretungsmacht nicht auf die neue Handlungsorganisation als Vertretungsmacht mit dem Inhalt übergeht, den inzwischen verfügungsbefugten Insolvenzverwalter vertreten zu können. Da also ohnehin keine Vertretungsmacht besteht, für den Insolvenzverwalter und damit mit Wirkung für die Insolvenzmasse zu handeln, kann Abs 1 auch nicht drohende „Irritationen im rechtsgeschäftlichen Verkehr“ aufgrund des „Fortbestands der vom Schuldner vor Verfahrenseröffnung erteilten Vollmachten“ verhindern.[13] Es besteht in keinem Falle eine Vollmacht, für den Insolvenzverwalter zu handeln. Von dem Risiko, deswegen als Vertreter ohne Vertretungsmacht zu haften, befreit Abs 3 den Vertreter in dessen Interesse. 6

Eine eigenständige nicht nur klarstellende, sondern konstitutive Wirkung äußert Abs 1 allerdings im Hinblick auf die **Vertretung des Schuldners**. Die Handlungsorganisation des Schuldners bleibt von § 80 unberührt. Das Regelungsanliegen der InsO wird grundsätzlich dadurch erschöpft, dass die Insolvenzmasse dem Insolvenzverwalter zur Verwaltung zugewiesen wird. Darüber hinausgehend erklärt Abs 1 aber auch Vollmachten für unwirksam, mit denen ein Bevollmächtigter Verträge im Namen des Schuldners schließt, die die Insolvenzmasse betreffen, mithin die Vermögensmasse, für die der Schuldner nicht mehr verfügungsbefugt ist. Das schützt den Schuldner vor Verbindlichkeiten, die er mangels Verfügungsbefugnis nicht erfüllen kann.[14] Insoweit profitiert der Vertreter dann folglich auch vom Schutz des Abs 3. Eine masseschützende Bedeutung wird dieser Regelung vielfach auch für den Fall der Eigenverwaltung (Rn 54) zugeschrieben.[15] Insoweit wird ein Schutz über § 80 teilweise abgelehnt, weil die Verfügungsbefugnis beim Schuldner verbleibe. Tatsächlich wird aber auch in der **Eigenverwaltung** eine neue Handlungsorganisation geschaffen (Rn 55). Die Eigenverwaltung führt nur dazu, dass der Schuldner selbst quasi zum Insolvenzverwalter bestellt wird. Da man aber über diese dogmatische Deutung streiten kann, ist die Klarstellungswirkung des Abs 1 in diesem Anwendungsfall besonders zu begrüßen. 7

3. Privatautonomie

Zwingend und unabdingbar ist die masseschützende Wirkung des Abs 1, sodass der Insolvenzschuldner vor seiner Insolvenz keine Vollmacht für die Vertretung des Insolvenzverwalters oder eigenverwaltenden Schuldners nach Verfahrenseröffnung erteilen kann.[16] Das folgt aber nicht aus § 119, sondern angesichts der bloß klarstellenden Wir- 8

---

11 *Jacoby* Amt S 326 ff.

12 *Schilken* KTS 2007, 1 (5); ähnl *Häsemeyer* InsR⁴ Rn 20.69.

13 **Gegen** *Ott/Vuia* MünchKomm InsO³ § 117 Rn 5; denen zust *Schilken* KTS 2007, 1 (5).

14 *Marotzke* HK InsO⁶ § 117 Rn 1, allerdings **krit** de lege ferenda.

15 *Marotzke* HK InsO⁶ § 117 Rn 1; *Schilken* KTS 2007, 1 (5).

16 IE ebenso RG LZ 1910 Sp 216 f; *Ahrendt* HambK InsO⁴ § 117 Rn 3; Ahrens/Gehrlein/Ringstmeier/*Flöther*/*Wehner* InsO § 117 Rn 1; Kübler/Prütting/Bork/*Tintelnot* InsO³² § 117 Rn 5, 7; *Marotzke* HK InsO⁶ § 117

kung von Abs 1 (Rn 6) bereits aus der zwingenden Natur des § 80. Deswegen ist es auch unschädlich, dass § 119 sich nur auf Vereinbarungen und nicht einseitige Rechtsgeschäfte einschließlich der Bevollmächtigung bezieht.[17] Da die Masse durch § 80 hinreichend geschützt wird, kann der Schuldner Vollmachten, ihn im Hinblick auf das ihm **verbleibende Vermögen** zu vertreten, über die Verfahrenseröffnung hinaus erteilen.

II. Erlöschen nach Abs 1 und Abgrenzungen

9 Abs 1 stellt das Erlöschen einer vom Schuldner erteilten Vollmacht mit Massebezug klar. Rechte und Pflichten werden vom Nichtbestehen der Vollmacht freilich erst beeinflusst, wenn ein Vertretergeschäft abgeschlossen wird.[18] Daher sind die Wirkungen eines Vertretergeschäfts **im Namen** des **Insolvenzverwalters** (Rn 29 ff), im Namen des **Insolvenzschuldners** (Rn 43 ff) und im Namen des **eigenverwaltenden Schuldners** (Rn 53 ff), ferner die Wirkungen für den (ohne Vertretungsmacht handelnden) Vertreter (Rn 57 ff) näher zu beleuchten. Zunächst sollen aber allgemeine Aussagen zur Erlöschensanordnung getroffen werden.

1. Person des Vertretenen

10 Vertreterhandeln wird dem Vertretenen durch § 164 BGB als eigenes Handeln zugerechnet.[19] Vom Stellvertreter abgegebene Willenserklärungen zeitigen so Rechtsfolgen für die Person, in deren Namen er sie abgibt.[20] Im Insolvenzverfahren wirft dieser Bezug von Vertreterhandeln zu einem Rechtssubjekt Abgrenzungsfragen auf. Denn nach Verfahrenseröffnung sind nicht nur mit Insolvenzmasse und freiem Vermögen des Schuldners **zwei Vermögensmassen** zu scheiden, sondern auch mit Insolvenzverwalter und Insolvenzschuldner **zwei** unterschiedliche **Handlungssubjekte**. Nach der zutreffenden Amtstheorie ist der Insolvenzverwalter nicht Vertreter des Insolvenzschuldners, sondern selbst Zurechnungsendsubjekt, also derjenige, in dessen Namen gehandelt wird.[21] Am besten lässt sich das Handeln des Insolvenzverwalters dadurch erfassen, dass man als **Zurechnungsendsubjekt** nicht den Amtswalter ansieht, also nicht die natürliche Person, die das Amt des Insolvenzverwalters bekleidet, sondern das **Amt selbst**.[22] Aber selbst wenn man der (modernen) Vertretertheorie oder Organtheorie folgt,[23] muss man die vom Insolvenzverwalter gebildete Handlungsorganisation strikt von der des Schuldners trennen. Denn auch auf dieser Grundlage ist erklärungsbedürftig, dass der Insolvenzverwalter Wirkungen herbeiführen kann, die der Insolvenzschuldner oder dessen Organe nicht erzeugen können.[24]

Rn 3, 13; *Ott/Vuia* MünchKomm InsO³ § 117 Rn 4 f; *Schilken* KTS 2007, 1 (7 f); *Schmidt* BB 1989, 229 (234); Uhlenbruck/*Sinz* InsO¹³ § 117 Rn 1; Uhlenbruck/*Uhlenbruck* InsO¹³ § 80 Rn 161; *Wegener* FK InsO⁷ § 117 Rn 2, 12.

17 Vgl *Marotzke* HK InsO⁶ § 117 Rn 13.

18 Vgl z bloßen Funktion einer Vertretungsmacht als „Werkzeug" in Abgrenzung zu subjektiven Rechten *Bork* AT³ Rn 286.

19 *Bork* AT³ Rn 1321.

20 Sog Repräsentationstheorie, s *Bork* AT³ Rn 1294; *Schilken* KTS 2007, 1 (4); *Schramm* MünchKomm BGB⁶ Vor § 164 Rn 67; Staudinger/*Schilken* BGB²⁰⁰⁹ Vor § 164 Rn 32.

21 Etwa *Bork* InsR⁶ Rn 68; *Häsemeyer* InsR⁴ Rn 15.06 ff; Jaeger/*Windel* InsO § 80 Rn 15, 275; Kübler/Prütting/Bork/*Lüke* InsO³⁷ § 80 Rn 37 f; *Ott/Vuia* MünchKomm InsO³ § 80 Rn 35; Uhlenbruck/*Uhlenbruck* InsO¹³ § 80 Rn 79 f.

22 *Jacoby* Amt S 298 ff.

23 *Lent* ZZP 62 (1941) 129 ff; Rosenberg/Schwab/*Gottwald* ZPR¹⁷ § 40 Rn 16; *Schmidt* KTS 1984, 345 (360 ff).

24 *Jacoby* Amt S 285, 287 f.

Zwar unterscheidet § 117 nicht danach, für das Handeln in wessen Namen die Vollmacht entfällt. Da Handeln im Namen des Schuldners und Handeln im Namen des Insolvenzverwalters aber unterschiedliche Wirkungen äußern, ist für die Rechtsfolgen danach abzugrenzen, **in wessen Namen** der Vertreter auftritt. Regelmäßig wird der Vertreter nur entweder **Insolvenzschuldner oder Insolvenzverwalter** vertreten wollen.[25] In wessen Namen er handelt, ist entsprechend § 164 I 1 BGB durch Auslegung der Vertretererklärung zu ermitteln. Diese **Auslegung** fällt leicht, wenn der Vertreter unter Offenlegung der Insolvenz seinen Willen ausdrücklich kundtut. Vielfach wird es an einem solchen ausdrücklichen Hinweis aber fehlen. Dazu kann es nicht zuletzt kommen, wenn der Vertreter nicht weiß, dass ein Insolvenzverfahren eröffnet worden ist, eine Sachlage, für die Abs 3 Rechtsfolgen anordnet. Es lässt sich dann nur auf die Umstände abstellen. Regelmäßig wird danach abzugrenzen sein, ob das Geschäft **Massebezug** hat, was ein Handeln für den Insolvenzverwalter nahe legt. Diese Auslegungsregel ist verwandt mit den Grundsätzen des sog **unternehmensbezogenen Geschäfts.**[26] Mit jenen ist nach objektiven Maßstäben zu ermitteln, wer im Rechtsverkehr üblicherweise als Vertretener anzusehen ist. In Übereinstimmung damit kommt auch in der Insolvenz in Betracht, dass das Verhalten entgegen einer Erklärung des Vertreters verstanden werden kann. Denn der Geschäftspartner wird regelmäßig ein **Interesse** daran haben, nicht bloß den Insolvenzschuldner mit seinem insolvenzfreien Vermögen in Anspruch nehmen zu können, sondern vielmehr auf dessen **insolvenzbefangenes Vermögen** zugreifen wollen. Daher wird sein Wille tatsächlich darauf gerichtet sein, mit dem Insolvenzverwalter mit der Folge des § 55 I Nr 1 zu kontrahieren, auch wenn der Vertreter formal (aber nicht unter Aufdeckung der Insolvenzsituation) im Namen des Insolvenzschuldners nach Verfahrenseröffnung handelt. **11**

Hohes Gewicht bei der Auslegung kann den **Begleitumständen eines Vertragsschlusses** zukommen. So werden vielfach der Vertragsschluss in einem Ladengeschäft, die Art der zu erbringenden Leistung oder der Anruf bei einem auf den Unternehmensträger registrierten Telefonanschluss auf ein Handeln im Namen des Verwalters hindeuten. Wird der Vertrag schriftlich geschlossen, ist auf den Briefkopf oder die E-Mail-Adresse zu achten. In Schriftstücken wird regelmäßig ausdrücklich für den Insolvenzverwalter gehandelt, etwa durch den Zusatz „in Insolvenz". Hingegen kann ein Handeln für den Insolvenzschuldner angenommen werden, wenn in dessen Privatwohnung, unter dessen Privattelefonanschluss oder E-Mail-Adresse gehandelt wird oder Konsumgüter verkauft werden. **12**

2. Vermögensbezug

Im Unterschied zum **Subjektbezug** des § 164 BGB (Rn 10) beinhaltet § 117 einen **Vermögensbezug.** Damit die Vollmacht nach Abs 1 erlischt, muss sie „sich auf das zur Insolvenzmasse gehörende Vermögen" beziehen. Es geht insoweit also keinesfalls um die Auslegung einer Vertretererklärung nach Verfahrenseröffnung (Rn 11 f), sondern um den **Umfang** der vor Verfahrenseröffnung vom Schuldner erteilten **Vollmacht**, die Gegenstand der Erlöschensanordnung ist (Rn 44 ff). Diese Voraussetzung entspricht der von §§ 115 I, 116 S 1 (§§ 115 f Rn 41 ff; ferner u Rn 44 ff). **13**

---

[25] Z KO wurde zT noch angenommen, die Vertreterhandlung verpflichte u berechtige den Schuldner, so etwa *Kilger/Schmidt* KO[17] § 23 Anm 9; *Kuhn/Uhlenbruck* KO[11] § 23 Rn 11; wohl annehmend, der Vertreter wolle Verwalter u Schuldner verpflichten *Marotzke* HK InsO[6] § 117 Rn 1.

[26] Hierzu *Bork* AT[3] Rn 1390 ff; *Schramm* MünchKomm BGB[6] § 164 Rn 23 f; Soergel/*Leptien* BGB[13] § 164 Rn 14; Staudinger/*Schilken* BGB[2009] § 164 Rn 1; vgl auch die Auslegung in BayObLG ZInsO 2003, 1143 (1144 f).

14 **Massebezug** ist zu bejahen bei Verfügungen über Massegegenstände, Eingehung von Verbindlichkeiten, Verhinderung eines ansonsten mit an Sicherheit grenzender Wahrscheinlichkeit eintretenden Erwerbs.[27] Sofern die Vollmacht zu einem **Neuerwerb** in die Insolvenzmasse nach § 35 I Fall 2 InsO führt (ebenso bei ererbten Vermögen nach § 295 I Nr 2, freilich unbeschadet des Rechts der Ausschlagung nach § 83 I 1, s Rn 45), erlischt die Vollmacht auch, da der nötige Massebezug durch den Neuerwerb zustande kommt.[28] Mangels Massebezogenheit erlöschen hingegen nicht die Vollmachten, die sich auf **unpfändbares Vermögen** nach § 36 beziehen oder die keine vermögensrechtliche Auswirkung zeitigen.[29] Auch Vollmachten, die sich auf Hausratsgegenstände des Schuldners beziehen (§ 36 III), erlöschen nicht.[30] § 117 greift nicht, wenn es sich um **persönliche Angelegenheiten** des Insolvenzschuldners handelt. Auch die Vollmacht, über ein P-Konto nach § 850k I ZPO des Schuldners zu verfügen, bleibt von der Verfahrenseröffnung unberührt (§§ 115 f Rn 138).

3. Zeitliche Reichweite der Erlöschenswirkung

15 Die Vollmacht **erlischt** mit Wirkung **ex nunc**, sodass im Namen des Schuldners bis zur Verfahrenseröffnung vorgenommene Rechtshandlungen vorbehaltlich der Insolvenzanfechtung ihre Wirksamkeit behalten.[31] Maßgeblicher **Zeitpunkt** ist der **Eröffnungsbeschluss** nach § 27 III.[32]

16 Die Erlöschensanordnung ist **endgültig**, die Vollmacht lebt nicht wieder auf, wenn das Insolvenzverfahren beendet wird.[33] Dies gilt auch dann, wenn das Verfahren mangels Masse (§ 207) eingestellt wird.[34] Dass der Schuldner seine Verwaltungs- und Verfügungsbefugnis zurückerlangt,[35] ist aus Gründen der Rechtssicherheit unerheblich. Ein bloßes **Ruhen** der Vollmacht, wie es der Erste Bericht für Vollmachten des Handelsrechts, etwa die Prokura, vorgeschlagen hatte,[36] ist im Gesetzgebungsverfahren verworfen worden.[37] Der Schuldner kann allerdings unbeschadet von § 119 eine das Verfahren **überdauernde Vollmacht** erteilen (Rn 8).

17 Hingegen lebt die Vollmacht bei einer rechtskräftigen **Aufhebung des Eröffnungsbeschlusses** wieder auf.[38] Denn sämtliche Folgen des Insolvenzverfahrens, die an die Verfahrenseröffnung anknüpfen, **entfallen rückwirkend**,[39] also auch die des § 117 I. Steht eine Handlung des Insolvenzverwalters im Widerspruch zu der eines Bevollmächtigten, behält die des Verwalters aufgrund von § 34 III 3 indes ihre Wirksamkeit.[40]

---

27 Kübler/Prütting/Bork/*Tintelnot* InsO[32] § 117 Rn 7; *Schilken* KTS 2007, 1 (6); Uhlenbruck/*Sinz* InsO[13] § 117 Rn 2.

28 *Ott/Vuia* MünchKomm InsO[3] § 117 Rn 6; Uhlenbruck/*Sinz* InsO[13] § 117 Rn 2.

29 Vgl *Ott/Vuia* MünchKomm InsO[3] § 117 Rn 6; *Schilken* KTS 2007, 1 (6); Uhlenbruck/*Sinz* InsO[13] § 117 Rn 12; *Wegener* FK InsO[7] § 117 Rn 2.

30 Kübler/Prütting/Bork/*Tintelnot* InsO[32] § 117 Rn 7; *Ott/Vuia* MünchKomm InsO[3] § 117 Rn 6.

31 *Wegener* FK InsO[7] § 117 Rn 5.

32 *Ott/Vuia* MünchKomm InsO[3] § 117 Rn 12.

33 FG Hamburg ZIP 2011, 2275 (2276); Ahrens/Gehrlein/Ringstmeier/*Flöther*/*Wehner* InsO § 117 Rn 3; Jaeger/*Henckel* KO[9] § 23 Rn 51; *Marotzke* HK InsO[6] § 117 Rn 1 (bedauernd); *Ott/Vuia* MünchKomm InsO[3] § 117 Rn 13; Uhlenbruck/*Sinz* InsO[13] § 117 Rn 2; *Wegener* FK InsO[7] § 117 Rn 6.

34 *Wegener* FK InsO[7] § 117 Rn 6.

35 *Hefermehl* MünchKomm InsO[2] § 207 Rn 70.

36 1. Ber InsRKomm LS 1.2.10 II.

37 Begr zu RegE § 135, BT-Drucks 12/2443 S 151 f; Kübler/Prütting/Bork/*Tintelnot* InsO[32] § 117 Rn 6; *Schilken* KTS 2007, 1 (8 f).

38 Ahrens/Gehrlein/Ringstmeier/*Flöther*/*Wehner* InsO § 117 Rn 3; Jaeger/*Henckel* KO[9] § 23 Rn 51; Kübler/Prütting/Bork/*Tintelnot* InsO[32] § 117 Rn 11.

39 Jaeger/*Schilken* InsO § 34 Rn 28; *Schmahl*/*Busch* MünchKomm InsO[3] § 34 Rn 87 f; Uhlenbruck/*Pape* InsO[13] § 34 Rn 30.

40 Kübler/Prütting/Bork/*Tintelnot* InsO[32] § 117 Rn 11.

4. Art der Vertretungsmacht

Abs 1 bezieht sich ausweislich seines Wortlauts nur auf Vollmachten, also bloß auf **rechtsgeschäftlich erteilte Vertretungsmacht** (§ 166 II BGB).[41] Irrelevant ist der Umfang der Vollmacht. Art-, Spezial-, und Generalvollmachten erlöschen gleichermaßen,[42] ebenso Anscheins- und Duldungsvollmachten.[43] Als rechtsgeschäftlich erteilte Vertretungsmacht (§ 48 HGB) mit einem gesetzlich festgelegten Umfang (§ 49 HGB) erlischt auch die **Prokura.**[44] Dies war unter Geltung der KO umstritten, da der zugrunde liegende Dienstvertrag die Verfahrenseröffnung überdauert (Rn 2).[45] Ebenso erlöschen Handlungsvollmacht (§ 54 HGB) und die Vollmacht der Ladenangestellten (§ 56 HGB). Zur Neuerteilung durch den Insolvenzverwalter s Rn 38. Es kommt schließlich nicht darauf an, ob es sich um eine für den **eigenen Nutzen** des Vertreters erteilte Vollmacht handelt, die nach vereinzelten Stimmen zur KO die Konkurseröffnung überdauern sollte[46]. 18

Hingegen richtet sich das Erlöschen **gesetzlicher oder organschaftlicher Vertretungsmacht** nach den insoweit einschlägigen Bestimmungen.[47] Allerdings kann der gesetzliche Vertreter aufgrund seiner – regelmäßig fortbestehenden – Vertretungsmacht nur für den Insolvenzschuldner, nicht für den Insolvenzverwalter handeln (Rn 6, 10). Ist der Schuldner eine natürliche Person, kann beispielsweise der gesetzliche Vertreter (Betreuer) nur im Namen des Schuldners mit Wirkung für das insolvenzfreie Vermögen handeln. 19

Die **Organe einer juristischen Person** bleiben zwar im Amt, können aber ebenfalls aufgrund ihrer gesetzlichen Vertretungsmacht nicht den Insolvenzverwalter vertreten.[48] Namentlich ein besonderer Vertreter in der Hauptversammlung nach § 147 II 1 AktG hat eine organschaftliche Vertretungsmacht inne, die nicht § 117 unterfällt, aber von der Rechtsmacht des Insolvenzverwalters (§ 80 I) verdrängt wird.[49] Ein Abschlussprüfer, der vor der Verfahrenseröffnung bestellt worden ist, bleibt nach § 155 III 2 in Abweichung zu den §§ 115 f weiterhin bestellt (§§ 115 f Rn 97). Deshalb bleibt seine Vollmacht nach § 320 HGB ausnahmsweise zur Durchsetzung der Auskunftsrechte weiterhin bestehen.[50] 20

---

[41] Begr zu RegE § 135, BT-Drucks 12/2443 S 151; *Ahrendt* HambK InsO[4] § 117 Rn 3; Kübler/Prütting/Bork/*Tintelnot* InsO[32] § 117 Rn 13; *Marotzke* HK InsO[6] § 117 Rn 3 ff; *Ott/Vuia* MünchKomm InsO[3] § 117 Rn 7; Uhlenbruck/*Sinz* InsO[13] § 117 Rn 3; *Wegener* FK InsO[7] § 117 Rn 4.

[42] Kübler/Prütting/Bork/*Tintelnot* InsO[32] § 117 Rn 13.

[43] Vgl *Ott/Vuia* MünchKomm InsO[3] § 117 Rn 17.

[44] Begr zu RegE § 135, BT-Drucks 12/2443 S 151; BGH WM 1958, 430 (431); LG Leipzig ZIP 2007, 1381 f; LG Halle ZIP 2004, 2294 (2295); Ahrens/Gehrlein/Ringstmeier/*Flöther/Wehner* InsO § 117 Rn 2; *Flume* AT[4] § 51, 7 (S 855); Jaeger/*Henckel* KO[9] § 23 Rn 49; *Kilger/Schmidt* KO[17] § 23 Anm 8; Kübler/Prütting/Bork/*Tintelnot* InsO[32] § 117 Rn 14; *Kuhn/Uhlenbruck* KO[11] § 23 Rn 7b; *Marotzke* HK InsO[6] § 117 Rn 5; *Ott/Vuia* MünchKomm InsO[2] § 117 Rn 7; *Schilken* KTS 2007, 1 (8 f); *Schmidt* BB 1989, 229 (234); *Wegener* FK InsO[7] § 117 Rn 2; **aA** *Kuhn/Uhlenbruck* KO[10] § 23 Rn 7b.

[45] *Wegener* FK InsO[7] § 117 Rn 8.

[46] So *Müller-Freienfels* Die Vertretung beim Rechtsgeschäft (1955) S 332 f.

[47] *Ott/Vuia* MünchKomm InsO[3] § 117 Rn 10; Uhlenbruck/*Sinz* InsO[13] § 117 Rn 12; *Wegener* FK InsO[7] § 117 Rn 4; **aA** wohl Soergel/*Leptien* BGB[13] § 168 Rn 8 f.

[48] Uhlenbruck/*Sinz* InsO[13] § 117 Rn 12; *Wegener* FK InsO[7] § 117 Rn 4, deren Hinweis auf § 66 GmbHG, § 264 I AktG schief ist, weil Geschäftsführer u Vorstand z Vertretung der Gesellschaft berechtigt bleiben, um deren Rechte im Verfahren wahrzunehmen.

[49] BGH ZIP 1981, 178 (179); vgl auch *Schröer* MünchKomm AktG[3] § 147 Rn 42; Spindler/Stilz/*Mock* AktG[2] § 147 Rn 33; Uhlenbruck/*Sinz* InsO[13] § 117 Rn 13; *Wegener* FK InsO[7] § 117 Rn 2.

[50] Uhlenbruck/*Sinz* InsO[13] § 117 Rn 13.

5. Ermächtigungen

21 Von der Stellvertretung als Handeln im fremden Namen ist das Handeln von Hilfspersonen im eigenen Namen (sog **mittelbare Stellvertretung**) zu trennen.[51] Das Eigengeschäft der Hilfsperson ist grundsätzlich wirksam und führt zu einer Haftung der Hilfsperson. Besonderheiten gelten, wenn die Hilfsperson über Gegenstände der Masse verfügt oder Forderungen der Masse einzieht und dazu vom Schuldner ermächtigt worden ist (§ 185 I BGB). Solche Verfügungen sind unwirksam. Dafür bedarf es aber keiner Analogie zu Abs 1.[52] Vielmehr ergibt sich diese Rechtsfolge schon unmittelbar aus §§ 81 f.[53] Dies gilt auch für eine Ermächtigung zur **gewillkürten Prozessstandschaft.**[54] Keine Ausnahme gilt für die Eigenverwaltung, weil der Schuldner auch dann nicht seine Verfügungsbefugnis behält, sondern quasi als Insolvenzverwalter vom Gericht Verfügungsbefugnis in seiner Funktion als Eigenverwalter übertragen bekommt (Rn 7, 55).[55]

6. Insolvenzschuldner als Bevollmächtigter

22 § 117 gilt nur für vom Insolvenzschuldner erteilte Vollmachten, nicht für den Fall, dass der **Insolvenzschuldner selbst Bevollmächtigter** ist.[56] Da die Willenserklärung nur für und gegen den Vertreter wirkt (vgl auch § 165 BGB für den in seiner Geschäftsfähigkeit beschränkten Vertreter), besteht kein Bedarf, die Verfahrenseröffnung Auswirkungen auf diese Bevollmächtigung zeitigen zu lassen, etwa wenn der Schuldner bevollmächtigter Arbeitnehmer oder Dienstverpflichteter ist.

23 Erteilte **Untervollmachten** gelten für und gegen denjenigen, der Vertretungsmacht erteilt hat und nicht gegen den Vertreter.[57] Deshalb erlöschen auch Untervollmachten in der Insolvenz des Geschäftsherrn, nicht aber in der des Vertreters gemäß § 117 I.[58] Dies erfüllt auch den Wortlaut der Norm, da die Erklärung des Vertreters als solche des Insolvenzschuldners selbst wirkt.

7. Sicherungsanordnungen im Eröffnungsverfahren

24 § 117 knüpft an die **Verfahrenseröffnung**, nicht bereits an Sicherungsanordnungen des Insolvenzgerichts im Eröffnungsverfahren (§ 21 II Nr 2) an.[59] Werden die Anordnungen aufgehoben (§ 25) oder das Verfahren mangels Masse abgewiesen (§ 26), kann der

---

[51] *Bork* AT³ Rn 1307.

[52] So aber *Marotzke* HK InsO⁶ § 117 Rn 9: „Klarstellungsinteresse"; vgl auch Kübler/Prütting/Bork/*Tintelnot* InsO³² § 117 Rn 22; *Schilken* KTS 2007, 1 (14 f).

[53] *Ahrendt* HambK InsO⁴ § 117 Rn 5; Jaeger/*Windel* InsO § 81 Rn 12; Kübler/Prütting/Bork/*Tintelnot* InsO³² § 117 Rn 22; Uhlenbruck/*Sinz* InsO¹³ § 117 Rn 10.

[54] Jaeger/*Windel* InsO § 81 Rn 5; *Schilken* KTS 2007, 1 (14 f); iE auch BGH ZIP 2000, 149 (150): Erlöschen entspr § 168 S 1 BGB; ferner *Ahrendt* HambK InsO⁴ § 117 Rn 3; Uhlenbruck/*Sinz* InsO¹³ § 117 Rn 6; Erlöschen nach § 117 I.

[55] **AA** Kübler/Prütting/Bork/*Tintelnot* InsO³² § 117 Rn 22; offen lassend *Schilken* KTS 2007, 1 (14 f).

[56] *Bork* AT³ Rn 1506; *Ott/Vuia* MünchKomm InsO³ § 117 Rn 7; *Schramm* MünchKomm BGB⁶ § 168 Rn 16; Soergel/*Leptien* BGB¹³ § 168 Rn 9.

[57] *Schramm* MünchKomm BGB⁶ § 167 Rn 93; Staudinger/*Schilken* BGB²⁰⁰⁹ § 167 Rn 70 ff; **diff** *Bork* AT³ Rn 1444 ff.

[58] *Ahrendt* HambK InsO⁴ § 117 Rn 3; Ahrens/Gehrlein/Ringstmeier/*Flöther*/*Wehner* InsO § 117 Rn 3; *Ott/Vuia* MünchKomm InsO³ § 117 Rn 9; *Schilken* KTS 2007, 1 (8 f); Uhlenbruck/Sinz InsO¹³ § 117 Rn 9; *Wegener* FK InsO⁷ § 117 Rn 10.

[59] OLG Bamberg OLGR 2006, 275 f; FG Hamburg ZIP 2011, 2275 (2276); Uhlenbruck/*Sinz* InsO¹³ § 117 Rn 20.

Vertreter den Insolvenzschuldner wie vor dem Übergang der Verwaltungs- und Verfügungsbefugnis vertreten, da die Vollmacht mangels Verfahrenseröffnung noch nicht erloschen ist.

a) **Vollmacht im Eröffnungsverfahren.** Während des **Eröffnungsverfahrens** führen **Sicherungsanordnungen** (§ 21 II Nr 2) regelmäßig bereits zu einem Wegfall der Verfügungsbefugnis beim Schuldner. Das beeinflusst wie die Insolvenzeröffnung ebenfalls, welche Wirkungen der Bevollmächtigte als Vertreter des Insolvenzschuldners herbeiführen kann (Rn 5, 10). Er ist entsprechend § 164 BGB in der Lage, die Rechtfolgen zu bewirken, die der Insolvenzschuldner selbst erzeugen kann. Also kann er etwa durch den Abschluss eines Verpflichtungsgeschäfts Insolvenzforderungen begründen (§ 38). Verfügungsgeschäfte sind indessen ohne Zustimmung des vorläufigen Insolvenzverwalters als Verfügung eines Nichtberechtigten wirkungslos (§§ 81, 24). **25**

Wird nicht nur ein Zustimmungsvorbehalt angeordnet, sondern dem Schuldner ein **Verfügungsverbot** auferlegt, wird mit dem „starken" vorläufigen Insolvenzverwalter (§§ 21 Abs 2 Nr 2 Fall 1, 22) wie bei Insolvenzeröffnung mit dem Insolvenzverwalter eine **neues Handlungssubjekt** geschaffen. Dieses Handlungssubjekt kann der Bevollmächtigte aufgrund der vom Insolvenzschuldner erteilten Vollmacht nicht vertreten.[60] Der vorläufige Verwalter kann daher auch die vom Schuldner erteilte Vollmacht, die seine Handlungsorganisation nicht betrifft, nicht widerrufen.[61] Im Einzelfall kann die **Auslegung** ergeben, dass der vom Schuldner Bevollmächtigte dennoch für den vorläufigen Verwalter handelt (Rn 11). Dann ist § 117 III entsprechend anzuwenden, so dass unverschuldete Unkenntnis von der Sicherungsanordnung den Bevollmächtigten von der Haftung befreit.[62] **26**

b) **Vollmachten aus dem Eröffnungsverfahren. Erteilt** der **Schuldner** während des Eröffnungsverfahrens eine Vollmacht, greift nach Eröffnung § 117 ebenfalls. Hingegen ist der **schwache vorläufige Insolvenzverwalter** (§ 21 II Nr 2 Fall 2) selbst nur zur Zustimmung von Verfügungen des Insolvenzschuldners berufen. Zu einer Vollmachtserteilung durch ihn sollte es daher nicht kommen. **27**

Eine von einem **starken vorläufigen Insolvenzverwalter** (§§ 21 Abs 2 Nr 2 Fall 1, 22) erteilte Vollmacht wird von § 117 nicht berührt, der allein vom Insolvenzschuldner selbst erteilte Vollmachten erfasst.[63] Diese Feststellung allein genügt allerdings nicht, um zu begründen, dass der vom starken vorläufigen Insolvenzverwalter bevollmächtigte Dritte auch für den (endgültigen) Insolvenzverwalter handeln kann. Es bestehen vielmehr zwei unterschiedliche Handlungssubjekte. Für einen **Übergang** der vom vorläufigen Insolvenzverwalter durch Vollmachten errichteten gewillkürten Handlungsorganisation **auf den Insolvenzverwalter** spricht aber, dass auch im Übrigen der starke vorläufige Insolvenzverwalter die Masse wie der Insolvenzverwalter binden kann (§ 55 II). Insbesondere bestehen auch vom Insolvenzverwalter abgeschlossene Geschäftsbesorgungsverträge mit Wirkung für die Masse fort (§§ 115 f Rn 34). Mithin hat der starke vorläufige Verwalter die Rechtsmacht, eine Vollmacht zu begründen, die auch ein Handeln mit Wirkung für den **28**

---

[60] Kübler/Prütting/Bork/*Tintelnot* InsO[32] § 117 Rn 28; *Marotzke* HK InsO[6] § 117 Rn 11; Uhlenbruck/*Sinz* InsO[13] § 117 Rn 20; vgl auch OLG Bamberg OLGR 2006, 275 f.

[61] **AA** *Ahrendt* HambK InsO[4] § 117 Rn 7; Uhlenbruck/*Sinz* InsO[13] § 117 Rn 20; *Wegener* FK InsO[7] § 117 Rn 6.

[62] OLG Bamberg OLGR 2006, 275 f.

[63] Ahrens/Gehrlein/Ringstmeier/*Flöther/Wehner* InsO § 117 Rn 2; Kübler/Prütting/Bork/*Tintelnot* InsO[32] § 117 Rn 30; Uhlenbruck/*Sinz* InsO[13] § 117 Rn 12; *Wegener* FK InsO[7] § 117 Rn 5.

Insolvenzverwalter erlaubt. Allerdings kann er die Vollmacht auch auf das Eröffnungsverfahren beschränken. Ebenso kann der (endgültige) Insolvenzverwalter die vom vorläufigen Insolvenzverwalter erteilte Vollmacht nach allgemeinen Vorschriften widerrufen.[64]

III. Vertretergeschäft für Insolvenzverwalter

29 Ursprünglich vom Insolvenzschuldner eingeschaltete Hilfspersonen können während des Insolvenzverfahrens als Vertreter im Namen des Insolvenzverwalters Erklärungen abgeben. Ob das der Fall ist, mithin ob der Handelnde im Namen des Verwalters auftritt, ist durch Auslegung seiner Erklärung zu ermitteln (Rn 11 f). Wirkungen für die Insolvenzmasse äußert ein solches Vertretergeschäft freilich nur, wenn der Vertreter Vertretungsmacht inne hat, für den Insolvenzverwalter zu handeln (§ 164 BGB). Für die Vertretungsmacht bedarf es zudem eines Entstehungsgrundes (Rn 5 f).

1. Bevollmächtigung durch den Insolvenzschuldner

30 Abs 1 **stellt klar**, dass eine vom Insolvenzschuldner erteilte Vollmacht grundsätzlich nicht dazu berechtigt, den Insolvenzverwalter zu vertreten.

31 a) **Notgeschäftsführung (Abs 2).** Eine **Ausnahme** sieht Abs 2 vor. Die Norm knüpft an §§ 115 II, 116 S 1 an, die Auftrag und Geschäftsbesorgungsvertrag zur Notgeschäftsführung fortbestehen lassen (§§ 115 f Rn 65 ff). Diese Anknüpfung und die Terminologie („fortbestehen") sind der verfehlten Grundannahme des Gesetzgebers geschuldet, dass eine vom Insolvenzschuldner erteilte Vollmacht den Bevollmächtigten zur Vertretung des Insolvenzverwalter berechtigen würde (Rn 4). Jedenfalls dient die Vollmachtsfiktion dem **Schutz der Masse.**[65] Ihr liegt der zutreffende Gedanke zugrunde, dass der Schuldner und seine Handlungsorganisation in die des Insolvenzverwalters einbrechen dürfen, wenn die Gefahrenabwehr es erforderlich macht.[66] Daher steht Vertretungsmacht analog Abs 2 auch solchen Bevollmächtigten zu, denen wie Arbeitnehmern **Vollmacht nicht im Rahmen eines Auftrags- oder Geschäftsbesorgungsvertrags** erteilt worden ist.[67] Ferner ist Abs 2 auf gesetzliche Vertreter und Organe zu erstrecken. Die Vollmachtsfiktion kürzt in allen diesen Fällen den Weg ab, dass der Vertreter ein Eigengeschäft vornehmen muss, um dann als Notgeschäftsführer aus §§ 670, 677, 683 BGB, § 55 I Nr 1 (§§ 115 f Rn 12) aus der Masse Aufwendungsersatz verlangen zu können.

32 Die **Anforderungen** an eine Notgeschäftsführung sind allerdings **hoch.** Es kommt auf die Dringlichkeit des Geschäfts an. An der wird es meist fehlen, weil der Insolvenzverwalter und im Eröffnungsverfahren bereits der vorläufige Insolvenzverwalter ggf im Zusammenwirken mit dem Insolvenzgericht geeignete Maßnahmen ergreifen können

---

64 *Marotzke* HK InsO[6] § 117 Rn 12; *Wegener* FK InsO[7] § 117 Rn 5.

65 *Jacoby* Amt S 329; Jaeger/*Henckel* KO[9] § 23 Rn 56; hingegen auf den Schutz des Rechtsverkehrs abstellend Kübler/Prütting/Bork/*Tintelnot* InsO[32] § 117 Rn 23; *Ott/Vuia* MünchKomm InsO[3] § 117 Rn 16; *Wegener* FK InsO[7] § 118 Rn 7; wohl auch *Schilken* KTS 2007, 1 (15 f).

66 *Häsemeyer* InsR[4] Rn 10.11, 20.69; *Jacoby* Amt S 329; **krit** *Marotzke* FS Henckel (1995) S 579 (589 f).

67 Kübler/Prütting/Bork/*Tintelnot* InsO[32] § 117 Rn 16; *Marotzke* HK InsO[6] § 117 Rn 4, 6; Uhlenbruck/*Sinz* InsO[13] § 117 Rn 3; **aA** *Ott/Vuia* MünchKomm InsO[3] § 117 Rn 17.

(§§ 115 f Rn 66). Insbesondere ist die Unkenntnis von der Verfahrenseröffnung nicht mit einer Notmaßnahme gleichzusetzen. Das verdeutlicht der systematische Abgleich von § 115 II u III einerseits und andererseits § 117. Denn nur im Fall der Notgeschäftsführung wird auch eine Vollmacht fingiert (§§ 115 f Rn 77). Auch in der Rechtsprechung wurde eine Notgeschäftsführung im Hinblick auf Prozessvollmachten und auf die Vollmacht eines Notars zur Ausführung eines von ihm beurkundeten Geschäfts verneint.[68]

b) **Kein Schutz des Vertrauens in die Vollmacht.** Das **Vertrauen des Rechtsverkehrs** in eine Vollmacht wird **zivilrechtlich** durch §§ 170 ff, **handelsrechtlich** überdies bei Eintragung der Vollmacht in das Handelsregister durch § 15 HGB geschützt. Wer unter der KO das Erlöschen der Vollmacht aus § 168 S 1 BGB herleitete, musste konsequent auch §§ 170 ff BGB anwenden.[69] Ein handelsrechtlicher Gutglaubensschutz wird teilweise nur deswegen abgelehnt, weil die Eröffnung des Insolvenzverfahrens über das Vermögen eines Einzelkaufmanns oder einer Handelsgesellschaft ohnehin von Amts wegen im Handelsregister zu vermerken ist (§ 32 HGB).[70] Zusätzlich wird darauf verwiesen, dass Abs 1 keinen Vorbehalt zum Schutze gutgläubiger Vertragspartner enthält. 33

Indessen bedarf es dieser Begründungen schon deswegen nicht, weil eine Vertretung des Insolvenzverwalters durch den Bevollmächtigten unabhängig vom Erlöschen der Vollmacht ausscheidet (Rn 6). Es erlischt keine Vollmacht, den Insolvenzverwalter zu vertreten, sondern die Vollmacht, den Schuldner zu vertreten, setzt sich schlicht nicht in der Befugnis fort, den Insolvenzverwalter vertreten zu können. Jeglicher **Gutglaubensschutz** aufgrund des Schuldnerverhaltens **scheidet** mithin **aus**, weil der Insolvenzverwalter insoweit eben nicht Rechtsnachfolger des Schuldners ist. Mit dieser Begründung stimmt auch das anerkannte Ergebnis überein, dass der Insolvenzverwalter nicht verpflichtet ist, das Erlöschen der Prokura zum Handelsregister anzumelden.[71] Denn es erlischt nicht eine für ihn bestehende Vollmacht. 34

c) **Abgrenzung Vertrauen in die Verfügungsbefugnis des Schuldners (§§ 81 f).** Dem Vertragspartner aus dem Vertretergeschäft bleibt freilich unbeschadet von § 117 der Schutz durch §§ 81 f erhalten.[72] Relevant wird diese Aussage aber nur in der grundlegend von der hiesigen **abweichenden Sachlage**, dass ein Vertreter des Schuldners in dessen Namen einem Dritten gegenüber über einen **Massegegenstand verfügt** (und der Dritte die Verfahrenseröffnung nicht kennt). So wird der durch §§ 81 f dem Dritten eingeräumte Verkehrsschutz nicht dadurch beschränkt, dass nicht der Schuldner selbst verfügt, sondern für ihn ein Vertreter. Das ist insbesondere vor dem Hintergrund konsequent, dass die Unbeachtlichkeit der Vollmacht für den Insolvenzverwalter nicht erst aus § 117 folgt, sondern gerade auf § 80 beruht (Rn 5). 35

---

68 Vgl BayObLG ZInsO 2003, 1143 (1145); OLG Brandenburg NJW-RR 2002, 265 f; OLG Karlsruhe ZInsO 2005, 151; hierzu *Schilken* KTS 2007, 1 (16 f).

69 Jaeger/*Lent* KO[8] § 23 Rn 11 f; *Kuhn/Uhlenbruck* KO[10] § 23 Rn 8; **dag** Jaeger/*Henckel* KO[9] § 23 Rn 55; *Kuhn/Uhlenbruck* KO[11] § 23 Rn 8.

70 LG Leipzig ZIP 2007, 1381 (1382); vgl Ebenroth/Boujong/Joost/Strohn/*Zimmer* HGB[2] § 32 Rn 1 ff; *Krafka* MünchKomm HGB[3] § 32 Rn 1 ff.

71 LG Halle ZIP 2004, 2294 (2295); LG Leipzig ZIP 2007, 1381 (1382); Kübler/Prütting/Bork/*Tintelnot* InsO[32] § 117 Rn 15; *Schilken* KTS 2007, 1 (10); Uhlenbruck/*Sinz* InsO[13] § 117 Rn 3; **abw** noch 1. Ber InsRKomm LS 1.3.1.3 II.

72 Jaeger/*Windel* InsO § 81 Rn 6.

2. Bevollmächtigung durch den Insolvenzverwalter

36 Wie eine Bevollmächtigung durch den Schuldner vor Verfahrenseröffnung nicht zur Vertretung des Insolvenzverwalters berechtigt, gilt Gleiches freilich auch, wenn der Insolvenzschuldner die Vollmacht erst nach Verfahrenseröffnung erteilt.[73] Allerdings kann der Insolvenzverwalter durch sein **Verhalten nach Verfahrenseröffnung** eine entsprechende Vertretungsmacht begründen.

37 a) **Rechtsgeschäftliche Vollmacht.** Der Insolvenzverwalter kann im Rahmen seiner Verwaltungs- und Verfügungsbefugnis selbst **Vollmacht erteilen**, ihn zu vertreten.[74] § 117 I steht nicht entgegen, da er neben § 80 I vor Wirkungen bestehender Vollmachten schützen soll, mithin es dem Verwalter nicht verwehren kann, selbst Wirkungen durch Vertreterhandeln herbeizuführen.[75] Dies gilt entgegen einer verbreiteten Ansicht auch für **handelsrechtliche Vollmachten.**[76] Denn handelsrechtliche Vorschriften stehen einer Prokuraerteilung nicht entgegen.[77] Voraussetzung ist freilich, dass der Insolvenzverwalter weiterhin kaufmännisch tätig ist.[78] § 48 I HGB ermöglicht es dem Inhaber eines Handelsgeschäfts, Prokura zu erteilen. Inhaber ist derjenige, in dessen Namen das Unternehmen betrieben wird, mithin auch der Insolvenzverwalter als Partei kraft Amtes.[79] Die Erteilung von handelsrechtlichen Vollmachten ist dem Verwalter schon deshalb zu ermöglichen, um Großbetriebe über einen längeren Zeitraum weiterführen zu können, zumal § 1 S 1 die **Unternehmensfortführung** ausdrücklich als Verfahrensoption hervorhebt.[80]

38 b) **Rechtsscheinsvollmacht.** Eine auf einem vom Schuldner gesetzten **Anscheins- oder Duldungstatbestand** beruhende Vollmacht äußert mit Verfahrenseröffnung ebenfalls keine Wirkung mehr (Rn 18). Jedoch ist der Insolvenzverwalter auch durch § 117 nicht geschützt, dass durch sein Verhalten ein (erneuter) Rechtsschein der Bevollmächtigung entsteht, etwa wenn er ein Unternehmen weiterführt und weiß sowie duldet, dass eine Hilfsperson im Rechtsverkehr als sein Vertreter auftritt, oder zumindest dieses hätte wissen müssen und verhindern können. Auch die **Fortführung eines Ladengeschäfts** eröffnet eine Vollmachtsfiktion der Ladenangestellten nach § 56 HGB. Erteilt der Insolvenzverwalter einem Ladenangestellten Vollmacht, typisiert § 56 HGB zudem deren Reichweite: Der Angestellte gilt als zu ladenüblichen Verkäufen sowie Empfangnahmen, aber nicht zu Ankäufen als bevollmächtigt.[81]

---

73 OLG München ZInsO 2010, 145; *Wegener* FK InsO[7] § 117 Rn 5.

74 Uhlenbruck/*Sinz* InsO[13] § 117 Rn 14.

75 *Schilken* KTS 2007, 1 (9); so auch 1. Ber InsRKomm LS 1.3.1.3.

76 1. Ber InsRKomm LS 1.3.1.3 II; Baumbach/Hopt/*Hopt* HGB[34] § 48 Rn 1; Ebenroth/Boujong/Joost/Strohn/*Weber* HGB[2] § 48 Rn 14; Koller/Roth/Morck/*Roth* HGB[7] § 48 Rn 3; Kübler/Prütting/Bork/*Tintelnot* InsO[32] § 117 Rn 14; *Ott/Vuia* MünchKomm InsO[3] § 80 Rn 104; *Schmidt* BB 1989, 229 (232); Uhlenbruck/*Sinz* InsO[13] § 117 Rn 14; Uhlenbruck/*Uhlenbruck* InsO[13] § 80 Rn 161; *Wegener* FK InsO[7] § 117 Rn 11; **aA** BGH WM 1958, 430 (431); OLG Düsseldorf BB 1957, 412, freilich nicht für Handlungsvollmacht; Ahrens/Gehrlein/Ringstmeier/*Flöther*/*Wehner* InsO § 117 Rn 7; Jaeger/*Windel* InsO § 80 Rn 68; Kübler/Prütting/Bork/*Lüke* InsO[37] § 80 Rn 13.

77 *Krebs* MünchKomm HGB[3] § 48 Rn 17; *Ott/Vuia* MünchKomm InsO[3] § 80 Rn 104; **aA** Kübler/Prütting/Bork/*Lüke* InsO[37] § 80 Rn 13, da es an der verwalterischen Kaufmannseigenschaft fehle.

78 1. Ber InsRKomm LS 1.3.1.3 II; Uhlenbruck/*Sinz* InsO[13] § 117 Rn 14; *Schilken* KTS 2007, 1 (9).

79 Näher *Jacoby* Amt S 323.

80 *Schilken* KTS 2007, 1 (9); vgl auch *Ganter* MünchKomm InsO[3] § 1 Rn 85; **dist** Uhlenbruck/*Pape* InsO[13] § 1 Rn 6 f.

81 BGH NJW 1988, 2109 (2110); vgl Ebenroth/Boujong/Joost/Strohn/*Weber* HGB[2] § 56 Rn 1 ff; *Krebs* MünchKomm HGB[3] § 56 Rn 1 ff.

39 c) **Genehmigung.** Der Insolvenzverwalter kann in Ausübung seiner Verwaltungs- und Verfügungsbefugnis nach der Insolvenzeröffnung geschlossene und mangels Vollmacht schwebend unwirksame Verträge **genehmigen** (§ 177 I BGB).[82] Der Vertragspartner kann den Insolvenzverwalter zur Genehmigung auffordern, nach Ablauf von zwei Wochen gilt sie als verweigert (§ 177 II BGB).[83] Ein **einseitiges Rechtsgeschäft** des vollmachtlosen Vertreters ist nichtig (§ 180 S 1 BGB).

3. Prozessvollmacht

40 Eine vom Insolvenzschuldner erteilte **Prozessvollmacht** erlischt mit Insolvenzeröffnung, soweit der Streitgegenstand zur Masse gehört.[84] **Rechtshängige Prozesse** werden nach § 240 ZPO **unterbrochen.**[85] Diese Bestimmung ergänzt § 80 I in Bezug auf den Wechsel der Prozessführungsbefugnis.[86] Dementsprechend scheiden ein Fortbestand der Prozessvollmacht (§ 86 ZPO) und auch ein Verschieben der Erlöschenswirkung (§ 87 ZPO) aus.[87]

41 Der **Prozessvertreter**, dessen Vollmacht mit Verfahrenseröffnung erloschen ist, ist weder Zustellungsbevollmächtigter des Schuldners noch des Insolvenzverwalters.[88] Nach § 189 ZPO gelten Dokumente erst dann als zugestellt, wenn sie der Person zugestellt werden, an die das Dokument gerichtet werden durfte, also nur an den Insolvenzverwalter nach Aufnahme des Prozesses durch ihn (§§ 85 f).[89] Wird an einen durch den Insolvenzschuldner bevollmächtigten Dritten fehlerhaft zugestellt, führt freilich ein rügeloses Einlassen zu einer Heilung des Zustellungsmangels (§ 295 ZPO).[90]

4. Grundbuchverfahren

42 Auch die einem Notar zur Stellung von massebezogenen Anträgen an das Grundbuchamt erteilte Vollmacht erlischt mit Verfahrenseröffnung.[91] Die Genehmigung einer vollmachtlos erklärten Auflassung bedarf in dem Grundbuchverfahren der Form des § 29 GBO.[92]

---

[82] LG Düsseldorf RPfleger 1977, 171; Ahrens/Gehrlein/Ringstmeier/*Flöther/Wehner* InsO § 117 Rn 4; Uhlenbruck/*Sinz* InsO[13] § 117 Rn 18.

[83] Uhlenbruck/*Sinz* InsO[13] § 117 Rn 16.

[84] BGH WM 1963, 1232; VersR 1982, 1054; ZIP 1988, 1584 (1585); 2011, 1014 Rn 4; BAG NJW 2006, 461; ZIP 2009, 1134 Rn 14; RGZ 118, 158 (160 ff); OLG Brandenburg NJW-RR 2002, 265 f; OLG Dresden ZIP 2002, 2000 (2001); OLG Karlsruhe ZInsO 2005, 151; Kübler/Prütting/Bork/*Tintelnot* InsO[32] § 117 Rn 17; *Marotzke* HK InsO[6] § 117 Rn 5; *Ott/Vuia* MünchKomm InsO[3] § 117 Rn 8; *Schilken* KTS 2007, 1 (10 ff); Uhlenbruck/*Sinz* InsO[13] § 117 Rn 4.

[85] BGH ZIP 1988, 1584 (1585); 1998, 1113 (1114); BAG NJW 2006, 461; OLG Dresden ZIP 2002, 2000 (2001); LAG Hamm NZA-RR 2006, 601 (603); RGZ 118, 158 (160 ff); *Schilken* KTS 2007, 1 (10 ff); Stein/Jonas/*Bork* ZPO[22] § 86 Rn 8; *Wissmann* EWiR 1988, 1227 f; **aA** *Baumbach/Lauterbach/Albers/Hartmann* ZPO[71] § 86 Rn 12.

[86] Vgl BGH NJW 1969, 48 (49).

[87] BGH ZIP 1988, 1584 (1585); Kübler/Prütting/Bork/*Tintelnot* InsO[32] § 117 Rn 17; *Ott/Vuia* MünchKomm InsO[3] § 117 Rn 8; Uhlenbruck/*Sinz* InsO[13] § 117 Rn 4; *Schilken* KTS 2007, 1 (10 f).

[88] BGH ZIP 1988, 1584 (1585); 1999, 75 (76); Kübler/Prütting/Bork/*Tintelnot* InsO[32] § 117 Rn 17; Uhlenbruck/*Sinz* InsO[13] § 117 Rn 4.

[89] BGH ZIP 1988, 1584 (1585); 1999, 75 (76); Uhlenbruck/*Sinz* InsO[13] § 117 Rn 4.

[90] Vgl BGH ZIP 1988, 1584 (1585); dazu *Runkel* EWiR 1998, 757 f.

[91] BayObLG ZInsO 2003, 1143 (1144 f); *Ahrendt* HambK InsO[4] § 117 Rn 3; *Marotzke* HK InsO[6] § 117 Rn 5; *Schilken* KTS 2007, 1 (14); Uhlenbruck/*Sinz* InsO[13] § 117 Rn 3.

[92] LG Düsseldorf RPfleger 1977, 171; Jaeger/*Henckel* KO[9] § 23 Rn 53.

IV. Vertretergeschäft für den Schuldner

43 Ein Dritter kann nach Verfahrenseröffnung mit Wirkung für den Schuldner (und dessen freies Vermögen) handeln, wenn er insoweit Vollmacht hat. Eine solche Vollmacht kann der Schuldner dem Dritten nach Verfahrenseröffnung bestellen. Das Fortbestehen einer vor Verfahrenseröffnung erteilten Vollmacht ist indessen nicht nur an Abs 1, sondern auch an § 168 S 1 BGB zu messen.

1. Erlöschen nach Abs 1

44 Bezieht sich die Vollmacht auf die Insolvenzmasse, erlischt sie. Diese Anordnung des Abs 1 gilt nicht nur für Vollmacht zur Vertretung des Insolvenzverwalters, sondern auch des Insolvenzschuldners (Rn 7).[93] Eine Vollmacht, die hingegen auf das **insolvenzfreie Vermögen** des Schuldners bezogen ist, wird mit Verfahrenseröffnung nicht durch die §§ 80 I, 117 I berührt. Eine Vollmacht, die teils für pfändbares, teils für unpfändbares Vermögen erteilt ist, verliert ihre Wirkung nur, soweit sie sich auf die Masse bezieht.[94] Der Wortlaut von § 117 I kennt eine Beschränkung („**soweit**") zwar nicht.[95] Doch geht es der Norm allein darum, den Insolvenzverwalter bei der Verwaltung der Masse zu schützen. Bei Vertretergeschäften, die den Schuldner in seinem insolvenzfreien Vermögen berechtigen und verpflichten, besteht insoweit keine Gefahr einer Beeinträchtigung. Vielmehr kann der Schuldner ein schützenswertes Interesse daran haben, dass er solche Vollmachten nicht bei Verfahrenseröffnung neu zu erteilen hat.[96] Daher kann auch der Rechtsgedanke des § 139 BGB, der im Zweifel bei teilweiser Nichtigkeit von Gesamtnichtigkeit ausgeht (§§ 115 f Rn 26 ff, 41), hier keinen Einfluss haben.[97] So wird namentlich eine auch höchstpersönliche Angelegenheiten umfassende Generalvollmacht darauf reduziert, den Schuldner insoweit zu vertreten, als seine Interessen nicht vom Insolvenzbeschlag berührt werden.[98]

45 a) **Erbausschlagung.** So bleibt unberührt von Abs 1 die Vertretungsmacht, die Annahme oder Ausschlagung einer Erbschaft (§ 1945 III BGB) mit Wirkung für den Erben zu erklären.[99] Um die **Höchstpersönlichkeit** der Entscheidung, ob der Insolvenzschuldner eine Erbschaft oder ein Vermächtnis ausschlagen will, auch im Insolvenzverfahren zu gewährleisten, spricht § 83 I 1 trotz des Vermögensbezugs die Annahme oder Ausschlagung allein dem Insolvenzschuldner zu. Obgleich diese Entscheidung weiterhin dem Schuldner persönlich zusteht, wird vorgeschlagen, auch in diesen Fällen wegen der mittelbaren Massebezogenheit die Vollmacht erlöschen zu lassen.[100] Da § 83 I 1 festlegt, dass die Entscheidung nicht dem Verwalter obliegen soll, ist Abs 1 jedoch nicht einschlägig: Durch eine Ablehnung wird der Schuldner nicht mit insolvenzfremden Forderungen belastet, sodass es eines Erlöschens der Vollmacht nicht bedarf.

---

[93] Kübler/Prütting/Bork/*Tintelnot* InsO[32] § 117 Rn 4, 9; **aA** de lege ferenda *Marotzke* HK InsO[6] § 117 Rn 1.

[94] Kübler/Prütting/Bork/*Tintelnot* InsO[32] § 117 Rn 10; *Schilken* KTS 2007, 1 (7); Uhlenbruck/*Sinz* InsO[13] § 117 Rn 12.

[95] Vgl Kübler/Prütting/Bork/*Tintelnot* InsO[32] § 117 Rn 10; *Schilken* KTS 2007, 1 (7).

[96] *Schilken*, KTS 2007, 1 (7).

[97] **Einschr** auch Kübler/Prütting/Bork/*Tintelnot* InsO[32] § 117 Rn 10; *Schilken* KTS 2007, 1 (7).

[98] **AA** OVG Lüneburg NdsRpfl 2008, 53 (54); Uhlenbruck/*Sinz* InsO[13] § 117 Rn 3.

[99] Hierzu *Leipold* MünchKomm BGB[6] § 1945 Rn 17; Staudinger/*Otte* BGB[2008] § 1945 Rn 12.

[100] So Kübler/Prütting/Bork/*Tintelnot* InsO[32] § 117 Rn 8; auch *Schilken* KTS 2007, 1 (6), da auch ein mittelbarer Vermögensbezug ausreiche; **aA** wie hier *Flume* AT[4] § 51, 7 (S 855).

b) **Familiengerichtliche Verfahren.** Hinsichtlich Vollmachten, die zur Vertretung in familienrechtlichen Verfahren erteilt worden sind, ist angesichts des **unterschiedlichen Massebezugs** folgendermaßen zu differenzieren. Handelt es sich um Vollmachten zur Durchführung eines Scheidungsverfahrens, ist ein Vermögensbezug zu verneinen.[101] Gleiches gilt etwa bei einem Sorgerechtsstreit.[102] Anders ist es bei familiengerichtlichen Verfahren, die einen Versorgungsausgleich oder eine Unterhaltsverpflichtung des Insolvenzschuldners nach sich ziehen.[103] 46

c) **Kontovollmacht.** Auch eine **Kontovollmacht** weist typischerweise Massebezug auf. Eine Ausnahme ist aber für das nach § 850k ZPO **pfändungsfreie P-Konto** zu machen. Die auf dieses Konto bezogene Vollmacht bleibt von Abs 1 unberührt, wie auch der der Kontoführung zugrunde liegende Bankvertrag (§§ 115 f Rn 138). 47

d) **Vertretung im Insolvenzverfahren.** Nicht unmittelbar vom Anwendungsbereich des § 117 umfasst sind die Vollmachten, die der Insolvenzschuldner zur **Vertretung in dem Insolvenzverfahren** erteilt hat, namentlich zur Erhebung von Rechtsbehelfen durch einen Rechtsanwalt, die ihm persönlich zustehen.[104] Zu nennen ist eine Beschwerde des Insolvenzschuldners gegen die Vergütungsfestsetzung des Insolvenzverwalters (§ 64 III).[105] 48

e) **Prozessvollmacht.** Das Erlöschen der Prozessvollmacht (Rn 40) wirkt auch gegenüber dem Insolvenzschuldner, an dessen Stelle mit Verfahrenseröffnung der Insolvenzschuldner tritt. Selbst wenn der Insolvenzverwalter die **Aufnahme des Prozesses ablehnt** (§ 85 II), muss der Schuldner den ehemaligen Prozessbevollmächtigten erneut bevollmächtigen, so er die Fortführung durch diesen wünscht.[106] 49

Allerdings erlischt die Vollmacht eines schuldnerischen Prozessbevollmächtigten nicht allein schon wegen Abs 1, soweit dieser ein Rechtsmittel einlegt, das ein Urteil allein deswegen angreift, weil das Verfahren **entgegen § 240 ZPO nicht von Amts wegen unterbrochen** worden ist.[107] Der Schuldner könnte hierfür ohnehin eine neue Vollmacht erteilen, weshalb es bloße Förmelei wäre, die Vollmacht erlöschen zu lassen. Die Insolvenzmasse braucht nicht gegenüber Eingriffen des Prozessbevollmächtigten – auch bei einem gegenteiligen Willen des Insolvenzverwalters – geschützt zu werden.[108] Würde die Möglichkeit der Neuerteilung (und damit des Fortbestands) verneint, könnte der Insolvenzschuldner keine Rechtsmittel einlegen, weil er selbst nicht postulationsfähig ist.[109] Freilich ist wegen des zugrunde liegenden Geschäftsbesorgungsvertrags die Rechtsfolge des § 168 BGB zu beachten (Rn 51). 50

---

101 *Ott/Vuia* MünchKomm InsO[3] § 117 Rn 6; Uhlenbruck/*Sinz* InsO[13] § 117 Rn 12; *Wegener* FK InsO[7] § 117 Rn 3.

102 Ahrens/Gehrlein/Ringstmeier/*Flöther/Wehner* InsO § 117 Rn 2.

103 *Ott/Vuia* MünchKomm InsO[3] § 117 Rn 6; Uhlenbruck/*Sinz* InsO[13] § 117 Rn 12.

104 BGH ZIP 2011, 1014 (1015); OLG Dresden ZIP 2002, 2000 (2001); *Ahrendt* HambK InsO[4] § 117 Rn 3, 6; *Marotzke* HK InsO[6] § 117 Rn 5; *Ott/Vuia* MünchKomm InsO[3] § 117 Rn 6; Uhlenbruck/*Sinz* InsO[13] § 117 Rn 8.

105 OLG Dresden ZIP 2002, 2000 (2001); *Schilken* KTS 2007, 1 (12); Uhlenbruck/*Sinz* InsO[13] § 117 Rn 8.

106 Kübler/Prütting/Bork/*Tintelnot* InsO[32] § 117 Rn 19.

107 BAG ZIP 2009, 1134 Rn 16; *Ahrendt* HambK InsO[4] § 117 Rn 6; *Marotzke* HK InsO[6] § 117 Rn 5; Uhlenbruck/*Sinz* InsO[13] § 117 Rn 7.

108 BAG ZIP 2009, 1134 Rn 16 f; Uhlenbruck/*Sinz* InsO[13] § 117 Rn 7.

109 BAG ZIP 2009, 1134 Rn 15.

2. Erlöschen nach § 168 S 1 BGB

51 Neben Abs 1 tritt als weiterer selbstständiger Erlöschensgrund kraft Zivilrechts § 168 S 1 BGB. Danach endet eine Vollmacht mit Insolvenzeröffnung, wenn ihr ein **Auftrag oder Geschäftsbesorgungsvertrag zugrunde** liegt, der nach §§ 115 I, 116 S 1 erlischt. Zwar setzt das Erlöschen dieser Verträge ebenfalls einen Massebezug voraus. Insoweit ist es aber im Zweifel schon ausreichend, dass die Masse überhaupt vom Vertrag berührt wird. Verträge, die sich sowohl auf das freie Vermögen als auch auf die Masse beziehen, erlöschen also nach §§ 115 I, 116 S 1 (§§ 115 f Rn 26 ff, 50). Bei Geschäftsbesorgungsverträgen ergibt sich der Massebezug darüber hinaus schon allein daraus, dass das **Entgelt aus der Masse** zu zahlen wäre. Daher endet das Mandat eines Rechtsanwalts, auch wenn es sich auf die Vertretung in persönlichen Angelegenheiten bezieht, nach §§ 115 I, 116 S 1, weil das Honorar aus der Masse zu bestreiten wäre. Mit dem Mandat erlischt die Vertretungsmacht (§ 168 S 1 BGB). Das **Vertrauen des Vertragspartners** in das Bestehen der einmal erteilten Vollmacht wird freilich ungeachtet des Erlöschens nach § 168 S 1 BGB durch §§ 170 ff BGB geschützt.

52 Indessen bleiben Vollmachten, denen ein **Dienstverhältnis** zugrunde liegt, mit diesem Vertrag (§ 108 I 1) bestehen, soweit sich die Vollmacht auf das insolvenzfreie schuldnerische Vermögen bezieht. Freilich hat der Insolvenzverwalter das **Weisungsrecht** über den Dienstverpflichteten, sodass er eine Ausübung der Vollmacht untersagen kann. Schließlich bleibt eine ohne Grundverhältnis erteilte (sog isolierte) Vollmacht ohne Einschränkungen bestehen, soweit sie sich nicht auf zur Insolvenzmasse gehörige Gegenstände bezieht.

V. Vertretergeschäft für den eigenverwaltenden Schuldner

53 Ein Dritter kann nach Verfahrenseröffnung unter Anordnung von Eigenverwaltung ein Rechtsgeschäft im Namen des Schuldners abschließen. In diesem Fall entfällt nur scheinbar die **Notwendigkeit der Abgrenzung** (Rn 10 ff), ob der Schuldner für den Insolvenzverwalter handelt, um Wirkungen für die Insolvenzmasse (§ 55 I Nr 1) herbeizuführen (Rn 29 ff), oder ob er den Insolvenzschuldner mit Wirkung nur für dessen freies Vermögen vertritt (Rn 43 ff). Denn jedenfalls in der **Insolvenz natürlicher Personen** müssen beide Funktionen und Wirkungen des Schuldnerhandelns unterschieden werden: entweder als Eigenverwalter für die Masse oder als Insolvenzschuldner für das freie Vermögen.

1. Schuldner in Funktion als Eigenverwalter

54 Ein Dritter, der vom Insolvenzschuldner vor Verfahrenseröffnung bevollmächtigt worden ist, besitzt allein aufgrund dieser Vollmacht **keine Vertretungsmacht**, den Insolvenzschuldner in seiner Funktion als **Eigenverwalter** zu vertreten. Dieses Ergebnis ist unstreitig, allein über die dogmatische Begründung herrscht Streit. Teilweise wird das Nichtbestehen der Vertretungsmacht nur auf Abs 1 gestützt. Diese Bestimmung äußere im Falle der Eigenverwaltung **konstitutive** Wirkung.[110] Auf den Wechsel der Verwaltungs- und Verfügungsbefugnis nach § 80 I könne das Fehlen der Vertretungsmacht nicht

[110] Kübler/Prütting/Bork/*Tintelnot* InsO[32] § 117 Rn 5; so auch iE *Häsemeyer* InsR[4] Rn 20.71; *Schilken* KTS 2007, 1 (5).

gestützt werden, weil der Schuldner selbst über sein gesamtes Vermögen verwaltungs- und verfügungsbefugt bleibe.[111]

Damit werden die Wirkungen der Anordnung der Eigenverwaltung indes verkannt. Der Schuldner behält nicht seine **Verwaltungs- und Verfügungsbefugnis**, sondern bekommt diese vom Insolvenzgericht **übertragen.**[112] Erst dadurch wird dem Insolvenzschuldner auch die Insolvenzmasse, die nur noch formal sein Vermögen darstellt, treuhänderisch zugewiesen.[113] Seine Verwaltungsbefugnis hinsichtlich der Masse unterscheidet sich grundlegend von der hinsichtlich seines freien Vermögens. Der Schuldner ist mithin so zu behandeln, als ob er selbst zum Insolvenzverwalter bestellt worden wäre.[114] Der Schuldner in Eigenverwaltung ist im Sinne der Amtstheorie ein **eigenständiges Handlungssubjekt** (Rn 10), dem Vertreterhandeln zugerechnet werden kann (Rn 53). Da dieses Handlungssubjekt wie das der Insolvenzverwaltung erst durch Verfahrenseröffnung entsteht, kann die Bevollmächtigung durch den Schuldner für dieses nicht wirken (Rn 5 ff). Abs 1 zeitigt für die Eigenverwaltung daher keine anderen Rechtsfolgen als für eine Fremdverwaltung.[115] Er stellt lediglich das Nichtbestehen der Vollmacht klar. Es ist auch ohne Belang, ob dem Insolvenzschuldner bereits mit dem **Eröffnungsbeschluss** nach § 270 I 1 oder erst **nachträglich** nach § 271 Satz 1 die Eigenverwaltung ermöglicht wird.[116] 55

2. Schuldner als Träger seines freien Vermögens

Ein vom Insolvenzschuldner vor Verfahrenseröffnung bevollmächtigter Dritter kann nach Verfahrenseröffnung aufgrund dieser Vollmacht noch den Insolvenzschuldner als Träger seines **freien Vermögens** vertreten. Abs 1 steht nicht entgegen, weil diese Bestimmung nur Vollmachten mit Massebezug erfasst (Rn 13 f, 44). Vielfach kann aber § 168 S 1 zum Erlöschen der Vollmacht führen (Rn 51). Aus der Anordnung der Eigenverwaltung im Vergleich zur Insolvenzeröffnung unter Bestellung eines Insolvenzverwalters (Rn 43 ff) ergeben sich also auch insoweit keine Abweichungen. 56

VI. Haftung des (vollmachtlosen) Vertreters (Abs 3)

Nach den allgemeinen Regelungen kommen verschiedene Haftungstatbestände in Betracht, wenn ein Vertreter ohne Vertretungsmacht auftritt. Abs 3 schließt allerdings die Haftung nach § 179 BGB aus. 57

---

[111] Hierfür *Huhn* Die Eigenverwaltung im Insolvenzverfahren (2003) Rn 583 ff, 603; Jaeger/*Windel* InsO § 80 Rn 4; Kübler/Prütting/Bork/*Lüke* InsO[37] § 80 Rn 6a; Uhlenbruck/*Uhlenbruck* InsO[13] § 80 Rn 3.

[112] *Bork* InsR[6] Fn 10 bei Rn 404; *Gulde* Die Anordnung der Eigenverwaltung durch das Insolvenzgericht im Eröffnungsbeschluss (2005) S 31 f; *Haas/Kahlert* InsR-Hb[4] § 89 Rn 2; *Häsemeyer* InsR[4] Rn 8.13 ff, vgl aber auch Rn 20.71, wonach § 117 in der Eigenverwaltung konstitutive Wirkung habe; *Jacoby* Amt S 30 ff; Kübler/Prütting/Bork/*Pape* InsO[37] § 270 Rn 1 f; *Wittig/Tetzlaff* MünchKomm InsO[2] § 270 Rn 69.

[113] *Häsemeyer* InsR[4] Rn 8.13 f; *Marotzke* Gegenseitige Verträge[3] Rn 5.90; *ders* HK InsO[6] § 117 Rn 2; *Ott/Vuia* MünchKomm InsO[3] § 117 Rn 14.

[114] *Jacoby* Amt S 30.

[115] *Marotzke* Gegenseitige Verträge[3] Rn 5.90; *ders* HK InsO[6] Rn 2; *Ott/Vuia* MünchKomm InsO[3] § 117 Rn 14; Uhlenbruck/*Sinz* InsO[13] § 117 Rn 11.

[116] Kübler/Prütting/Bork/*Pape* InsO[37] § 270 Rn 1 f; *Marotzke* HK InsO[6] § 117 Rn 2; *Ott/Vuia* MünchKomm InsO[3] § 117 Rn 14; *Wegener* FK InsO[7] § 117 Rn 5.

1. Haftung als Vertreter ohne Vertretungsmacht (§ 179 BGB)

58 Das Zusammenspiel von Abs 3 mit § 179 BGB ist umstritten. Teilweise wird Abs 3 stillschweigend eine Haftungsanordnung entnommen, die nur unter den Voraussetzungen des Abs 3 entfalle.[117] Indessen ist in Übereinstimmung mit dem Wortlaut von Abs 3 zwischen dem Haftungstatbestand von § 179 BGB einerseits und andererseits möglichen Haftungsbeschränkungen zu unterscheiden.[118]

59 a) **Haftungsgefahr aus § 179 BGB.** § 179 BGB ist ein gesetzlich normierter **Vertrauenstatbestand.** Der Vertreter beansprucht das Vertrauen des Geschäftspartners, dass er bevollmächtigt ist.[119] Wenn dies tatsächlich nicht der Fall ist, hat der Vertreter selbst für sein Vertreterhandeln einzustehen.[120] Angesichts dieser Schutzrichtung des § 179 BGB wird die Möglichkeit einer Haftung aus dieser Bestimmung und damit die Notwendigkeit von Abs 3 weithin **abgestritten.**[121] Denn der Vertragspartner habe einen Anspruch gegen den Geschäftsherrn nie erlangen können, da der Schuldner selbst nicht mehr verwaltungs- und verfügungsbefugt gewesen sei. Da der vom vollmachtlosen Vertreter gesetzte Rechtsschein nicht weiterreichen könne als die Wirklichkeit, könne kein Vertrauen in die Vollmacht enttäuscht werden, sondern nur darin, die Verfahrenseröffnung nicht gekannt zu haben. Insofern brauche Abs 3 einen Schadensersatzanspruch nicht auszuschließen. Nur im Rahmen der Eigenverwaltung könne, wenn überhaupt (Rn 54 f), Vertrauen in die bestehende Vertretungsmacht enttäuscht und ein Anspruch aus § 179 BGB begründet werden.[122]

60 Indessen können die Haftungsvoraussetzungen von § 179 BGB auch nach Verfahrenseröffnung durchaus gegeben sein, schon weil die Vertretung durch § 164 BGB **subjekt-, nicht massebezogen** ausgestaltet ist (Rn 10). Im Namen welchen Subjekts der Vertreter nach Verfahrenseröffnung auftritt, ist durch Auslegung vom verobjektivierten Empfängerhorizont zu ermitteln, richtet sich also nicht allein nach dem internen Wissen und Wollen des Vertreters (Rn 11). Die Auslegung kann ergeben, dass der Vertreter im Namen des Insolvenzverwalters handelt, es kann aber auch ein Handeln im Namen des Insolvenzschuldners festzustellen sein. Insbesondere wenn die Auslegung dazu führt, dass der Vertreter den Insolvenzverwalter vertritt, kommt ein Anspruch aus § 179 BGB in Betracht, weil er das Vertrauen des Geschäftspartners enttäuscht, jenen berechtigen und verpflichten zu können. Aber auch bei einer Vertretung des Schuldners mit seinem freien Vermögen ist ein Anspruch aus § 179 BGB nicht ausgeschlossen.

61 b) **Haftungsausschluss.** Grundsätzlich führt die **Unkenntnis** des Vertreters vom Nichtbestehen der Vertretungsmacht nicht zum Haftungsausschluss, sondern nur zur **Haftungsbeschränkung** auf den Vertrauensschaden (§ 179 II BGB). Abs 3 schützt den Vertreter weitergehend. Er wird befreit, wenn er die Verfahrenseröffnung, auf der das

---

[117] So wohl *Marotzke* HK InsO[6] § 117 Rn 7.

[118] IE wie hier OLG Bamberg OLGR 2006 275 (277); Ahrens/Gehrlein/Ringstmeier/*Flöther*/*Wehner* InsO § 117 Rn 5; *Wegener* FK InsO[7] § 117 Rn 10.

[119] BGHZ 73, 266 (269); *Schramm* MünchKomm BGB[6] § 179 Rn 1; Staudinger/*Schilken* BGB[2009] § 179 Rn 2.

[120] Vgl *Ott*/*Vuia* MünchKomm InsO[3] § 117 Rn 18.

[121] Kübler/Prütting/Bork/*Tintelnot* InsO[32] § 117 Rn 25 f; *Schilken* KTS 2007, 1 (17 f); **einschr** Uhlenbruck/*Sinz* InsO[13] § 117 Rn 18; bereits *Flume* AT[4] § 51, 7 (S 855 f).

[122] Kübler/Prütting/Bork/*Tintelnot* InsO[32] § 117 Rn 27; *Schilken* KTS 2007, 1 (18); *Schramm* MünchKomm BGB[6] § 179 Rn 34; **dag** *Ott*/*Vuia* MünchKomm InsO[3] § 117 Rn 20, da die Eigenverwaltung keinen Vertrauenstatbestand iSd 179 II BGB darstellen könne.

Nichtbestehen seiner Vollmacht beruht, schuldlos nicht kannte. Der Vertreter hat darzulegen und zu beweisen, dass er von der Verfahrenseröffnung weder Kenntnis hatte noch zu haben brauchte. Diese Voraussetzung stimmt mit der des § 115 III überein (§§ 115 f Rn 70 ff).

Die Haftung entfällt nach Zivilrecht auch, wenn der Vertragspartner von dem Fehlen der Vertretungsmacht **Kenntnis** hatte (§ 179 III 1 BGB). Dessen Wissen braucht sich nur auf das Fehlen der Vertretungsmacht zu beziehen, das Wissen um die Gründe dafür ist nicht von Bedeutung.[123] Umgekehrt kann Kenntnis von der tatsächlichen Grundlage für den Erlöschensgrund nicht reichen, wenn der Vertragspartner daraus nicht den Schluss auf das Erlöschen der Vollmacht ableitet. Aus dem Wissen des Vertragspartners um die **Insolvenzeröffnung** lässt sich dementsprechend grundsätzlich **nicht** auf die Kenntnis vom **Fehlen der Vollmacht** schließen.[124] Eine Ausnahme lässt sich allenfalls machen, wenn der Vertragspartner weiß, dass die Vollmacht nur auf einer Erteilung durch den Schuldner beruht und die Insolvenzeröffnung kennt. 62

Abs 3 soll analoge Anwendung auf eine **nach Eröffnung** des Insolvenzverfahrens erteilte Vollmacht finden, wenn der Vertreter in Unkenntnis der Verfahrenseröffnung handelte.[125] Die Vollmachtserteilung sei gem § 134 BGB nichtig, der Vertreter ebenso schutzwürdig wie in dem von Abs 3 erfassten Fall. Dem ist nicht zu folgen. Der Vertreter kann aufgrund einer ihm nach Verfahrenseröffnung erteilten Vollmacht durchaus den Schuldner vertreten. Freilich kann der Vertreter den Schuldner nur mit Wirkung für sein freies Vermögen verpflichten. Hingegen kann der Schuldner einem Dritten keine Vollmacht erteilen, den Insolvenzverwalter zu vertreten, weil er selbst diese Rechtsmacht nicht besitzt. Handelt der Bevollmächtigte dennoch – subjektiv in Unkenntnis von der Verfahrenseröffnung, aber nach dem verobjektivierten Empfängerhorizont – im Namen des Insolvenzverwalters, hat er dafür nach § 179 II BGB einzustehen. Wer vom Schuldner nur scheinbar bevollmächtigt worden ist, ist **nicht** dem **gleichzustellen**, der vor Verfahrenseröffnung vom Schuldner wirksam bevollmächtigt worden war. Auch §§ 115 III, 116 S 1 fingieren ein Fortbestehen von Auftrag und Geschäftsbesorgungsvertrag nur für Verträge, die ursprünglich dem Schuldner gegenüber wirksam werden. 63

2. Verschulden bei Vertragsschluss

Statt oder neben einer Haftung aus § 179 BGB wird eine Haftung des Vertreters aus Verschulden bei Vertragsschluss (§§ 280 I, 311 II o III, 241 II BGB) gegenüber dem Vertragspartner erwogen.[126] Dies ist abzulehnen.[127] Der **Vertreter** verletzt keine eigene vorvertragliche **Aufklärungspflicht**, wenn er ungeachtet der ihm erkennbaren oder erkannten Insolvenzeröffnung dem Vertragspartner den Wegfall der Verwaltungs- und 64

---

[123] BGHZ 178, 307 Rn 15: für nur scheinbar existierenden Vertretenen; *Bork* AT[3] Rn 1634; vgl auch *Schramm* MünchKomm BGB[6] § 179 Rn 41; Soergel/*Leptien* BGB[13] § 179 Rn 19; Staudinger/*Schilken* BGB[2009] § 179 Rn 19. – Vgl für die fahrlässige Unkenntnis der Vertretungsmacht bei Eintragung der Liquidation einer Gesellschaft unter Bestellung eines Dritten zum Liquidator ins Handelsregister BGH NJW-RR 2005, 268 f.

[124] **AA** Ahrens/Gehrlein/Ringstmeier/*Flöther*/*Wehner* InsO § 117 Rn 6; *Wegener* FK InsO[7] § 117 Rn 10.

[125] OLG München ZInsO 2010, 145; *Marotzke* HK InsO[6] § 117 Rn 7.

[126] Kübler/Prütting/Bork/*Tintelnot* InsO[32] § 117 Rn 26; andeutungsweise bereits *Flume* AT[4] § 51, 7 (S 855 f).

[127] *Ott*/*Vuia* MünchKomm InsO[3] § 117 Rn 21; zweif auch *Schilken* KTS 2007, 1 (18).

Verfügungsbefugnis des Schuldners (§ 80 I) verschweigt.[128] Zwar kann den Vertreter unabhängig von der Anwendbarkeit von § 179 BGB eine Haftung aus Verschulden bei Vertragsschluss treffen.[129] Eine vorvertragliche Sonderbeziehung besteht aber nicht zwischen dem Vertragspartner und dem Vertreter. Daher haftet der Vertreter nur, wenn er ein besonderes, **eigenes wirtschaftliches Interesse** hat oder ein **besonderes persönliches Vertrauen** in Anspruch nimmt (§ 311 III BGB).[130] Wie der BGH in Fällen der Insolvenzverschleppung eine Vertreterhaftung abgelehnt und eine Haftung nur aus §§ 823 II BGB, 15a bejaht hat,[131] hat der Vertreter auch hier nicht für besonderes in Anspruch genommenes Vertrauen einzustehen. Ggf haftet er aus §§ 823 II BGB, 263 StGB.

3. Haftung für vollmachtlos veranlasste Rechtsmittel

65 Grundsätzlich hat ein **vollmachtloser Prozessvertreter** die Kosten eines eingelegten Rechtsmittels zu tragen.[132] §§ 91, 97 ZPO stellen auf das **Veranlasserprinzip** ab.[133] Das gilt auch, wenn der Wegfall der Vertretungsmacht auf der Insolvenzeröffnung beruht. Ein Haftungsausschluss scheidet jedenfalls aus, wenn der Prozessvertreter nicht darlegen und beweisen kann, dass er keine Kenntnis von der erloschenen Vollmacht hatte.[134] In der Rechtsprechung wird eine Verantwortlichkeit des Vertreters aber abgelehnt, wenn der Vertreter lediglich fahrlässig die Insolvenzeröffnung verkennt. Der Prozessvertreter habe schließlich eine **Vollmachtsurkunde** besessen.[135] Nur in Ausnahmefällen könne die fahrlässige Unkenntnis bei Besitz einer Vollmachtsurkunde zu einer Haftung des Rechtsanwalts führen.[136] Diese Auffassung lässt sich auf Abs 3 nicht stützen, schon weil keine Haftung aus § 179 BGB in Rede steht und der Haftungsausschluss auf fahrlässige Unkenntnis erweitert wird. Sie lässt sich allein als Beschränkung des Veranlasserprinzips in einem Fall begründen, in dem das Verfahren allseits unerkannt durch Verfahrenseröffnung unterbrochen worden ist.

§ 118
Auflösung von Gesellschaften

Wird eine Gesellschaft ohne Rechtspersönlichkeit oder eine Kommanditgesellschaft auf Aktien durch die Eröffnung des Insolvenzverfahrens über das Vermögen eines Gesellschafters aufgelöst, so ist der geschäftsführende Gesellschafter mit den Ansprüchen, die

---

[128] Ebenso *Ott/Vuia* MünchKomm InsO[3] § 117 Rn 21.

[129] *Bork* AT[3] Rn 1636, 1682, 1685; *Flume* AT[4] § 46, 5 (S 797 f), § 47, 3 d (S 808 f); *Schramm* MünchKomm BGB[6] § 179 Rn 45; Soergel/*Leptien* BGB[13] § 179 Rn 23; Staudinger/*Schilken* BGB[2009] § 179 Rn 20.

[130] *Ott/Vuia* MünchKomm InsO[3] § 117 Rn 21; Staudinger/*Schilken* BGB[2009] § 179 Rn 20.

[131] BGHZ 126, 181.

[132] OLG Bamberg OLG 2006, 275 (277 f); Uhlenbruck/*Sinz* InsO[13] § 117 Rn 19.

[133] BGH NJW-RR 1998, 63; NJW 2006, 461; Kübler/Prütting/Bork/*Tintelnot* InsO[32] § 117 Rn 20; *Ott/Vuia* MünchKomm InsO[3] § 117 Rn 19; Uhlenbruck/*Sinz* InsO[13] § 117 Rn 19.

[134] BAG NJW 2006, 461 (462).

[135] BAG NJW 2006, 461 (462); OLG Brandenburg NJW-RR 2002, 265 (266); OLG Karlsruhe ZInsO 2005, 148; Kübler/Prütting/Bork/*Tintelnot* InsO[32] § 117 Rn 20. – Der oftmals angeführte Beschl BGHZ 121, 397 (400), in dessen Sachverhalt ein Rechtsanwalt eine Vollmachtsurkunde vorweisen konnte, bezog sich nicht auf ein Konkurs- oder Insolvenzverfahren.

[136] Kübler/Prütting/Bork/*Tintelnot* InsO[32] § 117 Rn 20.

ihm aus der einstweiligen Fortführung eilbedürftiger Geschäfte zustehen, Massegläubiger. Mit den Ansprüchen aus der Fortführung der Geschäfte während der Zeit, in der er die Eröffnung des Insolvenzverfahrens ohne sein Verschulden nicht kannte, ist er Insolvenzgläubiger; § 84 Abs. 1 bleibt unberührt.

Gesetzesänderungen: –

Materialien: BT-Drucks 12/2443 S 152; RegE § 136; RefE § 126; DiskE § 126; 1. Ber InsR-Komm LS 1.2.10, 2.4.9.

Vorgängerregelungen: § 28 KO (dazu P II S 439 f, 517; P VI S 195, 761, 762; Begr z KO Nov 1898 S 33).

Literatur

Altmeppen Die akzessorische Haftung der Gesellschafter einer Personengesellschaft für einen „Drittanspruch" ihres Mitgesellschafters NJW 2009, 2241; *Bork/Jacoby* Das Ausscheiden des einzigen Komplementärs nach § 131 Abs. 3 HGB ZGR 2005, 611; *Deger* Die Gestaltung des Bauvertrages durch den Auftraggeber unter insolvenzrechtlichen Gesichtspunkten BrBp 2004, 141; *Kessler* Die Entwicklung des Binnenrechts der KGaA seit BGHZ 134, 392 = NJW 1997, 1923 NZG 2005, 145; *Walter* Der Gesellschafter als Gläubiger seiner Gesellschaft JuS 1982, 81

Übersicht

Alphabetische Übersicht

I. Grundlagen

1 Die Vorschrift regelt die Durchsetzbarkeit von Forderungen der geschäftsführenden Gesellschafter einer **Personengesellschaft** und einer **Kommanditgesellschaft auf Aktien** gegenüber einem Gesellschafter, dessen Insolvenz zur Auflösung der Gesellschaft geführt hat. Das Bestehen dieser Ansprüche richtet sich ebenso ausschließlich nach Gesellschaftsrecht wie auch das „Ob" der Auflösung der Gesellschaft infolge der Insolvenz eines Gesellschafters.

1. Entstehungsgeschichte

2 Inhaltlich entspricht die Norm weitestgehend ihrer **Vorgängernorm § 28 KO**. Nur rein sprachlich wurde der Anwendungsbereich der Norm ausgeweitet: Statt einer Beschränkung auf GbR gilt die Vorschrift nun für alle Gesellschaften ohne Rechtspersönlichkeit und die Kommanditgesellschaft auf Aktien. Am Anwendungsbereich ändert dies freilich nichts, weil auch § 28 KO auf die anderen Personengesellschaften und die Kommanditgesellschaft auf Aktien angewendet wurde.[1] Neuerungen rühren vielmehr daher, dass der Gesetzgeber 1998 **Veränderungen im Gesellschaftsrecht** vorgenommen hat[2]. Die von S 1 vorausgesetzte Auflösung der Gesellschaft bei Insolvenz einer Gesellschaft sieht nur noch § 728 II BGB für die GbR vor. Der sonst überwiegend einschlägige § 131 III Nr 2 HGB bestimmt hingegen als dispositives Gesetzesrecht, dass die Gesellschaft bei Insolvenz eines Gesellschafters fortbesteht, allein der insolvente Gesellschafter aus der Gesellschaft ausscheidet (Rn 6 ff).

2. Normzweck

3 § 118 dient dem **Schutz des geschäftsführenden Gesellschafters** und schafft zu diesem Zweck eine ähnliche Regelung wie sie §§ 115 II u III, 116 zugunsten des Beauftragten bzw des Geschäftsbesorgers vorsehen.[3] Dabei privilegiert sie den Notgeschäftsführer gegenüber dem Geschäftsführer, der in nicht vorwerfbarer Unkenntnis der Verfahrenseröffnung eigene Auseinandersetzungsansprüche begründet. Während Ersterer nach S 1 Massegläubiger ist, kann Letzterer nach S 2 seine Ansprüche lediglich als Insolvenzgläubiger verfolgen; allerdings wird er auch insoweit als Insolvenzgläubiger über das Absonderungsrecht aus § 84 I geschützt (S 2 Hs 2). Über den Schutz des Geschäftsführers hinaus wird auch der (mittelbare) Schutz der Masse als Regelungszweck genannt.[4] Diese profitiere von den Anreizen, die für die Notgeschäftsführung gesetzt würden. Denn der Masse käme zugute, wenn Risiken vom Gesellschaftsvermögen abgewendet werden würden. Gegen eine Betonung dieses Zweckes spricht aber, dass die Qualifikation als Masseverbindlichkeit sich für den Geschäftsführer angesichts der alternativen Absonderungsmöglichkeit (§§ 84 I, 118 S 2 Hs 2) nur auswirkt, wenn das Auseinandersetzungsergebnis ohnehin negativ ist (Rn 18).

---

[1] Jaeger/*Henckel* KO[9] § 28 Rn 5.

[2] G z Neuregelung des Kaufmanns- u Firmenrechts u z Änderung handels- u gesellschaftsrechtlicher Vorschriften (HandelsrechtsreformG) v 22.6.1998 (BGBl I S 1474).

[3] *Marotzke* HK InsO[6] § 118 Rn 1; Uhlenbruck/*Hirte* InsO[13] § 118 Rn 1.

[4] Vgl *Marotzke* HK InsO[6] § 118 Rn 7; *Ott/Vuia* MünchKomm InsO[3] § 118 Rn 16; Uhlenbruck/*Hirte* InsO[13] § 118 Rn 8; **krit** *Häsemeyer* InsR[4] Rn 20.76 Fn 280.

3. Privatautonomie

4 Im Gesellschaftsvertrag können die Beteiligten bestimmen, ob die Insolvenz über das Vermögen eines Gesellschafters überhaupt zur **Auflösung der Gesellschaft** führt, die § 118 voraussetzt. Die Stellung des geschäftsführenden Gesellschafters, der eigentliche Regelungsgegenstand von § 118, unterliegt nach § **119** grundsätzlich nicht der Parteidisposition. Daher dürfen beispielsweise die Forderungen nach S 2 nicht zu Masseverbindlichkeiten aufgewertet werden. Da § 119 nur die Masse schützten will (§ 119 Rn 4), wäre eine Regelung zugunsten der Masse, etwa eine haftungsrechtliche Abwertung der Ansprüche aus S 1, zulässig.

II. Auflösung von Gesellschaften ohne Rechtspersönlichkeit

5 Unter Gesellschaften ohne Rechtspersönlichkeit versteht die Insolvenzordnung nach § 11 II Nr 1 die OHG, die KG, die Partnerschaftsgesellschaft, die GbR, die Partenreederei und die EWIV. Das **„Ob" der Auflösung** dieser Gesellschaften bei Insolvenz eines ihrer Gesellschafter richtet sich nicht nach der InsO, sondern nach Gesellschaftsrecht. Bei Disposivität der jeweiligen gesetzlichen Regelung kann das „Ob" der Auflösung insbesondere aus dem Gesellschaftsvertrag folgen. Nur wenn die Insolvenz des Gesellschafters zur Auflösung der Gesellschaft führt, kommt § 118 überhaupt zur Anwendung.

1. Gesellschaft bürgerlichen Rechts

6 Die GbR wird bei Insolvenz eines ihrer Gesellschafter **gem § 728 II 1 BGB aufgelöst**, wobei auf den Zeitpunkt des Insolvenzeröffnungsbeschlusses abzustellen ist[5]. Diese Norm gilt für alle Arten von GbR, also auch für die Innengesellschaft und die stille Gesellschaft, unabhängig davon, ob es sich um eine typische oder atypische stille Gesellschaft handelt.[6] Obwohl § 54 S 1 BGB für den nicht rechtsfähigen Verein die Vorschriften der GbR für anwendbar erklärt, führt die Insolvenz eines Mitglieds nicht automatisch zur Auflösung.[7] Dies ergibt sich daraus, dass auch der nicht rechtsfähige Verein seinem Wesen nach unabhängig vom Wechsel bzw Ausscheiden seiner Mitglieder ist und daher ein körperschaftlicher Charakter des nicht rechtsfähigen Vereins besteht. Die Auflösung tritt unabhängig davon ein, ob der insolvente Gesellschafter bereits bei Insolvenzeröffnung Gesellschafter war oder aber erst nach Insolvenzeröffnung Gesellschafter wurde. Denn auch ein neuerworbener Gesellschaftsanteil gehört – anders als nach der Konkursordnung – gem § 35 I Fall 2 zur Insolvenzmasse.[8]

7 Im Gesellschaftsvertrag kann jedoch die Rechtsfolge der Auflösung der Gesellschaft abbedungen werden, wie § 736 I Fall 3 BGB ausdrücklich klarstellt. Denkbar ist ebenfalls die Zulassung eines Fortsetzungsbeschlusses im Gesellschaftsvertrag.[9] In beiden Fällen fällt der Abfindungsanspruch – der sich nach Maßgabe der §§ 738–740 BGB oder nach den im Gesellschaftsvertrag getroffenen Vereinbarungen bestimmt – in die Insolvenzmasse.[10]

---

[5] Soergel/*Hadding/Kießling* BGB[13] § 728 Rn 13.

[6] Soergel/*Hadding/Kießling* BGB[13] § 728 Rn 10; Uhlenbruck/*Hirte* InsO[13] § 118 Rn 2.

[7] *Marotzke* HK InsO[6] § 118 Rn 4; Uhlenbruck/*Hirte* InsO[13] § 118 Rn 2.

[8] Jaeger/*Henckel* InsO § 35 Rn 99; Soergel/*Hadding/Kießling* BGB[13] § 728 Rn 10; Uhlenbruck/*Hirte* InsO[13] § 35 Rn 110.

[9] *Schäfer* MünchKomm BGB[6] § 728 Rn 31.

[10] Soergel/*Hadding/Kießling* BGB[13] § 728 Rn 17; *Schäfer* MünchKomm BGB[6] § 728 Rn 38.

Besteht keine Regelung im Gesellschaftsvertrag für die Insolvenz eines Gesellschafters, so können die übrigen Gesellschafter **nur mit Zustimmung des Insolvenzverwalters die Fortsetzung der Gesellschaft** beschließen.[11] Eine Fortsetzung der Gesellschaft auch mit dem Insolvenzschuldner als Gesellschafter kann hingegen nicht im Gesellschaftsvertrag bestimmt werden, sondern ist nur möglich, wenn der Insolvenzverwalter den **Gesellschaftsanteil freigibt.**[12] Für den Sonderfall, dass zwar eine Fortsetzungsklausel besteht, bei Ausscheiden des insolventen Gesellschafters aber nur noch ein Gesellschafter vorhanden ist, ist die Fortsetzungsklausel im Regelfall als Übernahmeklausel auszulegen, mit der Folge, dass der verbleibende Gesellschafter Gesamtrechtsnachfolger der Gesellschaft wird.[13] In die Insolvenzmasse fällt dann ebenfalls ein Abfindungsanspruch analog § 738 I 2 BGB.[14]

2. OHG, KG und Partnerschaftsgesellschaft

8 Anders als bei der GbR – und auch bei der OHG bis zum Handelsrechtsreformgesetz aus dem Jahre 1998 –[15] ist der Fortbestand der Gesellschaft ohne den insolventen Gesellschafter bei der OHG nach § 131 III 1 Nr 2 HGB der gesetzliche Regelfall. Der insolvente Gesellschafter scheidet vielmehr aus und sein Abfindungsguthaben fällt in die Insolvenzmasse.[16] Gleiches gilt mangels gesetzlicher Spezialregelung für die KG über § 161 II HGB sowohl für die Insolvenz eines Komplementärs als auch eines Kommanditisten.[17] § 131 III HGB ist dabei auch dann anzuwenden, wenn dies zum Ausscheiden des einzigen Komplementärs führen würde.[18] Für die Partnerschaftsgesellschaft gilt § 131 III 1 Nr 2 HGB kraft der Verweisung in § 9 I PartGG. Problematisch ist jeweils der Fall, dass durch das Ausscheiden des insolventen Gesellschafters nur noch eine Person Gesellschafter wäre. Hier tritt die Vollbeendigung der Gesellschaft ein, indem der **verbleibende Gesellschafter Gesamtrechtsnachfolger der Gesellschaft** wird.[19] In allen Fällen erhält der ausgeschiedene insolvente Gesellschafter einen Abfindungsanspruch nach §§ 738 I 2 BGB, 105 III HGB.

9 Die Regelung des **§ 131 III 1 Nr 2 HGB ist dispositiver Natur**, wie sich bereits aus der Formulierung des S 1 ergibt. Damit kann durch Gesellschaftsvertrag zB der Rechtszustand wie bei der GbR (Auflösung) geschaffen werden. Dabei gelten die gleichen Grenzen wie bei der GbR, dh eine Fortsetzung der Gesellschaft mit dem insolventen Gesellschafter kann nicht durch den Gesellschaftsvertrag vereinbart werden[20], sondern ist nur bei Freigabe des Gesellschaftsanteils durch den Insolvenzverwalter möglich[21].

---

[11] OLG Hamm BauR 1986, 462; Soergel/*Hadding/Kießling* BGB[13] § 728 Rn 17; *Schäfer* MünchKomm BGB[6] § 728 Rn 43.

[12] Soergel/*Hadding/Kießling* BGB[12] § 728 Rn 17; *Schäfer* MünchKomm BGB[6] § 728 Rn 44.

[13] *Schmidt* GesR[4] § 59 V 3 (S 1762); Soergel/*Hadding/Kießling* BGB[13] § 736 Rn 13; *Schäfer* MünchKomm BGB[6] § 736 Rn 9.

[14] *Schäfer* MünchKomm BGB[6] § 730 Rn 83.

[15] Vgl Art 3 Nr 29 des G z Neuregelung des Kaufmanns- u Firmenrechts u z Änderung anderer handels- u gesellschaftsrechtlicher Vorschriften (HandelsrechtsreformG) v 22.6.1998 (BGBl I S 1474).

[16] Staub/*Schäfer* HGB[5] § 131 Rn 93.

[17] *Bork/Jacoby* ZGR 2005, 611 (612); Ebenroth/Boujong/Joost/Strohn/*Lorz* HGB[2] § 131 Rn 45; *Schmidt* MünchKomm HGB[3] § 131 Rn 71.

[18] S hierzu ausf *Bork/Jacoby* ZGR 2005, 611 ff; so auch BGH ZIP 2004, 1047 (1048).

[19] *Bork/Jacoby* ZGR 2005, 611 (626 f); *Schmidt* GesR[4] § 11 V 3a aa (S 309), § 44 II 2a (S 1304 f); *ders* MünchKomm HGB[3] § 131 Rn 7.

[20] Koller/Roth/Morck/*Koller* HGB[7] § 131 Rn 23; Staub/*Schäfer* HGB[5] § 131 Rn 89.

[21] Staub/*Schäfer* HGB[5] § 131 Rn 98.

3. Partenreederei und EWIV

Die Insolvenz eines Mitreeders einer Partenreederei führt **gem § 505 II Fall 2 HGB nicht zur Auflösung der Reederei.** Der Mitreeder scheidet vielmehr nur aus der Reederei aus. Diese Regelung ist aber nach § 490 HGB dispositiv, wobei die üblichen Grenzen gelten (Rn 9). Die EWIV bleibt ebenfalls vorbehaltlich einer anderen vertraglichen Regelung gem Art 30 EWIV-VO[22] bestehen. Zum Ausscheiden des Mitglieds im Falle seiner Insolvenz kommt es erst aufgrund von § 8 EWIV-AG[23], wobei eine solche Regelung durch den Verordnungsgeber in Art 28 I EWIV-VO zugelassen wurde. 10

III. Auflösung einer KGaA

Nach § 289 III 1 AktG wird eine KGaA nicht aufgelöst, wenn ein Kommanditaktionär insolvent wird. Entgegen der Rechtslage bei den Personengesellschaften **scheidet der Kommanditaktionär nicht aus der Gesellschaft aus.** Er bleibt vielmehr zunächst Gesellschafter, wobei seine Aktien Bestandteil des Insolvenzvermögens werden und der Insolvenzverwalter über eine Veräußerung zu entscheiden hat.[24] 11

Für die **Insolvenz des persönlich haftenden Gesellschafters** verweist § 289 I AktG auf die Vorschriften des Handelsgesetzbuchs über die Kommanditgesellschaft. Damit ist über die Verweisung in § 161 II HGB der § 131 III 1 Nr 2 HGB anwendbar: Der insolvente Komplementär scheidet aus der Gesellschaft aus und lässt den Bestand der Gesellschaft im Übrigen unberührt. Eine Auflösung der KGaA kann jedoch für diesen Fall im Gesellschaftsvertrag vorgesehen sein, wie § 131 III 1 HGB klarstellt. Zu einer zwingenden Auflösung kommt es dann, wenn der einzige Komplementär der KGaA insolvent wird und die Gesellschaft dann keinen Komplementär mehr hätte.[25] Diese Rechtsfolge und nicht etwa eine Beendigung im Wege der Gesamtrechtsfolge tritt auch dann ein, wenn nur noch ein Kommanditaktionär verbleibt.[26] 12

IV. Ansprüche bei Notgeschäftsführung (S 1)

Die Rechtsfolgen der Auflösung auf die Geschäftsführung ergeben sich nicht nur für die GbR, sondern auch für die anderen Gesellschaften aus dem BGB. Die Anwendbarkeit des BGB folgt für die OHG aus § 105 III HGB, für die KG aus §§ 161 II, 105 III HGB, für die KGaA aus §§ 278 II AktG, 161 II, 105 III HGB, für die Partnerschaftsgesellschaft aus §§ 10 I PartGG, 105 III HGB und die EWIV aus §§ 1 EWIV-AG, 105 III HGB. Auch ohne Verweisungsnorm gilt dies schließlich für die Partenreederei. Mit der Auflösung der Gesellschaft endet die einem Gesellschafter zustehende Geschäftsführungsbefugnis, sofern nicht im Gesellschaftsvertrag eine andere Regelung getroffen wurde (§ 730 II 2 Hs 1 BGB). Sie steht ab diesem Zeitpunkt allen Gesellschaftern gemeinschaftlich zu (§ 730 II 2 Hs 2 BGB). Etwas anderes gilt jedoch gem § 727 II 2 BGB, der aufgrund der Verweisung in § 728 II 2 BGB auch auf den Fall der Auflösung der Gesellschaft infolge 13

---

22 VO (EWG) 2137/85.

23 G z Ausführung der EWG-VO über die Europäische wirtschaftliche Interessenvereinigung v 14.04.1988 (BGBl I S 514).

24 *Mertens/Cahn* Kölner Kommentar AktG² § 289 Rn 45; *Perlitt* MünchKomm AktG³ § 289 Rn 206; **aA** Hopt/Wiedemann/*Assmann/Sethe* AktG⁴ § 289 Rn 147.

25 *Kessler* NZG 2005, 145 (146); *Perlitt* MünchKomm AktG³ § 289 Rn 75, Rn 147.

26 *Kessler* NZG 2005, 145 (146).

der Insolvenz eines Gesellschafters Anwendung findet. Eine vor Auflösung bestehende Geschäftsführungsbefugnis und -pflicht der übrigen Gesellschafter wirkt bei Gefahr in Verzug zunächst fort.[27] Diese **Notgeschäftsführungsbefugnis zur Abwehr von Gefahren für das Gesellschaftsvermögen** besteht solange, bis der Insolvenzverwalter mit den verbleibenden Gesellschaftern anderweitig Fürsorge getroffen hat (§ 727 II 1 BGB).

1. Ansprüche aus der Notgeschäftsführung

14 Ansprüche des notgeschäftsführenden Gesellschafters, die ihre Grundlage im Gesellschaftsverhältnis haben (insbesondere die Aufwendungsersatzansprüche aus §§ 713, 670 BGB)[28], richten sich gegen die Gesellschaft selbst. Ein Anspruch gegen die anderen Gesellschafter und somit auch gegen den insolventen Gesellschafter kann sich nur aufgrund der **Nachschusspflicht aus § 735 S 1 BGB** ergeben. Ein Vorgehen gegen die anderen Gesellschafter wegen ihrer Gesellschafterhaftung (analog) § 128 HGB ist insoweit ausgeschlossen.[29] Eine Nachschusspflicht aus § 735 S 1 BGB setzt voraus, dass bei der Liquidation das Gesellschaftsvermögen nicht zur Begleichung dieser Verbindlichkeiten des (not-)geschäftsführenden Gesellschafters ausreicht. Diese Nachschusspflicht begründet im Grundsatz zwar nur einen Anspruch der Gesellschaft gegen den nachschusspflichtigen Gesellschafter. Wenn es sich allerdings nur um eine Nachschusspflicht zur Begleichung von Ansprüchen eines Gesellschafters selbst handelt und im Übrigen die Abwicklung der Gesellschaft abgeschlossen ist, wird diesem Gesellschafter ein **direkter Anspruch gegen die ausgleichspflichtigen Gesellschafter** zugebilligt.[30]

15 Zusätzlich greift bis zur Endabrechnung ohnehin eine **Durchsetzungssperre.**[31] Im Wege dieser Durchsetzungssperre will der BGH verhindern, dass der Gesellschafter zunächst Zahlung wegen einzelner Ansprüche verlangen kann, in der Endabrechnung das Erlangte wirtschaftlich betrachtet aber (teilweise) wieder zurückzahlen muss, weil ein Saldo zuungunsten des jeweiligen Gesellschafters besteht.[32] Diesen Zweck im Blick lässt der BGH eine Ausnahme nur in dem Fall zu, dass eine solche Rückzahlung ausgeschlossen erscheint, da Ansprüche nach der Endabrechnung mit Sicherheit in Höhe des geltend gemachten Anspruchs gegen den jeweiligen Anspruchsgegner bestehen.[33] Also muss der geschäftsführende Gesellschafter bis zur Endabrechnung warten, um dann einen Nachschussanspruch im Insolvenzverfahren über das Vermögen des Mitgesellschafters geltend machen zu können.

16 Wer den Abschluss eines von dem Gesellschaftsverhältnis zu trennenden Dienstvertrags mit dem Geschäftsführer für zulässig hält,[34] muss die daraus folgenden Ansprüche des geschäftsführenden Gesellschafters als **Drittgläubigeransprüche** einordnen. Der ge-

---

[27] Dies gilt nicht für eine Pflicht, die den insolventen Gesellschafter getroffen hat, im Hinblick auf den Insolvenzverwalter; wie hier *Schäfer* MünchKomm BGB[6] § 728 Rn 39; letztlich offen gelassen Kübler/Prütting/Bork/*Tintelnot* InsO[32] § 118 Rn 13.

[28] *Schäfer* MünchKomm BGB[6] § 730 Rn 52.

[29] BGHZ 37, 299 (301); BGH ZIP 1989, 852; Heymann/*Emmerich* HGB § 128 Rn 14; *Schäfer* MünchKomm BGB[6] § 713 Rn 15, § 714 Rn 39.

[30] OLG Köln NZG 1999, 152 (153); Palandt/*Sprau* BGB[72] § 735 Rn 2; *Schäfer* MünchKomm BGB[6] § 735 Rn 6.

[31] Zuletzt BGH ZIP 2008, 24 Rn 14; 2006, 994 Rn 18 ff; vgl auch BGHZ 37, 299 (304); BGH NJW 1968, 2005 f; 1984, 1455 (1456); 1985, 1898.

[32] BGHZ 37, 299 (305); BGH NJW-RR 1988, 1249; ZIP 2006, 994 Rn 20.

[33] BGHZ 37, 299 (305); BGH NJW-RR 1988, 1249; NJW-RR 1991, 1049; ZIP 1993, 919 (920).

[34] Dafür ganz ausdr *Rawert* MünchKomm HGB[3] § 114 Rn 79; Schlegelberger/*Martens* HGB[5] § 114 Rn 24; s auch BGH WM 1963, 459 (460); Bamberger/Roth/*Schöne* BGB[3] § 709 Rn 14; Erman/*Westermann* BGB[13]

schäftsführende Gesellschafter steht der Gesellschaft mit seinem Anspruch dann wie ein Dritter gegenüber, womit er seinen Anspruch (analog) § 128 HGB auch gegen die anderen Gesellschafter und somit auch gegen den insolventen Gesellschafter geltend machen kann.[35] Für solche Ansprüche besteht nach neuerer Rechtsprechung des BGH in der Liquidation auch **keine Durchsetzungssperre**, da eine Ungleichbehandlung zu anderen Gesellschaftsgläubigern in diesem Fall nicht zu rechtfertigen sei.[36]

Allerdings handelt es sich auch bei diesen Drittgläubigeransprüchen in erster Linie um **17**
Gesellschaftsverbindlichkeiten. Zwar können Dritte, die nicht Gesellschafter sind, auch in diesem Fall sofort die Gesellschafter analog § 128 HGB in Anspruch nehmen, jedoch gilt dies gerade nicht bei Ansprüchen von Gesellschaftern gegen die Gesellschaft. Denn zwischen den einzelnen Gesellschaftern untereinander besteht die **gesellschaftsrechtliche Treuepflicht**, die eine primäre Inanspruchnahme der Gesellschaft durch den anspruchstellenden Gesellschafter gebietet.[37] Nur wenn dies keinen Erfolg verspricht, kann der Gesellschafter seinen Anspruch analog § 128 HGB gegen die anderen Gesellschafter und somit auch den insolventen Gesellschafter geltend machen. Ihre Haftung ist somit nur subsidiär.[38] Umstritten ist bei den Drittgläubigeransprüchen auch, in welcher Höhe der Geschäftsführer gegen den Gesellschafter seiner Wahl vorgehen kann. Da eine Inanspruchnahme der anderen Gesellschafter nur bei einem Ausfall der Gesellschaft möglich ist, haften letztlich alle Gesellschafter – inklusive des anspruchstellenden Gesellschafters – entsprechend ihrer Pflicht zur Tragung dieses Verlustes. Der zahlende Gesellschafter könnte somit auch bei dem geschäftsführenden Gesellschafter Regress nehmen. Um dieses Hin- und Herzahlen zu vermeiden, muss sich der Zahlung verlangende Gesellschafter seinen Verlustanteil anrechnen lassen und dieser kann dann maximal den übrig bleibenden Teil der Forderung geltend machen.[39] Diesen Rest der Forderung kann der Geschäftsführer aber nicht in voller Höhe von jedem haftenden Gesellschafter verlangen. Anders als bei gesellschaftsfremden Gläubigern verbietet auch hier die gesellschaftsrechtliche Treuepflicht, einen Gesellschafter vollständig in Anspruch zu nehmen und diesem dann den Regress mit den anderen Gesellschaftern durchführen zu lassen. Vielmehr besteht nur eine **Haftung pro rata**.[40] Der insolvente Gesellschafter haftet somit nur in der Höhe seines Verlustanteils bzgl eines aufgrund der Geschäftsführung bestehenden Anspruchs.

2. Qualifikation als Masseverbindlichkeit (S 1)

Besteht ein Anspruch nach den aufgezeigten Grundsätzen gegen den insolventen **18**
Gesellschafter, so privilegiert S 1 diesen Anspruch dadurch, dass es sich um eine **Masseforderung** handelt und nicht wie bei sonstigen Ansprüchen aus § 735 S 1 BGB um Insolvenzforderungen. Hintergrund dieser Privilegierung ist, dass durch eine erfolgte Notgeschäftsführung letztlich Risiken für das Gesellschaftsvermögen abgewehrt werden und

§ 709 Rn 14; *Schmidt* GesellschaftsR[4] § 59 III 3a (S 1747 f); **aA** *Schäfer* MünchKomm BGB[6] § 709 Rn 32.

[35] Vgl *Rawert* MünchKomm HGB[3] § 114 Rn 79; allg für Drittgläubigeransprüche *Schäfer* MünchKomm BGB[6] § 714 Rn 39.

[36] BGH ZIP 2006, 994 Rn 20; 2008, 24 Rn 14; **anders** noch BGH WM 1971, 931 f; 1978, 89 (90) m dem Arg des Hin- u Herzahlens.

[37] So ausdr *Schmidt* GesR[4] § 49 I 2b (S 1412 f); *Walter* JuS 1982, 81 (85 f); vgl auch Heymann/*Emmerich* HGB § 128 Rn 16.

[38] BGHZ 37, 299 (303).

[39] BGH ZIP 1983, 51 (54); *Schmidt* GesR[4] § 49 I 2b (S 1412 f); *Schäfer* MünchKomm BGB[6] § 714 Rn 39; m **anderer** Begr aber iE auch *Altmeppen* NJW 2009, 2241 (2244).

[40] Str, wie hier *Ott/Vuia* MünchKomm InsO[3] § 118 Rn 14; *Schmidt* GesR[4] § 49 I 2b (S 1412 f); *Walter* JuS 1982, 81 (86 f): „Vermeidung eines Regress-Karussells"; **aA** Baumbach/Hopt/*Hopt* HGB[35] § 128 Rn 24; ausdr offen gelassen bei RGZ 153, 305 (311).

dadurch der wirtschaftliche Wert der Beteiligung des insolventen Gesellschafters positiv beeinflusst wird und somit die Notgeschäftsführung der Insolvenzmasse zugute kommt (Rn 3).[41] Diese Motivation ist zumindest vor dem Hintergrund fragwürdig, dass S 1 wenn es um Aufwendungsersatz geht – wie aufgezeigt – überhaupt nur dann zur Anwendung kommt, wenn aus der Gesellschaftsbeteiligung kein positiver Mittelabfluss zugunsten des in Anspruch genommenen insolventen Gesellschafters zu erwarten ist und somit nur eine etwaige Nachschusspflicht des insolventen Gesellschafters der Höhe nach begrenzt wird. Ähnlich ist es auch in der Fällen der Drittgläubigeransprüche.

V. Ansprüche bei Unkenntnis der Verfahrenseröffnung (S 2)

19 Unabhängig von einer Notgeschäftsführungsbefugnis bleibt ein vor der Auflösung der Gesellschaft zur Geschäftsführung berufener Gesellschafter gem § 729 S 1 BGB solange zur Geschäftsführung befugt, bis er von der Auflösung Kenntnis erlangt oder die Auflösung kennen muss. Für das Bestehen von Ansprüchen gegen den insolventen Gesellschafter gilt das zur Notgeschäftsführung Gesagte entsprechend. Einzig die insolvenzrechtliche Behandlung dieser Ansprüche ist nach § 118 S 2 Hs 1 eine andere: Die Ansprüche sind **Insolvenzforderungen**. Der geschäftsführende Gesellschafter soll – seinem Kenntnisstand entsprechend – so gestellt werden, als wenn er vor Insolvenzeröffnung gehandelt hätte. Sollten die weitergeführten Geschäfte eilbedürftig gewesen sein, so gilt aber wieder S 1.[42] Auch wenn keine Notgeschäftsführung vorlag, ist der Handelnde als Insolvenzgläubiger nicht automatisch auf die Quote beschränkt, wie sich aus dem Hinweis in S 2 Hs 2 auf § 84 I ergibt.

VI. Geltung des § 84 I (S 2 Hs 2)

20 Unabhängig von § 118 sind in der Insolvenz eines Gesellschafters die im Gesellschaftsverhältnis begründeten Ansprüche der Mitgesellschafter durch ein **Absonderungsrecht** geschützt (§ 84 I). Der geschäftsführende Gesellschafter kann daher wegen der im Gesellschaftsverhältnis begründeten Gegenansprüche, seien sie Massegläubiger- oder Insolvenzgläubigerrechte, bei der Auseinandersetzung abgesonderte Befriedigung verlangen. Der Hinweis auf § 84 Abs 1 bezieht sich damit auch auf Ansprüche nach S 1.

§ 119
Unwirksamkeit abweichender Vereinbarungen

Vereinbarungen, durch die im voraus die Anwendung der §§ 103 bis 118 ausgeschlossen oder beschränkt wird, sind unwirksam.

Gesetzesänderungen: –

Materialien: BT-Drucks 12/2443 S 152 f; RegE § 137; RefE § 127; DiskE § 127.

Vorgängerregelungen: § 53 VglO.

---

[41] Vgl *Marotzke* HK InsO[6] § 118 Rn 7; *Ott/Vuia* MünchKomm InsO[2] § 118 Rn 16; Uhlenbruck/*Hirte* InsO[13] § 118 Rn 8; **krit** *Häsemeyer* InsR[4] Rn 20.76 (Fn 280).

[42] *Marotzke* HK InsO[6] § 118 Rn 9.

Literatur

Abel Filmlizenzen in der Insolvenz des Lizenzgebers und Lizenznehmers NZI 2003, 121; *Adam* § 119 InsO und die Lösungsklauseln für den Fall der Insolvenz DZWIR 2005, 1; *Baldringer* Vertragliche Lösungsklauseln auf den Insolvenzfall DZWIR 2004, 285; *ders* Vertragliche Lösungsklauseln im Spannungsfeld zwischen Insolvenz- und Baurecht NZBau 2005, 183; *Benzler* Das deutsche Nettinggesetz – § 104 Abs. 2, 3 InsO ZInsO 2000, 1; *C Berger* Zur Wirksamkeit von Lösungsklauseln für den Konkursfall ZIP 1994, 173; *Bezani/Wilke* Lösungsmöglichkeiten vom Aufhebungsvertrag in der Insolvenz des Arbeitgebers KSzW 2012, 28; *Blank/Möller* Der praktische Fall – Das Wahlrecht des Insolvenzverwalters in der Warenkreditversicherung – § 103 InsO im Spannungsfeld vertraglicher und gesetzlicher Lösungsklauseln ZInsO 2003, 437; *Bork* Die Doppeltreuhand in der Insolvenz NZI 1999, 337; *Bruns* Das Wahlrecht des Insolvenzverwalters und vertragliche Lösungsrechte ZZP 110 (1997) 305; *Dahl* (Un-)zulässigkeit insolvenzbedingter Lösungsklauseln NJW-Spezial 2008, 373; *Dammann/Lehmkuhl* Unwirksamkeit insolvenzbedingter Lösungsklauseln NJW 2012, 3069; *Fehl* Zur Zulässigkeit eines Sonderkündigungsrechts für den Fall der Insolvenz einer Mietvertragspartei DZWIR 2001, 167; *Fehl* Zur Wirksamkeit von Sonderkündigungsklauseln bei einer Insolvenz des Leasingnehmers in den neuen Bundesländern DZWIR 1999, 295; *G Fischer* Neueste Rechtsprechung zum Spannungsfeld zwischen Vertragsrecht und Insolvenzrecht KTS 2007, 267; *Franke* Spannungsverhältnis InsO und § 8 Nr. 2 VOB/B neu – Ende der Kündigungsmöglichkeit bei Vermögensverfall des Auftragnehmers? BauR 2007, 774; *Freitag* Der Darlehensvertrag in der Insolvenz ZIP 2004, 2368; *Fritsche* Die insolvenzbedingte Kündigung durch den Auftraggeber nach § 8 Nr 2 VOB/B DZWIR 2007, 446; *Fritsche/Kilian* Die Kontrolle der insolvenzbedingten Kündigung nach § 8 Nr 2 VOB/B am Maßstab des allgemeinen Zivil- und des Insolvenzanfechtungsrechts DZWIR 2008, 45; *Gerhardt* Insolvenzrecht und Bürgerliches Gesetzbuch AcP 200 (2000) 427; *Gieseke/Szebrowski* Allgemeine Geschäftsbedingungen – Einseitige Lösungsrechte für den Fall der Insolvenz des Vertragspartners MDR 2003, 121; *Haas* Die Auswirkungen der Insolvenz auf die Teilnahmeberechtigung der Sportvereine am Spiel- und Wettkampfbetrieb NZI 2003, 177; *Häsemeyer* Gegenseitige Verträge im Spannungsfeld zwischen Privatautonomie und Insolvenzrecht FS 50 Jahre BGH (2000) S 725; *Henckel* Zum Verhältnis von KO § 17 zu VOB B § 8 Nr 2 JZ 1986, 297; *M Huber* Grundstrukturen der Abwicklung eines Bauvertrags in der Insolvenz – Teil 1 NZBau 2005, 177; *ders* Unwirksamkeit von insolvenzbedingten Lösungsklauseln – Vertragspraxis, was nun? ZIP 2013, 493; *Jacoby* Zur Bedeutung des § 133 InsO im System der Insolvenzanfechtungsgründe KTS 2009, 3; *Kesseler* Insolvenzfestigkeit der bedingten Abtretung künftiger Ansprüche ZNotP 2006, 94; *v Kiedrowski* Zur Unwirksamkeit der Kündigung nach § 8 Abs 2 Nr 1 VOB/B wegen und in der Insolvenz des Auftraggebers BauR 2013, 1325; *Koenen* Die Kündigung wegen und in der Insolvenz BauR 2011, 352; *Kohte* Zur Zulässigkeit von insolvenzabhängigen Rückübertragungsklauseln bei Schenkungsverträgen KTS 2008, 514; *Linnenbrink* Kündigung wegen Insolvenz des Auftragnehmers nach § 8 Nr. 2 VOB/B NJW-Spezial 2008, 181; *Löffler* Insolvenzabhängige Lösungsklauseln ade? – Auswirkungen der BGH-Rechtsprechung auf Energielieferungs-Rahmenverträge BB 2013, 1283; *Mayer/Fuchs* Public Private Partnerships in der Insolvenz des Auftragnehmers (Teil 1) ZfIR 2005, 529; *Meyer* Das Erbbaurecht in der Insolvenz NZI 2007, 487; *H Mohrbutter/P Mohrbutter* Erfüllungsverlangen des Insolvenzverwalters und Teilbarkeit der Leistung DZWIR 2003, 1; *Obermüller* Kreditkündigung durch Banken angesichts einer Insolvenz- unter Berücksichtigung des Schuldrechtsmodernisierungsgesetzes ZInsO 2002, 97; *ders* Lösungsklauseln im Bankgeschäft ZInsO 2013, 476; *Pape* Insolvenz im Mietrecht NZM 2004, 401; *Paulus* Verbindungslinien zwischen Insolvenzrecht und Privatrecht FS Uhlenbruck (2000) S 33; *Prütting* Vertragsbeendigung durch Insolvenz? FS Gerhardt (2004) S 761; *Raeschke-Kessler/Christopheit* Zur Unwirksamkeit insolvenzabhängiger Lösungsklauseln WM 2013, 1592; *Reul* Erneut: Insolvenzbedingte Lösungsklauseln auf dem Prüfstand DNotZ 2008, 824; *ders* Lösungsklauseln in notariellen Übergabeverträgen DNotZ 2007, 649; *Rosenberger* Vertragsabwicklung im Konkurs des Bauunternehmers BauR 1975, 233; *Schwörer* Lösungsklauseln für den Insolvenzfall (2000); *Seger/Tetzlaff* Aushebelung des Wahlrechts des Insolvenzverwalters durch horizontale Verlängerungsformen des Eigentumsvorbehalts ZInsO 2012, 427; *Smid* Struktur und systematischer Gehalt des deutschen Insolvenzrechts in der Judikatur des IX Zivilsenats des Bundesgerichtshofs (II) DZWIR 2004, 265; *Ströbl/Schumacher* Außerordentliche Kündigung bei Insolvenz des Absatzmittlers BB 2009, 1201; *Thole* Privatautonomie und Insolvenzrecht Jahrbuch Junger Zivilrechtswissenschaftler (2008) S 267; *ders* Vertragsgestaltung im Schatten des Insolvenzrechts – Prolegomena zu einer Systematik der insolvenzbezogenen Verträge KTS 2010, 383; *Timmermanns* Kündigung des VOB-Vertrages bei Insolvenz des Auftragnehmers BauR 2001, 321; *Tintelnot* Vereinbarungen für den Konkursfall (1991); *ders* Die gegenseitigen Verträge im neuen Insolvenzverfahren ZIP 1995, 616; *Treffer* Insolvenzbedingte Lösungsklausel – Zulässigkeit nach § 119 InsO MDR 2000, 1178; *E Wagner/Wexler-Uhlich* Vertriebsmittlerverträge in der Insolvenz – Vertragshändlerverträge BB 2011, 519; *Walker* Zur Zulässigkeit von Insolvenzklauseln in den Satzungen der Sportverbände KTS 2003, 169; *Wallner/Gerster/Weiß* Steuerbarkeit von Sanierungsprozessen trotz Insolvenz ZInsO 2011, 16; *Wälzholz* Rückforderungsrechte an Gesellschaftsanteilen für den Fall von Insolvenz und Zwangsvollstreckung GmbHR 2007, 1319; *Wegener* Untergang des § 8 Nr. 2 Abs. 1 VOB/B? ZInsO 2013, 1105; *v Wilmowsky* Lösungsklauseln für den Insolvenzfall – Wirksamkeit, Anfechtbarkeit, Reform ZIP 2007, 553; *Wöllner* Die Wirksamkeit vertraglicher Lösungsklauseln im Insolvenzfall (2007); *Wortberg* Lösungsklauseln und Insolvenz (2003); *ders* Lösungsklauseln und Insolvenz ZInsO 2003, 1032; *Zeuner* Durchsetzung von Gläubigerinteressen im Insolvenzverfahren NJW 2007, 2952; *Zimmer/Fuchs* Die Bank in Krise und Insolvenz ZGR 2010, 597

Übersicht

Alphabetische Übersicht

I. Einleitung

1. Normzweck

§ 119 schreibt fest, was bereits unter der KO der herrschenden Auffasung entsprach:[1] Die Regelungen über die Einwirkungen der Insolvenz auf gegenseitige Verträge in **§§ 103 ff sind zwingend.** Der Normzweck des § 119 besteht mithin darin, den §§ 103 ff zur Durchsetzung zu verhelfen und ist damit angelehnt an den jeweiligen Zweck dieser Bestimmungen (Vor § 103 Rn 6 ff). Allerdings wird dieser Zweck durch den Masseschutz begrenzt. Soweit §§ 103 ff ausnahmsweise wie insbesondere §§ 106 f darauf abzielen, (Sicherungs-) Rechte des Vertragspartners zu schützen, geht der Wortlaut von § 119 über den mit dieser Bestimmung verfolgten Regelungszweck hinaus (Rn 4, 47). 1

2. Enstehungsgeschichte

Die KO enthielt kein Vorbild für § 119. Eine vergleichbare Regelung fand sich allerdings in § 53 VglO, dass die Wirkungen der Eröffnung des Vergleichsverfahrens auf Verträge nach §§ 50–52 VglO nicht im Voraus ausgeschlossen oder beschränkt werden konnten. § 119 geht auf eine wechselhafte Gesetzgebungsgeschichte zurück. Der DiskE sah in § 127 eine im Vergleich zu § 119 umfassendere Regelung vor. Darüber ging **§ 137 RegE** nochmals hinaus. Nach der Entwurfsbegründung sollte der mit § 119 übereinstimmende Absatz 1 den zwingenden Charakter der Vorschriften über das Wahlrecht und der weiteren Regelungen in §§ 103 ff anordnen. Darauf aufbauend sollte Abs 2 der mittelbaren Umgehung des Wahlrechts vorbeugen. Lösungsklauseln, die an die Zeit vor Verfahrenseröffnung anknüpfen, sollten unwirksam sein. Auf weitergehende Klauseln, nach denen die Lösungsmöglichkeit schon aus der Verschlechterung der Vermögensverhältnisse des Vertragspartners folgt, sollte der Begünstigte sich nach Verfahrenseröffnung nicht mehr berufen können. Abs 3 sollte schließlich klarstellen, dass insolvenzunabhängige Lösungsklauseln, die an Verzug anknüpfen, auch nach Verfahrenseröffnung wirksam bleiben. Die Regelung in Abs 2 wurde damit begründet, dass es dem Vertragspartner auch in der Insolvenz zumutbar sei, an dem Vertrag mit dem Schuldner festzuhalten. Denn er könne den Verwalter durch Aufforderung dazu zwingen, sein Wahlrecht unverzüglich auszuüben, und erhalte im Falle der Erfüllungswahl durch die persönliche Haftung des Verwalters eine Sicherheit dafür, voll aus der Masse befriedigt zu werden.[2] 2

Der Rechtsausschuss strich die Abs 2 u 3. Er begründete die Streichung damit, dass die bloß mittelbare Beeinträchtigung des Wahlrechts einen **Eingriff in die Privatautonomie** in Form des Klauselverbots von Abs 2 nicht rechtfertigen könne. Darüber hinaus sah man die Gefahr, dass eine solche Regelung **sanierungsfeindlich** wirken könnte, da potenzielle Geschäftspartner in der Krise nicht mehr bereit wären, sich ohne Lösungsrecht an den späteren Schuldner zu binden. Außerdem hielt man Lösungsklauseln im internationalen Vergleich für üblich.[3] 3

---

[1] Jaeger/*Henckel* KO[9] § 17 Rn 213.

[2] Begr zu DiskE § 137, BT-Drucks 12/2443 S 152.

[3] BT-RA zu RegE § 137, BT-Drucks 12/7302 S 170.

II. Grundlagen

4 Die Bestimmung erklärt vereinbarte Abweichungen von §§ 103 ff für unwirksam. Sie erfasst damit nur **vertragliche Abreden**. Gesetzliche Abweichungen werden indessen nicht berührt.[4] Subjektive Anforderungen an den Willen der Vertragsschließenden bestehen nicht. Insbesondere kommt es auf eine „Umgehungsabsicht" nicht an.[5] Da § 119 nur auf Masseschutz abzielt (Rn 1), ist bei vertraglichen Abreden, die in abstrakter Betrachtung keine Interessen der Masse (sondern nur die des Vertragspartners) beeinträchtigen, deren Zulässigkeit aufgrund einer teleologischen Reduktion von § 119 zu erwägen (Rn 47).

5 Das Abweichungsverbot bezieht sich auf §§ 103 bis 118. Infolge seines Sinn und Zwecks ist aber auch § 119 über seinen Wortlaut hinaus selbst indisponibel.[6] Angesichts des Verweises auf §§ 103 ff lassen sich allgemeine Aussagen zum **Inhalt** der verbotenen Vereinbarungen kaum treffen. Denn das Verbot lehnt sich inhaltlich an die genannten Bestimmungen an. Ein allgemeines Problem ist freilich, inwieweit nicht nur die Fortführung eines Vertrags §§ 103 ff folgen muss, sondern auch die Vereinbarung einer Lösungsmöglichkeit vom Verbot des § 119 erfasst wird (dazu Rn 8 ff). Sonst stehen ganz überwiegend Einzelfragen in Rede (dazu Rn 39 ff).

6 Die in Bezug genommenen §§ 103–118 enthalten mit **Ausnahme des § 112** ausschließlich Regelungen, die an die Verfahrenseröffnung anknüpfen. Da sich die Bestimmung nur auf Abweichungen „im voraus" bezieht, können nur vor Verfahrenseröffnung getroffene Vereinbarungen unwirksam sein. Absprachen zwischen Insolvenzverwalter und Vertragspartner nach Verfahrenseröffnung sind somit nicht erfasst.[7] Für solche Absprachen ist § 160 zu beachten.

7 Aufgrund des auf das eröffnete Verfahren beschränkten Anwendungsbereichs der §§ 103 ff können Vereinbarungen auch nur insoweit unwirksam sein, als sie sich auf das eröffnete Verfahren beziehen. Eine Ausnahme gilt für Abweichungen von § 112, dessen Kündigungssperre bereits ab Eröffnungsantrag gilt (Rn 44). Der BGH hat entschieden, dass § 119 schon im Eröffnungsverfahren gelten müsse (Rn 14).[8] Demnach sind Vereinbarungen unwirksam, die durch primäre Wirkungen im Eröffnungsverfahren mittelbar verhindern, dass im eröffneten Verfahren §§ 103 ff wirken können. Diese **Vorwirkung** führt insbesondere zur Unwirksamkeit von Lösungsklauseln bereits im Eröffnungsverfahren (vgl Rn 17). Vereinzelt wird diese Auffassung auch im Schrifttum vertreten.[9] Ungeachtet der generellen Position zur Wirksamkeit von Lösungsklauseln weckt diese Auffassung indessen Bedenken. Angesichts des beschränkten zeitlichen Anwendungsbereichs von §§ 103–111, §§ 113–118 kann § 119 vor Verfahrenseröffnung keinerlei Wirkungen entfalten.[10] Dieses Ergebnis wird auch durch § 137 II RegE (Rn 2) gestützt. Lösungsklauseln sollten nach dieser Bestimmung ausweislich insbesondere ihres Satzes 2 ebenfalls allein nach Verfahrenseröffnung keine Wirkung entfalten.

---

[4] *Marotzke* HK InsO[6] § 119 Rn 2.

[5] **AA** jetzt tendenziell BGHZ 195, 348; vgl z Rechtspechung des BGH u Rn 11 ff.

[6] *Huber* MünchKomm InsO[3] § 119 Rn 16; Uhlenbruck/*Sinz* InsO[13] § 119 Rn 1.

[7] *Huber* MünchKomm InsO[3] § 119 Rn 13; Uhlenbruck/*Sinz* InsO[13] § 119 Rn 1.

[8] BGHZ 195, 348 Rn 17 ff.

[9] *Prütting* FS Gerhardt (2004) S 761 (764 f); *Schwörer* Lösungsklauseln Rn 411 ff.

[10] Vgl *Huber* MünchKomm InsO[3] § 119 Rn 22 Fn 16.

III. Lösungsklauseln

Vertragsklauseln, die eine Abstandnahme vom Vertrag ermöglichen, stellen **keine unmittelbare Abweichung von §§ 103 ff** dar. Denn der Vertrag wird nicht auf andere Weise als in §§ 103 ff vorgesehen, sondern gar nicht fortgesetzt. Eine grundlegende Fragestellung zur Reichweite des § 119 ist, ob § 119 auch einer solchen mittelbaren Beeinträchtigung der §§ 103 ff entgegensteht. **8**

1. Begriff

Eine insolvenzwirksame Lösungsklausel ist eine Vereinbarung, die es einer oder mehreren Parteien eines Vertrags erlaubt, im Falle der (materiellen) Insolvenz Abstand von diesem zu nehmen. Dabei sind sowohl auf Tatbestands- als auch auf Rechtsfolgenseite verschiedene Gestaltungen denkbar. **Tatbestandlich** lassen sich Lösungsklauseln in verschiedene Fallgruppen einteilen:[11] Sie können zum einen an ein insolvenzunabhängiges Ereignis anknüpfen. Beispiele dafür sind Verzug, eine Zahlungsverschlechterung, maßgebliche Veränderungen auf Seiten des Insolvenzschuldners wie bei Change of Control-Klauseln (vgl § 225a IV)[12] oder, nach dem Vorbild des § 314 BGB, allgemein ein wichtiger Grund. Zum anderen können sie mit der Insolvenzeröffnung selbst verknüpft sein. Schließlich gibt es Klauseln, die ein anderes insolvenzbedingtes Ereignis als die Verfahrenseröffnung, wie die materielle Insolvenz oder den Eröffnungsantrag voraussetzen. **9**

Auf **Rechtsfolgenseite** kann eine Lösungsklausel entweder eine auflösende Bedingung oder ein Rücktritts- bzw Kündigungsrecht enthalten. Sie kann darüber hinaus bestimmte Abwicklungsregeln, wie die Gewährung von Schadens- oder Wertersatz, vorsehen.[13] **10**

2. Rechtsprechung des BGH

Der BGH hatte sich bisher in nur wenigen Entscheidungen mit der Frage auseinanderzusetzen, ob Lösungsklauseln mit den §§ 103 ff vereinbar sind. Zunächst befasste sich der für das Baurecht zuständige VII. Zivilsenat mit **§ 8 Nr 2 VOB/B aF**. Das dort vorgesehene insolvenzabhängige Kündigungsrecht sei mit dem Wahlrecht aus § 17 KO vereinbar. Hatte der Senat die Wirksamkeit der Regelung in einigen früheren Entscheidungen noch ohne Begründung unterstellt,[14] setzte er sich in einem Urteil aus dem Jahr 1985 erstmals näher mit dem Wirksamkeitsproblem auseinander.[15] Ein jederzeitiges Kündigungsrecht des Bestellers folge schon aus § 649 BGB. Unbedenklich sei auch die über § 649 BGB hinaus gehende Rechtsfolge des § 8 VOB/B, dem Besteller infolge der Kündigung einen Schadensersatzanspruch zu gewähren. Denn der Verwalter müsse die Masse so hinnehmen, wie er sie vorfinde, sofern keine Anfechtungsmöglichkeiten bestünden.[16] Die Geltendmachung des Kündigungsrechts und des Schadensersatzanspruchs verstoße auch nicht gegen Treu und Glauben, da der Konkurs des Unternehmers das dem Vertrag zugrunde liegende Vertrauensverhältnis nachhaltig erschüttere: Dem Verwalter fehle regelmäßig die nötige Sachkunde, Fachpersonal wandere ab, mögliche Mängelansprüche könnten gegebenenfalls nicht mehr geltend gemacht werden. Die Kündigung sei daher legitim.[17] **11**

---

[11] Vgl *Thole* Jahrbuch Junger Zivilrechtswissenschaftler (2008) S 267 (269 f).

[12] BT-Drucks 17/5712 S 69.

[13] Vgl *Schwörer* Lösungsklauseln Rn 32 ff.

[14] BGHZ 68, 379 (381); BGH WM 1963, 964 (965); 1971, 1474.

[15] BGHZ 96, 34 m **abl** Anm *Henckel* JZ 1986, 297; *Kilger* EWiR 1986, 87.

[16] BGHZ 96, 34 (37).

[17] BGHZ 96, 34 (38).

12 Im sogenannten **„Breitbandverteilanlage-Fall"** fand dann auch der mit dem Konkursrecht befasste IX. Zivilsenat Gelegenheit, zur Wirksamkeit von Lösungsklauseln Stellung zu nehmen.[18] Er beschäftigte sich dort mit der Anfechtbarkeit einer Lösungsklausel und prüfte deren Wirksamkeit im Rahmen der Gläubigerbenachteiligung, die bei Nichtigkeit der Lösungsklausel entfallen wäre. Der Senat stellte fest, dass nach damals geltendem Recht – anders als nach dem damals noch geplanten § 137 II RegE-InsO (Rn 2) – keine Einwände gegen die Wirksamkeit einer solchen Klausel bestanden. § 161 I 2 BGB mache eine solche Klausel ebenfalls nicht unwirksam. Diese Bestimmung enthalte keinen allgemeinen Rechtsgedanken, demzufolge konkursbezogene Bedingungen grundsätzlich unwirksam seien, wenn sie nicht wirtschaftlich neutral sind. Schließlich verstießen Lösungsklauseln auch nicht gegen die guten Sitten.[19]

13 In jüngeren Entscheidungen hatte der BGH sich **zu allgemeinen Lösungsklauseln** zu äußern, die ein Lösungsrecht zwar auch in der Insolvenz gewähren können, die aber nicht unmittelbar mit einem Insolvenzereignis verknüpft sind.[20] Diese Klauseln hält er für wirksam. Abseits des § 119 hat der BGH auf die Anfechtbarkeit von Lösungsklauseln hingewiesen. Insoweit sei unter der InsO an der hergebrachten Rechtsprechung festzuhalten.[21] In der Literatur wurden unterschiedliche Schlüsse aus dieser Rechtsprechung gezogen. Während einige darin ein Bekenntnis des BGH zur Wirksamkeit von Lösungsklauseln sahen,[22] meinten andere, der BGH hätte sich in der Frage noch nicht festgelegt.[23]

14 Inzwischen hat der BGH seine Auffassung in dieser Frage weiterentwickelt. Lösungsklauseln stellten einen **Verstoß gegen § 119** dar, wenn sie an ein **insolvenzbedingtes Ereignis** anknüpfen und nicht einer gesetzlich ohnehin vorgesehenen Lösungsmöglichkeit entsprechen.[24] Dem Urteil lag eine Klausel in einem Energielieferungsvertrag zugrunde, die ein automatisches Vertragsende für den Fall vorsah, dass der Kunde einen Insolvenzantrag stellt oder „infolge eines Gläubigerantrags das vorläufige Insolvenzverfahren eröffnet oder eingeleitet wird". Der BGH begründet seine Auffassung im Wesentlichen damit, dass eine solche Klausel den Zweck des § 103 vereitele, die Masse zu schützen und eine gleichmäßige Befriedigung der Gläubigergesamtheit zu gewährleisten. Um den Schutz des § 119 nicht leerlaufen zu lassen, sei außerdem davon auszugehen, dass die Regelung eine Vorwirkung auf den Zeitpunkt der zulässigen Antragstellung bewirke.[25] § 119 erfasse somit auch Klauseln, die an insolvenzabhängige Umstände anknüpfen, die vor Verfahrenseröffnung liegen.

15 Zusammenfassend lässt sich damit feststellen, dass der BGH insolvenzabhänigige Lösungsklauseln im weitesten Sinne als mit § 119 unvereinbar ansieht, sofern die gleiche Folge nicht auch kraft einer gesetzlichen Regelung erreicht werden kann. Anderes gilt wohl grundsätzlich für Klauseln, die an ein insolvenzunabhängiges Ereignis anknüpfen.[26] Der BGH legt dem § 119 damit offenbar ein subjektives Element zugrunde, das den Schutz des § 119 von der Zielrichtung der Parteivereinbarung abhängig macht.

---

18 BGHZ 124, 76.

19 BGHZ 124, 76 (79).

20 BGHZ 155, 87 (95); BGH ZIP 2006, 87 Rn 26.

21 BGHZ 170, 206 Rn 14 f.

22 *Bosch* Kölner Schrift² S 1009 Rn 94; *Reul* DNotZ 2008, 824 (827).

23 *Baldringer* DZWIR 2004, 285 (287); *Berger* Kölner Schrift³ S 325 Rn 29 f.

24 BGHZ 195, 348 Rn 13; zust *Wegener* ZInsO 2013, 1105 (1106); **krit dag** *Huber* ZIP 2013, 493 (495 ff); *Obermüller* ZInsO 2013, 476 (480 f).

25 BGHZ 195, 348 Rn 17 ff.

26 Vgl zu demnach m § 119 InsO weiterhin vereinbaren Lösungsklauseln im Bankgeschäft *Obermüller* ZInsO 2013, 476 (478 ff).

3. Meinungsstand in der Literatur

In der Literatur wird bei der Frage nach der Wirksamkeit von Lösungsklauseln zwischen verschiedenen Gestaltungen unterschieden. Es besteht weitgehende Einigkeit darüber, dass Klauseln, die nicht an ein Insolvenzereignis anknüpfen, sondern beispielsweise an den Verzug oder die Vermögensverschlechterung, nicht gegen § 119 verstoßen und auch nach Verfahrenseröffnung noch ausgeübt werden können.[27] Das sah § 137 III RegE-InsO noch ausdrücklich vor (Rn 2), wurde durch den Rechtsausschuss aber wegen der Selbstverständlichkeit dieser Aussage zwecks Kürzung des Entwurfs gestrichen.[28] Der wohl überwiegende Teil des Schrifttums hält indessen insolvenzabhängige Lösungsklauseln für unwirksam.[29] Einige Stimmen wollen Einzelfallausnahmen von der Unwirksamkeit allerdings zulassen, sofern das Festhalten am Vertrag dem anderen Teil nicht zumutbar ist.[30] Es gibt aber auch eine starke Gegenauffassung, nach der Lösungsklauseln nicht gegen § 119 verstoßen.[31] **16**

Die **Terminologie** ist freilich **nicht immer einheitlich**. Einerseits werden unter den Begriff der insolvenzabhängigen Lösungsklauseln weiterreichende Vereinbarungen gefasst, die auch Insolvenzereignisse wie materielle Insolvenz oder Stellung des Verfahrensantrags genügen lassen.[32] Andererseits werden nur eröffnungsabhängige Vereinbarungen als insolvenzbedingte Lösungsklauseln verstanden.[33] Soweit weiterreichende Lösungsklauseln für mit § 119 unvereinbar gehalten werden, bleibt allerdings vielfach die Auswirkung dieser Aussage unklar.[34] Die Klauseln könnten umfassend unwirksam sein, so dass eine Lösung auch schon vor Verfahrenseröffnung unmöglich wäre. Die Unwirksamkeit könnte aber auch auf das eröffnete Verfahren beschränkt sein. Dann wäre unwirksam nur eine erst nach Verfahrenseröffnung abgebene Gestaltungserklärung, mit der die **17**

---

27 *Huber* MünchKomm InsO³ § 119 Rn 19; *Marotzke* HK InsO⁶ § 119 Rn 2.

28 BT-RA zu RegE § 137, BT-Drucks 12/7302 S 170.

29 *Abel* NZI 2003, 121 (128); *Baldringer* NZBau 2005, 183 (186, 190); *Berger* ZIP 1994, 173 (181 ff); *ders* Kölner Schrift³ S 325 Rn 23 ff; *Blank/Möller* ZInsO 2003, 437 (443 ff); *Dahl* NJW-Spezial 2008, 373 (374); *Gerhardt* AcP 200 (2000) 427 (442 f); *Häsemeyer* 50 Jahre Bundesgerichtshof 725 (741); Jaeger/*Henckel* KO⁹ § 17 Rn 214; Kübler/Prütting/Bork/*Tintelnot* InsO¹ § 119 Rn 15 ff; *Marotzke* HK InsO⁶ § 119 Rn 4; *Pape* Kölner Schrift² 531 Rn 63; *Paulus* FS Gerhardt (2004) S 33 (46); *Prütting* FS Gerhardt (2004) S 761 (764 ff); *Rosenberger* BauR 1975, 233 (236 f); *Schwörer* Lösungsklauseln Rn 315 ff; **diff** *Gieseke/Szebrowski* MDR 2003, 121 (122 ff), die eröffnungsabhängige Klauseln für unwirksam, sonstige insolvenzabhängige Klauseln dag für m § 119 vereinbar halten.

30 *Berger* ZIP 1994, 173 (183 f); *ders* Kölner Schrift³ S 325 Rn 27 f; *Gerhardt* AcP 200 (2000) 427 (443); Jaeger/*Henckel* KO⁹ § 17 Rn 214.

31 *Adam* DZWIR 2005, 1 (3 ff); *Bosch* Kölner Schrift² S 1009 Rn 95; *Bruns* ZZP 110 (1997) 305 (320 ff); *Heckschen* Kölner Schrift³ S 1825 Rn 48; *Huber* NZBau 2005, 177 (181 f); *ders* MünchKomm InsO³ § 119 Rn 39 f; *ders* InsR-Hb⁴ § 35 Rn 13; *Obermüller* ZInsO 2002, 97 (102); *Reul* DNotZ 2007, 649 (654 f); *ders* DNotZ 2008, 824 (827); Schmidt/*Ringstmeier* InsO¹⁸ § 119 Rn 13; *Thole* Jahrbuch Junger Zivilrechtswissenschaftler (2008) S 267 (280 ff); *ders* KTS 2010, 383 (392 ff); *Timmermanns* BauR 2001, 321 (322 f); *v Wilmowsky* ZIP 2007, 553 (554 f); *Wöllner* Lösungsklauseln im Insolvenzfall S 96 ff; *Wortberg* Lösungsklauseln und Insolvenz S 150; *ders* ZInsO 2003, 1032; speziell zu Lösungsklauseln in Vertriebsmittlerverträgen *Wagner/Wexler-Uhlich* BB 2011, 519 (520 ff).

32 *Abel* NZI 2003, 121 (128); *Berger* Kölner Schrift³ S 325 Rn 1.

33 *Marotzke* HK InsO⁶ § 119 Rn 3.

34 Vgl *Thole* Jahrbuch Junger Zivilrechtswissenschaftler (2008) S 267 (280 ff).

Lösung herbeigeführt werden soll. Jedoch ist § 119 ganz allgemein erst ab Verfahrenseröffnung anwendbar (Rn 7).[35] Auch lässt sich der Anwendungsbereich des § 112 nicht kraft Analogie wesentlich erweitern (§ 112 Rn 15 ff). Daher liegt es nahe, § 119 allenfalls als **Ausübungssperre ab Verfahrenseröffnung** zu verstehen. Vorher ist noch unklar, ob es überhaupt und ggf wann es zur Verfahrenseröffnung kommt.[36]

18 a) **Auslegung des § 119.** Die vorgebrachten Argumente beziehen sich zunächst auf die Auslegung von § 119. Wer Lösungsklauseln für unwirksam hält, beruft sich auf den weit gefassten **Wortlaut** des § 119, der nicht zwischen mittelbaren und unmittelbaren Beeinträchtigungen differenziere. Deshalb seien auch bloß mittelbar wirkende Gestaltungen erfasst.[37] Die Anhänger der Gegenmeinung wenden ein, dass der Wortlaut ebensogut eng ausgelegt werden könne und ohnehin nur im Zusammenhang mit der Gesetzgebungsgeschichte zu lesen sei.[38]

19 Aus der **historischen Auslegung** des § 119 ergibt sich eines der wesentlichen Argumente derjenigen, die von der Zulässigkeit von Lösungsklauseln ausgehen. Durch die Streichung des § 137 II RegE-InsO (Rn 3) habe der Rechtsausschuss ausdrücklich vom Verbot der Lösungsklauseln Abstand genommen. Durch Übernahme der Streichung habe der Bundestag sich dessen Willen zu Eigen gemacht.[39] Die Vertreter der Gegenauffassung setzen dem entgegen, dass von der Begründung des Rechtsausschusses nicht auf den Willen des Gesetzgebers geschlossen werden dürfe, da sich dieser nicht hinreichend manifestiert habe.[40] Im Übrigen sei die Begründung des Rechtsausschusses unzutreffend.[41]

20 Gegen die Unwirksamkeit von Lösungsklauseln wird ferner der **systematische Zusammenhang** zu § 112 angeführt. Diese Bestimmung sieht für bestimmte Mietverträge eine umfassende Kündigungssperre vor. Dieser Regelung hätte es nicht bedurft, wären Lösungsklauseln schon nach § 119 unwirksam.[42] Die Vertreter der Gegenauffassung sehen gerade in der Regelung des § 112 einen Widerspruch zu einer engen Auslegung des § 119, da dessen Schutzzweck durch die Anerkennung von Lösungsklauseln offensichtlich ausgehebelt werden würde.[43]

21 Lösungsklauseln seien insbesondere mit dem **Normzweck** des § 103 unvereinbar, da sie das Verwalterwahlrecht aushöhlten[44] und Sanierungschancen minderten, die der Gesetzgeber durch die InsO gerade verbessern wollte.[45] Der Behauptung der Aushöhlung wird dahingehend widersprochen, dass § 103 nur die Vermögensverwertung und -verteilung regele, nicht aber den Anspruchsinhalt.[46] Diesen habe der Insolvenzverwalter so hinzunehmen wie er ihn vorfinde. Das werde insbesondere durch den Wortlaut des § 103 („anstelle des Schuldners") belegt.[47] Dem Sanierungsargument wird entgegen-

---

[35] **AA** ausdr nur *Prütting* FS Gerhardt (2004) S 761 (764 f); *Schwörer* Lösungsklauseln Rn 411 ff.

[36] So auch *Baldringer* NZBau 2005, 183 (185 f); **aA** *Thole* Jahrbuch Junger Zivilrechtswissenschaftler (2008) S 267 (282), der meint, dass die Ungewissheit über die Verfahrenseröffnung für die Wirksamkeit nicht entscheidend sein könne.

[37] Kübler/Prütting/Bork/*Tintelnot* InsO[1] § 119 Rn 23; *Pape* Kölner Schrift[2] S 531 Rn 63.

[38] *Thole* Jahrbuch Junger Zivilrechtswissenschaftler (2008) S 267 (283).

[39] Schmidt/*Ringstmeier* InsO[18] § 119 Rn 13.

[40] *Berger* Kölner Schrift[3] S 325 Rn 18; Kübler/Prütting/Bork/*Tintelnot* § 119 Rn 18.

[41] *Marotzke* HK InsO[6] § 119 Rn 4.

[42] *v Wilmowsky* ZIP 2007, 553 (554).

[43] *Pape* Kölner Schrift[2] S 531 Rn 60, 62.

[44] *Berger* Kölner Schrift[2] S 325 Rn 24 f; Kübler/Prütting/Bork/*Tintelnot* InsO[1] § 119 Rn 16; *Schwörer* Lösungsklasueln Rn 200.

[45] *Blank/Möller* ZInsO 2003, 437 (444); *Dahl* NJW-Spezial 2008, 373 (374).

[46] *Thole* Jahrbuch Junger Zivirechtswissenschaftler (2008) S 267 (290); *v Wilmowsky* ZIP 2007, 553 (554).

[47] *Wöllner* Lösungsklauseln im Insolvenzfall S 126 f.

gehalten, dass die Sanierung selbst nicht Zweck des Wahlrechts sei, sondern nur ein Weg, um die gemeinschaftliche Befriedigung der Gläubiger als Primärziel der InsO zu erreichen.[48]

b) **Über § 119 hinausgehende Argumente.** Zum Teil wird die Unzulässigkeit von Lösungsklauseln auch auf über § 119 hinausgehende Argumente gestützt. So wird gegen die Wirksamkeit von Lösungsklauseln vorgebracht, dass sie mit dem **Grundsatz der Gläubigergleichbehandlung** unvereinbar seien. Einzelne Gläubiger verschafften sich so nämlich eine bessere Position als die Gläubigergesamtheit.[49] Dem wird allerdings entgegengehalten, dass der Gleichbehandlungsgrundsatz grundsätzlich erst mit Verfahrenseröffnung wirke und nur insoweit Vorwirkungen erzeugen könne, als die Anfechtungstatbestände einschlägig seien.[50] Lösunsgsklauseln seien außerdem mit Kreditsicherheiten vergleichbar, die ebenfalls eine Besserstellung bestimmter Gläubiger bewirkten.[51] 22

Schließlich wird gegen Lösungsklauseln vorgebracht, dass ihnen Vollstreckungsrecht und BGB entgegenständen. *Marotzke* ist der Ansicht, **§ 851 II ZPO** sei der Rechtsgedanke zu entnehmen, dass die Begründung eines Rechts nicht durch die Vollstreckung auflösend bedingt werden könne und möchte dieses Ergebnis auf die Behandlung von Lösungsklauseln übertragen.[52] Dagegen wendet *Huber* ein, § 851 II ZPO regele nicht den Fall, dass ein Recht durch die Vollstreckung auflösend bedingt werde. Diese Bestimmung setze vielmehr das Bestehen des Rechts im Zeitpunkt der Vollstreckung gerade voraus.[53] *Tintelnot* will ähnlich der Auffassung *Marotzkes* aus § 161 I 2 BGB folgern, dass Bedingungen auf den Insolvenzfall grundsätzlich ausgeschlossen seien, soweit sie nicht für beide Vertragsparteien wirtschaftlich neutral seien.[54] 23

4. Stellungnahme

Eine Stellungnahme zur Zulässigkeit von Lösungsklauseln muss über § 119 hinausgehen und zwischen verschiedenen Einwänden gegen Lösungsklauseln unterscheiden. 24

a) **Kein Verstoß gegen § 119.** § 119 steht Lösungsklauseln nicht allgemein entgegen, sondern nur, wenn § 112 als einzelne Vorschrift aus §§ 103 ff selbst Lösungsklauseln verbietet (dazu Rn 44). Für dieses Ergebnis streitet schon der Wortlaut. Zwar unterscheidet § 119 nicht ausdrücklich zwischen unmittelbaren und mittelbaren Beeinträchtigungen. Eine Einbeziehung auch mittelbarer Beeinträchtigungen ginge aber erheblich über den vom Gesetzgeber mit § 119 beabsichtigten Regelungsbereich hinaus. Bei Einbeziehung mittelbarer Beeinträchtigungen fehlte angesichts des Wortlauts eine Rechtfertigung, zwischen insolvenzabhängigen und -unabhängigen Lösungsklauseln zu unterscheiden. Alle vertraglichen Lösungsrechte wären unwirksam, die in der Insolvenz Wirkung entfalten. Denn der **Wortlaut des § 119 erfordert kein besonderes subjektives Element** im Sinne einer Umgehungsabsicht (Rn 4). Wie in vergleichbaren Fällen des § 134 BGB kann es daher für die Tatbestandsmäßigkeit einer Beeinträchtigung nur auf die objektive Wirkung einer Vereinbarung ankommen.[55] Diese Wirkung unterscheidet sich aber nicht danach, ob ein Lösungsrecht explizit an die Insolvenz anknüpft oder nur unter 25

---

48 *Wortberg* ZInsO 2003, 1032 (1034).

49 *Häsemeyer* 50 Jahre Bundesgerichtshof S 725 (741).

50 *Thole* Jahrbuch Junger Zivilrechtswissenschaftler (2008) S 267 (290 f).

51 *Thole* Jahrbuch Junger Zivilrechtswissenschaftler (2008) S 267 (292 ff).

52 *Marotzke* HK InsO[6] § 119 Rn 4; vgl auch *dens* Gegenseitige Verträge[3] Rn 4.13.

53 *Huber* MünchKomm InsO[2] § 119 Rn 40.

54 *Tintelnot* Konkursfall S 40 f, 46 ff, 116 ff.

55 Vgl *Armbrüster* MünchKomm BGB[6] § 134 Rn 16; Staudinger/*Sack/Seibl* BGB[2011] § 134 Rn 145.

anderem in der Insolvenz einschlägig sein kann. Jedoch entspricht es dem Willen des Gesetzgebers – und der ihm folgenden herrschenden Meinung –[56], dass insolvenzunabhängige Lösungsrechte auch in der Insolvenz Bestand haben.[57] Daraus lässt sich der Schluss ziehen, dass der Wortlaut des § 119 Lösungsrechte sämtlich nicht erfasst.

26 Dieses Ergebnis bestätigt nicht nur die Gesetzgebungsgeschichte, sondern auch ein vergleichender Blick auf den Wortlaut des im Rahmen des BankenrestrukturierungsG geschaffenen **§ 13 KredReorgG**. Diese Bestimmung verbietet die Kündigung von Schuldverhältnissen mit Kreditinstituten im Reorganisationsverfahren und davon abweichende Vereinbarungen durch eine ausdrückliche Anordnung. Mittlerweile wendet sich auch **§ 225a IV 3** ausdrücklich gegen Lösungsmöglichkeiten, die auf Planmaßnahmen gegen Anteilseigner, namentlich gegen Change of Control-Klauseln richtet. In diesem Zusammenhang bestätigt auch eine Gegenäußerung der Bundesregierung zum Vorschlag des Bundesrats, Change of Control-Klauseln im Planverfahren für unwirksam zu erklären, die hier vertretene Sichtweise. In der Gegenäußerung wird festgestellt, dass jedes Insolvenzverfahren durch § 80 zu einem Kontrollverlust beim Schuldner führt. Typische Change of Control-Klauseln seien bereits deshalb tatbestandsmäßig einschlägig. Wollte man hieran etwas ändern, müsste man nach Ansicht der Bundesregierung § 119 ändern. Mit anderen Worten sieht die Bundesregierung solche Klauseln, die eine insolvenzbedingte Lösung erlauben, nicht von § 119 in seiner geltenden Form erfasst.[58]

27 Nur dieses Ergebnis entspricht dem wohl verstandenen Sinn und Zweck des § 119. §§ 103 ff und mit ihnen § 119 (Rn 1) bezwecken zwar neben dem Schutz des Vertragspartners insbesondere die **Massemehrung**. Der Massemehrung können insbesondere wirtschaftlich sinnvolle Verträge dienen, die nach Erfüllungswahl gem § 103 oder wegen § 108 fortgelten (§ 103 Rn 8 ff). Inwieweit ein Vertrag für die Masse vorteilhaft ist, richtet sich aber nach dessen Inhalt, hängt also auch davon ab, ob der Vertragspartner sich bestimmte Lösungsrechte vorbehalten hat. Auf den Inhalt der Vereinbarung nehmen §§ 103, 108 indes keinen Einfluss. Sie regeln lediglich die **Verwertung der vorhandenen Verträge.**[59] Das entspricht der Hauptaufgabe des Insolvenzverfahrens, die Durchsetzung vorhandener Rechtspositionen iSd Gläubigergesamtheit zu ermöglichen. Das Verfahren kann nicht gewährleisten, Rechtspositionen inhaltlich im Sinne der Masse abzuändern.[60] Eine Ausnahme von diesem Grundsatz gilt nur, wenn und soweit die Insolvenzanfechtung greift.

28 Diese Beurteilung der Lösungsklauseln entspricht der von **Sicherheiten**. Auch Sicherheiten bevorzugen einen Gläubiger, den Sicherungsnehmer, im Verhältnis zu einfachen Insolvenzgläubigern. Dennoch müssen sich entsprechende Vereinbarungen nur am allgemeinen Zivilrecht und am Insolvenzanfechtungsrecht messen lassen. Sicherheiten und Lösungsklauseln ist es nicht nur gemein, dass sich ein Gläubiger auf Kosten der Gläubigergesamtheit einen Vorteil für den Insolvenzfall verschafft. Beide erzeugen auch vor-

---

[56] Vgl nur *Huber* MünchKomm InsO³ § 119 Rn 19 mwN.

[57] BT-RA zu RegE § 137, BT-Drucks 12/7302 S 170.

[58] Dass der Gesetzgeber sich dennoch für die Einf des § 225a IV 3 entschieden hat, sollte nicht als Widerspruch zu der Auffassung der Bundesregierung missverstanden werden. Die Regelung betrifft Kündigungsmöglichkeiten aufgrund v Veränderungen in der Beteiligungsstruktur, die für die §§ 103 ff im Gegensatz zu Klauseln, die an Änderungen in der Geschäftsleitung ankübpfen, eine geringe, für den durch § 225a II 1 im Planverfahren ermöglichten „dept-equity-swap" dag eine sehr große Bedeutung haben; vgl dazu BT-Drucks 17/7511 S 36.

[59] *V Wilmowsky* ZIP 2007, 553 (555).

[60] *Eidenmüller* Unternehmenssanierung zwischen Markt und Gesetz (1999) S 24.

insolvenzlich entscheidende Wirkungen.[61] Das gilt für Lösungsklauseln beispielsweise, weil sie im Vertrag eingepreist werden. Daher ist es gerechtfertigt, die Wirksamkeit von Lösungsklauseln mit den gleichen Instrumenten zu beurteilen wie Sicherheiten.[62]

Die vorstehenden Argumente lassen sich auch nicht unter Hinweis auf die **„Sanierungsfeindlichkeit von Lösungsklauseln"**[63] entkräften. Sanierungschancen würden nur dann entscheidend vergrößert, wenn eine Vertragslösung infolge der Insolvenz nicht nur nach Eröffnung, sondern auch davor und zwar nicht nur aufgrund insolvenzabhängiger, sondern auch aufgrund insolvenzunabhängiger Lösungsklauseln gesperrt werden würde. Ob in diesem Umfange Sanierungen unterstützt werden sollen, muss der Gesetzgeber abwägen. Mit der Insolvenzordnung wollte er entsprechende Erleichterungen aber nicht schaffen.[64] Bei der rechtspolitischen Entscheidung hat der Gesetzgeber gegen das Sanierungshemmnis im Verfahren auf der einen Seite, auf der anderen abzuwägen, dass die Zulassung von Lösungsklauseln die vorinsolvenzliche freie Sanierung vielfach erleichtert. Denn gegen Gefahren einer konkret drohenden Insolvenz können sich Vertragspartner vorbehaltlich §§ 133, 143 sichern. Das mag es ihnen erleichtern, an Sanierungsversuchen mitzuwirken. Auch hier zeigt sich wieder die Parallele von Lösungsklauseln und Sicherheiten. **29**

b) **Zivilrechtliche Schranken.** Neben § 119 gelten die Vorgaben des allgemeinen Zivilrechts. Grundsätzlich sind Lösungsklauseln **nicht sittenwidrig im Sinne von § 138 I BGB.** Der Gläubiger kann ein nachvollziehbares Interesse daran haben, sich im Insolvenzfall von einem Vertragspartner lösen zu wollen,[65] insbesondere um sich gegen die Ungewissheit während der Schwebephase zwischen Verfahrenseröffnung und Wahlrechtsausübung abzusichern. Denn diese Phase kann, auch wenn der Insolvenzverwalter sein Wahlrecht unverzüglich auszuüben hat, eine erhebliche Dauer in Anspruch nehmen (§ 103 Rn 207 ff), schon weil die Entscheidung über die Fortführung des schuldnerischen Unternehmens abzuwarten sein kann. Im Übrigen ist zu beachten, dass die Schwelle für die aus gläubigerschützenden Gesichtspunkten heraus begründete Sittenwidrigkeit neben § 133 hoch anzusiedeln ist, um dessen Voraussetzungen nicht zu unterlaufen.[66] **30**

§ 308 Nr 3 BGB erklärt im Rechtsverkehr zwischen Unternehmer und Verbraucher eine Klausel für unwirksam, die es dem Verwender ermöglicht, sich ohne **sachliche Rechtfertigung** oder ohne Angabe eines Grundes vom Vertrag zu lösen. In der Literatur ist umstritten, ob eine insolvenzabhängige Lösungsklausel insoweit eine hinreichende sachliche Rechtfertigung enthält.[67] Die Anforderungen, die die Rechtsprechung an eine sachliche Rechtfertigung stellt, sind nicht eindeutig. Einerseits weist der BGH darauf hin, dass ein durch die Kreditunwürdigkeit des Verwendungsgegners bedingtes Lösungsrecht unwirksam ist, wenn es zu stark von § 321 BGB abweicht.[68] Andererseits lässt der BGH ein „anerkennenswertes Interesse" des Klauselverwenders genügen, um eine Lösung vom Vertrag zu rechtfertigen.[69] Ein solches anerkennenswertes Interesse besteht nach dem **31**

---

[61] *Eidenmüller* Unternehmenssanierung zwischen Markt und Gesetz (1999) S 25.

[62] Dazu ausf *Thole* Jahrbuch Junger Zivilrechtswissenschaftler (2008) S 267 (291 ff).

[63] Dazu *Blank/Möller* ZInsO 2003, 437 (444); *Dahl* NJW-Spezial 2008, 373 (374).

[64] **Anders** jetzt freilich das ESUG für einen Sonderfall in § 225a IV 3.

[65] Vgl zu den wirtschaftlichen Motiven für Lösungsklauseln ausf *Thole* Jahrbuch Junger Zivilrechtswissenschaftler (2008) S 267 (271 f); *Wöllner* Lösungsklauseln im Insolvenzfall S 42 ff.

[66] Vgl *Kirchhof* MünchKomm InsO^3 Vor §§ 129–147 Rn 77.

[67] Für eine sachliche Rechtfertigung *Huber* MünchKomm InsO^3 § 119 Rn 48 f; **dag** *Schwörer* Lösungsklauseln Rn 574 ff.

[68] BGHZ 112, 279 (286); BGH NJW 1985, 1220 (1221).

[69] BGHZ 99, 182 (193).

oben Rn 25 ff Gesagten insbesondere im Hinblick auf den Schutz des Vertragspartners vor der Unsicherheit über die Wahlrechtsausübung. Der Schutz der §§ 320, 321 BGB ist demgegenüber nicht hinreichend.[70] Nach der neuerlichen Positionierung des BGH dürfte dieser ein „anerkennenswertes Interesse" für eine insolvenzabhängige Lösungsklausel grundsätzlich nicht anerkennen.[71] Allerdings gilt § 308 Nr 3 BGB nach dessen Hs 2 nicht für Dauerschuldverhältnisse, zu denen auch Sukzessivlieferungsverträge gezählt werden.[72]

32 Lösungsklauseln verstoßen jedenfalls auch nicht ganz allgemein gegen **§ 307 I BGB**. Denn wie gezeigt, weichen sie nicht von wesentlichen Grundgedanken des Gesetzes iSv § 307 II Nr 1 ab und entsprechen grundsätzlich nachvollziehbaren wirtschaftlichen Interessen. Auch insoweit dürfte der BGH nun freilich anderer Auffassung sein.[73] Einzelne Ausformungen einer Lösungsklausel können allerdings gegen § 307 I BGB verstoßen. Das gilt beispielsweise für die Kündigungsmöglichkeit bei Stellung des Insolvenzantrags durch einen Gläubiger gemäß § 8 II Nr 1 VOB/B. Von diesem Kündigungsrecht werden auch Fallgestaltungen umfasst, in denen ein Gläubiger einen unberechtigten Insolvenzantrag stellt. Eine Kündigung ist in diesen Fällen nicht gerechtfertigt.[74]

33 c) **Insolvenzanfechtung.** Eine Lösungsklausel kann auch der Insolvenzanfechtung nach §§ 143, 133 unterliegen. Zwar kann ein Vertrag grundsätzlich nur im Ganzen angefochten werden. Besteht aber ein Vertrag mit ausgewogenen Gegenleistungen, der den einen Teil nur für den Fall der Insolvenz unangemessen benachteiligt, lässt der BGH eine Anfechtung zu, deren Wirkung sich – wie bei § 96 I Nr 3 – nur auf den benachteiligenden Teil des Vertrags bezieht.[75] Der Vertrag wird dann abgewickelt, ohne dass die benachteiligende Klausel Beachtung findet.[76] Der Vertragspartner dürfte sich also auf die Lösungsklausel nicht berufen.

34 Als **Anfechtungsgrund** kommt insbesondere **§ 133** in Betracht. Teilweise wird vertreten, dass eine Anfechtungsmöglichkeit schon mangels Gläubigerbenachteiligung entfalle.[77] Dabei wird übersehen, dass das Vorliegen einer Gläubigerbenachteiligung ausschließlich aus ex-post-Sicht zu beurteilen ist und es dafür bereits ausreicht, dass die Rechtshandlung im Sinne der Äquivalenztheorie für die Schlechterstellung der Masse kausal geworden ist.[78] Wie an anderer Stelle ausführlich dargelegt,[79] ist der Tatbestand des **§ 133 aber teleologisch zu reduzieren**, um falschen Verhaltensanreizen durch die dem Wortlaut nach zu weit gefasste Vorsatzanfechtung vorzubeugen. Lösungsklauseln sind daher insbesondere dann nicht anfechtbar, wenn sie aus einer ex-ante-Sicht bei Vertragsschluss angemessen erschienen, etwa weil sie Ausdruck eines berechtigten Interesses des Vertragspartners waren, sich vor den Gefahren der Insolvenz des Vertragspartners zu schützen. Maßgeblich ist hier also wieder der Vergleich zur Einräumung von Sicherheiten, die ebenfalls nicht per se nach § 133 anfechtbar sind.

---

70 So auch *Huber* MünchKomm InsO³ § 119 Rn 49; Staudinger/*Peters/Jacoby* BGB²⁰¹⁴ Anh zu § 631 Rn 35.
71 Vgl BGHZ 195, 348.
72 Staudinger/*Coester-Waltjen* BGB²⁰⁰⁶ § 308 Nr 3 Rn 29.
73 Vgl BGHZ 195, 348.
74 Staudinger/*Peters/Jacoby* BGB²⁰¹⁴ Anh zu § 631 Rn 35; vgl auch *Huber* MünchKomm InsO³ § 119 Rn 51.
75 Vgl ausf Jaeger/*Henckel* InsO § 133 Rn 14.
76 BGHZ 124, 76 (85 f).
77 *Adam* DZWiR 2005, 1 (3); **diff** *Reul* DNotZ 2008, 824 (828 ff); *v Wilmowsky* ZIP 2007, 553 (556 ff); *Wortberg* ZInsO 2003, 1032 (1035 f).
78 *Jacoby* KTS 2009, 3 (8).
79 *Jacoby* KTS 2009, 3 (14 ff).

5. Ausübungsfrist für vertragliche Lösungsrechte

Die Ausübung eines insolvenzabhängigen Kündigungs- oder Rücktrittsrecht ist grundsätzlich auch **nach Eröffnung des Insolvenzverfahrens** noch möglich (Rn 25 ff). Das gilt im Regelfall aber nur bis zu dem Zeitpunkt, in dem sich der Insolvenzverwalter für die Erfüllung des Vertrags entscheidet, ohne dass der Vertragspartner bis zu diesem Zeitpunkt von seinem Lösungsrecht Gebrauch gemacht hat. Denn in diesem Zeitpunkt werden die vertraglichen Ansprüche des Gläubigers gemäß § 55 I Nr 2 zu Masseforderungen aufgewertet und entfällt mithin die insolvenzspezifische Gefahr, im Gegenzug für das bisher Geleistete nur eine Insolvenzforderung zu erhalten.[80] Die einer insolvenzabhängigen Lösungsklausel innewohnende Rechtfertigung, sich lösen zu dürfen, ist dann entfallen. Da der Gläubiger, der sein Lösungsrecht nicht bald nach Kenntnis von der Insolvenz seines Vertragspartners ausübt, beim Verwalter Vertrauen auf den Erhalt des Vertrags weckt, ist eine Lösung nach diesem Zeitpunkt in der Regel gemäß **§ 242 BGB** treuwidrig.[81] Das entspricht dem Rechtsgedanken des § 314 III BGB, der eine Kündigung aus wichtigem Grund nur innerhalb einer angemessenen Frist zulässt, da eine Fortsetzung trotz dessen Kenntnis auf längere Sicht nicht mehr unzumutbar erscheint.[82] 35

6. Lösungsrechtbedingte Rückabwicklung

Der Modus, nach dem der Vertrag nach Ausübung des Lösungsrechts abgewickelt wird, hängt vom Vertragstyp und von der Art des Lösungsrechts ab. Es lassen sich vornehmlich zwei Abwicklungsmodi unterscheiden: Eine Möglichkeit ist die **Vertragsbeendigung.** Typischerweise liegt es so bei einer Kündigung. Dann wurden regelmäßig auf einen Vertragsteil Leistungen zumindest von einer Seite erbracht, während die Ansprüche aus dem anderen Vertragsteil noch beiderseits unerfüllt sind. Es kommen dann grundsätzlich drei unterschiedliche Arten von Abwicklungsansprüchen in Betracht: erstens noch offene Erfüllungsansprüche aus dem abgewickelten Vertragsteil, zweitens Entschädigungsansprüche im Hinblick auf den wegen der Lösung nicht abgewickelten Teil, drittens Rückgabeansprüche wie § 546 BGB. Nach der gesetzlichen Haftungsordnung gilt für solche Ansprüche Folgendes: Erfüllungsansprüche des anderen Vertragsteils im Hinblick auf den offenen Vertragsteil sind Insolvenzforderung, §§ 105, 38. Hingegen könnte der Insolvenzverwalter offene Gegenleistungsansprüche zur Masse ziehen, § 105 (§ 105 Rn 54). Wegen des gekündigten Vertragsteils würden dem Vertragspartner bei Fortsetzung des Vertrags nur umgerechnete Erfüllungsansprüche als Insolvenzforderung zustehen, § 103 II, Schadensersatzansprüche können indessen nach Verfahrenseröffnung mangels Pflichtverletzung des Insolvenzverwalters nicht enstehen (§ 103 Rn 308 f). Rückgabeansprüche können Aussonderungscharakter haben, § 47.[83] 36

Der andere typische Abwicklungsmodus ist die **Rückabwicklung ausgetauschter Leistungen** nach Rücktritt aufgrund von §§ 346 ff BGB. Die empfangenen Leistungen sind Zug um Zug zurückzugewähren, die gezogenen Nutzungen sind herauszugeben. Da diese Ansprüche auf Vertragsschluss und Leistungsaustausch vor Verfahrenseröffnung beruhen, steht dem Vertragspartner grundsätzlich bloß eine Insolvenzforderung, § 38, zu,[84] für die freilich nach den allgemeinen Regeln Sicherheiten bestellt werden können[85]. Eine 37

[80] *Huber* MünchKomm InsO³ § 119 Rn 42; Uhlenbruck/*Sinz* InsO¹³ § 119 Rn 24; vgl auch Schmidt/*Ringstmeier* InsO¹⁸ § 119 Rn 18.

[81] *Huber* MünchKomm InsO³ § 119 Rn 42; Uhlenbruck/*Sinz* InsO¹³ § 119 Rn 23; **anders** *Adam* DZWIR 2005, 1 (5).

[82] *Gaier* MünchKomm BGB⁶ § 314 Rn 20.

[83] Jaeger/*Henckel* InsO § 47 Rn 15, 122.

[84] Vgl Jaeger/*Henckel* InsO § 38 Rn 87.

[85] BGH ZIP 2006, 87 Rn 9.

Aufrechnung mit dieser Insolvenzforderung ist nach § 95 I statthaft, setzt aber wegen dessen S 3 voraus, dass die Hauptforderung ihrerseits nicht durchsetzbar war, bis der Rücktritt erklärt wurde. Soweit von beiden Teilen Leistungen erbracht wurden, stehen die Rückgewähransprüche ihrerseits im Gegenseitigkeitsverhältnis, §§ 320, 348 BGB. Insoweit finden §§ 103, 105 entsprechende Anwendung (§ 103 Rn 87 ff): Der Vertragspartner kann seinen Rückgewähranspruch also nach § 55 I Nr 2 als Massegläubiger durchsetzen, soweit der Verwalter Erfüllung des Rückgewährschuldverhältnisses wählt. Anderenfalls verweist § 103 II 1 den Vertragspartner auf eine Insolvenzforderung (§ 103 Rn 218 ff).

38 Häufig werden mit der Einräumung des Lösungsrechts auch **Abwicklungsansprüche vertraglich geregelt**, insbesondere dem sich wegen der Insolvenz lösenden Vertragspartner Entschädigungsansprüche eingeräumt. § 8 II Nr 2 S 2 VOB/B sieht etwa einen Anspruch des kündigenden Auftraggebers auf Schadensersatz wegen Nichterfüllung hinsichtlich des gekündigten Vertragsteils vor. Die Zulässigkeit solcher Regelungen ist umstritten. Der Gesetzgeber wollte diese Frage nicht ausdrücklich klären.[86] Der BGH hat unter der KO die Wirksamkeit bejaht.[87] In der Literatur wird die Wirksamkeit solcher Klauseln bezweifelt.[88] Jedenfalls unter der InsO ist die Wirksamkeit solcher Klauseln, soweit diese dem Vertragspartner mehr Rechte als nach dem Gesetz einräumen, wegen § 119 zu verneinen. Die Wirkungen der Insolvenz auf den Vertrag und dessen Rückabwicklungsregime ergeben sich aus §§ 103 ff. Verbesserungen für den Vertragspartner verbietet § 119. Insbesondere darf sich der Vertragspartner aufgrund der Insolvenz keine Schadensersatzansprüche ausbedingen, die § 103 II gerade nicht vorsieht (§ 103 Rn 34).

IV. Einzelfragen

1. Wahlrecht gemäß § 103

39 § 119 erklärt Vereinbarungen für unwirksam, die ausdrücklich von § 103 abweichen oder dessen Regelungszweck unmittelbar aushebeln. Diese Voraussetzung erfüllt eine insolvenzabhängige Lösungsklausel nicht (Rn 25 ff). Auch die Vereinbarung eines (horizontal) erweiterten Eigentumsvorbehalts ist keine mit § 119 unvereinbare Beeinträchtigung des Verwalterwahlrechts in der Käuferinsolvenz, weil die Erweiterung der Sache nach eine Zusammenfassung des einfachen Eigentumsvorbehalts mit einer zulässigen Sicherungsübereignung darstellt (§ 107 Rn 82).[89] **Unwirksam** sind aber insbesondere **Regelungen, die die Voraussetzungen des Wahlrechts, seine Ausgestaltung oder die Rechtsfolgen seiner Ausübung abweichend** bestimmen. So kann beispielsweise für die vollständige Erfüllung iSv Abs 1 nicht auf die Vornahme der Leistungshandlung im Gegensatz zur Erbringung des Leistungserfolgs abgestellt werden.[90] Auch sind Absprachen unwirksam, nach denen der Verwalter nur unter bestimmten Bedingungen Erfüllung verlangen kann oder aber stets hierzu verpflichtet ist. Ebenso können keine vertraglichen Bestimmungen getroffen werden, die die Ausübungsfrist gemäß Abs 2 S 2 abkürzen.[91]

---

[86] Begr zu RegE § 137, BT-Drucks 12/2443 S 153.

[87] BGHZ 96, 34 (37).

[88] *Adam* DZWIR 2005, 1 (6); vgl auch *Kreft* FS Uhlenbruck (2000) S 387 (401), der meint, ein solcher Anspruch könne zumindest keine Masseforderung, sondern lediglich eine Insolvenzforderung begründen.

[89] AA *Seger/Tetzlaff* ZInsO 2012, 427 (429) zum Kontokorrentvorbehalt.

[90] *Huber* MünchKomm InsO^3 § 119 Rn 57.

[91] *Huber* MünchKomm InsO^3 § 119 Rn 57.

Auf **Rechtsfolgenseite** ist insbesondere der zwingende Charakter der Anordnung von § 103 II zu beachten. Das betrifft zum einen den Rang des dort geregelten Anspruchs. Der Anspruch des Vertragspartners bei ausbleibender Erfüllungswahl ist Insolvenzforderung, ihm kann auch durch Vertrag die Qualität einer Masseforderung nicht beigelegt werden.[92] Zum anderen steht der Inhalt dieses Anspruchs bei insolvenzbedingter Nichterfüllung nicht zur Parteidisposition. Insbesondere ist die vertragliche Pauschalierung des zur Insolvenztabelle anzumeldenden Erfüllungsanspruchs im Voraus nicht möglich.[93] Zwar hielt das RG unter der KO die Vereinbarung einer **Vertragsstrafe**, die an die Nichterfüllungswahl anknüpft, für wirksam.[94] Heute nimmt die ganz herrschende Meinung allerdings zutreffend einen Verstoß gegen § 119 an.[95] Die Vertragsstrafe nimmt – neben ihrer im Insolvenzverfahren unbedeutenden Druck- und Sanktionsfunktion – eine Schadensersatzfunktion wahr.[96] Insoweit ist die Vertragsstrafe, selbst wenn dem Insolvenzverwalter der Gegenbeweis eines geringeren Schadens verbleibt, schon deswegen unwirksam, weil die Regelung von der in § 103 II 1 geregelten Beweislastverteilung abweicht.[97] Vor allem aber gesteht § 103 II 1 nach der hier vertretenen Auffassung dem Vertragspartner keinen Schadenersatzanspruch (§ 103 Rn 34), sondern lediglich den zur Forderunganmeldung umzurechnenden Erfüllungsanspruch zu. Daher darf der Vertragspartner sich für den Fall der Insolvenz keinen Schadensersatzanspruch versprechen lassen. Nur wenn vor Insolvenzeröffnung die Voraussetzungen für einen Schadensersatzanspruch herbeigeführt wurden, kann er Schadensersatz beanspruchen. Nach Insolvenzeröffnung kommt ein Schadensersatzanspruch nur aufgrund einer Pflichtverletzung des Insolvenzverwalters in Betracht. Eine Vertragsstrafe kann dagegen wirksam sein, wenn der Verwalter Erfüllung wählt (zu den Rechtsfolgen der Erfüllungswahl § 103 Rn 298 ff). Dann ist der Anwendungsbereich von § 103 II 1 nicht eröffnet. **40**

2. Beendigung bestimmter Vertragsverhältnisse, § 104, §§ 115 ff

Soweit die Beendigung bestimmter Vertragsverhältnisse angeordnet wird, kann nach § 119 nicht vereinbart werden, dass die Verträge auch in der Insolvenz fortbestehen sollen. Eine Lösungsklausel berührt die Regelungszwecke der §§ 104, 115 ff dagegen keinesfalls.[98] **41**

Im Bereich des § 104 ist eine vor Insolvenz getroffene Übereinkunft unwirksam, derzufolge die Auflösung des Fixgeschäfts oder der Finanzleistung in eine Differenzvergütung nicht eintreten, sondern der Vertragspartner zur **Erzwingung der effektiven Abwicklung** berechtigt sein soll. Ebenso unwirksam sind Regelungen, die von der **Berechnungsmethode des § 104 III** abweichen.[99] Soweit eine solche Regelung allerdings an eine Beendigung vor Verfahrenseröffnung anknüpft, ist § 119 nicht anwendbar (Rn 7),[100] erscheint also auch die Vereinbarung eines abweichenden Berechnungsmodus für die Ver- **42**

---

92 *Huber* MünchKomm InsO³ § 119 Rn 57.

93 *Huber* MünchKomm InsO³ § 119 Rn 57; **aA** Kübler/Prütting/Bork/*Tintelnot* InsO¹ § 119 Rn 12.

94 RGZ 49, 189 (192); 115, 271 (273); ebenso Jaeger/*Henckel* KO⁹ § 17 Rn 206.

95 BGH ZIP 2006, 87 Rn 27; *Huber* MünchKomm InsO³ § 119 Rn 57; Uhlenbruck/*Sinz* InsO¹³ § 119 Rn 3; Kübler/Prütting/Bork/*Tintelnot* InsO¹ § 119 Rn 13; Nerlich/Römermann/*Balthasar* InsO¹ § 119 Rn 9.

96 Staudinger/*Rieble* BGB²⁰⁰⁹ Vor §§ 339 ff Rn 34 ff.

97 *Huber* MünchKomm InsO³ § 119 Rn 57.

98 Vgl z Beendigung v Vertriebsmittlerverträgen *Wagner/Wexler-Uhlich* BB 2011, 519 (522).

99 *Marotzke* HK InsO⁶ § 104 Rn 15.

100 **AA** BGHZ 195, 348 Rn 17 ff zu §§ 103, 105.

tragsabwicklung insofern unbedenklich.[101] Die Regelung des Nr 7 des Rahmenvertrags für Finanztermingeschäfte, die den Zeitpunkt der Vertragsbeendigung auf die Stellung des Insolvenzantrags und die materielle Insolvenz vorverlagert, ist vor dem Hintergrund des § 119 deshalb ebenso wenig zu beanstanden wie die Vorschriften der Nr 8 und 9, die ausgehend von der in Nr 7 angeordneten Beendigung von § 104 III im Einzelnen abweichende Berechnungsmodi für die Ausgleichsforderung vorsehen.[102]

43 Nach § 119 unwirksam sind auch Klauseln, die entgegen §§ 115 ff das Fortbestehen der dort geregelten Verträge bzw von Vollmachten regeln.[103] Lösungsklauseln sind in diesem Zusammenhang freilich unbedenklich (Rn 25 ff).

3. Fortdauern bestimmter Dauerschuldverhältnisse, § 108

44 § 108 ordnet abweichend von § 103 das Fortdauern bestimmter Dauerschuldverhältnisse in der Insolvenz an. Wie schon der Umkehrschluss zu § 112 und zudem die Kündigungsmöglichkeit für den Vertragspartner aus § 113 nahelegen, schließt auch diese Regelung Lösungsklauseln nicht aus (Rn 25 ff).[104] Eine Lösungsklausel ist nur unwirksam, wenn sie der **Kündigungssperre des § 112** widerspricht. Soweit der Vertrag fortgesetzt wird, muss die Abwicklung allerdings den Vorgaben der §§ 108 ff entsprechen. So dürfen die Forderungen des Vertragspartners aus der Zeit vor Insolvenzeröffnung nicht entgegen § 108 III zu Masseforderungen aufgewertet werden. Auch das Kündigungsrecht des Verwalters aus § 109 darf nicht ausgeschlossen werden.

4. Teilbarkeit, § 105

45 Von der Teilbarkeit bestimmter Verträge oder den in § 105 damit verbundenen Konsequenzen kann nicht abgewichen werden. Auch der **Begriff der Teilbarkeit** steht nach § 119 nicht zur Parteidisposition.[105] Eine Lösungsklausel beeinträchtigt den Zweck des § 105 dagegen nicht. Denn Aufgabe des § 105 ist es nicht, die vor Insolvenz ausgehandelten Vertragskonditionen zu bewahren, sondern die Masse insoweit zu schützen, als der Verwalter Erfüllung wählen kann, ohne die Gegenleistung für Teilleistungen erbringen zu müssen, die dem Schuldner vor Verfahrenseröffnung zugeflossen sind (§ 105 Rn 1).[106]

46 **§ 105 S 2** stellt klar, dass der Vertragspartner vor Verfahrenseröffnung erbrachte Leistungen nicht mit der Begründung zurückfordern kann, dass er mit seiner Gegenleistungsforderung auf eine Insolvenzquote verwiesen wird. Leistet der Vertragspartner einen Gegenstand unter der auflösenden Bedingung der Insolvenzverfahrenseröffnung an den Schuldner, erkennt die wohl herrschende Meinung hierin einen Verstoß gegen § 119 mit der Folge, dass die Wirkung des § 158 II BGB nicht greift.[107] Dagegen ist mit *Marotzke*

---

[101] Vgl *Obermüller* ZInsO 2013, 476 (479 f).

[102] So auch *Benzler* ZInsO 2000, 1 (8); *Jahn/Fried* MünchKomm InsO³ § 104 Rn 171 ff; **aA** Kübler/Prütting/Bork/*Köndgen* InsO¹ § 104 Rn 39; *Wegener* FK InsO⁷ § 104 Rn 34.

[103] BGHZ 168, 276 Rn 22; *Huber* MünchKomm InsO³ § 119 Rn 74; Kübler/Prütting/Bork/*Tintelnot* InsO¹ § 119 Rn 7; Uhlenbruck/*Sinz* InsO¹³ § 119 Rn 9.

[104] *Huber* MünchKomm InsO³ § 119 Rn 69.

[105] *Huber* MünchKomm InsO³ § 119 Rn 61; vgl auch *Mohrbutter/Mohrbutter* DZWiR 2003, 1 (5).

[106] **AA** *Wöllner* Lösungsklauseln im Insolvenzfall S 140 ff, der Lösungsklauseln im Bereich v Liefer- u Versorgungsverträgen, bei denen der Insolvenzschuldner Abnehmer ist, für m dem Zweck des § 105 unvereinbar hält.

[107] *Huber* InsR-Hb⁴ § 35 Rn 30; *Kreft* MünchKomm InsO³ § 105 Rn 40; Kübler/Prütting/Bork/*Tintelnot* InsO¹ § 105 Rn 20; ebenfalls Jaeger/*Henckel* KO⁹ § 26 Rn 17 z Vorgängervorschrift des § 26 KO; allgemeiner

einzuwenden, dass kein Grund dafür ersichtlich ist, die **auflösende Bedingung** anders zu behandeln als die nur rechtstechnisch unterschiedlich gestaltete **aufschiebende Bedingung.**[108] Letztere kann nach einhelliger Auffassung auch in der Insolvenz ein Aussonderungsrecht begründen, das nicht unter das Rückforderungsverbot des § 105 S 2 fällt.[109] Mit einer auflösend bedingten Leistungserbringung sichert sich der Vertragspartner in legitimer Weise gegen die Insolvenz seines Schuldners ab. Sie ist deshalb ebenso wirksam wie es nach hier vertretener Auffassung eine insolvenzbedingte Lösungsklausel ist (vgl Rn 25 ff).

5. Sicherungsrechte, §§ 106, 107, 108 I 2

In den §§ 106, 107, 108 I 2 ist die Insolvenzfestigkeit bestimmter Sicherungsrechte angeordnet, die einen unmittelbaren Zusammenhang zu ihnen zugrundeliegenden Vertragsverhältnissen aufweisen (Vor § 103 Rn 34). Der Schutz der dort geregelten Sicherheiten soll nicht durch das Verwalterwahlrecht ausgehebelt werden können. Die Normen dienen damit dem Individualinteresse des gesicherten Insolvenzgläubigers. Es ist daher kein durch § 119 schützenswertes Interesse ersichtlich, das ein Verbot abweichender Vereinbarungen rechtfertigen könnte. Dementsprechend halten auch Vertreter der Auffassung, die insolvenzbedingte Lösungsklauseln für unwirksam erklärt (oben Rn 16), eine **teleologische Reduktion des § 119 im Bereich der Sicherungsrechte** für angemessen.[110] Davon abgesehen sind kaum Fälle denkbar, in denen sich die Frage nach der Wirksamkeit von §§ 106, 107, 108 I 2 abweichender Vereinbarungen stellt (vgl aber § 106 Rn 71).[111] **47**

6. Gesellschaftsverträge

Schließlich hat § 119 außerhalb des Anwendungsbereichs des § 118 keinen Einfluss auf Regelungen in Gesellschaftsverträgen, da § 103 insoweit nicht anwendbar ist (Vor § 103 Rn 95).[112] **48**

§ 120
Kündigung von Betriebsvereinbarungen

(1) [1]Sind in Betriebsvereinbarungen Leistungen vorgesehen, welche die Insolvenzmasse belasten, so sollen Insolvenzverwalter und Betriebsrat über eine einvernehmliche Herabsetzung der Leistungen beraten. [2]Diese Betriebsvereinbarungen können auch dann mit einer Frist von drei Monaten gekündigt werden, wenn eine längere Frist vereinbart ist.

(2) Unberührt bleibt das Recht, eine Betriebsvereinbarung aus wichtigem Grund ohne Einhaltung einer Kündigungsfrist zu kündigen.

Materialien: BT-Drucks 12/2443, S 153; BT-Drucks 12/7302, S 170.

---

z Unwirksamkeit auflösender Bedingungen nach § 105 S 2 Uhlenbruck/*Wegener* InsO[13] § 105 Rn 29.

[108] *Marotzke* HK InsO[6] § 105 Rn 24.

[109] *Huber* InsR-Hb[4] § 35 Rn 29; Kübler/Prütting/Bork/*Tintelnot* InsO[1] § 105 Rn 20; Uhlenbruck/*Wegener* InsO[13] § 105 Rn 31.

[110] *Schwörer* Lösungsklauseln Rn 225 ff; so tendenziell auch *Marotzke* HK InsO[6] § 106 Rn 39; § 107 Rn 44; **aA** *Meyer/Fuchs* ZfIR 2005, 529 (539).

[111] Vgl *Huber* MünchKomm InsO[3] § 119 Rn 63, 65.

[112] *Marotzke* HK InsO[6] § 119 Rn 10.

Literatur

Belling/Hartmann Die Tarifbindung in der Insolvenz, NZA 1998, 57; *Benecke* Betriebsrat, Gewerkschaft und Insolvenzverwalter als magisches Dreieck der Umstrukturierung, in: Heinrich (Hrsg) Nach der Krise gleich vor der Krise?! (2012) S 137; *Berkowsky* Das neue Insolvenz-Kündigungsrecht, NZI 1999, 129; *Bichlmeier/Oberhofer* Neues Arbeitsrecht im Konkurs, AiB 1997, 161; *Giesen* Die Betriebsverfassung nach dem neuen Insolvenzrecht, ZIP 1998, 142; *Hamberger* Der Betriebsrat im Insolvenzverfahren (2010); *Hanau/Preis* Die Kündigung von Betriebsvereinbarungen, NZA 1991, 81; *Heinze* Das Arbeitsrecht in der Insolvenzordnung, NZA 1999, 57; *Lakies* Zu den seit 1.10.1996 geltenden arbeitsrechtlichen Vorschriften der Insolvenzordnung, RdA 1997, 145; *Leister* Arbeitsrechtliche Gestaltungsmöglichkeiten für einen Unternehmenskauf aus der Insolvenz, ZInsO 2009, 1944; *Mückl/Krings* Effektive Beendigung der Tarifbindung in der Insolvenz, BB 2012, 769; *Müller* Praktische Probleme der seit 1.10.1996 geltenden arbeitsrechtlichen Vorschriften der Insolvenzordnung, NZA 1998, 1315; *Oetker/Friese* Der Sozialplan in der Insolvenz, DZWIR 2001, 265; *dies* Massebelastende Betriebsvereinbarungen in der Insolvenz (§ 120 InsO), DZWIR 2000, 397; *Rieble* Kollektivverträge in der Insolvenz, in: Bork/Kübler (Hrsg) Insolvenzrecht (2000) S 127; *Rieble/Kolbe* Konzernmitbestimmung in der Insolvenz, KTS 2009, 281; *Schaub* Die Beendigung von Betriebsvereinbarungen, BB 1995, 1639; *Siemes* Die Selbstbindung der Betriebspartner an den Interessenausgleich gemäß § 112 Abs 1 Satz 1 BetrVG, ZfA 1998, 183; *Steindorf/Regh* Arbeitsrecht in der Insolvenz (2002); *Warrikoff* Die Stellung der Arbeitnehmer nach der neuen Insolvenzordnung, BB 1994, 2338.

Übersicht

I. Normzweck

1 Ziel des Insolvenzverfahrens ist es gemäß § 1 Satz 1, die Gläubiger des Schuldners durch Verwertung seines Vermögens und Verteilung des dadurch erzielten Erlöses gemeinschaftlich zu befriedigen. Kollektivarbeitsrechtliche Übereinkünfte können die Erreichung dieses Zieles beeinträchtigen. Das gilt naturgemäß besonders für Betriebsvereinbarungen, welche die Insolvenzmasse belasten. § 120 hat die Funktion, dem entgegenzuwirken.

2 Die Vorschrift geht ebenso wie § 108 Abs 1 Satz 1 von der **Kontinuität der Arbeitsbeziehungen** aus, also davon, dass die individual- und kollektivarbeitsrechtlichen Rechtsverhältnisse zwischen insolventem Arbeitgeber, repräsentiert durch den Insolvenzverwalter als Partei kraft Amtes, und den Arbeitnehmern sowie ihren Repräsentanten auch über die Verfahrenseröffnung hinaus fortbestehen, s Vor § 113 Rn 153 ff.

3 § 120 ermöglicht aber – ähnlich wie § 113 – die beschleunigte Beendigung bzw Änderung belastender Betriebsvereinbarungen; die Regelung ist somit in der Insolvenz eine

Sondervorschrift zu § 77 Abs 5 BetrVG.[1] Gemäß § 120 Abs 1 Satz 1 sollen Insolvenzverwalter und Betriebsrat über eine einvernehmliche Herabsetzung der Leistungen beraten, welche in Betriebsvereinbarungen vorgesehen sind und die Insolvenzmasse belasten. Ferner wird in § 120 Abs 1 Satz 2 die Kündigungsfrist für solche Betriebsvereinbarungen auf längstens drei Monate begrenzt. Die Regelung dient somit der Masseentlastung, was nicht zuletzt auch dazu beitragen soll, Arbeitsplätze zu erhalten.[2] In § 120 Abs 2 schließlich wird klargestellt, dass Betriebsvereinbarungen uU aus wichtigem Grund fristlos gekündigt werden können.

In der Konkursordnung, der Vergleichsordnung und der Gesamtvollstreckungsordnung gab es keine vergleichbare Vorschrift zu § 120. Allerdings wurde § 120 bereits vor der Insolvenzordnung in Kraft gesetzt.[3] Der Gesetzgeber ordnete in Art 6 des Arbeitsrechtlichen Gesetzes zur Förderung von Wachstum und Beschäftigung[4] die Geltung der Regelung bereits für die Zeit ab dem 1.10.1996 für den Bereich der Konkursordnung an, jedoch nicht für die Vergleichsordnung und die Gesamtvollstreckungsordnung. 4

II. Anwendungsbereich

1. Betriebsvereinbarung

a) **Allgemeines.** Vom Wortlaut der Norm sind zunächst **Betriebsvereinbarungen im Sinne des Betriebsverfassungsgesetzes** erfasst. Die Gesetzesbegründung nennt hier zunächst **freiwillige** Betriebsvereinbarungen iSd § 88 BetrVG.[5] Sowohl Gesetzestext als auch Sinn und Zweck von § 120 deuten aber zweifelsfrei darauf hin, dass auch solche Betriebsvereinbarungen in den Anwendungsbereich von § 120 fallen, welche aufgrund der gemäß § 87 Abs 2 BetrVG **erzwingbaren** Mitbestimmungsrechte des Betriebsrats nach § 87 Abs 1 BetrVG geschlossen wurden. Zwar ging der Rechtsausschuss des Bundestages davon aus, dass belastende Betriebsvereinbarungen regelmäßig nicht der erzwingbaren Mitbestimmung unterliegen.[6] Allerdings wurde die Möglichkeit gesehen, dass es in Ausnahmefällen auch belastende Betriebsvereinbarungen geben kann, die der erzwingbaren Mitbestimmung des Betriebsrats unterliegen, wie zum Beispiel die Gewährung von Sozialleistungen beim Betrieb von Kantinen oder von Kindergärten.[7] 5

§ 120 gilt unabhängig von der vertikalen Zuständigkeitsverteilung auf Seiten der betriebsverfassungsrechtlichen Arbeitnehmervertretung, so dass auch solche Betriebsvereinbarungen unter die Norm fallen, die vom **Gesamtbetriebsrat** sowie vom **Konzern-** 6

---

[1] *Bichlmeier/Oberhofer* AiB 1997, 161 (163); *Heinze* NZA 1999, 57 (61).

[2] BT-Drucks 12/2443, S 153; *Müller* NZA 1998, 1315 (1317).

[3] Näher *Lakies* RdA 1997, 145 ff.

[4] BGBl 1996 I S 1476.

[5] BT-Drucks 12/2443, S 153 sowie Beschlussempfehlung und Bericht des Rechtsausschusses BT-Drucks 12/7302, S 170 Ziffer 75.

[6] Beschlussempfehlung und Bericht des Rechtsausschusses BT-Drucks 12/7302, S 170 Ziffer 75.

[7] Beschlussempfehlung und Bericht des Rechtsausschusses BT-Drucks 12/7302, S 170 Ziffer 75 sowie klarstellend dazu *Warrikoff* BB 1994, 2338 (2339); ebenso HambK/*Ahrendt* InsO § 120 Rn 3; Uhlenbruck/*Berscheid/Ries* InsO § 120 Rn 3; FK/*Eisenbeis* InsO § 120 Rn 3; HK/*Linck* InsO § 120 Rn 2; MünchKomm/*Caspers* InsO § 120 Rn 4; Kübler/Prütting/Bork/*Moll* InsO § 120 Rn 11; *Oetker/Friese* DZWIR 2000, 397 (398).

betriebsrat[8] geschlossen wurden.[9] Des Weiteren ist § 120 auch auf Auswahlrichtlinien im Sinne von § 95 BetrVG anwendbar.[10]

7 Jedoch ist § 120 nicht auf Vereinbarungen anzuwenden, die zwischen Arbeitgeber und Europäischem Betriebsrat geschlossen wurden, denn im EBRG fehlt es an einer dem BetrVG vergleichbaren Regelung.[11]

8 b) **Insbesondere: Betriebsvereinbarung über betriebliche Altersversorgung.** Bedeutung hat § 120 nicht zuletzt für Betriebsvereinbarungen über betriebliche Altersversorgung (dazu Vor § 113 Rn 209 ff).[12] Im Fall der Kündigung solcher Betriebsvereinbarungen nach § 77 Abs 5 BetrVG geht die Rechtsprechung davon aus, dass diese sämtliche Arbeitnehmer und sonstige Berechtigte betrifft, also auch ehemalige Beschäftigte, die zum Zeitpunkt des Ausspruchs der Kündigung durch die Betriebsvereinbarung begünstigt wurden, sowie Angehörige, die von ihnen Ansprüche ableiten. Allerdings will das BAG diese Wirkung der Kündigung mit Hilfe der Grundsätze des Vertrauensschutzes und der Verhältnismäßigkeit begrenzen. Je weiter der Arbeitgeber mit seiner Kündigung in Besitzstände und Erwerbschancen eingreifen wolle, so das Gericht, umso gewichtigere Eingriffsgründe brauche er.[13]

9 Diese Grundsätze sollen laut *Caspers* prinzipiell auch in der Insolvenz zu beachten sein. Er beschränkt dies auf die Regelung der noch nicht unverfallbar gewordenen Anwartschaften, weil hier noch keine Insolvenzsicherung nach §§ 7 ff BetrAVG bestehe.[14] Das ist insofern zweifelhaft, als nicht ganz einsichtig ist, warum der Insolvenzsicherungsträger PSVaG, der „bessere" Rechte absichert, schlechter gestellt werden soll als Leistungsberechtigte, die (beispielswiese mangels unverfallbarer Anwartschaften) „nur" gegen den Schuldner Ansprüche haben und nicht gegen den PSVaG.

10 Zwar spricht für die These von *Caspers* zunächst der Gedanke der Kontinuität der individuellen und kollektiven Arbeitsbeziehungen in der Insolvenz. Andererseits ist – abweichend von § 77 Abs 5 BetrVG – diese Kontinuität in § 120 Abs 1 Satz 2 gerade zeitlich begrenzt. Auch § 77 Abs 5 BetrVG erlaubt die ordentliche Kündigung von Betriebsvereinbarungen mit dreimonatiger Kündigungsfrist, jedoch ist diese Frist abdingbar (vgl § 77 Abs 5 BetrVG: „... soweit nichts anderes vereinbart ist ..."). Die Rechtsprechung, welche im Fall der Kündigung von Betriebsvereinbarungen über betriebliche Altersversorgung „abfedernd" eingreift, tut das also im Ergebnis vor allem deshalb, weil die Betriebspartner eine zumindest mittelfristige Erwartung auf stabile Altersversorgung geschaffen haben, welche nicht mit der dreimonatigen Kündigungsfrist zunichte gemacht

---

8 S näher *Rieble/Kolbe* KTS 2009, 281 (298 ff).

9 Leonhardt/Smid/Zeuner/*Aghamiri* InsO § 120 Rn 5; Uhlenbruck/*Berscheid/Ries* InsO § 120 Rn 4; HK/*Linck* InsO § 120 Rn 2; Kübler/Prütting/Bork/*Moll* InsO § 120 Rn 12; zumindest hinsichtlich der Gesamtbetriebsvereinbarung MünchKomm/*Caspers* InsO § 120 Rn 7.

10 MünchKomm/*Caspers* InsO § 120 Rn 4 will das auf Auswahlrichtlinien beschränken, die in Form von Betriebsvereinbarungen erlassen worden sind. Nach hiesiger Ansicht (Rn 11) werden allerdings auch Regelungsabreden von § 120 erfasst, so dass demnach die Form der Auswahlrichtlinie als Betriebsvereinbarung nicht entscheidend ist.

11 MünchKomm/*Caspers* InsO § 120 Rn 16.

12 Andres/Leithaus/*Andres* InsO § 120 Rn 2; HK/*Linck* InsO § 120 Rn 5; MünchKomm/*Caspers* InsO § 120 Rn 5; Kübler/Prütting/Bork/*Moll* InsO § 120 Rn 16a.

13 BAG 11.5.1999 – 3 AZR 21/98, BAGE 91, 310 (317 f); BAG 17.8.1999 – 3 ABR 55/98, NZA 2000, 498; vgl auch BAG 18.4.1989 – 3 AZR 688/87, BAGE 61, 323 (328 ff); BAG 10.3.1992 – 3 ABR 54/91, BAGE 70, 41 (46 f).

14 MünchKomm/*Caspers* InsO § 120 Rn 37 ff.

werden soll. Anders ist die Lage bei § 120. Hier ist die Dreimonatsfrist nicht dispositiv, sondern zwingend, und hat gerade zu verhindern, dass vom Schuldner per Betriebsvereinbarung geweckte Erwartungshaltungen mehr als drei Monate über die Verfahrenseröffnung hinaus ins Schuldnervermögen hineinwirken. Vorzugswürdig ist es daher, § 120 wortlautgemäß auf Betriebsvereinbarungen über betriebliche Altersversorgung ohne Einschränkungen anzuwenden, also ohne dass die Wirkung der Kündigung begrenzt wird.

2. Regelungsabrede

Die Regelungsabrede wird von vielen richtigerweise ebenfalls unter § 120 subsumiert.[15] Dafür spricht, dass es sich bei der Regelungsabrede wie bei einer Betriebsvereinbarung um eine Vereinbarung zwischen Arbeitgeber und Betriebsrat handelt, die im Unterschied zur Betriebsvereinbarung formlos abgeschlossen werden kann. Die Anwendung der Norm erscheint zudem im Hinblick auf ihren Regelungszweck geboten, das Unternehmen in der Insolvenz zu entlasten und so seine Sanierung bzw Verwertung zu erleichtern. Es ist allerdings zu beachten, dass die Regelungsabrede nur schuldrechtlich zwischen Arbeitgeber und Betriebsrat wirkt.[16] Da wegen der hieraus resultierenden Umsetzungspflicht noch zusätzlich ihre Inhalte einzelvertraglich mit dem jeweiligen Arbeitnehmer vereinbart worden sein dürften, können diese im Falle einer Insolvenz auch nur auf diese Weise wieder aufgehoben werden; § 120 hat insoweit keine Auswirkungen. **11**

3. Sozialplan

Sozialpläne können von den Betriebspartnern jederzeit einvernehmlich mit Wirkung für die Zukunft abgeändert werden.[17] Fehlt es am Einvernehmen, stellt sich im Falle der Insolvenz die Frage nach der Anwendbarkeit von § 120. Der Sozialplan ist neben der Betriebsvereinbarung in dieser Norm nicht ausdrücklich genannt, hat aber gemäß § 112 Abs 1 Satz 3 BetrVG die Wirkung einer Betriebsvereinbarung. Dies rechtfertigt grundsätzlich die Anwendung von § 120 auch auf Sozialpläne.[18] **12**

Voraussetzung für die Anwendung von § 120 ist zunächst, dass der Sozialplan mindestens drei Monate vor Stellung des Insolvenzantrags aufgestellt wurde. In den Fällen, in denen der Sozialplan vor der Eröffnung des Insolvenzverfahrens sowie nicht früher als drei Monate vor Stellung des Eröffnungsantrags aufgestellt wurde, gilt **§ 124 Abs 1 als** **13**

---

[15] Andres/Leithaus/*Andres* InsO § 120 Rn 3; HambK/*Ahrendt* InsO § 120 Rn 5; Uhlenbruck/*Berscheid/Ries* InsO § 120 Rn 5; FK/*Eisenbeis* InsO § 120 Rn 6; Nerlich/Römermann/*Hamacher* InsO § 120 Rn 42; *Hamberger* S 342; Kübler/Prütting/Bork/*Moll* InsO § 120 Rn 14 f; *Oetker/Friese* DZWIR 2000, 397 (400 f); BeckOK ArbR/*Plössner* § 120 InsO Rn 2; Steindorf/Regh/*Regh* § 3 Rn 437; Braun/*Wolf* InsO § 120 Rn 4; *Zwanziger*, § 120 Rn 17; **aA** Graf-Schlicker/*Pöhlmann* InsO § 120 Rn 3; so wohl auch MünchKomm/*Caspers* InsO § 120 Rn 13.

[16] BAG 14.2.1991 – 2 AZR 415/90, NZA 1991, 607; 10.3.1992 – 1 ABR 31/91, NZA 1992, 952 (953 f); HambK/*Ahrendt* InsO § 120 Rn 5; Nerlich/Römermann/*Hamacher* InsO § 120 Rn 8; BeckOK ArbR/*Plössner* § 120 InsO Rn 2; Steindorf/Regh/*Regh* § 3 Rn 437.

[17] BAG 24.3.1981 – 1 AZR 805/78, BAGE 35, 160 (166); 10.8.1994 – 10 ABR 61/93, BAGE 77, 313 (322 f); *Fitting* BetrVG §§ 112, 112a Rn 214; Hess/*Hess* BetrVG § 112 Rn 292.

[18] Leonhardt/Smid/Zeuner/*Aghamiri* InsO § 120 Rn 4; *Hamberger* S 338; HK/*Linck* InsO § 120 Rn 3; MünchKomm/*Caspers* InsO § 120 Rn 4; Kübler/Prütting/Bork/*Moll* InsO § 120 Rn 16; **aA** Braun/*Wolf* InsO § 120 Rn 5.

speziellere Norm[19] und ermöglicht es sowohl dem Insolvenzverwalter als auch dem Betriebsrat, diesen Sozialplan zu widerrufen. Zu diesen so genannten **Altsozialplänen**, die über drei Monate vor Antragstellung abgeschlossen wurden, im Einzelnen Vor § 113 Rn 66 ff, § 124, Rn 29 ff.

4. Interessenausgleich

14 Der Wortlaut von § 120 enthält keine Hinweise dazu, ob die Norm auf vor Verfahrenseröffnung vereinbarte Interessenausgleiche iSd § 112 Abs 1 Satz 1 BetrVG anwendbar ist. Die Entwurfsbegründung äußert sich nicht dazu.[20]

15 Das BetrVG sieht keine Kündigungsmöglichkeit für Interessenausgleiche vor, sondern vielmehr im Fall des Abweichens nach Maßgabe von § 113 BetrVG einen Nachteilsausgleich zugunsten der betroffenen Arbeitnehmer.[21] Für die Anwendbarkeit von § 120, vor allem von § 120 Abs 1 Satz 2, auf den Interessenausgleich spricht der Zweck dieser Norm, welche zunächst von der Kontinuität kollektivarbeitsrechtlicher Beziehungen über die Verfahrenseröffnung ausgeht, mit der Frist von drei Monaten dem Insolvenzverwalter aber die Möglichkeit verleiht, die betreffenden Bindungen zu beenden. Dem kann abhängig von seiner Ausgestaltung und dem jeweiligen Fall ein Interessenausgleich entgegenstehen. Das ergibt sich nicht zuletzt aus dem Masseschuldcharakter von Nachteilsausgleichsverpflichtungen, die nach Verfahrenseröffnung entstehen (s näher Vor § 113 Rn 73 ff). Diese schränken die Möglichkeiten des Insolvenzverwalters ein und bedrohen damit die Ziele des Insolvenzverfahrens unter Umständen erheblich. Demnach ist die Anwendbarkeit von § 120 auf Interessenausgleiche zu bejahen.

16 Allerdings wird sich die Situation, in welcher der Insolvenzverwalter von einem bestehenden Interessenausgleich aus der Zeit vor Verfahrenseröffnung lösen will, nur selten ergeben, weil oft ein „zwingender Grund" für eine Abweichung vom Interessenausgleich iSd § 113 Abs 1 BetrVG vorliegen dürfte (s dazu näher Vor § 113, 76). Andererseits lässt sich nicht immer abschätzen, ob dies tatsächlich gegeben ist. Deshalb wird es der Insolvenzverwalter gegebenenfalls vorziehen, sich mit der dreimonatigen Frist des § 120 Abs 1 Satz 2 rechtssicher durch Kündigung vom eventuellen Zwang zur Nachteilsausgleichsleistung zu lösen.

5. Tarifvertrag

17 Die Beantragung und Eröffnung des Insolvenzverfahrens sowie der Übergang der Verwaltungs- und Verfügungsbefugnis auf den Insolvenzverwalter ändern nichts an der Geltung von Tarifverträgen, s Vor § 113, Rn 147 ff. Fraglich ist, ob § 120 Abs 1 Satz 2 auf Tarifverträge angewandt werden kann.[22] Dies ist abzulehnen. Gegen eine entsprechende Anwendung von § 120 Abs 1 Satz 2 spricht, dass diese Regelung sowie die folgenden

[19] Leonhardt/Smid/Zeuner/*Aghamiri* InsO § 120 Rn 4; *Benecke* S 137 (S 141 f); Uhlenbruck/*Berscheid/Ries* InsO § 120 Rn 8; *Hamberger* S 338; HK/*Linck* InsO § 120 Rn 3; Kübler/Prütting/Bork/*Moll* InsO § 120 Rn 16; *Oetker/Friese* DZWIR 2000, 397 (399); BeckOK ArbR/*Plössner* § 120 InsO Rn 4.

[20] BT-Drucks 12/2443, S 153.

[21] Däubler/*Däubler* BetrVG §§ 112, 112a Rn 26 sowie § 113 Rn 5; *Fitting* BetrVG §§ 113 Rn 7; *Siemes* ZfA 1998, 183 (206) mwN.

[22] Dafür *Belling/Hartmann* NZA 1998, 57 (63); *Mückl/Krings* BB 2012, 769 (770); dagegen *Lakies* RdA 1997, 145 (148); MünchKomm/Caspers InsO § 120 Rn 13; *Oetker/Friese* DZWIR 2000, 397 (401); *Rieble* NZA 2000, 225 (227); Steindorf/Regh/*Regh* § 3 Rn 437.

Normen zunächst auf betriebliche Bindungen ausgerichtet sind.[23] Anders als beispielsweise bei Tarifsozialplänen, die mit Sozialplänen nach §§ 123 f vergleichbar sind (s § 123 Rn 15 f), fehlt eine solche deutliche funktionale Parallelität zwischen Tarifvertragsvorschriften und Betriebsvereinbarungen.

6. Richtlinie nach § 28 Abs 2 SprAuG

Für Richtlinien im Sinne des § 28 Abs 2 SprAuG bietet sich die entsprechende An- **18**
wendung von § 120 an.[24] Der Wortlaut des § 120 nennt die Richtlinien nicht, und sie werden auch in den Gesetzesmaterialien nicht erwähnt. Jedoch können solche Richtlinien die Insolvenzmasse in derselben Art und Weise wie Betriebsvereinbarungen belasten. Auch systematisch entsprechen die Richtlinien den Betriebsvereinbarungen des Betriebsverfassungsrechts. Sprecherausschussregelungen sind nichts anderes als ein Mittel der betrieblichen Vertretung für leitende Angestellte, die aufgrund § 5 Abs 3 BetrVG vom Geltungsbereich der Betriebsverfassung ausgeschlossen sind. Aufgrund dessen sind Insolvenzverwalter und Sprecherausschuss nicht auf die Regelung des § 28 Abs 2 Satz 4 SprAuG beschränkt, ebenso wenig wie dies bei den sonstigen Arbeitnehmern nach § 77 Abs 5 BetrVG der Fall ist.

7. Personalvertretungsrechtliche Dienstvereinbarung

Handelt es sich bei dem Insolvenzschuldner um einen öffentlichen Arbeitgeber, unter- **19**
liegt die bei ihm gültige Mitbestimmung gemäß § 130 BetrVG nicht dem Betriebsverfassungsgesetz. Im Bereich des öffentlichen Dienstes werden demnach keine Betriebsvereinbarungen geschlossen, jedoch entsprechen die personalvertretungsrechtlichen Dienstvereinbarungen ihnen zumindest in systematischer Hinsicht. Sie werden zu ähnlichen Fragen der Mitbestimmung geschlossen und erhalten normativen Charakter, s auf Bundesebene § 73, § 75 Abs 3, Abs 5, § 76 Abs 2 BPersVG und auf Landesebene beispielsweise Art 73, Art 75 Abs 4, Art 75a Abs 1, Art 76 Abs 2 Nr 1–3 BayPVG. Aufgrund dieser deutlichen Parallele und wegen der deckungsgleichen Interessenlage ist eine entsprechende Anwendung von § 120 auf Dienstvereinbarungen anzunehmen.[25]

III. Belastung der Insolvenzmasse

§ 120 Abs 1 Satz 1 spricht von Betriebsvereinbarungen, welche die Insolvenzmasse **20**
belasten. Im Gesetz ist der Begriff der Belastung nicht näher definiert, jedoch folgt aus der Kündigungsmöglichkeit des § 120 Abs 1 Satz 2, dass es dem Gesetzgeber darum ging, die Masse im Insolvenzfall von wirtschaftlichen Nachteilen zu befreien, welche ihr aus Betriebsvereinbarungen entstehen. Andererseits können sich aus vielen Regelungen – vielleicht nur als unwesentliche Nebeneffekte – Lasten ergeben, weshalb der in § 120 Abs 1 Satz 1 genannte Begriff der „Leistung" hier eine Einschränkung mit sich bringt. Nicht alles, was Lasten nach sich zieht, ist eine „Leistung", wenn auch in der Entwurfs-

---

[23] Vgl BT-Drucks 12/2443, S 95 ff.

[24] *Zwanziger* § 120 Rn 2; sowie wohl auch HWK/*Annuß* § 120 InsO Rn 3; **aA** aber MünchKomm/*Caspers* InsO § 120 Rn 14; Kübler/Prütting/Bork/*Moll* InsO § 120 Rn 16b; Steindorf/Regh/*Regh* § 3 Rn 437.

[25] HWK/*Annuß* § 120 InsO Rn 3, unter Hinweis auf die im Ausnahmefall bestehende Insolvenzfähigkeit der juristischen Person des öffentlichen Rechts; **aA** MünchKomm/Caspers InsO § 120 Rn 15; Kübler/Prütting/Bork/*Moll* InsO § 120 Rn 16b.

begründung die Belastung mit der belastenden Leistung gleichgesetzt wird.[26] Somit ist zu berücksichtigen, dass nicht jeder Inhalt einer Betriebsvereinbarung von § 120 zwingend erfasst ist, sondern dass **Leistungspflichten** aus ihr **resultieren** müssen.

21 Unbestritten ist, dass jede Betriebsvereinbarung belastend im Sinne von § 120 wirkt, die für die Insolvenzmasse **Zahlungspflichten** begründet.[27] Hierunter fallen Entgeltregelungen, Vorschriften über Altersversorgungsbeiträge, aber auch solche über Sachleistungen oder über die Bereitstellung von Räumen, Parkplätzen etc, da diese Leistungen und Bereitstellungen zweckgerichtet zugunsten anderer erfolgen und sich negativ auf die Insolvenzmasse auswirken. Zu Recht nennt die Entwurfsbegründung deshalb die Unterhaltung von Kantinen, Kindergärten und Erholungsheimen.[28]

22 **Organisationsregelungen** dagegen, die gleichfalls in Betriebsvereinbarungen enthalten sein können, führen allenfalls zu einer mittelbaren Belastung der Insolvenzmasse. § 120 erfasst deshalb solche Organisationsregelungen nicht, die vom Insolvenzverwalter als belastend empfunden werden, weil sie ihn in seinen Entscheidungsmöglichkeiten einschränken, ohne der Masse wirtschaftliche Lasten aufzuerlegen.[29] Allerdings existieren beispielsweise Regelungen, welche die Arbeitszeit dergestalt verteilen, dass **höhere Gehälter oder Zuschläge** zu zahlen sind oder dass ein Arbeitnehmer wegen der Inanspruchnahme einer Arbeitszeitkontenregelung **von der Arbeit freizustellen** ist.[30] Solche Lasten sind nicht mit „Leistungen" verbunden, auch wenn es sich um Regelungen handelt, welche die Sanierung erschweren. Hier hat der Gesetzgeber offensichtlich die Gestaltungsfreiheit der Betriebsparteien trotz Insolvenz weiter wirken lassen wollen.[31] Bei alledem bleibt es im Insolvenzfall Betriebsrat und Insolvenzverwalter unbenommen, sich einvernehmlich auch über eine Änderung von Betriebsvereinbarungsinhalten zu verständigen, die nicht von § 120 erfasst werden. Der Insolvenzverwalter wird vor allem die Möglichkeiten des **§ 77 Abs 5 BetrVG** sowie des Instruments des **Wegfalls der Geschäftsgrundlage** nutzen müssen.

23 In den Fällen, in denen sich aus einer Betriebsvereinbarung nicht nur Leistungen ergeben, welche die Insolvenzmasse belasten, sondern auch solche Inhalte enthalten sind, die nicht § 120 unterfallen, ist nur eine **Teilkündigung** möglich, welche sich auf belastende Inhalte beschränkt.[32]

24 Häufig wird dabei aber die Trennung zwischen belastenden und nichtbelastenden Regelungen nicht möglich sein, so dass die Ausübung des Kündigungsrechts, soweit sich das nicht vermeiden lässt, **auch die nichtbelastenden Regelungen** erfasst. Das ist bereits deshalb zwingend, weil es den Betriebsparteien sonst ermöglicht würde, das Kündigungs-

---

[26] Vgl BT-Drucks 12/2443, S 153.

[27] Kübler/Prütting/Bork/*Moll* InsO § 120 Rn 17; *Oetker/Friese* DZWIR 2000, 397 (398); Steindorf/Regh/*Regh* § 3 Rn 441; *Rieble* Insolvenzrecht S 127 (S 139 f); s auch *Bichlmeier/Oberhofer* AiB 1997, 161 (163), die aber nur unmittelbar aus der Betriebsvereinbarung folgende geldwerte Vorteile als von § 120 erfasst ansehen.

[28] BT-Drucks 12/2443, S 153.

[29] So auch *Oetker/Friese* DZWIR 2000, 397 (398).

[30] *Oetker/Friese* DZWIR 2000, 397 (399); Steindorf/Regh/*Regh* § 3 Rn 442.

[31] So zumindest im Ergebnis auch HK/*Linck* InsO § 120 Rn 4; MünchKomm/Caspers InsO § 120 Rn 12; *Müller* NZA 1998, 1315 (1317); **aA** Nerlich/Römermann/*Hamacher* InsO § 120 Rn 26; offen gelassen bei Steindorf/Regh/*Regh* § 3 Rn 442.

[32] LAG Baden-Württemberg 15.6.2005 – 12 TaBV 6/04, Rn 61 [juris]; FK/*Eisenbeis* InsO § 120 Rn 11; Nerlich/Römermann/*Hamacher* InsO § 120 Rn 38; *Oetker/Friese* DZWIR 2000, 397 (404 f); Steindorf/Regh/*Regh* § 3 Rn 442; *Zwanziger* § 120 Rn 7.

recht aus § 120 Abs 1 Satz 2 etwa durch Vereinbarung komplexer Regelungen zu unterlaufen. Das liefe dem Zweck der Vorschrift zuwider, ein Instrument zur Sanierung und Masseverschonung bereit zu halten. Dem entsprechend ist der Rechtsansicht des LAG BW zu widersprechen, nach welcher „die Teilkündigung einer Betriebsvereinbarung dann ausgeschlossen ist, wenn diejenigen Regelungsbereiche oder derjenige Regelungsbereich der Betriebsvereinbarung, der oder die von der Teilkündigung betroffen ist oder sind, in einem inneren Zusammenhang mit den übrigen Regelungsbereichen stehen."[33] Das Gegenteil ist der Fall. Soweit belastende Regelungen und **nichtbelastende Regelungen** in einem inneren Zusammenhang stehen, müssen letztere **mitgekündigt** werden können.

IV. Rechtsfolgen

1. Beratungsgebot, § 120 Abs 1 Satz 1

Als Rechtsfolge ergibt sich aus § 120 Abs 1 Satz 1 zunächst ein Beratungsgebot. **25**
Insolvenzverwalter und Betriebsrat sollen über eine einvernehmliche Herabsetzung der Leistungen der die Insolvenzmasse belastenden Betriebsvereinbarung beraten. Eine Pflicht zu Beratungen oder gar zur Erzielung eines Ergebnisses statuiert die Norm aber nicht, wie sich aus dem Wort „sollen" ergibt. Zwar wird aus dem Gesetzeswortlaut sowie aus der Entwurfsbegründung[34] ersichtlich, dass nach Möglichkeit eine Verringerung der sich aus den die massebelastenden Betriebsvereinbarungen ergebenden Leistungen erreicht werden soll. Ein **Anspruch** lässt sich daraus aber **nicht** ableiten.[35] Dies gilt für Insolvenzverwalter und Betriebsrat gleichermaßen.[36]

Dementsprechend enthält § 120 auch **keine Sanktionen** für den Fall, dass Beratungen **26**
nicht abgeschlossen oder gar nicht erst begonnen bzw versucht werden. Insofern hat § 120 Abs 1 Satz 1 in Bezug auf die ordentliche Kündigung lediglich eine **Appellfunktion.**[37] Sofern aber seitens des Insolvenzverwalters ein **grober Verstoß im Sinne von § 23 Abs 3 BetrVG** vorliegt, kann der Betriebsrat gemäß dieser Norm gegen den Insolvenzverwalter vorgehen.[38] Dies dürfte letztlich eine Frage des Einzelfalls und angesichts der Sollvorschrift des § 120 eine Ausnahme sein. Eine Beratung mit der jeweils anderen Seite

---

[33] LAG Baden-Württemberg 15.6.2005 – 12 TaBV 6/04, Rn 61 [juris]; ähnlich *Oetker/Friese* DZWIR 2000, 397 (404 f). Besonders angreifbar macht sich das LAG mit dem ergänzenden Satz: „Gleiches gilt, wenn die Gesamtheit der Einzelregelungen der Betriebsvereinbarung das Ergebnis eines mitbestimmten ‚bargaining'-Prozesses ist." Offenbar will es hier noch Koppelungsmechanismen schützen, bei denen sich die Betriebsparteien in der Vergangenheit das Nachgeben auf unterschiedlichen Gebieten gegenseitig haben abverhandeln lassen. Das ist nur schwer nachzuvollziehen, da gerade solche „Geschäftchen" zwischen Betriebsrat und Schuldner zur Insolvenz beitragen und Sanierungen endgültig verhindern können.

[34] BT-Drucks 12/2443, S 153.

[35] *Berkowsky* NZI 1999, 129 (137); *Hamberger* S 342; *Lakies* RdA 1997, 144 (147); *Oetker/Friese* DZWIR 2000, 397 (402).

[36] Auch Dritte im Sinne dieser Norm wie zB Arbeitnehmer des betroffenen Schuldners oder Gläubiger der Insolvenzforderung können nicht erzwingen, dass Insolvenzverwalter und Betriebsrat miteinander über eine einvernehmliche Herabsetzung von Leistungen beraten oder gar ein Ergebnis erzielen.

[37] HK/*Linck* InsO § 120 Rn 6; **aA** *Oetker/Friese* DZWIR 2000, 397 (403), die § 120 Abs 1 Satz 1 als Konkretisierung von § 74 Abs 1 Satz 2 BetrVG sehen. Dem ist jedoch entgegenzuhalten, dass eine Herabsetzung nicht zwingend eine strittige Frage im Sinne von § 74 Abs 1 Satz 2 BetrVG sein muss.

[38] *Giesen* ZIP 1998, 142.

durchzuführen dürfte dennoch meist angestrebt werden, weil auf diese Weise eher eine einvernehmliche Lösung erzielt werden kann.[39] Abweichend hiervon kommt dem **Beratungsgebot in den Fällen der außerordentlichen Kündigung von Betriebsvereinbarungen** (vgl Abs 2) eine **mittelbare Bedeutung** zu. Wenn eine Beratung weder versucht wurde und auch nicht nachgewiesen werden kann, dass eine Beratung keine Aussicht auf Erfolg gehabt hätte, kann dies zur **Unwirksamkeit einer außerordentlichen Kündigung** führen.

27 Bei alledem dürfte die **Beratung** aber auch **bereits durch den vorläufigen Insolvenzverwalter** möglich sein. Zwar ist in § 120 Abs 1 Satz 1 vom „Insolvenzverwalter" und nicht neutral vom „Verwalter" die Rede, jedoch wird das materielle Anliegen der Möglichkeit, Bedenken und Alternativen zu kommunizieren, auch beim vorläufigen Insolvenzverwalter erfüllt, und zwar unabhängig davon, ob es sich um einen „starken", „schwachen" oder „halbstarken" vorläufigen Insolvenzverwalter handelt (vgl dazu Vor § 113 Rn 3 ff). Das entspricht nicht zuletzt dem Beschleunigungsanliegen des § 120.

2. Kündigung mit dreimonatiger Kündigungsfrist, § 120 Abs 1 Satz 2

28 Gemäß § 120 Abs 1 Satz 2 gilt für Betriebsvereinbarungen im Sinne von Satz 1 der Norm eine Kündigungsfrist von höchstens drei Monaten, selbst wenn eine längere Frist vereinbart wurde. Nach § 120 Abs 2 bleibt das Recht unberührt, Betriebsvereinbarungen aus wichtigem Grund fristlos zu kündigen.

29 **a. Ordentliche Kündigung.** Soweit es sich um eine die Insolvenzmasse belastende Betriebsvereinbarung handelt, beträgt gemäß § 120 Abs 1 Satz 2 die Kündigungsfrist höchstens drei Monate. Enthalten Betriebsvereinbarungen eine gleich lange oder kürzere Kündigungsfrist, so bleibt diese maßgeblich. Ohne Regelung gilt § 77 Abs 5 BetrVG, wonach die Betriebsvereinbarung mit einer Frist von drei Monaten gekündigt werden kann, ohne dass es eines Rückgriffs auf § 120 Abs 1 bedarf.[40] Zudem erlaubt es der Schutzzweck des § 120 Abs 1 auch, sich über besondere Kündigungsvoraussetzungen hinwegzusetzen, welche von den Betriebsparteien mit dem Ergebnis der Kündigungserschwerung oder der über drei Monate hinausreichende Kündigungsverzögerung vereinbart wurden.[41]

30 Wurde die Betriebsvereinbarung **schon vor der Eröffnung des Insolvenzverfahrens gekündigt** und ist die noch verbleibende Zeit bis zum Wirksamwerden der Kündigung länger als die in § 120 Abs 1 Satz 2 genannte Kündigungsfrist, kann seitens des Insolvenzverwalters oder des Betriebsrats eine **Nachkündigung** ausgesprochen werden.[42] Dann gilt ab Zugang dieser Nachkündigungserklärung die dreimonatige Kündigungsfrist nach § 120 Abs 1 Satz 2.

31 Für die Zeit nach der Kündigung einer **erzwingbaren** Betriebsvereinbarung ist deren **Nachwirkung** gemäß § 77 Abs 6 BetrVG zu beachten, soweit diese nicht einvernehmlich

---

39 *Warrikoff* BB 1994, 2338 (2339).

40 *Berkowsky* NZI 1999, 129 (137); *Rieble* in Bork/Kübler, Insolvenzrecht S 127 (S 139 f); sowie mit umfangreichen Nachweisen Kübler/Prütting/Bork/*Moll* InsO § 120 Rn 26; **aA** *Lakies* RdA 1997, 145 (147), der auch auf diesen Fall § 120 Abs 1 Satz 2 anwenden will.

41 Uhlenbruck/*Berscheid*/*Ries* InsO § 120 Rn 14; MünchKomm/Caspers InsO § 120 Rn 28; Kübler/Prütting/Bork/*Moll* InsO § 120 Rn 28.

42 Andres/Leithaus/*Andres* InsO § 120 Rn 6b; MünchKomm/Caspers InsO § 120 Rn 26; Kübler/Prütting/Bork/*Moll* InsO § 120 Rn 30a; *Rieble* Insolvenzrecht S 127 (S 140).

ausgeschlossen wurde.[43] Die gekündigten Regelungen bleiben nach § 77 Abs 6 BetrVG bestehen, bis sie von einer anderen Abmachung abgelöst werden. Das ist auch in der Insolvenz der Fall.[44] Für eine neue Abmachung bedarf es entweder einer Einigung zwischen Insolvenzverwalter und Betriebsrat oder des Spruchs der Einigungsstelle nach § 76 Abs 5 BetrVG.

Soweit es sich bei der Betriebsvereinbarung um eine **freiwillige** handelt, besteht grundsätzlich **keine Nachwirkung.**[45] Haben die Parteien aber bei einer freiwilligen Betriebsvereinbarung die Nachwirkung vereinbart,[46] liegt darin eine zunächst fortdauernde Belastung der Insolvenzmasse. Denn hier führt die Kündigung an sich – entgegen dem Normalfall – zu keiner Änderung, sondern es bedarf erst noch einer neuen Abmachung, um die Nachwirkung zu beseitigen. Da dies dem Zweck von § 120 zuwiderläuft, ist anzunehmen, dass die im Übrigen wirksame **Vereinbarung der Nachwirkung in der Insolvenz von der Kündigung mit erfasst** wird, also keine vereinbarte Nachwirkung eintritt.[47] **32**

Hinsichtlich der ordentlichen Kündigung von **Sozialplänen** ist zu differenzieren. Sozialpläne, die Dauerregelungen enthalten, sind auch ohne vereinbarte Kündigungsfrist ordentlich kündbar, während die übrigen Sozialpläne nur mit vereinbarter Kündigungsfrist ordentlich gekündigt werden können.[48] S dazu im Einzelnen § 124 Rn 25 ff. **33**

Die **Berechnung der Kündigungsfrist** richtet sich nach §§ 186 ff BGB.[49] Insoweit ergibt sich gegenüber § 77 Abs 5 BetrVG keine Änderung. Zwar ist in der InsO mit § 4 eine Verweisungsnorm auf die ZPO enthalten, in welcher für die Fristberechnung in § 222 Abs 1 ZPO auf die Vorschriften des BGB verwiesen wird. Allerdings ist § 4 lediglich auf das Verfahren ausgerichtet und gerade nicht auf materiell-rechtliche Fristen.[50] Im Vergleich zu § 113 Satz 2 ergibt sich, dass hier die Kündigung nicht zum Monatsende ausgesprochen werden muss, sondern zu jedem beliebigen Zeitpunkt unter Einhaltung der jeweiligen Frist erfolgt.[51] **34**

b. Außerordentliche Kündigung, § 120 Abs 2. Gemäß § 120 Abs 2 bleibt das Recht zur außerordentlichen Kündigung unberührt. Die Norm hat lediglich **klarstellenden Charakter**, denn auch in der Insolvenz gelten die von der Rechtsprechung entwickelten Grundsätze zur außerordentlichen Kündigung.[52] Laut BAG wirken Betriebsvereinbarun- **35**

---

[43] Zu dessen Zulässigkeit BAG 9.2.1984 – 6 ABR 10/81, BAGE 45, 132 (137 f); 17.1.1995 – 1 ABR 29/94, NZA 1995, 1010 (1011).

[44] BT-Drucks 12/2443, S 153; so auch *Heinze* NZA 1999, 57 (61); *Warrikoff* BB 1994, 2338 (2339).

[45] BAG 12.8.1982 – 6 ABR 98/79, AP BetrVG 1972 § 77 Nr 5; Hess Insolvenzrecht § 120 Rn 36; *Warrikoff* BB 1994, 2338 (2339).

[46] S dazu nur mit zahlreichen weiteren Nachweisen zu Rechtsprechung und Literatur *Hess* Insolvenzrecht § 120 Rn 38.

[47] *Hess* Insolvenzrecht § 120 Rn 37; Kübler/Prütting/Bork/*Moll* InsO § 120 Rn 41; *Oetker/Friese* DZWIR 2000, 397 (407); **aA** HambK/*Ahrendt* InsO § 120 Rn 4, der für die Nachwirkungsregelung eine eigene Kündigung verlangt.

[48] BAG 10.8.1994 – 10 ABR 61/93, BAGE 77, 313 (324).

[49] Andres/Leithaus/*Andres* InsO § 120 Rn 7; Uhlenbruck/*Berscheid/Ries* InsO § 120 Rn 14; HK/*Linck* InsO § 120 Rn 7; MünchKomm/Caspers InsO § 120 Rn 29; Kübler/Prütting/Bork/*Moll* InsO § 120 Rn 29.

[50] Ebenso *Oetker/Friese* DZWIR 2000, 397 (406).

[51] Andres/Leithaus/*Andres* InsO § 120 Rn 7; Uhlenbruck/*Berscheid/Ries* InsO § 120 Rn 14; HK/*Linck* InsO § 120 Rn 7; MünchKomm/*Caspers* InsO § 120 Rn 29; Kübler/Prütting/Bork/*Moll* InsO § 120 Rn 29.

[52] BT-Drucks 12/2443, S 153; so auch *Warrikoff* BB 1994, 2338 (2339); vgl zur Rechtsprechung BAG 29.5.1964 – 1 AZR 281/63, BAGE 16, 58 (67).

gen aber selbst nach einer außerordentlichen Kündigung nach.[53] Aus diesem Grunde ist für sie stets auch der Wegfall der Geschäftsgrundlage in Betracht zu ziehen (Rn 38).

36 Nicht nur außerhalb, sondern auch in der Insolvenz werden wegen des Ausnahmecharakters dieser Kündigungsmöglichkeit strenge Anforderungen an den wichtigen Grund gestellt.[54] Dabei reicht weder die Insolvenz als solche noch das Fehlen von Mitteln zur Bewirkung der in der Betriebsvereinbarung geregelten Leistungen aus, eine außerordentliche Kündigung zu rechtfertigen.[55] Erforderlich ist vielmehr, dass das Festhalten an der Betriebsvereinbarung unter Berücksichtigung aller Umstände und unter Abwägung des Interesses an der Entlastung der Insolvenzmasse auf der einen Seite und der Belegschaft sowie anderer von der Regelung Betroffener auf der anderen Seite unzumutbar ist.[56] Teils heißt es in der Literatur, es sei erforderlich, dass für den Insolvenzverwalter oder den Betriebsrat ein Festhalten an der Betriebsvereinbarung bis zum Ablauf der Kündigungsfrist, die nach § 120 Abs 1 Satz 2 höchstens drei Monate beträgt, unzumutbar ist.[57] Dem ist zwar prinzipiell zuzustimmen, jedoch darf die in der Insolvenz verkürzte Kündigungsfrist nicht dazu führen, dass die Anforderungen an den wichtigen Grund gegenüber der Lage ohne die Insolvenz strenger werden. Fälle, in denen die außerordentliche Kündigung eingreift, sind laut *Caspers* etwa solche, in denen Betriebsvereinbarungen einzelne Gruppen von Arbeitnehmern besonders begünstigen und die Masse so weit auszehren, dass die Einstellung des Verfahrens nach § 207 droht oder dass nicht einmal die nach § 123 zulässigen Sozialplanleistungen erbracht werden können.[58]

37 Die **Umdeutung** einer außerordentlichen Kündigung in eine ordentliche Kündigung ist im Rahmen von § 120 ebenfalls möglich und erfolgt dementsprechend nach § 140 BGB.[59] Wird eine Betriebsvereinbarung erfolgreich außerordentlich gekündigt, so ist auch hier nach den allgemeinen Regeln die **Nachwirkung** gemäß § 77 Abs 6 BetrVG zu beachten, soweit es sich um eine zwingende Betriebsvereinbarung handelt.[60] Gleiches gilt für die außerordentliche Kündigung von Sozialplänen.[61]

38 c. **Grundsätze zum Wegfall der Geschäftsgrundlage.** Laut § 120 Abs 1 Satz 2, Abs 2 besteht die Möglichkeit, Betriebsvereinbarungen mit einer Höchstfrist von drei Monaten ordentlich oder fristlos aus wichtigem Grund zu kündigen. Daneben sind die Grundsätze zum Wegfall der Geschäftsgrundlage anwendbar.[62] Mit ihrer Hilfe kann regelmäßig nur

---

[53] BAG 10.8.1994 – 10 ABR 61/93, NZA 1995, 314 (betr Sozialplan); **aA** GKBetrVG-*Kreutz* § 77BetrVG Rn 399; vgl MünchKomm/*Caspers* InsO § 120 Rn 42.

[54] LAG Baden-Württemberg 15.6.2005 – 12 TaBV 6/04, Rn 49 [juris] mwN.

[55] BAG 10.8.1994 – 10 ABR 61/93, BAGE 77, 313 (327); FK/*Eisenbeis* InsO § 120 Rn 14; Kübler/Prütting/Bork/*Moll* InsO § 120 Rn 46; *Zwanziger* § 120 Rn 12; sowie mit weiteren Nachweisen *Oetker/Friese* DZWIR 2000, 397 (408).

[56] So zutreffend MünchKomm/*Caspers* InsO § 120 Rn 40.

[57] LAG Baden-Württemberg 15.6.2005 – 12 TaBV 6/04, Rn 48 [juris]; FK/*Eisenbeis* InsO § 120 Rn 11; *Oetker/Friese* DZWIR 2000, 397 (408).

[58] MünchKomm/*Caspers* InsO § 120 Rn 41.

[59] LAG Baden-Württemberg 15.6.2005 – 12 TaBV 6/04, Rn 58 f [juris].

[60] *Rieble* in Bork/Kübler Insolvenzrecht S 127 (S 147).

[61] BAG 10.8.1994 – 10 ABR 61/93, BAGE 77, 313 (326).

[62] FK/*Eisenbeis* InsO § 120 Rn 16; Nerlich/Römermann/*Hamacher* InsO § 120 Rn 21; *Müller* NZA 1998, 1315 (1317); *Oetker/Friese* DZWIR 2000, 397 (408); BeckOK ArbR/*Plössner* § 120 InsO Rn 14. Auch aus der Entwurfsbegründung folgt, dass hier keine Einschränkung gewollt war, BT-Drucks 12/2443, S 153. Zum Verhältnis der Grundsätze der Störung der Geschäftsgrundlage nach § 313 BGB zu den Grundsätzen der außerordentlichen Kündigung s mit umfangreichen Nachweisen Kübler/Prütting/Bork/*Moll* InsO § 120 Rn 51 ff.

die Anpassung einer Betriebsvereinbarung erreicht werden, nicht ihre Beseitigung. Ein weiterer Unterschied zur Kündigung der Betriebsvereinbarung besteht allerdings darin, dass diese Anpassung auch rückwirkend vorgenommen werden kann.[63] Auch auf Sozialpläne sind die Grundsätze über den Wegfall der Geschäftsgrundlage anwendbar.[64] Damit können Sozialpläne ebenfalls rückwirkend angepasst werden.

3. Eigenverwaltung

Im Fall der Eigenverwaltung bedarf die **Kündigung von Betriebsvereinbarungen** nach § 120 Abs 1 Satz 2, Abs 2 gemäß § 279 Satz 3 der **Zustimmung des Sachwalters.** Die **Beratung** nach § 120 Abs 1 Satz 1 stellt keine Ausübung von in § 279 Satz 3 erfassten „Rechten" dar und kann daher **vom Eigenverwalter allein** durchgeführt werden. **39**

V. Unabdingbarkeit

Nach § 119 können die §§ 103–118 nicht abbedungen werden. Dem Wortlaut nach **40** wird § 120 und werden die übrigen Regelungen der §§ 121-128 davon nicht erfasst. Dennoch ist auch für diese Vorschriften anerkannt, dass sie nicht abbedungen werden können.[65] § 119 verfolgt den Zweck, die in den §§ 103–118 enthaltenen Instrumente des Insolvenzverwalters diesem in vollem Umfang zu erhalten und schließt deswegen die Abdingbarkeit durch privatrechtliche Übereinkunft aus.[66] Die §§ 103–118 sichern die gleichmäßige Befriedigung der Gläubiger und eine masseschonende Durchführung des Insolvenzverfahrens. Diese Normen sollen es – in diesem Fall dem Insolvenzverwalter – ermöglichen bzw erleichtern, die Gläubiger durch Verwertung des Schuldnervermögens und Verteilung der daraus erzielten Erlöse zu befriedigen. Für die §§ 120–128 gilt das in noch stärkerem Maße. Könnten sie abbedungen werden, wäre das Ziel des Insolvenzverfahrens zumindest erheblich beeinträchtigt. Durch sie soll in geeigneten Fällen der Erhalt des von der Insolvenz betroffenen Betriebes ermöglicht werden, indem belastende Betriebsvereinbarungen gekündigt, Betriebsänderungen zügig und rechtssicher durchgeführt und Sozialplanvolumina begrenzt werden.[67] Die betreffenden Regelungen sind – anders als dies § 119 für die §§ 103–118 anordnet – aber nicht nur vor Eintritt der Insolvenz unabdingbar, sondern auch im Insolvenzverfahren. Der Insolvenzverwalter kann dort, wo die Vorschriften das ermöglichen, im Interesse von Masseerhalt und Unternehmenssanierung eigenständig Betriebsvereinbarungen nach § 120 kündigen und neue abschließen sowie Interessenausgleiche und sonstige kollektivarbeitsrechtliche Regelungen treffen. Das bedeutet, dass die betreffenden Regelungen teilweise Gestaltungsspielräume eröffnen, die auch durch Verzicht genutzt werden können. So hat der Insolvenzverwalter beispielsweise nach Verfahrenseröffnung die Möglichkeit, auf die Kündigung einer Betriebsvereinbarung nach § 120 Abs 1 Satz 2 wirksam zu verzichten, weil dieser Ver-

---

[63] BAG 10.8.1994 – 10 ABR 61/93, NZA 1995, 314; BAG 28.8.1996 – 10 AZR 886/95, BAGE 84, 62 (67).

[64] BAG 10.8.1994 – 10 ABR 61/93, NZA 1995, 314 (betr Sozialplan); BAG 28.8.1996 – 10 AZR 886/95, BAGE 84, 62 (68 ff); FK/*Eisenbeis* InsO § 120 Rn 16 ff; Nerlich/Römermann/*Hamacher* InsO § 120 Rn 21.

[65] Andres/Leithaus/*Andres* InsO § 120 Rn 16; Nerlich/Römermann/*Hamacher* InsO § 120 Rn 3; Kübler/Prütting/Bork/*Moll* InsO § 120 Rn 54; MünchKomm/Caspers InsO § 120 Rn 30; *Rieble* Insolvenzrecht S 127 (S 140).

[66] S dazu Andres/Leithaus/*Andres* InsO § 119 Rn 1; Nerlich/Römermann/*Balthasar* InsO § 119 Rn 5; Braun/*Kroth* InsO § 119 Rn 1; Uhlenbruck/*Sinz* InsO § 119 Rn 1.

[67] *Oetker/Friese* DZWIR 2000, 397 (398).

zicht nichts anderes bedeutet als die Kündigung und der Neuabschluss einer Betriebsvereinbarung selben Inhalts.[68] Das Gleiche gilt für den nach Verfahrenseröffnung erklärten Verzicht auf einen Sozialplanwiderruf nach § 124. Jedoch kann der Insolvenzverwalter nicht die in § 123 festgelegten Höchstgrenzen für Sozialplanumfänge überschreiten, da ihm hier gerade keine Dispositionsmöglichkeit eröffnet ist.

§ 121
Betriebsänderung und Vermittlungsverfahren

Im Insolvenzverfahren über das Vermögen des Unternehmers gilt § 112 Abs 2 Satz 1 des Betriebsverfassungsgesetzes mit der Maßgabe, dass dem Verfahren vor der Einigungsstelle nur dann ein Vermittlungsversuch vorangeht, wenn der Insolvenzverwalter und der Betriebsrat gemeinsam um eine solche Vermittlung ersuchen.

Materialien: BT-Drucks 12/2443, S 153; BT-Drucks 14/5741, S 51 f.

Literatur

Annuß Mitwirkung und Mitbestimmung der Arbeitnehmer im Regierungsentwurf eines Gesetzes zur Reform des BetrVG, NZA 2001, 367; *Bauer* Aktuelle Probleme des Personalabbaus im Rahmen von Betriebsänderungen, DB 1994, 217; *ders/Göpfert* Beschleunigtes Interessenausgleichsverfahren, DB 1997, 1464; *Boemke/Tietz* Insolvenzarbeitsrecht und Sozialplan, DB 1999, 1389; *Engels* Gesellschaftsaufspaltung als eine die Beteiligungsrechte des Betriebsrats auslösende Betriebsänderung i.S. von § 111 ff. BetrVG, DB 1979, 2227; *Hanau* Probleme der Mitbestimmung des Betriebsrats über den Sozialplan, ZfA 1974, 89; *ders* Probleme der Neuregelung der Betriebsverfassung, ZIP 2001, 1981; *Heither* Betriebsänderung (§ 111 BetrVG) in der Rechtsprechung des BAG, ZIP 1985, 513; *Hunold* Die Rechtsprechung zu Interessenausgleich, Nachteilsausgleich und Sozialplan, NZA-RR 2004, 561; *Kocher*, Interessenausgleichsverhandlungen mit einem nach Insolvenzeröffnung gewählten Betriebsrat, NZI 2003, 527; *Lingemann* Betriebsänderung nach neuem BetrVG, NZA 2002, 934; *Löwisch* Änderung der Betriebsverfassung durch das Betriebsverfassungs-Reformgesetz, BB 2001, 1790; *Matthes* Das Mitbestimmungsrecht des Betriebsrats bei Betriebsänderungen, DB 1972, 286; *Schubert* Der Unternehmensbegriff im Rahmen der betrieblichen Mitbestimmung in wirtschaftlichen Angelegenheiten, ZfA 2004, 253; *Simon* Arbeitsrechtliche und Haftungsprobleme bei der Betriebsaufspaltung, ZfA 1987, 311.

Übersicht

[68] Vgl LAG Köln 17.10.2002 – 5 (4) TaBV 44/02, NZI 2003, S 335.

I. Norm und Normzweck

1 § 121 dient ebenso wie § 122 der **Beschleunigung des Verfahrens bei Betriebsänderungen** nach §§ 111 f BetrVG. Diese Vorschriften gelten prinzipiell innerhalb wie außerhalb der Insolvenz, s näher Vor § 113 Rn 153 ff. Grundsätzlich bedarf es bei Nichtzustandekommen eines Interessenausgleichs über die geplante Betriebsänderung oder bei fehlender Einigung über den Sozialplan in der Insolvenz nach § 112 Abs 2 Satz 1 und 2 BetrVG dreier Schritte. Als erstes verhandeln Betriebsrat und Insolvenzverwalter, dann ist es ihnen in einem zweiten Schritt möglich, einen Vermittlungsversuch bei der Bundesagentur für Arbeit zu unternehmen, bei dessen Scheitern sie drittens die Einigungsstelle anrufen können. § 121 sieht nun den zweiten Schritt, also den zwischenzeitlichen Vermittlungsversuch bei der Bundesagentur für Arbeit, nur als notwendig an, wenn der Insolvenzverwalter und der Betriebsrat um eine solche Vermittlung ersuchen. Ist dies nicht der Fall, so kann, sobald das Insolvenzverfahren eröffnet ist (vgl Rn 7), die **Einigungsstelle nach § 76 BetrVG direkt angerufen werden.**[1]

2 Der Gesetzgeber ordnete in Art 6 des Arbeitsrechtlichen Gesetzes zur Förderung von Wachstum und Beschäftigung[2] die Geltung von § 121 bereits für die Zeit ab dem 1.10.1996 für den Bereich der Konkursordnung an, jedoch nicht für die Vergleichsordnung und die Gesamtvollstreckungsordnung.

II. Betriebsänderung nach dem BetrVG

3 Der Tatbestand der Betriebsänderung wird in § 111 Satz 1, Satz 3 BetrVG umschrieben. Satz 1 definiert hierbei Betriebsänderungen als solche, „die wesentliche Nachteile für die Belegschaft zur Folge haben können“. Satz 3 konkretisiert dies durch eine Aufzählung verschiedener Sachverhalte, die auch kumulativ vorliegen können.[3] Dies sind die Einschränkung und Stilllegung des ganzen Betriebs oder von wesentlichen Betriebsteilen, die Verlegung des ganzen Betriebs oder von wesentlichen Betriebsteilen, der Zusammenschluss mit anderen Betrieben oder die Spaltung von Betrieben, grundlegende Änderungen der Betriebsorganisation, des Betriebszwecks oder der Betriebsanlagen sowie die Einführung grundlegend neuer Arbeitsmethoden und Fertigungsverfahren.[4] Umstritten ist, ob diese Aufzählung abschließend ist.[5] Bei Vorliegen eines der Tatbestandsmerkmale des Satzes 3 wird fingiert, dass wesentliche Nachteile iSd Satz 1 vorliegen.[6]

4 In der Insolvenz hat vor allem die Einschränkung und Stilllegung des ganzen Betriebs oder von wesentlichen Betriebsteilen Bedeutung. „Wesentliche“ Betriebsteile sind laut

---

1 HambK/*Ahrendt* InsO § 121 Rn 1.
2 BGBl 1996 I S 1476.
3 BAG 21.2.2001 – 2 AZR 39/00, ZIP 2001, 1825.
4 Dazu näher HWK/*Hohenstatt/Willemsen* § 112 BetrVG Rn 19 ff; ErfK/*Kania* § 112 BetrVG Rn 11 ff; GK-BetrVG/*Oetker* § 111 BetrVG Rn 59 ff; Dornbusch/Fischermeier/Löwisch/*Rieble* § 112 BetrVG Rn 10 ff; alle mwN.
5 Für abschließende Aufzählung LAG Düsseldorf 29.3.1978 – 2 Sa 701/77m DB 1979, 114; *Bauer* DB 1994, 217 (218); *Boemke/Tietz* DB 1999, 1389; *Hanau* ZfA 1974, 89 (93); HWK/*Hohenstatt/Willemsen* § 111 BetrVG Rn 25; *Matthes* DB 1972, 286. Dagegen LAG Baden-Württemberg 16.6.1987 – 8 (14) TaBV 21/86, LAGE BetrVG1982 § 111 Nr 6; *Engels* DB 1979, 2227 (2228 f); *Heither* ZIP 1985, 513; *Simon* ZfA 1987, 311 (321 f).
6 BAG 7.8.1990 – 1 AZR 445/89, AP BetrVG 1972 § 111 Nr 34; s auch Nerlich/Römermann/*Hamacher* Vorbem vor §§ 121 bis 124 Rn 6 mwN.

Rechtsprechung dann erfasst, wenn im betreffenden Betriebsteil eine Anzahl von Arbeitnehmern erfasst ist, die den Schwellenwert des § 17 Abs 1 KSchG erreicht, wobei aber in größeren Betrieben jedenfalls 5 % der Arbeitnehmer im Betriebsteil beschäftigt sein müssen.[7] Die **Einstellung der betrieblichen Tätigkeit** durch den Insolvenzverwalter ist noch keine Betriebsänderung iSd § 111 BetrVG. Der Zeitpunkt der Betriebsstillegung iSd § 111 Satz 3 Nr 1 BetrVG tritt hier erst dann ein, wenn beispielsweise der Insolvenzverwalter durch Veräußerung von Betriebsmitteln **die betriebliche Organisation aufzulösen beginnt.**[8] Die Stellung eines Insolvenzantrags oder die Eröffnung eines Insolvenzverfahrens stellen naturgemäß für sich alleine genommen noch keine Betriebsänderung im Sinne des § 111 BetrVG dar.[9] Auch ein Betriebsübergang iSd § 613a BGB ist als solcher noch keine Betriebsänderung iSd § 111 BetrVG.[10]

1. Anwendbarkeit von § 111 BetrVG

5 a) **Unternehmensgröße und Arbeitnehmerzahl.** § 111 Satz 1 BetrVG setzt für seine Anwendbarkeit eine Unternehmensgröße von in der Regel **mehr als 20 wahlberechtigten Arbeitnehmern** voraus. Wo der Schwellenwert des § 111 Satz 1 BetrVG nicht erreicht wird, kann bei „Betriebsänderungen" die Aufstellung eines Sozialplans nicht erzwungen werden – entsprechende freiwillige Betriebsvereinbarungen sind aber zulässig.[11] Bei der **Ermittlung der Zahl der regelmäßig beschäftigten Arbeitnehmer** ist auf den Zeitpunkt abzustellen, in dem die Beteiligungsrechte des Betriebsrats nach §§ 111, 112 BetrVG entstehen. Für die Feststellung ist sowohl ein Rückblick als auch eine Prognose notwendig. Es kommt auf diejenige Personalstärke an, die für den Betrieb im Allgemeinen kennzeichnend ist.[12] Die Wahlberechtigung der Arbeitnehmer ergibt sich aus § 7 BetrVG.

6 b) **Existenz eines Betriebsrats.** Der Tatbestand des § 111 BetrVG setzt weiterhin die **Existenz eines Betriebsrats** in dem von der Maßnahme betroffenen Betrieb voraus. Wird der Betriebsrat erst errichtet, nachdem die Betriebsänderung bereits begonnen hat, so scheidet eine Beteiligung nach den §§ 111 ff BetrVG aus.[13] Unerheblich ist hingegen, ob das **Insolvenzverfahren bereits eröffnet ist.**[14] Für den Insolvenzverwalter besteht keine Verpflichtung, mit einer später beteiligungspflichtigen Maßnahme so lange zu warten, bis im Betrieb ein funktionstüchtiger Betriebrat vorhanden ist, auch wenn mit der Wahl eines solchen in absehbarer Zeit zu rechnen ist.[15] Kommt es zu einer Betriebsstilllegung, so ermöglicht jedenfalls das Restmandat des Betriebsrats nach § 21b BetrVG die Herbeiführung eines Sozialplans.

---

7 BAG 6.12.1988 – 1 ABR 47/87, DB 1989, 883; BAG 7.8.1990 – 1 AZR 445/89, NZA 1991,113; HWK/*Hohenstatt/Willemsen* § 111 BetrVG Rn 25 ff.

8 BAG 30.5.2006 – 1 AZR 25/05, NZA 2006, 1122; LAG Köln 28.1.2010 – 7 Sa 801/09 ZInsO 2010, 2339.

9 BAG 30.5.2006 – 1 AZR 25/05, NZA 2006, 1122; BAG 16.5.2002 – 8 AZR 319/01, NZA 2003, 93; LAG Köln 28.1.2010 – 7 Sa 801/09, ZInsO 2010, 2339; *Annuß* NZI 1999, 344; Kübler/Prütting/Bork/*Moll* InsO §§ 123, 124 Rn 22; *Boemke/Tietze* DB 1999, 1389.

10 BAG 15.12.2011 – 8 AZR 692/10, BB 2012, 1472; BAG 26.4.2007 – 8 AZR 695/05, AP InsO § 125 Nr 4 Rn 38, s zum Begriff des Betriebsübergangs iSd § 613a BGB BAG 15.12.2011 – 8 AZR 692/10, BB 2012, 1472; BAG 27.1.2011 – 8 AZR 326/09, AP BGB § 613a Nr 402; EuGH 12.2.2009 – C-466/07, Slg 2009, I-803; alle mwN.

11 GK-BetrVG/*Oetker* § 111 BetrVG Rn 11.

12 ErfK/*Kania* § 111 BetrVG Rn 5; GK-BetrVG/*Oetker* § 111 BetrVG Rn 27 mwN.

13 BAG 20.4.1982 – 1 ABR 3/80 NZA 2004, 220.

14 Vgl BAG 18.11.2003 – 1 AZR 30/03, BAGE 108, 294; *Kocher* NZI 2003, 527 (528).

15 FK/*Eisenbeis* InsO § 122 Rn 3.

2. Unterrichtung und Beratung iSd § 111 BetrVG

Nach § 111 Satz 1 BetrVG hat der Unternehmer den Betriebsrat über die geplante Betriebsänderung **rechtzeitig und umfassend zu unterrichten und mit ihm darüber zu beraten.** Diese arbeitgeberseitigen Verpflichtungen des § 111 BetrVG gelten so auch für den Insolvenzverwalter. Er muss zur Vermeidung von Nachteilsausgleichsansprüchen aus § 113 BetrVG einen Interessenausgleich versuchen. Wurde bereits mit der Durchführung der Betriebsänderung begonnen, kann ein nach dem Beginn gewählter Betriebsrat weder den Versuch eines Interessenausgleichs noch den Abschluss eines Sozialplans verlangen.[16] Weil die Eröffnung des Insolvenzverfahrens prinzipiell nichts an der betriebsverfassungsrechtlichen Rechtslage ändert, besteht die Unterrichtungs- und Beratungspflicht aber auch dann, wenn der **Betriebsrat erst nach Eröffnung des Insolvenzverfahrens gewählt** wurde.[17] Laut BAG kann sich der Insolvenzverwalter auch nicht darauf berufen, dass die Beteiligung des Betriebsrats wegen der schlechten wirtschaftlichen Situation entbehrlich sei oder dass keine finanziellen Mittel für einen Sozialplan vorhanden seien.[18] Wegen der prinzipiell fehlenden Änderung der Sachlage bei Verfahrenseröffnung können Unterrichtung und Beratung **auch schon vor Verfahrenseröffnung** vorgenommen oder begonnen werden, jedoch greift die Modifizierung von § 112 Abs 2 Satz 1 BetrVG durch § 121 erst nach Verfahrenseröffnung, da dort vom „Insolvenzverfahren" die Rede ist. 7

Rechtzeitig ist eine Unterrichtung, sofern der Betriebsrat mit den erhaltenen Informationen das Ob und Wie der geplanten Betriebsänderung noch beeinflussen kann.[19] Der Insolvenzverwalter darf somit noch nicht mit der Durchführung der Maßnahme begonnen haben.[20] Dies ist der Fall, wenn er die Arbeitsverhältnisse insbesondere leitender Angestellter etwa im Hinblick auf eine geplante Betriebsstilllegung **kündigt.**[21] Demgegenüber stellen die **bloße Einstellung der Produktion oder der sonstigen betrieblichen Tätigkeiten** und die **widerrufliche Freistellung der Arbeitnehmer** durch den Insolvenzverwalter regelmäßig keine unumkehrbaren Maßnahmen und damit auch keinen Beginn einer Betriebsänderung in Form einer Betriebsstilllegung dar.[22] Schließt der Insolvenzverwalter zunächst einen auf partielle Fortführung des Betriebes basierenden Interessenausgleich und wird der Betrieb in der Folge dann doch insgesamt stillgelegt, so stellt dies eine neue Betriebsänderung iSd § 111 BetrVG dar, welche sämtliche Beteiligungsrechte des Betriebsrats erneut auslöst.[23] 8

Umfassend ist die Betriebsratsunterrichtung, wenn nicht nur Art und Umfang der Betriebsänderung, sondern auch ihre **Gründe** sowie die **Auswirkungen auf die Arbeitnehmer** des Betriebes erläutert werden.[24] Zu einer umfassenden Unterrichtung gehört es aber nicht, dass dem Betriebsrat schon vor Durchführung der Betriebsänderung sämtliche für den späteren Sozialplanabschluss relevanten Informationen mitgeteilt werden.[25] 9

---

16 BAG 18.11.2003 – 1 AZR 30/03, AP BetrVG 1972 § 112 Nr 162; so wohl auch *Hunold*, NZA-RR 2004, 561 (564).

17 BAG 18.11.2003 – 1 AZR 30/03, AP BetrVG 1972 § 112 Nr 162.

18 BAG 22.7.2003 – 1 AZR 541/02, AP BetrVG 1972 § 113 Nr 42; krit HambK/*Ahrendt* Vorbem zu §§ 121, 122 Rn 5.

19 BAG 14.9.1976 – 1 AZR 784/75, AP BetrVG 1972 § 113 Nr 2.

20 BAG 6.6.1978 – 1 AZR 495/75, DB 1978, 1650; *Bauer* DB 1994, 217 (222).

21 BAG 4.6.2003 – 10 AZR 586/02, AP InsO § 209 Nr 2.

22 BAG 30.5.2006 – 1 AZR 25/05, AP InsO § 209 Nr 5.

23 LAG Hamm 26.8.2004 – 4 Sa 1853/03, LAG Report 2005, 242.

24 ErfK/*Kania* § 111 BetrVG Rn 23; GK-BetrVG/*Oetker* § 111 BetrVG Rn 177 mwN; *Bauer/Göpfert* DB 1997, 1464 (1467 ff).

25 BAG 30.3.2004 – 1 AZR 7/03, BAGE 110, 122.

Ist der Betriebsrat der Meinung, dass die ihm durch den Insolvenzverwalter vorgelegte Information ungenügend ist oder dass ihm bestimmte Unterlagen zur Verfügung zu stellen sind, trifft ihn wegen des Gebots der vertrauensvollen Zusammenarbeit (§ 2 Abs 1 BetrVG) die Obliegenheit, dies zu **rügen** und **fehlende Informationen** zu **benennen.**[26]

III. Gemeinsamer Vermittlungsversuch

10 Obwohl der Vermittlungsversuch bei der Bundesagentur für Arbeit gemäß § 121 keine notwendige Voraussetzung der Einigungsstellenanrufung ist, können Insolvenzverwalter und Betriebsrat gemeinsam um eine solche Vermittlung ersuchen. Treffen der Insolvenzverwalter und der Betriebsrat jedoch die Absprache, tatsächlich so vorzugehen, sind sie daran gebunden.[27] Ein **Einlasszwang** besteht jedoch **nicht.**[28]

11 Strittig ist, ob eine solche **Gemeinsamkeit des Ersuchens** bereits dann vorliegt, wenn die eine Partei dem Ersuchen der anderen vor Beginn des Vermittlungsversuchs zustimmt,[29] oder ob ein abgesprochenes und übereinstimmendes Ersuchen notwendig ist.[30] Für letztere Ansicht mag der Begriff des „Gemeinsamen" sprechen, der eine (vorherige) Absprache nahe legt.[31] Für erstere Ansicht ist aber einzuwenden, dass auch bei zeitlich oder verfahrenstechnisch getrenntem Vorgehen ein einheitliches Anliegen zum Ausdruck gebracht werden kann, dass spätestens bei allseitigem Dafürhalten „gemeinsam" wird.[32] Auch der Gesichtspunkt der Rechtssicherheit streitet dafür, weil es nicht gerade verfahrensförderlich wäre, wenn geprüft werden müsste, ob die Erklärungen der Betriebspartner auf einer vorangegangenen Absprache beruhen.

§ 122
Gerichtliche Zustimmung zur Durchführung einer Betriebsänderung

(1) [1]Ist eine Betriebsänderung geplant und kommt zwischen Insolvenzverwalter und Betriebsrat der Interessenausgleich nach § 112 des Betriebsverfassungsgesetzes nicht innerhalb von drei Wochen nach Verhandlungsbeginn oder schriftlicher Aufforderung zur Aufnahme der Verhandlungen zustande, obwohl der Verwalter den Betriebsrat rechtzeitig und umfassend unterrichtet hat, so kann der Verwalter die Zustimmung des Arbeitsgerichts dazu beantragen, dass die Betriebsänderung durchgeführt wird, ohne dass das Verfahren nach § 112 Abs. 2 des Betriebsverfassungsgesetzes vorangegangen ist. [2]§ 113 Abs. 3 des Betriebsverfassungsgesetzes ist insoweit nicht anzuwenden. [3]Unberührt bleibt das Recht des Verwalters, einen Interessenausgleich nach § 125 zustande zu bringen oder einen Feststellungsantrag nach § 126 zu stellen.

(2) [1]Das Gericht erteilt die Zustimmung, wenn die wirtschaftliche Lage des Unternehmens auch unter Berücksichtigung der sozialen Belange der Arbeitnehmer erfordert, dass die Betriebsänderung ohne vorheriges Verfahren nach § 112 Abs. 2 des Betriebsver-

---

[26] BAG 14.3.1989 – 1 ABR 80/87, AP BetrVG 1972 § 99 Nr 64.
[27] *Zwanziger* § 121 Rn 3.
[28] Kübler/Prütting/Borg/*Moll* § 121 Rn 5 mwN.
[29] Nerlich/Römermann/*Hamacher* § 121 Rn 5.
[30] Kübler/Prütting/Bork/*Moll* § 121 Rn 9 mwN.
[31] Kübler/Prütting/Bork/*Moll* § 121 Rn 9.
[32] Nerlich/Römermann/*Hamacher* § 121 Rn 5.

fassungsgesetzes durchgeführt wird. [2]Die Vorschriften des Arbeitsgerichtsgesetzes über das Beschlussverfahren geltend entsprechend; Beteiligte sind der Insolvenzverwalter und der Betriebsrat. [3]Der Antrag ist nach Maßgabe des § 61a Abs. 3 bis 6 des Arbeitsgerichtsgesetzes vorrangig zu erledigen.

(3) [1]Gegen den Beschluss des Gerichts findet die Beschwerde an das Landesarbeitsgericht nicht statt. [2]Die Rechtsbeschwerde an das Bundesarbeitsgericht findet statt, wenn sie in dem Beschluss des Arbeitsgerichts zugelassen wird; § 72 Abs. 2 und 3 des Arbeitsgerichtsgesetzes gilt entsprechend. [3]Die Rechtsbeschwerde ist innerhalb eines Monats nach Zustellung der in vollständiger Form abgefassten Entscheidung des Arbeitsgerichts beim Bundesarbeitsgericht einzulegen und zu begründen.

Materialien: BT-Drucks 12/2443, S 153 f; BT-Drucks 12/7302, S 170 f.

Literatur

Annuß Die Betriebsänderung in der Insolvenz, NZI 1999, 344; *Arend* Die gerichtliche Zustimmung zur Durchführung einer Betriebsänderung nach § 122 InsO, ZInsO 1998, 303; *Berscheid* Gerichtliche Zustimmung zur Durchführung einer Betriebsänderung, ZInsO 1999, 52; *ders* Vorschläge zur Änderung und Ergänzung der Vorschriften des Insolvenzarbeitsrechts, FS Schwerdtner, 517; *Giesen* Die Betriebsverfassung nach dem neuen Insolvenzrecht, ZIP 1998, 142; ders Die Beschleunigung des Betriebsänderungsverfahrens nach § 113 Abs. 3 BetrVG neuer Fassung, BuW 1997, 351; *Hohenstatt* Der Interessenausgleich in einem veränderten rechtlichen Umfeld, NZA 1998, 846; *Lakies* Zu den seit 1.10.1996 geltenden arbeitsrechtlichen Vorschriften der Insolvenzordnung, RdA 1997, 145; *Löwisch* Neugestaltung des Interessenausgleichs durch das Arbeitsrechtliche Beschäftigungsförderungsgesetz, RdA 1997, 80; *ders* Das Arbeitsrechtliche Beschäftigungsförderungsgesetz, NZA 1996, 1009; *Müller* Das arbeitsgerichtliche Beschlussverfahren nach der Insolvenzordnung, DZWIR 1999, 221; *Oetker/Friese* Der Interessenausgleich in der Insolvenz, DZWIR 2001, 133; *Rummel* Der Interessenausgleich im Konkurs, DB 1997, 774; *Schaub* Arbeitsrecht in der Insolvenz, DB 1999, 217; *Warrikoff* Die Stellung der Arbeitnehmer nach der neuen Insolvenzordnung, BB 1994, 2338.

Übersicht

I. Norm und Normzweck

1 Ebenso wie § 121 dient auch § 122 der Beschleunigung des in §§ 111 ff BetrVG geregelten Betriebsänderungsverfahrens. Während § 121 den Vermittlungsversuch bei der Bundesagentur für Arbeit verzichtbar macht und es auf diese Weise erlaubt, ohne diesen Zwischenschritt die Einigungsstelle nach § 76 BetrVG anzurufen, kann der Verwalter gemäß § 122 drei Wochen nach Verhandlungsaufnahme mit dem Betriebsrat oder nach vergeblicher Aufforderung zu Verhandlungen die Zustimmung des Arbeitsgerichts zur Vornahme der Betriebsänderung beantragen.[1] Ebenso wie bei § 121 steht es dem Insolvenzverwalter auch bei § 122 frei, von der dort ermöglichten Verfahrensbeschleunigung Gebrauch zu machen oder nicht.[2] Die meisten Insolvenzverwalter sehen von diesem Vorgehen ab, selbst wenn die Verhandlungen mit dem Betriebsrat ins Stocken geraten. § 122 kann zwar die Betriebsänderung beschleunigen, macht das aber von einem relativ aufwendigen – oft langwierigen und risikobehafteten – Gerichtsverfahren abhängig. Trotzdem hat § 122, auch ohne dass von ihm Gebrauch gemacht wird, wahrscheinlich dennoch mittelbar beschleunigenden Einfluss, weil der Betriebsrat befürchten muss, dass der Insolvenzverwalter bei allzu großer Verzögerung das Betriebsänderungsverfahren mit Hilfe von § 122 zügiger abwickeln kann.

2 § 122 ist vor der Insolvenzordnung bereits mit Wirkung ab dem 1.10.1996 für die Konkursordnung in Kraft gesetzt worden, jedoch nicht für die Vergleichsordnung und die Gesamtvollstreckungsordnung.[3]

II. Arbeitsgerichtliche Zustimmung

1. Antrag des Insolvenzverwalters und stattgebender Entscheidungstenor

3 Der Antrag des Insolvenzverwalters kann in der Weise formuliert werden, dass er darauf gerichtet ist, „gemäß § 122 Insolvenzordnung die Zustimmung zur folgenden Betriebsänderung zu erteilen, ohne dass das Verfahren nach § 112 Abs 2 des Betriebsverfassungsgesetzes vorangegangen sein muss: …“. Der Hinweis auf die Regelung des § 122 („… gemäß § 122 Insolvenzordnung …“) ist nicht erforderlich, hilft aber angesichts der Seltenheit des Verfahrens nach § 122, Missverständnisse zu vermeiden. Im weiteren Text ist die beabsichtigte Betriebsänderung hinreichend konkret zu umschreiben. Soweit es sich um eine schlichte Betriebsstilllegung handelt, genügt es, wenn der betroffene Betrieb erkennbar bezeichnet wird und wenn sich – gegebenenfalls aus dem Begründungstext – der Zeitpunkt bzw die Zeitphasen der Stilllegung bzw der geplanten Stilllegungsschritte ergeben. Außerdem hat der Insolvenzverwalter, auch wenn im Beschlussverfahren prinzipiell der Untersuchungsgrundsatz gilt, die wichtigsten Fakten vorzutragen, aus denen sich die Zulässigkeit und die Begründetheit seines Antrags entnehmen lässt (s dazu näher unter Rn 20 f).

---

[1] Krit *Berscheid* FS Schwerdtner, 517 (528 f), der aufgrund der Überlastung der Arbeitsgerichte eine Änderung des § 122 dahingehend vorschlägt, dass die Verhandlungsfristen auf vier Monate ausgedehnt werden. Ist diese Frist abgelaufen, so soll die Betriebsänderung ohne Zustimmung des Gerichts zulässig sein.

[2] MünchKomm/*Caspers* InsO §§ 121, 122 Rn 2.

[3] Art 6 des Arbeitsrechtlichen Gesetzes zur Förderung von Wachstum und Beschäftigung, BGBl 1996 I S 1476.

Im Fall der Stattgabe kann die Entscheidung des Arbeitsgerichts der vorgeschlagenen Formulierung für den Verwalterantrag entsprechen. Aus dem Entscheidungstenor des Arbeitsgerichts muss sich – wie beim Antrag – erkennen lassen, dass und zu welcher Betriebsänderung die Zustimmung erteilt wird, wobei sich aufgrund des zweigliedrigen Streitgegenstandsbegriffs die Einzelheiten aus der Begründung ergeben können. So kann der Tenor etwa lauten: „Dem Beteiligten zu 1 wird gestattet, die geplante Stilllegung des Betriebes XY der Schuldnerin zum 31.1.2014 durchzuführen, ohne dass das Verfahren nach § 112 Abs 2 BetrVG vorangegangen sein muss“.[4] 4

2. Zulässigkeit des Antrags

Nach § 122 Abs 1 Satz 1 muss der Betriebsrat rechtzeitig und umfassend iSd § 111 Satz 1 BetrVG über die geplante Betriebsänderung unterrichtet worden sein, bevor der Insolvenzverwalter die gerichtliche Zustimmung beantragen kann, s dazu § 121 Rn 3 ff, 7 ff. Hierbei kann die **Unterrichtung auch schon vor Verfahrenseröffnung durch den vorläufigen Insolvenzverwalter** durchgeführt worden sein. Das ergibt sich nicht nur aus dem Wortlaut des § 122 Abs 1 Satz 1, in dem neutral vom „Verwalter“ und nicht vom „Insolvenzverwalter“ die Rede ist („... obwohl der Verwalter ...“). Und es entspricht auch dem materiellen Anliegen der Regelung, Bedenken und Alternativen zu kommunizieren. Das betrifft jeden vorläufigen Insolvenzverwalter, unabhängig davon, ob es sich um einen „starken“, „schwachen“ oder „halbstarken“ vorläufigen Insolvenzverwalter handelt (vgl dazu Vor § 113 Rn 3 ff). Mit Blick auf diesen Zweck dürfte, wenn ein „schwacher“ vorläufiger Insolvenzverwalter vor Verfahrenseröffnung ernannt wurde, auch die **Unterrichtung durch den Schuldner** die Anforderungen an § 122 Abs 1 Satz 1 erfüllen, wenn nur tatsächlich der dann später ernannte Insolvenzverwalter an dieser Planung festhält; vgl zur Verteilung der entsprechenden Befugnisse zwischen Schuldner und vorläufigem Insolvenzverwalter Vor § 113 Rn 7. Freilich setzt § 122 Abs 1 Satz 1 voraus, dass „zwischen **Insolvenzverwalter** und Betriebsrat“ ... kein Interessenausgleich zustande gekommen ist, und das bedeutet, dass für die **Antragstellung** das Insolvenzverfahren eröffnet sein muss. 5

Weiterhin muss der Verwalter

- entweder mit dem Betriebsrat über eine Dauer von drei Wochen erfolglos über einen Interessenausgleich nach § 112 BetrVG **verhandelt** haben; auch diese Verhandlungen können, wie sich aus dem Wortlaut „Verwalter“ ergibt, noch ganz oder teilweise vom vorläufigen Insolvenzverwalter und/oder vom noch entsprechend befugten Schuldner geführt worden sein;[5] 6
- oder es müssen drei Wochen vergangen sein nach der schriftlichen **Aufforderung** an den Betriebsrat **zur Verhandlungsaufnahme**, wenn der Betriebsrat ihr in dieser Zeit nicht nachgekommen ist; diese Aufforderung kann ebenfalls, wie sich aus dem Wortlaut „Verwalter“ ergibt, noch vom vorläufigen Insolvenzverwalter und/oder vom noch entsprechend befugten Schuldner erklärt worden sein.[6] 7

Die Frist berechnet sich in beiden Fällen gemäß § 222 ZPO, §§ 187 ff BGB ab der rechtzeitigen und vollständigen Unterrichtung iSd § 111 Abs 1 Satz 1 BetrVG.[7] Der Frist- 8

---

[4] Vgl ArbG Lingen 9.7.1999 – 2 BV 4/99, ZInsO 1999, 656; s auch MünchKomm/*Caspers* §§ 121, 122 Rn 44.

[5] ArbG Lingen 9.7.1999 – 2 BV 4/99, ZInsO 1999, 656.

[6] Vgl ArbG Lingen 9.7.1999 – 2 BV 4/99, ZInsO 1999, 656.

[7] Andres/Leithaus/*Andres* §§ 121, 122 Rn 5; *Löwisch*, RdA 1997, 80 (83); *Zwanziger* § 122 Rn 24. Ein Beispielsfall, in dem die Dreiwochenfrist nicht zu laufen begonnen hatte, weil der Betriebsrat noch nicht umfassend unterrichtet worden war, ist ArbG Gelsenkirchen vom 17.5.2006 – 2 BV 15/06, dbr

beginn wird nicht dadurch verzögert, dass der Betriebsrat weitere Informationen oder Unterlagen iSd § 80 Abs 2 Satz 2 BetrVG verlangt.[8]

9 Die **Verhandlungen** müssen auf Seiten des Verwalters ernsthaft geführt werden; Scheinverhandlungen reichen nicht aus.[9] Verhandlungen, die vom Insolvenzschuldner oder dem vorläufigen Insolvenzverwalter geführt wurden, sind – wie gesagt – mit einzurechnen, sofern eine unveränderte Sachlage bezüglich der Betriebsänderung vorliegt.[10]

10 Die **Aufforderung an den Betriebsrat zur Verhandlungsaufnahme** muss dem Betriebsrat zugehen, weshalb im Streitfall deren Zugang nachzuweisen ist. Der Zugang richtet sich nach den allgemeinen Regeln über den Zugang von Willenserklärungen. Nach § 26 Abs 2 Satz 2 BetrVG ist erforderlich, dass die schriftliche Aufforderung beim Betriebsratsvorsitzenden bzw. im Fall seiner Verhinderung bei dessen Stellvertreter eingeht.[11] Die Berechnung der Frist erfolgt nach §§ 186 ff BGB. Für die Zulässigkeit des Antrages ist der Fristablauf unerheblich; entscheidend ist der **Fristablauf im Zeitpunkt der letzten mündlichen Verhandlung.**[12] Teils wird gefordert, die Aufforderung müsse **Terminvorschläge** enthalten, die ausreichend Zeit für die Verhandlungen lassen.[13] Das empfiehlt sich zwar, erscheint aber als Voraussetzung für den Fristlauf überzogen. Es genügt, dass nach den betrieblichen Gepflogenheiten Gesprächsbereitschaft besteht. Im Aufforderungsschreiben muss die Betriebsänderung lediglich benannt und nicht näher umschrieben werden, weil der Fristlauf nach § 122 Abs 1 Satz 1 ohnehin voraussetzt, dass der Betriebsrat rechtzeitig und umfassend unterrichtet wurde. Es genügt daher, wenn aus dem Schreiben erkennbar wird, dass es um den Gegenstand der vorangegangenen Unterrichtung geht. Zudem können Unterrichtung und Aufforderung zu Verhandlungen gleichzeitig erfolgen. Die Dreiwochenfrist muss **nicht** eingehalten werden, wenn bereits vorher eindeutig und endgültig die **Verhandlungen über den Interessenausgleich gescheitert** sind.[14] Ein Festhalten an der Frist wäre in diesem Fall bloßer Formalismus und stünde dem Beschleunigungszweck des Verfahrens entgegen. Insoweit ist § 122 Abs 1 S 1 teleologisch zu reduzieren.

11 Die Aufforderung hat nach § 122 Abs 1 Satz 1 **schriftlich** zu erfolgen. Prinzipiell sollte man meinen, dass der Begriff „schriftlich" iSd § 122 demjenigen der „Schriftform" iSd § 126 BGB entspricht.[15] Dem steht aber wohl die Rechtsprechung entgegen, welche diese Gleichsetzung im Betriebsverfassungsrecht nicht vornimmt. So reicht für die „schriftlich" vorzunehmende Mitteilung über die Nichtzustimmung zu personellen Maßnahmen iSd § 99 Abs 3 Satz 1 BetrVG laut BAG eine schlichte E-Mail.[16] In der Literatur

---

2006, Nr 10, 39. Vgl zur Verbindung der Unterrichtung mit der Erfüllung weiterer Unterrichtungspflichten, insbesondere nach § 17 Abs 2 Satz 1 KSchG, BAG 20.9.2012 – 6 AZR 155/11, NZA 2013, 32.

[8] Vgl Braun/*Wolf* § 122 Rn 3.

[9] Nerlich/Römermann/*Hamacher* § 122 Rn 17 mwN.

[10] ArbG Lingen 9.7.1999 – 2 BV 4/99, ZInsO 1999, 656.

[11] So zur Parallelregelung des § 126 Uhlenbruck/*Berscheid* InsO §§ 126, 127 Rn 13.

[12] So zur Parallelregelung des § 126 Andres/Leithaus/*Andres* InsO §§ 126, 127 Rn 2; HambK/*Ahrendt* InsO § 126 Rn 2; *Friese* ZInsO 2001, 350 (351); *Müller-Limbach* KTS 2001, 531 (542).

[13] MünchKomm/*Caspers* InsO §§ 121, 122 Rn 35; *Löwisch* RdA 1997, 80 (83); **aA** Nerlich/Römermann/*Hamacher* § 122 Rn 20.

[14] So zur Parallelregelung des § 126 Uhlenbruck/*Berscheid* InsO §§ 126, 127 Rn 13; Nerlich/Römermann/*Hamacher* InsO § 126 Rn 13; HK/*Linck* InsO (6. Aufl 2011) § 126 Rn 3; **aA** HWK/*Annuß* (5. Aufl 2012) § 126 InsO Rn 2.

[15] Graf-Schlicker/*Pöhlmann* § 122 Rn 11; Kübler/Prütting/Bork/*Moll* § 122 Rn 28 mwN.

[16] BAG 11.6.2002 – 1 ABR 43/01, NJW 2003, 843; BAG 9.12.2008 – 1 ABR 79/07, NZA 2009, 627; BAG 10.3.2009 – 1 ABR 93/07, NZA 2009, 622. Vgl auch zur – am Ende offen gelassenen – Frage, ob „schriftlich" iSd

wird dies zwar nicht gebilligt; jedoch geht man davon aus, dass dementsprechend beispielsweise auch für die Betriebsratsstellungnahme nach § 102 Abs 2 Satz 1 BetrVG nicht mehr die Schriftform iSd § 126 BGB gefordert werden kann.[17] Die Nichtanwendung von § 126 BGB begründet das BAG in zwei Stufen. Zunächst erklärt es, dass § 126 BGB zwar nicht wegen seines Wortlauts, aber aufgrund seiner Verortung im BGB nicht für rechtsgeschäftsähnliche Erklärungen, sondern lediglich für Rechtsgeschäfte gelte. Da also nur eine entsprechende Anwendung in Betracht komme, meint es zweitens, für die Anwendung von § 126 BGB seien hier „Normzweck und Interessenlage“ entscheidend. Bei § 99 Abs 3 Satz 1 BetrVG gehe es darum, dass der Arbeitgeber die Gründe erfährt, aus denen der Betriebsrat die Zustimmung verweigert, um die Erfolgsaussichten des Verfahrens nach § 99 Abs 4 BetrVG abschätzen zu können. Die Wahrung der Identitäts- und der Vollständigkeitsfunktion verlange nicht notwendig eine Originalunterschrift, und das ohne Originalunterschrift geringfügig höhere Fälschungsrisiko könne in Kauf genommen werden.[18] Die Haltung des BAG ist kaum nachzuvollziehen, weil sie das Rechtssicherheitsanliegen von Formvorschriften vernachlässigt und die Ähnlichkeit rechtsgeschäftlicher und rechtsgeschäftsähnlicher Erklärungen ignoriert. Legt man die Haltung dieser Rechtsprechung allerdings – konsequenterweise nicht nur zugunsten des Betriebsrats, sondern auch des Insolvenzverwalters – zugrunde, wird man für § 122 Abs 1 Satz 1 ebenfalls nur **einfache Schriftlichkeit** fordern können. Denn auch bei § 122 Abs 1 Satz 1 geht es ausschließlich darum, eine nachvollziehbare Aufforderung zu Verhandlungen zu dokumentieren, ohne dass ein größeres Fälschungsrisiko ersichtlich wäre, der Insolvenzverwalter vor den Konsequenzen des eigenen Tuns zu warnen wäre oder der Betriebsrat im Einzelnen darüber belehrt werden müsste, dass er bei dreiwöchiger Verhandlungsverweigerung das Vorgehen nach § 122 ermöglicht. Freilich kann nicht mit Sicherheit prognostiziert werden, dass das BAG dem Insolvenzverwalter dieselben Zugeständnisse in Formfragen macht wie dem Betriebsrat. Es ist dem Insolvenzverwalter daher sicherheitshalber zu raten, Aufforderungen an den Betriebsrat zur Verhandlungsaufnahme in unterschriebener Urkunde zu erstellen.

Im Fall der **Eigenverwaltung** bedarf die Durchführung des Verfahrens gemäß § 279 **12**
Satz 3 der **Zustimmung des Sachwalters**. Die Durchführung von **Verhandlungen** und die **Aufforderung zu Verhandlungen** nach § 122 Abs 1 Satz 1 stellen keine Ausübung von in § 279 Satz 3 erfassten „Rechten“ dar und können daher **vom Eigenverwalter allein** durchgeführt werden.

Liegen die genannten Voraussetzungen nicht vor, so ist der Antrag **unzulässig** und **13**
nicht unbegründet.[19]

3. Verfahren

Das Verfahren ist gemäß § 122 Abs 2 Satz 2 Satz 3 ein **Beschlussverfahren** im Sinne **14**
der §§ 80 ff ArbGG, welches gemäß § 61a Abs 3 und 6 ArbGG vorrangig zu erledigen ist. Im Beschluss wird der Antrag des Insolvenzverwalters als unzulässig oder unbegrün-

---

§ 17 Abs 2 Satz 1 KSchG dem Schriftformerfordernis des § 126 BGB entspricht, BAG 20.9.2012 – 6 AZR 155/11, NZA 2013, 32.

17 Richardi/*Thüsing* § 102 Rn 95; s aus der älteren Literatur beispielsweise *Gotthardt/Beck* NZA 2002, 876 (882) mwN.

18 BAG 10.3.2009 – 1 ABR 93/07, NZA 2009, 622; BAG 9.12.2008 – 1 ABR 79/07, NZA 2009, 627; unter Verweis auf BAG 11.6.2002 – 1 ABR 43/01, BAGE 96, 28 ff.

19 *Arend* ZInsO 1998, 303 (304); *Berscheid* ZInsO 1999, 52; Nerlich/Römermann/*Hamacher* § 122 Rn 62; Kübler/Prütting/Bork/*Moll* § 122 Rn 34; **aA** ArbG Berlin 26.3.1998 – 5 BV 5735/98, ZInsO 1999, 51, das von Unbegründetheit ausgeht.

det abgelehnt oder es wird die Zustimmung zur beabsichtigten Betriebsänderung erteilt.[20] Dementsprechend handelt es sich um eine Gestaltungsentscheidung.[21]

15 Möglich ist auch ein teilweise stattgebender Beschluss, in dem nur für einen oder mehrere Teile der beantragten Betriebsänderung die Zustimmung erteilt wird, während für den oder diejenigen Teile, für den oder die nicht antragsgemäß entschieden wird, die Gestaltungswirkung nicht eintritt, der Insolvenzverwalter also, wenn er die Betriebsänderung vornehmen will, das Verfahren nach §§ 111 f BetrVG fortzusetzen hat.[22]

16 **Beteiligte des Verfahrens** sind nach § 122 Abs 2 Hs 2 der Insolvenzverwalter und der Betriebsrat. Das ist in der Regel der Betriebsrat des betroffenen Betriebs. Es stellt sich aber weiter die Frage, in welchen Fällen nach §§ 50 oder 58 BetrVG die Zuständigkeit des **Gesamtbetriebsrats** oder des **Konzernbetriebsrats** eingreift. Da § 122 die Durchführung einer Betriebsänderung iSd § 111 BetrVG betrifft, die im Fall einer Einigung zwischen Arbeitnehmervertretung und Unternehmer Gegenstand eines Interessenausgleichs ist, sollte für die Zuständigkeitszuordnung dasselbe gelten wie für die Zuständigkeit zum Abschluss eines Interessenausgleichs, s dazu § 125 Rn 6 f.

17 Gemäß § 122 Abs 2 Satz 2 iVm § 82 Abs 1 ArbGG richtet sich die **örtliche Zuständigkeit** des Gerichts nach dem Bezirk, in dem der Betrieb liegt bzw bei Zuständigkeit des Gesamt- oder Konzernbetriebsrats nach dem Bezirk des Unternehmenssitzes.

18 Dem Insolvenzverwalter steht es gemäß § 122 Abs 1 Satz 3 frei, **parallel zum Beschlussverfahren** einen Interessenausgleich nach § 125 zustande zu bringen und/oder ein Verfahren nach § 126 zu beantragen. Außerdem kann er selbstverständlich weiterhin neben dem Beschlussverfahren einen Interessenausgleich mit dem Betriebsrat zu erzielen versuchen und bei dessen Erfolg das Verfahren für erledigt erklären.[23]

4. Begründetheit des Antrags, § 122 Abs 2

19 a) **Allgemeines.** Gemäß § 122 Abs 2 hat das Gericht die Zustimmung erteilen, soweit es die wirtschaftliche Lage des Unternehmens auch unter Berücksichtigung der sozialen Belange der Arbeitnehmer erfordert, die betreffende Betriebsänderung ohne vorheriges Verfahren nach § 112 Abs 2 BetrVG durchzuführen. Durch die Gesetzesformulierung „auch unter Berücksichtigung der sozialen Belange der Arbeitnehmer“ stellt sich die Anwendung der Norm dermaßen dar, dass zuerst das Tatbestandsmerkmal der „wirtschaftlichen Lage des Unternehmens“ bejaht werden muss, bevor eine Prüfung der „sozialen Belange der Arbeitnehmer“ stattfinden kann.[24]

20 Grundsätzlich gilt für das Beschlussverfahren gemäß § 83 Abs 1 ArbGG der so genannte eingeschränkte Untersuchungsgrundsatz – das Gericht hat den Sachverhalt von Amts wegen zu ermitteln, jedoch obliegt es den Parteien, an der Sachverhaltsaufklärung mitzuwirken.[25] Da die besondere Dringlichkeit der Maßnahme und der rechtzeitigen und umfassenden Unterrichtung des Betriebsrats im Verantwortungs- und Kenntnisbereich des Insolvenzverwalters liegen, obliegt ihm demnach auch die Darlegungslast hierfür.[26] Er hat somit die wesentlichen Fakten zur wirtschaftlichen Lage des Betriebs und zu den

---

20 *Giesen* ZIP 1998, 142 (144).

21 *Giesen* ZIP 1998, 142 (144).

22 MünchKomm/Caspers InsO §§ 121, 122 Rn 49.

23 Braun/*Wolf* § 122 Rn 8.

24 MünchKomm/*Caspers* InsO §§ 121, 122 Rn 38.

25 Vgl BAG 9.9.1975 – 1 ABR 21/74, AP ArbGG 1953 § 83 Nr 6; s auch MünchKomm/*Caspers* §§ 121, 122 Rn 47; s generell ErfK/*Koch* § 83 ArbGG Rn 1 f.

26 Nerlich/Römermann/*Hamacher* § 122 Rn 54, mwN.

Auswirkungen für die Arbeitnehmer beizubringen. Umgekehrt trifft den Betriebsrat die Darlegungslast dafür, dass die sozialen Belange der Arbeitnehmer in einem Einigungsstellenverfahren insbesondere durch alternative Konzepte zur Betriebsänderung besser geschützt werden können, und zwar in einer Art und Weise, welche die wirtschaftliche Lage des Unternehmens nicht unangemessen strapaziert.[27]

Das Gericht hat in der Bewertung der Fakten kein Ermessen bei der Abschätzung der genannten wirtschaftlichen Nachteile, sondern muss sich – nicht zuletzt aufgrund des Beschleunigungszwecks der Norm – an den genannten Vorgaben orientieren und über sie notfalls Beweis erheben, insbesondere wenn sich die vom Insolvenzverwalter dargelegten Fakten als unzutreffend oder widersprüchlich erweisen oder vom Betriebsrat substantiiert bestritten werden. Bei alledem kann die Entscheidung des Gerichts sowohl hinsichtlich der „wirtschaftlichen Lage des Unternehmens" als auch hinsichtlich der Berücksichtigung der „sozialen Belange der Arbeitnehmer" nur **Prognosecharakter** haben. Die in Aussicht stehende Verzögerung ist dabei ebenfalls schwer einzuschätzen. Realistisch dürfte ein Zuwarten mit der Durchführung von längstens drei Monaten sein.[28] Dabei ist zu berücksichtigen, dass der Insolvenzverwalter nicht mit einer durchschnittlichen Dauer des weiteren Verfahrens nach §§ 111 f BetrVG kalkulieren darf, sondern einen Sicherheitszuschlag bei der absehbaren Verfahrensdauer machen kann, um nicht mit einer vermeintlich geringfügigen Verzögerung die avisierte Betriebsänderung sowie das damit verbundene Sanierungsvorhaben zu gefährden. Es ist klar, dass das **Arbeitsgericht** mit der Prüfung der „wirtschaftlichen Lage des Unternehmens" und der „sozialen Belange der Arbeitnehmer" (zu beidem näher Rn 22 ff) bezüglich der Faktenlage und ihrer Bewertung unter Umständen **sehr stark gefordert** ist. Hier sind gegebenenfalls betriebswirtschaftliche Daten und branchenspezifische Bewertungen nachzuvollziehen bzw selbst vorzunehmen, und ab einem bestimmten Schwierigkeitsgrad ist ein Richter dazu nicht mehr in der Lage. In dieser Situation muss, insbesondere bei begründetem Zweifel an der Expertise des antragstellenden Insolvenzverwalters oder bei Unklarheiten bzgl der Schlussfolgerungen aus dessen Sachvortrag, von Amts wegen **mittels Sachverständigengutachtens** Beweis erhoben werden. Das führt zwar zur **Verfahrensverzögerungen**, diese werden sich aber in komplexen Fällen kaum vermeiden lassen. Dass damit der Beschleunigungszweck des Verfahrens nach § 122 gefährdet wird, liegt freilich auf der Hand. Hierin dürfte ein struktureller Mangel der Regelung liegen. 21

b) Wirtschaftliche Lage des Unternehmens. Erste Voraussetzung für die Zustimmung des Gerichts ist, dass die wirtschaftliche Lage des Unternehmens die Betriebsänderung ohne vorheriges Verfahren nach § 112 Abs 2 BetrVG erfordert. Die Prüfung des Tatbestandsmerkmals der wirtschaftlichen Lage des Unternehmens kann nur insolvenzspezifisch erfolgen, sodass die zu § 16 BetrAVG und § 112 Abs 5 Satz 1 BetrVG entwickelten Grundsätze nicht gelten.[29] Vielmehr geht es darum, Nachteile für die Insolvenzmasse zu vermeiden, um dem gemäß § 1 Satz 1 zu verfolgenden Hauptzweck der Gläubigerbefriedigung zu entsprechen.[30] Das Arbeitsgericht hat dabei jegliche erhebliche Gefährdung der Insolvenzmasse, die durch eine Beschleunigung des Verfahrens abzuwenden ist, in seiner Entscheidung zu berücksichtigen. 22

---

[27] HK/*Linck* § 122 Rn 15 mwN; s auch *Löwisch* RdA 1997, 80 (86).

[28] HambK InsO/*Ahrendt* § 122 Rn 9; FK/*Eisenbeis* InsO § 122 Rn 15.

[29] Kübler/Prütting/Bork/*Moll* § 122 Rn 42.

[30] Nerlich/Römermann/*Hamacher* § 122 Rn 57; MünchKomm/*Caspers* InsO §§ 121, 122 Rn 41; Kübler/Prütting/Bork/*Moll* § 122 Rn 42.

23 Entscheidend ist dabei, ob der Betrieb noch wirtschaftlich arbeiten, sprich die laufenden bzw zu erwartenden Kosten (einschließlich der Personalausgaben) auch mit den laufenden bzw zu erwartenden Einnahmen decken kann.[31] Soweit demnach die Fortsetzung des betreffenden Betriebs während der zu erwartenden Dauer des Einigungsstellenverfahrens und die damit verbundene verspätete Durchführung der Betriebsänderung erheblich masseminderd wirken, ist aufgrund dieses fortschreitenden Schwundes von Eilbedürftigkeit auszugehen.[32] Nicht relevant ist, ob als Ergebnis des Insolvenzverfahrens die (Teil-)Sanierung oder der (teilweise) Erhalt von Arbeitsplätzen angestrebt wird.[33]

24 c) **Soziale Belange der Arbeitnehmer.** Kommt das Arbeitsgericht zu dem Ergebnis, dass die wirtschaftliche Lage des Unternehmens die Betriebsänderung ohne vorheriges Verfahren nach § 112 Abs 2 BetrVG erfordert, so hat es weiter zu prüfen, ob die Berücksichtigung der sozialen Belange der Arbeitnehmer dennoch entgegensteht.

25 Dabei begründet das generelle arbeitnehmerseitige Interesse an der Verzögerung der Betriebsänderung und an der damit verbundenen eventuellen Verzögerung von Kündigungsterminen als solches keine sozialen Belange iSd § 122 Abs 2 Satz 1.[34] Vielmehr ist zu prüfen, ob bei der Durchführung eines Einigungsstellenverfahrens sozialverträglichere Lösungen für die Belegschaft erzielt werden können als diejenigen, die der Insolvenzverwalter beabsichtigt. Es müssen (vom Betriebsrat beizubringende, s oben Rn 20 ff) Alternativkonzepte zur geplanten Betriebsänderung möglich sein, welche die sozialen Belange der Arbeitnehmer besser berücksichtigen, ohne die wirtschaftliche Lage des Unternehmens unangemessen mehr zu strapazieren.[35]

5. Antragsrücknahme und Erledigung

26 Schließen der Insolvenzverwalter und der Betriebsrat während des Verfahrens einen Interessenausgleich, tritt die Erledigung des Verfahrens nach § 122 ein. Der Insolvenzverwalter kann in dieser Situation – wie auch sonst in jeder Phase des Verfahrens – den Antrag gemäß § 81 Abs 2 Satz 1 ArbGG zurücknehmen. Dann wird der Vorsitzende das Verfahren nach § 81 Abs 2 Satz 2 ArbGG einstellen. Des Weiteren können Insolvenzverwalter und Betriebsrat das Verfahren nach § 83a Abs 1 ArbGG übereinstimmend für erledigt erklären mit der Konsequenz, dass der Vorsitzende das Verfahren gemäß § 83a Abs 2 Satz 1 ArbGG einstellt. Außerdem kommt ein Vergleichsschluss gemäß § 83a Abs 1 ArbGG in Betracht.[36] Dieser ist zulässig, weil und soweit sich Insolvenzverwalter und Betriebsrat über eine konkrete, zur Diskussion stehende Betriebsänderung (nicht zwingend die antragsgegenständliche Betriebsänderung) einigen. Künftige, nicht absehbare Betriebsänderungen können nicht vergleichsweise bewältigt werden, da insofern die Verfügungsbefugnis über den Vergleichsgegenstand iSd § 83a Abs 1 ArbGG fehlt.[37]

---

[31] *Giesen* ZIP 1998, 142 (144).

[32] *Hohenstatt* NZA 1998, 846 (850); MünchKomm/*Caspers* InsO §§ 121, 122 Rn 41; *Oetker/Friese* DZWIR 2001, 133 (137).

[33] MünchKomm/*Caspers* InsO §§ 121, 122 Rn 42; Kübler/Prütting/Bork/*Moll* § 122 Rn 42.

[34] ArbG Lingen 9.7.1999 – 2 BV 4/99, ZInsO 1999, 656; s auch MünchKomm/*Caspers* InsO §§ 121, 122 Rn 44.

[35] ArbG Lingen 9.7.1999 – 2 BV 4/99, ZInsO 1999, 656; zust *Müller* DZWIR 1999, 221 (224); *Oetker/Friese* DZWIR 2001, 133 (138); HK/*Linck* § 122 Rn 15, mwN; s auch *Löwisch*, RdA 1997, 80 (86).

[36] MünchKomm/*Caspers* InsO §§ 121, 122 Rn 51.

[37] S generell zum Begriff des Verfügen-Könnens iSd § 83a Abs 1 ArbGG ErfK/*Koch* § 83a ArbGG Rn 1.

6. Rechtsfolgen und Rechtskraft

Nach § 122 Abs 2 Satz 1 kann der Insolvenzverwalter bei Zustimmung des Arbeitsgerichts zur Betriebsänderung diese durchführen, ohne dass es eines sonst nach § 112 Abs 2 BetrVG notwendigen Einigungsstellenverfahrens bedarf. 27

a) Kein Unterlassungsanspruch des Betriebsrats gegen die Betriebsänderung. Das bedeutet insbesondere, dass der Betriebsrat keinen **Unterlassungsanspruch nach § 23 Abs 3 BetrVG** wegen einer Pflichtverletzung des Insolvenzverwalters und auch keinen **allgemeinen Unterlassungsanspruch** gegen die Betriebsänderung hat. 28

Zwar ist umstritten und nicht durch das BAG geklärt, ob dem Betriebsrat bei Missachtung von § 111 f BetrVG ein **allgemeiner Unterlassungsanspruch** zusteht. Richtigerweise steht die Vorschrift über den Nachteilsausgleich, § 113 BetrVG, als abschließende Sanktionsregelung einem solchen Anspruch entgegen.[38] Jedoch steht auch bei Zugrundelegung der Rechtsansicht, welche den Unterlassungsanspruch bejaht, ein solcher dem Betriebsrat nicht zu, wenn das Arbeitsgericht die Betriebsänderung nach § 122 zugelassen hat. 29

b) Kein Anspruch auf Nachteilsausgleich. Zudem entsteht gemäß § 122 Abs 1 Satz 2 kein Anspruch auf Nachteilsausgleich nach § 113 Abs 3 BetrVG. Führt der Insolvenzverwalter also nach dem Arbeitsgerichtsbeschluss die Betriebsänderung durch, haben die betroffenen Arbeitnehmer keinen solchen Anspruch. Tut er dies dagegen vor dem Arbeitsgerichtsbeschluss oder ohne Arbeitsgerichtsbeschluss und unterlässt er auch den Versuch des Interessenausgleichs, haftet die Masse gem. § 55 Abs 1 Nr 1 auf Nachteilsausgleich nach § 113 Abs 3 BetrVG (s näher Vor § 113 Rn 73 ff, insbesondere Rn 75).[39] Auch eine nachträgliche Erklärung des Betriebsrats, er wolle keine rechtlichen Schritte wegen des unterbliebenen Versuchs eines Interessenausgleichs unternehmen, ändert nichts am Bestehen des Anspruchs auf Nachteilsausgleich, der den betroffenen Arbeitnehmern nach § 113 Abs 3 BetrVG erwachsen ist.[40] 30

c) Keine weiteren Rechtsfolgen. Freilich gehen die Rechtsfolgen einer stattgebenden Entscheidung auch nicht weiter als die beiden genannten Punkte. Das Gericht befindet nicht darüber, ob die geplante Betriebsänderung sinnvoll oder zweckmäßig ist.[41] Es billigt nicht die geplante Betriebsänderung als solche und prüft auch nicht deren Rechtmäßigkeit im Übrigen, da es sich lediglich mit deren Eilbedürftigkeit befasst, also mit den Konsequenzen ihrer Verzögerung durch das Verfahren nach § 112 Abs 2 BetrVG.[42] Erst wenn aufgrund rechtswidriger Maßnahmen die avisierte Betriebsänderung nicht oder nicht mit der vom Insolvenzverwalter geplanten Geschwindigkeit in Betracht kommt, 31

---

38 Gegen einen Unterlassungsanspruch in ErfK/*Kania* § 111 BetrVG Rn 27; Dornbusch/Fischermeier/Löwisch/*Rieble* § 111 BetrVG Rn 24; HWK/*Hohenstatt/Willemsen* § 111 BetrVG Rn 80; *Giesen* BuW 1997, 351; für den Unterlassungsanspruch Fitting § 111 Rn 112; s bei allen Genannten viele weitere Nachweise zur Haltung der Landesarbeitsgerichte.

39 So für § 113 Abs 3 BetrVG BAG 22.7.2003, 1 AZR 541/02, NZA 2004, 93; BAG 18.11.2003 – 1 AZR 30/03, NZA 2004, 220; BAG 30.5.2006 – 1 AZR 25/05, NZA 2006, 1122; KR/*Weigand* § 113 InsO Rn 78, 106 f; **aA** LAG Niedersachsen 12.8.2002 – 5 Sa 534/02, ZInsO 2004, 572; s generell noch zur KO BAG 17.9.1974 – 1 AZR 16/74, NJW 1975, 182.

40 BAG 14.9.1976 – 1 AZR 784/75, AP BetrVG 1972 § 113 Nr 2; Nerlich/Römermann/*Hamacher* § 122 Rn 3.

41 ArbG Lingen 9.7.1999 – 2 BV 4/99, ZInsO 1999, 656.

42 ArbG Lingen 9.7.1999 – 2 BV 4/99, ZInsO 1999, 656.

sind die betreffenden Rechtsverstöße zu berücksichtigen, weil sie bei der Gegenüberstellung der Situationen ohne und mit dem Verfahren nach § 112 Abs 2 BetrVG von Bedeutung sind.

32 d) **Abhängigkeit der Rechtsfolgen von der Rechtskraft des Beschlusses.** Die genannten Rechtsfolgen setzen die Rechtskraft des Beschlusses voraus. Wird die Rechtsbeschwerde nach § 122 Abs 3 Satz 2 seitens des Arbeitsgerichts zugelassen, tritt die Rechtskraft mit Ablauf der einmonatigen Frist zur Rechtsbeschwerde, oder, bei rechtzeitiger Rechtsbeschwerde, gemäß § 92 Abs 3 Satz 1 ArbGG mit der Zurückweisung durch das BAG ein.[43] Soweit die Rechtsbeschwerde nach § 122 Abs 3 Satz 2 nicht zugelassen wird, tritt die Rechtskraft gemäß § 122 Abs 2 Satz 2, 3 InsO, § 84 Satz 3, § 60 ArbGG mit der Verkündung des Beschlusses durch das Arbeitsgericht ein.[44] Teilweise ist unter Verweis auf die Rechtsprechung zur Verwerfung von Rechtsmitteln durch eine höhere Instanz die Ansicht vertreten worden, die Rechtskraft des Beschlusses sei noch so lange gehindert, wie im Fall ihrer Zulassung die Rechtsbeschwerde möglich wäre.[45] Dem kann nicht gefolgt werden. Nach der Rechtsprechung tritt die Rechtskraft eines Urteils, wenn „ein an sich statthaftes und rechtzeitig eingelegtes Rechtsmittel“ nach Ablauf der Rechtsmittelfrist verworfen wird, erst mit der Rechtskraft der Verwerfungsentscheidung ein.[46] Im Fall des § 122 Abs 2 Satz 2 ist die Rechtsbeschwerde aber gerade nicht „an sich statthaft“, sondern muss durch das Gericht, dessen Entscheidung angefochten werden soll, zugelassen werden. Wenn das nicht geschieht, tritt demnach die Rechtskraft bereits mit der Verkündung ein.[47]

III. Einstweilige Verfügung

1. Einstweilige Verfügung über die Zulassung der Betriebsänderung ohne vorheriges Verfahren nach § 112 Abs 2 BetrVG

33 Da § 122 Abs 2 Satz 2 auf das Beschlussverfahren und damit auch auf § 85 Abs 2 ArbGG, § 940 ZPO verweist, kann der Insolvenzverwalter zusätzlich zum Antrag nach § 122 auch einen Antrag auf **einstweilige Verfügung** stellen, in welcher die Betriebsänderung, welche den Gegenstand des Verfahrens nach § 122 darstellt, vorläufig ohne vorheriges Verfahren nach § 112 Abs 2 BetrVG für zulässig erklärt wird.[48]

34 Voraussetzung ist, dass Verfügungsanspruch und Verfügungsgrund vorliegen, welche gemäß § 85 Abs 2 Satz 2 ArbGG, § 936, § 940, § 920 Abs 2 ZPO durch den Insolvenzverwalter glaubhaft gemacht werden müssen; aufgrund des so genannten eingeschränkten Untersuchungsgrundsatzes im Beschlussverfahren (Rn 20) kann das Arbeitsgericht zusätzlich eigene Untersuchungen anstellen.[49]

---

43 MünchKomm/*Caspers* InsO §§ 121, 122 Rn 54.

44 MünchKomm/*Caspers* InsO §§ 121, 122 Rn 54; s allgemein in HWK/*Ziemann* § 60 ArbGG Rn 13 ff.

45 Kübler/Prütting/Bork/*Moll* § 122 Rn 38.

46 GmS-OGB 24.101983 – GmS-OGB 1/83, ZIP 1984, 486 = NJW 1984, 1027.

47 Zutreffend MünchKomm/*Caspers* InsO §§ 121, 122 Rn 54.

48 BT-Drucks 12/7302, S 171; so auch *Annuß* NZI 1999, 344 (347); *Giesen* ZIP 1998, 142 (145); *Löwisch* NZA 1996, 1009 (1017); *Zwanziger* § 122 Rn 65; **aA** *Schaub* DB 1999, 217 (226); Däubler/Kittner/Klebe/Wedde/*Däubler* BetrVG § 122 InsO Rn 14.

49 HWK/*Bepler* § 85 ArbGG Rn 8.

Ein **Verfügungsanspruch** liegt vor, wenn glaubhaft gemacht ist, dass die wirtschaftliche Lage des Unternehmens auch unter Berücksichtigung der sozialen Belange der Arbeitnehmer die Betriebsänderung ohne vorheriges Verfahren nach § 112 Abs 2 BetrVG erfordert. Ein **Verfügungsgrund** setzt die berechtigte Besorgnis voraus, dass die Verwirklichung eines Rechts ohne die einstweilige Verfügung vereitelt oder wesentlich erschwert würde.[50] **35**

Soweit mit der einstweiligen Verfügung bereits das im Hauptverfahren erstrebte Ergebnis erzielt wird, wird ihr Erlass an noch strengere Voraussetzungen geknüpft, weil man eine **Vorwegnahme der Hauptsache** im Verfügungsverfahren grundsätzlich vermeiden will. Bei einer einstweiligen Verfügung, welche dem Insolvenzverwalter vorläufig ohne vorheriges Verfahren nach § 112 Abs 2 BetrVG die Betriebsänderung erlaubt, liegt eine solche Vorwegnahme vor, wie sich bei einem Blick auf die beiden oben Rn 27 ff beschriebenen Rechtsfolgen des Beschlusses nach § 122 zeigt: Erstens wird dem Insolvenzverwalter die Betriebsänderung erlaubt. Das geschieht zwar nur einstweilen; wenn er sie aber vornimmt, lässt sich das meist nicht rückgängig machen. Zweitens schuldet er, weil es eben kraft einstweiliger Verfügung erlaubt war, auch keinen Nachteilsausgleich nach § 113 Abs 3 BetrVG. **36**

Das gilt auch, wenn die einstweilige Verfügung später aufgehoben wird, weil die rechtfertigende Wirkung der Regelungsanordnung iSd § 940 ZPO nach ihrer Aufhebung nicht nachträglich zur Unzulässigkeit des ihr gemäßen Handelns führt. Zudem spricht auch der Rechtsgedanke des Schadensersatzausschlusses nach § 85 Abs 2 Satz 2 ArbGG gegen die Haftung aus § 113 Abs 3 BetrVG.[51] Meines Erachtens kann diese Rechtsfolge aber durch einen entsprechend weniger weit gehenden Verfügungsantrag des Insolvenzverwalters und eine dementsprechend weniger weit greifende einstweilige Verfügung herbeigeführt werden, s Rn 39 ff. **37**

Wegen des Verbots der Hauptsachevorwegnahme kann die einstweilige Verfügung nur unter strengen Voraussetzungen zugelassen werden. Diese sind aber dann erfüllt, wenn ohne sofortige Durchführung der Betriebsänderung aufgrund Auszehrung der Masse die Einstellung des Verfahrens nach § 207 Abs 1 droht.[52] **38**

2. Einstweilige Verfügung über die Zulassung der Betriebsänderung ohne vorheriges Verfahren nach § 112 Abs 2 BetrVG unter Ausschluss der Rechtsfolgen nach § 122 Abs 1 Satz 2

Mit Blick auf diese strengen Anforderungen ist eine einstweilige Verfügung denkbar, welche die oben Rn 27 ff dargelegten Rechtsfolgen nur teilweise herbeiführt und deshalb nicht mit einer Vorwegnahme der Hauptsache verbunden ist. **39**

Denkbar ist meines Erachtens, dass der Insolvenzverwalter beantragt, die Betriebsänderung vorläufig ohne vorheriges Verfahren nach § 112 Abs 2 BetrVG für zulässig zu erklären, wobei aber – einschränkend – die Rechtswirkung des § 122 Abs 2 Satz 2 (nämlich die Nichtverpflichtung zur Leistung von Nachteilsausgleich gemäß § 113 BetrVG) eintreten soll, wenn dem Antrag nach § 122 stattgegeben werden sollte oder wenn sich die Betriebsparteien auf ein dem entsprechendes Ergebnis einigen sollten. Hier bleibt es im Fall des Erlasses der einstweiligen Verfügung zunächst bei der ersten der oben Rn 27 ff beschriebenen Rechtsfolgen, dass die Betriebsänderung – allerdings nur einstweilen – **40**

---

50 HWK/*Bepler* § 85 ArbGG Rn 13.

51 MünchKomm/*Caspers* InsO §§ 121, 122 Rn 59; **aA** *Zwanziger* § 122 Rn 68.

52 So zutreffend MünchKomm/*Caspers* InsO §§ 121, 122 Rn 56.

erlaubt wird (Rn 28 f). Die zweite der Rechtswirkungen, nämlich die fehlende Verpflichtung zum Nachteilsausgleich gemäß § 113 Abs 3 BetrVG (Rn 30), wird aber an die auflösende Bedingung geknüpft, dass der Beschluss nach § 122 erlassen oder eine entsprechende Vereinbarung zwischen den Betriebsparteien getroffen wird.

41 Auf diese Weise wird verhindert, dass im Hinblick auf die mögliche Verpflichtung zum Nachteilsausgleich durch vorläufigen Rechtsschutz Fakten geschaffen werden. Für einen hierauf gerichteten Eilantrag des Insolvenzverwalters gilt zunächst das zu Verfügungsanspruch und Verfügungsgrund Gesagte. Es muss also glaubhaft gemacht und gegebenenfalls vom Gericht überprüft worden sein, dass die wirtschaftliche Lage des Unternehmens auch unter Berücksichtigung der sozialen Belange der Arbeitnehmer die Betriebsänderung ohne vorheriges Verfahren nach § 112 Abs 2 BetrVG erfordert. Zusätzlich greifen aber nicht die besonderen Einschränkungen aus dem Verbot der Hauptsachenvorwegnahme. Es muss somit die berechtigte Besorgnis glaubhaft gemacht und gegebenenfalls vom Gericht überprüft worden sein, dass die Verwirklichung des Betriebsänderungsrechts ohne einstweilige Verfügung vereitelt oder wesentlich erschwert würde. Das ist sicher dann der Fall, wenn auch die uneingeschränkt formulierte einstweilige Verfügung zu erlassen wäre (s oben), wenn also ohne sofortige Durchführung der Betriebsänderung wegen der Aufzehrung der Masse eine Einstellung des Insolvenzverfahrens nach § 207 Abs 1 drohte. Jedoch wird für die beschränkt formulierte einstweilige Verfügung auch genügen, dass wegen der weiter laufenden wirtschaftlichen Belastungen eine erhebliche masseschädliche Vereitelung der Betriebsänderung droht. Kann der Insolvenzverwalter also glaubhaft machen, dass aufgrund der weiter bestehenden Kosten die Mittel fehlen werden, um Teile des Betriebs aufrecht zu erhalten, liegt ebenfalls ein Verfügungsgrund vor. Er hat dafür die laufenden Lasten für die Masse, die erwartbare Kassenlage und die aus beidem folgenden Konsequenzen für das Umstrukturierungsvorhaben glaubhaft zu machen. Demnach sind die voraussichtliche Lage bei Durchführung des Verfahrens nach §§ 111 f BetrVG und des Verfahrens nach § 122 aufgrund entsprechender Verzögerung der Betriebsänderung einerseits sowie andererseits der voraussichtlichen Lage bei sofortiger Durchführung der Betriebsänderung in seiner Glaubhaftmachung gegenüber zu stellen. Wenn der Insolvenzverwalter hier nachvollziehbar darlegen kann, dass die erstere Lage zu erheblich ungünstigeren Ergebnissen bei der Betriebsstruktur und der Vermögenslage für die Masse als die letztere Lage führt, ist die einstweilige Verfügung zu erlassen. Vor diesem Hintergrund dürfte die hier vorgeschlagene einstweilige Verfügung vor allem dann in Betracht kommen, wenn der Insolvenzverwalter keine vollständige Betriebsstilllegung plant, sondern den Betrieb ganz oder teilweise aufrecht zu erhalten versucht.

3. Aufhebung der einstweiligen Verfügung

42 Nach Aufhebung der einstweiligen Verfügung wird gemäß § 85 Abs 2 Satz 2 ArbGG **kein Schadensersatz** nach § 945 ZPO geschuldet.[53] Im Übrigen ist zu unterscheiden, ob es sich um eine der oben 1. (Rn 33 ff) oder um eine der oben 2. (Rn 39 ff) beschriebenen einstweiligen Verfügungen handelt.

43 Im ersteren Fall schuldet die Masse für alle Maßnahmen der Betriebsänderung, die zwischen Erlass und Aufhebung der Verfügung vorgenommen wurden, keinen Nachteilsausgleich gemäß § 113 Abs 3 BetrVG, weil die rechtfertigende Wirkung der Regelungs-

---

[53] MünchKomm/*Caspers* InsO §§ 121, 122 Rn 58.

anordnung nach ihrer Aufhebung nicht nachträglich zur Unzulässigkeit des ihr gemäßen Handelns führt.[54] Aus demselben Grund kommt auch kein hierauf gestützter Unterlassungsanspruch gegen den Insolvenzverwalter nach § 23 Abs 3 BetrVG oder nach den Regeln zum allgemeinen Unterlassungsanspruch in Betracht (s dazu oben Rn 28 f, 40).

Im letzteren Fall dagegen schuldet die Masse für alle Maßnahmen der Betriebsänderung, die zwischen Erlass und Aufhebung der Verfügung vorgenommen wurden, Nachteilsausgleich gemäß § 113 Abs 3 BetrVG, da in der einstweiligen Verfügung die gemäß § 122 Abs 2 Satz 2 angenommene rechtfertigende Wirkung der Regelungsanordnung nach ihrer Aufhebung entfällt, s oben Rn 30, 40. Weil dem Insolvenzverwalter für die Befolgung der einstweiligen Verfügung kein Vorwurf rechtswidrigen Verhaltens gemacht werden kann, bleibt es auch hier dabei, dass aus den Maßnahmen kein Grund für einen Unterlassungsanspruch gegen den Insolvenzverwalter hergeleitet werden kann. **44**

IV. Rechtsbeschwerde, § 122 Abs 3

Nach § 122 Abs 3 Satz 1 findet gegen den Beschluss des Arbeitsgerichts die Beschwerde nach § 87 ArbGG an das Landesarbeitsgericht nicht statt. Eine **Rechtsbeschwerde** an das Bundesarbeitsgericht ist nur möglich, wenn sie im Beschluss des Arbeitsgerichts zugelassen wird. Durch den Verweis auf § 72 Abs 2 ArbGG werden die allgemeinen Gründe für die Revisionszulassung auch für die Rechtsbeschwerdezulassung in Bezug genommen. Das bedeutet, dass die Rechtsbeschwerde **zuzulassen** ist **45**

- gemäß § 72 Abs 2 Nr 1 ArbGG, wenn eine entscheidungserhebliche Rechtsfrage grundsätzliche Bedeutung hat, **46**
- gemäß § 72 Abs 2 Nr 2 ArbGG, wenn der Beschluss des Arbeitsgerichts entscheidungserheblich von einer Entscheidung des BVerfG, des GemSOBG, des BAG oder, solange das BAG die Rechtsfrage noch nicht entschieden hat, von einer LAG-Entscheidung abweicht (eine entsprechende Anwendung auf die Abweichung von einer ArbG-Entscheidung scheidet nach dem Wortlaut des § 72 Abs 2 Nr 2 ArbGG aus), **47**
- gemäß § 72 Abs 2 Nr 2 ArbGG, wenn ein absoluter Revisionsgrund nach § 547 Nrn 1–5 ZPO gegeben ist oder eine entscheidungserhebliche Verletzung des rechtlichen Gehörs geltend gemacht wird (womit nach § 78a Abs 1 Satz 1 Nr 1 ArbGG gleichzeitig geklärt ist, dass eine Anhörungsrüge gegen den Beschluss des Arbeitsgerichts nicht zulässig ist). **48**

Gemäß § 122 Abs 2 Satz 2 InsO, § 72 Abs 3 ArbGG ist das **BAG an die Zulassung gebunden.** **49**

Nach § 122 Abs 3 Satz 3 ist die Rechtsbeschwerde innerhalb eines Monats nach Zustellung der in vollständiger Form gefassten Entscheidung des Arbeitsgerichts beim Bundesarbeitsgericht einzulegen und zu begründen. **50**

Legt man den Instanzenzug vom Arbeitsgericht zum Bundesarbeitsgericht zugrunde, handelt es sich beim Rechtsmittel des § 122 Abs 3 um eine Art Sprungrechtsbeschwerde iSd § 96a ArbGG. Jedoch ist § 96a ArbGG bereits nach dem Wortlaut des § 122 Abs 3 Satz 2 nicht anzuwenden, zumal es nicht darum geht, eine ebenfalls mögliche Beschwerdeinstanz beim Landesarbeitsgericht zu überspringen, und weil auch die übrigen Anwendungsvoraussetzungen des § 96a ArbGG nicht auf das Verfahren passen. **51**

---

[54] MünchKomm/*Caspers* InsO §§ 121, 122 Rn 58; **aA** *Zwanziger* § 122 Rn 68.

52 Deshalb wird das Rechtsmittel in § 122 Abs 3 zu Recht als Rechtsbeschwerde bezeichnet. Damit gelten, soweit sich aus § 122 Abs 3 nichts anderes ergibt, die §§ 92–96 ArbGG (und, wie gesagt, nicht § 96a ArbGG).[55] Das heißt, dass insbesondere § 92 Abs 2, Abs 3, § 92b und §§ 94–96 ArbGG anzuwenden sind. Eine **Nichtzulassungsbeschwerde** gemäß § 92a ArbGG an das Bundesarbeitsgericht scheidet aus, weil § 122 Abs 3 Satz 2 im Hinblick auf die Zulassungsgründe eine ersichtlich abschließende Regelung darstellt; mangels Regelungslücke kommt auch eine analoge Anwendung nicht in Betracht.[56]

§ 123
Umfang des Sozialplans

(1) In einem Sozialplan, der nach der Eröffnung des Insolvenzverfahrens aufgestellt wird, kann für den Ausgleich oder die Milderung der wirtschaftlichen Nachteile, die den Arbeitnehmern infolge der geplanten Betriebsänderung entstehen, ein Gesamtbetrag von bis zu zweieinhalb Monatsverdiensten (§ 10 Abs 3 des Kündigungsschutzgesetzes) der von einer Entlassung betroffenen Arbeitnehmer vorgesehen werden.

(2) [1]Die Verbindlichkeiten aus einem solchen Sozialplan sind Masseverbindlichkeiten. [2]Jedoch darf, wenn nicht ein Insolvenzplan zustande kommt, für die Berichtigung von Sozialplanforderungen nicht mehr als ein Drittel der Masse verwendet werden, die ohne einen Sozialplan für die Verteilung an die Insolvenzgläubiger zur Verfügung stünde. [3]Übersteigt der Gesamtbetrag aller Sozialplanforderungen diese Grenze, so sind die einzelnen Forderungen anteilig zu kürzen.

(3) [1]Sooft hinreichende Barmittel in der Masse vorhanden sind, soll der Insolvenzverwalter mit Zustimmung des Insolvenzgerichts Abschlagszahlungen auf die Sozialplanforderungen leisten. [2]Eine Zwangsvollstreckung in die Masse wegen einer Sozialplanforderung ist unzulässig.

Materialien: BT-Drucks 12/2443, S 154 f; BT-Drucks 12/7302, S 171.

Literatur

Annuß Die Betriebsänderung in der Insolvenz, NZI 1999, 344; *Boemke/Tietze* Insolvenzarbeitsrecht und Sozialplan, DB 1999, 1389; *Lakies*, Insolvenz und Betriebsänderung, BB 1999, 206; *Lipinski/Hund* Anmerkung zu BAG 15.3.2011 – 1 ABR 97/09, BB 2012, 2187; *Niering* Sozialplanansprüche als Stolperstein im Insolvenzplan, NZI 2010, 285; *Oetker/Friese* Der Sozialplan in der Insolvenz, DZWIR 2001, 265; *Roden* Nochmals: Wie „absolut" ist die Grenze des § 123 I InsO, NZA 2009, 659; *Schelp* Arbeitnehmerforderungen in der Insolvenzv, NZA 2010, 1095; *Schmidt* Abfindungstarifvertrag im Insolvenzverfahren, ZInsO 2008, 247; *Schwarzburg* Wie absolut ist die Grenze des § 123 InsO? – Die Anwendbarkeit des § 123 InsO in (faktischen) Konzernsituationen, NZA 2009, 176; *Sessig/Fischer* Sozialplan und Sozialplanforderungen im Insolvenzverfahren, ZInsO 2010, 561; *Uhlenbruck* Das Gesetz über den Sozialplan im Konkurs- und Vergleichsverfahren, NJW 1985, 712; *Warrikoff* Die Stellung der Arbeitnehmer nach der neuen Insolvenzordnung, BB 1994, 2338.

---

[55] So zur Verweisungsregelung des § 126 Abs 2 Satz 2 und zu § 122 Abs 3 BAG 20.1.2000 – 2 ABR 30/99, NZA 2001, 170.

[56] BAG 14.8.2001 – 2 ABN 20/01, AP ArbGG 1979 § 72a Nr 44 Divergenz; MünchKomm/*Caspers* InsO §§ 121, 122 Rn 53; *Lakies* RdA 1997, 145 (154); *Rummel* DB 1997, 774 (775); *Warrikoff* BB 1994, 2338 (2341).

Übersicht

I. Überblick und Anwendungsbereich

1. Normhistorie

Die Behandlung von Sozialplanansprüchen in der Insolvenz und insbesondere ihre **1**
Einordnung als Masseforderungen oder nachrangige Konkursforderungen (heute: Insolvenzforderungen) wurde bereits in den 1970er Jahren kontrovers diskutiert.[1] Das BAG ordnete sie zunächst, ohne dass es dafür einen näheren gesetzlichen Anhaltspunkt gab, als bevorrechtigte Konkursforderungen im Rang noch vor § 61 Abs 1 Nr 1 KO ein, behandelte Sozialplanforderungen also gewissermaßen als Nr 0.[2] Auf die Verfassungsbeschwerde zweier Konkursverwalter hin entschied das BVerfG, die vom Großen Senat des BAG entwickelte Rechtsfortbildung verletze den Grundsatz der Gesetzesbindung nach Art. 20 Abs 3 GG.[3] Daraufhin behandelte das BAG Sozialplanansprüche als nachrangige Konkursforderungen im Sinne von § 61 Abs 1 Nr 6 KO.[4] Infolge dieser Rechtsprechung wurde im Jahr 1985 das Gesetz über den Sozialplan im Konkurs- und Vergleichsverfahren (SozplG) erlassen.[5] Es ordnete Sozialplanansprüche als bevorrechtigte Konkursforde-

[1] Vgl zur Entstehungsgeschichte auch Kübler/Prütting/Bork/*Moll* §§ 123, 124 Rn 1 ff.

[2] BAG (GS), 13.12.1978 – GS 1/77, NJW 1979, S 774 ff; vgl auch BAG 17.9.1974 – 1 AZR 16/74, NJW 1975, 182.

[3] BVerfG 19.10.1983 – 2 BvR 485/80, NJW 1984, 475.

[4] BAG 30.4.1984 – 1 AZR 34/84, NJW 1984, 2486.

[5] Gesetz vom 20.2.1985, BGBl I, 369.

rungen gemäß § 61 Abs 1 Nr 1 KO ein. Zudem legte es in §§ 2, 3 die Höchstgrenze für das Sozialplanvolumen auf 2,5 Monatsgehälter der von der Entlassung betroffenen Arbeitnehmer fest und bestimmte in § 4 Satz 2, dass für die Berichtigung der Sozialplanforderungen maximal ein Drittel der Masse verwendet werden dürfe.

2 Der heutige § 123 löste am 1.1.1999 die §§ 2, 4 Satz 2 SozplG ab. Inhaltlich hat die Gesetzesänderung nur wenige Unterschiede mit sich gebracht. Sie übernimmt den Leitgedanken des SozplG, nach welchem die Interessen der Arbeitnehmer als Sozialplangläubiger und diejenigen der übrigen Insolvenzgläubiger durch eine absolute und eine relative Begrenzung des Sozialplanvolumens in Ausgleich zu bringen sind.[6]

2. Norm und Normzweck

3 § 123 ist zunächst Beleg für die Kontinuität der individuellen und kollektiven Arbeitsbeziehungen über die Eröffnung des Insolvenzverfahrens hinaus. Aus der Vorschrift ergibt sich, dass Sozialpläne auch nach Eröffnung des Insolvenzverfahrens zulässig sind und dann Masseverbindlichkeiten begründen.[7]

4 Mit der Vorschrift wird die Gestaltungsmacht der Betriebspartner in doppelter Hinsicht eingeschränkt. § 123 Abs 1 begrenzt die Gesamthöhe der Sozialplanforderung auf 2,5 Monatsverdienste der von der Entlassung betroffenen Arbeitnehmer (sog absolute Obergrenze). § 123 Abs 2 Satz 2 legt fest, dass nur ein Drittel der Teilungsmasse auf die Sozialplanforderungen verwendet werden darf, es sei denn, es kommt ein Insolvenzplan zustande (sog relative Obergrenze).[8] Durch diese Obergrenzen soll ein angemessener Ausgleich zwischen den Belangen der Gläubiger und denjenigen der Arbeitnehmer erreicht werden.[9]

3. Anwendungsbereich

5 **a) Sozialplan iSd § 112 f. BetrVG aus der Zeit nach Eröffnung des Insolvenzverfahrens.** § 123 findet Anwendung auf Sozialpläne, die nach Eröffnung des Insolvenzverfahrens abgeschlossen wurden.[10] Für die Bestimmung des Abschlusszeitpunkts kommt es darauf an, dass die Einigung iSd §§ 145 ff BGB vorliegt und die Erklärungen in schriftlicher Form niedergelegt sind.[11] Ist der Sozialplan im Einigungsstellenverfahren zustande gekommen, ist maßgeblich, wann der Beschluss der Einigungsstelle gem § 76 Abs 3 Satz 4 BetrVG schriftlich niedergelegt wird.[12] Wann die Zuleitung des Beschlusses an die Betriebspartner erfolgt, ist irrelevant, ebenso, ob der Beschluss angefochten wird.

6 Ebenso unerheblich ist, wann die Betriebsänderung durchgeführt oder beschlossen wird.[13] Zwar mag der Text der Vorschrift, demzufolge es um eine „geplante Betriebsänderung" geht, nahe legen, dass die Betriebsänderung erst nach Abschluss des Sozialplans und damit auch nach Eröffnung des Insolvenzverfahrens durchgeführt werden dürfte. Dieser Wortlaut schließt aber nicht aus, dass ein Sozialplan noch nach Abschluss einer Betriebsänderung vereinbart werden kann, wenn dies vorher unterlassen wurde.

---

[6] Vgl BTDrucks 12/2443, S 98; Braun/*Wolf* § 123 Rn 1.
[7] Vgl BTDrucks 12/2443, S 98.
[8] Zu den sich in diesem Zusammenhang ergebenden Schwierigkeiten *Niering* NZI 2010, 285.
[9] BT Drucks 12/2443, S 98.
[10] Braun/*Wolf* § 123 Rn 2; BeckOK ArbK/*Plössner* § 123 InsO Rn 1; MünchKomm/*Caspers* InsO § 123 Rn 12.
[11] Kübler/Prütting/Bork/*Moll* §§ 123, 124 Rn 25.
[12] Kübler/Prütting/Bork/*Moll* §§ 123, 124 Rn 25.
[13] Vgl in Däubler/ *Däubler* BetrVG Anh zu § 111–113, § 123 InsO Rn 2.

Die Formulierung in § 123 BetrVG wurde schlicht an § 112 BetrVG angelehnt. Auch hier kann der Sozialplan noch nach Durchführung der Betriebsänderung abgeschlossen werden.[14] Wird also eine Betriebsänderung bereits vor Eröffnung des Insolvenzverfahrens durchgeführt, deren Folgen Gegenstand eines Sozialplans sind, welcher nach der Eröffnung abgeschlossen wird, so unterliegt dieser den Grenzen des § 123.[15]

Um beurteilen zu können, ob der Sozialplan **nach der Verfahrenseröffnung** aufgestellt 7 wurde, kommt es natürlich auch auf deren Zeitpunkt an – hier gilt die Angabe im Eröffnungsbeschluss des Insolvenzgerichts nach 27 Abs 2 Nr 3.[16]

Jedoch ist § 123 nicht auf Vereinbarungen anzuwenden, die zwischen Arbeitgeber 8 und Europäischem Betriebsrat geschlossen wurden, denn im EBRG fehlt es an einer mit dem BetrVG vergleichbaren Regelung.[17]

b) **Freiwilliger Sozialplan.** Fraglich ist, ob § 123 auch auf freiwillige Sozialpläne An- 9 wendung findet, also beispielsweise in Unternehmen mit in der Regel bis zu zwanzig wahlberechtigten Arbeitnehmern, wo die §§ 111 ff BetrVG keine Anwendung finden, oder in Fällen, in denen aufgrund von § 112a Abs 1 Satz 1 BetrVG die Erzwingbarkeitsanordnung des § 112 Abs 4 nicht greift.[18]

Prinzipiell ist der Insolvenzverwalter hier nicht gehindert, auf Grundlage von § 88 10 BetrVG einen freiwilligen Sozialplan abzuschließen, sofern ein Betriebsrat existiert.[19] Wenn er hierbei, ohne dazu gezwungen zu sein, Ausgaben generiert, stellt sich zwar die Frage, ob er gegen seine Verwalterpflichten verstößt. Das ist aber jedenfalls dann zu verneinen, wenn er durch den Sozialplanabschluss wirtschaftliche Vorteile für die Masse herbeiführt, die etwa in der Bezuschussung durch die Agentur für Arbeit liegen können (vgl Vor § 113 Rn 140 f, 145, 303).[20] Auch wenn im konkreten Fall über die Anwendbarkeit von § 111 BetrVG Streit besteht, kann es sinnvoll sein, zwecks Beilegung dieses Streits einen zumindest auf § 88 BetrVG beruhenden Sozialplan zu schließen. Es ist deshalb nicht generell davon auszugehen, dass der Abschluss eines freiwilligen Sozialplans in der Insolvenz unzulässig sein müsste, zumal in einem solchen Fall der Insolvenzverwalter zwar seine Pflichten (gegebenenfalls auch die Pflicht zur Beteiligung des Gläubigerausschusses nach § 160) verletzen würde, dies aber noch nicht die Unwirksamkeit des Sozialplans zur Folge hätte.

Jedoch gilt richtigerweise für die Forderungen aus einem solchen freiwilligen Sozial- 11 plan ebenfalls die Einordnung als Masseverbindlichkeiten nach § 123 Abs 2 Satz 1 und ebenso die Mittelbegrenzung nach § 123 Abs 1, Abs 2 Satz 2.[21] Die Rechtsansicht, welche in diesem Fall die Anwendung von § 123 ablehnt, sieht in der Vorschrift eine eigene Legitimationsgrundlage zum Abschluss von Sozialplänen. Das ist meines Erachtens aber nicht der Fall, weil der Insolvenzverwalter bereits aufgrund seiner Befugnisse aus § 80 ua Betriebsvereinbarungen, Sozialpläne und sonstige kollektivarbeitsrechtliche Vereinbarun-

---

[14] *Zwanziger* § 123 Rn 4; Besgen BetrVG § 25 Rn 29.

[15] Vgl MünchKomm/*Caspers* InsO § 123 Rn 13.

[16] FK/Eisenbeis § 123 InsO Rn 9; Kübler/Prütting/Bork/*Moll* §§ 123, 124 Rn 27.

[17] vgl MünchKomm/*Caspers* InsO § 120 Rn 16.

[18] Bejahend *Oetker/Friese* DZWIR 2001, 265 f; *Zwanziger* § 123 Rn 9; ablehnend MünchKomm/*Caspers* InsO § 123 Rn 7; Däubler/*Däubler* BetrVG Anh zu §§ 111–113 BetrVG, § 123 InsO Rn 26.

[19] Zutreffend MünchKomm/*Caspers* InsO § 123 Rn 11; Nerlich/Römermann/*Hamacher* § 123 Rn 4a.

[20] MünchKomm/*Caspers* InsO § 123 Rn 11.

[21] *Oetker/Friese* DZWIR 2001, 265 (266); aA MünchKomm/*Caspers* InsO § 123 Rn 11, der gem § 55 Abs 1 Nr 1 zur Einordnung als Masseverbindlichkeiten kommt.

gen treffen kann. Somit hat § 123 in dieser Situation keine legitimierende, sondern ausschließlich begrenzende Wirkung. Deshalb ist es geboten, diese begrenzende Wirkung eben nicht nur für erzwingbare Sozialpläne, sondern erst recht auch für freiwillige Sozialpläne greifen zu lassen.

12 c) **Nachteilsausgleich nach § 113 BetrVG.** § 123 hat keine Bedeutung für Nachteilsausgleichansprüche iSd § 113 BetrVG. Sein Wortlaut bezieht sich nur auf Sozialpläne. Eine analoge Anwendung der Höchstgrenzen des § 123 auf Nachteilsausgleichsansprüche scheidet aus, weil deren Umfang in § 113 BetrVG, § 10 KSchG abschließend geregelt ist (s näher Vor § 113 Rn 73 ff). Zudem findet § 123 keine Anwendung auf Leistungszusagen, welche der Schuldner oder der Insolvenzverwalter ohne Beteiligung des Betriebsrats machen.[22]

13 d) **Sozialplan iSd Personalvertretungsrechts.** Handelt es sich bei dem Insolvenzschuldner um einen öffentlichen Arbeitgeber, unterliegt die bei ihm gültige Mitbestimmung gemäß § 130 BetrVG nicht dem Betriebsverfassungsgesetz. Dennoch können nach Personalvertretungsrecht mit dem Personalrat Sozialpläne geschlossen werden, im Bereich des Bundes gemäß § 75 Abs 3 Nr 13 BPersVG und auf Landesebene beispielsweise nach Art. 75 Abs 4 Nr 12 BayPVG. Diese fallen ebenfalls unter § 123.[23]

14 e) **Sprecherausschussvereinbarung nach § 28, § 32 Abs 2 Satz 2 SprAuG.** Ebenso wie dies für Sozialpläne im Sinne des Personalvertretungsrechts anzunehmen ist, bietet sich auch die Anwendung von § 123 auf Sprecherausschussvereinbarungen iSd § 32 Abs 2 Satz 2 SprAuG an, die inhaltlich Sozialplänen entsprechen. Zwar ist eine solche Regelung nicht erzwingbar. Sofern sich der Arbeitgeber aber bereit erklärt, eine diesbezügliche Vereinbarung nach § 28 SprAuG zu treffen, können durch diese ebenso wie durch einen Sozialplan iSd § 111 f BetrVG die wirtschaftlichen Nachteile, die leitenden Angestellten infolge einer Betriebsänderung entstehen, ausgeglichen werden.[24] Da die Beratungsrechte des SprAuG auch nicht durch die besonderen Beratungsrechte des Sprecherausschusses nach der Insolvenzordnung verdrängt werden (§ 218 Abs 3, vgl auch § 156 Abs 2 Satz 1, § 232 Abs 1 Nr 1, § 235 Abs 3 Satz 1), spricht alles für die entsprechende Anwendung.[25]

15 f) **Tarifsozialplan.** Nach dem Urteil des BAG vom 24.4.2007, in dem der 1. Senat tarifvertragliche Sozialpläne für zulässig und ggf für erstreikbar erklärt hat,[26] stellt sich die Frage, wie solche Tarifsozialpläne in der Insolvenz zu behandeln sind.[27] Trotz der Bezeichnung „Tarifsozialplan“ handelt es sich bei solchen Vereinbarungen nicht um Sozialpläne iSd § 112 Abs 1 Satz 2 BetrVG und somit auch nicht um Sozialpläne iSd § 123, sondern um Tarifverträge nach § 1 Abs 1 TVG.

16 Dennoch bietet sich aufgrund ihres Regelungsinhalts die entsprechende Anwendung von § 123 auf Tarifsozialpläne an.[28] Da zum Zeitpunkt des Erlasses der Insolvenzordnung Tarifsozialpläne praktisch keine Bedeutung hatten, ist davon auszugehen, dass der Gesetzgeber damals hierfür noch kein Regelungsbedürfnis gesehen hat. Für den Ausgleich zwischen den Interessen der Arbeitnehmer als Sozialplangläubiger und den Belangen der

---

22 BAG 21.9.1999 – 9 AZR 912/88, NZA 2000, S 662.

23 MünchKomm/*Caspers* InsO § 123 Rn 16.

24 S näher HWK/*Annuß/Girlich* § 32 SprAuG Rn 8.

25 **AA** aber MünchKomm/*Caspers* InsO § 123 Rn 10; Nerlich/Römermann/*Hamacher* § 123 Rn 4b.

26 BAG 24.4.2007 – 1 AZR 252/06, NZA 2007, 987.

27 Vgl dazu Schmidt ZInsO 2008, 247.

28 Braun/*Wolf* § 123 Rn 18a; MünchKomm/*Caspers* InsO § 123 Rn 17; HK-Linck, § 123 Rn 4; **aA** *Schmidt* ZInsO 2008, S 247 (250 f); Däubler/*Däubler* Anh zu § 111–113, § 123 InsO Rn 31; *Zwanziger* § 123 Rn 61.

übrigen Insolvenzgläubiger kann es keinen Unterschied machen, ob die Abfindungsansprüche durch eine tarifvertraglichen Regelung festgelegt werden oder nach den §§ 112, 112a BetrVG, zumal ansonsten die Obergrenzen des § 123 durch tarifliche Vereinbarungen umgangen werden könnten. In beiden Fällen muss die Masse in gleicher Weise vor einer übermäßigen Inanspruchnahme durch Sozialplanabfindungen geschützt werden, so wie dies beispielsweise mit der Einbeziehung tarifvertraglicher Kündigungsfristen in die Kappungsregelung des § 113 geschehen ist (vgl § 113, Rn 14 ff, 66 ff, 74, 82, 85).

II. Der Sozialplan nach dem BetrVG

17 Die §§ 111 ff BetrVG finden auf im Zuge der Insolvenz erfolgende Betriebsänderungen Anwendung, sofern in der InsO keine abweichenden Regelungen vorhanden sind (Vor § 113 Rn 153 f). § 123 knüpft an das Betriebsverfassungsrecht an und sieht lediglich hinsichtlich der **Dotierung des Sozialplans** und des **Ranges der Sozialplanforderungen** insolvenzspezifische Sonderregelungen vor.[29]

18 Regelungsgegenstand des § 123 ist der Sozialplan. Nach der Legaldefinition des § 112 Abs 1 Satz 2 BetrVG handelt es sich um die Einigung zwischen Unternehmer und Betriebsrat über den Ausgleich oder die Milderung der wirtschaftlichen Nachteile, die Arbeitnehmer infolge einer geplanten Betriebsänderung treffen. Hierbei kann ein Sozialplan nach § 112 Abs 4, § 76 BetrVG auch im Einigungsstellenverfahren zustande kommen.

1. Bestehen eines Betriebsrats

19 Voraussetzung ist die Existenz eines verhandlungsfähigen Betriebsrats.[30] Nach den auch im Insolvenzverfahren geltenden betriebsverfassungsrechtlichen Grundsätzen muss deshalb zu demjenigen Zeitpunkt, in dem der Insolvenzverwalter nach abgeschlossener Prüfung und Vorüberlegung prinzipiell zu einer Betriebsänderung entschlossen ist, ein Betriebsrat existieren.[31] Dementsprechend kann der Betriebsrat auch noch nach Verfahrenseröffnung gewählt worden sein. Wird ein Betrieb des Insolvenzschuldners bereits vor Abschluss des Sozialplans stillgelegt, besteht insofern ein Restmandat des Betriebsrats nach § 21b BetrVG.

20 § 123 gilt unabhängig von der vertikalen Zuständigkeitsverteilung auf Seiten der betriebsverfassungsrechtlichen Arbeitnehmervertretung, so dass auch Sozialpläne unter die Norm fallen, die vom gemäß § 50 BetrVG zuständigen **Gesamtbetriebsrat** sowie vom gemäß § 58 BetrVG zuständigen **Konzernbetriebsrat** geschlossen wurden.[32]

2. Betriebsänderung

21 Die Sozialplanpflicht knüpft an eine Betriebsänderung iSd § 111 BetrVG an.[33] Die InsO enthält keinen eigenen Begriff der Betriebsänderung, sondern knüpft an das BetrVG an. Daher ist im Einzelfall zu prüfen, ob eine Betriebsänderung im betriebsverfassungs-

[29] *Annuß/Lembke* Rn 361.
[30] BeckOK ArbR/*Plössner* § 123 Rn 4.
[31] BAG 28.10.1992 – 10 ABR 75/91, NZA 1993, 420.
[32] Zur Zuständigkeit von Gesamtbetriebsrat und Konzernbetriebsrat zum Sozialplanabschluss HWK/*Hohenstatt/Willemsen* § 112 BetrVG Rn 32a; s insbesondere zur möglicherweise unterschiedlichen Zuständigkeitsaufteilung für Interessenausgleiche und Sozialpläne, BAG 11.12.2001 – 1 AZR 193/01, NZA 2002, 688.
[33] Vgl Kübler/Prütting/Bork/*Moll* §§ 123, 124 Rn 22; *Zwanziger* § 123 Rn 5.

rechtlichen Sinn vorliegt, insbesondere nach dem Katalog des § 111 Satz 3 BetrVG, s im Einzelnen § 121 Rn 3 f. Die Grenzen des § 123 gelten allerdings auch für nicht erzwingbare Sozialpläne, s oben Rn 9 ff.

3. Geltung von § 123 für Sozialplanleistungen zugunsten Nicht-Entlassener

22 Da § 123 Abs 1 bei der Bezifferung der absoluten Höchstgrenze das Monatsverdienst aller von einer Entlassung betroffenen Arbeitnehmer zugrunde legt, stellt sich die Frage, ob und – wenn ja – wie diese absolute Obergrenze auf Sozialplanregelungen angewandt werden kann, die nicht zugunsten Entlassener greifen, für diesen Personenkreis also beispielsweise Umschulungsmaßnahmen, Ausgleichszahlungen wegen der Rückstufung auf schlechter entgoltene Arbeitsplätze oder Umzugsbeihilfen vorsehen.[34] Im Gesetzgebungsverfahren hat man Leistungen für Nicht-Entlassene nicht berücksichtigt, sondern offensichtlich nur die Situation eines Stellenabbaus vor Augen gehabt.

23 Hier sind prinzipiell drei Lösungswege denkbar:

24 – **Erste Möglichkeit:** Man wendet § 123 Abs 1 auch auf Sozialplanleistungen für Nicht-Entlassene an, wobei Sozialplanleistungen zugunsten Entlassener und Sozialplanleistungen zugunsten Nicht-Entlassener addiert werden. Der Geldbetrag für beide Gruppen darf insgesamt zweieinhalb Monatsverdienste der Entlassenen nicht überschreiten.[35] Dies hat allerdings die nachteilige Konsequenz, dass für Leistungen zugunsten Entlassener automatisch weniger Mittel zur Verfügung stehen, wenn zusätzlich auch Leistungen für Nicht-Entlassene vereinbart werden. Und ein Sozialplan bezüglich einer Betriebsänderung ohne Entlassungen muss danach ein Volumen von Null haben. Eine solche Sperrwirkung des § 123 Abs 1 zulasten von Maßnahmen für Nicht-Entlassene kann der Vorschrift aber kaum entnommen werden. Die Regelung erscheint diesbezüglich eher lückenhaft.

25 – **Zweite Möglichkeit:** Man wendet § 123 Abs 1 nicht auf solche Sozialplanleistungen an. Hier müssen also Sozialplanleistungen zugunsten Entlassener von Sozialplanleistungen zugunsten anderer Arbeitnehmer unterschieden werden. Der Geldbetrag für die erstgenannte Gruppe darf insgesamt zweieinhalb Monatsverdienste der von einer Entlassung betroffenen Arbeitnehmer nicht überschreiten. Für die Gruppe der Nicht-Entlassenen gilt die Regelung nicht. Zu ihren Gunsten können deshalb Leistungen vorgesehen werden, die nicht durch § 123 Abs 1, Abs 2 Satz 2 begrenzt sind. Das läuft auf eine lückenbedingte Privilegierung von Sozialplanleistungen zugunsten Nicht-Entlassener gegenüber Entlassenen hinaus, die kaum nachvollziehbar erscheint. Dass beispielsweise Schulungen für Nicht-Entlassene teurer sein können als Abfindungen für Entlassene, ist mit dem Grundgedanken des § 123 Abs 1, Sozialplanleistungen zwecks Massesicherung zu begrenzen, nicht in Übereinstimmung zu bringen.

26 – **Dritte Möglichkeit:** Man wendet § 123 Abs 1 analog auf Sozialplanleistungen für Nicht-Entlassene an, wobei deren Anzahl volumenerhöhend wirkt. Hier müssen also Sozialplanleistungen zugunsten Entlassener und Sozialplanleistungen zugunsten anderer Arbeitnehmer addiert werden. Der Geldbetrag für beide Gruppen darf insgesamt zweieinhalb Monatsverdienste der von einer Entlassung *oder einer anderen Maßnahme* betroffenen Arbeitnehmer nicht überschreiten. Dies hat zur Konsequenz, dass ein

---

[34] Für die Anwendung von § 123 in dieser Situation MünchKomm/*Caspers* InsO § 123 Rn 27; GK-BetrVG/*Oetker* §§ 112, 112a Rn 369 f; dagegen *Boemke/Tietze* DB 1999, 1389 (1392).

[35] MünchKomm/*Caspers* InsO § 123 Rn 27; Gottwald/*Bertram* InsR § 108 Rn 142.

Sozialplan bezüglich einer Betriebsänderung ohne Entlassungen von Arbeitnehmern möglich ist und dass auch bei diesem die Leistungen zugunsten der betroffenen Arbeitnehmer der Grenze des § 123 Abs 1 unterliegt, also nicht mehr als zweieinhalb Monatsverdienste der von den Maßnahmen betroffenen Arbeitnehmer betragen darf. Freilich darf diese Regelung nicht dazu führen, dass wegen der Mitberücksichtigung Nicht-Entlassener die Mittel für die Entlassenen steigen. Mit anderen Worten: Die Gruppe der Entlassenen darf nicht auf mehr als zweieinhalb Monatsgehälter der Entlassenen kommen, nur weil Nicht-Entlassene geringe Umzugskostenbeihilfen erhalten. Das lässt sich dadurch verhindern, dass zusätzlich eben nur diese Gruppe der Entlassenen in den Blick genommen wird und die für sie aufgewendeten Mittel auf nicht mehr als zweieinhalb ihrer Monatsgehälter begrenzt werden.

Der letztgenannte Vorschlag ist wohl vorzugswürdig. Bedenkt man die genannten **27** Nachteile der ersten beiden hier in Betracht gezogenen Möglichkeiten, erscheint dieser Lösungsweg am ehesten gangbar. Zwar droht auch er in eine vom Gesetzgeber nicht beabsichtigte Kostenausweitung zu münden. Denn er lässt es theoretisch zu, dass für Nicht-Entlassene im Schnitt zweieinhalb Monatsgehälter aufgewendet werden, was der Gesetzgeber so nicht im Sinn hatte. Andererseits existieren neben § 123 Abs 1 noch weitere Begrenzungen, zum einen die relative Grenze des § 123 Abs 2 Satz 2, aber auch die allgemeinen Regeln über die Verpflichtung des Insolvenzverwalters zur Begrenzung der Gläubigerlasten – dabei ist vor allem an die wirtschaftliche Vertretbarkeit für die Gläubiger zu erinnern (s dazu näher Rn 31 ff, 47 f).

Zudem ist im Rahmen des Gleichbehandlungsgrundsatzes des § 75 BetrVG darauf zu **28** achten, dass nichtentlassene Arbeitnehmer im Vergleich zu entlassenen Arbeitnehmern nicht überprivilegiert werden. *Zwanziger* hat vorgeschlagen, für Leistungen zugunsten Nichtentlassener eine Höchstgrenze zugrunde zu legen, welche die Hälfte des Wertes nach § 123 Abs 1 beträgt, also eineinviertel Monatsverdienste.[36] Das ist schon deshalb bedenklich, weil sich diese Grenze aus dem Gesetz schlicht nicht ergibt. Außerdem dürfte eineinviertel in aller Regel bereits ein sehr hoher Wert sein, der in den meisten Insolvenzen auch nicht annähernd erreicht werden kann. Näher liegt es, anhand der genannten allgemeinen Begrenzungsregeln zu angemessenen Ergebnissen zu kommen.

4. Erzwingbarkeit

Die Erzwingbarkeit des Sozialplans richtet sich auch im Fall einer Insolvenz nach **29** § 112 Abs 4 BetrVG. Zu berücksichtigen sind unter anderen bei Entlassungen die Mindestquoten nach § 112a BetrVG und das Sozialplanprivileg neugegründeter Unternehmen gemäß § 112a Abs 2 BetrVG. Für das Verfahren gilt zudem § 121, der hinsichtlich eines Vermittlungsversuchs durch den Vorstand der Bundesagentur für Arbeit § 112 Abs 1 Satz 1 BetrVG modifiziert.

Die Grenzen des § 123 sind auch dann zu beachten, wenn der Sozialplan gemäß **30** § 112a BetrVG **nicht erzwingbar** ist, s oben Rn 9 ff.

5. Umfang des Sozialplans

Das BetrVG unterscheidet bei den Regeln über den Umfang des Sozialplans zwischen **31** der relativ freien Einigung zwischen Arbeitgeber und Betriebsrat einerseits und der ermessensgebundenen Entscheidung der Einigungsstelle andererseits.

---

[36] *Zwanziger* § 123 Rn 53.

32 a) **Einigungsstellenentscheidung.** Wird der Sozialplan in einem Einigungsstellenverfahren aufgestellt, trifft die Einigungsstelle ihren Spruch im Rahmen **billigen Ermessens,** wobei sie sich von den in **§ 112 Abs 5 Satz 2 Nr 1–5 BetrVG** genannten Grundsätzen leiten lassen muss. Gemäß **§ 112 Abs 5 Satz 1 BetrVG** hat sie die **wirtschaftliche Vertretbarkeit** des Sozialplans für das Unternehmen zu beachten. Dies gilt grundsätzlich auch in der Insolvenz, bedarf dort aber der Modifizierung. Da es im Insolvenzverfahren ersichtlich nicht nachvollziehbar ist, sich an der wirtschaftlichen Vertretbarkeit für den Schuldner zu orientieren, greift ein anderer Maßstab. Das Insolvenzverfahren dient gemäß § 1 Satz 1 der gemeinschaftlichen Befriedigung der Gläubiger, und deshalb sind in die Abwägung an Stelle der Interessen des insolventen Unternehmens diejenigen der **Gläubiger** einzustellen.[37] Dabei gelten im Übrigen aber dieselben Vorgaben, wie sie auch sonst die Betriebspartner binden, insbesondere etwa das **Gleichbehandlungsgebot des § 75 BetrVG.** Die Situation im Konzern bleibt dabei unberücksichtigt, s Rn 47 f.

33 Im Einigungsstellenverfahren sind die Insolvenzgläubiger nicht zu beteiligen.[38] Teilweise wird die Ansicht vertreten, bei einer geplanten Unternehmensliquidation sei die Einigungsstelle gehalten, den **Gläubigerausschuss** anzuhören, um sich nicht dem Vorwurf einer ermessensfehlerhaften Entscheidung auszusetzen.[39] Dem kann nicht gefolgt werden, da der Insolvenzverwalter auch im Einigungsstellenverfahren – ebenso wie beispielsweise in Prozessen, die er für die Masse führt – als Partei kraft Amtes berufen ist, das Gläubigerinteresse zu repräsentieren.

34 b) **Vereinbarung zwischen Insolvenzverwalter und Betriebsrat.** Das BetrVG gesteht den Betriebspartnern beim Abschluss eines Sozialplans im Rahmen der Regelungen insbesondere des **§ 75 BetrVG** grundsätzlich einen **Beurteilungs- und Gestaltungsspielraum** zu, der **weiter** reicht als die gebundene Ermessensentscheidung der Einigungsstelle.[40] Er umfasst die tatsächliche Einschätzung der sich aus der Betriebsänderung ergebenden wirtschaftlichen Nachteile, deren Ausgleich der Sozialplan dienen soll. Pauschalierende und typisierende Betrachtungen sind zulässig.[41] Auch können die Parteien Differenzierungen im Rahmen des Zwecks des Sozialplans vornehmen.[42] Die Situation im Konzern bleibt bei alledem unberücksichtigt, s Rn 47 f.

35 Freilich dürfte im Insolvenzverfahren im Ergebnis häufig eine Annäherung an die Entscheidungsmaßstäbe der Einigungsstelle erfolgen, weil der Insolvenzverwalter bei zu großzügigen Dotierungswünschen des Betriebsrats im Rahmen seiner Verpflichtung zur Massesicherung und Massemehrung gehalten sein wird, die Einigungsstelle anzurufen. Somit werden die soeben dargelegten Grundsätze insbesondere zur wirtschaftlichen Vertretbarkeit des Sozialplans für die Gläubiger auch im Fall der Vereinbarung zwischen Insolvenzverwalter und Betriebsrat in der Regel mittelbar zum Tragen kommen.

---

[37] Std Rechtsprechung, s bereits BAG (GS) 13.12.1978 – GS 01/77, NJW 1979, 774; GK-BetrVG/*Oetker* § 112 Rn 415; Richardi/*Annuß* BetrVG Anh zu § 113 Rn 2.

[38] *Hess* InsolvenzArbR § 123 Rn 17.

[39] *Annuß* NZI 1999, 344 (348).

[40] Vgl dazu *Fitting* § 112, 112a Rn 134 ff; *Besgen* BetrVG § 25 Rn 33; Richardi/*Annuß* BetrVG § 112 Rn 82; Dornbusch/Fischermeier/Löwisch/*Rieble* § 112, 112a BetrVG Rn 18 ff

[41] Vgl etwa Richardi/*Annuß* BetrVG § 112 Rn 91.

[42] LAG Bremen 22.1.2009 – 3 Sa 153/08, ZIP 2009, 1388.

6. Sozialplanforderungen als Masseverbindlichkeiten

Laut § 123 Abs 2 Satz 1 sind Forderungen aus einem nach Eröffnung des Insolvenzverfahrens abgeschlossenen Sozialplan Masseverbindlichkeiten gemäß § 53 und damit bevorrechtigt zu befriedigen, s im Einzelnen Vor § 113 Rn 69 ff. Das gilt auch für freiwillige Sozialpläne und personalvertretungsrechtliche Sozialpläne sowie für alle anderen Regelungen, die gemäß der hier vertretenen Ansicht (vgl Rn 5 ff) unter § 123 zu subsumieren sind. Selbst wenn man auf sie § 123 Abs 2 Satz 1 nicht anwandte, lägen gemäß § 55 Abs 1 Nr 1 Masseverbindlichkeiten vor. Für ihre Erfüllung ist aber die Sonderregel des § 123 Abs 3 zu beachten, s näher Rn 65 ff. 36

Vor Insolvenzeröffnung geschlossene Sozialpläne können nur dann Masseverbindlichkeiten begründen, wenn sie von einem sog. **vorläufigen starken Insolvenzverwalter** oder von einem entsprechend befugten sog „halbstarken" Insolvenzverwalter abgeschlossen worden sind, s Vor § 113 Rn 72 ff. Sozialplanansprüche unterliegen den allgemeinen, für arbeitsrechtliche Ansprüche geltenden Regeln, so dass für sie beispielsweise auch tarifliche Ausschlussfristen greifen.[43] 37

III. Die Obergrenzen des § 123 Abs 1 und des § 123 Abs 2 Satz 2

Aus der Eröffnung des Insolvenzverfahrens folgen gemäß § 123 Abs 1 die sog **absolute** und gemäß § 123 Abs 2 Satz 2 die sog. **relative Begrenzung des Sozialplanvolumens**. Die Betriebspartner sind hinsichtlich der Verteilung des Sozialplanvolumens innerhalb der absoluten und der relativen Grenze weiterhin lediglich den allgemeinen, für Sozialpläne geltenden Regeln unterworfen. In diesem Rahmen können, aber müssen die Grenzen nicht ausgeschöpft werden. 38

1. Absolute Obergrenze, § 123 Abs 1

a) **Berechnung.** Nach § 123 Abs 1 kann für den Ausgleich oder die Milderung der wirtschaftlichen Nachteile, die den Arbeitnehmern infolge der geplanten Betriebsänderung entstehen, ein Gesamtbetrag von bis zu zweieinhalb Monatsverdiensten der von einer Entlassung betroffenen Arbeitnehmer vorgesehen werden. Hier gilt der **Arbeitnehmerbegriff des § 5 BetrVG.**[44] Nicht zu berücksichtigen sind deshalb beispielsweise Organmitglieder (§ 5 Abs 2 Nr 1 BetrVG)[45] und leitende Angestellte (§ 5 Abs 3 BetrVG).[46] 39

Von der Betriebsänderung betroffen sind alle Arbeitnehmer, **denen der Insolvenzverwalter aus betriebsbedingten Gründen gekündigt hat oder zu kündigen beabsichtigt,**[47] vgl zu Sozialplanleistungen zugunsten Nicht-Entlassener oben Rn 22 ff. 40

Zum Begriff des Entlassenen, der Ansprüche auf Leistungen für den Arbeitsplatzverlust hat, gelten innerhalb wie außerhalb der Insolvenz dieselben betriebsverfassungsrechtlichen Grundsätze.[48] So kann auch der Abschluss eines Aufhebungsvertrags auf die Betriebsänderung zurückzuführen sein, so dass der Arbeitnehmer in einem solchen Fall 41

---

[43] LAG Hamm 23.1.2008 – 2 Sa 1333/07, ZInsO 2008, 1159. Vgl zur fehlenden Verjährung von Sozialplanansprüchen, die wegen Massemangels (vorerst) nicht erfüllt werden ArbG Duisburg 5.6.2013 – 3 Ca 650/13, ZInsO 2013, 1369.

[44] Vgl Braun/*Wolf* § 123 Rn 1.

[45] Gottwald/*Bertram* InsR § 108 Rn 139.

[46] Vgl Andres/Leithaus/*Andres* §§ 123, 124 Rn 5.

[47] *Boemke/Tietze* DB 1999, 1389 ff (1391).

[48] *Annuß* NZI 1999, 344 (349); vgl zum BetrVG Fitting § 113 Rn 21 ff.

von der Betriebsänderung betroffen ist.[49] Gleiches gilt für eine Änderungskündigung, die der Arbeitnehmer ablehnt,[50] oder eine Eigenkündigung, mit welcher er der betriebsbedingten Kündigung zuvorkommt.[51] Nicht ausreichend ist aber etwa eine Eigenkündigung des Arbeitnehmers, der ein Hinweis vorausgegangen ist auf die schlechte wirtschaftliche Situation des Unternehmens oder beispielsweise die Empfehlung, sich einen neuen Arbeitsplatz zu suchen.[52] Auch Arbeitnehmer, denen personenbedingt (insbesondere krankheitsbedingt) oder verhaltensbedingt gekündigt wird, sind nicht zu berücksichtigen.[53]

42 Für die **Berechnung des Monatseinkommens** verweist § 123 Abs 1 auf **§ 10 Abs 3 KSchG.** Danach gilt als Monatsverdienst, was dem Arbeitnehmer bei der für ihn maßgeblichen regelmäßigen Arbeitszeit in dem Monat, in dem das Arbeitsverhältnis endet, an Geld und Sachbezügen zusteht. Das Monatseinkommen ist für jeden betroffenen Arbeitnehmer konkret zu berechnen.[54] Ein Rückgriff auf das Durchschnittseinkommen aller von der Maßnahme betroffenen Arbeitnehmer ist nicht möglich.[55] Auszugehen ist vom Bruttomonatsgehalt.[56] Bei Sachbezügen ist deren Marktwert zu bestimmen.[57] So ist etwa auch ein privat genutzter Dienstwagen mit einzubeziehen.[58] Jährliche Sonderzahlungen wie Urlaubs- oder Weihnachtsgeld werden anteilig auf den einzelnen Monat umgelegt.[59] Leistet der Arbeitnehmer üblicherweise Überstunden, sind auch diese zu berücksichtigen;[60] nur ausnahmsweise erbrachte Überstunden bleiben außer Ansatz.[61] Gleiches gilt für vorübergehende Schwankungen der Arbeitszeit, etwa bei Kurzarbeit.[62]

43 Die Bestimmung des maßgeblichen Bruttomonatsgehalts ist nur dann unproblematisch, wenn die Betriebsänderung bei Abschluss des Sozialplans bereits durchgeführt ist, im Fall der Entlassung die Arbeitsverhältnisse der betroffenen Arbeitnehmer schon beendet sind. Hier lässt sich das **Bruttomonatsgehalt vor dem Zeitpunkt des Ausscheidens** berechnen. Sind die geplanten Entlassungen **noch nicht umgesetzt**, ist unklar, auf welchen Zeitpunkt es bei der Bestimmung des maßgeblichen Monatsverdienstes ankommt. § 10 Abs 3 KSchG verweist auf § 9 Abs 2 KSchG und somit auf den Zeitpunkt, zu dem das Arbeitsverhältnis bei sozial gerechtfertigter Kündigung geendet hätte. Der Gesetzgeber hat allerdings nicht bedacht, dass dieser Verweis bei der Berechnung der absoluten Obergrenze nach § 123 Abs 1 zu Schwierigkeiten führt. In den meisten Fällen steht bei

---

[49] Vgl BAG 19.7.1996 – 10 AZR 885/94, NZA 1996, 271; Andres/Leithaus/*Andres* §§ 123, 124 Rn 5; Braun/*Wolf* § 123 Rn 4; *Zwanziger* § 123 Rn 18; Gottwald/*Bertram* InsR § 108 Rn 140; Däubler/*Däubler* BetrVG Anh § 111–113, § 123 InsO Rn 4.

[50] *Zwanziger* § 123 Rn 18.

[51] Vgl BAG 19.7.1996 – 10 AZR 885/94, NZA 1996, 271; *Annuß* NZI 1999, 344 (349); *Boemke/Tietze* DB 1999, 1389 (1391).

[52] BAG 19.7.1995 – 10 AZR 885/94, NZA 1996, 271.

[53] *Zwanziger* § 123 Rn 18; Andres/Leithaus/*Andres* §§ 123, 124 Rn 5.

[54] *Boemke/Tietze* DB 1999, 1389 (1391); *Annuß* NZI 1999, S 344 (349).

[55] *Annuß* NZI 1999, 344 (349); Braun/*Wolf* § 123 Rn 5.

[56] Andres/Leithaus/*Andres* §§ 123, 124 Rn 7; Däubler/*Däubler* BetrVG Anh zu §§ 111–113, § 123 InsO Rn 8; Leonhardt/Smid/Zeuner/*Aghamiri* § 123 Rn 15.

[57] Däubler/*Däubler* BetrVG Anh zu §§ 111–113, § 123 InsO Rn 8.

[58] *Zwanziger* § 123 Rn 21.

[59] Braun/*Wolf* § 123 Rn 5; Andres/Leithaus/*Andres* §§ 123, 124 Rn 7; Däubler/*Däubler* BetrVG Anh zu §§ 111–113, § 123 InsO Rn 8.

[60] Nerlich/Römermann/*Hamacher* § 123 Rn 19; *Zwanziger* § 123 Rn 20; Hess/*Hess* BetrVG Anh I Rn 232; **aA** Andres/Leithaus/*Andres* §§ 123, 124 Rn 7.

[61] Däubler/*Däubler* BetrVG Anh zu §§ 111–113, § 123 InsO Rn 8.

[62] FK /*Eisenbeis* InsO § 123 Rn 11; Gottwald/*Bertram* InsR § 108 Rn 141.

Abschluss des Sozialplans weder fest, wer auf Grund der Betriebsänderung entlassen werden wird, noch können die Bruttomonatsgehälter der betroffenen Arbeitnehmer bereits bestimmt werden, da oft noch nicht gewiss ist, wann die Kündigung wirksam werden soll.

Teilweise wird vorgeschlagen, diese Unstimmigkeit im Wege einer korrigierenden Gesetzesauslegung zu beheben und die Monatsgehälter **im Zeitpunkt der Durchführung der Betriebsänderung** zu Grunde zu legen.[63] Überwiegend werden dagegen, was vorzugswürdig ist, die Monatsgehälter **im Zeitpunkt des Sozialplanabschlusses** als Berechnungsgrundlage herangezogen.[64] Möglich und ratsam ist es, diesen Bemessungsschwierigkeiten bereits dadurch vorzubeugen, dass im Sozialplan keine festen Abfindungsbeträge, sondern lediglich die **Verteilungsgrundsätze im Rahmen eines Punktesystems** festgelegt werden, s näher unter Rn 67 ff. **44**

Die absolute Obergrenze des § 123 Abs 1 gilt – im Gegensatz zur relativen Obergrenze des § 123 Abs 2 Satz 1 – auch im Insolvenzplanverfahren (s näher Rn 53 ff). **45**

b) **Auswirkungen der Begrenzung.** Der Sozialplan kann Leistungen bis zur Höhe des somit ermittelten Betrages vorsehen. Die Grenze muss jedoch nicht ausgeschöpft werden, so dass das Sozialplanvolumen unter Umständen auch weit darunter liegen kann.[65] Die absolute Obergrenze des § 123 Abs 1 gilt nur für das zulässige Gesamtvolumen des Sozialplans. Zu unterscheiden davon ist **die dem einzelnen Sozialplangläubiger zustehende Leistung.**[66] Diese **kann zweieinhalb Monatsgehälter überschreiten oder auch unterschreiten.**[67] Die konkrete Bemessung des Abfindungsanspruchs hat sich alleine an der individuellen Situation des Arbeitnehmers zu orientieren.[68] Der Gesetzgeber hat es insofern auch für möglich erachtet, dass ein Arbeitnehmer, der unmittelbar einen neuen Arbeitsplatz gefunden hat, von Abfindungszahlungen ausgeschlossen wird.[69] **46**

c) **In der Insolvenz keine Berücksichtigung der Vermögenslage im Konzern.** Zudem existieren Überlegungen über eine Erweiterung der absoluten Obergrenze im Rahmen eines Haftungsdurchgriffs im faktischen Konzern.[70] Hintergrund ist, dass man Manipulationsstrategien begegnen möchte, bei denen innerhalb eines Konzerns aus finanzstarken Unternehmen verlustbringende Tätigkeiten auf finanzschwache Unternehmen ausgelagert werden mit der Folge, dass sich im Fall der Insolvenz finanzschwacher Unternehmen das dortige Sozialplanvolumen gering hält – was wiederum entlastend wirkt für die finanzstarken Unternehmen, welche nicht belangt werden. **47**

Eine Durchbrechung der absoluten Obergrenze im Rahmen eines Berechnungsdurchgriffs im faktischen Konzern ist aber abzulehnen. § 123 Abs 1 stellt eine abschließende Regelung dar, die einen endgültigen Ausgleich zwischen den Interessen der „übrigen" Insolvenzgläubiger und den Sozialplangläubigern schaffen soll. Für eine teleologische **48**

---

63 FK/*Eisenbeis* InsO § 123 Rn 11.

64 Braun/*Wolf* § 123 Rn 17; Andres/Leithaus/*Andres* §§ 123, 124 Rn 7; Kübler/Prütting/Bork/*Moll* §§ 123, 124 Rn 48.

65 Vgl Leonhardt/Smid/Zeuner/*Aghamiri* § 123 Rn 16.

66 Vgl Andres/Leithaus/*Andres* §§ 123, 124 Rn 7; *Lakies* BB 1999, 206 (210); *Hess* InsolvenzArbR § 123 Rn 3.

67 Entwurfsbegründung BT Drucks 12/2443 S 154; Richardi/*Annuß* BetrVG Anh zu § 113 Rn 6.

68 Leonhardt/Smid/Zeuner/*Aghamiri* § 123 Rn 12; *Lakies* BB 1999, 206 (210).

69 BT Drucks 12/2443 S 154.

70 Dafür *Schwarzburg* NZA 2009, 176; dagegen zu Recht *Roden* NZA 2009, 659; *Fitting* BetrVG §§ 112, 112a Rn 294; Düwell/*Steffan* BetrVG § 112a Rn 72.

Reduktion ist kein Raum.[71] Bedenken gegen die Sozialplanerweiterung im Konzern ergeben sich auch in systematischer Sicht. Die Berücksichtigung der Konzernleistungsfähigkeit bei der Bestimmung von Sozialplanvolumina würde praktisch zu einem im Gesellschafts- und Insolvenzrecht nicht vorgesehenen neuen Sondertatbestand der Durchgriffshaftung führen. Damit ergäbe sich insbesondere eine Ergänzung der allgemeinen Regeln über die Haftung im qualifiziert faktischen Konzern, welche nach der neueren Rechtsprechung auf § 826 BGB gestützt wird[72] und in der Insolvenz als Gesamtschaden nach § 92 geltend zu machen ist. Selbst wenn man daher außerhalb der Insolvenz die wirtschaftliche Vertretbarkeit für das Unternehmen unter Berücksichtigung eventueller Konzernhaftung beurteilen sollte,[73] wäre dies in der Insolvenz nicht zu rechtfertigen. Denn eine eventuelle Konzernhaftung wird in der Insolvenz auf andere Weise realisiert als außerhalb der Insolvenz. In dem Maße, in welchem der Insolvenzverwalter ein haftendes Mutter- oder sonstiges Konzernunternehmen insbesondere nach § 92 in Anspruch nehmen kann, mehrt er entsprechend die Masse und verschafft sich auf diese Weise Mittel, die unmittelbar einem möglichen Sozialplanvolumen zugutekommen. Wollte man deshalb in der Insolvenz die Leistungsfähigkeit im Konzern noch über diese Haftung im Konzern berücksichtigen, käme es zu einer kollektivarbeitsrechtlich vermittelten sinnwidrigen Doppelhaftung.

2. Relative Obergrenze, § 123 Abs 2 Satz 2

49 § 123 Abs 2 Satz 2 begrenzt das Volumen der Sozialplanforderungen im Verhältnis zu der den Insolvenzgläubigern zur Verfügung stehenden Teilungsmasse. Danach darf, wenn nicht ein Insolvenzplan zustande kommt, für die Berichtigung von Sozialplanverbindlichkeiten nicht mehr als ein Drittel der Masse verwendet werden, die ohne einen Sozialplan für die Verteilung an die Insolvenzgläubiger zur Verfügung stünde.

50 Der Insolvenzverwalter hat damit zunächst erstens die Höhe der **Gesamtforderungen aus dem Sozialplan** und zweitens die Höhe der **Teilungsmasse** zu bestimmen. Das ist derjenige Teil der tatsächlich vorhandenen[74] Masse, welcher nach Durchführung der Absonderungen, Aufrechnungen und Freigaben und nach Berichtigung der Masseverbindlichkeiten zur Verteilung an die Insolvenzgläubiger zur Verfügung steht.[75] Da die Sozialplanforderungen Masseforderungen sind, ist zunächst unter Abzug von Kosten und sonstigen vorrangigen Masseverbindlichkeiten eine fiktive Teilungsmasse zu bilden.[76]

---

[71] ArbG Düsseldorf 24.4.2006 – 2 BV 2/06, DB 2006, 1384; *Schwarzburg* NZA 2009, 176 ff; Richardi/ *Annuß* BetrVG Anh zu § 113 Rn 6; **aA** Roden NZA 2009, 659 ff.

[72] BGH 16.7.2007 – II ZR 3/04, BGHZ 173, 246; BGH 28.4.2008 – II ZR 264/06, BGHZ 176, 221.

[73] Für den Sonderfall der Konzernhaftung im Nachgang der Rechtsträgerspaltung mit asymmetrischer Vermögensaufteilung lässt das BAG in entsprechender Anwendung von § 134 Abs 1 UmwG die Berücksichtigung der Vermögenslage beim abgespaltenen Rechtsträger zu, BAG 15.3.2011 – 1 ABR 97/09, ZIP 2011, 1433 = NZA 2011, 1112; vgl dazu *Lipinski/Hund* BB 2012, 2187. Laut BAG aaO spricht außerdem „vieles dafür, (einen Schadensersatzanspruch aus Konzernhaftung) auch bei der Beurteilung der Vermögenslage der Gesellschaft und der daran knüpfenden wirtschaftlichen Vertretbarkeit eines Sozialplans zu berücksichtigen". Wenn man dem zustimmt, bleibt es in der Insolvenz dennoch dabei, dass der Verwalter einen solchen Anspruch nach Maßgabe von § 92 realisiert und damit entsprechende Sozialplanmittel bereithält. Die Überlegungen des BAG ziehen also nur außerhalb der Insolvenz, wo diese Haftung eben nicht geltend gemacht wird.

[74] Nerlich/Römermann/*Hamacher* § 123 Rn 31.

[75] Vgl MünchKomm /*Lwowski Peters* InsO § 35 Rn 21.

[76] MünchKomm/*Caspers* InsO § 123 Rn 66.

Von dieser so ermittelten fiktiven Teilungsmasse darf bis zu ein Drittel auf Sozialplanansprüche entfallen.[77]

Die relative Obergrenze ist auch bei Vorliegen **mehrerer Sozialpläne** anzuwenden.[78] Die Gesamthöhe aller Forderungen aus den Sozialplänen darf dann ein Drittel der zur Verteilung an die Insolvenzgläubiger zur Verfügung stehenden Masse nicht überschreiten.[79] Zutreffend ist auf die ansonsten eröffnete Umgehungsmöglichkeit durch eine Aufspaltung eines Sozialplans in mehrere einzelne Sozialpläne hingewiesen worden.[80] 51

Die relative Obergrenze des § 123 Abs 2 Satz 2 gilt – im Gegensatz zur relativen Obergrenze des § 123 Abs 2 Satz 1 – nicht im Insolvenzplanverfahren, dazu sogleich. 52

3. Die Obergrenzen im Insolvenzplanverfahren

Im Insolvenzplanverfahren gilt die **relative Obergrenze** gemäß § 123 Abs 2 Satz 2 **nicht.** Daraus folgt ebenfalls, dass die **absolute Obergrenze** nach § 123 Abs 1 im Insolvenzplanverfahren unverändert **zu beachten** ist. Letzteres entspricht dem in § 217 Satz 1 festgehaltenen Ziel, mit Hilfe des Insolvenzplans die Gläubigerbefriedigung sicher zu stellen. Aus diesem Grund ist der Rechtsansicht zu widersprechen, die mit Blick auf eine vermeintliche Vereinbarungsfreiheit im Insolvenzplan gegen das Gesetz auch die absolute Obergrenze nach § 123 Abs 1 entfallen lassen möchte,[81] zumal auch die Entwurfsbegründung keine Anhaltspunkte für eine erweiternde Auslegung liefert.[82] 53

Liegt bei der Sozialplanerstellung bereits ein Insolvenzplan vor, hat ggf die Einigungsstelle dies im Rahmen ihres Ermessens zu beachten, nämlich bei Prüfung der wirtschaftlichen Vertretbarkeit für das Unternehmen iSd § 112 Abs 5 Satz 1 BetrVG und mit Blick auf dessen nach § 112 Abs 5 Satz 2 Nr 3 BetrVG sicherzustellenden Fortbestand. Daraus folgt, dass die Sozialplanleistungen unter Umständen weit unterhalb der absoluten Obergrenze des § 123 Abs 1 veranschlagt werden müssen.[83] 54

Zudem ist es gemäß § 249 möglich, einen **Insolvenzplan unter der Bedingung** abzuschließen, dass ein **Sozialplan** bestimmten Inhalts zustande kommt.[84] Freilich ist ein solches Vorgehen meist nicht tunlich, weil jede (zusätzliche) Unsicherheit bezüglich des Aussichtsreichtums des Insolvenzplans die Bereitschaft der Beteiligten mindert, diesem zuzustimmen. 55

Näher liegt es, den Sozialplan vor der Insolvenzplanerstellung zu vereinbaren bzw durch die Einigungsstelle beschließen zu lassen. In dieser Situation ist es erforderlich, den **Sozialplaninhalt auf den möglichen künftigen Insolvenzplan abzustimmen.** Wird ein Sozialplan vor dem Insolvenzplan erstellt, ergibt sich daraus insofern ein Vorteil für das weitere Vorgehen, als die Gläubiger in Kenntnis der zu erwartenden Sozialplanlasten disponieren und entscheiden können. 56

Sollte der Sozialplan in sicherer Erwartung eines künftigen Insolvenzplans mit bestimmten wirtschaftlichen Eckdaten vereinbart werden und kommt es dann nicht zum erwarteten Insolvenzplan, ist der **Wegfall der Geschäftsgrundlage** für den Sozialplan in 57

---

77 MünchKomm/*Caspers* InsO § 123 Rn 66.

78 Braun/*Wolf* § 123 Rn 9; *Hess* InsolvenzArbR § 123 Rn 4; *Lakies* BB 1999, 206 (210); *Warrikoff* BB 1994, 2338 (2344).

79 Nerlich/Römermann/*Hamacher* § 123 Rn 32.

80 *Uhlenbruck* NJW 1985, 712 (713).

81 So aber *Zwanziger* § 123, Rn 4; zutreffend dagegen MünchKomm/*Caspers* InsO § 123 Rn 73; *Niering* NZI 2010, 285.

82 BT-Drucks 12/2443 S 98.

83 FK/*Eisenbeis* § 123 InsO Rn 19; MünchKomm/*Caspers* InsO § 123 Rn 74.

84 *Zwanziger* § 123 Rn 4.

Betracht zu ziehen.[85] Dieser Wegfall hat nach der Rechtsprechung zur Folge, dass die Betriebspartner eine Anpassung des Sozialplans an die neuen Umstände zu vereinbaren haben. Diejenige Partei, die sich auf den Wegfall beruft, hat gegen die andere Partei einen Anspruch auf Aufnahme von Verhandlungen; werden diese von der anderen Partei verweigert oder kommt es nicht zur Einigung, kann die Einigungsstelle angerufen werden, die verbindlich entscheidet.[86]

58 Die damit verbundenen Rechtsunsicherheiten lassen sich am ehesten dadurch vermeiden, dass **im Sozialplan** – auch im Einigungsstellenbeschluss – ausdrücklich die **Eckdaten eines Insolvenzplans festgesetzt** werden, bei deren Nichterreichung die **Geltung** des Sozialplans **entfällt.** Dies kann, wenn Teile des Sozialplans bereits vor dem Insolvenzplan ins Werk gesetzt werden, als auflösende Bedingung iSd § 158 Abs 2 BGB oder – wenn das nicht der Fall ist – als aufschiebende Bedingung iSd § 158 Abs 1 BGB formuliert werden.[87]

59 Schwieriger ist die Frage zu beantworten, ob es zulässig sein kann, einen **Sozialplan** bereits **für den Fall** zu vereinbaren, dass ein **Insolvenzplan mit bestimmten Eckdaten nicht zustande kommt.** Eine solche Regelung ist zwar prinzipiell zulässig, setzt sich aber unter Umständen dem Verdacht aus, dass die Gläubiger zu bestimmten Konzessionen gegenüber der Belegschaft gezwungen werden sollen. Der Insolvenzverwalter wird hier den Gesichtspunkt der gleichmäßigen Gläubigerbelastung besonders zu achten haben. Hinzu kommt, dass die wirtschaftlichen Rahmenbedingungen, die nach der Ablehnung eines Insolvenzplans herrschen, meist nicht sicher vorhersehbar sind. Deshalb wird in der Regel nach dem Scheitern eines Insolvenzplans, dessen Abschluss Grundlage für die Sozialplangeltung war, schlicht ein neuer Sozialplan verhandelt werden müssen.[88]

4. Rechtsfolgen von Verstößen gegen die absolute und die relative Obergrenze

60 **a) Anteilige Kürzung der Sozialplanforderungen bei Übersteigen der relativen Obergrenze, § 123 Abs 2 Satz 3.** Bei Übersteigen der relativen Obergrenze sind die einzelnen Sozialplanforderungen gemäß § 123 Abs 2 Satz 3 **anteilig** so zu **kürzen**, dass für den Sozialplan insgesamt nicht mehr als ein Drittel der Masse verwendet wird, die ohne einen Sozialplan zur Verfügung stünde. Diese Kürzung ist die einzige Sanktion der Überschreitung des relativen Werts nach § 123 Abs 2 Satz 2, so dass auch eine **absehbare oder** bei Sozialplanabschluss bereits **feststehende Überschreitung** nicht zur Unwirksamkeit des Sozialplans führt, sofern dieser nicht aus anderen, insbesondere betriebsverfassungsrechtlichen Gründen rechtswidrig ist. Deshalb kann in einem Sozialplan das Sozialplangesamtvolumen in einer absoluten Zahl als fester Geldbetrag oder als Prozentsatz des Drittelwerts nach § 123 Abs 2 Satz 2 festgesetzt werden.

61 **b) Rechtsfolgen des Übersteigens der absoluten Obergrenze nach § 123 Abs 1.** Gesetzlich nicht näher geregelt ist die Rechtsfolge des Überschreitens der absoluten Obergrenze nach § 123 Abs 1. Zunächst ist davon auszugehen, dass die Verletzung der Obergrenze zur Rechtswidrigkeit und somit zur **Sozialplannichtigkeit** gemäß § 134 BGB führt.

[85] MünchKomm/*Caspers* InsO § 123 Rn 57, 77; FK/*Eisenbeis* § 123 Rn 19 s zur Geltung der Grundsätze über den Wegfall der Geschäftsgrundlage für Sozialpläne BAG 28.8.1996 – 10 AZR 886/95, BAGE 84, 62 (68 ff); FK/*Eisenbeis* InsO § 120 Rn 16 ff; Nerlich/Römermann/*Hamacher* InsO § 120 Rn 21.

[86] BAG 17.2.1981 – 1 AZR 290/78, ZIP 1981, 642; BAG 10.8.1994 – 1 ABR 61/93, NZA 1995, 314.

[87] Vgl MünchKomm/*Caspers* InsO § 123 Rn 77.

[88] Vgl MünchKomm/*Caspers* InsO § 123 Rn 77.

Freilich ist meist gemäß § 140 BGB davon auszugehen, dass die Betriebsparteien in Kenntnis dieser Nichtigkeit einen Sozialplan geschlossen hätten, der bei Einhaltung der absoluten Obergrenze und der übrigen Rechtmäßigkeitsvorgaben für Sozialpläne den vereinbarten Regelungen möglichst annähernd entspricht. Deshalb geht man in der Literatur davon aus, dass die Betriebsparteien den Sozialplan in der Regel auch mit einem geringeren Volumen abgeschlossen hätten, und zwar unter **verhältnismäßiger Kürzung der vorgesehenen Leistungen.** Demnach lassen sich aus dem unwirksamen Sozialplan die Verteilungsmaßstäbe für eine anteilige Kürzung der Leistungen entnehmen.[89]

Liegen dagegen Anhaltspunkte dafür vor, dass die Betriebsparteien, wenn sie die Überschreitung der absoluten Obergrenze gekannt hätten, ein **geringeres Gesamtvolumen** und/oder einen **anderen Verteilungsmaßstab** festgelegt hätten, kommt eine anteilige Kürzung **nicht** in Betracht.[90] Dann lebt die Sozialplanpflicht mit der Folge wieder auf, dass ein neuer Sozialplan zu verhandeln ist.[91] Die Unwirksamkeit des Sozialplans kann sowohl vom Betriebsrat als auch vom Insolvenzverwalter gemäß § 2a Abs 1 Nr 1, §§ 80 ff ArbGG im arbeitsgerichtlichen Beschlussverfahren geltend gemacht werden.[92] Die Frist des § 76 Abs 5 Satz 4 BetrVG findet keine Anwendung, soweit es um die Überschreitung der Höchstgrenzen geht, da sie sich auf eine Überschreitung der Grenzen des Ermessens bezieht.[93] Die Prüfung der Obergrenzenüberschreitung dagegen betrifft eine Rechtsfrage, die von der Einigungsstelle nicht entschieden werden kann, sondern nur vom Gericht.[94] 62

Es ist klar, dass die soeben beschriebene Anwendung von § 140 BGB mit dem Ergebnis der anteiligen Leistungskürzung als Regelfall einer Anwendung von § 123 Abs 2 Satz 3 auf die absolute Obergrenze nach § 123 Abs 1 gleich kommt. Deshalb wird teils vertreten, § 123 Abs 2 Satz 3 gelte analog auch bei Überschreitung der absoluten Grenze des § 123 Abs 1. So würden Rechtsunsicherheiten vermieden, und das Argument, die Betriebsparteien hätten gegebenenfalls andere Verteilungsmaßstäbe angewandt, könne nach den Regeln über den Wegfall der Geschäftsgrundlage bewältigt werden.[95] Dem ist zwar im Prinzip zuzustimmen. Nachdem aber der Gesetzeswortlaut gemäß § 123 Abs 2 Satz 3 die Regelung des § 123 Abs 1 gerade nicht erfasst, ist der oben dargelegten Ansicht zu folgen, so dass jeweils die Anwendungsvoraussetzungen von § 140 BGB zu prüfen und – wenn die Vorschrift nicht greift – die Neuverhandlung des Sozialplans in Betracht kommt. 63

c) **Rückzahlungsansprüche.** Führt die Kürzung des Sozialplanvolumens nach Überschreitung der Grenzen des § 123 dazu, dass ein Arbeitnehmer eine zu hohe Zahlung auf Grund des Sozialplans erhalten hat, so hat er den überschießenden Betrag nach § 812 64

---

[89] ArbG Düsseldorf 24.4.2006 – 2 BV 2/06, DB 2006, 1384; Leonhardt/Smid/Zeuner/*Aghamiri* § 123 Rn 20; Däubler/*Däubler* BetrVG Anh zu §§ 111–113, § 123 InsO Rn 16; Hess/*Hess* BetrVG Anh I Rn 202 und 237; in: BeckOK ArbR/*Plössner* InsO § 123 Rn 10. Für die Heranziehung von § 139 BGB statt § 140 BGB zur Begründung dieses Ansatzes FK/*Eisenbeis* 123 InsO § Rn 12.

[90] Hess/*Hess* BetrVG Anh I Rn 202.

[91] *FK/Eisenbeis* InsO § 123 Rn 12; HambK/*Linck* InsO § 123 Rn 17; ähnlich *Sessig/Fischer* ZInsO 2010, 251 (253) die nur dann von einer Gesamtnichtigkeit ausgehen, wenn die dem Sozialplan zugrunde liegenden Verteilungsgrundsätze durch eine anteilige Kürzung berührt werden.

[92] Vgl dazu *Besgen* BetrVG § 25 Rn 44.

[93] MünchKomm/*Caspers* InsO § 123 Rn 25.

[94] Vgl *Boemke/Tietze* DB 1999, 1389 (1392); Nerlich/Römermann/*Hamacher* § 123 Rn 26.

[95] MünchKomm/*Caspers* InsO §123 Rn 64; Kübler/Prütting/Bork/*Moll* InsO §§ 123, 124 Rn 66 ff; *Gottwald* InsR § 106 Rn 58.

Abs 1 Satz 1 Alt 1 BGB zu erstatten.[96] Hier gelten die allgemeinen Regeln des Bereicherungsrechts. Kannte der Insolvenzverwalter die Überschreitung und zahlte er dennoch, hat er in Kenntnis der Nichtschuld geleistet und ist damit gemäß § 814 Alt 1 BGB mit seiner Rückforderung ausgeschlossen. Zudem kommen, wenn der Arbeitnehmer mit dem überzahlten Geld entreichernde Ausgaben beispielsweise im Konsumbereich getätigt hat, die Reduzierung oder der Ausschluss der Erstattung nach § 818 Abs 3 BGB in Betracht. Dies wiederum gilt gemäß § 818 Abs 4, § 819 BGB nicht mehr für Entreicherungen in der Zeit nach Rechtshängigkeit des Rückzahlungsanspruchs oder nach Eintritt der Bösgläubigkeit, wenn der Insolvenzverwalter etwa darauf hingewiesen hat, dass demnächst mit einer Rückforderung seinerseits zu rechnen sei, oder wenn der Arbeitnehmer beispielsweise aufgrund eigener Information Kenntnisse darüber gehabt hat, dass die Mittel für die Befriedigung seines vermeintlichen Sozialplananspruchs nicht ausreichen werden.[97]

IV. Abschlagszahlungen und Vollstreckungsverbot, § 123 Abs 3

1. Abschlagszahlungen, § 123 Abs 3 Satz 1

65 Nach § 123 Abs 3 Satz 1 hat der Insolvenzverwalter, so oft hinreichende Barmittel vorhanden sind, Abschlagszahlungen aus der Masse auf die Sozialplanforderungen zu leisten. Die Regelung ist als Soll-Vorschrift ausgestaltet. Daraus folgt, dass der einzelne Sozialplangläubiger keinen Anspruch auf eine Abschlagszahlung hat.[98] Insofern wurde die Position der Sozialplangläubiger im Vergleich zur Regelung des § 170 KO, die eine Kann-Regelung enthielt, tendenziell verbessert.[99] Will der Insolvenzverwalter eine Abschlagszahlung vornehmen, so bedarf er der Zustimmung des Insolvenzgerichts.

2. Vollstreckungsverbot, § 123 Abs 3 Satz 2

66 § 123 Abs 3 Satz 2 erklärt die Zwangsvollstreckung in die Masse wegen einer Sozialplanforderung für unzulässig. Der auf die Auszahlung einer solchen Forderung gerichteten **Leistungsklage fehlt es** mangels Vollstreckbarkeit **am Rechtsschutzbedürfnis.**[100] Der Arbeitnehmer kann deshalb lediglich **Klage auf Feststellung der Sozialplanforderung** erheben.[101] Eine **Ausnahme** davon ist nur dann anzunehmen, wenn die Abschlags- oder Abschlusszahlung rechtswidrig zu gering ist oder komplett ausfällt, beispielsweise in Fällen der Ungleichbehandlung gleich leistungsberechtigter Arbeitnehmer.[102] § 209 Abs 1 Nr 2 stellt keine Spezialregelung dar, die das Vollstreckungsverbot des § 123 Abs 3 Satz 2 verdrängen könnte; im Fall der **Masseunzulänglichkeit** reduziert sich daher die Sozialplanschuld kraft § 123 Abs 2 Satz 2, Satz 3 **auf Null**, Vor § 113 Rn 292.

---

[96] *Zwanziger* § 123 Rn 41.

[97] Vgl auch *Zwanziger* § 123 Rn 41.

[98] Vgl *Sessig/Fischer* ZInsO 2010, 561 (564); *Schelp* NZA 2010, 1095 (1101).

[99] Vgl *Warrikoff* BB 1994, 2338 (2344).

[100] BAG 11.12.2001 – 9 AZR 459/00, NZA 2002, 975.

[101] BAG 21.1.2010 – 6 AZR 785/08, ZIP 2010, 546 mit Anm *Wißmann* ArbR 2010, 146; BAG 22.7.2010 – AZR 249/09, ZInsO 2010, 2193; BAG 31.7.2002 – 10 AZR 275/01, ZIP 2002, 2051 = NZA 2002, 1332; BAG 22.11.2005 – 1 AZR 458/04, NZA 2006, 220 (s dort auch zur ausnahmsweisen Möglichkeit des Wechsels vom Leistungs- zum Feststellungsantrag in der Revisionsinstanz); *Schelp* NZA 2010, 1095 (1101); *Sessig/Fischer* ZInsO 2010, 561 (564).

[102] So im Fall LAG Hamm 27.10.2005 – 4 Sa 1709/04 [juris], das LAG wird auch zitiert in BAG 21.1.2010 – 6 AZR 785/08, ZIP 2010, 546.

V. Besonderheiten des Regelungsinhalts eines Sozialplans nach § 123

Nach der hiesigen Kommentierung empfehlen sich für einen nach Verfahrenseröffnung geschlossenen Sozialplan im Überblick folgende Regelungsinhalte: 67

Zunächst sollten wie bei jedem anderen Sozialplan nach §§ 112 f BetrVG die Parteien (Betriebsrat und Insolvenzverwalter), der Geltungsbereich (in Insolvenz befindliches schuldnerisches Unternehmen mit Aktenzeichen des Insolvenzverfahrens und ggf Benennung des erfassten Betriebes bzw der erfassten Betriebe) sowie die geregelte Maßnahme genannt werden (teilweise oder komplette Abwicklung des Betriebs mit teilweise oder vollständig auszusprechenden Beendigungs- oder Änderungskündigungen etc). Zudem kann es sich empfehlen, auf die gesetzliche Lage hinzuweisen, welche nach § 123 Abs 1, Abs 2 Satz 2, Satz 3 einen nur begrenzten Einsatz von Massemitteln zulässt und gemäß § 123 Abs 3 nur eine sukzessive Leistung von Abschlagszahlungen erlaubt. 68

Des Weiteren sollten – ebenfalls wie bei jedem anderen Sozialplan nach §§ 112 f BetrVG – die Grundlagen für die Berechnung von Sozialplanansprüchen wiedergegeben werden. Hier empfiehlt es sich, auch wenn es nicht rechtlich zwingend ist, im Rahmen eines Punktesystems keine festen Abfindungsbeträge, sondern lediglich die Verteilungsgrundsätze festzulegen.[103] Die einzelnen Arbeitnehmer partizipieren danach von dem zur Verfügung stehenden Geldbetrag im Umfang erzielter Punkte. Diese Punkte bestimmen sich aus Punktwerten bestimmter Sozialkriterien, multipliziert mit dem Bezugseinkommen. 69

- Die Sozialkriterien ergeben sich bei vielen Sozialplänen, ohne dass das Gesetz dies zwingend vorschreibt, aus der Dauer der Betriebszugehörigkeit, dem Lebensalter, der Zahl Unterhaltsberechtigter und der Schwerbehinderung bzw Gleichstellung, wobei mit Annäherung ans Rentenalter Punkteabzüge oder geringere Leistungen aufgrund eines eigenen Schlüssels möglich sind. 70
- Ist auf diese Weise ein entsprechender Punktwert ermittelt, wird dieser mit dem Bezugseinkommen des Arbeitnehmers multipliziert. Dies kann etwa bestimmt werden als Durchschnittseinkommen der letzten zwölf Kalendermonate, in denen der Arbeitnehmer nicht bezügelos freigestellt und nicht nur vorübergehend teilzeitbeschäftigt war. Leichter ist es aber wohl, einen Wert als Bezugseinkommen zugrundezulegen, der ohnehin für die Ermittlung der absoluten Obergrenze nach § 123 Abs 1 berechnet werden muss, also das Entgelt des letzten vollen Beschäftigungskalendermonats des Arbeitnehmers, vgl Rn 42 ff sowie sogleich Rn 72. 71

Wenn am Ende die Punktwerte feststehen, ist der vereinbarte Gesamtgeldbetrag, welcher für die Verteilung zur Verfügung gestellt wird, durch die Anzahl aller Punkte zu dividieren, und jeder Arbeitnehmer erhält eine seinem Punktwert entsprechende Abfindungszahlung. Hierbei kann der betreffende Geldbetrag – insbesondere wenn die Gefahr des Erreichens der relativen Grenze nach § 123 Abs 2 Satz 2 besteht – auch als relativer Wert vereinbart werden, der einen Satz von bis zu 100 % der gemäß § 123 Abs 2 Satz 2 zur Verfügung stehenden Mittel beträgt. Zusätzlich ist die absolute Obergrenze nach § 123 Abs 1 zu berechnen. Hierzu lassen sich Festlegungen zur Wahrung der Anforderungen des § 123 Abs 1 als Wert vereinbaren, ggf auch ein Prozentsatz hiervon. Um dabei Unklarheiten zu vermeiden, lässt sich beispielsweise festsetzen, unter Zugrundelegung welcher Entgelte (etwa des Entgelts des letzten vollen Beschäftigungskalender- 72

[103] Vgl dazu *Boemke/Tietze* DB 1999, 1389 (1392).

monats der entlassenen Arbeitnehmer, s näher Rn 42 ff) der für die Sozialplanbemessung entscheidende Betrag nach § 123 Abs 1 ermittelt werden soll. Zusätzlich ist es möglich, von vorherein eine bestimmte Geldsumme als Härtefonds für unvorhergesehene Belastungen einzelner Arbeitnehmer zurückzuhalten, die natürlich bei der Berechnung des zulässigen Sozialplanvolumens gemäß nach § 123 Abs 1 und § 123 Abs 2 Satz 2 mit zu berücksichtigen ist.

§ 124
Sozialplan vor Verfahrenseröffnung

(1) Ein Sozialplan, der vor der Eröffnung des Insolvenzverfahrens, jedoch nicht früher als drei Monate vor dem Eröffnungsantrag aufgestellt worden ist, kann sowohl vom Insolvenzverwalter als auch vom Betriebsrat widerrufen werden.

(2) Wird der Sozialplan widerrufen, so können die Arbeitnehmer, denen Forderungen aus dem Sozialplan zustanden, bei der Aufstellung eines Sozialplans im Insolvenzverfahren berücksichtigt werden.

(3) [1]Leistungen, die ein Arbeitnehmer vor der Eröffnung des Verfahrens auf seine Forderung aus dem widerrufenen Sozialplan erhalten hat, können nicht wegen des Widerrufs zurückgefordert werden. [2]Bei der Aufstellung eines neuen Sozialplans sind derartige Leistungen an einen von einer Entlassung betroffenen Arbeitnehmer bei der Berechnung des Gesamtbetrags der Sozialplanforderungen nach § 123 Abs 1 bis zur Höhe von zweieinhalb Monatsverdiensten abzusetzen

Materialien: BT-Drucks 12/2443, S 155 f; BT-Drucks 12/7302, S 171.

Literatur

Boemke/Tietze Insolvenzarbeitsrecht und Sozialplan; DB 1999, 1389; *Hamberger* Der Betriebsrat im Insolvenzverfahren (2010) S 338; *Oetker/Friese* Der Sozialplan in der Insolvenz, DZWIR 2001, 265; *Schaub* Arbeitsrecht in der Insolvenz, DB 1999, 217; *Warrikoff* Die Stellung der Arbeitnehmer nach der neuen Insolvenzordnung, BB 1994, 2338.

Übersicht

I. Überblick und Anwendungsbereich

1. Norm und Normzweck

Sozialpläne, die kurz vor einem Antrag auf Eröffnung des Insolvenzverfahrens zustande gekommen sind, stehen in aller Regel bereits in engem Zusammenhang mit der Insolvenz des Arbeitgebers.[1] Mit Blick auf die Schwierigkeiten bei der Beurteilung der Frage, ob und welchen prägenden Einfluss die herannahende Insolvenz auf das Verhandlungsgeschehen gehabt haben könnte, hat sich der Gesetzgeber für eine feste zeitliche Grenze von drei Monaten vor Verfahrensantrag entschieden, von deren Erreichen an er den Sozialplan in der Insolvenz zur späteren Disposition der Betriebsparteien stellt. Sozialpläne, die ab diesem Zeitpunkt abgeschlossen wurden, können gemäß § 124 Abs 1 sowohl vom Insolvenzverwalter als auch vom Betriebsrat widerrufen werden. Geschieht dies, können Leistungen, die ein Arbeitnehmer vor Verfahrenseröffnung auf seine Ansprüche aus dem Sozialplan erhalten hat, nach § 124 Abs 3 Satz 1 nicht wegen des Widerrufs zurückgefordert werden. Hierdurch wird dem Vertrauensschutz der Arbeitnehmer und der Rechtssicherheit Rechnung getragen.[2] 1

Wird im Insolvenzverfahren dann ein neuer Sozialplan aufgestellt, so können gemäß § 124 Abs 2 die vom Widerruf des bisherigen Sozialplans betroffenen Arbeitnehmer dennoch in diesem berücksichtigt werden. Sie werden folglich den Arbeitnehmern gleichgestellt, für die erst nach Eröffnung des Insolvenzverfahrens ein Sozialplan zu schließen ist.[3] Jedoch sind bei der Aufstellung des neuen Sozialplans Leistungen, welche an einen von einer Entlassung betroffenen Arbeitnehmer bereits auf Grund des widerrufenen Sozialplans erbracht wurden, bei der Berechnung der absoluten Obergrenze für das Volumen des neuen Sozialplans abzusetzen, § 124 Abs 3 Satz 2. 2

2. Normhistorie

Im Vergleich zur Regelung des Gesetzes über den Sozialplan im Konkurs- und Vergleichsverfahren (SozplG)[4] hat der Gesetzgeber die Handhabung insolvenznaher Sozialpläne in der InsO damit grundlegend geändert. Unter Geltung des SozplG bewirkten Sozialpläne, die nicht früher als drei Monate vor Eröffnung des Konkursverfahrens aufgestellt wurden, ebenso wie Sozialpläne, die im Konkursverfahren zustande gekommen waren, bevorrechtigte Konkursforderungen. Die betreffenden Sozialplanregelungen waren jedoch gemäß § 3 SozplG den Konkursgläubigern gegenüber insoweit unwirksam, als die Summe der aus ihnen folgenden Forderungen größer war als der Gesamtbetrag von zweieinhalb Monatsverdiensten der von einer Entlassung betroffenen Arbeitnehmer. Die Neuregelung in § 124 beruhte vor allem darauf, dass die Regelungen des SozplG in der Praxis kaum Anwendung fanden.[5] Durch die Möglichkeit des Widerrufs eines insolvenznahen Sozialplans – bei späterer Berücksichtigung der hiervon betroffenen Arbeitnehmer – sollte die Möglichkeit eröffnet werden, sich von den daraus folgenden Lasten lösen zu können, damit Insolvenzverwalter und Betriebsrat der – sich meist erst im Verfahren offen zeigenden – schwierigen wirtschaftlichen Lage in einem neuen Sozialplan besser Rechnung tragen konnten.[6] 3

[1] FK/*Eisenbeis* InsO § 124 Rn 1; Leonhardt/Smid/Zeuner/*Aghamiri* InsO § 124 Rn 1; Braun/*Wolf* InsO § 124 Rn 1.

[2] Vgl Leonhardt/Smid/Zeuner/*Aghamiri* InsO § 124 Rn 1.

[3] *Schaub* DB 1999 S 217 ff (226).

[4] Gesetz vom 20.2.1985 BGBl I 369.

[5] Vgl Nerlich/Römermann/*Hamacher* § 124 Rn 2.

[6] Vgl Uhlenbruck/*Berscheid/Ries* § 124 Rn 3; Nerlich/Römermann/*Hamacher* § 124 Rn 2.

3. **Anwendungsbereich**

4 a) **Sozialplan aus der Zeit vor Verfahrenseröffnung.** § 124 gilt für Sozialpläne, die vor Eröffnung des Insolvenzverfahrens abgeschlossen wurden; s zur Bestimmung des Abschlusszeitpunkts die Ausführungen zu § 123 Rn 5 ff.

5 b) **Nicht früher als drei Monate vor dem Eröffnungsantrag aufgestellter Sozialplan (insolvenznaher Sozialplan).** Die Möglichkeit des Widerrufs eines Sozialplans besteht nur, wenn dieser nicht früher als drei Monate vor dem Eröffnungsantrag aufgestellt worden ist. In diesem Fall kann der Sozialplan auch dann widerrufen werden, wenn er von einer **Einigungsstelle** erlassen worden ist.[7] Zudem besteht die Widerrufsmöglichkeit ebenfalls, wenn der Sozialplan von einem **vorläufigen Insolvenzverwalter** abgeschlossen wurde.[8]

6 Ebenso wie für § 123 kommt es auch bei der Fristberechnung nach § 124 nicht darauf an, wann die Betriebsänderung durchgeführt worden ist oder wann die Verhandlungen über den Sozialplan begonnen haben.[9] Maßgeblich ist allein der Abschluss des Sozialplans. Die Dreimonatsfrist wird nach §§ 187 f BGB berechnet,[10] wobei der Zeitraum von drei Monaten zwischen der Aufstellung des Sozialplans und dem Datum des Eröffnungsantrags liegen muss. Der Sozialplan ist aufgestellt, wenn eine dem Schriftformerfordernis entsprechende Einigung zwischen Arbeitgeber und Betriebsrat vorliegt bzw der Beschluss der Einigungsstelle schriftlich niedergelegt ist (§ 123 Rn 5).[11]

7 Hinsichtlich des Eröffnungsantrags kommt es auf den Zeitpunkt des ersten zulässigen Antrags an.[12] Wird der Antrag bei einem unzuständigen Gericht gestellt, das die Sache verweist, ist dies unschädlich.[13]

8 c) **Sozialplanähnliche Regelungen.** Für § 124 stellt sich ebenso wie für § 123 die Frage, ob die Vorschrift auch auf Regelungen anzuwenden ist, die keine Sozialpläne iSd § 112 BetrVG sind. In der Kommentierung zu § 123 ist unter Rn 9 ff näher dargelegt worden, dass die Vorschrift ebenfalls anzuwenden ist auf freiwillige Sozialpläne, auf Sozialpläne iSd Personalvertretungsrechts, auf Sprecherausschussvereinbarungen nach § 28, § 32 Abs 2 Satz 2 SprAuG und auf Tarifsozialpläne; für Nachteilsausgleiche dagegen nach § 113 BetrVG kann § 123 nicht gelten.

9 Die zu § 123 vorgebrachten Argumente und Ergebnisse greifen auch für § 124. Die Möglichkeit des Widerrufs führt zu angemessenen Ergebnissen, da der Regelungsgegenstand der Sache nach und wirtschaftlich gesehen in allen Fällen der Gleiche ist, womit auch gleichartige Beendigungs- und Neuverhandlungsmöglichkeiten eröffnet werden müssen. Stets geht es darum, dass ein Sozialplan oder eine ihm entsprechende Regelung aufgehoben werden kann und seine Nachfolgeregelung den Grenzen des § 123 unterworfen wird, um den Arbeitnehmern und den Insolvenzgläubigern einen jeweils angemessenen Anteil an der Insolvenzmasse zu sichern und eine unangemessene Belastung der Masse zu verhindern. Ließe man einen Widerruf hier nicht zu, könnte dieser Zweck kaum erreicht werden.[14]

---

7 *Zwanziger* § 124 Rn 1.

8 Leonhardt/Smid/Zeuner/*Aghamiri* InsO § 124 Rn 2; MünchKomm/*Caspers* InsO § 124 Rn 3; Nerlich/Römermann/*Hamacher* § 124 Rn 6.

9 Nerlich/Römermann/*Hamacher* § 124 Rn 3.

10 MünchKomm/*Caspers* InsO § 124 Rn 3; Däubler/*Däubler* BetrVG Anh zu §§ 111–113, § 124 InsO Rn 3; Nerlich/Römermann/*Hamacher* § 124 Rn 5.

11 Vgl Leonhardt/Smid/Zeuner/*Aghamiri* § 124 Rn 2.

12 *Zwanziger* § 124 Rn 4.

13 *Zwanziger* § 124 Rn 4.

14 Vgl MünchKomm/*Caspers* InsO § 124 Rn 22.

10 Die alternativ denkbaren Beendigungsregeln nach § 113 oder nach § 120 erfassen die betreffenden Situationen nicht in ausgewogener Weise, und die Nichterfüllungswahl nach § 103 würde zu einer erheblichen Benachteiligung der betroffenen Arbeitnehmer führen, die daran gehindert wären, durch eine in den Grenzen des § 123 wieder auflebende Verhandlungsmöglichkeit zu einer insolvenzgerechten Regelung zu kommen. Bei alledem ändert aber das Widerrufsrecht aus § 124 nichts an der jeweils eigenen Rechtsnatur der genannten Vorschriften. Das gilt insbesondere für den **Erklärungsberechtigten und den Adressaten der jeweiligen Widerrufserklärung**. Auf Arbeitgeberseite ist dies der Insolvenzverwalter. Auf Arbeitnehmerseite ist es die jeweilige Partei, welche die betreffende Vereinbarung getroffen hat, also beispielsweise der Betriebsrat, mit welchem der freiwillige Sozialplan geschlossen wurde, der Personalrat, mit dem der Sozialplan iSd Personalvertretungsrechts geschlossen wurde, der Sprecherausschuss, mit dem die Sprecherausschussvereinbarung getroffen wurde, und die Gewerkschaft, mit welcher der Tarifsozialplan geschlossen wurde.

II. Widerruf

1. Ausübung des Widerrufsrechts

11 Nach dem soeben Gesagten muss gemäß § 124 Abs 1 also ein Sozialplan aus der Zeit vor Verfahrenseröffnung vorliegen, der nicht früher als drei Monate vor dem Antrag auf Eröffnung des Insolvenzverfahrens aufgestellt wurde, wobei die genannten sozialplanähnliche Regelungen ebenfalls erfasst sind. Die InsO knüpft keine weiteren Voraussetzungen an die Ausübung des Widerrufsrechts;[15] es bedarf also **keines Widerrufsgrundes.**[16]

12 Widerrufsberechtigt sind sowohl der Betriebsrat als auch der **Insolvenzverwalter**. Auf Seiten des **Betriebsrats** besteht die Widerrufsberechtigung nach dem Prinzip des actus contrarius dem Gremium derjenigen Ebene zu, auf welcher der Sozialplan geschlossen wurde. Wurde der Sozialplan also beispielsweise vom Gesamtbetriebsrat vereinbart, ist dieser auch für den Widerruf zuständig.[17] Wurde der Sozialplan im Rahmen eines Einigungsstellenverfahrens geschlossen, hat der Widerruf des Insolvenzverwalters gegenüber demjenigen Gremium zu erfolgen, welches an der Einigungsstellenverhandlung beteiligt war.[18] Umgekehrt ist bei Widerruf durch die Arbeitnehmerseite gegenüber dem Insolvenzverwalter dasjenige Gremium widerspruchsberechtigt, das an der Einigungsstellenverhandlung beteiligt war.

13 Die **Ausübung des Widerrufsrechts** erfolgt **durch einseitige Erklärung des Betriebsrats gegenüber dem Insolvenzverwalter oder umgekehrt.** Es handelt sich um eine einseitige empfangsbedürftige Willenserklärung, so dass insbesondere auch die Regelungen über deren Zugang, §§ 130 ff BGB, zu beachten sind. Für den Betriebsrat ist der Vorsitzende gemäß § 26 Abs 2 Satz 2 BetrVG empfangszuständig.

14 Ein **Verzicht** auf das Recht zum Widerruf des Sozialplans ist zulässig, vgl § 120 Rn 40.[19] **Zeitlich** ist die Ausübung des Widerrufsrechts zwischen Eröffnung des Insolvenzverfahrens und seiner Beendigung **grundsätzlich unbeschränkt** möglich. In engen Grenzen kommt allerdings eine Verwirkung in Betracht, wenn der Insolvenzverwalter

---

[15] Vgl *Oetker/Friese* DZWIR 2001, 265 (275).

[16] FK/*Eisenbeis* InsO § 124 Rn 5; Kübler/Prütting/Bork/*Moll* InsO §§ 123, 124 Rn 92.

[17] Nerlich/Römermann/*Hamacher* § 124 Rn 9.

[18] *Zwanziger* § 124 Rn 9.

[19] Vgl LAG Köln 17.10.2002 – 5 (4) TaBV 44/02, NZI 2003, S 335.

oder der Betriebsrat über längere Zeit aufgrund ihres Gesamtverhaltens zu verstehen gegeben haben, dass sie an der bestehenden Regelung festhalten möchten, und die jeweilige Gegenseite hierauf hat vertrauen können.

15 Kann im Insolvenzverfahren kein Sozialplan mehr abgeschlossen werden, weil **kein Betriebsrat** mehr – auch nicht mit Restmandat – existiert, ist der Widerruf des Sozialplans ausgeschlossen. Ansonsten könnte der Insolvenzverwalter den Sozialplan widerrufen, ohne dass die betroffenen Arbeitnehmer in einem neuen Sozialplan Berücksichtigung finden könnten. Ein solcher kompensationsloser Eingriff in bereits bestehende Forderungen ist im Gesetz nicht angelegt.[20] Ausnahmsweise wird dies aber dann möglich sein, wenn der Betriebsrat seine eigene Auflösung betreibt, um die Unwiderruflichkeit herzustellen. Unabhängig davon kann der Insolvenzverwalter den Sozialplan unter Umständen über den Weg der Insolvenzanfechtung nach §§ 129 ff angreifen.

2. Rechtsfolgen des Widerrufs

16 Der Widerruf beseitigt den Sozialplan **rückwirkend.**[21] Die in ihm geregelten **Ansprüche entfallen.**[22]

17 Gleichzeitig führt der Wegfall des Sozialplans aber auch dazu, dass die **Mitbestimmungspflicht** hinsichtlich der ihm zugrunde liegenden Betriebsänderung **wieder auflebt.**[23] Der Betriebsrat kann folglich den Abschluss eines neuen Sozialplans verlangen, und beide Parteien können gegebenenfalls die Einigungsstelle anrufen, § 112 Abs 4 BetrVG. **Leistungen** sind dann ohne eine Bindung an den widerrufenen Sozialplan **neu festzusetzen.**[24] Die vom Widerruf betroffenen Arbeitnehmer können im Insolvenzverfahren berücksichtigt werden. Dabei wird das „Können" in diesem Sinne in der Regel als „Müssen" zu verstehen sein, wenn keine sachlichen Gründe entgegenstehen.[25] Im Hinblick auf den Gleichbehandlungsgrundsatz des § 75 BetrVG kann ein Ausschluss vor allem insoweit in Betracht kommen, als Forderungen einzelner Arbeitnehmer aus dem widerrufenen Sozialplan **bereits vollständig erfüllt** wurden.[26]

18 **Bereits erbrachte Leistungen** können vom Insolvenzverwalter **nicht zurück verlangt** werden, § 124 Abs 3 Satz 1. Sie sind aber gem § 124 Abs 3 Satz 2 bei der Berechnung der absoluten Höchstgrenze iSv § 123 Abs 1 abzusetzen. § 124 Abs 3 Satz 1 schließt nur die Rückforderung „wegen des Widerrufs" aus. Folglich bleibt eine Rückforderung aus anderen Gründen unberührt.[27]

3. Folgen eines unterlassenen Widerrufs

19 Ansprüche aus vor Verfahrenseröffnung geschlossenen Sozialplänen sind **Insolvenzforderungen,** auch wenn sie erst nach Verfahrenseröffnung fällig sind. Das gilt unabhängig davon, ob es sich um insolvenznahe, nicht widerrufene Sozialpläne iSv § 124 handelt.

---

[20] MünchKomm/*Caspers* InsO § 124 Rn 13; Nerlich/Römermann/*Hamacher* § 124 Rn 9; Däubler in: Däubler, BetrVG, Anh. zu §§ 111–113, § 124 InsO Rn 1.

[21] *Oetker/Friese* DZWIR 2001, 265 (276).

[22] Kübler/Prütting/Bork/*Moll* InsO §§ 123, 124 Rn 95.

[23] Nerlich/Römermann/*Hamacher* § 124 Rn 13; Kübler/Prütting/Bork/*Moll* InsO §§ 123, 124 Rn 96 f.

[24] Vgl *Fitting* BetrVG, §§ 112, 112a Rn 324; *Boemke/Tietze* DB 1999, 1389 (1394); *Oetker/Friese* DZWIR 2001, 265 (276).

[25] Vgl *Zwanziger* § 124 Rn 11; FK/*Eisenbeis* InsO § 124 Rn 9.

[26] So auch *Zwanziger* § 124 Rn 11; wohl auch *Boemke/Tietze* DB 1999, 1389 (1394).

[27] Kübler/Prütting/Bork/*Moll*, §§ 123, 124 Rn 102; *Oetker/Friese* DZWIR 2001, 265 (276); *Zwanziger* § 124 Rn 10.

Lediglich die vor Verfahrenseröffnung vom „starken" oder vom entsprechend befugten „halbstarken" vorläufigen Insolvenzverwalter begründeten Sozialplanforderungen sind Masseverbindlichkeiten, s im Einzelnen Vor § 113 Rn 66 ff.

4. Entscheidung über den Widerruf

Ob das Widerrufsrecht ausgeübt wird, müssen sowohl der Insolvenzverwalter als 20
auch der Betriebsrat unter Abwägung aller Vor- und Nachteile entscheiden. Trotzdem kann für den Insolvenzverwalter das Unterlassen des Widerrufs eines Sozialplans **pflichtwidrig** sein.[28] Widerruft er einen Sozialplan nicht, der ein erhebliches Volumen aufweist und der Masse keine gleichwertige Kompensation einbringt, so kommt eine Haftung nach § 60 in Betracht. Es lässt sich aber keine Regel dergestalt aufstellen, dass der Insolvenzverwalter bei einem insolvenznahen Sozialplan, dessen Forderungen die absolute oder relative Obergrenze nach § 123 Abs 1, Abs 2 Satz 2 überschreiten, immer zum Widerruf verpflichtet sei.[29]

Der Betriebsrat hat bei seiner Entscheidung über einen Widerruf insbesondere zu 21
beachten, dass der Widerruf zu Neuverhandlungen führt und Forderungen aus dem neuabgeschlossenen Sozialplan Masseforderungen darstellen. Andererseits ist zu berücksichtigen, dass das Sozialplanvolumen während des Insolvenzverfahrens durch die Obergrenzen des § 123 eingeschränkt ist und die Abfindungsforderungen im Insolvenzverfahren geringer ausfallen dürften (vgl § 123 Rn 31 ff, 38 ff, 49 ff).[30]

III. Altsozialpläne

1. Beendigung von vor dem Dreimonatszeitraum des § 124 Abs 1 abgeschlossen Sozialplänen (Altsozialplänen)

Sozialpläne können von den Betriebspartnern **jederzeit einvernehmlich mit Wirkung** 22
für die Zukunft beendet oder abgeändert werden.[31] Fehlt es am Einvernehmen, stellt sich im Falle der Insolvenz die Frage nach den Beendigungsmöglichkeiten.

a) **Kein Widerruf nach § 124.** Wurde ein Sozialplan bereits **vor dem Dreimonatszeit-** 23
raum des § 124 Abs 1 abgeschlossen, ist sein Widerruf nach § 124 nicht möglich. Die Eröffnung des Insolvenzverfahrens kann auch nicht zum Wegfall der Geschäftsgrundlage des Altsozialplans führen, wenn die Insolvenzsituation bei Abschluss des Sozialplans nicht bedacht wurde.[32] Auf Sozialpläne sind zwar die Grundsätze über den Wegfall der Geschäftsgrundlage anwendbar.[33] Der Eröffnung des Insolvenzverfahrens ist ein Wegfall der Geschäftsgrundlage aber praktisch immanent, und diese Situation ist vom Gesetzgeber mit der Insolvenzordnung erfasst worden, so dass für die Anwendung der Grundsätze des Wegfalls der Geschäftsgrundlage kein Raum bleibt.

---

[28] Vgl FK/*Eisenbeis* InsO § 124 Rn 6.

[29] So aber *Warrikoff* BB 1994, 2338; zu Recht ablehnend *Oetker/Friese* DZWIR 2001, S 265 (275); Kübler/Prütting/Bork/*Moll* InsO §§ 123, 124 Rn 92.

[30] S näher MünchKomm/*Caspers* InsO § 124 Rn 10.

[31] BAG 24.3.1981 – 1 AZR 805/78, BAGE 35, 160 (166); 10.8.1994 – 10 ABR 61/93, BAGE 77, 313 (322 f); *Fitting* BetrVG §§ 112, 112a Rn 214; Hess/*Hess* BetrVG § 112 Rn 292.

[32] MünchKomm/*Caspers* InsO § 124 Rn 25; *Fitting* BetrVG §§ 112, 112a Rn 330; **aA** *Zwanziger* § 124 Rn 17.

[33] BAG 28.8.1996 – 10 AZR 886/95, BAGE 84, 62 (68 ff); FK/*Eisenbeis* InsO § 120 Rn 16 ff; Nerlich/Römermann/*Hamacher* InsO § 120 Rn 21.

24 Die Betriebspartner können im Sozialplan auch nicht vereinbaren, dass der Sozialplan entfallen soll, wenn über das Vermögen des Arbeitgebers das Insolvenzverfahren eröffnet wird und noch nicht alle Sozialplanforderungen beglichen sind (s näher § 120 Rn 40).

25 **b) Kündbarkeit von Sozialplanregelungen über Dauerleistungen nach § 77 Abs 5 BetrVG, § 120 InsO.** Ein Wegfall des Altsozialplans – und demnach auch ein Wegfall von dessen eventueller Blockadewirkung in Bezug auf einen neuen, mit dem Insolvenzverwalter zu schließenden Sozialplan – kann aber durch dessen Kündigung herbeigeführt werden.

26 Sozialpläne haben nach § 112 Abs 1 Satz 3 BetrVG die Wirkung von Betriebsvereinbarungen, so dass die diesbezüglichen Regeln anzuwenden sind.[34] Dennoch ist die Kündigung, wenn nicht eine Kündigungsmöglichkeit vereinbart wurde, gemäß § 77 Abs 5 BetrVG und auch gemäß § 120 Abs 1 Satz 2 ausgeschlossen, weil und soweit die Sozialpläne anlassbezogen für eine bestimmte Betriebsänderung angelegt sind. Das insoweit, als sie lediglich punktuelle Leistungspflichten begründen, welche nicht unterschiedlichen Zeitabschnitten zugeordnet und somit auch nicht per Kündigung entsprechend zeitbezogen beendet werden können.[35]

27 Eine Kündigung ist somit aber insoweit denkbar, als die Sozialplanpflichten ausnahmsweise nicht diesen punktuellen Charakter haben, sondern auf so genannten **Dauerregelungen** beruhen, die einen mit der Betriebsänderung einhergehenden wirtschaftlichen Nachteil durch laufende Leistungen ausgleichen. Beispiele sind regelmäßig zu zahlende Ausgleichsleistungen für schlechtere Arbeitsbedingungen oder verkürzte Arbeitszeiten, Wegezeitvergütungen oder Ausbildungszuschüsse. Weil sie zeitbezogen über eine bestimmte oder unbestimmte Dauer erbracht werden, sind sie einer Kündigung zugänglich.[36] In diesem Fall können der Insolvenzverwalter und der Betriebsrat den betreffenden Sozialplan gemäß § 77 Abs 5 BetrVG oder – bei einer Belastung der Insolvenzmasse – nach § 120 Abs 1 Satz 2 kündigen. Der Sozialplan ist neben der Betriebsvereinbarung in § 120 nicht ausdrücklich genannt, hat aber gemäß § 112 Abs 1 Satz 3 BetrVG die gleiche Wirkung wie eine Betriebsvereinbarung. Dies rechtfertigt grundsätzlich die Anwendung von § 120 auch auf Sozialpläne, s näher § 120 Rn 12 f.

28 Ist der Sozialplan wirksam gekündigt, kann der Betriebsrat mit dem Insolvenzverwalter nach § 123 über einen neuen Sozialplan verhandeln.

2. Forderungen aus Altsozialplänen

29 Wurde ein Sozialplan bereits vor dem Dreimonatszeitraum des § 124 Abs 1 abgeschlossen, so können bisher noch nicht beglichene Forderungen lediglich als Insolvenzforderungen zur Insolvenztabelle angemeldet werden, s im Einzelnen Vor § 113 Rn 66 ff.

---

[34] ErfK/*Kania* BetrVG §§ 112/112a Rn 13.

[35] S zu alledem, insbesondere zur Kündigung wegen Wegfalls der Geschäftsgrundlage, BAG 10.8.1994 – 10 ABR 61/93, BAGE 77, 313 (324); Richardi/*Annuß* BetrVG § 112 Rn 185; Däubler/*Däubler* BetrVG §§ 112, 112a Rn 203; Hess/*Hess* BetrVG § 112 Rn 297.

[36] Nach Auffassung des BAG liegt eine Dauerregelung vor, wenn ein auf Arbeitnehmerseite entstandener wirtschaftlicher Nachteil durch laufende Leistungen anstatt durch eine einmalige Leistung ausgeglichen oder gemildert werden soll, BAG 10.8.1994 – 10 ABR 61/93, BAGE 77, 313 = AP BetrVG 1972 § 112 Nr 86 (dort wird die Frage der außerordentlichen Kündigung offen gelassen); BAG 26.8.1997 – 1 ABR 12/97, NZA 1998, 216; ErfK/*Kania* §§ 112/112a BetrVG Rn 40; entsprechend für die Insolvenz MünchKomm/*Caspers* InsO § 124 Rn 28.

Eine Ausnahme bilden aber auch hier wieder die eben unter Rn 27 beschriebenen **Dauerregelungssozialpläne.** Für sie kann nicht aus einem Gegenschluss zu § 123 Abs 2 Satz 1 gefolgert werden, dass sie ausschließlich Insolvenzforderungen begründen. Hier sind vielmehr die allgemeinen Regeln anzuwenden. Soweit die betreffenden Leistungen demnach für die Zeit vor Verfahrenseröffnung zu erbringen sind, handelt es sich um Insolvenzforderungen nach § 38; soweit sie für die Zeit nach Verfahrenseröffnung zu erbringen sind, handelt es sich um Masseverbindlichkeiten iSd § 55 Abs 1 Nr 2.[37] **30**

Aufgrund dessen kann es bei solchen Altsozialplänen mit Dauerregelungen durchaus in der Pflicht des Verwalters stehen, sie zu kündigen. Die dafür gültige Regelung ist dann § 120, soweit nicht bereits im Sozialplan selbst eine kürzere Kündigungsfrist vereinbart ist. Der Verwalter ist hier also nicht auf § 112 Abs 1 Satz 3, § 77 Abs 5 BetrVG beschränkt. Kündigt er, entfällt damit aber gleichzeitig die Sperrwirkung des Sozialplans, s dazu sogleich. **31**

3. Sperre neuer Sozialpläne durch Altsozialpläne

Fehlt es an einer Kündigung oder am Widerruf des Altsozialplans, bleibt dieser bestehen. Er **sperrt** somit den **Neuabschluss anderer auf die von ihm erfasste Betriebsänderung bezogener Sozialpläne,** welche den betroffenen Arbeitnehmern Masseverbindlichkeiten verschaffen könnten. Das gilt selbst dann, wenn die erfassten Maßnahmen längere Zeit nach Sozialplanabschluss, unter Umständen schon in der Zeit nach Verfahrenseröffnung, durchgeführt werden.[38] **32**

Die zeitliche Begrenzung des Widerrufsrechts nach § 124 Abs 1 bewirkt also, dass für Altsozialpläne kein Ersatz geschaffen werden kann und dass somit die betroffenen Arbeitnehmer nicht mehr durch Abschluss neuer Sozialpläne mit Masseforderungen versorgt werden können.[39] Dem Betriebsrat eines mittel- oder langfristig insolvenzgefährdeten Arbeitgebers muss demnach folgendes klar sein: Zwar kann er gewissermaßen „auf Vorrat", also lange vor einer anstehenden Betriebsänderung, bereits freiwillig durch diesbezügliche Sozialpläne Vorsorge treffen.[40] Dies ist ihm aber nicht zu raten, wenn er sich keine kurzfristige (unabhängig von drohender Insolvenz greifende) Kündigungsmöglichkeit einräumen lässt und die in Aussicht gestellten Leistungen erst einige Monate nach Sozialplanabschluss erbracht werden sollen. Diese Konsequenz aus § 124 Abs 1 entspricht durchaus dem System der §§ 38, 53 ff, 103 ff, nach welchem Zahlungspflichten, die der Verantwortung des Schuldners entspringen und nicht mehr der Zeit nach Verfahrenseröffnung zugeordnet werden sollen, Insolvenzforderungen iSd § 38 sind. **33**

---

[37] MünchKomm/*Caspers* InsO § 124 Rn 27.

[38] LAG Niedersachsen 24.9.2009 – 4 TaBV 45/08, ZIP 2010, 442; MünchKomm/*Caspers* InsO § 124 Rn 25 f; **aA** *Zwanziger* § 124 Rn 16.

[39] LAG Niedersachsen 24.9.2009 – 4 TaBV 45/08, ZIP 2010, 442; MünchKomm/*Caspers* InsO § 124 Rn 25 f; **aA** *Zwanziger* § 124 Rn 16.

[40] S zu dessen betriebsverfassungsrechtlicher Zulässigkeit BAG 26.8.1997 – 1 ABR 12/97, NZA 1998, 216.

§ 125
Interessenausgleich und Kündigungsschutz

(1) [1]Ist eine Betriebsänderung (§ 111 des Betriebsverfassungsgesetzes) geplant und kommt zwischen Insolvenzverwalter und Betriebsrat ein Interessenausgleich zustande, in dem die Arbeitnehmer, denen gekündigt werden soll, namentlich bezeichnet sind, so ist § 1 des Kündigungsschutzgesetzes mit folgenden Maßgaben anzuwenden:
1. es wird vermutet, daß die Kündigung der Arbeitsverhältnisse der bezeichneten Arbeitnehmer durch dringende betriebliche Erfordernisse, die einer Weiterbeschäftigung in diesem Betrieb oder einer Weiterbeschäftigung zu unveränderten Arbeitsbedingungen entgegenstehen, bedingt ist;
2. die soziale Auswahl der Arbeitnehmer kann nur im Hinblick auf die Dauer der Betriebszugehörigkeit, das Lebensalter und die Unterhaltspflichten und auch insoweit nur auf grobe Fehlerhaftigkeit nachgeprüft werden; sie ist nicht als grob fehlerhaft anzusehen, wenn eine ausgewogene Personalstruktur erhalten oder geschaffen wird.

[2]Satz 1 gilt nicht, soweit sich die Sachlage nach Zustandekommen des Interessenausgleichs wesentlich geändert hat.

(2) Der Interessenausgleich nach Absatz 1 ersetzt die Stellungnahme des Betriebsrats nach § 17 Abs. 3 Satz 2 des Kündigungsschutzgesetzes.

Materialien: BT-Drucks 12/2443, S 149; BT-Drucks 12/7302, S 171 f.

Literatur

Bader Neuregelungen im Bereich des Kündigungsschutzgesetzes durch das Arbeitsrechtliche Beschäftigungsförderungsgesetz, NZA 1996, 1125; *Berscheid* Reformvorschläge zur Erweiterung der Befugnisse des vorläufigen Insolvenzverwalters und zur Mehrung der Insolvenzmasse, NZI 1999, 6; *Boemke* Schwerbehinderung und Namensliste in der Insolvenz, NZI 2005, 209; *Giesen* Das neue Kündigungsschutzrecht in der Insolvenz, ZIP 1998, 46; *ders* Die Sozialauswahl bei betriebsbedingter Kündigung nach neuem Recht, ZfA 1997, 145; *ders* Diskriminierender Ausschluss einer Entlassungsabfindung wegen Anspruchs auf vorgezogene Altersrente, EuZA 2011, 383; *Grunsky* Probleme des Beschlußverfahrens nach § 126 InsO, Festschrift für Gerhard Lüke, 1997, S 191; *Kappenhagen* Namensliste nach § 1 Abs 5 KSchG in einem freiwilligen Interessenausgleich?, NZA 1998, 968; *Lakies* Zu den seit 1.10.1996 geltenden arbeitsrechtlichen Vorschriften der Insolvenzordnung, RdA 1997, 145; *Mückl/Krings* Rettung des durch den vorläufigen Insolvenzverwalter abgeschlossenen Interessenausgleichs mit Namensliste, ZIP 2012, 106; *Rieble* Das insolvenzrechtliche Beschlussverfahren des § 126 InsO, NZA 2007, 1393; *Schrader* Übergangsregelungen zum Konkursrecht, NZA 1997, 70; *Walker/Kürth* Anmerkung zu BAG 28.6.2012 – 6 AZR 682/10, AP InsO § 125 Nr 9; *Wisskirchen/Bissels* „Kontrollierte Insolvenz“: Arbeitsrechtliche Gestaltungsmöglichkeiten des Insolvenzverwalters, BB 2009, 2142.

Übersicht

I. Normzweck; Verhältnis zu § 1 Abs 5 KSchG

In der Insolvenz kann ein Betrieb, wenn er nicht aufgegeben werden soll, häufig nur nach einer Sanierung fortgeführt oder veräußert werden. Dabei spielt auch die Personalstruktur eine wesentliche Rolle. Aus diesen Gründen kommt es hier regelmäßig entweder zur Betriebsstilllegung und somit zur betriebsbedingten Kündigung der gesamten Belegschaft, oder es werden, wenn die (Teil-)Sanierung ins Auge gefasst wird, gegenüber Teilen der Belegschaft betriebsbedingte Kündigungen bzw betriebsbedingte Änderungskündigungen ausgesprochen. § 125 ermöglicht es den Betriebsparteien, ähnlich wie außerhalb der Insolvenz § 1 Abs 5 KSchG, in diesen Fällen langwierige Kündigungsschutzstreitigkeiten zu vereinfachen oder zu vermeiden. Soweit in einem Interessenausgleich die betriebsbedingt zu kündigenden Arbeitnehmer namentlich genannt werden, soll ihnen nur eingeschränkt die Möglichkeit zustehen, diese Kündigungen gerichtlich überprüfen zu lassen. Ziel ist, dem Insolvenzverwalter oder dem Erwerber des Betriebs Rechtssicherheit zu geben, ohne dass den Arbeitnehmern der Rechtsschutz gegen die Kündigung in zu hohem Maß versagt wird. Die Gewähr für die dennoch bestehende Rechtmäßigkeit der betreffenden (Änderungs-)Kündigungen soll sich aus der Beteiligung des Betriebsrats an der Erstellung der betreffenden Liste ergeben.[1] **1**

Der Gesetzgeber ordnete in Art 6 des Arbeitsrechtlichen Gesetzes zur Förderung von Wachstum und Beschäftigung[2] die Geltung der Regelung bereits für die Zeit ab dem 1.10.1996 für den Bereich der Konkursordnung an, jedoch nicht für die Vergleichsordnung und die Gesamtvollstreckungsordnung. Nachdem die insolvenzrechtliche Regelung des § 125 positive Resonanz erhielt, entschied man sich schon zum 1.10.1996, mit § 1 Abs 5 KSchG eine sehr ähnliche Vorschrift einzuführen, die generell unter Zuhilfenahme von Interessenausgleichen mit Namenslisten Kündigungsstreitigkeiten reduzieren oder vermeiden helfen soll. Obwohl sich die Wortlaute von § 1 Abs 5 KSchG und § 125 stark voneinander unterscheiden, decken sich die Regelungsinhalte weitgehend. Legt man die Rechtsprechung des BAG zugrunde, bestehen Verschiedenheiten darin, dass mithilfe von § 125 eine ausgewogene Personalstruktur nicht nur erhalten, sondern auch geschaffen **2**

[1] BT-Drucks 12/2443 S 149.

[2] BGBl 1996 I S 1476.

werden kann (s näher Rn 23).[3] Ob bei § 125 die Schwerbehinderung der zu kündigenden Arbeitnehmer wie bei § 1 Abs 5 KSchG berücksichtigt werden muss, ist höchstrichterlich noch nicht geklärt, meines Erachtens aber anzunehmen (s näher Rn 19).

II. Betriebsverfassungsrechtliche Anwendungsvoraussetzungen

1. Betriebsänderung

3 § 125 Abs 1 Satz 1 setzt eine Betriebsänderung iSd § 111 BetrVG voraus,[4] s dazu näher § 121 Rn 3 ff. Ebenso wie für § 123 (vgl § 123 Rn 6) ist auch für § 125 unerheblich, wann die Betriebsänderung durchgeführt oder beschlossen wird. Deshalb kann auch eine durch den Schuldner begonnene Betriebsänderung vom Insolvenzverwalter dazu genutzt werden, mit dem Betriebsrat einen Interessenausgleich zu schließen, für den § 125 Abs 1 gilt.[5]

4 Fehlt es an einer Betriebsänderung iSd § 111 BetrVG, scheidet die Anwendung von § 125 Abs 1 aus.[6] Insbesondere ein freiwillig geschlossener Interessenausgleich genügt nicht.[7] Ließe man freiwillige Interessenausgleiche zu, läge die Einschränkung des Kündigungsschutzes gemäß § 125 in einem Maße in den Händen der Betriebspartner, welches der Regelung nicht entnommen werden kann.[8]

5 Auch wenn die Betriebsänderung erst **nach Veräußerung des Betriebs** erfolgen soll, greift § 125 Abs 1, wie sich insbesondere aus § 128 entnehmen lässt.[9]

2. Interessenausgleich

6 Zwischen dem Insolvenzverwalter und dem Betriebsrat muss ein **wirksamer Interessenausgleich**[10] zustande gekommen sein. Da der Insolvenzverwalter gem. § 80 Abs 1 die Verfügungs- und Verwaltungsbefugnis über das Schuldnervermögen innehat, ist er auf Unternehmerseite nach § 112 Abs 1 BetrVG Vereinbarungspartner, der den Interessenausgleich mit dem Betriebsrat schließt.

7 Auf Seiten der Arbeitnehmervertretung gelten die allgemeinen Regeln über die Zuständigkeit des Betriebsrats, an dessen Stelle nach Maßgabe von § 50 BetrVG der **Gesamtbetriebsrat** und nach § 58 BetrVG der **Konzernbetriebsrat** treten können.[11] Des-

---

[3] S dementsprechend die ausdrückliche Betonung der Parallelität von § 125 und § 1 Abs 5 KSchG bei BAG 15.12.2011 – 8 AZR 692/10, BB 2012, 1472; LAG Köln 19.3.2010 – 10 Sa 754/09 [juris]

[4] MünchKomm/*Caspers* InsO § 125 Rn 5 f, 67.

[5] MünchKomm/*Caspers* InsO § 125 Rn 68.

[6] BAG 26.4.2007 – 8 AZR 695/05, ZIP 2007, 2136; BAG 16.5.2002 – 8 AZR 319/01, NZA 2003, 93.

[7] MünchKomm/*Caspers* InsO § 125 Rn 6.

[8] Nerlich/Römermann/*Hamacher* InsO § 125 Rn 18.

[9] *Wisskirchen/Bissels* BB 2009, 2142.

[10] Hierzu näher Dornbusch/Fischermeier/Löwisch/*Rieble* § 112 BetrVG Rn 1 ff; HWK/*Hohenstatt/Willemsen* § 112 BetrVG Rn 4 ff; ErfK/*Kania* § 112 BetrVG Rn 1 ff; alle mwN.

[11] Dazu BAG 7.7.2011 – 6 AZR 248/10, NZA 2011, 1108; BAG 15.12.2011 – 8 AZR 692/10, BB 2012, 1472; BAG 19.6.2007 – 2 AZR 304/06, BAGE 123, 160; LAG Rheinland-Pfalz 23.2.2010 – 1 Sa 687/09, ZInsO 2010, 1149; LAG Sachsen-Anhalt 9.3.2010 – 2 Sa 369/09 [juris]; LAG Mainz 23.2.2010 – 1 Sa 687/09 [juris]; KR/*Griebeling* § 1 KSchG Rn 703 f. S generell zur Zuständigkeit des Gesamtbetriebsrats bzw des Konzernbetriebsrats, insbesondere zur möglicherweise unterschiedlichen Zuständigkeitsaufteilung für Interessenausgleiche und Sozialpläne, BAG 11.12.2001 – 1 AZR 193/01,

wegen greifen – ebenso wie bei § 1 Abs 5 KSchG – die Rechtsfolgen des § 125 auch dann ein, wenn die genannten Gremien kraft Zuständigkeit den Interessenausgleich geschlossen haben.

3. Namensliste

Die Anforderungen an die Namensliste sind weitgehend identisch mit denen aus § 1 Abs 5 KSchG.[12] Sie muss die Namen derjenigen Arbeitnehmer enthalten, denen aufgrund der Betriebsänderung gekündigt werden soll. Hierbei reicht eine Negativliste[13] ebenso wenig aus wie eine abstrakte Beschreibung.[14] In die Namensliste des § 125 Abs 1 können, anders als in die Namensliste nach § 1 Abs 5 KSchG, wegen der Kündigungsmöglichkeit nach § 113 Satz 1 auch die Arbeitnehmer aufgenommen werden, für die eine feste Vertragsdauer oder der Ausschluss des Rechts zur ordentlichen Kündigung vereinbart bzw kollektivarbeitsrechtlich (insbesondere tarifvertraglich) angeordnet worden war. 8

4. Schriftform; einheitliche Urkunde

Gemäß § 112 Abs 1 Satz 1 BetrVG ist ein Interessenausgleich schriftlich niederzulegen. Interessenausgleich und Namensliste müssen wie in § 1 Abs 5 KSchG eine einheitliche Urkunde bilden. Das bedeutet, dass sie entweder in einem einheitlichen Dokument enthalten und unterschrieben oder in zwei Dokumenten festgehalten werden, die beide unterschrieben sind und in denen aufeinander Bezug genommen ist. Ebenfalls reicht es aus, dass der Interessenausgleich unterschrieben ist und die als Anlage hinzugefügte Namensliste, auf die der Interessenausgleich Bezug nimmt, zwar nicht unterschrieben wurde, mit dem unterschriebenen Interessenausgleich aber „fest verbunden" ist. Hier kommt die „Heftklammer-gut-Büroklammer-schlecht-Rechtsprechung" des BAG zum Tragen, nach welcher die Haupturkunde und die nachfolgende Anlage „mittels Heftmaschine körperlich derart zu einer einheitlichen Urkunde verbunden (sein müssen), dass eine Lösung nur durch Gewaltanwendung möglich ist."[15] 9

III. Insolvenzrechtliche Anwendungsvoraussetzungen

1. Abschluss durch den Insolvenzverwalter

Um die Anwendungsvoraussetzungen von § 125 zu erfüllen, muss der Interessenausgleich mit Namensliste **nach Verfahrenseröffnung vom Insolvenzverwalter geschlossen** werden. Auch der **Schuldner als Eigenverwalter** nach § 270 InsO kann gemäß § 279 InsO mit dem Betriebsrat einen Interessenausgleich schließen und damit die Rechtsfolgen 10

NZA 2002, 688; Dornbusch/Fischermeier/Löwisch/*Maschmann*, § 50 BetrVG Rn 7, § 58 BetrVG Rn 7; HWK/*Quecke* § 1 KSchG Rn 423; HWK/*Hohenstatt/Willemsen* § 112 BetrVG Rn 14 f.

12 S hierzu Kübler/Prütting/Bork/*Moll* InsO § 125 Rn 24 ff; Braun/*Wolf* § 125 InsO Rn 4 ff; Nerlich/Römermann/*Hamacher* § 125 InsO Rn 25 ff; HambK/*Ahrendt* InsO § 125 Rn 8 ff.

13 HK/*Linck* InsO § 125 Rn 14 mwN.

14 HK/*Linck* InsO § 125 Rn 14.

15 BAG 7.5.1998 – 2 AZR 55/98, ZIP 1998, 1885; BAG 6.7.2006 – 2 AZR 520/05, NZA 2007, 266; BAG 26.4.2007 – 8 AZR 695/05, ZIP 2007, 2136; Dornbusch/Fischermeier/Löwisch/*Dornbusch* § 125 InsO Rn 4 mwN; ErfK/*Oetker* § 1 KSchG Rn 361.

des § 125 InsO auslösen. Hierzu bedarf er nicht der Zustimmung des Sachwalters. Dies ergibt der Umkehrschluss aus § 279 Satz 3 InsO, wonach die Rechte nach §§ 120, 122, und 126 InsO der Zustimmung des Sachwalters bedürfen.

11 Ein Interessenausgleich mit Namensliste, der **vor Verfahrenseröffnung** geschlossen wurde, kann weder vor noch nach der Verfahrenseröffnung die **Wirkungen des § 125** nach sich ziehen. Dies ergibt sich zum einen aus dem Wortlaut der Vorschrift, wonach der Insolvenzverwalter und gerade nicht der vorläufige Insolvenzverwalter den Interessenausgleich schließt. Zum anderen gehört der Abschluss eines Interessenausgleichs, der die Wirkung des § 125 nach sich zieht, nicht zu den Aufgaben des vorläufigen Insolvenzverwalters. Auch eine analoge Anwendung von § 125 kommt nach Ansicht des BAG nicht in Betracht, da es an der dafür erforderlichen Regelungslücke fehlt.[16]

2. Möglicher Fortbestand eines vor Verfahrenseröffnung geschlossenen Interessenausgleichs mit Namensliste mit Geltung von § 1 Abs 5 KSchG auch für nach Verfahrenseröffnung ausgesprochene Kündigungen

12 Jedoch kann ein Interessenausgleich mit Namensliste, der vor Verfahrenseröffnung, also unter Geltung von § 1 Abs 5 KSchG, von der hierzu befugten Person geschlossen wurde, auch nach Verfahrenseröffnung die Rechtsfolgen des § 1 Abs 5 KSchG auslösen. Zu seinem Abschluss ist zunächst der Schuldner befugt, der nach Bestellung eines vorläufigen „schwachen" Insolvenzverwalters dessen Zustimmung bedarf. Ein „starker" vorläufiger Insolvenzverwalter und auch ein „halbstarker" vorläufiger Insolvenzverwalter, dessen Befugnisse so weit reichen (dazu Vor § 113, Rn 3 ff, 8 ff), können den Interessenausgleich mit Namensliste nach § 1 Abs 5 KSchG allein schließen. Laut Rechtsprechung bleibt ein vor Verfahrenseröffnung geschlossener Interessenausgleich mit Namensliste nach § 1 Abs 5 KSchG grundsätzlich **weiter wirksam**. Insbesondere stellt die Verfahrenseröffnung als solche noch keine „wesentliche Änderung der Sachlage" iSd § 1 Abs 5 Satz 3 KSchG dar, lässt also gemäß BAG die Rechtswirkungen des § 1 Abs 5 KSchG unverändert weiter bestehen.[17] Dem ist zuzustimmen. Insbesondere die Tatsache, dass nach Verfahrenseröffnung ein Interessenausgleich gemäß § 125 geschlossen werden kann, in dem die Regelungsvorgaben für die Namenslistenerstellung andere sind (s näher Rn 19 ff, 23), stellt keine solche Änderung dar.

13 Jedoch können die Betriebsparteien im Interessenausgleich iSd § 1 Abs 5 KSchG vereinbaren, dass und in welchem Maße dieser Interessenausgleich durch einen nach Verfahrenseröffnung gemäß § 125 vom Insolvenzverwalter zu schließenden Interessenausgleich **ergänzt** werden kann. Für diesen ergänzenden Interessenausgleich gelten dann die Regeln des § 125.[18] Zudem können sie den alten, nach § 1 Abs 5 KSchG geschlossenen Interessenausgleich aufheben und durch einen neuen Interessenausgleich, der nach § 125 abgeschlossen ist, **ersetzen**.

---

16 BAG 28.6.2012 – 6 AZR 780/10, NZA 2012, 1029; LAG Hamm 22.5.2002 – 2 Sa 1560/01, ZInsO 2002, 1104; LAG Hamm 22.12.2010 – 2 Sa 630/10 [juris]; LAG Hamm 6.10.2010 – 6 Sa 430/10 [juris]; Für die Befugnis des vorläufigen Insolvenzverwalters *Berscheid*, NZI 1999, 6.

17 BAG 28.6.2012 – 6 AZR 780/10, NZA 2012, 1029.

18 So geschehen in der Entscheidung BAG 28.6.2012 – 6 AZR 682/10, NZA 2012, 1090 = AP InsO § 125 Nr 9 m zust Anm *Walker/Kürth*. Das BAG hat dieses Vorgehen als zulässig hingenommen, ohne dies näher zu kommentieren. Ebenso LAG Rheinland-Pfalz 23.2.2010 – 1 Sa 687/09, ZInsO 2010, 1149.

3. Keine Geltung von § 125 bei vor Verfahrenseröffnung geschlossenem Interessenausgleich, der vom Insolvenzverwalter genehmigt wird

Der Abschluss eines Interessenausgleichs nach § 125 mit dem vorläufigen Insolvenzverwalter oder dem Schuldner bei gleichzeitiger Vereinbarung des Genehmigungserfordernisses durch den noch zu bestellenden Insolvenzverwalter ist nicht möglich. Das BAG hat die Frage nach dieser Variante in einer Entscheidung zwar offen gelassen, weil sie schlussendlich nicht entscheidungserheblich war. Jedoch äußert das Gericht deutlich Bedenken: Viel spreche dafür, dass dies ausgeschlossen sei. § 125 setze voraus, dass nicht nur der Insolvenzverwalter, sondern auch der Betriebsrat seine Erklärung über den Abschluss des Interessenausgleichs nach Verfahrenseröffnung abgeben müsse.[19] 14

Dem ist zuzustimmen, soweit vor Verfahrenseröffnung ein Interessenausgleich geschlossen wird, dessen Rechtswirkungen von der späteren Genehmigung des Insolvenzverwalters abhängig gemacht werden. Die Betriebsparteien können zwar Rechtsfolgen des Interessenausgleichs vom Eintritt bestimmter Ereignisse abhängig zu machen. Das ändert aber nichts daran, dass ein solcher Interessenausgleich vor Verfahrenseröffnung ohne Beteiligung des Insolvenzverwalters geschlossen worden ist. Die Genehmigung nach § 184 Abs 1 BGB verlegt nicht den Abschluss des Rechtsgeschäfts auf den späteren Zeitpunkt der Genehmigung. Jedoch ist nicht ausgeschlossen, dass der **Betriebsrat bereits vor Verfahrenseröffnung seine Unterschrift unter den schriftlichen Interessenausgleich mit Namensliste setzt**, und der **Insolvenzverwalter** diesen **nach der Verfahrenseröffnung ebenfalls unterzeichnet.** 15

IV. Rechtsfolgen

1. Vermutung dringender betrieblicher Erfordernisse

Gem. § 125 Abs 1 Satz 1 Nr 1 wird vermutet, dass die Kündigung der Arbeitsverhältnisse der bezeichneten Arbeitnehmer durch dringende betriebliche Erfordernisse bedingt ist.[20] Auch wenn der Wortlaut des § 125 Abs 1 Satz 1 Nr 1 nur die Vermutung aufstellt, dass eine Weiterbeschäftigung im Betrieb nicht mehr möglich ist, wohingegen § 1 Abs 2 Nr 1b KSchG auf einen Betrieb des Unternehmens abstellt, ist die Reichweite der Vermutungswirkung des § 125 Abs 1 identisch mit der des § 1 Abs 5 KSchG.[21] Die Vermutung kann ebenso widerlegt werden.[22] 16

---

[19] BAG 28.6.2012 – 6 AZR 780/10, NZA 2012, 1029. Für den Eintritt der Wirkung des § 125 in einem solchen Fall plädieren dagegen *Mückl/Krings* ZIP 2012, 106.

[20] Siehe hierzu Dornbusch/Fischermeier/Löwisch/*Kaiser* § 1 KschG Rn 231; HWK/*Quecke* § 1 KSchG Rn 428; ErfK/*Oetker* § 1 KSchG Rn 331 mwN; Uhlenbruck/*Berscheid* § 125 InsO Rn 42.

[21] Uhlenbruck/*Berscheid* § 125 InsO Rn 32 mwN. Zur Reichweite der Vermutungswirkung s Dornbusch/Fischermeier/Löwisch/*Kaiser* § 1 KschG Rn 231.; HWK/*Quecke* § 1 KSchG Rn 428; ErfK/*Oetker* § 1 KSchG Rn 364 mwN.

[22] Zur Widerlegbarkeit bei § 1 Abs 5 KSchG und § 125 InsO siehe BAG 18.10.2012 – 6 AZR 289/11, ZIP 2013, 184; BAG 21.9.2006 – 2 AZR 284/06 [juris]; BAG 17.11.2005 – 6 AZR 118/05, NZA 2006, 370; LAG Rheinland-Pfalz 27.10.2011 – 2 Sa 388/1 [juris]; LAG Hamm 4.6.2002 – 4 Sa 593/02, AR-Blattei ES 915, Nr 23; Dornbusch/Fischermeier/Löwisch/*Kaiser* § 1 KschG Rn 239.; ErfK/*Oetker* § 1 KSchG Rn 364 mwN. Beispielsweise führt eine Klausel des Interessenausgleichs, wonach der Arbeitgeber einen urlaubs- und krankheitsbedingten Personalmehrbedarf durch die Beschäftigung von Leiharbeitskräften in einer

17 Gemäß § 125 Abs 1 Satz 1 Nr 1 bezieht sich die Vermutungswirkung auch auf **Änderungskündigungen.** Diese werden in § 1 Abs 5 KSchG zwar nicht ausdrücklich genannt. Hierbei handelt es sich aber um eine rein redaktionelle Differenz.[23] Da das BAG § 1 Abs 5 Satz 1 KSchG richtigerweise auch auf die Änderungskündigung anwendet,[24] ergeben sich hinsichtlich der Vermutungswirkung bei Änderungskündigungen keine Unterschiede zwischen § 125 und § 1 Abs 5 KSchG.

2. Sozialauswahl; Überprüfung auf grobe Fehlerhaftigkeit

18 Wie § 1 Abs 5 Satz 2 KSchG hat auch § 125 Abs 1 Satz 1 Nr 2 zur Folge, dass die Sozialauswahl nur auf grobe Fehlerhaftigkeit hin überprüft werden kann. Die Rechtsprechung ist dabei in der Regel relativ streng, verneint also meist die entsprechende Fehlerhaftigkeit der Interessenausgleiche mit Namenslisten. Gemäß BAG bedarf es für die grobe Fehlerhaftigkeit bei der Sozialauswahl eines **evidenten, ins Auge springenden Fehlers**, aus dem sich ergibt, dass der Interessenausgleich **jegliche Ausgewogenheit** vermissen lässt.[25] Die Kriterien der Sozialauswahl sind bis auf die Schwerbehinderteneigenschaft identisch mit denen aus § 1 Abs 3 KSchG.[26] Das **Fehlen der Schwerbehinderteneigen-**

Anzahl, die 10 Prozent der Belegschaft nicht übersteigt, nicht dazu, dass die Vermutungswirkung von § 125 Abs 1 InsO widerlegt wird, BAG 18.10.2012 – 6 AZR 289/11, ZIP 2013, 184.

23 *Giesen* ZIP 1998, 50.

24 BAG 19.6.2007 – 2 AZR 304/06, NZA 2008, 103; HWK/*Quecke* § 1 KSchG Rn 422.

25 Siehe hierzu BAG 18.10.2012 – 6 AZR 289/11, ZIP 2013, 184; BAG 20.9.2012 – 6 AZR 483/11, NZA 2013, 94; BAG 10.6.2010 – 2 AZR 420/09, NZA 2010, 324; BAG 5.11.2009 – 2 AZR 676/08, AP KSchG § 1 Nr 183 Betriebsbedingte Kündigung; LAG Düsseldorf 13.7.2011 – 7 Sa 1553/10 [juris]; LAG Düsseldorf 6.7.2011 – 7 Sa 1859/10, ArbR 2011, 646 (Leitsatz, Kurzwiedergabe) [juris] (Beispielsfall für grobe Verkennung der Sozialdaten); Dornbusch/Fischermeier/Löwisch/*Kaiser* § 1 KSchG Rn 232 f; ErfK/*Oetker* § 1 KSchG Rn 366; HWK/*Quecke* § 1 KSchG Rn 412 ff, Uhlenbruck/*Berscheid* § 125 InsO Rn 61.

26 Zum Wegfall der Beschäftigungsmöglichkeit BAG 28.6.2012 – 6 AZR 682/10, NZA 2012, 1090 = AP InsO § 125 Nr 9 m Anm *Walker/Kürth*; BAG 26.4.2007 – 8 AZR 695/05, ZIP 2007, 2136; BAG 18.10.2012 – 6 AZR 289/11, ZIP 2013, 184 (danach wird die Vermutung des § 125 Abs 1 Satz 1 Nr 1 nicht durch eine Interessenausgleichsklausel beeinträchtigt, nach welcher vorübergehend bestehender Personalmehrbedarf aufgrund von Urlaubs- und Krankenfehlzeiten mit bis 10 Prozent der Belegschaft an Leiharbeitskräften abgedeckt werden kann; ebenso steht danach die Möglichkeit des Leiharbeitseinsatzes der Annahme des Beschäftigungswegfalls nach § 1 Abs 2 Satz 2 KSchG nicht entgegen); LAG Köln 15.4.2010 – 13 Sa 983/09, ZInsO 2010, 2336; LAG Köln 28.1.2010 – 7 Sa 801/09, ZInsO 2010, 2339; LAG Köln 16.4.2010 – 10 Sa 981/09 [juris]. Zur Gruppenbildung BAG 17.11.2005 – 6 AZR 107/05, NZA 2006, 661 = ZIP 2006, 774; BAG 28.8.2003 – 2 AZR 368/02, AP InsO § 125 Nr 1. Zur Betriebszugehörigkeit Dornbusch/Fischermeier/Löwisch/*Kaiser* § 1 KSchG Rn 199 f; HWK/*Quecke* § 1 KSchG Rn 371; ErfK/*Oetker* § 1 KSchG Rn 331 mwN. Zum Lebensalter BAG 28.6.2012 – 6 AZR 682/10, NZA 2012, 1090 = AP InsO § 125 Nr 9 m zust Anm *Walker/Kürth*; LAG Nürnberg 23.5.2012 – 4 Sa 658/11; Dornbusch/Fischermeier/Löwisch/*Kaiser* 1 KSchG Rn 201 ff; HWK/*Quecke* § 1 KSchG Rn 372 f; ErfK/*Oetker* § 1 KSchG Rn 332 f mwN. Zu Unterhaltspflichten BAG 28.6.2012 – 6 AZR 682/10, ZIP 2012, 1927 = NZA 2012, 1090 = AP InsO § 125 Nr 9 m zust Anm *Walker/Kürth* (dort wird insbesondere bei der Bewertung der Unterhaltspflicht gegenüber Kindern die Zugrundelegung von Lohnsteuerkartendaten zugelassen; die völlige Vernachlässigung der Unterhaltspflicht gegenüber Ehepartnern wird für grob fehlerhaft erklärt; weitere Nachweise zu diesen Fragen bei *Walker/Kürth* aaO); BAG 21.7.2005 – 6 AZR 592/04, NZA 2006, 162; BAG 2.12.1999 – 2 AZR 757/98, AP KSchG

schaft im Text des § 125 Abs 1 Satz 1 Nr 2 ist ein **redaktionelles Versehen**, so dass auch diese ebenso wie bei der Anwendung von § 1 Abs 3, Abs 5 KSchG zu berücksichtigen ist (dazu sogleich Rn 19). Das bedeutet, dass die Dauer der Betriebszugehörigkeit, das Lebensalter und die Unterhaltspflichten sowie die Schwerbehinderteneigenschaft zu gewichten sind. Trotz des europarechtlichen Altersdiskriminierungsverbots lässt das BAG auch die im Gesetz vorgesehene Berücksichtigung des Lebensalters zu.[27] Dabei dürfte es auch erlaubt sein, rentennahe Arbeitnehmer mit einem geringeren Lebensalter-Punktwert zu benachteiligen. Ein solches Regelungssystem wird seitens des EuGH zumindest für die Bemessung von Sozialplanabfindungen nicht als altersdiskriminierend eingestuft.[28]

3. Insbesondere: Berücksichtigung der Schwerbehinderung bei der Sozialauswahl

Im Gegensatz zu § 1 Abs 3 KSchG wird in § 125 Abs 1 InsO die Schwerbehinderten- **19**
eigenschaft nicht als Kriterium der Sozialauswahl genannt. Als zum 1.1.2004 die Schwerbehinderteneigenschaft als Kriterium der Sozialauswahl in § 1 Abs 3 KSchG eingeführt wurde, hat man § 125 nicht entsprechend geändert. Hierin ist freilich keine bewusste Entscheidung des Gesetzgebers zu sehen, sondern vielmehr ein Versehen. Man könnte versuchen, in dieser Differenzierung bei den Auswahlkriterien zumindest einen objektiven Willen des Gesetzgebers zu erkennen, denn schließlich waren § 1 Abs 5 KSchG und § 125 nicht immer aufeinander abgestimmt, und § 125 war ursprünglich als Sondervorschrift zum KSchG zur Erleichterung betriebsbedingter Kündigungen gerade in der Insolvenz konzipiert. Dennoch lag es zumindest nicht in der Intention der Gesetzesänderung zum 1.1.2004, unterschiedliche Auswahlkriterien innerhalb und außerhalb der Insolvenz zu statuieren, zumal dies zu künstlichen Unterscheidungen führen würde, die Schwer-

---

1969 § 1 Nr 45 Soziale Auswahl; Dornbusch/Fischermeier/Löwisch/*Kaiser* § 1 KSchG Rn 204 ff; HWK/*Quecke* § 1 KSchG Rn 374 ff; ErfK/*Oetker* § 1 KSchG Rn 333 f mwN. Zur groben Fehlerhaftigkeit bei Anwendung der „Leistungsträgerklausel" nach § 1 Abs 3 Satz 2 KSchG LAG Schleswig-Holstein 18.5.2011 – 3 Sa 78/11 [juris]. Nach der nicht überzeugenden Meinung von LAG Hamm 4.5.2011 – 2 Sa 1975/10, LAGE § 125 Nr 14 und von LAG Hamm 6.4.2011 – 6 Sa 2023/10, LAGE BetrVG 2001 § 102 Nr 13, ist von grober Fehlerhaftigkeit stets auszugehen, wenn die Betriebsparteien auch nur marginal von einer Auswahlrichtlinie iSd § 95 BetrVG abweichen. Dem Einwand, Arbeitgeber und Betriebsrat wichen hier doch im Konsens von einem Regelwerk ab, das zu ihrer eigenen Disposition steht, erwidert das LAG mit der Pflicht zur Regeldurchsetzung nach § 80 Abs 1 Nr 1 BetrVG. Dieses formale Argument ist nicht geeignet, einen „evidenten, ins Auge springenden Fehler" annehmen zu lassen. Siehe zur Nichterfassung von Arbeitnehmern, für die ein gesetzliches Kündigungsverbot gilt (im konkreten Fall § 15 KSchG) BAG 17.11.2005 – 6 AZR 118/05, NZA 2006, 370.

[27] BAG 5.11.2009 – 2 AZR 676/08, NZA 2010, 457; BAG 6.11.2008 – 2 AZR 523/07, NZA 2009, 51 (in diesem Fall waren die betreffenden Punktwerte für die Sozialauswahl wie folgt festgesetzt worden: für jedes vollendete Jahr nach dem 18. Lebensjahr 1 Punkt; für jedes Beschäftigungsjahr 1,5 Punkte; für den Ehegatten/eingetragenen Lebenspartner 5 Punkte; je Kind 7 Punkte; bei Schwerbehinderung 11 Punkte; bei Gleichstellung mit einem Schwerbehinderten 9 Punkte); ebenso etwa LAG Niedersachsen 15.10.2010 – 10 Sa 257/10 [juris].

[28] S EuGH 6.12.2012, Rs C-152/11 (Odar), NZA 2012, 1435 = ZIP 2013, 136; BAG 26.3.2013 – 1 AZR 813/11, NZA 2013, 921; BAG 23.4.2013 – 1 AZR 25/12 [juris]; BAG 23.4.2013 – 1 AZR 916/11 [juris]; die Frage nach der Zulässigkeit der kündigungsrechtlichen Benachteiligung Rentennaher wurde offen gelassen in BAG 6.11.2008 – 2 AZR 523/07, NZA 2009, 51; vgl zu alledem näher ErfK/*Gallner* § 125 InsO Rn 15 f; *Giesen* EuZA 2011, 383.

behinderte gerade in der Insolvenz gegenüber anderen benachteiligen. Insgesamt sprechen deshalb die besseren Gründe dafür, das Kriterium der Schwerbehinderung auch bei der Anwendung von § 125 Abs 1 zugrunde zu legen.[29]

4. Keine Berücksichtigung insolvenzspezifischer Beschleunigungsbedürfnisse

20 Fraglich ist, ob als weitere Besonderheit gegenüber § 1 Abs 5 KSchG bei der Anwendung von § 125 Abs 1 Satz 1 Nr 2 für die Beurteilung der „groben Fehlerhaftigkeit" der Sozialauswahl auch die Eilbedürftigkeit des Interessenausgleichs in der Insolvenz zu beachten ist. In diesem Sinne könnte man die Aussage des BAG missverstehen, welches erklärt: „Bewerten die Betriebspartner, *zumal unter dem Druck eilbedürftiger Entscheidungen in der Insolvenz* (Hervorhebung durch den Verfasser), die tatsächlichen Verhältnisse bei der Abgrenzung, ob ein eigenständiger Betrieb im Sinne des Betriebsbegriffs des § 23 KSchG vorliegt, in nachvollziehbarer und ersichtlich nicht auf Missbrauch zielender Weise falsch, liegt noch ein vom Maßstab der groben Fehlerhaftigkeit gedeckter Auswahlfehler vor."[30]

21 Richtig ist wohl, dass das BAG hier gerade keinen Unterschied von § 125 gegenüber § 1 Abs 5 KSchG behaupten wollte. Dem Gericht ging es vielmehr darum hervorzuheben, dass die „grobe Fehlerhaftigkeit" immer auch ein insofern subjektives Moment aufweist, als das Fehlen tatsächlicher Anhaltspunkte, die auf eine missbräuchliche Nutzung der gesetzlichen Fehlertoleranz deuten, diese Fehlertoleranz sichern bzw erhöhen. Wenn also Insolvenzverwalter und Betriebsrat unter Zeitdruck versuchen, § 125 möglichst rechtssicher umzusetzen, ohne dass taktische oder manipulative „Hintergedanken" bezüglich der einen oder anderen Regelungsentscheidung ersichtlich sind, führt das zu einer tendenziell weitreichenden Fehlertoleranz. Das bedeutet aber nicht, dass darin eine Besonderheit gegenüber § 1 Abs 5 KSchG läge. Bei der Anwendung von § 1 Abs 5 KSchG müssen solche Indizien dieselbe Rolle spielen. Hier wird lediglich die Tatsache berücksichtigt, dass ein dem Betrieb ohnehin meist fremder Insolvenzverwalter, der kraft

---

[29] Dafür: LAG Hamm 16.5.2007 – 2 Sa 1830/06 [juris]; Dornbusch/Fischermeier/Löwisch/*Dornbusch* § 125 InsO Rn 8; Kübler/Prütting/Bork/*Moll* InsO § 125 Rn 50; *Rieble* NZA 2007, 1393 (1394 f); Uhlenbruck/*Berscheid* § 125 InsO Rn 72; tendenziell ebenso LAG Schleswig-Holstein 8.9.2011 – 5 Sa 100/11 AA 2012, 35 (Leitsatz) [juris], wo geprüft wird, ob in einem überdurchschnittlichen Behindertenanteil unter den Gekündigten ein Indiz für grob fehlerhafte Sozialauswahl gesehen werden kann, was mangels entsprechender Anhaltspunkte schlussendlich aber verneint wird. Tendenziell dafür spricht auch die Entscheidung BAG 18.10.2012 – 6 AZR 289/11, ZIP 2013, 184. Dort hatten die Betriebsparteien die Schwerbehinderung berücksichtigt, und das BAG hat dieses Vorgehen nicht als grob fehlerhaft eingestuft und auch sonst keine Hinweise darauf gegeben, dass dies unzulässig sein könnte. Dagegen: *Boemke* NZI 2005, 209 (215); HWK/*Annuß* § 125 InsO Rn 10; *Wisskirchen/Bissels* BB 2009, 2142 (2143); Leonhardt/Smid/Zeuner/*Aghamiri* § 125 InsO Rn 12. Offenbar ebenfalls dagegen LAG Düsseldorf 5.10.2011 – 7 Sa 1677/10 ZIP 2012, 844 (Leitsatz) [juris]. Im konkreten Fall nahm das LAG eine grob fehlerhafter Sozialauswahl bei Bevorzugung eines psychisch kranken Kinderlosen gegenüber einem länger beschäftigten Familienvater an, was meines Erachtens noch zusätzlich deshalb abzulehnen ist, weil das Gericht angesichts der zumindest anzunehmenden rechtlichen Vertretbarkeit einer Behindertenbesserstellung den Wertungsmaßstab der „groben Fehlerhaftigkeit" verkannt hat.

[30] BAG 20.9.2012 – 6 AZR 483/11, NZA 2013, 94; s auch den Verweis auf die Notwendigkeit zügiger Betriebsänderungen in der Insolvenz bei BAG 17.11.2005 – 6 AZR 107/05, NZA 2006, 661 = ZIP 2006, 774.

Amtes zunächst auf zügigen Regelvollzug eingestellt ist, die Vorbereitung eines Interessenausgleichs regelmäßig unter anderen Vorzeichen angehen wird als ein nichtinsolventer Arbeitgeber, der eine vergleichbare Vereinbarung unter geringerem Zeitdruck und bei größerer Nähe zum Betrieb plant.

5. Beweislast

Bei alledem gelten – abgesehen von der eingeschränkten Überprüfbarkeit der Sozialauswahl – auch im Fall der Anwendung von § 125 Abs 1 die allgemeinen Regeln zur Beweislast.[31] So trägt der Arbeitnehmer weiterhin die Beweislast dafür, dass einem anderen Arbeitnehmer aufgrund geringerer Schutzwürdigkeit hätte gekündigt werden müssen. Der Insolvenzverwalter hat demgegenüber dem Arbeitnehmer nach § 1 Abs 3 Satz 1 Hs 2 KSchG die Gründe für die getroffenen Sozialauswahl mitzuteilen. Kommt der Insolvenzverwalter dem nach, muss der Arbeitnehmer die geringere soziale Schutzwürdigkeit anderer vergleichbarer Arbeitnehmer darlegen und beweisen.[32] **22**

6. Sicherung und Schaffung einer ausgewogenen Personalstruktur

Wo **§ 1 Abs 3 Satz 2 KSchG** lediglich die **Sicherung** einer ausgewogenen Personalstruktur[33] vorsieht, kann bei **§ 125 Abs 1** eine solche auch **geschaffen** werden.[34] Dem Insolvenzverwalter wird hierdurch ermöglicht, durch Kündigung eine betriebswirtschaftlich bessere Personalstruktur zu erreichen und damit beispielsweise eine verfehlte Einstellungspolitik des Schuldners zu korrigieren. Ausgewogen ist die Personalstruktur, wenn beispielsweise die Alters- oder Leistungsstruktur[35] nach Durchführung der Kündigungen der Alters- oder Leistungsstruktur vergleichbarer Betriebe entspricht.[36] **23**

---

[31] Näher hierzu LAG Hessen 14.12.2010 – 13 Sa 969/10, ZIP 2011, 289, m zust Anm *Cranshaw* bei juris; LAG Sachsen-Anhalt 9.3.2010 – 2 Sa 369/09 [juris]; ErfK/*Gallner* § 125 InsO Rn 17.

[32] BAG 24.3.1983 – 2 AZR 21/82, NJW 1984, 78; LAG Hessen 14.12.2010 – 13 Sa 969/10, ZIP 2011, 289, m zust Anm *Cranshaw* bei juris; LAG Sachsen-Anhalt 9.3.2010 – 2 Sa 369/09 [juris]. Zu Unrecht meint das ArbG Stuttgart, aus § 1 Abs 3 Satz 1 Hs 2 KSchG folge nicht nur die Verpflichtung des Insolvenzverwalters zur Angabe der Gründe für die Sozialauswahl, sondern auch, dass der Arbeitnehmer bei Fehlen dieser Angabe von der Beweislast bzgl grober Fehlerhaftigkeit der Sozialauswahl entlastet sei, was ohne weiteres zur Rechtswidrigkeit der Kündigung führe, ArbG Stuttgart 24.7.2012 – 16 Ca 2422/12, ZIP 2012, 2078.

[33] Personalstruktur meint die Zusammensetzung der Belegschaft nach persönlichen Merkmalen (HWK/*Quecke* § 1 KSchG Rn 400). Hierzu zählt nicht lediglich das Alter und die Qualifikation, sondern auch Geschlechterquote, Schwerbehindertenquote und Teilzeitbeschäftigtenanteil (Uhlenbruck/*Berscheid* § 125 InsO Rn 77 mwN). Laut ArbG Cottbus dürfen bei der Schaffung der ausgewogenen Personalstruktur auch die bei den betreffenden Arbeitnehmern aufgetretenen Fehlzeiten der letzten zwei Jahre berücksichtigt werden, wenn sie für die Zukunft relevant sein können, ArbG Cottbus 23.8.2012 – 11 Ca 10335/12 [juris] (Leitsatz ZInsO 2012, 2308).

[34] MünchKomm/*Caspers* § 125 InsO Rn 97; Kübler/Prütting/Bork/*Moll* InsO § 125 Rn 61; FK/*Eisenbeis* § 125 InsO Rn 13.

[35] HK/*Linck* § 125 InsO Rn 29; MünchKomm/*Caspers* § 125 InsO Rn 98.

[36] MünchKomm/*Caspers* § 125 InsO Rn 97. So stellt die ausschließliche Kündigung von älteren Arbeitnehmern zwecks Bildung einer „olympiareifen Mannschaft“ keine Schaffung einer ausgewogenen Personalstruktur iSd § 125 Abs 1 Satz 1 InsO dar (Uhlenbruck/*Bescheid* § 125 InsO Rn 82 mwN). Zur Ausgewogenheit der Personalstruktur iSd § 1 KSchG Dornbusch/Fischermeier/Löwisch/*Kaiser* § 1 KSchG Rn 194; ErfK/*Oetker* § 1 KSchG Rn 347; HWK/*Quecke* § 1 KSchG Rn 399 ff.

24 Dementsprechend kann es geschehen, dass die Betriebspartner zwecks Erhaltung bzw Herstellung insbesondere einer ausgewogenen Altersstruktur unmittelbar dem Auswahlkriterium „Lebensalter“ sowie mittelbar auch dem Kriterium „Dauer der Betriebszugehörigkeit“ entgegenwirken. Dies wird allgemein für zulässig erachtet. Man geht heute davon aus, es müssten zunächst strukturspezifische Arbeitnehmergruppen gebildet werden, innerhalb derer dann die Sozialauswahl nach den oben genannten Kriterien zu treffen sei.[37] Es ist klar, dass solche Korrekturen zu willkürlichen Auswahlentscheidungen einladen, denn wenn zunächst eine Altersgruppe gebildet wird, innerhalb derer dann wiederum nach Altersgesichtspunkten Auswahlvergünstigungen vergeben werden, läuft dies auf eine – je nach Konstellation – fast zufallsgesteuerte Benachteiligung beispielsweise der Jüngsten unter den Alten oder der Ältesten unter den Jungen hinaus. Das kann am Beispiel einer der diesbezüglichen Leitentscheidungen des BAG gezeigt werden:[38]

25 Der Arbeitgeber hatte zunächst Gruppen von Jahrgangsjahrzehnten gebildet (Altersgruppe 1: Jahrgänge 1942–1951, mit 175 Personen und damit ca 28 % der Vergleichsgruppe; Altersgruppe 2: Jahrgänge 1952–1961, mit 314 Personen und damit ca 51 % der Vergleichsgruppe; Altersgruppe 3: Jahrgänge 1962–1971, mit 127 Personen und damit ca 21 % der Vergleichsgruppe). Für jede dieser Altersgruppen wurde eine Anzahl zu kündigender Personen festgelegt, wobei keine einheitliche Entlassungsquote für alle Gruppen gebildet wurde: Aus der Altersgruppe 1 wurde 18, aus der Altersgruppe 2 wurde 45 und aus der Altersgruppe 3 wurde 19 Personen gekündigt. Damit wurde das Ziel, einer „Überalterung“ teilweise entgegenzuwirken, im Prinzip erreicht, aber mit widersinnigen Mitteln, denn innerhalb jeder Gruppe fand wiederum eine Auswahl (unter anderem) nach Lebensalter statt. Besonders benachteiligt waren also diejenigen, die innerhalb ihrer Kohorte „jung“ waren. Innerhalb der Altersgruppe 1 war es vor allem der Jahrgang 1951, innerhalb der Altersgruppe 2 vor allem der Jahrgang 1961, und innerhalb der Altersgruppe 3 vor allem der Jahrgang 1971. Sie standen als „Relativ-Benjamine“ weit überdurchschnittlich stark in der Gefahr, ihren Arbeitsplatz zu verlieren. Besonders ungefährdet waren dagegen die Jahrgänge 1942, 1952 und 1962. Sie waren in ihrer jeweiligen Altersgruppen die „Relativ-Methusaleme“ und hatten deshalb weit überdurchschnittliche Chancen, ihren Arbeitsplatz zu behalten. Auch außerhalb dieser extremen Beispiele willkürlicher Auslese führte die Verzerrung der Altersgruppen zu erheblichen Fehlgewichtungen des Lebensalters.

26 Richtigerweise hätte man daher § 1 Abs 3 Satz 2 KSchG und § 125 Abs 1 Satz 1 Nr 2 in der Weise anwenden sollen, dass bei einer Förderung der ausgewogenen Altersstruktur die Kriterien des „Lebensalters“ und gegebenenfalls der „Dauer der Betriebszugehörigkeit“, entweder geringer gewichtet werden oder komplett entfallen.[39] Das würde heute

---

[37] Das System der Altersgruppenbildung zwecks Sicherung einer ausgewogenen Personalstruktur als Altersstruktur wird überwiegend gebilligt, s BAG 28.6.2012 – 6 AZR 682/10, ZIP 2012, 1927 = NZA 2012, 1090; BAG 15.12.2011 – 2 AZR 42/10, NZA 2012, 1044; BAG 23.11.2000 – 2 AZR 533/99, NZA 2001, 601; BAG 20.4.2005 – 2 AZR 201/04, NZA 2005, 877; BAG 6.7.2006 – 2 AZR 442/05, NZA 2007, 139; ErfK/*Oetker* § 1 KSchG Rn 347.

[38] BAG 6.7.2006 – 2 AZR 442/05, NZA 2007, 139.

[39] Dafür *Giesen* ZfA 1997, 145 (154 ff). Wegen möglicher Altersdiskriminierung hat das ArbG Siegburg die Problematik dem EuGH zur Entscheidung vorgelegt, ArbG Siegburg 27.1.2010 – 2 Ca 2144/09, ZIP 2010, 1466. Die Sache wurde aber durch Vergleich erledigt und deshalb vom EuGH nicht entschieden. Trotz Benachteiligung der jeweils Jüngsten einer Vergleichsgruppe eine Diskriminierung verneinend *Walker/Kürth* Anm zu BAG 28.6.2012 – 6 AZR 682/10 AP InsO § 125 Nr 9.

auch den diskriminierungsrechtlichen Bedenken hiergegen[40] am ehesten entsprechen. Diese Ansicht, an der ich weiterhin festhalte, hat sich freilich nicht durchsetzen können.

Um Manipulationsgefahren gering zu halten, fordert die herrschende Meinung, die Förderung einer ausgewogenen Personalstruktur durch die Betriebspartner dürfe möglichst nicht beliebig erfolgen. § 125 Abs 1 Satz 1 Nr 2 erlaube keine Zufallsergebnisse, sondern verlange „nachvollziehbare Konzepte".[41] Die Betriebsparteien müssten „nach bestimmten Strukturmerkmalen abstrakte Gruppen in dem in Betracht zu ziehenden Personenkreis bilden, innerhalb derer die Auswahl nach sozialen Gesichtspunkten" erfolge. Hierbei stünde ihnen ein Beurteilungsspielraum zu, der lediglich auf offensichtliche Sachwidrigkeit oder Willkür zu überprüfen sei.[42] 27

V. Wesentliche Änderung der Sachlage, § 125 Abs 1 Satz 2

1. Zum Tatbestand des § 125 Abs 1 Satz 2

Kommt es zu einer wesentlichen Änderung der Sachlage, gilt gemäß § 125 Abs 1 Satz 2 ein Interessenausgleich mit Namensliste nach Satz 1 nicht mehr. Eine wesentliche Änderung der Sachlage wird angenommen, wenn sich die Umstände nach Abschluss des Interessenausgleichs derart verändert haben, dass ein solcher Interessenausgleich nicht geschlossen worden wäre.[43] Nach Inkrafttreten von § 125 und bis heute wird der Tatbestand des § 125 Abs 1 Satz 2 gleichgesetzt mit einer Änderung der Geschäftsgrundlage.[44] 28

Das ist zumindest seit der am 1.1.2002 in Kraft getretenen Normierung des Tatbestandes der Störung der Geschäftsgrundlage in § 313 BGB problematisch. Zwar sind die betrieblichen und wirtschaftlichen Rahmenbedingungen, welche zur Betriebsänderung führen, und die von ihr betroffenen Personen, welche dementsprechend in eine Namensliste zu kündigender Arbeitnehmer aufgenommen werden, „Grundlage des Vertrags" iSd § 313 Abs 1 BGB. Jedoch gilt nach § 313 BGB als Grundsatz, dass jeder Vertragspartner solche Risiken auch bei völliger Unvorhersehbarkeit und auch innerhalb größerer Ausschläge zunächst einmal selbst zu tragen hat, und dass jeweils zusätzliche Momente hinzu treten müssen, welche den schwerwiegenden Eingriff der Anpassung oder des Wegfalls eines Vertrags rechtfertigen können.[45] Das ist bei § 1 Abs 5 Satz 3 KSchG und § 125 Abs 1 Satz 2 aber gerade nicht der Fall. Der Interessenausgleich mit Namensliste ist zwar keine Betriebsvereinbarung iSd § 77 BetrVG, entfaltet aber aufgrund seines Einflusses auf die Nachteilsausgleichsberechtigung nach § 113 BetrVG zumindest eine kollektivrechtliche Bindungswirkung.[46] Deshalb kann Maßstab für die zugrunde liegende „Sachlage" iSd § 1 Abs 5 Satz 3 KSchG und § 125 Abs 1 Satz 2 nicht eine erhebliche Abweichung von der Erwartungshaltung der Betriebspartner sein. Entscheidend sind meines 29

[40] Dazu BAG 15.12.2011 – 2 AZR 42/10, NZA 2012, 1044; BAG 28.6.2012 – 6 AZR 682/10, NZA 2012, 1090 = AP InsO § 125 Nr 9 m insofern zust Anm *Walker/Kürth*.

[41] *Warrikoff* BB 1994, 2338 (2341); ErfK/*Gallner* § 125 InsO Rn 14; *Andres/Leithaus* § 125 InsO Rn 16.

[42] ErfK/*Gallner* § 125 InsO Rn 14.

[43] BAG 18.10.2012 – 6 AZR 289/11, ZIP 2013, 184; LAG Rheinland-Pfalz 23.2.2010 – 1 Sa 687/09, ZInsO 2010, 1149.

[44] BAG 18.10.2012 – 6 AZR 289/11, ZIP 2013, 184; *Bader* NZA 1996, 1125 (1133); Uhlenbruck/*Berscheid* § 125 InsO Rn 38; *Giesen* ZfA 1997, 145 (176 f).

[45] So zutreffend MünchKomm BGB/*Finkenauer* § 313 BGB Rn 184, Rn 26.

[46] HWK/*Hohenstatt/Willemsen* § 112 BetrVG Rn 26.

Erachtens vielmehr die objektive Lage des Betriebs und die Belegschaftszusammensetzung, welche den Interessenausgleich kennzeichnen. Deshalb ist es den Betriebsparteien auch möglich, die (sich später möglicherweise ändernde) Sachlage entweder eng zu definieren, also nur für eine bestimmte Situation zu planen, oder flexibler zu fassen, indem sie beispielsweise unterschiedliche künftige Varianten der wirtschaftlichen Entwicklung sowie der personellen Entwicklung vorwegnehmen.

30 Das lässt sich verdeutlichen an den beiden Fällen der Fassung einer Namensliste ohne und mit einer Ziffernfolge, welche innerhalb einer Vergleichsgruppe zu kündigender Arbeitnehmer den Rang in der Sozialauswahl wiedergeben. Während erstere schon bei einer einfachen Änderung des betroffenen Personenkreises jedenfalls bezüglich der betroffenen Vergleichsgruppe zum Entfallen der Sachlage führt, ist letztere so flexibel, dass auch nach einer größeren Zahl zB arbeitnehmerseitiger Kündigungen oder Auflösungsverträge ein geordneter Personalabbau „nach Liste" möglich ist (s dazu näher unten Rn 35 f). Somit sollte meines Erachtens bei § 125 Abs 1 Satz 2 und auch bei § 1 Abs 5 Satz 3 KSchG **nicht** von einem **Wegfall der Geschäftsgrundlage** gesprochen werden, sondern von einem **Entfallen des Regelungsgegenstandes.** Diese korrigierte Sichtweise in der dogmatischen Grundlegung ändert nichts an den billigenswerten Ergebnissen der Rechtsprechung zu § 125 Abs 1 Satz 2, sondern dürfte sie sogar noch eher bestätigen als die Lehre von der Geschäftsgrundlage.

31 Bei der Änderung der Sachlage kann man generell unterscheiden zwischen Änderungen der betrieblichen Situation (dazu sogleich Rn 32 ff) und Änderungen des zu kündigenden Personenkreises (dazu unten Rn 35 f).

2. Insbesondere: Änderung der betrieblichen Situation und Möglichkeit des Abschlusses bedingter Interessenausgleiche

32 Die Sachlage ändert sich wesentlich, wenn die betriebliche Situation derart von der beim Abschluss des Interessenausgleichs bestehenden Konstellation abweicht, dass sich die Betriebspartner in Kenntnis dessen nicht auf diesen geeinigt hätten. Das ist etwa dann der Fall, wenn eine geplante Betriebsstillegung, beispielsweise im Zuge der Veräußerung des Betriebs an einen investitionswilligen und -fähigen Erwerber, abgewendet werden konnte.[47] Wenn Betriebsteile unerwartet entfallen oder unerwartet erhalten bleiben, kommt es zunächst auf die Auslegung des Interessenausgleichs an, also darauf, ob und inwieweit in diesem eine solche Entwicklung **bereits vorhergeplant** ist **oder** – im Rahmen des für eine Partei Tolerierbaren – **als nicht wesentlich noch hingenommen werden kann.** Entscheidend ist bei mangelnder konkreter Regelung schlussendlich jeweils, welches relative Maß die Abweichung hat.

33 Deshalb können die Betriebsparteien in Interessenausgleichen auch ausdrücklich regeln, was gelten soll, wenn bestimmte Anwendungsvoraussetzungen des Interessenausgleichs eingreifen oder nicht. Darin liegt kein bedingter Interessenausgleich, sondern die Anknüpfung aller oder bestimmter Regelungen des Interessenausgleichs an bestimmte Voraussetzungen, deren Eintritt bei dessen Abschluss noch nicht sicher sein muss.

34 Das BAG hat in einer Entscheidung die Frage offen gelassen, ob die Betriebsparteien die Regeln eines Interessenausgleichs an eine auflösende oder aufschiebende **Bedingung** iSd § 158 BGB knüpfen können. Im konkreten Fall waren die Rechtsfolgen des Interessenausgleichs daran geknüpft worden, dass „es dem Insolvenzverwalter gelingt, bei einem Geldinstitut den zur Fortführung des Betriebs dringend erforderlichen Kredit zu

---

[47] FK/*Eisenbeis* § 125 InsO Rn 24.

erhalten". Hier hat das BAG lediglich klargestellt, dass in einer solchen Situation zumindest kein Anspruch auf Nachteilsausgleich nach § 113 Satz 3 BetrVG entstehen kann, da jedenfalls ein Interessenausgleich versucht wurde.[48] Richtigerweise müssen solche Regelungen zulässig sein, solange sie eine mögliche Betriebsänderung nicht nur spekulativ vorwegnehmen, sondern ein konkret denkbares Szenario erfassen. Deshalb ist es etwa bei schwieriger wirtschaftlicher Lage des Betriebs, ungewisser Aussicht auf Investoren und somit künftig denkbarer Betriebsstillegung auch erlaubt, einen **Interessenausgleich mit Namensliste für den Fall** zu schließen, **dass der Insolvenzverwalter den Betrieb tatsächlich stilllegen wird.**[49]

3. Insbesondere: Änderung des zu kündigenden Personenkreises

Bei der Anwendung von § 125 Abs 2 kommt ebenso wie nach § 1 Abs 5 Satz 3 KSchG eine wesentliche Änderung der Sachlage insbesondere dann in Betracht, wenn bestimmten auf der Liste genannten Arbeitnehmern nicht gekündigt werden soll. Diese Situation ergibt sich vor allem, wenn ein Arbeitnehmer, dem ursprünglich nicht gekündigt werden sollte, das Unternehmen freiwillig verlässt oder wenn ihm aus anderen als betriebsbedingten Gründen gekündigt wird. In dieser Lage muss – und darf – einer der auf der Liste befindlichen Personen nicht mehr gekündigt werden, soweit sie auf der Position des ausgefallenen Arbeitskollegen eingesetzt werden kann, so dass hier zumindest teilweise (was die betreffende zu kündigende Arbeitnehmergruppe betrifft) eine wesentliche Änderung der Sachlage anzunehmen ist.[50] **35**

Eine solche Änderung kann aber dann ausgeschlossen werden, wenn sich der Namensliste eine soziale Reihenfolge entnehmen lässt (s auch bereits Rn 30). Deshalb geht die Praxis häufig in der Weise vor, dass von vornherein nach Vergleichsgruppen untergliederte Namenslisten erstellt werden, innerhalb derer mittels Sozialdaten oder entsprechenden Ziffernfolgen eine Rangordnung zu kündigender Personen gebildet wird. Soweit also aus einer nach § 1 Abs 3 KSchG bzw § 125 gebildeten Auswahlgruppe ein oder mehrere Arbeitnehmer von der Kündigung verschont werden können, lässt sich seine oder ihre Identität nach der Ziffernfolge auf der entsprechenden Liste feststellen.[51] **36**

4. Rechtsfolgen des § 125 Abs 1 Satz 2

Bei der Beurteilung der Rechtsfolgen einer wesentlichen Änderung der Sachlage ist zu unterscheiden, ob der Ausspruch der Kündigung vor oder nach Änderung der Sachlage erfolgt ist. Ist es **vor Zugang der Kündigung** zur Veränderung gekommen, gilt Satz 2, so dass Satz 1 unangewandt bleibt und die Wirksamkeit der Kündigung „wie gewöhnlich" an § 1 KSchG zu messen ist. Hat die Änderung jedoch erst **nach Zugang der Kündigung** stattgefunden, bleibt es dabei, dass für die Beurteilung der Wirksamkeit der Kündigung der Zeitpunkt entscheidend ist, in dem die Kündigung zugegangen ist.[52] Es kommt insofern auf Satz 2 nicht an, sodass der Interessenausgleich mit Namensliste gemäß § 125 Abs 1 Satz 1 wirksam bleibt und somit auch die Erleichterungen der Kündigung nach **37**

---

[48] BAG 21.7.2005 – 6 AZR 592/04, NZA 2006, 162.

[49] Offen gelassen in LAG Köln 26.4.2010 – 2 Sa 984/09 [juris].

[50] HWK/*Quecke* § 1 KSchG Rn 435.

[51] *Grunsky* FS Lüke (1997), 191 (200 ff); *Giesen* ZfA 1997, 145 (174); HWK/*Quecke* § 1 KSchG Rn 435.

[52] BAG 16.2.2012 – 8 AZR 693/10, NZA-RR 2012, 465.

dieser Vorschrift greifen.[53] Denkbar ist bei einer wirksamen Kündigung in dieser Konstellation das Bestehen eines Wiedereinstellungs- oder Fortsetzungsanspruchs (s näher Vor § 113 Rn 133 f, 179).

5. Entfallen eines Interessenausgleichs außerhalb der Regelung des § 125 Abs 1 Satz 2

38 Nach der Rechtsprechung des 8. Senats des BAG kommt es nicht zur Anwendung von § 125 (und auch nicht von § 128), wenn ein Interessenausgleich, der wegen einer geplanten Betriebsstilllegung geschlossen wurde, aufgrund einer Rettungsmöglichkeit für den Betrieb nicht mehr eingreift (im konkreten Fall war beim Insolvenzverwalter noch vor Kündigungsausspruch per Telefax das Übernahmeangebot eines investitionswilligen und -fähigen Erwerbsinteressenten eingetroffen).[54] Dem ist im Ergebnis zuzustimmen, aber nicht mit der vom Senat gegebenen Begründung. Soweit im Interessenausgleich selbst schon geregelt ist, wann dieser nicht mehr gelten soll und die betreffende Regelung eingreift, ist § 125 (und auch § 128) nicht anwendbar, weil es bereits an einer Bezeichnung im Interessenausgleich im Sinne dieser Vorschrift fehlt. Und soweit dies nicht der Fall ist, hat sich gemäß § 125 Abs 1 Satz 2 eine wesentliche Änderung der Sachlage ergeben, welche die Rechtsfolgen des § 125 Abs 1 Satz 1 hindert. Deshalb ist nicht ganz einsichtig, warum der Senat seine Entscheidung nicht schlicht mit § 125 Abs 1 Satz 2 begründet hat. Erklären lässt sich die Nichtanwendung von § 125 Abs 1 Satz 2 durch den 8. Senat am ehesten dadurch, dass dieser Hemmungen hatte, einen Wegfall der Geschäftsgrundlage zu behaupten. Bei Zugrundelegung der hier unter Rn 28 ff wiedergegebenen Deutung von § 125 Abs 1 Satz 2, die in der Norm schlicht eine Vorschrift zum Entfallen des Regelungsgegenstandes sieht, wäre der 8. Senat wohl eher geneigt gewesen, § 125 Abs 1 Satz 2 anzuwenden.

VI. Ersetzung der Stellungnahme des Betriebsrats bei Massenentlassungen, § 125 Abs 2

39 Laut § 125 Abs 2 ersetzt der Interessenausgleich gemäß § 125 Abs 1 die Stellungnahme des Betriebsrats nach § 17 Abs 3 Satz 2 KSchG, s dazu allgemein Vor § 113 Rn 185 ff. Die Ersetzungswirkung tritt auch dann ein, wenn der – entsprechend nach § 50 BetrVG zuständige – **Gesamtbetriebsrat** den Interessenausgleich geschlossen hat und für die Stellungnahme nach § 17 Abs 3 Satz 2 KSchG die Zuständigkeit örtlicher Betriebsräte bestand.[55] Dasselbe gilt dementsprechend bei Abschluss des Interessenausgleichs durch den gemäß § 58 BetrVG zuständigen **Konzernbetriebsrat**.

40 Nach dem Gesetzeswortlaut des § 125 Abs 2 und nach seinem – auf Verfahrensbeschleunigung gerichteten – Sinn und Zweck genügt es, dass der Text des Interessenausgleichs vom Betriebsrat unterschrieben ist und erst später die Unterschrift des Insolvenzverwalters folgt.[56] Zum Nachweis der Anhörung des Betriebsrats iSd § 17 Abs 3 Satz 2

---

[53] FK/*Eisenbeis* § 125 InsO Rn 24.

[54] BAG 29.9.2005 – 8 AZR 647/04, NZA 2006, 720; ähnlich LAG Köln 15.4.2010 – 13 Sa 983/09, ZInsO 2010, 2336; LAG Hamm 6.10.2010 – 6 Sa 430/10 [juris].

[55] BAG 7.7.2011 – 6 AZR 248/10, NZA 2011, 1108; LAG Sachsen-Anhalt 9.3.2010 – 2 Sa 369/09 [juris]; vgl auch BAG 28.6.2012 – 6 AZR 780/10, NZA 2012, 1029.

[56] BAG 18.1.2012 – 6 AZR 407/10, NJW 2012, 2376.

KSchG kann der Insolvenzverwalter der Agentur für Arbeit eine Ausfertigung des Interessenausgleichs mit Namensliste zukommen lassen.[57]

Nach § 125 Abs 2 wird weder die Unterrichtung des Betriebsrats gem. § 17 Abs 2 Satz 1 KSchG[58] noch die Anhörung des Betriebsrats gemäß § 102 BetrVG[59] entbehrlich. Der Insolvenzverwalter kann jedoch sowohl die Unterrichtung als auch die Anhörung gemäß § 102 BetrVG mit Verhandlungen über den Interessenausgleich verbinden.[60] **41**

§ 126
Beschlussverfahren zum Kündigungsschutz

(1) [1]Hat der Betrieb keinen Betriebsrat oder kommt aus anderen Gründen innerhalb von drei Wochen nach Verhandlungsbeginn oder schriftlicher Aufforderung zur Aufnahme von Verhandlungen ein Interessenausgleich nach § 125 Abs. 1 nicht zustande, obwohl der Verwalter den Betriebsrat rechtzeitig und umfassend unterrichtet hat, so kann der Insolvenzverwalter beim Arbeitsgericht beantragen festzustellen, dass die Kündigung der Arbeitsverhältnisse bestimmter, im Antrag bezeichneter Arbeitnehmer durch dringende betriebliche Erfordernisse bedingt und sozial gerechtfertigt ist. [2]Die soziale Auswahl der Arbeitnehmer kann nur im Hinblick auf die Dauer der Betriebszugehörigkeit, das Lebensalter und die Unterhaltspflichten nachgeprüft werden.

(2) [1]Die Vorschriften des Arbeitsgerichtsgesetzes über das Beschlussverfahren gelten entsprechend; Beteiligte sind der Insolvenzverwalter, der Betriebsrat und die bezeichneten Arbeitnehmer, soweit sie nicht mit der Beendigung der Arbeitsverhältnisse oder mit den geänderten Arbeitsbedingungen einverstanden sind. [2]§ 122 Abs. 2 Satz 3, Abs. 3 gilt entsprechend.

(3) [1]Für die Kosten, die den Beteiligten im Verfahren des ersten Rechtszugs entstehen, gilt § 12a Abs. 1 Satz 1 und 2 des Arbeitsgerichtsgesetzes entsprechend. [2]Im Verfahren vor dem Bundesarbeitsgericht gelten die Vorschriften der Zivilprozessordnung über die Erstattung der Kosten des Rechtsstreits entsprechend.

Materialien: BT-Drucks 12/2443, S 149 f; BT-Drucks 12/7302, S 172.

Literatur:

Berkowsky Das neue Insolvenz-Kündigungsrecht, NZI 1999, 129; *Berscheid* Vorschläge zur Änderung und Ergänzung der Vorschriften des Insolvenzarbeitsrechts, in: Bauer/Boewer (Hrsg) Festschrift für Peter Schwerdtner zum 65. Geburtstag (2003), S 517; *Bichlmeier/Oberhofer* Neues Arbeitsrecht im Konkurs, AiB 1997, 161; *Friese* Das kollektive Kündigungsschutzverfahren in der

---

[57] BAG 7.7.2011 – 6 AZR 248/10, NZA 2011, 1108; Graf-Schlicker/*Pöhlmann* § 125 Rn 31.

[58] BAG 18.1.2012 – 6 AZR 407/10, NJW 2012, 2376.

[59] BAG 28.6.2012 – 6 AZR 682/10, NZA 2012, 1090; BAG 15.12.2011 – 8 AZR 692/10, BB 2012, 1472; BAG 28.8.2003 – 2 AZR 377/02, ZIP 2004, 525; LAG Schleswig-Holstein 28.4.2011 – 5 Sa 587/10, AA 2011, 198 (Kurzwiedergabe) [juris]; LAG Hamm 6.4.2011 – 6 Sa 2023/10, LAGE BetrVG 2001 § 102 Nr 13; HambK/*Ahrendt* InsO § 125 Rn 23.

[60] BAG 28.6.2012 – 6 AZR 682/10, NZA 2012, 1090; BAG 18.1.2012 – 6 AZR 407/10, NJW 2012, 2376; BAG 21.7.2005 – 6 AZR 592/04, NZA 2006, 162, 166; LAG Hamm 12.1.2006 – 4 Sa 1512/05 [juris].

Insolvenz nach § 126 InsO, ZInsO 2001, 350; *Giesen* Das neue Kündigungsschutzrecht in der Insolvenz, ZIP 1998, 46; *ders* Die Betriebsverfassung nach dem neuen Insolvenzrecht, ZIP 1998, 142; *Grunsky* Probleme des Beschlussverfahrens nach § 126 InsO, in: Prütting (Hrsg) Verfahrensrecht am Ausgang des 20. Jahrhunderts – Festschrift für Gerhard Lüke zum 70. Geburtstag (1997), S 191; *Hamberger* Der Betriebsrat im Insolvenzverfahren (2010); *Heinze* Das Arbeitsrecht in der Insolvenzordnung, NZA 1999, 57; *Kania* Interessenausgleich und Sozialplan in der Insolvenz, DZWIR 2000, 328; *Lakies* Das Beschlussverfahren zum Kündigungsschutz nach § 126 InsO, NZI 2000, 345; *ders* Insolvenz und Betriebsänderungen, BB 1999, 206; *ders* Zu den seit 1.10.1996 geltenden arbeitsrechtlichen Vorschriften der Insolvenzordnung, RdA 1997, 145; *Leister* Arbeitsrechtliche Gestaltungsmöglichkeiten für einen Unternehmenskauf aus der Insolvenz, ZInsO 2009, 1944; *Lohkemper* Die Bedeutung des neuen Insolvenzrechts für das Arbeitsrecht, KTS 1996, 1; *Löwisch* Neugestaltung des Interessenausgleichs durch das Arbeitsrechtliche Beschäftigungsförderungsgesetz, RdA 1997, 80 ff; *Müller* Das arbeitsgerichtliche Beschlussverfahren nach der Insolvenzordnung, DZWIR 1999, 221; *ders* Praktische Probleme der seit 1.10.1996 geltenden arbeitsrechtlichen Vorschriften der Insolvenzordnung, NZA 1998, 1315; *Müller-Limbach* Arbeitsgerichtliche Überprüfung betriebsbedingter Kündigungen durch den Insolvenzverwalter (§§ 126-128 InsO) (2001); *Müller-Limbach* Betriebsbedingte Kündigung in der Insolvenz – Das Beschlussverfahren zum Kündigungsschutz nach § 126 InsO, KTS 2001, 531; *Rieble* Das insolvenzrechtliche Beschlussverfahren des § 126 InsO, NZA 2007, 1393; *Steindorf/Regh* Arbeitsrecht in der Insolvenz (2002); *Warrikoff* Die Stellung der Arbeitnehmer nach der neuen Insolvenzordnung, BB 1994, 2338; *Zwanziger* Insolvenzordnung und materielle Voraussetzungen betriebsbedingter Kündigungen, BB 1997, 626.

Übersicht

I. Zweck der Norm

1 § 126 ist nicht als eigenständige Norm konzipiert, sondern vielmehr im Zusammenhang mit § 125 und den Zielsetzungen des Insolvenzverfahrens zu sehen. Außerhalb wie innerhalb der Insolvenz müssen betriebsbedingte Kündigungen im Falle der Anwendbarkeit des KSchG zum Schutz der Arbeitnehmer sozial gerechtfertigt sein, damit sie nicht rechtsunwirksam sind (s näher Vor § 113 Rn 172 ff). Vor diesem Hintergrund hat § 126 verschiedene Aufgaben. Zunächst soll die durch die Insolvenz bedingte Vielzahl von Kündigungsstreitigkeiten mit weitgehend gleichartigen Rechtsfragen gebündelt und in einem beschleunigten Verfahren zügiger erledigt werden können.[1] Dabei erfasst § 126

[1] LAG München 2.1.2003 – 4 Ta 292/02, ZInsO 2003, 339 (340); HambK/*Ahrendt* InsO § 126 Rn 1; *Friese* ZInsO 2001, 350; ErfK/*Gallner* § 126 InsO Rn 1; *Giesen* ZIP 1998, 46 (51); *Heinze* NZA 1999, 57 (60); HK/*Linck* InsO § 126 Rn 1; Braun/*Wolf* InsO § 126 Rn 1; kritisch *Berkowsky* NZI 1999, 129 (135); *Berscheid* FS Schwerdtner (2003), S 517 (S 536 f); *Grunsky* FS Lüke (1997), S 191 (S 196 ff).

zwei Fallkonstellationen, in denen im betroffenen Betrieb entweder kein Betriebsrat vorhanden ist oder mit einem vorhandenen Betriebsrat innerhalb dreier Wochen kein Interessenausgleich vereinbart werden konnte. Insofern ist § 126 eine Ergänzung zu § 125,[2] weil der Insolvenzverwalter in beiden Fällen beim Arbeitsgericht die Feststellung der sozialen Rechtfertigung und des Vorliegens dringender betrieblicher Erfordernisse bestimmter Kündigungen beantragen kann. Es handelt sich somit um eine Art präventives Verfahren, da – obwohl an sich der gekündigte Arbeitnehmer gegen die Kündigung vorgehen muss, wenn er deren Unwirksamkeit feststellen lassen möchte – nach dieser Norm der Insolvenzverwalter die soziale Rechtfertigung klären lassen kann.[3] Zudem ist zu beachten, dass § 126 lediglich weitere Zulässigkeitsvoraussetzungen für den Antrag nach dieser Norm, nicht aber Voraussetzungen für die Begründetheit des Antrages enthält.[4] Die Begründetheit richtet sich danach, ob die im Antrag genannten geplanten Kündigungen iSd § 1 KSchG durch dringende betriebliche Erfordernisse bedingt und sozial gerechtfertigt sind. Zwingende Ergänzung von § 126 ist die Regelung des § 127, welche die Berücksichtigung des Verfahrens nach § 126 in Individualstreitigkeiten sicherstellt. Das Vorgehen nach § 126 ist trotz der Beschleunigungs- und Bündelungsfunktion der Vorschrift nicht besonders beliebt. Die meisten Insolvenzverwalter sehen hiervon ab, da sie Aufwand und Risiko des relativ aufwendigen – oft langwierigen und risikobehafteten – Gerichtsverfahrens scheuen.

Eine mit § 126 vergleichbare Vorschrift gab es vor ihrem Inkrafttreten nicht. Aller- **2**
dings ordnete der Gesetzgeber gemäß Art 6 des bereits am 1.10.1996 in Kraft getretenen Arbeitsrechtlichen Gesetzes zur Förderung von Wachstum und Beschäftigung[5] die Anwendbarkeit von § 126 für den Geltungsbereich der Konkursordnung ab Inkrafttreten an, jedoch nicht für den Geltungsbereich der Vergleichsordnung und der Gesamtvollstreckungsordnung.

Der **Anwendungsbereich** von § 126 ist, wie auch derjenige von § 125, auf **betriebsbe- 3**
dingte Kündigungen beschränkt, **die dem KSchG unterfallen.**[6] Der Grund dafür liegt in der Namensliste zum Interessenausgleich, in welcher die verhaltensbedingte und die personenbedingte Kündigung ebenso wenig geregelt werden können wie die außerordentliche Kündigung.[7] Insofern bleibt es bei den allgemeinen Vorschriften. Zudem ist es erforderlich, dass der Insolvenzverwalter **mehr als nur eine Kündigung** auf die soziale Rechtfertigung hin überprüft haben will.[8] Es spielt jedoch keine Rolle, ob die Kündigung bereits ausgesprochen oder zunächst nur beabsichtigt ist.[9] Der Antrag nach § 126 Abs 1 Satz 1 kann sowohl vor als auch nach Ausspruch der Kündigungen durch den Insolvenzverwalter gestellt werden.

---

2 BT-Drucks 12/2443, S 149.
3 FK/*Eisenbeis* InsO § 126 Rn 1.
4 Uhlenbruck/*Berscheid* InsO §§ 126, 127 Rn 5.
5 BGBl 1996 I S 1476.
6 HWK/*Annuß* § 126 InsO Rn 1; ErfK/*Gallner* § 126 InsO Rn 1; *Heinze* NZA 1999, 57 (61); HK/*Linck* InsO § 126 Rn 6; *Müller* NZA 1998, 1315 (1319).
7 MünchKomm/*Caspers* InsO § 125 Rn 72; Braun/*Wolf* InsO § 126 Rn 10.
8 LAG München 2.1.2003 – 4 Ta 292/02, ZInsO 2003, 339 (340); ErfK/*Gallner* § 126 InsO Rn 1; HK/*Linck* InsO § 126 Rn 6.
9 BAG 29.6.2000 – 8 ABR 44/99, BAGE 95, 197 (203 f); HWK/*Annuß* § 126 InsO Rn 1; Uhlenbruck/*Berscheid* InsO §§ 126, 127 Rn 16; FK/*Eisenbeis* InsO § 126 Rn 2; ErfK/*Gallner* § 126 InsO Rn 1; *Giesen* ZIP 1998, 46 (51); HK/*Linck* InsO § 126 Rn 6; aA *Lakies* RdA 1997, 145 (154 f).

II. Zulässigkeit des Antrags nach § 126

4 § 126 Abs 1 Satz 1 enthält zwei Antragsvoraussetzungen, von denen eine erfüllt sein muss. Der Antrag kann zum einen dann gestellt werden, wenn im betroffenen Betrieb kein Betriebsrat vorhanden ist. Zum anderen kann er dann gestellt werden, wenn zwar ein Betriebsrat vorhanden ist, aber trotz dessen rechtzeitiger und umfassender Unterrichtung durch den Verwalter kein Interessenausgleich nach § 125 Abs 1 innerhalb von drei Wochen nach Verhandlungsbeginn oder der schriftlichen Aufforderung zur Aufnahme von Verhandlungen zustande kommt.

5 Greift keine der beiden Varianten, ist der nach § 126 Abs 1 Satz 1 vom Insolvenzverwalter gestellte Feststellungsantrag unzulässig.

1. Variante 1: Betrieb ohne Betriebsrat

6 In den Fällen, in denen im von der geplanten Betriebsänderung betroffenen Betrieb kein Betriebsrat vorhanden ist, greift die erste Variante von § 126 Abs 1 Satz 1. Das Bestehen bzw. Nichtbestehen des Betriebsrats ist nach den Regelungen des BetrVG zu beurteilen. Daher darf, um die Voraussetzungen der Variante 1 zu erfüllen, der Betriebsrat in dem Zeitpunkt nicht bestehen, in welchem sich der Insolvenzverwalter zur Durchführung der Betriebsänderung entschließt.[10] Ein erst im Anschluss an den Entschluss des Insolvenzverwalters gebildeter Betriebsrat führt nicht zur Beteiligungspflicht.[11] Kommt es nach dem Entschluss zur Betriebsänderung zum Ablauf der Amtszeit des Betriebsrates, ohne dass ein neuer gewählt wurde, entfällt die Beteiligungspflicht ebenfalls mit der Folge, dass ein Fall der Variante 1 vorliegt.

2. Variante 2: Kein Interessenausgleich nach § 125 Abs 1 innerhalb der Frist

7 Wenn in dem von der Betriebsänderung betroffenen Betrieb ein **Betriebsrat** besteht, müssen andere Zulässigkeitsvoraussetzungen für den Antrag erfüllt sein.

8 Zunächst darf **kein Interessenausgleich nach § 125 Abs 1** zustande gekommen sein, also ein nach §§ 111 f BetrVG wirksam zustande gekommener Interessenausgleich mit wirksam erstellter Namensliste.[12] Das setzt voraus, dass der Insolvenzverwalter zu Verhandlungen über einen Interessenausgleich bereit ist;[13] s im Übrigen zum Zustandekommen des Interessenausgleichs § 125 Rn 3 ff.

9 Zudem ist es erforderlich, dass seit **Verhandlungsbeginn** oder seit der **schriftlichen Aufforderung zur Aufnahme von Verhandlungen** über den Interessenausgleich **drei Wochen** vergangen sind, s zur Dreiwochenfrist § 122 Rn 8 und zur Verhandlungsaufforderung § 122 Rn 9. Die **Dreiwochenfrist** muss **nicht** eingehalten werden, wenn bereits vorher **eindeutig und endgültig** die **Verhandlungen** über den Interessenausgleich **gescheitert** sind; hier gilt ebenfalls dasselbe wie zu § 122, s § 122 Rn 10. Das Schriftformerfordernis wird, wenn man die BAG-Rechtsprechung zur Schriftlichkeit in der Betriebsverfassung konsequent anwendet, auch ohne Einhaltung von § 126 BGB erfüllt, s § 122 Rn 11.

10 Dabei können sowohl die Verhandlungen selbst als auch die Aufforderung zu Verhandlungen **schon vor Verfahrenseröffnung durch den vorläufigen Insolvenzverwalter** durchgeführt worden sein. Das ergibt sich (ebenso wie bei § 122, s dort Rn 5 ff) nicht

---

[10] HK/*Linck* InsO § 126 Rn 2.

[11] HK/*Linck* InsO § 126 Rn 2; *Rieble* NZA 2007, 1393 (1395).

[12] Vgl zum Charakter dieser Voraussetzung als Zulässigkeitserfordernis Braun/*Wolf* InsO § 126 Rn 2; *Friese* ZInsO 2001, 350 (355 f).

[13] MünchKomm/*Caspers* § 126 Rn 11.

nur aus dem Wortlaut des § 126 Abs 1 Satz 1, in dem neutral von „Verhandlungsbeginn" bzw „schriftlicher Aufforderung zur Aufnahme von Verhandlungen" die Rede ist, ohne dass an ihr der Insolvenzverwalter beteiligt sein müsste. Daraus folgt, dass jeder vorläufige Insolvenzverwalter dies tun kann, unabhängig davon, ob es sich um einen „starken", „schwachen" oder „halbstarken" vorläufigen Insolvenzverwalter handelt (vgl dazu Vor § 113 Rn 7). Soweit der Schuldner, weil eine entsprechende Befugnisübertragung auf den („starken" oder entsprechend befugten „halbstarken" vorläufigen Insolvenzverwalter) nicht erfolgt ist, die Verhandlungen noch – ggf nur teilweise – geführt oder die Aufforderung erklärt hat, ist dem Wortlaut und dem Beschleunigungszweck des § 126 Abs 1 Satz 1 ebenfalls Genüge getan, wenn nur tatsächlich der dann später ernannte Insolvenzverwalter an der kommunizierten Planung festhält; vgl zur Verteilung der entsprechenden Befugnisse zwischen Schuldner und vorläufigem Insolvenzverwalter Vor § 113 Rn 7. Da § 126 Abs 1 Satz 1 aber weiter das Nicht-Zustandekommen des Interessenausgleichs nach § 125 voraussetzt, ist antragsbefugt nur der Insolvenzverwalter (vgl Rn 17).

Darüber hinaus muss der Betriebsrat **rechtzeitig und umfassend** über die geplante **11** Betriebsänderung **unterrichtet** worden sein, s dazu näher § 121 Rn 7 ff. Hier gilt das soeben unter Rn 10 und in § 122 Rn 5 Festgestellte. Das bedeutet, dass die **Unterrichtung auch schon vor Verfahrenseröffnung durch den vorläufigen Insolvenzverwalter** oder ggf durch den entsprechend noch befugten **Schuldner** durchgeführt worden sein kann.

Kommt es nach Ablauf der Frist, aber erst im Laufe des Verfahrens nach § 126 vor **12** dem Schluss der letzten mündlichen Verhandlung zu einem **Interessenausgleich mit Namensliste iSd § 125**, welche dem Antrag entspricht, entfällt das für die Zulässigkeit des Feststellungsantrags erforderliche **Feststellungsinteresse**, und der Insolvenzverwalter kann das Verfahren für erledigt erklären. Entspricht die Namensliste nicht dem Antrag des Insolvenzverwalters, so ist der Antrag, weil und soweit die Namensliste für die Frage der betriebsbedingten Kündigungen relevant sind, aufgrund der Divergenzen zwischen Antrag und Ergebnis der kündigungsschutzrechtlichen Prüfung abzuweisen. In aller Regel dürfte der Insolvenzverwalter seinen Antrag nach § 126 in dem Moment zurücknehmen, in welchem der Interessenausgleich nach § 125 zustande kommt. Das wird er nur dann nicht tun, wenn der Interessenausgleich einen anderen Regelungsgegenstand hat als der Antrag, weil beide unterschiedliche Betriebsteile bzw Arbeitnehmer betreffen.

3. Keine Betriebsänderung erforderlich

Es ist umstritten, ob § 126 Abs 1 Satz 1 eine Betriebsänderung voraussetzt. Ein sol- **13** ches Erfordernis ergibt sich nicht aus dem Wortlaut der Vorschrift[14] und auch nicht aus den Gesetzesmaterialien. Während das BAG die Frage bisher offen gelassen hat,[15] wird sowohl die Auffassung vertreten, eine Betriebsänderung iSd § 111 BetrVG sei, wie auch bei § 125, erforderlich,[16] als auch die Meinung, dies sei nicht der Fall.[17]

[14] AA HK/*Linck* InsO § 126 Rn 5.

[15] BAG 29.6.2000 – 8 ABR 44/99, BAGE 95, 197; ebenso offen gelassen von HWK/*Annuß* § 126 InsO Rn 1; FK/*Eisenbeis* InsO § 126 Rn 3 f.

[16] Uhlenbruck/*Berscheid* InsO §§ 126, 127 Rn 7 f; Nerlich/Römermann/*Hamacher* § 126 Rn 9; HK/*Linck* InsO § 126 Rn 5; Kübler/Prütting/Bork/*Moll* InsO § 126 Rn 11 f; ebenso *Kania* DZWIR 2000, 328 (329), der aber trotz Anknüpfens an die Betriebsänderung iSd § 111 BetrVG nicht die 20-Arbeitnehmer-Grenze anwenden will.

[17] HambK/*Ahrendt* InsO § 126 Rn 6; *Friese* ZInsO 2001, 350 f; ErfK/*Gallner* § 126 InsO Rn 1; *Hamberger*, S 253; *Lakies* BB 1999, 206 (208); *Löwisch* RdA 1997, 80 (85); MünchKomm/*Caspers* InsO § 126 Rn 6; *Rieble* NZA 2007, 1393 (1396).

14 Sieht man eine Betriebsänderung iSd § 111 BetrVG als nötig an, so ist der Antrag nach § 126 Abs 1 Satz 1 nur in den Fällen zulässig, in denen das BetrVG anwendbar ist (vgl. insbesondere § 118 Abs 2, § 130 BetrVG), das betroffene Unternehmen 20 Arbeitnehmer hat und einer der von § 111 Satz 3 BetrVG erfassten Umstrukturierungseingriffe gegeben ist. Mit Blick auf Wortlaut und Zweck von § 126 Abs 1 Satz 1 wird die Frage nach den betriebsverfassungsrechtlichen Voraussetzungen der Antragstellung wie folgt beantwortet werden müssen:

15 Für die Variante 1 (Betrieb ohne Betriebsrat, vgl Rn 6) gilt, dass der Text der Vorschrift keinerlei betriebsverfassungsrechtliche Anforderungen stellt, es also nicht darauf ankommt, ob das BetrVG gilt, ob nach der Betriebsgröße ein Betriebsrat eingerichtet werden könnte oder eben ob eine Betriebsänderung iSd § 111 Satz 3 BetrVG vorliegt. Das ist auch leicht nachvollziehbar, denn es würde einen unnötigen Aufwand erfordern, müsste man einen im Gesetz nicht angelegten Mitbestimmungstatbestand prüfen, der gerade bei Fehlen eines Betriebsrats nicht leicht zu subsumieren ist. Schließlich geht es der Vorschrift ja gerade darum, betriebsbedingte Kündigungen dann rechtssicher auszugestalten, wenn ein Betriebsrat nicht besteht. Weshalb auch bei Fehlen dieses Gremiums die Voraussetzungen seiner Mitbestimmungsrechte bei Betriebsänderungen abgearbeitet werden sollten, ist nicht einsichtig.

16 Für die Variante 2 (kein Interessenausgleich nach § 125 Abs 1 innerhalb der Frist, vgl Rn 7 ff) gilt nach dem Gesetzestext ebenfalls, dass keine Betriebsänderung iSd § 111 Satz 3 BetrVG vorliegen muss. Zwar knüpft der Wortlaut der Variante 2 deutlich an mehrere betriebsverfassungsrechtlich definierte Vorgaben an. Antragsvoraussetzung ist danach nicht nur, dass ein Betriebsrat existiert und drei Wochen seit Verhandlungsbeginn oder Aufforderung hierzu vergangen sind. Weiter muss der Verwalter den Betriebsrat „rechtzeitig und umfassend unterrichtet“ haben. Damit ist sicher ein „rechtzeitig und umfassend unterrichten“ iSd § 111 Satz 1 BetrVG gemeint. Der Betriebsrat muss sich also aus der gegebenen Information ein vollständiges Bild von der geplanten Maßnahme und deren Auswirkungen machen können.[18] Aber dieses rechtzeitige und umfassende Unterrichten setzt als solches nicht das Vorliegen einer Betriebsänderung iSd § 111 Satz 3 BetrVG voraus; die geplante Maßnahme muss gemäß § 126 Abs 1 Satz 1 also nicht von § 111 Satz 3 BetrVG erfasst sein. Auch muss nicht die 20-Arbeitnehmer-Grenze des § 111 Satz 1 BetrVG überschritten sein, weil davon in § 126 Abs 1 Satz 1 ebenfalls keine Rede ist. Der Gesetzgeber des § 126 Abs 1 Satz 1 wollte eben lediglich die richtige Art und Weise der Unterrichtung sicherstellen, aber nicht noch weitere Hürden auf dem Weg zum Feststellungsantrag errichten. Das hätte dem Regelungssinn des § 126 Abs 1 Satz 1 widersprochen, betriebsbedingte Kündigungen rechtssicher auszugestalten.

4. Antrag des Insolvenzverwalters

17 Für den **Antrag des Insolvenzverwalters** an das Arbeitsgericht ist weder erforderlich, dass die Kündigungen bereits ausgesprochen sind,[19] noch dass der Betriebsrat angehört wurde.[20] Der auf Feststellung gerichtete Antrag kann nach Wahl des Insolvenzverwalters

---

[18] S näher dazu ErfK/*Kania* § 111 BetrVG Rn 21.

[19] BT-Drucks 12/2443, S 149; sowie HambK/*Ahrendt* InsO § 126 Rn 8; *Friese* ZInsO 2001, 350 (352); *Giesen* ZIP 1998, 46 (51).

[20] Jedoch ist der Betriebsrat auch im Falle der Insolvenz zwingend nach § 102 BetrVG vor dem Ausspruch der Kündigung anzuhören, ErfK/*Gallner* § 126 InsO Rn 1; *Giesen* ZIP 1998, 46 (51); *Lohkemper* KTS 1996, 1 (13 f); *Zwanziger* BB 1997, 626 (628).

sämtliche oder nur bestimmte Kündigungen zum Gegenstand haben.[21] In der Praxis werden aus Zeit- und Kostengründen regelmäßig wohl nur solche Kündigungen zum Gegenstand des Verfahrens gemacht, bei denen rechtliche bzw. tatsächliche Probleme ersichtlich sind und bei denen mit der Erhebung von Kündigungsschutzklagen zu rechnen ist.

Der Insolvenzverwalter hat im Antrag die Namen der zu kündigenden (oder bereits **18**
gekündigten) Arbeitnehmer sowie das Datum der (avisierten) Kündigung zu nennen. Zudem ist es ihm möglich, im Antrag zusätzlich die kündigungsrechtliche Vergleichsgruppenbildung mit der sozialen Rangfolge innerhalb der Gruppe zum Gegenstand der Entscheidung zu machen (s sogleich Rn 19). Für den Fall der fehlenden sozialen Rechtfertigung der Kündigung einzelner betroffener Arbeitnehmer ist ein **Hilfsantrag** bezüglich weiterer dann zu kündigender Arbeitnehmer möglich.[22]

Es ist außerdem zulässig, bereits im Antrag für jede Vergleichsgruppe iSd § 1 Abs 3 **19**
KSchG eine **Rangfolge** festzulegen, nach welcher sich die **Sozialauswahl** der zu kündigenden Arbeitnehmer richtet. Dies deshalb, weil während des Verfahrens bzw vor Ausspruch der Kündigung mit einem Ausscheiden einzelner Arbeitnehmer aus dem Arbeitsverhältnis zu rechnen ist,[23] vgl § 125 Rn 35 f, § 127 Rn 9.

Dieser Ansicht ist entgegengehalten worden, Gegenstand des Verfahrens nach § 126 **20**
Abs 1 sei die Kündigung bestimmter Arbeitnehmer, aber nicht die soziale Rangfolge zwischen zu kündigenden Arbeitnehmern. Die Rangfolge sei für sich kein Rechtsverhältnis und könne deshalb auch nicht Gegenstand eines Feststellungsverfahrens sein. Zudem komme es auf die Frage dann nicht an, wenn der Verwalter das Verfahren nach § 126 Abs 1 erst einleite, nachdem er die Kündigungen ausgesprochen habe; dann seien Veränderungen der Verhältnisse grundsätzlich unbeachtlich.[24] Dem kann nicht gefolgt werden, da ja gerade die möglichst frühzeitige Antragstellung nach § 126 Abs 1 Satz 1 der Beschleunigungsfunktion dieser Vorschrift entspricht. Ein Abwarten, bis tatsächlich die letzte Kündigungserklärung zugegangen ist (was gerade bei großen Zahlen Gekündigter immer wieder mit Schwierigkeiten verbunden ist), soll nicht sein. Außerdem ist Gegenstand des Feststellungsverfahrens nach § 126 Abs 1 ohnehin nie ein Rechtsverhältnis iSd § 256 ZPO ist, da nur Teilfragen bestehender oder künftiger Kündigungsstreitigkeiten beantwortet werden, nie aber deren Rechtmäßigkeit insgesamt geprüft wird. Demnach beschränkt sich das Kernproblem auf die Frage der Gegenwärtigkeit der Fragestellung, da § 126 Abs 1 Satz 1 davon spricht, dass die jeweilige Kündigung gerechtfertigt „ist" und nicht gerechtfertigt „sein wird".[25] Hier ist zu bedenken, dass die Frage der Vergleichsgruppenbildung und der sozialen Rangfolge iSd § 1 Abs 3 KSchG beim teilweisen Personalabbau meist das Hauptproblem der Prüfung des § 126 Abs 1 darstellt und zudem in der Praxis nie abgesehen werden kann, welche Arbeitnehmer bis zum Zugang der letzten Kündigungserklärung noch im Betrieb sind. Deshalb ist die soziale Rangfolge bereits in der Phase der Kündigungsvorbereitung ein „gegenwärtiges" Problem und somit – bei entsprechender Antragstellung durch den Insolvenzverwalter – einer Klärung durch Beschluss iSd § 126 Abs 1 zugänglich.

---

[21] BAG 29.6.2000 – 8 ABR 44/99, BAGE 95, 197 (201 f); *Giesen* ZIP 1998, 46 (51); *Grunsky* FS Lüke (1997), S 191 (S 203 f).

[22] *Grunsky* FS Lüke (1997), S 191 (S 197); HK/*Linck* InsO § 126 Rn 10; Braun/*Wolf* InsO § 126 Rn 8.

[23] HambK/*Ahrendt* InsO § 126 Rn 12; Uhlenbruck/*Berscheid* InsO §§ 126, 127 Rn 30; FK/*Eisenbeis* InsO § 126 Rn 8; ErfK/*Gallner* § 126 InsO Rn 3; *Giesen* ZIP 1998, 46 (52); HK/*Linck* InsO § 126 Rn 10; zweifelnd HWK/*Annuß* § 126 InsO Rn 3.

[24] MünchKomm/*Caspers* InsO § 126 Rn 15 ff; Kübler/Prütting/Bork/*Moll* InsO § 126 Rn 38.

[25] Vgl zur Gegenwärtigkeit des Bestehens eines Rechtsverhältnisses iSd § 256 ZPO Zöller/*Greger* § 256 Rn 3a.

21 Aus dem Antrag des Insolvenzverwalters haben sich dessen Zulässigkeitsvoraussetzungen zu ergeben; vgl zur Darlegung der Begründetheitsvoraussetzungen Rn 25.

22 Die **örtliche Zuständigkeit** für diesen Antrag ergibt sich aus § 82 ArbGG, der aufgrund des Verweises von § 126 Abs 2 Satz 1 Hs 1, wonach die Vorschriften des ArbGG über das Beschlussverfahren entsprechend gelten, maßgeblich ist. Demgemäß ist der Antrag an das Arbeitsgericht zu richten, in dessen Bezirk der betroffene Betrieb seinen Sitz hat.[26] Dabei handelt es sich um einen ausschließlichen Gerichtsstand.[27]

23 Im Fall der **Eigenverwaltung** bedarf die Durchführung des Verfahrens gemäß § 279 Satz 3 der Zustimmung des Sachwalters. Die Durchführung von **Verhandlungen** und die **Aufforderung zu Verhandlungen** nach § 126 Abs 1 Satz 1 stellen keine Ausübung von in § 279 Satz 3 erfassten „Rechten" dar und können daher **vom Eigenverwalter allein** durchgeführt werden.

III. Begründetheit des Antrags nach § 126

24 Der Antrag ist begründet, wenn für die antragsgegenständlichen Kündigungen dringende betrieblicher Erfordernisse und die soziale Rechtfertigung gegen sind. Dies stellen keine Zulässigkeits-, sondern Begründetheitsvoraussetzungen für den Antrag nach § 126 Abs 1 dar. Konkretisiert werden die Begriffe „durch dringende betriebliche Erfordernisse bedingt" und „sozial gerechtfertigt" durch § 1 KSchG.[28]

1. Entscheidung gemäß § 1 KSchG

25 Auf den zulässigen Antrag hin hat das Gericht die vom Insolvenzverwalter ausgesprochenen betriebsbedingten Kündigungen auf ihre soziale Rechtfertigung zu überprüfen. Dabei ist, wie gesagt, die **Anwendbarkeit des KSchG** nach § 1 Abs 1, § 23 KSchG zu untersuchen und auch im Weiteren auf § 1 KSchG abzustellen (s dazu Vor § 113 Rn 165 ff).[29] Das betrifft nicht nur § 1 Abs 2, Abs 3 KSchG, sondern auch § 1 Abs 4 KSchG, s insbesondere zur Sozialauswahl nach § 1 Abs 3 und § 1 Abs 4 KSchG unten Rn 28. Es sind weder im Gesetz noch in der Gesetzesbegründung Hinweise für eine Modifizierung ersichtlich, die im Falle einer Insolvenz zu einer Verschärfung oder Einschränkung der Anforderungen an die Rechtmäßigkeit von Kündigungen führen würde.[30] Aus diesem Grund ist beispielsweise die so genannte Kündigung nach Erwerberkonzept ebenfalls zu prüfen (s dazu Vor § 113 Rn 128 ff). Wenn also nach § 1 KSchG zu entscheiden ist, bedeutet das nicht, dass diese Vorschrift so anzuwenden wäre, als hätte keine Verfahrenseröffnung stattgefunden. So sind beispielsweise Personen, deren ordentliche Kündigung durch Einzel- oder Kollektivvertrag ausgeschlossen wurde, nor-

---

[26] So auch ArbG Bautzen 30.11.2005 – 5 BV 5001/05, ZInsO 2008, 223; HWK/*Annuß* § 126 InsO Rn 3.

[27] Uhlenbruck/*Berscheid* InsO §§ 126, 127 Rn 27; *Friese* ZInsO 2001, 350 (352); *Müller* DZWIR 1999, 221 (224).

[28] HambK/*Ahrendt* InsO § 126 Rn 1, 14 f; *Friese* ZInsO 2001, 350 (353); *Müller* DZWIR 1999, 221 (227); Braun/*Wolf* InsO § 126 Rn 9 ff; so wohl auch *Berkowsky* NZI 1999, 129 (135).

[29] FK/*Eisenbeis* InsO § 126 Rn 10; ErfK/*Gallner* § 125 InsO Rn 5; zumindest hinsichtlich § 1 Abs 3 Satz 2 KSchG *Müller* DZWIR 1999, 221 (227); sowie mit weiteren Nachweisen Kübler/Prütting/Bork/*Moll* InsO § 126 Rn 30; **aA** *Lakies* RdA 1997, 145 (151); *ders* NZI 2000, 345 (346).

[30] Ebenso FK/*Eisenbeis* InsO § 126 Rn 10.

malerweise nicht nach § 1 KSchG kündbar. Weil in der Insolvenz dieser Kündigungsausschluss aber gemäß § 113 Satz 1, Satz 2 nicht greift, müssen sie bei der Anwendung von § 1 KSchG in der Insolvenz mit einbezogen werden. Hinsichtlich der **Tatsachenermittlung** gilt nach § 126 Abs 2 Satz 1 iVm § 83 Abs 1 ArbGG, dass das Gericht den Sachverhalt von Amts wegen erforscht, wobei die Beteiligten an dessen Aufklärung mitzuwirken haben. So hat der Antrag des Insolvenzverwalters trotz des Untersuchungsgrundsatzes diejenigen Tatsachen zu beinhalten, die für die Kündigungen aus Sicht des Insolvenzverwalters maßgeblich sind (vgl § 122 Rn 20).[31]

Vom Prüfungsumfang und der Bindungswirkung des nach § 126 Abs 1 gestellten Antrages und der auf ihn folgenden Entscheidung sind weitere Kündigungsvoraussetzungen wie beispielsweise die ordnungsgemäße Betriebsratsanhörung, Beachtung von Sonderkündigungsschutz oder die Einhaltung von Fristen nicht erfasst.[32] Zum einen fehlt es dafür an einem ausdrücklichen Hinweis in § 126.[33] Zum anderen würde dies dem Beschleunigungszweck des Verfahrens zuwiderlaufen, weil das Gericht neben den genannten Punkten weitere Voraussetzungen prüfen müsste, die der Gesetzgeber nicht in das „Massenverfahren" des § 126 hat einbeziehen wollen. **26**

Mit Blick darauf bleibt es den gekündigten Arbeitnehmern unbenommen, Kündigungsschutzklage nach § 4 KSchG zu erheben, um die Unwirksamkeit der Kündigung aus Gründen, welche eben nicht auf § 1 KSchG beruhen, feststellen zu lassen. **27**

2. Insbesondere: Berücksichtigung der Schwerbehinderung bei der Sozialauswahl, Fragen der Personalstruktur und Geltung von § 1 Abs 4 KSchG

Im Gegensatz zu § 1 Abs 3 Satz 1 KSchG, nach welchem neben der Dauer der Betriebszugehörigkeit, dem Lebensalter und den Unterhaltspflichten des Arbeitnehmers auch eine mögliche **Schwerbehinderung** berücksichtigt werden muss, nennt § 126 Abs 1 Satz 2 die Schwerbehinderung nicht. Die Meinungen hierzu gehen auseinander. Teilweise orientiert man sich streng am Gesetzestext des § 126 Abs 1 Satz 2 und lehnt die Berücksichtigung der Schwerbehinderung bei der Entscheidung nach § 126 Abs 1 Satz 1 ab.[34] Dagegen vertreten andere zu Recht die Meinung, die Schwerbehinderung müsse hier ebenfalls berücksichtigt werden.[35] Schlussendlich ergibt sich damit dieselbe Fragestellung wie bei der Anwendung von § 125 (vgl näher § 125 Rn 19). Der systematische Zusammenhang von § 1 Abs 3 Satz 1 KSchG und § 126 sowie die Gesetzgebungsgeschichte sprechen für ein redaktionelles Versehen, weshalb auch bei der Anwendung von § 126 Abs 1 Satz 2 die Schwerbehinderteneigenschaft ebenso wie bei § 125 Abs 1 Satz 1 Nr 2 zu berücksichtigen ist. Als zum 1.1.2004 die Schwerbehinderteneigenschaft als Kriterium der Sozialauswahl in § 1 Abs 3 KSchG eingeführt wurde, hat man § 126 ebenso wie § 125 nicht entsprechend mitgeändert, was offensichtlich auf Unachtsamkeit beruhte. Nachdem für § 126 Abs 1 das KSchG maßgeblich ist, kann auch die Frage der Sonderregeln nach **§ 1 Abs 3 Satz 2 KSchG,** insbesondere die der Sicherung einer ausgewogenen Personalstruktur, nur nach § 1 Abs 3 Satz 2 KSchG geklärt werden und nicht etwa nach **28**

31 HambK/*Ahrendt* InsO § 126 Rn 13; *Berkowsky* NZI 1999, 129 (135); *Bichlmeier/Oberhofer* AiB 1997, 161 (168); FK/*Eisenbeis* InsO § 126 Rn 9; *Lakies* BB 1999, 206 (208); HK/*Linck* InsO § 126 Rn 13.

32 HambK/*Ahrendt* InsO § 126 Rn 19; FK/*Eisenbeis* InsO § 126 Rn 10.

33 Vgl BT-Drucks 12/2443, S 149 f.

34 *Friese* ZInsO 2001, 350 (353); ErfK/*Gallner* § 125 InsO Rn 12; *Lakies* BB 1999, 206 (208); HK/*Linck* InsO § 126 Rn 14; *Löwisch* NZA 1996, 1009 (1010).

35 *Rieble* NZA 2007, 1393 (1394 f).

§ 125 Abs 1 (vgl dazu § 125 Rn 23 ff). Aus denselben Gründen sind auch kollektivarbeitsrechtliche Kündigungsvorgaben nach **§ 1 Abs 4 KSchG** auch im Rahmen von § 126 zu beachten.[36]

3. Verfahren

29 § 126 Abs 2 Satz 1 erklärt die Vorschriften des ArbGG über das Beschlussverfahren für entsprechend anwendbar, so dass insbesondere die Verfahrensregeln der InsO nicht zur Anwendung kommen. Sonderregelungen gegenüber den allgemeinen Vorschriften zum Beschlussverfahren betreffen den Rechtsweg sowie die Kosten des Verfahrens. Des Weiteren findet sich in § 126 Abs 2 Satz 1 Hs 2 eine Klarstellung bezüglich des Kreises der Verfahrensbeteiligten.

30 a) **Anzuwendendes Verfahrensrecht.** Gemäß § 126 Abs 2 Satz 1 Hs 1 gelten für das Verfahren nach § 126 Abs 1 die **Vorschriften des ArbGG über das Beschlussverfahren** entsprechend. Damit finden die §§ 80 ff. ArbGG Anwendung. Daneben enthält § 126 Abs 2 Satz 2 einen Verweis auf § 122 Abs 2 Satz 3. Demnach ist der Antrag nach Maßgabe des § 61a Abs 3 bis 6 ArbGG **vorrangig zu erledigen.** Insofern gilt für die Anwendung von § 126 das Gleiche wie bei § 122 Abs 2 Satz 3, vgl § 122, Rn 14.

31 Trotz des pauschalen Verweises auf die Vorschriften des arbeitsgerichtlichen Beschlussverfahrens ist eine Abweichung zu beachten, die zur Einschränkung bei der Anwendung der Normen des Beschlussverfahrens nach dem ArbGG führt. Der Antrag nach § 126 Abs 1 Satz 1 ist auf Feststellung der sozialen Rechtfertigung gerichtet. Ein solcher Feststellungsantrag kann nach richtiger Auffassung **nicht Gegenstand einer einstweiligen Verfügung** gemäß § 85 Abs 2 ArbGG sein, weil an deren Erlass regelmäßig kein Rechtsschutzinteresse besteht.[37]

32 b) **Verfahrensbeteiligte.** Gemäß § 126 Abs 2 Satz 1 Hs 2 sind der **Insolvenzverwalter** und der **Betriebsrat** am Verfahren beteiligt; hinzu kommen **die im Antrag bezeichneten Arbeitnehmer**, soweit sie **nicht** mit der Beendigung der Arbeitsverhältnisse oder mit den geänderten Arbeitsbedingungen **einverstanden** sind. Die Beteiligung von Insolvenzverwalter und Betriebsrat ist naheliegend, weil sie es sind, die im Insolvenzfall für die Verhandlungen über einen Interessenausgleich zuständig sind, s § 112 BetrVG sowie §§ 80, 125.[38]

33 Die Beteiligung derjenigen **Arbeitnehmer**, die entweder mit der Beendigung ihrer Arbeitsverhältnisse oder mit den geänderten Arbeitsbedingungen einverstanden sind,[39] wird gesetzlich ausgeschlossen, weil es insofern am Feststellungsinteresse fehlt. Um Sicherheit über das Einverständnis der gekündigten Arbeitnehmer zu erlangen, kann dieses nach Zugang der Kündigung eingeholt werden.[40] Das Einverständnis sollte ausdrücklich auf die Kündigung bezogen sein.[41] Erklärt sich ein Arbeitnehmer während des laufenden Verfahrens gegenüber dem Gericht mit der Kündigung einverstanden, so scheidet

---

36 FK/*Eisenbeis* InsO § 126 Rn 10.

37 FK/*Eisenbeis* InsO § 126 Rn 12; *Lakies* RdA 1997, 145 (153); *ders* NZI 2000, 345 (348); **aA** *Bichlmeier/Oberhofer* AiB 1997, 161 (168).

38 In Betrieben ohne Betriebsrat entfällt naturgemäß dessen Beteiligung.

39 Das Einverständnis muss ausdrücklich erklärt sein; Schweigen reicht nicht, vgl BAG 20.1.2000 – 2 ABR 30/99, NZA 2001, 170. S generell zur AGB-rechtlichen Unwirksamkeit formularmäßiger Klageverzichte des Arbeitnehmers BAG 6.9.2007 – 2 AZR 722/06, NZA 2008, 219.

40 FK/*Eisenbeis* InsO § 126 Rn 7.

41 BAG 3.5.1979 – 2 AZR 679/77, BAGE 32, 6; HambK/*Ahrendt* InsO § 126 Rn 10; *Lakies* NZI 2000, 345 (348).

er als Beteiligter aus.[42] Akzeptieren einer, mehrere oder sämtliche im Antrag benannten Arbeitnehmer die Kündigungen, so ist (insoweit) der Antrag zurückzunehmen, gemäß § 83a Abs 2 ArbGG für erledigt zu erklären oder andernfalls mangels Feststellungsinteresses als unzulässig zurückzuweisen.[43] Stellt der Insolvenzverwalter einen **Hilfsantrag**, in dem weitere Arbeitnehmer benannt werden, sind auch sie Verfahrensbeteiligte.[44]

In Bezug auf den **Betriebsrat** als Beteiligten vgl oben Rn 6 ff. Auch für § 126 gilt insbesondere, dass die mögliche Zuständigkeit des **Gesamtbetriebsrats** oder des **Konzernbetriebsrats** gemäß § 50 oder § 58 BetrVG danach zu entscheiden ist, welches Organ für den Abschluss eines Interessenausgleichs zuständig gewesen wäre, s dazu § 125 Rn 15. Trotz der nicht ganz klaren Formulierung ist der Betriebsrat (bzw der Gesamtbetriebsrat oder der Konzernbetriebsrat; vgl zum notwendigen Vorhandensein der Arbeitnehmervertretung Rn 6) stets am Verfahren beteiligt. Der Passus „soweit sie nicht mit der Beendigung der Arbeitsverhältnisse oder mit den geänderten Arbeitsbedingungen einverstanden sind" bezieht sich nur auf die Arbeitnehmer und nicht auf den Betriebsrat. In der Literatur ist die Ansicht vertreten worden, dass mangels Notwendigkeit einer Betriebsänderung iSd § 111 BetrVG (Rn 13 ff) und wegen der rein individualarbeitsrechtlichen Regelungstendenz von § 126 der Betriebsrat nicht beteiligt werden müsse.[45] Dem steht aber bereits der Wortlaut des § 126 Abs 2 Satz 1 entgegen. Zudem bestehen entsprechende individualarbeitsrechtliche Gestaltungsmöglichkeiten der Arbeitnehmervertretung auch in anderen Vorschriften zur Betriebsratsbeteiligung wie etwa in § 125 oder § 1 Abs 5 KSchG. 34

Der **Insolvenzverwalter** ist als Antragsteller Beteiligter des Verfahrens, vgl § 122 Rn 15. Zudem ist in den Fällen, in denen die Betriebsänderung nach der Betriebsveräußerung stattfindet, gemäß § 128 Abs 1 Satz 2 der **Erwerber des veräußerten Betriebes** ebenfalls Beteiligter (§ 128 Rn 8 ff). 35

c) **Rechtsmittel.** Gegen die erstinstanzliche Entscheidung des Arbeitsgerichts kann aufgrund des Verweises in § 126 Abs 2 Satz 2 auf § 122 Abs 3 ausschließlich **Rechtsbeschwerde zum Bundesarbeitsgericht** eingelegt werden. Erforderlich ist dazu die Zulassung durch das Arbeitsgericht nach §§ 126 Abs 2 Satz 2, 122 Abs 3 Satz 2 Hs 1, vgl dazu § 122, Rn 45 ff.[46] 36

d) **Kosten des Verfahrens.** In Bezug auf die **Kosten des Verfahrens** im ersten Rechtszug verweist § 126 Abs 3 Satz 1 auf § 12a Abs 1 Satz 1, 2 ArbGG. Demnach hat die obsiegende Partei keinen Anspruch auf Entschädigung wegen Zeitversäumnisses oder auf Erstattung der Kosten für die Zuziehung eines Prozessbevollmächtigten oder Beistandes. Auf diese Weise wird dem Umstand Rechnung getragen, dass der Antrag des Insolvenzverwalters nach § 126 Abs 1 Satz 1 Teilfragen eines Kündigungsschutzkonflikts mit dem Arbeitnehmer klärt: Im Kündigungsschutzprozess (bürgerlicher Rechtsstreit im Sinne von § 2 Abs 1 Nr 3 lit b ArbGG, für welchen das Urteilsverfahren nach § 2 Abs 5 ArbGG einschlägig ist) besteht nach § 12a Abs 1 Satz 1 ArbGG im ersten Rechtszug ebenfalls kein Anspruch der obsiegenden Partei auf Entschädigung wegen Zeitversäumnisses oder 37

---

[42] BAG 29.6.2000 – 8 ABR 44/99, BAGE 95, 197 (201 f); HWK/*Annuß* § 126 InsO Rn 4; Uhlenbruck/*Berscheid* InsO §§ 126, 127 Rn 29, 32; ErfK/*Gallner* § 126 InsO Rn 7; Nerlich/Römermann/*Hamacher* § 126 Rn 23; HK/*Linck* InsO § 126 Rn 10; Braun/*Wolf* InsO § 126 Rn 14.

[43] ArbG Offenbach 17.2.2000 – 5 BV 23/99, Rn 18 ff [juris]; Uhlenbruck/*Berscheid* InsO §§ 126, 127 Rn 32; Braun/*Wolf* InsO § 126 Rn 15.

[44] Kübler/Prütting/Bork/*Moll* InsO § 126 Rn 49; Braun/*Wolf* InsO § 126 Rn 14.

[45] *Müller-Limbach* S 51.

[46] S insbesondere BAG 20.1.2000 – 2 ABR 30/99, NZA 2001, 170.

auf Erstattung der Kosten für die Zuziehung eines Prozessbevollmächtigten oder Beistandes. Mit der Anordnung der entsprechenden Geltung von § 12a Abs 1 Satz 1 und 2 ArbGG sorgt der Gesetzgeber in § 126 Abs 3 Satz 1 also für die gleiche Kostenfolge wie im Kündigungsschutzprozess.

38 Zu beachten ist allerdings unabhängig davon die Pflicht des Arbeitgebers, die dem Betriebsrat entstandenen Kosten im Falle seiner Beteiligung zu übernehmen, weil im Insolvenzfall der Arbeitgeber ebenfalls nach § 40 Abs 1 BetrVG die durch die **Betriebsratstätigkeit** entstehenden Kosten zu tragen hat.[47]

39 Damit stellt die Vorschrift zudem eine Ergänzung zu § 2 Abs 2 GKG dar. Gemäß dieser Norm werden für Verfahren nach § 126 keine Kosten erhoben. Insofern wird ein Gleichlauf mit den Fällen erreicht, in denen es außerhalb einer Insolvenz zu Streitigkeiten über geplante Betriebsänderungen kommt. Denn dort liegt eine Angelegenheit aus dem Betriebsverfassungsgesetz nach § 2a Abs 1 Nr 1 ArbGG vor, für die nach § 2 Abs 2 GKG ebenfalls keine Kosten erhoben werden.

40 In § 126 Abs 3 Satz 2 ist lediglich eine Klarstellung hinsichtlich der Kosten im Verfahren vor dem Bundesarbeitsgericht enthalten. Demnach hat die im **Rechtsbeschwerdeverfahren** obsiegende Partei einen Anspruch auf Erstattung der außergerichtlichen Kosten gegen die unterlegene Partei. Auf diese Weise wird nach dem Willen des Gesetzgebers erreicht, dass der in der Revisionsinstanz im Verfahren nach § 126 Obsiegende genauso die Kosten für den Prozessvertreter vom Unterlegenen ersetzt verlangen kann wie in der Revisionsinstanz im Kündigungsschutzverfahren.[48] Dabei ist, wie im Kündigungsschutzverfahren, als Streitwert das für die Dauer eines Vierteljahres zu leistende Arbeitsentgelt für die Berechnung der Gebühren entsprechend § 42 Abs 3 Satz 1 GKG heranzuziehen.[49]

41 e) **Bindungswirkung nach § 127 Abs 1.** Die rechtskräftige Entscheidung über den Antrag nach § 126 Abs 1 Satz 1 entfaltet nach § 127 Abs 1 Bindungswirkung in einem Kündigungsschutzprozess zwischen den Beteiligten, und zwar auch insoweit, als der Antrag oder Teile des Antrags im Beschluss als unbegründet abgewiesen werden, s näher § 127 Rn 5 ff.

§ 127
Klage des Arbeitnehmers

(1) [1]Kündigt der Insolvenzverwalter einem Arbeitnehmer, der in dem Antrag nach § 126 Abs. 1 bezeichnet ist, und erhebt der Arbeitnehmer Klage auf Feststellung, dass das Arbeitsverhältnis durch die Kündigung nicht aufgelöst oder die Änderung der Arbeitsbedingungen sozial ungerechtfertigt ist, so ist die rechtskräftige Entscheidung im Verfahren nach § 126 für die Parteien bindend. [2]Dies gilt nicht, soweit sich die Sachlage nach dem Schluss der letzten mündlichen Verhandlung wesentlich geändert hat.

---

[47] HWK/*Annuß* § 126 InsO Rn 7; HambK/*Ahrendt* InsO § 126 Rn 18; Uhlenbruck/*Berscheid* InsO §§ 126, 127 Rn 35; FK/*Eisenbeis* InsO § 126 Rn 15; *Lakies* RdA 1997, 145 (154); *ders* BB 1999, 206 (209); MünchKomm/*Caspers* InsO § 126 Rn 43; Braun/*Wolf* InsO § 126 Rn 17.

[48] BT-Drucks 12/2443, S 150.

[49] BT-Drucks 12/2443, S 150; ebenso HWK/*Annuß* § 126 InsO Rn 7; FK/*Eisenbeis* InsO § 126 Rn 16; **aA** *Müller* NZA 1998, 1315 (1320 f); *ders* DZWIR 1999, 221 (229).

(2) Hat der Arbeitnehmer schon vor der Rechtskraft der Entscheidung im Verfahren nach § 126 Klage erhoben, so ist die Verhandlung über die Klage auf Antrag des Verwalters bis zu diesem Zeitpunkt auszusetzen.

Materialien: BT-Drucks 12/2443, S 150; BT-Drucks 12/7302, S 172 f

Literatur:

Berkowsky Das neue Insolvenz-Kündigungsrecht, NZI 1999, 129; *Bichlmeier/Oberhofer* Neues Arbeitsrecht im Konkurs, AiB 1997, 161; *Friese* Das kollektive Kündigungsschutzverfahren in der Insolvenz nach § 126 InsO, ZInsO 2001, 350; *Giesen* Das neue Kündigungsschutzrecht in der Insolvenz, ZIP 1998, 46; *Grunsky* Probleme des Beschlussverfahrens nach § 126 InsO, in: Prütting (Hrsg) Verfahrensrecht am Ausgang des 20. Jahrhunderts – Festschrift für Gerhard Lüke zum 70. Geburtstag (1997), S 191; *Lakies* Das Beschlussverfahren zum Kündigungsschutz nach § 126 InsO, NZI 2000, 345; *ders* Insolvenz und Betriebsänderungen, BB 1999, 206; *ders* Zu den seit 1.10.1996 geltenden arbeitsrechtlichen Vorschriften der Insolvenzordnung, RdA 1997, 145; *Leister* Arbeitsrechtliche Gestaltungsmöglichkeiten für einen Unternehmenskauf aus der Insolvenz, ZInsO 2009, 1944; *Lohkemper* Die Bedeutung des neuen Insolvenzrechts für das Arbeitsrecht, KTS 1996, 1; *Löwisch*, Neugestaltung des Interessenausgleichs durch das Arbeitsrechtliche Beschäftigungsförderungsgesetz, RdA 1997, 80; *Müller-Limbach* Betriebsbedingte Kündigung in der Insolvenz – Das Beschlussverfahren zum Kündigungsschutz nach § 126 InsO, KTS 2001, 531; *Steindorf/Regh* Arbeitsrecht in der Insolvenz (2002); *Warrikoff* Die Stellung der Arbeitnehmer nach der neuen Insolvenzordnung, BB 1994, 2338; *Zwanziger* Insolvenzordnung und materielle Voraussetzungen betriebsbedingter Kündigungen, BB 1997, 626.

Übersicht

I. Allgemeines und Zweck der Norm

§ 127 ergänzt § 126.[1] Er ordnet zum einen die Bindungswirkung rechtskräftiger Ent- **1**
scheidungen nach § 126 für Rechtsstreitigkeiten um dort erfasste Kündigungen an. Zum anderen ermöglicht er es dem Insolvenzverwalter, solche Kündigungsschutzstreitigkeiten bis zur rechtskräftigen Entscheidung des Verfahrens nach § 126 aussetzen zu lassen.

Mit der Anknüpfung an § 126 ist der Anwendungsbereich des § 127 gleichzeitig auf **2**
Fälle beschränkt, in denen kein Interessenausgleich nach § 125 Abs 1 zustande gekommen ist oder im betroffenen Betrieb kein Betriebsrat besteht.[2] Der Anwendungsbereich entspricht somit demjenigen von § 126.[3] § 127 erfasst nach der ausdrücklichen Klarstellung des Abs 1 Satz 1 sowohl Änderungs- als auch Beendigungskündigungen.

[1] Nerlich/Römermann/*Hamacher* InsO § 127 Rn 1.

[2] Ebenso bereits ErfK/*Gallner* § 127 InsO Rn 1.

[3] MünchKomm/*Caspers* InsO § 127 Rn 3.

3 § 127 stellt somit die Widerspruchslosigkeit von Verfahren nach § 126 und von Kündigungsschutzstreitigkeiten der dort erfassten Arbeitnehmer sicher.[4] Ohne die Erstreckung der Bindungswirkung nach § 127 Abs 1 und die Möglichkeit der Verfahrensaussetzung nach § 127 Abs 2 wäre es denkbar, dass im Kündigungsschutzverfahren die Kündigung als nicht durch dringende betriebliche Erfordernisse bedingt oder als nicht sozial gerechtfertigt, im Verfahren nach § 126 jedoch als durch dringende betriebliche Erfordernisse bedingt oder als sozial gerechtfertigt angesehen würde – und umgekehrt.

4 Wie zu § 126 gibt es auch zu § 127 keine vergleichbare Vorgängerregelung in der Konkursordnung, der Vergleichsordnung oder der Gesamtvollstreckungsordnung. Auch § 127 galt gemäß Art 6 des Arbeitsrechtlichen Gesetzes zur Förderung von Wachstum und Beschäftigung[5] bereits vor Inkrafttreten der Insolvenzordnung ab dem 1.10.1996 im Bereich der Konkursordnung, jedoch nicht für den Geltungsbereich der Vergleichsordnung und der Gesamtvollstreckungsordnung.

II. § 127 Abs 1, Anordnung der Bindungswirkung von Entscheidungen nach § 126 Abs 1

5 Nach § 127 Abs 1 ist die rechtskräftige Entscheidung über den Antrag nach § 126 Abs 1 in einem Kündigungsschutzprozess für die in beiden Verfahren Beteiligten bindend. Damit wird neben der rechtskräftigen Entscheidung nach § 126 Abs 1 Satz 1 eine Kündigung durch den Insolvenzverwalter und eine dagegen erhobene Kündigungsschutzklage des betroffenen Arbeitnehmers vorausgesetzt.

6 Kommt es zu einer solchen Bindungswirkung, betrifft diese nur die soziale Rechtfertigung und die Betriebsbedingtheit der Kündigung, nicht aber andere mögliche Unwirksamkeitsgründe.[6]

1. Rechtskräftige Entscheidung über einen Antrag nach § 126 Abs 1

7 Voraussetzung für die Bindungswirkung ist zunächst eine **rechtskräftige Entscheidung nach § 126 Abs 1**. Die Entscheidung über den Antrag ist rechtskräftig, wenn das Arbeitsgericht in erster Instanz die Rechtsbeschwerde nicht zugelassen hat,[7] wenn trotz zugelassener Rechtsbeschwerde diese nicht fristgemäß nach §§ 92 Abs 2, 74 Abs 1 ArbGG eingelegt wurde oder wenn eine nicht zurückverweisende Entscheidung des Bundesarbeitsgerichts vorliegt.[8]

8 Zudem muss der betroffene Arbeitnehmer im Antrag bezeichnet sein, auf den sich der Entscheidungstenor des Beschlusses nach § 126 bezieht oder in dem Beschluss selbst. Ist

---

[4] ErfK/*Gallner* § 127 InsO Rn 5; Nerlich/Römermann/*Hamacher* InsO § 127 Rn 1; HK/*Linck* InsO § 127 Rn 1; MünchKomm/*Caspers* InsO § 127 Rn 1; Graf-Schlicker/*Pöhlmann* InsO § 127 Rn 1.

[5] BGBl 1996 I S 1476.

[6] HambK/*Ahrendt* InsO § 127 Rn 2; *Bichlmeier/Oberhofer* AiB 1997, 161 (168); Dornbusch/Fischermeier/Löwisch/*Dornbusch* §§ 126, 127 Rn 10; FK/*Eisenbeis* InsO § 127 Rn 4; *Lakies* NZI 2000, 345 (351); *Müller-Limbach* KTS 2001, 531 (559); Braun/*Wolf* InsO § 127 Rn 6.

[7] BAG 14.8.2001 – 2 ABN 20/01, BB 2001, 1535; HambK/Ahrendt InsO § 127 Rn 17; Andres/Leithaus/*Andres* InsO §§ 126, 127 Rn 9; HWK/*Annuß* § 127 InsO Rn 6; Uhlenbruck/*Berscheid* InsO §§ 126, 127 Rn 39; ErfK/*Gallner* § 127 InsO Rn 8; *Friese* ZInsO 2001, 350 (354); Braun/*Wolf* InsO § 127 Rn 18.

[8] Schwab/Weth/*Weth* ArbGG § 84 Rn 20.

das nicht der Fall, kann die Bindungswirkung der Entscheidung über den Antrag nach § 126 ihm gegenüber nicht gemäß § 127 Abs 1 eintreten. Über die Bezeichnung des Arbeitnehmers hinaus ist dessen Beteiligung und Anhörung im Verfahren nach § 126 für den späteren Eintritt der Bindungswirkung erforderlich.[9] Dagegen kann für diejenigen Arbeitnehmer keine Bindungswirkung nach § 127 Abs 1 eintreten, die sich mit der Kündigung einverstanden erklärt haben, da ihnen gegenüber die Entscheidung über den Antrag nicht in Rechtskraft erwachsen kann.[10]

2. Keine wesentliche Änderung der Sachlage, § 127 Abs 1 Satz 2

Zum Eintritt der Bindungswirkung kommt es dagegen nicht, soweit sich nach dem Schluss der letzten mündlichen Verhandlung im Verfahren nach § 126 die **Sachlage wesentlich geändert** hat. Dies ist dann der Fall, wenn das Gericht nach der neuen Sachlage zu einem anderen Ergebnis gekommen wäre.[11] Denkbar sind dabei verschiedene Konstellationen. So können ein unerwarteter Mehrbedarf im Betrieb oder das Ausscheiden anderer Arbeitnehmer die Erforderlichkeit der Kündigung des im Antrag nach § 126 Abs 1 benannten Arbeitnehmers entfallen lassen.[12] Wegen letzterem empfiehlt es sich, im Verfahren nach § 126 eine Rangliste nach Vergleichsgruppen und sozialen Kriterien zugrunde zu legen, vgl § 126 Rn 19 f, § 125 Rn 35 f. **9**

Auch eine nicht erwartete Verschlechterung der Verhältnisse im Betrieb oder – selbst unabhängig davon – eine neue unternehmerische Entscheidung, welche die (Änderungs-)Kündigung von mehr, weniger oder anderen Arbeitnehmern erforderlich macht, kann eine wesentliche Änderung der Sachlage nach sich ziehen.[13] Entscheidend für die Beurteilung der wesentlichen Änderung ist der Schluss der letzten mündlichen Verhandlung vor dem Arbeitsgericht, weil dies im Verfahren nach § 126 Abs 1 die einzige Tatsacheninstanz ist.[14] Eine Ausnahme dazu bilden die Fälle, in denen die wesentliche Änderung der Sachlage zwar nach der letzten mündlichen Verhandlung in erster Instanz, aber noch vor dem Zugang der Kündigung eintritt, da der Zugangszeitpunkt maßgeblich ist für die Entscheidung über ihre Wirksamkeit.[15] Hier ist gegebenenfalls ein Fortsetzungs- bzw Wiedereinstellungsanspruch in Betracht zu ziehen (Vor § 113 Rn 179). **10**

---

[9] HWK/*Annuß* § 127 InsO Rn 1; FK/*Eisenbeis* InsO § 127 Rn 3; ErfK/*Gallner* § 127 InsO Rn 2; Nerlich/Römermann/*Hamacher* InsO 127 Rn 6; HK/*Linck* InsO § 127 Rn 3; MünchKomm/*Caspers* InsO § 127 Rn 5; Kübler/Prütting/Bork/*Moll* InsO § 127 Rn 20.

[10] HWK/*Annuß* § 127 InsO Rn 1; FK/*Eisenbeis* InsO § 127 Rn 3; Nerlich/Römermann/*Hamacher* InsO § 127 Rn 6; Graf-Schlicker/*Pöhlmann* InsO § 127 Rn 8; **aA** ErfK/*Gallner* § 127 InsO Rn 2; *Löwisch* RdA 1997, 80 (85).

[11] BAG 20.3.1996 – 7 ABR 41/95, BAGE 82, 291 (298); Nerlich/Römermann/*Hamacher* InsO § 127 Rn 8; MünchKomm/*Caspers* InsO § 127 Rn 13; Kübler/Prütting/Bork/*Moll* InsO § 127 Rn 34.

[12] *Berkowsky* NZI 1999, 129 (135); MünchKomm/*Caspers* InsO § 127 Rn 14; ähnlich FK/*Eisenbeis* InsO § 127 Rn 6; *Grunsky* FS Lüke (1997), S 191 (S 201); Nerlich/Römermann/*Hamacher* InsO § 127 Rn 9; *Müller-Limbach* KTS 2001, 531 (537).

[13] MünchKomm/*Caspers* InsO § 127 Rn 15.

[14] So auch Nerlich/Römermann/*Hamacher* InsO § 127 Rn 10; Graf-Schlicker/*Pöhlmann* InsO § 127 Rn 12; Braun/*Wolf* InsO § 127 Rn 8.

[15] BAG 16.5.2002 – 8 AZR 319/01, ZInsO 2003, 43; 10.10.1996 – 2 AZR 477/95, ZIP 1997, 122; *Friese* ZInsO 2001, 350 (355); HambK/*Ahrendt* InsO § 127 Rn 4; *Lakies* RdA 1997, 145 (155).

3. Bindungswirkung der Entscheidung nach § 126

11 Als **Rechtsfolge** ergibt sich aus § 127 Abs 1 die **Bindungswirkung** der rechtskräftigen Entscheidung des Verfahrens nach § 126 für die vom Arbeitnehmer erhobene Kündigungsschutzklage.[16] Dabei macht es keinen Unterschied, ob dem Antrag im Verfahren nach § 126 Abs 1 stattgegeben oder ob er abgelehnt wurde. Die Entscheidung entfaltet also auch hinsichtlich der Verneinung der Betriebsbedingtheit und der sozialen Rechtfertigung der Kündigung Bindungswirkung.[17] Weil in diesem Verfahren lediglich über Betriebsbedingtheit und soziale Rechtfertigung der Kündigung entschieden wurde, entsteht auch nur insoweit eine Bindungswirkung im Kündigungsschutzprozess.[18] Damit bleiben andere Unwirksamkeitsgründe für die Kündigung von der Bindungswirkung unberührt und können in die Entscheidung über die Kündigung einfließen.[19]

12 Soweit es zu einer rechtskräftigen Ablehnung des Antrages nach § 126 Abs 1 wegen **Unzulässigkeit** kommt, ist keine Bindungswirkung möglich.[20] Die Entscheidung im Verfahren nach § 126 Abs 1 kann ebenfalls dann keine Bindungswirkung für das **Kündigungsschutzverfahren** entfalten, wenn in diesem eine **rechtskräftige Entscheidung** erzielt wurde, bevor eine solche im Verfahren nach § 126 Abs 1 erfolgt ist.[21]

III. Aussetzung des Verfahrens, § 127 Abs 2

13 Nach § 127 Abs 2 ist das Verfahren über die Kündigungsschutzklage des Arbeitnehmers gegen die Kündigung seines Arbeitsverhältnisses durch den Insolvenzverwalter **auszusetzen**, wenn dies der Insolvenzverwalter beantragt. Voraussetzung dafür ist, dass über einen Antrag nach § 126 Abs 1, in dem dieser Arbeitnehmer bezeichnet ist, noch nicht rechtskräftig entschieden wurde. Damit kann Abs 2 nur dann zur Anwendung kommen, wenn der Insolvenzverwalter vor Eintritt der Rechtskraft der Entscheidung im Verfahren nach § 126 Kündigungen ausspricht und die betroffenen Arbeitnehmer dagegen Kündigungsschutzklage erheben.[22]

---

16 Nerlich/Römermann/*Hamacher* InsO (24. EL August 2012) § 127 Rn 2.

17 HambK/*Ahrendt* InsO § 127 Rn 2; Uhlenbruck/*Berscheid* InsO §§ 126, 127 Rn 42; Dornbusch/Fischermeier/Löwisch/*Dornbusch* §§ 126, 127 Rn 10; FK/*Eisenbeis* InsO § 127 Rn 4; *Friese* ZInsO 2001, 350 (354 f); ErfK/*Gallner* § 127 InsO Rn 2; *Giesen* ZIP 1998, 46 (53); Nerlich/Römermann/*Hamacher* InsO § 127 Rn 4; *Lakies* RdA 1997, 145 (154); *ders* BB 1999, 206 (209); *ders* NZI 2000, 345 (351); HK/*Linck* InsO § 127 Rn 4; *Löwisch* RdA 1997, 80 (85); MünchKomm/*Caspers* InsO § 127 Rn 10; *Müller-Limbach* KTS 2001, 531 (559); **aA** *Grunsky* FS Lüke (1997), S 191 (S 195); Kübler/Prütting/Bork/*Moll* InsO § 127 Rn 22; Braun/*Wolf* InsO § 127 Rn 11; ebenso wohl auch *Warrikoff* BB 1994, 2338 (2343).

18 MünchKomm/*Caspers* InsO § 127 Rn 11.

19 HWK/*Annuß* § 127 InsO Rn 1; Uhlenbruck/*Berscheid* InsO §§ 126, 127 Rn 45; Dornbusch/Fischermeier/Löwisch/*Dornbusch* §§ 126, 127 Rn 10; Graf-Schlicker/*Pöhlmann* InsO § 127 Rn 6.

20 HWK/*Annuß* § 127 InsO Rn 1; FK/*Eisenbeis* InsO § 127 Rn 4; *Giesen* ZIP 1998, 46 (54); Nerlich/Römermann/*Hamacher* InsO 127 Rn 5; HK/*Linck* InsO § 127 Rn 4; Kübler/Prütting/Bork/*Moll* InsO § 127 Rn 22a.

21 Dornbusch/Fischermeier/Löwisch/*Dornbusch* §§ 126, 127 Rn 8; *Friese* ZInsO 2001, 350 (355); Nerlich/Römermann/*Hamacher* InsO § 127 Rn 14; Kübler/Prütting/Bork/*Moll* InsO § 127 Rn 23; Braun/*Wolf* InsO § 127 Rn 7.

22 Ebenso MünchKomm/*Caspers* InsO § 127 Rn 17.

Die Aussetzung des Verfahrens über die Kündigungsschutzklage nach § 127 Abs 2 kann nur auf **Antrag des Insolvenzverwalters** erfolgen. Ob er diesen stellt, liegt in seinem pflichtgemäßen Ermessen.[23] Auf seinen Antrag hin muss das Gericht das Verfahren aussetzen; es hat diesbezüglich kein Ermessen.[24] Allerdings kann es das Verfahren über die Kündigungsschutzklage nach § 46 Abs 2 Satz 1 ArbGG iVm § 148 ZPO **auch ohne** einen solchen **Antrag aussetzen.**[25] Gegen die Anordnung bzw. Ablehnung der Verfahrensaussetzung ist gemäß § 46 Abs 2 Satz 1 ArbGG iVm § 252 ZPO die sofortige Beschwerde statthaft.[26] Eine erfolgte Aussetzung endet, sobald der Antrag im Verfahren nach § 126 vom Insolvenzverwalter zurückgenommen[27] oder die Entscheidung darüber in Rechtskraft erwachsen ist. **14**

§ 128
Betriebsveräußerung

(1) [1]Die Anwendung der §§ 125 bis 127 wird nicht dadurch ausgeschlossen, dass die Betriebsänderung, die dem Interessenausgleich oder dem Feststellungsantrag zugrunde liegt, erst nach einer Betriebsveräußerung durchgeführt werden soll. [2]An dem Verfahren nach § 126 ist der Erwerber des Betriebes beteiligt.

(2) Im Falle eines Betriebsübergangs erstreckt sich die Vermutung nach § 125 Abs. 1 Satz 1 Nr. 1 oder die gerichtliche Feststellung nach § 126 Abs. 1 Satz 1 auch darauf, dass die Kündigung der Arbeitsverhältnisse nicht wegen des Betriebsübergangs erfolgt.

Materialien: BT-Drucks 12/2443, S 150; BT-Drucks 12/7302, S 173; BT-Drucks 14/7760, S 19 f.

Literatur

Gaul/Otto Unterrichtungsanspruch und Widerspruchsrecht bei Betriebsübergang und Umwandlung, DB 2002, 634; *Hamm* Unternehmen in der Insolvenz, AiB 2009, 441; *Hohenstatt/Grau* Arbeitnehmerunterrichtung beim Betriebsübergang, NZA 2007, 13; *Lakies* Zu den seit 1.10.1996 geltenden arbeitsrechtlichen Vorschriften der Insolvenzordnung, RdA 1997, 145; *Lembke* Besonderheiten beim Betriebsübergang in der Insolvenz, BB 2007, 1333; *Lohkemper* Zur Haftung des Erwerbers bei Betriebsübergang im Insolvenzeröffnungsverfahren, ZIP 1999, 1251; *Plössner* Der (Teil-) Betriebsübergang im Insolvenzverfahren nach der neueren nationalen wie gemeinschaftsrechtlichen Rechtsprechung, NZI 2003, 401; *Rieble* Widerspruch nach § 613a VI BGB – Die (ungeregelte) Rechtsfolge, NZA 2004, 1; *Seeger* Anm zu LAG Schleswig-Holstein 23.11.2010 – 5 Sa 247/10,

---

23 *Giesen* ZIP 1998, 46 (54); MünchKomm/*Caspers* InsO § 127 Rn 18; Kübler/Prütting/Bork/*Moll* InsO § 127 Rn 36; *Müller-Limbach* KTS 2001, 531 (546); Graf-Schlicker/*Pöhlmann* InsO § 127 Rn 14; **aA** *Warrikoff* BB 1994, 2338 (2343).

24 HWK/*Annuß* § 127 InsO Rn 4; Dornbusch/Fischermeier/Löwisch/*Dornbusch* §§ 126, 127 Rn 12; Braun/*Wolf* InsO § 127 Rn 10.

25 Andres/Leithaus/*Andres* InsO §§ 126, 127 Rn 13; HWK/*Annuß* § 127 InsO Rn 1; FK/*Eisenbeis* InsO § 127 Rn 2, 7; Nerlich/Römermann/*Hamacher* InsO § 127 Rn 15; HK/*Linck* InsO § 127 Rn 10; MünchKomm InsO/*Caspers* § 127 Rn 19; kritisch Kübler/Prütting/Bork/*Moll* InsO § 127 Rn 37; **aA** *Müller-Limbach* KTS 2001, 531 (546); Graf-Schlicker/*Pöhlmann* InsO § 127 Rn 16.

26 FK/*Eisenbeis* InsO § 127 Rn 7; Nerlich/Römermann/*Hamacher* InsO § 127 Rn 15; MünchKomm/*Caspers* InsO § 127 Rn 20; Kübler/Prütting/Bork/*Moll* InsO § 127 Rn 39.

27 MünchKomm/*Caspers* InsO § 127 Rn 21.

ArbR 2011, 75; *Tretow* Die Betriebsveräußerung in der Insolvenz, ZInsO 2000, 309; *Willemsen/Lembke* Die Neuregelung von Unterrichtung und Widerspruchsrecht der Arbeitnehmer bei Betriebsübergang, NJW 2002, 1159; *Worzalla* Neue Spielregeln beim Betriebsübergang – Die Änderung des § 613a BGB, NZA 2002, 353.

Übersicht

I. Normzweck

1 Bei der Veräußerung eines Betriebs oder Betriebsteils durch den Insolvenzverwalter findet § 613a BGB Anwendung, s im Einzelnen Vor § 113 Rn 123 ff. § 128 hat die Funktion, die Geltung der §§ 125-127 auch in diesem Fall sicherzustellen.[1] Der Insolvenzverwalter soll nicht darauf beschränkt sein, eine eventuelle Betriebsänderung selbst durchzuführen und den Betrieb oder Betriebsteil erst anschließend zu veräußern.[2] Vielmehr soll er bereits im Vorfeld von Betriebsänderungen, welche der Erwerber durchführen oder zuendeführen wird, ein eventuell diesbezüglich notwendiges Betriebsänderungsverfahren gemäß §§ 111 f BetrVG einleiten und die erforderlichen Kündigungen aussprechen können. Hierzu kann er gemäß § 128 Abs 1 Satz 1 die entsprechenden insolvenzrechtlichen Verfahren der §§ 125 bis 127 beginnen und abschließen, wobei nach § 128 Abs 1 Satz 2 der Erwerber im Verfahren nach § 126 die Rechtsstellung eines Beteiligten erhält. § 128 Abs 2 legt ergänzend fest, dass sich im Falle eines Betriebsübergangs die Vermutungswirkung einer Betriebsvereinbarung nach § 125 Abs 1 Satz 1 Nr 1 und die gerichtliche Feststellung nach § 126 Abs 1 Satz 1 auch darauf erstrecken, dass § 613a Abs 4 BGB nicht verletzt ist.

2 Eine mit § 128 vergleichbare Vorschrift gab es vor dem Inkrafttreten nicht. Allerdings ordnete der Gesetzgeber gemäß Art 6 des bereits am 1.10.1996 in Kraft getretenen Arbeitsrechtlichen Gesetzes zur Förderung von Wachstum und Beschäftigung[3] (ebenso wie für § 113, 120 bis 122 und §§ 125 bis 127) die Anwendbarkeit von § 128 für den Geltungsbereich der Konkursordnung ab Inkrafttreten an, jedoch nicht für den Geltungsbereich der Vergleichsordnung und der Gesamtvollstreckungsordnung.

---

[1] Nerlich/Römermann/*Hamacher* § 128 Rn 2 mwN.

[2] BT-Drucks 12/2443 S 150.

[3] BGBl 1996 I S 1476.

II. § 128 Abs 1 Satz 1: Anwendung von §§ 125 bis 127 bei Betriebsänderungen, die nach Betriebsübergang erfolgen

Nach § 128 Abs 1 Satz 1 wird die Anwendung der §§ 125 bis 127 nicht dadurch ausgeschlossen, dass die vom Insolvenzverwalter geplante Betriebsänderung, die dem Interessenausgleich oder dem Feststellungsantrag zugrunde liegt, erst nach einer Betriebsveräußerung stattfinden soll. Der Insolvenzverwalter ist also nicht gezwungen, eine Betriebsänderung noch vor Veräußerung vorzunehmen (er kann dies aber natürlich dennoch tun). Der Betrieb oder Betriebsteil kann demnach schon vor der Betriebsveräußerung auf die Bedürfnisse des Erwerbers umgestellt werden, und die Rechtmäßigkeit der diesbezüglichen Kündigungen lässt sich in den Verfahren der §§ 125 bis 127 klären.[4] 3

Daraus ergeben sich für die **Anwendung von § 125** allerdings **keine Besonderheiten.** 4 § 125 enthält auch ohne die Ergänzung des § 128 Abs 1 Satz 1 kein Tatbestandsmerkmal, dessen Erfüllung durch eine zwischengeschaltete Betriebsveräußerung, also durch einen zwischengeschalteten Betriebs- oder Betriebsteilübergang iSd § 613a BGB, modifiziert würde. So ist ein Interessenausgleich mit Namensliste, der die Rechtsfolgen des § 125 auslöst, unabhängig davon gültig, ob nach seiner Vereinbarung ein Betriebsübergang stattfindet.[5] Die Betriebsänderung, welche dem Interessenausgleich zugrunde liegt, ist unabhängig davon durchführbar, ob sie unter der Arbeitgeberschaft des Betriebsveräußerers oder des Betriebserwerbers stattfindet. Wenn der Interessenausgleich die Betriebsänderung nicht mehr abbildet, gilt er nicht mehr und kann deshalb nicht die Rechtsfolgen des § 125 auslösen, s näher § 125 Rn 28 ff – aber auch dies ist unabhängig von einem Betriebsübergang.

§ 128 Abs 1 Satz 1 ändert ebenso auch nichts daran, dass der Interessenausgleich mit 5 Namensliste, damit die Rechtsfolgen des § 125 eintreten können, vom Insolvenzverwalter (und nicht vom Betriebserwerber) vereinbart sein muss.[6] Hier kann § 128 Abs 1 Satz 1 die Anwendung von § 125 also weder erleichtern noch erschweren.[7]

Die rein klarstellende Wirkung von § 128 Abs 1 Satz 1 für die Anwendung von § 125 6 lässt sich übrigens anhand eines Anwendungsfalles der beiden Regelungen erkennen, den das LAG Schleswig-Holstein in jeder Hinsicht zutreffend entschieden hat, ohne in der Begründung auch nur ein einziges Mal § 128 Abs 1 Satz 1 anzusprechen.[8]

Für das **Beschlussverfahren zum Kündigungsschutz nach § 126** und seine in § 127 7 geregelten individualarbeitsrechtlichen Auswirkungen gilt dasselbe, wobei aber die Ergänzung des § 128 Abs 1 Satz 2 zu beachten ist, nach welcher der **Betriebserwerber** im Beschlussverfahren **Beteiligter** ist. Betriebsbedingte Kündigungen können auch insofern ausgesprochen werden, als die betreffenden betrieblichen Notwendigkeiten, welche zum Arbeitsplatzwegfall führen, erst nach einem Betriebsübergang eintreten (so genannte betriebsbedingte Kündigung nach Erwerberkonzept, s Vor § 113 Rn 128 ff). Deshalb kann ein Beschluss des Arbeitsgerichts nach § 126 Abs 1 auch solche Kündigungen erfassen und entsprechend Bindungswirkung gemäß § 127 entfalten, welche erst nach einem zwischengeschalteten Betriebsübergang wirksam werden oder welche erst nach einem zwischengeschalteten Betriebsübergang ausgesprochen werden (s § 126 Rn 25 ff). All

---

[4] Nerlich/Römermann/*Hamacher* § 128 Rn 62.
[5] LAG Köln 15.4.2010 – 13 Sa 983/09, ZInsO 2010, 2336.
[6] MünchKomm/*Caspers* InsO § 128 Rn 39; *Zwanziger* § 128 Rn 2.
[7] MünchKomm/*Caspers* InsO § 128 Rn 36.
[8] LAG Schleswig-Holstein 23.11.2010 – 5 Sa 247/10, ZInsO 2011, 738 m Anm *Seeger* ArbRB 2011, 75.

dies wird durch § 128 Abs 1 Satz 1 weder erschwert noch erleichtert. § 128 Abs 1 Satz 1 hat also auch im Hinblick auf §§ 126 f nur klarstellende Funktion. Er ändert beispielsweise auch nichts daran, dass der Antrag nach § 126 nur vom Insolvenzverwalter (und nicht vom Betriebserwerber) gestellt werden kann.[9]

III. § 128 Abs 1 Satz 2: Beteiligung des Betriebserwerbers am Verfahren nach § 126

8 In § 128 Abs 1 Satz 2 wird die Beteiligung des Betriebserwerbers am Beschlussverfahren nach § 126 für den Fall angeordnet, dass der Tatbestand des § 128 Abs 1 Satz 1 erfüllt ist. Die Verfahrensbeteiligung des Betriebserwerbers im Beschlussverfahren nach § 128 Abs 1 Satz 2 ist somit davon abhängig, dass die Betriebsänderung, die dem Feststellungsantrag nach § 126 Abs 1 zugrunde liegt, nach einer Betriebsveräußerung durchgeführt werden soll. Im Einzelnen müssen demnach folgende Voraussetzungen erfüllt sein.

1. Beschlussverfahren iSd § 126 Abs 1

9 Zunächst muss naturgemäß ein Beschlussverfahren iSd § 126 Abs 1 anhängig sein (s dazu § 126 Rn 4 ff, 17 ff).[10]

2. Betriebs(teil)übergang iSd § 613a BGB

10 Weiter muss ein Betriebs- oder Betriebsteilübergang iSd § 613a BGB vorliegen oder geplant sein (s dazu Vor § 113 Rn 123 ff).[11] Der Rechtsansicht, welche die Geltung von § 128 im Fall von Teilbetriebsübergängen ablehnt,[12] kann mit Blick auf den Zweck der Regelung des § 128 nicht gefolgt werden. Auch System und Gesetzeswortlaut sprechen nicht für sie, da in § 613a BGB Betriebsübergang und Betriebsteilübergang gleich behandelt werden und in der Überschrift zu § 613a BGB beide Übergänge einheitlich mit „Betriebsübergang" überschrieben werden. Das entspricht auch dem allgemeinen Sprachgebrauch.

3. „Betriebsänderung" als zur Kündigung führende unternehmerische Maßnahme

11 Des Weiteren spricht § 128 Abs 1 Satz 1 von einer „Betriebsänderung". Nun wurde unter § 126 Rn 13 ff dargelegt, dass für die Durchführung des Verfahrens nach § 126 keine Betriebsänderung iSd § 111 Satz 3 BetrVG gegeben sein muss. Hier wird man daher, soweit tatsächlich die Anwendungsvoraussetzungen des § 111 BetrVG nicht eingreifen, schlicht auf die unternehmerische Maßnahme abstellen müssen, welche zum Arbeitsplatzwegfall und somit zur Kündigung führt.

---

[9] MünchKomm/*Caspers* InsO § 128 Rn 39; *Zwanziger* § 128 Rn 2.

[10] MünchKomm/*Caspers* InsO § 128 Rn 39.

[11] Nerlich/Römermann/*Hamacher* § 128 Rn 63; MünchKomm/*Caspers* InsO § 128 Rn 10, 40; *Zwanziger* § 128 Rn 6.

[12] *Tretow* ZInsO 2009, 309 (312); *Däubler* BetrVG, Anh zu §§ 111-113, § 128 InsO Rn 6. Zutreffend dagegen für die Geltung von § 128 für Teilbetriebsübergänge LAG Hamm 3.9.2003 – 2 Sa 331/03, ZInsO 2004, 820 (bzgl § 128 Abs 2, vgl Rn 13).

4. Möglicher Betriebsübergang zeitlich vor Ende einer Betriebsänderung

Der genannte Betriebs- oder Betriebsteilübergang muss vor Ende der soeben beschriebenen Betriebsänderung erfolgen. In § 128 Abs 1 Satz 1 heißt es dazu, „die Betriebsänderung, die [...] dem Feststellungsantrag zugrunde liegt, (solle) erst nach einer Betriebsveräußerung durchgeführt werden". Hierzu gilt folgendes: Betriebs- oder Betriebsteilübergänge können jeweils nur zu einem bestimmten Zeitpunkt erfolgen und sich nicht über gegebenenfalls längere Zeiträume erstrecken, da ihre Rechtsfolge nach § 613a Abs 1 Satz 1 BGB ebenfalls nur punktuell eintritt. Betriebsänderungen dagegen können sich über (gegebenenfalls längere) Zeiträume erstrecken. Daraus folgt, dass gemäß der Planung, die dem Antrag nach § 126 Abs 1 zugrunde liegt, ein **Betriebs- oder Betriebsteilübergang erfolgt** sein muss, **bevor die Betriebsänderung abgeschlossen ist.** Demnach kann der Betriebs- oder Betriebsteilübergang auch bereits erfolgt sein, bevor die Betriebsänderung begonnen wurde.[13] Diskutiert wird weiter über die Frage, wie sicher ein Betriebsübergang bevorstehen muss. Will ein Betriebsinteressent nur möglicherweise später einmal Betriebserwerber werden, besteht die Gefahr, dass mit ihm eine prinzipiell fremde Person am Verfahren beteiligt wird. Verlangt man dagegen ein erhöhtes Maß an Erwerbswahrscheinlichkeit, kann es sein, dass der Zweck des § 128 Abs 1 Satz 2 verfehlt wird, Grundfragen der Kündigungsrechtfertigung zügig zu klären; denn wenn es später dann doch zum Betriebserwerb kommt, hat der Betriebserwerber seine Interessen nicht selbst wahrnehmen können. Das widerspricht dem Sinn der Vorschrift, das Beschlussverfahren nach § 126 möglichst auch für den Fall der Verwertung von Betrieben oder Betriebsteilen effizient greifen zu lassen. Deshalb ist der Ansicht *Hamachers* zu widersprechen, der verlangt, es müsse eine „abgesicherte Erwerbsabsicht" bestehen, die beispielsweise durch Vorvertrag manifestiert sein könne.[14] Legt man diesen Maßstab an, wird ein Teil der Rechtmäßigkeitsvoraussetzung der betriebsbedingten Kündigung aufgrund Erwerberkonzepts praktisch zur Beteiligungsvoraussetzung für den Erwerber gemacht (vgl Vor § 113 Rn 129). Sinn von § 128 Abs 1 Satz 2, § 128 muss es aber doch gerade sein, im Beschlussverfahren zu prüfen, ob und inwieweit tatsächlich ein solches Erwerberkonzept existiert und welche Konsequenzen sich für die Beurteilung der verfahrensgegenständlichen betriebsbedingten Kündigungen ergeben. Deshalb ist eher eine **weite Sichtweise** vorzugswürdig.[15] Daher muss bereits die tatsächliche Möglichkeit eines solchen Erwerberkonzepts zur Verfahrensbeteiligung des denkbaren Betriebserwerbers führen. 12

IV. § 128 Abs 2: Geltung der Vermutungswirkung nach § 125 Abs 1 Satz 1 Nr 1 und der Feststellungwirkung nach § 126 Abs 1 Satz 1 auch bei Betriebsübergängen

§ 128 Abs 2 beinhaltet im Falle eines Betriebsübergangs die Vermutung, dass Kündigungen, die aufgrund eines Interessenausgleichs nach Maßgabe von § 125 Abs 1 Satz 1 Nr 1 oder einer gerichtlichen Feststellung nach § 126 Abs 1 Satz 1 erfolgt sind, nicht wegen des Betriebsübergangs ergingen – dies hätte die Unwirksamkeit der Kündigung nach § 613a Abs 4 Satz 1 BGB zur Folge. Die Vermutungswirkung des § 128 Abs 2 gilt bei alledem selbstverständlich auch für einen Teilbetriebsübergang, da dieser von § 613a BGB ebenso erfasst ist wie der einfache Betriebsübergang.[16] 13

---

[13] MünchKomm/*Caspers* InsO § 128 Rn 40.
[14] Nerlich/Römermann/*Hamacher* § 128 Rn 72; vgl auch *Lakies* RdA 1997, 14.
[15] In diesem Sinne MünchKomm/*Caspers* InsO § 128 Rn 42; s auch *Müller-Limbach* S 61 f.
[16] LAG Hamm 3.9.2003 – 2 Sa 331/03, ZInsO 2004, 820.

1. Anwendung von § 125 Abs 1 Satz 1 Nr 1

14 Bezüglich § 125 Abs 1 Satz 1 Nr 1 hat die Norm des § 128 Abs 2 grundsätzlich nur klarstellende Funktion, da die dort geregelte Vermutung, dass die Kündigung der Arbeitsverhältnisse der bezeichneten Arbeitnehmer durch dringende betriebliche Erfordernisse erfolgt, zugleich eine Kündigung aus anderen Gründen im Sinne des § 613a Abs 4 Satz 2 BGB indiziert.[17] Wehrt sich der Arbeitnehmer gegen eine solche Kündigung, greift die Vermutungswirkung in doppelter Weise. Zum einen muss der Arbeitnehmer beweisen, dass die von § 125 Abs 1 Satz 1 Nr 1 erfassten Gründe für eine betriebsbedingte Kündigung nicht vorliegen, und zum anderen, dass die Kündigung wegen des Betriebsübergangs nach § 613a Abs 4 Satz 1 BGB erklärt worden ist.[18] Beweist er, dass die Anwendungsvoraussetzungen des § 125 Abs 1 Satz 1 Nr 1 nicht erfüllt sind, greifen beide Vermutungen nicht ein, und es gelten für sämtliche kündigungsrechtliche Sachfragen die allgemeinen Regeln, also auch die allgemeinen Beweisregeln.

15 *Caspers* nimmt für § 128 Abs 2 eine über die Klarstellung hinaus reichende Wirkung bezüglich § 125 Abs 1 Satz 1 Nr 1 an, soweit Arbeitnehmer betroffen sind, die nicht unter § 1 KSchG fallen. Für sie könne aus § 125 Abs 1 Nr 1 iVm § 128 Abs 2 die Vermutung folgen, dass die betreffende Kündigung nicht nach § 613a Abs 4 Satz 1 BGB wegen des Betriebsübergangs erfolge. Zwar sei auch bei § 613a Abs 4 Satz 1 BGB der Arbeitnehmer beweisbelastet; die von der Rechtsprechung gewährten Beweiserleichterungen könnten aber im Interessenausgleich nach § 125 Abs 1 Satz 1 Nr 1 entzogen werden.[19] Diese Rechtsansicht setzt wohl voraus, dass der Anwendungsbereich des § 125 Abs 1 Satz 1 Nr 1 bei geplantem Betriebsübergang weiter sein soll als ohne geplanten Betriebsübergang. Das ist trotz § 128 Abs 2 eher nicht anzunehmen. Auch gewinnt der Insolvenzverwalter in der Praxis kaum etwas durch eine (mehr als deklaratorische) Einbeziehung nicht vom KSchG erfasster Arbeitnehmer in den Interessenausgleich mit Namensliste. Aus diesen Gründen scheint es überzeugender, es beim Tatbestand des § 125 Abs 1 Satz 1 Nr 1 auch bei geplantem Betriebsübergang zu belassen und aus § 128 Abs 2 keine erweiternde Wirkung zu folgern. Es bleibt demnach also bei der rein klarstellenden Wirkung der Vorschrift.

2. Anwendung von § 126 Abs 1 Satz 1

16 Auch bezüglich § 126 Abs 1 Satz 1 hat § 128 Abs 2 nur klarstellende Funktion, da die dort geregelte Feststellungswirkung, nach welcher die Kündigung der Arbeitsverhältnisse der bezeichneten Arbeitnehmer durch dringende betriebliche Erfordernisse bedingt und sozial gerechtfertigt ist, ebenfalls eine Kündigung aus anderen Gründen im Sinne des § 613a Abs 4 Satz 2 BGB indiziert. Soweit der arbeitsgerichtliche Beschluss nach § 126 Abs 1 keine Bindung gemäß § 127 hat (s dazu § 126 Rn 41, § 127 Rn 5 ff), fehlt die Feststellungswirkung, und die Rechtmäßigkeit der jeweiligen Kündigung ist nach allgemeinen Regeln zu prüfen.

---

[17] LAG Köln 28.1.2010 – 7 Sa 801/09, ZInsO 2010, 2339; MünchKomm/*Caspers* InsO § 128 Rn 42; *Tretow* ZinsO 2000, 309 (311); *Plössner* NZI 2003, 401 (404).

[18] BAG 29.9.2005 – 8 AZR 647/04, NZA 2006, 720; LAG Köln 28.1.2010 – 7 Sa 801/09, ZInsO 2010, 2339; LAG Hamm 4.6.2002 – 4 Sa 81/02, ZInsO 2003, 47; LAG Hamm 4.6.2002 – 4 Sa 593/02, AR-Blattei ES 915, Nr 23; LAG Düsseldorf 23.1.2003 – 11(12) Sa 1057/02, ZIP 2003, 817.

[19] MünchKomm/*Caspers* InsO § 128 Rn 43.

Caspers nimmt, ebenso wie für § 125 Abs 1 Satz 1 (s oben Rn 15), auch für § 126 Abs 1 Satz 1 eine über die Klarstellung weiter reichende Wirkung von § 128 Abs 2 an, soweit Arbeitnehmer betroffen sind, die nicht unter § 1 KSchG fallen. Für sie könne aus einem Beschluss nach § 126 die Feststellung folgen, dass die betreffende Kündigung nicht nach § 613a Abs 4 Satz 1 BGB wegen des Betriebsübergangs erfolge.[20] Diese Rechtsansicht setzt, wie gesagt, voraus, dass der Anwendungsbereich des § 126 bei geplantem Betriebsübergang weiter sein soll als ohne geplanten Betriebsübergang. Auch hier scheint es überzeugender, es beim Tatbestand des § 126 auch bei geplantem Betriebsübergang zu belassen und aus § 128 Abs 2 keine erweiternde Wirkung zu folgern. 17

3. Beweis der Anwendungsvoraussetzungen von § 125 Abs 1 Satz 1 Nr 1 und § 126 Abs 1 Satz 1

Der Insolvenzverwalter trägt im Streitfall naturgemäß die Beweislast für die tatbestandlichen Voraussetzungen des Eingreifens dieser Vermutungs- bzw Feststellungswirkungen. 18

Bezüglich § 125 Abs 1 Satz 1 Nr 1 muss er darlegen und beweisen, dass eine Betriebsänderung im Sinne des § 111 Satz 3 BetrVG und ein diesbezüglicher Interessenausgleich mit Namensliste vorliegt, auf welcher der gekündigte Arbeitnehmer verzeichnet ist. Der Arbeitnehmer wiederum kann diesbezüglich gegenhalten, indem er darlegt und beweist, dass eine wesentliche Änderung der Sachlage iSd § 125 Abs 1 Satz 2 eingetreten ist,[21] s dazu näher § 125 Rn 28 ff. 19

Bezüglich § 126 Abs 1 Satz 1 muss der Insolvenzverwalter darlegen und beweisen, dass ein rechtskräftiger arbeitsgerichtlicher Beschluss nach § 126 Abs 1 vorliegt, welcher das streitgegenständliche Arbeitsverhältnis erfasst. Die Anwendungsvoraussetzungen von § 126 Abs 1 müssen gerade nicht dargelegt und bewiesen werden, da sie vom Arbeitsgericht im Verfahren nach § 126 Abs 1 bereits geprüft worden sind. Der Arbeitnehmer kann diesbezüglich lediglich darlegen und beweisen, dass der arbeitsgerichtliche Beschluss iSd § 126 Abs 1 für ihn keine Bindungswirkung entfaltet, weil er gegen § 126 Abs 2 nicht am Verfahren beteiligt wurde. 20

Der Betriebsübergang, den § 128 Abs 2 voraussetzt, muss von keinem der beiden dargelegt und bewiesen werden, da die Funktion der Regelung gerade darin liegt, die Anwendung von § 125 Abs 1 Satz 1 Nr 1 und § 126 Abs 1 Satz 1 davon unabhängig zu machen, ob ein Betriebsübergang vorliegt oder nicht. Somit kann der Betriebsübergang insofern beispielsweise zu beachten sein, als von ihm abhängig ist, wer die Arbeitgeberstellung innehat. Für § 128 Abs 2 hat er aber keine Bedeutung. 21

---

20 MünchKomm/*Caspers* InsO § 128 Rn 46.

21 BAG 29.9.2005 – 8 AZR 647/04, NZA 2006, 720; LAG Köln 28.1.2010 – 7 Sa 801/09, ZInsO 2010, 2339; LAG Hamm 19.9.2007 – 2 Sa 1844/06, AuA 2008, 434.

Sachregister

fette Zahlen = §, magere Zahlen = Rn